[제2판]

객관식 헌법

기본권론

김 종 세

정독
DEEP READING

[제2판]

객관식 헌법

기본권론

제2판 머리말

헌법이론 강의의 내용은 헌법총론, 기본권론, 국가조직론으로 구분됩니다. 초판에서 제3판을 발행한 「객관식 헌법」의 헌법총론에 이어, 본서 「객관식 헌법」은 기본권론 분야에 한정하여 그간의 각종 국가시험 등에 기출된 문제를 선별해서 초판에 이어 제2판을 발간하게 되었습니다. 대학교에 교수로 있으면서 이론 강의와 각종 시험 출제위원의 경험을 바탕으로 하더라도, 그리고 객관식 헌법 여러 차례 검토를 거쳐 발행하는 것이더라도 여전히 부족하거나 미흡한 점이 있으리라 봅니다. 대학생 또는 수험생이 필요로 하는 객관식 문제집을 준비하면서 진로 준비를 위해 젊음의 열정을 불태우는 분들과 함께 하고자 하는 마음을 늘 갖고 꾸준히 지속적으로 작업을 진행하고자 합니다.

어떤 일이든 목표를 갖게 되면 그렇듯이 수험생활도 시작이 중요한 것 같습니다. 어떤 마음가짐으로 어떤 생활리듬으로 시작하고 인내하면서 결국 합격이라는 목표로 마무리해야 할 것입니다. 어떻게 보면 합격이 인생의 목표이기보다는 또 다른 시작일 것입니다. 승진이나 공무원 시험을 준비하면서 수험생이 겪어야 할 여러 가지 여건도 극복해야 할 것입니다. 현실적으로 경제적인 어려움, 주어진 여건의 어려움 등으로 마음고생도 극복하면서 사회 초년생의 경험을 하게 됩니다.

주어진 여건 속에서도 다양한 진로와 관련하여 수험생활의 첫 번째 직면해야 할 것이 바로 시험과목일 것입니다. 그중에서 현재 이 글을 보고 있는 헌법 객관식 문제집도 하나입니다. 돌이켜 생각해 보면 지나간 시간 속에 다양한 경험은 좋은 추억이 될 것입니다. 기본적인 또는 기초적인 이론을 공부하고 이해하고 난 후 객관식을 문제집을 풀 것인가 하는 고민도 해본 적이 기억 속에 가물거리기도 합니다. 과거의 경험을 돌이켜 보면 객관식 시험은 객관식에 맞는 공부를 하는 것이 바람직하리라 봅니다. 기본적 이론을 공부하다 보면 이해의 정도에 대한 강약이 있으며, 기본적 지식도 객관식에 맞는 정도의 강약이 있는 것으로 보입니다. 경험에 의할 때 분명한 것은 학문적 또는 연구자적 자세로는 수험생활을 길어지게 합니다. 이를 배제한 자세로 대하는 것이

바로 기출문제를 경험하는 것입니다. 이미 잘 아시다시피 기출문제를 반복적으로 보면 발문의 중요한 핵심어가 자주 등장하고 그 핵심어마다 지문들도 반복적으로 등장합니다. 이렇게 기출문제를 통하여 출제경향을 보면 객관식에 맞는 공부 강약의 정도도 파악될 것이라 봅니다. 공부의 방법에 있어서 왕도가 별도로 있는 것이 아니며, 결국 본인의 노력과 인내심으로 합격의 지점에 한걸음 더 가까이 다가갈 것입니다. 무엇보다도 체력관리를 꾸준히 하면서 집중적이면서 효율적으로 시작해야 할 것입니다.

수십 년간 각종 국가시험을 출제해 본 경험이 있지만 출제하는 입장에서도 여전히 긴장되고 신중한 태도를 늘 갖고 있습니다. 이것은 어느 출제자들이나 마찬가지일 것입니다. 엄격하고 공정하면서도 좋은 문제를 만들어 수험생들에게 또 다른 부담을 주지 않는 것이 출제자의 사명일 것이라 봅니다. 수험생 여러분들도 각 과목마다 큰 틀과 흐름을 파악하면서 기본에 충실하고 인내와 성실함으로 수험생활을 하다 보면 합격이라는 노고의 열매를 얻을 수 있을 것입니다. 좋은 결과가 있기 바라며 늘 청운의 꿈을 갖고 생활하시길 바랍니다. 여러분은 꿈이 있고 미래의 희망이 있습니다. 조금씩 하나씩 천천히 꿈과 희망을 만들어 가시실 바랍니다.

늘 함께하며 든든한 버팀목이 되어준 나의 가족, 아내 김혜진과 큰아들 김태현, 둘째 아들 김태윤에게 깊은 감사의 마음을 이 책을 통해서 다시 한번 더 전하고 싶습니다. 아직까지 농사일 놓지 못하고 계시는 92세 아버님과 어머님께 늘 감사한 마음을 전하고 싶습니다. 지금처럼 늘 건강하시고 즐거운 마음으로 곁에 계셔서 든든합니다. 그리고 저희 헌법연구실의 장준혁 실장님, 강혜경 박사님, 박정선 박사님, 임서진 원장님, 양문석 대표님, 이원관 이사장님, 신정식 대표님, 김정현 선생님, 이영세 대표님, 조재현 과장님, 허준행 대표님, 오승재 박사님께 감사드립니다.

2024. 2. 20.
김 종 세

차 례

제 1 편 헌법총론

제1장 헌법과 헌법학

제1절 헌법의 의의
- 제1항 개 념
- 제2항 특 질
- 제3항 적용범위
- 제4항 헌법해석

제2절 헌법제정, 개정과 헌법보장
- 제1항 헌법제정
- 제2항 헌법개정
- 제3항 헌법보장
  1. 국가긴급권
  2. 저항권

제2장 대한민국헌법 총설

제1절 한국 헌정사

제2절 국가의 구성요소
- 제1항 국민(국적, 재외동포)
- 제2항 주권
- 제3항 영토(통일, 남북관계)

제3절 헌법의 기본원리
- 제1항 헌법 전문
- 제2항 기본원리
- 제3항 법치국가
  1. 포괄위임입법 금지
  2. 법률유보원칙
  3. 명확성원칙
  4. 처분적 법률
  5. 죄형법정주의
  6. 신뢰보호원칙
  7. 소급입법금지원칙
- 제4항 국민주권(민주주의)
- 제5항 사회국가
- 제6항 문화국가
- 제7항 평화국가(조약)

제4절 헌법의 기본질서
- 제1항 민주적 기본질서
- 제2항 경제적 기본질서
- 제3항 국제적 기본질서

제5절 헌법의 기본제도
- 제1항 제도보장
- 제2항 선거제도
- 제3항 정당제도
- 제4항 공무원제도
- 제5항 지방자치제도
- 제6항 조세제도, 교육제도, 가족제도
- 제7항 군사제도, 헌법재판제도

제 2 편 기본권론

제1장 총 론

제1절 기본권의 의의 ······ 3
제2절 기본권 주체 ······ 11
제3절 기본권 효력 ······ 51
제4절 기본권 갈등 ······ 54
제5절 기본권 제한 및 한계 ······ 68
제6절 기본권보호의무 ······ 95

제2장 이념적 및 포괄적 기본권

제1절 인간의 존엄과 가치 ······ 110
제2절 행복추구권 ······ 135
제3절 평등권 ······ 162

제3장 인신의 기본권

제1절 생명권 ······ 221
제2절 신체자유 ······ 230
1. 적법절차 259
2. 영장주의 275
3. 변호인조력 289
4. 무죄추정 및 죄형법정주의 306

제4장 사생활의 기본권

제1절 주거의 자유 ······ 320
거주·이전의 자유 320
제2절 사생활의 비밀 ······ 327
제3절 통신의 자유 ······ 383

제5장 정신적 기본권

제1절 양심의 자유 ······ 399
제2절 종교의 자유 ······ 424
제3절 학문의 자유 ······ 432
제4절 예술의 자유 ······ 437
제5절 언론·출판의 자유 ······ 439
제6절 집회·결사의 자유 ······ 496
알 권리 533

제6장 경제적 기본권

제1절 재산권 ······ 536
제2절 직업선택의 자유 ······ 570

제7장 정치적 기본권

제1절 참정권 및 국민투표권 ······ 621
제2절 선거권 ······ 631
제3절 공무담임권 ······ 639

제8장 청구권적 기본권

제1절 청원권 ······ 671
제2절 재판청구권 ······ 683
제3절 형사보상청구권 ······ 726
제4절 국가배상청구권 ······ 735
제5절 범죄피해자구조청구권 ······ 742

제9장 사회적 기본권

제1절 인간다운 생활권 ······ 764
제2절 교육을 받을 권리 ······ 776
제3절 근로권 ······ 802
제4절 환경권 ······ 833
제5절 혼인 및 모성보호 ······ 842

제10장 기본적 의무 851

제 3 편 국가조직론

제1장 구성원리
제1절 대의제의 원리
제2절 권력분립의 원리

제2장 정부형태

제3장 국회
제1절 개괄
제2절 구성과 조직
제3절 입법권과 절차
제1항 입법절차와 법률안절차
제2항 의사운영과 의사원칙
1. 의사운영과 의사절차
2. 의사원칙
제3항 교섭단체
제4항 위원회
제5항 정족수
제4절 국회권한
제5절 헌법기관구성권
제6절 재정권
제7절 국정통제권
제1항 인사청문과 동의권
제2항 탄핵소추
제3항 국정감사조사
제8절 국회의원
제9절 국회의원의 지위와 권한
제1항 지위
제2항 권한과 특권
제3항 자율권

제4장 대통령
제1절 헌법상 지위
제1항 개괄
제2항 대통령의 지위
제3항 대통령의 권한
제4항 대통령과 행정부
제2절 비상적 권한
제3절 대통령 특권
1. 형사불소추
2. 법률안거부권
제4절 입법권한
제5절 사법권한
사면권
제6절 행정부
제1항 정부조직
제2항 행정부
제3항 국무총리
제4항 국무위원과 행정각부
제5항 국무회의
제7절 감사원
제8절 선거관리위원회

제5장 법원
제1절 개괄
제1항 사법제도
제2항 사법권
제3항 사법부, 법원과 법관
제2절 법원조직
제3절 사법권독립

제6장 헌법재판소
제1절 헌법재판제도
제2절 헌법재판
제3절 구성과 지위
제4절 일반심판절차
제5절 위헌법률심판
제6절 헌법소원심판
제1항 헌법소원심판제도
제2항 헌법소원심판
제3항 헌법재판소법 제68조 제1항
제4항 헌법재판소법 제68조 제2항
제5항 적법요건과 청구기간
1. 적법요건
2. 청구기간
제6항 공권력행사 자기관련성 직접성 보충성
1. 공권력행사
2. 자기관련성
3. 직접성
4. 보충성
제7항 재판전제성 심판대상성 과잉금지원칙
1. 재판전제성
2. 심판대상성
3. 과잉금지원칙
제7절 권한쟁의심판
제8절 탄핵심판
제9절 위헌정당해산심판

제 2 편

기본권론

제1장 총 론

제1절 기본권의 의의

세계 각국에서 인권사상이 헌법에 수용되는 과정에 관한 설명으로 옳지 않은 것은?

① 17세기 영국에서는 일련의 권리장전들이 마련되었지만, 천부적 인권의 불가침을 선언하는 내용을 담고 있지는 않았다.

② 1787년 제정 당시의 미국 연방헌법은 인권조항을 담고 있는 세계 최초의 헌법이었다.

③ 1789년 프랑스 '인간과 시민의 권리선언'에서는 소유권을 신성불가침의 권리로 규정하였다.

④ 독일에서 인권보장헌법이 본격적으로 출현한 것은 1849년 독일제국헌법이라고 하겠으나, 이 헌법은 시행되지 못했다.

① (○) 영국은 인권에 대하여 왕과의 오랜 투쟁과 타협 속에서 왕권 행사에 일정한 통제를 통하여 확보되었으나, 영국에서의 인권은 인간으로서 당연히 가지는 권리로 이해되지는 않았다.

② (×) 1787년의 미국 연방헌법에서는 제정 당시 인권에 관한 규정을 두지 않았으나, 이후 1791년 10개조의 인권조항을 성문으로 담게 된 최초의 헌법이 되었다.

③ (○) 프랑스 인권선언의 핵심적인 내용을 살펴볼 때, 인간은 자유롭게 그리고 권리에 있어서 평등하게 태어났으며, 동 선언 제17조에서는 재산권을 신성하고 불가침적인 권리로 보장하면서 법률로써 제한할 수 있도록 하였다.

④ (○) 독일 인권보장 헌법은 1849년 제정된 독일제국헌법(프랑크푸르트 헌법)이라 할 수 있으나, 동 헌법은 정치적 등의 사정으로 시행되지 못했다.

[2007년 국가 7급] ②

기본권에 관한 헌법재판소의 입장으로 옳지 않은 것은? (다툼이 있는 경우 헌법재판소 판례에 의함)

① 인격권은 헌법 제10조의 인간의 존엄과 가치로부터 유래한다.

② 헌법에 열거되지 아니한 기본권을 새롭게 인정하려면, 그 필요성이 특별히 인정되고, 그 권리내용이 비교적 명확하여 구체적 기본권으로서의 실체, 즉 권리내용을 규범 상대방에게 요구할 힘이 있고 그 실현이 방해되는 경우 재판에 의하여 그 실현을 보장받을 수 있는 구체적 권리로서의 실질에 부합하여야 한다.

③ '부모의 자녀에 대한 교육권'은 비록 헌법에 명문으로 규정되어 있지는 아니하지만, 이는 모든 인간이 누리는 불가침의 인권으로서 혼인과 가족생활을 보장하는 헌법 제36조 제1항, 행복추구권을 보장하는 헌법 제10조 및 "국민의 자유와 권리는 헌법에 열거되지 아니한 이유로 경시되지 아니한다"고 규정하는 헌법 제37조 제1항에서 나오는 기본권이다.

④ 헌법 제31조 제4항이 보장하는 대학의 자율성이란 대학의 운영에 관한 모든 사항을 외부의 간섭 없이 자율적으로 결정할 수 있는 자유를 말한다.

⑤ 출국만기보험금의 지급시기에 관한 것은 근로조건의 문제이고 생존권적 성격을 가지므로 외국인에게는 기본권 주체성이 인정되지 않는다.

① (○) 피청구인의 청구인들에 대한 이러한 과도한 이 사건 신체수색은 그 수단과 방법에 있어서 필요한 최소한도의 범위를 벗어났을 뿐만 아니라, 이로 인하여 청구인들로 하여금 인간으로서의 기본적 품위를 유지할 수 없도록 하는 것으로서 수인하기 어려운 정도라고 보여지므로 헌법 제10조의 인간의 존엄과 가치로부터 유래하는 인격권 및 제12조의 신체의 자유를 침해하는 정도에 이르렀다고 판단된다(헌재 2002.7.18. 2000헌마327).

② (○) 국가는 국민이 전쟁과 테러 등 무력행위로부터 자유로운 평화 속에서 생활을 영위하면서 인간의 존엄과 가치를 지키고 헌법상 보장된 기본권을 최대한 누릴 수 있도록 노력하여야 할 책무가 있음은 부인할 수 없다. 그러나 평화주의가 헌법적 이념 또는 목적이라고 하여 이것으로부터 국민 개인의 평화적 생존권이 바로 도출될 수 있는 것은 아니다. 헌법에 열거되지 아니한 기본권을 새롭게 인정하려면, 그 필요성이 특별히 인정되고, 그 권리내용(보호영역)이 비교적 명확하여 구체적 기본권으로서의 실체, 즉 권리내용을 규범 상대방에게 요구할 힘이 있고 그 실현이 방해되는 경우 재판에 의하여 그 실현을 보장받을 수 있는 구체적 권리로서의 실질에 부합하여야 할 것이다(헌재 2004.4.29. 2003헌마814). 평화적 생존권을 헌법에 열거되지 아니한 기본권으로서 특별히 새롭게 인정할 필요성이 있다거나 그 권리내용이 비교적 명확하여 구체적 권리로서의 실질에 부합한다고 보기 어렵다 할 것이다(헌재 2009.5.28. 2007헌마369).

③ (○) 부모의 자녀에 대한 교육권은 비록 헌법에 명문으로 규정되어 있지는 아니하지만, 이는 모든 인간이 누리는 불가침의 인권으로서 혼인과 가족생활을 보장하는 헌법 제36조 제1항, 행복추구권을 보장하는 헌법 제10조 및 "국민의 자유와 권리는 헌법에 열거되지 아니한 이유로 경시되지 아니한다"고 규정하는 헌법 제37조 제1항에서 나오는 중요한 기본권이다(헌재 2000.4.27. 98헌가16).

④ (○) 헌법 제31조 제4항이 보장하는 대학의 자율성이란 대학의 운영에 관한 모든 사항을 외부의 간섭 없이 자율적으로 결정할 수 있는 자유를 말한다. 국립대학인 세무대학은 공법인으로서 사립대학과 마찬가지로 대학의 자율권이라는 기본권의 보호를 받으므로, 세무대학은 국가의 간섭 없이 인사·학사·시설·재정 등 대학과 관련된 사항들을 자주적으로 결정하고 운영할 자유를 갖는다. 그러나 대학의 자율성은 그 보호영역이 원칙적으로 당해 대학 자체의 계속적 존립에까지 미치는 것은 아니다(헌재 2001.2.22. 99헌마613).

⑤ (×) 외국인의 기본권 주체성 여부는 기본권의 성질에 좌우되는데, 인간의 존엄과 가치, 행복추구권, 평등권과 같은 인간의 권리로서의 성격을 갖는 기본권들이 외국인에게 인정된다(헌재 2001.11.29. 99헌마494). 근로의 권리 중 인간의 존엄성 보장에 필요한 최소한의 근로조건을 요구할 수 있는 일할 환경에 관한 권리 역시 외국인에게 보장되고(헌재 2007.8.30. 2004헌마670), 고용허가를 받아 우리 사회에서 정당한 노동인력으로서 지위를 부여받은 외국인들의 직장선택의 자유도 인간의 권리로서 보장된다(헌재 2011.9.29. 2007헌마1083; 헌재 2011.9.29. 2009헌마351). 출국만기보험금은 퇴직금의 성질을 가지고 있어서 그 지급시기에 관한 것은 근로조건의 문제이므로 외국인인 청구인들에게도 기본권 주체성이 인정된다(헌재 2016.3.31. 2014헌마367). [2022년 소방간부] ⑤

기본권에 대한 설명으로 옳지 않은 것은? (다툼이 있는 경우 판례에 의함)

① 영토권을 헌법소원의 대상인 기본권의 하나로 간주하는 것은 가능하다.

② '헌법전문에 기재된 3·1정신'은 헌법소원의 대상인 헌법상 보장된 기본권에 해당하지 아니한다.

③ 행복추구권 속에는 일반적 행동자유권, 개성의 자유로운 발현권이 포함되어 있다.
④ 평화적 생존권은 헌법 제10조와 제37조 제1항에 의하여 인정된 기본권으로서 침략전쟁에 강제되지 않고 평화적 생존을 할 수 있도록 국가에 요청할 수 있는 권리이다.

① (○) 국민의 개별적 기본권이 아니라 할지라도 기본권보장의 실질화를 위하여서는, 영토조항만을 근거로 하여 독자적으로는 헌법소원을 청구할 수 없다 할지라도, 모든 국가권능의 정당성의 근원인 국민의 기본권 침해에 대한 권리구제를 위하여 그 전제조건으로서 영토에 관한 권리를 이를테면 영토권이라 구성하여, 이를 헌법소원의 대상인 기본권의 하나로 간주하는 것은 가능한 것으로 판단된다(헌재 2001.3.21. 99헌마139).
② (○) 헌법전문에 기재된 3·1정신은 우리나라 헌법의 연혁적·이념적 기초로서 헌법이나 법률해석에서의 해석기준으로 작용한다고 할 수 있지만, 그에 기하여 곧바로 국민의 개별적 기본권성을 도출해낼 수는 없다고 할 것이므로, 헌법소원의 대상인 헌법상 보장된 기본권에 해당하지 아니한다(헌재 2001.3.21. 99헌마139).
③ (○) 헌법 제10조 전문은 "모든 국민은 인간으로서의 존엄과 가치를 가지며, 행복을 추구할 권리를 가진다"고 규정하고 있다. 여기의 행복추구권 속에 함축된 일반적인 행동자유권과 개성의 자유로운 발현권은 국가안전보장, 질서유지 또는 공공복리에 반하지 않는 한 입법 기타 국정상 최대의 존중을 필요로 하는 것이라고 볼 것이다. 일반적 행동자유권에는 적극적으로 자유롭게 행동을 하는 것은 물론 소극적으로 행동을 하지 않을 자유 즉 부작위의 자유도 포함되는 것으로, 법률행위의 영역에 있어서는 계약을 체결할 것인가의 여부, 체결한다면 어떠한 내용의, 어떠한 상대방과의 관계에서, 어떠한 방식으로 계약을 체결하느냐 하는 것도 당사자 자신이 자기의사로 결정하는 자유뿐만 아니라 원치 않으면 계약을 체결하지 않을 자유 즉 원치 않는 계약의 체결은 법이나 국가에 의하여 강제받지 않을 자유인 이른바 계약자유의 원칙도, 여기의 일반적 행동자유권으로부터 파생되는 것이라 할 것이다(헌재 1991.6.3. 89헌마204).
④ (×) 청구인들이 평화적 생존권이란 이름으로 주장하고 있는 평화란 헌법의 이념 내지 목적으로서 추상적인 개념에 지나지 아니하고, 평화적 생존권은 이를 헌법에 열거되지 아니한 기본권으로서 특별히 새롭게 인정할 필요성이 있다거나 그 권리내용이 비교적 명확하여 구체적 권리로서의 실질에 부합한다고 보기 어려워 헌법상 보장된 기본권이라고 할 수 없다. 종전에 헌법재판소가 이 결정과 견해를 달리하여 평화적 생존권을 헌법 제10조와 제37조 제1항에 의하여 인정된 기본권으로서 침략전쟁에 강제되지 않고 평화적 생존을 할 수 있도록 국가에 요청할 수 있는 권리라고 판시한 2003.2.23. 2005헌마268 결정은, 이 결정과 저촉되는 범위 내에서 이를 변경한다(헌재 2009.5.28. 2007헌마369).
[2020년 국가 5급] ④

기본권에 대한 설명으로 옳지 않은 것은? (다툼이 있는 경우 판례에 의함)
① 헌법재판소는 기본권 보호의무 위배 여부를 심사하는 기준으로 과잉금지원칙을 채택하고 있다.
② 행정기관의 행위라도 사법(私法)상의 행위는 헌법소원의 대상이 되지 않는다.
③ 국가는 헌법 제10조에 의거하여 태아의 생명을 보호할 의무가 있지만, 태아를 위하여 민법상 일반적 권리능력까지도 인정해야 하는 헌법적 요청이 도출되는 것은 아니다.
④ 「산업단지 인허가 절차 간소화를 위한 특례법」상 산업단지의 지정권자로 하여금 산업단지계획안에 대한 주민의견청취와 동시에 환경영향평가서 초안에 대한 주민의견청취를 진행하도록 한 것은 국가의 기본권 보호의무에 위반되지 않는다.
⑤ 헌법에 의하여 일정한 제도가 보장되면 입법자는 법률로써 이를 폐지할 수 없고, 제한하더라도 그 본질적 내용은 침해할 수 없다.

① (×) 입법자가 기본권 보호의무를 최대한 실현하는 것이 이상적이지만, 그러한 이상적 기준이 헌법재판소가 위헌 여부를 판단하는 심사기준이 될 수는 없으며, 헌법재판소를 권력분립의 관점에서 소위 과소보호금지원칙을, 즉 국가가 국민의 기본권 보호를 위하여 적어도 적절하고 효율적인 최소한의 보호조치를 취했는가를 기준으로 심사하게 된다(헌재 2008.7.31. 2004헌바81).

② (○) 피청구인은 증권회사를 회원으로 하여 설립된 법인이고, 원칙적으로 피청구인의 회원이 아닌 자는 유가증권시장에서의 매매거래를 하지 못하며, 유가증권시장에 유가증권을 상장하려는 법인은 피청구인과의 사이에 피청구인이 제정한 유가증권상장규정 등을 준수하겠다는 상장계약을 체결하는 것이다. 따라서 유가증권의 상장은 피청구인과 상장신청법인 사이의 상장계약이라는 사법상의 계약에 의하여 이루어지는 것이고, 상장폐지결정 및 상장폐지확정결정 또한 그러한 사법상의 계약관계를 해소하려는 피청구인의 일방적인 의사표시라고 봄이 상당하다고 할 것이다. 따라서 피청구인의 청구인 회사에 대한 이 사건 상장폐지확정결정은 헌법소원의 대상이 되는 공권력의 행사에 해당하지 아니하므로 이를 대상으로 한 심판청구는 부적법하다(헌재 2005.2.24. 2004헌마442).

③ (○) 태아는 형성 중의 인간으로서 생명을 보유하고 있으므로 국가는 태아를 위하여 각종 보호조치들을 마련해야 할 의무가 있다. 하지만 그와 같은 국가의 기본권 보호의무로부터 태아의 출생 전에, 또한 태아가 살아서 출생할 것인가 와는 무관하게, 태아를 위하여 민법상의 일반적 권리능력까지도 인정하여야 한다는 헌법적 요청이 도출되지 않는다(헌재 2008.7.31. 2004헌바81).

④ (○) 의견청취동시진행조항은 종래 산업단지의 지정을 위한 개발계획 단계와 산업단지 개발을 위한 실시계획 단계에서 각각 개별적으로 진행하던 산업단지개발계획안과 환경영향평가서 초안에 대한 주민의견청취절차 또는 주민의견수렴절차를 산업단지 인·허가 절차의 간소화를 위하여 한 번의 절차에서 동시에 진행하도록 하고 있을 뿐, 환경영향평가서 초안에 대한 주민의견수렴절차 자체를 생략하거나 주민이 환경영향평가서 초안을 열람하고 그에 대한 의견을 제출함에 있어 어떠한 방법상, 내용상 제한을 가하고 있지도 않다. 따라서 국가가 산업단지계획의 승인 및 그에 따른 산업단지 조성, 운영으로 인하여 초래될 수 있는 환경상 위해로부터 지역주민을 포함한 국민의 생명, 신체의 안전을 보호하기 위하여 필요한 최소한의 보호조치를 취하지 아니한 것으로 보기는 어려우므로, 의견청취동시진행조항이 국가의 기본권 보호의무에 위배되었다고 할 수 없다(헌재 2016.12.29. 2015헌바280).

⑤ (○) 제도적 보장은 주관적 권리가 아닌 객관적 법규범이라는 점에서 기본권과 구별되기는 하지만 헌법에 의하여 일정한 제도가 보장되면 입법자는 그 제도를 설정하고 유지할 입법의무를 지게 될 뿐만 아니라 헌법에 규정되어 있기 때문에 법률로써 이를 폐지할 수 없고, 비록 내용을 제한하더라도 그 본질적 내용을 침해할 수 없다(헌재 1997.4.24. 95헌바48). [2020년 국회 9급] ①

기본권에 관한 다음 설명 중 가장 옳지 않은 것은? (다툼이 있는 경우 대법원 판례 및 헌법재판소 결정에 의함)

① 주민등록번호가 부여된 이후 주민등록번호 변경을 허용하게 되면 범죄은폐, 탈세, 채무면탈 또는 신분세탁 등 불순한 용도로 이를 악용하는 경우가 발생할 수 있으므로 주민등록번호 변경을 허용하지 않은 주민등록법이 개인정보자기결정권을 침해한 것으로 볼 수 없다.

② 인터넷언론사의 공개된 게시판·대화방에서 스스로의 의사에 의하여 정당·후보자에 대한 지지·반대의 글을 게시하는 행위는 양심의 자유나 사생활 비밀의 자유에 의하여 보호되는 영역이라고 할 수 없다.

③ 방송의 자유는 주관적 권리로서의 성격과 함께 자유로운 의견형성이나 여론형성을 위해 필수적인 기능을 행하는 객관적 규범질서로서 제도적 보장의 성격을 함께 가진다.

④ 군대 내에서 군종장교가 성직자의 신분에서 종교 활동을 수행함에 있어 소속 종단의 종교를 선전하거나 다른 종교를 비판하였다고 할지라도 그것만으로 종교적 중립을 준수할 의무를 위반하였다고 볼 수 없다.

⑤ 헌법 제23조의 재산권은 자기 노력의 대가나 자본의 투자 등 특별한 희생을 통하여 얻은 공법상의 권리도 포함한다.

① (×) 개별적인 주민등록번호 변경을 허용하더라도 변경 전 주민등록번호와의 연계 시스템을 구축하여 활용한다면 개인 식별기능 및 본인 동일성 증명기능에 혼란이 발생할 가능성이 없고, 일정한 요건 하에 객관성과 공정성을 갖춘 기관의 심사를 거쳐 변경할 수 있도록 한다면 주민등록번호 변경절차를 악용하려는 시도를 차단할 수 있으며, 사회적으로 큰 혼란을 불러일으키지도 않을 것이다. 따라서 주민등록번호 변경에 관한 규정을 두고 있지 않은 심판대상조항은 과잉금지원칙에 위배되어 개인정보자기결정권을 침해한다(헌재 2015.12.23. 2013헌바68 등).

② (○) 인터넷언론사의 공개된 게시판·대화방에서 스스로의 의사에 의하여 정당·후보자에 대한 지지·반대의 글을 게시하는 행위는 정당·후보자에 대한 단순한 이견 등의 표현행위에 불과하여 양심의 자유나 사생활 비밀의 자유에 의하여 보호되는 영역이라고 할 수 없으므로, 그 과정에서 실명확인 절차의 부담을 진다고 하더라도 이를 두고 양심의 자유나 사생활 비밀의 자유를 제한받는 것이라고 볼 수 없어 그 침해 여부에 관하여 더 나아가 판단하지 아니한다(헌재 2010.2.25. 2008헌마324).

③ (○) 방송의 자유는 주관적 권리로서의 성격과 함께 자유로운 의견형성이나 여론형성을 위해 필수적인 기능을 행하는 객관적 규범질서로서 제도적 보장의 성격을 함께 가진다(헌재 2003.12.18. 2002헌바49).

④ (○) 군대 내에서 군종장교는 국가공무원인 참모장교로서의 신분뿐 아니라 성직자로서의 신분을 함께 가지고 소속 종단으로부터 부여된 권한에 따라 설교·강론 또는 설법을 행하거나 종교의식 및 성례를 할 수 있는 종교의 자유를 가지는 것이므로, 군종장교가 최소한 성직자의 신분에서 주재하는 종교 활동을 수행함에 있어 소속 종단의 종교를 선전하거나 다른 종교를 비판하였다고 할지라도 그것만으로 종교적 중립을 준수할 의무를 위반한 직무상의 위법이 있다고 할 수 없다(대법원 2007.4.26. 2006다87903).

⑤ (○) 헌법 제23조의 재산권은 민법상의 소유권뿐만 아니라, 재산적 가치 있는 사법상의 물권, 채권 등 모든 권리를 포함하며, 또한 국가로부터의 일방적인 급부가 아닌 자기 노력의 대가나 자본의 투자 등 특별한 희생을 통하여 얻은 공법상의 권리도 포함한다(헌재 2009.9.24. 2007헌마1092).

[2021년 법무사] ①

기본권에 관한 다음 설명 중 가장 옳은 것은?

① 우리 헌법은 법인의 기본권향유능력을 인정하는 명문의 규정을 두고 있지 않지만, 언론·출판의 자유, 재산권의 보장 등과 같이 성질상 법인이 누릴 수 있는 기본권은 당연히 법인에게도 적용된다.

② 정당은 단순한 시민이나 국가기관이 아니고 국민의 정치적 의사를 형성하는 중개적 기관으로 국민의 권리인 평등권의 주체가 될 수 없다.

③ 초기배아는 수정이 된 배아라는 점에서 아직 모체에 착상되거나 원시선이 나타나지 않았다고 하더라도 기본권의 주체가 될 수 있다.

④ 흡연자들이 자유롭게 흡연할 권리는 행복추구권을 규정한 헌법 제10조와 사생활의 자유를 규정한 헌법 제17조에 의하여 뒷받침되는 기본권이 아니다.

① (○) 우리 헌법은 법인 내지 단체의 기본권 향유능력에 대하여 명문의 규정을 두고 있지는 않지만 본래 자연인에게 적용되는 기본권이라도 그 성질상 법인이 누릴 수 있는 기본권은 법인에게도 적용된다(헌재 2012.8.23. 2009헌가27).

② (×) 시·도의회의원선거에서 정당이 후보자의 추천과 후보자를 지원하는 선거운동을 통하여 소기의 목적을 추구하는 경우, 평등권 및 평등선거원칙으로부터 나오는 (선거에 있어서의) 기회균등의 원칙은 후보자는 물론 정당에 대해서도 보장되는 것이므로 정당추천의 후보자가 선거에서 차등대우를 받는 것은 정당이 선거에서 차등대우를 받는 것과 같은 결과가 된다. 지방의회의원선거법 제36조 제1항의 "시·도의회의원 후보자는 700만원의 기탁금" 부분은 너무 과다하여, 자연인의 경우는 헌법 제11조의 평등권, 제24조의 선거권, 제25조의 공무담임권 등을 침해하는 것이고, 정당의 경우는 선거에 있어서 기회균등의 보장을 받을 수 있는 헌법적 권리를 침해한 것이다(헌재 1991.3.11. 91헌마21).

③ (×) 초기배아는 수정이 된 배아라는 점에서 형성 중인 생명의 첫걸음을 떼었다고 볼 여지가 있기는 하나 아직 모체에 착상되거나 원시선이 나타나지 않은 이상 현재의 자연과학적 인식 수준에서 독립된 인간과 배아 간의 개체적 연속성을 확정하기 어렵다고 봄이 일반적이라는 점, 배아의 경우 현재의 과학기술 수준에서 모태 속에서 수용될 때 비로소 독립적인 인간으로의 성장가능성을 기대할 수 있다는 점, 수정 후 착상 전의 배아가 인간으로 인식된다거나 그와 같이 취급하여야 할 필요성이 있다는 사회적 승인이 존재한다고 보기 어려운 점 등을 종합적으로 고려할 때, 기본권 주체성을 인정하기 어렵다(헌재 2010.5.27. 2005헌마346).

④ (×) 흡연자들이 자유롭게 흡연할 권리를 흡연권이라고 한다면, 이러한 흡연권은 인간의 존엄과 행복추구권을 규정한 헌법 제10조와 사생활의 자유를 규정한 헌법 제17조에 의하여 뒷받침된다(헌재 2004.8.26. 2003헌마457). [2021년 법원 9급] ①

기본권에 관한 다음 설명 중 가장 옳지 않은 것은? (다툼이 있는 경우 대법원 판례 및 헌법재판소 결정에 의함)

① 우리 헌법은 법인 내지 단체의 기본권향유능력에 대하여 명문의 규정을 두고 있지는 않지만, 본래 자연인에게 적용되는 기본권규정이라도 그 성질상 법인이 누릴 수 있는 기본권은 법인에게도 적용된다. 그러나 헌법 제10조의 인간으로서의 존엄과 가치, 행복을 추구할 권리는 그 성질상 자연인에게 인정되는 기본권이어서 법인에게는 적용되지 않는다.

② 불법체류 중인 외국인이라 하더라도 불법체류라는 것은 관련 법령에 의하여 체류자격이 인정되지 않는다는 것일 뿐이므로, '인간의 권리'로서 외국인에게도 주체성이 인정되는 일정한 기본권에 관하여 불법체류 여부에 따라 그 인정 여부가 달라지는 것은 아니다. 그러므로 불법체류 중인 외국인이 '국가인권위원회의 공정한 조사를 받을 권리' 역시 변호인의 조력을 받을 권리, 재판청구권 등과 마찬가지로 외국인에게도 헌법상 인정되는 기본권에 해당한다고 보아야 한다.

③ 기본권의 충돌이란 상이한 복수의 기본권 주체가 서로의 권익을 실현하기 위해 하나의 동일한 사건에서 국가에 대하여 서로 대립되는 기본권의 적용을 주장하는 경우를 말한다. 이때의 해법으로는 기본권의 서열이론, 법익형량의 원리, 실제적 조화의 원리 등을 들 수 있고, 헌법재판소는 충돌하는 기본권의 성격과 태양에 따라 그때그때마다 적절한 해결방법을 선택, 종합하여 이를 해결하여 왔다.

④ 기본권 보호의무는 기본권적 법익을 기본권 주체인 사인에 의한 위법한 침해 또는 침해의 위험으로부터 보호하여야 하는 국가의 의무를 말한다. 주로 사인인 제3자에 의한 개인의 생명이나 신체의 훼손에서 문제되는데, 이는 국가의 보호의무 없이는 타인에 의하여 개인의 신체나 생명 등 법익이 무력화될 정도의 상황에서만 적용될 수 있다.

⑤ 헌법에는 질병으로부터 생명·신체의 보호 등 보건에 관하여 특별히 국가의 보호의무를 강조하는 규정이 마련되어 있다. 그러므로 국민의 생명·신체의 안전이 질병 등으로부터 위협받거나 받게 될 우려가 있는 경우 국가는 이를 보호하기에 필요한 적절하고 효율적인 입법·행정상의 조치를 취하여 그 침해의 위험을 방지하고 이를 유지할 포괄적인 의무를 진다.

① (○) 우리 헌법은 법인의 기본권향유능력을 인정하는 명문의 규정을 두고 있지 않지만, 본래 자연인에게 적용되는 기본권규정이라도 언론·출판의 자유, 재산권의 보장 등과 같이 성질상 법인이 누릴 수 있는 기본권을 당연히 법인에게도 적용하여야 한 것으로 본다. 따라서 법인도 사단법인·재단법인 또는 영리법인·비영리법인을 가리지 아니하고 위 한계내에서는 헌법상 보장된 기본권이 침해되었음을 이유로 헌법소원심판을 청구할 수 있다(헌재 1991.6.3. 90헌마56). 청구인들은 학교법인이다. 법인격이 있는 사법상의 사단이나 재단은 성질상 기본권주체가 될 수 있는 범위에서 청구인능력을 가진다(헌재 1991.6.3. 90헌마56). 그런데 헌법 제10조의 인간으로서의 존엄과 가치, 행복을 추구할 권리는 그 성질상 자연인에게 인정되는 기본권이라고 할 것이어서, 법인인 청구인들에게는 적용되지 않는다고 할 것이다(헌재 2006.12.28. 2004헌바67).

② (×) 헌법재판소법 제68조 제1항 소정의 헌법소원은 기본권의 주체이어야만 청구할 수 있는데, 단순히 국민의 권리가 아니라 인간의 권리로 볼 수 있는 기본권에 대해서는 외국인도 기본권의 주체가 될 수 있다. 나아가 청구인들이 불법체류 중인 외국인들이라 하더라도, 불법체류라는 것은 관련 법령에 의하여 체류자격이 인정되지 않는다는 것일 뿐이므로, 인간의 권리로서 외국인에게도 주체성이 인정되는 일정한 기본권에 관하여 불법체류 여부에 따라 그 인정 여부가 달라지는 것은 아니다. 청구인들이 침해받았다고 주장하고 있는 신체의 자유, 주거의 자유, 변호인의 조력을 받을 권리, 재판청구권 등은 성질상 인간의 권리에 해당한다고 볼 수 있으므로, 위 기본권들에 관하여는 청구인들의 기본권 주체성이 인정된다. 그러나 국가인권위원회의 공정한 조사를 받을 권리는 헌법상 인정되는 기본권이라고 하기 어렵고, 이 사건 보호 및 강제퇴거가 청구인들의 노동3권을 직접 제한하거나 침해한 바 없음이 명백하므로, 위 기본권들에 대하여는 본안판단에 나아가지 아니한다(헌재 2012.8.23. 2008헌마430).

③ (○) 기본권의 충돌이란 상이한 복수의 기본권주체가 서로의 권익을 실현하기 위해 하나의 동일한 사건에서 국가에 대하여 서로 대립되는 기본권의 적용을 주장하는 경우를 말하는데, 한 기본권주체의 기본권행사가 다른 기본권주체의 기본권행사를 제한 또는 희생시킨다는 데 그 특징이 있다. 이와 같이 두 기본권이 충돌하는 경우 그 해법으로는 기본권의 서열이론, 법익형량의 원리, 실제적 조화의 원리(규범조화적 해석) 등을 들 수 있다. 헌법재판소는 기본권 충돌의 문제에 관하여 충돌하는 기본권의 성격과 태양에 따라 그때그때마다 적절한 해결방법을 선택, 종합하여 이를 해결하여 왔다(헌재 2005.11.24. 2002헌바95).

④ (○) 기본권 보호의무란 기본권적 법익을 기본권 주체인 사인에 의한 위법한 침해 또는 침해의 위험으로부터 보호하여야 하는 국가의 의무를 말하며, 주로 사인인 제3자에 의한 개인의 생명이나 신체의 훼손에서 문제되는데, 이는 타인에 의하여 개인의 신체나 생명 등 법익이 국가의 보호의무 없이는 무력화될 정도의 상황에서만 적용될 수 있다. 그런데 국가가 국민의 생명·신체의 안전을 보호할 의무를 진다하더라도 국가의 보호의무를 입법자 또는 그로부터 위임받은 집행자가 어떻게 실현하여야 할 것인가 하는 문제는 원칙적으로 권력분립과 민주주의의 원칙에 따라 국민에 의하여 직접 민주적 정당성을 부여받고 자신의 결정에 대하여 정치적 책임을 지는 입법자의 책임범위에 속하므로, 헌법재판소는 단지 제한적으로만 입법자 또는 그로부터 위임받은 집행자에 의한 보호의무의 이행을 심사할 수 있는 것이다. 따라서 국가가 국민의 생명·신체의 안전에 대한 보호의무를 다하지 않았는지 여부를 헌법재판소가 심사할 때에는 국가가 이를 보호하기 위하여 적어도 적절하고 효율적인 최소한의 보호조치를 취하였는가 하는 이른바 과소보호금지원칙의 위반 여부를 기준으로 삼아, 국민의 생명·신체의 안전을 보호하기 위한 조치가 필요한 상황인데도 국가가 아무런 보호조치를 취하지 않았든지 아니면 취한 조치가 법익을 보호하기에 전적으로 부적합하거나 매우 불충분한 것임이 명백한 경우에 한하여 국가의 보호의무의 위반을 확인하여야 하는 것이다(헌재 2009.2.26. 2005헌마764).

⑤ (○) 헌법 제10조는 "모든 국민은 인간으로서의 존엄과 가치를 가지며, 행복을 추구할 권리를 가진다. 국가는 개인이 가지는 불가침의 기본적 인권을 확인하고 이를 보장할 의무를 진다"고 규정하여, 모든 국민이 인간으로서의 존엄과 가치를 지닌 주체임을 천명하고, 국가권력이 국민의 기본권을 침해하는 것을 금지함은 물론 이에서 더 나아가 적극적으로 국민의 기본권을 보호하고 이를 실현할 의무가 있음을 선언하고 있다. 또한 생명·신체의 안전에 관한 권리는 인간의 존엄과 가치의 근간을 이루는 기본권일 뿐만 아니라, 헌법 제36조 제3항은 "모든 국민은 보건에 관하여 국가의 보호를 받는다"고 규정하여 질병으로부터 생명·신체의 보호 등 보건에 관하여 특별히 국가의 보호의무를 강조하고 있으므로, 국민의 생명·신체의 안전이 질병 등으로부터 위협받거나 받게 될 우려가 있는 경우 국가로서는 그 위험의 원인과 정도에 따라 사회·경제적인 여건 및 재정사정 등을 감안하여 국민의 생명·신체의 안전을 보호하기에 필요한 적절하고 효율적인 입법·행정상의 조치를 취하여 그 침해의 위험을 방지하고 이를 유지할 포괄적인 의무를 진다 할 것이다(헌재 2008.12.26. 2008헌마419).

[2020년 법원 5급] ②

기본권에 대한 설명으로 옳지 않은 것은? (다툼이 있는 경우 판례에 의함)

① 어떤 법령이 수범자의 직업의 자유와 행복추구권 양자를 제한하는 외관을 띠는 경우 행복추구권과 직업의 자유는 서로 일반－특별관계에 있어 직업의 자유의 침해 여부가 우선하므로 행복추구권 관련 위헌 여부의 심사는 배제되어야 한다.

② 친양자 입양은 친생부모의 기본권과 친양자가 될 자의 기본권이 서로 대립·충돌하는 관계라고 할 수 있고, 이들 기본권은 공히 가족생활에 관한 기본권으로서 그 서열이나 법익의 형량을 통하여 어느 한쪽의 기본권을 일방적으로 우선시키고 다른 쪽을 후퇴시키는 것은 부적절하다.

③ 기본권보호의무란 기본권적 법익을 기본권 주체인 사인에 의한 위법한 침해 또는 침해의 위험으로부터 보호하여야 할 국가의 의무를 말한다.

④ 국가가 기본권 보호의무를 어떻게 어느 정도로 이행할 것인지는 원칙적으로 한 나라의 정치, 경제, 사회, 문화적인 제반 여건과 재정사정 등을 감안하여 입법정책적으로 판단하여야 하는 입법재량의 범위에 속한다.

⑤ 「공직선거법」은 확성장치를 사용할 수 있는 기간과 장소, 시간, 용도 등을 엄격하게 제한하고 있으므로 확성장치의 최고출력 내지 소음 규제기준에 관한 구체적인 규정을 두지 않았다고 하여 국가가 국민의 기본권 보호의무를 과소하게 이행한 것이라고 보기 어렵다.

① (○) 어떠한 법령이 수범자의 직업의 자유와 행복추구권 양자를 제한하는 외관을 띠는 경우 두 기본권의 경합 문제가 발생하는데, 보호영역으로서 직업이 문제되는 경우 직업의 자유와 행복추구권은 서로 특별관계에 있어 기본권의 내용상 특별성을 갖는 직업의 자유의 침해 여부가 우선하므로, 행복추구권 관련 위헌 여부의 심사는 배제된다고 보아야 한다(헌재 2003.9.25. 2002헌마519).

② (○) 친양자 입양은 친생부모의 기본권과 친양자가 될 자의 기본권이 서로 대립·충돌하는 관계라고 볼 수 있다. 그리고 이들 기본권은 공히 가족생활에 대한 기본권으로서 그 서열이나 법익의 형량을 통하여 어느 한쪽의 기본권을 일방적으로 우선시키고 다른 쪽을 후퇴시키는 것은 부적절하다(헌재 2012.5.31. 2010헌바87).

③ (○) 기본권 보호의무란 기본권적 법익을 기본권 주체인 사인에 의한 위법한 침해 또는 침해의 위험으로부터 보호하여야 하는 국가의 의무를 말하며, 주로 사인인 제3자에 의한 개인의 생명이나 신체의 훼손에서 문제되는데, 이는 타인에 의하여 개인의 신체나 생명 등 법익이 국가의 보호의무 없이는 무력화될 정도의 상황에서만 적용될 수 있다(헌재 2009.2.26. 2005헌마764).

④ (○) 국가의 기본권보호의무의 이행은 입법자의 입법을 통하여 비로소 구체화되는 것이고, 국가가 그 보호의무를 어떻게 어느 정도로 이행할 것인지는 원칙적으로 한 나라의 정치·경제·사회·문화적인 제반여건과 재정사정 등을 감안하여 입법정책적으로 판단하여야 하는 입법재량의 범위에 속하는 것이다(헌재 1997.1.16. 90헌마110).

⑤ (×) 심판대상조항이 선거운동의 자유를 감안하여 선거운동을 위한 확성장치를 허용할 공익적 필요성이 인정된다고 하더라도 정온한 생활환경이 보장되어야 할 주거지역에서 출근 또는 등교 이전 및 퇴근 또는 하교 이후 시간대에 확성장치의 최고출력 내지 소음을 제한하는 등 사용시간과 사용지역에 따른 수인한도 내에서 확성장치의 최고출력 내지 소음 규제기준에 관한 규정을 두지 아니한 것은, 국민이 건강하고 쾌적하게 생활할 수 있는 양호한 주거환경을 위하여 노력하여야 할 국가의 의무를 부과한 헌법 제35조 제3항에 비추어 보면, 적절하고 효율적인 최소한의 보호조치를 취하지 아니하여 국가의 기본권 보호의무를 과소하게 이행한 것으로서, 청구인의 건강하고 쾌적한 환경에서 생활할 권리를 침해하므로 헌법에 위반된다(헌재 2019.12.27. 2018헌마730). [2021년 국회 9급] ⑤

제2절 기본권 주체

기본권 주체에 관한 설명으로 가장 적절하지 않은 것은? (다툼이 있는 경우 판례에 의함)

① 법인도 그 성질에 반하지 않는 범위 내에서 인격권의 한 내용인 사회적 신용이나 명예 등의 주체가 될 수 있으나, 방송사업자가 심의규정을 위반한 경우 그 의사에 반하여 '시청자에 대한 사과'를 명령할 수 있도록 규정한 구 「방송법」 조항은 방송사업자의 인격권을 제한하는 것은 아니다.

② 외국인에게는 제한적으로 직업의 자유에 대한 기본권 주체성을 인정할 수 있는데, 근로관계가 형성되기 전단계인 특정한 직업을 선택할 수 있는 권리는 국가정책에 따라 법률로써 외국인에게 제한적으로 허용되는 것이지 헌법상 기본권에서 유래되는 것은 아니다.

③ 아직 모체에 착상되거나 원시선이 나타나지 않은 초기배아는 독립된 인간과 배아 간 개체적 연속성을 확정하기 어렵고, 배아는 모태 속에서 수용될 때 비로소 독립적인 인간으로의 성장가능성을 기대할 수 있어 기본권 주체성을 인정하기 어렵다.

④ 사자(死者)에 대한 사회적 명예와 평가의 훼손은 사자와의 관계를 통하여 스스로의 인격상을 형성하고 명예를 지켜온 그들 후손의 인격권, 즉 유족의 명예 또는 유족의 사자에 대한 경애추모의 정을 침해한다.

① (×) 법인도 법인의 목적과 사회적 기능에 비추어 볼 때 그 성질에 반하지 않는 범위 내에서 인격권의 한 내용인 사회적 신용이나 명예 등의 주체가 될 수 있고 법인이 이러한 사회적 신용이나 명예 유지 내지 법인격의 자유로운 발현을 위하여 의사결정이나 행동을 어떻게 할 것인지를 자율적으로 결정하는 것도 법인의 인격권의 한 내용을 이룬다. 사건 심판대상조항은 방송사업자의 의사에 반한 사과행위를 강제함으로써 방송사업자의 인격권을 제한하는바, 이러한 제한이 그 목적과 방법 등에 있어서 헌법 제37조 제2항에 의한 헌법적 한계 내의 것인지 살펴봐야 하며, 과잉금지원칙에 위배되어 방송사업자의 인격권을 침해한다(헌재 2012.8.23. 2009헌가27).

② (○) 외국인이 대한민국 법률에 따른 허가를 받아 국내에서 일정한 직업을 수행함으로써 근로관계가 형성된 경우, 그 직업은 그 외국인의 생활의 기본적 수요를 충족시키는 방편이 되고 또한 개성신장의 바탕이 된다는 점에서 외국인은 그 근로관계를 계속 유지함에 있어서 국가의 방해를 받지 않고 자유로운 선택과 결정을 할 자유가 있고 그러한 범위에서 제한적으로 직업의 자유에 대한 기본권주체성을 인정할 수 있다. 하지만 이는 이미 근로관계가 형성되어 있는 예외적인 경우에 제한적으로 인정한 것에 불과하며, 그러한 근로관계가 형성되기 전단계인 특정한 직업을 선택할 수 있는 권리는 국가정책에 따라 법률로써 외국인에게 제한적으로 허용되는 것이지 헌법상 기본권에서 유래되는 것은 아니다(헌재 2014.8.28. 2013헌마359).

③ (○) 초기배아는 수정이 된 배아라는 점에서 형성중인 생명의 첫걸음을 떼었다고 볼 여지가 있기는 하나 아직 모체에 착상되거나 원시선이 나타나지 않은 이상 현재의 자연과학적 인식 수준에서 독립된 인간과 배아 간의 개체적 연속성을 확정하기 어렵다고 봄이 일반적이라는 점, 배아의 경우 현재의 과학기술 수준에서 모태 속에서 수용될 때 비로소 독립적인 인간으로의 성장가능성을 기대할 수 있다는 점, 수정 후 착상 전의 배아가 인간으로 인식된다거나 그와 같이 취급하여야 할 필요성이 있다는 사회적 승인이 존재한다고 보기 어려운 점 등을 종합적으로 고려할 때, 기본권 주체성을 인정하기 어렵다(헌재 2010.5.27. 2005헌마346).

④ (○) 조사대상자가 사자인 경우에도 인격적 가치에 대한 중대한 왜곡으로부터 보호되어야 하고, 사자에 대한 사회적 명예와 평가의 훼손은 사자와의 관계를 통하여 스스로의 인격상을 형성하고 명예를 지켜온 그들 후손의 인격권, 즉 유족의 명예 또는 유족의 사자에 대한 경애추모의 정을 침해한다. 심판대상조항은 조사대상자의 사회적 평가와 아울러 이를 토대로 인격상을 형성하여 온 그 유족들의 인격권을 제한한다(헌재 2013.5.30. 2012헌바19).

[2023년 경찰공채 3월] ①

기본권 주체에 대한 설명으로 가장 적절하지 않은 것은? (다툼이 있는 경우 헌법재판소 판례에 의함)

① 공법상 재단법인인 방송문화진흥회가 최다출자자인 방송사업자로서 「방송법」 등 관련 규정에 의하여 공법상의 의무를 부담하고 있지만, 그 설립목적이 언론의 자유의 핵심 영역인 방송 사업이므로 이러한 업무수행과 관련해서 기본권 주체가 될 수 있다.

② 일할 자리에 관한 권리는 국민에게만 인정되지만, 일할 환경에 관한 권리는 외국인에게도 인정된다.

③ 아동과 청소년은 부모와 국가에 의한 단순한 보호의 대상이 아닌 독자적인 인격체이며, 그의 인격권은 성인과 마찬가지로 인간의 존엄성 및 행복추구권을 보장하는 「헌법」 제10조에 의하여 보호된다.

④ 정당은 권리능력 없는 사단으로서 기본권 주체성이 인정되므로 '미국산 쇠고기 수입의 위생조건에 관한 고시'와 관련하여 생명·신체의 안전에 관한 기본권 침해를 이유로 헌법소원을 청구할 수 있다.

① (○) 공법상 재단법인인 방송문화진흥회가 최다출자자인 방송사업자로서 방송법 등 관련 규정에 의하여 공법상의 의무를 부담하고 있지만, 상법에 의하여 설립된 주식회사로 설립목적은 언론의 자유의 핵심 영역인 방송사업이므로 이러한 업무 수행과 관련하여 당연히 기본권 주체가 될 수 있고, 그 운영을 광고수익에 전적으로 의존하고 있는 만큼 이를 위해 사경제 주체로서 활동하는 경우에도 기본권 주체가 될 수 있는바, 이 사건 심판청구는 청구인이 그 운영을 위한 영업활동의 일환으로 방송광고를 판매하는 지위에서 그 제한과 관련하여 이루어진 것이므로 그 기본권 주체성을 인정할 수 있다(헌재 2013.9.26. 2012헌마271).

② (○) 근로의 권리란 인간이 자신의 의사와 능력에 따라 근로관계를 형성하고, 타인의 방해를 받음이 없이 근로관계를 계속 유지하며, 근로의 기회를 얻지 못한 경우에는 국가에 대하여 근로의 기회를 제공하여 줄 것을 요구할 수 있는 권리를 말하며, 이러한 근로의 권리는 생활의 기본적인 수요를 충족시킬 수 있는 생활수단을 확보해 주고 나아가 인격의 자유로운 발현과 인간의 존엄성을 보장해 주는 것으로서 사회권적 기본권의 성격이 강하므로 이에 대한 외국인의 기본권주체성을 전면적으로 인정하기는 어렵다. 그러나 근로의 권리가 "일할 자리에 관한 권리"만이 아니라 "일할 환경에 관한 권리"도 함께 내포하고 있는바, 후자는 인간의 존엄성에 대한 침해를 방어하기 위한 자유권적 기본권의 성격도 갖고 있어 건강한 작업환경, 일에 대한 정당한 보수, 합리적인 근로조건의 보장 등을 요구할 수 있는 권리 등을 포함한다고 할 것이므로 외국인 근로자라고 하여 이 부분에까지 기본권 주체성을 부인할 수는 없다(헌재 2007.8.30. 2004헌마670).

③ (○) 아동과 청소년은 인격의 발전을 위하여 어느 정도 부모와 학교의 교사 등 타인에 의한 결정을 필요로 하는 아직 성숙하지 못한 인격체이지만, 부모와 국가에 의한 교육의 단순한 대상이 아닌 독자적인 인격체이며, 그의 인격권은 성인과 마찬가지로 인간의 존엄성 및 행복추구권을 보장하는 헌법 제10조에 의하여 보호된다(헌재 2000.4.27. 98헌가16).

④ (×) 사건에서 침해된다고 하여 주장되는 기본권은 생명·신체의 안전에 관한 것으로서 성질상 자연인에게만 인정되는 것이므로, 이와 관련하여 청구인 진보신당과 같은 권리능력 없는 단체는 위와 같은 기본권의 행사에 있어 그 주체가 될 수 없고, 또한 청구인 진보신당이 그 정당원이나 일반 국민의 기본권이 침해됨을 이유로 이들을 위하거나 이들을 대신하여 헌법소원심판을 청구하는 것은 원칙적으로 허용되지 아니하므로, 이 사건에 있어 청구인 진보신당은 청구인능력이 인정되지 아니한다(헌재 2008.12.26. 2008헌마419).

[2022년 경찰간부] ④

기본권의 주체에 관한 설명 중 가장 적절하지 않은 것은? (다툼이 있는 경우 판례에 의함)

① 불법체류 중인 외국인들이라 하더라도, 불법체류라는 것은 관련법령에 의하여 체류자격이 인정되지 않는다는 것일 뿐이므로, '인간의 권리'로서 외국인에게도 주체성이 인정되는 일

정한 기본권에 관하여 불법체류 여부에 따라 그 인정 여부가 달라지는 것은 아니다.

② 근로의 권리의 구체적인 내용에 따라, 국가에 대하여 고용증진을 위한 사회적, 경제적 정책을 요구할 수 있는 권리는 사회권적 기본권으로서 국민에 대하여만 인정해야 하지만, 자본주의 경제질서하에서 근로자가 기본적 생활수단을 확보하고 인간의 존엄성을 보장받기 위하여 최소한의 근로조건을 요구할 수 있는 권리는 자유권적 기본권의 성격도 아울러 가지므로 이러한 경우 외국인 근로자에게도 그 기본권 주체성을 인정함이 타당하다.

③ 청구인은 공법상 재단법인인 방송문화진흥회가 최다출자자인 방송사업자로서 「방송법」 등 관련 규정에 의하여 공법상의 의무를 부담하고 있으므로, 그 설립목적이 언론의 자유의 핵심 영역인 방송 사업이라고 하더라도 이러한 업무 수행과 관련해서는 기본권 주체가 될 수 없다.

④ 대통령도 국민의 한사람으로서 제한적으로나마 기본권의 주체가 될 수 있는바, 대통령은 소속 정당을 위하여 정당활동을 할 수 있는 사인으로서의 지위와 국민 모두에 대한 봉사자로서 공익 실현의 의무가 있는 헌법기관으로서의 지위를 동시에 갖는데 최소한 전자의 지위와 관련하여는 기본권 주체성을 갖는다고 할 수 있다.

① (○) 헌법재판소법 제68조 제1항 소정의 헌법소원은 기본권의 주체이어야만 청구할 수 있는데, 단순히 국민의 권리가 아니라 인간의 권리로 볼 수 있는 기본권에 대해서는 외국인도 기본권의 주체가 될 수 있다. 불법체류 중인 외국인들이라 하더라도, 불법체류라는 것은 관련 법령에 의하여 체류자격이 인정되지 않는다는 것일 뿐이므로, 인간의 권리로서 외국인에게도 주체성이 인정되는 일정한 기본권에 관하여 불법체류 여부에 따라 그 인정 여부가 달라지는 것은 아니다(헌재 2012.8.23. 2008헌마430).

② (○) 근로의 권리의 구체적인 내용에 따라, 국가에 대하여 고용증진을 위한 사회적, 경제적 정책을 요구할 수 있는 권리는 사회권적 기본권으로서 국민에 대하여만 인정해야 하지만, 자본주의 경제질서하에서 근로자가 기본적 생활수단을 확보하고 인간의 존엄성을 보장받기 위하여 최소한의 근로조건을 요구할 수 있는 권리는 자유권적 기본권의 성격도 아울러 가지므로 이러한 경우 외국인 근로자에게도 그 기본권 주체성을 인정함이 타당하다(헌재 2007.8.30. 2004헌마670).

③ (×) 공법상 재단법인인 방송문화진흥회가 최다출자자인 방송사업자로서 방송법 등 관련 규정에 의하여 공법상의 의무를 부담하고 있지만, 상법에 의하여 설립된 주식회사로 설립목적은 언론의 자유의 핵심 영역인 방송사업이므로 이러한 업무 수행과 관련하여 당연히 기본권 주체가 될 수 있고, 그 운영을 광고수익에 전적으로 의존하고 있는 만큼 이를 위해 사경제 주체로서 활동하는 경우에도 기본권 주체가 될 수 있는바, 이 사건 심판청구는 청구인이 그 운영을 위한 영업활동의 일환으로 방송광고를 판매하는 지위에서 그 제한과 관련하여 이루어진 것이므로 그 기본권 주체성을 인정할 수 있다(헌재 2013.9.26. 2012헌마271).

④ (○) 대통령도 국민의 한사람으로서 제한적으로나마 기본권의 주체가 될 수 있는바, 대통령은 소속 정당을 위하여 정당 활동을 할 수 있는 사인으로서의 지위와 국민 모두에 대한 봉사자로서 공익 실현의 의무가 있는 헌법기관으로서의 지위를 동시에 갖는데 최소한 전자의 지위와 관련하여는 기본권 주체성을 갖는다(헌재 2008.1.17. 2007헌마700). [2022년 경찰공채 3월] ③

기본권의 주체에 대한 설명으로 옳지 않은 것은? (다툼이 있는 경우 판례에 의함)

① 고용허가를 받아 우리 사회에서 정당한 노동인력으로서 지위를 부여받은 외국인들은 직장 선택의 자유와 근로의 권리 중 인간의 존엄성 보장에 필요한 최소한의 근로조건을 요구할 수 있는 '일할 환경에 관한 권리'가 보장된다.

② 개인이 자연인으로서 향유하게 되는 기본권은 그 성질상 당연히 법인에게 적용될 수 없다. 따라서 인간의 존엄과 가치에서 유래하는 인격권은 그 성질상 법인에게는 적용될 수 없다.
③ 헌법 제31조 제4항이 규정하는 교육의 자주성 및 대학의 자율성은 대학에 부여된 헌법상 기본권인 대학의 자율권이므로 국립대학도 이러한 대학의 자율권의 주체로서 헌법소원심판의 청구인능력이 인정된다.
④ 형성 중인 생명인 태아에게는 생명에 대한 권리가 인정되어야 하나 모체에 착상되기 전 혹은 원시선이 나타나기 전의 수정한 상태의 초기배아에게는 생명권의 주체성을 인정할 수 없다.
⑤ 특정 정당이 등록 취소된 이후에도 계속해서 등록정당에 준하는 권리능력 없는 사단으로서의 실질을 유지하고 있다면 정당설립의 자유를 향유하는 기본권 주체가 될 수 있다.

① (○) 근로의 권리 중 인간의 존엄성 보장에 필요한 최소한의 근로조건을 요구할 수 있는 일할 환경에 관한 권리 역시 외국인에게 보장되고, 고용허가를 받아 우리 사회에서 정당한 노동인력으로서 지위를 부여받은 외국인들의 직장선택의 자유도 인간의 권리로서 보장된다(헌재 2016.3.31. 2014헌마367).
② (×) 헌법은 법인 내지 단체의 기본권 향유능력에 대하여 명문의 규정을 두고 있지는 않지만 본래 자연인에게 적용되는 기본권이라도 그 성질상 법인이 누릴 수 있는 기본권은 법인에게도 적용된다. 법인도 법인의 목적과 사회적 기능에 비추어 볼 때 그 성질에 반하지 않는 범위 내에서 인격권의 한 내용인 사회적 신용이나 명예 등의 주체가 될 수 있고 법인이 이러한 사회적 신용이나 명예 유지 내지 법인격의 자유로운 발현을 위하여 의사결정이나 행동을 어떻게 할 것인지를 자율적으로 결정하는 것도 법인의 인격권의 한 내용을 이룬다(헌재 2012.8.23. 2009헌가27).
③ (○) 헌법 제31조 제4항이 규정하는 교육의 자주성 및 대학의 자율성은 헌법 제22조 제1항이 보장하는 학문의 자유의 확실한 보장을 위해 꼭 필요한 것으로서 대학에 부여된 헌법상 기본권인 대학의 자율권이므로, 국립대학인 청구인도 이러한 대학의 자율권의 주체로서 헌법소원심판의 청구인능력이 인정된다(헌재 2015.12.23. 2014헌마1149).
④ (○) 모든 인간은 헌법상 생명권의 주체가 되며, 형성 중의 생명인 태아에게도 생명에 대한 권리가 인정되어야 한다. 따라서 태아도 헌법상 생명권의 주체가 되며, 국가는 헌법 제10조에 따라 태아의 생명을 보호할 의무가 있다(헌재 2008.7.31. 2004헌바81). 초기배아는 수정이 된 배아라는 점에서 형성 중인 생명의 첫걸음을 떼었다고 볼 여지가 있기는 하나 아직 모체에 착상되거나 원시선이 나타나지 않은 이상 현재의 자연과학적 인식 수준에서 독립된 인간과 배아 간의 개체적 연속성을 확정하기 어렵다고 봄이 일반적이라는 점, 배아의 경우 현재의 과학기술 수준에서 모태 속에서 수용될 때 비로소 독립적인 인간으로의 성장가능성을 기대할 수 있다는 점, 수정 후 착상 전의 배아가 인간으로 인식된다거나 그와 같이 취급하여야 할 필요성이 있다는 사회적 승인이 존재한다고 보기 어려운 점 등을 종합적으로 고려할 때, 기본권 주체성을 인정하기 어렵다(헌재 2010.5.27. 2005헌마346).
⑤ (○) 청구인(사회당)은 등록이 취소된 이후에도, 취소 전 사회당의 명칭을 사용하면서 대외적인 정치활동을 계속하고 있고, 대내외 조직 구성과 선거에 참여할 것을 전제로 하는 당헌과 대내적 최고의사결정기구로서 당대회와, 대표단 및 중앙위원회, 지역조직으로 시·도위원회를 두는 등 계속적인 조직을 구비하고 있는 사실 등에 비추어 보면, 청구인은 등록이 취소된 이후에도 '등록정당'에 준하는 '권리능력 없는 사단'으로서의 실질을 유지하고 있다고 볼 수 있으므로 이 사건 헌법소원의 청구인능력을 인정할 수 있다(헌재 2006.3.30. 2004헌마246).

[2023년 국회 5급] ②

기본권 주체에 관한 설명으로 가장 적절하지 않은 것은? (다툼이 있는 경우 판례에 의함)

① 아동과 청소년은 인격의 발전을 위하여 어느 정도 부모와 학교의 교사 등 타인에 의한 결

정을 필요로 하는 아직 성숙하지 못한 인격체이지만, 부모와 국가에 의한 단순한 보호의 대상이 아닌 독자적인 인격체이며, 그의 인격권은 성인과 마찬가지로 인간의 존엄성 및 행복추구권을 보장하는 헌법 제10조에 의하여 보호된다.

② 불법체류 중인 외국인은 성질상 인간의 권리에 해당되는 신체의 자유, 주거의 자유, 변호인의 조력을 받을 권리, 재판청구권 등에 대해 주체성이 인정되므로 국가인권위원회의 공정한 조사를 받을 권리도 불법체류 중인 외국인에게 헌법상 인정되는 기본권이다.

③ 정당은 국민의 정치적 의사형성에 참여하기 위한 조직이지만, 구성원과는 독립하여 그 자체로서 기본권의 주체가 될 수 있다.

④ 주택재개발정비사업조합은 노후·불량한 건축물이 밀집한 지역에서 주거환경을 개선하여 도시의 기능을 정비하고 주거생활의 질을 높여야 할 국가의 의무를 대신하여 실현하는 기능을 수행하고 있으므로 구 「도시 및 주거환경정비법」상 주택재개발정비사업조합이 공법인의 지위에서 기본권의 수범자로 기능하면서 행정심판의 피청구인이 된 경우에는 기본권의 주체가 될 수 없다.

① (○) 아동과 청소년은 인격의 발전을 위하여 어느 정도 부모와 학교의 교사 등 타인에 의한 결정을 필요로 하는 아직 성숙하지 못한 인격체이지만, 부모와 국가에 의한 교육의 단순한 대상이 아닌 독자적인 인격체이며, 그의 인격권은 성인과 마찬가지로 인간의 존엄성 및 행복추구권을 보장하는 헌법 제10조에 의하여 보호된다(헌재 2000.4.27. 98헌가16).

② (×) 불법체류외국인인 청구인들이 침해받았다고 주장하고 있는 신체의 자유, 주거의 자유, 변호인의 조력을 받을 권리, 재판청구권 등은 성질상 인간의 권리에 해당한다고 볼 수 있으므로, 위 기본권들에 관하여는 청구인들의 기본권 주체성이 인정된다. 그러나 국가인권위원회의 공정한 조사를 받을 권리는 헌법상 인정되는 기본권이라고 하기 어렵다(헌재 2012.8.23. 2008헌마430).

③ (○) 청구인 진보신당은 국민의 정치적 의사형성에 참여하기 위한 조직으로 성격상 권리능력 없는 단체에 속하지만, 구성원과는 독립하여 그 자체로서 기본권의 주체가 될 수 있고, 그 조직 자체의 기본권이 직접 침해당한 경우 자신의 이름으로 헌법소원심판을 청구할 수 있다(헌재 2008.12.26. 2008헌마419).

④ (○) 재개발조합이 공법인의 지위에서 행정처분의 주체가 되는 경우에 있어서는, 위 조합은 재개발사업에 관한 국가의 기능을 대신하여 수행하는 공권력 행사자 내지 기본권 수범자의 지위에 있다. 이 사건에서도 재개발조합은 도시정비법 제89조 제1항에 따라 기본권의 수범자인 행정청의 지위에서 국민에게 이 사건 청산금부과처분을 하였기 때문에, 행정심판의 피청구인이 되어 심판대상조항의 규율을 받게 된 것이다. 따라서 재개발조합이 기본권의 수범자로 기능하면서 행정심판의 피청구인이 된 경우에 적용되는 심판대상조항의 위헌성을 다투는 이 사건에 있어, 재개발조합인 청구인은 기본권의 주체가 된다고 볼 수 없다(헌재 2022.7.21. 2019헌바543).

[2023년 경찰공채 8월] ②

기본권의 주체에 관한 설명으로 옳은 것은? (다툼이 있는 경우 헌법재판소 결정례에 의함)

① 기본권의 주체가 아닌 자는 「헌법재판소법」 제68조 제1항에 따른 헌법소원심판을 청구할 수 없다.

② 인간으로서의 존엄과 가치는 자연인을 전제로 하는 것이므로, 법인은 인격권의 주체가 될 수 없다.

③ 외국인이 기본권의 주체가 될 수 있는 경우는 없다.
④ 지방자치단체는 기본권의 주체가 될 수 있다.
⑤ 정당은 권리능력 없는 단체에 속하므로 그 자체로서 기본권의 주체가 될 수 없다.

① (○) 기본권의 주체성에 있어서 헌법재판의 헌법소원을 제기할 수 있는 청구인 적격성을 갖추어야 한다. 특히 헌법재판소법 제68조 제1항에 의하면 기본권을 침해받은 자, 즉 기본권의 주체만이 헌법소원을 제기할 수 있으므로, 기본권 주체가 아닌 자가 헌법소원을 제기하는 경우에는 청구인 적격이 인정되지 않으므로 심판청구는 부적법하다.
② (×) 법인도 법인의 목적과 사회적 기능에 비추어 볼 때 그 성질에 반하지 않는 범위 내에서 인격권의 한 내용인 사회적 신용이나 명예 등의 주체가 될 수 있고 법인이 이러한 사회적 신용이나 명예 유지 내지 법인격의 자유로운 발현을 위하여 의사결정이나 행동을 어떻게 할 것인지를 자율적으로 결정하는 것도 법인의 인격권의 한 내용을 이룬다(헌재 2012.8.23. 2009헌가27).
③ (×) 외국인은 국민과 유사한 지위에 있으므로 원칙적으로 기본권 주체성이 인정된다(헌재 2001.11.29. 99헌마494).
④ (×) 지방자치단체는 기본권의 주체가 될 수 없다는 것이 헌법재판소의 입장이며, 이를 변경해야 할 만한 사정이나 필요성이 없으므로 지방자치단체인 춘천시의 헌법소원 청구는 부적법하다(헌재 2006.12.28. 2006헌마312).
⑤ (×) 청구인 진보신당은 국민의 정치적 의사형성에 참여하기 위한 조직으로 성격상 권리능력 없는 단체에 속하지만, 구성원과는 독립하여 그 자체로서 기본권의 주체가 될 수 있고, 그 조직 자체의 기본권이 직접 침해당한 경우 자신의 이름으로 헌법소원심판을 청구할 수 있다(헌재 2008.12.26. 2008헌마419). [2020년 소방간부] ①

기본권 주체에 대한 설명으로 가장 적절하지 않은 것은? (다툼이 있는 경우 헌법재판소 판례에 의함)

① 법률이 교섭단체를 구성한 정당에 정책연구위원을 두도록 하여 그렇지 못한 정당을 차별하는 경우 교섭단체를 구성하지 못한 정당은 기본권을 침해받을 가능성이 있다.
② 법인 등 결사체도 그 조직과 의사형성, 업무수행에 있어서 자기결정권을 가지고 있어 결사의 자유의 주체가 된다.
③ 헌법상 기본권의 주체가 될 수 있는 법인은 원칙적으로 사법인(私法人)에 한하는 것이고 공법인(公法人)은 헌법의 수범자이지 기본권의 주체가 될 수 없다.
④ 축산업협동조합중앙회(이하 '축협중앙회')는 공법인성과 사법인성을 겸유한 특수한 법인으로서 기본권의 주체가 될 수 있으며, 이 경우 축협중앙회의 공법인적 특성이 축협중앙회의 기본권 행사에 제약요소로 작용하지 않는다.

① (○) 교섭단체에 정책연구위원을 둔다는 국회법 제34조 제1항 규정은 교섭단체를 구성한 정당에게 정책연구위원을 배정한다는 것과 실질적으로 다를 바 없다고 할 것인바, 이 규정은 교섭단체 소속의원과 그렇지 못한 의원을 차별하는 것인 동시에, 교섭단체를 구성한 정당과 그렇지 못한 정당도 차별하고 있다. 그렇다면 국회의원 20인 이상을 확보하지 못하여 교섭단체를 구성하지 못한 청구인은 이 사건 규정으로 인하여 자신의 기본권을 침해받을 가능성이 있다(헌재 2008.3.27. 2004헌마654).
② (○) 법인 등 결사체도 그 조직과 의사형성에 있어서, 그리고 업무수행에 있어서 자기결정권을 가지고 있어 결사의 자유의 주체가 된다고 봄이 상당하므로, 축협중앙회는 그 회원조합들과 별도로 결사의 자유의 주체가 된다(헌재 2000.6.1. 99헌마553).
③ (○) 헌법상 기본권의 주체가 될 수 있는 법인은 원칙적으로 사법인에 한하는 것이고 공법인은 헌법의 수범자이지 기본권의 주체가 될 수 없다(헌재 2000.6.1. 99헌마553).

④ (×) 축협중앙회는 공법인성과 사법인성을 겸유한 특수한 법인으로서 이 사건에서 기본권의 주체가 될 수 있다고는 할 것이지만, 위와 같이 두드러진 공법인적 특성이 축협중앙회가 가지는 기본권의 제약요소로 작용하는 것만은 이를 피할 수 없다고 할 것이다(헌재 2000.6.1. 99헌마553). [2023년 경찰간부] ④

다음 중 기본권 주체에 관한 설명으로 가장 옳지 않은 것은? (다툼이 있는 경우 판례에 의함)

① 공법상 재단법인인 방송문화진흥회가 최다출자자인 방송사업자는 관련 규정에 의하여 공법상의 의무를 부담하고 있기 때문에 기본권의 주체가 될 수 없다.

② '2018학년도 대학수학능력시험 시행기본계획'은 성년의 자녀를 둔 부모의 자녀교육권을 제한하지 않는다.

③ 법인도 법인의 목적과 사회적 기능에 비추어 볼 때 그 성질에 반하지 않는 범위 내에서 인격권의 한 내용인 사회적 신용이나 명예 등의 주체가 될 수 있다.

④ 태아도 헌법상 생명권의 주체이고, 그 성장 상태가 보호 여부의 기준이 되어서는 안 된다.

① (×) 공법상 재단법인인 방송문화진흥회가 최다출자자인 방송사업자로서 방송법 등 관련 규정에 의하여 공법상의 의무를 부담하고 있지만, 상법에 의하여 설립된 주식회사로 설립목적은 언론의 자유의 핵심 영역인 방송사업이므로 이러한 업무 수행과 관련하여 당연히 기본권 주체가 될 수 있고, 그 운영을 광고수익에 전적으로 의존하고 있는 만큼 이를 위해 사경제 주체로서 활동하는 경우에도 기본권 주체가 될 수 있는바, 이 사건 심판청구는 청구인이 그 운영을 위한 영업활동의 일환으로 방송광고를 판매하는 지위에서 그 제한과 관련하여 이루어진 것이므로 그 기본권 주체성을 인정할 수 있다(헌재 2013.9.26. 2012헌마271).

② (○) 부모는 아직 성숙하지 못하고 인격을 닦고 있는 미성년 자녀를 교육시킬 교육권을 가지지만, 자녀가 성년에 이르면 자녀 스스로 자신의 기본권 침해를 다툴 수 있으므로 이와 별도로 부모에게 자녀교육권 침해를 다툴 수 있도록 허용할 필요가 없다. 따라서 심판대상계획이 청구인의 자녀교육권을 제한한다고 볼 수 없으므로, 청구인에 대한 기본권 침해 가능성도 인정할 수 없다(헌재 2018.2.22. 2017헌마691).

③ (○) 헌법은 법인 내지 단체의 기본권 향유능력에 대하여 명문의 규정을 두고 있지는 않지만 본래 자연인에게 적용되는 기본권이라도 그 성질상 법인이 누릴 수 있는 기본권은 법인에게도 적용된다. 법인도 법인의 목적과 사회적 기능에 비추어 볼 때 그 성질에 반하지 않는 범위 내에서 인격권의 한 내용인 사회적 신용이나 명예 등의 주체가 될 수 있고 법인이 이러한 사회적 신용이나 명예 유지 내지 법인격의 자유로운 발현을 위하여 의사결정이나 행동을 어떻게 할 것인지를 자율적으로 결정하는 것도 법인의 인격권의 한 내용을 이룬다(헌재 2012.8.23. 2009헌가27).

④ (○) 태아의 성장 상태가 보호 여부의 기준이 되어서는 안되지만, 국가가 생명을 보호하는 입법적 조치를 취함에 있어 인간생명의 발달단계에 따라 그 보호정도나 보호수단을 달리할 수 있다. 모든 인간은 헌법상 생명권의 주체가 되고, 인간으로서 형성되어 가는 단계의 생명인 태아에게도 생명에 대한 권리가 인정되어야 한다. 태아가 비록 그 생명의 유지를 위하여 모에게 의존해야 하지만, 그 자체로 모와 별개의 생명체이고 특별한 사정이 없는 한 인간으로 성장할 가능성이 크기 때문이다. 태아도 헌법상 생명권의 주체이고, 따라서 그 성장 상태가 보호 여부의 기준이 되어서는 안될 것이다(헌재 2012.8.23. 2010헌바402). 국가가 태아의 생명 보호라는 공익을 추구함에 있어서도, 생명의 연속적 발달과정에 대하여 생명이라는 공통요소만을 이유로 언제나 동일한 법적 효과를 부여하여야 하는 것은 아니다. 동일한 생명이라 할지라도 법질서가 생명의 발달과정을 일정한 단계들로 구분하고 그 각 단계에 상이한 법적 효과를 부여하는 것이 불가능하지 않으므로, 국가가 생명을 보호하는 입법적 조치를 취함에 있어 인간생명의 발달단계에 따라 그 보호정도나 보호수단을 달리할 수 있다(헌재 2019.4.11. 2017헌바127). [2022년 해경간부] ①

기본권 주체에 관한 설명으로 옳지 않은 것은? (다툼이 있는 경우 헌법재판소 판례에 의함)

① 국민과 유사한 지위에 있는 외국인도 원칙적으로 기본권의 주체가 될 수 있다.

② 공법상 재단법인인 방송문화진흥회가 최다출자자인 방송사업자는 그 설립목적이 언론의 자유의 핵심 영역인 방송 사업이므로 이러한 업무 수행과 관련해서는 기본권 주체가 될 수 있다.

③ 헌법상 기본권의 주체가 될 수 있는 법인은 원칙적으로 사법인에 한하는 것이고 공법인은 헌법의 수범자이지 기본권의 주체가 될 수 없다.

④ 등록 취소된 정당은 정당으로서의 실질적인 활동을 계속하고 있더라도 기본권 주체성을 인정할 수 없다.

⑤ 법인도 법인의 목적과 사회적 기능에 비추어 볼 때, 그 성질에 반하지 않는 범위 내에서 인격권의 한 내용인 사회적 신용이나 명예의 주체가 될 수 있다.

① (○) 헌법재판소법 제68조 제1항 소정의 헌법소원은 기본권의 주체이어야만 청구할 수 있다고 한 다음, 국민 또는 국민과 유사한 지위에 있는 외국인은 기본권의 주체가 될 수 있다(헌재 2011.9.29. 2009헌마351).

② (○) 청구인의 경우 공법상 재단법인인 방송문화진흥회가 최다출자자인 방송사업자로서 방송법 등 관련 규정에 의하여 공법상의 의무를 부담하고 있지만, 상법에 의하여 설립된 주식회사로 설립목적은 언론의 자유의 핵심 영역인 방송사업이므로 이러한 업무 수행과 관련하여 당연히 기본권 주체가 될 수 있고, 그 운영을 광고수익에 전적으로 의존하고 있는 만큼 이를 위해 사경제 주체로서 활동하는 경우에도 기본권 주체가 될 수 있는바, 이 사건 심판청구는 청구인이 그 운영을 위한 영업활동의 일환으로 방송광고를 판매하는 지위에서 그 제한과 관련하여 이루어진 것이므로 그 기본권 주체성을 인정할 수 있다(헌재 2013.9.26. 2012헌마271).

③ (○) 헌법상 기본권의 주체가 될 수 있는 법인은 원칙적으로 사법인에 한하는 것이고 공법인은 헌법의 수범자이지 기본권의 주체가 될 수 없다(헌재 2000.6.1. 99헌마553).

④ (×) 청구인(사회당)은 등록이 취소된 이후에도, 취소 전 사회당의 명칭을 사용하면서 대외적인 정치활동을 계속하고 있고, 대내외 조직 구성과 선거에 참여할 것을 전제로 하는 당헌과 대내적 최고의사결정기구로서 당대회와, 대표단 및 중앙위원회, 지역조직으로 시·도위원회를 두는 등 계속적인 조직을 구비하고 있는 사실 등에 비추어 보면, 청구인은 등록이 취소된 이후에도 등록정당에 준하는 '권리능력 없는 사단'으로서의 실질을 유지하고 있다고 볼 수 있으므로 이 사건 헌법소원의 청구인능력을 인정할 수 있다. 또한 정당설립의 자유는 그 성질상 등록된 정당에게만 인정되는 기본권이 아니라 청구인과 같이 등록정당은 아니지만 권리능력 없는 사단의 실체를 가지고 있는 정당에게도 인정되는 기본권이라고 할 수 있고, 심판청구의 이익을 인정할 수 있다(헌재 2006.3.30. 2004헌마246).

⑤ (○) 헌법은 법인 내지 단체의 기본권 향유능력에 대하여 명문의 규정을 두고 있지는 않지만 본래 자연인에게 적용되는 기본권이라도 그 성질상 법인이 누릴 수 있는 기본권은 법인에게도 적용된다. 법인도 법인의 목적과 사회적 기능에 비추어 볼 때 그 성질에 반하지 않는 범위 내에서 인격권의 한 내용인 사회적 신용이나 명예 등의 주체가 될 수 있고 법인이 이러한 사회적 신용이나 명예 유지 내지 법인격의 자유로운 발현을 위하여 의사결정이나 행동을 어떻게 할 것인지를 자율적으로 결정하는 것도 법인의 인격권의 한 내용을 이룬다(헌재 2012.8.23. 2009헌가27).

[2023년 소방간부] ④

기본권 주체에 관한 설명 중 옳은 것은? (다툼이 있는 경우 판례에 의함)

① 모든 인간은 헌법상 생명권의 주체가 되며 형성 중의 생명인 태아에게도 생명권 주체성이 인정되므로, 국가의 보호 필요성은 별론으로 하고 수정 후 모체에 착상되기 전인 초기배아에 대해서도 기본권 주체성을 인정할 수 있다.

② 아동은 인격의 발현을 위하여 어느 정도 부모에 의한 결정을 필요로 하는 미성숙한 인격체이므로, 아동에게 자신의 교육환경에 관하여 스스로 결정할 권리가 부여되지 않는다.

③ 외국인이 법률에 따라 고용허가를 받아 적법하게 근로관계를 형성한 경우에도 외국인은 그 근로관계를 유지하거나 포기하는데 있어서 직장선택의 자유에 대한 기본권 주체성을 인정할 수 없다.

④ 헌법 제14조의 거주·이전의 자유, 헌법 제21조의 결사의 자유는 그 성질상 법인에게도 인정된다.

⑤ 국가기관 또는 공법인은 공권력 행사의 주체이자 기본권의 수범자로서 기본권 주체가 될 수 없으므로, 대통령이나 지방자치단체장 등 개인이 국가기관의 지위를 겸하는 경우에도 기본권 주체성은 언제나 부정된다.

① (×) 초기배아는 수정이 된 배아라는 점에서 형성 중인 생명의 첫걸음을 떼었다고 볼 여지가 있기는 하나 아직 모체에 착상되거나 원시선이 나타나지 않은 이상 현재의 자연과학적 인식 수준에서 독립된 인간과 배아 간의 개체적 연속성을 확정하기 어렵다고 봄이 일반적이라는 점, 배아의 경우 현재의 과학기술 수준에서 모태 속에서 수용될 때 비로소 독립적인 인간으로의 성장가능성을 기대할 수 있다는 점, 수정 후 착상 전의 배아가 인간으로 인식된다거나 그와 같이 취급하여야 할 필요성이 있다는 사회적 승인이 존재한다고 보기 어려운 점 등을 종합적으로 고려할 때, 기본권 주체성을 인정하기 어렵다(헌재 2010.5.27. 2005헌마346).

② (×) 아동과 청소년은 부모와 국가에 의한 단순한 보호의 대상이 아닌 독자적인 인격체이며, 그의 인격권은 성인과 마찬가지로 인간의 존엄성 및 행복추구권을 보장하는 헌법 제10조에 의하여 보호된다. 따라서 헌법이 보장하는 인간의 존엄성 및 행복추구권은 국가의 교육권한과 부모의 교육권의 범주 내에서 아동에게도 자신의 교육환경에 관하여 스스로 결정할 권리, 그리고 자유롭게 문화를 향유할 권리를 부여한다고 할 것이다(헌재 2004.5.27. 2003헌가1,2004헌가4).

③ (×) 직업의 자유 중 이 사건에서 문제되는 직장 선택의 자유는 인간의 존엄과 가치 및 행복추구권과도 밀접한 관련을 가지는 만큼 단순히 국민의 권리가 아닌 인간의 권리로 보아야 할 것이므로 외국인도 제한적으로라도 직장 선택의 자유를 향유할 수 있다고 보아야 한다. 청구인이 이미 적법하게 고용허가를 받아 적법하게 우리나라에 입국하여 우리나라에서 일정한 생활관계를 형성 유지하는 등 우리 사회에서 정당한 노동인력으로서의 지위를 부여받은 상황임을 전제로 하는 이상, 이 사건 청구인에게 직장 선택의 자유에 대한 기본권 주체성을 인정할 수 있다(헌재 2011.9.29. 2009헌마351).

④ (○) 법인도 성질상 법인이 누릴 수 있는 기본권의 주체가 되고(헌재 1991.6.3. 90헌마56), 위 조항에 규정되어 있는 법인의 설립이나 지점 등의 설치, 활동거점의 이전 등은 법인이 그 존립이나 통상적인 활동을 위하여 필연적으로 요구되는 기본적인 행위유형들이라고 할 것이므로 이를 제한하는 것은 결국 헌법상 법인에게 보장된 직업수행의 자유와 거주·이전의 자유를 제한하는 것인가의 문제로 귀결된다. 살피건대 위 조항은 대도시내에서의 법인의 설립 등 행위를 직접적으로 제한하는 내용의 규정이라고 볼 수 없고 다만 법인이 대도시내에서 설립 등의 목적을 위하여 취득하는 부동산등기에 대하여 통상보다 높은 세율의 등록세를 부과함으로써 대도시내에서의 법인의 설립 등 행위가 억제될 것을 기대하는 범위 내에서 사실상 법인의 그러한 행위의 자유가 간접적으로 제한되는 측면이 있을 뿐이다. 따라서 어떠한 법인이라도 위 조항이 정하는 중과세의 부담을 감수하기만 한다면 자유롭게 대도시내에서 설립 등 행위를 할 수 있고 또한 그에 필요한 부동산등기도 할 수 있는 것이므로, 위 조항이 법인의 대도시내 부동산등기에 대하여 통상세율의 5배를 규정하고 있다 하더라도 그것이 대도시내에서 업무용 부동산을 취득할 정도의 재정능력을 갖춘 법인의 담세능력을 일반적으로 또는 절대적으로 초과하는 것이어서 그 때문에 법인이 대도시내에서 향유하여야 할 직업수행의 자유나 거주·이전의 자유가 형해화할 정도에 이르러 그 본질적인 내용이 침해되었다고 볼 수 없다(헌재 1996.3.28. 94헌바42).

헌법 제21조가 규정하는 결사의 자유라 함은 다수의 자연인 또는 법인이 공동의 목적을 위하여 단체를 결성할 수 있는 자유를 말하고, 이에는 적극적으로 단체결성의 자유, 단체존속의 자유, 단체 활동의 자유, 결사에의 가입·잔류의 자유와, 소극적으로 기존의 단체로부터 탈퇴할 자유와 결사에 가입하지 아니할 자유가 모두 포함된다. 결사의 자유에는 단체 활동의 자유도 포함되는데, 단체 활동의 자유는 단체 외부에 대한 활동뿐만 아니라 단체의 조직, 의사형성의 절차 등의 단체의 내부적 생활을 스스로 결정하고 형성할 권리인 단체 내부 활동의 자유를 포함한다(헌재 2012.12.27. 2011헌마562).

지역축협은 조합원의 축산업 생산성을 높이고 조합원이 생산한 축산물의 판로 확대 및 유통 원활화를 도모하며, 조합원이 필요로 하는 기술, 자금 및 정보 등을 제공함으로써 조합원의 경제적·사회적·문화적 지위향상을 증대하는 것을 목적으로 하는 축협인의 자주적 협동조직으로 기본적으로 사법인적 성격을 지니고 있으므로, 지역축협인 청구인은 지역축협의 활동과 관련하여 결사의 자유 보장의 대상이 된다(헌재 2018.1.25. 2016헌바315).

⑤ (×) 개인의 지위를 겸하는 국가기관이 기본권의 주체로서 헌법소원의 청구적격을 가지는지 여부는 심판대상조항이 규율하는 기본권의 성격, 국가기관으로서의 직무와 제한되는 기본권 간의 밀접성과 관련성, 직무상 행위와 사적인 행위 간의 구별가능성 등을 종합적으로 고려하여 결정되어야 할 것이다. 그러므로 대통령도 국민의 한사람으로서 제한적으로나마 기본권의 주체가 될 수 있는바, 대통령은 소속 정당을 위하여 정당 활동을 할 수 있는 사인으로서의 지위와 국민 모두에 대한 봉사자로서 공익실현의 의무가 있는 헌법기관으로서의 지위를 동시에 갖는데 최소한 전자의 지위와 관련하여는 기본권 주체성을 갖는다(헌재 2008.1.17. 2007헌마700).

[2020년 제9회 변호사] ④

기본권 주체에 대한 설명으로 옳지 않은 것은? (다툼이 있는 경우 헌법재판소의 판례에 의함)

① 기본권능력을 가진 사람은 모두 기본권 주체가 되지만, 기본권 주체가 모두 기본권의 행사능력을 가지는 것은 아니다.

② 직장 선택의 자유는 인간의 권리로 보아야 할 것이므로 외국인도 제한적으로라도 직장 선택의 자유를 향유할 수 있다고 보아야 한다.

③ 국가, 지방자치단체도 다른 공권력 주체와의 관계에서 지배복종관계가 성립되어 일반 사인처럼 그 지배하에 있는 경우에는 기본권 주체가 될 수 있다.

④ 정당설립의 자유나 정당활동의 자유 등 정당의 자유의 주체는 정당을 설립하려는 개개인과 이를 통해 조직된 정당 모두에게 인정되는 것이다.

⑤ 공법인이 조직법상 국가로부터 독립한 고유 업무를 수행하는 경우에는 기본권 주체가 될 수 있다.

① (○) 기본권을 가진 사람은 누구나 기본권의 주체가 되지만, 기본권 주체가 된다고 하여 기본권의 행사할 수 있는 능력을 모두 가진다고 할 수 없다. 예를 들어 현행 헌법과 선거법에 근거하여 국회의원과 지방자치단체의 의회의원 및 장의 선거권의 연령을 정하고 있는 것 등이 있다.

② (○) 직업의 자유 중 이 사건에서 문제되는 직장선택의 자유는 인간의 존엄과 가치 및 행복추구권과도 밀접한 관련을 가지는 만큼 단순히 국민의 권리가 아닌 인간의 권리로 보아야 할 것이므로 외국인도 제한적으로라도 직장선택의 자유를 향유할 수 있다(헌재 2011.9.29. 2007헌마1083).

③ (×) 공권력의 행사자인 국가, 지방자치단체나 그 기관 또는 국가조직의 일부나 공법인은 국민의 기본권을 보호 내지 실현해야 할 책임과 의무를 지는 주체로서 헌법소원을 청구할 수 없다(헌재 2013.9.26. 2012헌마271).

④ (○) 헌법 제8조 제1항 전단의 정당설립의 자유는 정당설립의 자유만이 아니라 정당활동의 자유를 포함한다. 즉 헌법 제8조 제1항은 정당설립의 자유만을 명시적으로 규정하고 있지만, 정당설립의 자유만이 아니라 누구나 국가의 간섭을 받지 아니하고 자유롭게 정당에 가입하고 정당으로부터 탈퇴할 수 있는 자유를 함께 보장한다. 정당의 설립만이 보장될 뿐 설립된 정당이 언제든지 다시 금지될 수 있거나 정당의 활동이 임의로 제한될 수 있다면, 정당설립의 자유는 사실상 아무런 의미가 없기 때문이다. 정당설립의 자유는 당연히 정당의 존속과 정당활동의 자유도 보장하는 것이다. 따라서 정당의 자유의 주체는 정당을 설립하려는 개개인과 이를 통해 조직된 정당 모두에게

인정되는 것이다(헌재 2006.3.30. 2004헌마246).

⑤ (○) 공법인이나 이에 준하는 지위를 가진 자라 하더라도 공무를 수행하거나 고권적 행위를 하는 경우가 아닌 사경제 주체로서 활동하는 경우나 조직법상 국가로부터 독립한 고유 업무를 수행하는 경우, 그리고 다른 공권력 주체와의 관계에서 지배복종관계가 성립되어 일반 사인처럼 그 지배하에 있는 경우 등에는 기본권 주체가 될 수 있다. 이러한 경우에는 이들이 기본권을 보호해야 하는 국가적 기능을 담당하고 있다고 볼 수 없기 때문이다(헌재 2013.9.26. 2012헌마271). [2017년 국회 8급] ③

기본권 주체에 대한 설명으로 옳지 않은 것은? (다툼이 있는 경우 판례에 의함)

① 한국영화인협회 감독위원회는 영화인협회 내부에 설치된 분과위원회의 하나에 지나지 아니하며, 달리 단체로서 실체를 갖춘 법인 아닌 사단으로 볼 수 없어 헌법소원심판에서 청구인능력이 없다.

② 고용허가를 받아 적법하게 입국하여 일정한 생활관계를 형성·유지하는 외국인 근로자는 직장선택의 자유에 대한 기본권주체성이 인정된다.

③ 헌법상 근로의 권리 중 건강한 작업환경, 일에 대한 정당한 보수, 합리적인 근로조건의 보장 등을 내용으로 하는 일할 환경에 관한 권리는 외국인에게도 인정된다.

④ 불법체류 중인 외국인이더라도, 인간의 권리로서 외국인에게도 주체성이 인정되는 일정한 기본권에 관하여 불법체류 여부에 따라 그 인정 여부가 달라지는 것은 아니다.

⑤ 대학의 자율권은 기본적으로 대학에 부여된 기본권이므로 어떤 경우에도 교수나 교수회가 그 주체가 될 수 없다.

① (○) 청구인 한국영화인협회 감독위원회는 영화인협회로부터 독립된 별개의 단체가 아니고, 영화인협회의 내부에 설치된 8개의 분과위원회 가운데 하나에 지나지 아니하며, 달리 단체로서의 실체를 갖추어 당사자 능력이 인정되는 법인 아닌 사단으로 볼 자료도 없다. 따라서 감독위원회는 그 이름으로 헌법소원심판을 청구할 수 있는 헌법소원심판청구능력이 있다고 할 수 없는 것이므로 감독위원회의 이 사건 헌법소원심판청구는 더 나아가 판단할 것 없이 부적법하다(헌재 1991.6.3. 90헌마56).

② (○) 청구인이 이미 적법하게 고용허가를 받아 적법하게 우리나라에 입국하여 우리나라에서 일정한 생활관계를 형성, 유지하는 등 우리 사회에서 정당한 노동인력으로서의 지위를 부여받은 상황임을 전제로 하는 이상, 이 사건 청구인에게 직장 선택의 자유에 대한 기본권 주체성을 인정할 수 있다(헌재 2011.9.29. 2009헌마351).

③ (○) 근로의 권리가 일할 자리에 관한 권리만이 아니라 일할 환경에 관한 권리도 함께 내포하고 있는바, 후자는 인간의 존엄성에 대한 침해를 방어하기 위한 자유권적 기본권의 성격도 갖고 있어 건강한 작업환경, 일에 대한 정당한 보수, 합리적인 근로조건의 보장 등을 요구할 수 있는 권리 등을 포함한다고 할 것이므로 외국인 근로자라고 하여 이 부분에까지 기본권 주체성을 부인할 수는 없다(헌재 2007.8.30. 2004헌마670).

④ (○) 청구인들이 불법체류 중인 외국인들이라 하더라도, 불법체류라는 것은 관련 법령에 의하여 체류자격이 인정되지 않는다는 것일 뿐이므로, 인간의 권리로서 외국인에게도 주체성이 인정되는 일정한 기본권에 관하여 불법체류 여부에 따라 그 인정 여부가 달라지는 것은 아니다(헌재 2012.8.23. 2008헌마430).

⑤ (×) 대학 자율의 주체를 기본적으로 대학으로 본다고 하더라도, 학문의 자유를 침해하는 대학의 장에 대한 관계에서는 교수나 교수회가 주체가 될 수 있고, 국가에 의한 침해에 있어서는 대학 자체 외에도 대학 전구성원이 자율성을 갖는 경우도 있을 것이므로 문제되는 경우에 따라서 대학, 교수, 교수회 모두가 단독 혹은 중첩적으로 주체가 될 수 있다(헌재 2014.1.28. 2011헌마239).

[2021년 국회 9급] ⑤

기본권의 주체에 대한 설명으로 옳지 않은 것은? (다툼이 있는 경우 헌법재판소 판례에 의함)

① 지방자치단체는 기본권의 수범자일 뿐, 기본권의 주체가 될 수 없다.

② 초기배아는 아직 모체에 착상되거나 원시선이 나타나지 않았더라도 자연과학적 인식수준에서 독립된 인간과 배아 간의 개체적 연속성을 확정할 수 있으므로 기본권 주체성을 인정할 수 있다.

③ 정당등록이 취소된 이후에도 '등록정당'에 준하는 권리능력 없는 사단의 실체를 가지고 있는 정당도 기본권 주체성이 인정된다.

④ 고용허가를 받아 적법하게 우리나라에서 일정한 생활관계를 형성·유지하는 외국인 근로자는 직장 선택의 자유에 대한 기본권 주체성이 인정될 수 있다.

⑤ 법인도 법인의 목적과 사회적 기능에 비추어 볼 때 그 성질에 반하지 않는 범위 내에서 인격권의 내용인 사회적 신용이나 명예 등의 주체가 될 수 있다.

① (○) 공권력의 행사자인 국가, 지방자치단체나 그 기관 또는 국가조직의 일부나 공법인은 기본권의 수범자이지 기본권의 주체가 아니고 오히려 국민의 기본권을 보호 내지 실현해야 할 책임과 의무를 지니고 있을 뿐이다. 그렇다면 이 사건에서 지방자치단체인 청구인은 기본권의 주체가 될 수 없고 따라서 청구인의 재산권 침해 여부는 더 나아가 살펴볼 필요가 없다(헌재 2006.2.23. 2004헌바50).

② (×) 초기배아는 수정이 된 배아라는 점에서 형성 중인 생명의 첫걸음을 떼었다고 볼 여지가 있기는 하나 아직 모체에 착상되거나 원시선이 나타나지 않은 이상 현재의 자연과학적 인식수준에서 독립된 인간과 배아 간의 개체적 연속성을 확정하기 어렵다고 봄이 일반적이라는 점, 배아의 경우 현재의 과학기술 수준에서 모태 속에서 수용될 때 비로소 독립적인 인간으로의 성장가능성을 기대할 수 있다는 점, 수정 후 착상 전의 배아가 인간으로 인식된다거나 그와 같이 취급하여야 할 필요성이 있다는 사회적 승인이 존재한다고 보기 어려운 점 등을 종합적으로 고려할 때, 기본권 주체성을 인정하기 어렵다(헌재 2010.5.27. 2005헌마346).

③ (○) 청구인(사회당)은 등록이 취소된 이후에도, 취소 전 사회당의 명칭을 사용하면서 대외적인 정치활동을 계속하고 있고, 대외조직 구성과 선거에 참여할 것을 전제로 하는 당헌과 대내적 최고의사결정기구로서 당대회와, 대표단 및 중앙위원회, 지역조직으로 시·도위원회를 두는 등 계속적인 조직을 구비하고 있는 사실 등에 비추어 보면, 청구인은 등록이 취소된 이후에도 등록정당에 준하는 권리능력 없는 사단으로서의 실질을 유지하고 있다고 볼 수 있으므로 이 사건 헌법소원의 청구인능력을 인정할 수 있다(헌재 2006.3.30. 2004헌마246)

④ (○) 직업의 자유 중 이 사건에서 문제되는 직장 선택의 자유는 인간의 존엄과 가치 및 행복추구권과도 밀접한 관련을 가지는 만큼 단순히 국민의 권리가 아닌 인간의 권리로 보아야 할 것이므로 외국인도 제한적으로라도 직장 선택의 자유를 향유할 수 있다고 보아야 한다. 청구인들이 이미 적법하게 고용허가를 받아 적법하게 우리나라에 입국하여 우리나라에서 일정한 생활관계를 형성, 유지하는 등 우리 사회에서 정당한 노동인력으로서의 지위를 부여받은 상황임을 전제로 하는 이상, 이 사건 청구인들에게 직장 선택의 자유에 대한 기본권 주체성을 인정할 수 있다 할 것이다(헌재 2011.9.29. 2007헌마1083)

⑤ (○) 법인도 법인의 목적과 사회적 기능에 비추어 볼 때 그 성질에 반하지 않는 범위 내에서 인격권의 한 내용인 사회적 신용이나 명예 등의 주체가 될 수 있고 법인이 이러한 사회적 신용이나 명예 유지 내지 법인격의 자유로운 발현을 위하여 의사결정이나 행동을 어떻게 할 것인지를 자율적으로 결정하는 것도 법인의 인격권의 한 내용을 이룬다(헌재 2012.8.23. 2009헌가27). [2018년 국회 5급] ②

기본권의 주체에 대한 설명으로 옳지 않은 것은? (다툼이 있는 경우 판례에 의함)

① 법인은 법인의 목적과 사회적 기능에 비추어 볼 때 그 성질에 반하지 않는 범위 내에서 인격권의 한 내용인 사회적 신용이나 명예 등의 주체가 될 수 있다.

② 건강한 작업환경, 일에 대한 정당한 보수, 합리적인 근로조건의 보장 등을 요구할 수 있는 권리 등을 포함하는 '일할 환경에 관한 권리'는 외국인 근로자도 주체가 될 수 있다.

③ 지방자치단체장은 국민의 기본권을 보호 내지 실현하여야 할 책임과 의무를 가지는 국가기관의 지위를 갖기 때문에 「주민소환에 관한 법률」의 관련 규정으로 인해 자신의 공무담임권이 침해됨을 이유로 헌법소원을 청구할 수 있는 기본권 주체로 볼 수 없다.

④ 형성 중의 생명인 태아에게는 생명에 대한 권리가 인정되어야 하나, 모체에 착상되기 전 혹은 원시선이 나타나기 전의 수정란 상태의 초기배아에게는 생명권의 주체성을 인정할 수 없다.

① (○) 법인도 법인의 목적과 사회적 기능에 비추어 볼 때 그 성질에 반하지 않는 범위 내에서 인격권의 한 내용인 사회적 신용이나 명예 등의 주체가 될 수 있고 법인이 이러한 사회적 신용이나 명예 유지 내지 법인격의 자유로운 발현을 위하여 의사결정이나 행동을 어떻게 할 것인지를 자율적으로 결정하는 것도 법인의 인격권의 한 내용을 이룬다(헌재 2012.8.23. 2009헌가27).

② (○) 근로의 권리가 일할 자리에 관한 권리만이 아니라 일할 환경에 관한 권리도 함께 내포하고 있는바, 후자는 인간의 존엄성에 대한 침해를 방어하기 위한 자유권적 기본권의 성격도 갖고 있어 건강한 작업환경, 일에 대한 정당한 보수, 합리적인 근로조건의 보장 등을 요구할 수 있는 권리 등을 포함한다고 할 것이므로 외국인 근로자라고 하여 이 부분에까지 기본권 주체성을 부인할 수는 없다(헌재 2007.8.30. 2004헌마670).

③ (×) 공직자가 국가기관의 지위에서 순수한 직무상의 권한행사와 관련하여 기본권 침해를 주장하는 경우에는 기본권의 주체성을 인정하기 어렵다 할 것이나, 그 외의 사적인 영역에 있어서는 기본권의 주체가 될 수 있는 것이다. 청구인은 선출직 공무원인 하남시장으로서 이 사건 법률 조항으로 인하여 공무담임권 등이 침해된다고 주장하여, 순수하게 직무상의 권한행사와 관련된 것이라기보다는 공직의 상실이라는 개인적인 불이익과 연관된 공무담임권을 다투고 있으므로, 이 사건에서 청구인에게는 기본권의 주체성이 인정된다(헌재 2009.3.26. 2007헌마843).

④ (○) 모든 인간은 헌법상 생명권의 주체가 되며, 형성 중의 생명인 태아에게도 생명에 대한 권리가 인정되어야 한다. 따라서 태아도 헌법상 생명권의 주체가 되며, 국가는 헌법 제10조에 따라 태아의 생명을 보호할 의무가 있다(헌재 2008.7.31. 2004헌바81). 초기배아는 수정이 된 배아라는 점에서 형성 중인 생명의 첫걸음을 떼었다고 볼 여지가 있기는 하나 아직 모체에 착상되거나 원시선이 나타나지 않은 이상 현재의 자연과학적 인식 수준에서 독립된 인간과 배아 간의 개체적 연속성을 확정하기 어렵다고 봄이 일반적이라는 점, 배아의 경우 현재의 과학기술 수준에서 모태 속에서 수용될 때 비로소 독립적인 인간으로의 성장가능성을 기대할 수 있다는 점, 수정 후 착상 전의 배아가 인간으로 인식된다거나 그와 같이 취급하여야 할 필요성이 있다는 사회적 승인이 존재한다고 보기 어려운 점 등을 종합적으로 고려할 때, 기본권 주체성을 인정하기 어렵다(헌재 2010.5.27. 2005헌마346). [2019년 지방 7급] ③

기본권주체에 관한 설명 중 가장 적절하지 않은 것은? (다툼이 있는 경우 판례에 의함)

① 법인도 법인의 목적과 사회적 기능에 비추어 볼 때 그 성질에 반하지 않는 범위 내에서 인격권의 내용인 사회적 신용이나 명예 등의 주체가 될 수 있다.

② 기본권능력을 가진 사람은 모두 기본권 주체가 되지만, 기본권 주체가 모두 기본권의 행사능력을 가지는 것은 아니다.

③ 국가, 지방자치단체도 다른 공권력 주체와의 관계에서 지배복종 관계가 성립되어 일반 사인처럼 그 지배하에 있는 경우에는 기본권 주체가 될 수 있다.

④ 출입국관리에 관한 사항 중 외국인의 입국에 관한 사항은 주권국가로서의 기능을 수행하는 데 필요한 것으로서 광범위한 정책재량의 영역이므로, 국적에 따라 사증 발급신청 시의 첨부서류에 관해 다르게 정하고 있는 조항이 평등권을 침해하는지 여부는 자의금지원칙 위반 여부에 의하여 판단한다.

① (○) 법인도 법인의 목적과 사회적 기능에 비추어 볼 때 그 성질에 반하지 않는 범위 내에서 인격권의 한 내용인 사회적 신용이나 명예 등의 주체가 될 수 있고 법인이 이러한 사회적 신용이나 명예 유지 내지 법인격의 자유로운 발현을 위하여 의사결정이나 행동을 어떻게 할 것인지를 자율적으로 결정하는 것도 법인의 인격권의 한 내용을 이룬다(헌재 2012.8.23. 2009헌가27).
② (○) 기본권능력을 가진 사람은 모두가 기본권의 주체가 되지만 기본권주체가 된다고 하여 기본권의 행사능력을 누구나 가지는 것은 아니다. 현행 헌법과 선거법에 의해서 국회의원과 지방자치단체의 의회의원 및 장의 선거권과 피선거권의 연령을 규정하는 것이 그 대표적인 예이다.
③ (×) 국가나 지방자치단체는 기본권을 향유할 수 없다. 국가나 지방자치단체는 법령에 의해 부여된 관할범위 내에서 활동하므로 이들에게 부여된 것은 권한이지 기본권이 아니다. 국가와 지방자치단체 간에 발생하는 갈등은 공법적 주체 상호간의 관계에 적용되는 다른 원리에 따라 해결해야 한다.
④ (○) 출입국관리에 관한 사항 중 외국인의 입국에 관한 사항은 주권국가로서의 기능을 수행하는 데 필요한 것으로서 광범위한 정책재량의 영역이므로, 심판대상조항들이 청구인의 평등권을 침해하는지 여부는 자의금지원칙 위반 여부에 의하여 판단하기로 한다(헌재 2014.4.24. 2011헌마474).
[2020년 경찰 경정승진] ③

기본권주체에 대한 설명으로 가장 옳지 않은 것은?

① 헌법재판소는 국가기관이나 공법인의 기본권주체성을 원칙적으로 부인하는 입장으로 국회 노동위원회, 서울시의회, 직장의료보험조합, 농지개량조합에 대하여 기본권주체성을 인정하지 않은 바 있다.
② 외국국적동포는 일정한 조건하에 국민으로서의 혜택을 받을 수 있음에도 불구하고 재외동포법의 적용대상에서 정부수립 이전 이주동포를 제외한 것은 자의적인 입법으로 평등원칙에 위배된다.
③ 외국인의 기본권주체성은 기본권의 성질에 따라 인정 여부가 결정되어야 하는 바 공직선거법상 일정한 요건을 갖춘 외국인에게는 지방자치단체의 장에 대한 선거권이 인정되나, 주민투표법에 따른 투표의 경우에는 외국인에게 투표권이 인정되지 않는다.
④ 축협중앙회는 공법인성이 상대적으로 크지만 공법인성과 사법인성을 겸유한 특수한 법인으로서 기본권의 주체가 될 수 있다.

① (○) 국가기관인 국회의 일부조직인 국회의 노동위원회는 기본권의 주체가 될 수 없고 따라서 헌법소원을 제기할 수 있는 적격이 없다(헌재 1994.12.29. 93헌마120). 공법인인 지방자치단체의 의결기관인 청구인 의회는 기본권의 주체가 될 수 없고 따라서 헌법소원을 제기할 수 있는 적격이 없다(헌재 1998.3.26. 96헌마345). 국민건강보험법 부칙 제6조 및 제7조의 직접적인 수규자는 법인이나, 직장의료보험조합은 공법인으로서 기본권의 주체가 될 수 없을 뿐만 아니라, 법규정의 실질적인 규율대상이 수규자인 법인의 지위와 아울러 제3자인 청구인들(직장의료보험조합의 조합원들)의 법적 지위라고 볼 수 있으며, 법규정이 내포하는 불이익이 수규자의 범위를 넘어 제3자인 청구인들에게도

유사한 정도의 불이익을 가져온다는 의미에서 거의 동일한 효과를 가지고 있으므로, 법의 목적 및 실질적인 규율대상, 법규정에서의 제한이나 금지가 제3자에게 미치는 효과나 진지성의 정도, 규범의 수규자에 의한 헌법소원의 제기가능성 등을 종합적으로 고려하여 판단할 때, 청구인들의 자기관련성을 인정할 수 있다(헌재 2000.6.29. 99헌마289). 농지개량조합의 소식, 재산의 형성·유지 및 그 목적과 활동 전반에 나타나는 매우 짙은 공적인 성격을 고려하건대, 이를 공법인이라고 봄이 상당하므로 헌법소원의 청구인적격을 인정할 수 없다(헌재 2000.11.30. 99헌마190).

② (○) 재외동포법은 외국국적동포 등에게 광범한 혜택을 부여하고 있는바, 이 사건 심판대상규정은 대한민국 정부수립 이전에 국외로 이주한 동포와 그 이후 국외로 이주한 동포를 구분하여 후자에게는 위와 같은 혜택을 부여하고 있고, 전자는 그 적용대상에서 제외하고 있다. 심판대상규정이 청구인들과 같은 정부수립이전이주동포를 재외동포법의 적용대상에서 제외한 것은 합리적 이유없이 정부수립이전이주동포를 차별하는 자의적인 입법이어서 헌법 제11조의 평등원칙에 위배된다(헌재 2001.11.29. 99헌마494).

③ (×) 주민투표법 제5조(주민투표권) 19세 이상의 주민 중 제6조 제1항에 따른 투표인명부 작성기준일 현재 다음 각 호의 어느 하나에 해당하는 사람에게는 주민투표권이 있다. 다만, 공직선거법 제18조에 따라 선거권이 없는 사람에게는 주민투표권이 없다. 2. 출입국관리 관계법령에 따라 대한민국에 계속 거주할 수 있는 자격(체류자격변경허가 또는 체류기간연장허가를 통하여 계속 거주할 수 있는 경우를 포함한다)을 갖춘 외국인으로서 지방자치단체의 조례로 정한 사람

④ (○) 축협중앙회는 지역별·업종별 축협과 비교할 때, 회원의 임의탈퇴나 임의해산이 불가능한 점 등 그 공법인성이 상대적으로 크다고 할 것이지만, 이로써 축협중앙회를 공법인이라고 단정할 수는 없을 것이고, 이 역시 그 존립목적 및 설립형식에서의 자주적 성격에 비추어 사법인적 성격을 부인할 수 없다. 따라서 축협중앙회는 공법인성과 사법인성을 겸유한 특수한 법인으로서 이 사건에서 기본권의 주체가 될 수 있다고는 할 것이지만, 위와 같이 두드러진 공법인적 특성이 축협중앙회가 가지는 기본권의 제약요소로 작용하는 것만은 이를 피할 수 없다(헌재 2000.6.1. 99헌마553). [2016년 서울 7급] ③

기본권 주체성에 관한 다음 설명 중 가장 옳지 않은 것은? (다툼이 있는 경우 대법원 판례 및 헌법재판소 결정에 의함)

① 기본권 주체로서의 법적 지위는 헌법소원에 의해 권리를 구제받을 수 있는지를 판단하는 기준의 하나가 된다.

② 아동과 청소년의 인격권은 성인과 마찬가지로 헌법 제10조에 의하여 보호된다.

③ 우리 헌법은 법인 내지 단체의 기본권 향유능력에 대하여 명문의 규정을 두고 있지는 않지만 본래 자연인에게 적용되는 기본권이라도 그 성질상 법인이 누릴 수 있는 기본권은 법인에게도 적용된다.

④ 헌법재판소는 영화법 제12조 등에 대한 헌법소원 사건에서 대표자의 정함이 있고 독립된 사회적 조직체로 활동하는 비법인사단 자체의 기본권 주체성을 인정하였다.

⑤ 국가, 지방자치단체나 그 기관 또는 국가조직의 일부나 공법인은 원칙적으로 기본권의 수범자이자 동시에 기본권의 주체가 되는 이중적 지위에 있다.

① (○) 헌법재판소법 제68조 제1항은 공권력의 행사 또는 불행사로 인하여 기본권을 침해받은 자가 헌법소원의 심판을 청구할 수 있다고 규정하고 있으므로, 기본권의 주체가 될 수 있는 자만이 헌법소원을 청구할 수 있고, 이때 기본권의 주체가 될 수 있는 자라 함은 통상 출생 후의 인간을 가리키는 것이다. 그런데 존엄한 인간 존재와 그 근원으로서의 생명 가치를 고려할 때 출생 전 형성 중의 생명에 대해서는 일정한 예외적인 경우 기본권주체성이 긍정될 수 있다. 헌법재판소도 형성 중의 생명인 태아에 대하여 헌법상 생명권의 주체가 되며, 국가는 헌법 제10조에 따라 태아의 생명을 보호할 의무가 있음을 밝힌 바 있다. 다만, 출생 전 형성 중의 생명에 대해서 헌법적 보호의 필요성이 크고 일정한 경우 그 기본권주체성이 긍정된다고 하더라도, 어느 시점부터 기본권주체성이 인정되는지, 또 어떤 기본권에 대해 기본권주체성이 인정되는지는 생명의 근원에 대한 생물학적 인식을 비롯한 자연과학·기술 발전의 성과와 그에 터 잡은 헌법의 해석으로부터 도출되는

규범적 요청을 고려하여 판단하여야 할 것이다. 초기배아는 수정이 된 배아라는 점에서 형성 중인 생명의 첫걸음을 떼었다고 볼 여지가 있기는 하나 아직 모체에 착상되거나 원시선이 나타나지 않은 이상 현재의 자연과학적 인식 수준에서 독립된 인간과 배아 간의 개체적 연속성을 확정하기 어렵다고 봄이 일반적이라는 점, 배아의 경우 현재의 과학기술 수준에서 모태 속에서 수용될 때 비로소 독립적인 인간으로의 성장가능성을 기대할 수 있다는 점, 수정 후 착상 전의 배아가 인간으로 인식된다거나 그와 같이 취급하여야 할 필요성이 있다는 사회적 승인이 존재한다고 보기 어려운 점 등을 종합적으로 고려할 때, 기본권주체성을 인정하기 어렵다(헌재 2010.5.27. 2005헌마346).

② (○) 아동과 청소년은 부모와 국가에 의한 단순한 보호의 대상이 아닌 독자적인 인격체이며, 그의 인격권은 성인과 마찬가지로 인간의 존엄성 및 행복추구권을 보장하는 헌법 제10조에 의하여 보호된다. 따라서 헌법이 보장하는 인간의 존엄성 및 행복추구권은 국가의 교육권한과 부모의 교육권의 범주 내에서 아동에게도 자신의 교육환경에 관하여 스스로 결정할 권리, 그리고 자유롭게 문화를 향유할 권리를 부여한다(헌재 2004.5.27. 2003헌가1).

③ (○) 우리 헌법은 법인 내지 단체의 기본권 향유능력에 대하여 명문의 규정을 두고 있지는 않지만 본래 자연인에게 적용되는 기본권이라도 그 성질상 법인이 누릴 수 있는 기본권은 법인에게도 적용된다(헌재 2012.8.23. 2009헌가27).

④ (○) 우리 헌법은 법인의 기본권향유능력을 인정하는 명문의 규정을 두고 있지 않지만, 본래 자연인에게 적용되는 기본권규정이라도 언론·출판의 자유, 재산권의 보장 등과 같이 성질상 법인이 누릴 수 있는 기본권을 당연히 법인에게도 적용하여야 한 것으로 본다. 따라서 법인도 사단법인·재단법인 또는 영리법인·비영리법인을 가리지 아니하고 위 한계내에서는 헌법상 보장된 기본권이 침해되었음을 이유로 헌법소원심판을 청구할 수 있다. 또한 법인 아닌 사단·재단이라고 하더라도 대표자의 정함이 있고 독립된 사회적 조직체로서 활동하는 때에는 성질상 법인이 누릴 수 있는 기본권을 침해당하게 되면 그의 이름으로 헌법소원심판을 청구할 수 있다(헌재 1991.6.3. 90헌마56).

⑤ (×) 공권력의 행사자인 국가나 국가기관 또는 국가조직의 일부나 공법인이나 그 기관은 기본권의 수범자이지 기본권의 주체가 아니고 오히려 국민의 기본권을 보호내지 실현해야 할 책임과 의무를 지니고 있을 뿐이다. 따라서 지방자치단체나 그 기관인 지방자치단체의 장은 기본권의 주체가 아니며 이 사건 심판청구인 제주(특별자치)도의 장(長)인 청구인은 헌법소원 청구인으로서의 적격이 없다고 할 것이므로 이 사건 심판청구는 부적법하다(헌재 1997.12.24. 96헌마365). [2019년 법원 5급] ⑤

기본권의 주체성에 대한 설명으로 옳지 않은 것은? (다툼이 있는 경우 판례에 의함)

① 무소속 국회의원으로서 교섭단체소속 국회의원과 동등하게 대우받을 권리는 입법권을 행사하는 국가기관인 국회를 구성하는 국회의원의 지위에서 향유할 수 있는 권한인 동시에 헌법이 일반국민에게 보장하고 있는 기본권이라고 할 수 있다.

② 국가 정책에 따라 정부의 허가를 받은 외국인은 정부가 허가한 범위 내에서 소득활동을 할 수 있는 것이므로 외국인이 국내에서 누리는 직업의 자유는 법률 이전에 헌법에 의해서 부여된 기본권이라고 할 수는 없고, 법률에 따른 정부의 허가에 의해 비로소 발생하는 권리이다.

③ 정당이 등록이 취소된 이후에도 '등록정당'에 준하는 '권리능력 없는 사단'으로서의 실질을 유지하고 있다고 볼 수 있으면 헌법소원의 청구인능력을 인정할 수 있다.

④ 공법상 재단법인인 방송문화진흥회가 최다출자자인 방송사업자는 방송법 등 관련 규정에 의하여 공법상의 의무를 부담하고 있지만, 그 설립목적이 언론의 자유의 핵심 영역인 방송사업이므로 이러한 업무 수행과 관련해서는 기본권 주체가 될 수 있고, 그 운영을 광고수익에 전적으로 의존하고 있는 만큼 이를 위해 사경제 주체로서 활동하는 경우에도 기본권 주체가 될 수 있다.

① (×) 무소속 국회의원으로서 교섭단체소속 국회의원과 동등하게 대우받을 권리라는 것으로서, 이는 입법권을 행사하는 국가기관인 국회를 구성하는 국회의원의 지위에서 주장하는 권리일지언정 헌법이 일반국민에게 보장하고 있는 기본권이라고 할 수는 없다(헌재 2000.8.31. 2000헌마156).

② (○) 헌법에서 인정하는 직업의 자유는 원칙적으로 대한민국 국민에게 인정되는 기본권이지, 외국인에게 인정되는 기본권은 아니다. 국가 정책에 따라 정부의 허가를 받은 외국인은 정부가 허가한 범위 내에서 소득활동을 할 수 있는 것이므로, 외국인이 국내에서 누리는 직업의 자유는 법률 이전에 헌법에 의해서 부여된 기본권이라고 할 수는 없고, 법률에 따른 정부의 허가에 의해 비로소 발생하는 권리이다(헌재 2014.8.28. 2013헌마359).

③ (○) 등록이 취소된 이후에도 등록정당에 준하는 권리능력 없는 사단으로서의 실질을 유지하고 있다고 볼 수 있으므로 이 사건 헌법소원의 청구인능력을 인정할 수 있다(헌재 2006.3.30. 2004헌마246).

④ (○) 공법상 재단법인인 방송문화진흥회가 최다출자자인 방송사업자로서 방송법 등 관련 규정에 의하여 공법상의 의무를 부담하고 있지만, 상법에 의하여 설립된 주식회사로 설립목적은 언론의 자유의 핵심 영역인 방송사업이므로 이러한 업무 수행과 관련하여 당연히 기본권 주체가 될 수 있고, 그 운영을 광고수익에 전적으로 의존하고 있는 만큼 이를 위해 사경제 주체로서 활동하는 경우에도 기본권 주체가 될 수 있는바, 이 사건 심판청구는 청구인이 그 운영을 위한 영업활동의 일환으로 방송광고를 판매하는 지위에서 그 제한과 관련하여 이루어진 것이므로 그 기본권 주체성을 인정할 수 있다(헌재 2013.9.26. 2012헌마271). [2022년 국가 7급] ①

법인의 기본권 주체성에 대한 설명으로 옳지 않은 것은? (다툼이 있는 경우 판례에 의함)

① 본래 자연인에게 적용되는 기본권 규정이라도 성질상 법인이 누릴 수 있는 기본권은 당연히 법인에게도 적용하여야 한다.

② 법인도 법인의 목적과 사회적 기능에 비추어 볼 때 그 성질에 반하지 않는 범위 내에서 인격권의 한 내용인 사회적 신용이나 명예 등의 주체가 될 수 있다.

③ 국립서울대학교는 공권력 행사의 주체인 공법인으로서 기본권의 '수범자'이므로 기본권의 주체가 될 수는 없다.

④ 법인 아닌 사단·재단이라고 하더라도 대표자의 정함이 있고 독립된 사회적 조직체로서 활동하는 때에는 성질상 법인이 누릴 수 있는 기본권을 침해당하게 되면 법인 아닌 사단·재단의 이름으로 헌법소원심판을 청구할 수 있다.

① (○) 우리 헌법은 법인의 기본권향유능력을 인정하는 명문의 규정을 두고 있지 않지만, 본래 자연인에게 적용되는 기본권규정이라도 언론·출판의 자유, 재산권의 보장 등과 같이 성질상 법인이 누릴 수 있는 기본권을 당연히 법인에게도 적용하여야 한 것으로 본다(헌재 1991.6.3. 90헌마56).

② (○) 법인도 법인의 목적과 사회적 기능에 비추어 볼 때 그 성질에 반하지 않는 범위 내에서 인격권의 한 내용인 사회적 신용이나 명예 등의 주체가 될 수 있고 법인이 이러한 사회적 신용이나 명예 유지 내지 법인격의 자유로운 발현을 위하여 의사결정이나 행동을 어떻게 할 것인지를 자율적으로 결정하는 것도 법인의 인격권의 한 내용을 이룬다(헌재 2012.8.23. 2009헌가27).

③ (×) 교육의 자주성이나 대학의 자율성은 헌법 제22조 제12항이 보장하고 있는 학문의 자유의 확실한 보장수단으로 꼭 필요한 것으로서 이는 대학에게 부여된 헌법상의 기본권이다. 따라서 국립대학인 서울대학교는 다른 국가기관 내지 행정기관과는 달리 공권력의 행사자의 지위와 함께 기본권의 주체라는 점도 중요하게 다루어져야 한다. 여기서 대학의 자율은 대학시설의 관리·운영만이 아니라 학사관리 등 전반적인 것이라야 하므로 연구와 교육의 내용, 그 방법과 그 대상, 교과과정의 편성, 학생의 선발, 학생의 전형도 자율의 범위에 속해야 하고 따라서 입학시험제도도 자주적으로 마련될 수 있어야 한다(헌재 1992.10.1. 92헌마68).

④ (○) 법인도 사단법인·재단법인 또는 영리법인·비영리법인을 가리지 아니하고 위 한계내에서는 헌법상 보장된 기본권이 침해되었음을 이유로 헌법소원심판을 청구할 수 있다. 또한 법인 아닌 사단·재단이라고 하더라도 대표자의 정함이 있고 독립된 사회적 조직체로서 활동하는 때에는 성질상 법인이 누릴 수 있는 기본권을 침해당하게 되면 그의 이름으로 헌법소원심판을 청구할 수 있다(헌재 1991.6.3. 90헌마56). [2021년 국가 5급] ③

기본권 주체에 대한 설명으로 가장 적절하지 않은 것은? (다툼이 있는 경우 판례에 의함)

① 평등권 및 평등선거의 원칙으로부터 나오는 기회균등의 원칙은 후보자는 물론 정당에 대해서도 보장된다.

② 직장 선택의 자유는 국민의 권리로 보아야 할 것이므로 외국인에게는 직장 선택의 자유가 인정되지 않는다.

③ 사단법인 한국영화인협회 내부의 8개 분과 위원회 중 하나인 한국영화인협회 감독위원회는 독자적으로 기본권의 주체가 될 수 없다.

④ 초기배아는 수정된 배아라는 점에서 형성 중인 생명의 첫걸음을 떼었다고 볼 여지가 있기는 하나 기본권의 주체가 될 수 없다.

① (○) 헌법이 보장하고 있는 정당의 존재 의의가 본래 국민의 정치적 의사 형성에 참여하는 데 있으며(제8조 제2항), 대의제 민주주의에서 이러한 참여의 가장 중요한 형태가 선거를 통하여 참여한다는 것은 의문의 여지가 없다. 그런데 각종 선거에 정당은 후보자의 추천과 후보자를 지원하는 선거운동을 통하여 소기의 목적을 추구하는데, 이 경우 평등권 및 평등선거의 원칙으로부터 나오는 기회균등의 원칙은 후보자는 물론 정당에 대하여서도 보장되는 것이다(헌재 1991.11.25. 99헌바28).

② (×) 직업의 자유 중 이 사건에서 문제되는 직장 선택의 자유는 인간의 존엄과 가치 및 행복추구권과도 밀접한 관련을 가지는 만큼 단순히 국민의 권리가 아닌 인간의 권리로 보아야 할 것이므로 외국인도 제한적으로라도 직장 선택의 자유를 향유할 수 있다고 보아야 한다(헌재 2011.9.29. 2007헌마1083).

③ (○) 청구인 한국영화인협회 감독위원회는 영화인협회로부터 독립된 별개의 단체가 아니고, 영화인협회의 내부에 설치된 8개의 분과위원회 가운데 하나에 지나지 아니하며(사단법인 한국영화인협회의 정관 제6조), 달리 단체로서의 실체를 갖추어 당사자 능력이 인정되는 법인이 아닌 사단으로 볼 자료도 없다. 따라서 감독위원회는 그 이름으로 헌법소원심판을 청구할 수 있는 헌법소원심판청구능력이 있다고 할 수 없는 것이므로 감독위원회의 이 사건 헌법소원심판청구는 더 나아가 판단할 것 없이 부적법하다(헌재 1991.6.3. 90헌마56).

④ (○) 초기배아는 수정된 배아라는 점에서 형성 중인 생명의 첫걸음을 떼었다고 볼 여지가 있기는 하나 아직 모체에 착상되거나 원시선이 나타나지 않은 이상 현재의 자연과학적 인식 수준에서 독립된 인간과 배아 간의 개체적 연속성을 확정하기 어렵다고 봄이 일반적이라는 점, 배아의 경우 현재의 과학기술 수준에서 모태 속에서 수용될 때 비로소 독립적인 인간으로서의 성장가능성을 기대할 수 있다는 점, 수정 후 착상 전의 배아가 인간으로 인식된다거나 그와 같이 취급하여야 할 필요성이 있다는 사회적 승인이 존재한다고 보기 어려운 점들을 종합적으로 고려할 때, 기본권 주체성을 인정하기 어렵다(헌재 2010.5.27. 2005헌마346). [2018년 경찰 경정승진] ②

헌법재판소가 기본권 주체성을 인정한 경우만 묶은 것으로 가장 적절한 것은? (다툼이 있는 경우 판례에 의함)

㉠ 착상 전 초기배아	㉡ 불법체류 중인 외국인	㉢ 지방자치단체	㉣ 축협중앙회

① ㉠, ㉡ ② ㉡, ㉢ ③ ㉡, ㉣ ④ ㉢, ㉣

ㄱ. (×) 초기배아는 수정이 된 배아라는 점에서 형성 중인 생명의 첫걸음을 떼었다고 볼 여지가 있기는 하나 아직 모체에 착상되거나 원시선이 나타나지 않은 이상 현재의 자연과학적 인식 수준에서 독립된 인간과 배아 간의 개체적 연속성을 확정하기 어렵다고 봄이 일반적이라는 점, 배아의 경우 현재의 과학기술 수준에서 모태 속에서 수용될 때 비로소 독립적인 인간으로의 성장가능성을 기대할 수 있다는 점, 수정 후 착상 전의 배아가 인간으로 인식된다거나 그와 같이 취급하여야 할 필요성이 있다는 사회적 승인이 존재한다고 보기 어려운 점 등을 종합적으로 고려할 때, 기본권 주체성을 인정하기 어렵다(헌재 2010.5.27. 2005헌마346).

ㄴ. (○) 헌법재판소법 제68조 제1항 소정의 헌법소원은 기본권의 주체이어야만 청구할 수 있는데, 단순히 국민의 권리가 아니라 인간의 권리로 볼 수 있는 기본권에 대해서는 외국인도 기본권의 주체가 될 수 있다. 나아가 청구인들이 불법체류 중인 외국인들이라 하더라도, 불법체류라는 것은 관련 법령에 의하여 체류자격이 인정되지 않는다는 것일 뿐이므로, 인간의 권리로서 외국인에게도 주체성이 인정되는 일정한 기본권에 관하여 불법체류 여부에 따라 그 인정 여부가 달라지는 것은 아니다(헌재 2012.8.23. 2008헌마430).

ㄷ. (×) 지방자치단체는 기본권의 주체가 될 수 없다는 것이 헌법재판소의 입장이며, 이를 변경해야 할 만한 사정이나 필요성이 없으므로 지방자치단체인 춘천시의 헌법소원 청구는 부적법하다(헌재 2006.12.28. 2006헌마312).

ㄹ. (○) 축협중앙회는 지역별·업종별 축협과 비교할 때, 회원의 임의탈퇴나 임의해산이 불가능한 점 등 그 공법인성이 상대적으로 크다고 할 것이지만 이로써 공법인이라고 단정할 수는 없을 것이고, 이 역시 그 존립목적 및 설립형식에서의 자주적 성격에 비추어 사법인적 성격을 부인할 수 없으므로 축협중앙회는 공법인성과 사법인성을 겸유한 특수한 법인으로서 이 사건에서 기본권의 주체가 될 수 있다(헌재 2000.6.1. 99헌마553). [2021년 경찰 경정승진] ③

기본권의 주체에 대한 설명으로 옳지 않은 것은? (다툼이 있는 경우 헌법재판소 판례에 의함)

① 지방자치단체는 기본권의 주체가 될 수 없다.
② 초기배아는 아직 모체에 착상되거나 원시선이 나타나지 않았더라도 기본권 주체성을 인정할 수 있다.
③ 축협중앙회는 공법인성과 사법인성을 겸유한 특수한 법인으로서 기본권의 주체가 될 수 있다.
④ 정당과 같은 권리능력 없는 단체는 생명·신체의 안전에 관한 기본권의 행사에 있어서는 기본권 주체가 될 수 없다.
⑤ 근로의 권리는 근로자를 개인의 차원에서 보호하기 위한 권리이므로 노동조합은 근로의 권리의 주체가 될 수 없다.

① (○) 기본권 보장규정인 헌법 제2장의 제목이 "국민의 권리와 의무"이고 그 제10조 내지 제29조 "모든 국민은 권리를 가진다"고 규정하고 있으므로 이러한 기본권의 보장에 관한 각 헌법규정의 해석상 국민만이 기본권의 주체라 할 것이고, 공권력의 행사자인 국가, 지방자치단체나 그 기관 또는 국가조직의 일부나 공법인은 기본권의 수범자이지 기본권의 주체가 아니고 오히려 국민의 기본권을 보호 내지 실현해야 할 책임과 의무를 지니고 있을 뿐이다. 그렇다면 이 사건에서 지방자치단체인 청구인은 기본권의 주체가 될 수 없고 따라서 청구인의 재산권 침해 여부는 더 나아가 살펴볼 필요가 없다(헌재 2006.2.23. 2004헌바50).

② (×) 초기배아는 수정이 된 배아라는 점에서 형성 중인 생명의 첫걸음을 떼었다고 볼 여지가 있기는 하나 아직 모체에 착상되거나 원시선이 나타나지 않은 이상 현재의 자연과학적 인식수준에서 독립된 인간과 배아 간의 개체적 연속성을 확정하기 어렵다고 봄이 일반적이라는 점 등을 고려할 때, 기본권 주체성을 인정하기 어렵다(헌재 2010.5.27. 2005헌바50).

③ (○) 축협중앙회는 지역별·업종별 축협과 비교할 때, 회원의 임의탈퇴나 임의해산이 불가능한 점 등 그 공법인성이 상대적으로 크다고

할 것이지만, 이로써 공법인이라고 단정할 수 없을 것이고, 이 역시 그 존립목적 및 설립형식에서의 자주적 성격에 비추어 사법인적 성격을 부인할 수 없으므로, 축협중앙회는 공법인성과 사법인성을 겸유한 특수한 법인으로서 이 사건에서 기본권의 주체가 될 수 있다(헌재 2000.6.1. 99헌마553).

④ (○) 이 사건에서 침해된다고 하여 주장되는 기본권은 생명·신체 안전에 관한 것으로서 성질상 자연인에게만 인정되는 것이므로, 이와 관련하여 청구인 진보 신당과 같은 권리 능력 없는 단체는 위와 같은 기본권의 행사에 있어서 그 주체가 될 수 없고, 또한 청구인 진보 신당이 그 정당원이나 일반 국민의 기본권이 침해됨을 이유로 이들을 위하거나 이들을 대신하여 헌법소원심판을 청구하는 것은 원칙적으로 허용되지 아니하므로, 이 사건에 있어 청구인 진보 신당은 청구인능력이 인정되지 아니한다 할 것이다(헌재 2008.12.26. 2008헌마419).

⑤ (○) 헌법 제32조 제1항이 규정한 근로의 권리는 근로자를 개인의 차원에서 보호하기 위한 권리로서 개인인 근로자가 그 주체가 되는 것이고 노동조합은 그 주체가 될 수 없으므로, 이 사건 법률조항이 노동조합을 비과세 대상으로 규정하지 않았다고 하여 헌법 제32조 제1항에 반한다고 볼 여지는 없다(헌재 2009.2.26. 2007헌바27). [2018년 국회 9급] ②

기본권 주체성에 대한 설명으로 〈보기〉에서 옳은 것(○)과 옳지 않은 것(×)을 올바르게 조합한 것은? (다툼이 있는 경우 판례에 의함)

〈보기〉

ㄱ. 고용 허가를 받아 국내에 입국한 외국인근로자의 출국만기보험금을 출국 후 14일 이내에 지급하도록 한 것에 대하여 해당 외국인근로자는 근로의 권리가 침해됨을 주장할 수 없다.

ㄴ. 초기배아는 수정이 된 배아라는 점에서 형성 중인 생명의 첫걸음을 떼었다고 볼 여지가 있기는 하나 인간과 배아 간의 개체적 연속성을 확정하기 어렵다는 점에서 기본권 주체성이 부인된다.

ㄷ. 한국신문편집인협회는 언론인들의 협동단체로서 법인격은 없으나 사단으로서의 실체를 가지고 있으므로 권리능력 없는 사단이라고 할 것이고, 따라서 기본권의 성질상 자연인에게만 인정될 수 있는 기본권이 아닌 한 기본권의 주체가 될 수 있다.

ㄹ. 정당은 국민의 정치적 의사형성에 참여하기 위한 조직으로 성격상 권리능력 없는 단체에 속하지만 구성원과는 독립하여 기본권의 주체가 될 수 있으므로 생명·신체의 안전에 관한 기본권 행사에 있어 그 주체가 될 수 있다.

① ㄱ(○), ㄴ(×), ㄷ(○), ㄹ(×)
② ㄱ(○), ㄴ(○), ㄷ(×), ㄹ(×)
③ ㄱ(×), ㄴ(○), ㄷ(×), ㄹ(×)
④ ㄱ(×), ㄴ(○), ㄷ(○), ㄹ(×)
⑤ ㄱ(×), ㄴ(×), ㄷ(○), ㄹ(○)

ㄱ. (×) 헌법상 근로의 권리는 일할 자리에 관한 권리만이 아니라 일할 환경에 관한 권리도 의미하는데, 일할 환경에 관한 권리는 인간의 존엄성에 대한 침해를 방어하기 위한 권리로서 외국인에게도 인정되며, 건강한 작업환경, 일에 대한 정당한 보수, 합리적인 근로조건의 보장 등을 요구할 수 있는 권리 등을 포함한다. 여기서의 근로조건은 임금과 그 지불방법, 취업시간과 휴식시간 등 근로계약에 의하여 근로자가 근로를 제공하고 임금을 수령하는데 관한 조건들이고, 이 사건 출국만기보험금은 퇴직금의 성질을 가지고 있어서 그 지급시기에 관한 것은 근로조건의 문제이므로 외국인인 청구인들에게도 기본권 주체성이 인정된다(헌재 2016.3.31. 2014헌마367).

ㄴ. (○) 초기배아는 수정이 된 배아라는 점에서 형성 중인 생명의 첫걸음을 떼었다고 볼 여지가 있기는 하나, 아직 모체에 착상되거나 원시선이 나타나지 않은 이상 현재의 자연과학적 인식 수준에서 독립된 인간과 배아 간의 개체적 연속성을 확정하기 어렵다고 봄이 일반적이라는 점 등을 종합적으로 고려할 때, 기본권 주체성을 인정하기 어렵다(헌재 2010.5.27. 2005헌마346).

ㄷ. (○) 청구인협회(한국신문편집인협회)는 언론인들의 협동단체로서 법인격은 없으나, 대표자와 총회가 있고, 단체의 명칭, 대표의 방법,

총회 운영, 재산의 관리 기타 단체의 중요한 사항이 회칙으로 규정되어 있는 등 사단으로서의 실체를 가지고 있으므로 권리능력 없는 사단이라고 할 것이고, 따라서 기본권의 성질상 자연인에게만 인정될 수 있는 기본권이 아닌 한 기본권의 주체가 될 수 있으며, 헌법상의 기본권을 향유하는 범위 내에서는 헌법소원심판 청구능력도 있다(헌재 1995.7.21. 92헌마177).

ㄹ. (×) 청구인 진보 신당은 국민의 정치적 의사형성에 참여하기 위한 조직으로 성격상 권리능력 없는 단체에 속하지만, 구성원과는 독립하여 그 자체로서 기본권의 주체가 될 수 있고, 그 조직 자체의 기본권이 직접 침해당한 경우 자신의 이름으로 헌법소원심판을 청구할 수 있으나, 이 사건에서 침해된다고 하여 주장되는 기본권은 생명·신체의 안전에 관한 것으로서 성질상 자연인에게만 인정되는 것이므로, 이와 관련하여 청구인 진보 신당과 같은 권리능력 없는 단체는 위와 같은 기본권의 행사에 있어 그 주체가 될 수 없고, 또한 청구인 진보 신당이 그 정당원이나 일반 국민의 기본권이 침해됨을 이유로 이들을 위하거나 이들을 대신하여 헌법소원심판을 청구하는 것은 원칙적으로 허용되지 아니하므로, 이 사건에 있어 청구인 진보 신당은 청구인능력이 인정되지 아니한다(헌재 2008.12.26. 2008헌마419).

[2020년 국회 8급] ④

기본권의 주체에 관한 다음 설명 중 가장 옳지 않은 것은? (다툼이 있는 경우 헌법재판소 결정에 의함)

① 태아도 헌법상 생명권 주체가 되며, 국가는 헌법 제10조에 따라 태아의 생명을 보호할 의무가 있으나, 초기배아는 자연과학적 인식 수준에서 독립된 인간과 배아 간의 개체적 연속성을 확정하기 어려우므로 기본권 주체성을 인정하기 어렵다.

② 헌법은 국가의 교육권한과 부모의 교육권의 범주 내에서 학생에게도 자신의 교육에 관하여 스스로 결정할 권리, 즉 자유롭게 교육을 받을 권리를 부여하고, 학생은 국가의 간섭을 받지 아니하고 자신의 능력과 개성, 적성에 맞는 학교를 자유롭게 선택할 권리를 가진다.

③ 의료인의 면허된 의료행위 이외의 의료행위를 금지하고 처벌하는 의료법(2007.4.11 법률 제8366호로 개정된 것) 제27조 제1항 본문 전단 부분이 제한하고 있는 직업선택의 자유는 인간의 존엄과 가치 및 행복추구권과 밀접한 관련을 가지는 권리이므로, 근로가 허용된 외국인의 경우 그 허용된 범위 안에서 위 규정이 제한하고 있던 근로의 권리와 직업선택의 자유가 회복된다.

④ 법인도 법인의 목적과 사회적 기능에 비추어 볼 때 그 성질에 반하지 않는 범위 내에서 인격권의 한 내용인 사회적 신용이나 명예 등의 주체가 될 수 있고 법인이 이러한 사회적 신용이나 명예 유지 내지 법인격의 자유로운 발현을 위하여 의사결정이나 행동을 어떻게 할 것인지를 자율적으로 결정하는 것도 법인의 인격권의 한 내용을 이룬다고 할 것이다.

⑤ 대통령은 소속 정당을 위하여 정당 활동을 할 수 있는 사인으로서의 지위와 국민 모두에 대한 봉사자로서 공익실현의 의무가 있는 헌법기관으로서의 지위를 동시에 갖는데 최소한의 전자의 지위와 관련하여는 기본권 주체성을 갖는다.

① (○) 모든 인간은 헌법상 생명권의 주체가 되며, 형성 중의 생명인 태아에게도 생명에 대한 권리가 인정되어야 한다. 따라서 태아도 헌법상 생명권의 주체가 되며, 국가는 헌법 제10조에 따라 태아의 생명을 보호할 의무가 있다(헌재 2008.7.31. 2004헌바81). 초기배아는 수정이 된 배아라는 점에서 형성 중인 생명의 첫걸음을 떼었다고 볼 여지가 있기는 하나 아직 모체에 착상되거나 원시선이 나타나지 않은 이상 현재의 자연과학적 인식수준에서 독립된 인간과 배아 간의 개체적 연속성을 확정하기 어렵다고 봄이 일반적이라는 점, 배아의 경우 현재의

과학기술 수준에서 모태 속에서 수용될 때 비로소 독립적인 인간으로의 성장가능성을 기대할 수 있다는 점, 수정 후 착상 전의 배아가 인간으로 인식된다거나 그와 같이 취급하여야 할 필요성이 있다는 사회적 승인이 존재한다고 보기 어려운 점 등을 종합적으로 고려할 때, 기본권 주체성을 인정하기 어렵다(헌재 2010.5.27. 2005헌마346).

② (○) 헌법은 국가의 교육권한과 부모의 교육권의 범주 내에서 학생에게도 자신의 교육에 관하여 스스로 결정할 권리, 즉 자유롭게 교육을 받을 권리를 부여하고, 학생은 국가의 간섭을 받지 아니하고 자신의 능력과 개성, 적성에 맞는 학교를 자유롭게 선택할 권리를 가진다(헌재 2012.11.29. 2011헌마827).

③ (×) 심판대상조항이 제한하고 있는 직업의 자유는 국가자격제도정책과 국가의 경제상황에 따라 법률에 의하여 제한할 수 있고 인류보편적인 성격을 지니고 있지 아니하므로 국민의 권리에 해당한다. 이와 같이 헌법에서 인정하는 직업의 자유는 원칙적으로 대한민국 국민에게 인정되는 기본권이지, 외국인에게 인정되는 기본권은 아니다. 국가 정책에 따라 정부의 허가를 받은 외국인은 정부가 허가한 범위 내에서 소득 활동을 할 수 있는 것이므로, 외국인이 국내에서 누리는 직업의 자유는 법률 이전에 헌법에 부여된 기본권이라고 할 수는 없고, 법률에 따른 정부의 허가에 의해 비로소 발생하는 권리이다(헌재 2014.8.28. 2013헌마359).

④ (○) 법인도 법인의 목적과 사회적 기능에 비추어 볼 때 그 성질에 반하지 않는 범위 내에서 인격권의 한 내용인 사회적 신용이나 명예 등의 주체가 될 수 있고 법인이 이러한 사회적 신용이나 명예 유지 내지 법인격의 자유로운 발현을 위하여 의사결정이나 행동을 어떻게 할 것인지를 자율적으로 결정하는 것도 법인의 인격권의 한 내용을 이룬다고 할 것이다. 그렇다면 이 사건 심판대상조항은 방송사업자의 의사에 반한 사과행위를 강제함으로써 방송사업자의 인격권을 제한한다(헌재 2012.8.23. 2009헌가27).

⑤ (○) 대통령도 국민의 한사람으로서 제한적으로나마 기본권의 주체가 될 수 있는바, 대통령은 소속 정당을 위하여 정당 활동을 할 수 있는 사인으로서의 지위와 국민모두에 대한 보상자로서 공익실현의 의무가 있는 헌법기관으로서의 지위를 동시에 갖는데 최소한 전자의 지위와 관련하여 기본권 주체성을 갖는다(헌재 2008.1.17. 2007헌마700). [2016년 법무사] ③

기본권 주체성에 관한 다음 설명 중 가장 옳지 않은 것은?

① 기본권 주체로서의 법적 지위는 헌법소원에 의해 권리를 구제받을 수 있는지를 판단하는 기준의 하나가 된다.

② 미성년자의 인격권은 성인과 마찬가지로 헌법 제10조에 의하여 보호된다.

③ 우리 헌법은 법인 내지 단체의 기본권 향유능력에 대하여 명문의 규정을 두고 있지는 않지만, 본래 자연인에게 적용되는 기본권이라도 그 성질상 법인이 누릴 수 있는 기본권은 법인에게도 적용된다.

④ 국가, 지방자치단체나 그 기관 또는 국가조직의 일부나 공법인은 원칙적으로 기본권의 수범자이자 동시에 기본권의 주체가 되는 이중적 지위에 있다.

① (○) 헌법재판소법 제68조 제1항에 의하면 기본권을 침해받은 자, 즉 기본권의 주체만이 헌법소원을 제기할 수 있다. 따라서 기본권의 주체가 아닌 자가 헌법소원을 제기하는 경우에는 청구인능력이 인정되지 않아, 그 심판청구는 부적법하므로 각하된다.

② (○) 아동과 청소년은 인격의 발전을 위하여 어느 정도 부모와 학교의 교사 등 타인에 의한 결정을 필요로 하는 아직 성숙하지 못한 인격체이지만, 부모와 국가에 의한 교육의 단순한 대상이 아닌 독자적인 인격체이며, 그의 인격권은 성인과 마찬가지로 인간의 존엄성 및 행복추구권을 보장하는 헌법 제10조에 의하여 보호된다(헌재 2000.4.27. 98헌가16).

③ (○) 우리 헌법은 법인 내지 단체의 기본권 향유능력에 대하여 명문의 규정을 두고 있지는 않지만 본래 자연인에게 적용되는 기본권이라도 그 성질상 법인이 누릴 수 있는 기본권은 법인에게도 적용된다(헌재 2012.8.23. 2009헌가27).

④ (×) 기본권 보장규정으로 현행 헌법 제2장의 제목이 "국민의 권리와 의무"이고, 그 제10조 내지 제39조에서 "모든 국민은 권리를 가진다"고 규정하고 있으므로 이러한 기본권의 보장에 관한 각 헌법규정의 해석상 국민만이 기본권의 주체라 할 것이고, 공권력의 행사자인 국가,

지방자치단체나 그 기관 또는 국가조직의 일부나 공법인은 기본권의 수범자이지 기본권의 주체가 아니고, 오히려 국민의 기본권을 보호 내지 실현해야 할 책임과 의무를 지니고 있을 뿐이다(헌재 2009.5.28. 2007헌바80). [2019년 법원 9급] ④

기본권의 주체에 대한 설명으로 옳지 않은 것은? (다툼이 있는 경우 헌법재판소 결정에 의함)

① 아동과 청소년의 인격권은 성인과 마찬가지로 인간의 존엄성 및 행복추구권을 보장하는 헌법 제10조에 의하여 보호된다.

② 착상 전 초기배아의 경우 인간으로서의 성장가능성을 기대할 수 있으므로 기본권 주체성이 인정된다.

③ 인간의 존엄과 가치 및 행복추구권은 '인간의 권리'로서 외국인도 그 주체가 될 수 있다.

④ 법인인 방송사업자의 의사에 반한 사과행위를 강제하는 것은 방송사업자의 인격권을 제한한다.

① (○) 아동과 청소년은 인격의 발전을 위하여 어느 정도 부모와 학교의 교사 등 타인에 의한 결정을 필요로 하는 아직 성숙하지 못한 인격체이지만, 부모와 국가에 의한 교육의 단순한 대상이 아닌 독자적인 인격체이며, 그의 인격권은 성인과 마찬가지고 인간의 존엄성 및 행복추구권을 보장하는 헌법 제10조에 의하여 보호된다(헌재 2000.4.27. 98헌가16).

② (×) 초기배아는 수정이 된 배아라는 점에서 형성 중인 생명의 첫걸음을 떼었다고 볼 여지가 있기는 하나 아직 모체에 착상되거나 원시선이 나타나지 않은 이상 현재의 자연과학적 인식수준에서 독립된 인간과 배아 간의 개체적 연속성을 확정하기 어렵다고 봄이 일반적이라는 점, 배아의 경우 현재의 과학기술 수준에서 모태 속에서 수용될 때 비로소 독립적인 인간으로의 성장가능성을 기대할 수 있다는 점, 수정 후 착상 전의 배아가 인간으로 인식된다거나 그와 같이 취급하여야 할 필요성이 있다는 사회적 승인이 존재한다고 보기 어려운 점 등을 종합적으로 고려할 때, 기본권 주체성을 인정하기 어렵다(헌재 2010.5.27. 2005헌마346).

③ (○) 청구인들이 침해되었다고 주장하는 인간의 존엄과 가치, 행복추구권은 대체로 인간의 권리로서 외국인도 주체가 될 수 있다고 보아야 하고, 평등권도 인간의 권리로서 참정권 등에 대한 성질상의 제한 및 상호주의에 따른 제한이 있을 수 있을 뿐이다(헌재 2001.11.29. 99헌마494).

④ (○) 법인도 법인의 목적과 사회적 기능에 비추어 볼 때 그 성질에 반하지 않는 범위 내에서 인격권의 한 내용인 사회적 신용이나 명예 등의 주체가 될 수 있고 법인이 이러한 사회적 신용이나 명예 유지 내지 법인격의 자유로운 발현을 위하여 의사결정이나 행동을 어떻게 할 것인지를 자율적으로 결정하는 것도 법인의 인격권의 한 내용을 이룬다고 할 것이다. 그렇다면 이 사건 심판대상조항은 방송사업자의 의사에 반한 사과행위를 강제함으로써 방송사업자의 인격권을 제한한다(헌재 2012.8.23. 2009헌가27). [2017년 국가 5급] ②

기본권의 주체에 관한 다음 설명 중 가장 옳지 않은 것은? (다툼이 있는 경우 헌법재판소 결정에 의함)

① 직장 선택의 자유는 인간의 존엄과 가치, 행복추구권과 밀접한 관련을 가지므로 외국인도 제한적으로 직장 선택의 자유를 향유할 수 있다.

② 공법인은 기본권의 수범자로서 국민의 기본권을 보호 내지 실현하여야 할 책임과 의무를 지닐 뿐이므로 기본권의 주체가 될 여지가 없다.

③ 인간의 존엄과 가치, 행복추구권은 그 성질상 자연인에게 인정되는 기본권이므로 법인에게는 적용되지 않는다.

④ 아동은 성숙하지 못한 인격체이지만 그의 인격권은 성인과 마찬가지로 인간의 존엄성 및 행복추구권을 보장하는 헌법 제10조에 의해 보호된다.

① (○) 이 사건에서 문제되는 직장 선택의 자유는 인간의 존엄과 가치 및 행복추구권과도 밀접한 관련을 가지는 만큼 단순히 국민의 권리가 아닌 인간의 권리로 보아야 할 것이므로 외국인도 제한적으로라도 직장 선택의 자유를 향유할 수 있다. 청구인이 이미 적법하게 고용허가를 받아 적법하게 우리나라에 입국하여 우리나라에서 일정한 생활관계를 형성·유지하는 등 우리 사회에서 정당한 노동인력으로서의 지위를 부여받은 상황임을 전제로 하는 이상, 이 사건 청구인에게 직장 선택의 자유에 대한 기본권 주체성을 인정할 수 있다(헌재 2011.9.29. 2009헌마351).

② (×) 공법인이나 이에 준하는 지위를 가진 자라 하더라도 공무를 수행하거나 고권적 행위를 하는 경우가 아닌 사경제 주체로서 활동하는 경우나 조직법상 국가로부터 독립한 고유 업무를 수행하는 경우, 그리고 다른 공권력 주체와의 관계에서 지배복종관계가 성립되어 일반 사인처럼 그 지배하에 있는 경우 등에는 기본권 주체가 될 수 있다(헌재 2013.9.26. 2012헌마 271).

③ (○) 헌법 제10조의 인간으로서의 존엄과 가치, 행복을 추구할 권리는 그 성질상 자연인에게 인정되는 기본권이라고 할 것이어서, 법인인 청구인들에게는 적용되지 않는다고 할 것이다(헌재 2006.12.28. 2004헌바67).

④ (○) 아동과 청소년은 인격의 발전을 위하여 어느 정도 부모와 학교의 교사 등 타인에 의한 결정을 필요로 하는 아직 성숙하지 못한 인격체이지만, 부모와 국가에 의한 교육의 단순한 대상이 아닌 독자적인 인격체이며, 그의 인격권은 성인과 마찬가지로 인간의 존엄성 및 행복추구권을 보장하는 헌법 제10조에 의하여 보호된다(헌재 2000.4.27. 98헌가16). [2017년 법원 9급] ②

다음 중 기본권의 주체에 대한 설명으로 옳지 않은 것은? (다툼이 있는 경우 헌법재판소 판례에 의함)

① 국립대학교 교수회 - 대학자치의 주체

② 외국인 근로자 - 기본적 생활수단을 확보하고 존엄성을 보장받기 위한 최소한의 근로조건을 요구할 수 있는 근로의 권리의 주체

③ 농업기반공사 및 농지관리기금법에 의하여 해산되어 신설되는 농업기반공사에 합병되는 농지개량조합 - 재산권의 주체

④ 태아 - 생명권의 주체

⑤ 공법상 재단법인인 방송문화진흥회가 최다출자자인 주식회사 형식의 공영방송인 사업자 - 언론의 자유의 주체

① (○) 헌법재판소는 대학의 자율성은 헌법 제22조 제1항이 보장하는 학문의 자유의 확실한 보장을 위해 꼭 필요한 것으로서 대학에 부여된 헌법상 기본권으로 보고 있다. 그러나 대학의 자치의 주체를 기본적으로 본다고 하더라도 교수나 교수회의 주체성이 부정된다고 볼 수는 없고, 가령 학문의 자유를 침해하는 대학의 장에 대한 관계에서는 교수나 교수회가 주체가 될 수 있고, 또한 국가에 의한 침해에 있어서는 대학 자체 외에도 대학 전 구성원이 자율성을 갖는 경우도 있을 것이므로 문제되는 경우에 따라서 대학, 교수, 교수회 모두가 단독, 혹은 중첩적으로 주체가 될 수 있다(헌재 2006.4.27. 2005헌마1047).

② (○) 근로의 권리의 구체적인 내용에 따라, 국가에 대하여 고용증진을 위한 사회적·경제적 정책을 요구할 수 있는 권리는 사회권적 기본권으로서 국민에 대하여만 인정해야 하지만, 자본주의 경제질서하에서 근로자가 기본적 생활수단을 확보하고 인간의 존엄성을 보장받기 위하여 최소한의 근로조건을 요구할 수 있는 권리는 자유권적 기본권의 성격도 아울러 가지므로 이러한 경우 외국인 근로자에게도 그 기본권 주체성을 인정함이 타당하다(헌재 2007.8.30. 2004헌마670).

③ (×) 농지개량조합은 농지소유자의 조합가입이 강제되는 점, 조합원의 출자에 의하여 조합재산이 형성되는 것이 아니라 국가 등이 실시한

농업생산기반시설을 그대로 인수하는 점, 조합의 합병·분할·해산은 법정사유로 제한되어 있는 점, 주요사업인 농업생산기반시설의 정비·유지·관리사업은 농업생산성의 향상 등 농지개량조합의 조직, 재산의 형성·유지 및 그 목적과 활동전반에 나타나는 매우 짙은 공적인 성격을 고려하건대, 이를 공법인이라고 봄이 상당하므로 헌법소원의 청구인적격을 인정할 수 없다(헌재 2000.11.30. 99헌마190).

④ (○) 모든 인간은 헌법상 생명권의 주체가 되며, 형성 중인 생명인 태아에게도 생명에 대한 권리가 인정되어야 한다. 따라서 태아도 헌법상 생명권의 주체가 되며, 국가는 헌법 제10조에 따라 태아의 생명을 보호할 의무가 있다(헌재 2008.7.31. 2004헌바81).

⑤ (○) 청구인은 공법상 재단법인 방송문화진흥회가 최다출자자인 방송사업자로서 방송법 등 관련 규정에 의하여 공법상의 의무를 부담하고 있지만, 그 설립목적이 언론의 자유의 핵심 영역인 방송 사업이므로 이러한 업무수행과 관련해서는 기본권 주체가 될 수 있고, 그 운영을 광고수익에 전적으로 의존하고 있는 만큼 이를 위해 사경제 주체로서 활동하는 경우에도 기본권 주체가 될 수 있다(헌재 2013.9.26. 2012헌마271). [2017년 국회 9급] ③

기본권의 주체에 대한 설명으로 옳지 않은 것은? (다툼이 있는 경우 판례에 의함)

① 정당은 구성원과 독립하여 그 자체로서 기본권의 주체가 될 수 있고, 그 조직 자체의 기본권이 직접 침해당한 경우 자신의 이름으로 헌법소원심판을 청구할 수 있다.

② 헌법 제31조 제4항이 규정하는 교육의 자주성 및 대학의 자율성은 대학에 부여된 헌법상 기본권인 대학의 자유권이므로, 국립대학도 이러한 대학의 자율권의 주체로서 헌법소원심판의 청구인능력이 인정된다.

③ 자연인으로서 개인의 존재를 전제로 하거나 인간의 감정과 관련된 기본권은 그 성질상 법인에게 적용될 수 없으므로 법인은 인격권의 주체가 될 수 없다.

④ 공법상 재단법인인 방송문화진흥회가 최다출자자인 방송사업자는 방송법 등과 관련 규정에 의하여 공법상의 의무를 부담하고 있지만, 상법에 의하여 설립된 주식회사로서 설립목적은 언론의 자유의 핵심 영역인 방송 사업이므로 이러한 업무 수행과 관련하여 당연히 기본권 주체가 될 수 있다.

① (○) 청구인 진보 신당은 국민의 정치적 의사형성에 참여하기 위한 조직으로 성격상 권리능력 없는 단체에 속하지만, 구성원과는 독립하여 그 자체로서 기본권의 주체가 될 수 있고, 그 조직 자체의 기본권이 직접 침해당한 경우 자신의 이름으로 헌법소원심판을 청구할 수 있으나, 이 사건에서 침해된다고 하여 주장되는 기본권은 생명·신체 안전에 관한 것으로서 성질상 자연인에게만 인정되는 것이므로, 이와 관련하여 청구인 진보 신당과 같은 권리 능력 없는 단체는 위와 같은 기본권의 행사에 있어서 그 주체가 될 수 없고, 또한 청구인 진보 신당이 그 정당원이나 일반 국민의 기본권이 침해됨을 이유로 이들을 위하거나 이들을 대신하여 헌법소원심판을 청구하는 것은 원칙적으로 허용되지 아니하므로, 이 사건에 있어 청구인 진보 신당은 청구인능력이 인정되지 아니한다 할 것이다(헌재 2008.12.26. 2008헌마419).

② (○) 헌법 제31조 제4항이 규정하는 교육의 자주성 및 대학의 자율성은 헌법 제22조 제1항이 보장하는 학문의 자유의 확실한 보장을 위해 꼭 필요한 것으로서 대학에 부여된 헌법상 기본권인 대학의 자율권이므로, 국립대학인 청구인도 이러한 대학의 자율권의 주체로서 헌법소원심판의 청구인능력이 인정된다(헌재 2015.12.23. 2014헌마1149).

③ (×) 우리 헌법은 법인 내지 단체의 기본권 향유능력에 대하여 명문의 규정을 두고 있지는 않지만 본래 자연인에게 적용되는 기본권이라도 그 성질상 법인이 누릴 수 있는 기본권은 법인에게도 적용된다. 법인도 법인의 목적과 사회적 기능에 비추어 볼 때 그 성질에 반하지 않는 범위 내에서 인격권의 한 내용인 사회적 신용이나 명예 등의 주체가 될 수 있고 법인이 이러한 사회적 신용이나 명예 유지 내지 법인격의 자유로운 발현을 위하여 의사결정이나 행동을 어떻게 할 것인지를 자율적으로 결정하는 것도 법인의 인격권의 한 내용을 이룬다고

할 것이다(헌재 2012.8.23. 2009헌가27).

④ (○) 청구인의 경우 공법상 재단법인인 방송문화진흥회가 최다출자자인 방송사업자로서 방송법 등 관련 규정에 의하여 공법상의 의무를 부담하고 있지만, 상법에 의하여 설립된 주식회사로 설립목적은 언론의 자유의 핵심 영역인 방송 사업이므로 이러한 업무 수행과 관련하여 당연히 기본권 주체가 될 수 있고, 그 운영을 광고수익에 전적으로 의존하고 있는 만큼 이를 위해 사경제 주체로서 활동하는 경우에도 기본권 주체가 될 수 있고, 그 운영을 광고수익에 전적으로 의존하고 있는 만큼 이를 위해 사경제 주체로서 활동하는 경우에도 기본권 주체가 될 수 있는바, 이 사건 심판청구는 청구인이 그 운영을 위하거나 영업활동의 일환으로 방송광고를 판매하는 지위에서 그 제한과 관련하여 이루어진 것이므로 그 기본권 주체성을 인정할 수 있다(헌재 2013.9.26. 2012헌마271). [2017년 지방 7급] ③

기본권의 주체에 관한 다음 설명 중 가장 옳지 않은 것은? (다툼이 있는 경우 헌법재판소 결정에 의함)

① 외국인이 국내에서 누리는 직업의 자유는 법률 이전에 헌법에 의해서 부여된 기본권이라고 할 수 없고, 법률에 따른 정부의 허가에 의해 비로소 발생하는 권리이다.

② 초기배아는 수정이 된 배아라는 점에서 아직 모체에 착상되거나 원시선이 나타나지 않았다고 하더라도 기본권의 주체가 될 수 있다.

③ 법인도 그 목적과 사회적 기능에 비추어 볼 때 그 성질에 반하지 않는 범위 내에서 인격권의 한 내용인 사회적 신용이나 명예의 주체가 될 수 있다.

④ 인간의 권리로서 외국인에게도 주체성이 인정되는 일정한 기본권은 불법체류 여부에 따라 그 인정 여부가 달라지는 것은 아니다.

① (○) 심판대상조항이 제한하고 있는 직업의 자유는 국가자격제도정책과 국가의 경제상황에 따라 법률에 의하여 제한할 수 있는 국민의 권리에 해당한다. 국가정책에 따라 정부의 허가를 받은 외국인은 정부가 허가한 범위 내에서 소득활동을 할 수 있는 것이므로, 외국인이 국내에서 누리는 직업의 자유는 법률에 따른 정부의 허가에 의해 비로소 발생하는 권리이다. 따라서 외국인 청구인에게는 그 기본권주체성이 인정되지 아니하며, 자격제도 자체를 다툴 수 있는 기본권주체성이 인정되지 아니하는 이상 국가자격제도에 관련된 평등권에 관하여 따로 기본권주체성을 인정할 수 없다(헌재 2014.8.29. 2013헌마359).

② (×) 초기배아는 수정이 된 배아라는 점에서 형성 중인 생명의 첫걸음을 떼었다고 볼 여지가 있기는 하나 아직 모체에 착상되거나 원시선이 나타나지 않은 이상 현재의 자연과학적 인식 수준에서 독립된 인간과 배아 간의 개체적 연속성을 확정하기 어렵다고 봄이 어렵다고 봄이 일반적이라는 점, 배아의 경우 현재의 과학기술 수준에서 모태 속에서 수용될 때 비로소 독립적인 인간으로의 성장가능성을 기대할 수 있다는 점, 수정 후 착상 전의 배아가 인간으로 인식된다거나 그와 같이 취급하여야 할 필요성이 있다는 사회적 승인이 존재한다고 보기 어려운 등을 종합적으로 고려할 때, 기본권 주체성을 인정하기 어렵다(헌재 2010.5.27. 2005헌가27).

③ (○) 법인도 법인의 목적과 사회적 기능에 비추어 볼 때 그 성질에 반하지 않는 범위 내에서 인격권의 한 내용인 사회적 신용이나 명예 등의 주체가 될 수 있고 법인이 이러한 사회적 신용이나 명예 유지 내지 법인격의 자유로운 발현을 위하여 의사결정이나 행동을 어떻게 할 것인지를 자율적으로 결정하는 것도 법인의 인격권의 한 내용을 이룬다. 그렇다면 이 사건 심판대상조항은 방송사업자의 의사에 반한 사과행위를 강제함으로써 방송사업자의 인격권을 제한한다(헌재 2012.8.23. 2009헌가27).

④ (○) 헌법재판소법 제68조 제1항 소정의 헌법소원은 기본권의 주체이어야만 청구할 수 있는데, 단순히 국민의 권리가 아니라 인간의 권리로 볼 수 있는 기본권에 대해서는 외국인도 기본권의 주체가 될 수 있다. 나아가 청구인들이 불법체류 중인 외국인들이라 하더라도, 불법체류라는 것은 관련 법령에 의하여 체류자격이 인정되지 않는다는 것일 뿐이므로 인간의 권리로서 외국인에게도 주체성이 인정되는 일정한 기본권에 관하여 불법체류 여부에 따라 그 인정 여부가 달라지는 것은 아니다(헌재 2012.8.23. 2008헌마430).

[2017년 법원 9급] ②

기본권의 주체에 대한 설명으로 옳지 않은 것은? (다툼이 있는 경우 헌법재판소 판례에 의함)

① 외국인이라 할지라도 적법하게 고용허가를 받아 입국하여 우리나라에서 일정한 생활관계를 형성·유지하는 등 정당한 노동인력으로서의 지위를 부여받은 경우 직장선택의 자유를 인정할 수 있다.

② 법인의 인격을 자유롭게 발현할 권리가 무엇을 뜻하는지 그 헌법적 근거가 무엇인지 분명하지 않으므로, 선거기사심의위원회가 불공정한 선거기사를 게재하였다고 판단한 언론사에 대하여 사과문 게재 명령을 하도록 한 공직선거법상의 사과문 게재 조항은 언론사인 법인의 인격권을 침해하는 것이 아니라 소극적 표현의 자유나 일반적 행동의 자유를 제한할 뿐이다.

③ 국가정책에 따라 정부의 허가를 받은 외국인은 정부가 허가한 범위 내에서 소득활동을 할 수 있는 것이므로 외국인이 국내에서 누리는 직업의 자유는 법률 이전에 헌법에 의해서 부여된 기본권이라 할 수는 없고, 법률에 따른 정부의 허가에 의해 비로소 발생하는 권리이다.

④ 특별한 조약이 없는 한 외국인에게 입국을 허가할 의무가 없으므로 외국인은 원칙적으로 입국의 자유가 없다.

⑤ 태아도 원칙적으로 생명권의 주체이고 형성 중의 생명인 태아에게도 생명에 대한 권리가 인정되어야 하나, 자궁에 착상하기 전 혹은 원시선이 나타나기 전의 수정란 상태의 초기배아에게는 생명권의 주체성을 인정할 수 없다.

① (○) 청구인이 이미 적법하게 고용허가를 받아 적법하게 우리나라에 입국하여 우리나라에서 일정한 생활관계를 형성·유지하는 등 우리 사회에서 정당한 노동인력으로서의 지위를 부여받은 상황임을 전제로 하는 이상, 이 사건 청구인에게 직장 선택의 자유에 대한 기본권 주체성을 인정할 수 있다(헌재 2011.9.29. 2009헌마351).

② (×) 사건 법률조항들은 언론사의 의사에 관한 사과행위를 강요함으로써 언론사의 인격권을 제한하는바, 이 사건의 쟁점은 이러한 제한이 헌법 제37조 제2항이 정한 기본권 제한의 헌법적 한계를 준수하고 있는지 여부이다. 이 사건 법률조항들이 추구하는 목적, 즉 선거기사를 보도하는 언론사의 공적인 책임의식을 높임으로써 민주적이고 공정한 여론 형성 등에 이바지한다는 공익이 중요하다는 점에는 이론의 여지가 없으나, 언론에 대한 신뢰가 무엇보다 중요한 언론사에 대하여 그 사회적 신용이나 명예를 저하시키고 인격의 자유로운 발현을 저해함에 따라 발생하는 인격권 침해의 정도는 이 사건 법률조항들이 달성하려는 공익에 비해 결코 작다고 할 수 없다. 결국 이 사건 법률조항들은 언론사의 인격권을 침해하여 헌법에 위반된다(헌재 2015.7.30. 2013헌가8).

③ (○) 심판대상조항이 제한하고 있는 직업의 자유는 국가자격제도정책과 국가의 경제상황에 따라 법률에 의하여 제한할 수 있는 국민의 권리에 해당한다. 국가정책에 따라 정부의 허가를 받은 외국인은 정부가 허가한 범위 내에서 소득활동을 할 수 있는 것이므로, 외국인이 국내에서 누리는 직업의 자유는 법률에 따른 정부의 허가에 의해 비로소 발생하는 권리이다(헌재 2014.8.28. 2013헌마359).

④ (○) 참정권에 대한 외국인의 기본권주체성은 인정되지 아니하고, 이 사건에서 청구인 설OO 등이 주장하는 거주이전의 자유는 입국의 자유에 관한 것이므로 이에 대해서도 외국인의 기본권주체성은 인정되지 아니한다(헌재 2014.6.26. 2011헌마502).

⑤ (○) 형성 중의 생명인 태아에게도 생명에 대한 권리가 인정되어야 한다. 따라서 태아도 헌법상 생명권의 주체가 되며, 국가는 헌법 제10조에 따라 태아의 생명을 보호할 의무가 있다(헌재 2008.7.31. 2004헌바81). 한편 초기배아는 수정이 된 배아라는 점에서 형성 중인 생명의 첫걸음을 떼었다고 볼 여지가 있기는 하나 아직 모체에 착상되거나 원시선이 나타나지 않은 이상 현재의 자연과학적 인식 수준에서 독립된 인간과 배아 간의 개체적 연속성을 확정하기 어렵다고 봄이 어렵다고 봄이 일반적이라는 점, 배아의 경우 현재의 과학기술 수준에서 모태 속에서 수용될 때 비로소 독립적인 인간으로의 성장가능성을 기대할 수 있다는 점, 수정 후 착상 전의 배아가 인간으로 인식된다거나

그와 같이 취급하여야 할 필요성이 있다는 사회적 승인이 존재한다고 보기 어려운 점 등을 종합적으로 고려할 때, 기본권주체성을 인정하기 어렵다(헌재 2010.5.27. 2005헌마346). [2016년 국회 8급] ②

기본권 주체에 대한 설명으로 옳은 것은? (다툼이 있는 경우 판례에 의함)

① 기본권의 성격상 직장선택의 자유는 외국인에게 인정될 수 없는 기본권이므로 산업연수생으로 입국한 외국인은 그 권리의 주체가 될 수 없다.

② 초기 배아는 출생 전에는 형성 중인 생명으로서 헌법상 보호의 필요성이 인정되기 때문에 기본권 주체성이 인정된다.

③ 민법상 성년자라면 누구나 피선거권의 제한을 받지 않는다.

④ 법인도 법인의 목적과 사회적 기능에 비추어 볼 때 그 성질에 반하지 않는 한 자연인이 당연히 누리는 인격권의 주체가 될 수 있다.

⑤ 정당추천 후보자가 선거에서 차등대우를 받는 경우에는 해당 후보자의 평등권이 문제될 수 있을지는 몰라도 법인격 없는 사단인 정당은 선거에서의 차등대우와 관련하여 기본권의 주체가 될 수 없다.

① (×) 직업의 자유 중 이 사건에서 문제되는 직장 선택의 자유는 인간의 존엄과 가치 및 행복추구권과도 밀전한 관련을 가지는 만큼 단순히 국민의 권리가 아닌 인간의 권리로 보아야 할 것이므로 외국인도 제한적으로라도 직장 선택의 자유를 향유할 수 있다(헌재 2011.9.29. 2007헌마1083).

② (×) 초기배아에 대한 국가의 보호 필요성이 있음은 별론으로 하고 기본권 주체성을 인정하기 어렵다. 다만, 오늘날 생명공학 등의 발전과정에 비추어 인간의 존엄과 가치가 갖는 헌법적 가치질서로서의 성격을 고려할 때 인간으로 발전할 잠재성을 갖고 있는 초기배아라는 원시생명체에 대하여도 위와 같은 헌법적 가치가 소홀히 취급되지 않도록 노력해야 할 국가의 보호의무가 있음을 인정하지 않을 수 없다(헌재 2010.5.27. 2005헌마346).

③ (×) 공직선거법 제16조(피선거권) ①선거일 현재 5년 이상 국내에 거주하고 있는 40세 이상의 국민은 대통령의 피선거권이 있다. 이 경우 공무로 외국에 파견된 기간과 국내에 주소를 두고 일정기간 외국에 체류한 기간은 국내거주기간으로 본다. ②25세 이상의 국민은 국회의원의 피선거권이 있다. ③선거일 현재 계속하여 60일 이상 해당 지방자치단체의 관할구역에 주민등록이 되어 있는 주민으로서 25세 이상의 국민은 그 지방의회의원 및 지방자치단체의 장의 피선거권이 있다. 이 경우 60일의 기간은 그 지방자치단체의 설치·폐지·분할·합병 또는 구역변경에 의하여 중단되지 아니한다.

④ (○) 법인도 법인의 목적과 사회적 기능에 비추어 볼 때 그 성질에 반하지 않는 범위 내에서 인격권의 한 내용인 사회적 신용이나 명예 등의 주체가 될 수 있고 법인이 이러한 사회적 신용이나 명예 유지 내지 법인격의 자유로운 발현을 위하여 의사결정이나 행동을 어떻게 할 것인지를 자율적으로 결정하는 것도 법인의 인격권의 한 내용을 이룬다(헌재 2012.8.23. 2009헌가27).

⑤ (×) 시·도의회의원선거에서 정당이 후보자의 추천과 후보자를 지원하는 선거운동을 통하여 소기의 목적을 추구하는 경우, 평등권 및 평등선거원칙으로부터 나오는 (선거에 있어서의) 기회균등의 원칙은 후보자는 물론 정당에 대해서도 보장되는 것이므로 정당추천의 후보자가 선거에서 차등대우를 받는 것은 정당이 선거에서 차등대우를 받는 것과 같은 결과 된다(헌재 1991.3.11. 91헌마21).

[2015년 국회 9급] ④

기본권의 주체에 대한 헌법재판소 결정으로 옳지 않은 것은?

① 초기배아는 수정된 배아라는 점에서 형성 중인 생명의 첫걸음을 떼었다고 볼 여지가 있기는 하지만 인간과 배아 간의 개체적 연속성을 확정하기 어렵다는 점에서 기본권 주체성은 부인되는 반면, 배아의 경우 형성 중에 있는 생명이라는 독특한 지위로 인해 국가에 의한 적극적인 보호가 요구된다.

② 법인도 법인의 목적과 사회적 기능에 비추어 볼 때 그 성질에 반하지 않는 범위 내에서 인격권의 한 내용인 사회적 신용이나 명예 등의 주체가 될 수 있고 법인이 이를 위한 의사결정이나 행동을 어떻게 할 것인지를 자율적으로 결정하는 것도 법인의 인격권의 한 내용을 이룬다.

③ 헌법상 근로의 권리는 '일할 자리에 관한 권리'만이 아니라 '일할 환경에 관한 권리'도 의미하는데, '일할 환경에 관한 권리'는 인간의 존엄성에 대한 침해를 방어하기 위한 권리로서 외국인에게도 인정된다.

④ 대통령은 소속 정당을 위하여 정당활동을 할 수 있는 사인으로서의 지위도 있지만 국민 모두에 대한 봉사자로서 공익 실현의 의무가 있는 헌법기관으로서의 지위를 동시에 가지므로, 전자의 지위와 관련하여도 기본권 주체성을 갖는다고 볼 수 없다.

① (○) 초기배아는 수정이 된 배아라는 점에서 형성 중인 생명의 첫걸음을 떼었다고 볼 여지가 있기는 하나 아직 모체에 착상되거나 원시선이 나타나지 않은 이상 현재의 자연과학적 인식 수준에서 독립된 인간과 배아 간의 개체적 연속성을 확정하기 어렵다고 봄이 일반적이라는 점, 배아의 경우 현재의 과학기술 수준에서 모태 속에서 수용될 때 비로소 독립적인 인간으로의 성장가능성을 기대할 수 있다는 점, 수정 후 착상 전의 배아가 인간으로 인식된다거나 그와 같이 취급하여야 할 필요성이 있다는 사회적 승인이 존재한다고 보기 어려운 점 등을 종합적으로 고려할 때, 기본권 주체성을 인정하기 어렵다. 다만, 배아의 경우 형성 중에 있는 생명이라는 독특한 지위로 인해 국가에 의한 적극적인 보호가 요구된다는 점, 배아의 관리·처분에는 공공복리 및 사회 윤리적 차원의 평가가 필연적으로 수반되지 않을 수 없다는 점에서도 그 제한의 필요성은 크다(헌재 2010.5.27. 2005헌마346).

② (○) 법인도 법인의 목적과 사회적 기능에 비추어 볼 때 그 성질에 반하지 않는 범위내에서 인격권의 한 내용인 사회적 신용이나 명예 등의 주체가 될 수 있고 법인이 이러한 사회적 신용이나 명예 유지 내지 법인격의 자유로운 발현을 위하여 의사결정이나 행동을 어떻게 할 것인지를 자율적으로 결정하는 것도 법인의 인격권의 한 내용을 이룬다. 그렇다면 이 사건 심판대상조항은 방송사업자의 의사에 반한 사과행위를 강제함으로써 방송사업자의 인격권을 제한한다(헌재 2012.8.23. 2009헌가27).

③ (○) 근로의 권리가 일할 자리에 관한 권리만이 아니라 일할 환경에 관한 권리도 함께 내포하고 있는바, 후자는 인간의 존엄성에 대한 침해를 방어하기 위한 자유권적 기본권의 성격도 갖고 있어 건강한 작업환경, 일에 대한 정당한 보수, 합리적인 근로조건의 보장 등을 요구할 수 있는 권리 등을 포함한다고 할 것이므로 외국인 근로자라고 하여 이 부분에까지 기본권 주체성을 부인할 수는 없다(헌재 2007.8.30. 2004헌마670).

④ (×) 대통령도 국민의 한사람으로서 제한적으로나마 기본권의 주체가 될 수 있는바, 대통령은 소속 정당을 위하여 정당활동을 할 수 있는 사인으로서의 지위와 국민 모두에 대한 봉사자로서 공익실현의 의무가 있는 헌법기관으로서의 지위를 동시에 갖는데 최소한 전자의 지위와 관련하여는 기본권 주체성을 갖는다고 할 수 있다(헌재 2008.1.17. 2007헌마700). [2016년 지방 7급] ④

수용자에 대한 설명으로 옳지 않은 것은? (다툼이 있는 경우 헌법재판소 판례에 의함)

① 금치처분을 받은 사람에 대하여 실외운동을 원칙적으로 금지하고, 다만 소장의 재량에 의하여 이를 예외적으로 허용하는 것은 수용자의 정신적·신체적 건강에 필요 이상의 불이익을 가하고 있어 수용자의 신체의 자유를 침해한다.

② 금치처분을 받은 사람에 대하여 금치기간 동안 공동행사 참가를 제한하더라도 서신수수, 접견을 통해 외부와 통신할 수 있고, 종교상담을 통해 종교활동을 할 수 있으면 종교의 자유를 침해하지 않는다.

③ 금치처분을 받은 사람은 금치기간 동안 전화통화, 서신수수, 접견, 라디오 방송 청취, 신문 열람 등을 제한받는데, 여기에 더하여 텔레비전 시청까지 제한되면 정보를 취득할 수 없게 되므로 알 권리를 침해한다.

④ 변호사와 접견하는 경우에도 수용자의 접견을 원칙적으로 접촉차단시설이 설치된 장소에서 하도록 규정한 것은, 과잉금지원칙에 위배하여 수용자의 재판청구권을 침해한다.

⑤ 1년 이상의 징역의 형의 선고를 받고 그 집행이 종료되지 아니한 사람의 선거권을 제한하는 것은, 과잉금지원칙의 위반을 이유로 선거권을 침해하지 않는다.

① (○) 실외운동은 구금되어 있는 수용자의 신체적·정신적 건강을 유지하기 위한 최소한의 기본적 요청이고, 수용자의 건강 유지는 교정교화와 건전한 사회복귀라는 형 집행의 근본적 목표를 달성하는데 필수적이다. 나아가 위 조항은 예외적으로 실외운동을 허용하는 경우에도, 실외운동의 기회가 부여되어야 하는 최저기준을 법령에서 명시하고 있지 않으므로, 침해의 최소성 원칙에 위배된다. 위 조항은 수용자의 정신적·신체적 건강에 필요 이상의 불이익을 가하고 있고, 이는 공익에 비하여 큰 것이므로 위 조항은 법익의 균형성 요건도 갖추지 못하였다. 따라서 위 조항은 청구인의 신체의 자유를 침해한다(헌재 2016.5.26. 2014헌마45).

② (○) 금치처분을 받은 사람은 최장 30일 이내의 기간 동안 공동행사에 참가할 수 없으나, 서신수수, 접견을 통해 외부와 통신할 수 있고, 종교상담을 통해 종교활동을 할 수 있다. 또한, 위와 같은 불이익은 규율 준수를 통하여 수용질서를 유지한다는 공익에 비하여 크다고 할 수 없다. 따라서 위 조항은 청구인의 통신의 자유, 종교의 자유를 침해하지 아니한다(헌재 2016.5.26. 2014헌마45).

③ (×) 금치처분은 금치처분을 받은 사람을 징벌거실 속에 구금하여 반성에 전념하게 하려는 목적을 가지고 있으므로 그에 대하여 일반수용자와 같은 수준으로 텔레비전 시청이 이루어지도록 하는 것은 교정실무상 어려움이 있고, 금치처분을 받은 사람은 텔레비전을 시청하는 대신 수용시설에 보관된 도서를 열람함으로써 다른 정보원에 접근할 수 있다. 또한 위와 같은 불이익은 규율 준수를 통하여 수용질서를 유지한다는 공익에 비하여 크다고 할 수 없다. 따라서 위 조항은 청구인의 알권리를 침해하지 아니한다(헌재 2016.5.26. 2014헌마45).

④ (○) 사건 접견조항에 따르면 수용자는 효율적인 재판준비를 하는 것이 곤란하게 되고, 특히 교정시설 내에서의 처우에 대하여 국가 등을 상대로 소송을 하는 경우에는 소송의 상대방에게 소송자료를 그대로 노출하게 되어 무기대등의 원칙이 훼손될 수 있다. 따라서 이 사건 접견조항은 과잉금지원칙에 위배하여 청구인의 재판청구권을 지나치게 제한하고 있으므로, 헌법에 위반된다(헌재 2013.8.29. 2011헌마122).

⑤ (○) 심판대상조항은 공동체 구성원으로서 기본적 의무를 저버린 수형자에 대하여 사회적·형사적 제재를 부과하고, 수형자와 일반국민의 준법의식을 제고하기 위한 것이다. 따라서 심판대상조항은 과잉금지원칙을 위반하여 청구인의 선거권을 침해하지 아니한다(헌재 2017.5.25. 2016헌마292).

[2018년 국회 5급] ③

수용자의 기본권에 관한 설명 중 옳지 않은 것은? (다툼이 있는 경우 판례에 의함)

① 유죄판결이 확정되어 교정시설에 수용 중인 수형자에게도 헌법 제12조의 변호인의 조력을 받을 권리가 인정된다.

② 수용자가 변호사와 접견하는 경우에도 접촉차단시설이 설치된 접견실에서만 접견하도록 하는 것은 수용자의 재판청구권을 침해한다.

③ 출정비용을 예납하지 않았다는 이유로 행정소송 변론기일에 수형자를 출정시키지 아니한 것은 수형자의 재판청구권을 침해한다.

④ 징벌혐의의 조사를 받고 있는 수형자가 변호인 아닌 자와 접견할 당시 교도관이 참여하여 대화내용을 기록하게 한 것은 수형자의 사생활의 비밀과 자유를 침해하지 않는다.

① (×) 원래 변호인의 조력을 받을 권리는 형사절차에서 피의자 또는 피고인이 검사 등 수사·공소기관과 대립되는 당사자의 지위에서 변호인 또는 변호인이 되려는 자와 사이에 충분한 접견교통에 의하여 피의사실이나 공소사실에 대하여 충분하게 방어할 수 있도록 함으로써 피고인이나 피의자의 인권을 보장하려는데 그 제도의 취지가 있는 점에 비추어 보면, 형사절차가 종료되어 교정시설에 수용 중인 수형자는 원칙적으로 변호인의 조력을 받을 권리의 주체가 될 수 없다(헌재 1998.8.27. 96헌마398).

② (○) 사건 접견조항에 따르면 수용자는 효율적인 재판준비를 하는 것이 곤란하게 되고, 특히 교정시설 내에서의 처우에 대하여 국가 등을 상대로 소송을 하는 경우에는 소송의 상대방에게 소송자료를 그대로 노출하게 되어 무기대등의 원칙이 훼손될 수 있다. 따라서 이 사건 접견조항은 과잉금지원칙에 위배하여 청구인의 재판청구권을 지나치게 제한하고 있으므로, 헌법에 위반된다(헌재 2013.8.29. 2011헌마122).

③ (○) 교도소장은 수형자가 출정비용을 예납하지 않았거나 영치금과의 상계에 동의하지 않았다고 하더라도, 우선 수형자를 출정시키고 사후에 출정비용을 받거나 영치금과의 상계를 통하여 출정비용을 회수하여야 하는 것이지, 이러한 이유로 수형자의 출정을 제한할 수 있는 것은 아니다. 그러므로 청구인이 출정하기 이전에 여비를 납부하지 않았거나 출정비용과 영치금과의 상계에 미리 동의하지 않았다는 이유로 이 사건 출정제한행위를 한 피청구인은 피청구인에 대한 업무처리지침 내지 사무처리준칙인 이 사건 지침을 위반하여 청구인이 직접 재판에 출석하여 변론할 권리를 침해함으로써, 형벌의 집행을 위하여 필요한 한도를 벗어나서 청구인의 재판청구권을 과도하게 침해하였다(헌재 2012.3.29. 2010헌마475).

④ (○) 청구인이 나눈 접견내용에 대한 사생활의 비밀로서의 보호가치에 비해 증거인멸의 위험을 방지하고 교정시설 내의 안전과 질서유지에 기여하려는 공익이 크고 중요하다는 점에 비추어 볼 때, 이 사건 접견참여·기록이 청구인의 사생활의 비밀과 자유를 침해하였다고 볼 수 없다(헌재 2014.9.25. 2012헌마523). [2015년 서울 7급] ①

수용자의 기본권에 관한 설명 중 옳지 않은 것은? (다툼이 있는 경우 판례에 의함)

① 금치처분을 받은 자에 대한 집필제한은 표현의 자유를 제한하는 것이며, 서신수수제한은 통신의 자유에 대한 제한에 속한다.

② 구치소장이 변호인접견실에 CCTV를 설치하여 미결수용자와 변호인 간의 접견을 관찰한 행위는 금지물품의 수수나 교정사고를 방지하기 위한 것으로 미결수용자의 변호인의 조력을 받을 권리를 침해한다고 할 수 없다.

③ 금치처분은 금치처분을 받은 사람을 징벌거실 속에 구금하여 반성에 전념하게 하려는 목적을 가지고 있으므로, 금치기간 중 텔레비전 시청을 제한하는 것은 수용자의 알 권리를 침

해하지 아니한다.

④ 금치처분을 받은 사람에 대하여 실외운동을 원칙적으로 금지하고 소장의 재량에 의하여 이를 예외적으로 허용하는 것은 수용자의 정신적·신체적 건강에 필요 이상의 불이익을 가하고 있으므로 신체의 자유를 침해한다.

⑤ 민사재판을 받는 수형자에게 재소자용 의류를 착용하게 하는 것은 재판부나 소송관계자들에게 불리한 심증을 줄 수 있으므로, 수형자의 공정한 재판을 받을 권리를 침해한다.

① (○) 사건 시행령조항이 직접적으로 제한하고 있는 것은 집필행위 자체로서 그 집필의 목적이나 내용은 묻지 않고 있는바, 이는 기본적으로 인간의 정신적 활동을 문자를 통해 외부로 나타나게 하는 행위, 즉 표현행위를 금지하는 것으로 볼 수 있고, 그렇다면 이 사건 시행령조항에 의하여 가장 직접적으로 제한되는 것은 표현의 자유라고 볼 수 있을 것이다(헌재 2005.2.24. 2003헌마289). 이 사건 서신수수제한조항이 직접적으로 제한하고 있는 것은 외부인과 서신을 이용한 교통·통신이므로, 이 부분 심판청구에 대해서는 이 사건 서신수수제한조항이 과잉금지원칙을 위반하여 미결수용자인 청구인의 통신의 자유를 침해하는지 여부를 판단하도록 한다(헌재 2014.8.28. 2012헌마623).

② (○) 금지물품의 수수를 적발하거나 교정사고를 효과적으로 방지하고 교정사고가 발생하였을 때 신속하게 대응하기 위하여는 CCTV를 통해 관찰하는 방법 외에 더 효과적인 다른 방법을 찾기 어려운 점 등에 비추어 보면, 이 사건 CCTV관찰행위는 그 목적을 달성하기 위하여 필요한 범위 내의 제한으로 침해의 최소성을 갖추었다. 따라서 이 사건 CCTV관찰행위가 청구인의 변호인의 조력을 받을 권리를 침해한다고 할 수 없다(헌재 2016.4.28. 2015헌마243).

③ (○) 금치처분은 금치처분을 받은 사람을 징벌거실 속에 구금하여 반성에 전념하게 하려는 목적을 가지고 있으므로 그에 대하여 일반 수용자와 같은 수준으로 텔레비전 시청이 이뤄지도록 하는 것은 교정실무상 어려움이 있고, 금치처분을 받은 사람은 텔레비전을 시청하는 대신 수용시설에 보관된 도서를 열람함으로써 다른 정보원에 접근할 수 있다. 따라서 위 조항은 청구인의 알 권리를 침해하지 아니한다(헌재 2016.5.26. 2014헌마45).

④ (○) 위 조항은 예외적으로 실외운동을 허용하는 경우에도, 실외운동의 기회가 부여되어야 하는 최저기준을 법령에서 명시하고 있지 않으므로, 침해의 최소성 원칙에 위배된다. 위 조항은 수용자의 정신적·신체적 건강에 필요 이상의 불이익을 가하고 있고, 이는 공익에 비하여 큰 것이므로 위 조항은 법익의 균형성 요건도 갖추지 못하였다. 따라서 위 조항은 청구인의 신체의 자유를 침해한다(헌재 2016.5.26. 2014헌마45).

⑤ (×) 민사재판에서 법관이 당사자의 복장에 따라 불리한 심증을 갖거나 불공정한 재판 진행을 하게 되는 것은 아니므로, 심판대상조항이 민사재판의 당사자로 출석하는 수형자에 대하여 사복착용을 불허하는 것으로 공정한 재판을 받을 권리가 침해되는 것은 아니다(헌재 2015.12.23. 2013헌마712).

[2018년 제7회 변호사] ⑤

수용자의 기본권에 대한 설명으로 옳지 않은 것을 〈보기〉에서 모두 고르면? (다툼이 있는 경우 헌법재판소 판례에 의함)

ㄱ. 수형자라 하더라도 확정되지 않은 별도의 형사재판에서만큼은 미결수용자와 같은 지위에 있으므로, 이러한 수용자로 하여금 형사재판 출석 시 아무런 예외 없이 사복착용을 금지하고 재소자용 의류를 입도록 하는 것은 소송관계자들에게 유죄의 선입견을 줄 수 있어 무죄추정의 원칙에 위배될 소지가 클 뿐만 아니라 공정한 재판을 받을 권리, 인격권, 행복추구권을 침해한다.

ㄴ. 민사재판에 당사자로 출석하는 수형자의 사복착용을 불허하는 것은 수형자의 공정한 재판을 받을 권리,

인격권, 행복추구권을 침해하지 아니한다.
ㄷ. 수형자와 소송대리인인 번호사와의 접견 시간은 일반 접견과 동일하게 회당 30분 이내로, 횟수는 다른 일반 접견과 합하여 월 4회로 제한하고 있는 (구)형의 집행 및 수용자의 처우에 관한 법률 및 동법 시행령 등의 규정은 이에 대해 폭넓은 예외를 인정함으로써 그로 인한 피해를 최소화할 수 있는 장치를 마련하고 있으므로 수형자의 재판청구권을 침해하는 것이 아니다.
ㄹ. 종교집회는 수형자의 교정·교화뿐 아니라 교정시설의 안전과 질서유지에 기여하므로 종교집회에 참석할 수 있는 기회는 형이 확정된 수형자뿐 아니라 미결수용자에게도 인정되어야 한다.
ㅁ. 전면적·획일적으로 수형자의 선거권을 제한하는 「공직선거법」 등 관련 규정에 대하여 헌법불합치결정이 선고되었으며, 개정된 현행법은 3년 이상의 금고형 이상을 선고받은 수형자의 선거권을 박탈하도록 되어 있다.

① ㄷ, ㄹ ② ㄷ, ㅁ ③ ㄱ, ㄴ, ㄹ
④ ㄱ, ㄷ, ㅁ ⑤ ㄴ, ㄷ, ㄹ, ㅁ

ㄱ. (○) 비록 수형자라 하더라도 확정되지 않은 별도의 형사재판에서만큼은 미결수용자와 같은 지위에 있는 것이므로, 그를 죄 있는 자에 준하여 취급함으로써 법률적·사실적 측면에서 유형·무형의 불이익을 주어서는 아니 된다. 그런데 이러한 수형자로 하여금 형사재판 출석 시 아무런 예외 없이 사복착용을 금지하고 재소자용 의류를 입도록 하여 인격적인 모욕감과 수치심 속에서 재판을 받도록 하는 것은, 그 재판과 관련하여 미결수용자의 지위임에도 이미 유죄의 확정판결을 받은 수형자와 같은 외관을 형성하게 함으로써 재판부나 검사 등 소송관계자들에게 유죄의 선입견을 줄 수 있는 등 무죄추정의 원칙에 위배될 소지가 크다. 심판대상조항이 형사재판의 피고인으로 출석하는 수형자에 대하여 형집행법 제82조를 준용하지 아니한 것은 과잉금지원칙에 위반되어 청구인의 공정한 재판을 받을 권리, 인격권, 행복추구권을 침해한다(헌재 2015.12.23. 2013헌마712).
ㄴ. (○) 민사재판에서 법관이 당사자의 복장에 따라 불리한 심증을 갖거나 불공정한 재판진행을 하게 되는 것은 아니므로, 심판대상조항이 민사재판의 당사자로 출석하는 수형자에 대하여 사복착용을 불허하는 것으로 공정한 재판을 받을 권리가 침해되는 것은 아니다. 심판대상조항이 민사재판에 출석하는 수형자에 대하여 사복착용을 허용하지 아니한 것은 청구인의 인격권과 행복추구권을 침해하지 아니한다(헌재 2015.12.23. 2013헌마712).
ㄷ. (×) 수형자의 재판청구권을 실효적으로 보장하기 위해서는 소송대리인인 변호사와의 접견 시간 및 횟수를 적절하게 보장하는 것이 필수적이다. 이와 같이 심판대상조항들은 법률전문가인 변호사와의 소송상담의 특수성을 고려하지 않고 소송대리인인 변호사와의 접견을 그 성격이 전혀 다른 일반 접견에 포함시켜 접견 시간 및 횟수를 제한함으로써 청구인의 재판청구권을 침해한다(헌재 2015.11.26. 2012헌마858).
ㄹ. (○) 종교집회가 수형자의 교정교화뿐 아니라 교정시설의 안전과 질서유지에 기여한다면, 종교집회에 참석할 수 있는 기회는 형이 확정된 수형자뿐 아니라 미결수용자에게도 인정되어야 할 것이다(헌재 2014.6.26. 2012헌마782).
ㅁ. (×) 공직선거법 제18조(선거권이 없는 자) ①선거일 현재 다음 각 호의 어느 하나에 해당하는 사람은 선거권이 없다. 1. 금치산선고를 받은 자, 2. 1년 이상의 징역 또는 금고의 형의 선고를 받고 그 집행이 종료되지 아니하거나 그 집행을 받지 아니하기로 확정되지 아니한 사람. 다만, 그 형의 집행유예를 선고받고 유예기간 중에 있는 사람은 제외한다. [2016년 국회 8급] ②

다음 설명 중 가장 옳지 않은 것은? (다툼이 있는 경우 헌법재판소 결정에 의함)

① 수형자의 기본권 제한에 대한 구체적인 한계는 헌법 제37조 제2항에 따라 법률에 의하여 구체적인 자유·권리의 내용과 성질, 그 제한의 태양과 정도 등을 교량하여 설정하게 되며, 수용 시설 내의 안전과 질서를 유지하기 위하여 이들 기본권의 일부 제한이 불가피하다 하

더라도 그 본질적인 내용을 침해하거나, 목적의 정당성, 방법의 적정성, 피해의 최소성 및 법익의 균형성 등을 의미하는 과잉금지의 원칙에 위배되어서는 안 된다.

② 수형자인 청구인이 헌법소원 사건의 국선대리인인 변호사를 접견함에 있어서 그 접견내용을 녹음, 기록한 피청구인의 행위는 청구인의 재판을 받을 권리를 침해한다.

③ 수용거실의 지정은 교도소장의 재량적 판단사항이며 수용자에게 수용거실의 변경을 신청할 권리 내지 특정 수용거실에 대한 신청권이 있다고 볼 수 없으므로, 교도소장의 독거수용 거부는 헌법소원심판의 대상이 되는 공권력의 행사에 해당하지 아니한다.

④ 금치 처분을 받은 수형자에 대한 절대적인 운동의 금지는 징벌의 목적을 고려하더라도 그 수단과 방법에 있어서 필요한 최소한도의 범위를 벗어난 것으로서, 수형자의 헌법 제10조의 인간의 존엄과 가치 및 제12조의 신체의 자유를 침해하는 정도에 이르렀다.

⑤ 외부 재판에 출정할 때 운동화를 착용하게 해 달라는 청구인의 신청에 대하여 이를 불허하고 고무신의 착용을 강제하는 것은, 효과적인 도주 방지 수단이 될 수도 없고, 오히려 수형자의 신분을 일반인에게 노출시켜 모욕감과 수치심을 갖게 할 뿐으로서 기본권 제한의 한계를 벗어나 청구인의 인격권과 행복추구권을 침해하였다.

① (○) 수형자의 기본권 제한에 대한 구체적인 한계는 헌법 제37조 제2항에 따라 법률에 의하여, 구체적인 자유·권리의 내용과 성질, 그 제한의 태양과 정도 등을 교량하여 설정하게 되며, 수용 시설 내의 안전과 질서를 유지하기 위하여 이들 기본권의 일부 제한이 불가피하다 하더라도 그 본질적인 내용을 침해하거나, 목적의 정당성, 방법의 적정성, 피해의 최소성 및 법익의 균형성 등을 의미하는 과잉금지의 원칙에 위배되어서는 안 된다(헌재 2004.12.16. 2002 헌마478).

② (○) 수형자와 변호사와의 접견내용을 녹음, 녹화하게 되면 그로 인해 제3자인 교도소 측에 접견내용이 그대로 노출되므로 수형자와 변호사는 상담과정에서 상당히 위축될 수밖에 없고, 특히 소송의 상대방이 국가나 교도소 등의 구금시설로서 그 내용이 구금시설 등의 부당처우를 다투는 내용일 경우에 접견내용에 대한 녹음, 녹화는 실질적으로 당사자대등의 원칙에 따른 무기평등을 무력화시킬 수 있다. 이 사건에 있어서 청구인과 헌법소원 사건의 국선대리인인 변호사의 접견내용에 대해서는 접견의 목적이나 접견의 상대방 등을 고려할 때 녹음, 기록이 허용되어서는 아니 될 것임에도, 이를 녹음, 기록한 행위는 청구인의 재판을 받을 권리를 침해한다(헌재 2013.9.26. 2011헌마398).

③ (○) 수용거실의 지정은 교도소장의 재량적 판단사항이며 수용자에게 수용거실의 변경을 신청할 권리 내지 특정 수용거실에 대한 신청권이 있다고 볼 수 없다. 따라서 교도소장의 독거수용 거부는 헌법소원심판의 대상이 되는 공권력의 행사에 해당하지 아니한다(헌재 2013.8.29. 2012헌마886).

④ (○) 실외운동은 구금되어 있는 수형자의 신체적·정신적 건강 유지를 위한 최소한의 기본적 요청이라고 할 수 있는데, 금치 처분을 받은 수형자에 대한 절대적인 운동의 금지는 징벌의 목적을 고려하더라도 그 수단과 방법에 있어서 필요한 최소한도의 범위를 벗어난 것으로서, 수형자의 헌법 제10조의 인간의 존엄과 가치 및 신체의 안정성이 훼손당하지 아니할 자유를 포함하는 제12조의 신체의 자유를 침해하는 정도에 이르렀다고 판단된다(헌재 2004.12.16. 2002 헌마478).

⑤ (×) 운동화착용불허행위는 시설 바깥으로의 외출이라는 기회를 이용한 도주를 예방하기 위한 것으로서 그 목적이 정당하고, 위와 같은 목적을 달성하기 위한 적합한 수단이라 할 것이다. 또한 신발의 종류를 제한하는 것에 불과하여 법익침해의 최소성과 균형성도 갖추었다 할 것이므로, 이 사건 운동화착용불허행위가 기본권제한에 있어서의 과잉금지원칙에 반하여 청구인의 인격권과 행복추구권을 침해하였다고 볼 수 없다(헌재 2011.2.24. 2009헌마209).

[2016년 법무사] ⑤

수용자에 대한 설명으로 옳은 것은? (다툼이 있는 경우 판례에 의함)

① 교정시설의 1인당 수용면적이 수형자의 인간으로서의 기본욕구에 따른 생활조차 어렵게 할 만큼 지나치게 협소하더라도 교정시설의 형편상 불가피한 것이라면 인간의 존엄과 가치를 침해하는 것이 아니다.

② 유치인들이 경찰서 유치장에 수용되어 있는 동안 차폐시설이 불충분하여 사용과정에서 신체부위가 다른 유치인들이나 경찰관들에게 관찰될 수 있고, 냄새가 유출되는 유치실 내 화장실을 사용하도록 강제되었더라도 이는 유치인들의 자살이나 자해방지, 환자의 신속한 발견 등 감시와 보호 목적을 달성하기 위한 것이므로 인격권을 침해하는 것이 아니다.

③ 수용자의 기본권 제한을 최소화하기 위하여 특정부분을 확대하거나 정밀하게 촬영할 수 없는 CCTV를 설치하고, 화장실 문의 창에 불투명재질의 종이를 부착하였으며, 녹화된 영상정보의 무단유출 방지를 위한 시스템을 설치하였더라도 교정시설 내 수용자를 상시적으로 시선계호할 목적으로 CCTV가 설치된 거실에 수용하는 것은 인간으로서의 존엄과 가치 및 사생활의 비밀과 자유를 침해하는 것이다.

④ 수용자가 밖으로 내보내는 서신을 봉함하지 않은 상태로 교정시설에 제출하도록 규정하고 있는 관련 규정의 본래의 목적은, 교도관이 수용자의 면전에서 서신에 금지물품이 들어 있는지를 확인하고 수용자로 하여금 서신을 봉함하게 하는 방법, 봉함된 상태로 제출된 서신을 X-ray 검색기 등으로 확인한 후 의심이 있는 경우에만 개봉하여 확인하는 방법, 서신에 대한 검열이 허용되는 경우에만 개봉하여 확인하는 방법, 서신에 대한 검열이 허용되는 경우에만 무봉함 상태로 제출하도록 하는 방법 등으로도 얼마든지 달성할 수 있다고 할 것이므로, 수용자인 청구인의 통신비밀의 자유를 침해하는 것이다.

① (×) 교정시설의 1인당 수용면적이 수형자의 인간으로서의 기본 욕구에 따른 생활조차 어렵게 할 만큼 지나치게 협소하다면, 이는 그 자체로 국가형벌권 행사의 한계를 넘어 수형자의 인간의 존엄과 가치를 침해하는 것이다(헌재 2016.12.29. 2013헌마142).

② (×) 사건 청구인들로 하여금 유치기간 동안 위와 같은 구조의 화장실을 사용하도록 강제한 피청구인의 행위는 인간으로서의 기본적 품위를 유지할 수 없도록 하는 것으로서, 수인하기 어려운 정도라고 보여지므로 전체적으로 볼 때 비인도적·굴욕적일 뿐만 아니라 동시에 비록 건강을 침해할 정도는 아니라고 할지라도 헌법 제10조의 인간의 존엄과 가치로부터 유래하는 인격권을 침해하는 정도에 이르렀다고 판단된다(헌재 2001.7.19. 2000헌마546).

③ (×) ○○구치소장은 형집행법 등에서 규정한 바에 따라 수용자의 사생활의 비밀과 자유에 대한 제한을 최소화하기 위하여 특정부분을 확대하거나 정밀하게 촬영할 수 없는 CCTV를 설치하였고, 화장실 문의 창에 불투명재질의 종이를 부착하였으며, 녹화된 영상정보의 무단유출 방지를 위한 영상시스템 운영계획을 실시하는 등의 조치를 취하였다. 나아가 교정시설 내 자살·자해 등의 사고는 수용자 본인 및 다른 수용자들에게 중대한 부정적 영향을 끼칠 수 있고, 교정정책 전반에 대한 불신을 야기할 수도 있다는 점에서 이를 방지할 필요성이 매우 크다. 따라서 이 사건 CCTV 계호가 청구인의 사생활의 비밀과 자유를 과도하게 제한하는 것으로 볼 수 없다(헌재 2016.4.28. 2012헌마549).

④ (○) 사건 시행령조항은 교정시설의 안전과 질서유지, 수용자의 교화 및 사회복귀를 원활하게 하기 위해 수용자가 밖으로 내보내는 서신을 봉함하지 않은 상태로 제출하도록 한 것이나, 이와 같은 목적은 교도관이 수용자의 면전에서 서신에 금지물품이 들어 있는지를 확인하고 수용자로 하여금 서신을 봉함하게 하는 방법, 봉함된 상태로 제출된 서신을 X-ray 검색기 등으로 확인한 후 의심이 있는 경우에만 개봉하여 확인하는 방법, 서신에 대한 검열이 허용되는 경우에만 무봉함 상태로 제출하도록 하는 방법 등으로도 얼마든지 달성할 수 있다고 할 것인바, 위 시행령 조항이 수용자가 보내려는 모든 서신에 대해 무봉함 상태의 제출을 강제함으로써 수용자의 발송 서신 모두를 사실상

검열 가능한 상태에 놓이도록 하는 것은 기본권 제한의 최소 침해성 요건을 위반하여 수용자인 청구인의 통신비밀의 자유를 침해하는 것이다(헌재 2012.2.23. 2009헌마333).

[2017년 지방 7급] ④

외국인의 기본권 주체성에 관한 설명으로 가장 적절하지 않은 것은? (다툼이 있는 경우 판례에 의함)

① 인간의 존엄과 가치 및 행복추구권 등과 같이 단순히 '국민의 권리'가 아닌 '인간의 권리'로 볼 수 있는 기본권에 대해서는 외국인도 기본권 주체가 될 수 있다.

② 최소한의 근로조건을 요구할 수 있는 권리는 자유권적 기본권의 성격도 아울러 가지므로 이러한 경우 외국인 근로자에게도 그 기본권 주체성을 인정함이 타당하다.

③ 외국국적동포가 국내에서 누리는 직업의 자유는 법률 이전에 헌법에 의해서 부여된 기본권이다.

④ 인천공항출입국·외국인청장이 행한 인천국제공항 송환대기실에 수용된 난민에 대한 변호인 접견거부는 현행법상 아무런 법률상 근거가 없이 송환대기실에 수용된 난민의 변호인의 조력을 받을 권리를 제한한 것이므로, 송환대기실에 수용된 난민의 변호인의 조력을 받을 권리를 침해한 것이다.

① (○) 인간의 존엄과 가치 및 행복추구권 등과 같이 단순히 '국민의 권리'가 아닌 '인간의 권리'로 볼 수 있는 기본권에 대해서는 외국인도 기본권 주체가 될 수 있다고 하여 인간의 권리에 대하여는 원칙적으로 외국인의 기본권 주체성을 인정하였다(헌재 2011.9.29. 2007헌마1083).

② (○) 근로의 권리의 구체적인 내용에 따라, 국가에 대하여 고용증진을 위한 사회적·경제적 정책을 요구할 수 있는 권리는 사회권적 기본권으로서 국민에 대하여만 인정해야 하지만, 자본주의 경제질서하에서 근로자가 기본적 생활수단을 확보하고 인간의 존엄성을 보장받기 위하여 최소한의 근로조건을 요구할 수 있는 권리는 자유권적 기본권의 성격도 아울러 가지므로 이러한 경우 외국인 근로자에게도 그 기본권 주체성을 인정함이 타당하다(헌재 2007.8.30. 2004헌마670).

③ (×) 직업의 자유는 원칙적으로 대한민국 국민에게 인정되는 기본권이지, 외국인에게 인정되는 기본권은 아니다. 국가 정책에 따라 정부의 허가를 받은 외국인은 정부가 허가한 범위 내에서 소득활동을 할 수 있는 것이므로, 외국인이 국내에서 누리는 직업의 자유는 법률 이전에 헌법에 의해서 부여된 기본권이라고 할 수는 없고, 법률에 따른 정부의 허가에 의해 비로소 발생하는 권리이다. 외국국적동포라는 사유만으로 헌법상 기본권주체성의 범위가 확장되는 것은 아니며, 청구인이 외국국적동포라고 하여 다른 외국인과 달리 취급되지 아니한다(헌재 2014.8.28. 2013헌마359).

④ (○) 변호인 접견신청 거부는 현행법상 아무런 법률상 근거가 없이 청구인의 변호인의 조력을 받을 권리를 제한한 것이므로, 청구인의 변호인의 조력을 받을 권리를 침해한 것이다. 또한 청구인에게 변호인 접견신청을 허용한다고 하여 국가안전보장, 질서유지, 공공복리에 어떠한 장애가 생긴다고 보기는 어렵고, 필요한 최소한의 범위 내에서 접견 장소 등을 제한하는 방법을 취한다면 국가안전보장이나 환승구역의 질서유지 등에 별다른 지장을 주지 않으면서도 청구인의 변호인 접견권을 제대로 보장할 수 있다. 따라서 이 사건 변호인 접견신청 거부는 국가안전보장이나 질서유지, 공공복리를 위해 필요한 기본권 제한 조치로 볼 수도 없다(헌재 2018.5.31. 2014헌마346).

[2023년 경찰경채] ③

외국인의 기본권 주체성에 대한 설명으로 옳지 않은 것은? (다툼이 있는 경우 헌법재판소 판례에 의함)

① 인간의 존엄과 가치, 행복추구권은 대체로 '인간의 권리'로서 외국인도 주체가 될 수 있다고 보아야 하고, 평등권도 인간의 권리로서 참정권 등에 대한 성질상의 제한 및 상호주의에

따른 제한이 있을 수 있을 뿐이다.

② 외국인에게 직장 선택의 자유에 대한 기본권주체성을 인정한다는 것은 곧바로 이들에게 우리 국민과 동일한 수준의 직장 선택의 자유가 보장된다는 것을 의미한다.

③ '일할 환경에 관한 권리'는 인간의 존엄성에 대한 침해를 방어하기 위한 권리로서 외국인에게도 인정되며, 건강한 작업환경, 일에 대한 정당한 보수, 합리적인 근로조건의 보장 등을 요구할 수 있는 권리 등을 포함한다.

④ 불법체류라는 것은 관련 법령에 의하여 체류자격이 인정되지 않는다는 것일 뿐이므로, '인간의 권리'로서 외국인에게도 주체성이 인정되는 일정한 기본권에 관하여 불법체류 여부에 따라 그 인정 여부가 달라지는 것은 아니다.

⑤ 직장 선택의 자유는 국민의 권리가 아닌 인간의 권리로 보아야 할 것이므로, 적법하게 고용허가를 받아 우리 사회에서 정당한 노동인력으로서의 지위를 부여받은 외국인에게도 직장 선택의 자유에 대한 기본권 주체성을 인정할 수 있다.

① (○) 인간의 존엄과 가치, 행복추구권은 대체로 인간의 권리로서 외국인도 주체가 될 수 있고, 평등권도 인간의 권리로서 참정권 등에 대한 성질상의 제한 및 상호주의에 따른 제한이 있을 수 있을 뿐이다(헌재 2001.11.29. 99헌마494).

② (×) 기본권 주체성의 인정문제와 기본권제한의 정도는 별개의 문제이므로, 외국인에게 직장 선택의 자유에 대한 기본권 주체성을 인정한다는 것이 곧바로 이들에게 우리 국민과 동일한 수준의 직장 선택의 자유가 보장된다는 것을 의미하는 것은 아니다(헌재 2011.9.29. 2009헌마351).

③ (○) 근로의 권리가 일할 자리에 관한 권리만이 아니라 일할 환경에 관한 권리도 함께 내포하고 있는바, 후자는 인간의 존엄성에 대한 침해를 방어하기 위한 자유권적 기본권의 성격도 갖고 있어 건강한 작업환경, 일에 대한 정당한 보수, 합리적인 근로조건의 보장 등을 요구할 수 있는 권리 등을 포함한다고 할 것이므로 외국인 근로자라고 하여 이 부분에까지 기본권 주체성을 부인할 수는 없다(헌재 2007.8.30. 2004헌마670).

④ (○) 헌법재판소법 제68조 제1항 소정의 헌법소원은 단순히 국민의 권리가 아니라 인간의 권리로 볼 수 있는 기본권에 대해서는 외국인도 기본권의 주체가 될 수 있다. 나아가 불법체류 중인 외국인이라 하더라도, 불법체류라는 것은 관련 법령에 의하여 체류자격이 인정되지 않는다는 것일 뿐이므로, 인간의 권리로서 외국인에게도 주체성이 인정되는 일정한 기본권에 관하여 불법체류 여부에 따라 그 인정 여부가 달라지는 것은 아니다(헌재 2012.8.23. 2008헌마430).

⑤ (○) 직업의 자유 중 이 사건에서 문제되는 직장 선택의 자유는 인간의 존엄과 가치 및 행복추구권과도 밀접한 관련을 가지는 만큼 단순히 국민의 권리가 아닌 인간의 권리로 보아야 할 것이므로 외국인도 제한적으로라도 직장 선택의 자유를 향유할 수 있다. 청구인 외국인이 이미 적법하게 고용허가를 받아 적법하게 우리나라에 입국하여 우리나라에서 일정한 생활관계를 형성, 유지하는 등, 우리 사회에서 정당한 노동인력으로서의 지위를 부여받은 상황임을 전제로 하는 이상, 이 사건 청구인에게 직장 선택의 자유에 대한 기본권 주체성을 인정할 수 있다(헌재 2011.9.29. 2009헌마351). [2022년 국회 8급] ②

외국인의 기본권 주체성에 대한 설명으로 옳지 않은 것은? (다툼이 있는 경우 판례에 의함)

① 신체의 자유, 주거의 자유, 변호인의 조력을 받을 권리, 재판청구권 등은 성질상 인간의 권리에 해당한다고 볼 수 있으므로, 이 기본권들에 관여하는 외국인들의 기본권 주체성이 인정된다.

② 기본권 주체성의 인정 문제와 기본권 제한의 정도는 별개의 문제이므로 외국인에게 근로의 권리에 대한 기본권 주체성을 인정한다는 것이 곧바로 우리 국민과 동일한 수준의 보장을 한다는 것을 의미하는 것은 아니다.

③ 참정권은 '인간의 자유'라기보다는 '국민의 자유'이므로 「공직선거법」은 외국인의 선거권을 인정하지 않고 있다.

④ 근로의 권리 중 인간의 존엄성 보장에 필요한 최소한의 근로조건을 요구할 수 있는 '일할 환경에 관한 권리' 역시 외국인에게 보장된다.

① (○) 청구인들이 침해받았다고 주장하고 있는 신체의 자유, 주거의 자유, 변호인의 조력을 받을 권리, 재판청구권 등은 성질상 인간의 권리에 해당한다고 볼 수 있으므로, 위 기본권들에 관여하는 청구인들의 기본권 주체성이 인정된다(헌재 2012.8.23. 2008헌마430).

② (○) 기본권 주체성의 인정 문제와 기본권 제한의 정도는 별개의 문제이므로, 외국인에게 직장 선택의 자유에 대한 기본권 주체성을 인정한다는 것이 곧바로 이들에게 우리 국민과 동일한 수준의 직장 선택의 자유가 보장된다는 것을 의미하는 것은 아니다(헌재 2011.9.29. 2009헌마351).

③ (×) 참정권은 국민의 권리이므로 원칙적으로 외국인에게 인정되지 않지만, 공직선거법은 지방선거에서 일정한 요건을 갖춘 외국인에게 선거권을 부여하고 있다. 「공직선거법」은 18세 이상으로서 영주의 체류자격 취득일 후 3년이 경과하고 해당 지방자치단체의 외국인등록대장에 올라 있는 외국인에게 해당 지방자치단체에서 선거하는 지방자치단체의 의회의원 및 장의 선거권을 인정하고 있다. 공직선거법 제15조(선거권) ②18세 이상으로서 제37조 제1항에 따른 선거인명부작성기준일 현재 다음 각 호의 어느 하나에 해당하는 사람은 그 구역에서 선거하는 지방자치단체의 의회의원 및 장의 선거권이 있다. 3. 출입국관리법 제10조에 따른 영주의 체류자격 취득일 후 3년이 경과한 외국인으로서 같은 법 제34조에 따라 해당 지방자치 단체의 외국인등록대장에 올라 있는 사람

④ (○) 근로의 권리가 일할 자리에 관한 권리만이 아니라 일할 환경에 관한 권리도 함께 내포하고 있는바, 후자는 인간의 존엄성에 대한 침해를 방어하기 위한 자유권적 기본권의 성격도 갖고 있어 건강한 작업환경, 일에 대한 정당한 보수, 합리적인 근로조건의 보장 등을 요구할 수 있는 권리 등을 포함한다고 할 것이므로 외국인 근로자라고 하여 이 부분에까지 기본권 주체성을 부인할 수는 없다. 즉 근로의 권리의 구체적인 내용에 따라 국가에 대하여 고용증진을 위한 사회적·경제적 정책을 요구할 수 있는 권리는 사회권적 기본권으로서 국민에 대하여만 인정해야 하지만, 자본주의 경제질서하에서 근로자가 기본적 생활수단을 확보하고 인간의 존엄성을 보장받기 위하여 최소한의 근로조건을 요구할 수 있는 권리는 자유권적 기본권의 성격도 아울러 가지므로 이러한 경우 외국인 근로자에게도 그 기본권 주체성을 인정함이 타당하다(헌재 2007.8.30. 2004헌마670). [2020년 지방 7급] ③

외국인의 기본권 주체성에 대한 설명 중 옳지 않은 것을 〈보기〉에서 모두 고른 것은?

〈보기〉

ㄱ. 불법체류는 관련 법령에 의하여 체류자격이 인정되지 않는다는 것을 의미하므로, 비록 문제되는 기본권이 인간의 권리라고 하더라도 불법체류 여부에 따라 그 인정 여부가 달라진다.

ㄴ. 직업의 자유는 인류보편적인 성격을 지니고 있으므로, 이미 근로관계가 형성되어 있는 경우뿐만 아니라 근로관계가 형성되기 전 단계인 특정한 직업을 선택할 수 있는 권리도 외국인에게 인정되는 기본권이다.

ㄷ. 변호인의 조력을 받을 권리는 성질상 인간의 권리에 해당되므로 외국인도 주체가 된다.

ㄹ. 출입국관리법령에 따라 취업활동을 할 수 있는 체류자격을 받지 아니한 외국인 근로자도 「노동조합 및 노동관계조정법」상의 근로자성이 인정되면, 노동조합을 설립하거나 노동조합에 가입할 수 있다.

① ㄱ, ㄴ ② ㄱ, ㄹ ③ ㄴ, ㄷ ④ ㄷ, ㄹ

ㄱ. (×) 헌법재판소법 제68조 제1항 소정의 헌법소원은 기본권의 주체이어야만 청구할 수 있는데, 단순히 국민의 권리가 아니라 인간의 권리로 볼 수 있는 기본권에 대해서는 외국인도 기본권의 주체가 될 수 있다. 나아가 청구인들이 불법체류 중인 외국인들이라 하더라도, 불법체류라는 것은 관련 법령에 의하여 체류자격이 인정되지 않는다는 것일 뿐이므로, 인간의 권리로서 외국인에게도 주체성이 인정되는 일정한 기본권에 관하여 불법체류 여부에 따라 그 인정 여부가 달라지는 것은 아니다(헌재 2012.8.23. 2008헌마430).

ㄴ. (×) 외국인이 대한민국 법률에 따른 허가를 받아 국내에서 일정한 직업을 수행함으로써 근로관계가 형성된 경우, 그 직업은 그 외국인의 생활의 기본적 수요를 충족시키는 방편이 되고 또한 개성신장의 바탕이 된다는 점에서 외국인은 그 근로관계를 계속 유지함에 있어서 국가의 방해를 받지 않고 자유로운 선택과 결정을 할 자유가 있고 그러한 범위에서 제한적으로 직업의 자유에 대한 기본권주체성을 인정할 수 있다. 하지만 이는 이미 근로관계가 형성되어 있는 예외적인 경우에 제한적으로 인정한 것에 불과하다. 그러한 근로관계가 형성되기 전단계인 특정한 직업을 선택할 수 있는 권리는 국가정책에 따라 법률로써 외국인에게 제한적으로 허용되는 것이지 헌법상 기본권에서 유래되는 것은 아니다(헌재 2014.8.28. 2013헌마359).

ㄷ. (○) 헌법재판소법 제68조 제1항의 헌법소원은 기본권의 주체만 청구할 수 있는데, 단순히 국민의 권리가 아니라 인간의 권리로 볼 수 있는 기본권에 대해서는 외국인도 기본권의 주체이다. 청구인이 침해받았다고 주장하는 변호인의 조력을 받을 권리는 성질상 인간의 권리에 해당되므로 외국인도 주체이다. 따라서 청구인의 심판청구는 청구인 적격이 인정된다(헌재 2018.5.31. 2014헌마346).

ㄹ. (○) 노동조합 및 노동관계조정법(이하 '노동조합법'이라 함) 제2조 제1호, 제5조, 제9조, 구 출입국관리법(2010.5.14. 법률 제10282호로 개정되기 전의 것)의 내용이나 체계, 취지 등을 종합하면, 노동조합법상 근로자란 타인과의 사용종속 관계하에서 근로를 제공하고 그 대가로 임금 등을 받아 생활하는 사람을 의미하며, 특정한 사용자에게 고용되어 현실적으로 취업하고 있는 사람뿐만 아니라 일시적으로 실업 상태에 있는 사람이나 구직 중인 사람을 포함하여 노동3권을 보장할 필요성이 있는 사람도 여기에 포함되는 것으로 보아야 한다. 그리고 출입국관리법령에서 외국인고용제한규정을 두고 있는 것은 취업활동을 할 수 있는 체류자격(이하 '취업자격'이라 함) 없는 외국인의 고용이라는 사실적 행위 자체를 금지하고자 하는 것뿐이지, 나아가 취업자격 없는 외국인이 사실상 제공한 근로에 따른 권리나 이미 형성된 근로관계에서 근로자로서의 신분에 따른 노동관계법상의 제반 권리 등의 법률효과까지 금지하려는 것으로 보기는 어렵다. 따라서 타인과의 사용 종속관계 하에서 근로를 제공하고 그 대가로 임금 등을 받아 생활하는 사람은 노동조합법상 근로자에 해당하고, 노동조합법상의 근로자성이 인정되는 한, 그러한 근로자가 외국인인지 여부나 취업자격의 유무에 따라 노동조합법상 근로자의 범위에 포함되지 아니한다고 볼 수는 없다(대법원 2015.6.25. 2007두4995). [2019년 서울 7급] ①

다음 중 기본권에 관한 설명으로 가장 옳은 것은? (다툼이 있는 경우 판례에 의함)

① 우리 헌법은 법인의 기본권 향유능력을 인정하는 명문의 규정을 두고 있지 않지만, 언론·출판의 자유, 재산권의 보장 등과 같이 성질상 법인이 누릴 수 있는 기본권은 당연히 법인에게도 적용된다.

② 정당은 단순한 시민이나 국가기관이 아니고 국민의 정치적 의사를 형성하는 중개적 기관으로 국민의 권리인 평등권의 주체가 될 수 없다.

③ 초기배아는 수정이 된 배아라는 점에서 아직 모체에 착상되거나 원시선이 나타나지 않았다고 하더라도 기본권의 주체가 될 수 있다.

④ 흡연자들이 자유롭게 흡연할 권리는 행복추구권을 규정한 헌법 제10조와 사생활의 자유를 규정한 헌법 제17조에 의하여 뒷받침되는 기본권이 아니다.

① (○) 헌법은 법인의 기본권향유능력을 인정하는 명문의 규정을 두고 있지 않지만, 본래 자연인에게 적용되는 기본권규정이라도 언론·출판의 자유, 재산권의 보장 등과 같이 성질상 법인이 누릴 수 있는 기본권에 관한 규정은 당연히 법인에게도 적용하여야 할 것이므로 법인도 사단법인·재단법인 또는 영리법인·비영리법인을 가리지 아니하고 위 한계 내에서는 헌법상 보장된 기본권이 침해되었음을 이유로 헌법소원심판을 청구할 수 있다(헌재 2006.1.26. 2005헌마424).

② (×) 헌법이 보장하고 있는 정당(제도)의 본래적 존재 의의가 국민의 정치적 의사 형성에 참여하는 데 있으며(제8조 제2항 후문), 대의민주주의에서 이러한 참여의 가장 중요한 형태가 선거를 통한 참여임은 의문의 여지가 없다. 그런데 각종 선거에 정당은 후보자의 추천과 후보자를 지원하는 선거운동을 통하여 소기의 목적을 추구하는데, 이 경우 평등권 및 평등선거의 원칙으로부터 나오는 기회균등의 원칙은 후보자는 물론 정당에 대하여서도 보장되는 것이다(헌재 1999.11.25. 99헌바28).

③ (×) 초기배아는 수정이 된 배아라는 점에서 형성중인 생명의 첫걸음을 떼었다고 볼 여지가 있기는 하나 아직 모체에 착상되거나 원시선이 나타나지 않은 이상 현재의 자연과학적 인식 수준에서 독립된 인간과 배아 간의 개체적 연속성을 확정하기 어렵다고 봄이 일반적이라는 점, 배아의 경우 현재의 과학기술 수준에서 모태 속에서 수용될 때 비로소 독립적인 인간으로의 성장가능성을 기대할 수 있다는 점, 수정 후 착상 전의 배아가 인간으로 인식된다거나 그와 같이 취급하여야 할 필요성이 있다는 사회적 승인이 존재한다고 보기 어려운 점 등을 종합적으로 고려할 때, 기본권 주체성을 인정하기 어렵다(헌재 2010.5.27. 2005헌마346).

④ (×) 흡연자들이 자유롭게 흡연할 권리를 흡연권이라고 한다면, 이러한 흡연권은 인간의 존엄과 행복추구권을 규정한 헌법 제10조와 사생활의 자유를 규정한 헌법 제17조에 의하여 뒷받침된다(헌재 2004.8.26. 2003헌마457). [2022년 해경간부] ①

외국인의 기본권에 관한 설명 중 옳지 않은 것은? (다툼이 있는 경우 판례에 의함)

① 출입국관리에 관한 사항 중 외국인의 입국에 관한 사항은 주권국가로서의 기능을 수행하는 데 필요한 것으로서 광범위한 정책재량의 영역이므로, 국적에 따라 사증 발급 신청 시의 첨부서류에 관해 다르게 정하고 있는 조항이 평등권을 침해하는지 여부는 자의금지원칙 위반 여부에 의하여 판단한다.

② 고용허가를 받아 국내에 입국한 외국인 근로자의 출국만기보험금을 출국 후 14일 이내에 지급하도록 한 조항은, 외국인 근로자의 불법체류를 방지할 필요성을 고려하더라도 출국 전에는 예외 없이 보험금을 지급받지 못하도록 한 것이어서 외국인 근로자의 근로의 자유를 침해한다.

③ 국가에 대하여 고용증진을 위한 사회적·경제적 정책을 요구할 수 있는 권리는 사회권적 기본권으로서 국민에 대하여만 인정해야 하지만, 근로자가 기본적 생활수단을 확보하고 인간의 존엄성을 보장받기 위하여 최소한의 근로조건을 요구할 수 있는 권리는 자유권적 기본권의 성격도 아울러 가지므로 이러한 경우 외국인 근로자에게도 기본권 주체성을 인정할 수 있다.

④ 외국인은 입국의 자유의 주체가 될 수 없으며, 외국인이 복수 국적을 누릴 자유는 헌법상 보호되는 기본권으로 볼 수 없다.

⑤ 외국인이 이미 적법하게 고용허가를 받아 적법하게 입국하여 일정한 생활관계를 형성·유지하는 등 우리 사회에서 정당한 노동인력으로서의 지위를 부여받은 상황임을 전제로 하는 이상, 해당 외국인에게도 직장선택의 자유에 대한 기본권 주체성을 인정할 수 있다.

① (○) 출입국관리에 관한 사항 중 외국인의 입국에 관한 사항은 주권국가로서의 기능을 수행하는 데 필요한 것으로서 광범위한 정책 재량의 영역이므로, 국적에 따라 사증발급 신청 시의 첨부 서류에 관해 다르게 정하고 있는 조항이 평등권을 침해하는지의 여부는 자의금지원칙 위반 여부에 의하여 판단하는 것이다(헌재 2014.4.24. 2011헌마474; 2011헌마476).

② (×) 헌법상 근로의 권리는 일할 자리에 관한 권리만이 아니라 일할 환경에 관한 권리도 의미하는데, 일할 환경에 관한 권리는 인간의 존엄성에 대한 침해를 방어하기 위한 권리로서 외국인에게도 인정되며, 건강한 작업환경, 일에 대한 정당한 보수, 합리적인 근로조건의 부장 등을 요구할 수 있는 권리 등을 포함한다. 여기서의 근로조건은 임금과 그 지불방법, 취업시간과 휴식시간 등 근로계약에 의하여 근로자가 근로를 제공하고 임금을 수령하는 데 관한 조건들이고, 이 사건 출국만기보험금은 퇴직금의 성질을 가지고 있어서 그 지급시기에 관한 것은 근로조건의 문제이므로 외국인인 청구인들에게도 기본권 주체성이 인정된다. 불법체류자는 임금체불이나 폭행 등 각종 범죄에 노출될 위험이 있고, 그 신분의 취약성으로 인해 강제 근로와 같은 인권침해의 우려가 높으며, 행정관청의 관리 감독의 사각지대에 놓이게 됨으로써 안전사고 등 각종 사회적 문제를 일으킬 가능성이 있다. 또한 단순기능직 외국인근로자의 불법체류를 통한 국내 정주는 일반적으로 사회통합 비용을 증가시키고 국내 고용 상황에 부정적 영향을 미칠 수 있다. 따라서 이 사건 출국만기보험금이 근로자의 퇴직 후 생계 보호를 위한 퇴직금의 성격을 가진다고 하더라도 불법체류가 초래하는 여러 가지 문제를 고려할 때 불법체류 방지를 위해 그 지급시기를 출국과 연계시키는 것은 불가피하므로 심판대상조항이 청구인들의 근로의 권리를 침해한다고 보기 어렵다. 외국인근로자의 경우 체류기간 만료가 퇴직과 직결되고, 체류기간이 만료되면 출국한다는 것을 전제로 고용허가를 받았다는 점에서 출국만기보험금의 지급시기를 출국 후 14일 이내로 정한 것이 근로자퇴직급여보장법이나 근로기준법상의 퇴직금 지급시기와 다르게 정한 것이라고 보기 어렵다. 즉, 심판대상조항은 고용허가를 받아 국내에 들어온 외국인근로자의 특수한 지위에서 기인하는 것이므로, 심판대상조항이 외국인근로자에 대하여 내국인근로자와 달리 규정하였다고 하여 청구인들의 평등권을 침해한다고 볼 수 없다(헌재 2016.3.31. 2014헌마367).

③ (○) 외국인 근로자가 기본적 생활수단을 확보하고 인간의 존엄성을 보장받기 위하여 최소한의 근로조건을 요구할 수 있는 권리는 자유권적 기본권의 성격도 아울러 가지므로 이러한 경우 외국인 근로자에게도 기본권 주체성을 인정할 수 있다(헌재 2011.9.29. 2007헌마1083; 2009헌마230; 2009헌마352).

④ (○) 외국인이란 국적법에 의하여 대한민국의 국민이 아닌 자를 말하므로(국적법 제3조 제1항), 외국인은 외국 국적을 가지는 자와 무국적자를 포함하고, 대한민국 국적과 외국 국적을 함께 가지게 된 사람(복수국적자)은 대한민국의 법령 적용에서 대한민국 국민으로만 처우하므로(국적법 제11조의2 제1항), 복수국적자는 외국인에 해당하지 않는다(헌재 2018.1.25. 2015헌바367). 외국인은 입국의 자유의 주체가 될 수 없으며, 외국인이 복수 국적을 누릴 자유는 헌법상 보호되는 기본권으로 볼 수 없다.

⑤ (○) 외국인이 이미 적법하게 고용 허가를 받아 적법하게 입국하여 일정한 생활관계를 형성·유지하는 등 우리 사회에서 정당한 노동인력으로서의 지위를 부여받은 상황임을 전제로 하는 이상, 해당 외국인에게도 직장 선택의 자유에 대한 기본권 주체성을 인정된다(헌재 20119.29. 2007헌마1083; 2009헌마230; 2009헌마352).

[2019년 제8회 변호사] ②

제3절 기본권 효력

기본권의 대사인적 효력에 관한 설명 중 옳지 않은 것은? (다툼이 있는 경우 판례에 의함)

① 기본권규정은, 그 성질상 사법관계에 직접 적용될 수 있는 예외적인 것을 제외하고는, 사법상의 일반원칙을 규정한 민법 제2조, 제103조, 제750조, 제751조 등의 내용을 형성하고 그 해석기준이 되어 간접적으로 사법관계에 효력을 미친다.

② 헌법재판소는 헌법상의 근로3권 조항, 언론·출판의 자유조항, 연소자와 여성의 근로의 특별보호조항을 사인 간의 사적인 법률관계에 직접 적용되는 기본권규정으로 인정하고, 국가배상청구권과 형사보상청구권은 원칙적으로 국가권력만을 구속한다고 하여 그 대사인적

효력을 부인하고 있다.

③ 헌법상의 기본권은 일차적으로 개인의 자유로운 영역을 공권력의 침해로부터 보호하기 위한 방어적 권리이지만, 다른 한편으로 헌법의 기본적 결단인 객관적 가치질서를 구체화한 것으로서 사법(私法)을 포함한 모든 법영역에 그 영향을 미치는 것이므로, 사인 간의 사적인 법률관계도 헌법상의 기본권 규정에 적합하게 규율되어야 한다.

④ 사인이나 사적 단체가 국가의 재정적 원조를 받거나 국가시설을 임차하는 경우 또는 실질적으로 행정적 기능을 수행하는 경우 등 국가와의 밀접한 관련성이 구체적으로 인정될 때, 그 행위를 국가행위와 동일시하여 헌법상의 기본권의 구속을 받게 하는 것이 미국에서의 국가행위의제이론(state action theory)이다.

⑤ 연예인과 연예기획사 간의 부당한 장기간의 전속계약이 연예인의 직업의 자유 내지 행복추구권을 침해하는 것으로 본다면, 이는 기본권의 대사인적 효력을 적용한 예라고 할 수 있다.

① (○) ③ (○) 헌법상의 기본권은 제1차적으로 개인의 자유로운 영역을 공권력의 침해로부터 보호하기 위한 방어적 권리이지만 다른 한편으로 헌법의 기본적인 결단인 객관적인 가치질서를 구체화한 것으로서, 사법(私法)을 포함한 모든 법 영역에 그 영향을 미치는 것이므로 사인간의 사적인 법률관계도 헌법상의 기본권 규정에 적합하게 규율되어야 한다. 다만 기본권 규정은 그 성질상 사법관계에 직접 적용될 수 있는 예외적인 것을 제외하고는 사법상의 일반원칙을 규정한 민법 제2조, 제103조, 제750조, 제751조 등의 내용을 형성하고 그 해석 기준이 되어 간접적으로 사법관계에 효력을 미치게 된다(대법원 2010.4.22. 2008다38288).

② (×) 헌법재판소가 대사인적 효력에 대하여 헌법상 직접 적용되는 기본권 조항을 적시한 적은 없다.

④ (○) 우선 이론상 옳은 지문이다. 국가행위의제이론은 사인에게도 기본권의 효력을 미치게 하려면 사인의 행위를 국가의 행위와 동일시하거나 적어도 국가작용인 것처럼 국가작용인 것처럼 의제하지 않으면 아니 된다고 하는 이론이다. 이는 기본권의 효력이 원칙적으로 국가권력에만 미친다는 종래의 입장을 유지하면서 기본권의 대사인적 효력을 인정하는 것과 동일한 결과를 가져오는 이론구성이다. 이 이론과 관련하여 재판관 조대현, 재판관 이동흡, 재판관 목영준의 반대의견에서도 제시하고 있는 판례도 있다. 오늘날 국가기능의 확대 내지 민간화 추세에 따라 국가기관은 아니면서 그 기능의 일부를 대신하거나 공익적 업무를 수행하는 공공기관 내지 공법인이 늘어나고 있음은 주지의 사실이다. 이런 연유로 국민의 기본권은 주로 국가에 의해 침해될 수 있다는 전통적 이론도 새로운 관점에서 재조명해 볼 필요성이 대두되었다. 미국, 독일 등 선진 각국에서는 이미 산업사회의 발달과 더불어 사적 집단이나 세력에 의한 기본권 침해가 증대될 수 있다는 측면을 중시하여 이른바 국가행위이론(state action doctrine)이나 기본권의 대사인적 효력 이론 등을 들어서 헌법상 기본권이 사인 상호 간의 법률관계에도 적용될 수 있는 방안을 모색하고 있는 추세이다(헌재 2006.11.30. 2005헌마855).

⑤ (○) 연예인이 연예기획사와 체결한 전속계약의 무효확인을 구한 사안에서, 계약기간, 이익의 분배, 계약의 해제, 손해배상 등 계약의 중요한 조항이 계약의 일방 당사자인 연예인에게 일방적으로 불공정한 내용이므로 민법 제103조에 정한 선량한 풍속 기타 사회질서에 위반하여 무효이고, 나머지 계약조항들만으로는 전속계약 자체의 목적을 달성할 수 없을 뿐만 아니라, 당사자들 역시 나머지 조항들만으로 전속계약을 체결하였을 것으로 보이지도 아니하므로, 위 전속계약은 그 전부가 무효이다(대법원 2010.3.17. 2009나38065).

[2012년 제1회 변호사] ②

재판을 받을 권리에 대한 설명으로 옳은 것은? (다툼이 있는 경우 판례에 의함)

① 약식명령은 경미하고 간이한 사건을 대상으로 하지만 형사피해자가 약식명령을 고지받지 못하는 것은 형사재판절차에서의 참여기회를 봉쇄하는 것이므로 형사피해자의 재판절차진

술권을 침해하는 것이다.

② 심리불속행 재판의 판결이유를 생략할 수 있도록 한 「상고심절차에 관한 특례법」 규정은 개별적 권리구제보다 법령해석의 통일을 더 우위에 둔 규정으로서 그 합리성이 있다고 할 것이므로 헌법에 위반되지 아니한다.

③ 재판청구권은 민사재판·형사재판·행정재판을 받을 권리를 의미하므로, 헌법상 보장되는 기본권인 '공정한 재판을 받을 권리'에는 '공정한 헌법재판을 받을 권리'는 포함되지 아니한다.

④ 공시송달의 방법으로 기일통지서를 송달받은 당사자가 변론기일에 출석하지 아니한 경우 자백간주 규정을 준용하지 않는 「민사소송법」 규정은 상대방의 효율적이고 공정한 재판을 받을 권리를 침해한다.

⑤ 학교법인의 기본재산을 매도함에 있어 관할청의 허가를 받도록 하는 「사립학교법」 규정은 강제경매절차를 통하여 사법적 청구권을 실현하려는 채권자 내지 최고가매수신고인의 신속한 재판을 받을 권리를 침해한다.

① (×) 약식명령은 경미하고 간이한 사건을 대상으로 하기 때문에, 대부분 범죄사실에 다툼이 없는 경우가 많고, 형사피해자도 이미 범죄사실을 충분히 인지하고 있어, 범죄사실에 대한 별도의 확인 없이도 얼마든지 법원이나 수사기관에 의견을 제출할 수 있으며, 직접 범죄사실의 확인을 원하는 경우에는 소송기록의 열람·등사를 신청하는 것도 가능하므로, 형사피해자가 약식명령을 고지받지 못한다고 하여 형사재판절차에서의 참여기회가 완전히 봉쇄되어 있다고 볼 수 없다. 따라서 이 사건 고지조항은 형사피해자의 재판절차진술권을 침해하지 않는다(헌재 2019.9.26. 2018헌마1015).

② (○) 심리불속행 상고기각판결에 이유를 기재한다고 해도, 당사자의 상고이유가 법률상의 상고이유를 실질적으로 포함하고 있는지 여부만을 심리하는 심리불속행 재판의 성격 등에 비추어 현실적으로 특례법 제4조의 심리속행사유에 해당하지 않는다는 정도의 이유기재에 그칠 수밖에 없고, 나아가 그 이상의 이유기재를 하게 하더라도 이는 법령해석의 통일을 주된 임무로 하는 상고심에게 불필요한 부담만 가중시키는 것으로서 심리불속행제도의 입법취지에 반하는 결과를 초래할 수 있으므로, 특례법 제5조 제1항은 재판청구권 등을 침해하여 위헌이라고 볼 수 없다(헌재 2012.5.31. 2010헌마625).

③ (×) 공정한 재판을 받을 권리는 헌법 제27조의 재판청구권에 의하여 함께 보장되고, 재판청구권에는 민사재판, 형사재판, 행정재판뿐만 아니라 헌법재판을 받을 권리도 포함되므로, 헌법상 보장되는 기본권인 공정한 재판을 받을 권리에는 공정한 헌법재판을 받을 권리도 포함된다(헌재 2014.4.24. 2012헌마2).

④ (×) 공시송달로 기일통지를 받은 당사자가 불출석한 경우 자백으로 간주되지 않도록 규정한 것은, 공시송달의 경우 당사자가 기일이 있음을 현실적으로 알았다고 볼 수 없으므로 당사자의 자백의사가 있었다고도 볼 수 없다는 데에 기초한 것으로, 이는 입법자가 민사소송절차를 변론주의에 따라 합리적으로 형성한 결과이다. 이 사건 법률조항에 따라 자백간주가 배제된다고 하더라도, 그 상대방 당사자는 자신이 주장하는 사실을 증명하는 데에 지장이 없으므로, 민사소송을 통한 상대방 당사자의 실체적 권리구제의 실효성은 충분히 보장된다. 따라서 이 사건 법률조항은 공시송달로 기일통지를 받은 당사자의 대립당사자가 가지는 효율적이고 공정한 재판을 받을 권리를 침해하지 아니한다(헌재 2013.3.21. 2012헌바128).

⑤ (×) 학교법인의 기본재산에 대한 강제경매의 경우에 학교법인의 전반적인 재정상태에 대해 파악하고 있는 관할청으로 하여금 사립학교법 제28조 제1항의 입법취지 등을 고려하여 그 허가 여부를 최종 결정하도록 함으로써 확보하려는 학교재정의 건전화라는 공익상의 필요가 학교법인의 채권자가 입는 절차의 지연이라는 희생보다 더 크고, 학교법인의 채권자 등으로서는 학교법인의 정관이나 재산목록을 열람하여 이 사건 법률조항으로 인한 불측의 손해를 어느 정도 예방할 수 있으므로, 필요한 정도를 넘는 과도한 제한이라고 보기는 어렵다. 따라서 이 사건 법률조항은 학교법인의 채권자 등의 신속한 재판을 받을 권리를 침해하지 아니한다(헌재 2012.2.23. 2011헌바14).

[2022년 국회 5급] ②

제4절 기본권 갈등

기본권 갈등에 대한 설명으로 가장 적절하지 않은 것은? (다툼이 있는 경우 헌법재판소 판례에 의함)

① 「민법」상 채권자취소권이 헌법에 부합하는 이유는 채권자의 재산권과 채무자의 일반적 행동자유권 중에서 이익형량의 원칙에 비추어 채권자의 재산권이 상위의 기본권이기 때문이다.

② 형제·자매에게 가족관계등록부 등의 기록사항에 관한 증명서 교부청구권을 부여하는 것은 본인의 개인정보자기결정권을 제한하는 것으로 개인정보자기결정권 침해 여부를 판단한 이상 인간의 존엄과 가치 및 행복추구권, 사생활의 비밀과 자유는 판단하지 않는다.

③ 「노동조합 및 노동관계조정법」상 유니온 샵(Union Shop) 조항은 특정한 노동조합의 가입을 강제하는 단체협약의 체결을 용인하고 있으므로 근로자의 개인적 단결권과 노동조합의 집단적 단결권이 서로 충돌하는 경우에 해당하며 이를 기본권의 서열이론이나 법익형량의 원리에 입각하여 어느 기본권이 더 상위기본권이라고 단정할 수는 없다.

④ 어떤 법령이 직업의 자유와 행복추구권 양자를 제한하는 외관을 띠는 경우 두 기본권의 경합문제가 발생하고, 보호영역으로서 '직업'이 문제될 때 행복추구권과 직업의 자유는 특별관계에 있다.

① (×) 사적자치의 원칙은 헌법 제10조의 행복추구권 속에 함축된 일반적 행동자유권에서 파생된 것으로서 헌법 제119조 제1항의 자유시장경제 질서의 기초이자 우리 헌법상의 원리이고, 계약자유의 원칙은 사적자치권의 기본원칙으로서 이러한 사적자치의 원칙이 법률행위의 영역에서 나타난 것이므로, 채권자의 재산권과 채무자 및 수익자의 일반적 행동의 자유권 중 어느 하나를 상위기본권이라고 할 수는 없을 것이고, 채권자의 재산권과 수익자의 재산권 사이에서도 어느 쪽이 우월하다고 할 수는 없다(헌재 2007.10.25. 2005헌바96).

② (○) 개인의 출생, 인지, 입양, 파양, 혼인, 이혼, 사망 등의 신고를 통해 작성되고 보관·관리되는 개인정보가 수록된 각종 증명서를 본인의 동의 없이도 형제자매가 발급받을 수 있도록 하는 것은 개인정보자기결정권을 제한하는 것이다. 청구인은 이 사건 법률조항에 의하여 인간의 존엄과 가치 및 행복추구권, 사생활의 비밀과 자유가 침해된다고 주장하나, 위 기본권들은 모두 개인정보자기결정권의 헌법적 근거로 거론되는 것으로서 청구인의 개인정보에 대한 공개와 이용이 문제되는 이 사건에서 개인정보자기결정권 침해 여부를 판단하는 이상 별도로 판단하지 않는다(헌재 2016.6.30. 2015헌마924).

③ (○) 사건 법률조항은 특정한 노동조합의 가입을 강제하는 단체협약의 체결을 용인하고 있으므로 근로자의 개인적 단결권(단결선택권)과 노동조합의 집단적 단결권(조직강제권)이 동일한 장에서 서로 충돌한다. 이와 같이 개인적 단결권과 집단적 단결권이 충돌하는 경우 기본권의 서열이론이나 법익형량의 원리에 입각하여 어느 기본권이 더 상위기본권이라고 단정할 수는 없다(헌재 2005.11.24. 2002헌바95).

④ (○) 행복추구권은 다른 기본권에 대한 보충적 기본권으로서의 성격을 지니고, 특히 어떠한 법령이 수범자의 직업의 자유와 행복추구권 양자를 제한하는 외관을 띠는 경우 두 기본권의 경합 문제가 발생하는데, 보호영역으로서 직업이 문제되는 경우 행복추구권과 직업의 자유는 서로 일반특별관계에 있어 기본권의 내용상 특별성을 갖는 직업의 자유의 침해 여부가 우선하여 행복추구권 관련 위헌 여부의 심사는 배제되어야 하는 것이므로, 이 사건에 있어서 청구인이 건설업을 영위하는 행위가 직업의 자유의 보호영역에 포함된다고 보아 앞서 그 침해 여부를 판단한 이상, 행복추구권의 침해 여부를 독자적으로 판단할 필요가 없다(헌재 2007.5.31. 2007헌바3).

[2022년 경찰간부] ①

기본권 갈등에 대한 설명으로 가장 적절한 것은? (다툼이 있는 경우 판례에 의함)

① 종교단체가 일정규모 이상의 양로시설을 설치하고자 하는 경우 신고하도록 의무를 부담시키는 것은 종교단체의 종교의 자유와 인간다운 생활을 할 권리를 제한한다.

② 행복추구권은 다른 기본권에 대한 보충적 기본권으로서의 성격을 지니므로, 공무담임권이라는 우선적으로 적용되는 기본권이 존재하여 그 침해 여부를 판단하는 이상, 행복추구권 침해 여부를 독자적으로 판단할 필요가 없다.

③ 학생의 수학권과 교사의 수업권은 대등한 지위에 있으므로, 학생의 수학권의 보장을 위하여 교사의 수업권을 일정한 범위 내에서 제약할 수 없다.

④ 일반음식점 영업소를 금연구역으로 지정하여 운영하여야 할 의무를 부담시키는 것은 음식점 운영자의 직업수행의 자유와 음식점 시설에 대한 권리를 제한한다.

① (×) 심판대상조항은 설치신고대상이 되는 양로시설에 대하여 그 운영주체가 누구인지를 가리지 않고 신고의무를 부과하고 있다. 그런데 종교인 또는 종교단체가 사회취약계층이나 빈곤층을 위해 양로시설과 같은 사회복지시설을 마련하여 선교행위를 하는 것은 오랜 전통으로 확립된 선교행위의 방법이며, 사회적 약자를 위한 시설을 지어 도움을 주는 것은 종교의 본질과 관련이 있다. 따라서 심판대상조항에 의하여 신고의 대상이 되는 양로시설에 종교단체가 운영하는 양로시설을 제외하지 않는 것은 자유로운 양로시설 운영을 통한 선교의 자유, 즉 종교의 자유 제한의 문제를 불러온다. 청구인은 심판대상조항이 노인들의 거주·이전의 자유 및 인간다운 생활을 할 권리를 침해한다고 주장한다. 그러나 심판대상조항은 종교단체에서 운영하는 양로시설도 일정규모 이상의 경우 신고하도록 한 규정일 뿐, 거주이전의 자유나 인간다운 생활을 할 권리의 제한을 불러온다고 볼 수 없으므로 이에 대해서는 별도로 판단하지 아니한다(헌재 2016.6.30. 2015헌바46).

② (○) 행복추구권은 다른 기본권에 대한 보충적 기본권으로서의 성격을 지니므로, 공무담임권이라는 우선적으로 적용되는 기본권이 존재하여 (청구인들이 주장하는 불행이란 결국 교원직 상실에서 연유하는 것에 불과하다) 그 침해 여부를 판단하는 이상, 행복추구권 침해 여부를 독자적으로 판단할 필요가 없다(헌재 2000.12.14. 99헌마112).

③ (×) 교사의 수업권은 교사의 지위에서 생겨나는 직권인데, 그것이 헌법상 보장되는 기본권이라고 할 수 있느냐에 대하여서는 이를 부정적으로 보는 견해가 많으며, 설사 헌법상 보장되고 있는 학문의 자유 또는 교육을 받을 권리의 규정에서 교사의 수업권이 파생되는 것으로 해석하여 기본권에 준하는 것으로 간주하더라도 수업권을 내세워 수학권을 침해할 수는 없으며 국민의 수학권의 보장을 위하여 교사의 수업권은 일정범위 내에서 제약을 받을 수밖에 없다(헌재 1992.11.12. 89헌마88).

④ (×) 청구인은 심판대상조항에 따라 음식점 시설 전체를 금연구역으로 지정하여 운영하여야 할 의무를 부담하게 되었으나, 음식점의 개설·영업행위 자체가 금지되는 것은 아니다. 심판대상조항은 청구인이 선택한 직업을 영위하는 방식과 조건을 규율하고 있으므로 청구인의 직업수행의 자유를 제한한다. 한편 심판대상조항은 청구인으로 하여금 음식점 시설과 그 내부 장비 등을 철거하거나 변경하도록 강제하는 내용이 아니므로, 이로 인하여 청구인의 음식점 시설 등에 대한 권리가 제한되어 재산권이 침해되는 것은 아니다(헌재 2016.6.30. 2015헌마813).

[2018년 경찰 경정승진] ②

기본권의 충돌에 관한 설명으로 가장 적절하지 않은 것은? (다툼이 있는 경우 판례에 의함)

① 기본권의 충돌이란 상이한 복수의 기본권주체가 서로의 권익을 실현하기 위해 하나의 동일한 사건에서 국가에 대하여 서로 대립되는 기본권의 적용을 주장하는 경우를 말하는데, 한 기본권 주체의 기본권행사가 다른 기본권주체의 기본권행사를 제한 또는 희생시킨다는 데 그 특징이 있다.

② 흡연자와 비흡연자가 함께 생활하는 공간에서의 흡연행위는 필연적으로 흡연자의 기본권과 비흡연자의 기본권이 충돌하는 상황이 초래된다. 이 경우 혐연권은 흡연권을 침해하지 않는 한에서 인정되어야 한다.
③ 근로자의 단결하지 아니할 자유와 노동조합의 적극적 단결권이 충돌하는 경우 단결권 상호간의 충돌은 아니라고 하더라도 여전히 헌법상 보장된 일반적 행동의 자유 또는 결사의 자유와 적극적 단결권 사이의 기본권 충돌의 문제가 제기될 수 있다.
④ 국가가 태아의 생명 보호를 위해 확정적으로 만들어 놓은 자기낙태죄 조항의 위헌성을 심사함에 있어 동 조항의 존재와 역할을 간과한 채, 임신한 여성의 자기결정권과 태아의 생명권의 직접적인 충돌을 해결해야 하는 사안으로 보는 것은 적절하지 않다.

① (○) 기본권의 충돌이란 상이한 복수의 기본권주체가 서로의 권익을 실현하기 위해 하나의 동일한 사건에서 국가에 대하여 서로 대립되는 기본권의 적용을 주장하는 경우를 말하는데, 한 기본권주체의 기본권행사가 다른 기본권주체의 기본권행사를 제한 또는 희생시킨다는 데 그 특징이 있다(헌재 2005.11.24. 2002헌바95).
② (×) 흡연자가 비흡연자에게 아무런 영향을 미치지 않는 방법으로 흡연을 하는 경우에는 기본권의 충돌이 일어나지 않는다. 그러나 흡연자와 비흡연자가 함께 생활하는 공간에서의 흡연행위는 필연적으로 흡연자의 기본권과 비흡연자의 기본권이 충돌하는 상황이 초래된다. 그런데 흡연권은 위와 같이 사생활의 자유를 실질적 핵으로 하는 것이고 혐연권은 사생활의 자유뿐만 아니라 생명권에까지 연결되는 것이므로 혐연권이 흡연권보다 상위의 기본권이라 할 수 있다. 이처럼 상하의 위계질서가 있는 기본권끼리 충돌하는 경우에는 상위기본권우선의 원칙에 따라 하위기본권이 제한될 수 있으므로, 결국 흡연권은 혐연권을 침해하지 않는 한에서 인정되어야 한다(헌재 2004.8.26. 2003헌마457).
③ (○) 근로자가 노동조합을 결성하지 아니할 자유나 노동조합에 가입을 강제당하지 아니할 자유, 그리고 가입한 노동조합을 탈퇴할 자유는 근로자에게 보장된 단결권의 내용에 포섭되는 권리로서가 아니라 헌법 제10조의 행복추구권에서 파생되는 일반적 행동의 자유 또는 제21조 제1항의 결사의 자유에서 그 근거를 찾을 수 있다. 이와 같이 근로자의 단결하지 아니할 자유와 노동조합의 적극적 단결권이 충돌하는 경우 단결권 상호간의 충돌은 아니라고 하더라도 여전히 헌법상 보장된 일반적 행동의 자유 또는 결사의 자유와 적극적 단결권 사이의 기본권 충돌의 문제가 제기될 수 있다(헌재 2005.11.24. 2002헌바95).
④ (○) 국가가 태아의 생명 보호를 위해 확정적으로 만들어 놓은 자기낙태죄 조항이 임신한 여성의 자기결정권을 제한하고 있는 것이 과잉금지원칙에 위배되어 위헌인지 여부에 대한 것이다. 자기낙태죄 조항의 존재와 역할을 간과한 채 임신한 여성의 자기결정권과 태아의 생명권의 직접적인 충돌을 해결해야 하는 사안으로 보는 것은 적절하지 않다(헌재 2019.4.11. 2017헌바127). [2023년 경찰경채] ②

기본권 충돌에 관한 설명 중 가장 적절하지 않은 것은? (다툼이 있는 경우 판례에 의함)
① 상이한 복수의 기본권 주체를 전제로 한다.
② 충돌하는 기본권이 반드시 상이한 기본권이어야 하는 것은 아니다.
③ 상하의 위계질서가 있는 기본권끼리 충돌하는 경우에는 상위 기본권 우선의 원칙에 따라 하위 기본권이 제한될 수 있다.
④ 노동조합의 적극적 단결권은 근로자 개인의 단결하지 않을 자유보다 중시된다고 할 수 없어, 노동조합에 적극적 단결권(조직강제권)을 부여하는 것은 근로자의 단결하지 아니할 자유의 본질적인 내용을 침해한다.

① (○) ② (○) 기본권의 충돌이란 상이한 복수의 기본권주체가 서로의 권익을 실현하기 위해 하나의 동일한 사건에서 국가에 대하여 서로 대립되는 기본권의 적용을 주장하는 경우를 말하는데, 한 기본권주체의 기본권행사가 다른 기본권주체의 기본권행사를 제한 또는 희생시킨다는 데 그 특징이 있다. 이와 같이 두 기본권이 충돌하는 경우 그 해법으로는 기본권의 서열이론, 법익형량의 원리, 실제적 조화의 원리(=규범조화적 해석) 등을 들 수 있다. 헌법재판소는 기본권 충돌의 문제에 관하여 충돌하는 기본권의 성격과 태양에 따라 그때그때마다 적절한 해결방법을 선택, 종합하여 이를 해결하여 왔다(헌재 2005.11.24. 2002헌바95).

③ (○) 상하의 위계질서가 있는 기본권끼리 충돌하는 경우에는 상위기본권우선의 원칙에 따라 하위기본권이 제한될 수 있으므로, 흡연권은 혐연권을 침해하지 않는 한에서 인정되어야 한다(헌재 2004.8.26. 2003헌마457).

④ (×) 노동조합의 조직강제권도 이른바 자유권을 수정하는 의미의 생존권(사회권)적 성격을 함께 가지는 만큼 근로자 개인의 자유권에 비하여 보다 특별한 가치로 보장되는 점 등을 고려하면, 노동조합의 적극적 단결권은 근로자 개인의 단결하지 않을 자유보다 중시된다고 할 것이고, 또 노동조합에게 조직강제권을 부여한다고 하여 이를 근로자의 단결하지 아니할 자유의 본질적인 내용을 침해하는 것으로 단정할 수는 없다(헌재 2005.11.24. 2002헌바95). [2022년 경찰 경정승진] ④

기본권 경합에 대한 설명으로 가장 적절하지 않은 것은? (다툼이 있는 경우 헌법재판소 판례에 의함)

① 기본권 경합의 경우에는 기본권 침해를 주장하는 청구인의 의도 및 기본권을 제한하는 입법자의 객관적 동기 등을 참작하여 사안과 가장 밀접한 관계에 있고 또 침해의 정도가 큰 주된 기본권을 중심으로 그 제한의 한계를 살핀다.

② 청구인은 의료인이 아니라도 문신시술업을 합법적인 직업으로 영위할 수 있어야 함을 주장하고 있고, 「의료법」 조항의 1차적 의도도 보건위생상 위해 가능성이 있는 행위를 규율하고자 하는 경우에는 직업선택의 자유를 중심으로 위헌 여부를 살피는 이상 예술의 자유 침해 여부는 판단하지 아니한다.

③ 선거기간 중 모임을 처벌하는 「공직선거법」 조항에 대한 입법자의 1차적 의도는 선거기간 중 집회를 금지하는 데 있으며, 헌법상 결사의 자유보다 집회의 자유가 두텁게 보호되고, 위 조항에 의하여 직접 제약되는 자유 역시 집회의 자유이므로 집회의 자유를 침해하는지를 살핀다.

④ 국립대학교 총장임용후보자 선거 시 투표에서 일정 수 이상을 득표한 경우에만 기탁금 전액이나 일부를 후보자에게 반환하고, 반환되지 않은 기탁금은 국립대학교 발전기금에 귀속시키는 기탁금귀속조항에 대해서는 재산권보다 공무담임권을 중심으로 살핀다.

① (○) 하나의 규제로 인해 여러 기본권이 동시에 제약을 받는 기본권경합의 경우에는 기본권침해를 주장하는 제청신청인과 제청법원의 의도 및 기본권을 제한하는 입법자의 객관적 동기 등을 참작하여 사안과 가장 밀접한 관계에 있고 또 침해의 정도가 큰 주된 기본권을 중심으로 해서 그 제한의 한계를 따져 보아야 할 것이다(헌재 1998.4.30. 95헌가16).

② (○) 청구인들은 의료인이 아니더라도 문신시술업을 합법적인 직업으로 영위할 수 있어야 함을 주장하고 있고, 심판대상조항의 일차적 의도도 보건위생상 위해 가능성이 있는 행위를 규율하고자 하는 데 있으며, 심판대상조항에 의한 예술의 자유 또는 표현의 자유의 제한은 문신시술업이라는 직업의 자유에 대한 제한을 매개로 하여 간접적으로 제약되는 것이라 할 것인바, 사안과 가장 밀접하고 침해의 정도가 큰 직업선택의 자유를 중심으로 심판대상조항의 위헌 여부를 살피는 이상 예술의 자유와 표현의 자유 침해 여부에 대하여는 판단하지 아니한다(헌재 2022.3.31. 2017헌마1343).

③ (○) 심판대상조항은 국민운동단체인 바르게살기운동협의회에 대하여 선거기간 중 일체의 모임을 금지시킴으로써 집회의 자유와 결사의 자유(단체활동의 자유)를 동시에 제한하고 있다. 심판대상조항에 대한 입법자의 일차적 의도는 선거기간 중 모임, 즉 집회를 금지하고자 하는 데 있으며, 단체의 모임은 단체의 다양한 활동 중의 하나에 불과하고, 헌법상 결사의 자유보다는 집회의 자유가 두텁게 보호되며, 위 조항에 의하여 직접 제약되는 자유 역시 집회의 자유라고 할 것이다. 따라서 아래에서는 심판대상조항이 과잉금지원칙에 위반하여 집회의 자유를 침해하는지를 살핀다(헌재 2013.12.26. 2010헌가90).

④ (×) 기탁금귀속조항은 후보자가 사망하거나 제1차 투표에서 유효투표수의 100분의 15 이상을 득표한 경우에는 기탁금 전액을, 제1차 투표에서 유효투표수의 100분의 10 이상 100분의 15 미만을 득표한 경우에는 기탁금 반액을 후보자에게 반환하고, 반환되지 않은 기탁금은 대학교 발전기금에 귀속되도록 하고 있다. 이하에서는 이 사건 기탁금귀속조항이 후보자의 재산권을 침해하는지 여부에 대하여 살핀다(헌재 2022.5.26. 2020헌마1219). [2023년 경찰간부] ④

기본권의 경합과 충돌에 관한 설명으로 옳지 않은 것은? (다툼이 있는 경우 헌법재판소 판례에 의함)

① 보호영역으로서의 '선거운동'의 자유가 문제되는 경우 표현의 자유 및 선거권과 일반적 행동자유권으로서의 행복추구권은 서로 특별관계에 있어 기본권의 내용상 특별성을 갖는 표현의 자유 및 선거권이 우선 적용된다.

② 상하의 위계질서가 있는 기본권끼리 충돌하는 경우에는 상위기본권우선의 원칙에 따라 하위기본권이 제한될 수 있으므로, 결국 혐연권은 흡연권을 침해하지 않는 한에서 인정되어야 한다.

③ 반론권은 보도기관이 사실에 대한 보도과정에서 타인의 인격권 및 사생활의 비밀과 자유에 대한 중대한 침해가 될 직접적 위험을 초래하게 되는 경우 이러한 법익을 보호하기 위한 적극적 요청에 의하여 마련된 제도인 것이지 언론의 자유를 제한하기 위한 소극적 필요에서 마련된 것은 아니기 때문에 이에 따른 보도기관이 누리는 언론의 자유에 대한 제약의 문제는 결국 피해자의 반론권과 서로 충돌하는 관계에 있다.

④ 사인간 기본권 충돌의 경우 입법자에 의한 규제와 개입은 개별 기본권 주체에 대한 기본권 제한의 방식으로 흔하게 나타나며, 노사관계의 경우에도 국가의 개입이 기본권을 침해하는지 여부가 문제될 수는 있으나, 사적 계약관계라는 이유로 국가가 개입할 수 없다고 볼 것은 아니다.

⑤ 하나의 규제로 인하여 여러 기본권이 동시에 제약을 받는 기본권 경합의 경우에는 기본권 침해를 주장하는 청구인들의 의도 및 기본권을 제한하는 입법자의 객관적 동기 등을 참작하여 사안과 가장 밀접한 관계가 있고 또 침해의 정도가 큰 주된 기본권을 중심으로 해서 그 제한의 한계를 따져 보아야 한다.

① (○) 보호영역으로서의 '선거운동'의 자유가 문제되는 경우 표현의 자유 및 선거권과 일반적 행동자유권으로서의 행복추구권은 서로 특별관계에 있어 기본권의 내용상 특별성을 갖는 표현의 자유 및 선거권이 우선 적용된다(헌재 2004.4.29. 2002헌마467).

② (×) 흡연권은 위와 같이 사생활의 자유를 실질적 핵으로 하는 것이고 혐연권은 사생활의 자유뿐만 이니라 생명권에까지 연결되는 것이므로 혐연권이 흡연권보다 상위의 기본권이라 할 수 있다. 이처럼 상하의 위계질서가 있는 기본권끼리 충돌하는 경우에는 상위기본권우

선의 원칙에 따라 하위기본권이 제한될 수 있으므로, 결국 흡연권은 혐연권을 침해하지 않는 한에서 인정되어야 한다(헌재 2004.8.26. 2003헌마457).

③ (○) 반론권은 보도기관이 사실에 대한 보도과정에서 타인의 인격권 및 사생활의 비밀과 자유에 대한 중대한 침해가 될 직접적 위험을 초래하게 되는 경우 이러한 법익을 보호하기 위한 적극적 요청에 의하여 마련된 제도인 것이지 언론의 자유를 제한하기 위한 소극적 필요에서 마련된 것은 아니기 때문에 이에 따른 보도기관이 누리는 언론의 자유에 대한 제약의 문제는 결국 피해자의 반론권과 서로 충돌하는 관계에 있는 것이다. 현행 정정보도청구권제도는 그 명칭에 불구하고 피해자의 반론게재청구권으로 해석되고 이는 언론의 자유와는 비록 서로 충돌되는 면이 없지 아니하나 전체적으로는 상충되는 기본권 사이에 합리적인 조화를 이루고 있는 것으로 판단된다(헌재 1991.9.16. 89헌마165).

④ (○) 사인간 기본권 충돌의 경우 입법자에 의한 규제와 개입은 개별 기본권 주체에 대한 기본권 제한의 방식으로 흔하게 나타나며, 노사관계의 경우도 마찬가지이다. 예컨대, 사용자와 근로자는 근로계약 체결단계에서부터 계약상 의무 위반에 이르기까지 근로기준법, 최저임금법 등 노동 관계법령에 의한 국가적 개입을 받고 있으며, 이러한 국가의 개입이 기본권을 침해하는지 여부가 문제될 수는 있으나, 사적 계약관계라는 이유로 국가가 개입할 수 없다고 볼 것은 아니다(헌재 2022.5.26. 2012헌바66).

⑤ (○) 하나의 규제로 인해 여러 기본권이 동시에 제약을 받는 기본권경합의 경우에는 기본권침해를 주장하는 제청신청인과 제청법원의 의도 및 기본권을 제한하는 입법자의 객관적 동기 등을 참작하여 사안과 가장 밀접한 관계에 있고 또 침해의 정도가 큰 주된 기본권을 중심으로 해서 그 제한의 한계를 따져 보아야 할 것이다(헌재 1998.4.30. 95헌가16). [2023년 소방간부] ②

기본권의 경합과 충돌에 관한 다음 설명 중 가장 옳지 않은 것은? (다툼이 있는 경우 대법원 판례 및 헌법재판소 결정에 의함)

① 헌법재판소는 기본권 충돌의 문제에 관하여 충돌하는 기본권의 성격과 태양에 따라 그때그때마다 기본권의 서열이론, 법익형량의 원리, 실제적 조화의 원리(=규범조화적 해석) 등의 적절한 해결방법을 선택, 종합하여 이를 해결하여 왔다.

② 헌법재판소는 노동조합의 적극적 단결권은 근로자 개인의 단결하지 않을 자유보다 중시된다고 보아, 당해 사업장에 종사하는 근로자의 3분의 2 이상을 대표하는 노동조합의 경우 단체협약을 매개로 한 조직강제[이른바 유니언 샵(Union Shop) 협정의 체결]를 용인하고 있는 노동조합 및 노동관계조정법 조항을 합헌이라고 판단하였다.

③ 보도기관이 누리는 언론의 자유에 대한 제약의 문제는 결국 피해자의 반론권과 서로 충돌하는 관계에 있고, 이와 같이 두 기본권이 서로 충돌하는 경우에는 헌법의 통일성을 유지하기 위하여 상충하는 기본권 모두가 최대한으로 그 기능과 효력을 나타낼 수 있도록 하는 조화로운 방법이 모색되어야 한다.

④ 흡연권은 사생활의 자유를 실질적 핵으로 하는 것이고 혐연권은 사생활의 자유뿐만 아니라 생명권에까지 연결되는 것이므로 혐연권이 흡연권보다 상위의 기본권이다.

⑤ 헌법재판소는 채권자의 재산권과 채무자의 일반적 행동의 자유권 중에서 채권자의 재산권이 상위의 기본권이라고 보아, 채권자취소권을 정한 민법 조항이 합헌이라고 판단하였다.

① (○) 기본권의 충돌이란 상이한 복수의 기본권주체가 서로의 권익을 실현하기 위해 하나의 동일한 사건에서 국가에 대하여 서로 대립되는 기본권의 적용을 주장하는 경우를 말하는데, 한 기본권주체의 기본권행사가 다른 기본권주체의 기본권행사를 제한 또는 희생시킨다는

데 그 특징이 있다. 이와 같이 두 기본권이 충돌하는 경우 그 해법으로는 기본권의 서열이론, 법익형량의 원리, 실제적 조화의 원리(=규범조화적 해석) 등을 들 수 있다. 헌법재판소는 기본권 충돌의 문제에 관하여 충돌하는 기본권의 성격과 태양에 따라 그때그때마다 적절한 해결방법을 선택, 종합하여 이를 해결하여 왔다(헌재 2005.11.24. 2002헌바95).

② (○) 사건 법률조항은 노동조합의 조직유지·강화를 위하여 당해 사업장에 종사하는 근로자의 3분의 2 이상을 대표하는 노동조합(이하 '지배적 노동조합'이라 한다)의 경우 단체협약을 매개로 한 조직강제[이른바 유니언 샵(Union Shop) 협정의 체결]를 용인하고 있다. 이 경우 근로자의 단결하지 아니할 자유와 노동조합의 적극적 단결권(조직강제권)이 충돌하게 되나, 근로자에게 보장되는 적극적 단결권이 단결하지 아니할 자유보다 특별한 의미를 갖고 있고, 노동조합의 조직강제권도 이른바 자유권을 수정하는 의미의 생존권(사회권)적 성격을 함께 가지는 만큼 근로자 개인의 자유권에 비하여 보다 특별한 가치로 보장되는 점 등을 고려하면, 노동조합의 적극적 단결권은 근로자 개인의 단결하지 않을 자유보다 중시된다고 할 것이고, 또 노동조합에게 위와 같은 조직강제권을 부여한다고 하여 이를 근로자의 단결하지 아니할 자유의 본질적인 내용을 침해하는 것으로 단정할 수는 없다. 이 사건 법률조항은 단체협약을 매개로 하여 특정 노동조합에의 가입을 강제함으로써 근로자의 단결선택권과 노동조합의 집단적 단결권(조직강제권)이 충돌하는 측면이 있으나, 이러한 조직강제를 적법·유효하게 할 수 있는 노동조합의 범위를 엄격하게 제한하고 지배적 노동조합의 권한남용으로부터 개별근로자를 보호하기 위한 규정을 두고 있는 등 전체적으로 상충되는 두 기본권 사이에 합리적인 조화를 이루고 있고 그 제한에 있어서도 적정한 비례관계를 유지하고 있으며, 또 근로자의 단결선택권의 본질적인 내용을 침해하는 것으로도 볼 수 없으므로, 근로자의 단결권을 보장한 헌법 제33조 제1항에 위반되지 않는다(헌재 2005.11.24. 2002헌바95).

③ (○) 반론권은 보도기관이 사실에 대한 보도과정에서 타인의 인격권 및 사생활의 비밀과 자유에 대한 중대한 침해가 될 직접적 위험을 초래하게 되는 경우 이러한 법익을 보호하기 위한 적극적 요청에 의하여 마련된 제도인 것이지 언론의 자유를 제한하기 위한 소극적 필요에서 마련된 것은 아니기 때문에 이에 따른 보도기관이 누리는 언론의 자유에 대한 제약의 문제는 결국 피해자의 반론권과 서로 충돌하는 관계에 있는 것으로 보아야 할 것이다. 이와 같이 두 기본권이 서로 충돌하는 경우에는 헌법의 통일성을 유지하기 위하여 상충하는 기본권 모두가 최대한으로 그 기능과 효력을 나타낼 수 있도록 하는 조화로운 방법이 모색되어야 할 것이고, 결국은 이 법에 규정한 정정보도청구제도가 과잉금지의 원칙에 따라 그 목적이 정당한 것인가 그러한 목적을 달성하기 위하여 마련된 수단 또한 언론의 자유를 제한하는 정도가 인격권과의 사이에 적정한 비례를 유지하는 것인가의 여부가 문제된다 할 것이다(헌재 1991.9.16. 89헌마165).

④ (○) 흡연권은 사생활의 자유를 실질적 핵으로 하는 것이고 혐연권은 사생활의 자유뿐만 아니라 생명권에까지 연결되는 것이므로 혐연권이 흡연권보다 상위의 기본권이다. 상하의 위계질서가 있는 기본권끼리 충돌하는 경우에는 상위기본권우선의 원칙에 따라 하위기본권이 제한될 수 있으므로, 흡연권은 혐연권을 침해하지 않는 한에서 인정되어야 한다(헌재 2004.8.26. 2003헌마457).

⑤ (×) 사적자치의 원칙은 헌법 제10조의 행복추구권 속에 함축된 일반적 행동자유권에서 파생된 것으로서 헌법 제119조 제1항의 자유시장 경제질서의 기초이자 우리 헌법상의 원리이고, 계약자유의 원칙은 사적자치권의 기본원칙으로서 이러한 사적자치의 원칙이 법률행위의 영역에서 나타난 것이므로, 채권자의 재산권과 채무자 및 수익자의 일반적 행동의 자유권 중 어느 하나를 상위기본권이라고 할 수는 없을 것이고, 채권자의 재산권과 수익자의 재산권 사이에서도 어느 쪽이 우월하다고 할 수는 없을 것이기 때문이다. 따라서 이러한 경우에는 헌법의 통일성을 유지하기 위하여 상충하는 기본권 모두가 최대한으로 그 기능과 효력을 발휘할 수 있도록 조화로운 방법을 모색하되(규범조화적 해석), 법익형량의 원리, 입법에 의한 선택적 재량 등을 종합적으로 참작하여 심사하여야 할 것이다(헌재 2007.10.25. 2005헌바96).

[2019년 법원 5급] ⑤

기본권의 충돌 또는 경합에 관한 다음 설명 중 옳지 않은 것은 모두 몇 개인가?

ㄱ. 흡연권과 혐연권의 관계처럼 상하의 위계질서가 있는 기본권끼리 충돌하는 경우 상위기본권우선의 원칙에 따라 하위기본권이 제한될 수 있으므로, 흡연권은 혐연권을 침해하지 않는 한에서 인정되어야 한다.

ㄴ. 노동조합이 당해 사업장에 종사하는 근로자의 3분의 2 이상을 대표하고 있을 때에는 근로자가 그 노동

조합의 조합원이 될 것을 고용조건으로 하는 단체협약[이른바 유니언 샵(Union Shop)]과 관련하여 근로자의 단결하지 아니할 자유와 노동조합의 적극적 단결권(조직강제권)이 충돌하나, 근로자에게 보장되는 적극적 단결권이 단결하지 아니할 자유보다 특별한 의미를 가지고 있으므로 노동조합의 적극적 단결권은 근로자 개인의 단결하지 않을 자유보다 중시된다.

ㄷ. 채권자취소권에 관한 민법 규정으로 인하여 채권자의 재산권과 채무자 및 수익자의 일반적 행동의 자유, 그리고 채권자의 재산권과 수익자의 재산권이 동일한 장에서 충돌한다. 따라서 이러한 경우에는 상충하는 기본권 모두가 최대한으로 그 기능과 효력을 발휘할 수 있도록 이른바 규범조화적 해석방법에 따라 심사하여야 한다.

ㄹ. 기업의 경영에 관한 의사결정의 자유 등 영업의 자유와 근로자들이 누리는 일반적 행동자유권 등이 '근로조건' 설정을 둘러싸고 충돌하는 경우에는, 근로조건과 인간의 존엄성 보장 사이의 헌법적 관련성을 염두에 두고 구체적인 사안에서의 사정을 종합적으로 고려한 이익형량과 함께 기본권들 사이의 실제적인 조화를 꾀하는 해석 등을 통하여 이를 해결하여야 한다.

① 0개 ② 1개 ③ 2개 ④ 3개

ㄱ. (○) 흡연권은 사생활의 자유를 실질적 핵으로 하는 것이고 혐연권은 사생활의 자유뿐만 아니라 생명권에까지 연결되는 것이므로 혐연권이 흡연권보다 상위의 기본권이라 할 수 있다. 이처럼 상하의 위계질서가 있는 기본권끼리 충돌하는 경우에는 상위 기본권우선의 원칙에 따라 하위기본권이 제한될 수 있으므로, 결국 흡연권은 혐연권을 침해하지 않는 한에서 인정되어야 한다(헌재 2004.8.26. 2003헌마457).

ㄴ. (○) 사건 법률조항은 노동조합의 조직유지·강화를 위하여 당해 사업장에 종사하는 근로자의 3분의 2 이상을 대표하는 노동조합의 경우 단체협약을 매개로 한 조직강제[이른바 유니언 샵(Union Shop) 협정의 체결]를 용인하고 있다. 이 경우 근로자의 단결하지 아니할 자유와 노동조합의 적극적 단결권(조직강제권)이 충돌하게 되나, 근로자에게 보장되는 적극적 단결권이 단결하지 아니할 자유보다 특별한 의미를 갖고 있고, 노동조합의 조직강제권도 이른바 자유권을 수정하는 의미의 생존권(사회권)적 성격을 함께 가지는 만큼 근로자 개인의 자유권에 비하여 보다 특별한 가치로 보장되는 점 등을 고려하면, 노동조합의 적극적 단결권은 근로자 개인의 단결하지 않을 자유보다 중시된다고 할 것이고, 또 노동조합에게 위와 같은 조직강제권을 부여한다고 하여 이를 근로자의 단결하지 아니할 자유의 본질적인 내용을 침해하는 것으로 단정할 수는 없다(헌재 2005.11.24. 2002헌바95).

ㄷ. (○) 사건 법률조항은 채권자에게 채권의 실효성 확보를 위한 수단으로서 채권자취소권을 인정함으로써, 채권자의 재산권과 채무자와 수익자의 일반적 행동의 자유 내지 계약의 자유 및 수익자의 재산권이 서로 충돌하게 되는바, 위와 같은 채권자와 채무자 및 수익자의 기본권들이 충돌하는 경우에 기본권의 서열이나 법익의 형량을 통하여 어느 한 쪽의 기본권을 우선시키고 다른 쪽의 기본권을 후퇴시킬 수는 없다. 따라서 이러한 경우에는 헌법의 통일성을 유지하기 위하여 상충하는 기본권 모두가 최대한으로 그 기능과 효력을 발휘할 수 있도록 조화로운 방법을 모색하되(규범조화적 해석), 법익형량의 원리, 입법에 의한 선택적 재량 등을 종합적으로 참작하여 심사하여야 할 것이다(헌재 2007.10.25. 2005헌바96)

ㄹ. (○) 기업의 경영에 관한 의사결정의 자유 등 영업의 자유와 근로자들이 누리는 일반적 행동자유권 등이 근로조건 설정을 둘러싸고 충돌하는 경우에는, 근로조건과 인간의 존엄성 보장 사이의 헌법적 관련성을 염두에 두고 구체적인 사안에서의 사정을 종합적으로 고려한 이익형량과 함께 기본권들 사이의 실제적인 조화를 꾀하는 해석 등을 통하여 이를 해결하여야 하고, 그 결과에 따라 정해지는 두 기본권 행사의 한계 등을 감안하여 두 기본권의 침해 여부를 살피면서 근로조건의 최종적인 효력 유무 판단과 관련한 법령 조항을 해석·적용하여야 한다(대법원 2018.9.13. 2017두38560). [2022년 법원 9급] ①

기본권의 경합과 충돌에 대한 설명으로 옳지 않은 것은? (다툼이 있는 경우 판례에 의함)

① 기본권의 경합은 동일한 기본권 주체가 동시에 여러 기본권의 적용을 주장하는 경우에 발

생하는 문제이다.

② 공직의 경우 공무담임권은 직업선택의 자유에 대하여 특별기본권이다.

③ 개인적 단결권과 집단적 단결권이 충돌하는 경우 기본권의 서열이론에 입각하여 어느 기본권이 더 상위의 기본권이라고 단정할 수 없다.

④ 학생의 학습권과 교원의 수업권 중 어느 것이 우월한지는 판단하기 어렵고 대등한 지위에 있다고 보아야 한다.

⑤ 혐연권은 흡연권보다 상위의 기본권이다.

① (○) 기본권의 경합이란 동일한 기본권 주체가 동시에 여러 기본권의 적용을 받는 경우를 말하며, 헌법소원에 있어서 대상이 되는 규범에 의하여 여러 기본권이 동시에 제약을 받는 기본권 경합의 경우에 기본권 침해를 주장하는 청구인의 의도 및 기본권을 제한하는 입법자의 객관적 동기 등을 참작하여 사안과 가장 밀접한 관계에 있고 또 침해의 정도가 큰 주된 기본권을 중심으로 해서 그 제한의 한계를 검토하면 족한 것이고 관련 기본권을 모두 심사할 필요는 없다(헌재 1998.4.30. 95헌가16 ; 헌재 2008.12.26. 2006헌마462).

② (○) 공무담임권은 국가 등에게 능력주의를 존중하는 공정한 공직자선발을 요구할 수 있는 권리라는 점에서 직업선택의 자유보다는 그 기본권의 효과가 현실적·구체적이므로, 공직을 직업으로 선택하는 경우에 있어서 직업선택의 자유는 공무담임권을 통해서 그 기본권보호를 받게 된다고 할 수 있으므로 공무담임권을 침해하는지 여부를 심사하는 이상 이와 별도로 직업선택의 자유 침해 여부를 심사할 필요는 없다(헌재 2006.3.30. 2005헌마598).

③ (○) 개인적 단결권과 집단적 단결권이 충돌하는 경우 기본권의 서열이론이나 법익형량의 원리에 입각하여 어느 기본권이 더 상위기본권이라고 단정할 수는 없다. 왜냐하면 개인적 단결권은 헌법상 단결권의 기초이자 집단적 단결권의 전제가 되는 반면에, 집단적 단결권은 개인적 단결권을 바탕으로 조직·강화된 단결체를 통하여 사용자와 사이에 실질적으로 대등한 관계를 유지하기 위하여 필수불가결한 것이기 때문이다. 즉 개인적 단결권이든 집단적 단결권이든 기본권의 서열이나 법익의 형량을 통하여 어느 쪽을 우선시키고 다른 쪽을 후퇴시킬 수는 없다(헌재 2005.11.24. 2002헌바95).

④ (×) 교사의 가르치는 권리를 수업권이라고 한다면 그것은 자연법적으로는 학부모에게 속하는 자녀에 대한 교육권을 신탁받은 것이고, 실정법상으로는 공교육의 책임이 있는 국가의 위임에 의한 것이다. 그것은 교사의 지위에서 생기는 학생에 대한 일차적인 교육상의 직무권한(직권)이지만, 학생의 수학권의 실현을 위하여 인정되는 것으로서 양자는 상호협력관계에 있다고 하겠으나, 수학권은 헌법상 보장된 기본권의 하나로서 보다 존중되어야 하며, 그것이 왜곡되지 않고 올바로 행사될 수 있게 하기 위한 범위 내에서는 수업권도 어느 정도의 범위 내에서 제약을 받지 않으면 안될 것이다(헌재 1992.11.12. 89헌마88).

⑤ (○) 흡연권은 사생활의 자유를 실질적 핵으로 하는 것이고 혐연권은 사생활의 자유뿐만 아니라 생명권에까지 연결되는 것이므로 혐연권이 흡연권보다 상위의 기본권이다. 상하의 위계질서가 있는 기본권끼리 충돌하는 경우에는 상위기본권우선의 원칙에 따라 하위기본권이 제한될 수 있으므로, 흡연권은 혐연권을 침해하지 않는 한에서 인정되어야 한다(헌재 2004.8.26. 2003헌마457). [2017년 국회 5급] ④

기본권 경합과 충돌에 대한 설명으로 가장 적절하지 않은 것은? (다툼이 있는 경우 판례에 의함)

① 수용자가 작성한 집필문의 외부반출을 불허하고 이를 영치할 수 있도록 한 것은 수용자의 통신의 자유와 표현의 자유를 제한한다.

② 혐연권은 흡연권보다 상위의 기본권이라 할 수 있고, 이처럼 상하의 위계질서가 있는 기본권까지 충돌하는 경우에는 상위 기본권 우선원칙이 적용되므로 결국 흡연권은 혐연권을 침해하지 않는 한 인정된다.

③ 어떤 법령이 직업의 자유와 행복추구권 양자를 제한하는 외관을 띠는 경우 두 기본권의

경합 문제가 발생하는데, 보호영역으로서 '직업'이 문제될 때 직업의 자유는 행복추구권과의 관계에서 특별기본권의 지위를 가지므로, 행복추구권의 침해 여부에 대한 심사는 배제된다.

④ 반론권과 보도기관의 언론의 자유가 충돌하는 경우에는 헌법의 통일성을 유지하기 위하여 기본권 모두가 최대한으로 그 기능과 효력을 발휘할 수 있도록 하는 조화로운 방법이 모색되어야 한다.

① (×) 제한되는 기본권에 있어서 청구인은 심판대상조항에 의해 표현의 자유 또는 예술창작의 자유가 제한된다고 주장하나, 심판대상조항은 집필문을 창작하거나 표현하는 것을 금지하거나 이에 대한 허가를 요구하는 조항이 아니라 이미 표현된 집필문을 외부의 특정한 상대방에게 발송할 수 있는지 여부에 대해 규율하는 것이므로, 제한되는 기본권은 헌법 제18조에서 정하고 있는 통신의 자유로 봄이 상당하다. 따라서 심판대상조항이 사전검열에 해당한다는 청구인의 주장에 대해서는 판단하지 아니하고, 통신의 자유 침해 여부에 대해서만 판단하기로 한다(헌재 2016.5.26. 2013헌바98).

② (○) 흡연권은 사생활의 자유를 실질적 핵으로 하는 것이고 혐연권은 사생활의 자유뿐만 아니라 생명권에까지 연결되는 것이므로 혐연권이 흡연권보다 상위의 기본권이라 할 수 있다. 이처럼 상하의 위계질서가 있는 기본권끼리 충돌하는 경우에는 상위 기본권우선의 원칙에 따라 하위기본권이 제한될 수 있으므로, 결국 흡연권은 혐연권을 침해하지 않는 한에서 인정되어야 한다(헌재 2004.8.26. 2003헌마457).

③ (○) 어떠한 법령이 수범자의 직업의 자유와 행복추구권 양자를 제한하는 외관을 띠는 경우 두 기본권의 경합 문제가 발생하는데, 보호영역으로서 직업이 문제되는 경우 직업의 자유와 행복추구권은 서로 특별관계에 있어 기본권의 내용상 특별성을 갖는 직업의 자유의 침해 여부가 우선하므로, 행복추구권 관련 위헌 여부의 심사는 배제된다고 보아야 한다. 이를 학원강사로서의 교습행위와 관련하여 보면, 직업의 자유는 생활의 기본적 수요를 충족시키기 위한 계속적인 소득활동으로서의 교습행위를 자유롭게 행할 자유를 의미하고, 행복추구권은 일반적 행동의 자유에 속하는 것으로서 생활수단성과 계속성이라는 개념표지를 결하여 단지 일시적·일회적이거나 무상으로 가르치는 행위를 보호영역으로 하는 권리라고 말할 수 있다. 따라서 이 사건에 있어 문제되는 학원강사로서의 교습행위가 직업의 자유의 보호영역에 포함되는 이상 이 사건 심판대상 조항들로 인한 기본권침해는 직업의 자유에 한하여 문제된다(헌재 2003.9.25. 2002헌마519).

④ (○) 반론권은 보도기관이 사실에 대한 보도과정에서 타인의 인격권 및 사생활의 비밀과 자유에 대한 중대한 침해가 될 직접적 위험을 초래하게 되는 경우 이러한 법익을 보호하기 위한 적극적 요청에 의하여 마련된 제도인 것이지 언론의 자유를 제한하기 위한 소극적 필요에서 마련된 것은 아니기 때문에 이에 따른 보도기관이 누리는 언론의 자유에 대한 제약의 문제는 결국 피해자의 반론권과 서로 충돌하는 관계에 있는 것으로 보아야 할 것이다. 이와 같이 두 기본권이 서로 충돌하는 경우에는 헌법의 통일성을 유지하기 위하여 상충하는 기본권 모두가 최대한으로 그 기능과 효력을 나타낼 수 있도록 하는 조화로운 방법이 모색되어야 할 것이고, 결국은 이 법에 규정한 정정보도청구제도가 과잉금지의 원칙에 따라 그 목적이 정당한 것인가 그러한 목적을 달성하기 위하여 마련된 수단 또한 언론의 자유를 제한하는 정도가 인격권과의 사이에 적정한 비례를 유지하는 것인가의 여부가 문제된다(헌재 1991.9.16. 89헌마165).

[2017년 경찰 경정승진] ①

기본권의 경합과 충돌에 관한 다음 설명 중 가장 옳지 않은 것은? (다툼이 있는 경우 대법원 판례 및 헌법재판소 결정에 의함)

① 헌법재판소가 사업장에 종사하는 근로자의 3분의 2 이상을 대표하는 노동조합의 경우 단체협약을 매개로 조직강제를 용인하는 법률조항을 합헌으로 본 것은 노동조합의 적극적 단결권을 근로자 개인의 단결하지 않을 자유보다 중시한 것이다.

② 학생의 학습권은 교원의 수업권에 대하여 우월한 지위에 있으므로 교원이 고의로 수업을

거부할 자유는 인정되지 아니한다.

③ 종교단체가 설립한 사립학교에서 특정 종교의 교리를 전파하는 종교행사와 종교과목 수업을 실시하면서 참가 거부가 사실상 불가능한 분위기를 조성하고 대체과목을 개설하지 않는 등 다른 신앙을 가진 학생의 기본권을 고려하지 않는 것은 학생의 종교에 관한 인격적 법익을 침해하는 위법행위이다.

④ 흡연권은 사생활의 자유를 실질적 핵으로 하는 것이고 혐연권은 사생활의 자유뿐만 아니라 생명권에까지 연결되는 것이므로 혐연권이 흡연권보다 상위의 기본권이다.

⑤ 헌법재판소가 채권자취소권을 합헌으로 본 것은 채권자의 재산권과 채무자의 일반적 행동의 자유권 중에서 채권자의 재산권이 상위의 기본권이라고 보았기 때문이다.

① (○) 사건 법률조항은 노동조합의 조직유지·강화를 위하여 당해 사업장에 종사하는 근로자의 3분의 2 이상을 대표하는 노동조합의 경우 단체협약을 매개로 한 조직강제[이른바 유니언 샵(Union Shop)협정의 체결]를 용인하고 있다. 노동조합의 적극적 단결권은 근로자 개인의 단결하지 않을 자유보다 중시된다고 할 것이고, 또 노동조합에게 위와 같은 조직강제권을 부여 한다고 하여 이를 근로자의 단결하지 아니할 자유의 본질적인 내용을 침해하는 것으로 단정할 수는 없다(헌재 2005.11.24. 2002헌바95).

② (○) 학교 교원의 가르치는 권리를 수업권이라고 한다면, 이것은 교원의 지위에서 생기는 학생에 대한 일차적인 교육상의 직무권한이지만 어디까지나 학생의 학습권 실현을 위하여 인정되는 것이므로, 학생의 학습권은 교원의 수업권에 대하여 우월한 지위에 있다. 특히, 교원의 수업거부행위는 학생의 학습권과 정면으로 상충하는 것이바, 교육의 계속성 유지의 중요성과 교육의 공공성에 비추어 보거나 학생·학부모 등 다른 교육당사자들의 이익과 교량해 볼 때 교원이 고의로 수업을 거부할 자유는 어떠한 경우에도 인정되지 아니하며, 교원은 계획된 수업을 지속적으로 성실히 이행할 의무가 있다(대법원 2007.9.20. 2005다25298).

③ (○) 종립학교가 특정 종교의 교리를 전파하는 종파적인 종교행사와 종교과목 수업을 실시하면서 참가 거부가 사실상 불가능한 분위기를 조성하는 등 신앙을 갖지 않거나 학교와 다른 신앙을 가진 학생들의 기본권을 고려하지 않은 것은, 학생의 종교에 관한 인격적 법익을 침해하는 위법한 행위이고, 그로 인하여 인격적 법익을 침해받는 학생이 있을 것임이 충분히 예견 가능하고 그 침해가 회피 가능하므로 과실 역시 인정된다(대법원 2010.4.22. 2008다38288).

④ (○) 흡연권은 사생활의 자유를 실질적 핵으로 하는 것이고 혐연권은 사생활의 자유뿐만 아니라 생명권에까지 연결되는 것이므로 혐연권이 흡연권보다 상위의 기본권이다. 상하의 위계질서가 있는 기본권끼리 충돌하는 경우에는 상위기본권우선의 원칙에 따라 하위기본권이 제한될 수 있으므로, 흡연권은 혐연권을 침해하지 않는 한에서 인정되어야 한다(헌재 2004.8.26. 2003헌마457).

⑤ (×) 사적자치의 원칙은 헌법 제10조의 행복추구권 속에 함축된 일반적 행동자유권에서 파생된 것으로서 헌법 제119조 제1항의 자유시장 경제질서의 기초이자 우리 헌법상의 원리이고, 계약자유의 원칙은 사적자치권의 기본원칙으로서 이러한 사적자치의 원칙이 법률행위의 영역에서 나타난 것이므로, 채권자의 재산권과 채무자 및 수익자의 일반적 행동의 자유권 중 어느 하나를 상위기본권이라고 할 수는 없을 것이고, 채권자의 재산권과 수익자의 재산권 사이에서도 어느 쪽이 우월하다고 할 수는 없을 것이기 때문이다(헌재 2007.10.25. 2005헌바96).

[2017년 법무사] ⑤

다음 중 기본권의 갈등(경합과 충돌)에 대한 설명으로 옳은 것은? (다툼이 있는 경우 판례에 의함)

① 공무담임권과 직업의 자유가 경합하는 경우 특별기본권인 직업의 자유의 침해 여부만 심사하면 된다.

② 사생활의 비밀과 통신의 비밀이 경합하는 경우 특별한 기본권인 사생활의 비밀의 침해 여부를 심사하면 된다.

③ 교사의 수업권과 학생의 수학권이 충돌하는 경우 수업권을 내세워 수학권을 침해할 수 없다.

④ 친양자 입양은 친생부모의 기본권과 친양자가 될 자의 기본권이 서로 대립·충돌하는 관계라고 볼 수 없다.

⑤ 흡연자의 흡연권과 비흡연자의 혐연권이 충돌하는 경우 이 두 기본권은 각기 독자성을 갖는 기본권이므로 양자는 대등한 효력을 갖는다.

① (×) 공무담임권은 국가 등에게 능력주의를 존중하는 공정한 공직자선발을 요구할 수 있는 권리라는 점에서 직업선택의 자유보다는 그 기본권의 효과가 현실적·구체적이므로, 공직을 직업으로 선택하는 경우에 있어서 직업선택의 자유는 공무담임권을 통해서 그 기본권보호를 받게 된다고 할 수 있으므로 공무담임권을 침해하는지 여부를 심사하는 이상 이와 별도로 직업선택의 자유 침해 여부를 심사할 필요는 없다(헌재 2006.3.30. 2005헌마598).

② (×) 청구인은 수사기관의 통신사실 확인자료 제공요청은 통신의 자유를 제한함과 동시에 사생활의 비밀과 자유도 제한한다는 취지로 주장한다. 다만, 사생활의 비밀과 자유에 포섭될 수 있는 사적 영역에 속하는 통신의 자유를 헌법이 제18조에서 별도의 기본권으로 보장하고 있는 취지에 비추어 볼 때, 이 사건 요청조항이 청구인의 통신의 자유를 침해하는지를 판단하는 이상 사생활의 비밀과 자유 침해 여부에 관하여는 별도로 판단하지 아니한다(헌재 2018.6.28. 2012헌마538; 헌재 2010.12.28. 2009헌가30). 제청법원은 그 밖에 이 사건 법률조항이 사생활의 비밀을 침해한다고도 주장하지만, 이 사건 법률조항은 사생활의 비밀의 특별한 영역으로 헌법이 개별적인 기본권으로 보호하는 통신의 비밀을 제한하고 있다는 점에서 별도로 사생활의 비밀을 침해하는지 여부를 검토할 필요는 없다(헌재 2001.3.21. 2000헌바25).

③ (○) 교사의 수업권은 교사의 지위에서 생겨나는 직권인데, 그것이 헌법상 보장되는 기본권이라고 할 수 있느냐에 대하여서는 이를 부정적으로 보는 견해가 많으며, 설사 헌법상 보장되고 있는 학문의 자유 또는 교육을 받을 권리의 규정에서 교사의 수업권이 파생되는 것으로 해석하여 기본권에 준하는 것으로 간주하더라도 수업권을 내세워 수학권을 침해할 수는 없으며 국민의 수학권의 보장을 위하여 교사의 수업권은 일정범위 내에서 제약을 받을 수밖에 없는 것이다(헌재 1992.11.12. 89헌마88).

④ (×) 친양자 입양으로 인해 친생부모와 그 자 사이의 친족관계는 완전히 종료된다는 점에서 이는 친생부모의 기본권에 제한을 초래하게 된다. 즉 친양자가 될 자의 헌법 제36조 제1항 및 헌법 제10조에 의한 가족생활에서의 기본권을 보장하기 위해 친생부모의 동의를 무시하고 친양자 입양을 성립시키는 경우에는 친생부모의 기본권이 제한되게 되고, 친생부모의 친족관계유지에 대한 기본권을 보장하기 위해 친생부모가 동의하지 않는 이상 무조건 친양자의 입양이 성립되지 않는다고 보는 경우에는 친양자가 될 자의 기본권이 제한될 가능성이 발생한다. 결국 친양자 입양은 친생부모의 기본권과 친양자가 될 자의 기본권이 서로 대립·충돌하는 관계라고 볼 수 있다. 그리고 이들 기본권은 공히 가족생활에 대한 기본권으로서 그 서열이나 법익의 형량을 통하여 어느 한쪽의 기본권을 일방적으로 우선시키고 다른 쪽을 후퇴시키는 것은 부적절하다(헌재 2012.5.31. 2010헌바87).

⑤ (×) 흡연권은 사생활의 자유를 실질적 핵으로 하는 것이고 혐연권은 사생활의 자유뿐만 아니라 생명권에까지 연결되는 것이므로 혐연권이 흡연권보다 상위의 기본권이다. 상하의 위계질서가 있는 기본권끼리 충돌하는 경우에는 상위기본권우선의 원칙에 따라 하위기본권이 제한될 수 있으므로, 흡연권은 혐연권을 침해하지 않는 한에서 인정되어야 한다(헌재 2004.8.26. 2003헌마457). [2017년 국회 9급] ③

다음 중 기본권 충돌에 관한 설명으로 가장 옳지 않은 것은? (다툼이 있는 경우 판례에 의함)

① 상이한 복수의 기본권 주체를 전제로 한다.

② 충돌하는 기본권이 반드시 상이한 기본권이어야 하는 것은 아니다.

③ 상하의 위계질서가 있는 기본권끼리 충돌하는 경우에는 상위 기본권 우선의 원칙에 따라 하위 기본권이 제한될 수 있다.

④ 노동조합의 적극적 단결권은 근로자 개인의 단결하지 않을 자유보다 중시된다고 할 수 없어, 노동조합에 적극적 단결권(조직강제권)을 부여하는 것은 근로자의 단결하지 아니할 자유의 본질적인 내용을 침해한다.

① (○) 기본권의 충돌이란 상이한 복수의 기본권주체가 서로의 권익을 실현하기 위해 하나의 동일한 사건에서 국가에 대하여 서로 대립되는 기본권의 적용을 주장하는 경우를 말하는데, 한 기본권주체의 기본권행사가 다른 기본권주체의 기본권행사를 제한 또는 희생시킨다는 데 그 특징이 있다(헌재 2005.11.24. 2002헌바95).
② (○) 기본권의 충돌에서 대립되는 기본권이 동일한 기본권도 충돌할 수도 있으며, 반드시 상이한 기본권이어야 하는 것은 아니다.
③ (○) 상하의 위계질서가 있는 기본권끼리 충돌하는 경우에는 상위기본권우선의 원칙에 따라 하위기본권이 제한될 수 있으므로, 흡연권은 혐연권을 침해하지 않는 한에서 인정되어야 한다(헌재 2004.8.26. 2003헌마457).
④ (×) 근로자의 단결하지 아니할 자유와 노동조합의 적극적 단결권(조직강제권)이 충돌하게 되나, 근로자에게 보장되는 적극적 단결권이 단결하지 아니할 자유보다 특별한 의미를 갖고 있고, 노동조합의 조직강제권도 이른바 자유권을 수정하는 의미의 생존권(사회권)적 성격을 함께 가지는 만큼 근로자 개인의 자유권에 비하여 보다 특별한 가치로 보장되는 점 등을 고려하면, 노동조합의 적극적 단결권은 근로자 개인의 단결하지 않을 자유보다 중시된다고 할 것이고, 또 노동조합에게 위와 같은 조직강제권을 부여한다고 하여 이를 근로자의 단결하지 아니할 자유의 본질적인 내용을 침해하는 것으로 단정할 수는 없다(헌재 2005.11.24. 2002헌바95). [2022년 해경간부] ④

기본권경합에 대한 헌법재판소 결정으로 옳은 것은?

① 수용자가 작성한 집필문의 외부반출을 불허하고 이를 영치할 수 있도록 한 것은 수용자의 통신의 자유와 표현의 자유를 제한한다.
② 종교단체가 양로시설을 설치하고자 하는 경우 신고하도록 의무를 부담시키는 것은 종교단체의 종교의 자유와 인간다운 생활을 할 권리를 제한한다.
③ 일반음식점 영업소에 음식점 시설 전체를 금연구역으로 지정하여 운영하여야 할 의무를 부담시키는 것은 음식점 운영자의 직업수행의 자유와 음식점 시설에 대한 재산권을 제한한다.
④ 형제·자매에게 가족관계등록부 등의 기록사항에 관한 증명서 교부청구권을 부여하는 것은 본인의 개인정보자기결정권을 제한하는 것으로 개인정보자기결정권 침해 여부를 판단한 이상 인간의 존엄과 가치 및 행복추구권, 사생활의 비밀과 자유는 판단하지 않는다.

① (×) 심판대상조항은 집필문을 창작하거나 표현하는 것을 금지하거나 이에 대한 허가를 요구하는 조항이 아니라 이미 표현된 집필문을 외부의 특정한 상대방에게 발송할 수 있는지 여부에 대해 규율하는 것이므로, 제한되는 기본권은 헌법 제18조에서 정하고 있는 통신의 자유로 봄이 상당하다. 따라서 심판대상조항이 사전검열에 해당한다는 청구인의 주장에 대해서는 판단하지 아니하고, 통신의 자유 침해 여부에 대해서만 판단한다(헌재 2016.5.26. 2013헌바98).
② (×) 종교인 또는 종교단체가 사회취약계층이나 빈곤층을 위해 양로시설과 같이 사회복지시설을 마련하여 선교행위를 하는 것은 오랜 전통으로 확립된 선교행위의 방법이며, 사회적 약자를 위한 시설을 지어 도움을 주는 것은 종교의 본질과 관련이 있다. 따라서 심판대상조항에 의하여 신고의 대상이 되는 양로시설에 종교단체가 운영하는 양로시설을 제외하지 않는 것은 자유로운 양로시설 운영을 통한 선교의 자유, 즉 종교의 자유 제한의 문제를 불러온다. 심판대상조항은 종교단체에서 운영하는 양로시설도 일정규모 이상의 경우 신고하도록

한 규정일 뿐, 거주이전의 자유나 인간다운 생활을 할 권리의 제한을 불러온다고 볼 수 없으므로 이에 대해서는 별도로 판단하지 아니한다(헌재 2016.6.30. 2015헌바46).

③ (×) 청구인은 심판대상조항에 따라 음식점 시설 전체를 금연구역으로 지정하여 운영하여야 할 의무를 부담하게 되었으니, 음식점의 개설·영업행위 자체가 금지되는 것은 아니다. 심판대상조항은 청구인이 선택한 직업을 영위하는 방식과 조건을 규율하고 있으므로 청구인의 직업수행의 자유를 제한한다. 한편, 심판대상조항은 청구인으로 하여금 음식점 시설과 그 내부 장비 등을 철거하거나 변경하도록 강제하는 내용이 아니므로, 이로 인하여 청구인의 음식점 시설 등에 대한 권리가 제한되어 재산권이 침해되는 것은 아니다(헌재 2013.6.27. 2011헌마315; 헌재 2016.6.30. 2015헌마813).

④ (○) 개인의 출생, 인지, 입양, 파양, 혼인, 이혼, 사망 등의 신고를 통해 작성되고 보관·관리되는 개인정보가 수록된 각종 증명서를 본인의 동의 없이도 형제자매가 발급받을 수 있도록 하는 것은 개인정보자기결정권을 제한하는 것이다. 청구인은 이 사건 법률조항에 의하여 인간의 존엄과 가치 및 행복추구권, 사생활의 비밀과 자유가 침해된다고 주장하나, 위 기본권들은 모두 개인정보자기결정권의 헌법적 근거로 거론되는 것으로서 청구인의 개인정보에 대한 공개와 이용이 문제되는 이 사건에서 개인정보자기결정권 침해 여부를 판단하는 이상 별도로 판단하지 않는다(헌재 2016.6.30. 2015헌마924). [2016년 국가 7급] ④

기본권의 충돌과 경합에 관한 설명 중 옳고 그름의 표시(○, ×)가 바르게 된 것은? (다툼이 있는 경우 판례에 의함)

> ㉠ 어떤 법령이 직업의 자유와 행복추구권 양자를 제한하는 외관을 띠는 경우 두 기본권의 경합 문제가 발생하는데, 보호영역으로서 '직업'이 문제될 때 직업의 자유는 행복추구권과의 관계에서 특별기본권의 지위를 가지므로, 행복추구권의 침해 여부에 대한 심사는 배제된다.
> ㉡ 흡연권과 혐연권은 서로 상하의 위계질서가 있는 기본권끼리 충돌하는 경우라고 보아 상위 기본권 우선의 원칙에 따라 하위 기본권이 제한될 수 있다.
> ㉢ 반론권과 보도기관의 언론의 자유가 충돌하는 경우에는 헌법의 통일성을 유지하기 위하여 기본권 모두가 최대한으로 그 기능과 효력을 발휘할 수 있도록 하는 조화로운 방법이 모색되어야 한다.
> ㉣ 노동조합의 조직유지·강화를 위하여 당해 사업장에 종사하는 근로자의 3분의 2 이상을 대표하는 노동조합의 경우 단체협약을 매개로 한 조직강제를 용인하는 법률조항은 근로자의 적극적 단결권을 근로자의 단결하지 아니할 자유보다 중시하는 것이다.

① ㉠(×), ㉡(○), ㉢(×), ㉣(○)
② ㉠(×), ㉡(×), ㉢(○), ㉣(○)
③ ㉠(○), ㉡(○), ㉢(○), ㉣(○)
④ ㉠(○), ㉡(○), ㉢(○), ㉣(×)
⑤ ㉠(○), ㉡(×), ㉢(○), ㉣(×)

㉠ (○) 어떠한 법령이 수범자의 직업의 자유와 행복추구권 양자를 제한하는 외관을 띠는 경우 두 기본권의 경합 문제가 발생하는데, 보호영역으로서 직업이 문제되는 경우 직업의 자유와 행복추구권은 서로 특별관계에 있어 기본권의 내용상 특별성을 갖는 직업의 자유의 침해 여부가 우선하므로, 행복추구권 관련 위헌 여부의 심사는 배제된다(헌재 2003.9.25. 2002헌마519).

㉡ (○) 흡연권은 사생활의 자유를 실질적 핵으로 하는 것이고 혐연권은 사생활의 자유뿐만 아니라 생명권에까지 연결되는 것이므로 혐연권이 흡연권보다 상위의 기본권이다. 상하의 위계질서가 있는 기본권끼리 충돌하는 경우에는 상위기본권우선의 원칙에 따라 하위기본권이 제한될 수 있으므로, 흡연권은 혐연권을 침해하지 않는 한에서 인정되어야 한다. 흡연은 국민의 건강을 해치고 공기를 오염시켜 환경을 해친다는 점에서 국민 공동의 공공복리에 관계되므로, 공공복리를 위하여 개인의 자유와 권리를 제한할 수 있도록 한 헌법 제37조 제2항에 따라 흡연행위를 법률로써 제한할 수 있다(헌재 2004.8.26. 2003헌마457).

㉢ (○) 두 기본권이 서로 충돌하는 경우에는 헌법의 통일성을 유지하기 위하여 상충하는 기본권 모두가 최대한으로 그 기능과 효력을 나타낼 수 있도록 하는 조화로운 방법이 모색되어야 할 것이고, 결국은 이 법에 규정한 정정보도청구제도가 과잉금지의 원칙에 따라 그 목적이 정당한 것인가 그러한 목적을 달성하기 위하여 마련된 수단 또한 언론의 자유를 제한하는 정도가 인격권과의 사이에 적정한 비례를 유지하는 것인가의 여부가 문제된다(헌재 1991.9.16. 89헌마165).

㉣ (○) 노동조합의 조직강제권도 이른바 자유권을 수정하는 의미의 생존권(사회권)적 성격을 함께 가지는 만큼 근로자 개인의 자유권에 비하여 보다 특별한 가치로 보장되는 점 등을 고려하면, 노동조합의 적극적 단결권은 근로자 개인의 단결하지 않을 자유보다 중시된다고 할 것이고, 또 노동조합에게 조직강제권을 부여한다고 하여 이를 근로자의 단결하지 아니할 자유의 본질적인 내용을 침해하는 것으로 단정할 수는 없다(헌재 2005.11.24. 2002헌바95). [2015년 국회 8급] ③

제5절 기본권 제한 및 한계

기본권 제한에 관한 다음 설명 중 가장 옳은 것은? (다툼이 있는 경우 대법원 판례 및 헌법재판소 결정에 의함)

① 특정 범죄자에 대한 보호관찰 및 전자장치 부착 등에 관한 법률에 의한 전자장치 부착기간 동안 다른 범죄를 저질러 구금된 경우, 그 구금기간이 부착기간에 포함되지 않는 것으로 규정한 위 법률 조항은 과잉금지원칙에 위배되어 사생활의 비밀과 자유, 개인정보자기결정권을 침해한다.

② 법무부장관이 성폭력범죄의 처벌 등에 관한 특례법위반(카메라 등 이용촬영, 카메라 등 이용촬영미수)죄로 유죄판결이 확정됨에 따른 신상정보 등록대상자의 등록정보를 최초 등록일부터 20년간 보존·관리하도록 한 성폭력범죄의 처벌 등에 관한 특례법 조항은 과잉금지원칙을 위반하여 개인정보자기결정권을 침해하지 않는다.

③ 이른바 '강제적 셧다운제'를 규정한 청소년보호법 조항은 각종 게임 중 인터넷게임만을 적용 대상으로 하고 있는바, 인터넷을 이용하지 않는 다른 게임 및 모바일기기를 이용한 인터넷게임과 비교하여 차별에 합리적 이유가 있으므로 인터넷게임 제공자들의 평등권을 침해하지 않는다.

④ 피청구인인 부산구치소장이 청구인이 미결수용자 신분으로 구치소에 수용되었던 기간 중 교정시설 안에서 매주 실시하는 종교집회 참석을 제한한 행위는 과잉금지원칙을 위반하여 종교의 자유 중 종교적 집회·결사의 자유를 침해한 것이 아니다.

⑤ 어린이집에 폐쇄회로 텔레비전(CCTV : Closed Circuit Television)을 원칙적으로 설치하도록 정한 영유아보육법조항은 과잉금지원칙을 위반하여 어린이집 보육교사의 사생활의 비밀과 자유 등을 침해한다.

① (×) 심판대상 법률조항은 전자장치 부착명령을 집행할 수 없는 기간 동안 집행을 정지하고 다시 집행이 가능해졌을 때 잔여기간을 집행함으로써 재범방지 및 재사회화라는 전자장치부착의 목적을 달성하기 위한 것으로서 입법목적의 정당성 및 수단의 적절성이 인정되며, 부착명령

집행이 불가능한 기간 동안 집행을 정지하는 것 이외에 덜 침해적인 수단이 있다고 보기도 어렵다. 또한 특정범죄자의 재범방지 및 재사회화라는 공익을 고려하면, 침해되는 사익이 더 크다고 볼 수 없어 법익균형성도 인정되므로, 심판대상 법률조항은 과잉금지원칙에 위배되지 아니한다(헌재 2013.7.25. 2011헌마781).

② (×) 성범죄의 재범을 억제하고 수사의 효율성을 제고하기 위하여, 법무부장관이 등록대상자의 재범 위험성이 상존하는 20년 동안 그의 신상정보를 보존·관리하는 것은 정당한 목적을 위한 적합한 수단이다. 그런데 재범의 위험성은 등록대상 성범죄의 종류, 등록대상자의 특성에 따라 다르게 나타날 수 있고, 입법자는 이에 따라 등록기간을 차등화함으로써 등록대상자의 개인정보자기결정권에 대한 제한을 최소화하는 것이 바람직함에도, 이 사건 관리조항은 모든 등록대상 성범죄자에 대하여 일률적으로 20년의 등록기간을 적용하고 있으며, 이 사건 관리조항에 따라 등록기간이 정해지고 나면, 등록의무를 면하거나 등록기간을 단축하기 위해 심사를 받을 수 있는 여지도 없으므로 지나치게 가혹하다. 그리고 이 사건 관리조항이 추구하는 공익이 중요하더라도, 모든 등록대상자에게 20년 동안 신상정보를 등록하게 하고 위 기간 동안 각종 의무를 부과하는 것은 비교적 경미한 등록대상 성범죄를 저지르고 재범의 위험성도 많지 않은 자들에 대해서는 달성되는 공익과 침해되는 사익 사이의 불균형이 발생할 수 있으므로 이 사건 관리조항은 개인정보자기결정권을 침해한다(헌재 2015.7.30. 2014헌마340).

③ (○) 인터넷게임은 주로 동시 접속자와의 상호교류를 통한 게임 방식을 취하고 있어 중독성이 강한 편이고, 정보통신망서비스가 제공되는 곳이면 언제나 쉽게 접속하여 장시간 이용으로 이어질 가능성이 크다는 점에서, 다른 게임과 달리 인터넷게임에 대해서만 강제적 셧다운제를 적용하는 것에는 합리적 이유가 있다. 또한 전기통신사업법에 따라 부가통신사업자로 신고하고 게임법상 등급분류를 받아 정상적인 방법으로 제공되는 인터넷게임물에 대해서는 그 제공업체가 국내 업체인지 해외 업체인지를 불문하고 강제적 셧다운제가 적용되므로, 일부 해외 서버를 통해 불법 유통되고 있는 게임물에 대하여 적용되지 않는다는 사실만으로 해외 업체에 비하여 국내 업체만을 차별취급한다고 볼 수는 없다. 따라서 이러한 현상을 가지고 이 사건 금지조항이 해외 업체에 비하여 국내 업체에 대한 차별적 결과를 야기한다고 할 수는 없으므로 이를 이유로 청구인들의 평등권이 침해된다고 할 수 없다. 그러므로 이 사건 금지조항은 청구인들의 평등권을 침해하지 않는다(헌재 2014.4.24. 2011헌마659).

④ (×) 피청구인은 출력수(작업에 종사하는 수형자)를 대상으로 원칙적으로 월 3~4회의 종교집회를 실시하는 반면, 미결수용자와 미지정 수형자에 대해서는 원칙적으로 매월 1회, 그것도 공간의 협소함과 관리 인력의 부족을 이유로 수용동별로 돌아가며 종교집회를 실시하여 실제 연간 1회 정도의 종교집회 참석 기회를 부여하고 있다. 이는 미결수용자 및 미지정 수형자의 구금기간을 고려하면 사실상 종교집회 참석 기회가 거의 보장되지 않는 결과를 초래할 수도 있다. 나아가 피청구인은 현재의 시설 여건 하에서도 종교집회의 실시 횟수를 출력수와 출력수 외의 수용자의 종교의 자유를 보장하는 범위 내에서 적절히 배분하는 방법, 공범이나 동일사건 관련자가 있는 경우에 한하여 이를 분리하여 종교집회 참석을 허용하는 방법, 미지정 수형자의 경우 추가사건의 공범이나 동일사건 관련자가 없는 때에는 출력수와 함께 종교집회를 실시하는 등의 방법으로 청구인의 기본권을 덜 침해하는 수단이 있음에도 불구하고 이를 전혀 고려하지 아니하였다. 따라서 이 사건 종교집회 참석 제한 처우는 부산구치소의 열악한 시설을 감안하더라도 과잉금지원칙을 위반하여 청구인의 종교의 자유를 침해한 것이다(헌재 2014.6.26. 2012헌마782).

⑤ (×) 법 제15조의4 제1항 제1호는 보호자 전원이 반대하지 않는 한 어린이집에 의무적으로 CCTV를 설치하도록 정하고 있으므로, 어린이집 설치·운영자의 직업수행의 자유, 어린이집 보육교사(원장 포함) 및 영유아의 사생활의 비밀과 자유, 부모의 자녀교육권을 제한한다. 이는 어린이집 안전사고와 보육교사 등에 의한 아동학대를 방지하기 위한 것으로, CCTV 설치 그 자체만으로도 안전사고 예방이나 아동학대 방지 효과가 있으므로 입법목적이 정당하고 수단의 적합성이 인정된다. 어린이집 보육대상은 0세부터 6세 미만의 영유아로 어린이집에서의 아동학대 방지 및 적발을 위해서 CCTV 설치를 대체할 만한 수단은 상정하기 어렵다. 법은 CCTV 외에 네트워크 카메라 설치는 원칙적으로 금지하고, 녹음기능 사용금지(법 제15조의5 제2항 제2호 중 “녹음기능을 사용하거나” 부분) 등으로 관련 기본권 침해를 최소화하기 위한 조치를 마련하고 있으며, 보호자 전원이 CCTV 설치에 반대하는 경우에는 CCTV를 설치하지 않을 수 있는 가능성을 열어두고 있으므로 이 조항은 침해의 최소성에 반하지 아니한다. 영유아 보육을 위탁받아 행하는 어린이집에서의 아동학대 근절과 보육환경의 안전성 확보는 단순히 보호자의 불안을 해소하는 차원을 넘어 사회적·국가적 차원에서도 보호할 필요가 있는 중대한 공익이다. 이 조항으로 보육교사 등의 기본권에 가해지는 제약이 위와 같은 공익에 비하여 크다고 보기 어려우므로 법익의 균형성도 인정된다. 따라서 법 제15조의4 제1항 제1호 및 제15조의5 제2항 제2호 중 “녹음기능을 사용하거나” 부분은 과잉금지원칙을 위반하여 청구인들의 기본권을 침해하지 않는다(헌재 2017.12.28. 2015헌마994). [2019년 법원 5급] ③

기본권 제한에 관한 설명으로 가장 적절하지 않은 것은? (다툼이 있는 경우 판례에 의함)

① 긴급재정경제명령은 평상시의 헌법 질서에 따른 권력행사방법으로서는 대처할 수 없는 재정·경제상의 국가위기 상황에 처하여 이를 극복하기 위하여 발동되는 비상입법조치라는 속성상 기본권제한의 한계로서의 과잉금지원칙의 준수가 요구되지 않는다.

② 「국가공무원법」 제66조 제1항 본문 중 '그 밖에 공무 외의 일을 위한 집단행위' 부분은 '공익에 반하는 목적을 위하여 직무전념 의무를 해태하는 등의 영향을 가져오는 집단적 행위' 라고 한정하여 해석하는 한 명확성 원칙에 위반되지 않는다.

③ 교도소의 안전 및 질서유지를 위하여 행해지는 규율과 징계로 인한 수용자의 기본권의 제한도 다른 방법으로는 그 목적을 달성할 수 없는 경우에만 예외적으로 허용되어야 한다.

④ 사회복무요원의 정치적 행위를 금지하는 「병역법」 제33조 제2항 본문 제2호 중 '그 밖의 정치단체에 가입하는 등 정치적 목적을 지닌 행위'에 관한 부분은 과잉금지원칙에 위배되어 사회복무요원인 청구인의 정치적 표현의 자유 및 결사의 자유를 침해한다.

① (×) 긴급재정경제명령이 헌법 제76조 소정의 요건과 한계에 부합하는 것이라면 그 자체로 목적의 정당성, 수단의 적정성, 피해의 최소성, 법익의 균형성이라는 기본권제한의 한계로서의 과잉금지원칙을 준수하는 것이 된다(헌재 1996.2.29. 93헌마186).

② (○) 사건 심판대상조항의 공무 외의 일을 위한 집단 행위는 공익에 반하는 목적을 위하여 직무전념의무를 해태하는 등의 영향을 가져오거나 공무에 대한 국민의 신뢰에 손상을 가져올 수 있는 공무원 다수의 결집된 행위를 말하는 것으로 한정 해석되므로 명확성원칙에 위반되지 않는다(헌재 2014.8.28. 2011헌바50).

③ (○) 수용시설 내의 질서 및 안전 유지를 위하여 행해지는 규율과 징계를 통한 기본권의 제한은 단지 공동생활의 유지를 위하여 수용자에게 구금과는 별도로 부가적으로 가해지는 고통으로서 다른 방법으로는 그 목적을 달성할 수 없는 경우에만 예외적으로 허용되어야 할 것이다(헌재 2005.2.24. 2003헌마289).

④ (○) 사건 법률조항 중 '그 밖의 정치단체에 가입하는 등 정치적 목적을 지닌 행위'에 관한 부분은 명확성의 원칙 및 과잉금지원칙에 위배되어 청구인의 정치적 표현의 자유 및 결사의 자유를 침해한다(헌재 2021.11.25. 2019헌마534). [2023년 경찰공채 8월] ①

코로나19 팬데믹 상황에서의 기본권 제한에 관한 설명으로 가장 적절하지 않은 것은? (다툼이 있는 경우 판례에 의함)

① 감염병의 유행은 일률적이고 광범위한 기본권 제한을 허용하는 면죄부가 될 수 없고, 감염병의 확산으로 인하여 의료자원이 부족할 수도 있다는 막연한 우려를 이유로 확진환자 등의 국가시험응시를 일률적으로 금지하는 것은 직업선택의 자유를 과도하게 제한한 것이다.

② 고위험자의 정의나 판단기준을 정하고 있지 않다고 하더라도, 시험장 출입 시 또는 시험 중에 37.5도 이상의 발열이나 기침 또는 호흡곤란 등의 호흡기 증상이 있는 응시자 중 국가시험 주관부서의 판단에 따른 고위험자를 의료기관에 일률적으로 이송하도록 하는 것은 피해의 최소성을 충족한다.

③ 「감염병예방법」에 근거한 집합제한 조치로 인하여 일반음식점 영업이 제한되어 영업이익

이 감소되었다고 하더라도, 일반음식점 운영자가 소유하는 영업시설·장비 등에 대한 구체적인 사용·수익 및 처분권한을 제한받는 것은 아니므로, 보상규정의 부재가 일반음식점 운영자의 재산권을 제한한다고 볼 수 없다.

④ 코로나19 팬데믹 사태로 약사가 환자에게 의약품을 교부함에 있어 그 교부방식을 환자와 약사가 협의하여 결정할 수 있도록 한시적 예외를 인정하였다고 해도 의약품의 판매장소를 약국 내로 제한하는 것은 국민의 건강과 직접 관련된 보건의료 분야라는 점을 고려할 때, 과잉금지원칙을 위반하여 약국개설자의 직업수행의 자유를 침해한다고 볼 수 없다.

① (○) 감염병의 유행은 일률적이고 광범위한 기본권 제한을 허용하는 면죄부가 될 수 없고, 감염병의 확산으로 인하여 의료자원이 부족할 수도 있다는 막연한 우려를 이유로 확진환자 등의 응시를 일률적으로 금지하는 것은 청구인들의 기본권을 과도하게 제한한 것이라고 볼 수밖에 없다. 확진환자가 시험장 이외에 의료기관이나 생활치료센터 등 입원치료를 받거나 격리 중인 곳에서 시험을 치를 수 있도록 한다면 감염병 확산 방지라는 목적을 동일하게 달성하면서도 확진환자의 시험 응시 기회를 보장할 수 있다. 따라서 이 사건 알림 중 코로나19 확진환자의 시험 응시를 금지한 부분은 청구인들의 직업선택의 자유를 침해한다(헌재 2023.2.23. 2020헌마1736).

② (×) 고위험자 이송은 시험장 출입 시 또는 시험 중에 37.5도 이상의 발열이나 기침 또는 호흡곤란 등의 호흡기 증상이 있는 응시자 중 고위험자를 의료기관에 이송하도록 하면서도 고위험자의 정의나 판단기준을 정하고 있지 않다. 따라서 고위험자의 분류 및 이송이 반드시 감염병 확산 방지와 적정한 시험 운영 및 관리를 위하여 필요한 범위 내에서 최소한으로만 이루어질 것이 보장된다고 볼 수 없다. 따라서 피청구인 측의 판단에 따라 '고위험자'를 일률적으로 의료기관에 이송하도록 한 이 사건 고위험자 이송은 피해의 최소성을 충족하지 못한다. 따라서 이 사건 알림 중 고위험자를 의료기관에 이송하도록 한 부분은 청구인들의 직업선택의 자유를 침해한다(헌재 2023.2.23. 2020헌마1736).

③ (○) 감염병예방법 제49조 제1항 제2호에 근거한 집합제한 조치로 인하여 청구인들의 일반음식점 영업이 제한되어 영업이익이 감소되었다 하더라도, 청구인들이 소유하는 영업 시설·장비 등에 대한 구체적인 사용·수익 및 처분권한을 제한받는 것은 아니므로, 보상규정의 부재가 청구인들의 재산권을 제한한다고 볼 수 없다(헌재 2023.6.29. 2020헌마1669).

④ (○) 최근 코로나19 팬데믹(pandemic) 사태로 인하여 보건복지부 고시로 의사·환자 간 비대면 진료·처방이 한시적으로 허용되고, 약사가 환자에게 의약품을 교부함에 있어 그 교부방식을 환자와 약사가 협의하여 결정할 수 있도록 한시적 예외가 인정되었지만, 의약품 판매는 국민의 건강과 직접 관련된 보건의료 분야라는 점을 고려할 때 선례조항이 의약품의 판매장소를 약국으로 제한하는 것은 여전히 불가피한 측면이 있다. 따라서 선례조항은 과잉금지원칙을 위반하여 약국개설자의 직업수행의 자유를 침해한다고 볼 수 없다(헌재 2023.3.23. 2021헌바400).

[2023년 경찰경채] ②

기본권 제한에 대한 설명으로 옳지 않은 것은?

① 도로를 차단하고 불특정 다수인을 상대로 실시하는 일제단속식 음주단속은 그 자체로는 도로교통법에 근거를 둔 적법한 경찰 작용이다.

② 음주운전 금지규정 위반 또는 음주측정거부 전력을 가중요건으로 삼으면서 해당 전력과 관련하여 아무런 시간적 제한도 두지 않은 채 뒤에 행해진 음주운전 금지규정 위반행위를 가중처벌하는 것은 책임에 비해 과도한 형벌을 규정한 것이다.

③ 음주운전의 경우 운전의 개념에 '도로 외의 곳'을 포함하도록 한 도로교통법 조항은 건전한 일반상식을 가진 사람에 의하여 일의적으로 파악되기 어려우므로 죄형법정주의의 명확성

원칙에 위배된다.

④ 음주측정거부자에 대해 필요적으로 면허를 취소할 것을 규정한 도로교통법 조항은 재산권, 직업선택의 자유, 행복추구권 또는 양심의 자유에 대한 과도한 제한에 해당하지 않는다.

① (○) 음주운전으로 인한 피해를 예방하여야 하는 공익은 대단히 중대하며, 그러한 단속방식이 그 공익을 보호함에 효율적인 수단임에 반하여, 일제단속식 음주단속으로 인하여 받는 국민의 불이익은 비교적 경미하다. 따라서 도로를 차단하고 불특정 다수인을 상대로 실시하는 일제단속식 음주단속은 그 자체로는 도로교통법 제41조 제2항 전단에 근거를 둔 적법한 경찰작용이다. 심판대상행위로 인한 청구인의 기본권 침해는 인정될 수 없다(헌재 2004.1.29. 2002헌마293).

② (○) 심판대상조항은 음주운전 금지규정 위반 또는 음주측정거부 전력을 가중요건으로 삼으면서 해당 전력과 관련하여 형의 선고나 유죄의 확정판결을 받을 것을 요구하지 않는데다 아무런 시간적 제한도 두지 않은 채 뒤에 행해진 음주운전 금지규정 위반행위를 가중처벌하도록 하고 있어, 과거의 위반행위 이후 상당히 오랜 시간이 지나 반규범적 행위나 반복적인 행위 등이라고 평가하기 어려운 음주운전 금지규정 위반행위를 한 사람에 대해서는 책임에 비해 과도한 형벌을 규정하고 있다고 하지 않을 수 없다. 그러므로 심판대상조항은 책임과 형벌 간의 비례원칙에 위반된다(헌재 2022.5.26. 2021헌가30).

③ (×) 심판대상조항에 규정된 '도로 외의 곳'이란 '도로 외의 모든 곳 가운데 자동차 등을 그 본래의 사용방법에 따라 사용할 수 있는 공간'으로 해석할 수 있다. 따라서 심판대상조항이 죄형법정주의의 명확성원칙에 위배된다고 할 수 없다(헌재 2016.2.25. 2015헌가11).

④ (○) 국가와 사회의 질서유지 및 공공복리를 위하여 술에 취한 상태에서의 자동차운전을 효과적으로 단속, 억제할 필요성이 존재함은 두말할 필요가 없다. 이러한 폐단을 방지하기 위하여는 음주측정 거부자에 대한 제재를 불가피하게 무겁게 조치할 수밖에 없는 사정이 존재한다. 또한 음주측정은 음주운전을 단속하기 위한 불가피한 전치적(前置的) 조치라고 인정되므로 경찰관의 음주측정요구에 응하는 것은 법률이 운전자에게 부과한 정당한 의무라고 할 것이고 법률이 부과한 이러한 정당한 의무의 불이행에 대하여 이 정도의 제재를 가하는 것은 양심의 자유나 행복추구권 등에 대한 침해가 될 수 없다. 그렇다면 이 사건 법률조항은 재산권, 직업선택의 자유, 행복추구권 또는 양심의 자유에 대한 과도한 제한에 해당하지 않는다(헌재 2004.12.16. 2003헌바87). [2023년 국가 5급] ③

기본권의 제한에 관한 설명 중 가장 적절하지 않은 것은? (다툼이 있는 경우 판례에 의함)

①「형법」제304조 중 "혼인을 빙자하여 음행의 상습없는 부녀를 기망하여 간음한 자" 부분은 형벌규정을 통하여 추구하고자 하는 목적 자체가 헌법에 의하여 허용되지 않는 것으로서 그 정당성이 인정되지 않는다.

② 배우자 있는 자의 간통행위 및 그와의 상간행위를 2년 이하의 징역에 처하도록 규정한「형법」제241조는 선량한 성풍속 및 일부일처제에 기초한 혼인제도를 보호하고 부부간 정조의무를 지키게 하기 위한 것으로 그 입법목적의 정당성은 인정된다.

③ 운전면허를 받은 사람이 다른 사람의 자동차 등을 훔친 경우에는 운전면허를 필요적으로 취소하도록 한 구「도로교통법」조항 중 '다른 사람의 자동차 등을 훔친 경우' 부분은 다른 사람의 자동차 등을 훔친 범죄행위에 대한 행정적 제재를 강화하여 자동차 등의 운행과정에서 야기될 수 있는 교통상의 위험과 장해를 방지함으로써 안전하고 원활한 교통을 확보하고자 하는 것으로서 그 입법목적이 정당하다.

④「형법」제269조 제1항의 자기낙태죄 조항은 태아의 생명을 보호하기 위한 것으로서 그 입법목적은 정당하지만, 낙태를 방지하기 위하여 임신한 여성의 낙태를 형사처벌하는 것은

이러한 입법 목적을 달성하는 데 적절하고 실효성 있는 수단이라고 할 수 없다.

① (○) 남성의 여성에 대한 유혹의 방법은 남성의 내밀한 성적자기결정권의 영역에 속하는 것이고, 또한 애정행위는 그 속성상 과장이 수반되게 마련이다. 이러한 관점에서 우리 형법이 혼전 성관계를 처벌대상으로 하지 않고 있는 이상, 혼전 성관계의 과정에서 이루어지는 통상적 유도행위 또한 처벌하여서는 아니 된다. 사건 법률조항의 경우 형벌규정을 통하여 추구하고자 하는 목적 자체가 헌법에 의하여 허용되지 않는 것으로서 그 정당성이 인정되지 않는다(헌재 2009.11.26. 2008헌바58).

② (○) 심판대상조항은 선량한 성풍속 및 일부일처제에 기초한 혼인제도를 보호하고 부부간 정조의무를 지키게 하기 위한 것으로 그 입법목적의 정당성은 인정된다. 그러나 심판대상조항은 수단의 적절성 및 침해최소성을 갖추지 못하였고 법익의 균형성도 상실하였으므로, 과잉금지원칙을 위반하여 국민의 성적 자기결정권 및 사생활의 비밀과 자유를 침해하는 것으로 헌법에 위반된다(헌재 2015.2.26. 2009헌바17).

③ (○) 심판대상조항은 다른 사람의 자동차 등을 훔친 범죄행위에 대한 행정적 제재를 강화하여 자동차 등의 운행과정에서 야기될 수 있는 교통상의 위험과 장해를 방지함으로써 안전하고 원활한 교통을 확보하고자 하는 것으로서 그 입법목적이 정당하다. 그러나 자동차 절취행위에 이르게 된 경위, 행위의 태양, 당해 범죄의 경중이나 그 위법성의 정도, 운전자의 형사처벌 여부 등 제반사정을 고려할 여지를 전혀 두지 아니한 채 다른 사람의 자동차 등을 훔친 모든 경우에 필요적으로 운전면허를 취소하는 것은, 그것이 달성하려는 공익의 비중에도 불구하고 운전면허 소지자의 직업의 자유 내지 일반적 행동의 자유를 과도하게 제한하는 것이다. 그러므로 심판대상조항은 직업의 자유 내지 일반적 행동의 자유를 침해한다(헌재 2017.5.25. 2016헌가6).

④ (×) 자기낙태죄 조항은 태아의 생명을 보호하기 위한 것으로서 그 입법목적이 정당하고, 낙태를 방지하기 위하여 임신한 여성의 낙태를 형사처벌하는 것은 이러한 입법목적을 달성하는 데 적합한 수단이다. 그러나 자기낙태죄 조항은 입법목적을 달성하기 위하여 필요한 최소한의 정도를 넘어 임신한 여성의 자기결정권을 제한하고 있어 침해의 최소성을 갖추지 못하고 있으며, 법익균형성의 원칙도 위반하였다고 할 것이므로, 과잉금지원칙을 위반하여 임신한 여성의 자기결정권을 침해하는 위헌적인 규정이다(헌재 2019.4.11. 2017헌바127).

[2022년 경찰공채 3월] ④

기본권 제한에 대한 설명으로 가장 적절하지 않은 것은? (다툼이 있는 경우 헌법재판소 판례에 의함)

① 영상물에 수록된 미성년 피해자 진술에 있어서 원진술자인 미성년 피해자에 대한 피고인의 반대신문권을 실질적으로 배제하여 피고인의 방어권을 과도하게 제한하는 구 「성폭력범죄의 처벌 및 피해자보호 등에 관한 법률」 조항은 피해의 최소성 요건을 갖추지 못하였다.

② '변호인의 피의자신문 참여 운영 지침'상 피의자신문에 참여한 변호인이 피의자 옆에 앉는 경우 피의자 뒤에 앉는 경우보다 수사를 방해할 가능성이나 수사기밀을 유출할 가능성이 높아진다고 볼 수 있으므로, 후방착석요구행위의 목적의 정당성과 수단의 적절성이 인정된다.

③ 「마약류 관리에 관한 법률」을 위반하여 금고 이상의 실형을 선고받고 그 집행이 끝나거나 면제된 날부터 20년이 지나지 아니한 것을 택시운송사업의 운전업무 종사자격의 결격사유 및 취소사유로 정한 구 「여객자동차 운수사업법」 조항은 침해의 최소성 원칙에 위배된다.

④ 임차주택의 양수인이 임대인의 지위를 승계하도록 규정한 구 「주택임대차보호법」 조항은 임차인의 주거생활의 안정을 도모함과 동시에 주민등록이라는 공시기능을 통하여 주택 양수인의 불측의 손해를 예방할 수 있도록 하고 있으므로, 기본권 침해의 최소성 원칙에 반하지 않는다.

① (○) 피고인의 반대신문권을 보장하면서도 미성년 피해자를 보호할 수 있는 조화적인 방법을 상정할 수 있음에도, 영상물의 원진술자인 미성년 피해자에 대한 피고인의 반대신문권을 실질적으로 배제하여 피고인의 방어권을 과도하게 제한하는 심판대상조항은 피해의 최소성 요건을 갖추지 못하였다. 이와 같은 사정을 고려할 때, 심판대상조항으로 달성하고자 하는 공익이 그로 인하여 제한되는 피고인의 사익보다 우월하다거나 중요하다고 쉽게 단정할 수 없으므로, 심판대상조항은 법익의 균형성 요건을 충족하지 못하였다. 심판대상조항은 과잉금지원칙을 위반하여 청구인의 공정한 재판을 받을 권리를 침해한다(헌재 2021.12.23. 2018헌바524).

② (×) 변호인이 피의자신문에 자유롭게 참여할 수 있는 권리는 피의자가 가지는 변호인의 조력을 받을 권리를 실현하는 수단이라고 할 수 있으므로 헌법상 기본권인 변호인의 변호권으로서 보호되어야 한다. 피의자신문에 참여한 변호인이 피의자 옆에 앉는다고 하여 피의자 뒤에 앉는 경우보다 수사를 방해할 가능성이 높아진다거나 수사기밀을 유출할 가능성이 높아진다고 볼 수 없으므로, 이 사건 후방착석요구행위의 목적의 정당성과 수단의 적절성을 인정할 수 없다. 따라서 이 사건 후방착석요구행위는 변호인인 청구인의 변호권을 침해한다(헌재 2017.11.30. 2016헌마503)

③ (○) 택시운송사업 운전업무 종사자의 일반적인 취업 연령이나 취업 실태에 비추어볼 때 실질적으로 해당 직업의 진입 자체를 거의 영구적으로 막는 것에 가까운 효과를 나타내며, 타 운송수단 대비 택시의 특수성을 고려하더라도 지나치게 긴 기간이라 할 수 있다. 심판대상조항은 구체적 사안의 개별성과 특수성을 고려할 수 있는 여지를 일체 배제하고 그 위법의 정도나 비난 가능성의 정도가 미약한 경우까지도 획일적으로 20년이라는 장기간 동안 택시운송사업의 운전업무 종사자격을 제한하는 것이므로 침해의 최소성 원칙에 위배되며, 법익의 균형성 원칙에도 반한다. 따라서 심판대상조항은 청구인들의 직업선택의 자유를 침해한다(헌재 2015.12.23. 2014헌바446).

④ (○) 심판대상조항은 임차인이 주택의 인도와 주민등록이라는 주택임대차보호법상의 대항요건을 갖춘 때에 한하여 양수인에게 임대차계약상의 권리·의무를 그대로 승계하도록 하고 있어, 사회적 약자인 임차인의 주거생활의 안정을 도모함과 동시에 주민등록이라는 공시기능을 통하여 주택 양수인의 불측의 손해를 예방할 수 있도록 하고 있으므로, 기본권 침해의 최소성 원칙에 반하지 아니한다. 심판대상조항으로 인하여 임차주택 양수인이 임대차보증금반환채무에 대한 지연손해금까지 승계하게 된다고 하여도, 심판대상조항이 과잉금지원칙에 반하여 헌법에 위반된다고 볼 수 없다(헌재 2017.8.31. 2016헌바146). [2022년 경찰간부] ②

기본권 제한에 대한 설명으로 옳지 않은 것은? (다툼이 있는 경우 헌법재판소 판례에 의함)

① 대학구성원이 아닌 사람의 도서관 이용에 관하여 대학도서관의 관장이 승인 또는 허가할 수 있도록 규정한 국·공립대학교의 도서관규정은, 대학구성원이 아닌 사람에 대하여 도서 대출이나 열람실 이용을 확정적으로 제한하는 것이다.

② '카메라나 그 밖에 이와 유사한 기능을 갖춘 기계장치를 이용하여 성적 욕망 또는 수치심을 유발할 수 있는 다른 사람의 신체를 그 의사에 반하여 촬영한 자'를 형사처벌하는 법률규정은, 행위자의 일반적 행동자유권을 제한하지만 과잉금지원칙에 위배되지는 않는다.

③ 이동통신사업자 등으로부터 이동통신 단말장치를 구입하는 경우 이동통신 단말장치 구매 지원금 상한제를 규정하는 단말기유통법은, 이동통신 단말장치를 구입하여 이동통신서비스를 이용하고자 하는 사람들의 계약의 자유를 제한하지만 과잉금지원칙에 위배되지는 않는다.

④ 생명권도 헌법 제37조 제2항에 의한 일반적 법률유보의 대상이 될 수밖에 없으며, 나아가 생명권의 경우, 다른 일반적인 기본권 제한의 구조와는 달리, 생명의 일부 박탈이라는 것을 상정할 수 없기 때문에 생명권에 대한 제한은 필연적으로 생명권의 완전한 박탈을 의미하게 되는바, 생명권의 제한이 정당화될 수 있는 예외적인 경우에는 생명권의 박탈이 초래된다 하더라도 곧바로 기본권의 본질적인 내용을 침해하는 것이라 볼 수는 없다.

① (×) 사건 도서관규정은 대학구성원이 아닌 사람에 대하여 도서 대출이나 열람실 이용을 확정적으로 제한하는 것이 아니고 피청구인들이 승인 또는 허가하면 도서 대출 및 열람실 이용이 가능하도록 규정하고 있다. 청구인은 이 사건 도서관규정으로 인하여 도서대출 및 열람실 이용을 하지 못하는 것이 아니고 피청구인들의 승인거부 회신에 따라 비로소 이 사건 도서관 이용이 제한된 것이다(헌재 2016.11.24. 2014헌마977).
② (○) 심판대상조항은 최근 사회적으로 물의가 되고 있는 몰래카메라의 폐해를 방지하기 위한 것으로서, 자신의 신체를 함부로 촬영당하지 않을 자유 등 인격권을 보호하는 것을 목적으로 한다. 따라서 심판대상조항이 과잉금지원칙에 위배되어 청구인의 일반적 행동자유권을 침해한다고 볼 수 없다(헌재 2017.6.29. 2015헌바243).
③ (○) 지원금 사항 조항은 이동통신 단말장치의 공정하고 투명한 유통질서를 확립하여 이동통신 산업의 건전한 발전과 이용자의 권익을 보호하기 위한 것으로 이러한 입법목적에는 정당성이 인정되며, 이동통신 단말장치 구매 지원금 상한제는 이러한 목적을 달성하기 위한 적절한 수단이다. 지원금 상한 조항으로 인하여 일부 이용자들이 종전보다 적은 액수의 지원금을 지급받게 될 가능성이 있다고 할지라도, 이러한 불이익에 비해 이동통신 산업의 건전한 발전과 이용자의 권익을 보호한다는 공익이 매우 중대하다고 할 것이므로, 지원금 상한 조항은 법익의 균형성도 갖추었다. 따라서 지원금 상한 조항은 청구인들의 계약의 자유를 침해하지 아니한다(헌재 2017.5.25. 2014헌마844).
④ (○) 생명권 역시 헌법 제37조 제2항에 의한 일반적 법률유보의 대상이 될 수밖에 없다. 나아가 생명권의 경우, 다른 일반적인 기본권 제한의 구조와는 달리, 생명의 일부 박탈이라는 것을 상정할 수 없기 때문에 생명권에 대한 제한은 필연적으로 생명권의 완전한 박탈을 의미하게 되는바, 위와 같이 생명권의 제한이 정당화될 수 있는 예외적인 경우에는 생명권의 박탈이 초래된다 하더라도 곧바로 기본권의 본질적인 내용을 침해하는 것이라 볼 수는 없다(헌재 2010.2.25. 2008헌가23). [2017년 국가 7급] ①

현행 헌법 제37조 제2항에서 국민의 기본적 권리를 제한하는 데 적용되는 헌법적 원칙이 아닌 것은?

① 형벌법규의 소급입법금지원칙 ② 법률유보원칙
③ 과잉금지원칙 ④ 본질적 내용의 침해금지원칙

① (×) ② (○) ③ (○) ④ (○) 헌법 제37조 제2항은 기본권제한의 수권규정이면서 기본권제한의 한계규정이다. 구체적으로 기본권제한의 형식과 관련하여 법률유보의 원칙과 법률의 일반성·명확성, 기본권제한의 방법과 관련하여 과잉금지원칙, 기본권제한의 한계와 관련하여 본질적 내용 침해금지를 그 내용으로 한다. 헌법 제37조 ①국민의 자유와 권리는 헌법에 열거되지 아니한 이유로 경시되지 아니한다. ②국민의 모든 자유와 권리는 국가안전보장·질서유지 또는 공공복리를 위하여 필요한 경우에 한하여 법률로써 제한할 수 있으며, 제한하는 경우에도 자유와 권리의 본질적인 내용을 침해할 수 없다. [2019년 서울 7급] ①

기본권의 제한에 대한 헌법재판소 결정으로 옳은 것은?

① 집회 및 시위에 관한 법률의 옥외집회·시위의 사전신고제도는 헌법 제21조 제2항의 사전허가 금지에 위배된다.
② 이른바 '강제적 셧다운제'를 규정한 (구)청소년보호법 조항은 각종 게임 중 인터넷게임만을 적용대상으로 하고 있는바, 인터넷을 이용하지 않는 다른 게임 및 모바일기기를 이용한 인터넷게임과 비교하여 차별에 합리적 이유가 있으므로 국내 인터넷게임 제공자들의 평등권을 침해하지 않는다.
③ 피청구인인 부산구치소장이 청구인이 미결수용자 신분으로 구치소에 수용되었던 기간 중

교정시설 안에서 매주 실시하는 종교집회 참석을 제한한 행위는 청구인의 종교의 자유 중 종교적 집회·결사의 자유를 제한하지 않는다.

④ 특정 범죄자에 대한 보호관찰 및 전자장치 부착 등에 관한 법률에 의한 전자장치 부착기간 동안 다른 범죄를 저질러 구금된 경우, 그 구금기간이 부착기간에 포함되지 않은 것으로 규정한 위 법률조항은 사생활의 비밀과 자유, 개인정보자기결정권을 침해한다.

① (×) 사전신고는 경찰관청 등 행정관청으로 하여금 집회의 순조로운 개최와 공공의 안전보호를 위하여 필요한 준비를 할 수 있는 시간적 여유를 주기 위한 것으로서, 협력의무로서의 신고라고 할 것이다. 결국, 구 집시법 전체의 규정 체제에서 보면 법은 일정한 신고절차만 밟으면 일반적·원칙적으로 옥외집회 및 시위를 할 수 있도록 보장하고 있으므로, 집회에 대한 사전신고제도는 헌법 제21조 제2항의 사전허가금지에 반하지 않는다(헌재 2009.5.28. 2007헌바22).

② (○) 인터넷게임은 주로 동시 접속자와의 상호교류를 통한 게임 방식을 취하고 있어 중독성이 강한 편이고, 정보통신망서비스가 제공되는 곳이면 언제나 쉽게 접속하여 장시간 이용으로 이어질 가능성이 크다는 점에서, 다른 게임과 달리 인터넷게임에 대해서만 강제적 셧다운제를 적용하는 것에는 합리적 이유가 있다. 또한 전기통신사업법에 따라 부가통신사업자로 신고하고 게임법상 등급분류를 받아 정상적인 방법으로 제공되는 인터넷게임물에 대해서는 그 제공업체가 국내 업체인지 해외 업체인지를 불문하고 강제적 셧다운제가 적용되므로 일부 해외 서버를 통해 불법 유통되고 있는 게임물에 대하여 적용되지 않는다는 사실만으로 해외 업체에 비하여 국내 업체만을 차별 취급한다고 볼 수는 없다. 그러므로 이 사건 금지조항은 청구인들의 평등권을 침해하지 않는다(헌재 2014.4.24. 2011헌마659).

③ (×) 피청구인은 출력수(작업에 종사하는 수형자)를 대상으로 원칙적으로 월 3~4회의 종교집회를 실시하는 반면, 미결수용자와 미지정 수형자에 대해서는 원칙적으로 매월 1회, 그것도 공간의 협소함과 관리 인력의 부족을 이유로 수용동별로 돌아가며 종교집회를 실시하여 실제 연간 1회 정도의 종교집회 참석 기회를 부여하고 있다. 이미 미결수용자 및 미지정 수형자의 구금기간을 고려하면 사실상 종교집회 참석 기회가 거의 보장되지 않는 결과를 초래할 수도 있다. 따라서 이 사건 종교집회 참석 제한 처우는 부산구치소의 열악한 시설을 감안하더라도 과잉금지원칙을 위반하여 청구인의 종교의 자유를 침해한 것이다(헌재 2014.6.26. 2012헌마782).

④ (×) 심판대상 법률조항은 전자장치 부착명령을 집행할 수 없는 기간 동안 집행을 정지하고 다시 집행이 가능해졌을 때 잔여기간을 집행함으로써 재범방지 및 재사회화라는 전자장치부착의 목적을 달성하기 위한 것으로서 입법목적의 정당성 및 수단의 적절성이 인정되며, 부착명령 집행이 불가능한 기간 동안 집행을 정지하는 것 이외에 덜 침해적인 수단이 있다고 보기도 어렵다. 그러므로 심판대상 법률조항은 과잉금지원칙에 반하여 청구인의 인격권 등 기본권을 침해하지 아니한다(헌재 2013.7.25. 2011헌마781). [2015년 국가 7급] ②

기본권 제한에 관한 설명 중 가장 적절하지 않은 것은? (다툼이 있는 경우 판례에 의함)

① 법률유보의 원칙은 '법률에 의한' 규율만을 뜻하는 것이 아니라 '법률에 근거한' 규율을 요청하는 것이므로 기본권 제한의 형식이 반드시 법률의 형식일 필요는 없고 법률에 근거를 두면서 헌법 제75조가 요구하는 위임의 구체성과 명확성을 구비하기만 하면 위임입법에 의하여도 기본권 제한을 할 수 있다.

② 텔레비전방송수신료금액의 결정은 납부의무자의 범위 등과 함께 수신료에 관한 본질적인 중요한 사항이라고 보기 어려우므로 한국방송공사법 제36조 제1항이 국회의 결정이나 관여를 배제하고 한국방송공사로 하여금 수신료금액을 결정해서 문화관광부장관의 승인을 얻도록 하더라도 법률유보원칙에 위반되지 않는다.

③ 침해의 최소성의 관점에서, 입법자는 그가 의도하는 공익을 달성하기 위하여 우선 기본권

을 보다 적게 제한하는 단계인 기본권행사의 '방법'에 관한 규제로써 공익을 실현할 수 있는가를 시도하고 이러한 방법으로는 공익달성이 어렵다고 판단되는 경우에 비로소 그 다음 단계인 기본권행사의 '여부'에 관한 규제를 선택해야 한다.

④ 특정규범이 개별사건법률에 해당한다 하여 곧바로 위헌을 뜻하는 것은 아니며, 비록 특정 법률 또는 법률조항이 단지 하나의 사건만을 규율하려고 한다 하더라도 이러한 차별적 규율이 합리적인 이유로 정당화될 수 있는 경우에는 합헌적일 수 있다.

① (○) 국민의 기본권은 헌법 제37조 제2항에 의하여 국가안전보장·질서유지 또는 공공복리를 위하여 필요한 경우에 한하여 이를 제한할 수 있으나, 그 제한의 방법은 원칙적으로 법률로써만 가능하고 제한의 정도도 기본권의 본질적 내용을 침해할 수 없으며 필요한 최소한도에 그쳐야 한다. 여기서 기본권제한에 관한 법률유보원칙은 법률에 근거한 규율을 요청하는 것이므로, 그 형식이 반드시 법률일 필요는 없다 하더라도 법률상의 근거는 있어야 한다(헌재 2006.5.25. 2003헌마715).

② (×) 텔레비전방송수신료는 대다수 국민의 재산권 보장의 측면이나 한국방송공사에게 보장된 방송자유의 측면에서 국민의 기본권실현에 관련된 영역에 속하고, 수신료금액의 결정은 납부의무자의 범위 등과 함께 수신료에 관한 본질적인 중요한 사항이므로 국회가 스스로 행하여야 하는 사항에 속하는 것임에도 불구하고 한국방송공사법 제36조 제1항에서 국회의 결정이나 관여를 배제한 채 한국방송공사로 하여금 수신료금액을 결정해서 문화관광부장관의 승인을 얻도록 한 것은 법률유보원칙에 위반된다(헌재 1999.5.27. 98헌바70).

③ (○) 침해의 최소성의 관점에서, 입법자는 그가 의도하는 공익을 달성하기 위하여 우선 기본권을 보다 적게 제한하는 단계인 기본권 행사의 방법에 관한 규제로써 공익을 실현할 수 있는가를 시도하고 이러한 방법으로는 공익달성이 어렵다고 판단되는 경우에 비로소 그 다음 단계인 기본권행사의 '여부'에 관한 규제를 선택해야 한다(헌재 1998.5.28. 96헌가5).

④ (○) 개별사건법률은 개별사건에만 적용되는 것이므로 원칙적으로 평등원칙에 위배되는 자의적인 규정이라는 강한 의심을 불러일으킨다. 그러나 개별사건법률금지의 원칙이 법률제정에 있어서 입법자가 평등원칙을 준수할 것을 요구하는 것이기 때문에, 특정규범이 개별사건법률에 해당한다 하여 곧바로 위헌을 뜻하는 것은 아니다. 비록 특정법률 또는 법률조항이 단지 하나의 사건만을 규율하려고 한다 하더라도 이러한 차별적 규율이 합리적인 이유로 정당화될 수 있는 경우에는 합헌적일 수 있다. 따라서 개별사건법률의 위헌 여부는 그 형식만으로 가려지는 것이 아니라 나아가 평등의 원칙이 추구하는 실질적 내용이 정당한지 아닌지를 따져야 비로소 가려진다(헌재 1996.2.16. 96헌가2).

[2022년 경찰 경정승진] ②

기본권 제한에 대한 설명으로 옳지 않은 것은?

① 헌법재판소에 따르면 정당의 설립 및 가입을 금지하는 법률조항은 이를 정당화하는 사유의 중대성에 있어서 적어도 '민주적 기본질서에 대한 위반'에 버금가는 것이어야 한다.

② 재산권을 보장하면서 공용수용·공용사용·공용제한의 방식으로 재산권을 제한하는 경우에는 공공필요라는 목적이 있어야 한다.

③ 법률에 의해 일반적으로 기본권을 제한하는 경우에는 국가안전보장·질서유지 또는 공공복리라는 목적이 있어야 한다.

④ 법률이 정하는 주요방위산업체에 종사하는 근로자의 단체교섭권은 법률이 정하는 바에 의하여 이를 제한하거나 인정하지 아니할 수 있다.

① (○) 정당의 설립 및 가입을 금지하는 법률조항은 이를 정당화하는 사유의 중대성에 있어서 적어도 민주적 기본질서에 대한 위반에 버금가는

것이어야 한다. 오늘날의 의회민주주의가 정당의 존재 없이는 기능할 수 없다는 점에서 심지어 위헌적인 정당을 금지해야 할 공익도 정당설립의 자유에 대한 입법적 제한을 정당화하지 못하도록 규정한 것이 헌법의 객관적인 의사라면, 입법자가 그 외의 공익적 고려에 의하여 정당설립금지조항을 도입하는 것은 원칙적으로 헌법에 위반된다(헌재 1999.12.23. 99헌마135).

② (○) 헌법 제23조 ③공공필요에 의한 재산권의 수용·사용 또는 제한 및 그에 대한 보상은 법률로써 하되, 정당한 보상을 지급하여야 한다.

③ (○) 헌법 제37조 ②국민의 모든 자유와 권리는 국가안전보장·질서유지 또는 공공복리를 위하여 필요한 경우에 한하여 법률로써 제한할 수 있으며, 제한하는 경우에도 자유와 권리의 본질적인 내용을 침해할 수 없다.

④ (×) 헌법 제33조 ③법률이 정하는 주요방위산업체에 종사하는 근로자의 단체행동권은 법률이 정하는 바에 의하여 이를 제한하거나 인정하지 아니할 수 있다. [2017년 국가 5급] ④

기본권 제한에 관한 다음 설명 중 가장 옳은 것은?

① 특정 범죄자에 대한 보호관찰 및 전자장치 부착 등에 관한 법률에 의한 전자장치 부착기간 동안 다른 범죄를 저질러 구금된 경우, 그 구금기간이 부착기간에 포함되지 않는 것으로 규정한 위 법률 조항은 과잉금지원칙을 위반하여 사생활의 비밀과 자유, 개인정보자기결정권을 침해한다.

② 이른바 '강제적 셧다운제'를 규정한 구 청소년보호법 조항은 각종 게임 중 인터넷게임만을 적용 대상으로 하고 있는바, 인터넷을 이용하지 않는 다른 게임 및 모바일기기를 이용한 인터넷게임과 비교하여 차별에 합리적 이유가 있으므로 인터넷게임 제공자들의 평등권을 침해하지 않는다.

③ 피청구인인 부산구치소장이 청구인이 미결수용자 신분으로 구치소에 수용되었던 기간 중 교정시설 안에서 매주 실시하는 종교집회 참석을 제한한 행위는 과잉금지 원칙을 위반하여 청구인의 종교의 자유 중 종교적 집회·결사의 자유를 침해한 것이 아니다.

④ 어린이집에 폐쇄회로 텔레비전(CCTV : Closed Circuit Television)을 원칙적으로 설치하도록 정한 영유아보육법 조항은 과잉금지원칙을 위반하여 어린이집 보육교사의 사생활의 비밀과 자유 등을 침해한다.

① (×) 전자장치부착법의 부착명령은 피부착자의 위치와 이동경로를 실시간으로 파악하여 피부착자를 24시간 감시할 수 있도록 하고 있으므로 피부착자의 사생활의 비밀과 자유를 제한하고, 아울러 피부착자의 위치와 이동경로에 관한 정보를 수집, 보관, 이용한다는 측면에서 개인정보자기결정권도 제한하며, 피부착자의 인격권을 제한한다(헌재 2012.12.27. 2011헌바89). 심판대상 법률조항은 전자장치 부착명령을 집행할 수 없는 기간 동안 집행을 정지하고 다시 집행이 가능해졌을 때 잔여기간을 집행함으로써 재범방지 및 재사회화라는 전자장치부착의 목적을 달성하기 위한 것으로서 입법목적의 정당성 및 수단의 적절성이 인정되며, 부착명령 집행이 불가능한 기간 동안 집행을 정지하는 것 이외에 덜 침해적인 수단이 있다고 보기도 어렵다. 또한 특정범죄자의 재범방지 및 재사회화라는 공익을 고려하면, 침해되는 사익이 더 크다고 볼 수 없어 법익균형성도 인정되므로, 심판대상 법률조항은 과잉금지원칙에 위배되지 않는다(헌재 2013.7.25. 2011헌마781).

② (○) 사건 금지조항은 인터넷게임만을 대상으로 하므로, PC에 내장되어 있거나 별도의 장치로 다운로드받은 게임으로서 네트워크 기능을 이용하지 않는 게임을 16세 미만 청소년이 이용하는 경우에는 아무런 시간적 규제를 받지 않는다. 인터넷게임은 주로 동시 접속자와의 상호교류를 통한 게임 진행 방식을 취하고 있어 지속적인 수행이 가능하므로 게임자가 스스로의 의지로 중단하기 쉽지 않은 특징이 있고,

정보통신망서비스가 제공되는 곳이면 시간적·장소적 제약 없이 언제나 쉽게 접속하여 게임을 즐길 수 있어 장시간 이용으로 이어질 가능성이 크다. 따라서 인터넷게임을 이용하는 경우와 인터넷게임이 아닌 다른 게임을 이용하는 경우에 대한 규제를 달리하는 것에는 합리적 이유가 있다고 할 것이므로 이로 인하여 청구인들의 평등권이 침해된다고 볼 수 없다(헌재 2014.4.24. 2011헌마659).

③ (×) 종교의 자유는 일반적으로 신앙의 자유, 종교적 행위의 자유 및 종교적 집회·결사의 자유 등 3요소로 구성되어 있다고 한다. 그 중 종교적 집회·결사의 자유는 종교적 목적으로 같은 신자들이 집회하거나 종교단체를 결성할 자유를 말하는데, 이 사건 종교집회 참석 제한 처우는 청구인이 종교집회에 참석하는 것을 제한한 행위이므로 청구인의 종교적 자유, 특히 종교적 집회·결사의 자유를 제한한다. 그러므로 피청구인인 부산구치소장이 미결수용자의 신분으로 부산구치소에 수용되었던 기간 중 청구인의 조사수용 내지 징벌(금치)집행 중이었던 기간을 제외한 기간과 미지정 수형자(추가 사건이 진행 중인 자 등)의 신분으로 수용되어 있던 기간 동안, 교정시설 안에서 매주 화요일에 실시하는 종교집회 참석을 제한한 행위는 청구인의 종교의 자유를 침해했다(헌재 2014.6.26. 2012헌마782).

④ (×) 보호자 전원이 반대하지 않는 한 어린이집에 의무적으로 CCTV를 설치하도록 정하고 있으므로, 어린이집 설치·운영자의 직업수행의 자유, 어린이집 보육교사(원장 포함) 및 영유아의 사생활의 비밀과 자유, 부모의 자녀교육권을 제한한다. 이는 어린이집 안전사고와 보육교사 등에 의한 아동학대를 방지하기 위한 것으로, CCTV 설치 그 자체만으로도 안전사고 예방이나 아동학대 방지 효과가 있으므로 입법목적이 정당하고 수단의 적합성이 인정된다. 어린이집 보육대상은 0세부터 6세 미만의 영유아로 어린이집에서의 아동학대 방지 및 적발을 위해서 CCTV 설치를 대체할 만한 수단은 상정하기 어렵다. 법은 CCTV 외에 네트워크 카메라 설치는 원칙적으로 금지하고, 녹음기능 사용금지(법 제15조의5 제2항 제2호 중 "녹음기능을 사용하거나" 부분) 등으로 관련 기본권 침해를 최소화하기 위한 조치를 마련하고 있으며, 보호자 전원이 CCTV 설치에 반대하는 경우에는 CCTV를 설치하지 않을 수 있는 가능성을 열어두고 있으므로 이 조항은 침해의 최소성에 반하지 않는다. 영유아 보육을 위탁받아 행하는 어린이집에서의 아동학대근절과 보육환경의 안전성 확보는 단순히 보호자의 불안을 해소하는 차원을 넘어 사회적·국가적 차원에서도 보호할 필요가 있는 중대한 공익이다. 이 조항으로 보육교사 등의 기본권에 가해지는 제약이 위와 같은 공익보다 크다고 보기 어려우므로 법익의 균형성도 인정된다. 따라서 법 제15조의4 제1항 제1호 및 제15조의5 제2항 제2호 중 "녹음기능을 사용하거나" 부분은 과잉금지원칙을 위반하여 청구인들의 기본권을 침해하지 않는다(헌재 2017.12.28. 2015헌마994).

[2019년 법원 9급] ②

기본권 제한에서 요구되는 과잉금지원칙에 대한 설명으로 옳은 것은? (다툼이 있는 경우 판례에 의함)

① 사립학교 교원 또는 사립학교 교원이었던 자가 재직 중의 사유로 금고 이상의 형을 받은 때에는 대통령령이 정하는 바에 의하여 퇴직급여 및 퇴직수당의 일부를 감액하여 지급하도록 한 것은 입법목적을 달성하는 데 적합한 수단이라고 볼 수 없다.

② 민사재판에 당사자로 출석하는 수형자에 대하여 아무런 예외 없이 일률적으로 사복착용을 금지하는 것은 침해의 최소성 원칙에 위배된다.

③ 직업수행의 자유에 대하여는 직업선택의 자유와는 달리 공익목적을 위하여 상대적으로 폭넓은 입법적 규제가 가능한 것이므로 과잉금지의 원칙이 적용되는 것이 아니라 자의금지의 원칙이 적용되는 것이다.

④ 「마약류 관리에 관한 법률」을 위반하여 금고 이상의 실형을 선고받고 그 집행이 끝나거나 면제된 날부터 20년이 지나지 아니한 것을 택시운송사업의 운전업무 종사자격의 결격사유 및 취소사유로 정한 것은 사익을 제한함으로써 달성할 수 있는 공익이 더욱 중대하므로 법익의 균형성 원칙도 충족하고 있다.

① (○) 사립학교 교원 또는 사립학교 교원이었던 자가 재직 중의 사유로 금고 이상의 형을 받은 때에는 대통령령이 정하는 바에 의하여

퇴직급여 및 퇴직수당의 일부를 감액하여 지급하도록 한 것은 입법목적을 달성하는 데 적합한 수단이라고 볼 수 없다(헌재 2010.7.29. 2008헌가15).

② (×) 형의 집행 및 수용자의 처우에 관한 법률(이하 '형집행법'이라 함) 제88조가 형사재판의 피고인으로 출석하는 수형자에 대하여, 사복착용을 허용하는 형집행법 제82조를 준용하지 아니한 것이 공정한 재판을 받을 권리, 인격권, 행복추구권을 침해하는지 여부(적극)(헌재 2015.12.23. 2013헌마712).

③ (×) 일반적으로 직업수행의 자유에 대하여는 직업선택의 자유와는 달리 공익 목적을 위하여 상대적으로 폭넓은 입법적 규제가 가능하지만, 직업수행의 자유를 제한할 때에도 헌법 제37조 제2항에 의거한 비례의 원칙에 위배되어서는 안 된다(헌재 2015.7.30. 2014헌마500).

④ (×) 심판대상조항은 구체적 사안의 개별성과 특수성을 고려할 수 있는 여지를 일체 배제하고 그 위법의 정도나 비난 가능성의 정도가 미약한 경우까지도 획일적으로 20년이라는 장기간 동안 택시운송사업의 운전업무 종사자격을 제한하는 것이므로 침해의 최소성 원칙에 위배되며, 법익의 균형성 원칙에도 반한다(헌재 2015.12.23. 2014헌바446). [2019년 국가 7급] ①

기본권의 제한·침해에 대한 헌법재판소 결정에 부합되지 않는 것은? (다툼이 있는 경우 판례에 의함)

① 2015.1.1.부터 모든 일반음식점영업소를 금연구역으로 지정하여 운영하도록 한 「국민건강증진법 시행규칙」 조항은 청구인의 직업수행의 자유를 침해하지 않는다.

② 디엔에이감식시료채취영장 발부 과정에서 채취대상자에게 자신의 의견을 밝히거나 영장 발부 후 불복할 수 있는 절차 등에 관하여 규정하지 아니한 「디엔에이신원확인정보의 이용 및 보호에 관한 법률」 조항은 청구인들의 재판청구권을 침해하지 않는다.

③ 수용자가 작성한 집필문의 외부반출을 불허하고 이를 영치할 수 있도록 규정한 「형의 집행 및 수용자의 처우에 관한 법률」 조항은 수용자의 통신의 자유를 침해하지 않는다.

④ 통계청장이 2015 인구주택총조사의 방문 면접조사를 실시하면서, 담당 조사원을 통해 청구인에게 2015 인구주택총조사 조사표의 조사 항목들에 응답할 것을 요구한 행위는 청구인의 개인정보자기결정권을 침해하지 않는다.

① (○) 음식점 시설 전체를 금연구역으로 지정함으로써 음식점 영업자가 입게 될 불이익보다 간접흡연을 차단하여 이로 인한 폐해를 예방하고 국민의 생명·신체를 보호하고자 하는 공익이 더욱 큰 이상, 심판대상조항은 법익의 균형성도 충족하고 있다. 심판대상조항은 과잉금지원칙에 위반되어 청구인의 직업수행의 자유를 침해한다고 할 수 없다(헌재 2016.6.30. 2015헌마813).

② (×) 사건 영장절차 조항이 채취대상자에게 디엔에이감식시료채취영장 발부 과정에서 자신의 의견을 진술할 수 있는 기회를 절차적으로 보장하고 있지 않을 뿐만 아니라, 발부 후 그 영장 발부에 대하여 불복할 수 있는 기회를 주거나 채취행위의 위법성 확인을 청구할 수 있도록 하는 구제절차마저 마련하고 있지 않음으로써, 채취대상자의 재판청구권은 형해화되고 채취대상자는 범죄수사 내지 예방의 객체로만 취급받게 된다. 따라서 이 사건 영장절차 조항은 과잉금지원칙을 위반하여 청구인들의 재판청구권을 침해한다(헌재 2018.8.30. 2016헌마344 등).

③ (○) 심판대상조항은 수용자의 처우 또는 교정시설의 운영에 관하여 명백하게 거짓 사실을 포함하고 있거나, 타인의 사생활의 비밀이나 자유를 침해하거나 교정시설의 안전과 질서를 해치고 수형자의 교정교화와 건전한 사회복귀를 저해할 우려가 있는 내용을 포함하는 집필문의 반출로 인해 야기될 사회적 혼란과 위험을 사전에 예방하고, 교정시설 내의 규율과 수용질서를 유지하고 수용자의 교화와 사회복귀를 원활하게 하려는 것으로 그 입법목적의 정당성이 인정된다. 이러한 사유에 해당하는 집필문의 외부 반출을 금하는 것은 입법목적을 달성하기 위한 적절한 수단에 해당한다. 따라서 심판대상조항은 수용자의 통신의 자유를 침해하지 아니한다(헌재 2016.5.26. 2013헌바98).

④ (○) 인구주택총조사 담당 조사원으로 하여금 청구인의 가구에 방문하여 청구인에게 피청구인이 작성한 2015 인구주택총조사 조사표의

조사항목들에 응답할 것을 요구한 심판대상행위는, 행정자료로 파악하기 곤란한 항목들을 방문 면접을 통해 조사하여 그 결과를 사회현안에 대한 심층 분석과 각종 정책수립, 통계작성의 기초자료 또는 사회·경제현상의 연구·분석 등에 활용하도록 하고자 한 것이므로 그 목적이 정당하다. 심판대상행위가 과잉금지원칙을 위반하여 청구인의 개인정보자기결정권을 침해하였다고 볼 수 없다(헌재 2017.7.27. 2015헌마1094). [2019년 경찰 경정승진] ②

기본권의 제한에 관한 설명 중 옳지 않은 것은? (다툼이 있는 경우 판례에 의함)

① 기본권의 본질적 내용은 만약 이를 제한하는 경우에는 기본권 그 자체가 무의미하여지는 경우에 그 본질적인 요소를 말하는 것으로서, 이는 개별 기본권마다 다를 수 있다.

② 흡연권은 사생활의 자유를 실질적 핵으로 하는 것이고 혐연권은 사생활의 자유뿐만 아니라 생명권에까지 연결되는 것이므로 혐연권이 흡연권보다 상위의 기본권이라고 할 수 있는바, 이처럼 상하의 위계질서가 있는 기본권끼리 충돌하는 경우 상위기본권우선의 원칙에 따라 흡연권은 혐연권을 침해하지 않는 한도 내에서 인정된다.

③ 침해의 최소성의 관점에서, 입법자는 그가 의도하는 공익을 달성하기 위하여 우선 기본권을 보다 적게 제한하는 단계인 기본권 행사의 '방법'에 관한 규제로써 공익을 실현할 수 있는가를 시도하고, 이러한 방법으로는 공익달성이 어렵다고 판단되는 경우에 비로소 그 다음 단계인 기본권 행사의 '여부'에 관한 규제를 선택해야 한다.

④ 헌법 제37조 제2항에 기본권의 제한은 법률로써 가능하도록 규정되어 있는바, 이는 기본권의 제한이 원칙적으로 국회에서 제정한 형식적 의미의 법률에 의해서만 가능하다는 것과, 직접 법률에 의하지 아니하는 예외적인 경우라 하더라도 엄격히 법률에 근거하여야 한다는 것을 의미한다.

⑤ 국가작용에 있어서 선택하는 수단은 목적을 달성함에 있어서 필요하고 효과적이며 상대방에게 최소한의 피해를 줄 때에 한해서 정당성을 가지게 되고 상대방은 그 침해를 감수하게 되는 것인바, 국가작용에 있어서 취해지는 어떠한 조치나 선택된 수단은 그것이 달성하려는 사안의 목적에 적합하여야 함은 물론이고, 그 조치나 수단이 목적달성을 위하여 유일무이한 것이어야 한다.

① (○) 기본권의 본질적 내용은 만약 이를 제한하는 경우에는 기본권 그 자체가 무의미하여지는 경우에 그 본질적인 요소를 말하는 것으로서, 이는 개별 기본권마다 다를 수 있을 것이다(헌재 1995.4.20. 92헌바29).

② (○) 흡연권은 사생활의 자유를 실질적 핵으로 하는 것이고 혐연권은 사생활의 자유뿐만 아니라 생명권에까지 연결되는 것이므로 혐연권이 흡연권보다 상위의 기본권이라 할 수 있다. 이처럼 상하의 위계질서가 있는 기본권끼리 충돌하는 경우에는 상위 기본권우선의 원칙에 따라 하위기본권이 제한될 수 있으므로, 결국 흡연권은 혐연권을 침해하지 않는 한에서 인정되어야 한다(헌재 2004.8.26. 2003헌마457).

③ (○) 침해의 최소성의 관점에서, 입법자는 그가 의도하는 공익을 달성하기 위하여 우선 기본권을 보다 적게 제한하는 단계인 기본권 행사의 '방법'에 관한 규제로써 공익을 실현할 수 있는가를 시도하고 이러한 방법으로는 공익달성이 어렵다고 판단되는 경우에 비로소 그 다음 단계인 기본권행사의 '여부'에 관한 규제를 선택해야 한다(헌재 1998.5.28. 96헌가5).

④ (○) 헌법 제37조 제2항은 국민의 자유와 권리를 제한하는 근거와 그 제한의 한계를 설정하여 국민의 자유와 권리의 제한은 "법률"로써만

할 수 있다고 규정하고 있는바, 이는 기본권의 제한이 원칙적으로 국회에서 제정한 형식적 의미의 법률에 의해서만 가능하다는 것을 의미하고, 직접 법률에 의하지 아니하는 예외적인 경우라 하더라도 엄격히 법률에 근거하여야 한다는 것을 의미하는데, 기본권을 제한하는 공권력의 행사가 법률에 근거하지 아니하고 있다면, 이는 헌법 제37조 제2항에 위반하여 국민의 기본권을 침해하는 것이다(헌재 2000.12.14. 2000헌마659).

⑤ (×) 국가가 입법, 행정 등 국가작용을 함에 있어서는 합리적인 판단에 입각하여 추구하고자 하는 사안의 목적에 적합한 조치를 취하여야 하고, 그때 선택하는 수단은 목적을 달성함에 있어서 필요하고 효과적이며 상대방에게는 최소한의 피해를 줄 때에 한해서 그 국가작용은 정당성을 가지게 되고 상대방은 그 침해를 감수하게 되는 것이다. 그런데 국가작용에 있어서 취해진 어떠한 조치나 선택된 수단은 그것이 달성하려는 사안의 목적에 적합하여야 함은 당연하지만 그 조치나 수단이 목적달성을 위하여 유일무이한 것일 필요는 없다(헌재 1989.12.22. 88헌가13).

[2015년 제4회 변호사] ⑤

수용자의 기본권 제한에 대한 설명으로 가장 적절하지 않은 것은? (다툼이 있는 경우 헌법재판소 판례에 의함)

① 수형자와 소송대리인 변호사의 접견을 일반접견에 포함시켜 시간은 30분 이내로, 횟수는 월 4회로 제한한 것은 수형자의 재판청구권을 침해한다.

② 금치처분을 받은 수형자에게 금치기간 중 실외운동을 원칙적으로 제한하는 것은 수형자의 신체의 자유를 침해한다.

③ 금치처분을 받은 수형자에게 금치기간 중 신문·도서·잡지 외 자비구매물품의 사용을 제한하는 것은 수형자의 일반적 행동의 자유를 침해하지 아니한다.

④ 구치소에 종교행사 공간이 1개뿐이고, 종교행사는 종교, 수형자와 미결수용자, 성별, 수용동별로 진행되며, 미결수용자는 공범이나 동일사건 관련자가 있는 경우 분리하여 참석하게 해야 하는 점을 고려하더라도, 구치소장이 종교행사를 4주에 1회 실시한 것은 미결수용자의 종교의 자유를 침해한다.

① (○) 수형자의 재판청구권을 실효적으로 보장하기 위해서는 소송대리인인 변호사와의 접견 시간 및 횟수를 적절하게 보장하는 것이 필수적이다. 이와 같이 심판대상조항들은 법률전문가인 변호사와의 소송상담의 특수성을 고려하지 않고 소송대리인인 변호사와의 접견을 그 성격이 전혀 다른 일반 접견에 포함시켜 접견 시간 및 횟수를 제한함으로써 청구인의 재판청구권을 침해한다(헌재 2015.11.26. 2012헌마858).

② (○) 실외운동은 구금되어 있는 수용자의 신체적·정신적 건강을 유지하기 위한 최소한의 기본적 요청이고, 수용자의 건강 유지는 교정교화와 건전한 사회복귀라는 형 집행의 근본적 목표를 달성하는 데 필수적이다. 위 조항은 예외적으로 실외운동을 허용하는 경우에도, 실외운동의 기회가 부여되어야 하는 최저기준을 법령에서 명시하고 있지 않으므로, 침해의 최소성 원칙에 위배된다. 위 조항은 수용자의 정신적·신체적 건강에 필요 이상의 불이익을 가하고 있고, 이는 공익에 비하여 큰 것이므로 위 조항은 법익의 균형성 요건도 갖추지 못하였다. 따라서 위 조항은 청구인의 신체의 자유를 침해한다(헌재 2016.5.26. 2014헌마45).

③ (○) 금치처분을 받은 사람은 최장 30일 이내의 기간 동안 의사가 치료를 위하여 처방한 의약품을 제외한 자비구매물품의 사용을 제한받으나, 소장이 지급하는 물품을 통하여 건강을 유지하기 위한 필요최소한의 생활을 영위할 수 있으므로, 이 사건 금치조항 중 제108조 제7호의 신문·잡지·도서 외 자비구매물품에 관한 부분은 침해의 최소성에도 위반되지 않는다. 따라서 이 사건 금치조항 중 제108조 제7호의 신문·잡지·도서 외 자비구매물품에 관한 부분은 청구인의 일반적 행동의 자유를 침해하지 않는다(헌재 2016.5.26. 2014헌마45).

④ (×) 구치소에 종교행사 공간이 1개뿐이고, 종교행사는 종교, 수형자와 미결수용자, 성별, 수용동별로 진행되며, 미결수용자는 공범이나 동일사건 관련자가 있는 경우 이를 분리하여 참석하게 해야 하는 점을 고려하면 피청구인이 미결수용자 대상 종교행사를 4주에 1회 실시했더라도 종교의 자유를 과도하게 제한하였다고 보기 어렵고, 구치소의 인적·물적 여건상 하루에 여러 종교행사를 동시에 하기 어려우며,

개신교의 경우에만 그 교리에 따라 일요일에 종교행사를 허용할 경우 다른 종교와의 형평에 맞지 않고, 공휴일인 일요일에 종교행사를 할 행정적 여건도 마련되어 있지 않다는 점을 고려하면, 이 사건 종교행사 처우는 청구인의 종교의 자유를 침해하지 않는다(헌재 2015.4.30. 2013헌마190). [2023년 경찰간부] ④

기본권의 제한과 한계에 대한 설명으로 옳지 않은 것은? (다툼이 있는 경우 판례에 의함)

① 기본권 제한에 관한 법률유보의 원칙은 '법률에 의한 규율'을 요청하는 것이므로, 기본권 제한의 형식은 반드시 법률이어야 한다.

② 경찰서장이 동시에 접수한 두 개의 옥외집회 신고서를 상호 충돌을 피한다는 이유로 모두 반려한 행위는 법률의 근거 없이 집회의 자유를 침해한 것으로서 헌법에 위반된다.

③ 식품에 숙취해소 효과가 있음에도 불구하고, '숙취해소' 표시를 금지하고 있는 「식품등의표시기준」은 광고표현의 자유를 침해한다.

④ 입법자는 기본권행사의 '방법'에 관한 규제로써 공익을 실현할 수 있는가를 시도하고 이러한 방법으로는 공익달성이 어렵다고 판단되는 경우에 비로소 그 다음 단계인 기본권행사의 '여부'에 관한 규제를 선택해야 한다.

⑤ 운전면허를 받은 사람이 자동차 등을 이용하여 범죄행위를 한 경우 범죄행위의 심각성 및 범죄행위의 기여정도와는 관계없이 필수적으로 운전면허를 취소하도록 하는 것은 기본권 제한에 있어서 최소침해성의 원칙에 위반된다.

① (×) 기본권은 헌법 제37조 제2항에 의하여 국가안전보장·질서유지 또는 공공복리를 위하여 필요한 경우에 한하여 이를 제한할 수 있으나, 그 제한의 방법은 원칙적으로 법률로써만 가능하고 제한의 정도도 기본권의 본질적 내용을 침해할 수 없고 필요한 최소한도에 그쳐야 한다. 그런데 위 조항에서 규정하고 있는 기본권제한에 관한 법률유보의 원칙은 '법률에 의한 규율'을 요청하는 것이 아니라 '법률에 근거한 규율'을 요청하는 것이므로, 기본권의 제한에는 법률의 근거가 필요할 뿐이고 기본권 제한의 형식이 반드시 법률의 형식일 필요는 없다(헌재 2005.5.26. 99헌마513).

② (○) 이 사건 집회신고에 관한 사무를 처리하는데 있어서도 적법한 절차에 따라 접수순위를 확정하려는 최선의 노력을 한 후, 집시법 제8조 제2항에 따라 후순위로 접수된 집회의 금지 또는 제한을 통고하였어야 한다. 만일 접수순위를 정하기 어렵다는 현실적인 이유로 중복신고된 모든 옥외집회의 개최가 법률적 근거 없이 불허되는 것이 용인된다면, 집회의 자유를 보장하고 집회의 사전허가를 금지한 헌법 제21조 제1항 및 제2항은 무의미한 규정으로 전락할 위험성이 있다. 결국 이 사건 반려행위는 법률의 근거 없이 청구인들의 집회의 자유를 침해한 것으로서 헌법상 법률유보원칙에 위반된다고 할 것이다(헌재 2008. 5. 29. 2007헌마712).

③ (○) 심판대상 규정은 음주로 인한 건강위해적 요소로부터 국민의 건강을 보호한다는 입법목적하에 음주전후, 숙취해소 등 음주를 조장하는 내용의 표시를 금지하고 있으나, "음주전후", "숙취해소"라는 표시는 이를 금지할 만큼 음주를 조장하는 내용이라 볼 수 없고, 식품에 숙취해소 작용이 있음에도 불구하고 이러한 표시를 금지하면 숙취해소용 식품에 관한 정확한 정보 및 제품의 제공을 차단함으로써 숙취해소의 기회를 국민으로부터 박탈하게 될 뿐만 아니라, 보다 나은 숙취해소용 식품을 개발하기 위한 연구와 시도를 차단하는 결과를 초래하므로, 위 규정은 숙취해소용 식품의 제조판매에 관한 영업의 자유 및 광고표현의 자유를 과잉금지원칙에 위반하여 침해하는 것이다(헌재 2000.3.30. 99헌마143).

④ (○) 입법자는 공익실현을 위하여 기본권을 제한하는 경우에도 입법목적을 실현하기에 적합한 여러 수단 중에서 되도록 국민의 기본권을 가장 존중하고 기본권을 최소로 침해하는 수단을 선택해야 한다. 기본권을 제한하는 규정은 기본권행사의 '방법'에 관한 규정과 기본권행사의 '여부'에 관한 규정으로 구분할 수 있다. 침해의 최소성의 관점에서, 입법자는 그가 의도하는 공익을 달성하기 위하여 우선 기본권을

보다 적게 제한하는 단계인 기본권행사의 '방법'에 관한 규제로써 공익을 실현할 수 있는가를 시도하고 이러한 방법으로는 공익달성이 어렵다고 판단되는 경우에 비로소 그 다음 단계인 기본권행사의 '여부'에 관한 규제를 선택해야 한다(헌재 1998.5.28. 96헌가5).

⑤ (○) 사건 규정은 자동차 등을 이용하여 범죄행위를 하기만 하면 그 범죄행위가 얼마나 중한 것인지, 그러한 범죄행위를 행함에 있어 자동차 등이 당해 범죄 행위에 어느 정도로 기여했는지 등에 대한 아무런 고려 없이 무조건 운전면허를 취소하도록 하고 있으므로 이는 구체적 사안의 개별성과 특수성을 고려할 수 있는 여지를 일체 배제하고 그 위법의 정도나 비난의 정도가 극히 미약한 경우까지도 운전면허를 취소할 수밖에 없도록 하는 것으로 최소침해성의 원칙에 위반된다 할 것이다. 한편, 이 사건 규정에 의해 운전면허가 취소되면 2년 동안은 운전면허를 다시 발급 받을 수 없게 되는바, 이는 지나치게 기본권을 제한하는 것으로서 법익균형성원칙에도 위반된다. 그러므로 이 사건 규정은 직업의 자유 내지 일반적 행동자유권을 침해하여 헌법에 위반된다(헌재 2005.11.24. 2004헌가28). [2023년 국회 9급] ①

기본권의 제한과 그 한계에 대한 설명 중 옳은 것을 모두 고른 것은? (다툼이 있는 경우 판례에 의함)

> ㉠ 유치원의 학교환경위생정화구역 안에 당구장시설을 금지하는 학교보건법 조항은 기본권 제한의 한계를 벗어난 것이 아니다.
> ㉡ 입법자가 정한 전문분야에 관한 자격제도에 대해서는 그 내용이 불합리하고 불공정하지 않는 한 입법자의 정책판단은 존중되어야 하며, 자격요건에 관한 법률조항은 합리적인 근거 없이 현저히 자의적인 경우에만 헌법에 위반된다고 할 수 있다.
> ㉢ 법정형의 종류와 범위의 선택은 입법자가 결정할 사항으로서 광범위한 입법재량 내지 형성의 자유가 인정되어야 할 분야이다.
> ㉣ 법률유보의 원칙은 '법률에 의한 규율'만을 요청하는 것이 아니라 '법률에 근거한 규율'을 요청하는 것이므로 기본권의 제한에는 법률의 근거가 필요할 뿐이고, 기본권제한의 형식이 반드시 법률의 형식일 필요는 없다.

① ㉠, ㉡ ② ㉢, ㉣
③ ㉡, ㉢, ㉣ ④ ㉠, ㉡, ㉢, ㉣

㉠ (×) 유치원 주변에 당구장시설을 허용한다고 하여도 이로 인하여 유치원생이 학습을 소홀히 하거나 교육적으로 나쁜 영향을 받을 위험성이 있다고 보기 어려우므로, 유치원 및 이와 유사한 교육기관의 학교환경 위생정화구역 안에서 당구장시설을 하지 못하도록 기본권을 제한하는 것은 입법목적의 달성을 위하여 필요하고도 적정한 방법이라고 할 수 없어 역시 기본권제한의 한계를 벗어난 것이다(헌재 1997.3.27. 94헌마196).

㉡ (○) 입법자는 일정한 전문분야에 관한 자격제도를 마련함에 있어서 그 제도를 마련한 목적을 고려하여 정책적인 판단에 따라 그 내용을 구성할 수 있고, 마련한 자격제도의 내용이 불합리하고 불공정하지 않은 한 입법자의 정책판단은 존중되어야 하며, 자격제도에서 입법자에게는 그 자격요건을 정함에 있어 광범위한 입법재량이 인정되는 만큼, 자격요건에 관한 법률조항은 합리적인 근거 없이 현저히 자의적인 경우에만 헌법에 위반된다(헌재 2006.4.27. 2005헌마997).

㉢ (○) 어떤 행위를 범죄로 규정하고, 이에 대하여 어떠한 형벌을 과할 것인가 하는 문제는 원칙적으로 입법자가 우리의 역사와 문화, 입법 당시의 시대적 상황과 국민일반의 가치관 내지 법감정, 범죄의 실태와 죄질 및 보호법익 그리고 범죄예방효과 등을 종합적으로 고려하여 결정하여야 할 국가의 입법정책에 관한 사항으로서 광범위한 입법재량 내지 형성의 자유가 인정되어야 할 분야이다(헌재 1995.4.20. 91헌바11).

㉣ (○) 헌법 제37조 제2항은 기본권제한에 관한 일반적 법률유보조항이라고 할 수 있는데 법률유보의 원칙은 법률에 의한 규율을 요청하는 것이 아니라 법률에 근거한 규율을 요청하는 것이기 때문에 기본권의 제한에는 법률의 근거가 필요할 뿐이고 기본권 제한의 형식이 반드시 법률의 형식일 필요는 없다(헌재 2003.11.27. 2002헌마193). [2018년 경찰 경정승진] ③

기본권 제한 및 한계에 대한 설명으로 옳지 않은 것은? (다툼이 있는 경우 판례에 의함)

① 금치처분을 받은 수형자에 대하여 집필의 목적과 내용 등을 묻지 아니하고 일체의 집필행위를 금지하는 것은 입법목적 달성을 위한 필요최소한의 제한이라는 한계를 벗어난 것으로서 과잉금지의 원칙에 위반된다.

② 방송사업자가 구「방송법」상 심의규정을 위반한 경우 방송통신위원회로 하여금 전문성과 독립성을 갖춘 방송통신심의위원회의 심의를 거쳐 '시청자에 대한 사과'를 명할 수 있도록 규정한 것은 침해의 최소성원칙에 위배되지 않는다.

③ 정부에 대한 반대 견해나 비판에 대하여 합리적인 홍보와 설득으로 대처하는 것이 아니라 비판적 견해를 가졌다는 이유만으로 국가의 지원에서 일방적으로 배제함으로써 정치적 표현의 자유를 제재하는 공권력의 행사는 헌법의 근본원리인 국민주권주의와 자유민주적 기본질서에 반하는 것으로 그 목적의 정당성을 인정할 수 없다.

④ 육군3사관학교 사관생도는 군 장교를 배출하기 위하여 국가가 모든 재정을 부담하는 특수교육기관인 육군3사관학교의 구성원이므로 그 존립 목적을 달성하기 위하여 필요한 한도 내에서 일반 국민보다 상대적으로 기본권이 더 제한될 수 있으나, 그러한 경우에도 법률유보원칙, 과잉금지원칙 등 기본권 제한의 헌법상 원칙들을 지켜야 한다.

① (○) 사건 시행령조항은 규율 위반자에 대해 불이익을 가한다는 면만을 강조하여 금치처분을 받은 자에 대하여 집필의 목적과 내용 등을 묻지 않고, 또 대상자에 대한 교화 또는 처우상 필요한 경우까지도 예외 없이 일체의 집필행위를 금지하고 있음은 입법목적 달성을 위한 필요최소한의 제한이라는 한계를 벗어난 것으로서 과잉금지의 원칙에 위반된다(헌재 2005.2.24. 2003헌마289).

② (×) 심의규정을 위반한 방송사업자에게 주의 또는 경고만으로도 반성을 촉구하고 언론사로서의 공적 책무에 대한 인식을 제고시킬 수 있고, 위 조치만으로도 심의규정에 위반하여 주의 또는 경고의 제재조치를 받은 사실을 공표하게 되어 이를 다른 방송사업자나 일반 국민에게 알리게 됨으로써 여론의 왜곡 형성 등을 방지하는 한편, 해당 방송사업자에게는 해당 프로그램의 신뢰도 하락에 따른 시청률 하락 등의 불이익을 줄 수 있다. 또한 시청자에 대한 사과에 대하여는 명령이 아닌 권고의 형태를 취할 수도 있다. 이와 같이 기본권을 보다 덜 제한하는 다른 수단에 의하더라도 이 사건 심판대상조항이 추구하는 목적을 달성할 수 있으므로 이 사건 심판대상조항은 침해의 최소성원칙에 위배된다(헌재 2012.8.23. 2009헌가27).

③ (○) 정부에 대한 반대 견해나 비판에 대하여 합리적인 홍보와 설득으로 대처하는 것이 아니라 비판적 견해를 가졌다는 이유만으로 국가의 지원에서 일방적으로 배제함으로써 정치적 표현의 자유를 제재하는 공권력의 행사는 헌법의 근본원리인 국민주권주의와 자유민주적 기본질서에 반하는 것으로 그 목적의 정당성을 인정할 수 없다. 따라서 피청구인들의 이 사건 지원배제 지시는 더 나아가 살필 필요 없이 과잉금지원칙에 위반된다(헌재 2020.12.23. 2017헌마416).

④ (○) 사관생도는 군 장교를 배출하기 위하여 국가가 모든 재정을 부담하는 특수교육기관인 육군3사관학교의 구성원으로서, 학교에 입학한 날에 육군 사관생도의 병적에 편입하고 준사관에 준하는 대우를 받는 특수한 신분관계에 있다. 따라서 그 존립 목적을 달성하기 위하여 필요한 한도 내에서 일반 국민보다 상대적으로 기본권이 더 제한될 수 있으나, 그러한 경우에도 법률유보원칙, 과잉금지원칙 등 기본권 제한의 헌법상 원칙들을 지켜야 한다(대법원 2018.8.30. 2016두60591). [2022년 국가 5급] ②

기본권의 제한과 그 한계에 관한 다음 설명 중 가장 옳지 않은 것은? (다툼이 있는 경우 헌법재판소 결정에 의함)

① 생명권의 제한은 어떠한 상황에서든 곧바로 개인의 생명권의 본질적인 내용을 침해하는 것

으로서 기본권 제한의 한계를 넘는 것으로 본다면, 이는 생명권을 제한이 불가능한 절대적 기본권으로 인정하는 것과 동일한 결과를 가져오게 된다.

② 법원의 기능에 대한 보호가 헌법적으로 요청되는 특수성이 있으므로, 각급법원 인근에서의 옥외집회나 시위를 예외 없이 절대적으로 금지하는 것은 지나친 제한으로서 위헌이라고 할 수 없다.

③ 긴급재정경제명령이 헌법 제76조 소정의 요건과 한계에 부합하는 것이라면 그 자체로 목적의 정당성, 수단의 적정성, 피해의 최소성, 법익의 균형성이라는 기본권제한의 한계로서의 과잉금지원칙을 준수하는 것이 되는 것이다.

④ 기본권 제한에 관한 법률유보의 원칙은 법률에 의한 규율만을 뜻하는 것이 아니라 법률에 근거한 규율을 요구하는 것이므로 기본권 제한의 형식이 반드시 법률의 형식일 필요는 없다.

① (○) 헌법 제37조 제2항에 근거하여 자유와 권리를 제한하는 경우에도 자유와 권리의 본질적인 내용을 침해할 수 없다. 그런데 생명권의 경우, 다른 일반적인 기본권 제한의 구조와는 달리, 생명의 일부 박탈이라는 것은 상정할 수 없기 때문에 생명권에 대한 제한은 필연적으로 생명권의 완전한 박탈을 의미하게 되는바, 이를 이유로 생명권의 제한은 어떠한 상황에서든 곧바로 개인의 생명권의 본질적인 내용을 침해하는 것으로서 기본권 제한의 한계를 넘는 것으로 본다면, 이는 생명권 제한이 불가능한 절대적 기본권으로 인정하는 것과 동일한 결과를 가져오게 된다. 그러나 생명권 역시 그 제한을 정당화할 수 있는 예외적 상황 하에서는 헌법상 그 제한이 허용되는 기본권인 점 및 생명권 제한구조의 특수성을 고려한다면, 생명권 제한이 정당화될 수 있는 예외적인 경우에는 생명권의 박탈이 초래된다 하더라도 곧바로 기본권의 본질적인 내용을 침해하는 것이라 볼 수는 없다(헌재 2010.2.25. 2008헌가23).

② (×) 법원 인근에서의 집회라 할지라도 법관의 독립을 위협하거나 재판에 영향을 미칠 염려가 없는 집회도 있다. 예컨대 법원을 대상으로 하지 않고 검찰청 등 법원 인근 국가기관이나 일반법인 또는 개인을 대상으로 한 집회로서 재판업무에 영향을 미칠 우려가 없는 집회가 있을 수 있다. 법원을 대상으로 한 집회라도 사법행정과 관련된 의사표시 전달을 목적으로 한 집회 등 법관의 독립이나 구체적 사건의 재판에 영향을 미칠 우려가 없는 집회도 있다. 심판대상조항은 입법목적을 달성하는 데 필요한 최소한도의 범위를 넘어 규제가 불필요하거나 또는 예외적으로 허용 가능한 옥외집회·시위까지도 일률적·전면적으로 금지하고 있으므로, 침해의 최소성 원칙에 위배된다. 심판대상조항은 각급 법원 인근의 모든 옥외집회를 전면적으로 금지함으로써 상충하는 법익 사이의 조화를 이루려는 노력을 전혀 기울이지 않아, 법익의 균형성 원칙에도 어긋난다. 심판대상조항은 과잉금지원칙을 위반하여 집회의 자유를 침해한다(헌재 2018.7.26. 2018헌바137).

③ (○) 헌법은 긴급재정경제명령의 발동에 따른 기본권침해를 위기상황의 극복을 위하여 최소한도에 그치도록 그 발동요건과 내용, 한계를 엄격히 규정함으로써 그 남용 또는 악용의 소지를 줄임과 동시에 긴급재정경제명령이 헌법에 합치하는 경우라면 이에 따라 기본권을 침해받는 국민으로서도 특별한 사정이 없는 한 이를 수인할 것을 요구하고 있다. 즉 긴급재정경제명령이 헌법 제76조 소정의 요건과 한계에 부합하는 것이라면 그 자체로 목적의 정당성, 수단의 적정성, 피해의 최소성, 법익의 균형성이라는 기본권제한의 한계로서의 과잉금지원칙을 준수하는 것이 되는 것이다(헌재 1996.2.29. 93헌마186).

④ (○) 국민의 기본권은 헌법 제37조 제2항에 근거하여 국가안전보장·질서유지 또는 공공복리를 위하여 필요한 경우에 한하여 이를 제한할 수 있으나, 그 제한의 방법은 원칙적으로 법률로써만 가능하고 제한의 정도도 기본권의 본질적 내용을 침해할 수 없으며 필요한 최소한도에 그쳐야 한다. 여기서 기본권제한에 관한 법률유보원칙은 법률에 근거한 규율을 요청하는 것이므로, 그 형식이 반드시 법률일 필요는 없다 하더라도 법률상의 근거는 있어야 한다(헌재 2006.5.25. 2003헌마715). [2018년 법원 9급] ②

기본권의 제한과 그 한계에 관한 설명으로 가장 적절하지 않은 것은? (다툼이 있는 경우 판례에 의함)

① 구 「여객자동차운수사업법」상 명의이용금지조항을 위반한 운송사업자에 대한 불이익 처분을 규정함에 있어, 입법자가 임의적 규정으로도 법의 목적을 실현할 수 있는 경우에 구체적 사안의 개별성과 특수성을 고려할 수 있는 가능성을 일체 배제하는 필요적 규정을 둔다면 이는 비례의 원칙의 한 요소인 최소침해성의 원칙에 위반된다.

② 부실경영에 책임이 없는 임원이나 금고경영에 영향력을 행사하지 않은 과점주주에 대해서도 상호신용금고의 채무에 대하여 연대변제책임을 부과하도록 한 구 「상호신용금고법」 조항은 입법목적을 달성하기 위하여 필요한 범위를 넘는 과도한 제한이다.

③ 「공직선거법」을 위반하여 기부 물품 등을 받은 사람에 대하여 그 기부행위가 이루어진 경위와 방식, 기부행위자와 위반자의 관계 등을 고려하지 않고 그 기부 물품 등 가액의 50배에 상당하는 과태료를 부과하는 구 「공직선거법」 조항은 구체적 위반행위의 책임 정도에 상응한 제재라고 할 수 없어 과잉금지원칙에 위반된다.

④ 국가작용에 있어서 선택하는 수단은 목적을 달성함에 있어서 필요하고 효과적이며 상대방에게 최소한의 피해를 줄 때에 한해서 정당성을 가지게 되고 상대방은 그 침해를 감수하게 되는 것인 바, 국가작용에 있어서 취해지는 어떠한 조치나 선택된 수단은 그것이 달성하려는 사안의 목적에 적합하여야 함은 물론이고, 그 조치나 수단이 목적달성을 위하여 유일무이한 것이어야 한다.

① (○) 입법자가 임의적 규정으로도 법의 목적을 실현할 수 있는 경우에 구체적 사안의 개별성과 특수성을 고려할 수 있는 가능성을 일체 배제하는 필요적 규정을 둔다면 이는 비례의 원칙의 한 요소인 최소침해성의 원칙에 위배되는바, 종래의 임의적 취소제도로도 철저한 단속, 엄격한 법집행 등 그 운용 여하에 따라서는 지입제 관행의 근절이라는 입법목적을 효과적으로 달성할 수 있었을 것으로 보이므로, 기본권침해의 정도가 덜한 임의적 취소제도의 적절한 운용을 통하여 입법목적을 달성하려는 노력은 기울이지 아니한 채 기본권침해의 정도가 한층 큰 필요적 취소제도를 도입한 이 사건 법률조항은 행정편의적 발상으로서 피해최소성의 원칙에 위반된다(헌재 2000.6.1. 99헌가11).

② (○) 상호신용금고법 제37조의3이 달성하고자 하는 바가 금고의 경영부실 및 사금고화로 인한 금고의 도산을 막고 이로써 예금주를 보호하고자 하는 데에 있다면, 이를 실현하기 위한 입법적 수단이 적용되어야 하는 인적 범위도 마찬가지로 부실경영에 관련된 자에 제한되어야 한다. 부실경영을 방지하는 다른 수단에 대하여 부가적으로 민사상의 책임을 강화하는 이 사건 법률조항은 원칙적으로 최소침해의 원칙에 부합하나, 부실경영에 아무런 관련이 없는 임원이나 과점주주에 대해서도 연대변제책임을 부과하는 것은 입법목적을 달성하기 위하여 필요한 범위를 넘는 과도한 제한이다(헌재 2002.8.29. 2000헌가5).

③ (○) 사건 심판대상조항은 의무위반자에 대하여 부과할 과태료의 액수를 감액의 여지없이 일률적으로 '제공받은 금액 또는 음식물·서적·관광 기타 교통편의를 제공받은 행위'의 경우에는 그 위반의 동기 및 태양, 기부행위가 이루어진 경위와 방식, 기부행위자와 위반자와의 관계, 사후의 정황 등에 따라 위법성 정도에 큰 차이가 있을 수밖에 없음에도 이와 같은 구체적, 개별적 사정을 고려하지 않고 오로지 기부받은 물품 등의 가액만을 기준으로 하여 일률적으로 정해진 액수의 과태료를 부과한다는 것은 구체적 위반행위의 책임 정도에 상응한 제재가 되기 어렵다. 따라서 이 사건 심판대상조항은 그 위무위반행위에 대하여 부과되는 과태료의 기준 및 액수가 책임원칙에 부합되지 않게 획일적일 뿐만 아니라 지나치게 과중하여 입법목적을 달성함에 필요한 정도를 일탈함으로써 과잉금지원칙에 위반된다(헌재 2009.3.26. 2007헌가22).

④ (×) 국가가 입법, 행정 등 국가작용을 함에 있어서는 합리적인 판단에 입각하여 추구하고자 하는 사안의 목적에 적합한 조치를 취하여야

하고, 그때 선택하는 수단은 목적을 달성함에 있어서 필요하고 효과적이며 상대방에게는 최소한의 피해를 줄 때에 한해서 그 국가작용은 정당성을 가지게 되고 상대방은 그 침해를 감수하게 되는 것이다. 그런데 국가작용에 있어서 취해진 어떠한 조치나 선택된 수단은 그것이 달성하려는 사안의 목적에 적합하여야 함은 당연하지만 그 조치나 수단이 목적달성을 위하여 유일무이한 것일 필요는 없다. 국가가 어떠한 목적을 달성함에 있어서는 어떠한 조치나 수단 하나만으로서 가능하다고 판단할 경우도 있고 다른 여러 가지의 조치나 수단을 병과하여야 가능하다고 판단하는 경우도 있을 수 있으므로 과잉금지의 원칙이라는 것이 목적달성에 필요한 유일의 수단선택을 요건으로 하는 것이라고 할 수는 없다(헌재 1989.12.22. 88헌가13). [2016년 경찰 경정승진] ④

헌법재판소가 과잉금지의 원칙에 위반된다고 본 것이 아닌 것은? (다툼이 있는 경우 헌법재판소 판례에 의함)

① 부실경영에 아무런 관련이 없는 상호신용금고의 임원과 과점주주에게 금고의 채무에 대하여 연대변제책임을 부과하는 것

② 학원·교습소·대학(원)생을 제외하고는 과외교습을 원칙적으로 금지하고 이를 위반한 자를 처벌하는 것

③ 법이 규정한 기간 내에 실명등기를 하지 아니하거나 장기 미등기자에 대하여 부동산가액의 100분의 30에 해당하는 과징금을 부과할 수 있도록 하는 것

④ 교육위원의 선거에 있어서 선거공보의 발행·배포와 소견발표회의 개최 이외에 일체의 선거운동을 금지하는 것

⑤ 식품이나 식품의 용기·포장에 '음주전후' 또는 '숙취해소'라는 표시를 금하는 것

① (○) 부실경영을 방지하는 다른 수단에 대하여 부가적으로 민사상의 책임을 강화하는 이 사건 법률조항은 원칙적으로 최소침해의 원칙에 부합하나, 부실경영에 아무런 관련이 없는 임원이나 과점주주에 대해서도 연대변제책임을 부과하는 것은 입법목적을 달성하기 위하여 필요한 범위를 넘는 과도한 제한이다. 따라서 이 사건 법률조항은 부실경영의 책임이 없는 임원과 금고의 경영에 영향력을 행사하여 부실의 결과를 초래한 자 이외의 과점주주에 대해서도 연대채무를 부담하게 하는 범위 내에서 헌법에 위반된다(헌재 2002.8.29. 2000헌가5).

② (○) 법 제3조는 침해의 최소성과 법익의 균형성을 갖추지 못하여 비례의 원칙에 위반되어 국민의 기본권을 과도하게 침해하는 것이므로 비례의 원칙에 반하여 국민의 자녀교육권, 인격의 자유로운 발현권, 직업선택의 자유를 침해하는 위헌적인 규정이다(헌재 2000.4.27. 98헌가16).

③ (○) 부동산가액의 30%라는 과징금 부과율은 부동산실명법의 입법목적을 고려한다 하더라도 지나치다고 보여지고, 그것이 탈세나 투기를 위한 방편으로 이용되었는지, 그로 인하여 이득을 얻었는지, 실명등기의무 지체의 기간이 얼마나 되는지 등의 다양한 요소들을 고려하여 과징금을 차등적으로 부과할 수 있는 가능성을 전혀 배제한 것은, 과잉금지의 원칙은 물론 평등의 원칙에도 반한다고 할 것이므로, 유예기간 내에 실명등기를 하지 못한 경위, 당해 명의신탁의 반사회성의 정도 등을 고려하여 적정한 과징금을 부과할 수 있도록 하는 입법이 되어야 한다(헌재 2001.5.31. 99헌가18).

④ (×) 사건 법률조항의 선거운동제한이 다른 선거법에 비하여 엄격한 것은 사실이지만 적어도 그러한 제한이 교육위원·교육감선거에 있어 모든 후보자·선거인들에게 동등하게 적용되는 한 평등권을 침해하였다고 볼 수 없고, 이 사건 법률조항 자체에서 선거운동의 공영관리방법으로 교육위원회의사국이 주관하는 선거공보의 발행·배포와 소견발표회 개최를 허용하고 있으며, 이로써 후보자나 선거인을 위하여 충분한 선거운동 방법이라 할 것이므로 각 후보의 공무담임권이나 국민의 알 권리와 후보자선택의 자유의 본질적 내용을 침해한 것이라고 볼 수도 없다(헌재 2000.3.30. 99헌바113).

⑤ (○) 심판대상 규정은 숙취해소용 식품의 제조·판매에 관한 영업의 자유 및 광고표현의 자유를 과잉금지원칙에 위반하여 침해하는 것이다. 특히 청구인들은 숙취해소용 천연차 및 그 제조방법에 관하여 특허권을 획득하였음에도 불구하고 위 규정으로 인하여 특허권자인 청구인들조차 그 특허발명품에 숙취해소용 천연차라는 표시를 하지 못하고 "천연차"라는 표시만 할 수밖에 없게 됨으로써 청구인들의 헌법상 보호받는 재산권인 특허권도 침해되었다(헌재 2000.3.30. 99헌마143). [2016년 국회 8급] ④

과잉금지원칙(비례원칙)에 관한 설명 중 가장 적절하지 않은 것은? (다툼이 있는 경우 판례에 의함)

① 과잉금지원칙은 기본권 제한의 방법상 한계로서 헌법 제37조 제2항의 '필요한 경우에 한하여' 부분에서 그 근거를 찾을 수 있다.

② 국민의 기본권을 제한하는 입법은 그 목적이 헌법 및 법률의 체제상 정당성이 인정되어야 하고, 그 목적의 달성을 위하여 방법이 효과적이고 적절하여야 하며, 입법권자가 선택한 방법이 설사 적절하다고 하더라도 보다 완화된 형태나 방법을 모색함으로써 기본권의 제한은 필요한 최소한도에 그치도록 하여야 하며, 입법에 의하여 보호하려는 공익과 침해되는 사익을 비교 형량할 때 보호되는 공익이 더 커야 한다.

③ 입법목적을 달성하기 위한 수단으로서 반드시 가장 합리적이며 효율적인 수단을 선택하여야 하는 것은 아니라고 할지라도 적어도 현저하게 불합리하고 불공정한 수단의 선택은 피하여야 한다.

④ 입법자가 임의적 규정으로도 법의 목적을 실현할 수 있는 경우, 구체적 사안의 개별성과 특수성을 고려할 수 있는 가능성을 일체 배제하는 필요적 규정을 둔다면 이는 비례원칙의 한 요소인 '수단의 적합성(적절성) 원칙'에 위배된다.

① (○) 과잉금지의 원칙이라는 것은 국가가 국민의 기본권을 제한하는 내용의 입법활동을 함에 있어서, 준수하여야 할 기본원칙 내지 입법활동의 한계를 의미하는 것으로서 이러한 요구는 오늘날 법치국가의 원리에서 당연히 추출되는 확고한 원칙으로서 부동의 위치를 점하고 있으며, 헌법 제37조 제2항에서도 이러한 취지의 규정을 두고 있다(헌재 1990.9.3. 89헌가95).

② (○) 국가가 국민의 기본권을 제한하는 내용의 입법활동을 함에 있어서 준수하여야 할 기본원칙으로서, 입법의 목적이 헌법 및 법률의 체제상 그 정당성이 인정되어야 하고(목적의 정당성), 그 목적의 달성을 위하여 그 방법이 효과적이고 적절하여야 하며(방법의 적절성), 입법권자가 선택한 기본권제한의 조치가 입법목적 달성을 위하여 설사 적절하다 할지라도 가능한 한 보다 완화된 형태나 방법을 모색함으로써 기본권제한은 필요한 최소한도에 그치도록 하여야 하며(피해의 최소성), 그 입법에 의하여 보호하려는 공익과 침해되는 사익을 비교형량할 때 보호되는 공익이 더 커야 한다(법익의 균형성)(헌재 1992.12.24. 92헌가8; 헌재 1994.12.29. 94헌마201).

③ (○) 입법목적을 달성하기 위하여 가능한 여러 수단들 가운데 구체적으로 어느 것을 선택할 것인가의 문제가 기본적으로 입법재량에 속하는 것이기는 하다. 그러나 위 입법재량이라는 것도 자유재량을 말하는 것은 아니므로 입법목적을 달성하기 위한 수단으로서 반드시 가장 합리적이며 효율적인 수단을 선택하여야 하는 것은 아니라고 할지라도 적어도 현저하게 불합리하고 불공정한 수단의 선택은 피하여야 할 것이다(헌재 1996.4.25. 92헌바47).

④ (×) 입법자가 임의적 규정으로도 법의 목적을 실현할 수 있는 경우에 구체적 사안의 개별성과 특수성을 고려할 수 있는 가능성을 일체 배제하는 필요적 규정을 둔다면 이는 비례의 원칙의 한 요소인 최소침해성의 원칙에 위배된다는 것을 헌법재판소는 이미 여러 차례 확인하였다(헌재 1995.2.23. 93헌가1; 헌재 1995.11.30. 94헌가3; 헌재 1998.5.28. 96헌가12). [2022년 경찰 경정승진] ④

기본권 제한의 한계에 대한 설명으로 옳지 않은 것은? (다툼이 있는 경우 헌법재판소 판례에 의함)

① 헌법재판소는 과잉금지의 원칙의 근거를 헌법상의 법치주의와 헌법 제37조 제2항에서 찾고 있다.

② 헌법재판소는 「공직선거법」이 공직선거에 있어서 소액의 기부를 받은 경우에 과태료를 그

가액의 50배로 산정하도록 정한 것은 책임원칙에 부합되지 않게 획일적이고 지나치게 과중하여 입법목적을 달성함에 필요한 정도를 일탈함으로써 과잉금지의 원칙에 위반된다고 판시하였다.

③ 직업을 선택함에 있어 일정한 자격을 요구하는 것은 직업선택의 자유의 제한에 해당하는데, 자격제도에서 그 자격요건을 정함에 있어서는 입법자에게 광범위한 입법재량이 인정된다.

④ 헌법재판소에 의하면 공연윤리위원회의 심의는 헌법 제21조 제2항의 검열에 해당하므로 음반을 제작하기에 앞서 공연윤리위원회의 심의를 받도록 하고 심의를 받지 아니한 음반의 판매를 금지하면서 이에 위반한 자를 처벌하는 것은 헌법 제21조 제2항에 위반된다.

⑤ 헌법재판소는 복수의 축산업협동조합 간의 경쟁에 따른 폐단을 방지하여 양축인의 자주적 협동조합을 육성하고 축산업의 진흥과 구성원의 경제적·사회적 지위향상을 도모한다는 이유로 복수의 조합설립과 가입을 금지하는 것은 과잉금지의 원칙에 위반되지 아니한다고 판시하였다.

① (○) 과잉금지의 원칙이라는 것은 국가가 국민의 기본권을 제한하는 내용의 입법활동을 함에 있어서, 준수하여야 할 기본원칙 내지 입법활동의 한계를 의미하는 것으로서 이러한 요구는 오늘날 법치국가의 원리에서 당연히 추출되는 확고한 원칙으로서 부동의 위치를 점하고 있으며, 헌법 제37조 제2항에서도 이러한 취지의 규정을 두고 있다(헌재 1990.9.3. 89헌가95).

② (○) 심판대상조항은 그 의무위반행위에 대하여 부과되는 과태료의 기준 및 액수가 책임원칙에 부합되지 않게 획일적일 뿐만 아니라 지나치게 과중하여 입법목적을 달성함에 필요한 정도를 일탈함으로써 과잉금지원칙에 위반된다(헌재 2009.3.26. 2007헌가22).

③ (○) 과잉금지원칙을 적용함에 있어서 어떠한 직업분야에 관한 자격제도를 만들면서 그 자격요건을 어떻게 설정할 것인가에 관하여는 국가에게 폭넓은 입법재량권이 부여되어 있으므로, 다른 방법으로 직업선택의 자유를 제한하는 경우에 비하여 보다 유연하고 탄력적인 심사가 필요하다(헌재 2012.11.29. 2011헌마801).

④ (○) 사건 법률조항은 심의기관인 공연윤리위원회가 음반의 제작, 판매에 앞서 그 내용을 심사하여 심의기준에 적합하지 아니한 음반에 대하여는 판매를 금지할 수 있고, 심의를 받지 아니한 음반을 판매할 경우에는 형사처벌까지 할 수 있도록 규정하고 있는바, 공연윤리위원회는 공연법에 의하여 설치되고 행정권이 그 구성에 지속적인 영향을 미칠 수 있게 되어 있으므로, 음반에 대한 위와 같은 사전심의제도는 명백히 사전검열제도에 해당한다(헌재 1996.10.31. 94헌가6).

⑤ (×) 복수조합의 설립을 금지한 구 축산업협동조합법 제99조 제2항은 입법목적을 달성하기 위하여 결사의 자유 등 기본권의 본질적 내용을 해하는 수단을 선택함으로써 입법재량의 한계를 일탈하였으므로 헌법에 위반된다. 따라서 이 사건 심판대상조항은 과잉금지의 원칙 및 자의금지의 원칙에 반하여 청구인의 결사의 자유, 직업의 자유, 평등권을 침해하는 위헌의 법률조항이다(헌재 1996.4.25. 92헌바47).

[2016년 국회 8급] ⑤

기본권 제한 및 제한의 한계에 대한 설명으로 옳지 않은 것을 모두 고르면? (다툼이 있는 경우 판례에 의함)

ㄱ. 국가작용에 있어서 취해진 어떠한 조치나 선택된 수단은 그것이 달성하려는 사안의 목적에 적합하여야 함은 당연하고 그 조치나 수단이 목적달성을 위하여 유일무이한 것이어야 한다.

ㄴ. 최소침해의 원칙이란 기본권의 제한에 관하여 그 목적을 달성하는 데 적합한 수단이 여러 개가 있을 경우에 입법자는 최소한의 기본권 침해를 가져오는 방법을 선택해야 한다는 것을 말한다.

> ㄷ. 대통령의 국가긴급권 행사 시 그 국가작용이 국민의 기본권 침해와 직접 관련되는 경우에는 당연히 헌법재판소의 심판대상이 될 수 있다.
> ㄹ. 기본권을 제한하는 법률의 명확성에 관하여 법적 안정성과 예측가능성의 보장은 법치국가의 중요한 내용이기 때문에 법률의 규율 영역과 상관없이 동일하게 엄격한 기준이 적용된다.

① ㄱ, ㄴ ② ㄱ, ㄹ ③ ㄴ, ㄷ
④ ㄴ, ㄹ ⑤ ㄷ, ㄹ

ㄱ. (×) 국가작용에서 취해진 어떠한 조치나 선택된 수단은 그것이 달성하려는 사안의 목적에 적합하여야 함은 당연하지만 그 조치나 수단이 목적달성을 위하여 유일무이한 것일 필요는 없다. 국가가 어떠한 목적을 달성함에 있어서는 어떠한 조치나 수단 하나만으로서 가능하다고 판단할 경우도 있고 다른 여러 가지의 조치나 수단을 병과하여야 가능하다고 판단하는 경우도 있을 수 있으므로 과잉금지의 원칙이라는 것이 목적달성에 필요한 유일한 수단선택을 요건으로 하는 것이라고 할 수는 없다(헌재 1989.12.22. 88헌가13).
ㄴ. (○) 입법자는 공익실현을 위하여 기본권을 제한하는 경우에도 입법목적을 실현하기에 적합한 여러 수단 중에서 되도록 국민의 기본권을 가장 존중하고 기본권을 최소로 침해하는 수단을 선택해야 한다(헌재 1998.5.28. 96헌가5).
ㄷ. (○) 대통령의 긴급재정경제명령은 국가긴급권의 일종으로서 고도의 정치적 결단에 의하여 발동되는 행위이고 그 결단을 존중하여야 할 필요성이 있는 행위라는 의미에서 이른바 통치행위에 속한다고 할 수 있으나, 통치행위를 포함하여 모든 국가작용은 국민의 기본권적 가치를 실현하기 위한 수단이라는 한계를 반드시 지켜야 하는 것이고, 헌법재판소는 헌법의 수호와 국민의 기본권 보장을 사명으로 하는 국가기관이므로 비록 고도의 정치적 결단에 의하여 행해지는 국가작용이라고 할지라도 그것이 국민의 기본권 침해와 직접 관련되는 경우에는 당연히 헌법재판소의 심판대상이 된다(헌재 1996.2.29. 93헌마186).
ㄹ. (×) 명확성의 원칙은 모든 법률에 있어서 동일한 정도로 요구되는 것은 아니고 개개의 법률이나 법조항의 성격에 따라 요구되는 정도에 차이가 있을 수 있으며 각각의 구성요건의 특수성과 그러한 법률이 제정되게 된 배경이나 상황에 따라 달라질 수 있다. 일반론으로는 어떠한 규정이 부담적 성격을 가지는 경우에는 수익적 성격을 가지는 경우에 비하여 명확성의 원칙이 더욱 엄격하게 요구된다(헌재 1992.2.25. 89헌가104).
[2015년 국회 9급] ②

기본권의 제한과 그 한계에 관한 설명 중 가장 옳지 않은 것은? (다툼이 있는 경우 헌법재판소 결정에 의함)

① 대통령은 긴급명령을 통하여 국민의 기본권을 제한할 수 있다.
② 기본권 제한의 한계원리인 과잉금지의 원칙은 법치국가원리에 그 바탕을 두고 있다.
③ 법률유보의 원칙은 기본권의 제한에 있어서 법률의 근거뿐만 아니라, 그 형식도 반드시 법률의 형식일 것을 요구한다.
④ 기본권 제한과 관련한 법률의 명확성원칙은 법률을 제정함에 있어서 개괄조항이나 불확정법개념의 사용을 금지하는 것은 아니다.

① (○) 헌법 제76조 제4항에 근거하여 대통령의 긴급명령이나 긴급재정·경제명령은 법률의 효력을 가지므로 그 결과 이런 명령으로 기존의 법률을 폐지하거나 개정할 수 있다. 따라서 대통령의 긴급명령이나 긴급재정·경제명령이 이와 같은 효력을 가진다면, 헌법 제37조 제2항에 비추어 볼 때 결국 이런 긴급명령이나 긴급재정·경제명령에 의해서도 기본권을 제한할 수 있다.
② (○) 과잉금지의 원칙은 국가가 국민의 기본권을 제한하는 내용의 입법활동을 함에 있어서, 준수하여야 할 기본원칙 내지 입법활동의 한계를 의미하는 것으로서 위와 같은 요건이 충족될 때 국가의 입법작용에 비로소 정당성이 인정되고, 그에 따라 국민의 수인의무가

생겨나는 것으로서, 이러한 요구는 오늘날 법치국가의 원리에서 당연히 추출되는 확고한 원칙으로서 부동의 위치를 점하고 있으며, 헌법 제37조 제2항에서도 이러한 취지의 규정을 두고 있는 것이다(헌재 1990.9.3. 89헌가95).

③ (×) 위 조항에서 규정하고 있는 기본권제한에 관한 법률유보의 원칙은 법률에 의한 규율을 요청하는 것이 아니라 법률에 근거한 규율을 요청하는 것이므로, 기본권의 제한에는 법률의 근거가 필요할 뿐이고 기본권 제한의 형식이 반드시 법률의 형식일 필요는 없다(헌재 2005.5.26. 99헌마513).

④ (○) 법률은 그 구성요건을 충족시키는 모든 사람과 모든 개별적인 경우에 대하여 적용되는 일반적·추상적 규범으로서 그 본질상 규율하고자 하는 생활관계에서 발생 가능한 모든 법적 상황에 대하여 구체적이고 서술적인 방식으로 법률의 내용을 규정하는 것은 불가능하며, 어느 정도 추상적이고 개괄적인 개념 또는 변화하는 사회현상을 수용할 수 있는 개방적인 개념을 사용하는 것이 불가피하다. 그러므로 법률의 명확성원칙은 입법자가 법률을 제정함에 있어서 개괄조항이나 불확정 법개념의 사용을 금지하는 것이 아니다(헌재 2004.7.15. 2003헌바35).

[2015년 법원 9급] ③

기본권제한의 한계원리인 과잉금지원칙에 관한 다음 설명 중 가장 옳은 것은? (다툼이 있는 경우 헌법재판소 결정에 의함)

① 헌법재판소는 구 형법상 혼인빙자간음죄에 대해 목적의 정당성을 물론, 수단의 적절성과 피해의 최소성 요건도 갖추지 못해 위헌이라고 보았다.

② 변호사시험 성적을 합격자에게 공개하지 않도록 규정한 변호사시험법의 규정은 법학전문대학원 간의 과다경쟁 등을 방지하기 위한 것으로 그 수단의 적절성이 인정되어 과잉금지원칙에 반하지 않는다.

③ 입법목적을 달성하기 위하여 가능한 여러 수단들 가운데 구체적으로 어느 것을 선택할 것인가의 문제는 기본적으로 입법재량에 속하지만, 반드시 가장 합리적이며 효율적인 수단을 선택해야 한다.

④ 입법자가 임의적 규정으로도 법의 목적을 실현할 수 있는 경우에 구체적 사안의 개별성과 특수성을 고려할 수 있는 가능성을 일체 배제하는 필요적 규정을 두었다고 해서 최소침해성의 원칙에 위배될 여지는 없다.

① (○) 사건 법률조항은 목적의 정당성, 수단의 적절성 및 피해최소성을 갖추지 못하였고 법익의 균형성도 이루지 못하였으므로, 헌법 제37조 제2항의 과잉금지원칙을 위반하여 남성의 성적자기결정권 및 사생활의 비밀과 자유를 과잉제한하는 것으로 헌법에 위반된다(헌재 2009.11.26. 2008헌바58).

② (×) 변호사시험 성적의 비공개는 기존 대학의 서열화를 고착시키는 등의 부작용을 낳고 있으므로 수단의 적절성이 인정되지 않는다. 또한 법학교육의 정상화나 교육 등을 통한 우수 인재 배출, 대학원 간의 과다경쟁 및 서열화 방지라는 입법목적은 법학전문대학원 내의 충실하고 다양한 교과과정 및 엄정한 학사관리 등과 같이 알 권리를 제한하지 않는 수단을 통해서 달성될 수 있고, 변호사시험 응시자들은 자신의 변호사시험 성적을 알 수 없게 되므로, 심판대상조항은 침해의 최소성 및 법익의 균형성 요건도 갖추지 못하였다. 따라서 심판대상조항은 과잉금지원칙에 위배하여 청구인들의 알 권리를 침해한다(헌재 2015.6.25. 2011헌마769).

③ (×) 입법목적을 달성하기 위하여 가능한 여러 수단들 가운데 구체적으로 어느 것을 선택할 것인가는 기본적으로 입법재량의 영역에 속하는 문제이므로, 입법목적을 달성하기 위하여 선택된 수단이 현저히 불합리한 것이 아닌 한 그 수단이 가장 합리적이고 효율적인 수단이 아니라는 이유만으로는 위헌이라고는 할 수 없다(헌재 1998.2.27. 95헌바59).

④ (×) 입법자가 임의적 규정으로도 법의 목적을 실현할 수 있는 경우에 구체적 사안의 개별성과 특수성을 고려할 수 있는 가능성을 일체

배제하는 필요적 규정을 둔다면 이는 비례의 원칙의 한 요소인 최소침해성의 원칙에 위배되는바, 종래의 임의적 취소제도로도 철저한 단속, 엄격한 법집행 등 그 운용 여하에 따라서는 지입제 관행의 근절이라는 입법목적을 효과적으로 달성할 수 있었을 것으로 보이므로, 기본권침해의 정도가 덜한 임의적 취소제도의 적절한 운용을 통하여 입법목적을 달성하려는 노력은 기울이지 아니한 채 기본권침해의 정도가 한층 큰 필요적 취소제도를 도입한 이 사건 법률조항은 행정편의적 발상으로서 피해최소성의 원칙에 위반된다(헌재 2000.6.1. 99헌가11). [2016년 법원 9급] ①

과잉금지원칙에 대한 설명으로 가장 적절한 것은? (다툼이 있는 경우 헌법재판소 판례에 의함)

① 「특정경제범죄 가중처벌 등에 관한 법률」에서 금융회사 등 임직원의 직무에 속하는 사항의 알선에 관하여 금품 등 수수행위 금지 조항은 금품 등을 대가로 다른 사람을 위하여 중개하거나 편의를 도모하는 것을 할 수 없게 하므로 과잉금지원칙에 위배된다.

② 「변호사법」에서 변호사는 계쟁권리(係爭權利)를 양수할 수 없다고 규정하고 이를 위반시 형사처벌을 부과하도록 규정한 것은 변호사가 당해 업무를 처리하며 정당한 보수를 받는 방법을 일률적으로 금지하고 있으므로 과잉금지원칙에 위배된다.

③ 구 「식품위생법」에서 식품의약품안전처장이 식품의 사용기준을 정하여 고시하고, 고시된 사용기준에 맞지 아니하는 식품을 판매하는 행위를 금지·처벌하는 규정들은 생녹용의 사용조건을 엄격하게 제한한 후 이 기준에 따라서만 생녹용을 판매할 수 있도록 하므로 과잉금지원칙에 위배된다.

④ 구 「공직선거법」에서 지방자치단체의 장 선거 예비후보자가 정당의 공천심사에서 탈락한 후 후보자등록을 하지 않은 경우를 기탁금 반환 사유로 규정하지 않은 것은 과잉금지원칙에 위배된다.

① (×) 심판대상조항은 금융회사 등 임직원의 청렴성과 그 직무의 불가매수성을 확보하여, 금융회사 등과 관련된 각종 비리와 부정의 소지를 없애고 투명성, 공정성을 확립함으로써 건전한 경제질서를 수립하고 국민경제의 발전에 이바지하는 것을 목적으로 하므로, 그 입법목적은 정당하다. 금품 등의 이익을 대가로 금융회사 등 임직원의 직무에 관하여 알선하는 것을 금지하면 제3자가 금융회사 등 임직원의 직무에 개입하는 것을 방지할 수 있으므로, 심판대상조항은 입법목적을 달성하는 데 효과적이고 적절한 수단이라 할 것이어서 수단의 적절성 또한 인정된다. 결국 심판대상조항은 과잉금지원칙에 위배되어 일반적 행동자유권 또는 직업수행의 자유를 침해하지 않는다(헌재 2016.3.31. 2015헌바197).

② (×) 심판대상조항은 변호사에게 요구되는 윤리성을 담보하고, 의뢰인과의 신뢰관계 균열을 방지하며, 법률사무 취급의 전문성과 공정성 등을 확보하고자 마련된 것이다. 계쟁권리 양수는 변호사의 직무수행 과정에서 의뢰인과의 사이에 신뢰성과 업무수행의 공정성을 훼손할 우려가 크기에 양수의 대가를 지불하였는지를 불문하고 금지할 필요가 있다. 양수가 금지되는 권리에는 계쟁목적물은 포함되지 않으며 '계쟁 중'에만 양수가 금지된다는 점을 고려하면 변호사로 하여금 계쟁권리를 양수하지 못하도록 하는 것을 과도한 제한이라고 볼 수 없다. 따라서 이 조항은 변호사의 직업수행의 자유를 침해하지 않는다(헌재 2021.10.28. 2020헌바488).

③ (×) 불특정 다수를 상대로 유통되는 식품으로 인하여 생기는 위생상의 위해를 방지하고 식품의 안전성에 대한 신뢰를 확보하여 국민들이 안심하고 식품을 구입·섭취할 수 있도록 함으로써 국민보건을 증진하려는 공익은 중대하다. 식품의 섭취로 부작용이 발생하거나 건강이 훼손되면 원상회복이 매우 어렵거나 치명적인 손상이 발생할 수 있어 예방적이고 선제적인 조치가 요구된다. 심판대상조항들이 식품의약품안전처장이 정하여 고시하는 식품의 범위를 판매를 목적으로 하는 식품으로 한정하고 있으며, 그 사유 역시 국민보건을 위하여 필요한 경우로 제한하고 있고, 심판대상조항들이 정하고 있는 법정형 또한 과도하다고 보기 어렵다. 따라서 심판대상조항들은 과잉금지원칙에 위배되어

직업수행의 자유를 침해하지 아니한다(헌재 2021.2.25. 2017헌바222).

④ (○) 지역구국회의원선거와 지방자치단체의 장 선거는 헌법상 선거제도 규정 방식이나 선거대상의 지위와 성격, 기관의 직무 및 기능, 선거구 수 등에 있어 차이가 있을 뿐, 예비후보자의 무분별한 난립을 막고 책임성을 강화하며 그 성실성을 담보하고자 하는 기탁금제도의 취지 측면에서는 동일하므로, 헌법재판소의 2016헌마541 결정에서의 판단은 이 사건에서도 타당하고, 그 견해를 변경할 사정이 있다고 보기 어려우므로, 지방자치단체의 장 선거에 있어 정당의 공천심사에서 탈락한 후 후보자등록을 하지 않은 경우를 기탁금 반환 사유로 규정하지 않은 심판대상조항은 과잉금지원칙에 반하여 헌법에 위반된다(헌재 2020.9.24. 2018헌가15). [2022년 경찰간부] ④

기본권 침해 여부의 심사에서 과잉금지원칙(비례원칙)이 적용된 경우가 아닌 것은? (다툼이 있는 경우 판례에 의함)

① 고졸검정고시 또는 고입검정고시에 합격한 자는 해당 검정고시에 다시 응시할 수 없도록 응시자격을 제한한 것이 해당 검정고시 합격자의 교육을 받을 권리를 침해하는지 여부

② 교육공무원인 대학교원을 「교원의 노동조합 설립 및 운영 등에 관한 법률」의 적용대상에서 배제한 것이 교육공무원인 대학교원의 단결권을 침해하는지 여부

③ 세종특별자치시의 특정 구역 내 건물에 입주한 업소에 대해 업소별로 표시할 수 있는 광고물의 총 수량을 원칙적으로 1개로 제한한 것이 업소 영업자의 표현의 자유 및 직업수행의 자유를 침해하는지 여부

④ 자율형 사립고등학교를 지원한 학생에게 평준화지역 후기학교 주간부에 중복 지원하는 것을 금지한 것이 자율형 사립고등학교에 진학하고자 하는 학생의 평등권을 침해하는지 여부

① (○) 검정고시 응시자격을 제한하는 것은, 국민의 교육받을 권리 중 그 의사와 능력에 따라 균등하게 교육받을 것을 국가로부터 방해받지 않을 권리, 즉 자유권적 기본권을 제한하는 것 이므로, 그 제한에 대하여는 헌법 제37조 제2항의 비례원칙에 의한 심사, 즉 과잉금지원칙에 따른 심사를 받아야 할 것이다. 이 사건 응시제한은 과잉금지원칙에 위반되어 청구인들의 교육을 받을 권리를 침해한다(헌재 2012.5.31. 2010헌마139).

② (×) 사건에서는 대학 교원을 교육공무원 아닌 대학 교원과 교육공무원인 대학 교원으로 나누어, 각각의 단결권에 대한 제한이 헌법에 위배되는지 여부에 관하여 살펴보기로 하되, 교육공무원 아닌 대학 교원에 대해서는 과잉금지원칙 위배 여부를 기준으로, 교육공무원인 대학 교원에 대해서는 입법형성의 범위를 일탈하였는지 여부를 기준으로 나누어 심사하기로 한다. 심판대상조항은 과잉금지원칙에 위배되어 교육공무원 아닌 대학 교원의 단결권을 침해한다. 교육공무원인 대학 교원에게 노동조합을 조직하고 가입할 권리인 단결권을 전혀 인정하지 않는 심판대상조항은 입법형성권의 범위를 벗어난 것으로서 헌법에 위반된다(헌재 2018.8.30. 2015헌가38).

③ (○) 상업광고는 표현의 자유의 보호영역에 속하지만 사상이나 지식에 관한 정치적, 시민적 표현행위와는 차이가 있고, 한편 직업수행의 자유의 보호영역에 속하지만 인격발현과 개성신장에 미치는 효과가 중대한 것은 아니다. 그러므로 상업광고 규제에 관한 비례의 원칙 심사에 있어서 침해의 최소성 원칙은 같은 목적을 달성하기 위하여 달리 덜 제약적인 수단이 없을 것인지 혹은 입법목적을 달성하기 위하여 필요한 최소한의 제한인지를 심사하기보다는 입법목적을 달성하기 위하여 필요한 범위 내의 것인지를 심사하는 정도로 완화되는 것이 상당하다. 심판대상조항들은 비례의 원칙을 위반하여 청구인들의 표현의 자유 및 직업수행의 자유를 침해한다고 볼 수 없다(헌재 2016.3.31. 2014헌마794).

④ (○) 고등학교 진학 기회의 제한은 대학 등 고등교육기관에 비하여 당사자에게 미치는 제한의 효과가 더욱 크므로 보다 더 엄격히 심사하여야 한다. 따라서 이 사건 중복지원금지 조항의 차별 목적과 차별의 정도가 비례원칙을 준수하는지 살펴본다. 결국 이 사건 중복지원금지 조항은 고등학교 진학 기회에 있어서 자사고 지원자들에 대한 차별을 정당화할 수 있을 정도로 차별 목적과 차별의 정도 간에 비례성을 갖춘 것이라고 볼 수 없다(헌재 2019.4.11. 2018헌마221). [2020년 국가 7급] ②

제6절 기본권보호의무

국가의 기본권보호의무에 관한 설명으로 가장 적절하지 않은 것은? (다툼이 있는 경우 판례에 의함)

① 선거운동을 위한 확성장치를 허용할 공익적 필요성이 인정된다고 하더라도 정온한 생활환경이 보장되어야 할 주거지역에서 사용시간과 사용지역에 따른 수인한도 내에서 확성장치의 최고출력 내지 소음 규제기준에 관한 규정을 두지 아니한 「공직선거법」 조항은 주거지역 거주자의 건강하고 쾌적한 환경에서 생활할 권리를 침해한다.

② 「담배사업법」은 담배성분의 표시나 경고문구의 표시, 담배광고의 제한 등 여러 규제들을 통하여 직접흡연으로부터 국민의 생명·신체의 안전을 보호하려고 노력하고 있어, 「담배사업법」이 국가의 보호의무에 관한 과소보호금지 원칙을 위반하여 흡연자의 생명·신체의 안전에 관한 권리를 침해하였다고 볼 수 없다.

③ 업무상과실 또는 중대한 과실로 인한 교통사고로 말미암아 피해자로 하여금 상해에 이르게 하였으나 보험 등에 가입한 경우 운전자에 대한 공소를 제기할 수 없도록 한 구 「교통사고처리특례법」 조항은 교통사고 피해자의 생명·신체의 안전에 관한 국가의 기본권 보호의무를 명백히 위반한 것이다.

④ 「민법」 조항들이 권리능력의 존재 여부를 출생시를 기준으로 확정하고 태아에 대해서는 살아서 출생할 것을 조건으로 손해배상청구권을 인정하더라도 태아에 대한 국가의 생명권 보호의무를 위반한 것이라 볼 수 없다.

① (○) 선거운동의 자유를 감안하여 선거운동을 위한 확성장치를 허용할 공익적 필요성이 인정된다고 하더라도 정온한 생활환경이 보장되어야 할 주거지역에서 출근 또는 등교 이전 및 퇴근 또는 하교 이후 시간대에 확성장치의 최고출력 내지 소음을 제한하는 등 사용시간과 사용지역에 따른 수인한도 내에서 확성장치의 최고출력 내지 소음 규제기준에 관한 규정을 두지 아니한 것은, 국민이 건강하고 쾌적하게 생활할 수 있는 양호한 주거환경을 위하여 노력하여야 할 국가의 의무를 부과한 헌법 제35조 제3항에 비추어 보면, 적절하고 효율적인 최소한의 보호조치를 취하지 아니하여 국가의 기본권보호의무를 과소하게 이행한 것으로서, 청구인의 건강하고 쾌적한 환경에서 생활할 권리를 침해하므로 헌법에 위반된다(헌재 2019.12.27. 2018헌마730).

② (○) 담배사업법은 담배성분의 표시나 경고문구의 표시, 담배광고의 제한 등 여러 규제들을 통하여 직접흡연으로부터 국민의 생명·신체의 안전을 보호하려고 노력하고 있다. 담배사업법이 국가의 보호의무에 관한 과소보호금지 원칙을 위반하여 청구인의 생명·신체의 안전에 관한 권리를 침해하였다고 볼 수 없다(헌재 2015.4.30. 2012헌마38).

③ (×) 교통사고로 인한 피해자에게 중상해가 아닌 상해의 결과만을 야기한 경우 가해 운전자에 대하여 가해차량이 종합보험 등에 가입되어 있음을 이유로 공소를 제기하지 못하도록 규정한 한도 내에서는, 과잉금지의 원칙 내지 비례의 원칙에도 반하지 않는다(헌재 2009.2.26. 2005헌마764).

④ (○) 권리능력의 존재 여부를 출생 시를 기준으로 확정하고 태아에 대해서는 살아서 출생할 것을 조건으로 손해배상청구권을 인정한다 할지라도 이러한 입법적 태도가 입법형성권의 한계를 명백히 일탈한 것으로 보기는 어려우므로 국가의 생명권 보호의무를 위반한 것이라 볼 수 없다(헌재 2008.7.31. 2004헌바81). [2023년 경찰공채 3월] ③

기본권보호의무에 관한 설명 중 옳은 것을 모두 고른 것은? (다툼이 있는 경우 판례에 의함)

ㄱ. 국가가 국민의 생명·신체의 안전에 대한 보호의무를 다하지 않았는지 여부를 헌법재판소가 심사할 때에는 '과소보호금지원칙'의 위반 여부를 기준으로 삼아, 국민의 생명·신체의 안전을 보호하기 위한 조치가 필요한 상황인데도 국가가 아무런 보호조치를 취하지 않았든지 아니면 취한 조치가 법익을 보호하기에 전적으로 부적합하거나 매우 불충분한 것임이 명백한 경우에 한하여 국가의 보호의무 위반을 확인하여야 한다.

ㄴ. 개인의 생명·신체의 안전에 관한 기본권보호의무 위배 여부를 과소보호금지원칙을 기준으로 심사한 결과 동 원칙 위반이 아닌 경우에도 다른 기본권에 대한 과잉금지원칙 위반을 이유로 기본권 침해를 인정하는 것은 가능하다.

ㄷ. 헌법 제35조 제1항은 국가와 국민에게 환경보전을 위하여 노력하여야 할 의무를 부여하고 있고, 환경침해는 사인에 의해서도 빈번하게 유발되고 있으며 생명·신체와 같은 중요한 기본권의 법익 침해로 이어질 수 있다는 점에서 국가는 사인인 제3자에 의한 환경권 침해에 대해서도 기본권 보호조치를 취할 의무를 진다.

ㄹ. 국민의 민주적 의사를 최대한 표출하도록 해야 할 시·도지사선거에서 확성장치를 사용하는 선거운동으로부터 발생하는 불편은 어느 정도 감수해야 하므로, 국가가 「공직선거법」상 확성장치의 최고출력 내지 소음에 관한 규제기준을 마련하지 않았더라도 이것이 국가의 기본권보호의무를 불이행한 것이라고 보기는 어렵다.

① ㄱ, ㄴ ② ㄷ, ㄹ ③ ㄱ, ㄴ, ㄷ
④ ㄴ, ㄷ, ㄹ ⑤ ㄱ, ㄴ, ㄷ, ㄹ

ㄱ. (○) ㄴ. (○) 사건 고시의 수입위생조건은 가축전염병예방법 제34조 제2항에 근거하여 미국산 쇠고기 수입으로 인한 소해면상뇌증 발병 가능성 등에 대응하기 위하여 취해진 보호조치의 일환으로, 이 사건에 있어서는 고시상의 보호조치가 국가의 기본권 보호의무를 위반함으로써 생명·신체의 안전과 같은 청구인들의 중요한 기본권이 침해되었는지 여부가 문제된다. 그런데 국가가 국민의 생명·신체의 안전을 보호할 의무를 진다 하더라도 국가의 보호의무를 입법자 또는 그로부터 위임받은 집행자가 어떻게 실현하여야 할 것인가 하는 문제는 원칙적으로 권력분립과 민주주의의 원칙에 따라 국민에 의하여 직접 민주적 정당성을 부여받고 자신의 결정에 대하여 정치적 책임을 지는 입법자의 책임범위에 속하므로, 헌법재판소는 단지 제한적으로만 입법자 또는 그로부터 위임받은 집행자에 의한 보호의무의 이행을 심사할 수 있다. 따라서 국가가 국민의 생명·신체의 안전에 대한 보호의무를 다하지 않았는지 여부를 헌법재판소가 심사할 때에는 국가가 이를 보호하기 위하여 적어도 적절하고 효율적인 최소한의 보호조치를 취하였는가 하는 이른바 '과소보호 금지원칙'의 위반 여부를 기준으로 삼아, 국민의 생명·신체의 안전을 보호하기 위한 조치가 필요한 상황인데도 국가가 아무런 보호조치를 취하지 않았든지 아니면 취한 조치가 법익을 보호하기에 전적으로 부적합하거나 매우 불충분한 것임이 명백한 경우에 한하여 국가의 보호의무의 위반을 확인하여야 하는 것이다(헌재 2008.12.26. 2008헌마419).

ㄷ. (○) 헌법 제10조의 규정에 의하면, 국가는 개인이 가지는 불가침의 기본적 인권을 확인하고 이를 보장할 의무를 지고 기본권은 공동체의 객관적 가치질서로서의 성격을 가지므로, 적어도 생명·신체의 보호와 같은 중요한 기본권적 법익 침해에 대해서는 그것이 국가가 아닌 제3자로서의 사인에 의해서 유발된 것이라고 하더라도 국가가 적극적인 보호의 의무를 진다(헌재 1997.1.16. 90헌마110). 그렇다면 국가가 국민의 기본권을 적극적으로 보장하여야 할 의무가 인정된다는 점, 헌법 제35조 제1항이 국가와 국민에게 환경보전을 위하여 노력하여야 할 의무를 부여하고 있는 점, 환경침해는 사인에 의해서 빈번하게 유발되므로 입법자가 그 허용 범위에 관해 정할 필요가 있다는 점, 환경피해는 생명·신체의 보호와 같은 중요한 기본권적 법익 침해로 이어질 수 있다는 점 등을 고려할 때, 일정한 경우 국가는 사인인 제3자에 의한 국민의 환경권 침해에 대해서도 적극적으로 기본권 보호조치를 취할 의무를 진다(헌재 2008.7.31. 2006헌마711).

ㄹ. (×) 국민의 민주적 의사를 최대한 표출하도록 해야 할 선거에서 확성장치를 사용한 선거운동으로부터 발생하는 불편은 어느 정도 감수해야

할 측면이 있는 것이므로, 한정된 선거기간 내에 입법자가 확성장치의 사용을 1대, 1조로 제한하고, 차량에 부착된 확성장치의 확성나발도 1개로 제한한 것은 선거운동 위반 단속의 집행력을 고려할 때 입법자가 필요한 최소한의 조치를 취한 것이다(헌재 2019.12.27. 2018헌마730. 재판관 이선애, 이미선의 반대의견). [2022년 제11회 변호사] ③

기본권 보호의무에 대한 설명으로 옳지 않은 것은? (다툼이 있는 경우 판례에 의함)

① 국가의 기본권 보호의무란 사인인 제3자에 의한 생명이나 신체에 대한 침해로부터 이를 보호하여야 할 국가의 의무를 말하는 것으로, 국가가 직접 주방용오물분쇄기 사용을 금지하여 개인의 기본권을 제한하는 경우에는 국가의 기본권 보호의무 위반 여부가 문제되지 않는다.

② 권리능력의 존재 여부를 출생 시를 기준으로 확정하고 태아에 대해서는 살아서 출생할 것을 조건으로 손해배상청구권을 인정한 법률조항은 국가의 생명권 보호의무를 위반한 것이라 볼 수 없다.

③ 「공직선거법」이 주거지역에서 선거운동 시 확성장치 사용에 따른 소음 규제기준을 전혀 마련하지 않은 것은 국가의 기본권 보호의무를 과소하게 이행한 것으로서 헌법에 위반된다.

④ 국가가 국민의 생명·신체의 안전에 대한 보호의무를 다하지 않았는지 여부를 헌법재판소가 심사할 때에는 국가가 이를 보호하기 위하여 적어도 적절하고 효율적인 최소한의 보호조치를 취하였는지 여부를 기준으로 삼아야 한다.

⑤ 「교통사고처리 특례법」 중 업무상 과실 또는 중대한 과실로 인한 교통사고로 말미암아 피해자로 하여금 상해를 입게 한 경우 공소를 제기할 수 없도록 한 부분은 국가의 기본권 보호의무를 위반한 것이다.

① (○) 국가의 기본권 보호의무란 사인인 제3자에 의한 생명이나 신체에 대한 침해로부터 이를 보호하여야 할 국가의 의무를 말하는 것으로, 이 사건처럼 국가가 직접 주방용오물분쇄기의 사용을 금지하여 개인의 기본권을 제한하는 경우에는 국가의 기본권 보호의무 위반 여부가 문제되지 않는다(헌재 2018.6.28. 2016헌마1151).

② (○) 사건 법률조항들이 권리능력의 존재 여부를 출생 시를 기준으로 확정하고 태아에 대해서는 살아서 출생할 것을 조건으로 손해배상청구권을 인정한다 할지라도 이러한 입법적 태도가 입법형성권의 한계를 명백히 일탈한 것으로 보기는 어려우므로, 이 사건 법률조항들이 국가의 생명권 보호의무를 위반한 것이라 볼 수 없다(헌재 2008.7.31. 2004헌바81).

③ (○) 심판대상조항이 선거운동의 자유를 감안하여 선거운동을 위한 확성장치를 허용할 공익적 필요성이 인정된다고 하더라도 정온한 생활환경이 보장되어야 할 주거지역에서 출근 또는 등교 이전 및 퇴근 또는 하교 이후 시간대에 확성장치의 최고출력 내지 소음을 제한하는 등 사용시간과 사용지역에 따른 수인한도 내에서 확성장치의 최고출력 내지 소음 규제기준에 관한 규정을 두지 아니한 것은, 국민이 건강하고 쾌적하게 생활할 수 있는 양호한 주거환경을 위하여 노력하여야 할 국가의 의무를 부과한 헌법 제35조 제3항에 비추어 보면, 적절하고 효율적인 최소한의 보호조치를 취하지 아니하여 국가의 기본권 보호의무를 과소하게 이행한 것으로서, 청구인의 건강하고 쾌적한 환경에서 생활할 권리를 침해하므로 헌법에 위반된다(헌재 2019.12.27. 2018헌마730).

④ (○) 국가가 국민의 생명·신체의 안전에 대한 보호의무를 다하지 않았는지 여부를 헌법재판소가 심사할 때에는 국가가 이를 보호하기 위하여 적어도 적절하고 효율적인 최소한의 보호조치를 취하였는가 하는 이른바 과소보호 금지원칙의 위반 여부를 기준으로 삼아, 국민의 생명·신체의 안전을 보호하기 위한 조치가 필요한 상황인데도 국가가 아무런 보호조치를 취하지 않았든지 아니면 취한 조치가 법익을

보호하기에 전적으로 부적합하거나 매우 불충분한 것임이 명백한 경우에 한하여 국가의 보호의무의 위반을 확인하여야 한다(헌재 2008.12.26. 2008헌마419).

⑤ (×) 형벌은 국가가 취할 수 있는 유효적절한 수많은 수단 중의 하나일 뿐이지, 결코 형벌까지 동원해야만 보호법익을 유효적절하게 보호할 수 있다는 의미의 최종적인 유일한 수단이 될 수는 없다. 따라서 이 사건 법률조항은 국가의 기본권보호의무의 위반 여부에 관한 심사기준인 과소보호금지의 원칙에 위반한 것이라고 볼 수 없다(헌재 2009.2.26. 2005헌마764). [2023년 국회 5급] ⑤

기본권보호의무에 관한 설명 중 가장 적절하지 않은 것은? (다툼이 있는 경우 판례에 의함)

① 기본권 보호의무란 국민의 기본권적 법익을 기본권 주체인 사인에 의한 위법한 침해 또는 침해의 위험으로부터 보호하여야 하는 국가의 의무를 말하며, 주로 사인인 제3자에 의한 개인의 생명이나 신체의 훼손에서 문제된다.

② 국가의 기본권보호의무의 이행은 입법자의 입법을 통하여 비로소 구체화되는 것이고, 국가가 그 보호의무를 어떻게, 어느 정도로 이행할 것인지는 원칙적으로 한 나라의 정치·경제·사회·문화적인 제반 여건과 재정 사정 등을 감안하여 입법정책적으로 판단하여야 하는 입법재량의 범위에 속한다.

③ 국가가 국민의 생명·신체의 안전에 대한 보호의무를 다하지 않았는지 여부를 헌법재판소가 심사할 때에는 국가가 이를 보호하기 위하여 적어도 적절하고 효율적인 최소한의 보호조치를 취하였는가 하는 이른바 '과소보호금지원칙' 위반 여부를 기준으로 한다.

④ 사산된 태아에게 불법적인 생명침해로 인한 손해배상청구권을 인정하지 않는 것은 입법형성권의 한계를 명백히 일탈한 것으로서 국가의 기본권보호의무를 위반한 것이다.

① (○) 기본권보호의무란 기본권적 법익을 기본권 주체인 사인에 의한 위법한 침해 또는 침해의 위험으로부터 보호하여야 하는 국가의 의무를 말하며, 주로 사인인 제3자에 의한 개인의 생명이나 신체의 훼손에서 문제되는데, 이는 타인에 의하여 개인의 신체나 생명 등 법익이 국가의 보호의무 없이는 무력화될 정도의 상황에서만 적용될 수 있다. 그런데 국가가 국민의 생명·신체의 안전을 보호할 의무를 진다하더라도 국가의 보호의무를 입법자 또는 그로부터 위임받은 집행자가 어떻게 실현하여야 할 것인가 하는 문제는 원칙적으로 권력분립과 민주주의의 원칙에 따라 국민에 의하여 직접 민주적 정당성을 부여받고 자신의 결정에 대하여 정치적 책임을 지는 입법자의 책임범위에 속하므로, 헌법재판소는 단지 제한적으로만 입법자 또는 그로부터 위임받은 집행자에 의한 보호의무의 이행을 심사할 수 있는 것이다. 따라서 국가가 국민의 생명·신체의 안전에 대한 보호의무를 다하지 않았는지 여부를 헌법재판소가 심사할 때에는 국가가 이를 보호하기 위하여 적어도 적절하고 효율적인 최소한의 보호조치를 취하였는가 하는 이른바 '과소보호금지원칙'의 위반 여부를 기준으로 삼아, 국민의 생명·신체의 안전을 보호하기 위한 조치가 필요한 상황인데도 국가가 아무런 보호조치를 취하지 않았든지 아니면 취한 조치가 법익을 보호하기에 전적으로 부적합하거나 매우 불충분한 것임이 명백한 경우에 한하여 국가의 보호의무의 위반을 확인하여야 하는 것이다(헌재 2009.2.26. 2005헌마764).

② (○) 국가의 기본권보호의무의 이행은 입법자의 입법을 통하여 비로소 구체화되는 것이고, 국가가 그 보호의무를 어떻게 어느 정도로 이행할 것인지는 원칙적으로 한 나라의 정치·경제·사회·문화적인 제반여건과 재정사정 등을 감안하여 입법정책적으로 판단하여야 하는 입법재량의 범위에 속하는 것이기 때문이다(헌재 1997.1.16. 90헌마110).

③ (○) 국가의 기본권보호의무의 이행은 입법자의 입법을 통하여 비로소 구체화되는 것이고, 국가가 그 보호의무를 어떻게 어느 정도로 이행할 것인지는 입법자가 제반사정을 고려하여 입법정책으로 판단하여야 하는 입법재량의 범위에 속하는 것이기 때문이다. 물론 입법자가 기본권 보호의무를 최대한 실현하는 것이 이상적이지만, 그러한 이상적 기준이 헌법재판소가 위헌 여부를 판단하는 심사기준이 될 수는

없으며, 헌법재판소는 권력분립의 관점에서 소위 과소보호금지원칙을, 즉 국가가 국민의 기본권 보호를 위하여 적어도 적절하고 효율적인 최소한의 보호조치를 취했는가를 기준으로 심사하게 된다(헌재 2008.7.31. 2004헌바81).

④ (×) 생명권은 비록 헌법에 명문의 규정이 없다 하더라도 인간의 생존본능과 존재목적에 바탕을 둔 선험적이고 자연법적인 권리로서 헌법에 규정된 모든 기본권의 전제로서 기능하는 기본권 중의 기본권이다. 모든 인간은 헌법상 생명권의 주체가 되며, 형성 중의 생명인 태아에게도 생명에 대한 권리가 인정되어야 한다. 따라서 태아도 헌법상 생명권의 주체가 되며, 국가는 헌법 제10조에 따라 태아의 생명을 보호할 의무가 있다. 이 사건 법률조항들이 태아가 사산한 경우에 한해서 태아 자신에게 불법적인 생명침해로 인한 손해배상청구권을 인정하지 않고 있다고 하여 단지 그 이유만으로 입법자가 태아의 생명보호를 위해 국가에게 요구되는 최소한의 보호조치마저 취하지 않은 것이라 비난할 수 없다. 그렇다면 이 사건 법률조항들이 권리능력의 존재 여부를 출생 시를 기준으로 확정하고 태아에 대해서는 살아서 출생할 것을 조건으로 손해배상청구권을 인정한다 할지라도 이러한 입법적 태도가 입법형성권의 한계를 명백히 일탈한 것으로 보기는 어려우므로 이 사건 법률조항들이 국가의 생명권 보호의무를 위반한 것이라 볼 수 없다(헌재 2008.7.31. 2004헌바81).

[2022년 경찰 경정승진] ④

국가의 기본권 보호의무에 대한 설명으로 옳지 않은 것만을 〈보기〉에서 모두 고르면? (다툼이 있는 경우 헌법재판소 판례에 의함)

ㄱ. 검사만 치료감호를 청구할 수 있고 법원은 검사에게 치료감호청구를 요구할 수 있다고만 정하여 치료감호대상자의 치료감호청구권이나 법원의 직권에 의한 치료감호를 인정하지 않은 것은 국민의 보건에 관한 국가의 보호의무에 반한다.

ㄴ. 주거지역에서 출근 또는 등교 이전 및 퇴근 또는 하교 이후 시간대에 확성장치의 최고출력 내지 소음을 제한하는 등 사용시간과 사용지역에 따른 수인한도 내에서 확성장치의 최고출력 내지 소음 규제기준에 관한 구체적인 규정을 두어야 함에도 이러한 규정을 두지 아니한 것은 적절하고 효율적인 최소한의 보호조치를 취하지 아니하여 국가의 기본권 보호의무를 과소하게 이행한 것이다.

ㄷ. 자동차 운전자가 업무상 과실 또는 중대한 과실로 인한 교통사고로 말미암아 피해자로 하여금 중상해에 이르게 한 경우, 가해차량이 종합보험 등에 가입되어 있음을 이유로 공소를 제기할 수 없도록 한 것은 형벌까지 동원해야 보호법익을 유효적절하게 보호할 수 있다는 의미에서 교통사고 피해자에 대한 국가의 기본권 보호의무를 위반한 것이다.

ㄹ. 종래 산업단지의 지정을 위한 개발계획 단계와 산업단지 개발을 위한 실시계획 단계에서 각각 개별적으로 진행하던 주민의견청취절차 또는 주민의견수렴절차를 한 번의 절차에서 동시에 진행하도록 하는 것은 국가가 산업단지계획의 승인 및 그에 따른 산업단지의 조성·운영으로 인하여 초래될 수 있는 환경상 위해로부터 지역주민을 포함한 국민의 생명·신체의 안전을 보호하기 위하여 필요한 최소한의 보호조치를 취하지 아니함으로써 국가의 기본권 보호의무를 과소하게 이행한 것이다.

ㅁ. 가축사육시설의 환경이 지나치게 열악할 경우 그러한 시설에서 사육되고 생산된 축산물을 섭취하는 인간의 건강도 악화될 우려가 있으므로, 국가로서는 건강하고 위생적이며 쾌적한 시설에서 가축을 사육할 수 있도록 필요한 적절하고도 효율적인 조치를 취함으로써 소비자인 국민의 생명·신체의 안전에 관한 기본권을 보호할 구체적인 헌법적 의무가 있다.

① ㄱ, ㄷ ② ㄴ, ㄷ ③ ㄹ, ㅁ
④ ㄱ, ㄷ, ㄹ ⑤ ㄱ, ㄷ, ㄹ, ㅁ

ㄱ. (×) 정신건강증진 및 정신질환자 복지서비스 지원에 관한 법률, 형의 집행 및 수용자의 처우에 관한 법률에 있는 다른 제도들을 통하여

국민의 정신건강을 유지하는 데에 필요한 국가적 급부와 배려가 이루어지고 있으므로, 이 사건 법률조항들에서 치료감호대상자의 치료감호 청구권이나 법원의 직권에 의한 치료감호를 인정하지 않는다 하더라도 국민의 보건에 관한 국가의 보호의무에 반한다고 보기 어렵다(헌재 2021.1.28. 2019헌가24).

ㄴ. (○) 선거운동의 자유를 감안하여 선거운동을 위한 확성장치를 허용할 공익적 필요성이 인정된다고 하더라도 정온한 생활환경이 보장되어야 할 주거지역에서 출근 또는 등교 이전 및 퇴근 또는 하교 이후 시간대에 확성장치의 최고출력 내지 소음을 제한하는 등 사용시간과 사용지역에 따른 수인한도 내에서 확성장치의 최고출력 내지 소음 규제기준에 관한 규정을 두지 아니한 것은, 국민이 건강하고 쾌적하게 생활할 수 있는 양호한 주거환경을 위하여 노력하여야 할 국가의 의무를 부과한 헌법 제35조 제3항에 비추어 보면, 적절하고 효율적인 최소한의 보호조치를 취하지 아니하여 국가의 기본권 보호의무를 과소하게 이행한 것으로서, 청구인의 건강하고 쾌적한 환경에서 생활할 권리를 침해하므로 헌법에 위반된다(헌재 2019.12.27. 2018헌마730).

ㄷ. (×) 형벌은 국가가 취할 수 있는 유효적절한 수많은 수단 중의 하나일 뿐이지, 결코 형벌까지 동원해야만 보호법익을 유효적절하게 보호할 수 있다는 의미의 최종적인 유일한 수단이 될 수는 없다. 따라서 이 사건 법률조항은 국가의 기본권보호의무의 위반 여부에 관한 심사기준인 과소보호금지의 원칙에 위반한 것이라고 볼 수 없다(헌재 2009.2.26. 2005헌마764).

ㄹ. (×) 국가가 산업단지계획의 승인 및 그에 따른 산업단지의 조성·운영으로 인하여 초래될 수 있는 환경상 위해로부터 지역주민을 포함한 국민의 생명·신체의 안전을 보호하기 위하여 필요한 최소한의 보호조치를 취하지 아니한 것이라고 보기는 어려우므로, 의견청취동시진행조항이 국가의 기본권 보호의무에 위배되었다고 할 수 없다(헌재 2016.12.29. 2015헌바280).

ㅁ. (○) 가축사육시설의 환경이 지나치게 열악할 경우 그러한 시설에서 사육되고 생산된 축산물을 섭취하는 인간의 건강도 악화될 우려가 있으므로, 국가로서는 건강하고 위생적이며 쾌적한 시설에서 가축을 사육할 수 있도록 필요한 적절하고도 효율적인 조치를 취함으로써 소비자인 국민의 생명·신체의 안전에 관한 기본권을 보호할 구체적인 헌법적 의무가 있다. 따라서 심판대상조항이 국민의 생명·신체의 안전에 대한 국가의 보호의무에 관한 과소보호금지원칙에 위배되었다고 볼 수는 없다(헌재 2015.9.24. 2013헌마384).

[2022년 국회 8급] ④

국가의 기본권 보호의무에 대한 설명으로 옳지 않은 것은? (다툼이 있는 경우 판례에 의함)

① 국가의 기본권 보호의무란 사인인 제3자에 의한 생명이나 신체에 대한 침해로부터 이를 보호하여야 할 국가의 의무를 말하는 것으로, 국가가 직접 주방용오물분쇄기의 사용을 금지하여 개인의 기본권을 제한하는 경우에는 국가의 기본권 보호의무 위반 여부가 문제되지 않는다.

② 국가의 기본권 보호의무로부터 국가 자체가 불법적으로 국민의 생명권, 신체의 자유 등 기본권을 침해하는 경우 그에 대한 손해배상을 해 주어야 할 국가의 작위의무가 도출된다고 볼 수 있다.

③ 업무상과실 또는 중대한 과실로 인한 교통사고로 말미암아 피해자로 하여금 중상해에 이르게 한 경우에 공소를 제기할 수 없도록 규정한 법률조항은 국가의 기본권 보호의무를 위반한 것이다.

④ 원전건설을 내용으로 하는 전원개발사업 실시계획에 대한 승인권한을 다른 전원개발과 마찬가지로 산업통상자원부장관에게 부여하는 법률조항은 국민의 생명·신체의 안전에 관한 국가의 보호의무를 위반한 것이 아니다.

⑤ 권리능력의 존재 여부를 출생 시를 기준으로 확정하고 태아에 대해서는 살아서 출생할 것을 조건으로 손해배상청구권을 인정한 법률조항은 국가의 생명권 보호의무를 위반한 것이

라 볼 수 없다.

① (○) 주방용오물분쇄기를 사용하지 못하면 음식물 찌꺼기 등을 음식물류 폐기물로 분리 배출하여야 하므로 그 처리에 다소 불편을 겪을 수는 있으나, 심판대상조항이 음식물 찌꺼기 등의 배출 또는 처리 자체를 금지하는 것은 아니다. 뿐만 아니라 국가의 기본권 보호의무란 사인인 제3자에 의한 생명이나 신체에 대한 침해로부터 이를 보호하여야 할 국가의 의무를 말하는 것으로, 이 사건처럼 국가가 직접 주방용오물분쇄기의 사용을 금지하여 개인의 기본권을 제한하는 경우에는 국가의 기본권 보호의무 위반 여부가 문제되지 않는다. 따라서 청구인들의 위 주장에 대해서는 판단하지 않는다(헌재 2018.6.28. 2016헌마1151).

② (○) 헌법 제10조 제2문은 "국가는 개인이 가지는 불가침의 기본적 인권을 확인하고 이를 보장할 의무를 진다"고 규정함으로써, 소극적으로 국가권력이 국민의 기본권을 침해하는 것을 금지하는데 그치지 아니하고 나아가 적극적으로 국민의 기본권을 타인의 침해로부터 보호할 의무를 부과하고 있다. 이러한 국가의 기본권 보호 의무로부터 국가 자체가 불법적으로 국민의 생명권, 신체의 자유 등의 기본권을 침해하는 경우 그에 대한 손해배상을 해주어야 할 국가의 행위의무가 도출된다(헌재 2003.1.30. 2002헌마358).

③ (×) 형벌은 국가가 취할 수 있는 유효적절한 수많은 수단 중의 하나일 뿐이지, 결코 형벌까지 동원해야만 보호법익을 유효적절하게 보호할 수 있다는 의미의 최종적인 유일한 수단이 될 수는 없다. 따라서 이 사건 법률조항은 국가의 기본권보호의무의 위반 여부에 관한 심사기준인 과소보호금지의 원칙에 위반한 것이라고 볼 수 없다(헌재 2009.2.26. 2005헌마764).

④ (○) 원전 사고로 인한 방사능 피해는 전원개발사업 실시계획 승인 단계에서가 아니라 원전의 건설·운영과정에서 발생하므로 원전 건설·운영의 허가 단계에서 보다 엄격한 기준을 마련하여 원전으로 인한 피해가 발생하지 않도록 조치들을 강구하고 있다. 따라서 이 사건 승인조항에서 원전 건설을 내용으로 하는 전원개발사업 실시계획에 대한 승인권한을 다른 전원개발과 마찬가지로 산업통상자원부장관에게 부여하고 있다 하더라도, 국가가 국민의 생명·신체의 안전을 보호하기 위하여 필요한 최소한의 보호조치를 취하지 아니한 것이라고 보기는 어렵다(헌재 2016.10.27. 2015헌바358).

⑤ (○) 국가의 기본권 보호의무로부터 태아의 출생 전에, 또한 태아가 살아서 출생할 것인가와는 무관하게, 태아를 위하여 민법상 일반적 권리능력까지도 인정하여야 한다는 헌법적 요청이 도출되지는 않는다. 그렇다면 이 사건 법률조항들이 권리능력의 존재 여부를 출생 시를 기준으로 확정하고 태아에 대해서는 살아서 출생할 것을 조건으로 손해배상청구권을 인정한다 할지라도 이러한 입법적 태도가 입법형성권의 한계를 명백히 일탈한 것으로 보기는 어려우므로 이 사건 법률조항들이 국가의 생명권 보호의무를 위반한 것이라 볼 수 없다(헌재 2008.7.31. 2004헌바81). [2019년 국회 9급] ③

기본권 보호의무에 대한 설명으로 옳지 않은 것은? (다툼이 있는 경우 판례에 의함)

① 국가의 기본권 보호의무는 기본권적 법익을 기본권 주체인 사인에 의한 위법한 침해 또는 침해의 위험으로부터 보호해야 하는 국가의 의무로서 주로 사인인 제3자에 의한 개인의 생명이나 신체의 훼손에서 문제된다.

② 국가가 기본권 보호의무를 어떻게 실현할 것인지는 입법자의 책임범위에 속하는 것으로서 보호의무 이행을 위한 행위의 형식에 관하여도 폭넓은 형성의 자유가 인정되고, 반드시 법령에 의하여야 하는 것은 아니다.

③ 「공직선거법」이 선거운동을 위해 확성장치를 사용할 수 있는 기간과 장소, 시간, 사용 개수 등을 규정하고 있는 이상, 확성장치의 소음 규제기준을 정하지 않았다고 하여 기본권 보호의무를 과소하게 이행하였다고 볼 수는 없다.

④ 국가가 국민의 법익을 보호하기 위하여 아무런 보호조치를 취하지 않았든지 아니면 취한 조치가 법익을 보호하기에 명백하게 부적합하거나 불충분한 경우에 한하여 국가의 보호의

무의 위반을 확인할 수 있다.

① (○) 국가의 기본권 보호의무란 기본권적 법익을 기본권 주체인 사인에 의한 위법한 침해 또는 침해의 위험으로부터 보호하여야 하는 국가의 의무를 말하며, 주로 사인인 제3자에 의한 개인의 생명이나 신체의 훼손에서 문제되는 것이므로, 제3자에 의한 개인의 생명이나 신체의 훼손이 문제되는 사안이 아닌 이 사건에서는 이에 대해 판단할 필요가 없다(헌재 2015.12.23. 2011헌바139).

② (○) 국가가 국민의 생명·신체의 안전을 보호할 의무를 진다 하더라도, 국가의 보호의무를 입법자 또는 그로부터 위임받은 집행자가 어떻게 실현할 것인가 하는 문제는 원칙적으로 권력분립과 민주주의 원칙에 따라 국민에 의하여 직접 민주적 정당성을 부여받고 자신의 결정에 대하여 정치적 책임을 지는 입법자의 책임범위에 속하므로, 헌법재판소는 단지 제한적으로만 입법자 또는 그로부터 위임받은 집행자에 의한 보호의무의 이행을 심사할 수 있다. 여기서 국가가 기본권 보호의무를 이행함에 있어서는 그 행위의 형식에 관하여도 폭넓은 형성의 자유가 인정되고, 반드시 법령에 의하여 이행하여야 하는 것은 아니므로, 국가의 보호조치가 침해되는 기본권을 보호하는 데 적절한지 여부를 판단함에 있어서는 이 사건 결정 선고 시까지 취해진 국가행위를 전체적으로 고려하여 판단하여야 한다(헌재 2016.10.27. 2012헌마121).

③ (×) 심판대상조항이 선거운동의 자유를 감안하여 선거운동을 위한 확성장치를 허용할 공익적 필요성이 인정된다고 하더라도 정온한 생활환경이 보장되어야 할 주거지역에서 출근 또는 등교 이전 및 퇴근 또는 하교 이후 시간대에 확성장치의 최고출력 내지 소음을 제한하는 등 사용시간과 사용지역에 따른 수인한도 내에서 확성장치의 최고출력 내지 소음 규제기준에 관한 규정을 두지 아니한 것은, 국민이 건강하고 쾌적하게 생활할 수 있는 양호한 주거환경을 위하여 노력하여야 할 국가의 의무를 부과한 헌법 제35조 제3항에 비추어 보면, 적절하고 효율적인 최소한의 보호조치를 취하지 아니하여 국가의 기본권 보호의무를 과소하게 이행한 것이다. 따라서 심판대상조항은 국가의 기본권 보호의무를 과소하게 이행한 것으로서, 청구인의 건강하고 쾌적한 환경에서 생활할 권리를 침해한다(헌재 2019.12.27. 2018헌마730).

④ (○) 입법자가 기본권 보호의무를 최대한 실현하는 것이 이상적이지만, 그러한 이상적 기준이 헌법재판소가 위헌 여부를 판단하는 심사기준이 될 수는 없으며, 헌법재판소는 권력분립의 관점에서 소위 과소보호금지원칙을, 즉 국가가 국민의 기본권 보호를 위하여 적어도 적절하고 효율적인 최소한의 보호조치를 취했는가를 기준으로 심사하게 된다. 따라서 입법부작위나 불완전한 입법에 의한 기본권의 침해는 입법자의 보호의무에 대한 명백한 위반이 있는 경우에만 인정될 수 있다. 다시 말하면 국가가 국민의 법익을 보호하기 위하여 아무런 보호조치를 취하지 않았든지 아니면 취한 조치가 법익을 보호하기에 명백하게 부적합하거나 불충분한 경우에 한하여 헌법재판소는 국가의 보호의무의 위반을 확인할 수 있을 뿐이다(헌재 2008.7.31. 2004헌바81). [2021년 국가 5급] ③

국가의 기본권 보호의무에 관한 설명 중 옳지 않은 것은? (다툼이 있는 경우 판례에 의함)

① 헌법은 제10조 제2문에서 "국가는 개인이 가지는 불가침의 기본적 인권을 확인하고 이를 보장할 의무를 진다"라고 규정함으로써 국가의 적극적인 기본권 보호의무를 선언하고 있다.

② 기본권에 대한 국가의 적극적 보호의무는 궁극적으로 입법자의 입법행위를 통하여 비로소 실현될 수 있는 것이기 때문에, 입법자의 입법행위를 매개로 하지 아니하고 단순히 기본권이 존재한다는 것만으로 헌법상 광범위한 방어적 기능을 갖게 되는 기본권의 소극적 방어권으로서의 측면과 근본적인 차이가 있다.

③ 헌법재판소는 업무상과실 또는 중대한 과실로 인한 교통사고로 말미암아 피해자로 하여금 중상해에 이르게 한 경우, 교통사고를 일으킨 차가 종합보험 등에 가입되었다면 당해 차의 운전자에 대하여 공소를 제기할 수 없도록 한 「교통사고처리특례법」 조항은 교통사고 피해자에 대한 국가의 기본권 보호의무를 위반한다고 판시하였다.

④ 국가가 기본권 보호의무를 어떻게 어느 정도로 이행할 것인지는 입법자가 제반 사정을 고려하여 입법정책적으로 판단하여야 하는 입법재량의 범위에 속하는 것이다.

⑤ 헌법재판소는 국가의 기본권 보호의무 위반 여부를 심사함에 있어 권력분립의 관점에서 과소보호금지 원칙을, 즉 국가가 국민의 기본권 보호를 위하여 적어도 적절하고 효율적인 최소한의 보호조치를 취했는가를 기준으로 심사한다.

① (○) ② (○) 헌법은 제10조 제2문에서 "국가는 개인이 가지는 불가침의 기본적 인권을 확인하고 이를 보장할 의무를 진다"라고 규정함으로써 국가의 적극적인 기본권보호의무를 선언하고 있는바, 그런데 국민의 기본권에 대한 국가의 적극적 보호의무는 궁극적으로 입법자의 입법행위를 통하여 비로소 실현될 수 있는 것이기 때문에, 입법자의 입법행위를 매개로 하지 아니하고 단순히 기본권이 존재한다는 것만으로 헌법상 광범위한 방어적 기능을 갖게 되는 기본권의 소극적 방어권으로서의 측면과 근본적인 차이가 있다(헌재 2008.7.31. 2004헌바81).

③ (×) 형벌은 국가가 취할 수 있는 유효적절한 수많은 수단 중의 하나일 뿐이지, 결코 형벌까지 동원해야만 보호법익을 유효적절하게 보호할 수 있다는 의미의 최종적인 유일한 수단이 될 수는 없다. 따라서 이 사건 법률조항은 국가의 기본권보호의무의 위반 여부에 관한 심사기준인 과소보호금지의 원칙에 위반한 것이라고 볼 수 없다(헌재 2009.2.26. 2005헌마764).

④ (○) ⑤ (○) 국가의 기본권보호의무의 이행은 입법자의 입법을 통하여 비로소 구체화되는 것이고, 국가가 그 보호의무를 어떻게 어느 정도로 이행할 것인지는 입법자가 제반사정을 고려하여 입법정책으로 판단하여야 하는 입법재량의 범위에 속하는 것이다. 물론 입법자가 기본권 보호의무를 최대한 실현하는 것이 이상적이지만, 그러한 이상적 기준이 헌법재판소가 위헌 여부를 판단하는 심사기준이 될 수는 없으며, 헌법재판소는 권력분립의 관점에서 소위 과소보호금지원칙을, 즉 국가가 국민의 기본권 보호를 위하여 적어도 적절하고 효율적인 최소한의 보호조치를 취했는가를 기준으로 심사하게 된다(헌재 2008.7.31. 2004헌바81). [2015년 제4회 변호사] ③

국가의 기본권 보호의무에 관한 다음 설명 중 가장 옳지 않은 것은? (다툼이 있는 경우 대법원 판례 및 헌법재판소 결정에 의함)

① 국가가 국민의 생명·신체의 안전을 보호할 의무를 진다 하더라도 국가의 보호의무를 입법자 또는 그로부터 위임받은 집행자가 어떻게 실현하여야 할 것인가 하는 문제는 원칙적으로 입법자의 책임범위에 속하므로, 헌법재판소는 단지 제한적으로만 입법자 또는 그로부터 위임받은 집행자에 의한 보호의무의 이행을 심사할 수 있다.

② 국가가 국민의 생명·신체의 안전에 대한 보호의무를 다하였는지 여부를 헌법재판소가 심사할 때에는 국가가 이를 보호하기 위하여 적어도 적절하고 효율적인 최소한의 보호조치를 취하였는가 하는 이른바 '과소보호금지 원칙'의 위반 여부를 기준으로 삼아, 국민의 생명·신체의 안전을 보호하기 위한 조치가 필요한 상황인데도 국가가 아무런 보호조치를 취하지 않았든지 아니면 취한 조치가 법익을 보호하기에 전적으로 부적합하거나 매우 불충분한 것임이 명백한 경우에 한하여 국가의 보호의무 위반을 확인하여야 한다.

③ 공직선거법에 선거운동의 기간, 확성장치의 사용장소, 사용대수, 사용방법 등에 대한 규정까지 두고 있는 이상, 확성장치 소음규제기준을 정하지 않았다는 것만으로 국민의 정온한 환경에서 생활할 권리를 보호하기 위한 입법자의 의무를 과소하게 이행하였다고 평가할 수는 없다.

④ 태아가 살아서 출생한 경우 태아 상태에서 가해진 불법행위로 인한 손해배상청구는 민법 제762조에 의해 유효하게 행사할 수 있으므로, 태아가 사산한 경우 태아 자신에게 불법적인 생명침해로 인한 손해배상청구권을 인정하지 않고 있다고 하여 입법자가 태아의 생명보호를 위해 국가에게 요구되는 최소한의 보호조치마저 취하지 않은 것이라 비난할 수는 없다.

⑤ 현재로서는 흡연과 폐암 등의 질병 사이에 필연적인 관계가 있다거나 흡연자 스스로 흡연 여부를 결정할 수 없을 정도로 의존성이 높아서 국가가 개입하여 담배의 제조 및 판매 자체를 금지하여야만 한다고 보기는 어렵다. 또한, 담배사업법은 담배성분의 표시나 경고문구의 표시, 담배광고의 제한 등 여러 규제들을 통하여 직접흡연으로부터 국민의 생명·신체의 안전을 보호하려고 노력하고 있다. 따라서 담배사업법이 국가의 보호의무에 관한 과소보호금지 원칙을 위반하여 청구인의 생명·신체의 안전에 관한 권리를 침해하였다고 볼 수 없다.

① (○) ② (○) 국가가 국민의 생명·신체의 안전을 보호할 의무를 진다 하더라도 국가의 보호의무를 입법자 또는 그로부터 위임받은 집행자가 어떻게 실현하여야 할 것인가 하는 문제는 원칙적으로 권력분립과 민주주의의 원칙에 따라 국민에 의하여 직접 민주적 정당성을 부여받고 자신의 결정에 대하여 정치적 책임을 지는 입법자의 책임범위에 속하므로, 헌법재판소는 단지 제한적으로만 입법자 또는 그로부터 위임받은 집행자에 의한 보호의무의 이행을 심사할 수 있는 것이다. 따라서 국가가 국민의 생명·신체의 안전에 대한 보호의무를 다하지 않았는지 여부를 헌법재판소가 심사할 때에는 국가가 이를 보호하기 위하여 적어도 적절하고 효율적인 최소한의 보호조치를 취하였는가 하는 이른바 '과소보호 금지원칙'의 위반 여부를 기준으로 삼아, 국민의 생명·신체의 안전을 보호하기 위한 조치가 필요한 상황인데도 국가가 아무런 보호조치를 취하지 않았든지 아니면 취한 조치가 법익을 보호하기에 전적으로 부적합하거나 매우 불충분한 것임이 명백한 경우에 한하여 국가의 보호의무의 위반을 확인하여야 하는 것이다(헌재 2008.12.26. 2008헌마419).

③ (×) 국가가 국민의 건강하고 쾌적한 환경에서 생활할 권리에 대한 보호의무를 다하지 않았는지 여부를 헌법재판소가 심사할 때에는 국가가 이를 보호하기 위하여 적어도 적절하고 효율적인 최소한의 보호조치를 취하였는가 하는 이른바 '과소보호금지원칙'의 위반 여부를 기준으로 삼아야 한다. 심판대상조항이 <u>선거운동의 자유를 감안하여 선거운동을 위한 확성장치를 허용할 공익적 필요성이 인정된다고 하더라도 정온한 생활환경이 보장되어야 할 주거지역에서 출근 또는 등교 이전 및 퇴근 또는 하교 이후 시간대에 확성장치의 최고출력 내지 소음을 제한하는 등 사용시간과 사용지역에 따른 수인한도 내에서 확성장치의 최고출력 내지 소음 규제기준에 관한 규정을 두지 아니한 것은, 국민이 건강하고 쾌적하게 생활할 수 있는 양호한 주거환경을 위하여 노력하여야 할 국가의 의무를 부과한 헌법 제35조 제3항에 비추어 보면, 적절하고 효율적인 최소한의 보호조치를 취하지 아니하여 국가의 기본권 보호의무를 과소하게 이행한 것으로서, 청구인의 건강하고 쾌적한 환경에서 생활할 권리를 침해하므로 헌법에 위반된다</u>(헌재 2019.12.27. 2018헌마730).

④ (○) 태아가 살아서 출생한 경우 태아 상태에서 가해진 불법행위로 인한 손해배상청구는 민법 제762조에 의해 유효하게 행사할 수 있으므로 살아서 출생한 태아에 관한 한 태아의 신체, 건강침해는 완전하게 보호되고 있는 것이다. 입법자는 형법과 모자보건법 등 관련규정들을 통하여 태아의 생명에 대한 직접적 침해위험을 규범적으로 충분히 방지하고 있으므로, 이 사건 법률조항들이 태아가 사산한 경우에 한해서 태아 자신에게 불법적인 생명침해로 인한 손해배상청구권을 인정하지 않고 있다고 하여 단지 그 이유만으로 입법자가 태아의 생명보호를 위해 국가에게 요구되는 최소한의 보호조치마저 취하지 않은 것이라 비난할 수 없다(헌재 2008.7.31. 2004헌바81).

⑤ (○) 담배사업법은 담배의 제조 및 판매 자체는 금지하고 있지 않지만, 현재로서는 흡연과 폐암 등의 질병 사이에 필연적인 관계가 있다거나 흡연자 스스로 흡연 여부를 결정할 수 없을 정도로 의존성이 높아서 국가가 개입하여 담배의 제조 및 판매 자체를 금지하여야만 한다고 보기는 어렵다. 또한, 담배사업법은 담배성분의 표시나 경고문구의 표시, 담배광고의 제한 등 여러 규제들을 통하여 직접흡연으로부터 국민의 생명·신체의 안전을 보호하려고 노력하고 있다. 따라서 담배사업법이 국가의 보호의무에 관한 과소보호금지 원칙을 위반하여 청구인의 생명·신체의 안전에 관한 권리를 침해하였다고 볼 수 없다(헌재 2015.4.30. 2012헌마38). [2020년 법원 5급] ③

국가의 기본권 보호의무에 대한 설명으로 옳지 않은 것은? (다툼이 있는 경우 헌법재판소 판례에 의함)

① 원전 건설을 내용으로 하는 전원개발사업 실시계획에 대한 승인권한을 다른 전원개발과 마찬가지로 산업통상자원부장관에게 부여하고 있다 하더라도, 국가가 국민의 생명·신체의 안전을 보호하기 위하여 필요한 최소한의 보호조치를 취하지 아니한 것이라고 보기는 어렵다.

② 국가가 국민의 생명·신체의 안전에 대한 보호의무를 다하지 않았는지 여부를 헌법재판소가 심사할 때에는 이른바 '과소보호금지원칙'의 위반 여부를 기준으로 삼아, 국민의 생명·신체의 안전을 보호하기 위한 조치가 필요한 상황인데도 국가가 아무런 보호조치를 취하지 않았든지 아니면 취한 조치가 법익을 보호하기에 전적으로 부적합하거나 매우 불충분한 것임이 명백한 경우에 한하여, 국가의 보호의무의 위반을 확인하여야 한다.

③ 「민법」 제3조 및 제762조가 권리능력의 존재 여부를 출생 시를 기준으로 확정하고 태아에 대해서는 살아서 출생할 것을 조건으로 손해배상청구권을 인정한다 할지라도, 이는 국가의 생명권 보호의무를 위반한 것이라 볼 수 없다.

④ 태평양전쟁 전후 강제동원된 자 중 '국외'로 강제동원된 자에 대해서만 의료지원금을 지급하도록 한 법률규정은, 국가가 국내 강제동원자들을 위하여 아무런 보호조치를 취하지 아니하였기 때문에, 이는 국민에 대한 국가의 기본권 보호의무에 위배된다.

① (○) 원전 사고로 인한 방사능 피해는 전원개발사업 실시계획 승인 단계에서가 아니라 원전의 건설·운영과정에서 발생하므로 원전 건설·운영의 허가 단계에서 보다 엄격한 기준을 마련하여 원전으로 인한 피해가 발생하지 않도록 조치들을 강구하고 있다. 따라서 이 사건 승인조항에서 원전 건설을 내용으로 하는 전원개발사업 실시계획에 대한 승인권한을 다른 전원개발과 마찬가지로 산업통상자원부장관에게 부여하고 있다 하더라도, 국가가 국민의 생명·신체의 안전을 보호하기 위하여 필요한 최소한의 보호조치를 취하지 아니한 것이라고 보기는 어렵다(헌재 2016.10.27. 2015헌바358).

② (○) 국가가 국민의 생명·신체의 안전에 대한 보호의무를 다하지 않았는지 여부를 헌법재판소가 심사할 때에는 국가가 이를 보호하기 위하여 적절하고 효율적인 최소한의 보호조치를 취하였는가 하는 이른바 과소보호 금지원칙의 위반 여부를 기준으로 삼아, 국민의 생명·신체의 안전을 보호하기 위한 조치가 필요한 상황인데도 국가가 아무런 보호조치를 취하지 않았든지 아니면 취한 조치가 법익을 보호하기에 전적으로 부적합하거나 매우 불충분한 것임이 명백한 경우에 한하여 국가의 보호의무의 위반을 확인하여야 한다(헌재 2008.12.26. 2008헌마419).

③ (○) 태아가 살아서 출생한 경우 태아 상태에서 가해진 불법행위로 인한 손해배상청구는 민법 제762조에 의해 유효하게 행사할 수 있으므로 살아서 출생한 태아에 관한 한 태아의 신체, 건강침해는 완전하게 보호되고 있는 것이다. 입법자는 형법과 모자보건법 등 관련규정들을 통하여 태아의 생명에 대한 직접적 침해위험을 규범적으로 충분히 방지하고 있으므로, 이 사건 법률조항들이 태아가 사산한 경우에 한해서 태아 자신에게 불법적인 생명침해로 인한 손해배상청구권을 인정하지 않고 있다고 하여 단지 그 이유만으로 입법자가 태아의 생명보호를 위해 국가에게 요구되는 최소한의 보호조치마저 취하지 않은 것이라 비난할 수 없다(헌재 2008.7.31. 2004헌바81).

④ (×) 태평양전쟁 관련 강제동원자들에 대한 국가의 지원이 충분하지 못한 점이 있다하더라도, 이 사건은 국가가 국내 강제동원자들을 위하여 아무런 보호조치를 취하지 아니하였다거나 아니면 국가가 취한 조치가 전적으로 부적합하거나 매우 불충분한 것임이 명백한 경우라고 단정하기 어려우므로, 이 사건 법률조항이 국민에 대한 국가의 기본권 보호의무에 위배된다고 볼 수 없다(헌재 2011.2.24. 2009헌마94).

[2017년 국가 7급] ④

객관성과 구체성이 미약한 것이므로 법적인 개념이나 이익으로 파악하는 데는 대단히 신중을 기해야 한다(헌재 2005.10.27. 2002헌마425). 위와 같은 청구인들의 인격에 대한 사회적 평가, 즉 객관적·외부적 가치평가가 이 사건 희생자 결정으로 말미암아 훼손되었는지 여부에 관해 판단하기 위해서는 이 사건 희생자 결정이 근거하고 있는 제주4·3특별법의 제정경위와 목적, 내용 및 이 사건 희생자 결정이 청구인들에게 미치는 실질적 효과 등이 종합적으로 고려되어야 할 것이다(헌재 2010.11.25. 2009헌마147).

② (○) 헌법 제10조의 행복추구권은 국민이 행복을 추구하기 위하여 필요한 급부를 국가에게 적극적으로 요구할 수 있는 것을 내용으로 하는 것이 아니라, 국민이 행복을 추구하기 위한 활동을 국가권력의 간섭 없이 자유롭게 할 수 있다는 포괄적인 의미의 자유권으로서의 성격을 가지므로 국민에 대한 일정한 보상금의 수급기준을 정하고 있는 이 사건 규정이 행복추구권을 침해한다고 할 수 없다(헌재 1995.7.21. 93헌가14).

③ (○) 인수자가 없는 시체를 생전의 본인의 의사와는 무관하게 해부용 시체로 제공될 수 있도록 규정한 시체 해부 및 보존에 관한 법률 조항은 본인이 해부용 시체로 제공되는 것에 대해 반대하는 의사표시를 명시적으로 표시할 수 있는 절차도 마련하지 않고 본인의 의사와는 무관하게 해부용 시체로 제공될 수 있도록 규정하고 있다는 점에서 침해의 최소성 원칙을 충족했다고 보기 어렵고, 실제로 해부용 시체로 제공된 사례가 거의 없는 상황에서 이 사건 법률조항이 추구하는 공익이 사후 자신의 시체가 자신의 의사와는 무관하게 해부용 시체로 제공됨으로써 침해되는 사익보다 크다고 할 수 없으므로 이 사건 법률조항은 청구인의 시체 처분에 대한 자기결정권을 침해한다(헌재 2015.11.26. 2012헌마940).

④ (○) 헌법 제10조의 행복추구권에서 파생되는 일반적 행동자유권의 보호영역에는 개인의 생활방식과 취미에 관한 사항이 포함된다. 이 사건 규칙조항은 비어업인이 잠수용 스쿠버장비를 사용하여 수산자원을 포획·채취하는 것을 규제함으로써, 지속적인 소득활동이 아니라 취미나 오락을 위하여 자신이 원하는 방법으로 수산자원을 포획·채취하고자 하는 청구인의 일반적 행동의 자유를 제한한다(헌재 2015.11.26. 2012헌마940).

[2022년 경찰 경정승진] ①

헌법 제10조에 관한 설명 중 옳지 않은 것은? (다툼이 있는 경우 판례에 의함)

① 초등학교 정규교과에서 영어를 배제하거나 영어교육 시수를 제한하는 것은 학생들의 인격의 자유로운 발현권을 제한하나, 이는 균형적인 교육을 통해 초등학생의 전인적 성장을 도모하고 영어과목에 대한 지나친 사교육의 폐단을 막기 위한 것으로 학생들의 기본권을 침해하지 않는다.

② 기부행위자는 자신의 재산을 사회적 약자나 소외 계층을 위하여 출연함으로써 자기가 속한 사회에 공헌하였다는 행복감과 만족감을 실현할 수 있으므로, 기부행위는 행복추구권과 그로부터 파생되는 일반적 행동자유권에 의해 보호된다.

③ 주방용오물분쇄기의 판매와 사용을 금지하는 것은 주방용오물분쇄기를 사용하려는 자의 일반적 행동자유권을 제한하나, 현재로서는 음식물 찌꺼기 등이 바로 하수도로 배출되더라도 이를 적절히 처리할 수 있는 사회적 기반시설이 갖추어져 있다고 보기 어렵다는 점 등을 고려하면 이러한 규제가 사용자의 기본권을 침해한다고 볼 수 없다.

④ 고졸검정고시 또는 고입검정고시에 합격했던 자가 해당 검정고시에 다시 응시할 수 없게 됨으로써 제한되는 주된 기본권은 자유로운 인격발현권인데, 이러한 응시자격 제한은 검정고시제도 도입 이후 허용되어 온 합격자의 재응시를 경과조치 등 없이 무조건적으로 금지하는 것이어서 과잉금지원칙에 위배된다.

⑤ 대학수학능력시험의 문항수 기준 70%를 EBS교재와 연계하여 출제한다는 대학수학능력시

험 시행기본계획은 대학수학능력시험을 준비하는 자의 자유로운 인격발현권을 제한하는데, 이러한 계획이 헌법 제37조 제2항을 준수하였는지 심사하되, 국가가 학교에서의 학습방법 등 교육제도를 정하는데 포괄적인 규율권한을 갖는다는 점을 감안하여야 한다.

① (○) 초등학교에서 영어 과목을 아예 배정하지 않거나 그 시수를 일정 기준 이하로 제한하여 영어교육을 받는 것을 금지하거나 제한하는 것은 충분히 영어교육을 받음으로써 교육적 성장과 발전을 통해 자아를 실현하고자 하는 학생들의 '인격의 자유로운 발현권'을 제한하게 된다. 초등학교 1~2학년의 영어교육을 금지하고, 3~6학년의 영어교육을 다른 과목과 균질한 수준으로 제한하는 것은 기초 영역에 대한 균형적인 교육을 통해 초등학생의 전인적 성장을 도모하고 영어 과목에 대한 지나친 사교육의 폐단을 막기 위한 것으로, 이로 인해 초등학생이나 학부모가 입게 되는 기본권 제한이 중대하다고 보기 어렵다. 이상의 점들을 종합할 때, 이 사건 고시 부분이 과잉금지원칙을 위반하였다고 볼 수 없다(헌재 2016.2.25. 2013헌마838).

② (○) 기부행위자 본인은 자신의 재산을 사회적 약자나 소외 계층을 위하여 출연함으로써 자기가 속한 사회에 공헌하였다는 행복감과 만족감을 실현할 수 있으므로, 이는 헌법상 인격의 자유로운 발현을 위하여 필요한 행동을 할 수 있어야 한다는 의미의 행복추구권과 그로부터 파생되는 일반적 행동자유권의 행사로서 당연히 보호되어야 한다(헌재 2014.2.27. 2013헌바106).

③ (○) 주방용오물분쇄기의 판매·사용을 금지하여 분쇄된 음식물 찌꺼기 등이 하수도로 배출되는 것을 막는 것은 수질오염 방지라는 입법목적을 달성하는 적절한 수단이므로, 목적의 정당성 및 수단의 적질싱이 인정된다. 현재로서는 음식물 찌꺼기 등이 하수도로 바로 배출되더라도 이를 적절히 처리할 수 있는 하수도 시설을 갖추는 등 주방용오물분쇄기의 판매와 사용을 허용할 수 있는 사회적 기반시설이 갖추어져 있다고 보기 어렵고, 심판대상조항은 과잉금지원칙에 위반하여 청구인들의 일반적 행동자유권, 직업의 자유를 침해하지 않는다(헌재 2018.6.28. 2016헌마1151).

④ (×) 청구인들은 검정고시 재응시를 제한하는 것이 평등권을 침해한다는 취지로 주장하나, 그 내용은 바로 '균등하게 교육을 받을 권리'의 제한에 다름아니므로 교육을 받을 권리의 침해 여부에 대한 판단에서 같이 이루어질 문제이고, 그 밖에 행복추구권, 자기결정권 등의 침해에 대하여도 주장하고 있으나, 이 사건과 가장 밀접한 관련을 가지고 핵심적으로 다투어지는 사항은 교육을 받을 권리이므로, 이하에서는 이 사건 응시제한이 교육을 받을 권리를 침해하는지 여부를 판단하기로 한다. 이 사건 응시제한은 과잉금지원칙에 위반되어 청구인들의 교육을 받을 권리를 침해한다(헌재 2012.5.31. 2010헌마139).

⑤ (○) 국가는 학교에서의 교육목표, 학습계획, 학습방법, 학교조직 등 교육제도를 정하는 데 포괄적 규율권한과 폭넓은 입법형성권을 갖는다. 대학 입학전형자료의 하나인 수능시험은 대학 진학을 위해 필요한 것이지만, 고등학교 교육과정에 대한 최종적이고 종합적인 평가로서 학교교육 제도와 밀접한 관계에 있다. 따라서 국가는 수능시험의 출제 방향이나 원칙을 어떻게 정할 것인지에 대해서도 폭넓은 재량권을 갖는다. 국가의 공권력행사가 학생의 자유로운 인격발현권을 제한하는 경우에도 헌법 제37조 제2항에 따른 한계를 준수하여야 한다. 다만, 국가는 수능시험 출제 방향이나 원칙을 정할 때 폭넓은 재량권을 가지므로, 심판대상계획이 청구인들의 기본권을 침해하는지 여부를 심사할 때 이러한 국가의 입법형성권을 감안하여야 한다(헌재 2018.2.22. 2017헌마691). [2019년 제8회 변호사] ④

인간의 존엄과 가치 및 행복추구권에 대한 설명으로 옳지 않은 것은? (다툼이 있는 경우 판례에 의함)

① 교정시설의 1인당 수용면적이 수형자의 인간으로서의 기본 욕구에 따른 생활조차 어렵게 할 만큼 지나치게 협소하다면, 이는 그 자체로 국가형벌권 행사의 한계를 넘어 수형자의 인간의 존엄과 가치를 침해하는 것이다.

② 인수자가 없는 시체를 생전의 본인의 의사와는 무관하게 해부용 시체로 제공될 수 있도록 규정한 「시체 해부 및 보존에 관한 법률」 조항은 연고가 없는 자의 시체처분에 대한 자기결정권을 침해한다.

③ 혼인 종료 후 300일 이내에 출생한 자(子)를 전남편의 친생자로 추정하는 「민법」 조항은 혼

인관계가 해소된 이후에 자가 출생하고 생부가 출생한 자를 인지하려는 경우마저도, 아무런 예외 없이 그 자를 전남편의 친생자로 추정함으로써 친생부인의 소를 거치도록 하는 것은 모가 가정생활과 신분관계에서 누려야 할 인격권을 침해한다.

④ 법무부훈령인 「법무시설 기준규칙」은 수용동의 조도 기준을 취침 전 200룩스 이상, 취침 후 60룩스 이하로 규정하고 있는데, 수용자의 도주나 자해 등을 막기 위해서 취침시간에도 최소한의 조명을 유지하는 것은 수용자의 숙면 방해로 인하여 인간의 존엄과 가치를 침해한다.

① (○) 구치소 내에서 인간으로서 최소한의 품위를 유지할 수 없을 정도의 과밀수용행위는 수용자의 인간의 존엄과 가치를 침해한다. 교정시설의 1인당 수용면적이 수형자의 인간으로서의 기본욕구에 따른 생활조차 어렵게 할 만큼 지나치게 협소하다면, 이는 그 자체로 국가형벌권 행사의 한계를 넘어 수형자의 인간의 존엄과 가치를 침해하는 것이다(헌재 2016.12.29. 2013헌마142).

② (○) 실제로 해부용 시체로 제공된 사례가 거의 없는 상황에서 이 사건 법률조항이 추구하는 공익이 사후 자신의 시체가 자신의 의사와는 무관하게 해부용 시체로 제공됨으로써 침해되는 사익보다 크다고 할 수 없으므로 이 사건 법률조항은 청구인의 시체 처분에 대한 자기결정권을 침해한다(헌재 2015.11.26. 2012헌마940).

③ (○) 혼인 종료 후 300일 이내에 출생한 자를 전남편의 친생자로 추정하는 것은 모가 가정생활과 신분관계에서 누려야 할 인격권을 침해하는 것이다(헌재 2015.4.30. 2013헌마623).

④ (×) 교정시설의 안전과 질서유지를 위해서는 수용거실 안에 일정한 수준의 조명을 유지할 필요가 있다. 수용자의 도주나 자해 등을 막기 위해서는 취침시간에도 최소한의 조명은 유지할 수밖에 없다. 조명점등행위는 법무시설 기준규칙이 규정하는 조도 기준의 범위 안에서 이루어지고 있는데, 이보다 더 어두운 조명으로도 교정시설의 안전과 질서유지라는 목적을 같은 정도로 달성할 수 있다고 볼 수 있는 자료가 없다. 또 조명점등행위로 인한 청구인의 권익 침해가 교정시설 안전과 질서유지라는 공익 보호보다 더 크다고 보기도 어렵다. 그렇다면 조명점등행위가 과잉금지원칙에 위배하여 청구인의 기본권을 침해한다고 볼 수 없다(헌재 2018.8.30. 2017헌마440).

[2019년 지방 7급] ④

다음 중 인간의 존엄과 가치 및 행복추구권에 관한 설명으로 가장 옳지 않은 것은? (다툼이 있는 경우 판례에 의함)

① 죽음에 임박한 환자에게 '연명치료 중단에 관한 자기결정권'은 헌법상 보장된 기본권이므로, 헌법해석상 '연명치료 중단 등에 관한 법률'을 제정할 국가의 입법의무가 명백하다고 볼 수 있다.

② 헌법 제10조로부터 도출되는 일반적 인격권에는 각 개인이 그 삶을 사적으로 형성할 수 있는 자율영역에 대한 보장이 포함되어 있음을 감안할 때, 장래 가족의 구성원이 될 태아의 성별 정보에 대한 접근을 국가로부터 방해받지 않을 부모의 권리는 이와 같은 일반적 인격권에 의하여 보호된다고 보아야 한다.

③ 수용자를 교정시설에 수용할 때마다 전자영상 검사기를 이용하여 수용자의 항문 부위에 대한 신체검사를 하는 것이 필요한 최소한도를 벗어나 과잉금지원칙에 위배되어 수용자의 인격권 내지 신체의 자유를 침해한다고 볼 수 없다.

④ 변호사에 대한 징계결정정보를 인터넷 홈페이지에 공개하도록 한 변호사법 조항은 전문적인 법률지식, 윤리적 소양, 공정성 및 신뢰성을 갖추어야 할 변호사가 징계를 받은 경우 국민이 이러한 사정을 쉽게 알 수 있도록 하여 변호사를 선택할 권리를 보장하고, 변호사의 윤리의식을 고취시킴으로써 법률사무에 대한 전문성, 공정성 및 신뢰성을 확보하여 국민의 기본권을 보호하며 사회정의를 실현하기 위한 것으로서 청구인의 인격권을 침해하지 아니한다.

① (×) 환자가 장차 죽음에 임박한 상태에 이를 경우에 대비하여 미리 의료인 등에게 연명치료 거부 또는 중단에 관한 의사를 밝히는 등의 방법으로 죽음에 임박한 상태에서 인간으로서의 존엄과 가치를 지키기 위하여 연명치료의 거부 또는 중단을 결정할 수 있다 할 것이고, 위 결정은 헌법상 기본권인 자기결정권의 한 내용으로서 보장된다 할 것이다. 연명치료 중단에 관한 자기결정권을 보장하는 방법으로서 법원의 재판을 통한 규범의 제시와 입법 중 어느 것이 바람직한가는 입법정책의 문제로서 국회의 재량에 속한다. 그렇다면 헌법해석상 연명치료 중단 등에 관한 법률을 제정할 국가의 입법의무가 명백하다고 볼 수 없다(헌재 2009.11.26. 2008헌마385).
② (○) 헌법 제10조로부터 도출되는 일반적 인격권에는 각 개인이 그 삶을 사적으로 형성할 수 있는 자율영역에 대한 보장이 포함되어 있음을 감안할 때, 장래 가족의 구성원이 될 태아의 성별 정보에 대한 접근을 국가로부터 방해받지 않을 부모의 권리는 이와 같은 일반적 인격권에 의하여 보호된다고 보아야 할 것인바, 이 사건 규정은 일반적 인격권으로부터 나오는 부모의 태아 성별 정보에 대한 접근을 방해받지 않을 권리를 제한하고 있다. 이 사건 규정은 과잉금지원칙을 위반하여 의사의 직업수행의 자유 및 임부나 그 가족이 태아 성별 정보에 대한 접근을 방해받지 않을 권리 등을 침해하고 있으므로 헌법에 위반된다 할 것이다(헌재 2008.7.31. 2004헌마1010).
③ (○) 신체검사로 인하여 수용자가 느끼는 모욕감이나 수치심이 결코 작다고 할 수는 없지만, 흉기 기타 위험물이나 금지물품을 교정시설 내로 반입하는 것을 차단함으로써 수용자 및 교정시설 종사자들의 생명·신체의 안전과 교정시설 내의 질서를 유지한다는 공적인 이익이 훨씬 크다 할 것이므로, 법익의 균형성 요건 또한 충족된다. 이 사건 신체검사는 필요한 최소한도를 벗어나 과잉금지원칙에 위배되어 청구인의 인격권 내지 신체의 자유를 침해한다고 볼 수 없다(헌재 2011.5.26. 2010헌마775).
④ (○) 징계결정 공개조항은 위와 같이 전문적인 법률지식과 윤리적 소양 및 공정성과 신뢰성을 갖추어야 할 변호사가 변론 불성실, 비밀누설 등 직무상 의무 또는 직업윤리를 위반하여 징계를 받은 경우, 국민이 이러한 사정을 쉽게 알 수 있도록 하여 법률사무를 맡길 변호사를 선택할 권리를 보장하고 변호사의 윤리의식을 고취시킴으로써 법률사무에 대한 전문성, 공정성 및 신뢰성을 확보하여 국민의 기본권을 보호하고 사회정의를 실현하기 위한 것이다. … 따라서 징계결정 공개조항은 과잉금지원칙에 위배되지 아니하므로 청구인의 인격권을 침해하지 아니한다(헌재 2018.7.26. 2016헌마1029). [2022년 해경간부] ①

인간으로서의 존엄과 가치 및 행복추구권에서 도출되는 권리들에 대한 설명으로 옳지 않은 것은? (다툼이 있는 경우 판례에 의함)

① 공인이 아니며 보험사기를 이유로 체포된 피의자가 경찰서에 수갑을 차고 얼굴을 드러낸 상태에서 조사받는 과정을 기자들로 하여금 촬영하도록 허용하는 행위는 기본권 제한의 목적의 정당성이 인정되지 아니한다.
② 헌법 제10조로부터 도출되는 일반적 인격권에는 개인의 명예에 관한 권리도 포함되며, 사자(死者)에 대한 사회적 명예와 평가의 훼손은 사자와의 관계를 통하여 스스로의 인격상을 형성하고 명예를 지켜온 그 후손의 인격권을 제한한다.
③ 장래 가족의 구성원이 될 태아의 성별 정보에 대한 접근을 국가로부터 방해받지 않을 부모

의 권리는 일반적 인격권에 의하여 보호된다.

④ 일반적 행동자유권의 보호영역에는 광장에서 여가활동이나 문화활동을 하는 것이 포함되지만, 그 광장 주변을 개별적으로 출입하고 통행하는 개인의 행위까지 포함되는 것은 아니다.

⑤ 환자가 죽음에 임박한 상태에서 인간으로서의 존엄과 가치를 지키기 위하여 연명치료의 거부 또는 중단을 결정할 수 있고, 이는 헌법상 자기결정권의 한 내용으로서 보장되지만, '연명치료중단에 관한 자기결정권'을 보장하기 위한 입법의무가 국가에게 명백하게 부여된 것은 아니다.

① (○) 공인이 아니며 보험사기를 이유로 체포된 피의자에 불과해 신원공개가 허용되는 어떠한 예외사유에도 해당한다고 보기 어렵다. 나아가 피청구인은 기자들에게 청구인이 경찰서 내에서 수갑을 차고 얼굴을 드러낸 상태에서 조사받는 모습을 촬영할 수 있도록 허용한 것인바, 앞서 본 예외적 사유가 없는 청구인에 대한 이러한 수사 장면의 공개 및 촬영은 이를 정당화할 만한 어떠한 공익목적도 인정하기 어려우므로 촬영허용행위는 목적의 정당성 자체가 인정되지 아니한다. 촬영허용행위는 과잉금지원칙에 위반되어 청구인의 인격권을 침해하였다(헌재 2014.3.27. 2012헌마652).

② (○) 헌법 제10조로부터 도출되는 일반적 인격권에는 개인의 명예에 관한 권리도 포함되는바, 심판대상조항에 근거하여 반민규명위원회의 조사대상자 선정 및 친일반민족행위결정이 이루어지면, 조사대상자의 사회적 평가가 침해되어 헌법 제10조에서 유래하는 일반적 인격권이 제한받는다. 사자(死者)에 대한 사회적 명예와 평가의 훼손은 사자와의 관계를 통하여 스스로의 인격상을 형성하고 명예를 지켜온 그들 후손의 인격권, 즉 유족의 명예 또는 유족의 사자(死者)에 대한 경애추모의 정을 침해한다고 할 것이다. 따라서 심판대상조항은 조사대상자의 사회적 평가와 아울러 이를 토대로 인격상을 형성하여 온 그 유족들의 인격권을 제한한다(헌재 2013.5.30. 2012헌바19).

③ (○) 헌법 제10조로부터 도출되는 일반적 인격권에는 각 개인이 그 삶을 사적으로 형성할 수 있는 자율영역에 대한 보장이 포함되어 있음을 감안할 때, 장래 가족의 구성원이 될 태아의 성별 정보에 대한 접근을 국가로부터 방해받지 않을 부모의 권리는 이와 같은 일반적 인격권에 의하여 보호된다고 보아야 할 것인바, 이 사건 규정은 일반적 인격권으로부터 나오는 부모의 태아 성별 정보에 대한 접근을 방해받지 않을 권리를 제한하고 있다(헌재 2008.7.31. 2004헌마1010).

④ (×) 일반 공중에게 개방된 장소인 서울광장을 개별적으로 통행하거나 서울광장에서 여가활동이나 문화활동을 하는 것은 일반적 행동자유권의 내용으로 보장됨에도 불구하고, 피청구인이 이 사건 통행제지행위에 의하여 청구인들의 이와 같은 행위를 할 수 없게 하였으므로 청구인들의 일반적 행동자유권의 침해 여부가 문제된다(헌재 2011.6.30. 2009헌마406).

⑤ (○) 환자가 장차 죽음에 임박한 상태에 이를 경우에 대비하여 미리 의료인 등에게 연명치료 거부 또는 중단에 관한 의사를 밝히는 등의 방법으로 죽음에 임박한 상태에서 인간으로서의 존엄과 가치를 지키기 위하여 연명치료의 거부 또는 중단을 결정할 수 있고, 위 결정은 헌법상 기본권인 자기결정권의 한 내용으로서 보장된다 할 것이다. 그렇다면 헌법해석상 연명치료 중단 등에 관한 법률을 제정할 국가의 입법의무가 명백하다고 볼 수 없고, 따라서 위 입법부작위는 헌법재판소법 제68조 제1항 소정의 공권력의 불행사에 해당하지 아니하므로 청구인의 이 사건 심판청구는 헌법소원 대상적격의 흠결로 부적법하다(헌재 2009.11.26. 2008헌마385). [2019년 국회 5급] ④

인격권에 대한 설명으로 옳지 않은 것은? (다툼이 있는 경우 판례에 의함)

① 장래 가족의 구성원이 될 태아의 성별 정보에 대한 접근을 국가로부터 방해받지 않을 부모의 권리는 일반적 인격권에 의하여 보호된다.

② 이미 출국 수속 과정에서 일반적인 보안검색을 마친 승객을 상대로 촉수검색(patdown)과 같은 추가적인 보안 검색 실시를 예정하고 있는 국가항공보안계획은 달성하고자 하는 공익에 비해 추가 보안검색으로 인해 대상자가 느낄 모욕감이나 수치심의 정도가 크다고 할 수

있으므로 과잉금지원칙에 위반되어 해당 승객의 인격권을 침해한다.

③ 사자(死者)에 대한 사회적 명예와 평가의 훼손은 사자와의 관계를 통하여 스스로의 인격상을 형성하고 명예를 지켜온 그 후손의 인격권을 제한한다.

④ 변호사 정보 제공 웹사이트 운영자가 변호사들의 개인신상정보를 기반으로 한 인맥지수를 공개하는 서비스를 제공하는 행위는 변호사들의 개인정보에 관한 인격권을 침해한다.

① (○) 헌법 제10조로부터 도출되는 일반적 인격권에는 각 개인이 그 삶을 사적으로 형성할 수 있는 자율영역에 대한 보장이 포함되어 있음을 감안할 때, 장래 가족의 구성원이 될 태아의 성별 정보에 대한 접근을 국가로부터 방해받지 않을 부모의 권리는 이와 같은 일반적 인격권에 의하여 보호된다고 보아야 할 것인바, 이 사건 규정은 일반적 인격권으로부터 나오는 부모의 태아 성별 정보에 대한 접근을 방해받지 않을 권리를 제한하고 있다(헌재 2008.7.31. 2004헌마1010).

② (×) 항공기 이용이 보편화됨에 따라 국내외적으로 항공기 안전사고나 항고기에 대한 또는 항공기를 이용한 테러 위협이 계속 커지고 있는바, 항공기 사고는 한번 발생하면 그로 인한 인명 피해가 심각하므로 항공기 내에서의 불법행위 방지 및 민간항공의 보안 확보라는 공익은 매우 중대하다. 이에 반해 체약국의 요구가 있는 경우 승객을 상대로 실시되는 추가 보안검색은 그 방법 및 절차를 고려할 때 그로 인해 대상자가 느낄 모욕감이나 수치심, 신체의 자유의 제한 정도가 그리 크다고 보기 어렵다. 따라서 이 사건 국가항공보안계획은 법익의 균형성도 인정되므로 과잉금지원칙에 위반하여 청구인의 인격권 등 기본권을 침해하지 아니한다(헌재 2018.2.22. 2016헌마780).

③ (○) 헌법 제10조로부터 도출되는 일반적 인격권에는 개인의 명예에 관한 권리도 포함되는바, 이 사건 법률조항에 근거하여 반민규명위원회의 조사대상자 선정 및 친일반민족행위결정이 이루어지면(이에 관하여 작성된 조사보고서 및 편찬된 사료는 일반에 공개된다), 조사대상자의 사회적 평가가 침해되어 헌법 제10조에서 유래하는 일반적 인격권이 제한받는다고 할 수 있다. 사자에 대한 사회적 명예와 평가의 훼손은 사자와의 관계를 통하여 스스로의 인격상을 형성하고 명예를 지켜온 그들의 후손의 인격권, 즉 유족의 명예 또는 유족의 사자에 대한 경애추모의 정을 제한하는 것이다(헌재 2010.10.28. 2007헌가23).

④ (○) 변호사 정보 제공 웹사이트 운영자가 변호사들의 개인신상정보를 기반으로 변호사들의 인맥지수를 산출하여 공개하는 서비스를 제공한 사안에서, 인맥지수의 사적·인격적 성격, 산출과정에서 왜곡 가능성, 인맥지수 이용으로 인한 변호사들의 이익 침해와 공적 폐해의 우려, 그에 반하여 이용으로 달성될 공적인 가치의 보호 필요성 정도 등을 종합적으로 고려하면, 운영자가 변호사들의 개인신상정보를 기반으로 한 인맥지수를 공개하는 표현행위에 의하여 얻을 수 있는 법적 이익이 이를 공개하지 않음으로써 보호받을 수 있는 변호사들의 인격적 법익에 비하여 우월하다고 볼 수 없어, 결국 운영자의 인맥지수 서비스 제공행위는 변호사들의 개인정보에 관한 인격권을 침해하는 위법한 것이다(대법원 2011.9.2. 2008다42430). [2022년 국가 7급] ②

인격권에 관한 설명으로 옳은 것을 모두 고른 것은? (다툼이 있는 경우 판례에 의함)

㉠ 범죄사실에 관한 보도 과정에서 대상자의 실명 공개에 대한 공공의 이익이 대상자의 명예나 사생활의 비밀에 관한 이익보다 우월하다고 인정되어 실명에 의한 보도가 허용되는 경우에는, 비록 대상자의 의사에 반하여 그의 실명이 공개되었다고 하더라도 그의 성명권이 위법하게 침해되었다고 할 수 없다.

㉡ 입양이나 재혼 등과 같이 가족관계의 변동과 새로운 가족관계의 형성에 있어서 구체적인 사정들에 따라서는 양부 또는 계부의 성으로의 변경이 개인의 인격적 이익과 매우 밀접한 관계를 가짐에도 부성(父姓)의 사용만을 강요하여 성의 변경을 허용하지 않는 것은 개인의 인격권을 침해한다.

㉢ 사법경찰관이 보험사기범 검거라는 보도자료 배포 직후 기자들의 취재 요청에 응하여 피의자가 경찰서 조사실에서 양손에 수갑을 찬 채 조사받는 모습을 촬영할 수 있도록 허용한 행위는 과잉금지원칙에 위반되어 피의자의 인격권을 침해한다.

> ㉣ 지역아동센터의 시설별 신고정원의 80% 이상을 돌봄취약아동으로 구성하도록 한 보건복지부 '2019년 지역아동센터 지원사업안내' 관련 부분은 돌봄취약아동과 일반아동을 분리함으로써 아동들의 인격권을 침해한다.

① ㉠, ㉣ ② ㉠, ㉡, ㉢

③ ㉡, ㉢, ㉣ ④ ㉠, ㉡, ㉢, ㉣

㉠ (○) 범죄사실에 관한 보도 과정에서 대상자의 실명 공개에 대한 공공의 이익이 대상자의 명예나 사생활의 비밀에 관한 이익보다 우월하다고 인정되어 실명에 의한 보도가 허용되는 경우에는, 비록 대상자의 의사에 반하여 그의 실명이 공개되었다고 하더라도 그의 성명권이 위법하게 침해되었다고 할 수 없다(대법원 2009.9.10. 2007다71).

㉡ (○) 입양이나 재혼 등과 같이 가족관계의 변동과 새로운 가족관계의 형성에 있어서 구체적인 사정들에 따라서는 양부 또는 계부 성으로의 변경이 개인의 인격적 이익과 매우 밀접한 관계를 가짐에도 부성의 사용만을 강요하여 성의 변경을 허용하지 않는 것은 개인의 인격권을 침해한다(헌재 2005.12.22. 2003헌가5).

㉢ (○) 피청구인 사법경찰관이 기자들에게 청구인이 경찰서 내에서 수갑을 차고 얼굴을 드러낸 상태에서 조사받는 모습을 촬영할 수 있도록 허용하였는데, 이러한 촬영허용행위는 과잉금지원칙에 위반되어 청구인의 인격권을 침해하였다(헌재 2014.3.27. 2012헌마652).

㉣ (×) 돌봄취약아동이 일반아동과 함께 초·중등학교를 다니고 방과 후에도 다른 돌봄기관을 이용할 선택권이 보장되고 있는 이상, 이용아동규정에 따라 돌봄취약아동이 일반아동과 교류할 기회가 다소 제한된다고 하더라도 그것만으로 청구인 아동들의 인격 형성에 중대한 영향을 미친다고 보기는 어렵다. 이용아동규정은 과잉금지원칙에 위반하여 청구인 운영자들의 직업수행의 자유 및 청구인 아동들의 인격권을 침해하지 않는다(헌재 2022.1.27. 2019헌마583). [2023년 경찰공채 3월] ②

헌법 제10조의 인간의 존엄과 가치로부터 파생된 권리에 대한 설명으로 옳지 않은 것은? (다툼이 있는 경우 판례에 의함)

① 사법경찰관이 보도자료 배포 직후 기자들의 취재 요청에 응하여 피의자가 경찰서 조사실에서 양손에 수갑을 찬 채 조사받는 모습을 촬영할 수 있도록 허용한 행위는 잠재적인 피해자의 발생을 방지하고 범죄를 예방할 필요성이 크다는 점에서 피의자의 인격권을 침해하지 않는다.

② 민사재판의 당사자로 출석하는 수형자에 대하여, 사복착용을 허용하는 「형의 집행 및 수용자의 처우에 관한 법률」 제82조를 준용하지 아니하였다 하더라도 수형자의 인격권 및 행복추구권을 침해하는 것은 아니다.

③ 기부행위자는 자신의 재산을 사회적 약자나 소외 계층을 위하여 출연함으로써 자기가 속한 사회에 공헌하였다는 행복감과 만족감을 실현할 수 있으므로, 기부행위는 행복추구권과 그로부터 파생되는 일반적 행동자유권에 의해 보호된다.

④ 주방용오물분쇄기의 판매와 사용을 금지하는 것은 주방용오물분쇄기를 사용하려는 자의 일반적 행동자유권을 제한한다.

⑤ 대학수학능력시험의 문항수 기준 70%를 EBS 교재와 연계하여 출제한다는 대학수학능력시

험 시행기본계획은 대학수학능력시험을 준비하는 자의 자유로운 인격발현권을 제한한다.

① (×) 피청구인(사법경찰관)은 기자들에게 청구인이 경찰서 내에서 수갑을 차고 얼굴을 드러낸 상태에서 조사받는 모습을 촬영할 수 있도록 허용하였는데, 청구인에 대한 이러한 수사 장면을 공개 및 촬영하게 할 어떠한 공익 목적도 인정하기 어려우므로 촬영허용행위는 목적의 정당성이 인정되지 아니한다. 또한 촬영허용행위는 언론 보도를 보다 실감나게 하기 위한 목적 외에 어떠한 공익도 인정할 수 없는 반면, 청구인은 피의자로서 얼굴이 공개되어 초상권을 비롯한 인격권에 대한 중대한 제한을 받았고, 촬영한 것이 언론에 보도될 경우 범인으로서의 낙인 효과와 그 파급효는 매우 가혹하여 법익균형성도 인정되지 아니하므로, 촬영허용행위는 과잉금지원칙에 위반되어 청구인의 인격권을 침해하였다(헌재 2014.3.27. 2012헌마652).

② (○) 수형자가 민사법정에 출석하기까지 교도관이 반드시 동행하여야 하므로 수용자의 신분이 드러나게 되어 있어 재소자용 의류를 입었다는 이유로 인격권과 행복추구권이 제한되는 정도는 제한적이고, 형사법정 이외의 법정 출입 방식은 미결수용자와 교도관 전용 통로 및 시설이 존재하는 형사재판과 다르며, 계호의 방식과 정도도 확연히 다르다. 따라서 심판대상조항이 민사재판에 출석하는 수형자에 대하여 사복착용을 허용하지 아니한 것은 청구인의 인격권과 행복추구권을 침해하지 아니한다(헌재 2015.12.23.2013헌마712).

③ (○) 기부행위자 본인은 자신의 재산을 사회적 약자나 소외 계층을 위하여 출연함으로써 자기가 속한 사회에 공헌하였다는 행복감과 만족감을 실현할 수 있으므로, 이는 헌법상 인격의 자유로운 발현을 위하여 필요한 행동을 할 수 있어야 한다는 의미의 행복추구권과 그로부터 파생되는 일반적 행동자유권의 행사로서 당연히 보호되어야 한다(헌재 2010.9.30. 2009헌바201).

④ (○) 주방용오물분쇄기를 사용하고자 하는 청구인들은 심판대상조항이 주방용오물분쇄기의 사용을 금지하고 있어 이를 이용하여 자유롭게 음식물 찌꺼기 등을 처리할 수 없으므로, 행복추구권으로부터 도출되는 일반적 행동자유권을 제한받는다(헌재 2018.6.28. 2016헌마1151).

⑤ (○) 수능시험을 준비하면서 무엇을 어떻게 공부하여야 할지에 관하여 스스로 결정할 자유가 심판대상계획에 따라 제한된다. 이는 자신의 교육에 관하여 스스로 결정할 권리, 즉 교육을 통한 자유로운 인격발현권을 제한받는 것으로 볼 수 있다. 한편, 청구인들은 심판대상계획으로 인해 교육을 받을 권리가 침해된다고 주장하지만, 심판대상계획이 헌법 제31조 제1항의 능력에 따라 균등하게 교육을 받을 권리를 직접 제한한다고 보기는 어렵다. 청구인들은 행복추구권도 침해된다고 주장하지만, 행복추구권에서 도출되는 자유로운 인격발현권 침해 여부에 대하여 판단하는 이상 행복추구권 침해 여부에 대해서는 다시 별도로 판단하지 않는다(헌재 2018.2.22. 2017헌마691).

[2020년 국회 8급] ①

인간의 존엄과 가치에 대한 설명으로 옳지 않은 것은? (다툼이 있는 경우 판례에 의함)

① 인간으로서의 존엄과 가치는 1962년 제3공화국 헌법에서 규정된 이래 1980년 제5공화국 헌법에서 행복추구권이 추가되어 현행 헌법에 이르고 있다.

② 사법경찰관이 보도자료 배포 직후 기자들의 취재 요청에 응하여 피의자가 경찰서 조사실에서 양손에 수갑을 찬 채 조사받는 모습을 촬영할 수 있도록 허용한 행위는 과잉금지원칙에 위반되어 피의자의 인격권을 침해한다.

③ 중혼을 혼인취소의 사유로 정하면서 그 취소청구권의 제척기간 또는 소멸사유를 규정하지 않은 「민법」 조항은 후혼배우자의 인격권 및 행복추구권을 침해하지 아니한다.

④ 민사재판에 당사자로 출석하는 수형자에 대하여 사복착용을 허용하지 아니한 것은 수형자의 인격권과 행복추구권을 침해한다.

① (○) 현행 헌법 제10조에 규정하고 있는 인간으로서의 존엄과 가치는 1962년 제5차 개정헌법에서 규정된 이래 1980년 제8차 개정헌법에서 행복추구권이 추가되어 현재까지 이르고 있다.

② (○) 피청구인(사법경찰관)은 기자들에게 청구인이 경찰서 내에서 수갑을 차고 얼굴을 드러낸 상태에서 조사받는 모습을 촬영할 수 있도록 허용하였는데, 청구인에 대한 이러한 수사 장면을 공개 및 촬영하게 할 어떠한 공익 목적도 인정하기 어려우므로 촬영허용행위는 목적의 정당성이 인정되지 아니한다. 또한 촬영허용행위는 언론 보도를 보다 실감나게 하기 위한 목적 외에 어떠한 공익도 인정할 수 없는 반면, 청구인의 피의자로서 얼굴이 공개되어 초상권을 비롯한 인격권에 대한 중대한 제한을 받았고, 촬영한 것이 언론에 보도될 경우 범인으로서의 낙인 효과와 그 파급효는 매우 가혹하여 법익균형성도 인정되지 아니하므로, 촬영허용행위는 과잉금지원칙에 위반되어 청구인의 인격권을 침해하였다(헌재 2014.3.27. 2012헌마652).

③ (○) 사건 법률조항은 우리 사회의 중대한 공익이며 헌법 제36조 제1항으로부터 도출되는 일부일처제를 실현하기 위한 것이다. 이 사건 법률조항은 중혼을 혼인무효사유가 아니라 혼인취소사유로 정하고 있는데, 혼인 취소의 효력은 기왕에 소급하지 아니하므로 중혼이라 하더라도 법원의 취소판결이 확정되기 전까지는 유효한 법률혼으로 보호받는다. 따라서 중혼 취소청구권의 소멸에 관하여 아무런 규정을 두지 않았다 하더라도, 이 사건 법률조항이 현저히 입법재량의 범위를 일탈하여 후혼배우자의 인격권 및 행복추구권을 침해하지 아니한다(헌재 2014.7.24. 2011헌바275).

④ (×) 수형자가 민사법정에 출석하기까지 교도관이 반드시 동행하여야 하므로 수용자의 신분이 드러나게 되어 있어 재소자용 의류를 입었다는 이유로 인격권과 행복추구권이 제한되는 정도는 제한적이고, 형사법정 이외의 법정 출입 방식은 미결수용자와 교도관 전용통로 및 시설이 존재하는 형사재판과 다르며, 계호의 방식과 정도도 확연히 다르다. 따라서 심판대상조항이 민사재판에 출석하는 수형자에 대하여 사복착용을 허용하지 아니한 것은 청구인의 인격권과 행복추구권을 침해하지 아니한다(헌재 2015.12.23. 2013헌마712).

[2016년 지방 7급] ④

인간의 존엄과 가치에 관한 설명 중 가장 적절하지 않은 것은? (다툼이 있는 경우 판례에 의함)

① 친생부인의 소의 제척기간을 규정한 「민법」 규정 중 "부(夫)가 그 사유가 있음을 안 날부터 2년내" 부분은 부(夫)가 가정생활과 신분관계에서 누려야 할 인격권을 침해한다.

② 수용자를 교정시설에 수용할 때마다 전자영상 검사기를 이용하여 수용자의 항문 부위에 대한 신체검사를 하는 것이 수용자의 인격권을 침해하는 것은 아니다.

③ 외부 민사재판에 출정할 때 운동화를 착용하게 해달라는 수형자인 청구인의 신청에 대하여 이를 불허한 피청구인 교도소장의 행위는 청구인의 인격권을 침해한다고 볼 수 없다.

④ 선거기사심의위원회가 불공정한 선거기사를 보도하였다고 인정한 언론사에 대하여 언론중재위원회를 통하여 사과문을 게재할 것을 명하도록 하는 「공직선거법」 조항 중 '사과문 게재' 부분과, 해당 언론사가 사과문 게재 명령을 지체 없이 이행하지 않을 경우 형사처벌하는 구 「공직선거법」 규정 중 해당 부분은 언론사의 인격권을 침해한다.

① (×) 민법 제847조 제1항은 '친생부인의 사유가 있음을 안 날'을 제척기간의 기산점으로 삼음으로써 부(夫)가 혈연관계의 진실을 인식할 때까지 기간의 진행을 유보하고, '그로부터 2년'을 제척기간으로 삼음으로써 부의 친생부인의 기회를 실질적으로 보장하고 있다. 또한 2년이란 기간은 자녀의 불안정한 지위를 장기간 방치하지 않기 위한 것으로서 지나치게 짧다고 볼 수 없다. 따라서 민법 제847조 제1항 중 "부가 그 사유가 있음을 안 날부터 2년내" 부분은 친생부인의 소의 제척기간에 관한 입법재량의 한계를 일탈하지 않은 것으로서 헌법에 위반되지 아니한다(헌재 2015.3.26. 2012헌바357).

② (○) 교도관이 마약류사범에게 검사의 취지와 방법을 설명하고 반입금지품을 제출하도록 안내한 후 외부와 차단된 검사실에서 같은 성별의 교도관 앞에 돌아서서 하의속옷을 내린 채 상체를 숙이고 양손으로 둔부를 벌려 항문을 보이는 방법으로 실시한 정밀신체검사는 수용자에 대한 생명·신체에 대한 위해를 방지하고 구치소 내의 안전과 질서를 유지하기 위한 것이고(목적의 정당성), 청구인이 수인하여야 할

모욕감이나 수치심에 비하여 반입금지품을 차단함으로써 얻을 수 있는 수용자들의 생명과 신체의 안전, 구치소 내의 질서유지 등의 공익이 보다 크므로(법익 균형성), 과잉금지의 원칙에 위배되었다고 할 수 없다. 따라서 마약류사범인 청구인에 대하여 구치소 입소 시에 한 이 사건 정밀신체검사는 법률에 따라 그 기본권제한의 범위 내에서 이루어진 것이다(헌재 2006.6.29. 2004헌마826).

③ (○) 운동화착용불허행위는 시설 바깥으로의 외출이라는 기회를 이용한 도주를 예방하기 위한 것으로서 그 목적이 정당하고, 위와 같은 목적을 달성하기 위한 적합한 수단이라 할 것이다. 또한 신발의 종류를 제한하는 것에 불과하여 법익침해의 최소성과 균형성도 갖추었다 할 것이므로, 기본권제한에 있어서의 과잉금지원칙에 반하여 청구인의 인격권과 행복추구권을 침해하였다고 볼 수 없다(헌재 2011.2.24. 2009헌마209).

④ (○) 사건 법률조항들이 추구하는 목적, 즉 선거기사를 보도하는 언론사의 공적인 책임의식을 높임으로써 민주적이고 공정한 여론 형성 등에 이바지한다는 공익이 중요하다는 점에는 이론의 여지가 없으나, 언론에 대한 신뢰가 무엇보다 중요한 언론사에 대하여 그 사회적 신용이나 명예를 저하시키고 인격의 자유로운 발현을 저해함에 따라 발생하는 인격권 침해의 정도는 이 사건 법률조항들이 달성하려는 공익에 비해 결코 작다고 할 수 없다. 결국 이 사건 법률조항들은 언론사의 인격권을 침해하여 헌법에 위반된다(헌재 2015.7.30. 2013헌가8).

[2022년 경찰공채 3월] ①

인간의 존엄과 가치에 관한 다음 설명 중 가장 옳지 않은 것은? (다툼이 있는 경우 판례에 의함)

① 죽음에 임박한 환자에게 '연명치료 중단에 관한 자기결정권'은 헌법상 보장된 기본권이므로, 헌법해석상 '연명치료 중단 등에 관한 법률'을 제정할 국가의 입법의무가 명백하다고 볼 수 있다.

② 헌법 제10조로부터 도출되는 일반적 인격권에는 각 개인이 그 삶을 사적으로 형성할 수 있는 자율영역에 대한 보장이 포함되어 있음을 감안할 때, 장래 가족의 구성원이 될 태아의 성별 정보에 대한 접근을 국가로부터 방해받지 않을 부모의 권리는 이와 같은 일반적 인격권에 의하여 보호된다고 보아야 한다.

③ 수용자를 교정시설에 수용할 때마다 전자영상 검사기를 이용하여 수용자의 항문 부위에 대한 신체검사를 하는 것이 필요한 최소한도를 벗어나 과잉금지원칙에 위배되어 수용자의 인격권 내지 신체의 자유를 침해한다고 볼 수 없다.

④ 변호사에 대한 징계결정정보를 인터넷 홈페이지에 공개하도록 한 변호사법 조항은 전문적인 법률지식, 윤리적 소양, 공정성 및 신뢰성을 갖추어야 할 변호사가 징계를 받은 경우 국민이 이러한 사정을 쉽게 알 수 있도록 하여 변호사를 선택할 권리를 보장하고, 변호사의 윤리의식을 고취시킴으로써 법률사무에 대한 전문성, 공정성 및 신뢰성을 확보하여 국민의 기본권을 보호하며 사회정의를 실현하기 위한 것으로서 청구인의 인격권을 침해하지 아니한다.

① (×) 환자가 장차 죽음에 임박한 상태에 이를 경우에 대비하여 미리 의료인 등에게 연명치료 거부 또는 중단에 관한 의사를 밝히는 등의 방법으로 죽음에 임박한 상태에서 인간으로서의 존엄과 가치를 지키기 위하여 연명치료의 거부 또는 중단을 결정할 수 있다 할 것이고, 위 결정은 헌법상 기본권인 자기결정권의 한 내용으로서 보장된다 할 것이다. 연명치료 중단에 관한 자기결정권을 보장하는 방법으로서 법원의 재판을 통한 규범의 제시와 입법 중 어느 것이 바람직한가는 입법정책 의 문제로서 국회의 재량에 속한다 할 것이다. 그렇다면 헌법해석상 연명치료 중단 등에 관한 법률을 제정할 국가의 입법 의무가 명백하다고 볼 수 없다(헌재 2009.11.26. 2008헌마385).

② (○) 헌법 제10조로부터 도출되는 일반적 인격권에는 각 개인이 그 삶을 사적으로 형성할 수 있는 자율영역에 대한 보장이 포함되어 있음을 감안할 때, 장래 가족의 구성원이 될 태아의 성별 정보에 대한 접근을 국가로부터 방해받지 않을 부모의 권리는 이와 같은 일반적 인격권에 의하여 보호된다고 보아야 할 것인바, 이 사건 규정은 일반적 인격권으로부터 나오는 부모의 태아 성별 정보에 대한 접근을 방해받지 않을 권리를 제한하고 있다(헌재 2008.7.31. 2004헌마1010).

③ (○) 사건 신체검사는 교정시설의 안전과 질서를 유지하기 위한 것으로 그 목적이 정당하고, 항문 부위에 대한 금지물품의 은닉 여부를 효과적으로 확인할 수 있는 적합한 검사방법으로 그 수단이 적절하다. 또한 이 사건 신체검사로 인하여 수용자가 느끼는 모욕감이나 수치심이 결코 작다고 할 수는 없지만, 흉기 기타 위험물이나 금지물품을 교정시설 내로 반입하는 것을 차단함으로써 수용자 및 교정시설 종사자들의 생명·신체의 안전과 교정시설 내의 질서를 유지한다는 공적인 이익이 훨씬 크다 할 것이므로, 법익의 균형성 요건 또한 충족된다. 이 사건 신체검사는 필요한 최소한도를 벗어나 과잉금지 원칙에 위배되어 청구인의 인격권 내지 신체의 자유를 침해한다고 볼 수 없다(헌재 2011.5.26. 2010헌마775).

④ (○) 징계결정 공개조항은 전문적인 법률지식, 윤리적 소양, 공정성 및 신뢰성을 갖추어야 할 변호사가 징계를 받은 경우 국민이 이러한 사정을 쉽게 알 수 있도록 하여 변호사를 선택할 권리를 보장하고, 변호사의 윤리의식을 고취시킴으로써 법률 사무에 대한 전문성, 공정성 및 신뢰성을 확보하여 국민의 기본권을 보호하며 사회정의를 실현하기 위한 것으로서 입법목적의 정당성이 인정된다. 또 대한변호사협회 홈페이지에 변호사에 대한 징계정보를 공개하여 국민으로 하여금 징계정보를 검색할 수 있도록 하는 것은 그 입법목적을 달성하는 데 있어서 유효·적절한 수단이다. 나아가 징계결정 공개조항으로 인하여 징계대상 변호사가 입게 되는 불이익이 공익에 비하여 크다고 할 수 없으므로, 법익의 균형성에 위배되지도 아니한다. 따라서 징계결정 공개조항은 과잉금지원칙에 위배되지 아니하므로 청구인의 인격권을 침해하지 아니한다(헌재 2018.7.26. 2016헌마1029).

[2020년 법원 9급] ①

헌법 제10조에 대한 설명으로 가장 적절하지 않은 것은? (다툼이 있는 경우 판례에 의함)

① 헌법 제10조는 개인의 인격권과 행복추구권을 보장하고 있고, 인격권과 행복추구권은 개인의 자기운명결정권을 전제로 하며, 이 자기운명결정권에는 성행위 여부와 그 상대방을 결정할 수 있는 성적자기결정권이 포함되어 있다.

② 사법경찰관이 보도자료 배포 직후 기자들의 취재 요청에 응하여 피의자가 경찰서 조사실에서 양손에 수갑을 찬 채 조사받는 모습을 촬영할 수 있도록 허용한 행위는 잠재적인 피해자의 발생을 방지하고 범죄를 예방할 필요성이 크다는 점에서 피의자의 인격권을 침해하지 않는다.

③ 환자가 장차 죽음에 임박한 상태에 이를 경우에 대비하여 미리 의료인 등에게 연명치료 거부 또는 중단에 관한 의사를 밝히는 등의 방법으로 죽음에 임박한 상태에서 인간으로서의 존엄과 가치를 지키기 위하여 연명치료의 거부 또는 중단을 결정할 수 있다 할 것이고, 위 결정은 헌법상 기본권인 자기결정권의 한 내용으로서 보장되지만, 헌법해석상 연명치료 중단 등에 관한 법률을 제정할 국가의 입법의무가 명백하다고 볼 수는 없다.

④ 민사재판의 당사자로 출석하는 수형자에 대하여, 사복착용을 허용하는 형집행법 제82조를 준용하지 아니한 것이 수형자의 인격권 및 행복추구권을 침해하는 것은 아니다.

① (○) 우리 헌법 제10조는 개인의 인격권과 행복추구권을 보장하고 있고, 인격권과 행복추구권은 개인의 자기운명결정권을 전제로 한다. 이러한 자기운명결정권에는 성행위 여부 및 그 상대방을 결정할 수 있는 성적 자기결정권이 포함되어 있고, 경제적 대가를 매개로 하여

성행위 여부를 결정할 수 있는 것 또한 성적 자기결정권과 관련되어 있다 볼 것이므로 심판대상조항은 개인의 성적 자기결정권을 제한한다(헌재 2016.3.31. 2013헌가2).

② (×) 사람은 자신의 의사에 반하여 얼굴을 비롯하여 일반적으로 특정인임을 식별할 수 있는 신체적 특징에 관하여 함부로 촬영당하지 아니할 권리를 가지고 있으므로, 촬영허용행위는 헌법 제10조로부터 도출되는 초상권을 포함한 일반적 인격권을 제한한다. 또한 촬영허용행위는 언론 보도를 보다 실감나게 하기 위한 목적 외에 어떠한 공익도 인정할 수 없는 반면, 청구인은 피의자로서 얼굴이 공개되어 초상권을 비롯한 인격권에 대한 중대한 제한을 받았고, 촬영한 것이 언론에 보도될 경우 범인으로서의 낙인 효과와 그 파급효과는 매우 가혹하여 법익균형성도 인정되지 아니하므로, 촬영허용행위는 과잉금지원칙에 위반되어 청구인의 인격권을 침해하였다(헌재 2014.3.27. 2012헌마652).

③ (○) 환자가 장차 죽음에 임박한 상태에 이를 경우에 대비하여 미리 의료인 등에게 연명치료 거부 또는 중단에 관한 의사를 밝히는 등의 방법으로 죽음에 임박한 상태에서 인간으로서의 존엄과 가치를 지키기 위하여 연명치료의 거부 또는 중단을 결정할 수 있다 할 것이고, 위 결정은 헌법상 기본권인 자기결정권의 한 내용으로서 보장된다. 연명치료 중단에 관한 자기결정권을 보장하는 방법으로서 법원의 재판을 통한 규범의 제시와 입법 중 어느 것이 바람직한가는 입법정책의 문제로서 국회의 재량에 속한다. 그렇다면 헌법해석상 연명치료 중단 등에 관한 법률을 제정할 국가의 입법의무가 명백하다고 볼 수 없다(헌재 2009.11.26. 2008헌마385).

④ (○) 수형자가 민사법정에 출석하기까지 교도관이 반드시 동행하여야 하므로 수용자의 신분이 드러나게 되어 있어 재소자용 의류를 입었다는 이유로 인격권과 행복추구권이 제한되는 정도는 제한적이고, 형사법정 이외의 법정 출입 방식은 미결수용자와 교도관 전용통로 및 시설이 존재하는 형사재판과 다르며, 계호의 방식과 정도도 확연히 다르다. 따라서 심판대상조항이 민사재판에 출석하는 수형자에 대하여 사복착용을 허용하지 아니한 것은 청구인의 인격권과 행복추구권을 침해하지 아니한다(헌재 2015.12.23. 2013헌마712).

[2018년 경찰 경정승진] ②

인간으로서의 존엄과 가치 및 행복추구권에 대한 설명으로 옳은 것은? (다툼이 있는 경우 판례에 의함)

① 사법경찰관이 보도자료 배포 직후 기자들의 취재 요청에 응하여 피의자가 경찰서 조사실에서 양손에 수갑을 찬 채 조사받는 모습을 촬영할 수 있도록 허용한 행위는 잠재적인 피해자의 발생을 방지하고 범죄를 예방할 필요성이 있다는 점에서 피의자의 인격권을 침해하지 않는다.

② 혼인 종료 후 300일 이내에 출생한 자를 전남편의 친생자로 추정하는 것은 모가 가정생활과 신분관계에서 누려야 할 인격권을 침해하는 것이다.

③ 아동·청소년 대상 성범죄자에게 1년마다 정기적으로 새로 촬영한 사진을 제출하도록 하고 정당한 사유 없이 사진제출 의무를 위반한 경우 형사처벌을 하는 것은 아동·청소년 대상 성범죄자의 일반적 행동의 자유를 침해하는 것이다.

④ 의료인이 태아의 성별 정보에 대하여 임부나 그 가족 기타 다른 사람에게 고지하는 것을 금지하는 것은 부모의 행복추구권을 침해하는 것이다.

① (×) 촬영허용행위는 언론 보도를 보다 실감나게 하기 위한 목적 외에 어떠한 공익도 인정할 수 없는 반면, 청구인은 피의자로서 얼굴이 공개되어 초상권을 비롯한 인격권에 대한 중대한 제한을 받았고, 촬영한 것이 언론에 보도될 경우 범인으로서의 낙인 효과와 그 파급효는 매우 가혹하여 법익균형성도 인정되지 아니하므로, 촬영허용행위는 과잉금지원칙에 위반되어 청구인의 인격권을 침해하였다(헌재 2014.3.27. 2012헌마652).

② (○) 민법 제정 이후의 사회적·법률적·의학적 사정변경을 전혀 반영하지 아니한 채, 이미 혼인관계가 해소된 이후에 자가 출생하고 생부가

출생한 자를 인지하려는 경우마저도, 아무런 예외 없이 그 자를 전남편의 친생자로 추정함으로써 친생부인의 소를 거치도록 하는 심판대상조항은 입법형성의 한계를 벗어나 모가 가정생활과 신분관계에서 누려야 할 인격권, 혼인과 가족생활에 관한 기본권을 침해한다(헌재 2015.4.30. 2013헌마623).

③ (×) 아동·청소년대상 성범죄자의 신상정보를 등록하게 하고, 그 중 사진의 경우에는 1년마다 새로 촬영하여 제출하게 하고 이를 보존하는 것은 신상정보 등록대상자의 재범을 억제하고, 재범한 경우에는 범인을 신속하게 검거하기 위한 것이므로 그 입법목적이 정당하고, 사진이 징표하는 신상정보인 외모는 쉽게 변하고, 그 변경 유무를 객관적으로 판단하기 어려우므로 1년마다 사진제출의무를 부과하는 것은 그러한 입법목적 달성을 위한 적합한 수단이다. 따라서 이 사건 심판대상조항은 일반적 행동의 자유를 침해하지 아니한다(헌재 2015.7.30. 2014헌바257).

④ (×) 헌법 제10조로부터 도출되는 일반적 인격권에는 각 개인이 그 삶을 사적으로 형성할 수 있는 자율영역에 대한 보장이 포함되어 있음을 감안할 때, 장래 가족의 구성원이 될 태아의 성별 정보에 대한 접근을 국가로부터 방해받지 않을 부모의 권리는 이와 같은 일반적 인격권에 의하여 보호된다고 보아야 할 것인바, 이 사건 규정은 일반적 인격권으로부터 나오는 부모의 태아 성별 정보에 대한 접근을 방해받지 않은 권리를 제한하고 있다. 이 사건 규정은 헌법에 위반된다(헌재 2008.7.31. 2004헌마1010 등).

[2017년 서울 7급] ②

인격권에 대한 설명으로 가장 적절한 것은? (다툼이 있는 경우 헌법재판소 판례에 의함)

① 학교폭력 가해학생에 대한 조치로 피해학생에 대한 서면사과를 규정한 구 「학교폭력예방 및 대책에 관한 법률」상 조항은 가해학생의 인격권을 침해한다.

② 지역아동센터 시설별 신고정원의 80% 이상을 돌봄취약아동으로 구성하도록 정한 '2019년 지역아동센터 지원 사업안내' 규정은 돌봄취약아동이 일반아동과 교류할 기회를 제한하므로 청구인 아동들의 인격권을 침해한다.

③ 경찰이 보도자료 배포 직후 기자들의 취재요청에 응하여 경찰서 조사실에서 얼굴과 수갑이 드러난 채 조사받는 보험사기 피의자의 모습을 촬영할 수 있도록 허용한 행위는 보도를 실감나게 제공하려는 공익적 목적이 크므로 피의자의 인격권을 침해하지 않는다.

④ 출국 수속 과정에서 일반적인 보안검색을 마친 승객을 상대로, 촉수검색(patdown)과 같은 추가적인 보안검색 실시를 예정하고 있는 '국가항공보안계획'은 청구인의 인격권을 침해하지 않는다.

① (×) 서면사과조항은 가해학생에게 반성과 성찰의 기회를 제공하고 피해학생의 피해 회복과 정상적인 학교생활로의 복귀를 돕기 위한 것이다. 학교폭력은 여러 복합적인 원인으로 발생하고, 가해학생도 학교와 사회가 건전한 사회구성원으로 교육해야 할 책임이 있는 아직 성장과정에 있는 학생이므로, 학교폭력 문제를 온전히 응보적인 관점에서만 접근할 수는 없고 가해학생의 선도와 교육이라는 관점도 함께 고려하여야 한다. 따라서 이 사건 서면사과조항이 가해학생의 양심의 자유와 인격권을 과도하게 침해한다고 보기 어렵다(헌재 2023.2.23. 2019헌바93).

② (×) 지역사회에는 소득이 부족하거나 가구형태가 돌봄에 적합하지 않은 등 다양한 형태로 돌봄에 취약한 환경에 놓여있는 아동들이 있으며, 이들에게 지역아동센터의 돌봄서비스가 우선적으로 제공되도록 한정된 예산과 자원을 적절히 배분하고자 하는 공익은 결코 가볍지 않다. 이 사건 이용아동규정은 과잉금지원칙에 위반하여 청구인 운영자들의 직업수행의 자유및 청구인 아동들의 인격권을 침해하지 않는다(헌재 2022.1.27. 2019헌마583).

③ (×) 사람은 자신의 의사에 반하여 얼굴을 비롯하여 일반적으로 특정인임을 식별할 수 있는 신체적 특징에 관하여 함부로 촬영당하지

아니할 권리를 가지고 있으므로, 촬영허용행위는 헌법 제10조로부터 도출되는 초상권을 포함한 일반적 인격권을 제한한다고 할 것이다. 원칙적으로 범죄사실 자체가 아닌 그 범죄를 저지른 자에 관한 부분은 일반 국민에게 널리 알려야 할 공공성을 지닌다고 할 수 없고, 이에 대한 예외는 공개수배의 필요성이 있는 경우 등에 극히 제한적으로 인정될 수 있을 뿐이다. 피청구인은 기자들에게 청구인이 경찰서 내에서 수갑을 차고 얼굴을 드러낸 상태에서 조사받는 모습을 촬영할 수 있도록 허용하였는데, 청구인에 대한 이러한 수사 장면을 공개 및 촬영하게 할 어떠한 공익 목적도 인정하기 어려우므로 촬영허용행위는 목적의 정당성이 인정되지 아니한다. 촬영허용행위는 과잉금지원칙에 위반되어 청구인의 인격권을 침해하였다(헌재 2014.3.27. 2012헌마652).

④ (○) 국가항공보안계획은 이미 출국 수속 과정에서 일반적인 보안검색을 마친 승객을 상대로, 촉수검색(patdown)과 같은 추가적인 보안검색 실시를 예정하고 있으므로 이로 인한 인격권 및 신체의 자유 침해 여부가 문제된다. 이 사건 국가항공보안계획은 민간항공 보안에 관한 국제협약의 준수 및 항공기 안전과 보안을 위한 것으로 입법목적의 정당성 및 수단의 적합성이 인정되고, 항공운송사업자가 다른 체약국의 추가 보안검색 요구에 응하지 않을 경우 항공기의 취항 자체가 거부될 수 있으므로 이 사건 국가항공보안계획에 따른 추가 보안검색 실시는 불가피하며, 관련 법령에서 보안검색의 구체적 기준 및 방법 등을 마련하여 기본권 침해를 최소화하고 있으므로 침해의 최소성도 인정된다. 또한 국내외적으로 항공기 안전사고와 테러 위협이 커지는 상황에서, 민간항공의 보안 확보라는 공익은 매우 중대한 반면, 추가 보안검색 실시로 인해 승객의 기본권이 제한되는 정도는 그리 크지 아니하므로 법익의 균형성도 인정된다. 따라서 이 사건 국제항공보안계획은 헌법상 과잉금지원칙에 위반되지 않으므로, 청구인의 기본권을 침해하지 아니한다(헌재 2018.2.22. 2016헌마780).

[2023년 경찰간부] ④

헌법 제10조에 대한 설명으로 옳지 않은 것은? (다툼이 있는 경우 헌법재판소 판례에 의함)

① 세월호피해지원에 관한 배상금을 수령하는 경우, 세월호 참사에 관하여 어떤 방법으로도 일체의 이의를 제기하지 않을 것을 서약하도록 하는 것은 일반적 행동의 자유를 침해한다.

② 인수자가 없는 시체를 생전의 본인의 의사와는 무관하게 해부용 시체로 제공될 수 있도록 규정하는 것은, 본인이 해부용 시체로 제공되는 것에 대해 반대하는 의사표시를 명시적으로 표시할 수 있는 절차를 마련하지 않고 있다는 점에서, 시체처분에 대한 자기결정권을 침해한다.

③ 카메라나 그 밖에 이와 유사한 기능을 갖춘 기계장치를 이용하여 성적 욕망 또는 수치심을 유발할 수 있는 다른 사람의 신체를 그 의사에 반하여 촬영한 자를 처벌하는 것은, 자신의 신체를 함부로 촬영당하지 않을 자유 등 인격권 보호를 목적으로 몰래카메라의 폐해를 방지하기 위한 것으로서, 일반적 행동자유권을 침해하지 않는다.

④ 사람은 자신의 의사에 반하여 신체적 특징에 관하여 함부로 촬영당하지 아니할 권리를 가지고 있지만, 범죄를 저지른 자에 대한 부분을 국민에게 널리 알릴 공공성이 있어, 기자들에게 경찰서 내에서 수갑을 차고 조사받는 모습을 촬영하도록 한 것은 피의자의 인격권을 침해하지 않는다.

⑤ 서울광장으로의 통행제지행위는 일체의 집회를 금지하고 일반시민들의 통행조차 금지하는 것으로서 시민들의 일반적 행동자유권을 침해한다.

① (○) 세월호피해지원법은 배상금 등의 지급 이후 효과나 의무에 관한 일반규정을 두거나 이에 관하여 범위를 정하여 하위 법규에 위임한 바가 전혀 없다. 따라서 이의제기금지조항은 법률유보원칙을 위반하여 법률의 근거 없이 대통령령으로 청구인들에게 세월호 참사와 관련된

일체의 이의 제기 금지 의무를 부담시킴으로써 일반적 행동의 자유를 침해한다(헌재 2017.6.29. 2015헌마654).

② (○) 시신 자체의 제공과는 구별되는 장기나 인체조직에 있어서는 본인이 명시적으로 반대하는 경우 이식·채취될 수 없도록 규정하고 있음에도 불구하고, 이 사건 법률조항은 본인이 해부용 시체로 제공되는 것에 대해 반대하는 의사표시를 명시적으로 표시할 수 있는 절차도 마련하지 않고 본인의 의사와는 무관하게 해부용 시체로 제공될 수 있도록 규정하고 있다는 점에서 침해의 최소성 원칙을 충족했다고 보기 어렵고, 이 사건 법률조항은 청구인의 시체 처분에 대한 자기결정권을 침해한다(헌재 2015.11.26. 2012헌마940).

③ (○) 심판대상조항은 최근 사회적으로 물의가 되고 있는 몰래카메라의 폐해를 방지하기 위한 것으로서, 자신의 신체를 함부로 촬영당하지 않을 자유 등 인격권을 보호하는 것을 목적으로 한다. 따라서 심판대상조항이 과잉금지원칙에 위배되어 청구인의 일반적 행동자유권을 침해한다고 볼 수 없다(헌재 2017.6.29. 2015헌바243).

④ (×) 사람은 자신의 의사에 반하여 얼굴을 비롯하여 일반적으로 특정인임을 식별할 수 있는 신체적 특징에 관하여 함부로 촬영당하지 아니할 권리를 가지고 있으므로, 촬영허용행위는 헌법 제10조로부터 도출되는 초상권을 포함한 일반적 인격권을 제한한다. 피청구인은 기자들에게 청구인이 경찰서 내에서 수갑을 차고 얼굴을 드러낸 상태에서 조사받는 모습을 촬영할 수 있도록 허용하였는데, 청구인에 대한 이러한 수사 장면을 공개 및 촬영하게 할 어떠한 공익 목적도 인정하기 어려우므로 촬영허용행위는 목적의 정당성이 인정되지 아니한다. 촬영허용행위는 과잉금지원칙에 위반되어 청구인의 인격권을 침해하였다(헌재 2014.3.27. 2012헌마652).

⑤ (○) 사건 통행제지행위는 서울광장에서 개최될 여지가 있는 일체의 집회를 금지하고 일반시민들의 통행조차 금지하는 전면적이고 광범위하며 극단적인 조치이므로 집회의 조건부 허용이나 개별적 집회의 금지나 해산으로는 방지할 수 없는 급박하고 명백하며 중대한 위험이 있는 경우에 한하여 비로소 취할 수 있는 거의 마지막 수단에 해당한다. 따라서 이 사건 통행제지행위는 과잉금지원칙을 위반하여 청구인들의 일반적 행동자유권을 침해한 것이다(헌재 2011.6.30. 2009헌마406). [2018년 국회 5급] ④

다음 중 인간으로서의 존엄과 가치 및 행복추구권에 대한 설명으로 옳지 않은 것은? (다툼이 있는 경우 판례에 의함)

① 피의자가 경찰서 내에서 수갑을 차고 얼굴을 드러낸 상태에서 조사받는 모습을 촬영하도록 허용한 경찰관의 행위는 피의자의 인격권을 침해한다.

② 행복추구권은 포괄적인 의미의 자유권으로서의 성격을 가지므로, 국민이 행복을 추구하기 위하여 필요한 급부를 국가에게 적극적으로 요구할 수 있는 것을 내용으로 하지 않는다.

③ 서울광장에서 집회·시위를 막기 위하여 일반 시민의 출입을 통제하는 것은 시민들의 일반적 행동자유권을 침해한다.

④ 이륜차의 고속도로 통행을 금지하는 것은 이륜차 운전자의 행복추구권을 침해한다.

⑤ 구치소 내에서 인간으로서 최소한의 품위를 유지할 수 없을 정도의 과밀수용행위는 수용자의 인간의 존엄과 가치를 침해한다.

① (○) 촬영허용행위는 언론 보도를 보다 실감나게 하기 위한 목적 외에 어떠한 공익도 인정할 수 없는 반면, 청구인은 피의자로서 얼굴이 공개되어 초상권을 비롯한 인격권에 대한 중대한 제한을 받았고, 촬영한 것이 언론에 보도될 경우 범인으로서의 낙인 효과와 그 파급효는 매우 가혹하여 법익균형성도 인정되지 아니하므로, 촬영허용행위는 과잉금지원칙에 위반되어 청구인의 인격권을 침해하였다(헌재 2014.3.27. 2012헌마652).

② (○) 헌법 제10조의 행복추구권은 국민이 행복을 추구하기 위하여 필요한 급부를 국가에게 적극적으로 요구할 수 있는 것을 내용으로 하는 것이 아니라, 국민이 행복을 추구하기 위한 활동을 국가권력의 간섭 없이 자유롭게 할 수 있다는 포괄적인 의미의 자유권으로서의 성격을 가지므로 국민에 대한 일정한 보상금의 수급기준을 정하고 있는 이 사건 규정이 행복추구권을 침해한다고 할 수 없다(헌재 1995.7.21. 93헌가14).

③ (○) 대규모의 불법·폭력 집회나 시위를 막아 시민들의 생명·신체와 재산을 보호한다는 공익은 중요한 것이지만, 당시의 상황에 비추어 볼 때 이러한 공익의 존재 여부나 그 실현 효과는 다소 가상적이고 추상적인 것이라고 볼 여지도 있고, 비교적 덜 제한적인 수단에 의하여도 상당 부분 달성될 수 있었던 것으로 보여 일반 시민들이 입은 실질적이고 현존하는 불이익에 비하여 결코 크다고 난성하기 어려우므로 법익의 균형성 요건도 충족하였다고 할 수 없다. 따라서 이 사건 통행제지행위는 과잉금지원칙을 위반하여 청구인들의 일반적 행동자유권을 침해한 것이다(헌재 2011.6.30. 2009헌마406).

④ (×) 이륜차의 주행 성능을 고려하지 않고 포괄적으로 금지하고 있다고 하여 지나치다고 보기 어려울 뿐만 아니라, 이륜차에 대하여 고속도로 통행을 전면적으로 금지하더라도 그로 인한 기본권 침해의 성노는 경미하여 이 사건 법률조항이 도모하고자 하는 공익에 비하여 중대하다고 보기 어렵기 때문에, 이 사건 법률조항은 청구인들의 통행의 자유(일반적 행동의 자유)를 침해하지 않는다(헌재 2008.7.31. 2007헌바90).

⑤ (○) 교정시설의 1인당 수용면적이 수형자의 인간으로서의 기본 욕구에 따른 생활조차 어렵게 할 만큼 지나치게 협소하다면, 이는 그 자체로 국가형벌권 행사의 한계를 넘어 수형자의 인간의 존엄과 가치를 침해하는 것이다. 따라서 청구인이 인간으로서 최소한의 품위를 유지할 수 없을 정도로 과밀한 공간에서 이루어진 이 사건 수용행위는 청구인의 인간으로서의 존엄과 가치를 침해한다(헌재 2016.12.29. 2013헌마142). [2017년 국회 9급] ④

인간으로서의 존엄과 가치 및 행복추구권에서 도출되는 권리들에 대한 설명 중 옳지 않은 것은? (다툼이 있는 경우 판례에 의함)

① 일반적 행동자유권의 보호영역에는 개인의 생활방식과 취미에 관한 사항도 포함되며, 여기에는 위험한 스포츠를 즐길 권리와 같은 위험한 생활방식으로 살아갈 권리도 포함된다.

② 광장에서 여가활동이나 문화활동을 하는 것은 일반적 행동자유권의 보호영역에 포함되지만, 그 광장 주변을 출입하고 통행하는 개인의 행위는 거주이전의 자유로 보장될 뿐 일반적 행동자유권의 내용으로는 보장되지 아니한다.

③ 청소년 성매수 범죄자들은 일반인에 비해서 인격권과 사생활의 비밀의 자유도 그것이 본질적인 부분이 아닌 한 넓게 제한받을 여지가 있다.

④ 헌법 제10조로부터 도출되는 일반적 인격권에는 개인의 명예에 관한 권리도 포함되며, 사자(死者)에 대한 사회적 명예와 평가의 훼손은 사자와의 관계를 통하여 스스로의 인격상을 형성하고 명예를 지켜온 그 후손의 인격권을 제한한다.

① (○) 일반적 행동자유권은 모든 행위를 할 자유와 행위를 하지 않을 자유로 가치있는 행동만 그 보호영역으로 하는 것은 아닌 것으로, 그 보호영역에는 개인의 생활방식과 취미에 관한 사항도 포함되며, 여기에는 위험한 스포츠를 즐길 권리와 같은 위험한 생활방식으로 살아갈 권리도 포함된다(헌재 2003.10.30. 2002헌마518).

② (×) 청구인들이 서울광장을 출입하고 통행하는 자유는 헌법상의 거주·이전의 자유의 보호영역에 속한다고 할 수 없고, 따라서 이 사건 통행제지행위로 인하여 청구인들의 거주·이전의 자유가 제한된다고 할 수는 없다. 이처럼 일반 공중에게 개방된 장소인 서울광장을 개별적으로 통행하거나 서울광장에서 여가활동이나 문화활동을 하는 것은 일반적 행동자유권의 내용으로 보장됨에도 불구하고, 피청구인이 이 사건 통행제지행위에 의하여 청구인들의 이와 같은 행위를 할 수 없게 하였으므로 청구인들의 일반적 행동 자유권의 침해 여부가 문제된다(헌재 2011.6.30. 2009헌마406).

③ (○) 신상과 범죄사실이 공개되는 범죄인들은 이미 국가의 형벌권 행사로 인하여 해당 기본권의 제한 여지를 일반인보다는 더 넓게 받고 있다. 청소년 성매수 범죄자들이 자신의 신상과 범죄사실이 공개됨으로써 수치심을 느끼고 명예가 훼손된다고 하더라도 그 보장 정도에

1인당 수용면적뿐만 아니라 수형자 수와 수용거실 현황 등 수용시설 전반의 운영 실태와 수용기간, 국가 예산의 문제 등 제반 사정을 종합적으로 고려할 필요가 있다. 그러나 교정시설의 1인당 수용면적이 수형자의 인간으로서의 기본 욕구에 따른 생활조차 어렵게 할 만큼 지나치게 협소하다면, 이는 그 자체로 국가형벌권 행사의 한계를 넘어 수형자의 인간의 존엄과 가치를 침해하는 것이다. 청구인이 인간으로서 최소한의 품위를 유지할 수 없을 정도로 과밀한 공간에서 이루어진 이 사건 수용행위는 청구인의 인간으로서의 존엄과 가치를 침해한다(헌재 2016.12.29. 2013헌마142).

② (○) 헌법이 보호하는 명예권은 그 기본권 주체가 가지고 있는 인격과 명예가 부당하게 훼손되는 것의 배제를 청구할 권리이지, 국가가 기본권 주체에게 최대한의 사회적 평가를 부여하도록 국가에게 요청할 권리라고 볼 수는 없다(헌재 2018.5.31. 2016헌마626).

③ (×) 일반적 행동자유권은 개인이 행위를 할 것인가의 여부에 대하여 자유롭게 결단하는 것을 전제로 하여 이성적이고 책임감 있는 사람이라면 자기에 관한 사항은 스스로 처리할 수 있을 것이라는 생각에서 인정되는 것이다. 일반적 행동자유권에는 적극적으로 자유롭게 행동을 하는 것은 물론 소극적으로 행동을 하지 않을 자유, 즉 부작위의 자유도 포함되며, 포괄적인 의미의 자유권으로서 일반조항적인 성격을 가진다. 즉 일반적 행동자유권은 모든 행위를 할 자유와 행위를 하지 않을 자유로 가치 있는 행동만 그 보호영역으로 하는 것은 아닌 것으로, 그 보호영역에는 개인의 생활방식과 취미에 관한 사항도 포함되며, 여기에는 위험한 스포츠를 즐길 권리와 같은 위험한 생활방식으로 살아갈 권리도 포함된다(헌재 2003.10.30. 2002헌마518).

④ (○) 사건 법률조항은 본인이 해부용 시체로 제공되는 것에 대해 반대하는 의사표시를 명시적으로 표시할 수 있는 절차도 마련하지 않고 본인의 의사와는 무관하게 해부용 시체로 제공될 수 있도록 규정하고 있다는 점에서 침해의 최소성 원칙을 충족했다고 보기 어렵고, 실제로 해부용 시체로 제공된 사례가 거의 없는 상황에서 이 사건 법률조항이 추구하는 공익이 사후 자신의 시체가 자신의 의사와는 무관하게 해부용 시체로 제공됨으로써 침해되는 사익보다 크다고 할 수 없으므로 이 사건 법률조항은 청구인의 시체 처분에 대한 자기결정권을 침해한다(헌재 2015.11.26. 2012헌마940). [2022년 해경간부] ③

인간의 존엄과 가치 및 행복추구권에 대한 설명으로 옳지 않은 것은? (다툼이 있는 경우 판례에 의함)

① 교정시설의 1인당 수용면적이 수형자의 인간으로서의 기본 욕구에 따른 생활조차 어렵게 할 만큼 지나치게 협소하다면, 이는 그 자체로 국가 형벌권 행사의 한계를 넘어 수형자의 인간의 존엄과 가치를 침해하는 것이다.

② 인수자가 없는 시체를 생전의 본인의 의사와는 무관하게 해부용 시체로 제공될 수 있도록 규정한 시체 해부 및 보존에 관한 법률 조항은 연고가 없는 자의 시체처분에 대한 자기결정권을 침해한다.

③ 혼인 종료 후 300일 이내에 출생한 자(子)를 전남편의 친생자로 추정하는 민법 조항은 혼인관계가 해소된 이후에 자가 출생하고 생부가 출생한 자를 인지하려는 경우마저도, 아무런 예외 없이 그 자를 전남편의 친생자로 추정함으로써 친생부인의 소를 거치도록 하는 것은 모가 가정생활과 신분관계에서 누려야 할 인격권을 침해한다.

④ 법무부훈령인 법무시설 기준규칙은 수용동의 조도 기준을 취침 전 200룩스 이상, 취침 후 60룩스 이하로 규정하고 있는데, 수용자의 도주나 자해 등을 막기 위해서 취침시간에도 최소한의 조명을 유지하는 것은 수용자의 숙면 방해로 인하여 인간의 존엄과 가치를 침해한다.

① (○) 수형자가 인간 생존의 기본조건이 박탈된 교정시설에 수용되어 인간의 존엄과 가치를 침해당하였는지 여부를 판단함에 있어서는

1인당 수용면적뿐만 아니라 수형자 수와 수용거실 현황 등 수용시설 전반의 운영 실태와 수용기간, 국가 예산의 문제 등 제반 사정을 종합적으로 고려할 필요가 있다. 그러나 교정시설의 1인당 수용면적이 수형자의 인간으로서의 기본 욕구에 따른 생활조차 어렵게 할 만큼 지나치게 협소하다면, 이는 그 자체로 국가형벌권 행사의 한계를 넘어 수형자의 인간의 존엄과 가치를 침해하는 것이다.

② (○) 인수자가 없는 시체를 생전의 본인의 의사와는 무관하게 해부용 시체로 제공될 수 있도록 규정한 시체 해부 및 보존에 관한 법률조항은 본인이 해부용 시체로 제공되는 것에 대해 반대하는 의사표시를 명시적으로 표시할 수 있는 절차도 마련하지 않고 본인의 의사와는 무관하게 해부용 시체로 제공될 수 있도록 규정하고 있다는 점에서 침해의 최소성 원칙을 충족했다고 보기 어렵고, 실제로 해부용 시체로 제공된 사례가 거의 없는 상황에서 이 사건 법률조항이 추구하는 공익이 사후 자신의 시체가 자신의 의사와는 무관하게 해부용 시체로 제공됨으로써 침해되는 사익보다 크다고 할 수 없으므로 이 사건 법률조항은 청구인의 시체 처분에 대한 자기결정권을 침해한다(헌재 2015.11.26. 2012헌마940).

③ (○) 혼인 종료 후 300일 내에 출생한 자녀가 전남편의 친생자가 아님이 명백하고, 전남편이 친생추정을 원하지도 않으며, 생부가 그 자를 인지하려는 경우에도, 그 자녀는 전남편의 친생자로 추정되어 가족관계등록부에 전남편의 친생자로 등록되고 이는 엄격한 친생부인의 소를 통해서만 번복될 수 있다. 그 결과 심판대상조항은 이혼한 모와 전남편이 새로운 가정을 꾸리는 데 부담이 되고, 자녀와 생부가 진실한 혈연관계를 회복하는 데 장애가 되고 있다. 이와 같이 민법 제정 이후의 사회적·법률적·의학적 사정변경을 전혀 반영하지 아니한 채, 이미 혼인관계가 해소된 이후에 자가 출생하고 생부가 출생한 자를 인지하려는 경우마저도, 아무런 예외 없이 그 자를 전남편의 친생자로 추정함으로써 친생부인의 소를 거치도록 하는 심판대상조항은 입법형성의 한계를 벗어나 모가 가정생활과 신분관계에서 누려야 할 인격권, 혼인과 가족생활에 관한 기본권을 침해한다(헌재 2015.4.30. 2013헌마623).

④ (×) 교정시설의 안전과 질서유지를 위해서는 수용거실 안에 일정한 수준의 조명을 유지할 필요가 있다. 수용자의 도주나 자해 등을 막기 위해서는 취침시간에도 최소한의 조명은 유지할 수밖에 없다. 조명점등행위는 법무시설 기준규칙이 규정하는 조도 기준의 범위 안에서 이루어지고 있는데, 이보다 더 어두운 조명으로도 교정시설의 안전과 질서유지라는 목적을 같은 정도로 달성할 수 있다고 볼 수 있는 자료가 없다. 또 조명점등행위로 인한 청구인의 권익 침해가 교정시설 안전과 질서유지라는 공익 보호보다 더 크다고 보기도 어렵다(헌재 2018.8.30. 2017헌마440). [2019년 지방 7급] ④

제2절 행복추구권

행복추구권에 대한 설명으로 옳지 않은 것은? (다툼이 있는 경우 판례에 의함)

① 부모의 자녀에 대한 양육권은 헌법에 명문으로 규정되어 있지는 아니하지만, 혼인과 가족생활을 보장하는 헌법 제36조 제1항, 행복추구권을 보장하는 헌법 제10조 및 '국민의 자유와 권리는 헌법에 열거되지 아니한 이유로 경시되지 아니한다.'고 규정한 헌법 제37조 제1항에서 나오는 기본권이다.

② 헌법 제10조의 행복추구권은 국민이 행복을 추구하기 위하여 필요한 급부를 국가에게 적극적으로 요구할 수 있는 것을 내용으로 하는 것이 아니라, 국민이 행복을 추구하기 위한 활동을 국가 권력의 간섭 없이 자유롭게 할 수 있다는 포괄적 의미의 자유권으로서의 성격을 가진다.

③ 먹는샘물 제조업자에게 부과되는 수질개선부담금은 먹는샘물에 대한 선택권을 박탈하거나 봉쇄하는 것이 아니고 국민에게 먹는샘물에 대한 원칙적 선택권을 인정하는 가운데 가격전가를 통하여 먹는샘물의 소비자에게 경제적 부담을 가하는 것에 그치고 있으므로 국민의

행복추구권을 침해하지 아니한다.

④ 일반적 행동자유권은 모든 행위를 할 자유와 행위를 하지 않을 자유로 가치있는 행동만 그 보호영역으로 하기에, 위험한 스포츠를 즐길 권리와 같은 위험한 생활방식으로 살아갈 권리는 포함되지 않는다.

⑤ 마약거래범죄자인 북한이탈주민을 보호대상자로 결정하지 않을 수 있도록 규정한 「북한이탈주민의 보호 및 정착지원에 관한 법률」 규정은 마약거래범죄자인 북한이탈주민의 행복추구권을 침해한다고 볼 수 없다.

① (○) 자녀에 대한 부모의 양육권은 비록 헌법에 명문으로 규정되어 있지는 아니하지만, 이는 모든 인간이 누리는 불가침의 인권으로서 혼인과 가족생활을 보장하는 헌법 제36조 제1항, 행복추구권을 보장하는 헌법 제10조 및 '국민의 자유와 권리는 헌법에 열거되지 아니한 이유로 경시되지 아니한다.'고 규정한 헌법 제37조 제1항에서 나오는 중요한 기본권이다(헌재 2008.10.30. 2005헌마1156).

② (○) 헌법 제10조의 행복추구권은 국민이 행복을 추구하기 위하여 필요한 급부를 국가에게 적극적으로 요구할 수 있는 것을 내용으로 하는 것이 아니라, 국민이 행복을 추구하기 위한 활동을 국가권력의 간섭 없이 자유롭게 할 수 있다는 포괄적인 의미의 자유권으로서의 성격을 가진다(헌재 2008.10.30. 2006헌바35).

③ (○) 사건 법률조항은 먹는샘물에 대한 선택권을 박탈하거나 봉쇄하는 것이 아니고 국민에게 먹는샘물에 대한 원칙적 선택권을 인정하는 가운데 가격전가를 통하여 먹는샘물의 소비자에게 경제적 부담을 가하는 것에 그치고 있으며, 그 부담의 정도도 지나치지 아니하다. 더욱이 먹는샘물을 마시는 사람은 유한재화인 지하수, 즉 환경재화를 소비하는 사람이므로 이들에 대하여 환경보전에 대한 비용을 부담하게 할 수도 있다는 점을 감안한다면 이 사건 법률조항이 국민의 행복추구권을 침해하는 것이라고 볼 수는 없다(헌재 1998.12.24. 98헌가1).

④ (×) 일반적 행동자유권은 모든 행위를 할 자유와 행위를 하지 않을 자유로 가치있는 행동만 그 보호영역으로 하는 것은 아닌 것으로, 그 보호영역에는 개인의 생활방식과 취미에 관한 사항도 포함되며, 여기에는 위험한 스포츠를 즐길 권리와 같은 위험한 생활방식으로 살아갈 권리도 포함된다(헌재 2003.10.30. 2002헌마518).

⑤ (○) 헌법 제10조의 행복추구권은 국민이 행복을 추구하기 위한 활동에 대한 국가권력의 간섭을 배제하는 내용의 포괄적인 의미의 자유권으로서의 성격을 가질 뿐, 국민이 행복을 추구하기 위하여 필요한 급부를 국가에 대하여 적극적으로 요구할 수 있음을 내용으로 하는 것이 아니다. 따라서 심판대상조항이 마약거래범죄자인 북한이탈주민의 행복추구권을 침해한다고 볼 수 없다(헌재 2014.3.27. 2012헌바192).

[2022년 국회 9급] ④

행복추구권에 대한 설명으로 옳지 않은 것은? (다툼이 있는 경우 판례에 의함)

① 행복추구권에는 일반적 행동의 자유권, 개성의 자유로운 발현권, 자기결정권, 계약의 자유 등이 포함된다.

② 행복을 추구할 권리는 성질상 자연인에게 인정되는 기본권이므로 법인에게는 적용되지 않는다.

③ 일반적 행동의 자유권에는 적극적으로 자유롭게 행동할 권리는 물론 소극적으로 행동하지 않을 부작위의 자유도 포함된다.

④ 행복추구권으로부터 죽음에 임박한 환자의 연명치료 중단에 대한 자기결정권이 도출될 수 있다.

⑤ 행복추구권에서 파생되는 개성의 자유로운 발현권의 내용에는 지역 방언의 선택 및 사용도

포함되므로 공문서 및 교과용 도서에 표준어만을 사용하는 것은 이에 대한 침해이다.

① (○) 헌법 제10조에 의거한 행복추구권은 헌법에 열거된 기본권으로서 행복추구의 수단이 될 수 있는 개별적 기본권들을 제외한 헌법에 열거되지 아니한 권리들에 대한 포괄적인 기본권의 성격을 가지며, 일반적 행동자유권, 개성의 자유로운 발현권, 자기결정권, 계약의 자유 등이 그 보호영역 내에 포함된다(헌재 2003.6.26. 2002헌마677).
② (○) 사립학교법인인 청구인의 행복추구권 주장에 대하여 살펴보면, 행복추구권이 성질상 자연인이 아닌 법인에게 행복추구권이 있다고 보기 어려워, 법인인 청구인의 행복추구권은 인정되지 아니한다고 할 것이다(헌재 2010.7.29. 2009헌바40).
③ (○) 일반적 행동자유권은 개인이 행위를 할 것인가의 여부에 대하여 자유롭게 결단하는 것을 전제로 하여 이성적이고 책임감 있는 사람이라면 자기에 관한 사항은 스스로 처리할 수 있을 것이라는 생각에서 인정되는 것이다. 일반적 행동자유권에는 적극적으로 자유롭게 행동을 하는 것은 물론 소극적으로 행동을 하지 않을 자유, 즉 부작위의 자유도 포함되며, 포괄적인 의미의 자유권으로서 일반조항적인 성격을 가진다(헌재 2007.3.29. 2005헌마1144).
④ (○) 환자가 장차 죽음에 임박한 상태에 이를 경우에 대비하여 미리 의료인 등에게 연명치료 거부 또는 중단에 관한 의사를 밝히는 등의 방법으로 죽음에 임박한 상태에서 인간으로서의 존엄과 가치를 지키기 위하여 연명치료의 거부 또는 중단을 결정할 수 있다 할 것이고, 위 결정은 헌법상 기본권인 자기결정권의 한 내용으로서 보장된다 할 것이다(헌재 2009.11.26. 2008헌마385).
⑤ (×) 지역 방언을 자신의 언어로 선택하여 공적 또는 사적인 의사소통과 교육의 수단으로 사용하는 것은 행복추구권에서 파생되는 일반적 행동의 자유 내지 개성의 자유로운 발현의 한 내용이 된다. 이 사건 법률조항들은 이 사건 표준어 규정에 따른 표준어의 범위를 그 규율 내용으로 하고 있다. 서울의 역사성, 문화적 선도성, 사용인구의 최다성 및 지리적 중앙성 등 다양한 요인에 비추어 볼 때, 서울말을 표준어의 원칙으로 삼는 것이 기본권을 침해하는 것이라 하기 어렵고, 또한 서울말에도 다양한 형태가 존재하므로 교양 있는 사람들이 사용하는 말을 기준으로 삼는 것은 합리적인 기준이라 할 수 있다. 결국, 이 사건 심판대상인 이 사건 법률조항들이 과잉금지원칙에 위배하여 행복추구권을 침해하는 것으로 보기 어렵다(헌재 2009.5.28. 2006헌마618). [2023년 국회 9급] ⑤

행복추구권에 대한 설명으로 가장 적절한 것은? (다툼이 있는 경우 헌법재판소 판례에 의함)

① 형사재판의 피고인으로 출석하는 수형자에 대하여, 사복착용을 허용하는 「형의 집행 및 수용자의 처우에 관한 법률」 제82조를 준용하지 아니한 동법 제88조는 행복추구권을 침해하지 않는다.
② 「형의 집행 및 수용자의 처우에 관한 법률」 제88조가 민사재판의 당사자로 출석하는 수형자에 대하여, 사복착용을 허용하는 동법 제82조를 준용하지 아니한 것은 행복추구권을 침해한다.
③ 금치기간 중 신문·도서·잡지 외 자비구매물품의 사용을 제한하는 「형의 집행 및 수용자의 처우에 관한 법률」 조항은 수용자의 일반적 행동의 자유를 침해하지 않는다.
④ 공문서의 한글전용을 규정한 「국어기본법」 조항 및 「국어기본법 시행령」 조항은 한자혼용방식에 비하여 의미 전달력이나 가독성이 낮아지기 때문에, 공무원인 청구인들의 행복추구권을 침해한다.

① (×) 수형자라 하더라도 확정되지 않은 별도의 형사재판에서만큼은 미결수용자와 같은 지위에 있는 것이므로, 그를 죄 있는 자에 준하여 취급함으로써 법률적·사실적 측면에서 유형·무형의 불이익을 주어서는 아니된다. 그런데 이러한 수형자로 하여금 형사재판 출석 시

아무런 예외 없이 사복착용을 금지하고 재소자용 의류를 입도록 하여 인격적인 모욕감과 수치심 속에서 재판을 받도록 하는 것은, 그 재판과 관련하여 미결수용자의 지위임에도 이미 유죄의 확정판결을 받은 수형자와 같은 외관을 형성하게 함으로써 재판부나 검사 등 소송관계자들에게 유죄의 선입견을 줄 수 있는 등 무죄추정의 원칙에 위배될 소지가 크다. 따라서 심판대상조항이 형사재판의 피고인으로 출석하는 수형자에 대하여 형집행법 제82조를 준용하지 아니한 것은 과잉금지원칙에 위반되어 청구인의 공정한 재판을 받을 권리, 인격권, 행복추구권을 침해한다(헌재 2015.12.23. 2013헌마712).

② (×) 심판대상조항의 민사재판 출석 시 사복착용 불허는 시설 바깥으로의 외출이라는 기회를 이용한 도주를 예방하기 위한 것으로서 그 목적이 정당하고, 사복착용의 불허는 위와 같은 목적을 달성하기 위한 적합한 수단이 된다. 따라서 심판대상조항의 민사재판 출석 시 사복착용 불허는 과잉금지원칙에 위배되어 청구인의 인격권과 행복추구권을 침해한다고 볼 수 없다(헌재 2015.12.23. 2013헌마712).

③ (○) 교도소의 안전과 질서를 위하여 가장 중한 징벌인 금지처분을 받은 사람을 엄격한 격리에 의하여 외부와의 접촉을 금지시키고 반성에 전념하도록 하여 수용 질서를 확립하고자 하는 입법목적은 정당하며, 금치기간 동안 자비구매물품의 사용을 금지하는 것은 위 목적을 달성하기 위한 적합한 수단이다. 따라서 이 사건 금치조항 중 제108조 제7호의 신문·잡지·도서 외 자비구매물품에 관한 부분은 청구인의 일반적 행동의 자유를 침해하지 않는다(헌재 2016.5.26. 2014헌마45).

④ (×) 사건 공문서 조항은 공문서를 읽고 쓰기 쉬운 한글로 작성하도록 함으로써 공적 영역에서 원활한 의사소통을 확보하고 효율적·경제적으로 공적 업무를 수행하기 위한 것으로, 공문서를 한글로 작성하면 학력이나 한자 독해력 등에 관계없이 모든 국민들이 공문서의 내용을 쉽게 이해할 수 있고, 다른 글자와 혼용하여 공문서를 작성하는 것에 비해 시간과 노력이 적게 소요되므로 행정의 효율성 및 경제성을 증진시킬 수 있다. 결국 이 사건 공문서 조항은 공공기관 등이 작성하는 공문서에 대하여만 적용되고, 일반국민이 공공기관 등에 접수·제출하기 위하여 작성하는 문서나 일상생활에서 사적 의사소통을 위해 작성되는 문서에는 적용되지 않는다. 그러므로 이 사건 공문서 조항은 청구인들의 행복추구권을 침해하지 아니한다(헌재 2016.11.24. 2012헌마854). [2019년 경찰 경정승진] ③

다음 중 행복추구권에 관한 설명으로 가장 옳지 않은 것은? (다툼이 있는 경우 판례에 의함)

① 우리나라의 경우 제8차 개정 헌법(제5공화국 헌법)에서 처음으로 이를 규정하였다.

② 공문서의 한글전용을 규정한 「국어기본법」 및 「국어기본법 시행령」의 해당 조항은 '공공기관 등이 작성하는 공문서'에 대하여만 적용되고, 일반 국민이 공공기관 등에 접수·제출하기 위하여 작성하는 문서나 일상생활에서 사적 의사소통을 위해 작성되는 문서에는 적용되지 않으므로 청구인들의 행복추구권을 침해하지 않는다.

③ 「수상레저안전법」상 조종면허를 받은 사람이 동력수상레저기구를 이용하여 범죄행위를 하는 경우에 조종면허를 필요적으로 취소하도록 하는 구 「수상레저안전법」상 규정은 직업의 자유 내지 일반적 행동의 자유를 침해하지 않는다.

④ 행복추구권은 국민이 행복을 추구하기 위하여 필요한 급부를 국가에게 적극적으로 요구할 수 있는 것을 내용으로 하는 것이 아니라 행복추구활동을 국가권력의 간섭 없이 자유롭게 할 수 있다는 포괄적인 의미의 자유권으로서의 성격을 갖는다.

① (○) 행복추구권은 1980년 제8차 개정헌법(제5공화국 헌법)에서 처음으로 규정되었다.

② (○) 사건 공문서 조항은 공문서를 읽고 쓰기 쉬운 한글로 작성하도록 함으로써 공적 영역에서 원활한 의사소통을 확보하고 효율적·경제적으로 공적 업무를 수행하기 위한 것으로, 공문서를 한글로 작성하면 학력이나 한자 독해력 등에 관계없이 모든 국민들이 공문서의 내용을 쉽게 이해할 수 있고, 다른 글자와 혼용하여 공문서를 작성하는 것에 비해 시간과 노력이 적게 소요되므로 행정의 효율성 및 경제성을

증진시킬 수 있다. 결국 이 사건 공문서 조항은 '공공기관 등이 작성하는 공문서'에 대하여만 적용되고, 일반 국민이 공공기관 등에 접수·제출하기 위하여 작성하는 문서나 일상생활에서 사적 의사소통을 위해 작성되는 문서에는 적용되지 않는다. 그러므로 이 사건 공문서 조항은 청구인들의 행복추구권을 침해하지 아니한다(헌재 2016.11.24. 2012헌마854).

③ (×) 범죄행위의 유형, 경중이나 위법성의 정도, 동력수상레저기구의 당해 범죄행위에 대한 기여도 등 제반사정을 전혀 고려하지 않고 필요적으로 조종면허를 취소하도록 규정하였으므로 심판대상조항은 침해의 최소성 원칙에 위배되고, 심판대상조항에 따라 조종면허가 취소되면 면허가 취소된 날부터 1년 동안은 조종면허를 다시 받을 수 없게 되어 법익의 균형성 원칙에도 위배된다. 따라서 심판대상조항은 직업의 자유 및 일반적 행동의 자유를 침해한다(헌재 2015.7.30. 2014헌가13).

④ (○) 헌법 제10조의 행복추구권은 국민이 행복을 추구하기 위하여 필요한 급부를 국가에게 적극적으로 요구할 수 있는 것을 내용으로 하는 것이 아니라, 국민이 행복을 추구하기 위한 활동을 국가권력의 간섭 없이 자유롭게 할 수 있다는 포괄적인 의미의 자유권으로서의 성격을 가진다(헌재 2008.10.30. 2006헌바35). [2022년 해경간부] ③

행복추구권에 대한 설명으로 적절하지 않은 것은 몇 개인가? (다툼이 있는 경우 헌법재판소 판례에 의함)

> 가. 협의상 이혼을 하고자 하는 경우 부부가 함께 관할 가정법원에 출석하여 협의이혼의사확인신청서를 제출하도록 하는 「가족관계의 등록 등에 관한 규칙」상 조항은 청구인의 일반적 행동자유권을 침해하지 않는다.
> 나. 누구든지 금융회사 등에 종사하는 자에게 타인의 금융거래의 내용에 관한 정보 또는 자료를 요구하는 것을 금지하고 이를 위반시 형사처벌하는 구 「금융실명거래 및 비밀보장에 관한 법률」상 조항은 과잉금지원칙에 반하여 일반적 행동자유권을 침해하지 않는다.
> 다. 어린이보호구역에서 제한속도 준수의무 또는 안전운전 의무를 위반하여 어린이를 상해에 이르게 한 경우 가중처벌하는 「특정범죄 가중처벌 등에 관한 법률」상 조항은 과잉금지원칙에 위반되어 청구인들의 일반적 행동자유권을 침해한다.
> 라. 만성신부전증환자에 대한 외래 혈액투석 의료급여수가의 기준을 정액수가로 규정한 '의료급여수가의 기준 및 일반기준'상 조항은 과잉금지원칙에 반하여 수급권자인 청구인의 의료행위선택권을 침해한다.

① 1개 ② 2개 ③ 3개 ④ 4개

가. (○) 협의이혼의사확인신청을 할 때 부부 쌍방으로 하여금 직접 법원에 출석하여 신청서를 제출하도록 한 것은, 일시적 감정이나 강압에 의한 이혼을 방지하고 협의상 이혼이 그 절차가 시작될 때부터 당사자 본인의 의사로 진지하고 신중하게 이루어지도록 하기 위한 것이므로, 목적의 정당성 및 수단의 적합성이 인정된다. 따라서 사건 규칙조항은 과잉금지원칙에 반하여 청구인의 일반적 행동자유권을 침해하지 않는다(헌재 2016.6.30. 2015헌마894).

나. (×) 심판대상조항은 정보제공요구의 사유나 경위, 행위 태양, 요구한 거래정보의 내용 등을 전혀 고려하지 아니하고 일률적으로 금지하고, 그 위반 시 형사처벌을 하도록 하고 있다. 따라서 심판대상조항은 과잉금지원칙에 반하여 일반적 행동자유권을 침해한다(헌재 2022.2.24. 2020헌가5).

다. (×) 어린이의 통행이 빈번한 초등학교 인근 등 제한된 구역을 중심으로 어린이 보호구역을 설치하고 엄격한 주의의무를 부과하여 위반자를 엄하게 처벌하는 것은 어린이에 대한 교통사고 예방과 보호를 위해 불가피한 조치이다. 심판대상조항에 의할 때 어린이 상해의 경우 죄질이 가벼운 위반행위에 대하여 벌금형을 선택한 경우는 정상참작감경을 통하여, 징역형을 선택한 경우는 정상참작감경을 하지 않고도 집행유예를 선고할 수 있음은 물론, 선고유예를 하는 것도 가능하다. 어린이 사망의 경우 법관이 정상참작감경을 하지 않더라도 징역형의 집행유예를 선고하는 것은 가능하다. 운전자의 주의의무 위반의 내용 및 정도와 어린이가 입은 피해의 정도가 다양하여 불법성 및 비난가능성에 차이가 있다고 하더라도, 이는 법관의 양형으로 충분히 극복될 수 있는 범위 내에 있다. 따라서 심판대상조항은 과잉금지원칙에 위반되어 청구인들의 일반적 행동자유권을 침해한다고 볼 수 없다(헌재 2023.2.23. 2020헌마460).

라. (×) 한정된 의료급여재정의 범위 내에서 적정하고 지속적인 의료서비스를 제공하고, 의료의 질을 유지할 수 있는 방법으로 현행 정액수가제와 같은 정도로 입법목적을 달성하면서 기본권을 덜 제한하는 수단이 명백히 존재한다고 보기 어렵고, 의료급여 수급권자가 입게 되는 불이익이 공익보다 크다고 볼 수도 없다. 심판대상조항은 수급권자인 청구인의 의료행위선택권을 침해하지 않는다(헌재 2020.4.23. 2017헌마103).

[2023년 경찰간부] ③

행복추구권에 대한 설명으로 옳지 않은 것은? (다툼이 있는 경우 판례에 의함)

① 공정거래위원회의 명령으로 「독점규제 및 공정거래에 관한 법률」 위반의 혐의자에게 스스로 법위반사실을 인정하여 공표하도록 강제하고 있는 '법위반사실공표명령' 부분은 헌법상 일반적 행동의 자유, 명예권, 무죄추정권 및 양심의 자유를 침해한다.

② 공문서의 한글전용을 규정한 「국어기본법」 및 「국어기본법 시행령」의 해당 조항은 '공공기관 등이 작성하는 공문서'에 대하여만 적용되고, 일반 국민이 공공기관 등에 접수·제출하기 위하여 작성하는 문서나 일상생활에서 사적 의사소통을 위해 작성되는 문서에는 적용되지 않으므로 청구인들의 행복추구권을 침해하지 않는다.

③ 「수상레저안전법」상 조종면허를 받은 사람이 동력수상레저기구를 이용하여 범죄행위를 하는 경우에 조종면허를 필요적으로 취소하도록 하는 구 「수상레저안전법」상 규정은 직업의 자유 내지 일반적 행동의 자유를 침해한다.

④ 청구인이 공적인 인물의 부당한 행위를 비판하는 과정에서 모욕적인 표현을 사용한 행위가 사회상규에 위배되지 아니하는 행위로서 정당행위에 해당될 여지가 있음에도, 이에 대한 판단 없이 청구인에게 모욕 혐의를 인정한 피청구인의 기소유예처분은 청구인의 행복추구권을 침해한다.

① (×) 헌법 제19조에서 보호하는 양심은 옳고 그른 것에 대한 판단을 추구하는 가치적·도덕적 마음가짐으로, 개인의 소신에 따른 다양성이 보장되어야 하고 그 형성과 변경에 외부적 개입과 억압에 의한 강요가 있어서는 아니되는 인간의 윤리적 내심영역이다. 따라서 단순한 사실관계의 확인과 같이 가치적·윤리적 판단이 개입될 여지가 없는 경우는 물론, 법률해석에 관하여 여러 견해가 갈리는 경우처럼 다소의 가치관련성을 가진다고 하더라도 개인의 인격형성과는 관계가 없는 사사로운 사유나 의견 등은 그 보호대상이 아니다. 이 사건의 경우와 같이 경제규제법적 성격을 가진 공정거래법에 위반하였는지 여부에 있어서도 각 개인의 소신에 따라 어느 정도의 가치판단이 개입될 수 있는 소지가 있고 그 한도에서 다소의 윤리적 도덕적 관련성을 가질 수도 있겠으나, 이러한 법률판단의 문제는 개인의 인격형성과는 무관하며, 대화와 토론을 통하여 가장 합리적인 것으로 그 내용이 동화되거나 수렴될 수 있는 포용성을 가지는 분야에 속한다고 할 것이므로 헌법 제19조에 의하여 보장되는 양심의 영역에 포함되지 아니한다(헌재 2002.1.31. 2001헌바43). 청구인의 일반적 행동의 자유 및 명예권을 침해하고 무죄추정의 원칙에 위반된다고 본 사례이며, 양심의 영역에는 포함되지 하는 것으로 판단함.

② (○) 사건 공문서 조항은 공문서를 한글로 작성하여 공적 영역에서 원활한 의사소통을 확보하고 효율적·경제적으로 공적 업무를 수행하기 위한 것이다. 국민들은 공문서를 통하여 공적 생활에 관한 정보를 습득하고 자신의 권리·의무와 관련된 사항을 알게 되므로 우리 국민 대부분이 읽고 이해할 수 있는 한글로 작성할 필요가 있다. 한자어를 굳이 한자로 쓰지 않더라도 앞뒤 문맥으로 그 뜻을 이해할 수 있는 경우가 대부분이고, 뜻을 정확히 전달하기 위하여 필요한 경우에는 괄호 안에 한자를 병기할 수 있으므로 한자혼용방식에 비하여 특별히 한자어의 의미 전달력이나 가독성이 낮아진다고 보기 어렵다. 따라서 공문서의 한글전용을 규정한 이 사건 공문서 조항은 청구인들의 행복추구권을 침해하지 아니한다(헌재 2016.11.24. 2012헌마854).

③ (○) 수상레저안전법상 조종면허를 받은 사람이 동력수상레저기구를 이용하여 범죄행위를 하는 경우에 조종면허를 필요적으로 취소하도록 규정한 구 수상레저안전법 제13조 제1항 제3호는 과잉금지원칙을 위반하여 직업의 자유 내지 일반적 행동의 자유를 침해한다(헌재 2015.7.30. 2014헌가13).

④ (○) 청구인이 공적인 인물의 부적절한 언행을 비판하면서 모욕적인 표현을 1회 사용한 행위는 청구인이 글을 게시한 동기, 청구인이 게시한 글의 전체적인 맥락 등을 고려할 때 비판의 범위 내에 있는 것으로 평가될 수 있어 사회상규에 위배되지 아니하는 행위로서 정당행위에 해당한다고 볼 여지가 있다. 그럼에도 불구하고 정당행위 여부를 판단하지 않고 청구인에 대한 모욕 혐의를 인정한 이 사건 기소유예처분은 자의적인 검찰권의 행사로서 청구인의 평등권과 행복추구권을 침해하였다(헌재 2020.9.24. 2019헌마1285). [2021년 국가 7급] ①

행복추구권에 관한 다음 설명 중 가장 옳지 않은 것은? (다툼이 있는 경우 대법원 판례 및 헌법재판소 결정에 의함)

① 행복추구권은 국민이 행복을 추구하기 위한 활동을 국가권력의 간섭 없이 자유롭게 할 수 있는 자유권으로서, 국민이 행복을 추구하기 위하여 필요한 급부를 국가에게 적극적으로 요구할 수 있는 것을 내용으로 하는 권리이다.

② 기부행위자는 자신의 재산을 사회적 약자나 소외 계층을 위하여 출연함으로써 자기가 속한 사회에 공헌하였다는 행복감과 만족감을 실현할 수 있으므로, 기부행위는 행복추구권과 그로부터 파생되는 일반적 행동자유권에 의해 보호된다.

③ 일반적 행동자유권의 보호영역에는 개인의 생활방식과 취미에 관한 사항도 포함되며, 위험한 스포츠를 즐길 권리와 같은 위험한 생활방식으로 살아갈 권리도 포함된다.

④ 게임물 사업자에게 게임물 이용자의 본인인증 수단을 마련하도록 강제하는 법률조항은 게임을 이용하려는 사람들의 일반적 행동자유권을 제한하나 이를 통해 달성하려는 게임 과몰입 및 중독 방지라는 공익이 매우 중대하므로 일반적 행동자유권을 침해하지 않는다.

⑤ 가족에 대한 수형자의 접견교통권은 비록 헌법에 열거되지는 아니하였지만 행복추구권에 포함되는 기본권의 하나인 일반적 행동자유권으로부터 나온다.

① (×) 헌법 제10조의 행복추구권은 국민이 행복을 추구하기 위하여 필요한 급부를 국가에게 적극적으로 요구할 수 있는 것을 내용으로 하는 것이 아니라, 국민이 행복을 추구하기 위한 활동을 국가권력의 간섭 없이 자유롭게 할 수 있다는 포괄적인 의미의 자유권으로서의 성격을 가지는데, 이 사건 규정은 보상금수급권에 대한 일정 요건하의 지급정지를 규정하고 있는 것으로 자유권이나 자유권의 제한영역에 관한 규정이 아니므로, 이 사건 규정이 행복추구권을 침해한다고 할 수는 없다(헌재 2000.6.1. 98헌마216).

② (○) 타인이나 단체에 대한 기부행위는 공동체의 결속을 도모하고 사회생활에서 개인의 타인과의 연대를 확대하는 기능을 하므로 자본주의와 시장경제의 흠결을 보완하는 의미에서 국가·사회적으로 장려되어야 할 행위이다. 또한 기부행위자 본인은 자신의 재산을 사회적 약자나 소외 계층을 위하여 출연함으로써 자기가 속한 사회에 공헌하였다는 행복감과 만족감을 실현할 수 있으므로, 이는 헌법상 인격의 자유로운 발현을 위하여 필요한 행동을 할 수 있어야 한다는 의미의 행복추구권과 그로부터 파생되는 일반적 행동자유권의 행사로서 당연히 보호되어야 한다(헌재 2014.2.27. 2013헌바106)

③ (○) 일반적 행동자유권은 모든 행위를 할 자유와 행위를 하지 않을 자유로 가치있는 행동만 그 보호영역으로 하는 것은 아닌 것으로, 그 보호영역에는 개인의 생활방식과 취미에 관한 사항도 포함되며, 여기에는 위험한 스포츠를 즐길 권리와 같은 위험한 생활방식으로 살아갈 권리도 포함된다(헌재 2003.10.30. 2002헌마518).

④ (○) 본인인증 조항은 인터넷게임을 이용하고자 하는 사람들에게 본인인증 이라는 사전적 절차를 거칠 것을 강제함으로써, 개개인이 생활방식과 취미활동을 자유롭게 선택하고 이를 원하는 방식대로 영위하고자 하는 일반적 행동의 자유를 제한하고, 본인인증 조항을 통하여 달성하고자

하는 게임 과몰입 및 중독 방지라는 공익은 매우 중대하므로 법익의 균형성도 갖추었다. 따라서 본인인증 조항은 청구인들의 일반적 행동의 자유 및 개인정보자기결정권을 침해하지 아니한다(헌재 2015.3.26. 2013헌마517).

⑤ (○) 수형자가 갖는 접견교통권은 가족 등 외부와 연결될 수 있는 통로를 적절히 개방하고 유지함으로써 가족 등 타인과 교류하는 인간으로서의 기본적인 생활관계가 인신의 구속으로 완전히 단절되어 정신적으로 황폐하게 되는 것을 방지하기 위하여 반드시 보장되지 않으면 안되는 인간으로서의 기본적인 권리에 해당하므로 성질상 헌법상의 기본권에 속한다. 이러한 수형자의 접견교통권은 비록 헌법에 열거되지는 아니하였지만 헌법 제10조의 행복추구권에 포함되는 기본권의 하나로서의 일반적 행동자유권으로부터 나온다(헌재 2009.9.24. 2007헌마738).

[2019년 법무사] ①

행복추구권에 관한 설명으로 옳지 않은 것은? (다툼이 있는 경우 헌법재판소 판례에 의함)

① 계약자유의 원칙이란 계약을 체결할 것인가의 여부, 체결한다면 어떠한 내용의, 어떠한 상대방과의 관계에서, 어떠한 방식으로 계약을 체결하느냐 하는 것도 당사자 자신이 자기의사로 결정하는 자유뿐만 아니라, 원치 않으면 계약을 체결하지 않을 자유를 말하며, 이는 헌법상의 행복추구권 속에 함축된 일반적 행동자유권으로부터 파생되는 것이다.

② 행복추구권은 국민이 행복을 추구하기 위하여 필요한 급부를 국가에게 적극적으로 요구할 수 있는 것을 내용으로 하는 것이 아니라, 국민이 행복을 추구하기 위한 활동을 국가권력의 간섭 없이 자유롭게 할 수 있다는 포괄적 의미의 자유권으로서의 성격을 가진다.

③ 마약거래범죄자인 북한이탈주민을 보호대상자로 결정하지 않을 수 있도록 규정한 「북한이탈주민의 보호 및 정착지원에 관한 법률」 규정은 마약거래범죄자인 북한이탈주민의 행복추구권을 침해한다고 볼 수 없다.

④ 행복추구권이 다른 기본권에 대한 보충적 기본권으로서의 성격을 가지고 있고 직업선택의 자유라는 우선적으로 적용되는 기본권의 침해 여부를 판단하는 경우라 할지라도 행복추구권 침해 여부에 대해서도 별도로 판단하여야 한다.

⑤ 행복추구권 속에 함축된 일반적인 행동자유권과 개성의 자유로운 발현권은 국가안전보장, 질서유지 또는 공공복리에 반하지 않는 한 입법 기타 국정상 최대의 존중을 필요로 하는 것이다.

① (○) 이른바 계약자유의 원칙이란 계약을 체결할 것인가의 여부, 체결한다면 어떠한 내용의, 어떠한 상대방과의 관계에서, 어떠한 방식으로 계약을 체결하느냐 하는 것도 당사자 자신이 자기의사로 결정하는 자유뿐만 아니라, 원치 않으면 계약을 체결하지 않을 자유를 말하며, 이는 헌법상의 행복추구권속에 함축된 일반적 행동자유권으로부터 파생되는 것이라 할 것이다(헌재 1991.6.3. 89헌마204).

② (○) 헌법 제10조의 행복추구권은 국민이 행복을 추구하기 위하여 필요한 급부를 국가에게 적극적으로 요구할 수 있는 것을 내용으로 하는 것이 아니라, 국민이 행복을 추구하기 위한 활동을 국가권력의 간섭 없이 자유롭게 할 수 있다는 포괄적인 의미의 자유권으로서의 성격을 가진다(헌재 2008.10.30. 2006헌바35).

③ (○) 헌법 제10조의 행복추구권은 국민이 행복을 추구하기 위한 활동에 대한 국가권력의 간섭을 배제하는 내용의 포괄적인 의미의 자유권으로서의 성격을 가질 뿐, 국민이 행복을 추구하기 위하여 필요한 급부를 국가에 대하여 적극적으로 요구할 수 있음을 내용으로 하는 것이 아니다. 따라서 심판대상조항이 마약거래범죄자인 북한이탈주민의 행복추구권을 침해한다고 볼 수 없다(헌재 2014.3.27. 2012헌바192).

④ (×) 헌법 제10조 전문의 행복추구권은 다른 개별적 기본권이 적용되지 않는 경우에 한하여 보충적으로 적용되는 기본권이어서 직업선택의 자유, 공무담임권의 침해 여부를 판단하는 이 사건에 있어서는 행복추구권 침해 여부를 독자적으로 판단할 필요는 없다(헌재 2007.4.26. 2003헌마947).

⑤ (○) 행복추구권 속에 함축된 일반적인 행동자유권과 개성의 자유로운 발현권은 국가안전보장, 질서유지 또는 공공복리에 반하지 않는 한 입법 기타 국정상 최대의 존중을 필요로 하는 것이다(헌재 1991.6.3. 89헌마204). [2021년 소방간부] ④

헌법 제10조의 행복추구권에 관한 설명으로 옳지 않은 것은? (다툼이 있는 경우 헌법재판소 결정례에 의함)

① 행복추구권은 그의 구체적인 표현으로서 일반적인 행동자유권과 개성의 자유로운 발현권을 포함하기 때문에, 기부금품의 모집행위는 행복추구권에 의하여 보호된다.

② 행복을 추구할 권리는 1960년 헌법에 삽입된 이래 그의 법적 성격과 보장 내용에 관하여 많은 논란을 가져온 기본권 조항이며, 아직도 그 내용이 완전히 해명되지 않은 헌법규정에 속한다.

③ 행복추구권에는 개인의 자기운명결정권이 전제되는 것이고, 이 자기운명결정권에는 성행위 여부 및 그 상대방을 결정할 수 있는 성적 자기결정권 또한 포함되어 있다.

④ 행복추구권은 다른 기본권에 대한 보충적 기본권으로서의 성격을 가진다.

⑤ '부모가 자녀의 이름을 지을 자유'는 행복추구권을 보장하는 헌법 제10조에 의해서도 보호를 받는다.

① (○) 헌법 제10조 전문은 "모든 국민은 인간으로서의 존엄과 가치를 지니며, 행복을 추구할 권리를 가진다"고 규정하여 행복추구권을 보장하고 있고, 행복추구권은 그의 구체적인 표현으로서 일반적인 행동자유권과 개성의 자유로운 발현권을 포함하기 때문에(헌재 1991.6.3. 89헌마204), 기부금품의 모집행위는 행복추구권에 의하여 보호된다(헌재 1998.5.28. 96헌가5).

② (×) 현행 헌법은 인간의 존엄과 가치 존중에 관한 규정과 행복추구권을 함께 보장하고 있다. 행복추구권 규정은 1980년 제8차 개정헌법에 들어온 이후 오늘날까지 이르고 있다. 물론 초기 행복추구권이 도입된 이래로 그 의미, 법적 성격, 다른 헌법규정과의 체계적 관계 등과 관련하여 여러 가지 문제점들을 제기해 왔다. 이후 1988년 헌법재판소가 설립되어 활동한 이래로, 행복추구권과 관련한 많은 판례를 축적해 오면서 행복추구권의 법적 성격이나 구체적인 보호영역 등에 관한 문제가 어느 정도 정립되고 있다.

③ (○) 개인의 인격권·행복추구권에는 개인의 자기운명결정권이 전제되는 것이고, 이 자기운명결정권에는 성행위 여부 및 그 상대방을 결정할 수 있는 성적자기결정권이 또한 포함되어 있으며 간통죄의 규정이 개인의 성적자기결정권을 제한하는 것임은 틀림없다(헌재 1990.9.10. 89헌마82).

④ (○) 헌법 제10조의 행복추구권은 포괄적이고 일반조항적인 성격을 가짐과 동시에 다른 기본권에 대한 보충적 기본권으로서의 성격을 지닌다(헌재 2011.3.31. 2010헌마13).

⑤ (○) 부모가 자녀의 이름을 지어주는 것은 자녀의 양육과 가족생활을 위하여 필수적인 것이고 가족생활의 핵심적 요소라 할 수 있으므로, 부모가 자녀의 이름을 지을 자유는 혼인과 가족생활을 보장하는 헌법 제36조 제1항과 행복추구권을 보장하는 헌법 제10조에 의하여 보호를 받는다(헌재 2016.7.28. 2015헌마964). [2020년 소방간부] ②

행복추구권에 대한 설명으로 옳지 않은 것은? (다툼이 있는 경우 헌법재판소의 판례에 의함)

① '운전면허를 받은 사람이 자동차 등을 이용하여 범죄행위를 한 때'를 필요적 운전면허 취소사유로 규정하는 것은 일반적 행동자유권을 침해하여 헌법에 위반된다.

② 형사재판의 피고인으로 출석하는 수형자에 대하여 사복착용을 허용하지 아니한 것을 행복추구권을 침해한다.

③ 한자 학습을 통하여 사고력·응용력·창의력을 기를 수 있고, 동아시아에서의 문화적 연대를 확산시킬 수 있으므로 공문서의 한글전용을 규정한 「국어기본법」은 공무원들의 행복추구권을 침해한다.

④ 기부금품의 모집행위도 행복추구권에서 파생하는 일반적인 행동자유권에 의하여 기본권으로 보장된다.

⑤ 금치기간 중 신문·도서·잡지 외 자비구매물품의 사용을 제한하는 「형의 집행 및 수용자의 처우에 관한 법률」 조항은 수용자의 일반적 행동의 자유를 침해하지 않는다.

① (○) 사건 규정은 자동차 등을 이용하여 범죄행위를 하기만 하면 그 범죄행위가 얼마나 중한 것인지, 그러한 범죄행위를 행함에 있어 자동차 등이 당해 범죄 행위에 어느 정도로 기여했는지 등에 대한 아무런 고려 없이 무조건 운전면허를 취소하도록 하고 있으므로 이는 구체적 사안의 개별성과 특수성을 고려할 수 있는 여지를 일체 배제하고 그 위법의 정도나 비난의 정도가 극히 미약한 경우까지도 운전면허를 취소할 수밖에 없도록 하는 것으로 최소침해성의 원칙에 위반된다. 한편 이 사건 규정에 의해 운전면허가 취소되면 2년 동안은 운전면허를 다시 발급 받을 수 없게 되는바, 이는 지나치게 기본권을 제한하는 것으로서 법익균형성원칙에도 위반된다. 그러므로 이 사건 규정은 직업의 자유 내지 일반적 행동자유권을 침해하여 헌법에 위반된다(헌재 2005.11.24. 2004헌가28).

② (○) 수형자라 하더라도 확정되지 않은 별도의 형사재판에서만큼은 미결수용자와 같은 지위에 있으므로, 이러한 수형자로 하여금 형사재판 출석 시 아무런 예외 없이 사복착용을 금지하고 재소자용 의류를 입도록 하여 인격적인 모욕감과 수치심 속에서 재판을 받도록 하는 것은 재판부나 검사 등 소송관계자들에게 유죄의 선입견을 줄 수 있고, 이미 수형자의 지위로 인해 크게 위축된 피고인의 방어권을 필요 이상으로 제약하는 것이다. 따라서 심판대상조항이 형사재판의 피고인으로 출석하는 수형자에 대하여 사복착용을 허용하지 아니한 것은 청구인의 공정한 재판을 받을 권리, 인격권, 행복추구권을 침해한다(헌재 2015.12.23. 2013헌마712).

③ (×) 사건 공문서 조항은 공문서를 한글로 작성하여 공적 영역에서 원활한 의사소통을 확보하고 효율적·경제적으로 공적 업무를 수행하기 위한 것이다. 따라서 이 사건 공문서 조항은 청구인들의 행복추구권을 침해하지 아니한다(헌재 2016.11.24. 2012헌마854).

④ (○) 헌법 제10조 전문은 "모든 국민은 인간으로서의 존엄과 가치를 지니며, 행복을 추구할 권리를 가진다"고 규정하여 행복추구권을 보장하고 있고, 행복추구권은 그의 구체적인 표현으로서 일반적인 행동자유권과 개성의 자유로운 발현권을 포함하기 때문에(헌재 1991.6.3. 89헌마204), 기부금품의 모집행위는 행복추구권에 의하여 보호된다(헌재 1998.5.28. 96헌가5). 기부금품의 모집행위도 행복추구권에서 파생하는 일반적인 행동자유권에 의하여 기본권으로 보장되기 때문에, 법의 허가가 기본권의 본질과 부합하려면, 그 허가절차는 기본권에 의하여 보장된 자유를 행사할 권리 그 자체를 제거해서는 아니되고 허가절차에 규정된 법률요건을 충족시킨 경우에는 기본권의 주체에게 기본권행사의 형식적 제한을 다시 해제할 것을 요구할 수 있는 법적 권리를 부여하여야 한다(헌재 1998.5.28. 96헌가5).

⑤ (○) 형집행법 제112조 제3항 본문 중 제108조 제7호의 신문·도서·잡지 외 자비구매물품에 관한 부분은 금치의 징벌을 받은 사람에 대해 금치기간 동안 자비로 구매한 음식물, 의약품 및 의료용품 등 자비구매물품을 사용할 수 없는 불이익을 가함으로써, 규율의 준수를 강제하여 수용시설 내의 안전과 질서를 유지하기 위한 것으로서 목적의 정당성 및 수단의 적합성이 인정된다. 따라서 위 조항은 청구인의 일반적 행동의 자유를 침해하지 아니한다(헌재 2016.5.26. 2014헌마45).

[2017년 국회 8급] ③

행복추구권 내지 일반적 행동자유권에 관한 다음 설명 중 가장 옳지 않은 것은? (다툼이 있는 경우 대법원 판례 및 헌법재판소 결정에 의함)

① 무면허의료행위라 할지라도 지속적인 소득활동이 아니라 취미, 일시적 활동 또는 무상의 봉사활동으로 삼는 경우에는 일반적 행동자유권의 보호영역에 포섭된다.

② 결혼식 하객들에게 주류와 음식물을 접대하는 행위는 인류의 오래된 보편적인 사회생활의 한 모습으로 일반적 행동자유권의 보호대상이다.

③ 인수자가 없는 시체를 생전의 본인의 의사와는 무관하게 해부용 시체로 제공될 수 있도록 규정한 시체 해부 및 보존에 관한 법률 조항이 시체의 처분에 대한 자기결정권을 침해하여 헌법에 위반되는 것은 아니다.

④ 비어업인이 잠수용 스쿠버장비를 사용하여 수산자원을 포획·채취하는 것을 금지하는 수산자원관리법 시행규칙 조항은 일반적 행동의 자유를 제한한다.

⑤ 카메라 등을 이용하여 성적 욕망 또는 수치심을 유발할 수 있는 다른 사람의 신체를 그 의사에 반하여 촬영하는 행위를 처벌하는 성폭력범죄의 처벌 등에 관한 특례법 조항은 과잉금지원칙에 위배되어 일반적 행동자유권을 침해하지 않는다.

① (○) 사건 법률조항은 의료행위를 개인의 경제적 소득활동의 기반이자 자아실현의 근거로 삼으려는 청구인의 기본권, 즉 직업선택의 자유를 제한하거나, 또는 청구인이 의료행위를 지속적인 소득활동이 아니라 취미, 일시적 활동 또는 무상의 봉사활동으로 삼는 경우에는 헌법 제10조의 행복추구권에서 파생하는 일반적 행동의 자유를 제한하는 규정이다(헌재 2002.12.18. 2001헌마370).

② (○) 결혼식 등의 당사자가 자신을 축하하러 온 하객들에게 주류와 음식물을 접대하는 행위는 인류의 오래된 보편적인 사회생활의 한 모습으로서 개인의 일반적인 행동의 자유 영역에 속하는 행위이므로 이는 헌법 제37조 제1항에 의하여 경시되지 아니하는 기본권이며 헌법 제10조가 정하고 있는 행복추구권에 포함되는 일반적 행동자유권으로서 보호되어야 할 기본권이다(헌재 1998.10.15. 98헌마168).

③ (×) 시신 자체의 제공과는 구별되는 장기나 인체조직에 있어서는 본인이 명시적으로 반대하는 경우 이식·채취될 수 없도록 규정하고 있음에도 불구하고, 이 사건 법률조항은 본인이 해부용 시체로 제공되는 것에 대해 반대하는 의사표시를 명시적으로 표시할 수 있는 절차도 마련하지 않고 본인의 의사와는 무관하게 해부용 시체로 제공될 수 있도록 규정하고 있다는 점에서 침해의 최소성 원칙을 충족했다고 보기 어렵고, 실제로 해부용 시체로 제공된 사례가 거의 없는 상황에서 이 사건 법률조항이 추구하는 공익이 사후 자신의 시체가 자신의 의사와는 무관하게 해부용 시체로 제공됨으로써 침해되는 사익보다 크다고 할 수 없으므로 이 사건 법률조항은 청구인의 시체 처분에 대한 자기결정권을 침해한다(헌재 2015.11.26. 2012헌마940).

④ (○) 헌법 제10조의 행복추구권에서 파생되는 일반적 행동자유권의 보호영역에는 개인의 생활방식과 취미에 관한 사항이 포함된다. 이 사건 규칙조항은 비어업인이 잠수용 스쿠버장비를 사용하여 수산자원을 포획·채취하는 것을 규제함으로써, 지속적인 소득활동이 아니라 취미나 오락을 위하여 자신이 원하는 방법으로 수산자원을 포획·채취하고자 하는 청구인의 일반적 행동의 자유를 제한한다(헌재 2015.11.26. 2012헌마940).

⑤ (○) 심판대상조항은 최근 사회적으로 물의가 되고 있는 몰래카메라의 폐해를 방지하기 위한 것으로서, 자신의 신체를 함부로 촬영당하지 않을 자유 등 인격권을 보호하는 것을 목적으로 한다. 심판대상조항으로 행위자는 구성요건의 엄격한 해석 하에 일반적 행동자유권을 제한받는데 반하여, 이를 통해 피해자 개인의 함부로 촬영당하지 않을 자유를 보호하고 사회일반의 건전한 성적 풍속 및 성도덕을 보호하며 공공의 혐오감과 불쾌감을 방지할 수 있으므로, 결국 보호하여야 할 공익이 더욱 크다고 할 수 있다. 따라서 심판대상조항이 과잉금지원칙에 위배되어 청구인의 일반적 행동자유권을 침해한다고 볼 수 없다(헌재 2017.6.29. 2015헌바243). [2019년 법원 5급] ③

일반적 행동자유권에 관한 설명 중 옳은 것을 모두 고른 것은? (다툼이 있는 경우 판례에 의함)

> ㉠ 헌법 제10조 전문의 행복추구권에는 일반적 행동자유권이 포함되는바, 이는 적극적으로 자유롭게 행동을 하는 것은 물론 소극적으로 행동을 하지 않을 자유도 포함하는 권리로 포괄적인 의미의 자유권이다.
> ㉡ 육군 장교가 민간법원에서 약식명령을 받아 확정되면 자진 신고할 의무를 규정한, '2020년도 장교 진급 지시'의 해당 부분 중 '민간법원에서 약식명령을 받아 확정된 사실이 있는 자'에 관한 부분은 청구인인 육군 장교의 일반적 행동의 자유를 침해한다.
> ㉢ 일반적 행동자유권의 보호영역에는 가치 있는 행동뿐만 아니라 개인의 생활방식과 취미에 관한 사항도 포함되며, 여기에는 위험한 스포츠를 즐길 권리와 같은 위험한 생활방식으로 살아갈 권리도 포함된다. 따라서 운전 중 휴대용 전화를 사용할 자유는 헌법 제10조의 행복추구권에서 나오는 일반적 행동 자유권의 보호영역에 속한다.
> ㉣ 의료분쟁 조정신청의 대상인 의료사고가 사망에 해당하는 경우 한국의료분쟁조정중재원의 원장은 지체 없이 조정절차를 개시해야 한다고 규정한 「의료사고 피해구제 및 의료분쟁조정 등에 관한 법률」 제27조 제9항 전문 중 '사망'에 관한 부분이 청구인의 일반적 행동의 자유를 침해한다고 할 수 없다.

① ㉠, ㉡　② ㉠, ㉢, ㉣
③ ㉡, ㉢, ㉣　④ ㉠, ㉡, ㉢, ㉣

㉠ (○) 헌법 제10조 전문의 행복추구권에는 일반적 행동자유권이 포함되는바, 이는 적극적으로 자유롭게 행동을 하는 것은 물론 소극적으로 행동을 하지 않을 자유도 포함하는 권리로 포괄적인 의미의 자유권이란 성격을 갖는다(헌재 2016.6.30. 2015헌마36).

㉡ (×) 2020년도 육군지시 자진신고조항은 육군 장교가 군사법원에서 약식명령을 받아 확정된 경우와 그 신분을 밝히지 않아 민간법원에서 약식명령을 받아 확정된 경우 사이에 발생하는 인사상 불균형을 방지함으로써, 인사관리의 형평성을 도모함과 동시에 적정한 징계권을 행사하고 이를 통해 군 조직의 내부 기강 및 질서를 유지하기 위한 것이므로, 그 목적이 정당하다. 또한 민간법원에서 약식명령을 받아 확정된 육군 장교로 하여금 그 사실을 자진신고 할 의무를 부과하는 것은 위 목적을 달성하기에 적합한 수단이다. 2020년도 육군지시 자진신고조항 및 2021년도 육군지시 자진신고조항은 과잉금지원칙에 반하여 일반적 행동의 자유를 침해하지 않는다(헌재 2021.8.31. 2020헌마12).

㉢ (○) 일반적 행동자유권의 보호영역에는 가치 있는 행동뿐만 아니라 개인의 생활방식과 취미에 관한 사항도 포함되며, 여기에는 위험한 스포츠를 즐길 권리와 같은 위험한 생활방식으로 살아갈 권리도 포함된다. 따라서 운전 중 휴대용 전화를 사용할 자유는 헌법 제10조의 행복추구권에서 나오는 일반적 행동자유권의 보호영역에 속한다. 이 사건 법률조항은 운전 중 휴대용 전화를 사용하지 아니할 의무를 지우고 이에 위반했을 때 형벌을 부과하고 있으므로 청구인의 일반적 행동자유권을 제한한다(헌재 2021.6.24. 2019헌바5).

㉣ (○) 심판대상조항은 사망의 결과가 발생한 경우 조정절차가 자동적으로 개시되도록 함으로써 의료분쟁 조정제도를 활성화하고 제도의 실효성을 제고하며, 사망이라는 중한 결과로 인한 피해를 신속·공정하게 구제하고, 환자와 보건의료인 양 당사자가 소송 외의 분쟁해결수단을 적극 활용할 수 있도록 하여 의료분쟁에 따른 부담을 완화하고 이를 신속·공정하게 해결하기 위한 것으로서 그 목적이 정당하고, 수단의 적합성 또한 인정된다. 따라서 심판대상조항은 청구인의 일반적 행동의 자유를 침해하지 아니한다(헌재 2021.5.27. 2019헌마321).

[2022년 경찰공채 3월] ②

일반적 행동자유권에 대한 설명으로 옳은 것은? (다툼이 있는 경우 헌법재판소 판례에 의함)

① 「4.16 세월호참사 피해구제 및 지원 등을 위한 특별법 시행령」에 따른 세월호 참사와 관련된 일체의 이의제기를 금지하는 서약은 세월호 승선 사망자들 부모의 일반적 행동의 자유

를 침해한다.

② 비어업인이 잠수용 스쿠버장비를 사용하여 수산자원을 포획, 채취하는 것을 금지하는 「수산자원관리법 시행규칙」 조항은 비어업인의 일반적 행동의 자유를 침해한다.

③ 「부정청탁 및 금품 등 수수의 금지에 관한 법률」의 부정청탁금지 조항 및 금품수수금지 조항은 과잉금지원칙을 위반하여 언론인 및 사립학교 관계자의 일반적 행동자유권을 침해한다.

④ 「이동통신단말장치 유통구조 개선에 관한 법률」상 이동통신단말장치 구매지원금 상한 조항은 이동통신단말장치를 구입하고, 이동통신서비스의 이용에 관한 계약을 체결하고자 하는 자의 일반적 행동자유권에서 파생하는 계약의 자유를 침해한다.

⑤ LPG를 연료로 사용할 수 있는 자동차 또는 그 사용자의 범위를 제한하고 있는 「액화석유가스의 안전관리 및 사업법 시행규칙」 조항은 LPG 승용자동차를 소유하고 있거나 운행하려는 자의 일반적 행동자유권을 침해한다.

① (○) 신청인에게 지급결정에 대한 동의의 의사표시 전에 숙고의 기회를 보장하고, 그 법적 의미와 효력에 관하여 안내해 줄 필요성이 인정된다 하더라도, 세월호피해지원법 제16조에서 규정하는 동의의 효력 범위를 초과하여 세월호 참사 전반에 관한 일체의 이의제기를 금지시킬 수 있는 권한을 부여받았다고 볼 수는 없다. 따라서 이의제기금지조항은 법률유보원칙을 위반하여 법률의 근거 없이 대통령령으로 청구인들에게 세월호 참사와 관련된 일체의 이의 제기 금지 의무를 부담시킴으로써 일반적 행동의 자유를 침해한다(헌재 2017.6.29. 2015헌마654).

② (×) 사건 규칙조항은 수산자원을 유지·보존하고 어업인들의 재산을 보호함으로써, 단기적으로는 어업인의 생계를 보장하고 장기적으로는 수산업의 생산성을 향상시키고자 함에 그 목적이 있는바 이러한 입법목적에는 정당성이 인정되며, 비어업인이 잠수용 스쿠버장비를 사용하여 수산자원을 포획·채취하는 것을 금지하는 것은 이러한 입법목적을 달성하기 위한 적절한 수단이다. 따라서 이 사건 규칙조항은 청구인의 일반적 행동의 자유를 침해하지 아니한다(헌재 2016.10.27. 2013헌마450).

③ (×) 부정청탁 및 금품수수 관행을 근절하여 공적 업무에 종사하는 사립학교 관계자 및 언론인의 공정한 직무수행을 보장함으로써 국민의 신뢰를 확보하고자 하는 부정청탁금지조항과 금품수수금지조항의 입법목적은 그 정당성이 인정되고, 사립학교 관계자와 언론인이 법령과 사회상규 등에 위배되어 금품 등을 수수하지 않도록 하고 누구든지 이들에게 부정청탁하지 못하도록 하는 것은 입법목적을 달성하기 위한 적정한 수단이다. 따라서 부정청탁금지조항과 금품수수금지조항이 과잉금지원칙을 위반하여 청구인들의 일반적 행동자유권을 침해한다고 보기 어렵다(헌재 2016.7.28. 2015헌마236).

④ (×) 지원금 상한 조항은 이동통신단말장치의 공정하고 투명한 유통질서를 확립하여 이동통신 산업의 건전한 발전과 이용자의 권익을 보호하기 위한 것으로 이러한 입법목적에는 정당성이 인정되며, 이동통신단말장치 구매 지원금 상한제는 이러한 목적을 달성하기 위한 적절한 수단이다. 따라서 지원금 상한 조항은 청구인들의 계약의 자유를 침해하지 아니한다(헌재 2017.5.25. 2014헌마844).

⑤ (×) 사건 시행규칙조항은 LPG를 운송연료로 사용할 수 있는 자동차 또는 그 사용자의 범위를 한정하여 LPG승용자동차의 운행을 제한하는 규정이다. 시행규칙조항에 의하여 제한되는 사익은, 일반인들이 LPG 승용자동차를 자유롭게 운행할 수 없거나 LPG 승용자동차의 소유자들이 자신들의 차량을 처분함에 있어 일정 기간 동안 그 상대방이 제한되는 것으로, 이 사건 시행규칙조항으로 달성하려는 공익에 비하여 크다고 보기 어렵다. 따라서 이 사건 시행규칙조항은 LPG승용자동차를 소유하고 있거나 LPG 승용자동차를 운행하려는 청구인들의 일반적 행동자유권 및 재산권을 침해하지 않는다(헌재 2017.12.28. 2015헌마997). [2018년 국회 8급] ①

일반적 행동자유권에 대한 설명 중 가장 적절하지 않은 것은? (다툼이 있는 경우 헌법재판소 판례에 의함)

① 주방용오물분쇄기의 사용을 금지하는 환경부고시는 공공수역의 수질오염을 방지함으로써 달성되는 공익이 인정되나, 분쇄기를 이용하여 음식물 찌꺼기 등을 처리할 수 없으므로 행복추구권으로부터 도출되는 일반적 행동자유권을 침해한다.

② 자동차운전 중 휴대용 전화사용을 원칙적으로 금지하고 이를 형사처벌로 강제하는 것은 과잉금지원칙에 반하여 일반적 행동자유권을 침해한다고 볼 수 없다.

③ 교도소 사동에서 인원점검을 하면서 청구인을 비롯한 수형자들을 정렬시킨 후 차례로 번호를 외치도록 한 행위는 과잉금지원칙에 위배되어 청구인의 인격권 및 일반적 행동의 자유를 침해하지 않는다.

④ 육군장교가 민간법원 약식명령을 받아 확정된 사실에 대해 자진신고 의무를 부과한 2020년도 육군지시 자진신고조항 및 2021년도 육군지시 자진신고조항은 과잉금지원칙을 위반하여 일반적 행동의 자유를 침해하지 않는다.

① (×) 주방용오물분쇄기의 판매·사용을 금지하여 분쇄된 음식물 찌꺼기 등이 하수도로 배출되는 것을 막는 것은 수질오염 방지라는 입법목적을 달성하는 적절한 수단이므로, 목적의 정당성 및 수단의 적절성이 인정된다. 심판대상조항은 과잉금지원칙에 위반하여 청구인들의 일반적 행동자유권, 직업의 자유를 침해하지 않는다(헌재 2018.6.28. 2016헌마1151).

② (○) 사건 법률조항의 입법목적은 운전 중 휴대용 전화의 사용으로 인한 교통사고 발생의 위험을 줄여 국민의 생명과 안전, 재산을 보호하고자 하는 것으로서 그 입법목적의 정당성이 인정된다. 또한 운전 중 휴대용 전화의 사용을 금지하고 위반할 경우 형사 처벌하는 것은 위와 같은 입법목적을 달성하는 데 기여하므로 수단의 적합성도 인정된다. 이 사건 법률조항이 과잉금지원칙에 반하여 일반적 행동자유권을 침해한다고 볼 수 없다(헌재 2021.6.24. 2019헌바5).

③ (○) 점호행위는 신속하고 정확하게 거실 내 인원수를 확인함과 동시에 수형자의 건강상태 내지 심리상태, 수용생활 적응 여부 등을 살펴 각종의 교정사고를 예방하거나 사후에 신속하게 대처할 수 있도록 함으로써 교정시설의 안전과 질서를 유지하기 위한 것으로 그 목적이 정당하고, 그 목적을 달성하기 위한 적절한 수단이 된다. 이 사건 점호행위는 혼거실 수형자들을 정렬하여 앉게 한 뒤 번호를 외치도록 하는 것 외에 달리 물리력을 행사하지 아니하고, … 이 사건 점호행위와 같은 방법이 효과적이며, 점검관이 목산(目算)하는 방법은 인원점검의 정확성·신속성 측면에서 다수의 수형자가 생활하는 혼거실에 대한 인원점검 방법으로는 부적절할 뿐만 아니라 효과적인 방법이 될 수 없다. 따라서 이 사건 점호행위는 과잉금지원칙에 위배되어 청구인의 인격권 및 일반적 행동의 자유를 침해한다 할 수 없다(헌재 2012.7.26. 2011헌마332).

④ (○) 2020년도 육군지시 자진신고조항은, 육군 장교가 군사법원에서 약식명령을 받아 확정된 경우와 그 신분을 밝히지 않아 민간법원에서 약식명령을 받아 확정된 경우 사이에 발생하는 인사상 불균형을 방지함으로써, 인사관리의 형평성을 도모함과 동시에 적정한 징계권을 행사하고 이를 통해 군 조직의 내부 기강 및 질서를 유지하기 위한 것이므로, 그 목적이 정당하다. 또한 민간법원에서 약식명령을 받아 확정된 육군 장교로 하여금 그 사실을 자진신고 할 의무를 부과하는 것은, 위 목적을 달성하기에 적합한 수단이다. 2020년도 육군지시 자진신고조항 및 2021년도 육군지시 자진신고조항은 과잉금지원칙에 반하여 일반적 행동의 자유를 침해하지 않는다(헌재 2021.8.31. 2020헌마12).

[2022년 경찰간부] ①

일반적 행동자유권에 대한 설명으로 옳지 않은 것은?

① 일반적 행동자유권은 가치 있는 행동만 그 보호영역으로 하는 것은 아니고, 개인의 생활방식과 취미에 관한 사항, 위험한 스포츠를 즐길 권리와 같은 위험한 생활방식으로 살아갈

권리도 포함하므로, 술에 취한 상태로 도로 외의 곳에서 운전하는 것을 금지하고 위반시 처벌하는 것은 일반적 행동의 자유를 제한한다.

② 일반적 행동자유권의 보호대상으로서 행동이란 국가가 간섭하지 않으면 자유롭게 할 수 있는 행위를 의미하므로 병역의무 이행으로서 현역병 복무도 국가가 간섭하지 않으면 자유롭게 할 수 있는 행위에 속한다는 점에서, 현역병으로 복무할 권리도 일반적 행동자유권에 포함된다.

③ 헌법 제10조에 의하여 보장되는 행복추구권 속에는 일반적 행동자유권이 포함되고, 이 일반적 행동자유권으로부터 계약 체결의 여부, 계약의 상대방, 계약의 방식과 내용 등을 당사자의 자유로운 의사로 결정할 수 있는 계약의 자유가 파생한다.

④ 헌법 제10조가 정하고 있는 행복추구권에서 파생하는 자기결정권 내지 일반적 행동자유권은 이성적이고 책임감 있는 사람의 자기 운명에 대한 결정·선택을 존중하되 그에 대한 책임은 스스로 부담함을 전제로 한다.

① (○) 일반적 행동자유권은 가치 있는 행동만 그 보호영역으로 하는 것은 아니다. 그 보호영역에는 개인의 생활방식과 취미에 관한 사항도 포함되며, 여기에는 위험한 스포츠를 즐길 권리와 같은 위험한 생활방식으로 살아갈 권리도 포함된다. 그런데 심판대상조항은 술에 취한 상태로 도로 외의 곳에서 운전하는 것을 금지하고 이에 위반했을 때 처벌하도록 하고 있으므로 일반적 행동의 자유를 제한한다(헌재 2016.2.25. 2015헌가11).

② (×) 헌법 제10조의 행복추구권에서 파생하는 일반적 행동자유권은 모든 행위를 하거나 하지 않을 자유를 내용으로 하나, 그 보호대상으로서의 행동이란 국가가 간섭하지 않으면 자유롭게 할 수 있는 행위 내지 활동을 의미하고, 이를 국가권력이 가로막거나 강제하는 경우 자유권의 침해로서 논의될 수 있다 할 것인데, 병역의무의 이행으로서의 현역병 복무는 국가가 간섭하지 않으면 자유롭게 할 수 있는 행위에 속하지 않으므로, 현역병으로 복무할 권리가 일반적 행동자유권에 포함된다고 할 수도 없다(헌재 2010.12.28. 2008헌마527).

③ (○) 헌법 제10조에 의하여 보장되는 행복추구권 속에는 일반적 행동자유권이 포함되고, 이 일반적 행동자유권으로부터 계약 체결의 여부, 계약의 상대방, 계약의 방식과 내용 등을 당사자의 자유로운 의사로 결정할 수 있는 계약의 자유가 파생된다(헌재 2013.10.24. 2010헌마219).

④ (○) 헌법 제10조가 정하고 있는 행복추구권에서 파생되는 자기결정권 내지 일반적 행동자유권은 이성적이고 책임감 있는 사람의 자기의 운명에 대한 결정·선택을 존중하되 그에 대한 책임은 스스로 부담함을 전제로 한다(헌재 2004.6.24. 2002헌가27).

[2020년 지방 7급] ②

일반적 행동자유권에 대한 설명으로 옳지 않은 것으로만 묶은 것은? (다툼이 있는 경우 헌법재판소 판례에 의함)

ㄱ. 비어업인이 잠수용 스쿠버 장비를 사용하여 수산자원을 포획·채취하는 것을 금지하는 것은 일반적 행동자유권의 침해가 아니다.
ㄴ. 아동·청소년 대상 성범죄자에게 1년마다 정기적으로 새로 촬영한 사진을 제출하도록 하고 정당한 사유 없이 사진제출의무를 위반한 경우 형사처벌을 하도록 한 것은 일반적 행동자유권에 대한 침해이다.
ㄷ. 형의 집행유예와 동시에 사회봉사명령을 선고받은 경우, 신체의 자유가 제한될 뿐이지 일반적 행동자유권이 제한되는 것은 아니다.

ㄹ. 술에 취한 상태로 도로 외의 곳에서 운전하는 것을 금지하고 이를 위반하였을 때 처벌하는 것은 일반적 행동의 자유를 제한한다.

① ㄱ, ㄴ
② ㄱ, ㄹ
③ ㄴ, ㄷ
④ ㄷ, ㄹ

ㄱ. (○) 사건 규칙조항은 수산자원을 유지·보존하고 어업인들의 재산을 보호함으로써, 단기적으로는 어업인의 생계를 보장하고 장기적으로는 수산업의 생산성을 향상시키고자 함에 그 목적이 있는바 이러한 입법목적에는 정당성이 인정되며, 비어업인이 잠수용 스쿠버장비를 사용하여 수산자원을 포획·채취하는 것을 금지하는 것은 이러한 입법목적을 달성하기 위한 적절한 수단이다. 따라서 이 사건 규칙조항은 청구인의 일반적 행동의 자유를 침해하지 아니한다(헌재 2016.10.27. 2013헌마450).

ㄴ. (×) 아동·청소년 대상 성범죄자의 신상정보를 등록하게 하고, 그 중 사진의 경우에는 1년마다 새로 촬영하여 제출하게 하고 이를 보존하는 것은 신상정보 등록대상자의 재범을 억제하고, 재범한 경우에는 범인을 신속하게 검거하기 위한 것이므로 그 입법목적이 정당하고, 사진이 징표하는 신상정보인 외모는 쉽게 변하고, 그 변경 유무를 객관적으로 판단하기 어려우므로 1년마다 사진제출의무를 부과하는 것은 그러한 입법목적 달성을 위한 적합한 수단이다. 따라서 이 사건 심판대상조항은 일반적 행동의 자유를 침해하지 아니한다(헌재 2015.7.30. 2014헌바257).

ㄷ. (×) 사건 법률조항에 의하여 형의 집행유예와 동시에 사회봉사명령을 선고받은 청구인은 자신의 의사와 무관하게 사회봉사를 하지 않을 수 없게 되어 헌법 제10조의 행복추구권에서 파생하는 일반적 행동의 자유를 제한받게 된다. 이 사건 법률조항에 의한 사회봉사명령은 청구인에게 근로의무를 부과함에 그치고 공권력이 신체를 구금하는 등의 방법으로 근로를 강제하는 것은 아니어서 이 사건 법률조항이 신체의 자유를 제한한다고 볼 수 없다(헌재 2012.3.29. 2010헌바100).

ㄹ. (○) 심판대상조항의 입법목적은 도로 외의 곳에서 일어나는 음주운전으로 인한 사고의 위험을 방지하여 국민의 생명과 안전, 재산을 보호하고자 하는 것이다. 일반적 행동자유권은 가치 있는 행동만 그 보호영역으로 하는 것은 아니다. 그 보호영역에는 개인의 생활방식과 취미에 관한 사항도 포함되며, 여기에는 위험한 스포츠를 즐길 권리와 같은 위험한 생활방식으로 살아갈 권리도 포함된다. 그런데 심판대상조항은 술에 취한 상태로 도로 외의 곳에서 운전하는 것을 금지하고 이에 위반했을 때 처벌하도록 하고 있으므로 일반적 행동의 자유를 제한한다(헌재 2016.2.25. 2015헌가11; 헌재 2003.10.30. 2002헌마518). [2017년 국가 7급] ③

일반적 인격권에 대한 설명으로 가장 적절하지 않은 것은? (다툼이 있는 경우 판례에 의함)

① 중혼을 혼인취소의 사유로 정하면서 그 취소청구권의 제척기간 또는 소멸사유를 규정하지 않은 「민법」 조항은 후혼배우자의 인격권을 침해한다.

② 성명(姓名)은 개인의 정체성과 개별성을 나타내는 인격의 상징으로서 개인이 사회 속에서 자신의 생활영역을 형성하고 발현하는 기초가 되는 것이므로 자유로운 성(姓)의 사용은 헌법상 인격권으로부터 보호된다.

③ 민사재판의 당사자로 출석하는 수형자에 대하여 사복착용을 허용하지 않는 「형의 집행 및 수용자의 처우에 관한 법률」 조항은 인격권을 침해하지 않는다.

④ 상체승의 포승과 수갑을 채우고 별도의 포승으로 다른 수용자와 연승한 행위는 인격권을 침해하지 않는다.

① (×) 사건 법률조항은 우리 사회의 중대한 공익이며 헌법 제36조 제1항으로부터 도출되는 일부일처제를 실현하기 위한 것이다. 이 사건 법률조항은 중혼을 혼인무효사유가 아니라 혼인취소사유로 정하고 있는데, 혼인 취소의 효력은 기왕에 소급하지 아니하므로 중혼이라 하더라도 법원의 취소판결이 확정되기 전까지는 유효한 법률혼으로 보호받는다. 따라서 중혼 취소청구권의 소멸에 관하여 아무런 규정을 두지 않았다 하더라도, 이 사건 법률조항이 현저히 입법재량의 범위를 일탈하여 후혼배우자의 인격권 및 행복추구권을 침해하지 아니한다(헌재 2014.7.24. 2011헌바275).

② (○) 헌법은 제10조에 근거하여 모든 국민이 자신의 존엄한 인격권을 바탕으로 자율적으로 자신의 생활영역을 형성해 나갈 수 있는 권리를 보장하고 있는데, 성명은 개인의 정체성과 개별성을 나타내는 인격의 상징으로서 개인이 사회 속에서 자신의 생활영역을 형성하고 발현하는 기초가 되는 것이라 할 것이므로 자유로운 성의 사용 역시 헌법상 인격권으로부터 보호된다(헌재 2005.12.22. 2003헌가5).

③ (○) 민사재판에서 법관이 당사자의 복장에 따라 불리한 심증을 갖거나 불공정한 재판 진행을 하게 되는 것은 아니므로, 심판대상조항이 민사재판의 당사자로 출석하는 수형자에 대하여 사복착용을 불허하는 것으로 공정한 재판을 받을 권리가 침해되는 것은 아니다. 수형자가 민사법정에 출석하기까지 교도관이 반드시 동행하여야 하므로 수용자의 신분이 드러나게 되어 있어 재소자용 의류를 입었다는 이유로 인격권과 행복추구권이 제한되는 정도는 제한적이고, 형사법정 이외의 법정 출입 방식은 미결수용자와 교도관 전용 통로 및 시설이 존재하는 형사재판과 다르며, 계호의 방식과 정도도 확연히 다르다. 따라서 심판대상조항이 민사재판에 출석하는 수형자에 대하여 사복착용을 허용하지 아니한 것은 청구인의 인격권과 행복추구권을 침해하지 아니한다(헌재 2015.12.23. 2013헌마712).

④ (○) 수형자를 다른 교도소로 이송하는 경우에는 도주 등 교정사고의 우려가 높아지기 때문에 교정시설 안에서의 계호보다 높은 수준의 계호가 요구된다. 이에 피청구인이 도주 등의 교정사고를 예방하기 위하여 이 사건 보호장비 사용행위를 한 것은 그 목적이 정당하고, 상체승의 포승과 앞으로 사용한 수갑은 이송하는 경우의 보호장비로서 적절하다. 따라서 이 사건 보호장비 사용행위는 그 기본권제한의 범위 내에서 이루어진 것이므로 청구인의 인격권과 신체의 자유를 침해하지 않는다(헌재 2012.7.26. 2011헌마426).

[2021년 경찰 경정승진] ①

「학교폭력예방 및 대책에 관한 법률」에 관한 헌법재판소의 판단으로 가장 적절하지 않은 것은? (다툼이 있는 경우 판례에 의함)

① 가해학생에 대한 조치로 피해학생에 대한 서면사과를 규정한 조항은 가해학생의 양심의 자유와 인격권을 과도하게 침해한다고 본다.

② 가해학생에 대한 조치로 피해학생 및 신고·고발한 학생에 대한 접촉, 협박 및 보복행위의 금지를 규정한 조항은 가해학생의 일반적 행동자유권을 침해한다고 보기 어렵다.

③ 피해학생이 가해학생과 동일한 학급 내에 있으면서 지속적으로 학교폭력의 위험에 노출된다면 심대한 정신적, 신체적 피해를 입을 수 있으므로 가해학생에 대한 조치로 학급교체를 규정한 조항은 가해학생의 일반적 행동자유권을 과도하게 침해한다고 보기 어렵다.

④ 가해학생에 대한 조치별 적용 기준의 기본적인 내용을 법률에서 직접 규정하고 있으며, 사건 조치별 적용기준 위임규정에 따라 대통령령에 규정될 내용은 세부적인 기준에 관한 내용이 될 것임을 충분히 예측할 수 있으므로, 사건 조치별 적용기준 위임규정은 포괄위임금지원칙에 위배되지 않는다.

① (×) 서면사과 조치는 내용에 대한 강제 없이 자신의 행동에 대한 반성과 사과의 기회를 제공하는 교육적 조치로 마련된 것이고, 가해학생에게 의견진술 등 적정한 절차적 기회를 제공한 뒤에 학교폭력 사실이 인정되는 것을 전제로 내려지는 조치이며, 이를 불이행하더라도 추가적인

조치나 불이익이 없다. 또한 이러한 서면사과의 교육적 효과는 가해학생에 대한 주의나 경고 또는 권고적인 조치만으로는 달성하기 어렵다. 따라서 이 사건 서면사과조항이 가해학생의 양심의 자유와 인격권을 과도하게 침해한다고 보기 어렵다(헌재 2023.2.23. 2019헌바93).

② (○) 가해학생의 접촉, 협박이나 보복행위를 금지하는 것은 피해학생과 신고·고발한 학생의 안전한 학교생활을 위한 불가결한 조치이다. 이 사건 접촉 등 금지조항은 가해학생의 의도적인 접촉 등만을 금지하고 통상적인 학교 교육활동 과정에서 의도하지 않은 접촉까지 모두 금지하는 것은 아니며, 학교폭력의 지속성과 은닉성, 가해학생의 접촉, 협박 및 보복행위 가능성, 피해학생의 피해 정도 등을 종합적으로 고려하여 이루어지는 것이므로, 가해학생의 일반적 행동자유권을 침해한다고 보기 어렵다(헌재 2023.2.23. 2019헌바93).

③ (○) 학급교체조항은 학교폭력의 심각성, 가해학생의 반성 정도, 피해학생의 피해 정도 등을 고려하여 가해학생과 피해학생의 격리가 필요한 경우에 행해지는 조치로서 가해학생은 학급만 교체될 뿐 기존에 받았던 교육 내용이 변경되는 것은 아니다. 피해학생이 가해학생과 동일한 학급 내에 있으면서 지속적으로 학교폭력의 위험에 노출된다면 대한 정신적, 신체적 피해를 입을 수 있으므로, 이 사건 학급교체조항이 가해학생의 일반적 행동자유권을 과도하게 침해한다고 보기 어렵다(헌재 2023.2.23. 2019헌바93).

④ (○) 가해학생에 대한 각 조치별 적용기준을 학교폭력의 태양이나 심각성, 피해학생의 피해 정도나 가해학생에 미치는 교육적 효과 등 여러 가지 요소를 종합적으로 고려하여 정하는 것이 피해학생의 보호와 가해학생의 선도 및 교육에 보다 효과적인 방법이 될 수 있으므로, 대통령령에 위임할 필요성이 인정된다. 또한, 구 학교폭력예방법 제17조는 가해학생에 대한 조치의 경중 및 각 조치의 병과 여부 등 조치별 적용 기준의 기본적인 내용을 법률에서 직접 규정하고 있으므로, 이 사건 조치별 적용기준 위임규정에 따라 대통령령에 규정될 내용은 자치위원회가 가해학생에 대한 조치의 내용을 정함에 있어 고려해야 할 학교폭력의 태양이나 정도, 피해학생의 피해 정도나 피해 회복 여부, 가해학생의 태도 등 세부적인 기준에 관한 내용이 될 것임을 충분히 예측할 수 있다. 따라서 이 사건 조치별 적용기준 위임규정은 포괄위임금지원칙에 위배되지 않는다(헌재 2023.2.23. 2019헌바93). [2023년 경찰경채] ①

헌법상 일반적 인격권에 대한 설명으로 가장 적절하지 않은 것은? (다툼이 있는 경우 헌법재판소 판례에 의함)

① 변호사에 대한 징계결정정보를 인터넷 홈페이지에 공개하도록 한「변호사법」조항과 징계결정정보의 공개범위와 시행방법을 정한「변호사법 시행령」조항은 청구인의 인격권을 침해하지 않는다.

② 범죄행위 당시에 없었던 위치추적 전자장치 부착명령을 출소예정자에게 소급 적용할 수 있도록 한「특정 범죄자에 대한 위치추적 전자장치 부착 등에 관한 법률」부칙 경과조항은 과잉금지원칙에 위반되지 않아 피부착자의 인격권을 침해하지 않는다.

③ 이미 출국 수속 과정에서 일반적인 보안검색을 마친 승객을 상대로, 촉수검색(patdown)과 같은 추가적인 보안 검색 실시를 예정하고 있는 국가항공보안계획은 과잉금지원칙에 위반되지 않아 청구인의 인격권을 침해하지 않는다.

④ 상체승의 포승과 수갑을 채우고 별도의 포승으로 다른 수용자와 연승한 행위는 과잉금지원칙에 반하여 청구인의 인격권을 침해한다.

① (○) 징계결정 공개조항은 전문적인 법률지식과 윤리적 소명 및 공정성과 신뢰성을 갖추어야 할 변호사가 변론 불성실, 비밀누설 등 직무상 의무 또는 직업윤리를 위반하여 징계를 받은 경우, 국민이 이러한 사정을 쉽게 알 수 있도록 하여 법률사무를 맡길 변호사를 선택할 권리를 보장하고 변호사의 윤리의식을 고취시킴으로써 법률사무에 대한 전문성, 공정성 및 신뢰성을 확보하여 국민의 기본권을 보호하고 사회정의를 실현하기 위한 것이다. 따라서 징계결정 공개조항의 입법목적은 정당하다. 따라서 징계결정 공개조항은 과잉금지원칙에 위배되지 아니하므로 청구인의 인격권을 침해하지 아니한다(헌재 2018.7.26. 2016헌마1029).

② (○) 사건 부칙조항은 개정 전 법률로는 전자장치 부착명령의 대상자에 포함되지 아니한 성폭력범죄자의 재범에 효과적으로 대처할 만한

수단이 없다는 우려 아래 대상자의 범위를 징역형 등의 집행 중인 사람 내지 징역형 등의 집행이 종료된 뒤 3년이 경과되지 아니한 사람에게까지 확대한 것으로서, 성폭력범죄의 재범을 방지하고 성폭력범죄로부터 국민을 보호하고자 하는 목적의 정당성이 인정된다. 그렇다면 이 사건 부칙조항은 침해받은 신뢰이익의 보호가치, 침해의 중한 정도 및 방법, 위 조항을 통하여 실현하고자 하는 공익적 목적을 종합적으로 비교형량할 때, 법익 균형성 원칙에 위배된다고 할 수 없다. 따라서 이 사건 부칙조항은 과잉금지원칙에 위배되지 아니한다(헌재 2012.12.27. 2010헌가82).

③ (○) 사건 국가항공보안계획은 민간항공 보안에 관한 국제협약의 준수 및 항공기 안전과 보안을 위한 것으로 입법목적의 정당성 및 수단의 적합성이 인정되고, 항공운송입자가 다른 체약국의 추가 보안검색 요구에 응하지 않을 경우 항공기의 취항 자체가 거부될 수 있으므로 이 사건 국가항공보안계획에 따른 추가 보안검색 실시는 불가피하며, 관련 법령에서 보안검색의 구체적 기준 및 방법 등을 마련하여 기본권 침해를 최소화하고 있으므로 침해의 최소성도 인정된다. 따라서 이 사건 국제항공보안계획은 헌법상 과잉금지원칙에 위반되지 않으므로, 청구인의 기본권을 침해하지 아니한다(헌재 2018.2.22. 2016헌마780).

④ (×) 수형자를 다른 교도소로 이송하는 경우에는 도주 등 교정사고의 우려가 높아지기 때문에 교정시설 안에서의 계호보다 높은 수준의 계호가 요구된다. 이에 피청구인이 도주 등의 교정사고를 예방하기 위하여 이 사건 보호장비 사용행위를 한 것은 그 목적이 정당하고, 상체승의 포승과 앞으로 사용한 수갑은 이송하는 경우의 보호장비로서 적절하다. 따라서 이 사건 보호장비 사용행위는 그 기본권 제한의 범위 내에서 이루어진 것이므로 청구인의 인격권과 신체의 자유를 침해하지 않는다(헌재 2012.7.26. 2011헌마426).

[2019년 경찰 경정승진] ④

인격권에 관한 다음 설명 중 가장 옳지 않은 것은? (다툼이 있는 경우 헌법재판소 결정에 의함)

① 성명은 개인의 정체성과 개별성을 나타내는 인격의 상징으로서 개인이 사회 속에서 자신의 생활영역을 형성하고 발현하는 기초가 되는 것이라 할 것이므로 자유로운 성의 사용 역시 헌법상 인격권으로부터 보호된다고 할 수 있다.

② 중혼을 혼인취소의 사유로 정하면서도 그 취소청구권의 제척기간 또는 소멸사유에 관하여 아무런 규정을 두고 있지 않았다 하더라도 입법재량의 범위를 일탈하여 후혼배우자의 인격권을 침해하였다고 볼 수는 없다.

③ 혼인 종료 후 300일 이내에 출생한 자를 전남편의 친생자로 추정하는 민법의 규정은 모가 가정생활과 신분관계에서 누려야 할 인격권을 침해하였다.

④ 민사재판의 당사자로 출석하는 수형자에 대하여 사복착용을 허용하지 않는 규정은 인격권과 행복추구권을 침해하였다.

① (○) 헌법은 제10조에 근거하여 모든 국민이 자신의 존엄한 인격권을 바탕으로 자율적으로 자신의 생활영역을 형성해 나갈 수 있는 권리를 보장하고 있는데, 성명은 개인의 정체성과 개별성을 나타내는 인격의 상징으로서 개인이 사회 속에서 자신의 생활영역을 형성하고 발현하는 기초가 되는 것이라 할 것이므로 자유로운 성의 사용 역시 헌법상 인격권으로부터 보호된다고 할 수 있다(헌재 2005.12.22. 2003헌가5).

② (○) 사건 법률조항은 중혼을 혼인무효사유가 아니라 혼인취소사유로 정하고 있는데, 혼인 취소의 효력은 기왕에 소급하지 아니하므로 중혼이라 하더라도 법원의 취소판결이 확정되기 전까지는 유효한 법률혼으로 보호받는다. 후혼의 취소가 가혹한 결과가 발생하는 경우에는 구체적 사건에서 법원이 권리남용의 법리 등으로 해결하고 있다. 따라서 중혼 취소청구권의 소멸에 관하여 아무런 규정을 두지 않았다 하더라도, 이 사건 법률조항이 현저히 입법재량의 범위를 일탈하여 후혼배우자의 인격권 및 행복추구권을 침해하지 아니한다(헌재 2014.7.24. 2011헌바275).

③ (○) 혼인 종료 후 300일 내에 출생한 자녀가 전남편의 친생자가 아님이 명백하고, 전남편이 친생추정을 원하지도 않으며, 생부가 그

자를 인지하려는 경우에도, 그 자녀는 전남편의 친생자로 추정되어 가족관계등록부에 전남편의 친생자로 등록되고, 이는 엄격한 친생부인의 소를 통해서만 번복될 수 있다. 그 결과 심판대상조항은 이혼한 모와 전남편이 새로운 가정을 꾸리는 데 부담이 되고, 자녀와 생부가 진실한 혈연관계를 회복하는 데 장애가 되고 있다. 이와 같이 민법 제정 이후의 사회적·법률적·의학적 사정변경을 전혀 반영하지 아니한 채, 이미 혼인관계가 해소된 이후에 자가 출생하고 생부가 출생한 자를 인지하려는 경우마저도, 아무런 예외 없이 그 자를 전남편의 친생자로 추정함으로써 친생부인의 소를 거치도록 하는 심판대상조항은 입법형성의 한계를 벗어나 모가 가정생활과 신분관계에서 누려야 할 인격권, 혼인과 가족생활에 관한 기본권을 침해한다(헌재 2015.4.30. 2013헌마623).

④ (×) 민사재판에서 법관이 당사자의 복장에 따라 불리한 심증을 갖거나 불공정한 재판 진행을 하게 되는 것은 아니므로, 심판대상조항이 민사재판의 당사자로 출석하는 수형자에 대하여 사복착용을 불허하는 것으로 공정한 재판을 받을 권리가 침해되는 것은 아니다. 수형자가 민사법정에 출석하기까지 교도관이 반드시 동행하여야 하므로 수용자의 신분이 드러나게 되어 있어 재소자용 의류를 입었다는 이유로 인격권과 행복추구권이 제한되는 정도는 제한적이고, 형사법정 이외의 법정 출입 방식은 미결수용자와 교도관 전용 통로 및 시설이 존재하는 형사재판과 다르며, 계호의 방식과 정도도 확연히 다르다. 따라서 심판대상조항이 민사재판에 출석하는 수형자에 대하여 사복착용을 허용하지 아니한 것은 청구인의 인격권과 행복추구권을 침해하지 아니한다(헌재 2015.12.23. 2013헌마712). [2018년 법원 9급] ④

우리 헌법상의 일반적 인격권의 보장에 대한 설명으로 옳지 않은 것은? (다툼이 있는 경우 헌법재판소의 판례에 의함)

① 방송사업자의 의사에 반한 사과행위를 강제하는 구「방송법」규정은 방송사업자의 인격권을 침해하지 않는다.

② 중혼을 혼인취소의 사유로 정하면서 그 취소청구권의 제척기간 또는 소멸사유를 규정하지 않은「민법」규정은 입법재량의 한계를 일탈하여 후혼배우자의 인격권 및 행복추구권을 침해하지 않는다.

③ 포승과 수갑을 채우고 별도의 포승으로 다른 수용자와 연승하는 행위는 청구인의 인격권 내지 신체의 자유를 침해하지 않는다.

④ 한시적 번호이동을 허용하도록 한 방송통신위원회의 이행명령은 010번호 이외의 식별번호를 사용하는 청구인들의 인격권, 개인정보자기결정권, 재산권을 제한한다고 볼 수 없으며, 이동전화번호를 구성하는 숫자가 개인의 인격 내지 인간의 존엄과 관련성을 가진다고 보기 어렵다.

⑤ 초·중등학교에서 한자교육을 선택적으로 받도록 한 '초·중등학교 교육과정'의 'Ⅱ 학교 급별 교육과정 편성과 운영' 중 한자교육 및 한문 관련 부분은 학생의 자유로운 인격발현권을 침해하지 않는다.

① (×) 사건 심판대상조항은 시청자 등 국민들로 하여금 방송사업자가 객관성이나 공정성 등을 저버린 방송을 했다는 점을 스스로 인정한 것으로 생각하게 만듦으로써 방송에 대한 신뢰가 무엇보다 중요한 방송사업자에 대하여 그 사회적 신용이나 명예를 저하시키고 법인격의 자유로운 발현을 저해하는 것인바, 방송사업자의 인격권에 대한 제한의 정도가 이 사건 심판대상조항이 추구하는 공익에 비해 결코 작다고 할 수 없으므로 이 사건 심판대상조항은 법익의 균형성원칙에도 위배된다(헌재 2012.8.23. 2009헌가27).

② (○) 사건 법률조항은 우리 사회의 중대한 공익이며 헌법 제36조 제1항으로부터 도출되는 일부일처제를 실현하기 위한 것이다. 이 사건 법률조항은 중혼을 혼인무효사유가 아니라 혼인취소사유로 정하고 있는데, 혼인 취소의 효력은 기왕에 소급하지 아니하므로 중혼이라

하더라도 법원의 취소판결이 확정되기 전까지는 유효한 법률혼으로 보호받는다. 따라서 중혼 취소청구권의 소멸에 관하여 아무런 규정을 두지 않았다 하더라도, 이 사건 법률조항이 현저히 입법재량의 범위를 일탈하여 후혼배우자의 인격권 및 행복추구권을 침해하지 아니한다(헌재 2014.7.24. 2011헌바275).

③ (○) 사건 호송행위는 교정시설 안에서보다 높은 수준의 계호가 요구되는 호송과정에서 교정사고와 타인에 대한 위해를 예방하기 위한 것이다. 교정사고의 예방 등을 통한 공익이 수형자가 입게 되는 자유 제한보다 훨씬 크므로, 이 사건 호송행위는 청구인의 인격권 내지 신체의 자유를 침해하지 아니한다(헌재 2014.5.29. 2013헌마280).

④ (○) 이동전화번호를 구성하는 숫자가 개인의 인격 내지 인간의 존엄과 관련성을 가진다고 보기 어렵고, 이 사건 이행명령으로 인하여 청구인들의 개인정보가 청구인들의 의사에 반하여 수집되거나 이용되지 않으며, 이동전화번호는 유한한 국가자원으로서 청구인들의 번호이용은 사업자와의 서비스 이용계약 관계에 의한 것일 뿐이므로 이 사건 이행명령으로 청구인들의 인격권, 개인정보자기결정권, 재산권이 제한된다고 볼 수 없다(헌재 2013.7.25. 2011헌마63 등).

⑤ (○) 한자를 국어과목의 일환이 아닌 독립과목으로 편제하고 학교 재량에 따라 선택적으로 가르치도록 하였다고 하여 학생들의 자유로운 인격발현권이나 부모의 자녀교육권을 침해한다고 볼 수 없다(헌재 2016.11.24. 2012헌마854). [2017년 국회 8급] ①

개인정보자기결정권에 관한 다음 설명 중 가장 옳지 않은 것은?

① 국회의원인 甲이 '각급학교 교원의 교원단체 및 교원노조 가입현황 실명자료'를 인터넷을 통하여 공개하였다면, 이는 개인정보자기결정권의 보호대상이 되는 개인정보를 일반 대중에게 공개함으로써 해당 교원들의 개인정보자기결정권을 침해하는 것이다.

② 법률정보 제공 사이트를 운영하는 甲주식회사가 공립대학교인 乙대학교 법과대학 법학과 교수로 재직 중인 丙의 사진, 성명, 성별, 출생연도, 직업, 직장, 학력, 경력 등의 개인정보를 위 법학과 홈페이지 등을 통해 수집하여 위 사이트 내 '법조인' 항목에서 유료로 제공한 행위는 丙의 개인정보자기결정권을 침해하지 않는다.

③ 지문은 개인의 고유성과 동일성을 나타내는 생체정보로서 개인이 임의로 변경할 수 없는 정보이고, 행정상 목적으로 신원확인이 필요한 경우 반드시 열 손가락 지문 전부가 필요한 것은 아니므로 주민등록증 발급신청서에 열 손가락 지문을 찍도록 하는 것은 개인정보자기결정권을 침해한다.

④ 국민건강보험공단이 경찰서장에게 일정기간 동안의 피의자에 대한 급여일자, 요양기관명을 포함한 요양급여내역을 제공한 행위는 개인정보자기결정권을 침해한다.

① (○) 사건 정보는 개인정보자기결정권의 보호대상이 되는 개인정보에 해당하므로, 이 사건 정보를 일반 대중에게 공개하는 행위는 해당 교원들의 개인정보자기결정권의 침해에 해당한다. 또한 조합 가입 여부에 관한 개인정보가 공개될 경우 원고 전국교직원노동조합(이하 '전교조'라고 함)에 속한 조합원들이 조합을 탈퇴하거나, 비조합원들이 조합에 가입하는 것을 꺼리게 될 수 있어 원고 전교조 역시 그 존속, 유지, 발전에 지장을 받을 수 있으므로, 이 사건정보를 일반 대중에게 공개하는 행위는 원고 전교조의 그러한 권리를 침해하는 경우에 해당한다고 봄이 상당하다(대법원 2014.7.24. 2012다49933).

② (○) 甲 회사가 영리 목적으로 丙의 개인정보를 수집하여 제3자에게 제공하였더라도 그에 의하여 얻을 수 있는 법적 이익이 정보처리를 막음으로써 얻을 수 있는 정보주체의 인격적 법익에 비하여 우월하므로, 甲 회사의 행위를 丙의 개인정보자기결정권을 침해하는 위법한 행위로 평가할 수 없고, 甲 회사가 병의 개인정보를 수집하여 제3자에게 제공한 행위는 丙의 동의가 있었다고 객관적으로 인정되는 범위 내이고, 甲 회사에 영리 목적이 있었다고 하여 달리 볼 수 없으므로, 甲 회사가 丙의 별도의 동의를 받지 아니하였다고 하여 개인정보보호법

제15조나 제17조를 위반하였다고 볼 수 없다(대법원 2016.8.17. 2014다235080).

③ (×) 사건 시행령조항은 신원확인기능의 효율적 수행을 도모하고, 신원확인의 정확성 내지 완벽성을 제고하기 위하여 열 손가락 지문 전부를 주민등록증 발급신청서에 날인하도록 규정하고 있는바, 지문정보가 유전자, 홍채, 치아 등 다른 신원확인수단에 비하여 간편하고 효율적이며, 일정한 범위의 범죄자나 손가락 일부의 지문정보를 수집하는 것만으로는 열 손가락 지문을 대조하는 것과 그 정확성 면에서 비교하기 어렵다는 점 등을 고려하면, 이 사건 시행령조항이 과도하게 개인정보자기결정권을 침해하였다고 볼 수 없다(헌재 2015.5.28. 2011헌마731).

④ (○) 급여일자와 요양기관명은 피의자의 현재 위치를 곧바로 파악할 수 있는 정보는 아니므로, 이 사건 정보제공행위로 얻을 수 있는 수사상의 이익은 없었거나 미약한 정도였다. 반면 서울용산경찰서장에게 제공된 요양기관명에는 전문의의 병원도 포함되어 있어 청구인들의 질병의 종류를 예측할 수 있는 점, 2년 내지 3년 동안의 요양급여정보는 청구인들의 건강 상태에 대한 총체적인 정보를 구성할 수 있는 점 등에 비추어 볼 때, 이 사건 정보제공행위로 인한 청구인들의 개인정보자기결정권에 대한 침해는 매우 중대하다. 그렇다면 이 사건 정보제공행위는 이 사건 정보제공조항 등이 정한 요건을 충족한 것으로 볼 수 없고, 침해의 최소성 및 법익의 균형성에 위배되어 청구인들의 개인정보자기결정권을 침해하였다(헌재 2018.8.30. 2014헌마368). [2020년 법원 9급] ③

개인정보자기결정권에 관한 설명 중 가장 적절하지 않은 것은? (다툼이 있는 경우 판례에 의함)

① 성폭력범죄의 처벌 등에 관한 특례법상 공중밀집장소에서의 추행죄로 유죄판결이 확정된 자를 신상정보 등록대상자로 규정한 부분은 해당 신상정보 등록대상자의 개인정보자기결정권을 침해하지 않는다.

② 소년에 대한 수사 경력 자료의 삭제와 보존기간에 대하여 규정하면서 법원에서 불처분 결정된 소년부송치 사건에 대하여 규정하지 않은 구 형의 실효 등에 관한 법률의 규정은 과잉금지원칙을 위반하여 소년부송치 후 불처분결정을 받은 자의 개인정보자기결정권을 침해한다.

③ 법무부장관은 변호사시험 합격자가 결정되면 즉시 명단을 공고하여야 한다고 규정한 변호사시험법 규정 중 '명단 공고' 부분은 변호사시험 응시자들의 개인정보자기결정권을 침해한다.

④ 개인정보에 관한 인격권 보호에 의하여 얻을 수 있는 이익과 정보처리 행위로 얻을 수 있는 이익, 즉 정보처리자의 '알 권리'와 이를 기반으로 한 정보수용자의 '알 권리' 및 표현의 자유, 정보처리자의 영업의 자유, 사회 전체의 경제적 효율성 등의 가치를 구체적으로 비교 형량하여 어느 쪽 이익이 더 우월한 것으로 평가할 수 있는지에 따라 정보처리 행위의 최종적인 위법성 여부를 판단하여야 한다.

① (○) 헌법재판소는 2017.12.28. 2016헌마1124 결정에서 심판대상조항과 실질적으로 내용이 동일한 구 성폭력처벌법(2012.12.18. 법률 제11556호로 전부개정되고, 2016.12.20. 법률 제14412호로 개정되기 전의 것) 제42조 제1항 중 "제11조의 범죄로 유죄판결이 확정된 자는 신상정보 등록대상자가 된다" 부분이 개인정보자기결정권을 침해하지 않는다고 보았다. 심판대상조항은 공중밀집장소추행죄로 유죄판결이 확정되면 모두 신상정보 등록대상자가 되도록 함으로써 그 관리의 기초를 마련하기 위한 것이므로, 등록대상 여부를 결정함에 있어 대상 성범죄로 인한 유죄판결 이외에 반드시 재범의 위험성을 고려해야 한다고 보기 어렵고, 현재 사용되는 재범의 위험성 평가 도구의 오류 가능성을 배제하기 어려워 일정한 성폭력범죄자를 일률적으로 등록대상자가 되도록 하는 것이 불가피한 점, 등록대상 성폭력범죄로 유죄판결을 선고할 경우 등록대상자에게 등록대상자라는 사실과 신상정보 제출의무가 있음을 알려주도록 하며, 등록대상자의 범위,

신상정보 제출의무의 내용 및 신상정보의 등록·보존·관리 또한 법률에서 규율하고 있는 점 등을 고려할 때, 헌법재판소의 2016헌마1124 결정은 이 사건에서도 타당하다. 따라서 심판대상조항은 청구인의 개인정보자기결정권을 침해하였다고 볼 수 없다. 성폭력처벌법 제42조 제1항 단서는 성폭력처벌법상 성적 목적을 위한 다중이용장소 침입행위, 통신매체를 이용한 음란행위, '아동·청소년의 성보호에 관한 법률'상 아동·청소년이용음란물의 배포, 소지 등의 범죄로 벌금형을 선고받은 자는 신상정보 등록대상자의 범위에 포함시키지 않도록 하는데, 위 범죄들은 공중밀집장소추행죄와는 범죄의 객체, 행위 태양, 죄질 등에서 차이가 있어, 입법자가 이들과 달리 공중밀집장소추행죄로 유죄판결이 확정된 자들을 신상정보 등록대상자로 분류한 데에는 합리적인 이유가 있다. 따라서 심판대상조항은 청구인의 평등권을 침해하였다고 볼 수 없다(헌재 2020.6.25. 2019헌마699).

② (○) 법원에서 불처분결정된 소년부송치 사건에 대한 수사경력자료의 삭제와 보존기간에 대하여 규정하지 않은 구 형의 실효 등에 관한 법률 제8조의2 제1항 및 제3항은 과잉금지원칙을 위반하여 소년부송치 후 불처분결정을 받은 자의 개인정보자기결정권을 침해한다(헌재 2021.6.24. 2018헌가2).

③ (×) 심판대상조항의 입법목적은 공공성을 지닌 전문직인 변호사에 관한 정보를 널리 공개하여 법률서비스 수요자가 필요한 정보를 얻는 데 도움을 주고, 변호사시험 관리 업무의 공정성과 투명성을 간접적으로 담보하는 데 있다. 심판대상조항은 법무부장관이 시험 관리 업무를 위하여 수집한 응시자의 개인정보 중 합격자의 성명을 공개하도록 하는 데 그치므로, 청구인들의 개인정보자기결정권이 제한되는 범위와 정도는 매우 제한적이다. 합격자 명단이 공고되면 누구나, 언제든지 이를 검색할 수 있으므로, 심판대상조항은 공공성을 지닌 전문직인 변호사의 자격 소지에 대한 일반 국민의 신뢰를 형성하는 데 기여하며, 변호사에 대한 정보를 얻는 수단이 확보되어 법률서비스 수요자의 편의가 증진된다. 합격자 명단을 공고하는 경우, 시험 관리 당국이 더 엄정한 기준과 절차를 통해 합격자를 선정할 것이 기대되므로 시험 관리 업무의 공정성과 투명성이 강화될 수 있다. 따라서 심판대상조항이 과잉금지원칙에 위배되어 청구인들의 개인정보자기결정권을 침해한다고 볼 수 없다(헌재 20203.26. 2018헌마77).

④ (○) 개인정보에 관한 인격권 보호에 의하여 얻을 수 있는 이익과 그 정보처리 행위로 인하여 얻을 수 있는 이익 즉 정보처리자의 '알 권리'와 이를 기반으로 한 정보수용자의 '알 권리' 및 표현의 자유, 정보저리자의 영업의 자유, 사회 전체의 경제적 효율성 등의 가치를 구체적으로 비교 형량하여 어느 쪽 이익이이 더 우월한 것으로 평가할 수 있는지에 따라 그 정보처리 행위의 최종적인 위법성 여부를 판단하여야 하고, 단지 정보처리자에게 영리 목적이 있었다는 사정만으로 곧바로 그 정보처리 행위를 위법하다고 할 수는 없다(대법원 2016.8.7. 2014다235080). [2022년 경찰 경정승진] ③

자기결정권에 관한 설명으로 가장 적절하지 않은 것은? (다툼이 있는 경우 판례에 의함)

① 무연고 시신을 생전 본인의 의사와 무관하게 해부용 시체로 제공될 수 있도록 한 법률 규정은 자기결정권을 침해한다고 보기 어렵다.

② 교원의 교원단체 및 노동조합 가입정보는 사생활의 비밀과 자유 및 이를 구체화한 개인정보자기결정권에 의하여 보장된다.

③ 혼인빙자간음죄는 과잉금지원칙을 위반하여 남성의 성적자기결정권 및 사생활의 비밀과 자유를 과잉제한하는 것으로 헌법에 위반된다.

④ 환자가 장차 죽음에 임박한 상태에 이를 경우를 대비하여 미리 의료인 등에게 연명치료 거부 또는 중단에 관한 의사를 밝히는 등의 방법으로 죽음에 임박한 상태에서 인간으로서의 존엄과 가치를 지키기 위하여 연명치료의 거부 또는 중단을 결정할 수 있다 할 것이고, 위 결정은 헌법상 기본권인 자기결정권의 한 내용으로서 보장된다.

① (×) 사건 법률조항은 본인이 해부용 시체로 제공되는 것에 대해 반대하는 의사표시를 명시적으로 표시할 수 있는 절차도 마련하지 않고 본인의 의사와는 무관하게 해부용 시체로 제공될 수 있도록 규정하고 있다는 점에서 침해의 최소성 원칙을 충족했다고 보기 어렵고,

실제로 해부용 시체로 제공된 사례가 거의 없는 상황에서 이 사건 법률조항이 추구하는 공익이 사후 자신의 시체가 자신의 의사와는 무관하게 해부용 시체로 제공됨으로써 침해되는 사익보다 크다고 할 수 없으므로 이 사건 법률조항은 청구인의 시체 처분에 대한 자기결정권을 침해한다(헌재 2015.11.26. 2012헌마940).

② (○) 정보의 주체는 자신에 관한 정보가 언제 누구에게 어느 범위까지 알려지고 또 이용되도록 할 것인지를 그 정보주체가 스스로 결정할 수 있는 권리, 즉 개인정보 자기결정권을 가지는바, 교원의 교원단체 및 노동조합 가입 정보에 대한 공개는 당해 교원의 개인정보 자기결정권에 대해서도 제한을 가하는 것이라 할 수 있다. 결국, 이 사건은 교원의 교원단체 및 노동조합 가입에 관한 정보의 공개를 요구하는 청구인들의 알 권리 및 그것을 통한 교육권과 그 정보의 비공개를 요청하는 정보주체인 교원의 사생활의 비밀과 자유 및 이를 구체화한 개인정보 자기결정권이 충돌하는 문제상황이다(헌재 2011.12.29. 2010헌마293).

③ (○) 사건 법률조항의 경우 형벌규정을 통하여 추구하고자 하는 목적 자체가 헌법에 의하여 허용되지 않는 것으로서 그 정당성이 인정되지 않는다고 할 것이다. 이 사건 법률조항은 목적의 정당성, 수단의 적절성 및 피해최소성을 갖추지 못하였고 법익의 균형성도 이루지 못하였으므로, 헌법 제37조 제2항의 과잉금지원칙을 위반하여 남성의 성적자기결정권 및 사생활의 비밀과 자유를 과잉제한하는 것으로 헌법에 위반된다(헌재 2009.11.26. 2008헌바58).

④ (○) 비록 연명치료 중단에 관한 결정 및 그 실행이 환자의 생명단축을 초래한다 하더라도 이를 생명에 대한 임의적 처분으로서 자살이라고 평가할 수 없고, 오히려 인위적인 신체침해 행위에서 벗어나서 자신의 생명을 자연적인 상태에 맡기고자 하는 것으로서 인간의 존엄과 가치에 부합한다 할 것이다. 그렇다면 환자가 장차 죽음에 임박한 상태에 이를 경우에 대비하여 미리 의료인 등에게 연명치료 거부 또는 중단에 관한 의사를 밝히는 등의 방법으로 죽음에 임박한 상태에서 인간으로서의 존엄과 가치를 지키기 위하여 연명치료의 거부 또는 중단을 결정할 수 있다 할 것이고, 위 결정은 헌법상 기본권인 자기결정권의 한 내용으로서 보장된다(헌재 2009.11.26. 2008헌마385).

[2023년 경찰경채] ①

자기결정권에 대한 설명으로 옳지 않은 것은? (다툼이 있는 경우 판례에 의함)

① 「형법」상 자기낙태죄 조항은 입법목적을 달성하기 위하여 필요한 최소한의 정도를 넘어 임신한 여성의 자기결정권을 제한하고 있어 침해의 최소성을 갖추지 못하였고, 태아의 생명보호라는 공익에 대하여만 일방적이고 절대적인 우위를 부여함으로써 법익균형성의 원칙도 위반하였으므로 과잉금지원칙을 위반하여 임신한 여성의 자기결정권을 침해한다.

② 「성폭력범죄의 처벌 등에 관한 특례법」상 정신적인 장애로 항거불능 또는 항거곤란 상태에 있음을 이용하여 사람을 간음한 사람을 무기징역 또는 7년 이상의 징역에 처하도록 규정한 것은 정신적 장애인의 성적 자기결정권을 침해한다.

③ 전동킥보드의 최고속도를 25km/h 이내로 제한하는 것은 소비자가 그보다 빠른 제품을 구매하지 못하여 겪는 자기결정권 및 일반적 행동자유권의 제약에 비하여, 소비자의 생명·신체에 대한 위해 및 도로교통상의 위험을 방지하고 향후 자전거도로 통행이 가능해질 경우를 대비하여 소비자의 편의를 도모한다는 공익이 중대하므로 과잉금지원칙에 위반되지 않는다.

④ 본인이 해부용 시체로 제공되는 것에 대해 반대하는 의사표시를 명시적으로 표시할 수 있는 절차도 마련하지 않고 본인의 의사와는 무관하게 인수자가 없는 시체를 해부용으로 제공될 수 있도록 규정하고 있는 「시체 해부 및 보존에 관한 법률」 조항은 사실상 연고가 없는 청구인의 시체 처분에 대한 자기결정권을 침해한다.

① (○) 입법자는 자기낙태죄 조항을 형성함에 있어 태아의 생명 보호와 임신한 여성의 자기결정권의 실제적 조화와 균형을 이루려는 노력을 충분히 하지 아니하여 태아의 생명 보호라는 공익에 대하여만 일방적이고 절대적인 우위를 부여함으로써 공익과 사익간의 적정한 균형관계를 달성하지 못하였다. 자기낙태죄 조항은 입법목적을 달성하기 위하여 필요한 최소한의 정도를 넘어 임신한 여성의 자기결정권을 제한하고 있어 침해의 최소성을 갖추지 못하고 있으며, 법익균형성의 원칙도 위반하였다고 할 것이므로, 과잉금지원칙을 위반하여 임신한 여성의 자기결정권을 침해하는 위헌적인 규정이다(헌재 2019.4.11. 2017헌바127).

② (×) 심판대상조항은 정신적 장애인과 성관계를 한 모든 사람을 처벌하는 것이 아니라, 정신적 장애를 원인으로 한 항거불능 혹은 항거곤란 상태를 이용하여, 즉 성적 자기결정권을 행사할 수 없는 장애인을 간음한 사람을 처벌하는 조항이다. 성적 자기결정권을 행사할 능력이 있는 19세 이상의 정신적 장애인과 정상적인 합의 하에 성관계를 한 사람은 심판대상조항에 의하여 처벌되지 아니하므로, 심판대상조항이 정신적 장애인의 성적 자기결정권을 침해하거나 장애인과 비장애인을 차별하지 아니한다(헌재 2016.11.24. 2015헌바136).

③ (○) 전동킥보드의 자전거도로 통행을 허용하는 조치를 실시하기 위해서는 제조·수입되는 전동킥보드가 일정 속도 이상으로는 동작하지 않도록 제한하는 것이 선행되어야 한다. 소비자가 아직 전동킥보드의 자전거도로 통행이 가능하지 않음에도 불구하고 최고속도 제한기준을 준수한 제품만을 구입하여 이용할 수밖에 없는 불편함이 있다고 하여 전동킥보드의 최고속도를 제한하는 안전기준의 도입이 입법목적 달성을 위한 수단으로서의 적합성을 잃었다고 볼 수는 없다. 심판대상조항은 과잉금지원칙을 위반하여 소비자의 자기결정권 및 일반적 행동자유권을 침해하지 아니한다(헌재 2020.2.27. 2017헌마1339).

④ (○) 사건 법률조항은 본인이 해부용 시체로 제공되는 것에 대해 반대하는 의사표시를 명시적으로 표시할 수 있는 절차도 마련하지 않고 본인의 의사와는 무관하게 해부용 시체로 제공될 수 있도록 규정하고 있다는 점에서 침해의 최소성 원칙을 충족했다고 보기 어렵고, 실제로 해부용 시체로 제공된 사례가 거의 없는 상황에서 이 사건 법률조항이 추구하는 공익이 사후 자신의 시체가 자신의 의사와는 무관하게 해부용 시체로 제공됨으로써 침해되는 사익보다 크다고 할 수 없으므로 이 사건 법률조항은 청구인의 시체 처분에 대한 자기결정권을 침해한다(헌재 2015.11.26. 2012헌마940). [2022년 국가 5급] ②

자기결정권에 대한 설명으로 옳지 않은 것은? (다툼이 있는 경우 판례에 의함)

① 집회 참가자들에 대한 경찰의 촬영행위는 개인정보자기결정권의 보호대상이 되는 신체, 특정인의 집회·시위 참가 여부 및 그 일시·장소 등의 개인정보를 정보주체의 동의 없이 수집하였다는 점에서 개인정보자기결정권을 제한할 수 있다.

② 인수자가 없는 시체를 생전의 본인의 의사와는 무관하게 해부용 시체로 제공되도록 규정한 시체 해부 및 보존에 관한 법률 규정은 추구하는 공익이 사후 자신의 시체가 자신의 의사와는 무관하게 해부용 시체로 제공됨으로써 침해되는 사익보다 크다고 할 수 없으므로 청구인의 시체처분에 대한 자기결정권을 침해한다.

③ 부모가 자녀의 이름을 지어주는 것은 자녀의 양육과 가족생활을 위하여 필수적인 것이고, 가족생활의 핵심적 요소라 할 수 있으므로, '부모가 자녀의 이름을 지을 자유'는 혼인과 가족생활을 보장하는 헌법 제36조 제1항과 행복추구권을 보장하는 헌법 제10조에 의하여 보호받는다.

④ 혼인을 빙자하여 부녀를 간음한 남자를 처벌하는 형법 조항은 사생활의 비밀과 자유를 제한하는 것이라고 할 수 있지만, 혼인을 빙자하여 부녀를 간음한 남자의 성적자기결정권을 제한하는 것은 아니다.

① (○) 개인정보자기결정권은 자신에 관한 정보가 언제 누구에게 어느 범위까지 알려지고 또 이용되도록 할 것인지를 그 정보주체가 스스로 결정할 수 있는 권리이다. 개인정보자기결정권의 보호대상이 되는 개인정보는 개인의 신체, 신념, 사회적 지위, 신분 등과 같이 개인이 인격주체성을 특징짓는 사항으로서 개인의 동일성을 식별할 수 있게 하는 일체의 정보라고 할 수 있고, 반드시 개인의 내밀한 영역이나 사사(私事)의 영역에 속하는 정보에 국한되지 않고 공적 생활에서 형성되었거나 이미 공개된 정보까지 포함한다. 또한 이러한 개인정보를 대상으로 한 조사·수집·보관·처리·이용 등의 행위는 원칙적으로 개인정보자기결정권에 대한 제한에 해당한다. 따라서 경찰의 촬영행위는 개인정보자기결정권의 보호대상이 되는 신체, 특정인의 집회·시위 참가 여부 및 그 일시·장소 등의 개인정보를 정보주체의 동의 없이 수집하였다는 점에서 개인정보자기결정권을 제한할 수 있다(헌재 2018.8.30. 2014헌마843).

② (○) 본인이 해부용 시체로 제공되는 것에 대해 반대하는 의사표시를 명시적으로 표시할 수 있는 절차도 마련하지 않고 본인의 의사와는 무관하게 해부용 시체로 제공될 수 있도록 규정하고 있다는 점에서 침해의 최소성 원칙을 충족했다고 보기 어렵고, 실제로 해부용 시체로 제공된 사례가 거의 없는 상황에서 이 사건 법률조항이 추구하는 공익이 사후 자신의 시체가 자신의 의사와는 무관하게 해부용 시체로 제공됨으로써 침해되는 사익보다 크다고 할 수 없으므로 이 사건 법률 조항은 청구인의 시체 처분에 대한 자기결정권을 침해한다(헌재 2015.11.26. 2012헌마940).

③ (○) 부모가 자녀의 이름을 지어주는 것은 자녀의 양육과 가족생활을 위하여 필수적인 것이고, 가족생활의 핵심적 요소라 할 수 있으므로, 부모가 자녀의 이름을 지을 자유는 혼인과 가족생활을 보장하는 헌법 제36조 제1항과 행복추구권을 보장하는 헌법 제10조에 의하여 보호받는다(헌재 2016.7.28. 2015헌마964).

④ (×) 사건 법률조항의 경우 입법목적에 정당성이 인정되지 않는다. 첫째, 남성의 위력이나 폭력 등 해악적 방법을 수반하지 않고서 여성을 애정행위의 상대방으로 선택하는 문제는 그 행위의 성질상 국가의 개입이 자제되어야 할 사적인 내밀한 영역인데다 또 그 속성상 과장이 수반되게 마련이어서 우리 형법이 혼전 성관계를 처벌대상으로 하지 않고 있으므로 혼전 성관계의 과정에서 이루어지는 통상적 유도행위 또한 처벌해야 할 이유가 없다. 이 사건 법률조항은 목정의 정당성, 수단의 적절성 및 피해최소성을 갖추지 못하였고 법익의 균형성도 이루지 못하였으므로, 헌법 제37조 제2항의 과잉금지원칙을 위반하여 남성의 성적자기결정권 및 사생활의 비밀과 자유를 과잉 제한하는 것으로 헌법 위반된다(헌재 2009.11.26. 2008헌바58). [2019년 국가 7급] ④

개인정보자기결정권에 대한 설명으로 옳지 않은 것은? (다툼이 있는 경우 판례에 의함)

① 검사 또는 사법경찰관이 수사를 위하여 필요한 경우 「전기통신사업법」에 의한 전기통신사업자에게 정보통신망에 접속된 정보통신기기의 위치를 확인할 수 있는 발신기지국의 위치추적자료의 열람이나 제출을 요청할 수 있도록 한 「통신비밀보호법」 조항은 해당 정보주체의 개인정보자기결정권을 침해한다.

② 보호자가 자녀 또는 보호아동의 안전을 확인할 목적으로 폐쇄회로 텔레비전(CCTV) 열람을 요청하는 경우, 어린이집 내 보육일상이 담긴 영상의 열람을 허용하는 것은 피촬영자인 보육교사나 다른 영유아들의 개인정보자기결정권을 침해하지 않는다.

③ 개인정보자기결정권의 보호대상이 되는 개인정보란 개인의 신체, 신념, 사회적 지위, 신분 등과 같이 개인의 인격주체성을 특징짓는 사항으로서 그 개인의 동일성을 식별할 수 있게 하는 일체의 정보라고 할 수 있고, 반드시 개인의 내밀한 영역이나 사사(私事)의 영역에 속하는 정보에 국한되지 않으며 공적 생활에서 형성되었거나 이미 공개된 개인정보까지 포함한다.

④ 경찰이 미신고 옥외집회·시위 또는 신고범위를 벗어난 집회·시위에 대해 조망촬영이 아닌 근접촬영의 방식으로 촬영함으로써 적법한 경찰의 해산명령에 불응하는 집회·시위의 경위

나 전후 사정에 관한 자료를 수집하는 것은 해당 집회·시위참가자의 개인정보자기결정권을 침해한다.

① (○) 위치정보 추적자료는 충분한 보호가 필요한 민감한 정보에 해당되는 점, 그럼에도 이 사건 요청조항은 정보주체의 기본권을 과도하게 제한하는 점, 수사에 지장을 초래하지 않으면서도 정보주체의 기본권을 덜 침해하는 수단이 존재하는 점, 수사기관의 위치정보 추적자료 제공요청에 대해 절차적 통제마저도 제대로 이루어지기 어려운 현실인 점 등을 고려할 때, 이 사건 요청조항은 과잉금지원칙에 반하여 청구인들의 개인정보자기결정권과 통신의 자유를 침해한다(헌재 2018.6.28. 2012헌마191).
② (○) 보호자가 자녀 또는 보호아동의 안전을 확인할 목적으로 CCTV 영상정보 열람을 할 수 있도록 정한 법 제15조의5 제1항 제1호가 어린이집 보육교사의 개인정보자기결정권 등을 침해하지 않는다. 열람 요청을 한 보호자의 영유아를 제외한 보육교사나 다른 영유아들은 자신들의 영상이 담긴 개인정보의 공개 여부나 그 범위에 대하여 아무런 결정권한을 행사할 수 없다. 따라서 어린이집 내 보육일상이 담긴 영상의 수집·보관·이용 측면에서 피촬영자인 보육교사 등의 개인정보자기결정권이 제한된다(헌재 2012.12.27. 2010헌가82; 헌재 2017.12.28. 2015헌마994).
③ (○) 개인정보자기결정권의 보호대상이 되는 개인정보는 개인의 신체, 신념, 사회적 지위, 신분 등과 같이 개인의 인격주체성을 특징짓는 사항으로서 개인의 동일성을 식별할 수 있게 하는 일체의 정보이고, 반드시 개인의 내밀한 영역에 속하는 정보에 국한되지 아니하며 공적 생활에서 형성되었거나 이미 공개된 개인정보까지 포함한다(대법원 2016.8.17. 2014다235080).
④ (×) 미신고 옥외집회·시위 또는 신고범위를 벗어난 집회·시위를 촬영함으로써, 적법한 경찰의 해산명령에 불응하는 집회·시위의 경위나 전후 사정에 관한 자료를 수집할 수 있다. 최근 기술의 발달로 조망촬영과 근접촬영 사이에 기본권 침해라는 결과에 있어서 차이가 있다고 보기 어려우므로, 경찰이 이러한 집회·시위에 대해 조망촬영이 아닌 근접촬영을 하였다는 이유만으로 헌법에 위반되는 것은 아니다. 이 사건에서 피청구인이 신고범위를 벗어난 동안에만 집회참가자들을 촬영한 행위가 과잉금지원칙을 위반하여 집회참가자인 청구인들의 일반적 인격권, 개인정보자기결정권 및 집회의 자유를 침해한다고 볼 수 없다(헌재 2018.8.30. 2014헌마843).

[2020년 하반기 비상대비업무담당자] ④

일반적 행동자유권에 대한 설명으로 옳지 않은 것은? (다툼이 있는 경우 판례에 의함)

① 일반적 행동자유권에서 자유란 적극적으로 자유롭게 행동하는 것은 물론 소극적으로 행동하지 않을 자유, 즉 부작위의 자유도 포함되는 포괄적인 자유를 말한다.
② 일반적 행동자유권은 가치 있는 행동만 그 보호영역으로 하는 것은 아니다. 그 보호영역에는 개인의 생활방식과 취미에 관한 사항도 포함되며, 여기에는 위험한 스포츠를 즐길 권리와 같은 위험한 생활방식으로 살아갈 권리도 포함된다.
③ 가사소송에서 본인출석주의를 규정한 「가사소송법」 조항은 소송 당사자의 일반적 행동의 자유를 침해하지 않는다.
④ 공무원의 기부금품 모집을 금지하는 「기부금품의 모집 및 사용에 관한 법률」 조항은 과잉금지원칙에 부합하여 일반적 행동자유권을 침해하지 않는다.
⑤ 일반 공중의 사용에 제공된 공공용물을 그 제공 목적대로 이용하는 일반사용 내지 보통사용에 관한 권리는 일반적 행동자유권의 보호영역에 포함되지 않는다.

① (○) 헌법 제10조 전문의 행복추구권에는 일반적 행동자유권이 포함되는바, 이는 적극적으로 자유롭게 행동을 하는 것은 물론 소극적으로

행동을 하지 않을 자유도 포함하는 권리로 포괄적인 의미의 자유권이란 성격을 갖는다(헌재 2016.6.30. 2015헌마36).

② (○) 일반적 행동자유권은 모든 행위를 할 자유와 행위를 하지 않을 자유로 가치있는 행동만 그 보호영역으로 하는 것은 아닌 것으로, 그 보호영역에는 개인의 생활방식과 취미에 관한 사항도 포함되며, 여기에는 위험한 스포츠를 즐길 권리와 같은 위험한 생활방식으로 살아갈 권리도 포함된다(헌재 2003.10.30. 2002헌마518).

③ (○) 가사소송에서는 당사자 본인의 진술을 청취하고 그 진의를 파악하는 것이 중요하므로, 이 사건 법률조항은 입법목적의 정당성이 인정되며, 당사자 본인의 출석을 법적인 의무로 강제하는 것은 입법목적의 달성에 적합한 수단이다. 가사소송의 특성상 당사자 본인의 진술을 직접 들어 적정한 재판을 하여야 하는 공익은, 청구인이 변론기일에 출석하지 아니하고 대리인을 출석시킴으로써 생업 등의 시간을 확보하고자 하는 사익에 비하여 결코 작다고 할 수 없어 법익의 균형성도 인정되므로, 이 사건 법률조항은 가사소송 당사자의 일반적 행동의 자유를 침해하지 아니한다(헌재 2012.10.25. 2011헌마598).

④ (○) 기부금품모집금지조항으로 제한되는 기본권은 공무원의 일반적 행동자유권이나, 공무원의 기부금품 모집 행위가 금지되지 아니하면 일반 국민들이 각종 형태의 기부금품 출연을 사실상 강제당할 위험이 있음은 물론, 이로 인하여 국민의 재산권이 침해받을 가능성이 있으므로 기부금품모집금지조항을 통해 달성하려는 공익이 훨씬 크다고 볼 수 있다. 따라서 기부금품모집금지조항은 법익균형성도 갖추었다고 볼 수 있다. 이상에서 본 바와 같이 기부금품금지조항은 과잉금지의 원칙을 준수하고 있다(헌재 2019.11.28. 2018헌마579).

⑤ (×) 일반 공중의 사용에 제공된 공공용물을 그 제공 목적대로 이용하는 것은 일반사용 내지 보통사용에 해당하는 것으로 따로 행정주체의 허가를 받을 필요가 없는 행위이고, 이처럼 일반 공중에게 개방된 장소인 서울광장을 개별적으로 통행하거나 서울광장에서 여가활동이나 문화활동을 하는 것은 일반적 행동자유권의 내용으로 보장됨에도 불구하고, 피청구인이 이 사건 통행제지행위에 의하여 청구인들의 이와 같은 행위를 할 수 없게 하였으므로 청구인들의 일반적 행동자유권의 침해 여부가 문제된다(헌재 2011.6.30. 2009헌마406).

[2023년 국회 5급] ⑤

제3절 평등권

평등권에 관한 설명으로 가장 적절하지 않은 것은? (다툼이 있는 경우 판례에 의함)

① 재산권의 청구는 공법상의 법률관계를 전제로 하는 당사자소송이라는 점에서 민사소송과 본질적으로 달라, 국가를 상대로 한 당사자소송에서 가집행선고를 제한하는 「행정소송법」 조항은 국가만을 차별적으로 우대하는 데 합리적 이유가 있으므로 평등원칙에 위반되지 않는다.

② 애국지사 본인과 순국선열의 유족은 본질적으로 다른 집단이므로 구 「독립유공자예우에 관한 법률 시행령」 조항이 순국선열의 유족보다 애국지사 본인에게 높은 보상금 지급액 기준을 두고 있다고 하여 순국선열의 유족의 평등권이 침해되었다고 볼 수 없다.

③ 보상금의 지급을 신청할 수 있는 자의 범위를 '내부 공익신고자'로 한정함으로써 '외부 공익신고자'를 보상금 지급대상에서 배제하도록 정한 「공익신고자 보호법」 조항 중 '내부 공익신고자' 부분은 평등원칙에 위배되지 않는다.

④ 학생 선발시기 구분에 있어 「초·중등교육법 시행령」 조항이 자사고를 후기학교로 규정함으로써 과학고와 달리 취급하고, 일반고와 같이 취급하는 데에는 합리적인 이유가 있으므로 자사고 학교법인의 평등권을 침해하지 아니한다.

① (×) 재산권의 청구가 공법상 법률관계를 전제로 한다는 점만으로 국가를 상대로 하는 당사자소송에서 국가를 우대할 합리적인 이유가 있다고 할 수 없고, 집행가능성 여부에 있어서도 국가와 지방자치단체 등이 실질적인 차이가 있다고 보기 어렵다는 점에서, 심판대상조항은 국가가 당사자소송의 피고인 경우 가집행의 선고를 제한하여, 국가가 아닌 공공단체 그 밖의 권리주체가 피고인 경우에 비하여 합리적인 이유 없이 차별하고 있으므로 평등원칙에 반한다(헌재 2022.2.24. 2020헌가12).

② (○) 애국지사 본인과 순국선열의 유족은 본질적으로 다른 집단이므로, 같은 서훈 등급임에도 순국선열의 유족보다 애국지사 본인에게 높은 보상금 지급액 기준을 두고 있다 하여 곧 청구인 순국선열의 유족의 평등권이 침해되었다고 볼 수 없다(헌재 2018.1.25. 2016헌마319).

③ (○) 내부 공익신고자가 아닌 공익신고자는 공익신고로 인해 불이익을 입을 개연성이 높지 않기 때문에 공익신고 유도를 위한 보상금 지급이 필수적이라 보기 어렵다. 공익신고자 보호법상 보상금의 의의와 목적을 고려하면, 이와 같이 공익신고 유도 필요성에 있어 차이가 있는 내부 공익신고자와 외부 공익신고자를 달리 취급하는 것에 합리성을 인정할 수 있으므로 법률조항이 평등원칙에 위배된다고 볼 수 없다(헌재 2021.5.27. 2018헌바127).

④ (○) 과학고는 과학분야의 인재 양성이라는 설립 취지나 전문적인 교육과정의 측면에서 과학 분야에 재능이나 소질을 가진 학생을 후기학교보다 먼저 선발할 필요성을 인정할 수 있으나, 자사고의 경우 교육과정 등을 고려할 때 후기학교보다 먼저 특정한 재능이나 소질을 가진 학생을 선발할 필요성은 적다. 따라서 동시선발 조항이 자사고를 후기학교로 규정함으로써 과학고와 달리 취급하고, 일반고와 같이 취급하는 데에는 합리적인 이유가 있으므로 청구인 학교법인의 평등권을 침해하지 아니한다(헌재 2019.4.11. 2018헌마221).

[2023년 경찰공채 3월] ①

평등권에 대한 설명으로 옳지 않은 것은? (다툼이 있는 경우 판례에 의함)

① 독립유공자의 손자녀 중 1명에게만 보상금을 지급하도록 하면서 같은 순위의 손자녀가 2명 이상이면 생활수준과 관계없이 나이가 많은 손자녀를 우선하도록 한 것은 평등권을 침해한다.

② 전과자도 헌법 제11조 제1항의 '사회적 신분'에 해당된다고 할 것이며, 누범을 가중처벌하는 것은 전과자라는 사회적 신분을 이유로 차별대우를 하는 것이 되어 평등원칙에 위배된다.

③ 대한민국 국민인 남성에 한하여 병역의무를 부과한 「병역법」 규정은 헌법이 특별히 양성평등을 요구하는 경우나 관련 기본권에 중대한 제한을 초래하는 경우의 차별취급을 그 내용으로 하고 있다고 보기 어렵다.

④ 부담금은 국민의 재산권을 제한하여 일반 국민이 아닌 특별한 의무자집단에 대하여 부과되는 특별한 재정책임으로, 평등원칙의 적용에 있어서 부담금의 문제는 합리성의 문제로서 자의금지원칙에 의한 심사대상이다.

⑤ 국가가 합리적인 기준에 따라 능력이 허용하는 범위 내에서 법적 가치의 상향적인 구현을 위한 제도의 단계적 개선을 추진할 수 있는 방안을 선택하는 것은 평등원칙에 위배되지 않는다.

① (○) 보상금 수급권자의 범위를 경제적으로 어려운 자에게 한정하는 방법도 가능함에도 불구하고, 이 사건 심판대상조항이 일률적으로 1명의 손자녀에게만 보상금을 지급하도록 하여 나머지 손자녀들의 생활보호를 외면하는 것은 독립유공자 유족의 생활유지 및 보장을 위한 실질적 보상의 입법취지에 반한다. 이 사건 심판대상조항은 합리적인 이유없이 상대적으로 나이가 적은 손자녀인 청구인을 차별하여 평등권을 침해한다(헌재 2013.10.24. 2011헌마724).

② (×) 사회적 신분이란 사회에서 장기간 점하는 지위로서 일정한 사회적 평가를 수반하는 것을 의미한다 할 것이므로 전과자도 사회적 신분에 해당된다고 할 것이며 누범을 가중처벌하는 것이 전과자라는 사회적 신분을 이유로 차별대우를 하는 것이 되어 헌법상의 평등의

원칙에 위배되는 것이 아닌가 하는 의문이 생길 수 있으므로 이에 대하여 살펴본다. 누범을 가중하여 처벌하는 것은 사회방위, 범죄의 특별예방 및 일반예방, 더 나아가 사회의 질서유지의 목적을 달성하기 위한 하나의 수단이기도 하는 것이므로 이는 합리적 근거 있는 차별이어서 헌법상의 평등의 원칙에 위배되지 아니한다(헌재 1995.2.23. 93헌바43).

③ (○) 사건 법률조항은 헌법이 특별히 양성평등을 요구하는 경우나 관련 기본권에 중대한 제한을 초래하는 경우의 차별취급을 그 내용으로 하고 있다고 보기 어려우며, 징집대상자의 범위 결정에 관하여는 입법자의 광범위한 입법형성권이 인정된다는 점에 비추어 이 사건 법률조항이 평등권을 침해하는지 여부는 완화된 심사기준에 따라 판단하여야 한다(헌재 2011.6.30. 2010헌마460).

④ (○) 부담금은 국민의 재산권을 제한하여 일반 국민이 아닌 특별한 의무자집단에 대하여 부과되는 특별한 재정책임이므로, 납부의무자들을 일반 국민이나 다른 집단과 달리 취급하여 이들을 불리하게 대우함에 있어서 합리적 이유가 있어야 하며 자의적인 차별은 납부의무자들의 평등권을 침해한다. 평등원칙의 적용에 있어서 부담금의 문제는 합리성의 문제로서 자의금지원칙에 의한 심사 대상인데, 선별적 부담금의 부과라는 차별이 합리성이 있는지 여부는 그것이 행위형식의 남용으로서 부담금의 헌법적 정당화 요건을 갖추었는지 여부와 관련이 있다(헌재 2019.12.27. 2017헌가21).

⑤ (○) 헌법상 평등의 원칙은 국가가 언제 어디에서 어떤 계층을 대상으로 하여 기본권에 관한 사항이나 제도의 개선을 시작할 것인지를 선택하는 것을 방해하지는 않는다. 말하자면 국가는 합리적인 기준에 따라 능력이 허용하는 범위 내에서 법적 가치의 상향적 구현을 위한 제도의 단계적 개선을 추진할 수 있는 길을 선택할 수 있어야 한다(헌재 1991.2.11. 90헌가27). [2023년 국회 5급] ②

평등권에 관한 설명으로 가장 적절하지 않은 것은? (다툼이 있는 경우 판례에 의함)

① 법 앞에서의 평등의 원칙은 법을 적용함에 있어서뿐만 아니라 입법을 함에 있어서도 불합리한 차별대우를 하여서는 아니된다는 것을 의미하는 것이다.

② 헌법에서 규정하고 있는 평등의 원칙은 절대적 평등을 의미하는 것이 아니라 상대적 평등을 뜻한다.

③ 헌법 제11조 제1항의 사회적 신분이란 사회에서 장기간 점하는 지위로서 일정한 사회적 평가를 수반하는 것을 의미한다 할 것이므로 전과자도 사회적 신분에 해당된다.

④ 존속살해죄에 대한 가중처벌은 형벌체계상 균형을 잃은 자의적 입법으로서 평등의 원칙에 위반된다.

① (○) 헌법 제11조 제1항에 정한 법 앞에서의 평등의 원칙은 일체의 차별적 대우를 부정하는 절대적 평등을 의미하는 것은 아니며, 법을 적용함에 있어서 뿐만 아니라 입법을 함에 있어서도 불합리한 차별대우를 하여서는 아니된다는 것을 뜻한다(헌재 2003.6.26. 2002헌마484).

② (○) 헌법 제11조 제1항은 "모든 국민은 법 앞에 평등하다. 누구든지 성별·종교 또는 사회적 신분에 의하여 정치적·경제적·사회적·문화적 생활의 모든 영역에 있어서 차별을 받지 아니한다."라고 규정하고 있는바, 이러한 평등원칙은 일체의 차별적 대우를 부정하는 절대적 평등을 의미하는 것이 아니라 입법과 법의 적용에 있어서 합리적인 근거가 없는 차별을 하여서는 안 된다는 상대적 평등을 뜻하므로 합리적 근거가 있는 차별 또는 불평등은 평등원칙에 반하는 것이 아니다(헌재 2013.3.21. 2012헌바21).

③ (○) 사회적 신분이란 사회에서 장기간 점하는 지위로서 일정한 사회적 평가를 수반하는 것을 의미한다 할 것이므로 전과자도 사회적 신분에 해당된다고 할 것이며 누범을 가중처벌하는 것이 전과자라는 사회적 신분을 이유로 차별대우를 하는 것이 되어 헌법상의 평등의 원칙에 위배되는 것이 아닌가 하는 의문이 생길 수 있으므로 이에 대하여 살펴본다(헌재 1995.2.23. 93헌바43).

④ (×) 조선시대 이래 현재에 이르기까지 존속살해죄에 대한 가중처벌은 계속되어 왔고, 그러한 입법의 배경에는 우리 사회의 효를 강조하는 유교적 관념 내지 전통사상이 자리 잡고 있는 점, 존속살해는 그 패륜성에 비추어 일반 살인죄에 비하여 고도의 사회적 비난을 받아야 할 이유가 충분한 점 등 고려할 때 이 사건 법률조항이 형벌체계상 균형을 잃은 자의적 입법으로서 평등원칙에 위반된다고 볼 수 없다(헌재 2013.7.25. 2011헌바267). [2023년 경찰경채] ④

헌법상 평등에 관한 설명으로 옳지 않은 것은? (다툼이 있는 경우에는 헌법재판소 판례에 의함)

① 헌법 제11조 제1항의 규범적 의미는 '법 적용의 평등'에서 끝나지 않고, 더 나아가 입법자에 대해서도 그가 입법을 통해서 권리와 의무를 분배함에 있어서 적용할 가치평가의 기준을 정당화할 것을 요구하는 '법 제정의 평등'을 포함한다.

② 입법자가 헌법 제11조 제1항의 평등원칙에 어느 정도로 구속되는가는 그 규율대상과 차별기준의 특성을 고려하여 구체적으로 결정된다.

③ 헌법재판소의 심사기준이 되는 행위규범으로서의 평등원칙은 단지 자의적인 입법의 금지기준만을 의미하는 것이 아니므로 헌법재판소는 입법자의 결정에서 차별을 정당화할 수 있는 합리적인 이유가 있는 경우에도 평등원칙의 위반을 선언해야 한다.

④ 헌법이 규정한 평등의 원칙은 국가가 언제 어디에서 어떤 계층을 대상으로 하여 기본권에 관한 상황이나 제도의 개선을 시작할 것인지를 선택하는 것을 방해하지는 않는다.

⑤ 모든 국민은 법 앞에 평등하다. 누구든지 성별·종교 또는 사회적 신분에 의하여 정치적·경제적·사회적·문화적 생활의 모든 영역에 있어서 차별을 받지 아니한다.

① (○) 헌법 제11조 제1항이 규정하고 있는 평등원칙은 법치국가질서의 근본요청으로서 모든 국가기관에게 법을 적용함에 있어서 정당한 근거 없이 개인이나 일정한 인적 집단을 불평등하게 대우하는 것을 금지한다. 따라서 모든 사람은 평등하게 법규범을 통해서 의무를 부담하고 권리를 부여받으며, 반대로 모든 공권력주체에 대해서는 일정한 사람들에게 유리하거나 불리하게 법을 적용하거나 적용하지 않는 것이 금지된다. 그러나 헌법 제11조 제1항의 규범적 의미는 이와 같은 '법 적용의 평등'에서 끝나지 않고, 더 나아가 입법자에 대해서도 그가 입법을 통해서 권리와 의무를 분배함에 있어서 적용할 가치평가의 기준을 정당화할 것을 요구하는 '법 제정의 평등'을 포함한다. 따라서 평등원칙은 입법자가 법률을 제정함에 있어서 법적 효과를 달리 부여하기 위하여 선택한 차별의 기준이 객관적으로 정당화될 수 없을 때에는 그 기준을 법적 차별의 근거로 삼는 것을 금지한다. 이때 입법자가 헌법 제11조 제1항의 평등원칙에 어느 정도로 구속되는가는 그 규율대상과 차별기준의 특성을 고려하여 구체적으로 결정된다(헌재 2000.8.31. 97헌가12).

② (○) 헌법 제11조 제1항의 규범적 의미는 이와 같은 '법 적용의 평등'에서 끝나지 않고, 더 나아가 입법자에 대해서도 그가 입법을 통해서 권리와 의무를 분배함에 있어서 적용할 가치평가의 기준을 정당화할 것을 요구하는 '법 제정의 평등'을 포함한다. 따라서 평등원칙은 입법자가 법률을 제정함에 있어서 법적 효과를 달리 부여하기 위하여 선택한 차별의 기준이 객관적으로 정당화될 수 없을 때에는 그 기준을 법적 차별의 근거로 삼는 것을 금지한다. 이때 입법자가 헌법 제11조 제1항의 평등원칙에 어느 정도로 구속되는가는 그 규율대상과 차별기준의 특성을 고려하여 구체적으로 결정된다(헌재 2000.8.31. 97헌가12).

③ (×) 헌법에서 특별히 차별의 근거로 삼아서는 안 되는 기준이나 차별이 금지되는 영역을 제시하고 있는 경우 또는 차별적 취급으로 인하여 관련 기본권에 중대한 제한이 초래되는 경우에는, 단지 차별의 합리적 이유의 유무만을 확인하는 정도를 넘어, 차별의 이유와 차별의 내용 사이의 적절한 균형여부까지 살피는 비례원칙에 의한 심사를 하여야 할 것이다(헌재 1999.12.23. 98헌마363). 그러나 이 사건의 경우 헌법에서 특별히 금하는 차별의 기준이나 영역이 적용되고 있지는 않으며, 비례원칙심사를 할 정도로 관련 기본권에 중대한 제한이 초래되는 경우라고 보기도 어렵다. 그러므로 이 사건에서는 자의금지원칙에 의한 심사로 충분할 것이다. 이 경우 입법자의 결정에서 차별을 정당화할 수 있는 아무런 합리적 이유를 찾아볼 수 없는 때에 평등원칙의 위반을 확인하게 된다(헌재 2004.9.23. 2003헌바24. 김영일 재판관 반대의견).

④ (○) 헌법상 평등의 원칙은 국가가 어디에서 어떤 계층을 대상으로 하여 기본권에 관한 사항이나 제도의 개선을 시작할 것인지를 선택하는 것을 방해하지 않는다. 말하자면 국가는 합리적인 기준에 따라 능력이 허용하는 범위 내에서 법적 가치의 상향적 구현을 위한 제도의 단계적 개선을 추진할 수 있는 길을 선택할 수 있어야 한다. 그것이 허용되지 않는 다면 모든 사항과 계층을 대상으로 하여 동시에 제도의 개선을 추지하는 예외적인 경우를 제외하고는 어떠한 제도의 개선도 평등의 원칙 때문에 그 시행이 불가능하다는 결과에 이르게 되어

불합리할 뿐 아니라 평등의 원칙이 실현하고자 하는 가치와도 어긋나기 때문이다(헌재 1991.2.11. 90헌가27).

⑤ (○) 헌법 제11조 ①모든 국민은 법 앞에 평등하다. 누구든지 성별·종교 또는 사회적 신분에 의하여 정치적·경제적·사회적·문화적 생활의 모든 영역에 있어서 차별을 받지 아니한다. [2022년 소방간부] ③

평등권 및 평등원칙에 대한 설명으로 가장 적절한 것은? (다툼이 있는 경우 헌법재판소 판례에 의함)

① 국공립어린이집, 사회복지법인어린이집, 법인·단체 등 어린이집 등과 달리 민간어린이집에는 보육교직원 인건비를 지원하지 않는 '2020년도 보육사업안내(2020.1.10. 보건복지부지침)'상 조항은 합리적 근거 없이 민간어린이집을 운영하는 청구인을 차별하여 청구인의 평등권을 침해한다.

② 국립묘지 안장 대상자의 사망 당시의 배우자가 재혼한 경우에는 국립묘지에 안장된 안장대상자와 합장할 수 없도록 규정한 「국립묘지의 설치 및 운영에 관한 법률」상 조항은 재혼한 배우자를 불합리하게 차별한 것으로 평등원칙에 위배된다.

③ 사관생도의 사관학교 교육기간을 현역병 등의 복무기간과 달리 연금 산정의 기초가 되는 군 복무기간으로 산입할 수 있도록 규정하지 아니한 구 「군인연금법」상 조항은 현저히 자의적인 차별이라고 볼 수 없다.

④ 1991년 개정 「농어촌의료법」이 적용되기 전에 공중보건의사로 복무한 사람이 사립학교 교직원으로 임용된 경우 공중보건의사로 복무한 기간을 사립학교 교직원 재직기간에 산입하도록 규정하지 않은 「사립학교교직원 연금법」상 조항은 공중보건의사가 출·퇴근을 하며 병역을 이행한다는 점에서 그 복무기간을 재직기간에 산입하지 않는 것에 합리적 이유가 있다.

① (×) 영유아보육법상 어린이집은 설치·운영의 주체가 인건비 지원을 받고 있는지 및 영리를 추구할 수 있는지에 따라 두 유형으로 구별된다. 국공립어린이집, 사회복지법인어린이집, 법인·단체 등 어린이집은 보육예산으로부터 인건비 지원을 받으나 영리 추구를 제한받는다. 민간어린이집, 가정어린이집은 보육예산으로부터 인건비 지원을 받지 못하지만 영리를 추구하는 것이 일반적이다. 두 유형 사이에는 성격상 차이가 있으므로, 둘을 단순 비교하여 인건비 지원이 자의적으로 이루어지는지 판단하기는 쉽지 않다. 이상을 종합하여 보면, 심판대상조항이 합리적 근거 없이 민간어린이집을 운영하는 청구인을 차별하여 청구인의 평등권을 침해하였다고 볼 수 없다(헌재 2022.2.24. 2020헌마177).

② (×) 안장 대상자의 사망 후 재혼하지 않은 배우자나 배우자 사망 후 안장 대상자가 재혼한 경우의 종전 배우자는 자신이 사망할 때까지 안장 대상자의 배우자로서의 실체를 유지하였다는 점에서 합장을 허용하는 것이 국가와 사회를 위하여 헌신하고 희생한 안장 대상자의 충의와 위훈의 정신을 기리고자 하는 국립묘지 안장의 취지에 부합하고, 안장 대상자의 사망 후 그 배우자가 재혼을 통하여 새로운 가족관계를 형성한 경우에 그를 안장 대상자와의 합장 대상에서 제외하는 것은 합리적인 이유가 있다. 따라서 심판대상조항은 평등원칙에 위배되지 않는다(헌재 2022.11.24. 2020헌바463).

③ (○) 사관생도는 병역의무의 이행을 위해 본인의 의사와 상관없이 복무 중인 현역병 등과 달리 자발적으로 직업으로서 군인이 되기를 선택한 점, 사관생도의 교육기간은 장차 장교로서의 복무를 준비하는 기간으로 이를 현역병 등의 복무기간과 동일하게 평가하기는 어려운 점 등 군인연금법상 군 복무기간 산입제도의 목적과 취지, 현역병 등과 사관생도의 신분, 역할, 근무환경 등을 종합적으로 고려하면, 심판대상조항이 사관생도의 사관학교에서의 교육기간을 현역병 등의 복무기간과 달리 연금 산정의 기초가 되는 복무기간으로 산입할 수 있도록 규정하지 아니한 것이 현저히 자의적인 차별이라 볼 수 없다(헌재 2022.6.30. 2019헌마150).

④ (×) 구 병역법 등의 규정에 의하면 의사·치과의사 등의 자격이 있는 사람이 병적에 편입되어 공중보건의사와 군의관 중 어떠한 형태로 복무할 것인지는 본인의 의사가 아니라 국방부장관에 의하여 결정되는 점, 군의관과 공중보건의사는 모두 병역의무 이행의 일환으로 의료분야의 역무를 수행한 점, 공중보건의사는 접적지역, 도서, 벽지 등 의료취약지역에서 복무하면서 그 지역 안에서 거주하여야 하고 그 복무에 관하여 국가의 강력한 통제를 받았던 점 등을 종합하면, 1991년 개정 농어촌의료법 시행 전에 공중보건의사로 복무하였던 사람이 사립학교 교직원으로 임용되었을 경우 현역병 등과 달리 공중보건의사 복무기간을 재직기간에 반영하도록 규정하지 아니한 것은 차별취급에 합리적인 이유가 없다. 따라서 심판대상조항은 평등원칙에 위배된다(헌재 2016.2.25. 2015헌가15).

[2023년 경찰간부] ③

평등권 및 평등의 원칙에 관한 설명으로 가장 적절하지 않은 것은? (다툼이 있는 경우 판례에 의함)

① 구「건설근로자의 고용개선 등에 관한 법률」제14조 제2항 중 구「산업재해보상보험법」제63조 제1항 가운데 '그 근로자가 사망할 당시 대한민국 국민이 아닌 자로서 외국에서 거주하고 있던 유족은 제외한다'를 준용하는 부분은 합리적 이유 없이 외국거주 외국인 유족을 대한민국 국민인 유족 및 국내거주 외국인 유족과 차별하는 것으로 평등원칙에 위반된다.

② 국회의원을 후원회지정권자로 정하면서「지방자치법」의 '도'의회의원, '시'의회의원을 후원회지정권자에서 제외하고 있는「정치자금법」제6조 제2호는 국회의원과 지방의회의원의 업무의 특성을 고려한 합리적 차별로 평등권을 침해하지 않는다.

③ 국군포로로서 억류기간 동안의 보수를 지급받을 권리를 국내로 귀환하여 등록절차를 거친 자에게만 인정하는「국군포로의 송환 및 대우 등에 관한 법률」제9조 제1항은 귀환하지 않은 국군포로를 합리적 이유 없이 차별한 것이라 볼 수 없어 평등원칙에 위배되지 않는다.

④ 사회복무요원에게 현역병의 봉급에 해당하는 보수를 지급하도록 정한 구「병역법 시행령」제62조 제1항 본문, 사회복무요원에게 교통비, 중식비의 실비를 지급하도록 정한 구「병역법 시행령」제62조 제2항 전단, 구「사회복무요원 복무관리 규정」제41조 제3항 본문 전단은 사회복무요원을 현역병에 비하여 합리적 이유 없이 자의적으로 차별한 것이라 볼 수 없어 사회복무요원인 청구인의 평등권을 침해하지 않는다.

① (○) 근로자가 사망할 당시 그 근로자와 생계를 같이 하고 있던 유족 중 대한민국 국민인 유족 및 국내거주 외국인유족은 퇴직공제금을 지급받을 유족의 범위에 포함하면서 청구인과 같은 외국거주 외국인유족을 그 범위에서 제외하는 심판대상조항이 일시금의 형식으로 지급되는 퇴직공제금과는 지급 방식이 다른 산재보험법의 유족보상연금에 관한 규정을 준용하도록 하여 외국거주 외국인유족을 퇴직공제금을 지급받을 유족의 범위에서 제외한 것은 현저히 자의적인 것이라 할 것이다. 한편 퇴직공제금은 일시금으로 지급되므로 피공제자(건설근로자)의 사망 당시 유족인지 여부만 확인하면 된다는 점은 앞서 본 바와 같으므로, 퇴직공제금 수급 자격에 있어 외국거주 외국인유족이 외국인이라는 사정 또는 외국에 거주한다는 사정이 대한민국 국민인 유족 혹은 국내거주 외국인유족과 달리 취급받을 합리적인 이유가 될 수 없다. 따라서 심판대상조항은 합리적 이유 없이 외국거주 외국인유족을 대한민국 국민인 유족 및 국내거주 외국인유족과 차별하는 것이므로 평등원칙에 위반된다(헌재 2023.3.23. 2020헌바471)

② (×) 지방의회의원의 전문성을 확보하고 원활한 의정활동을 지원하기 위해서는 지방의회의원들에게도 후원회를 허용하여 정치자금을 합법적으로 확보할 수 있는 방안을 마련해 줄 필요가 있다. 정치자금법은 후원회의 투명한 운영을 위한 상세한 규정을 두고 있어 지방의회의원의 염결성을 확보할 수 있고, 국회의원과 소요되는 정치자금의 차이도 후원 한도를 제한하는 등의 방법으로 규제할 수 있으므로, 후원회

지정 자체를 금지하는 것은 오히려 지방의회의원의 정치자금 모금을 음성화시킬 우려가 있다. 현재 지방의회의원에게 지급되는 의정활동비 등은 의정활동에 전념하기에 충분하지 않고, 지방의회는 유능한 신인정치인의 유입 통로가 되므로, 지방의회의원에게 후원회를 지정할 수 없도록 하는 것은 경제력을 갖추지 못한 사람의 정치입문을 저해할 수도 있다. 따라서 심판대상조항이 국회의원과 달리 지방의회의원을 후원회지정권자에서 제외하고 있는 것은 불합리한 차별로서 청구인들의 평등권을 침해한다(헌재 2022.11.24. 2019헌마528).

③ (○) 국군포로의 신원, 귀환동기, 억류기간 중의 행적을 확인하여 등록 및 등급을 부여하는 것은 국군포로가 국가를 위하여 겪은 희생을 위로하고 국민의 애국정신을 함양한다는 국군포로송환법의 취지에 비추어 볼 때 보수를 지급하기 위해 선행되어야 할 필수적인 절차이다 귀환하지 못한 국군포로의 경우 등록을 할 수가 없고, 대우와 지원을 받을 대상자가 현재 대한민국에 존재하지 않아 보수를 지급하는 제도의 실효성이 인정되기 어렵다. 따라서 심판대상조항은 평등원칙에 위배되지 않는다(헌재 2022.12.22. 2020헌바39).

④ (○) 현역병과 달리 사회복무요원에게 보수 외에 중식비, 교통비, 제복 등을 제외한 다른 의식주 비용을 지급하지 않는 것은 해당 비용과 직무수행 간의 밀접한 관련성 유무를 고려한 것이다. 현역병은 엄격한 규율이 적용되는 내무생활을 하면서 총기·폭발물 사고 등 위험에 노출되어 있는데, 병역의무 이행에 대한 보상의 정도를 결정할 때 위와 같은 현역병 복무의 특수성을 반영할 수 있으며, 사회복무요원은 생계유지를 위하여 필요한 경우 복무기관의 장의 허가를 얻어 겸직할 수 있는 점 등을 고려하면, 심판대상조항이 사회복무요원에게 현역병의 봉급과 동일한 보수를 지급하면서 중식비, 교통비, 제복 등을 제외한 다른 의식주 비용을 추가로 지급하지 않는다 하더라도, 사회복무요원을 현역병에 비하여 합리적 이유 없이 자의적으로 차별한 것이라고 볼 수 없다. 따라서 심판대상조항은 청구인들의 평등권을 침해하지 아니한다(헌재 2019.2.28. 2017헌마374). [2023년 경찰공채 8월] ②

평등권에 관한 설명으로 옳은 것은? (다툼이 있는 경우 헌법재판소 판례에 의함)

① 후원회를 설치·운영할 수 있는 자를 국회의원으로 한정하고 지방의회의원을 제외한 것은 지방의회의원의 평등권을 침해한다.

② 근로자의 날을 관공서의 공휴일에 포함시키지 않은 「관공서의 공휴일에 관한 규정」은 공무원의 평등권을 침해한다.

③ 「정치자금법」 규정이 단일 지역단위 선거구의 지역구국회의원인지 다수 지역단위 선거구의 지역구국회의원인지 여부에 차이를 두지 않고 「정치자금법」에서 정하지 아니한 방법으로 정치자금을 기부받은 경우 정치자금부정수수죄로 처벌하는 것이 불합리하므로 평등원칙에 반한다.

④ 「근로자퇴직급여 보장법」 제3조 단서가 가사사용인을 일반 근로자와 달리 「근로자퇴직급여 보장법」의 적용범위에서 배제하고 있다 하더라도 합리적 이유가 있는 차별로서 평등원칙에 위배되지 아니한다.

⑤ 국가를 우대할 합리적인 이유가 있으므로 국가를 상대로 하는 당사자소송의 경우에는 가집행선고를 할 수 없다고 규정한 「행정소송법」 제43조는 평등원칙에 위배되지 않는다.

① (○) 지방의회의원은 주민의 대표자이자 지방의회의 구성원으로서 주민들의 다양한 의사와 이해관계를 통합하여 지방자치단체의 의사를 형성하는 역할을 하므로, 지방의회의원의 전문성을 확보하고 원활한 의정활동을 지원하기 위해서는 지방의회의원들에게도 후원회를 허용하여 정치자금을 합법적으로 확보할 수 있는 방안을 마련해 줄 필요가 있다. 따라서 심판대상조항이 국회의원과 달리 지방의회의원을 후원회지정권자에서 제외하고 있는 것은 불합리한 차별로서 청구인들의 평등권을 침해한다(헌재 2022.11.24. 2019헌마528).

② (×) 공무원의 유급휴일을 정할 때에는 공무원의 근로자로서의 지위뿐만 아니라 국민전체의 봉사자로서 국가 재정으로 봉급을 지급받는 특수한 지위도 함께 고려하여야 하고, 공무원의 경우 유급휴가를 포함한 근로조건이 법령에 의해 정해진다는 사정도 함께 감안하여야

하므로, 단지 근로자의 날과 같은 특정일을 일반근로자에게는 유급휴일로 인정하면서 공무원에게는 유급휴일로 인정하지 않는다고 하여 이를 곧 자의적인 차별이라고 할 수는 없다. 따라서 심판대상조항이 근로자의 날을 공무원의 법정유급휴일에 해당하는 관공서 공휴일로 규정하지 않은 데에는 합리적인 이유가 있다 할 것이므로, 심판대상조항이 청구인들의 평등권을 침해한다고 볼 수 없다(헌재 2015.11.26. 2015헌마756).

③ (×) 다수 지역단위 선거구의 지역구국회의원이라고 하더라도 지역활동을 위해 반드시 지역단위마다 국회의원 사무실을 설치하여야 하는 필연성이 인정된다고 보기 어려울 뿐만 아니라, 설령 다수의 국회의원 사무실을 설치하는 경우에도 대부분의 비용은 사무실 임차료, 인건비 등으로 구성될 것인데, 지역에 따라 사무실 임차료, 인건비 등이 모두 다르므로, 반드시 다수 지역단위 선거구의 지역구국회의원이 단일 지역단위 선거구의 지역구국회의원에 비해서 사무실 운영 등에 있어 더 많은 비용이 소요된다고 볼 만한 근거가 없다. 심판대상조항이 단일 지역단위 선거구의 지역구국회의원인지 다수 지역단위 선거구의 지역구국회의원인지 여부에 차이를 두지 않고 정치자금법에서 정하지 아니한 방법으로 정치자금을 기부받은 경우 정치자금부정수수죄로 처벌하는 것이 불합리하다고 보기는 어려우므로, 평등원칙에 위반되지 아니한다(헌재 2022.10.27. 2019헌바19).

④ (○) 가사사용인은 일반 근로자와 달리 개별 가정에서 산발적으로 가사업무를 수행하고 있음에 따라 국가에서 그 실태조차 파악하기에 어려운 것이 현실이다. 그런데 퇴직급여법을 전면적으로 적용하게 될 경우 법 준수 여부를 감독할 행정인력 등의 대폭적인 증원이 선행되지 아니하고서는 개별 가정에 대하여 제대로 감독행정을 펼 수 없으므로 막대한 행정비용이 요구된다. 이상과 같이 심판대상조항에서 가사사용인을 일반 근로자와 달리 퇴직급여법의 적용범위에서 배제하고 있다고 하더라도 이는 합리적 이유가 있는 차별로서 불합리하다고 보기 어렵다. 따라서 심판대상조항은 평등원칙에 위배되지 아니한다(헌재 2022.10.27. 2019헌바454).

⑤ (×) 재산권의 청구가 공법상 법률관계를 전제로 한다는 점만으로 국가를 상대로 하는 당사자소송에서 국가를 우대할 합리적인 이유가 있다고 할 수 없고, 집행가능성 여부에 있어서도 국가와 지방자치단체 등이 실질적인 차이가 있다고 보기 어렵다는 점에서, 심판대상조항은 국가가 당사자소송의 피고인 경우 가집행의 선고를 제한하여, 국가가 아닌 공공단체 그 밖의 권리주체가 피고인 경우에 비하여 합리적인 이유 없이 차별하고 있으므로 평등원칙에 반한다(헌재 2022.2.24. 2020헌가12). [2023년 소방간부] ①, ④

평등권 또는 평등원칙에 대한 설명으로 옳지 않은 것은? (다툼이 있는 경우 판례에 의함)

① 친일반민족행위자의 후손이라는 점이 헌법 제11조 제1항 후문의 사회적 신분에 해당한다면 헌법에서 특별히 평등을 요구하고 있는 경우에 해당하여 친일반민족행위자의 후손에 대한 차별은 평등권 침해 여부의 심사에서 엄격한 기준을 적용해야 한다.

② 국민연금법이 형제자매를 사망일시금 수급권자로 규정하고 있는 것과는 달리 공무원연금법이 형제자매를 연금수급권자에서 제외하고 있다 하여도 합리적인 이유에 의한 차별로서 국민연금법상의 수급권의 범위와 비교하여 헌법상 평등권을 침해하였다고 볼 수 없다.

③ 평등원칙 위반의 특수성은 대상 법률이 정하는 '법률효과' 자체가 위헌이 아니라 그 법률효과가 수범자의 한 집단에만 귀속되어 '다른 집단과 사이에 차별'이 발생한다는 점에 있기 때문에, 평등원칙의 위반을 인정하기 위해서는 우선 법적용과 관련하여 상호 배타적인 '두 개의 비교집단'을 일정한 기준에 따라서 구분할 수 있어야 한다.

④ 변호인선임서 등을 공공기관에 제출할 때 소속 지방변호사회를 경유하도록 하는 변호사법 조항은 다른 전문직과 비교하여 차별취급의 합리적 이유가 있다고 할 것이므로 변호사의 평등권을 침해하지 아니한다.

① (×) 친일반민족행위자의 후손이라는 점이 헌법 제11조 제1항 후문의 사회적 신분에 해당한다 할지라도 이것만으로는 헌법에서 특별히

평등을 요구하고 있는 경우라고 할 수 없고, 친일재산의 국가귀속은 연좌제금지원칙이 적용되는 경우라고 볼 수도 없으며 그 외 달리 친일반민족행위자의 후손을 특별히 평등하게 취급하도록 규정한 헌법 규정이 없는 이상, 친일반민족행위자의 후손에 대한 차별은 평등권 침해 여부의 심사에서 엄격한 기준을 적용해야 하는 경우라 볼 수 없다(헌재 2011.3.31. 2008헌바141).

② (○) 공무원연금과 국민연금이 사회보장적 성격을 가진다는 점에서 동일하기는 하나, 양자는 제도의 도입 목적과 배경, 재원의 조성 등에 차이가 있고, 특히 공무원연금은 국민연금에 비하여 재정건전성 확보를 통하여 국가의 재정 부담을 낮출 필요가 절실하다는 점 등에 비추어 볼 때, 공무원연금의 수급권자에서 형제자매를 제외한 것은 합리적인 이유가 있다. 따라서 국민연금법이 형제자매를 사망일시금 수급권자로 규정하고 있는 것과는 달리 공무원연금법이 형제자매를 연금수급권자에서 제외하고 있다 하여도 합리적인 이유에 의한 차별로서, 이 사건 법률조항이 국민연금법상의 수급권의 범위와 비교하여 헌법상 평등권을 침해하였다고 볼 수 없다(헌재 2014.5.29. 2012헌마555).

③ (○) 평등원칙 위반의 특수성은 대상 법률이 정하는 법률효과 자체가 위헌이 아니라, 그 법률효과가 수범자의 한 집단에만 귀속하여 '다른 집단과 사이에 차별'이 발생한다는 점에 있기 때문에, 평등원칙의 위반을 인정하기 위해서는 우선 법적용에 관련하여 상호 배타적인 두 개의 비교집단을 일정한 기준에 따라서 구분할 수 있어야 한다(헌재 2003.12.18. 2002헌마593).

④ (○) 다른 전문직에 비하여 변호사는 포괄적인 직무영역과 그에 따른 더 엄격한 직무의무를 부담하고 있는바, 이는 변호사 직무의 공공성 및 그 포괄적 직무범위에 따른 사회적 책임성을 고려한 것으로서, 다른 전문직과 비교하여 차별취급의 합리적 이유가 있다고 할 것이므로, 변호사법 제29조(변호인선임서 등의 지방변호사회 경유제도)는 변호사의 평등권을 침해하지 아니한다(헌재 2013.5.30. 2011헌마131).

[2022년 국가 7급] ①

평등권 및 평등원칙에 대한 설명으로 가장 적절한 것은? (다툼이 있는 경우 헌법재판소 판례에 의함)

① 「공익신고자 보호법」상 보상금의 의의와 목적을 고려하면 공익신고 유도 필요성에 있어 차이가 있는 내부 공익신고자와 외부 공익신고자를 달리 취급하는 것은 합리성을 인정할 수 있다.

② 「초·중등교육법」 시행령 중 자율형사립고(자사고) 지원자의 평준화지역 후기학교 중복지원금지조항은 고등학교 진학 기회에 있어서 자사고 지원자들에 대한 차별을 정당화할 수 있을 정도로 차별 목적과 차별 정도 간에 비례성을 갖춘 것이다.

③ 개정전 「공직자윤리법」 조항에 따라 이미 재산등록을 한 혼인한 여성 등록의무자에게만 배우자의 직계존·비속의 재산을 등록하도록 예외를 규정한 「공직자윤리법」 부칙조항은 평등원칙에 위배되지 않는다.

④ 임대의무기간이 10년인 공공건설임대주택의 분양전환가격을 임대의무기간이 5년인 공공건설임대주택의 분양전환가격과 서로 다른 기준으로 산정하는 구 「임대주택법」 시행규칙 조항은 10년 임대주택에 거주하는 임차인의 평등권을 침해한다.

① (○) 공익침해행위의 효율적인 발각과 규명을 위해서는 내부 공익신고가 필수적인데, 내부 공익신고자는 조직 내에서 배신자라는 오명을 쓰기 쉬우며, 공익신고로 인하여 신분상, 경제상 불이익을 받을 개연성이 높다. 이 때문에 보상금이라는 경제적 지원조치를 통해 내부 공익신고를 적극적으로 유도할 필요성이 인정된다. 반면, 내부 공익신고자가 아닌 공익신고자는 공익신고로 인해 불이익을 입을 개연성이 높지 않기 때문에 공익신고 유도를 위한 보상금 지급이 필수적이라 보기 어렵다. 공익신고자 보호법상 보상금의 의의와 목적을 고려하면, 이와 같이 공익신고 유도 필요성에 있어 차이가 있는 내부 공익신고자와 외부 공익신고자를 달리 취급하는 것에 합리성을 인정할 수 있다. 이 사건 법률조항이 평등원칙에 위배된다고 볼 수 없다(헌재 2021.5.27. 2018헌바127).

② (×) 자사고와 평준화지역 후기학교의 입학전형 실시권자가 달라 자사고 불합격자에 대한 평준화지역 후기학교 배정에 어려움이 있다면

이를 해결할 다른 제도를 마련하였어야 함에도, 이 사건 중복지원금지 조항은 중복지원금지 원칙만을 규정하고 자사고 불합격자에 대하여 아무런 고등학교 진학 대책을 마련하지 않았다. 결국 이 사건 중복지원금지 조항은 고등학교 진학 기회에 있어서 자사고 지원자들에 대한 차별을 정당화할 수 있을 정도로 차별 목적과 차별 정도 간에 비례성을 갖춘 것이라고 볼 수 없다. 따라서 이 사건 중복지원금지 조항은 청구인 학생 및 학부모의 평등권을 침해하여 헌법에 위반된다(헌재 2019.4.11. 2018헌마221).

③ (×) 사건 부칙조항은 개정 전 공직자윤리법 조항이 혼인관계에서 남성과 여성에 대한 차별적 인식에 기인한 것이라는 반성적 고려에 따라 개정 공직자윤리법 조항이 시행되었음에도 불구하고, 일부 혼인한 여성 등록의무자에게 이미 개정 전 공직자윤리법 조항에 따라 재산등록을 하였다는 이유만으로 남녀차별적인 인식에 기인하였던 종전의 규정을 따를 것을 요구하고 있다. 이는 성별에 의한 차별금지 및 혼인과 가족생활에서의 양성의 평등을 천명하고 있는 헌법에 정면으로 위배되는 것으로 그 목적의 정당성을 인정할 수 없다. 따라서 이 사건 부칙조항은 평등원칙에 위배된다(헌재 2021.9.30. 2019헌가3).

④ (×) 소형임대주택은 정부 지원이 있으면 자가를 마련할 수 있는 소득 5·6분위의 임차인을 대상으로, 중·대형임대주택은 자력으로 자가를 마련할 수 있는 소득 7분위 이상의 임차인을 대상으로 각각 도입된 임대주택이다. 이에 중·대형임대주택은 임대보증금과 임대료가 자율화되어 있고, 분양전환시 임차인이 무주택자일 것을 요구하지 않으며, 분양전환가격도 자율적으로 정해지게 되어있다. 소형임대주택과 중·대형임대주택은 다른 소득계층의 주거수요를 만족시키기 위하여 도입되었다. 위 차이는 임대사업자의 수익성과 연결된다. 소형임대주택을 공급하는 임대사업자는 공공택지 공급, 국민주택기금 지원에 있어 중·대형임대주택을 공급하는 임대사업자에 비하여 많은 공적 지원을 받는다. 심판대상조항이 중·대형임대주택의 분양전환가격을 자율화한 것은 중·대형임대주택의 임대사업자에게 사적 영역을 통하여 일정한 수익성을 확보할 수 있도록 하기 위함이다. 심판대상조항이 중·대형임대주택을 분양전환가격 산정기준 적용 대상에서 제외한 데에는 합리적 이유가 있으므로, 심판대상조항으로 인하여 중·대형임대주택에 거주하는 임차인의 평등권은 침해되지 아니한다(헌재 2021.4.29. 2020헌마923).

[2022년 경찰간부] ①

평등권 또는 평등원칙에 관한 설명 중 옳은 것은? (다툼이 있는 경우 판례에 의함)

① 국민참여재판 배심원의 자격을 만 20세 이상으로 규정한 것은 국민참여재판제도의 취지와 배심원의 권한 및 의무 등 여러 사정을 종합적으로 고려하여 만 20세에 이르기까지 교육 및 경험을 쌓은 자로 하여금 배심원의 책무를 담당하도록 한 것이므로 만 20세 미만의 자를 자의적으로 차별한 것은 아니다.

② 대한민국 국민인 남자에 한하여 병역의무를 부과하는 「병역법」 조항은 우리 헌법이 특별히 명시적으로 차별을 금지하는 사유인 '성별'을 기준으로 병역의무를 부과하므로 이 조항이 평등권을 침해하는지 여부에 대해서는 자의금지원칙이 아닌 비례성원칙에 따른 심사를 하여야 한다.

③ 광역자치단체장 선거의 예비후보자를 후원회지정권자에서 제외하여, 국회의원선거의 예비후보자에게 후원금을 기부하고자 하는 자와 광역자치단체장 선거의 예비후보자에게 후원금을 기부하고자 하는 자를 달리 취급하는 것은 합리적 차별에 해당하고 입법재량의 한계를 일탈한 것은 아니다.

④ 평등원칙은 법 적용상의 평등을 의미하여 행정권과 사법권만을 구속할 뿐이므로, 평등원칙이 입법권까지 구속하는 것은 아니다.

⑤ 헌법 제11조 제1항에서의 사회적 신분이란 사회에서 장기간 점하는 지위로서 일정한 사회적 평가를 수반하는 것을 의미하므로 전과자도 사회적 신분에 해당되고, 따라서 누범을 가

중 처벌하는 것은 전과자라는 사회적 신분을 이유로 차별대우를 하는 것이어서 평등원칙에 위배된다.

① (○) 배심원으로서의 권한을 수행하고 의무를 부담할 능력과 민법상 행위능력, 선거권 행사능력, 군 복무능력, 연소자 보호와 연계된 취업능력 등이 동일한 연령기준에 따라 판단될 수 없고, 각 법률들의 입법취지와 해당 영역에서 고려하여야 할 제반사정, 대립되는 관련 이익들을 교량하여 입법자가 각 영역마다 그에 상응하는 연령기준을 달리 정할 수 있다. 따라서 심판대상조항이 우리나라 국민참여재판제도의 취지와 배심원의 권한 및 의무 등 여러 사정을 종합적으로 고려하여 만 20세에 이르기까지 교육 및 경험을 쌓은 자로 하여금 배심원의 책무를 담당하도록 정한 것은 입법형성권의 한계 내의 것으로 자의적인 차별이라고 볼 수 없다(헌재 2021.5.27. 2019헌가19).

② (×) 사건 법률조항은 성별을 기준으로 병역의무를 달리 부과하도록 한 규정이고, 이는 헌법 제11조 제1항 후문이 예시하는 사유에 기한 차별임은 분명하다. 그러나 헌법 제11조 제1항 후문의 위와 같은 규정은 불합리한 차별의 금지에 초점이 있고, 예시한 사유가 있는 경우에 절대적으로 차별을 금지할 것을 요구함으로써 입법자에게 인정되는 입법형성권을 제한하는 것은 아니다(헌재 2010.11.25. 2006헌마328). 징집 대상자의 범위를 정하는 문제는 그 목적이 국가안보와 직결되어 있고, 그 성질상 급변하는 국내외 정세 등에 탄력적으로 대응하면서 최적의 전투력을 유지할 수 있도록 합목적적으로 정해야 하는 사항이기 때문에, 본질적으로 입법자 등의 입법형성권이 매우 광범위하게 인정되어야 하는 영역이다(헌재 2002.11.28. 2002헌바45). 결국 이 사건 법률조항이 헌법이 특별히 평등을 요구하는 경우나 관련 기본권에 중대한 제한을 초래하는 경우의 차별취급을 그 내용으로 하고 있다고 보기 어려운 점, 징집대상자의 범위 결정에 관하여는 입법자의 광범위한 입법형성권이 인정되는 점에 비추어, 이 사건 법률조항이 평등권을 침해하는지 여부는 완화된 심사척도에 따라 자의금지원칙 위반 여부에 의하여 판단하기로 한다(헌재 2010.11.25. 2006헌마328; 헌재 2011.6.30. 2010헌마460).

③ (×) 그동안 정치자금법이 여러 차례 개정되어 후원회지정권자의 범위가 지속적으로 확대되어 왔음에도 불구하고, 국회의원선거의 예비후보자 및 그 예비후보자에게 후원금을 기부하고자 하는 자와 광역자치단체장선거의 예비후보자 및 이들 예비후보자에게 후원금을 기부하고자 하는 자를 계속하여 달리 취급하는 것은, 불합리한 차별에 해당하고 입법재량을 현저히 남용하거나 한계를 일탈한 것이다. 따라서 심판대상조항 중 광역자치단체장 선거의 예비후보자에 관한 부분은 청구인들 중 광역자치단체장 선거의 예비후보자 및 이들 예비후보자에게 후원금을 기부하고자 하는 자의 평등권을 침해한다(헌재 2019.12.27. 2018헌마301).

④ (×)

⑤ (×) 헌법 제11조 제1항에 규정하고 있는 사회적 신분이란 사회에서 장기간 점하는 지위로서 일정한 사회적 평가를 수반하는 것을 의미한다 할 것이므로 전과자도 사회적 신분에 해당된다고 할 것이며 누범을 가중처벌하는 것이 전과자라는 사회적 신분을 이유로 차별대우를 하는 것이 되어 헌법상의 평등의 원칙에 위배되는 것이 아닌가 하는 의문이 생길 수 있으나, 형법 제35조가 누범에 대하여 형을 가중한다고 해서 그것이 인간의 존엄성 존중이라는 헌법의 이념에 반하는 것도 아니며, 누범을 가중하여 처벌하는 것은 사회방위, 범죄의 특별예방 및 일반예방, 더 나아가 사회의 질서유지의 목적을 달성하기 위한 하나의 적정한 수단이기도 하는 것이므로 이는 합리적 근거 있는 차별이어서 헌법상의 평등의 원칙에 위배되지 아니한다(헌재 1995.2.23. 93헌바43). [2022년 제11회 변호사] ①

'법 앞의 평등'에 대한 설명으로 옳지 않은 것은? (다툼이 있는 경우 헌법재판소 판례에 의함)

① '신 앞의 평등'이 근대 합리주의적 자연법사상의 영향을 받아 '법 앞의 평등'의 원칙으로 발전하였다.

② 여기서 법은 국회의결을 거친 형식적 의미의 법률에 한하며, 실질적 의미의 법은 포함되지 않는다.

③ 평등의 원칙은 일체의 차별대우를 부정하는 절대적 평등을 의미하는 것은 아니고, 법을 적용함에 있어서뿐만 아니라, 입법을 함에 있어서 불합리한 조건에 의한 차별대우를 하여서는 안 된다는 상대적·실질적 평등을 의미한다.

④ '법 앞의 평등'은 자연인뿐만 아니라, 법인과 법인격 없는 단체에게도 인정되며 외국인에게도 인정되나 외국인의 경우 국제법상 호혜주의(상호주의)의 원칙에 따라 평등의 원칙의 적용이 제한되는 경우가 있다.

① (○) 법 앞의 평등(Equality before the law)의 관념은 플라톤의 국가론에서의 정의이념과 신 앞의 평등이라는 종교사상에서 연원한다. 중세적 의미의 신 앞의 평등이념이 근대로 넘어오면서 그대로 법 앞의 평등이 되었다. 자연법사상에 준거한 자연권적 불가침의 평등이념으로 선언된 것이다.
② (×) 법이란 단순히 국민의 대표기관인 국회에서 제정한 법률만을 의미하는 것이 아니라 모든 법규범뿐만 아니라 실질적 의미의 법을 포괄한다.
③ (○) 헌법의 위 각 규정을 풀이하면, 헌법 제11조 제1항에 정한 법 앞에서의 평등의 원칙은 결코 일체의 차별적 대우를 부정하는 절대적 평등을 의미하는 것을 아니나, 법을 적용함에 있어서뿐만 아니라 입법을 함에 있어서도 불합리한 차별대우를 하여서는 아니 된다는 것을 뜻한다. 즉 사리에 맞는 합리적인 근거없이 법을 차별하여 적용하여서는 아니됨은 물론 그러한 내용의 입법을 하여서도 아니 된다는 것이다(헌재 1989.5.24. 89헌가37).
④ (○) 평등권의 주체는 국민뿐 아니라 법인은 물론 권리능력 없는 사단이나 재단도 주체가 된다. 외국인도 법 앞의 평등의 주체가 될 수는 있으나, 외국인의 경우 국제법과 국제법상 상호주의의 원칙에 따른 제한되는 경우도 있다. [2011년 지방 7급] ②

평등의 원칙에 관한 다음 설명 중 옳지 않은 것을 모두 고른 것은?

㉠ 국가를 상대로 하는 당사자소송의 경우에는 가집행선고를 할 수 없다고 규정한 행정소송법 조항은 평등의 원칙에 반한다.
㉡ 민사집행법상 경매절차에서의 매수신청보증금이 매수인의 대금미납으로 그에게 반환되지 아니하는 경우 국고에 귀속하지 않고 배당재원에 포함시키는 것과 달리 국세징수법상 공매절차에서 매각결정을 받은 매수인이 기한 내에 대금납부의무를 이행하지 아니하여 매각결정이 취소되는 경우 그가 납부한 계약보증금을 국고에 귀속하도록 규정한 국세징수법 조항은 국세징수절차와 민사집행절차의 성질이 다르므로 합리적 이유 있는 차별에 해당한다.
㉢ 소년범 중 형의 집행이 종료되거나 면제된 자에 한하여 자격에 관한 법령의 적용에 있어 장래에 향하여 형의 선고를 받지 아니한 것으로 본다고 규정한 구 소년법(2018.9.18. 법률 제15757호로 개정되기 전의 것) 제67조는 평등의 원칙에 위반된다.
㉣ 고소인·고발인만을 검찰청법상 항고권자로 규정하고 있는 검찰청법 조항은 기소유예처분을 받은 피의자의 평등권을 침해하는 것이다.
㉤ 친고죄에 있어서 고소 취소가 가능한 시기를 제1심 판결선고 전까지로 제한한 형사소송법 조항은 항소심 단계에서 고소 취소된 사람을 자의적으로 차별하는 것이 아니다.

① ㉠, ㉡ ② ㉡, ㉣ ③ ㉢, ㉣, ㉤
④ ㉡, ㉢, ㉣ ⑤ ㉠, ㉢, ㉤

㉠ (○) 재산권의 청구가 공법상 법률관계를 전제로 한다는 점만으로 국가를 상대로 하는 당사자소송에서 국가를 우대할 합리적인 이유가 있다고 할 수 없고, 집행가능성 여부에 있어서도 국가와 지방자치단체 등이 실질적인 차이가 있다고 보기 어렵다는 점에서, 심판대상조항은 국가가 당사자소송의 피고인 경우 가집행의 선고를 제한하여, 국가가 아닌 공공단체 그 밖의 권리주체가 피고인 경우에 비하여 합리적인

이유 없이 차별하고 있으므로 평등원칙에 반한다(헌재 2022.2.24. 2020헌가12).

㉡ (×) 사건 법률조항은 위약금 약정의 성격을 가지는 매각의 법정조건으로서 민사집행법상 매수신청보증금과 본질적으로 동일한 성격을 가지는 국세징수법상 계약보증금을 절차상 달리 취급함으로써, 국세징수법상 공매절차에서의 체납자 및 담보권자를 민사집행법상 경매절차에서의 집행채무자 및 담보권자에 비하여 그 재산적 이익의 영역에서 합리적 이유 없이 자의적으로 차별하고 있으므로 헌법상 평등원칙에 위반된다(헌재 2009.4.30. 2007헌가8).

㉢ (○) 집행유예는 실형보다 죄질이나 범정이 더 가벼운 범죄에 관하여 선고하는 것이 보통인데, 이 사건 구법 조항은 집행유예보다 중한 실형을 선고받고 집행이 종료되거나 면제된 경우에는 사격에 관한 법령의 적용에 있어 형의 선고를 받지 아니한 것으로 본다고 하여 공무원 임용 등에 자격제한을 두지 않으면서, 집행유예를 선고받은 경우에 대해서는 이와 같은 특례조항을 두지 아니하여 불합리한 차별을 야기하고 있다. 명백히 자의적인 차별에 해당하여 평등원칙에 위반된다(헌재 2018.1.25. 2017헌가7).

㉣ (×) 사건 법률조항은 고소인 또는 고발인이 기소독점주의와 기소편의주의 체제 하에서 검사의 부당한 불기소처분에 불복할 수 있는 절차와 기회를 부여하는 데에 목적이 있고, 이 사건 법률조항이 기소유예처분을 받은 피의자를 항고권의 주체에서 배제함으로써 결과적으로 고소인과 고발인만이 검찰 내부기관에 대하여 불기소처분을 다툴 수 있게 된다 하더라도, 이를 가리켜 수인할 수 없을 정도로 합리적 이유 없이 기소유예처분을 받은 피의자의 평등권을 침해한다고는 할 수 없다(헌재 2012.7.26. 2010헌마642).

㉤ (○) 사건 법률조항은 고소인과 피고소인 사이에 자율적인 화해가 이루어질 수 있도록 어느 정도의 시간을 보장함으로써 국가형벌권의 남용을 방지하는 동시에 국가형벌권의 행사가 전적으로 고소인의 의사에 의해 좌우되는 것 또한 방지하는 한편, 가급적 고소 취소가 제1심 판결선고전에 이루어지도록 유도함으로써 남상소를 막고, 사법자원이 효율적으로 분배될 수 있도록 하는 역할을 한다. 따라서 이 사건 법률조항이 항소심 단계에서 고소 취소된 사람을 자의적으로 차별하는 것이라고 할 수는 없다(헌재 2011.2.24. 2008헌바40).

[2022년 법무사] ②

헌법상 평등의 원칙에 관한 다음 설명 중 가장 옳지 않은 것은?

① 헌법에서 특별히 평등을 요구하고 있는 경우나 차별적 취급으로 인하여 관련 기본권에 대한 중대한 제한을 초래하게 되는 경우에는 입법형성권은 축소되고, 보다 엄격한 심사척도가 적용되어야 할 것이다.

② 사회적 특수계급의 제도는 인정되지 아니하며, 어떠한 형태로도 이를 창설할 수 없다.

③ 훈장 등의 영전은 이를 받은 자에게만 효력이 있고, 어떠한 특권도 이에 따르지 아니한다.

④ 입법자가 전문자격제도의 내용인 결격사유를 정함에 있어 변호사의 경우 변리사나 공인중개사보다 더 가중된 요건을 규정한 것은 평등권을 침해한 것이다.

① (○) 평등원칙 위반 여부를 심사함에 있어 엄격한 심사척도에 의할 것인지, 완화된 심사척도에 의할 것인지는 입법자에게 인정되는 입법형성권의 정도에 따라 다르게 되는데, 헌법에서 특별히 평등을 요구하고 있는 경우나 차별적 취급으로 인하여 관련 기본권에 대한 중대한 제한을 초래하게 되는 경우에는 입법형성권은 축소되고, 보다 엄격한 심사척도가 적용되어야 할 것이다(헌재 2013.9.26. 2011헌바272).

② (○) 헌법 제11조 ②사회적 특수계급의 제도는 인정되지 아니하며, 어떠한 형태로도 이를 창설할 수 없다.

③ (○) 헌법 제11조 ③훈장 등의 영전은 이를 받은 자에게만 효력이 있고, 어떠한 특권도 이에 따르지 아니한다.

④ (×) 변리사나 공인중개사의 업무는 법률사무 전반을 직무 영역으로 하는 변호사의 경우에 비하여 그 영역 범위가 한정적이고 기술적이다. 또한 변호사는 국민의 기본적 인권의 옹호와 사회질서 유지를 사명으로 하며 품위유지, 공익활동, 독직금지행위 등의 의무를 부담하는 등 공공성이 특히 강조되고 법제도 및 준법에 대한 더욱 고양된 윤리성이 강조되는 직역임에 비추어볼 때, 그 직무의 공공성 및 이에 대한 신뢰의 중요성도 변리사 및 공인중개사보다 더 높은 수준이 요구된다. 따라서 입법자가 전문자격제도의 내용인 결격사유를 정함에 있어 변호사의 경우 변리사나 공인중개사보다 더 가중된 요건을 규정하였다고 하더라도 헌법 제11조 제1항에 반하여 청구인의 평등권을 침해하였다고 할 수 없다(헌재 2009.10.29. 2008헌마432).

[2021년 법원 9급] ④

평등원칙 내지 평등권에 관한 설명 중 가장 적절하지 않은 것은? (다툼이 있는 경우 판례에 의함)

① 고소인이나 고발인만을 항고권자로 규정한 검찰청법 조항은 동법상 항고를 통하여 불복할 수 없게 된 기소유예 처분을 받은 피의자를 고소인이나 고발인에 비하여 합리적 이유 없이 차별하는 것이라 할 수 없다.

② 경찰공무원은 교육훈련 또는 직무수행 중 사망한 경우 국가유공자 등 예우 및 지원에 관한 법률상 순직군경으로 예우받을 수 있는 것과는 달리, 소방공무원은 화재진압, 구조·구급 업무 수행 또는 이와 관련된 교육훈련 중 사망한 경우에 한하여 순직군경으로서 예우를 받을 수 있도록 하는 소방공무원법 규정은 소방공무원에 대한 합리적인 이유 없는 차별에 해당한다.

③ 대한민국 국민인 남자에 한하여 병역의무를 부과한 구 병역법조항이 평등권을 침해하는지 여부는 완화된 심사척도에 따라 자의금지원칙 위반 여부에 의하여 판단한다.

④ 일반 형사소송절차와 달리 소년심판절차에서 검사에게 상소권이 인정되지 않는 것은 객관적이고 합리적인 이유가 있어 피해자의 평등권을 침해한다고 볼 수 없다.

① (○) 검찰청법상 항고제도의 인정 여부는 기본적으로 입법정책에 속하는 문제로서 그 주체, 대상의 범위 등의 제한도 그것이 현저히 불합리하지 아니한 이상 헌법에 위반되는 것이라 할 수 없고, 고소인·고발인과 피의자는 기본적으로 대립적 이해관계에서 기소유예처분에 불복할 이익을 지니며, 검찰청법상 항고제도의 성격과 취지 및 한정된 인적·물적 사법자원의 측면, 그리고 이 사건 법률조항이 헌법소원심판청구 등 피의자의 다른 불복수단까지 원천적으로 봉쇄하는 것은 아닌 점 등을 종합하면, 이 사건 법률조항이 피의자를 고소인·고발인에 비하여 합리적 이유 없이 차별하는 것이라 할 수 없다(헌재 2012.7.26. 2010헌마642).

② (×) 경찰공무원은 교육훈련 또는 직무수행 중 사망한 경우 국가유공자 등 예우 및 지원에 관한 법률상 순직군경으로 예우받을 수 있는 것과는 달리, 소방공무원은 화재진압, 구조·구급 업무수행 또는 이와 관련된 교육훈련 중 사망한 경우에 한하여 순직군경으로서 예우를 받을 수 있도록 하는 소방공무원법 제14조의2 제1항과 제2항이 합리적 근거 없는 차별로서 청구인들의 평등권을 침해하지 않는다. 소방공무원과 경찰공무원은 업무의 내용이 서로 다르고, 그로 인해 업무수행 중에 노출되는 위험상황의 성격과 정도에 있어서도 서로 동일하다고 볼 수 없다. 더욱이 경찰공무원의 경우에는 전쟁이 발생하거나 이에 준하는 상황이 발생하는 경우 군인과 마찬가지로 고도의 위험을 무릅쓰고 부여된 업무를 수행할 것이 기대되므로 정책적인 배려에서 예우법은 군인이나 경찰공무원이 직무수행 중 사망한 경우에는 순직군경으로 예우하도록 하고 있다. 그리고 그동안 국가는 소방공무원이 국가유공자로 예우를 받게 되는 대상자의 범위 등을 국가의 재정능력, 전체적인 사회보장의 수준과 국가에 대한 공헌과 희생의 정도 등을 감안하여 합리적인 범위 내에서 단계적으로 확대해 왔다. 그렇다면 국가에 대한 공헌과 희생, 업무의 위험성의 정도, 국가의 재정상태 등을 고려하여 화재진압, 구조·구급 업무수행 또는 이와 관련된 교육훈련 이외의 사유로 직무수행 중 사망한 소방공무원에 대하여 순직군경으로서의 보훈혜택을 부여하지 않는다고 해서 이를 합리적인 이유 없는 차별에 해당한다고 볼 수 없다(헌재 2005.9.29. 2004헌바53).

③ (○) 사건 법률조항은 헌법이 특별히 양성평등을 요구하는 경우나 관련 기본권에 중대한 제한을 초래하는 경우의 차별취급을 그 내용으로 하고 있다고 보기 어려우며, 징집대상자의 범위 결정에 관하여는 입법자의 광범위한 입법형성권이 인정된다는 점에 비추어 이 사건 법률조항이 평등권을 침해하는지 여부는 완화된 심사기준에 따라 판단하여야 한다(헌재 2010.11.25. 2006헌마328).

④ (○) 소년심판은 형사소송절차와는 달리 소년에 대한 후견적 입장에서 소년의 환경조정과 품행교정을 위한 보호처분을 하기 위한 심문절차이며, 보호처분을 함에 있어 범행의 내용도 참작하지만 주로 소년의 환경과 개인적 특성을 근거로 소년의 개선과 교화에 부합하는 처분을 부과하게 되므로 일반 형벌의 부과와는 차이가 있다. 위와 같은 소년심판절차의 특수성을 감안하면, 차별대우를 정당화하는 객관적이고 합리적인 이유가 존재한다고 할 것이어서 이 사건 법률조항은 청구인의 평등권을 침해하지 않는다(헌재 2012.7.26. 2011헌마232).

[2022년 경찰 경정승진] ②

평등권(평등원칙)에 관한 설명 중 가장 적절한 것은? (다툼이 있는 경우 판례에 의함)

① 자기 또는 배우자의 직계존속을 고소하지 못하도록 규정한 형사소송법 조항은 친고죄의 경우든 비친고죄의 경우든 헌법상 보장된 재판절차진술권의 행사에 중대한 제한을 초래한다고 보기는 어려우므로, 완화된 자의심사에 따라 차별에 합리적 이유가 있는지를 따져보는 것으로 족하다.

② 선거로 취임하는 공무원인 지방자치단체장을 공무원연금법의 적용대상에서 제외하는 법률조항은, 지방자치단체장도 국민 전체에 대한 봉사자로서 공무원법상 각종 의무를 부담하고 영리업무 및 겸직 금지 등 기본권 제한이 수반된다는 점에서 경력직공무원 또는 다른 특수경력직공무원 등과 차이가 없는데도 공무원연금법의 적용에 있어 지방자치단체장을 다른 공무원에 비하여 합리적 이유 없이 차별하는 것으로, 지방자치단체장들의 평등권을 침해한다.

③ 제대군인이 공무원채용시험 등에 응시한 때에 과목별 득점에 과목별 만점의 5퍼센트 또는 3퍼센트를 가산하는 것에 대하여 완화된 심사기준인 자의금지원칙을 적용하고 있다.

④ 보건복지부장관이 최저생계비를 고시함에 있어 장애로 인한 추가지출비용을 반영한 별도의 최저생계비를 결정하지 않은 채 가구별 인원수만을 기준으로 최저생계비를 결정한 고시는 엄격한 기준인 비례성원칙에 따른 심사를 함이 타당하다.

① (○) 친고죄의 경우든 비친고죄의 경우든 이 사건 법률조항이 재판절차진술권의 중대한 제한을 초래한다고 보기는 어려우므로, 이 사건 법률조항이 평등원칙에 위반되는지 여부에 대한 판단은 완화된 자의심사에 따라 차별에 합리적인 이유가 있는 지를 따져보는 것으로 족하다(헌재 2011.2.24. 2008헌바56).

② (×) 지방자치단체장은 특정 정당을 정치적 기반으로 할 수 있는 선출직공무원으로 임기가 4년이고 계속 재임도 3기로 제한되어 있어, 장기근속을 전제로 하는 공무원을 주된 대상으로 하고 이들이 재직 기간 동안 납부하는 기여금을 일부 재원으로 하여 설계된 공무원연금법의 적용대상에서 지방자체단체장을 제외하는 것에는 합리적 이유가 있다. 선출직 공무원의 경우 선출 기반 및 재임 가능성이 모두 투표권자에게 달려 있고, 정해진 임기가 대체로 짧으며, 공무원연금의 전체 기금은 기본적으로 기여금 및 국가 또는 지방자치단체의 비용으로 운용되는 것이므로 공무원연금급여의 종류를 구별하여 기여금 납부를 전제로 하지 않는 급여의 경우 선출직 공무원에게 지급이 가능하다고 보기도 어렵다. 따라서 심판대상조항은 청구인들의 평등권을 침해하지 않는다(헌재 2014.6.26. 2012헌마459).

③ (×) 가산점제도는 헌법 제32조 제4항이 특별히 남녀평등을 요구하고 있는 근로 내지 고용의 영역에서 남성과 여성을 달리 취급하는 제도이고, 또한 헌법 제25조에 의하여 보장된 공무담임권이라는 기본권의 행사에 중대한 제약을 초래하는 것이기 때문에 엄격한 심사척도가 적용된다(헌재 1999.12.23. 98헌마363).

④ (×) 사건 고시로 인한 장애인가구와 비장애인가구의 차별취급은 헌법에서 특별히 평등을 요구하는 경우 내지 차별대우로 인하여 자유권의 행사에 중대한 제한을 받는 경우에 해당한다고 볼 수 없는 점, 국가가 국민의 인간다운 생활을 보장하기 위하여 행하는 사회부조에 관하여는 입법부 내지 입법에 의하여 위임을 받은 행정부에게 사회보장, 사회복지의 이념에 명백히 어긋나지 않는 한 광범위한 형성의 자유가 부여된다는 점을 고려하면, 이 사건 고시로 인한 장애인가구와 비장애인 가구의 차별취급이 평등위반인지 여부를 심사함에 있어서는 완화된 심사기준인 자의금지원칙을 적용함이 상당하다(헌재 2004.10.28. 2002헌마328). [2020년 경찰 경정승진] ①

〈보기〉에서 평등원칙 위반 여부의 심사기준이 같은 사안끼리 묶인 것은? (다툼이 있는 경우 헌법재판소 판례에 의함)

> ㄱ. 국가를 상대로 하는 당사자소송의 경우에는 가집행선고를 할 수 없다고 규정한 것은 평등원칙에 반한다.
> ㄴ. 제대군인이 공무원채용시험 등에 응시한 때에 과목별 득점에 과목별 만점의 5% 또는 3%를 가산하는 제대군인가산점제도를 규정한 것은 헌법에 위반된다.
> ㄷ. 대한민국 국민인 남자에 한하여 병역의무를 부과한 것은 평등권을 침해하지 않는다. ㄹ. 혼인한 등록의무자 모두 배우자가 아닌 본인의 직계존·비속의 재산을 등록하도록 법조항이 개정되었음에도 불구하고, 개정 전 조항에 따라 이미 배우자의 직계존·비속의 재산을 등록한 혼인한 여성 등록의무자는 종전과 동일하게 계속해서 배우자의 직계존·비속의 재산을 등록하도록 규정한 것은 평등원칙에 위배된다.

① (ㄱ), (ㄴ, ㄷ, ㄹ) ② (ㄱ, ㄴ), (ㄷ, ㄹ) ③ (ㄱ, ㄷ), (ㄴ, ㄹ)
④ (ㄱ, ㄹ), (ㄴ, ㄷ) ⑤ (ㄱ, ㄴ, ㄹ), (ㄷ)

ㄱ. 심판대상조항으로 인한 가집행선고 제한은 헌법에서 특별히 평등을 요구하는 영역에 해당하지 않고, 소송 절차와 관련된 내용은 국민의 권리 구제에 있어 공정하고 신속하게 소송이 진행될 수 있도록 하는 목적에 따라 그 내용에 광범위한 입법재량이 인정되는 영역이다. 따라서 심판대상조항의 평등원칙 위반 여부는 자의금지원칙에 따라 판단하기로 한다(헌재 2022.2.24. 2020헌가12).
ㄴ. 가산점제도에 대하여는 엄격한 심사척도가 적용되어야 하는데, 엄격한 심사를 한다는 것은 자의금지원칙에 따른 심사, 즉 합리적 이유의 유무를 심사하는 것에 그치지 아니하고 비례성원칙에 따른 심사, 즉 차별취급의 목적과 수단간에 엄격한 비례관계가 성립하는지를 기준으로 한 심사를 행함을 의미한다(헌재 1999.12.23. 98헌마363).
ㄷ. 사건 법률조항이 헌법이 특별히 평등을 요구하는 경우나 관련 기본권에 중대한 제한을 초래하는 경우의 차별취급을 그 내용으로 하고 있다고 보기 어려운 점, 징집대상자의 범위 결정에 관하여는 입법자의 광범위한 입법형성권이 인정되는 점에 비추어, 이 사건 법률조항이 평등권을 침해하는지 여부는 완화된 심사척도에 따라 자의금지원칙 위반 여부에 의하여 판단하기로 한다(헌재 2010.11.25. 2006헌마328).
ㄹ. 헌법 제11조 제1항은 성별에 의한 차별을 금지하고 있고, 나아가 헌법 제36조 제1항은 혼인과 가족생활에 있어서 특별히 양성의 평등대우를 명하고 있다. 사건 부칙조항으로 인해 혼인한 남성 등록의무자와 일부 혼인한 여성 등록의무자 간에 등록대상재산의 범위에 차이가 발생하게 되었으므로, 이에 대해서는 엄격한 심사척도를 적용하여 비례성 원칙에 따른 심사를 행하여야 할 것이다(헌재 2021.9.30. 2019헌가3).

[2022년 국회 8급] ③

평등권 또는 평등원칙에 관한 다음 설명 중 가장 옳지 않은 것은? (다툼이 있는 경우 헌법재판소 결정에 의함)

① 평등원칙 위반 여부를 심사할 때 헌법에서 특별히 평등을 요구하고 있는 경우나 차별적 취급으로 인하여 기본권에 대한 중대한 제한을 초래하는 경우에는 자의금지원칙에 따른 심사에 그치지 아니하고 비례성원칙에 따른 심사를 함이 타당하다.
② 평등원칙의 위반을 인정하기 위해서는 법적용에 관련하여 상호 배타적인 '두 개의 비교집단'을 일정한 기준에 따라 구분할 수 있어야 한다.
③ 수혜적 성격의 법률에는 입법자에게 광범위한 입법형성의 자유가 인정되므로 그 내용이 합리적인 근거를 가지지 못하여 현저히 자의적일 경우에만 헌법에 위반된다.
④ 헌법 제11조 제1항 제2문은 차별금지사유로서 성별을 명시하고 있으므로 대한민국 국민인

남자에 한하여 병역의무를 부과하는 병역법 조항이 평등권을 침해하는지 여부는 완화된 심사척도인 자의금지원칙위반 여부가 아니라 엄격한 심사기준을 적용하여 판단하여야 한다.

① (○) 헌법에서 특별히 평등을 요구하고 있는 경우와 차별적 취급으로 인하여 관련 기본권에 대한 중대한 제한을 초래하게 된다면 입법형성권은 축소되어 보다 엄격한 심사척도가 적용되어야 할 것인바, 가산점제도는 헌법 제32조 제4항이 특별히 남녀평등을 요구하고 있는 근로 내지 고용의 영역에서 남성과 여성을 달리 취급하는 제도이고, 또한 헌법 제25조에 의하여 보장된 공무담임권이라는 기본권의 행사에 중대한 제약을 초래하는 것이기 때문에 엄격한 심사척도가 적용된다(헌재 1999.12.23. 98헌마363).
② (○) 평등원칙 위반의 특수성은 대상 법률이 정하는 법률효과 자체가 위헌이 아니라, 그 법률효과가 수범자의 한 집단에만 귀속하여 다른 집단과 사이에 차별이 발생한다는 점에 있기 때문에, 평등원칙의 위반을 인정하기 위해서는 우선 법적용에 관련하여 상호 배타적인 두 개의 비교집단을 일정한 기준에 따라서 구분할 수 있어야 한다(헌재 2003.12.18. 2002헌마593).
③ (○) 수혜적 성격의 법률에는 입법자에게 광범위한 입법형성의 자유가 인정되므로 그 내용이 합리적인 근거를 가지지 못하여 현저히 자의적일 경우에만 헌법에 위반된다(헌재 2012.8.23. 2010헌마328).
④ (×) 사건 법률조항은 헌법이 특별히 양성평등을 요구하는 경우나 관련 기본권에 중대한 제한을 초래하는 경우의 차별취급을 그 내용으로 하고 있다고 보기 어려우며, 징집대상자의 범위 결정에 관하여는 입법자의 광범위한 입법형성권이 인정된다는 점에 비추어 이 사건 법률조항이 평등권을 침해하는지 여부는 완화된 심사기준에 따라 판단해야 한다(헌재 2010.11.25. 2006헌마328). [2017년 법원 9급] ④

평등권에 대한 설명으로 옳지 않은 것은?

① 초·중등교육법 상의 교원과는 달리 법률로써 고등교육법에서 규율하는 대학 교원들의 단결권을 인정하지 않더라도, 대학 교원은 헌법과 법률로써 신분이 보장되고 정당가입과 선거운동 등이 가능하므로 평등권을 침해하는 것은 아니다.
② 사법시험에 합격하여 사법연수원의 과정을 마친 자와 달리 변호사시험 합격자들에게 6개월의 실무수습을 거치도록 하는 변호사법 규정이 합리적 이유가 없는 자의적 차별이라고 보기는 어렵다.
③ 대한민국 국민인 남자에 한하여 병역의무를 부과한 구 병역법 조항이 성별을 기준으로 병역의무자의 범위를 정한 것은 평등권을 침해하지 않는다.
④ 제대군인지원에 관한 법률에 규정된 가산점제도(과목별 만점의 5% 또는 3%를 가산)는 제대군인에 비하여 여성 및 제대군인이 아닌 남성을 부당한 방법으로 지나치게 차별하는 것으로서 헌법 제11조에 위배된다.

① (×) 심판대상조항으로 인하여 교육공무원 아닌 대학 교원들이 향유하지 못하는 단결권은 헌법이 보장하고 있는 근로3권의 핵심적이고 본질적인 권리이다. 최근 들어 대학 사회가 다층적으로 변화하면서 대학 교원의 사회·경제적 지위의 향상을 위한 요구가 높아지고 있는 상황에서 단결권을 행사하지 못한 채 개별적으로만 근로조건의 향상을 도모해야 하는 불이익은 중대한 것이므로, 심판대상조항은 과잉금지원칙에 위배된다(헌재 2018.8.30. 2015헌가38). 교육공무원인 대학 교원에 대하여 보더라도, 교육공무원의 직무수행의 특성과 헌법 제33조 제1항 및 제2항의 정신을 종합해 볼 때, 교육공무원에게 근로3권을 일체 허용하지 않고 전면적으로 부정하는 것은 합리성을 상실한 과도한 것으로서 입법형성권의 범위를 벗어나 헌법에 위반된다(헌재 2018.8.30. 2015헌가38).
② (○) 사법시험에 합격하여 사법연수원의 과정을 마친 자와 판사나 검사의 자격이 있는 자는 사법연수원의 정형화된 이론과 실무수습을

거치거나, 법조실무경력이 있는 반면, 청구인들과 같은 변호사시험 합격자들의 실무수습은 법학전문대학원 별로 편차가 크고 비정형적으로 이루어지고 있으므로, 변호사 시험 합격자들에게 6개월의 실무수습을 거치도록 하는 것을 합리적 이유가 없는 자의적 차별이라고 보기는 어렵다. 따라서 심판대상조항은 청구인들의 평등권을 침해하지 아니한다(헌재 2014.9.25. 2013헌마424).

③ (○) 집단으로서의 남자는 집단으로서의 여자에 비하여 보다 전투에 적합한 신체적 능력을 갖추고 있으며, 개개인의 신체적 능력에 기초한 전투적합성을 객관화하여 비교하는 검사체계를 갖추는 것이 현실적으로 어려운 점 등에 비추어 남자만을 징병검사의 대상이 되는 병역의무자로 정한 것이 현저히 자의적인 차별취급이라 보기 어렵다. 결국 이 사건 법률조항이 성별을 기준으로 병역의무자의 범위를 정한 것은 자의금지원칙에 위배하여 평등권을 침해하지 않는다(헌재 2011.6.30. 2010헌마460).

④ (○) 제대군인에 대한 이러한 혜택을 몇 번이고 아무런 제한 없이 부여함으로써 한 사람의 제대군인을 위하여 몇 사람의 비(非)제대군인의 기회가 박탈당할 수 있게 하는 등 차별취급을 통하여 달성하려는 입법목적의 비중에 비하여 차별로 인한 불평등의 효과가 극심하므로 가산점제도는 차별취급의 비례성을 상실하고 있다. 그렇다면 가산점제도는 제대군인에 비하여, 여성 및 제대군인이 아닌 남성을 부당한 방법으로 지나치게 차별하는 것으로서 헌법 제11조에 위배되며, 이로 인하여 청구인들의 평등권이 침해된다(헌재 1999.12.23. 98헌마363).

[2023년 국가 5급] ①

평등권에 대한 설명으로 옳은 것은? (다툼이 있는 경우 판례에 의함)

① 초·중등학교 교원에 대하여는 정당가입을 금지하면서 대학교원에게는 허용하는 것은 기초적인 지식전달, 연구기능 등 직무의 본질이 서로 다른 점을 고려한 합리적 차별이므로 평등원칙에 반하지 아니한다.

② 국민참여재판 배심원의 자격을 만 20세 이상으로 정한 것은 「민법」상 성년연령이 만 19세로 개정된 점이나 선거권 연령이 만 18세로 개정된 점을 고려해 볼 때, 만 19세 및 만 18세의 국민을 합리적인 이유 없이 차별취급하는 것이다.

③ 형벌체계에 있어서 법정형의 균형은 한치의 오차도 없이 반드시 실현되어야 하는 헌법상 절대원칙이므로, 특정한 범죄에 대한 형벌이 그 자체로서의 책임과 형벌의 비례원칙에 위반되지 않더라도 보호법익과 죄질이 유사한 범죄에 대한 형벌과 비교할 때 형벌체계상의 균형을 상실할 우려가 있는 경우에는 평등원칙에 반한다고 할 수 있다.

④ 근로자의 날을 법정유급휴일로 할 것인지에 있어서 공무원과 일반근로자를 다르게 취급할 이유가 없으므로 근로자의 날을 공무원의 법정유급휴일로 정하지 않은 것은 공무원과 일반근로자를 자의적으로 차별하는 것에 해당하여 평등권을 침해한다.

① (○) 정당가입 금지조항은 공무원의 정치적 중립성을 보장하고 초·중등학교 교육의 중립성을 확보한다는 점에서 입법목적의 정당성이 인정되고, 정당에의 가입을 금지하는 것은 입법목적 달성을 위한 적합한 수단이다. 또한 초·중등학교 교원에 대하여는 정당가입을 금지하면서 대학교원에게는 허용하는 것은 기초적인 지식전달, 연구기능 등 직무의 본질이 서로 다른 점을 고려한 합리적 차별이므로 평등원칙에 반하지 아니한다(헌재 2014.3.27. 2011헌바42).

② (×) 국민참여재판법상 배심원의 최저 연령 제한은 배심원의 역할을 수행하기 위한 최소한의 자격으로, 배심원에게 요구되는 역할과 책임을 감당할 수 있는 능력을 갖춘 시기를 전제로 한다. 심판대상조항이 우리나라 국민참여재판제도의 취지와 배심원의 권한 및 의무 등 여러 사정을 종합적으로 고려하여 만 20세에 이르기까지 교육 및 경험을 쌓은 자로 하여금 배심원의 책무를 담당하도록 정한 것은 입법형성권의 한계 내의 것으로 자의적인 차별이라고 볼 수 없다(헌재 2021.5.27. 2019헌가19).

③ (×) 특정한 범죄에 대한 형벌이 그 자체로서의 책임과 형벌의 비례원칙에 위반되지 않더라도 보호법익과 죄질이 유사한 범죄에 대한

형벌과 비교할 때 현저히 불합리하거나 자의적이어서 형벌체계상의 균형을 상실한 것이 명백한 경우에는 평등원칙에 반하여 위헌이라 할 수 있다. 그러나 형벌체계에 있어서 법정형의 균형은 한치의 오차도 없이 반드시 실현되어야 하는 헌법상 절대원칙은 아니다. 법정형의 종류와 범위를 정함에 있어서 당해 범죄의 보호법익과 죄질뿐만 아니라 범죄예방을 위한 형사정책적 사정 등도 모두 고려되어야 하므로, 보호법익과 죄질이 다르면 법정형의 내용이 다를 수 있고, 형사정책적 고려가 다르면 또 그에 따라 법정형의 내용이 달라질 수밖에 없다(헌재 2021.2.25. 2019헌바58).

④ (×) 공무원의 유급휴일을 정할 때에는 공무원의 근로자로서의 지위뿐만 아니라 국민전체의 봉사자로서 국가 재정으로 봉급을 지급받는 특수한 지위도 함께 고려하여야 하고, 공무원의 경우 유급휴가를 포함한 근로조건이 법령에 의해 정해진다는 사정도 함께 감안하여야 하므로, 단지 근로자의 날과 같은 특정일을 일반근로자에게는 유급휴일로 인정하면서 공무원에게는 유급휴일로 인정하지 않는다고 하여 이를 곧 자의적인 차별이라고 할 수는 없다. 따라서 심판대상조항이 근로자의 날을 공무원의 법정유급휴일에 해당하는 관공서 공휴일로 규정하지 않은 데에는 합리적인 이유가 있다 할 것이므로, 심판대상조항이 청구인들의 평등권을 침해한다고 볼 수 없다(헌재 2015.11.26. 2015헌마756). [2022년 국가 5급] ①

평등권에 대한 설명으로 옳지 않은 것은? (다툼이 있는 경우 판례에 의함)

① 일반 응시자와 달리 공무원의 근무연수 및 계급에 따라 행정사 자격시험의 제1차시험을 면제하거나 제1차시험의 전 과목과 제2차시험의 일부과목을 면제하는 것은 평등권을 침해하지 않는다.

② 사회적 특수계급의 제도는 인정되지 아니하며, 어떠한 형태로도 이를 창설할 수 없다.

③ 보훈보상 대상자의 부모에 대한 유족보상금 지급 시, 부모 중 수급권자를 나이가 많은 1인에 한정하고 어떠한 예외도 두지 않는 「보훈보상대상자 지원에 관한 법률」 규정은 보상금을 지급받지 못하는 부모 일방의 평등권을 침해하지 않는다.

④ 군인·군무원·경찰공무원 기타 법률이 정하는 자가 전투·훈련 등 직무집행과 관련하여 받은 손해에 대하여는 법률이 정하는 보상 외에 국가 또는 공공단체에 공무원의 직무상 불법행위로 인한 배상은 청구할 수 없다.

⑤ 모든 국민은 능력에 따라 균등하게 교육을 받을 권리를 가진다. 모든 국민은 그 보호하는 자녀에게 적어도 초등교육과 법률이 정하는 교육을 받게 할 의무를 진다.

① (○) 15년 이상 공무원으로 근무하면서 7급 이상의 직에 근무한 경험이 있거나, 5급 이상 공무원의 지위에서 5년 이상 근무하였다면, 행정절차 및 사무관리에 관하여 상당한 수준의 경험 및 전문지식을 갖춘 것으로 볼 수 있으므로, 제2차시험 중 행정절차론 및 사무관리론을 면제한 시험면제조항은 합리적인 이유가 있다. 따라서 시험면제조항은 일반 응시자인 청구인들의 평등권이나 직업선택의 자유를 침해하지 아니한다(헌재 2016.2.25. 2013헌마626 등).

② (○) 헌법 제11조 ②사회적 특수계급의 제도는 인정되지 아니하며, 어떠한 형태로도 이를 창설할 수 없다.

③ (×) 심판대상조항이 국가의 재정부담능력의 한계를 이유로 하여 부모 1명에 한정하여 보상금을 지급하도록 하면서 어떠한 예외도 두지 않은 것에는 합리적 이유가 있다고 보기 어렵다. 심판대상조항 중 나이가 많은 자를 우선하도록 한 것 역시 문제된다. 심판대상조항은 국가가 보훈보상대상자의 유족인 부모에게 보상금을 지급함에 있어 합리적인 이유 없이 보상금 수급권자의 수를 일률적으로 제한하고, 부모 중 나이가 많은 자와 그렇지 않은 자를 합리적인 이유 없이 차별하고 있으므로 나이가 적은 부모의 평등권을 침해하여 헌법에 위반된다(헌재 2018.6.28. 2016헌가14).

④ (○) 헌법 제29조 ②군인·군무원·경찰공무원 기타 법률이 정하는 자가 전투·훈련 등 직무집행과 관련하여 받은 손해에 대하여는 법률이

정하는 보상 외에 국가 또는 공공단체에 공무원의 직무상 불법행위로 인한 배상은 청구할 수 없다.
⑤ (○) 헌법 제31조 ①모든 국민은 능력에 따라 균등하게 교육을 받을 권리를 가진다. ②모든 국민은 그 보호하는 자녀에게 적어도 초등교육과 법률이 정하는 교육을 받게 할 의무를 진다.

[2022년 국회 9급] ③

평등권에 관한 설명 중 옳은 것은? (다툼이 있는 경우 판례에 의함)

① 「부마민주항쟁 관련자의 명예회복 및 보상 등에 관한 법률」은 부마민주항쟁이 단기간 사이에 집중적으로 발생한 민주화운동이라는 상황적 특수성을 감안하여 민주화운동에 관한 일반법과 별도로 제정된 것인데, 부마민주항쟁을 이유로 30일 미만 구금된 자를 보상금 또는 생활지원금의 지급대상에서 제외하여 부마민주항쟁 관련자 중 8.1%만 보상금 및 생활지원금을 지급받는 결과에 이르게 한 것은 이 법을 별도로 제정한 목적과 취지에 반하여 평등권을 침해한다.

② 일정한 범위의 공공기관 및 공기업으로 하여금 매년 정원의 100분의 3 이상씩 15세 이상 34세 이하의 청년 미취업자를 채용하도록 한 것은, 합리적 이유 없이 능력주의 내지 성적주의를 배제한 채 단순히 생물학적인 나이를 기준으로 특정 연령층에게 특혜를 부여함으로써 35세 이상 미취업자들의 평등권을 침해한다.

③ 애국지사는 일제 국권침탈에 반대하거나 항거한 당사자로서 조국의 자주독립을 위해 직접 공헌하고 희생한 사람이고, 순국선열의 유족은 일제 국권침탈에 반대하거나 항거하다가 사망한 당사자의 유가족으로서, 두 집단은 본질적으로 다른 집단이므로 같은 서훈 등급임에도 애국지사 본인에게 높은 보상금 지급액 기준을 두고 있는 것은 평등권을 침해하지 않는다.

④ 보훈보상대상자의 부모에 대한 유족보상금 지급 시 수급권자를 부모 중 1인에 한정하고 나이가 많은 자를 우선하도록 한 것은, 구체적인 보상 내용 등의 사항이 국가의 재정부담능력, 전체적인 사회보장 수준, 보훈보상대상자에 대한 평가 기준 등에 따라 정해질 수밖에 없으므로, 나이가 적은 부모 일방의 평등권을 침해하지 않는다.

⑤ 생활수준 등을 고려하여 독립유공자의 손자녀 1명에게 보상금을 지급하도록 하면서 같은 순위의 손자녀가 2명 이상이면 나이가 많은 손자녀를 우선하도록 한 것은, 결국 나이를 기준으로 하여 연장자에게 우선하여 보상금을 지급하는 것이어서 보상금수급권이 갖는 사회보장적 성격에 부합하지 아니하므로, 보상금을 받지 못한 손자녀의 평등권을 침해한다.

① (×) 부마항쟁보상법에 따라 지급되는 보상금 등의 수급권은 정통적 의미의 국가배상청구권과 달리 위 법률에 의하여 비로소 인정되는 권리로서, 수급권에 관한 구체적인 사항은 입법 형성에 속하기에 생명 또는 신체 손상을 입거나 일정한 요건을 갖춘 자들만이 생활지원금을 지급할 수 있도록 하는 것이 불합리하지 않기에 평등권을 침해하지 않는다(헌재 2019.4.11. 2016헌마418).
② (×) 청년할당제는 일정 규모 이상의 기관에만 적용되고, 전문적인 자격이나 능력을 요하는 경우에는 적용을 배제하는 등 상당한 예외를 두고 있다. 현실적으로 35세 이상 미취업자들이 공공기관 취업기회에서 불이익을 받을 가능성은 크다고 볼 수 없다(헌재 2014.8.28. 2013헌마553)

③ (○) 같은 등급임에도 순국선열의 유족보다 애국지사 본인에게 높은 보상금 지급액 기준을 두고 있다 하여 평등권이 침해되었다고 볼 수 없다(헌재 2018.1.25. 2016헌마319).

④ (×) 보상금을 생활수준 등에 따라 차등하여 지급하거나 균분하여 지급할 수 있음에도 일률적으로 나이가 많은 유족 1명에게만 보상금을 지급하도록 한 점 등에 비추어 보면, 심판대상조항은 입법형성권의 범위를 벗어나 나이가 적은 같은 순위 유족의 사회보장수급권을 침해한다(헌재 2018.6.28. 2016헌가14).

⑤ (×) 국가가 독립유공자 및 그 유족에게 지급할 구체적인 보상의 내용 등에 관한 사항은 국가의 재정부담 능력과 전체적인 사회보장 수준, 독립유공자에 대한 평가기준 등에 따라 정해질 수밖에 없으므로, 법률이 정하고 있는 보상수준이 독립유공자 및 그 유족에게 인간다운 생활에 필요한 최소한의 물질적인 수요를 충족시켜 주고, 헌법상의 사회보장, 사회복지의 이념과 독립유공자에 대한 우선적 보호이념에 명백히 어긋나지 않는 한, 입법자는 이를 정함에 있어 광범위한 입법재량권을 행사할 수 있다. 2014.5.21. 법률 제12668호로 개정된 독립유공자예우에 관한 법률(이하 '독립유공자법'이라 한다)은 대통령령으로 정하는 생활수준 등을 고려하여 손자녀 1명에게 보상금을 지급하도록 한바, 유족의 생활 안정과 복지 향상을 도모하기 위하여 보상금이 가장 필요한 손자녀에게 보상금을 지급하여 보상금 수급권의 실효성을 보장하면서 아울러 국가의 재정부담 능력도 고려하였다. 아울러 독립유공자법은 2018.4.6. 법률 제15550호 개정으로 제14조의5를 신설하여 독립유공자법 제12조에 따른 보상금을 받지 아니하는 손자녀에게 생활안정을 위한 지원금을 지급할 수 있도록 한바, 보상금을 지급받지 못하는 손자녀들에 대한 생활보호 대책을 마련하고 독립유공자법에 따른 보훈에 있어 손자녀간의 형평성도 고려하였다. 위와 같은 사정을 종합해 볼 때, 심판대상조항에 나타난 입법자의 선택이 명백히 그 재량을 일탈한 것이라고 보기 어려우므로 심판대상조항은 청구인의 평등권을 침해하지 아니한다(헌재 2018.6.28. 2015헌마304). [2021년 제10회 변호사] ③

평등권에 관한 다음 설명 중 가장 옳지 않은 것은?

① 현역병 및 사회복무요원과 달리 공무원의 초임호봉 획정에 인정되는 경력에 산업기능요원의 경력을 제외하도록 한 공무원보수규정은 산업기능요원의 평등권을 침해하지 않는다.

② 근로자가 사업주의 지배관리 아래 출퇴근하던 중 발생한 사고로 부상 등이 발생한 경우만 업무상 재해로 인정하는 산업재해보상보험법(2007.12.14. 법률 제8694호로 전부개정된 것) 제37조 제1항 제1호 다목은 평등원칙에 위반된다.

③ 실업급여에 관한 고용보험법의 적용에 있어 '65세 이후에 새로이 고용된 자'를 그 적용대상에서 배제한 고용보험법(2013.6.4. 법률 제11864호로 개정된 것)은 65세 이후 고용된 사람의 평등권을 침해하지 않는다.

④ 공무원의 시간외·야간·휴일근무수당의 산정방법을 정하고 있는 구 '공무원수당 등에 관한 규정'은 공무원에 대한 수당 지급을 근로기준법보다 불리하게 규정하고 있는바, 공무원과 일반근로자를 합리적 이유 없이 차별하는 것으로서 평등권을 침해한다.

① (○) 사회복무요원은 공익 수행을 목적으로 한 제도로 그 직무가 공무수행으로 인정되고 본인의사에 관계없이 소집되며, 현역병에 준하는 최소한의 보수만 지급됨에 반하여 산업기능요원은 국가산업 육성을 목적으로 한 제도로 그 직무가 공무수행으로 인정되지 아니하고, 본인의사에 따라 편입 가능하며 근로기준법 및 최저임금법의 적용을 받는다. 심판대상조항은 이와 같은 실질적 차이를 고려하여 상대적으로 열악한 환경에서 병역의무를 이행한 것으로 평가되는 현역병 및 사회복무요원의 공로를 보상하도록 한 것으로 산업기능요원과의 차별취급에 합리적 이유가 있으므로, 청구인의 평등권을 침해하지 아니한다(헌재 2016.6.30. 2014헌마192).

② (○) 산업재해보상보험제도는 피재근로자와 그 가족의 생활을 보장하기 위하여 국가가 책임을 지는 의무보험으로, 원래 사업주의 근로기준법상 재해보상책임을 보장하기 위하여 국가가 사업주로부터 보험료를 받아 그 재원으로 사업주를 대신하여 피재근로자에게 보상해주는 제도이다.

통상의 출퇴근 중 발생한 재해를 업무상 재해로 인정하여 근로자를 보호해 주는 것이 산재보험의 생활보장적 성격에 부합한다. 이상과 같이 통상의 출퇴근 재해에 대한 보상에 있어 혜택근로자와 비혜택근로자를 구별하여 취급할 합리적 근거가 없는데도, 혜택근로자의 출퇴근 재해만 업무상 재해로 인정하는 심판대상조항은 합리적 이유 없이 비혜택근로자에게 경제적 불이익을 주어 이들을 자의적으로 차별하는 것이므로, 헌법상 평등원칙에 위배된다(헌재 2016.9.29. 2014헌바254).

③ (○) 실업급여를 포함한 고용보험제도는 개개인의 특수한 사정이나 선택에 의하여 보험관계가 설정되는 사보험이 아니라 보험의 내용이 모두 법률에 의하여 강제되거나 확정되는 공적보험이라는 점에서, 근로의 의사와 능력이 있는지 여부에 대하여는 일정한 연령을 기준으로 하는 것이 특별히 불합리하다고 단정할 수는 없다. 심판대상조항이 65세 이후 고용 여부를 기준으로 실업급여 적용 여부를 달리한 것은 합리적 이유가 있다고 할 것이므로, 이로 인해 청구인의 평등권이 침해되었다고 보기 어렵다(헌재 2018.6.28. 2017헌마238).

④ (×) 공무원 역시 통상적인 근로자의 성격을 갖지만, 국민전체에 대하여 봉사하고 책임을 져야 하는 특별한 지위에 있는 자로서 일반 근로자와 달리 특별한 근무관계에 있다. 따라서 공무원의 근무조건은 공무원 근로관계의 특수성과 예산상 한계를 고려하여 독자적인 법률 및 하위법령으로 규율하고 있으며, 이는 근로기준법보다 우선적으로 적용된다. 심판대상조항들은 공무원의 초과근무에 대한 금전적 보상에 관하여 정하고 있으나, 이 역시 예산이 허용하는 범위 내에서 지급될 수밖에 없다. 따라서 심판대상조항들이 청구인의 평등권을 침해한다고 할 수 없다(헌재 2017.8.31. 2016헌마404). [2023년 법원 9급] ④

평등권에 대한 설명으로 옳지 않은 것은? (다툼이 있는 경우 판례에 의함)

① 평등위반 여부를 심사함에 있어 엄격한 심사척도에 의할 것인지, 완화된 심사척도에 의할 것인지는 입법자에게 인정되는 입법형성권의 정도에 따라 달라진다.

② 여자는 고용에 있어서 부당한 차별을 받지 않는다고 헌법이 명시적으로 규정하고 있다.

③ 헌법은 차별금지 사유로 성별, 종교, 인종 또는 사회적 신분을 명시적으로 규정하고 있다.

④ 사회적 신분이란 사회에서 장기간 점하는 지위로서 일정한 사회적 평가를 수반하는 것을 의미한다 할 것이므로 전과자도 사회적 신분에 해당된다.

① (○) 평등위반 여부를 심사함에 있어 엄격한 심사척도에 의할 것인지, 완화된 심사척도에 의할 것인지는 입법자에게 인정되는 입법형성권의 정도에 따라 달라지게 될 것이다. 먼저 헌법에서 특별히 평등을 요구하고 있는 경우 엄격한 심사척도가 적용될 수 있다. 헌법이 스스로 차별의 근거로 삼아서는 아니되는 기준을 제시하거나 차별을 특히 금지하고 있는 영역을 제시하고 있다면 그러한 기준을 근거로 한 차별이나 그러한 영역에서의 차별에 대하여 엄격하게 심사하는 것이 정당화된다. 다음으로 차별적 취급으로 인하여 관련 기본권에 대한 중대한 제한을 초래하게 된다면 입법형성권은 축소되어 보다 엄격한 심사척도가 적용되어야 할 것이다(헌재 1999.12.23. 98헌마363).

② (○) 헌법 제32조 ④여자의 근로는 특별한 보호를 받으며, 고용·임금 및 근로조건에 있어서 부당한 차별을 받지 아니한다.

③ (×) 헌법 제11조 ①모든 국민은 법 앞에 평등하다. 누구든지 성별·종교 또는 사회적 신분에 의하여 정치적·경제적·사회적·문화적 생활의 모든 영역에 있어서 차별을 받지 아니한다.

④ (○) 헌법 제11조 제1항에 규정하고 있는 사회적 신분이란 사회에서 장기간 점하는 지위로서 일정한 사회적 평가를 수반하는 것을 의미한다 할 것이므로 전과자도 사회적 신분에 해당된다고 할 것이며 누범을 가중처벌하는 것이 전과자라는 사회적 신분을 이유로 차별대우를 하는 것이 되어 헌법상의 평등의 원칙에 위배되는 것이 아닌가 하는 의문이 생길 수 있으나, 형법 제35조가 누범에 대하여 형을 가중한다고 해서 그것이 인간의 존엄성 존중이라는 헌법의 이념에 반하는 것도 아니며, 누범을 가중하여 처벌하는 것은 사회방위, 범죄의 특별예방 및 일반예방, 더 나아가 사회의 질서유지의 목적을 달성하기 위한 하나의 적정한 수단이기도 하는 것이므로 이는 합리적 근거 있는 차별이어서 헌법상의 평등의 원칙에 위배되지 아니한다(헌재 1995.2.23. 93헌바43). [2018년 국가 5급] ③

평등권 및 평등원칙에 대한 설명으로 옳지 않은 것은? (다툼이 있는 경우 판례에 의함)

① '수사가 진행 중이거나 형사재판이 계속 중이었다가 그 사유가 소멸한 경우'에는 잔여 퇴직급여 등에 대해 이자를 가산하는 규정을 두면서, '형이 확정되었다가 그 사유가 소멸한 경우'에는 이자 가산 규정을 두지 않은 「군인연금법」 규정은 평등원칙에 위반된다.

② 주택재개발사업의 경우 학교용지부담금 부과 대상에서 '기존 거주자와 토지 및 건축물의 소유자에게 분양하는 경우'에 해당하는 개발사업분만 제외하고, 현금청산의 대상이 되어 제3자에게 분양됨으로써 기존에 비하여 가구 수가 증가하지 아니하는 개발사업분을 제외하지 아니한 「학교용지 확보 등에 관한 특례법」 규정은 평등원칙에 위반된다.

③ 현역병 및 사회복무요원과 달리 공무원의 초임호봉 획정에 인정되는 경력에 산업기능요원의 경력을 제외하도록 한 「공무원 보수규정」의 조항은 평등권을 침해하지 아니한다.

④ 근로자가 사업주의 지배관리 아래 출퇴근하던 중 발생한 사고로 부상 등이 발생한 경우만 업무상 재해로 인정하는 「산업재해보상보험법」 규정은 평등원칙에 위반된다.

⑤ 형의 집행이 종료 또는 면제된 자와 달리 집행유예를 선고받은 소년범에 대하여는 자격완화 특례규정을 두지 아니하여 자격제한을 함에 있어 「군인사법」 등 해당 법률의 적용을 받도록 한 「소년법」 규정은 평등원칙에 위반되지 않는다.

① (○) 금고 이상의 형을 받았다가 재심으로 무죄판결을 받은 사람은 군 복무 중 급여제한사유에 해당함이 없이 직무상 의무를 다한 성실한 군인이라는 점에서 수사 중이거나 형사재판 계속 중이었다가 불기소처분 등을 받은 사람과 차이가 없다. 급여제한사유에 해당하지 않는 사람임이 뒤늦게라도 밝혀졌다면, 수사 중이거나 형사재판 계속 중이어서 잠정적·일시적으로 지급을 유보하였던 경우인지, 아니면 당해 형사절차가 종료되어 확정적으로 지급을 제한하였던 경우인지에 따라 잔여 퇴직급여에 대한 이자 가산 여부를 달리 할 이유가 없다. 이러한 점들을 종합하면, 잔여 퇴직급여에 대한 이자 지급 여부에 있어 양자를 달리 취급하는 것은 합리적 이유 없는 차별로서 평등원칙을 위반한다(헌재 2016.7.28. 2015헌바20).

② (○) 주택재건축사업의 경우 학교용지부담금 부과 대상에서 기존 거주자와 토지 및 건축물의 소유자에게 분양하는 경우에 해당하는 개발사업분만 제외하고, 매도나 현금청산의 대상이 되어 제3자에게 분양됨으로써 기존에 비하여 가구 수가 증가하지 아니하는 개발사업분을 제외하지 아니한 것은, 주택재건축사업의 시행자들 사이에 학교시설확보의 필요성을 유발하는 정도와 무관한 불합리한 기준으로 학교용지부담금의 납부액을 달리 하는 차별을 초래하므로, 이 사건 법률조항은 평등원칙에 위배된다(헌재 2013.7.25. 2011헌가32).

③ (○) 사회복무요원은 공익 수행을 목적으로 한 제도로, 그 직무가 공무수행으로 인정되고, 본인의사에 관계없이 소집되며, 현역병에 준하는 최소한의 보수만 지급됨에 반하여, 산업기능요원은 국가산업 육성을 목적으로 한 제도로, 그 직무가 공무수행으로 인정되지 아니하고, 본인의사에 따라 편입 가능하며, 근로기준법 및 최저임금법의 적용을 받는다. 심판대상조항은 이와 같은 실질적 차이를 고려하여 상대적으로 열악한 환경에서 병역의무를 이행한 것으로 평가되는 현역병 및 사회복무요원의 공로를 보상하도록 한 것으로 산업기능요원과의 차별취급에 합리적 이유가 있으므로, 청구인의 평등권을 침해하지 아니한다(헌재 2016.6.30. 2014헌마192).

④ (○) 도보나 자기 소유 교통수단 또는 대중교통수단 등을 이용하여 출퇴근하는 산업재해보상보험 가입 근로자(비혜택근로자)는 사업주가 제공하거나 그에 준하는 교통수단을 이용하여 출퇴근하는 산재보험 가입 근로자(혜택근로자)와 같은 근로자인데도 사업주의 지배관리 아래 있다고 볼 수 없는 통상적 경로와 방법으로 출퇴근하던 중에 발생한 재해(통상의 출퇴근 재해)를 업무상 재해로 인정받지 못한다는 점에서 차별취급이 존재한다. 이상과 같이 통상의 출퇴근 재해에 대한 보상에 있어 혜택근로자와 비혜택근로자를 구별하여 취급할 합리적 근거가 없는데도, 혜택근로자의 출퇴근 재해만 업무상 재해로 인정하는 심판대상조항은 합리적 이유 없이 비혜택근로자에게 경제적 불이익을 주어 이들을 자의적으로 차별하는 것이므로, 헌법상 평등원칙에 위배된다(헌재 2016.9.29. 2014헌바254).

⑤ (×) 집행유예는 실형보다 죄질이나 범정이 더 가벼운 범죄에 관하여 선고하는 것이 보통인데, 이 사건 구법 조항은 집행유예보다 중한

실형을 선고받고 집행이 종료되거나 면제된 경우에는 자격에 관한 법령의 적용에 있어 형의 선고를 받지 아니한 것으로 본다고 하여 공무원 임용 등에 자격제한을 두지 않으면서 집행유예를 선고받은 경우에 대해서는 이와 같은 특례조항을 두지 아니하여 불합리한 차별을 야기하고 있다. 명백히 자의적인 차별에 해당하여 평등원칙에 위반된다(헌재 2018.1.25. 2017헌가7). [2022년 국회 5급] ⑤

평등원칙 및 평등권에 관한 설명 중 옳은 것을 모두 고른 것은? (다툼이 있는 경우 판례에 의함)

ㄱ. 사업주가 제공하거나 그에 준하는 교통수단을 이용하여 출퇴근하던 중에 산업재해보상보험 가입 근로자가 입은 재해를 업무상 재해로 인정하는 것과 달리, 도보나 자기 소유 교통수단 또는 대중교통수단 등을 이용하여 출퇴근하는 산업재해보상보험 가입 근로자가 사업주의 지배관리 아래 있다고 볼 수 없는 통상적 경로와 방법으로 출퇴근하던 중에 입은 재해를 업무상 재해로 인정하지 않는 것은 자의적 차별로 평등원칙에 위배된다.

ㄴ. 자율형 사립고(이하 '자사고'라 함)의 도입목적은 고교평준화제도의 기본 틀을 유지하면서 고교평준화제도의 문제점으로 지적된 획일성을 보완하기 위해 고교 교육의 다양화를 추진하고, 학습자의 소질·적성 및 창의성 개발을 지원하며, 학생·학부모의 다양한 요구 및 선택기회 확대에 부응하는 것이어서 과학고의 경우와 같이 재능이나 소질을 가진 학생을 후기학교보다 먼저 선발할 필요성이 있음에도 불구하고 자사고를 후기학교로 규정함으로써 과학고와 달리 취급하고, 일반고와 같이 취급하는 것은 자사고 학교법인의 평등권을 침해한다.

ㄷ. 교수·연구 분야에 전문성이 뛰어난 교사들로서 교사의 교수·연구활동을 지원하는 임무를 부여받고 있는 수석교사를 성과상여금 등의 지급과 관련하여 교장이나 장학관 등과 달리 취급하고 있지만 이는 이들의 직무 및 직급이 다른 것에서 기인하는 합리적인 차별이다.

ㄹ. 대한민국 국적을 가지고 있는 영유아 중에서도 재외국민 영유아를 보육료·양육수당 지원대상에서 제외하는 보건복지부 지침은 국내에 거주하면서 재외국민인 영유아를 양육하는 부모들을 합리적 이유 없이 차별하는 것이 아니다.

① ㄱ, ㄴ ② ㄱ, ㄷ ③ ㄴ, ㄹ
④ ㄱ, ㄷ, ㄹ ⑤ ㄴ, ㄷ, ㄹ

ㄱ. (○) 도보나 자기 소유 교통수단 또는 대중교통수단 등을 이용하여 출퇴근하는 산업재해보상보험 가입 근로자는 사업주가 제공하거나 그에 준하는 교통수단을 이용하여 출퇴근하는 산재보험 가입 근로자와 같은 근로자인데도 사업주의 지배관리 아래 있다고 볼 수 없는 통상적 경로와 방법으로 출퇴근하던 중에 발생한 재해를 업무상 재해로 인정받지 못한다는 점에서 차별취급이 존재한다. 따라서 심판대상조항은 합리적 이유 없이 비혜택근로자를 자의적으로 차별하는 것이므로, 헌법상 평등원칙에 위배된다(헌재 2016.9.29. 2014헌바254).

ㄴ. (×) 과학고는 과학분야의 인재 양성이라는 설립 취지나 전문적인 교육과정의 측면에서 과학 분야에 재능이나 소질을 가진 학생을 후기학교보다 먼저 선발할 필요성을 인정할 수 있으나, 자사고의 경우 교육과정을 등을 고려할 때 후기학교보다 먼저 특정한 재능이나 소질을 가진 학생을 선발할 필요성은 적다. 따라서 이 사건 동시선발 조항이 자사고를 후기학교로 규정함으로써 과학고와 달리 취급하고, 일반고와 같이 취급하는 데에는 합리적인 이유가 있으므로 청구인 학교법인의 평등권을 침해하지 아니한다(헌재 2019.4.11. 2018헌마221).

ㄷ. (○) 수석교사는 교사의 교수·연구활동을 지원하는 임무를 부여받고 있는 반면, 교장 등은 교무를 통할·총괄하고 소속 교직원을 지도·감독하는 관리 임무를 부여받고, 장학관 등은 각급 학교에 대한 관리·감독 업무 등 교육행정업무를 수행할 임무를 부여받고 있다. 이와 같이 성과상여금 등의 지급과 관련하여 수석교사를 교장 등, 장학관 등과 달리 취급하는 것에는 합리적인 이유가 있으므로, 심판대상조항들은 청구인들의 평등권을 침해하지 않는다(헌재 2019.4.11. 2017헌마602).

ㄹ. (×) 단순한 단기체류가 아니라 국내에 거주하는 재외국민, 특히 외국의 영주권을 보유하고 있으나 상당한 기간 국내에서 계속 거주하고 있는 자들은 주민등록법상 재외국민으로 등록·관리될 뿐 국민인 주민이라는 점에서 다른 일반 국민과 실질적으로 동일하므로, 단지 외국의 영주권을 취득한 재외국민이라는 이유로 달리 취급할 아무런 이유가 없어 위와 같은 차별은 청구인들의 평등권을 침해한다(헌재 2018.1.25. 2015헌마1047).

[2020년 제9회 변호사] ②

평등권에 대한 설명으로 가장 옳지 않은 것은?

① 국가가 합리적인 기준에 따라 능력이 허용되는 범위 내에서 법적 가치의 상향적 구현을 위한 제도의 단계적 개선을 추진하는 것은 평등권을 침해하지 않는다.

② 시혜적 법률의 경우에 수혜 범위에서 제외된 자는 그 법률에 의하여 평등권이 침해되었다고 주장하는 당사자가 될 수 없다.

③ 재량권 행사의 준칙인 행정규칙이 그 정한 바에 따라 되풀이 시행되어 행정관행이 이룩되면 평등원칙이나 신뢰보호원칙에 따라 행정기관은 그 상대방에 대한 관계에서 그 규칙에 따라야 할 자기구속을 당하게 된다.

④ 차별조항의 위헌성이 그 차별의 효과가 지나치다는 것에 기인할 때에는, 그 위헌성의 제거는 입법부가 행하여야 할 것이므로 헌법재판소는 그 조항에 대하여 헌법불합치 결정을 하여야 한다.

① (○) 헌법상 평등의 원칙은 국가가 어디에서 어떤 계층을 대상으로 하여 기본권에 관한 사항이나 제도의 개선을 시작할 것인지를 선택하는 것을 방해하지 않는다. 말하자면 국가는 합리적인 기준에 따라 능력이 허용하는 범위 내에서 법적 가치의 상향적 구현을 위한 제도의 단계적 개선을 추진할 수 있는 길을 선택할 수 있어야 한다. 그것이 허용되지 않는다면 모든 사항과 계층을 대상으로 하여 동시에 제도의 개선을 추진하는 예외적인 경우를 제외하고는 어떠한 제도의 개선도 평등의 원칙 때문에 그 시행이 불가능하다는 결과에 이르게 되어 불합리할 뿐 아니라 평등의 원칙이 실현하고자 하는 가치와도 어긋나기 때문이다(헌재 1991.2.11. 90헌가27).

② (×) 수혜적 법률의 경우에는 수혜범위에서 제외된 자가 그 법률에 의하여 평등권이 침해되었다고 주장하는 당사자에 해당되고, 당해 법률에 대한 위헌 또는 헌법불합치 결정에 따라 수혜집단과의 관계에서 평등권침해 상태가 회복될 가능성이 있다면 기본권 침해성이 인정된다(헌재 2001.11.29. 99헌마494).

③ (○) 상급행정기관이 하급행정기관에 대하여 업무처리지침이나 법령이 해석적용에 관한 기준을 정하여 발하는 이른바 행정규칙이나 내부지침은 일반적으로 행정조직 내부에서만 효력을 가질 뿐 대외적인 구속력을 갖는 것은 아니므로 행정처분이 그에 위반하였다고 하여 그러한 사정만으로 곧바로 위법하게 되는 것은 아니다. 다만, 재량권 행사의 준칙인 행정규칙이 그 정한 바에 따라 되풀이 시행되어 행정관행이 이루어지게 되면 평등의 원칙이나 신뢰보호의 원칙에 따라 행정기관은 그 상대방에 대한 관계에서 그 규칙에 따라야 할 자기구속을 받게 되므로, 이러한 경우에는 특별한 사정이 없는 한 그를 위반하는 처분은 평등의 원칙이나 신뢰보호의 원칙에 위배되어 재량권을 일탈·남용한 위법한 처분이 된다(대법원 2009.12.24. 2009두7967).

④ (○) 사건 조항의 위헌성은 국가유공자 등과 그 가족에 대한 가산점제도 자체가 입법정책상 전혀 허용될 수 없다는 것이 아니고, 그 차별의 효과가 지나치다는 것에 기인한다. 그렇다면 입법자는 공무원시험에서 국가유공자의 가족에게 부여되는 가산점의 수치를, 그 차별효과가 일반 응시자의 공무담임권 행사를 지나치게 제약하지 않는 범위 내로 낮추고, 동시에 가산점 수혜 대상자의 범위를 재조정 하는 등의 방법으로 그 위헌성을 치유하는 방법을 택할 수 있을 것이다. 따라서 이 사건 조항의 위헌성의 제거는 입법부가 행하여야 할 것이므로 이 사건 조항에 대하여는 헌법불합치결정을 하기로 한다. 한편 입법자가 이 사건 조항을 개정할 때까지 가산점 수혜대상자가 겪을 법적 혼란을 방지할 필요가 있으므로, 그 때까지 이 사건 조항의 잠정적용을 명한다(헌재 2006.2.23. 2004헌마675).

[2018년 서울 7급] ②

다음 중 헌법재판소가 평등권을 침해한다고 결정한 것을 모두 고른 것은?

가. 제대군인이 공무원채용시험 등에 응시한 때에 과목별 득점에 과목별 만점의 5% 또는 3%를 가산하는 제도
나. 국·공립학교의 채용시험에 국가유공자와 그 가족이 응시하는 경우 만점의 10퍼센트를 가산하도록 한 규정
다. 대통령령으로 정하는 공공기관 및 공기업으로 하여금 매년 정원의 100분의 3 이상씩 34세 이하의 청년 미취업자를 채용하도록 한 조항
라. 대통령령이 정하는 일정수 이상의 근로자를 고용하는 사업주는 기준고용률 이상에 해당하는 장애인을 고용해야 한다고 규정한 조항

① 가 ② 가, 나
③ 가, 나, 다 ④ 가, 나, 다, 라

가. (○) 제대군인에 대하여 여러 가지 사회정책적 지원을 강구하는 것이 필요하다 할지라도, 그것이 사회공동체의 다른 집단에게 동등하게 보장되어야 할 균등한 기회 자체를 박탈하는 것이어서는 아니되는데, 가산점제도는 아무런 재정적 뒷받침 없이 제대군인을 지원하려 한 나머지 결과적으로 여성과 장애인 등 이른바 사회적 약자들의 희생을 초래하고 있으며, 각종 국제 협약, 실질적 평등 및 사회적 법치국가를 표방하고 있는 우리 헌법과 이를 구체화하고 있는 전체 법체계 등에 비추어 우리 법체계 내에 확고히 정립된 기본질서라고 할 여성과 장애인에 대한 차별금지와 보호에도 저촉되므로 정책수단으로서의 적합성과 합리성을 상실한 것이다. 가산점제도는 제대군인에 비하여, 여성 및 제대군인이 아닌 남성을 부당한 방법으로 지나치게 차별하는 것으로서 헌법 제11조에 위배되며, 이로 인하여 청구인들의 평등권이 침해된다(헌재 1999.12.23. 98헌마363).

나. (○) 헌법재판소는 2006.2.23. 2004헌마675등 결정에서 국·공립학교의 채용시험에 국가유공자와 그 가족이 응시하는 경우 만점의 10퍼센트를 가산하도록 규정하고 있는 국가유공자법 제31조 제1항, 제2항 등이 가점 수혜대상자의 확대 문제, 가족 합격률의 증가 추세, 가족에 대한 가점의 법적 근거 문제에 비추어 입법목적과 수단 간에 비례성을 구비하지 못하여 일반 공직시험 응시자의 평등권, 공무담임권을 침해한다는 이유로 헌법불합치결정을 하였다(헌재 2015.2.26. 2012헌마400).

다. (×) 청년할당제는 일정 규모 이상의 기관에만 적용되고, 전문적인 자격이나 능력을 요하는 경우에는 적용을 배제하는 등 상당한 예외를 두고 있다. 더욱이 3년 간 한시적으로만 시행하며, 청년할당제가 추구하는 청년실업해소를 통한 지속적인 경제성장과 사회 안정은 매우 중요한 공익인 반면, 청년할당제가 시행되더라도 현실적으로 35세 이상 미취업자들이 공공기관 취업기회에서 불이익을 받을 가능성은 크다고 볼 수 없다. 따라서 이 사건 청년할당제가 청구인들의 평등권, 공공기관 취업의 자유를 침해한다고 볼 수 없다(헌재 2014.8.28. 2013헌마553).

라. (×) 구법 제3조에 의하면 국가와 지방자치단체는 장애인의 고용에 관하여 사업주 및 국민일반의 이해를 높이기 위해 교육·홍보 및 장애인 고용촉진운동을 추진하고, 사업주·장애인 기타 관계자에 대한 지원과 장애인의 특성을 고려한 직업재활의 조치를 강구하여야 하며, 기타 장애인의 고용촉진 및 직업안정을 도모하기 위하여 필요한 시책을 종합적이고 효과적으로 추진하여야 할 책임이 있는 공공적 주체이며, 한편 민간사업주와는 달리 기준고용률을 미달하는 경우 부담금의 납부를 명하고 이를 징수한다든지(구법 제38조) 기준고용률을 초과하는 경우 고용지원금 및 장려금(구법 제37조)을 지급할 수 없는 등 민간사업주와는 다른 지위에 있으므로, 국가·지방자치단체와 민간사업주와의 차별취급은 합리적인 근거가 있는 차별이라고 할 것이다(헌재 2003.7.24. 2001헌바96). [2020년 법원 9급] ②

평등원칙 및 평등권에 대한 설명으로 가장 적절한 것은? (다툼이 있는 경우 판례에 의함)

① 헌법에서 스스로 차별의 근거로 삼아서는 아니되는 기준을 제시하거나 차별을 특히 금지하고 있는 영역을 제시하는 경우에는 완화된 심사척도가 적용되어야 하나, 차별적 취급으로

인하여 관련 기본권에 대한 중대한 제한을 초래하게 되는 경우에는 엄격한 심사척도를 적용할 수 있다.

② 국가유공자 본인이 국가기관이 실시하는 채용시험에 응시하는 경우에 10%의 가점을 주도록 한 국가유공자 등 예우 및 지원에 관한 법률 조항은 헌법 제32조 제6항에서 특별히 평등을 요구하고 있는 경우에 해당하므로, 이에 대해서는 엄격한 비례성 심사에 따라 평등권 침해 여부를 심사하여야 한다.

③ 공무상 질병 또는 부상으로 인하여 퇴직 후 장애 상태가 확정된 군인에게 상이연금을 지급하도록 한 개정된 군인연금법 제23조 제1항을 개정법 시행일 이후부터 적용하도록 한 군인연금법 조항은 평등원칙에 위반된다.

④ 자기 또는 배우자의 직계존속을 고소하지 못하도록 규정한 형사소송법 제224조는 비속을 차별 취급하여 평등권을 침해한다.

① (×) 평등위반 여부를 심사함에 있어 엄격한 심사척도에 의할 것인지, 완화된 심사척도에 의할 것인지는 입법자에게 인정되는 입법형성권의 정도에 따라 달라지게 될 것이다. 먼저 헌법에서 특별히 평등을 요구하고 있는 경우 엄격한 심사척도가 적용될 수 있다. 헌법이 스스로 차별의 근거로 삼아서는 아니되는 기준을 제시하거나 차별을 특히 금지하고 있는 영역을 제시하고 있다면 그러한 기준을 근거로 한 차별이나 그러한 영역에서 차별에 대하여 엄격하게 심사하는 것이 정당화된다. 다음으로 차별적 취급으로 인하여 관련 기본권에 대한 중대한 제한을 초래하게 된다면 입법형성권은 축소되어 보다 엄격한 심사척도가 적용되어야 할 것이다(헌재 2008.11.27. 2006헌가1).

② (×) 평등권의 침해 여부에 대한 심사는 그 심사기준에 따라 자의금지원칙에 의한 심사와 비례의 원칙에 의한 심사로 크게 나누어 볼 수 있는데, 국가유공자 등 예우 및 지원에 관한 법률 제34조 제1항 중 같은 법률 제30조 제1항 소정의 국가기관에 관한 부분의 규정에 따라 국가유공자와 그 유족 등 취업보호대상자가 국가기관이 실시하는 채용시험에 응시하는 경우에 10%의 가점을 주도록 하고 있는 이 사건의 경우는 비교집단이 일정한 생활영역에서 경쟁관계에 있는 경우로서 국가유공자와 그 유족 등에게 가산점의 혜택을 부여하는 것은 그 이외의 자들에게는 공무담임권 또는 직업선택의 자유에 대한 중대한 침해를 의미하게 되므로, 헌법재판소가 1999.12.23. 선고한 98헌마363 사건의 결정에서 비례의 원칙에 따른 심사를 하여야 할 경우의 하나로 들고 있는 차별적 취급으로 인하여 관련 기본권에 대한 중대한 제한을 초래하게 되는 경우에 해당하여 원칙적으로 비례심사를 하여야 할 것이나, 구체적인 비례심사의 과정에서는 헌법 제32조 제6항이 근로의 기회에 있어서 국가유공자 등을 우대할 것을 명령하고 있는 점을 고려하여 보다 완화된 기준을 적용하여야 할 것이다(헌재 2001.2.22. 2000헌마25).

③ (○) 어떠한 질병 또는 부상이 공무수행 중에 발생하였고, 그로 인하여 장애 상태에 이른 것이 분명하다면, '퇴직 후 2011.5.19. 개정된 구 군인연금법 제23조 제1항과 2013.3.22. 개정된 군인연금법 제23조 제1항(두 조항을 합하여 '신법 조항'이라 함) 시행일 전에 장애 상태가 확정된 군인'과 '퇴직 후 신법 조항 시행일 이후에 장애 상태가 확정된 군인'은 모두 공무상 질병 또는 부상으로 인하여 장애 상태에 이른 사람으로서, 장애에 노출될 수 있는 가능성 및 위험성, 장애가 퇴직 이후의 생활에 미치는 영향, 보호의 필요성 등의 측면에서 본질적인 차이가 없다. 퇴직 후 신법 조항 시행일 전에 장애 상태가 확정된 군인을 보호하기 위한 최소한의 조치도 하지 않은 것은 그 차별이 군인연금기금의 재정상황 등 실무적 여건이나 경제상황 등을 고려한 것이라고 하더라도, 그 차별을 정당화할 만한 합리적인 이유가 있는 것으로 보기 어렵다. 따라서 심판대상조항은 헌법상 평등원칙에 위반된다(헌재 2016.12.29. 2015헌바208).

④ (×) 범죄피해자의 고소권은 형사절차상의 법적인 권리에 불과하므로 원칙적으로 입법자가 그 나라의 고유한 사법문화와 윤리관, 문화전통을 고려하여 합목적적으로 결정할 수 있는 넓은 입법형성권을 갖는다. 가정의 영역에서는 법률의 역할보다 전통적 윤리의 역할이 더 강조되고, 그 윤리에는 인류 공통의 보편적인 윤리와 더불어 그 나라와 사회가 선택하고 축적해 온 고유한 문화전통과 윤리의식이 강하게 작용할 수밖에 없다. 우리는 오랜 세월 동안 유교적 전통을 받아들이고 체화시켜, 이는 현재에 이르기까지 일정한 부분 엄연히 우리의 고유한 의식으로 남아 있다. 이러한 측면에서 효라는 우리 고유의 전통규범을 수호하기 위하여 비속이 존속을 고소하는 행위의 반윤리성을 억제하고자 이를 제한하는 것은 합리적인 근거가 있는 차별이라고 할 수 있다. 따라서 이 사건 법률조항은 헌법 제11조 제1항의 평등원칙에 위반되지 아니한다(헌재 2011.2.24. 2008헌바56).

[2018년 경찰 경정승진] ③

평등권 및 평등의 원칙에 관한 다음 설명 중 가장 옳지 않은 것은?

① 평등의 원칙은 국민의 기본권 보장에 관한 우리 헌법의 최고원리로서 국가가 입법을 하거나 법을 해석 및 집행함에 있어 따라야 할 기준인 동시에, 국가에 대하여 합리적 이유 없이 불평등한 대우를 하지 말 것과 평등한 대우를 요구할 수 있는 국민의 권리이다.

② 헌법은 사회적 신분에 대한 차별금지와 같이 헌법 제11조 제1항 후문에서 예시한 사유가 있는 경우에 절대적으로 차별을 금지할 것을 요구함으로써 입법자에게 인정되는 입법형성권을 제한한다.

③ 평등의 원칙은 일체의 차별적 대우를 부정하는 절대적 평등을 의미하는 것이 아니라 입법과 법의 적용에 있어서 합리적 근거 없는 차별을 하여서는 아니된다는 상대적 평등을 뜻하며, 합리적 근거 있는 차별 내지 불평등은 평등의 원칙에 반하는 것이 아니다.

④ 평등의 원칙 위반 여부를 심사함에 있어 엄격한 심사척도에 의할 것인지, 완화된 심사척도에 의할 것인지는 입법자에게 인정되는 입법형성권의 정도에 따라 달라지게 된다.

⑤ 특정 법률 또는 법률조항이 단지 하나의 사건만을 규율하는 개별사건법률에 해당한다 하더라도 이러한 차별적 규율이 합리적인 이유로 정당화될 수 있는 경우에는 합헌적일 수 있다.

① (○) 헌법 제11조에 근거하고 있는 바에 따라 모든 국민에게 평등권을 보장하고 있는바, 평등의 원칙은 국민의 기본권 보장에 관한 우리 헌법의 최고원리로서 국가가 입법을 하거나 법을 해석 및 집행함에 있어 따라야 할 기준인 동시에, 국가에 대하여 합리적 이유 없이 불평등한 대우를 하지 말 것과, 평등한 대우를 요구할 수 있는 국민의 권리이다(헌재 2003.5.15. 2002헌마90).

② (×) 사회적 신분에 대한 차별금지는 헌법 제11조 제1항 후문에서 예시된 것인데, 헌법 제11조 제1항 후문의 규정은 불합리한 차별의 금지에 초점이 있는 것으로서, 예시한 사유가 있는 경우에 절대적으로 차별을 금지할 것을 요구함으로써 입법자에게 인정되는 입법형성권을 제한하는 것은 아니다(헌재 2011.3.31. 2008헌바141)

③ (×) 헌법 제11조 제1항의 평등의 원칙은 일체의 차별적 대우를 부정하는 절대적 평등을 의미하는 것이 아니라 입법과 법의 적용에 있어서 합리적 근거 없는 차별을 하여서는 아니된다는 상대적 평등을 뜻하고, 합리적 근거 있는 차별 내지 불평등은 평등의 원칙에 반하는 것이 아니다(헌재 1994.2.24. 92헌바43).

④ (○) 평등위반 여부를 심사함에 있어 엄격한 심사척도에 의할 것인지, 완화된 심사척도에 의할 것인지는 입법자에게 인정되는 입법형성권의 정도에 따라 달라지게 될 것이다. 먼저 헌법에서 특별히 평등을 요구하고 있는 경우 엄격한 심사척도가 적용될 수 있다. 헌법이 스스로 차별의 근거로 삼아서는 아니되는 기준을 제시하거나 차별을 특히 금지하고 있는 영역을 제시하고 있다면 그러한 기준을 근거로 한 차별이나 그러한 영역에서의 차별에 대하여 엄격하게 심사하는 것이 정당화된다. 다음으로 차별적 취급으로 인하여 관련 기본권에 대한 중대한 제한을 초래하게 된다면 입법형성권은 축소되어 보다 엄격한 심사척도가 적용되어야 할 것이다(헌재 2008.11.27. 2006헌가1).

⑤ (○) 개별사건법률은 개별사건에만 적용되는 것이므로 원칙적으로 평등원칙에 위배되는 자의적인 규정이라는 강한 의심을 불러일으킨다. 그러나 개별사건법률금지의 원칙이 법률제정에 있어서 입법자가 평등원칙을 준수할 것을 요구하는 것이기 때문에, 특정 규범이 개별사건법률에 해당한다 하여 곧바로 위헌을 뜻하는 것은 아니다. 비록 특정 법률 또는 법률조항이 단지 하나의 사건만을 규율하려고 한다 하더라도 이러한 차별적 규율이 합리적인 이유로 정당화될 수 있는 경우에는 합헌적일 수 있다. 따라서 개별사건법률의 위헌 여부는 그 형식만으로 가려지는 것이 아니라 나아가 평등의 원칙이 추구하는 실질적 내용이 정당한지 아닌지를 따져야 비로소 가려진다(헌재 1996.2.16. 96헌가2).

[2020년 법무사] ②, ③

평등권 또는 평등원칙에 대한 설명으로 옳지 않은 것은? (다툼이 있는 경우 헌법재판소 판례에 의함)

① "혼인과 가족생활은 개인의 존엄과 양성의 평등을 기초로 성립되고 유지되어야 하며, 국가는 이를 보장한다"라고 규정한 헌법 제36조 제1항이 내포하고 있는 차별금지명령은, 헌법 제11조 제1항에서 보장되는 평등원칙을 혼인과 가족생활 영역에서 더 구체화함으로써 혼인과 가족을 부당한 차별로부터 특별히 더 보호하려는 목적을 지닌다.

② 대통령령으로 정하는 공공기관 및 공기업으로 하여금 3년간 한시적으로 매년 정원의 100분의 3 이상씩 34세 이하의 청년미취업자를 채용하도록 하는 법률규정은 합리적 이유 없이 능력주의 내지 성적주의를 배제한 채 단순히 생물학적인 나이를 기준으로 특정 연령층에게 특혜를 부여함으로써 다른 연령층의 공공기관 취업 기회를 제한하기 때문에, 35세 이상 미취업자들의 평등권을 침해한다.

③ 선거운동에 있어서 후보자의 배우자가 그와 함께 다니는 사람 중에서 지정한 1명도 명함교부를 할 수 있도록 한 「공직선거법」 규정은, 배우자의 유무라는 우연한 사정에 근거하여 합리적 이유 없이 배우자 없는 후보자와 배우자 있는 후보자를 차별 취급하므로 평등권을 침해한다.

④ 공직자 등을 수범자로 하고 부정청탁 및 금품 등 수수를 금지하는 법률 규정은, 민간부문 중에서는 사립학교 관계자와 언론인만 '공직자등'에 포함시켜 이들에게 공직자와 같은 의무를 부담시키고 있는데, 해당 규정이 사립학교 관계자와 언론인이 일반적 행동자유권 등을 침해하지 않는 이상, 민간부문 중 우선 이들만 '공직자등'에 포함시킨 입법자의 결단이 자의적 차별이라 보기는 어렵다.

① (○) 헌법 제36조 제1항은 혼인과 가족생활을 스스로 결정하고 형성할 수 있는 자유를 기본권으로서 보장하고, 혼인과 가족에 대한 제도를 보장한다. 이러한 헌법원리로부터 도출되는 차별금지명령은 헌법 제11조 제1항에서 보장되는 평등원칙을 혼인과 가족생활영역에서 더욱 더 구체화함으로써 혼인과 가족을 부당한 차별로부터 특별히 더 보호하려는 목적을 가진다(헌재 2002.8.29. 2001헌바82).

② (×) 청년할당제가 시행되더라도 현실적으로 35세 이상 미취업자들이 공공기관 취업기회에서 불이익을 받을 가능성은 크다고 볼 수 없다. 따라서 이 사건 청년할당제가 청구인들의 평등권, 공공기관 취업의 자유를 침해한다고 볼 수 없다(헌재 2014.8.28. 2013헌마553).

③ (○) 배우자가 그와 함께 다니는 사람 중에서 지정한 1명까지 명함을 교부할 수 있도록 하여 헌법 제116조 제1항의 선거운동의 기회균등 원칙에도 반한다. 그러므로 배우자의 유무라는 우연한 사정에 근거하여 합리적 이유 없이 배우자 없는 후보자와 배우자 있는 후보자를 차별 취급하므로 평등권을 침해한다(헌재 2016.9.29. 2016헌마287).

④ (○) 부정청탁금지조항과 금품수수금지조항 및 신고조항과 제재조항은 전체 민간부문을 대상으로 하지 않고 사립학교 관계자와 언론인만 '공직자 등'에 포함시켜 공직자와 같은 의무를 부담시키고 있는데, 이들 조항이 청구인들의 일반적 행동자유권 등을 침해하지 않는 이상, 민간부문 중 우선 이들만 '공직자 등'에 포함시킨 입법자의 결단이 자의적 차별이라 보기는 어렵다(헌재 2016.7.28. 2015헌마236).

[2017년 국가 7급] ②

평등권 또는 평등의 원칙에 대한 설명으로 옳지 않은 것은? (다툼이 있는 경우 판례에 의함)

① 「민법」상 손해배상청구권 등 금전채권은 10년의 소멸시효기간이 적용되는 데 반해, 사인이

국가에 대하여 가지는 손해배상청구권 등 금전채권은 「국가재정법」상 5년의 소멸시효기간이 적용되는 것은 차별취급에 합리적인 사유가 존재한다.

② 애국지사 본인과 순국선열의 유족은 본질적으로 다른 집단이므로, 구 「독립유공자예우에 관한 법률 시행령」 조항이 같은 서훈 등급임에도 순국선열의 유족보다 애국지사 본인에게 높은 보상금 지급액 기준을 두고 있다 하여 곧 순국선열의 유족의 평등권이 침해되었다고 볼 수 없다.

③ 「형법」이 반의사불벌죄 이외의 죄를 범하고 피해자에게 자복한 사람에 대하여 반의사불벌죄를 범하고 피해자에게 자복한 사람과 달리 임의적 감면의 혜택을 부여하지 않은 것은 자의적인 차별이어서 평등의 원칙에 반한다.

④ 버스운송사업에 있어서는 운송비용 전가 문제를 규제할 필요성이 없으므로 택시운송사업에 한하여 「택시운송사업의 발전에 관한 법률」에 운송비용 전가의 금지조항을 둔 것은 규율의 필요성에 따른 합리적인 차별이어서 평등원칙에 위반되지 아니한다.

① (○) 시효기간을 정함에 있어 입법자에게는 상당한 범위의 입법재량이 인정되므로 이 사건 법률조항의 위헌판단은 그것이 현저히 자의적이어서 입법적 한계를 벗어난 것인지 여부에 의하여 결정되어야 할 것이다. 국가에 대한 금전채권의 소멸시효기간을 5년으로 정하고 있는 국가재정법 제96조 제2항은, 금전채권의 채무자가 사인인 경우와 국가인 경우 사이에 소멸시효기간에 관한 차별취급이 존재하나, 차별취급에 합리적인 사유가 있으므로, 심판대상조항은 평등원칙에 위배되지 아니한다(헌재 2018.2.22. 2016헌바470).

② (○) 사건 독립유공자법 시행령 조항은 해당 독립유공자의 서훈 등급을 바탕으로 보상금 지급액 기준을 달리하고 있다. 이 사건 독립유공자법 시행령 조항이 그와 같이 결정된 서훈 등급을 주요 기준으로 삼고 있는 이상, 단지 순국선열의 유족과 애국지사의 유족을 구별하여 규정하지 아니하였다는 이유만으로 순국선열을 경시하는 것으로서 그 유족인 청구인을 자의적으로 차별하였다고 볼 수 없다(헌재 2018.1.25. 2016헌마319).

③ (×) 반의사불벌죄와 친고죄는 공소를 제기할 때 피해자의 고소를 필요로 하는지 여부 및 형사소송법 제233조의 공범 간의 고소불가분원칙의 적용 여부에 있어 차이가 있으나, 이는 반의사불벌죄에서 처벌희망의사표시의 철회 시한을 둔 취지와는 무관한 반면, 반의사불벌죄에서 처벌희망의사표시의 철회 시기를 제1심 판결선고 전까지로 제한한 취지는 친고죄가 고소취소의 시한을 정한 것과 동일하다. 따라서 위 결정들의 취지는 심판대상조항에 대한 판단에서도 그대로 타당하다. 심판대상조항은 평등원칙에 위배되지 아니한다(헌재 2016.11.24. 2014헌바451).

④ (○) 버스운송사업에 있어서는 운송비용 전가 문제를 규제할 필요성이 없으므로 택시운송사업에 한하여 택시운송사업의 발전에 관한 법률에 운송비용 전가의 금지조항을 둔 것은 규율의 필요성에 따른 합리적인 차별이어서 평등원칙에 위반되지 아니한다. 나아가 택시 운송비용 전가를 금지하는 택시발전법 조항은 택시운수종사자의 생활안정을 통하여 과속운행, 난폭운전 등을 방지하고 승객들의 안전을 제고하기 위한 것으로 청구인의 직업의 자유를 침해한다고 할 수 없다(헌재 2018.6.28. 2016헌마1153). [2019년 지방 7급] ③

평등권 및 평등원칙에 관한 설명 중 옳지 않은 것은? (다툼이 있는 경우 판례에 의함)

① 평등의 원칙은 국가에 대하여 합리적 이유 없이 불평등한 대우를 하지 말 것과 평등한 대우를 할 것을 요구할 수 있는 근거가 된다.

② 헌법상 차별금지사유의 하나인 '사회적 신분'은 사회에서 장기간 점하는 지위로서 일정한 사회적 평가를 수반하는 것을 의미한다.

③ 대한민국 국민인 남자에 한하여 병역의무를 부과한 것인 평등권을 침해하는지 여부는 완화된 심사기준에 의하여 심사해야 한다.

④ 국가유공자와 그 가족에 대한 가산점제도에 있어서 국가유공자 가족의 경우는 평등권 침해 여부에 관하여 보다 완화된 기준을 적용한 비례심사가 필요하다.

① (○) 평등의 원칙은 국민의 기본권 보장에 관한 우리 헌법의 최고원리로서 국가가 입법을 하거나 법을 해석 및 집행함에 있어 따라야 할 기준인 동시에, 국가에 대하여 합리적 이유 없이 불평등한 대우를 하지 말 것과 평등한 대우를 요구할 수 있는 모든 국민의 권리로서, 국민의 기본권 중의 기본권이다(헌재 1989.1.25. 88헌가7).

② (○) 헌법 제11조 제1항에 규정하고 있는 사회적 신분이란 사회에서 장기간 점하는 지위로서 일정한 사회적 평가를 수반하는 것을 의미한다 할 것이므로 전과자도 사회적 신분에 해당된다고 할 것이며 누범을 가중처벌하는 것이 전과자라는 사회적 신분을 이유로 차별대우를 하는 것이 되어 헌법상의 평등의 원칙에 위배되는 것이 아닌가 하는 의문이 생길 수 있으나, 형법 제35조가 누범에 대하여 형을 가중한다고 해서 그것이 인간의 존엄성 존중이라는 헌법의 이념에 반하는 것도 아니며, 누범을 가중하여 처벌하는 것은 사회방위, 범죄의 특별예방 및 일반예방, 더 나아가 사회의 질서유지의 목적을 달성하기 위한 하나의 적정한 수단이기도 하는 것이므로 이는 합리적 근거 있는 차별이어서 헌법상의 평등의 원칙에 위배되지 아니한다(헌재 1995.2.23. 93헌바43).

③ (○) 징집대상자의 범위 결정에 관하여는 입법자의 광범위한 입법형성권이 인정된다는 점에 비추어 사건 법률조항이 평등권을 침해하는지 여부는 완화된 심사기준에 따라 판단하여야 한다. 결국 이 사건 법률조항이 성별을 기준으로 병역의무자의 범위를 정한 것은 자의금지원칙에 위배하여 평등권을 침해하지 않는다(헌재 2010.11.25. 2006헌마328).

④ (×) 종전 결정은 국가유공자와 그 가족에 대한 가산점제도는 모두 헌법 제32조 제6항에 근거를 두고 있으므로 평등권 침해 여부에 관하여 보다 완화된 기준을 적용한 비례심사를 하였으나, 국가유공자 본인의 경우는 별론으로 하고, 그 가족의 경우는 위에서 본 바와 같이 헌법 제32조 제6항이 가산점제도의 근거라고 볼 수 없으므로 그러한 완화된 심사는 부적절한 것이다(헌재 2006.2.23. 2004헌마675).

[2015년 서울 7급] ④

평등권 또는 평등원칙에 대한 설명으로 가장 적절하지 않은 것은? (다툼이 있는 경우 판례에 의함)

① 보훈보상대상자의 부모에 대한 유족보상금 지급 시, 수급권자를 부모 1인에 한정하고 나이가 많은 자를 우선하도록 규정한 「보훈보상대상자 지원에 관한 법률」 조항은 부모 중 나이가 많은 자와 그렇지 않은 자를 합리적 이유 없이 차별하여 나이가 적은 부모의 평등권을 침해한다.

② 대한민국 국적을 가지고 있는 영유아 중에서 재외국민인 영유아를 보육료·양육수당의 지원대상에서 제외되도록 한 보건복지부지침은 국내에 거주하면서 재외국민인 영유아를 양육하는 부모를 차별하는 것으로서 평등권을 침해한다.

③ 사립학교 관계자와 언론인 못지않게 공공성이 큰 민간분야 종사자에 대하여 「부정청탁 및 금품등 수수의 금지에 관한 법률」이 적용되지 않는 것은 언론인과 사립학교 관계자의 평등권을 침해한다.

④ 「산업재해보상보험법」이 근로자가 사업주의 지배관리 아래 출퇴근하던 중 발생한 사고로 부상 등이 발생한 경우에만 업무상 재해로 인정하고, 도보나 자기 소유 교통수단 또는 대중교통수단 등을 이용하여 출퇴근하는 경우를 업무상 재해로 인정하지 않는 것은 평등원칙

에 위배된다.

① (○) 심판대상조항이 국가의 재정부담능력의 한계를 이유로 하여 부모 1명에 한정하여 보상금을 지급하도록 하면서 어떠한 예외도 두지 않은 것에는 합리적 이유가 있다고 보기 어렵다. 심판대상조항은 나이가 적은 부모 일방의 평등권을 침해하여 헌법에 위반되나, 단순위헌결정을 하여 당장 그 효력을 상실시킬 경우에는 보훈보상대상자의 유족인 부모에 대한 보상금 지급의 근거 규정이 사라지게 되어 그 입법목적을 달성하기 어려운 법적 공백 상태가 발생할 수 있다. 또한 심판대상조항의 위헌적 상태를 제거함에 있어서 어떠한 기준 및 요건에 의해 보상금 수급권자를 결정하고, 수급권자의 범위를 어떻게 정할 것인지 등에 관하여 헌법재판소의 결정취지의 한도 내에서 입법자에게 재량이 부여된다 할 것이므로 입법자가 합헌적인 방향으로 법률을 개선할 때까지 그 효력을 존속하게 하여 이를 적용하게 할 필요가 있다(헌재 2018.6.28. 2016헌가14).

② (○) 단순한 단기체류가 아니라 국내에 거주하는 재외국민, 특히 외국의 영주권을 보유하고 있으나 상당한 기간 국내에서 계속 거주하고 있는 자들은 주민등록법상 재외국민으로 등록·관리될 뿐 국민인 주민이라는 점에서는 다른 일반 국민과 실질적으로 동일하므로, 단지 외국의 영주권을 취득한 재외국민이라는 이유로 달리 취급할 아무런 이유가 없어 위와 같은 차별은 청구인들의 평등권을 침해한다(헌재 2018.1.25. 2015헌마1047).

③ (×) 사립학교 관계자와 언론인 못지않게 공공성이 큰 민간분야 종사자에 대해서 청탁금지법이 적용되지 않는다는 이유만으로 부정청탁금지조항과 금품수수금지조항 및 신고조항과 제재조항이 청구인들의 평등권을 침해한다고 볼 수 없다(헌재 2016.7.28. 2015헌마236).

④ (○) 도보나 자기 소유 교통수단 또는 대중교통수단 등을 이용하여 출퇴근하는 산업재해보상보험(이하 '산재보험'이라 함) 가입 근로자(이하 '비혜택근로자'라 함)는 사업주가 제공하거나 그에 준하는 교통수단을 이용하여 출퇴근하는 산재보험 가입 근로자(이하 '혜택근로자'라 함)와 같은 근로자인데도 사업주의 지배관리 아래 있다고 볼 수 없는 통상적 경로와 방법으로 출퇴근하던 중에 발생한 재해(이하 '통상의 출퇴근 재해'라 함)를 업무상 재해로 인정받지 못한다는 점에서 차별취급이 존재한다. 사업장 규모나 재정여건의 부족 또는 사업주의 일방적 의사나 개인 사정 등으로 출퇴근용 차량을 제공받지 못하거나 그에 준하는 교통수단을 지원받지 못하는 비혜택근로자는 비록 산재보험에 가입되어 있다 하더라도 출퇴근 재해에 대하여 보상을 받을 수 없는데, 이러한 차별을 정당화할 수 있는 합리적 근거를 찾을 수 없다(헌재 2016.9.29. 2014헌바254). [2021년 경찰 경정승진] ③

평등권 및 평등의 원칙에 관한 설명에 대해 옳고 그름의 표시(○, ×)가 바르게 된 것은? (다툼이 있는 경우 판례에 의함)

> ㉠ 평등의 원칙은 국민의 기본권 보장에 관한 우리 헌법의 최고원리로서 국가가 입법을 하거나 법을 해석 및 집행함에 있어 따라야 할 기준인 동시에, 국가에 대하여 합리적 이유 없이 불평등한 대우를 하지 말 것과 평등한 대우를 할 것을 요구할 수 있는 근거가 된다.
> ㉡ 초·중등학교의 교원의 정당 가입을 금지한 것은 헌법상의 평등권을 침해한 것이라고 할 수 없다.
> ㉢ 적극적 평등실현조치는 종래 사회로부터 차별을 받아 온 일정 집단에 대해 그동안의 불이익을 보상하기 위한 우대적 조치이다.
> ㉣ '수사가 진행 중이거나 형사재판이 계속 중이었다가 그 사유가 소멸한 경우'에는 잔여 퇴직급여 등에 대해 이자를 가산하는 규정을 두면서, '형이 확정되었다가 그 사유가 소멸한 경우'에는 이자 가산 규정을 두지 않은 「군인연금법」(2013.3.22. 법률 제11632호로 개정된 것) 제33조 제2항은 평등원칙을 위반한다.

① ㉠(○) ㉡(○) ㉢(○) ㉣(×) ② ㉠(×) ㉡(×) ㉢(○) ㉣(×)
③ ㉠(×) ㉡(×) ㉢(×) ㉣(×) ④ ㉠(○) ㉡(○) ㉢(○) ㉣(○)

㉠ (○) 평등의 원칙은 국민의 기본권 보장에 관한 우리 헌법의 최고원리로서 국가가 입법을 하거나 법을 해석 및 집행함에 있어 따라야 할 기준인 동시에, 국가에 대하여 합리적 이유 없이 불평등한 대우를 하지 말 것과, 평등한 대우를 요구할 수 있는 모든 국민의 권리로서, 국민의 기본권 중의 기본권인 것이다(헌재 1989.1.25. 88헌가7).

㉡ (○) 초·중등학교 교원에 대해서는 정당가입과 선거운동의 자유를 금지하면서 대학교원에게는 이를 허용한다 하더라도, 이는 양자간 직무의 본질이나 내용 그리고 근무태양이 다른 점을 고려할 때 합리적인 차별이라고 할 것이므로 청구인이 주장하듯 헌법상의 평등권을 침해한 것이라고 할 수 없다(헌재 2004.3.25. 2001헌마710).

㉢ (○) 잠정적 우대조치는 종래 사회로부터 차별을 받아 온 일정 집단에 대해 그동안의 불이익을 보상하여 주기 위하여 그 집단의 구성원이라는 이유로 취업이나 입학 등의 영역에서 직·간접적으로 이익을 부여하는 것을 말한다. 잠정적 우대조치의 특징으로는 이러한 정책이 개인의 자격이나 실적보다는 집단의 일원이라는 것을 근거로 하여 혜택을 준다는 점, 기회의 평등보다는 결과의 평등을 추구한다는 점, 항구적 정책이 아니라 구제목적이 실현되면 종료하는 임시적 조치라는 점 등을 들 수 있다(헌재 1999.12.23. 98헌마363).

㉣ (○) 금고 이상의 형을 받았다가 재심으로 무죄판결을 받은 사람은 군 복무 중 급여제한사유에 해당함이 없이 직무상 의무를 다한 성실한 군인이라는 점에서 수사 중이거나 형사재판 계속 중이었다가 불기소처분 등을 받은 사람과 차이가 없다. 급여제한사유에 해당하지 않는 사람임이 뒤늦게라도 밝혀졌다면, 수사 중이거나 형사재판 계속 중이어서 잠정적·일시적으로 지급을 유보하였던 경우인지, 아니면 당해 형사절차가 종료되어 확정적으로 지급을 제한하였던 경우인지에 따라 잔여 퇴직급여에 대한 이자 가산 여부를 달리 할 이유가 없다. 이러한 점들을 종합하면, 잔여 퇴직급여에 대한 이자 지급 여부에 있어 양자를 달리 취급하는 것은 합리적 이유 없는 차별로서 평등원칙을 위반한다(헌재 2016.7.28. 2015헌바20). [2017년 경찰 경정승진] ④

평등권에 대한 설명으로 옳지 않은 것은? (다툼이 있는 경우 판례에 의함)

① 구 「종합부동산세법」상 세대별 합산규정은 혼인한 자 또는 가족과 함께 세대를 구성한 자를 개인별로 과세되는 독신자, 사실혼 관계의 부부, 세대원이 아닌 주택 등의 소유자 등에 비하여 지나치게 불리하게 과세하고 있으므로 헌법에 합치하지 않는다.

② 국·공립학교 채용시험에서 국가유공자의 가족에게 10%의 가산점을 부여하는 것은 능력주의를 바탕으로 하여야 하는 공직취임권의 규율에 있어서 중요한 예외를 구성하므로, 관련 공익과 일반응시자의 공무담임권의 차별 사이에 엄밀한 법익형량이 이루어져야 한다.

③ 교원임용시험의 일자를 일요일로 정함으로써 종교행사를 갖는 수험생들의 예배 참석 등에 현실적인 불편이나 불이익이 초래되지만, 수많은 수험생들의 응시상의 편의와 시험장소의 마련 및 시험관리상의 편의 도모와 같은 합리적인 이유가 있으므로 평등권을 침해하지 않는다.

④ 대학의 교원인 공무원에게 정당가입의 자유를 허용하면서도 초·중등학교의 교원에게는 이를 금지하는 것은, 양자 간 직무의 본질이나 내용 그리고 근무 태양이 다른 점을 고려한 합리적인 차별이다.

⑤ 대학의 교원은 헌법과 법률로써 신분이 보장되고 정당가입과 선거운동 등이 가능하여 노조형태의 단결체가 꼭 필요한 것은 아니므로, 초·중등학교의 교원과 달리 법률로써 단결권을 인정하지 않는다고 하여 평등권을 침해하는 것은 아니다.

① (○) 세대별 합산 규정은 혼인한 자 또는 가족과 함께 세대를 구성한 자를 비례의 원칙에 반하여 개인별로 과세되는 독신자, 사실혼 관계의 부부, 세대원이 아닌 주택 등의 소유자 등에 비하여 불리하게 차별하여 취급하고 있으므로, 헌법 제36조 제1항에 위반된다(헌재 2008.11.13. 2006헌바112).

② (○) 종전 결정은 국가유공자와 그 가족에 대한 가산점제도는 모두 헌법 제32조 제6항에 근거를 두고 있으므로 평등권 침해 여부에 관하여 보다 완화된 기준을 적용한 비례심사를 하였으나, 국가유공자 본인의 경우는 별론으로 하고, 그 가족의 경우는 위에서 본 바와 같이 헌법 제32조 제6항이 가산점제도의 근거라고 볼 수 없으므로 그러한 완화된 심사는 부적절한 것이다(헌재 2006.2.23. 2004헌마675).

③ (○) 시험의 일사를 일요일로 정하여 공고한 것은 특정 종교를 믿는 수험생들을 차별대우하려는 것으로는 보이지 아니하고, 일요일로 시험일자가 정해지다 보니 그날에 종교행사를 갖는 수험생들의 예배 참석 등에 현실적인 불편이나 불이익이 초래된 점이 있다 하더라도 일요일 시험일자 선정에는 수많은 수험생들의 응시상의 편의와 시험장소의 마련 및 시험관리상의 편의 등의 도모와 같은 합리적인 이유가 있는 것이므로 청구인의 평등권을 침해한 것으로 볼 수 없다(헌재 2010.11.25. 2010헌마199).

④ (○) 사건 정당가입 금지조항은 국가공무원이 정당에 가입하는 것을 금지함으로써 공무원이 국민 전체에 대한 봉사자로서 그 임무를 충실히 수행할 수 있도록 정치적 중립성을 보장하고, 초·중등학교 교원이 당파적 이해관계의 영향을 받지 않도록 교육의 중립성을 확보하기 위한 것이므로, 목적의 정당성 및 수단의 적합성이 인정된다. 따라서 이 사건 정당가입 금지조항은 과잉금지원칙에 위배되지 않는다(헌재 2020.4.23. 2018헌마551).

⑤ (×) 심판대상조항으로 인하여 교육공무원 아닌 대학 교원들이 향유하지 못하는 단결권은 헌법이 보장하고 있는 근로3권의 핵심적이고 본질적인 권리이다. 심판대상조항의 입법목적이 재직 중인 초·중등교원에 대하여 교원노조를 인정해 줌으로써 교원노조의 자주성과 주체성을 확보한다는 측면에서는 그 정당성을 인정할 수 있을 것이나, 교원노조를 설립하거나 가입하여 활동할 수 있는 자격을 초·중등교원으로 한정함으로써 교육공무원이 아닌 대학 교원에 대해서는 근로기본권의 핵심인 단결권조차 전면적으로 부정한 측면에 대해서는 그 입법목적의 정당성을 인정하기 어렵고, 수단의 적합성 역시 인정할 수 없다. 최근 들어 대학 사회가 다층적으로 변화하면서 대학 교원의 사회·경제적 지위의 향상을 위한 요구가 높아지고 있는 상황에서 단결권을 행사하지 못한 채 개별적으로만 근로조건의 향상을 도모해야 하는 불이익은 중대한 것이므로, 심판대상조항은 과잉금지원칙에 위배된다(헌재 2018.8.30. 2015헌가38). [2020년 국회 9급] ⑤

평등권 침해 여부에 대한 설명으로 옳지 않은 것은? (다툼이 있는 경우 판례에 의함)

① 「국가배상법」은 법치국가원리에 따라 국가의 공권력 행사는 적법해야 함을 전제로 모든 공무원의 직무행위상 불법행위로 발생한 손해에 대해 국가가 책임지도록 규정한 것이므로, 조항의 의미와 목적을 살펴볼 때 법관과 다른 공무원은 본질적으로 다른 집단이라고 볼 수는 없다.

② 헌법상 용인되는 각 자치구·시·군의원 선거구 간 인구편차의 한계를 고려함에 있어서 인구비례의 원칙 이외에 2차적 요소들을 반영하는 것은 선거구 간 인구비례에 의한 투표가치 평등의 원칙에 위배된다.

③ 입법자가 외부의 침략으로부터 국가를 보존한다는 목적을 위해 존재하는 집단인 군의 특수성을 고려하여 「군사법원법」에 의한 군사재판을 국민참여재판 대상사건에서 제외한 것은 평등원칙에 위배되지 아니한다.

④ 6·25전몰군경자녀에게 수당 지급에 있어 수급권자 수를 확대할 수 있는 어떤 예외도 없고 나이가 많은 1명을 한정하여 우선하도록 한 것은, 나이가 많다는 우연한 사정을 기준으로 순위를 정한 것으로 합리성을 인정하기 어렵다.

⑤ 주로 농촌 지역에 위치한 군의 평균 선거인수는 도시지역인 자치구·시의 평균 선거인수에

① (×) 중혼의 취소청구권자를 어느 범위까지 포함할 것이지 여부에 관하여는 입법자의 입법재량의 폭이 넓은 영역이라 할 것이어서, 이 사건 법률조항이 평등원칙을 위반했는지 여부를 판단함에 있어서는 자의금지원칙 위반 여부를 심사하는 것으로 족하다(헌재 2010.7.29. 2009헌가8).

② (○) 평등원칙 위반 여부에 대한 심사척도는 입법자에게 인정되는 입법형성권의 정도에 따라 달라지게 될 것이나 헌법에서 특별히 평등을 요구하고 있는 경우와 차별적 취급으로 인하여 관련 기본권에 대한 중대한 제한을 초래하게 된다면 입법형성권은 축소되어 보다 엄격한 심사척도가 적용되어야 한다(헌재 2000.8.31. 97헌가12).

③ (×) 심판대상조항의 내용과 같이 뉴스통신사의 권한을 제한하거나 새로이 의무를 부과하는 것이 아니라 국내 뉴스통신시장의 진흥을 위하여 뉴스통신사에 대한 재정지원 등 혜택을 부여하는 것을 내용으로 하는 시혜적 법률의 경우에는 그 입법형성권의 범위가 더욱 넓어진다고 하겠다. 따라서 자의금지원칙에 입각하여 비교집단으로서 청구인 회사와 연합뉴스사가 국가기간뉴스통신사의 지정 및 뉴스통신사의 진흥을 위한 우선적 처우와 관련하여 본질적으로 어떻게 구별되고, 그러한 차이점이 심판대상조항이 정한 차별취급을 정당화할 정도의 합리적 이유를 가지고 있는지 여부에 관하여 본다(헌재 2005.6.30. 2003헌마841).

④ (×) 선거비용 보전의 요건과 내용을 규정하는 것은 입법자에게 넓은 입법형성권이 인정되는 사항이므로, 이 사건 법률조항이 평등권을 침해하는지 여부를 심사함에 있어서는 차별취급이 재량권의 한계를 벗어나는지 여부에 관한 합리성 심사를 하면 족하다(헌재 2010. 5. 27. 2008헌마491).

[2013년 지방 7급] ②

평등심사에 관한 설명 중 옳은 것은? (다툼이 있는 경우 판례에 의함)

① 자기 또는 배우자의 직계존속을 고소하지 못하도록 규정한 「형사소송법」 조항은 친고죄의 경우든 비친고죄의 경우든 헌법상 보장된 재판절차진술권의 행사에 중대한 제한을 초래한다고 보기는 어려우므로, 완화된 자의심사에 따라 차별에 합리적 이유가 있는지를 따져 보는 것으로 족하다.

② 국가유공자 본인이 국가기관이 실시하는 채용시험에 응시하는 경우에 10%의 가점을 주도록 한 「국가유공자 등 예우 및 지원에 관한 법률」 조항은 헌법 제32조 제6항에서 특별히 평등을 요구하고 있는 경우에 해당하므로, 이에 대해서는 엄격한 비례성 심사에 따라 평등권 침해 여부를 심사하여야 한다.

③ 대한민국 국민인 남자에 한하여 병역의무를 부과한 구 「병역법」 조항은 헌법이 특별히 평등을 요구하는 경우나 관련 기본권에 중대한 제한을 초래하는 경우의 차별취급을 그 내용으로 하고 있으므로, 이 조항이 평등권을 침해하는지 여부에 대해서는 엄격한 심사기준에 따라 판단하여야 한다.

④ 종합부동산세의 과세방법을 '세대별 합산'으로 규정한 「종합부동산세법」 조항이 혼인이나 가족생활을 근거로 부부 등 가족이 있는 자를 혼인하지 아니한 자 등에 비하여 차별 취급하더라도, 과세단위를 정하는 것은 입법자의 입법형성의 재량에 속하는 정책적 문제이므로, 그 차별이 헌법 제36조 제1항에 위반되는지 여부는 자의금지원칙에 의한 심사를 통하여 판단하면 족하다.

⑤ 중등교사 임용시험에서 복수전공 및 부전공 교원자격증소지자에게 가산점을 부여하고 있는 「교육공무원법」 조항에 의해 복수·부전공 가산점을 받지 못하는 자가 불이익을 입는다

고 하더라도 이를 공직에 진입하는 것 자체에 대한 제약이라 할 수 없어, 그러한 가산점 제도에 대하여는 자의금지원칙에 따른 심사척도를 적용하여야 한다.

① (○) 친고죄의 경우든 비친고죄의 경우든 이 사건 법률조항이 재판절차진술권의 중대한 제한을 초래한다고 보기는 어려우므로, 이 사건 법률조항이 평등원칙에 위반되는지 여부에 대한 판단은 완화된 자의심사에 따라 차별에 합리적인 이유가 있는지를 따져보는 것으로 족하다(헌재 2011.2.24. 2008헌바5).

② (×) 국가유공자와 그 유족 등에게 가산점의 혜택을 부여하는 것은 그 이외의 자들에게는 공무담임권 또는 직업선택의 자유에 대한 중대한 침해를 의미하게 되므로, 헌법재판소가 1999.12.23. 선고한 98헌마363 사건의 결정에서 비례의 원칙에 따른 심사를 하여야 할 경우의 하나로 들고 있는 차별적 취급으로 인하여 관련 기본권에 대한 중대한 제한을 초래하게 되는 경우에 해당하여 원칙적으로 비례심사를 하여야 할 것이나, 구체적인 비례심사의 과정에서는 헌법 제32조 제6항이 근로의 기회에 있어서 국가유공자 등을 우대할 것을 명령하고 있는 점을 고려하여 보다 완화된 기준을 적용하여야 할 것이다(헌재 2001.2.22. 2000헌마25). 오늘날 가산점의 대상이 되는 국가유공자와 그 가족의 수가 과거에 비하여 비약적으로 증가하고 있는 현실과, 취업보호대상자에서 가족이 차지하는 비율, 공무원시험의 경쟁이 갈수록 치열해지는 상황을 고려할 때, 위 조항의 폭넓은 해석은 필연적으로 일반 응시자의 공무담임의 기회를 제약하게 되는 결과가 될 수 있으므로 위 조항은 엄격하게 해석할 필요가 있다. 이러한 관점에서 위 조항의 대상자는 조문의 문리해석대로 국가유공자, 상이군경, 그리고 전몰군경의 유가족이라고 봄이 상당하다. 이 사건 조항은 일반 응시자들의 공직취임의 기회를 차별하는 것이며, 이러한 기본권 행사에 있어서의 차별은 차별목적과 수단 간에 비례성을 갖추어야만 헌법적으로 정당화될 수 있다(헌재 2006.2.23. 2004헌마675).

③ (×) 사건 법률조항은 헌법이 특별히 양성평등을 요구하는 경우나 관련 기본권에 중대한 제한을 초래하는 경우의 차별취급을 그 내용으로 하고 있다고 보기 어려우며, 징집대상자의 범위 결정에 관하여는 입법자의 광범위한 입법형성권이 인정된다는 점에 비추어 이 사건 법률조항이 평등권을 침해하는지 여부는 완화된 심사기준에 따라 판단하여야 한다(헌재 2010.11.25. 2006헌마328).

④ (×) 헌법원리로부터 도출되는 차별금지의 명령은 헌법 제11조 제1항의 평등원칙과 결합하여 혼인과 가족을 부당한 차별로부터 보호하고자 하는 목적을 지니고 있고, 따라서 특정한 조세 법률조항이 혼인이나 가족생활을 근거로 부부 등 가족이 있는 자를 혼인하지 아니한 자 등에 비하여 차별 취급하는 것이라면 비례의 원칙에 의한 심사에 의하여 정당화되지 않는 한 헌법 제36조 제1항에 위반된다(헌재 2008.11.13. 2006헌바112).

⑤ (×) 중등교사 임용시험에서 이 사건 복수·부전공 가산점을 받지 못하는 자가 입을 수 있는 불이익은 공직에 진입하는 것 자체에 대한 제약이라는 점에서 당해 기본권에 대한 중대한 제한이므로 이 사건 복수·부전공 가산점 규정의 위헌 여부에 대하여는 엄격한 심사척도를 적용함이 상당하다(헌재 2006.6.29. 2005헌가13). [2017년 제6회 변호사] ①

평등권에 대한 설명으로 옳지 않은 것은? (다툼이 있는 경우 헌법재판소 판례에 의함)

① 누범에 대한 가중처벌은 평등원칙에 위반되지 않는다.

② 자기 또는 배우자의 직계존속을 고소하지 못하도록 하고 있는 「형사소송법」 제224조는 평등원칙에 위반되지 않는다.

③ 출생에 의한 국적취득에 있어서 부계혈통주의는 평등원칙에 위반된다.

④ 국무총리·행정각부의 장·국회의원과 달리 지방자치단체의 장이 '공소 제기된 후 구금상태에 있는 경우' 부단체장이 그 권한을 대행하도록 하는 것은 자의적 차별에 해당한다.

⑤ 자(子)는 부(父)의 성(姓)을 따르도록 하고 다만 부(父)가 외국인일 때에는 모(母)의 성을 따르도록 한 「민법」 제781조는 혼인·가족생활의 양성 평등원칙에 위반된다.

① (○) 누범은 전범에 대한 형벌의 경고적 기능을 무시하고 다시 범죄를 저질렀다는 점에서 사회적 비난가능성이 높고, 이러한 누범이

증가하고 있는 추세를 감안하여 범죄예방 및 사회방위의 형사정책적 고려에 기인하여 이를 가중처벌하는 것이어서 합리적 근거 있는 차별이라 볼 것이므로 이 사건 법률조항이 평등원칙에 위배된다고 할 수 없다(헌재 2011.5.26. 2009헌바63).

② (○) 효라는 우리 고유의 전통규범을 수호하기 위하여 비속이 존속을 고소하는 행위의 반윤리성을 억제하고자 이를 제한하는 것은 합리적인 근거가 있는 차별이라고 할 수 있다. 따라서 이 사건 법률조항은 헌법 제11조 제1항의 평등원칙에 위반되지 아니한다(헌재 2011.2.24. 2008헌바56).

③ (○) 평등원칙 위반 여부에 대한 심사척도는 입법자에게 인정되는 입법형성권의 정도에 따라 달라지게 될 것이나 헌법에서 특별히 평등을 요구하고 있는 경우와 차별적 취급으로 인하여 관련 기본권에 대한 중대한 제한을 초래하게 된다면 입법형성권은 축소되어 보다 엄격한 심사척도가 적용되어야 한다. 부계혈통주의 원칙을 채택한 것은 출생한 당시의 자녀의 국적을 부의 국적에만 맞추고 모의 국적은 단지 보충적인 의미만을 부여하는 차별을 하고 있다. 이렇게 한국인 부와 외국인 모 사이의 자녀와 한국인 모(母)와 외국인 부(父) 사이의 자녀를 차별 취급하는 것은, 모가 한국인인 자녀와 그 모에게 불리한 영향을 끼치므로 헌법 제11조 제1항의 남녀평등원칙에 어긋난다(헌재 2000.8.31. 97헌가12).

④ (×) 국무총리, 행정 각부의 장은 임명권자에 의해 교체될 수 있다는 점에서, 국회의원은 국회라는 합의체의 일원으로서 구금상태가 직무의 원활한 운영에 미치는 효과가 다르다는 점에서, 자치단체장에 대하여만 이 사건 법률조항에 기한 직무정지를 부과한다 하여 자의적 차별이라 할 수는 없다(헌재 2011.4.28. 2010헌마474).

⑤ (○) 출생 직후의 자(子)에게 성을 부여할 당시 부(父)가 이미 사망하였거나 부모가 이혼하여 모가 단독적으로 친권을 행사하고 양육할 것이 예상되는 경우, 혼인 외의 자를 부가 인지하였으나 여전히 모가 단독으로 양육하는 경우 등과 같은 사례에 있어서도 일방적으로 부의 성을 사용할 것을 강제하면서 모의 성의 사용을 허용하지 않고 있는 것은 개인의 존엄과 양성의 평등을 침해한다(헌재 2005.12.22. 2003헌가5).

[2017년 국회 5급] ④

평등권에 대한 설명으로 옳지 않은 것을 〈보기〉에서 모두 고르면? (단, 다툼이 있는 경우 판례에 의함)

ㄱ. 시·도의원지역구 획정에서 요구되는 인구편차의 헌법상 허용한계는 국회의원지역구 획정에서 요구되는 인구편차의 헌법상 허용한계와 같다

ㄴ. 입법자가 세무관청과 관련된 실무적 업무에 필요한 세무회계 및 세법 지식이 검증된 공인회계사에게 세무대리업무등록부에 등록을 하면 세무조정업무를 할 수 있도록 허용하면서도, 세무사 자격 보유 변호사의 세무조정업무 수행을 일체 제한하는 것은 평등권을 침해하지 아니한다.

ㄷ. 수혜적 법률의 경우에는 수혜범위에서 제외된 자라고 하더라도 그 법률에 의하여 평등권이 침해되었다고 주장하는 당사자에 해당되고, 당해 법률에 대한 위헌결정에 따라 수혜집단과의 관계에서 평등권 침해 상태가 회복될 가능성이 있다면 기본권 침해성이 인정된다.

ㄹ. 친고죄의 고소를 제1심 판결선고 전까지만 취소할 수 있도록 한 것은 항소심에서 고소취소를 받은 피고인의 평등권을 침해한다.

ㅁ. 평등원칙은 본질적으로 '같은 것은 같게, 다른 것은 다르게' 취급할 것을 요구하는 것으로서, 입법과 법의 적용에 있어서 합리적인 근거가 없는 차별을 배제하는 상대적 평등을 뜻한다 할 것이다.

① ㄱ, ㄴ, ㄷ ② ㄱ, ㄴ, ㄹ ③ ㄱ, ㄷ, ㄹ
④ ㄴ, ㄹ, ㅁ ⑤ ㄷ, ㄹ, ㅁ

ㄱ. (×) 인구편차 상하 50%를 기준으로 하는 방안은 투표가치의 비율이 인구비례를 기준으로 볼 때의 등가의 한계인 2:1의 비율에 그 50%를 가산한 3:1 미만이 되어야 한다는 것으로서 인구편차 상하 33⅓%를 기준으로 하는 방안보다 2차적 요소를 폭넓게 고려할 수 있고, 인구편차 상하 60%의 기준에서 곧바로 인구편차 상하 33⅓%의 기준을 채택하는 경우 시·도의원지역구를 조정함에 있어

예기치 않은 어려움에 봉착할 가능성이 매우 크므로, 현시점에서는 시·도의원지역구 획정에서 허용되는 인구편차 기준을 인구편차 상하 50%(인구비례 3:1)로 변경하는 것이 타당하다(헌재 2018.6.28. 2014헌마189).

인구편차 상하 33⅓%를 넘어 인구편차를 완화하는 것은 지나친 투표가치의 불평등을 야기하는 것으로, 이는 대의민주주의의 관점에서 바람직하지 아니하고, 국회를 구성함에 있어 국회의원의 지역대표성이 고려되어야 한다고 할지라도 이것이 국민주권주의의 출발점인 투표가치의 평등보다 우선시 될 수는 없다. 현재의 시점에서 헌법이 허용하는 인구편차의 기준을 인구편차 상하 33⅓%를 넘어서지 않는 것으로 봄이 타당하다(헌재 2014.10.30. 2012헌마192 등).

ㄴ. (×) 심판대상조항은 과잉금지원칙을 위반하여 세무사 자격 보유 변호사의 직업선택의 자유를 침해하므로 헌법에 위반된다. 제청법원은 심판대상조항이 평등원칙에 위반된다는 주장도 하나, 심판대상조항이 세무사 자격 보유 변호사의 직업선택의 자유를 침해하여 헌법에 위반된다고 판단하는 이상, 위 주장에 대해서는 더 나아가 판단하지 아니한다(헌재 2018.4.26. 2015헌가19).

ㄷ. (○) 국민의 기본권을 제한하고 부담을 부과하는 소위 침해적 법률의 경우에는 규범의 수범자가 당사자로서 자신의 기본권 침해를 주장하게 되지만, 이 사건과 같이 수혜적 법률의 경우에는 반대로 수혜범위에서 제외된 자가 그 법률에 의하여 평등권이 침해되었다고 주장하는 당사자에 해당되고, 당해 법률에 대한 위헌 또는 헌법불합치 결정에 따라 수혜집단과의 관계에서 평등권침해 상태가 회복될 가능성이 있다면 기본권 침해성이 인정된다(헌재 2001.11.29. 99헌마494).

ㄹ. (×) 사건 법률조항은 고소인과 피고소인 사이에 자율적인 화해가 이루어질 수 있도록 어느 정도의 시간을 보장함으로써 국가형벌권의 남용을 방지하는 동시에 국가형벌권의 행사가 전적으로 고소인의 의사에 의해 좌우되는 것 또한 방지하는 한편, 가급적 고소 취소가 제1심 판결선고전에 이루어지도록 유도함으로써 남상소를 막고, 사법자원이 효율적으로 분배될 수 있도록 하는 역할을 한다. 또한 경찰·검찰의 수사단계에서부터 제1심 판결선고 전까지의 기간이 고소인과 피고소인 상호간에 숙고된 합의를 이루어낼 수 없을 만큼 부당하게 짧은 기간이라고 하기 어렵고, 현행 형사소송법상 제1심과 제2심이 모두 사실심이기는 하나 제2심은 제1심에 대한 항소심인 이상 두 심급이 근본적으로 동일하다고 볼 수는 없다. 따라서 이 사건 법률조항이 항소심 단계에서 고소 취소된 사람을 자의적으로 차별하는 것이라고 할 수는 없다(헌재 2011.2.24. 2008헌바40).

ㅁ. (○) 평등의 원칙은 본질적으로 같은 것을 같게, 본질적으로 다른 것은 다르게 취급할 것을 요구한다. 그렇지만 이러한 평등은 일체의 차별적 대우를 부정하는 절대적 평등을 의미하는 것이 아니라 입법과 법의 적용에 있어서 합리적인 근거가 없는 차별을 배제하는 상대적 평등을 뜻하고, 합리적 근거가 있는 차별은 평등의 원칙에 반하는 것이 아니다(헌재 2001.6.28. 99헌마516).

[2019년 국회 9급] ②

평등권 또는 평등원칙에 대한 설명으로 옳은 것은? (다툼이 있는 경우 판례에 의함)

① 후보자의 선거운동에서 독자적으로 후보자의 명함을 교부할 수 있는 주체를 후보자의 배우자와 직계 존비속으로 제한한 「공직선거법」 규정은 배우자나 직계존비속이 있는 후보자와 그렇지 않은 후보자를 합리적 이유 없이 달리 취급하고 있기에 평등권을 침해한다.

② 보훈보상대상자의 부모에 대한 유족보상금 지급 시, 부모 중 수급권자 1인에 한정하고 어떠한 예외도 두지 않는 「보훈보상대상자 지원에 관한 법률」 규정은 보상금을 지급받지 못하는 부모 일방의 평등권을 침해하지 않는다.

③ 「주민등록법」상 재외국민으로 등록·관리되고 있는 영유아를 보육료·양육수당의 지원대상에서 제외한 규정은 국가의 재정능력에 비추어 보았을 때 국내에 거주하면서 재외국민인 영유아를 양육하는 부모를 차별하고 있더라도 평등권을 침해하지 않는다.

④ 구 「소년법」 규정이 소년으로 범한 죄에 의하여 형의 선고를 받은 자가 그 집행을 종료하거나 면제받은 때와 달리 집행유예를 선고받은 소년범에 대한 자격완화 특례규정을 두지

아니하며 자격제한을 함에 있어 「군인사법」 등에 해당 법률의 적용을 받도록 한 것은 불합리한 차별이라 할 것이므로 평등원칙에 위반된다.

① (×) 배우자나 직계존비속이 있는 후보자와 그렇지 않은 후보자를 달리 취급하고 있다고 할 수 있으나, 그 입법목적 및 명함의 속성 등을 고려하면, 후보자의 정치·경제력과는 무관하게 존재 가능하고 후보자와 동일시할 수 있는 배우자나 직계존비속에 한정하여 명함을 교부할 수 있도록 한 것에는 합리적 이유가 있다 할 것이므로, 평등권을 침해하지 아니한다(헌재 2016.9.29. 2016헌마287).

② (×) 심판대상조항이 국가의 재정부담능력의 한계를 이유로 하여 부모 1명에 한정하여 보상금을 지급하도록 하면서 어떠한 예외도 두지 않은 것에는 합리적 이유가 있다고 보기 어렵다. 심판대상조항 중 나이가 많은 자를 우선하도록 한 것 역시 문제된다. 나이에 따른 차별은 연장자를 연소자에 비해 우대하는 전통적인 유교사상에 기초한 것으로 보이나, 부모 중 나이가 많은 자가 나이가 적은 자를 부양한다고 일반화할 합리적인 이유가 없고, 오히려 직업이나 보유재산에 따라 연장자가 경제적으로 형편이 더 나은 경우에도 그 보다 생활이 어려운 유족을 배제하면서까지 연장자라는 이유로 보상금을 지급하는 것은 보상금 수급권이 갖는 사회보장적 성격에 부합하지 아니한다(헌재 2018.6.28. 2016헌가14).

③ (×) 단순한 단기체류가 아니라 국내에 거주하는 재외국민, 특히 외국의 영주권을 보유하고 있으나 상당한 기간 국내에서 계속 거주하고 있는 자들은 주민등록법상 재외국민으로 등록·관리될 뿐 국민이 주민이라는 점에서는 다른 일반 국민과 실질적으로 동일하므로, 단지 외국의 영주권을 취득한 재외국민이라는 이유로 달리 취급할 아무런 이유가 없어 위와 같은 차별은 청구인들의 평등권을 침해한다(헌재 2018.1.25. 2015헌마104).

④ (○) 집행유예는 실형보다 죄질이나 범정이 더 가벼운 범죄에 관하여 선고하는 것이 보통인데, 이 사건 구법 조항은 집행유예보다 중한 실형을 선고받고 집행이 종료되거나 면제된 경우에는 자격에 관한 법령의 적용에 있어 형의 선고를 받지 아니한 것으로 본다고 하여 공무원 임용 등에 자격제한을 두지 않으면서 집행유예를 선고받은 경우에 대해서는 이와 같은 특례조항을 두지 아니하여 불합리한 차별을 야기하고 있다. 더욱이 집행유예 기간을 경과한 자의 경우에는 원칙적으로 형의 선고에 의한 법적 효과가 장래를 향하여 소멸하고 향후 자격제한 등의 불이익을 받지 아니함에도, 이 사건 구법 조항에 따르면 집행유예를 선고받은 자의 자격제한을 완화하지 아니하며 집행유예 기간이 경과한 경우에도 그 후 일정 기간 자격제한을 받게 되었으므로, 명백히 자의적인 차별에 해당하여 평등원칙에 위반된다(헌재 2018.1.25. 2017헌가7).

[2018년 국가 7급] ④

평등권에 대한 설명으로 옳지 않은 것은? (다툼이 있는 경우 판례에 의함)

① 선거기간 동안 언론기관이 지지율을 기반으로 초청대상 후보자의 수를 제한하여 대담토론회를 개최하고 보도하는 것은 평등권 위반이 아니다.

② 협의수용을 '양도'로 보고 양도소득세를 부과하는 것은 환지처분을 '양도'로 보지 않고 양도소득세를 부과하지 않는 것에 비해 불합리하게 차별하는 것이다.

③ 동일한 월급근로자임에도 불구하고 해고 예고제를 적용할 때, 근무기간 6개월 미만 월급근로자를 그 이상 근무한 월급근로자와 달리 취급하는 규정은 헌법에 위배된다.

④ 특정한 법률이 이른바 처분적 법률에 해당한다고 하더라도 그러한 이유만으로 곧바로 헌법에 위배되는 것은 아니다.

⑤ 노동관계 당사자가 아닌 제3자가 쟁의행위를 조종·선동·방해하지 못하도록 규정하는 것은 헌법에 위배되지 않는다.

① (○) 방송토론회의 초청자격을 제한하지 않아 토론자가 너무 많을 경우 시간상 제약 등으로 실질적인 토론과 공방이 이루어지지 않고 후보자에 대한 정책검증이 어려운 점, 대다수의 국민이나 선거구민들이 여론조사에서 높은 지지율을 얻은 후보자에 대하여 관심을 가지고 있다고 보아야 하는 점, 선거방송토론위원회는 위 토론회에 초청받지 못한 후보자들을 대상으로 다른 대담·토론회를 개최할 수 있는 점 등에 비추어 보면, 이 사건 법률조항에 의한 차별에는 이를 정당화할 수 있는 합리적인 이유가 있다. 따라서 이 사건 법률조항이 청구인들의 평등권이나 선거운동의 기회균등을 침해하는 것으로 보기 어렵다(헌재 2009.3.26. 2007헌마1327 등).

② (×) 토지소유자를 중심으로 볼 때 환지처분의 경우에는 종전 토지의 소유권이 그대로 새로운 토지에 남게 되는바, 이를 자산이 유상으로 사실상 이전되는 양도의 범위에 포함시킬 수 없으므로, 협의수용을 양도로 보고 양도소득세를 과세하는 것과 환지처분을 양도로 보지 않아 양도소득세를 비과세하는 것은 본질적으로 다른 것을 다르게 취급하는 것으로서 이로 인해 차별이 존재한다고 볼 수 없다(헌재 2007.4.26. 2006헌바71).

③ (○) 월급근로자로서 6월이 되지 못한 자는 대체로 기간의 정함이 없는 근로계약을 한 자들로서 근로관계의 계속성에 대한 기대가 크다고 할 것이므로, 이들에 대한 해고 역시 예기치 못한 돌발적 해고에 해당한다. 따라서 6개월 미만 근무한 월급근로자 또한 전직을 위한 시간적 여유를 갖거나 실직으로 인한 경제적 곤란으로부터 보호받아야 할 필요성이 있다. 그럼에도 불구하고 합리적 이유 없이 월급근로자로서 6개월이 되지 못한 자를 해고예고제도의 적용대상에서 제외한 이 사건 법률조항은 근무기간이 6개월 미만인 월급근로자의 근로의 권리를 침해하고, 평등원칙에도 위배된다(헌재 2015.12.23. 2014헌바3).

④ (○) 특정한 법률이 이른바 처분적 법률에 해당한다고 하더라도 그러한 이유만으로 곧바로 헌법에 위반되는 것은 아니다. 즉 우리 헌법은 처분적 법률로서의 개인대상법률 또는 개별사건법률의 정의를 따로 두고 있지 않음은 물론, 이러한 처분적 법률의 제정을 금하는 명문의 규정도 두고 있지 않으므로 특정한 규범이 개인대상 또는 개별사건법률에 해당한다고 하여 그것만으로 바로 헌법에 위반되는 것은 아니다(헌재 2008.1.10. 2007헌마1468).

⑤ (○) 제3자 개입금지조항은 근로자 측으로의 개입뿐만 아니라 사용자 측으로의 개입에 대하여서도 마찬가지로 규정하고 있고 근로자들이 변호사나 공인노무사 등의 조력을 받는 것과 근로3권을 행사함에 있어 자주적 의사결정을 침해받지 아니하는 범위 안에서 필요한 제3자의 조력을 받는 것을 금지하는 것은 아니고, 근로자들이 연합단체를 통하여 한층 조직적인 지원을 받을 수 있으므로 근로자와 사용자를 실질적으로 차별하는 불합리한 규정이라고 볼 수 없다(헌재 1993.3.11. 92헌바33). [2018년 국회 9급] ②

평등에 대한 설명으로 옳은 것은? (다툼이 있는 경우 헌법재판소의 판례에 의함)

① 흉기 기타 위험한 물건을 휴대하여 「형법」상 폭행죄를 범한 사람에 대하여 징역형의 하한을 기준으로 최대 6배에 이르는 엄한 형을 규정한 구 「폭력행위 등 처벌에 관한 법률」 제3조 제1항은 평등원칙에 합치한다.

② 중등교원 임용시험에서 동일지역 사범대학을 졸업한 교원경력이 없는 자에게 가산점을 부여하는 것은 평등권을 침해하지 아니한다.

③ 가구별 인원수만을 기준으로 최저생계비를 결정한 2002년도 최저생계비고시는 장애인가구를 비장애인가구에 비하여 차별 취급하여 평등권을 침해한다.

④ 학교급식의 실시에 필요한 시설·설비에 요하는 경비를 학교의 설립경영자에게 부담하도록 하는 것을 사립학교와 국·공립학교를 차별적으로 취급하는 것으로 평등원칙에 위반된다.

⑤ 자기 또는 배우자의 직계존속을 일절 고소하지 못하도록 규정하고 있는 「형사소송법」 제224조는 평등원칙에 위반된다.

① (×) 폭력행위 등 처벌에 관한 법률상 폭행죄 조항은 형법 제261조와 똑같은 내용의 구성요건을 규정하면서 징역형의 하한을 1년으로

올리고, 벌금형을 제외하고 있다. 그런데 위 두 조항 중 어느 조항이 적용되는지에 따라 피고인에게 벌금형이 선고될 수 있는지 여부가 달라지고, 징역형의 하한을 기준으로 최대 6배에 이르는 심각한 형의 불균형이 발생한다. 따라서 폭력행위 등 처벌에 관한 법률상 폭행죄 조항은 형벌체계상의 정당성과 균형을 잃은 것이 명백하므로, 인간의 존엄성과 가치를 보장하는 헌법의 기본원리에 위배될 뿐만 아니라 그 내용에 있어서도 평등원칙에 위배된다(헌재 2015.9.24. 2015헌가17).

② (○) 사건 법률조항은 기본적으로 우수한 인재를 그 지역의 사범대학으로 유치하여 지역 사범대의 질적 수준을 유지·향상시킴으로써 지역교육의 균등한 발전과 지역실정에 맞는 교육정책의 실현을 기하고, 이를 통해 국민의 교육받을 권리를 보장하는 것을 궁극적인 목적으로 하고 있는 점, 이 사건 법률조항은 한시적으로만 적용되는 점을 고려해 보면 이 사건 법률조항이 비례의 원칙에 반하여 제청신청인의 공무담임권이나 평등권을 침해한다고 보기 어려우므로 헌법에 위반되지 아니한다(헌재 2007.12.27. 2005헌가11).

③ (×) 보건복지부장관이 2002년도 최저생계비를 고시함에 있어 장애로 인한 추가지출비용을 반영한 별도의 최저생계비를 결정하지 않은 채 가구별 인원수만을 기준으로 최저생계비를 결정한 것은 생활능력 없는 장애인가구 구성원의 인간의 존엄과 가치 및 행복추구권, 인간다운 생활을 할 권리, 평등권을 침해하였다고 할 수 없다(헌재 2004.10.28. 2002헌마328).

④ (×) 사건 법률조항이 적용될 당시는 학교급식후원회를 통하여 학교급식시설 설치·유지비의 일부를 조달받을 수도 있었으며, 학교(직영)급식과 위탁급식을 선택적으로 운영할 수 있었던 점 등에 비추어 보면, 사립학교의 경우에도 국·공립학교와 마찬가지로 학교급식 시설·경비의 원칙적 부담을 학교의 설립경영자로 하는 것은 합리적이라고 할 것이어서, 평등원칙에 위반되지 않는다(헌재 2010.7.29. 2009헌바40).

⑤ (×) 효라는 우리 고유의 전통규범을 수호하기 위하여 비속이 존속을 고소하는 행위의 반윤리성을 억제하고자 이를 제한하는 것은 합리적인 근거가 있는 차별이라고 할 수 있다. 따라서 이 사건 법률조항은 헌법 제11조 제1항의 평등원칙에 위반되지 아니한다(헌재 2011.2.24. 2008헌바56).

[2017년 국회 8급] ②

평등권 또는 평등원칙 위반인 것을 〈보기〉에서 모두 고르면? (다툼이 있는 경우 헌법재판소 판례에 의함)

> ㄱ. 「산업재해보상보험법」 조항이 근로자가 사업주의 지배관리 아래 출퇴근하던 중 사고가 발생하였을 경우에만 이를 업무상 재해로 인정하고 통상의 출퇴근 재해는 업무상 재해로 인정하지 아니한 것
> ㄴ. 「청년고용촉진 특별법」 조항이 대통령령으로 정하는 공공기관 및 공기업으로 하여금 매년 정원의 100분의 3 이상씩 15세 이상 34세 이하의 청년 미취업자를 채용하도록 한 것
> ㄷ. 산업연수생이 연수라는 명목 아래 사업주의 지시, 감독을 받으면서 사실상 노무를 제공하고 수당명목의 금품을 수령하는 등 실질적인 근로관계에 있는 경우에도 예규가 「근로기준법」이 보장한 근로기준 중 주요사항을 외국인 산업연수생에 대하여만 적용되지 않도록 한 것
> ㄹ. 「학교폭력예방 및 대책에 관한 법률」 조항이 학교폭력의 가해학생에 대한 모든 조치에 대해 피해학생 측에서는 재심을 허용하면서 가해학생 측에는 퇴학과 전학의 경우에만 재심을 허용하고 나머지 조치에 대해서는 재심을 허용하지 않도록 한 것
> ㅁ. 「주민투표법」 조항이 주민투표권 행사를 위한 요건으로 주민등록을 요구함으로써 국내거소신고만 할 수 있고 주민등록을 할 수 없는 국내거주 재외국민에 대하여 주민투표권을 인정하지 아니한 것

① ㄱ, ㄴ, ㄷ ② ㄱ, ㄷ, ㅁ ③ ㄴ, ㄷ, ㄹ
④ ㄴ, ㄹ, ㅁ ⑤ ㄷ, ㄹ, ㅁ

ㄱ. (○) 사업장 규모나 재정여건의 부족 또는 사업주의 일방적 의사나 개인 사정 등으로 출퇴근용 차량을 제공받지 못하거나 그에 준하는 교통수단을 지원받지 못하는 비혜택근로자는 비록 산재보험에 가입되어 있다 하더라도 출퇴근 재해에 대하여 보상을 받을 수 없는데, 이러한 차별을 정당화할 수 있는 합리적 근거를 찾을 수 없다. 따라서 심판대상조항은 합리적 이유 없이 비혜택근로자를 자의적으로 차별하는 것이므로, 헌법상 평등원칙에 위배된다(헌재 2016.9.29. 2014헌바254).

ㄴ. (×) 청년할당제가 시행되더라도 현실적으로 35세 이상 미취업자들이 공공기관 취업기회에서 불이익을 받을 가능성은 크다고 볼 수 없다. 따라서 이 사건 청년할당제가 청구인들의 평등권, 공공기관 취업의 자유를 침해한다고 볼 수 없다(헌재 2014.8.28. 2013헌마553).
ㄷ. (○) 근로기준법이 보장한 근로기준 중 주요사항을 외국인 산업연수생에 대하여만 적용되지 않도록 하는 것은 합리적인 근거를 찾기 어렵다. 그렇다면 이 사건 노동부 예규는 청구인의 평등권을 침해한다(헌재 2007.8.30. 2004헌마670).
ㄹ. (×) 학교폭력에 대해 가해학생에게 내려진 조치는 피해학생에게도 중대한 영향을 미치는데, 가해학생은 자신에 대한 모든 조치에 대해 당사자로서 소송을 제기할 수 있지만, 피해학생은 그 조치의 당사자가 아니므로 결과에 불만이 있더라도 소송을 통한 권리 구제를 도모할 수 없다. 따라서 가해학생에 대한 보는 조치에 대해 피해학생 측에는 재심을 허용하면서, 소송으로 다툴 수 있는 가해학생 측에는 퇴학과 전학의 경우에만 재심을 허용하고 나머지 조치에 대해서는 재심을 허용하지 않더라도 가해학생과 그 보호자의 평등권을 침해한다고 볼 수 없다(헌재 2013.10.24. 2012헌마832).
ㅁ. (○) 주민투표권이 인정되는 외국인과의 관계에서도 차별을 행하고 있는바, 그와 같은 차별에 아무런 합리적 근거도 인정될 수 없으므로 국내거주 재외국민의 헌법상 기본권인 평등권을 침해하는 것으로 위헌이다(헌재 2007.6.28. 2004헌마643). [2018년 국회 8급] ②

평등권에 대한 설명으로 가장 옳지 않은 것은?

① 국·공립학교의 채용시험에 국가유공자와 그 가족이 응시하는 경우 만점의 10%를 가산하도록 하는 것은 평등권을 침해한다.
② 전문과목을 표시한 치과의원을 그 표시한 전문과목에 해당하는 환자만을 진료하여야 한다고 규정한 「의료법」 조항은 평등권을 침해한다.
③ 고용노동 및 직업상담 직류를 채용하는 경우 직업상담사 자격증 보유자에게 만점의 3% 또는 5%의 가산점을 부여하는 것을 평등권을 침해한다.
④ 우체국보험금 및 환급금 청구채권 전액에 대하여 무조건 압류를 금지함으로써 우체국보험 가입자의 채권자를 일반인보험 가입자의 채권자에 비하여 불합리하게 차별 취급하는 것은 평등원칙에 위배된다.

① (○) 국가유공자 가족들에 대하여 아무런 인원제한도 없이 매 시험마다 10%의 높은 가산점을 부여해야만 할 필요성은 긴요한 것이라고 보기 어렵고, 입법목적을 감안하더라도 일반 응시자들의 공무담임권에 대한 차별효과가 지나친 것이다. 이 사건 조항의 차별로 인한 불평등 효과는 입법목적과 그 달성수단 간의 비례성을 현저히 초과하는 것이므로, 이 사건 조항은 청구인들과 같은 일반 공직시험 응시자들의 평등권을 침해한다(헌재 2006.2.23. 2004헌마675 등).
② (○) 1차 의료기관에 종사하는 전문의의 전문과목 표시와 관련하여 의사전문의, 한의사전문의와 치과전문의 사이에 본질적인 차이가 있다고 볼 수 없으므로, 의사전문의, 한의사전문의와 달리 치과전문의의 경우에만 전문과목의 표시를 이유로 진료범위를 제한하는 것은 합리적인 근거를 찾기 어렵다. 따라서 심판대상조항은 치과전문의를 의사전문의와 한의사전문의에 비하여 합리적 이유 없이 차별하고, 치과의원의 치과전문의를 치과병원의 치과전문의 및 치과일반의에 비하여 합리적 이유 없이 차별함으로써 평등권을 침해한다(헌재 2015.5.28. 2013헌마799).
③ (×) 노동·직업상담 직류의 업무와 직업상담사의 업무는 밀접한 관련이 있고 해당 직류의 업무수행 시 상당한 전문적 상담기술, 법령이해도 등이 전제되어야 하므로 7·9급 고용노동·직업상담 직렬 공무원을 채용하면서 노동시장론과 노동관계법규, 직업상담학과 직업심리학 등에 대한 전문성에 대한 검증을 거친 직업상담사 자격증 소지자에게 3% 또는 5%의 가산점을 부여하는 것은 그 목적의 정당성, 수단의 적합성이 인정된다. 따라서 심판대상조항이 과잉금지원칙에 반하여 청구인들의 공무담임권과 평등권을 침해한다고 보기 어렵다(헌재 2018.8.30. 2018헌마46).
④ (○) 우체국보험과 일반인보험 모두 그 가입자와 보험자(우체국 또는 보험회사) 사이의 자유로운 선택에 의하여 임의로 보험계약을 체결하는

점, 각각 생명·신체의 상해라는 보험사고 발생 시 보험금을 지급하는 것을 내용으로 하는 점 등에서 본질적으로 동일하고, 사회보장의 측면을 공유하며, 결국 이 사건 법률조항은 국가가 운영하는 우체국보험에 가입한다는 사정만으로, 일반 보험회사의 일반인보험에 가입한 경우와는 달리 그 수급권이 사망, 장해나 입원 등으로 인하여 발생한 것인지, 만기나 해약으로 발생한 것인지 등에 대한 구별조차 없이 그 전액에 대하여 무조건 압류를 금지하여 우체국보험 가입자를 보호함으로써 우체국보험 가입자의 채권자를 일반인보험가입자의 채권자에 비하여 불합리하게 차별 취급하는 것이므로, 헌법 제11조 제1항의 평등원칙에 위반된다(헌재 2008.5.29. 2006헌바5).

[2019년 서울 7급] ③

평등권에 관한 설명 중 옳은 것은? (다툼이 있는 경우 판례에 의함)

① 「공직선거법」상 기부행위 제한의 적용을 받는 자에 '후보자가 되고자 하는 자'까지 포함하면서 기부행위의 제한기간을 폐지하여 기부행위를 상시 제한하도록 한 것은 '후보자가 되려는 자'를 다른 후보자들과 합리적 이유 없이 동일하게 취급하여 평등권을 침해한다.

② 국민건강보험공단 직원의 업무가 일반 보험회사의 직원이 담당하는 보험업무와 내용상 크게 다르지 않다 하더라도 그 신분상의 특수성과 조직의 규모, 개인정보 지득의 정도, 선거개입시 예상되는 부작용 등이 사보험업체 직원이나 다른 공단의 직원의 경우와 현저히 차이가 나는 이상, 국민건강보험공단직원의 선거운동의 금지는 정당한 차별목적을 위한 합리적인 수단을 강구한 것으로서 평등권을 침해하지 않는다.

③ 행정관서요원으로 근무한 공익근무요원과는 달리, 국제협력요원으로 근무한 공익근무요원을 「국가유공자 등 예우 및 지원에 관한 법률」에 의한 보상에서 제외한 구 「병역법」조항은 병역의무의 이행이라는 동일한 취지로 소집된 요원임에도 합리적인 이유 없이 양자를 차별하고 있어 평등권을 침해한다.

④ 대한민국 국민인 남자에 한하여 병역의무를 부과한 법률조항은 헌법이 특별히 양성평등을 요구하는 조항이 관련 기본권에 중대한 제한을 초래하는 경우의 차별취급을 그 내용으로 하고 있으므로 위 법률 조항이 평등권을 침해하는지 여부는 엄격한 심사기준에 따라 판단한다.

⑤ 1983.1.1. 이후 출생한 A형 혈우병 환자에 한하여 유전자재조합제제에 대한 요양급여를 인정하는 보건복지부고시는 제도의 단계적 개선을 위한 합리적 이유가 있어 1983.1.1. 이전에 출생한 A형 혈우병 환자들의 평등권을 침해하지 않는다.

① (×) 기부행위의 제한은 부정한 경제적 이익을 제공함으로써 유권자의 자유의사를 왜곡시키는 선거운동을 범죄로 처벌하여 선거의 공정성을 보장하기 위한 규정으로 입법 목적의 정당성 및 기본권 제한 수단의 적절성이 인정된다. 이 사건 법률 조항이 과잉금지 원칙에 위배하여 인격권, 행복추구권, 평등권, 공무담임권을 침해하는 것으로 보기 어렵다(헌재 2009.4.30. 2007헌바29 등).

② (○) 국민건강보험공단 직원의 업무가 일반 보험회사의 직원이 담당하는 보험업무와 내용상 크게 다르지 않다 하더라도 그 신분상의 특수성과 조직의 규모, 개인정보 지득의 정도, 선거개입시 예상되는 부작용 등이 사보험업체 직원이나 다른 공단의 직원의 경우와 현저히 차이가 나는 이상 위와 같은 선거운동의 금지는 정당한 차별목적을 위한 합리적인 수단을 강구한 것으로서 합헌이다(헌재 2004.4.29. 2002헌마467).

③ (×) 입법자가 국가유공자를 어떠한 범위에서 결정할 것인가 등을 정함에 있어 국가 강제력의 정도가 클수록 보상의 필요성 등은 강하다고 할 것인바, 국제협력요원은 자신들의 의사에 기하여 봉사활동을 통한 병역의무 이행을 선택한 점에서 행정관서요원과 다르며, 입법자가 위와 같은 차이들에 근거하여 국제협력요원과 행정관서요원을 달리 취급하는 것을 입법형성권을 벗어난 자의적인 것이라고 할 수 없어, 이 사건 조항은 헌법상의 평등권을 침해하지 아니한다(헌재 2010.7.29. 2009헌가13).

④ (×) 사건 법률조항은 헌법이 특별히 양성평등을 요구하는 경우나 관련 기본권에 중대한 제한을 초래하는 경우의 차별취급을 그 내용으로 하고 있다고 보기 어려우며, 징집대상자의 범위 결정에 관하여는 입법자의 광범위한 입법형성권이 인정된다는 점에 비추어 이 사건 법률조항이 평등권을 침해하는지 여부는 완화된 심사기준에 따라 판단하여야 한다(헌재 2010.11.25. 2006헌마328).

⑤ (×) 사건 고시조항이 수혜자 한정의 기준으로 정한 환자의 출생 시기는 그 부모가 언제 혼인하여 임신, 출산을 하였는지와 같은 우연한 사정에 기인하는 결과의 차이일 뿐, 이러한 차이로 인해 A형 혈우병 환자들에 대한 치료제인 유전자재조합제제의 요양급여 필요성이 달라진다고 할 수는 없으므로, A형 혈우병 환자들의 출생 시기에 따라 이들에 대한 유전자재조합제제의 요양급여 허용 여부를 달리 취급하는 것은 합리적인 이유가 있는 차별이라고 할 수 없다. 따라서 이 사건 고시 조항은 청구인들의 평등권을 침해하는 것이다(헌재 2012.6.27. 2010헌마716). [2016년 제5회 변호사] ②

평등의 원칙과 평등권에 관한 설명 중 가장 옳지 않은 것은? (다툼이 있는 경우 헌법재판소 결정에 의함)

① 태평양전쟁 전후 강제 동원된 자들 중 국내 강제동원자를 제외하고 국외 강제동원자에게만 위로금을 지급한 것은 합리적 근거가 없는 차별로서 위헌이다.

② 대한민국 국민인 남자에 한하여 병역의무를 부과한 법률 조항은 평등권을 침해하는 것으로 볼 수 없다.

③ 소년심판절차에서 검사에게 상소권이 인정되지 않는 것은 합리적 이유가 있어 피해자의 평등권을 침해한다고 볼 수 없다.

④ 형법상의 범죄와 똑같은 구성요건을 규정하면서 법정형만을 상향 조정한 특정범죄 가중처벌 등에 관한 법률 규정은 평등원칙을 위반한 것이다.

⑤ 개별법률금지의 원칙은 법률제정에 있어서 입법자가 평등원칙을 준수할 것을 요구하는 것이기 때문에 특정 규범이 개별사건법률에 해당한다 하여 곧바로 위헌을 뜻하는 것은 아니다.

① (×) 국가가 국가의 재정부담능력 등을 고려하여 일반적으로 강제동원으로 인한 정신적 고통이 더욱 크다고 볼 수 있는 국외 강제동원자 집단을 우선적으로 처우하는 것이 객관적으로 정의와 형평에 반한다거나 자의적인 차별이라고 보기는 어렵다(헌재 2011.2.24. 2009헌마94).

② (○) 집단으로서의 남자는 집단으로서의 여자에 비하여 보다 전투에 적합한 신체적 능력을 갖추고 있으며, 개개인의 신체적 능력에 기초한 전투적합성을 객관화하여 비교하는 검사체계를 갖추는 것이 현실적으로 어려운 점, 신체적 능력이 뛰어난 여자의 경우에도 월경이나 임신, 출산 등으로 인한 신체적 특성상 병력자원으로 투입하기에 부담이 큰 점 등에 비추어 남자만을 징병검사의 대상이 되는 병역의무자로 정한 것이 현저히 자의적인 차별취급이라 보기 어렵다. 결국 이 사건 법률조항이 성별을 기준으로 병역의무자의 범위를 정한 것은 자의금지원칙에 위배하여 평등권을 침해하지 않는다(헌재 2011.6.30. 2010헌마460).

③ (○) 소년심판은 형사소송절차와는 달리 소년에 대한 후견적 입장에서 소년의 환경조정과 품행교정을 위한 보호처분을 하기 위한 심문절차이며, 보호처분을 함에 있어 범행의 내용도 참작하지만 주로 소년의 환경과 개인적 특성을 근거로 소년의 개선과 교화에 부합하는 처분을 부과하게 되므로 일반 형벌의 부과와는 차이가 있다. 위와 같은 소년심판절차의 특수성을 감안하면, 차별대우를 정당화하는 객관적이고 합리적인 이유가 존재한다고 할 것이어서 이 사건 법률조항은 청구인의 평등권을 침해하지 않는다(헌재 2012.7.26. 2011헌마232).

④ (○) 심판대상조항은 별도의 가중적 구성요건 표지를 규정하지 않은 채 형법 조항과 똑같은 구성요건을 규정하면서 법정형만 상향 조정하여 어느 조항으로 기소하는지에 따라 벌금형의 선고 여부가 결정되고, 선고형에 있어서도 심각한 형의 불균형을 초래하게 함으로써 형사특별법으로서 갖추어야 할 형벌체계상의 정당성과 균형을 잃어 인간의 존엄성과 가치를 보장하는 헌법의 기본원리에 위배될 뿐만 아니라 그 내용에 있어서도 평등원칙에 위반되어 위헌이다(헌재 2015.2.26. 2014헌가16).

⑤ (○) 개별사건법률은 원칙적으로 평등원칙에 위배되는 자의적 규정이라는 강한 의심을 불러일으키는 것이지만, 개별법률금지의 원칙이 법률제정에 있어서 입법자가 평등원칙을 준수할 것을 요구하는 것이기 때문에 특정 규범이 개별사건법률에 해당한다 하여 곧바로 위헌을 뜻하는 것은 아니며, 이러한 차별적 규율이 합리적인 이유로 정당화될 수 있는 경우에는 합헌적일 수 있다(헌재 1996.2.16. 96헌가2).

[2017년 법무사] ①

다음 중 평등권 또는 평등원칙에 대한 설명으로 옳지 않은 것은? (다툼이 있는 경우 판례에 의함)

① 선발예정인원 3명 이하인 채용시험에서 취업지원 대상자가 국가유공자법상 가점을 받지 못하게 하는 것은 공정경쟁이라는 가치를 지키기 위한 부득이한 조치로서 자의적인 차별이 아니다.

② 불특정인을 상대로 한 성매매와 특정인을 상대로 한 성매매를 달리 취급하여, 불특정인에 대한 성매매만을 금지대상으로 하는 법률규정은 평등권을 침해하지 않는다.

③ 학교폭력에 있어서, 가해학생은 자신에 대한 모든 조치에 대해 당사자로서 소송을 제기할 수 있으므로, 가해학생에 대한 모든 조치에 대해 피해학생 측에서 재심을 허용하면서, 가해학생 측에는 퇴학과 전학의 경우에만 재심을 허용하는 것은 불합리한 차별이 아니다.

④ 태평양전쟁 전후 강제동원된 자 중 국외 강제동원자에 대해서만 위로금을 지급하게 하는 법률규정은, 재정부담능력 등을 고려한 입법형성의 영역에 속하는 것이고, 자의적인 차별이 아니다.

⑤ 일정 규모 이상의 사업주에게 직장보육시설 설치의무를 부과하는 것은, 여러 가지 요인을 종합적으로 고려함이 없이, 해당 사업주에게만 그 의무를 부담시키는 것으로서 자의적인 차별이다.

① (○) 심판대상조항이 선발예정인원 3명 이하인 채용시험에서 취업지원 대상자가 국가유공자법상 가점을 받지 못하게 한 것은 채용시험의 핵심인 균등한 기회 제공을 통한 공정경쟁이라는 가치가 형해화되지 않도록 하기 위한 부득이한 조치로서 이것이 현저히 합리성을 결여한 자의적인 차별이라고 보기 어려우므로, 심판대상조항은 청구인의 평등권을 침해하지 않는다(헌재 2016.9.29. 2014헌마541).

② (○) 불특정인을 상대로 한 성매매와 특정인을 상대로 한 성매매는, 건전한 성풍속 및 성도덕에 미치는 영향, 제3자의 착취 문제 등에 있어 다르다고 할 것이므로, 불특정인에 대한 성매매만을 금지대상으로 규정하고 있는 것이 평등권을 침해한다고 볼 수도 없다(헌재 2016.3.31. 2013헌가2).

③ (○) 학교폭력에 대해 가해학생에게 내려진 조치는 피해학생에게도 중대한 영향을 미치는데, 가해학생은 자신에 대한 모든 조치에 대해 당사자로서 소송을 제기할 수 있지만, 피해학생은 그 조치의 당사자가 아니므로 결과에 불만이 있더라도 소송을 통한 권리 구제를 도모할 수 없다. 따라서 가해학생에 대한 모든 조치에 대해 피해학생 측에는 재심을 허용하면서, 소송으로 다툴 수 있는 가해학생 측에는 퇴학과 전학의 경우에만 재심을 허용하고 나머지 조치에 대해서는 허용하지 않더라도 가해학생과 그 보호자의 평등권을 침해한다고 볼 수 없다(헌재 2013.10.24. 2012헌마832).

④ (○) 국가가 국가의 재정부담능력 등을 고려하여 일반적으로 강제동원으로 인한 정신적 고통이 더욱 크다고 볼 수 있는 국외 강제동원자 집단을 우선적으로 처우하는 것이 객관적으로 정의와 형평에 반한다거나 자의적인 차별이라고 보기는 어렵고, 달리 이 사건 법률조항이 청구인의 기본권을 침해하거나 헌법에 위반된다고 볼 수 없다(헌재 2012.7.26. 2011헌마352).

⑤ (×) 사건 직장보육시설 설치 의무 등은 경제적 여건이나 종업원 수 등 사업장의 규모 등을 고려하여 일정 규모 이상의 사업주에게만 그 의무를 부담시키고 있다. 이는 아동 보육에 대한 수요가 어느 정도 클 것으로 예상되는 사업주에게만 그 의무를 부담시키므로 자의적인 차별이라고는 보기 어려우므로 평등원칙에 위반되지 아니한다(헌재 2011.11.24. 2010헌바373). [2017년 국회 9급] ⑤

다음 설명 중 가장 옳지 않은 것은? (다툼이 있는 경우 헌법재판소 결정에 의함)

① 중혼의 취소청구권자를 규정하면서 직계비속을 제외한 민법 제818조(2005.3.31. 법률 제7427호로 개정된 것)는 합리적인 이유 없이 직계비속을 차별하고 있어, 평등원칙에 위반된다.

② 중혼을 혼인취소의 사유로 정하면서 그 취소청구권자의 제척기간 또는 소멸사유를 규정하지 않은 민법(2005.3.31. 법률 제7427호로 개정된 것) 제816조 제1호 중 '제810조의 규정에 위반한 때' 부분은 중혼의 당사자를 언제든지 혼인의 취소를 당할 수 있는 불안정한 지위로 만들고, 그로 인해 후혼배우자의 인격권과 행복추구권을 침해하며, 다른 혼인 취소사유와 달리 취급하여 평등원칙에 반한다.

③ 누진과세제도 하에서 혼인한 부부에게 조세부담의 증가를 초래하는 부부자산소득합산과세를 규정하고 있는 구 소득세법 제80조 제1항 제2호는 혼인한 부부를 비례의 원칙에 반하여 사실혼관계의 부부나 독신자에 비하여 차별하는 것으로서 헌법 제36조 제1항에 위반된다.

④ 호주제는 당사자의 의사나 복리와 무관하게 남계혈통 중심의 가의 유지와 계승이라는 관념에 뿌리박은 특정한 가족관계의 형태를 일방적으로 규정·강요함으로써 개인을 가족 내에서 존엄한 인격체로 존중하는 것이 아니라 가의 유지와 계승을 위한 도구적 존재로 취급하고 있는데, 이는 혼인·가족생활을 어떻게 꾸려나갈 것인지에 관한 개인과 가족의 자율적 결정권을 존중하라는 헌법 제36조 제1항에 부합하지 않는다.

⑤ 친생부인의 소의 제척기간을 규정한 민법(2005.3.31. 법률 제7427호로 개정된 것)제847조 제1항 중 '부(夫)가 그 사유가 있음을 안 날부터 2년내' 부분은 친생부인의 소의 제척기간에 관한 입법재량의 한계를 일탈하지 않은 것으로서 헌법에 위반되지 아니한다.

① (○) 중혼의 취소청구권자를 규정한 이 사건 법률조항은 그 취소청구권자로 직계존속과 4촌 이내의 방계혈족을 규정하면서도 직계비속을 제외하였는바, 직계비속을 제외하면서 직계존속만을 취소청구권자로 규정한 것은 가부장적·종법적인 사고에 바탕을 두고 있고, 직계비속이 상속권 등과 관련하여 중혼의 취소청구를 구할 법률적인 이해관계가 직계존속과 4촌 이내의 방계혈족 못지않게 크며, 그 취소청구권자의 하나로 규정된 검사에게 취소청구를 구한다고 하여도 검사로 하여금 직권발동을 촉구하는 것에 지나지 않은 점 등을 고려할 때, 합리적인 이유 없이 직계비속을 차별하고 있어, 평등원칙에 위반된다(헌재 2010.7.29. 2009헌가8).

② (×) 사건 법률조항은 중혼을 혼인무효사유가 아니라 혼인취소사유로 정하고 있는데, 혼인 취소의 효력은 기왕에 소급하지 아니하므로 중혼이라 하더라도 법원의 취소판결이 확정되기 전까지는 유효한 법률혼으로 보호받는다. 따라서 중혼 취소청구권의 소멸에 관하여 아무런

규정을 두지 않았다 하더라도, 이 사건 법률조항이 현저히 입법재량의 범위를 일탈하여 후혼배우자의 인격권 및 행복추구권을 침해하지 아니한다(헌재 2014.7.24. 2011헌바275).

③ (○) 부부자산소득합산과세가 추구하는 공익은 입법정책적 법익에 불과한 반면, 이로 인하여 침해되는 것은 헌법이 강도 높게 보호하고자 하는 혼인을 근거로 한 차별금지라는 헌법적 가치이므로, 달성하고자 하는 공익과 침해되는 사익 사이에 적정한 균형관계를 인정할 수 없다. 그러므로 부부자산소득합산과세는 혼인한 부부를 비례의 원칙에 반하여 사실혼관계의 부부나 독신자에 비하여 차별하는 것으로서 헌법 제36조 제1항에 위반된다(헌재 2005.5.26. 2004헌가6).

④ (○) 호주제는 당사자의 의사나 복리와 무관하게 남계혈통 중심의 가의 유지와 계승이라는 관념에 뿌리박은 특정한 가족관계의 형태를 일방적으로 규정·강요함으로써 개인을 가족 내에서 존엄한 인격체로 존중하는 것이 아니라 가의 유지와 계승을 위한 도구적 존재로 취급하고 있는데, 이는 혼인·가족생활을 어떻게 꾸려나갈 것인지에 관한 개인과 가족의 자율적 결정권을 존중하라는 헌법 제36조 제1항에 부합하지 않는다(헌재 2005.2.3. 2001헌가9).

⑤ (○) 2년이란 기간은 자녀의 불안정한 지위를 장기간 방치하지 않기 위한 것으로서 지나치게 짧다고 볼 수 없다. 따라서 민법 제847조 제1항 중 "부(夫)가 그 사유가 있음을 안 날부터 2년내" 부분은 친생부인의 소의 제척기간에 관한 입법재량의 한계를 일탈하지 않은 것으로서 헌법에 위반되지 아니한다(헌재 2015.3.26. 2012헌바357). [2016년 법무사] ②

평등의 원칙 내지 평등권에 관한 설명 중 옳지 않은 것은? (다툼이 있는 경우 판례에 의함)

① 제1종 운전면허를 받은 사람이 정기적성검사 기간 내에 적성검사를 받지 아니한 경우에 행정형벌을 과하도록 규정한 것은 행정법규 위반자에 대한 행정제재의 종류와 범위를 선택하는 문제로서, 자의금지원칙에 위배되는지 여부를 판단하면 될 것이다.

② 행정관서요원으로 근무한 공익근무요원과는 달리, 국제협력요원으로 근무한 공익근무요원을 「국가유공자법」에 의한 보상에서 제외한 것은 병역의무의 이행이라는 동일한 취지로 소집된 요원임에도 불구하고 합리적인 이유 없이 양자를 차별하고 있어 평등권을 침해한다.

③ 평등원칙과 결합하여 혼인과 가족을 부당한 차별로부터 보호하고자 하는 목적을 지니고 있는 헌법 제36조 제1항에 비추어 볼 때, 종합부동산세의 과세방법을 '인별 합산'이 아니라 '세대별 합산'으로 규정한 「종합부동산세법」 조항은 비례원칙에 의한 심사에 의하여 정당화되지 않으므로 헌법에 위반된다.

④ 대한민국 국민인 남자에 한하여 병역의무를 부과한 것은 헌법이 특별히 양성평등을 요구하는 경우나 관련 기본권에 중대한 제한을 초래하는 경우로 보기도 어려우므로, 그러한 법률조항에 대한 평등권 침해 여부는 완화된 심사기준에 따라 판단한다.

⑤ 학교법인은 일반 사법인과 달리 공공성이 요구되고, 공익법인이나 사회복지법인 등과는 그 용역의 성격이나 수요층의 범위, 대체수단에 대한 접근용이성의 정도 등에서 차이가 있으므로 개방이사 선임에 차이를 둔 것은 합리적 이유가 있어 평등권을 침해하지 않는다.

① (○) 제1종 운전면허를 받은 사람이 정기적성검사를 받지 아니한 경우를 제2종 운전면허를 받은 사람과 달리 취급하는 것에는 합리적인 이유가 있다고 할 수 있으므로, 심판대상조항은 평등원칙에 위반되지 아니한다(헌재 2015.2.26. 2012헌바268).

② (×) 국제봉사활동을 체계적·지속적으로 계속할 자원을 병역의무자 중에서 충원한다는 차원에서 마련된 것에 기인한다는 차이가 있으므로, 입법자가 위와 같은 차이들에 근거하여 국제협력요원과 행정관서요원을 달리 취급하는 것을 입법형성권을 벗어난 자의적인 것이라고

할 수 없어, 이 사건 조항은 헌법상의 평등권을 침해하지 아니한다(헌재 2010.7.29. 2009헌가13).

③ (○) 헌법원리로부터 도출되는 차별금지의 명령은 헌법 제11조 제1항의 평등원칙과 결합하여 혼인과 가족을 부당한 차별로부터 보호하고자 하는 목적을 지니고 있고, 따라서 이 사건 세대별 합산규정은 혼인한 자 또는 가속과 함께 세대를 구성한 자를 비례의 원칙에 반하여 개인별로 과세되는 독신자, 사실혼 관계의 부부, 세대원이 아닌 주택 등의 소유자 등에 비하여 불리하게 차별하여 취급하고 있으므로, 헌법 제36조 제1항에 위반된다(헌재 2008.11.13. 2006헌바112 등).

④ (○) 사건 법률조항은 헌법이 특별히 양성평등을 요구하는 경우나 관련 기본권에 중대한 제한을 초래하는 경우의 차별취급을 그 내용으로 하고 있다고 보기 어려우며, 징집대상자의 범위 설정에 관하여는 입법자의 광범위한 입법형성권이 인정된다는 점에 비추어 이 사건 법률조항이 평등권을 침해하는지 여부는 완화된 심사기준에 따라 판단하여야 한다(헌재 2011.6.30. 2010헌마460).

⑤ (○) 학교법인은 일반 사법인과 달리 공공성이 요구되고, 공익법인이나 사회복지법인 등과는 그 용역의 성격이나 수요층의 범위, 대체수단에 대한 접근용이성의 정도 등에서 차이가 있으므로 개방이사 선임에 차이를 둔 것은 합리적 이유가 있고, 합리적 이유가 있어 평등권을 침해하지 않는다(헌재 2013.11.28. 2007헌마1189). [2015년 국회 8급] ②

평등권에 대한 헌법재판소 결정으로 옳지 않은 것은?

① 의사 또는 치과의사의 지도하에서만 의료기사 업무를 할 수 있도록 규정하고, 한의사의 지도하에서는 의료기사인 물리치료사가 물리치료는 물론 한방물리치료를 할 수 없도록 하는 「의료기사 등에 관한 법률」 조항은 평등권을 침해한다.

② 관광진흥개발기금 관리·운용업무에 종사토록 하기 위해 문화체육관광부장관이 채용한 민간 전문가에 대해 「형법」상 뇌물죄의 적용에 있어서 공무원으로 의제하는 「관광진흥개발기금법」 조항은 평등원칙에 위배되지 않는다.

③ 「형법」 조항과 똑같은 구성요건을 규정하면서 법정형만 상향 조정한 「특정범죄 가중처벌 등에 관한 법률」 조항은 인간의 존엄성과 가치를 보장하는 헌법의 기본원리에 위배될 뿐만 아니라 그 내용에 있어서도 평등원칙에 위반된다.

④ 「민법」 제847조 제1항 중 '친생부인의 사유가 있음을 안 날부터 2년 이내 부분'은 친생부인의 소의 제척기간에 관한 입법재량의 한계를 일탈하지 않은 것으로서 양성의 평등에 기초한 혼인과 가족생활에 관한 기본권을 침해하지 아니한다.

① (×) 의료행위와 한방의료행위를 구분하고 있는 이원적 의료 체계하에서 의사의 의료행위를 지원하는 행위 중 전문적 지식 및 기술을 요하는 부분에 대하여 별도의 자격제도를 마련한 의료기사제도의 입법 취지, 물리치료사 양성을 위한 교육 과정 및 그 업무 영역 등을 고려할 때, 물리치료사의 업무가 한방의료행위와도 밀접한 연관성이 있다고 보기 어렵고, 물리치료사 업무 영역에 대한 의사와 한의사의 지도능력에도 차이가 있으므로, 의사에 대해서만 물리치료사 지도권한을 인정하고 한의사에게는 이를 배제하고 있는 데에 합리적 이유가 있다. 따라서 이 사건 조항은 한의사의 평등권을 침해하지 않는다(헌재 2014.5.29. 2011헌마552).

② (○) 청구인이 계약직 직원이기는 하나 문화관광부 소속으로 문화관광부 장관의 지휘·감독 하에서 위 법령에 의하여 기금의 여유자금운용 등에 관한 전반적인 자문 업무를 수행하므로 그 업무 자체의 공적 성격이 분명한 데 비해, 정부자금을 위탁받아 운용하는 민간 자산운용기관의 담당자는 운용의 대상이 되는 금원이 정부로부터 위탁된 것이라는 사실을 제외하고는, 그 채용, 보수, 근무조건 등은 물론 위탁받은 금전의 운용에 관한 업무수행방법 및 업무수행과정, 그에 대한 지휘·감독 등은 전적으로 그가 속한 민간 자산운용기관과의 사이에 체결된 고용계약 등 사법적 법률관계에 따르게 된다. 청구인을 공무원으로 의제하여 형법상 뇌물죄로 처벌함에는 합리적인 이유가 있으므로, 자의적인 차별취급이라 할 수 없다(헌재 2014.7.24. 2012헌바188).

③ (○) 심판대상조항은 별도의 가중적 구성요건표지를 규정하지 않은 채 「형법」 조항과 똑같은 구성요건을 규정하면서 법정형만 상향 조정하여 형사특별법으로서 갖추어야 할 형벌체계상의 정당성과 균형을 잃어 인간의 존엄성과 가치를 보장하는 헌법의 기본원리에 위배될 뿐만 아니라 그 내용에 있어서도 평등의 원칙에 위반되어 위헌이다(헌재 2015.2.26. 2014헌가16).

④ (○) 2년이란 기간은 자녀의 불안정한 지위를 장기간 방치하지 않기 위한 것으로서 지나치게 짧다고 볼 수 없다. 따라서 민법 제847조 제1항 중 "부(夫)가 그 사유가 있음을 안 날부터 2년내" 부분은 친생부인의 소의 제척기간에 관한 입법재량의 한계를 일탈하지 않은 것으로서 헌법에 위반되지 아니한다(헌재 2015.3.26. 2012헌바357). [2015년 국가 7급] ①

평등원칙에 대한 헌법재판소의 결정 내용으로 옳지 않은 것은?

① 친양자의 양친을 기혼자로 한정하고 독신자는 친양자 입양을 할 수 없도록 규정한 「민법」 제908조의2는 독신자를 기혼자에 비하여 차별하는 것으로 평등원칙에 위배된다.

② 독립유공자의 유족(손자녀) 중 나이가 많은 손자녀 1명에게만 유족보상금을 지급하도록 규정한 「독립유공자예우에 관한 법률」 제12조는 단순히 연장자만을 우대하는 차별로 평등원칙에 위배된다.

③ 선거범죄를 저지른 낙선자를 제외하고 선거범죄로 당선이 무효로 된 자에게만 이미 반환받은 기탁금과 보전 받은 선거비용을 다시 반환하도록 한 (구)「공직선거법」 제265조의2 제1항은 평등원칙에 위배되지 않는다.

④ 형사소송절차와 달리 소년심판절차에서 검사에게 상소권이 인정되지 않는 것은 소년심판절차의 특수성을 감안하면 합리적인 이유가 있어 피해자의 평등권을 침해했다고 할 수 없다.

① (×) 입양특례법에서는 독신자도 일정한 요건을 갖추면 양친이 될 수 있도록 규정하고 있으나, 입양의 대상, 요건, 절차 등에서 민법상의 친양자 입양과 다른 점이 있으므로, 입양특례법과 달리 민법에서 독신자의 친양자 입양을 허용하지 않는 것에는 합리적인 이유가 있다. 따라서 심판대상조항은 독신자의 평등권을 침해한다고 볼 수 없다(헌재 2013.9.26. 2011헌가42).

② (○) 사건 심판대상조항이 일률적으로 1명의 손자녀에게만 보상금을 지급하도록 하여 나머지 손자녀들의 생활보호를 외면하는 것은 독립유공자 유족의 생활유지 및 보장을 위한 실질적 보상의 입법취지에 반한다. 비금전적 보훈혜택 역시 유족에 대한 보상금 지급과 동일한 정도로 유족들의 생활보호에 기여한다고 볼 수 없으므로, 이 사건 심판대상조항은 합리적인 이유 없이 상대적으로 나이가 적은 손자녀인 청구인을 차별하여 평등권을 침해한다(헌재 2013.10.24. 2011헌마724).

③ (○) 당선자에게만 제재를 부과하는 규정을 두더라도 후보자들은 모두 이를 자신의 제재로 받아들일 것이라서 굳이 낙선자를 제재대상에 포함하지 않더라도 입법목적의 달성의 효과는 동일할 것이므로 낙선자를 제외하고 당선자만 제재대상으로 규정한 이 사건 법률조항이 자의적인 입법으로서 청구인의 평등권을 침해한다고 볼 수 없다(헌재 2011.4.28. 2010헌바232).

④ (○) 소년심판은 형사소송절차와는 달리 소년에 대한 후견적 입장에서 소년의 환경조정과 품행교정을 위한 보호처분을 하기 위한 심문절차이며, 보호처분을 함에 있어 범행의 내용도 참작하지만 주로 소년의 환경과 개인적 특성을 근거로 소년의 개선과 교화에 부합하는 처분을 부과하게 되므로 일반 형벌의 부과와는 차이가 있다. 위와 같은 소년심판절차의 특수성을 감안하면, 차별대우를 정당화하는 객관적이고 합리적인 이유가 존재한다고 할 것이어서 이 사건 법률조항은 청구인의 평등권을 침해하지 않는다(헌재 2012.7.26. 2011헌마232).

[2015년 지방 7급] ①

평등권에 대한 설명으로 옳지 않은 것은? (다툼이 있는 경우 판례에 의함)

① 대통령령으로 정하는 공공기관 및 공기업으로 하여금 매년 정원의 100분의 3 이상씩 34세 이하의 청년 미취업자를 채용하도록 한 「청년고용촉진 특별법」 조항은 35세 이상 미취업자들의 평등권과 직업선택의 자유를 침해하지 않는다.

② 입양기관을 운영하고 있지 않은 사회복지법인과 달리 입양기관을 운영하는 사회복지법인으로 하여금 '기본생활지원을 위한 미혼모자가족복지시설'을 설치·운영할 수 없게 하는 것은, 입양기관을 운영하는 사회복지법인과 그렇지 않는 사회복지법인이 본질적으로 다르므로 입양기관을 운영하는 사회복지법인의 평등권을 제한하는 것이 아니다.

③ 「국가인권위원회법」상 '평등권 침해의 차별행위'에는 합리적인 이유 없이 성적 지향을 이유로 성희롱을 하는 행위도 포함된다.

④ 대한민국 국민인 남성에 한하여 병역의무를 부과한 (구)「병역법」 제3조 제1항은 헌법이 특별히 양성평등을 요구하는 경우나 관련 기본권에 중대한 제한을 초래하는 경우의 차별취급을 그 내용으로 하고 있다고 보기 어렵다는 점에서 평등권 침해 여부에 관하여 합리적 이유의 유무를 심사하는 것에 그치는 자의금지원칙에 따른 심사를 한다.

① (○) 3년 간 한시적으로만 시행하며, 청년할당제가 추구하는 청년실업해소를 통한 지속적인 경제성장과 사회 안정은 매우 중요한 공익인 반면, 청년할당제가 시행되더라도 현실적으로 35세 이상 미취업자들이 공공기관 취업기회에서 불이익을 받을 가능성은 크다고 볼 수 없다. 따라서 이 사건 청년할당제가 청구인들의 평등권, 공공기관 취업의 자유를 침해한다고 볼 수 없다(헌재 2014.8.28. 2013헌마553).

② (×) 사건 법률조항들은 입양기관을 운영하고 있지 않은 다른 사회복지법인과 달리 입양기관을 운영하는 사회복지법인으로 하여금 '기본생활지원을 위한 미혼모자가족복지시설'을 설치·운영할 수 없게 함으로써 입양기관을 운영하는 사회복지법인과 그렇지 않는 사회복지법인을 다르게 취급하고 있으므로, 청구인들의 평등권을 제한한다. 이러한 사정을 고려할 때, 미혼모가 스스로 자녀를 양육할 수 있도록 하고 이를 통해 입양 특히 국외입양을 최소화하기 위하여, 입양기관을 운영하는 자로 하여금 일정한 유예기간을 거쳐 '기본생활지원을 위한 미혼모자가족복지시설'을 설치·운영할 수 없게 하는 것에는 합리적 이유가 있다고 할 것이므로, 이 사건 법률조항들은 청구인들의 평등권을 침해하지 아니한다(헌재 2014.5.29. 2011헌마363).

③ (○) 국가인권위원회법 제2조(정의) 이 법에서 사용하는 용어의 뜻은 다음과 같다. 3. "평등권 침해의 차별행위"란 합리적인 이유 없이 성별, 종교, 장애, 나이, 사회적 신분, 출신 지역(출생지, 등록기준지, 성년이 되기 전의 주된 거주지 등을 말함), 출신 국가, 출신 민족, 용모 등 신체 조건, 기혼·미혼·별거·이혼·사별·재혼·사실혼 등 혼인 여부, 임신 또는 출산, 가족 형태 또는 가족 상황, 인종, 피부색, 사상 또는 정치적 의견, 형의 효력이 실효된 전과, 성적 지향, 학력, 병력 등을 이유로 한 다음 각 목의 어느 하나에 해당하는 행위를 말한다. 라. 성희롱[업무, 고용, 그 밖의 관계에서 공공기관(국가기관, 지방자치단체, 초·중등교육법 제2조, 고등교육법 제2조와 그 밖의 다른 법률에 따라 설치된 각급 학교, 공직자윤리법 제3조의2 제1항에 따른 공직유관단체를 말함)의 종사자, 사용자 또는 근로자가 그 직위를 이용하여 또는 업무 등과 관련하여 성적 언동 등으로 성적 굴욕감 또는 혐오감을 느끼게 하거나 성적 언동 또는 그 밖의 요구 등에 따르지 아니한다는 이유로 고용상의 불이익을 주는 것을 말함] 행위

④ (○) 사건 법률조항은 헌법이 특별히 양성평등을 요구하는 경우나 관련 기본권에 중대한 제한을 초래하는 경우의 차별취급을 그 내용으로 하고 있다고 보기 어려우며, 징집대상자의 범위 결정에 관하여는 입법자의 광범위한 입법형성권이 인정된다는 점에 비추어 이 사건 법률조항이 평등권을 침해하는지 여부는 완화된 심사기준에 따라 판단하여야 한다(헌재 2010.11.25. 2006헌마328). [2016년 지방 7급] ②

③ (×) 3년 간 한시적으로만 시행하며, 청년할당제가 추구하는 청년실업해소를 통한 지속적인 경제성장과 사회 안정은 매우 중요한 공익인 반면, 청년할당제가 시행되더라도 현실적으로 35세 이상 미취업자들이 공공기관 취업기회에서 불이익을 받을 가능성은 크다고 볼 수 없다. 따라서 이 사건 청년할당제가 청구인들의 평등권, 공공기관 취업의 자유를 침해한다고 볼 수 없다(헌재 2014.8.28. 2013헌마553).

④ (○) 행위유형과 보호법익의 특성을 고려한 것일 뿐만 아니라, 입법 당시의 사회적 상황, 일반 국민의 법감정, 범죄의 실태와 예방을 위한 형사정책적 측면 등 여러 가지 요소를 종합적으로 고려한 결과라고 할 것이므로 이와 같은 구분이 자의적인 것이라거나 합리성이 없는 것이라고 보기 어렵다. 이와 같이 이 사건 법률조항이 일정한 성폭력범죄자에 한하여 신상정보 등록대상자가 되도록 한 것은 합리적인 이유가 있으므로 평등권을 침해한다고 볼 수 없다(헌재 2014.7.24. 2013헌마423).

⑤ (○) 치과의원의 치과전문의가 표시한 전문과목 이외의 영역에서 치과전문의로서의 진료도 전혀 하지 못하는 데서 오는 사적인 불이익은 매우 크므로, 심판대상조항은 과잉금지원칙에 위배되어 청구인들의 직업수행의 자유를 침해한다. 1차 의료기관의 전문과목 표시와 관련하여 의사전문의, 한의사전문의와 치과전문의 사이에 본질적인 차이가 있다고 볼 수 없으므로, 의사전문의, 한의사전문의와 달리 치과전문의의 경우에만 전문과목의 표시를 이유로 진료범위를 제한하는 것은 합리적인 근거를 찾기 어렵고, 따라서 심판대상조항은 청구인들의 평등권을 침해한다(헌재 2015.5.28. 2013헌마799). [2016년 국회 8급] ③

평등권에 대한 설명으로 가장 옳은 것은?

① 사법시험에 합격하여 사법연수원의 과정을 마친 자와 달리 변호사시험 합격자들에게 6개월의 실무수습을 거치도록 한 것은 평등권을 침해한다.

② 친양자의 양친을 기혼자로 한정하고 독신자는 친양자 입양을 할 수 없도록 한 법률규정은 평등권을 침해한다.

③ 중등교사 임용시험에 있어서 동일 지역 사범대학 졸업한 교원경력이 없는 자에게 가산점을 부여하는 법률규정은 평등권을 침해하지 않는다.

④ 1차 의료기관의 전문과목 표시와 관련하여 의사전문의·한의사전문의와 달리 치과전문의의 경우에만 진료과목의 표시를 이유로 진료범위를 제한하는 것은 평등권을 침해하지 않는다.

① (×) 사법시험에 합격하여 사법연수원의 과정을 마친 자와 판사나 검사의 자격이 있는 자는 사법연수원의 정형화된 이론과 실무수습을 거치거나, 법조실무경력이 있는 반면, 청구인들과 같은 변호사시험 합격자들의 실무수습은 법학전문대학원 별로 편차가 크고 비정형적으로 이루어지고 있으므로, 변호사 시험 합격자들에게 6개월의 실무수습을 거치도록 하는 것을 합리적 이유가 없는 자의적 차별이라고 보기는 어렵다. 따라서 심판대상조항은 청구인들의 평등권을 침해하지 아니한다(헌재 2014.9.25. 2013헌마424).

② (×) 입양특례법에서는 독신자도 일정한 요건을 갖추면 양친이 될 수 있도록 규정하고 있으나, 입양의 대상, 요건, 절차 등에서 민법상의 친양자 입양과 다른 점이 있으므로, 입양특례법과 달리 민법에서 독신자의 친양자 입양을 허용하지 않는 것에는 합리적인 이유가 있다. 따라서 심판대상조항은 독신자의 평등권을 침해한다고 볼 수 없다(헌재 2013.9.26. 2011헌가42).

③ (○) 심판대상 법률 조항은 기본적으로 우수한 인재를 그 지역의 사범대학으로 유치하여 지역 사범대의 질적 수준을 유지·향상시킴으로써 지역교육의 균등한 발전과 지역실정에 맞는 교육정책의 실현을 기하고, 이를 통해 국민의 교육받을 권리를 보장하는 것을 궁극적인 목적으로 하고 있는 점, 이 사건 법률조항은 한시적으로만 적용되는 점을 고려해 보면 이 사건 법률조항이 비례의 원칙에 반하여 제청신청인의 공무담임권이나 평등권을 침해한다고 보기 어려우므로 헌법에 위반되지 아니한다(헌재 2007.12.27. 2005헌가11).

④ (×) 1차 의료기관의 전문과목 표시와 관련하여 의사전문의, 한의사전문의와 치과전문의 사이에 본질적인 차이가 있다고 볼 수 없으므로, 의사전문의, 한의사전문의와 달리 치과전문의의 경우에만 전문과목 표시를 이유로 진료범위를 제한하는 것은 합리적인 근거를 찾기 어렵고, 치과일반의는 전문과목을 불문하고 모든 치과 환자를 진료할 수 있음에 반하여, 치과전문의는 치과의원에서 전문과목을 표시하였다는 이유로 자신의 전문과목 이외의 다른 모든 전문과목의 환자를 진료할 수 없게 되는바, 이는 보다 상위의 자격을 갖춘 치과의사에게 오히려

훨씬 더 좁은 범위의 진료행위만을 허용하는 것으로서 합리적인 이유를 찾기 어렵다. 따라서 심판대상조항은 청구인들의 평등권을 침해한다(헌재 2015.5.28. 2013헌마799). [2016년 서울 7급] ③

평등의 원칙에 대한 설명으로 옳지 않은 것? (다툼이 있는 경우 판례에 의함)

① 개별사건법률의 위헌 여부는, 그 형식만으로 가려지는 것이 아니라, 나아가 평등의 원칙이 추구하는 실질적 내용이 정당한지 아닌지를 따져야 비로소 가려진다.

② 헌법 제11조 제1항의 규범적 의미는 '법 적용의 평등'에서 끝나지 않고, 더 나아가 입법자에 대해서도 그가 입법을 통해서 권리와 의무를 분배함에 있어서 적용할 가치평가의 기준을 정당화할 것을 요구하는 '법 제정의 평등'을 포함한다.

③ 특정한 범죄에 대한 형벌이 그 자체로서의 책임과 형벌의 비례원칙에 위반되지 않더라도 보호법익과 죄질이 유사한 범죄에 대한 형벌과 비교할 때 현저히 불합리하거나 자의적이어서 형벌체계상의 균형을 상실한 것이 명백한 경우에는 평등원칙에 반하여 위헌이라 할 수 있다.

④ 구 「공직선거법」이 고등학교를 졸업한 공직 후보자에 대해서는 수학기간의 기재를 요구하지 않으면서도 고등학교 졸업학력 검정고시에 합격한 공직 후보자에게는 고등학교를 중퇴한 경력에 대해서 그 학력을 기재할 때 그 수학기간을 기재하도록 요구하는 것은 불합리한 차별이므로 평등원칙에 위배된다.

① (○) 개별사건법률금지의 원칙이 법률제정에 있어서 입법자가 평등원칙을 준수할 것을 요구하는 것이기 때문에, 특정규범이 개별사건법률에 해당한다 하여 곧바로 위헌을 뜻하는 것은 아니다. 비록 특정법률 또는 법률조항이 단지 하나의 사건만을 규율하려고 한다 하더라도 이러한 차별적 규율이 합리적인 이유로 정당화될 수 있는 경우에는 합헌적일 수 있다. 따라서 개별사건법률의 위헌 여부는, 그 형식만으로 가려지는 것이 아니라, 나아가 평등의 원칙이 추구하는 실질적 내용이 정당한지 아닌지를 따져야 비로소 가려진다(헌재 1996.2.16. 96헌가2).

② (○) 모든 사람은 평등하게 법규범을 통해서 의무를 부담하고 권리를 부여받으며, 반대로 모든 공권력주체에 대해서는 일정한 사람들에게 유리하거나 불리하게 법을 적용하거나 적용하지 않는 것이 금지된다. 그러나 헌법 제11조 제1항의 규범적 의미는 이와 같은 '법 적용의 평등'에서 끝나지 않고, 더 나아가 입법자에 대해서도 그가 입법을 통해서 권리와 의무를 분배함에 있어서 적용할 가치평가의 기준을 정당화할 것을 요구하는 '법 제정의 평등'을 포함한다. 따라서 평등원칙은 입법자가 법률을 제정함에 있어서 법적 효과를 달리 부여하기 위하여 선택한 차별의 기준이 객관적으로 정당화될 수 없을 때에는 그 기준을 법적 차별의 근거로 삼는 것을 금지한다. 이때 입법자가 헌법 제11조 제1항의 평등원칙에 어느 정도로 구속되는가는 그 규율대상과 차별기준의 특성을 고려하여 구체적으로 결정된다(헌재 2000.8.31. 97헌가12).

③ (○) 특정 범죄에 대한 형벌이 죄질과 보호법익이 유사한 범죄에 대한 형벌과 비교할 때 현저히 형벌체계의 균형성을 잃은 것이 명백한 경우에는, 인간의 존엄성과 가치를 보장하는 헌법의 기본원리에 위배될 뿐만 아니라 법의 내용에 있어서도 평등원칙에 반하여 위헌이라 할 수 있다(헌재 2021.4.29. 2019헌바83).

④ (×) 특별한 사정이 없는 한 고등학교를 졸업한 경우는 그 수학기간이 3년이라고 쉽게 예측할 수 있는 반면 고등학교를 중퇴한 경우는 학교명과 중퇴라는 사실만으로는 그 사람이 중퇴한 학교에 다닌 이력을 정확히 알 수 없다. 따라서 고등학교를 졸업한 사람에 대해서는 수학기간의 기재를 요구하지 않으면서도 고등학교 졸업학력 검정고시에 합격한 사람이라고 하더라도 고등학교를 중퇴한 경력에 대해서 그 학력을 기재할 때 그 수학기간을 기재하도록 요구하는 것이 불합리한 차별이라고 볼 수는 없어 중퇴학력 표시규정이 평등원칙에 위배된다고 볼 수 없다(헌재 2017.12.28. 2015헌바232). [2021년 지방 7급] ④

평등권에 관한 다음 설명 중 가장 옳지 않은 것은? (다툼이 있는 경우 헌법재판소 결정에 의함)

① 국가공무원 임용 결격사유에 해당하여 공중보건의사 편입이 취소된 사람을 현역병으로 입영하게 하거나 공익근무요원으로 소집함에 있어 의무복무기간에 기왕의 복무기간을 반영하지 않은 것은 평등의 원칙에 반한다.

② 국가유공자의 가족이 공무원채용시험에 응시하는 경우 만점의 10%를 가산하도록 한 것은 일반 응시자들의 공직취임의 기회를 차별하는 것이고, 이러한 차별로 인한 불평등 효과는 입법목적과 그 달성 수단 간의 비례성을 현저히 초과하는 것으로서 일반 공직시험 응시자들의 평등권을 침해한다.

③ 헌법상의 평등원칙은 사회보험인 건강보험의 보험료부과에 있어서 경제적 능력에 따른 부담이 이루어질 것을 요구하나, 건강보험제도나 노인장기요양보험제도는 전 국민에게 기본적인 의료서비스 및 요양서비스를 제공하기 위한 사회보장제도의 일종으로, 입법자는 이에 관하여 광범위한 입법형성권을 보유한다.

④ 선거로 취임하는 공무원인 지방자치단체장을 「공무원연금법」의 적용대상에서 제외하는 법률 조항은, 지방자치단체장도 국민 전체에 대한 봉사자로서 공무원법상 각종 의무를 부담하고 영리업무 및 겸직 금지 등 기본권 제한이 수반된다는 점에서 경력직공무원 또는 다른 특수경력직공무원 등과 차이가 없는데도 「공무원연금법」의 적용에 있어 지방자치단체장을 다른 공무원에 비하여 합리적 이유 없이 차별하는 것으로, 지방자치단체장들의 평등권을 침해한다.

① (○) 심판대상 법률조항은 국가공무원 임용 결격사유에 해당하여 공중보건의사 편입이 취소된 사람을 의무복무기간에 기왕의 복무기간을 전혀 반영하지 않고서 현역병으로 입영하게 하거나 공익근무요원으로 소집하도록 하여 합리적 이유 없이 차별하고 있다. 따라서 이 사건 법률조항은 평등원칙에 반하여 헌법에 위배된다(헌재 2010.7.29. 2008헌가28).

② (○) 심판대상 법률 조항의 경우 명시적인 헌법적 근거 없이 국가유공자의 가족들에게 만점의 10%라는 높은 가산점을 부여하고 있는바, 그러한 가산점 부여 대상자의 광범위성과 가산점 10%의 심각한 영향력과 차별효과를 고려할 때, 이 사건 조항의 차별로 인한 불평등 효과는 입법목적과 그 달성수단 간의 비례성을 현저히 초과하는 것이므로, 이 사건 조항은 청구인들과 같은 일반 공직시험 응시자들의 평등권을 침해한다(헌재 2006.2.23. 2004헌마675).

③ (○) 헌법상의 평등원칙은 사회보험인 건강보험의 보험료부과에 있어서는 경제적 능력에 따른 부담이 이루어질 것을 요구한다. 다만, 건강보험제도나 노인장기요양보험제도는 전 국민에게 기본적인 의료서비스 및 요양서비스를 제공하기 위한 사회보장제도의 일종으로, 입법자는 이에 관하여 광범위한 입법형성권을 가진다고 할 것이므로, 보험료 부담의 평등원칙 위반 여부는 완화된 심사기준에 따라 판단하기로 한다(헌재 2013.7.25. 2010헌바51).

④ (×) 지방자치단체장은 특정 정당을 정치적 기반으로 할 수 있는 선출직공무원으로 임기가 4년이고 계속 재임도 3기로 제한되어 있어, 장기근속을 전제로 하는 공무원을 주된 대상으로 하고 이들이 재직 기간 동안 납부하는 기여금을 일부 재원으로 하여 설계된 공무원연금법의 적용대상에서 지방자치단체장을 제외하는 것에는 합리적 이유가 있다. 따라서 심판대상조항은 청구인들의 평등권을 침해하지 않는다(헌재 2014.6.26. 2012헌마459).

[2016년 법원 9급] ④

평등권 또는 평등의 원칙과 관련된 헌법재판소의 판시 내용에 관한 다음 설명 중 가장 옳지 않은 것은?

① 국내통화를 위조 또는 변조하거나 이를 행사하는 등의 행위를 가중처벌하는 특정범죄 가중처벌 등에 관한 법률(2010.3.31. 법률 제10210호로 개정된 것) 제10조 중 형법 제207조 제1항 및 제4항에 관한 부분은 형법 제207조 제1항 및 제4항 부분과의 관계에서 형벌체계상의 균형을 잃어 평등원칙에 위반된다.

② 경찰에 관한 직무를 행하는 자 등이 그 직무를 행함에 당하여 형사피의자 또는 기타 사람에 대하여 폭행을 가하는 경우 5년 이하의 징역과 10년 이하의 자격정지에 처하도록 한 형법 제125조 제1항의 법정형이 폭행죄나 공무집행방해죄의 법정형보다 무겁다고 하더라도 형벌체계의 정당성과 균형을 잃어 평등원칙에 위반된 것으로 볼 수 없다.

③ 지방공무원이 면직처분에 대해 불복할 경우 행정소송 제기에 앞서 반드시 소청심사를 거치도록 규정한 것은 행정심판의 특수성 등에 기인하는 것이고, 지방공무원에 대하여 합리성을 결여한 자의적인 차별을 하고 있다고 볼 수 없어 평등원칙에 위반되지 않는다.

④ 금고 이상의 실형을 선고받고 그 집행이 끝나거나 집행이 면제된 날로부터 3년이 지나지 아니한 사람은 행정사가 될 수 없다고 규정한 것은 그 결격사유를 공인중개사나 다른 국가자격 직역에 비해 합리적인 이유 없이 엄격하게 규정한 것으로 평등권을 침해하는 것이다.

⑤ 사실혼 배우자에게 상속권을 인정하지 않는 민법(1990.1.13. 법률 제4199호로 개정된 것) 제1003조 제1항 중 '배우자' 부분이 상속권에 관하여 사실혼 배우자와 법률혼 배우자를 차별하고 있다고 하더라도, 그러한 취급에는 수긍할 만한 합리적인 이유가 있으므로 이를 두고 자의적인 차별로서 사실혼 배우자의 평등권을 침해한다고 보기는 어렵다.

① (○) 심판대상조항은 이 사건 형법조항과 똑같은 구성요건을 규정하면서 법정형의 상한에 사형을 추가하고 하한을 2년에서 5년으로 올려놓았다. 따라서 심판대상조항은 형벌체계상의 균형을 잃은 것이 명백하므로 평등원칙에 위반된다(헌재 2014.11.27. 2014헌바224 등).

② (○) 심판대상 법률 조항과 폭행죄 및 공무집행방해죄는 구성요건과 보호법익 등을 서로 달리하고 있고, 이 사건 법률조항의 죄질이나 불법의 정도가 폭행죄나 공무집행방해죄보다 결코 가볍다고 볼 수 없다. 따라서 이 사건 법률조항에 해당하는 죄의 법정형을 폭행죄나 공무집행방해죄의 법정형보다 무겁게 정하였다고 하여 형벌체계의 정당성과 균형을 잃어 평등원칙에 위반된 것이라고 볼 수 없다(헌재 2015.3.26. 2013헌바140).

③ (○) 직권면직처분을 받은 지방공무원이 그에 대해 불복할 경우 행정소송의 제기에 앞서 반드시 소청심사를 거치도록 규정한 것은 행정기관 내부의 인사행정에 관한 전문성 반영, 행정기관의 자율적 통제, 신속성을 추구하는 행정심판의 목적에 부합한다. 이 사건 필요적 전치조항은 입법형성의 한계를 벗어나 재판청구권을 침해하거나 평등원칙에 위반된다고 볼 수 없다(헌재 2015.3.26. 2013헌바186).

④ (×) 심판대상 법률조항이 행정사의 업무 특성을 고려하여, 그 결격사유를 금고 이상의 실형을 선고받더라도 자격취득은 가능하지만 사무소 개설등록만 할 수 없는 공인중개사나, 업무와 관련한 불법행위로 등록취소가 되지 않는 한 자격 취득 자체에는 특별한 제한을 두지 않는 국가기술자격 소지자와 같이 상대적으로 낮은 수준의 공정성 및 신뢰성을 요구하는 다른 국가자격 직역에 비해 다소 엄격하게 규정하고 있는 것은 합리적인 이유가 있는 것이므로, 청구인의 평등권을 침해하지 아니한다(헌재 2015.3.26. 2013헌마131).

⑤ (○) 법률혼인주의를 채택한 취지에 비추어 볼 때 제3자에게 영향을 미쳐 명확성과 획일성이 요청되는 상속과 같은 법률관계에서는 사실혼을 법률혼과 동일하게 취급할 수 없으므로, 이 사건 법률조항이 사실혼 배우자의 평등권을 침해한다고 보기 어렵다(헌재 2014.8.28. 2013헌바119).

[2015년 법무사] ④

다음 설명 중 가장 옳지 않은 것은?

① 혼인한 등록의무자는 배우자가 아닌 본인의 직계·존비속의 재산을 등록하도록 법이 개정되었으나, 개정 전 이미 배우자의 직계·존비속의 재산을 등록한 혼인한 여성 등록의무자는 종전과 동일하게 계속해서 배우자의 직계·존비속의 재산을 등록하도록 한 부칙 조항은 그 목적의 정당성을 발견할 수 없다.

② 중혼의 취소권자를 민법이 규정하면서 직계비속을 제외한 것은 합리적 이유 없이 직계존속에게는 중혼의 취소청구권을 부여하고 직계비속에게는 부여하지 않았다고 할 것이어서 평등원칙에 반한다.

③ 국채에 대한 소멸시효를 5년 단기로 규정하여 민사 일반채권자나 회사채 채권자에 비하여 국채 채권자를 차별 취급한 것은 합리적인 이유 없는 차별에 해당하지 않는다.

④ 우체국보험금 및 환급금 청구채권 전액에 대하여 압류를 금지하여 우체국보험 가입자의 채권자와 일반인보험 가입자의 채권자를 차별 취급하는 것은 합리적인 사유가 존재하므로 헌법상 평등원칙에 위배되지 아니한다.

① (○) 사건 부칙조항은 개정 전 공직자윤리법 조항이 혼인관계에서 남성과 여성에 대한 차별적 인식에 기인한 것이라는 반성적 고려에 따라 개정 공직자윤리법 조항이 시행되었음에도 불구하고, 일부 혼인한 여성 등록의무자에게 이미 개정 전 공직자윤리법 조항에 따라 재산등록을 하였다는 이유만으로 남녀차별적인 인식에 기인하였던 종전의 규정을 따를 것을 요구하고 있다. 그런데 혼인한 남성 등록의무자와 달리 혼인한 여성 등록의무자의 경우에만 본인이 아닌 배우자의 직계존·비속의 재산을 등록하도록 하는 것은 여성의 사회적 지위에 대한 그릇된 인식을 양산하고, 가족관계에 있어 시가와 친정이라는 이분법적 차별구조를 정착시킬 수 있으며, 이것이 사회적 관계로 확장될 경우에는 남성우위·여성비하의 사회적 풍토를 조성하게 될 우려가 있다. 이는 성별에 의한 차별금지 및 혼인과 가족생활에서의 양성의 평등을 천명하고 있는 헌법에 정면으로 위배되는 것으로 그 목적의 정당성을 인정할 수 없다. 따라서 이 사건 부칙조항은 평등원칙에 위배된다(헌재 2021.9.30. 2019헌가3).

② (○) 중혼의 취소청구권자를 규정한 이 사건 법률조항은 그 취소청구권자로 직계존속과 4촌 이내의 방계혈족을 규정하면서도 직계비속을 제외하였는바, 직계비속을 제외하면서 직계존속만을 취소청구권자로 규정한 것은 가부장적·종법적인 사고에 바탕을 두고 있고, 직계비속이 상속권 등과 관련하여 중혼의 취소청구를 구할 법률적인 이해관계가 직계존속과 4촌 이내의 방계혈족 못지않게 크며, 그 취소청구권자의 하나로 규정된 검사에게 취소청구를 구한다고 하여도 검사로 하여금 직권발동을 촉구하는 것에 지나지 않은 점 등을 고려할 때, 합리적인 이유 없이 직계비속을 차별하고 있어, 평등원칙에 위반된다(헌재 2010.7.29. 2009헌가8).

③ (○) 국채가 발행되는 공공자금관리기금의 운용계획수립 및 집행에 있어서 채권·채무관계를 조기에 확정하고 예산 수립의 불안정성을 제거하여 공공자금관리기금을 합리적으로 운용하기 위하여 단기소멸시효를 둘 필요성이 크고, 이 사건 법률조항이 국채에 대한 소멸시효를 5년 단기로 규정하여 민사 일반채권자나 회사채 채권자에 비하여 국채 채권자를 차별 취급한 것은 합리적인 사유가 존재하므로 헌법상 평등원칙에 위배되지 아니한다(헌재 2010.4.29. 2009헌바120 등).

④ (×) 사건 법률조항은 국가가 운영하는 우체국보험에 가입한다는 사정만으로, 일반 보험회사의 인보험에 가입한 경우와는 달리 그 수급권이 사망, 장해나 입원 등으로 인하여 발생한 것인지, 만기나 해약으로 발생한 것인지 등에 대한 구별조차 없이 그 전액에 대하여 무조건 압류를 금지하여 우체국보험 가입자를 보호함으로써 우체국보험 가입자의 채권자를 일반인보험 가입자의 채권자에 비하여 불합리하게 차별취급하는 것이므로, 헌법 제11조 제1항의 평등원칙에 위반된다(헌재 2008.5.29. 2006헌바5). [2022년 법원 9급] ④

제3장 인신의 기본권

제1절 생명권

다음 설명 중 가장 옳지 않은 것은?

① 절대적 종신형제도는 사형제도와는 또 다른 위헌성 문제를 야기할 수 있고, 현행 형사법령 하에서도 가석방제도의 운영 여하에 따라 사회로부터의 영구적 격리가 가능한 절대적 종신형과 상대적 종신형의 각 취지를 살릴 수 있다는 점 등을 고려하면, 현행 무기징역형제도가 상대적 종신형 외에 절대적 종신형을 따로 두고 있지 않은 것이 형벌체계상 정당성과 균형을 상실하여 헌법 제11조의 평등원칙에 반한다거나 형벌이 죄질과 책임에 상응하도록 비례성을 갖추어야 한다는 책임원칙에 반한다고 단정하기 어렵다.

② 헌법은 절대적 기본권을 명문으로 인정하고 있지 아니하며, 헌법 제37조 제2항에서는 국민의 모든 자유와 권리는 국가안전보장·질서유지 또는 공공복리를 위하여 필요한 경우에 한하여 법률로써 제한할 수 있도록 규정하고 있어, 비록 생명이 이념적으로 절대적 가치를 지닌 것이라 하더라도 생명에 대한 법적 평가가 예외적으로 허용될 수 있다.

③ 생명권의 경우, 다른 일반적인 기본권 제한의 구조와는 달리, 생명의 일부 박탈이라는 것을 상정할 수 없고 생명권에 대한 제한은 필연적으로 생명권의 완전한 박탈을 의미하게 되기 때문에 생명권의 제한이 정당화될 수 있는 예외적인 경우라 하더라도 생명권의 박탈이 초래된다면 곧바로 기본권의 본질적인 내용을 침해하는 것이라 볼 수 있다.

④ 헌법 제12조 제1항의 신체의 자유는, 신체의 안정성이 외부로부터의 물리적인 힘이나 정신적인 위험으로부터 침해당하지 아니할 자유와 신체활동을 임의적이고 자율적으로 할 수 있는 자유를 말한다. 디엔에이감식시료 채취의 구체적인 방법은 구강점막 또는 모근을 포함한 모발을 채취하는 방법으로 하고, 위 방법들에 의한 채취가 불가능하거나 현저히 곤란한 경우에는 분비물, 체액을 채취하는 방법으로 한다. 그렇다면 디엔에이감식시료의 채취행위는 신체의 안정성을 해한다고 볼 수 있으므로 신체의 자유를 제한한다.

① (○) 절대적 종신형제도는 사형제도와는 또 다른 위헌성 문제를 야기할 수 있고, 현행 형사법령 하에서도 가석방제도의 운영 여하에 따라 사회로부터의 영구적 격리가 가능한 절대적 종신형과 상대적 종신형의 각 취지를 살릴 수 있다는 점 등을 고려하면, 현행 무기징역형제도가 상대적 종신형 외에 절대적 종신형을 따로 두고 있지 않은 것이 형벌체계상 정당성과 균형을 상실하여 헌법 제11조의 평등원칙에 반한다거나 형벌이 죄질과 책임에 상응하도록 비례성을 갖추어야 한다는 책임원칙에 반한다고 단정하기 어렵다(헌재 2010.2.25. 2008헌가23).

② (○) 헌법은 절대적 기본권을 명문으로 인정하고 있지 아니하며, 헌법 제37조 제2항에서는 국민의 모든 자유와 권리는 국가안전보장·질서유지 또는 공공복리를 위하여 필요한 경우에 한하여 법률로써 제한할 수 있도록 규정하고 있어, 비록 생명이 이념적으로 절대적 가치를 지닌 것이라 하더라도 생명에 대한 법적 평가가 예외적으로 허용될 수 있다고 할 것이므로, 생명권 역시 헌법 제37조 제2항에 의한 일반적 법률유보의 대상이 될 수밖에 없다(헌재 2010.2.25. 2008헌가23).

③ (×) 생명권의 경우, 다른 일반적인 기본권 제한의 구조와는 달리, 생명의 일부 박탈이라는 것을 상정할 수 없기 때문에 생명권에 대한 제한은 필연적으로 생명권의 완전한 박탈을 의미하게 되는바, 생명권의 제한이 정당화될 수 있는 예외적인 경우에는 생명권의 박탈이 초래된다 하더라도 곧바로 기본권의 본질적인 내용을 침해하는 것이라 볼 수는 없다(헌재 2010.2.25. 2008헌가23).

④ (○) 헌법 제12조 제1항의 신체의 자유는, 신체의 안정성이 외부로부터의 물리적인 힘이나 정신적인 위험으로부터 침해당하지 아니할 자유와 신체활동을 임의적이고 자율적으로 할 수 있는 자유를 말한다. 디엔에이감식시료 채취의 구체적인 방법은 구강점막 또는 모근을 포함한 모발을 채취하는 방법으로 하고, 위 방법들에 의한 채취가 불가능하거나 현저히 곤란한 경우에는 분비물, 체액을 채취하는 방법으로 한다. 그렇다면 디엔에이감식시료의 채취행위는 신체의 안정성을 해한다고 볼 수 있으므로 이 사건 채취조항들은 신체의 자유를 제한한다(헌재 2014.8.28. 2011헌마28). [2023년 법원 9급] ③

생명권에 대한 설명으로 적절하지 않은 것을 모두 고른 것은? (다툼이 있는 경우 판례에 의함)

> ㉠ 생명권은 인간의 생존본능과 존재목적에 바탕을 둔 선험적이고 자연법적인 권리로서 헌법에 규정된 모든 기본권의 전제로서 기능하는 기본권 중의 기본권이다.
> ㉡ 국가는 헌법 제10조, 제12조 등에 따라 태아의 생명을 보호할 의무가 있지만, 태아는 헌법상 생명권의 주체로 인정되지 않는다.
> ㉢ 인간이라는 생명체의 형성이 출생 이전의 그 어느 시점에서 시작됨을 인정하더라도, 법적으로 사람의 시기를 출생의 시점에서 시작되는 것으로 보는 것은 헌법적으로 금지된다.
> ㉣ 연명치료 중단, 즉 생명단축에 관한 자기 결정은 생명권 보호의 헌법적 가치와 충돌하므로 '연명치료 중단에 관한 자기결정권'의 인정 여부가 문제되는 '죽음에 임박한 환자'란 '의학적으로 환자가 의식의 회복가능성이 없고 생명과 관련된 중요한 생체기능의 상실을 회복할 수 없으며 환자의 신체상태에 비추어 짧은 시간 내에 사망에 이를 수 있음이 명백한 경우'를 의미한다.

① ㉠, ㉡ ② ㉠, ㉢ ③ ㉡, ㉢ ④ ㉢, ㉣

㉠ (○) 생명에 대한 권리는 비록 헌법에 명문의 규정이 없다 하더라도 인간의 생존본능과 존재목적에 바탕을 둔 선험적이고 자연법적인 권리로서 헌법에 규정된 모든 기본권의 전제로서 기능하는 기본권 중의 기본권이라 할 것이다(헌재 1996.11.28. 95헌바1).

㉡ (×) 모든 인간은 헌법상 생명권의 주체가 되며, 형성 중의 생명인 태아에게도 생명에 대한 권리가 인정되어야 한다. 따라서 태아도 헌법상 생명권의 주체가 되며, 국가는 헌법 제10조에 따라 태아의 생명을 보호할 의무가 있다(헌재 2008.7.31. 2004헌바81).

㉢ (×) 인간이라는 생명체의 형성이 출생 이전의 그 어느 시점에서 시작됨을 인정하더라도, 법적으로 사람의 시기를 출생의 시점에서 시작되는 것으로 보는 것이 헌법적으로 금지된다고 할 수 없다. 물론 인간의 권리능력의 시기를 출생 이전의 어느 시점으로 정하는 것이 반드시 불가능하다고 할 수는 없겠지만, 그렇게 될 경우 구체적인 법률관계에서 권리능력의 존재를 확정하고 입증하는 데 많은 어려움이 존재하게 될 것이라는 점도 충분히 예상할 수 있다(헌재 2008.7.31. 2004헌바81).

㉣ (○) 환자가 장차 죽음에 임박한 상태에 이를 경우에 대비하여 미리 의료인 등에게 연명치료 거부 또는 중단에 관한 의사를 밝히는 등의 방법으로 죽음에 임박한 상태에서 인간으로서의 존엄과 가치를 지키기 위하여 연명치료의 거부 또는 중단을 결정할 수 있다 할 것이고, 위 결정은 헌법상 기본권인 자기결정권의 한 내용으로서 보장된다 할 것이나(헌재 2009.11.26. 2008헌마385).

[2022년 경찰 경정승진] ③

생명권에 대한 설명으로 옳은 것은? (다툼이 있는 경우 판례에 의함)

① 헌법은 사형제도의 허용을 직접적으로 규정하고 있다.

② 배아는 수정 후 14일이 경과하여 원시선(原始線)이 나타나기 전이라도 수정란 상태에 있는 한 생명권의 주체이다.

③ 자기낙태죄는 임신한 여성의 자기결정권에 대한 과도한 제한이라고 보기 어려워 헌법에 위반되지 않는다.

④ 태아는 생명권의 주체이다.

⑤ 생명권은 개인이 포기할 수 없는 기본권이므로 기본권 제한적 법률유보의 대상이 될 수 없다.

① (×) 헌법 제110조 제4항 단서에서 간접적이나마 법률에 의하여 사형이 형벌로써 정해지고 또 적용될 수 있음을 인정하고 있다(헌재 2010.2.25. 2008헌가23).

② (×) 초기배아는 수정이 된 배아라는 점에서 형성 중인 생명의 첫걸음을 떼었다고 볼 여지가 있기는 하나 아직 모체에 착상되거나 원시선이 나타나지 않은 이상 현재의 자연과학적 인식 수준에서 독립된 인간과 배아 간의 개체적 연속성을 확정하기 어렵다고 봄이 일반적이라는 점, 배아의 경우 현재의 과학기술 수준에서 모태 속에서 수용될 때 비로소 독립적인 인간으로의 성장가능성을 기대할 수 있다는 점, 수정 후 착상 전의 배아가 인간으로 인식된다거나 그와 같이 취급하여야 할 필요성이 있다는 사회적 승인이 존재한다고 보기 어려운 점 등을 종합적으로 고려할 때, 기본권 주체성을 인정하기 어렵다(헌재 2010.5.27. 2005헌마346).

③ (×) 입법자는 자기낙태죄 조항을 형성함에 있어 태아의 생명 보호와 임신한 여성의 자기결정권의 실제적 조화와 균형을 이루려는 노력을 충분히 하지 아니하여 태아의 생명 보호라는 공익에 대하여만 일방적이고 절대적인 우위를 부여함으로써 공익과 사익 간의 적정한 균형관계를 달성하지 못하였다. 자기낙태죄 조항은 입법목적을 달성하기 위하여 필요한 최소한의 정도를 넘어 임신한 여성의 자기결정권을 제한하고 있어 침해의 최소성을 갖추지 못하고 있으며, 법익균형성의 원칙도 위반하였다고 할 것이므로, 과잉금지원칙을 위반하여 임신한 여성의 자기결정권을 침해하는 위헌적인 규정이다(헌재 2019.4.11. 2017헌바127).

④ (○) 모든 인간은 헌법상 생명권의 주체가 되며, 형성 중의 생명인 태아에게도 생명에 대한 권리가 인정되어야 한다. 따라서 태아도 헌법상 생명권의 주체가 되며, 국가는 헌법 제10조에 따라 태아의 생명을 보호할 의무가 있다(헌재 2008.7.31. 2004헌바81).

⑤ (×) 헌법은 절대적 기본권을 명문으로 인정하고 있지 아니하며, 헌법 제37조 제2항에서는 국민의 모든 자유와 권리는 국가안전보장, 질서유지 또는 공공복리를 위하여 필요한 경우에 한하여 법률로써 제한할 수 있도록 규정하고 있어, 비록 생명이 이념적으로 절대적 가치를 지닌 것이라 하더라도 생명에 대한 법적 평가가 예외적으로 허용될 수 있다고 할 것이므로, 생명권 역시 헌법 제37조 제2항에 의한 일반적 법률유보의 대상이 될 수밖에 없다(헌재 2010.2.25. 2008헌가23). [2020년 국회 9급] ④

생명권에 대한 설명으로 가장 옳지 않은 것은?

① 헌법재판소는 원칙적으로 기본권이 형해화될 정도의 제한은 기본권의 본질적 내용을 침해한 것으로 본다. 그러나 생명권의 제한에 관하여 그 제한이 정당화될 수 있는 예외적인 경

우에는 생명권의 박탈이 초래된다고 하더라도 곧바로 기본권의 본질적 내용을 침해하는 것이라고 볼 수 없다는 입장이다.

② 자연법적 권리로서의 생명권의 향유자는 내국인 및 외국인을 불문한다. 그러나 생명권의 본질에 비추어 법인이 아닌 자연인만이 그 주체가 될 수 있다.

③ 생명권에서 보호하고자 하는 생명은 모든 생명 있는 것을 의미하기 때문에 독자적인 생존가능성이 있는 생명에 한정시킬 필요는 없다. 따라서 생명권의 생명에는 태아도 포함되어야 한다.

④ 낙태는 태아의 생명권이 임산부의 자기결정권과 충돌한다는 점에서, 헌법재판소는 부녀가 약물·기타 방법으로 낙태한 때에는 형벌을 과하도록 한 형법조항이 임신 초기의 낙태나 사회적 또는 경제적 사유에 의한 낙태를 허용하고 있지 아니한 점에서 임부의 자기결정권에 대한 과도한 제한이라고 보고 있다.

① (○) 생명권 역시 헌법 제37조 제2항에 의한 일반적 법률유보의 대상이 될 수밖에 없다. 나아가 생명권의 경우, 다른 일반적인 기본권 제한의 구조와는 달리, 생명의 일부 박탈이라는 것을 상정할 수 없기 때문에 생명권에 대한 제한은 필연적으로 생명권의 완전한 박탈을 의미하게 되는바, 위와 같이 생명권의 제한이 정당화될 수 있는 예외적인 경우에는 생명권의 박탈이 초래된다 하더라도 곧바로 기본권의 본질적인 내용을 침해하는 것이라 볼 수는 없다(헌재 2010.2.25. 2008헌가23).

② (○) 외국인의 기본권 주체성 여부는 기본권의 성질에 좌우되는데, 인간의 존엄과 가치, 행복추구권, 평등권과 같은 인간의 권리로서의 성격을 갖는 기본권들이 외국인에게 인정된다(헌재 2001.11.29. 99헌마494). 즉 자연법적 권리로서의 생명권의 향유자는 내·외국인을 불문하지만, 생명권의 본질에 비추어 자연인에게만 주체가 될 수 있으며 법인에게는 될 수 없다.

③ (○) 모든 인간은 헌법상 생명권의 주체가 되며, 형성 중의 생명인 태아에게도 생명에 대한 권리가 인정되어야 한다. 따라서 태아도 헌법상 생명권의 주체가 되며, 국가는 헌법 제10조에 따라 태아의 생명을 보호할 의무가 있다(헌재 2008.7.31. 2004헌바81).

④ (×) 심판대상 법률조항은 국가가 태아의 생명 보호를 위해 확정적으로 만들어 놓은 자기낙태죄 조항이 임신한 여성의 자기결정권을 제한하고 있는 것이 과잉금지원칙에 위배되어 위헌인지 여부에 대한 것이다. 자기낙태죄 조항은 존재와 역할을 간과한 채 임신한 여성의 자기결정권과 태아의 생명권의 직접적인 충돌을 해결해야 하는 사안으로 보는 것은 적절하지 않다. 자기낙태죄 조항은 입법목적을 달성하기 위하여 필요한 최소한의 정도를 넘어 임신한 여성의 자기결정권을 제한하고 있어 침해의 최소성을 갖추지 못하고 있으며, 법익균형성의 원칙도 위반하였다고 할 것이므로, 과잉금지원칙을 위반하여 임신한 여성의 자기결정권을 침해하는 위헌적인 규정이다(헌재 2019.4.11. 2017헌바127).

[2018년 서울 7급] ④

생명권에 대한 설명으로 옳은 것은? (다툼이 있는 경우 판례에 의함)

① 태아는 생명의 유지를 모(母)에게 의존하는 형성 중의 생명이라는 점에서 국가가 헌법 제10조 제2문에 따라 태아의 생명을 보호할 의무를 부담한다고 볼 수는 없다.

② 국가가 생명을 보호하는 입법적 조치를 취함에 있어 인간생명의 발달단계에 따라 그 보호정도나 보호수단을 달리하는 것은 불가능하지 않다.

③ 헌법재판소는 임신 제1삼분기(임신 14주 무렵까지)에는 사유를 불문하고 낙태가 허용되어야 하므로 자기낙태죄 규정에 대하여 단순위헌 결정을 하였다.

④ 연명치료의 거부 또는 중단 결정은 헌법상 기본권인 자기결정권의 한 내용으로 보장되므

로, 연명치료 중단에 관한 법률을 제정할 국가의 입법의무가 존재한다.

⑤ 상관을 살해한 경우 사형만을 유일한 법정형으로 규정한 「군형법」은 군대 내 명령·지휘체계를 유지하고 유사시 군의 전투력을 확보할 필요성에 비추어 볼 때 헌법에 위반되지 않는다.

① (×) 모든 인간은 헌법상 생명권의 주체가 되며, 형성 중의 생명인 태아에게도 생명에 대한 권리가 인정되어야 한다. 태아가 비록 그 생명의 유지를 위하여 모에게 의존해야 하지만, 그 자체로 모와 별개의 생명체이고, 특별한 사정이 없는 한 인간으로 성장할 가능성이 크기 때문이다. 따라서 태아도 헌법상 생명권의 주체가 되며, 국가는 헌법 제10조 제2문에 따라 태아의 생명을 보호할 의무가 있다(헌재 2019.4.11. 2017헌바127).

② (○) 생명의 전체적 과정에 대해 법질서가 언제나 동일한 법적 보호 내지 효과를 부여하고 있는 것은 아니다. 따라서 국가가 생명을 보호하는 입법적 조치를 취함에 있어 인간생명의 발달단계에 따라 그 보호정도나 보호수단을 달리하는 것은 불가능하지 않다(헌재 2019.4.11. 2017헌바127).

③ (×) 낙태죄 사건에서 3인의 단순위헌의견과 4인의 헌법불합치의견으로 헌법재판소의 법정의견은 헌법불합치결정이다. 자기낙태죄 조항과 의사낙태죄 조항에 대하여 각각 단순위헌결정을 할 경우, 임신 기간 전체에 걸쳐 행해진 모든 낙태를 처벌할 수 없게 됨으로써 용인하기 어려운 법적 공백이 생기게 된다. 더욱이 입법자는 결정가능기간을 어떻게 정하고 결정가능기간의 종기를 언제까지로 할 것인지, 결정가능기간 중 일정한 시기까지는 사회적·경제적 사유에 대한 확인을 요구하지 않을 것인지 여부까지를 포함하여 결정가능기간과 사회적·경제적 사유를 구체적으로 어떻게 조합할 것인지, 상담요건이나 숙려기간 등과 같은 일정한 절차적 요건을 추가할 것인지 여부 등에 관하여 앞서 헌법재판소가 설시한 한계 내에서 입법재량을 가진다. 따라서 자기낙태죄 조항과 의사낙태죄 조항에 대하여 단순위헌 결정을 하는 대신 각각 헌법불합치 결정을 선고하되, 다만 입법자의 개선입법이 이루어질 때까지 계속적용을 명함이 타당하다(헌재 2019.4.11. 2017헌바127).

④ (×) 환자가 장차 죽음에 임박한 상태에 이를 경우에 대비하여 미리 의료인 등에게 연명치료 거부 또는 중단에 관한 의사를 밝히는 등의 방법으로 죽음에 임박한 상태에서 인간으로서의 존엄과 가치를 지키기 위하여 연명치료의 거부 또는 중단을 결정할 수 있다 할 것이고, 위 결정은 헌법상 기본권인 자기결정권의 한 내용으로서 보장된다 할 것이다. 연명치료 중단에 관한 자기결정권을 보장하는 방법으로서 법원의 재판을 통한 규범의 제시와 입법 중 어느 것이 바람직한가는 입법정책의 문제로서 국회의 재량에 속한다 할 것이다. 그렇다면 헌법해석상 '연명치료 중단 등에 관한 법률'을 제정할 국가의 입법의무가 명백하다고 볼 수 없다(헌재 2009.11.26. 2008헌마385).

⑤ (×) 군대 내 명령체계유지 및 국가방위라는 이유만으로 가해자와 상관 사이에 명령복종관계가 있는지 여부를 불문하고 전시와 평시를 구분하지 아니한 채 다양한 동기와 행위태양의 범죄를 동일하게 평가하여 사형만을 유일한 법정형으로 규정하고 있는 이 사건 법률조항은 범죄의 중대성 정도에 비하여 심각하게 불균형적인 과중한 형벌을 규정함으써 죄질과 그에 따른 행위자의 책임 사이에 비례관계가 준수되지 않아 인간의 존엄과 가치를 존중하고 보호하려는 실질적 법치국가의 이념에 어긋나고, 형벌체계상 정당성을 상실한 것이다(헌재 2007.11.29. 2006헌가13).

[2020년 국회 5급] ②

태아의 생명권에 관한 다음 설명 중 가장 옳지 않은 것은? (다툼이 있는 경우 헌법재판소 결정에 의함)

① 모든 인간은 헌법상 생명권의 주체가 되며, 형성 중의 생명인 태아에게도 생명에 대한 권리가 인정되어야 한다. 따라서 태아도 헌법상 생명권의 주체가 되며, 국가는 헌법 제10조에 따라 태아의 생명을 보호할 의무가 있다.

② 민법 제762조는 '태아는 손해배상의 청구권에 관하여는 이미 출생한 것으로 본다.'라고 규정함으로써 '살아서 출생한 태아'와는 달리 '살아서 출생하지 못한 태아'에 대해서는 손해배상청구권을 부정함으로써 후자에게 불리한 결과를 초래하고 있으나 이러한 결과는 사법(私法)관계에서 요구되는 법적 안정성의 요청이라는 법치국가이념에 의한 것으로 헌법적으로 정당화된다 할 것이므로, 그와 같은 차별적 입법조치가 있다는 이유만으로 곧 국가가 기본

권보호를 위해 필요한 최소한의 입법적 조치를 다하지 않아 그로써 위헌적인 입법적 불비나 불완전한 입법상태가 초래된 것이라고 볼 수 없다.

③ 초기배아는 수정이 된 배아라는 점에서 형성 중인 생명의 첫걸음을 떼었다고 볼 여지가 있기는 하나 아직 모체에 착상되거나 원시선이 나타나지 않은 이상 기본권 주체성 및 국가의 보호 필요성을 인정할 수 없다.

④ 법학자, 윤리학자, 철학자, 의사 등의 직업인들이 보존기간이 경과한 잔여배아를 각종 연구에 사용할 수 있도록 허용하고 있는 생명윤리 및 안전에 관한 법률 조항에 의해 불편을 겪는다고 하더라도, 이는 사실적·간접적 불이익에 불과하여 기본권침해의 가능성 및 자기관련성을 인정할 수 없다.

⑤ 배아생성자는 배아에 대해 자신의 유전자정보가 담긴 신체의 일부를 제공하고, 또 배아가 모체에 성공적으로 착상하여 인간으로 출생할 경우 생물학적 부모로서의 지위를 갖게 되므로 배아의 관리 또는 처분에 대한 결정권을 가진다.

① (○) 모든 인간은 헌법상 생명권의 주체가 되며, 형성 중의 생명인 태아에게도 생명에 대한 권리가 인정되어야 한다. 따라서 태아도 헌법상 생명권의 주체가 되며, 국가는 헌법 제10조에 따라 태아의 생명을 보호할 의무가 있다(헌재 2008.7.31. 2004헌바81).

② (○) 심판대상 법률조항들의 경우에도 살아서 출생한 태아와는 달리 살아서 출생하지 못한 태아에 대해서는 손해배상청구권을 부정함으로써 후자에게 불리한 결과를 초래하고 있으나 이러한 결과는 사법(私法)관계에서 요구되는 법적 안정성의 요청이라는 법치국가이념에 의한 것으로 헌법적으로 정당화된다 할 것이므로, 그와 같은 차별적 입법조치가 있다는 이유만으로 곧 국가가 기본권 보호를 위해 필요한 최소한의 입법적 조치를 다하지 않아 그로써 위헌적인 입법적 불비나 불완전한 입법상태가 초래된 것이라고 볼 수 없다(헌재 2008.7.31. 2004헌바81).

③ (×) 초기배아는 수정이 된 배아라는 점에서 형성 중인 생명의 첫걸음을 떼었다고 볼 여지가 있기는 하나 아직 모체에 착상되거나 원시선이 나타나지 않은 이상 현재의 자연과학적 인식 수준에서 독립된 인간과 배아 간의 개체적 연속성을 확정하기 어렵다고 봄이 일반적이라는 점 등을 종합적으로 고려할 때, 초기배아에 대한 국가의 보호 필요성이 있음은 별론으로 하고, 기본권 주체성을 인정하기 어렵다. 오늘날 생명공학 등의 발전과정에 비추어 인간의 존엄과 가치가 갖는 헌법적 가치질서로서의 성격을 고려할 때 인간으로 발전할 잠재성을 갖고 있는 초기배아라는 원시생명체에 대하여도 위와 같은 헌법적 가치가 소홀히 취급되지 않도록 노력해야 할 국가의 보호의무가 있음을 인정하지 않을 수 없다 할 것이다(헌재 2010.5.27. 2005헌마346).

④ (○) 법학자, 윤리학자, 철학자, 의사 등의 직업인으로 이루어진 청구인들의 청구는 청구인들이 이 사건 심판대상 조항으로 인해 불편을 겪는다고 하더라도 사실적·간접적 불이익에 불과한 것이고, 청구인들에 대한 기본권침해의 가능성 및 자기관련성을 인정하기 어렵다(헌재 2010.5.27. 2005헌마346).

⑤ (○) 배아생성자는 배아에 대해 자신의 유전자정보가 담긴 신체의 일부를 제공하고, 또 배아가 모체에 성공적으로 착상하여 인간으로 출생할 경우 생물학적 부모로서의 지위를 갖게 되므로, 배아의 관리 또는 처분에 대한 결정권을 가진다. 이러한 배아생성자의 배아에 대한 결정권은 헌법상 명문으로 규정되어 있지는 아니하지만, 헌법 제10조로부터 도출되는 일반적 인격권의 한 유형으로서의 헌법상 권리라 할 것이다(헌재 2010.5.27. 2005헌마346). [2017년 법무사] ③

낙태죄에 관한 다음 설명 중 가장 옳지 않은 것은? (다툼이 있는 경우 대법원 판례 및 헌법재판소 결정에 의함)

① 임신·출산·육아는 여성의 삶에 근본적이고 결정적인 영향을 미칠 수 있는 중요한 문제이므로, 임신한 여성이 임신을 유지 또는 종결할 것인지를 결정하는 것은 스스로 선택한 인

생관·사회관을 바탕으로 자신이 처한 신체적·심리적·사회적·경제적 상황에 대한 깊은 고민을 한 결과를 반영하는 전인적 결정이다.

② 태아가 모체를 떠난 상태에서 독자적으로 생존할 수 있는 시점인 임신 22주 내외에 도달하기 전이면서 동시에 임신유지와 출산 여부에 관한 자기결정권을 행사하기에 충분한 시간이 보장되는 시기까지의 낙태에 대해서는 국가가 생명보호의 수단 및 정도를 달리 정할 수 있다.

③ 자기낙태죄 조항은 입법목적을 달성하기 위하여 필요한 최소한의 정도를 넘어 임신한 여성의 자기결정권을 제한하고 있어 침해의 최소성을 갖추지 못하였고, 태아의 생명 보호라는 공익에 대하여만 일방적이고 절대적인 우위를 부여함으로써 법익균형성의 원칙도 위반하였다.

④ 태아의 생명을 보호하기 위하여 낙태를 금지하고 형사처벌하는 것 자체가 모든 경우에 법에 위반된다고 볼 수는 없다.

⑤ 태아가 비록 그 생명의 유지를 위하여 모에게 의존해야 하지만, 그 자체로 모와 별개의 생명체이고 특별한 사정이 없는 한 인간으로 성장할 가능성이 크므로 태아에게도 생명권이 인정되어야 하며, 태아가 독자적 생존능력을 갖추었는지 여부를 그에 대한 낙태 허용의 판단 기준으로 삼을 수는 없다.

① (○) 자기낙태죄 조항은 태아의 생명을 보호하기 위한 것으로서, 정당한 입법목적을 달성하기 위한 적합한 수단이다. 임신·출산·육아는 여성의 삶에 근본적이고 결정적인 영향을 미칠 수 있는 중요한 문제이므로, 임신한 여성이 임신을 유지 또는 종결할 것인지 여부를 결정하는 것은 스스로 선택한 인생관·사회관을 바탕으로 자신이 처한 신체적·심리적·사회적·경제적 상황에 대한 깊은 고민을 한 결과를 반영하는 전인적 결정이다(헌재 2019.4.11. 2017헌바127).

② (○) 태아가 모체를 떠난 상태에서 독자적으로 생존할 수 있는 시점인 임신 22주 내외에 도달하기 전이면서 동시에 임신 유지와 출산 여부에 관한 자기결정권을 행사하기에 충분한 시간이 보장되는 시기(이하 착상 시부터 이 시기까지를 '결정가능기간'이라 함)까지의 낙태에 대해서는 국가가 생명보호의 수단 및 정도를 달리 정할 수 있다고 봄이 타당하다(헌재 2019.4.11. 2017헌바127).

③ (○) 자기낙태죄 조항은 입법목적을 달성하기 위하여 필요한 최소한의 정도를 넘어 임신한 여성의 자기결정권을 제한하고 있어 침해의 최소성을 갖추지 못하였고, 태아의 생명 보호라는 공익에 대하여만 일방적이고 절대적인 우위를 부여함으로써 법익균형성의 원칙도 위반하였으므로, 과잉금지원칙을 위반하여 임신한 여성의 자기결정권을 침해한다(헌재 2019.4.11. 2017헌바127).

④ (○) 자기낙태죄 조항과 의사낙태죄 조항의 위헌성은 모자보건법에서 정한 사유에 해당하지 않는다면 결정가능기간 중에 다양하고 광범위한 사회적·경제적 사유로 인하여 낙태갈등 상황을 겪고 있는 경우까지도 예외 없이 전면적·일률적으로 임신의 유지 및 출산을 강제하고, 이를 위반하여 낙태한 경우 형사처벌함으로써 임신한 여성의 자기결정권을 과도하게 침해한다는 점에 있는 것이고, 태아의 생명을 보호하기 위하여 낙태를 금지하고 형사처벌하는 것 자체가 모든 경우에 헌법에 위반된다고 볼 수는 없다(헌재 2019.4.11. 2017헌바127).

⑤ (×) 모든 인간은 헌법상 생명권의 주체가 되며, 형성 중의 생명인 태아에게도 생명에 대한 권리가 인정되어야 한다. 태아가 비록 그 생명의 유지를 위하여 모에게 의존해야 하지만, 그 자체로 모와 별개의 생명체이고, 특별한 사정이 없는 한, 인간으로 성장할 가능성이 크기 때문이다. 따라서 태아도 헌법상 생명권의 주체가 되며, 국가는 헌법 제10조 제2문에 따라 태아의 생명을 보호할 의무가 있다. 모자보건법이 정한 일정한 예외에 해당하지 않는 한 태아의 발달단계 혹은 독자적 생존능력과 무관하게 임신기간 전체를 통틀어 모든 낙태를 전면적·일률적으로 금지함으로써 임신한 여성의 자기결정권을 제한하고 있는 자기낙태죄 조항이 입법목적의 정당성과 그 목적달성을 위한 수단의 적합성, 침해의 최소성, 그리고 그 입법에 의해 보호하려는 공익과 침해되는 사익의 균형성을 모두 갖추었는지 여부를 살펴보기로 한다(헌재 2019.4.11. 2017헌바127). [2019년 법원 5급] ⑤

다음 설명 중 가장 옳은 것은?

① 형법 제269조 제1항은 부녀가 약물 기타 방법으로 낙태한 때에는 1년 이하의 징역 또는 200만원 이하의 벌금에 처하도록 규정하고 있다. 이러한 자기낙태죄 조항의 위헌 여부는 임신한 여성의 자기결정권과 태아의 생명권의 직접적인 충돌이 문제되므로 헌법을 규범 조화적으로 해석하여 사안을 해결하여야 한다.

② 모든 인간은 헌법상 생명권의 주체가 되며, 형성 중의 생명인 태아에게도 생명에 대한 권리가 인정되어야 한다. 따라서 국가는 헌법 제10조 제2문에 따라 태아의 생명을 보호할 의무가 있고, 생명을 보호하는 입법적 조치를 취함에 있어 인간생명의 발달단계에 따라 그 보호정도나 보호수단을 달리하여서는 아니 된다.

③ 이른바 임신 제1삼분기(대략 마지막 생리기간의 첫날부터 14주 무렵까지)에는 어떠한 사유를 요구함이 없이 임신한 여성이 자신의 숙고와 판단 아래 낙태할 수 있도록 하여야 한다.

④ 업무상 동의낙태죄와 자기낙태죄는 대향범이므로, 임신한 여성의 자기낙태를 처벌하는 것이 위헌이라고 판단되는 경우에는 동일한 목표를 실현하기 위해 부녀의 촉탁 또는 승낙을 받아 낙태하게 한 의사를 형사처벌하는 의사낙태죄 조항도 당연히 위헌이 되는 관계에 있다.

⑤ 모자보건법상의 정당화 사유에는 사회적·경제적 사유도 포함되는데, 이에 해당하더라도 임신 24주 이내에만 낙태가 가능하므로 임신한 여성의 자기결정권을 보장하기에는 불충분하다.

① (×) 이 사안은 국가가 태아의 생명 보호를 위해 확정적으로 만들어 놓은 자기낙태죄 조항이 임신한 여성의 자기결정권을 제한하고 있는 것이 과잉금지원칙에 위배되어 위헌인지 여부에 대한 것이다. 자기낙태죄 조항의 존재와 역할을 간과한 채 임신한 여성의 자기결정권과 태아의 생명권의 직접적인 충돌을 해결해야 하는 사안으로 보는 것은 적절하지 않다(헌재 2019.4.11. 2017헌바127).

② (×) 모든 인간은 헌법상 생명권의 주체가 되며, 형성 중의 생명인 태아에게도 생명에 대한 권리가 인정되어야 한다. 태아가 비록 그 생명의 유지를 위하여 모에게 의존해야 하지만 그 자체로 모와 별개의 생명체이고, 특별한 사정이 없는 한 인간으로 성장할 가능성이 크기 때문이다. 따라서 태아도 헌법상 생명권의 주체가 되며, 국가는 헌법 제10조 제2문에 따라 태아의 생명을 보호할 의무가 있다. 생명의 전체적 과정에 대해 법질서가 언제나 동일한 법적 보호 내지 효과를 부여하고 있는 것은 아니다. 따라서 국가가 생명을 보호하는 입법적 조치를 취함에 있어 인간생명의 발달단계에 따라 그 보호정도나 보호수단을 달리하는 것은 불가능하지 않다(헌재 2019.4.11. 2017헌바127).

③ (×) 태아가 모체를 떠난 상태에서 독자적으로 생존할 수 있는 시점인 임신 22주 내외에 도달하기 전이면서 동시에 임신 유지와 출산 여부에 관한 자기결정권을 행사하기에 충분한 시간이 보장되는 시기(이하 착상 시부터 이 시기까지를 '결정가능기간'이라 함)까지의 낙태에 대해서는 국가가 생명보호의 수단 및 정도를 달리 정할 수 있다고 봄이 타당하다(헌재 2019.4.11. 2017헌바127).

④ (○) 업무상 동의낙태죄와 자기낙태죄는 대향범이므로, 임신한 여성이 자기낙태를 처벌하는 것이 위헌이라고 판단되는 경우에는 동일한 목표를 실현하기 위해 부녀의 촉탁 또는 승낙을 받아 낙태하게 한 의사를 형사처벌하는 의사낙태죄 조항도 당연히 위헌이 되는 관계에 있다(헌재 2019.4.11. 2017헌바127).

⑤ (×) 모자보건법에서 정한 자기낙태죄의 위법성을 조각하는 정당화사유는 본인이나 배우자의 우생학적·유전학적 정신장애나 신체질환, 본인이나 배우자의 전염성 질환, 강간 또는 준강간에 의한 임신, 혼인할 수 없는 혈족 또는 인척간의 임신, 모체의 건강에 대한 위해나 위해 우려이다. 위 사유들은 대부분 형법 제22조의 긴급피난이나 제20조의 정당행위로서 위법성 조각이 가능하거나, 임신의 유지와 출산에 대한 기대가능성이 없음을 이유로 책임조각이 가능하다고 보는 시각까지 있을 정도로 매우 제한적이고 한정적인 사유들이다. 위 사유들에는 임신 유지 및 출산을 힘들게 하는 다양하고 광범위한 사회적·경제적 사유에 의한 낙태갈등 상황이 전혀 포섭되지 않는다. 즉 위 사유들은 임신한 여성의 자기결정권을 보장하기에는 불충분하다(헌재 2019.4.11. 2017헌바127). [2019년 법무사] ④

연명치료 중단에 대한 대법원 판례에 관한 설명으로 옳지 않은 것은?

① 의식의 회복가능성을 상실하여 더 이상 인격체로서의 활동을 기대할 수 없고 회복 불가능한 사망의 단계에 이른 후에는, 의학적으로 무의미한 연명치료를 환자에게 강요하는 것이 오히려 인간의 존엄과 가치를 해한다.

② 환자가 회복 불가능한 사망의 단계에 이르렀을 경우에 대비하여 '사전의료지시'를 한 후에는, 특별한 사정이 없는 한 사전의료지시에 의하여 자기결정권을 행사한 것으로 인정할 수 있다.

③ 연명치료 중단에 관한 환자의 의사 추정은 주관적으로 이루어져야 한다. 따라서 환자가 평소 일상생활을 통하여 가족, 친구 등에 대하여 한 의사표현, 타인에 대한 치료를 보고 환자가 보인 반응, 환자의 종교, 평소의 생활태도 등을 통해 그 의사를 추정할 수 있다.

④ 환자 측이 직접 법원에 소를 제기한 경우가 아니라면, 환자가 회복 불가능한 사망의 단계에 이르렀는지 여부에 관하여는 전문의사 등으로 구성된 위원회 등의 판단을 거치는 것이 바람직하다.

⑤ 진료행위에 대한 환자의 동의는 개인의 인격권과 행복추구권에 의하여 보호되는 자기결정권을 보장하기 위한 것으로서, 의료계약에 의하여 제공되는 진료의 내용은 의료인의 설명과 환자의 동의에 의하여 구체화된다.

① (○) 회복 불가능한 사망의 단계로 진입한 것으로 평가되며, 이러한 단계에 이른 후에는 이미 의식의 회복가능성을 상실하여 더 이상 인격체로서의 활동을 기대할 수 없고 자연적으로는 이미 죽음의 과정이 시작되었다고 볼 수 있어 의학적으로 무의미한 신체 침해 행위에 해당하는 연명치료를 환자에게 강요하는 것이 오히려 인간의 존엄과 가치를 해하게 된다(대법원 2009.5.21. 2009다17417).

② (○) 환자가 회복 불가능한 사망의 단계에 이르렀을 경우에 대비하여 미리 의료인에게 자신의 연명치료 거부 내지 중단에 관한 의사를 밝힌 경우(이하 '사전의료지시'라 함)에는 비록 진료 중간 시점에서 자기결정권을 행사한 것은 아니지만 사전의료지시를 한 후 환자의 의사가 바뀌었다고 볼 만한 특별한 사정이 없는 한 사전의료지시에 의하여 자기결정권을 행사한 것으로 인정할 수 있다(대법원 2009.5.21. 2009다17417).

③ (×) 환자의 사전진료지시가 없는 상태에서 회복 불가능한 사망의 단계에 진입한 경우 연명치료 중단에 관한 환자의 의사 추정은 객관적으로 이루어져야 한다. 환자의 의사를 추정함에 있어서는, 확인할 수 있는 객관적인 자료가 있는 경우에는 반드시 이를 참고하여야 하고, 환자가 평소 일상생활을 통하여 가족, 친구 등에 대하여 한 의사표현, 타인에 대한 치료를 보고 환자가 보인 반응 등을 환자의 나이, 치료의 부작용, 환자가 고통을 겪을 가능성 등 객관적인 사정과 종합하여 환자가 현재의 신체상태에서 의학적으로 충분한 정보를 제공받는 경우 연명치료 중단을 선택하였을 것이라고 인정되는 경우라야 한다(대법원 2009.5.21. 2009다17417).

④ (○) 연명치료 중단의 허용기준에 부합되는 한 반드시 소송절차를 거칠 필요 없이 그 치료중단이 허용되며, 다만 그 경우에도 환자가 회복 불가능한 사망의 단계에 이르렀는지 여부에 관하여는 전문의사 등으로 구성된 위원회의 판단을 거치는 것이 바람직하다(대법원 2009.5.21. 2009다17417).

⑤ (○) 환자의 동의는 헌법 제10조에서 규정한 개인의 인격권과 행복추구권에 의하여 보호되는 자기결정권을 보장하기 위한 것으로서, 환자가 생명과 신체의 기능을 어떻게 유지할 것인지에 대하여 스스로 결정하고 진료행위를 선택하게 되므로, 의료계약에 의하여 제공되는 진료의 내용은 의료인의 설명과 환자의 동의에 의하여 구체화된다(대법원 2009.5.21. 2009다17417). [2012년 국회 8급] ③

제2절 신체자유

신체의 자유에 관한 다음 설명 중 가장 옳지 않은 것은?

① 병(兵)에 대한 징계처분으로 일정기간 부대나 함정(艦艇) 내의 영창, 그 밖의 구금장소에 감금하는 영창처분이 가능하도록 규정한 조항은 병(兵)의 신체의 자유를 침해하지 않는다.

② 신체의 자유는 외부의 물리적인 힘뿐만 아니라 정신적인 위험으로부터도 신체의 안정성이 침해당하지 아니할 자유를 포함한다.

③ 직장 변경을 제한하거나 특정한 직장에서 계속 근로를 강제하는 것이 곧바로 신체의 안전성을 침해한다거나 신체의 자유로운 이동과 활동을 제한하는 것이라고 볼 수는 없다.

④ 전동킥보드의 최고속도는 25km/h를 넘지 않아야 한다고 규정한 조항은 소비자의 자기결정권 및 일반적 행동자유권을 제한할 뿐, 신체의 자유를 제한하는 것은 아니다.

① (×) 군대 내 지휘명령체계를 확립하고 전투력을 제고한다는 공익은 매우 중요한 공익이나, 심판대상조항으로 과도하게 제한되는 병의 신체의 자유가 위 공익에 비하여 결코 가볍다고 볼 수 없어, 심판대상조항은 법익의 균형성 요건도 충족하지 못한다. 이와 같은 점을 종합할 때, 심판대상조항은 과잉금지원칙에 위배된다(헌재 2020.9.24. 2017헌바157).

② (○) 신체의 자유는 신체의 안전성이 외부로부터의 물리적인 힘이나 정신적인 위험으로부터 침해당하지 아니할 자유와 신체활동을 임의적이고 자율적으로 할 수 있는 자유를 말한다(헌재 2021.12.23. 2020헌마395).

③ (○) 직장 변경을 제한하거나 특정한 직장에서 계속 근로를 강제하는 것이 곧바로 신체의 안전성을 침해한다거나 신체의 자유로운 이동과 활동을 제한하는 것이라고 볼 수는 없다. 또한 청구인들은 본안 심판대상조항들의 사업장 변경 제한이 법률과 적법한 절차에 따르지 않은 것이라 볼 만한 주장도 하지 않고 있다. 따라서 본안 심판대상조항들은 신체의 자유를 제한하지 아니한다(헌재 2021.12.23. 2020헌마395).

④ (○) 심판대상조항은 전동킥보드의 최고속도 제한을 규정하는 내용이고, 소비자 신체·생명의 안전성을 보호법익으로 한다. 그렇다고 하여 심판대상조항이 청구인의 신체의 자유를 제한하는 것은 아니다. 심판대상조항은 위험성을 가진 재화의 제조·판매조건을 제약함으로써 소비자의 자기결정권 및 일반적 행동자유권을 제한할 뿐이다(헌재 2020.2.27. 2017헌마1339). [2022년 법원 9급] ①

신체의 자유에 대한 설명으로 옳지 않은 것은? (다툼이 있는 경우 판례에 의함)

① 변호인의 조력을 받을 권리에 대한 헌법과 법률의 규정 및 취지에 비추어 보면 형사절차가 종료되어 교정시설에 수용중인 수형자는 원칙적으로 변호인의 조력을 받을 권리의 주체가 될 수 없다.

② 헌법 제12조 제4항 본문에 규정된 '구속'은 사법절차에서 이루어진 구속뿐 아니라 행정절차에서 이루어진 구속까지 포함하는 개념이므로 헌법 제12조 제4항 본문에 규정된 변호인의 조력을 받을 권리는 행정절차에서 구속을 당한 사람에게도 즉시 보장된다.

③ 음주운전 금지규정을 2회 이상 위반한 사람을 2년 이상 5년 이하의 징역이나 1천만원 이상 2천만원 이하의 벌금에 처하도록 한 구 도로교통법 조항은 보호법익에 미치는 위험 정도가

비교적 낮은 유형의 재범 음주운전행위도 일률적으로 그 법정형의 하한인 2년 이상의 징역 또는 1천만원 이상의 벌금을 기준으로 처벌하도록 하고 있어 책임과 형벌 간의 비례원칙에 위반된다.

④ 체포 또는 구속된 자와 변호인 등 간의 접견이 실제로 이루어지는 경우에 있어서의 '자유로운 접견'은 어떠한 명분으로도 제한될 수 없는 성질의 것이므로 변호인 등과의 접견 자체에 대하여 아무런 제한도 가할 수 없다는 것을 의미한다.

① (○) 변호인의 조력을 받을 권리가 수형자의 경우에도 그대로 보장되는지에 대하여, 변호인의 조력을 받을 권리에 대한 헌법과 법률의 규정 및 취지에 비추어 보면 형사절차가 종료되어 교정시설에 수용중인 수형자는 원칙적으로 변호인의 조력을 받을 권리의 주체가 될 수 없다(헌재 2004.12.16. 2002헌마478).

② (○) 헌법 제12조 제4항 본문에 규정된 "구속"은 사법절차에서 이루어진 구속뿐 아니라, 행정절차에서 이루어진 구속까지 포함하는 개념이므로, 헌법 제12조 제4항 본문에 규정된 변호인의 조력을 받을 권리는 행정절차에서 구속을 당한 사람에게도 즉시 보장된다(헌재 2018.5.31. 2014헌마346).

③ (○) 심판대상조항은 과거 위반 전력, 혈중알코올농도 수준 등에 비추어, 보호법익에 미치는 위험 정도가 비교적 낮은 유형의 재범 음주운전행위도 일률적으로 그 법정형의 하한인 2년 이상의 징역 또는 1천만 원 이상의 벌금을 기준으로 처벌하도록 하고 있어 책임과 형벌 사이의 비례성을 인정하기 어렵다. 따라서 심판대상조항은 책임과 형벌 간의 비례원칙에 위반된다(헌재 2021.11.25. 2019헌바446).

④ (×) 미결수용자와 변호인과의 접견에 대해 어떠한 명분으로도 제한할 수 없다고 한 것은 구속된 자와 변호인 간의 접견이 실제로 이루어지는 경우에 있어서의 자유로운 접견, 즉 대화내용에 대하여 비밀이 완전히 보장되고 어떠한 제한, 영향, 압력 또는 부당한 간섭 없이 자유롭게 대화할 수 있는 접견을 제한할 수 없다는 것이지, 변호인과의 접견 자체에 대해 아무런 제한도 가할 수 없다는 것을 의미하는 것이 아니므로 미결수용자의 변호인 접견권 역시 국가안전보장·질서유지 또는 공공복리를 위해 필요한 경우에는 법률로써 제한될 수 있다(헌재 2011.5.26. 2009헌마341).

[2022년 국가 7급] ④

헌법 제12조에 관한 설명으로 옳지 않은 것은? (다툼이 있는 경우 헌법재판소 판례에 의함)

① 누구든지 법률에 의하지 아니하고는 체포·구속·압수·수색 또는 심문을 받지 아니하며, 법률과 적법한 절차에 의하지 아니하고는 처벌·보안처분 또는 강제노역을 받지 아니한다.

② 체포·구속·압수 또는 수색을 할 때에는 적법한 절차에 따라 검사의 신청에 의하여 법관이 발부한 영장을 제시하여야 한다. 다만, 현행범인인 경우와 장기 3년 이상의 형에 해당하는 죄를 범하고 도피 또는 증거인멸의 염려가 있을 때에는 사후에 영장을 청구할 수 있다.

③ 헌법상 신체의 자유에는 안정성이 외부로부터의 물리적인 힘이나 정신적인 위험으로부터 침해당하지 아니할 자유와 신체활동을 임의적이고 자율적으로 할 수 있는 자유가 포함된다.

④ 누구든지 체포 또는 구속의 이유와 변호인의 조력을 받을 권리가 있음을 고지받지 아니하고는 체포 또는 구속을 당하지 아니한다. 체포 또는 구속을 당한 자의 가족 등 법률이 정하는 자에게는 그 이유와 일시·장소가 지체없이 통지되어야 한다.

⑤ 신체의 자유를 최대한으로 보장하려는 헌법정신, 특히 영장주의 원칙으로 인하여 불구속수사·불구속재판을 원칙으로 하고 예외적으로 피의자 또는 피고인이 도피할 우려가 있거나

증거를 인멸할 우려가 있는 때에 한하여 구속수사 또는 구속재판이 인정된다.

① (○) 헌법 제12조 ①모든 국민은 신체의 자유를 가진다. 누구든지 법률에 의하지 아니하고는 체포·구속·압수·수색 또는 심문을 받지 아니하며, 법률과 적법한 절차에 의하지 아니하고는 처벌·보안처분 또는 강제노역을 받지 아니한다.

② (○) 헌법 제12조 ③체포·구속·압수 또는 수색을 할 때에는 적법한 절차에 따라 검사의 신청에 의하여 법관이 발부한 영장을 제시하여야 한다. 다만, 현행범인인 경우와 장기 3년 이상의 형에 해당하는 죄를 범하고 도피 또는 증거인멸의 염려가 있을 때에는 사후에 영장을 청구할 수 있다.

③ (○) 헌법 제12조 제1항 전문에서 "모든 국민은 신체의 자유를 가진다"라고 규정하여 신체의 자유를 보장하고 있는 것은, 신체의 안정성이 외부로부터의 물리적인 힘이나 정신적인 위험으로부터 침해당하지 아니할 자유와 신체활동을 임의적이고 자율적으로 할 수 있는 자유를 말하는 것이며 이를 보장하기 위하여 구체적으로 여러 가지 헌법규정들을 두고 있는데, 그 중에서도 특히 헌법 제12조 제1항 후문 및 제3항 전문 … 또한 헌법 제37조 제2항은 … 기본권제한에 관한 일반적 법률유보조항과 입법권의 한계를 설정하여 두고 있다(헌재 1992.12.24. 92헌가8).

④ (○) 헌법 제12조 ⑤누구든지 체포 또는 구속의 이유와 변호인의 조력을 받을 권리가 있음을 고지받지 아니하고는 체포 또는 구속을 당하지 아니한다. 체포 또는 구속을 당한 자의 가족 등 법률이 정하는 자에게는 그 이유와 일시·장소가 지체없이 통지되어야 한다.

⑤ (×) 신체의 자유를 최대한 보장하려는 헌법정신 특히 무죄추정의 원칙(헌법 제27조 제4항)으로 인하여 형사절차는 불구속수사·불구속재판을 원칙으로 하고 있다. 구속수사 또는 구속재판이 허용될 경우라도 인신의 구속은 가능한 한 최소한에 그쳐야 한다. 특히 수사기관에 의한 신체구속은 신체적·정신적 고통 외에도 자백강요, 사술, 유도, 고문 등의 사전예방을 위하여서도 최소한에 그쳐야 한다. 구속기간의 제한은 수사를 촉진시켜 형사피의자의 신체구속이라는 고통을 감경시켜 주고 신속한 공소제기 및 그에 따른 신속한 재판을 가능하게 한다는 점에서 헌법 제27조 제3항에서 보장한 신속한 재판을 받을 권리의 실현을 위하여서도 불가결한 조건이다(헌재 1997.8.21. 96헌마48).

[2022년 소방간부] ⑤

신체의 자유에 관한 설명으로 가장 적절하지 않은 것은? (다툼이 있는 경우 판례에 의함)

① 「출입국관리법」에 따라 강제퇴거대상자를 대한민국 밖으로 송환할 수 있을 때까지 보호시설에 인치·수용하여 강제퇴거명령을 효율적으로 집행할 수 있도록 함으로써 외국인의 출입국과 체류를 적절하게 통제하고 조정하여 국가의 안전과 질서를 도모하는 것은, 입법목적의 정당성과 수단의 적합성이 인정된다.

② 「출입국관리법」에 따른 보호시설 인치·수용의 경우 보호기간의 상한을 두지 아니함으로써 강제퇴거대상자를 무기한 보호하는 것을 가능하게 하는 것은 보호의 일시적·잠정적 강제조치로서의 한계를 벗어나는 것이라는 점 등을 고려할 때 침해의 최소성과 법익 균형성을 충족하지 못한다.

③ 적법절차의 원칙은 형사절차상의 제한된 범위 내에서만 적용되는 것이 아니라 국가작용으로서 기본권 제한과 관련되는 경우에 한해 모든 입법작용 및 행정작용에도 광범위하게 적용된다고 해석하여야 한다.

④ 평시에 일어난 군대 내 상관살해를 그 동기와 행위태양을 묻지 아니하고 무조건 사형으로 다스리는 것은 형벌체계상의 정당성을 잃은 것이다.

① (○) ② (○) 심판대상조항은 강제퇴거대상자를 대한민국 밖으로 송환할 수 있을 때까지 보호시설에 인치·수용하여 강제퇴거명령을 효율적으로 집행할 수 있도록 함으로써 외국인의 출입국과 체류를 적절하게 통제하고 조정하여 국가의 안전과 질서를 도모하고자 하는 것으로, 입법목적의 정당성과 수단의 적합성은 인정된다. 그러나 보호기간의 상한을 두지 아니함으로써 강제퇴거대상자를 무기한 보호하는 것을 가능하게 하는 것은 보호의 일시적·잠정적 강제조치로서의 한계를 벗어나는 것이라는 점, 보호기간의 상한을 법에 명시함으로써 보호기간의 비합리적인 장기화 내지 불확실성에서 야기되는 피해를 방지할 수 있어야 하는데, 단지 강제퇴거명령의 효율적 집행이라는 행정목적 때문에 기간의 제한이 없는 보호를 가능하게 하는 것은 행정의 편의성과 획일성만을 강조한 것으로 피보호자의 신체의 자유를 과도하게 제한하는 것인 점 등을 고려하면, 심판대상조항은 침해의 최소성과 법익균형성을 충족하지 못한다. 따라서 심판대상조항은 과잉금지원칙을 위반하여 피보호자의 신체의 자유를 침해한다(헌재 2023.3.23. 2020헌가1).

③ (×) 적법절차의 원칙은 공권력에 의한 국민의 생명·자유·재산의 침해는 반드시 합리적이고 정당한 법률에 의거해서 정당한 절차를 밟은 경우에만 유효하다는 원리로서 형사절차상의 제한된 범위 내에서만 적용되는 것이 아니라 국가작용으로서 기본권 제한과 관련되든 아니든 모든 입법작용 및 행정작용에도 광범위하게 적용된다(헌재 2013.7.25. 2012헌가1).

④ (○) 형법은 사람의 생명을 박탈한 고의적인 살인범을 고살과 모살의 구분없이 사형, 무기 또는 5년 이상의 징역형으로 규정하여 구체적 사건을 재판하는 법관에게 범행의 정상과 범죄인의 죄질을 참작한 후 탄력적으로 형을 선택하여 선고하고 작량감경할 사유가 있는 경우에는 집행유예의 선고가 가능하도록 폭넓은 법정형을 정하고 있고, 존속살인의 경우에도 사형, 무기 또는 7년 이상의 징역형에 처하도록 하고 있으며, 군형법상 초병살해의 경우에도 사형 또는 무기징역에 처하도록 하고 있는 점을 비교 교량해 보면 평시에 일어난 군대 내 상관살해를 그 동기와 행위태양을 묻지 아니하고 무조건 사형으로 다스리는 것은 형벌체계상의 정당성을 잃은 것으로서 범죄의 중대성 정도에 비하여 심각하게 불균형적인 과중한 형벌이고, 형사정책적인 관점에서 보거나 작금의 세계적인 입법추세에 비추어 보더라도 적정한 형벌의 제정이라고 보기 어렵다(헌재 2007.11.29. 2006헌가13). [2023년 경찰경채] ③

신체의 자유에 관한 설명 중 가장 적절하지 않은 것은? (다툼이 있는 경우 판례에 의함)

① 교도소 내 엄중격리대상자에 대하여 이동시 계구를 사용하고 교도관이 동행 계호하는 행위 및 1인 운동장을 사용하게 하는 처우가 필요한 경우에 한하여 부득이한 범위 내에서 실시되고 있으므로 신체의 자유를 과도하게 제한하여 헌법을 위반한 것이라고 볼 수 없다.

② 과태료는 행정상 의무위반자에게 부과하는 행정질서벌로서 그 기능과 역할이 형벌에 준하는 것이므로 죄형법정주의의 규율대상에 해당한다.

③ 행위 당시의 판례에 의하면 처벌대상이 되지 아니하는 것으로 해석되었던 행위를 판례의 변경에 따라 확인된 내용의 형법조항에 근거하여 처벌한다고 하여 그것이 형벌불소급원칙에 위반된다고 할 수 없다.

④ 법관으로 하여금 미결구금일수를 형기에 산입하되, 그 미결구금일수 중 일부를 산입하지 않을 수 있게 허용하는 형법 규정은 무죄추정의 원칙 및 적법절차의 원칙 등을 위배하여 신체의 자유를 침해한다.

① (○) 청구인들은 상습적으로 교정질서를 문란케 하는 등 교정사고의 위험성이 높은 엄중격리 대상자들인바, 이들에 대한 계구 사용행위, 동행계호행위 및 1인 운동장을 사용하게 하는 처우는 그 목적의 정당성 및 수단의 적정성이 인정되며, 필요한 경우에 한하여 부득이한 범위 내에서 실시되고 있다고 할 것이고, 이로 인하여 수형자가 입게 되는 자유 제한에 비하여 교정사고를 예방하고 교도소 내의 안전과 질서를 확보하는 공익이 더 크다(헌재 2008.5.29. 2005헌마137).

② (×) 죄형법정주의는 무엇이 범죄이며 그에 대한 형벌이 어떠한 것인가는 국민의 대표로 구성된 입법부가 제정한 법률로써 정하여야

한다는 원칙인데, 과태료는 행정상의 질서 유지를 위한 행정질서벌에 해당할 뿐 형벌이라고 할 수 없어 죄형법정주의의 규율대상에 해당하지 아니한다(헌재 2003.12.18. 2002헌바49).

③ (○) 형사처벌의 근거가 되는 것은 법률이지 판례가 아니고, 형법 조항에 관한 판례의 변경은 그 법률조항의 내용을 확인하는 것에 지나지 아니하여 이로써 그 법률조항 자체가 변경된 것으로 볼 수 없으므로, 행위 당시의 판례에 의하면 처벌대상이 되지 아니하는 것으로 해석되었던 행위를 판례의 변경에 따라 확인된 내용의 형법 조항에 근거하여 처벌한다고 하여 그것이 형벌불소급원칙에 위반된다고 할 수 없다(헌재 2014.5.29. 2012헌바390).

④ (○) 형법 제57조 제1항은 해당 법관으로 하여금 미결구금일수를 형기에 산입하되, 그 산입범위는 재량에 의하여 결정하도록 하고 있는바, 헌법상 무죄추정의 원칙에 따라 유죄판결이 확정되기 전에 피의자 또는 피고인을 죄 있는 자에 준하여 취급함으로써 법률적·사실적 측면에서 유형·무형의 불이익을 주어서는 아니되고, 특히 미결구금은 신체의 자유를 침해받는 피의자 또는 피고인의 입장에서 보면 실질적으로 자유형의 집행과 다를 바 없으므로, 인권보호 및 공평의 원칙상 형기에 전부 산입되어야 한다. 따라서 형법 제57조 제1항 중 "또는 일부 부분"은 헌법상 무죄추정의 원칙 및 적법절차의 원칙 등을 위배하여 합리성과 정당성 없이 신체의 자유를 침해한다(헌재 2009.6.25. 2007헌바25).

[2022년 경찰 경정승진] ②

다음 중 신체의 자유에 관한 설명으로 가장 옳지 않은 것은? (다툼이 있는 경우 판례에 의함)

① 검사조사실에 소환되어 피의자신문을 받을 때 포승으로 팔과 상반신을 묶고 양손에 수갑을 채운 상태에서 피의자조사를 받도록 한 것은 신체의 자유를 침해하는 것이다.

② 상소제기 후의 미결구금일수 산입을 규정하면서 상소제기 후 상소취하 시까지의 구금일수 통산에 관하여는 규정하지 아니함으로써 이를 본형 산입의 대상에서 제외되도록 한 관련 「형사소송법」 조항은 신체의 자유를 지나치게 제한하는 것으로서 헌법에 위반된다.

③ 교도소 내 엄중격리대상자에 대한 동행계호행위는 신체의 자유 등을 침해하는 것이 아니다.

④ 헌법재판소의 법정의견에 따르면 병(兵)에 대한 징계처분으로 법관의 판단 없이 인신구금이 이루어질 수 있도록 한 영창처분은 징계구금이 신체의 자유를 침해하여 헌법에 위반되며 영장주의도 위반하였다.

① (○) 피청구인 소속 계호교도관이 이를 거절하고 청구인으로 하여금 수갑 및 포승을 계속 사용한 채 피의자조사를 받도록 하였는바, 이로 말미암아 청구인은 신체의 자유를 과도하게 제한당하였고 이와 같은 계구의 사용은 무죄추정원칙 및 방어권행사 보장원칙의 근본취지에도 반한다(헌재 2005.5.26. 2001헌마728).

② (○) 헌법상 무죄추정의 원칙에 따라, 유죄판결이 확정되기 전의 피의자 또는 피고인은 아직 죄 있는 자가 아니므로 그들을 죄 있는 자에 준하여 취급함으로써 법률적 · 사실적 측면에서 유형 · 무형의 불이익을 주어서는 아니되고, 특히 미결구금은 신체의 자유를 침해받는 피의자 또는 피고인의 입장에서 보면 실질적으로 자유형의 집행과 다를 바 없으므로 인권보호 및 공평의 원칙상 형기에 전부 산입되어야 한다. 따라서 상소제기 후 상소취하시까지의 구금 역시 미결구금에 해당하는 이상 그 구금일수도 형기에 전부 산입되어야 한다. 그런데 이 사건 법률조항들은 구속 피고인의 상소제기 후 상소취하시까지의 구금일수를 본형 형기 산입에서 제외함으로써 기본권 중에서도 가장 본질적 자유인 신체의 자유를 침해하고 있다. 결국 상소제기 후 상소취하시까지의 미결구금을 형기에 산입하지 아니하는 것은 헌법상 무죄추정의 원칙 및 적법절차의 원칙, 평등원칙 등을 위배하여 합리성과 정당성 없이 신체의 자유를 지나치게 제한하는 것이고, 따라서 '상소제기 후 미결구금일수의 산입'에 관하여 규정하고 있는 이 사건 법률조항들이 상소제기 후 상소취하시까지의 미결구금일수를 본형에 산입하도록 규정하지 아니한 것은 헌법에 위반된다(헌재 2009.12.29. 2008헌가13).

③ (○) 엄중격리대상자로 선정된 청구인들에 대해서는 교정사고를 예방하고 다른 수용자 및 교도관의 생명·신체를 보호하기 위하여 이 사건 계구사용행위 및 동행계호행위를 실시할 필요가 크다고 할 것이다. 이 사건 계구사용행위 및 동행계호행위가 청구인들의 기본권을

부당하게 침해한다고 보기 어렵다(헌재 2008.5.29. 2005헌마137).

④ (×) 헌법재판소는 병에 대한 영창처분의 근거조항에 대하여는 재판관 7인의 위헌의견, 재판관 2인의 합헌의견으로 영창처분에 의한 징계구금이 신체의 자유를 침해하여 헌법에 위반된다고 판단하였다. 군대 내 지휘명령체계를 확립하고 전투력을 제고한다는 공익은 매우 중요한 공익이나, 심판대상조항으로 과도하게 제한되는 병의 신체의 자유가 위 공익에 비하여 결코 가볍다고 볼 수 없어, 심판대상조항은 법익의 균형성 요건도 충족하지 못한다. 이와 같은 점을 종합할 때, 심판대상조항은 과잉금지원칙에 위배된다(헌재 2020.9.24. 2017헌바157, 법정의견). 형사절차가 아니라 하더라도 실질적으로 수사기관에 의한 인신구속과 동일한 효과를 발생시키는 인신구금은 영장주의의 본질상 그 적용대상이 되어야 한다. 심판대상조항에 의한 영창처분은 그 내용과 집행의 실질, 효과에 비추어 볼 때, 그 본질이 사실상 형사절차에서 이루어지는 인신구금과 같이 기본권에 중대한 침해를 가져오는 것으로 헌법 제12조 제1항, 제3항의 영장주의 원칙이 적용된다. 따라서 심판대상조항은 헌법 제12조 제1항, 제3항의 영장주의에 위배된다(헌재 2020.9.24. 2017헌바157, 4인 보충의견).

[2022년 해경간부] ④

신체의 자유에 대한 설명으로 옳지 않은 것은? (다툼이 있는 경우 판례에 의함)

① 관광진흥개발기금 관리·운용업무에 종사토록 하기 위하여 문화체육관광부 장관에 의해 채용된 민간 전문가에 대해 「형법」상 뇌물죄의 적용에 있어서 공무원으로 의제하는 「관광진흥개발기금법」의 규정은 신체의 자유를 과도하게 제한하는 것은 아니다.

② 구 「미성년자보호법」의 해당 조항 중 "잔인성"과 "범죄의 충동을 일으킬 수 있게"라는 부분은 그 적용 범위를 법집행기관의 자의적인 판단에 맡기고 있으므로 죄형법정주의에서 파생된 명확성의 원칙에 위배된다.

③ 군인 아닌 자가 유사군복을 착용함으로써 군인에 대한 국민의 신뢰가 실추되는 것을 방지하기 위해 유사군복의 착용을 금지하는 것은 허용되지만, 유사군복을 판매목적으로 소지하는 것까지 금지하는 것은 과잉금지원칙에 위반된다.

④ 디엔에이신원확인정보의 수집·이용은 수형인 등에게 심리적 압박으로 인한 범죄예방효과를 가진다는 점에서 보안처분의 성격을 지니지만, 처벌적인 효과가 없는 비형벌적 보안처분으로서 소급입법금지원칙이 적용되지 않는다.

① (○) 관광진흥개발기금 관리·운용업무에 종사토록 하기 위해 문화체육관광부 장관에 의해 채용된 민간 전문가에 대해 형법상 뇌물죄의 적용에 있어서 공무원으로 의제하는 관광진흥개발기금법 제13조가 신체의 자유 등을 과도하게 제한하는지 여부(소극). 관광진흥개발기금의 설치 목적이 관광사업의 발전 등을 위한 것이고, 위 기금의 용도가 관광사업 기반시설의 건설 등을 위한 대여나 보조로 법령에 의해 명시적으로 한정되어 있으며, 엄격한 절차에 의해 운용되는 점 등에 비추어 볼 때, 위 기금은 강한 공공성을 가진 것이다. 따라서 민간 전문가가 기금 운용 정책 전반에 관하여 문화체육관광부 장관을 보좌하는 직무를 수행함에 있어서 청렴성이나 공정성이 필요하다. 위 조항은 민간 전문가를 모든 영역에서 공무원으로 의제하는 것이 아니라 직무의 불가매수성을 담보한다는 요청에 의해 금품수수행위 등 직무 관련 비리행위를 엄격히 처벌하기 위해 형법 제129조 등의 적용에 대하여만 공무원으로 의제하고 있으므로 입법목적 달성에 필요한 정도를 넘어선 과잉형벌이라고 할 수 없고, 신체의 자유 등 헌법상 기본권 제한의 정도가 달성하려는 공익에 비하여 중하다고 할 수 없다(헌재 2014.7.24. 2012헌바188).

② (○) 잔인성에 대하여는 아직 판례상 개념규정이 확립되지 않은 상태이고 그 사전적 의미는 인정이 없고 모질이라고 할 수 있는바, 이에 의하면 미성년자의 감정이나 의지, 행동 등 그 정신생활의 모든 영역을 망라하는 것으로서 살인이나 폭력 등 범죄행위를 이루는 것에서부터 윤리적·종교적·사상적 배경에 따라 도덕적인 판단을 달리할 수 있는 영역에 이르기까지 천차만별이어서 법집행자의 자의적인 판단을

허용할 여지가 높고, 여기에 조장 및 우려까지 덧붙여지면 사회통념상 정당한 것으로 볼 여지가 많은 것까지 처벌의 대상으로 할 수 있게 되는바, 이와 같은 경우를 모두 처벌하게 되면 그 처벌범위가 너무 광범위해지고, 일정한 경우에만 처벌하게 된다면 어느 경우가 그에 해당하는지 명확하게 알 수 없다. 다음으로 불량만화에 대한 정의 중 후단 부분의 "범죄의 충동을 일으킬 수 있게"라는 표현은 그것이 과연 확정적이든 미필적이든 고의를 품도록 하는 것에만 한정되는 것인지, 인식의 유무를 가리지 않고 실제로 구성요건에 해당하는 행위로 나아가게 하는 일체의 것을 의미하는지, 더 나아가 단순히 그 행위에 착수하는 단계만으로도 충분한 것인지, 결과까지 의욕하거나 실현하도록 하여야만 하는 것인지를 전혀 알 수 없어 그 규범내용이 확정될 수 없는 것이다. 그러므로 이 사건 미성년자보호법 조항은 법관의 보충적인 해석을 통하여도 그 규범내용이 확정될 수 없는 모호하고 막연한 개념을 사용함으로써 그 적용범위를 법집행기관의 자의적인 판단에 맡기고 있으므로, 죄형법정주의에서 파생된 명확성의 원칙에 위배된다(헌재 2002.2.28. 99헌가8).

③ (×) 유사군복을 판매목적으로 소지하는 것을 금지하는 심판대상조항은 과잉금지원칙을 위반하여 직업의 자유 내지 일반적 행동의 자유를 침해하지 아니한다(헌재 2019.4.11. 2018헌가14).

④ (○) 디엔에이신원확인정보의 수집·이용은 수형인 등에게 심리적 압박으로 인한 범죄예방효과를 가진다는 점에서 보안처분의 성격을 지니지만, 처벌적인 효과가 없는 비형벌적 보안처분으로서 소급입법금지원칙이 적용되지 않는다(헌재 2014.8.28. 2011헌마28).

[2021년 국가 7급] ③

다음 중 신체의 자유에 대한 설명으로 옳은 것을 모두 고르면?

> ㉠ 교도소측에서 상대방이 변호인이라는 사실을 확인할 수 없더라도 미결수용자와 변호인 사이의 서신은 원칙적으로 그 비밀을 보장받을 수 있다.
> ㉡ 미결수용자와 변호인 사이의 서신으로서 그 비밀을 보장받기 위하여는 서신을 통하여 마약 등 소지금지품의 반입을 도모한다든가 그 내용에 도주·증거인멸 등에 관한 내용이 기재되어 있다고 의심할 만한 합리적인 이유가 있는 경우가 아니어야 한다.
> ㉢ 특별검사가 참고인에게 지정된 장소까지 동행할 것을 명령할 수 있게 하고 참고인이 정당한 이유 없이 위 동행명령을 거부한 경우 천만원 이하의 벌금형에 처하도록 규정한 동행명령조항은 영장주의 또는 과잉금지원칙에 위배하여 참고인의 신체의 자유를 침해하는 것이다.
> ㉣ 헌법상 변호인의 조력을 받을 권리 중 특히 국선변호인의 조력을 받을 권리는 피고인에게만 인정되는 것으로 해석함이 상당하다.

① ㉠, ㉡ ② ㉡, ㉢
③ ㉠, ㉢, ㉣ ④ ㉡, ㉢, ㉣

㉠ (×) 헌법 제12조 제4항 본문은 신체구속을 당한 사람에 대하여 변호인의 조력을 받을 권리를 규정하고 있는바, 이를 위하여서는 신체구속을 당한 사람에게 변호인과 사이의 충분한 접견교통을 허용함은 물론 교통내용에 대하여 비밀이 보장되고 부당한 간섭이 없어야 하는 것이며, 이러한 취지는 접견의 경우뿐만 아니라 변호인과 미결수용자 사이의 서신에도 적용되어 그 비밀이 보장되어야 할 것이다(헌재 1995.7.21. 92헌마144).

㉡ (○) 미결수용자와 변호인 사이의 서신으로서 그 비밀을 보장받기 위하여는 첫째, 교도소측에서 상대방이 변호인이라는 사실을 확인할 수 있어야 하고, 둘째, 서신을 통하여 마약 등 소지금지품의 반입을 도모한다든가 그 내용에 도주·증거인멸·수용시설의 규율과 질서의 파괴·기타 형벌법령에 저촉되는 내용이 기재되어 있다고 의심할 만한 합리적인 이유가 있는 경우가 아니어야 한다(헌재 1995.7.21. 92헌마144).

㉢ (○) 참고인에 대한 동행명령제도는 참고인의 신체의 자유를 사실상 억압하여 일정 장소로 인치하는 것과 실질적으로 같으므로 헌법 제12조 제3항이 정한 영장주의원칙이 적용되어야 한다. 그럼에도 불구하고 법관이 아닌 특별검사가 동행명령장을 발부하도록 하고 정당한

사유 없이 이를 거부한 경우 벌금형에 처하도록 함으로써, 실질적으로는 참고인의 신체의 자유를 침해하여 지정된 장소에 인치하는 것과 마찬가지의 결과가 나타나도록 규정한 이 사건 동행명령조항은 영장주의원칙을 규정한 헌법 제12조 제3항에 위반되거나 적어도 위 헌법상 원칙을 잠탈하는 것이다. 또한 참고인 진술의 수사상 효용가치에 한계가 있기 때문에 이 사건 동행명령조항으로 달성하고자 하는 진상을 규명하기 위해 필수불가결한 참고인의 진술 확보라는 공익은 그 실현 여부가 분명하지 않은데 반하여, 위 조항으로 인하여 청구인들이 감수해야 할 신체의 자유에 대한 침해는 지나치게 크다. 결국 이 사건 동행명령조항은 과잉금지원칙에 위배하여 청구인들의 신체의 자유와 평등권을 침해한다(헌재 2008.1.10. 2007헌마1468).

㉣ (○) 일반적으로 형사사건에 있어 변호인의 조력을 받을 권리는 피의자나 피고인을 불문하고 보장되나, 그 중 특히 국선변호인의 조력을 받을 권리는 피고인에게만 인정되는 것으로 해석함이 상당하다(헌재 2008.9.25. 2007헌마1126). [2016년 서울 7급] ④

신체의 자유에 대한 설명으로 가장 옳은 것은?

① 강제퇴거명령을 받은 사람을 즉시 대한민국 밖으로 송환할 수 없으면 송환할 수 있을 때까지 보호시설에 보호할 수 있도록 규정한 「출입국관리법」 제63조 제1항은 과잉금지원칙에 반하여 신체의 자유를 침해한다.

② 체포영장을 집행하는 경우 필요한 때에는 타인의 주거 등에서 피의자 수사를 할 수 있도록 한 「형사소송법」 제216조 제1항 제1호 중 제200조의2에 관한 부분은 헌법 제16조의 영장주의에 위반되지 않는다.

③ 헌법 제12조 제4항 본문에 규정된 '구속'은 사법절차에서 이루어진 구속뿐 아니라, 행정절차에서 이루어진 구속까지 포함하는 개념이므로 헌법 제12조 제4항 본문에 규정된 변호인의 조력을 받을 권리는 행정절차에서 구속을 당한 사람에게도 즉시 보장된다.

④ 검찰수사관이 피의자신문에 참여한 변호인에게 피의자 후방에 앉으라고 요구한 행위는 변호인의 변호권을 침해하는 것이 아니다.

① (×) 청구인이 이 사건 심판청구를 제기한 후 청구인이 제기한 난민불인정처분 취소소송에서 취소판결이 확정되어 청구인에 대한 보호가 해제되었으므로, 보호명령의 취소를 구하는 당해사건은 소의 이익이 없어 부적법하게 되었다. 따라서 이미 확정된 당해사건에 대한 재심이 개시된다고 하더라도 심판대상조항의 위헌 여부에 따라 재판의 주문이나 재판의 내용과 효력에 관한 법률적 의미가 달라지지 아니하므로, 이 사건 심판청구는 재판의 전제성 요건을 갖추지 못하여 부적법하다(헌재 2016.4.28. 2013헌바196). 위 결정의 반대의견은 심판의 이익을 인정하여 과잉금지원칙 위배에 따른 신체의 자유 침해를 인정하였다.

② (×) 심판대상조항은 체포영장을 발부받아 피의자를 체포하는 경우에 필요한 때에는 영장 없이 타인의 주거 등 내에서 피의자 수사를 할 수 있다고 규정함으로써, 별도로 영장을 발부받기 어려운 긴급한 사정이 있는지 여부를 구별하지 아니하고 피의자가 소재할 개연성만 소명되면 영장 없이 타인의 주거 등을 수색할 수 있도록 허용하고 있다. 이는 체포영장이 발부된 피의자가 타인의 주거 등에 소재할 개연성은 소명되나, 수색에 앞서 영장을 발부받기 어려운 긴급한 사정이 인정되지 않는 경우에도 영장 없이 피의자 수색을 할 수 있다는 것이므로, 헌법 제16조의 영장주의 예외 요건을 벗어나는 것으로서 영장주의에 위반된다(헌재 2018.4.26. 2015헌바370).

③ (○) 헌법 제12조 제4항 본문의 문언 및 헌법 제12조의 조문 체계, 변호인 조력권의 속성, 헌법이 신체의 자유를 보장하는 취지를 종합하여 보면 헌법 제12조 제4항 본문에 규정된 "구속"은 사법절차에서 이루어진 구속뿐 아니라, 행정절차에서 이루어진 구속까지 포함하는 개념이다. 따라서 헌법 제12조 제4항 본문에 규정된 변호인의 조력을 받을 권리는 행정절차에서 구속을 당한 사람에게도 즉시 보장된다(헌재 2018.5.31. 2014헌마346).

④ (×) 후방착석요구행위는 변호인인 청구인의 피의자신문참여권을 과도하게 제한한다. 그런데 이 사건에서 변호인의 수사방해나 수사기밀의

유출에 대한 우려가 없고, 조사실의 장소적 제약 등과 같이 이 사건 후방착석요구행위를 정당화할 그 외의 특별한 사정도 없으므로, 이 사건 후방착석요구행위는 침해의 최소성 요건을 충족하지 못한다. 이 사건 후방착석요구행위로 얻어질 공익보다는 변호인의 피의자신문참여권 제한에 따른 불이익의 정도가 크므로, 법익의 균형성 요건도 충족하지 못한다. 따라서 이 사건 후방착석요구행위는 변호인인 청구인의 변호권을 침해한다(헌재 2017.11.30. 2016헌마503). [2019년 서울 7급] ③

甲은 사기혐의로 기소되었으며, 법무부장관 乙은 甲이 형사재판에 계속 중임을 이유로 「출입국관리법」 제4조 제1항 제1호에 근거하여 甲에 대해서 6개월 동안 출국을 금지하였다. 이에 甲은 「출입국관리법」 제4조 제1항 제1호의 위헌 여부를 다투고자 한다. 이에 관한 설명 중 옳은 것을 모두 고른 것은? (다툼이 있는 경우 판례에 의함)

> **「출입국관리법」 제4조(출국의 금지)** ①법무부장관은 다음 각 호의 어느 하나에 해당하는 국민에 대하여는 6개월 이내의 기간을 정하여 출국을 금지할 수 있다.
> 1. 형사재판에 계속(係屬) 중인 사람
> 〈이하 생략〉

> ㄱ. 「출입국관리법」 제4조 제1항 제1호에 따른 乙의 출국금지결정은 형사재판에 계속 중인 甲의 출국의 자유를 제한하는 행정처분일 뿐이고, 영장주의가 적용되는 신체에 대하여 직접적으로 물리적 강제력을 수반하는 강제처분이라고 할 수는 없다.
> ㄴ. 공정한 재판을 받을 권리가 보장되기 위해서는 피고인이 자신에게 유리한 증거를 제한 없이 수집할 수 있어야 하므로, 공정한 재판을 받을 권리에는 외국에 나가 증거를 수집할 권리가 포함된다.
> ㄷ. 「출입국관리법」 제4조 제1항 제1호는 무죄추정의 원칙에서 금지하는 유죄 인정의 효과로서의 불이익, 즉 유죄를 근거로 형사재판에 계속 중인 사람에게 사회적 비난 내지 응보적 의미의 제재를 가하는 것이므로 무죄추정의 원칙에 위배된다.
> ㄹ. 「출입국관리법」 제4조 제1항 제1호는 외국에 주된 생활의 근거지가 있거나 업무상 해외출장이 잦은 불구속 피고인의 경우와 같이 출국의 필요성이 강하게 요청되는 사람의 기본권을 과도하게 제한할 소지가 있으므로 출국의 자유를 침해한다.

① ㄱ　② ㄱ, ㄴ　③ ㄴ, ㄷ
④ ㄱ, ㄷ, ㄹ　⑤ ㄴ, ㄷ, ㄹ

ㄱ. (○) 법무부장관의 출국금지결정은 형사재판에 계속 중인 국민의 출국의 자유를 제한하는 행정처분일 뿐이고, 영장주의가 적용되는 신체에 대하여 직접적으로 물리적 강제력을 수반하는 강제처분이라고 할 수는 없다(헌재 2015.9.24. 2012헌바302).

ㄴ. (×) 법무부장관으로 하여금 피고인의 출국을 금지할 수 있도록 하는 것일 뿐 피고인의 공격·방어권 행사와 직접 관련이 있다고 할 수 없고, 공정한 재판을 받을 권리에 외국에 나가 증거를 수집할 권리가 포함된다고 보기도 어렵다. 따라서 심판대상조항은 공정한 재판을 받을 권리를 침해한다고 볼 수 없다(헌재 2015.9.24. 2012헌바302).

ㄷ. (×) 심판대상조항은 형사재판에 계속 중인 사람이 국가의 형벌권을 피하기 위하여 해외로 도피할 우려가 있는 경우 법무부장관으로 하여금 출국을 금지할 수 있도록 하는 것일 뿐으로, 무죄추정의 원칙에서 금지하는 유죄 인정의 효과로서의 불이익, 즉 유죄를 근거로 형사재판에 계속 중인 사람에게 사회적 비난 내지 응보적 의미의 제재를 가하려는 것이라고 보기 어렵다. 따라서 심판대상조항은 무죄추정의

원칙에 위배된다고 볼 수 없다(헌재 2015.9.24. 2012헌바302).

ㄹ. (×) 심판대상조항으로 인하여 형사재판에 계속 중인 사람이 입게 되는 불이익은 일정 기간 출국이 금지되는 것인 반면, 심판대상조항을 통하여 얻는 공익은 국가형벌권을 확보함으로써 실체적 진실발견과 사법정의를 실현하고자 하는 것으로서 중대하므로 법익의 균형성도 충족된다. 따라서 심판대상조항은 과잉금지원칙에 위배되어 출국의 자유를 침해하지 아니한다(헌재 2015.9.24. 2012헌바302).

[2017년 제6회 변호사] ①

신체의 자유 및 죄형법정주의에 관한 다음 설명 중 가장 옳지 않은 것은?

① 과태료는 행정상 의무위반자에게 부과하는 행정질서벌로서 그 기능과 역할이 형벌에 준하는 것이므로 죄형법정주의의 규율대상에 해당한다.

② 모든 국민은 고문을 받지 아니하고, 형사상 자기에게 불리한 진술을 강요당하지 아니한다.

③ 체포·구속·압수 또는 수색을 할 때에는 적법한 절차에 따라 검사의 신청에 의하여 법관이 발부한 영장을 제시하여야 한다. 다만, 현행범인인 경우와 장기 3년 이상의 형에 해당하는 죄를 범하고 도피 또는 증거인멸의 염려가 있을 때에는 사후에 영장을 청구할 수 있다.

④ 누구든지 체포 또는 구속을 당한 때에는 즉시 변호인의 조력을 받을 권리를 가진다. 다만, 형사피고인이 스스로 변호인을 구할 수 없을 때에는 법률이 정하는 바에 의하여 국가가 변호인을 붙인다.

① (×) 죄형법정주의는 무엇이 범죄이며 그에 대한 형벌이 어떠한 것인가는 국민의 대표로 구성된 입법부가 제정한 법률로써 정하여야 한다는 원칙인데, 과태료는 행정상의 질서 유지를 위한 행정질서벌에 해당할 뿐 형벌이라고 할 수 없어 죄형법정주의의 규율대상에 해당하지 아니한다(헌재 2003.12.18. 2002헌바49).

② (○) 헌법 제12조 ②모든 국민은 고문을 받지 아니하며, 형사상 자기에게 불리한 진술을 강요당하지 아니한다.

③ (○) 헌법 제12조 ③체포·구속·압수 또는 수색을 할 때에는 적법한 절차에 따라 검사의 신청에 의하여 법관이 발부한 영장을 제시하여야 한다. 다만, 현행범인인 경우와 장기 3년 이상의 형에 해당하는 죄를 범하고 도피 또는 증거인멸의 염려가 있을 때에는 사후에 영장을 청구할 수 있다.

④ (○) 헌법 제12조 ④누구든지 체포 또는 구속을 당한 때에는 즉시 변호인의 조력을 받을 권리를 가진다. 다만, 형사피고인이 스스로 변호인을 구할 수 없을 때에는 법률이 정하는 바에 의하여 국가가 변호인을 붙인다. [2021년 법원 9급] ①

신체의 자유에 대한 설명으로 옳지 않은 것은? (다툼이 있는 경우 판례에 의함)

① 체포영장을 발부받아 피의자를 체포하는 경우에 필요한 때에는 영장 없이 타인의 주거 등 내에서 피의자 수사를 할 수 있도록 한 「형사소송법」 규정은 별도로 영장을 발부받기 어려운 긴급한 사정이 있는지 여부를 구별하지 아니하고 피의자가 소재할 개연성만 소명되면 영장 없이 타인의 주거 등을 수색할 수 있도록 허용하고 있으므로 헌법 제16조의 영장주의에 위반된다.

② 동일인을 구 「석유 및 석유대체연료 사업법」 규정에 따라 유사석유제품 제조행위로 처벌하

① (○) 형벌법규는 문언에 따라 엄격하게 해석·적용하여야 하고 피고인에게 불리한 방향으로 지나치게 확장해석하거나 유추해석하여서는 아니되지만 형벌법규의 해석에 있어서도 법률문언의 통상적인 의미를 벗어나지 않는 한 그 법률의 입법취지와 목적, 입법연혁 등을 고려한 목적론적 해석이 배제되는 것은 아니다(대법원 2002.2.21. 2001도2819).

② (○) 강제퇴거명령을 받은 사람을 즉시 대한민국 밖으로 송환할 수 없으면 송환할 수 있을 때까지 보호시설에 보호할 수 있도록 규정한 출입국관리법(2014.3.18. 법률 제12421호로 개정된 것) 제63조 제1항이 과잉금지원칙에 반하여 신체의 자유를 침해하지 아니한다. 강제퇴거대상자는 강제퇴거명령을 집행할 수 있을 때까지 일시적·잠정적으로 신체의 자유를 제한받는 것이며, 보호의 일시해제, 이의신청, 행정소송 및 집행정지 등 강제퇴거대상자가 보호에서 해제될 수 있는 다양한 제도가 마련되어 있다. 따라서 심판대상조항은 침해의 최소성 및 법익의 균형성 요건도 충족한다. 그러므로 심판대상조항은 과잉금지원칙에 위배되어 신체의 자유를 침해하지 아니한다(헌재 2018.2.22. 2017헌가29).

③ (×) 헌법 제12조 제4항 본문은 신체구속을 당한 사람에 대하여 변호인의 조력을 받을 권리를 규정하고 있는바, 이를 위하여서는 신체구속을 당한 사람에게 변호인과 사이의 충분한 접견교통을 허용함은 물론 교통내용에 대하여 비밀이 보장되고 부당한 간섭이 없어야 하는 것이며, 이러한 취지는 접견의 경우뿐만 아니라 변호인과 미결수용자 사이의 서신에도 적용되어 그 비밀이 보장되어야 할 것이다(헌재 1995.7.21. 92헌마144).

④ (○) 헌법 제12조 제2항은 "모든 국민은 형사상 자기에게 불리한 진술을 강요당하지 아니한다"라고 하여 형사상 자기에게 불리한 진술이나 증언을 거부할 수 있는 진술거부권을 보장하고 있는바, 이는 피고인 또는 피의자가 공판절차나 수사절차에서 법원 또는 수사기관의 신문에 대하여 형사상 자신에게 불리한 진술을 거부할 수 있는 권리를 말하는 것이다(헌재 1998.7.16. 96헌바35). [2020년 서울 7급] ③

헌법 규정에 관한 다음 설명 중 옳지 않은 것은 모두 몇 개인가?

가. 모든 국민은 신체의 자유를 가진다. 누구든지 법률이나 대통령령에 의하지 아니하고는 체포·구속·압수·수색 또는 심문을 받지 아니하며, 법률과 적법한 절차에 의하지 아니하고는 처벌·보안처분 또는 강제노역을 받지 아니한다.
나. 모든 국민은 고문을 받지 아니하며, 형사상 자기에게 불리한 진술을 강요당하지 아니한다.
다. 체포·구속·압수 또는 수색을 할 때에는 적법한 절차에 따라 검사의 신청에 의하여 법관이 발부한 영장을 제시하여야 한다. 다만 현행범인 경우와 장기 1년 이상의 형에 해당하는 죄를 범하고 도피 또는 증거인멸의 염려가 있을 때에는 사후에 영장을 청구할 수 있다.
라. 누구든지 체포 또는 구속을 당한 때에는 48시간 이내에 변호인의 조력을 받을 권리를 가진다. 다만 형사피고인이 스스로 변호인을 구할 수 없을 때에는 법률이 정하는 바에 의하여 국가가 변호인을 붙인다.
마. 누구든지 체포 또는 구속의 이유와 변호인의 조력을 받을 권리가 있음을 고지받지 아니하고는 체포 또는 구속을 당하지 아니한다. 체포 또는 구속을 당한 자의 가족 등 법률이 정하는 자에게는 그 이유와 일시·장소가 지체 없이 통지되어야 한다.
바. 누구든지 체포 또는 구속을 당한 때에는 적부의 심사를 법원이나 검찰에 청구할 권리를 가진다.

① 1개 ② 2개 ③ 3개 ④ 4개 ⑤ 5개

가. (×) 헌법 제12조 ①모든 국민은 신체의 자유를 가진다. 누구든지 법률에 의하지 아니하고는 체포·구속·압수·수색 또는 심문을 받지 아니하며, 법률과 적법한 절차에 의하지 아니하고는 처벌·보안처분 또는 강제노역을 받지 아니한다.

나. (○) 헌법 제12조 ②모든 국민은 고문을 받지 아니하며, 형사상 자기에게 불리한 진술을 강요당하지 아니한다.

다. (×) 헌법 제12조 ③체포·구속·압수 또는 수색을 할 때에는 적법한 절차에 따라 검사의 신청에 의하여 법관이 발부한 영장을 제시하여야 한다. 다만, 현행범인인 경우와 장기 3년 이상의 형에 해당하는 죄를 범하고 도피 또는 증거인멸의 염려가 있을 때에는 사후에 영장을 청구할 수 있다.

라. (×) 헌법 제12조 ④누구든지 체포 또는 구속을 당한 때에는 즉시 변호인의 조력을 받을 권리를 가진다. 다만, 형사피고인이 스스로 변호인을 구할 수 없을 때에는 법률이 정하는 바에 의하여 국가가 변호인을 붙인다.

마. (○) 헌법 제12조 ⑤누구든지 체포 또는 구속의 이유와 변호인의 조력을 받을 권리가 있음을 고지받지 아니하고는 체포 또는 구속을 당하지 아니한다. 체포 또는 구속을 당한 자의 가족등 법률이 정하는 자에게는 그 이유와 일시·장소가 지체없이 통지되어야 한다.

바. (×) 헌법 제12조 ⑥누구든지 체포 또는 구속을 당한 때에는 적부의 심사를 법원에 청구할 권리를 가진다. [2016년 법무사] ③

신체의 자유에 대한 설명으로 옳지 않은 것은? (다툼이 있는 경우 판례에 의함)

① 헌법은 동일한 범죄에 대하여 거듭 처벌받지 않는다고 하고 있는데, 여기서 말하는 처벌은 국가가 행하는 일체의 제재나 불이익처분을 모두 포함하는 것이다.

② 모든 국민은 고문을 받지 아니하며, 형사상 자기에게 불리한 진술을 강요당하지 아니한다.

③ 체포·구속·압수 또는 수색을 할 때에는 적법한 절차에 따라 검사의 신청에 의하여 법관이 발부한 영장을 제시하여야 한다.

④ 체포 또는 구속을 당한 자의 가족 등 법률이 정하는 자에게는 그 이유와 일시·장소가 지체없이 통지되어야 한다.

① (×) 헌법 제13조 제1항은 "모든 국민 동일한 범죄에 대하여 거듭 처벌받지 아니한다"고 하여 이른바 이중처벌금지의 원칙을 규정하고 있는바, 이 원칙은 한번 판결이 확정되면 동일한 사건에 대해서는 다시 심판할 수 없다는 일사부재리의 원칙이 국가형벌권의 기속원리로 헌법상 선언된 것으로서, 동일한 범죄행위에 대하여 국가가 형벌권을 거듭 행사할 수 없도록 함으로써 국민의 기본권 특히 신체의 자유를 보장하기 위한 것이라고 할 수 있다. 이러한 점에서 헌법 제13조 제1항에서 말하는 처벌은 원칙으로 범죄에 대한 국가의 형벌권 실행으로서의 과벌을 의미하는 것이고, 국가가 행하는 일체의 제재나 불이익처분을 모두 그 처벌에 포함시킬 수는 없다(헌재 1994.6.30. 92헌바38).

② (○) 헌법 제12조 ②모든 국민은 고문을 받지 아니하며, 형사상 자기에게 불리한 진술을 강요당하지 아니한다.

③ (○) 헌법 제12조 ③체포·구속·압수 또는 수색을 할 때에는 적법한 절차에 따라 검사의 신청에 의하여 법관이 발부한 영장을 제시하여야 한다. 다만, 현행범인인 경우와 장기 3년 이상의 형에 해당하는 죄를 범하고 도피 또는 증거인멸의 염려가 있을 때에는 사후에 영장을 청구할 수 있다.

④ (○) 헌법 제12조 ⑤누구든지 체포 또는 구속의 이유와 변호인의 조력을 받을 권리가 있음을 고지받지 아니하고는 체포 또는 구속을 당하지 아니한다. 체포 또는 구속을 당한 자의 가족 등 법률이 정하는 자에게는 그 이유와 일시·장소가 지체없이 통지되어야 한다.

[2020년 국가 5급] ①

신체의 자유에 대한 설명으로 옳지 않은 것은? (다툼이 있는 경우 헌법재판소 판례에 의함)

① 과태료는 행정상의 질서유지를 위한 행정질서벌에 해당할 뿐 형벌이라고 할 수 없어 죄형법정주의의 규율대상에 해당하지 아니한다.

② 적법절차원칙은 형사소송절차에 국한되지 않고 모든 국가작용 전반에 적용되는 것이므로 국민에게 부담을 주는 행정작용인 과징금부과절차에서도 준수되어야 한다.

③ 법무부장관이 형사사건으로 공소가 제기된 변호사에 대하여 판결이 확정될 때까지 업무정

지를 명하도록 한 구 「변호사법」 제15조는 직업선택의 자유와 무죄추정의 원칙에 위배되지 않는다.

④ 판결선고 전 구금일수 중 일부만을 본형에 산입할 수 있도록 한 것은 무죄추정의 원칙 및 적법절차의 원칙에 반한다.

⑤ 구속된 피의자가 적부심사청구권을 행사한 다음 검사가 전격 기소를 한 경우, 법원은 적부심사를 통하여 석방 또는 기각결정을 할 수 있다.

① (○) 죄형법정주의는 무엇이 범죄이며 그에 대한 형벌이 어떠한 것인가는 국민의 대표로 구성된 입법부가 제정한 법률로써 정하여야 한다는 원칙인데, 부동산등기특별조치법 제11조 제1항 본문 중 제2조 제1항에 관한 부분이 정하고 있는 과태료는 행정상의 질서유지를 위한 행정질서벌에 해당할 뿐 형벌이라고 할 수 없어 죄형법정주의의 규율대상에 해당하지 아니한다(헌재 1998.5.28. 96헌바83).

② (○) 헌법 제12조 제1항에 적법절차원칙을 규정하고 있는데, 헌법재판소는 적법절차원칙이 형사소송절차에 국한되지 않고 모든 국가작용 전반에 대하여 적용된다고 밝힌 바 있으므로, 국민에게 부담을 주는 행정작용인 과징금 부과의 절차에 있어서도 적법절차원칙이 준수되어야 할 것이다(헌재 2003.7.24. 2001헌가25).

③ (×) 변호사법 제15조는 동 규정에 의하여 입히는 불이익이 죄가 없는 자에 준하는 취급이 아님은 말할 것도 없고, 직업선택의 자유를 제한함에 있어서 제한을 위해 선택된 요건이 제도의 당위성이나 목적에 적합하지 않을 뿐 아니라 그 처분주체와 절차가 기본권제한을 최소화하기 위한 수단을 따르지 아니하였으며 나아가 그 제한의 정도 또한 과잉하다 할 것으로서 헌법 제15조, 제27조 제4항에 위반된다(헌재 1990.11.19. 90헌가48).

④ (○) 헌법상 무죄추정의 원칙에 따라 유죄판결이 확정되기 전에 피의자 또는 피고인을 죄 있는 자에 준하여 취급함으로써 법률적·사실적 측면에서 유형·무형의 불이익을 주어서는 아니되고, 특히 미결구금은 신체의 자유를 침해받는 피의자 또는 피고인의 입장에서 보면 실질적으로 자유형의 집행과 다를 바 없으므로, 인권보호 및 공평의 원칙상 형기에 전부 산입되어야 한다. 따라서 형법 제57조 제1항 중 "또는 일부 부분"은 헌법상 무죄추정의 원칙 및 적법절차의 원칙 등을 위배하여 합리성과 정당성 없이 신체의 자유를 침해한다(헌재 2009.6.25. 2007헌바25).

⑤ (○) 형사소송법 제214조의2(체포와 구속의 적부심사) ④제1항의 청구를 받은 법원은 청구서가 접수된 때부터 48시간 이내에 체포 또는 구속된 피의자를 심문하고 수사관계서류와 증거물을 조사하여 그 청구가 이유 없다고 인정한 때에는 결정으로 이를 기각하고, 이유 있다고 인정한 때에는 결정으로 체포 또는 구속된 피의자의 석방을 명하여야 한다. 심사청구후 피의자에 대하여 공소제기가 있는 경우에도 또한 같다.

[2018년 국회 5급] ③

신체의 자유에 대한 설명으로 옳지 않은 것은? (다툼이 있는 경우 헌법재판소 판례에 의함)

① 보호의무자 2인의 동의와 정신건강의학과 전문의 1인의 진단으로 정신질환자에 대한 보호입원이 가능하도록 한 법률조항은 침해의 최소성 원칙에 위반되어 신체의 자유를 침해한다.

② 성폭력범죄를 저지른 성도착증 환자로서 재범의 위험성이 인정되는 19세 이상의 사람에 대해 법원이 15년의 범위에서 치료명령을 선고할 수 있도록 한 법률조항은 장기형이 선고되는 경우 치료명령의 선고시점과 집행시점 사이에 상당한 시간적 간극이 있어서, 집행시점에서 발생할 수 있는 불필요한 치료와 관련한 부분에 대하여는 침해의 최소성과 법익균형성을 인정하기 어려우므로 피치료자의 신체의 자유를 침해한다.

③ 전투경찰순경의 인신구금을 그 내용으로 하는 영창처분에 있어서도 헌법상 적법절차원칙이 준수될 것이 요청되며 이에 관한 영창조항은 헌법에서 요구하는 수준의 절차적 보장 기준을 충족하지 못했으므로 헌법에 위반된다.

④ 행정상 즉시강제는 그 본질상 급박성을 요건으로 하고 있어 법관의 영장을 기다려서는 그 목적을 달성할 수 없다고 할 것이므로 원칙적으로 영장주의가 적용되지 않는다고 보아야 한다.

⑤ 외국에서 형의 전부 또는 일부의 집행을 받은 자에 대하여 형을 감경 또는 면제할 수 있도록 규정한 법률조항은 형의 감면 여부를 법관의 재량에 전적으로 위임하고 있어 외국에서 받은 형의 집행을 전혀 반영하지 아니할 수도 있도록 한 것이어서 과잉금지원칙에 위반되어 신체의 자유를 침해한다.

① (○) 보호의무자 2인이 정신과전문의와 공모하거나, 그로부터 방조·용인을 받는 경우 보호입원 제도가 남용될 위험성은 더욱 커지는 점 등을 종합하면, 심판대상조항은 침해의 최소성 원칙에 위배된다. 그렇다면 심판대상조항은 과잉금지원칙을 위반하여 신체의 자유를 침해한다(헌재 2016.9.29. 2014헌가9).

② (○) 장기형이 선고되는 경우 치료명령의 선고시점과 집행시점 사이에 상당한 시간적 간극이 있어 집행시점에서 발생할 수 있는 불필요한 치료와 관련한 부분에 대해서는 침해의 최소성과 법익균형성을 인정하기 어렵다. 따라서 이 사건 청구조항은 과잉금지원칙에 위배되지 아니하나, 이 사건 명령조항은 집행시점에서 불필요한 치료로 막을 수 있는 절차가 마련되어 있지 않은 점으로 인하여 과잉금지원칙에 위배되어 치료명령 피청구인의 신체의 자유 등 기본권을 침해한다(헌재 2015.12.23. 2013헌가9).

③ (×) 전투경찰순경에 대한 영창처분은 그 사유가 제한되어 있고, 징계위원회의 심의절차를 거쳐야 하며, 징계 심의 및 집행에 있어 징계대상자의 출석권과 진술권이 보장되고 있다. 이러한 점들을 종합하면 이 사건 영창조항이 헌법에서 요구하는 수준의 절차적 보장 기준을 충족하지 못했다고 볼 수 없으므로 헌법 제12조 제1항의 적법절차원칙에 위배되지 아니한다(헌재 2016.3.31. 2013헌바190).

④ (○) 행정상 즉시강제는 상대방의 임의이행을 기다릴 시간적 여유가 없을 때 하명 없이 바로 실력을 행사하는 것으로서, 그 본질상 급박성을 요건으로 하고 있어 법관의 영장을 기다려서는 그 목적을 달성할 수 없다고 할 것이므로, 원칙적으로 영장주의가 적용되지 않는다(헌재 2002.10.31. 2000헌가12).

⑤ (○) 외국에서 실제로 형의 집행을 받았음에도 불구하고 우리 형법에 의한 처벌 시 이를 전혀 고려하지 않는다면 신체의 자유에 대한 과도한 제한이 될 수 있으므로 그와 같은 사정은 어느 범위에서든 반드시 반영되어야 하고, 사건 법률조항과 같이 우리 형법에 의한 처벌 시 외국에서 받은 형의 집행을 전혀 반영하지 아니할 수도 있도록 한 것은 과잉금지원칙에 위배되어 신체의 자유를 침해한다(헌재 2015.5.28. 2013헌바129). [2018년 국회 8급] ③

신체의 자유에 대한 설명으로 옳은 것은? (다툼이 있는 경우 판례에 의함)

① 성폭력범죄자의 재범방지와 성행교정을 통한 재사회화를 위하여 그의 행적을 추적하여 위치를 확인할 수 있는 전자장치를 신체에 부착하게 하는 전자감시제도는 성폭력범죄로부터 국민을 보호함을 목적으로 하는 일종의 보안처분이다.

② 죄형법정주의가 적용되는 대상으로는 형벌뿐 아니라 과태료 등의 행정질서벌까지 포함된다.

③ 행위 당시의 판례에 의하면 처벌대상이 아니었던 행위가 판례변경에 따라 처벌되게 되었다

면 형벌불소급원칙에 반한다.

④ 보호의무자 2인의 동의와 정신건강의학과 전문의 1인의 진단으로 정신질환자에 대한 보호입원이 가능하도록 한 「정신보건법」 조항은 보호입원이 정신질환자 본인에 대한 치료와 사회의 안전 도모라는 측면에서 긍정적인 효과가 있으므로 정신질환자의 신체의 자유를 침해하지 아니한다.

① (○) 특정 성폭력범죄자에 대한 위치추적 전자장치 부착에 관한 법률에 의한 전자감시제도는, 성폭력범죄자의 재범방지와 성행교정을 통한 재사회화를 위하여 그의 행적을 추적하여 위치를 확인할 수 있는 전자장치를 신체에 부착하게 하는 부가적인 조치를 취함으로써 성폭력범죄로부터 국민을 보호함을 목적으로 하는 일종의 보안처분이다(대법원 2011.7.28. 2011도5813).

② (×) 죄형법정주의는 무엇이 범죄이며 그에 대한 형벌이 어떠한 것인가는 국민의 대표로 구성된 입법부가 제정한 법률로써 정하여야 한다는 원칙인데, 부동산등기특별조치법 제11조 제1항 본문 중 제2조 제1항에 관한 부분이 정하고 있는 과태료는 행정상의 질서유지를 위한 행정질서벌에 해당할 뿐 형벌이라고 할 수 없어 죄형법정주의의 규율대상에 해당하지 아니한다(헌재 1998.5.28. 96헌바83).

③ (×) 형사처벌의 근거가 되는 것은 법률이지 판례가 아니고, 형법 조항에 관한 판례의 변경은 그 법률조항의 내용을 확인하는 것에 지나지 아니하여 이로써 그 법률조항 자체가 변경된 것으로 볼 수 없으므로, 행위 당시의 판례에 의하면 처벌대상이 되지 아니하는 것으로 해석되었던 행위를 판례의 변경에 따라 확인된 내용의 형법 조항에 근거하여 처벌한다고 하여 그것이 형벌불소급원칙에 위반된다고 할 수 없다(헌재 2014.5.29. 2012헌바390).

④ (×) 현행 보호입원제도가 입원치료·요양을 받을 정도의 정신질환이 어떤 것인지에 대해서는 구체적인 기준을 제시하지 않고 있는 점, 보호의무자 2인의 동의를 보호입원의 요건으로 하면서 보호의무자와 정신질환자 사이의 이해충돌을 적절히 예방하지 못하고 있는 점, 입원의 필요성이 인정되는지 여부에 대한 판단권한을 정신과전문의 1인에게 전적으로 부여함으로써 그의 자의적 판단 또는 권한의 남용 가능성을 배제하지 못하고 있는 점, 보호의무자 2인이 정신과전문의와 공모하거나, 그로부터 방조·용인을 받는 경우 보호입원 제도가 남용될 위험성은 더욱 커지는 점 등을 종합하면, 심판대상조항은 침해의 최소성 원칙에 위배된다. 그렇다면 심판대상조항은 과잉금지원칙을 위반하여 신체의 자유를 침해한다(헌재 2016.9.29. 2014헌가9). [2017년 국가 7급] ①

신체의 자유에 대한 설명으로 옳지 않은 것은? (다툼이 있는 경우 판례에 의함)

① 검찰수사관이 정당한 사유 없이 피의자신문에 참여한 변호인에게 피의자 후방에 앉으라고 요구한 행위는 변호인의 변호권을 침해하는 것이다.

② 외국에서 실제로 형의 집행을 받았음에도 불구하고 우리 형법에 의한 처벌 시 이를 전혀 고려하지 않더라도 과도한 제한이라고 할 수 없으므로 신체의 자유를 침해하지 아니한다.

③ 현행범인인 경우와 장기 3년 이상의 형에 해당하는 죄를 범하고 도피 또는 증거인멸의 염려가 있을 때에는 사후에 영장을 청구할 수 있다.

④ 헌법 제12조 제4항 본문에 규정된 '구속'은 사법절차에서 이루어진 구속뿐 아니라, 행정절차에서 이루어진 구속까지 포함한다.

① (○) 피의자신문에 참여한 변호인이 피의자 옆에 앉는다고 하여 피의자 뒤에 앉는 경우보다 수사를 방해할 가능성이 높아진다거나 수사기밀을 유출할 가능성이 높아진다고 볼 수 없으므로, 이 사건 후방착석요구행위의 목적의 정당성과 수단의 적절성을 인정할 수 없다. 따라서 이 사건 후방착석요구행위는 변호인인 청구인의 변호권을 침해한다(헌재 2017.11.30. 2016헌마503).

② (×) 외국에서 실제로 형의 집행을 받았음에도 불구하고 우리 형법에 의한 처벌 시 이를 전혀 고려하지 않는다면 신체의 자유에 대한 과도한 제한이 될 수 있으므로 그와 같은 사정은 어느 범위에서든 반드시 반영되어야 하고, 이러한 점에서 입법형성권의 범위는 다소 축소될 수 있다. 입법자는 국가형벌권의 실현과 국민의 기본권 보장의 요구를 조화시키기 위하여 형을 필요적으로 감면하거나 외국에서 집행된 형의 전부 또는 일부를 필요적으로 산입하는 등의 방법을 선택하여 청구인의 신체의 자유를 덜 침해할 수 있음에도, 이 사건 법률조항과 같이 우리 형법에 의한 처벌 시 외국에서 받은 형의 집행을 전혀 반영하지 아니할 수도 있도록 한 것은 과잉금지원칙에 위배되어 신체의 자유를 침해한다(헌재 2015.5.28. 2013헌바129).

③ (○) 헌법 제12조 ③체포·구속·압수 또는 수색을 할 때에는 적법한 절차에 따라 검사의 신청에 의하여 법관이 발부한 영장을 제시하여야 한다. 다만, 현행범인인 경우와 장기 3년 이상의 형에 해당하는 죄를 범하고 도피 또는 증거인멸의 염려가 있을 때에는 사후에 영장을 청구할 수 있다.

④ (○) 헌법 제12조 제4항 본문의 문언 및 헌법 제12조의 조문 체계, 변호인 조력권의 속성, 헌법이 신체의 자유를 보장하는 취지를 종합하여 보면 헌법 제12조 제4항 본문에 규정된 "구속"은 사법절차에서 이루어진 구속뿐 아니라, 행정절차에서 이루어진 구속까지 포함하는 개념이다. 따라서 헌법 제12조 제4항 본문에 규정된 변호인의 조력을 받을 권리는 행정절차에서 구속을 당한 사람에게도 즉시 보장된다(헌재 2018.5.31. 2014헌마346).

[2021년 국가 5급] ②

신체의 자유에 대한 설명으로 가장 옳지 않은 것은? (다툼이 있는 경우 판례에 의함)

① 마약의 단순매수를 영리매수와 동일한 법정형으로 처벌하는 것은 위헌이다.

② 구체적 행위태양이나 적법한 보유권한의 유무 등에 관계없이 은닉, 보유·보관된 당해 문화재의 필요적 몰수를 규정한 것은 책임과 형벌 간의 비례원칙에 위배된다.

③ 선거사무장의 선거범죄로 인한 당선무효를 규정하고 있는 「공직선거법」 제265조는 헌법상의 연좌제금지에 반하지 않는다.

④ 「사회보호법」에서 치료감호기간의 상한을 정하지 아니한 것, 법관 아닌 사회보호위원회가 치료감호의 종료 여부를 결정하도록 한 것은 위헌이다.

① (○) 마약의 매수 가운데 영리매수는 마약의 대량확산에 크게 기여할 뿐만 아니라 타인의 정신적·육체적 황폐화를 통하여 영리를 도모한다는 점과 공급이 수요를 창출하는 마약류시장의 특성상 그 불법성과 비난가능성은 일반범죄의 영리범의 경우보다 더욱 크다. 반면에 단순매수는 기본적으로 수요의 측면에 해당되고 마약의 유통구조상 최종단계를 형성하므로 마약확산의 기여도와 그 행위의 구조, 위험성 및 비난가능성 등 죄질에 있어서 영리매수와는 질적으로 다르다. 결국 특정범죄가중처벌 등에 관한 법률 조항은 그나마 존재하던 마약류관리에 관한 법률상의 단순범과 영리범의 구별조차 소멸시켜 불법의 정도, 죄질의 차이 및 비난가능성에 있어서의 질적 차이를 무시함으로써 죄질과 책임에 따라 적절하게 형벌을 정하지 못하게 하는바, 책임과 형벌 간의 비례성 원칙과 실질적 법치국가원리에 위반된다(헌재 2003.11.27. 2002헌바24).

② (○) 위 조항들은 사법상 보유권한의 유무를 불문하고 도굴 등이 된 문화재인 정을 안 경우, 특히 선의취득 등 사법상 보유권한의 취득 후에 도굴 등이 된 정을 알게 된 경우까지 처벌의 대상으로 삼고 있는바, 이는 위와 같은 입법목적이 당해 문화재의 보유·보관자에 대한 신고의무나 등록의무의 부과 및 그 위반에 대한 제재를 통하여도 달성 가능하다는 점 등을 고려할 때 침해의 최소성에 반한다. 따라서 위 조항들은 재산권 행사의 사회적 제약을 넘어 불필요하거나 지나치게 가혹한 부담을 부과하는 것으로 헌법에 위반된다(헌재 2007.7.26. 2003헌마377).

③ (○) 선거사무장 또는 회계책임자가 기부행위를 한 죄로 징역형을 선고받는 경우에 그 후보자의 당선이 무효로 되는 것은 공직선거 및 선거부정방지법 제265조의 규정에 의한 것일 뿐이고, 그들에 대하여 징역형을 선고하는 것이 연좌제를 금지한 헌법 위반이라고 할 수는 없다(대법원 1997.4.11. 96도3451).

④ (×) 심판대상 법률조항이 치료감호의 종료시점을 일정한 기간의 도과시점으로 하지 않고 감호의 필요가 없을 정도로 치유된 때로 정한 것은, 치료감호가 지향하는 정신장애 범죄자의 치료를 통한 사회복귀와 시민의 안전 확보라는 목적을 확실하게 달성하기 위한 취지이므로 그 입법목적은 정당하다. 그리고 치료감호의 종료시점을 치유의 완성시점으로 정한 것은 보안처분의 본질에 부합하고, 치료감호의 목표인 피치료감호자의 개선과 사회보호를 위한 효과적이고 적절한 하나의 수단이 된다. 따라서 이 사건 법률조항은 과잉금지의 원칙에 위배되지 아니하므로 청구인의 신체의 자유를 침해하는 것이라고 볼 수 없다(헌재 2005.2.3. 2003헌바1).

사회보호위원회의 구성이나 심사, 의결 및 결정 절차에 비추어 보면 사회보호위원회는 독립성과 전문성을 갖춘 특별위원회로서 준사법적 성격을 겸유한다는 점, 치료감호의 종료에 대한 피치료감호자 측의 신청권이 보장되어 있고 그 절차에의 참여권이 피치료감호자 측에게 어느 정도 보장되어 있으며, 피치료감호자 측이 신청한 치료감호의 종료청구가 기각될 경우 이에 대한 행정소송이 가능한 점 등을 고려할 때, 이 사건 법률조항이 사회보호위원회에 치료감호의 종료 여부를 결정할 권한을 부여한 것이 적법절차에 위배된다고 할 수 없다(헌재 2005.2.3. 2003헌바1). [2017년 서울 7급] ④

신체의 자유에 대한 설명으로 가장 적절하지 않은 것은? (다툼이 있는 경우 판례에 의함)

① 체포·구속·압수 또는 수색을 할 때에는 적법한 절차에 따라 검사의 신청에 의하여 법관이 발부한 영장을 제시하여야 한다. 다만, 현행범인인 경우와 장기 3년 이상의 형에 해당하는 죄를 범하고 도피 또는 증거인멸의 염려가 없을 때에는 사후에 영장을 청구할 수 있다.

② 외국에서 형의 전부 또는 일부의 집행을 받은 자에 대하여 형을 감경 또는 면제할 수 있도록 규정한 「형법」 조항은 신체의 자유를 침해한다.

③ 상소제기 후의 미결구금일수 산입을 규정하면서 상소제기 후 상소취하시까지의 구금일수 통산에 관하여는 규정하지 아니함으로써 이를 본형 산입의 대상에서 제외되도록 한 「형사소송법」 조항은 신체의 자유를 지나치게 제한하는 것으로서 헌법에 위반된다.

④ 변호인이 피의자신문에 자유롭게 참여할 수 있는 권리는 피의자가 가지는 변호인의 조력을 받을 권리를 실현하는 수단이므로 헌법상 기본권인 변호인의 변호권으로서 보호되어야 한다.

① (×) 헌법 제12조 ③체포·구속·압수 또는 수색을 할 때에는 적법한 절차에 따라 검사의 신청에 의하여 법관이 발부한 영장을 제시하여야 한다. 다만, 현행범인인 경우와 장기 3년 이상의 형에 해당하는 죄를 범하고 도피 또는 증거인멸의 염려가 있을 때에는 사후에 영장을 청구할 수 있다.

② (○) 외국에서 실제로 형의 집행을 받았음에도 불구하고 우리 형법에 의한 처벌 시 이를 전혀 고려하지 않는다면 신체의 자유에 대한 과도한 제한이 될 수 있으므로 그와 같은 사정은 어느 범위에서든 반드시 반영되어야 하고, 이러한 점에서 입법형성권의 범위는 다소 축소될 수 있다. 입법자는 국가형벌권의 실현과 국민의 기본권 보장의 요구를 조화시키기 위하여 형을 필요적으로 감면하거나 외국에서 집행된 형의 전부 또는 일부를 필요적으로 산입하는 등의 방법을 선택하여 청구인의 신체의 자유를 덜 침해할 수 있음에도, 이 사건 법률조항과 같이 우리 형법에 의한 처벌 시 외국에서 받은 형의 집행을 전혀 반영하지 아니할 수도 있도록 한 것은 과잉금지원칙에 위배되어 신체의 자유를 침해한다(헌재 2015.5.28. 2013헌바129).

③ (○) 미결구금은 신체의 자유를 침해받는 피의자 또는 피고인의 입장에서 보면 실질적으로 자유형의 집행과 다를 바 없으므로 인권보호 및 공평의 원칙상 형기에 전부 산입되어야 한다. 상소제기 후 상소취하시까지의 미결구금을 형기에 산입하지 아니하는 것은 헌법상 무죄추정의 원칙 및 적법절차의 원칙, 평등원칙 등을 위배하여 합리성과 정당성 없이 신체의 자유를 지나치게 제한하는 것이고, 상소제기 후 상소취하시까지의 미결구금일수를 본형에 산입하도록 규정하지 아니한 것은 헌법에 위반된다(헌재 2009.12.29. 2008헌가13).

④ (○) 변호인이 피의자신문에 자유롭게 참여할 수 있는 권리는 피의자가 가지는 변호인의 조력을 받을 권리를 실현하는 수단이므로 헌법상 기본권인 변호인의 변호권으로서 보호되어야 한다(헌재 2017.11.30. 2016헌마503). [2021년 경찰 경정승진] ①

신체의 자유에 대한 설명으로 옳지 않은 것은? (다툼이 있는 경우 헌법재판소 결정에 의함)

① 성폭력범죄를 저지른 성도착증 환자로서 재범의 위험성이 인정되는 19세 이상의 사람에 대해 법원이 15년의 범위에서 치료명령을 선고할 수 있도록 한 법률규정은, 장기형이 선고되는 경우 치료명령의 선고시점과 집행시점 사이에 상당한 시간적 간극이 있어 집행시점에서 발생할 수 있는 불필요한 치료와 관련한 부분에 대해서는 침해의 최소성과 법익균형성이 인정되지 않기 때문에 피치료자의 신체의 자유를 침해한다.

② 강제퇴거명령을 받은 사람을 즉시 대한민국 밖으로 송환할 수 없으면 송환할 수 있을 때까지 보호시설에 보호할 수 있도록 하는 법률규정은, 보호의 상한을 설정하지 않아 장기 혹은 무기한의 구금을 가능하게 하므로 과잉금지원칙에 위배되어 신체의 자유를 침해한다.

③ 금치의 징벌을 받은 수용자에 대해 금치기간 중 실외운동을 원칙적으로 제한하고 예외적으로 실외운동을 허용하는 경우에도 실외운동의 기회가 부여되어야 하는 최저기준을 명시하지 않고 있는 규정은, 실외운동은 구금되어 있는 수용자의 신체적·정신적 건강을 유지하기 위한 최소한의 기본적 요청이고, 수용자의 건강 유지는 교정교화와 건전한 사회복귀라는 형 집행의 근본적 목표를 달성하는 데 필수적이므로 침해의 최소성 원칙에 위배되어 신체의 자유를 침해한다.

④ 관광진흥개발기금 관리·운용업무에 종사토록 하기 위해 문화체육관광부장관에 의해 채용된 민간 전문가에 대해 「형법」상 뇌물죄의 적용에 있어서 공무원으로 의제하는 법률규정은, 민간 전문가를 모든 영역에서 공무원으로 의제하는 것이 아니라 직무의 불가매수성을 담보한다는 요청에 의해 금품수수행위 등 직무 관련 비리행위를 엄격히 처벌하기 위해 뇌물죄의 적용에 대하여만 공무원으로 의제하고 있으므로 과잉금지원칙에 위배되어 신체의 자유를 침해한다고 볼 수 없다.

① (○) 장기형이 선고되는 경우 치료명령의 선고시점과 집행시점 사이에 상당한 시간적 간극이 있어 집행시점에서 발생할 수 있는 불필요한 치료와 관련한 부분에 대해서는 침해의 최소성과 법익균형성을 인정하기 어렵다. 따라서 이 사건 청구조항은 과잉금지원칙에 위배되지 아니하나, 이 사건 명령조항은 집행시점에서 불필요한 치료를 막을 수 있는 절차가 마련되어 있지 않은 점으로 인하여 과잉금지원칙에 위배되어 치료명령 피청구인의 신체의 자유 등 기본권을 침해한다(헌재 2015.12.23. 2013헌가9).

② (×) 출입국관리법에 따라 보호된 청구인들은 각 보호의 원인이 되는 강제퇴거명령에 대하여 취소소송을 제기함으로써 그 원인관계를 다투는 것 이외에, 보호명령 자체의 취소를 구하는 행정소송이나 그 집행의 정지를 구하는 집행정지신청을 할 수 있으므로, 헌법 제12조 제6항이 요구하는 체포·구속 자체에 대한 적법 여부를 법원에 심사청구할 수 있는 절차가 있다. 따라서 심판대상조항은 헌법 제12조 제6항의 요청을 충족한 것으로 청구인들의 신체의 자유를 침해하지 아니한다(헌재 2014.8.28. 2012헌마686).

③ (○) 실외운동은 구금되어 있는 수용자의 신체적·정신적 건강을 유지하기 위한 최소한의 기본적 요청이고, 수용자의 건강 유지는 교정교화와 건전한 사회복귀라는 형 집행의 근본적 목표를 달성하는 데 필수적이다. 나아가 위 조항은 예외적으로 실외운동을 허용하는 경우에도,

실외운동의 기회가 부여되어야 하는 최저기준을 법령에서 명시하고 있지 않으므로, 침해의 최소성 원칙에 위배된다. 위 조항은 수용자의 정신적·신체적 건강에 필요 이상의 불이익을 가하고 있고, 이는 공익에 비하여 큰 것이므로 위 조항은 법익의 균형성 요건도 갖추지 못하였다. 따라서 위 조항은 청구인의 신체의 자유를 침해한다(헌재 2016.5.26. 2014헌마45).

④ (○) 위 조항은 민간 전문가를 모든 영역에서 공무원으로 의제하는 것이 아니라 직무의 불가매수성을 담보한다는 요청에 의해 금품수수행위 등 직무 관련 비리행위를 엄격히 처벌하기 위해 형법 제129조 등의 적용에 대하여만 공무원으로 의제하고 있으므로 입법목적 달성에 필요한 정도를 넘어선 과잉형벌이라고 할 수 없고, 신체의 자유 등 헌법상 기본권 제한의 정도가 달성하려는 공익에 비하여 중하다고 할 수 없다(헌재 2014.7.24. 2012헌바188). [2017년 국가 5급] ②

신체의 자유에 관한 설명으로 옳지 않은 것은? (다툼이 있는 경우 헌법재판소 판례에 의함)

① 신체의 자유는 신체의 안전성이 외부로부터의 물리적인 힘이나 정신적인 위험으로부터 침해당하지 아니할 자유와 신체활동을 임의적이고 자율적으로 할 수 있는 자유를 말한다.

② 수용시설 내의 안전과 질서를 유지하기 위하여 일부 제한이 불가피하다 하더라도, 그 본질적인 내용을 침해하거나, 목적의 정당성, 방법의 적정성, 피해의 최소성 및 법익의 균형성 등을 의미하는 과잉금지의 원칙에 위배되어서는 안된다.

③ 외국에서 실제로 형의 집행을 받았더라도 우리 형법에 의한 처벌 시 이를 전혀 고려하지 않는다 하여 신체의 자유에 대한 과도한 제한이라고 할 수 없다.

④ 구속기간의 제한은 수사를 촉진시켜 형사피의자의 신체구속이라는 고통을 감경시켜 주고 신속한 공소제기 및 그에 따른 신속한 재판을 가능하게 한다는 점에서 헌법에서 보장한 신속한 재판을 받을 권리의 실현을 위하여서도 불가결한 조건이다.

⑤ 누구든지 체포 또는 구속을 당한 때에는 즉시 변호인의 조력을 받을 권리를 가진다. 다만, 형사피고인이 스스로 변호인을 구할 수 없을 때에는 법률이 정하는 바에 의하여 국가가 변호인을 붙인다.

① (○) 헌법 제12조 제1항 전문에서 "모든 국민은 신체의 자유를 가진다"라고 규정하여 신체의 자유를 보장하고 있는 것은, 신체의 안정성이 외부로부터의 물리적인 힘이나 정신적인 위험으로부터 침해당하지 아니할 자유와 신체활동을 임의적이고 자율적으로 할 수 있는 자유를 말하는 것이며 이를 보장하기 위하여 구체적으로 여러 가지 헌법규정들을 두고 있는데, 그 중에서도 특히 헌법 제12조 제1항 후문 및 제3항 전문 또한 헌법 제37조 제2항은 기본권제한에 관한 일반적 법률유보조항과 입법권의 한계를 설정하여 두고 있다(헌재 1992.12.24. 92헌가8).

② (○) 수형자의 기본권 제한에 대한 구체적인 한계는 헌법 제37조 제2항에 따라 법률에 의하여, 구체적인 자유·권리의 내용과 성질, 그 제한의 태양과 정도 등을 교량하여 설정하게 되며, 수용 시설 내의 안전과 질서를 유지하기 위하여 이들 기본권의 일부 제한이 불가피하다 하더라도 그 본질적인 내용을 침해하거나, 목적의 정당성, 방법의 적정성, 피해의 최소성 및 법익의 균형성 등을 의미하는 과잉금지의 원칙에 위배되어서는 안 된다(헌재 2004.12.16. 2002헌마478).

③ (×) 외국에서 실제로 형의 집행을 받았음에도 불구하고 우리 형법에 의한 처벌 시 이를 전혀 고려하지 않는다면 신체의 자유에 대한 과도한 제한이 될 수 있으므로 그와 같은 사정은 어느 범위에서든 반드시 반영되어야 하고, 이러한 점에서 입법형성권의 범위는 다소 축소될 수 있다(헌재 2015.5.28. 2013헌바129).

④ (○) 신체의 자유를 최대한 보장하려는 헌법정신 특히 무죄추정의 원칙(헌법 제27조 제4항)으로 인하여 형사절차는 불구속수사·불구속재판을 원칙으로 하고 있다. 구속수사 또는 구속재판이 허용될 경우라도 인신의 구속은 가능한 한 최소한에 그쳐야 한다. 특히 수사기관에 의한

신체구속은 신체적·정신적 고통 외에도 자백강요, 사술, 유도, 고문 등의 사전예방을 위하여서도 최소한에 그쳐야 한다. 구속기간의 제한은 수사를 촉진시켜 형사피의자의 신체구속이라는 고통을 감경시켜 주고 신속한 공소제기 및 그에 따른 신속한 재판을 가능하게 한다는 점에서 헌법 제27조 제3항에서 보장한 신속한 재판을 받을 권리의 실현을 위하여서도 불가결한 조건이다(헌재 1997.8.21. 96헌마48).

⑤ (○) 헌법 제12조 ④누구든지 체포 또는 구속을 당한 때에는 즉시 변호인의 조력을 받을 권리를 가진다. 다만, 형사피고인이 스스로 변호인을 구할 수 없을 때에는 법률이 정하는 바에 의하여 국가가 변호인을 붙인다. [2021년 소방간부] ③

신체의 자유 및 피의자·피고인의 권리에 대한 설명으로 가장 적절한 것은? (다툼이 있는 경우 판례에 의함)

① 범죄의 피의자로 입건된 사람이 경찰공무원이나 검사의 신문을 받으면서 자신의 신원을 밝히지 않고 지문채취에 불응하는 경우 형사처벌을 부과하는 것은, 수사기관이 직접 물리적 강제력을 행사하여 피의자에게 강제로 지문을 찍도록 하는 것을 허용하는 것과 질적인 차이가 없으므로 영장주의에 위배된다.

② 변호인의 조력을 받을 권리는 '형사사건'에서의 변호인의 조력을 받을 권리에 국한되는 것은 아니므로, 수형자가 형사사건의 변호인이 아닌 민사사건, 행정사건, 헌법소원사건 등에서 변호사와 접견할 경우에도 헌법상 변호인의 조력을 받을 권리의 주체가 될 수 있다.

③ 변호인의 수사서류 열람·등사권은 피고인의 신속·공정한 재판을 받을 권리 및 변호인의 조력을 받을 권리라는 헌법상 기본권의 중요한 내용이자 구성요소이며 이를 실현하는 구체적인 수단이 된다.

④ 특별검사가 참고인에게 지정된 장소까지 동행할 것을 명령할 수 있게 하고 참고인이 정당한 이유 없이 위 동행명령을 거부한 경우 천만원 이하의 벌금형에 처하도록 규정한 동행명령조항은 참고인의 신체의 자유를 침해하지 않는다.

① (×) 사건 법률조항은 수사기관이 직접 물리적 강제력을 행사하여 피의자에게 강제로 지문을 찍도록 하는 것을 허용하는 규정이 아니며 형벌에 의한 불이익을 부과함으로써 심리적·간접적으로 지문채취를 강요하고 있으므로 피의자가 본인의 판단에 따라 수용 여부를 결정한다는 점에서 궁극적으로 당사자의 자발적 협조가 필수적임을 전제로 하므로 물리력을 동원하여 강제로 이루어지는 경우와는 질적으로 차이가 있다. 따라서 이 사건 법률조항에 의한 지문채취의 강요는 영장주의에 의하여야 할 강제처분이라 할 수 없다(헌재 2004.9.23. 2002헌가17 등).

② (×) 변호인의 조력을 받을 권리는 형사사건에서의 변호인의 조력을 받을 권리를 의미한다. 따라서 수형자가 형사사건의 변호인이 아닌 민사사건, 행정사건, 헌법소원사건 등에서 변호사와 접견할 경우에는 원칙적으로 헌법상 변호인의 조력을 받을 권리의 주체가 될 수 없다 할 것이므로, 이 사건 녹취행위에 의하여 청구인의 변호인의 조력을 받을 권리가 침해되었다고 할 수는 없다(헌재 2013.9.26. 2011헌마398).

③ (○) 피고인의 신속·공정한 재판을 받을 권리 및 변호인의 조력을 받을 권리는 헌법이 보장하고 있는 기본권이고, 변호인의 수사서류 열람·등사권은 피고인의 신속·공정한 재판을 받을 권리 및 변호인의 조력을 받을 권리라는 헌법상 기본권의 중요한 내용이자 구성요소이며 이를 실현하는 구체적인 수단이 된다(헌재 2010.6.24. 2009헌마257).

④ (×) 동행명령조항에 의한 신체의 자유의 제한이 입법목적 달성을 위한 필요한 최소한에 그쳤다고는 볼 수 없다. 또한 참고인 진술의 수사상 효용가치에 한계가 있기 때문에 이 사건 동행명령조항으로 달성하고자 하는 진상을 규명하기 위해 필수불가결한 참고인의 진술 확보라는 공익은 그 실현 여부가 분명하지 않은데 반하여, 위 조항으로 인하여 청구인들이 감수해야 할 신체의 자유에 대한 침해는 지나치게 크다. 결국 이 사건 동행명령조항은 과잉금지원칙에 위배하여 청구인들의 신체의 자유와 평등권을 침해한다(헌재 2008.1.10. 2007헌마1468). [2017년 경찰 경정승진] ③

명확성원칙에 관한 설명으로 가장 적절하지 않은 것은? (다툼이 있는 경우 판례에 의함)

① 공익을 해할 목적으로 전기통신설비에 의하여 공연히 허위의 통신을 한 자를 형사 처벌하는 구 「전기통신사업법」 조항은, 수범자인 국민에 대하여 일반적으로 허용되는 '허위의 통신' 가운데 어떤 목적의 통신이 금지되는 것인지 고지하여 주지 못하므로 표현의 자유에서 요구하는 명확성원칙에 위배된다.

② 사회복무요원의 정치적 행위를 금지하는 「병역법」 조항 중 '정치적 목적을 지닌 행위'는 '특정 정당, 정치인을 지지·반대하거나 공직선거에 있어서 특정 후보자를 당선·낙선하게 하는 등 그 정파성·당파성에 비추어 정치적 중립성을 훼손할 가능성이 높은 행위'로 한정하여 해석되므로 명확성원칙에 위배되지 않는다.

③ 「청원경찰법」상 품위손상행위란 '청원경찰이 경찰관에 준하여 경비 및 공안업무를 하는 주체로서 직책을 맡아 수행해 나가기에 손색이 없는 인품에 어울리지 않는 행위를 함으로써 국민이 가지는 청원경찰에 대한 정직성, 공정성, 도덕성에 대한 믿음을 떨어뜨릴 우려가 있는 행위'라고 해석할 수 있으므로 명확성원칙에 위배되지 않는다.

④ '여러 사람의 눈에 뜨이는 곳에서 공공연하게 알몸을 지나치게 내놓거나 가려야 할 곳을 내놓아 다른 사람에게 부끄러운 느낌이나 불쾌감을 준 사람'을 처벌하는 구 「경범죄 처벌법」 조항은 무엇이 지나친 알몸노출행위인지 판단하기 쉽지 않고, '가려야 할 곳'의 의미도 알기 어려우며, '부끄러운 느낌이나 불쾌감'을 통하여 '지나치게'와 '가려야 할 곳' 의미를 확정하기도 곤란하여 죄형법정주의의 명확성원칙에 위배된다.

① (○) 사건 법률조항은 수범자인 국민에 대하여 일반적으로 허용되는 허위의 통신 가운데 어떤 목적의 통신이 금지되는 것인지 고지하여 주지 못하고 있으므로 표현의 자유에서 요구하는 명확성의 요청 및 죄형법정주의의 명확성원칙에 위배하여 헌법에 위반된다(헌재 2010.12.28. 2008헌바157).

② (×) 사건 법률조항은 '정치적 목적을 지닌 행위'의 의미를 개별화·유형화 하지 않으며, '그 밖의 정치단체'의 의미가 불명확하므로 이를 예시로 규정하여도 '정치적 목적을 지닌 행위'의 불명확성은 해소되지 않으므로 명확성원칙에 위배된다(헌재 2021.11.25. 2019헌마534).

③ (○) 품위손상조항에서 규정하고 있는 품위손상행위란, 청원경찰직에 대한 국민의 신뢰를 제고하고 성실하고 공정한 직무수행을 담보하고자 하는 입법취지, 용어의 사전적 의미 등을 종합하면, '청원경찰이 경찰관에 준하여 경비 및 공안업무를 하는 주체로서 직책을 맡아 수행해 나가기에 손색이 없는 인품에 어울리지 않는 행위를 함으로써 국민이 가지는 청원경찰에 대한 정직성, 공정성, 도덕성에 대한 믿음을 떨어뜨릴 우려가 있는 행위'라고 해석할 수 있으므로 명확성원칙에 위배되지 않는다(헌재 2022.5.26. 2019헌바530).

④ (○) 심판대상조항의 불명확성을 해소하기 위해 노출이 허용되지 않는 신체부위를 예시적으로 열거하거나 구체적으로 특정하여 이를 분명하게 규정하는 것이 입법기술상 불가능하거나 현저히 곤란하다고 보이지도 않는다. 예컨대 의도적으로 자신의 성기를 사람들에게 노출하여 불쾌감을 유발하는 이른바 '바바리맨'의 행위를 규제할 필요성이 있다면 심판대상조항처럼 추상적이고 막연하게 규정할 것이 아니라 노출이 금지되는 신체부위를 '성기'로 명확하게 특정하면 될 것이다. 그러므로 심판대상조항은 구성요건의 내용을 불명확하게 규정하여 죄형법정주의의 명확성원칙에 위배된다(헌재 2016.11.24. 2016헌가3).

[2023년 경찰공채 3월] ②

신체의 자유에 대한 설명으로 옳지 않은 것은? (다툼이 있는 경우 판례에 의함)

① 법원의 수사서류 열람·등사 허용 결정에도 불구하고 해당 수사서류의 등사를 거부한 검사의 행위는 피고인의 변호인의 조력을 받을 권리를 침해하는 것이다.

② 인천국제공항출입국·외국인청장이 인천국제공항 송환대기실에 수용된 '난민인정신청을 하였으나 난민인정심사 불회부결정을 받은 자'에 대한 변호인 접견신청을 거부한 행위는 변호인의 조력을 받을 권리를 침해하는 것이다.

③ 경찰서장이 최루액을 물에 혼합한 용액을 살수차를 이용하여 살수한 행위는 신체의 자유를 침해하는 것이다.

④ 전자우편에 대한 압수수색 집행의 경우에 급속을 요하는 때에는 사전통지를 생략할 수 있도록 한 것은 적법절차원칙에 위배되지 않는다.

⑤ 보호의무자 2인의 동의와 정신건강의학과 전문의 1인의 진단으로 정신질환자에 대한 보호입원이 가능하도록 한 것은 신체의 자유를 침해하지 않는다.

① (○) 피청구인(검사)은 법원의 이 사건 열람·등사 허용 결정 이후 이 사건 수사서류에 대한 열람은 허용하고 등사만을 거부하였는바, 변호인이 수사서류를 열람은 하였지만 등사가 허용되지 않는다면, 변호인은 형사소송절차에서 청구인들에게 유리한 수사서류의 내용을 법원에 현출할 수 있는 방법이 없어 불리한 지위에 놓이게 되고, 그 결과 청구인들을 충분히 조력할 수 없음이 명백하다. 따라서 피청구인(검사)이 이 사건 수사서류에 대한 등사만을 거부하였다 하더라도 청구인들의 신속·공정한 재판을 받을 권리 및 변호인의 조력을 받을 권리가 침해되었다고 보아야 한다(헌재 2017.12.28. 2015헌마632).

② (○) 변호인 접견신청 거부는 현행법상 아무런 법률상 근거가 없이 청구인의 변호인의 조력을 받을 권리를 제한한 것이므로, 청구인의 변호인의 조력을 받을 권리를 침해한 것이다. 또한 청구인에게 변호인 접견신청을 허용한다고 하여 국가안전보장, 질서유지, 공공복리에 어떠한 장애가 생긴다고 보기는 어렵고, 필요한 최소한의 범위 내에서 접견 장소 등을 제한하는 방법을 취한다면 국가안전보장이나 환승구역의 질서유지 등에 별다른 지장을 주지 않으면서도 청구인의 변호인 접견권을 제대로 보장할 수 있다. 따라서 이 사건 변호인 접견신청 거부는 국가안전보장이나 질서유지, 공공복리를 위해 필요한 기본권 제한 조치로 볼 수도 없다(헌재 2018.5.31. 2014헌마346).

③ (○) 혼합살수방법은 법령에 열거되지 않은 새로운 위해성 경찰장비에 해당하고 이 사건 지침에 혼합살수의 근거 규정을 둘 수 있도록 위임하고 있는 법령이 없으므로, 이 사건 지침은 법률유보원칙에 위배되고 이 사건 지침만을 근거로 한 이 사건 혼합살수행위 역시 법률유보원칙에 위배된다. 따라서 이 사건 혼합살수행위는 청구인들의 신체의 자유와 집회의 자유를 침해한다(헌재 2018.5.31. 2015헌마476).

④ (○) 사건 법률조항에 의하여 피의자 등이 압수수색 사실을 사전 통지받을 권리 및 이를 전제로 한 참여권을 일정 정도 제한받게 되기는 하지만, 그 제한은 사전 통지에 의하여 압수수색의 목적을 달성할 수 없는 예외적인 경우로 한정되어 있고, 이와 같은 제한을 통해 압수수색 제도가 전자우편에 대하여도 실효적으로 기능하도록 함으로써 실체적 진실 발견 및 범죄수사의 목적을 달성할 수 있도록 하여야 할 공익은 매우 크다고 할 수 있는 점 등을 종합해 보면, 이 사건 법률조항에 의하여 형성된 절차의 내용이 적법절차원칙에서 도출되는 절차적 요청을 무시하였다거나 비례의 원칙이나 과잉금지원칙을 위반하여 합리성과 정당성을 상실하였다고 볼 수 없다(헌재 2012.12.27. 2011헌바225).

⑤ (×) 보호입원제도가 입원치료·요양을 받을 정도의 정신질환이 어떤 것인지에 대해서는 구체적인 기준을 제시하지 않고 있는 점, 보호의무자 2인의 동의를 보호입원의 요건으로 하면서 보호의무자와 정신질환자 사이의 이해충돌을 적절히 예방하지 못하고 있는 점, 입원의 필요성이 인정되는지 여부에 대한 판단권한을 정신과전문의 1인에게 전적으로 부여함으로써 그의 자의적 판단 또는 권한의 남용 가능성을 배제하지 못하고 있는 점 등을 종합하면, 심판대상조항은 침해의 최소성 원칙에 위배된다. 심판대상조항이 정신질환자를 신속·적정하게 치료하고, 정신질환자 본인과 사회의 안전을 도모한다는 공익을 위한 것임은 인정되나, 정신질환자의 신체의 자유 침해를 최소화할 수 있는 적절한 방안을 마련하지 아니함으로써 지나치게 기본권을 제한하고 있다. 따라서 심판대상조항은 법익의 균형성 요건도 충족하지 못한다. 그렇다면 심판대상조항은 과잉금지원칙을 위반하여 신체의 자유를 침해한다(헌재 2016.9.29. 2014헌가9). [2020년 국회 5급] ⑤

다음 중 신체의 자유에 대한 설명으로 옳지 않은 것은? (다툼이 있는 경우 헌법재판소 판례에 의함)

① 형벌은 범행의 경중과 행위자의 책임, 즉 형벌 사이에 비례성을 갖추어야 한다.

② 징역형 수형자에게 정역 의무를 부과하는 「형법」 제67조는 신체의 자유 침해가 아니다.

③ 범죄에 대한 형벌권은 대한민국에 있기 때문에 범죄를 저지르고 외국에서 형의 전부 혹은 일부의 집행을 받은 경우에 형을 감경 혹은 면제할 것인가의 여부를 법원이 임의로 판단할 수 있도록 한 것은 헌법에 위반되지 않는다.

④ 구속영장은 구속 전에 발부되어야 하지만 현행범인의 경우 또는 긴급체포의 경우에는 사후에 영장을 청구할 수 있다.

⑤ 행정상 즉시강제는 그 본질상 급박성을 요건으로 하고 있어 원칙적으로 영장주의가 적용되지 않는다.

① (○) 형사법상 책임원칙은 기본권의 최고이념인 인간의 존엄과 가치에 근거한 것으로, 형벌은 범행의 경중과 행위자의 책임 즉 형벌 사이에 비례성을 갖추어야 함을 의미한다(헌재 2004.12.16. 2003헌가12).

② (○) 사건 법률조항은 수형자의 교정교화와 건전한 사회복귀를 도모하고, 노동의 강제를 통하여 범죄에 대한 응보 및 일반예방에 기여하기 위한 것으로서 그 목적이 정당하고, 수단의 적합성도 인정된다. 나아가 이 사건 법률조항으로 말미암아 작업이 강제됨으로써 제한되는 수형자의 개인적 이익에 비하여 징역형 수형자 개개인에 대한 재사회화와 이를 통한 사회질서 유지 및 공공복리라는 공익이 더 크므로 법익의 균형성도 인정되므로, 이 사건 법률조항은 신체의 자유를 침해하지 않는다(헌재 2012.11.29. 2011헌마318).

③ (×) 외국에서 실제로 형의 집행을 받았음에도 불구하고 우리 형법에 의한 처벌 시 이를 전혀 고려하지 않는다면 신체의 자유에 대한 과도한 제한이 될 수 있으므로 그와 같은 사정은 어느 범위에서든 반드시 반영되어야 하고, 이러한 점에서 입법형성권의 범위는 다소 축소될 수 있다. 입법자는 국가형벌권의 실현과 국민의 기본권 보장의 요구를 조화시키기 위하여 형을 필요적으로 감면하거나 외국에서 집행된 형의 전부 또는 일부를 필요적으로 산입하는 등의 방법을 선택하여 청구인의 신체의 자유를 덜 침해할 수 있음에도, 이 사건 법률조항과 같이 우리 형법에 의한 처벌 시 외국에서 받은 형의 집행을 전혀 반영하지 아니할 수도 있도록 한 것은 과잉금지원칙에 위배되어 신체의 자유를 침해한다(헌재 2015.5.28. 2013헌바129).

④ (○) 형사소송법 제212조(현행범인의 체포) 현행범인은 누구든지 영장 없이 체포할 수 있다.
제200조의3(긴급체포) ①검사 또는 사법경찰관은 피의자가 사형·무기 또는 장기 3년 이상의 징역이나 금고에 해당하는 죄를 범하였다고 의심할 만한 상당한 이유가 있고, 다음 각 호의 어느 하나에 해당하는 사유가 있는 경우에 긴급을 요하여 지방법원판사의 체포영장을 받을 수 없는 때에는 그 사유를 알리고 영장 없이 피의자를 체포할 수 있다. 이 경우 긴급을 요한다 함은 피의자를 우연히 발견한 경우 등과 같이 체포영장을 받을 시간적 여유가 없는 때를 말한다.

⑤ (○) 영장주의가 행정상 즉시강제에도 적용되는지에 관하여는 논란이 있으나, 행정상 즉시강제는 상대방의 임의이행을 기다릴 시간적 여유가 없을 때 하명 없이 바로 실력을 행사하는 것으로서, 그 본질상 급박성을 요건으로 하고 있어 법관의 영장을 기다려서는 그 목적을 달성할 수 없다고 할 것이므로, 원칙적으로 영장주의가 적용되지 않는다고 보아야 할 것이다(헌재 2002.10.31. 2000헌가12).

[2016년 국회 9급] ③

신체의 자유에 관한 다음 설명 중 가장 옳지 않은 것은?

① 법관으로 하여금 미결구금일수를 형기에 산입하되, 그 산입범위는 재량에 의하여 결정하도록 한 형법 조항은 헌법상 무죄추정의 원칙 및 적법절차의 원칙을 위배하여 신체의 자유를 침해한다.

② 동일한 범죄사실로 외국에서 형의 전부 또는 일부의 집행을 받은 자에 대하여 우리 형법에 의한 처벌 시 외국에서 받은 형의 집행을 전혀 반영하지 아니할 수도 있도록 한 형법규정은 과잉금지원칙에 위배되어 신체의 자유를 침해한다.

③ 특정 범죄에 대하여 형의 선고를 받아 확정된 사람으로부터 디엔에이감식시료를 채취할 수 있도록 한 디엔에이신원확인정보의 이용 및 보호에 관한 법률 조항은 과잉금지의 원칙을 위반하여 신체의 자유를 침해한다.

④ 형사재판에 계속 중인 사람에 대하여 법무부장관이 6개월 이내의 기간을 정하여 출국을 금지할 수 있다고 규정한 출입국관리법 조항은 영장주의에 위배되지 않는다.

⑤ 지방의회에서의 사무감사·조사를 위한 증인의 동행명령장제도는 증인의 신체의 자유를 억압하여 일정 장소로 인치하는 것으로서 헌법 제12조 제3항의 체포 또는 구속에 준하는 사태로 보아야 하므로, 이를 실행하기 위하여는 법관이 발부한 영장의 제시가 있어야 한다.

① (○) 형법 제57조 제1항은 해당 법관으로 하여금 미결구금일수를 형기에 산입하되, 그 산입범위는 재량에 의하여 결정하도록 하고 있는바, 헌법상 무죄추정의 원칙에 따라 유죄판결이 확정되기 전에 피의자 또는 피고인을 죄 있는 자에 준하여 취급함으로써 법률적·사실적 측면에서 유형·무형의 불이익을 주어서는 아니되고, 특히 미결구금은 신체의 자유를 침해받는 피의자 또는 피고인의 입장에서 보면 실질적으로 자유형의 집행과 다를 바 없으므로, 인권보호 및 공평의 원칙상 형기에 전부 산입되어야 한다. 따라서 형법 제57조 제1항 중 "또는 일부 부분"은 헌법상 무죄추정의 원칙 및 적법절차의 원칙 등을 위배하여 합리성과 정당성 없이 신체의 자유를 침해한다(헌재 2009.6.25. 2007헌바25).

② (○) 외국에서 실제로 형의 집행을 받았음에도 불구하고 우리 형법에 의한 처벌 시 이를 전혀 고려하지 않는다면 신체의 자유에 대한 과도한 제한이 될 수 있으므로 그와 같은 사정은 어느 범위에서든 반드시 반영되어야 하고, 이러한 점에서 입법형성권의 범위는 다소 축소될 수 있다. 입법자는 국가형벌권의 실현과 국민의 기본권 보장의 요구를 조화시키기 위하여 형을 필요적으로 감면하거나 외국에서 집행된 형의 전부 또는 일부를 필요적으로 산입하는 등의 방법을 선택하여 청구인의 신체의 자유를 덜 침해할 수 있음에도, 이 사건 법률조항과 같이 우리 형법에 의한 처벌 시 외국에서 받은 형의 집행을 전혀 반영하지 아니할 수도 있도록 한 것은 과잉금지원칙에 위배되어 신체의 자유를 침해한다(헌재 2015.5.28. 2013헌바129).

③ (×) 디엔에이감식시료 채취 대상범죄는 재범의 위험성이 높아 디엔에이신원확인정보를 수록·관리할 필요성이 높으며, 이 사건 법률은 시료를 서면 동의 또는 영장에 의하여 채취하되, 채취 이유, 채취할 시료의 종류 및 방법을 고지하도록 하고 있고, 제한되는 신체의 자유의 정도는 일상생활에서 경험할 수 있는 정도의 미약한 것으로서 범죄 수사 및 예방의 공익에 비하여 크다고 할 수 없어 법익의 균형성도 인정된다. 따라서 이 사건 채취조항들이 과도하게 신체의 자유를 침해한다고 볼 수 없다(헌재 2014.8.28. 2011헌마28).

④ (○) 심판대상조항에 따른 법무부장관의 출국금지결정은 형사재판에 계속 중인 국민의 출국의 자유를 제한하는 행정처분일 뿐이고, 영장주의가 적용되는 신체에 대하여 직접적으로 물리적 강제력을 수반하는 강제처분이라고 할 수는 없다. 따라서 심판대상조항이 헌법 제12조 제3항의 영장주의에 위배된다고 볼 수 없다(헌재 2015.9.24. 2012헌바302).

⑤ (○) 지방의회에서의 사무감사·조사를 위한 증인의 동행명령장제도도 증인의 신체의 자유를 억압하여 일정 장소로 인치하는 것으로서 헌법 제12조 제3항의 "체포 또는 구속"에 준하는 사태로 보아야 하고, 거기에 현행범 체포와 같이 사후에 영장을 발부받지 아니하면 목적을 달성할 수 없는 긴박성이 있다고 인정할 수는 없으므로, 헌법 제12조 제3항에 의하여 법관이 발부한 영장의 제시가 있어야 함에도 불구하고 동행명령장을 법관이 아닌 지방의회 의장이 발부하고 이에 기하여 증인의 신체의 자유를 침해하여 증인을 일정 장소에 인치하도록 규정된 조례안은 영장주의원칙을 규정한 헌법 제12조 제3항에 위반된다(대법원 1995.6.30. 93추83). [2020년 법무사] ③

신체의 자유에 관한 설명 중 가장 적절하지 않은 것은? (다툼이 있는 경우 판례에 의함)

① 누구든지 체포 또는 구속의 이유와 변호인의 조력을 받을 권리가 있음을 고지받지 아니하고는 체포 또는 구속을 당하지 아니한다. 체포 또는 구속을 당한 자의 가족 등 법률이 정하는 자에게는 그 이유와 일시, 장소가 지체없이 통지되어야 한다.

② 법무부장관이 형사사건으로 공소가 제기된 변호사에 대하여 판결이 확정될 때까지 업무정지를 명하도록 한 구 「변호사법」 제15조는 무죄추정의 원칙에 위배되지 않는다.

③ 성폭력범죄를 저지른 성도착증 환자로서 재범의 위험성이 인정되는 19세 이상의 사람에 대해 법원이 15년의 범위에서 치료명령을 선고할 수 있도록 한 법률규정은, 장기형이 선고되는 경우 치료명령의 선고시점과 집행시점 사이에 상당한 시간적 간극이 있어 집행시점에 발생할 수 있는 불필요한 치료와 관련한 부분에 대해서는 침해의 최소성과 법익균형성이 인정되지 않기 때문에 피치료자의 신체의 자유를 침해한다.

④ 특별검사가 참고인에게 지정된 장소까지 동행할 것을 명령할 수 있게 하고 참고인이 정당한 이유 없이 위 동행명령을 거부한 경우 천만원 이하의 벌금형에 처하도록 규정한 동행명령조항은 영장주의 또는 과잉금지 원칙에 위배하여 참고인의 신체의 자유를 침해하는 것이다.

① (○) 헌법 제12조 ⑤누구든지 체포 또는 구속의 이유와 변호인의 조력을 받을 권리가 있음을 고지받지 아니하고는 체포 또는 구속을 당하지 아니한다. 체포 또는 구속을 당한 자의 가족 등 법률이 정하는 자에게는 그 이유와 일시·장소가 지체없이 통지되어야 한다.

② (×) 변호사법 제15조에서 변호사에 대해 형사사건으로 공소가 제기되었다는 사실만으로 업무정지명령을 발하게 한 것은 아직 유무죄가 가려지지 아니한 범죄의 혐의 사실뿐 확증 없는 상태에서 유죄로 추정하는 것이 되며 이를 전제로 한 불이익한 처분이라 할 것이다. 변호사법 제15조의 규정에 의하여 입는 불이익은 죄가 없는 자에 준하는 취급이 아님은 말할 것도 없고, 불이익을 입히는데 필요한 요건, 불이익처분의 기관구성, 절차 및 불이익의 정도 등에 있어서 비례의 원칙이 준수되었다고 보기 어려울 것으로 헌법의 위 규정을 어긴 것이다(헌재 1990.11.19. 90헌가48).

③ (○) 장기형이 선고되는 경우 치료명령의 선고시점과 집행시점 사이에 상당한 시간적 간극이 있어 집행시점에서 발생할 수 있는 불필요한 치료와 관련한 부분에 대해서는 침해의 최소성과 법익균형성을 인정하기 어렵다. 이 사건 명령조항은 집행시점에서 불필요한 치료를 막을 수 있는 절차가 마련되어 있지 않은 점으로 인하여 과잉금지원칙에 위배되어 치료명령 피청구인의 신체의 자유 등 기본권을 침해한다(헌재 2015.12.23. 2013헌가9).

④ (○) 참고인에 대한 동행명령제도는 참고인의 신체의 자유를 사실상 억압하여 일정 장소로 인치하는 것과 실질적으로 같으므로 헌법 제12조 제3항이 정한 영장주의원칙이 적용되어야 한다. 그럼에도 불구하고 법관이 아닌 특별검사가 동행명령장을 발부하도록 하고 정당한 사유 없이 이를 거부한 경우 벌금형에 처하도록 함으로써, 실질적으로는 참고인의 신체의 자유를 침해하여 지정된 장소에 인치하는 것과 마찬가지의 결과가 나타나도록 규정한 이 사건 동행명령조항은 영장주의원칙을 규정한 헌법 제12조 제3항에 위반되거나 적어도 위 헌법상 원칙을 잠탈하는 것이다(헌재 2008.1.10. 2007헌마1468).

[2020년 경찰 경정승진] ②

헌법상 신체의 자유에 관한 규정 중 가장 적절하지 않은 것은?

① 누구든지 체포 또는 구속의 이유와 변호인의 조력을 받을 권리가 있음을 고지받지 아니하고는 체포 또는 구속을 당하지 아니한다. 체포 또는 구속을 당한 자의 가족 등 법률이 정하는 자에게는 그 이유와 일시·장소가 지체없이 통지되어야 한다.

② 체포·구속·압수 또는 수색을 할 때에는 적법한 절차에 따라 검사의 신청에 의하여 법관이 발부한 영장을 제시하여야 한다. 다만, 현행범인인 경우와 장기 3년 이상의 형에 해당하는 죄를 범하고 도피 또는 증거인멸의 염려가 있을 때에는 사후에 영장을 청구할 수 있다.
③ 모든 국민은 신체의 자유를 가진다. 누구든지 법률과 적법절차에 의하지 아니하고는 체포·구속·압수·수색을 받지 아니하며, 법률에 의하지 아니하고는 심문·처벌·보안처분 또는 강제노역을 받지 아니한다.
④ 피고인의 자백이 고문·폭행·협박·구속의 부당한 장기화 또는 기망 기타의 방법에 의하여 자의로 진술된 것이 아니라고 인정될 때 또는 정식재판에 있어서 피고인의 자백이 그에게 불리한 유일한 증거일 때에는 이를 유죄의 증거로 삼거나 이를 이유로 처벌할 수 없다.

① (○) 헌법 제12조 ⑤누구든지 체포 또는 구속의 이유와 변호인의 조력을 받을 권리가 있음을 고지받지 아니하고는 체포 또는 구속을 당하지 아니한다. 체포 또는 구속을 당한 자의 가족 등 법률이 정하는 자에게는 그 이유와 일시·장소가 지체없이 통지되어야 한다.
② (○) 헌법 제12조 ③체포·구속·압수 또는 수색을 할 때에는 적법한 절차에 따라 검사의 신청에 의하여 법관이 발부한 영장을 제시하여야 한다. 다만, 현행범인인 경우와 장기 3년 이상의 형에 해당하는 죄를 범하고 도피 또는 증거인멸의 염려가 있을 때에는 사후에 영장을 청구할 수 있다.
③ (×) 헌법 제12조 ①모든 국민은 신체의 자유를 가진다. 누구든지 법률에 의하지 아니하고는 체포·구속·압수·수색 또는 심문을 받지 아니하며, 법률과 적법한 절차에 의하지 아니하고는 처벌·보안처분 또는 강제노역을 받지 아니한다.
④ (○) 헌법 제12조 ⑦피고인의 자백이 고문·폭행·협박·구속의 부당한 장기화 또는 기망 기타의 방법에 의하여 자의로 진술된 것이 아니라고 인정될 때 또는 정식재판에 있어서 피고인의 자백이 그에게 불리한 유일한 증거일 때에는 이를 유죄의 증거로 삼거나 이를 이유로 처벌할 수 없다. [2022년 경찰공채 3월] ③

헌법상 신체의 자유에 대한 설명으로 가장 적절하지 않은 것은? (다툼이 있는 경우 헌법재판소 판례에 의함)
① 마약류사범인 수용자에게 마약류반응검사를 위하여 소변을 받아 제출하게 한 것은 과잉금지의 원칙에 위반되지 않는다.
② 보호의무자 2인의 동의와 정신건강의학과 전문의 1인의 진단으로 정신질환자에 대한 보호입원이 가능하도록 한 「정신보건법」 조항은 정신질환자를 신속·적정하게 치료하고, 정신질환자 본인과 사회의 안전을 지키기 위한 것이므로 신체의 자유를 침해하지 않는다.
③ 형사 법률에 저촉되는 행위 또는 규율 위반 행위를 한 피보호감호자에 대하여 징벌처분을 내릴 수 있도록 한 구 「사회보호법」 조항은 과잉금지원칙에 위배되지 않아 청구인의 신체의 자유를 침해하지 않는다.
④ 「국가보안법」 위반죄 등 일부 범죄혐의자를 법관의 영장 없이 구속, 압수, 수색할 수 있도록 규정하고 있던 구 「인신구속 등에 관한 임시 특례법」 조항은 영장주의에 위배된다.

① (○) 소변채취를 통한 마약류 반응검사가 월 1회씩 정기적으로 행하여진다 하여도 이는 마약류의 반입 및 복용사실을 조기에 발견하고 마약류의 반입시도를 사전에 차단함으로써 교정시설 내의 안전과 질서유지를 위하여 필요하고, 마약의 복용 여부는 외부관찰 등에 의해서는

발견될 수 없으며, 징벌 등 제재처분 없이 자발적으로 소변을 받아 제출하도록 한 후, 3분 내의 짧은 시간에 시약을 떨어뜨리는 간단한 방법으로 실시되므로, 대상자가 소변을 받아 제출하는 하기 싫은 일을 하여야 하고 자신의 신체의 배출물에 대한 자기결정권이 다소 제한된다고 하여도, 그것만으로는 소변채위의 목적 및 검사방법 등에 비추어 과잉금지의 원칙에 반한다고 할 수 없다(헌재 2006.7.27. 2005헌마277).

② (×) 심판대상조항은 단지 보호의무자 2인의 동의와 정신과전문의 1인의 판단만으로 정신질환자에 대한 보호입원이 가능하도록 하면서 정신질환자의 신체의 자유 침해를 최소화할 수 있는 적절한 방안을 마련하지 아니함으로써 지나치게 기본권을 제한하고 있다. 따라서 심판대상조항은 법익의 균형성 요건도 충족하지 못한다. 심판대상조항은 과잉금지원칙을 위반하여 신체의 자유를 침해한다(헌재 2016.9.29. 2014헌가9).

③ (○) 심판대상 사회보호법 조항은 보호감호처분에 관하여 형집행법 제107조 제1호, 제6호를 준용하여 형사 법률에 저촉되는 행위 또는 규율 위반 행위를 한 피보호감호자에 대하여 불이익처분을 내릴 수 있도록 함으로써 수용시설의 안전과 공동생활의 질서를 유지하기 위한 것으로, 입법목적의 정당성이 인정된다. 이 사건 법률조항이 달성하고자 하는 수용시설의 안전과 질서유지는 수용목적을 달성하기 위한 가장 기본적인 전제조건으로서 수용시설의 운영을 위한 필수불가결한 공익인 만큼 이 사건 법률조항으로 인하여 제한되는 청구인의 사익보다 결코 작다고 볼 수 없으므로, 이 사건 법률조항은 법익균형성도 갖추었다. 그러므로 이 사건 법률조항은 과잉금지원칙에 위배되어 청구인의 신체의 자유 등 기본권을 침해하지 않는다(헌재 2016.5.26. 2015헌바378).

④ (○) 심판대상 인신구속 등에 관한 임시 특례법 조항은 수사기관이 법관에 의하여 발부된 영장 없이 일부 범죄 혐의자에 대하여 구속 등 강제처분을 할 수 있도록 규정하고 있을 뿐만 아니라, 그와 같이 영장 없이 이루어진 강제처분에 대하여 일정한 기간 내에 법관에 의한 사후영장을 발부받도록 하는 규정도 마련하지 아니함으로써, 수사기관이 법관에 의한 구체적 판단을 전혀 거치지 않고서도 임의로 불특정한 기간 동안 피의자에 대한 구속 등 강제처분을 할 수 있도록 하고 있는바, 이는 이 사건 법률조항의 입법목적과 그에 따른 입법자의 정책적 선택이 자의적이었는지 여부를 따질 필요도 없이 형식적으로 영장주의의 본질을 침해한다고 하지 않을 수 없다(헌재 2012.12.27. 2011헌가5).

[2019년 경찰 경정승진] ②

신체의 자유 및 적법절차에 대한 설명으로 옳지 않은 것은? (다툼이 있는 경우 판례에 의함)

① 형벌법규는 문언에 따라 엄격하게 해석·적용하여야 하고 피고인에게 불리한 방향으로 지나치게 확장해석하거나 유추해석하여서는 아니되지만, 형벌법규의 해석에서도 법률문언의 통상적인 의미를 벗어나지 않는 한 그 법률의 입법취지와 목적, 입법연혁 등을 고려한 목적론적 해석이 배제되는 것은 아니다.

② 강제퇴거명령을 받은 사람을 즉시 대한민국 밖으로 송환할 수 없으면 송환할 수 있을 때까지 보호시설에 보호할 수 있도록 규정한 「출입국관리법」 제63조 제1항은 과잉금지원칙에 반하여 신체의 자유를 침해하지 아니한다.

③ 변호인의 조력을 받을 권리란 변호인과 신체구속을 당한 사람 사이의 충분한 접견교통을 허용함은 물론 교통내용에 대하여 비밀이 보장되고 부당한 간섭이 없어야 하는 것이며, 이러한 취지는 변호인과 미결수용자 사이의 서신에는 적용되지 않는다.

④ 헌법 제12조 제2항이 보장하는 진술거부권은 피고인 또는 피의자가 공판절차나 수사절차에서 법원 또는 수사기관의 신문에 대하여 형사상 자신에게 불리한 진술을 거부할 수 있는 권리이다.

① (○) 형벌법규는 문언에 따라 엄격하게 해석·적용하여야 하고 피고인에게 불리한 방향으로 지나치게 확장해석하거나 유추해석하여서는

아니 되지만, 형벌법규의 해석에서도 법률문언의 통상적인 의미를 벗어나지 않는 한 그 법률의 입법취지와 목적, 입법연혁 등을 고려한 목적론적 해석이 배제되는 것은 아니다(대법원 2002.2.21. 2001도2819).

② (○) 출입국관리법에 따라 보호된 청구인들은 각 보호의 원인이 되는 강제퇴거명령에 대하여 취소소송을 제기함으로써 그 원인관계를 다투는 것 이외에, 보호명령 자체의 취소를 구하는 행정소송이나 그 집행의 정지를 구하는 집행정지신청을 할 수 있으므로, 헌법 제12조 제6항이 요구하는 체포·구속 자체에 대한 적법 여부를 법원에 심사청구할 수 있는 절차가 있다. 따라서 심판대상조항은 헌법 제12조 제6항의 요청을 충족한 것으로 청구인들의 신체의 자유를 침해하지 아니한다(헌재 2014.8.28. 2012헌마686).

③ (×) 헌법 제12조 제4항 본문은 신체구속을 당한 사람에 대하여 변호인의 조력을 받을 권리를 규정하고 있는바, 이를 위하여서는 신체구속을 당한 사람에게 변호인과 사이의 충분한 접견교통을 허용함은 물론 교통내용에 대하여 비밀이 보장되고 부당한 간섭이 없어야 하는 것이며, 이러한 취지는 접견의 경우뿐만 아니라 변호인과 미결수용자 사이의 서신에도 적용되어 그 비밀이 보장되어야 한다(헌재 1995.7.21. 92헌마144).

④ (○) 헌법 제12조 제2항에 근거하여 형사상 자기에게 불리한 진술이나 증언을 거부할 수 있는 진술거부권을 보장하고 있는바, 이는 피고인 또는 피의자가 공판절차나 수사절차에서 법원 또는 수사기관의 신문에 대하여 형사상 자신에게 불리한 진술을 거부할 수 있는 권리를 말하는 것이다(헌재 1998.7.16. 96헌바35). [2020년 지방 7급] ③

1. 적법절차

적법절차원칙에 대한 설명으로 옳지 않은 것은? (다툼이 있는 경우 판례에 의함)

① 국회의 탄핵소추절차는 국회와 대통령이라는 헌법기관 사이의 문제이고, 국회의 탄핵소추의결에 의하여 사인으로서의 대통령의 기본권이 침해되는 것이 아니라, 국가기관으로서의 대통령의 권한행사가 정지되는 것이므로 적법절차의 원칙이 직접 적용되지 않는다.

② 적법절차원칙에서 도출될 수 있는 중요한 절차적 요청으로서는 당사자에게 적절한 고지를 할 것, 당사자에게 의견 및 자료 제출의 기회를 부여할 것을 들 수 있다.

③ 적법절차의 원칙은 헌법조항에 규정된 형사절차상의 제한된 범위 내에서만 적용되는 것이 아니라 국가작용으로서 기본권제한과 관련되든 관련되지 않든 모든 입법작용 및 행정작용에도 광범위하게 적용된다.

④ 법관이 아닌 행정부 소속기관으로 치료감호심의위원회를 두고 보호감호의 관리 및 집행에 관한 사항을 심사·결정하도록 한 것은 위원회의 구성, 심사절차 및 심사대상 등을 고려할 필요없이 그 자체로 적법절차원칙에 위배된다.

⑤ 전투경찰순경의 인신구금을 내용으로 하는 영창처분에 대하여 영장주의가 적용될 여지는 없으나, 적법절차원칙은 준수되어야 한다.

① (○) 국회의 탄핵소추절차는 국회와 대통령이라는 헌법기관 사이의 문제이고, 국회의 탄핵소추의결에 의하여 사인으로서의 대통령의 기본권이 침해되는 것이 아니라, 국가기관으로서의 대통령의 권한행사가 정지되는 것이다. 따라서 국가기관이 국민과의 관계에서 공권력을 행사함에 있어서 준수해야 할 법원칙으로서 형성된 적법절차의 원칙을 국가기관에 대하여 헌법을 수호하고자 하는 탄핵소추절차에는 직접 적용할 수 없다고 할 것이고, 그 외 달리 탄핵소추절차와 관련하여 피소추인에게 의견진술의 기회를 부여할 것을 요청하는 명문의 규정도 없으므로, 국회의 탄핵소추절차가 적법절차원칙에 위배되었다는 주장은 이유 없다(헌재 2004.5.14. 2004헌나1).

② (○) 적법절차원칙에서 도출할 수 있는 가장 중요한 절차적 요청 중의 하나로, 당사자에게 적절한 고지를 행할 것, 당사자에게 의견 및 자료 제출의 기회를 부여할 것을 들 수 있겠으나, 이 원칙이 구체적으로 어떠한 절차를 어느 정도로 요구하는지는 일률적으로 말하기 어렵고, 규율되는 사항의 성질, 관련 당사자의 사익, 절차의 이행으로 제고될 가치, 국가작용의 효율성, 절차에 소요되는 비용, 불복의 기회 등 다양한 요소들을 형량하여 개별적으로 판단할 수밖에 없다(헌재 2003.7.24. 2001헌가25).

③ (○) 적법절차의 원칙은 공권력에 의한 국민의 생명·자유·재산의 침해는 반드시 합리적이고 정당한 법률에 의거해서 정당한 절차를 밟은 경우에만 유효하다는 원리로서 형사절차상의 제한된 범위 내에서만 적용되는 것이 아니라 국가작용으로서 기본권 제한과 관련되든 아니든 모든 입법작용 및 행정작용에도 광범위하게 적용된다(헌재 2013.7.25. 2012헌가1).

④ (×) 치료감호심의위원회의 심사대상은 이미 판결에 의하여 확정된 보호감호처분을 집행하는 것에 불과하므로 이를 법관에게 맡길 것인지, 아니면 제3의 기관에 맡길 것인지는 입법 재량의 범위 내에 있으며, 위원회의 결정에 대하여 불복이 있는 경우 행정소송 등 사법심사의 길이 열려 있으므로 법관에 의한 재판을 받을 권리를 침해한다고 할 수 없다. 나아가, 치료감호심의위원회의 구성, 심사절차 및 심사대상에 비추어 볼 때 위원회가 보호감호의 관리 및 집행에 관한 사항을 심사·결정하도록 한 것이 헌법상 적법절차 원칙에 위배된다고 볼 수 없다(헌재 2009.3.26. 2007헌바50).

⑤ (○) 헌법 제12조 제1항의 적법절차원칙은 형사소송절차에 국한되지 않고 모든 국가작용 전반에 대하여 적용되므로, 전투경찰순경의 인신구금을 내용으로 하는 영창처분에 있어서도 적법절차원칙이 준수되어야 한다. 그런데 전투경찰순경에 대한 영창처분은 그 사유가 제한되어 있고, 징계위원회의 심의절차를 거쳐야 하며, 징계 심의 및 집행에 있어 징계대상자의 출석권과 진술권이 보장되고 있다. 또한 소청과 행정소송 등 별도의 불복절차가 마련되어 있고 소청에서 당사자 의견진술 기회 부여를 소청결정의 효력에 영향을 주는 중요한 절차적 요건으로 규정하는바, 이러한 점들을 종합하면 이 사건 영창조항이 헌법에서 요구하는 수준의 절차적 보장 기준을 충족하지 못했다고 볼 수 없으므로 헌법 제12조 제1항의 적법절차원칙에 위배되지 아니한다(헌재 2016.3.31. 2013헌바190). 청구인은 이 사건 영창조항이 헌법상 영장주의에 위배된다는 주장도 하나, 헌법 제12조 제3항에서 규정하고 있는 영장주의란 형사절차와 관련하여 체포·구속·압수·수색의 강제처분을 할 때 신분이 보장되는 법관이 발부한 영장에 의하지 않으면 안 된다는 원칙으로 형사절차가 아닌 징계절차에도 그대로 적용된다고 볼 수 없다. 따라서 이 사건 영창조항이 헌법상 영장주의에 위반되는지 여부는 더 나아가 판단하지 아니한다(헌재 2016.3.31. 2013헌바190, 4인 합헌 보충의견). [2023년 국회 5급] ④

적법절차원칙에 관한 설명 중 가장 적절하지 않은 것은? (다툼이 있는 경우 판례에 의함)

① 헌법 제12조 제1항 후문은 "누구든지 법률에 의하지 아니하고는 체포·구속·압수·수색 또는 심문을 받지 아니하며, 법률과 적법한 절차에 의하지 아니하고는 처벌·보안처분 또는 강제노역을 받지 아니한다"고 규정하여 적법절차원칙을 헌법원리로 수용하고 있다.

② 적법절차원칙은 법률이 정한 형식적 절차와 실체적 내용이 모두 합리성과 정당성을 갖춘 적정한 것이어야 한다는 실질적 의미를 지니고 있는 것으로 이해된다.

③ 형사소송절차와 관련하여 보면 적법절차원칙은 형벌권의 실행절차인 형사소송의 전반을 규율하는 기본원리로서, 형사피고인의 기본권이 공권력에 의하여 침해당할 수 있는 가능성을 최소화하도록 절차를 형성·유지할 것을 요구하고 있다.

④ 자격정지 이상의 선고유예를 받고 그 선고유예기간 중에 있는 자에 대하여 당연 퇴직을 규정하고 있는 경찰공무원법 규정은 재판청구권을 침해하고, 적법절차원칙에 위배되어 위헌이다.

① (○) ② (○) 적법절차의 원칙은 법률이 정한 형식적 절차와 실체적 내용이 모두 합리성과 정당성을 갖춘 적정한 것이어야 한다는 실질적

의미를 지니고 있는 것으로서 특히 형사소송절차와 관련시켜 적용함에 있어서는 형사소송절차의 전반을 기본권 보장의 측면에서 규율하여야 한다는 기본권리를 천명하고 있는 것이다(헌재 1996.12.26. 94헌바1).

③ (○) 적법절차의 원칙은 헌법조항에 규정된 형사절차상의 제한된 범위 내에서만 적용되는 것이 아니라 국가작용으로서 기본권제한과 관련되든 관련되지 않든 모든 입법작용 및 행정작용에도 광범위하게 적용된다고 해석하여야 하고, 나아가 형사소송절차와 관련시켜 적용함에 있어서는 형벌권의 실행절차인 형사소송의 전반을 규율하는 기본원리로 이해하여야 한다(헌재 1992.12.24. 92헌가8).

④ (×) 경찰공무원이 자격정지 이상의 형의 선고유예를 받은 경우 공무원직에서 당연퇴직하도록 규정하고 있는 이 사건 법률조항은 자격정지 이상의 선고유예 판결을 받은 모든 범죄를 포괄하여 규정하고 있을 뿐만 아니라 심지어 오늘날 누구에게나 위험이 상존하는 교통사고 관련범죄 등 과실범의 경우마저 당연퇴직의 사유에서 제외하지 않고 있으므로 최소침해성의 원칙에 반한다. 또한 오늘날 사회국가 원리에 입각한 공직제도의 중요성이 강조되면서 개개 공무원의 공무담임권 보장의 중요성은 더욱 큰 의미를 가지고 있다. 일단 공무원으로 채용된 공무원을 퇴직시키는 것은 공무원이 장기간 쌓은 지위를 박탈해 버리는 것이므로 같은 입법목적을 위한 것이라고 하여도 당연퇴직 사유를 임용결격사유와 동일하게 취급하는 것은 타당하다고 할 수 없다. 따라서 이 사건 법률조항은 헌법 제25조의 공무담임권을 침해한 위헌 법률이다(헌재 2004.9.23. 2004헌가12). [2022년 경찰 경정승진] ④

적법절차의 원칙에 대한 설명으로 가장 적절하지 않은 것은? (다툼이 있는 경우 헌법 재판소 판례에 의함)

① 적법절차의 원칙은 법률이 정한 형식적 절차와 실체적 내용이 모두 합리성과 정당성을 갖춘 적정한 것이어야 한다는 실질적 의미를 지니고 있다.

② 헌법 제12조 제1항의 처벌, 보안처분, 강제노역 및 제12조 제3항의 영장주의와 관련하여 각각 적법절차의 원칙을 규정하고 있지만, 이는 그 대상을 한정적으로 열거하고 있는 것으로 해석하는 것이 우리나라의 통설적 견해이다.

③ 적법절차의 원칙은 모든 국가작용을 지배하는 독자적인 헌법의 기본원리로서 해석되어야 할 원칙이라는 점에서 입법권의 유보적 한계를 선언하는 과잉입법금지의 원칙과 구별된다.

④ 적법절차의 원칙은 헌법 조항에 규정된 형사절차상의 제한된 범위 내에서만 적용되는 것이 아니라 국가작용으로서 기본권 제한과 관련되든 관련되지 않든 모든 입법작용 및 행정작용에도 광범위하게 적용된다.

① (○) 적법절차원칙은 법률이 정한 형식적 절차와 실체적 내용이 모두 합리성과 정당성을 갖춘 적정한 것이어야 한다는 실질적 의미를 지니고 있는 것으로서 특히 형사절차와 관련시켜 적용함에 있어서는 형사절차의 전반을 기본권 보장의 측면에서 규율하여야 한다는 기본원리를 천명하고 있는 것이다(헌재 2021.1.28. 2020헌마264).

② (×) 현행 헌법에서는 제12조 제1항의 처벌, 보안처분, 강제노역 등 및 제12조 제3항의 영장주의와 관련하여 각각 적법절차의 원칙을 규정하고 있지만 이는 그 대상을 한정적으로 열거하고 있는 것이 아니라 그 적용대상을 예시한 것에 불과하다고 해석하는 것이 우리의 통설적 견해이다(헌재 1992.12.24. 92헌가8).

③ (○) 헌법이 명문화하고 있는 적법절차의 원칙은 단순히 입법권의 유보제한이라는 한정적인 의미에 그치는 것이 아니라 모든 국가작용을 지배하는 독자적인 헌법의 기본원리로서 해석되어야 할 원칙이라는 점에서 입법권의 유보적 한계를 선언하는 과잉입법금지의 원칙과는 구별된다(헌재 1992.12.24. 92헌가8).

④ (○) 적법절차의 원칙은 공권력에 의한 국민의 생명·자유·재산의 침해는 반드시 합리적이고 정당한 법률에 의거해서 정당한 절차를 밟은 경우에만 유효하다는 원리로서 형사절차상의 제한된 범위 내에서만 적용되는 것이 아니라 국가작용으로서 기본권 제한과 관련되든 아니든 모든 입법작용 및 행정작용에도 광범위하게 적용된다(헌재 2013.7.25. 2012헌가1). [2022년 경찰간부] ②

적법절차에 관한 설명으로 가장 적절하지 않은 것은? (다툼이 있는 경우 판례에 의함)

① 징계절차를 진행하지 아니함을 통보하지 않은 경우에는 징계시효가 연장되지 않는다는 예외규정을 두지 않은 구 「지방공무원법」 조항은, 수사 중인 사건에 대하여 징계절차를 진행하지 않음에도 징계시효가 당연히 연장되어 징계혐의자는 징계시효가 연장되는지를 알지 못한 채 불이익을 입을 수 있어 적법절차원칙에 위배된다.

② 관계행정청이 등급분류를 받지 아니하거나 등급분류를 받은 게임물과 다른 내용의 게임물을 발견한 경우 관계공무원으로 하여금 이를 영장 없이 수거·폐기하게 할 수 있도록 한 구 「음반·비디오물및게임물에관한법률」 조항은 그 소유자 또는 점유자에게 수거증을 교부하도록 하는 등 절차적 요건을 규정하고 있어 적법절차원칙에 위배되지 않는다.

③ 검사가 법원의 증인으로 채택된 수감자를 그 증언에 이르기까지 거의 매일 검사실로 하루종일 소환하여 피고인측 변호인이 접근하는 것을 차단하고 검찰에서의 진술을 번복하는 증언을 하지 않도록 회유·압박하는 행위는, 증인의 증언 전에 일방 당사자만이 증인과의 접촉을 독점하여 상대방은 증인이 어떠한 내용을 증언할 것인지를 알 수 없어 그에 대한 방어를 준비할 수 없게 되므로 적법절차원칙에 위배된다.

④ 범칙금 통고처분을 받고도 납부기간 이내에 범칙금을 납부하지 아니한 사람에 대하여 행정청에 대한 이의제기나 의견진술 등의 기회를 주지 않고 경찰서장이 곧바로 즉결심판을 청구하도록 한 구 「도로교통법」 조항은, 이에 불복하여 범칙금을 납부하지 아니한 자에게는 재판절차라는 완비된 절차적 보장이 주어지므로 적법절차원칙에 위배되지 않는다.

① (×) 심판대상조항이 징계시효 연장을 규정하면서 징계절차를 진행하지 아니함을 통보하지 아니한 경우에는 징계시효가 연장되지 않는다는 예외규정을 두지 않았다고 하더라도 적법절차원칙에 위배되지 아니한다(헌재 2017.6.29. 2015헌바29).

② (○) 사건 법률조항이 영장 없는 수거를 인정한다고 하더라도 이를 두고 헌법상 영장주의에 위배되는 것으로는 볼 수 없고, 위 구 음반비디오물및게임물에관한법률 제24조 제4항에서 관계공무원이 당해 게임물 등을 수거한 때에는 그 소유자 또는 점유자에게 수거증을 교부하도록 하고 있고, 동조 제6항에서 수거 등 처분을 하는 관계공무원이나 협회 또는 단체의 임직원은 그 권한을 표시하는 증표를 지니고 관계인에게 이를 제시하도록 하는 등의 절차적 요건을 규정하고 있으므로, 적법절차의 원칙에 위배되는 것으로 보기도 어렵다(헌재 2002.10.31. 2000헌가12).

③ (○) 증인의 증언 전에 일방 당사자만이 증인과의 접촉을 독점하게 되면, 상대방은 증인이 어떠한 내용을 증언할 것인지를 알 수 없어 그에 대한 방어를 준비할 수 없게 되며 상대방이 가하는 예기치 못한 공격에 그대로 노출될 수밖에 없으므로, 헌법이 규정한 적법절차의 원칙에도 반한다(헌재 2001.8.30. 99헌마496).

④ (○) 도로교통법상 범칙금 납부통고는 위반행위에 대한 제재를 신속 간편하게 종결할 수 있게 하는 제도로서, 이에 불복하여 범칙금을 납부하지 아니한 자에게는 재판절차라는 완비된 절차적 보장이 주어진다. 사건 즉결심판청구 조항에서 의견진술 등의 별도의 절차를 두지 않은 것이 현저히 불합리하여 적법절차원칙에 위배된다고 보기 어렵다(헌재 2014.8.28. 2012헌바433).

[2023년 경찰공채 3월] ①

적법절차원리에 대한 설명으로 옳지 않은 것은?

① 농림수산식품부장관 등 관련 국가기관이 국민의 생명·신체의 안전에 영향을 미치는 고시 등의 내용을 결정함에 있어서 이해관계인의 의견을 사전에 충분히 수렴하는 것이 바람직하기는 하지만, 그것이 헌법의 적법절차원칙상 필수적으로 요구되는 것이라고 할 수는 없다.

② 강제퇴거명령을 받은 사람을 보호할 수 있도록 하면서 보호기간의 상한을 마련하지 아니한 「출입국관리법」 조항에 의한 보호는 형사절차상 '체포 또는 구속'에 준하는 것으로 볼 수 있는 점을 고려하면, 보호의 개시 또는 연장 단계에서 그 집행기관인 출입국관리공무원으로부터 독립되고 중립적인 지위에 있는 기관이 보호의 타당성을 심사하여 이를 통제할 수 있어야 한다.

③ 형사재판에 계속 중인 사람에 대하여 출국을 금지할 수 있다고 규정한 「출입국관리법」에 따른 법무부장관의 출국금지결정은 성질상 신속성과 밀행성을 요하므로, 출국금지 대상자에게 사전통지를 하거나 청문을 실시하도록 한다면 국가 형벌권 확보라는 출국금지제도의 목적을 달성하는 데 지장을 초래할 우려가 있으며, 출국금지 후 즉시 서면으로 통지하도록 하고 있고, 이의신청이나 행정소송을 통하여 출국금지결정에 대해 사후적으로 다툴 수 있는 기회를 제공하여 절차적 참여를 보장해 주고 있으므로 적법절차원칙에 위배된다고 보기 어렵다.

④ 효율적인 수사와 정보수집의 신속성, 밀행성 등을 고려하여 사전에 정보주체인 이용자에게 그 내역을 통지하는 것이 적절하지 않기 때문에, 수사기관 등이 통신자료를 취득한 이후에도 수사 등 정보수집의 목적에 방해가 되지 않도록 「전기통신사업법」 조항이 통신자료 취득에 대한 사후 통지절차를 두지 않은 것은 적법절차원칙에 위배되지 아니한다.

① (○) 농림수산식품부장관 등 관련 국가기관이 국민의 생명·신체의 안전에 영향을 미치는 고시 등의 내용을 결정함에 있어서 이해관계인의 의견을 사전에 충분히 수렴하는 것이 바람직하기는 하지만, 그것이 헌법의 적법절차 원칙상 필수적으로 요구되는 것이라고 할 수는 없다(헌재 2008.12.26. 2008헌마419).

② (○) 심판대상조항에 의한 보호는 신체의 자유를 제한하는 정도가 박탈에 이르러 형사절차상 '체포 또는 구속'에 준하는 것으로 볼 수 있는 점을 고려하면, 보호의 개시 또는 연장 단계에서 그 집행기관인 출입국관리공무원으로부터 독립되고 중립적인 지위에 있는 기관이 보호의 타당성을 심사하여 이를 통제할 수 있어야 한다. 그러나 현재 출입국관리법상 보호의 개시 또는 연장 단계에서 집행기관으로부터 독립된 중립적 기관에 의한 통제절차가 마련되어 있지 아니하다. 또한 당사자에게 의견 및 자료 제출의 기회를 부여하는 것은 적법절차원칙에서 도출되는 중요한 절차적 요청이므로, 심판대상조항에 따라 보호를 하는 경우에도 피보호자에게 위와 같은 기회가 보장되어야 하나, 심판대상조항에 따른 보호명령을 발령하기 전에 당사자에게 의견을 제출할 수 있는 절차적 기회가 마련되어 있지 아니하다. 따라서 심판대상조항은 적법절차원칙에 위배되어 피보호자의 신체의 자유를 침해한다(헌재 2023.3.23. 2020헌가1).

③ (○) 출국금지결정은 성질상 신속성과 밀행성을 요하므로, 출국금지 대상자에게 사전통지를 하거나 청문을 실시하도록 한다면 국가 형벌권 확보라는 출국금지제도의 목적을 달성하는 데 지장을 초래할 우려가 있다. 나아가 출국금지 후 즉시 서면으로 통지하도록 하고 있고, 이의신청이나 행정소송을 통하여 출국금지결정에 대해 사후적으로 다툴 수 있는 기회를 제공하여 절차적 참여를 보장해 주고 있으므로 적법절차원칙에 위배된다고 보기 어렵다(헌재 2015.9.24. 2012헌바302).

④ (×) 효율적인 수사와 정보수집의 신속성, 밀행성 등의 필요성을 고려하여 사전에 정보주체인 이용자에게 그 내역을 통지하도록 하는 것이 적절하지 않다면 수사기관 등이 통신자료를 취득한 이후에 수사 등 정보수집의 목적에 방해가 되지 않는 범위 내에서 통신자료의

취득사실을 이용자에게 통지하는 것이 얼마든지 가능하다. 그럼에도 이 사건 법률조항은 통신자료 취득에 대한 사후통지절차를 두지 않아 적법절차원칙에 위배된다(헌재 2022.7.21. 2016헌마388). [2023년 국가 7급] ④

적법절차원칙에 대한 설명으로 옳지 않은 것은? (다툼이 있는 경우 판례에 의함)

① 현행 헌법은 제12조 제1항의 처벌, 보안처분, 강제노역 등과 관련하여 적법절차의 원칙을 규정하고 있지만 이는 그 대상을 한정적으로 열거하고 있는 것이 아니라 그 적용 대상을 예시한 것에 불과하다고 해석해야 한다.

② 공정거래위원회로 하여금 부당내부거래를 한 사업자에 대하여 그 매출액의 2% 범위 내에서 과징금을 부과할 수 있도록 한 것은 적법절차원칙에 위배되지 않는다.

③ 징계시효 연장을 규정하면서 징계절차를 진행하지 아니함을 통보하지 아니한 경우에는 징계시효가 연장되지 않는다는 예외규정을 두지 않았다고 하더라도 적법절차원칙에 위배되지 않는다.

④ 「범죄인인도법」 제3조가 법원의 범죄인 인도심사를 서울고등법원의 전속관할로 하고 그 심사결정에 대한 불복절차를 인정하지 않은 것은 재판절차로서의 형사소송절차에서 상급심에의 불복절차를 자의적으로 배제하는 것으로 적법절차원칙에 위배된다.

⑤ 징벌혐의의 조사를 위하여 14일간 청구인을 조사실에 분리수용하고 공동행사참가 등 처우를 제한한 교도소장의 행위에 대하여 법원에 의한 개별적인 통제절차를 두고 있지 않은 것만으로는 적법절차원칙에 위배되지 않는다.

① (○) 현행 헌법 제12조 제1항의 처벌·보안처분·강제노역 등 및 제12조 제3항의 영장주의와 관련하여 각각 적법절차의 원칙을 규정하고 있지만 이는 그 대상을 한정적으로 열거하고 있는 것이 아니라 그 적용대상을 예시한 것에 불과하다고 해석하는 것이 우리의 통설적 견해이다(헌재 1992.12.24. 92헌가8).

② (○) 과징금의 부과 여부 및 그 액수의 결정권자인 위원회는 합의제 행정기관으로서 그 구성에 있어 일정한 정도의 독립성이 보장되어 있고, 과징금 부과절차에서는 통지, 의견진술의 기회 부여 등을 통하여 당사자의 절차적 참여권을 인정하고 있으며, 행정소송을 통한 사법적 사후심사가 보장되어 있으므로, 이러한 점들을 종합적으로 고려할 때 과징금 부과 절차에 있어 적법절차원칙에 위반되거나 사법권을 법원에 둔 권력분립의 원칙에 위반된다고 볼 수 없다(헌재 2003.7.24. 2001헌가25).

③ (○) 수사 중인 사건에 대해 징계절차를 진행하지 아니하는 경우 징계시효가 연장되도록 한 것은 적정한 징계를 위해 징계절차를 진행하지 아니할 수 있도록 한 것인 오히려 징계를 방해하게 되는 불합리한 결과를 막기 위해서이다. 심판대상조항을 통해 달성되는 공정한 징계제도 운용이라는 이익은 징계혐의자가 징계절차를 진행하지 아니함을 통보받지 못하여 징계시효가 연장되었음을 알지 못함으로써 입는 불이익보다 크다. 그렇다면 심판대상조항이 징계시효 연장을 규정하면서 징계절차를 진행하지 아니함을 통보하지 아니한 경우에는 징계시효가 연장되지 않는다는 예외규정을 두지 않았다고 하더라도 적법절차원칙에 위배되지 아니한다(헌재 2017.6.29. 2015헌바29).

④ (×) 법원의 범죄인 인도결정은 신체의 자유에 밀접하게 관련된 문제이므로 범죄인 인도심사에 있어서 적법절차가 준수되어야 한다. 그런데 심급제도는 사법에 의한 권리보호에 관하여 한정된 법발견, 자원의 합리적인 분배의 문제인 동시에 재판의 적정과 신속이라는 서로 상반되는 두 가지의 요청을 어떻게 조화시키느냐의 문제이므로 기본적으로 입법자의 형성의 자유에 속하는 사항이다. 그렇다면 심급제도에 대한 입법재량의 범위와 범죄인 인도심사의 법적 성격, 그리고 범죄인 인도법에서의 심사절차에 관한 규정 등을 종합할 때, 이 사건 법률조항이 범죄인 인도심사를 서울고등법원의 단심제로 하고 있다고 해서 적법절차원칙에서 요구되는 합리성과 정당성을 결여한 것이라 볼 수 없다(헌재 2003.1.30. 2001헌바95).

⑤ (○) 분리수용과 처우제한은 징벌제도의 일부로서 징벌 혐의의 입증을 위한 과정이고, 그 과정을 거쳐 징벌처분을 내리기 위해서는 징벌위원회의 의결이라는 사전 통제절차를 거쳐야 하며, 내려진 징벌처분에 대해서는 행정소송을 통해 불복할 수 있다는 점, 조사단계에서의 분리수용이나 처우제한에까지 일일이 법원에 의한 사전 또는 사후통제를 요구한다면 징벌제도 시행에 있어서 비효율을 초래할 수 있다는 점, 조사단계에서 징벌혐의의 고지와 의견진술의 기회 부여가 이루어진다는 점 등을 종합하여 볼 때, 분리수용 및 처우제한에 대해 법원에 의한 개별적인 통제절차를 두고 있지 않다는 점만으로 이 사건 분리수용 및 이 사건 처우제한이 적법절차원칙에 위반된 것이라고 볼 수는 없다(헌재 2014.9.25. 2012헌마523). [2019년 국회 8급] ④

적법절차원칙에 관한 다음 설명 중 가장 옳지 않은 것은?

① 심급제도에 대한 입법재량의 범위와 범죄인인도심사의 법적 성격, 그리고 범죄인인도법에서의 심사절차에 관한 규정 등을 종합할 때, 범죄인인도심사를 서울고등법원의 단심제로 정하고 있는 것은 적법절차원칙에서 요구되는 합리성과 정당성을 결여한 것이라고 볼 수 없다.

② 헌법 제12조 제1항 후문과 제3항에 규정된 적법절차의 원칙은 형사절차상의 제한된 범위뿐만 아니라 국가작용으로서 모든 입법 및 행정작용에도 광범위하게 적용된다.

③ 검사만 치료감호를 청구할 수 있고, 법원은 검사에게 치료감호청구를 요구할 수 있다고만 규정한 '치료감호 등에 관한 법률' 조항은 자의적 행정처분의 가능성을 초래하므로 적법절차원칙에 위반된다.

④ 행정상 즉시강제는 그 본질상 급박성을 요건으로 하고 있어 법관의 영장을 기다려서는 그 목적을 달성할 수 없어 원칙적으로 영장주의가 적용되지 않는다.

① (○) 심급제도에 대한 입법재량의 범위와 범죄인인도심사의 법적 성격, 그리고 범죄인인도법에서의 심사절차에 관한 규정 등을 종합할 때, 이 사건 법률조항이 범죄인인도심사를 서울고등법원의 단심제로 하고 있다고 해서 적법절차원칙에서 요구되는 합리성과 정당성을 결여한 것이라 볼 수 없다(헌재 2003.1.30. 2001헌바95).

② (○) 헌법 제12조 제1항 후문과 제3항에 규정된 적법절차의 원칙은 형사절차상의 제한된 범위뿐만 아니라 국가작용으로서 모든 입법 및 행정작용에도 광범위하게 적용된다(헌재 2009.6.25. 2007헌마451).

③ (×) 피고인 스스로 치료감호를 청구할 수 있는 권리나, 법원으로부터 직권으로 치료감호를 선고받을 수 있는 권리는 헌법상 재판청구권의 보호범위에 포함되지 않는다. 공익의 대표자로서 준사법기관적 성격을 가지고 있는 검사에게만 치료감호 청구권한을 부여한 것은, 본질적으로 자유박탈적이고 침익적 처분인 치료감호와 관련하여 재판의 적정성 및 합리성을 기하기 위한 것이므로 적법절차원칙에 반하지 않는다. 그렇다면 이 사건 법률조항들은 재판청구권을 침해하거나 적법절차원칙에 반한다고 보기 어렵다(헌재 2021.1.28. 2019헌가24).

④ (○) 영장주의가 행정상 즉시강제에도 적용되는지에 관하여는 논란이 있으나, 행정상 즉시강제는 상대방의 임의이행을 기다릴 시간적 여유가 없을 때 하명 없이 바로 실력을 행사하는 것으로서, 그 본질상 급박성을 요건으로 하고 있어 법관의 영장을 기다려서는 그 목적을 달성할 수 없다고 할 것이므로, 원칙적으로 영장주의가 적용되지 않는다(헌재 2002.10.31. 2000헌가12). [2023년 법원 9급] ③

적법절차의 원칙에 대한 설명으로 옳지 않은 것은? (다툼이 있는 경우 헌법재판소의 판례에 의함)

① 적법절차원칙은 형사소송절차에 국한되지 않고 모든 국가작용 전반에 적용되는 것이므로 국민에게 부담을 주는 행정작용인 과징금 부과절차에도 적용된다.

② 적법절차의 원칙은 영미법계 국가에서 인권보장을 위한 원리로 발전되어 온 것으로서, 우리나라는 제8차 개정헌법에서 비로소 헌법전에 규정된 바 있다.
③ 독자적인 헌법원리로서의 적법절차원칙은 형식적인 절차뿐만 아니라 실체적 법률내용이 합리성과 정당성을 갖춘 것이어야 한다는 실질적 의미로 확대해석되고 있다.
④ 압수수색에서의 사전통지와 참여권 보장은 헌법상 명문으로 규정된 권리는 아니다.
⑤ 국회 입법에 대하여는 원칙적으로 일반 국민에 대하여 적법절차에서 파생되는 청문권은 인정되지 않는다.

① (○) 헌법 제12조 제1항에 근거하여 적법절차원칙을 규정하고 있는데, 헌법재판소는 이 원칙이 형사소송절차에 국한되지 않고 모든 국가작용 전반에 대하여 적용된다고 밝힌 바 있으므로, 국민에게 부담을 주는 행정작용인 과징금 부과의 절차에 있어서도 적법절차원칙이 준수되어야 한다(헌재 2003.7.24. 2001헌가25).
② (×) 1987년 제9차 개정된 현행 헌법에서 적법절차의 원칙이 최초로 규정되었다.
③ (○) 헌법 제12조 제1항 및 제3항에 규정된 적법절차의 원칙은 일반적 헌법원리로서 모든 공권력의 행사에 적용되는바, 이는 절차의 적법성뿐만 아니라 절차의 적정성까지 보장되어야 한다. 즉 형식적인 절차뿐만 아니라 실체적 법률내용이 합리성과 정당성을 갖춘 것이어야 한다는 실질적인 의미로 확대 해석되고 있다(헌재 2007.4.26. 2006헌바10).
④ (○) 헌법은 제12조 제3항에서 "체포·구속·압수 또는 수색을 할 때에는 적법한 절차에 따라 검사의 신청에 의하여 법관이 발부한 영장을 제시하여야 한다"고 규정하고 있을 뿐, 압수수색에 관한 통지절차 등을 따로 규정하고 있지 않으므로 압수수색의 사전통지나 집행 당시의 참여권의 보장은 압수수색에 있어 국민의 기본권을 보장하고 헌법상의 적법절차원칙의 실현을 위한 구체적인 방법의 하나일 뿐 헌법상 명문으로 규정된 권리는 아니다(헌재 2012.12.27. 2011헌바225).
⑤ (○) 국민들이 선출한 국회의원들이 의회에서 공개적인 토론과 타협을 통하여 적법한 절차를 거쳐 제정하는 법률에 대하여, 그 내용이 기본권을 제약하는 법률이라는 이유로 국민들에게 사전 청문절차를 보장하지 않았다고 다투는 것은 대표를 통하여 국민의 의사를 국가정책에 반영하는 의회주의와 대의민주주의의 기본취지에 부합되지 않는다. 그 경우 국민들은 입법절차라는 절차적 적법절차를 이미 받은 것으로 볼 수 있다. 따라서 적법절차원칙에 의하여 해석상 도출되는 청문절차에 대한 요구에 의하여 헌법이 명문으로 인정한 국회의 입법권을 제약하는 것은 헌법체계적으로도 적절한 것으로 볼 수 없다. 따라서 국회입법에 대하여는 원칙적으로 일반 국민의 지위에서 적법절차에서 파생되는 청문권은 인정되지 아니하므로 청구인들의 경우 이 사건 법률에 의하여 그러한 기본권을 침해받을 가능성은 없다(헌재 2005.11.24. 2005헌마579).

[2017년 국회 8급] ②

적법절차의 원칙에 관한 다음 설명 중 가장 옳지 않은 것은? (다툼이 있는 경우 헌법재판소 결정에 의함)

① 적법절차의 원칙은 미국연방대법원이 판례를 통하여 확립된 원칙으로서 미국연방헌법에는 그 규정이 없다.
② 영미법계의 국가에서 국민의 인권을 보장하기 위한 기본원리의 하나로 발달되어 온 적법절차의 원칙을 처음으로 도입하여 명문화한 것은 제9차 개정한 현행헌법이다.
③ 적법절차의 원칙은 탄핵소추절차에는 직접 적용될 수 없다.
④ 보안처분에도 적법절차의 원칙이 적용되어야 함은 당연한 것이지만 보안처분에는 다양한 형태와 내용이 존재하므로 각 보안처분에 적용되어야 할 적법절차의 범위 내지 한계에도 차이가 있어야 할 것이다.

① (×) ② (○) 적법절차원리는 1215년 영국의 마그나 카르타에서 유래하여, 미국의 수정헌법 제5조 및 제14조에서 규정되어 있다. 그리고 독일기본법 제104조와 일본 헌법 제31조에서도 적법절차의 원리를 규정하고 있으며, 우리나라에서는 1987년 제9차 개정헌법에서 최초로 규정하고 있다.

③ (○) 국가기관이 국민과의 관계에서 공권력을 행사함에 있어서 준수해야 할 법원칙으로서 형성된 적법절차의 원칙을 국가기관에 대하여 헌법을 수호하고자 하는 탄핵소추절차에는 직접 적용할 수 없다고 할 것이고, 그 외 달리 탄핵소추절차와 관련하여 피소추인에게 의견진술의 기회를 부여할 것을 요청하는 명문의 규정도 없으므로, 국회의 탄핵소추절차가 적법절차원칙에 위배되었다는 주장은 이유 없다(헌재 2004.5.14. 2004헌나1).

④ (○) 적법절차의 원칙은 헌법 제12조 제1항 후문에 근거하고 있으며, 이 규정이 보안처분을 처벌 또는 강제노역과 나란히 열거하고 있다는 규정의 형식에 비추어 보거나 보안처분이 처벌 또는 강제노역에 버금가는 중대한 기본권의 제한을 수반한다는 그 내용에 비추어 보거나 보안처분에도 적법절차의 원칙이 적용되어야 함은 당연하다. 다만 보안처분에는 다양한 형태와 내용이 존재하므로 각 보안처분에 적용되어야 할 적법절차의 범위 내지 한계에도 차이가 있어야 한다(헌재 2005.2.3. 2003헌바1). [2018년 법원 9급] ①

적법절차에 관한 설명 중 가장 옳지 않은 것은? (다툼이 있는 경우 헌법재판소 결정에 의함)

① 현행 헌법에서는 적법절차의 원리를 신체의 자유를 보장하는 조항에서 규정하고 있다.
② 적법절차는 형사처벌이 아닌 행정상의 불이익처분에도 적용된다.
③ 탄핵소추절차에도 적법절차의 원칙이 직접 적용된다.
④ 적법절차에서 파생되는 일반 국민의 청문권은 국회입법절차에서는 인정되지 아니한다.

① (○) 헌법은 제12조 제1항에서 신체의 자유의 보장과 적법절차의 원칙을 선언하고 같은 조 제3항에서 체포·구속 등에 있어서 '적법한 절차에 따라' 법관이 발부한 영장에 의할 것을 천명하고 있다(헌재 2012.6.27. 2011헌가36).

② (○) 우리 헌법이 채택하고 있는 적법절차의 원리는 형사처벌이 아닌 행정상의 불이익처분에도 적용된다. 적법절차의 원리는 절차적 차원에서 볼 때에 국민의 기본권을 제한하는 경우에는 반드시 당사자인 국민에게 자기의 입장과 의견을 자유로이 개진할 수 있는 기회를 법으로 보장하여야 한다는 것을 핵심으로 하며 그 기반에는 국민의 입장과 의견을 존중하고 배려하는 것이 문명국가의 의무라는 원칙이 전제되어 있는 헌법의 원리이다(헌재 2000.11.30. 99헌마624).

③ (×) 국가기관이 국민과의 관계에서 공권력을 행사함에 있어서 준수해야 할 법원칙으로서 형성된 적법절차의 원칙을 국가기관에 대하여 헌법을 수호하고자 하는 탄핵소추절차에는 직접 적용할 수 없고, 그 외 달리 탄핵소추절차와 관련하여 피소추인에게 의견진술의 기회를 부여할 것을 요청하는 명문의 규정도 없으므로, 국회의 탄핵소추절차가 적법절차원칙에 위배되었다는 주장은 이유 없다(헌재 2004.5.14. 2004헌나1).

④ (○) 국민들이 선출한 국회의원들이 의회에서 공개적인 토론과 타협을 통하여 적법한 절차를 거쳐 제정하는 법률에 대하여, 그 내용이 기본권을 제약하는 법률이라는 이유로 국민들에게 사전 청문절차를 보장하지 않았다고 다투는 것은 대표를 통하여 국민의 의사를 국가정책에 반영하는 의회주의와 대의민주주의의 기본취지에 부합되지 않는다. 그 경우 국민들은 입법절차라는 절차적 적법절차를 이미 받은 것으로 볼 수 있다. 따라서 적법절차원칙에 의하여 해석상 도출되는 청문절차에 대한 요구에 의하여 헌법이 명문으로 인정한 국회의 입법권을 제약하는 것은 헌법 체계적으로도 적절한 것으로 볼 수 없다. 따라서 국회입법에 대하여는 원칙적으로 일반 국민의 지위에서 적법절차에서 파생되는 청문권은 인정되지 아니하므로 청구인들의 경우 이 사건 법률에 의하여 그러한 기본권을 침해받을 가능성을 없다(헌재 2005.11.24. 2005헌마579 등). [2015년 법원 9급] ③

구별된다(헌재 1992.12.24. 92헌가8).

② (○) 관세법상 몰수할 것으로 인정되는 물품을 압수한 경우에 있어서 범인이 당해 관서에 출두하지 아니하거나 또는 범인이 도주하여 그 물품을 압수한 날로부터 4월을 경과한 때에는 당해 물품은 별도의 재판이나 처분 없이 국고에 귀속한다고 규정하고 있는 이 사건 법률조항은 재판이나 청문의 절차도 밟지 아니하고 압수한 물건에 대한 피의자의 재산권을 박탈하여 국고귀속시킴으로써 그 실질은 몰수형을 집행한 것과 같은 효과를 발생하게 하는 것이므로 헌법상의 적법절차의 원칙과 무죄추정의 원칙에 위배된다(헌재 1997.5.29. 96헌가17).

③ (×) 헌법 제12조 제3항이 영장의 발부에 관하여 "검사의 신청"에 의할 것을 규정한 취지는 모든 영장의 발부에 검사의 신청이 필요하다는 데에 있는 것이 아니라 수사단계에서 영장의 발부를 신청할 수 있는 자를 검사로 한정함으로써 검사 아닌 다른 수사기관의 영장신청에서 오는 인권유린의 폐해를 방지하고자 함에 있으므로, 공판단계에서 법원이 직권에 의하여 구속영장을 발부할 수 있음을 규정한 형사소송법 제70조 제1항 및 제73조 중 "피고인을 구인 또는 구금함에는 구속영장을 발부하여야 한다" 부분은 헌법 제12조 제3항에 위반되지 아니한다(헌재 1997.3.27. 96헌바28).

④ (○) 헌법 제12조 제2항에 따라 형사책임에 관하여 자기에게 불리한 진술을 강요당하지 않을 것을 국민의 기본권으로 보장되어 있다. 이러한 진술거부권은 형사절차에서만 보장되는 것은 아니고 행정절차이거나 국회에서의 질문 등 어디에서나 그 진술이 자기에게 형사상 불리한 경우에는 묵비권을 가지고 이를 강요받지 아니할 국민의 기본권으로 보장된다(헌재 1990.8.27. 89헌가118).

[2016년 서울 7급] ③

적법절차 및 영장주의에 대한 설명으로 가장 적절하지 않은 것은? (다툼이 있는 경우 헌법재판소 판례에 의함)

① 구 「도시 및 주거환경정비법」 조항이 정비예정구역 내 토지등소유자의 100분의 30 이상의 해제 요청이라는 비교적 완화된 요건만으로 정비예정구역 해제 절차에 나아갈 수 있도록 하였다고 하여 적법절차원칙에 위반된다고 보기는 어렵다.

② 강제퇴거명령을 받은 사람을 보호할 수 있도록 하면서 보호기간의 상한을 마련하지 아니한 「출입국관리법」상 보호는 그 개시 또는 연장단계에서 공정하고 중립적인 기관에 의한 통제절차가 없고 당사자에게 의견을 제출할 기회도 보장하고 있지 아니하므로 헌법상 적법절차원칙에 위배된다.

③ 기지국 수사를 허용하는 통신사실 확인자료 제공 요청의 경우 관할 지방법원 또는 지원의 허가를 받도록 규정한 「통신비밀보호법」상 조항은 헌법상 영장주의에 위배되지 않는다.

④ 서울용산경찰서장이 국민건강보험공단에 청구인들의 요양급여내역의 제공을 요청한 사실조회행위는 임의수사에 해당하나 이에 응해 이루어진 정보제공행위에 대해서는 헌법상 영장주의가 적용된다.

① (○) 심판대상조항은 정비예정구역으로 지정되어 있는 상태에서 정비사업이 장기간 방치됨으로써 발생하는 법적 불안정성을 해소하고, 정비예정구역 내 토지등소유자의 재산권 행사를 보장하기 위한 것이다. 아직 정비계획의 수립 및 정비구역 지정이 이루어지지 않고 있는 정비예정구역을 대상으로 하는 점, 경기, 사업성 또는 주민갈등 등 다양한 사유로 인하여 정비예정구역에 대한 정비계획 수립 등이 이루어지지 않을 가능성도 있는 점, 정비예정구역으로 지정되어 있을 뿐인 단계에서부터 토지등소유자의 100분의 30 이상이 정비예정구역 해제를 요구하고 있는 상황이라면 추후 정비사업의 시행이 지연되거나 좌초될 가능성이 큰 점, 토지등소유자에게는 정비계획의 입안을 제안할 수 있는 방법이 있는 점, 정비예정구역 해제를 위해서는 지방도시계획위원회의 심의를 거쳐야 하고, 정비예정구역의 해제는 해제권자의 재량적 행위인 점, 정비예정구역 해제에 관한 위법이 있는 경우 항고소송을 통하여 이를 다툴 수 있는 점 등을 종합적으로 고려하면, 심판대상조항이 적법절차원칙에 위반된다고 볼 수 없다(헌재 2023.6.29. 2020헌바63).

② (○) 행정절차상 강제처분에 의해 신체의 자유가 제한되는 경우 강제처분의 집행기관으로부터 독립된 중립적인 기관이 이를 통제하도록 하는 것은 적법절차원칙의 중요한 내용에 해당한다. 심판대상조항에 의한 보호는 신체의 자유를 제한하는 정도가 박탈에 이르러 형사절차상 체포 또는 구속에 준하는 것으로 볼 수 있는 점을 고려하면, 보호의 개시 또는 연장 단계에서 그 집행기관인 출입국관리공무원으로부터 독립되고 중립적인 지위에 있는 기관이 보호의 타당성을 심사하여 이를 통제할 수 있어야 한다. 그러나 현재 출입국관리법상 보호의 개시 또는 연장 단계에서 집행기관으로부터 독립된 중립적 기관에 의한 통제절차가 마련되어 있지 아니하다. 또한 당사자에게 의견 및 자료 제출의 기회를 부여하는 것은 적법절차원칙에서 도출되는 중요한 절차적 요청이므로, 심판대상조항에 따라 보호를 하는 경우에도 피보호자에게 위와 같은 기회가 보장되어야 하나, 심판대상조항에 따른 보호명령을 발령하기 전에 당사자에게 의견을 제출할 수 있는 절차적 기회가 마련되어 있지 아니하다. 따라서 심판대상조항은 적법절차원칙에 위배되어 피보호자의 신체의 자유를 침해한다(헌재 2023.3.23. 2020헌가1).

③ (○) 기지국수사는 통신비밀보호법이 정한 강제처분에 해당되므로 헌법상 영장주의가 적용된다. 헌법상 영장주의의 본질은 강제처분을 함에 있어 중립적인 법관이 구체적 판단을 거쳐야 한다는 점에 있는바, 이 사건 허가조항은 수사기관이 전기통신사업자에게 통신사실 확인자료 제공을 요청함에 있어 관할 지방법원 또는 지원의 허가를 받도록 규정하고 있으므로 헌법상 영장주의에 위배되지 아니한다(헌재 2018.6.28. 2012헌마538).

④ (×) 사실조회행위는 강제력이 개입되지 아니한 임의수사에 해당하므로, 이에 응하여 이루어진 이 사건 정보제공행위에도 영장주의가 적용되지 않는다. 그러므로 이 사건 정보제공행위가 영장주의에 위배되어 청구인들의 개인정보자기결정권을 침해한다고 볼 수 없다(헌재 2018.8.30. 2014헌마368). [2023년 경찰간부] ④

적법절차의 원칙 및 영장주의에 관한 설명으로 옳지 않은 것은? (다툼이 있는 경우 헌법재판소 판례에 의함)

① 형사절차가 아니라 하더라도 실질적으로 수사기관에 의한 인신구속과 동일한 효과를 발생시키는 인신구금은 영장주의의 본질상 그 적용대상이 되어야 한다.

② 긴급체포한 피의자를 구속하고자 할 때에는 48시간 이내에 구속영장을 청구하되, 그렇지 않은 경우 사후 영장청구 없이 피의자를 즉시 석방하도록 한 「형사소송법」 조항은 헌법상 영장주의에 위반되지 않는다.

③ 수사기관 등이 전기통신사업자에게 이용자의 성명 등 통신자료의 열람이나 제출을 요청할 수 있도록 한 「전기통신사업법」 해당 조항은 통신자료 취득에 대한 사후통지절차를 두지 않아 적법절차원칙에 위배된다.

④ 교도소장이 교도소 수용자가 없는 상태에서 거실이나 작업장을 검사하는 행위는 적법절차 원칙에 위배된다.

⑤ 소변을 받아 제출하도록 한 것은 교도소의 안전과 질서유지를 위한 것으로 수사에 필요한 처분이 아닐 뿐만 아니라 검사대상자들의 협력이 필수적이어서 강제처분이라고 할 수도 없어 영장주의의 원칙이 적용되지 않는다.

① (○) 헌법 제12조 제3항의 영장주의가 수사기관에 의한 체포·구속을 전제하여 규정된 것은 형사절차의 경우 법관에 의한 사전적 통제의 필요성이 강하게 요청되기 때문이지, 형사절차 이외의 국가권력작용에 대해 영장주의를 배제하는 것이 아니고, 오히려 그 본질은 인신구속과 같이 중대한 기본권 침해를 야기할 때는 법관이 구체적 판단을 거쳐 발부한 영장에 의하여야 한다는 것이다. 따라서 형사절차가 아니라 하더라도 실질적으로 수사기관에 의한 인신구속과 동일한 효과를 발생시키는 인신구금은 영장주의의 본질상 그 적용대상이 되어야 한다(헌재

2020.9.24. 2017헌바157. 4인의 위헌 보충의견).

② (○) 사건 영장청구조항은 수사기관이 긴급체포한 피의자를 사후 영장청구 없이 석방할 수 있도록 규정하고 있다. 피의자를 긴급체포하여 조사한 결과 구금을 계속할 필요가 없다고 판단하여 48시간 이내에 석방하는 경우까지도 수사기관이 반드시 체포영장발부절차를 밟게 한다면, 이는 피의자, 수사기관 및 법원 모두에게 비효율을 초래할 가능성이 있고, 경우에 따라서는 오히려 인권침해적인 상황을 발생시킬 우려도 있다. 형사소송법은 긴급체포를 예외적으로만 허용하고 있고 피의자 석방 시 석방의 사유 등을 법원에 통지하도록 하고 있으며 긴급체포된 피의자도 체포적부심사를 청구할 수 있어 긴급체포제도의 남용을 예방하고 있다. … 따라서 이 사건 영장청구조항은 헌법상 영장주의에 위반되지 아니한다(헌재 2021.3.25. 2018헌바212).

③ (○) 이용자는 개인정보 보호법 제35조 제1항에 따라 전기통신사업자에게 통신자료 제공내역의 열람을 요청할 수 있다. 그러나 이 경우 요청일로부터 1년 전까지의 통신자료 제공내역만을 열람할 수 있고, 이용자들은 이를 통해서 구체적으로 어떠한 사유로 자신의 정보가 제공되었는지 정확한 사유를 알기 어렵다. 더욱이 일반 국민들은 특별한 사유 없이는 자신의 통신자료가 수사기관 등에 제공되었을 것이라는 의심을 하지 아니하는 경우가 대부분이므로, 일부 적극적인 정보주체가 '개인정보 보호법'을 통해 통신자료 제공내역을 열람할 수 있다는 이유만으로 이것이 법령에 의한 사후통지절차를 대체할 수 있는 것도 아니다. 따라서 이 사건 법률조항이 통신자료 취득에 대한 사후통지절차를 규정하고 있지 않은 것은 적법절차원칙에 위배하여 청구인들의 개인정보자기결정권을 침해한다(헌재 2022.7.21. 2016헌마388).

④ (×) 사건 검사행위가 추구하는 목적의 중대성, 검사행위의 불가피성과 은밀성이 요구되는 특성, 이에 비하여 수형자의 부담이 크지 아니한 점, 수형자의 이의나 불복이 있을 경우 그 구제를 위해 일정한 절차적 장치를 두고 있는 점 등을 종합해 볼 때 이 사건 검사행위는 적법절차원칙에 위배되지 아니한다(헌재 2011.10.25. 2009헌마691).

⑤ (○) 헌법 제12조 제3항의 영장주의는 법관이 발부한 영장에 의하지 아니하고는 수사에 필요한 강제처분을 하지 못한다는 원칙으로 소변을 받아 제출하도록 한 것은 교도소의 안전과 질서유지를 위한 것으로 수사에 필요한 처분이 아닐 뿐만 아니라 검사대상자들의 협력이 필수적이어서 강제처분이라고 할 수도 없어 영장주의의 원칙이 적용되지 않는다. … 이 사건 소변채취를 법관의 영장을 필요로 하는 강제처분이라고 할 수 없어 구치소 등 교정시설 내에서 위와 같은 방법에 의한 소변채취가 법관의 영장이 없이 실시되었다고 하여 헌법 제12조 제3항의 영장주의에 위배하였다고 할 수는 없다(헌재 2006.7.27. 2005헌마277). [2023년 소방간부] ④

적법절차원칙에 관한 설명 중 옳지 않은 것은? (다툼이 있는 경우 판례에 의함)

① 법원의 구속집행정지결정에 대하여 검사가 즉시항고할 수 있도록 한 「형사소송법」 조항은 법원의 구속집행정지결정을 무의미하게 할 수 있는 권한을 검사에게 부여한 것이라는 점에서 적법절차원칙에 위배되지만, 영장주의에 위배되는 것은 아니다.

② 심급제도에 대한 입법재량의 범위와 범죄인 인도심사의 법적 성격, 그리고 「범죄인 인도법」에서의 심사절차에 관한 규정 등을 종합할 때, 범죄인 인도심사를 서울고등법원의 단심제로 정하고 있는 것은 적법절차원칙에서 요구되는 합리성과 정당성을 결여한 것이라고 볼 수 없다.

③ 상당한 의무이행기한을 부여하지 아니한 대집행계고처분 후에 대집행영장으로써 대집행의 시기를 늦추었다 하더라도 그러한 대집행계고처분은 대집행의 적법절차에 위배한 것으로 위법한 처분이다.

④ 「건축법」상 공사중지명령의 경우, 이에 대한 사전통지와 의견제출의 기회를 통해 많은 액수의 손실보상금을 기대하여 공사를 강행할 우려가 있다는 사정만으로, 이 처분이 '당해 처분의 성질상 의견청취가 현저히 곤란하거나 명백히 불필요하다고 인정될 만한 상당한 이유가 있는 경우'에 해당한다고 볼 수 없다.

⑤ 전투경찰순경의 인신구금을 내용으로 하는 영창처분에 대하여 영장주의가 적용될 여지는 없으나, 적법절차원칙은 준수되어야 한다.

① (×) 구속집행정지결정에 대한 검사의 즉시항고를 인정하는 이 사건 법률조항은 검사의 불복을 그 피고인에 대한 구속집행을 정지할 필요가 있다는 법원의 판단보다 우선시킬 뿐만 아니라, 사실상 법원의 구속집행정지결정을 무의미하게 할 수 있는 권한을 검사에게 부여한 것이라는 점에서 헌법 제12조 제3항의 영장주의원칙에 위배된다. 또한 헌법 제12조 제3항의 영장주의는 헌법 제12조 제1항의 적법절차원칙의 특별규정이므로, 헌법상 영장주의원칙에 위배되는 이 사건 법률조항은 헌법 제12조 제1항의 적법절차원칙에도 위배된다(헌재 2012.6.27. 2011헌가36).

② (○) 심급제도에 대한 입법재량의 범위와 범죄인 인도심사의 법적 성격, 그리고 범죄인인도법에서의 심사절차에 관한 규정 등을 종합할 때, 이 사건 법률조항이 범죄인 인도심사를 서울 고등법원의 단심제로 하고 있다고 해서 적법절차원칙에서 요구되는 합리성과 정당성을 결여한 것이라 볼 수 없다(헌재 2003.1.30. 2001헌바95).

③ (○) 행정대집행법 제3조 제1항은 행정청이 의무자에게 대집행영장으로써 대집행할 시기 등을 통지하기 위하여는 그 전제로서 대집행계고처분을 함에 있어서 의무이행을 할 수 있는 상당한 기간을 부여할 것을 요구하고 있으므로, 위 대집행계고처분은 상당한 이행 기한을 정하여 한 것이 아니어서 대집행의 적법절차에 위배한 것으로 위법한 처분이다(헌재 1990.9.14. 90누2048).

④ (○) 행정청이 침해적 행정처분을 함에 있어서 당사자에게 위와 같은 사전통지를 하거나 의견제출의 기회를 주지 아니하였다면 사전통지를 하지 않거나 의견제출의 기회를 주지 아니하여도 되는 예외적인 경우에 해당하지 아니하는 한 그 처분은 위법하여 취소를 면할 수 없다. 건축법상의 공사중지명령에 대한 사전통지를 하고 의견제출의 기회를 준다면 많은 액수의 손실보상금을 기대하여 공사를 강행할 우려가 있다는 사정이 사전통지 및 의견제출절차의 예외사유에 해당하지 아니한다(대법원 2004.5.28. 2004두1254).

⑤ (○) 헌법 제12조 제3항에서 규정하고 있는 영장주의란 형사절차와 관련하여 체포·구속·압수·수색의 강제처분을 할 때 신분이 보장되는 법관이 발부한 영장에 의하지 않으면 안 된다는 원칙으로, 형사절차가 아닌 징계절차에도 그대로 적용된다고 볼 수 없다. 헌법 제12조 제1항의 적법절차원칙은 형사소송절차에 국한되지 않고 모든 국가작용 전반에 대하여 적용되므로, 전투경찰순경의 인신구금을 내용으로 하는 영창처분에 있어서도 적법절차원칙이 준수되어야 한다(헌재 2016.3.31. 2013헌바190). [2018년 제7회 변호사] ①

2. 영장주의

영장주의에 관한 다음 설명 중 가장 옳지 않은 것은?

① 헌법상 영장주의는 체포·구속·압수·수색 등 기본권을 제한하는 강제처분에 적용되므로, 강제력이 개입되지 않은 임의수사에 해당하는 수사기관 등의 통신사료 취득에는 영장주의가 적용되지 않는다.

② 기지국 수사를 허용하는 통신사실 확인자료 제공요청은 법원의 허가에 의해 해당 가입자의 동의나 승낙을 얻지 아니하고도 제3자인 전기통신사업자에게 해당 가입자에 관한 통신사실 확인자료의 제공을 요청할 수 있도록 하는 수사방법이므로 헌법상 영장주의가 적용되지 않는다.

③ 체포영장을 발부받아 피의자를 체포하는 경우에 필요한 때에는 영장 없이 타인의 주거 등 내에서 피의자 수사를 할 수 있도록 한 형사소송법 조항은 별도로 영장을 발부받기 어려운 긴급한 사정이 있는지 여부를 구별하지 않고 피의자가 소재할 개연성만 소명되면 영장 없

이 타인의 주거 등을 수색할 수 있도록 허용하고 있어 헌법 제16조의 영장주의에 위반된다.

④ 형사재판에 계속 중인 사람에 대하여 출국을 금지할 수 있다고 규정한 출입국관리법 조항에 따른 법무부장관의 출국금지결정은 형사재판에 계속 중인 국민의 출국의 자유를 제한하는 행정처분일 뿐이고, 영장주의가 적용되는 신체에 대하여 직접적으로 물리적 강제력을 수반하는 강제처분이라고 할 수 없다.

① (○) 헌법상 영장주의의 본질은 체포·구속·압수·수색 등 기본권을 제한하는 강제처분을 함에 있어서는 중립적인 법관의 구체적 판단을 거쳐야 한다는 데에 있다. 사건 법률조항에 따른 통신자료 제공요청은 강제력이 개입되지 아니한 임의수사에 해당하고 이를 통한 수사기관 등의 통신자료 취득에는 영장주의가 적용되지 아니하는바, 이 사건 법률조항은 헌법상 영장주의에 위배되지 아니한다(헌재 2022.7.21. 2016헌마388).

② (×) 기지국 수사를 허용하는 통신사실 확인자료 제공요청은 법원의 허가를 받으면, 해당 가입자의 동의나 승낙을 얻지 아니하고도 제3자인 전기통신사업자에게 해당 가입자에 관한 통신사실 확인자료의 제공을 요청할 수 있도록 하는 수사방법으로, 통신비밀보호법이 규정하는 강제처분에 해당하므로 헌법상 영장주의가 적용된다. 이 사건 허가조항은 헌법상 영장주의에 위배되지 아니한다(헌재 2018.6.28. 2012헌마538).

③ (○) 심판대상조항은 체포영장을 발부받아 피의자를 체포하는 경우에 필요한 때에는 영장 없이 타인의 주거 등 내에서 피의자 수사를 할 수 있다고 규정함으로써, 별도로 영장을 발부받기 어려운 긴급한 사정이 있는지 여부를 구별하지 아니하고 피의자가 소재할 개연성만 소명되면 영장 없이 타인의 주거 등을 수색할 수 있도록 허용하고 있다. 이는 체포영장이 발부된 피의자가 타인의 주거 등에 소재할 개연성은 소명되나, 수색에 앞서 영장을 발부받기 어려운 긴급한 사정이 인정되지 않는 경우에도 영장 없이 피의자 수색을 할 수 있다는 것이므로, 헌법 제16조의 영장주의 예외 요건을 벗어나는 것으로서 영장주의에 위반된다(헌재 2018.4.26. 2015헌바370).

④ (○) 법무부장관의 출국금지결정은 형사재판에 계속 중인 국민의 출국의 자유를 제한하는 행정처분일 뿐이고 영장주의가 적용되는 신체에 대하여 직접적으로 물리적 강제력을 수반하는 강제처분이라고 할 수는 없다. 따라서 심판대상조항이 헌법 제12조 제3항의 영장주의에 위배된다고 볼 수 없다(헌재 2015.9.24. 2012헌바302). [2023년 법원 9급] ②

영장주의에 관한 설명으로 가장 적절하지 않은 것은? (다툼이 있는 경우 판례에 의함)

① 헌법에서 규정된 영장신청권자로서의 검사는 검찰권을 행사하는 국가기관인 검사로서 공익의 대표자이자 수사단계에서의 인권옹호기관으로서의 지위에서 그에 부합하는 직무를 수행하는 자를 의미하는 것이지 「검찰청법」상 검사만을 지칭하는 것은 아니다.

② 「형의 집행 및 수용자의 처우에 관한 법률」에 따라 미결수용자의 접견 내용을 녹음·녹화하는 것은 직접적으로 물리적 강제력을 수반하는 강제처분이 아니므로 영장주의가 적용되지 않는다.

③ 「형사소송법」 제199조 제2항 등에 따른 수사기관의 사실조회행위에 대하여 공사단체가 이에 응하거나 협조하여야 할 의무를 부담하는 것은 아니므로, 이러한 사실조회행위는 강제력이 개입되지 아니한 임의수사에 해당하고 이에 응하여 이루어진 정보제공행위에는 영장주의가 적용되지 않는다.

④ 국가보안법위반죄 등 일부 범죄혐의자를 법관의 영장 없이 구속, 압수, 수색할 수 있도록 규정하고, 법관에 의한 사후영장제도도 마련하지 않은 구 「인신구속 등에 관한 임시 특례

법」 조항은 국가비상사태에 준하는 상황에서 내려진 특별한 조치임을 감안하면 영장주의의 본질을 침해한다고 볼 수 없다.

① (○) 헌법에 규정된 영장신청권자로서의 검사는 검찰권을 행사하는 국가기관인 검사로서 공익의 대표자이자 수사단계에서의 인권옹호기관으로서의 지위에서 그에 부합하는 직무를 수행하는 자를 의미하는 것이지, 검찰청법상 검사만을 지칭하는 것으로 보기 어렵다(헌재 2021.1.28. 2020헌마264).
② (○) 사건 녹음조항에 따라 접견내용을 녹음·녹화하는 것은 직접적으로 물리적 강제력을 수반하는 강제처분이 아니므로 영장주의가 적용되지 않아 영장주의에 위배된다고 할 수 없다. 또한, 미결수용자와 불구속 피의자·피고인을 본질적으로 동일한 집단이라고 할 수 없고, 불구속 피의자·피고인과는 달리 미결수용자에 대하여 법원의 허가 없이 접견내용을 녹음·녹화하도록 하는 것도 충분히 합리적 이유가 있으므로 이 사건 녹음조항은 평등원칙에 위배되지 않는다(헌재 2016.11.24. 2014헌바401).
③ (○) 사실조회조항은 수사기관에 공사단체 등에 대한 사실조회의 권한을 부여하고 있을 뿐이고, 공사단체 등이 수사기관의 사실조회에 응하거나 협조하여야 할 의무를 부담하지 않으므로, 사실조회조항만으로는 청구인들의 법적 지위에 어떠한 영향을 미친다고 보기 어렵다. 그러므로 이 사건 사실조회조항은 기본권침해의 가능성이 인정되지 않는다. 사건 사실조회행위는 강제력이 개입되지 아니한 임의수사에 해당하므로, 이에 응하여 이루어진 이 사건 정보제공행위에도 영장주의가 적용되지 않는다. 그러므로 이 사건 정보제공행위가 영장주의에 위배되어 청구인들의 개인정보자기결정권을 침해한다고 볼 수 없다(헌재 2018.8.30. 2014헌마368).
④ (×) 사건 법률조항은 수사기관이 법관에 의하여 발부된 영장 없이 일부 범죄 혐의자에 대하여 구속 등 강제처분을 할 수 있도록 규정하고 있을 뿐만 아니라, 그와 같이 영장 없이 이루어진 강제처분에 대하여 일정한 기간 내에 법관에 의한 사후영장을 발부받도록 하는 규정도 마련하지 아니함으로써, 수사기관이 법관에 의한 구체적 판단을 전혀 거치지 않고서도 임의로 불특정한 기간 동안 피의자에 대한 구속 등 강제처분을 할 수 있도록 하고 있는바, 이는 이 사건 법률조항의 입법목적과 그에 따른 입법자의 정책적 선택이 자의적이었는지 여부를 따질 필요도 없이 형식적으로 영장주의의 본질을 침해한다고 하지 않을 수 없다(헌재 2012.12.27. 2011헌가5).

[2023년 경찰공채 3월] ④

영장주의에 대한 설명으로 가장 적절하지 않은 것은? (다툼이 있는 경우 헌법재판소 판례에 의함)

① 헌법에 규정된 영장신청권자로서의 검사는 검찰권을 행사하는 국가기관인 검사로서 공익의 대표자이자 수사단계에서의 인권옹호기관으로서의 지위에서 그에 부합하는 직무를 수행하는 자를 의미하는 것으로 「검찰청법」상 검사만을 지칭한다.
② 각급 선거관리위원회 위원·직원의 선거범죄조사에 있어서 자료제출요구에 응할 의무를 부과하고 허위자료를 제출하는 경우 형사처벌을 규정한 구 「공직선거법」 조항은 자료제출요구가 대상자의 자발적 협조를 전제하고 물리적 강제력을 수반하지 않으므로 영장주의의 적용대상이 아니다.
③ 체포영장을 발부받아 피의자를 체포하는 경우 필요한 때에는 영장 없이 타인의 주거 등 내에서 피의자 수사를 할 수 있다고 규정한 「형사소송법」 조항은 피의자가 존재할 개연성만 소명되면 타인의 주거 등에 대한 영장 없는 수색을 허용하므로 영장주의에 위반된다.
④ 피의자를 긴급체포한 경우 사후 체포영장을 청구하도록 규정하지 않고 피의자를 구속하고자 할 때에 한하여 구속영장을 청구하도록 규정한 「형사소송법」상 영장청구조항은 헌법상 영장주의에 위반된다고 단정할 수 없다.

① (×) 헌법에서 수사단계에서의 영장신청권자를 검사로 한정한 것은 다른 수사기관에 대한 수사지휘권을 확립시켜 인권유린의 폐해를 방지하고, 법률전문가인 검사를 거치도록 함으로써 기본권침해가능성을 줄이고자 한 것이다. 헌법에 규정된 영장신청권자로서의 검사는 검찰권을 행사하는 국가기관인 검사로서 공익의 대표자이자 수사단계에서의 인권옹호기관으로서의 지위에서 그에 부합하는 직무를 수행하는 자를 의미하는 것이지, 검찰청법상 검사만을 지칭하는 것으로 보기 어렵다(헌재 2021.1.28. 2020헌마264).

② (○) 심판대상조항은 피조사자로 하여금 자료제출요구에 응할 의무를 부과하고, 허위 자료를 제출한 경우 형사처벌하고 있으나, 이는 형벌에 의한 불이익이라는 심리적, 간접적 강제수단을 통하여 진실한 자료를 제출하도록 함으로써 조사권 행사의 실효성을 확보하기 위한 것이다. 이와 같이 심판대상조항에 의한 자료제출요구는 행정조사의 성격을 가지는 것으로 수사기관의 수사와 근본적으로 그 성격을 달리하며, 청구인에 대하여 직접적으로 어떠한 물리적 강제력을 행사하는 강제처분을 수반하는 것이 아니므로 영장주의의 적용대상이 아니다(헌재 2019.9.26. 2016헌바381).

③ (○) 심판대상조항은 체포영장을 발부받아 피의자를 체포하는 경우에 필요한 때에는 영장 없이 타인의 주거 등 내에서 피의자 수사를 할 수 있다고 규정함으로써, 앞서 본 바와 같이 별도로 영장을 발부받기 어려운 긴급한 사정이 있는지 여부를 구별하지 아니하고 피의자가 소재할 개연성만 소명되면 영장 없이 타인의 주거 등을 수색할 수 있도록 허용하고 있다. 이는 체포영장이 발부된 피의자가 타인의 주거 등에 소재할 개연성은 소명되나, 수색에 앞서 영장을 발부받기 어려운 긴급한 사정이 인정되지 않는 경우에도 영장 없이 피의자 수색을 할 수 있다는 것이므로, 헌법 제16조의 영장주의 예외 요건을 벗어나는 것으로서 영장주의에 위반된다(헌재 2018.4.26. 2015헌바370).

④ (○) 헌법 제12조 제3항 단서는 "다만 … 장기 3년 이상의 형에 해당하는 죄를 범하고 도피 또는 증거인멸의 염려가 있는 때에는 사후에 영장을 청구할 수 있다."라고 규정할 뿐 사후 영장의 청구 방식에 대해 특별한 규정을 두지 않고 있다. 따라서 이 사건 영장청구조항이 피의자를 긴급체포한 경우에 사후 체포영장을 청구하도록 규정하지 아니하고 수사기관으로 하여금 피의자를 구속하고자 할 때에 한하여 구속영장을 청구하도록 규정하였다고 하여, 그것이 헌법상 영장주의에 위반된다고 단정할 수 없다. 더욱이 피의자를 긴급체포하여 조사한 결과 구금을 계속할 필요가 없다고 판단하여 48시간 이내에 석방하는 경우까지도 수사기관으로 하여금 반드시 체포영장발부절차를 밟게 한다면, 이는 피의자, 수사기관 및 법원 모두에게 비효율을 초래할 가능성이 있고, 경우에 따라서는 오히려 인권침해적인 상황을 발생시킬 우려도 있다(헌재 2021.3.25. 2018헌바212). [2022년 경찰간부] ①

영장주의에 관한 다음 설명 중 가장 옳은 것은?

① 헌법 제12조 제3항이 정한 영장주의는 수사기관이 강제처분을 함에 있어 중립적 기관인 법원의 허가를 얻는 것뿐만 아니라 법원에 의한 사후 통제까지 마련되어야 함을 의미한다.

② 경찰서장이 국민건강보험공단에게 청구인들의 요양급여내역 제공을 요청한 행위는 강제력이 개입되지 않은 임의수사에 해당하므로 이에 응하여 이루어진 정보제공행위에는 영장주의가 적용되지 않는다.

③ 각급선거관리위원회 위원·직원의 선거범죄 조사에 있어서 피조사자에게 자료제출요구를 하는 것은 범죄와 관련한 수사의 성격을 가지므로 영장주의의 적용 대상에 해당한다.

④ 형식적으로 영장주의를 준수하였다면 실질적인 측면에서 입법자가 합리적인 선택범위를 일탈하는 등 그 입법형성권을 남용하였더라도 그러한 법률이 자의금지원칙에 위배되어 위헌이라고 볼 수는 없다.

① (×) 헌법 제12조 제3항이 정한 영장주의가 수사기관이 강제처분을 함에 있어 중립적 기관인 법원의 허가를 얻어야 함을 의미하는 것 외에 법원에 의한 사후 통제까지 마련되어야 함을 의미한다고 보기 어렵고, 청구인의 주장은 결국 인터넷회선 감청의 특성상 집행 단계에서 수사기관의 권한 남용을 방지할 만한 별도의 통제 장치를 마련하지 않는 한 통신 및 사생활의 비밀과 자유를 과도하게 침해하게 된다는

주장과 같은 맥락이므로, 이 사건 법률조항이 과잉금지원칙에 반하여 청구인의 기본권을 침해하는지 여부에 대하여 판단하는 이상, 영장주의 위반 여부에 대해서는 별도로 판단하지 아니한다(헌재 2018.8.30. 2016헌마263).

② (○) 사실조회행위는 강제력이 개입되지 아니한 임의수사에 해당하므로, 이에 응하여 이루어진 이 사건 정보제공행위에도 영장주의가 적용되지 않는다. 그러므로 사건 정보제공행위가 영장주의에 위배되어 청구인들의 개인정보자기결정권을 침해한다고 볼 수 없다(헌재 2018.8.30. 2014헌마368).

③ (×) 심판대상조항에 의한 자료제출요구는 행정조사의 성격을 가지는 것으로 수사기관의 수사와 근본적으로 그 성격을 달리하며, 청구인에 대하여 직접적으로 어떠한 물리적 강제력을 행사하는 강제처분을 수반하는 것이 아니므로 영장주의의 적용대상이 아니다(헌재 2019.9.26. 2016헌바381).

④ (×) 헌법제정권자가 제헌 헌법(제9조) 이래 현행 헌법(제12조 제3항)에 이르기까지 채택하여 온 영장주의의 본질은 신체의 자유를 침해하는 강제처분을 함에 있어서는 인적·물적 독립을 보장받는 제3자인 법관이 구체적 판단을 거쳐 발부한 영장에 의하여야만 한다는 데에 있으므로, 우선 형식적으로 영장주의에 위배되는 법률은 곧바로 헌법에 위반되고, 나아가 형식적으로는 영장주의를 준수하였더라도 실질적인 측면에서 입법자가 합리적인 선택범위를 일탈하는 등 그 입법형성권을 남용하였다면 그러한 법률은 자의금지원칙에 위배되어 헌법에 위반된다고 보아야 한다(헌재 2012.12.27. 2011헌가5). [2022년 법원 9급] ②

영장주의에 대한 설명으로 옳은 것만을 〈보기〉에서 모두 고르면? (다툼이 있는 경우 헌법재판소 판례에 의함)

ㄱ. 헌법재판소의 법정의견에 따르면 병(兵)에 대한 징계처분으로 법관의 판단 없이 인신구금이 이루어질 수 있도록 한 영창처분은 영장주의에 위배된다.
ㄴ. 헌법에 규정된 영장신청권자로서의 검사는 검찰권을 행사하는 국가기관인 검사로서 공익의 대표자이자 수사단계에서의 인권옹호기관으로서의 지위에서 그에 부합하는 직무를 수행하는 자를 의미하는 것이지, 「검찰청법」상 검사만을 지칭하는 것으로 보기 어렵다.
ㄷ. 「출입국관리법」상의 외국인 강제퇴거명령 및 보호는 형사절차상 '체포 또는 구속'에 준하는 것으로서 외국인의 신체의 자유를 박탈하는 것이므로 검사의 신청, 판사의 발부를 거치지 않은 외국인 보호는 영장주의에 위배된다.
ㄹ. 체포영장을 발부받아 피의자를 체포하는 경우에 필요한 때에는 영장 없이 타인의 주거 등 내에서 피의자 수사를 할 수 있다고 규정한 것은 수색에 앞서 영장을 발부 받기 어려운 긴급한 사정이 인정되지 않는 경우에도 영장 없이 피의자 수색을 할 수 있다는 것이므로, 영장주의에 위배된다.
ㅁ. 수사기관의 위치정보추적자료 제공요청은 「통신비밀보호법」이 정한 강제처분에 해당하므로, 법관이 발부하는 영장에 의하지 않고 관할 지방법원 또는 지원의 허가만 받으면 이를 가능하게 한 것은 영장주의에 위배된다.

① ㄱ, ㄷ ② ㄴ, ㄹ ③ ㄱ, ㄴ, ㄹ
④ ㄱ, ㄹ, ㅁ ⑤ ㄴ, ㄷ, ㅁ

ㄱ. (×) 심판대상조항은 병의 복무규율 준수를 강화하고, 복무기강을 엄정히 하기 위하여 제정된 것으로 군의 지휘명령체계의 확립과 전투력 제고를 목적으로 하는바, 그 입법목적은 정당하고, 심판대상조항은 병에 대하여 강력한 위하력을 발휘하므로 수단의 적합성도 인정된다. 심판대상조항에 의한 영창처분은 징계처분임에도 불구하고 신분상 불이익 외에 신체의 자유를 박탈하는 것까지 그 내용으로 삼고 있어 징계의 한계를 초과한 점, 심판대상조항에 의한 영창처분은 그 실질이 구류형의 집행과 유사하게 운영되므로 극히 제한된 범위에서 형사상 절차에 준하는 방식으로 이루어져야 하는데, 영창처분이 가능한 징계사유는 지나치게 포괄적이고 기준이 불명확하여 영창처분의 보충성이 담보되고 있지 아니한 점, 심판대상조항은 징계위원회의 심의·의결과 인권담당 군법무관의 적법성 심사를 거치지만, 모두 징계권자의

부대 또는 기관에 설치되거나 소속된 것으로 형사절차에 견줄만한 중립적이고 객관적인 절차라고 보기 어려운 점, 심판대상조항으로 달성하고자 하는 목적은 인신구금과 같이 징계를 중하게 하는 것으로 달성되는 데 한계가 있고, 병의 비위행위를 개선하고 행동을 교정할 수 있도록 적절한 교육과 훈련을 제공하는 것 등으로 가능한 점, 이와 같은 점은 일본, 독일, 미국 등 외국의 입법례를 살펴보더라도 그러한 점 등에 비추어 심판대상조항은 침해의 최소성 원칙에 어긋난다. 군대 내 지휘명령체계를 확립하고 전투력을 제고한다는 공익은 매우 중요한 공익이나, 심판대상조항으로 과도하게 제한되는 병의 신체의 자유가 위 공익에 비하여 결코 가볍다고 볼 수 없어, 심판대상조항은 법익의 균형성 요건도 충족하지 못한다. 이와 같은 점을 종합할 때, 심판대상조항은 과잉금지원칙에 위배된다.

청구인은 심판대상조항이 영창처분의 대상을 종래 '하사관 및 병'이던 것에서 '병'으로 한정한 것이 평등원칙에 위배된다고 주장한다. 그런데 현행 군인사법에 따르면 병과 하사관은 군인이라는 공통점을 제외하고는 그 복무의 내용과 보직, 진급, 전역체계, 보수와 연금 등의 지급에서 상당한 차이가 있으며, 그 징계의 종류도 달리 규율하고 있다. 따라서 병과 하사관은 영창처분의 차별취급을 논할 만한 비교집단이 된다고 보기 어려우므로, 평등원칙 위배 여부는 더 나아가 살피지 아니한다(헌재 2020.9.24. 2017헌바157).

한편 법정의견이 아닌 재판관 이석태, 재판관 김기영, 재판관 문형배, 재판관 이미선의 법정의견에 대한 보충의견에서는 심판대상조항에 의한 영창처분에는 법관에 의한 영장이 필요함에도 불구하고 법관의 판단 없이 인신구금이 이루어질 수 있도록 한 것으로, 이는 헌법 제12조 제1항, 제3항의 영장주의의 본질을 침해하는 것이다(헌재 2020.9.24. 2017헌바157).

ㄴ. (○) 헌법에서 수사단계에서의 영장신청권자를 검사로 한정한 것은 다른 수사기관에 대한 수사지휘권을 확립시켜 인권유린의 폐해를 방지하고, 법률전문가인 검사를 거치도록 함으로써 기본권침해가능성을 줄이고자 한 것이다. 헌법에 규정된 영장신청권자로서의 검사는 검찰권을 행사하는 국가기관인 검사로서 공익의 대표자이자 수사단계에서의 인권옹호기관으로서의 지위에서 그에 부합하는 직무를 수행하는 자를 의미하는 것이지, 검찰청법상 검사만을 지칭하는 것으로 보기 어렵다(헌재 2021.1.28. 2020헌마264).

ㄷ. (×) 강제퇴거명령 및 보호에 관한 단속, 조사, 심사, 집행 업무를 동일한 행정기관에서 하게 할 것인지, 또는 서로 다른 행정기관에서 하게 하거나 사법기관을 개입시킬 것인지는 입법정책의 문제이므로, 보호의 개시나 연장 단계에서 사법부의 판단을 받도록 하는 절차가 규정되어 있지 않다고 하여 곧바로 적법절차원칙에 위반된다고 볼 수는 없다. 따라서 심판대상조항은 헌법상 적법절차원칙에 위반된다고 볼 수 없다(헌재 2018.2.22. 2017헌가29).

ㄹ. (○) 심판대상조항은 체포영장을 발부받아 피의자를 체포하는 경우에 필요한 때에는 영장 없이 타인의 주거 등 내에서 피의자 수사를 할 수 있다고 규정함으로써, 별도로 영장을 발부받기 어려운 긴급한 사정이 있는지 여부를 구별하지 아니하고 피의자가 소재할 개연성만 소명되면 영장 없이 타인의 주거 등을 수색할 수 있도록 허용하고 있다. 이는 체포영장이 발부된 피의자가 타인의 주거 등에 소재할 개연성은 소명되나, 수색에 앞서 영장을 발부받기 어려운 긴급한 사정이 인정되지 않는 경우에도 영장 없이 피의자 수색을 할 수 있다는 것이므로, 위에서 본 헌법 제16조의 영장주의 예외 요건을 벗어나는 것으로서 영장주의에 위반된다(헌재 2018.4.26. 2015헌바370).

ㅁ. (×) 위치정보 추적자료 제공요청은 통신비밀보호법이 정한 강제처분에 해당되므로 헌법상 영장주의가 적용된다. 영장주의의 본질은 강제처분을 함에 있어 중립적인 법관이 구체적 판단을 거쳐야 한다는 점에 있는바, 사건 허가조항은 수사기관이 전기통신사업자에게 위치정보 추적자료 제공을 요청함에 있어 관할 지방법원 또는 지원의 허가를 받도록 규정하고 있으므로 헌법상 영장주의에 위배되지 아니한다(헌재 2018.6.28. 2012헌마191). [2022년 국회 8급] ②

영장주의에 관한 설명 중 옳지 않은 것은? (다툼이 있는 경우 판례에 의함)

① 관계행정청이 등급분류를 받지 아니하거나 등급분류를 받은 게임물과 다른 내용의 게임물을 발견한 경우 관계공무원으로 하여금 이를 수거·폐기하게 할 수 있도록 한 것은, 급박한 상황에 대처하기 위한 것으로서 그 불가피성과 정당성이 충분히 인정되는 경우이므로, 영장 없는 수거를 인정한다고 하더라도 영장주의에 위배되는 것으로 볼 수 없다.

② 각급선거관리위원회 위원·직원의 선거범죄 조사에 있어서 피조사자에게 자료제출의무를 부과한 「공직선거법」 조항에 따른 자료제출요구는, 행정조사의 성격을 가지는 것으로 수사기관의 수사와 근본적으로 그 성격을 달리하며, 그 상대방에 대하여 직접적으로 어떠

한 물리적 강제력을 행사하는 강제처분을 수반하는 것이 아니므로 영장주의의 적용대상이 아니다.

③ 체포영장을 발부받아 피의자를 체포하는 경우에, 필요한 때에는 영장 없이 타인의 주거 등 내에서 피의자 수색을 할 수 있도록 규정한 것은 수색에 앞서 영장을 발부받기 어려운 긴급한 사정이 인정되지 않는 경우에도 영장 없이 피의자 수색을 할 수 있다는 것이므로 영장주의에 위반된다.

④ 범죄피의자로 입건된 사람에게 검사의 신문을 받으면서 자신의 신원을 밝히지 않고 지문채취에 불응하는 경우 형사처벌을 통하여 지문채취를 강제하더라도 이를 영장주의에 의하여야 할 강제처분이라고 할 수 없다.

⑤ 기지국 수사를 허용하는 통신사실 확인자료 제공요청은 「통신비밀보호법」이 규정하는 강제처분에 해당하므로, 법관이 발부한 영장에 의하지 않고 관할 지방법원 또는 지원의 허가만 받으면 이를 가능하게 한 것은 영장주의에 위반된다.

① (○) 사건 법률조항의 입법목적은 등급분류를 받지 아니하거나 등급분류를 받은 게임물과 다른 내용의 게임물(이하 "불법게임물"이라 함)의 유통을 방지함으로써 게임물의 등급분류제를 정착시키고, 나아가 불법게임물로 인한 사행성의 조장을 억제하여 건전한 사회기풍을 조성하기 위한 것으로서 그 입법목적의 정당성이 인정되고, 이 사건 법률조항에서 불법게임물을 즉시 수거·폐기할 수 있도록 하는 행정상 즉시강제의 근거를 규정한 것은 위와 같은 입법목적을 달성하기 위한 적절한 수단의 하나가 될 수 있다. 이 사건 법률조항은 앞에서 본바와 같이 급박한 상황에 대처하기 위한 것으로서 그 불가피성과 정당성이 충분히 인정되는 경우이므로, 이 사건 법률조항이 영장 없는 수거를 인정한다고 하더라도 이를 두고 헌법상 영장주의에 위배되는 것으로는 볼 수 없고, 위 구 음반·비디오물 및 게임물에 관한 법률 제24조 제4항에서 관계공무원이 당해 게임물 등을 수거한 때에는 그 소유자 또는 점유자에게 수거증을 교부하도록 하고 있고, 동조 제6항에서 수거 등 처분을 하는 관계공무원이나 협회 또는 단체의 임·직원은 그 권한을 표시하는 증표를 지니고 관계인에게 이를 제시하도록 하는 등의 절차적 요건을 규정하고 있으므로, 이 사건 법률조항이 적법절차의 원칙에 위배되는 것으로 보기도 어렵다(헌재 2002.10.31. 2000헌가12).

② (○) 심판대상조항은 피조사자로 하여금 자료제출요구에 응할 의무를 부과하고, 허위 자료를 제출한 경우 형사 처벌하고 있으나, 이는 형벌에 의한 불이익이라는 심리적, 간접적 강제수단을 통하여 진실한 자료를 제출하도록 함으로써 조사권 행사의 실효성을 확보하기 위한 것이다. 이와 같이 심판대상조항에 의한 자료제출요구는 행정조사의 성격을 가지는 것으로 수사기관의 수사와 근본적으로 그 성격을 달리하며, 청구인에 대하여 직접적으로 어떠한 물리적 강제력을 행사하는 강제처분을 수반하는 것이 아니므로 영장주의의 적용대상이 아니다(헌재 2019.9.26. 2016헌바381).

③ (○) 심판대상조항은 체포영장을 발부받아 피의자를 체포하는 경우에 필요한 때에는 영장 없이 타인의 주거 등 내에서 피의자 수사를 할 수 있다고 규정함으로써, 별도로 영장을 발부받기 어려운 긴급한 사정이 있는지 여부를 구별하지 아니하고 피의자가 소재할 개연성만 소명되면 영장 없이 타인의 주거 등을 수색할 수 있도록 허용하고 있다. 이는 체포영장이 발부된 피의자가 타인의 주거 등에 소재할 개연성은 소명되나, 수색에 앞서 영장을 발부받기 어려운 긴급한 사정이 인정되지 않는 경우에도 영장 없이 피의자 수색을 할 수 있다는 것이므로, 헌법 제16조의 영장주의 예외 요건을 벗어나는 것으로서 영장주의에 위반된다(헌재 2018.4.26. 2015헌바370 등).

④ (○) 사건 법률조항은 수사기관이 직접 물리적 강제력을 행사하여 피의자에게 강제로 지문을 찍도록 하는 것을 허용하는 규정이 아니며 형벌에 의한 불이익을 부과함으로써 심리적·간접적으로 지문채취를 강요하고 있으므로 피의자가 본인의 판단에 따라 수용 여부를 결정한다는 점에서 궁극적으로 당사자의 자발적 협조가 필수적임을 전제로 하므로 물리력을 동원하여 강제로 이루어지는 경우와는 질적으로 차이가 있다. 따라서 이 사건 법률조항에 의한 지문채취의 강요는 영장주의에 의하여야 할 강제처분이라 할 수 없다. 또한 수사상 필요에 의하여 수사기관이 직접강제에 의하여 지문을 채취하려 하는 경우에는 반드시 법관이 발부한 영장에 의하여야 하므로 영장주의원칙은 여전히 유지되고 있다고 할 수 있다. 이 사건 법률조항은 피의자의 신원확인을 원활하게 하고 수사활동에 지장이 없도록 하기 위한

것으로, 수사상 피의자의 신원확인은 피의자를 특정하고 범죄경력을 조회함으로써 타인의 인적 사항 도용과 범죄 및 전과사실의 은폐 등을 차단하고 형사사법제도를 적정하게 운영하기 위해 필수적이라는 점에서 그 목적은 정당하고, 지문채취는 신원확인을 위한 경제적이고 간편하면서도 확실성이 높은 적절한 방법이다. 또한 이 사건 법률조항은 형벌에 의한 불이익을 부과함으로써 심리적·간접적으로 지문채취를 강제하고 그것도 보충적으로만 적용하도록 하고 있어 피의자에 대한 피해를 최소화하기 위한 고려를 하고 있으며, 지문채취 그 자체가 피의자에게 주는 피해는 그리 크지 않은 반면 일단 채취된 지문은 피의자의 신원을 확인하는 효과적인 수단이 될 뿐 아니라 수사절차에서 범인을 검거하는 데에 중요한 역할을 한다. 한편, 이 사건 법률조항에 규정되어 있는 법정형은 형법상의 제재로서는 최소한에 해당되므로 지나치게 가혹하여 범죄에 대한 형벌 본래의 목적과 기능을 달성함에 필요한 정도를 일탈하였다고 볼 수도 없다(헌재 2004.9.23. 2002헌가17).

⑤ (×) 이동전화의 이용과 관련하여 필연적으로 발생하는 통신사실 확인 자료는 비록 비내용적 정보이지만 여러 정보의 결합과 분석을 통해 정보주체에 관한 정보를 유추해 낼 수 있는 민감한 정보인 점, 수사기관의 통신사실 확인자료 제공요청에 대해 법원의 허가를 거치도록 규정하고 있으나 수사의 필요성만을 그 요건으로 하고 있어 제대로 된 통제가 이루어지기 어려운 점, 기지국수사의 허용과 관련하여서는 유괴·납치·성폭력범죄 등 강력범죄나 국가안보를 위협하는 각종 범죄와 같이 피의자나 피해자의 통신사실 확인자료가 반드시 필요한 범죄로 그 대상을 한정하는 방안 또는 다른 방법으로는 범죄수사가 어려운 경우(보충성)를 요건으로 추가하는 방안 등을 검토함으로써 수사에 지장을 초래하지 않으면서도 불특정 다수의 기본권을 덜 침해하는 수단이 존재하는 점을 고려할 때, 이 사건 요청조항은 과잉금지원칙에 반하여 청구인의 개인정보자기결정권과 통신의 자유를 침해한다. 기지국수사는 통신비밀보호법이 정한 강제처분에 해당되므로 헌법상 영장주의가 적용된다. 헌법상 영장주의의 본질은 강제처분을 함에 있어 중립적인 법관이 구체적 판단을 거쳐야 한다는 점에 있는바, 이 사건 허가조항은 수사기관이 전기통신사업자에게 통신사실 확인자료 제공을 요청함에 있어 관할 지방법원 또는 지원의 허가를 받도록 규정하고 있으므로 헌법상 영장주의에 위배되지 아니한다(헌재 2018.6.28. 2012헌마538). [2022년 제11회 변호사] ⑤

영장제도에 관한 설명 중 가장 적절하지 않은 것은? (다툼이 있는 경우 판례에 의함)

① 디엔에이감식시료채취영장 발부 과정에서 채취대상자에게 자신의 의견을 밝히거나 영장 발부 후 불복할 수 있는 절차 등에 관하여 규정하지 아니한 디엔에이신원확인정보의 이용 및 보호에 관한 법률의 규정은 과잉금지원칙을 위반하여 채취대상자의 재판청구권을 침해한다.

② 수사기관이 법원으로부터 영장 또는 감정처분허가장을 발부받지 아니한 채 피의자의 동의 없이 피의자의 신체로부터 혈액을 채취하고 사후에도 지체 없이 영장을 발부받지 아니한 채 그 혈액 중 알코올농도에 관한 감정을 의뢰하였다면, 이러한 과정을 거쳐 얻은 감정의 뢰회보 등은 원칙적으로 그 절차위반행위가 적법절차의 실질적인 내용을 침해하여 피고인이나 변호인의 동의가 있더라도 유죄의 증거로 사용할 수 없다.

③ 체포영장을 집행하는 경우 필요한 때에는 타인의 주거 등에서 피의자 수사를 할 수 있도록 한 형사소송법 규정의 해당 부분이 체포영장이 발부된 피의자가 타인의 주거 등에 소재할 개연성은 소명되나 수색에 앞서 영장을 발부받기 어려운 긴급한 사정이 인정되지 않더라도 영장 없이 피의자 수색을 할 수 있도록 한 것은 영장주의에 위반되지 않는다.

④ 압수·수색영장을 발부받아 압수·수색의 방법으로 소변을 채취하는 경우 압수대상물인 피의자의 소변을 확보하기 위한 수사기관의 노력에도 불구하고, 피의자가 인근 병원 응급실 등 소변 채취에 적합한 장소로 이동하는 것에 동의하지 않거나 저항하는 등 임의동행을 기

대할 수 없는 사정이 있는 때에는 수사기관으로서는 소변 채취에 적합한 장소로 피의자를 데려가기 위해서 필요 최소한의 유형력을 행사하는 것이 허용되며, 이는 '압수·수색영장의 집행에 필요한 처분'에 해당한다.

① (○) 사건 영장절차 조항은 채취대상자에게 디엔에이감식시료채취영장 발부 과정에서 자신의 의견을 진술할 수 있는 기회를 절차적으로 보장하고 있지 않을 뿐만 아니라, 발부 후 그 영장 발부에 대하여 불복할 수 있는 기회를 주거나 채취행위의 위법성 확인을 청구할 수 있도록 하는 구제절차마저 마련하고 있지 않다. 위와 같은 입법상의 불비가 있는 이 사건 영장절차 조항은 채취대상자인 청구인들의 재판청구권을 과도하게 제한하므로, 침해의 최소성 원칙에 위반된다. 이 사건 영장절차 조항에 따라 발부된 영장에 의하여 디엔에이신원확인정보를 확보할 수 있고, 이로써 장래 범죄수사 및 범죄예방 등에 기여하는 공익적 측면이 있으나, 이 사건 영장절차 조항의 불완전·불충분한 입법으로 인하여 채취대상자의 재판청구권이 형해화되고 채취대상자가 범죄수사 및 범죄예방의 객체로만 취급받게 된다는 점에서, 양자 사이에 법익의 균형성이 인정된다고 볼 수도 없다. 따라서 이 사건 영장절차 조항은 과잉금지원칙을 위반하여 청구인들의 재판청구권을 침해한다(헌재 2018.8.30. 2016헌마344).

② (○)

③ (×) 심판대상조항은 체포영장을 발부받아 피의자를 체포하는 경우에 필요한 때에는 영장 없이 타인의 주거 등 내에서 피의자 수사를 할 수 있다고 규정함으로써, 별도로 영장을 발부받기 어려운 긴급한 사정이 있는지 여부를 구별하지 아니하고 피의자가 소재할 개연성만 소명되면 영장 없이 타인의 주거 등을 수색할 수 있도록 허용하고 있다. 이는 체포영장이 발부된 피의자가 타인의 주거 등에 소재할 개연성은 소명되나, 수색에 앞서 영장을 발부받기 어려운 긴급한 사정이 인정되지 않는 경우에도 영장 없이 피의자 수색을 할 수 있다는 것이므로, 헌법 제16조의 영장주의 예외 요건을 벗어나는 것으로서 영장주의에 위반된다(헌재 2018.4.26. 2015헌바370).

④ (○) [2022년 경찰 경정승진] ③

영장주의에 관한 다음 설명 중 가장 옳지 않은 것은? (다툼이 있는 경우 헌법재판소 결정 및 대법원 판례에 의함)

① 영장주의란 적법절차원칙에서 도출되는 원리로서, 형사절차와 관련하여 체포·구속·압수·수색의 강제처분을 함에 있어서는 사법권 독립에 의하여 신분이 보장되는 법관이 발부한 영장에 의하지 않으면 아니 된다는 원칙이다.

② 헌법 제16조에서는 제12조 제3항과는 달리 영장주의에 대한 예외를 마련하지 아니하였으나, 그렇다고 하여 주거에 대한 압수나 수색에 있어 영장주의가 예외 없이 반드시 관철되어야 하는 것을 아니므로 헌법 제16조의 영장주의에 대해서도 예외가 제한적으로 허용될 수 있다.

③ 행정기관이 체포·구속의 방법으로 신체의 자유를 제한하는 경우에도 원칙적으로 헌법 제12조 제3항의 영장주의가 적용된다고 보아야 하므로, 전투경찰순경에 대한 영창처분은 행정기관에 의한 구속에 해당하고 그 본질상 급박성을 요건으로 하지 않음에도 불구하고 법관의 판단을 거쳐 발부된 영장에 의하지 않고 이루어지는 점에서, 헌법 제12조 제3항의 영장주의에 위반된다.

④ 구속집행정지결정에 대한 검사의 즉시항고를 인정하는 경우에는 검사의 불복을 그 피고인에 대한 구속집행을 정지할 필요가 있다는 법원의 판단보다 우선시킬 뿐만 아니라 사실상

법원의 구속집행정지결정을 무의미하게 할 수 있는 권한을 검사에게 부여하게 되는 점에서 헌법 제12조 제3항의 영장주의원칙에 위배된다.

① (○) 헌법 제12조 제3항의 영장주의는 적법절차원칙에서 도출되는 원리로서, 형사절차와 관련하여 체포·구속·압수·수색의 강제처분을 함에 있어서는 사법권독립에 의하여 신분 보장되는 법관이 발부한 영장에 의하지 않으면 아니 된다는 원칙이다(헌재 2018.4.26. 2015헌바370).

② (○) 헌법 제16조에서 영장주의에 대한 예외를 마련하지 아니하였다고 하여, 주거에 대한 압수나 수색에 있어 영장주의가 예외 없이 반드시 관철되어야 함을 의미하는 것은 아닌 점, 인간의 존엄성 실현과 인격의 자유로운 발현을 위한 핵심적 자유영역에 속하는 기본권인 신체의 자유에 대해서도 헌법 제12조 제3항에서 영장주의의 예외를 인정하고 있는데, 이러한 신체의 자유에 비하여 주거의 자유는 그 기본권 제한의 여지가 크므로, 형사사법 및 공권력 작용의 기능적 효율성을 함께 고려하여 본다면, 헌법 제16조의 영장주의에 대해서도 일정한 요건 하에서 그 예외를 인정할 필요가 있는 점, 헌법 제16조가 주거의 자유와 관련하여 영장주의를 선언하고 있는 이상, 그 예외는 매우 엄격한 요건 하에서만 인정되어야 하는 점 등을 종합하면, 헌법 제16조의 영장주의에 대해서도 그 예외를 인정하되, 이는 그 장소에 범죄혐의 등을 입증할 자료나 피의자가 존재할 개연성이 소명되고, 사전에 영장을 발부받기 어려운 긴급한 사정이 있는 경우에만 제한적으로 허용될 수 있다(헌재 2018.4.26. 2015헌바370).

③ (×) 헌법 제12조 제3항에서 규정하고 있는 영장주의란 형사절차와 관련하여 체포·구속·압수·수색의 강제처분을 할 때 신분이 보장되는 법관이 발부한 영장에 의하지 않으면 안 된다는 원칙으로, 형사절차가 아닌 징계절차에도 그대로 적용된다고 볼 수 없다. 따라서 이 사건 영창조항이 헌법상 영장주의에 위반되는지 여부는 더 나아가 판단하지 아니한다(헌재 2016.3.31. 2013헌바190).

④ (○) 법원이 피고인의 구속 또는 그 유지 여부의 필요성에 관하여 한 재판의 효력이 검사나 다른 기관의 이견이나 불복이 있다 하여 좌우되거나 제한받는다면 이는 영장주의에 위반된다. 그런데 구속집행정지는 법원이 직권으로 결정하는 것으로서, 구속 집행정지 사유들은 한시적인 경우가 많아 그 시기를 놓치게 되면 피고인에게 집행정지의 의미가 없어지게 된다는 점을 고려하면, 이 사건 법률조항은 검사의 즉시항고에 의한 불복을 그 피고인에 대한 구속집행을 정지할 필요가 있다는 법원의 판단보다 우선시킬 뿐만 아니라, 사실상 법원의 구속집행정지결정을 무의미하게 할 수 있는 권한을 검사에게 부여한 것이라는 점에서 영장주의의 본질에 반하여 헌법 제12조 제3항의 영장주의 원칙에 위배된다(헌재 2012.6.27. 2011헌가36). [2019년 법원 9급] ③

영장주의에 관한 설명으로 옳지 않은 것은? (다툼이 있는 경우 판례에 의함)

① 헌법 제12조 제3항이 정한 영장주의는 수사기관이 강제처분을 함에 있어 중립적 기관인 법원의 허가를 얻어야 함을 의미하는 것 외에 법원에 의한 사후 통제까지 마련되어야 함을 의미한다.

② 형사재판에 계속 중인 사람에 대하여 법무부장관이 6개월 이내의 기간을 정하여 출국을 금지할 수 있다고 규정한 「출입국관리법」 조항은 영장주의에 위반되지 아니한다.

③ 체포영장을 발부받아 피의자를 체포하는 경우에 필요한 때에는 영장 없이 타인의 주거 등 내에서 피의자 수사를 할 수 있도록 한 「형사소송법」 조항은 별도로 영장을 발부받기 어려운 긴급한 사정이 있는지 여부를 구별하지 않고 피의자가 소재할 개연성만 소명되면 영장 없이 타인의 주거 등을 수색할 수 있도록 허용하고 있어 헌법 제16조의 영장주의에 위반된다.

④ 수사기관이 공사단체 등에 범죄수사에 관련된 사실을 조회하는 행위는 강제력이 개입되지 아니한 임의수사에 해당하므로, 이에 응하여 이루어진 국민건강보험공단의 개인정보제공

행위에는 영장주의가 적용되지 않는다.

⑤ 통신사실 확인자료 제공요청은 수사 또는 내사의 대상이 된 가입자 등의 동의나 승낙을 얻지 않고도 공공기관이 아닌 전기통신사업자를 상대로 이루어지는 것으로 「통신비밀보호법」이 정한 수사기관의 강제처분이므로 통신사실 확인자료 제공요청에는 헌법상 영장주의가 적용된다.

① (×) 헌법 제12조 제3항이 정한 영장주의가 수사기관이 강제처분을 함에 있어 중립적 기관인 법원의 허가를 얻어야 함을 의미하는 것 외에 법원에 의한 사후 통제까지 마련되어야 함을 의미한다고 보기 어렵고, 청구인의 주장은 결국 인터넷회선 감청의 특성상 집행 단계에서 수사기관의 권한 남용을 방지할 만한 별도의 통제 장치를 마련하지 않는 한 통신 및 사생활의 비밀과 자유를 과도하게 침해하게 된다는 주장과 같은 맥락이므로, 이 사건 법률조항이 과잉금지원칙에 반하여 청구인의 기본권을 침해하는지 여부에 대하여 판단하는 이상, 영장주의 위반 여부에 대해서는 별도로 판단하지 아니한다(헌재 2018.8.30. 2016헌마263).

② (○) 심판대상조항에 따른 법무부장관의 출국금지결정은 형사재판에 계속 중인 국민의 출국의 자유를 제한하는 행정처분일 뿐이고, 영장주의가 적용되는 신체에 대하여 직접적으로 물리적 강제력을 수반하는 강제처분이라고 할 수는 없다. 따라서 심판대상조항이 헌법 제12조 제3항의 영장주의에 위배된다고 볼 수 없다(헌재 2015.9.24. 2012헌바302).

③ (○) 심판대상조항은 체포영장을 발부받아 피의자를 체포하는 경우에 필요한 때에는 영장 없이 타인의 주거 등 내에서 피의자 수사를 할 수 있다고 규정함으로써, 별도로 영장을 발부받기 어려운 긴급한 사정이 있는지 여부를 구별하지 아니하고 피의자가 소재할 개연성만 소명되면 영장 없이 타인의 주거 등을 수색할 수 있도록 허용하고 있다. 이는 체포영장이 발부된 피의자가 타인의 주거 등에 소재할 개연성은 소명되나, 수색에 앞서 영장을 발부받기 어려운 긴급한 사정이 인정되지 않는 경우에도 영장 없이 피의자 수색을 할 수 있다는 것이므로, 헌법 제16조의 영장주의 예외 요건을 벗어나는 것으로서 영장주의에 위반된다(헌재 2018.4.26. 2015헌바370).

④ (○) 사건 사실조회행위는 강제력이 개입되지 아니한 임의수사에 해당하므로, 이에 응하여 이루어진 이 사건 정보제공행위에도 영장주의가 적용되지 않는다. 그러므로 이 사건 정보제공행위가 영장주의에 위배되어 청구인들의 개인정보자기결정권을 침해한다고 볼 수 없다(헌재 2018.8.30. 2014헌마368).

⑤ (○) 통신사실 확인자료 제공요청은 수사 또는 내사의 대상이 된 가입자 등의 동의나 승낙을 얻지 아니하고도 공공기관이 아닌 전기통신사업자를 상대로 이루어지는 것으로 통신비밀보호법이 정한 수사기관의 강제처분이다. 이러한 통신사실 확인 자료 제공요청과 관련된 수사기관의 권한남용 및 그로 인한 정보주체의 기본권 침해를 방지하기 위해서는 법원의 통제를 받을 필요가 있으므로, 통신사실 확인자료 제공요청에는 헌법상 영장주의가 적용된다(헌재 2018.6.28. 2012헌마191). [2020년 제9회 변호사] ①

영장제도에 대한 설명으로 옳지 않은 것은? (다툼이 있는 경우 판례에 의함)

① 주거에 대한 압수나 수색을 할 때에는 검사의 신청에 의하여 법관이 발부한 영장을 제시하여야 한다.

② 현행범인인 경우와 장기 3년 이상의 형에 해당하는 죄를 범하고 도피 또는 증거인멸의 염려가 있을 때에는 사후에 영장을 청구할 수 있다.

③ 영장주의는 구속의 개시시점에 한하여 법관의 판단에 의하여 결정되어야 한다는 것을 의미하고, 구속영장의 효력을 계속 유지할 것인지 여부와는 관련이 없다.

④ 공판단계에서는 검사의 신청이 없더라도 법관이 직권으로 영장을 발부할 수 있다.

① (○) 헌법 제16조 모든 국민은 주거의 자유를 침해받지 아니한다. 주거에 대한 압수나 수색을 할 때에는 검사의 신청에 의하여 법관이 발부한 영장을 제시하여야 한다.

② (○) 헌법 제12조 ③체포·구속·압수 또는 수색을 할 때에는 적법한 절차에 따라 검사의 신청에 의하여 법관이 발부한 영장을 제시하여야 한다. 다만, 현행범인인 경우와 장기 3년 이상의 형에 해당하는 죄를 범하고 도피 또는 증거인멸의 염려가 있을 때에는 사후에 영장을 청구할 수 있다.

③ (×) 형사절차상의 영역에 한정되지 않고 입법, 행정 등 국가의 모든 공권력 작용에는 절차상의 적법성뿐만 아니라 법률의 실체적 내용도 합리성과 정당성을 갖춘 실체적인 적법성이 있어야 한다는 적법절차의 원칙을 헌법의 기본원리로 명시하고 있는 것이므로 헌법에 명문으로 규정된 영장주의는 구속의 개시시점에 한하지 않고 구속영장의 효력을 계속 유지할 것인지 아니면 취소 또는 실효시킬 것인지의 여부도 사법권 독립의 원칙에 의하여 신분이 보장되고 있는 법관의 판단에 의하여만 결정되어야 한다는 것을 의미하고 그 밖에 검사나 다른 국가기관의 의견에 의하여 좌우되도록 하는 것은 헌법상의 적법절차의 원칙에 위배된다(헌재 1992.12.24. 92헌가8).

④ (○) 헌법 제12조 제3항이 영장의 발부에 관하여 검사의 신청에 의할 것을 규정한 취지는 모든 영장의 발부에 검사의 신청이 필요하다는 데에 있는 것이 아니라 수사단계에서 영장의 발부를 신청할 수 있는 자를 검사로 한정함으로써 검사 아닌 다른 수사기관의 영장신청에서 오는 인권유린의 폐해를 방지하고자 함에 있으므로, 공판단계에서 법원이 직권에 의하여 구속영장을 발부할 수 있음을 규정한 형사소송법 제70조 제1항 및 제73조 제1항 중 "피고인을 구인 또는 구금함에 구속영장을 발부하여야 한다" 부분은 헌법 제12조 제3항에 위반되지 아니한다(헌재 1997.3.27. 96헌바28).

[2018년 국가 5급] ③

영장주의에 관한 설명 중 옳은 것은? (다툼이 있는 경우 판례에 의함)

① 헌법이 '검사의 신청'에 의할 것을 규정한 취지는 모든 영장의 발부에 검사의 신청이 필요하다는 데에 있는 것이므로, 공판단계에서 법원이 직권에 의하여 구속영장을 발부할 수 있도록 하는 것은 영장주의에 위배된다.

② 헌법은 주거에 대한 압수나 수색 또는 통신제한조치를 할 때에는 검사의 신청에 의하여 법관이 발부한 영장을 제시하도록 명시하고 있다.

③ 범죄의 피의자로 입건된 사람이 경찰공무원이나 검사의 신문을 받으면서 자신의 신원을 밝히지 않고 지문채취에 불응하는 경우 형사처벌을 부과하는 것은, 수사기관이 직접 물리적 강제력을 행사하여 피의자에게 강제로 지문을 찍도록 하는 것을 허용하는 것과 질적인 차이가 없으므로 영장주의에 위배된다.

④ 행정상 즉시강제는 상대방의 임의이행을 기다릴 시간적 여유가 없을 때 하명 없이 바로 실력을 행사하는 것으로서, 그 본질상 급박성을 요건으로 하고 있어 법관의 영장을 기다려서는 그 목적을 달성할 수 없다고 할 것이므로, 원칙적으로 영장주의가 적용되지 않는다.

⑤ 구치소 등 교정시설 내에서 마약류사범에게 마약류반응검사를 위하여 소변을 받아 제출하게 한 것은 법관의 영장을 필요로 하는 강제처분에 해당하므로, 이와 같은 방법의 소변채취가 법관의 영장 없이 실시되었다고 한다면 영장주의에 위배된다.

① (×) 헌법 제12조 제3항이 영장의 발부에 관하여 검사의 신청에 의할 것을 규정한 취지는 모든 영장 발부에 검사의 신청이 필요하다는 데에 있는 것이 아니라 수사단계에서 영장의 발부를 신청할 수 있는 자를 검사로 한정함으로써 검사 아닌 다른 수사기관의 영장신청에서 오는 인권유린의 폐해를 방지하고자 함에 있으므로, 공판단계에서 법원이 직권에 의하여 구속영장을 발부할 수 있음을 규정한 형사소송법

제70조 제1항 및 제73조 중 "피고인을 구인 또는 구금함에는 구속영장을 발부하여야 한다" 부분은 헌법 제12조 제3항에 위반되지 아니한다(헌재 1997.3.27. 96헌바28).

② (×) 헌법 제16조 모든 국민은 주거의 자유를 침해받지 아니한다. 주거에 대한 압수나 수색을 할 때에는 검사의 신청에 의하여 법관이 발부한 영장을 제시하여야 한다.

③ (×) 사건 법률조항은 수사기관이 직접 물리적 강제력을 행사하여 피의자에게 강제로 지문을 찍도록 하는 것을 허용하는 규정이 아니며 형벌에 의한 불이익을 부과함으로써 심리적·간접적으로 지문채취를 강요하고 있으므로 피의자가 본인의 판단에 따라 수용여부를 결정한다는 점에서 궁극적으로 당사자의 자발적 협조가 필수적임을 전제로 하므로 물리력을 동원하여 강제로 이루어지는 경우와는 질적으로 차이가 있다. 따라서 이 사건 법률조항에 의한 지문채취의 강요는 영장주의에 의하여야 할 강제처분이라 할 수 없다(헌재 2004.9.23. 2002헌가17).

④ (○) 행정상 즉시강제는 상대방의 임의이행을 기다릴 시간적 여유가 없을 때 하명 없이 바로 실력을 행사하는 것으로서, 그 본질상 급박성을 요건으로 하고 있어 법관의 영장을 기다려서는 그 목적을 달성할 수 없다고 할 것이므로, 원칙적으로 영장주의가 적용되지 않는다(헌재 2002.10.31. 2000헌가12).

⑤ (×) 사건 소변채취를 법관의 영장을 필요로 하는 강제처분이라고 할 수 없어 구치소 등 교정시설 내에서 위와 같은 방법에 의한 소변채취가 법관의 영장이 없이 실시되었다고 하여 헌법 제12조 제3항의 영장주의에 위배하였다고 할 수는 없다(헌재 2006.7.27. 2005헌마277).

[2015년 국회 8급] ④

영장주의에 대한 다음 설명으로 가장 옳지 않은 것은?

① 헌법재판소에 따르면 행정상 즉시강제는 급박한 행정상 장해를 제거하기 위한 목적에 의한 것이지만, 국가가 개인에게 직접 신체나 재산에 실력을 행사하는 것이므로 원칙적으로 영장주의가 적용된다.

② 음주측정은 성질상 강제될 수 있는 것이 아니며 당사자의 자발적 협조가 필수적인 것이므로, 영장주의에 위배되지 않는다.

③ 마약류 사범인 수형자에게 마약류반응검사를 위하여 소변을 받아 제출하게 한 것은 영장주의의 원칙이 적용되지 않는다.

④ 긴급체포와 현행범체포의 경우 체포영장 없이 체포를 한 후 피의자를 구속하고자 할 때에는 체포한 때부터 48시간 이내에 구속영장을 청구하여야 한다.

① (×) 행정상 즉시강제는 상대방의 임의이행을 기다릴 시간적 여유가 없을 때 하명 없이 바로 실력을 행사하는 것으로서, 그 본질상 급박성을 요건으로 하고 있어 법관의 영장을 기다려서는 그 목적을 달성할 수 없다고 할 것이므로, 원칙적으로 영장주의가 적용되지 않는다(헌재 2002.10.31. 2000헌가12).

② (○) 도로교통법 제41조 제2항에 규정된 음주측정은 성질상 강제될 수 있는 것이 아니며 궁극적으로 당사자의 자발적 협조가 필수적인 것이므로 이를 두고 법관의 영장을 필요로 하는 강제처분이라 할 수 없다. 따라서 이 사건 법률조항이 주취운전의 혐의자에게 영장 없는 음주측정에 응할 의무를 지우고 이에 불응한 사람을 처벌한다고 하더라도 헌법 제12조 제3항에 규정된 영장주의에 위배되지 아니한다(헌재 1997.3.27. 96헌가11).

③ (○) 헌법 제12조 제3항의 영장주의는 법관이 발부한 영장에 의하지 아니하고는 수사에 필요한 강제처분을 하지 못한다는 원칙으로 소변을 받아 제출하도록 한 것을 교도소의 안전과 질서유지를 위한 것으로 수사에 필요한 처분이 아닐 뿐만 아니라 검사대상자들의 협력이 필수적이어서 강제처분이라고 할 수도 없어 영장주의의 원칙이 적용되지 않는다(헌재 2006.7.27. 2005헌마277).

④ (○) 형사소송법 제200조의4(긴급체포와 영장청구기간) ①검사 또는 사법경찰관이 제200조의3(긴급체포)의 규정에 의하여 피의자를 체포한 경우 피의자를 구속하고자 할 때에는 지체 없이 검사는 관할지방법원판사에게 구속영장을 청구하여야 하고, 사법경찰관은 검사에게 신청하여

검사의 청구로 관할지방법원판사에게 구속영장을 청구하여야 한다. 이 경우 구속영장은 피의자를 체포한 때부터 48시간 이내에 청구하여야 하며, 제200조의3(긴급체포) 제3항에 따른 긴급체포서를 첨부하여야 한다. 제200조의2(영장에 의한 체포) ⑤체포한 피의자를 구속하고자 할 때에는 체포한 때부터 48시간 이내에 제201조(구속)의 규정에 의하여 구속영장을 청구하여야 하고, 그 기간 내에 구속영장을 청구하지 아니하는 때에는 피의자를 석방하여야 한다. [2016년 서울 7급] ①

보안처분에 관한 다음 설명 중 가장 옳지 않은 것은?

① 보안처분이라 하더라도 형벌적 성격이 강하여 신체의 자유를 박탈하거나 박탈에 준하는 정도로 신체의 자유를 제한하는 경우에는 소급입법금지원칙을 적용하는 것이 법치주의 및 죄형법정주의에 부합한다.

② 카메라등이용촬영죄를 범한 사람에 대하여 유죄판결을 선고하는 경우 성폭력 치료프로그램의 이수명령을 병과하도록 한 성폭력범죄의 처벌 등에 관한 특례법 조항은 보안처분에 해당하므로, 동일한 범죄행위에 대하여 형벌과 병과되더라도 이중처벌금지원칙에 위배된다고 할 수 없다.

③ 노역장유치란 벌금납입의 대체수단이자 납입강제기능을 갖은 벌금형의 집행방법이며, 벌금형에 대한 환형처분이라는 점에서 형벌과 구분된다. 따라서 노역장유치기간의 하한을 정한 것은 벌금형을 대체하는 집행방법을 강화한 것에 불과하며, 이를 소급적용한다고 하여 형벌불소급의 문제가 발생한다고 보기 어렵다.

④ 전자장치 부착명령은 전통적 의미의 형벌이 아닐 뿐 아니라 처벌적인 효과를 나타낸다고 보기도 어려우므로, 전자장치 부착명령은 범죄행위를 한 사람에 대한 응보를 주된 목적으로 그 책임을 추궁하는 사후적 처분인 형벌과 구별되는 비형벌적 보안처분으로서 소급효금지원칙이 적용되지 아니한다.

⑤ 가정폭력범죄의 처벌 등에 관한 특례법이 정한 보호처분 중의 하나인 사회봉사명령은 보안처분의 성격을 가지는 것이 사실이나, 한편으로 이는 가정폭력범죄행위에 대하여 형사처벌 대신 부과되는 것으로서 가정폭력범죄를 범한 자에게 의무적 노동을 부과하고 여가시간을 박탈하여 실질적으로는 신체적 자유를 제한하게 되므로, 이에 대하여는 원칙적으로 형벌불소급의 원칙에 따라 행위시법을 적용함이 상당하다.

① (○) 보안처분의 범주가 넓고 그 모습이 다양한 이상, 보안처분에 속한다는 이유만으로 일률적으로 소급입법금지원칙이 적용된다거나 그렇지 않다고 단정해서는 안되고, 보안처분이라는 우회적인 방법으로 형벌불소급의 원칙을 유명무실하게 하는 것을 허용해서도 안 된다. 따라서 보안처분이라 하더라도 형벌적 성격이 강하여 신체의 자유를 박탈하거나 박탈에 준하는 정도로 신체의 자유를 제한하는 경우에는 소급입법금지원칙을 적용하는 것이 법치주의 및 죄형법정주의에 부합한다(헌재 2014.8.28. 2011헌마28).

② (○) 이중처벌금지원칙은 판결이 확정되면 동일한 사건에 대해서는 다시 심판할 수 없다는 일사부재리원칙을 선언한 것으로서 국민의 신체의 자유를 보장하기 위한 것이다. 이러한 이중처벌은 처벌 또는 제재가 동일한 행위를 대상으로 거듭 행해질 때 발생하는 문제이다. 그런데 이수명령은 그 목적이 과거의 범죄행위에 대한 제재가 아니라 대상자의 건전한 사회복귀의 촉진 및 범죄예방과 사회보호에 있다는 점에서, 형벌과 본질적 차이가 있는 보안처분에 해당한다. 따라서 동일한 범죄행위에 대하여 이수명령이 형벌과 병과된다고 하여 이중처벌금지

원칙에 위반된다고 할 수 없다(헌재 2016.12.29. 2016헌바153).

③ (×) 노역장유치는 그 실질이 신체의 자유를 박탈하는 것으로서 징역형과 유사한 형벌적 성격을 가지고 있으므로 형벌불소급원칙의 적용대상이 된다. 노역장유치조항은 1억원 이상의 벌금형을 선고받는 자에 내하여 유치기간의 하한을 중하게 변경시킨 것이므로, 이 조항 시행 전에 행한 범죄행위에 대해서는 범죄행위 당시에 존재하였던 법률을 적용하여야 한다. 그런데 부칙조항은 노역장유치조항의 시행 전에 행해진 범죄행위에 대해서도 공소제기의 시기가 노역장유치조항의 시행 이후이면 이를 적용하도록 하고 있으므로, 이는 범죄행위 당시보다 불이익한 법률을 소급 적용하도록 하는 것으로서 헌법상 형벌불소급원칙에 위반된다(헌재 2017.10.26. 2015헌바239).

④ (○) 전자장치 부착명령은 전통적 의미의 형벌이 아닐 뿐 아니라, 성폭력범죄자의 성행교정과 재범방지를 도모하고 국민을 성폭력범죄로부터 보호한다고 하는 공익을 목적으로 하며, 의무적 노동의 부과나 여가시간의 박탈을 내용으로 하지 않고 전자장치의 부착을 통해서 피부착자의 행동 자체를 통제하는 것도 아니라는 점에서 처벌적인 효과를 나타낸다고 보기 어렵다. 또한 부착명령에 따른 피부착자의 기본권 침해를 최소화하기 위하여 피부착자에 관한 수신료의 이용을 엄격하게 제한하고, 재범의 위험성이 없다고 인정되는 경우에는 부착명령을 가해제할 수 있도록 하고 있다. 그러므로 이 사건 부착명령은 형벌과 구별되는 비형벌적 보안처분으로서 소급효금지원칙이 적용되지 아니한다(헌재 2012.12.27. 2010헌가82 등).

⑤ (○) 가정폭력범죄의 처벌 등에 관한 특례법이 정한 보호처분 중의 하나인 사회봉사명령은 가정폭력범죄를 범한 자에 대하여 환경의 조정과 성행의 교정을 목적으로 하는 것으로서 형벌 그 자체가 아니라 보안처분의 성격을 가지는 것이 사실이다. 그러나 한편으로 이는 가정폭력범죄행위에 대하여 형사처벌 대신 부과되는 것으로서, 가정폭력범죄를 범한 자에게 의무적 노동을 부과하고 여가시간을 박탈하여 실질적으로는 신체적 자유를 제한하게 되므로, 이에 대하여는 원칙적으로 형벌불소급의 원칙에 따라 행위시법을 적용함이 상당하다(대법원 2008.7.24. 2008어4). [2019년 법무사] ③

3. 변호인조력

변호인의 조력을 받을 권리에 관한 설명 중 가장 적절하지 않은 것은? (다툼이 있는 경우 판례에 의함)

① 미결수용자와 변호인 간에 주고받는 서류를 확인하고 이를 소송관계서류처리부에 등재하는 행위는 그 자체만으로는 미결수용자의 변호인 접견교통권을 제한하는 행위라고 볼 수는 없다.

② 피고인에게 보장된 변호인의 조력을 받을 권리는 변호인과의 자유로운 접견교통권에 그치지 아니하고 더 나아가 변호인을 통하여 수사서류를 포함한 소송관계 서류를 열람·등사하고 이에 대한 검토결과를 토대로 공격과 방어의 준비를 할 수 있는 권리도 포함된다.

③ 변호인과의 자유로운 접견은 신체구속을 당한 사람에게 보장된 변호인의 조력을 받을 권리의 가장 중요한 내용이어서 국가안전보장·질서유지 또는 공공복리 등 어떠한 명분으로도 제한될 수 있는 성질의 것이 아니라고 할 것이나, 이는 구속된 자와 변호인 간의 접견이 실제로 이루어지는 경우에 있어서의 '자유로운 접견', 즉 '대화내용에 대하여 비밀이 완전히 보장되고 어떠한 제한, 영향, 압력 또는 부당한 간섭 없이 자유롭게 대화할 수 있는 접견'을 제한할 수 없다는 것이지, 변호인과의 접견 자체에 대해 아무런 제한도 가할 수 없다는 것을 의미하는 것은 아니다.

④ 변호인의 조력을 받을 권리는 '형사사건에서 변호인의 조력을 받을 권리'를 의미한다고 보아야 할 것이므로 형사절차가 종료되어 교정시설에 수용 중인 수형자나 미결수용자가 형사

사건의 변호인이 아닌 민사재판, 행정재판, 헌법재판 등에서 변호사와 접견할 경우에는 원칙적으로 헌법상 변호인의 조력을 받을 권리의 주체가 될 수 없다.

① (×) 헌법재판소가 91헌마111 결정에서 미결수용자와 변호인과의 접견에 대해 어떠한 명분으로도 제한할 수 없다고 한 것은 구속된 자와 변호인 간의 접견이 실제로 이루어지는 경우에 있어서의 자유로운 접견, 즉 대화내용에 대하여 비밀이 완전히 보장되고 어떠한 제한, 영향, 압력 또는 부당한 간섭 없이 자유롭게 대화할 수 있는 접견을 제한할 수 없다는 것이지, 변호인과의 접견 자체에 대해 아무런 제한도 가할 수 없다는 것을 의미하는 것이 아니므로 미결수용자의 변호인 접견권 역시 국가안전보장·질서유지 또는 공공복리를 위해 필요한 경우에는 법률로써 제한될 수 있음은 당연하다(헌재 2011.5.26. 2009헌마341).
② (○) 변호인의 조력을 받을 권리는 변호인과의 자유로운 접견교통권에 그치지 아니하고 더 나아가 변호인을 통하여 수사서류를 포함한 소송관계 서류를 열람·등사하고 이에 대한 검토결과를 토대로 공격과 방어의 준비를 할 수 있는 권리도 포함된다고 보아야 할 것이므로 변호인의 수사기록 열람·등사에 대한 지나친 제한은 결국 피고인에게 보장된 변호인의 조력을 받을 권리를 침해하는 것이다(헌재 1997.11.27. 94헌마60).
③ (○) 헌법재판소가 91헌마111 결정에서 미결수용자와 변호인과의 접견에 대해 어떠한 명분으로도 제한할 수 없다고 한 것은 구속된 자와 변호인 간의 접견이 실제로 이루어지는 경우에 있어서의 자유로운 접견, 즉 대화내용에 대하여 비밀이 완전히 보장되고 어떠한 제한, 영향, 압력 또는 부당한 간섭 없이 자유롭게 대화할 수 있는 접견을 제한할 수 없다는 것이지, 변호인과의 접견 자체에 대해 아무런 제한도 가할 수 없다는 것을 의미하는 것이 아니므로 미결수용자의 변호인 접견권 역시 국가안전보장·질서유지 또는 공공복리를 위해 필요한 경우에는 법률로써 제한될 수 있음은 당연하다(헌재 2011.5.26. 2009헌마341).
④ (○) 형사절차가 종료되어 교정시설에 수용 중인 수형자나 미결수용자가 형사사건의 변호인이 아닌 민사재판, 행정재판, 헌법재판 등에서 변호사와 접견할 경우에는 원칙적으로 변호인의 조력을 받을 권리의 주체가 될 수 없다(헌재 1998.8.27. 96헌마398).

[2022년 경찰 경정승진] ①

변호인의 조력을 받을 권리에 대한 설명으로 옳지 않은 것은?

① 형사절차가 종료되어 교정시설에 수용 중인 수형자는 원칙적으로 변호인의 조력을 받을 권리의 주체가 된다.
② 변호인의 조력을 받을 권리는 체포 또는 구속을 당하지 아니한 불구속 피의자나 피고인에게도 인정된다.
③ 행정절차에서 구속된 사람에게도 변호인의 조력을 받을 권리가 인정된다.
④ 변호인이 피의자신문에 자유롭게 참여할 수 있는 권리는 피의자가 가지는 변호인의 조력을 받을 권리를 실현하는 수단이므로 헌법상 기본권인 변호인의 변호권으로서 보호되어야 한다.

① (×) 원래 변호인의 조력을 받을 권리는 형사절차에서 피의자 또는 피고인이 검사 등 수사·공소기관과 대립되는 당사자의 지위에서 변호인 또는 변호인이 되려는 자와 사이에 충분한 접견교통에 의하여 피의사실이나 공소사실에 대하여 충분하게 방어할 수 있도록 함으로써 피고인이나 피의자의 인권을 보장하려는데 그 제도의 취지가 있는 점에 비추어 보면, 형사절차가 종료되어 교정시설에 수용중인 수형자는 원칙적으로 변호인의 조력을 받을 권리의 주체가 될 수 없다(헌재 1998.8.27. 96헌마398).
② (○) 헌법 제12조 제4항 및 제12조 제5항 제1문은 형사절차에서 체포·구속된 사람이 가지는 변호인의 조력을 받을 권리를 헌법상 기본권으로 명시하고 있다. 나아가 헌법재판소는 체포·구속된 사람뿐만 아니라 불구속 피의자 및 피고인의 경우에도 헌법상 법치국가원리, 적법절차원칙에 의하여 변호인의 조력을 받을 권리가 당연히 인정된다고 판시하였다(헌재 2017.11.30. 2016헌마503).

③ (○) 헌법 제12조 제4항 본문의 문언 및 헌법 제12조의 조문 체계, 변호인 조력권의 속성, 헌법이 신체의 자유를 보장하는 취지를 종합하여 보면 헌법 제12조 제4항 본문에 규정된 "구속"은 사법절차에서 이루어진 구속뿐 아니라, 행정절차에서 이루어진 구속까지 포함하는 개념이다. 따라서 헌법 제12조 제4항 본문에 규정된 변호인의 조력을 받을 권리는 행정절차에서 구속을 당한 사람에게도 즉시 보장된다(헌재 2018.5.31. 2014헌마346).

④ (○) 변호인이 피의자신문에 자유롭게 참여할 수 있는 권리는 피의자가 가지는 변호인의 조력을 받을 권리를 실현하는 수단이라고 할 수 있으므로 헌법상 기본권인 변호인의 변호권으로서 보호되어야 한다. 이 사건 후방착석요구행위는 변호인의 변호권에 대한 제한을 정당화할 사유가 있나고 할 수 없다. 그렇다면 이 사건 후방착석요구행위는 그 목적의 정당성과 수단의 적절성이 인정될 수 있는지 의문이며, 침해의 최소성 및 법익의 균형성 요건을 충족하지 못한다(헌재 2017.11.30. 2016헌마503). [2023년 국가 5급] ①

변호인의 조력을 받을 권리에 대한 설명으로 옳지 않은 것은? (다툼이 있는 경우 판례에 의함)

① 변호인의 조력을 받을 권리는 불구속 피의자와 피고인 모두에게 포괄적으로 인정된다.

② 변호인의 조력을 받을 권리는 행정절차에서 구속을 당한 사람에게는 보장되지 않는다.

③ 변호인과의 자유로운 접견은 신체구속을 당한 사람에게 보장된 변호인의 조력을 받을 권리의 가장 중요한 내용이어서 국가안전보장, 질서유지, 공공복리 등 어떠한 명분으로도 제한될 수 없다.

④ 가사소송에서는 헌법 제12조 제4항의 변호인의 조력을 받을 권리가 보장되지 않는다.

⑤ 피의자가 가지는 '변호인이 되려는 자'의 조력을 받을 권리뿐 아니라 '변호인이 되려는 자'의 접견교통권 역시 헌법상 기본권으로서 보장되어야 한다.

① (○) 우리 헌법은 변호인의 조력을 받을 권리가 불구속 피의자·피고인 모두에게 포괄적으로 인정되는지 여부에 관하여 명시적으로 규율하고 있지는 않지만, 불구속 피의자의 경우에도 변호인의 조력을 받을 권리는 우리 헌법에 나타난 법치국가원리, 적법절차원칙에서 인정되는 당연한 내용이고, 헌법 제12조 제4항도 이를 전제로 특히 신체구속을 당한 사람에 대하여 변호인의 조력을 받을 권리의 중요성을 강조하기 위하여 별도로 명시하고 있다(헌재 2004.9.23. 2000헌마138).

② (×) 헌법 제12조 제4항 본문에 규정된 구속은 사법절차에서 이루어진 구속뿐 아니라, 행정절차에서 이루어진 구속까지 포함하는 개념이다. 따라서 헌법 제12조 제4항 본문에 규정된 변호인의 조력을 받을 권리는 행정절차에서 구속을 당한 사람에게도 즉시 보장된다(헌재 2018.5.31. 2014헌마346).

③ (○) 변호인과의 자유로운 접견은 신체구속을 당한 사람에게 보장된 변호인의 조력을 받을 권리의 가장 중요한 내용이어서 국가안전보장, 질서유지, 공공복리 등 어떠한 명분으로도 제한될 수 있는 성질의 것이 아니다(헌재 1992.1.28. 91헌마111).

④ (○) 헌법 제12조 제4항의 변호인의 조력을 받을 권리는 신체의 자유에 관한 영역으로서 가사소송에서 당사자가 변호사를 대리인으로 선임하여 그 조력을 받는 것을 그 보호영역에 포함된다고 보기 어렵고, 이 사건 법률조항이 가사소송의 당사자가 변호사의 조력을 얻어 소송수행을 하는데 제약을 가하는 것도 아니므로, 재판청구권을 침해하는 것이라 볼 수도 없다(헌재 2012.10.25. 2011헌마598).

⑤ (○) 변호인 선임을 위하여 피의자·피고인이 가지는 변호인이 되려는 자와의 접견교통권은 헌법상 기본권으로 보호되어야 하고, 변호인이 되려는 자의 접견교통권은 피의자 등이 변호인을 선임하여 그로부터 조력을 받을 권리를 공고히 하기 위한 것으로서, 그것이 보장되지 않으면 피의자 등이 변호인 선임을 통하여 변호인으로부터 충분한 조력을 받는다는 것이 유명무실하게 될 수밖에 없다. 이와 같이 변호인이 되려는 자의 접견교통권은 피의자 등을 조력하기 위한 핵심적인 부분으로서, 피의자 등이 가지는 헌법상의 기본권인 변호인이 되려는 자와의 접견교통권과 표리의 관계에 있다. 따라서 피의자 등이 가지는 변호인이 되려는 자의 조력을 받을 권리가 실질적으로 확보되기 위해서는 변호인이 되려는 자의 접견교통권 역시 헌법상 기본권으로서 보장되어야 한다(헌재 2019.2.28. 2015헌마1204).

[2020년 국회 5급] ②

변호인의 조력을 받을 권리에 대한 설명으로 가장 적절하지 않은 것은? (다툼이 있는 경우 헌법재판소 판례에 의함)

① 수형자가 형사사건의 변호인이 아닌 민사사건, 행정사건, 헌법소원사건 등에서 변호사와 접견할 경우에는 원칙적으로 헌법상 변호인의 조력을 받을 권리의 주체가 될 수 없다.

② 살인미수 등 사건의 수형자이면서 공무집행방해 등 사건의 미결수용자와 같은 지위에 있는 수형자의 변호인이 위 수형자에게 보낸 서신을 교도소장이 금지물품 동봉 여부를 확인하기 위하여 개봉한 후 교부한 행위는 위 수형자가 갖는 변호인의 조력을 받을 권리를 침해하지 않는다.

③ 별건으로 공소제기 후 확정되어 검사가 보관하고 있는 서류에 대해 법원의 열람·등사 허용 결정이 있었음에도 불구하고 청구인에 대한 형사사건과 별건이라는 이유로 검사가 해당 서류의 열람·등사를 허용하지 아니한 행위는 청구인이 갖는 변호인의 조력을 받을 권리를 침해한다.

④ 난민인정신청을 하였으나 난민인정심사불회부 결정을 받고 인천공항 송환대기실에 계속 수용된 외국인의 경우 형사절차에서 구속된 자로는 볼 수는 없으므로 변호인의 조력을 받을 권리는 보장되지 않는다.

① (○) 변호인의 조력을 받을 권리는 형사사건에서의 변호인의 조력을 받을 권리를 의미한다. 따라서 수형자가 형사사건의 변호인이 아닌 민사사건, 행정사건, 헌법소원사건 등에서 변호사와 접견할 경우에는 원칙적으로 헌법상 변호인의 조력을 받을 권리의 주체가 될 수 없다 할 것이므로, 이 사건 녹취행위에 의하여 청구인의 변호인의 조력을 받을 권리가 침해되었다고 할 수는 없다(헌재 2013.9.26. 2011헌마398).

② (○) 서신개봉행위는 교정사고를 미연에 방지하고 교정시설의 안전과 질서 유지를 위한 것이다. 수용자에게 변호인이 보낸 형사소송관련 서신이라는 이유만으로 금지물품 확인 과정 없이 서신이 무분별하게 교정시설 내에 들어오게 된다면, 이를 악용하여 마약·담배 등 금지물품의 반입 등이 이루어질 가능성을 배제하기 어렵다. 금지물품을 확인할 뿐 변호인이 보낸 서신 내용의 열람·지득 등 검열을 하는 것이 아니어서, 이 사건 서신개봉행위로 인하여 미결수용자와 같은 지위에 있는 수형자가 새로운 형사사건 및 형사재판에서 방어권행사에 불이익이 있었다거나 그 불이익이 예상된다고 보기도 어렵다. 이 사건 서신개봉행위와 같이 금지물품이 들어 있는지를 확인하기 위하여 서신을 개봉하는 것만으로는 미결수용자와 같은 지위에 있는 수형자가 변호인의 조력을 받을 권리를 침해하지 아니한다(헌재 2021.10.28. 2019헌마973).

③ (○) 법원이 검사의 열람·등사 거부처분에 정당한 사유가 없다고 판단하고 그러한 거부처분이 피고인의 헌법상 기본권을 침해한다는 취지에서 수사서류의 열람·등사를 허용하도록 명한 이상, 법치국가와 권력분립의 원칙상 검사로서는 당연히 법원의 그러한 결정에 지체 없이 따라야 하며, 이는 별건으로 공소제기되어 확정된 관련 형사사건 기록에 관한 경우에도 마찬가지이다. 그렇다면 피청구인의 이 사건 거부행위는 청구인의 신속·공정한 재판을 받을 권리 및 변호인의 조력을 받을 권리를 침해한다(헌재 2022.6.30. 2019헌마356).

④ (×) 헌법 제12조 제4항 본문의 문언 및 헌법 제12조의 조문 체계, 변호인 조력권의 속성, 헌법이 신체의 자유를 보장하는 취지를 종합하여 보면 헌법 제12조 제4항 본문에 규정된 구속은 사법절차에서 이루어진 구속뿐 아니라, 행정절차에서 이루어진 구속까지 포함하는 개념이다. 따라서 헌법 제12조 제4항 본문에 규정된 변호인의 조력을 받을 권리는 행정절차에서 구속을 당한 사람에게도 즉시 보장된다(헌재 2018.5.31. 2014헌마346).

[2023년 경찰간부] ④

변호인의 조력을 받을 권리에 관한 설명으로 가장 적절하지 않은 것은? (다툼이 있는 경우 판례에 의함)

① 우리 헌법은 변호인의 조력을 받을 권리가 불구속 피의자·피고인 모두에게 포괄적으로 인정되는지 여부에 관하여 명시적으로 규율하고 있지는 않지만, 불구속 피의자의 경우에도

변호인의 조력을 받을 권리는 우리 헌법에 나타난 법치국가원리, 적법절차원칙에서 인정되는 당연한 내용이다.

② 법원이 검사의 열람·등사 거부처분에 정당한 사유가 없다고 판단하고 그러한 거부처분이 피고인의 헌법상 기본권을 침해한다는 취지에서 수사서류의 열람·등사를 허용하도록 명한 이상 검사로서는 당연히 법원의 그러한 결정에 지체 없이 따라야 하지만, 별건으로 공소제기되어 확정된 관련 형사사건 기록에 관한 경우에는 이를 따르지 않을 수 있다.

③ 헌법 제12조 제4항 본문에 규정된 "구속"은 사법절차에서 이루어진 구속뿐 아니라 행정절차에서 이루어진 구속까지 포함하는 개념으로, 헌법 제12조 제4항 본문에 규정된 변호인의 조력을 받을 권리는 행정절차에서 구속을 당한 사람에게도 즉시 보장된다.

④ 변호인과 상담하고 조언을 구할 권리는 변호인의 조력을 받을 권리의 내용 중 구체적인 입법형성이 필요한 다른 절차적 권리의 필수적인 전제요건으로서 변호인의 조력을 받을 권리 그 자체에서 막바로 도출되는 것이다.

① (○) 헌법은 변호인의 조력을 받을 권리가 불구속 피의자·피고인 모두에게 포괄적으로 인정되는지 여부에 관하여 명시적으로 규율하고 있지는 않지만, 불구속 피의자의 경우에도 변호인의 조력을 받을 권리는 우리 헌법에 나타난 법치국가원리, 적법절차원칙에서 인정되는 당연한 내용이고, 헌법 제12조 제4항도 이를 전제로 특히 신체구속을 당한 사람에 대하여 변호인의 조력을 받을 권리의 중요성을 강조하기 위하여 별도로 명시하고 있다(헌재 2004.9.23. 2000헌마138).

② (×) 법원이 검사의 열람·등사 거부처분에 정당한 사유가 없다고 판단하고 그러한 거부처분이 피고인의 헌법상 기본권을 침해한다는 취지에서 수사서류의 열람·등사를 허용하도록 명한 이상, 법치국가와 권력분립의 원칙상 검사로서는 당연히 법원의 그러한 결정에 지체 없이 따라야 하며, 이는 별건으로 공소제기되어 확정된 관련 형사사건 기록에 관한 경우에도 마찬가지이다(헌재 2022.6.30. 2019헌마356).

③ (○) 헌법 제12조 제4항 본문에 규정된 구속은 사법절차에서 이루어진 구속뿐 아니라, 행정절차에서 이루어진 구속까지 포함하는 개념이다. 따라서 헌법 제12조 제4항 본문에 규정된 변호인의 조력을 받을 권리는 행정절차에서 구속을 당한 사람에게도 즉시 보장된다(헌재 2018.5.31. 2014헌마346).

④ (○) 피의자·피고인의 구속 여부를 불문하고 조언과 상담을 통하여 이루어지는 변호인의 조력자로서의 역할은 변호인선임권과 마찬가지로 변호인의 조력을 받을 권리의 내용 중 가장 핵심적인 것이고, 변호인과 상담하고 조언을 구할 권리는 변호인의 조력을 받을 권리의 내용 중 구체적인 입법형성이 필요한 다른 절차적 권리의 필수적인 전제요건으로서 변호인의 조력을 받을 권리 그 자체에서 막바로 도출되는 것이다(헌재 2004.9.23. 2000헌마138). [2023년 경찰공채 3월] ②

변호인의 조력을 받을 권리에 대한 설명으로 옳지 않은 것은? (다툼이 있는 경우 헌법재판소 판례에 의함)

① 접촉차단시설이 설치되지 않은 장소에서의 수용자 접견 대상을 소송사건의 대리인인 변호사로 한정한 구 「형의 집행 및 수용자의 처우에 관한 법률 시행령」 조항은, 그로 인해 접견의 상대방인 수용자의 재판청구권이 제한되는 효과도 함께 고려하면 수용자의 대리인이 되려는 변호사의 직업수행의 자유와 수용자의 변호인의 조력을 받을 권리를 침해한다.

② '변호인이 되려는 자'의 접견교통권은 피의자 등을 조력하기 위한 핵심적인 부분으로서, 피의자 등이 가지는 헌법상의 기본권인 '변호인이 되려는 자'와의 접견교통권과 표리의 관계

에 있어, 피의자 등이 가지는 '변호인이 되려는 자'의 조력을 받을 권리가 실질적으로 확보되기 위해서는 '변호인이 되려는 자'의 접견교통권 역시 헌법상 기본권으로서 보장되어야 한다.

③ 수사서류에 대한 법원의 열람·등사 허용 결정이 있음에도 검사가 열람·등사를 거부하는 경우 수사서류 각각에 대하여 검사가 열람·등사를 거부할 정당한 사유가 있는지를 심사할 필요 없이 그 거부행위 자체로써 청구인의 변호인의 조력을 받을 권리를 침해하는 것이 되고, 이는 법원의 수사서류에 대한 열람·등사 허용 결정이 있음에도 검사가 해당 서류에 대한 열람만을 허용하고 등사를 거부하는 경우에도 마찬가지이다.

④ 교도소장이 금지물품 동봉 여부를 확인하기 위하여 미결수용자와 같은 지위에 있는 수형자의 변호인이 위 수형자에게 보낸 서신을 개봉한 후 교부한 행위는 교정사고를 미연에 방지하고 교정시설의 안전과 질서 유지를 위한 것으로, 금지물품이 들어 있는지를 확인하기 위하여 서신을 개봉하는 것만으로는 미결수용자와 같은 지위에 있는 수형자의 변호인의 조력을 받을 권리를 침해하지 않는다.

① (×) 접견 제한에 따른 변호사의 직업수행의 자유 제한에 대한 심사에서는 변호사 자신의 직업 활동에 가해진 제한의 정도를 살펴보아야 할 뿐 아니라 그로 인해 접견의 상대방인 수용자의 재판청구권이 제한되는 효과도 함께 고려되어야 하나, 소송대리인이 되려는 변호사의 수용자 접견의 주된 목적은 소송대리인 선임 여부를 확정하는 것이고 소송준비와 소송대리 등 소송에 관한 직무활동은 소송대리인 선임 이후에 이루어지는 것이 일반적이므로 소송대리인 선임 여부를 확정하기 위한 단계에서는 접촉차단시설이 설치된 장소에서 접견하더라도 그 접견의 목적을 수행하는데 필요한 의사소통이 심각하게 저해될 것이라고 보기 어렵다. 따라서 심판대상조항은 변호사인 청구인의 업무를 원하는 방식으로 자유롭게 수행할 수 있는 자유를 침해한다고 할 수 없다(헌재 2022.2.24. 2018헌마1010).

② (○) 변호인 선임을 위하여 피의자·피고인이 가지는 변호인이 되려는 자와의 접견교통권은 헌법상 기본권으로 보호되어야 하고, 변호인이 되려는 자의 접견교통권은 피의자 등이 변호인을 선임하여 그로부터 조력을 받을 권리를 공고히 하기 위한 것으로서, 그것이 보장되지 않으면 피의자 등이 변호인 선임을 통하여 변호인으로부터 충분한 조력을 받는다는 것이 유명무실하게 될 수밖에 없다. 이와 같이 변호인이 되려는 자의 접견교통권은 피의자 등을 조력하기 위한 핵심적인 부분으로서, 피의자 등이 가지는 헌법상의 기본권인 변호인이 되려는 자와의 접견교통권과 표리의 관계에 있다. 따라서 피의자 등이 가지는 변호인이 되려는 자의 조력을 받을 권리가 실질적으로 확보되기 위해서는 변호인이 되려는 자의 접견교통권 역시 헌법상 기본권으로서 보장되어야 한다(헌재 2019.2.28. 2015헌마1204).

③ (○) 신속하고 실효적인 구제절차를 형사소송절차 내에 마련하고자 열람·등사에 관한 규정을 신설한 입법취지와, 검사의 열람·등사 거부처분에 대한 정당성 여부가 법원에 의하여 심사된 마당에 헌법재판소가 다시 열람·등사 제한의 정당성 여부를 심사하게 된다면 이는 법원의 결정에 대한 당부의 통제가 되는 측면이 있는 점 등을 고려하여 볼 때, 수사서류에 대한 법원의 열람·등사 허용 결정이 있음에도 검사가 열람·등사를 거부하는 경우 수사서류 각각에 대하여 검사가 열람·등사를 거부할 정당한 사유가 있는지를 심사할 필요 없이 그 거부행위 자체로써 청구인들의 기본권을 침해하는 것이 되고, 이는 법원의 수사서류에 대한 열람·등사 허용 결정이 있음에도 검사인 피청구인이 해당 서류에 대한 열람만을 허용하고 등사를 거부하는 경우에도 마찬가지이다(헌재 2017.12.28. 2015헌마632).

④ (○) 서신개봉행위는 교정사고를 미연에 방지하고 교정시설의 안전과 질서 유지를 위한 것이다. 수용자에게 변호인이 보낸 형사소송관련 서신이라는 이유만으로 금지물품 확인 과정 없이 서신이 무분별하게 교정시설 내에 들어오게 된다면, 이를 악용하여 마약·담배 등 금지물품의 반입 등이 이루어질 가능성을 배제하기 어렵다. 금지물품을 확인할 뿐 변호인이 보낸 서신 내용의 열람·지득 등 검열을 하는 것이 아니어서, 이 사건 서신개봉행위로 인하여 미결수용자와 같은 지위에 있는 수형자가 새로운 형사사건 및 형사재판에서 방어권행사에 불이익이 있었다거나 그 불이익이 예상된다고 보기도 어렵다. 이 사건 서신개봉행위와 같이 금지물품이 들어 있는지를 확인하기 위하여 서신을 개봉하는 것만으로는 미결수용자와 같은 지위에 있는 수형자가 변호인의 조력을 받을 권리를 침해하지 아니한다(헌재 2021.10.28. 2019헌마973).

[2023년 국가 7급] ①

변호인의 조력을 받을 권리에 대한 설명으로 가장 적절하지 않은 것은? (다툼이 있는 경우 헌법재판소 판례에 의함)

① 구치소장이 변호인접견실에 CCTV를 설치하여 미결수용자와 변호인 간의 접견을 관찰한 행위는 청구인의 변호인의 조력을 받을 권리를 침해하지 않는다.

② '피고인 등'에 대하여 차폐시설을 설치하고 신문할 수 있도록 한 「형사소송법」 조항은 청구인의 변호인의 조력을 받을 권리를 침해하지 않는다.

③ 법원의 수사서류 열람·등사 허용 결정에도 불구하고 해당 수사서류의 등사를 거부한 검사의 행위는 청구인들의 변호인의 조력을 받을 권리를 침해한다.

④ 인천공항출입국·외국인청장이 입국 불허되어 송환대기실 내에 수용된 외국인에게 변호인의 접견신청을 거부한 것은, 청구인이 자진출국으로 송환대기실을 벗어날 수 있는 점을 고려할 때 '구금' 상태에 놓여 있었다고 볼 수 없으므로, 헌법상 변호인의 조력을 받을 권리를 침해하지 않는다.

① (○) 금지물품의 수수나 폭행 등 교정사고를 방지하고 적절하게 대처하기 위해서는 변호인접견실 또한 계호할 필요가 있으며, 변호인접견실에 CCTV를 설치하는 것은 교도관의 육안에 의한 시선계호를 CCTV 장비에 의한 시선계호로 대체한 것에 불과하므로, 이 사건 CCTV 관찰행위는 그 목적의 정당성과 수단의 적합성이 인정된다. 따라서 이 사건 CCTV 관찰행위는 청구인의 변호인의 조력을 받을 권리를 침해하지 아니한다(헌재 2016.4.28. 2015헌마243).

② (○) 심판대상조항은 형사절차에서 소환된 증인이 안심하고 자발적으로 진술할 수 있도록 증인을 보호하고 실체 진실의 발견을 용이하게 하기 위한 목적을 가지고 있으므로 그 목적의 정당성이 인정된다. 그리고 피고인 등에 대해서 차폐시설을 함으로써 증인의 인적사항 등을 보호하는 것은 증인의 안전 및 자유로운 진술을 보장한다는 목적을 달성하기 위한 적합한 수단이다. 따라서 심판대상조항은 과잉금지원칙에 위배되어 청구인의 공정한 재판을 받을 권리 및 변호인의 조력을 받을 권리를 침해한다고 할 수 없다(헌재 2016.12.29. 2015헌바221).

③ (○) 법원의 열람·등사 허용 결정에도 불구하고 검사가 이를 신속하게 이행하지 아니하는 경우에는 해당 증인 및 서류 등을 증거로 신청할 수 없는 불이익을 받는 것에 그치는 것이 아니라, 그러한 검사의 거부행위는 피고인의 열람·등사권을 침해하고, 나아가 피고인의 신속·공정한 재판을 받을 권리 및 변호인의 조력을 받을 권리까지 침해하게 되는 것이다(헌재 2010.6.24. 2009헌마257).

④ (×) 사건 변호인 접견신청 거부는 국가안전보장이나 질서유지, 공공복리를 위해 필요한 기본권 제한 조치로 볼 수도 없다. 이 사건 변호인 접견신청 거부는 청구인의 변호인의 조력을 받을 권리를 침해하므로 헌법에 위반된다(헌재 2018.5.31. 2014헌마346).

[2019년 경찰 경정승진] ④

변호인의 조력을 받을 권리에 대한 설명으로 옳지 않은 것은? (다툼이 있는 경우 판례에 의함)

① 변호인이 피의자신문에 자유롭게 참여할 수 있는 권리는 피의자가 가지는 변호인의 조력을 받을 권리를 실현하는 수단이라고 할 수 있어 헌법상 기본권인 변호인의 변호권으로서 보호되어야 하므로, 검찰수사관인 피청구인이 피의자신문에 참여한 변호인인 청구인에게 피의자 후방에 앉으라고 요구한 행위는 변호인인 청구인의 변호권을 침해한다.

② 「형사소송법」은 차폐시설을 설치하고 증인신문절차를 진행할 경우 피고인으로부터 의견을 듣도록 하는 등 피고인이 받을 수 있는 불이익을 최소화하기 위한 장치를 마련하고 있으므로, '피고인 등'에 대하여 차폐시설을 설치하고 신문할 수 있도록 한 것이 변호인의 조력을

받을 권리를 침해한다고 할 수는 없다.

③ 헌법 제12조 제4항 본문에 규정된 변호인의 조력을 받을 권리는 형사절차에서 피의자 또는 피고인의 방어권을 보장하기 위한 것으로서 「출입국관리법」상 보호 또는 강제퇴거의 절차에는 적용되지 않는다.

④ 변호인의 수사서류 열람·등사권은 피고인의 신속·공정한 재판을 받을 권리 및 변호인의 조력을 받을 권리라는 헌법상 기본권의 중요한 내용이자 구성요소이며 이를 실현하는 구체적인 수단이 된다.

① (○) 검찰수사관인 피청구인이 피의자신문에 참여한 변호인인 청구인에게 피의자 후방에 앉으라고 요구한 행위는 변호인인 청구인의 변호권을 침해한다(헌재 2017.11.30. 2016헌마503).

② (○) 피고인 등과 증인 사이에 차폐시설을 설치한 경우에도 피고인 및 변호인에게는 여전히 반대신문권이 보장되고, 증인신문과정에서 증언의 신빙성에 대한 최종 판단 권한을 가진 재판부가 증인의 진술태도를 충분히 관찰할 수 있으며, 형사소송법은 차폐시설을 설치하고 증인신문절차를 진행할 경우 피고인으로부터 의견을 듣도록 하는 등 피고인이 받을 수 있는 불이익을 최소화하기 위한 장치를 마련하고 있다. 따라서 '피고인 등'에 대하여 차폐시설을 설치하고 신문할 수 있도록 한 심판대상조항은 과잉금지원칙에 위배되어 청구인의 공정한 재판을 받을 권리 및 변호인의 조력을 받을 권리를 침해한다고 할 수 없다(헌재 2016.12.29. 2015헌바221).

③ (×) 헌법 제12조 제4항 본문은 형사절차뿐 아니라 행정절차에도 적용된다고 해석하는 것이 헌법 제12조 제4항 본문 자체의 문리해석의 측면에서 타당하고, 변호인 조력권의 속성에도 들어맞으며, 우리 헌법이 제12조 제1항 제1문에 명문으로 신체의 자유에 관한 규정을 두어 신체의 자유를 두텁게 보호하는 취지에도 부합할 뿐 아니라, 헌법 제12조의 체계적 해석 및 목적론적 해석의 관점에서도 정당하다. 종래 이와 견해를 달리하여, 헌법 제12조 제4항 본문에 규정된 변호인의 조력을 받을 권리는 형사절차에서 피의자 또는 피고인의 방어권을 보장하기 위한 것으로서 출입국관리법상 보호 또는 강제퇴거의 절차에도 적용된다고 보기 어렵다고 판시한 우리 재판소 결정(헌재 2012.8.23. 2008헌마430)은, 이 결정 취지와 저촉되는 범위 안에서 변경한다(헌재 2018.5.31. 2014헌마346).

④ (○) 피고인의 신속·공정한 재판을 받을 권리 및 변호인의 조력을 받을 권리는 헌법이 보장하고 있는 기본권이고, 변호인의 수사서류 열람·등사권은 피고인의 신속·공정한 재판을 받을 권리 및 변호인의 조력을 받을 권리라는 헌법상 기본권의 중요한 내용이자 구성요소이며 이를 실현하는 구체적인 수단이 된다. 따라서 변호인의 수사서류 열람·등사를 제한함으로 인하여 결과적으로 피고인의 신속·공정한 재판을 받을 권리 또는 변호인의 충분한 조력을 받을 권리가 침해된다면 이는 헌법에 위반되는 것이다(헌재 2010.6.24. 2009헌마257).

[2021년 국가 7급] ③

변호인의 조력을 받을 권리에 대한 설명으로 옳지 않은 것은? (다툼이 있는 경우 판례에 의함)

① 변호인의 조력을 받을 권리는 형사절차에서 피의자 또는 피고인의 방어권 보장을 위한 것으로서 「출입국관리법」상 보호 또는 강제퇴거의 절차에도 적용되는 것은 아니다.

② 교정시설 내 수용자와 변호사 사이의 접견교통권의 보장은 헌법상 보장되는 재판청구권의 한 내용 또는 그로부터 파생되는 권리로 볼 수 있다.

③ 법원의 수사서류 열람·등사 허용 결정에도 불구하고 검사가 이를 신속하게 이행하지 아니하는 것은 변호인의 조력을 받을 권리를 침해하는 것이다.

④ '변호인으로 선임된 자'뿐 아니라 '변호인이 되려는 자'의 접견교통권도 헌법상 기본권이므로 '변호인이 되려는 자'의 접견교통권 침해를 이유로 한 헌법소원심판청구는 적법하다.

⑤ 구속피고인의 변호인 면접·교섭권은 최대한 보장되어야 하지만, 국가형벌권의 적정한 행사와 피고인의 인권보호라는 형사소송절차의 목적을 구현하기 위하여 제한될 수 있다. 다만, 이 경우에도 그 제한은 엄격한 비례의 원칙에 따라야 하고, 시간·장소·방법 등 일반적 기준에 따라 중립적이어야 한다.

① (×) 헌법 제12조 제4항 본문의 문언 및 헌법 제12조의 소문 체계, 변호인 조력권의 속성, 헌법이 신체의 자유를 보장하는 취지를 종합하여 보면 헌법 제12조 제4항 본문에 규정된 "구속"은 사법절차에서 이루어진 구속뿐 아니라, 행정절차에서 이루어진 구속까지 포함하는 개념이다. 따라서 헌법 제12조 제4항 본문에 규정된 변호인의 조력을 받을 권리는 행정절차에서 구속을 당한 사람에게도 즉시 보장된다(헌재 2018.5.31. 2014헌마346).

② (○) 헌법 제27조에 근거하여 재판청구권을 보장하고 있고 이 때 재판을 받을 권리에는 민사재판, 형사재판, 행정재판뿐 아니라 헌법재판도 포함된다. 헌법 제27조 제1항이 규정하는 '법률에 의한' 재판청구권을 보장하기 위해서는 입법자에 의한 재판청구권의 구체적인 형성이 필요하지만, 이는 상당한 정도로 권리구제의 실효성이 보장되도록 하는 것이어야 한다. 따라서 현대 사회의 복잡다단한 소송에서의 법률전문가의 증대되는 역할, 민사법상 무기 대등의 원칙 실현, 헌법소송의 변호사강제주의 적용 등을 감안할 때 교정시설 내 수용자와 변호사 사이의 접견교통권의 보장은 헌법상 보장되는 재판청구권의 한 내용 또는 그로부터 파생되는 권리이다(헌재 2013.8.29. 2011헌마122).

③ (○) 법원이 검사의 열람·등사 거부처분에 정당한 사유가 없다고 판단하고 그러한 거부처분이 피고인의 헌법상 기본권을 침해한다는 취지에서 수사서류의 열람·등사를 허용하도록 명한 이상, 법치국가와 권력분립의 원칙상 검사로서는 당연히 법원의 그러한 결정에 지체 없이 따라야 할 것이다. 그러므로 법원의 열람·등사 허용 결정에도 불구하고 검사가 이를 신속하게 이행하지 아니하는 경우에는 해당 증인 및 서류 등을 증거로 신청할 수 없는 불이익을 받는 것에 그치는 것이 아니라, 그러한 검사의 거부행위는 피고인의 열람·등사권을 침해하고, 나아가 피고인의 신속·공정한 재판을 받을 권리 및 변호인의 조력을 받을 권리까지 침해하게 되는 것이다(헌재 2010.6.24. 2009헌마257).

④ (○) 변호인이 되려는 자의 접견교통권은 피의자 등을 조력하기 위한 핵심적인 권리로서, 피의자 등이 가지는 변호인이 되려는 자의 조력을 받을 권리가 실질적으로 확보되기 위하여 이 역시 헌법상 기본권으로서 보장되어야 한다. 그러므로 이 사건 검사의 접견불허행위로 인하여 청구인의 헌법상 기본권인 변호인이 되려는 자의 접견교통권이 침해되었다고 주장하면서 그 위헌확인을 구하는 이 부분 심판청구는 기본권 침해 가능성도 인정된다. 이상과 같이 이 사건 검사의 접견불허행위에 대한 심판청구는 헌법소원의 대상이 되는 공권력의 행사를 대상으로 하고 있고, 기본권 침해 가능성도 인정되며, 보충성원칙의 예외도 인정되고, 그 외 적법요건도 모두 충족하였다고 할 것이므로 적법하다(헌재 2019.2.28. 2015헌마1204).

⑤ (○) 구속피고인 변호인 면접·교섭권은 독자적으로 존재하는 것이 아니라 국가형벌권의 적정한 행사와 피고인의 인권보호라는 형사소송절차의 전체적인 체계 안에서 의미를 갖고 있는 것이다. 따라서 구속피고인의 변호인 면접·교섭권은 최대한 보장되어야 하지만, 형사소송절차의 위와 같은 목적을 구현하기 위하여 제한될 수 있다. 다만 이 경우에도 그 제한은 엄격한 비례의 원칙에 따라야 하고, 시간·장소·방법 등 일반적 기준에 따라 중립적이어야 한다(헌재 2009.10.29. 2007헌마992). [2019년 국회 8급] ①

변호인의 조력을 받을 권리에 대한 설명으로 옳지 않은 것은? (다툼이 있는 경우 판례에 의함)

① 피의자·피고인의 구속 여부를 불문하고 변호인과 상담하고 조언을 구할 권리는 변호인의 조력을 받을 권리의 내용 중 구체적인 입법형성이 필요한 다른 절차적 권리의 필수적인 전제요건으로서 변호인의 조력을 받을 권리 그 자체에서 막바로 도출되는 것이다.

② 검찰수사관이 피의자신문에 참여한 변호인에게 피의자 후방에 앉으라고 요구한 행위는 변호인의 피의자신문참여권 행사에 어떠한 지장도 초래하지 않으므로 변호인의 변호권을 침해하지 아니한다.

③ 형사절차가 종료되어 교정시설에 수용 중인 수형자나 미결수용자가 형사사건의 변호인이 아닌 민사재판, 행정재판, 헌법재판 등에서 변호사와 접견할 경우에는 원칙적으로 변호인의 조력을 받을 권리의 주체가 될 수 없다.

④ 피의자 등이 가지는 '변호인이 되려는 자'의 조력을 받을 권리가 실질적으로 확보되기 위해서는 '변호인이 되려는 자'의 접견교통권 역시 헌법상 기본권으로서 보장되어야 한다.

① (○) 헌법은 변호인의 조력을 받을 권리가 불구속 피의자·피고인 모두에게 포괄적으로 인정되는지 여부에 관하여 명시적으로 규율하고 있지는 않지만, 불구속 피의자의 경우에도 변호인의 조력을 받을 권리는 우리 헌법에 나타난 법치국가원리, 적법절차원칙에서 인정되는 당연한 내용이고, 헌법 제12조 제4항도 이를 전제로 특히 신체구속을 당한 사람에 대하여 변호인의 조력을 받을 권리의 중요성을 강조하기 위하여 별도로 명시하고 있다. 피의자·피고인의 구속 여부를 불문하고 조언과 상담을 통하여 이루어지는 변호인의 조력자로서의 역할은 변호인선임권과 마찬가지로 변호인의 조력을 받을 권리의 내용 중 가장 핵심적인 것이고, 변호인과 상담하고 조언을 구할 권리는 변호인의 조력을 받을 권리의 내용 중 구체적인 입법형성이 필요한 다른 절차적 권리의 필수적인 전제요건으로서 변호인의 조력을 받을 권리 그 자체에서 막바로 도출되는 것이다(헌재 2004.9.23. 2000헌마138).

② (×) 피의자신문에 참여한 변호인이 피의자 옆에 앉는다고 하여 피의자 뒤에 앉는 경우보다 수사를 방해할 가능성이 높아진다거나 수사기밀을 유출할 가능성이 높아진다고 볼 수 없으므로, 이 사건 후방착석요구행위의 목적의 정당성과 수단의 적절성을 인정할 수 없다. 그런데 이 사건에서 변호인의 수사방해나 수사기밀의 유출에 대한 우려가 없고, 조사실의 장소적 제약 등과 같이 이 사건 후방착석요구행위를 정당화할 그 외의 특별한 사정도 없으므로, 이 사건 후방착석요구행위는 침해의 최소성 요건을 충족하지 못한다. 이 사건 후방착석요구행위로 얻어질 공익보다는 변호인의 피의자신문참여권 제한에 따른 불이익의 정도가 크므로, 법익의 균형성 요건도 충족하지 못한다. 따라서 이 사건 후방착석요구행위는 변호인인 청구인의 변호권을 침해한다(헌재 2017.11.30. 2016헌마503).

③ (○) 형사절차가 종료되어 교정시설에 수용 중인 수형자나 미결수용자가 형사사건의 변호인이 아닌 민사재판, 행정재판, 헌법재판 등에서 변호사와 접견할 경우에는 원칙적으로 변호인의 조력을 받을 권리의 주체가 될 수 없다(헌재 1998.8.27. 96헌마398).

④ (○) 변호인 선임을 위하여 피의자·피고인(이하 '피의자 등'이라 함)이 가지는 변호인이 되려는 자와의 접견교통권은 헌법상 기본권으로 보호되어야 하고, 변호인이 되려는 자의 접견교통권은 피의자 등을 조력하기 위한 핵심적인 부분으로서, 피의자 등이 가지는 헌법상의 기본권인 변호인이 되려는 자와의 접견교통권과 표리의 관계에 있다. 따라서 피의자 등이 가지는 변호인이 되려는 자의 조력을 받을 권리가 실질적으로 확보되기 위해서는 변호인이 되려는 자의 접견교통권 역시 헌법상 기본권으로서 보장되어야 한다(헌재 2019.2.28. 2015헌마1204).

[2019년 지방 7급] ②

변호인의 조력을 받을 권리에 관한 설명 중 옳지 않은 것은? (다툼이 있는 경우 판례에 의함)

① 헌법 제12조 제4항 본문에 규정된 변호인의 조력을 받을 권리는 형사절차에서 피의자 또는 피고인의 방어권을 보장하기 위한 것으로서 「출입국관리법」상 보호 또는 강제퇴거의 절차에는 적용되지 않는다.

② 피의자 및 피고인을 조력할 변호인의 권리 중 그것이 보장되지 않으면 그들이 변호인의 조력을 받는다는 것이 유명무실하게 되는 핵심적인 부분은 헌법상 기본권인 피의자 및 피고인이 가지는 변호인의 조력을 받을 권리와 표리의 관계에 있다 할 수 있어 헌법상 기본권으로 보호되어야 한다.

③ 변호인이 피의자신문에 자유롭게 참여할 수 있는 권리는 피의자가 가지는 변호인의 조력을 받을 권리를 실현하는 수단이라고 할 수 있어 헌법상 기본권인 변호인의 변호권으로 보호

되어야 하므로, 피의자신문시 변호인에 대한 수사기관의 후방착석요구행위는 헌법상 기본권인 변호인의 변호권을 침해한다.

④ 형사절차가 종료되어 교정시설에 수용 중인 수형자나 미결수용자가 형사사건의 변호인이 아닌 민사재판, 행정재판, 헌법재판 등에서 변호사와 접견할 경우에는 원칙적으로 헌법상 변호인의 조력을 받을 권리의 주체가 될 수 없다.

⑤ 변호인의 수사서류 열람·등사권은 피고인의 신속·공정한 재판을 받을 권리 및 변호인의 조력을 받을 권리라는 헌법상 기본권의 중요한 내용이자 구성요소이며 이를 실현하는 구체적인 수단이 된다.

① (×) 헌법 제12조 제4항 본문은 형사절차뿐 아니라 행정절차에도 적용된다고 해석하는 것이 헌법 제12조 제4항 본문 자체의 문리해석의 측면에서 타당하고, 변호인 조력권의 속성에도 들어맞으며, 우리 헌법이 제12조 제1항 제1문에 명문으로 신체의 자유에 관한 규정을 두어 신체의 자유를 두텁게 보호하는 취지에도 부합할 뿐 아니라, 헌법 제12조의 체계적 해석 및 목적론적 해석의 관점에서도 정당하다(헌재 2018.5.31. 2014헌마346).

② (○) 피의자 및 피고인을 조력할 변호인의 권리 중 그것이 보장되지 않으면 그들이 변호인의 조력을 받는다는 것이 유명무실하게 되는 핵심적인 부분은 헌법상 기본권인 피의자 및 피고인이 가지는 변호인의 조력을 받을 권리와 표리의 관계에 있다. 따라서 피의자 및 피고인이 가지는 변호인의 조력을 받을 권리가 실질적으로 확보되기 위해서는, 피의자 및 피고인에 대한 변호인의 조력할 권리의 핵심적인 부분은 헌법상 기본권으로서 보호되어야 한다(헌재 2017.11.30. 2016헌마503).

③ (○) 변호인이 피의자신문에 자유롭게 참여할 수 있는 권리는 피의자가 가지는 변호인의 조력을 받을 권리를 실현하는 수단이라고 할 수 있으므로 헌법상 기본권인 변호인의 변호권으로서 보호되어야 한다. 이 사건 후방착석요구행위는 변호인의 변호권에 대한 제한을 정당화할 사유가 있다고 할 수 없다. 그렇다면 이 사건 후방착석요구행위는 그 목적의 정당성과 수단의 적절성이 인정될 수 있는지 의문이며, 침해의 최소성 및 법익의 균형성 요건을 충족하지 못한다(헌재 2017.11.30. 2016헌마503).

④ (○) 변호인의 조력을 받을 권리에 대한 헌법과 법률의 규정 및 취지에 비추어 보면, 형사사건에서 변호인의 조력을 받을 권리를 의미한다고 보아야 할 것이므로 형사절차가 종료되어 교정시설에 수용 중인 수형자나 미결수용자가 형사사건의 변호인이 아닌 민사재판, 행정재판, 헌법재판 등에서 변호사와 접견할 경우에는 원칙적으로 헌법상 변호인의 조력을 받을 권리의 주체가 될 수 없다(헌재 2013.8.29. 2011헌마122).

⑤ (○) 피고인의 신속·공정한 재판을 받을 권리 및 변호인의 조력을 받을 권리는 헌법이 보장하고 있는 기본권이고, 변호인의 수사서류 열람·등사권은 피고인의 신속·공정한 재판을 받을 권리 및 변호인의 조력을 받을 권리라는 헌법상 기본권의 중요한 내용이자 구성요소이며 이를 실현하는 구체적인 수단이 된다. 따라서 변호인의 수사서류 열람·등사를 제한함으로 인하여 결과적으로 피고인의 신속·공정한 재판을 받을 권리 또는 변호인의 충분한 조력을 받을 권리가 침해된다면 이는 헌법에 위반된다(헌재 2010.6.24. 2009헌마257).

[2019년 제8회 변호사] ①

변호인의 조력을 받을 권리에 관한 다음 설명 중 가장 옳지 않은 것은? (다툼이 있는 경우 대법원 판례 및 헌법재판소 결정에 의함)

① 피의자 또는 피고인(이하 '피의자 등'이라고 함)에게는 체포 또는 구속 여부에 불구하고 헌법상 변호인의 조력을 받을 권리가 인정된다.

② 피의자 등을 조력할 변호인의 권리 중 그것이 보장되지 않으면 그들이 변호인의 조력을 받는다는 것이 유명무실하게 되는 핵심적인 부분은 헌법상 기본권인 피의자 등이 가지는 변

호인의 조력을 받을 권리와 표리의 관계에 있다. 따라서 피의자 등이 가지는 변호인의 조력을 받을 권리가 실질적으로 확보되기 위해서는, 피의자 등에 대한 변호인의 조력할 권리의 핵심적인 부분은 헌법상 기본권으로서 보호되어야 한다.

③ 헌법 제12조 제4항 본문은 체포 또는 구속을 당한 때에 "즉시" 변호인의 조력을 받을 권리를 가진다고 규정함으로써 변호인이 선임되기 이전에도 피의자 등에게 변호인의 조력을 받을 권리가 있음을 분명히 하고 있다.

④ 아직 변호인을 선임하지 않은 피의자 등의 변호인의 조력을 받을 권리는 변호인 선임을 통하여 구체화되는데, 피의자 등의 변호인선임권은 변호인의 조력을 받을 권리의 출발점이자 가장 기초적인 구성부분으로서 법률로써도 제한할 수 없는 권리이다. 따라서 피의자 등이 가지는 '변호인이 되려는 자'와의 접견교통권 역시 헌법상 기본권으로 보호되어야 한다.

⑤ '변호인이 되려는 자'가 가지는 접견교통권은 그 주된 목적이 피의자 등의 조력보다는 자신의 수임 활동에 있는 점, '변호인이 되려는 자'가 피의자 등을 접견하지 못함으로써 받는 불이익, 즉 형사사건 수임 실패에 따른 불이익은 간접적, 사실적, 경제적인 이해관계에 불과한 점, '변호인이 되려는 자'의 접견교통권은 피의자 등을 조력하기 이전 단계에서 피의자 등의 의사와는 관계없이 '변호인이 되려는 자'에게 인정되는 권리인 점 등을 고려할 때, 형사소송법 등 개별 법률을 통하여 형성된 법률상의 권리에 불과하고, '헌법상 보장된 독자적인 기본권'으로 볼 수는 없다.

① (○) 헌법 제12조 제4항 본문은 "누구든지 체포 또는 구속을 당한 때에는 즉시 변호인의 조력을 받을 권리를 가진다"라고 규정하고 있으며, 불구속 피의자의 경우에도 변호인의 조력을 받을 권리는 우리 헌법에 나타난 법치국가원리, 적법절차원칙에서 인정되는 당연한 내용이고, 헌법 제12조 제4항도 이를 전제로 특히 신체구속을 당한 사람에 대하여 변호인의 조력을 받을 권리의 중요성을 강조하기 위하여 별도로 명시하고 있다. 이와 같이 피의자 또는 피고인에게는 체포 또는 구속 여부에 불구하고 변호인의 조력을 받을 권리가 인정된다(헌재 2019.2.28. 2015헌마1204).

② (○) 변호인 선임을 위하여 피의자·피고인(이하 '피의자 등'이라 함)이 가지는 변호인이 되려는 자와의 접견교통권은 헌법상 기본권으로 보호되어야 하고, 변호인이 되려는 자의 접견교통권은 피의자 등이 변호인을 선임하여 그로부터 조력을 받을 권리를 공고히 하기 위한 것으로서, 그것이 보장되지 않으면 피의자 등이 변호인 선임을 통하여 변호인으로부터 충분한 조력을 받는다는 것이 유명무실하게 될 수밖에 없다. 이와 같이 변호인이 되려는 자의 접견교통권은 피의자 등을 조력하기 위한 핵심적인 부분으로서, 피의자 등이 가지는 헌법상의 기본권인 변호인이 되려는 자와의 접견교통권과 표리의 관계에 있다. 따라서 피의자 등이 가지는 변호인이 되려는 자의 조력을 받을 권리가 실질적으로 확보되기 위해서는 변호인이 되려는 자의 접견교통권 역시 헌법상 기본권으로서 보장되어야 한다(헌재 2019.2.28. 2015헌마1204).

③ (○) ④ (○) 헌법 제12조 제4항 본문은 체포 또는 구속을 당한 때에 "즉시" 변호인의 조력을 받을 권리를 가진다고 규정함으로써 변호인이 선임되기 이전에도 피의자 등에게 변호인의 조력을 받을 권리가 있음을 분명히 하고 있다. 이와 같이 아직 변호인을 선임하지 않은 피의자 등의 변호인 조력을 받을 권리는 변호인 선임을 통하여 구체화되는데, 피의자 등의 변호인선임권은 변호인의 조력을 받을 권리의 출발점이자 가장 기초적인 구성부분으로서 법률로써도 제한할 수 없는 권리이다. 따라서 변호인 선임을 위하여 피의자 등이 가지는 변호인이 되려는 자와의 접견교통권 역시 헌법상 기본권으로 보호되어야 한다(헌재 2019.2.28. 2015헌마1204).

⑤ (×) 지문은 재판관 조용호, 재판관 이은애, 재판관 이종석의 이 사건 검사의 접견불허행위에 대한 반대의견이다.

[2020년 법원 5급] ⑤

변호인과 관련한 다음 설명 중 가장 옳지 않은 것은?

① 변호사인 변호인에게 변호사법이 정하는 바에 따라서 이른바 진실의무가 인정되는 것이지만, 변호인이 신체구속을 당한 사람에게 법률적 조언을 하는 것을 그 권리이자 의무이므로 변호인이 적극적으로 피고인 또는 피의자로 하여금 허위진술을 하도록 하는 것이 아니라 단순히 헌법상 권리인 진술거부권이 있음을 알려 주고 그 행사를 권고하는 것을 가리켜 변호사로서의 진실의무에 위배되는 것이라고는 할 수 없다.

② 형사소송법 제34조는 "변호인 또는 변호인이 되려는 자는 신체구속을 당한 피고인 또는 피의자와 접견하고 서류 또는 물건을 수수할 수 있으며 의사로 하여금 피고인이나 피의자를 진료하게 할 수 있다"라고 규정하고 있으므로, 변호인이 되려는 의사를 표시한 자가 객관적으로 변호인이 될 가능성이 있다는 사정만으로는 당연히 접견교통권이 보장되는 것은 아니어서 원칙적으로는 그 제한이 가능하다.

③ 접견교통권이 그 보장의 한계를 일탈한 것이어서 허용될 수 없다고 판단함에 있어서는 신체구속을 당한 사람의 헌법상 기본적 권리인 변호인의 조력을 받을 권리의 본질적인 내용이 침해되는 일이 없도록 신중을 가하여야 한다.

④ 변호인 또는 변호인이 되려는 자가 구체적인 시간적·장소적 상황에 비추어 현실적으로 보장할 수 있는 한계를 벗어나 피고인 또는 피의자를 접견하려고 하는 것은 정당한 접견교통권의 행사에 해당하지 아니하여 허용될 수 없다.

① (○) 변호인이 신체구속을 당한 사람에게 법률적 조언을 하는 것은 그 권리이자 의무이므로 변호인이 적극적으로 피고인 또는 피의자로 하여금 허위진술을 하도록 하는 것이 아니라 단순히 헌법상 권리인 진술거부권이 있음을 알려 주고 그 행사를 권고하는 것을 가리켜 변호사로서의 진실의무에 위배되는 것이라고는 할 수 없다(대법원 2007.1.31. 2006모656).

② (×) 형사소송법 제34조는 "변호인 또는 변호인이 되려는 자는 신체구속을 당한 피고인 또는 피의자와 접견하고 서류 또는 물건을 수수할 수 있으며 의사로 하여금 진료하게 할 수 있다"라고 규정하고 있으므로, 변호인이 되려는 의사를 표시한 자가 객관적으로 변호인이 될 가능성이 있다고 인정하는데도, 형사소송법 제34조에서 정한 변호인 또는 변호인이 되려는 자가 아니라고 보아 신체구속을 당한 피고인 또는 피의자와 접견하지 못하도록 제한하여서는 아니 된다(대법원 2017.3.9. 2013도16162).

③ (○) ④ (○) 변호인 또는 변호인이 되려는 자의 접견교통권은 신체구속제도 본래의 목적을 침해하지 아니하는 범위 내에서 행사되어야 하므로, 변호인 또는 변호인이 되려는 자가 구체적인 시간적·장소적 상황에 비추어 현실적으로 보장할 수 있는 한계를 벗어나 피고인 또는 피의자를 접견하려고 하는 것은 정당한 접견교통권의 행사에 해당하지 아니하여 허용될 수 없다. 다만 접견교통권이 그와 같은 한계를 일탈한 것이어서 허용될 수 없다고 판단함에 있어서는 신체구속을 당한 사람의 헌법상 기본적 권리인 변호인의 조력을 받을 권리의 본질적인 내용이 침해되는 일이 없도록 신중을 가하여야 한다(대법원 2017.3.9. 2013도16162). [2019년 법원 9급] ②

변호인의 조력을 받을 권리에 대한 설명으로 옳은 것은? (다툼이 있는 경우 판례에 의함)

① 변호인의 조력을 받을 권리는 형사절차에서 피의자 또는 피고인의 방어권 보장을 위한 것으로서 「출입국관리법」상 보호 또는 강제퇴거의 절차에도 적용된다고 보기 어렵다.

② 난민인정심사불회부결정을 받은 외국인을 인천국제공항 송환대기실에 수개월째 수용하고

환승구역으로 출입을 막으면서 변호인접견신청을 거부한 것은, 변호인의 조력을 받을 권리를 침해한 것은 아니다.

③ 법정 옆 피고인 대기실에서 대기 중인 14인 중 11인이 강력범들이고 교도관이 2인인 상황에서, 재판대기 중인 피고인이 재판 시작 20분 전에 교도관에게 변호인 접견을 신청하였으나 변호인 접견신청이 거부된 것은 변호인의 조력을 받을 권리를 침해한 것은 아니다.

④ 헌법재판소가 미결수용자와 변호인과의 접견에 대해 "어떠한 명분으로도 제한할 수 없다"고 한 것은 구속된 자와 변호인 간의 접견 자체에 대해 아무런 제한도 가할 수 없다는 것을 의미한다.

⑤ 국선변호인이 6월 5일 접견신청을 하였으나, 접견을 희망한 6월 6일이 현충일(공휴일)이라는 이유로 거부되고 6월 8일 피고인을 접견한 것은, 피고인의 변호인의 조력을 받을 권리를 침해한 것이다.

① (×) 헌법재판소 판례변경 사안으로서, 종래 이와 견해를 달리하여 헌법 제12조 제4항 본문에 규정된 변호인의 조력을 받을 권리는 형사절차에서 피의자 또는 피고인의 방어권을 보장하기 위한 것으로서 출입국관리법상 보호 또는 강제퇴거의 절차에도 적용된다고 보기 어렵다고 판시한 우리 재판소 결정은, 이 결정 취지와 저촉되는 범위 안에서 변경한다(헌재 2018.5.31. 2014헌마346).

② (×) 난민인정심사불회부결정을 받은 외국인을 인천국제공항 송환대기실에 수개월째 수용하고 환승구역으로 출입을 막으면서 변호인접견신청을 거부한 이 사건 변호인 접견신청 거부는 현행법상 아무런 법률상 근거가 없이 청구인의 변호인의 조력을 받을 권리를 제한할 것이므로, 청구인의 변호인의 조력을 받을 권리를 침해한 것이다. 또한 청구인에게 변호인 접견신청을 허용한다고 하여 국가안전보장, 질서유지, 공공복리에 어떠한 장애가 생긴다고 보기는 어렵고, 필요한 최소한의 범위 내에서 접견 장소 등을 제한하는 방법을 취한다면 국가안전보장이나 환승구역의 질서유지 등에 별다른 지장을 주지 않으면서도 청구인의 변호인 접견권을 제대로 보장할 수 있다. 따라서 이 사건 변호인 접견신청 거부는 국가안전보장이나 질서유지, 공공복리를 위해 필요한 기본권 제한 조치로 볼 수도 없다(헌재 2018.5.31. 2014헌마346).

③ (○) 시간적·장소적 상황을 고려할 때, 청구인의 면담 요구는 구속피고인의 변호인과의 면접·교섭권으로서 현실적으로 보장할 수 있는 한계 범위 밖이다. 따라서 청구인의 변호인 면담 요구를 받아들이지 아니한 교도관의 접견불허행위는 청구인의 기본권을 침해하는 위헌적인 공권력의 행사라고 보기 어렵다(헌재 2009.10.29. 2007헌마992).

④ (×) 미결수용자와 변호인과의 접견에 대해 어떠한 명분으로도 제한할 수 없는 것은 구속된 자와 변호인 간의 접견이 실제로 이루어지는 경우에 있어서의 자유로운 접견, 즉 대화내용에 대하여 비밀이 완전히 보장되고 어떠한 제한, 영향, 압력 또는 부당한 간섭 없이 자유롭게 대화할 수 있는 접견을 제한할 수 없다는 것이지, 변호인과의 접견 자체에 대해 아무런 제한도 가할 수 없다는 것을 의미하는 것이 아니므로 미결수용자의 변호인 접견권 역시 국가안전보장·질서유지 또는 공공복리를 위해 필요한 경우에는 법률로써 제한될 수 있음은 당연하다(헌재 2011.5.26. 2009헌마341).

⑤ (×) 6월 6일자 접견은 불허되었으나 그로부터 이틀 후인 6월 8일 접견이 실시되었으며, 그 후로도 공판기일까지는 열흘 넘는 기간이 남아 있었던 점에 비추어 보면, 국선변호인이 희망한 6월 6일 청구인에 대한 접견이 이루어지지 못하였다고 해서 청구인의 방어권 행사에 어떠한 불이익이 있었다고 보기는 어렵다. 결국 이 사건 접견불허 처분을 전후한 청구인과 변호인의 접견 상황, 청구인에 대한 재판의 진행 과정 등에 비추어 볼 때, 이 사건 접견불허 처분이 청구인의 변호인의 조력을 받을 권리를 침해하였다고 볼 수 없다(헌재 2011.5.26. 2009헌마341).

[2018년 국회 9급] ③

변호인의 조력을 받을 권리에 관한 다음 설명 중 가장 옳은 것은? (다툼이 있는 경우 헌법재판소 결정에 의함)

① 가사소송에서 당사자가 변호사를 대리인으로 선임하여 그 조력을 받는 것은 헌법 제12조 제4항의 변호인의 조력을 받을 권리의 보호영역에 포함된다고 보기 어렵다.

② 일반적으로 형사사건에 있어 변호인의 조력을 받을 권리는 피고인에게만 인정된다.

③ 형사절차가 종료되어 교정시설에 수용 중인 수형자라도 원칙적으로 변호인의 조력을 받을 권리의 주체가 될 수 있다.

④ 변호인의 조력을 받을 권리는 국가안전보장, 질서유지 또는 공공복리를 위하여 필요한 경우에도 법률로써 제한할 수 없다

⑤ 변호인의 조력을 받을 권리를 보장하는 목적을 피의자 또는 피고인의 방어권 행사를 보장하기 위한 것이므로, 미결수용자 또는 변호인이 원하는 특정한 시점에 접견이 이루어지지 못하였다면 변호인의 조력을 받을 권리가 침해된 것이다.

① (○) 가사소송에서 당사자가 변호사를 대리인으로 선임하여 소송절차 중 그 변호사의 조력을 받는 것은 헌법 제27조 제1항의 재판청구권의 영역에서 문제될 수 있음은 별론으로 하고 헌법 제12조 제4항의 변호인의 조력을 받을 권리의 보호영역에 포함된다고 보기 어려우므로, 변호인의 조력을 받을 권리가 침해될 여지는 없다(헌재 2012.10.25. 2011헌마598).

② (×) 형사사건에 있어 변호인의 조력을 받을 권리는 피의자나 피고인을 불문하고 보장되나, 그 중 특히 국선변호인의 조력을 받을 권리는 피고인에게만 인정되는 것으로 해석함이 상당하다(헌재 2008.9.25. 2007헌마1126).

③ (×) 변호인의 조력을 받을 권리는 형사절차에서 피의자 또는 피고인이 검사 등 수사·공소기관과 대립되는 당사자의 지위에서 변호인 또는 변호인이 되려는 자와 사이에 충분한 접견교통에 의하여 피의사실이나 공소사실에 대하여 충분하게 방어할 수 있도록 함으로써 피고인이나 피의자의 인권을 보장하려는 데 그 제도의 취지가 있는 점에 비추어 보면, 형사절차가 종료되어 교정시설에 수용 중인 수형자는 원칙적으로 변호인의 조력을 받을 권리의 주체가 될 수 없다(헌재 1998.8.27. 96헌마398).

④ (×) 변호인과 접견 자체에 대해 아무런 제한도 가할 수 없다는 것을 의미하는 것이 아니므로 미결수용자의 변호인 접견권 역시 국가안전보장·질서유지 또는 공공복리를 위해 필요한 경우에는 법률로써 제한될 수 있음은 당연하다(헌재 2011.5.26. 2009헌마341).

⑤ (×) 변호인의 조력을 받을 권리를 보장하는 목적은 피의자 또는 피고인의 방어권 행사를 보장하기 위한 것이므로, 미결수용자 또는 변호인이 원하는 특정한 시점에 접견이 이루어지지 못하였다 하더라도 그것만으로 곧바로 변호인의 조력을 받을 권리가 침해되었다고 단정할 수는 없는 것이고, 그 시점을 전후한 변호인 접견의 상황이나 수사 또는 재판의 진행 과정에 비추어 미결수용자가 방어권을 행사하기 위해 변호인의 조력을 받을 기회가 충분히 보장되었다고 인정될 수 있는 경우에는, 비록 미결수용자 또는 그 상대방인 변호인이 원하는 특정 시점에는 접견이 이루어지지 못하였다 하더라도 변호인의 조력을 받을 권리가 침해되었다고 할 수 없다(헌재 2011.5.26. 2009헌마341).

[2015년 법무사] ①

다음 설명 중 가장 옳지 않은 것은?

① 헌법은 사후영장을 청구할 수 있는 경우를 현행범인인 경우와 장기 3년 이상의 형에 해당하는 죄를 범하고 도피 또는 증거인멸의 염려가 있을 때로 한정하고 있다.

② '변호인이 되려는 자'의 접견교통권은 피체포자 등의 '변호인의 조력을 받을 권리'를 기본권으로 인정한 결과 발생하는 간접적이고 부수적인 효과로서 형사소송법 등 개별 법률을 통

하여 구체적으로 형성된 법률상의 권리에 불과하다.

③ 진술거부권은 형사절차에서만 보장되는 것은 아니고, 행정절차 또는 국회에서의 질문 등 어디에서나 그 진술이 자기에게 형사상 불리한 경우 이를 강요받지 아니할 국민의 기본권으로 보장된다.

④ 경찰서장이 구속적부심사 중에 있는 피구속자의 변호인에게 고소장과 피의자신문조서에 대한 열람 및 등사를 거부한 것은 변호인의 피구속자를 조력할 권리 및 알 권리를 침해한 것이다.

① (○) 헌법 제12조 ③체포·구속·압수 또는 수색을 할 때에는 적법한 절차에 따라 검사의 신청에 의하여 법관이 발부한 영장을 제시하여야 한다. 다만, 현행범인인 경우와 장기 3년 이상의 형에 해당하는 죄를 범하고 도피 또는 증거인멸의 염려가 있을 때에는 사후에 영장을 청구할 수 있다.

② (×) 변호인이 되려는 자의 접견교통권은 피의자 등을 조력하기 위한 핵심적인 부분으로서, 피의자 등이 가지는 헌법상의 기본권인 변호인이 되려는 자와의 접견교통권과 표리의 관계에 있다. 따라서 피의자 등이 가지는 변호인이 되려는 자의 조력을 받을 권리가 실질적으로 확보되기 위해서는 변호인이 되려는 자의 접견교통권 역시 헌법상 기본권으로서 보장되어야 한다(헌재 2019.2.28. 2015헌마1204).

③ (○) 진술거부권은 형사절차에서만 보장되는 것은 아니고 행정절차이거나 국회에서의 질문 등 어디에서나 그 진술이 자기에게 형사상 불리한 경우에는 묵비권을 가지고 이를 강요받지 아니할 국민의 기본권으로 보장되며, 이는 고문 등 폭력에 의한 강요는 물론 법률에 의하여서도 진술을 강요당하지 아니함을 의미한다(헌재 2001.11.29. 2001헌바41).

④ (○) 이 사건 규정은 구속적부심사단계에서 변호인이 고소장과 피의자신문조서를 열람하여 피구속자의 방어권을 조력하는 것까지를 일체 금지하는 것은 아니다. 결국 변호인에게 고소장과 피의자신문조서에 대한 열람 및 등사를 거부한 경찰서장의 정보비공개결정은 변호인의 피구속자를 조력할 권리 및 알 권리를 침해하여 헌법에 위반된다(헌재 2003.3.27. 2000헌마474). [2022년 법원 9급] ②

변호인의 조력을 받을 권리에 대한 설명으로 가장 적절하지 않은 것은? (다툼이 있는 경우 판례에 의함)

① 피의자신문에 참여한 변호인에게 피의자 후방에 앉으라고 요구한 행위가 변호인의 변호권을 침해하는 것은 아니다.

② 불구속 피의자나 피고인의 경우 형사소송법상 특별한 명문의 규정이 없더라도 스스로 선임한 변호인의 조력을 받기 위하여 변호인을 옆에 두고 조언과 상담을 구하는 것은 수사절차의 개시에서부터 재판절차의 종료에 이르기까지 언제나 가능하다.

③ 형사절차가 종료되어 교정시설에 수용 중인 수형자는 원칙적으로 변호인의 조력을 받을 권리의 주체가 될 수 없으나, 수형자의 경우에도 재심절차 등에는 변호인 선임을 위한 일반적인 교통·통신이 보장될 수 있다.

④ 미결수용자의 변호인의 조력을 받을 권리는 국가안전보장·질서유지 또는 공공복리를 위해 필요한 경우에 법률로써 제한될 수 있다.

① (×) 피의자신문에 참여한 변호인이 피의자 옆에 앉는다고 하여 피의자 뒤에 앉는 경우보다 수사를 방해할 가능성이 높아진다거나 수사기밀을 유출할 가능성이 높아진다고 볼 수 없으므로, 이 사건 후방착석요구행위의 목적의 정당성과 수단의 적절성을 인정할 수 없다. 따라서

이 사건 후방착석요구행위는 변호인인 청구인의 변호권을 침해한다(헌재 2017.11.30. 2016헌마503).

② (○) 불구속 피의자나 피고인의 경우 형사소송법상 특별한 명문의 규정이 없더라도 스스로 선임한 변호인의 조력을 받기 위하여 변호인을 옆에 두고 조언과 상담을 구하는 것은 수사절차의 개시에서부터 재판절차의 종료에 이르기까지 언제나 가능하다(헌재 2004.9.23. 2000헌마138).

③ (○) 형사절차가 종료되어 교정시설에 수용 중인 수형자는 원칙적으로 변호인의 조력을 받을 권리의 주체가 될 수 없다. 다만, 수형자의 경우에도 재심절차 등에는 변호인 선임을 위한 일반적인 교통·통신이 보장될 수도 있겠으나, 교도소 내에서의 처우를 왜곡하여 외부인과 연계, 교도소 내의 질서를 해칠 목적으로 변호사에게 이 사건 서신을 발송하려는 것이므로 이와 같은 경우에는 변호인의 조력을 받을 권리가 보장되는 경우에 해당한다고 할 수 없다(헌재 1998.8.27. 96헌마398).

④ (○) 미결수용자와 변호인과의 접견에 대해 어떠한 명분으로도 제한할 수 없다고 한 것은 구속된 자와 변호인 간의 접견이 실제로 이루어지는 경우에 있어서의 자유로운 접견, 즉 대화내용에 대하여 비밀이 완전히 보장되고 어떠한 제한, 영향, 압력 또는 부당한 간섭 없이 자유롭게 대화할 수 있는 접견을 제한할 수 없다는 것이지, 변호인과의 접견 자체에 대해 아무런 제한도 가할 수 없다는 것을 의미하는 것이 아니므로 미결수용자의 변호인 접견권 역시 국가안전보장·질서유지 또는 공공복리를 위해 필요한 경우에는 법률로써 제한될 수 있음은 당연하다(헌재 2011.5.26. 2009헌마341). [2018년 경찰 경정승진] ①

진술거부권에 대한 설명으로 가장 적절한 것은? (다툼이 있는 경우 헌법재판소 판례에 의함)

① 육군 장교가 민간법원에서 약식명령을 받아 확정되면 자진신고할 의무를 규정한 '2020년도 장교 진급 지시' 중 '민간법원에서 약식명령을 받아 확정된 사실이 있는 자'에 관한 부분은 육군 장교인 청구인의 진술거부권을 침해한다.

② 피의자가 수사기관에서 신문을 받음에 있어서 진술거부권을 제대로 행사하기 위해서뿐만 아니라 진술거부권을 행사하지 않고 적극적으로 진술하기 위해서는 변호인이 피의자의 후방에 착석하는 것으로도 충분하다.

③ '대체유류'를 제조하였다고 신고하는 것이 곧 석유사업법위반죄를 시인하는 것이나 마찬가지라고 할 수 없고, 신고의무 이행 시 과세절차가 곧바로 석유사업법위반죄의 처벌을 위한 자료의 수집·획득 절차로 이행되는 것도 아니므로 유사석유제품을 제조하여 조세를 포탈한 자를 처벌하도록 규정한 구 「조세범 처벌법」 조항이 형사상 불리한 진술을 강요하는 것이라고 볼 수 없다.

④ 성매매를 한 자를 형사처벌하도록 규정한 「성매매알선 등 행위의 처벌에 관한 법률」상 자발적 성매매와 성매매피해자를 구분하는 차별적 범죄화는 성판매자로 하여금 성매매피해자로 구제받기 위하여 성매매 사실을 스스로 진술하게 하므로 성판매자의 진술거부권을 침해한다.

① (×) 헌법 제12조 제2항에서의 진술이란, 형사상 자신에게 불이익이 될 수 있는 진술로서 범죄의 성립과 양형에서의 불리한 사실 등을 말하는 것을 의미한다. 2020년도 육군지시 자진신고조항은 민간법원에서 약식명령을 받아 확정된 사실만을 자진신고하도록 하고 있는바, 위 사실 자체는 형사처벌의 대상이 아니고 약식명령의 내용이 된 범죄사실의 진위 여부를 밝힐 것을 요구하는 것도 아니므로, 범죄의 성립과 양형에서의 불리한 사실 등을 말하게 하는 것이라 볼 수 없다. 따라서 20년도 육군지시 자진신고조항은 어느 모로 보나 형사상 불이익한 진술을 강요한다고 볼 수 없으므로, 진술거부권을 제한하지 아니한다(헌재 2021.8.31. 2020헌마12).

② (×) 피의자신문과정이 위압적으로 진행되는 과정에서 발생할 수 있는 인권 침해의 요소를 방지하기 위하여 진술거부권의 고지, 증거능력의 배제와 같은 규정들이 마련되어 있다. 그러나 진술거부권이 규정되어 있다고 하더라도, 피의자가 수사기관에서 신문을 받음에 있어서 진술거부권을 제대로 행사하기 위해서뿐만 아니라 진술거부권을 행사하지 않고 적극적으로 진술하기 위해서는 변호인이 피의자의 후방에 착석할 것이 아니라 피의자의 옆에 앉아 조력할 필요가 있다. 이러한 사정을 종합하여 보면, 이 사건 후방착석요구행위는 피의자에 대한 변호인의 피의자신문참여에 관한 권리를 제한하는 행위로서 침해의 최소성 요건을 충족한다고 할 수 없다. 따라서 이 사건 후방착석요구행위는 변호인인 청구인의 변호권을 침해한다(헌재 2017.11.30. 2016헌마503).

③ (○) 대체유류에는 적법하게 제조되어 석유사업법상 처벌대상이 되지 않는 석유대체연료를 포함하는 것이므로 '대체유류'를 제조하였다고 신고하는 것이 곧 석유사업법을 위반하였음을 시인하는 것과 마찬가지라고 할 수 없고, 신고의무 이행시 진행되는 과세절차가 곧바로 석유사업법위반죄 처벌을 위한 자료의 수집·획득 절차로 이행되는 것도 아니다. 따라서 교통·에너지·환경세법 제7조 제1항은 형사상 불이익한 사실의 진술을 강요한 것으로 볼 수 없으므로 진술거부권을 제한하지 아니한다(헌재 2014.7.24. 2013헌바177).

④ (×) 제청법원은 심판대상조항이 진술거부권을 침해하고 국제협약에 위반된다고 주장하나, 심판대상조항은 성판매자에게 형사상 불이익한 진술의무를 부과하는 조항이라 볼 수 없으므로 진술거부권을 제한하지 아니하며, 국내법과 동일한 효력을 가지는 국제협약은 위헌심사의 기준이 되지 못한다는 점에서 위 주장은 모두 이유 없다(헌재 2016.3.31. 2013헌가2). [2023년 경찰간부] ③

4. 무죄추정 및 죄형법정주의

무죄추정원칙에 대한 설명으로 가장 적절한 것은? (다툼이 있는 경우 헌법재판소 판례에 의함)

① 공금 횡령 비위로 징계부가금 부과를 의결받은 자에 대한 법원의 유죄판결 확정 전 징계부가금 집행은 무죄추정원칙에 위배된다.

② 변호사에 대한 징계 절차가 개시되어 그 재판이나 징계 결정의 결과 등록취소, 영구제명 또는 제명에 이르게 될 가능성이 매우 크고, 그대로 두면 장차 의뢰인이나 공공의 이익을 해칠 구체적인 위험성이 있는 경우 법무부징계위원회의 의결을 거쳐 법무부장관이 업무정지를 명하더라도 무죄추정원칙에 위배된다.

③ 소년보호사건에서 1심 결정 집행에 의한 소년원 수용기간을 항고심 결정에 의한 보호기간에 산입하지 않는 것은 무죄추정원칙에 위배된다.

④ 수형자로 하여금 형사재판 출석 시 아무런 예외 없이 사복착용을 금지하는 것은 무죄추정원칙에 위배될 소지가 크나, 민사재판의 당사자로 출석 시 사복착용 불허로 인하여 공정한 재판을 받을 권리가 침해되는 것은 아니다.

① (×) 행정소송에 관한 판결이 확정되기 전에 행정청의 처분에 대하여 공정력과 집행력을 인정하는 것은 징계부가금에 국한되는 것이 아니라 우리 행정법체계에서 일반적으로 채택되고 있는 것이므로, 징계부가금 부과처분에 대하여 공정력과 집행력을 인정한다고 하여 이를 확정판결 전의 형벌집행과 같은 것으로 보아 곧바로 무죄추정원칙에 위배된다고 할 수 없다(헌재 2015.2.26. 2012헌바435).

② (×) 사건 법률조항은 공소제기된 변호사에 대하여 유죄의 개연성을 전제로 업무정지라는 불이익을 부과할 수 있도록 하고 있으나, 이 사건 법률조항에 의한 업무정지명령은 의뢰인의 이익과 법적 절차의 공정성·신속성 및 그에 대한 국민의 신뢰라는 중대한 공익을 보호하기 위한 잠정적이고 가처분적 성격을 가지는 것으로, 법무부장관의 청구에 따라 법무부징계위원회라는 합의제 기관의 의결을 거쳐 업무정지명령을 발할 수 있도록 하는 한편, 해당 변호사에게 청문의 기회를 부여하고, 그 기간 또한 원칙적으로 6개월로 정하도록 함으로써, 그러한

불이익이 필요최소한에 그치도록 엄격한 요건 및 절차를 규정하고 있다. 따라서 이 사건 법률조항은 무죄추정의 원칙에 위반되지 아니한다(헌재 2014.4.24. 2012헌바45).

③ (×) 소년보호사건은 소년의 개선과 교화를 목적으로 하는 것으로서 통상의 형사사건과는 구별되어야 하고, 법원이 소년의 비행사실이 인정되고 보호의 필요성이 있다고 판단하여 소년원 송치처분을 함과 동시에 이를 집행하는 것은 무죄추정원칙과는 무관하다. 또한 항고심에서는 1심 결정과 그에 따른 집행을 감안하여 항고심 판단 시를 기준으로 소년에 대한 보호의 필요성과 그 정도를 판단하여 새로운 처분을 하는 것이다. 따라서 1심 결정에 의한 소년원 수용기간을 항고심 결정에 의한 보호기간에 산입하지 않더라도 이는 무죄추정원칙과는 관련이 없으므로 이 사건 법률조항은 무죄추정원칙에 위배되지 않는다(헌재 2015.12.23. 2014헌마768).

④ (○) 비록 수형자라 하더라도 확정되지 않은 별도의 형사재판에서만큼은 미결수용자와 같은 지위에 있는 것이므로, 그를 죄 있는 자에 준하여 취급함으로써 법률적·사실적 측면에서 유형·무형의 불이익을 주어서는 아니 된다. 그런데 이러한 수형자로 하여금 형사재판 출석 시 아무런 예외 없이 사복착용을 금지하고 재소자용 의류를 입도록 하여 인격적인 모욕감과 수치심 속에서 재판을 받도록 하는 것은, 그 재판과 관련하여 미결수용자의 지위임에도 이미 유죄의 확정판결을 받은 수형자와 같은 외관을 형성하게 함으로써 재판부나 검사 등 소송관계자들에게 유죄의 선입견을 줄 수 있는 등 무죄추정의 원칙에 위배될 소지가 크다. 민사재판에서 법관이 당사자의 복장에 따라 불리한 심증을 갖거나 불공정한 재판진행을 하게 되는 것은 아니므로, 심판대상조항이 민사재판의 당사자로 출석하는 수형자에 대하여 사복착용을 불허하는 것으로 공정한 재판을 받을 권리가 침해되는 것은 아니다(헌재 2015.12.23. 2013헌마712).

[2022년 경찰간부] ④

다음 중 헌법재판소가 무죄추정의 원칙에 반하지 않는다고 결정한 것을 모두 고른 것은?

ㄱ. 형사기소된 국가공무원을 직위해제할 수 있도록 한 것
ㄴ. 상소제기 후 상소취하시까지의 미결구금일수를 본형 형기 산입의 대상에서 제외되도록 한 것
ㄷ. 군사법경찰관에게 10일의 범위 내에서 구속기간 연장을 허용한 것
ㄹ. 소년보호사건에서 제1심 결정에 의한 소년수용기간을 항고심결정의 보호기간에 산입하지 아니하도록 한 것
ㅁ. 형사재판에 계속 중인 사람에 대하여 출국을 금지할 수 있도록 한 것

① ㄱ, ㄴ, ㄷ　　② ㄱ, ㄹ, ㅁ
③ ㄴ, ㄷ, ㅁ　　④ ㄱ, ㄷ, ㄹ

ㄱ. (○) 심판대상 법률조항은 직위해제처분을 받은 공무원에 대한 범죄사실 인정이나 유죄판결을 전제로 하여 불이익을 과하는 것이 아니므로 무죄추정의 원칙에 위배된다고 볼 수 없다(헌재 2006.5.25. 2004헌바12).

ㄴ. (×) 상소제기 후 상소 취하시까지의 미결구금을 형기에 산입하지 아니하는 것은 헌법상 무죄추정의 원칙 및 적법절차의 원칙, 평등원칙 등을 위배하여 합리성과 정당성 없이 신체의 자유를 지나치게 제한하는 것이고, 따라서 상소제기 후 미결구금일수의 산입에 관하여 규정하고 있는 이 사건 법률조항들이 상소제기 후 상소 취하시까지의 미결구금일수를 본형에 산입하도록 규정하지 아니한 것은 헌법에 위반된다(헌재 2009.12.29. 2008헌가13).

ㄷ. (×) 사건 법률 규정과 같이 군사법원법의 적용대상이 되는 모든 범죄에 대하여 수사기관의 구속기간의 연장을 허용하는 것은 그 과도한 광범성으로 인하여 과잉금지의 원칙에 어긋난다고 할 수 있을 뿐만 아니라, 과잉금지의 원칙에 위반하여 신체의 자유 및 신속한 재판을 받을 권리를 침해한다. 이 사건 법률규정은 무죄추정의 원칙 및 과잉금지의 원칙을 위반함으로써 청구인의 신체의 자유, 신속한 재판을 받을 권리 및 평등권을 침해하므로 헌법에 위반된다(헌재 2003.11.27. 2002헌마193).

ㄹ. (○) 소년보호사건은 소년의 개선과 교화를 목적으로 하는 것으로서 통상의 형사사건과는 구별되어야 하고, 법원이 소년의 비행사실이 인정되고 보호의 필요성이 있다고 판단하여 소년원 송치처분을 함과 동시에 이를 집행하는 것은 무죄추정원칙과는 무관하다. 또한 항고심에서

는 1심 결정과 그에 따른 집행을 감안하여 항고심 판단 시를 기준으로 소년에 대한 보호의 필요성과 그 정도를 판단하여 새로운 처분을 하는 것이다. 따라서 1심 결정에 의한 소년원 수용기간을 항고심 결정에 의한 보호기간에 산입하지 않더라도 이는 무죄추정원칙과는 관련이 없으므로 이 사건 법률조항은 무죄추정원칙에 위배되지 않는다(헌재 2015.12.23. 2014헌마768).

ㅁ. (○) 심판대상조항은 형사재판에 계속 중인 사람이 국가의 형벌권을 피하기 위하여 해외로 도피할 우려가 있는 경우 법무부장관으로 하여금 출국을 금지할 수 있도록 하는 것일 뿐으로, 무죄추정의 원칙에서 금지하는 유죄 인정의 효과로서의 불이익, 즉 유죄를 근거로 형사재판에 계속 중인 사람에게 사회적 비난 내지 응보적 의미의 제재를 가하려는 것이라고 보기 어렵다. 따라서 심판대상조항은 무죄추정의 원칙에 위배된다고 볼 수 없다(헌재 2015.9.24. 2012헌바302). [2018년 법원 9급] ②

헌법상 죄형법정주의에 관한 설명 중 가장 옳지 않은 것은? (다툼이 있는 경우 헌법재판소 결정에 의함)

① 죄형법정주의는 법치주의, 국민주권 및 권력분립의 원리에 입각한 것으로서 일차적으로 무엇이 범죄이며 그에 대한 형벌이 어떠한 것인가는 반드시 국민의 대표로 구성된 입법부가 제정한 성문의 법률로써 정하여야 한다는 원칙인바, 여기서 말하는 '법률'이란 입법부에서 제정한 형식적 의미의 법률을 의미한다.

② 법률에 의한 처벌법규의 위임은, 헌법이 특별히 인권을 최대한으로 보장하기 위하여 죄형법정주의와 적법절차를 규정하고 법률에 의한 처벌을 특별히 강조하고 있는 기본권보장 우위사상에 비추어 바람직스럽지 못한 일이므로, 그 요건과 범위가 보다 엄격하게 제한적으로 적용되어야 한다. 따라서 특히 긴급한 필요가 있거나 미리 법률로써 자세히 정할 수 없는 부득이한 사정이 있는 경우로 한정되어야 한다.

③ 농업협동조합의 임원선거에 있어 정관이 정하는 행위 외의 선거운동을 한 경우 이를 형사처벌하도록 한 법률조항은, 조합의 임원선거에 있어 정관이 정하는 것 이외의 일체의 선거운동을 금지한다는 의미로 명확하게 해석된다고 할 것이므로 선거운동의 예외적 허용 사항을 정관에 위임하였더라도 죄형법정주의원칙에 위배된다고 볼 수 없다.

④ 노동조합 관련 법률에서 범죄의 구성요건을 '단체협약에 위반한 자'라고만 규정한 경우, 이는 범죄구성요건의 외피(外皮)만 설정하였을 뿐 구성요건의 실질적 내용을 직접 규정하지 아니하고 모두 단체협약에 위임하고 있는 것으로, 죄형법정주의의 기본적 요청인 법률주의에 위배되고, 그 구성요건도 지나치게 애매하고 광범위하여 죄형법정주의의 명확성의 원칙에 위배된다.

① (○) ② (○) 죄형법정주의는 법치주의, 국민주권 및 권력분립의 원리에 입각한 것으로서 일차적으로 무엇이 범죄이며 그에 대한 형벌이 어떠한 것인가는 반드시 국민의 대표로 구성된 입법부가 제정한 성문의 법률로써 정하여야 한다는 원칙이고, 헌법도 제12조 제1항 후단에 '법률과 적법한 절차에 의하지 아니하고는 처벌을 받지 아니한다.'라고 규정하여 죄형법정주의를 천명하고 있는바, 여기서 말하는 법률이란 입법부에서 제정한 형식적 의미의 법률을 의미하는 것임은 물론이다. 그렇지 아니하고 일반적이고 포괄적인 위임을 한다면 이는 사실상 입법권을 백지위임하는 것이나 다름이 없어 의회입법의 원칙이나 법치주의를 부인하는 것이 되며, 특히 법률에 의한 처벌법규의 위임은, 헌법이 특별히 인권을 최대한으로 보장하기 위하여 죄형법정주의와 적법절차를 규정하고, 법률에 의한 처벌을 특별히 강조하고 있는 기본권보장 우위사상에 비추어 바람직스럽지 못한 일이므로, 그 요건과 범위가 보다 엄격하게 제한적으로 적용되어야 한다. 따라서 처벌법규의

위임은 특히 긴급한 필요가 있거나 미리 법률로써 자세히 정할 수 없는 부득이한 사정이 있는 경우에 한정되어야 한다(헌재 1998.3.26. 96헌가20).

③ (×) 정관에 구성요건을 위임하고 있는 이 사건 법률조항은 범죄와 형벌에 관하여는 입법부가 제정한 형식적 의미의 법률로써 정하여야 한다는 죄형법정주의원칙에 비추어 허용되기 어렵다. 농업협동조합법 제50조 제4항은 "누구든지 임원선거와 관련하여 다음 각 호의 방법 중 정관이 정하는 행위 외의 선거운동을 할 수 없다"라고 되어 있는바, 위 규정만으로는 '정관이 정하는 행위 외의 선거운동'이 과연 어느 범위의 선거운동을 말하는지에 관하여 구체적으로 알 수 없고, 법원의 해석으로도 이 사건 법률조항의 의미내용을 명확하게 파악할 수가 없다. 따라서 이 사건 법률조항은 형식적 의미의 법률이 아닌 정관에 범죄구성요건을 위임함에 따라 수범자로 하여금 형사처벌 유무에 대하여 전혀 예측할 수 없도록 하고 있으므로 헌법상 죄형법정주의원칙에 위배된다(헌재 2010.7.29. 2008헌바106).

④ (○) 구 노동조합법 제46조의3은 그 구성요건을 "단체협약에 위반한 자"라고만 규정함으로써 범죄구성요건의 외피만 설정하였을 뿐 구성요건의 실질적 내용을 직접 규정하지 아니하고 모두 단체협약에 위임하고 있어 죄형법정주의의 기본적 요청인 법률주의에 위배되고, 그 구성요건도 지나치게 애매하고 광범위하여 죄형법정주의의 명확성의 원칙에 위배된다(헌재 1998.3.26. 96헌가20). [2016년 법원 9급] ③

죄형법정주의에 대한 설명으로 옳지 않은 것은? (다툼이 있는 경우 헌법재판소 판례에 의함)

① 형벌구성요건의 실질적 내용을 법률이 아닌 새마을금고의 정관에 위임한 것은 죄형법정주의의 원칙에 위반된다.

② 형벌구성요건의 실질적 내용을 노동조합과 사용자 간의 근로조건에 관한 계약에 지나지 않는 단체협약에 위임하는 것은 죄형법정주의의 기본적 요청인 법률주의에 위배된다.

③ 과태료는 형벌이 아니고 행정상의 질서유지를 위한 행정질서벌에 해당되지만, 국민의 재산상 제약에 해당되어 죄형법정주의의 규율대상에 해당된다.

④ 「지방자치법」이 노동운동을 하더라도 형사처벌에서 제외되는 공무원의 범위를 당해 지방자치단체의 조례로 정하도록 한 것은 헌법에 위반되지 않는다.

⑤ 호별방문 등이 금지되는 기간과, 금지되는 선거운동 방법을 중소기업중앙회 정관에서 정하도록 위임하고 있는 「중소기업협동조합법」은 죄형법정주의에 위배된다.

① (○) 정관이란 실질적으로는 법인의 조직과 활동에 관하여 규정한 근본규칙을 가리키고, 형식적으로는 이 근본규칙을 기재한 서면을 말하는 것으로 법인 설립에 있어서 설립자는 근본규칙을 정하여 이를 서면에 기재하고 기명 날인하여야 한다. 그런데 이 정관 부분은 형벌 구성요건의 실질적 내용을 법률에서 직접 규정하지 아니하고 금고의 정관에 위임하고 있어 범죄와 형벌에 관하여는 입법부가 제정한 형식적 의미의 법률로써 정하여야 한다는 죄형법정주의 원칙에 위배된다는 의심이 있다. 이 정관 부분은 지나치게 애매하고 광범위하여 죄형법정주의의 또 다른 요청인 명확성의 원칙에 어긋난다(헌재 2001.1.18. 99헌바112).

② (○) 구 노동조합법 제46조의3은 그 구성요건을 "단체협약에 … 위반한 자"라고만 규정함으로써 범죄구성요건의 외피만 설정하였을 뿐 구성요건의 실질적 내용을 직접 규정하지 아니하고 모두 단체협약에 위임하고 있어 죄형법정주의의 기본적 요청인 법률주의에 위배되고, 그 구성요건도 지나치게 애매하고 광범위하여 죄형법정주의의 명확성의 원칙에 위배된다(헌재 1998.3.26. 96헌가20).

③ (×) 죄형법정주의는 무엇이 범죄이며 그에 대한 형벌이 어떠한 것인가는 국민의 대표로 구성된 입법부가 제정한 법률로써 정하여야 한다는 원칙인데, 부동산등기특별조치법 제11조 제1항 본문 중 제2조 제1항에 관한 부분이 정하고 있는 과태료는 행정상의 질서유지를 위한 행정질서벌에 해당할 뿐 형벌이라고 할 수 없어 죄형법정주의의 규율대상에 해당하지 아니한다(헌재 1998.5.28. 96헌바83).

④ (○) 헌법 제117조 제1항에 근거하여 법률의 위임이 있는 경우에는 조례에 의하여 소속 공무원에 대한 인사와 처우를 스스로 결정하는 권한이 있다고 할 것이므로, 지방자치법 제58조 제2항이 노동운동을 하더라도 형사처벌에서 제외되는 공무원의 범위에 관하여 당해 지방자치

단체에 조례제정권을 부여하고 있다고 하여 헌법에 위반된다고 할 수 없다(헌재 2005.10.27. 2003헌바50).

⑤ (○) 호별방문금지조항은 형사처벌과 관련한 주요사항을 헌법이 위임입법의 형식으로 예정하고 있지도 않은 특수법인의 정관에 위임하고 있는데, 이는 사실상 그 정관 작성권자에게 처벌법규의 내용을 형성할 권한을 준 것이나 다름없으므로 죄형법정주의에 비추어 허용되기 어렵다. 이 사건 선거운동제한조항은 범죄와 형벌에 관하여는 입법부가 제정한 형식적 의미의 법률로써 정하여야 한다는 죄형법정주의에 위배된다(헌재 2016.11.24. 2015헌가29). [2018년 국회 8급] ③

죄형법정주의에 대한 설명으로 가장 옳지 않은 것은?

① 모든 국민은 행위 시의 법률에 의하여 범죄를 구성하지 아니하는 행위로 소추되지 아니한다.

② 누구든지 법률과 적법한 절차에 의하지 아니하고는 처벌·보안처분 또는 강제노역을 받지 아니한다.

③ 형식적 의미의 법률뿐만 아니라 명령·규칙에 의하여도 범죄와 형벌을 규정할 수 있다.

④ 법규의 내용이 애매하거나 그 적용범위가 지나치게 광범위한 경우에는 헌법에 위반될 수 있다.

① (○) 헌법 제13조 ①모든 국민은 행위시의 법률에 의하여 범죄를 구성하지 아니하는 행위로 소추되지 아니하며, 동일한 범죄에 대하여 거듭 처벌받지 아니한다.

② (○) 헌법 제12조 ①모든 국민은 신체의 자유를 가진다. 누구든지 법률에 의하지 아니하고는 체포·구속·압수·수색 또는 심문을 받지 아니하며, 법률과 적법한 절차에 의하지 아니하고는 처벌·보안처분 또는 강제노역을 받지 아니한다.

③ (×) "법률이 없으면 범죄도 없고 형벌도 없다"라는 말로 표현되는 죄형법정주의는 법치주의, 국민주권 및 권력분립의 원리에 입각한 것으로서 일차적으로 무엇이 범죄이며, 그에 대한 형벌이 어떠한 것인가는 반드시 국민의 대표로 구성된 입법부가 제정한 성문의 법률로써 정하여야 한다는 원칙이고, 헌법도 제12조 제1항 후단에 "법률과 적법한 절차에 의하지 아니하고는 처벌을 받지 아니한다"라고 규정하여 죄형법정주의를 천명하고 있는바, 여기서 말하는 "법률"이란 입법부에서 제정한 형식적 의미의 법률을 의미하는 것임은 물론이다(헌재 1998.3.26. 96헌가20).

④ (○) 헌법 제12조 제1항 후문과 제13조 제1항 전단에서 규정하고 있는 죄형법정주의는 범죄의 구성요건과 그에 대한 형벌의 내용을 국민의 대표로 구성된 입법부가 성문의 법률로 정하도록 함으로써 국가형벌권의 자의적인 행사로부터 개인의 자유와 권리를 보장하려는 법치국가형법의 기본원칙으로서, 형벌법규의 보장적 기능을 수행하는 것이다. 따라서 형사처벌의 대상이 되는 범죄의 구성요건은 형식적 의미의 법률로 명확하게 규정되어야 하며, 만약 범죄의 구성요건에 관한 규정이 지나치게 추상적이거나 모호하여 그 내용과 적용범위가 과도하게 광범위하거나 불명확한 경우에는 국가형벌권의 자의적인 행사가 가능하게 되어 개인의 자유와 권리를 보장할 수 없으므로 죄형법정주의의 원칙에 위배된다(헌재 1995.9.28. 93헌바50). [2018년 서울 7급] ③

죄형법정주의에 관한 다음 설명 중 가장 옳지 않은 것은? (다툼이 있는 경우 헌법재판소 결정에 의함)

① 명확성의 원칙은 법률을 적용하는 단계에서 가치판단을 전혀 배제한 무색투명한 서술적 개념으로 규정되어져야 한다는 것을 의미하는 것은 아니고, 입법자의 입법의도가 건전한 일반상식을 가진 자에 의하여 일의적으로 파악될 수 있는 정도의 것을 의미하는 것이다.

② 다소 광범위하고 어느 정도의 범위에서는 법관의 보충적인 해석을 필요로 하는 개념을 사

용하여 규정하였다고 하더라도 그 적용단계에서 다의적으로 해석될 우려가 없는 이상 그 점만으로 헌법이 요구하는 명확성의 요구에 위배되는 것은 아니다.

③ 군형법 제47조에서 말하는 정당한 명령 또는 규칙은 군의 특성상 그 내용을 일일이 법률로 정할 수 없어 법률의 위임에 따라 군통수기관이 불특정다수인을 대상으로 발하는 일반적 효력이 있는 명령이나 규칙 중 그 위반에 대하여 형사처벌의 필요가 있는 것, 즉 법령의 범위 내에서 발해지는 군통수작용상 필요한 중요하고도 구체성 있는 특정한 사항에 관한 것을 의미한다고 보아야 할 것이며, 위 법률규정이 불명확하여 죄형법정주의 원칙에 위배된다고 할 수 없다.

④ 처벌을 규정하고 있는 법률조항이 구성요건이 되는 행위를 같은 법률조항에서 직접 규정하지 않고 다른 법률조항에서 이미 규정한 내용을 원용하였다거나 그 내용 중 일부를 괄호 안에 규정하였다는 사실만으로 명확성 원칙에 위반된다고 할 수는 없다.

⑤ 헌법 제12조 제1항 후단이 '법률과 적법한 절차에 의하지 아니하고는 처벌을 받지 아니 한다.'라고 규정하여 죄형법정주의를 천명하고 있고, 여기에서 법률이란 입법부에서 제정한 형식적 의미의 법률을 의미하는 것이긴 하나, 현대국가의 사회적 기능증대와 사회현상의 복잡화에 따라 국민의 권리·의무에 관한 사항이라 하여 모두 입법부에서 제정한 법률만으로 다 정할 수는 없어 예외적으로 하위법령에 위임하는 것을 허용하지 않을 수 없고, 구 노동조합법 제46조의3이 '단체협약에 위반한 자'를 1,000만원 이하의 벌금에 처하도록 규정한 것이 죄형법정주의에 위배된다고 보기 어렵다.

① (○) 죄형법정주의에서 파생되는 명확성의 원칙은 누구나 법률이 처벌하고자 하는 행위가 무엇이며 그에 대한 형벌이 어떠한 것인지를 예견할 수 있고 그에 따라 자신의 행위를 결정지울 수 있도록 구성요건이 명확할 것을 의미하는 것이다. 여기서 구성요건이 명확하여야 한다는 것은 그 법률을 적용하는 단계에서 가치판단을 전혀 배제한 무색투명한 서술적 개념으로 규정되어져야 한다는 것을 의미하는 것은 아니고 입법자의 입법의도가 건전한 일반상식을 가진 자에 의하여 일의적으로 파악될 수 있는 정도의 것을 의미하는 것이다(헌재 1989.12.22. 88헌가13).

② (○) 다소 광범위하고 어느 정도의 범위에서는 범관의 보충적인 해석을 필요로 하는 개념을 사용하여 규정하였다고 하더라도 그 적용단계에서 다의적으로 해석될 우려가 없는 이상 그 점만으로 헌법이 요구하는 명확성의 요구에 배치된다고는 보기 어렵다. 그렇지 않으면 처벌법규의 구성요건이 지나치게 구체적이고 복잡하게 정형화되어 다양하게 변화하는 생활관계를 제대로 규율할 수 없게 될 것이기 때문이다(헌재 1989.12.22. 88헌가13).

③ (○) 군형법 제47조에서 말하는 "정당한 명령 또는 규칙"은 군의 특성상 그 내용을 일일이 법률로 정할 수 없어 법률의 위임에 따라 군통수기관이 불특정다수인을 대상으로 발하는 일반적 효력이 있는 명령이나 규칙 중 그 위반에 대하여 형사처벌의 필요가 있는 것, 즉 법령의 범위 내에서 발해지는 군통수작용상 필요한 중요하고도 구체성 있는 특정한 사항에 관한 것을 의미한다고 보아야 할 것이며, 대법원도 일찍부터 위 법률규정을 위와 같이 해석·적용해 옴으로써 정당한 명령이나 규칙의 범위에 관하여 자의적인 법집행을 방지하고 있으므로, 위 법률규정이 불명확하여 죄형법정주의 원칙에 위배된다고 할 수 없다(헌재 1995.5.25. 91헌바20).

④ (○) 처벌을 규정하고 있는 법률조항이 구성요건이 되는 행위를 같은 법률조항에서 직접 규정하지 않고 다른 법률조항에서 이미 규정한 내용을 원용하였다거나 그 내용 중 일부를 괄호 안에 규정하였다는 사실만으로 명확성 원칙에 위반된다고 할 수는 없다(헌재 2010.3.25. 2009헌바121).

⑤ (×) 구 노동조합법 제46조의3은 그 구성요건을 단체협약에 위반한 자라고만 규정함으로써 범죄구성요건의 외피만 설정하였을 뿐 구성요건의

실질적 내용을 직접 규정하지 아니하고 모두 단체협약에 위임하고 있어 죄형법정주의의 기본적 요청인 법률주의에 위배되고, 그 구성요건도 지나치게 애매하고 광범위하여 죄형법정주의의 명확성의 원칙에 위배된다(헌재 1998.3.26. 96헌가20). [2017년 법무사] ⑤

죄형법정주의 또는 명확성의 원칙에 관한 다음 설명 중 가장 옳지 않은 것은? (다툼이 있는 경우 헌법재판소 결정에 의함)

① 행위 당시의 판례에 의하면 처벌대상이 되지 아니하는 것으로 해석되었던 행위를 판례의 변경에 따라 확인된 내용의 형법 조항에 근거하여 처벌한다고 하여 그것이 형벌불소급원칙에 위반된다고 할 수 없다.

② 처벌법규의 구성요건이 다소 광범위하여 어떤 범위에서 법관의 보충적인 해석이 있어야 하는 개념을 사용하였다면 헌법이 요구하는 처벌법규의 명확성원칙에 배치된다고 보아야 한다.

③ 형사처벌을 동반하는 처벌법규의 위임은 중대한 기본권의 침해를 가져오므로 긴급한 필요가 있거나 미리 법률로써 자세히 정할 수 없는 부득이한 사정이 있는 경우에 한정되어야 한다.

④ 처벌을 규정하고 있는 법률조항이 구성요건이 되는 행위를 같은 법률조항에서 직접 규정하지 않고 다른 법률조항에서 이미 규정한 내용을 원용하였다는 사실만으로 명확성원칙에 위반된다고 할 수는 없다.

① (○) 형사처벌의 근거가 되는 것은 법률이지 판례가 아니고, 형법 조항에 관한 판례의 변경은 그 법률조항의 내용을 확인하는 것에 지나지 아니하여 이로써 그 법률조항 자체가 변경된 것으로 볼 수 없으므로, 행위 당시의 판례에 의하면 처벌대상이 되지 아니하는 것으로 해석되었던 행위를 판례의 변경에 따라 확인된 내용의 형법 조항에 근거하여 처벌한다고 하여 그것이 형벌불소급원칙에 위반된다고 할 수 없다(헌재 2014.5.29. 2012헌바390).

② (×) 처벌법규의 구성요건이 명확하여야 한다고 하여 모든 구성요건을 단순한 서술적인 개념에 의하여 규정하여야 하는 것은 아니고, 다소 광범위하여 법관의 보충적인 해석을 필요로 하는 개념을 사용하였다고 하더라도 통상의 해석방법에 의하여 당해 처벌법규의 보호법익과 금지된 행위 및 처벌의 종류와 정도를 알 수 있도록 규정하면 된다. 그리고 처벌법규의 구성요건이 어느 정도 명확하여야 하는가를 일률적으로 정할 수 없고, 각 구성요건의 특수성과 그러한 법적 규제의 원인이 된 여건이나 처벌의 정도 등을 고려하여 종합적으로 판단하여야 한다(헌재 1995.5.25. 93헌바23).

③ (○) 형사처벌을 동반하는 처벌법규의 위임은 중대한 기본권의 침해를 가져오므로 긴급한 필요가 있거나 미리 법률로써 자세히 정할 수 없는 부득이한 사정이 있는 경우에 한정되어야 하며, 이러한 경우일지라도 법률에서 범죄의 구성요건은 처벌대상행위가 어떠한 것일 것이라고 예측할 수 있을 정도로 구체적으로 정하고, 형벌의 종류 및 그 상한과 폭을 명백히 규정하여야 한다(헌재 2014.2.27. 2013헌바106).

④ (○) 처벌을 규정하고 있는 법률조항이 구성요건이 되는 행위를 같은 법률조항에서 직접 규정하지 않고 다른 법률조항에서 이미 규정한 내용을 원용하였다거나 그 내용 중 일부를 괄호 안에 규정하였다는 사실만으로 명확성 원칙에 위반된다고 할 수는 없다(헌재 2010.3.25. 2009헌바121).

[2017년 법원 9급] ②

법정형에 대한 위헌심사와 관련한 헌법재판소의 결정 내용이 아닌 것은?

① 법정형의 종류와 범위의 선택은 그 범죄의 죄질과 보호법익에 대한 고려뿐만 아니라 우리의 역사와 문화, 입법 당시의 시대적 상황, 국민 일반의 가치관 내지 법 감정 그리고 범죄예방을 위한 형사 정책적 측면 등 여러 가지 요소를 종합적으로 고려하여 입법자가 결정할 사항으로서 광범위한 재량이 인정되어야 할 분야이다.

② 어느 범죄에 대한 법정형이 그 범죄의 죄질 및 이에 따른 행위자의 책임에 비하여 시나치게 가혹한 것이어서 현저히 형벌체계상의 균형을 잃고 있다거나 그 범죄에 대한 형벌 본래의 목적과 기능을 달성함에 있어 필요한 정도를 일탈하였다는 등 헌법상의 평등의 원칙 및 비례의 원칙 등에 명백히 위배되는 경우가 아닌 한, 쉽사리 헌법에 위반된다고 단정하여서는 아니 된다.

③ 보호법익과 죄질이 서로 다르다고 하더라도, 법정형의 과중 여부는 둘 또는 그 이상의 범죄를 동일선상에 놓고 그 중 어느 한 범죄의 법정형을 기준으로 하여 다른 범죄의 법정형의 과중 여부를 판정할 수밖에 없다.

④ 뇌물죄가 국가와 사회에 미치는 병폐는 수뢰액이 많으면 많을수록 가중된다는 점에서 볼 때, 수뢰액을 기준으로 한 단계적 가중처벌은 비록 수뢰액의 다과만이 그 죄의 경중을 가늠하는 유일한 기준은 아니라 할지라도 그 가장 중요한 기준임에 비추어 일응 수긍할 만한 합리적 이유가 있다 할 것이다.

① (○) 법정형의 종류와 범위의 선택은 그 범죄의 죄질과 보호법익에 대한 고려뿐만 아니라 우리의 역사와 문화, 입법 당시의 시대적 상황, 국민 일반의 가치관 내지 법감정 그리고 범죄예방을 위한 형사정책적 측면 등 여러 가지 요소를 종합적으로 고려하여 입법자가 결정할 사항으로서 광범위한 입법재량 내지 형성의 자유가 인정되어야 할 분야이다(헌재 1995.4.20. 93헌바40).

② (○) 어느 범죄에 대한 법정형이 그 범죄의 죄질 및 이에 따른 행위자의 책임에 비하여 지나치게 가혹한 것이어서 현저히 형벌체계상의 균형을 잃고 있다거나 그 범죄에 대한 형벌 본래의 목적과 기능을 달성함에 있어 필요한 정도를 일탈하였다는 등 헌법상의 평등의 원칙 및 비례의 원칙 등에 명백히 위배되는 경우가 아닌 한, 쉽사리 헌법에 위반된다고 단정하여서는 아니된다(헌재 1995.4.20. 93헌바40).

③ (×) 보호법익과 죄질이 서로 다른 둘 또는 그 이상의 범죄를 동일선상에 놓고 그 중 어느 한 범죄의 법정형을 기준으로 하여 단순한 평면적인 비교로써 다른 범죄의 법정형의 과중 여부를 판정하여서는 아니 된다(헌재 1995.4.20. 93헌바40).

④ (○) 뇌물죄가 국가와 사회에 미치는 병폐는 수뢰액이 많으면 많을수록 가중된다는 점에서 볼 때, 수뢰액을 기준으로 한 단계적 가중처벌은 비록 수뢰액의 다과만이 그 죄의 경중을 가늠하는 유일한 기준은 아니라 할지라도 그 가장 중요한 기준임에 비추어 일응 수긍할 만한 합리적 이유가 있다(헌재 1995.4.20. 93헌바40). [2013년 법원 9급] ③

소급입법에 관한 설명 중 옳은 것(○)과 옳지 않은 것(×)을 올바르게 조합한 것은? (다툼이 있는 경우 판례에 의함)

ㄱ. 친일재산을 그 취득·증여 등 원인행위시에 국가의 소유로 하도록 규정한 「친일반민족행위자 재산의 국가귀속에 관한 특별법」 조항은 진정소급입법에 해당하며, 친일반민족행위자의 재산권을 일률적·소급적

으로 박탈하는 것을 정당화할 수 있는 특단의 사정이 존재한다고 볼 수 없으므로 소급입법금지원칙에 위배된다.

ㄴ. 위치추적 전자장치 부착의 목적과 의도는 단순히 재범의 방지뿐만 아니라 중대한 범죄를 저지른 자에 대하여 그 책임에 상응하는 강력한 처벌을 가하고 일반 국민에 대하여 일반예방적 효과를 위한 강력한 경고를 하려는 것이므로, 구 「특정 범죄자에 대한 위치추적 전자장치 부착 등에 관한 법률」 시행 이전에 범죄를 저지른 자에 대해서도 소급하여 전자장치 부착을 명할 수 있도록 하는 동법 부칙조항은 헌법 제13조 제1항의 형벌불소급의 원칙에 위배된다.

ㄷ. 법 시행일 이후에 이행기가 도래하는 퇴직연금에 대하여 소득과 연계하여 그 일부의 지급을 정지할 수 있도록 한 「공무원연금법」 조항을 이미 확정적으로 연금수급권을 취득한 자에게도 적용하도록 한 것은, 이미 종료된 과거의 사실관계 또는 법률관계에 새로운 법률이 소급적으로 적용되어 과거를 법적으로 새로이 평가하는 진정소급입법에 해당한다.

ㄹ. 보안처분이라 하더라도 형벌적 성격이 강하여 신체의 자유를 박탈하거나 박탈에 준하는 정도로 신체의 자유를 제한하는 경우에는 소급입법원칙이 적용된다.

① ㄱ(○), ㄴ(×), ㄷ(○), ㄹ(×) ② ㄱ(×), ㄴ(×), ㄷ(○), ㄹ(○)
③ ㄱ(×), ㄴ(×), ㄷ(×), ㄹ(○) ④ ㄱ(○), ㄴ(○), ㄷ(○), ㄹ(×)
⑤ ㄱ(×), ㄴ(×), ㄷ(×), ㄹ(×)

ㄱ. (×) 사건 귀속조항은 진정소급입법에 해당하지만, 진정소급입법이라 할지라도 예외적으로 국민이 소급입법을 예상할 수 있었던 경우와 같이 소급입법이 정당화되는 경우에는 허용될 수 있다. 따라서 이 사건 귀속조항은 진정소급입법에 해당하나 헌법 제13조 제2항에 반하지 않는다(헌재 2011.3.31. 2008헌바141).

ㄴ. (×) 전자장치 부착명령은 전통적 의미의 형벌이 아닐 뿐 아니라, 성폭력범죄자의 성행교정과 재범방지를 도모하고 국민을 성폭력범죄로부터 보호한다고 하는 공익을 목적으로 하며, 의무적 노동의 부과나 여가시간의 박탈을 내용으로 하지 않고 전자장치의 부착을 통해서 피부착자의 행동 자체를 통제하는 것도 아니라는 점에서 처벌적인 효과를 나타낸다고 보기 어렵다. 그러므로 이 사건 부착명령은 형벌과 구별되는 비형벌적 보안처분으로서 소급효금지원칙이 적용되지 아니한다(헌재 2012.12.27. 2010헌가82).

ㄷ. (×) 사건 심판대상조항은 법 시행일 이후에 이행기가 도래하는 퇴직연금 수급권의 내용을 변경함에 불과하고, 이미 종료된 과거의 사실관계 또는 법률관계에 새로운 법률이 소급적으로 적용되어 과거를 법적으로 새로이 평가하는 진정소급입법에는 해당하지 아니하므로 소급입법에 의한 재산권 침해는 문제될 여지가 없다(헌재 2008.2.28. 2005헌마872).

ㄹ. (○) 보안처분이라 하더라도 형벌적 성격이 강하여 신체의 자유를 박탈하거나 박탈에 준하는 정도로 신체의 자유를 제한하는 경우에는 소급효금지원칙을 적용하는 것은 법치주의 및 죄형법정주의에 부합한다(헌재 2012.12.27. 2010헌가82).

[2018년 제7회 변호사] ③

헌법 제13조 제2항이 금하고 있는 소급입법에 의한 재산권 박탈에 관한 다음 설명 중 가장 옳지 않은 것은?

① 헌법 제13조 제2항이 금하고 있는 소급입법은, 이미 과거에 완성된 사실·법률관계를 규율의 대상으로 하는 이른바 진정소급효의 입법과 이미 과거에 시작하였으나 아직 완성되지 아니하고 진행과정에 있는 사실·법률관계를 규율의 대상으로 하는 이른바 부진정소급효의 입법을 모두 의미한다.

② 진정소급입법은 국민이 소급입법을 예상할 수 있었거나, 법적 상태가 불확실하고 혼란스러웠거나 하여 보호할 만한 신뢰의 이익이 적은 경우와 소급입법에 의한 당사자의 손실이 없거나 아주 경미한 경우, 신뢰보호의 요청에 우선하는 심히 중대한 공익상의 사유가 소급입법을 정당화하는 경우에는 예외적으로 허용될 수 있다.

③ 부진정소급입법은 소급효를 요구하는 공익상의 사유와 신뢰보호 요청 사이의 교량과정에서 신뢰보호의 관점이 입법자의 형성권에 제한을 가하게 된다.

④ 친일재산을 그 취득·증여 등 원인 행위시에 국가의 소유로 하도록 규정한 친일반민족행위자 재산의 국가귀속에 관한 특별법 조항은 진정소급입법에 해당하나 헌법 제13조 제2항에 반하지 않는다.

① (×) 과거의 사실관계 또는 법률관계를 규율하기 위한 소급입법의 태양에는 이미 과거에 완성된 사실·법률관계를 규율의 대상으로 하는 이른바 진정소급효의 입법과 이미 과거에 시작하였으나 아직 완성되지 아니하고 진행과정에 있는 사실·법률관계를 규율의 대상으로 하는 이른바 부진정소급효의 입법이 있다. 헌법 제13조 제2항이 금하고 있는 소급입법은 전자, 즉 진정소급효를 가지는 법률만을 의미하는 것으로서, 이에 반하여 후자, 즉 부진정소급효의 입법은 원칙적으로 허용된다(헌재 1999.4.29. 94헌바37).

② (○) 기존의 법에 의하여 형성되어 이미 굳어진 개인의 법적 지위를 사후입법을 통하여 박탈하는 것 등을 내용으로 하는 진정소급입법은 개인의 신뢰보호와 법적 안정성을 내용으로 하는 법치국가원리에 의하여 특단의 사정이 없는 한 헌법적으로 허용되지 아니하는 것이 원칙이고, 다만 일반적으로 국민이 소급입법을 예상할 수 있었거나 법적 상태가 불확실하고 혼란스러워 보호할 만한 신뢰이익이 적은 경우와 소급입법에 의한 당사자의 손실이 없거나 아주 경미한 경우 그리고 신뢰보호의 요청에 우선하는 심히 중대한 공익상의 사유가 소급입법을 정당화하는 경우 등에는 예외적으로 진정소급입법이 허용된다(헌재 1999.7.22. 97헌바76 등).

③ (○) 새로운 입법으로 이미 종료된 사실관계에 작용케 하는 진정소급입법은 헌법적으로 허용되지 않는 것이 원칙이며 특단의 사정이 있는 경우에만 예외적으로 허용될 수 있는 반면, 현재 진행 중인 사실관계에 작용케 하는 부진정소급입법은 원칙적으로 허용되지만 소급효를 요구하는 공익상의 사유와 신뢰보호의 요청 사이의 교량과정에서 신뢰보호의 관점이 입법자의 형성권에 제한을 가하게 된다(헌재 1998.11.26. 97헌바58).

④ (○) 사건 귀속조항은 진정소급입법에 해당하지만, 진정소급입법이라 할지라도 예외적으로 국민이 소급입법을 예상할 수 있었던 경우와 같이 소급입법이 정당화되는 경우에는 허용될 수 있다. 친일재산의 취득 경위에 내포된 민족배반적 성격, 대한민국임시정부의 법통 계승을 선언한 헌법 전문 등에 비추어 친일반민족행위자측으로서는 친일재산의 소급적 박탈을 충분히 예상할 수 있었고, 친일재산 환수 문제는 그 시대적 배경에 비추어 역사적으로 매우 이례적인 공동체적 과업이므로 이러한 소급입법의 합헌성을 인정한다고 하더라도 이를 계기로 진정소급입법이 빈번하게 발생할 것이라는 우려는 충분히 불식될 수 있다. 따라서 이 사건 귀속조항은 진정소급입법에 해당하나 헌법 제13조 제2항에 반하지 않는다(헌재 2011.3.31. 2008헌바141). [2020년 법원 9급] ①

재산권과 소급입법에 관한 설명으로 옳지 않은 것은? (다툼이 있는 경우 헌법재판소 판례에 의함)

① 소급입법에 의한 재산권의 박탈은 진정소급효의 입법, 부진정소급효의 입법 등 소급입법의 태양에 관계없이 원칙적으로 금지되고, 예외적으로 헌법적 정당성이 있는 경우에만 허용된다.

② 국민이 소급입법을 예상할 수 있었거나, 신뢰보호의 요청에 우선하는 심히 중대한 공익상의 사유가 있다면 진정소급입법을 정당화할 수 있다.

③ 법적 상태가 불확실하고 혼란스러워 보호할 만한 신뢰의 이익이 적은 경우, 혹은 소급입법

에 의한 당사자의 손실이 없거나 아주 경미한 경우에는 진정소급입법을 정당화할 수 있다.

④ 친일재산의 소급적 박탈은 일반적으로 소급입법을 예상할 수 있었던 이례적인 경우에 해당하며, 그로 인해 발생되는 법적 신뢰의 침해는 우리 헌법의 이념 속에서 용인될 수 있다.

⑤ 헌법은 모든 국민은 소급입법에 의하여 참정권의 제한을 받거나 재산권을 박탈당하지 않는다고 규정하고 있다.

① (×) 헌법 제13조 제2항에서 "모든 국민은 소급입법에 의하여 재산권을 박탈당하지 아니한다"라고 하여 소급입법에 의한 재산권의 박탈을 금지하고 있다. 과거의 사실관계 또는 법률관계를 규율하기 위한 소급입법의 태양에는 이미 과거에 완성된 사실·법률관계를 규율의 대상으로 하는 진정소급효의 입법과 이미 과거에 시작하였으나 아직 완성되지 아니하고 진행과정에 있는 사실·법률관계를 규율의 대상으로 하는 부진정소급효의 입법이 있다. 헌법 제13조 제2항이 금하고 있는 소급입법은 전자, 즉 진정소급효를 가지는 법률만을 의미하며, 이에 반하여 후자, 즉 부진정소급효의 입법은 원칙적으로 허용된다(헌재 2008.11.27. 2005헌마161).

② (○) ③ (○) 기존의 법에 의하여 형성되어 이미 굳어진 개인의 법적 지위를 사후입법을 통하여 박탈하는 것 등을 내용으로 하는 진정소급입법은 개인의 신뢰보호와 법적 안정성을 내용으로 하는 법치국가원리에 의하여 특단의 사정이 없는 한 헌법적으로 허용되지 아니하는 것이 원칙이고, 다만 일반적으로 국민이 소급입법을 예상할 수 있었거나 법적 상태가 불확실하고 혼란스러워 보호할 만한 신뢰이익이 적은 경우와 소급입법에 의한 당사자의 손실이 없거나 아주 경미한 경우 그리고 신뢰보호의 요청에 우선하는 심히 중대한 공익상의 사유가 소급입법을 정당화하는 경우 등에는 예외적으로 진정소급입법이 허용된다(헌재 1999.7.22. 97헌바76 등).

④ (○) 친일재산의 소급적 박탈은 일반적으로 소급입법을 예상할 수 있었던 이례적인 경우에 해당하며, 그로 인해 발생되는 법적 신뢰의 침해는 우리 헌법의 이념 속에서 용인될 수 있다. 따라서 이 사건 귀속조항은 진정소급입법에 해당하지만 소급입법을 예상할 수 있었던 예외적인 사안이고 진정소급입법을 통해 침해되는 법적 신뢰는 심각하다고 볼 수 없는 데 반해 이를 통해 달성되는 공익적 중대성은 압도적이라고 할 수 있으므로 진정소급입법이 허용되는 경우에 해당한다. 그러므로 이 사건 귀속조항이 진정소급입법이라는 이유만으로 위헌이라 할 수 없다(헌재 2011.3.31. 2008헌바141 등).

⑤ (○) 헌법 제13조 ②모든 국민은 소급입법에 의하여 참정권의 제한을 받거나 재산권을 박탈당하지 아니한다. [2021년 소방간부] ①

죄형법정주의 원칙 또는 책임주의에 관한 다음 설명 중 가장 옳지 않은 것은? (다툼이 있는 경우 헌법재판소 결정에 의함)

① 건전한 상식과 통상적인 법감정을 가진 사람으로 하여금 그 적용대상자가 누구이며 구체적으로 어떠한 행위가 금지되고 있는지를 충분히 알 수 있도록 규정되어 있다면 죄형법정주의의 명확성원칙에 위배되지 않는다고 보아야 한다.

② 뇌물죄의 적용에 있어 공무원으로 의제되는 정부출연연구기관의 직원을 직접 법률에 열거하여 규정하지 않은 것은 포괄위임에 해당하여 죄형법정주의에 반한다.

③ 종업원 등의 무면허의료행위 사실이 인정되면 그 범죄행위에 가담 여부나 종업원 행위에 대한 감독의무위반 여부 등을 불문하고 영업주를 종업원과 같이 처벌하는 규정은 형벌에 관한 책임주의에 반한다.

④ 의사 아닌 자가 영리목적의 업으로 문신시술하는 것을 의료행위로 보아 금지하는 것은 명확성의 원칙에 위배된다고 할 수 없다.

① (○) 처벌법규의 구성요건이 명확하여야 한다고 하더라도 입법권자가 모든 구성요건을 단순한 의미의 서술적인 개념에 의하여 규정하여야 한다는 것은 아니다. 즉 건전한 통상적인 법감정을 가진 사람으로 하여금 그 적용대상자가 누구이며 구체적으로 어떠한 행위가 금지되고 있는지 충분히 알 수 있도록 규정되어 있다면 죄형법정주의의 명확성의 원칙에 위배되지 않는다고 보아야 한다(헌재 2005.11.24. 2004헌바83).

② (×) 정부출연연구기관은 그 연구와 경영에 있어 독립성과 자율성이 보장(법 제10조)되므로 업무영역 및 조직상의 특성은 각 기관별로 상이할 수 있으며, 또한 유동적이다. 따라서 입법자가 입법취지 및 사회적·경제적·기술적 상황, 형사정책적 요소를 고려하여 그 대강만을 정하고 그 구체적인 규율은 국회제정의 형식적 법률에 비하여 더 탄력성이 있는 대통령령 등 하위법규에 이를 위임할 입법 기술상의 필요성이 인정된다. 따라서 이 사건 법률조항이 뇌물죄의 적용에 있어 공무원으로 의제되는 정부출연연구기관의 직원을 직접 법률에 열거하여 규정하지 않았다는 이유만으로 포괄위임에 해당되어 죄형법정주의 위반이라 볼 수는 없다(헌재 2006.11.30. 2004헌바86).

③ (○) 사건 법률조항은 개인이 고용한 종업원 등의 무면허의료행위 사실이 인정되면 종업원 등의 범죄행위에 대한 영업주의 가담 여부나 종업원 등의 행위를 감독할 주의의무의 위반 여부 등을 전혀 묻지 않고 곧바로 영업주인 개인을 종업원 등과 같이 처벌하도록 규정하고 있는바, 이는 아무런 비난받을 만한 행위를 한 바 없는 자에 대해서까지 다른 사람의 범죄행위를 이유로 처벌하는 것으로서 형벌에 관한 책임주의에 반하므로 헌법에 위반된다(헌재 2009.10.29. 2009헌가6).

④ (○) 사건 법률조항들 중 의료행위는 사람의 생명, 신체 또는 일반 공중위생에 밀접하고 중대한 관계가 있는 행위로서 질병의 치료와 예방에 관한 행위는 물론, 의학상의 기능과 지식을 가진 의료인이 아니하면 보건위생상 위해를 가져올 우려가 있는 일체의 행위라고 할 것이고, 이는 건전한 일반상식을 가진 자에 의하여 일의적으로 파악되기 어렵다거나 법관에 의한 적용단계에서 다의적으로 해석될 우려가 있다고 보기 어려우므로, 죄형법정주의의 명확성원칙에 위배된다고 할 수 없다(헌재 2007.4.26. 2003헌바71).

[2017년 법원 9급] ②

형벌에 관한 책임주의원칙에 대한 설명으로 가장 적절하지 않은 것은? (다툼이 있는 경우 판례에 의함)

① 종업원이 고정조치의무를 위반하여 화물을 적재하고 운전한 경우 그를 고용한 법인을 면책사유 없이 형사처벌하도록 규정한 구 도로교통법 조항은 책임주의원칙에 위배되지 아니한다.

② 종업원의 위반행위에 대하여 양벌조항으로서 개인인 영업주에게도 동일하게 무기 또는 2년 이상의 징역형의 법정형으로 처벌하도록 규정하고 있는 보건범죄단속에 관한 특별조치법 조항은 형사법상 책임원칙에 위반된다.

③ 형법 제129조 제1항의 수뢰죄를 범한 사람에게 수뢰액의 2배 이상 5배 이하의 벌금을 병과하도록 규정한 특정범죄 가중처벌 등에 관한 법률 조항은 책임과 형벌의 비례원칙에 위배되지 아니한다.

④ 단체나 다중의 위력으로써 형법상 상해죄를 범한 사람을 가중 처벌하는 구 폭력행위 등 처벌에 관한 법률 조항은 책임과 형벌의 비례원칙에 위반되지 아니한다.

① (×) 심판대상조항은 종업원이 법인의 업무에 관하여 운전 중 실은 화물이 떨어지지 아니하도록 덮개를 씌우거나 묶는 등 확실하게 고정될 수 있도록 필요한 조치를 하지 아니한 채 운전한 사실이 인정되면, 곧바로 법인에 대해서도 형벌을 부과하도록 정하고 있다. 그 결과 종업원의 고정조치의무 위반행위와 관련하여 선임·감독상 주의의무를 다하여 아무런 잘못이 없는 법인도 형사처벌되게 되었는바, 이는 다른 사람의 범죄에 대하여 그 책임 유무를 묻지 않고 형사처벌하는 것이므로 헌법상 법치국가원리 및 죄형법정주의로부터 도출되는 책임주의원칙에 위배된다. 따라서 심판대상조항은 헌법을 위반한다(헌재 2016.10.27. 2016헌가10).

② (○) 사건 법률조항이 종업원의 업무 관련 무면허의료행위가 있으면 이에 대해 영업주가 비난받을 만한 행위가 있었는지 여부와는 관계없이 자동적으로 영업주도 처벌하도록 규정하고 있고, 그 문헌상 명백한 의미와 달리 "종업원의 범죄행위에 대해 영업주의 선임 감독상의 과실(기타 영업주의 귀책사유)이 인정되는 경우"라는 요건을 추가하여 해석하는 것은 문리해석의 범위를 넘어서는 것으로서 허용될 수 없으므로, 결국 위 법률조항은 다른 사람의 범죄에 대해 그 책임 유무를 묻지 않고 형벌을 부과함으로써, 법정형에 나아가 판단할 것 없이, 형사법의 기본원리인 '책임 없는 자에게 형벌을 부과할 수 없다'는 책임주의에 반한다(헌재 2007.11.29. 2005헌가10).

③ (○) 벌금형의 필요적 병과는 수뢰액의 다과를 불문하고 수뢰행위의 반사회성, 반윤리성에 터잡아 수뢰범에 대하여 경제적인 불이익을 가함으로써 공무원 등의 청렴성, 공직 등의 불가매수성 및 순수성을 확보하고, 이에 대한 사회적 신뢰를 회복하기 위한 입법목적에서 비롯되었으므로 심판대상조항이 특가법 적용을 받는 수뢰죄뿐 아니라 형법 적용을 받는 수뢰죄에도 벌금형을 필요적으로 병과하도록 하였다 하더라도 형벌과 책임 사이의 비례관계를 벗어난 것이라고 할 수 없다. 결국, 심판대상조항이 그 범죄의 죄질 및 이에 따른 행위자의 책임에 비하여 지나치게 가혹한 것이어서 형벌과 책임 간의 비례원칙에 위배되었다고 볼 수 없다(헌재 2017.7.27. 2016헌바42).

④ (○) 단체나 다중의 위력으로써 상해죄를 범하는 경우에는 이미 그 행위 자체에 내재되어 있는 불법의 정도가 크고, 중대한 법익 침해를 야기할 가능성이 높다. 심판대상조항의 법정형은 징역 3년 이상으로서 법관이 작량감경을 하지 않더라도 집행유예 선고가 가능하여 피고인의 책임에 상응하는 형을 선고할 수 있다. 따라서 특별법인 폭력행위처벌법에 있던 심판대상조항이 삭제되고 형법에 편입되면서 법정형이 하향 조정되었다는 사정만으로 심판대상조항이 책임과 형벌의 비례원칙에 위반된 것이라고 할 수 없다(헌재 2017.7.27. 2015헌바450).

[2018년 경찰 경정승진] ①

죄형법정주의와 일사부재리의 원칙에 관한 다음 설명 중 가장 옳지 않은 것은? (다툼이 있는 경우 헌법재판소 결정에 의함)

① 법률의 구체적 위임에 의한 조례의 벌칙규정은 죄형법정주의에 반하지 않는다.

② 당국의 허가 없이 한 건축행위에 대해서 형사처벌을 가하고 이러한 위법건축물에 대한 시정명령에 응하지 않은 경우 다시 과태료를 부과한다고 해서 이것이 이중처벌의 원칙에 반하는 것은 아니다.

③ 누범이나 상습범을 가중처벌하는 것은 헌법의 일사부재리에 위반하는 것이 아니다.

④ '가정의례의 참뜻에 비추어 합리적인 범위 내'라는 소극적 범죄구성요건은 죄형법정주의의 명확성 원칙을 위배하지 아니하였다.

① (○) 지방자치법 제22조(조례) 지방자치단체는 법령의 범위 안에서 그 사무에 관하여 조례를 제정할 수 있다. 다만, 주민의 권리 제한 또는 의무 부과에 관한 사항이나 벌칙을 정할 때에는 법률의 위임이 있어야 한다.

② (○) 구 건축법 제54조 제1항에 의한 형사처벌의 대상이 되는 범죄의 구성요건은 당국의 허가 없이 건축행위 또는 건축물의 용도변경행위를 한 것이고, 동법 제56조의2 제1항에 의한 과태료는 건축법령에 위반되는 위법건축물에 대한 시정명령을 받고도 건축주 등이 이를 시정하지 아니할 때 과하는 것이므로, 양자는 처벌 내지 제재대상이 되는 기본적 사실관계로서의 행위를 달리하는 것이다. 이러한 점에 비추어 구 건축법 제54조 제1항에 의한 무허가건축행위에 대한 형사처벌과 동법 제56조2 제1항에 의한 과태료의 부과는 헌법 제13조 제1항이 금지하는 이중처벌에 해당한다고 할 수 없다(헌재 1994.6.30. 92헌바38).

③ (○) 형법 제35조 제1항이 누범을 가중처벌하는 것은 전범에 대하여 형벌을 받았음에도 다시 범행을 하였다는 데 있는 것이지, 전범에 대하여 처벌을 받았음에도 다시 범행을 하는 경우에는 전범도 후범과 일괄하여 다시 처벌한다는 것은 아님이 명백하므로, 누범에 대하여 형을 가중하는 것이 헌법상의 일사부재리의 원칙에 위배하여 피고인의 기본권을 침해하는 것이라고는 볼 수 없다(헌재 1995.2.23. 93헌바43). 이 사건 법률조항이 처벌대상으로 삼고 있는 것은 이미 처벌받은 전범이 아니며 후범이며 상습성의 위험성 때문에 일반범죄와 달리 가중처벌함

에 목적을 두고 있으므로 헌법 제13조 제1항 소정의 일사부재리의 원칙에 위배되지 아니한다(헌재 1995.3.23. 93헌바59).

④ (×) 하객들에 대한 음식접대에 있어서 가정의례의 참뜻이란 개념은 결혼식 혹은 회갑연의 하객들에게 어떻게 음식이 접대되는 것이 그 참뜻에 맞는 것인지는 종래 우리 관습상 혼례식의 성격 등을 볼 때 쉽게 예상되기 어렵고, 그간 가정의례에 관한 법률이 오랫동안 시행되어 가정의례의 참뜻에 대한 인식은 확립되었다고 볼 수도 없어, 결국 그 대강의 범위를 예측하여 이를 행동의 준칙으로 삼기에 부적절하다. 또한 합리적인 범위 안이라는 개념도 가정의례 자체가 우리나라의 관습 내지 풍속에 속하고, 성격상 서구적 의미의 합리성과 친숙할 수 있는 것도 아니며, 또한 양과 질과 가격에 있어 편차가 많고 접대받을 사람의 범위가 다양하므로 주류 및 음식물을 어떻게 어느 만큼 접대하는 것이 합리적인 범위인지를 일반국민이 판단하기란 어려울 뿐 아니라 그 대강을 예측하기도 어렵다. 이 사건 규정은 결국 죄형법정주의의 명확성 원칙을 위배하여 청구인의 일반적 행동자유권을 침해하였다(헌재 1998.10.15. 98헌마168).

[2018년 법원 9급] ④

일사부재리원칙에 대한 설명으로 옳지 않은 것은? (다툼이 있는 경우 헌법재판소 판례에 의함)

① 헌법 제13조 제1항에서 말하는 '처벌'이란 국가가 행하는 일체의 제재나 불이익처분을 모두 포함한다.

② 이중처벌금지는 징계절차나 민사상 손해배상절차 또는 형법에 근거하지 않는 다른 절차가 개시되는 것을 금지하지 않는다.

③ 이중처벌금지의 원칙은 처벌 또는 제재가 '동일한 행위'를 대상으로 행해질 때에 적용될 수 있는 것이므로, 행위가 서로 다를 경우에는 이 원칙이 적용되지 않는다.

④ 이중처벌금지원칙이 적용되는 대상이 동일한 행위인지 여부는 기본적 사실관계가 동일한지 여부에 의하여 판단된다.

⑤ 무허가 건축행위에 대한 형사처벌 외에 위법건축물에 대한 시정명령의 이행을 강제하기 위하여 과태료나 이행강제금을 부과하는 것은 이중처벌에 해당하지 않는다.

① (×) 헌법 제13조 제1항에 근거한 이중처벌금지의 원칙은 동일한 범죄행위에 대하여 국가가 형벌권을 거듭 행사할 수 없도록 함으로써 국민의 기본권 특히 신체의 자유를 보장하기 위한 것이므로, 그 처벌은 원칙으로 범죄에 대한 국가의 형벌권 실행으로서의 과벌을 의미하는 것이고, 국가가 행하는 일체의 제재나 불이익처분이 모두 그에 포함된다고 할 수는 없다(헌재 1994.6.30. 92헌바38).

② (○) 헌법 제13조 제1항에 근거한 이중처벌금지의 원칙은 동일한 행위로 인하여 형사절차와 별도로, 일반적인 징계절차이든지 민사상 손해배상절차이든지 또는 그 외에 형사법에 근거하지 않는 다른 절차(예를 들어 행정법상 강제집행수단의 적용)가 적용되는 것을 금지하지는 않는다.

③ (○) ④ (○) 이중처벌금지의 원칙은 처벌 또는 제재가 동일한 행위를 대상으로 행해질 때에 적용될 수 있는 것이고, 그 대상이 동일한 행위인지의 여부는 기본적 사실관계가 동일한지 여부에 의하여 가려야 할 것이다(헌재 1994.6.30. 92헌바38).

⑤ (○) 구 건축법 제54조 제1항에 의한 형사처벌의 대상이 되는 범죄의 구성요건은 당국의 허가 없이 건축행위 또는 건축물의 용도변경행위를 한 것이고, 동법 제56조의2 제1항에 의한 과태료는 건축법령에 위반되는 위법건축물에 대한 시정명령을 받고도 건축주 등이 이를 시정하지 아니할 때 과하는 것이므로, 양자는 처벌 내지 제재대상이 되는 기본적 사실관계로서의 행위를 달리하는 것이다. 이러한 점에 비추어 구 건축법 제54조 제1항에 의한 무허가건축행위에 대한 형사처벌과 동법 제56조2 제1항에 의한 과태료의 부과는 헌법 제13조 제1항이 금지하는 이중처벌에 해당한다고 할 수 없다(헌재 1994.6.30. 92헌바38). 건축법 제78조에 의한 무허가 건축행위에 대한 형사처벌과 건축법 제83조 제1항에 의한 시정명령 위반에 대한 이행강제금의 부과는 그 처벌 내지 제재대상이 되는 기본적 사실관계로서의 행위를 달리하며, 또한 그 보호법익과 목적에서도 차이가 있으므로 헌법 제13조 제1항이 금지하는 이중처벌에 해당한다고 할 수 없다(헌재 2004.2.26. 2001헌바80).

[2018년 국회 5급] ①

제4장 사생활의 기본권

제1절 주거의 자유

거주·이전의 자유

주거의 자유에 대한 설명으로 가장 적절하지 않은 것은? (다툼이 있는 경우 판례에 의함)

① 헌법 제16조가 영장주의에 대한 예외를 마련하고 있지 않으므로 주거에 대한 압수나 수색에 있어서 영장주의의 예외를 인정할 수 없다.

② 헌법 제16조가 보장하는 주거의 자유는 개방되지 않은 사적 공간인 주거를 공권력이나 제3자에 의해 침해당하지 않도록 함으로써 국민의 사생활영역을 보호하기 위한 권리이다.

③ 주거용 건축물의 사용·수익관계를 정하고 있는 「도시 및 주거환경정비법」 조항은 헌법 제16조에 의해 보호되는 주거의 자유를 제한하지 않는다.

④ 점유할 권리 없는 자의 점유라고 하더라도 그 주거의 평온은 보호되어야 할 것이므로, 권리자가 그 권리를 실행함에 있어 법에 정하여진 절차에 의하지 아니하고 그 건조물 등에 침입한 경우에 주거침입죄가 성립한다.

① (×) 헌법 제16조에서 영장주의에 대한 예외를 마련하지 아니하였다고 하여, 주거에 대한 압수나 수색에 있어 영장주의가 예외 없이 반드시 관철되어야 함을 의미하는 것은 아닌 점, 인간의 존엄성 실현과 인격의 자유로운 발현을 위한 핵심적 자유영역에 속하는 기본권인 신체의 자유에 대해서도 헌법 제12조 제3항에서 영장주의의 예외를 인정하고 있는데, 이러한 신체의 자유에 비하여 주거의 자유는 그 기본권 제한의 여지가 크므로, 형사사법 및 공권력 작용의 기능적 효율성을 함께 고려하여 본다면, 헌법 제16조의 영장주의에 대해서도 일정한 요건 하에서 그 예외를 인정할 필요가 있는 점, 헌법 제16조가 주거의 자유와 관련하여 영장주의를 선언하고 있는 이상, 그 예외는 매우 엄격한 요건 하에서만 인정되어야 하는 점 등을 종합하면, 헌법 제16조의 영장주의에 대해서도 그 예외를 인정하되, 이는 그 장소에 범죄혐의 등을 입증할 자료나 피의자가 존재할 개연성이 소명되고, 사전에 영장을 발부받기 어려운 긴급한 사정이 있는 경우에만 제한적으로 허용될 수 있다(헌재 2018.4.26. 2015헌바370).

② (○) 헌법 제16조가 보장하는 주거의 자유는 개방되지 않은 사적 공간인 주거를 공권력이나 제3자에 의해 침해당하지 않도록 함으로써 국민의 사생활영역을 보호하기 위한 권리이므로, 주거용 건축물의 사용·수익관계를 정하고 있는 이 사건 법률조항이 주거의 자유를 제한한다고 볼 수도 없다(헌재 2014.7.24. 2012헌마662).

③ (○) 사건 수용조항은 정비사업조합에 수용권한을 부여하여 주택재개발사업에 반대하는 청구인의 토지 등을 강제로 취득할 수 있도록

하고 있다. 따라서 이 사건 수용조항이 토지 등 소유자의 재산권을 침해하는지 여부가 문제된다. 주거로 사용하던 건물이 수용될 경우 그 효과로 거주지도 이전하여야 하는 것은 사실이나, 이는 토지 및 건물 등의 수용에 따른 부수적 효과로서 간접적·사실적 제약에 해당하므로 거주이전의 자유 침해 여부는 별도로 판단하지 않는다(헌재 2019.11.28. 2017헌바241).

④ (○) 주거침입죄는 사실상의 주거의 평온을 보호법익으로 하는 것이므로 그 주거자 또는 간수자가 건조물 등에 거주 또는 간수할 권리를 가지고 있는가의 여부는 범죄의 성립을 좌우하는 것이 아니며, 점유할 권리 없는 자의 점유라고 하더라도 그 주거의 평온은 보호되어야 할 것이므로, 권리자가 그 권리를 실행함에 있어 법에 정하여진 절차에 의하지 아니하고 그 건조물 등에 침입한 경우에는 주거침입죄가 성립한다(대법원 1987.11.10. 87도1760). [2021년 경찰 경정승진] ①

다음 중 거주·이전의 자유에 관한 설명으로 가장 옳은 것은? (다툼이 있는 경우 판례에 의함)

① 여행금지국가로 고시된 사정을 알면서도 외교부장관으로부터 예외적 여권사용 등의 허가를 받지 않고 여행금지국가를 방문하는 등의 행위를 형사처벌하는 「여권법」 규정은 거주·이전의 자유를 침해하지 않는다.

② 법인이 과밀억제권역 내에 본점의 사업용 부동산으로 건축물을 신축하여 이를 취득하는 경우, 취득세를 중과세하는 구 「지방세법」 조항은 법인의 영업의 자유를 제한하는 것으로 법인의 거주·이전의 자유를 제한하는 것은 아니다.

③ 거주·이전의 자유에는 국내에서의 거주·이전의 자유와 귀국의 자유가 포함되나 국외 이주의 자유와 해외여행의 자유는 포함되지 않는다.

④ 경찰청장이 경찰버스들로 서울광장을 둘러싸 통행을 제지한 행위는 서울광장을 가로질러 통행하려는 사람들의 거주·이전의 자유를 제한하는 것이다.

① (○) 사건 처벌조항의 입법목적은 국외 위난상황으로부터 국민의 생명·신체나 재산을 보호하고 국외 위난상황으로 인해 국가·사회에 미칠 수 있는 파급 효과를 사전에 예방하는 것이다. 이와 같은 이 사건 처벌조항의 입법목적은 정당하고, 이 사건 처벌조항은 이에 적합한 수단이다. 그러므로 이 사건 처벌조항은 과잉금지원칙에 반하여 청구인의 거주·이전의 자유를 침해하지 않는다(헌재 2020.2.27. 2016헌마945).

② (×) 사건 법률조항은 수도권 내의 과밀억제권역 안에서 법인의 본점의 사업용 부동산, 특히 본점용 건축물을 신축 또는 증축하는 경우에 취득세를 중과세하는 조항이므로, 이 사건 법률조항에 의하여 청구인의 거주·이전의 자유와 영업의 자유가 침해되는지 여부가 문제된다. 구법과 달리 인구유입과 경제력 집중의 효과가 뚜렷한 건물의 신축, 증축 그리고 부속토지의 취득만을 그 적용대상으로 한정하여 부당하게 중과세할 소지를 제거하였다. 최근 대법원 판결도 구체적인 사건에서 인구유입이나 경제력집중 효과에 관한 판단을 전적으로 배제한 것으로는 보기 어렵다. 따라서 이 사건 법률조항은 거주·이전의 자유와 영업의 자유를 침해하지 아니한다(헌재 2014.7.24. 2012헌바408).

③ (×) 헌법 제14조 제1항은 "모든 국민은 거주·이전의 자유를 가진다."고 규정하고 있고, 이러한 거주·이전의 자유에는 국내에서의 거주·이전의 자유뿐 아니라 국외 이주의 자유, 해외여행의 자유 및 귀국의 자유가 포함되는바, 아프가니스탄 등 일정한 국가로의 이주, 해외여행 등을 제한하는 이 사건 고시로 인하여 청구인들의 거주·이전의 자유가 일부 제한된 점은 인정된다(헌재 2008.6.26. 2007헌마1366).

④ (×) 서울광장이 청구인들의 생활형성의 중심지라고 할 수 없을 뿐만 아니라 청구인들이 서울광장에 출입하고 통행하는 행위가 그 장소를 중심으로 생활을 형성해 나가는 행위에 속한다고 볼 수도 없으므로 청구인들이 서울광장을 출입하고 통행하는 자유는 헌법상의 거주·이전의 자유의 보호영역에 속한다고 할 수 없고, 따라서 이 사건 통행제지행위로 인하여 청구인들의 거주·이전의 자유가 제한된다고 할 수는 없다. 이처럼 일반 공중에게 개방된 장소인 서울광장을 개별적으로 통행하거나 서울광장에서 여가활동이나 문화활동을 하는

것은 일반적 행동자유권의 내용으로 보장됨에도 불구하고, 피청구인이 이 사건 통행제지행위에 의하여 청구인들의 이와 같은 행위를 할 수 없게 하였으므로 청구인들의 일반적 행동자유권의 침해 여부가 문제된다(헌재 2011.6.30. 2009헌마406).

[2022년 해경간부] ①

주거의 자유에 대한 설명으로 옳지 않은 것은? (다툼이 있는 경우 판례에 의함)

① 헌법 제16조가 보장하는 주거의 자유는 개방되지 않은 사적 공간인 주거를 공권력이나 제3자에 의해 침해당하지 않도록 함으로써 국민의 사생활영역을 보호하기 위한 권리이다.

② 헌법 제16조에서 영장주의에 대한 예외를 마련하고 있지 않으므로 주거에 대한 압수나 수색에 있어 영장주의가 예외 없이 반드시 관철되어야 함을 의미하는 것이다.

③ 주거의 자유와 관련한 영장주의는 1962년 제5차 헌법개정에서 처음으로 헌법에 명시되었다.

④ 출입국관리법에 의한 보호에 있어서 용의자에 대한 긴급보호를 위해 그의 주거에 들어간 것이라면 그 긴급보호가 적법한 이상 주거의 자유를 침해한 것으로 볼 수 없다.

① (○) 헌법 제16조가 보장하는 주거의 자유는 개방되지 않은 사적 공간인 주거를 공권력이나 제3자에 의해 침해당하지 않도록 함으로써 국민의 사생활영역을 보호하기 위한 권리이므로, 주거용 건축물의 사용·수익관계를 정하고 있는 이 사건 법률조항이 주거의 자유를 제한한다고 볼 수도 없다(헌재 2014.7.24. 2012헌마662).

② (×) 헌법 제12조 제3항 본문과 단서에서 규정한 바와 같이 사전영장주의에 대한 예외를 명문으로 인정하고 있다. 이와 달리 헌법 제16조 후문은 "주거에 대한 압수나 수색을 할 때에는 검사의 신청에 의하여 법관이 발부한 영장을 제시하여야 한다"라고 규정하고 있을 뿐 영장주의에 대한 예외를 명문화하고 있지 않다. 그러나 헌법 제16조에서 영장주의에 대한 예외를 마련하지 아니하였다고 하여, 주거에 대한 압수나 수색에 있어 영장주의가 예외 없이 반드시 관철되어야 함을 의미하는 것은 아닌 점, 인간의 존엄성 실현과 인격의 자유로운 발현을 위한 핵심적 자유영역에 속하는 기본권인 신체의 자유에 대하서도 헌법 제12조 제3항에서 영장주의의 예외를 인정하고 있는데, 이러한 신체의 자유에 비하여 주거의 자유는 그 기본권 제한의 여지가 크므로, 형사사법 및 공권력 작용의 기능적 효율성을 함께 고려하여 본다면, 헌법 제16조의 영장주의에 대해서도 일정한 요건 하에서 그 예외를 인정할 필요가 있는 점 등을 종합하면, 헌법 제16조의 영장주의에 대해서도 그 예외를 인정하되, 이는 그 장소에 범죄혐의 등을 입증할 자료나 피의자가 존재할 개연성이 소명되고, 사전에 영장을 발부받기 어려운 긴급한 사정이 있는 경우에만 제한적으로 허용될 수 있다(헌재 2018.4.26. 2015헌바370).

③ (○) 헌법 제16조는 "모든 국민은 주거의 자유를 침해받지 아니한다. 주거에 대하여 압수나 수색을 할 때에는 검사의 신청에 의하여 법관이 발부한 영장을 제시하여야 한다"라고 규정하고 있다. 이와 같은 주거의 자유와 관련한 영장주의는 1962.12.26. 헌법 제6호로 헌법이 제5차 전부개정되면서 처음으로 명시되었다(헌재 2018.4.26. 2015헌바370).

④ (○) 출입국관리법에 의한 보호에 있어서 용의자에 대한 긴급보호를 위해 그의 주거에 들어간 것이라면 그 긴급보호가 적법한 이상 주거의 자유를 침해한 것으로 볼 수 없으므로 청구인에 대한 긴급보호가 적법한 이상 그 긴급보호 과정에서 청구인의 주거에 들어갔다고 하더라도 주거의 자유를 침해하였다고 볼 수 없다(헌재 2012.8.23. 2008헌마430). [2019년 국가 5급] ②

거주·이전의 자유에 대한 설명으로 옳은 것은? (다툼이 있는 경우 판례에 의함)

① 경찰청장이 경찰버스들로 서울광장을 둘러싸 통행을 제지한 행위는 서울광장을 가로질러 통행하려는 사람들의 거주·이전의 자유를 제한하는 것이다.

② 거주·이전의 자유에는 국내에서의 거주·이전의 자유와 귀국의 자유가 포함되나 국외 이주

의 자유와 해외여행의 자유는 포함되지 않는다.

③ 법인이 과밀억제권역 내에 본점의 사업용 부동산으로 건축물을 신축하여 이를 취득하는 경우, 취득세를 중과세하는 구 「지방세법」 조항은 법인의 영업의 자유를 제한하는 것으로서 법인의 거주·이전의 자유를 제한하는 것은 아니다.

④ 헌법 제14조가 보장하는 거주·이전의 자유에는 국적을 이탈하거나 변경하는 것이 포함된다.

① (×) 거주·이전의 자유는 거주지나 체류지라고 볼 만한 정도로 생활과 밀접한 연관을 갖는 장소를 선택하고 변경하는 행위를 보호하는 기본권인바, 이 사건에서 서울광장이 청구인들의 생활형성의 중심지인 거주지나 체류지에 해당한다고 할 수 없고, 서울광장에 출입하고 통행하는 행위가 그 장소를 중심으로 생활을 형성해 나가는 행위에 속한다고 볼 수도 없으므로 청구인들의 거주·이전의 자유가 제한되었다라고 할 수 없다(헌재 2011.6.30. 2009헌마406).

② (×) ④ (○) 거주 이전의 자유는 국가의 간섭 없이 자유롭게 거주와 체류지를 정할 수 있는 자유로서 국내에서 체류와 거주지를 자유롭게 정할 수 있는 자유영역뿐 아니라 나아가 국외에서 체류, 거주지를 자유롭게 정할 수 있는 해외여행 및 해외 이주의 자유를 포함하고 덧붙여 국적을 이탈할 수 있는 국적 변경의 자유 등도 그 내용에 포함된다. 따라서 해외여행 및 해외이주의 자유는 외국에서 체류 또는 거주를 하기 위해서 대한민국을 떠날 수 있는 출국의 자유와 외국에서의 체류, 거주를 중단하고 다시 대한민국으로 돌아올 수 있는 입국의 자유를 포함한다(헌재 2004.10.28. 2003헌가18).

③ (×) 어떠한 법인이라도 조항이 정해놓은 중과세의 부담을 감수하기만 한다면 자유롭게 대도시 내에서 설립 등의 행위를 할 수 있고 또한 그에 필요한 부동산 등기도 할 수 있는 것이므로, 법인이 대도시 내에서 통상보다 높은 세율의 등록세를 부과하는 것이 해당 법인의 영업의 자유나 거주·이전의 자유가 제한된다고 볼 수 없다(헌재 1996.3.28. 94헌바42). [2019년 국가 7급] ④

거주·이전의 자유에 관한 설명으로 가장 적절하지 않은 것은? (다툼이 있는 경우 판례에 의함)

① 거주·이전의 자유는 국민에게 그가 선택할 직업 내지 그가 취임할 공직을 그가 선택하는 임의의 장소에서 자유롭게 행사할 수 있는 권리까지 보장하는 것은 아니다.

② 거주·이전의 자유는 거주지나 체류지라고 볼 만한 정도로 생활과 밀접한 연관을 갖는 장소를 선택하고 변경하는 행위를 보호하는 기본권으로서, 생활의 근거지에 이르지 못하는 일시적인 이동을 위한 장소의 선택과 변경까지 그 보호영역에 포함되는 것은 아니다.

③ 복수국적자에 대하여 병역준비역에 편입된 때부터 3개월 이내에 대한민국 국적을 이탈하지 않으면 병역의무를 해소한 후에 이를 가능하도록 한 「국적법」 조항은 복수국적자의 국적이탈의 자유를 침해한다.

④ 법무부령이 정하는 금액 이상의 추징금 미납자에 대해 출국금지를 규정한 구 「출입국관리법」 조항은 기본권에 대한 침해가 적은 수단이 마련되어 있음에도 불구하고 추징금 납부를 강제하기 위한 압박 수단으로 출국금지를 하는 것으로, 이는 필요한 정도를 넘는 과도한 출국의 자유를 제한하는 것이어서 과잉금지원칙에 위배된다.

① (○) 헌법 제14조 거주·이전의 자유는 공권력의 간섭을 받지 아니하고 일시적으로 머물 체류지와 생활의 근거되는 거주지를 자유롭게 정하고 체류지와 거주지를 변경할 목적으로 자유롭게 이동할 수 있는 자유를 내용으로 한다. 그러나 거주·이전의 자유가 국민에게 그가

선택할 직업 내지 그가 취임할 공직을 그가 선택하는 임의의 장소에서 자유롭게 행사할 수 있는 권리까지 보장하는 것은 아니다(헌재 1996.6.26. 96헌마200).

② (○) 거주·이전의 자유는 국민이 원활하게 개성신장과 경제활동을 해 나가기 위하여는 자유로이 생활의 근거지를 선택하고 변경하는 것이 필수적이라는 고려에 기하여 생활형성의 중심지, 즉 거주지나 체류지라고 볼 만한 정도로 생활과 밀접한 연관을 갖는 장소를 선택하고 변경하는 행위를 보호하는 기본권으로서, 생활의 근거지에 이르지 못하는 일시적인 이동을 위한 장소의 선택과 변경까지 그 보호영역에 포함되는 것은 아니다(헌재 2011.6.30. 2009헌마406).

③ (○) 국가에 따라서는 복수국적자가 공직 또는 국가안보와 직결되는 업무나 다른 국적국과 이익충돌 여지가 있는 업무를 담당하는 것이 제한될 가능성이 있다. 현실적으로 이러한 제한이 존재하는 경우, 특정 직업의 선택이나 업무 담당이 제한되는 데 따르는 사익 침해를 가볍게 볼 수 없다. 심판대상 법률조항은 과잉금지원칙에 위배되어 청구인의 국적이탈의 자유를 침해한다(헌재 2020.9.24. 2016헌마889).

④ (×) 추징금을 납부하지 않는 자에 대한 출국금지로 국가형벌권 실현을 확보하고자 하는 국가의 이익은 형벌집행을 회피하고 재산을 국외로 도피시키려는 자가 받게 되는 출국금지의 불이익에 비하여 현저히 크다. 이처럼 고액 추징금 미납자에게 하는 출국금지조치는 정당한 목적 실현을 위해 상당한 비례관계가 유지되는 합헌적 근거 법조항에 따라 시행되는 제도이다(헌재 2004.10.28. 2003헌가18).

[2023년 경찰공채 3월] ④

거주·이전의 자유에 대한 설명으로 옳지 않은 것은? (다툼이 있는 경우 판례에 의함)

① 헌법 제14조가 보장하는 거주·이전의 자유는 대한민국 영토 안에서 국가의 간섭이나 방해를 받지 않고 생활의 근거지와 거주지를 임의로 선택할 수 있는 자유를 뜻하므로, 이로부터 자신이 소속된 국적을 버리거나 변경할 자유가 파생된다고 볼 수는 없다.

② 자경농지의 양도소득세면제의 요건으로 농지소재지 거주요건을 둔 것은 거주·이전의 자유를 침해하는 것이 아니다.

③ 형사재판에 계속 중인 사람에 대하여 출국을 금지할 수 있다고 규정한 「출입국관리법」 조항은 거주·이전의 자유를 침해하지 않는다.

④ 주택 등의 재산권에 대한 수용이 헌법 제23조 제3항이 정하고 있는 정당보상의 원칙에 부합하는 이상, 그러한 수용만으로 거주·이전의 자유를 침해한다고는 할 수 없다.

⑤ 영내에 기거하는 군인은 그가 속한 세대의 거주지에서 등록하여야 한다고 규정하고 있는 「주민등록법」 제6조 제2항은 현역병의 거주·이전의 자유를 제한하지 않는다.

① (×) 거주·이전의 자유는 국가의 간섭 없이 자유롭게 거주와 체류지를 정할 수 있는 자유로서 정치·경제·사회·문화 등 모든 생활영역에서 개성신장을 촉진함으로써 헌법상 보장되고 있는 다른 기본권들의 실효성을 증대시켜주는 기능을 한다. 구체적으로는 국내에서 체류지와 거주지를 자유롭게 정할 수 있는 자유영역뿐 아니라 나아가 국외에서 체류지와 거주지를 자유롭게 정할 수 있는 해외여행 및 해외 이주의 자유를 포함하고 덧붙여 대한민국의 국적을 이탈할 수 있는 국적변경의 자유 등도 그 내용에 포섭된다(헌재 2004.10.28. 2003헌가18).

② (○) 심판대상 규정은 자경농민이 농지소재지로부터 거주를 이전하는 것을 직접적으로 제한하는 내용의 규정이라고 볼 수 없고, 다만 8년 이상 농지를 자경한 농민이 농지소재지에 거주하는 경우 양도소득세를 면제함으로써 농지소재지 거주자가 농지에서 이탈되는 것이 억제될 것을 기대하는 범위 내에서 간접적으로 제한되는 측면이 있을 뿐이며, 따라서 양도세의 부담을 감수하기만 한다면 자유롭게 거주를 이전할 수 있는 것이므로 거주·이전의 자유를 형해화할 정도로 침해하는 것은 아니다(헌재 2003.11.27. 2003헌바2).

③ (○) 형사재판에 계속 중인 사람의 해외도피를 막아 국가 형벌권을 확보함으로써 실체적 진실발견과 사법정의를 실현하고자 하는 심판대상조항은 그 입법목적이 정당하고, 형사재판에 계속 중인 사람의 출국을 일정 기간 동안 금지할 수 있도록 하는 것은 이러한 입법목적을 달성하는 데 기여할 수 있으므로 수단의 적정성도 인정된다. 따라서 심판대상조항은 과잉금지원칙에 위배되어 출국의 자유를 침해하지 아니한다(헌재

2015.9.24. 2012헌바302).

④ (○) 이 사건 사업인정 의제조항에 의하여 주택 등에 대한 수용권이 발동됨으로써 주거이전의 자유가 사실상 제약당할 여지가 있으나, 주택 등의 재산권에 대한 수용이 헌법 제23조 제3항이 정하고 있는 정당보상의 원칙에 부합하는 이상 그러한 수용만으로 주거이전의 자유를 침해한다고는 할 수 없고, 더구나 이 사건 수용재결은 청구인 소유의 임야와 그 지상 잣나무 등을 대상으로 하는 것이어서 청구인의 주거이전의 자유의 침해와는 관련이 없다(헌재 2011.11.24. 2010헌바231).

⑤ (○) 누구든지 주민등록 여부와 무관하게 거주지를 자유롭게 이전할 수 있으므로 주민등록 여부가 거주·이전의 자유와 직접적인 관계가 있다고 보기 어려우며, 영내 기거하는 현역병은 병역법으로 인해 거주·이전의 자유를 제한받게 되므로, 이 사건 법률조항은 영내 기거 현역병의 거주·이전의 자유를 제한하지 않는다(헌재 2011.6.30. 2009헌마59). [2018년 국회 9급] ①

다음 중 거주·이전의 자유를 침해하는 것은? (다툼이 있는 경우 판례에 의함)

① 북한 고위직 출신 탈북인사인 여권발급 신청인의 신변에 대한 위해 우려가 있다는 이유로 미국 방문을 위한 여권발급을 거부하는 것

② 영내 기거하는 군인의 선거권 행사를 주민등록이 되어 있는 선거구로 한 것

③ 거주지를 기준으로 중고교 입학을 제한하는 고교입시평준화제도

④ 지방자치단체장 피선거권의 자격요건으로 90일 이상 관할 구역 내에 주민등록이 되어 있을 것을 요구하는 것

⑤ 전쟁 또는 테러 위험이 있는 해외 위난지역에서 여권 사용을 제한하는 것

① (○) 여권발급 신청인이 북한 고위직 출신의 탈북 인사로서 신변에 대한 위해 우려가 있다는 이유로 신청인이 미국 방문을 위한 여권발급을 거부한 것은 여권법 제8조 제1항 제5호에 정한 사유에 해당한다고 볼 수 없고 거주·이전의 자유를 과도하게 제한하는 것으로서 위법하다(대법원 2008.1.24. 2007두10846).

② (×) 누구든지 주민등록 여부와 무관하게 거주지를 자유롭게 이전할 수 있으므로 주민등록 여부가 거주·이전의 자유와 직접적인 관계가 있다고 보기 어려우며, 영내 기거하는 현역병은 병역법으로 인해 거주·이전의 자유를 제한받게 되므로 이 사건 법률조항은 영내 기거 현역병의 거주·이전의 자유를 제한하지 않는다(헌재 2011.6.30. 2009헌마59).

③ (×) 학부모는 원하는 경우 언제든지 자유로이 거주지를 이전할 수 있으므로 그와 같은 생활상의 불이익만으로는 이 사건 규정이 거주이전의 자유를 제한한다고는 할 수 없고, 설혹 이 사건 규정이 거주이전의 자유를 다소 제한한다고 하더라도 그 입법목적 및 입법수단이 정당하므로 그 제한의 정도는 기본권의 본질적인 내용을 침해하였다거나 이를 과도하게 제한한 경우에 해당하지 않으므로 헌법 제14조 및 헌법 제37조 제2항에 위반되지 아니한다고 할 것이어서, 이 사건 규정이 청구인의 거주이전의 자유를 침해하는 것이라고는 할 수 없다(헌재 1995.2.23. 91헌마204).

④ (×) 선거일 현재 계속하여 90일 이상 당해 지방자치단체의 관할구역 안에 주민등록이 되어 있을 것을 입후보의 요건으로 하는 이 사건 법률조항으로 인하여 청구인이 그 체류지와 거주지의 자유로운 결정과 선택에 사실상 제약을 받는다고 하더라도 청구인의 공무담임권에 대한 위와 같은 제한이 있는 것은 별론으로 하고 거주·이전의 자유가 침해되었다고 할 수는 없다(헌재 1996.6.26. 96헌마200).

⑤ (×) 외교통상부가 해외 위난지역에서의 국민을 보호하고자 특정 해외 위난지역에서의 여권 사용, 방문 또는 체류를 금지한 이 사건 고시는 국민의 생명·신체 및 재산을 보호하기 위한 것으로 그 목적의 정당성과 수단의 적절성이 인정되며, 대상지역을 당시 전쟁이 계속 중이던 이라크와 소말리아, 그리고 실제로 한국인에 대한 테러 가능성이 높았던 아프가니스탄 등 3곳으로 한정하고, 그 기간도 1년으로 하여 그다지 장기간으로 볼 수 없을 뿐 아니라, 부득이한 경우 예외적으로 외교통상부장관의 허가를 받아 여권의 사용 및 방문·체류가 가능하도록 함으로써 국민의 거주·이전의 자유에 대한 제한을 최소화하고 법익의 균형성도 갖추었다(헌재 2008.6.26. 2007헌마1366).

[2017년 국회 9급] ①

거주·이전의 자유에 관한 다음 설명 중 가장 옳은 것은?

① 국적을 가지고 이를 변경할 수 있는 권리는 그 본질상 인간의 존엄과 가치 및 행복추구권을 규정하고 있는 헌법 제10조에서 도출되는 것으로 보아야 하고, 따라서 복수국적자가 대한민국 국적을 버릴 수 있는 자유도 마찬가지로 헌법 제10조에서 나오는 것이지 거주, 이전의 자유에 포함되어 있는 것이 아니다.

② 주거로 사용하던 건물이 수용될 경우 그 효과로 거주지도 이전하여야 하는 것은 사실이나 이는 토지 및 건물 등의 수용에 따른 부수적 효과로서 간접적, 사실적 제약에 해당하므로, 정비사업조합에 수용권한을 부여하여 주택재개발사업에 반대하는 청구인의 토지 등을 강제로 취득할 수 있도록 한 도시 및 주거환경정비법 조항이 청구인의 재산권을 침해하였는지 여부를 판단하는 이상 거주·이전의 자유 침해 여부는 별도로 판단하지 않는다.

③ 거주·이전의 자유는 국가의 간섭 없이 자유롭게 거주지와 체류지를 정할 수 있는 자유인바, 경찰청장이 경찰버스들로 서울특별시 서울광장을 둘러싸 통행을 제지한 행위는 서울특별시민인 청구인들의 거주, 이전의 자유를 제한하는 것이다.

④ 거주·이전의 자유는 성질상 법인이 누릴 수 있는 기본권이 아니므로, 법인의 대도시내 부동산 취득에 대하여 통상보다 높은 세율인 5배의 등록세를 부과함으로써 법인의 대도시내 활동을 간접적으로 억제하는 것은 법인의 직업수행의 자유를 제한할 뿐이다.

① (×) 세계인권선언은 제15조에서 모든 사람은 국적을 가질 권리가 있고 국적을 변경할 수 있는 권리가 부정되어서는 안 된다고 규정하고 있고, 동 선언 제13조에 따라 거주·이전의 자유를 규정함으로써, 국적을 변경할 수 있는 권리와 거주·이전의 자유권이 서로 다른 권리임을 분명히 하고 있다. 국적을 가지고 이를 변경할 수 있는 권리는 그 본질상 인간의 존엄과 가치 및 행복추구권을 규정하고 있는 헌법 제10조에서 도출되는 것으로 보아야 하고, 따라서 복수국적자가 대한민국 국적을 버릴 수 있는 자유도 마찬가지로 헌법 제10조에서 나오는 것이지 거주·이전의 자유에 포함되어 있는 것이 아니다(헌재 2015.11.26. 2013헌마805).

② (○) 사건 수용조항은 정비사업조합에 수용권한을 부여하여 주택재개발사업에 반대하는 청구인의 토지 등을 강제로 취득할 수 있도록 하고 있다. 따라서 이 사건 수용조항이 토지 등 소유자의 재산권을 침해하는지 여부가 문제된다. 청구인은 이 사건 수용조항으로 인하여 거주이전의 자유도 제한된다고 주장하고 있다. 주거로 사용하던 건물이 수용될 경우 그 효과로 거주지도 이전하여야 하는 것은 사실이나, 이는 토지 및 건물 등의 수용에 따른 부수적 효과로서 간접적, 사실적 제약에 해당하므로 거주·이전의 자유 침해 여부는 별도로 판단하지 않는다(헌재 2019.11.28. 2019헌바241).

③ (×) 사건에서 서울광장이 청구인들의 생활형성의 중심지라고 할 수 없을 뿐만 아니라 청구인들이 서울광장에 출입하고 통행하는 행위가 그 장소를 중심으로 생활을 형성해 나가는 행위에 속한다고 볼 수도 없으므로 청구인들이 서울광장을 출입하고 통행하는 자유는 헌법상의 거주·이전의 자유의 보호영역에 속한다고 할 수 없고, 따라서 이 사건 통행제지행위로 인하여 청구인들의 거주·이전의 자유가 제한된다고 할 수는 없다(헌재 2011.8.30. 2009헌마406).

④ (×) 법인의 대도시내 부동산등기에 대하여 통상세율의 5배를 규정하고 있다 하더라도 그것이 대도시 내에서 업무용 부동산을 취득할 정도의 재정능력을 갖춘 법인의 담세능력을 일반적으로 또는 절대적으로 초과하는 것이어서 그 때문에 법인이 대도시 내에서 향유하여야 할 직업수행의 자유나 거주·이전의 자유가 형해화할 정도에 이르러 그 본질적인 내용이 침해되었다고 볼 수 없다(헌재 1998.2.27. 97헌바79).

[2020년 법원 9급] ②

거주·이전의 자유에 대한 설명으로 옳은 것은? (다툼이 있는 경우 판례에 의함)

① 서울광장으로 출입하고 통행하는 행위를 제지하는 것은 거주·이전의 자유를 제한한다.

② 대한민국 국민의 거주·이전의 자유에는 대한민국을 떠날 수 있는 출국의 자유와 다시 대한민국으로 돌아 올 수 있는 입국의 자유뿐만 아니라 대한민국 국적을 이탈할 수 있는 국적변경의 자유가 포함된다.

③ 이른바 세입자입주권의 매매계약에 있어 '매도자는 어떠한 경우에도 현 거주지에서 세입사카드가 발급될 때까지 살아야 한다.'라는 조건을 붙였다면 계약당사자의 자유로운 의사에 기하여 약정되었다 하더라도 거주·이전의 자유를 제한하여 헌법에 위반된다.

④ 한약업사의 허가 및 영업행위에 대하여 지역적 제한을 가하는 것은 평등의 원칙과 거주·이전의 자유를 침해한다.

① (×) 거주·이전의 자유는 거주지나 체류지라고 볼 만한 정도로 생활과 밀접한 연관을 갖는 장소를 선택하고 변경하는 행위를 보호하는 기본권인바, 이 사건에서 서울광장이 청구인들의 생활형성의 중심지인 거주지나 체류지에 해당한다고 할 수 없고, 서울광장에 출입하고 통행하는 행위가 그 장소를 중심으로 생활을 형성해 나가는 행위에 속한다고 볼 수도 없으므로 청구인들의 거주·이전의 자유가 제한되었다고 할 수 없다(헌재 2011.6.30. 2009헌마406).

② (○) 구체적으로는 국내에서 체류지와 거주지를 자유롭게 정할 수 있는 자유영역뿐 아니라 나아가 국외에서 체류지와 거주지를 자유롭게 정할 수 있는 해외여행 및 해외 이주의 자유를 포함하고 덧붙여 대한민국의 국적을 이탈할 수 있는 국적변경의 자유 등도 그 내용에 포섭된다고 보아야 한다. 따라서 해외여행 및 해외 이주의 자유는 필연적으로 외국에서 체류 또는 거주하기 위해서 대한민국을 떠날 수 있는 출국의 자유와 외국체류 또는 거주를 중단하고 다시 대한민국으로 돌아올 수 있는 입국의 자유를 포함한다(헌재 2004.10.28. 2003헌가18).

③ (×) 세입자입주권의 매매계약에 있어 매도자는 어떠한 경우에도 현 거주지에서 세입자카드가 발급될 때까지 살아야 한다는 조건을 붙였다고 하더라도 그 계약상의 조건이 계약당사자의 자유로운 의사에 기하여 약정된 것인 이상 그러한 조건이 거주이전의 자유를 제한하는 약정으로서 헌법에 위반되고 사회질서에 반하는 약정으로서 무효로 된다고 할 수 없다(대법원 1991.5.28. 90다19770).

④ (×) 한약업사의 허가 및 영업행위에 대하여 지역적 제한을 가한 내용의 약사법 제37조 제2항은 오로지 국민건강의 유지·향상이라는 공공의 복리를 위하여 마련된 것이고, 그 제한의 정도 또한 목적을 달성하기 위하여 적정한 것이라 할 것이므로 헌법 제11조의 평등의 원칙에 위배된다거나 헌법 제14조의 거주이전의 자유 및 헌법 제15조의 직업선택의 자유 등 기본권을 침해하는 것으로 볼 수 없다(헌재 1991.9.16. 89헌마231). [2016년 국가 7급] ②

제2절 사생활의 비밀

사생활의 비밀과 자유에 대한 설명으로 옳지 않은 것은? (다툼이 있는 경우 판례에 의함)

① 존속상해치사죄와 같은 범죄행위는 헌법상 보호되는 사생활의 영역에 속한다고 볼 수 없을 뿐만 아니라, 가중처벌하는 것이 사생활의 자유를 침해하는 것은 아니다.

② 선거운동 과정에서 자신의 인격권이나 명예권을 보호하기 위하여 대외적으로 해명을 하는 행위는 사생활의 자유에 의하여 보호되는 범주를 벗어난 행위라고 볼 것이다.

③ 변호사에게 전년도에 처리한 수임사건의 건수 및 수임액을 소속 지방변호사회에 보고하도록 하는 법 규정은 헌법상 필요한 부분을 넘어 사생활 비밀의 자유를 과도하게 침해한다.

④ 교도소장이 수용자가 없는 상태에서 실시한 거실 검사 행위는 교도소의 안전과 질서를 유지하고 수형자의 교화·개선에 지장을 초래할 수 있는 물품을 차단하기 위한 것으로서, 과잉금지원칙에 위배하여 수형자의 사생활의 비밀과 자유를 침해하였다고 할 수 없다.

⑤ 피고인이나 변호인에 의한 공판정에서의 녹취는 진술인의 인격권 또는 사생활의 비밀과 자유에 대한 침해를 수반하고, 실체적 진실발견 등 다른 법익과 충돌할 개연성이 있으므로, 녹취를 금지해야 할 필요성이 녹취를 허용함으로써 달성하고자 하는 이익보다 큰 경우에는 녹취를 금지 또는 제한함이 타당하다.

① (○) 존속상해치사죄와 같은 범죄행위가 헌법상 보호되는 사생활의 영역에 속한다고 볼 수 없을 뿐만 아니라, 이 사건 법률조항의 입법목적이 정당하고 그 형의 가중에 합리적 이유가 있으며 직계존속이 아닌 통상인에 대한 상해치사죄도 형사상 처벌되고 있는 이상, 그 가중처벌에 의하여 가족관계상 비속의 사생활이 왜곡된다거나 존속에 대한 효의 강요나 개인 윤리문제에의 개입 등 외부로부터 부당한 간섭이 있는 것이라고는 말할 수 없으므로, 이 사건 법률조항은 헌법 제17조의 사생활의 자유를 침해하지 아니한다(헌재 2002.3.28. 2000헌바53).

② (○) 자신의 인격권이나 명예권을 보호하기 위하여 대외적으로 해명을 하는 행위는 표현의 자유에 속하는 영역이라고 할 수 있을 뿐 이미 사생활의 자유에 의하여 보호되는 범주를 벗어난 행위라고 볼 것이므로, 위 법 조항이 선거의 자유와 공정이라는 이념을 실현하기 위한 입법목적하에 선거에 영향을 미치게 하기 위한 일정한 선거운동행위를 제한한다고 하여 위 청구인의 사생활의 자유가 침해된다고는 볼 수 없고, 달리 위 법 조항이 사생활의 자유를 침해한다고 볼 만한 사정도 없다(헌재 2001.8.30. 99헌바92).

③ (×) 일반적으로 경제적 내지 직업적 활동은 복합적인 사회적 관계를 전제로 하여 다수 주체 간의 상호작용을 통하여 이루어지는 것이고, 특히 변호사의 업무는 다른 어느 직업적 활동보다도 강한 공공성을 내포한다는 점 등을 감안하여 볼 때, 변호사의 업무와 관련된 수임사건의 건수 및 수임액이 변호사의 내밀한 개인적 영역에 속하는 것이라고 보기 어렵고, 따라서 이 사건 법률조항이 청구인들의 사생활의 비밀과 자유를 침해하는 것이라 할 수 없다(헌재 2009.10.29. 2007헌마667).

④ (○) 사건 검사행위는 교도소의 안전과 질서를 유지하고, 수형자의 교화·개선에 지장을 초래할 수 있는 물품을 차단하기 위한 것으로서 그 목적이 정당하고, 수단도 적절하며, 검사의 실효성을 확보하기 위한 최소한의 조치로 보이고, 달리 덜 제한적인 대체수단을 찾기 어려운 점 등에 비추어 보면 이 사건 검사행위가 과잉금지원칙에 위배하여 사생활의 비밀 및 자유를 침해하였다고 할 수 없다(헌재 2011.10.25. 2009헌마691).

⑤ (○) 피고인이나 변호인에 의한 공판정에서의 녹취는 진술인의 인격권 또는 사생활의 비밀과 자유에 대한 침해를 수반하고, 실체적 진실발견 등 다른 법익과 충돌할 개연성이 있으므로, 녹취를 금지해야 할 필요성이 녹취를 허용함으로써 달성하고자 하는 이익보다 큰 경우에는 녹취를 금지 또는 제한함이 타당하다(헌재 1995.12.28. 91헌마114). [2022년 국회 9급] ③

사생활의 비밀과 자유에 대한 설명으로 옳지 않은 것은? (다툼이 있는 경우 판례에 의함)

① 4급 이상 공무원들의 병역 면제사유인 질병명을 관보와 인터넷을 통해 공개하도록 하는 것은 '부정한 병역면탈의 방지'와 '병역의무의 자진이행에 기여'라는 입법목적을 달성하기 위한 것으로서 사생활의 비밀과 자유를 침해하는 것이 아니다.

② '전자발찌'로 불리는 '위치추적 전자장치'의 부착명령을 규정한 「특정 범죄자에 대한 위치추적 전자장치 부착 등에 관한 법률」 조항은 피부착자의 개인정보자기결정권을 제한할 뿐만

아니라 피부착자의 위치와 이동경로를 실시간으로 파악하여 24시간 감시할 수 있도록 하고 있으므로 피부착자의 사생활의 비밀과 자유를 제한한다.

③ 교도소 내 거실이나 작업장은 수용자의 사생활 영역이거나 사생활에 연결될 수 있는 영역이므로 수용자가 없는 상태에서 교도소장이 비밀리에 거실 및 작업장에서 개인물품 등을 검사하는 행위는 수용자의 사생활의 비밀과 자유를 제한한다.

④ 헌법 제17조의 사생활의 자유란 사회공동체의 일반적인 생활규범의 범위 내에서 사생활을 자유롭게 형성해 나가고 그 설계 및 내용에 대해서 외부로부터의 간섭을 받지 아니할 권리를 말하는 바 흡연을 하는 행위는 이와 같은 사생활의 영역에 포함된다.

⑤ 자동차를 도로에서 운전하는 중에 좌석안전띠를 착용할 것인가 여부는 더 이상 사생활영역의 문제가 아니므로 운전할 때 좌석안전띠를 착용할 의무는 운전자의 사생활의 비밀과 자유를 침해하는 것이 아니다.

① (×) 공적 관심의 정도가 약한 4급 이상의 공무원들까지 대상으로 삼아 모든 질병명을 아무런 예외 없이 공개토록 한 것은 입법목적 실현에 치중한 나머지 사생활 보호의 헌법적 요청을 현저히 무시한 것이고, 이로 인하여 청구인들을 비롯한 해당 공무원들의 헌법 제17조가 보장하는 기본권인 사생활의 비밀과 자유를 침해하는 것이다(헌재 2007.5.31. 2005헌마1139).

② (○) 사건 부착조항은 피부착자의 위치와 이동경로를 실시간으로 파악하여 피부착자를 24시간 감시할 수 있도록 하고 있으므로 피부착자의 사생활의 비밀과 자유를 제한하며, 피부착자의 위치와 이동경로 등 '위치 정보'를 수집·보관·이용한다는 측면에서 개인정보자기결정권도 제한한다. 한편 전자장치를 강제로 착용하게 함으로써 피부착자는 옷차림이나 신체활동의 자유가 제한될 수밖에 없고, 24시간 전자장치 부착 위치 감시 그 자체로 모욕감과 수치심을 느낄 수 있으므로 헌법 제10조로부터 유래하는 인격권을 제한한다. 그러므로 이 사건 전자감시 부착명령에 의하여 제한받는 피부착자의 기본권은 사생활의 비밀과 자유, 개인정보자기결정권 및 인격권이다(헌재 2012.12.27. 2010헌가82).

③ (○) 청구인이 없는 상태에서 사생활 영역이거나 사생활에 연결될 수 있는 청구인의 거실 또는 작업장에서 이 사건 검사행위를 하여 개인 물품 등을 조사함으로써 일응 청구인의 사생활의 비밀 및 자유를 제한하였다고 볼 수 있으므로, 이 사건 검사행위가 과잉금지원칙에 위배하여 청구인의 사생활의 비밀 및 자유를 침해하였는지 여부를 살펴본다(헌재 2011.10.25. 2009헌마691).

④ (○) 사생활의 자유란 사회공동체의 일반적인 생활규범의 범위 내에서 사생활을 자유롭게 형성해 나가고 그 설계 및 내용에 대해서 외부로부터의 간섭을 받지 아니할 권리를 말하는바, 흡연을 하는 행위는 이와 같은 사생활의 영역에 포함된다고 할 것이므로, 흡연권은 헌법 제17조에서 그 헌법적 근거를 찾을 수 있다(헌재 2004.8.26. 2003헌마457).

⑤ (○) 자동차를 도로에서 운전하는 중에 좌석안전띠를 착용할 것인가 여부의 생활관계가 개인의 전체적 인격과 생존에 관계되는 사생활의 기본조건이라거나 자기결정의 핵심적 영역 또는 인격적 핵심과 관련된다고 보기 어려워 더 이상 사생활영역의 문제가 아니므로, 운전할 때 운전자가 좌석안전띠를 착용할 의무는 청구인의 사생활의 비밀과 자유를 침해하는 것이라 할 수 없다(헌재 2003.10.30. 2002헌마518).

[2022년 국회 5급] ①

사생활의 비밀과 자유에 대한 설명으로 옳지 않은 것은? (다툼이 있는 경우 판례에 의함)

① 교도소 엄중격리대상자의 수용거실에 CCTV를 설치하여 24시간 감시하는 행위는 일반적인 계호활동의 범위를 넘어서는 것으로 사생활의 비밀과 자유를 침해한다.

② 4급 이상 공무원들의 병역 면제사유인 질병명을 관보와 인터넷을 통해 공개하도록 하는 것은 사생활의 비밀과 자유를 침해한다.

③ 자동차를 도로에서 운전하는 중에 좌석안전띠를 착용할 것인가 여부는 더 이상 사생활영역의 문제가 아니므로, 운전할 때 운전자가 좌석안전띠를 착용할 의무는 청구인의 사생활의 비밀과 자유를 침해하는 것이라 할 수 없다.

④ 오늘날 이메일, 메신저 등 통신뿐 아니라 각종 구매, 금융서비스 이용 등 생활의 전 영역이 인터넷을 기반으로 이루어지기 때문에 인터넷 회선을 감청하는 것은 사생활의 비밀과 자유를 제한하게 된다.

⑤ 사생활의 비밀과 자유를 보장하기 위해 동의 없는 위치정보수집은 원칙적으로 금지되지만, 특정 범죄의 재발을 막기 위해 전자장치를 부착해서 위치정보를 수집하는 것은 허용된다.

① (×) CCTV 설치행위는 행형법 및 교도관직무규칙 등에 규정된 교도관의 계호활동 중 육안에 의한 시선계호를 CCTV 장비에 의한 시선계호로 대체한 것에 불과하므로, 이 사건 CCTV 설치행위에 대한 특별한 법적 근거가 없더라도 일반적인 계호활동을 허용하는 법률규정에 의하여 허용된다고 보아야 한다. 한편 CCTV에 의하여 감시되는 엄중격리대상자에 대하여 지속적이고 부단한 감시가 필요하고 자살·자해나 흉기 제작 등의 위험성 등을 고려하면, 제반사정을 종합하여 볼 때 기본권 제한의 최소성 요건이나 법익균형성의 요건도 충족하고 있다. 따라서 이 사건 CCTV 설치행위는 헌법 제17조 및 제37조 제2항을 위반하여 청구인들의 사생활의 비밀 및 자유를 침해하였다고 볼 수 없다(헌재 2008.5.29. 2005헌마137).

② (○) 사건 법률조항은 사생활 보호의 헌법적 요청을 거의 고려하지 않은 채 인격 또는 사생활의 핵심에 관련되는 질병명과 그렇지 않은 것을 가리지 않고 무차별적으로 공개토록 하고 있으며, 일정한 질병에 대한 비공개요구권도 인정하고 있지 않다. 그리하여 그 공개 시 인격이나 사생활의 심각한 침해를 초래할 수 있는 질병이나 심신장애내용까지도 예외 없이 공개함으로써 신고의무자인 공무원의 사생활의 비밀을 심각하게 침해하고 있다(헌재 2007.5.31. 2005헌마1139).

③ (○) 일반 교통에 사용되고 있는 도로는 국가와 지방자치단체가 그 관리책임을 맡고 있는 영역이며, 수많은 다른 운전자 및 보행자 등의 법익 또는 공동체의 이익과 관련된 영역으로, 그 위에서 자동차를 운전하는 행위는 더 이상 개인적인 내밀한 영역에서의 행위가 아니며, 자동차를 도로에서 운전하는 중에 좌석안전띠를 착용할 것인가 여부의 생활관계가 개인의 전체적 인격과 생존에 관계되는 '사생활의 기본조건'이라거나 자기결정의 핵심적 영역 또는 인격적 핵심과 관련된다고 보기 어려워 더 이상 사생활영역의 문제가 아니므로, 운전할 때 운전자가 좌석안전띠를 착용할 의무는 청구인의 사생활의 비밀과 자유를 침해하는 것이라 할 수 없다(헌재 2003.10.30. 2002헌마518).

④ (○) 인터넷회선 감청은 해당 인터넷회선을 통하여 흐르는 모든 정보가 감청 대상이 되므로, 이를 통해 드러나게 되는 개인의 사생활 영역은 전화나 우편물 등을 통하여 교환되는 통신의 범위를 넘는다. 더욱이 오늘날 이메일, 메신저, 전화 등 통신뿐 아니라, 각종 구매, 게시물 등록, 금융서비스 이용 등 생활의 전 영역이 인터넷을 기반으로 이루어지기 때문에, 인터넷회선 감청은 타인과의 관계를 전제로 하는 개인의 사적 영역을 보호하려는 헌법 제18조의 통신의 비밀과 자유 외에 헌법 제17조의 사생활의 비밀과 자유도 제한하게 된다(헌재 2018.8.30. 2016헌마263).

⑤ (○) 위치정보의 보호 및 이용 등에 관한 법률 제15조(위치정보의 수집 등의 금지) ①누구든지 개인위치정보주체의 동의를 받지 아니하고 해당 개인위치정보를 수집·이용 또는 제공하여서는 아니 된다. 다만, 다음 각 호의 어느 하나에 해당하는 경우에는 그러하지 아니하다. 1. 제29조 제1항에 따른 긴급구조기관의 긴급구조요청 또는 같은 조 제7항에 따른 경보발송요청이 있는 경우 2. 제29조 제2항에 따른 경찰관서의 요청이 있는 경우 3. 다른 법률에 특별한 규정이 있는 경우 [2023년 국회 9급] ①

사생활의 비밀과 자유에 관한 설명으로 가장 적절하지 않은 것은? (다툼이 있는 경우 판례에 의함)

① 인터넷 언론사의 공개된 게시판·대화방에서 스스로의 의사에 의하여 정당·후보자에 대한 지지·반대의 글을 게시하는 행위가 사생활 비밀의 자유에 의하여 보호되는 영역이라고 할 수 없다.

② 공직자의 공무집행과 직접적인 관련이 없는 개인적인 사생활에 관한 사실은 어떠한 경우에도 공직인 관심사안에 해당될 수 없다.
③ 공직선거에 후보자로 등록하고자 하는 자에게 실효된 형을 포함한 금고 이상의 형의 범죄경력에 관한 증명서류를 제출하도록 한 구 「공직선거법」 조항은 청구인의 사생활의 비밀과 자유를 침해한다고 볼 수 없다.
④ 금융감독원의 4급 이상 직원에 대하여 재산등록의무를 부과하는 구 「공직자윤리법」 제3조 제1항 제13호 중 구 「공직자윤리법 시행령」 제3조 제4항 제15호에 관한 부분이 금융감독원의 4급 직원인 청구인의 사생활의 비밀과 자유를 침해하는 것은 아니다.

① (○) 인터넷언론사의 공개된 게시판·대화방에서 스스로의 의사에 의하여 정당·후보자에 대한 지지·반대의 글을 게시하는 행위가 양심의 자유나 사생활 비밀의 자유에 의하여 보호되는 영역이라고 할 수 없다(헌재 2010.2.25. 2008헌마324).
② (×) 공직자의 공무집행과 직접적인 관련이 없는 개인적인 사생활에 관한 사실이라도 일정한 경우 공적인 관심 사안에 해당할 수 있다. 이러한 사실은 공직자 등의 사회적 활동에 대한 비판 내지 평가의 한 자료가 될 수 있고, 업무집행의 내용에 따라서는 업무와 관련이 있을 수도 있으므로, 이에 대한 문제제기 내지 비판은 허용되어야 한다(헌재 2013.12.26. 2009헌마747).
③ (○) 후보자의 실효된 형까지 포함한 금고 이상의 형의 범죄경력을 공개함으로써 국민의 알권리를 충족하고 공정하고 정당한 선거권 행사를 보장하고자 하는 이 사건 법률조항의 입법목적은 정당하며, 이러한 입법목적을 달성하기 위하여는 선거권자가 후보자의 모든 범죄경력을 인지한 후 그 공직적합성을 판단하는 것이 효과적이다. 또한 금고 이상의 범죄경력에 실효된 형을 포함시키는 이유는 선거권자가 공직후보자의 자질과 적격성을 판단할 수 있도록 하기 위한 점, 전과기록은 통상 공개재판에서 이루어진 국가의 사법작용의 결과라는 점, 전과기록의 범위와 공개시기 등이 한정되어 있는 점 등을 종합하면, 이 사건 법률조항은 피해최소성의 원칙에 반한다고 볼 수 없고, 공익적 목적을 위하여 공직선거 후보자의 사생활의 비밀과 자유를 한정적으로 제한하는 것이어서 법익균형성의 원칙도 충족한다. 따라서 이 사건 법률조항은 청구인들의 사생활의 비밀과 자유를 침해한다고 볼 수 없다(헌재 2008.4.24. 2006헌마402).
④ (○) 금융감독원의 4급 이상 직원에 대하여 공직자윤리법상 재산등록의무를 부과하는 것은 금융감독원의 4급 직원인 청구인들의 사생활의 비밀의 자유 및 평등권을 침해하지 않는다(헌재 2014.6.26. 2012헌마331). [2023년 경찰공채 8월] ②

사생활의 비밀과 자유에 관한 다음 설명 중 가장 옳지 않은 것은? (다툼이 있는 경우 대법원 판례 및 헌법재판소 결정에 의함)

① 엄중격리대상자의 수용거실에 CCTV를 설치하는 행위에 관해서는 특별한 법적 근거가 없더라도 일반적인 계호활동을 허용하는 법률규정 자체에 의하여 허용된다고 보아야 한다. CCTV에 의하여 감시되는 엄중격리대상자에 대하여는 지속적이고 부단한 감시가 필요할 뿐 아니라 자살·자해나 흉기 제작 등의 위험성을 고려하면 기본권 제한의 최소성 요건이나 법익균형성의 요건도 충족하고 있어 사생활의 비밀 및 자유를 침해한다고 볼 수 없다.
② 인터넷 언론사의 공개된 게시판·대화방에서 스스로의 의사에 의하여 정당·후보자에 대한 지지·반대의 글을 게시하는 행위는 정당·후보자에 대한 단순한 의견 등의 표현행위에 불과하여 양심의 자유나 사생활 비밀의 자유에 의하여 보호되는 영역이라고 할 수 없다. 그러므로 그 과정에서 실명확인 절차의 부담을 진다고 하더라도 양심의 자유나 사생활 비밀

의 자유를 제한받는다고 볼 수 없다.

③ 헌법 제17조는 "모든 국민은 사생활의 비밀과 자유를 침해받지 아니한다"라고 규정하여 사생활의 비밀과 자유를 국민의 기본권의 하나로 보장하고 있다. 여기서 사생활의 비밀은 국가가 사생활의 자유로운 형성을 방해하거나 금지하는 것에 대한 보호를 의미하고, 사생활의 자유란 국가가 사생활영역을 들여다보는 것에 대한 보호를 제공하는 기본권이다.

④ 법원의 제출명령이 있는 경우 당해 법적 분쟁에 있어서 증명할 사실과 관련된 금융거래정보를 공개할 수 있도록 한 것은 객관적인 증거에 의해 확인되는 실체적 진실에 따라 법적 분쟁을 공정하게 해결하기 위한 것으로서 그 입법목적의 정당성이 인정되고 수단의 적합성도 인정된다.

⑤ 선거운동 과정에서 자신의 인격권이나 명예권을 보호하기 위하여 대외적으로 해명을 하는 행위는 표현의 자유에 속하는 영역이라고 할 수 있을 뿐 사생활의 자유에 의하여 보호되는 범주를 벗어났으므로, 선거와 관련하여 문서, 도화 등의 배부 등의 행위를 제한하고 있는 구 공직선거법 및 선거부정방지법 제93조 제1항은 사생활의 자유를 침해하지 아니한다.

① (○) 사건 CCTV 설치행위는 행형법 및 교도관직무규칙 등에 규정된 교도관의 계호활동 중 육안에 의한 시선계호를 CCTV 장비에 의한 시선계호로 대체한 것에 불과하므로, 이 사건 CCTV 설치행위에 대한 특별한 법적 근거가 없더라도 일반적인 계호활동을 허용하는 법률규정에 의하여 허용된다고 보아야 한다. 한편 CCTV에 의하여 감시되는 엄중격리대상자에 대하여 지속적이고 부단한 감시가 필요하고 자살·자해나 흉기 제작 등의 위험성 등을 고려하면, 제반 사정을 종합하여 볼 때 기본권 제한의 최소성 요건이나 법익균형성의 요건도 충족하고 있다. 따라서 이 사건 CCTV 설치행위는 헌법 제17조 및 제37조 제2항을 위반하여 청구인들의 사생활의 비밀 및 자유를 침해하였다고 볼 수 없다(헌재 2008.5.29. 2005헌마137).

② (○) 인터넷언론사의 공개된 게시판·대화방에서 스스로의 의사에 의하여 정당·후보자에 대한 지지·반대의 글을 게시하는 행위는 정당·후보자에 대한 단순한 의견 등의 표현행위에 불과하여 양심의 자유나 사생활 비밀의 자유에 의하여 보호되는 영역이라고 할 수 없으므로, 그 과정에서 실명확인 절차의 부담을 진다고 하더라도 이를 두고 양심의 자유나 사생활 비밀의 자유를 제한받는 것이라고 볼 수 없어 그 침해 여부에 관하여 더 나아가 판단하지 아니한다(헌재 2010.2.25. 2008헌마324).

③ (×) 헌법 제17조는 "모든 국민은 사생활의 비밀과 자유를 침해받지 아니한다"고 규정하여 사생활의 비밀과 자유를 국민의 기본권의 하나로 보장하고 있다. 사생활의 비밀은 국가가 사생활영역을 들여다보는 것에 대한 보호를 제공하는 기본권이며, 사생활의 자유는 국가가 사생활의 자유로운 형성을 방해하거나 금지하는 것에 대한 보호를 의미한다. 구체적으로 사생활의 비밀과 자유가 보호하는 것은 개인의 내밀한 내용의 비밀을 유지할 권리, 개인이 자신의 사생활의 불가침을 보장받을 수 있는 권리, 개인의 양심영역이나 성적 영역과 같은 내밀한 영역에 대한 보호, 인격적인 감정세계의 존중의 권리와 정신적인 내면생활이 침해받지 아니할 권리 등이다. 요컨대 헌법 제17조가 보호하고자 하는 기본권은 사생활영역의 자유로운 형성과 비밀유지라고 할 것이다(헌재 2007.5.31. 2005헌마1139).

④ (○) 사건 금융실명법 조항은 법원의 제출명령이 있는 경우에는 당해 법적 분쟁에 있어서 증명할 사실과 관련된 금융거래정보를 공개할 수 있도록 하는 것인바, 이는 객관적인 증거에 의해 확인되는 실체적 진실에 따라 법적 분쟁을 공정하게 해결하기 위한 것으로서 그 입법목적의 정당성이 인정되고, 수단의 적합성이 인정된다. 또한 이 사건 금융실명법 조항은 예외적으로 제공되는 거래정보 등의 범위를 '사용목적에 필요한 최소한의 범위'로 한정하고 있고, 이 사건 금융실명법 조항에 따라 거래정보 등의 제공을 요구하는 경우 그 요구대상 거래기간, 요구의 법적 근거, 사용목적, 요구하는 거래정보 등의 내용이 명시된 표준양식에 의하여 금융기관의 특정 점포에 이를 요구하도록 하고 있으며, 금융기관 종사자는 이러한 규정에 위반하여 거래정보 등의 제공을 요구받은 경우에는 그러한 요구를 거부하도록 규정하면서 이를 위반하면 형사처벌하도록 하고 있다. 한편, 이 사건 금융실명법 조항에 따라 거래정보 등을 알게 된 자가 타인에게 그 정보 등을 제공 또는 누설하거나 목적 외의 용도로 이용한 경우에도 형사처벌하도록 함으로써 개인정보자기결정권을 제한하는 데 따른 피해를 최소화하는 장치를 마련하고 있다. 게다가 당사자는 법원의 제출명령에 대하여 당해 소송절차에서 즉시항고를 하여 제출명령의 필요성이나 소송상

필요한 거래정보 등의 범위를 다툴 수도 있다(민사소송법 제348조). 다만 이 사건 금융실명법 조항은 '사용목적에 필요한 최소한의 범위'에 관한 판단을 법원에 맡기고 있으나, 이를 법률로써 구체적, 서술적, 일률적으로 규정하는 것은 입법 기술상 불가능하거나 현저히 곤란하므로, 이에 관한 판단을 사법기관인 법원에 맡기는 것은 불가피하다고 볼 수 있고 그 외 '법적 분쟁의 공정한 해결'이라는 입법목적을 효과적으로 달성할 수 있는 다른 대체수단도 없다. 그리고 이 사건 금융실명법 조항에 의한 거래정보 등의 제공범위, 제공요구방식, 거래정보 등의 취급자와 지득자에 대한 각 의무규정과 그 위반시의 형사제재, 제출명령에 대한 불복수단 등을 종합해 볼 때, 이 사건 금융실명법 조항으로 인하여 개인정보의 주체가 입게 되는 불이익이 '법적 분쟁의 공정한 해결'이라는 공익에 비하여 결코 크다고 볼 수도 없다. 따라서 이 사건 금융실명법 조항은 개인정보자기결정권을 침해하지 아니 한다(헌재 2010.9.30. 2008헌바132).

⑤ (○) 자신의 인격권이나 명예권을 보호하기 위하여 대외적으로 해명을 하는 행위는 표현의 자유에 속하는 영역일 뿐 이미 사생활의 자유에 의하여 보호되는 범주를 벗어난 행위이고, 또한, 자신의 태도나 입장을 외부에 설명하거나 해명하는 행위는 진지한 윤리적 결정에 관계된 행위라기보다는 단순한 생각이나 의견, 사상이나 확신 등의 표현행위라고 볼 수 있어, 그 행위가 선거에 영향을 미치게 하기 위한 것이라는 이유로 이를 하지 못하게 된다 하더라도 내면적으로 구축된 인간의 양심이 왜곡, 굴절된다고는 할 수 없다는 점에서 양심의 자유의 보호영역에 포괄되지 아니하므로, 위 제93조 제1항은 사생활의 자유나 양심의 자유를 침해하지 아니한다(헌재 2001.8.30. 99헌바92).

[2020년 법원 5급] ③

사생활의 비밀과 자유에 대한 설명으로 옳지 않은 것은? (다툼이 있는 경우 판례에 의함)

① 사생활의 비밀은 국가가 사생활영역을 들여다보는 것에 대한 보호를 제공하는 기본권이며, 사생활의 자유는 국가가 사생활의 자유로운 형성을 방해하거나 금지하는 것에 대한 보호를 의미한다.

② 인터넷회선 감청은 타인과의 관계를 전제로 하는 개인의 사적 영역을 보호하려는 헌법 제18조의 통신의 비밀과 자유 외에 헌법 제17조 사생활의 비밀과 자유도 제한한다.

③ 공직자의 자질·도덕성·청렴성에 관한 사실이 개인적인 사생활에 관한 것이라면, 순수한 사생활의 영역에 있다고 보아야 할 것이므로 공적인 관심 사안에 해당할 수 없다.

④ 자동차를 도로에서 운전하는 중에 좌석안전띠를 착용할 것인가 여부의 생활관계가 개인의 전체적 인격과 생존에 관계되는 '사생활의 기본조건'이라거나 자기결정의 핵심적 영역 또는 인격적 핵심과 관련된다고 보기 어려워, 운전할 때 운전자가 좌석안전띠를 착용할 의무는 운전자의 사생활의 비밀과 자유를 침해하는 것이라 할 수 없다.

① (○) 사생활의 비밀은 국가가 사생활영역을 들여다보는 것에 대한 보호를 제공하는 기본권이며, 사생활의 자유는 국가가 사생활의 자유로운 형성을 방해하거나 금지하는 것에 대한 보호를 의미한다. 구체적으로 사생활의 비밀과 자유가 보호하는 것은 개인의 내밀한 내용의 비밀을 유지할 권리, 개인이 자신의 사생활의 불가침을 보장받을 수 있는 권리, 개인의 양심영역이나 성적 영역과 같은 내밀한 영역에 대한 보호, 인격적인 감정세계의 존중의 권리와 정신적인 내면생활이 침해받지 아니할 권리 등이다(헌재 2003.10.30. 2002헌마518).

② (○) 인터넷회선 감청은 해당 인터넷회선을 통하여 흐르는 모든 정보가 감청 대상이 되므로, 이를 통해 드러나게 되는 개인의 사생활 영역은 전화나 우편물 등을 통하여 교환되는 통신의 범위를 넘는다. 더욱이 오늘날 이메일, 메신저, 전화 등 통신뿐 아니라, 각종 구매, 게시물 등록, 금융서비스 이용 등 생활의 전 영역이 인터넷을 기반으로 이루어지기 때문에, 인터넷회선 감청은 타인과의 관계를 전제로 하는 개인의 사적 영역을 보호하려는 헌법 제18조의 통신의 비밀과 자유 외에 헌법 제17조의 사생활의 비밀과 자유도 제한하게 된다(헌재 2018.8.30. 2016헌마263).

③ (×) 공직자의 공무집행과 직접적인 관련이 없는 개인적인 사생활에 관한 사실이라도 일정한 경우 공적인 관심 사안에 해당할 수 있다. 공직자의 자질·도덕성·청렴성에 관한 사실은 그 내용이 개인적인 사생활에 관한 것이라 할지라도 순수한 사생활의 영역에 있다고 보기 어렵다(헌재 2013.12.26. 2009헌마747).

④ (○) 일반 교통에 사용되고 있는 도로는 국가와 지방자치단체가 그 관리책임을 맡고 있는 영역이며, 수많은 다른 운전자 및 보행자 등의 법익 또는 공동체의 이익과 관련된 영역으로, 그 위에서 자동차를 운전하는 행위는 더 이상 개인적인 내밀한 영역에서의 행위가 아니며, 자동차를 도로에서 운전하는 중에 좌석안전띠를 착용할 것인가 여부의 생활관계가 개인의 전체적 인격과 생존에 관계되는 사생활의 기본조건이라거나 자기결정의 핵심적 영역 또는 인격적 핵심과 관련된다고 보기 어려워 더 이상 사생활영역의 문제가 아니므로, 운전할 때 운전자가 좌석안전띠를 착용할 의무는 청구인의 사생활의 비밀과 자유를 침해하는 것이라 할 수 없다(헌재 2003.10.30. 2002헌마518).

[2022년 국가 5급] ③

사생활의 비밀과 자유에 대한 설명으로 옳지 않은 것은? (다툼이 있는 경우 판례에 의함)

① 사생활의 자유란 사회공동체의 일반적인 생활규범의 범위 내에서 사생활을 자유롭게 형성해 나가고 그 설계 및 내용에 대해서 외부로부터의 간섭을 받지 아니할 권리를 의미한다.

② 자동차를 도로에서 운전할 때 운전자가 좌석안전띠를 착용할 의무는 운전자의 사생활의 비밀과 자유를 침해한 것이라 할 수 없다.

③ 청소년 성매수 범죄자들의 '성명, 연령, 직업 등의 신상과 범죄사실의 요지'를 공개하도록 하는 규정에 따라 범죄인들의 신상과 전과를 일반인이 알게 된다고 하여 그들의 인격권 내지 사생활의 비밀을 침해하는 것을 아니다.

④ 교도소 내 엄중격리대상자의 수용거실에 CCTV를 설치하여 24시간 감시하는 행위는 그들에 대한 지속적이고 부단한 감시의 필요성과 그들의 자살·자해나 흉기 제작 등의 위험성 등을 고려하더라도 사생활의 비밀과 자유를 침해하는 것이다.

① (○) 사생활의 자유란 사회공동체의 일반적인 생활규범의 범위 내에서 사생활을 자유롭게 형성해 나가고 그 설계 및 내용에 대해서 외부로부터의 간섭을 받지 아니할 권리로서, 사생활과 관련된 사사로운 자신만의 영역이 본인의 의사에 반해서 타인에게 알려지지 않도록 할 수 있는 권리인 사생활의 비밀과 함께 헌법상 보장되고 있다(헌재 2001.8.30. 99헌바92).

② (○) 자동차를 운전하는 행위는 더 이상 개인적인 내밀한 영역에서의 행위가 아니며, 자동차를 도로에서 운전하는 중에 좌석안전띠를 착용할 것인가 여부의 생활관계가 개인의 전체적 인격과 생존에 관계되는 사생활의 기본조건이라거나 자기결정의 핵심적 영역 또는 인격적 핵심과 관련된다고 보기 어려워 더 이상 사생활영역의 문제가 아니므로, 운전할 때 운전자가 좌석안전띠를 착용할 의무는 청구인의 사생활의 비밀과 자유를 침해하는 것이라 할 수 없다(헌재 2003.10.30. 2002헌마518).

③ (○) 청소년 성매수자의 일반적 인격권과 사생활의 비밀의 자유가 제한되는 정도가 청소년 성보호라는 공익적 요청에 비해 크다고 할 수 없으므로 결국 심판대상 법률 제20조 제2항 제1호의 신상공개는 해당 범죄인들의 일반적 인격권, 사생활의 비밀의 자유를 과잉금지의 원칙에 위배하여 침해한 것이라 할 수 없다(헌재 2003.6.26. 2002헌가14).

④ (×) CCTV에 의하여 감시되는 엄중격리대상자에 대하여 지속적이고 부단한 감시가 필요하고 자살·자해나 흉기 제작 등의 위험성 등을 고려하면, 제반사정을 종합하여 볼 때 기본권 제한의 최소성 요건이나 법익균형성의 요건도 충족하고 있다. 따라서 이 사건 CCTV 설치행위는 헌법 제17조 및 제37조 제2항을 위반하여 청구인들의 사생활의 비밀 및 자유를 침해하였다고 볼 수 없다(헌재 2008.5.29. 2005헌마137).

[2015년 지방 7급] ④

사생활의 비밀과 자유에 대한 설명으로 옳지 않은 것은? (다툼이 있는 경우 판례에 의함)

① 엄중격리대상자의 수용거실에 CCTV를 설치하여 24시간 감시하는 행위는 교도관의 계호활동 중 육안에 의한 시선계호를 CCTV 장비에 의한 시선계호로 대체한 것에 불과하므로, 특별한 법적 근거가 없더라도 일반적인 계호활동을 허용하는 법률규정에 의하여 허용되고, 엄중격리대상자의 사생활의 비밀 및 자유를 침해하였다고 볼 수 없다.

② 흡연자들이 자유롭게 흡연할 권리를 흡연권이라고 한다면, 이러한 흡연권은 인간의 존엄과 행복추구권을 규정한 헌법 제10조와 사생활의 자유를 규정한 헌법 제17조에 의하여 뒷받침된다.

③ 금융감독원의 4급 이상 직원에 대하여 「공직자윤리법」상 재산등록의무를 부과하는 조항은 해당 업무에 대한 권한과 책임이 부여되지 아니한 3급 또는 4급 직원까지 재산등록의무자로 규정하여 재산등록의무자의 범위를 지나치게 확대하고, 등록대상 재산의 범위도 지나치게 광범위하며, 직원 본인뿐 아니라 배우자, 직계존비속의 재산까지 등록하도록 하는 등 이들의 사생활의 비밀과 자유를 침해한다.

④ 교도소장이 수용자가 없는 상태에서 실시한 거실 및 작업장 검사행위는 교도소의 안전과 질서를 유지하고, 수형자의 교화·개선에 지장을 초래할 수 있는 물품을 차단하기 위한 것으로서 그 목적이 정당하고, 수단도 적절하며, 검사의 실효성을 확보하기 위한 최소한의 조치로 보이고, 달리 덜 제한적인 대체수단을 찾기 어려운 점 등에 비추어 보면 사생활의 비밀 및 자유를 침해하였다고 할 수 없다.

① (○) 사건 CCTV 설치행위는 행형법 및 교도관직무규칙 등에 규정된 교도관의 계호활동 중 육안에 의한 시선계호를 CCTV 장비에 의한 시선계호로 대체한 것에 불과하므로, 이 사건 CCTV 설치행위에 대한 특별한 법적 근거가 없더라도 일반적인 계호활동을 허용하는 법률규정에 의하여 허용된다고 보아야 한다. 한편 CCTV에 의하여 감시되는 엄중격리대상자에 대하여 지속적이고 부단한 감시가 필요하고 자살·자해나 흉기 제작 등의 위험성 등을 고려하면, 제반 사정을 종합하여 볼 때 기본권 제한의 최소성 요건이나 법익균형성의 요건도 충족하고 있다. 이 사건 CCTV 설치행위는 헌법 제17조 및 제37조 제2항을 위반하여 청구인들의 사생활의 비밀 및 자유를 침해하였다고 볼 수 없다(헌재 2008.5.29. 2005헌마137).

② (○) 흡연자들이 자유롭게 흡연할 권리를 흡연권이라고 한다면, 이러한 흡연권은 인간의 존엄과 행복추구권을 규정한 헌법 제10조와 사생활의 자유를 규정한 헌법 제17조에 의하여 뒷받침된다(헌재 2004.8.26. 2003헌마457).

③ (×) 사건 재산등록 조항은 금융감독원 직원의 비리유혹을 억제하고 업무 집행의 투명성 및 청렴성을 확보하기 위한 것으로 입법목적이 정당하고, 금융기관의 업무 및 재산상황에 대한 검사 및 감독과 그에 따른 제재를 업무로 하는 금융감독원의 특성상 소속직원의 금융기관에 대한 실질적인 영향력 및 비리 개연성이 클 수 있다는 점을 고려할 때 일정 직급 이상의 금융감독원 직원에게 재산등록의무를 부과하는 것은 적절한 수단이다. 이 사건 재산등록조항은 청구인들의 사생활의 비밀과 자유를 침해하지 아니한다(헌재 2014.6.26. 2012헌마331).

④ (○) 사건 검사행위는 교도소의 안전과 질서를 유지하고, 수형자의 교화·개선에 지장을 초래할 수 있는 물품을 차단하기 위한 것으로서 그 목적이 정당하고, 수단도 적절하며, 검사의 실효성을 확보하기 위한 최소한의 조치로 보이고, 달리 덜 제한적인 대체수단을 찾기 어려운 점 등에 비추어 보면 이 사건 검사행위가 과잉금지원칙에 위배하여 사생활의 비밀 및 자유를 침해하였다고 할 수 없다(헌재 2011.10.25. 2009헌마691).

[2020년 국가 7급] ③

사생활의 비밀과 자유에 관한 다음 설명 중 가장 옳지 않은 것은? (다툼이 있는 경우 헌법재판소 결정에 의함)

① 헌법 제17조는 모든 국민이 사생활의 비밀과 자유를 침해받지 아니할 권리를 규정하고 있는바, 사생활의 비밀은 국가가 사생활영역을 들여다보는 것에 대한 보호를 제공하는 기본권이며, 사생활의 자유는 국가가 사생활의 자유로운 형성을 방해하거나 금지하는 것에 대한 보호를 의미한다.

② 사생활의 비밀과 자유에 관한 헌법규정은 개인의 사생활이 함부로 공개되지 아니할 소극적인 권리는 물론, 오늘날 고도로 정보화된 현대사회에서 자신에 대한 정보를 자율적으로 통제할 수 있는 적극적인 권리까지도 보장하려는 데에 그 취지가 있다.

③ 사생활의 비밀과 자유가 보호하는 것은 개인의 내밀한 내용의 비밀을 유지할 권리, 개인이 자신의 사생활의 불가침을 보장받을 수 있는 권리, 개인의 양심영역이나 성적 영역과 같은 내밀한 영역에 대한 보호, 인격적인 감정세계의 존중을 받을 권리와 정신적인 내면생활이 침해받지 아니할 권리 등이다.

④ 구치소장이 미결수용자가 배우자와 접견하는 것을 녹음하는 행위는 미결수용자의 사생활의 비밀과 자유를 침해하는 것으로 헌법에 위반된다.

⑤ 자동차를 도로에서 운전하는 중에 좌석안전띠를 착용할 것인가 여부는 사생활영역의 문제가 아니므로, 운전할 때 운전자가 좌석안전띠를 착용하도록 하고, 이를 위반했을 때 범칙금을 납부하도록 통고하는 것은 사생활의 비밀과 자유를 침해하는 것이 아니다.

① (○) ③ (○) 사생활의 비밀은 국가가 사생활영역을 들여다보는 것에 대한 보호를 제공하는 기본권이며, 사생활의 자유는 국가가 사생활의 자유로운 형성을 방해하거나 금지하는 것에 대한 보호를 의미한다. 구체적으로 사생활의 비밀과 자유가 보호하는 것은 개인의 내밀한 내용의 비밀을 유지할 권리, 개인이 자신의 사생활의 불가침을 보장받을 수 있는 권리, 개인의 양심영역이나 성적 영역과 같은 내밀한 영역에 대한 보호, 인격적인 감정세계의 존중의 권리와 정신적인 내면생활이 침해받지 아니할 권리 등이다(헌재 2003.10.30. 2002헌마518).

② (○) 사생활의 비밀과 자유에 관한 헌법 규정은 개인의 사생활 활동이 타인으로부터 침해되거나 사생활이 함부로 공개되지 아니할 소극적인 권리는 물론, 오늘날 고도로 정보화된 현대사회에서 자신에 대한 정보를 자율적으로 통제할 수 있는 적극적인 권리까지도 보장하려는 데에 그 취지가 있다(대법원 1998.7.24. 96다42789).

④ (×) 사건 녹음행위는 교정시설 내의 안전과 질서유지에 기여하기 위한 것으로서 그 목적이 정당할 뿐 아니라 수단이 적절하다. 이 사건 녹음행위는 미리 고지되어 청구인의 접견내용은 사생활의 비밀로서의 보호가치가 그리 크지 않다고 할 것이므로 법익의 불균형을 인정하기도 어려워, 과잉금지원칙에 위반하여 청구인의 사생활의 비밀과 자유를 침해하였다고 볼 수 없다(헌재 2012.12.27. 2010헌마153).

⑤ (○) 자동차를 운전하는 행위는 더 이상 개인적인 내밀한 영역에서의 행위가 아니며, 자동차를 도로에서 운전하는 중에 좌석안전띠를 착용할 것인가 여부의 생활관계가 개인의 전체적 인격과 생존에 관계되는 사생활의 기본조건이라거나 자기결정의 핵심적 영역 또는 인격적 핵심과 관련된다고 보기 어려워 더 이상 사생활영역의 문제가 아니므로, 운전할 때 운전자가 좌석안전띠를 착용할 의무는 청구인의 사생활의 비밀과 자유를 침해하는 것이라 할 수 없다(헌재 2003.10.30. 2002헌마518). [2015년 법무사] ④

사생활의 비밀과 자유에 대한 설명으로 옳은 것은? (다툼이 있는 경우 판례에 의함)

① 피고인이나 변호인에 의한 공판정에서의 녹취는 진술인의 인격권 또는 사생활의 비밀과 자유에 대한 침해를 수반하고, 실체적 진실발견 등 다른 법익과 충돌할 개연성이 있으므로, 녹취를 금지해야 할 필요성이 녹취를 허용함으로써 달성하고자 하는 이익보다 큰 경우에는 녹취를 금지 또는 제한함이 타당하다.

② 자동차를 도로에서 운전하는 중에 좌석안전띠를 착용할 것인가 여부의 생활관계는 개인의 전체적 인격과 생존에 관계되는 '사생활의 기본조건'이라 할 수 있으므로, 운전할 때 운전자가 좌석안전띠를 착용할 의무는 청구인의 사생활의 비밀과 자유를 침해한다.

③ 헌법 제17조의 사생활의 비밀과 자유 및 헌법 제18조의 통신의 자유에 의하여 보장되는 개인정보자기결정권의 보호대상이 되는 개인정보는 개인의 신체, 신념, 사회적 지위, 신분 등과 같이 개인의 사적 영역에 국한된 사항으로서 그 개인의 동일성을 식별할 수 있게 하는 일체의 정보라고 할 수 있다.

④ 지문은 그 정보주체를 타인으로부터 식별 가능하게 하는 개인정보가 아니므로, 경찰청장이 이를 보관·전산화하여 범죄수사목적에 이용하는 것은 정보주체의 개인정보자기결정권을 제한하는 것이 아니다.

① (○) 피고인이나 변호인에 의한 공판정에서의 녹취는 진술인의 인격권 또는 사생활의 비밀과 자유에 대한 침해를 수반하고, 실체적 진실발견 등 다른 법익과 충돌할 개연성이 있으므로, 녹취를 금지해야 할 필요성이 녹취를 허용함으로써 달성하고자 하는 이익보다 큰 경우에는 녹취를 금지 또는 제한함이 타당하다(헌재 1995.12.8. 91헌마114).

② (×) 도로는 국가와 지방자치단체가 그 관리책임을 맡고 있는 영역이며, 수많은 다른 운전자 및 보행자 등의 법익 또는 공동체의 이익과 관련된 영역으로, 그 위에서 자동차를 운전하는 행위는 더 이상 개인적인 내밀한 영역에서의 행위가 아니며, 자동차를 도로에서 운전하는 중에 좌석안전띠를 착용할 것인가 여부의 생활관계가 개인의 전체적 인격과 생존에 관계되는 사생활의 기본조건이라거나 자기결정의 핵심적 영역 또는 인격적 핵심과 관련된다고 보기 어려워 더 이상 사생활영역의 문제가 아니므로, 운전할 때 운전자가 좌석안전띠를 착용할 의무는 청구인의 사생활의 비밀과 자유를 침해하는 것이라 할 수 없다(헌재 2003.10.30. 2002헌마518).

③ (×) 헌법 제10조의 인간의 존엄과 가치, 행복추구권과 헌법 제17조의 사생활의 비밀과 자유에서 도출되는 개인정보자기결정권은 자신에 관한 정보가 언제 누구에게 어느 범위까지 알려지고 또 이용되도록 할 것인지를 정보주체가 스스로 결정할 수 있는 권리이다. 개인정보자기결정권의 보호대상이 되는 개인정보는 개인의 신체, 신념, 사회적 지위, 신분 등과 같이 인격주체성을 특징짓는 사항으로서 개인의 동일성을 식별할 수 있게 하는 일체의 정보를 의미하며, 반드시 개인의 내밀한 영역에 속하는 정보에 국한되지 않고 공적 생활에서 형성되었거나 이미 공개된 개인정보까지도 포함한다(대법원 2016.3.10. 2012다105482).

④ (×) 개인정보자기결정권은 자신에 관한 정보가 언제 누구에게 어느 범위까지 알려지고 또 이용되도록 할 것인지를 그 정보주체가 스스로 결정할 수 있는 권리, 즉 정보주체가 개인정보의 공개와 이용에 관하여 스스로 결정할 권리를 말하는바, 개인의 고유성, 동일성을 나타내는 지문은 그 정보주체를 타인으로부터 식별 가능하게 하는 개인정보이므로, 시장·군수 또는 구청장이 개인의 지문정보를 수집하고, 경찰청장이 이를 보관·전산화하여 범죄수사목적에 이용하는 것은 모두 개인정보자기결정권을 제한하는 것이다(헌재 2005.5.26. 99헌마513).

[2021년 국가 7급] ①

사생활의 비밀과 자유에 대한 설명으로 옳지 않은 것은? (다툼이 있는 경우 헌법재판소 판례에 의함)

① 4급 이상 공무원들까지 대상으로 삼아 모든 질병명을 예외 없이 공개토록 한 것은 사생활의 비밀과 자유에 대한 침해이다.

② 성폭력범죄를 2회 이상 범하여 그 습벽이 인정된 때에 해당하고 성폭력범죄를 다시 범할 위험성이 인정되는 자에 대하여 전자장치 부착을 명할 수 있도록 한 것은 사생활의 비밀과 자유를 침해하는 것이 아니다.

③ 간통죄를 처벌하는 것은 사생활의 비밀과 자유를 침해하는 것으로 헌법에 위배된다.

④ 피보안관찰자에게 자신의 주거지 등 현황을 신고하게 하고, 정당한 이유 없이 신고를 하지 아니한 자를 처벌하는 것은 사생활의 비밀과 자유에 대한 침해이다.

⑤ 금융감독원 4급 이상 직원에 대한 재산등록제도 및 취업제한제도는 사생활의 비밀과 자유를 침해하지 않는다.

① (○) 사건 법률조항이 공적 관심의 정도가 약한 4급 이상의 공무원들까지 대상으로 삼아 모든 질병명을 아무런 예외 없이 공개토록 한 것은 입법목적 실현에 치중한 나머지 사생활 보호의 헌법적 요청을 현저히 무시한 것이고, 이로 인하여 청구인들을 비롯한 해당 공무원들의 헌법 제17조가 보장하는 기본권인 사생활의 비밀과 자유를 침해하는 것이다(헌재 2007.5.31. 2005헌마1139).

② (○) 사건 전자장치부착조항은 성폭력범죄로부터 국민을 보호하고 성폭력범죄자의 재범을 방지하고자 하는 입법목적의 정당성 및 수단의 적절성이 인정되며, 이 사건 전자장차부착조항이 보호하고자 하는 이익에 비해 재범의 위험성이 있는 성폭력범죄자가 입는 불이익이 결코 크다고 할 수 없어 법익의 균형성원칙에 반하지 아니하므로, 이 사건 전자장치부착조항이 과잉금지원칙에 위배하여 피부착자의 사생활의 비밀과 자유, 개인정보자기결정권, 인격권을 침해한다고 볼 수 없다(헌재 2012.12.27. 2011헌바89).

③ (○) 간통죄의 보호법익인 혼인과 가정의 유지는 당사자의 자유로운 의지와 애정에 맡겨야지, 형벌을 통하여 타율적으로 강제될 수 없는 것이며, 현재 간통으로 처벌되는 비율이 매우 낮고, 간통행위에 대한 사회적 비난 역시 상당한 수준으로 낮아져 간통죄는 행위 규제규범으로서 기능을 잃어가고, 형사정책상 일반예방 및 특별예방의 효과를 거두기도 어렵게 되었다. 결국 심판대상조항은 과잉금지원칙에 위배하여 국민의 성적 자기결정권 및 사생활의 비밀과 자유를 침해하는 것으로서 헌법에 위반된다(헌재 2015.2.26. 2009헌바17).

④ (×) 보안관찰해당범죄를 범한 자의 재범의 위험성을 예방하고 건전한 사회복귀를 촉진하는 보안관찰법의 목적 달성 및 보안관찰처분의 실효성 확보를 위하여 신고의무를 부과하는 입법목적의 정당성이 인정되고, 신고할 사항의 내용, 신고사항 작성의 난이도 등에 비추어 피보안관찰자에게 과도한 의무를 부과한다고 볼 수 없으며, 신고의무 위반행위에 대한 형벌이 상대적으로 과중하지 아니한 점을 고려하면 이 사건 처벌조항은 사생활의 비밀과 자유를 침해하지 아니한다(헌재 2015.11.26. 2014헌바475).

⑤ (○) 사건 재산등록 조항은 금융감독 직원의 비리유혹을 억제하고 업무 집행의 투명성 및 청렴성을 확보하기 위한 것으로 입법목적이 정당하고, 금융기관의 업무 및 재산상황에 대한 검사 및 감독과 그에 따른 제재를 업무로 하는 금융감독원의 특성상 소속 직원의 금융기관에 대한 실질적인 영향력 및 비리 개연성이 클 수 있다는 점을 고려할 때 일정 직급 이상의 금융감독원 직원에게 재산등록의무를 부과하는 것은 적절한 수단이다. 또한 이 사건 재산등록 조항에 의하여 제한되는 사생활 영역은 재산관계에 한정됨에 비하여 이를 통해 달성할 수 있는 공익은 금융감독원 업무의 투명성 및 책임성 확보 등으로 중대하므로 법익균형성도 충족하고 있다. 따라서 이 사건 재산등록 조항은 청구인들의 사생활의 비밀과 자유를 침해하지 아니한다. 이 사건 취업제한 조항은 청구인들의 직업선택의 자유를 침해하지 아니한다(헌재 2014.6.26. 2012헌마331). [2018년 국회 8급] ④

사생활의 비밀과 자유에 관한 다음 설명 중 가장 옳지 않은 것은?

① 사생활의 비밀은 국가가 사생활영역을 들여다보는 것에 대한 보호를 제공하는 기본권이다.

② 사생활의 자유란 사회공동체의 일반적인 생활규범의 범위 내에서 사생활을 자유롭게 형성해 나가고 그 설계 및 내용에 대해서 외부로부터의 간섭을 받지 아니할 권리를 말한다.

③ 흡연자들이 자유롭게 흡연할 권리를 흡연권이라고 한다면, 이러한 흡연권은 인간의 존엄과 행복추구권을 규정한 헌법 제10조와 사생활의 자유를 규정한 헌법 제17조에 의하여 뒷받침된다.

④ 자동차를 도로에서 운전하는 중에 좌석안전띠를 착용할 것인가의 여부의 생활관계가 개인의 전체적 인격과 생존에 관계되는 사생활의 기본조건이라거나 자기결정의 핵심적 영역 또는 인격적 핵심과 관련된다고 보기 어려우므로, 운전할 때 운전자가 좌석안전띠를 착용하는 문제는 사생활영역의 문제가 아니어서 사생활의 비밀과 자유에 의하여 보호되는 범주를 벗어난 행위이다.

⑤ 교도소장이 수용자가 없는 상태에서 실시한 교도소 수용자의 거실 및 작업장 검사행위는 과잉금지원칙에 위배하여 교도소 수용자의 사생활의 비밀과 자유를 침해한다고 할 수 있다.

① (○) 헌법 제17조는 모든 국민이 사생활의 비밀과 자유를 침해받지 아니할 권리를 규정하고 있는바, 사생활의 비밀은 국가가 사생활영역을 들여다보는 것에 대한 보호를 제공하는 기본권이며, 사생활의 자유는 국가가 사생활의 자유로운 형성을 방해하거나 금지하는 것에 대한 보호를 의미한다(헌재 2016.11.24. 2014헌바401).

② (○) 사생활의 자유란 사회공동체의 일반적인 생활규범의 범위 내에서 사생활을 자유롭게 형성해 나가고 그 설계 및 내용에 대해서 외부로부터의 간섭을 받지 아니할 권리를 말하는바, 흡연을 하는 행위는 이와 같은 사생활의 영역에 포함된다고 할 것이므로, 흡연권은 헌법 제17조에서 그 헌법적 근거를 찾을 수 있다(헌재 2004.8.26. 2003헌마457).

③ (○) 흡연자들이 자유롭게 흡연할 권리를 흡연권이라고 한다면, 이러한 흡연권은 인간의 존엄과 행복추구권을 규정한 헌법 제10조와 사생활의 자유를 규정한 헌법 제17조에 의하여 뒷받침된다(헌재 2004.8.26. 2003헌마457).

④ (○) 도로는 국가와 지방자치단체가 그 관리책임을 맡고 있는 영역이며, 수많은 다른 운전자 및 보행자 등의 법익 또는 공동체의 이익과 관련된 영역으로, 그 위에서 자동차를 운전하는 행위는 더 이상 개인적인 내밀한 영역에서의 행위가 아니다. 또한 자동차를 도로에서 운전하는 중에 좌석안전띠를 착용할 것인가의 여부의 생활관계가 개인의 전체적 인격과 생존에 관계되는 사생활의 기본조건이라거나 자기결정의 핵심적 영역 또는 인격적 핵심과 관련된다고 보기 어렵다. 그렇다면 운전할 때 운전자가 좌석안전띠를 착용하는 문제는 더 이상 사생활영역의 문제가 아니어서 사생활의 비밀과 자유에 의하여 보호되는 범주를 벗어난 행위라고 볼 것이므로, 이 사건 심판대상조항들은 청구인의 사생활의 비밀과 자유를 침해하는 것이라 할 수 없다(헌재 2003.10.30. 2002헌마518).

⑤ (×) 사건 검사행위는 교도소의 안전과 질서를 유지하고, 수형사의 교화·개신에 지징을 초래할 수 있는 물품을 차단하기 위한 것으로서 그 목적이 정당하고 수단도 적절하며, 검사의 실효성을 확보하기 위한 최소한의 조치로 보이고, 달리 덜 제한적인 대체수단을 찾기 어려운 점 등에 비추어 보면 이 사건 검사행위가 과잉금지원칙에 위배하여 사생활의 비밀 및 자유를 침해하였다고 할 수 없다(헌재 2011.10.25. 2009헌마691).

[2020년 법무사] ⑤

사생활의 자유에 대한 설명으로 옳지 않은 것은? (다툼이 있는 경우 헌법재판소의 판례에 의함)

① 교정시설의 장이 수용자가 범죄의 증거를 인멸하거나 형사 법령에 저촉되는 행위를 할 우려가 있는 때에 교도관으로 하여금 수용자의 접견내용을 청취·기록·녹음 또는 녹화하게 하는 것은 미결수용자의 사생활을 침해한다.

② 형제자매에게 가족관계등록부 등의 기록사항에 관한 증명서 교부청구권을 부여하는 「가족관계의 등록 등에 관한 법률」 조항은 해당 본인의 개인정보자기결정권을 침해한다.
③ 정보통신망을 통해 청소년유해매체물을 제공하는 자에게 이용자의 본인확인의무를 부과하고 있는 「청소년보호법」 조항은 관계자의 개인정보자기결정권을 침해하지 않는다.
④ 독거실 내 CCTV를 설치하여 수형자를 상시적으로 관찰한 것은 사생활의 비밀 및 자유를 침해하였다고는 볼 수 없다.
⑤ '성적목적공공장소침입죄'로 형을 선고받아 확정된 자는 신상정보 등록대상자가 된다고 규정한 「성폭력범죄의 처벌 등에 관한 특례법」 조항은 해당 성범죄의 개인정보자기결정권을 침해하지 않는다.

① (×) 사건 녹음조항은 수용자의 증거인멸의 가능성 및 추가범죄의 발생 가능성을 차단하고, 교정시설 내의 안전과 질서유지를 위한 것으로 목적의 정당성이 인정되며, 수용자는 증거인멸 또는 형사 법령 저촉 행위를 할 경우 쉽게 발각될 수 있다는 점을 예상하여 이를 억제하게 될 것이므로 수단의 적합성도 인정된다. 이 사건 녹음조항은 과잉금지원칙에 위배되어 청구인의 사생활의 비밀과 자유 및 통신의 비밀을 침해하지 아니한다(헌재 2016.11.24. 2014헌바401).
② (○) 본인은 인터넷을 이용하거나 위임을 통해 각종 증명서를 발급받을 수 있으며, 가족관계등록법 제14조 제1항 단서 각 호에서 일정한 경우에는 제3자도 각종 증명서의 교부를 청구할 수 있으므로 형제자매는 이를 통해 각종 증명서를 발급받을 수 있다. 따라서 이 사건 법률조항은 침해의 최소성에 위배된다. 또한 이 사건 법률조항을 통해 달성하려는 공익에 비해 초래되는 기본권 제한의 정도가 중대하므로 법익의 균형성도 인정하기 어려워, 이 사건 법률조항은 청구인의 개인정보자기결정권을 침해한다(헌재 2016.6.30. 2015헌마924).
③ (○) 사건 본인확인 조항은 청소년유해매체물 이용자의 연령을 정확하게 확인함으로써 청소년을 음란·폭력성 등을 지닌 유해매체물로부터 차단·보호하기 위한 것으로 입법목적의 정당성이 인정되고, 따라서 이 사건 본인확인 조항은 과잉금지원칙에 반하여 청구인들의 알 권리 및 개인정보자기결정권을 침해하지 않는다(헌재 2015.3.26. 2013헌마354).
④ (○) 사건 CCTV 계호행위는 청구인의 생명·신체의 안전을 보호하기 위한 것으로서 그 목적이 정당하고, 교도관의 시선에 의한 감시만으로는 자살·자해 등의 교정사고 발생을 막는 데 시간적·공간적 공백이 있으므로 이를 메우기 위하여 CCTV를 설치하여 수형자를 상시적으로 관찰하는 것은 위 목적 달성에 적합한 수단이라 할 것이며, 따라서 이 사건 CCTV 계호행위가 과잉금지원칙을 위배하여 청구인의 사생활의 비밀 및 자유를 침해하였다고는 볼 수 없다(헌재 2011.9.29. 2010헌마413).
⑤ (○) 등록조항은 성범죄자의 재범을 억제하고 효율적인 수사를 위한 것으로 정당한 목적을 달성하기 위한 적합한 수단이다. 신상정보등록제도는 국가기관이 성범죄자의 관리를 목적으로 신상정보를 내부적으로만 보존·관리하는 것으로, 따라서 등록조항은 청구인의 개인정보자기결정권을 침해하지 않는다(헌재 2016.10.27. 2014헌마709).
[2017년 국회 8급] ①

사생활의 비밀과 자유에 대한 설명으로 옳지 않은 것은? (다툼이 있는 경우 헌법재판소 판례에 의함)

① 인터넷언론사의 공개된 게시판·대화방에서 스스로의 의사에 의하여 정당·후보자에 대한 지지·반대의 글을 게시하는 행위는 양심의 자유나 사생활의 비밀의 자유에 의해 보호되는 영역이다.
② 불법감청에 의하여 지득 또는 채록된 전기통신의 내용은 재판 또는 징계절차에서 증거로 사용할 수 없다.
③ 「개인정보보호법」 제2조 제1호는 이 법률의 보호대상인 개인정보의 개념을 살아 있는 개인

에 관한 정보로 한정하고 있다.

④ 보험회사 직원이 보험회사를 상대로 손해배상청구소송을 제기한 교통사고 피해자들의 장해 정도에 관한 증거자료를 수집할 목적으로 피해자들의 일상생활을 촬영한 행위는 불법이다.

⑤ 개인정보자기결정권의 보호대상이 되는 개인정보는 그 개인의 동일성을 식별할 수 있게 하는 일체의 정보로서, 반드시 개인의 내밀한 영역이나 사사(私事)의 영역에 속하는 정보에 국한되지 않고 공적 생활에서 형성되었거나 이미 공개된 개인정보까지 포함한다.

① (×) 인터넷언론사의 공개된 게시판·대화방에서 스스로의 의사에 의하여 정당·후보자에 대한 지지·반대의 글을 게시하는 행위가 양심의 자유나 사생활 비밀의 자유에 의하여 보호되는 영역이라고 할 수 없다(헌재 2010.2.25. 2008헌마324).

② (○) 사건 법률조항이 불법 취득한 타인간의 대화내용을 공개한 자를 처벌함에 있어 형법 제20조(정당행위)의 일반적 위법성조각사유에 관한 규정을 적정하게 해석, 적용함으로써 공개자의 표현의 자유도 적절히 보장될 수 있는 이상, 이 사건 법률조항에 형법상의 명예훼손죄와 같은 위법성조각사유에 관한 특별규정을 두지 아니하였다는 점만으로 기본권 제한의 비례성을 상실하였다고는 볼 수 없다(헌재 2011.8.30. 2009헌바42). 통신비밀보호법 제4조(불법검열에 의한 우편물의 내용과 불법감청에 의한 전기통신 내용의 증거 사용 금지) 제3조(통신 및 대화 비밀의 보호)의 규정에 위반하여, 불법검열에 의하여 취득한 우편물이나 그 내용 및 불법감청에 의하여 지득 또는 채록된 전기통신의 내용은 재판 또는 징계절차에서 증거로 사용할 수 없다.

③ (○) 개인정보보호법 제2조(정의) 이 법에서 사용하는 용어의 뜻은 다음과 같다. 1. 개인정보란 살아 있는 개인에 관한 정보로서 성명, 주민등록번호 및 영상 등을 통하여 개인을 알아볼 수 있는 정보(해당 정보만으로는 특정 개인을 알아볼 수 없더라도 다른 정보와 쉽게 결합하여 알아볼 수 있는 것을 포함한다)를 말한다.

④ (○) 보험회사 직원이 보험회사를 상대로 손해배상청구소송을 제기한 교통사고 피해자들의 장해 정도에 관한 증거자료를 수집할 목적으로 피해자들의 일상생활을 촬영한 행위가 초상권 및 사생활의 비밀과 자유를 침해하는 불법행위에 해당한다(대법원 2006.10.13. 2004다16280).

⑤ (○) 개인정보자기결정권의 보호대상이 되는 개인정보는 개인의 신체, 신념, 사회적 지위, 신분 등과 같이 개인의 인격주체성을 특징짓는 사항으로서 그 개인의 동일성을 식별할 수 있게 하는 일체의 정보라고 할 수 있고, 반드시 개인의 내밀한 영역이나 사사(私事)의 영역에 속하는 정보에 국한되지 않고 공적 생활에서 형성되었거나 이미 공개된 개인정보까지 포함한다. 또한 그러한 개인정보를 대상으로 한 조사·수집·보관·처리·이용 등의 행위는 모두 원칙적으로 개인정보자기결정권에 대한 제한에 해당한다(헌재 2005.5.26. 99헌마513).

[2018년 국회 5급] ①

사생활의 비밀과 자유에 대한 설명으로 옳은 것은? (다툼이 있는 경우 판례에 의함)

① 범죄의 경중·재범의 위험성 여부를 불문하고 모든 신상정보 등록대상자의 등록정보를 20년 동안 보존·관리하도록 한 「성폭력범죄의 처벌 등에 관한 특례법」 관련 규정은 신상정보 등록대상자의 개인정보자기결정권을 침해한다.

② 질병은 병역처분에 있어서 고려되는 본질적 요소이므로 4급 이상 공무원들의 병역 면제사유인 질병명을 관보와 인터넷을 통해 공개하도록 하는 것은 해당 공무원들의 사생활의 비밀과 자유를 침해하지 않는다.

③ (구)「특정 범죄자에 대한 위치추적 전자장치 부착 등에 관한 법률」에 의하여 성폭력범죄를 2회 이상 범하여 습벽이 인정되고 재범의 위험성이 있는 자에게 검사의 청구에 따라 법원

이 10년의 범위 내에서 위치추적 전자장치를 부착할 수 있도록 하는 것은 피부착자의 사생활의 비밀과 자유 및 개인정보자기결정권을 침해한다.

④ 아동·청소년 대상 성범죄자에 대하여 신상정보 등록 후 1년마다 새로 촬영한 사진을 관할 경찰관서에 제출하도록 하고 이에 위반하는 경우 형벌로 제재를 가하는 것은 기본권의 최소침해성 원칙에 반한다.

① (○) 사건 관리조항이 추구하는 공익이 중요하더라도, 모든 등록대상자에게 20년 동안 신상정보를 등록하게 하고 위 기간 동안 각종 의무를 부과하는 것은 비교적 경미한 등록대상 성범죄를 저지르고 재범의 위험성도 많지 않은 자들에 대해서는 달성되는 공익과 침해되는 사익 사이의 불균형이 발생할 수 있으므로 이 사건 관리조항은 개인정보자기결정권을 침해한다(헌재 2015.7.30. 2014헌마340).

② (×) 사건 법률조항이 공적 관심의 정도가 약한 4급 이상의 공무원들까지 대상으로 삼아 모든 질병명을 아무런 예외 없이 공개토록 한 것은 입법목적 실현에 치중한 나머지 사생활 보호의 헌법적 요청을 현저히 무시한 것이고, 이로 인하여 청구인들을 비롯한 해당 공무원들의 헌법 제17조가 보장하는 기본권인 사생활의 비밀과 자유를 침해하는 것이다(헌재 2007.5.31. 2005헌마1139).

③ (×) 전자장치부착조항은 성폭력범죄의 재범을 방지하고 성폭력범죄로부터 국민을 보호하려는 것으로 그 입법목적이 정당하고, 위치추적에 의한 감시제도가 재범 방지에 매우 효과적임이 실증적으로 확인되고 있어 수단의 적절성도 인정된다. 구체적 사건에서 재범의 위험성에 상응한 적정한 부착기간을 선고하기 위해서는 그 상한을 비교적 높게 설정할 필요가 있고, 전자장치 부착 후 매 3개월마다 재범의 위험성을 심사하여 가해제를 통해 전자장치 부착으로부터 벗어날 수 있으므로 10년이라는 부착기간의 상한 역시 지나치게 길다고 보기 어렵다. 사건 전자장치부착조항은 과잉금지원칙에 위배되지 않는다(헌재 2012.12.27. 2010헌바187).

④ (×) 외모라는 신상정보의 특성에 비추어 보면 변경되는 정보의 보관을 위하여 정기적으로 사진을 제출하게 하는 방법 외에는 다른 대체수단을 찾기 어렵고, 등록의무자에게 매년 새로 촬영된 사진을 제출하게 하는 것이 그리 큰 부담은 아닐 뿐만 아니라, 의무위반 시 제재방법은 입법자에게 재량이 있으며 형벌 부과는 입법재량의 범위 내에 있고 또한 명백히 잘못 되었다고 할 수는 없으며, 법정형 또한 비교적 경미하므로 침해의 최소성 원칙 및 법익균형성원칙에도 위배되지 아니한다. 따라서 이 사건 심판대상조항은 일반적 행동의 자유를 침해하지 아니한다(헌재 2015.7.30. 2014헌바257). [2015년 국가 7급] ①

사생활의 비밀과 자유에 대한 설명으로 옳지 않은 것은? (다툼이 있는 경우 판례에 의함)

① 미결수용자와 변호인 아닌 자와의 접견 시 그 대화내용을 녹음·녹화할 수 있도록 한 것은 미결수용자와의 사생활의 비밀과 자유를 침해한다.

② 금융감독원의 4급 이상 직원에 대하여 「공직자윤리법」상 재산등록의무를 부과하는 것은 금융감독원의 4급 이상 직원의 사생활의 비밀의 자유를 침해하지 않는다.

③ 구치소장이 수용자의 거실에 폐쇄회로 텔레비전을 설치하여 계호한 행위는 수용자의 사생활의 비밀 및 자유를 침해하지 않는다.

④ 4급 이상 공무원들의 병역 면제사유인 질병명을 관보와 인터넷을 통해 공개하도록 하는 것은 해당 공무원들의 사생활의 비밀과 자유를 침해한다.

① (×) 청구인이 나눈 접견내용에 대한 사생활의 비밀로서의 보호가치에 비해 증거인멸의 위험을 방지하고 교정시설 내의 안전과 질서유지에 기여하려는 공익이 크고 중요하다는 점에 비추어 볼 때, 이 사건 접견참여·기록이 청구인의 사생활의 비밀과 자유를 침해하였다고 볼 수 없다(헌재 2014.9.25. 2012헌마523).

② (○) 사건 재산등록 조항은 금융감독원 직원의 비리유혹을 억제하고 업무 집행의 투명성 및 청렴성을 확보하기 위한 것으로 입법목적이 정당하고, 또한 이 사건 재산등록 조항에 의하여 제한되는 사생활 영역은 재산관계에 한정됨에 비하여 이를 통해 달성할 수 있는 공익은 금융감독원 업무의 투명성 및 책임성 확보 등으로 중대하므로 법익균형성도 충족하고 있다. 따라서 이 사건 재산등록조항은 청구인들의 사생활의 비밀과 자유를 침해하지 아니한다(헌재 2014.6.26. 2012헌마331).

③ (○) 사건 CCTV 계호행위는 청구인의 생명·신체의 안전을 보호하기 위한 것으로서 그 목적이 정당하고, 교도관의 시선에 의한 감시만으로는 자살·자해 등의 교정사고 발생을 막는 데 시간적·공간적 공백이 있으므로 이를 메우기 위하여 CCTV를 설치하여 수형자를 상시적으로 관찰하는 것은 위 목적 달성에 적합한 수단이라 할 것이며, 따라서 이 사건 CCTV 계호행위가 과잉금지원칙을 위배하여 청구인의 사생활의 비밀 및 자유를 침해하였다고는 볼 수 없다(헌재 2011.9.29. 2010헌마413).

④ (○) 사건 법률조항이 공적 관심의 정도가 약한 4급 이상의 공무원들까지 대상으로 삼아 모든 질병명을 아무런 예외 없이 공개토록 한 것은 입법목적 실현에 치중한 나머지 사생활 보호의 헌법적 요청을 현저히 무시한 것이고, 이로 인하여 청구인들을 비롯한 해당 공무원들의 헌법 제17조가 보장하는 기본권인 사생활의 비밀과 자유를 침해하는 것이다(헌재 2007.5.31. 2005헌마1139).

[2017년 서울 7급] ①

사생활의 보호를 위한 기본권에 대한 설명으로 옳지 않은 것은? (다툼이 있는 경우 판례에 의함)

① 공직자의 자질·도덕성·청렴성에 관한 사실은 그 내용이 개인적인 사생활에 관한 것이라 할지라도 순수한 사생활의 영역에 있다고 보기 어렵다.

② 구치소장이 미결수용자와 그 배우자 사이의 접견내용을 녹음한 행위는 과잉금지원칙에 위반하여 미결수용자의 사생활의 비밀과 자유를 침해한다.

③ 사생활의 비밀은 국가가 사생활영역을 들여다보는 것에 대한 보호를 제공하는 기본권이며, 사생활의 자유는 국가가 사생활의 자유로운 형성을 방해하거나 금지하는 것에 대한 보호를 의미한다.

④ 통신의 자유를 기본권으로서 보장하는 것은 사적 영역에 속하는 개인 간의 의사소통 사생활의 일부로서 보장하겠다는 취지에서 비롯된 것이다.

① (○) 공직자의 공무집행과 직접적인 관련이 없는 개인적인 사생활에 관한 사실이라도 일정한 경우 공적인 관심 사안에 해당할 수 있다. 공직자의 자질·도덕성·청렴성에 관한 사실은 그 내용이 개인적인 사생활에 관한 것이라 할지라도 순수한 사생활의 영역에 있다고 보기 어렵다(헌재 2013.12.26. 2009헌마747).

② (×) 소장은 미리 접견내용의 녹음 사실 등을 고지하며, 접견기록물의 엄격한 관리를 위한 제도적 장치도 마련되어 있는 점 등을 고려할 때 침해의 최소성 요건도 갖추었고, 이 사건 녹음행위는 미리 고지되어 청구인의 접견내용은 사생활의 비밀로서의 보호가치가 그리 크지 않다고 할 것이므로 법익의 불균형을 인정하기도 어려워, 과잉금지원칙에 위반하여 청구인의 사생활의 비밀과 자유를 침해하였다고 볼 수 없다(헌재 2012.12.27. 2010헌마153).

③ (○) 사생활의 비밀은 국가가 사생활영역을 들여다보는 것에 대한 보호를 제공하는 기본권이며, 사생활의 자유는 국가가 사생활의 자유로운 형성을 방해하거나 금지하는 것에 대한 보호를 의미한다. 구체적으로 사생활의 비밀과 자유가 보호하는 것은 개인의 내밀한 내용의 비밀을 유지할 권리, 개인이 자신의 사생활의 불가침을 보장받을 수 있는 권리, 개인의 양심영역이나 성적 영역과 같은 내밀한 영역에 대한 보호, 인격적인 감정세계의 존중의 권리와 정신적인 내면생활이 침해받지 아니할 권리 등이다(헌재 2003.10.30. 2002헌마518).

④ (○) 통신의 자유를 기본권으로서 보장하는 것은 사적 영역에 속하는 개인간의 의사소통을 사생활의 일부로서 보장하겠다는 취지에서 비롯된 것이다(헌재 2001.3.21. 2000헌바25).

[2017년 국가 7급] ②

다음 설명 중 가장 옳지 않은 것은?

① 사람의 육체적·정신적 상태나 건강에 대한 정보, 성생활에 대한 정보와 같은 것은 인간의 존엄성이나 인격의 내적 핵심을 이루는 요소이다. 따라서 외부세계의 어떤 이해관계에 따라 그에 대한 정보를 수집하고 공표하는 것이 쉽게 허용되어서는 개인의 내밀한 인격과 자기정체성이 유지될 수 없다.

② 헌법 제17조는 "모든 국민은 사생활의 비밀과 자유를 침해받지 아니한다."고 규정하여 사생활의 비밀과 자유를 국민의 기본권의 하나로 보장하고 있다. 헌법 제17조가 보호하고자 하는 기본권은 사생활영역의 자유로운 형성과 비밀유지라고 할 것이다.

③ 헌법 제10조는 개인의 인격권과 행복추구권을 보장하고 있고, 인격권과 행복추구권은 개인의 자기운명결정권을 전제로 한다. 이러한 자기운명결정권에는 성행위 여부 및 그 상대방을 결정할 수 있는 성적 자기결정권이 포함되어 있고, 경제적 대가를 매개로 하여 성행위 여부를 결정할 수 있는 것 또한 성적 자기결정권과 관련되어 있다 볼 것이다.

④ 4급 이상의 공무원의 경우 모든 질병명을 예외 없이 공개토록 하는 것은 입법목적 실현을 위해 필요하기 때문에 해당 공무원들의 헌법 제17조가 보장하는 기본권인 사생활의 비밀과 자유를 침해한다고 보기는 어렵다.

① (○) 사람의 육체적·정신적 상태나 건강에 대한 정보, 성생활에 대한 정보와 같은 것은 인간의 존엄성이나 인격의 내적 핵심을 이루는 요소이다. 따라서 외부세계의 어떤 이해관계에 따라 그에 대한 정보를 수집하고 공표하는 것이 쉽게 허용되어서는 개인의 내밀한 인격과 자기정체성이 유지될 수 없다(헌재 2007.5.31. 2005헌마1139).

② (○) 헌법 제17조는 사생활의 비밀과 자유를 국민의 기본권의 하나로 보장하고 있다. 사생활의 비밀은 국가가 사생활영역을 들여다보는 것에 대한 보호를 제공하는 기본권이며, 사생활의 자유는 국가가 사생활의 자유로운 형성을 방해하거나 금지하는 것에 대한 보호를 의미한다. 구체적으로 사생활의 비밀과 자유가 보호하는 것은 개인의 내밀한 내용의 비밀을 유지할 권리, 개인이 자신의 사생활의 불가침을 보장받을 수 있는 권리, 개인의 양심영역이나 성적 영역과 같은 내밀한 영역에 대한 보호, 인격적인 감정세계의 존중의 권리와 정신적인 내면생활이 침해받지 아니할 권리 등이다. 요컨대 헌법 제17조가 보호하고자 하는 기본권은 사생활영역의 자유로운 형성과 비밀유지라고 할 것이다(헌재 2007.5.31. 2005헌마1139).

③ (○) 헌법 제10조는 개인의 인격권과 행복추구권을 보장하고 있고, 인격권과 행복추구권은 개인의 자기운명결정권을 전제로 한다. 이러한 자기운명결정권에는 성행위 여부 및 그 상대방을 결정할 수 있는 성적 자기결정권이 포함되어 있고, 경제적 대가를 매개로 하여 성행위 여부를 결정할 수 있는 것 또한 성적 자기결정권과 관련되어 있다 볼 것이므로 심판대상조항은 개인의 성적 자기결정권을 제한한다(헌재 2016.3.31. 2013헌가2).

④ (×) 공적 관심의 정도가 약한 4급 이상의 공무원들까지 대상으로 삼아 모든 질병명을 아무런 예외 없이 공개토록 한 것은 입법목적 실현에 치중한 나머지 사생활 보호의 헌법적 요청을 현저히 무시한 것이고, 이로 인하여 청구인들을 비롯한 해당 공무원들의 헌법 제17조가 보장하는 기본권인 사생활의 비밀과 자유를 침해하는 것이다(헌재 2007.5.31. 2005헌마1139). [2023년 법원 9급] ④

다음 중 사생활의 비밀과 자유 또는 개인정보자기결정권을 침해한 것은? (다툼이 있는 경우 판례에 의함)

① A시장이 B경찰서장의 사실조회 요청에 따라 B경찰서장에게 청구인들의 이름, 생년월일, 전화번호, 주소를 제공한 행위

② 공직선거의 후보자등록 신청을 함에 있어 형의 실효 여부와 관계없이 일률적으로 금고 이상의 형의 범죄경력을 제출 공개하도록 한 규정
③ 국민건강보험공단이 2013.12.20. C경찰서장에게 체포영장이 발부된 피의자의 '2010.12.18.부터 2013.12.18.'까지의 상병명, 요양기관명, 요양기관주소, 전화번호 등 요양급여 내용을 제공한 행위
④ 통계청장이 인구주택총조사의 방문 면접조사를 실시하면서, 담당 조사원을 통해 청구인에게 인구주택총조사 조사표의 조사 항목들에 응답할 것을 요구한 행위

① (×) 이름, 생년월일, 주소는 수사의 초기 단계에서 범죄의 피의자를 특정하기 위하여 필요한 가장 기초적인 정보이고, 전화번호는 피의자 등에게 연락을 하기 위하여 필요한 정보이다. 또한 활동지원급여가 제공된 시간을 확인하기 위해서 수급자에 대하여도 조사를 할 필요성을 인정할 수 있다. 이와 같은 점에 더하여, 활동보조인의 부정 수급 관련 범죄의 수사를 가능하게 함으로써 실체적 진실 발견과 국가형벌권의 적정한 행사에 기여하고자 하는 공익은 매우 중대한 것인 점을 고려하면, 이 사건 정보제공행위는 과잉금지원칙에 위배되어 청구인들의 개인정보자기결정권을 침해하였다고 볼 수 없다(헌재 2018.8.30. 2016헌마483).
② (×) 후보자의 실효된 형까지 포함한 금고 이상의 형의 범죄경력을 공개함으로써 국민의 알권리를 충족하고 공정하고 정당한 선거권 행사를 보장하고자 하는 이 사건 법률조항의 입법목적은 정당하며, 이러한 입법목적을 달성하기 위하여는 선거권자가 후보자의 모든 범죄경력을 인지한 후 그 공직적합성을 판단하는 것이 효과적이다. 따라서 이 사건 법률조항은 청구인들의 사생활의 비밀과 자유를 침해한다고 볼 수 없다(헌재 2008.4.24. 2006헌마402).
③ (○) 사건 정보제공행위에 의하여 제공된 청구인의 약 2년 동안의 총 44회 요양급여내역 및 청구인의 약 3년 동안의 총 38회 요양급여내역은 건강에 관한 정보로서 개인정보 보호법 제23조 제1항이 규정한 민감정보에 해당한다. 한편 급여일자와 요양기관명은 피의자의 현재 위치를 곧바로 파악할 수 있는 정보는 아니므로, 이 사건 정보제공행위로 얻을 수 있는 수사상의 이익은 없었거나 미약한 정도였다. 반면 경찰서장에게 제공된 요양기관명에는 전문의의 병원도 포함되어 있어 청구인들의 질병의 종류를 예측할 수 있는 점, 2년 내지 3년 동안의 요양급여정보는 청구인들의 건강 상태에 대한 총체적인 정보를 구성할 수 있는 점 등에 비추어 볼 때, 이 사건 정보제공행위로 인한 청구인들의 개인정보자기결정권에 대한 침해는 매우 중대하다. 그렇다면 이 사건 정보제공행위는 이 사건 정보제공조항 등이 정한 요건을 충족한 것으로 볼 수 없고, 침해의 최소성 및 법익의 균형성에 위배되어 청구인들의 개인정보자기결정권을 침해하였다(헌재 2018.8.30. 2014헌마368).
④ (×) 심판대상행위는 방문 면접을 통해 행정자료로 파악하기 곤란한 항목들을 조사하여 그 결과를 사회 현안에 대한 심층 분석과 각종 정책수립, 통계작성의 기초자료 또는 사회·경제현상의 연구·분석 등에 활용하도록 하고자 한 것이므로 그 목적이 정당하고, 15일이라는 짧은 방문 면접조사 기간 등 현실적 여건을 감안하면 인근 주민을 조사원으로 채용하여 방문 면접조사를 실시한 것은 목적을 달성하기 위한 적정한 수단이 된다. 따라서 심판대상행위가 과잉금지원칙을 위반하여 청구인의 개인정보자기결정권을 침해하였다고 볼 수 없다(헌재 2017.7.27. 2015헌마1094). [2020년 경찰 경정승진] ③

다음 중 사생활의 비밀과 자유에 대한 설명으로 옳지 않은 것은? (다툼이 있는 경우 헌법재판소 판례에 의함)
① 존속상해치사죄를 가중처벌하는 것이 사생활의 자유를 침해하는 것은 아니다.
② 공직선거후보자로 등록하고자 하는 자가 제출하여야 하는 금고 이상의 형의 범죄경력에 실효된 형까지 포함하도록 하는 것은 사생활의 비밀과 자유를 침해한다.
③ 4급 이상 공무원의 병역면제 사유인 질병명 공개는 사생활의 비밀과 자유를 침해한다.
④ 국정감사는 개인의 사생활을 침해하여서는 아니 된다.

⑤ 구치소장이 수용자의 거실에 CCTV를 설치하여 계호한 행위가 수용자의 사생활의 비밀과 자유를 침해하는 것은 아니다.

① (○) 존속상해치사죄와 같은 범죄행위가 헌법상 보호되는 사생활의 영역에 속한다고 볼 수 없을 뿐만 아니라, 이 사건 법률조항의 입법목적이 정당하고 그 형의 가중에 합리적 이유가 있으며 직계존속이 아닌 통상인에 대한 상해치사죄도 형사상 처벌되고 있는 이상, 그 가중처벌에 의하여 가족관계상 비속의 사생활이 왜곡된다거나 존속에 대한 효의 강요나 개인 윤리문제에의 개입 등 외부로부터 부당한 간섭이 있는 것이라고는 말할 수 없으므로, 이 사건 법률조항은 헌법 제17조의 사생활의 자유를 침해하지 아니한다(헌재 2002.3.28. 2000헌바53).

② (×) 후보자의 실효된 형까지 포함한 금고 이상의 형의 범죄경력을 공개함으로써 국민의 알 권리를 충족하고 공정하고 정당한 선거권 행사를 보장하고자 하는 이 사건 법률조항의 입법목적은 정당하며, 이러한 입법목적을 달성하기 위하여는 선거권자가 후보자의 모든 범죄경력을 인지한 후 그 공직 적합성을 판단하는 것이 효과적이다. 따라서 이 사건 법률조항은 청구인들의 사생활의 비밀과 자유를 침해한다고 볼 수 없다(헌재 2008.4.24. 2006헌마402).

③ (○) 심판대상 법률조항이 공적 관심의 정도가 약한 4급 이상의 공무원들까지 대상으로 삼아 모든 질병명을 아무런 예외 없이 공개토록 한 것은 입법목적 실현에 치중한 나머지 사생활 보호의 헌법적 요청을 현저히 무시한 것이고, 이로 인하여 청구인들을 비롯한 해당 공무원들의 헌법 제17조가 보장하는 기본권인 사생활의 비밀과 자유를 침해하는 것이다(헌재 2007.5.31. 2005헌마1139).

④ (○) 국정감사 및 조사에 관한 법률 제8조(감사 또는 조사의 한계) 감사 또는 조사는 개인의 사생활을 침해하거나 계속 중인 재판 또는 수사 중인 사건의 소추에 관여할 목적으로 행사되어서는 아니 된다.

⑤ (○) CCTV 계호행위는 청구인의 생명·신체의 안전을 보호하기 위한 것으로서 그 목적이 정당하고, 교도관의 시선에 의한 감시만으로는 자살·자해 등의 교정사고 발생을 막는 데 시간적·공간적 공백이 있으므로 이를 메우기 위하여 CCTV를 설치하여 수형자를 상시적으로 관찰하는 것은 위 목적 달성에 적합한 수단이라 할 것이며, 따라서 이 사건 CCTV 계호행위가 과잉금지원칙을 위배하여 청구인의 사생활의 비밀 및 자유를 침해하였다고는 볼 수 없다(헌재 2011.9.29. 2010헌마413). [2016년 국회 9급] ②

사생활의 비밀과 자유에 관한 설명으로 옳지 않은 것은? (다툼이 있는 경우 헌법재판소 판례에 의함)

① 우리 헌법에 처음으로 규정된 것은 1980년 제5공화국 헌법에서부터이다.

② 개인정보자기결정권의 보호 대상인 개인정보는 개인의 내밀한 영역이나 사사의 영역에 속하는 정보에 국한되지 않고 공적 생활에서 형성되었거나 이미 공개된 개인정보를 포함한다.

③ 사실적 주장에 관한 언론보도 등으로 인하여 피해를 입은 자는 그 보도내용에 관한 반론보도를 언론사 등에 청구할 수 있다.

④ 운전자가 운전할 때 자동차 좌석안전띠를 착용하는 문제는 더 이상 사생활영역의 문제가 아니어서 사생활의 비밀과 자유에 의하여 보호되는 범주를 벗어난 행위라고 볼 것이다.

⑤ 형제자매에게 가족관계등록부 등의 기록사항에 관한 증명서 교부청구권을 부여하는 「가족관계의 등록 등에 관한 법률」 제14조 제1항 본문 중 '형제자매' 부분은 본인의 권리보호를 위해 형제자매를 교부청구권자로 규정할 필요가 있으므로 개인정보자기결정권을 침해하지 않는다.

① (○) 1980년 제5공화국 제8차 개정헌법에서 사생활의 비밀과 자유를 처음으로 명문화하였다.

② (○) 개인정보자기결정권의 보호대상이 되는 개인정보는 개인의 신체, 신념, 사회적 지위, 신분 등과 같이 개인의 인격주체성을 특징짓는 사항으로서 그 개인의 동일성을 식별할 수 있게 하는 일체의 정보라고 할 수 있고, 반드시 개인의 내밀한 영역이나 사사(私事)의 영역에 속하는 정보에 국한되지 않고 공적 생활에서 형성되었거나 이미 공개된 개인정보까지 포함한다(헌재 2005.7.21. 2003헌마282).

③ (○) 언론중재 및 피해구제 등에 관한 법률 제16조(반론보도청구권) ①사실적 주장에 관한 언론보도 등으로 인하여 피해를 입은 자는 그 보도 내용에 관한 반론보도를 언론사 등에 청구할 수 있다.

④ (○) 자동차를 도로에서 운전하는 중에 좌석안전띠를 착용할 것인가의 여부의 생활관계가 개인의 전체적 인격과 생존에 관계되는 사생활의 기본조건이라거나 자기결정의 핵심적 영역 또는 인격적 핵심과 관련된다고 보기 어렵다. 운전할 때 운전자가 좌석안전띠를 착용하는 문제는 더 이상 사생활영역의 문제가 아니어서 사생활의 비밀과 자유에 의하여 보호되는 범주를 벗어난 행위라고 볼 것이므로, 이 사건 심판대상조항들은 청구인의 사생활의 비밀과 자유를 침해하는 것이라 할 수 없다(헌재 2003.10.30. 2002헌마518).

⑤ (×) 사건 법률조항을 통해 달성하려는 것은 본인과 형제자매의 편익 증진인바, 이러한 공익의 중요성은 그다지 크다고 볼 수 없고, 이를 통해 달성되는 공익 실현의 효과 또한 크지 않다. 반면 이 사건 법률조항으로 말미암아 형제자매가 각종 증명서를 발급받을 수 있도록 함으로써 초래되는 기본권 침해는 중대하다고 볼 수 있으므로 이 사건 법률조항에 대해서는 법익의 균형성을 인정하기 어렵다. 따라서 이 사건 법률조항은 과잉금지원칙을 위반하여 청구인의 개인정보자기결정권을 침해한다(헌재 2016.6.30. 2015헌마924).

[2021년 소방간부] ⑤

개인정보보호에 대한 설명으로 옳지 않은 것은? (다툼이 있는 경우 판례에 의함)

① 개인정보란 살아 있는 개인에 관한 정보로서 성명, 주민등록번호 및 영상 등을 통하여 개인을 알아볼 수 있는 정보(해당 정보만으로는 특정 개인을 알아볼 수 없더라도 다른 정보와 쉽게 결합하여 알아볼 수 있는 것을 포함한다)를 말한다.

② 정보주체는 자신의 개인정보 처리로 인하여 발생한 피해를 신속하고 공정한 절차에 따라 구제받을 권리를 가진다.

③ 개인정보처리자는 정보주체가 필요한 최소한의 정보 외의 개인정보 수집에 동의하지 아니한다는 이유로 정보주체에게 재화 또는 서비스의 제공을 거부하여서는 아니 된다.

④ 국민건강보험공단이 피의자의 급여일자와 요양기관명에 관한 정보를 수사기관에 제공하는 것은, 당해 정보가 개인의 건강에 관한 것이기는 하나 개인의 건강 상태에 관한 막연하고 추상적인 정보에 불과하여 보호의 필요성이 높지 않을 뿐만 아니라, 검거목적에 필요한 최소한의 정보를 제공한 것으로 그의 개인정보자기결정권을 침해하지 아니한다.

① (○) 개인정보보호법 제2조(정의) 제1호에서 개인정보란 살아 있는 개인에 관한 정보로서 성명, 주민등록번호 및 영상 등을 통하여 개인을 알아볼 수 있는 정보(해당 정보만으로는 특정 개인을 알아볼 수 없더라도 다른 정보와 쉽게 결합하여 알아볼 수 있는 것을 포함한다)를 말한다.

② (○) 개인정보보호법 제4조(정보주체의 권리) 정보주체는 자신의 개인정보 처리와 관련하여 다음 각 호의 권리를 가진다. 5. 개인정보의 처리로 인하여 발생한 피해를 신속하고 공정한 절차에 따라 구제받을 권리

③ (○) 개인정보보호법 제16조(개인정보의 수집 제한) ③개인정보처리자는 정보주체가 필요한 최소한의 정보 외의 개인정보 수집에 동의하지 아니한다는 이유로 정보주체에게 재화 또는 서비스의 제공을 거부하여서는 아니 된다.

④ (×) 사건 정보제공행위에 의하여 제공된 청구인의 약 2년 동안의 총 44회 요양급여내역 및 청구인의 약 3년 동안의 총 38회 요양급여내역은 건강에 관한 정보로서 개인정보 보호법 제23조 제1항이 규정한 민감정보에 해당한다. 한편 급여일자와 요양기관명은 피의자의 현재 위치를

곧바로 파악할 수 있는 정보는 아니므로, 이 사건 정보제공행위로 얻을 수 있는 수사상의 이익은 없었거나 미약한 정도였다. 반면 경찰서장에게 제공된 요양기관명에는 전문의의 병원도 포함되어 있어 청구인들의 질병의 종류를 예측할 수 있는 점, 2년 내지 3년 동안의 요양급여정보는 청구인들의 건강 상태에 대한 총체적인 정보를 구성할 수 있는 점 등에 비추어 볼 때, 이 사건 정보제공행위로 인한 청구인들의 개인정보자기결정권에 대한 침해는 매우 중대하다. 그렇다면 이 사건 정보제공행위는 이 사건 정보제공조항 등이 정한 요건을 충족한 것으로 볼 수 없고, 침해의 최소성 및 법익의 균형성에 위배되어 청구인들의 개인정보자기결정권을 침해하였다(헌재 2018.8.30. 2014헌마368).

[2019년 국가 5급] ④

「개인정보 보호법」에 대한 설명으로 옳지 않은 것은?

① 정보주체는 자신의 개인정보에 대하여 열람 및 사본의 발급을 요구할 권리를 가진다.
② 정보주체는 자신의 개인정보의 처리 정지, 정정·삭제 및 파기를 요구할 권리를 가진다.
③ 개인정보처리자란 업무를 목적으로 개인정보파일을 운용하기 위하여 스스로 또는 다른 사람을 통하여 개인정보를 처리하는 공공기관, 법인, 단체를 의미하며, 개인은 개인정보처리자가 될 수 없다.
④ 개인정보처리자는 사상·신념, 노동조합·정당의 가입·탈퇴, 정치적 견해, 건강, 성생활 등에 관한 정보 등을 처리하여서는 아니 된다.
⑤ 「개인정보 보호법」에서는 제한적인 징벌적 손해배상제와 법정손해배상제를 규정하고 있다.

① (○) ② (○) 개인정보 보호법 제4조(정보주체의 권리) 정보주체는 자신의 개인정보 처리와 관련하여 다음 각 호의 권리를 가진다. 1. 개인정보의 처리에 관한 정보를 제공받을 권리, 2. 개인정보의 처리에 관한 동의 여부, 동의 범위 등을 선택하고 결정할 권리, 3. 개인정보의 처리 여부를 확인하고 개인정보에 대하여 열람(사본의 발급을 포함한다. 이하 같다)을 요구할 권리, 4. 개인정보의 처리 정지, 정정·삭제 및 파기를 요구할 권리, 5. 개인정보의 처리로 인하여 발생한 피해를 신속하고 공정한 절차에 따라 구제받을 권리

③ (×) 개인정보보호법 제2조(정의) 이 법에서 사용하는 용어의 뜻은 다음과 같다. 5. 개인정보처리자란 업무를 목적으로 개인정보파일을 운용하기 위하여 스스로 또는 다른 사람을 통하여 개인정보를 처리하는 공공기관, 법인, 단체 및 개인 등을 말한다.

④ (○) 개인정보보호법 제23조(민감정보의 처리 제한) ①개인정보처리자는 사상·신념, 노동조합·정당의 가입·탈퇴, 정치적 견해, 건강, 성생활 등에 관한 정보, 그 밖에 정보주체의 사생활을 현저히 침해할 우려가 있는 개인정보로서 대통령령으로 정하는 정보(이하 "민감정보"라 함)를 처리하여서는 아니 된다. 다만, 다음 각 호의 어느 하나에 해당하는 경우에는 그러하지 아니하다.

⑤ (○) 개인정보보호법 제39조(손해배상 책임) ①정보주체는 개인정보처리자가 이 법을 위반한 행위로 손해를 입으면 개인정보처리자에게 손해배상을 청구할 수 있다. 이 경우 그 개인정보처리자는 고의 또는 과실이 없음을 입증하지 아니하면 책임을 면할 수 없다. ③개인정보처리자의 고의 또는 중대한 과실로 인하여 개인정보가 분실·도난·유출·위조·변조 또는 훼손된 경우로서 정보주체에게 손해가 발생한 때에는 법원은 그 손해액의 3배를 넘지 아니하는 범위에서 손해배상액을 정할 수 있다. 다만, 개인정보처리자가 고의 또는 중대한 과실이 없음을 증명한 경우에는 그러하지 아니하다. 제39조의2(법정손해배상의 청구) ①제39조 제1항에도 불구하고 정보주체는 개인정보처리자의 고의 또는 과실로 인하여 개인정보가 분실·도난·유출·위조·변조 또는 훼손된 경우에는 300만원 이하의 범위에서 상당한 금액을 손해액으로 하여 배상을 청구할 수 있다. 이 경우 해당 개인정보처리자는 고의 또는 과실이 없음을 입증하지 아니하면 책임을 면할 수 없다.

[2019년 국회 9급] ③

개인정보 보호에 대한 설명으로 옳지 않은 것은? (다툼이 있는 경우 판례에 의함)

① 개별 교원의 교원단체 및 노동조합 가입 정보는 「개인정보보호법」 제23조의 노동조합의 가입·탈퇴에 관한 정보로서 민감정보에 해당한다.

② 「개인정보보호법」상 개인정보란 살아 있는 개인 또는 사자(死者)에 관한 정보로서 성명, 주민등록번호 및 영상 등을 통하여 개인을 알아볼 수 있는 정보를 말한다.

③ 통계청장이 인구주택총조사의 방문 면접조사를 실시하면서, 담당 조사원을 통해 조사대상자에게 통계청장이 작성한 인구주택총조사 조사표의 조사항목들에 응답할 것을 요구한 행위는 조사대상자의 개인정보자기결정권을 침해하지 않는다.

④ 통신매체이용음란죄로 유죄판결이 확정된 자는 신상정보등록대상자가 된다고 규정한 「성폭력범죄의 처벌 등에 관한 특례법」 조항은 신상정보등록대상자의 개인정보자기결정권을 침해한다.

① (○) 개인정보보호법 제23조(민감정보의 처리 제한) ①개인정보처리자는 사상·신념, 노동조합·정당의 가입·탈퇴, 정치적 견해, 건강, 성생활 등에 관한 정보, 그 밖에 정보주체의 사생활을 현저히 침해할 우려가 있는 개인정보로서 대통령령으로 정하는 정보(이하 "민감정보"라 함)를 처리하여서는 아니 된다. 다만, 다음 각 호의 어느 하나에 해당하는 경우에는 그러하지 아니하다.

② (×) 개인정보보호법 제2조(정의) 제1호에서 개인정보란 살아 있는 개인에 관한 정보로서 성명, 주민등록번호 및 영상 등을 통하여 개인을 알아볼 수 있는 정보(해당 정보만으로는 특정 개인을 알아볼 수 없더라도 다른 정보와 쉽게 결합하여 알아볼 수 있는 것을 포함한다)를 말한다.

③ (○) 심판대상행위는 방문 면접을 통해 행정자료로 파악하기 곤란한 항목들을 조사하여 그 결과를 사회 현안에 대한 심층 분석과 각종 정책수립, 통계작성의 기초자료 또는 사회·경제현상의 연구·분석 등에 활용하도록 하고자 한 것이므로 그 목적이 정당하고, 15일이라는 짧은 방문 면접조사 기간 등 현실적 여건을 감안하면 인근 주민을 조사원으로 채용하여 방문 면접조사를 실시한 것은 목적을 달성하기 위한 적정한 수단이 된다. 나아가 관련 법령이나 실제 운용상 표본조사 대상 가구의 개인정보 남용을 방지할 수 있는 여러 제도적 장치도 충분히 마련되어 있다. 따라서 심판대상행위가 과잉금지원칙을 위반하여 청구인의 개인정보자기결정권을 침해하였다고 볼 수 없다(헌재 2017.7.27. 2015헌마1094).

④ (○) 통신매체이용음란죄의 구성요건에 해당하는 행위 태양은 행위자의 범의·범행 동기·행위 상대방·행위 횟수 및 방법 등에 따라 매우 다양한 유형이 존재하고, 개별 행위유형에 따라 재범의 위험성 및 신상정보 등록 필요성은 현저히 다르다. 그런데 심판대상조항은 <u>통신매체이용음란죄로 유죄판결이 확정된 사람은 누구나 법관의 판단 등 별도의 절차 없이 필요적으로 신상정보 등록대상자가 되도록 하고 있고, 등록된 이후에는 그 결과를 다툴 방법도 없다.</u> 그렇다면 심판대상조항은 통신매체이용음란죄의 죄질 및 재범의 위험성에 따라 등록대상을 축소하거나, 유죄판결 확정과 별도로 신상정보 등록 여부에 관하여 법관의 판단을 받도록 하는 절차를 두는 등 기본권 침해를 줄일 수 있는 다른 수단을 채택하지 않았다는 점에서 침해의 최소성 원칙에 위배된다. 또한 심판대상조항으로 인하여 비교적 불법성이 경미한 통신매체이용음란죄를 저지르고 재범의 위험성이 인정되지 않는 이들에 대하여는 달성되는 공익과 침해되는 사익 사이에 불균형이 발생할 수 있다는 점에서 법익의 균형성도 인정하기 어렵다. 그렇다면 심판대상조항은 과잉금지원칙을 위반하여 청구인의 개인정보자기결정권을 침해한다(헌재 2016.3.31. 2015헌마688).

[2018년 지방 7급] ②

다음 중 개인정보자기결정권에 관한 설명으로 가장 옳지 않은 것은? (다툼이 있는 경우 판례에 의함)

① 개인정보를 대상으로 한 조사, 수집, 보관, 처리, 이용 등의 행위는 모두 원칙적으로 개인정보자기결정권에 대한 제한에 해당한다.

② 야당 소속 후보자 지지 혹은 정부 비판은 정치적 견해로서 개인의 인격주체성을 특징짓는 개인정보에 해당하지만, 그것이 지지 선언 등의 형식으로 공개적으로 이루어진 것이라면 개인정보자기결정권의 보호범위 내에 속하지 않는다.

③ 개인정보자기결정권의 보호대상이 되는 개인정보는 개인의 인격주체성을 특징짓는 사항으로서 그 개인의 동일성을 식별할 수 있게 하는 정보이다.

④ 개인정보자기결정권은 자기에 관한 정보가 언제 누구에게 어느 범위까지 알려지고 또 이용되도록 할 것인지를 그 정보주체가 스스로 결정할 수 있는 권리이다.

① (○) 개인정보자기결정권은 자신에 관한 정보가 언제 누구에게 어느 범위까지 알려지고 또 이용되도록 할 것인지를 그 정보주체가 스스로 결정할 수 있는 권리로서, 헌법 제10조 제1문에서 도출되는 일반적 인격권 및 헌법 제17조의 사생활의 비밀과 자유에 의하여 보장된다. 개인정보를 대상으로 한 조사·수집·보관·처리·이용 등의 행위는 모두 원칙적으로 개인정보자기결정권에 대한 제한에 해당한다(헌재 2018.8.30. 2016헌마483).

② (×) 정보수집 등 행위는 청구인이 과거 야당 후보를 지지하거나 세월호 참사에 대한 정부의 대응을 비판한 의사표시에 관한 정보를 대상으로 한다. 야당 소속 후보자 지지 혹은 정부 비판은 정치적 견해로서 개인의 인격주체성을 특징짓는 개인정보에 해당하고, 그것이 지지 선언 등의 형식으로 공개적으로 이루어진 것이라고 하더라도 여전히 개인정보자기결정권의 보호범위 내에 속한다. 국가가 개인의 정치적 견해에 관한 정보를 수집·보유·이용하는 등의 행위는 개인정보자기결정권에 대한 중대한 제한이 되므로 이를 위해서는 법령상의 명확한 근거가 필요함에도 그러한 법령상 근거가 존재하지 않으므로 이 사건 정보수집 등 행위는 법률유보원칙을 위반하여 청구인들의 개인정보자기결정권을 침해한다(헌재 2020.12.23. 2017헌마416).

③ (○) 개인정보자기결정권은 자신에 관한 정보가 언제 누구에게 어느 범위까지 알려지고 또 이용되도록 할 것인지를 그 정보주체가 스스로 결정할 수 있는 권리이다. 즉 정보주체가 개인정보의 공개와 이용에 관하여 스스로 결정할 권리를 말한다. 개인정보자기결정권의 보호대상이 되는 개인정보는 개인의 신체, 신념, 사회적 지위, 신분 등과 같이 개인의 인격주체성을 특징짓는 사항으로서 그 개인의 동일성을 식별할 수 있게 하는 일체의 정보라고 할 수 있고, 반드시 개인의 내밀한 영역이나 사사의 영역에 속하는 정보에 국한되지 않고 공적 생활에서 형성되었거나 이미 공개된 개인정보까지 포함한다(헌재 2005.5.26. 99헌마513).

④ (○) 개인정보자기결정권은 자신에 관한 정보가 언제 누구에게 어느 범위까지 알려지고 또 이용되도록 할 것인지를 그 정보주체가 스스로 결정할 수 있는 권리로서, 헌법 제10조 제1문에서 도출되는 일반적 인격권 및 헌법 제17조의 사생활의 비밀과 자유에 의하여 보장된다. 개인정보를 대상으로 한 조사·수집·보관·처리·이용 등의 행위는 모두 원칙적으로 개인정보자기결정권에 대한 제한에 해당한다(헌재 2018.8.30. 2016헌마483).

[2022년 해경간부] ②

성범죄자의 신상정보 등록과 개인정보자기결정권에 대한 설명으로 가장 적절한 것은? (다툼이 있는 경우 헌법재판소 판례에 의함)

① 통신매체이용음란죄로 유죄판결이 확정된 자를 신상정보 등록대상자로 규정한 조항은 청구인의 개인정보자기결정권을 침해하지 않는다.

② 공중밀집장소추행죄로 유죄판결이 확정된 자를 신상정보 등록대상자로 규정한 조항은 청구인의 개인정보자기결정권을 침해한다.

③ 카메라 등 이용촬영죄로 유죄판결이 확정된 자의 신상등록정보를 최초 등록일부터 20년간 법무부장관이 보존·관리하여야 한다고 규정한 조항은 청구인들의 개인정보자기결정권을

침해한다.

④ 강제추행죄로 유죄판결이 확정된 자는 신상정보 등록대상자로서 성명, 주민등록번호 등을 제출하여야 하고, 이 정보가 변경된 경우 그 사유와 변경내용을 제출하여야 한다고 규정한 조항은 청구인의 개인정보자기결정권을 침해한다.

① (×) 통신매체이용음란죄의 구성요건에 해당하는 행위 태양은 행위자의 범의·범행 동기·행위 상대방·행위 횟수 및 방법 등에 따라 매우 다양한 유형이 존재하고, 개별 행위유형에 따라 재범의 위험성 및 신상정보 등록 필요성은 현저히 다르다. 그런데 심판대상조항은 통신매체이용음란죄로 유죄판결이 확정된 사람은 누구나 법관의 판단 등 별도의 절차 없이 필요적으로 신상정보 등록대상자가 되도록 하고 있고, 등록된 이후에는 그 결과를 다툴 방법도 없다. 그렇다면 심판대상조항은 통신매체이용음란죄의 죄질 및 재범의 위험성에 따라 등록대상을 축소하거나, 유죄판결 확정과 별도로 신상정보 등록 여부에 관하여 법관의 판단을 받도록 하는 절차를 두는 등 기본권 침해를 줄일 수 있는 다른 수단을 채택하지 않았다는 점에서 침해의 최소성 원칙에 위배된다. 그렇다면, 심판대상조항은 과잉금지원칙을 위반하여 청구인의 개인정보자기결정권을 침해한다(헌재 2016.3.31. 2015헌마688).

② (×) 사건 법률조항은 성폭력범죄자의 재범을 억제하고 효율적인 수사를 위한 것으로 정당한 목적을 달성하기 위한 적합한 수단이다. 신상정보 등록제도는 국가기관이 성범죄자의 관리를 목적으로 신상정보를 내부적으로만 보존·관리하는 것으로, 성범죄자의 신상정보를 일반에게 공개하는 신상정보 공개 및 고지제도와는 달리 법익침해의 정도가 크지 않다. 따라서 이 사건 법률조항은 청구인의 개인정보자기결정권을 침해하지 아니한다(헌재 2017.12.28. 2016헌마1124).

③ (○) 재범의 위험성은 등록대상 성범죄의 종류, 등록대상자의 특성에 따라 다르게 나타날 수 있고, 입법자는 이에 따라 등록기간을 차등화함으로써 등록대상자의 개인정보자기결정권에 대한 제한을 최소화하는 것이 바람직함에도, 이 사건 관리조항은 모든 등록대상 성범죄자에 대하여 일률적으로 20년의 등록기간을 적용하고 있으며, 이 사건 관리조항에 따라 등록기간이 정해지고 나면, 등록의무를 면하거나 등록기간을 단축하기 위해 심사를 받을 수 있는 여지도 없으므로 지나치게 가혹하다. 그리고 이 사건 관리조항이 추구하는 공익이 중요하더라도, 모든 등록대상자에게 20년 동안 신상정보를 등록하게 하고 위 기간 동안 각종 의무를 부과하는 것은 비교적 경미한 등록대상 성범죄를 저지르고 재범의 위험성도 많지 않은 자들에 대해서는 달성되는 공익과 침해되는 사익 사이의 불균형이 발생할 수 있으므로 이 사건 관리조항은 개인정보자기결정권을 침해한다(헌재 2015.7.30. 2014헌마340).

④ (×) 제출조항은 범죄 수사 및 예방을 위하여 일정한 신상정보를 제출하도록 하는 것으로서, 목적의 정당성 및 수단의 적합성이 인정된다. 제출조항은 복수의 정보를 요구하여 고정적인 거주지가 없거나 이동이 잦은 직업에 종사하는 등록대상자에 대한 수사가 효율적으로 이루어지게 하고, 종교, 질병, 가족관계 등 입법목적과 직접적인 관련성이 인정되지 않는 정보의 제출을 제한하고 있으므로 침해의 최소성이 인정된다. 제출조항으로 인하여 청구인은 일정한 신상정보를 제출해야 하는 불이익을 받게 되나, 이에 비하여 제출조항이 달성하려는 공익이 크다고 보이므로 법익의 균형성도 인정된다. 따라서 제출조항은 청구인의 개인정보자기결정권을 침해하지 않는다(헌재 2016.3.31. 2014헌마457).

[2023년 경찰간부] ③

개인정보자기결정권에 관한 설명으로 옳지 않은 것은? (다툼이 있는 경우 헌법재판소 판례에 의함)

① 정보주체의 배우자나 직계혈족이 정보주체의 위임 없이도 정보주체의 가족관계 상세증명서의 교부 청구를 할 수 있도록 하는 「가족관계의 등록 등에 관한 법률」의 해당 조항은 개인정보자기결정권을 침해하지 않는다.

② 거짓이나 그 밖의 부정한 방법으로 보조금을 교부받거나 보조금을 유용하여 어린이집 운영정지, 폐쇄명령 또는 과징금 처분을 받은 어린이집에 대하여 그 위반사실을 공표하도록 한 구 「영유아보육법」 해당 규정은 과잉금지원칙을 위반하여 개인정보자기결정권을 침해하지

않는다.

③ 보안관찰처분대상자가 교도소 등에서 출소한 후 7일 이내에 출소사실을 신고하도록 정한 구 「보안관찰법」 해당 규정 전문 중 출소 후 신고의무에 관한 부분은 개인정보자기결정권을 침해하지 않는다.

④ 소년에 대한 수사경력자료의 삭제와 보존기간에 대하여 규정하면서 법원에서 불처분결정된 소년부송치 사건에 대하여 규정하지 않은 구 「형의 실효등에 관한 법률」 해당 조항은 개인정보자기결정권을 침해하지 않는다.

⑤ 대통령의 지시로 문화체육관광부장관이 야당 소속 후보를 지지하였거나 정부에 비판적 활동을 한 문화예술인이나 단체를 정부의 문화예술 지원사업에서 배제할 목적으로 개인의 정치적 견해에 관한 정보를 수집·보유·이용한 행위는 개인정보자기결정권을 침해한다.

① (○) 심판대상조항은 정보주체의 배우자나 직계혈족이 스스로의 정당한 법적 이익을 지키기 위하여 정보주체 본인의 위임 없이도 가족관계 상세증명서를 간편하게 발급받을 수 있게 해 주는 것이므로, 상세증명서 추가 기재 자녀의 입장에서 보아도 자신의 개인정보가 공개되는 것을 중대한 불이익이라고 평가하기는 어렵다. 나아가 가족관계 관련 법령은 가족관계증명서 발급 청구에 관한 부당한 목적을 파악하기 위하여 '청구사유기재'라는 나름의 소명절차를 규정하는 점 등을 아울러 고려하면 심판대상조항은 그 입법목적과 그로 인해 제한되는 개인정보자기결정권 사이에 적절한 균형을 달성한 것으로 평가할 수 있다. … 심판대상조항은 과잉금지원칙에 위배되어 청구인의 개인정보자기결정권을 침해하지 아니한다(헌재 2022.11.24. 2021헌마130).

② (○) 어린이집의 투명한 운영을 담보하고 영유아 보호자의 보육기관 선택권을 실질적으로 보장하기 위해서는 보조금을 부정수급하거나 유용한 어린이집의 명단 등을 공표하여야 할 필요성이 있으며, 심판대상조항은 공표대상이나 공표정보, 공표기간 등을 제한적으로 규정하고 공표 전에 의견진술의 기회를 부여하여 공표대상자의 절차적 권리도 보장하고 있다. 나아가 심판대상조항을 통하여 추구하는 영유아의 건강한 성장 도모 및 영유아 보호자들의 보육기관 선택권 보장이라는 공익이 공표대상자의 법 위반사실이 일정기간 외부에 공표되는 불이익보다 크다. 따라서 심판대상조항은 과잉금지원칙을 위반하여 인격권 및 개인정보자기결정권을 침해하지 아니한다(헌재 2022.3.31. 2019헌바520).

③ (○) 대상자에게 출소 후 7일 이내에 거주예정지 관할경찰서장에 대하여 출소사실을 신고하여야 한다는 의무를 부과하고 위반 시 이를 처벌하도록 규정한 법 제6조 제1항 전문 중 후단 부분 및 제27조 제2항 부분은, 우리 헌법이 보안처분을 수용하여 이에 관한 규정을 두고 있고, 법이 대상자의 재범의 위험성을 예방하고 건전한 사회복귀를 촉진하기 위해 보안관찰처분에 대해 규정하고 있는 점 등에 비추어 그 입법목적의 정당성이 인정된다. 따라서 출소후신고조항 및 위반 시 처벌조항은 과잉금지원칙을 위반하여 청구인의 사생활의 비밀과 자유 및 개인정보자기결정권을 침해하지 아니한다(헌재 2021.6.24. 2017헌바479).

④ (×) 이 사건 구법 조항이 법원에서 불처분결정된 소년부송치 사건에 대한 수사경력자료의 삭제 및 보존기간에 대하여 규정하지 아니하여 수사경력자료에 기록된 개인정보가 당사자의 사망 시까지 보존되면서 이용되는 것은 당사자의 개인정보자기결정권에 대한 제한에 해당하는바, 이 사건 구법 조항이 과잉금지원칙을 위반하여 개인정보자기결정권을 침해하는지 여부가 문제된다. 따라서 법원에서 불처분결정된 소년부송치 사건에 대한 수사경력자료의 보존기간과 삭제에 대한 규정을 두지 않은 이 사건 구법 조항은 과잉금지원칙을 위반하여 소년부송치 후 불처분결정을 받은 자의 개인정보자기결정권을 침해한다(헌재 2021.6.24. 2018헌가2).

⑤ (○) 사건 정보수집 등 행위의 대상인 정치적 견해에 관한 정보는 공개된 정보라 하더라도 개인의 인격주체성을 특징짓는 것으로, 개인정보자기결정권의 보호 범위 내에 속하며, 국가가 개인의 정치적 견해에 관한 정보를 수집·보유·이용하는 등의 행위는 개인정보자기결정권에 대한 중대한 제한이 되므로 이를 위해서는 법령상의 명확한 근거가 필요함에도 그러한 법령상 근거가 존재하지 않으므로 이 사건 정보수집 등 행위는 법률유보원칙을 위반하여 청구인들의 개인정보자기결정권을 침해한다(헌재 2020.12.23. 2017헌마416).

[2023년 소방간부] ④

개인정보자기결정권에 대한 설명으로 옳지 않은 것은? (다툼이 있는 경우 헌법재판소 판례에 의함)

① 개인정보자기결정권의 보호대상이 되는 개인정보는 반드시 개인의 내밀한 영역이나 사사(私事)의 영역에 속하는 정보에 국한되지 않고 공적 생활에서 형성되었거나 이미 공개된 개인정보까지 포함한다.

② 법무부장관은 변호사시험 합격자가 결정되면 즉시 명단을 공고하여야 한다고 규정한 것은 과잉금지원칙에 위배되어 변호사시험 응시자의 개인정보자기결정권을 침해한다고 볼 수 없다.

③ 보안관찰처분대상자가 교도소 등에서 출소한 후 기존에 신고한 거주예정지 등 정보에 변동이 생길 때마다 7일 이내에 이를 신고하도록 정한 법률조항은, 대상자에게 보안관찰처분의 개시 여부를 결정하기 위함이라는 공익을 위하여 지나치게 장기간 형사처벌의 부담이 있는 신고의무를 지도록 하므로, 이는 과잉금지원칙을 위반하여 대상자의 개인정보자기결정권을 침해한다.

④ 소년에 대한 수사경력자료의 삭제와 보존기간에 대하여 규정하면서 법원에서 불처분결정된 소년부송치 사건에 대하여 규정하지 않은 것은 과잉금지원칙을 위반하여 소년부송치 후 불처분결정을 받은 자의 개인정보자기결정권을 침해한다.

⑤ 보안관찰처분대상자가 교도소 등에서 출소한 후 7일 이내에 출소사실을 신고하도록 하고 이를 위반할 경우 처벌하도록 정한 법률조항은, 보다 완화된 방법으로도 입법목적을 충분히 달성할 수 있다는 점에서 과잉금지원칙에 반하여 그 대상자의 개인정보자기결정권을 침해하는 것이다.

① (○) 개인정보자기결정권의 보호대상이 되는 개인정보는 개인의 신체, 신념, 사회적 지위, 신분 등과 같이 개인의 인격주체성을 특징짓는 사항으로서 그 개인의 동일성을 식별할 수 있게 하는 일체의 정보라고 할 수 있고, 반드시 개인의 내밀한 영역이나 사사의 영역에 속하는 정보에 국한되지 않고 공적 생활에서 형성되었거나 이미 공개된 개인정보까지 포함한다(헌재 2005.7.21. 2003헌마282).

② (○) 심판대상조항의 입법목적은 공공성을 지닌 전문직인 변호사에 관한 정보를 널리 공개하여 법률서비스 수요자가 필요한 정보를 얻는 데 도움을 주고, 변호사시험 관리 업무의 공정성과 투명성을 간접적으로 담보하는 데 있다. 따라서 심판대상조항이 과잉금지원칙에 위배되어 청구인들의 개인정보자기결정권을 침해한다고 볼 수 없다(헌재 2020.3.26. 2018헌마77).

③ (○) 보안관찰 해당범죄로 인한 형의 집행을 마치고 출소하여 이미 과거 범죄에 대한 대가를 치른 대상자에게 보안관찰처분의 개시 여부를 결정하기 위함이라는 공익을 위하여 재범의 위험성과 무관하게 무기한으로 과도한 범위의 신고의무를 부과하고 위반 시 피보안관찰자와 동일한 형으로 형사처벌하는 것은, 달성하고자 하는 공익에 비하여 그들의 기본권을 과도하게 제한하여 법익의 균형성에도 위반된다. 따라서 변동신고조항 및 위반 시 처벌조항은 과잉금지원칙을 위반하여 청구인의 사생활의 비밀과 자유 및 개인정보자기결정권을 침해한다(헌재 2021.6.24. 2017헌바479).

④ (○) 사건 구법 조항이 추구하는 공익에 비해 법원에서 불처분결정된 소년부송치 사건의 수사경력자료가 삭제되지 않고 당사자의 사망 시까지 보존됨으로 인하여 당사자가 입게 되는 불이익이 더 크다. 법원에서 불처분결정된 소년부송치 사건에 대한 수사경력자료의 보존기간과 삭제에 대한 규정을 두지 않은 이 사건 구법 조항은 과잉금지원칙을 위반하여 소년부송치 후 불처분결정을 받은 자의 개인정보자기결정권을 침해한다(헌재 2021.6.24. 2018헌가2).

⑤ (×) 대상자에게 출소 후 7일 이내에 거주예정지 관할경찰서장에 대하여 출소사실을 신고하여야 한다는 의무를 부과하고 위반 시 이를 처벌하도록 규정한 법 제6조 제1항 전문 중 후단 부분 및 제27조 제2항 부분은, 우리 헌법이 보안처분을 수용하여 이에 관한 규정을

두고 있고, 법이 대상자의 재범의 위험성을 예방하고 건전한 사회복귀를 촉진하기 위해 보안관찰처분에 대해 규정하고 있는 점 등에 비추어 그 입법목적의 정당성이 인정된다. 따라서 출소후신고조항 및 위반 시 처벌조항은 과잉금지원칙을 위반하여 청구인의 사생활의 비밀과 자유 및 개인정보자기결정권을 침해하지 아니한다(헌재 2021.6.24. 2017헌바479). [2022년 국회 8급] ⑤

개인정보자기결정권에 대한 설명으로 가장 적절하지 않은 것은? (다툼이 있는 경우 헌법재판소 판례에 의함)

① 가정폭력 가해자에 대한 별도의 제한 없이 직계혈족이기만 하면 그 자녀의 가족관계증명서 및 기본증명서의 교부를 청구하여 발급받을 수 있도록 한 「가족관계의 등록 등에 관한 법률」 조항은 가정폭력 피해자인 청구인의 개인정보자기결정권을 침해한다.

② 보안관찰처분대상자가 교도소 등에서 출소 후 신고한 거주예정지 등 정보에 변동이 생길 때마다 7일 이내 이를 신고하도록 규정한 「보안관찰법」상 변동신고조항 및 위반 시 처벌조항은 청구인의 개인정보자기결정권을 침해하지 않는다.

③ 카메라등이용촬영죄 유죄판결이 확정된 자를 신상정보 등록대상자로 규정하는 「성폭력범죄의 처벌 등에 관한 특례법」상 등록대상자조항은 청구인의 개인정보자기결정권을 침해하지 않는다.

④ 소년에 대한 수사경력자료의 삭제 및 보존기간에 대해 규정하면서 법원에서 불처분결정된 소년부송치 사건에 대해서는 규정하지 않은 구 「형의 실효 등에 관한 법률」 조항은 소년부송치 후 불처분결정을 받은 자의 개인정보자기결정권을 침해한다.

① (○) 사건 법률조항은 가정폭력 가해자에 대한 별도의 제한 없이 직계혈족이기만 하면 사실상 자유롭게 그 자녀의 가족관계증명서와 기본증명서의 교부를 청구하여 발급받을 수 있도록 함으로써, 그로 인하여 가정폭력 피해자인 청구인의 개인정보가 가정폭력 가해자인 전 배우자에게 무단으로 유출될 수 있는 가능성을 열어놓고 있다. 따라서 과잉금지원칙에 위배되어 청구인의 개인정보자기결정권을 침해한다(헌재 2020.8.28. 2018헌마927).

② (×) 보안관찰해당범죄로 인한 형의 집행을 마치고 출소하여 이미 과거 범죄에 대한 대가를 치른 대상자에게 보안관찰처분의 개시 여부를 결정하기 위함이라는 공익을 위하여 재범의 위험성과 무관하게 무기한으로 과도한 범위의 신고의무를 부과하고 위반 시 피보안관찰자와 동일한 형으로 형사처벌하는 것은, 달성하고자 하는 공익에 비하여 그들의 기본권을 과도하게 제한하여 법익의 균형성에도 위반된다. 따라서 변동신고조항 및 위반 시 처벌조항은 과잉금지원칙을 위반하여 청구인의 사생활의 비밀과 자유 및 개인정보자기결정권을 침해한다(헌재 2021.6.24. 2017헌바479).

③ (○) 심판대상조항은 공중밀집장소추행죄로 유죄판결이 확정되면 이들을 모두 등록대상자가 되도록 함으로써 그 관리의 기초를 마련하기 위한 것이다. 그러므로 관리의 기초가 되는 등록대상 여부를 결정함에 있어 대상 성범죄로 인한 유죄판결 이외에 반드시 재범의 위험성을 고려해야 한다고 보기는 어렵다. 더욱이 현재 사용되는 재범의 위험성 평가 도구로는 성범죄자의 재범 가능성 여부를 완벽하게 예측할 수 없고, 이와 같은 오류의 가능성을 배제하기 어려운 상황에서는 일정한 성폭력범죄자를 일률적으로 등록대상자가 되도록 하는 것이 불가피한 측면도 있다. 심판대상조항은 청구인의 개인정보자기결정권을 침해하였다고 볼 수 없다(헌재 2020.6.25. 2019헌마699).

④ (○) 어떤 범죄가 행해진 후 시간이 흐를수록 수사의 단서로서나 상습성 판단자료, 양형자료로서의 가치는 감소하므로, 모든 소년부송치 사건의 수사경력자료를 해당 사건의 경중이나 결정 이후 경과한 시간 등에 대한 고려 없이 일률적으로 당사자가 사망할 때까지 보존할 필요가 있다고 보기는 어렵고, 불처분결정된 소년부송치 사건의 수사경력자료가 조회 및 회보되는 경우에도 이를 통해 추구하는 실체적 진실발견과 형사사법의 정의 구현이라는 공익에 비해, 당사자가 입을 수 있는 실질적 또는 심리적 불이익과 그로 인한 재사회화 및 사회복귀의 어려움이 더 크다. 따라서 심판대상조항은 과잉금지원칙을 위반하여 소년부송치 후 불처분결정을 받은 자의 개인정보자기결정권을 침해한다

(헌재 2021.6.24. 2018헌가2). [2022년 경찰간부] ②

다음 설명 중 가장 옳지 않은 것은?

① 헌법 제18조로 보장되는 기본권인 통신의 자유란 통신수단을 자유로이 이용하여 의사소통할 권리이다. '통신수단의 자유로운 이용'이라 하더라도 자신의 인적 사항을 누구에게도 밝히지 않는 상태로 통신수단을 이용할 자유, 즉 통신수단의 익명성 보장은 포함된다고 볼 수 없다.

② 개인정보자기결정권은 자신에 관한 정보가 언제 누구에게 어느 범위까지 알려지고 또 이용되도록 할 것인지를 그 정보주체가 스스로 결정할 수 있는 권리로서, 인간의 존엄과 가치, 행복추구권을 규정한 헌법 제10조 제1문에서 도출되는 일반적 인격권 및 헌법 제17조의 사생활의 비밀과 자유에 의하여 보장된다.

③ 개인정보자기결정권의 보호대상이 되는 개인정보는 개인의 신체, 신념, 사회적 지위, 신분 등과 같이 개인의 인격주체성을 특징짓는 사항으로서 그 개인의 동일성을 식별할 수 있게 하는 일체의 정보라고 할 수 있다.

④ 통신제한조치에 대한 법원의 허가는 통신비밀보호법에 근거한 소송절차 이외의 파생적 사항에 관한 법원의 공권적 법률판단으로 헌법재판소법 제68조 제1항에서 헌법소원의 대상에서 제외하고 있는 법원의 재판에 해당하므로, 이에 대한 헌법소원심판청구는 부적법하다.

① (×) 헌법 제18조로 보장되는 기본권인 통신의 자유란 통신수단을 자유로이 이용하여 의사소통할 권리이다. 통신수단의 자유로운 이용에는 자신의 인적 사항을 누구에게도 밝히지 않는 상태로 통신수단을 이용할 자유, 즉 통신수단의 익명성 보장도 포함된다(헌재 2019.9.26. 2017헌마1209).

② (○) 인간의 존엄과 가치, 행복추구권을 규정한 헌법 제10조 제1문에서 도출되는 일반적 인격권 및 헌법 제17조의 사생활의 비밀과 자유에 의하여 보장되는 개인정보자기결정권은 자신에 관한 정보가 언제 누구에게 어느 범위까지 알려지고 또 이용되도록 할 것인지를 그 정보주체가 스스로 결정할 수 있는 권리이다(헌재 2016.2.25. 2013헌마830).

③ (○) 개인정보자기결정권의 보호대상이 되는 개인정보는 개인의 신체, 신념, 사회적 지위, 신분 등과 같이 개인의 인격주체성을 특징짓는 사항으로서 그 개인의 동일성을 식별할 수 있게 하는 일체의 정보라고 할 수 있고, 반드시 개인의 내밀한 영역이나 사사의 영역에 속하는 정보에 국한되지 않으며, 공적 생활에서 형성되었거나 이미 공개된 개인정보까지 포함한다(헌재 2016.2.25. 2013헌마830).

④ (○) 통신제한조치에 대한 법원의 허가는 통신비밀보호법에 근거한 소송절차 이외의 파생적 사항에 관한 법원의 공권적 법률판단으로 헌법재판소법 제68조 제1항에서 헌법소원의 대상에서 제외하고 있는 법원의 재판에 해당하므로, 이에 대한 심판청구는 부적법하다(헌재 2018.8.30. 2016헌마263). [2023년 법원 9급] ①

개인정보자기결정권에 대한 설명으로 옳지 않은 것은? (다툼이 있는 경우 판례에 의함)

① 헌법재판소는 수사를 위하여 필요한 경우 검사 또는 사법경찰관이 전기통신사업자에게 기지국을 이용하여 착·발신한 전화번호 등의 통신사실 확인자료의 제공을 요청할 수 있도록

하는 「통신비밀보호법」 제13조 제1항이 과잉금지원칙에 위반되어 정보주체의 개인정보자기결정권을 침해한다고 판시하였다.

② '각급학교 교원의 교원단체 및 교원노조 가입현황 실명자료'를 인터넷을 통하여 일반 대중에게 공개하는 국회의원의 행위는 해당 교원들의 개인정보자기결정권을 침해한다.

③ 개인정보자기결정권은 자신에 관한 정보가 언제 누구에게 어느 범위까지 알려지고 또 이용되도록 할 것인지를 그 정보주체가 스스로 결정할 수 있는 권리로서, 헌법 제10조 제1문에서 도출되는 일반적 인격권 및 헌법 제17조의 사생활의 비밀과 자유에 의하여 보장된다.

④ 수형인 등이 재범하지 않고 상당 기간을 경과하는 경우에는 재범의 위험성이 그만큼 줄어든다고 할 것임에도 일률적으로 이들 대상자가 사망할 때까지 디엔에이신원확인정보를 보관하는 것은 과잉금지원칙에 위반하여 수형인 등의 개인정보자기결정권을 침해한다.

① (○) 이동전화의 이용과 관련하여 필연적으로 발생하는 통신사실 확인자료는 비록 비내용적 정보이지만 여러 정보의 결합과 분석을 통해 정보주체에 관한 정보를 유추해 낼 수 있는 민감한 정보인 점, 수사기관의 통신사실 확인자료 제공요청에 대해 법원의 허가를 거치도록 규정하고 있으나 수사의 필요성만을 그 요건으로 하고 있어 제대로 된 통제가 이루어지기 어려운 점, 기지국수사의 허용과 관련하여서는 유괴·납치·성폭력범죄 등 강력범죄나 국가안보를 위협하는 각종 범죄와 같이 피의자나 피해자의 통신사실 확인자료가 반드시 필요한 범죄로 그 대상을 한정하는 방안 또는 다른 방법으로는 범죄수사가 어려운 경우(보충성)를 요건으로 추가하는 방안 등을 검토함으로써 수사에 지장을 초래하지 않으면서도 불특정 다수의 기본권을 덜 침해하는 수단이 존재하는 점을 고려할 때, 이 사건 요청조항은 과잉금지원칙에 반하여 청구인의 개인정보자기결정권과 통신의 자유를 침해한다(헌재 2018.6.28. 2012헌마538).

② (○) 국회의원 甲 등이 각급학교 교원의 교원단체 및 교원노조 가입현황 실명 자료를 인터넷을 통하여 공개한 사안에서, 위 정보는 개인정보자기결정권의 보호대상이 되는 개인정보에 해당하므로 이를 일반 대중에게 공개하는 행위는 해당 교원들의 개인정보자기결정권과 전국교직원노동조합의 존속, 유지, 발전에 관한 권리를 침해하는 것이고, 甲 등이 위 정보를 공개한 표현행위로 인하여 얻을 수 있는 법적 이익이 이를 공개하지 않음으로써 보호받을 수 있는 해당 교원 등의 법적 이익에 비하여 우월하다고 할 수 없으므로, 甲 등의 정보 공개행위가 위법하다(대법원 2014.7.24. 2012다49933).

③ (○) 개인정보자기결정권은 자신에 관한 정보가 언제 누구에게 어느 범위까지 알려지고 또 이용되도록 할 것인지를 그 정보주체가 스스로 결정할 수 있는 권리로서, 헌법 제10조 제1문에서 도출되는 일반적 인격권 및 헌법 제17조의 사생활의 비밀과 자유에 의하여 보장된다. 개인정보를 대상으로 한 조사·수집·보관·처리·이용 등의 행위는 모두 원칙적으로 개인정보자기결정권에 대한 제한에 해당한다(헌재 2018.8.30. 2016헌마483).

④ (×) 재범의 위험성이 높은 범죄를 범한 수형인 등은 생존하는 동안 재범의 가능성이 있으므로, 디엔에이신원확인정보를 수형인 등이 사망할 때까지 관리하여 범죄 수사 및 예방에 이바지하고자 하는 이 사건 삭제조항은 입법목적의 정당성과 수단의 적절성이 인정된다. 디엔에이신원확인정보를 범죄수사 등에 이용함으로써 달성할 수 있는 공익의 중요성에 비하여 청구인의 불이익이 크다고 보기 어려워 법익균형성도 갖추었다. 따라서 이 사건 삭제조항이 과도하게 개인정보자기결정권을 침해한다고 볼 수 없다(헌재 2014.8.28. 2011헌마28).

[2021년 국가 5급] ④

개인정보자기결정권에 관한 설명 중 가장 적절하지 않은 것은? (다툼이 있는 경우 판례에 의함)

① 아동·청소년 성매수죄로 유죄가 확정된 자는 신상정보 등록대상자가 되도록 규정한 「성폭력범죄의 처벌 등에 관한 특례법」 제42조 제1항 중 "구 「아동·청소년의 성보호에 관한 법률」 제2조 제2호 가운데 제10조 제1항의 범죄로 유죄판결이 확정된 자는 신상정보 등록대

상자가 된다."는 부분은 청구인의 개인정보자기결정권을 침해하지 않는다.

② 성적목적공공장소침입죄로 형을 선고받아 유죄판결이 확정된 자는 신상정보 등록대상자가 된다고 규정한 「성폭력범죄의 처벌 등에 관한 특례법」 제42조 제1항 중 "제12조의 범죄로 유죄판결이 확정된 자"에 관한 부분은 청구인의 개인정보자기결정권을 침해하지 않는다.

③ 통신매체이용음란죄로 유죄판결이 확정된 자는 신상정보 등록대상자가 된다고 규정한 「성폭력범죄의 처벌 등에 관한 특례법」 제42조 제1항 중 "제13조의 범죄로 유죄판결이 확정된 자는 신상정보 등록대상자가 된다."는 부분은 청구인의 개인정보자기결정권을 침해한다.

④ 가상의 아동·청소년이용음란물배포죄로 유죄판결이 확정된 자는 신상정보 등록대상자가 되도록 규정한 「성폭력범죄의 처벌 등에 관한 특례법」 제42조 제1항 중 구 「아동·청소년의 성보호에 관한 법률」 제8조 제4항의 아동·청소년이용음란물 가운데 "아동·청소년으로 인식될 수 있는 사람이나 표현물이 등장하는 것"에 관한 부분으로 유죄판결이 확정된 자에 관한 부분은 청구인의 개인정보자기결정권을 침해한다.

① (○) 아동·청소년 성매수죄는 그 죄질이 무겁고, 그 행위 태양 및 불법성이 다양하다고 보기 어려우므로, 입법자가 개별 아동·청소년 성매수죄의 행위 태양, 불법성을 구별하지 않은 것이 불필요한 제한이라고 볼 수 없다. 신상정보 등록대상자가 된다고 하여 그 자체로 사회복귀가 저해되거나 전과자라는 사회적 낙인이 찍히는 것은 아니므로 침해되는 사익은 크지 않고, 반면 등록조항을 통해 달성되는 공익은 매우 중요하다. 따라서 등록조항은 청구인의 개인정보자기결정권을 침해하지 않는다(헌재 2016.2.25. 2013헌마830).

② (○) 성적목적공공장소침입죄는 공공화장실 등 일정한 장소를 침입하는 경우에 한하여 성립하므로 등록조항에 따른 등록대상자의 범위는 이에 따라 제한되는바, 등록조항은 침해의 최소성 원칙에 위배되지 않는다. 등록조항으로 인하여 제한되는 사익에 비하여 성범죄의 재범 방지와 사회 방위라는 공익이 크다는 점에서 법익의 균형성도 인정된다. 따라서 등록조항은 청구인의 개인정보자기결정권을 침해하지 않는다(헌재 2016.10.27. 2014헌마709).

③ (○) 통신매체이용음란죄의 구성요건에 해당하는 행위 태양은 행위자의 범의·범행 동기·행위 상대방·행위 횟수 및 방법 등에 따라 매우 다양한 유형이 존재하고, 개별 행위유형에 따라 재범의 위험성 및 신상정보 등록 필요성은 현저히 다르다. 그런데 심판대상조항은 통신매체이용음란죄로 유죄판결이 확정된 사람은 누구나 법관의 판단 등 별도의 절차 없이 필요적으로 신상정보 등록대상자가 되도록 하고 있고, 등록된 이후에는 그 결과를 다툴 방법도 없다. 그렇다면, 심판대상조항은 과잉금지원칙을 위반하여 청구인의 개인정보자기결정권을 침해한다(헌재 2016.3.31. 2015헌마688).

④ (×) 아동·청소년이용음란물배포죄는 아동·청소년이 실제로 등장하는지 여부를 불문하고 아동·청소년의 성에 대한 왜곡된 인식과 비정상적인 태도를 광범위하게 형성하게 할 수 있다는 점에서 죄질이 경미하다고 할 수 없고, 헌법재판소와 대법원은 가상의 아동·청소년이용음란물에 대하여 제한적으로 해석하고 있어 등록조항에 따른 등록대상자의 범위는 이에 따라 제한되므로, 등록조항은 침해의 최소성을 갖추었다. 등록조항으로 인하여 제한되는 사익에 비하여 아동·청소년대상 성범죄 방지 및 사회 방위라는 공익이 더 크므로 법익의 균형성도 인정된다. 따라서 등록조항은 개인정보자기결정권을 침해하지 않는다(헌재 2016.3.31. 2014헌마785). [2022년 경찰공채 3월] ④

개인정보자기결정권에 대한 설명으로 가장 적절하지 않은 것은? (다툼이 있는 경우 판례에 의함)

① 헌법재판소는 개인정보자기결정권을 헌법상의 기본권으로 인정하며, 그 헌법적 근거는 독자적인 기본권으로서 헌법상 명시되지 않은 기본권에 해당한다고 본다.

② 주민등록번호 변경에 관한 규정을 두지 않는 「주민등록법」 관련 조항은 주민등록번호 불법

유출 등을 원인으로 자신의 주민등록번호를 변경하고자 하는 사람들의 개인정보자기결정권을 침해하고 있다.

③ 개인정보자기결정권은 인간의 존엄과 가치, 행복추구권을 규정한 헌법 제10조 제1문의 일반적 인격권 및 헌법 제17조의 사생활의 비밀과 자유에 의하여 도출되고 보장된다.

④ 개인정보자기결정권의 보호대상이 되는 개인정보에는 이미 공개된 개인정보는 포함되지 않는다.

① (○) 개인정보자기결정권의 헌법상 근거로는 헌법 제17조의 사생활의 비밀과 자유, 헌법 제10조 제1문의 인간의 존엄과 가치 및 행복추구권에 근거를 둔 일반적 인격권 또는 위 조문들과 동시에 우리 헌법의 자유민주적 기본질서 규정 또는 국민주권원리와 민주주의원리 등을 고려할 수 있으나, 개인정보자기결정권으로 보호하려는 내용을 위 각 기본권들 및 헌법원리들 중 일부에 완전히 포섭시키는 것은 불가능하다고 할 것이므로, 그 헌법적 근거를 굳이 어느 한두 개에 국한시키는 것은 바람직하지 않은 것으로 보이고, 오히려 개인정보자기결정권은 이들을 이념적 기초로 하는 독자적 기본권으로서 헌법에 명시되지 아니한 기본권이라고 보아야 할 것이다(헌재 2005.5.26. 99헌마513).

② (○) 주민등록번호는 표준식별번호로 기능함으로써 개인정보를 통합하는 연결자로 사용되고 있어, 불법 유출 또는 오·남용될 경우 개인의 사생활뿐만 아니라 생명·신체·재산까지 침해될 소지가 크므로 이를 관리하는 국가는 이러한 사례가 발생하지 않도록 철저히 관리하여야 하고, 이러한 문제가 발생한 경우 그로 인한 피해가 최소화되도록 제도를 정비하고 보완하여야 할 의무가 있다. 그럼에도 불구하고 주민등록번호 유출 또는 오·남용으로 인하여 발생할 수 있는 피해 등에 대한 아무런 고려 없이 주민등록번호 변경을 일체 허용하지 않는 것은 그 자체로 개인정보자기결정권에 대한 과도한 침해가 될 수 있다. 따라서 주민등록번호 변경에 관한 규정을 두고 있지 않은 심판대상조항은 과잉금지원칙에 위배되어 개인정보자기결정권을 침해한다(헌재 2015.12.23. 2013헌바68).

③ (○) 인간의 존엄과 가치, 행복추구권을 규정한 헌법 제10조 제1문에서 도출되는 일반적 인격권 및 헌법 제17조의 사생활의 비밀과 자유에 의하여 보장되는 개인정보자기결정권은 자신에 관한 정보가 언제 누구에게 어느 범위까지 알려지고 또 이용되도록 할 것인지를 그 정보주체가 스스로 결정할 수 있는 권리이다(헌재 2005.7.21. 2003헌마282).

④ (×) 개인정보자기결정권의 보호대상이 되는 개인정보는 개인의 신체, 신념, 사회적 지위, 신분 등과 같이 개인의 인격주체성을 특징짓는 사항으로서 그 개인의 동일성을 식별할 수 있게 하는 일체의 정보라고 할 수 있고, 반드시 개인의 내밀한 영역이나 사사(私事)의 영역에 속하는 정보에 국한되지 않고 공적 생활에서 형성되었거나 이미 공개된 개인정보까지 포함한다(헌재 2005.5.26. 99헌마513).

[2017년 경찰 경정승진] ④

개인정보자기결정권에 대한 설명으로 옳지 않은 것은? (다툼이 있는 경우 판례에 의함)

① 구 「형의 실효 등에 관한 법률」의 해당 조항이 법원에서 불처분결정된 소년부송치 사건에 대한 수사경력자료의 삭제 및 보존기간에 대하여 규정하지 아니하여 수사경력자료에 기록된 개인정보가 당사자의 사망 시까지 보존되면서 이용되는 것은 당사자의 개인정보자기결정권에 대한 제한에 해당한다.

② 선거운동기간 중 모든 익명표현을 사전적·포괄적으로 규율하는 것은 표현의 자유보다 행정편의와 단속편의를 우선함으로써 익명표현의 자유와 개인정보자기결정권 등을 지나치게 제한한다.

③ 야당 소속 후보자 지지 혹은 정부 비판은 정치적 견해로서 개인의 인격주체성을 특징짓는 개인정보에 해당하지만, 그것이 지지 선언 등의 형식으로 공개적으로 이루어진 것이라면

개인정보자기결정권의 보호범위 내에 속하지 않는다.

④ 서울용산경찰서장이 전기통신사업자로부터 위치추적자료를 제공받아 청구인들의 위치를 확인하였거나 확인할 수 있었음에도 불구하고 청구인들의 검거를 위하여 국민건강보험공단으로부터 2년 내지 3년 동안의 요양급여정보를 제공받은 것은 청구인들의 개인정보자기결정권에 대한 중대한 침해에 해당한다.

① (○) 법원에서 불처분결정된 소년부송치 사건에 대한 수사경력자료의 삭제와 보존기간에 대하여 규정하지 않은 구 형의 실효 등에 관한 법률 제8조의2 제1항 및 제3항은 과잉금지원칙을 위반하여 소년부송치 후 불처분결정을 받은 자의 개인정보자기결정권을 침해한다(헌재 2021.6.24. 2018헌가2).

② (○) 선거운동기간 중 정치적 익명표현의 부정적 효과는 익명성 외에도 해당 익명표현의 내용과 함께 정치적 표현행위를 규제하는 관련 제도, 정치적·사회적 상황의 여러 조건들이 아울러 작용하여 발생하므로, 모든 익명표현을 사전적·포괄적으로 규율하는 것은 표현의 자유보다 행정편의와 단속편의를 우선함으로써 익명표현의 자유와 개인정보자기결정권 등을 지나치게 제한한다(헌재 2021.1.28. 2018헌마456).

③ (×) 정치적 견해에 관한 정보는 공개된 정보라 하더라도 개인의 인격주체성을 특징짓는 것으로, 개인정보자기결정권의 보호 범위 내에 속하며, 국가가 개인의 정치적 견해에 관한 정보를 수집·보유·이용하는 등의 행위는 개인정보자기결정권에 대한 중대한 제한이 된다(헌재 2020.12.23. 2017헌마416).

④ (○) 사건 정보제공행위에 의하여 제공된 청구인의 약 2년 동안의 총 44회 요양급여내역 및 청구인의 약 3년 동안의 총 38회 요양급여내역은 건강에 관한 정보로서 개인정보 보호법 제23조 제1항이 규정한 민감정보에 해당한다. 한편 급여일자와 요양기관명은 피의자의 현재 위치를 곧바로 파악할 수 있는 정보는 아니므로, 이 사건 정보제공행위로 얻을 수 있는 수사상의 이익은 없었거나 미약한 정도였다. 반면 경찰서장에게 제공된 요양기관명에는 전문의의 병원도 포함되어 있어 청구인들의 질병의 종류를 예측할 수 있는 점, 2년 내지 3년 동안의 요양급여정보는 청구인들의 건강 상태에 대한 총체적인 정보를 구성할 수 있는 점 등에 비추어 볼 때, 이 사건 정보제공행위로 인한 청구인들의 개인정보자기결정권에 대한 침해는 매우 중대하다. 그렇다면 이 사건 정보제공행위는 이 사건 정보제공조항 등이 정한 요건을 충족한 것으로 볼 수 없고, 침해의 최소성 및 법익의 균형성에 위배되어 청구인들의 개인정보자기결정권을 침해하였다(헌재 2018.8.30. 2014헌마368).

[2021년 국가 7급] ③

개인정보자기결정권에 관한 다음 설명 중 가장 옳지 않은 것은? (다툼이 있는 경우 판례에 의함)

① 형제자매에게 가족관계등록부 등의 기록사항에 관한 증명서 교부청구권을 부여하는 가족관계의 등록 등에 관한 법률 조항은 과잉금지원칙에 반하여 정보주체의 개인정보자기결정권을 침해한다.

② 직계혈족에게 가족관계증명서 및 기본증명서의 교부청구권을 부여하는 가족관계의 등록 등에 관한 법률 조항은 가정폭력 피해자의 개인정보가 가정폭력 가해자인 전 배우자에게 무단으로 유출될 수 있는 가능성을 열어놓고 있으므로 가정폭력 피해자의 개인정보자기결정권을 침해한다.

③ 공개되지 아니한 타인간의 대화를 녹음 또는 청취하여 그 내용을 공개하거나 누설한 자를 처벌하는 통신비밀보호법 조항은 불법 감청·녹음 등으로 생성된 정보를 합법적으로 취득한 자가 이를 공개 또는 누설하는 경우에도 그것이 진실한 사실로서 오로지 공공의 이익을 위한 경우에는 이를 처벌하지 아니한다는 특별한 위법성조각사유를 두지 아니한 이상 통신

을 위반하여 게임물 이용자들의 일반적 행동의 자유와 개인정보자기결정권을 침해하지 않는다.

③ 인터넷언론사가 선거운동기간 중 당해 홈페이지의 게시판 등에 정당·후보자에 대한 지지·반대의 정보를 게시할 수 있도록 하는 경우 실명을 확인받도록 하는 기술적 조치를 하여야 하고 이를 위반한 때에는 과태료를 부과하는 공직선거법 조항이 과잉금지원칙에 위배되어 게시판 이용자의 정치적 익명표현의 자유, 개인정보자기결정권을 침해하지 않는다.

④ 통신매체이용음란죄로 유죄판결이 확정된 자는 신상정보등록대상자가 된다고 규정한 성폭력범죄의 처벌 등에 관한 특례법 조항이 과잉금지원칙에 위배되어 개인정보자기결정권을 침해하지 않는다.

⑤ 성적목적 공공장소 침입죄로 유죄판결이 확정된 자는 신상정보 등록대상자가 된다고 규정한 성폭력범죄의 처벌 등에 관한 특례법 조항이 과잉금지원칙에 위배되어 개인정보자기결정권을 침해하지 않는다.

① (○) 주민등록번호 유출 또는 오·남용으로 인하여 발생할 수 있는 피해 등에 대한 아무런 고려 없이 주민등록번호 변경을 일체 허용하지 않는 것은 그 자체로 개인정보자기결정권에 대한 과도한 침해가 될 수 있다. 비록 국가가 개인정보보호법 등으로 정보보호를 위한 조치를 취하고 있더라도, 여전히 주민등록번호를 처리하거나 수집·이용할 수 있는 경우가 적지 아니하며, 이미 유출되어 발생된 피해에 대해서는 뚜렷한 해결책을 제시해 주지 못하므로, 국민의 개인정보를 충분히 보호하고 있다고 보기 어렵다. 따라서 주민등록번호 변경에 관한 규정을 두고 있지 않은 심판대상조항은 과잉금지원칙에 위배되어 개인정보자기결정권을 침해한다(헌재 2015.12.23. 2013헌바68).

② (○) 본인인증 조항은 인터넷게임에 대한 연령 차별적 규제수단들을 실효적으로 보장하고, 인터넷게임 이용자들이 게임물 이용시간을 자발적으로 제한하도록 유도하여 인터넷게임 과몰입 내지 중독을 예방하고자 하는 것으로 그 입법목적에 정당성이 인정되며, 본인인증절차를 거치도록 하는 것은 이러한 목적 달성을 위한 적절한 수단이다. 게임물 관련사업자와 같은 정보통신서비스 제공자가 인터넷 상에서 본인인증 절차 없이 이용자의 실명이나 연령만을 정확하게 확인하는 것은 사실상 불가능하고, 게임산업법 시행령 제8조의3 제3항이 정하고 있는 방법은 신뢰할 수 있는 제3자를 통해서만 본인인증 절차를 거치도록 하고 정보수집의 범위를 최소화하고 있는 것으로 달리 실명과 연령을 정확하게 확인할 수 있으면서 덜 침익적인 수단을 발견하기 어렵다. 또한 게임물 관련사업자가 본인인증 결과 이외의 정보를 수집하기 위해서는 인터넷게임을 이용하는 사람의 별도의 동의를 받아야 하고, 정보통신망 이용촉진 및 정보보호 등에 관한 법률에서 동의를 얻어 수집된 정보를 보호하기 위한 장치들을 충분히 마련하고 있으며, 회원가입 시 1회 본인인증 절차를 거치도록 하는 것이 이용자들에게 게임의 이용 여부 자체를 진지하게 고려하게 할 정도로 중대한 장벽이나 제한으로 기능한다거나 게임시장의 성장을 방해한다고 보기도 어려우므로 침해의 최소성에도 위배되지 아니하고, 본인인증 조항을 통하여 달성하고자 하는 게임 과몰입 및 중독 방지라는 공익은 매우 중대하므로 법익의 균형성도 갖추었다. 따라서 본인인증 조항은 청구인들의 일반적 행동의 자유 및 개인정보자기결정권을 침해하지 아니한다(헌재 2015.3.26. 2013헌마517).

③ (○) 선거운동기간 중 인터넷언론사 게시판 등을 통한 흑색선전이나 허위사실이 유포될 경우 언론사의 공신력과 지명도에 기초하여 광범위하고 신속한 정보의 왜곡이 일어날 수 있으므로, 실명확인조항은 이러한 인터넷언론사를 통한 정보의 특성과 우리나라 선거문화의 현실 등을 고려하여 입법된 것으로 선거의 공정성 확보를 위한 것이다. 실명확인조항은 실명확인이 필요한 기간을 '선거운동기간 중'으로 한정하고, 그 대상을 인터넷언론사 홈페이지의 게시판·대화방 등에 정당·후보자에 대한 지지·반대의 정보를 게시하는 경우로 제한하고 있는 점, 인터넷 이용자는 실명확인을 받고 정보를 게시할 것인지 여부를 선택할 수 있고 실명확인에 별다른 시간과 비용이 소요되는 것이 아닌 점, 실명확인 후에도 게시자의 개인정보가 노출되지 않고 다만 실명인증 표시만이 나타나는 점 등을 고려하면, 이 사건 법률조항이 과잉금지원칙에 위배되어 게시판 이용자의 정치적 익명표현의 자유, 개인정보자기결정권 및 인터넷언론사의 언론의 자유를 침해한다고 볼 수 없다(헌재 2015.7.30. 2012헌마734).

④ (×) 모든 성범죄자가 신상정보 등록대상이 되어서는 안되고, 신상정보 등록제도의 입법목적에 필요한 범위 내로 제한되어야 한다. 통신매체이용음란죄의 구성요건에 해당하는 행위 태양은 행위자의 범의·범행 동기·행위 상대방·행위 횟수 및 방법 등에 따라 매우 다양한 유형이 존재하고, 개별 행위유형에 따라 재범의 위험성 및 신상정보 등록 필요성은 현저히 다르다. 그런데 심판대상조항은 통신매체이용음란죄로 유죄판결이 확정된 사람은 누구나 법관의 판단 등 별도의 절차 없이 필요적으로 신상정보 등록대상자가 되도록 하고 있고, 등록된 이후에는 그 결과를 다툴 방법도 없다. 그렇다면 심판대상조항은 통신매체이용음란죄의 죄질 및 재범의 위험성에 따라 등록대상을 축소하거나, 유죄판결 확정과 별도로 신상정보 등록 여부에 관하여 법관의 판단을 받도록 하는 절차를 두는 등 기본권 침해를 줄일 수 있는 다른 수단을 채택하지 않았다는 점에서 침해의 최소성 원칙에 위배된다. 또한 심판대상조항으로 인하여 비교적 불법성이 경미한 통신매체이용음란죄를 저지르고 재범의 위험성이 인정되지 않는 이들에 대하여는 달성되는 공익과 침해되는 사익 사이에 불균형이 발생할 수 있다는 점에서 법익의 균형성도 인정하기 어렵다. 그렇다면 심판대상조항은 과잉금지원칙을 위반하여 청구인의 개인정보자기결정권을 침해한다(헌재 2016.3.31. 2015헌마688).

⑤ (○) 등록조항은 성범죄자의 재범을 억제하고 효율적인 수사를 위한 것으로 정당한 목적을 달성하기 위한 적합한 수단이다. 신상정보 등록제도는 국가기관이 성범죄자의 관리를 목적으로 신상정보를 내부적으로만 보존·관리하는 것으로, 성범죄자의 신상정보를 일반에게 공개하는 신상정보 공개·고지제도와는 달리 법익침해의 정도가 크지 않다. 성적목적 공공장소 침입죄는 공공화장실 등 일정한 장소를 침입하는 경우에 한하여 성립하므로 등록조항에 따른 등록대상자의 범위는 이에 따라 제한되는바, 등록조항은 침해의 최소성 원칙에 위배되지 않는다. 등록조항으로 인하여 제한되는 사익에 비하여 성범죄의 재범 방지와 사회 방위라는 공익이 크다는 점에서 법익의 균형성도 인정된다. 따라서 등록조항은 청구인의 개인정보자기결정권을 침해하지 않는다(헌재 2016.10.27. 2014헌마709).

[2019년 법원 5급] ④

개인정보자기결정권에 대한 설명으로 옳은 것을 모두 고른 것은? (다툼이 있는 경우 판례에 의함)

> ㉠ 학교생활세부사항기록부의 '행동특성 및 종합의견'에 학교폭력예방법 제17조에 규정된 가해학생에 대한 조치사항을 입력하고, 이러한 내용을 학생의 졸업과 동시에 삭제하도록 규정한 학교생활기록 작성 및 관리지침이 법률유보원칙에 반하여 개인정보자기결정권을 침해하는 것이라 할 수 없다.
> ㉡ 형제자매에게 가족관계등록부 등의 기록사항에 관한 증명서 교부청구권을 부여하는 가족관계의 등록 등에 관한 법률 조항은 개인정보자기결정권을 침해하지 않는다.
> ㉢ 국민기초생활보장법상의 급여신청자에게 금융거래정보의 제출을 요구할 수 있도록 한 동법 시행규칙은 급여신청자의 개인정보자기결정권을 침해한다.
> ㉣ 게임물 관련사업자에게 게임물 이용자의 회원가입 시 본인인증을 할 수 있는 절차를 마련하도록 하고, 청소년의 회원가입 시 법정대리인의 동의를 확보하도록 하고 있는 게임산업진흥에 관한 법률 조항은 개인정보자기결정권을 제한한다.

① ㉠, ㉡　　② ㉡, ㉢
③ ㉠, ㉣　　④ ㉠, ㉡, ㉢, ㉣

㉠ (○) 사건 기재조항 및 보존조항은 학교폭력 가해학생에 대한 교정 및 선도와 학교폭력 예방을 그 목적으로 하므로, 목적의 정당성 및 수단의 적합성이 인정된다. 학교폭력 관련 조치사항들을 학교생활기록부에 기재하고 보존하는 것은 가해학생을 선도하고 교육할 수 있는 유용한 정보가 되고, 특히 상급학교로의 진학 자료로 사용됨으로써 학생들의 경각심을 고취시켜 학교폭력을 예방하고 재발을 방지하는 가장 효과적인 수단이 된다. 따라서 이 사건 기재조항 및 보존조항은 과잉금지원칙에 위배되어 청구인의 개인정보자기결정권을 침해하지 않는다(헌재 2016.4.28. 2012헌마630).

㉡ (×) 사건 법률조항은 증명서 발급에 있어 형제자매에게 정보주체인 본인과 거의 같은 지위를 부여하고 있으므로, 이는 증명서 교부청구권자의

범위를 필요한 최소한도로 한정한 것이라고 볼 수 없다. 본인은 인터넷을 이용하거나 위임을 통해 각종 증명서를 발급받을 수 있으며, 가족관계등록법 제14조 제1항 단서 각 호에서 일정한 경우에는 제3자도 각종 증명서의 교부를 청구할 수 있으므로 형제자매는 이를 통해 각종 증명서를 발급받을 수 있다. 따라서 이 사건 법률조항은 침해의 최소성에 위배된다. 또한 이 사건 법률조항을 통해 달성하려는 공익에 비해 초래되는 기본권 제한의 정도가 중대하므로 법익의 균형성도 인정하기 어려워, 이 사건 법률조항은 청구인의 개인정보자기결정권을 침해한다(헌재 2016.6.30. 2015헌마924).

ⓒ (×) 국민기초생활보장법 시행규칙 제35조 제1항 제5호는 급여신청자의 수급자격 및 급여액 결정을 객관적이고 공정하게 판정하려는데 그 목적이 있는 것으로 그 정당성이 인정되고, 이를 위해서 금융거래정보를 파악하는 것은 적절한 수단이며 금융기관과의 금융거래정보로 제한된 범위에서 수집되고 조사를 통해 얻은 정보와 자료를 목적 외의 다른 용도로 사용하거나 다른 기관에 제공하는 것이 금지될 뿐만 아니라 이를 어긴 경우 형벌을 부과하고 있으므로 정보주체의 자기결정권을 제한하는데 따른 피해를 최소화하고 있고 위 시행규칙조항으로 인한 정보주체의 불이익보다 추구하는 공익이 더 크므로 개인정보자기결정권을 침해하지 아니한다(헌재 2005.11.24. 2005헌마112).

ⓓ (○) 인터넷게임을 이용하고자 하는 사람들은 본인인증 절차를 거치기 위한 전제로서 공인인증기관이나 본인확인기관에 실명이나 주민등록번호 등의 정보를 제공할 것이 강제되고, 이러한 기관들은 개인정보의 보유 및 이용기간 동안 이러한 정보들을 보유할 수 있으므로(정보통신망법 제29조 제1항 제2호), 본인인증 및 동의확보 조항은 인터넷게임 이용자가 자기의 개인정보에 대한 제공, 이용 및 보관에 관하여 스스로 결정할 권리인 개인정보자기결정권을 제한한다(헌재 2015.3.26. 2013헌마517). [2018년 경찰 경정승진] ③

사생활의 비밀과 자유 내지 개인정보자기결정권에 관한 다음 설명 중 가장 옳은 것은? (다툼이 있는 경우 판례에 의함)

① 교육감이 졸업생 관련 증명업무를 위해 졸업생의 성명, 생년월일 및 졸업일자에 대한 정보를 교육정보시스템에 보유하는 행위는 개인정보보호법제가 완비되지 않은 상황에서 그 보유의 목적과 수단의 적정성을 인정할 수 없어 졸업생의 개인정보자기결정권을 침해한다.
② 개인정보자기결정권은 헌법에 명시된 기본권이다.
③ 사생활의 비밀과 자유가 보호하는 것은 개인의 내밀한 내용의 비밀을 유지할 권리, 개인이 자신의 사생활의 불가침을 보장받을 수 있는 권리, 개인의 양심영역이나 성적 영역과 같은 내밀한 영역에 대한 보호, 인격적인 감정세계의 존중의 권리와 정신적인 내면생활이 침해받지 아니할 권리 등이다.
④ 자동차 안에서 이루어지는 활동은 사생활의 영역에 속한다 할 것이므로, 운전할 때 운전자가 좌석안전띠를 착용하는 문제는 사생활 영역의 문제로서 좌석안전띠의 착용을 강제하는 것이 사생활의 비밀과 자유를 침해하는지 여부에 대하여는 과잉금지원칙에 따른 비례심사를 하여야 한다.

① (×) 개인정보의 종류 및 성격, 수집목적, 이용형태, 정보처리방식 등에 따라 개인정보자기결정권의 제한이 인격권 또는 사생활의 자유에 미치는 영향이나 침해의 정도는 달라지므로 개인정보자기결정권의 제한이 정당한지 여부를 판단함에 있어서는 위와 같은 요소들과 추구하는 공익의 중요성을 헤아려야 하는바, 피청구인들이 졸업증명서 발급업무에 관한 민원인의 편의 도모, 행정효율성의 제고를 위하여 개인의 존엄과 인격권에 심대한 영향을 미칠 수 있는 민감한 정보라고 보기 어려운 성명, 생년월일, 졸업일자 정보만을 NEIS에 보유하고 있는 것은 목적의 달성에 필요한 최소한의 정보만을 보유하는 것이라 할 수 있고, 공공기관의 개인정보보호에 관한 법률에 규정된 개인정보 보호를 위한 법규정들의 적용을 받을 뿐만 아니라 피청구인들이 보유목적을 벗어나 개인정보를 무단 사용하였다는 점을 인정할 만한

자료가 없는 한 NEIS라는 자동화된 전산시스템으로 그 정보를 보유하고 있다는 점만으로 피청구인들의 적법한 보유행위 자체의 정당성마저 부인하기는 어렵다(헌재 2005.7.21. 2003헌마282).

② (×) 개인정보자기결정권의 헌법상 근거로는 헌법 제17조의 사생활의 비밀과 자유, 헌법 제10조 제1문의 인간의 존엄과 가치 및 행복추구권에 근거를 둔 일반적 인격권 또는 위 조문들과 동시에 우리 헌법의 자유민주적 기본질서 규정 또는 국민주권원리와 민주주의원리 등을 고려할 수 있으나, 개인정보자기결정권으로 보호하려는 내용을 위 각 기본권들 및 헌법원리들 중 일부에 완전히 포섭시키는 것은 불가능하다고 할 것이므로, 그 헌법적 근거를 굳이 어느 한두 개에 국한시키는 것은 바람직하지 않은 것으로 보이고, 오히려 개인정보자기결정권은 이들을 이념적 기초로 하는 독자적 기본권으로서 헌법에 명시되지 아니한 기본권이다(헌재 2005.5.26. 99헌마513).

③ (○) 사생활의 비밀은 국가가 사생활영역을 들여다보는 것에 대한 보호를 제공하는 기본권이며, 사생활의 자유는 국가가 사생활의 자유로운 형성을 방해하거나 금지하는 것에 대한 보호를 의미한다. 구체적으로 사생활의 비밀과 자유가 보호하는 것은 개인의 내밀한 내용의 비밀을 유지할 권리, 개인이 자신의 사생활의 불가침을 보장받을 수 있는 권리, 개인의 양심영역이나 성적 영역과 같은 내밀한 영역에 대한 보호, 인격적인 감정세계의 존중의 권리와 정신적인 내면생활이 침해받지 아니할 권리 등이다(헌재 2003.10.30. 2002헌마518).

④ (×) 도로는 국가와 지방자치단체가 그 관리책임을 맡고 있는 영역이며, 수많은 다른 운전자 및 보행자 등의 법익 또는 공동체의 이익과 관련된 영역으로, 그 위에서 자동차를 운전하는 행위는 더 이상 개인적인 내밀한 영역에서의 행위가 아니다. 또한 자동차를 도로에서 운전하는 중에 좌석안전띠를 착용할 것인가의 여부의 생활관계가 개인의 전체적 인격과 생존에 관계되는 사생활의 기본조건이라거나 자기결정의 핵심적 영역 또는 인격적 핵심과 관련된다고 보기 어렵다. 그렇다면 운전할 때 운전자가 좌석안전띠를 착용하는 문제는 더 이상 사생활영역의 문제가 아니어서 사생활의 비밀과 자유에 의하여 보호되는 범주를 벗어난 행위라고 볼 것이므로, 이 사건 심판대상조항들은 청구인의 사생활의 비밀과 자유를 침해하는 것이라 할 수 없다(헌재 2003.10.30. 2002헌마518). [2021년 법원 9급] ③

다음 중 개인정보자기결정권에 대한 설명으로 옳지 않은 것은? (다툼이 있는 경우 헌법재판소 판례에 의함)

① 국회의원이 각급학교 교원의 교원단체 가입현황과 교원노조 가입현황에 관한 실명자료를 인터넷을 통해 공개하는 것은 공익을 위해서 적정한 것으로서 위헌이 아니다.
② 「개인정보 보호법」은 개인정보를 살아 있는 개인에 관한 정보로 한정한다.
③ 보호대상은 개인에 관한 '비밀'정보에만 한정되지 않는다.
④ 개인정보처리자에 대하여 자신의 개인정보 처리를 정지할 것을 요구할 수 있는 권리를 포함한다.
⑤ 「개인정보 보호법」에 의하면 특별한 보호대상이 되는 민감정보에는 정치적 견해나 노동조합에 가입에 관한 정보도 포함된다.

① (×) 국회의원 甲 등이 각급학교 교원의 교원단체 및 교원노조 가입현황 실명자료를 인터넷을 통하여 공개한 사안에서, 위 정보는 개인정보자기결정권의 보호대상이 되는 개인정보에 해당하므로 이를 일반 대중에게 공개하는 행위는 해당 교원들의 개인정보자기결정권과 전국교직원노동조합의 존속·유지·발전에 관한 권리를 침해하는 것이고, 甲 등이 위 정보를 공개한 표현행위로 인하여 얻을 수 있는 법적 이익이 이를 공개하지 않음으로써 보호받을 수 있는 해당 교원 등의 법적 이익에 비하여 우월하다고 할 수 없으므로, 甲 등의 정보 공개행위가 위법하다(대법원 2014.7.24. 2012다49933).

② (○) 개인정보보호법 제2조(정의) 제1호에서 개인정보란 살아 있는 개인에 관한 정보로서 성명, 주민등록번호 및 영상 등을 통하여 개인을 알아볼 수 있는 정보(해당 정보만으로는 특정 개인을 알아볼 수 없더라도 다른 정보와 쉽게 결합하여 알아볼 수 있는 것을 포함한다)를 말한다.

③ (○) 개인정보자기결정권의 보호대상이 되는 개인정보는 개인의 신체, 신념, 사회적 지위, 신분 등과 같이 개인의 인격주체성을 특징짓는 사항으로서 그 개인의 동일성을 식별할 수 있게 하는 일체의 정보라고 할 수 있고, 반드시 개인의 내밀한 영역이나 사사의 영역에 속하는

정보에 국한되지 않고 공적 생활에서 형성되었거나 이미 공개된 개인정보까지 포함한다(헌재 2005.5.26. 99헌마513).
④ (○) 개인정보보호법 제4조(정보주체의 권리) 정보주체는 자신의 개인정보 처리와 관련하여 다음 각 호의 권리를 가진다. 4. 개인정보의 처리 정지, 정정·삭제 및 파기를 요구할 권리
⑤ (○) 개인정보 보호법 제23조(민감정보의 처리 제한) ①개인정보처리자는 사상·신념, 노동조합·정당의 가입·탈퇴, 정치적 견해, 건강, 성생활 등에 관한 정보, 그 밖에 정보주체의 사생활을 현저히 침해할 우려가 있는 개인정보로서 대통령령으로 정하는 정보(이하 "민감정보"라 한다)를 처리하여서는 아니 된다. 다만, 다음 각 호의 어느 하나에 해당하는 경우에는 그러하지 아니하다. [2017년 국회 9급] ①

사생활의 비밀과 자유 또는 개인정보자기결정권에 관한 다음 설명 중 가장 옳지 않은 것은?

① 보안관찰처분대상자가 교도소 등에서 출소한 후 7일 이내에 출소사실을 신고하도록 정한 구 보안관찰법 제6조 제1항 전문 중 출소 후 신고의무에 관한 부분 및 이를 위반할 경우 처벌하도록 정한 보안관찰법 제27조 제2항 중 구 보안관찰법 제6조 제1항 전문 가운데 출소 후 신고의무에 관한 부분은 과잉금지원칙을 위반하여 사생활의 비밀과 자유 및 개인정보자기결정권을 침해하지 않는다.
② '가족관계의 등록 등에 관한 법률' 제14조 제1항 본문 중 '직계혈족이 제15조에 규정된 증명서 가운데 가족관계증명서 및 기본증명서의 교부를 청구'하는 부분이 가정폭력 피해자의 개인정보를 보호하기 위한 구체적 방안을 마련하지 아니하였다고 하더라도 가정폭력 피해자인 청구인의 개인정보자기결정권을 침해하는 것은 아니다.
③ 소년에 대한 수사경력자료의 삭제와 보존기간에 대하여 규정하면서 법원에서 불처분결정된 소년부송치 사건에 대하여 규정하지 않은 구 '형의 실효 등에 관한 법률' 제8조의2 제1항 및 제3항과 '형의 실효 등에 관한 법률' 제8조의2 제1항 및 제3항은 과잉금지원칙에 반하여 개인정보자기결정권을 침해한다.
④ 초상권, 사생활의 비밀과 자유에 대한 부당한 침해는 불법행위를 구성하고 위 침해는 그것이 공개된 장소에서 이루어졌다거나 민사소송의 증거를 수집할 목적으로 이루어졌다는 사유만으로는 정당화되지 않는다.

① (○) 대상자에게 출소 후 7일 이내에 거주예정지 관할경찰서장에 대하여 출소사실을 신고하여야 한다는 의무를 부과하고 위반 시 이를 처벌하도록 규정한 보안관찰법 제6조 제1항 전문 중 후단 부분 및 제27조 제2항 부분은, 우리 헌법이 보안처분을 수용하여 이에 관한 규정을 두고 있고, 법이 대상자의 재범의 위험성을 예방하고 건전한 사회복귀를 촉진하기 위해 보안관찰처분에 대해 규정하고 있는 점 등에 비추어 그 입법목적의 정당성이 인정된다. 따라서 출소후신고조항 및 위반 시 처벌조항은 과잉금지원칙을 위반하여 청구인의 사생활의 비밀과 자유 및 개인정보자기결정권을 침해하지 아니한다(헌재 2021.6.24. 2017헌바479).
② (×) 사건 법률조항은 가정폭력 가해자에 대한 별도의 제한 없이 직계혈족이기만 하면 사실상 자유롭게 그 자녀의 가족관계증명서와 기본증명서의 교부를 청구하여 발급받을 수 있도록 함으로써, 그로 인하여 가정폭력 피해자인 청구인의 개인정보가 가정폭력 가해자인 전 배우자에게 무단으로 유출될 수 있는 가능성을 열어놓고 있다. 따라서 과잉금지원칙에 위배되어 청구인의 개인정보자기결정권을 침해한다(헌재 2020.8.28. 2018헌마927).
③ (○) 법원에서 불처분결정된 소년부송치 사건에 대한 수사경력자료의 삭제 및 보존기간에 대하여 규정하지 아니하여 수사경력자료에 기록된 개인정보가 당사자의 사망 시까지 보존되면서 이용되는 것은 당사자의 개인정보자기결정권에 대한 제한에 해당하는바, 이 사건 구법

조항이 과잉금지원칙을 위반하여 개인정보자기결정권을 침해하는지 여부가 문제된다. 따라서 법원에서 불처분결정된 소년부송치 사건에 대한 수사경력자료의 보존기간과 삭제에 대한 규정을 두지 않은 이 사건 구법 조항은 과잉금지원칙을 위반하여 소년부송치 후 불처분결정을 받은 자의 개인정보자기결정권을 침해한다(헌재 2021.6.24. 2018헌가2).

④ (○) 사람은 누구나 자신의 얼굴 그 밖에 사회통념상 특정인임을 식별할 수 있는 신체적 특징에 관해 함부로 촬영되거나 그림으로 묘사되지 않고 공표되지 않으며 영리적으로 이용되지 않을 권리를 갖는다. 이러한 초상권은 헌법 제10조 제1문에 따라 헌법적으로도 보장되고 있는 권리이다. 또한 헌법 제10조는 헌법 제17조와 함께 사생활의 비밀과 자유를 보장하는데, 개인은 사생활이 침해되거나 사생활이 함부로 공개되지 않을 소극적인 권리뿐만 아니라 고도로 정보화된 현대사회에서 자신에 대한 정보를 자율적으로 통제할 수 있는 적극적인 권리도 가진다. 그러므로 초상권, 사생활의 비밀과 자유에 대한 부당한 침해는 불법행위를 구성하고 위 침해는 그것이 공개된 장소에서 이루어졌다거나 민사소송의 증거를 수집할 목적으로 이루어졌다는 사유만으로는 정당화되지 않는다(대법원 2021.4.29. 2020다227455).

[2023년 법원 9급] ②

사생활의 비밀과 자유 또는 개인정보자기결정권에 대한 설명으로 가장 적절하지 않은 것은? (다툼이 있는 경우 판례에 의함)

① 징벌혐의의 조사를 받고 있는 수용자가 변호인 아닌 자와 접견할 당시 교도관이 참여하여 대화내용을 기록하게 한 행위는 수용자의 사생활의 비밀과 자유를 침해한다.

② 교도소장이 교도소 수용자가 없는 상태에서 실시한 거실 및 작업장 검사행위는 수용자의 사생활의 비밀과 자유를 침해하지 않는다.

③ 형제자매에게 가족관계등록부 등의 기록사항에 관한 증명서 교부청구권을 부여하는 「가족관계의 등록 등에 관한 법률」 조항은 개인정보자기결정권을 침해한다.

④ 통계청장이 인구주택총조사의 방문 면접조사를 실시하면서, 담당 조사원을 통해 청구인에게 인구주택총조사 조사표의 조사항목들에 응답할 것을 요구한 행위는 개인정보자기결정권을 침해하지 않는다.

① (×) 청구인이 나눈 접견내용에 대한 사생활의 비밀로서의 보호가치에 비해 증거인멸의 위험을 방지하고 교정시설 내의 안전과 질서유지에 기여하려는 공익이 크고 중요하다는 점에 비추어 볼 때, 이 사건 접견참여·기록이 청구인의 사생활의 비밀과 자유를 침해하였다고 볼 수 없다(헌재 2014.9.25. 2012헌마523).

② (○) 사건 검사행위는 교도소의 안전과 질서를 유지하고, 수형자의 교화·개선에 지장을 초래할 수 있는 물품을 차단하기 위한 것으로서 그 목적이 정당하고, 수단도 적절하며, 검사의 실효성을 확보하기 위한 최소한의 조치로 보이고, 달리 덜 제한적인 대체수단을 찾기 어려운 점 등에 비추어 보면 이 사건 검사행위가 과잉금지원칙에 위배하여 사생활의 비밀 및 자유를 침해하였다고 할 수 없다(헌재 2011.10.25. 2009헌마691).

③ (○) 사건 법률조항을 통해 달성하려는 것은 본인과 형제자매의 편익 증진인바, 이러한 공익의 중요성은 그다지 크다고 볼 수 없고, 이를 통해 달성되는 공익 실현의 효과 또한 크지 않다. 반면 이 사건 법률조항으로 말미암아 형제자매가 각종 증명서를 발급받을 수 있도록 함으로써 초래되는 기본권 침해는 중대하다고 볼 수 있으므로 이 사건 법률조항에 대해서는 법익의 균형성을 인정하기 어렵다. 따라서 이 사건 법률조항은 과잉금지원칙을 위반하여 청구인의 개인정보자기결정권을 침해한다(헌재 2016.6.30. 2015헌마924).

④ (○) 심판대상행위는 방문 면접을 통해 행정자료로 파악하기 곤란한 항목들을 조사하여 그 결과를 사회 현안에 대한 심층 분석과 각종 정책수립, 통계작성의 기초자료 또는 사회·경제현상의 연구·분석 등에 활용하도록 하고자 한 것이므로 그 목적이 정당하고, 15일이라는 짧은 방문 면접조사 기간 등 현실적 여건을 감안하면 인근 주민을 조사원으로 채용하여 방문 면접조사를 실시한 것은 목적을 달성하기 위한 적정한 수단이 된다. 따라서 심판대상행위가 과잉금지원칙을 위반하여 청구인의 개인정보자기결정권을 침해하였다고 볼 수 없다(헌재

2017.7.27. 2015헌마1094). [2021년 경찰 경정승진] ①

개인정보자기결정권에 대한 설명으로 가장 옳지 않은 것은?

① 개인정보자기결정권의 보호대상이 되는 개인정보는 반드시 개인의 내밀한 영역에 속하는 정보에 국한되지 않고 공적 생활에서 형성되었거나 이미 공개된 개인정보까지 포함한다.

② 「개인정보보호법」 제2조 제1호는 이 법률의 보호대상인 개인정보의 개념을 살아 있는 개인에 관한 정보에 한정하고 있다.

③ 자신의 주민등록표를 열람하거나 그 등·초본을 교부받는 경우에도 소정의 수수료를 부과하도록 하고 있는 규정은 개인정보자기결정권을 침해한다고 볼 수 없다.

④ 개인별로 주민등록번호를 부여하면서 주민등록번호 변경에 관한 규정을 두고 있지 않은 「주민등록법」은 개인정보자기결정권을 침해한다고 볼 수 없다.

① (○) 개인정보자기결정권의 보호대상이 되는 개인정보는 개인의 신체, 신념, 사회적 지위, 신분 등과 같이 개인의 인격주체성을 특징짓는 사항으로서 그 개인의 동일성을 식별할 수 있게 하는 일체의 정보라고 할 수 있고, 반드시 개인의 내밀한 영역이나 사사(私事)의 영역에 속하는 정보에 국한되지 않고 공적 생활에서 형성되었거나 이미 공개된 개인정보까지 포함한다(헌재 2005.5.26. 99헌마513).

② (○) 개인정보보호법 제2조(정의) 제1호에서 개인정보란 살아 있는 개인에 관한 정보로서 성명, 주민등록번호 및 영상 등을 통하여 개인을 알아볼 수 있는 정보(해당 정보만으로는 특정 개인을 알아볼 수 없더라도 다른 정보와 쉽게 결합하여 알아볼 수 있는 것을 포함한다)를 말한다.

③ (○) 주민등록표 열람 및 그 등·초본 교부에 따른 수수료는 특정인의 신원증명 등의 편익을 위하여 행정기관의 인적·물적 시설에 드는 비용을 조달하려는 목적에서 부과되는 것으로서 수수료 부과 자체의 정당성이 인정되고, 소요되는 비용에 비하여 그 수수료 액수가 지나치게 고액이라든가 부당하게 책정되었다고 볼 수 없으므로, 이 사건 심판대상조항으로 인하여 청구인들의 개인정보자기결정권 및 재산권이 침해된다고 할 수 없다(헌재 2013.7.25. 2011헌마364).

④ (×) 주민등록번호 유출 또는 오·남용으로 인하여 발생할 수 있는 피해 등에 대한 아무런 고려 없이 주민등록번호 변경을 일체 허용하지 않는 것은 그 자체로 개인정보자기결정권에 대한 과도한 침해가 될 수 있다. 따라서 주민등록번호 변경에 관한 규정을 두고 있지 않은 심판대상조항은 과잉금지원칙에 위배되어 개인정보자기결정권을 침해한다(헌재 2015.12.23. 2013헌바68). [2016년 서울 7급] ④

개인정보자기결정권에 관한 다음 설명 중 가장 옳지 않은 것은? (다툼이 있는 경우 대법원 판례 및 헌법재판소 결정에 의함)

① 개인정보자기결정권은 자신에 관한 정보가 언제 누구에게 어느 범위까지 알려지고 또 이용되도록 할 것인지를 그 정보주체가 스스로 결정할 수 있는 권리로서, 헌법 제10조 제1문에서 도출되는 일반적 인격권 및 헌법 제17조의 사생활의 비밀과 자유에 의하여 보장된다.

② 개인정보를 대상으로 한 조사·수집·보관·처리·이용 등의 행위는 모두 원칙적으로 개인정보자기결정권에 대한 제한에 해당한다.

③ 직계혈족이기만 하면 아무런 제한 없이 자녀의 가족관계증명서 및 기본증명서의 교부를 청

구하여 발급받을 수 있도록 규정한 가족관계의 등록 등에 관한 법률 제15조 제1항은 과잉금지원칙을 위반하여 자녀의 개인정보자기결정권을 침해한다.

④ 정보주체가 직접 또는 제3자를 통하여 이미 공개한 개인정보라고 하더라도 공개 당시 정보주체가 자신의 개인정보에 대한 수집이나 제3자 제공 등의 처리에 대하여 동의를 하였다고 단정할 수 없으므로, 그 정보를 수집·이용·제공 등 처리하고자 하는 자는 정보주체로부터 별도의 동의를 받아야 한다.

⑤ 법률정보 제공 사이트를 운영하는 회사가 공립대학교 법학과 교수의 사진, 성명, 성별, 출생연도, 직업, 직장, 학력, 경력 등 개인정보를 위 법학과 홈페이지 등을 통해 수집하여 위 사이트 내 법조인 항목에서 유료로 제공한 경우, 위 회사가 영리 목적으로 개인정보를 수집하여 제3자에게 제공하였더라도 그에 의하여 얻을 수 있는 법적 이익이 정보처리를 막음으로써 얻을 수 있는 정보주체의 인격적 법익에 비하여 우월하므로, 개인정보자기결정권을 침해하는 위법한 행위로 평가할 수 없다.

① (○) 개인정보자기결정권은 자신에 관한 정보가 언제 누구에게 어느 범위까지 알려지고 또 이용되도록 할 것인지를 그 정보주체가 스스로 결정할 수 있는 권리로서, 헌법 제10조 제1문에서 도출되는 일반적 인격권 및 헌법 제17조의 사생활의 비밀과 자유에 의하여 보장된다(헌재 2018.8.30. 2014헌마368).

② (○) 개인정보를 대상으로 한 조사·수집·보관·처리·이용 등의 행위는 모두 원칙적으로 개인정보자기결정권에 대한 제한에 해당한다(헌재 2018.8.30. 2014헌마368).

③ (○) 사건 법률조항은 가정폭력 가해자에 대한 별도의 제한 없이 직계혈족이기만 하면 사실상 자유롭게 그 자녀의 가족관계증명서와 기본증명서의 교부를 청구하여 발급받을 수 있도록 함으로써, 그로 인하여 가정폭력 피해자인 청구인의 개인정보가 가정폭력 가해자인 전배우자에게 무단으로 유출될 수 있는 가능성을 열어놓고 있다. 따라서 과잉금지원칙에 위배되어 청구인의 개인정보자기결정권을 침해한다(헌재 2020.8.28. 2018헌마927).

④ (×) 정보주체가 직접 또는 제3자를 통하여 이미 공개한 개인정보는 공개 당시 정보주체가 자신의 개인정보에 대한 수집이나 제3자 제공 등의 처리에 대하여 일정한 범위 내에서 동의를 하였다고 할 것이다. 따라서 이미 공개된 개인정보를 정보주체의 동의가 있었다고 객관적으로 인정되는 범위 내에서 수집·이용·제공 등 처리를 할 때는 정보주체의 별도의 동의는 불필요하다고 보아야 하고, 별도의 동의를 받지 아니하였다고 하여 개인정보보호법 제15조나 제17조를 위반한 것으로 볼 수 없다(대법원 2016.8.17. 2014다235080).

⑤ (○) 법률정보 제공 사이트를 운영하는 A주식회사가 공립대학교 법과대학 법학과 교수로 재직 중인 B의 사진, 성명, 성별, 출생연도, 직업, 직장, 학력, 경력 등의 개인정보를 위 법학과 홈페이지 등을 통해 수집하여 위 사이트 내 '법조인' 항목에서 유료로 제공한 사안에서, A회사가 영리 목적으로 B의 개인정보를 수집하여 제3자에게 제공하였더라도 그에 의하여 얻을 수 있는 법적 이익이 정보처리를 막음으로써 얻을 수 있는 정보주체의 인격적 법익에 비하여 우월하므로, A회사의 행위를 B의 개인정보자기결정권을 침해하는 위법한 행위로 평가할 수 없고, A회사가 B의 개인정보를 수집하여 제3자에게 제공한 행위는 B의 동의가 있었다고 객관적으로 인정되는 범위 내이고, A회사에 영리 목적이 있었다고 하여 달리 볼 수 없으므로, A회사가 B의 별도의 동의를 받지 아니하였다고 하여 개인정보보호법 제15조나 제17조를 위반하였다고 볼 수 없다(대법원 2016.8.17. 2014다235080). [2021년 법무사] ④

개인정보자기결정권에 관한 설명 중 옳지 않은 것은? (다툼이 있는 경우 판례에 의함)

① '혐의 없음' 불기소처분에 관한 사건의 개인정보를 보관하는 것은 재수사에 대비한 기초자료를 보존하여 형사사법의 실체적 진실을 구현하는 한편, 수사력의 낭비를 막고 피의자의

인권을 보호하기 위한 것으로 개인정보자기결정권을 침해한다고 볼 수 없다.

② 형제자매는 언제나 본인과 이해관계를 같이 하는 것은 아닌데도 형제자매가 본인에 대한 친족·상속 등과 관련된 증명서를 편리하게 발급받을 수 있도록 한 것은 입법목적 달성을 위해 필요한 범위를 넘어선 것으로 개인정보자기결정권을 침해한다.

③ 성적 목적 공공장소 침입죄는 침입대상을 공공화장실 등 공공장소로 하여 사실상 장소를 정하지 아니하고 있으며 그에 따라 신상정보 등록대상의 범위도 제한되지 않는바, 위 범죄에 의한 신상정보 등록 조항은 개인정보자기결정권을 침해한다.

④ 강제추행죄로 유죄판결이 확정된 신상정보 등록대상자로 하여금 관할 경찰서의 장에게 신상정보 및 변경정보를 제출하게 하는 것은, 관할 경찰관서의 장이 등록대상자를 대면하는 과정에서 신상정보를 최초로 수집하고 변경 여부를 규칙적으로 확인하는 방법보다 범죄동기의 억제라는 주관적 영향력의 측면에서 더 효과적이라 할 수 있으므로, 침해의 최소성 원칙에 반하지 않는다.

⑤ 이미 정보주체의 의사에 따라 공개된 개인정보를 그의 별도의 동의 없이 영리 목적으로 수집·제공한 경우, 그러한 정보처리 행위로 침해될 수 있는 정보주체의 인격적 법익과 그 행위로 보호받을 수 있는 정보처리자 등의 법적 이익 등을 고려하여 그 최종적인 위법성 여부를 판단하여야 하고, 단지 정보처리자에게 영리 목적이 있었다는 사정만으로 곧바로 정보처리 행위를 위법하다고 할 수는 없다.

① (○) '혐의 없음' 불기소처분에 관한 이 사건 개인정보를 보관하는 것은 재수사에 대비한 기초자료를 보존하여 형사사법의 실체적 진실을 구현하는 한편, 형사사건 처리결과를 쉽게 그리고 명확히 확인하여 수사의 반복을 피함으로써 수사력의 낭비를 막고 피의자의 인권을 보호하기 위한 것으로서 그 목적의 정당성이 충분히 인정되고, 따라서 이 사건 법률조항이 과잉금지의 원칙에 위반하여 청구인의 개인정보자기결정권을 침해한다고 볼 수 없다(헌재 2009.10.29. 2008헌마257).

② (○) 사건 법률조항은 증명서 발급에 있어 형제자매에게 정보주체인 본인과 거의 같은 지위를 부여하고 있으므로, 이는 증명서 교부청구권자의 범위를 필요한 최소한도로 한정한 것이라고 볼 수 없다. 본인은 인터넷을 이용하거나 위임을 통해 각종 증명서를 발급받을 수 있으며, 가족관계등록법 제14조 제1항 단서 각 호에서 일정한 경우에는 제3자도 각종 증명서의 교부를 청구할 수 있으므로 형제자매는 이를 통해 각종 증명서를 발급받을 수 있다. 따라서 이 사건 법률조항은 침해의 최소성에 위배된다. 또한 이 사건 법률조항을 통해 달성하려는 공익에 비해 초래되는 기본권 제한의 정도가 중대하므로 법익의 균형성도 인정하기 어려워, 이 사건 법률조항은 청구인의 개인정보자기결정권을 침해한다(헌재 2016.6.30. 2015헌마924).

③ (×) 등록조항은 성범죄자의 재범을 억제하고 효율적인 수사를 위한 것으로 정당한 목적을 달성하기 위한 적합한 수단이다. 등록조항으로 인하여 제한되는 사익에 비하여 성범죄자의 방지와 사회 방위라는 공익이 크다는 점에서 법익의 균형성도 인정된다. 따라서 등록조항은 청구인의 개인정보자기결정권을 침해하지 않는다(헌재 2016.10.27. 2014헌마709).

④ (○) 심판대상조항이 강제추행죄의 행위태양이나 불법성의 경중을 고려하지 않고 있더라도 이는 본질적으로 성폭력범죄에 해당하는 강제추행죄의 특성을 고려한 것이라고 할 것이므로, 심판대상조항은 침해최소성이 인정된다(헌재 2014.7.24. 2013헌마423).

⑤ (○) 개인정보에 관한 인격권 보호에 의하여 얻을 수 있는 이익과 그 정보처리 행위로 인하여 얻을 수 있는 이익 즉 정보처리자의 알 권리와 이를 기반으로 한 정보수용자의 알 권리 및 표현의 자유, 정보처리자의 영업의 자유, 사회 전체의 경제적 효율성 등의 가치를 구체적으로 비교 형량하여 어느 쪽 이익이 더 우월한 것으로 평가할 수 있는지에 따라 그 정보처리 행위의 최종적인 위법성 여부를 판단하여야 하고, 단지 정보처리자에게 영리 목적이 있었다는 사정만으로 곧바로 그 정보처리 행위를 위법하다고 할 수는 없다(대법원 2016.8.7. 2014다235080).

[2018년 제7회 변호사] ③

개인정보자기결정권에 대한 설명으로 옳지 않은 것은? (다툼이 있는 경우 판례에 의함)

① 가족관계등록부 등의 기록사항에 관한 증명서 교부청구권을 형제자매에게도 부여하는 「가족관계의 등록 등에 관한 법률」 규정은 증명서 발급에 있어 형제자매에게 정보주체인 본인과 거의 같은 지위를 부여하고 있기에 정보주체의 개인정보자기결정권을 침해한다.

② 구치소장이 검사의 요청에 따라 미결수용자와 그 배우자의 접견녹음파일을 미결수용자의 동의 없이 제공하더라도, 이러한 제공행위는 형사사법의 실체적 진실을 발견하고 이를 통해 형사사법의 적정한 수행을 도모하기 위한 것으로 미결수용자의 개인정보자기결정권을 침해하는 것은 아니다.

③ 아동·청소년대상 성폭력범죄를 저지른 자에 대한 신상정보 고지제도는 성범죄자가 거주하는 읍·면·동에 사는 지역주민 중 아동·청소년 자녀를 둔 가구 및 교육기관의 장 등을 상대로 이루어져, 고지대상자와 그 가족을 경계하고 외면하도록 하므로 고지대상자와 그 가족의 개인정보자기결정권을 침해한다.

④ 「영유아보육법」은 CCTV 열람의 활용 목적을 제한하고 있고, 어린이집 원장은 열람시간 지정 등을 통해 보육활동에 지장이 없도록 보호자의 열람 요청에 적절히 대응할 수 있으므로 동법의 CCTV 열람조항으로 보육교사의 개인정보자기결정권이 필요 이상으로 과도하게 제한된다고 볼 수 없다.

① (○) 사건 법률조항은 증명서 발급에 있어 형제자매에게 정보주체인 본인과 거의 같은 지위를 부여하고 있으므로, 이는 증명서 교부청구권자의 범위를 필요한 최소한도로 한정한 것이라고 볼 수 없다. 본인은 인터넷을 이용하거나 위임을 통해 각종 증명서를 발급받을 수 있으며, 가족관계등록법 제14조 제1항 단서 각 호에서 일정한 경우에는 제3자도 각종 증명서의 교부를 청구할 수 있으므로 형제자매는 이를 통해 각종 증명서를 발급받을 수 있다. 따라서 이 사건 법률조항은 침해의 최소성에 위배된다. 또한 이 사건 법률조항을 통해 달성하려는 공익에 비해 초래되는 기본권 제한의 정도가 중대하므로 법익의 균형성도 인정하기 어려워, 이 사건 법률조항은 청구인의 개인정보자기결정권을 침해한다(헌재 2016.6.30. 2015헌마924).

② (○) 사건 제공행위는 형사사법의 실체적 진실을 발견하고 이를 통해 형사사법의 적정한 수행을 도모하기 위한 것으로 그 목적이 정당하고, 수단 역시 적합하다. 나아가 접견내용이 기록된다는 사실이 미리 고지되어 그에 대한 보호가치가 그리 크다고 볼 수 없는 점 등을 고려할 때, 법익의 불균형을 인정하기도 어려우므로 과잉금지원칙에 위반하여 청구인의 개인정보자기결정권을 침해하였다고 볼 수 없다(헌재 2012.12.27. 2010헌마153).

③ (×) 신상정보 고지조항은 성폭력범죄행위에 대하여 일반 국민에게 경각심을 주어 유사한 범죄를 예방하고, 성폭력범죄자로부터 잠재적인 피해자와 지역사회를 보호하며, 특히 성범죄자들이 사회에 복귀함을 그 지역에 거주하는 아동·청소년들의 안전에 책임이 있는 자들에게 경고하여 성범죄자들이 거주하는 지역의 아동·청소년의 안전을 보호하고자 하는 데 그 입법목적이 있다. 또한 성범죄자의 신상정보를 직접 우편 등으로 고지하는 것은 지역주민 등에게 경각심을 불러일으키는 데 효과적이므로 수단의 적합성도 인정된다. 따라서 신상정보 고지조항은 과잉금지원칙을 위반하여 청구인의 인격권, 개인정보자기결정권을 침해한다고 볼 수 없다(헌재 2016.5.26. 2015헌바21).

④ (○) 영유아보육법은 CCTV 열람의 활용 목적을 제한하고 있고, 어린이집 원장은 열람시간 지정 등을 통해 보육활동에 지장이 없도록 보호자의 열람 요청에 적절히 대응할 수 있으므로 이 조항으로 어린이집 원장이나 보육교사 등의 기본권이 필요 이상으로 과도하게 제한된다고 볼 수 없다. 또한 이를 통해 달성할 수 있는 보호자와 어린이집 사이의 신뢰회복 및 어린이집 아동학대 근절이라는 공익의 중대함에 반하여, 제한되는 사익이 크다고 보기 어렵다. 따라서 영유아보육법 제15조의5 제1항 제1호는 과잉금지원칙을 위반하여 어린이집 보육교사 등의 개인정보자기결정권 및 어린이집 원장의 직업수행의 자유를 침해하지 아니한다(헌재 2017.12.28. 2015헌마994).

[2018년 국가 7급] ③

개인정보자기결정권에 관한 다음 설명 중 가장 옳지 않은 것은? (다툼이 있는 경우 대법원 판례에 의함)

① 개인정보자기결정권의 보호대상이 되는 개인정보는 개인의 신체, 신념, 사회적 지위, 신분 등과 같이 개인의 인격주체성을 특징짓는 사항으로서 개인의 동일성을 식별할 수 있게 하는 일체의 정보라고 할 수 있고, 반드시 개인의 내밀한 영역에 속하는 정보에 국한되지 않고 공적 생활에서 형성되었거나 이미 공개된 개인정보까지 포함한다.

② 개인정보자기결정권은 인간의 존엄과 가치, 행복추구권을 규정한 헌법 제10조 제1문의 일반적 인격권 및 헌법 제17조의 사생활의 비밀과 자유에 의하여 도출되고 보장된다.

③ 다만 개인정보를 대상으로 한 조사·수집·보관·처리·이용 등의 행위 일체는 모두 원칙적으로 개인정보자기결정권에 대한 제한에 해당한다.

④ 국회의원인 甲 등이 '각급학교 교원의 교원단체 및 교원노조 가입현황 실명자료'를 인터넷을 통하여 공개한 사안에서, 대법원은 위 정보가 개인정보자기결정권의 보호대상이 되는 개인정보에 해당하므로 이를 일반 대중에게 공개하는 행위는 해당 교원들의 개인정보자기결정권과 전국교직원노동조합의 존속·유지·발전에 관한 권리를 침해할 여지가 있다고 보았으나, 甲 등이 위 정보를 공개한 표현행위로 인하여 얻을 수 있는 법적 이익이 이를 공개하지 않음으로써 보호받을 수 있는 해당 교원 등의 법적 이익보다 우월하므로, 甲 등의 정보 공개행위는 적법하다고 보았다.

① (○) ③ (○) 개인정보자기결정권의 보호대상이 되는 개인정보는 개인의 신체, 신념, 사회적 지위, 신분 등과 같이 개인의 인격주체성을 특징짓는 사항으로서 그 개인의 동일성을 식별할 수 있게 하는 일체의 정보라고 할 수 있고, 반드시 개인의 내밀한 영역이나 사사(私事)의 영역에 속하는 정보에 국한되지 않고 공적 생활에서 형성되었거나 이미 공개된 개인정보까지 포함한다. 또한 그러한 개인정보를 대상으로 한 조사·수집·보관·처리·이용 등의 행위는 모두 원칙적으로 개인정보자기결정권에 대한 제한에 해당한다(헌재 2005.5.26. 99헌마513).

② (○) 인간의 존엄과 가치, 행복추구권을 규정한 헌법 제10조 제1문에서 도출되는 일반적 인격권 및 헌법 제17조의 사생활의 비밀과 자유에 의하여 보장되는 개인정보자기결정권은 자신에 관한 정보가 언제 누구에게 어느 범위까지 알려지고 또 이용되도록 할 것인지를 그 정보주체가 스스로 결정할 수 있는 권리이다. 즉 정보주체가 개인정보의 공개와 이용에 관하여 스스로 결정할 권리를 말한다(헌재 2005.7.21. 2003헌마282).

④ (×) 국회의원 甲 등이 각급학교 교원의 교원단체 및 교원노조 가입현황 실명자료를 인터넷을 통하여 공개한 사안에서, 위 정보는 개인정보자기결정권의 보호대상이 되는 개인정보에 해당하므로 이를 일반 대중에게 공개하는 행위는 해당 교원들의 개인정보자기결정권과 전국교직원노동조합의 존속·유지·발전에 관한 권리를 침해하는 것이고, 甲 등이 위 정보를 공개한 표현행위로 인하여 얻을 수 있는 법적 이익이 이를 공개하지 않음으로써 보호받을 수 있는 해당 교원 등의 법적 이익에 비하여 우월하다고 할 수 없으므로, 甲 등의 정보 공개행위가 위법하다(대법원 2014.7.24. 2012다49933).

[2016년 법원 9급] ④

다음 설명 중 가장 옳지 않은 것은? (다툼이 있는 경우 헌법재판소 결정에 의함)

① 일정한 성범죄를 저지른 자로부터 신상정보를 제출받아 보존·관리하는 것은 정당한 목적을 위한 적합한 수단이고, 침해되는 사익은 크지 않은 반면 해당 조항을 통해 달성되는 공익은 매우 중요하므로, 성폭력범죄의 처벌 등에 관한 특례법위반(카메라 등 이용촬영, 카메

라 등 이용촬영미수)죄로 유죄판결이 확정된 자는 신상정보 등록대상자가 되도록 규정한 성폭력범죄의 처벌 등에 관한 특례법(2012.12.18. 법률 제11556호로 전부개정된 것) 제42조 제1항 중 해당 부분은 개인정보자기결정권을 침해하지 않는다.

② 법무부장관이 등록대상자의 재범 위험성이 상존하는 20년 동안 그의 신상정보를 보존·관리하는 것은 정당한 목적을 위한 적합한 수단이므로, 모든 등록대상 성범죄자에 대하여 일률적으로 20년의 등록기간을 적용하고 있더라도 개인정보자기결정권을 침해한다고 볼 수 없다.

③ 주민등록번호 유출 또는 오·남용으로 인하여 발생할 수 있는 피해 등에 관한 아무런 고려 없이 주민등록번호 변경을 일체 허용하지 않는 것은 그 자체로 개인정보자기결정권에 대한 과도한 침해가 될 수 있다.

④ 인터넷게시판을 설치·운영하는 정보통신서비스 제공자에게 본인확인조치의무를 부과하여 게시판 이용자로 하여금 본인확인절차를 거쳐야만 게시판을 이용할 수 있도록 하는 본인확인제를 규정한 정보통신망 이용촉진 및 정보보호 등에 관한 법률(2008.6.13. 법률 제9119호로 개정된 것) 제44조의5 제1항 제2호는 과잉금지원칙에 위배하여 인터넷게시판 이용자의 표현의 자유, 개인정보자기결정권을 침해한다.

⑤ 인터넷언론사가 선거운동기간 중 당해 홈페이지의 게시판 등에 정당·후보자에 대한 지지·반대의 정보를 게시할 수 있도록 하는 경우 실명을 확인받도록 하는 기술적 조치를 하여야 하고 이를 위반한 때에는 과태료를 부과하는 공직선거법(2010.1.25. 법률 제9974호로 개정된 것) 제82조의6 제6항, 제7항은 게시판 이용자의 정치적 익명표현의 자유, 개인정보자기결정권 및 인터넷언론사의 언론의 자유를 침해한다고 볼 수 없다.

① (○) 성범죄자의 재범을 억제하고 수사의 효율성을 제고하기 위하여, 일정한 성범죄를 저지른 자로부터 신상정보를 제출받아 보존·관리하는 것은 정당한 목적을 위한 적합한 수단이다. 카메라 등 이용촬영죄의 행위 태양, 불법성의 경중은 다양할 수 있으나, 결국 인격체인 피해자의 성적 자유 및 함부로 촬영당하지 않을 자유를 침해하는 성범죄로서의 본질은 같으므로 입법자가 개별 카메라 등 이용촬영죄의 행위 태양, 불법성을 구별하지 않은 것이 지나친 제한이라고 볼 수 없고, 신상정보 등록대상자가 된다고 하여 그 자체로 사회복귀가 저해되거나 전과자라는 사회적 낙인이 찍히는 것은 아니므로 침해되는 사익은 크지 않은 반면 이 사건 등록조항을 통해 달성되는 공익은 매우 중요하다. 따라서 이 사건 등록조항은 개인정보자기결정권을 침해하지 않는다(헌재 2015.7.30. 2014헌마340).

② (×) 사건 관리조항은 모든 등록대상 성범죄자에 대하여 일률적으로 20년의 등록기간을 적용하고 있으며, 이 사건 관리조항에 따라 등록기간이 정해지고 나면, 등록의무를 면하거나 등록기간을 단축하기 위해 심사를 받을 수 있는 여지도 없으므로 지나치게 가혹하다. 이 사건 관리조항은 개인정보자기결정권을 침해한다(헌재 2015.7.30. 2014헌마340).

③ (○) 주민등록번호 유출 또는 오·남용으로 인하여 발생할 수 있는 피해 등에 대한 아무런 고려 없이 주민등록번호 변경을 일체 허용하지 않는 것은 그 자체로 개인정보자기결정권에 대한 과도한 침해가 될 수 있다. 따라서 주민등록번호 변경에 관한 규정을 두고 있지 않은 심판대상조항은 과잉금지원칙에 위배되어 개인정보자기결정권을 침해한다(헌재 2015.12.23. 2013헌바68).

④ (○) 사건 법령조항들이 표방하는 건전한 인터넷 문화의 조성 등 입법목적은, 인터넷 주소 등의 추적 및 확인, 당해 정보의 삭제·임시조치, 손해배상, 형사처벌 등 인터넷 이용자의 표현의 자유나 개인정보자기결정권을 제약하지 않는 다른 수단에 의해서도 충분히 달성할 수 있음에도, 인터넷의 특성을 고려하지 아니한 채 본인확인제의 적용범위를 광범위하게 정하여 법집행자에게 자의적인 집행의 여지를 부여하고, 목적달성에 필요한 범위를 넘는 과도한 기본권 제한을 하고 있으므로 침해의 최소성이 인정되지 아니한다. 따라서 본인확인제를 규율하는

이 사건 법령조항들은 과잉금지원칙에 위배하여 인터넷게시판 이용자의 표현의 자유, 개인정보자기결정권 및 인터넷게시판을 운영하는 정보통신서비스 제공자의 언론의 자유를 침해한다(헌재 2012.8.23. 2010헌마47).

⑤ (○) 선거운동기간 중 인터넷언론사 게시판 등을 통한 흑색선전이나 허위사실이 유포될 경우 언론사의 공신력과 지명도에 기초하여 광범위하고 신속한 정보의 왜곡이 일어날 수 있으므로, 실명확인조항은 이러한 인터넷언론사를 통한 정보의 특성과 우리나라 선거문화의 현실 등을 고려하여 입법된 것으로 선거의 공정성 확보를 위한 것이다. 이 사건 법률조항이 과잉금지원칙에 위배되어 게시판 이용자의 정치적 익명표현의 자유, 개인정보자기결정권 및 인터넷언론사의 언론의 자유를 침해한다고 볼 수 없다(헌재 2015.7.30. 2012헌마734).

[2016년 법무사] ②

개인정보자기결정권에 대한 설명으로 옳은 것을 〈보기〉에서 모두 고르면? (다툼이 있는 경우 헌법재판소 판례에 의함)

> ㄱ. 주민등록번호는 모든 국민에게 일련의 숫자 형태로 부여되는 고유한 번호로서 당해 개인을 식별할 수 있는 정보에 해당하는 개인정보인바, 주민등록번호 변경에 관한 규정을 두지 않는 「주민등록법」 관련 조항은 주민등록번호 불법 유출 등을 원인으로 자신의 주민등록번호를 변경하고자 하는 사람들의 개인정보자기결정권을 침해하고 있다.
> ㄴ. 선거운동기간 중 인터넷언론사 게시판 등에 정당·후보자에 대한 지지·반대의 정보를 게시하려고 할 경우 실명확인을 받도록 한 (구)「공직선거법」 관련 조항은 게시판 이용자의 개인정보자기결정권을 침해한다.
> ㄷ. 성범죄의 재범을 억제하고 수사의 효율성을 제고하기 위하여, 법무부장관이 등록대상자의 재범위험성이 상존하는 20년 동안 신상정보를 등록하게 하고 위 기간 동안 각종 의무를 부과하는 「성폭력범죄의 처벌 등에 관한 특례법」 관련 조항은 비교적 경미한 등록대상 성범죄를 저지르고 재범의 위험성도 인정되지 않는 자들에 대해서는 달성되는 공익과 침해되는 사익 사이의 법익의 균형성이 인정되지 않으므로 등록대상자의 개인정보자기결정권을 침해한다.
> ㄹ. 「성폭력범죄의 처벌 등에 관한 특례법」 위반(카메라 등 이용 촬영, 카메라 등 이용 촬영 미수)죄로 유죄판결이 확정된 자를 신상정보 등록대상자가 되도록 규정한 심판대상 조항은 개인정보자기결정권을 침해한다.

① ㄱ, ㄴ ② ㄱ, ㄷ ③ ㄱ, ㄹ
④ ㄴ, ㄹ ⑤ ㄷ, ㄹ

ㄱ. (○) 심판대상조항은 국가가 주민등록번호를 부여·관리·이용하면서 그 변경에 관한 규정을 두지 않음으로써 주민등록번호 불법 유출 등을 원인으로 자신의 주민등록번호를 변경하고자 하는 청구인들의 개인정보자기결정권을 제한하고 있다. 따라서 주민등록번호 변경에 관한 규정을 두고 있지 않은 심판대상조항은 과잉금지원칙에 위배되어 개인정보자기결정권을 침해한다(헌재 2015.12.23. 2013헌바68).

ㄴ. (×) 선거운동기간 중 인터넷언론사 게시판 등을 통한 흑색선전이나 허위사실이 유포될 경우 언론사의 공신력과 지명도에 기초하여 광범위하고 신속한 정보의 왜곡이 일어날 수 있으므로, 실명확인조항은 이러한 인터넷언론사를 통한 정보의 특성과 우리나라 선거문화의 현실 등을 고려하여 입법된 것으로 선거의 공정성 확보를 위한 것이다. 이 사건 법률조항이 과잉금지원칙에 위배되어 게시판 이용자의 정치적 익명표현의 자유, 개인정보자기결정권 및 인터넷언론사의 언론의 자유를 침해한다고 볼 수 없다(헌재 2015.7.30. 2012헌마734).

ㄷ. (○) 사건 관리조항이 모든 등록대상자에게 20년 동안 신상정보를 등록하게 하고 위 기간 동안 각종 의무를 부과하는 것은 비교적 경미한 등록대상 성범죄를 저지르고 재범의 위험성도 많지 않은 자들에 대해서는 달성되는 공익과 침해되는 사익 사이의 불균형이 발생할 수

있으므로 이 사건 관리조항은 개인정보자기결정권을 침해한다(헌재 2015.7.30. 2014헌마340).

ㄹ. (×) 카메라 등 이용촬영죄의 행위 태양, 불법성의 경중은 다양할 수 있으나, 결국 인격체인 피해자의 성적 자유 및 함부로 촬영당하지 않을 자유를 침해하는 성범죄로서의 본질은 같으므로 입법자가 개별 카메라 등 이용촬영죄의 행위 태양, 불법성을 구별하지 않은 것이 지나친 제한이라고 볼 수 없고, 신상정보 등록대상자가 된다고 하여 그 자체로 사회복귀가 저해되거나 전과자라는 사회적 낙인이 찍히는 것은 아니므로 침해되는 사익은 크지 않은 반면 이 사건 등록조항을 통해 달성되는 공익은 매우 중요하다. 따라서 이 사건 등록조항은 개인정보자기결정권을 침해하지 않는다(헌재 2015.7.30. 2014헌마340). [2016년 국회 8급] ②

경찰이 경찰청예규인 「채증활동규칙」에 따라 집회참가자를 촬영한 행위에 대한 설명으로 옳지 않은 것은?

① 「채증활동규칙」은 집회·시위 현장에서 불법행위의 증거자료를 확보하기 위해 행정조직의 내부에서 상급행정기관이 하급행정기관에 대하여 발령한 내부기준으로 행정규칙이지만 직접 집회참가자들의 기본권을 제한하므로 이에 대한 헌법소원심판청구는 기본권 침해의 직접성 요건을 충족하였다.

② 경찰의 촬영행위는 개인정보자기결정권의 보호대상이 되는 신체, 특정인의 집회·시위 참가 여부 및 그 일시·장소 등의 개인정보를 정보주체의 동의 없이 수집하였다는 점에서 개인정보자기결정권을 제한할 수 있다.

③ 근접촬영과 달리 먼 거리에서 집회·시위 현장을 전체적으로 촬영하는 소위 조망촬영이 기본권을 덜 침해하는 방법이라는 주장도 있으나, 최근 기술의 발달로 조망촬영과 근접촬영 사이에 기본권 침해라는 결과에 있어서 차이가 있다고 보기 어려워, 경찰이 집회·시위에 대해 조망촬영이 아닌 근접촬영을 하였다는 이유만으로 헌법에 위반되는 것은 아니다.

④ 옥외집회·시위에 대한 경찰의 촬영행위에 의해 취득한 자료는 '개인정보'의 보호에 관한 일반법인 「개인정보 보호법」이 적용될 수 있다.

① (×) 채증규칙은 법률의 구체적인 위임 없이 제정된 경찰청 내부의 행정규칙에 불과하고, 청구인들은 구체적인 촬영행위에 의해 비로소 기본권을 제한받게 되므로, 이 사건 채증규칙이 직접 기본권을 침해한다고 볼 수 없다(헌재 2018.8.30. 2014헌마843).

② (○) 경찰의 촬영행위는 개인정보자기결정권의 보호대상이 되는 신체, 특정인의 집회·시위 참가 여부 및 그 일시·장소 등의 개인정보를 정보주체의 동의 없이 수집하였다는 점에서 개인정보자기결정권을 제한할 수 있다(헌재 2018.8.30. 2014헌마843).

③ (○) 근접촬영과 달리 먼 거리에서 집회·시위 현장을 전체적으로 촬영하는 소위 조망촬영이 기본권을 덜 침해하는 방법이라는 주장도 있으나, 최근 기술의 발달로 조망촬영과 근접촬영 사이에 기본권 침해라는 결과에 있어서 차이가 있다고 보기 어려우므로, 경찰이 이러한 집회·시위에 대해 조망촬영이 아닌 근접촬영을 하였다는 이유만으로 헌법에 위반되는 것은 아니다(헌재 2018.8.30. 2014헌마843).

④ (○) 옥외집회·시위에 대한 경찰의 촬영행위는 증거보전의 필요성 및 긴급성, 방법의 상당성이 인정되는 때에는 헌법에 위반된다고 할 수 없으나, 경찰이 옥외집회 및 시위 현장을 촬영하여 수집한 자료의 보관·사용 등은 엄격하게 제한하여, 옥외집회·시위 참가자 등의 기본권 제한을 최소화해야 한다. 옥외집회·시위에 대한 경찰의 촬영행위에 의해 취득한 자료는 개인정보의 보호에 관한 일반법인 '개인정보 보호법'이 적용될 수 있다(헌재 2018.8.30. 2014헌마843). [2023년 국가 7급] ①

개인정보자기결정권에 대한 헌법재판소 결정으로 옳은 것은?

① 「주민등록법」에서 주민등록번호 변경에 관한 규정을 두고 있지 않은 것이 주민등록번호 불법유출 등을 원인으로 자신의 주민등록번호를 변경하고자 하는 사람들의 개인정보자기결정권을 침해하는 것은 아니다.

② 학교폭력 가해학생에 대한 조치사항을 학교생활기록부에 기재하고 졸업할 때까지 보존하는 것은 과잉금지원칙에 위배되어 가해학생의 개인정보자기결정권을 침해한다.

③ 통신매체이용음란죄로 유죄판결이 확정된 사람을 일률적으로 신상정보등록대상자가 되도록 하는 것은 침해의 최소성에 위배되어 개인정보자기결정권을 침해한다.

④ 기소유예처분에 관한 수사경력자료를 최장 5년까지 보존하도록 하는 것은 기소유예처분을 받은 자의 개인정보자기결정권을 침해한다.

① (×) 주민등록번호 유출 또는 오·남용으로 인하여 발생할 수 있는 피해 등에 대한 아무런 고려 없이 주민등록번호 변경을 일체 허용하지 않는 것은 그 자체로 개인정보자기결정권에 대한 과도한 침해가 될 수 있다. 따라서 주민등록번호 변경에 관한 규정을 두고 있지 않은 심판대상조항은 과잉금지원칙에 위배되어 개인정보자기결정권을 침해한다(헌재 2015.12.23. 2013헌바68 등).

② (×) 사건 기재조항 및 보존조항에서는 학교생활세부사항기록부의 '행동특성 및 종합의견'에 학교폭력예방법 제14조에 규정된 가해학생에 대한 조치사항을 입력하고 이를 졸업할 때까지 보존하도록 규정하고 있는바, 이는 초·중등교육법 제25조 제1항이 교육부령에 위임하고 동법 시행규칙 제23조 및 제24조가 교육부장관에게 재위임한 '학교생활기록의 작성과 관리에 관한 사항'에 해당한다. 따라서 이 사건 기재조항 및 보존조항은 법률유보원칙에 위배되어 청구인의 개인정보자기결정권을 침해하지 않는다(헌재 2016.4.28. 2012헌마630).

③ (○) 심판대상조항은 통신매체이용음란죄의 죄질 및 재범의 위험성에 따라 등록대상을 축소하거나, 유죄판결 확정과 별도로 신상정보등록 여부에 관하여 법관의 판단을 받도록 하는 절차를 두는 등 기본권 침해를 줄일 수 있는 다른 수단을 채택하지 않았다는 점에서 침해의 최소성 원칙에 위배된다. 또한 심판대상조항으로 인하여 비교적 불법성이 경미한 통신매체이용음란죄를 저지르고 재범의 위험성이 인정되지 않는 이들에 대하여는 달성되는 공익과 침해되는 사익 사이에 불균형이 발생할 수 있다는 점에서 법익의 균형성도 인정하기 어렵다. 그렇다면, 심판대상조항은 과잉금지원칙을 위반하여 청구인의 개인정보자기결정권을 침해한다(헌재 2016.3.31. 2015헌마688).

④ (×) 기소유예처분에 관한 수사경력자료를 보존하도록 하는 것은 재기소나 재수사 상황에 대비한 기초자료를 제공하고, 수사 및 재판과정에서 적정한 양형 등을 통해 사법정의를 실현하기 위한 것으로서 그 목적이 정당하고 수단의 적합성이 인정된다. 보존되는 정보가 최소한에 그치고 이용범위도 제한적이며, 수사경력자료의 누설이나 목적 외 취득과 사용이 엄격히 금지될 뿐만 아니라 법정 보존기간이 합리적 범위 안에 있어 침해의 최소성에 반한다고 볼 수 없고, 수사경력자료의 보존으로 청구인이 현실적으로 입게 되는 불이익이 그다지 크지 않으므로 법익의 균형성도 갖추고 있다. 따라서 심판대상조항은 과잉금지원칙을 위반하여 청구인의 개인정보자기결정권을 침해하지 아니한다(헌재 2016.6.30. 2015헌마828).

[2016년 국가 7급] ③

개인정보자기결정권에 대한 설명으로 옳지 않은 것은? (다툼이 있는 경우 헌법재판소 판례에 의함)

① 개인별로 주민등록번호를 부여하면서 주민등록번호 변경에 관한 규정을 두고 있지 않은 「주민등록법」 제7조는 개인정보자기결정권을 침해한다.

② 본인 또는 배우자, 직계혈족, 형제자매에게 가족관계등록부 등의 기록사항에 관한 증명서 교부청구권을 부여하는 「가족관계의 등록 등에 관한 법률」 제14조 제1항 본문 중 '형제자매' 부분은 본인의 개인성보자기결정권을 침해한다.

③ 통신매체이용음란죄로 유죄판결이 확정된 자도 신상정보 등록대상자가 된다고 규정한 「성폭력범죄의 처벌 등에 관한 특례법」 제42조 제1항은 통신매체이용음란죄로 유죄판결이 확정된 자의 개인정보자기결정권을 침해한다.

④ 가축전염병의 발생 예방 및 확산 방지를 위해 축산관계시설 출입 차량에 차량무선인식장치를 설치하여 이동경로를 파악할 수 있도록 한 구 「가축전염병예방법」 제17조의3 제2항은 축산관계시설에 출입하는 자의 개인정보자기결정권을 침해한다.

⑤ 구치소장이 검사의 요청에 따라 미결수용자와 배우자의 접견녹음파일을 제공한 행위는 미결수용자의 개인정보자기결정권을 침해하지 않는다.

① (○) 주민등록번호 유출 또는 오·남용으로 인하여 발생할 수 있는 피해 등에 대한 아무런 고려 없이 주민등록번호 변경을 일체 허용하지 않는 것은 과잉금지원칙에 위배되어 개인정보자기결정권을 침해한다(헌재 2015.12.23. 2013헌바68).

② (○) 본인은 인터넷을 이용하거나 위임을 통해 각종 증명서를 발급받을 수 있으며, 가족관계등록법 제14조 제1항 단서 각 호에서 일정한 경우에는 제3자도 각종 증명서의 교부를 청구할 수 있으므로 형제자매는 이를 통해 각종 증명서를 발급받을 수 있다. 따라서 이 사건 법률조항은 침해의 최소성에 위배된다. 이 사건 법률조항은 청구인의 개인정보자기결정권을 침해한다(헌재 2016.6.30. 2015헌마924).

③ (○) 심판대상조항은 통신매체이용음란죄의 죄질 및 재범의 위험성에 따라 등록대상을 축소하거나, 유죄판결 확정과 별도로 신상정보등록 여부에 관하여 법관의 판단을 받도록 하는 절차를 두는 등 기본권 침해를 줄일 수 있는 다른 수단을 채택하지 않았다는 점에서 침해의 최소성 원칙에 위배된다. 또한 심판대상조항으로 인하여 비교적 불법성이 경미한 통신매체이용음란죄를 저지르고 재범의 위험성이 인정되지 않는 이들에 대하여는 달성되는 공익과 침해되는 사익 사이에 불균형이 발생할 수 있다는 점에서 법익의 균형성도 인정하기 어렵다(헌재 2016.3.31. 2015헌마688).

④ (×) 축산관계시설 출입차량의 출입 정보를 국가가축방역통합정보시스템으로 송신하여 차량의 이동경로를 신속하게 파악함으로써 구제역과 같은 가축전염병이 발생한 경우 신속한 역학조사를 통해 가축전염병의 확산을 방지하고 효과적으로 대응하고자 하는 것으로 입법목적의 정당성과 수단의 적절성이 인정된다. 심판대상조항은 청구인들의 개인정보자기결정권을 침해하지 아니한다(헌재 2015.4.30. 2013헌마81).

⑤ (○) 접견내용이 기록된다는 사실이 미리 고지되어 그에 대한 보호가치가 그리 크다고 볼 수 없는 점 등을 고려할 때, 법익의 불균형을 인정하기도 어려우므로, 과잉금지원칙에 위반하여 청구인의 개인정보자기결정권을 침해하였다고 볼 수 없다(헌재 2012.12.27. 2010헌마153).

[2017년 국회 5급] ④

주민등록번호 변경에 관한 규정을 두고 있지 않은 「주민등록법」(2007.5.11. 법률 제8422호로 전부 개정된 것) 제7조에 관한 다음 설명 중 가장 옳지 않은 것은? (다툼이 있는 경우 헌법재판소 결정에 의함)

① 주민등록번호는 모든 국민에게 일련의 숫자 형태로 부여되는 고유한 번호로서 당해 개인을 식별할 수 있는 정보에 해당하는 개인정보이다. 그런데 심판대상조항은 주민등록번호 변경에 관한 규정을 두지 않음으로써 주민등록번호 불법 유출 등을 원인으로 자신의 주민등록번호를 변경하고자 하는 청구인들의 개인정보자기결정권을 제한하고 있다.

② 주민등록번호는 단순한 개인식별번호에서 더 나아가 표준식별번호로 기능함으로써, 결과적으로 개인정보를 통합하는 연결자(key date)로 사용되고 있는바, 개인에 대한 통합관리의 위험성을 높이고, 종국적으로 개인을 모든 영역에서 국가의 관리대상으로 전락시킬 위험성

이 있으므로 주민등록번호의 관리나 이용에 대한 제한의 필요성이 크다.

③ 다만 국가가 「개인정보보호법」 등의 입법을 통하여 주민등록번호 처리 등을 제한하고, 유출이나 오·남용을 예방하는 조치를 취하였다면, 이러한 조치는 국민의 개인정보자기결정권에 대한 충분한 보호가 될 수 있다.

④ 주민등록번호 변경을 허용하더라도 변경 전 주민등록번호와의 연계 시스템을 구축하여 활용한다면 개인식별 기능과 본인 동일성 증명기능이 충분히 이루어질 것이고, 입법자가 정하는 일정한 요건을 구비한 경우에 객관성과 공정성을 갖춘 기관의 심사를 거쳐 변경할 수 있도록 한다면 주민등록번호 변경절차를 악용하려는 경우를 차단할 수 있으며, 사회적으로 큰 혼란을 불러일으키지도 않을 것이다.

① (○) 주민등록번호는 모든 국민에게 일련의 숫자 형태로 부여되는 고유한 번호로서 당해 개인을 식별할 수 있는 정보에 해당하는 개인정보이다. 그런데 심판대상조항은 국가가 주민등록번호를 부여·관리·이용하면서 그 변경에 관한 규정을 두지 않음으로써 주민등록번호 불법 유출 등을 원인으로 자신의 주민등록번호를 변경하고자 하는 청구인들의 개인정보자기결정권을 제한하고 있다(헌재 2015.12.23. 2013헌바68).

② (○) 주민등록번호는 단순한 개인식별번호에서 더 나아가 표준식별번호로 기능함으로써, 개인에 관한 정보가 주민등록번호를 사용하여 구축되고 그 번호를 통해 또 다른 개인정보와 연결되어 결과적으로 개인정보를 통합하는 연결자(key data)로 사용되고 있다. 이러한 점은 개인에 대한 통합관리의 위험성을 높이고, 종국적으로는 개인을 인격체로서가 아니라 모든 영역에서 국가의 관리대상으로 전락시킬 위험성이 있으므로 주민등록번호의 관리나 이용에 대한 제한의 필요성이 크다(헌재 2015.12.23. 2013헌바68).

③ (×) 비록 국가가 개인정보보호법이나 정보통신망법 등의 입법을 통하여 주민등록번호 처리와 수집·이용을 제한하고, 주민등록번호의 유출이나 오·남용을 예방하는 조치를 취하고 있다고는 하나, 위와 같은 입법조치 이전에 이미 주민등록번호가 유출된 경우도 상당수 존재하므로, 위와 같은 조치만으로는 국민의 개인정보자기결정권에 대한 충분한 보호가 된다고 보기 어렵다(헌재 2015.12.23. 2013헌바68).

④ (○) 주민등록번호가 변경된다고 하더라도 변경 전 주민등록번호와의 연계 시스템을 구축하여 활용한다면 본인확인이 가능할 것이고, 입법자가 정하는 일정한 요건을 구비한 경우에 객관성과 공정성을 갖춘 행정기관 또는 사법기관의 심사를 거쳐 변경할 수 있도록 허용한다면, 범죄은폐 또는 신분세탁 등의 불순한 용도로 주민등록번호 변경절차를 악용하려는 경우를 차단할 수 있으며, 사회적으로 큰 혼란을 불러일으키지도 않을 것이다(헌재 2015.12.23. 2013헌바68).

[2016년 법원 9급] ③

다음 중 헌법재판소가 사생활의 비밀과 자유 또는 개인정보자기결정권을 침해한다고 결정한 것은 모두 몇 개인가?

가. 성폭력범죄의 처벌 등에 관한 특례법에 따라 등록된 신상정보를 최초 등록일부터 20년간 보존·관리하여야 한다는 규정
나. 4급 이상 공무원들의 병역 면제사유인 질병명을 관보와 인터넷을 통해 공개하도록 하는 규정
다. 개인별로 주민등록번호를 부여하면서 주민등록번호 변경에 관한 규정을 두고 있지 않은 규정
라. 공직선거의 후보자등록 신청을 함에 있어 형의 실효 여부와 관계없이 일률적으로 금고 이상의 형의 범죄경력을 제출·공개하도록 한 규정

① 1개 ② 2개 ③ 3개 ④ 4개

가. (○) 법무부장관이 등록대상자의 재범 위험성이 상존하는 20년 동안 그의 신상정보를 보존·관리하는 것은 정당한 목적을 위한 적합한 수단이다. 그런데 재범의 위험성은 등록대상 성범죄의 종류, 등록대상자의 특성에 따라 다르게 나타날 수 있고, 입법자는 이에 따라 등록기간을 차등화함으로써 등록대상자의 개인정보자기결정권에 대한 제한을 최소화하는 것이 바람직함에도, 이 사건 관리조항은 모든 등록대상 성범죄자에 대하여 일률적으로 20년의 등록기간을 적용하고 있으며, 이 사건 관리조항에 따라 등록기간이 정해지고 나면, 등록의무를 면하거나 등록기간을 단축하기 위해 심사를 받을 수 있는 여지도 없으므로 지나치게 가혹하여, 이 사건 관리조항은 개인정보자기결정권을 침해한다(헌재 2015.7.30. 2014헌마340).

나. (○) 사건 법률조항이 공적 관심의 정도가 약한 4급 이상의 공무원들까지 대상으로 삼아 모든 질병명을 아무런 예외 없이 공개토록 한 것은 입법목적 실현에 치중한 나머지 사생활 보호의 헌법적 요청을 현저히 무시한 것이고, 이로 인하여 청구인들을 비롯한 해당 공무원들의 헌법 제17조가 보장하는 기본권인 사생활의 비밀과 자유를 침해하는 것이다(헌재 2007.5.31. 2005헌마1139).

다. (○) 주민등록번호 유출 또는 오·남용으로 인하여 발생할 수 있는 피해 등에 대한 아무런 고려 없이 주민등록번호 변경을 일체 허용하지 않는 것은 그 자체로 개인정보자기결정권에 대한 과도한 침해가 될 수 있다. 따라서 주민등록번호 변경에 관한 규정을 두고 있지 않은 심판대상조항은 과잉금지원칙에 위배되어 개인정보자기결정권을 침해한다(헌재 2015.12.23. 2013헌바68 등).

라. (×) 후보자의 실효된 형까지 포함한 금고 이상의 형의 범죄경력을 공개함으로써 국민의 알 권리를 충족하고 공정하고 정당한 선거권행사를 보장하고자 하는 이 사건 법률조항의 입법목적은 정당하며, 이러한 입법목적을 달성하기 위하여 선거권자가 후보자의 모든 범죄경력을 인지한 후 그 공직 적합성을 판단하는 것이 효과적이므로, 이 사건 법률조항은 청구인들의 사생활의 비밀과 자유를 침해한다고 볼 수 없다(헌재 2008.4.24. 2006헌마402). [2018년 법원 9급] ③

사생활의 비밀과 자유 및 개인정보자기결정권에 대한 설명으로 옳지 않은 것은? (다툼이 있는 경우 판례에 의함)

① 흡연을 하는 행위는 사생활의 영역에 포함되며, 자유로운 흡연에의 결정 및 흡연행위를 포함하는 흡연권은 헌법 제10조에서도 그 근거를 찾을 수 있다.

② 구치소수용자와 배우자의 접견녹음파일은 개인정보에 해당하며, 이를 관계기관에 제공하는 것은 개인정보자기결정권을 제한하는 것이다.

③ 디엔에이감식시료 채취 대상자인 수형인이 사망할 때까지 디엔에이신원확인정보를 데이터베이스에 수록·관리할 수 있도록 하는 것은 개인정보자기결정권을 침해하는 것이다.

④ 선거운동 과정에서 자신의 인격권이나 명예권을 보호하기 위하여 대외적으로 해명을 하는 행위는 표현의 자유에 속하는 것이지 사생활의 자유에 속하는 것은 아니다.

⑤ 어린이집에 폐쇄회로 텔레비전(Closed Circuit Television, 'CCTV')을 원칙적으로 설치하도록 정하는 것은 어린이집 보육교사의 사생활의 비밀과 자유 등을 침해하는 것은 아니다.

① (○) 헌법 제17조가 근거가 될 수 있다는 점에 관하여 보건대, 사생활의 자유란 사회공동체의 일반적인 생활규범의 범위 내에서 사생활을 자유롭게 형성해 나가고 그 설계 및 내용에 대해서 외부로부터의 간섭을 받지 아니할 권리를 말하는바, 흡연을 하는 행위는 이와 같은 사생활의 영역에 포함된다고 할 것이므로, 흡연권은 헌법 제17조에서 그 헌법적 근거를 찾을 수 있다. 인간으로서의 존엄과 가치를 실현하고 행복을 추구하기 위하여서는 누구나 자유로이 의사를 결정하고 그에 기하여 자율적인 생활을 형성할 수 있어야 하므로, 자유로운 흡연에의 결정 및 흡연행위를 포함하는 흡연권은 헌법 제10조에서도 그 근거를 찾을 수 있다(헌재 2004.8.26. 2003헌마457).

② (○) 사건 접견녹음파일은 접견자의 성명, 녹음일시 등을 기록함으로써 특정 개인을 식별할 수 있고, 접견시 이루어지는 대화의 방식과 내용은 개인의 신분, 사회적 지위 등 인격주체성을 특징짓는 사항으로서 그 개인의 동일성을 식별할 수 있게 하는 정보이므로 이 사건 접견녹음파일은 위 규정상 개인정보에 해당한다. 이처럼 이 사건 제공행위는 정보주체인 청구인의 동의 없이 이 사건 접견녹음파일을

관계기관에 제공한 것으로 청구인의 개인정보자기결정권을 제한하는 것이므로 그 침해 여부가 문제된다(헌재 2012.12.27. 2010헌마153).

③ (×) 재범의 위험성이 높은 범죄를 범한 수형인 등은 생존하는 동안 재범의 가능성이 있으므로, 디엔에이신원확인정보를 수형인 등이 사망할 때까지 관리하여 범죄 수사 및 예방에 이바지하고자 하는 이 사건 삭제조항은 입법목적의 정당성과 수단의 적절성이 인정된다. 디엔에이신원확인정보를 범죄수사 등에 이용함으로써 달성할 수 있는 공익의 중요성에 비하여 청구인의 불이익이 크다고 보기 어려워 법익균형성도 갖추었다. 따라서 이 사건 삭제조항이 과도하게 개인정보자기결정권을 침해한다고 볼 수 없다(헌재 2014.8.28. 2011헌마28).

④ (○) 자신의 인격권이나 명예권을 보호하기 위하여 대외적으로 해명을 하는 행위는 표현의 자유에 속하는 영역일 뿐 이미 사생활의 자유에 의하여 보호되는 범주를 벗어난 행위이고, 또한 자신의 태도나 입장을 외부에 설명하거나 해명하는 행위는 진지한 윤리적 결정에 관계된 행위라기보다는 단순한 생각이나 의견, 사상이나 확신 등의 표현행위라고 볼 수 있어, 그 행위가 선거에 영향을 미치게 하기 위한 것이라는 이유로 이를 하지 못하게 된다 하더라도 내면적으로 구축된 인간의 양심이 왜곡 굴절된다고는 할 수 없다는 점에서 양심의 자유의 보호영역에 포괄되지 아니하므로, 위 제93조 제1항은 사생활의 자유나 양심의 자유를 침해하지 아니한다(헌재 2001.8.30. 99헌바92).

⑤ (○) 어린이집 CCTV 설치는 어린이집에서 발생하는 안전사고와 보육교사 등에 의한 아동학대를 방지하기 위한 것으로, 그 자체로 어린이집 운영자나 보육교사 등으로 하여금 사전에 영유아 안전사고 방지에 만전을 기하고 아동학대행위를 저지르지 못하도록 하는 효과가 있고, 어린이집 내 안전사고나 아동학대 발생 여부의 확인이 필요한 경우 도움이 될 수 있으므로, CCTV 설치 조항은 목적의 정당성과 수단의 적합성이 인정된다. 그러므로 CCTV 설치 조항은 과잉금지원칙을 위반하여 청구인들의 기본권을 침해하지 않는다(헌재 2017.12.28. 2015헌마994).

[2019년 국회 5급] ③

사생활의 비밀의 자유와 개인정보자기결정권에 대한 설명으로 가장 옳지 않은 것은?

① '혐의 없음'의 불기소 처분 등에 관한 수사경력자료의 수임 및 보존은 당사자의 개인정보자기결정권을 침해하지 않는다.

② 교도소장이 수용자가 없는 상태에서 실시한 거실 및 작업장의 검사행위는 수용자의 사생활의 비밀과 자유를 침해하는 것이 아니다.

③ 징벌 혐의로 조사를 받고 있는 수용자라 하더라도 수용자가 변호인이 아닌 자와 접견할 당시 교도관이 참여하여 대화 내용을 기록하게 한 행위는 과잉금지원칙을 위반하여 수용자의 사생활의 비밀과 자유를 침해한다.

④ 공직선거에 후보자로 등록하려는 자가 제출하여야 하는 '금고 이상의 형의 범죄경력'에 이미 실효된 형까지 포함시키는 법률 규정은 공직선거후보자의 사생활의 비밀과 자유를 침해하지 않는다.

① (○) 사건 수사경력자료 정리조항에서 '혐의없음'의 불기소처분에 관한 개인정보를 보존하도록 하는 것은 재수사에 대비한 기초자료를 보존하고 수사의 반복을 피하기 위한 것으로서 그 목적이 정당하고 수단의 적합성이 인정된다. 또한 해당 범죄의 공소시효를 고려할 때 이 사건 수사경력자료 정리조항이 규정한 수사경력자료의 보존기간이 필요 이상으로 긴 것으로 보기도 어려우므로 침해의 최소성을 갖추고 있고, 수사경력자료의 보존으로 청구인이 현실적으로 입게 되는 불이익이 그다지 크지 않으므로 법익의 균형성도 갖추고 있다. 따라서 이 사건 수사경력자료 정리조항에서 '혐의없음'의 불기소처분에 관한 개인정보를 보존하도록 하는 것은 청구인의 개인정보 자기결정권을 침해하지 아니한다(헌재 2012.7.26. 2010헌마446).

② (○) 사건 검사행위는 교도소의 안전과 질서를 유지하고, 수형자의 교화·개선에 지장을 초래할 수 있는 물품을 차단하기 위한 것으로서 그 목적이 정당하고 수단도 적절하며, 검사의 실효성을 확보하기 위한 최소한의 조치로 보이고, 달리 덜 제한적인 대체수단을 찾기 어려운 점 등에 비추어 보면 이 사건 검사행위가 과잉금지원칙에 위배하여 사생활의 비밀 및 자유를 침해하였다고 할 수 없다(헌재 2011.10.25.

2009헌마691).

③ (×) 접견내용을 녹음·녹화하는 경우 수용자 및 그 상대방에게 그 사실을 말이나 서면 등으로 알려주어야 하고 취득된 접견기록물은 법령에 의해 보호·관리되고 있으므로 사생활의 비밀과 자유에 대한 침해를 최소화하는 수단이 마련되어 있다는 점, 청구인이 나눈 접견내용에 대한 사생활의 비밀로서의 보호가치에 비해 증거인멸의 위험을 방지하고 교정시설 내의 안전과 질서유지에 기여하려는 공익이 크고 중요하다는 점에 비추어 볼 때, 이 사건 접견참여·기록이 청구인의 사생활의 비밀과 자유를 침해하였다고 볼 수 없다(헌재 2014.9.25. 2012헌마523).

④ (○) 후보자의 실효된 형까지 포함한 금고 이상의 형의 범죄경력을 공개함으로써 국민의 알 권리를 충족하고 공정하고 정당한 선거권행사를 보장하고자 하는 이 사건 법률조항의 입법목적은 정당하며, 이러한 입법목적을 달성하기 위하여는 선거권자가 후보자의 모든 범죄경력을 인지한 후 그 공직적합성을 판단하는 것이 효과적이다. 또한 금고 이상의 범죄경력에 실효된 형을 포함시키는 이유는 선거권자가 공직후보자의 자질과 적격성을 판단할 수 있도록 하기 위한 점, 전과기록은 통상 공개재판에서 이루어진 국가의 사법작용의 결과라는 점, 전과기록의 범위와 공개시기 등이 한정되어 있는 점 등을 종합하면, 이 사건 법률조항은 피해최소성의 원칙에 반한다고 볼 수 없고, 공익적 목적을 위하여 공직선거 후보자의 사생활의 비밀과 자유를 한정적으로 제한하는 것이어서 법익균형성의 원칙도 충족한다. 따라서 이 사건 법률조항은 청구인들의 사생활의 비밀과 자유를 침해한다고 볼 수 없다(헌재 2008.4.24. 2006헌마402). [2018년 서울 7급] ③

제3절 통신의 자유

통신의 자유에 관한 다음 설명 중 가장 옳지 않은 것은?

① 전기통신역무제공에 관한 계약을 체결하는 경우 전기통신사업자로 하여금 가입자에게 본인임을 확인할 수 있는 증서 등을 제시하도록 요구하고 부정가입방지시스템 등을 이용하여 본인인지 여부를 확인하도록 한 전기통신사업법 조항은 과잉금지원칙에 반하여 익명으로 이동통신서비스에 가입하여 통신하고자 하는 자들의 개인정보자기결정권 및 통신의 자유를 침해한다.

② 통신비밀보호법(2005.5.26. 법률 제7503호로 개정된 것) 제13조 제1항 중 '검사 또는 사법경찰관은 수사를 위하여 필요한 경우 전기통신사업법에 의한 전기통신사업자에게 제2조 제11호 가목 내지 라목의 통신사실 확인자료의 열람이나 제출을 요청할 수 있다'는 부분은 과잉금지원칙에 위반되어 개인정보자기결정권과 통신의 자유를 침해한다.

③ 교도소장이 수용자에게 온 서신을 개봉한 행위 및 법원, 검찰청 등이 수용자에게 보낸 문서를 열람한 행위는 수용자의 통신의 자유를 침해하지 않는다.

④ A구치소장이 당시 A구치소에 수용 중인 甲 앞으로 온 서신 속에 허가받지 않은 물품인 사진이 동봉되어 있음을 이유로 甲에게 해당 서신수수를 금지하고 해당 서신을 발신자로서 당시 B교도소에 수용 중인 乙에게 반송한 행위는 과잉금지원칙에 위반하여 乙의 통신의 자유를 침해하지 않는다.

① (×) 심판대상조항이 이동통신서비스 가입 시 본인확인절차를 거치도록 함으로써 타인 또는 허무인의 이름을 사용한 휴대전화인 이른바 대포폰이 보이스피싱 등 범죄의 범행도구로 이용되는 것을 막고, 개인정보를 도용하여 타인의 명의로 가입한 다음 휴대전화 소액결제나 서비스요금을 그 명의인에게 전가하는 등 명의도용범죄의 피해를 막고자 하는 입법목적은 정당하고, 이를 위하여 본인확인절차를 거치게

한 것은 적합한 수단이다. 따라서 심판대상조항은 청구인들의 개인정보자기결정권 및 통신의 자유를 침해하지 않는다(헌재 2019.9.26. 2017헌마1209)

② (○) 수사기관은 위치정보 추적자료를 통해 특정 시간대 정보주체의 위치 및 이동상황에 대한 정보를 취득할 수 있으므로 위치정보 추적자료는 충분한 보호가 필요한 민감한 정보에 해당되는 점, 그럼에도 이 사건 요청조항은 수사기관의 광범위한 위치정보 추적자료 제공요청을 허용하여 정보주체의 기본권을 과도하게 제한하는 점, 수사기관의 위치정보 추적자료 제공요청에 대해 법원의 허가를 거치도록 규정하고 있으나 수사의 필요성만을 그 요건으로 하고 있어 절차적 통제마저도 제대로 이루어지기 어려운 현실인 점 등을 고려할 때, 이 사건 요청조항은 과잉금지원칙에 반하여 청구인들의 개인정보자기결정권과 통신의 자유를 침해한다(헌재 2018.6.28. 2012헌마191).

③ (○) 피청구인의 서신개봉행위는 법령상 금지되는 물품을 서신에 동봉하여 반입하는 것을 방지하기 위하여 구 형의 집행 및 수용자의 처우에 관한 법률 제43조 제3항 및 구 형집행법 시행령 제65조 제2항에 근거하여 수용자에게 온 서신의 봉투를 개봉하여 내용물을 확인한 행위로서, 교정시설의 안전과 질서를 유지하고 수용자의 교화 및 사회복귀를 원활하게 하기 위한 것이다. 따라서 서신개봉행위는 청구인의 통신의 자유를 침해하지 아니한다(헌재 2021.9.30. 2019헌마919). 피청구인의 문서열람행위는 형집행법 시행령 제67조에 근거하여 법원 등 관계기관이 수용자에게 보내온 문서를 열람한 행위로서, 문서 전달 업무에 정확성을 기하고 수용자의 편의를 도모하며 법령상의 기간준수 여부 확인을 위한 공적 자료를 마련하기 위한 것이다. 문서열람행위는 청구인의 통신의 자유를 침해하지 아니한다(헌재 2021.9.30. 2019헌마919).

④ (○) 피청구인 구치소장이 구치소에 수용중인 수형자에게 온 서신에 허가 없이 수수되는 물품인 녹취서와 사진이 동봉되어 있음을 확인하여 서신수수를 금지하고 발신인인 청구인에게 위 물품을 반송한 것은 교정사고를 미연에 방지하고 교정시설의 안전과 질서 유지를 위하여 불가피한 측면이 있다. 또한 청구인은 관심대상수용자로 지정된 자이고, 서신에 동봉된 녹취서는 청구인이 원고인 민사사건 증인의 증언을 녹취한 소송서류로서 타인의 실명과 개인정보가 기재되어 있다. 한편, 수용자 사이에 사진을 자유롭게 교환할 수 있도록 하는 경우 각종 교정사고가 발생할 가능성이 있다. 이와 같은 점을 종합적으로 고려하면, 이 사건 반송행위는 과잉금지원칙에 위반되어 청구인의 통신의 자유를 침해하지 않는다(헌재 2019.12.27. 2017헌마413). [2023년 법원 9급] ①

통신의 자유에 대한 설명으로 옳지 않은 것은? (다툼이 있는 경우 헌법재판소 판례에 의함)

① 전기통신역무제공에 관한 계약을 체결하는 경우 전기통신사업자로 하여금 가입자에게 본인임을 확인할 수 있는 증서 등을 제시하도록 하는 휴대전화 가입 본인확인제는 익명으로 통신하고자 하는 자의 통신의 자유를 제한하는 것은 물론, 통신의 비밀까지도 제한한다.

② 자유로운 의사소통은 통신내용의 비밀을 보장하는 것만으로는 충분하지 아니하고 구체적인 통신으로 발생하는 외형적인 사실관계, 특히 통신관여자의 인적 동일성·통신시간·통신장소·통신횟수 등 통신의 외형을 구성하는 통신이용의 전반적 상황의 비밀까지도 보장해야 한다.

③ 통신의 중요한 수단인 서신의 당사자나 내용은 본인의 의사에 반하여 공개될 수 없으므로 서신의 검열은 원칙적으로 금지되나, 수형자가 수발하는 서신에 대한 검열로 인하여 수형자의 통신의 비밀이 일부 제한되는 것은 국가안전보장·질서유지 또는 공공복리라는 정당한 목적을 위하여 부득이할 뿐만 아니라 유효적절한 방법에 의한 최소한의 제한이며 통신의 자유의 본질적 내용을 침해하는 것이 아니므로 헌법에 위반된다고 할 수 없다.

④ 수용자가 집필한 문서의 내용이 타인의 사생활의 비밀 또는 자유를 침해하는 등 우려가 있는 때 교정시설의 장이 문서의 외부반출을 금지할 수 있도록 한 것은 이미 표현된 집필문을 외부의 특정한 상대방에게 발송할 수 있는지 여부에 대해 규율하는 것이므로, 이에 의

해 제한되는 기본권은 통신의 자유로 보아야 한다.

⑤ 수사기관이 수사를 위하여 필요한 경우 법원의 허가를 얻어 전기통신사업자에게 정보주체의 위치정보 추적자료의 제공을 요청할 수 있게 한 법률조항은, 수사의 필요성만을 그 요건으로 하고 있어 절차적 통제마저도 제대로 이루어지기 어려운 현실인 점 등을 고려할 때, 과잉금지원칙에 반하여 정보주체인 전기통신가입자의 통신의 자유를 침해한다.

① (×) 심판대상조항은 휴대전화를 통한 문자·전화·모바일 인터넷 등 통신기능을 사용하고자 하는 자에게 반드시 사전에 본인확인 절차를 거치는 데 동의해야만 이를 사용할 수 있도록 하므로, 익명으로 통신하고자 하는 청구인들의 통신의 자유를 제한한다. 반면, 심판대상조항이 통신의 비밀을 제한하는 것은 아니다. 가입자의 인적사항이라는 정보는 통신의 내용·상황과 관계없는 '비 내용적 정보'이며 휴대전화 통신계약 체결 단계에서는 아직 통신수단을 통하여 어떠한 의사소통이 이루어지는 것이 아니므로 통신의 비밀에 대한 제한이 이루어진다고 보기는 어렵기 때문이다(헌재 2019.9.26. 2017헌마1209).

② (○) 자유로운 의사소통은 통신내용의 비밀을 보장하는 것만으로는 충분하지 아니하고 구체적인 통신으로 발생하는 외형적인 사실관계, 특히 통신관여자의 인적 동일성·통신시간·통신장소·통신횟수 등 통신의 외형을 구성하는 통신이용의 전반적 상황의 비밀까지도 보장해야 한다(헌재 2018.6.28. 2012헌마191).

③ (○) 헌법 제18조에서 통신의 비밀을 침해받지 아니할 권리, 즉 통신의 자유를 국민의 기본권으로 보장하고 있다. 따라서 통신의 중요한 수단인 서신의 당사자나 내용은 본인의 의사에 반하여 공개될 수 없으므로 서신의 검열은 원칙으로 금지된다. 이러한 현행법령과 제도하에서 수형자가 수발하는 서신에 대한 검열로 인하여 수형자의 통신의 비밀이 일부 제한되는 것은 국가안전보장·질서유지 또는 공공복리라는 정당한 목적을 위하여 부득이할 뿐만 아니라 유효적절한 방법에 의한 최소한의 제한이며 통신의 자유의 본질적 내용을 침해하는 것이 아니므로 헌법에 위반된다고 할 수 없다(헌재 1998.8.27. 96헌마398).

④ (○) 심판대상조항은 집필문을 창작하거나 표현하는 것을 금지하거나 이에 대한 허가를 요구하는 조항이 아니라 이미 표현된 집필문을 외부의 특정한 상대방에게 발송할 수 있는지 여부에 대해 규율하는 것이므로, 제한되는 기본권은 헌법 제18조에서 정하고 있는 통신의 자유이다(헌재 2016.5.26. 2013헌바98).

⑤ (○) 수사기관은 위치정보 추적자료를 통해 특정 시간대 정보주체의 위치 및 이동상황에 대한 정보를 취득할 수 있으므로 위치정보 추적자료는 충분한 보호가 필요한 민감한 정보에 해당되는 점, 수사기관의 위치정보 추적자료 제공요청에 대해 법원의 허가를 거치도록 규정하고 있으나 수사의 필요성만을 그 요건으로 하고 있어 절차적 통제마저도 제대로 이루어지기 어려운 현실인 점 등을 고려할 때, 이 사건 요청조항은 과잉금지원칙에 반하여 청구인들의 개인정보자기결정권과 통신의 자유를 침해한다(헌재 2018.6.28. 2012헌마191).

[2022년 국회 8급] ①

통신의 자유에 대한 설명으로 가장 적절하지 않은 것은? (다툼이 있는 경우 판례에 의함)

① 통신비밀보호법 제3조의 규정에 위반하여, 불법검열에 의하여 취득한 우편물이나 그 내용 및 불법감청에 의하여 지득 또는 채록된 전기통신의 내용은 재판 또는 징계절차에서 증거로 사용할 수 없다.

② 통신비밀보호법상 '감청'이란 대상이 되는 전기통신의 송·수신과 동시에 이루어지는 경우만을 의미하고 이미 수신이 완료된 전기통신의 내용을 지득하는 등의 행위는 포함되지 아니한다.

③ 통신제한조치 기간의 연장을 허가함에 있어 총연장기간 내지 총연장횟수의 제한을 두지 아니하고 무제한 연장을 허가할 수 있도록 규정한 통신비밀보호법 중 전기통신에 관한 '통신

제한조치 기간의 연장'에 관한 부분은 과잉금지원칙을 위반하여 통신의 비밀을 침해한다.

④ 피청구인 구치소장이 구치소에 수용 중인 수형자에게 온 서신에 '허가 없이 수수되는 물품'인 녹취서와 사진이 동봉되어 있음을 확인하여 서신수수를 금지하고 발신인인 청구인에게 위 물품을 반송한 것은 과잉금지원칙에 위반되어 청구인의 통신의 자유를 침해한다.

① (○) 통신비밀보호법 제3조(통신 및 대화 비밀의 보호), 제4조(불법검열에 의한 우편물의 내용과 불법감청에 의한 전기통신내용의 증거사용 금지)의 규정에 위반하여, 불법검열에 의하여 취득한 우편물이나 그 내용 및 불법감청에 의하여 지득 또는 채록된 전기통신의 내용은 재판 또는 징계절차에서 증거로 사용할 수 없다.

② (○) 통신비밀보호법 제2조 제7호는 당해 사건에서 문제되고 있는 감청의 개념을 "전기통신에 대하여 당사자의 동의 없이 전자장치·기계장치 등을 사용하여 통신의 음향을 청취하여 그 내용을 지득하는 것"으로 정의하고 있다. 즉 감청은 그 대상에 있어서는 전기통신에 국한되고, 그 방법에 있어서는 당사자의 동의 없이 이루어지며, 그 수단에 있어 일정한 장치, 즉 전자장치·기계장치 등이 사용되고, 그 내용으로서 통신의 음향을 청취하여 그 내용을 지득하는 것이라 할 수 있다. 국어사전의 정의에 의하면 감청은 몰래 엿듣음을 의미한다. 이러한 사전적 정의에 비추어 법에서 정의하고 있는 감청 개념을 살펴보면, 감청은 '몰래 엿듣는' 행위를 기본관념으로 하여 엿듣는 행위의 대상에 있어서는 '전기통신'으로 국한하고, 엿듣는 행위의 수단으로는 '전자장치, 기계장치 등'의 일정한 장치를 사용하는 것으로 한정하며, 엿듣는 행위의 구체적 내용을 '통신의 음향을 청취하여 그 내용을 지득하는 것'으로 구체적으로 표현하고 있다는 점에서, 원칙적으로 법에서 정의되기 전에 일반적으로 사용되는 감청이라는 용어의 의미보다 그 대상과 내용, 수단 등을 더 명료하게 한정하고 있다. 통신비밀보호법은 전기통신의 감청 개념을 더욱 구체화하기 위하여 제2조 제3호 전기통신이라 함은 유선·무선·광선 및 기타의 전자적 방식에 의하여 모든 종류의 음향·문언·부호 또는 영상을 송신하거나 수신하는 것을 말한다(헌재 2004.11.25. 2002헌바85).

③ (○) 통신제한조치기간의 연장을 허가함에 있어 총연장기간 또는 총연장횟수의 제한을 두고 그 최소한의 연장기간 동안 범죄혐의를 입증하지 못하는 경우 통신제한조치를 중단하게 한다고 하여도, 여전히 통신제한조치를 해야 할 필요가 있으면 법원에 새로운 통신제한조치의 허가를 청구할 수 있으므로 이로써 수사목적을 달성하는 데 충분하다. 또한 법원이 실제 통신제한조치의 기간연장절차의 남용을 통제하는 데 한계가 있는 이상 통신제한조치 기간연장에 사법적 통제절차가 있다는 사정만으로는 그 남용으로 인하여 개인의 통신의 비밀이 과도하게 제한되는 것을 막을 수 없다. 그럼에도 통신제한조치기간을 연장함에 있어 법운용자의 남용을 막을 수 있는 최소한의 한계를 설정하지 않은 이 사건 법률조항은 침해의 최소성원칙에 위반한다. 나아가 통신제한조치가 내려진 피의자나 피내사자는 자신이 감청을 당하고 있다는 사실을 모르는 기본권제한의 특성상 방어권을 행사하기 어려운 상태에 있으므로 통신제한조치기간의 연장을 허가함에 있어 총연장기간 또는 총연장횟수의 제한이 없을 경우 수사와 전혀 관계없는 개인의 내밀한 사생활의 비밀이 침해당할 우려도 심히 크기 때문에 기본권 제한의 법익균형성 요건도 갖추지 못하였다. 따라서 이 사건 법률조항은 헌법에 위반된다 할 것이다(헌재 2010.12.28. 2009헌가30).

④ (×) 피청구인 ○○구치소장이 ○○구치소에 수용 중인 수형자에게 온 서신에 '허가 없이 수수되는 물품'인 녹취서와 사진이 동봉되어 있음을 확인하여 서신수수를 금지하고 발신인 청구인에게 위 물품을 반송한 것은 교정사고를 미연에 방지하고 교정시설의 안전과 질서 유지를 위하여 불가피한 측면이 있다. 또한 청구인은 관심대상수용자로 지정된 자이고, 서신에 동봉된 녹취서는 청구인이 원고인 민사사건 증인의 증언을 녹취한 소송서류로서 타인의 실명과 개인정보가 기재되어 있다. 한편, 수용자 사이에 사진을 자유롭게 교환할 수 있도록 하는 경우 각종 교정사고가 발생할 가능성이 있다. 이와 같은 점을 종합적으로 고려하면, 이 사건 반송행위는 과잉금지원칙에 위반되어 청구인의 통신의 자유를 침해하지 않는다(헌재 2019.12.27. 2017헌마413). [2022년 경찰 경정승진] ④

甲은 강도죄를 범하여 유죄의 확정판결을 받고 현재 교도소에 수용 중인 자이다. 甲은 교도소 내의 처우에 불만을 가지고, 이와 관련하여 헌법소원심판을 청구하고자 변호사 乙과의 접견을 신청하였으나, 교도소장 丙은 접견을 불허하였다. 이에 甲은 변호사 乙에게 서신을 발송하고자 하였는데 교도소장 丙은 외부로 반출되는 모든 서신에 대해 봉함하지 않은 상태로 사전에 검사받도록 해 온 교도소 관행에 따라 甲

의 서신도 무봉함 상태로 제출하게 한 후 검열한 끝에 서신 내용을 문제삼아 외부 발송을 거부하였다. 이 사안에 관한 설명 중 가장 적절하지 않은 것은? (다툼이 있는 경우 판례에 의함)

① 이른바 특별권력관계에서도 기본권의 제한은 법률에 근거해야 한다.

② 교도소장 丙의 서신검열행위는 이른바 권력적 사실행위로서 행정심판이나 행정소송의 대상이 되는 행정처분으로 볼 수 있다.

③ 위 사안에서는 검열행위가 이미 완료되어 행정심판이나 행정소송을 제기하더라도 소의 이익이 부정될 수밖에 없으므로 헌법소원심판청구에서의 보충성원칙의 예외에 해당한다.

④ 교도소장 丙이 甲으로 하여금 서신을 봉함하지 않은 상태로 제출하게 한 것은 교도소 내의 규율과 질서를 유지하기 위한 불가피한 조치로서 甲의 통신비밀의 자유를 침해한다고 볼 수 없다.

① (○) ② (○) ③ (○) ④ (×) 사건 법률조항은 수용자의 서신에 금지물품이 들어 있는지 여부에 대한 확인을 교도소장의 재량에 맡기고 있으므로 교도소장의 금지물품 확인이라는 구체적인 집행행위를 매개로 하여 수용자인 청구인의 권리에 영향을 미치게 되는바, 위 법률조항이 청구인의 기본권을 직접 침해한다고 할 수 없다. 이 사건 시행령 조항은 교정시설의 안전과 질서유지, 수용자의 교화 및 사회복귀를 원활하게 하기 위해 수용자가 밖으로 내보내는 서신을 봉함하지 않은 상태로 제출하도록 한 것이나, 이와 같은 목적은 교도관이 수용자의 면전에서 서신에 금지물품이 들어 있는지를 확인하고 수용자로 하여금 서신을 봉함하게 하는 방법, 봉함된 상태로 제출된 서신을 X-ray 검색기 등으로 확인한 후 의심이 있는 경우에만 개봉하여 확인하는 방법, 서신에 대한 검열이 허용되는 경우에만 무봉함 상태로 제출하도록 하는 방법 등으로도 얼마든지 달성할 수 있다고 할 것인바, 위 시행령 조항이 수용자가 보내려는 모든 서신에 대해 무봉함 상태의 제출을 강제함으로써 수용자의 발송 서신 모두를 사실상 검열 가능한 상태에 놓이도록 하는 것은 기본권 제한의 최소 침해성 요건을 위반하여 수용자인 청구인의 통신비밀의 자유를 침해하는 것이다(헌재 2012.2.23. 2009헌마333). [2022년 경찰 경정승진] ④

다음 중 통신의 자유에 관한 설명으로 가장 옳지 않은 것은? (다툼이 있는 경우 판례에 의함)

① 「통신비밀보호법」에 의한 전기통신감청은 통신의 자유를 제한하는 규정이다.

② 통신의 자유는 헌법 제37조 제2항에 따라 국가 안전보장·질서유지 또는 공공복리를 위하여 필요한 경우에 한하여 법률로써 제한할 수 있다.

③ 미결수용자의 일반인에 대한 서신 및 변호인에 대한 서신의 검열은 필요하고 일반적으로 허용된다.

④ 피청구인 교도소장이 구치소에 수용 중인 수형자에게 온 서신에 '허가 없이 수수되는 물품'인 녹취서와 사진이 동봉되어 있음을 확인하여 서신수수를 금지하고 발신인인 청구인에게 위 물품을 반송한 것은 과잉금지원칙에 위반되어 청구인의 통신의 자유를 침해한다.

① (○) 사건 법률조항은 현대 사회에 가장 널리 이용되는 의사소통 수단인 인터넷 통신망을 통해 송·수신하는 전기통신에 대한 감청을 범죄수사를 위한 통신제한조치의 하나로 정하고 있으므로, 일차적으로 헌법 제18조가 보장하는 통신의 비밀과 자유를 제한한다(헌재 2018.8.30. 2016헌마263).

② (○) 헌법 제18조에서 "모든 국민은 통신의 비밀을 침해받지 아니한다"라고 규정하여 통신의 비밀을 침해받지 아니할 권리, 즉

통신의 자유를 국민의 기본권으로 보장하고 있다. 그러나 위와 같은 기본권도 절대적인 것은 아니므로 헌법 제37조 제2항에 따라 국가안전보장·질서유지 또는 공공복리를 위하여 필요한 경우에는 법률로써 제한할 수 있고, 다만 제한하는 경우에도 그 본질적인 내용은 침해할 수 없다(헌재 1998.8.27. 96헌마398).

③ (×) 헌법 제12조 제4항 본문은 신체구속을 당한 사람에 대하여 변호인의 조력을 받을 권리를 규정하고 있는바, 이를 위하여서는 신체구속을 당한 사람에게 변호인과 사이의 충분한 접견교통을 허용함은 물론 교통내용에 대하여 비밀이 보장되고 부당한 간섭이 없어야 하는 것이며, 이러한 취지는 접견의 경우뿐만 아니라 변호인과 미결수용자 사이의 서신에도 적용되어 그 비밀이 보장되어야 할 것이다. 이는 헌법상 보장된 청구인들의 통신의 비밀을 침해받지 아니할 권리와 청구인의 변호인의 조력을 받을 권리를 침해한 것이다(헌재 1995.7.21. 92헌마144).

④ (×) 피청구인 구치소장이 수용 중인 수형자에게 온 서신에 '허가 없이 수수되는 물품'인 녹취서와 사진이 동봉되어 있음을 확인하여 서신수수를 금지하고 발신인인 청구인에게 위 물품을 반송한 것은 교정사고를 미연에 방지하고 교정시설의 안전과 질서 유지를 위하여 불가피한 측면이 있다. 또한 청구인은 관심대상수용자로 지정된 자이고, 서신에 동봉된 녹취서는 청구인이 원고인 민사사건 증인의 증언을 녹취한 소송서류로서 타인의 실명과 개인정보가 기재되어 있다. 한편, 수용자 사이에 사진을 자유롭게 교환할 수 있도록 하는 경우 각종 교정사고가 발생할 가능성이 있다. 이와 같은 점을 종합적으로 고려하면, 이 사건 반송행위는 과잉금지원칙에 위반되어 청구인의 통신의 자유를 침해하지 않는다(헌재 2019.12.27. 2017헌마413). [2022년 해경간부] ③, ④

통신의 비밀과 자유에 대한 설명으로 가장 적절하지 않은 것은? (다툼이 있는 경우 헌법재판소 판례에 의함)

① 전기통신역무제공에 관한 계약을 체결하는 경우 전기통신사업자로 하여금 가입자에게 본인임을 확인할 수 있는 증서 등을 제시하도록 요구하고 부정가입방지시스템 등을 이용하여 본인인지 여부를 확인하도록 규정한 「전기통신사업법」상 조항은 자신들의 인적 사항을 밝히지 않은 채 통신하고자 하는 자들의 통신의 자유를 침해한다.

② 검사 또는 사법경찰관이 수사를 위하여 필요한 경우 「전기통신사업법」에 의한 전기통신사업자에게 위치정보 추적자료의 열람이나 제출을 요청할 수 있도록 하는 「통신비밀보호법」상 조항은 과잉금지원칙에 반하여 정보주체의 통신의 자유를 침해한다.

③ 범죄 수사 목적을 이유로 통신제한조치 허가 대상 중 하나로 정하는 인터넷회선 감청의 경우 그 집행단계나 집행 이후에 수사기관의 권한 남용을 통제하고 관련 기본권의 침해를 최소화하기 위한 제도적 조치가 제대로 마련되지 않은 상태에서는 침해의 최소성 요건을 충족하지 않는다.

④ 미결수용자와 변호인 아닌 자와의 접견내용을 녹음·녹화함으로써 증거인멸이나 형사 법령 저촉 행위의 위험을 방지하고 교정시설 내의 안전과 질서유지에 기여하려는 공익은 미결수용자가 받게 되는 사익의 제한보다 훨씬 크고 중요한 것이므로 법익의 균형성이 인정된다.

① (×) 심판대상조항이 이동통신서비스 가입 시 본인확인절차를 거치도록 함으로써 타인 또는 허무인의 이름을 사용한 휴대전화인 이른바 대포폰이 보이스피싱 등 범죄의 범행도구로 이용되는 것을 막고, 개인정보를 도용하여 타인의 명의로 가입한 다음 휴대전화 소액결제나 서비스요금을 그 명의인에게 전가하는 등 명의도용범죄의 피해를 막고자 하는 입법목적은 정당하고, 이를 위하여 본인확인절차를 거치게 한 것은 적합한 수단이다. 따라서 심판대상조항은 청구인들의 개인정보자기결정권 및 통신의 자유를 침해하지 않는다(헌재 2019.9.26. 2017헌마1209).

② (○) 수사기관은 위치정보 추적자료를 통해 특정 시간대 정보주체의 위치 및 이동상황에 대한 정보를 취득할 수 있으므로 위치정보 추적자료는 충분한 보호가 필요한 민감한 정보에 해당되는 점, 그럼에도 이 사건 요청조항은 수사기관의 광범위한 위치정보 추적자료 제공요청을 허용하여 정보주체의 기본권을 과도하게 제한하는 점, 위치정보 추적자료의 제공요청과 관련하여서는 실시간 위치추적 또는 불특정 다수에 대한 위치추적의 경우 보충성 요건을 추가하거나 대상범죄의 경중에 따라 보충성 요건을 차등적으로 적용함으로써 수사에 지장을 초래하지 않으면서도 정보주체의 기본권을 덜 침해하는 수단이 존재하는 점, 수사기관의 위치정보 추적자료 제공요청에 대해 법원의 허가를 거치도록 규정하고 있으나 수사의 필요성만을 그 요건으로 하고 있어 절차적 통제마저도 제대로 이루어지기 어려운 현실인 점 등을 고려할 때, 이 사건 요청조항은 과잉금지원칙에 반하여 청구인들의 개인정보자기결정권과 통신의 자유를 침해한다(헌재 2018.6.28. 2012헌마191).

③ (○) 사건 법률조항은 인터넷회선 감청의 특성을 고려하여 그 집행 단계나 집행 이후에 수사기관의 권한 남용을 통제하고 관련 기본권의 침해를 최소화하기 위한 제도적 조치가 제대로 마련되어 있지 않은 상태에서, 범죄수사 목적을 이유로 인터넷회선 감청을 통신제한조치 허가 대상 중 하나로 정하고 있으므로 침해의 최소성 요건을 충족한다고 할 수 없다. 그러므로 이 사건 법률조항은 과잉금지원칙에 위반하는 것으로 청구인의 기본권을 침해한다(헌재 2018.8.30. 2016헌마263).

④ (○) 녹음조항에 따라 접견내용이 녹음·녹화되는 경우에는 이를 미리 고지하고 있고, 미결수용자의 특성상 변호인 아닌 자와의 접견내용에 대한 사생활의 비밀 및 통신의 비밀에 대한 제한이 불가피한 점에 비추어 보면, 청구인의 접견내용을 녹음·녹화함으로써 증거인멸이나 형사 법령 저촉 행위의 위험을 방지하고, 교정시설 내의 안전과 질서유지에 기여하려는 공익은 미결수용자가 받게 되는 사익의 제한보다 훨씬 크고 중요한 것이라고 할 것이므로 법익의 균형성도 인정된다. 따라서 이 사건 녹음조항은 과잉금지원칙을 위배하여 청구인의 사생활의 비밀과 자유 및 통신의 비밀을 침해하지 아니한다(헌재 2016.11.24. 2014헌바401). [2023년 경찰간부] ①

통신의 자유에 관한 설명 중 가장 적절하지 않은 것은? (다툼이 있는 경우 판례에 의함)

① 「통신비밀보호법」상 '통신'이라 함은 우편물 및 전기통신을 말한다.

② 전기통신역무제공에 관한 계약을 체결하는 경우 전기통신사업자로 하여금 가입자에게 본인임을 확인할 수 있는 증서 등을 제시하도록 요구하고 부정가입방지시스템 등을 이용하여 본인인지 여부를 확인하도록 한 「전기통신사업법」 조항 및 「전기통신사업법 시행령」 조항은 이동통신서비스에 가입하려는 청구인들의 통신의 비밀을 제한한다.

③ 「통신비밀보호법」 조항 중 '인터넷회선을 통하여 송·수신하는 전기통신'에 관한 부분은 인터넷회선 감청의 특성을 고려하여 그 집행 단계나 집행 이후에 수사기관의 권한 남용을 통제하고 관련 기본권의 침해를 최소화하기 위한 제도적 조치가 제대로 마련되어 있지 않은 상태에서, 범죄수사 목적을 이유로 인터넷회선 감청을 통신제한조치 허가 대상 중 하나로 정하고 있으므로 청구인의 기본권을 침해한다.

④ 미결수용자가 교정시설 내에서 규율위반행위 등을 이유로 금치처분을 받은 경우 금치기간 중 서신수수, 접견, 전화통화를 제한하는 「형의 집행 및 수용자의 처우에 관한 법률」 조항 중 미결수용자에게 적용되는 부분은 미결수용자인 청구인의 통신의 자유를 침해하지 않는다.

① (○) 통신비밀보호법 제2조(정의) 이 법에서 사용하는 용어의 정의는 다음과 같다. 1. 통신이라 함은 우편물 및 전기통신을 말한다.

② (×) 헌법 제18조로 보장되는 기본권인 통신의 자유란 통신수단을 자유로이 이용하여 의사소통할 권리이다. 통신수단의 자유로운 이용에는 자신의 인적 사항을 누구에게도 밝히지 않는 상태로 통신수단을 이용할 자유, 즉 통신수단의 익명성 보장도 포함된다. 심판대상조항은 휴대전화를 통한 문자·전화·모바일 인터넷 등 통신기능을 사용하고자 하는 자에게 반드시 사전에 본인확인 절차를 거치는 데 동의해야만 이를 사용할 수 있도록 하므로, 익명으로 통신하고자 하는 청구인들의 통신의 자유를 제한한다. 반면, 심판대상조항이 통신의 비밀을

제한하는 것은 아니다. 가입자의 인적사항이라는 정보는 통신의 내용·상황과 관계없는 '비 내용적 정보'이며 휴대전화 통신계약 체결 단계에서는 아직 통신수단을 통하여 어떠한 의사소통이 이루어지는 것이 아니므로 통신의 비밀에 대한 제한이 이루어진다고 보기는 어렵기 때문이다(헌재 2019.9.26. 2017헌마1209).

③ (○) 사건 법률조항은 인터넷회선 감청의 특성을 고려하여 그 집행 단계나 집행 이후에 수사기관의 권한 남용을 통제하고 관련 기본권의 침해를 최소화하기 위한 제도적 조치가 제대로 마련되어 있지 않은 상태에서, 범죄수사 목적을 이유로 인터넷회선 감청을 통신제한조치 허가 대상 중 하나로 정하고 있으므로 침해의 최소성 요건을 충족한다고 할 수 없다. 이 사건 법률조항은 과잉금지원칙에 위반하는 것으로 청구인의 기본권을 침해한다(헌재 2018.8.30. 2016헌마263).

④ (○) 금치처분을 받은 미결수용자에 대하여 금치기간 중 서신수수, 접견, 전화통화를 제한하는 것은 대상자를 구속감과 외로움 속에 반성에 전념하게 함으로써 수용시설 내 안전과 질서를 유지하기 위한 것이다. 사건 서신수수·접견·전화통화 제한조항은 청구인의 통신의 자유를 침해하지 아니한다(헌재 2016.4.28. 2012헌마549). [2022년 경찰공채 3월] ②

통신의 비밀과 통신의 자유에 관한 다음 설명 중 가장 옳지 않은 것은?

① 인터넷회선 감청은 타인과의 관계를 전제로 하는 개인의 사적 영역을 보호하려는 헌법 제18조의 통신의 비밀과 자유 외에 헌법 제17조의 사생활의 비밀과 자유도 제한하므로, 인터넷회선 감청을 범죄수사를 위한 통신제한조치 허가 대상으로 정함에 있어서는 과잉금지원칙을 준수하여야 한다.

② 교도소장이 법원, 검찰청 등이 수용자에게 보낸 문서를 열람한 행위는 문서 전달 업무에 정확성을 기하고 수용자의 편의를 도모하여 법령상 기간준수 여부 확인을 위한 공적 자료를 마련하기 위한 것이고, 다른 법령에 따라 열람이 금지된 문서는 열람할 수 없으므로 수용자의 통신의 자유를 침해하지 아니한다.

③ 통신제한조치기간의 연장을 허가함에 있어 총연장기간 또는 총연장횟수의 제한을 두지 아니한 통신비밀보호법 조항은 통신의 비밀을 침해한다.

④ 수용자가 밖으로 내보내는 모든 서신을 봉함하지 않은 상태로 교정시설에 제출하도록 하는 것은 수용자의 통신비밀의 자유를 침해한다.

⑤ 전기통신역무제공에 관한 계약을 체결하는 경우 전기통신 사업자로 하여금 가입자의 인적사항을 확인할 수 있는 증서를 제시하도록 요구하고 부정가입방지시스템을 이용해 본인인지 여부를 확인하도록 한 규정은 익명 가입을 원하는 자의 통신의 자유를 침해한다.

① (○) 인터넷회선 감청은 타인과의 관계를 전제로 하는 개인의 사적 영역을 보호하려는 헌법 제18조의 통신의 비밀과 자유 외에 헌법 제17조의 사생활의 비밀과 자유도 제한하게 된다. 따라서 인터넷회선 감청도 범죄수사를 위한 통신제한조치 허가 대상으로 정한 이 사건 법률조항이 과잉금지원칙에 반하여 피의자 또는 피내사자와 같은 대상자뿐만 아니라 이용자들의 통신 및 사생활의 비밀과 자유를 침해하는지 여부에 대하여 본다. 그러므로 이 사건 법률조항은 과잉금지원칙에 위반하는 것으로 청구인의 기본권을 침해한다(헌재 2018.8.30. 2016헌마263).

② (○) 피청구인의 문서열람행위는 형집행법 시행령 제67조에 근거하여 법원 등 관계기관이 수용자에게 보내온 문서를 열람한 행위로서, 문서 전달 업무에 정확성을 기하고 수용자의 편의를 도모하며 법령상의 기간준수 여부 확인을 위한 공적 자료를 마련하기 위한 것이다. 수용자 스스로 고지하도록 하거나 특별히 엄중한 계호를 요하는 수용자에 한하여 열람하는 등의 방법으로는 목적 달성에 충분하지 않고,

다른 법령에 따라 열람이 금지된 문서는 열람할 수 없으며, 열람한 후에는 본인에게 신속히 전달하여야 하므로, 문서열람행위는 청구인의 통신의 자유를 침해하지 아니한다(헌재 2021.9.30. 2019헌마919).

③ (○) 법원이 실제 통신제한조치의 기간연장절차의 남용을 통제하는데 한계가 있는 이상 통신제한조치 기간연장에 사법적 통제절차가 있다는 사정만으로는 그 남용으로 인하여 개인의 통신의 비밀이 과도하게 제한되는 것을 막을 수 없다. 그럼에도 통신제한조치기간을 연장함에 있어 법운용자의 남용을 막을 수 있는 최소한의 한계를 설정하지 않은 이 사건 법률조항은 침해의 최소성원칙에 위반한다. 그러므로 이 사건 법률조항은 과잉금지원칙에 위반하여 청구인의 통신의 비밀을 침해하였다고 할 것이다(헌재 2010.12.28. 2009헌가30).

④ (○) 시행령 조항이 수용자가 보내려는 모든 서신에 대해 무봉함 상태의 제출을 강제함으로써 수용자의 발송 서신 모두를 사실상 검열 가능한 상태에 놓이도록 하는 것은 기본권 제한의 최소 침해성 요건을 위반하여 수용자인 청구인의 통신비밀의 자유를 침해하는 것이다(헌재 2012.2.23. 2009헌마333).

⑤ (×) 심판대상조항이 이동통신서비스 가입 시 본인확인절차를 거치도록 함으로써 타인 또는 허무인의 이름을 사용한 휴대전화인 이른바 대포폰이 보이스피싱 등 범죄의 범행도구로 이용되는 것을 막고, 개인정보를 도용하여 타인의 명의로 가입한 다음 휴대전화 소액결제나 서비스요금을 그 명의인에게 전가하는 등 명의도용범죄의 피해를 막고자 하는 입법목적은 정당하고, 이를 위하여 본인확인절차를 거치게 한 것은 적합한 수단이다. 따라서 심판대상조항은 청구인들의 개인정보자기결정권 및 통신의 자유를 침해하지 않는다(헌재 2019.9.26. 2017헌마1209). [2022년 법무사] ⑤

통신의 비밀에 대한 설명으로 옳지 않은 것은? (다툼이 있는 경우 판례에 의함)

① 마약류사범인 미결수용자와 변호인이 아닌 접견인 사이의 화상 접견내용이 모두 녹음·녹화된 경우 이는 화상접견시스템이라는 전기통신수단을 이용하여 개인 간의 대화내용을 녹음·녹화하는 것으로 미결수용자의 통신의 비밀을 침해하지 아니한다.

② 인터넷회선 감청은 서버에 저장된 정보가 아니라, 인터넷상에서 발신되어 수신되기까지의 과정 중에 수집되는 정보, 즉 전송 중인 정보의 수집을 위한 수사이므로, 압수·수색에 해당된다.

③ 자유로운 의사소통은 통신내용의 비밀을 보장하는 것만으로는 충분하지 아니하고 구체적인 통신관계의 발생으로 야기된 모든 사실관계, 특히 통신관여자의 인적 동일성, 통신장소, 통신횟수, 통신시간 등 통신의 외형을 구성하는 통신이용의 전반적 상황의 비밀까지도 보장한다.

④ 수사를 위하여 필요한 경우 수사기관으로 하여금 법원의 허가를 얻어 전기통신사업자에게 특정 시간대 특정 기지국에서 발신된 모든 전화번호의 제공을 요청할 수 있도록 하는 것은 그 통신서비스 이용자의 개인정보자기결정권과 통신의 자유를 침해한다.

① (○) 사건 녹음조항은 수용자의 증거인멸의 가능성 및 추가범죄의 발생 가능성을 차단하고, 교정시설 내의 안전과 질서유지를 위한 것으로 목적의 정당성이 인정되며, 수용자는 증거인멸 또는 형사 법령 저촉 행위를 할 경우 쉽게 발각될 수 있다는 점을 예상하여 이를 억제하게 될 것이므로 수단의 적합성도 인정된다. 미결수용자는 접견 시 지인 등을 통해 자신의 범죄에 대한 증거를 인멸할 가능성이 있고, 마약류사범의 경우 그 중독성으로 인하여 교정시설 내부로 마약을 반입하여 복용할 위험성도 있으므로 교정시설 내의 안전과 질서를 유지할 필요성은 매우 크다. 또한, 교정시설의 장은 미리 접견내용의 녹음 사실 등을 고지하며, 접견기록물의 엄격한 관리를 위한 제도적 장치도 마련되어 있는 점 등을 고려할 때 침해의 최소성 요건도 갖추고 있다. 나아가 청구인의 접견내용을 녹음·녹화함으로써 증거인멸이나 형사 법령 저촉 행위의 위험을 방지하고, 교정시설 내의 안전과 질서유지에 기여하려는 공익은 미결수용자가 받게 되는 사익의 제한보다 훨씬 크고

중요하므로 법익의 균형성도 인정된다. 따라서 이 사건 녹음조항은 과잉금지원칙에 위배되어 청구인의 사생활의 비밀과 자유 및 통신의 비밀을 침해하지 아니한다(헌재 2016.11.24. 2014헌바401).

② (×) 인터넷회선 감청은 검사가 법원의 허가를 받으면, 피의자 및 피내사자에 해당하는 감청대상자나 해당 인터넷회선의 가입자의 동의나 승낙을 얻지 아니하고도, 전기통신사업자의 협조를 통해 해당 인터넷회선을 통해 송·수신되는 전기통신에 대해 감청을 집행함으로써 정보주체의 기본권을 제한할 수 있으므로, 법이 정한 강제처분에 해당한다. 또한 인터넷회선 감청은 서버에 저장된 정보가 아니라, 인터넷상에서 발신되어 수신되기까지의 과정 중에 수집되는 정보, 즉 전송 중인 정보의 수집을 위한 수사이므로, 압수·수색과 구별된다(헌재 2018.8.30. 2016헌마263).

③ (○) 자유로운 의사소통은 통신내용의 비밀을 보장하는 것만으로는 충분하지 아니하고 구체적인 통신관계의 발생으로 야기된 모든 사실관계, 특히 통신관여자의 인적 동일성, 통신장소, 통신횟수, 통신시간 등 통신의 외형을 구성하는 통신이용의 전반적 상황의 비밀까지도 보장한다(헌재 2018.6.28. 2012헌마191).

④ (○) 수사의 필요성이 있는 경우 기지국수사를 허용한 통신비밀보호법 조항은 과잉금지원칙에 위반하여 개인정보자기결정권 및 통신의 자유를 침해한다(헌재 2018.6.28. 2012헌마538). 위 조항들에 대하여 단순위헌결정을 하는 대신 헌법불합치결정을 선고하되, 2020.3.31.을 시한으로 입법자가 이들 조항의 위헌성을 제거하고 합리적인 내용으로 법률을 개정할 때까지 이들 조항이 계속 적용되도록 할 필요가 있다.

[2019년 지방 7급] ②

통신의 자유에 대한 설명으로 옳은 것은? (다툼이 있는 경우 판례에 의함)

① 금치처분을 받은 수형자에 대하여 서신 수수를 제한하는 것은 징벌실 수용에 따른 격리에 추가하여 통신의 제한을 더하는 것이므로 이는 수형자의 통신의 자유를 침해한다.

② 화상접견시스템이라는 전기통신수단을 이용하여 마약류사범인 미결수용자와 변호인이 아닌 접견인 사이의 접견내용을 모두 녹음·녹화하는 것은 미결수용자의 통신의 비밀을 침해하지 않는다.

③ 「통신비밀보호법」상의 감청은 그 대상이 되는 전기통신의 송·수신과 동시에 이루어지는 경우뿐 아니라 이미 수신이 완료된 전기통신의 내용을 지득하는 등의 행위를 포함한다.

④ 불법감청에 의하여 지득 또는 채록된 전기통신의 내용은 재판절차에서 증거로 사용될 수 없으나 징계절차에서는 증거로 사용할 수 있다.

⑤ 수사기관의 인터넷 회선 감청을 다른 감청과 달리 별도의 제한절차 없이 허용하는 것은 오늘날 정보화 사회에서 날로 지능화되는 범죄 수사를 위해 불가피하므로 헌법에 위반된다고 할 수 없다.

① (×) 금치 징벌의 목적 자체가 징벌실에 수용하고 엄격한 격리에 의하여 개전을 촉구하고자 하는 것이므로 접견·서신수발의 제한은 불가피하며, 행형법시행령 제145조 제2항은 금치 기간 중의 접견·서신수발을 금지하면서도, 그 단서에서 소장으로 하여금 교화 또는 처우상 특히 필요하다고 인정되는 때에는 금치 기간 중이라도 접견·서신수발을 허가할 수 있도록 예외를 둠으로써 과도한 규제가 되지 않도록 조치하고 있으므로, 행형법시행령 제145조 제2항의 금치 수형자에 대한 접견·서신수발의 제한은 국가안전보장·질서유지 또는 공공복리라는 정당한 목적을 위한 필요·최소한의 제한으로서 수형자의 교통·통신의 권리를 과도하게 제한하는 것이 아니다(헌재 2004.12.16. 2002헌마478).

② (○) 사건 녹음조항은 수용자의 증거인멸의 가능성 및 추가범죄의 발생 가능성을 차단하고, 교정시설 내의 안전과 질서유지를 위한 것으로 목적의 정당성이 인정되며, 수용자는 증거인멸 또는 형사 법령 저촉 행위를 할 경우 쉽게 발각될 수 있다는 점을 예상하여 이를 억제하게

될 것이므로 수단의 적합성도 인정된다. 따라서 이 사건 녹음조항은 과잉금지원칙에 위배되어 청구인의 사생활의 비밀과 자유 및 통신의 비밀을 침해하지 아니한다(헌재 2016.11.24. 2014헌바401).

③ (×) 해당 규정의 문언이 송신하거나 수신하는 전기통신 행위를 감청의 대상으로 규정하고 있을 뿐 송·수신이 완료되어 보관 중인 전기통신 내용은 그 대상으로 규정하지 않은 점, 일반적으로 감청은 다른 사람의 대화나 통신 내용을 몰래 엿듣는 행위를 의미하는 점 등을 고려하여 보면, 통신비밀보호법상의 감청이란 그 대상이 되는 전기통신의 송·수신과 동시에 이루어지는 경우만을 의미하고, 이미 수신이 완료된 전기통신의 내용을 지득하는 등의 행위는 포함되지 않는다(대법원 2012.10.25. 2012도4644).

④ (×) 통신비밀보호법 제4조(불법검열에 의한 우편물의 내용과 불법감청에 의한 전기통신내용의 증거사용 금지) 제3조(통신 및 대화비밀의 보호)의 규정에 위반하여, 불법검열에 의하여 취득한 우편물이나 그 내용 및 불법감청에 의하여 지득 또는 채록된 전기통신의 내용은 재판 또는 징계절차에서 증거로 사용할 수 없다.

⑤ (×) 사건 법률조항은 인터넷회선 감청의 특성을 고려하여 그 집행 단계나 집행 이후에 수사기관의 권한 남용을 통제하고 관련 기본권의 침해를 최소화하기 위한 제도적 조치가 제대로 마련되어 있지 않은 상태에서, 범죄수사 목적을 이유로 인터넷회선 감청을 통신제한조치 허가 대상 중 하나로 정하고 있으므로 침해의 최소성 요건을 충족한다고 할 수 없다. 이러한 여건 하에서 인터넷회선의 감청을 허용하는 것은 개인의 통신 및 사생활의 비밀과 자유에 심각한 위협을 초래하게 되므로 이 사건 법률조항으로 인하여 달성하려는 공익과 제한되는 사익 사이의 법익 균형성도 인정되지 아니한다. 그러므로 이 사건 법률조항은 과잉금지원칙에 위반하는 것으로 청구인의 기본권을 침해한다(헌재 2018.8.30. 2016헌마263).

[2022년 국회 5급] ②

헌법 제18조(통신의 자유)에 관한 다음 설명 중 가장 옳지 않은 것은?

① 통신의 비밀이란 서신·우편·전신의 통신수단을 통하여 개인 간에 의사나 정보의 전달과 교환이 이루어지는 경우, 통신의 내용과 통신이용의 상황이 개인의 의사에 반하여 공개되지 아니할 자유를 의미하므로, 휴대전화 통신계약 체결 단계에서는 아직 통신의 비밀에 대한 제한이 이루어진다고 보기 어렵다.

② 통신의 자유란 통신수단을 자유로이 이용하여 의사소통할 권리이고, 이러한 '통신수단의 자유로운 이용'에는 자신의 인적사항을 누구에게도 밝히지 않는 상태로 통신수단을 이용할 자유, 즉 통신수단의 익명성 보장도 포함된다.

③ 전기통신역무 제공에 관한 계약을 체결하는 경우 전기통신 사업자로 하여금 가입자에게 본인임을 확인할 수 있는 증서 등을 제시하도록 요구하고 부정가입방지시스템 등을 이용하여 본인인지 여부를 확인하도록 한 전기통신사업법령 조항들은 휴대전화를 통한 문자·전화·모바일 인터넷 등 통신기능을 사용하고자 하는 자에게 반드시 사전에 본인확인 절차를 거치는 데 동의해야만 이를 사용할 수 있도록 하므로, 익명으로 통신하고자 하는 청구인들의 통신의 자유를 침해한다.

④ 육군 신병훈련소에서 교육훈련을 받는 동안 전화사용을 통제하는 내용의 육군 신병교육 지침서 부분은 신병교육훈련생들의 통신의 자유를 침해하지 않는다.

① (○) 통신의 비밀이란 서신·우편·전신의 통신수단을 통하여 개인 간에 의사나 정보의 전달과 교환(의사소통)이 이루어지는 경우, 통신의 내용과 통신이용의 상황이 개인의 의사에 반하여 공개되지 아니할 자유를 의미한다. 그러나 가입자의 인적사항이라는 정보는 통신의 내용·상황과 관계없는 '비 내용적 정보'이며 휴대전화 통신계약 체결 단계에서는 아직 통신수단을 통하여 어떠한 의사소통이 이루어지는

것이 아니므로 통신의 비밀에 대한 제한이 이루어진다고 보기는 어렵다. 심판대상조항은 가입자의 개인정보에 대한 제공·이용 여부를 스스로 결정할 권리를 제한하고 있으므로, 개인정보자기결정권을 제한한다(헌재 2019.9.26. 2017헌마1209).

② (○) 헌법 제18조로 보장되는 기본권인 통신의 자유란 통신수단을 자유로이 이용하여 의사소통할 권리이다. '통신수단의 자유로운 이용'에는 자신의 인적 사항을 누구에게도 밝히지 않는 상태로 통신수단을 이용할 자유, 즉 통신수단의 익명성 보장도 포함된다. 심판대상조항은 휴대전화를 통한 문자·전화·모바일 인터넷 등 통신기능을 사용하고자 하는 자에게 반드시 사전에 본인확인 절차를 거치는 데 동의해야만 이를 사용할 수 있도록 하므로, 익명으로 통신하고자 하는 청구인들의 통신의 자유를 제한한다(헌재 2019.9.26. 2017헌마1209).

③ (×) 심판대상조항이 이동통신서비스 가입 시 본인확인절차를 거치도록 함으로써 타인 또는 허무인의 이름을 사용한 휴대전화인 이른바 대포폰이 보이스피싱 등 범죄의 범행도구로 이용되는 것을 막고 개인정보를 도용하여 타인의 명의로 가입한 다음 휴대전화 소액결제나 서비스요금을 그 명의인에게 전가하는 등 명의도용범죄의 피해를 막고자 하는 입법목적은 정당하고, 이를 위하여 본인확인절차를 거치게 한 것은 적합한 수단이다. 개인정보자기결정권, 통신의 자유가 제한되는 불이익과 비교했을 때, 명의도용피해를 막고 차명휴대전화의 생성을 억제하여 보이스피싱 등 범죄의 범행도구로 악용될 가능성을 방지함으로써 잠재적 범죄 피해 방지 및 통신망 질서 유지라는 더욱 중대한 공익의 달성효과가 인정된다. 따라서 심판대상 조항은 청구인들의 개인정보자기결정권 및 통신의 자유를 침해하지 않는다(헌재 2019.9.26. 2017헌마1209).

④ (○) 사건 지침은 신병교육훈련을 받고 있는 군인의 통신의 자유를 제한하고 있으나, 신병들을 군인으로 육성하고 교육훈련과 병영생활에 조속히 적응시키기 위하여 신병교육기간에 한하여 신병의 외부 전화통화를 통제한 것이다. 이 사건 지침에서 신병교육훈련기간 동안 전화사용을 하지 못하도록 정하고 있는 규율이 청구인을 포함한 신병교육훈련생들의 통신의 자유 등 기본권을 필요한 정도를 넘어 과도하게 제한하는 것이라고 보기 어렵다(헌재 2010.10.28. 2007헌마890). [2020년 법원 9급] ③

통신의 자유에 대한 설명으로 가장 적절하지 않은 것은? (다툼이 있는 경우 대법원 및 헌법재판소 판례에 의함)

① 통신사실 확인자료 제공요청은 「통신비밀보호법」이 정한 수사기관의 강제처분이므로 영장주의가 적용된다.

② 「통신비밀보호법」상 '감청'이란 대상이 되는 전기통신의 송·수신과 동시에 이루어지는 경우만을 의미하고, 이미 수신이 완료된 전기통신의 내용을 지득하는 등의 행위는 포함되지 않는다.

③ 인터넷회선 감청은 서버에 저장된 정보가 아니라, 인터넷상에서 발신되어 수신되기까지의 과정 중에 수집되는 정보, 즉 전송 중인 정보의 수집을 위한 수사이므로, 압수·수색과 구별되지 않는다.

④ 누구든지 공개되지 아니한 타인간의 대화를 녹음하거나 전자장치 또는 기계적 수단을 이용하여 청취할 수 없다.

① (○) 통신사실 확인자료 제공요청은 수사 또는 내사의 대상이 된 가입자 등의 동의나 승낙을 얻지 아니하고도 공공기관이 아닌 전기통신사업자를 상대로 이루어지는 것으로 통신비밀보호법이 정한 수사기관의 강제처분이다. 이러한 통신사실 확인자료 제공요청과 관련된 수사기관의 권한남용 및 그로 인한 정보주체의 기본권 침해를 방지하기 위해서는 법원의 통제를 받을 필요가 있으므로, 통신사실 확인자료 제공요청에는 헌법상 영장주의가 적용된다. 수사기관이 위치정보 추적자료의 제공을 요청한 경우 법원의 허가를 받도록 하고 있는 이 사건 허가조항은 영장주의에 위배된다고 할 수 없다(헌재 2018.6.28. 2012헌마191).

② (○) 해당 규정의 문언이 송신하거나 수신하는 전기통신 행위를 감청의 대상으로 규정하고 있을 뿐 송·수신이 완료되어 보관 중인 전기통신 내용은 그 대상으로 규정하지 않은 점, 일반적으로 감청은 다른 사람의 대화나 통신 내용을 몰래 엿듣는 행위를 의미하는 점 등을 고려하여 보면, 통신비밀보호법상의 "감청"이란 그 대상이 되는 전기통신의 송·수신과 동시에 이루어지는 경우만을 의미하고, 이미 수신이 완료된

전기통신의 내용을 지득하는 등의 행위는 포함되지 않는다(대법원 2012.10.25. 2012도4644).

③ (×) 인터넷회선 감청은 검사가 법원의 허가를 받으면, 피의자 및 피내사자에 해당하는 감청대상자나 해당 인터넷회선의 가입자의 동의나 승낙을 얻지 아니하고도, 전기통신사업자의 협조를 통해 해당 인터넷회선을 통해 송·수신되는 전기통신에 대해 감청을 집행함으로써 정보주체의 기본권을 제한할 수 있으므로, 법이 정한 강제처분에 해당한다. 또한 인터넷회선 감청은 서버에 저장된 정보가 아니라, 인터넷상에서 발신되어 수신되기까지의 과정 중에 수집되는 정보, 즉 전송 중인 정보의 수집을 위한 수사이므로, 압수·수색과 구별된다. 이 사건 법률조항은 과잉금지원칙에 위반하는 것으로 청구인의 기본권을 침해한다(헌재 2018.8.30. 2016헌마263).

④ (○) 통신비밀보호법 제14조(타인의 대화비밀 침해금지) ①누구든지 공개되지 아니한 타인간의 대화를 녹음하거나 전자장치 또는 기계적 수단을 이용하여 청취할 수 없다. [2022년 경찰간부] ③

통신의 자유에 대한 설명으로 옳지 않은 것은? (다툼이 있는 경우 판례에 의함)

① 미결수용자가 교정시설 내에서 규율위반 행위를 이유로 금치처분을 받은 경우 금치기간 중 서신수수·접견·전화통화를 제한하는 것은 통신의 자유를 침해하지 아니한다.

② 국가기관의 감청설비 보유·사용에 대한 관리와 통제를 위한 법적·제도적 장치가 마련되어 있을지라도, 국가기관이 인가 없이 감청설비를 보유·사용할 수 있다는 사실만 가지고 바로 국가기관에 의한 통신비밀 침해행위를 예상할 수 있으므로 국가기관이 감청설비의 보유 및 사용에 있어서 주무장관의 인가를 받지 않아도 된다는 것은 통신의 자유를 침해한다.

③ 신병훈련소에서 교육훈련을 받는 동안 신병의 전화사용을 통제하는 육군 신병교육지침서는 통신의 자유를 필요한 정도를 넘어 과도하게 제한하고 있는 것은 아니다.

④ 수사기관이 아닌 사인이 공개되지 아니한 타인 간의 대화를 비밀 녹음한 녹음테이프에 대한 검증조서의 증거능력은 인정되지 않는다.

① (○) 금치처분을 받은 미결수용자에 대하여 금치기간 중 서신수수·접견·전화통화를 제한하는 것은 대상자를 구속감과 외로움 속에 반성에 전념하게 함으로써 수용시설 내 안전과 질서를 유지하기 위한 것이다. 따라서 이 사건 서신수수·접견·전화통화 제한조항은 청구인의 통신의 자유를 침해하지 아니한다(헌재 2016.4.28. 2012헌마549).

② (×) 사건 법률조항에서 사인이 감청설비를 제조·수입·판매 등을 하기 위해서는 정보통신부장관의 인가를 받도록 규정한 것은 사인에 의한 통신비밀 침해행위를 사전에 예방하기 위한 것이다. 국가기관의 경우에는 감청설비의 보유 및 사용이 당해 기관 내·외부기관에 의하여 관리·감독되고, 사인에 대한 통신비밀 침해행위를 통제하기 위한 여러 가지 법률적 장치들이 법에 마련되어 있다. 이와 같이 국가기관의 감청설비 보유·사용에 대한 관리와 통제를 위한 법적·제도적 장치가 마련되어 있으므로, 국가기관이 인가 없이 감청설비를 보유·사용할 수 있다는 사실만 가지고 바로 국가기관에 의한 통신비밀 침해행위를 용이하게 하는 결과를 초래함으로써 통신의 자유를 침해한다고 볼 수는 없다(헌재 2001.3.21. 2000헌바25).

③ (○) 사건 지침은 신병교육훈련을 받고 있는 군인의 통신의 자유를 제한하고 있으나, 신병들을 군인으로 육성하고 교육훈련과 병영생활에 조속히 적응시키기 위하여 신병교육기간에 한하여 신병의 외부 전화통화를 통제한 것이다. 이 사건 지침에서 신병교육훈련기간 동안 전화사용을 하지 못하도록 정하고 있는 규율이 청구인을 포함한 신병교육훈련생들의 통신의 자유 등 기본권을 필요한 정도를 넘어 과도하게 제한하는 것이라고 보기 어렵다(헌재 2010.10.28. 2007헌마890).

④ (○) 녹음테이프 검증조서의 기재 중 피고인과 공소외인 간의 대화를 녹음한 부분은 공개되지 아니한 타인간의 대화를 녹음한 것이므로 통신비밀보호법 제14조 제2항 및 제4조의 규정에 의하여 그 증거능력이 없고, 피고인들 간의 전화통화를 녹음한 부분은 피고인의 동의 없이 불법 감청한 것이므로 위 법 제4조에 의하여 그 증거능력이 없다(대법원 2001.10.9. 2001도3106). [2016년 국가 7급] ②

통신의 자유 및 개인정보자기결정권에 관한 설명으로 가장 적절하지 않은 것은? (다툼이 있는 경우 판례에 의함)

① 개인정보자기결정권은 자신에 관한 정보가 언제 누구에게 어느 범위까지 알려지고 또 이용되도록 할 것인지를 그 정보주체가 스스로 결정할 수 있는 권리이다.

② 통신의 자유란 통신수단을 자유로이 이용하여 의사소통할 권리이다.

③ 자유로운 의사소통은 통신내용의 비밀을 보장하는 것만으로 충분하다.

④ 통신의 비밀이란 서신·우편·전신의 통신수단을 통하여 개인 간에 의사나 정보의 전달과 교환(의사소통)이 이루어지는 경우, 통신의 내용과 통신이용의 상황이 개인의 의사에 반하여 공개되지 아니할 자유를 의미한다.

① (○) 개인정보자기결정권은 자신에 관한 정보가 언제 누구에게 어느 범위까지 알려지고 또 이용되도록 할 것인지를 그 정보주체가 스스로 결정할 수 있는 권리로서, 헌법 제10조 제1문에서 도출되는 일반적 인격권 및 헌법 제17조의 사생활의 비밀과 자유에 의하여 보장된다. 개인정보를 대상으로 한 조사·수집·보관·처리·이용 등의 행위는 모두 원칙적으로 개인정보자기결정권에 대한 제한에 해당한다(헌재 2018.8.30. 2016헌마483).

② (○) 헌법 제18조로 보장되는 기본권인 통신의 자유란 통신수단을 자유로이 이용하여 의사소통할 권리이다. 통신수단의 자유로운 이용에는 자신의 인적 사항을 누구에게도 밝히지 않는 상태로 통신수단을 이용할 자유, 즉 통신수단의 익명성 보장도 포함된다(헌재 2019.9.26. 2017헌마1209).

③ (×) 자유로운 의사소통은 통신내용의 비밀을 보장하는 것만으로는 충분하지 아니하고 구체적인 통신으로 발생하는 외형적인 사실관계, 특히 통신관여자의 인적 동일성·통신시간·통신장소·통신횟수 등 통신의 외형을 구성하는 통신이용의 전반적 상황의 비밀까지도 보장해야 한다(헌재 2018.6.28. 2012헌마191).

④ (○) 통신의 비밀이란 서신·우편·전신의 통신수단을 통하여 개인 간에 의사나 정보의 전달과 교환(의사소통)이 이루어지는 경우, 통신의 내용과 통신이용의 상황이 개인의 의사에 반하여 공개되지 아니할 자유를 의미한다. 그러나 가입자의 인적사항이라는 정보는 통신의 내용·상황과 관계없는 '비 내용적 정보'이며 휴대전화 통신계약 체결 단계에서는 아직 통신수단을 통하여 어떠한 의사소통이 이루어지는 것이 아니므로 통신의 비밀에 대한 제한이 이루어진다고 보기는 어렵다(헌재 2019.9.26. 2017헌마1209). [2023년 경찰경채] ③

통신의 자유에 대한 설명으로 가장 적절하지 않은 것은? (다툼이 있는 경우 판례에 의함)

① 육군 신병훈련소에서 교육훈련을 받는 동안 전화사용을 통제하는 육군 신병교육 지침서 규정은 신병교육훈련생들의 통신의 자유를 침해하지 않는다.

② 통신의 자유란 통신수단을 자유로이 이용하여 의사소통할 권리이고, 이러한 '통신수단의 자유로운 이용'에는 자신의 인적사항을 누구에게도 밝히지 않는 상태로 통신수단을 이용할 자유, 즉 통신수단의 익명성 보장도 포함된다.

③ 수용자가 국가기관에 서신을 발송할 경우에 교도소장의 허가를 받도록 하는 것은 통신비밀의 자유를 침해하지 않는다.

④ 검사, 사법경찰관 또는 정보수사기관의 장은 중대한 범죄의 계획이나 실행 등 긴박한 상황에 있는 경우 반드시 법원의 사전허가를 받아 통신제한조치를 하여야 한다.

① (○) 사건 지침은 신병교육훈련을 받고 있는 군인의 통신의 자유를 제한하고 있으나, 신병들을 군인으로 육성하고 교육훈련과 병영생활에 조속히 적응시키기 위하여 신병교육기간에 한하여 신병의 외부 전화통화를 통제한 것이다. 이 사건 지침에서 신병교육훈련기간 동안 전화사용을 하지 못하도록 정하고 있는 규율이 청구인을 포함한 신병교육훈련생들의 통신의 자유 등 기본권을 필요한 정도를 넘어 과도하게 제한하는 것이라고 보기 어렵다(헌재 2010.10.28. 2007헌마890).

② (○) 헌법 제18조 통신의 자유란 통신수단을 자유로이 이용하여 의사소통할 권리이다. 통신수단의 자유로운 이용에는 자신의 인적 사항을 누구에게도 밝히지 않는 상태로 통신수단을 이용할 자유, 즉 통신수단의 익명성 보장도 포함된다. 심판대상조항은 휴대전화를 통한 문자·전화·모바일 인터넷 등 통신기능을 사용하고자 하는 자에게 반드시 사전에 본인확인 절차를 거치는 데 동의해야만 이를 사용할 수 있도록 하므로, 익명으로 통신하고자 하는 청구인들의 통신의 자유를 제한한다(헌재 2019.9.26. 2017헌마1209).

③ (○) 만약 국가기관과 사인에 대한 서신을 따로 분리하여 사인에 대한 서신의 경우에만 검열을 실시하고, 국가기관에 대한 서신의 경우에는 검열을 하지 않는다면 사인에게 보낼 서신을 국가기관의 명의를 빌려 검열 없이 보낼 수 있게 됨으로써 검열을 거치지 않고 사인에게 서신을 발송하는 탈법수단으로 이용될 수 있게 되므로 수용자의 서신에 대한 검열은 국가안전보장·질서유지 또는 공공복리라는 정당한 목적을 위하여 부득이 할 뿐만 아니라 유효적절한 방법에 의한 최소한의 제한이며, 통신비밀의 자유의 본질적 내용을 침해하는 것이 아니어서 헌법에 위반된다고 할 수 없다(헌재 2001.11.29. 99헌마713).

④ (×) 통신비밀보호법 제8조(긴급통신제한조치) ①검사, 사법경찰관 또는 정보수사기관의 장은 국가안보를 위협하는 음모행위, 직접적인 사망이나 심각한 상해의 위험을 야기할 수 있는 범죄 또는 조직범죄 등 중대한 범죄의 계획이나 실행 등 긴박한 상황에 있고 제5조 제1항 또는 제7조 제1항 제1호의 규정에 의한 요건을 구비한 자에 대하여 제6조 또는 제7조 제1항 및 제3항의 규정에 의한 절차를 거칠 수 없는 긴급한 사유가 있는 때에는 법원의 허가 없이 통신제한조치를 할 수 있다. [2021년 경찰 경정승진] ④

통신의 자유 및 개인정보자기결정권에 대한 설명으로 옳지 않은 것은? (다툼이 있는 경우 판례에 의함)

① 신병교육기간 동안 신병들의 전화사용을 통제하는 것은 헌법 제18조가 보장하는 통신의 자유를 제한한다.

② 인터넷회선 감청은 인터넷회선을 통하여 흐르는 전기신호 형태의 패킷을 중간에 확보한 다음 재조합기술을 거쳐 그 내용을 파악하는 패킷감청의 방식으로 이루어지는 것으로서 개인의 통신 및 사생활의 비밀과 자유를 제한한다.

③ 지문은 그 정보주체를 타인으로부터 식별 가능하게 하는 개인정보이므로, 시장·군수 또는 구청장이 개인의 지문정보를 수집하고, 경찰청장이 이를 보관·전산화하여 범죄수사목적에 이용하는 것은 모두 개인정보자기결정권을 제한한다.

④ 개인정보자기결정권의 보호대상이 되는 개인정보는 반드시 개인의 내밀한 영역이나 사사(私事)의 영역에 속하는 정보에 국한되지 않고 공적 생활에서 형성되었거나 이미 공개된 개인정보까지 포함한다.

⑤ 디엔에이감식자료 채취 대상자가 수형인인 경우 사망할 때까지 디엔에이신원확인정보를 데이터베이스에 수록, 관리할 수 있도록 규정한 법률조항은 개인정보자기결정권을 침해하여 위헌이다.

① (○) 사건 지침은 신병교육훈련을 받고 있는 군인의 통신의 자유를 제한하고 있으나, 신병들을 군인으로 육성하고 교육훈련과 병영생활에 조속히 적응시키기 위하여 신병교육기간에 한하여 신병의 전화통화를 통제한 것이다. 이 사건 지침에서 신병교육훈련기간 동안 전화사용을

하지 못하도록 정하고 있는 규율이 청구인을 포함한 신병교육훈련생들의 통신의 자유 등 기본권을 필요한 정도를 넘어 과도하게 제한하는 것이라고 보기 어렵다(헌재 1994.6.30. 92헌가18).

② (○) 인터넷회선 감청은 인터넷회선을 통하여 흐르는 전기신호 형태의 '패킷'을 중간에 확보한 다음 재조합 기술을 거쳐 그 내용을 파악하는 이른바 '패킷감청'의 방식으로 이루어진다. 따라서 이를 통해 개인의 통신뿐만 아니라 사생활의 비밀과 자유가 제한된다. 이 사건 법률조항은 인터넷회선 감청의 특성을 고려하여 그 집행 단계나 집행 이후에 수사기관의 권한 남용을 통제하고 관련기본권의 침해를 최소화하기 위한 제도적 조치가 제대로 마련되어 있지 않은 상태에서, 범죄수사 목적을 이유로 인터넷회선 감청을 통신제한조치 허가 대상 중 하나로 정하고 있으므로 침해의 최소성 요건을 충족한다고 할 수 없다. 그러므로 이 사건 법률조항은 과잉금지원칙에 위반하는 것으로 청구인의 기본권을 침해한다(헌재 2018.8.30. 2016헌마263).

③ (○) 개인정보자기결정권은 자신에 관한 정보가 언제 누구에게 어느 범위까지 알려지고 또 이용되도록 할 것인지를 그 정보주체가 스스로 결정할 수 있는 권리, 즉 정보주체가 개인정보의 공개와 이용에 관하여 스스로 결정할 권리를 말하는바, 개인의 고유성·동일성을 나타내는 지문은 그 정보주체를 타인으로부터 식별 가능하게 하는 개인정보이므로, 시장·군수 또는 구청장이 개인의 지문정보를 수집하고, 경찰청장이 이를 보관·전산화하여 범죄수사목적에 이용하는 것은 모두 개인정보자기결정권을 제한한다(헌재 2005.5.26. 9헌마513).

④ (○) 개인정보자기결정권의 보호대상이 되는 개인정보는 개인의 신체, 신념, 사회적 지위, 신분 등과 같이 개인의 인격주체성을 특징짓는 사항으로서 그 개인의 동일성을 식별할 수 있게 하는 일체의 정보라고 할 수 있고, 반드시 개인의 내밀한 영역이나 사사(私事)의 영역에 속하는 정보에 국한되지 않고 공적 생활에서 형성되었거나 이미 공개된 개인정보까지 포함한다. 또한 그러한 개인정보를 대상으로 한 조사·수집·보관·처리·이용 등의 행위는 모두 원칙적으로 개인정보자기결정권에 대한 제한에 해당한다(헌재 2005.5.26. 99헌마513).

⑤ (×) 재범의 위험성이 높은 범죄를 범한 수형인 등은 생존하는 동안 재범의 가능성이 있으므로, 디엔에이신원확인정보를 수형인 등이 사망할 때까지 관리하여 범죄 수사 및 예방에 이바지하고자 하는 이 사건 삭제조항은 입법목적의 정당성과 수단의 적절성이 인정된다. 디엔에이신원확인정보를 범죄수사 등에 이용함으로써 달성할 수 있는 공익의 중요성에 비하여 청구인의 불이익이 크다고 보기 어려워 법익균형성도 갖추었다. 따라서 이 사건 삭제조항이 과도하게 개인정보자기결정권을 침해한다고 볼 수 없다(헌재 2014.8.28. 2011헌마28).

[2019년 국회 9급] ⑤

제5장 정신적 기본권

제1절 양심의 자유

정신적 자유에 관한 설명으로 가장 적절하지 않은 것은? (다툼이 있는 경우 판례에 의함)

① '양심의 자유'가 보장하고자 하는 '양심'은 개인적 현상으로서 지극히 주관적인 것으로 그 대상이나 내용 또는 동기에 의하여 판단될 수 없으며, 특히 양심상의 결정이 이성적·합리적인가, 타당한가 또는 법질서나 사회규범, 도덕률과 일치하는가 하는 관점은 양심의 존재를 판단하는 기준이 될 수 없다.

② 현역입영 또는 소집 통지서를 받은 사람이 정당한 사유 없이 입영일이나 소집일부터 3일이 지나도 입영하지 아니하거나 소집에 응하지 아니한 경우를 처벌하는 「병역법」 처벌조항은 과잉금지원칙을 위반하여 양심적 병역거부자의 양심의 자유를 침해한다.

③ 종교전파의 자유는 누구에게나 자신의 종교 또는 종교적 확신을 알리고 선전하는 자유를 말하지만, 이러한 종교전파의 자유에는 국민에게 그가 선택한 임의의 장소에서 자유롭게 행사할 수 있는 권리까지 보장한다고 할 수 없다.

④ 육군훈련소장이 훈련병에게 개신교, 불교, 천주교, 원불교 종교행사 중 하나에 참석하도록 한 것은 국가가 종교를 군사력 강화라는 목적을 달성하기 위한 수단으로 전락시키거나, 반대로 종교단체가 군대라는 국가권력에 개입하여 선교행위를 하는 등 영향력을 행사할 수 있는 기회를 제공하므로, 국가와 종교의 밀접한 결합을 초래한다는 점에서 헌법상 정교분리원칙에 위배된다.

① (○) 양심은 민주적 다수의 사고나 가치관과 일치하는 것이 아니라, 개인적 현상으로서 지극히 주관적인 것이다. 양심은 그 대상이나 내용 또는 동기에 의하여 판단될 수 없으며, 특히 양심상의 결정이 이성적·합리적인가, 타당한가 또는 법질서나 사회규범·도덕률과 일치하는가 하는 관점은 양심의 존재를 판단하는 기준이 될 수 없다(헌재 2018.6.28. 2011헌바379).

② (×) 양심적 병역거부자에 대한 처벌은 대체복무제를 규정하지 아니한 병역종류조항의 입법상 불비와 양심적 병역거부는 처벌조항의 정당한 사유에 해당하지 않는다는 법원의 해석이 결합되어 발생한 문제일 뿐, 처벌조항 자체에서 비롯된 문제가 아니다. 이는 병역종류조항에 대한 헌법불합치 결정과 그에 따른 입법부의 개선입법 및 법원의 후속 조치를 통하여 해결될 수 있는 문제이다. 이상을 종합하여 보면,

처벌조항은 정당한 사유 없이 병역의무를 거부하는 병역기피자를 처벌하는 조항으로서, 과잉금지원칙을 위반하여 양심적 병역거부자의 양심의 자유를 침해한다고 볼 수는 없다(헌재 2018.6.28. 2011헌바379).

③ (○) 종교의 자유에는 신앙의 자유, 종교적 행위의 자유가 포함되며, 종교적 행위의 자유에는 신앙고백의 자유, 종교적 의식 및 집회·결사의 자유, 종교전파·교육의 자유 등이 있다. 이 사건에서 문제되는 종교의 자유는 종교전파의 자유로서 누구에게나 자신의 종교 또는 종교적 확신을 알리고 선전하는 자유를 말하며, 포교행위 또는 선교행위가 이에 해당한다. 그러나 이러한 종교전파의 자유는 국민에게 그가 선택한 임의의 장소에서 자유롭게 행사할 수 있는 권리까지 보장한다고 할 수 없으며, 그 임의의 장소가 대한민국의 주권이 미치지 아니하는 지역 나아가 국가에 의한 국민의 생명·신체 및 재산의 보호가 강력히 요구되는 해외 위난지역인 경우에는 더욱 그러하다(헌재 2008.6.26. 2007헌마1366).

④ (○) 사건 종교행사 참석조치는 국가가 종교를, 군사력 강화라는 목적을 달성하기 위한 수단으로 전락시키거나, 반대로 종교단체가 군대라는 국가권력에 개입하여 선교행위를 하는 등 영향력을 행사할 수 있는 기회를 제공하므로, 국가와 종교의 밀접한 결합을 초래한다는 점에서 정교분리원칙에 위배된다(헌재 2022.11.24. 2019헌마941). [2023년 경찰공채 3월] ②

양심의 자유에 대한 침해로 가장 적절한 것은? (다툼이 있는 경우 헌법재판소 판례에 의함)

① 채무자에게 강제집행의 재산관계를 명시한 재산목록을 제출하게 한 후 선서 의무 부과

② 양심적 병역거부자에 대한 처벌의 예외를 인정하지 않고 일률적으로 형벌을 부과하는 처벌조항

③ 의료기관에게 환자의 진료비 관련 소득공제증빙서류 제출 의무 부과

④ 양심적 병역거부자에 대한 대체복무제를 규정하지 아니한 병역종류조항

① (×) 재산목록을 제출하고 그 진실함을 법관 앞에서 선서하는 것은 개인의 인격형성에 관계되는 내심의 가치적·윤리적 판단에 해당하지 않아 양심의 자유의 보호대상이 아니고, 감치의 제재를 통해 이를 강제하는 것이 형사상 불이익한 진술을 강요하는 것이라고 할 수 없으므로, 심판대상조항은 청구인의 양심의 자유 및 진술거부권을 침해하지 아니한다(헌재 2014.9.25. 2013헌마11).

② (×) 처벌조항은 국민의 의무인 국방의 의무의 이행을 강제하고 관철함으로써 징병제를 근간으로 하는 우리의 병역제도 하에서 병력자원의 확보와 병역부담의 형평을 기하고 궁극적으로 국가의 안전보장이라는 헌법적 법익을 실현하고자 하는 것으로서 그 입법목적이 정당하다. 결국 양심적 병역거부자에 대한 처벌은 대체복무제를 규정하지 아니한 병역종류조항의 입법상 불비와 양심적 병역거부는 처벌조항의 '정당한 사유'에 해당하지 않는다는 법원의 해석이 결합되어 발생한 문제일 뿐, 처벌조항 자체에서 비롯된 문제가 아니다. 따라서 처벌조항이 과잉금지원칙을 위반하여 양심적 병역거부자의 양심의 자유를 침해한다고 볼 수는 없다(헌재 2018.6.28. 2011헌바379).

③ (×) 의사가 환자의 신병(身病)에 관한 사실을 자신의 의사에 반하여 외부에 알려야 한다면, 이는 의사로서의 윤리적·도덕적 가치에 반하는 것으로서 심한 양심적 갈등을 겪을 수밖에 없을 것이다. 그런데 소득공제증빙서류 제출의무자들인 의료기관인 의사로서는 과세자료를 제출하지 않을 경우 국세청으로부터 행정지도와 함께 세무조사와 같은 불이익을 받을 수 있다는 심리적 강박감을 가지게 되는바, 의사인 청구인들의 양심의 자유를 제한한다. 이 사건 법령조항은 헌법에 위반되지 아니한다(헌재 2008.10.30. 2006헌마1401).

④ (○) 대체복무제라는 대안이 있음에도 불구하고 군사훈련을 수반하는 병역의무만을 규정한 병역종류조항은, 침해의 최소성 원칙에 어긋난다. 그렇다면 양심적 병역거부자에 대한 대체복무제를 규정하지 아니한 병역종류조항은 과잉금지원칙에 위배하여 양심적 병역거부자의 양심의 자유를 침해한다(헌재 2018.6.28. 2011헌바379). [2022년 경찰간부] ④

양심의 자유에 관한 다음 설명 중 옳지 않은 것은 모두 몇 개인가?

ㄱ. 양심적 병역거부자에 대한 대체복무제를 규정하지 아니한 병역종류조항은 과잉금지원칙에 위배하여 양심적 병역거부자의 양심의 자유를 침해한다.
ㄴ. 양심의 자유는 옳고 그른 것에 대한 판단을 추구하는 가치적·도덕적 마음가짐으로 인간의 윤리적 내심영역인바, 세무사가 행하는 성실신고확인은 확인대상사업자의 소득금액에 대하여 심판대상조항 및 관련 법령에 따라 확인하는 것으로 단순한 사실관계의 확인에 불과한 것이어서 헌법 제19조에 의하여 보장되는 양심의 영역에 포함되지 않는다.
ㄷ. 내심적 자유, 즉 양심형성의 자유와 양심적 결정의 자유는 내심에 머무르는 한 절대적 자유라고 할 수 있지만, 양심실현의 자유는 타인의 기본권이나 다른 헌법적 질서와 저촉되는 경우 헌법 제37조 제2항에 따라 국가안전보장·질서유지 또는 공공복리를 위하여 법률에 의하여 제한될 수 있는 상대적 자유라고 할 수 있다.
ㄹ. 누구라도 자신이 비행을 저질렀다고 믿지 않는 자에게 본심에 반하여 사죄 내지 사과를 강요한다면 이는 윤리적·도의적 판단을 강요하는 것으로서 양심의 자유를 침해하는 행위에 해당하므로, 사업자단체의 독점규제 및 공정거래에 관한 법률 위반행위가 있을 때 공정거래위원회가 당해 사업자단체에 대하여 '법위반사실의 공표'를 명할 수 있도록 하는 법률조항은 양심의 자유를 침해한다.

① 1개 ② 2개 ③ 3개 ④ 4개

ㄱ. (○) 양심적 병역거부자의 수는 병역자원의 감소를 논할 정도가 아니고, 이들을 처벌한다고 하더라도 교도소에 수감할 수 있을 뿐 병역자원으로 활용할 수는 없으므로, 대체복무제를 도입하더라도 우리나라의 국방력에 의미 있는 수준의 영향을 미친다고 보기는 어렵다. 국가가 관리하는 객관적이고 공정한 사전심사절차와 엄격한 사후관리절차를 갖추고, 현역복무와 대체복무 사이에 복무의 난이도나 기간과 관련하여 형평성을 확보해 현역복무를 회피할 요인을 제거한다면, 심사의 곤란성과 양심을 빙자한 병역기피자의 증가 문제를 해결할 수 있으므로, 대체복무제를 도입하면서도 병역의무의 형평을 유지하는 것은 충분히 가능하다. 따라서 대체복무제라는 대안이 있음에도 불구하고 군사훈련을 수반하는 병역의무만을 규정한 병역종류조항은, 침해의 최소성 원칙에 어긋난다. 그렇다면 양심적 병역거부자에 대한 대체복무제를 규정하지 아니한 병역종류조항은 과잉금지원칙에 위배하여 양심적 병역거부자의 양심의 자유를 침해한다(헌재 2018.6.28. 2011헌바379).
ㄴ. (○) 헌법 제19조의 양심의 자유는 옳고 그른 것에 대한 판단을 추구하는 가치적·도덕적 마음가짐으로 인간의 윤리적 내심영역인 바, 세무사가 행하는 성실신고확인은 확인대상사업자의 소득금액에 대하여 심판대상조항 및 관련 법령에 따라 확인하는 것으로 단순한 사실관계의 확인에 불과한 것이어서 헌법 제19조에 의하여 보장되는 양심의 영역에 포함되지 않는다(헌재 2019.7.25. 2016헌마392).
ㄷ. (○) 내심적 자유, 즉 양심형성의 자유와 양심적 결정의 자유는 내심에 머무르는 한 절대적 자유라고 할 수 있지만, 양심실현의 자유는 타인의 기본권이나 다른 헌법적 질서와 저촉되는 경우 헌법 제37조 제2항에 따라 국가안전보장·질서유지 또는 공공복리를 위하여 법률에 의하여 제한될 수 있는 상대적 자유라고 할 수 있다(헌재 1998.7.16. 96헌바35).
ㄹ. (×) 단순한 사실관계의 확인과 같이 가치적·윤리적 판단이 개입될 여지가 없는 경우는 물론, 법률해석에 관하여 여러 견해가 갈리는 경우처럼 다소의 가치관련성을 가진다고 하더라도 개인의 인격형성과는 관계가 없는 사사로운 사유나 의견 등은 그 보호대상이 아니다. 경제규제법적 성격을 가진 공정거래법에 위반하였는지 여부에 있어서도 각 개인의 소신에 따라 어느 정도의 가치판단이 개입될 수 있는 소지가 있고 그 한도에서 다소의 윤리적, 도덕적 관련성을 가질 수도 있겠으나, 이러한 법률판단의 문제는 개인의 인격형성과는 무관하며, 대화와 토론을 통하여 가장 합리적인 것으로 그 내용이 동화되거나 수렴될 수 있는 포용성을 가지는 분야에 속한다고 할 것이므로 헌법 제19조에 의하여 보장되는 양심의 영역에 포함되지 아니한다(헌재 2002.1.31. 2001헌바43). [2022년 법원 9급] ①

양심의 자유에 대한 설명으로 옳지 않은 것은?

① 수범자가 수혜를 스스로 포기하거나 권고를 거부함으로써 법질서와 충돌하지 아니한 채 자신의 양심을 유지, 보존하는 경우에도 양심 변경에 대한 강요로서 양심의 자유 침해가 된다.

② 양심실현은 적극적인 작위의 방법으로도 실현될 수 있지만 소극적으로 부작위에 의해서도 그 실현이 가능하다.

③ 내심적 자유, 즉 양심형성의 자유와 양심적 결정의 자유는 내심에 머무르는 한 절대적 자유라고 할 수 있다.

④ 양심의 자유에서 현실적으로 문제가 되는 것은 사회적 다수의 양심이 아니라, 국가의 법질서나 사회의 도덕률에서 벗어나려는 소수의 양심이다.

① (×) 양심의 자유는 내심에서 우러나오는 윤리적 확신과 이에 반하는 외부적 법질서의 요구가 서로 회피할 수 없는 상태로 충돌할 때에만 침해될 수 있다. 그러므로 당해 실정법이 특정의 행위를 금지하거나 명령하는 것이 아니라 단지 특별한 혜택을 부여하거나 권고 내지 허용하고 있는 데에 불과하다면, 수범자는 수혜를 스스로 포기하거나 권고를 거부함으로써 법질서와 충돌하지 아니한 채 자신의 양심을 유지, 보존할 수 있으므로 양심의 자유에 대한 침해가 된다 할 수 없다(헌재 2002.4.25. 98헌마425).

② (○) ③ (○) 내심적 자유, 즉 양심형성의 자유와 양심적 결정의 자유는 내심에 머무르는 한 절대적 자유라고 할 수 있지만, 양심실현의 자유는 타인의 기본권이나 다른 헌법적 질서와 저촉되는 경우 헌법 제37조 제2항에 따라 국가안전보장 · 질서유지 또는 공공복리를 위하여 법률에 의하여 제한될 수 있는 상대적 자유라고 할 수 있다. 그리고 양심실현은 적극적인 작위의 방법으로도 실현될 수 있지만 소극적으로 부작위에 의해서도 그 실현이 가능하다(헌재 1998.7.16. 96헌바35).

④ (○) 일반적으로 민주적 다수는 법질서와 사회질서를 그의 정치적 의사와 도덕적 기준에 따라 형성하기 때문에, 그들이 국가의 법질서나 사회의 도덕률과 양심상의 갈등을 일으키는 것은 예외에 속한다. 양심의 자유에서 현실적으로 문제가 되는 것은 사회적 다수의 양심이 아니라, 국가의 법질서나 사회의 도덕률에서 벗어나려는 소수의 양심이다. 따라서 양심상의 결정이 어떠한 종교관·세계관 또는 그 외의 가치체계에 기초하고 있는가와 관계없이, 모든 내용의 양심상의 결정이 양심의 자유에 의하여 보장된다(헌재 2004.8.26. 2002헌가1).

[2023년 국가 5급] ①

양심의 자유에 관한 설명 중 가장 적절한 것은? (다툼이 있는 경우 판례에 의함)

① 주민등록증 발급을 위해 열 손가락의 지문을 날인케 하는 것은 신원확인 기능의 효율적인 수행을 도모하고, 신원확인의 정확성 내지 완벽성을 제고하기 위한 것이므로 양심의 자유에 대한 최소한의 제한이라고 할 수 있다.

② 양심의 자유가 보장하고자 하는 '양심'은 민주적 다수의 사고나 가치관과 일치하는 것이어야 하며, 양심상의 결정이 이성적·합리적인지, 타당한지 또는 법질서나 사회규범, 도덕률과 일치하는지 여부는 양심의 존재를 판단하는 기준이 될 수 있다.

③ 재산목록을 제출하고 그 진실함을 법관 앞에서 선서하는 것은 개인의 인격형성에 관계되는 내심의 가치적·윤리적 판단에 해당하지 않아 양심의 자유의 보호대상이 아니다.

④ 양심형성의 자유는 내심에 머무르는 한 타인의 기본권이나 다른 헌법적 질서와 저촉되는 경우 헌법 제37조 제2항에 따라 국가안전보장, 질서유지 또는 공공복리를 위하여 법률에

의하여 제한될 수 있는 상대적 자유라고 할 수 있다.

① (×) 지문을 날인할 것인지 여부의 결정이 선악의 기준에 따른 개인의 진지한 윤리적 결정에 해당한다고 보기는 어려워, 열 손가락 지문날인의 의무를 부과하는 이 사건 시행령조항에 대하여 국가가 개인의 윤리적 판단에 개입한다거나 그 윤리적 판단을 표명하도록 강제하는 것으로 볼 여지는 없다고 할 것이므로, 이 사건 시행령조항에 의한 양심의 자유의 침해가능성이 없다(헌재 2005.5.26. 99헌마513).

② (×) 헌법상 보호되는 양심은 어떤 일의 옳고 그름을 판단함에 있어서 그렇게 행동하지 아니하고는 자신의 인격적인 존재가치가 허물어지고 말 것이라는 강력하고 진지한 마음의 소리로서 절박하고 구체적인 양심을 말한다. 즉 양심상의 결정이란 선과 악의 기준에 따른 모든 진지한 윤리적 결정으로서 구체적인 상황에서 개인이 이러한 결정을 자신을 구속하고 무조건적으로 따라야 하는 것으로 받아들이기 때문에 양심상의 심각한 갈등이 없이는 그에 반하여 행동할 수 없는 것을 말한다. 이때 양심은 민주적 다수의 사고나 가치관과 일치하는 것이 아니라, 개인적 현상으로서 지극히 주관적인 것이다. 양심은 그 대상이나 내용 또는 동기에 의하여 판단될 수 없으며, 특히 양심상의 결정이 이성적·합리적인가, 타당한가 또는 법질서나 사회규범·도덕률과 일치하는가 하는 관점은 양심의 존재를 판단하는 기준이 될 수 없다(헌재 2018.6.28. 2011헌바379).

③ (○) 재산목록을 제출하고 그 진실함을 법관 앞에서 선서하는 것은 개인의 인격형성에 관계되는 내심의 가치적·윤리적 판단에 해당하지 않아 양심의 자유의 보호대상이 아니고, 감치의 제재를 통해 이를 강제하는 것이 형사상 불이익한 진술을 강요하는 것이라고 할 수 없으므로, 심판대상조항은 청구인의 양심의 자유 및 진술거부권을 침해하지 아니한다(헌재 2014.9.25. 2013헌마11).

④ (×) 헌법 제19조 양심의 자유는 양심형성의 자유와 양심적 결정의 자유를 포함하는 내심적 자유뿐만 아니라, 양심적 결정을 외부로 표현하고 실현할 수 있는 양심실현의 자유를 포함한다. 내심적 자유, 즉 양심형성의 자유와 양심적 결정의 자유는 내심에 머무르는 한 절대적 자유라고 할 수 있지만, 양심실현의 자유는 타인의 기본권이나 다른 헌법적 질서와 저촉되는 경우 헌법 제37조 제2항에 따라 국가안전보장·질서유지 또는 공공복리를 위하여 법률에 의하여 제한될 수 있는 상대적 자유이다(헌재 1998.7.16. 96헌바35).

[2022년 경찰 경정승진] ③

양심의 자유에 관한 설명으로 옳지 않은 것은? (다툼이 있는 경우 헌법재판소 판례에 의함)

① 단순한 사실관계의 확인과 같이 가치적·윤리적 판단이 개입될 여지가 없는 경우는 물론, 법률해석에 관하여 여러 견해가 갈리는 경우처럼 다소의 가치 관련성을 가진다고 하더라도 개인의 인격형성과는 관계가 없는 사사로운 사유나 의견 등은 양심의 자유의 보호대상이 아니다.

② 양심은 그 대상이나 내용 또는 동기에 의하여 판단될 수 없지만, 양심상의 결정이 이성적·합리적인지, 타당한지 또는 법질서나 사회규범, 도덕률과 일치하는지 여부는 양심의 존재를 판단하는 기준이 된다.

③ 열 손가락 지문날인의 의무를 부과하는 「주민등록법 시행령」 조항은 국가가 개인의 윤리적 판단에 개입한다거나 그 윤리적 판단을 표명하도록 강제하는 것이라고 할 수 없으므로 양심의 자유를 침해하는 것이 아니다.

④ 운전 중의 운전자에게 좌석안전띠 착용 의무를 부과하는 것은 운전자의 양심의 자유를 침해하는 것이라 할 수 없다.

⑤ 의사가 환자의 신병(身病)에 관한 사실을 자신의 의사에 반하여 외부에 알리도록 강제하는 법률조항은 의사의 양심의 자유를 제한한다.

① (○) 헌법 제19조에서 보호하는 양심은 옳고 그른 것에 대한 판단을 추구하는 가치적·도덕적 마음가짐으로, 개인의 소신에 따른 다양성이 보장되어야 하고 그 형성과 변경에 외부적 개입과 억압에 의한 강요가 있어서는 아니되는 인간의 윤리적 내심영역이다. 따라서 단순한 사실관계의 확인과 같이 가치적·윤리적 판단이 개입될 여지가 없는 경우는 물론, 법률해석에 관하여 여러 견해가 갈리는 경우처럼 다소의 가치관련성을 가진다고 하더라도 개인의 인격형성과는 관계가 없는 사사로운 사유나 의견 등은 그 보호대상이 아니다. 이러한 법률판단의 문제는 개인의 인격형성과는 무관하며, 대화와 토론을 통하여 가장 합리적인 것으로 그 내용이 동화되거나 수렴될 수 있는 포용성을 가지는 분야에 속한다고 할 것이므로 헌법 제19조에 의하여 보장되는 양심의 영역에 포함되지 아니한다(헌재 2002.1.31. 2001헌바43).

② (×) 양심의 자유가 보장하고자 하는 양심은 민주적 다수의 사고나 가치관과 일치하는 것이 아니라, 개인적 현상으로서 지극히 주관적인 것이다. 양심은 그 대상이나 내용 또는 동기에 의하여 판단될 수 없으며, 특히 양심상의 결정이 이성적·합리적인가, 타당한가 또는 법질서나 사회규범, 도덕률과 일치하는가 하는 관점은 양심의 존재를 판단하는 기준이 될 수 없다(헌재 2004.8.26. 2002헌가1).

③ (○) 지문을 날인할 것인지 여부의 결정이 선악의 기준에 따른 개인의 진지한 윤리적 결정에 해당한다고 보기는 어려워, 열 손가락 지문날인의 의무를 부과하는 이 사건 시행령조항에 대하여 국가가 개인의 윤리적 판단에 개입한다거나 그 윤리적 판단을 표명하도록 강제하는 것으로 볼 여지는 없다고 할 것이므로, 이 사건 시행령조항에 의한 양심의 자유의 침해가능성 또한 없는 것으로 보인다(헌재 2005.5.26. 99헌마513).

④ (○) 자동차 운전자에게 좌석안전띠를 매도록 하고 이를 위반했을 때 범칙금을 납부하도록 통고하는 것은, 교통사고로부터 국민의 생명 또는 신체에 대한 위험과 장애를 방지·제거하고 사회적 부담을 줄여 교통질서를 유지하고 사회공동체의 상호이익을 보호하는 공공복리를 위한 것으로 그 입법목적이 정당하고, 청구인의 일반적 행동자유권을 비례의 원칙에 위반되게 과도하게 침해하는 것이 아니다(헌재 2003.10.30. 2002헌마518).

⑤ (○) 만일 의사가 환자의 신병에 관한 사실을 자신의 의사에 반하여 외부에 알려야 한다면, 이는 의사로서의 윤리적·도덕적 가치에 반하는 것으로서 심한 양심적 갈등을 겪을 수밖에 없을 것이다. 그런데 소득공제증빙서류 제출의무자들인 의료기관인 의사로서는 과세자료를 제출하지 않을 경우 국세청으로부터 행정지도와 함께 세무조사와 같은 불이익을 받을 수 있다는 심리적 강박감을 가지게 되는바, 의사인 청구인들의 양심의 자유를 제한한다. 이 사건 법령조항은 헌법에 위반되지 아니한다(헌재 2008.10.30. 2006헌마1401).

[2022년 소방간부] ②

다음 중 양심의 자유에 관한 설명으로 가장 옳지 않은 것은? (다툼이 있는 경우 판례에 의함)

① 운전 중의 운전자에게 좌석안전띠 착용 의무를 부과하는 것은 운전자의 양심의 자유를 침해하는 것이라 할 수 없다.

② 열 손가락 지문날인의 의무를 부과하는 「주민등록법 시행령」 조항은 국가가 개인의 윤리적 판단에 개입한다거나 그 윤리적 판단을 표명하도록 강제하는 것이라고 할 수 없으므로 양심의 자유를 침해하는 것이 아니다.

③ 양심은 그 대상이나 내용 또는 동기에 의하여 판단될 수 없지만, 양심상의 결정이 이성적·합리적인지, 타당한지 또는 법질서나 사회규범, 도덕률과 일치하는지 여부는 양심의 존재를 판단하는 기준이 된다.

④ 단순한 사실관계의 확인과 같이 가치적·윤리적 판단이 개입될 여지가 없는 경우는 물론, 법률해석에 관하여 여러 견해가 갈리는 경우처럼 다소의 가치관련성을 가진다고 하더라도 개인의 인격 형성과는 관계가 없는 사사로운 사유나 의견 등은 양심의 자유의 보호대상이 아니다.

① (○) 제재를 받지 않기 위하여 어쩔 수 없이 좌석안전띠를 매었다 하여 청구인이 내면적으로 구축한 인간양심이 왜곡·굴절되고 청구인의

인격적인 존재가치가 허물어진다고 할 수는 없어 양심의 자유의 보호영역에 속하지 아니하므로, 운전 중 운전자가 좌석안전띠를 착용할 의무는 청구인의 양심의 자유를 침해하는 것이라 할 수 없다(헌재 2003.10.30. 2002헌마518).

② (○) 지문을 날인할 것인지 여부의 결정이 선악의 기준에 따른 개인의 신시한 윤리적 결정에 해당한다고 보기는 어려워, 열 손가락 지문날인의 의무를 부과하는 이 사건 시행령조항에 대하여 국가가 개인의 윤리적 판단에 개입한다거나 그 윤리적 판단을 표명하도록 강제하는 것으로 볼 여지는 없다고 할 것이므로, 이 사건 시행령조항에 의한 양심의 자유의 침해가능성 또한 없다(헌재 2005.5.26. 99헌마513).

③ (×) 양심은 민주적 다수의 사고나 가치관과 일치하는 것이 아니라, 개인적 현상으로서 지극히 주관적인 것이다. 양심은 그 대상이나 내용 또는 동기에 의하여 판단될 수 없으며, 특히 양심상의 결정이 이성적·합리적인가, 타당한가 또는 법질서나 사회규범·도덕률과 일치하는가 하는 관점은 양심의 존재를 판단하는 기준이 될 수 없다(헌재 2018.6.28. 2011헌바379).

④ (○) 단순한 사실관계의 확인과 같이 가치적·윤리적 판단이 개입될 여지가 없는 경우는 물론, 법률해석에 관하여 여러 견해가 갈리는 경우처럼 다소의 가치관련성을 가진다고 하더라도 개인의 인격형성과는 관계가 없는 사사로운 사유나 의견 등은 그 보호대상이 아니다(헌재 2002.1.31. 2001헌바43).

[2022년 해경간부] ③

양심의 자유에 관한 다음 설명 중 가장 옳지 않은 것은? (다툼이 있는 경우 판례에 의함)

① '양심'은 민주적 다수의 사고나 가치관과 일치하는 것이 아니라 개인적 현상으로서 지극히 주관적인 것이므로, 그 대상이나 내용 또는 동기에 의하여 판단될 수 없으며, 특히 양심상의 결정이 이성적·합리적인가, 타당한가 또는 법질서나 사회규범·도덕률과 일치하는가 하는 관점은 양심의 존재를 판단하는 기준이 될 수 없다.

② 헌법상 양심의 자유에 의해 보호받는 '양심'으로 인정할 것인지의 판단은 그것이 깊고, 확고하며, 진실된 것인지 여부에 따르게 되므로, 양심적 병역거부를 주장하는 사람은 자신의 '양심'을 외부로 표명하여 증명할 최소한의 의무를 진다.

③ 양심의 자유 중 양심형성의 자유는 내심에 머무르는 한 절대적으로 보호되는 기본권이라 할 수 있는 반면, 양심적 결정을 외부로 표현하고 실현할 수 있는 권리인 양심실현의 자유는 법질서에 위배되거나 타인의 권리를 침해할 수 있기 때문에 법률에 의하여 제한될 수 있다.

④ 대체복무제가 마련되지 아니한 상황에서 양심상의 결정에 따라 입영을 거부하거나 소집에 불응하는 사람들에게 형사처벌을 부과하는 병역법 조항은 '양심에 반하는 행동을 강요당하지 아니할 자유'를 제한하는 것이다. 그러나 다른 한편 헌법 제39조 제1항의 국방의 의무를 형성하는 입법이기도 하므로, 위 병역법 조항이 양심의 자유를 침해하는지 여부에 대한 심사는 헌법상 자의금지원칙에 따라 입법형성의 재량을 일탈하였는지 여부를 기준으로 판단하여야 한다.

① (○) 양심은 민주적 다수의 사고나 가치관과 일치하는 것이 아니라, 개인적 현상으로서 지극히 주관적인 것이다. 양심은 그 대상이나 내용 또는 동기에 의하여 판단될 수 없으며, 특히 양심상의 결정이 이성적·합리적인가, 타당한가 또는 법질서나 사회규범·도덕률과 일치하는가 하는 관점은 양심의 존재를 판단하는 기준이 될 수 없다(헌재 2018.6.28. 2011헌바379).

② (○) 특정한 내적인 확신 또는 신념이 양심으로 형성된 이상 그 내용 여하를 떠나 양심의 자유에 의해 보호되는 양심이 될 수 있으므로,

헌법상 양심의 자유에 의해 보호받는 양심으로 인정할 것인지의 판단은 그것이 깊고, 확고하며, 진실된 것인지 여부에 따르게 된다. 그리하여 양심적 병역거부를 주장하는 사람은 자신의 '양심'을 외부로 표명하여 증명할 최소한의 의무를 진다(헌재 2018.6.28. 2011헌바379).

③ (○) 양심의 자유 중 양심형성의 자유는 내심에 머무르는 한, 절대적으로 보호되는 기본권이라 할 수 있는 반면, 양심적 결정을 외부로 표현하고 실현할 수 있는 권리인 양심실현의 자유는 법질서에 위배되거나 타인의 권리를 침해할 수 있기 때문에 법률에 의하여 제한될 수 있다(헌재 2018.6.28. 2011헌바379).

④ (×) 병역종류조항에 대체복무제가 마련되지 아니한 상황에서, 양심상의 결정에 따라 입영을 거부하거나 소집에 불응하는 이 사건 청구인 등이 현재의 대법원 판례에 따라 처벌조항에 의하여 형벌을 부과받음으로써 양심에 반하는 행동을 강요받고 있으므로, 이 사건 법률조항은 양심에 반하는 행동을 강요당하지 아니할 자유, 즉 부작위에 의한 양심실현의 자유를 제한하고 있다. 헌법 제37조 제2항의 비례원칙은 단순히 기본권제한의 일반원칙에 그치지 않고, 모든 국가작용은 정당한 목적을 달성하기 위하여 필요한 범위 내에서만 행사되어야 한다는 국가작용의 한계를 선언한 것이므로, 비록 이 사건 법률조항이 헌법 제39조에 규정된 국방의 의무를 형성하는 입법이라 할지라도 그에 대한 심사는 헌법상 비례원칙에 의하여야 한다(헌재 2018.6.28. 2011헌바379). [2021년 법원 9급] ④

양심의 자유에 대한 설명으로 적절하지 않은 것은 몇 개인가? (다툼이 있는 경우 헌법재판소 판례에 의함)

가. 양심적 병역거부는 실상 당사자의 양심에 따른 혹은 양심을 이유로 한 병역거부를 가리키는 것이며 병역거부가 도덕적이고 정당하다는 의미도 갖는다.
나. 보호되어야 할 양심에는 세계관·인생관·주의·신조 등은 물론 널리 개인의 인격형성에 관계되는 내심에 있어서의 가치적·윤리적 판단이나 단순한 사실관계의 확인과 같이 가치적·윤리적 판단이 개입될 여지가 없는 경우까지도 포함될 수 있다.
다. 양심상의 결정이 이성적·합리적인가, 타당한가 또는 법질서나 사회규범, 도덕률과 일치하는가 하는 관점은 양심의 존재를 판단하는 기준이 될 수 있다.
라. 의사로 하여금 환자의 진료비 내역 정보를 국세청에 제출하도록 하는 「소득세법」 해당 조항으로 얻게 되는 납세자의 편의와 사회적 제비용의 절감을 위한 연말정산 간소화라는 공익이 이로 인하여 제한되는 의사들의 양심실현의 자유에 비하여 결코 적다고 할 수 없다.
마. 병역의 종류를 현역, 예비역, 보충역, 병역준비역, 전시근로역의 다섯 가지로 한정하여 규정하는 병역종류조항은 대체복무제라는 대안이 있음에도 불구하고 군사훈련을 수반하는 병역의무만을 규정하고 있으므로 정당한 입법목적을 달성하기 위한 적합한 수단에 해당한다고 보기는 어렵다.
바. 수범자가 스스로 수혜를 포기하거나 권고를 거부함으로써 법질서와 충돌하지 아니한 채 자신의 양심을 유지, 보존할 수 있는 경우에는 양심의 자유에 대한 침해가 될 수 없다.

① 2개 ② 3개 ③ 4개 ④ 5개

가. (×) 양심적 병역거부는 실상 당사자의 양심에 따른 혹은 양심을 이유로 한 병역거부를 가리키는 것일 뿐이지 병역거부가 '도덕적이고 정당하다'는 의미는 아닌 것이다. 따라서 양심적 병역거부라는 용어를 사용한다고 하여 병역의무이행은 비양심적이 된다거나, 병역을 이행하는 거의 대부분의 병역의무자들과 병역의무이행이 국민의 숭고한 의무라고 생각하는 대다수 국민들이 비양심적인 사람들이 되는 것은 결코 아니다(헌재 2018.6.28. 2011헌바379).

나. (×) 보호되어야 할 양심에는 세계관·인생관·주의·신조 등은 물론, 이에 이르지 아니하여도 보다 널리 개인의 인격형성에 관계되는 내심에 있어서의 가치적·윤리적 판단도 포함될 수 있다. 그러나 단순한 사실관계의 확인과 같이 가치적·윤리적 판단이 개입될 여지가 없는 경우는 물론, 법률해석에 관하여 여러 견해가 갈리는 경우처럼 다소의 가치관련성을 가진다고 하더라도 개인의 인격형성과는 관계가 없는 시시로운 사유나 의견 등은 그 보호대상이 아니다(헌재 2002.1.31. 2001헌바43).

다. (×) 양심은 민주적 다수의 사고나 가치관과 일치하는 것이 아니라, 개인적 현상으로서 지극히 주관적인 것이다. 양심은 그 대상이나 내용 또는 동기에 의하여 판단될 수 없으며, 특히 양심상의 결정이 이성적·합리적인가, 타당한가 또는 법질서나 사회규범·도덕률과 일치하는가 하는 관점은 양심의 존재를 판단하는 기준이 될 수 없다(헌재 2018.6.28. 2011헌바379).

라. (○) 사건 법령조항은 근로소득자들의 연말정산 간소화라는 공익을 달성하기 위하여 그에 필요한 의료비내역을 국세청장에게 제출하도록 하는 것으로서, 그 목적의 정당성과 수단의 적절성이 인정된다. 이처럼 이 사건 법령조항으로 얻게 되는 납세자의 편의와 사회적 제비용의 절감을 위한 연말정산 간소화라는 공익이 이로 인하여 제한되는 의사들의 양심실현의 자유에 비하여 결코 적다고 할 수 없으므로, 이 사건 법령조항은 법익의 균형성도 갖추었다고 할 것이다. 그렇다면 이 사건 법령조항이 연말정산 간소화라는 공익을 위하여 의사들의 양심의 자유를 위와 같이 제한하는 것이 헌법 제37조 제2항이 정한 과잉금지 원칙에 위반된 것이라고 볼 수 없다(헌재 2008.10.30. 2006헌마1401).

마. (×) 병역종류조항은 병역의 종류와 각 병역의 내용 및 범위를 법률로 정하여 병역부담의 형평을 기하고, 병역의무자의 신체적 특성과 개인적 상황, 병력수급 사정 등을 고려하여 병역자원을 효율적으로 배분할 수 있도록 함과 동시에, 병역의 종류를 한정적으로 열거하고 그에 대한 예외를 인정하지 않음으로써 병역자원을 효과적으로 확보할 수 있도록 하기 위한 것이다. 이는 궁극적으로 국가안전보장이라는 헌법적 법익을 실현하고자 하는 것이므로 위와 같은 입법목적은 정당하고, 병역종류조항은 그러한 입법목적을 달성하기 위한 적합한 수단이다(헌재 2018.6.28. 2011헌바379).

바. (○) 양심의 자유는 내심에서 우러나오는 윤리적 확신과 이에 반하는 외부적 법질서의 요구가 서로 회피할 수 없는 상태로 충돌할 때에만 침해될 수 있다. 그러므로 당해 실정법이 특정의 행위를 금지하거나 명령하는 것이 아니라 단지 특별한 혜택을 부여하거나 권고 내지 허용하고 있는 데에 불과하다면, 수범자는 수혜를 스스로 포기하거나 권고를 거부함으로써 법질서와 충돌하지 아니한 채 자신의 양심을 유지, 보존할 수 있으므로 양심의 자유에 대한 침해가 된다 할 수 없다(헌재 2002.4.25. 98헌마425).

[2023년 경찰간부] ③

양심의 자유에 대한 설명으로 옳지 않은 것은? (다툼이 있는 경우 판례에 의함)

① 진지한 윤리적 판단과는 관계없는 음주측정 요구에 응할 것인가의 고민은 양심의 자유의 보호대상이 아니다.

② 헌법에 의해 보호받는 양심은 법질서와 도덕에 부합하는 사고를 가진 다수의 양심을 의미한다.

③ 법률해석에 다른 의견이 있는 경우와 같이 개인의 인격형성과의 관련성이 거의 없는 의견은 양심의 자유의 보호대상에 속하지 않는다.

④ 양심적 결정을 외부로 표현하고 실현할 수 있는 권리인 양심실현의 자유는 법질서에 위배되거나 타인의 권리를 침해할 수 있기 때문에 법률에 의하여 제한될 수 있다.

① (○) 음주측정에 응해야 할 것인지, 거부해야 할 것인지 그 상황에서 고민에 빠질 수는 있겠으나 그러한 고민은 선과 악의 범주에 관한 진지한 윤리적 결정을 위한 고민이라 할 수 없으므로 그 고민 끝에 어쩔 수 없이 음주측정에 응하였다 하여 내면적으로 구축된 인간양심이 왜곡·굴절된다고 할 수도 없다. 따라서 음주측정 요구와 그 거부는 양심의 자유의 보호영역에 포괄되지 아니하므로 이 사건 법률조항을 두고 헌법 제19조에서 보장하는 양심의 자유를 침해하는 것이라고 할 수 없다(헌재 1997.3.27. 96헌가11).

② (×) 개인의 양심은 사회 다수의 정의관·도덕관과 일치하지 않을 수 있으며, 오히려 헌법상 양심의 자유가 문제되는 상황은 개인의 양심이 국가의 법질서나 사회의 도덕률에 부합하지 않는 경우이므로, 헌법에 의해 보호받는 양심은 법질서와 도덕에 부합하는 사고를 가진 다수가 아니라 이른바 소수자의 양심이 되기 마련이다(헌재 2018.6.28. 2011헌바379).

③ (○) 헌법 제19조 양심은 옳고 그른 것에 대한 판단을 추구하는 가치적·도덕적 마음가짐으로, 개인의 소신에 따른 다양성이 보장되어야

하고 그 형성과 변경에 외부적 개입과 억압에 의한 강요가 있어서는 아니 되는 인간의 윤리적 내심영역이다. 따라서 단순한 사실관계의 확인과 같이 가치적·윤리적 판단이 개입될 여지가 없는 경우는 물론, 법률해석에 관하여 여러 견해가 갈리는 경우처럼 다소의 가치관련성을 가진다고 하더라도 개인의 인격형성과는 관계가 없는 사사로운 사유나 의견 등은 그 보호대상이 아니다. 이러한 법률판단의 문제는 개인의 인격형성과는 무관하며, 대화와 토론을 통하여 가장 합리적인 것으로 그 내용이 동화되거나 수렴될 수 있는 포용성을 가지는 분야에 속한다고 할 것이므로 헌법 제19조에 의하여 보장되는 양심의 영역에 포함되지 아니한다(헌재 2002.1.31. 2001헌바43).

④ (○) 양심의 자유 중 양심형성의 자유는 내심에 머무르는 한, 절대적으로 보호되는 기본권이라 할 수 있는 반면, 양심적 결정을 외부로 표현하고 실현할 수 있는 권리인 양심실현의 자유는 법질서에 위배되거나 타인의 권리를 침해할 수 있기 때문에 법률에 의하여 제한될 수 있다(헌재 2018.6.28. 2011헌바379). [2019년 국가 5급] ②

양심의 자유에 대한 설명으로 옳지 않은 것은? (다툼이 있는 경우 판례에 의함)

① 헌법이 보호하고자 하는 양심은 어떤 일의 옳고 그름을 판단함에 있어서 그렇게 행동하지 않고는 자신의 인격적 존재가치가 허물어지고 말 것이라는 강력하고 진지한 마음의 소리를 말한다.

② 양심의 자유는 인간으로서의 존엄성 유지와 개인의 자유로운 인격발현을 위해 개인의 윤리적 정체성을 보장하는 기능을 담당한다.

③ 현역입영 또는 소집통지서를 받은 자가 정당한 사유 없이 입영하지 않거나 소집에 응하지 않은 경우를 처벌하는 구「병역법」처벌조항은 과잉금지원칙을 위배하여 양심적 병역거부자의 양심의 자유를 침해한다.

④ 헌법이 보장하는 양심의 자유는 정신적인 자유로서, 어떠한 사상·감정을 가지고 있다고 하더라도 그것이 내심에 머무르는 한 절대적인 자유이므로 제한할 수 없다.

① (○) 헌법이 보호하고자 하는 양심은 어떤 일의 옳고 그름을 판단함에 있어서 그렇게 행동하지 않고는 자신의 인격적 존재가치가 파멸되고 말 것이라는 강력하고 진지한 마음의 소리로서의 절박하고 구체적인 양심을 말한다. 따라서 막연하고 추상적인 개념으로서의 양심이 아니다(헌재 2002.4.25. 98헌마425).

② (○) 개인적 자유의 시초라고 일컬어지는 양심의 자유는 인간으로서의 존엄성 유지와 개인의 자유로운 인격발현을 위해 개인의 윤리적 정체성을 보장하는 기능을 담당한다(헌재 2002.4.25. 98헌마425).

③ (×) 양심적 병역거부자에 대한 처벌은 대체복무제를 규정하지 아니한 병역종류조항의 입법상 불비와 양심적 병역거부는 처벌조항의 '정당한 사유'에 해당하지 않는다는 법원의 해석이 결합되어 발생한 문제일 뿐, 처벌조항 자체에서 비롯된 문제가 아니므로 처벌조항이 과잉금지원칙을 위반하여 양심적 병역거부자의 양심의 자유를 침해한다고 볼 수는 없다(헌재 2018.6.28. 2011헌바379).

④ (○) 헌법이 보장한 양심의 자유는 정신적인 자유로서 어떠한 사상·감정을 가지고 있다고 하더라도 그것이 내심에 머무르는 한 절대적인 자유이므로 제한할 수 없는 것이나, 보안관찰법상의 보안관찰처분은 보안관찰처분대상자의 내심의 작용을 문제삼는 것이 아니라, 보안관찰처분대상자가 보안관찰해당범죄를 다시 저지를 위험성이 내심의 영역을 벗어나 외부에 표출되는 경우에 재범의 방지를 위하여 내려지는 특별예방적 목적의 처분이므로, 양심의 자유를 보장한 헌법규정에 위반된다고 할 수 없다(헌재 1997.11.27. 92헌바28).

[2020년 지방 7급] ③

양심의 자유에 대한 설명으로 옳지 않은 것은? (다툼이 있는 경우 판례에 의함)

① 양심의 자유의 '양심'은 민주적 다수의 사고나 가치관과 일치하는 것이 아니라, 개인적 현상으로서 지극히 주관적인 것이다.

② 양심은 그 대상이나 내용 또는 동기에 의하여 판단되는 것으로, 특히 양심상의 결정이 이성적·합리적인가, 타당한가 또는 법질서나 사회규범·도덕률과 일치하는가 하는 관점이 양심의 존재를 판단하는 기준이 된다.

③ 「보안관찰법」상의 보안관찰처분은 보안관찰처분대상자의 내심의 작용을 문제삼는 것이 아니라, 보안관찰처분대상자가 보안관찰해당범죄를 다시 저지를 위험성이 내심의 영역을 벗어나 외부에 표출되는 경우에 재범의 방지를 위하여 내려지는 특별예방적 목적의 처분이므로, 보안관찰처분 근거 규정에 의한 보안관찰처분이 양심의 자유를 침해한다고 할 수 없다.

④ 인터넷언론사의 공개된 게시판·대화방에서 스스로의 의사에 의하여 정당·후보자에 대한 지지·반대의 글을 게시하는 행위가 양심의 자유나 사생활 비밀의 자유에 의하여 보호되는 영역이라고 할 수 없다.

① (○) ② (×) 헌법상 양심은 민주적 다수의 사고나 가치관과 일치하는 것이 아니라, 개인적 현상으로서 지극히 주관적인 것이다. 양심은 그 대상이나 내용 또는 동기에 의하여 판단될 수 없으며, 특히 양심상의 결정이 이성적·합리적인가, 타당한가 또는 법질서나 사회규범·도덕률과 일치하는가 하는 관점은 양심의 존재를 판단하는 기준이 될 수 없다(헌재 2004.8.26. 2002헌가1).

③ (○) 보안관찰 처분은 보안관찰 처분대상자의 내심의 작용을 문제삼는 것이 아니라, 보안관찰 처분대상자가 보안관찰 해당 범죄를 다시 저지를 위험성이 내심의 영역을 벗어나 외부에 표출되는 경우에 재범의 방지를 위하여 내려지는 특별 예방적 목적의 처분이므로, 보안관찰 처분 근거규정은 양심의 자유를 침해하지 아니한다(헌재 2015.11.26. 2014헌바475).

④ (○) 인터넷언론사의 공개된 게시판·대화방에서 스스로의 의사에 의하여 정당·후보자에 대한 지지·반대의 글을 게시하는 행위가 양심의 자유나 사생활 비밀의 자유에 의하여 보호되는 영역이라고 할 수 없다(헌재 2010.2.25. 2008헌마324). [2019년 국가 7급] ②

양심의 자유에 대한 설명으로 가장 적절하지 않은 것은? (다툼이 있는 경우 판례에 의함)

① 양심적 병역거부자에 대한 관용은 결코 병역의무의 면제와 특혜의 부여에 대한 관용이 아니며, 대체복무제는 병역의무의 일환으로 도입되는 것이므로 현역복무와의 형평을 고려하여 최대한 등가성을 가지도록 설계되어야 한다.

② 양심상의 결정이 법질서나 사회규범·도덕률과 일치하는지 여부는 양심의 존재를 판단하는 기준이 된다.

③ 양심적 결정을 외부로 표현하고 실현할 수 있는 권리인 양심실현의 자유는 법률에 의해 제한될 수 있는 상대적 자유다.

④ 양심적 병역거부의 바탕이 되는 양심상의 결정은 종교적 동기뿐만 아니라 윤리적·철학적 또는 이와 유사한 동기로부터라도 형성될 수 있는 것이므로 양심적 병역거부자의 기본권 침해 여부는 양심의 자유를 중심으로 판단한다.

① (○) 양심적 병역거부자에 대한 관용은 결코 병역의무의 면제와 특혜의 부여에 대한 관용이 아니다. 대체복무제는 병역의무의 일환으로 도입되는 것이고 현역복무와의 형평을 고려하여 최대한 등가성을 가지도록 설계되어야 하는 것이기 때문이다(헌재 2018.6.28. 2011헌바379).

② (×) 헌법상 양심은 민주적 다수의 사고나 가치관과 일치하는 것이 아니라, 개인적 현상으로서 지극히 주관적인 것이다. 양심은 그 대상이나 내용 또는 동기에 의하여 판단될 수 없으며, 특히 양심상의 결정이 이성적·합리적인가, 타당한가 또는 법질서나 사회규범·도덕률과 일치하는가 하는 관점은 양심의 존재를 판단하는 기준이 될 수 없다(헌재 2004.8.26. 2002헌가1).

③ (○) 내심적 자유, 즉 양심형성의 자유와 양심적 결정의 자유는 내심에 머무르는 한 절대적 자유라고 할 수 있지만, 양심실현의 자유는 타인의 기본권이나 다른 헌법적 질서와 저촉되는 경우 헌법 제37조 제2항에 따라 국가안전보장·질서유지 또는 공공복리를 위하여 법률에 의하여 제한될 수 있는 상대적 자유라고 할 수 있다(헌재 1998.7.16. 96헌바35).

④ (○) 종교적 신앙에 의한 행위라도 개인의 주관적·윤리적 판단을 동반하는 것인 한 양심의 자유에 포함시켜 고찰할 수 있고, 양심적 병역거부의 바탕이 되는 양심상의 결정은 종교적 동기뿐만 아니라 윤리적·철학적 또는 이와 유사한 동기로부터도 형성될 수 있는 것이므로, 이 사건에서는 양심의 자유를 중심으로 기본권 침해 여부를 판단하기로 한다(헌재 2018.6.28. 2011헌바379).

[2021년 경찰 경정승진] ②

양심의 자유에 대한 설명으로 옳지 않은 것은? (다툼이 있는 경우 판례에 의함)

① 양심의 진실성과 진지성을 확인할 현실적 필요가 있다는 이유로 양심적 병역거부를 주장하는 사람에게 자신의 '양심'을 외부로 표명하여 증명할 의무를 부과하는 것은 개인적 현상으로서의 지극히 주관적인 내심의 상태를 기본권으로 보장하는 취지에 부합하지 아니한다.

② 양심은 그 대상이나 내용 또는 동기에 의하여 판단될 수 없으며, 특히 양심상의 결정이 이성적·합리적인가, 타당한가 또는 법질서나 사회규범·도덕률과 일치하는가 하는 관점은 양심의 존재를 판단하는 기준이 될 수 없다.

③ '양심적' 병역거부는 실상 당사자의 '양심에 따른' 혹은 '양심을 이유로 한' 병역거부를 가리키는 것일 뿐이지 병역거부가 '도덕적이고 정당하다'는 의미는 아니다.

④ 병역종류조항에 대체복무제가 마련되지 아니한 상황에서, 양심상의 결정에 따라 입영을 거부하거나 소집에 불응하는 국민이 기존 대법원 판례에 따라 처벌조항에 의하여 형벌을 부과받음으로써 양심에 반하는 행동을 강요받게 되는 것은 '양심에 반하는 행동을 강요당하지 아니할 자유', 즉 '부작위에 의한 양심실현의 자유'를 제한하는 것이다.

⑤ 양심적 병역거부자에 대한 대체복무제를 규정하지 아니한 병역종류조항은 과잉금지원칙에 위배하여 양심적 병역거부자의 양심의 자유를 침해한다.

① (×) 특정한 내적인 확신 또는 신념이 양심으로 형성된 이상 그 내용 여하를 떠나 양심의 자유에 의해 보호되는 양심이 될 수 있으므로, 헌법상 양심의 자유에 의해 보호받는 양심으로 인정할 것인지의 판단은 그것이 깊고 확고하며, 진실된 것인지 여부에 따르게 된다. 그리하여 양심적 병역거부를 주장하는 사람은 자신의 양심을 외부로 표명하여 증명할 최소한의 의무를 진다(헌재 2018.6.28. 2011헌바379).

② (○) 양심은 민주적 다수의 사고나 가치관과 일치하는 것이 아니라, 개인적 현상으로서 지극히 주관적인 것이다. 양심은 그 대상이나 내용 또는 동기에 의하여 판단될 수 없으며, 특히 양심상의 결정이 이성적·합리적인가, 타당한가 또는 법질서나 사회규범·도덕률과 일치하는가 하는 관점은 양심의 존재를 판단하는 기준이 될 수 없다(헌재 2018.6.28. 2011헌바379).

③ (○) 양심적 병역거부는 실상 당사자의 '양심에 따른' 혹은 '양심을 이유로 한' 병역거부를 가리키는 것일 뿐이지 병역거부가 '도덕적이고 정당하다'는 의미는 아니다(헌재 2018.6.28. 2011헌바379).

④ (○) 병역종류조항에 대체복무제가 마련되지 아니한 상황에서, 양심상의 결정에 따라 입영을 거부하거나 소집에 불응하는 이 사건 청구인 등이 현재의 대법원 판례에 따라 처벌조항에 의하여 형벌을 부과받음으로써 양심에 반하는 행동을 강요받고 있으므로, 이 사건 법률조항은 양심에 반하는 행동을 강요당하지 아니할 자유, 즉 부작위에 의한 양심실현의 자유를 제한하고 있다(헌재 2018.6.28. 2011헌바379).

⑤ (○) 병역종류조항에 대체복무제를 도입한다고 하더라도 공익은 충분히 달성할 수 있다고 판단되는 반면, 병역종류조항에 대체복무제가 규정되지 않음으로 인하여 양심적 병역거부자가 감수하여야 하는 불이익은 심대하고, 이들에게 대체복무를 부과하는 것이 오히려 넓은 의미의 국가안보와 공익 실현에 더 도움이 된다는 점을 고려할 때, 병역종류조항은 기본권 제한의 한계를 초과하여 법익의 균형성 요건을 충족하지 못한 것으로 판단된다. 따라서 양심적 병역거부자에 대한 대체복무제를 규정하지 아니한 병역종류조항은 과잉금지원칙에 위배하여 양심적 병역거부자의 양심의 자유를 침해한다(헌재 2018.6.28. 2011헌바379). [2019년 국회 5급] ①

양심의 자유에 관한 설명으로 옳지 않은 것은? (다툼이 있는 경우 헌법재판소 판례에 의함)

① 음주측정 요구와 그 거부는 양심의 자유의 보호영역에 포괄되지 아니하므로 양심의 자유를 침해하는 것이라고 할 수 없다.
② 양심이란 세계관·인생관·주의·신조 등은 물론 이에 이르지 아니하여도 보다 널리 개인의 인격형성에 관계되는 내심에 있어서의 가치적·윤리적 판단도 포함된다.
③ 대체복무제라는 대안이 있음에도 불구하고 군사훈련을 수반하는 병역의무만을 규정한 병역종류 조항은 양심적 병역거부자의 양심의 자유를 침해한다.
④ 부작위에 의한 양심실현은 내심의 의사를 외부에 표현하거나 실현하는 행위가 되는 것이고 이는 순수한 내심의 영역을 벗어난 것이어서 이에 대해서는 필요한 경우 법률에 의한 제한이 가능하다.
⑤ 주민등록 발급을 위해 열 손가락의 지문을 날인케 하는 것은 지문을 날인할 것인지 여부의 결정이 선악의 기준에 따른 개인의 진지한 윤리적 결정에 해당하므로 이러한 의무를 부과하는 법령조항은 양심의 자유를 침해한다.

① (○) 음주측정에 응해야 할 것인지, 거부해야 할 것인지 그 상황에서 고민에 빠질 수는 있겠으나 그러한 고민은 선과 악의 범주에 관한 진지한 윤리적 결정을 위한 고민이라 할 수 없으므로 그 고민 끝에 어쩔 수 없이 음주측정에 응하였다 하여 내면적으로 구축된 인간양심이 왜곡·굴절된다고 할 수도 없다. 따라서 음주측정 요구와 그 거부는 양심의 자유의 보호영역에 포괄되지 아니하므로 이 사건 법률조항을 두고 헌법 제19조에서 보장하는 양심의 자유를 침해하는 것이라고 할 수 없다(헌재 1997.3.27. 96헌가11).

② (○) 헌법 제19조 양심이란 세계관·인생관·주의·신조 등은 물론 이에 이르지 아니하여도 보다 널리 개인의 인격형성에 관계되는 내심에 있어서의 가치적·윤리적 판단도 포함된다. 그러므로 양심의 자유에는 널리 사물의 시시비비나 선악과 같은 윤리적 판단에 국가가 개입해서는 아니 되는 내심적 자유는 물론, 이와 같은 윤리적 판단을 국가권력에 의하여 외부에 표명하도록 강제 받지 아니할 자유까지 포괄한다(헌재 1998.7.16. 96헌바35).

③ (○) 양심적 병역거부자의 수는 병역자원의 감소를 논할 정도가 아니고, 이들을 처벌한다고 하더라도 교도소에 수감할 수 있을 뿐 병역자원으로 활용할 수는 없으므로, 대체복무제를 도입하더라도 우리나라의 국방력에 의미 있는 수준의 영향을 미친다고 보기는 어렵다. 국가가 관리하는 객관적이고 공정한 사전심사절차와 엄격한 사후관리절차를 갖추고, 현역복무와 대체복무 사이에 복무의 난이도나 기간과 관련하여 형평성을 확보해 현역복무를 회피할 요인을 제거한다면, 심사의 곤란성과 양심을 빙자한 병역기피자의 증가 문제를 해결할 수 있으므로, 대체복무제를

도입하면서도 병역의무의 형평을 유지하는 것은 충분히 가능하다. 따라서 대체복무제라는 대안이 있음에도 불구하고 군사훈련을 수반하는 병역의무만을 규정한 병역종류조항은 침해의 최소성 원칙에 어긋난다. 그렇다면 양심적 병역거부자에 대한 대체복무제를 규정하지 아니한 병역종류조항은 과잉금지원칙에 위배하여 양심적 병역거부자의 양심의 자유를 침해한다(헌재 2018.6.28. 2011헌바379).

④ (○) 심판대상 법률조항이 규정한 불고지죄는 국가의 존립과 안전에 저해가 되는 타인의 범행에 관한 객관적 사실을 고지할 의무를 부과할 뿐이고 개인의 세계관·인생관·주의·신조 등이나 내심에 있어서의 윤리적 판단을 그 고지의 대상으로 하는 것은 아니므로 양심의 자유 특히 침묵의 자유를 직접적으로 침해하는 것이라고 볼 수 없을 뿐만 아니라 국가의 존립·안전에 저해가 되는 죄를 범한 자라는 사실을 알고서도 그것이 본인의 양심이나 사상에 비추어 범죄가 되지 아니한다거나 이를 수사기관 또는 정보기관에 고지하는 것이 양심이나 사상에 어긋난다는 등의 이유로 고지하지 아니하는 것은 결국 부작위에 의한 양심실현, 즉 내심의 의사를 외부에 표현하거나 실현하는 행위가 되는 것이고 이는 이미 순수한 내심의 영역을 벗어난 것이므로 이에 대하여는 필요한 경우 법률에 의한 제한이 가능하다(헌재 1998.7.16. 96헌바35).

⑤ (×) 지문을 날인할 것인지 여부의 결정이 선악의 기준에 따른 개인의 진지한 윤리적 결정에 해당한다고 보기는 어려워 열 손가락 지문날인의 의무를 부과하는 이 사건 시행령조항에 대하여 국가가 개인의 윤리적 판단에 개입한다거나 그 윤리적 판단을 표명하도록 강제하는 것으로 볼 여지는 없다고 할 것이므로, 이 사건 시행령조항에 의한 양심의 자유의 침해가능성 또한 없는 것으로 보인다(헌재 2005.5.26. 99헌마513).

[2021년 소방간부] ⑤

양심적 병역거부에 대한 다음 설명 중 가장 옳지 않은 것은?

① 국가가 관리하는 객관적이고 공정한 사전심사절차와 엄격한 사후관리절차를 갖추고, 현역복무와 대체복무 사이에 복무의 난이도가 기간과 관련하여 형평성을 확보해 현역복무를 회피할 요인을 제거한다면, 심사의 곤란성과 양심을 빙자한 병역기피자의 증가 문제를 해결할 수 있다. 따라서 대체복무제를 도입하면서도 병역의무의 형평을 유지하는 것은 충분히 가능하다.

② 양심적 병역거부자의 수는 병역자원의 감소를 논할 정도가 아니고, 이들을 처벌한다고 하더라도 교도소에 수감할 수 있을 뿐 병역자원으로 활용할 수는 없으므로, 대체복무제 도입으로 병역자원의 손실이 발생한다고 할 수 없다. 전체 국방력에서 병역자원이 차지하는 중요성이 낮아지고 있는 점을 고려하면, 대체복무제를 도입하더라도 우리나라의 국방력에 의미 있는 수준의 영향을 미친다고 보기는 어렵다. 따라서 대체복무제라는 대안이 있음에도 불구하고 군사훈련을 수반하는 병역의무만을 규정한 병역종류조항은 침해의 최소성 원칙에 어긋난다.

③ 각종 병역의 종류를 규정하고 있는 병역법상 병역종류조항은, 병역부담의 형평을 기하고 병역자원을 효과적으로 확보하여 효율적으로 배분함으로써 국가안보를 실현하고자 하는 것이기는 하나, 대체복무제를 규정하고 있지 않은 이상 정당한 입법목적을 달성하기 위한 적합한 수단에 해당한다고 보기는 어렵다.

④ 병역종류조항은 병역의 종류를 현역, 예비역, 보충역, 병역준비역, 전시근로역의 다섯 가지로 한정적으로 열거하고 있다. 그런데 위 병역들은 모두 군사훈련을 받는 것을 전제하고 있으므로, 양심적 병역의무자에게 병역종류조항에 규정된 병역을 부과할 경우 그들의 양심과 충돌을 일으킬 수밖에 없다.

① (○) 국가가 관리하는 객관적이고 공정한 사전심사절차와 엄격한 사후관리절차를 갖출 경우, 진정한 양심적 병역거부자와 그렇지 않은 자를 가려내는 데 큰 어려움은 없을 것으로 보인다. 현역복무와 대체복무 사이에 복무의 난이도나 기간과 관련하여 형평성을 확보해 현역복무를 회피할 요인을 제거한다면, 심사의 곤란성과 병역기피자의 증가 문제를 효과적으로 해결할 수 있다. 이미 상당한 기간 동안 세계의 많은 나라들이 양심적 병역거부를 인정하면서도 여러 문제들을 효과적으로 해결하여 징병제를 유지해오고 있다는 사실은, 대체복무제를 도입하면서도 병역의무의 형평을 유지하는 것이 충분히 가능하다는 사실을 강력히 시사한다(헌재 2018.6.28. 2011헌바379).

② (○) 오늘날의 국방력은 인적 병역자원에만 의존하는 것은 아니고, 현대전은 정보전·과학전의 양상을 띠므로, 전체 국방력에서 병역자원이 차지하는 중요성은 상대적으로 낮아지고 있다. 이러한 사정을 고려하면, 양심적 병역거부자에게 대체복무를 부과하더라도 우리나라의 국방력에 의미 있는 수준의 영향을 미친다고 보기는 어려울 것이다. 이와 같이 대체복무제라는 대안이 있음에도 불구하고 군사훈련을 수반하는 병역의무만을 규정한 병역종류조항은 침해의 최소성 원칙에 어긋난다(헌재 2018.6.28. 2011헌바379).

③ (×) 병역종류조항은 병역의 종류와 각 병역의 내용 및 범위를 법률로 정하여 병역부담의 형평을 기하고, 병역의무자의 신체적 특성과 개인적 상황, 병력수급 사정 등을 고려하여 병역자원을 효율적으로 배분할 수 있도록 함과 동시에, 병역의 종류를 한정적으로 열거하고 그에 대한 예외를 인정하지 않음으로써 병역자원을 효과적으로 확보할 수 있도록 하기 위한 것이다. 이는 궁극적으로 국가안전보장이라는 헌법적 법익을 실현하고자 하는 것이므로 입법목적은 정당하고, 병역종류조항은 그러한 입법목적을 달성하기 위한 적합한 수단이다(헌재 2018.6.28. 2011헌바379).

④ (○) 병역종류조항은 병역의 종류를 현역, 예비역, 보충역, 병역준비역, 전시근로역의 다섯 가지로 한정적으로 열거하고, 그 이외에 다른 병역의 종류나 내용을 상정하지는 않고 있다. 그런데 위 병역들은 모두 군사훈련을 받는 것을 전제하고 있으므로, 양심적 병역거부자에게 병역종류조항에 규정된 병역을 부과할 경우 필연적으로 그들의 양심과 충돌을 일으킬 수밖에 없다(헌재 2018.6.28. 2011헌바379).

[2019년 법원 9급] ③

양심의 자유에 대한 설명으로 옳지 않은 것은? (다툼이 있는 경우 판례에 의함)

① 양심의 자유는 내심에서 우러나오는 윤리적 확신과 이에 반하는 외부적 법질서의 요구가 서로 회피할 수 없는 상태로 충돌할 때에만 침해될 수 있다.

② 양심형성의 자유와 양심적 결정의 자유는 내심에 머무르는 한 절대적 자유라고 할 수 있지만, 양심실현의 자유는 상대적 자유라고 할 수 있다.

③ 양심에는 세계관·인생관·주의·신조 등은 물론, 이에 이르지 아니하여도 보다 널리 개인의 인격형성에 관계되는 내심에 있어서의 가치적·윤리적 판단도 포함될 수 있으나, 단순한 사실관계의 확인과 같이 가치적·윤리적 판단이 개입될 여지가 없는 경우는 그 보호대상이 아니다.

④ 특정한 내적인 확신 또는 신념이 양심으로 형성된 이상 그 내용 여하를 떠나 양심의 자유에 의해 보호되는 양심이 될 수 있으므로, 헌법상 양심의 자유에 의해 보호받는 양심으로 인정할 것인지의 판단은 그것이 깊고 확고하며, 진실된 것인지 여부와 관계없다.

① (○) 양심의 자유는 내심에서 우러나오는 윤리적 확신과 이에 반하는 외부적 법질서의 요구가 서로 회피할 수 없는 상태로 충돌할 때에만 침해될 수 있다. 그러므로 당해 실정법이 특정의 행위를 금지하거나 명령하는 것이 아니라 단지 특별한 혜택을 부여하거나 권고 내지 허용하고 있는 데에 불과하다면, 수범자는 수혜를 스스로 포기하거나 권고를 거부함으로써 법질서와 충돌하지 아니한 채 자신의 양심을 유지, 보존할 수 있으므로 양심의 자유에 대한 침해가 된다 할 수 없다(헌재 2002.4.25. 98헌마425).

② (○) 헌법 제19조 양심의 자유는 양심형성의 자유와 양심적 결정의 자유를 포함하는 내심적 자유뿐만 아니라, 양심적 결정을 외부로

표현하고 실현할 수 있는 양심실현의 자유를 포함한다고 할 수 있다. 내심적 자유, 즉 양심형성의 자유와 양심적 결정의 자유는 내심에 머무르는 한 절대적 자유라고 할 수 있지만, 양심실현의 자유는 타인의 기본권이나 다른 헌법적 질서와 저촉되는 경우 헌법 제37조 제2항에 따라 국가안전보장·질서유지 또는 공공복리를 위하여 법률에 의하여 제한될 수 있는 상대적 자유라고 할 수 있다(헌재 1998.7.16. 96헌바35).

③ (○) 헌법 제19조에서 보호하는 양심은 옳고 그른 것에 대한 판단을 추구하는 가치적·도덕적 마음가짐으로, 개인의 소신에 따른 다양성이 보장되어야 하고 그 형성과 변경에 외부적 개입과 억압에 의한 강요가 있어서는 아니되는 인간의 윤리적 내심영역이다. 보호되어야 할 양심에는 세계관·인생관·주의·신조 등은 물론, 이에 이르지 아니하여도 보다 널리 개인의 인격형성에 관계되는 내심에 있어서의 가치적·윤리적 판단도 포함될 수 있다. 그러나 단순한 사실관계의 확인과 같이 가치적·윤리적 판단이 개입될 여지가 없는 경우는 물론, 법률해석에 관하여 여러 견해가 갈리는 경우처럼 다소의 가치관련성을 가진다고 하더라도 개인의 인격형성과는 관계가 없는 사사로운 사유나 의견 등은 그 보호대상이 아니다(헌재 2002.1.31. 2001헌바43).

④ (×) 헌법상 보호되는 양심은 민주적 다수의 사고나 가치관과 일치하는 것이 아니라, 개인적 현상으로서 지극히 주관적인 것이다. 양심은 그 대상이나 내용 또는 동기에 의하여 판단될 수 없으며, 특히 양심상의 결정이 이성적·합리적인가, 타당한가 또는 법질서나 사회규범·도덕률과 일치하는가 하는 관점은 양심의 존재를 판단하는 기준이 될 수 없다. 이처럼 개인의 양심은 사회 다수의 정의관·도덕관과 일치하지 않을 수 있으며, 오히려 헌법상 양심의 자유가 문제되는 상황은 개인의 양심이 국가의 법질서나 사회의 도덕률에 부합하지 않는 경우이므로, 헌법에 의해 보호받는 양심은 법질서와 도덕에 부합하는 사고를 가진 다수가 아니라 이른바 소수자의 양심이 되기 마련이다. 특정한 내적인 확신 또는 신념이 양심으로 형성된 이상 그 내용 여하를 떠나 양심의 자유에 의해 보호되는 양심이 될 수 있으므로, 헌법상 양심의 자유에 의해 보호받는 양심으로 인정할 것인지의 판단은 그것이 깊고 확고하며, 진실된 것인지 여부에 따르게 된다(헌재 2018.6.28. 2011헌바379). [2020년 국가 5급] ④

양심적 병역거부에 관한 최근 헌법재판소의 결정 내용에 관한 설명 중 옳지 않은 것은?

① 양심적 병역거부자에 대한 관용은 결코 병역의무의 면제와 특혜의 부여에 대한 관용이 아니며, 대체복무제는 병역의무의 일환으로 도입되는 것이므로 현역복무와의 형평을 고려하여 최대한 등가성을 가지도록 설계되어야 한다.

② 양심적 병역거부자에 대한 대체복무제를 규정하지 아니한 병역종류조항과 양심상의 결정에 따라 입영을 거부하거나 소집에 불응하는 자에 대하여 형벌을 부과하는 처벌조항은 '양심에 반하는 행동을 강요당하지 아니할 자유', 즉 '부작위에 의한 양심실현의 자유'를 제한한다.

③ 국가의 존립과 안전을 위한 불가결한 헌법적 가치를 담고 있는 국방의 의무와 개인의 인격과 존엄의 기초가 되는 양심의 자유라는 헌법적 가치가 서로 충돌하는 경우에도 그에 대한 심사는 헌법상 비례원칙이 의하여야 한다.

④ 대체복무제를 도입함으로써 병역자원을 확보하고 병역부담의 형평을 기할 수 있음에도 불구하고, 양심적 병역거부자에 대한 처벌의 예외를 인정하지 않고 일률적으로 형벌을 부과하는 처벌조항은 양심적 병역거부자의 양심의 자유를 침해한다.

⑤ 양심적 병역거부의 바탕이 되는 양심상의 결정은 종교적 동기뿐만 아니라 윤리적·철학적 또는 이와 유사한 동기로부터 형성될 수 있는 것이므로 양심적 병역거부자의 기본권침해 여부는 양심의 자유를 중심으로 판단한다.

① (○) 양심적 병역거부자에 대한 관용은 결코 병역의무의 면제와 특혜의 부여에 대한 관용이 아니다. 대체복무제는 병역의무의 일환으로 도입되는 것이고 현역복무와의 형평을 고려하여 최대한 등가성을 가지도록 설계되어야 하는 것이다(헌재 2018.6.28. 2011헌바379).

② (○) 병역종류조항에 대체복무제가 마련되지 아니한 상황에서, 양심상의 결정에 따라 입영을 거부하거나 소집에 불응하는 이 사건 청구인 등이 현재의 대법원 판례에 따라 처벌조항에 의하여 형벌을 부과받음으로써 양심에 반하는 행동을 강요받고 있으므로, 이 사건 법률조항은 양심에 반하는 행동을 강요당하지 아니할 자유, 즉 부작위에 의한 양심실현의 자유를 제한하고 있다(헌재 2018.6.28. 2011헌바379).

③ (○) 사건 법률조항으로 인해서 국가의 존립과 안전을 위한 불가결한 헌법적 가치를 담고 있는 국방의 의무와 개인의 인격과 존엄의 기초가 되는 양심의 자유가 상충하게 된다. 이처럼 헌법적 가치가 서로 충돌하는 경우, 입법자는 두 가치를 양립시킬 수 있는 조화점을 최대한 모색해야 하고, 그것이 불가능해 부득이 어느 하나의 헌법적 가치를 후퇴시킬 수밖에 없는 경우에도 그 목적에 비례하는 범위 내에 그쳐야 한다. 헌법 제37조 제2항의 비례원칙은, 단순히 기본권제한의 일반원칙에 그치지 않고, 모든 국가작용은 정당한 목적을 달성하기 위하여 필요한 범위 내에서만 행사되어야 한다는 국가작용의 한계를 선언한 것이므로, 비록 이 사건 법률조항이 헌법 제39조에 규정된 국방의 의무를 형성하는 입법이라 할지라도 그에 대한 심사는 헌법상 비례원칙에 의하여야 한다(헌재 2018.6.28. 2011헌바379).

④ (×) 처벌조항은 국민의 의무인 국방의 의무의 이행을 강제하고 관철함으로써 징병제를 근간으로 하는 우리의 병역제도 하에서 병력자원의 확보와 병역부담의 형평을 기하고 궁극적으로 국가의 안전보장이라는 헌법적 법익을 실현하고자 하는 것으로서 그 입법목적이 정당하다. 결국 양심적 병역거부자에 대한 처벌은 대체복무제를 규정하지 아니한 병역종류조항의 입법상 불비와 양심적 병역거부는 처벌조항의 정당한 사유에 해당하지 않는다는 법원의 해석이 결합되어 발생한 문제일 뿐, 처벌조항 자체에서 비롯된 문제가 아니다. 따라서 처벌조항이 과잉금지원칙에 위반하여 양심적 병역거부자의 양심의 자유를 침해한다고 볼 수는 없다(헌재 2018.6.28. 2011헌바379).

⑤ (○) 종교적 신앙에 의한 행위라도 개인의 주관적·윤리적 판단을 동반하는 것인 한 양심의 자유에 포함시켜 고찰할 수 있고, 양심적 병역거부의 바탕이 되는 양심상의 결정은 종교적 동기뿐만 아니라 윤리적·철학적 또는 이와 유사한 동기로부터도 형성될 수 있는 것이므로, 이 사건에서는 양심의 자유를 중심으로 기본권 침해 여부를 판단하기로 한다(헌재 2018.6.28. 2011헌바379).

[2019년 제8회 변호사] ④

양심의 자유에 대한 설명으로 옳지 않은 것을 모두 고른 것은? (다툼이 있는 경우 판례에 의함)

> ㉠ 양심의 자유가 보장하고자 하는 '양심'은 민주적 다수의 사고나 가치관과 일치하는 것이 아니라, 개인적 현상으로서 지극히 주관적인 것이고, 그 대상이나 내용 또는 동기에 의하여 판단될 수 없으며, 양심상의 결정이 이성적·합리적인지, 타당한지 또는 법질서나 사회규범, 도덕률과 일치하는지 여부는 양심의 존재를 판단하는 기준이 될 수 없다.
> ㉡ 종교단체가 운영하는 학교 형태 혹은 학원 형태의 교육기관도 예외 없이 학교설립 인가 혹은 학원설립 등록을 받도록 규정한 것은 종교의 자유를 침해하여 헌법에 위반된다.
> ㉢ 종교적 신앙에 따른 병역 거부자를 처벌하는 병역법 조항에 대해서는, 헌법이 양심의 자유와 별개로 종교의 자유를 보장하고 있으며 종교적 신앙은 윤리적 양심과는 구별되는 내면적 세계의 핵심적 가치이므로 양심의 자유의 침해와는 별도로 종교의 자유의 침해 여부를 심사해야 한다.
> ㉣ 종교의 자유가 국민에게 그가 선택한 임의의 장소에서 자유롭게 종교전파를 할 자유까지를 보장하는 것은 아니다.

① ㉠, ㉡　　② ㉠, ㉣

③ ㉡, ㉢　　④ ㉢, ㉣

㉠ (○) 양심의 자유가 보장하고자 하는 양심은 민주적 다수의 사고나 가치관과 일치하는 것이 아니라, 개인적 현상으로서 지극히 주관적인 것이다. 양심은 그 대상이나 내용 또는 동기에 의하여 판단될 수 없으며, 특히 양심상의 결정이 이성적·합리적인가, 타당한가 또는 법질서나

양심의 자유에 관한 다음 설명 중 옳은 것은 모두 몇 개인가? (다툼이 있는 경우 대법원 판례 및 헌법재판소 결정에 의함)

> ㉠ 양심은 어떤 일의 옳고 그름을 판단할 때 그렇게 행동하지 않고서는 자신의 인격적 존재가치가 파멸되고 말 것이라는 강력하고 진지한 마음의 소리로서 절박하고 구체적인 것이어야 한다.
> ㉡ 양심의 자유는 양심을 형성할 자유와 양심에 따라 결정할 자유 등 내심의 자유일 뿐, 양심을 실현할 수 있는 자유는 포함되지 않는다.
> ㉢ 근로관계의 속성상 사용자가 비위행위를 저지른 근로자에게 자신의 잘못을 반성하고 사죄한다는 내용의 시말서 제출을 명령하는 것은 양심의 자유 침해로 볼 수 없다.
> ㉣ 양심은 내면의 영역이므로 양심적 병역거부 행위는 신념이 확고하고 진실한지 여부와 관계없이 병역법에 따라 처벌할 수 없다.
> ㉤ 국가가 수형자의 가석방 여부를 심사하면서 국법질서나 헌법체제를 준수하겠다는 취지의 준법서약서 제출을 요구한 조치는 양심의 자유와 자유로운 정신세계를 형성할 행복추구권을 침해한다.

① 1개 ② 2개 ③ 3개
④ 4개 ⑤ 5개

㉠ (○) 헌법 제19조에서 보호하는 양심은 어떤 일의 옳고 그름을 판단할 때 그렇게 행동하지 않고서는 자신의 인격적 존재가치가 파멸되고 말 것이라는 강력하고 진지한 마음의 소리로서 절박하고 구체적인 것이다(대법원 2018.11.29. 2016도11841).

㉡ (×) 헌법 제19조가 보호하고 있는 양심의 자유는 양심형성의 자유와 양심적 결정의 자유를 포함하는 내심적 자유뿐만 아니라, 양심적 결정을 외부로 표현하고 실현할 수 있는 양심실현의 자유를 포함한다(헌재 1998.7.16. 96헌바35).

㉢ (×) 취업규칙에서 사용자가 사고나 비위행위 등을 저지른 근로자에게 시말서를 제출하도록 명령할 수 있다고 규정하는 경우, 그 시말서가 단순히 사건의 경위를 보고하는 데 그치지 않고 더 나아가 근로관계에서 발생한 사고 등에 관하여 '자신의 잘못을 반성하고 사죄한다는 내용'이 포함된 사죄문 또는 반성문을 의미하는 것이라면, 이는 헌법이 보장하는 내심의 윤리적 판단에 대한 강제로서 양심의 자유를 침해하는 것이므로, 그러한 취업규칙 규정은 헌법에 위배되어 근로기준법 제96조 제1항에 따라 효력이 없고, 그에 근거한 사용자의 시말서 제출명령은 업무상 정당한 명령으로 볼 수 없다(대법원 2010.1.14. 2009두6605).

㉣ (×) 진정한 양심에 따른 병역거부라면, 이는 병역법 제88조 제1항의 '정당한 사유'에 해당하여 처벌할 수 없다고 보아야 한다. 정당한 사유로 인정할 수 있는 양심적 병역거부에서 말하는 양심은 신념이 깊고 확고하며, 진실하여야 한다. 구체적인 병역법위반 사건에서 피고인이 양심적 병역거부를 주장할 경우, 그 양심이 과연 위와 같이 깊고 확고하며 진실한 것인지 가려내는 일이 무엇보다 중요하다. 인간의 내면에 있는 양심을 직접 객관적으로 증명할 수는 없으므로 사물의 성질상 양심과 관련성이 있는 간접사실 또는 정황사실을 증명하는 방법으로 판단하여야 한다(대법원 2018.11.1. 2016도10912).

㉤ (×) 내용상 단순히 국법질서나 헌법체제를 준수하겠다는 취지의 서약을 할 것을 요구하는 이 사건 준법서약은 국민이 부담하는 일반적 의무를 장래를 향하여 확인하는 것에 불과하며, 어떠한 가정적 혹은 실제적 상황하에서 특정의 사유를 하거나 특별한 행동을 할 것을 새로이 요구하는 것이 아니다. 따라서 이 사건 준법서약은 어떤 구체적이거나 적극적인 내용을 담지 않은 채 단순한 헌법적 의무의 확인·서약에 불과하다 할 것이어서 양심의 영역을 건드리는 것이 아니다(헌재 2002.4.25. 98헌마425). [2021년 법무사] ①

양심의 자유에 대한 설명으로 옳은 것은? (다툼이 있는 경우 헌법재판소 결정에 의함)

① 헌법재판소는 민법 제764조의 '명예회복의 적당한 처분'에 사죄광고를 포함시켜 법원의 판결로 사죄광고를 명하는 것은 양심의 자유에 비추어 허용되는 것이라 한다.

② 병역거부에 관하여 양심의 자유와 국방의 의무가 충돌하는 경우 규범조화적 해석의 방법에 근거한 대체복무제를 채택하지 아니한 것은 침해의 최소성 원칙에 위반되지 아니한다.
③ 준법서약은 어떤 구체적이거나 적극적인 내용을 담지 않은 채 단순한 헌법적 의무의 확인·서약에 불과한 것이라 하더라도, 양심의 영역을 건드리는 것이 된다.
④ 침묵의 자유는 사실에 관한 지식 또는 기술적 지식의 진술을 거부하는 자유도 포함한다.
⑤ 교화상 또는 구금목적에 부적당한 기사, 조직범죄 등 수용자 관련 범죄기사에 대해 신문을 삭제한 후 수용자에게 구독케 한 행위는 알 권리의 과잉침해가 아니다.

① (×) 사죄광고의 강제는 양심도 아닌 것이 양심인 것처럼 표현할 것의 강제로 인간양심의 왜곡·굴절이고 겉과 속이 다른 이중인격형성의 강요인 것으로서 침묵의 자유의 파생인 양심에 반하는 행위의 강제금지에 저촉되는 것이며, 따라서 우리 헌법이 보호하고자 하는 정신적 기본권의 하나인 양심의 자유의 제약(법인의 경우라면 그 대표자에게 양심표명의 강제를 요구하는 결과가 된다)이라고 보지 않을 수 없다(헌재 1991.4.1. 89헌마160).
② (×) 대체복무제를 도입하더라도 우리의 국방력에 유의미한 영향이 있을 것이라고 보기는 어려운 반면, 대체복무 편입 여부를 판정하는 객관적이고 공정한 심사절차를 마련하고 현역복무와 대체복무 사이의 형평성이 확보되도록 제도를 설계한다면, 대체복무제의 도입은 병역자원을 확보하고 병역부담의 형평을 기하고자 하는 입법목적을 병역종류조항과 같은 정도로 충분히 달성할 수 있다고 판단된다. 이와 같이 대체복무제라는 대안이 있음에도 불구하고 군사훈련을 수반하는 병역의무만을 규정한 병역종류조항은 침해의 최소성 원칙에 어긋난다(헌재 2018.6.28. 2011헌바379).
③ (×) 단순히 국법질서나 헌법체제를 준수하겠다는 취지의 서약을 할 것을 요구하는 이 사건 준법서약은 국민이 부담하는 일반적 의무를 장래를 향하여 확인하는 것에 불과하며, 어떠한 가정적 혹은 실제적 상황하에서 특정의 사유를 하거나 특별한 행동을 할 것을 새로이 요구하는 것이 아니다. 따라서 이 사건 준법서약은 어떤 구체적이거나 적극적인 내용을 담지 않은 채 단순한 헌법적 의무의 확인·서약에 불과하다 할 것이어서 양심의 영역을 건드리는 것이 아니다(헌재 2002.4.25. 98헌마425).
④ (×) 침묵의 자유는 도덕적·윤리적 판단으로 양심, 정치적 신념, 세계관, 사상 또는 이것들과 결부된 일정한 사실이며, 재판절차에서 단순한 사실에 대한 지식이나 기술적 지식에 대한 증인의 증언거부, 신문기자에 의한 취재원에 관한 증언거부 등은 헌법 제19조의 양심의 자유에 의하여 보호되지 않는다.
⑤ (○) 교화상 또는 구금목적에 특히 부적당하다고 인정되는 기사, 조직범죄 등 수용자 관련 범죄기사에 대한 신문기사 삭제행위는 구치소내 질서유지와 보안을 위한 것으로, 이는 수용자가 과밀하게 수용되어 있는 현 구치소의 실정과 과소한 교도인력을 볼 때 구치소 내의 질서유지와 보안을 어렵게 할 우려가 있다. 이 사건 신문기사의 삭제 내용은 그러한 범위 내에 그치고 있을 뿐 신문기사 중 주요기사 대부분이 삭제된 바 없음이 인정되므로 이는 수용질서를 위한 청구인의 알 권리에 대한 최소한의 제한이라고 볼 수 있으며, 이로서 침해되는 청구인에 대한 수용질서와 관련되는 기사들에 대한 정보획득의 방해와 그러한 기사 삭제를 통해 얻을 수 있는 구치소의 질서유지와 보안에 대한 공익을 비교할 때 청구인의 알 권리를 과도하게 침해한 것은 아니다(헌재 1998.10.29. 98헌마4). [2018년 국회 5급] ⑤

양심의 자유에 관한 설명 중 가장 적절한 것은? (다툼이 있는 경우 판례에 의함)
① 양심의 자유에서 현실적으로 문제가 되는 것은 법질서와 도덕에 부합하는 사고를 가진 사회적 다수의 양심을 의미한다.
② '양심적' 병역거부는 실상 당사자의 '양심에 따른' 혹은 '양심을 이유로 한' 병역거부를 가리키는 것일 뿐만 아니라 병역거부가 '도덕적이고 정당하다'는 의미를 내포한다.
③ 전투경찰순경이 법률에 근거한 경찰공무원으로서 시위진압업무를 수행하는 것이 양심의

자유를 침해한다고 판시한 바 있다.

④ 양심적 병역거부의 바탕이 되는 양심상의 결정은 종교적 동기뿐만 아니라 윤리적, 철학적 또는 이와 유사한 동기로부터도 형성될 수 있는 것이므로 양심적 병역거부자의 기본권 침해 여부는 양심의 자유를 중심으로 판단한다.

① (×) 일반적으로 민주적 다수는 법질서와 사회질서를 그의 정치적 의사와 도덕적 기준에 따라 형성하기 때문에, 그들이 국가의 법질서나 사회의 도덕률과 양심상의 갈등을 일으키는 것은 예외에 속한다. 양심의 자유에서 현실적으로 문제가 되는 것은 국가의 법질서나 사회의 도덕률에서 벗어나려는 소수의 양심이다(헌재 2004.8.26. 2002헌가1)

② (×) 양심적 병역거부는 실상 당사자의 양심에 따른 혹은 양심을 이유로 한 병역거부를 가리키는 것일 뿐이지 병역거부가 도덕적이고 정당하다는 의미는 아닌 것이다. 따라서 양심적 병역거부라는 용어를 사용한다고 하여 병역의무이행은 비양심적이 된다거나, 병역을 이행하는 거의 대부분의 병역의무자들과 병역의무이행이 국민의 숭고한 의무라고 생각하는 대다수 국민들이 비양심적인 사람들이 되는 것은 결코 아니다(헌재 2018.6.28. 2011헌바379).

③ (×) 전투경찰순경으로서 대간첩작전을 수행하는 것도 넓은 의미의 국방의 의무를 수행하는 것으로 볼 수 있고, 국방의 의무의 이행을 위하여 현역병으로 입영한 사람을 어디에 배치하여 어떠한 임무를 부여할 것인가의 문제나 대간첩작전을 수행하는 자의 소속이나 신분을 국방부 소속의 군인으로 할 것인가, 내무부 소속의 경찰로 할 것인가의 문제는 입법자가 국가의 안보상황 및 재정, 대간첩작전의 효율성 등 여러 가지 사정을 고려하여 합목적적으로 정할 사항이다. 따라서 입법목적과 필요성에 따라 대간첩작전의 수행을 임무로 하는 전투경찰순경을 현역병으로 입영하여 복무 중인 군인에서 전임시켜 충원할 수 있도록 한 이 사건 법률조항들이 그 자체로서 청구인의 행복추구권 및 양심의 자유를 침해한 것이라고 볼 수 없다(헌재 1995.12.28. 91헌마80).

④ (○) 종교적 신앙에 의한 행위라도 개인의 주관적·윤리적 판단을 동반하는 것인 한 양심의 자유에 포함시켜 고찰할 수 있고, 양심적 병역거부의 바탕이 되는 양심상의 결정은 종교적 동기뿐만 아니라 윤리적·철학적 또는 이와 유사한 동기로부터도 형성될 수 있는 것이므로, 이 사건에서는 양심의 자유를 중심으로 기본권 침해 여부를 판단하기로 한다(헌재 2018.6.28. 2011헌바379).

[2020년 경찰 경정승진] ④

양심의 자유에 대한 헌법재판소의 결정 내용으로 가장 옳지 않은 것은?

① 병역종류조항에 대체복무제를 규정하지 않은 것이 '부작위에 의한 양심실현의 자유'의 제한은 아니라고 보았다.

② 양심적 병역거부는 당사자의 양심에 따른 병역거부를 가리킬 뿐 병역거부가 도덕적이고 정당하다는 것을 의미하지는 않는다.

③ 국가보안법상의 불고지죄 사건에서는 양심의 자유를 내심의 자유와 양심실현의 자유로 나누고 양심실현의 자유에 적극적 양심실현의 자유와 소극적 양심실현의 자유가 포함된다고 하였다.

④ 사죄광고 사건에서는 양심의 자유에 내심의 자유와 침묵의 자유가 포함되며, 침묵의 자유에서 양심에 반하는 행위의 강제금지가 파생된다고 보았다.

① (×) 대체복무제라는 대안이 있음에도 불구하고 군사훈련을 수반하는 병역의무만을 규정한 병역종류조항은, 침해의 최소성 원칙에 어긋난다. 병역종류조항이 추구하는 국가안보 및 병역의무의 공평한 부담이라는 공익은 대단히 중요하나, 병역종류조항에 대체복무제를 도입한다고

하더라도 공익은 충분히 달성할 수 있다. 반면, 병역종류조항이 대체복무제를 규정하지 아니함으로 인하여 양심적 병역거부자는 최소 1년 6월 이상의 징역형과 그에 따른 막대한 유·무형의 불이익을 감수하여야 한다. 양심적 병역거부자에게 공익 관련 업무에 종사하도록 한다면, 이들을 처벌하여 교도소에 수용하고 있는 것보다는 넓은 의미의 안보와 공익실현에 더 유익한 효과를 거둘 수 있다. 따라서 병역종류조항은 법익의 균형성 요건을 충족하지 못하여, 양심적 병역거부자에 대한 대체복무제를 규정하지 아니한 병역종류조항은 과잉금지원칙에 위배하여 양심적 병역거부자의 양심의 자유를 침해한다(헌재 2018.6.28. 2011헌바379).

② (○) 양심적 병역거부는 실상 당사자의 양심에 따른 혹은 양심을 이유로 한 병역거부를 가리키는 것일 뿐이지 병역거부가 도덕적이고 정당하다는 의미는 아닌 것이다. 따라서 양심적 병역거부라는 용어를 사용한다고 하여 병역의무이행은 비양심적이 된다거나, 병역을 이행하는 거의 대부분의 병역의무자들과 병역의무이행이 국민의 숭고한 의무라고 생각하는 대다수 국민들이 비양심적인 사람들이 되는 것은 결코 아니다(헌재 2018.6.28. 2011헌바379).

③ (○) 헌법 제19조에서 보호하는 양심의 자유는 양심형성의 자유와 양심적 결정의 자유를 포함하는 내심적 자유뿐만 아니라, 양심적 결정을 외부로 표현하고 실현할 수 있는 양심실현의 자유를 포함한다. 내심적 자유, 즉 양심형성의 자유와 양심적 결정의 자유는 내심에 머무르는 한 절대적 자유라고 할 수 있지만, 양심실현의 자유는 타인의 기본권이나 다른 헌법적 질서와 저촉되는 경우 헌법 제37조 제2항에 따라 국가안전보장 질서유지 또는 공공복리를 위하여 법률에 의하여 제한될 수 있는 상대적 자유라고 할 수 있다(헌재 1998.7.16. 96헌바35).

④ (○) 헌법 제19조 양심의 자유에는 널리 사물의 시시비비나 선악과 같은 윤리적 판단에 국가가 개입해서는 안되는 내심적 자유는 물론, 이와 같은 윤리적 판단을 국가권력에 의하여 외부에 표명하도록 강제받지 않는 자유, 즉 윤리적 판단사항에 관한 침묵의 자유까지 포괄한다. 사죄광고의 강제는 양심도 아닌 것이 양심인 것처럼 표현할 것의 강제로 인간양심의 왜곡·굴절이고 겉과 속이 다른 이중인격형성의 강요인 것으로서 침묵의 자유의 파생인 양심에 반하는 행위의 강제금지에 저촉되는 것이며 따라서 우리 헌법이 보호하고자 하는 정신적 기본권의 하나인 양심의 자유의 제약(법인의 경우라면 그 대표자에게 양심표명의 강제를 요구하는 결과가 된다)이라고 보지 않을 수 없다(헌재 1991.4.1. 89헌마160).

[2019년 서울 7급] ①

양심의 자유에 관한 헌법재판소 판례에 대한 설명으로 옳지 않은 것은?

① 내심적 자유, 즉 양심형성의 자유와 양심적 결정의 자유는 내심에 머무르는 한 절대적 자유라고 할 수 있지만, 양심실현의 자유는 타인의 기본권이나 다른 헌법적 질서와 저촉되는 경우 헌법 제37조 제2항에 따라 국가안전보장, 질서유지 또는 공공복리를 위하여 법률에 의하여 제한될 수 있는 상대적 자유라고 할 수 있다.

② 의사가 환자의 신병(身柄)에 관한 사실을 자신의 의사에 반하여 외부에 알려야 한다면, 이는 의사로서의 윤리적·도덕적 가치에 반하는 것으로서 심한 양심적 갈등을 겪을 수밖에 없을 것이므로, 연말정산 간소화를 위하여 의료기관에게 환자들의 의료비 내역에 관한 정보를 국세청에 제출하도록 의무를 부과하는 「소득세법」 조항은 의사의 양심의 자유를 제한한다.

③ 국법질서나 헌법체제를 준수하겠다는 취지의 서약을 할 것을 요구하는 준법서약은 국민이 부담하는 일반적 의무를 장래를 향하여 확인하는 것에 불과하고, 어떠한 가정적 혹은 실제적 상황 하에서 특정의 사유(思惟)를 하거나 특별한 행동을 할 것을 새로이 요구하는 것이 아니므로, 어떤 구체적이거나 적극적인 내용을 담지 않은 채 단순한 헌법적 의무의 확인·서약에 불과하다 할 것이어서 양심의 영역을 건드리는 것이 아니다.

④ 사업자단체의 「독점규제 및 공정거래법」 위반행위가 있을 때 공정거래위원회가 당해 사업자단체에 대하여 '법위반 사실의 공표'를 명할 수 있도록 한 위 법의 관계규정은 양심의 자유를 침해한다.

① (○) 내심적 자유, 즉 양심형성의 자유와 양심적 결정의 자유는 내심에 머무르는 한 절대적 자유라고 할 수 있지만, 양심실현의 자유는 타인의 기본권이나 다른 헌법적 질서와 저촉되는 경우 헌법 제37조 제2항에 따라 국가안전보장·질서유지 또는 공공복리를 위하여 법률에 의하여 제한될 수 있는 상대적 자유라고 할 수 있다(헌재 1998.7.16. 96헌바35).

② (○) 만일 의사가 환자의 신병에 관한 사실을 자신의 의사에 반하여 외부에 알려야 한다면, 이는 의사로서의 윤리적·도덕적 가치에 반하는 것으로서 심한 양심적 갈등을 겪을 수밖에 없을 것이다. 그런데 소득공제증빙서류 제출의무자들인 의료기관인 의사로서는 과세자료를 제출하지 않을 경우 국세청으로부터 행정지도와 함께 세무조사와 같은 불이익을 받을 수 있다는 심리적 강박감을 가지게 되는바, 의사인 청구인들의 양심의 자유를 제한한다. 이 사건 법령조항은 헌법에 위반되지 아니한다(헌재 2008.10.30. 2006헌마1401).

③ (○) 단순히 국법질서나 헌법체제를 준수하겠다는 취지의 서약을 할 것을 요구하는 이 사건 준법서약은 국민이 부담하는 일반적 의무를 장래를 향하여 확인하는 것에 불과하며, 어떠한 가정적 혹은 실제적 상황하에서 특정의 사유(思惟)를 하거나 특별한 행동을 할 것을 새로이 요구하는 것이 아니다. 따라서 이 사건 준법서약은 어떤 구체적이거나 적극적인 내용을 담지 않은 채 단순한 헌법적 의무의 확인·서약에 불과하다 할 것이어서 양심의 영역을 건드리는 것이 아니다(헌재 2002.4.25. 98헌마425).

④ (×) 경제규제법적 성격을 가진 공정거래법에 위반하였는지 여부에 있어서도 각 개인의 소신에 따라 어느 정도의 가치판단이 개입될 수 있는 소지가 있고 그 한도에서 다소의 윤리적·도덕적 관련성을 가질 수도 있겠으나, 이러한 법률판단의 문제는 개인의 인격형성과는 무관하며, 대화와 토론을 통하여 가장 합리적인 것으로 그 내용이 동화되거나 수렴될 수 있는 포용성을 가지는 분야에 속한다고 할 것이므로 헌법 제19조에 의하여 보장되는 양심의 영역에 포함되지 아니한다(헌재 2002.1.31. 2001헌바43). [2015년 서울 7급] ④

양심의 자유와 종교의 자유에 대한 설명으로 옳지 않은 것은? (다툼이 있는 경우 판례에 의함)

① 양심의 자유는 제헌헌법에서 종교의 자유와 같은 조항에서 함께 규정되었으나 1962년 제5차 개정헌법에서 종교의 자유와 분리하여 규정된 것이 현행헌법에서도 유지되고 있다.
② 종교의 자유는 국민에게 그가 선택한 임의의 장소에서 자유롭게 종교전파를 할 자유까지를 보장하는 것은 아니다.
③ 양심상의 결정이 이성적·합리적인지, 타당한지 또는 법질서나 사회규범, 도덕률과 일치하는지 여부는 양심의 존재를 판단하는 기준이 된다.
④ 종교시설의 건축행위에 대하여 기반시설부담금 부과를 제외하거나 감경하지 아니하였더라도, 종교의 자유를 침해하는 것이 아니다.
⑤ 신앙의 자유는 신과 피안 또는 내세에 대한 인간의 내적 확신에 대한 자유를 말하는 것으로서 이러한 신앙의 자유는 그 자체가 내심의 자유의 핵심이기 때문에 법률로써도 이를 침해할 수 없다.

① (○) 1948년 제헌헌법 제12조 모든 국민은 신앙과 양심의 자유를 가진다. 국교는 존재하지 아니하며 종교는 정치로부터 분리된다. 1962년 제5차 개정헌법 제17조 모든 국민은 양심의 자유를 가진다. 1987년 제9차 현행헌법 제19조 모든 국민은 양심의 자유를 가진다.

② (○) 종교의 자유는 종교전파의 자유로서 누구에게나 자신의 종교 또는 종교적 확신을 알리고 선전하는 자유를 말하며, 포교행위 또는 선교행위가 이에 해당한다. 그러나 이러한 종교전파의 자유는 국민에게 그가 선택한 임의의 장소에서 자유롭게 행사할 수 있는 권리까지 보장한다고 할 수 없으며, 그 임의의 장소가 대한민국의 주권이 미치지 아니하는 지역 나아가 국가에 의한 국민의 생명·신체 및 재산의 보호가 강력히 요구되는 해외 위난지역인 경우에는 더욱 그러하다(헌재 2008.6.26. 2007헌마1366).

③ (×) 양심은 민주적 다수의 사고나 가치관과 일치하는 것이 아니라, 개인적 현상으로서 지극히 주관적인 것이다. 양심은 그 대상이나 내용 또는 동기에 의하여 판단될 수 없으며, 특히 양심상의 결정이 이성적·합리적인가, 타당한가 또는 법질서나 사회규범·도덕률과 일치하는

가 하는 관점은 양심의 존재를 판단하는 기준이 될 수 없다(헌재 2018.6.28. 2011헌바379).

④ (○) 종교의 자유에서 종교에 대한 적극적인 우대조치를 요구할 권리가 직접 도출되거나 우대할 국가의 의무가 발생하지 아니한다. 종교시설의 건축행위에만 기반시설부담금을 면제한다면 국가가 종교를 지원하여 종교를 승인하거나 우대하는 것으로 비칠 소지가 있어 헌법 제20조 제2항의 국교금지·정교분리에 위배될 수도 있다고 할 것이므로 종교시설의 건축행위에 대하여 기반시설부담금 부과를 제외하거나 감경하지 아니하였더라도, 종교의 자유를 침해하는 것이 아니다(헌재 2010.2.25. 2007헌바131).

⑤ (○) 신앙의 자유는 신과 피안 또는 내세에 대한 인간의 내적 확신에 대한 자유를 말하는 것으로서 이러한 신앙의 자유 는 그 자체가 내심의 자유의 핵심이기 때문에 법률로써도 이를 침해할 수 없다(헌재 2011.12.29. 2009헌마527). [2023년 국회 5급] ③

다음 행위들 중 헌법재판소의 판례에 따를 때 양심의 자유의 문제로 보지 않은 것들로 묶은 것은?

㉠ 양심적 집총거부자에 대한 형사처벌	㉡ 음주측정
㉢ 사죄광고의 강제	㉣ 「주민등록법」상의 지문날인
㉤ 법위반사실의 공표명령	㉥ 준법서약

① ㉠, ㉡, ㉢ ② ㉠, ㉢, ㉣, ㉤, ㉥ ③ ㉡, ㉣, ㉤, ㉥
④ ㉠, ㉢, ㉣ ⑤ ㉠, ㉢

㉠ (○) 병역종류조항에 대체복무제가 마련되지 아니한 상황에서, 양심상의 결정에 따라 입영을 거부하거나 소집에 불응하는 이 사건 청구인 등이 현재의 대법원 판례에 따라 처벌조항에 의하여 형벌을 부과받음으로써 양심에 반하는 행동을 강요받고 있으므로, 이 사건 법률조항은 양심에 반하는 행동을 강요당하지 아니할 자유, 즉 부작위에 의한 양심실현의 자유를 제한하고 있다(헌재 2018.6.28. 2011헌바379).

㉡ (×) 음주측정 요구에 처하여 이에 응하여야 할 것인지 거부해야 할 것인지 고민에 빠질 수는 있겠으나 그러한 고민은 선과 악의 범주에 관한 진지한 윤리적 결정을 위한 고민이라 할 수 없으므로 그 고민 끝에 어쩔 수 없이 음주측정에 응하였다 하여 내면적으로 구축된 인간양심이 왜곡·굴절된다고 할 수 없다. 따라서 이 사건 법률조항을 두고 헌법 제19조에서 보장하는 양심의 자유를 침해하는 것이라고 할 수 없다(헌재 1997.3.27. 96헌가11).

㉢ (○) 사죄광고의 강제는 양심도 아닌 것이 양심인 것처럼 표현할 것의 강제로 인간양심의 왜곡·굴절이고 겉과 속이 다른 이중인격형성의 강요인 것으로서 침묵의 자유의 파생인 양심에 반하는 행위의 강제금지에 저촉되는 것이며, 따라서 우리 헌법이 보호하고자 하는 정신적 기본권의 하나인 양심의 자유의 제약(법인의 경우라면 그 대표자에게 양심표명의 강제를 요구하는 결과가 된다)이라고 보지 않을 수 없다(헌재 1991.4.1. 89헌마160).

㉣ (×) 지문을 날인할 것인지 여부의 결정이 선악의 기준에 따른 개인의 진지한 윤리적 결정에 해당한다고 보기는 어려워, 열 손가락 지문날인의 의무를 부과하는 이사건 시행령조항에 대하여 국가가 개인의 윤리적 판단에 개입한다거나 그 윤리적 판단을 표명하도록 강제하는 것으로 볼 여지는 없다고 할 것이므로, 이 사건 시행령조항에 의한 양심의 자유의 침해가능성이 없다(헌재 2005.5.26. 99헌마513).

㉤ (×) 경제규제법적 성격을 가진 공정거래법에 위반하였는지 여부에 있어서도 각 개인의 소신에 따라 어느 정도의 가치판단이 개입될 수 있는 소지가 있고 그 한도에서 다소의 윤리적·도덕적 관련성을 가질 수도 있겠으나, 이러한 법률판단의 문제는 개인의 인격형성과는 무관하며, 대화와 토론을 통하여 가장 합리적인 것으로 그 내용이 동화되거나 수렴될 수 있는 포용성을 가지는 분야에 속한다고 할 것이므로 헌법 제19조에 의하여 보장되는 양심의 영역에 포함되지 아니한다(헌재 2002.1.31. 2001헌바43).

㉥ (×) 단순히 국법질서나 헌법체제를 준수하겠다는 취지의 서약을 할 것을 요구하는 이 사건 준법서약은 국민이 부담하는 일반적 의무를 장래를 향하여 확인하는 것에 불과하며, 어떠한 가정적 혹은 실제적 상황하에서 특정의 사유를 하거나 특별한 행동을 할 것을 새로이 요구하는 것이 아니다. 따라서 이 사건 준법서약은 어떤 구체적이거나 적극적인 내용을 담지 않은 채 단순한 헌법적 의무의 확인·서약에 불과하다 할 것이어서 양심의 영역을 건드리는 것이 아니다(헌재 2002.4.25. 98헌마425). [2013년 국회 9급] ③

제2절 종교의 자유

종교의 자유에 대한 설명으로 가장 적절하지 않은 것은? (다툼이 있는 경우 대법원 및 헌법재판소 판례에 의함)

① 종교적 목적을 위한 언론·출판의 자유를 행사하는 과정에서 타 종교의 신앙 대상을 우스꽝스럽게 묘사하거나 다소 모욕적이고 불쾌하게 느껴지는 표현을 사용하였더라도 그것이 그 종교를 신봉하는 신도들에 대한 증오의 감정을 드러내는 것이거나 그 자체로 폭행·협박 등을 유발할 우려가 있는 정도가 아닌 이상 허용된다고 보아야 한다.

② 학교 정화구역 내에 납골시설을 금지할 필요성은 납골시설의 운영주체가 국가·지방자치단체 등의 공공기관이거나 개인·문중·종교단체·재단법인이든 마찬가지라고 할 것이다.

③ 종교전파의 자유는 국민에게 그가 선택한 임의의 장소에서 자유롭게 행사할 수 있는 권리까지 보장한다고 할 수 없다.

④ 종교시설의 건축행위에 대하여 기반시설부담금 부과를 제외하거나 감경하지 아니하였다면 종교의 자유를 침해하는 것이다.

① (○) 헌법이 종교의 자유를 보장함으로써 보호하고자 하는 것은 종교 자체나 종교가 신봉하는 신앙의 대상이 아니라, 종교를 신봉하는 국민, 즉 신앙인이고, 종교에 대한 비판은 성질상 어느 정도의 편견과 자극적인 표현을 수반하게 되는 경우가 많으므로, 타 종교의 신앙의 대상에 대한 모욕이 곧바로 그 신앙의 대상을 신봉하는 종교단체나 신도들에 대한 명예훼손이 되는 것은 아니고, 종교적 목적을 위한 언론·출판의 자유를 행사하는 과정에서 타 종교의 신앙의 대상을 우스꽝스럽게 묘사하거나 다소 모욕적이고 불쾌하게 느껴지는 표현을 사용하였더라도 그것이 그 종교를 신봉하는 신도들에 대한 증오의 감정을 드러내는 것이거나 그 자체로 폭행·협박 등을 유발할 우려가 있는 정도가 아닌 이상 허용된다(대법원 2014.9.4. 2012도13718).

② (○) 입법자는 학교 부근의 납골시설이 현실적으로 학생들의 정서교육에 해로운 영향을 끼칠 가능성이 있다고 판단하고 학생들에 대한 정서교육의 환경을 보호하기 위하여 학교 부근의 납골시설을 규제하기로 결정한 것이다. 납골시설을 기피하는 풍토와 정서가 과학적인 합리성이 없다고 하더라도, 그러한 풍토와 정서가 현실적으로 학생들의 정서발달에 해로운 영향을 끼칠 가능성이 있는 이상, 규제하여야 할 필요성과 공익성을 부정하기 어렵다. 학교 정화구역 내에 납골시설을 금지할 필요성은 납골시설의 운영주체가 국가·지방자치단체 등의 공공기관이거나 개인·문중·종교단체·재단법인이든 마찬가지라고 할 것이다. 따라서 납골시설의 유형이나 설치주체를 가리지 아니하고 일률적으로 금지한다고 하여 불합리하거나 교육환경에 관한 입법형성권의 한계를 벗어났다고 보기 어렵다(헌재 2009.7.30. 2008헌가2).

③ (○) 종교의 자유는 종교전파의 자유로서 누구에게나 자신의 종교 또는 종교적 확신을 알리고 선전하는 자유를 말하며, 포교행위 또는 선교행위가 이에 해당한다. 그러나 이러한 종교전파의 자유는 국민에게 그가 선택한 임의의 장소에서 자유롭게 행사할 수 있는 권리까지 보장한다고 할 수 없으며, 그 임의의 장소가 대한민국의 주권이 미치지 아니하는 지역 나아가 국가에 의한 국민의 생명·신체 및 재산의 보호가 강력히 요구되는 해외 위난지역인 경우에는 더욱 그러하다(헌재 2008.6.26. 2007헌마1366).

④ (×) 종교의 자유에서 종교에 대한 적극적인 우대조치를 요구할 권리가 직접 도출되거나 우대할 국가의 의무가 발생하지 아니한다. 종교시설의 건축행위에만 기반시설부담금을 면제한다면 국가가 종교를 지원하여 종교를 승인하거나 우대하는 것으로 비칠 소지가 있어 헌법 제20조 제2항의 국교금지·정교분리에 위배될 수도 있다고 할 것이므로 종교시설의 건축행위에 대하여 기반시설부담금 부과를 제외하거나 감경하지 아니하였더라도, 종교의 자유를 침해하는 것이 아니다(헌재 2010.2.25. 2007헌바131). [2022년 경찰간부] ④

종교의 자유에 관한 다음 설명 중 가장 옳지 않은 것은?

① 종교의 자유에는 자기가 신봉하는 종교를 선전하고 새로운 신자를 규합하기 위한 선교의 자유가 포함되나, 선교의 자유에는 다른 종교의 신자에 대하여 개종을 권고하는 자유를 넘어 타 종교를 비판하는 자유까지 포함되었다고 볼 수 없다.

② 종교 의식 내지 종교적 행위와 밀접한 관련이 있는 시설의 설치와 운영은 종교의 자유를 보장하기 위한 전제에 해당되므로 종교적 행위의 자유에 포함된다.

③ '집회 및 시위에 관한 법률'은 종교에 관한 집회에는 옥외집회 및 시위의 신고제를 적용하지 아니한다.

④ 종교교육 및 종교지도자의 양성은 헌법 제20조에 규정된 종교의 자유의 한 내용으로 보장되지만, 그것이 학교라는 교육기관의 형태를 취할 때에는 헌법 제31조 제1항, 제6항의 규정 및 이에 기한 교육법상의 각 규정들에 의한 규제를 받게 된다.

① (×) 종교의 자유에는 자기가 신봉하는 종교를 선전하고 새로운 신자를 규합하기 위한 선교의 자유가 포함되고 선교의 자유에는 다른 종교를 비판하거나 다른 종교의 신자에 대하여 개종을 권고하는 자유도 포함되는바, 종교적 선전, 타 종교에 대한 비판 등은 동시에 표현의 자유의 보호대상이 되는 것이나, 그 경우 종교의 자유에 관한 헌법 제20조 제1항은 표현의 자유에 관한 헌법 제21조 제1항에 대하여 특별 규정의 성격을 갖는다 할 것이므로 종교적 목적을 위한 언론·출판의 경우에는 그 밖의 일반적인 언론·출판에 비하여 보다 고도의 보장을 받게 된다(대법원 2007.2.8. 2006도4486).

② (○) 종교단체가 설치·운영하고자 하는 납골시설이 금지되는 경우에는 종교의 자유에 대한 침해의 문제가 발생한다. 종교 의식 내지 종교적 행위와 밀접한 관련이 있는 시설의 설치와 운영은 종교의 자유를 보장하기 위한 전제에 해당되므로 종교적 행위의 자유에 포함된다(헌재 2009.7.30. 2008헌가2).

③ (○) 집회 및 시위에 관한 법률 제15조(적용의 배제) 학문, 예술, 체육, 종교, 의식, 친목, 오락, 관혼상제 및 국경행사에 관한 집회에는 제6조(옥외집회 및 시위의 신고 등)부터 제12조까지의 규정을 적용하지 아니한다. 집회 및 시위에 관한 법률 제6조(옥외집회 및 시위의 신고 등) ①옥외집회나 시위를 주최하려는 자는 그에 관한 다음 각 호의 사항 모두를 적은 신고서를 옥외집회나 시위를 시작하기 720시간 전부터 48시간 전에 관할 경찰서장에게 제출하여야 한다. 다만, 옥외집회 또는 시위 장소가 두 곳 이상의 경찰서의 관할에 속하는 경우에는 관할 시·도경찰청장에게 제출하여야 하고, 두 곳 이상의 시·도경찰청 관할에 속하는 경우에는 주최지를 관할하는 시·도경찰청장에게 제출하여야 한다.

④ (○) 종교교육 및 종교지도자의 양성은 헌법 제20조에 규정된 종교의 자유의 한 내용으로서 보장되지만, 그것이 학교라는 교육기관의 형태를 취할 때에는 헌법 제31조 제1항, 제6항의 규정 및 이에 기한 교육법상의 각 규정들에 의한 규제를 받게 된다(대법원 1992.12.22. 92도1742).

[2022년 법원 9급] ①

종교의 자유에 대한 설명으로 옳지 않은 것은?

① 헌법상 보호되는 종교의 자유에는 특정 종교단체가 그 종교의 지도자와 교리자를 자체적으로 교육시킬 수 있는 종교교육의 자유가 포함된다.

② 종교적 집회·결사의 자유는 그 자체가 내심의 자유의 핵심이기 때문에 헌법 제37조 제2항의 과잉금지의 원칙이 적용되지 않는다.

③ '2010학년도 법학적성시험 시행계획 공고'가 시험의 시행일을 일요일로 정한 것은 청구인의

종교의 자유를 침해하는 것이라 할 수 없다.

④ 국가에 의한 특정 종교의 우대나 차별대우는 금지된다.

① (○) 헌법 제20조 종교의 자유에는 특정 종교단체가 그 종교의 지도자와 교리자를 자체적으로 교육시킬 수 있는 종교교육의 자유가 포함된다(헌재 2000.3.30. 99헌바14).

② (×) 종교적 집회·결사의 자유는 종교적 목적으로 같은 신자들이 집회하거나 종교단체를 결성할 자유를 말한다. 이러한 종교적 행위의 자유와 종교적 집회·결사의 자유는 신앙의 자유와는 달리 절대적 자유는 아니지만, 이를 제한할 경우에는 헌법 제37조 제2항의 과잉금지원칙을 준수하여야 한다(헌재 2016.6.30. 2015헌바46).

③ (○) 적성시험 시행공고가 시험의 시행일을 일요일로 정하고 있는 것은 대다수의 국민의 응시기회 보장 및 용이한 시험관리라는 정당한 목적을 달성하기 위한 적절한 수단이며, 시험장으로 임차된 학교들의 구체적인 학사일정에 차이가 있고 주5일 근무제의 시행이 배제되는 사업장이 존재하며 국가시험의 종류에 따라 시험의 시행기관 및 투입비용 등이 다르다는 점에 비추어 위 공고가 피해의 최소성 및 법익균형성 원칙에 반하여 종교의 자유를 침해한다고 볼 수 없다. 또한 기독교 문화를 사회적 배경으로 하는 구미 제국과 달리 우리나라에서는 일요일이 특정 종교의 종교의식일이 아니라 일반적 공휴일에 해당한다는 점 등을 고려하면 일요일에 적성시험을 실시하는 것이 특정 종교를 믿는 자들을 불합리하게 차별대우하는 것이라고 볼 수도 없다(헌재 2010.4.29. 2009헌마399).

④ (○) 헌법 제20조 제2항이 "국교는 인정되지 아니하며, 종교와 정치는 분리된다."고 규정하고 있으므로, 국가가 특정 종교를 특별히 보호하기 위하여 특혜를 가하거나 억압하기 위하여 부당한 대우를 하는 것은 원칙적으로 금지된다(대법원 2007.4.26. 2006다87903).

[2023년 국가 5급] ②

종교의 자유에 대한 설명으로 가장 적절하지 않은 것은? (다툼이 있는 경우 판례에 의함)

① 헌법 제20조 제2항이 국교금지와 정교분리원칙을 규정하고 있기 때문에, 종교시설의 건축행위에만 기반시설부담금을 면제한다면 국가가 종교를 지원하여 종교를 승인하거나 우대하는 것으로 비칠 소지가 있다.

② 전통사찰에 대하여 채무명의를 가진 일반채권자가 전통사찰 소유의 전법(傳法)용 경내지의 건조물 등에 대하여 압류하는 것을 금지하는 「전통사찰의 보존 및 지원에 관한 법률」 조항은 '전통사찰의 일반채권자'의 재산권을 제한하지만, 종교의 자유의 내용 중 어떠한 것도 제한되지 않는다.

③ 종교전파의 자유는 국민에게 그가 선택한 임의의 장소에서 자유롭게 행사할 수 있는 권리까지 보장한다고 할 수 없다.

④ 구치소장이 수용자 중 미결수용자에 대하여 일률적으로 종교행사 등에의 참석을 불허한 것은 교정시설의 여건 및 수용관리의 적정성을 기하기 위한 것으로서 목적이 정당하고, 일부 수용자에 대한 최소한의 제한에 해당하므로 종교의 자유를 침해한 것으로 볼 수 없다.

① (○) 종교의 자유에서 종교에 대한 적극적인 우대조치를 요구할 권리가 직접 도출되거나 우대할 국가의 의무가 발생하지 아니한다. 종교시설의 건축행위에만 기반시설부담금을 면제한다면 국가가 종교를 지원하여 종교를 승인하거나 우대하는 것으로 비칠 소지가 있어 헌법 제20조 제2항의 국교금지·정교분리에 위배될 수도 있다고 할 것이므로 종교시설의 건축행위에 대하여 기반시설부담금 부과를 제외하거나 감경하지 아니하였더라도, 종교의 자유를 침해하는 것이 아니다(헌재 2010.2.25. 2007헌바131).

② (○) 압류 등 강제집행은 국가가 강제력을 행사함으로써 채권자의 사법상 청구권에 대한 실현을 도모하는 절차로서 채권자의 재산권은 궁극적으로 강제집행에 의하여 그 실현이 보장되는 것인바, 이 사건 법률조항은 전통사찰에 대하여 채무명의를 가진 일반 채권자(이하 '전통사찰의 일반 채권자'라 함)가 전통사찰 소유의 전법용 경내지의 건조물 등에 대하여 압류하는 것을 금지하고 있으므로 '전통사찰의 일반 채권자'의 재산권을 제한한다. 종교의 자유는 신앙의 자유, 종교적 행위의 자유 및 종교적 집회·결사의 자유를 그 내용으로 하는바, 이 사건 법률조항은 전통사찰 소유의 일정 재산에 대한 압류를 금지할 뿐이므로 그로 인하여 위와 같은 종교의 자유의 내용 중 어떠한 것도 제한되지는 아니한다(헌재 2012.6.27. 2011헌바34).

③ (○) 종교의 자유에는 신앙의 자유, 종교적 행위의 자유가 포함되며, 종교적 행위의 자유에는 신앙고백의 자유, 종교적 의식 및 집회·결사의 자유, 종교전파·교육의 자유 등이 있다. 이 사건에서 문제되는 종교의 자유는 종교전파의 자유로서 누구에게나 자신의 종교 또는 종교적 확신을 알리고 선전하는 자유를 말하며, 포교행위 또는 선교행위가 이에 해당한다. 그러나 이러한 종교전파의 자유는 국민에게 그가 선택한 임의의 장소에서 자유롭게 행사할 수 있는 권리까지 보장한다고 할 수 없으며, 그 임의의 장소가 대한민국의 주권이 미치지 아니하는 지역 나아가 국가에 의한 국민의 생명·신체 및 재산의 보호가 강력히 요구되는 해외 위난지역인 경우에는 더욱 그러하다(헌재 2008.6.26. 2007헌마1366).

④ (×) 무죄추정의 원칙이 적용되는 미결수용자들에 대한 기본권 제한은 징역형 등의 선고를 받아 그 형이 확정된 수형자의 경우보다는 더 완화되어야 할 것임에도, 피청구인이 수용자 중 미결수용자에 대하여만 일률적으로 종교행사 등에의 참석을 불허한 것은 미결수용자의 종교의 자유를 나머지 수용자의 종교의 자유보다 더욱 엄격하게 제한한 것이다. 나아가 공범 등이 없는 경우 내지 공범 등이 있는 경우라도 공범이나 동일사건 관련자를 분리하여 종교행사 등에의 참석을 허용하는 등의 방법으로 미결수용자의 기본권을 덜 침해하는 수단이 존재함에도 불구하고 이를 전혀 고려하지 아니하였으므로 이 사건 종교행사 등 참석불허 처우는 침해의 최소성 요건을 충족하였다고 보기 어렵다. 따라서 이 사건 종교행사 등 참석불허 처우는 과잉금지원칙을 위반하여 청구인의 종교의 자유를 침해하였다(헌재 2011.12.29. 2009헌마527). [2021년 경찰 경정승진] ④

종교의 자유에 대한 설명으로 옳지 않은 것은? (다툼이 있는 경우 판례에 의함)

① 종교의 자유에 관한 헌법 제20조 제1항은 표현의 자유에 관한 헌법 제21조 제1항에 대하여 특별규정의 성격을 갖는다 할 것이므로 종교적 목적을 위한 언론·출판의 경우에는 그 밖의 일반적인 언론·출판에 비하여 고도의 보장을 받게 된다.

② 종교의 자유에는 종교전파의 자유가 포함되며, 종교전파의 자유는 국민에게 그가 선택한 임의의 장소에서 자유롭게 행사할 수 있는 권리까지 보장한다.

③ 종립학교의 학교법인이 국·공립학교의 경우와는 달리 종교 교육을 할 자유와 운영의 자유를 가진다고 하더라도, 그 종립학교가 공교육체계에 편입되어 있는 이상 원칙적으로 학생의 종교의 자유, 교육을 받을 권리를 고려한 대책을 마련하는 등의 조치를 취하는 속에서 그러한 자유를 누린다.

④ 신앙의 자유는 신과 피안 또는 내세에 대한 인간의 내적 확신에 대한 자유를 말하는 것으로서, 이러한 신앙의 자유는 그 자체가 내심의 자유의 핵심이기 때문에 법률로써도 이를 침해할 수 없다.

① (○) 종교의 자유에는 자기가 신봉하는 종교를 선전하고 새로운 신자를 규합하기 위한 선교의 자유가 포함되고 선교의 자유에는 다른 종교를 비판하거나 다른 종교의 신자에 대하여 개종을 권고하는 자유도 포함되는바, 종교적 선전, 타 종교에 대한 비판 등은 동시에 표현의 자유의 보호대상이 되는 것이나, 그 경우 종교의 자유에 관한 헌법 제20조 제1항은 표현의 자유에 관한 헌법 제21조 제1항에

대하여 특별 규정의 성격을 갖는다 할 것이므로 종교적 목적을 위한 언론·출판의 경우에는 그 밖의 일반적인 언론·출판에 비하여 보다 고도의 보장을 받게 된다(대법원 1996.9.6. 96다19246).

② (×) 종교(선교활동)의 자유는 국민에게 그가 선택한 임의의 장소에서 자유롭게 행사할 수 있는 권리까지 보장한다고 할 수 없으며, 그 임의의 장소가 대한민국의 주권이 미치지 아니하는 지역 나아가 국가에 의한 국민의 생명·신체 및 재산의 보호가 강력히 요구되는 해외 위난지역인 경우에는 더욱 그러하다(헌재 2008.6.26. 2007헌마1366).

③ (○) 종립학교의 학교법인이 국·공립학교의 경우와는 달리 종교교육을 할 자유와 운영의 자유를 가진다고 하더라도, 그 종립학교가 공교육체계에 편입되어 있는 이상 원칙적으로 학생의 종교의 자유, 교육을 받을 권리를 고려한 대책을 마련하는 등의 조치를 취하는 속에서 그러한 자유를 누린다고 해석하여야 한다(대법원 2010.4.22. 2008다38288).

④ (○) 신앙의 자유는 신과 피안 또는 내세에 대한 인간의 내적 확신에 대한 자유를 말하는 것으로서 이러한 신앙의 자유는 그 자체가 내심의 자유의 핵심이기 때문에 법률로써도 이를 침해할 수 없다(헌재 2011.12.29. 2009헌마527). [2018년 지방 7급] ②

종교의 자유에 관한 헌법재판소의 입장으로 옳지 않은 것은?

① 수용자 중 미결수용자에 대하여만 일률적으로 종교행사 등에의 참석을 불허한 것은 미결수용자의 종교의 자유를 나머지 수용자의 종교의 자유보다 더욱 엄격하게 제한한 것이긴 하지만, 재판이 확정되지 않은 수용자들 상호간 접촉을 통하여 발생할 수 있는 증거인멸을 방지하고 현 교정시설의 여건 및 수용관리의 적정성을 기하기 위한 것으로서 헌법에 위반되지 않는다.

② 종교적 행위의 자유는 종교상의 의식·예배 등 종교적 행위를 각 개인이 임의로 할 수 있는 등 종교적인 확신에 따라 행동하고 교리에 따라 생활할 수 있는 자유와 소극적으로는 자신의 종교적인 확신에 반하는 행위를 강요당하지 않을 자유 그리고 선교의 자유, 종교교육의 자유 등이 포함된다.

③ 종교시설의 건축행위에만 기반시설부담금을 면제한다면 국가가 종교를 지원하여 종교를 승인하거나 우대하는 것으로 비칠 소지가 있어 국교금지·정교분리에 위배될 수 있다.

④ 종교전파의 자유는 국민에게 그가 선택한 임의의 장소에서 자유롭게 행사할 수 있는 권리까지 보장한다고 할 수 없다.

⑤ 종교단체가 운영하는 학교 혹은 학원 형태의 교육기관도 예외 없이 학교설립인가 혹은 학원설립등록을 받도록 규정함으로써 종교교단의 재정적 능력에 따라 학교 내지 학원의 설립상 차별을 초래한다고 해도 이는 합리적 이유가 있으므로 평등원칙에 위배된다고 할 수 없다.

① (×) 무죄추정의 원칙이 적용되는 미결수용자들에 대한 기본권 제한은 징역형 등의 선고를 받아 그 형이 확정된 수형자의 경우보다는 더 완화되어야 할 것임에도, 피청구인이 수용자 중 미결수용자에 대하여만 일률적으로 종교행사 등에의 참석을 불허한 것은 미결수용자의 종교의 자유를 나머지 수용자의 종교의 자유보다 더욱 엄격하게 제한한 것이다. 따라서, 이 사건 종교행사 등 참석불허 처우는 과잉금지원칙을 위반하여 청구인의 종교의 자유를 침해하였다(헌재 2011.12.29. 2009헌마527).

② (○) 종교적 행위의 자유는 종교상의 의식·예배 등 종교적 행위를 각 개인이 임의로 할 수 있는 등 종교적인 확신에 따라 행동하고

교리에 따라 생활할 수 있는 자유와 소극적으로는 자신의 종교적인 확신에 반하는 행위를 강요당하지 않을 자유 그리고 선교의 자유, 종교교육의 자유 등이 포함된다(헌재 2011.12.29. 2009헌마527).

③ (○) 종교시설의 건축행위에만 기반시설부담금을 면제한다면 국가가 종교를 지원하여 종교를 승인하거나 우대하는 것으로 비칠 소지가 있어 헌법 제20조 제2항의 국교금지·정교분리에 위배될 수도 있다고 할 것이므로 종교시설의 건축행위에 대하여 기반시설부담금 부과를 제외하거나 감경하지 아니하였더라도, 종교의 자유를 침해하는 것이 아니다(헌재 2010.2.25. 2007헌바131 등).

④ (○) 종교전파의 자유는 국민에게 그가 선택한 임의의 장소에서 자유롭게 행사할 수 있는 권리까지 보장한다고 할 수 없으며, 그 임의의 장소가 대한민국의 주권이 미치지 아니하는 지역 나아가 국가에 의한 국민의 생명·신체 및 재산의 보호가 강력히 요구되는 해외 위난지역인 경우에는 더욱 그러하다(헌재 2008.6.26. 2007헌마1366).

⑤ (○) 헌법 제31조 제6항이 교육제도에 관한 기본사항을 법률로 입법자가 정하도록 한 취지, 종교교육기관이 자체 내부의 순수한 성직자 양성기관이 아니라 학교 혹은 학원의 형태로 운영될 경우 일반국민들이 받을 수 있는 부실한 교육의 피해의 방지, 현행 법률상 학교 내지 학원의 설립절차가 지나치게 엄격하다고 볼 수 없는 점 등을 고려할 때, 위 조항들이 청구인의 종교의 자유 등을 침해하였다고 볼 수 없고, 또한 위 조항들로 인하여 종교교단의 재정적 능력에 따라 학교 내지 학원의 설립상 차별을 초래한다고 해도 거기에는 위와 같은 합리적 이유가 있으므로 평등원칙에 위배된다고 할 수 없다(헌재 2000.3.30. 99헌바14). [2021년 소방간부] ①

종교의 자유에 관한 다음 설명 중 가장 옳지 않은 것은? (다툼이 있는 경우 헌법재판소 결정에 의함)

① 종교의 자유의 구체적 내용으로는 신앙의 자유, 종교적 행위의 자유 및 종교적 집회·결사의 자유가 포함된다.

② 종교 의식 내지 종교적 행위와 밀접한 관련이 있는 시설의 설치와 운영은 종교의 자유를 보장하기 위한 전제에 해당되므로 종교적 행위의 자유에 포함된다. 따라서 종교단체가 종교적 행사를 위하여 종교집회장 내에 납골시설을 설치하여 운영하는 것은 종교행사의 자유와 관련된 것이고, 그러한 납골시설의 설치를 금지하는 것은 종교행사의 자유를 제한하는 것이다.

③ 종교전파의 자유는 국민에게 그가 선택한 임의의 장소에서 자유롭게 행사할 수 있는 권리까지 보장한다고 할 수 없다.

④ 구치소장이 수용자 중 미결수용자에 대하여 일률적으로 종교행사 등에의 참석을 불허한 것은 미결수용자의 종교의 자유를 나머지 수용자의 종교의 자유보다 엄격하게 제한한 것이다, 교정시설의 여건 및 수용관리의 적정성을 기하기 위한 것으로서 목적과 수단이 정당하고 일부 수용자에 대한 최소한의 제한에 해당하므로 종교의 자유를 침해한 것으로 볼 수 없다.

① (○) 헌법 제20조는 제1항에서 모든 국민은 종교의 자유를 가진다고 규정하고 제2항에서 국교는 인정되지 아니하며 종교와 정치는 분리된다고 규정하여 종교의 자유와 정교의 분리를 선언하고 있다. 이러한 종교의 자유의 구체적 내용에 관하여는 일반적으로 신앙의 자유, 종교적 행위의 자유 및 종교적 집회·결사의 자유의 3요소를 내용으로 한다고 설명되고 있다(헌재 2001.9.27. 2000헌마159).

② (○) 종교 의식 내지 종교적 행위와 밀접한 관련이 있는 시설의 설치와 운영은 종교의 자유를 보장하기 위한 전제에 해당되므로 종교적 행위의 자유에 포함된다. 따라서 종교단체가 종교적 행사를 위하여 종교집회장 내에 납골시설을 설치하여 운영하는 것은 종교행사의 자유와 관련된 것이라고 할 것이고, 그러한 납골시설의 설치를 금지하는 것은 종교행사의 자유를 제한하는 결과로 된다(헌재 2009.7.30.

2008헌가2).

③ (○) 종교(선교활동)의 자유는 국민에게 그가 선택한 임의의 장소에서 자유롭게 행사할 수 있는 권리까지 보장하다고 할 수 없으며, 그 임의의 장소가 대한민국의 주권이 미치지 아니하는 지역 나아가 국가에 의한 국민의 생명·신체 및 재산의 보호가 강력히 요구되는 해외 위난지역인 경우에는 더욱 그러하다(헌재 2008.6.26. 2007헌마1366).

④ (×) 무죄추정의 원칙이 적용되는 미결수용자들에 대한 기본권 제한은 징역형 등의 선고를 받아 그 형이 확정된 수형자의 경우보다는 더 완화되어야 할 것임에도, 피청구인이 수용자 중 미결수용자에 대하여만 일률적으로 종교행사 등에의 참석을 불허한 것은 미결수용자의 종교의 자유를 나머지 수용자의 종교의 자유보다 더욱 엄격하게 제한한 것이다. 나아가 공범 등이 없는 경우 내지 공범 등이 있는 경우라도 공범이나 동일사건 관련자를 분리하여 종교행사 등에의 참석을 허용하는 등의 방법으로 미결수용자의 기본권을 덜 침해하는 수단이 존재함에도 불구하고 이를 전혀 고려하지 아니하였으므로 이 사건 종교행사 등 참석불허 처우는 침해의 최소성 요건을 충족하였다고 보기 어렵다. 따라서 이 사건 종교행사 등 참석불허 처우는 과잉금지원칙을 위반하여 청구인의 종교의 자유를 침해하였다(헌재 2011.12.29. 2009헌마527). [2016년 법원 9급] ④

종교의 자유에 관한 설명 중 가장 옳은 것은?

① 사제(司祭)가 범죄인에게 적극적으로 은신처를 마련하여 주고 도피자금을 제공하는 경우 형사상의 책임을 지지 않는다는 것이 대법원의 판례이다.

② 종교단체가 운영하는 학교 형태 혹은 학원 형태의 교육 기관도 예외 없이 학교설립인가 혹은 학원설립등록을 받도록 규정하고 있는 「교육법」 제85조 제1항 및 「학원설립·운영에 관한 법률」 제6조는 정교분리의 원칙에 위배된다고 함이 헌법재판소 판례이다.

③ 사법시험을 일요일에 실시하는 것은 종교의 자유를 침해하는 것이라고 함이 헌법재판소의 판례이다.

④ 사립대학은 종교교육 내지 종교선전을 위하여 학생들의 신앙을 가지지 않을 자유를 침해하지 않는 범위 내에서 학생들로 하여금 일정한 내용의 종교교육을 받을 것을 졸업요건으로 하는 학칙을 제정할 수 있다고 함이 대법원 판례이다.

① (×) 성직자라 하여 초법규적인 존재일 수는 없으며 성직자의 직무상 행위가 사회상규에 반하지 아니한다 하여 그에 적법성이 부여되는 것은 그것이 성직자의 행위이기 때문이 아니라 그 직무로 인한 행위에 정당, 적법성을 인정하기 때문인 바, 사제가 죄지은 자를 능동적으로 고발하지 않는 것에 그치지 아니하고 은신처 마련, 도피자금 제공 등 범인을 적극적으로 은닉·도피케 하는 행위는 사제의 정당한 직무에 속하는 것이라고 할 수 없다(대법원 1983.3.8. 82도324).

② (×) 헌법 제31조 제6항이 교육제도에 관한 기본사항을 법률로 입법자가 정하도록 한 취지, 종교교육기관이 자체 내부의 순수한 성직자 양성기관이 아니라 학교 혹은 학원이 형태로 운영될 경우 일반국민들이 받을 수 있는 부실한 교육의 피해의 방지, 현행 법률상 학교 내지 학원의 설립절차가 지나치게 엄격하다고 볼 수 없는 점 등을 고려할 때, 위 조항들이 청구인의 종교의 자유 등을 침해하였다고 볼 수 없다(헌재 2000.3.30. 99헌바14).

③ (×) 사법시험 제1차 시험 시행일을 일요일로 정하여 공고한 것은 국가공무원법 제35조에 의하여 다수 국민의 편의를 위한 것이므로 이로 인하여 청구인의 종교의 자유가 어느 정도 제한된다 하더라도 이는 공공복리를 위한 부득이한 제한으로 보아야 할 것이고 그 정도를 보더라도 비례의 원칙을 벗어난 것으로 볼 수 없고 청구인의 종교의 자유의 본질적 내용을 침해한 것으로 볼 수도 없다(헌재 2001.9.27. 2000헌마15).

④ (○) 사립대학은 종교교육 내지 종교선전을 위하여 학생들의 신앙을 가지지 않을 자유를 침해하지 않는 범위 내에서 학생들로 하여금

일정한 내용의 종교교육을 받을 것을 졸업요건으로 하는 학칙을 제정할 수 있다(대법원 1998.11.10. 96다3726).

[2018년 서울 7급] ④

종교의 자유에 관한 다음 설명 중 가장 옳지 않은 것은? (다툼이 있는 경우 헌법재판소 결정에 의함)

① 생모가 사망의 위험이 예견되는 그 딸에 대하여 수혈이 최선의 치료방법이라는 의사의 권유를 자신의 종교적 신념이나 후유증 발생의 염려만을 이유로 완강하게 거부하고 방해하였다면 유기치사죄에 해당한다.

② 종교의 자유에는 신앙의 자유, 종교적 행위의 자유가 포함되며, 종교적 행위의 자유에는 신앙고백의 자유, 종교적 의식 및 집회·결사의 자유, 종교전파 교육의 자유 등이 있다.

③ 종교전파의 자유는 자신의 종교 또는 종교적 확신을 누구에게나 알리고 선전하는 자유를 말하며 포교행위 또는 선교행위가 이에 해당되나, 국민이 선택한 임의의 장소에서 이를 자유롭게 행사할 수 있는 권리까지 보장하는 것은 아니다.

④ 구치소장이 구치소 내에서 실시하는 종교의식 또는 행사에 미결수용자의 참석을 일률적으로 불허한 것은 종교의 자유를 침해한 것이다.

⑤ 종교단체가 운영하는 학교 형태 혹은 학원 형태의 교육기관도 예외 없이 학교설립인가 혹은 학원설립등록을 받도록 규정한 것은 종교의 자유를 침해하여 헌법에 위반된다.

① (○) 생모가 사망의 위험이 예견되는 그 딸에 대하여는 수혈이 최선의 치료방법이라는 의사의 권유를 자신의 종교적 신념이나 후유증 발생의 염려만을 이유로 완강하게 거부하고 방해하였다면 이는 결과적으로 요부조자를 위험한 장소에 두고 떠난 경우나 다름이 없고, 그때 사리를 변식할 지능이 없다고 보아야 마땅한 11세 남짓의 환자 본인 역시 수혈을 거부하였다고 하더라도 생모의 수혈거부 행위가 위법한 점에 영향을 미치는 것이 아니다(대법원 1980.9.24. 79도1387).

② (○) ③ (○) 종교의 자유에는 신앙의 자유, 종교적 행위의 자유가 포함되며, 종교적 행위의 자유에는 신앙고백의 자유, 종교적 의식 및 집회·결사의 자유, 종교전파·교육의 자유 등이 있다. 이 사건에서 문제되는 종교의 자유는 종교전파의 자유로서 누구에게나 자신의 종교 또는 종교적 확신을 알리고 선전하는 자유를 말하며, 포교행위 또는 선교행위가 이에 해당한다. 그러나 이러한 종교전파의 자유는 국민에게 그가 선택한 임의의 장소에서 자유롭게 행사할 수 있는 권리까지 보장한다고 할 수 없으며, 그 임의의 장소가 대한민국의 주권이 미치지 아니하는 지역 나아가 국가에 의한 국민의 생명·신체 및 재산의 보호가 강력히 요구되는 해외 위난지역인 경우에는 더욱 그러하다(헌재 2008.6.26. 2007헌마1366).

④ (○) 무죄추정의 원칙이 적용되는 미결수용자들에 대한 기본권 제한은 징역형 등의 선고를 받아 그 형이 확정된 수형자의 경우보다는 더 완화되어야 할 것임에도, 피청구인이 수용자 중 미결수용자에 대하여만 일률적으로 종교행사 등에의 참석을 불허한 것은 미결수용자의 종교의 자유를 나머지 수용자의 종교의 자유보다 더욱 엄격하게 제한한 것이다. 따라서 이 사건 종교행사 등 참석불허처우는 과잉금지원칙을 위반하여 청구인의 종교의 자유를 침해하였다(헌재 2011.12.29. 2009헌마527).

⑤ (×) 헌법 제31조 제6항이 교육제도에 관한 기본사항을 법률로 입법자가 정하도록 한 취지, 종교교육기관이 자체 내부의 순수한 성직자 양성기관이 아니라 학교 혹은 학원의 형태로 운영될 경우 일반국민들이 받을 수 있는 부실한 교육의 피해의 방지, 현행 법률상 학교 내지 학원의 설립절차가 지나치게 엄격하다고 볼 수 없는 점 등을 고려할 때, 위 조항들이 청구인의 종교의 자유 등을 침해하였다고 볼 수 없고, 또한 위 조항들로 인하여 종교교단의 재정적 능력에 따라 학교 내지 학원의 설립상 차별을 초래한다고 해도 거기에는 위와 같은 합리적 이유가 있으므로 평등원칙에 위배된다고 할 수 없다(헌재 2000.3.30. 99헌바14).

[2015년 법무사] ⑤

양심의 자유 또는 종교의 자유에 관한 다음 설명 중 가장 옳지 않은 것은? (다툼이 있는 경우 헌법재판소 결정에 의함)

① 헌법 제20조 제2항은 국교금지와 정교분리 원칙을 규정하고 있는데 종교시설의 건축행위에만 기반시설부담금을 면제한다면 국가가 종교를 지원하여 종교를 승인하거나 우대하는 것으로 비칠 소지가 있다.

② 양심상 결정이 어떠한 종교관·세계관 또는 그 밖의 가치체계에 기초하고 있는지와 관계없이 모든 내용의 양심상 결정은 양심의 자유에 의하여 보장되어야 한다.

③ 단순한 사실관계의 확인과 같이 가치적·윤리적 판단이 개입될 여지가 없는 경우는 양심의 자유의 보호대상이 아니다.

④ 종교전파의 자유는 누구에게나 자신의 종교 또는 종교적 확신을 알리고 선전하는 자유를 말하는데 이러한 종교전파의 자유는 국민에게 그가 선택한 임의의 장소에서 자유롭게 행사할 수 있는 권리까지 보장한다.

① (○) 종교의 자유에서 종교에 대한 적극적인 우대조치를 요구할 권리가 직접 도출되거나 우대할 국가의 의무가 발생하지 아니한다. 종교시설의 건축행위에만 기반시설부담금을 면제한다면 국가가 종교를 지원하여 종교를 승인하거나 우대하는 것으로 비칠 소지가 있어 헌법 제20조 제2항의 국교금지·정교분리에 위배될 수도 있다고 할 것이므로 종교시설의 건축행위에 대하여 기반시설부담금부과를 제외하거나 감경하지 아니하였더라도, 종교의 자유를 침해하는 것이 아니다(헌재 2010.2.25. 2007헌바131).

② (○) 양심의 자유에서 현실적으로 문제가 되는 것은 국가의 법질서나 사회의 도덕률에서 벗어나려는 소수의 양심이다. 따라서 양심상의 결정이 어떠한 종교관·세계관 또는 그 외의 가치체계에 기초하고 있는가와 관계없이, 모든 내용의 양심상의 결정이 양심의 자유에 의하여 보장된다(헌재 2004.8.26. 2002헌가1).

③ (○) 단순한 사실관계의 확인과 같이 가치적·윤리적 판단이 개입될 여지가 없는 경우는 물론, 법률해석에 관하여 여러 견해가 갈리는 경우처럼 다소의 가치관련성을 가진다고 하더라도 개인의 인격형성과는 관계가 없는 사사로운 사유나 의견 등은 그 보호대상이 아니다(헌재 2002.1.31. 2001헌바43).

④ (×) 종교전파의 자유는 국민에게 그가 선택한 임의의 장소에서 자유롭게 행사할 수 있는 권리까지 보장한다고 할 수 없으며, 그 임의의 장소가 대한민국의 주권이 미치지 아니하는 지역 나아가 국가에 의한 국민의 생명·신체 및 재산의 보호가 강력히 요구되는 해외 위난지역인 경우에는 더욱 그러하다(헌재 2008.6.26. 2007헌마1366). [2017년 법원 9급] ④

제3절 학문의 자유

학문의 자유에 대한 헌법재판소의 판시 내용에 관한 다음 설명 중 가장 옳지 않은 것은?

① 학문의 자유라 함은 진리를 탐구하는 자유를 의미하는데, 그것은 단순히 진리탐구의 자유에 그치지 않고 탐구한 결과에 대한 발표의 자유 내지 가르치는 자유 등을 포함한다.

② 국립대학 교원의 성과연봉제는 학문의 자유를 침해하지 않는다.

③ 헌법 제31조 제4항의 교육의 자주성이나 대학의 자율성은 헌법 제22조 제1항이 보장하고

있는 학문의 자유의 확실한 보장수단으로 꼭 필요하지만 이는 대학에 부여된 헌법상의 기본권은 아니다.

④ 국민의 수학권을 보장하기 위하여 교사의 수업권은 일정 범위 내에서 제약을 받으므로 초·중·고등학교의 교사는 수업의 자유를 내세워 자신이 연구한 결과를 학생들에게 여과 없이 전파할 수는 없다.

⑤ 경찰대학의 입학 연령을 21세 미만으로 제한하고 있는 경찰대학의 학사운영에 관한 규정이 학문의 자유를 침해하는 것은 아니다.

① (○) 헌법 제22조 학문의 자유는 진리를 탐구하는 자유를 의미하는바, 단순한 진리탐구에 그치지 않고 탐구한 결과에 대한 발표의 자유 내지 가르치는 자유 등을 포함한다(헌재 2001.2.22. 99헌마613).

② (○) 사건 조항은 국립대학 교원의 연구의욕 고취 및 교육의 수월성 제고를 통한 대학경쟁력 강화를 위한 것으로서 목적의 정당성 및 수단의 적합성이 인정된다. 따라서 이 사건 조항은 과잉금지원칙에 반하여 청구인들의 학문의 자유를 침해한다고 볼 수 없다(헌재 2013.11.28. 2011헌마282).

③ (×) 헌법 제31조 제4항에 근거하여 교육의 자주성, 대학의 자율성을 보장하고 있는데, 교육의 자주성이나 대학의 자율성은 헌법 제22조 제1항이 보장하고 있는 학문의 자유의 확실한 보장수단으로 꼭 필요한 것으로서 이는 대학에 부여된 헌법상의 기본권이다(헌재 1992.10.1. 92헌마68).

④ (○) 수업의 자유는 무제한 보호되기 어려우며 초·중·고등학교의 교사는 자신이 연구한 결과에 대하여 스스로 확신을 갖고 있다고 하더라도 그것을 학회에서 보고하거나 학술지에 기고하거나 스스로 저술하여 책자를 발행하는 것은 별론 수업의 자유를 내세워 함부로 학생들에게 여과 없이 전파할 수는 없고, 수업권을 내세워 수학권을 침해할 수는 없으며 국민의 수학권의 보장을 위하여 교사의 수업권은 일정 범위 내에서 제약을 받을 수밖에 없다(헌재 1992.11.12. 89헌마88).

⑤ (○) 청구인은 아직 경찰대학에 진학한 것도 아니고, 경찰학은 경찰대학에 진학하여서만 연구할 수 있는 학문도 아니므로 심판대상규정이 헌법상 제22조 제1항의 학문의 자유를 침해하였다고 할 수 없다(헌재 2009.7.30. 2007헌마991). [2015년 법무사] ③

대학의 자율성에 관한 설명 중 가장 적절하지 않은 것은? (다툼이 있는 경우 판례에 의함)

① 대학의 자율성은 헌법 제22조 제1항에서 보장하는 학문의 자유의 확실한 보장수단으로 꼭 필요한 것으로서 대학에 부여된 헌법상의 기본권이다.

② 대학의 자율은 대학시설의 관리·운영만이 아니라 전반적인 것이라야 하므로 연구와 교육의 내용, 그 방법과 대상, 교과과정의 편성, 학생의 선발과 전형뿐만 아니라 교원의 임면에 관한 사항도 자율의 범위에 속한다.

③ 대학자치의 주체는 원칙적으로 교수 기타 연구자 조직이나 학생과 학생회도 학습활동과 직접 관련된 학생회 활동 기타 자치활동의 범위 내에서 그 주체가 될 수 있다고 보아야 한다.

④ 국립대학도 국가의 간섭 없이 인사·학사·시설·재정 등 대학과 관련된 사항들을 자주적으로 결정하고 운영할 자유를 가지며, 이러한 대학의 자율성은 원칙적으로 대학 자체의 계속적 존립에까지 미친다.

① (○) ② (○) 헌법 제31조 제4항에 근거하여 교육의 자주성·대학의 자율성을 보장하고 있다. 이는 대학에 대한 공권력 등 외부세력의 간섭을 배제하고 대학구성원 자신이 대학을 자주적으로 운영할 수 있도록 함으로써, 대학인으로 하여금 연구과 교육을 자유롭게 하여 진리탐구와 지도적 인격의 도야라는 대학의 기능을 충분히 발휘할 수 있도록 하기 위한 것이며, 교육의 자주성이나 대학의 자율성은 헌법 제22조 제1항이 보장하고 있는 학문의 자유의 확실한 보장수단으로 꼭 필요한 것으로서 대학에게 부여된 헌법상 기본권이다. 여기서 대학의 자율은 대학시설의 관리·운영만이 아니라 전반적인 것이라야 하므로, 연구와 교육의 내용, 그 방법과 대상, 교과과정의 편성, 학생의 선발과 전형뿐만 아니라 교원의 임면에 관한 사항도 자율의 범위에 속한다(헌재 2014.1.28. 2011헌마239).

③ (○) 학생도 대학의 구성원으로서 대학의 교육환경이나 여건의 개선에 중요한 이해관계를 갖고 있는 만큼 학생자치도 인정할 필요가 있다. 물론 대학자치의 핵심은 교수의 자치라 할 수 있으며, 대학의 자치가 본래 학문의 자유를 실효성 있게 보장하기 위한 것이라는 점에서 학생의 자치는 학문활동에 있어서 제한적으로 인정된다.

④ (×) 국립대학인 세무대학은 공법인으로서 사립대학과 마찬가지로 대학의 자율권이라는 기본권의 보호를 받으므로, 세무대학은 국가의 간섭 없이 인사·학사·시설·재정 등 대학과 관련된 사항들을 자주적으로 결정하고 운영할 자유를 갖는다. 그러나 대학의 자율성은 그 보호영역이 원칙적으로 당해 대학 자체의 계속적 존립에까지 미치는 것은 아니다(헌재 2001.2.22. 99헌마613).

[2015년 경찰 경정승진] ④

대학의 자치 및 자율성에 대한 설명으로 옳지 않은 것은? (다툼이 있는 경우 판례에 의함)

① 대학의 자치의 주체를 기본적으로 대학으로 본다고 하더라도 교수나 교수회의 주체성이 부정된다고 볼 수는 없고, 가령 학문의 자유를 침해하는 대학의 장에 대한 관계에서는 교수나 교수회가 주체가 될 수 있다.

② 대학의 장이 단과대학장을 보할 때 그 대상자의 추천을 받거나 선출의 절차를 거치지 아니하고, 해당 단과대학 소속 교수 또는 부교수 중에서 직접 지명하도록 하고 있는 것은 대학의 자율성을 침해하는 것이다.

③ 대학의 자율의 구체적인 내용은 법률이 정하는 바에 의하여 보장되며, 국가는 헌법 제31조 제6항에 따라 학교제도에 관한 전반적인 형성권과 규율권을 부여받는데, 규율의 정도는 그 시대와 각급 학교의 사정에 따라 다를 수밖에 없다.

④ 대학의 장 후보자를 추천할 때 해당 교원의 합의된 방식과 절차에 따라 직접선거로 선정하는 경우, 해당 대학은 선거관리에 관하여 그 소재지를 관할하는 「선거관리위원회법」에 따른 구·시·군선거관리위원회에 선거관리를 위탁하여야 한다.

① (○) 대학의 자치의 주체를 기본적으로 대학으로 본다고 하더라도 교수나 교수회의 주체성이 부정된다고 볼 수는 없고, 가령 학문의 자유를 침해하는 대학의 장에 관계에서는 교수나 교수회가 주체가 될 수 있고, 또한 국가에 의한 침해에 있어서는 대학 자체 외에도 대학 전구성원이 자율성을 갖는 경우도 있을 것이므로 문제되는 경우에 따라서 대학, 교수, 교수회 모두가 단독, 혹은 중첩적으로 주체가 될 수 있다(헌재 2006.4.27. 2005헌마1047).

② (×) 단과대학은 대학을 구성하는 하나의 조직·기관일 뿐이고, 단과대학장은 그 지위와 권한 및 중요도에서 대학의 장과 구별된다. 또한 대학의 장을 구성원들의 참여에 따라 자율적으로 선출한 이상, 하나의 보직에 불과한 단과대학장의 선출에 다시 한 번 대학교수들이 참여할 권리가 대학의 자율에서 당연히 도출된다고 보기 어렵다. 따라서 단과대학장의 선출에 참여할 권리는 대학의 자율에 포함된다고 볼 수 없어, 이 사건 심판대상조항에 의해 대학의 자율성이 침해될 가능성이 인정되지 아니한다(헌재 2014.1.28. 2011헌마239).

③ (○) 대학의 자율도 헌법상의 기본권이므로 기본권제한의 일반적 법률유보의 원칙을 규정한 헌법 제37조 제2항에 따라 제한될 수 있고, 대학의 자율의 구체적인 내용은 법률이 정하는 바에 의하여 보장되며, 또한 국가는 헌법 제31조 제6항에 따라 모든 학교제도의 조직, 계획, 운영, 감독에 관한 포괄적인 권한, 즉 학교제도에 관한 전반적인 형성권과 규율권을 부여받았다고 할 수 있고, 다만 그 규율의 정도는 그 시대의 사정과 각급 학교에 따라 다를 수밖에 없는 것이므로 교육의 본질을 침해하지 않는 한 궁극적으로는 입법권자의 형성의 자유에 속한다(헌재 2006.4.27. 2005헌마1047).

④ (○) 교육공무원법 제24조의3(대학의 장 후보자 추천을 위한 선거사무의 위탁) ①대학의 장 후보자를 추천할 때 제24조 제3항 제2호에 따라 해당 대학 교원의 합의된 방식과 절차에 따라 직접선거로 선정하는 경우 해당 대학은 선거관리에 관하여 그 소재지를 관할하는 「선거관리위원회법」에 따른 구·시·군선거관리위원회에 선거관리를 위탁하여야 한다. [2016년 지방 7급] ②

대학의 자치에 관한 설명 중 가장 적절하지 않은 것은? (다툼이 있는 경우 판례에 의함)

① 대학 본연의 기능인 학술의 연구나 교수, 학생선발·지도 등과 관련된 교무·학사행정의 영역에서는 대학구성원의 결정이 우선한다고 볼 수 있으나, 대학의 재정, 시설 및 인사 등의 영역에서는 학교법인이 기본적인 윤곽을 결정하게 되므로, 대학구성원에게는 이러한 영역에 대한 참여권이 인정될 여지가 없다.

② 헌법 제31조 제4항이 규정하는 교육의 자주성 및 대학의 자율성은 헌법 제22조 제1항이 보장하는 학문의 자유의 확실한 보장을 위해 꼭 필요한 것으로서 대학에 부여된 헌법상 기본권인 대학의 자율권이므로, 국립대학인 청구인도 이러한 대학의 자율권의 주체로서 헌법소원심판의 청구인능력이 인정된다.

③ 대학의 자율성, 즉 대학의 자치란 대학이 그 본연의 임무인 연구와 교수를 외부의 간섭 없이 수행하기 위하여 인사·학사·시설·재정 등의 사항을 자주적으로 결정하여 운영하는 것을 말한다. 따라서 연구·교수활동의 담당자인 교수가 그 핵심주체라 할 것이나, 연구·교수활동의 범위를 좁게 한정할 이유가 없으므로 학생, 직원 등도 포함될 수 있다.

④ 이사회와 재경위원회에 일정 비율 이상의 외부인사를 포함하는 내용 등을 담고 있는 구 「국립대학법인 서울대학교 설립·운영에 관한 법률」 규정의 이른바 '외부인사 참여 조항'이 대학의 자율의 본질적인 부분을 침해하였다고 볼 수 없다.

① (×) 대학 본연의 기능인 학술의 연구나 교수, 학생선발·지도 등과 관련된 교무·학사행정의 영역에서는 대학구성원의 결정이 우선한다고 볼 수 있으나, 학교법인으로서도 설립 목적을 구현하는 차원에서 조정적 개입은 가능하고, 우리 법제상 학교법인에게만 권리능력이 인정되므로 각종 법률관계의 형성이나 법적 분쟁의 해결에는 법인이 대학을 대표하게 된다. 한편, 대학의 재정, 시설 및 인사 등의 영역에서는 학교법인이 기본적인 윤곽을 결정하되, 대학구성원에게는 이러한 영역에 대하여 일정 정도 참여권을 인정하는 것이 필요하다(헌재 2013.11.28. 2007헌마1189).

② (○) 헌법 제31조 제4항이 규정하는 교육의 자주성 및 대학의 자율성은 헌법 제22조 제1항이 보장하는 학문의 자유의 확실한 보장을 위해 꼭 필요한 것으로서 대학에 부여된 헌법상 기본권인 대학의 자율권이므로, 국립대학인 청구인도 이러한 대학의 자율권의 주체로서 헌법소원심판의 청구인능력이 인정된다(헌재 2015.12.23. 2014헌마1149).

③ (○) 대학의 자율성 즉, 대학의 자치란 대학이 그 본연의 임무인 연구와 교수를 외부의 간섭 없이 수행하기 위하여 인사·학사·시설·재정 등의 사항을 자주적으로 결정하여 운영하는 것을 말한다. 따라서 연구·교수활동의 담당자인 교수가 그 핵심주체라 할 것이나,

연구·교수활동의 범위를 좁게 한정할 이유가 없으므로 학생, 직원 등도 포함될 수 있다(헌재 2013.11.28. 2007헌마1189).

④ (○) 학교법인의 이사회 등에 외부인사를 참여시키는 것은 다양한 이해관계자의 참여를 통해 개방적인 의사결정을 보장하고, 외부의 환경 변화에 민감하게 반응함과 동시에 외부의 감시와 견제를 통해 대학의 투명한 운영을 보장하기 위한 것이며, 대학 운영의 투명성과 공공성을 높이기 위해 정부도 의사형성에 참여하도록 할 필요가 있는 점, 사립학교의 경우 이사와 감사의 취임 시 관할청의 승인을 받도록 하고, 관련법령을 위반하는 경우 관할청이 취임 승인을 취소할 수 있도록 하고 있는 점 등을 고려하면, 외부인사 참여 조항은 대학의 자율의 본질적인 부분을 침해하였다고 볼 수 없다(헌재 2014.4.24. 2011헌마612). [2022년 경찰공채 3월] ①

대학의 자율성에 관한 다음 설명 중 가장 옳지 않은 것은?

① 대학의 자율성은 학문의 자유를 보장하기 위한 수단으로서 대학에 부여된 헌법상 기본권이다.

② 국립대학은 국가가 설립한 공법상 영조물이지만, 대학의 자율이라는 기본권의 주체이기도 하다.

③ 대학의 자치의 주체를 기본적으로 대학으로 본다고 하더라도 교수나 교수회의 주체성이 부정된다고 볼 수는 없고, 가령 학문의 자유를 침해하는 대학의 장에 대한 관계에서는 교수나 교수회가 주체가 될 수 있고, 또한 국가에 의한 침해에 있어서는 대학 자체 외에도 대학 전구성원이 자율성을 갖는 경우도 있을 것이므로 문제되는 경우에 따라서 대학, 교수, 교수회 모두가 단독 혹은 중첩적으로 주체가 될 수 있다.

④ 법인으로 설립되지 않은 국립대학은 당사자능력이 인정되지 않으므로, 헌법소원심판을 제기할 수 있는 청구인적격도 인정되지 않는다.

⑤ 대학의 자율성에 대한 규율의 정도는 그 시대의 사정과 각급 학교에 따라 다를 수밖에 없는 것이므로 교육의 본질을 침해하지 않는 한 궁극적으로는 입법권자의 형성의 자유에 속한다.

① (○) 교육의 자주성이나 대학의 자율성은 헌법 제22조 제12항이 보장하고 있는 학문의 자유의 확실한 보장수단으로 꼭 필요한 것으로서 이는 대학에게 부여된 헌법상의 기본권이다(헌재 1992.10.1. 92헌마68).

② (○) 헌법재판소는 과거 국립 서울대학교는 공법상의 영조물이기는 하지만 헌법 제34조 제4항에 의해 보장되는 대학의 자율이라는 기본권의 주체는 될 수 있다고 판시하였다. 서울대에 재학 중인 학생은 재학 중인 학교의 법적 형태를 법인이 아닌 공법상 영조물인 국립대학으로 유지하여 줄 것을 요구할 권리는 학생의 교육받을 권리에 포함되지 아니하므로 교육을 받을 권리의 침해 가능성도 인정되지 아니한다(헌재 2010.3.25. 2009헌마538 별개의견 참조; 헌재 2014.4.24. 2011헌마612). 현재 서울대학교는 국립대학법인 서울대학교 설립·운영에 관한 법률에 의하여 특수법인으로 바뀌었다.

③ (○) 대학의 자치의 주체를 기본적으로 대학으로 본다고 하더라도 교수나 교수회의 주체성이 부정된다고 볼 수는 없고, 가령 학문의 자유를 침해하는 대학의 장에 대한 관계에서는 교수나 교수회가 주체가 될 수 있고, 또한 국가에 의한 침해에 있어서는 대학 자체 외에도 대학 전구성원이 자율성을 갖는 경우도 있을 것이므로 문제되는 경우에 따라서 대학, 교수, 교수회 모두가 단독, 혹은 중첩적으로 주체가 될 수 있다(헌재 2006.4.27. 2005헌마1047).

④ (×) 법인화되지 않은 국립대학은 영조물에 불과하고, 그 총장은 국립대학의 대표자일 뿐이어서 행정소송의 당사자능력이 인정되지 않는다는 것이 법원의 확립된 판례이므로, 설사 청구인이 이 사건 모집정지에 대하여 행정소송을 제기한다고 할지라도 부적법 각하될 가능성이

많아 행정소송에 의하여 권리 구제를 받을 가능성이 없는 경우에 해당되고, 따라서 보충성의 예외를 인정함이 상당하다(헌재 2015.12.23. 2014헌마1149).

⑤ (○) 대학의 자율도 헌법상의 기본권이므로 기본권제한의 일반적 법률유보의 원칙을 규정한 헌법 제37조 제2항에 따라 제한될 수 있고, 대학의 자율의 구체적인 내용은 법률이 정하는 바에 의하여 보장되며, 또한 국가는 헌법 제31조 제6항에 따라 모든 학교제도의 조직, 계획, 운영, 감독에 관한 포괄적인 권한, 즉 학교제도에 관한 전반적인 형성권과 규율권을 부여받았다고 할 수 있고, 다만 그 규율의 정도는 그 시대의 사정과 각급 학교에 따라 다를 수밖에 없는 것이므로 교육의 본질을 침해하지 않는 한 궁극적으로는 입법권자의 형성의 자유에 속한다(헌재 2006.4.27. 2005헌마1047). [2018년 법무사] ④

제4절 예술의 자유

학문과 예술의 자유에 관한 설명으로 가장 적절하지 않은 것은? (다툼이 있는 경우 헌법재판소 결정에 의함)

① 대학의 자율권은 헌법상의 기본권이므로 기본권제한의 일반적 법률유보의 원칙을 규정한 헌법 제37조 제2항에 따라 제한될 수 있고, 대학의 자율의 구체적인 내용은 법률이 정하는 바에 의하여 보장된다.

② 학교 정화구역 내에서의 극장시설 및 영업을 금지하고 있는 구 「학교보건법」 조항은 정화구역 내에서 극장업을 하고자 하는 자의 예술의 자유를 과도하게 침해하여 위헌이다.

③ 구 「영화진흥법」이 제한상영가 상영등급분류의 구체적 기준을 영상물등급위원회의 규정에 위임하고 있는 것은 그 내용이 사회현상에 따라 급변하는 내용들이고, 특별히 전문성이 요구되는 기술적인 사항에 해당한다고 할 것이므로 포괄위임금지원칙에 위배되지 않는다.

④ 헌법 제22조 제2항은 발명가의 권리를 법률로써 보호하도록 하고 있고, 이에 따라 「특허법」은 특허권자에게 업(業)으로서 그 특허발명을 실시할 권리를 독점적으로 부여하고 있다. 따라서 특허권자가 그 특허발명의 방법에 의하여 생산한 물건에 발명의 명칭과 내용을 표시하는 것은 특허실시권에 내재된 요소이며, 그러한 표시를 제한하는 것은 곧 특허권에 대한 제한이라고 보아야 한다.

① (○) 대학의 자율도 헌법상의 기본권이므로 기본권제한의 일반적 법률유보의 원칙을 규정한 헌법 제37조 제2항에 따라 제한될 수 있고, 대학의 자율의 구체적인 내용은 법률이 정하는 바에 의하여 보장된다(헌재 2006.4.27. 2005헌마1047).

② (○) 학교 정화구역 내에서의 극장시설 및 영업을 금지하고 있는 이 사건 법률조항은 극장운영자의 표현의 자유 및 예술의 자유도 필요한 이상으로 과도하게 침해하고 있으며, 표현·예술의 자유의 보장과 공연장 및 영화상영관 등이 담당하는 문화국가형성의 기능의 중요성을 간과하고 있다. 따라서 이 사건 법률조항은 표현의 자유 및 예술의 자유를 침해하는 위헌적인 규정이다(헌재 2004.5.27. 2003헌가1).

③ (×) 사건 위임 규정에서 위임하고 있는 사항은 제한상영가 등급분류의 기준에 대한 것으로 그 내용이 사회현상에 따라 급변하는 내용들도 아니고, 특별히 전문성이 요구되는 것도 아니며, 그렇다고 기술적인 사항도 아닐 뿐만 아니라, 더욱이 표현의 자유의 제한과 관련되어 있다는 점에서 경미한 사항이라고도 할 수 없는데도, 이 사건 위임 규정은 영상물등급위원회 규정에 위임하고 있는바, 이는 그 자체로서 포괄위임금지원칙을 위반하고 있다(헌재 2008.7.31. 2007헌가4).

④ (○) 특허권자가 특허발명의 방법에 의하여 생산한 물건에 발명의 명칭과 내용을 표시하는 것은 특허실시권에 내재된 요소라고 할 것이므로

발명의 명칭에 해당하는 "숙취해소"라는 표시를 제한하는 내용의 이 사건 규정은 청구인들의 특허권(재산권) 또한 제한하는 것이다(헌재 2000.3.30. 99헌마143).

[2023년 경찰공채 8월] ③

학문과 예술의 자유에 대한 설명으로 옳지 않은 것은? (다툼이 있는 경우 판례에 의함)

① 대학교수가 반국가단체로서의 북한의 활동을 찬양·고무·선전 또는 이에 동조할 목적 아래 '한국전쟁과 민족통일'이란 논문을 제작·반포하거나 발표한 것은 헌법이 보장하는 학문의 자유의 범위 안에 있지 않다.

② 초·중·고교 교사는 수업의 자유를 내세워 헌법과 법률이 지향하는 자유민주적 기본질서를 침해할 수 없다.

③ 대학의 자치에 있어서 대학 전 구성원이 자율성을 갖지만, 대학·교수회·교수 모두가 단독, 혹은 중첩적으로 주체가 될 수는 없다.

④ 학교정화구역 내에서의 극장시설 및 영업을 일반적으로 금지하는 구 「학교보건법」 제6조 제1항은 표현·예술의 자유의 중요성을 간과하고 학교교육의 보호만을 과도하게 강조하였다.

⑤ 사립학교 교원이 선거범죄로 100만원 이상의 벌금형을 선고받아 그 형이 확정되면 당연퇴직되도록 규정한 것은 교수의 자유를 침해하지 않는다.

① (○) 대학교수인 피고인이 제작·반포한 '한국전쟁과 민족통일'이라는 제목의 논문 및 피고인이 작성한 강연 자료, 기고문 등의 이적 표현물에 대하여, 그 반포·게재된 경위 및 피고인의 사회단체 활동 내용 등에 비추어 피고인이 절대적으로 누릴 수 있는 연구의 자유의 영역을 벗어나 헌법 제37조 제2항과 국가보안법 제7조 제1항, 제5항에 따른 제한의 대상이 되었고, 또한 피고인이 북한문제와 통일문제를 연구하는 학자로서 순수한 학문적인 동기와 목적 아래 위 논문 등을 제작·반포하거나 발표하였다고 볼 수 없을 뿐만 아니라, 피고인이 반국가단체로서의 북한의 활동을 찬양·고무·선전 또는 이에 동조할 목적 아래 위 논문 등을 제작·반포하거나 발표한 것이어서 그것이 헌법이 보장하는 학문의 자유의 범위 내에 있지 않다(대법원 2010.12.9. 2007도10121).

② (○) 수업의 자유는 무제한 보호되기는 어려우며 초·중·교등학교의 교사는 수업의 자유를 내세워 함부로 학생들에게 여과 없이 전파할 수는 없고, 나아가 헌법과 법률이 지향하고 있는 자유민주적 기본질서를 침해할 수 없음은 물론 사회상규나 윤리도덕을 일탈할 수 없으며, 따라서 가치편향적이거나 반도덕적인 내용의 교육은 할 수 없는 것이다(헌재 1992.11.12. 89헌마88).

③ (×) 대학의 자치의 주체를 기본적으로 대학으로 본다고 하더라도 교수나 교수회의 주체성이 부정된다고 볼 수는 없고, 가령 학문의 자유를 침해하는 대학의 장에 대한 관계에서는 교수나 교수회가 주체가 될 수 있고, 또한 국가에 의한 침해에 있어서는 대학 자체 외에도 대학 전구성원이 자율성을 갖는 경우도 있을 것이므로 문제되는 경우에 따라서 대학, 교수, 교수회 모두가 단독, 혹은 중첩적으로 주체가 될 수 있다고 보아야 할 것이다(헌재 2006.4.27. 2005헌마1047).

④ (○) 입법자는 표현·예술의 자유의 보장과 공연장 및 영화상영관 등이 담당하는 문화국가형성의 기능의 중요성을 간과하고 학교교육의 능률성의 보호라는 입법목적의 측면만을 지나치게 강조함으로써 상충하는 여러 가지 이익을 적절하고 공정하게 형량하여 규율하였다고 보기 어렵다(헌재 2004.5.27. 2003헌가1).

⑤ (○) 사건 법률조항은 선거범죄를 범하여 형사처벌을 받은 교원에 대하여 일정한 신분상 불이익을 가하는 규정일 뿐 청구인의 연구·활동내용이나 그러한 내용을 전달하는 방식을 규율하는 것은 아니므로 청구인의 교수의 자유를 침해하지 아니한다(헌재 2008.4.24. 2005헌마857).

[2017년 국회 8급] ③

제5절 언론 · 출판의 자유

언론·출판의 자유에 대한 설명으로 가장 적절하지 않은 것은? (다툼이 있는 경우 헌법재판소 판례에 의함)

① 정보통신망의 발달에 따라 선거기간 중 인터넷 언론사의 선거와 관련한 게시판·대화방 등도 정치적 의사를 형성·전파하는 매체로서 역할을 담당하고 있으므로, 의사의 표현·전파의 형식의 하나로 인정되고 따라서 언론·출판의 자유에 의하여 보호된다고 할 것이다.

② '식품 등의 표시기준'상 식품이나 식품의 용기포장에 음주전후 또는 숙취 해소라는 표시를 금지하는 것은 영업의 자유, 표현의 자유 및 특허권을 침해한다.

③ 「언론중재 및 피해구제 등에 관한 법률」은 언론이 사망한 사람의 인격권을 침해한 경우에 그 피해가 구제될 수 있도록 명문의 규정을 두고 있으며, 사망한 사람의 인격권을 침해하였거나 침해할 우려가 있는 경우의 구제절차는 유족이 수행하도록 규정을 두고 있다.

④ 인터넷 등 전자적 방법에 의한 판결서 열람·복사의 범위를 개정법 시행 이후 확정된 사건의 판결서로 한정하고 있는 「군사법원법」 부칙조항은 정보공개청구권을 침해한다.

① (○) 언론·출판의 자유의 내용 중 의사표현·전파의 자유에 있어서 의사표현 또는 전파의 매개체는 어떠한 형태이건 가능하며 그 제한이 없다. 즉 담화·연설·토론·연극·방송·음악·영화·가요 등과 문서·소설·시가·도화·사진·조각·서화 등 모든 형상의 의사표현 또는 의사전파의 매개체를 포함한다. 정보통신망의 발달로 선거기간 중 인터넷언론사의 선거와 관련한 게시판·대화방 등도 정치적 의사를 형성·전파하는 매체로서 역할을 담당하고 있으므로, 의사의 표현·전파의 형식의 하나로 인정되고 따라서 언론·출판의 자유에 의하여 보호된다(헌재 2010.2.25. 2008헌마324).

② (○) 음주로 인한 건강위해적 요소로부터 국민의 건강을 보호한다는 입법목적하에 음주전후, 숙취해소 등 음주를 조장하는 내용의 표시를 금지하고 있으나, 음주전후, 숙취해소라는 표시는 이를 금지할 만큼 음주를 조장하는 내용이라 볼 수 없고, 식품에 숙취해소 작용이 있음에도 불구하고 이러한 표시를 금지하면 숙취해소용 식품에 관한 정확한 정보 및 제품의 제공을 차단함으로써 숙취해소의 기회를 국민으로부터 박탈하게 될 뿐만 아니라, 보다 나은 숙취해소용 식품을 개발하기 위한 연구와 시도를 차단하는 결과를 초래하므로, 위 규정은 숙취해소용 식품의 제조·판매에 관한 영업의 자유 및 광고표현의 자유를 과잉금지원칙에 위반하여 침해하는 것이다. 특히 청구인들은 숙취해소용 천연차 및 그 제조방법에 관하여 특허권을 획득하였음에도 불구하고 위 규정으로 인하여 특허권자인 청구인들조차 그 특허발명제품에 숙취해소용 천연차라는 표시를 하지 못하고 천연차라는 표시만 할 수밖에 없게 됨으로써 청구인들의 헌법상 보호받는 재산권인 특허권도 침해되었다(헌재 2000.3.30. 99헌마143).

③ (○) 언론중재 및 피해구제 등에 관한 법률 제5조의2(사망자의 인격권 보호) ①제5조 제1항의 타인에는 사망한 사람을 포함한다. ②사망한 사람의 인격권을 침해하였거나 침해할 우려가 있는 경우에는 이에 따른 구제절차를 유족이 수행한다.

④ (×) 사건 부칙조항은 판결서 공개제도를 실현하는 과정에서 그 공개범위를 일정 부분 제한하여 판결서 공개에 필요한 국가의 재정이나 용역의 부담을 경감·조정하고자 하는 것이다. 어떤 새로운 제도를 도입할 때에는 그에 따른 사회적 비용도 함께 고려하여 부분적인 개선 방식을 취할 수도 있으므로, 입법자는 현실적인 조건들을 감안해서 위 부칙조항과 같이 판결서 열람·복사에 관한 개정법의 적용 범위를 일정 부분 제한할 수 있으며, 청구인은 비록 전자적 방법은 아니라 해도 군사법원법 제93조의2에 따라 개정법 시행 이전에 확정된 판결서를 열람·복사할 수 있다. 이 사건 부칙조항으로 인해 청구인이 전자적 방법을 통해 열람·복사할 수 있는 판결서의 범위가 제한된다 하더라도 이는 입법재량의 한계 내에 있으므로, 위 부칙조항이 청구인의 정보공개청구권을 침해한다고 할 수 없다(헌재 2015.12.23. 2014헌마185).

[2022년 경찰간부] ④

언론의 자유에 대한 설명으로 옳지 않은 것은? (다툼이 있는 경우 판례에 의함)

① 인터넷게시판을 설치·운영하는 정보통신서비스 제공자에게 본인확인조치의무를 부과하여 게시판 이용자로 하여금 본인확인절차를 거쳐야만 게시판을 이용할 수 있도록 하는 본인확인제를 규정한 「정보통신망 이용촉진 및 정보보호 등에 관한 법률」 조항은 인터넷게시판을 운영하는 정보통신서비스 제공자의 언론의 자유를 침해한다.

② 사실적 주장에 관한 언론보도 등으로 인하여 피해를 입은 자는 그 보도 내용에 관한 반론보도를 언론사 등에 청구할 수 있으며, 반론보도의 청구에는 언론사 등의 고의·과실이나 위법성을 필요로 하지 아니하며, 보도 내용의 진실 여부와 상관없이 그 청구를 할 수 있다.

③ 언론으로부터 피해를 입은 사람은 「언론중재 및 피해구제 등에 관한 법률」에 따라 인터넷신문을 상대로 정정보도청구, 반론보도청구, 추후보도청구를 할 수 있고, 형사상 명예훼손죄로 고소할 수도 있으나, 민사상 손해배상 청구를 할 수는 없다.

④ 사실적 주장에 관한 언론보도 등이 진실하지 아니함으로 인하여 피해를 입은 자는 해당 언론보도 등이 있음을 안 날부터 3개월 이내에 언론사, 인터넷뉴스서비스사업자 및 인터넷 멀티미디어 방송사업자에게 그 언론보도 등의 내용에 관한 정정보도를 청구할 수 있으나, 해당 언론보도 등이 있은 후 6개월이 지났을 때에는 그러하지 아니하다.

① (○) 게시판 이용자의 표현의 자유를 사전에 제한하여 의사표현 자체를 위축시킴으로써 자유로운 여론의 형성을 방해하고, 본인확인제의 적용을 받지 않는 정보통신망상의 새로운 의사소통수단과 경쟁하여야 하는 게시판 운영자에게 업무상 불리한 제한을 가하며, 게시판 이용자의 개인정보가 외부로 유출되거나 부당하게 이용될 가능성이 증가하게 되었는바, 이러한 인터넷게시판 이용자 및 정보통신서비스 제공자의 불이익은 본인확인제가 달성하려는 공익보다 결코 더 작다고 할 수 없으므로, 법익의 균형성도 인정되지 않는다. 따라서 본인확인제를 규율하는 이 사건 법령조항들은 과잉금지원칙에 위배하여 인터넷게시판 이용자의 표현의 자유, 개인정보자기결정권 및 인터넷게시판을 운영하는 정보통신서비스 제공자의 언론의 자유를 침해한다(헌재 2012.8.23. 2010헌마47).

② (○) 언론중재 및 피해구제 등에 관한 법률 제16조(반론보도청구권) ①사실적 주장에 관한 언론보도 등으로 인하여 피해를 입은 자는 그 보도 내용에 관한 반론보도를 언론사 등에 청구할 수 있다. ②제1항의 청구에는 언론사 등의 고의·과실이나 위법성을 필요로 하지 아니하며, 보도 내용의 진실 여부와 상관없이 그 청구를 할 수 있다.

③ (×) 언론중재 및 피해구제 등에 관한 법률 제30조(손해의 배상) ①언론 등의 고의 또는 과실로 인한 위법행위로 인하여 재산상 손해를 입거나 인격권 침해 또는 그 밖의 정신적 고통을 받은 자는 그 손해에 대한 배상을 언론사 등에 청구할 수 있다.

④ (○) 언론사중재 및 피해구제 등에 관한 법률 제14조(정정보도 청구의 요건) ①사실적 주장에 관한 언론보도 등이 진실하지 아니함으로 인하여 피해를 입은 자는 해당 언론보도 등이 있음을 안 날부터 3개월 이내에 언론사, 인터넷뉴스서비스사업자 및 인터넷 멀티미디어 방송사업자에게 그 언론보도 등의 내용에 관한 정정보도를 청구할 수 있다. 다만, 해당 언론보도 등이 있은 후 6개월이 지났을 때에는 그러하지 아니하다.

[2018년 지방 7급] ③

언론·출판의 자유에 대한 설명으로 옳지 않은 것은? (다툼이 있는 경우 판례에 의함)

① 상업광고는 표현의 자유의 보호영역에 속하면서 동시에 직업의 자유의 보호영역에도 속한다.

② 헌법재판소는 알 권리가 자유권적 성질과 청구권적 성질을 공유한다고 보았다.

③ 출판사 등록취소 사유로서 "저속"의 개념은 그 적용범위가 매우 광범위할 뿐만 아니라 법관의 보충적인 해석에 의한다 하더라도 그 의미내용을 확정하기 어려울 정도로 매우 추상적이어서 명확성 원칙에 위배된다.

④ 진실한 언론보도로 인하여 피해를 입은 자는 그 보도내용에 관한 반론보도를 언론사에 청구할 수 없다.

① (○) 헌법은 제21조 제1항에 따라 현대 자유민주주의의 존립과 발전에 필수불가결한 기본권으로 언론·출판의 자유를 강력하게 보장하고 있는바, 광고물도 사상·지식·정보 등을 불특정다수인에게 전파하는 것으로서 언론·출판의 자유에 의한 보장을 받는 대상이 된다. 한편 헌법 제15조는 직업수행의 자유 내지 영업의 자유도 보장하고 있는바, 상업광고를 제한하는 입법은 직업수행의 자유도 동시에 제한하게 된다(헌재 2005.10.27. 2003헌가3).

② (○) 알 권리가 공공기관의 정보에 대한 공개청구권을 의미하는 경우에는 청구권적 성격을 지니지만, 일반적으로 접근할 수 있는 정보원으로부터 자유롭게 정보를 수집할 수 있는 권리를 의미하는 경우에는 자유권적 성격을 지니는 것으로서, 이 경우 그러한 권리는 별도의 입법을 할 필요도 없이 보장되는 것이므로, 일반적으로 정보에 접근하고 수집·처리함에 있어 알 권리는 별도의 입법이 없더라도 국가권력의 방해를 받음이 없이 보장되어야 한다(헌재 2010. 10.28. 2008헌마638).

③ (○) 저속의 개념은 그 적용범위가 매우 광범위할 뿐만 아니라 법관의 보충적인 해석에 의한다 하더라도 그 의미내용을 확정하기 어려울 정도로 매우 추상적이다. 이 저속의 개념에는 출판사등록이 취소되는 성적 표현의 하한이 열려 있을 뿐만 아니라 폭력성이나 잔인성 및 천한 정도도 그 하한이 모두 열려 있기 때문에 출판을 하고자 하는 자는 어느 정도로 자신의 표현내용을 조절해야 되는지를 도저히 알 수 없도록 되어 있어 명확성의 원칙 및 과도한 광범성의 원칙에 반한다(헌재 1998.4.30. 95헌가16).

④ (×) 언론중재 및 피해구제 등에 관한 법률 제16조(반론보도청구권) ①사실적 주장에 관한 언론보도 등으로 인하여 피해를 입은 자는 그 보도 내용에 관한 반론보도를 언론사 등에 청구할 수 있다. ②제1항의 청구에는 언론사 등의 고의·과실이나 위법성을 필요로 하지 아니하며, 보도 내용의 진실 여부와 상관없이 그 청구를 할 수 있다. 정기간행물의 등록 등에 관한 법률상의 정정 보도청구권은 그 표현의 형식에도 불구하고 그 내용을 보면 언론기관의 사실적 보도에 의한 피해자가 그 보도내용에 대한 반박의 내용을 게재하여 줄 것을 청구할 수 있는 권리로서 이른바 반론권을 입법화한 것이다. 따라서 여기서 말하는 정정보도청구는 그 보도내용의 진실 여부를 따지거나 허위보도의 정정을 청구하기 위한 것이 아니다(헌재 1996.4.25. 95헌바25). [2018년 국가 5급] ④

언론·출판의 자유에 대한 설명으로 옳지 않은 것은? (다툼이 있는 경우 판례에 의함)

① 미결수용자의 규율위반행위 등에 대한 제재로서 금치처분과 함께 금치기간 중 신문과 자비구매도서의 열람을 제한하고 있는 형의 집행 및 수용자의 처우에 관한 법률 조항은 최장 30일의 기간 내에서만 신문이나 도서의 열람을 금지하고 열람을 금지하는 대상에 수용시설 내 비치된 도서는 포함시키지 않고 있으므로 미결수용자의 알 권리를 과도하게 제한한다고 보기 어렵다.

② 일간신문의 지배주주가 뉴스통신 법인의 주식 또는 지분의 2분의 1 이상을 취득 또는 소유하지 못하도록 함으로써 이종 미디어 간의 결합을 규제하는 신문법 조항은 언론의 다양성을 보장하기 위한 필요한 한도 내의 제한이라고 할 것이어서 신문의 자유를 침해한다고 할 수 없다.

③ 인터넷신문의 언론으로서의 신뢰성을 제고하기 위해 5인 이상의 취재 및 편집 인력을 정식

으로 고용하도록 강제하고, 이에 대한 확인을 위하여 국민연금 등 가입사실을 확인하는 것은 언론의 자유를 침해한다고 할 수 없다.

④ 학교 구성원으로 하여금 성별 등의 사유를 이유로 차별적 언사나 행동, 혐오적 표현 등을 통해 다른 사람의 인권을 침해하지 못하도록 한 서울특별시 학생인권조례 규정은 학교 구성원들의 표현의 자유를 침해한 것이라고 볼 수 없다.

① (○) 미결수용자의 규율위반행위 등에 대한 제재로서 금치처분과 함께 금치기간 중 신문과 자비구매도서의 열람을 제한하는 것은, 규율위반자에 대해서는 반성을 촉구하고 일반 수용자에 대해서는 규율 위반에 대한 불이익을 경고하여 수용자들의 규율 준수를 유도하며 궁극적으로 수용질서를 확립하기 위한 것이다. 이 사건 신문 및 도서열람제한 조항은 최장 30일의 기간 내에서만 신문이나 도서의 열람을 금지하고 열람을 금지하는 대상에 수용시설 내 비치된 도서는 포함시키지 않고 있으므로 위 조항들이 청구인의 알 권리를 과도하게 제한한다고 보기 어렵다(헌재 2016.4.28. 2012헌마549).

② (○) 신문법 제15조 제3항에서 일간신문의 지배주주가 뉴스통신 법인의 주식 또는 지분의 2분의1 이상을 취득 또는 소유하지 못하도록 함으로써 이종 미디어 간의 결합을 규제하는 부분은 언론의 다양성을 보장하기 위한 필요한 한도 내의 제한이라고 할 것이어서 신문의 자유를 침해한다고 할 수 없다(헌재 2006.6.29. 2005헌마165)

③ (×) 고용조항 및 확인조항은 소규모 인터넷신문이 언론으로서 활동할 수 있는 기회 자체를 원천적으로 봉쇄할 수 있음에 비하여, 인터넷신문의 신뢰도 제고라는 입법목적의 효과는 불확실하다는 점에서 법익의 균형성도 잃고 있다. 따라서 고용조항 및 확인조항은 과잉금지원칙에 위배되어 청구인들의 언론의 자유를 침해한다(헌재 2016.10.27. 2015헌마1206).

④ (○) 조례 제5조 제3항은 그 표현의 대상이 되는 학교 구성원의 존엄성을 보호하고, 학생이 민주시민으로서의 올바른 가치관을 형성하도록 하며 인권의식을 함양하게 하기 위한 것으로 그 정당성이 인정되고, 수단의 적합성 역시 인정된다. 차별적 언사나 행동, 혐오적 표현은 개인이나 집단에 대한 혐오·적대감을 담고 있는 것으로, 그 자체로 상대방인 개인이나 소수자의 인간으로서의 존엄성을 침해하고, 특정 집단의 가치를 부정하므로, 이러한 차별·혐오표현이 금지되는 것은 헌법상 인간의 존엄성 보장 측면에서 긴요하다. 사건 조례 제5조 제3항은 과잉금지원칙에 위배되어 학교 구성원인 청구인들의 표현의 자유를 침해하지 아니한다(헌재 2019.11.28. 2017헌마1356).

[2022년 국가 7급] ③

방송에 관한 헌법재판소 결정 내용으로 가장 옳지 않은 것은?

① 방송의 자유는 주관적 권리로서의 성격과 함께 자유로운 의견 형성이나 여론 형성을 위해 필수적인 기능을 하는 객관적 규범질서로서 제도적 보장의 성격을 함께 가진다.

② 텔레비전방송수신료는 대다수 국민의 재산권 보장의 측면이나 한국방송공사에게 보장된 방송자유 측면에서 국민의 기본권 실현에 관련된 영역에 속한다.

③ 방송사업자가 방송심의규정을 위반한 경우 시청자에 대한 사과를 명할 수 있도록 한 「방송법」 규정은, 방송사업자의 의사에 반한 사과행위를 강제함으로써 양심의 자유를 침해한 것으로 헌법에 위반된다.

④ 중계유선방송사업자가 자체적인 프로그램 편성의 자유와 그에 따르는 책임을 부여받지 아니한 이상, 방송의 중계송신업무만 할 수 있고 보도, 논평, 광고는 할 수 없도록 하는 법률규정은 방송의 자유를 침해하지 않는다.

① (○) 방송의 자유는 주관적 권리로서의 성격과 함께 자유로운 의견형성이나 여론형성을 위해 필수적인 기능을 행하는 객관적 규범질서로서 제도적 보장의 성격을 함께 가진다(헌재 2003.12.18. 2002헌바49).

② (○) 텔레비전방송수신료는 대다수 국민의 재산권 보장의 측면이나 한국방송공사에게 보장된 방송자유의 측면에서 국민의 기본권실현에 관련된 영역에 속하고, 수신료금액의 결정은 납부의무자의 범위 등과 함께 수신료에 관한 본질적인 중요한 사항이므로 국회가 스스로 행하여야 하는 사항에 속하는 것임에도 불구하고 한국방송공사법 제36조 제1항에서 국회의 결정이나 관여를 배제한 채 한국방송공사로 하여금 수신료금액을 결정해서 문화관광부장관의 승인을 얻도록 한 것은 법률유보원칙에 위반된다(헌재 1999.5.27. 98헌바70).

③ (×) 심판대상조항이 추구하는 입법목적, 즉 방송의 공적 책임을 높임으로써 시청자의 권익보호와 민주적 여론형성 및 국민문화의 향상을 도모하고 방송의 발전과 공공복리의 증진에 이바지하며 위반행위가 재발하는 것을 방지한다는 공익은 중요하다. 그러나 이 사건 심판대상조항으로 인해 초래되는 방송사업자의 기본권 제한 측면은 시청자 등 국민들로 하여금 방송사업자가 객관성이나 공정성 등을 저버린 방송을 했다는 점을 스스로 인정한 것으로 생각하게 만듦으로써 방송에 대한 신뢰가 무엇보다 중요한 방송사업자에 대하여 그 사회적 신용이나 명예를 저하시키고 법인격의 자유로운 발현을 저해하는 것인바, 방송사업자의 인격권에 대한 제한의 정도가 이 사건 심판대상조항이 추구하는 공익에 비해 결코 작다고 할 수 없다. 그렇다면 이 사건 심판대상조항은 법익의 균형성 원칙에도 위배된다. 따라서 이 사건 심판대상조항은 과잉금지원칙에 위배되어 방송사업자의 인격권을 침해한다(헌재 2012.8.23. 2009헌가27).

④ (○) 중계유선방송사업자가 방송의 중계송신업무만 할 수 있고 보도, 논평, 광고는 할 수 없도록 하는 심판대상조항들의 규제는 방송사업허가제, 특히 종합유선방송사업의 허가제를 유지하기 위해서, 본래적 의미에서의 방송을 수행하는 종합유선방송사업의 허가를 받지 아니한 중계유선방송사업에 대해 부과하는 자유제한이다. 중계유선방송사업자가 자체적인 프로그램 편성의 자유와 그에 따르는 책임을 부여받지 아니한 이상 이러한 제한의 범위가 지나치게 넓다고 할 수 없고, 나아가 업무범위 외의 유선방송관리법에 의한 중계유선방송사업에 대한 각종 규제는 전반적으로 종합유선방송사업에 대한 각종 규제보다 훨씬 가벼운 점, 그리고 중계유선방송사업자도 요건을 갖추면 종합유선방송사업의 허가를 받을 수 있었던 점, 업무범위 위반시의 제재내용 등을 종합하여 볼 때, 규제의 정도가 과도하다고 보기도 어렵다(헌재 2001.5.31. 2000헌바43).

[2019년 서울 7급] ③

언론과 관련된 헌법적 쟁점에 관한 다음 설명 중 가장 옳지 않은 것은?

① 언론인의 선거운동을 금지하고, 이를 위반한 경우 처벌하도록 규정한 공직선거법 관련 조항 부분은 선거운동의 자유를 침해한다.

② 인터넷 언론사에 대하여 선거운동기간 중 당해 인터넷홈페이지 게시판·대화방 등에 정당·후보자에 대한 지지·반대의 글을 게시할 수 있도록 하는 경우 실명을 확인받도록 하는 기술적 조치를 할 의무를 부과한 공직선거법은 표현의 자유를 침해한다.

③ 방송통신심의위원회의 시정요구는 헌법소원의 대상이 된다.

④ 영화도 의사표현의 한 수단이므로 영화의 제작 및 상영 역시 언론·출판의 자유에 의한 보장을 받는다.

① (○) 언론인의 선거 개입 내지 편향된 영향력 행사를 금지하여 선거의 공정성·형평성을 확보하고자 한다면, 일정 범위의 언론인을 대상으로 언론매체를 통한 활동의 측면에서 발생 가능한 문제점을 규제하는 것으로써 충분히 그 목적을 달성할 수 있다. 그런데 심판대상조항들은 해당 언론인의 범위가 지나치게 광범위하고, 이미 법에서 그러한 측면에서 발생할 수 있는 폐해를 시정하기 위한 조항들을 충분히 규정하고 있어 침해의 최소성 원칙에 위반된다. 심판대상조항들은 과잉금지원칙에 위반되어 언론인인 청구인들의 선거운동의 자유를 침해한다(헌재 2016.6.30. 2013헌가1).

② (×) 선거기간 중 인터넷홈페이지의 게시판·대화방 등에서 후보자에 대한 인신공격과 흑색선전이 난무하는 경우가 많고, 부당한 선거운동이나 소수에 의한 여론 왜곡으로 선거의 평온과 공정이 위협받을 가능성이 있기 때문에, 이 사건 법률조항은 이로 인한 사회경제적 손실과

부작용을 방지하고 선거의 공정성을 확보하기 위한 것이므로 목적의 정당성이 인정된다. 결국 이 사건 법률조항은 과잉금지의 원칙 등에 위배되어 표현의 자유를 침해한다고 할 수 없고, 청구인이 주장하는 적법절차의 원칙에 위배되거나 직업수행의 자유를 침해한다고 할 수 없다(헌재 2010.2.25. 2008헌마324).

③ (○) 행정기관인 피청구인의 시정요구는 서비스제공자 등에게 조치결과 통지의무를 부과하고 있고, 서비스제공자 등이 이에 따르지 않는 경우 방송통신위원회의 해당 정보의 취급거부·정지 또는 제한명령이라는 법적 조치가 내려질 수 있으며, 행정기관인 피청구인이 표현의 자유를 제한하게 되는 결과의 발생을 의도하거나 또는 적어도 예상하였다 할 것이므로, 이는 단순한 행정지도로서의 한계를 넘어 규제적·구속적 성격을 상당히 강하게 갖는 것으로서 헌법소원 또는 항고소송의 대상이 되는 공권력의 행사라고 봄이 상당하다(헌재 2012.2.23. 2008헌마500).

④ (○) 영화도 의사표현의 한 수단이므로 영화의 제작 및 상영은 다른 의사표현수단과 마찬가지로 언론·출판의 자유에 의한 보장을 받음은 물론, 영화는 학문적 연구결과를 발표하는 수단이 되기도 하고 예술표현의 수단이 되기도 하므로 그 제작 및 상영은 학문·예술의 자유에 의하여도 보장을 받는다(헌재 1996.10.4. 96헌가13). [2019년 법원 9급] ②

언론과 관련된 헌법적 문제에 관한 다음 설명 중 가장 옳지 않은 것은?

① 민사소송법에 의한 방영금지가처분을 허용하는 것은 헌법상 검열금지의 원칙에 위반되지 않는다.

② 언론인의 선거운동을 금지하고, 이를 위반한 경우 처벌하도록 규정한 공직선거법 관련 조항 부분은 선거운동의 자유를 침해한다.

③ 방송통신심의위원회의 시정요구는 헌법소원의 대상이 된다.

④ 영화도 의사표현의 한 수단이므로 영화의 제작 및 상영 역시 언론·출판의 자유에 의한 보장을 받는다.

⑤ 인터넷언론사에 대하여 선거운동기간 중 당해 인터넷홈페이지 게시판·대화방 등에 정당·후보자에 대한 지지·반대의 글을 게시할 수 있도록 하는 경우 실명을 확인받도록 하는 기술적 조치를 할 의무를 부과한 공직선거법은 표현의 자유를 침해한다.

① (○) 헌법 제21조 제2항에서 규정한 검열 금지의 원칙은 모든 형태의 사전적인 규제를 금지하는 것이 아니고 단지 의사표현의 발표 여부가 오로지 행정권의 허가에 달려 있는 사전심사만을 금지하는 것을 뜻하므로, 이 사건 법률조항에 의한 방영금지가처분은 행정권에 의한 사전심사나 금지처분이 아니라 개별 당사자간의 분쟁에 관하여 사법부가 사법절차에 의하여 심리, 결정하는 것이어서 헌법에서 금지하는 사전검열에 해당하지 아니한다(헌재 2001.8.30. 2000헌바36).

② (○) 언론인의 선거 개입으로 인한 문제는 언론매체를 통한 활동의 측면에서, 즉 언론인으로서의 지위를 이용하거나 그 지위에 기초한 활동으로 인해 발생 가능한 것이므로, 언론매체를 이용하지 아니한 언론인 개인의 선거운동까지 전면적으로 금지할 필요는 없다. 따라서 심판대상조항들은 선거운동의 자유를 침해한다(헌재 2016.6.30. 2013헌가1).

③ (○) 행정기관인 피청구인(방송통신심의위원회)의 시정요구는 서비스제공자 등에게 조치결과 통지의무를 부과하고 있고, 서비스제공자 등이 이에 따르지 않는 방송통신위원회의 해당 정보의 취급거부·정지 또는 제한명령이라는 법적 조치가 내려질 수 있으며, 행정기관인 피청구인이 표현의 자유를 제한하게 되는 결과의 발생을 의도하거나 또는 적어도 예상하였다 할 것이므로, 이는 단순한 행정지도로서의 한계를 넘어 규제적·구속적 성격을 상당히 강하게 갖는 것으로서 헌법소원 또는 항고소송의 대상이 되는 공권력의 행사라고 봄이 상당하다. 이 사건 시정요구를 공권력의 행사라고 보는 이상 이는 항고소송의 대상에 해당하는 행정처분이라 할 것이고, 청구인들은 이 사건 시정요구에 의하여 표현의 자유를 침해받을 우려가 있으며, 이 사건 시행령도 이용자인 청구인들의 이의신청권을 규정하고 있는 점(제8조 제5항)

등에 비추어 보면, 청구인들의 원고적격도 인정할 수 있으므로, 청구인들은 이 사건 시정요구에 대하여 행정소송을 제기할 수 있다. 따라서 이러한 권리구제절차를 거치지 아니하고 제기된 이 부분 심판청구는 보충성을 결여하여 부적법하다(헌재 2012.2.23. 2008헌마500).

④ (○) 영화도 의사표현의 한 수단이므로 영화의 제작 및 상영은 다른 의사표현수단과 마찬가지로 언론·출판의 자유에 의한 보장을 받음은 물론, 영화는 학문적 연구결과를 발표하는 수단이 되기도 하고 예술표현의 수단이 되기도 하므로 그 제작 및 상영은 학문·예술의 자유에 의하여도 보장을 받는다(헌재 1996.10.4. 93헌가13).

⑤ (×) 사건 법률조항은 소수에 의한 여론 왜곡으로 선거의 평온과 공정이 위협받아 발생하는 사회경제적 손실과 부작용을 방지하고 선거의 공정성을 확보하기 위한 것이므로 목적의 정당성이 인정되고 그 수단의 적합성 또한 인정되며, 결국 이 사건 법률조항은 과잉금지의 원칙 등에 위배되어 표현의 자유를 침해한다고 할 수 없고, 청구인이 주장하는 적법절차의 원칙에 위배되거나 직업수행의 자유를 침해한다고 할 수 없다(헌재 2010.2.25. 2008헌마324). [2018년 법무사] ⑤

언론·출판의 자유에 대한 설명으로 옳지 않은 것은? (다툼이 있는 경우 판례에 의함)

① 「민사소송법」에 의한 방영금지가처분을 허용하는 것은 헌법상 검열금지원칙에 위반되지 않는다.

② 오로지 성적 흥미에만 호소할 뿐 전체적으로 보아 하등의 문학적, 예술적, 과학적 또는 정치적 가치를 지니지 않은 음란표현은 언론·출판의 자유에 의한 헌법적 보장을 받지 못한다.

③ 광고물도 사상·지식·정보 등을 불특정다수인에게 전파하는 것으로서 언론·출판의 자유에 의한 보호를 받는 대상이 될 수 있다.

④ 인터넷게시판을 설치·운영하는 정보통신서비스 제공자에게 본인확인조치의무를 부과한 법률규정은 과잉금지원칙에 위배되어 정보통신서비스 제공자의 언론의 자유를 침해한다.

⑤ 보건복지부장관으로부터 위탁을 받은 각 의사협회의 사전심의를 받지 아니한 의료광고를 금지하고 이를 위반한 경우 처벌하는 것은 헌법상 사전검열에 해당하여 헌법에 위반된다.

① (○) 방영금지가처분은 비록 제작 또는 방영되기 이전, 즉 사전에 그 내용을 심사하여 금지하는 것이기는 하나, 이는 행정권에 의한 사전심사나 금지처분이 아니라 개별 당사자간의 분쟁에 관하여 사법부가 사법절차에 의하여 심리, 결정하는 것이므로, 헌법에서 금지하는 사전검열에 해당하지 아니한다. 따라서 이 사건 법률조항에 방영금지가처분을 포함시켜 가처분에 의한 방영금지를 허용하는 것은 헌법상 검열 금지의 원칙에 위반되지 아니한다(헌재 2001.8.30. 2000헌바36).

② (×) 음란표현은 헌법 제21조가 규정하는 언론·출판의 자유의 보호영역 내에 있다고 볼 것인바, 종전에 이와 견해를 달리하여 음란표현은 헌법 제21조가 규정하는 언론·출판의 자유의 보호영역에 해당하지 아니한다는 취지로 판시한 우리 재판소의 의견을 변경한다(헌재 2009.5.28. 2006헌바109).

③ (○) 헌법은 제21조 제1항에서 현대 자유민주주의의 존립과 발전에 필수불가결한 기본권으로 언론·출판의 자유를 강력하게 보장하고 있는바, 광고물도 사상·지식·정보 등을 불특정다수인에게 전파하는 것으로서 언론·출판의 자유에 의한 보호를 받는 대상이 됨은 물론이다(헌재 2002.12.18. 2000헌마764).

④ (○) 사건 법령조항들이 표방하는 건전한 인터넷 문화의 조성 등 입법목적은, 인터넷 주소 등의 추적 및 확인, 당해 정보의 삭제·임시조치, 손해배상, 형사처벌 등 인터넷 이용자의 표현의 자유나 개인정보자기결정권을 제약하지 않는 다른 수단에 의해서도 충분히 달성할 수 있음에도, 인터넷의 특성을 고려하지 아니한 채 본인확인제의 적용범위를 광범위하게 정하여 법집행자에게 자의적인 집행의 여지를 부여하고, 목적달성에 필요한 범위를 넘는 과도한 기본권 제한을 하고 있으므로 침해의 최소성이 인정되지 아니한다. 따라서 본인확인제를 규율하는 이 사건 법령조항들은 과잉금지원칙에 위배하여 인터넷게시판 이용자의 표현의 자유, 개인정보자기결정권 및 인터넷게시판을 운영하는

정보통신서비스 제공자의 언론의 자유를 침해한다(헌재 2012.8.23. 2010헌마47).

⑤ (○) 의료광고의 사전심의는 보건복지부장관으로부터 위탁을 받은 각 의사협회가 행하고 있으나 사전심의의 주체인 보건복지부장관은 언제든지 위탁을 철회하고 직접 의료광고 심의업무를 담당할 수 있는 점, 의료법 시행령이 심의위원회의 구성에 관하여 직접 규율하고 있는 점, 심의기관의 장은 심의 및 재심의 결과를 보건복지부장관에게 보고하여야 하는 점, 보건복지부장관은 의료인 단체에 대해 재정지원을 할 수 있는 점, 심의기준·절차 등에 관한 사항을 대통령령으로 정하도록 하고 있는 점 등을 종합하여 보면, 각 의사협회는 행정권의 영향력에서 벗어나 독립적이고 자율적으로 사전심의업무를 수행하고 있다고 보기 어렵다. 따라서 이 사건 법률규정들은 사전검열금지원칙에 위배된다(헌재 2015.12.23. 2015헌바75). [2023년 국회 5급] ②

언론·출판의 자유에 관한 설명 중 옳지 않은 것은? (다툼이 있는 경우 판례에 의함)

① 구체적인 전달이나 전파의 상대방이 없는 집필행위도 표현의 자유의 보호영역에 포함된다.

② 헌법 제21조 제2항의 검열금지조항은 절대적 금지를 의미하므로 국가안전보장·질서유지·공공복리를 위하여 필요한 경우라도 사전검열이 허용되지 않는다.

③ 의사의 자유로운 표명과 전파의 자유에는 책임이 따르므로 자신의 신원을 밝히지 아니한 채 익명 또는 가명으로 자신의 사상이나 견해를 표명하고 전파할 익명표현의 자유는 보장되지 않는다.

④ 정보 등을 불특정 다수인에게 전파하는 광고물도 헌법 제21조가 보장하는 언론·출판의 자유의 보호대상이 된다.

⑤ 음란표현도 헌법 제21조가 규정하는 언론·출판의 자유의 보호영역에 포함된다.

① (○) 집필행위는 사람의 내면에 있는 생각이 외부로 나타나는 첫 단계의 행위란 점에서 문자를 통한 표현행위의 가장 기초적이고도 전제가 되는 행위라 할 것이다. 일반적으로 표현의 자유는 정보의 전달 또는 전파와 관련지어 생각되므로 구체적인 전달이나 전파의 상대방이 없는 집필의 단계를 표현의 자유의 보호영역에 포함시킬 것인지 의문이 있을 수 있으나, 집필은 문자를 통한 모든 의사표현의 기본 전제가 된다는 점에서 당연히 표현의 자유의 보호영역에 있다(헌재 2005.2.24. 2003헌마289).

② (○) 헌법 제21조 제2항은 언론·출판에 대한 허가나 검열은 인정되지 아니한다고 규정하여 언론·출판에 대한 검열을 절대적으로 금지하고 있다. 따라서 비록 헌법 제37조 제2항이 국민의 자유와 권리를 국가안전보장·질서유지 또는 공공복리를 위하여 필요한 경우에 한하여 법률로써 제한할 수 있도록 규정하고 있다고 하여도 언론·출판의 자유에 대하여는 검열을 수단으로 한 제한만은 법률로써도 절대 허용되지 아니 한다(헌재 1996.10.31. 94헌가6).

③ (×) 자유로운 표명과 전파의 자유에는 자신의 신원을 누구에게도 밝히지 아니한 채 익명 또는 가명으로 자신의 사상이나 견해를 표명하고 전파할 익명표현의 자유도 그 보호영역에 포함된다(헌재 2010.2.25. 2008헌마324).

④ (○) 헌법은 제21조 제1항에 따라 현대 자유민주주의의 존립과 발전에 필수불가결한 기본권으로 언론·출판의 자유를 강력하게 보장하고 있는바, 광고물도 사상·지식·정보 등을 불특정다수인에게 전파하는 것으로서 언론·출판의 자유에 의한 보호를 받는 대상이 됨은 물론이다(헌재 1998.2.27. 96헌바2).

⑤ (○) 사건 법률조항의 음란표현은 헌법 제21조가 규정하는 언론·출판의 자유의 보호영역 내에 있다고 볼 것인바, 종전에 이와 견해를 달리하여 음란표현은 헌법 제21조가 규정하는 언론·출판의 자유의 보호영역에 해당하지 아니한다는 취지로 판시한 우리 재판소의 의견을 변경한다(헌재 2009.5.28. 2006헌바109). [2015년 제4회 변호사] ③

헌법재판소의 결정 내용으로 옳지 않은 것은?

① 일간신문과 뉴스통신·방송사업의 겸영을 금지하는 「신문법」 제15조 제2항이 신문사업자인 청구인들의 신문의 자유를 침해하지 않는다.

② 일간신문사 지배주주의 뉴스통신사 또는 다른 일간신문사 주식·지분의 소유·취득을 제한하는 「신문법」 제15조 제3항은 헌법에 합치하지 않는다.

③ 1개 일간신문사의 시장점유율 30%, 3개 일간신문사의 시장점유율 60% 이상인 자를 '시상시배적 사업자'로 추정하는 「신문법」 제17조는 신문사업자인 청구인들의 신문의 자유와 평등권을 침해한다.

④ 시장지배적 사업자를 신문발전기금의 지원대상에서 배제한 「신문법」 제34조 제2항 제2호는 신문사업자인 청구인들의 평등권을 침해하여 위헌이다.

⑤ 정정보도청구의 요건으로 언론사의 고의·과실이나 위법성을 요하지 않도록 규정한 「언론중재 및 피해구제 등에 관한 법률」 제14조 제2항, 제31조 후문은 신문사업자인 청구인들의 언론의 자유를 침해한다.

① (○) 신문법 제15조 제2항은 신문의 다양성을 보장하기 위하여 필요한 한도 내에서 그 규제의 대상과 정도를 선별하여 제한적으로 규제하고 있다. 규제 대상을 일간신문으로 한정하고 있고, 겸영에 해당하지 않는 행위, 즉 하나의 일간신문법인이 복수의 일간신문을 발행하는 것 등은 허용되며, 종합편성이나 보도전문편성이 아니어서 신문의 기능과 중복될 염려가 없는 방송채널사용사업이나 종합유선방송사업, 위성방송사업 등을 겸영하는 것도 가능하다. 그러므로 신문법 제15조 제2항은 헌법에 위반되지 아니한다(헌재 2006.6.29. 2005헌마165).

② (○) 신문의 다양성을 보장하기 위하여 신문의 복수소유를 제한하는 것 자체가 헌법에 위반된다고 할 수 없지만, 신문의 복수소유가 언론의 다양성을 저해하지 않거나 오히려 이에 기여하는 경우도 있을 수 있는데, 이 조항은 신문의 복수소유를 일률적으로 금지하고 있어서 필요 이상으로 신문의 자유를 제약하고 있다(헌재 2006.6.29. 2005헌마165).

③ (○) 신문법 제17조는 신문사업자를 일반사업자에 비하여 더 쉽게 시장지배적사업자로 추정되도록 규정하고 있는데, 이러한 규제는 신문의 다양성 보장이라는 입법목적 달성을 위한 합리적이고도 적정한 수단이 되지 못한다. 따라서 신문법 제17조는 신문사업자인 청구인들의 평등권과 신문의 자유를 침해하여 헌법에 위반된다(헌재 2006.6.29. 2005헌마165).

④ (○) 시장점유율이 높다는 이유만으로, 즉 독자의 선호도가 높아서 발행부수가 많다는 점을 이유로 신문사업자를 차별하는 것, 그것도 시장점유율 등을 고려하여 신문발전기금 지원의 범위와 정도에 있어 합리적 차등을 두는 것이 아니라 기금 지원의 대상에서 아예 배제하는 것은 합리적이 아니다. 따라서 신문법 제34조 제2항 제2호는 합리적인 이유 없이 발행부수가 많은 신문사업자를 차별하는 것이므로 평등원칙에 위배된다(헌재 2006.6.29. 2005헌마165).

⑤ (×) 언론중재법 제14조에서 규정하고 있는 정정보도청구권은 반론보도청구권이나 민법상 불법행위에 기한 청구권과는 전혀 다른 새로운 성격의 청구권이다. 언론중재법 제14조 제2항이 신문의 자유를 침해하는 것이라고 볼 수 없으며, 언론중재법 제31조 후문은 그 위치에도 불구하고 제14조 제2항과 동일한 내용을 명예훼손에 관하여 재확인하는 규정으로 보아야 할 것이므로 역시 헌법에 위반되지 않는다(헌재 2006.6.29. 2005헌마165).

[2012년 국회 8급] ⑤

언론·출판의 자유에 대한 설명으로 가장 옳지 않은 것은?

① 금치기간 중 30일의 기간 내에서만 신문 열람을 금지하는 조치는 미결수용자의 알 권리를 침해하지 않는다.

② 외국음반을 국내에서 제작하고자 하는 때에 영상물등급위원회의 추천을 받도록 하는 것은 헌법에 위배된다.

③ 건강기능식품의 기능성 표시·광고와 같이 규제의 필요성이 큰 경우에 사전심의절차를 법률로 규정하여도 우리 헌법이 절대적으로 금지하는 사전검열에 해당한다고 보기는 어렵다.

④ 법원에 의한 방영금지가처분은 사전에 내용심사를 하는 것이기는 하나, 행정권에 의한 사전심사나 금지처분이 아니라 사법부가 심리·결정하는 것이므로, 헌법에서 금지하는 사전검열에 해당하지 않는다.

① (○) 미결수용자의 규율위반행위 등에 대한 제재로서 금치처분과 함께 금치기간 중 신문과 자비구매도서의 열람을 제한하는 것은 규율위반자에 대해서는 반성을 촉구하고 일반 수용자에 대해서는 규율 위반에 대한 불이익을 경고하여 수용자들의 규율 준수를 유도하며 궁극적으로 수용질서를 확립하기 위한 것이다. 이 사건 신문 및 도서열람제한 조항은 최장 30일의 기간 내에서만 신문이나 도서의 열람을 금지하고 열람을 금지하는 대상에 수용시설 내 비치된 도서는 포함시키지 않고 있으므로 위 조항들이 청구인의 알 권리를 과도하게 제한한다고 보기 어렵다(헌재 2016.4.28. 2012헌마549).

② (○) 음반·비디오물 및 게임물에 관한 법률(2001.5.24. 법률 제6473호로 전문 개정된 것) 제35조 제1항 중 외국음반의 국내제작에 관한 부분 및 제50조 제6호 중 외국음반의 국내제작에 관한 부분이 규정하고 있는 외국음반 국내제작 추천제도는 외국음반의 국내제작이라는 의사표현행위 이전에 그 표현물을 행정기관의 성격을 가진 영상물등급위원회에 제출토록 하여 당해 표현행위의 허용 여부가 행정기관의 결정에 좌우되도록 하고 있으며, 더 나아가 이를 준수하지 않는 자들에 대하여 형사처벌 등 강제수단까지 규정하고 있는바, 허가를 받기 위한 표현물의 제출의무, 행정권이 주체가 된 사전심사절차, 허가를 받지 아니한 의사표현의 금지, 심사절차를 관철할 수 있는 강제수단의 존재라는 제 요소를 모두 갖추고 있으므로, 이 사건 법률조항들은 우리 헌법 제21조 제2항이 절대적으로 금지하고 있는 사전검열에 해당하여 헌법에 위반된다(헌재 2006.10.26. 2005헌가14).

③ (×) 한국건강기능식품협회나 위 협회에 설치된 표시·광고심의위원회가 사전심의업무를 수행함에 있어서 식약처장 등 행정권의 영향력에서 벗어나 독립적이고 자율적으로 심의를 하고 있다고 보기 어렵고, 결국 건강기능식품 기능성광고 사전심의는 헌법이 금지하는 사전검열에 해당하므로 헌법에 위반된다(헌재 2018.6.28. 2016헌가8).

④ (○) 헌법 제21조 제2항에서 규정한 검열 금지의 원칙은 모든 형태의 사전적인 규제를 금지하는 것이 아니고 단지 의사표현의 발표 여부가 오로지 행정권의 허가에 달려 있는 사전심사만을 금지하는 것을 뜻하므로, 이 사건 법률조항에 의한 방영금지가처분은 행정권에 의한 사전심사나 금지처분이 아니라 개별 당사자간의 분쟁에 관하여 사법부가 사법절차에 의하여 심리, 결정하는 것이어서 헌법에서 금지하는 사전검열에 해당하지 아니한다(헌재 2001.8.30. 2000헌바36). [2019년 서울 7급] ③

언론·출판의 자유에 대한 설명으로 옳은 것만을 〈보기〉에서 모두 고르면? (다툼이 있는 경우 판례에 의함)

ㄱ. 헌법상 사전검열은 예외 없이 금지되는 것으로 보아야 하므로 의료광고 역시 사전검열금지원칙의 적용 대상이 된다.
ㄴ. 여론조사 실시행위에 대한 신고의무를 부과하고 있는 「공직선거법」 조항은 여론조사결과의 보도나 공표행위를 규제하는 것이 아니라 여론조사의 실시행위에 대한 신고의무를 부과하는 것으로, 허가받지 아니한 것의 발표를 금지하는 헌법 제21조 제2항의 사전검열과 관련이 있다고 볼 수 없으므로 검열금지원칙에 위반되지 아니한다.
ㄷ. 검열을 행정기관이 아닌 독립적인 위원회에서 행한다고 하더라도, 행정권이 주체가 되어 검열절차를 형성하고 검열기관의 구성에 지속적인 영향을 미칠 수 있는 경우라면 실질적으로 그 검열기관은 행정기

관이라고 보아야 한다.
ㄹ. 방영금지가처분은 비록 제작 또는 방영되기 이전, 즉 사전에 그 내용을 심사하여 금지하는 것이기는 하나, 이는 행정권에 의한 사전심사나 금지처분이 아니라 개별 당사자 간의 분쟁에 관하여 사법부가 사법절차에 의하여 심리·결정하는 것이므로, 헌법에서 금지하는 사전검열에 해당하지 아니한다.

① ㄱ, ㄴ ② ㄴ, ㄹ ③ ㄱ, ㄴ, ㄷ
④ ㄴ, ㄷ, ㄹ ⑤ ㄱ, ㄴ, ㄷ, ㄹ

ㄱ. (○) 헌법이 특정한 표현에 대해 예외적으로 검열을 허용하는 규정을 두지 않은 점, 이러한 상황에서 표현의 특성이나 규제의 필요성에 따라 언론·출판의 자유의 보호를 받는 표현 중에서 사전검열금지원칙의 적용이 배제되는 영역을 따로 설정할 경우 그 기준에 대한 객관성을 담보할 수 없다는 점 등을 고려하면, 헌법상 사전검열은 예외 없이 금지되는 것으로 보아야 하므로 의료광고 역시 사전검열금지원칙의 적용대상이 된다(헌재 2015.12.23. 2015헌바75).
ㄴ. (○) 심판대상조항은 여론조사결과의 보도나 공표행위를 규제하는 것이 아니라 여론조사의 실시행위에 대한 신고의무를 부과하는 것이므로, 허가받지 아니한 것의 발표를 금지하는 헌법 제21조 제2항의 사전검열과 관련이 있다고 볼 수 없다. 따라서 심판대상조항은 헌법 제21조 제2항의 검열금지원칙에 위반되지 아니한다(헌재 2015.4.30. 2014헌마360).
ㄷ. (○) 검열을 행정기관이 아닌 독립적인 위원회에서 행한다고 하더라도 행정권이 주체가 되어 검열절차를 형성하고 검열기관의 구성에 지속적인 영향을 미칠 수 있는 경우라면 실질적으로 검열기관은 행정기관이라고 보아야 한다. 그러므로 공연윤리위원회가 민간인으로 구성된 자율적인 기관이라고 할지라도 영화법에서 영화에 대한 사전허가제도를 채택하고, 공연법에 의하여 공연윤리위원회를 설치토록 하여 행정권이 공연윤리위원회의 구성에 지속적인 영향을 미칠 수 있게 하였으므로 공연윤리위원회는 검열기관으로 볼 수밖에 없다(헌재 1996.10.4. 93헌가13).
ㄹ. (○) 헌법 제21조 제2항에서 규정한 검열 금지의 원칙은 모든 형태의 사전적인 규제를 금지하는 것이 아니고 단지 의사표현의 발표 여부가 오로지 행정권의 허가에 달려 있는 사전심사만을 금지하는 것을 뜻하므로, 이 사건 법률조항에 의한 방영금지가처분은 행정권에 의한 사전심사나 금지처분이 아니라 개별 당사자간의 분쟁에 관하여 사법부가 사법절차에 의하여 심리, 결정하는 것이어서 헌법에서 금지하는 사전검열에 해당하지 아니한다(헌재 2001.8.30. 2000헌바36). [2019년 국회 5급] ⑤

언론·출판의 자유에 관한 설명으로 옳은 것을 모두 고른 것은? (다툼이 있는 경우 판례에 의함)

㉠ 인터넷 언론사에 대하여 선거운동기간 중 당해 인터넷홈페이지 게시판, 대화방 등에 정당 후보자에 대한지지, 반대의 글을 게시할 수 있도록 하는 경우 실명을 확인받도록 하는 기술적 조치를 할 의무를 부과한 구 「공직선거법」은 표현의 자유를 침해한다.
㉡ 여론조사 실시행위에 대한 신고의무를 부과하고 있는 「공직선거법」 조항은 여론조사결과의 보도나 공표행위를 규제하는 것이 아니라 여론조사의 실시행위에 대한 신고의무를 부과하는 것으로, 허가받지 아니한 것의 발표를 금지하는 헌법 제21조 제2항의 사전검열과 관련이 있다고 볼 수 없으므로 검열금지원칙에 위반되지 아니한다.
㉢ 금치처분을 받은 미결수용자라 할지라도 금치처분 기간 중 집필을 금지하면서 예외적인 경우에만 교도소장이 집필을 허가할 수 있도록 한 「형의 집행 및 수용자의 처우에 관한 법률」상 규정은 미결수용자의 표현의 자유를 침해한다.
㉣ 건강기능식품 기능성 광고 사전심의가 헌법이 금지하는 사전 검열에 해당하려면 심사절차를 관철할 수

있는 강제수단이 존재할 것을 필요로 하는데, 영업허가취소와 같은 행정제재나 벌금형과 같은 형벌의 부과는 사전심의절차를 관철하기 위한 강제수단에 해당한다.

① ㉠, ㉡ ② ㉠, ㉣ ③ ㉡, ㉢ ④ ㉡, ㉣

㉠ (×) 사건 법률조항은 소수에 의한 여론 왜곡으로 선거의 평온과 공정이 위협받아 발생하는 사회경제적 손실과 부작용을 방지하고 선거의 공정성을 확보하기 위한 것이므로 목적의 정당성이 인정되고 그 수단의 적합성 또한 인정되며, 인터넷의 특성상 흑색선전이나 허위사실이 빠르게 유포되어 정보의 왜곡이 쉬운 점, 짧은 선거운동기간 중 이를 치유하기 불가능한 점, 인터넷이용자의 실명이 표출되지 않고 다만 '실명확인' 표시만이 나타나는 점을 고려하면, 피해를 최소화하기 위한 요건도 갖추었다. 이 사건 법률조항은 과잉금지의 원칙 등에 위배되어 표현의 자유를 침해한다고 할 수 없고, 청구인이 주장하는 적법절차의 원칙에 위배되거나 직업수행의 자유를 침해한다고 할 수 없다(헌재 2010.2.25. 2008헌마324).

㉡ (○) 심판대상조항은 여론조사결과의 보도나 공표행위를 규제하는 것이 아니라 여론조사의 실시행위에 대한 신고의무를 부과하는 것이므로, 허가받지 아니한 것의 발표를 금지하는 헌법 제21조 제2항의 사전검열과 관련이 있다고 볼 수 없다. 따라서 심판대상조항은 헌법 제21조 제2항의 검열금지원칙에 위반되지 아니한다(헌재 2015.4.30. 2014헌마360).

㉢ (×) 사건 집필제한 조항은 금치처분을 받은 미결수용자에게 집필제한이라는 불이익을 가함으로써 규율 준수를 강제하고 수용시설의 안전과 질서를 유지하기 위한 것으로 목적의 정당성 및 방법의 적절성이 인정된다. 교정시설의 장이 수용자의 권리구제 등을 위해 특히 필요하다고 인정하는 때에는 집필을 허용할 수 있도록 예외가 규정되어 있으며, 형집행법 제85조에서 미결수용자의 징벌집행 중 소송서류의 작성 등 수사 및 재판과정에서의 권리행사를 보장하도록 규정하고 있는 점 등에 비추어 볼 때 위 조항이 청구인의 표현의 자유를 과도하게 제한한다고 보기 어렵다(헌재 2016.4.28. 2012헌마549).

㉣ (○) 심의받은 내용과 다른 내용의 광고를 한 경우, 이 사건 제재조항은 대통령령으로 정하는 바에 따라 영업허가를 취소·정지하거나, 영업소의 폐쇄를 명할 수 있도록 하고, 이 사건 처벌조항은 5년 이하의 징역 또는 5천만 원 이하의 벌금에 처하도록 하고 있다. 이와 같은 행정제재나 형벌의 부과는 사전심의절차를 관철하기 위한 강제수단에 해당한다(헌재 2018.6.28. 2016헌가8).

[2020년 경찰 경정승진] ④

언론·출판의 자유에 대한 설명으로 옳지 않은 것은? (다툼이 있는 경우 판례에 의함)

① '공익을 해할 목적'의 허위의 통신을 금지하는 「전기통신기본법」 규정에서의 '공익'은 형벌조항의 구성요건으로서 구체적인 표지를 정하고 있는 것이 아니며, 그 의미가 불명확하고 추상적인 것이어서 명확성의 원칙에 위배된다.

② 옥외광고물과 게시시설의 설치장소에 관하여 허가나 신고를 받게 하는 것은 과잉금지의 원칙에 어긋나지 않는다.

③ 저속한 간행물의 출판을 전면 금지시키고 출판사의 등록을 취소시킬 수 있도록 하는 규정은, 청소년 보호를 위해 지나치게 과도한 수단을 선택하는 것이고 성인의 알 권리까지 침해한 것이다.

④ 음란표현은 헌법 제21조가 규정하는 언론·출판의 자유의 보호영역에 해당하지 않는다.

⑤ 선거운동 기간 중에 인터넷 게시판과 대화방에서 이루어지는 정치적 의사표현을 제한하는 것은 표현의 자유를 침해하는 것이 아니다.

① (○) 사건 법률조항은 "공익을 해할 목적"의 허위의 통신을 금지하는바, 여기서의 공익은 형벌조항의 구성요건으로서 구체적인 표지를 정하고 있는 것이 아니라, 헌법상 기본권 제한에 필요한 최소한의 요건 또는 헌법상 언론·출판의 자유의 한계를 그대로 법률에 옮겨 놓은 것에 불과할 정도로 그 의미가 불명확하고 추상적이다. 결국 이 사건 법률조항은 수범자인 국민에 대하여 일반적으로 허용되는 허위의 통신 가운데 어떤 목적의 통신이 금지되는 것인지 고지하여 주지 못하고 있으므로 표현의 자유에서 요구하는 명확성의 요청 및 죄형법정주의의 명확성원칙에 위배하여 헌법에 위반된다(헌재 2010.12.28. 2008헌바157).

② (○) 옥외광고물 등 관리법 제3조에서 규제하는 옥외광고물이나 게시시설이 방임될 경우 각양각색의 광고물로 인하여 국민의 주거환경과 국토환경이 크게 침해당하게 될 것이고, 광고물 관리를 사후적인 지도·감독에만 의존하게 되면 효과적인 광고물 관리가 어려우므로 사전허가제도를 도입할 필요성이 인정된다. 헌법 제37조 제2항이 정하는 과잉금지원칙에 위반되어 언론·출판의 자유를 침해한다고 볼 수 없다(헌재 1998.2.27. 96헌바2).

③ (○) 청소년의 건전한 심성을 보호하기 위해서 퇴폐적인 성표현이나 지나치게 폭력적이고 잔인한 표현 등을 규제할 필요성은 분명 존재하지만, 이들 저속한 표현을 규제하더라도 그 보호대상은 청소년에 한정되어야 하고 규제수단 또한 청소년에 대한 유통을 금지하는 방향으로 좁게 설정되어야 할 것인데, 저속한 간행물의 출판을 전면 금지시키고 출판사의 등록을 취소시킬 수 있도록 하는 것은 청소년보호를 위해 지나치게 과도한 수단을 선택한 것이고, 또 청소년보호라는 명목으로 성인이 볼 수 있는 것까지 전면 금지시킨다면 이는 성인의 알 권리의 수준을 청소년의 수준으로 맞출 것을 국가가 강요하는 것이어서 성인의 알 권리까지 침해하게 된다(헌재 1998.4.30. 95헌가16).

④ (×) 사건 법률조항의 음란표현은 헌법 제21조가 규정하는 언론·출판의 자유의 보호영역 내에 있다고 볼 것인바, 종전에 이와 견해를 달리하여 음란표현은 헌법 제21조가 규정하는 언론·출판의 자유의 보호영역에 해당하지 아니한다는 취지로 판시한 우리 재판소의 의견을 변경한다(헌재 2009.5.28. 2006헌바109).

⑤ (○) 선거기간 중 인터넷홈페이지의 게시판·대화방 등에서 후보자에 대한 인신공격과 흑색선전이 난무하는 경우가 많고, 부당한 선거운동이나 소수에 의한 여론 왜곡으로 선거의 평온과 공정이 위협받을 가능성이 있기 때문에, 이 사건 법률조항은 이로 인한 사회경제적 손실과 부작용을 방지하고 선거의 공정성을 확보하기 위한 것이므로 목적의 정당성이 인정된다. 결국 이 사건 법률조항은 과잉금지의 원칙 등에 위배되어 표현의 자유를 침해한다고 할 수 없고, 청구인이 주장하는 적법절차의 원칙에 위배되거나 직업수행의 자유를 침해한다고 할 수 없다(헌재 2010.2.25. 2008헌마324). [2018년 국회 9급] ④

언론·출판의 자유에 관한 설명으로 옳지 않은 것은? (다툼이 있는 경우 판례에 의함)

① 개인의 표현행위에 대한 국가의 규제는, 표현내용에 대하여는 원칙적으로 중대한 공익의 실현을 위하여 불가피한 경우에 한하여 엄격한 요건 하에서 허용되는 반면, 표현내용과 무관하게 표현의 방법을 규제하는 것은 합리적인 공익상의 이유로 폭넓은 제한이 가능하다.

② '음란'이란 인간존엄 내지 인간성을 왜곡하는 노골적이고 적나라한 성표현으로서 오로지 성적 흥미에만 호소할 뿐 전체적으로 보아 하등의 문학적, 예술적, 과학적 또는 정치적 가치를 지니지 않은 것으로서 언론·출판의 자유의 보호영역에 속하지 않는 반면, 저속은 이러한 정도에 이르지 않는 성표현 등을 의미하는 것으로서 헌법적인 보호영역 안에 있다.

③ 검열금지의 원칙은 모든 형태의 사전적인 규제를 금지하는 것이 아니고 단지 의사표현의 발표 여부가 오로지 행정권의 허가에 달려 있는 사전심사만을 금지하는 것을 뜻하며 사후적인 사법적 규제를 금지하지 않는다.

④ '음반'은 학문적 연구결과를 발표하는 수단이 되기도 하고, 예술표현의 수단이 되기도 하므로 그 제작 및 판매·배포는 언론·출판의 자유에 의하여뿐만 아니라 학문·예술의 자유를 규정하고 있는 헌법 제22조 제1항에 의하여도 보장을 받는다.

① (○) 국가가 개인의 표현행위를 규제하는 경우, 표현내용에 대한 규제는 원칙적으로 중대한 공익의 실현을 위하여 불가피한 경우에 한하여 엄격한 요건 하에서 허용되는 반면, 표현내용과 무관하게 표현의 방법을 규제하는 것은 합리적인 공익상의 이유로 폭넓은 제한이 가능하다(헌재 2002.12.18. 2000헌마764; 헌재 2011.12.29. 2010헌바368).

② (×) 음란표현이 언론·출판의 자유의 보호영역에 해당하지 아니한다고 해석할 경우 음란표현에 대하여는 언론·출판의 자유의 제한에 대한 헌법상의 기본원칙, 예컨대 명확성의 원칙, 검열 금지의 원칙 등에 입각한 합헌성 심사를 하지 못하게 될 뿐만 아니라, 결국 음란표현에 대한 최소한의 헌법상 보호마저도 부인하게 될 위험성이 농후하게 된다는 점을 간과할 수 없다. 이 사건 법률조항의 음란표현은 헌법 제21조가 규정하는 언론·출판의 자유의 보호영역 내에 있다고 볼 것인바, 종전에 이와 견해를 달리하여 음란표현은 헌법 제21조가 규정하는 언론·출판의 자유의 보호영역에 해당하지 아니한다는 취지로 판시한 우리 재판소의 의견을 변경한다(헌재 2009.5.28. 2006헌바109).

③ (○) 검열금지의 원칙은 모든 형태의 사전적인 규제를 금지하는 것이 아니고 단지 의사표현의 발표 여부가 오로지 행정권의 허가에 달려 있는 사전심사만을 금지하는 것을 뜻하며, 또한 정신작품의 발표 이후에 비소로 취해지는 사후적인 사법적 규제를 금지하지 않는다(헌재 1996.10.4. 93헌가13).

④ (○) 헌법 제21조 제1항은 모든 국민은 언론·출판의 자유를 가진다고 규정하여 언론·출판의 자유를 보장하고 있다. 의사표현의 자유는 언론·출판의 자유에 속하고, 여기서 의사표현의 매개체는 어떠한 형태이건 그 제한이 없다고 할 것이다. 따라서 이 사건에서 문제되고 있는 음반은 학문적 연구결과를 발표하는 수단이 되기도 하고, 예술표현의 수단이 되기도 하므로 그 제작 및 판매·배포는 학문·예술의 자유를 규정하고 있는 헌법 제22조 제1항에 의하여 보장을 받음과 동시에 헌법 제21조 제1항에 의하여도 받는다(헌재 1996.10.31. 94헌가6).

[2015년 서울 7급] ②

언론·출판에 대한 검열금지에 관한 다음 설명 중 가장 옳지 않은 것은?

① 헌법 제21조 제1항과 제2항은 모든 국민은 언론·출판의 자유를 가지며, 언론·출판에 대한 허가나 검열은 인정되지 아니한다고 규정하고 있으므로, 검열을 수단으로 한 제한은 국가안전보장·질서유지 또는 공공복리를 위하여 필요한 경우에 한하여 법률로써 하는 경우에만 허용될 수 있다.

② 헌법 제21조 제2항이 금지하는 검열은 사전검열만을 의미하므로, 헌법상 보호되지 않는 의사표현에 대하여 공개한 뒤에 국가기관이 간섭하는 것을 금지하는 것은 아니다.

③ 검열금지의 원칙은 모든 형태의 사전적인 규제를 금지하는 것이 아니고, 의사표현의 발표 여부가 오로지 행정권의 허가에 달려 있는 사전심사만을 금지하는 것을 뜻한다.

④ 검열은 일반적으로 허가를 받기 위한 표현물의 제출의무, 행정권이 주체가 된 사전심사절차, 허가를 받지 아니한 의사표현의 금지 및 심사절차를 관철할 수 있는 강제수단 등의 요건을 갖춘 경우에만 이에 해당하는 것이다.

① (×) 헌법 제21조 제2항의 언론·출판에 대한 검열금지를 규정한 것은 비록 헌법 제37조 제2항이 국민의 자유와 권리를 국가안전보장·질서유지 또는 공공복리를 위하여 필요한 경우에 한하여 법률로써 제한할 수 있도록 규정하고 있다고 할지라도 언론·출판의 자유에 대하여는 검열을 수단으로 한 제한만은 법률로써도 허용되지 아니한다는 것을 밝힌 것이다(헌재 1996.10.4. 93헌가13).

② (○) 헌법 제21조 제2항이 금지하는 검열은 사전검열만을 의미하므로 개인이 정보와 사상을 발표하기 이전에 국가기관이 미리 그 내용을 심사·선별하여 일정한 범위 내에서 발표를 저지하는 것만을 의미하고, 헌법상 보호되지 않는 의사표현에 대하여 공개한 뒤에 국가기관이 간섭하는 것을 금지하는 것은 아니다(헌재 1996.10.4. 93헌가13).

③ (○) 검열금지의 원칙은 모든 형태의 사전적인 규제를 금지하는 것이 아니고, 의사표현의 발표 여부가 오로지 행정권의 허가에 달려

있는 사전심사만을 금지하는 것을 뜻한다.

④ (○) 검열금지의 원칙은 모든 형태의 사전적인 규제를 금지하는 것이 아니고, 단지 의사표현의 발표 여부가 오로지 행정권의 허가에 달려 있는 사전심사만을 금지하는 것을 뜻한다. 그러므로 검열은 일반적으로 허가를 받기 위한 표현물의 제출의무, 행정권이 주체가 된 사전심사절차, 허가를 받지 아니한 의사표현의 금지 및 심사절차를 관철할 수 있는 강제수단 등의 요건을 갖춘 경우에만 이에 해당하는 것이다(헌재 1996.10.4. 93헌가13). [2020년 법원 9급] ①

헌법상 사전검열에 대한 설명으로 가장 적절하지 않은 것은? (다툼이 있는 경우 헌법재판소 판례에 의함)

① 광고의 심의기관이 행정기관인지 여부는 기관의 형식에 의하기보다는 그 실질에 따라 판단되어야 하고, 행정기관의 자의로 민간심의기구의 심의업무에 개입할 가능성이 열려 있다면 개입 가능성의 존재 자체로 헌법이 금지하는 사전검열이라고 보아야 한다.

② 헌법상 사전검열은 표현의 자유의 보호대상이더라도 예외 없이 금지되지는 않는다.

③ 검열은 언론의 내용에 대한 허용될 수 없는 사전적 제한이라는 점에서 헌법 제21조 제2항 전단의 "허가"와 "검열"은 본질적으로 같은 것이라고 할 것이다.

④ 의료기기에 대한 광고는 상업광고로서 헌법 제21조 제1항의 표현의 자유의 보호대상이 됨과 동시에 같은 조 제2항의 사전검열금지원칙의 적용대상이 된다.

① (○) ② (×) ④ (○) 현행 헌법상 사전검열은 표현의 자유 보호대상이면 예외 없이 금지된다. 의료기기에 대한 광고는 의료기기의 성능이나 효능 및 효과 또는 그 원리 등에 관한 정보를 널리 알려 해당 의료기기의 소비를 촉진시키기 위한 상업광고로서 헌법 제21조 제1항의 표현의 자유의 보호대상이 됨과 동시에 같은 조 제2항의 사전검열금지원칙의 적용대상이 된다. 광고의 심의기관이 행정기관인지 여부는 기관의 형식에 의하기보다는 그 실질에 따라 판단되어야 하고, 행정기관의 자의로 민간심의기구의 심의업무에 개입할 가능성이 열려 있다면 개입 가능성의 존재 자체로 헌법이 금지하는 사전검열이라고 보아야 한다(헌재 2020.8.28. 2017헌가35).

③ (○) 재판소는 제21조 제2항의 검열금지원칙이 적용되는 검열에 관하여 행정권이 주체가 되어 사상이나 의견 등이 발표되기 이전에 예방적 조치로서 그 내용을 심사, 선별하여 발표를 사전에 억제하는, 즉 허가 받지 아니한 것의 발표를 금지하는 제도라고 의미 규명한 바 있는데, 언론의 내용에 대한 허용될 수 없는 사전적 제한이라는 점에서 위 조항 전단의 허가와 검열은 본질적으로 같은 것이라고 할 것이며 위와 같은 요건에 해당되는 허가·검열은 헌법적으로 허용될 수 없다(헌재 2001.5.31. 2000헌바43).

[2022년 경찰간부] ②

언론·출판의 자유에 있어 검열금지원칙에 관한 다음 설명 중 가장 옳지 않은 것은? (다툼이 있는 경우 헌법재판소 결정에 의함)

① 헌법상 검열금지의 원칙은 모든 형태의 사전적인 규제를 금지하는 것은 아니고, 의사표현의 발표 여부가 오로지 행정권의 허가에 달려 있는 사전심사만을 금지하는 것이다.

② 「민사소송법」에 따라 방영금지가처분을 허용하는 것은 헌법상 검열금지의 원칙에 위반되지 않는다.

③ 건강기능식품의 기능성 표시·광고의 사전심의절차에 관하여 규정한 (구)「건강기능식품에

관한 법률」은 헌법이 금지하는 사전검열에 해당한다.

④ 인터넷언론사에 대하여 선거운동기간 중 해당 인터넷홈페이지의 게시판에 정당·후보자에 대한 지지·반대의 글을 게시할 수 있도록 하는 경우 실명을 확인받도록 하는 기술적 조치를 할 의무 등을 부과한 것은 헌법상 사전검열금지원칙에 위배된다.

① (○) ② (○) 헌법 제21조 제2항에서 규정한 검열 금지의 원칙은 모든 형태의 사전적인 규제를 금지하는 것이 아니고 단지 의사표현의 발표 여부가 오로지 행정권의 허가에 달려 있는 사전심사만을 금지하는 것을 뜻하므로, 이 사건 법률조항에 의한 방영금지가처분은 행정권에 의한 사전심사나 금지처분이 아니라 개별 당사자간의 분쟁에 관하여 사법부가 사법절차에 의하여 심리, 결정하는 것이어서 헌법에서 금지하는 사전검열에 해당하지 아니한다(헌재 2001.8.30. 2000헌바36).

③ (○) 건강기능식품법상 기능성 광고의 심의는 식약처장으로부터 위탁받은 한국건강기능식품협회에서 수행하고 있지만, 법상 심의주체는 행정기관인 식약처장이며, 언제든지 그 위탁을 철회할 수 있고, 심의위원회의 구성에 관하여도 법령을 통해 행정권이 개입하고 지속적으로 영향을 미칠 가능성이 존재하는 이상 그 구성에 자율성이 보장되어 있다고 볼 수 없다. 따라서 이 사건 건강기능식품기능성광고 사전심의는 그 검열이 행정권에 의하여 행하여진다 볼 수 있고, 헌법이 금지하는 사전검열에 해당하므로 헌법에 위반된다(헌재 2018.6.28. 2016헌가8).

④ (×) 사건 법률조항과 관련한 인터넷언론사의 의무는 후보자·정당에 대한 지지·반대의 글을 게시하려는 이용자의 경우에는 실명을 확인받도록 하는 기술적 조치를 할 의무(제1항), 그와 같은 실명확인을 받은 경우 '실명확인' 표시가 나타나도록 기술적 조치를 취할 의무(제4항), '실명확인'의 표시가 없는 지지·반대의 글이 이미 게시되어 있을 경우 이를 삭제할 의무(제6항, 제7항)를 부담할 뿐이고, 이용자로서는 스스로의 판단에 따라 자신이 게시하려는 글이 지지·반대의 글에 해당하면 실명확인 절차를 거쳐 '실명확인'의 표시가 나타나게 게시하고 그렇지 아니하다고 판단되면 실명확인 절차를 거치지 아니하고 게시하는 것이 가능하므로, 이러한 제한이 사전검열금지의 원칙에 위배된다고 할 수 없다(헌재 2010.2.25. 2008헌마324). [2016년 법원 9급] ④

언론·출판에 대한 검열금지에 관한 다음 설명 중 가장 옳지 않은 것은?

① 헌법 제21조 제2항과 제2항은 모든 국민은 언론·출판의 자유를 가지며, 언론출판에 대한 허가나 검열은 인정되지 아니한다고 규정하고 있으므로, 검열을 수단으로 한 제한은 국가안전보장·질서유지 또는 공공복리를 위하여 필요한 경우에 한하여 법률로써 하는 경우에만 허용될 수 있다.

② 헌법 제21조 제2항이 금지하는 검열은 사전검열만을 의미하므로, 헌법상 보호되지 않는 의사표현에 대하여 공개한 뒤에 국가기관이 간섭하는 것을 금지하는 것은 아니다.

③ 검열금지의 원칙은 모든 형태의 사전적인 규제를 금지하는 것이 아니고, 의사표현의 발표 여부가 오로지 행정권의 허가에 달려 있는 사전심사만을 금지하는 것을 뜻한다.

④ 검열은 일반적으로 허가를 받기 위한 표현물의 제출의무, 행정권이 주체가 된 사전심사절차, 허가를 받지 아니한 의사표현의 금지 및 심사절차를 관철할 수 있는 강제수단 등의 요건을 갖춘 경우에만 이에 해당하는 것이다.

① (×) 헌법 제21조 제2항이 언론·출판에 대한 검열금지를 규정한 것은 비록 헌법 제37조 제2항이 국민의 자유와 권리를 국가안전보장·질서유지 또는 공공복리를 위하여 필요한 경우에 한하여 법률로써 제한할 수 있도록 규정하고 있다고 할지라도 언론·출판의 자유에 대하여는 검열을 수단으로 한 제한만은 법률로써도 허용되지 아니 한다는 것을 밝힌 것이다(헌재 1996.10.4. 93 헌가13).

② (○) 헌법 제21조 제2항이 금지하는 검열은 사전검열만을 의미하므로 개인이 정보와 사상을 발표하기 이전에 국가기관이 미리 그 내용을 심사·선별하여 일정한 범위 내에서 발표를 저지하는 것만을 의미하고, 헌법상 보호되지 않는 의사표현에 대하여 공개한 뒤에 국가기관이 간섭하는 것을 금지하는 것은 아니다(헌재 1996.10.4. 93헌가13).

③ (○) ④ (○) 검열금지의 원칙은 모든 형태의 사전적인 규제를 금지하는 것이 아니고, 단지 의사표현의 발표 여부가 오로지 행정권의 허가에 달려 있는 사전심사만을 금지하는 것을 뜻한다. 그러므로 검열은 일반적으로 허가를 받기 위한 표현물의 제출의무, 행정권이 주체가 된 사전심사절차, 허가를 받지 아니한 의사표현의 금지 및 심사절차를 관철할 수 있는 강제수단 등의 요건을 갖춘 경우에만 이에 해당하는 것이다(헌재 1996.10.4. 93헌가13). [2020년 법원 9급] ①

헌법재판소가 사전검열에 해당되는 것으로 판단되어 위헌결정한 것으로 옳지 않은 것은?

① 인터넷게시판에서의 본인확인제
② 영상물등급위원회에 의한 등급분류보류제도
③ 의사협회의 의료광고와 사전심의
④ 방송위원회로부터 위탁을 받은 한국광고자율심의기구의 텔레비전 방송광고의 사전심의
⑤ 건강기능식품 기능성광고 사전심의

① (×) 본인확인제는 게시글의 내용에 따라 규제를 하는 것이 아니고, 정보통신서비스 제공자의 삭제의무를 규정하고 있지도 않은바, 의견발표 전에 국가기관에 의하여 그 내용을 심사·선별하여 일정한 사상표현을 저지하는 사전적 내용심사로는 볼 수 없으므로 사전검열금지원칙에 위배된다고 할 수 없다(헌재 2012.8.23. 2010헌마47).

② (○) 영화진흥법 제21조 제4항이 규정하고 있는 영상물등급위원회에 의한 등급분류보류제도는, 영상물등급위원회가 영화의 상영에 앞서 영화를 제출받아 그 심의 및 상영등급분류를 하되, 등급분류를 받지 아니한 영화는 상영이 금지되고 만약 등급분류를 받지 않은 채 영화를 상영한 경우 과태료, 상영금지명령에 이어 형벌까지 부과할 수 있도록 하며, 등급분류보류의 횟수제한이 없어 실질적으로 영상물등급위원회의 허가를 받지 않는 한 영화를 통한 의사표현이 무한정 금지될 수 있으므로 검열에 해당한다(헌재 2001.8.30. 2000헌가9).

③ (○) 의료광고의 사전심의는 보건복지부장관으로부터 위탁을 받은 각 의사협회가 행하고 있으나 사전심의의 주체인 보건복지부장관은 언제든지 위탁을 철회하고 직접 의료광고 심의업무를 담당할 수 있는 점, 의료법 시행령이 심의위원회의 구성에 관하여 직접 규율하고 있는 점, 심의기관의 장은 심의 및 재심의 결과를 보건복지부장관에게 보고하여야 하는 점, 보건복지부장관은 의료인 단체에 대해 재정지원을 할 수 있는 점, 심의기준·절차 등에 관한 사항을 대통령령으로 정하도록 하고 있는 점 등을 종합하여 보면, 각 의사협회는 행정권의 영향력에서 벗어나 독립적이고 자율적으로 사전심의업무를 수행하고 있다고 보기 어렵다. 따라서 이 사건 법률규정들은 사전검열금지원칙에 위배된다(헌재 2015.12.23. 2015헌바75).

④ (○) 한국광고자율심의기구는 행정기관적 성격을 가진 방송위원회로부터 위탁을 받아 이 사건 텔레비전 방송광고 사전심의를 담당하고 있는바, 한국광고자율심의기구는 민간이 주도가 되어 설립된 기구이기는 하나, 그 구성에 행정권이 개입하고 있고, 행정법상 공무수탁사인으로서 그 위탁받은 업무에 관하여 국가의 지휘·감독을 받고 있으며, 방송위원회는 텔레비전 방송광고의 심의 기준이 되는 방송광고 심의규정을 제정, 개정할 권한을 가지고 있고, 자율심의기구의 운영비나 사무실 유지비·인건비 등을 지급하고 있다. 그렇다면 한국광고자율심의기구가 행하는 방송광고 사전심의는 방송위원회가 위탁이라는 방법에 의해 그 업무의 범위를 확장한 것에 지나지 않는다고 할 것이므로 한국광고자율심의기구가 행하는 이 사건 텔레비전 방송광고 사전심의는 행정기관에 의한 사전검열로서 헌법이 금지하는 사전검열에 해당한다(헌재 2008.6.26. 2005헌마506).

⑤ (○) 건강기능식품법상 기능성 광고의 심의는 식약처장으로부터 위탁받은 한국건강기능식품협회에서 수행하고 있지만, 법상 심의주체는 행정기관인 식약처장이며, 언제든지 그 위탁을 철회할 수 있고, 심의위원회의 구성에 관하여도 법령을 통해 행정권이 개입하고 지속적으로 영향을 미칠 가능성이 존재하는 이상 그 구성에 자율성이 보장되어 있다고 볼 수 없다. 식약처장이 심의기준 등의 제정과 개정을 통해 심의 내용과 절차에 영향을 줄 수 있고, 식약처장이 재심의를 권하면 심의기관이 이를 따라야 하며, 분기별로 식약처장에게 보고가 이루어진다는

점에서도 그 심의업무의 독립성과 자율성이 있다고 어렵다. 따라서 이 사건 건강기능식품 기능성광고 사전심의는 그 검열이 행정권에 의하여 행하여진다 볼 수 있고, 헌법이 금지하는 사전검열에 해당하므로 헌법에 위반된다(헌재 2018.6.28. 2016헌가8).

[2019년 국회 9급] ①

甲은 건강기능식품을 판매하면서 사전심의 받은 내용과 다른 내용의 표시·광고를 하였다는 이유로 관할 구청장으로부터 「건강기능식품에 관한 법률」조항에 따라 영업허가취소처분을 받고, 법원에서 벌금 100만원을 선고받았다. 이에 甲은 위 영업허가취소처분의 취소를 구하는 소를 제기하고, 소송 계속 중 위 법 조항에 대하여 위헌법률심판제청신청을 하였다. 다음 설명 중 옳은 것은? (다툼이 있는 경우 판례에 의함)

① 건강기능식품에 대한 기능성 광고는 상업광고이므로 헌법상 표현의 자유의 보호대상이 될 수 없다.

② 헌법재판소가 위 영업허가취소처분의 근거조항에 대해 위헌결정을 하는 경우, 같은 조항에 근거하여 제3자인 乙에게 내려진 영업허가취소처분이 위헌결정 이전에 이미 확정력이 발생하였다 하더라도, 위헌결정의 효력이 乙에 대한 영업허가취소처분에도 미치는 것이 원칙이다.

③ 건강기능식품 기능성 광고 사전심의가 헌법이 금지하는 사전검열에 해당하려면 심사절차를 관철할 수 있는 강제수단이 존재할 것을 필요로 하는데, 영업허가취소와 같은 행정제재나 벌금형과 같은 형벌의 부과는 사전심의절차를 관철하기 위한 강제수단에 해당한다.

④ 甲이 제기한 영업허가취소처분 취소청구의 소 계속 중 법원의 위헌법률심판제청이 이루어지게 되면 위 영업허가취소처분의 효력은 헌법재판소의 위헌 여부에 대한 판단이 이루어질 때까지 자동적으로 정지된다.

⑤ 甲이 영업허가취소처분에 대해 그 취소를 구하는 행정심판을 제기한 경우 관할 행정심판위원회가 헌법재판소에 위헌법률심판제청을 하는 것은 허용된다.

① (×) 건강기능식품의 기능성 광고는 인체의 구조 및 기능에 대하여 보건용도에 유용한 효과를 준다는 기능성 등에 관한 정보를 널리 알려 해당 건강기능식품의 소비를 촉진시키기 위한 상업광고로서 헌법 제21조 제1항의 표현의 자유의 보호 대상이 됨과 동시에 같은 조 제2항의 사전검열 금지 대상도 된다(헌재 2018.6.28. 2016헌가8).

② (×) 위헌인 법률에 근거한 행정처분이 당연무효인지의 여부는 위헌결정의 소급효와는 별개의 문제로서, 위헌결정의 소급효가 인정된다고 하여 위헌인 법률에 근거한 행정처분이 당연무효가 된다고는 할 수 없고, 오히려 이미 취소소송이 제기기간을 경과하여 확정력이 발생한 행정처분에는 위헌결정의 소급효가 미치지 않는다고 보아야 한다(대법원 1994.10.28. 92누9463).

③ (○) 심의받은 내용과 다른 내용의 광고를 한 경우, 이 사건 제재조항은 대통령령으로 정하는 바에 따라 영업허가를 취소·정지하거나, 영업소의 폐쇄를 명할 수 있도록 하고, 이 사건 처벌조항은 5년 이하의 징역 또는 5천만원 이하의 벌금에 처하도록 하고 있다. 이와 같은 행정제재나 형벌의 부과는 사전심의절차를 관철하기 위한 강제수단에 해당한다(헌재 2018.6.28. 2016헌가8).

④ (×) 헌법재판소법 제42조(재판의 정지 등) ①법원이 법률의 위헌 여부 심판을 헌법재판소에 제청한 때에는 당해 소송사건의 재판은 헌법재판소의 위헌 여부의 결정이 있을 때까지 정지된다. 다만, 법원이 긴급하다고 인정하는 경우에는 종국재판 외의 소송절차를 진행할 수 있다. 행정소송법 제23조(집행정지) ①취소소송의 제기는 처분 등의 효력이나 그 집행 또는 절차의 속행에 영향을 주지 아니한다.

⑤ (×) 헌법재판소법 제41조(위헌 여부 심판의 제청) ①법률이 헌법에 위반되는지 여부가 재판의 전제가 된 경우에는 당해 사건을 담당하는 법원(군사법원을 포함한다)은 직권 또는 당사자의 신청에 의한 결정으로 헌법재판소에 위헌 여부 심판을 제청한다.

[2019년 제8회 변호사] ③

다음 중 헌법이 금지하는 사전검열에 대한 설명으로 옳지 않은 것은? (다툼이 있는 경우 헌법재판소 판례에 의함)

① 사전검열로 인정되려면 사상이나 의견이 발표되기 전에 일반적으로 허가를 받기 위한 표현물의 제출의무가 있어야 한다.

② 행정권이 주체가 된 사전심사절차도 사전검열의 인정요소이다.

③ 사전검열로 인정되려면 허가를 받지 않은 의사표현의 금지도 필요하다.

④ 광고물 등의 모양, 크기, 색깔 등을 규제하는 것도 검열에 해당한다.

⑤ 자료의 납본만을 요구하는 경우에는 검열에 해당하지 않는다.

① (○) ② (○) ③ (○) 헌법 제21조 제2항의 검열은 행정권이 주체가 되어 사상이나 의견 등이 발표되기 이전에 예방적 조치로서 그 내용을 심사, 선별하여 발표를 사전에 억제하는, 즉 허가받지 아니한 것의 발표를 금지하는 제도를 뜻한다. 그러므로 검열은 일반적으로 허가를 받기 위한 표현물의 제출의무, 행정권이 주체가 된 사전심사절차, 허가를 받지 아니한 의사표현의 금지 및 심사절차를 관철할 수 있는 강제수단 등의 요건을 갖춘 경우에만 이에 해당한다(헌재 1996.10.4. 93헌가13).

④ (×) 옥외광고물등관리법 제3조는 일정한 지역·장소 및 물건에 광고물 또는 게시시설을 표시하거나 설치하는 경우에 그 광고물 등의 종류·모양·크기·색깔, 표시 또는 설치의 방법 및 기간 등을 규제하고 있을 뿐, 광고물 등의 내용을 심사·선별하여 광고물을 사전에 통제하려는 제도가 아님은 명백하므로, 헌법 제21조 제2항이 정하는 사전허가·검열에 해당되지 아니한다(헌재 1998.2.27. 96헌바2).

⑤ (○) 정기간행물의 등록 등에 관한 법률 제10조 제1항은 "제7조 제1항의 규정에 의하여 등록한 자가 정기간행물을 발행하였을 때에는 대통령령이 정하는 바에 따라 그 정기간행물 2부를 즉시 공보처장관에게 납본하여야 한다"라고 규정하고 있다. 따라서 등록한 정간물은 자유로이 발행할 수 있으며 다만 발행한 후에 그 정간물 2부를 납본하도록 하고 있음에 불과하다. 즉 정간물이 외부에 공개 내지 배포되기 이전에 그 표현내용을 심사하여 그 발행금지 내지 어떤 제한이나 제재가 가해지는 것은 아니다. 결국 발행된 정간물을 공보처에 납본하는 것은 그 정간물의 내용을 심사하여 이를 공개 내지 배포하는데 대한 허가나 금지와는 전혀 관계없는 것으로서 사전검열이라고 볼 수 없다(헌재 1992.6.26. 90헌바26). * 잡지 등 정기간행물의 진흥에 관한 법률 2008.6.5. 제정(시행 2008.12.6.)되었음.

[2016년 국회 9급] ④

언론·출판의 자유에 대한 설명으로 가장 적절하지 않은 것은? (다툼이 있는 경우 판례에 의함)

① 헌법 제21조 제2항의 검열금지조항은 절대적 금지를 의미하므로 국가안전보장·질서유지·공공복리를 위하여 필요한 경우라도 사전검열이 허용되지 않는다.

② '일단 표출되면 그 해악이 처음부터 해소될 수 없거나 또는 너무나 심대한 해악을 지닌 음란표현'도 헌법 제21조가 규정하는 언론·출판의 자유의 보호영역에 해당한다.

③ 의사의 자유로운 표명과 전파의 자유에는 책임이 따르므로 자신의 신원을 밝히지 아니한 채 익명 또는 가명으로 자신의 사상이나 견해를 표명하고 전파할 익명표현의 자유는 보장되지 않는다.

④ 의료광고의 심의기관이 행정기관인가 여부는 기관의 형식에 의하기보다는 그 실질에 따라 판단되어야 하며, 민간심의기구가 심의를 담당하는 경우에도 행정권의 개입 때문에 자율성이 보장되지 않는다면 헌법이 금지하는 행정기관에 의한 사전검열에 해당하게 될 것이다.

① (○) 헌법 제21조 제2항은 언론·출판에 대한 허가나 검열을 절대적으로 금지하고 있으며, 따라서 비록 헌법 제37조 제2항이 국민의 자유와 권리를 국가안전보장·질서유지 또는 공공복리를 위하여 필요한 경우에 한하여 법률로써 제한할 수 있도록 규정하고 있다고 하더라도 언론·출판의 자유에 대하여는 검열을 수단으로 한 제한만은 법률로써도 절대 허용되지 아니한다(헌재 1997.3.27. 97헌가1).
② (○) 음란표현도 헌법 제21조가 규정하는 언론·출판의 자유의 보호영역에는 해당하되, 다만 헌법 제37조 제2항에 따라 국가안전보장·질서유지 또는 공공복리를 위하여 제한할 수 있다. 이 사건 법률조항의 음란표현은 헌법 제21조가 규정하는 언론·출판의 자유의 보호영역 내에 있다고 볼 것인바, 종전에 이와 견해를 달리하여 음란표현은 헌법 제21조가 규정하는 언론·출판의 자유의 보호영역에 해당하지 아니한다는 취지로 판시한 우리 재판소의 의견을 변경한다(헌재 2009.5.28. 2006헌바109).
③ (×) 헌법 제21조에서 보장하고 있는 표현의 자유는 전통적으로는 사상 또는 의견의 자유로운 표명(발표의 자유)과 그것을 전파할 자유(전달의 자유)를 의미하는 것으로서, 개인이 인간으로서의 존엄과 가치를 유지하고 행복을 추구하며 국민주권을 실현하는데 필수불가결한 것이고, 종교의 자유, 양심의 자유, 학문과 예술의 자유 등의 정신적인 자유를 외부적으로 표현하는 자유이다. 이러한 '자유로운' 표명과 전파의 자유에는 자신의 신원을 누구에게도 밝히지 아니한 채 익명 또는 가명으로 자신의 사상이나 견해를 표명하고 전파할 익명표현의 자유도 그 보호영역에 포함된다(헌재 2010.2.25. 2008헌마324).
④ (○) 의료광고의 심의기관인 행정기관인가 여부는 기관의 형식에 의하기보다는 그 실질에 따라 판단되어야 한다. 따라서 검열을 행정기관이 아닌 독립적인 위원회에서 행한다고 하더라도, 행정권이 주체가 되어 검열절차를 형성하고 검열기관의 구성에 지속적인 영향을 미칠 수 있는 경우라면 실질적으로 그 검열기관은 행정기관이라고 보아야 한다. 민간심의기구가 심의를 담당하는 경우에도 행정권이 개입하여 그 사전심의에 자율성이 보장되지 않는다면 이 역시 행정기관의 사전검열에 해당한다(헌재 2015.12.23. 2015헌바75).

[2017년 경찰 경정승진] ③

언론 및 출판의 자유에 대한 설명으로 옳지 않은 것은? (다툼이 있는 경우 판례에 의함)

① '음란'이란 인간존엄 내지 인간성을 왜곡하는 노골적이고 적나라한 성표현으로서 오로지 성적 흥미에만 호소할 뿐 전체적으로 보아 하등의 문학적, 예술적, 과학적 또는 정치적 가치를 지니지 않은 것으로서 사회의 건전한 성도덕을 크게 해칠 뿐만 아니라 사상의 경쟁 메커니즘에 의해서도 그 해악이 해소되기 어렵기 때문에 음란한 표현은 언론·출판의 자유에 의한 보호영역에 속한다고 볼 수 없다.
② 인터넷언론사에 대하여 선거운동기간 중 인터넷언론사의 홈페이지의 게시판·대화방 등에 정당 후보자에 대한 지지·반대의 글을 게시할 수 있도록 하는 경우 실명을 확인받도록 하는 기술적 조치를 할 의무와 위와 같은 글이 실명인증의 표시가 없이 게시된 경우 이를 삭제할 의무를 부과한 「공직선거법」 규정은 선거의 공정성을 위한 것으로서 사전검열금지의 원칙에 위배되지 않는다.
③ 인터넷게시판을 설치·운영하는 정보통신서비스 제공자에게 본인확인조치의무를 부과하여 게시판 이용사로 하여금 본인확인절차를 거쳐야만 게시판을 이용할 수 있도록 하는 본인확

인제를 규정한 법률규정은 인터넷게시판 이용자의 표현의 자유를 침해한다.

④ 인터넷에서 「국가보안법」이 금지하는 행위를 수행하는 내용의 정보에 대하여 방송통신위원회가 정보통신서비스 제공자 또는 게시판 관리·운영자에게 해당 정보의 취급을 거부·정지 또는 제한하도록 명할 수 있도록 하는 법률규정은 관계 중앙행정기관장의 요청에 의해 심의위원회의 심의를 거친 후 그에 따른 시정요구를 이행하지 않을 경우에 해당 명령이 내려지도록 하고 있다면 언론의 자유를 과도하게 제한하지 않는다.

⑤ 헌법상의 검열금지의 원칙은 행정권에 의하여 행하여지는 경우에 한하지만 검열을 형식적 행정기관이 아닌 독립적인 위원회에서 수행한다고 할지라도 실질적으로 절차의 형성과 기관의 구성에 지속적으로 영향을 미칠 수 있다면 해당 기관은 실질적으로 행정기관으로 보아야 한다.

① (×) 음란표현은 헌법 제21조가 규정하는 언론·출판의 자유의 보호영역 내에 있다고 볼 것인바, 종전에 이와 견해를 달리하여 음란표현은 헌법 제21조가 규정하는 언론·출판의 자유의 보호영역에 해당하지 아니한다는 취지로 판시한 우리 재판소의 의견을 변경한다(헌재 2009.5.28. 2006헌바109).

② (○) 이용자로서는 스스로의 판단에 따라 자신이 게시하려는 글이 지지·반대의 글에 해당하면 실명확인 절차를 거쳐 '실명확인'의 표시가 나타나게 게시하고 그렇지 아니하다고 판단되면 실명확인 절차를 거치지 아니하고 게시하는 것이 가능하므로, 이러한 제한이 사전검열금지의 원칙에 위배된다고 할 수 없다(헌재 2010.2.25. 2008헌마324 등).

③ (○) 건전한 인터넷 문화의 조성 등 입법목적은 인터넷 주소 등의 추적 및 확인, 당해 정보의 삭제·임시조치, 손해배상, 형사처벌 등 인터넷 이용자의 표현의 자유나 개인정보자기결정권을 제약하지 않는 다른 수단에 의해서도 충분히 달성할 수 있음에도, 인터넷의 특성을 고려하지 아니한 채 본인확인제의 적용범위를 광범위하게 정하여 법집행자에게 자의적인 집행의 여지를 부여하고, 목적달성에 필요한 범위를 넘는 과도한 기본권제한을 하고 있으므로 침해의 최소성이 인정되지 아니한다. 따라서 본인확인제를 규율하는 이 사건 법령조항들은 과잉금지원칙에 위배하여 인터넷게시판 이용자의 표현의 자유, 개인정보자기결정권 및 인터넷게시판을 운영하는 정보통신서비스 제공자의 언론의 자유를 침해를 침해한다(헌재 2012.8.23. 2010헌마47).

④ (○) 전기통신망, 특히 인터넷 매체는 기존의 통신수단과는 차원이 다른 신속성, 확장성, 복제성을 가지고 있어, 국가보안법에서 금지하는 행위를 수행하는 내용의 정보를 유통할 경우 국가의 안전을 위태롭게 하는 반국가활동을 제대로 규제하지 못함으로써 국가의 안전과 국민의 생존 및 자유에 대한 위협이 급속히 확산될 우려가 크므로, 이와 같은 정보의 유통을 금지하고자 하는 입법목적은 정당하다. 이 사건 법률조항들은 침해최소성과 법익균형성 요건도 충족하고 있어 과도하게 언론의 자유를 침해하지 아니한다(헌재 2014.9.25. 2012헌바325).

⑤ (○) 검열을 행정기관이 아닌 독립적인 위원회에서 행한다고 하더라도 행정권이 주체가 되어 검열절차를 형성하고 검열기관의 구성에 지속적인 영향을 미칠 수 있는 경우라면 실질적으로 보아 검열기관은 행정기관이라고 보아야 한다(헌재 1996.10.4. 93헌가13)

[2015년 국회 9급] ①

표현의 자유 및 언론·출판의 자유에 관한 다음 설명 중 옳은 것은? (다툼이 있는 경우 판례·헌법재판소 결정에 의함)

① 종교에 대한 비판은 그 성질상 어느 정도의 편견과 자극적인 표현을 수반하게 되는 경우가 많으므로, 종교적 목적을 위한 언론·출판의 자유를 행사하는 과정에서 타종교의 신앙의 대상을 우스꽝스럽게 묘사하거나 다소 모욕적이고 불쾌하게 느껴지는 표현을 사용하였더라도 그것이 그 종교를 신봉하는 신도들에 대한 증오의 감정을 드러내는 것이거나 그 자체로 폭행·협박 등을 유발할 우려가 있는 정도가 아닌 이상, 허용된다고 보아야 한다.

② 건강기능식품의 표시·광고 역시 헌법이 정한 언론·출판의 자유의 보호범위에 포함되나 그에 대한 사전심의절차를 법률로 규정한 것은 헌법이 금지한 사전검열에 해당하지 않는다.
③ 인터넷언론사에 대하여 선거운동기간 중 당해 인터넷홈페이지의 게시판·대화방 등에 정당·후보자에 대한 지지·반대의 글을 게시할 수 있도록 하는 경우 실명을 확인받도록 하는 기술적 조치를 할 의무를 부과하는 것은 표현의 자유를 침해하는 것이다.
④ 음란한 표현은 헌법상 언론·출판의 자유의 보호영역에 포함되지 아니한다.

① (○) 헌법이 종교의 자유를 보장함으로써 보호하고자 하는 것은 종교 자체나 종교가 신봉하는 신앙의 대상이 아니라, 종교를 신봉하는 국민, 즉 신앙인이고, 종교에 대한 비판은 성질상 어느 정도의 편견과 자극적인 표현을 수반하게 되는 경우가 많으므로, 타 종교의 신앙의 대상에 대한 모욕이 곧바로 그 신앙의 대상을 신봉하는 종교단체나 신도들에 대한 명예훼손이 되는 것은 아니고, 종교적 목적을 위한 언론·출판의 자유를 행사하는 과정에서 타 종교의 신앙의 대상을 우스꽝스럽게 묘사하거나 다소 모욕적이고 불쾌하게 느껴지는 표현을 사용하였더라도 그것이 그 종교를 신봉하는 신도들에 대한 증오의 감정을 드러내는 것이거나 그 자체로 폭행·협박 등을 유발할 우려가 있는 정도가 아닌 이상 허용된다(대법원 2014.9.4. 2012도13718).
② (×) 건강기능식품법상 기능성 광고의 심의는 식약처장으로부터 위탁받은 한국건강기능식품협회에서 수행하고 있지만, 법상 심의주체는 행정기관인 식약처장이며 언제든지 그 위탁을 철회할 수 있고, 심의위원회의 구성에 관하여도 법령을 통해 행정권이 개입하고 지속적으로 영향을 미칠 가능성이 존재하는 이상 그 구성에 자율성이 보장되어 있다고 볼 수 없다. 따라서 이 사건 건강기능식품기능성광고 사전심의는 그 검열이 행정권에 의하여 행하여진다 볼 수 있고, 헌법이 금지하는 사전검열에 해당하므로 헌법에 위반된다(헌재 2018.6.28. 2016헌가8).
③ (×) 이용자로서는 스스로의 판단에 따라 자신이 게시하려는 글이 지지·반대의 글에 해당하면 실명확인 절차를 거쳐 실명확인의 표시가 나타나게 게시하고 그렇지 아니하다고 판단되면 실명확인 절차를 거치지 아니하고 게시하는 것이 가능하므로, 이러한 제한이 사전검열금지의 원칙에 위배된다고 할 수 없다(헌재 2010.2.25. 2008헌마324).
④ (×) 음란표현은 헌법 제21조가 규정하는 언론·출판의 자유의 보호영역 내에 있다고 볼 것인바, 종전에 이와 견해를 달리하여 음란표현은 헌법 제21조가 규정하는 언론·출판의 자유의 보호영역에 해당하지 아니한다는 취지로 판시한 우리 재판소의 의견을 변경한다(헌재 2009.5.28. 2006헌바109).
[2015년 법원 9급] ①

언론·출판의 자유에 관한 설명 중 옳지 않은 것은? (다툼이 있는 경우 판례에 의함)

① 표현의 특성이나 규제의 필요성에 따라 언론·출판의 자유의 보호를 받는 표현 중에서 사전검열금지원칙의 적용이 배제되는 영역을 따로 설정할 경우 그 기준에 대한 객관성을 담보할 수 없다는 점 등을 고려하면, 헌법상 사전검열은 예외 없이 금지되는 것으로 보아야 한다.
② 언론의 자유에 의하여 보호되는 것은 정보의 획득에서부터 뉴스와 의견의 전파에 이르기까지 언론의 기능과 본질적으로 연관되는 활동에 국한되므로, 인터넷언론사가 취재 인력 3명 이상을 포함하여 취재 및 편집 인력 5명 이상을 상시적으로 고용하도록 하는 것은 언론의 자유를 제한하는 것이 아니라 인터넷언론사의 직업의 자유를 제한하는 것이다.
③ 「옥외광고물 등 관리법」상 사전허가제도는 일정한 지역·장소 및 물건에 광고물 또는 게시시설을 표시하거나 설치하는 경우에 그 광고물 등의 종류·모양·크기·색깔, 표시 또는 설치의 방법 및 기간 등을 규제하고 있을 뿐, 광고물 등의 내용을 심사·선별하여 광고물을 사전에 통제하려는 제도가 아님은 명백하므로, 헌법 제21조 제2항이 정하는 사전허가·검열

에 해당되지 아니한다.

④ 의료에 관한 광고는 표현의 자유의 보호영역에 속하지만 사상이나 지식에 관한 정치적·시민적 표현 행위와는 차이가 있고, 한편 직업수행의 자유의 보호영역에도 속하지만 인격발현과 개성신장에 미치는 효과가 중대한 것은 아니므로, 의료에 관한 광고의 규제에 대한 과잉금지원칙 위배 여부를 심사함에 있어 그 기준을 완화하는 것이 타당하다.

⑤ 「언론중재 및 피해구제 등에 관한 법률」은 언론이 사망한 사람의 인격권을 침해한 경우에 그 피해가 구제될 수 있도록 명문의 규정을 두고 있으며, 사망한 사람의 인격권을 침해하였거나 침해할 우려가 있는 경우의 구제절차는 유족이 수행하도록 하고 있다.

① (○) 헌법이 특정한 표현에 대해 예외적으로 검열을 허용하는 규정을 두지 않은 점, 이러한 상황에서 표현의 특성이나 규제의 필요성에 따라 언론·출판의 자유의 보호를 받는 표현 중에서 사전검열금지원칙의 적용이 배제되는 영역을 따로 설정할 경우 그 기준에 대한 객관성을 담보할 수 없다는 점 등을 고려하면, 헌법상 사전검열은 예외 없이 금지되는 것으로 보아야 하므로 의료광고 역시 사전검열금지원칙의 적용대상이 된다(헌재 2015.12.23. 2015헌바75).

② (×) 언론의 자유에 의하여 보호되는 것은 정보의 획득에서부터 뉴스와 의견의 전파에 이르기까지 언론의 기능과 본질적으로 관련되는 모든 활동이다. 이런 측면에서 고용조항과 확인조항은 인터넷신문의 발행을 제한하는 효과를 가지고 있으므로 언론의 자유를 제한하는 규정에 해당한다. 고용조항의 입법목적이 인터넷신문의 신뢰성 제고이고, 신문법 규정들은 언론사로서의 인터넷신문의 규율 및 보호를 위한 규정들이다. 따라서 고용조항으로 인하여 청구인들의 직업수행의 자유보다는 언론의 자유가 보다 직접적으로 제한된다고 보이므로 언론의 자유 제한 여부를 중심으로 살펴본다(헌재 2016.10.27. 2015헌마1206).

③ (○) 헌법 제21조 제2항에서 정하는 허가나 검열은 행정권이 주체가 되어 사상이나 의견 등이 발표되기 이전에 예방적 조치로서 그 내용을 심사·선별하여 발표를 사전에 억제하는, 즉 허가받지 아니한 것의 발표를 금지하는 제도를 뜻한다. 옥외광고물 등 관리법 제3조는 일정한 지역·장소 및 물건에 광고물 또는 게시시설을 표시하거나 설치하는 경우에 그 광고물 등의 종류·모양·크기·색깔, 표시 또는 설치의 방법 및 기간 등을 규제하고 있을 뿐, 광고물 등의 내용을 심사·선별하여 광고물을 사전에 통제하려는 제도가 아님은 명백하므로, 헌법 제21조 제2항이 정하는 사전허가·검열에 해당되지 아니한다(헌재 1998.2.27. 96헌바2).

④ (○) 의료에 관한 광고는 표현의 자유의 보호영역에 속하지만 사상이나 지식에 관한 정치적, 시민적 표현 행위와는 차이가 있으며, 직업수행의 자유는 직업선택의 자유에 비해 인격발현과 개성신장에 미치는 효과가 중대한 것은 아니다. 그러므로 의료에 관한 광고의 규제에 대한 과잉금지원칙 위배 여부를 심사함에 있어, 피해의 최소성 원칙은 같은 목적을 달성하기 위하여 달리 덜 제약적인 수단이 없을 것인지 혹은 입법목적을 달성하기 위하여 필요한 최소한의 제한인지를 심사하기 보다는 '입법목적을 달성하기 위하여 필요한 범위 내의 것인지'를 심사하는 정도로 완화하는 것이 상당하다(헌재 2014.3.27. 2012헌바293).

⑤ (○) 언론중재 및 피해구제 등에 관한 법률 제5조(언론 등에 의한 피해구제의 원칙) ①언론, 인터넷뉴스서비스 및 인터넷 멀티미디어 방송(이하 "언론 등"이라 함)은 타인의 생명, 자유, 신체, 건강, 명예, 사생활의 비밀과 자유, 초상, 성명, 음성, 대화, 저작물 및 사적문서, 그 밖의 인격적 가치 등에 관한 권리(이하 "인격권"이라 함)를 침해하여서는 아니 되며, 언론 등이 타인의 인격권을 침해한 경우에는 이 법에서 정한 절차에 따라 그 피해를 신속하게 구제하여야 한다. 제5조의2(사망자의 인격권 보호) ①제5조 제1항의 타인에는 사망한 사람을 포함한다. ②사망한 사람의 인격권을 침해하였거나 침해할 우려가 있는 경우에는 이에 따른 구제절차를 유족이 수행한다.

[2018년 제7회 변호사] ②

표현의 자유에 관한 설명 중 가장 적절한 것은? (다툼이 있는 경우 판례에 의함)

① '익명표현'은 표현의 자유를 행사하는 하나의 방법으로서 그 자체로 규제되어야 하는 것은 아니고, 부정적 효과가 발생하는 것이 예상되는 경우에 한하여 규제될 필요가 있다.

② 헌법 제21조 제4항 전문은 "언론·출판은 타인의 명예나 권리 또는 공중도덕이나 사회윤리를 침해하여서는 아니 된다."라고 규정하고 있는바, 이는 헌법상 표현의 자유의 보호영역에 대한 한계를 설정한 것이라고 보아야 한다.

③ '음란표현'은 헌법상 언론·출판의 자유의 보호영역 밖에 있다고 보아야 한다.

④ 인터넷언론사에 대하여 선거일 전 90일부터 선거일까지 후보자 명의의 칼럼이나 저술을 게재하는 보도를 제한하는 구 「인터넷 선거보도 심의기준 등에 관한 규정」은 인터넷 선거보도의 공정성과 선거의 공정성을 확보하려는 것이므로 후보자인 청구인의 표현의 자유를 침해하지 않는다.

① (○) 익명표현은 표현의 자유를 행사하는 하나의 방법으로서 그 자체로 규제되어야 하는 것은 아니고, 부정적 효과가 발생하는 것이 예상되는 경우에 한하여 규제될 필요가 있다(헌재 2021.1.28. 2018헌마456).

② (×) 헌법 제21조 제4항은 "언론출판은 타인의 명예나 권리 또는 공중도덕이나 사회윤리를 침해하여서는 아니 된다."고 규정하고 있는바, 이는 언론출판의 자유에 따르는 책임과 의무를 강조하는 동시에 언론출판의 자유에 대한 제한의 요건을 명시한 규정으로 볼 것이고, 헌법상 표현의 자유의 보호영역 한계를 설정한 것이라고는 볼 수 없다(헌재 2009.5.28. 2006헌바109).

③ (×) 사건 법률조항의 음란표현은 헌법 제21조가 규정하는 언론출판의 자유의 보호영역 내에 있다고 볼 것인바, 종전에 이와 견해를 달리하여 음란표현은 헌법 제21조가 규정하는 언론출판의 자유의 보호영역에 해당하지 아니한다는 취지로 판시한 우리 재판소의 의견을 변경한다(헌재 2009.5.28. 2006헌바109).

④ (×) 사건 시기제한조항은 선거일 전 90일부터 선거일까지 후보자 명의의 칼럼 등을 게재하는 인터넷 선거보도가 불공정하다고 볼 수 있는지에 대해 구체적으로 판단하지 않고 이를 불공정한 선거보도로 간주하여 선거의 공정성을 해치지 않는 보도까지 광범위하게 제한한다. 사건 시기제한조항의 입법목적을 달성할 수 있는 덜 제약적인 다른 방법들이 이 사건 심의기준 규정과 공직선거법에 이미 충분히 존재한다. 따라서 이 사건 시기제한조항은 과잉금지원칙에 반하여 청구인의 표현의 자유를 침해한다(헌재 2019.11.28. 2016헌마90).

[2022년 경찰공채 3월] ①

표현의 자유 및 언론·출판의 자유에 대한 설명으로 가장 옳지 않은 것은?

① 저속한 간행물의 출판을 전면적으로 금지시키고 출판사의 등록을 취소시킬 수 있도록 하는 것은 청소년보호를 위해 지나치게 과도한 수단을 선택한 것으로 성인의 알 권리를 침해한다.

② 「민사소송법」에 근거한 법원의 방영금지가처분은 행정기관이 주체가 되는 심사절차가 아니기 때문에 헌법이 금지하는 사전검열에 해당하지 않는다.

③ 제한상영가 등급의 영화를 '상영 및 광고·선전에 있어서 일정한 제한이 필요한 영화'라고 정의하고 있는 법률규정은 관련 규정들을 통해서도 제한상영가 등급의 영화가 어떤 영화인지를 예측할 수 없으므로 명확성 원칙에 위배된다.

④ 금치처분을 받은 미결수용자라 할지라도 금치처분 기간 중 집필을 금지하면서 예외적인 경우에만 교도소장이 집필을 허가할 수 있도록 한 「형의 집행 및 수용자의 처우에 관한 법률」상의 규정은 미결수용자의 표현의 자유를 침해한다.

① (○) 저속한 간행물의 출판을 전면 금지시키고 출판사의 등록을 취소시킬 수 있도록 하는 것은 청소년보호를 위해 지나치게 과도한 수단을 선택한 것이고, 또 청소년보호라는 명목으로 성인이 볼 수 있는 것까지 전면 금지시킨다면 이는 성인의 알 권리의 수준을 청소년의 수준으로 맞출 것을 국가가 강요하는 것이어서 성인의 알 권리까지 침해하게 된다(헌재 1998.4.30. 95헌가16).

② (○) 헌법 제21조 제2항의 검열 금지의 원칙은 모든 형태의 사전적인 규제를 금지하는 것이 아니고 단지 의사표현의 발표 여부가 오로지 행정권의 허가에 달려 있는 사전심사만을 금지하는 것을 뜻하므로, 이 사건 법률조항에 의한 방영금지가처분은 행정권에 의한 사전심사나 금지처분이 아니라 개별 당사자간의 분쟁에 관하여 사법부가 사법절차에 의하여 심리, 결정하는 것이어서 헌법에서 금지하는 사전검열에 해당하지 아니한다(헌재 2001.8.30. 2000헌바36).

③ (○) 영화진흥법 제21조 제3항 제5호는 제한상영가 등급의 영화를 상영 및 광고·선전에 있어서 일정한 제한이 필요한 영화라고 규정하고 있는데, 이 규정은 제한상영가 등급의 영화가 어떤 영화인지를 말해주기 보다는 제한상영가 등급을 받은 영화가 사후에 어떠한 법률적 제한을 받는지를 기술하고 있는바, 이것으로는 제한상영가 영화가 어떤 영화인지를 알 수가 없고, 따라서 영진법 제21조 제3항 제5호는 명확성원칙에 위배된다(헌재 2008.7.31. 2007헌가4). * 2006.4.28. 영화 및 비디오물의 진흥에 관한 법률이 제정되면서, 2006.4.28. 영화진흥법 및 음반비디오물 및 게임물에 관한 법률은 폐지되었음.

④ (×) 금치 처분을 받은 수용자들은 이미 수용시설의 안전과 질서유지에 위반되는 행위, 그 중에서도 가장 중한 평가를 받은 행위를 한 자들이라는 점에서, 집필과 같은 처우 제한의 해제는 예외적인 경우로 한정될 수밖에 없고, 선례가 금치기간 중 집필을 전면 금지한 조항을 위헌으로 판단한 이후, 입법자는 집필을 허가할 수 있는 예외를 규정하고 금치처분의 기간도 단축하였다. 나아가 미결수용자는 징벌집행 중 소송서류의 작성 등 수사 및 재판 과정에서의 권리행사는 제한 없이 허용되는 점 등을 감안하면, 이 사건 집필제한 조항은 청구인의 표현의 자유를 침해하지 아니한다(헌재 2014.8.28. 2012헌마623). [2018년 서울 7급] ④

언론·출판의 자유에 대한 설명으로 옳지 않은 것은? (다툼이 있는 경우 판례에 의함)

① 인터넷게시판을 설치·운영하는 정보통신서비스 제공자에게 본인확인조치의무를 부과하여 게시판 이용자로 하여금 본인확인절차를 거쳐야만 게시판을 이용할 수 있도록 규정한 것은 인터넷게시판 이용자의 표현의 자유와 인터넷게시판을 운영하는 정보통신서비스 제공자의 언론의 자유를 침해한다.

② 상업광고는 사상이나 지식에 관한 정치적, 시민적 표현행위와는 차이가 있고, 인격발현과 개성신장에 미치는 효과가 중대한 것은 아니므로, 상업광고에 대한 규제에 대해 비례원칙 심사를 함에 있어서 피해의 최소성 원칙은 입법목적을 달성하기 위하여 필요한 범위 내의 것인지를 심사하는 정도로 완화된다.

③ 의료인의 기능과 진료방법에 대한 광고를 금지하고 이에 대하여 벌금형에 처하도록 한 「의료법」 규정은 입법목적을 달성하기 위하여 필요한 범위를 넘어선 것이므로 표현의 자유를 침해한다.

④ 인터넷언론사가 선거운동기간 중에 인터넷게시판과 대화방에 정당·후보자에 대해 지지·반대의 글을 게시할 수 있도록 운영하는 경우 게시자의 실명을 기입하도록 하는 기술적 조치를 취해야 한다는 의무를 부과하고 있는 법규정은 결국 인터넷 사용자가 실명을 거치지 않고는 정치적 의견을 표출할 수 없도록 사전에 막는 것이므로 사전검열금지의 원칙에 반하여 인터넷 사용자의 표현의 자유를 침해하는 것이다.

① (○) 인터넷의 특성을 고려하지 아니한 채 본인확인제의 적용범위를 광범위하게 정하여 법집행자에게 자의적인 집행의 여지를 부여하고, 목적달성에 필요한 범위를 넘는 과도한 기본권 제한을 하고 있으므로 침해의 최소성이 인정되지 아니한다. 따라서 본인확인제를 규율하는 이 사건 법령조항들은 과잉금지원칙에 위배하여 인터넷게시판 이용자이 표현의 자유, 개인정보자기결정권 및 인터넷 게시판을 운영하는 정보통신서비스 제공자의 언론의 자유를 침해한다(헌재 2012.8.23. 2010헌마47).

② (○) 상업광고에 대한 규제에 의한 표현의 자유 내지 직업수행의 자유의 제한은 헌법 제37조 제2항에서 도출되는 비례의 원칙(과잉금지원칙)을 준수하여야 하지만, 상업광고는 사상이나 지식에 관한 정치적, 시민적 표현행위와는 차이가 있고, 인격발현과 개성신장에 미치는 효과가 중대한 것은 아니므로, 비례의 원칙 심사에 있어서 피해의 최소성 원칙은 입법목적을 달성하기 위하여 필요한 범위 내의 것인지를 심사하는 정도로 완화되는 것이 상당하다(헌재 2005.10.27. 2003헌가3).

③ (○) 소비자로 하여금 과연 특정 의료인이 어떤 기술이나 기량을 지니고 있는지, 어떻게 진단하고 치료하는지를 알 수 없게 한다면, 이는 소비자를 중요한 특정 의료정보로부터 차단시킴으로써 정보의 효율적 유통을 방해하는 것이며, 표현의 자유와 영업의 자유의 대상이 된 상업광고에 대한 규제가 입법목적의 달성에 필요한 한도 내에서 섬세하게 재단(裁斷)된 것이라 할 수 없다. 그러므로 이 사건 조항이 의료인의 기능과 진료방법에 대한 광고를 금지하고 이에 대하여 벌금형에 처하도록 한 것은 입법목적을 달성하기 위하여 필요한 범위를 넘어선 것이므로, 피해의 최소성 원칙에 위반된다. 결국 이 사건 조항은 헌법 제37조 제2항의 비례의 원칙에 위배하여 표현의 자유와 직업수행의 자유를 침해하는 것이다(헌재 2005.10.27. 2003헌가3).

④ (×) 이용자로서는 스스로의 판단에 따라 자신이 게시하려는 글이 지지·반대의 글에 해당하면 실명확인 절차를 거쳐 실명확인의 표시가 나타나게 게시하고 그렇지 아니하다고 판단되면 실명확인 절차를 거치지 아니하고 게시하는 것이 가능하므로, 이러한 제한이 사전검열금지의 원칙에 위배된다고 할 수 없다(헌재 2010.2.25. 2008헌마324). [2015년 지방 7급] ④

언론·출판의 자유에 대한 설명으로 옳지 않은 것은? (다툼이 있는 경우 헌법재판소 판례에 의함)

① 인터넷 게시판을 운영하는 정보통신서비스 제공자에게 본인확인 절차를 거쳐야만 게시판을 이용할 수 있도록 한 '본인확인제'는 위헌이다.

② '공익을 해할 목적으로 전기통신설비에 의하여 공연히 허위의 통신을 한 자'를 처벌하고 있는 「전기통신기본법」은 죄형법정주의의 명확성원칙에 위반된다.

③ 사생활 침해를 이유로 침해받은 자가 삭제 요청을 한 경우, 일정한 조건하에 정보에 대한 접근을 임시적으로 차단하는 조치를 하도록 한 것은 표현의 자유에 대한 침해가 아니다.

④ 소비자를 현혹할 우려가 있는 내용의 의료광고를 금지하는 것은 표현의 자유에 대한 침해가 아니다.

⑤ 일간신문사의 뉴스통신, 방송사업 겸영을 일률적으로 금지할 것이 아니라 겸영으로 인한 언론의 집중 내지 시장지배력의 효과를 고려하여 선별적으로 통제하는 방법이 바람직함에도 불구하고 「신문법」이 일률적으로 겸영을 금지하는 것은 신문사업자의 언론표현 방법의 자유를 침해하는 것이다.

① (○) 인터넷의 특성을 고려하지 아니한 채 본인확인제의 적용범위를 광범위하게 정하여 법집행자에게 자의적인 집행의 여지를 부여하고, 목적달성에 필요한 범위를 넘는 과도한 기본권 제한을 하고 있으므로 침해의 최소성이 인정되지 아니한다. 따라서 본인확인제를 규율하는 이 사건 법령조항들은 과잉금지원칙에 위배하여 인터넷게시판 이용자의 표현의 자유, 개인정보자기결정권 및 인터넷 게시판을 운영하는 정보통신서비스 제공자의 언론의 자유를 침해한다(헌재 2012.8.23. 2010헌마47).

② (○) 어떠한 표현행위가 공익을 해하는 것인지, 아닌지에 관한 판단은 사람마다의 가치관, 윤리관에 따라 크게 달리질 수밖에 없으며,

이는 판단주체가 법전문가라 하여도 마찬가지이고, 법집행자의 통상적 해석을 통하여 그 의미내용이 객관적으로 확정될 수 있다고 보기 어렵다. 결국 이 사건 법률조항은 수범자인 국민에 대하여 일반적으로 허용되는 허위의 통신 가운데 어떤 목적의 통신이 금지되는 것인지 고지하여 주지 못하고 있으므로 표현의 자유에서 요구하는 명확성의 요청 및 죄형법정주의의 명확성원칙에 위배하여 헌법에 위반된다(헌재 2010.12.28. 2008헌바157).

③ (○) 사건 법률조항은 사생활을 침해하거나 명예를 훼손하는 등 타인의 권리를 침해하는 정보가 정보통신망을 통해 무분별하게 유통되는 것을 방지하기 위하여 권리침해 주장자의 삭제요청과 침해사실에 대한 소명에 의하여 정보통신서비스 제공자로 하여금 임시조치를 취하도록 함으로써 정보의 유통 및 확산을 일시적으로 차단하려는 것이므로, 그 입법목적이 정당하고 수단 또한 적절하다. 이 사건 법률조항은 정보게재자의 표현의 자유를 제한함에 있어 과잉금지원칙에 위반되지 아니하므로, 청구인의 표현의 자유를 침해하지 아니한다(헌재 2012.5.31. 2010헌마88).

④ (○) 소비자를 현혹할 우려가 있는 내용의 광고란 광고 내용의 진실성·객관성을 불문하고, 오로지 의료서비스의 긍정적인 측면만을 강조하는 취지의 표현을 사용함으로써 의료소비자를 혼란스럽게 하고 합리적인 선택을 방해할 것으로 걱정되는 광고를 의미하는 것으로 충분히 해석할 수 있으므로, 심판대상조항은 죄형법정주의의 명확성원칙에 위배되지 않는다(헌재 2014.9.25. 2013헌바28).

⑤ (×) 신문법 제15조 제2항은 신문의 다양성을 보장하기 위하여 필요한 한도 내에서 그 규제의 대상과 정도를 선별하여 제한적으로 규제하고 있다고 볼 수 있다. 규제 대상을 일간신문으로 한정하고 있고, 겸영에 해당하지 않는 행위, 즉 하나의 일간신문법인이 복수의 일간신문을 발행하는 것 등은 허용되며, 종합편성이나 보도전문편성이 아니어서 신문의 기능과 중복될 염려가 없는 방송채널사용사업이나 종합유선방송사업, 위성방송사업 등을 겸영하는 것도 가능하다. 그러므로 신문법 제15조 제2항은 헌법에 위반되지 아니한다(헌재 2006.6.29. 2005헌마165 등).

[2018년 국회 8급] ⑤

언론·출판의 자유에 관한 다음 설명 중 가장 옳지 않은 것은?

① 헌법상 사전검열은 표현의 자유 보호대상이면 예외 없이 금지되므로, 건강기능식품의 기능성 광고에 대해서도 사전검열금지원칙이 적용된다. 건강기능식품에 관한 법률상 기능성 광고의 심의는 식약처장으로부터 위탁받은 한국건강기능식품협회에서 수행하고 있는데, 한국건강기능식품협회는 행정권으로부터 독립된 민간 자율기구로서 그 행정주체성을 인정하기 어려우므로 헌법이 금지하는 사전검열에 해당한다고 할 수 없다.

② 의사표현의 자유는 헌법 제21조 제1항이 규정하는 언론·출판의 자유에 속하고, 여기서 의사표현의 매개체는 어떠한 형태이건 그 제한이 없으므로 의사표현의 한 수단인 TV 방송 역시 다른 의사표현 수단과 마찬가지로 헌법에 의한 보장을 받는다.

③ 국가가 개인의 표현행위를 규제하는 경우, 표현내용에 대한 규제는 원칙적으로 중대한 공익의 실현을 위하여 불가피한 경우에 한하여 엄격한 요건 하에서 허용되는 반면, 표현내용과 무관하게 표현의 방법을 규제하는 것은 합리적인 공익상의 이유로 폭넓은 제한이 가능하다.

④ 방송매체의 특수성을 고려하면 방송의 기능을 보장하기 위한 규율의 필요성은 신문 등 인쇄매체보다 높다.

⑤ 선거운동의 자유는 널리 선거과정에서 자유로이 의사를 표현할 자유의 일환으로서 표현의 자유를 실현하는 하나의 수단이기도 하다는 점에서 언론·출판의 자유를 보장하고 있는 헌법 제21조에 의해 보호된다.

① (×) 건강기능식품의 기능성 광고는 인체의 구조 및 기능에 대하여 보건용도에 유용한 효과를 준다는 기능성 등에 관한 정보를 널리 알려 해당 건강기능식품의 소비를 촉진시키기 위한 상업광고이지만, 헌법 제21조 제1항의 표현의 자유의 보호 대상이 됨과 동시에 같은 조 제2항의 사전검열 금지 대상도 된다. 건강기능식품법상 기능성 광고의 심의는 식약처장으로부터 위탁받은 한국건강기능식품협회에서 수행하고 있지만, 법상 심의주체는 행정기관인 식약처장이며, 언제든지 그 위탁을 철회할 수 있고, 심의위원회의 구성에 관하여도 법령을 통해 행정권이 개입하고 지속적으로 영향을 미칠 가능성이 존재하는 이상 그 구성에 자율성이 보장되어 있다고 볼 수 없다. 따라서 이 사건 건강기능식품 기능성광고 사전심의는 그 검열이 행정권에 의하여 행하여진다 볼 수 있고, 헌법이 금지하는 사전검열에 해당하므로 헌법에 위반된다(헌재 2018.6.28. 2016헌가8 등).

② (○) 의사표현의 자유는 헌법 제21조 제1항이 규정하는 언론·출판의 자유에 속하고, 여기서 의사표현의 매개체는 어떠한 형태이건 그 제한이 없으므로 의사표현의 한 수단인 TV방송 역시 다른 의사표현수단과 마찬가지로 헌법에 의한 보장을 받음은 물론이다(헌재 2001.8.30. 2000헌바36).

③ (○) 국가가 개인의 표현행위를 규제하는 경우, 표현내용에 대한 규제는 원칙적으로 중대한 공익의 실현을 위하여 불가피한 경우에 한하여 엄격한 요건 하에서 허용되는 반면, 표현내용과 무관하게 표현의 방법을 규제하는 것은 합리적인 공익상의 이유로 폭넓은 제한이 가능하다(헌재 2002.12.18. 2000헌마764).

④ (○) 누구나 쉽게 접근할 수 있는 방송매체는 음성과 영상을 통하여 동시에 직접적으로 전파되기 때문에 강한 호소력이 있고, 경우에 따라서는 대중조작이 가능하며, 방송매체에 대한 사회적 의존성이 증가하여 방송이 사회적으로 강한 영향력을 발휘하는 추세이므로 이러한 방송매체의 특수성을 고려하면 방송의 기능을 보장하기 위한 규율의 필요성은 신문 등 인쇄매체보다 높다(헌재 2003.12.18. 2002헌바49).

⑤ (○) 선거운동의 자유는 널리 선거과정에서 자유로이 의사를 표현할 자유의 일환으로서 표현의 자유를 실현하는 하나의 수단이기도 하다는 점에서 언론·출판·집회·결사의 자유를 보장하고 있는 헌법 제21조에 의해 보호되며, 후보자의 입장에서 볼 때는 헌법 제25조의 공무담임권의 한 내용을 이루는 피선거권을 행사하기 위한 전제이기도 하다(헌재 2006.2.23. 2003헌바84). [2019년 법무사] ①

언론·출판의 자유에 관한 다음 설명 중 가장 옳지 않은 것은?

① 광고물도 사상·지식·정보 등을 불특정다수인에게 전파하는 것으로서 언론·출판의 자유에 의한 보호를 받는 대상이 된다.

② 헌법 제21조 제1항에 의해 보장되는 언론·출판의 자유에는 방송의 자유가 포함된다.

③ 헌법 제21조 제2항의 사전검열금지원칙은 모든 형태의 사전적인 규제를 금지하는 것은 아니고, 의사표현의 발표 여부가 오로지 행정권의 허가에 달려 있는 사전심사만을 금지한다. 헌법재판소는 헌법이 금지하는 사전검열의 요건으로 첫째, 일반적으로 허가를 받기 위한 표현물의 제출의무가 존재할 것, 둘째, 행정권이 주체가 된 사전심사절차가 존재할 것, 셋째, 허가를 받지 아니한 의사표현을 금지할 것, 넷째, 심사절차를 관철할 수 있는 강제수단이 존재할 것을 들고 있다.

④ 음란표현은 헌법 제21조가 규정하는 언론·출판의 보호영역에 아예 포함될 여지가 없다.

⑤ 헌법은 언론·출판은 타인의 명예나 권리 또는 공중도덕이나 사회윤리를 침해하여서는 아니되고, 언론·출판이 타인의 명예나 권리를 침해한 때에는 피해자는 이에 대한 피해의 배상을 청구할 수 있다고 규정하고 있다.

① (○) 우리 헌법은 제21조 제1항에 따라 현대 자유민주주의의 존립과 발전에 필수불가결한 기본권으로 언론·출판의 자유를 강력하게

보장하고 있는바, 광고물도 사상·지식·정보 등을 불특정다수인에게 전파하는 것으로서 언론·출판의 자유에 의한 보호를 받는 대상이 됨은 물론이다(헌재 1998.2.27. 96헌바2).

② (○) 헌법 제21조 제1항의 규정에 의해 보장되는 언론·출판의 자유에는 방송의 자유가 포함된다(헌재 2001.5.31. 2000헌바43).

③ (○) 검열금지의 원칙은 모든 형태의 사전적인 규제를 금지하는 것이 아니고, 단지 의사표현의 발표 여부가 오로지 행정권의 허가에 달려 있는 사전심사만을 금지하는 것을 뜻한다. 그러므로 검열은 일반적으로 허가를 받기 위한 표현물의 제출의무, 행정권이 주체가 된 사전심사절차, 허가를 받지 아니한 의사표현의 금지 및 심사절차를 관철할 수 있는 강제수단 등의 요건을 갖춘 경우에만 이에 해당하는 것이다(헌재 1996.10.4. 93헌가13 등).

④ (×) 음란표현은 헌법 제21조가 규정하는 언론·출판의 자유의 보호영역 내에 있다고 볼 것인바, 종전에 이와 견해를 달리하여 음란표현은 헌법 제21조가 규정하는 언론·출판의 자유의 보호영역에 해당하지 아니한다는 취지로 판시한 우리 재판소의 의견을 변경한다(헌재 2009.5.28. 2006헌바109).

⑤ (○) 헌법 제21조 ④언론·출판은 타인의 명예나 권리 또는 공중도덕이나 사회윤리를 침해하여서는 아니된다. 언론·출판이 타인의 명예나 권리를 침해한 때에는 피해자는 이에 대한 피해의 배상을 청구할 수 있다. [2020년 법무사] ④

헌법상 언론·출판의 자유에 대한 설명으로 가장 적절하지 않은 것은? (다툼이 있는 경우 헌법재판소 판례에 의함)

① 엄격한 의미의 음란표현은 헌법 제21조가 규정하는 언론·출판의 자유의 보호영역 내에 있다.

② 특정 구역 안에서 업소별로 표시할 수 있는 광고물의 총 수량을 1개로 제한한 「옥외광고물 표시제한특정구역 지정고시」 조항은 자신들이 원하는 위치에 원하는 종류의 옥외광고물을 원하는 만큼 표시·설치할 수 없어 청구인들의 표현의 자유를 침해한다.

③ 선거운동기간 전에 「공직선거법」에 규정된 방법을 제외하고 인쇄물 등의 배부를 금지한 「공직선거법」 조항은 정치적 표현의 자유를 침해하지 않는다.

④ 사전심의를 받은 내용과 다른 내용의 건강기능식품 기능성광고를 금지하고 이를 위반한 경우 처벌하는 「건강기능식품에 관한 법률」에 건강기능식품 기능성광고 사전심의는 그 검열이 행정권에 의하여 행하여진다고 볼 수 있어, 헌법이 금지하는 사전검열에 해당하므로 헌법에 위반된다.

① (○) 사건 법률조항의 음란표현은 헌법 제21조가 규정하는 언론·출판의 자유의 보호영역 내에 있다고 볼 것인바, 종전에 이와 견해를 달리하여 음란표현은 헌법 제21조가 규정하는 언론·출판의 자유의 보호영역에 해당하지 아니한다는 취지로 판시한 우리 재판소의 의견은 이를 변경하기로 하며, 이 사건 법률 조항의 위헌 여부를 심사하기로 한다(헌재 2009.5.28. 2006헌바109).

② (×) 사건 특정구역은 새롭게 건설되는 행정기능 중심의 복합도시로서 '자연이 살아 숨쉬는 환상도시'를 지향하고 있으므로, 이 사건 특정구역 안에서의 옥외광고물의 표시방법을 제한하는 심판대상조항들은 옥외광고물의 난립을 막아 쾌적하고 조화로운 도시미관을 조성함과 동시에 도시의 정체성을 확립하고, 공중에 대한 위해를 방지하고자 하는 것으로서 그 목적의 정당성이 인정된다. 그러므로 심판대상조항들은 비례의 원칙을 위반하여 청구인들의 표현의 자유 및 직업수행의 자유를 침해한다고 볼 수 없다(헌재 2016.3.31. 2014헌마794).

③ (○) 사전선거운동금지조항의 입법목적, 제한의 내용, 우리나라에서의 선거의 태양과 현실적 필요성, 선거운동기간 전이라도 예비후보자로 등록하면 대통령 선거의 경우 선거일 전 240일부터 예비후보자의 명함을 배부할 수 있고 예비후보자 홍보물을 우편발송할 수 있는 등의 선거운동이 가능한 점 등을 고려하면, 사전선거운동금지조항이 선거운동 등 정치적 표현의 자유를 침해한다고 볼 수 없다(헌재 2016.6.30. 2014헌바253).

④ (○) 한국건강기능식품협회나 위 협회에 설치된 표시·광고심의위원회가 사전심의업무를 수행함에 있어서 식약처장 등 행정권의 영향력에서 벗어나 독립적이고 자율적으로 심의를 하고 있다고 보기 어렵고, 결국 건강기능식품 기능성광고 심의는 행정권이 주체가 된 사전심사라고 할 것이다. 한국건강기능식품협회가 행하는 이 사건 건강기능식품 기능성광고 사전심의는 헌법이 금지하는 사전검열에 해당하므로 헌법에 위반된다(헌재 2018.6.28. 2016헌가8). [2019년 경찰 경정승진] ②

표현의 자유 및 언론·출판의 자유에 대한 설명으로 가장 적절하지 않은 것은? (다툼이 있는 경우 판례에 의함)

① 사전심의를 받지 않은 건강기능식품의 기능성 광고를 금지하고 이를 위반할 경우 형사처벌하도록 한 구 「건강기능식품에 관한 법률」 조항은 사전검열에 해당하므로 헌법에 위반된다.

② 공포심이나 불안감을 유발하는 문언을 반복적으로 상대방에게 도달하게 한 자를 형사처벌하도록 한 「정보통신망 이용촉진 및 정보보호 등에 관한 법률」 조항은 표현의 자유를 침해하지 않는다.

③ 인터넷언론사에 대하여 선거일 전 90일부터 선거일까지 후보자 명의의 칼럼이나 저술을 게재하는 보도를 제한하는 구 「인터넷선거보도 심의기준 등에 관한 규정」 조항은 과잉금지원칙에 반하여 표현의 자유를 침해하지 않는다.

④ 지역농협 이사 선거의 경우 전화(문자메시지를 포함한다)·컴퓨터통신(전자우편을 포함한다)을 이용한 지지·호소의 선거운동방법을 금지하고, 이를 위반한 자를 형사처벌하도록 한 구 「농업협동조합법」 조항은 표현의 자유를 침해한다.

① (○) 건강기능식품에 관한 법률에 따르면 기능성 광고의 심의는 식품의약품안전처장으로부터 위탁받은 한국건강기능식품협회에서 수행하고 있지만, 법상 심의주체는 행정기관인 식품의약품안전처장이며, 언제든지 그 위탁을 철회할 수 있고, 심의위원회의 구성에 관하여도 법령을 통해 행정권이 개입하고 지속적으로 영향을 미칠 가능성이 존재하는 이상 그 구성에 자율성이 보장되어 있다고 볼 수 없다. 식품의약품안전처장이 심의기준 등의 제정과 개정을 통해 심의 내용과 절차에 영향을 줄 수 있고, 식품의약품안전처장이 재심의를 권하면 심의기관이 이를 따라야 하며, 분기별로 식품의약품안전처장에게 보고가 이루어진다는 점에서도 그 심의업무의 독립성과 자율성이 있다고 보기 어렵다. 따라서 이 사건 건강기능식품 기능성 광고 사전심의는 행정권이 주체가 된 사전심사로서, 헌법이 금지하는 사전검열에 해당하므로 헌법에 위반된다(헌재 2019.5.30. 2019헌가4).

② (○) 형법상 협박죄는 해악의 고지를 그 요건으로 하고 있어서, 해악의 고지는 없으나 반복적인 음향이나 문언 전송 등의 다양한 방법으로 상대방에게 공포심이나 불안감을 유발하는 소위 '사이버스토킹'을 규제하기는 불충분한 반면, 현대정보사회에서 정보통신망을 이용한 불법행위가 급증하는 추세에 있고, 오프라인 공간에서 발생하는 불법행위에 비해 행위유형이 비정형적이고 다양하여 피해자에게 주는 고통이 더욱 클 수도 있어서 규제의 필요성은 매우 크다. 따라서 심판대상조항은 표현의 자유를 침해하지 아니한다(헌재 2016.12.29. 2014헌바434).

③ (×) 시기제한조항은 선거일 전 90일부터 선거일까지 후보자 명의의 칼럼 등을 게재하는 인터넷 선거보도가 불공정하다고 볼 수 있는지에 대해 구체적으로 판단하지 않고 이를 불공정한 선거보도로 간주하여 선거의 공정성을 해치지 않는 보도까지 광범위하게 제한한다. 이 사건 시기제한조항의 입법목적을 달성할 수 있는 덜 제약적인 다른 방법들이 이 사건 심의기준 규정과 공직선거법에 이미 충분히 존재한다. 따라서 이 사건 시기제한조항은 과잉금지원칙에 반하여 청구인의 표현의 자유를 침해한다(헌재 2019.11.28. 2016헌마90).

④ (○) 전화·컴퓨터통신은 누구나 손쉽고 저렴하게 이용할 수 있는 매체인 점, 농업협동조합법에서 흑색선전 등을 처벌하는 조항을 두고 있는 점을 고려하면 입법목적 달성을 위하여 위 매체를 이용한 지지 호소까지 금지할 필요성은 인정되지 아니한다. 이 사건 법률조항들이 달성하려는 공익이 결사의 자유 및 표현의 자유 제한을 정당화할 정도로 크다고 보기는 어려우므로, 법익의 균형성도 인정되지 아니한다. 따라서 이 사건 법률조항들은 과잉금지원칙을 위반하여 결사의 자유, 표현의 자유를 침해하여 헌법에 위반된다(헌재 2016.11.24. 2015헌바62). [2021년 경찰 경정승진] ③

다음 중 표현의 자유에 관한 설명으로 가장 옳지 않은 것은? (다툼이 있는 경우 판례에 의함)

① 음란표현은 헌법 제21조가 규정하는 언론·출판의 자유의 보호영역 내에 있다.

② 「국가공무원복무규정」 제8조의2 제2항 등은 "공무원이 직무를 수행할 때 정치적 주장을 표시 또는 상징하는 복장을 하거나 관련 물품을 착용해서는 아니된다."라고 규정하고 있는바, 정치적 주장을 표시·상징하는 복장 등 관련 물품을 착용하는 행위는 복장 등 비언어적인 방법을 통해 정치적 의사표현을 행하는 것이라 할 수 있다.

③ 구체적인 전달이나 전파의 상대방이 없는 집필의 단계를 표현의 자유의 보호영역에 포함시킬 것인지 의문이 있을 수 있으나 집필은 문자를 통한 모든 의사표현의 기본 전제가 된다는 점에서 당연히 표현의 자유의 보호영역에 속해 있다고 보아야 한다.

④ 건강기능식품 기능성 광고의 사전심의절차를 규정한 「건강기능식품에 관한 법률」 조항은 국민의 건강권을 보호하고 국민의 보건에 관한 국가의 보호의무를 이행하기 위하여 사전심의 절차를 법률로 규정한 것으로서 사전검열금지원칙이 적용되지 않는다.

① (○) 음란표현은 헌법 제21조가 규정하는 언론·출판의 자유의 보호영역 내에 있다고 볼 것인바, 종전에 이와 견해를 달리하여 음란표현은 헌법 제21조가 규정하는 언론·출판의 자유의 보호영역에 해당하지 아니한다는 취지로 판시한 우리 재판소의 의견을 변경한다(헌재 2009.5.28. 2006헌바109).

② (○) 국가공무원 복무규정 제8조의2 제2항 등은 "공무원이 직무를 수행할 때 정치적 주장을 표시 또는 상징하는 복장을 하거나 관련 물품을 착용해서는 아니 된다."라고 규정하고 있는바, 정치적 주장을 표시·상징하는 복장 등 관련 물품을 착용하는 행위는 복장 등 비언어적인 방법을 통해 정치적 의사표현을 행하는 것이라 할 수 있으므로, 이 사건 국가공무원 복무규정 제8조의2 제2항 등 역시 공무원의 정치적 표현의 자유를 제한하는 규정이라 할 것이다. 위 규정들은 과잉금지원칙에 반하여 공무원의 정치적 표현의 자유를 침해한다고 할 수 없다(헌재 2012.5.31. 2009헌마705).

③ (○) 집필행위는 사람의 내면에 있는 생각이 외부로 나타나는 첫 단계의 행위란 점에서 문자를 통한 표현행위의 가장 기초적이고도 전제가 되는 행위라 할 것이다. 일반적으로 표현의 자유는 정보의 전달 또는 전파와 관련지어 생각되므로 구체적인 전달이나 전파의 상대방이 없는 집필의 단계를 표현의 자유의 보호영역에 포함시킬 것인지 의문이 있을 수 있으나, 집필은 문자를 통한 모든 의사표현의 기본 전제가 된다는 점에서 당연히 표현의 자유의 보호영역에 속해 있다고 보아야 한다(헌재 2005.2.24. 2003헌마28).

④ (×) 현행 헌법상 사전검열은 표현의 자유 보호대상이면 예외 없이 금지된다. 건강기능식품의 기능성 광고는 인체의 구조 및 기능에 대하여 보건용도에 유용한 효과를 준다는 기능성 등에 관한 정보를 널리 알려 해당 건강기능식품의 소비를 촉진시키기 위한 상업광고이지만, 헌법 제21조 제1항의 표현의 자유의 보호 대상이 됨과 동시에 같은 조 제2항의 사전검열 금지 대상도 된다. 건강기능식품법상 기능성 광고의 심의는 식약처장으로부터 위탁받은 한국건강기능식품협회에서 수행하고 있지만, 법상 심의주체는 행정기관인 식약처장이며, 언제든지 그 위탁을 철회할 수 있고, 심의위원회의 구성에 관하여도 법령을 통해 행정권이 개입하고 지속적으로 영향을 미칠 가능성이 존재하는 이상 그 구성에 자율성이 보장되어 있다고 볼 수 없다. 따라서 이 사건 건강기능식품 기능성광고 사전심의는 그 검열이 행정권에 의하여 행하여진다 볼 수 있고, 헌법이 금지하는 사전검열에 해당하므로 헌법에 위반된다(헌재 2018.6.28. 2016헌가8).

[2022년 해경간부] ④

표현의 자유에 대한 설명으로 가장 적절하지 않은 것은? (다툼이 있는 경우 헌법재판소 판례에 의함)

① 정당에 관련된 표현행위는 직무 내외를 구분하기 어려우므로 '직무와 관련된 표현행위만을 규제'하는 등 기본권을 최소한도로 제한하는 대안을 상정하기 어렵다.

② 선거일에 선거운동을 한 자를 처벌하는 구 「공직선거법」 조항은 정치적 표현의 자유를 침해하지 않는다.
③ 사람을 비방할 목적으로 정보통신망을 통하여 공공연하게 거짓의 사실을 드러내어 다른 사람의 명예를 훼손한 자를 형사처벌하도록 규정한 「정보통신망 이용촉진 및 정보보호 등에 관한 법률」 조항 중 '사람을 비방할 목적' 부분은 청구인들의 표현의 자유를 침해하지 않는다.
④ 시청자는 왜곡된 보도에 대해서 의견 개진 내지 비판을 할 수 있음에도, 방송편성에 관하여 간섭을 금지하는 「방송법」 조항의 '간섭'에 관한 부분 및 그 위반 행위자를 처벌하는 구 「방송법」 조항의 '간섭'에 관한 부분은 청구인의 표현의 자유를 침해한다.

① (○) 사건 법률조항 중 정당에 관한 부분은 사회복무요원의 정치적 중립성을 유지하고 업무전념성을 보장하기 위한 것으로, 정당은 개인적 정치활동과 달리 국민의 정치적 의사형성에 미치는 영향력이 크므로 사회복무요원의 정당 가입을 금지하는 것은 입법목적을 달성하기 위한 적합한 수단이다. 정당에 관련된 표현행위는 직무 내외를 구분하기 어려우므로 직무와 관련된 표현행위만을 규제하는 등 기본권을 최소한도로 제한하는 대안을 상정하기 어려우며, 위 입법목적이 사회복무요원이 제한받는 사익에 비해 중대하므로 이 사건 법률조항 중 정당에 관한 부분은 청구인의 정치적 표현의 자유 및 결사의 자유를 침해하지 않는다(헌재 2021.11.25. 2019헌마534).
② (○) 선거일의 선거운동을 금지하고 처벌하는 것은 무분별한 선거운동으로 선거 당일 유권자의 평온을 해치거나 자유롭고 합리적인 의사결정에 악영향을 미치는 것을 방지하기 위한 것이다. 문자메시지나 온라인을 통한 선거운동은 전파의 규모와 속도에 비추어 파급력이 작지 않고, 선거일은 유권자의 선택에 직접적으로 영향을 미칠 가능성이 큰 시점이어서 선거 당일에 무제한적 선거운동으로 후보자에 대한 비난이나 반박이 이어질 경우 혼란이 발생하기 쉬우므로, 이를 규제할 필요성이 인정된다. 따라서 이 사건 처벌조항이 과잉금지원칙을 위반하여 정치적 표현의 자유를 침해한다고 할 수 없다(헌재 2021.12.23. 2018헌바152).
③ (○) 심판대상조항으로 인하여 정보통신망에서의 표현의 자유가 일정 부분 제한되는 측면이 있더라도, 그 제한의 정도가 비방할 목적으로 공공연하게 거짓의 사실을 적시하는 행위를 금지함으로써 피해자가 겪게 될 명예의 실추를 방지하고 인격권을 보호하려는 공익에 비하여 결코 중하다고 볼 수 없다. 그러므로 심판대상조항으로 인하여 달성하려는 공익과 제한되는 사익 사이에 법익의 균형성도 인정된다. 따라서 심판대상조항은 과잉금지원칙에 반하여 청구인들의 표현의 자유를 침해하지 아니한다(헌재 2021.3.25. 2015헌바438).
④ (×) 방송의 자유는 민주주의의 원활한 작동을 위한 기초인바, 국가권력은 물론 정당, 노동조합, 광고주 등 사회의 여러 세력이 법률에 정해진 절차에 의하지 아니하고 방송편성에 개입한다면 국민 의사가 왜곡되고 민주주의에 중대한 위해가 발생하게 된다. 심판대상조항은 방송편성의 자유와 독립을 보장하기 위하여 방송에 개입하여 부당하게 영향력을 행사하는 '간섭'에 이르는 행위만을 금지하고 처벌할 뿐이고, 방송법과 다른 법률들은 방송 보도에 대한 의견 개진 내지 비판의 통로를 충분히 마련하고 있다. 따라서 심판대상조항이 과잉금지원칙에 반하여 표현의 자유를 침해한다고 볼 수 없다(헌재 2021.8.31. 2019헌바439). [2022년 경찰간부] ④

표현의 자유에 관한 설명 중 가장 적절하지 않은 것은? (다툼이 있는 경우 판례에 의함)
① 광고가 단순히 상업적인 상품이나 서비스에 관한 사실을 알리는 경우에는 그 내용이 공익을 포함하고 있더라도 헌법 제21조의 표현의 자유에 의하여 보호되는 것은 아니다.
② 음란표현도 헌법 제21조가 규정하는 언론·출판의 자유의 보호영역에는 해당하나, 헌법 제37조 제2항에 따라 국가안전보장, 질서유지 또는 공공복리를 위하여 제한할 수 있는 것이다.
③ 개인의 외적 명예에 관한 인격권 보호의 필요성, 일단 훼손되면 완전한 회복이 사실상 불가능하다는 보호법익의 특성, 사회적으로 명예가 중시되나 명예훼손으로 인한 피해는 더 커

지고 있는 우리 사회의 특수성, 명예훼손죄의 비범죄화에 관한 국민적 공감대의 부족 등을 종합적으로 고려하면, 공연히 사실을 적시하여 다른 사람의 명예를 훼손하는 행위를 금지하고 위반시 형사 처벌하도록 정하고 있다고 하여 바로 과도한 제한이라 단언하기 어렵다.

④ 신문보도의 명예훼손적 표현의 피해자가 공적 인물인지 아니면 사인인지, 그 표현이 공적인 관심 사안에 관한 것인지 순수한 사적인 영역에 속하는 사안인지의 여부에 따라 헌법적 심사기준에는 차이가 있어야 한다.

① (×) 광고가 단순히 상업적인 상품이나 서비스에 관한 사실을 알리는 경우에도 그 내용이 공익을 포함하는 때에는 헌법 제21조의 표현의 자유에 의하여 보호된다. 헌법은 제21조 제1항에 근거하여 현대 자유민주주의의 존립과 발전에 필수불가결한 기본권으로 언론·출판의 자유를 강력하게 보장하고 있는바, 광고물도 사상·지식·정보 등을 불특정다수인에게 전파하는 것으로서 언론·출판의 자유에 의한 보호를 받는 대상이 됨은 물론이다(헌재 1998.2.27. 96헌바2). "언론·출판이 타인의 명예나 권리를 침해한 때에는 피해자는 이에 대한 피해의 배상을 청구할 수 있다"라고 명시함으로써 다원화된 현대정보산업사회에서 언론·출판이 가지는 사회적 의무와 책임에 관하여도 규정하고 있다. 따라서 허가나 검열에 해당되지 아니한다고 하더라도, 언론·출판의 자유는 헌법 제37조 제2항에 따라 국가안전보장·질서유지 또는 공공복리를 위하여 필요한 경우에 법률로써 본질적 내용을 침해하지 않는 한 일정한 제한을 받을 수 있다(헌재 2002.12.18. 2000헌마764).

② (○) 사건 법률조항의 음란표현은 헌법 제21조가 규정하는 언론·출판의 자유의 보호영역 내에 있다고 볼 것인바, 종전에 이와 견해를 달리하여 음란표현은 헌법 제21조가 규정하는 언론·출판의 자유의 보호영역에 해당하지 아니한다는 취지로 판시한 우리 재판소의 의견을 변경한다(헌재 2009.5.28. 2006헌바109).

③ (○) 개인의 외적 명예에 관한 인격권 보호의 필요성, 일단 훼손되면 완전한 회복이 사실상 불가능하다는 보호법익의 특성, 사회적으로 명예가 중시되나 명예훼손으로 인한 피해는 더 커지고 있는 우리 사회의 특수성, 명예훼손죄의 비범죄화에 관한 국민적 공감대의 부족 등을 종합적으로 고려하면, 공연히 사실을 적시하여 다른 사람의 명예를 훼손하는 행위를 금지하고 위반시 형사처벌하도록 정하고 있다고 하여 바로 과도한 제한이라 단언하기 어렵다(헌재 2021.2.25. 2017헌마1113).

④ (○) 신문보도의 명예훼손적 표현의 피해자가 공적 인물인지 아니면 사인인지, 그 표현이 공적인 관심 사안에 관한 것인지 순수한 사적인 영역에 속하는 사안인지의 여부에 따라 헌법적 심사기준에는 차이가 있어야 한다. 시간과 싸우는 신문보도에 오류를 수반하는 표현은, 사상과 의견에 대한 아무런 제한 없는 자유로운 표현을 보장하는 데 따른 불가피한 결과이고 이러한 표현도 자유토론과 진실확인에 필요한 것이므로 함께 보호되어야 하기 때문이다. 그러나 허위라는 것을 알거나 진실이라고 믿을 수 있는 정당한 이유가 없는데도 진위를 알아보지 않고 게재한 허위보도에 대하여는 면책을 주장할 수 없다(헌재 1999.6.24. 97헌마265). [2022년 경찰 경정승진] ①

표현의 자유에 대한 설명으로 옳은 것만을 모두 고르면? (다툼이 있는 경우 판례에 의함)

ㄱ. 헌법상 군무원은 국민의 구성원으로서 정치적 표현의 자유를 보장받지만, 그 특수한 지위로 인하여 국가공무원으로서 헌법 제7조에 따라 그 정치적 중립성을 준수하여야 할 뿐만 아니라, 나아가 국군의 구성원으로서 헌법 제5조 제2항에 따라 그 정치적 중립성을 준수할 필요성이 더욱 강조되므로, 정치적 표현의 자유에 대해 일반 국민보다 엄격한 제한을 받을 수밖에 없다.

ㄴ. 일반적으로 표현의 자유는 정보의 전달 또는 전파와 관련지어 생각되므로 구체적인 전달이나 전파의 상대방이 없는 집필의 단계를 표현의 자유의 보호영역에 포함시킬 것인지 의문이 있을 수 있으나, 집필은 문자를 통한 모든 의사표현의 기본 전제가 된다는 점에서 당연히 표현의 자유의 보호영역에 속해 있다고 보아야 한다.

ㄷ. 건강기능식품의 기능성 광고는 인체의 구조 및 기능에 대하여 보건용도에 유용한 효과를 준다는 기능

성 등에 관한 정보를 널리 알려 해당 건강기능식품의 소비를 촉진시키기 위한 상업광고이지만, 헌법 제21조 제1항의 표현의 자유의 보호 대상이 됨과 동시에 같은 조 제2항의 사전검열 금지 대상도 된다.
ㄹ. 선거운동 기간 중 인터넷언론사 홈페이지의 게시판 등에 정당·후보자에 대한 지지·반대의 정보를 게시할 수 있도록 하는 경우 실명확인을 위한 기술적 조치를 하도록 한 것은 게시판 이용자의 정치적 익명표현의 자유를 침해한다.

① ㄱ, ㄴ ② ㄱ, ㄹ
③ ㄱ, ㄴ, ㄷ ④ ㄴ, ㄷ, ㄹ

ㄱ. (○) 헌법상 군무원은 국민의 구성원으로서 정치적 표현의 자유를 보장받지만, 군무원은 그 특수한 지위로 인하여 국가공무원으로서 헌법 제7조에 따라 그 정치적 중립성을 준수하여야 할 뿐만 아니라, 국군의 구성원으로서 헌법 제5조 제2항에 따라 그 정치적 중립성을 준수할 필요성이 더욱 강조되므로, 그 정치적 표현의 자유에 대해 일반 국민보다 엄격한 제한을 받을 수밖에 없다(헌재 2018.4.26. 2016헌마611). 따라서 군무원이 그 정치적 의견을 공표하는 행위 역시 이를 엄격히 제한할 필요가 있다(헌재 2018.7.26. 2016헌바139).
ㄴ. (○) 일반적으로 표현의 자유는 정보의 전달 또는 전파와 관련지어 생각되므로 구체적인 전달이나 전파의 상대방이 없는 집필의 단계를 표현의 자유의 보호영역에 포함시킬 것인지 의문이 있을 수 있으나, 집필은 문자를 통한 모든 의사표현의 기본 전제가 된다는 점에서 당연히 표현의 자유의 보호영역에 속해 있다(헌재 2005.2.24. 2003헌마289).
ㄷ. (○) 건강기능식품의 기능성 광고는 인체의 구조 및 기능에 대하여 보건용도에 유용한 효과를 준다는 기능성 등에 관한 정보를 널리 알려 해당 건강기능식품의 소비를 촉진시키기 위한 상업광고이지만, 헌법 제21조 제1항의 표현의 자유의 보호 대상이 됨과 동시에 같은 조 제2항의 사전검열 금지 대상도 된다(헌재 2019.5.30. 2019헌가4).
ㄹ. (×) 인터넷이용자는 실명확인을 받고 정보를 게시할 것인지 여부를 선택할 수 있고 실명확인에 별다른 시간과 비용이 소요되는 것이 아닌 점, 실명확인 후에도 게시자의 개인정보가 노출되지 않고 다만 '실명인증' 표시만이 나타나는 점 등을 고려하면, 이 사건 법률조항이 과잉금지원칙에 위배되어 게시판 이용자의 정치적 익명표현의 자유, 개인정보자기결정권 및 인터넷언론사의 언론의 자유를 침해한다고 볼 수 없다(헌재 2015.7.30. 2012헌마734). [2020년 국가 7급] ③

표현의 자유에 대한 설명으로 가장 적절한 것은? (다툼이 있는 경우 헌법재판소 판례에 의함)

① 인터넷언론사는 선거운동기간 중 당해 홈페이지 게시판 등에 정당·후보자에 대한 지지·반대의 정보를 게시하는 경우 실명을 확인받는 기술적 조치를 하도록 정한 「공직선거법」 조항 중 "인터넷언론사" 및 "지지·반대" 부분은 명확성원칙에 위배된다.
② 변호사 또는 소비자로부터 대가를 받고 법률상담 또는 사건 등을 소개·알선·유인하기 위하여 변호사 등을 광고·홍보·소개하는 행위를 금지하는 대한변호사협회의 '변호사광고에 관한 규정' 중 대가수수 광고금지규정은 과잉금지원칙을 위반하여 청구인들의 표현의 자유를 침해한다.
③ 공공기관 등이 설치·운영하는 모든 게시판에 본인확인조치를 한 경우에만 정보를 게시하도록 하는 것은 게시판에 자신의 사상이나 견해를 표현하고자 하는 사람에게 표현의 내용과 수위 등에 대한 자기검열 가능성을 높이는 것이므로 익명표현의 자유를 침해한다.
④ '인터넷선거보도 심의기준 등에 관한 규정' 중 선거일 전 90일부터 선거일까지 인터넷 언론

에 후보자 명의의 칼럼 등의 게재를 금지하는 시기제한조항은 과잉금지원칙에 반하여 청구인의 표현의 자유를 침해하지 않는다.

① (×) 공직선거법 및 관련 법령이 구체적으로 '인터넷언론사'의 범위를 정하고 있고, 중앙선거관리위원회가 설치·운영하는 인터넷선거보도심의위원회가 심의대상인 인터넷언론사를 결정하여 공개하는 점 등을 종합하면 '인터넷언론사'는 불명확하다고 볼 수 없으며, '지지·반대'의 사전적 의미와 심판대상조항의 입법목적, 공직선거법 관련 조항의 규율내용을 종합하면, 건전한 상식과 통상적인 법 감정을 가진 사람이면 자신의 글이 정당·후보자에 대한 '지지·반대'의 정보를 게시하는 행위인지 충분히 알 수 있으므로, 실명확인 조항 중 "인터넷언론사" 및 "지지·반대" 부분은 명확성 원칙에 반하지 않는다(헌재 2021.1.28. 2018헌마456).
② (○) 변호사광고에 대한 합리적 규제는 필요하지만, 광고표현이 지닌 기본권적 성질을 고려할 때 광고의 내용이나 방법적 측면에서 꼭 필요한 한계 외에는 폭넓게 광고를 허용하는 것이 바람직하다. 각종 매체를 통한 변호사 광고를 원칙적으로 허용하는 변호사법 제23조 제1항의 취지에 비추어 볼 때, 변호사 등이 다양한 매체의 광고업자에게 광고비를 지급하고 광고하는 것은 허용된다고 할 것인데, 이러한 행위를 일률적으로 금지하는 위 규정은 수단의 적합성을 인정하기 어렵다. 따라서 대가수수 광고금지규정은 과잉금지원칙에 위반되어 청구인들의 표현의 자유와 직업의 자유를 침해한다(헌재 2022.5.26. 2021헌마619).
③ (×) 심판대상조항에 따른 본인확인조치는 정보통신망의 익명성 등에 따라 발생하는 부작용을 최소화하여 공공기관 등의 게시판 이용에 대한 책임성을 확보·강화하고, 게시판 이용자로 하여금 언어폭력, 명예훼손, 불법정보의 유통 등의 행위를 자제하도록 함으로써 건전한 인터넷 문화를 조성하기 위한 것이다. 심판대상조항이 규율하는 게시판은 그 성격상 대체로 공공성이 있는 사항이 논의되는 곳으로서 공공기관 등이 아닌 주체가 설치·운영하는 게시판에 비하여 통상 누구나 이용할 수 있는 공간이므로, 공동체 구성원으로서의 책임이 더욱 강하게 요구되는 곳이라고 할 수 있다. 따라서 심판대상조항은 청구인의 익명표현의 자유를 침해하지 않는다(헌재 2022.12.22. 2019헌마654).
④ (×) 시기제한조항은 선거일 전 90일부터 선거일까지 후보자 명의의 칼럼 등을 게재하는 인터넷 선거보도가 불공정하다고 볼 수 있는지에 대해 구체적으로 판단하지 않고 이를 불공정한 선거보도로 간주하여 선거의 공정성을 해치지 않는 보도까지 광범위하게 제한한다. 공직선거법상 인터넷 선거보도 심의의 대상이 되는 인터넷언론사의 개념은 매우 광범위한데, 이 사건 시기제한조항이 정하고 있는 일률적인 규제와 결합될 경우 이로 인해 발생할 수 있는 표현의 자유 제한이 작다고 할 수 없다. 인터넷언론의 특성과 그에 따른 언론시장에서의 영향력 확대에 비추어 볼 때, 인터넷언론에 대하여는 자율성을 최대한 보장하고 언론의 자유에 대한 제한을 최소화하는 것이 바람직하고, 계속 변화하는 이 분야에서 규제 수단 또한 헌법의 틀 안에서 다채롭고 새롭게 강구되어야 한다. 이 사건 시기제한조항의 입법목적을 달성할 수 있는 덜 제약적인 다른 방법들이 이 사건 심의기준 규정과 공직선거법에 이미 충분히 존재한다. 따라서 이 사건 시기제한조항은 과잉금지원칙에 반하여 청구인의 표현의 자유를 침해한다(헌재 2019.11.28. 2016헌마90). [2023년 경찰간부] ②

표현의 자유에 대한 설명으로 옳지 않은 것만을 〈보기〉에서 모두 고르면? (다툼이 있는 경우 헌법재판소 판례에 의함)

ㄱ. 방송사 외부에 있는 자가 방송편성에 관계된 자에게 방송편성에 관해 특정한 요구를 하는 등의 방법으로, 방송편성에 관한 자유롭고 독립적인 의사결정에 영향을 미칠 수 있는 행위 일체를 금지하고 이를 위반한 자를 처벌하는 것은 시청자의 건전한 방송 비판 내지 의견제시까지 처벌대상으로 삼는 것으로 시청자들의 표현의 자유를 침해한다.
ㄴ. 공무원이 선거에서 특정정당 또는 특정인을 지지하기 위하여 타인에게 정당에 가입하도록 권유 운동을 한 경우 형사처벌하는 것은 정치적 표현의 자유를 침해한다.
ㄷ. 사람을 비방할 목적으로 정보통신망을 통하여 공공연하게 거짓의 사실을 드러내어 다른 사람의 명예를 훼손한 자를 형사처벌하는 것은 표현의 자유를 침해하지 않는다.

ㄹ. 초·중등학교의 교육공무원이 정치단체의 결성에 관여하거나 이에 가입하는 행위를 금지한 「국가공무원법」 조항 중 '그 밖의 정치단체'에 관한 부분은 정치적 표현의 자유를 침해하지 않는다.
ㅁ. 선거운동기간 중 당해 홈페이지 게시판 등에 정당·후보자에 대한 지지·반대 등의 정보를 게시하는 경우 인터넷언론사로 하여금 실명을 확인받는 기술적 조치를 하도록 하는 것은 게시판 등 이용자의 익명표현의 자유를 침해한다.

① ㄱ, ㄴ, ㄹ ② ㄱ, ㄴ, ㅁ ③ ㄱ, ㄷ, ㅁ
④ ㄴ, ㄷ, ㄹ ⑤ ㄷ, ㄹ, ㅁ

ㄱ. (×) 방송의 자유는 민주주의의 원활한 작동을 위한 기초인바, 국가권력은 물론 정당, 노동조합, 광고주 등 사회의 여러 세력이 법률에 정해진 절차에 의하지 아니하고 방송편성에 개입한다면 국민 의사가 왜곡되고 민주주의에 중대한 위해가 발생하게 된다. 심판대상조항은 방송편성의 자유와 독립을 보장하기 위하여 방송에 개입하여 부당하게 영향력을 행사하는 간섭에 이르는 행위만을 금지하고 처벌할 뿐이고, 방송법과 다른 법률들은 방송 보도에 대한 의견 개진 내지 비판의 통로를 충분히 마련하고 있다. 따라서 심판대상조항이 과잉금지원칙에 반하여 표현의 자유를 침해한다고 볼 수 없다(헌재 2021.8.31. 2019헌바439).

ㄴ. (×) 정당가입권유금지조항은 선거에서 특정정당·특정인을 지지하기 위하여 정당가입을 권유하는 적극적·능동적 의사에 따른 행위만을 금지함으로써 공무원의 정치적 표현의 자유를 최소화하고 있고, 이러한 행위는 단순한 의견개진의 수준을 넘어 선거운동에 해당하므로 입법자는 헌법 제7조 제2항이 정한 공무원의 정치적 중립성 보장을 위해 이를 제한할 수 있다. 그러므로 정당가입권유금지조항은 과잉금지원칙에 반하여 정치적 표현의 자유를 침해하지 아니한다(헌재 2021.8.31. 2018헌바149).

ㄷ. (○) 심판대상조항으로 인하여 정보통신망에서의 표현의 자유가 일정 부분 제한되는 측면이 있더라도, 그 제한의 정도가 비방할 목적으로 공공연하게 거짓의 사실을 적시하는 행위를 금지함으로써 피해자가 겪게 될 명예의 실추를 방지하고 인격권을 보호하려는 공익에 비하여 결코 중하다고 볼 수 없다. 그러므로 심판대상조항으로 인하여 달성하려는 공익과 제한되는 사익 사이에 법익의 균형성도 인정된다. 따라서 심판대상조항은 과잉금지원칙에 반하여 청구인들의 표현의 자유를 침해하지 아니한다(헌재 2021.3.25. 2015헌바438).

ㄹ. (×) 국가공무원법조항 중 '그 밖의 정치단체'에 관한 부분은 가입 등이 금지되는 정치단체가 무엇인지 그 규범 내용이 확정될 수 없을 정도로 불분명하여, 헌법상 그 가입 등이 마땅히 보호받아야 할 단체까지도 수범자인 나머지 청구인들이 가입 등의 행위를 하지 못하게 위축시키고 있고, 법 집행 공무원이 지나치게 넓은 재량을 행사하여 금지되는 정치단체와 금지되지 않는 단체를 자의적으로 판단할 위험이 있다. 따라서 국가공무원법조항 중 '그 밖의 정치단체'에 관한 부분은 명확성원칙에 위배되어 나머지 청구인들의 정치적 표현의 자유, 결사의 자유를 침해한다(헌재 2020.4.23. 2018헌마551).

ㅁ. (○) 심판대상조항은 정치적 의사표현이 가장 긴요한 선거운동기간 중에 인터넷언론사 홈페이지 게시판 등 이용자로 하여금 실명확인을 하도록 강제함으로써 익명표현의 자유와 언론의 자유를 제한하고, 모든 익명표현을 규제함으로써 대다수 국민의 개인정보자기결정권도 광범위하게 제한하고 있다는 점에서 이와 같은 불이익은 선거의 공정성 유지라는 공익보다 결코 과소평가될 수 없다. 그러므로 심판대상조항은 과잉금지원칙에 반하여 인터넷언론사 홈페이지 게시판 등 이용자의 익명표현의 자유와 개인정보자기결정권, 인터넷언론사의 언론의 자유를 침해한다(헌재 2021.1.28. 2018헌마456). [2022년 국회 8급] ①

표현의 자유에 대한 설명으로 옳지 않은 것은? (다툼이 있는 경우 판례에 의함)

① 건강기능식품 기능성광고의 사전심의절차를 규정한 「건강기능식품에 관한 법률」 조항은 국민의 건강권을 보호하고 국민의 보건에 관한 국가의 보호의무를 이행하기 위하여 사전심의절차를 법률로 규정한 것으로서 사전검열금지원칙이 적용되지 않는다.

② 구체적인 전달이나 전파의 상대방이 없는 집필의 단계를 표현의 자유의 보호영역에 포함시킬 것인지 의문이 있을 수 있으나 집필은 문자를 통한 모든 의사표현의 기본 전제가 된다는 점에서 당연히 표현의 자유의 보호영역에 속해 있다고 보아야 한다.
③ 「국가공무원 복무규정」 제8조의2 제2항 등은 “공무원이 직무를 수행할 때 정치적 주장을 표시 또는 상징하는 복장을 하거나 관련 물품을 착용해서는 아니된다.”라고 규정하고 있는바, 정치적 주장을 표시·상징하는 복장 등 관련 물품을 착용하는 행위는 복상 등 비언어직인 방법을 통해 정치적 의사표현을 행하는 것이라 할 수 있다.
④ 음란표현은 헌법 제21조가 규정하는 언론·출판의 자유의 보호영역 내에 있다.
⑤ ‘자유로운’ 표명과 전파의 자유에는 자신의 신원을 누구에게도 밝히지 아니한 채 익명 또는 가명으로 자신의 사상이나 견해를 표명하고 전파할 익명표현의 자유도 그 보호영역에 포함된다고 할 것이다.

① (×) 건강기능식품의 기능성 광고는 인체의 구조 및 기능에 대하여 보건용도에 유용한 효과를 준다는 기능성 등에 관한 정보를 널리 알려 해당 건강기능식품의 소비를 촉진시키기 위한 상업광고이지만, 헌법 제21조 제1항의 표현의 자유의 보호 대상이 됨과 동시에 같은 조 제2항의 사전검열 금지 대상도 된다(헌재 2018.6.28. 2016헌가8).
② (○) 집필행위는 사람의 내면에 있는 생각이 외부로 나타나는 첫 단계의 행위란 점에서 문자를 통한 표현행위의 가장 기초적이고도 전제가 되는 행위라 할 것이다. 일반적으로 표현의 자유는 정보의 전달 또는 전파와 관련지어 생각되므로 구체적인 전달이나 전파의 상대방이 없는 집필의 단계를 표현의 자유의 보호영역에 포함시킬 것인지 의문이 있을 수 있으나, 집필은 문자를 통한 모든 의사표현의 기본 전제가 된다는 점에서 당연히 표현의 자유의 보호영역에 속해 있다(헌재 2005.2.24. 2003헌마289).
③ (○) 국가공무원 복무규정 제8조의2 제2항 등은 “공무원이 직무를 수행할 때 정치적 주장을 표시 또는 상징하는 복장을 하거나 관련 물품을 착용해서는 아니 된다.”라고 규정하고 있는바, 정치적 주장을 표시·상징하는 복장 등 관련 물품을 착용하는 행위는 복장 등 비언어적인 방법을 통해 정치적 의사표현을 행하는 것이라 할 수 있으므로, 이 사건 국가공무원 복무규정 제8조의2 제2항 등 역시 공무원의 정치적 표현의 자유를 제한하는 규정이다(헌재 2012.5.31. 2009헌마705).
④ (○)음란표현은 헌법 제21조가 규정하는 언론·출판의 자유의 보호영역 내에 있다고 볼 것인바, 종전에 이와 견해를 달리하여 음란표현은 헌법 제21조가 규정하는 언론·출판의 자유의 보호영역에 해당하지 아니한다는 취지로 판시한 우리 재판소의 의견을 변경한다(헌재 2009.5.28. 2006헌바109).
⑤ (○) 헌법 제21조에서 보장하고 있는 표현의 자유는, 전통적으로는 사상 또는 의견의 자유로운 표명(발표의 자유)과 그것을 전파할 자유(전달의 자유)를 의미하는 것으로서, 개인이 인간으로서의 존엄과 가치를 유지하고 행복을 추구하며 국민주권을 실현하는데 필수불가결한 것이고, 종교의 자유, 양심의 자유, 학문과 예술의 자유 등의 정신적인 자유를 외부적으로 표현하는 자유이다. 이러한 자유로운 표명과 전파의 자유에는 자신의 신원을 누구에게도 밝히지 아니한 채 익명 또는 가명으로 자신의 사상이나 견해를 표명하고 전파할 익명표현의 자유도 그 보호영역에 포함된다(헌재 2010.2.25. 2008헌마324). [2022년 국회 5급] ①

표현의 자유에 관한 설명으로 가장 옳지 않은 것은?

① ‘법관이 그 품위를 손상하거나 법원의 위신을 실추시킨 경우’를 징계사유로 하는 법률규정은 ‘품위 손상’, ‘위신 실추’와 같은 추상적인 용어를 사용하여 그 적용 범위가 지나치게 광범위하거나 포괄적이어서 법관의 표현의 자유를 과도하게 제한한다고 볼 수 있다.

② 인터넷게시판을 설치·운영하는 정보통신서비스 제공자에게 본인확인조치의무를 부과하는 법률규정은 과잉금지원칙에 위배하여 인터넷게시판 이용자의 표현의 자유를 침해한다.
③ 민주사회에서 표현의 자유가 수행하는 역할과 기능에 비추어 볼 때 불명확한 규범에 의한 규제는 헌법상 보호받는 표현에 대한 위축적 효과를 수반하므로 표현의 자유를 규제하는 법률은 표현에 위축적 효과가 미치지 않도록 규제되는 행위의 개념을 세밀하고 명확하게 규정할 것이 헌법적으로 요구된다.
④ 새마을금고의 임원선거와 관련하여 법률에서 정하고 있는 방법 외의 방법으로 선거운동을 할 수 없도록 하고 이를 위반한 경우 형사처벌하도록 정하고 있는 「새마을금고법」 규정은 표현의 자유를 침해하지 않는다.

① (×) 구 법관징계법 제2조 제2호가 품위손상, 위신 실추와 같은 추상적인 용어를 사용하고 있기는 하나, 수범자인 법관이 구체적으로 어떠한 행위가 이에 해당하는지를 충분히 예측할 수 없을 정도로 그 적용범위가 모호하다거나 불분명하다고 할 수 없고, 구 법관징계법 제2조 제2호는 그 적용범위가 지나치게 광범위하거나 포괄적이어서 법관의 표현의 자유를 과도하게 제한한다고 볼 수 없어 과잉금지원칙에 위배되지 않는다(헌재 2012.2.23. 2009헌바34).
② (○) 본인확인이라는 방법으로 게시판 이용자의 표현의 자유를 사전에 제한하여 의사표현 자체를 위축시키고 그 결과 헌법으로 보호되는 표현까지도 억제함으로써 민주주의의 근간을 이루는 자유로운 여론 형성을 방해하는 것으로서 과잉금지원칙에 위배하여 청구인의 표현의 자유, 개인정보자기결정권, 청구인 회사의 언론의 자유 등 기본권을 침해한다(헌재 2012.8.23. 2010헌마47).
③ (○) 현대 민주사회에서 표현의 자유가 국민주권주의 이념의 실현에 불가결한 것인 점에 비추어 볼 때, 불명확한 규범에 의한 표현의 자유의 규제는 헌법상 보호받는 표현에 대한 위축적 효과를 야기하고, 그로 인하여 다양한 의견, 견해, 사상의 표출을 가능케 함으로써 그러한 표현들이 상호 검증을 거치도록 한다는 표현의 자유의 본래의 기능을 상실케 한다. 따라서 표현의 자유를 규제하는 법률은 규제되는 표현의 개념을 세밀하고 명확하게 규정할 것이 헌법적으로 요구된다(헌재 2013.6.27. 2012헌바37).
④ (○) 새마을금고의 경영을 책임지는 임원에게는 고도의 윤리성이 요구되므로, 임원을 선거로 선출함에 있어서는 부정·타락행위를 방지하고 선거제도의 공정성을 확보해야 할 필요성이 크다. 심판대상조항은 새마을금고 임원선거의 과열과 혼탁을 방지함으로써 선거의 공정성을 담보하고자 하는 것으로 그 입법목적이 정당하다. 따라서 심판대상조항은 과잉금지원칙에 위반하여 결사의 자유 및 표현의 자유를 침해하지 아니한다(헌재 2018.2.22. 2016헌바364). [2019년 서울 7급] ①

표현의 자유에 관한 설명으로 가장 적절하지 않은 것은? (다툼이 있는 경우 판례에 의함)
① 구 「건강기능식품에 관한 법률」에 따른 심의는 형식적으로 식품의약품안전처장으로부터 위탁받은 한국건강기능식품협회에서 수행하고 있지만, 실질적으로 행정기관인 식품의약품안전처장이 자의로 개입할 가능성이 있어, 건강기능식품 기능성 광고 사전심의는 행정권이 주체가 된 사전심사로서 헌법이 금지하는 사전검열에 해당한다.
② 인터넷언론사가 선거운동기간 중 당해 홈페이지 게시판 등에 정당 후보자에 대한 지지·반대 등의 정보를 게시하는 경우 실명을 확인받도록 정한 「공직선거법」 조항은 인터넷언론사를 통한 정보의 특성과 우리나라 선거문화의 현실 등을 고려하고 선거의 공정성 확보를 위한 것으로, 게시판 이용자의 정치적 익명표현의 자유, 개인정보자기결정권 및 인터넷언론사의 언론의 자유를 침해한다고 볼 수 없다.

③ 변호사시험 성적을 합격자에게 공개하지 않도록 규정한 구 「변호사시험법」 조항은 과잉금지원치에 위배하여 변호사시혐 합격자의 알 권리를 침해한다.

④ 헌법 제21조 제4항은 "언론·출판은 타인의 명예나 권리 또는 공중도덕이나 사회윤리를 침해하여서는 아니 된다."고 규정하고 있는 바, 이는 언론·출판의 자유에 따르는 책임과 의무를 강조하는 동시에 언론·출판의 자유에 대한 제한의 요건을 명시한 규정으로 볼 것이고, 헌법상 표현의 자유의 보호영역 한계를 설정한 것이라고는 볼 수 없다.

① (○) 광고의 심의기관이 행정기관인지 여부는 기관의 형식에 의하기보다는 그 실질에 따라 판단되어야 하고, 행정기관이 자의로 개입할 가능성이 열려 있다면 개입 가능성의 존재 자체로 헌법이 금지하는 사전검열이라고 보아야 한다. 건강기능식품에 관한 법률에 따르면 기능성 광고의 심의는 식품의약품안전처장으로부터 위탁받은 한국건강기능식품협회에서 수행하고 있지만, 법상 심의주체는 행정기관인 식품의약품안전처장이며, 언제든지 그 위탁을 철회할 수 있고, 심의위원회의 구성에 관하여도 법령을 통해 행정권이 개입하고 지속적으로 영향을 미칠 가능성이 존재하는 이상 그 구성에 자율성이 보장되어 있다고 볼 수 없다. 따라서 이 사건 건강기능식품 기능성 광고 사전심의는 행정권이 주체가 된 사전심사로서, 헌법이 금지하는 사전검열에 해당하므로 헌법에 위반된다(헌재 2019.5.30. 2019헌가4).

② (×) 인터넷언론사 홈페이지 게시판 등 이용자로 하여금 실명확인을 하도록 강제함으로써 익명표현의 자유와 언론의 자유를 제한하고, 모든 익명표현을 규제함으로써 대다수 국민의 개인정보자기결정권도 광범위하게 제한하고 있다는 점에서 이와 같은 불이익은 선거의 공정성 유지라는 공익보다 결코 과소평가될 수 없다. 그러므로 심판대상조항은 과잉금지원칙에 반하여 인터넷언론사 홈페이지 게시판 등 이용자의 익명표현의 자유와 개인정보자기결정권, 인터넷언론사의 언론의 자유를 침해한다(헌재 2021.1.28. 2018헌마456).

③ (○) 변호사시험 성적 비공개를 통하여 법학전문대학원 간의 과다경쟁 및 서열화를 방지하고, 교육과정이 충실하게 이행될 수 있도록 하여 다양한 분야의 전문성을 갖춘 양질의 변호사를 양성하기 위한 심판대상조항의 입법목적은 정당하다. 그러나 변호사시험 성적 비공개로 인하여 변호사시험 합격자의 능력을 평가할 수 있는 객관적인 자료가 없어서 오히려 대학의 서열에 따라 합격자를 평가하게 되어 대학의 서열화는 더욱 고착화된다. 따라서 변호사시험 성적의 비공개는 기존 대학의 서열화를 고착시키는 등의 부작용을 낳고 있으므로 수단의 적절성이 인정되지 않으므로, 심판대상조항은 과잉금지원칙에 위배하여 청구인들의 알 권리를 침해한다(헌재 2015.6.25. 2011헌마769).

④ (○) 헌법 제21조 제4항은 언론·출판의 자유에 따르는 책임과 의무를 강조하는 동시에 언론·출판의 자유에 대한 제한의 요건을 명시한 규정으로 볼 것이고, 헌법상 표현의 자유의 보호영역 한계를 설정한 것이라고는 볼 수 없다(헌재 2009.5.28. 2006헌바109).

[2023년 경찰공채 3월] ②

표현의 자유에 관한 다음 설명 중 가장 옳지 않은 것은? (다툼이 있는 경우 헌법재판소 결정 및 대법원 판례에 의함)

① 표현의 자유를 규제하는 법률은 그 규제로 인해 보호되는 다른 표현에 대하여 위축효과가 미치지 않도록 규제되는 표현의 개념을 세밀하고 명확하게 규정할 것이 헌법적으로 요구되는데, 이는 명확성의 원칙과 관련된다.

② 인터넷언론사에 대하여 선거일 전 90일부터 선거일까지 후보자 명의의 칼럼이나 저술을 게재하는 보도를 제한하는 '인터넷선거보도 심의기준 등에 관한 규정' 조항은 후보자 명의로 칼럼을 게재하는 자의 표현의 자유를 침해한다.

③ 음란표현은 사회의 건전한 성도덕을 크게 해칠 뿐만 아니라 사상의 경쟁 매커니즘에 의해서도 그 해악이 해소되기 어려워 언론·출판의 자유의 보호영역에 해당하지 않는 반면, 저속한 표현은 이러한 정도에 이르지 않는 성표현 등을 의미하는 것으로서 헌법적인 보호영

역 안에 있다.

④ 한국의료기기산업협회가 행하는 의료기기 광고 사전심의는 헌법이 금지하는 사전검열에 해당한다.

① (○) 민주사회에서 표현의 자유가 수행하는 역할과 기능에 비추어 볼 때, 불명확한 규범에 의한 표현의 자유의 규제는 헌법상 보호받는 표현에 대한 위축 효과를 수반하기 때문이다. 표현의 자유를 규제하는 법률은 그 규제로 인해 보호되는 다른 표현에 대하여 위축 효과가 미치지 않도록 규제되는 표현의 개념을 세밀하고 명확하게 규정할 것이 헌법적으로 요구된다(헌재 2020.11.26. 2016헌마275·606).

② (○) 시기제한조항은 선거일 전 90일부터 선거일까지 후보자 명의의 칼럼 등을 게재하는 인터넷 선거보도가 불공정하다고 볼 수 있는지에 대해 구체적으로 판단하지 않고 이를 불공정한 선거보도로 간주하여 선거의 공정성을 해치지 않는 보도까지 광범위하게 제한한다. 따라서 이 사건 시기제한조항은 과잉금지원칙에 반하여 청구인의 표현의 자유를 침해한다(헌재 2019.11.28. 2016헌마90).

③ (×) 음란이란 인간존엄 내지 인간성을 왜곡하는 노골적이고 적나라한 성표현으로서 오로지 성적 흥미에만 호소할 뿐 전체적으로 보아 하등의 문학적, 예술적, 과학적 또는 정치적 가치를 지니지 않은 것으로서, 사회의 건전한 성도덕을 크게 해칠 뿐만 아니라 사상의 경쟁메커니즘에 의해서도 그 해악이 해소되기 어려워 언론·출판의 자유에 의한 보장을 받지 않는 반면, 저속은 이러한 정도에 이르지 않는 성표현 등을 의미하는 것으로서 헌법적인 보호영역 안에 있다(헌재 1998.4.30. 95헌가16). 사건 법률조항의 음란표현은 헌법 제21조가 규정하는 언론·출판의 자유의 보호영역 내에 있다고 볼 것인바, 종전에 이와 견해를 달리하여 음란표현은 헌법 제21조가 규정하는 언론·출판의 자유의 보호영역에 해당하지 아니한다는 취지로 판시한 우리 재판소의 의견을 변경한다(헌재 2009.5.28. 2006헌바109).

④ (○) 한국의료기기산업협회나 협회에 설치된 심의위원회가 의료기기 광고 사전심의업무를 수행함에 있어서 식약처장 등 행정권의 영향력에서 벗어나 독립적이고 자율적으로 심의를 하고 있다고 보기 어렵고, 결국 의료기기 광고에 대한 심의는 행정권이 주체가 된 사전심사라고 할 것이다. 따라서 한국의료기기산업협회가 행하는 이 사건 의료기기 광고 사전심의는 헌법이 금지하는 사전검열에 해당하고, 이러한 사전심의제도를 구성하는 심판대상조항은 헌법 제21조 제2항의 사전검열금지원칙에 위반된다(헌재 2020.8.28. 2017헌가35).

[2021년 법원 9급] ③

표현의 자유 및 언론·출판의 자유에 대한 설명으로 가장 적절하지 않은 것은? (다툼이 있는 경우 판례에 의함)

① 정보통신망 이용촉진 및 정보보호 등에 관한 법률 제74조 제1항 제3호 중 '제44조의7 제1항 제3호를 위반하여 공포심이나 불안감을 유발하는 문언을 반복적으로 상대방에게 도달하게 한 자' 부분은 표현의 자유를 침해하지 않는다.

② 인터넷게시판을 설치·운영하는 정보통신서비스 제공자에게 본인확인 조치의무를 부과하여 게시판 이용자로 하여금 본인확인절차를 거쳐야만 게시판을 이용할 수 있도록 하는 정보통신망 이용촉진 및 정보보호 등에 관한 법률 조항은 과잉금지원칙에 위배하여 인터넷게시판 이용자의 표현의 자유 및 인터넷게시판을 운영하는 정보통신서비스 제공자의 언론의 자유를 침해한다.

③ 음란표현도 헌법 제21조가 규정하는 언론·출판의 자유의 보호 영역에 포함된다.

④ 지역농협 이사 선거의 경우 전화·컴퓨터통신을 이용한 지지호소의 선거운동방법을 금지하고, 이를 위반한 자를 처벌하는 구 농협협동조합법 조항은 해당 선거 후보자의 표현의 자유를 침해하지 않는다.

① (○) 심판대상조항은 불건전한 정보통신망이용으로부터 개인의 사생활의 평온을 보호함과 아울러 정보의 건전한 이용풍토를 조성하기 위한 것이다. 형법상 협박죄는 해악의 고지를 그 요건으로 하고 있어서, 해악의 고지는 없으나 반복적인 음향이나 문언 전송 등의 다양한 방법으로 상대방에게 공포심이나 불안감을 유발하는 소위 사이버스토킹을 규제하기는 불충분한 반면, 현대정보사회에서 정보통신망을 이용한 불법행위가 급증하는 추세에 있고, 오프라인 공간에서 발생하는 불법행위에 비해 행위유형이 비정형적이고 다양하여 피해자에게 주는 고통이 더욱 클 수도 있어서 규제의 필요성은 매우 크다. 따라서 심판대상조항은 표현의 자유를 침해하지 아니한다(헌재 2016.12.29. 2014헌바434).

② (○) 건전한 인터넷 문화의 조성 등 입법목적은, 인터넷 주소 등의 추적 및 확인, 당해 정보의 삭제·임시조치, 손해배상, 형사처벌 등 인터넷 이용자의 표현의 자유나 개인정보자기결정권을 제약하지 않는 다른 수단에 의해서도 충분히 달성할 수 있음에도, 인터넷의 특성을 고려하지 아니한 채 본인확인제의 적용범위를 광범위하게 정하여 법집행자에게 자의적인 집행의 여지를 부여하고, 목적달성에 필요한 범위를 넘는 과도한 기본권 제한을 하고 있으므로 침해의 최소성이 인정되지 아니한다. 따라서 본인확인제를 규율하는 이 사건 법령조항들은 과잉금지원칙에 위배하여 인터넷게시판 이용자의 표현의 자유, 개인정보자기결정권 및 인터넷게시판을 운영하는 정보통신서비스 제공자의 언론의 자유를 침해한다(헌재 2012.8.23. 2010헌마47).

③ (○) 음란표현은 헌법 제21조가 규정하는 언론·출판의 자유의 보호영역 내에 있다고 볼 것인바, 종전에 이와 견해를 달리하여 음란표현은 헌법 제21조가 규정하는 언론·출판의 자유의 보호영역에 해당하지 아니한다는 취지로 판시한 우리 재판소의 의견을 변경한다(헌재 2009.5.28. 2006헌바109).

④ (×) 사건 법률조항은 지역농협 이사 선거가 과열되는 과정에서 후보자들의 경제력 차이에 따른 불균형한 선거운동 및 흑색선전을 통한 부당한 경쟁이 이루어짐으로써 선거의 공정이 해쳐지는 것을 방지하기 위하여 선거 공보의 배부를 통한 선거운동만을 허용하고, 전화·컴퓨터통신을 이용한 지지 호소의 선거운동을 금지하며 이를 위반하여 선거운동을 한 자를 처벌하는바, 입법목적의 정당성 및 수단의 적합성이 인정된다. 그러나 전화·컴퓨터통신은 누구나 손쉽고 저렴하게 이용할 수 있는 매체인 점, 농업협동조합법에서 흑색선전 등을 처벌하는 조항을 두고 있는 점을 고려하면 입법목적 달성을 위하여 위 매체를 이용한 지지 호소까지 금지할 필요성은 인정되지 아니한다. 이 사건 법률조항들이 달성하려는 공익이 결사의 자유 및 표현의 자유 제한을 정당화할 정도로 크다고 보기는 어려우므로, 법익의 균형성도 인정되지 아니한다. 따라서 이 사건 법률조항들은 과잉금지원칙을 위반하여 결사의 자유, 표현의 자유를 침해하여 헌법에 위반된다(헌재 2016.11.24. 2015헌바62).

[2018년 경찰 경정승진] ④

정치적 표현의 자유에 관한 다음 설명 중 가장 옳지 않은 것은?

① 공무원이 선거에서 특정정당 또는 특정인을 지지하기 위하여 타인에게 정당에 가입하도록 권유 운동을 한 경우 형사처벌하는 조항은 공무원의 정치적 표현의 자유를 침해한다.

② 당원이 아닌 자에게도 투표권을 부여하는 당내경선에서 지방공기업법에 규정된 시설관리공단의 상근직원이 경선 운동을 할 수 없도록 금지하는 조항은 정치적 표현의 자유를 침해한다.

③ 당내경선에서 이루어지는 경선운동은 원칙적으로 공직선거에서의 당선 또는 낙선을 위한 행위인 선거운동에 해당하지 않으므로, 경선운동을 금지하는 조항이 과잉금지원칙에 반하는지 여부를 판단할 때에는 엄격한 심사기준이 적용되어야 한다.

④ 오늘날 정치적 표현의 자유는 자유민주적 기본질서의 구성요소로서 다른 기본권에 비하여 우월한 효력을 가지므로, 공무원이라는 지위에 있다는 이유만으로 정치적 표현의 자유를 전면적으로 부정할 수는 없다.

⑤ 군무원이 연설, 문서 등의 방법으로 정치적 의견을 공표하는 경우 2년 이하의 금고에 처하

도록 한 조항은 군무원의 정치적 표현의 자유를 침해하지 않는다.

① (×) 정당가입권유금지조항은 선거에서 특정정당·특정인을 지지하기 위하여 정당가입을 권유하는 적극적·능동적 의사에 따른 행위만을 금지함으로써 공무원의 정치적 표현의 자유를 최소화하고 있고, 이러한 행위는 단순한 의견개진의 수준을 넘어 선거운동에 해당하므로 입법자는 헌법 제7조 제2항이 정한 공무원의 정치적 중립성 보장을 위해 이를 제한할 수 있다. 그러므로 정당가입권유금지조항은 과잉금지원칙에 반하여 정치적 표현의 자유를 침해하지 아니한다(헌재 2021.8.31. 2018헌바149).

② (○) 공단의 상근직원은 이 사건 공단의 경영에 관여하거나 실질적인 영향력을 미칠 수 있는 권한을 가지고 있지 아니하므로, 경선운동을 한다고 하여 그로 인한 부작용과 폐해가 크다고 보기 어렵다. 정치적 표현의 자유의 중대한 제한에 비하여, 이 사건 공단의 상근직원이 당내경선에서 공무원에 준하는 영향력이 있다고 볼 수 없는 점 등을 고려하면 심판대상조항이 당내경선의 형평성과 공정성의 확보라는 공익에 기여하는 바가 크다고 보기 어렵다. 따라서 심판대상조항은 과잉금지원칙에 반하여 정치적 표현의 자유를 침해한다(헌재 2021.4.29. 2019헌가11).

③ (○) 당내경선은 공직선거 자체와는 구별되는 정당 내부의 자발적인 의사결정에 해당하고, 경선운동은 원칙적으로 공직선거에서의 당선 또는 낙선을 위한 행위인 선거운동에 해당하지 않는다. 따라서 당내경선의 형평성과 공정성을 담보하기 위해서 국가가 개입하여야 하는 정도가 공직선거와 동등하다고 보기는 어렵다. 이와 같은 당내경선 및 경선운동의 내용 및 성질과 경선운동은 정치적 표현의 자유의 보호영역에 속하는 점 등을 고려하면, 심판대상조항이 과잉금지원칙에 반하는지 여부를 판단할 때에는 엄격한 심사기준이 적용되어야 한다(헌재 2022.6.30. 2021헌가24).

④ (○) 오늘날 정치적 표현의 자유는 자유민주적 기본질서의 구성요소로서 다른 기본권에 비하여 우월한 효력을 가지므로, 공무원이라는 지위에 있다는 이유만으로 정치적 표현의 자유를 전면적으로 부정할 수는 없다. 다만 정치적 표현의 자유의 중요성을 감안하더라도, 정치적 표현의 자유도 절대적인 것은 아니기 때문에, 헌법 제37조 제2항에서 도출되는 과잉금지원칙에 따라 제한될 수 있다(헌재 2018.7.26. 2016헌바139).

⑤ (○) 군조직의 질서와 규율을 유지·강화하여 군 본연의 사명인 국방의 임무에 전력을 기울이도록 하고, 우리나라의 민주헌정체제와 이에 대한 국민의 신뢰를 보호하려는 심판대상조항의 입법목적은 정당하고, 심판대상조항에서 군무원이 연설, 문서 또는 그 밖의 방법으로 정치적 의견을 공표하는 것을 금지하고 이를 위반하면 처벌하도록 하는 것은 그러한 입법목적을 달성하기 위한 효과적이고 적합한 수단이 된다. 결국 심판대상조항은 과잉금지원칙에 반하여 군무원의 정치적 표현의 자유를 침해한다고 볼 수도 없다(헌재 2018.7.26. 2016헌바139).

[2022년 법무사] ①

표현의 자유에 관한 헌법재판소의 입장으로 옳지 않은 것은? (다툼이 있는 경우 판례에 의함)

① 위법하게 취득한 타인간의 대화내용을 공개하는 자를 처벌하는 통신비밀보호법 조항은 대화자의 통신의 비밀을 보호하기 위한 것이나, 다른 한편으로는 대화내용을 공개하는 자의 표현의 자유를 제한하게 되므로 두 기본권이 충돌하게 된다.

② 명예훼손적 표현의 피해자가 공적 인물인지 아니면 사인인지, 그 표현이 공적인 관심 사안에 관한 것인지 순수한 사적인 영역에 속하는 사안인지의 여부에 따라 헌법적 심사기준에는 차이가 있어야 한다.

③ 언론·출판의 자유는 종교의 자유, 양심의 자유, 학문과 예술의 자유와 표리관계에 있다고 할 수 있는데 그러한 정신적인 자유를 외부적으로 표현하는 자유가 언론·출판의 자유라고 할 수 있다.

④ 정치적 표현의 자유는 선거과정에서의 선거운동을 통하여 국민이 정치적 의견을 자유로이

발표·교환함으로써 비로소 그 기능을 다하게 된다고 할지라도, 선거운동의 자유는 헌법에 정한 언론·출판·집회·결사의 자유 보장 규정에 의한 보호를 받는 것이 아니라 선거원칙을 규정하고 있는 헌법 제41조 제1항 및 제67조 제1항과 헌법 제10조 행복추구권으로부터 유래되는 일반적 행동자유권 등에 의해서 우선적으로 보호된다.

⑤ 언론·출판의 자유의 보호대상이 되는 의사표현 또는 전파의 매개체는 어떠한 형태이건 가능하며 그 제한이 없다.

① (○) 사건 법률조항이 불법 감청·녹음 등을 통하여 취득한 타인간의 대화내용을 공개·누설하는 경우 그러한 취득행위에는 관여하지 않고 다른 경로를 통하여 그 대화내용을 알게 된 사람이라 하더라도 처벌하는 것은 헌법 제18조에 의하여 보장되는 통신의 비밀을 보호하기 위함이다. 그러나 이 사건 법률조항은 다른 한편으로는 위법하게 취득한 타인간의 대화내용을 공개하는 자를 처벌함으로써 그 대화내용을 공개하는 자의 표현의 자유를 제한하게 된다. 따라서 이 사건 법률조항에 의하여 대화자의 통신의 비밀과 공개자의 표현의 자유라는 두 기본권이 충돌하게 된다(헌재 2011.8.30. 2009헌바42).

② (○) 명예훼손적 표현의 피해자가 공적 인물인지 아니면 사인인지, 그 표현이 공적인 관심 사안에 관한 것인지 순수한 사적인 영역에 속하는 사안인지의 여부에 따라 헌법적 심사기준에는 차이가 있어야 하고, 공적 인물의 공적 활동에 대한 명예훼손적 표현은 그 제한이 더 완화되어야 한다. 다만 공인 내지 공적인 관심 사안에 관한 표현이라 할지라도 일상적인 수준으로 허용되는 과장의 범위를 넘어서는 명백한 허위사실로서 개인에 대한 악의적이거나 현저히 상당성을 잃은 공격은 제한될 수 있어야 한다(헌재 2013.12.26. 2009헌마747).

③ (○) 헌법 제21조의 언론·출판의 자유는 종교의 자유, 양심의 자유, 학문과 예술의 자유와 표리관계에 있다고 할 수 있는데 그러한 정신적인 자유를 외부적으로 표현하는 자유가 언론·출판의 자유라고 할 수 있다(헌재 1992.11.12. 89헌마88).

④ (×) 선거운동의 자유는 널리 선거과정에서 자유로이 의사를 표현할 자유의 일환이므로 표현의 자유의 한 태양이기도 하다. 표현의 자유, 특히 정치적 표현의 자유는 선거과정에서의 선거운동을 통하여 국민이 정치적 의견을 자유로이 발표·교환함으로써 비로소 그 기능을 다하므로, 선거운동의 자유는 헌법에 정한 언론·출판·집회·결사의 자유 보장 규정에 의한 보호를 받는다(헌재 2001.8.30. 99헌바92).

⑤ (○) 헌법 제21조 제1항에서 모든 국민은 언론·출판의 자유를 가진다고 규정하여 표현의 자유를 보장하고 있는바, 의사표현·전파의 자유에 있어서 의사표현 또는 전파의 매개체는 어떠한 형태이건 가능하며, 그 제한이 없다(헌재 2018.6.28. 2016헌가8)

[2021년 소방간부] ④

표현의 자유에 대한 설명으로 옳지 않은 것은? (다툼이 있는 경우 판례에 의함)

① 의료광고의 심의기관이 행정기관인가 여부는 기관의 형식에 의하기보다는 그 실질에 따라 판단하여야 하며, 민간심의기구가 심의를 담당하는 경우에도 행정권의 개입 때문에 사전심의에 자율성이 보장되지 않는다면, 헌법이 금지하는 행정기관에 의한 사전검열에 해당하게 될 것이다.

② 「출판사 및 인쇄소의 등록에 관한 법률」 규정 중 ‘음란한 간행물’ 부분은 헌법에 위반되지 아니하고, ‘저속한 간행물’ 부분은 명확성의 원칙에 반할 뿐만 아니라 출판의 자유와 성인의 알 권리를 침해하는 것으로 헌법에 위반된다.

③ 「신문 등의 진흥에 관한 법률」의 등록조항은 인터넷신문의 명칭, 발행인과 편집인의 인적사항 등 인터넷신문의 외형적이고 객관적 사항을 제한적으로 등록하도록 하고 있는 바, 이는 인터넷신문에 대한 인적 요건의 규제 및 확인에 관한 것으로 인터넷신문의 내용을 심

사·선별하여 사전에 통제하기 위한 규정으로 사전허가금지원칙에 위배된다.

④ 헌법상 사전검열은 표현의 자유 보호 대상이면 예외 없이 금지되므로, 건강기능식품의 기능성 광고는 인체의 구조 및 기능에 대하여 보건용도에 유용한 효과를 준다는 기능성 등에 관한 정보를 널리 알려 해당 건강기능식품의 소비를 촉진시키기 위한 상업광고이지만, 헌법 제21조 제1항의 표현의 자유의 보호 대상이 됨과 동시에 같은 조 제2항의 사전검열 금지 대상도 된다.

① (○) 의료광고의 심의기관이 행정기관인가 여부는 기관의 형식에 의하기보다는 그 실질에 따라 판단되어야 한다. 따라서 검열을 행정기관이 아닌 독립적인 위원회에서 행한다고 하더라도, 행정권이 주체가 되어 검열절차를 형성하고 검열기관의 구성에 지속적인 영향을 미칠 수 있는 경우라면 실질적으로 그 검열기관은 행정기관이라고 보아야 한다. 그렇게 해석하지 아니한다면 검열기관의 구성은 입법기술상의 문제에 지나지 않음에도 불구하고 정부에게 행정관청이 아닌 독립된 위원회의 구성을 통하여 사실상 검열을 하면서도 헌법상 검열금지원칙을 위반하였다는 비난을 면할 수 있는 길을 열어주기 때문이다. 민간심의기구가 심의를 담당하는 경우에도 행정권이 개입하여 그 사전심의에 자율성이 보장되지 않는다면 이 역시 행정기관의 사전검열에 해당하게 될 것이다(헌재 2015.12.23. 2015헌바75).

② (○) 등록취소로 인한 기본권적 이익의 실질적 침해는 그다지 크지 않은 반면, 음란출판의 금지 및 유통억제의 필요성과 공익은 현저히 크다고 볼 수밖에 없어 과잉금지의 원칙에 위반되지 아니한다. 음란의 개념과는 달리 저속의 개념은 그 적용범위가 매우 광범위할 뿐만 아니라, 출판을 하고자 하는 자는 어느 정도로 자신의 표현내용을 조절해야 되는지를 도저히 알 수 없도록 되어 있어 명확성의 원칙 및 과도한 광범성의 원칙에 반한다. 또한 청소년보호라는 명목으로 성인이 볼 수 있는 것까지 전면 금지시킨다면 이는 성인의 알권리의 수준을 청소년의 수준으로 맞출 것을 국가가 강요하는 것이어서 성인의 알권리까지 침해하게 된다(헌재 1998.4.30. 95헌가16).

③ (×) 등록조항은 인터넷신문의 명칭, 발행인과 편집인의 인적사항 등 인터넷신문의 외형적이고 객관적 사항을 제한적으로 등록하도록 하고 있고, 고용조항 및 확인조항은 5인 이상 취재 및 편집 인력을 고용하되, 그 확인을 위해 등록 시 서류를 제출하도록 하고 있다. 이런 조항들은 인터넷신문에 대한 인적 요건의 규제 및 확인에 관한 것으로, 인터넷신문의 내용을 심사·선별하여 사전에 통제하기 위한 규정이 아님이 명백하다. 따라서 등록조항은 사전허가금지원칙에도 위배되지 않는다(헌재 2016.10.27. 2015헌마1206).

④ (○) 현행 헌법상 사전검열은 표현의 자유 보호 대상이면 예외 없이 금지된다. 건강기능식품의 기능성 광고는 인체의 구조 및 기능에 대하여 보건용도에 유용한 효과를 준다는 기능성 등에 관한 정보를 널리 알려 해당 건강기능식품의 소비를 촉진시키기 위한 상업광고이지만, 헌법 제21조 제1항의 표현의 자유의 보호 대상이 됨과 동시에 같은 조 제2항의 사전검열 금지 대상도 된다(헌재 2018.6.28. 2016헌가8).

[2020년 서울 7급] ③

표현의 자유에 대한 설명으로 옳은 것은? (다툼이 있는 경우 판례에 의함)

① 인터넷언론사가 선거일 전 90일부터 선거일까지 후보자명의의 칼럼이나 저술을 게재하는 보도를 할 수 없도록 한 것은 필요 이상으로 표현의 자유를 제한하여 헌법에 위반된다.

② 대한민국을 모욕할 목적으로 국기를 훼손하는 행위를 처벌하도록 한 것은 표현의 방법이 아닌 표현의 내용에 대한 규제이므로 표현의 자유를 침해한다.

③ 각급 법원 인근의 모든 옥외집회를 전면적으로 금지한 「집회 및 시위에 관한 법률」 규정은 해당 법원에서 심리 중인 사건의 재판에 영향을 미칠 위협을 차단하기 위한 것으로서 집회의 자유를 침해하지 않는다.

④ 옥외집회나 시위가 사전신고한 범위를 뚜렷이 벗어나 질서를 유지할 수 없게 된 경우, 이에

대한 해산명령에 불응하는 자를 형사처벌하는 「집회 및 시위에 관한 법률」 규정은 집회의 자유를 침해한다.

⑤ 국회의사당의 경계지점으로부터 100미터 이내의 장소에서 옥외집회 또는 시위를 한 자를 처벌하는 「집회 및 시위에 관한 법률」 규정은 국회의 헌법적 기능을 보호하기 위한 것으로서 집회의 자유를 침해하지 않는다.

① (○) 시기제한조항은 선거일 전 90일부터 선거일까지 후보자 명의의 칼럼 등을 게재하는 인터넷 선거보도가 불공정하다고 볼 수 있는지에 대해 구체적으로 판단하지 않고 이를 불공정한 선거보도로 간주하여 선거의 공정성을 해치지 않는 보도까지 광범위하게 제한한다. 이 사건 시기제한조항의 입법목적을 달성할 수 있는 덜 제약적인 다른 방법들이 이 사건 심의기준 규정과 공직선거법에 이미 충분히 존재한다. 따라서 이 사건 시기제한조항은 과잉금지원칙에 반하여 청구인의 표현의 자유를 침해한다(헌재 2019.11.28. 2016헌마90).

② (×) 국기는 국가의 역사와 국민성, 이상 등을 응축하고 헌법이 보장하는 질서와 가치를 담아 국가의 정체성을 표현하는 국가의 대표적 상징물이다. 심판대상조항은 국기를 존중, 보호함으로써 국가의 권위와 체면을 지키고, 국민들이 국기에 대하여 가지는 존중의 감정을 보호하려는 목적에서 입법된 것이다. 심판대상조항은 국기가 가지는 고유의 상징성과 위상을 고려하여 일정한 표현방법을 규제하는 것에 불과하므로, 국기모독 행위를 처벌한다고 하여 이를 정부나 정권, 구체적 국가기관이나 제도에 대한 비판을 허용하지 않거나 이를 곤란하게 하는 것으로 볼 수 없다. 그러므로 심판대상조항은 과잉금지원칙에 위배되어 청구인의 표현의 자유를 침해한다고 볼 수 없고, 표현의 자유의 본질적 내용을 침해한다고도 할 수 없다(헌재 2019.12.27. 2016헌바96).

③ (×) 심판대상조항은 입법목적을 달성하는데 필요한 최소한도의 범위를 넘어 규제가 불필요하거나 또는 예외적으로 허용 가능한 옥외집회·시위까지도 일률적·전면적으로 금지하고 있으므로, 침해의 최소성 원칙에 위배된다. 심판대상조항은 각급 법원 인근의 모든 옥외집회를 전면적으로 금지함으로써 상충하는 법익 사이의 조화를 이루려는 노력을 전혀 기울이지 않아, 법익의 균형성 원칙에도 어긋난다. 심판대상조항은 과잉금지원칙을 위반하여 집회의 자유를 침해한다(헌재 2018.7.26. 2018헌바137).

④ (×) 집시법 제20조 제1항 제2호가 미신고 옥외집회 또는 시위를 해산명령의 대상으로 하면서 별도의 해산 요건을 정하고 있지 않더라도, 그 옥외집회 또는 시위로 인하여 타인의 법익이나 공공의 안녕질서에 대한 직접적인 위험이 명백하게 초래된 경우에 한하여 위조항에 기하여 해산을 명할 수 있고, 이러한 요건을 갖춘 해산명령에 불응하는 경우에만 집시법 제24조 제5호에 의하여 처벌할 수 있다(대법원 2012.4.19. 2010도6388).

⑤ (×) 심판대상조항은 입법목적을 달성하는 데 필요한 최소한도의 범위를 넘어, 규제가 불필요하거나 또는 예외적으로 허용하는 것이 가능한 집회까지도 이를 일률적·전면적으로 금지하고 있으므로 침해의 최소성 원칙에 위배된다. 심판대상조항으로 달성하려는 공익이 제한되는 집회의 자유 정도보다 크다고 단정할 수는 없다고 할 것이므로 심판대상조항은 법익의 균형성 원칙에도 위배된다. 심판대상조항은 과잉금지원칙을 위반하여 집회의 자유를 침해한다(헌재 2018.5.31. 2013헌바322). [2020년 국회 9급] ①

표현의 자유에 대한 설명으로 옳지 않은 것은? (다툼이 있는 경우 판례에 의함)

① 저작자 아닌 자를 저작자로 하여 실명·이명을 표시하여 저작물을 공표한 자를 처벌하는 「저작권법」 규정은 표현의 자유를 침해하지 않는다.

② 노동단체가 정당에 정치자금을 기부하는 것을 금지하는 법률조항은 노동단체의 단결권이 아니라 표현의 자유를 침해하는 것이다.

③ 「금융지주회사법」 제48조의3 제2항 중 금융지주회사의 임·직원이 업무상 알게 된 공개되지 아니한 정보 또는 자료를 다른 사람에게 누설하는 것을 금지하는 부분은 표현의 자유를 침해하지 않는다.

④ 공직자의 공무집행과 직접적인 관련이 없는 개인적인 사생활에 관한 사실이라도 일정한 경우 공적인 관심 사안에 해당할 수 있고, 공직자의 자질·도덕성·청렴성에 관한 사실은 그 내용이 개인적인 사생활에 관한 것이라 할지라도 순수한 사생활의 영역에 있다고 보기 어려우므로 이에 대한 문제제기 내지 비판은 허용되어야 한다.

⑤ 「정보통신망 이용촉진 및 정보보호 등에 관한 법률」 조항 중 '공포심이나 불안감을 유발하는 문언을 반복적으로 상대방에게 도달하게 한 자' 부분은, 정보 수신자가 불안감이나 공포심을 실제로 느꼈는지 여부와 상관없이 정보를 보낸 사람을 처벌 가능한 것으로 해석할 수 있어, 그 처벌 대상이 무한히 확장될 가능성이 있으므로 명확성원칙에 위배되어 표현의 자유를 침해한다.

① (○) 심판대상조항은 저작자 및 자신의 의사에 반하여 저작자로 표시된 사람의 권리를 보호하고, 저작자 명의에 관한 사회 일반의 신뢰를 보호하기 위한 것으로 입법목적이 정당하고, 저작자 아닌 사람을 저작자로 표시하는 행위를 금지하는 것은 적합한 수단이다. 심판대상조항은 표현의 자유 또는 일반적 행동의 자유를 침해하지 아니한다(헌재 2018.8.30. 2017헌바158).

② (○) 사건 법률조항의 입법목적인 노동단체의 정치화 방지나 노동단체 재정의 부실 우려는 헌법상 보장된 정치적 자유의 의미에 비추어 입법자가 헌법상 추구할 수 있는 정당한 입법목적의 범위를 벗어난 것으로 판단된다. 따라서 노동단체의 기부금지를 정당화하는 중대한 공익을 인정하기 어려우므로 이 사건 법률조항은 노동단체인 청구인의 표현의 자유 및 결사의 자유의 본질적 내용을 침해하는 위헌적인 규정이다(헌재 1999.11.25. 95헌마154).

③ (○) 심판대상조항은 금융지주회사의 영업 관련 정보 및 자료에 대한 배타적 권리를 보호하고, 정확한 정보의 공개를 보장함으로써, 금융지주회사의 경영 및 재무 건전성과, 금융 산업의 공정성 및 안정성 확보를 도모하기 위한 것이므로 입법목적의 정당성이 인정된다. 따라서 심판대상조항은 표현의 자유를 침해하지 아니한다(헌재 2017.8.31. 2016헌가11).

④ (○) 공직자의 공무집행과 직접적인 관련이 없는 개인적인 사생활에 관한 사실이라도 일정한 경우 공적인 관심 사안에 해당할 수 있다. 공직자의 자질·도덕성·청렴성에 관한 사실은 그 내용이 개인적인 사생활에 관한 것이라 할지라도 순수한 사생활의 영역에 있다고 보기 어렵다. 이러한 사실은 공직자 등의 사회적 활동에 대한 비판 내지 평가의 한 자료가 될 수 있고, 업무집행의 내용에 따라서는 업무와 관련이 있을 수도 있으므로, 이에 대한 문제제기 내지 비판은 허용되어야 한다(헌재 2013.12.26. 2009헌마747).

⑤ (×) 심판대상조항의 문언 및 입법목적, 법원의 해석 등을 종합하여 보면, '공포심이나 불안감을 유발하는 문언을 반복적으로 도달하게 한 행위'란 '사회통념상 일반인에게 두려워하고 무서워하는 마음, 마음이 편하지 아니하고 조마조마한 느낌을 일으킬 수 있는 내용의 문언을 되풀이하여 전송하는 일련의 행위'를 의미하는 것이다. 건전한 상식과 통상적인 법감정을 가진 수범자는 심판대상조항에 의하여 금지되는 행위가 어떠한 것인지 충분히 알 수 있고, 법관의 보충적인 해석을 통하여 그 의미가 확정될 수 있으므로, 심판대상조항은 명확성원칙에 위배되지 않는다(헌재 2016.12.29. 2014헌바434). [2019년 국회 8급] ⑤

다음 중 표현의 자유에 대한 설명으로 옳지 않은 것은? (다툼이 있는 경우 헌법재판소 판례에 의함)

① 의료광고를 사전에 예방하지 않을 경우 불특정 다수가 신체·건강상 피해를 보는 등 광범위한 해악이 초래될 수 있으므로, 의료광고는 사전검열금지원칙의 적용대상이 아니다.

② 표현의 자유에는 자신의 신원을 누구에게도 밝히지 아니한 채 익명 또는 가명으로 자신의 사상이나 견해를 표명하고 전파할 자유도 포함한다.

③ 허위사실 표현도 헌법 제21조가 규정하는 언론·출판의 자유의 보호영역에 해당한다.

④ 정기간행물의 납본제도와 검·인정 교과서제도는 사전검열금지원칙에 위배되지 않는다.

⑤ 집회·시위장소는 집회·시위의 목적을 달성하는 데 있어서 매우 중요한 역할을 수행하는 경우가 많기 때문에 장소선택의 자유는 집회·시위의 자유의 한 성질을 형성한다.

① (×) 헌법이 특정한 표현에 대해 예외적으로 검열을 허용하는 규정을 두지 않은 점, 이러한 상황에서 표현의 특성이나 규제의 필요성에 따라 언론·출판의 자유의 보호를 받는 표현 중에서 사전검열금지원칙의 적용이 배제되는 영역을 따로 설정할 경우 그 기준에 대한 객관성을 담보할 수 없다는 점 등을 고려하면, 헌법상 사전검열은 예외 없이 금지되는 것으로 보아야 하므로 의료광고 역시 사전검열금지원칙의 적용대상이 된다(헌재 2015.12.23. 2015헌바75).

② (○) 헌법 제21조 표현의 자유는 전통적으로 사상 또는 의견의 자유로운 표명(발표의 자유)과 그것을 전파할 자유(전달의 자유)를 의미하는 것으로서, 개인이 인간으로서의 존엄과 가치를 유지하고 행복을 추구하며 국민주권을 실현하는데 필수불가결한 것이고, 종교의 자유, 양심의 자유, 학문과 예술의 자유 등의 정신적인 자유를 외부적으로 표현하는 자유이다. 이러한 '자유로운' 표명과 전파의 자유에는 자신의 신원을 누구에게도 밝히지 아니한 채 익명 또는 가명으로 자신의 사상이나 견해를 표명하고 전파할 익명표현의 자유도 그 보호영역에 포함된다(헌재 2010.2.25. 2008헌마324).

③ (○) 표현이 어떤 내용에 해당한다는 이유만으로 표현의 자유의 보호영역에서 애당초 배제된다고는 볼 수 없으므로, '허위사실의 표현'도 헌법 제21조가 규정하는 언론·출판의 자유의 보호영역에는 해당하되, 다만 헌법 제37조 제2항에 따라 제한될 수 있다(헌재 2010.12.28. 2008헌바157).

④ (○) 정기간행물의 등록에 관한 법률 제10조 제1항 소정의 정기간행물의 공보처장관에의 납본제도는 언론·출판의 자유를 침해하는 것이 아니고, 헌법이 보장하는 재산권을 침해하는 것도 아니며, 도서관진흥법과 국회도서관법 외에 따로 납본제도를 두었다고 하여 과잉금지의 원칙에 반한다고 할 수 없어, 헌법에 위반되지 아니한다(헌재 1992.6.26. 90헌바26). 교과서에 관련된 국정 또는 검·인정제도의 법적 성질은 허가라기보다는 어떠한 책자에 대하여 교과서라는 특수한 지위를 부여하는 특허의 성질을 갖는 것이므로 국가가 재량권을 가질 수 있다. 교과서제도는 국가가 직접 편찬하였거나 여러 도서 중에서 교육목적과 지침에 비추어 교과서로서 적정하다고 검·인정한 것만을 교과용도서로 하려는 취지일 뿐, 그 기준에 합당하지 않은 도서의 출판 자체를 원천적으로 금지하는 것은 아니기 때문에 출판의 자유를 침해하는 것이라고 할 수 없다(헌재 1992.11.12. 89헌마88).

⑤ (○) 집회·시위장소는 집회·시위의 목적을 달성하는 데 있어서 매우 중요한 역할을 수행하는 경우가 많기 때문에 집회·시위장소를 자유롭게 선택할 수 있어야만 집회·시위의 자유가 비로소 효과적으로 보장되므로 장소선택의 자유는 집회·시위의 자유의 한 실질을 형성한다(헌재 2005.11.24. 2004헌가17). [2017년 국회 9급] ①

표현의 자유에 대한 설명으로 옳지 않은 것은? (다툼이 있는 경우 판례에 의함)

① 인터넷언론사에 대하여 선거일 전 90일부터 선거일까지 후보자 명의의 칼럼이나 저술을 게재하는 보도를 제한하는 구 「인터넷선거보도 심의기준 등에 관한 규정」 제8조 제2항 본문과 「인터넷선거보도 심의기준 등에 관한 규정」 제8조 제2항은 인터넷언론사 홈페이지에 청구인 명의의 칼럼을 게재한 자의 표현의 자유를 침해한다.

② 지역농협 이사 선거의 경우 전화·컴퓨터통신을 이용한 지지·호소의 선거운동방법을 금지하고, 이를 위반한 자를 처벌하는 구 「농협협동조합법」 조항은 해당 선거 후보자의 표현의 자유를 침해한다.

③ 「세종특별자치시 옥외광고물 관리 조례」에서 특정 구역 안에서 업소별로 표시할 수 있는 옥외광고물의 총수량을 원칙적으로 1개로 제한한 것은 표현의 자유를 침해한다.

④ 사전심의를 받지 않은 건강기능식품의 기능성 광고를 금지하고 이를 어길 경우 형사처벌

하도록 한 구「건강기능식품에 관한 법률」조항은 사전검열에 해당하여 표현의 자유를 침해한다.

⑤ 선거운동기간 전에「공직선거법」에 규정된 방법을 제외하고 인쇄물 등의 배부를 금지한「공직선거법」조항은 정치적 표현의 자유를 침해하지 않는다.

① (○) 사건 시기제한조항은 선거일 전 90일부터 선거일까지 후보자 명의의 칼럼 등을 게재하는 인터넷 선거보도가 불공정하다고 볼 수 있는지에 대해 구체적으로 판단하지 않고 이를 불공정한 선거보도로 간주하여 선거의 공정성을 해치지 않는 보도까지 광범위하게 제한한다. 이 사건 시기제한조항의 입법목적을 달성할 수 있는 덜 제약적인 다른 방법들이 이 사건 심의기준 규정과 공직선거법에 이미 충분히 존재한다. 따라서 이 사건 시기제한조항은 과잉금지원칙에 반하여 청구인의 표현의 자유를 침해한다(헌재 2019.11.28. 2016헌마90).
② (○) 전화·컴퓨터통신은 누구나 손쉽고 저렴하게 이용할 수 있는 매체인 점, 농업협동조합법에서 흑색선전 등을 처벌하는 조항을 두고 있는 점을 고려하면 입법목적 달성을 위하여 위 매체를 이용한 지지 호소까지 금지할 필요성은 인정되지 아니한다. 이 사건 법률조항들이 달성하려는 공익이 결사의 자유 및 표현의 자유 제한을 정당화할 정도로 크다고 보기는 어려우므로, 법익의 균형성도 인정되지 아니한다. 따라서 이 사건 법률조항들은 과잉금지원칙을 위반하여 결사의 자유, 표현의 자유를 침해하여 헌법에 위반된다(헌재 2016.11.24. 2015헌바62).
③ (×) 사건 특정 구역 안에서의 옥외광고물의 표시방법을 제한하는 심판대상조항들은 옥외광고물의 난립을 막아 쾌적하고 조화로운 도시미관을 조성함과 동시에 도시의 정체성을 확립하고, 공중에 대한 위해를 방지하고자 하는 것으로서 그 목적의 정당성 및 수단의 적정성이 인정된다. 청구인들은 자신들이 원하는 위치에 원하는 종류의 옥외광고물을 원하는 만큼 표시·설치할 수 없어 표현의 자유 및 직업수행의 자유를 다소 제한받게 되나, 심판대상조항들에 의하여 달성하려는 공익에 비하여 중대하다고 할 수 없어 법익균형성도 충족된다. 따라서 심판대상조항들이 비례의 원칙에 위배되어 청구인들의 표현의 자유 및 직업수행의 자유를 침해한다고 볼 수 없다(헌재 2016.3.31. 2014헌마79).
④ (○) 건강기능식품에 관한 법률에 따르면 기능성 광고의 심의는 식품의약품안전처장으로부터 위탁받은 한국건강기능식품협회에서 수행하고 있지만, 법상 심의주체는 행정기관인 식품의약품안전처장이며, 언제든지 그 위탁을 철회할 수 있고, 심의위원회의 구성에 관하여도 법령을 통해 행정권이 개입하고 지속적으로 영향을 미칠 가능성이 존재하는 이상 그 구성에 자율성이 보장되어 있다고 볼 수 없다. 식품의약품안전처장이 심의기준 등의 제정과 개정을 통해 심의 내용과 절차에 영향을 줄 수 있고, 식품의약품안전처장이 재심의를 권하면 심의기관이 이를 따라야 하며, 분기별로 식품의약품안전처장에게 보고가 이루어진다는 점에서도 그 심의업무의 독립성과 자율성이 있다고 보기 어렵다. 따라서 이 사건 건강기능식품 기능성 광고 사전심의는 행정권이 주체가 된 사전심사로서, 헌법이 금지하는 사전검열에 해당하므로 헌법에 위반된다(헌재 2019.5.30. 2019헌가4).
⑤ (○) 인쇄물배부금지조항은 후보자들 간의 부당한 경쟁과 경제력 차이에 따른 불균형이라는 폐해를 막고 선거의 공정성을 확보하기 위한 조항으로서, 공직선거법은 같은 입법목적을 위하여 선거운동의 기간과 방법 등을 상세하게 규율하고 선거운동기간 전의 선거운동을 금지하며, 다만 예비후보자로 등록하면 명함 배부, 예비후보자 홍보물 우편발송을 할 수 있도록 정하고 있다. 그런데 공직선거법이 정한 방법에 의하지 아니한 문서·도화, 인쇄물의 배부를 전면적으로 금지·처벌하지 않으면 위와 같은 규제는 그 실효성을 확보하기 어려운 점, 인쇄물배부금지의 기간이 선거운동의 계획 및 준비가 시작되는 시점인 선거일 전 180일부터 선거일까지로 한정되고, 금지내용도 선거에 영향을 미칠 목적으로 이루어지는 '선거운동에 준하는 내용의 표현행위'에 한정된다는 점 등을 고려하면, 인쇄물배부금지조항이 선거운동 등 정치적 표현의 자유를 침해한다고 볼 수 없다(헌재 2016.6.30. 2014헌바253). [2020년 국회 8급] ③

표현의 자유에 대한 설명으로 옳지 않은 것은? (다툼이 있는 경우 헌법재판소 결정에 의함)

① '특정 의료기관이나 특정 의료인의 기능·진료방법'에 관한 광고를 금지하는 것은 표현의 자유를 침해한다.

② 기초의회의원선거 후보자로 하여금 특정 정당으로부터의 지지 또는 추천 받음을 표방할 수 없도록 한 것은 정치적 표현의 자유를 침해한다.

③ 음란표현은 형사상 처벌대상이므로 언론·출판의 자유의 보호영역에 해당되지 않는다.
④ 「민사소송법」상의 가처분조항에 방영금지가처분을 포함시켜 가처분에 의한 방영금지를 허용하는 것은 헌법상 사전검열금지원칙에 위배되지 않는다.

① (○) 사건 조항이 보호하고자 하는 공익의 달성 여부는 불분명한 것인 반면, 이 사건 조항은 의료인에게 자신의 기능과 진료방법에 관한 광고와 선전을 할 기회를 박탈함으로써 표현의 자유를 제한하고, 다른 의료인과의 영업상 경쟁을 효율적으로 수행하는 것을 방해함으로써 직업수행의 자유를 제한하고 있고, 소비자의 의료정보에 대한 알 권리를 제약하게 된다. 따라서 보호하고자 하는 공익보다 제한되는 사익이 더 중하다고 볼 것이므로 이 사건 조항은 법익의 균형성 원칙에도 위배된다. 결국 이 사건 조항은 헌법 제37조 제2항의 비례의 원칙에 위배하여 표현의 자유와 직업수행의 자유를 침해하는 것이다(헌재 2005.10.27. 2003헌가3).
② (○) 법 제84조가 지방자치 본래의 취지 구현이라는 입법목적의 달성에 기여하는 효과가 매우 불확실하거나 미미한 반면에, 이 조항으로 인해 기본권이 제한되는 정도는 현저하다. 정당표방을 금지함으로써 얻는 공익적 성과와 그로부터 초래되는 부정적인 효과 사이에 합리적인 비례관계를 인정하기 어려워, 법익의 균형성을 현저히 잃고 있다. 그렇다면, 법 제84조는 불확실한 입법목적을 실현하기 위하여 그다지 실효성도 없고 불분명한 방법으로 과잉금지원칙에 위배하여 후보자의 정치적 표현의 자유를 과도하게 침해하고 있다(헌재 2003.1.30. 2001헌가4).
③ (×) 음란표현은 헌법 제21조가 규정하는 언론·출판의 자유의 보호영역 내에 있다고 볼 것인바, 종전에 이와 견해를 달리하여 음란표현은 헌법 제21조가 규정하는 언론·출판의 자유의 보호영역에 해당하지 아니한다는 취지로 판시한 우리 재판소의 의견을 변경한다(헌재 2009.5.28. 2006헌바109).
④ (○) 헌법 제21조 제2항의 검열 금지의 원칙은 모든 형태의 사전적인 규제를 금지하는 것이 아니고 단지 의사표현의 발표 여부가 오로지 행정권의 허가에 달려 있는 사전심사만을 금지하는 것을 뜻하므로, 이 사건 법률조항에 의한 방영금지가처분은 행정권에 의한 사전심사나 금지처분이 아니라 개별 당사자간의 분쟁에 관하여 사법부가 사법절차에 의하여 심리, 결정하는 것이어서 헌법에서 금지하는 사전검열에 해당하지 아니한다(헌재 2001.8.30. 2000헌바36). [2017년 국가 5급] ③

표현의 자유에 대한 설명으로 옳지 않은 것만을 모두 고른 것은? (다툼이 있는 경우 판례에 의함)

ㄱ. 지역농협 이사 선거의 경우 전화·컴퓨터통신을 이용한 지지 호소의 선거운동방법을 금지하고, 이를 위반한 자를 처벌하는 것은 해당 선거 후보자의 결사의 자유와 표현의 자유를 침해한다.
ㄴ. 상업광고도 표현의 자유의 보호영역에 속하는 것이므로 상업광고 규제에 관한 비례의 원칙 심사에 있어서 피해의 최소성 원칙에서는 같은 목적을 달성하기 위하여 달리 덜 제약적인 수단이 없을 것인지 혹은 입법목적을 달성하기 위하여 필요한 최소한의 제한인지를 심사한다.
ㄷ. 건강기능식품의 기능성 표시·광고를 하고자 하는 자가 사전에 건강기능식품협회의 심의절차를 거치도록 하는 것은 헌법이 금지하는 사전검열에 해당하지는 않지만 과잉금지원칙에 위반하여 건강기능식품 판매업자의 표현의 자유를 침해한다.
ㄹ. '음란'은 사상의 경쟁 메커니즘에 의해서도 그 해악이 해소되기 어려워 언론·출판의 자유에 의한 보장을 받지 않는 반면, '저속'은 헌법적인 보호영역 안에 있다.

① ㄱ, ㄷ ② ㄴ, ㄹ
③ ㄱ, ㄷ, ㄹ ④ ㄴ, ㄷ, ㄹ

ㄱ. (○) 전화·컴퓨터통신은 누구나 손쉽고 저렴하게 이용할 수 있는 매체인 점, 농업협동조합법에서 흑색선전 등을 처벌하는 조항을 두고

있는 점을 고려하면 입법목적 달성을 위하여 위 매체를 이용한 지지 호소까지 금지할 필요성은 인정되지 아니한다. 이 사건 법률조항들이 달성하려는 공익이 결사의 자유 및 표현의 자유 제한을 정당화할 정도로 크다고 보기는 어려우므로, 법익의 균형성도 인정되지 아니한다. 따라서 이 사건 법률조항들은 과잉금지원칙을 위반하여 결사의 자유, 표현의 자유를 침해하여 헌법에 위반된다(헌재 2016.11.24. 2015헌바62).

ㄴ. (×) 상업광고 규제에 관한 비례의 원칙 심사에 있어서 피해의 최소성원칙은 같은 목적을 달성하기 위하여 달리 덜 제약적인 수단이 없을 것인지 혹은 입법목적을 달성하기 위하여 필요한 최소한의 제한인지를 심사하기보다는 '입법목적을 달성하기 위하여 필요한 범위 내의 것인지'를 심사하는 정도로 완화되는 것이 상당하다(헌재 2005.10.27. 2003헌가3).

ㄷ. (×) 건강기능식품법상 기능성 광고의 심의는 식약처장으로부터 위탁받은 한국건강기능식품협회에서 수행하고 있지만, 법상 심의주체는 행정기관인 식약처장이며, 언제든지 그 위탁을 철회할 수 있고, 심의위원회의 구성에 관하여도 법령을 통해 행정권이 개입하고 지속적으로 영향을 미칠 가능성이 존재하는 이상 그 구성에 자율성이 보장되어 있다고 볼 수 없다. 따라서 이 사건 건강기능식품 기능성 광고 사전심의는 그 검열이 행정권에 의하여 행하여진다 볼 수 있고, 헌법이 금지하는 사전검열에 해당하므로 헌법에 위반된다(헌재 2018.6.28. 2016헌가8).

ㄹ. (×) 음란표현은 헌법 제21조가 규정하는 언론·출판의 자유의 보호영역 내에 있다고 볼 것인바, 종전에 이와 견해를 달리하여 음란표현은 헌법 제21조가 규정하는 언론·출판의 자유의 보호영역에 해당하지 아니한다는 취지로 판시한 우리 재판소의 의견을 변경한다(헌재 2009.5.28. 2006헌바109).

[2017년 국가 7급] ④

표현의 자유에 대한 설명으로 옳지 않은 것은? (다툼이 있는 경우 헌법재판소의 판례에 의함)

① 지역농협 이사 선거의 경우 전화(문자메시지를 포함한다)·컴퓨터통신(전자우편을 포함한다)을 이용한 지지·호소의 선거운동방법을 금지하는 것은 표현의 자유를 침해한다.

② 비의료인의 의료에 관한 광고를 금지하고 처벌하는 것은 국민의 생명권 등을 보호하는 것이어서 표현의 자유를 침해하지 않는다.

③ 특정 구역 안에서 업소별로 표시할 수 있는 광고물의 총 수량을 1개로 제한하는 것은 표현의 자유를 침해하지 않는다.

④ 정보통신망을 이용하여 공포심이나 불안감을 유발하는 문언을 반복적으로 상대방에게 도달하는 행위를 1년 이하의 징역 또는 1,000만원 이하의 벌금으로 처벌하는 것은 표현의 자유를 침해하지 않는다.

⑤ 인터넷신문을 발행하려는 사업자가 취재 인력 3인 이상을 포함하여 취재 및 편집 인력 5인 이상을 상시 고용하지 않는 경우 인터넷신문으로 등록할 수 없도록 하는 것은 직업의 자유의 문제이고 언론의 자유를 제한하지 않는다.

① (○) 전화·컴퓨터통신은 누구나 손쉽고 저렴하게 이용할 수 있는 매체인 점, 농업협동조합법에서 흑색선전 등을 처벌하는 조항을 두고 있는 점을 고려하면 입법목적 달성을 위하여 위 매체를 이용한 지지·호소까지 금지할 필요성은 인정되지 아니한다. 이 사건 법률조항들이 달성하려는 공익이 결사의 자유 및 표현의 자유 제한을 정당화할 정도로 크다고 보기는 어려우므로, 법익의 균형성도 인정되지 아니한다. 따라서 이 사건 법률조항들은 과잉금지원칙을 위반하여 결사의 자유, 표현의 자유를 침해하여 헌법에 위반된다(헌재 2016.11.24. 2015헌바62).

② (○) 사건 법률조항은 이러한 결과를 방지하여 국민의 생명권과 건강권을 보호하고 국민의 보건에 관한 국가의 보호의무를 이행하기 위하여 필요한 최소한도 내의 제한이라고 할 것이므로, 비의료인 청구인의 표현의 자유, 직업수행의 자유를 침해한다고 볼 수 없다(헌재 2016.9.29. 2015헌바325).

③ (○) 특정 구역 안에서의 옥외광고물의 표시방법을 제한하는 심판대상조항들은 옥외광고물의 난립을 막아 쾌적하고 조화로운 도시미관을 조성함과 동시에 도시의 정체성을 확립하고, 공중에 대한 위해를 방지하고자 하는 것으로서 그 목적의 정당성 및 수단의 적정성이 인정된다. 따라서 심판대상조항들이 비례의 원칙에 위배되어 청구인들의 표현의 자유 및 직업수행의 자유를 침해한다고 볼 수 없다(헌재 2016.3.31. 2014헌마794).

④ (○) 형법상 협박죄는 해악의 고지를 그 요건으로 하고 있어서, 해악의 고지는 없으나 반복적인 음향이나 문언 전송 등의 다양한 방법으로 상대방에게 공포심이나 불안감을 유발하는 소위 사이버스토킹을 규제하기는 불충분한 반면, 현대정보사회에서 정보통신망을 이용한 불법행위가 급증하는 추세에 있고, 오프라인 공간에서 발생하는 불법행위에 비해 행위유형이 비정형적이고 다양하여 피해자에게 주는 고통이 더욱 클 수도 있어서 규제의 필요성은 매우 크다. 따라서 심판대상조항은 표현의 자유를 침해하지 아니한다(헌재 2016.12.29. 2014헌바434).

⑤ (×) 언론의 자유에 의하여 보호되는 것은 정보의 획득에서부터 뉴스와 의견의 전파에 이르기까지 언론의 기능과 본질적으로 관련되는 모든 활동이다. 이런 측면에서 고용조항과 확인조항은 인터넷신문의 발행을 제한하는 효과를 가지고 있으므로 언론의 자유를 제한한다. 고용조항 및 확인조항은 소규모 인터넷신문이 언론으로서 활동할 수 있는 기회 자체를 원천적으로 봉쇄할 수 있음에 비하여, 인터넷신문이 신뢰도 제고라는 입법목적의 효과는 불확실하다는 점에서 법익의 균형성도 잃고 있다. 따라서 고용조항 및 확인조항은 과잉금지원칙에 위배되어 청구인들의 언론의 자유를 침해한다(헌재 2016.10.27. 2015헌마1206). [2017년 국회 8급] ⑤

다음 중 헌법재판소가 언론의 자유(표현의 자유)를 침해한다고 결정한 것은 모두 몇 개인가?

> ㄱ. 인터넷게시판을 설치·운영하는 정보통신서비스 제공자에게 본인확인조치의무를 부과하여 게시판 이용자로 하여금 본인확인절차를 거쳐야만 게시판을 이용할 수 있도록 하는 본인 확인제에 관한 '정보통신망 이용 촉진 및 정보보호 등에 관한 법률' 규정
> ㄴ. 인터넷언론사가 선거운동기간 중 당해 홈페이지의 게시판 등에 정당·후보자에 대한 지지·반대의 정보를 게시할 수 있도록 하는 경우 설명을 확인받도록 하는 기술적 조치를 하여야 하고 이를 위반한 때에는 과태료를 부과하는 '공직선거법' 규정
> ㄷ. 교통수단을 이용하여 타인의 광고를 할 수 없도록 하고 있는 '옥외광고물등관리법시행령' 규정
> ㄹ. 온라인서비스제공자가 자신이 관리하는 정보통신망에서 아동·청소년이용음란물을 발견하기 위하여 대통령령으로 정하는 조치를 취하지 아니하거나 발견된 아동·청소년이용음란물을 즉시 삭제하고, 전송을 방지 또는 중단하는 기술적인 조치를 취하지 아니한 경우 처벌하는 '아동·청소년의 성보호에 관한 법률' 규정

① 1개 ② 2개 ③ 3개 ④ 4개

ㄱ. (○) 건전한 인터넷 문화의 조성 등 입법목적은 인터넷 주소 등의 추적 및 확인, 당해 정보의 삭제·임시조치, 손해배상, 형사처벌 등 인터넷 이용자의 표현의 자유나 개인정보자기결정권을 제약하지 않는 다른 수단에 의해서도 충분히 달성할 수 있음에도 인터넷의 특성을 고려하지 아니하고 본인확인제의 적용범위를 광범위하게 정하여 법집행자에게 자의적인 집행의 여지를 부여하고, 목적달성에 필요한 범위를 넘는 과도한 기본권 제한을 하고 있으므로 침해의 최소성이 인정되지 않는다. 따라서 본인확인제를 규율하는 이 사건의 법령조항들은 과잉금지원칙에 위배하여 인터넷게시판 이용자의 표현의 자유, 개인정보자기결정권 및 인터넷게시판을 운영하는 정보통신서비스 제공자의 언론의 자유를 침해한다(헌재 2012.8.23. 2010헌마47).

ㄴ. (×) 선거운동기간 중 인터넷언론사 게시판 등을 통한 흑색선전이나 허위사실이 유포될 경우 언론사의 공신력과 지명도에 기초하여 광범위하고 신속한 정보의 왜곡이 일어날 수 있으므로, 실명확인조항은 이러한 인터넷 언론사를 통한 정보의 특성과 우리나라 선거문화의 현실 등을 고려하여 입법된 것으로 선거의 공정성 확보를 위한 것이다. 이 사건 법률조항이 과잉금지원칙에 위배되어 게시판 이용자의 정치적 익명표현 자유, 개인정보자기결정권 및 인터넷언론사의 언론의 자유를 침해한다고 볼 수 없다(헌재 2015.7.30. 2012헌마734 등).

ㄷ. (×) 옥외광고물등관리법은 옥외광고물의 표시장소·표시방법과 게시시설의 설치·유지 등에 관하여 필요한 사항을 규정함으로써 미관풍치와 미풍양속을 유지하고 공중에 대한 위해를 방지함을 목적으로 하고 있다. 자동차에 무제한적으로 광고를 허용하게 되면 교통의 안전과 도시미관을 해칠 수가 있으며 운전자들의 운전과 보행자들에게 산란함을 야기하여 운전과 보행에 방해가 됨으로써 도로안전에 영향을 미칠 수 있다. 따라서 도로안전과 환경·미관을 위하여 자동차에 광고를 부착하는 것을 제한하는 것은 일반 국민들과 운전자들의 공공복리를 위한 것이라 할 수 있고, 이러한 이유로 제한이 가능하다. 따라서 표현의 자유를 침해한다고 볼 수 없다(헌재 2002.12.18. 2000헌마764).

ㄹ. (×) 심판대상조항은 온라인서비스제공자의 직업의 자유, 구체적으로는 영업수행의 자유를 제한하며, 서비스이용자의 통신의 비밀과 표현의 자유를 제한한다. 심판대상조항을 통하여 아동음란물의 광범위한 유통·확산을 사전적으로 차단하고 이를 통해 아동음란물이 초래하는 각종 폐해를 방지하며 특히 관련된 아동·청소년의 인권 침해 가능성을 사전적으로 차단할 수 있는바, 이러한 공익이 사적 불이익보다 더 크다. 따라서 심판대상조항은 온라인서비스제공자의 영업수행의 자유, 서비스이용자의 통신의 비밀과 표현의 자유를 침해하지 아니한다(헌재 2018.6.28. 2016헌가15). [2020년 법원 9급] ①

표현의 자유에 대한 설명으로 옳지 않은 것은? (다툼이 있는 경우 헌법재판소 판례에 의함)

① 비방할 목적으로 정보통신망을 이용하여 공공연하게 사실을 드러내어 다른 사람의 명예를 훼손한 자를 처벌하는 법률규정은, 허위의 명예나 과장된 명예를 보호하기 위하여 표현의 자유에 대한 심대한 위축효과를 발생시키기 때문에 과잉금지원칙을 위반하여 표현의 자유를 침해한다.

② 헌법이 특정한 표현에 대해 예외적으로 검열을 이용하는 규정을 두지 않은 점, 이러한 상황에서 표현의 특성이나 규제의 필요성에 따라 언론·출판의 자유의 보호를 받는 표현 중에서 사전검열금지원칙의 적용이 배제되는 영역을 따로 설정할 경우 그 기준에 대한 객관성을 담보할 수 없다는 점 등을 고려하면, 헌법상 사전검열은 예외 없이 금지되는 것으로 보아야 하므로 의료광고 역시 사전검열금지원칙의 적용대상이 된다.

③ 헌법 제21조 제4항은 "언론·출판은 타인의 명예나 권리 또는 공중도덕이나 사회윤리를 침해하여서는 아니 된다"고 규정하고 있는 바, 이는 언론·출판의 자유에 따르는 책임과 의무를 강조하는 동시에 언론·출판의 자유에 대한 제한의 요건을 명시한 규정으로 볼 것이고, 헌법상 표현의 자유의 보호영역 한계를 설정한 것이라고는 볼 수 없기 때문에, 음란표현도 헌법 제21조가 규정하는 언론·출판의 자유의 보호영역에서는 해당하되, 다만 헌법 제37조 제2항에 따라 제한할 수 있는 것이다.

④ 헌법 제21조 제1항에서 보장하고 있는 표현의 자유는 사상 또는 의견의 자유로운 표명과 그것을 전파할 자유를 의미하는 것으로서, 그러한 의사의 '자유로운' 표명과 전파의 자유에는 자신의 신원을 누구에게도 밝히지 아니한 채 익명 또는 가명으로 자신의 사상이나 견해를 표명하고 전파할 익명표현의 자유도 포함된다.

① (×) 우리나라는 현재 인터넷 이용이 상당히 보편화됨에 따라 정보통신망을 이용한 명예훼손범죄가 급증하는 추세에 있고, 인터넷 등 정보통신망을 이용하여 사실에 기초하더라도 왜곡된 의혹을 제기하거나 편파적인 의견이나 평가를 추가로 적시함으로써 실제로는 허위의 사실을 적시하여 다른 사람의 명예를 훼손하는 경우와 다를 바 없거나 적어도 다른 사람의 사회적 평가를 심대하게 훼손하는 경우가

적지 않게 발생하고 있고, 이로 인한 사회적 피해는 심각한 상황이다. 따라서 이러한 명예훼손적인 표현을 규제함으로써 인격권을 보호해야 할 필요성은 매우 크다. 그러므로 심판대상조항은 과잉금지원칙을 위반하여 표현의 자유를 침해하지 않는다(헌재 2016.2.25. 2013헌바105).

② (○) 헌법이 특정한 표현에 대해 예외적으로 검열을 허용하는 규정을 두지 않은 점, 이러한 상황에서 표현의 특성이나 규제의 필요성에 따라 언론·출판의 자유의 보호를 받는 표현 중에서 사전검열금지원칙의 적용이 배제되는 영역을 따로 설정할 경우 그 기준에 대한 객관성을 담보할 수 없다는 점 등을 고려하면, 헌법상 사전검열은 예외 없이 금지되는 것으로 보아야 하므로 의료광고 역시 사전검열금지원칙의 적용대상이 된다(헌재 2015.12.23. 2015헌바75).

③ (○) 헌법 제21조 제4항은 언론·출판의 자유에 따르는 책임과 의무를 강조하는 동시에 언론·출판의 자유에 대한 제한의 요건을 명시한 규정으로 볼 것이고, 헌법상 표현의 자유의 보호영역 한계를 설정한 것이라고는 볼 수 없다. 따라서 음란표현도 헌법 제21조가 규정하는 언론·출판의 자유의 보호영역에는 해당하되, 다만 헌법 제37조 제2항에 따라 국가 안전보장·질서유지 또는 공공복리를 위하여 제한할 수 있다(헌재 2009.5.28. 2006헌바109).

④ (○) 헌법 제21조에서 보장하고 있는 표현의 자유는 전통적으로는 사상 또는 의견의 자유로운 표명(발표의 자유)과 그것을 전파할 자유(전달의 자유)를 의미하는 것으로서, 개인이 인간으로서의 존엄과 가치를 유지하고 행복을 추구하며 국민주권을 실현하는데 필수불가결한 것이고, 종교의 자유, 양심의 자유, 학문과 예술의 자유 등의 정신적인 자유를 외부적으로 표현하는 자유이다. 이러한 '자유로운' 표명과 전파의 자유에는 자신의 신원을 누구에게도 밝히지 아니한 채 익명 또는 가명으로 자신의 사상이나 견해를 표명하고 전파할 익명표현의 자유도 그 보호영역에 포함된다(헌재 2010.2.25. 2008헌마324). [2017년 국가 7급] ①

표현의 자유에 대한 설명으로 가장 옳지 않은 것은?

① 상업광고에 대한 규제에 의한 표현의 자유의 제한은 헌법 제37조 제2항에서 도출되는 비례의 원칙을 준수하여야 하지만, 상업광고는 사상이나 지식에 관한 정치적, 시민적 표현행위와는 차이가 있고, 인격발현과 개성신장에 미치는 효과가 중대한 것은 아니므로, 비례의 원칙 심사에 있어서 '피해의 최소성' 원칙은 '입법목적을 달성하기 위하여 필요한 범위 내의 것인지'를 심사하는 정도로 완화된다.

② 대한민국 또는 헌법상 국가기관에 대하여 모욕, 비방, 사실 왜곡, 허위사실 유포 또는 기타 방법으로 대한민국의 안전, 이익 또는 위신을 해하거나 해할 우려가 있는 표현에 대하여 형사처벌하도록 하는 것은 과잉금지원칙에 위배되어 해당 표현을 한 자의 표현의 자유를 침해한다.

③ 보건복지부장관으로부터 위탁을 받은 각 의사협회의 사전심의를 받지 아니한 의료광고를 금지하고 이를 위반한 경우 처벌하는 것은 헌법이 금지하는 사전검열에 해당하여 헌법에 위반된다.

④ '음란'은 사회의 건전한 성도덕을 크게 해칠 뿐만 아니라 사상의 경쟁메커니즘에 의해서도 그 해악이 해소되기 어려워 언론·출판의 자유의 보호영역에 해당하지 않는 반면, '저속'은 이러한 정도에 이르지 않는 성표현 등을 의미하는 것으로서 헌법적인 보호영역 안에 있다.

① (○) 상업광고에 대한 규제에 의한 표현의 자유 내지 직업수행의 자유의 제한은 헌법 제37조 제2항에서 도출되는 비례의 원칙(과잉금지원칙)을 준수하여야 하지만, 상업광고는 사상이나 지식에 관한 정치적, 시민적 표현행위와는 차이가 있고, 인격발현과 개성신장에 미치는 효과가 중대한 것은 아니므로, 비례의 원칙 심사에 있어서 '피해의 최소성' 원칙은 '입법목적을 달성하기 위하여 필요한 범위 내의 것인지'를

심사하는 정도로 완화되는 것이 상당하다(헌재 2055.10.27. 2003헌가3).

② (○) 심판대상조항의 신설 당시 제안이유에서는 '국가의 안전과 이익, 위신 보전'을 그 입법목적으로 밝히고 있으나, 언론이 통제되고 있던 당시 상황과 위 조항의 삭제 경위 등에 비추어 볼 때 이를 진정한 입법목적으로 볼 수 있는지 의문이고, 일률적인 형사처벌을 통해 국가의 안전과 이익, 위신 등을 보전할 수 있다고 볼 수도 없으므로 수단의 적합성을 인정할 수 없다. 심판대상조항에서 규정하고 있는 "기타 방법", 대한민국의 이익이나 위신 등과 같은 개념은 불명확하고 적용범위가 지나치게 광범위하며, 이미 형법, 국가보안법, 군사기밀보호법에서 대한민국의 안전과 독립을 지키기 위한 처벌규정을 두고 있는 점, 국가의 위신을 훼손한다는 이유로 표현행위를 형사처벌하는 것은 자유로운 비판과 참여를 보장하는 민주주의 정신에 위배되는 점, 형사처벌조항에 의하지 않더라도 국가는 보유하고 있는 방대한 정보를 활용해 스스로 국정을 홍보할 수 있고, 허위사실 유포나 악의적인 왜곡 등에 적극적으로 대응할 수도 있는 점 등을 고려하면 심판대상조항은 침해의 최소성 원칙에도 어긋난다. 나아가 민주주의 사회에서 국민의 표현의 자유가 갖는 가치에 비추어 볼 때, 기본권 제한의 정도가 매우 중대하여 법익의 균형성 요건도 갖추지 못하였으므로, 심판대상조항은 과잉금지원칙에 위배되어 표현의 자유를 침해한다(헌재 2015.10.21. 2013헌가20).

③ (○) 헌법이 특정한 표현에 대해 예외적으로 검열을 허용하는 규정을 두지 않은 점, 이러한 상황에서 표현의 특성이나 규제의 필요성에 따라 언론·출판의 자유의 보호를 받는 표현 중에서 사전검열금지원칙의 적용이 배제되는 영역을 따로 설정할 경우 그 기준에 대한 객관성을 담보할 수 없다는 점 등을 고려하면, 헌법상 사전검열은 예외 없이 금지되는 것으로 보아야 하므로 의료광고 역시 사전검열금지원칙의 적용대상이 된다. 의료광고의 사전심의는 보건복지부장관으로부터 위탁을 받은 각 의사협회가 행하고 있으나 사전심의의 주체인 보건복지부장관은 언제든지 위탁을 철회하고 직접 의료광고 심의업무를 담당할 수 있는 점, 의료법 시행령이 심의위원회의 구성에 관하여 직접 규율하고 있는 점, 심의기관의 장은 심의 및 재심의 결과를 보건복지부장관에게 보고하여야 하는 점, 보건복지부장관은 의료인 단체에 대해 재정지원을 할 수 있는 점, 심의기준·절차 등에 관한 사항을 대통령령으로 정하도록 하고 있는 점 등을 종합하여 보면, 각 의사협회는 행정권의 영향력에서 벗어나 독립적이고 자율적으로 사전심의업무를 수행하고 있다고 보기 어렵다. 따라서 이 사건 법률규정들은 사전검열금지원칙에 위배된다(헌재 2015.12.23. 2015헌바75).

④ (×) 음란이란 인간존엄 내지 인간성을 왜곡하는 노골적이고 적나라한 성표현으로서 오로지 성적 흥미에만 호소할 뿐 전체적으로 보아 하등의 문학적, 예술적, 과학적 또는 정치적 가치를 지니지 않은 것으로서, 사회의 건전한 성도덕을 크게 해칠 뿐만 아니라 사상의 경쟁메커니즘에 의해서도 그 해악이 해소되기 어려워 언론·출판의 자유에 의한 보장을 받지 않는 반면, 저속은 이러한 정도에 이르지 않는 성표현 등을 의미하는 것으로서 헌법적인 보호영역 안에 있다(헌재 1998.4.30. 95헌가16). [2019년 서울 7급] ④

표현의 자유에 대한 설명으로 옳지 않은 것은? (다툼이 있는 경우 헌법재판소 판례에 의함)

① 의료광고는 상업광고의 성격을 가지고 있지만 헌법 제21조 제1항의 표현의 자유의 보호 대상이 됨은 물론이고, 동조 제2항도 당연히 적용되어 이에 대한 사전검열도 금지된다.

② 언론·출판의 자유의 보호를 받는 표현에 대해서는 사전검열이 예외 없이 금지되는 것으로 보아야 한다.

③ 의료광고의 심의기관이 행정기관인가 여부는 기관의 형식에 의하기보다는 그 실질에 따라 판단되어야 하며, 민간심의기구가 심의를 담당하는 경우에도 행정권의 개입 때문에 자율성이 보장되지 않는다면 헌법이 금지하는 행정기관에 의한 사전검열에 해당하게 될 것이다.

④ 일정한 표현물에 대한 일반 국민의 접근을 차단하거나 일정한 내용의 표현물의 제작에 대해서 규제를 하는 경우에는 의사표현의 자유의 제한문제뿐만 아니라 알 권리의 제한문제도 발생할 수 있다.

⑤ 방송사업허가제는 방송의 공적 기능을 보장하기 위한 제도로서 표현내용에 대한 가치판단에 입각한 사전봉쇄 내지 그와 같은 실질을 가진다고 볼 수 있으므로, 헌법상 금지되는 언

론·출판에 대한 허가에 해당한다.

① (○) ② (○) 사전검열은 절대적으로 금지되고, 여기에서 절대적이라 함은 언론·출판의 자유의 보호를 받는 표현에 대해서는 사전검열금지원칙이 예외 없이 적용된다는 의미이다. 이 사건 의료광고는 의료행위나 의료서비스의 효능이나 우수성 등에 관한 정보를 널리 알려 의료소비를 촉진하려는 행위로서 상업광고의 성격을 가지고 있지만, 헌법 제21조 제1항의 표현의 자유의 보호 대상이 됨은 물론이고, 동조 제2항도 당연히 적용되어 사전검열도 금지된다(헌재 2015.12.23. 2015헌바75).

③ (○) 의료광고의 심의기관이 행정기관인가 여부는 기관의 형식에 의하기보다는 그 실질에 따라 판단되어야 한다. 따라서 검열을 행정기관이 아닌 독립적인 위원회에서 행한다고 하더라도, 행정권이 주체가 되어 검열절차를 형성하고 검열기관의 구성에 지속적인 영향을 미칠 수 있는 경우라면 실질적으로 그 검열기관은 행정기관이라고 보아야 한다. 민간심의기구가 심의를 담당하는 경우에도 행정권이 개입하여 그 사전심의에 자율성이 보장되지 않는다면 이 역시 행정기관의 사전검열에 해당한다(헌재 2015.12.23. 2015헌바75).

④ (○) 청소년보호라는 명목으로 성인이 볼 수 있는 것까지 전면 금지시킨다면 이는 성인의 알 권리의 수준을 청소년의 수준으로 맞출 것을 국가가 강요하는 것이어서 성인의 알 권리를 명백히 침해한다고 하지 않을 수 없다(헌재 1998.4.30. 95헌가16).

⑤ (×) 구조적 규제의 일종인 진입규제로서의 이 허가제는 방송의 기술적·사회적 특수성을 반영한 것으로서 정보와 견해의 다양성과 공정성을 유지한다는 방송의 공적 기능을 보장하는 것을 주된 입법목적으로 하는 것이고, 표현내용에 대한 가치판단에 입각한 사전봉쇄를 위한 것이거나 그와 같은 실질을 가진다고는 볼 수 없으므로 위의 금지된 허가에는 해당되지 않는다(헌재 2001.5.31. 2000헌바43).

[2016년 국회 8급] ⑤

표현의 자유에 관한 다음 설명 중 가장 옳지 않은 것은? (다툼이 있는 경우 헌법재판소 결정 및 대법원 판례에 의함)

① 상업광고에 대한 규제에 의한 표현의 자유 내지 직업수행의 자유의 제한은 헌법 제37조 제2항에서 도출되는 비례의 원칙(과잉금지 원칙)을 준수하여야 하지만, 상업광고는 사상이나 지식에 관한 정치적, 시민적 표현행위와는 차이가 있고, 인격발현과 개성신장에 미치는 효과가 중대한 것은 아니므로, 비례의 원칙 심사에 있어서 '피해의 최소성' 원칙은 '입법목적을 달성하기 위하여 필요한 범위 내의 것인지'를 심사하는 정도로 완화되는 것이 상당하다.

② 표현의 자유는 자신의 의사를 표현하고 전파할 적극적 자유, 자신의 의사를 표현하지 아니할 소극적 자유, 국가에 표현의 자유를 실현할 수 있는 방법을 적극적으로 마련해 줄 것을 요청할 수 있는 자유를 포함한다. 따라서 국가가 공직후보자들에 대한 유권자의 전부 거부 의사표시를 할 방법을 보장해 줄 것도 표현의 자유의 보호범위에 포함된다.

③ 정당 후원회를 금지함으로써 정당에 대한 재정적 후원을 전면적으로 금지하는 것은 국민의 정치적 표현의 자유를 침해한다.

④ 공직자의 도덕성, 청렴성에 대하여는 국민과 정당의 감시 기능이 필요한 점에 비추어 볼 때, 그 점에 관한 의혹의 제기는 악의적이거나 현저히 상당성을 잃은 공격이 아닌 한 쉽게 책임을 추궁하여서는 아니 된다.

① (○) 상업광고에 대한 규제에 의한 표현의 자유 내지 직업수행의 자유의 제한은 헌법 제37조 제2항에서 도출되는 비례의 원칙(과잉금지원칙)을 준수하여야 하지만, 상업광고는 사상이나 지식에 관한 정치적, 시민적 표현행위와는 차이가 있고, 인격발현과 개성신장에 미치는 효과가 중대한 것은 아니므로, 비례의 원칙 심사에 있어서 '피해의 최소성' 원칙은 '입법목적을 달성하기 위하여 필요한 범위 내의 것인지'를

심사하는 정도로 완화되는 것이 상당하다(헌재 2005.10.27. 2003헌가3).

② (×) 선거권자로 하여금 '전부 거부' 방식에 의한 정치적 의사표시를 제공하지 않고 있는 것은, 선거권자인 청구인들의 그러한 의사표현을 금지하거나 제한하고자 하는 것이 아니라 국가가 선거제도에서 투표방식을 일정하게 규정한 결과일 뿐이다. 이 사건의 경우 표현의 자유의 보호범위에 "국가가 공직후보자들에 대한 유권자의 '전부 거부' 의사표시를 할 방법을 보장해 줄 것"까지 포함된다고 볼 수 없으므로 이 사건 조항이 표현의 자유를 제한하는 것이라 할 수 없다(헌재 2007.8.30. 2005헌마975).

③ (○) 정당제 민주주의 하에서 정당에 대한 재정적 후원이 전면적으로 금지됨으로써 정당이 스스로 재정을 충당하고자 하는 정당활동의 자유와 국민의 정치적 표현의 자유에 대한 제한이 매우 크다고 할 것이므로, 이 사건 법률조항은 정당의 정당활동의 자유와 국민의 정치적 표현의 자유를 침해한다(헌재 2015.12.23. 2013헌바168).

④ (○) 언론·출판의 자유와 명예 보호 사이의 한계를 설정함에 있어서는, 당해 표현으로 명예를 훼손당하게 되는 피해자가 공적인 존재인지 사적인 존재인지, 그 표현이 공적인 관심사안에 관한 것인지 순수한 사적인 영역에 속하는 사안에 관한 것인지 등에 따라 그 심사기준에 차이를 두어, 공공적·사회적인 의미를 가진 사안에 관한 표현의 경우에는 언론의 자유에 대한 제한이 완화되어야 하고, 특히 공직자의 도덕성, 청렴성에 대하여는 국민과 정당의 감시기능이 필요함에 비추어 볼 때, 그 점에 관한 의혹의 제기는 악의적이거나 현저히 상당성을 잃은 공격이 아닌 한 쉽게 책임을 추궁하여서는 안 된다(대법원 2003.7.8. 2002다64384). [2018년 법원 9급] ②

알 권리 및 정보공개청구권에 대한 설명으로 가장 적절하지 않은 것은? (다툼이 있는 경우 헌법재판소 판례에 의함)

① 신문의 편집인 등으로 하여금 아동보호사건에 관련된 아동학대행위자를 특정하여 파악할 수 있는 인적사항 등을 신문 등 출판물에 싣거나 방송매체를 통하여 방송할 수 없도록 하는 「아동학대범죄의 처벌 등에 관한 특례법」상 보도금지 조항은 국민의 알 권리를 침해하지 않는다.

② 「정치자금법」에 따라 회계보고된 자료의 열람기간을 3월간으로 제한한 동법상 열람기간제한 조항은 청구인의 알 권리를 침해한다.

③ 인터넷 등 전자적 방법에 의한 판결서 열람·복사의 범위를 개정법 시행 이후 확정된 사건의 판결서로 한정하고 있는 「군사법원법」 부칙조항은 청구인의 정보공개청구권을 침해한다.

④ 변호사시험성적 공개청구기간을 「변호사시험법」 시행일부터 6개월 내로 제한하는 동법 부칙조항은 청구인의 정보공개청구권을 침해한다.

① (○) 아동학대행위자 대부분은 피해아동과 평소 밀접한 관계에 있으므로, 행위자를 특정하여 파악할 수 있는 식별정보를 신문, 방송 등 매체를 통해 보도하는 것은 피해아동의 사생활 노출 등 2차 피해로 이어질 가능성이 매우 높다. 식별정보 보도 후에는 2차 피해를 차단하기 어려울 수 있고, 식별정보 보도를 허용할 경우 대중에 알려질 가능성을 두려워하는 피해아동이 신고를 자발적으로 포기하게 만들 우려도 있다. 따라서 아동학대행위자에 대한 식별정보의 보도를 금지하는 것이 과도하다고 보기 어렵다. 따라서 보도금지조항은 언론·출판의 자유와 국민의 알 권리를 침해하지 않는다(헌재 2022.10.27. 2021헌가4).

② (○) 정치자금을 둘러싼 분쟁 등의 장기화 방지 및 행정부담의 경감을 위해 열람기간의 제한 자체는 둘 수 있다고 하더라도, 현행 기간이 지나치게 짧다는 점은 명확하다. 짧은 열람기간으로 인해 청구인은 회계보고된 자료를 충분히 살펴 분석하거나, 문제를 발견할 실질적 기회를 갖지 못하게 되는바, 달성되는 공익과 비교할 때 이러한 사익의 제한은 정치자금의 투명한 공개가 민주주의 발전에 가지는 의미에 비추어 중대하다. 그렇다면 이 사건 열람기간제한 조항은 과잉금지원칙에 위배되어 청구인의 알권리를 침해한다(헌재 2021.5.27. 2018헌마1168).

③ (×) 사건 부칙조항은 판결서 공개제도를 실현하는 과정에서 그 공개범위를 일정 부분 제한하여 판결서 공개에 필요한 국가의 재정이나

용역의 부담을 경감·조정하고자 하는 것이다. 어떤 새로운 제도를 도입할 때에는 그에 따른 사회적 비용도 함께 고려하여 부분적인 개선 방식을 취할 수도 있으므로, 입법자는 현실적인 조건들을 감안해서 위 부칙조항과 같이 판결서 열람·복사에 관한 개정법의 적용 범위를 일정 부분 제한할 수 있으며, 청구인은 비록 전자적 방법은 아니라 해도 군사법원법 제93조의2에 따라 개정법 시행 이전에 확정된 판결서를 열람·복사할 수 있다. 이 사건 부칙조항으로 인해 청구인이 전자적 방법을 통해 열람·복사할 수 있는 판결서의 범위가 제한된다 하더라도 이는 입법재량의 한계 내에 있으므로, 위 부칙조항이 청구인의 정보공개청구권을 침해한다고 할 수 없다(헌재 2015.12.23. 2014헌마185).

④ (○) 변호사의 취업난이 가중되고 있다는 점, 이직을 위해서도 변호사시험 성적이 필요할 수 있다는 점 등을 고려하면, 변호사시험 합격자에게 취업 및 이직에 필요한 상당한 기간 동안 자신의 성적을 활용할 기회를 부여할 필요가 있다. 특례조항에서 정하고 있는 '이 법 시행일부터 6개월 내'라는 기간은 변호사시험 합격자가 취업시장에서 성적 정보에 접근하고 이를 활용하기에 지나치게 짧다. 특례조항은 과잉금지원칙에 위배되어 청구인의 정보공개청구권을 침해한다(헌재 2019.7.25. 2017헌마1329). [2023년 경찰간부] ③

'알 권리'에 관한 설명으로 가장 적절하지 않은 것은? (다툼이 있는 경우 판례에 의함)

① 자유로운 의사의 형성은 정보에의 접근이 충분히 보장됨으로써 비로소 가능한 것이며, 그러한 의미에서 정보에의 접근·수집·처리의 자유, 즉 '알 권리'는 표현의 자유와 표리일체의 관계에 있으며 자유권적 성질과 청구권적 성질을 공유하는 것이다.

② '알 권리'의 자유권적 성질은 일반적으로 정보에 접근하고 수집·처리함에 있어서 국가권력의 방해를 받지 아니한다는 것을 말한다.

③ '알 권리'의 청구권적 성질은 의사형성이나 여론 형성에 필요한 정보를 적극적으로 수집하고 수집을 방해하는 방해제거를 청구할 수 있다는 것을 의미하는 바, 이는 정보수집권 또는 정보공개청구권으로 나타난다.

④ '알 권리'는 표현의 자유에 당연히 포함되는 것으로 보아야 하지만 생활권적 성질까지도 획득해 나가고 있다고 보기는 어렵다.

① (○) 자유로운 의사의 형성은 정보에의 접근이 충분히 보장됨으로써 비로소 가능한 것이며, 그러한 의미에서 정보에의 접근·수집·처리의 자유, 즉 알 권리는 표현의 자유와 표리일체의 관계에 있으며 자유권적 성질과 청구권적 성질을 공유하는 것이다(헌재 1991.5.13. 90헌마133).

② (○) ③ (○) 자유권적 성질은 일반적으로 정보에 접근하고 수집·처리함에 있어서 국가권력의 방해를 받지 아니한다는 것을 말하며, 청구권적 성질을 의사형성이나 여론 형성에 필요한 정보를 적극적으로 수집하고 수집을 방해하는 방해제거를 청구할 수 있다는 것을 의미하는 바 이는 정보수집권 또는 정보공개청구권으로 나타난다(헌재 1991.5.13. 90헌마133).

④ (×) 현대 사회가 고도의 정보화사회로 이행해감에 따라 알 권리는 한편으로 생활권적 성질까지도 획득해 나가고 있다. 이러한 알 권리는 표현의 자유에 당연히 포함되는 것으로 보아야 하며 인권에 관한 세계선언 제19조도 "알 권리"를 명시적으로 보장하고 있다(헌재 1991.5.13. 90헌마133). [2023년 경찰경채] ④

알 권리에 대한 설명으로 옳지 않은 것은?

① 변호사시험 성적을 합격자에게 공개하지 않도록 규정한 「변호사시험법」의 조항은 변호사시험에 응시하여 합격한 청구인들의 알 권리를 침해하지 않는다.

② 알 권리는 표현의 자유와 표리일체의 관계에 있고, 정보의 공개청구권은 알 권리의 당연한 내용이 되는 것이다.

③ 형사재판이 확정되면 속기록, 녹음물 또는 영상녹화물을 폐기하도록 규정한 「형사소송규칙」의 조항은 피고인이었던 청구인의 알 권리를 침해하지 않는다.

④ 교원의 개인정보 공개를 금지하고 있는 「교육관련기관의 정보공개에 관한 특례법」의 조항은 학부모들의 알 권리를 침해하지 않는다.

① (×) 변호사시험 성적 비공개를 통하여 법학전문대학원 간의 과다경쟁 및 서열화를 방지하고, 교육과정이 충실하게 이행될 수 있도록 하여 다양한 분야의 전문성을 갖춘 양질의 변호사를 양성하기 위한 심판대상조항의 입법목적은 정당하다. 오히려 시험성적을 공개하는 경우 경쟁력 있는 법률가를 양성할 수 있고, 각종 법조직역에 채용과 선발의 관적 기준을 제공할 수 있다. 따라서 변호사시험 성적의 비공개는 기존 대학의 서열화를 고착시키는 등의 부작용을 낳고 있으므로 수단의 적절성이 인정되지 않는다. 따라서 심판대상조항은 과잉금지원칙에 위배하여 청구인들의 알 권리를 침해한다(헌재 2015.6.25. 2011헌마769).

② (○) 헌법재판소는 정부가 보유하고 있는 정보에 대하여 정당한 이해관계가 있는 자가 그 공개를 요구할 수 있는 권리를 알 권리로 인정하면서 이러한 알 권리는 표현의 자유에 당연히 포함되는 기본권임을 이미 선언하였다. 어떤 문제가 있을 때 그에 관련된 정보에 접근하지 못하면 문제의 내용을 제대로 알기 어렵고, 제대로 내용을 알지 못하면 자기의 의견을 제대로 표현하기 어렵기 때문에 알 권리는 표현의 자유와 표리일체의 관계에 있고 정보의 공개청구권은 알 권리의 당연한 내용이 되는 것이다. 그리하여 알 권리는 헌법 제21조에 의하여 직접 보장될 수 있다고 헌법재판소가 선언한 것이다(헌재 2003.3.27. 2000헌마474).

③ (○) 형사소송법은 공판조서 기재의 정확성을 담보하기 위해 작성주체, 방식, 기재요건 등에 관하여 엄격히 규정하고, 피고인 등으로 하여금 재판이 확정되기 전에는 속기록 등의 사본 청구나 공판조서의 열람 또는 등사를 통하여 공판조서의 기재 내용에 대한 이의를 진술할 수 있도록 함으로써 기본권 제한을 최소화하고 있고, 이 사건 규칙조항으로 인한 기본권 제한이 속기록 등의 무용한 보관으로 인한 자원낭비 방지라는 공익보다 결코 크다고 볼 수 없으므로, 피해의 최소성과 함께 법익균형성의 요건도 갖추었다 할 것이어서, 이 사건 규칙조항이 청구인의 알권리를 침해하였다고 볼 수 없다(헌재 2012.3.29. 2010헌마599).

④ (○) 개별 교원이 어떤 교원단체나 노동조합에 가입해 있는지에 대한 정보 공개를 제한하고 있는 이 사건 법률조항 및 이 사건 시행령조항은 학부모인 청구인들의 알 권리를 제한하는 것이며, 학부모는 그런 알 권리를 통해 자녀교육을 행하게 되므로 위 조항들은 동시에 교육권에 대한 제약도 발생시킨다고 할 수 있다. … 이 사건 법률조항은 교원의 개인정보 공개를 일률적으로 금지하는 듯이 보이지만, 위 법에 의해 준용되는 '공공기관의 정보공개에 관한 법률'은 개인정보라고 하더라도 그 공개의 여지를 두고 비공개결정에 대해서는 불복의 수단을 마련하고 있으므로, 이 사건 법률조항은 학부모들의 알 권리를 침해하지 않는다(헌재 2011.12.29. 2010헌마293).

[2023년 국가 5급] ①

제6절 집회·결사의 자유

집회의 자유에 관한 설명 중 가장 적절하지 않은 것은? (다툼이 있는 경우 판례에 의함)

① 집회의 자유는 개인의 인격발현의 요소이자 민주주의를 구성하는 요소라는 이중적, 헌법적 기능을 가지고 있다.

② 집회의 자유는 집회를 통하여 형성된 의사를 집단으로 표현하고 이를 통하여 불특정 다수인의 의사에 영향을 줄 자유를 포함하므로 이를 내용으로 하는 시위의 자유 또한 집회의

자유를 규정한 헌법 제21조 제1항에 의하여 보호되는 기본권이다.

③ 집회나 시위 해산을 위한 살수차 사용은 집회의 자유 및 신체의 자유에 대한 중대한 제한을 초래하므로 살수차 사용요건이나 기준은 법률에 근거를 두어야 하고, 살수차와 같은 위해성 경찰장비는 본래의 사용방법에 따라 지정된 용도로 사용되어야 하며 다른 용도나 방법으로 사용하기 위해서는 반드시 법령에 근거가 있어야 한다.

④ 일출시간 전, 일몰시간 후의 옥외집회 또는 시위를 원칙적으로 금지하면서 다만 옥외집회의 경우 예외적으로 관할 경찰관서장이 허용할 수 있도록 하고, 이에 위반하여 옥외집회 또는 시위에 참가한 자를 형사처벌하는 구 집회 및 시위에 관한 법률 조항은 헌법 제21조 제2항의 사전허가제금지에 위배되어 집회의 자유를 침해한다.

① (○) 집회의 자유는 개인의 인격발현의 요소이자 민주주의를 구성하는 요소라는 이중적, 헌법적 기능을 가지고 있다. 인간의 존엄성과 자유로운 인격발현을 최고의 가치로 삼는 우리 헌법질서 내에서 집회의 자유도 다른 모든 기본권과 마찬가지로 일차적으로는 개인의 자기결정과 인격발현에 기여하는 기본권이다. 집회를 통하여 국민들이 자신의 의견과 주장을 집단적으로 표명함으로써 여론의 형성에 영향을 미친다는 점에서, 집회의 자유는 표현의 자유와 더불어 민주적 공동체가 기능하기 위하여 불가결한 근본요소에 속한다(헌재 2003.10.30. 2000헌바67).

② (○) 집회의 자유는 집회를 통하여 형성된 의사를 집단적으로 표현하고 이를 통하여 불특정 다수인의 의사에 영향을 줄 자유를 포함하므로 이를 내용으로 하는 시위의 자유 또한 집회의 자유를 규정한 헌법 제21조 제1항에 의하여 보호되는 기본권이다(헌재 2005.11.24. 2004헌가17).

③ (○) 집회나 시위 해산을 위한 살수차 사용은 집회의 자유 및 신체의 자유에 대한 중대한 제한을 초래하므로 살수차 사용요건이나 기준은 법률에 근거를 두어야 하고, 살수차와 같은 위해성 경찰장비는 본래의 사용방법에 따라 지정된 용도로 사용되어야 하며 다른 용도나 방법으로 사용하기 위해서는 반드시 법령에 근거가 있어야 한다. 혼합살수방법은 법령에 열거되지 않은 새로운 위해성 경찰장비에 해당하고 이 사건 지침에 혼합살수의 근거 규정을 둘 수 있도록 위임하고 있는 법령이 없으므로, 이 사건 지침은 법률유보원칙에 위배되고 이 사건 지침만을 근거로 한 이 사건 혼합살수행위 역시 법률유보원칙에 위배된다. 따라서 이 사건 혼합살수행위는 청구인들의 신체의 자유와 집회의 자유를 침해한다(헌재 2018.5.31. 2015헌마476).

④ (×) 일출시간 전, 일몰시간 후에는 옥외집회 또는 시위를 금지하고, 다만 옥외집회의 경우 예외적으로 관할 경찰관서장이 허용할 수 있도록 한 구 집회 및 시위에 관한 법률 제10조가 헌법 제21조 제2항이 규정하는 허가제 금지에 위반되는지 여부(소극). 헌법 제21조 제2항에 의하여 금지되는 허가는 행정청이 주체가 되어 집회의 허용 여부를 사전에 결정하는 것으로, 법률적 제한이 실질적으로 행정청의 허가 없는 옥외집회를 불가능하게 하는 것이라면 헌법상 금지되는 사전허가제에 해당하지만, 그에 이르지 아니하는 한 헌법 제21조 제2항에 반하는 것은 아니다. 이 사건 법률조항의 단서 부분은 본문에 의한 제한을 완화시키려는 것이므로 헌법이 금지하고 있는 옥외집회에 대한 일반적인 사전허가라고 볼 수 없다. 한편 이 사건 법률조항 중 단서 부분은 시위에 대하여 적용되지 않으므로 야간 시위의 금지와 관련하여 헌법상 허가제 금지 규정의 위반 여부는 문제되지 아니한다(헌재 2014.4.24. 2011헌가29).

[2022년 경찰 경정승진] ④

다음 중 「집회 및 시위에 관한 법률」에 관한 설명으로 가장 옳지 않은 것은? (다툼이 있는 경우 판례에 의함)

① 집회나 시위 해산을 위한 살수차 사용은 집회의 자유 및 신체의 자유에 대한 중대한 제한을 초래하므로 그 사용요건이나 기준은 법률에 근거를 두어야 한다.

② 야간시위를 일률적으로 금지하는 것은 현대인의 근무·학업 시간이나 생활형태 등을 고려

하지 아니한 과도한 제한으로 과잉금지원칙에 위반된다.

③ 국회의 업무가 없는 공휴일이나 휴회기 등에 행하여지는 집회를 예외 없이 금지하는 것은 과도하게 집회의 자유를 제한하는 것이다.

④ 사법행정과 관련된 의사표시 전달을 목적으로 한 집회는 법관의 독립을 침해할 우려가 있으므로 금지되어야 한다.

① (○) 집회나 시위 해산을 위한 살수차 사용은 집회의 자유 및 신체의 자유에 대한 중대한 제한을 초래하므로 살수차 사용요건이나 기준은 법률에 근거를 두어야 하고, 살수차와 같은 위해성 경찰장비는 본래의 사용방법에 따라 지정된 용도로 사용되어야 하며 다른 용도나 방법으로 사용하기 위해서는 반드시 법령에 근거가 있어야 한다(헌재 2018.5.31. 2015헌마476).

② (○) 도시화·산업화가 진행된 현대 사회에서 전통적 의미의 야간, 즉 '해가 뜨기 전이나 해가 진 후'라는 광범위하고 가변적인 시간대는 위와 같은 '야간'이 특징이나 차별성이 명백하다고 보기 어려움에도 일률적으로 야간 시위를 금지하는 것은 목적달성을 위해 필요한 정도를 넘는 지나친 제한으로서 침해의 최소성 원칙 및 법익균형성 원칙에 반한다. 따라서 심판대상조항들은 과잉금지원칙에 위배하여 집회의 자유를 침해한다(헌재 2014.3.27. 2010헌가2).

③ (○) 국회의 기능을 직접 저해할 가능성이 거의 없는 소규모 집회, 국회의 업무가 없는 공휴일이나 휴회기 등에 행하여지는 집회, 국회의 활동을 대상으로 한 집회가 아니거나 부차적으로 국회에 영향을 미치고자 하는 의도가 내포되어 있는 집회처럼 옥외집회에 의한 국회의 헌법적 기능이 침해될 가능성이 부인되거나 또는 현저히 낮은 경우에는, 입법자로서는 심판대상조항으로 인하여 발생하는 집회의 자유에 대한 과도한 제한 가능성이 완화될 수 있도록 그 금지에 대한 예외를 인정하여야 한다. 이처럼 심판대상조항은 입법목적을 달성하는 데 필요한 최소한도의 범위를 넘어, 규제가 불필요하거나 또는 예외적으로 허용하는 것이 가능한 집회까지도 이를 일률적·전면적으로 금지하고 있으므로 침해의 최소성 원칙에 위배된다. 심판대상조항은 과잉금지원칙을 위반하여 집회의 자유를 침해한다(헌재 2018.5.31. 2013헌바322).

④ (×) 법원 인근에서의 집회라 할지라도 법관의 독립을 위협하거나 재판에 영향을 미칠 염려가 없는 집회도 있다. 예컨대 법원을 대상으로 하지 않고 검찰청 등 법원 인근 국가기관이나 일반법인 또는 개인을 대상으로 한 집회로서 재판업무에 영향을 미칠 우려가 없는 집회가 있을 수 있다. 법원을 대상으로 한 집회라도 사법행정과 관련된 의사표시 전달을 목적으로 한 집회 등 법관의 독립이나 구체적 사건의 재판에 영향을 미칠 우려가 없는 집회도 있다. 심판대상조항은 과잉금지원칙을 위반하여 집회의 자유를 침해한다(헌재 2018.7.26. 2018헌바137).

[2022년 해경간부] ④

집회의 자유에 관한 설명으로 가장 적절하지 않은 것은? (다툼이 있는 경우 판례에 의함)

① 개인이 집회의 자유를 집단적으로 행사함으로써 불가피하게 발생하는 일반대중에 대한 불편함이나 법익에 대한 위험은 보호법익과 조화를 이루는 범위 내에서 국가와 제3자에 의하여 수인되어야 한다.

② 집회의 자유는 개인의 인격발현의 요소이자 민주주의를 구성하는 요소라는 이중적, 헌법적 기능을 가지고 있다.

③ 집회의 자유에 의하여 구체적으로 보호되는 주요행위는 집회의 준비 및 조직, 지휘, 참가. 집회장소·시간의 선택이므로 집회를 방해할 의도로 집회에 참가하는 것도 보호된다.

④ 집회장소가 바로 집회의 목적과 효과에 대하여 중요한 의미를 가지기 때문에, 누구나 '어떤 장소에서' 자신이 계획한 집회를 할 것인가를 원칙적으로 자유롭게 결정할 수 있어야만 집

회의 자유가 비로소 효과적으로 보장되는 것이다. 따라서 집회의 자유는 다른 법익의 보호를 위하여 정당화되지 않는 한, 집회장소를 항의의 대상으로부터 분리시키는 것을 금지한다.

① (○) 헌법은 집회의 자유를 국민의 기본권으로 보장함으로써, 평화적 집회 그 자체는 공공의 안녕질서에 대한 위험이나 침해로서 평가되어서는 아니 되며, 개인이 집회의 자유를 집단적으로 행사함으로써 불가피하게 발생하는 일반대중에 대한 불편함이나 법익에 대한 위험은 보호법익과 조화를 이루는 범위 내에서 국가와 제3자에 의하여 수인되어야 한다는 것을 헌법 스스로 규정하고 있는 것이다(헌재 2003.10.30. 2000헌바67).

② (○) 집회의 자유는 개인의 인격발현의 요소이자 민주주의를 구성하는 요소라는 이중적, 헌법적 기능을 가지고 있다. 인간의 존엄성과 자유로운 인격발현을 최고의 가치로 삼는 우리 헌법질서 내에서 집회의 자유도 다른 모든 기본권과 마찬가지로 일차적으로는 개인의 자기결정과 인격발현에 기여하는 기본권이다. 뿐만 아니라, 집회를 통하여 국민들이 자신의 의견과 장을 집단적으로 표명함으로써 여론의 형성에 영향을 미친다는 점에서, 집회의 자유는 표현의 자유와 더불어 민주적 공동체가 기능하기 위하여 불가결한 근본요소에 속한다(헌재 2003.10.30. 2000헌바67).

③ (×) 집회의 자유는 집회의 시간, 장소, 방법과 목적을 스스로 결정할 권리를 보장한다. 집회의 자유에 의하여 구체적으로 보호되는 주요행위는 집회의 준비 및 조직, 지휘, 참가, 집회장소·시간의 선택이다. 그러나 집회를 방해할 의도로 집회에 참가하는 것은 보호되지 않는다. 주최자는 집회의 대상, 목적, 장소 및 시간에 관하여, 참가자는 참가의 형태와 정도, 복장을 자유로이 결정할 수 있다(헌재 2003.10.30. 2000헌바67).

④ (○) 집회의 목적·내용과 집회의 장소는 일반적으로 밀접한 내적인 연관관계에 있기 때문에, 집회의 장소에 대한 선택이 집회의 성과를 결정짓는 경우가 적지 않다. 집회장소가 바로 집회의 목적과 효과에 대하여 중요한 의미를 가지기 때문에, 누구나 '어떤 장소에서' 자신이 계획한 집회를 할 것인가를 원칙적으로 자유롭게 결정할 수 있어야만 집회의 자유가 비로소 효과적으로 보장되는 것이다. 따라서 집회의 자유는 다른 법익의 보호를 위하여 정당화되지 않는 한, 집회장소를 항의의 대상으로부터 분리시키는 것을 금지한다(헌재 2003.10.30. 2000헌바67).

[2023년 경찰경채] ③

집회의 자유에 대한 설명으로 가장 적절하지 않은 것은? (다툼이 있는 경우 헌법재판소 판례에 의함)

① 「집회 및 시위에 관한 법률」에서 옥외집회나 시위가 사전신고한 범위를 뚜렷이 벗어나 신고제도의 목적달성을 심히 곤란하게 하고, 그로 인하여 질서를 유지할 수 없게 된 경우에 공공의 안녕질서 유지 및 회복을 위해 해산명령을 할 수 있도록 규정한 것은 청구인들의 집회의 자유를 침해한다고 볼 수 없다.

② 집회 장소가 바로 집회의 목적과 효과에 대하여 중요한 의미를 가지기 때문에, 누구나 '어떤 장소'에서 자신이 계획한 집회를 할 것인가를 원칙적으로 자유롭게 결정할 수 있어야만 집회의 자유가 비로소 효과적으로 보장되는 것이다.

③ 집회나 시위 해산을 위한 살수차 사용은 집회의 자유 및 신체의 자유에 대한 중대한 제한을 초래하므로 살수차 사용요건이나 기준은 법률에 근거를 두어야 하고, 살수차와 같은 위해성 경찰장비는 본래의 사용방법에 따라 지정된 용도로 사용되어야 하며 다른 용도나 방법으로 사용하기 위해서는 반드시 법령에 근거가 있어야 한다.

④ 대한민국을 방문하는 외국의 국가 원수를 경호하기 위하여 지정된 경호구역 안에서 서울종로경찰서장이 안전 활동의 일환으로 청구인들의 삼보일배행진을 제지한 행위 등은 과잉금

지원칙을 위반하여 청구인들의 집회의 자유 등을 침해한다.

① (○) 집회 및 시위에 관한 법률은 옥외집회나 시위가 사전신고한 범위를 뚜렷이 벗어나 신고제도의 목적달성을 심히 곤란하게 하고, 그로 인하여 질서를 유지할 수 없게 된 경우에 공공의 안녕질서 유지 및 회복을 위해 해산명령을 할 수 있도록 하고 있다. 심판대상조항은 이러한 해산명령 제도의 실효성 확보를 위해 해산명령에 불응하는 자를 형사처벌하도록 한 것으로서 입법목적의 정당성과 수단의 적절성이 인정된다. 심판대상조항은 과잉금지원칙을 위반하여 집회의 자유를 침해한다고 볼 수 없다(헌재 2016.9.29. 2015헌바309).

② (○) 집회의 목적·내용과 집회의 장소는 일반적으로 밀접한 내적인 연관관계에 있기 때문에, 집회의 장소에 대한 선택이 집회의 성과를 결정짓는 경우가 적지 않다. 집회장소가 바로 집회의 목적과 효과에 대하여 중요한 의미를 가지기 때문에, 누구나 어떤 장소에서 자신이 계획한 집회를 할 것인가를 원칙적으로 자유롭게 결정할 수 있어야만 집회의 자유가 비로소 효과적으로 보장되는 것이다(헌재 2003.10.30. 2000헌바67).

③ (○) 집회나 시위 해산을 위한 살수차 사용은 집회의 자유 및 신체의 자유에 대한 중대한 제한을 초래하므로 살수차 사용요건이나 기준은 법률에 근거를 두어야 하고, 살수차와 같은 위해성 경찰장비는 본래의 사용방법에 따라 지정된 용도로 사용되어야 하며 다른 용도나 방법으로 사용하기 위해서는 반드시 법령에 근거가 있어야 한다. 혼합살수방법은 법령에 열거되지 않은 새로운 위해성 경찰장비에 해당하고 이 사건 지침에 혼합살수의 근거 규정을 둘 수 있도록 위임하고 있는 법령이 없으므로, 이 사건 지침은 법률유보원칙에 위배되고 이 사건 지침만을 근거로 한 이 사건 혼합살수행위 역시 법률유보원칙에 위배된다. 따라서 이 사건 혼합살수행위는 청구인들의 신체의 자유와 집회의 자유를 침해한다(헌재 2018.5.31. 2015헌마476).

④ (×) 공권력 행사는 경호대상자의 안전 보호 및 국가 간 친선관계의 고양, 질서유지 등을 위한 것이다. 돌발적이고 경미한 변수의 발생도 대비하여야 하는 경호의 특수성을 고려할 때, 경호활동에는 다양한 취약 요소들에 사전적·예방적으로 대비할 수 있는 안전조치가 충분히 이루어질 필요가 있고, 이 사건 공권력 행사는 집회장소의 장소적 특성과 미합중국 대통령의 이동경로, 집회 참가자와의 거리, 질서유지에 필요한 시간 등을 고려하여 경호 목적 달성을 위한 최소한의 범위에서 행해진 것으로 침해의 최소성을 갖추었다. 따라서 이 사건 공권력 행사는 과잉금지원칙을 위반하여 청구인들의 집회의 자유 등을 침해하였다고 할 수 없다(헌재 2021.10.28. 2019헌마1091).

[2022년 경찰간부] ④

집회의 자유에 관한 설명으로 가장 적절하지 않은 것은? (다툼이 있는 경우 판례에 의함)

① 누구나 '어떤 장소에서' 자신이 계획한 집회를 할 것인가를 원칙적으로 자유롭게 결정할 수 있어야만 집회의 자유가 비로소 효과적으로 보장되는 것이므로, 집회의 자유는 다른 법익의 보호를 위하여 정당화되지 않는 한, 집회장소를 항의의 대상으로부터 분리시키는 것을 금지한다.

② 일반적으로 집회는 일정한 장소를 전제로 하여 특정 목적을 가진 다수인이 일시적으로 회합하는 것을 말하는 것으로 일컬어지고 있고, 그 공동의 목적은 '내적인 유대 관계'로 족하다.

③ 집단적인 폭행·협박·손괴·방화 등으로 공공의 안녕질서에 직접적인 위협을 가할 것이 명백한 집회 또는 시위의 주최를 금지하는 구 「집회 및 시위에 관한 법률」 조항은 집회의 자유를 침해하지 아니한다.

④ 경찰이 신고범위를 벗어난 동안에만 집회참가자들을 촬영한다 할지라도, 집회참가자에 대한 촬영행위는 집회참가자들에게 심리적 부담으로 작용하여 집회의 자유를 전체적으로 위축시키는 결과를 가져올 수 있으므로 집회의 자유를 침해한다.

① (○) 집회장소가 바로 집회의 목적과 효과에 대하여 중요한 의미를 가지기 때문에, 누구나 '어떤 장소에서' 자신이 계획한 집회를 할 것인가를 원칙적으로 자유롭게 결정할 수 있어야만 집회의 자유가 비로소 효과적으로 보장되는 것이다. 따라서 집회의 자유는 다른 법익의 보호를 위하여 정당화되지 않는 한, 집회장소를 항의의 대상으로부터 분리시키는 것을 금지한다(헌재 2003.10.30. 2000헌바67).

② (○) 일반적으로 집회는, 일정한 장소를 전제로 하여 특정 목적을 가진 다수인이 일시적으로 회합하는 것을 말하는 것으로 일컬어지고 있고, 그 공동의 목적은 '내적인 유대 관계'로 족하다(헌재 2009.5.28. 2007헌바22).

③ (○) 집단적인 폭행·협박 등이 발생한 집회 또는 시위를 해산하고 질서를 회복시키는 데는 일반적으로 상당한 시간과 경찰력이 동원되고, 그 과정에서 공공의 안녕질서나 참가자나 제3자의 신체와 재산의 안전 등이 중대하게 침해되거나 위협받을 수밖에 없으므로, 그와 같은 집회 또는 시위의 주최를 절대적으로 금지하는 것은 공공의 안녕질서를 유지하고, 집회 또는 시위의 참가자나 이에 참가하지 않은 제3자의 생명·신체·재산의 안전 등 기본권을 보호하기 위한 것으로서 과잉금지원칙에 위반하여 집회의 자유를 침해하지 아니한다(헌재 2010.4.29. 2008헌바118).

④ (×) 수사란 범죄혐의의 유무를 명백히 하여 공소를 제기·유지할 것인가의 여부를 결정하기 위해 범인을 발견·확보하고 증거를 수집·보전하는 수사기관의 활동을 말한다. 경찰은 범죄행위가 있는 경우 이에 대한 수사로서 증거를 확보하기 위해 촬영행위를 할 수 있고, 범죄에 이르게 된 경위나 그 전후 사정에 관한 것이라도 증거로 수집할 수 있다. 이 사건에서 피청구인이 신고범위를 벗어난 동안에만 집회참가자들을 촬영한 행위가 과잉금지원칙을 위반하여 집회참가자인 청구인들의 일반적 인격권, 개인정보자기결정권 및 집회의 자유를 침해한다고 볼 수 없다(헌재 2018.8.30. 2014헌마843). [2023년 경찰공채 3월] ④

집회의 자유에 관한 설명으로 옳지 않은 것은? (다툼이 있는 경우 헌법재판소 판례에 의함)

① 집회의 자유는 다수의 의견을 국정에 반영하는 창구로서 그 중요성을 더해 가고 있다는 점에서 다수의 보호를 위한 중요한 기본권이다.

② 집회의 자유는 표현의 자유와 더불어 민주적 공동체가 기능하기 위하여 불가결한 근본요소에 속하며, 집단적 의견표명의 자유로서 민주국가에서 정치의사형성에 참여할 수 있는 기회를 제공한다.

③ 집회의 자유는 사회·정치현상에 대한 불만과 비판을 공개적으로 표출케 함으로써 정치적 불만이 있는 자를 사회에 통합하고 정치적 안정에 기여하는 기능을 한다.

④ 집회의 자유는 개인의 인격발현의 요소이자 민주주의를 구성하는 요소라는 이중적, 헌법적 기능을 가지고 있으며, 개인의 자기결정과 인격발현에 기여하는 기본권이다.

⑤ 집회장소가 바로 집회의 목적과 효과에 대하여 중요한 의미를 가지기 때문에, 누구나 '어떤 장소에서' 자신이 계획한 집회를 할 것인가를 원칙적으로 자유롭게 결정할 수 있어야만 집회의 자유가 비로소 효과적으로 보장되는 것이다.

① (×) 집회의 자유는 사회·정치현상에 대한 불만과 비판을 공개적으로 표출케 함으로써 정치적 불만이 있는 자를 사회에 통합하고 정치적 안정에 기여하는 기능을 한다. 특히 집회의 자유는 집권세력에 대한 정치적 반대의사를 공동으로 표명하는 효과적인 수단으로서 현대사회에서 언론매체에 접근할 수 없는 소수집단에게 그들의 권익과 주장을 옹호하기 위한 적절한 수단을 제공한다는 점에서, 소수의견을 국정에 반영하는 창구로서 그 중요성을 더해 가고 있다. 이러한 의미에서 집회의 자유는 소수의 보호를 위한 중요한 기본권인 것이다. 소수가 공동체의 정치적 의사형성과정에 영향을 미칠 수 있는 가능성이 보장될 때, 다수결에 의한 공동체의 의사결정은 보다 정당성을 가지며 다수에 의하여 압도당한 소수에 의하여 수용될 수 있는 것이다. 헌법이 집회의 자유를 보장한 것은 관용과 다양한 견해가 공존하는 다원적인 열린 사회에 대한 헌법적 결단인 것이다(헌재 2003.10.30. 2000헌바67).

② (○) ④ (○) 집회의 자유는 개인의 인격발현의 요소이자 민주주의를 구성하는 요소라는 이중적, 헌법적 기능을 가지고 있다. 인간의 존엄성과 자유로운 인격발현을 최고의 가치로 삼는 우리 헌법질서 내에서 집회의 자유도 다른 모든 기본권과 마찬가지로 일차적으로는 개인의 자기결정과 인격발현에 기여하는 기본권이다. 뿐만 아니라, 집회를 통하여 국민들이 자신의 의견과 주장을 집단적으로 표명함으로써 여론의 형성에 영향을 미친다는 점에서, 집회의 자유는 표현의 자유와 더불어 민주적 공동체가 기능하기 위하여 불가결한 근본요소에 속한다. 집회를 통하여 국민들이 자신의 의견과 주장을 집단적으로 표명함으로써 여론의 형성에 영향을 미친다는 점에서, 집회의 자유는 표현의 자유와 더불어 민주적 공동체가 기능하기 위하여 불가결한 근본요소에 속한다. 집회의 자유는 집단적 의견표명의 자유로서 민주국가에서 정치의사형성에 참여할 수 있는 기회를 제공한다(헌재 2003.10.30. 2000헌바67).

③ (○) 집회의 자유에 의하여 보호되는 것은 단지 평화적 또는 비폭력적 집회이다. 집회의 자유는 민주국가에서 정신적 대립과 논의의 수단으로서, 평화적 수단을 이용한 의견의 표명은 헌법적으로 보호되지만, 폭력을 사용한 의견의 강요는 헌법적으로 보호되지 않는다(헌재 2003.10.30. 2000헌바67).

⑤ (○) 집회의 목적·내용과 집회의 장소는 일반적으로 밀접한 내적인 연관관계에 있기 때문에, 집회의 장소에 대한 선택이 집회의 성과를 결정짓는 경우가 적지 않다. 집회장소가 바로 집회의 목적과 효과에 대하여 중요한 의미를 가지기 때문에, 누구나 '어떤 장소에서' 자신이 계획한 집회를 할 것인가를 원칙적으로 자유롭게 결정할 수 있어야만 집회의 자유가 비로소 효과적으로 보장되는 것이다. 따라서 집회의 자유는 다른 법익의 보호를 위하여 정당화되지 않는 한, 집회장소를 항의의 대상으로부터 분리시키는 것을 금지한다(헌재 2003.10.30. 2000헌바67).

[2022년 소방간부] ①

다음 중 집회의 자유에 관한 설명으로 가장 옳지 않은 것은? (다툼이 있는 경우 판례에 의함)

① 집회의 자유는 민주국가에서 사회·정치현상에 대한 불만과 비판을 공개적으로 표출케 함으로써 정치적 불만이 있는 자를 사회에 통합하고 정치적 안정에 기여하는 기능을 하는 중요한 수단이기 때문에, 평화적 수단을 이용한 의견의 표명뿐만 아니라 폭력을 사용한 의견의 강요 역시 헌법적으로 보호된다.

② 「집회 및 시위에 관한 법률」상 미신고 옥외집회 또는 시위를 해산명령 대상으로 하면서 별도의 해산 요건을 정하고 있지 않더라도, 그 옥외집회 또는 시위로 인하여 타인의 법익이나 공공의 안녕질서에 대한 직접적인 위험이 명백하게 초래된 경우에 한하여 해산을 명할 수 있다.

③ 집회는 특별한 상징적 의미나 집회와 특별한 연관성을 갖는 장소에서 이루어져야 의견표명이 효과적으로 이루어질 수 있으므로 집회장소를 선택할 자유는 집회의 자유의 실질적 부분을 형성한다.

④ 「집회 및 시위에 관한 법률」상의 '시위'는 반드시 '일반인이 자유로이 통행할 수 있는 장소'에서 이루어져야 한다거나 '행진' 등 장소 이동을 동반해야만 성립하는 것은 아니다.

① (×) 집회의 자유는 사회·정치현상에 대한 불만과 비판을 공개적으로 표출케 함으로써 정치적 불만이 있는 자를 사회에 통합하고 정치적 안정에 기여하는 기능을 한다. 비록 헌법이 명시적으로 밝히고 있지는 않으나, 집회의 자유에 의하여 보호되는 것은 단지 평화적 또는 비폭력적 집회이다. 집회의 자유는 민주국가에서 정신적 대립과 논의의 수단으로서, 평화적 수단을 이용한 의견의 표명은 헌법적으로 보호되지만, 폭력을 사용한 의견의 강요는 헌법적으로 보호되지 않는다(헌재 2003.10.30. 2000헌바67).

② (○) 집시법 제20조 제1항 제2호가 미신고 옥외집회 또는 시위를 해산명령의 대상으로 하면서 별도의 해산 요건을 정하고 있지 않더라도, 그 옥외집회 또는 시위로 인하여 타인의 법익이나 공공의 안녕질서에 대한 직접적인 위험이 명백하게 초래된 경우에 한하여 위 조항에

기하여 해산을 명할 수 있고, 이러한 요건을 갖춘 해산명령에 불응하는 경우에만 집시법 제24조 제5호에 의하여 처벌할 수 있다고 보아야 한다(대법원 2012.4.19. 2010도6388).

③ (○) 집회 장소는 일반적으로 집회의 목적·내용과 밀접한 연관관계를 가진다. 집회는 특별한 상징적 의미 또는 집회와 특별한 연관성을 가지는 장소, 예를 들면 집회를 통해 반대하고자 하는 대상물이 위치하거나 집회의 계기를 제공한 사건이 발생한 장소 등에서 이루어져야 의견표명이 효과적으로 이루어질 수 있다. 집회 장소의 선택은 집회의 성과를 결정하는 주요 요인이 된다. 따라서 집회 장소를 선택할 자유는 집회의 자유의 실질적 부분을 형성한다(헌재 2018.7.26. 2018헌바137).

④ (○) 집회 및 시위에 관한 법률상의 시위는 다수인이 공동목적을 가지고 도로·광장·공원 등 공중이 자유로이 통행할 수 있는 장소를 행진함으로써 불특정한 여러 사람의 의견에 영향을 주거나 제압을 가하는 행위와 위력 또는 기세를 보여 불특정한 여러 사람의 의견에 영향을 주거나 제압을 가하는 행위를 말한다. 따라서 집회 및 시위에 관한 법률상의 시위는 반드시 일반인이 자유로이 통행할 수 있는 장소에서 이루어져야 한다거나 행진 등 장소 이동을 동반해야만 성립하는 것은 아니다(헌재 2014.3.27. 2010헌가2).

[2022년 해경간부] ①

집회의 자유에 대한 설명으로 가장 적절하지 않은 것은? (다툼이 있는 경우 헌법재판소 판례에 의함)

① 막연히 폭력·불법적이거나 돌발적인 상황이 발생할 위험이 있다는 가정만을 근거로 하여 대통령 관저 인근이라는 특정한 장소에서 열리는 모든 집회를 금지하는 것은 헌법적으로 정당화되기 어렵다.

② 미신고 시위로 인하여 타인의 법익이나 공공의 안녕질서에 대한 직접적이고 명백한 위험이 발생한 경우에 해산명령을 발할 수 있도록 하고 이에 응하지 아니하는 행위에 대해 처벌하는 「집회 및 시위에 관한 법률」상 조항은 달성하려는 공익과 이로 인해 제한되는 청구인의 기본권 사이의 균형을 상실하였다고 보기 어렵다.

③ 신고 범위를 뚜렷이 벗어난 집회·시위로 인하여 질서를 유지할 수 없어 해산을 명령하였음에도 불구하고 이에 불응한 경우에 처벌하는 「집회 및 시위에 관한 법률」상 조항은 과잉금지원칙을 위반하여 집회의 자유를 침해한다고 볼 수 없다.

④ 재판에 영향을 미칠 염려가 있거나 미치게 하기 위한 집회 또는 시위를 금지하고 이를 위반한 자를 형사처벌하는 구 「집회 및 시위에 관한 법률」상 조항은 과잉금지원칙을 위반하여 집회의 자유를 침해한다고 볼 수 없다.

① (○) 대통령 관저 인근에서의 일부 집회를 예외적으로 허용한다고 하더라도 위와 같은 수단들을 통하여 심판대상조항이 달성하려는 대통령의 헌법적 기능은 충분히 보호될 수 있다. 따라서 개별적인 경우에 구체적인 위험 상황이 발생하였는지를 고려하지 않고, 막연히 폭력·불법적이거나 돌발적인 상황이 발생할 위험이 있다는 가정만을 근거로 하여 대통령 관저 인근이라는 특정한 장소에서 열리는 모든 집회를 금지하는 것은 헌법적으로 정당화되기 어렵다. 이러한 사정들을 종합하여 볼 때, 심판대상조항은 그 입법목적을 달성하는 데 필요한 최소한도의 범위를 넘어, 규제가 불필요하거나 또는 예외적으로 허용하는 것이 가능한 집회까지도 이를 일률적·절대적으로 금지하고 있으므로, 침해의 최소성에 위배된다. 심판대상조항은 과잉금지원칙에 위배되어 집회의 자유를 침해한다(헌재 2022.12.22. 2018헌바48).

② (○) 심판대상조항은 미신고 시위를 처음부터 금지하거나 참가 자체를 처벌하는 것이 아니고, 다만 그 시위로 인하여 타인의 법익이나 공공의 안녕질서에 직접적이고 명백한 위험이 발생한 경우에 해산명령을 발할 수 있도록 하고, 이에 응하지 아니하는 행위에 대하여 처벌하는 조항이다. 그렇다면 심판대상조항이 달성하려는 공공의 안녕질서 유지 및 회복이라는 공익과 심판대상조항으로 인하여 제한되는 청구인의 기본권 사이의 균형을 상실하였다고 보기 어렵다. 따라서 심판대상조항은 과잉금지원칙을 위반하여 집회의 자유를 침해한다고

볼 수 없다(헌재 2016.9.29. 2014헌바492).

③ (○) 집회 및 시위에 관한 법률은 옥외집회나 시위가 사전신고한 범위를 뚜렷이 벗어나 신고제도의 목적달성을 심히 곤란하게 하고, 그로 인하여 질서를 유지할 수 없게 된 경우에 공공의 안녕질서 유지 및 회복을 위해 해산명령을 할 수 있도록 하고 있다. 심판대상조항은 이러한 해산명령 제도의 실효성 확보를 위해 해산명령에 불응하는 자를 형사처벌하도록 한 것으로서 입법목적의 정당성과 수단의 적절성이 인정된다. 또한 심판대상조항이 달성하려는 공공의 안녕질서 유지 및 회복이라는 공익과 심판대상조항으로 인하여 제한되는 청구인들의 집회의 자유 사이의 균형을 상실하였다고 보기 어려우므로, 심판대상조항은 과잉금지원칙을 위반하여 집회의 자유를 침해한다고 볼 수 없다(헌재 2016.9.29. 2015헌바309).

④ (×) 사건 제2호 부분은 법관의 직무상 독립을 보호하여 사법작용의 공정성과 독립성을 확보하기 위한 것으로 입법목적의 정당성은 인정되나, 국가의 사법권한 역시 국민의 의사에 정당성의 기초를 두고 행사되어야 한다는 점과 재판에 대한 정당한 비판은 오히려 사법작용의 공정성 제고에 기여할 수도 있는 점을 고려하면 사법의 독립성을 확보하기 위한 적합한 수단이라 보기 어렵다. 따라서 이 사건 제2호 부분은 과잉금지원칙에 위배되어 집회의 자유를 침해한다(헌재 2016.9.29. 2014헌가3). [2023년 경찰간부] ④

집회의 자유에 대한 설명으로 옳지 않은 것은? (다툼이 있는 경우 판례에 의함)

① 「집회 및 시위에 관한 법률」상의 '시위'는 반드시 '일반인이 자유로이 통행할 수 있는 장소'에서 이루어져야 한다거나 '행진' 등 장소 이동을 동반해야만 성립하는 것은 아니다.

② 집회의 자유는 민주국가에서 사회·정치현상에 대한 불만과 비판을 공개적으로 표출케 함으로써 정치적 불만이 있는 자를 사회에 통합하고 정치적 안정에 기여하는 기능을 하는 중요한 수단이기 때문에, 평화적 수단을 이용한 의견의 표명뿐만 아니라 폭력을 사용한 의견의 강요 역시 헌법적으로 보호된다.

③ 집회는 특별한 상징적 의미나 집회와 특별한 연관성을 갖는 장소에서 이루어져야 의견표명이 효과적으로 이루어질 수 있으므로 집회 장소를 선택할 자유는 집회의 자유의 실질적 부분을 형성한다.

④ 「집회 및 시위에 관한 법률」상 미신고 옥외집회 또는 시위를 해산명령 대상으로 하면서 별도의 해산 요건을 정하고 있지 않더라도, 그 옥외집회 또는 시위로 인하여 타인의 법익이나 공공의 안녕질서에 대한 직접적인 위험이 명백하게 초래된 경우에 한하여 해산을 명할 수 있다.

① (○) 집회 및 시위에 관한 법률상의 시위는 다수인이 공동목적을 가지고 도로·광장·공원 등 공중이 자유로이 통행할 수 있는 장소를 행진함으로써 불특정한 여러 사람의 의견에 영향을 주거나 제압을 가하는 행위와 위력 또는 기세를 보여 불특정한 여러 사람의 의견에 영향을 주거나 제압을 가하는 행위를 말한다. 따라서 집회 및 시위에 관한 법률상의 시위는 반드시 일반인이 자유로이 통행할 수 있는 장소에서 이루어져야 한다거나 행진 등 장소 이동을 동반해야만 성립하는 것은 아니다(헌재 2014.3.27. 2010헌가2).

② (×) 집회의 자유는 사회·정치현상에 대한 불만과 비판을 공개적으로 표출케 함으로써 정치적 불만이 있는 자를 사회에 통합하고 정치적 안정에 기여하는 기능을 한다. 비록 헌법이 명시적으로 밝히고 있지는 않으나, 집회의 자유에 의하여 보호되는 것은 단지 평화적 또는 비폭력적 집회이다. 집회의 자유는 민주국가에서 정신적 대립과 논의의 수단으로서, 평화적 수단을 이용한 의견의 표명은 헌법적으로 보호되지만, 폭력을 사용한 의견의 강요는 헌법적으로 보호되지 않는다(헌재 2003.10.30. 2000헌바67).

③ (○) 집회 장소는 일반적으로 집회의 목적·내용과 밀접한 연관관계를 가진다. 집회는 특별한 상징적 의미 또는 집회와 특별한 연관성을 가지는 장소, 예를 들면 집회를 통해 반대하고자 하는 대상물이 위치하거나 집회의 계기를 제공한 사건이 발생한 장소 등에서 이루어져야

의견표명이 효과적으로 이루어질 수 있다. 집회 장소의 선택은 집회의 성과를 결정하는 주요 요인이 된다. 따라서 집회 장소를 선택할 자유는 집회의 자유의 실질적 부분을 형성한다(헌재 2018.7.26. 2018헌바137).

④ (○) 집회 및 시위에 관한 법률 제20조 제1항 제2호가 미신고 옥외집회 또는 시위를 해산명령의 대상으로 하면서 별도의 해산 요건을 정하고 있지 않더라도, 그 옥외집회 또는 시위로 인하여 타인의 법익이나 공공의 안녕질서에 대한 직접적인 위험이 명백하게 초래된 경우에 한하여 위 조항에 기하여 해산을 명할 수 있고, 이러한 요건을 갖춘 해산명령에 불응하는 경우에만 동법 제24조 제5호에 의하여 처벌할 수 있다고 보아야 한다. 이와 달리 미신고라는 사유만으로 그 옥외집회 또는 시위를 해산할 수 있다고 해석한다면, 이는 사실상 집회의 사전신고제를 허가제처럼 운용하는 것이니 다름없이 집회의 자유를 침해하게 되므로 부당하다(대법원 2012.4.19. 2010도6388).

[2022년 국가 5급] ②

집회의 자유에 대한 설명으로 옳지 않은 것은? (다툼이 있는 경우 판례에 의함)

① 헌법 제21조 제2항의 '허가'는 '행정청이 주체가 되어 집회의 허용 여부를 사전에 결정하는 것'으로서 행정청에 의한 사전허가는 헌법상 금지되지만, 입법자가 법률로써 일반적으로 집회를 제한하는 것은 헌법상 '사전허가금지'에 해당하지 않는다.

② 국회의사당의 경계지점으로부터 100미터 이내의 장소에서 옥외집회를 금지하는 것은 국회의 기능이나 역할에 비추어 볼 때 집회의 자유를 침해하는 것이 아니다.

③ 집회·시위 등 현장에서 집회·시위 참가자에 대한 사진이나 영상촬영 등의 행위는 집회·시위 참가자들에게 심리적 부담으로 작용하여 여론형성 및 민주적 토론절차에 영향을 주고 집회의 자유를 전체적으로 위축시키는 결과를 가져올 수 있으므로 집회의 자유를 제한한다.

④ 「집회 및 시위에 관한 법률」에서 옥외집회란 천장이 없거나 사방이 폐쇄되지 아니한 장소에서 여는 집회를 말한다.

① (○) 헌법 제21조 제2항의 '허가'는 '행정청이 주체가 되어 집회의 허용 여부를 사전에 결정하는 것'으로서 행정청에 의한 사전허가는 헌법상 금지되지만, 입법자가 법률로써 일반적으로 집회를 제한하는 것은 헌법상 사전허가금지에 해당하지 않는다(헌재 2009.9.24. 2008헌가25).

② (×) 심판대상조항[누구든지 국회의사당의 경계지점으로부터 100미터 이내의 장소에서 옥외집회 또는 시위를 할 경우 형사처벌한다고 규정한 집회 및 시위에 관한 법률 제11조 제1호 중 '국회의사당'에 관한 부분 및 제23조 중 제11조 제1호 가운데 '국회의사당'에 관한 부분]은 입법목적을 달성하는 데 필요한 최소한도의 범위를 넘어, 규제가 불필요하거나 또는 예외적으로 허용하는 것이 가능한 집회까지도 이를 일률적·전면적으로 금지하고 있으므로 침해의 최소성 원칙에 위배된다. 심판대상조항은 국회의 헌법적 기능을 무력화시키거나 저해할 우려가 있는 집회를 금지하는데 머무르지 않고, 그 밖의 평화적이고 정당한 집회까지 전면적으로 제한함으로써 구체적인 상황을 고려하여 상충하는 법익간의 조화를 이루려는 노력을 전혀 기울이지 않고 있다. 심판대상조항으로 달성하려는 공익이 제한되는 집회의 자유 정도보다 크다고 단정할 수는 없다고 할 것이므로 심판대상조항은 법익의 균형성 원칙에도 위배된다. 심판대상조항은 입법 목적의 정당성과 수단의 적합성이 인정된다고 하더라도, 침해의 최소성 및 법익의 균형성 원칙에 반한다고 할 것이므로 과잉금지원칙을 위반하여 집회의 자유를 침해한다(헌재 2018.5.31. 2013헌바322).

③ (○) 헌법 제21조 제1항은 '모든 국민은 언론·출판의 자유와 집회·결사의 자유를 가진다.'고 규정하여 집회의 자유를 '표현의 자유'로서 언론·출판의 자유와 함께 국민의 기본권으로 보장하고 있다. 집회의 자유에는 집회를 통하여 형성된 의사를 집단적으로 표현하고 이를 통해 불특정 다수인의 의사에 영향을 줄 자유를 포함한다. 따라서 이를 내용으로 하는 시위의 자유 또한 집회의 자유를 규정한 헌법 제21조 제1항에 의하여 보호되는 기본권이다. 집회의 자유는 그 내용에 있어 집회참가자가 기본권행사를 이유로 혹은 기본권행사와 관련하여

국가의 감시를 받게 되거나, 경우에 따라서는 어떠한 불이익을 받을 수도 있다는 것을 걱정할 필요가 없는, 즉 자유로운 심리상태의 보장이 전제되어야 한다. 개인이 가능한 외부의 영향을 받지 않고 집회의 준비와 실행에 참여할 수 있고, 집회참가자 상호간 및 공중과의 의사소통이 가능한 방해받지 않아야 한다. 따라서 집회·시위 등 현장에서 집회·시위 참가자에 대한 사진이나 영상촬영 등의 행위는 집회·시위 참가자들에게 심리적 부담으로 작용하여 여론형성 및 민주적 토론절차에 영향을 주고 집회의 자유를 전체적으로 위축시키는 결과를 가져올 수 있으므로 집회의 자유를 제한한다고 할 수 있다(헌재 2018.8.30. 2014헌마843).

④ (○) 집회 및 시위에 관한 법률 제2조(정의) ①이 법에서 사용하는 용어의 뜻은 다음과 같다. 1. 옥외집회란 천장이 없거나 사방이 폐쇄되지 아니한 장소에서 여는 집회를 말한다. [2020년 국가 5급] ②

집회의 자유에 대한 설명으로 가장 적절하지 않은 것은? (다툼이 있는 경우 헌법재판소 판례에 의함)

① 집회의 자유에 있어서 그 공동의 목적은 '내적인 유대 관계'로 족하다.

② 「집회 및 시위에 관한 법률」의 옥외집회·시위의 사전신고제도는 협력의무로서의 신고이기 때문에 헌법 제21조 제2항의 사전허가금지에 위배되지 않는다.

③ 각급 법원의 경계 지점으로부터 100미터 이내의 장소에서 옥외집회 또는 시위를 할 경우 형사처벌한다고 규정한 「집회 및 시위에 관한 법률」 조항은 과잉금지원칙에 위반되지 않아 집회의 자유를 침해하지 않는다.

④ 집회의 자유의 보장 대상은 평화적, 비폭력적 집회에 한정된다.

① (○) 구 집시법에 '옥외집회'에 대한 정의규정은 있으나 집회에 대한 정의규정은 없음은 청구인의 주장과 같다. 그러나 일반적으로 집회는 일정한 장소를 전제로 하여 특정 목적을 가진 다수인이 일시적으로 회합하는 것을 말하는 것으로 일컬어지고 있고, 그 공동의 목적은 '내적인 유대 관계'로 족하다(헌재 2009.5.28. 2007헌바22).

② (○) 구 집회 및 시위에 관한 법률 제6조 제1항에 따라 옥외집회를 주최하려는 자는 그에 관한 신고서를 옥외집회를 시작하기 720시간 전부터 48시간 전에 관할 경찰서장에게 제출하도록 하고 있다. 이러한 사전신고는 경찰관청 등 행정관청으로 하여금 집회의 순조로운 개최와 공공의 안전보호를 위하여 필요한 준비를 할 수 있는 시간적 여유를 주기 위한 것으로서, 협력의무로서의 신고라고 할 것이다. 결국 구 집회 및 시위에 관한 법률 전체의 규정 체제에서 보면 법은 일정한 신고절차만 밟으면 일반적·원칙적으로 옥회집회 및 시위를 할 수 있도록 보장하고 있으므로, 집회에 대한 사전신고제도는 헌법 제21조 제2항의 사전허가금지에 반하지 않는다(헌재 2009.5.28. 2007헌바22).

③ (×) 단지 폭력적이거나 불법적인 옥외집회·시위의 가능성이 있다는 이유만으로 심판대상조항에 따라 법원 인근에서의 옥외집회를 일률적이고 절대적으로 금지하는 것이 정당화될 수 없다. 이런 사정을 종합하여 보면, 심판대상조항은 입법목적을 달성하는데 필요한 최소한도의 범위를 넘어 규제가 불필요하거나 또는 예외적으로 허용 가능한 옥외집회·시위까지도 일률적·전면적으로 금지하고 있으므로, 침해의 최소성 원칙에 위배된다. 심판대상조항은 법관의 독립이나 법원의 재판에 영향을 미칠 우려가 있는 집회·시위를 제한하는 데 머무르지 않고, 각급 법원 인근의 모든 옥외집회를 전면적으로 금지함으로써 구체적 상황을 고려하여 상충하는 법익 사이의 조화를 이루려는 노력을 기울이지 않고 있다. 심판대상조항을 통해 달성하려는 공익과 집회의 자유에 대한 제약 정도를 비교할 때, 심판대상조항으로 달성하려는 공익이 제한되는 집회의 자유 정도보다 크다고 단정할 수 없으므로, 심판대상조항은 법익의 균형성 원칙에도 어긋난다. 심판대상조항은 과잉금지원칙을 위반하여 집회의 자유를 침해한다(헌재 2018.7.26. 2018헌바137).

④ (○) 비록 헌법이 명시적으로 밝히고 있지는 않으나, 집회의 자유에 의하여 보호되는 것은 단지 평화적 또는 비폭력적 집회이다. 집회의 자유는 민주국가에서 정신적 대립과 논의의 수단으로서, 평화적 수단을 이용한 의견의 표명은 헌법적으로 보호되지만, 폭력을 사용한 의견의 강요는 헌법적으로 보호되지 않는다(헌재 2003.10.30. 2000헌바67). [2019년 경찰 경정승진] ③

집회의 자유에 대한 설명으로 옳지 않은 것은? (다툼이 있는 경우 판례에 의함)

① 국무총리 공관 경계지점으로부터 100미터 이내의 장소에서 옥외집회 또는 시위를 예외 없이 절대적으로 금지하고 있는 법률조항은 집회의 자유를 침해한다.

② 집회의 자유는 집회의 시간, 장소, 방법과 목적을 스스로 결정하는 것을 보장하는 것으로, 구체적으로 보호되는 주요 행위는 집회의 준비 및 조직, 지휘, 참가, 집회장소 시간의 선택이라고 할 수 있다.

③ 외교기관 인근의 옥외집회 시위를 원칙적으로 금지하면서도 외교기관의 기능을 침해할 우려가 없는 예외적인 경우에는 허용하고 있다면 집회의 자유를 침해하는 것은 아니다.

④ 국회의 헌법적 기능에 대한 보호의 필요성을 고려한다면 국회의사당의 경계지점으로부터 100미터 이내의 장소에서 예외 없이 옥외집회를 금지하는 것은 지나친 규제라고 할 수 있다.

① (○) 사건 금지장소 조항은 국무총리 공관의 기능과 안녕을 직접 저해할 가능성이 거의 없는 소규모 옥외집회 시위의 경우 국무총리를 대상으로 하는 옥외 집회 시위가 아닌 경우까지도 예외 없이 옥외집회 시위를 금지하고 있는바, 이는 입법목적 달성에 필요한 범위를 넘는 과도한 제한이다. 이 사건의 경우 입법목적을 달성하는 데 필요한 최소한도의 범위를 넘어, 규제가 불필요하거나 또는 예외적으로 허용하는 것이 가능한 집회까지도 이를 전면적으로 금지하고 볼 수 있다. 따라서 과잉금지원칙을 위반하여 집회의 자유를 침해한다(헌재 2019.6.28. 2015헌가28).

② (○) 집회의 자유는 집회의 시간, 장소, 방법과 목적을 스스로 결정할 권리를 보장한다. 집회의 자유에 의하여 구체적으로 보호되는 주요행위는 집회의 준비 및 조직, 지휘, 참가, 집회장소 시간의 선택이다(헌재 2003.10.30. 2000헌바 67).

③ (○) 사건 법률조항은 외교기관의 경계지점으로부터 반경 100미터 이내 지점에서의 집회 및 시위를 원칙적으로 금지하되, 그 가운데에서도 외교기관의 기능이나 안녕을 침해할 우려가 없다고 인정되는 세 가지의 예외적인 경우에는 이러한 집회 및 시위를 허용하고 있다. 따라서 이 사건의 경우 구체적인 상황에 따라 상충하는 법익 간의 조화를 이루고 있다(헌재 2019.10.28. 2010헌마111).

④ (×) 심판대상조항은 입법목적을 달성하는 데 필요한 최소한도의 범위를 넘어, 규제가 불필요하거나 또는 예외적으로 허용하는 것이 가능한 집회까지도 이를 전면적 금지하고 있으므로 침해의 최소성원칙에 위배된다. 이 사건의 경우 공익이 제한되는 집회의 자유 정도보다 크다고 단정할 수는 없다고 할 것이므로 법익의 균형성 원칙에도 위배된다. 따라서 심판대상조항은 과잉금지원칙을 위반하여 집회의 자유를 침해한다(헌재 2018.5.31. 2013헌바322). [2020년 서울 7급] ④

집회의 자유에 대한 설명으로 옳은 것은? (단, 다툼이 있는 경우 헌법재판소 판례에 의함)

① 법원의 기능에 대한 보호는 헌법적으로 요청되는 특수성이 있기 때문에 각급 법원 인근에서의 옥외집회나 시위를 예외 없이 절대적으로 금지하더라도 이는 헌법에 위반되지 아니한다.

② 집회는 일정한 장소를 전제로 하여 특정 목적을 가진 다수인이 일시적으로 회합하는 것을 말하는 것으로, 그 공동의 목적은 내적인 유대 관계로 족하다.

③ 「집회 및 시위에 관한 법률」상의 시위는 반드시 일반인이 자유로이 통행할 수 있는 장소에서 이루어져야 하며, 행진 등 장소 이동을 동반해야만 성립하는 것이다.

④ 학문, 예술, 체육, 종교, 의식, 국경행사에 관한 집회는 시간·장소의 제한을 받지는 않지만, 일반집회와 마찬가지로 사전신고를 해야 한다.

⑤ 우발적 집회는 군중이 어떤 사건을 계기로 현장에서 공동의 의사를 형성하여 표현하기에 이른 집회로서 사전신고가 불가능하므로 헌법의 보호범위에 포함되지 않는다.

① (×) 법원 인근에서의 집회라 할지라도 법관의 독립을 위협하거나 재판에 영향을 미칠 염려가 없는 집회도 있다. 예컨대 법원을 대상으로 하지 않고 검찰청 등 법원 인근 국가기관이나 일반법인 또는 개인을 대상으로 한 집회로서 재판업무에 영향을 미칠 우려가 없는 집회가 있을 수 있다. 법원을 대상으로 한 집회라도 사법행정과 관련된 의사표시 전달을 목적으로 한 집회 등 법관의 독립이나 구체적 사건의 재판에 영향을 미칠 우려가 없는 집회도 있다. 심판대상조항은 입법목적을 달성하는 데 필요한 최소한도의 범위를 넘어 규제가 불필요하거나 또는 예외적으로 허용 가능한 옥외집회·시위까지도 일률적·전면적으로 금지하고 있으므로, 침해의 최소성 원칙에 위배된다. 심판대상조항은 각급 법원 인근의 모든 옥외집회를 전면적으로 금지함으로써 상충하는 법익 사이의 조화를 이루려는 노력을 전혀 기울이지 않아, 법익의 균형성 원칙에도 어긋난다. 심판대상조항은 과잉금지원칙을 위반하여 집회의 자유를 침해한다(헌재 2018.7.26. 2018헌바137).

② (○) 일반적으로 집회는 일정한 장소를 전제로 하여 특정 목적을 가진 다수인이 일시적으로 회합하는 것을 말하는 것으로 일컬어지고 있고, 그 공동의 목적은 '내적인 유대 관계'로 족하다고 할 것이다(헌재 2009.5.28. 2007헌바22).

③ (×) 집회 및 시위에 관한 법률상의 시위는 다수인이 공동목적을 가지고 도로·광장·공원 등 공중이 자유로이 통행할 수 있는 장소를 행진함으로써 불특정한 여러 사람의 의견에 영향을 주거나 제압을 가하는 행위와 위력 또는 기세를 보여 불특정한 여러 사람의 의견에 영향을 주거나 제압을 가하는 행위를 말한다. 따라서 동법상의 시위는 반드시 일반인이 자유로이 통행할 수 있는 장소에서 이루어져야 한다거나 행진 등 장소 이동을 동반해야만 성립하는 것은 아니다(헌재 2014.3.27. 2010헌가2).

④ (×) 집회 및 시위에 관한 법률 제15조(적용의 배제) 학문, 예술, 체육, 종교, 의식, 친목, 오락, 관혼상제 및 국경행사에 관한 집회에는 제6조로부터 제12조까지의 규정을 적용하지 아니한다. 제6조(옥외집회 및 시위의 신고 등) ①옥외집회나 시위를 주최하려는 자는 그에 관한 다음 각 호의 사항 모두를 적은 신고서를 옥외집회나 시위를 시작하기 720시간 전부터 48시간 전에 관할 경찰서장에게 제출하여야 한다. 다만, 옥외집회 또는 시위 장소가 두 곳 이상의 경찰서의 관할에 속하는 경우에는 관할 시·도경찰청장에게 제출하여야 하고, 두 곳 이상의 시·도경찰청 관할에 속하는 경우에는 주최지를 관할하는 시·도경찰청장에게 제출하여야 한다. 제10조(옥외집회와 시위의 금지 시간) 누구든지 해가 뜨기 전이나 해가 진 후에는 옥외집회 또는 시위를 하여서는 아니 된다. 다만, 집회의 성격상 부득이하여 주최자가 질서유지인을 두고 미리 신고한 경우에는 관할경찰관서장은 질서 유지를 위한 조건을 붙여 해가 뜨기 전이나 해가 진 후에도 옥외집회를 허용할 수 있다. 제11조(옥외집회와 시위의 금지 장소) 누구든지 다음 가 호의 어느 하나에 해당하는 청사 또는 저택의 경계 지점으로부터 100미터 이내의 장소에서는 옥외집회 또는 시위를 하여서는 아니 된다.

⑤ (×) 우발적 또는 비계획적 집회도 명시적 주최자만 없을 뿐이지 불특정 다수인이 공동의 목적하에서 이루어지는 모임이나 회합한다는 점에서 일반적인 집회와 다르지 않으므로 헌법상 이것도 그 보호 대상이 된다. [2019년 국회 9급] ②

「집회 및 시위에 관한 법률」에 대한 헌법재판소의 결정에 관한 설명으로 옳지 않은 것은? (다툼이 있는 경우 헌법재판소 결정례에 의함)

① 사법행정과 관련된 의사표시 전달을 목적으로 한 집회는 법관의 독립을 침해할 우려가 있으므로 금지되어야 한다.

② 법원 인근에서의 집회라 할지라도 법관의 독립을 위협하거나 재판에 영향을 미칠 염려가 없는 집회도 있다.

③ 집회나 시위 해산을 위한 살수차 사용은 집회의 자유 및 신체의 자유에 중대한 제한을 초래하므로 그 사용요건이나 기준은 법률에 근거를 두어야 한다.

④ 야간시위를 일률적으로 금지하는 것은 현대인의 근무·학업 시간이나 생활형태 등을 고려

하지 아니한 과도한 제한으로 과잉금지원칙에 위반된다.

⑤ 국회의 업무가 없는 '공휴일이나 휴회기 등에 행하여지는 집회'를 예외 없이 금지하는 것은 과도하게 집회의 자유를 제한하는 것이다.

① (×) ② (○) 법원 인근에서의 옥외집회가 법관이나 법원 직원 또는 당사자의 생명이나 신체에 위협이 될 수 있는 경우나 재판과 관련하여 특정한 의사결정을 하도록 강요하는 압력으로 작용하는 경우, 또는 법원에의 출입이 제한되거나 지나친 소음 등으로 재판업무 수행 자체에 지장을 주는 경우 등 집회나 시위가 재판에 영향을 미치거나 미칠 우려가 있는 경우가 얼마든지 있을 수 있다. 그러나 법원 인근에서의 집회라 할지라도 법관의 독립을 위협하거나 재판에 영향을 미칠 염려가 없는 집회도 있다. 예컨대 법원을 대상으로 하지 않고 검찰청 등 법원 인근 국가기관이나 일반법인 또는 개인을 대상으로 한 집회로서 재판업무에 영향을 미칠 우려가 없는 집회가 있을 수 있다. 법원을 대상으로 한 집회라도 사법행정과 관련된 의사표시 전달을 목적으로 한 집회 등 법관의 독립이나 구체적 사건의 재판에 영향을 미칠 우려가 없는 집회도 있다. 입법자로서는 심판대상조항으로 인하여 발생하는 집회의 자유에 대한 과도한 제한 가능성이 완화될 수 있도록, 법관의 독립과 구체적 사건의 재판에 영향을 미칠 우려가 없는 옥외집회·시위는 허용될 수 있도록 그 가능성을 열어두어야 한다. 심판대상조항은 입법목적을 달성하는 데 필요한 최소한도의 범위를 넘어 규제가 불필요하거나 또는 예외적으로 허용 가능한 옥외집회·시위까지도 일률적·전면적으로 금지하고 있으므로, 침해의 최소성 원칙에 위배된다(헌재 2018.7.26. 2018헌바137).

③ (○) 집회나 시위 해산을 위한 살수차 사용은 집회의 자유 및 신체의 자유에 대한 중대한 제한을 초래하므로 살수차 사용요건이나 기준은 법률에 근거를 두어야 하고, 살수차와 같은 위해성 경찰장비는 본래의 사용방법에 따라 지정된 용도로 사용되어야 하며 다른 용도나 방법으로 사용하기 위해서는 반드시 법령에 근거가 있어야 한다. 혼합살수방법은 법령에 열거되지 않은 새로운 위해성 경찰장비에 해당하고 이 사건 지침에 혼합살수의 근거 규정을 둘 수 있도록 위임하고 있는 법령이 없으므로, 이 사건 지침은 법률유보원칙에 위배되고 이 사건 지침만을 근거로 한 이 사건 혼합살수행위 역시 법률유보원칙에 위배된다. 따라서 이 사건 혼합살수행위는 청구인들의 신체의 자유와 집회의 자유를 침해한다(헌재 2018.5.31. 2015헌마476).

④ (○) 사건 법률조항은 사회의 안녕질서를 유지하고 시민들의 주거 및 사생활의 평온을 보호하기 위한 것으로서 정당한 목적 달성을 위한 적합한 수단이 된다. 그러나 '일출시간 전, 일몰시간 후'라는 광범위하고 가변적인 시간대의 옥외집회 또는 시위를 금지하는 것은 오늘날 직장인이나 학생들의 근무·학업 시간, 도시화·산업화가 진행된 현대사회의 생활형태 등을 고려하지 아니하고 목적 달성을 위해 필요한 정도를 넘는 지나친 제한을 가하는 것이어서 최소침해성 및 법익균형성 원칙에 반한다(헌재 2014.4.24. 2011헌가29).

⑤ (○) 국회의 기능을 직접 저해할 가능성이 거의 없는 소규모 집회, 국회의 업무가 없는 공휴일이나 휴회기 등에 행하여지는 집회, 국회의 활동을 대상으로 한 집회가 아니거나 부차적으로 국회에 영향을 미치고자 하는 의도가 내포되어 있는 집회처럼 옥외집회에 의한 국회의 헌법적 기능이 침해될 가능성이 부인되거나 또는 현저히 낮은 경우에는, 입법자로서는 심판대상조항으로 인하여 발생하는 집회의 자유에 대한 과도한 제한 가능성이 완화될 수 있도록 그 금지에 대한 예외를 인정하여야 한다. 심판대상조항은 입법목적을 달성하는데 필요한 최소한도의 범위를 넘어, 규제가 불필요하거나 또는 예외적으로 허용하는 것이 가능한 집회까지도 이를 일률적·전면적으로 금지하고 있으므로 침해의 최소성 원칙에 위배된다(헌재 2018.5.31. 2013헌바322). [2020년 소방간부] ①

집회의 자유에 대한 설명으로 옳지 않은 것은? (다툼이 있는 경우 판례에 의함)

① 집회 및 시위에 관한 법률상 사방이 폐쇄되어 있으나 천장이 없는 장소에서 여는 집회는 옥외집회에 해당한다.

② 집회의 자유에는 집회를 통하여 형성된 의사를 집단적으로 표현하는 데 그치고, 이를 통하여 불특정 다수인의 의사에 영향을 줄 자유까지를 표현하지는 않는다.

③ 옥외집회에 대한 사전신고는 행정관청에 집회에 관한 구체적인 정보를 제공함으로써 공공질서의 유지에 협력하도록 하는 데에 그 의의가 있는 것이지 집회의 허가를 구하는 신청으

로 변질되어서는 아니 되므로, 신고를 하지 아니하였다는 이유만으로 그 옥외집회 또는 시위를 헌법의 보호 범위를 벗어나 개최가 허용되지 않는 집회 내지 시위라고 단정할 수 없다.

④ 헌법이 명시적으로 밝히고 있는 것은 아니지만, 집회의 자유의 보장 대상은 평화적, 비폭력적 집회에 한정된다.

① (○) 집회 및 시위에 관한 법률 제2조(정의) 이 법에서 사용하는 용어의 뜻은 다음과 같다. 1. 옥외집회란 천장이 없거나 사방이 폐쇄되지 아니한 장소에서 여는 집회를 말한다.

② (×) 헌법 제21조 제1항은 "모든 국민은 언론·출판의 자유와 집회·결사의 자유를 가진다"고 규정하여 집회의 자유를 표현의 자유로서 언론·출판의 자유와 함께 국민의 기본권으로 보장하고 있다. 집회의 자유에는 집회를 통하여 형성된 의사를 집단적으로 표현하고 이를 통하여 불특정 다수인의 의사에 영향을 줄 자유를 포함한다(헌재 2016.9.29. 2014헌바492).

③ (○) 집회의 자유가 가지는 헌법적 가치와 기능, 집회에 대한 허가 금지를 선언한 헌법정신, 옥외집회 및 시위에 관한 사전신고제의 취지 등을 종합하여 보면, 신고는 행정관청에 집회에 관한 구체적인 정보를 제공함으로써 공공질서의 유지에 협력하도록 하는 데 의의가 있는 것으로 집회의 허가를 구하는 신청으로 변질되어서는 아니 되므로, 신고를 하지 아니하였다는 이유만으로 옥외집회 또는 시위를 헌법의 보호 범위를 벗어나 개최가 허용되지 않는 집회 내지 시위라고 단정할 수 없다(대법원 2012.4.19. 2010도6388).

④ (○) 헌법이 명시적으로 밝히고 있지는 않으나, 집회의 자유에 의하여 보호되는 것은 단지 평화적 또는 비폭력적 집회이다. 집회의 자유는 민주국가에서 정신적 대립과 논의의 수단으로서, 평화적 수단을 이용한 의견의 표명은 헌법적으로 보호되지만, 폭력을 사용한 의견의 강요는 헌법적으로 보호되지 않는다(헌재 2003.10.30. 2000헌바67). [2018년 지방 7급] ②

집회의 자유에 대한 설명으로 가장 적절하지 않은 것은? (다툼이 있는 경우 판례에 의함)

① 헌법상 집회에서 공동의 목적은 내적인 유대 관계로 족하다.

② 집회의 자유에는 집회의 장소를 스스로 결정할 장소선택의 자유가 포함된다.

③ 우리 헌법상 집회의 자유에 의해 보호되는 것은 오로지 평화적 또는 비폭력적 집회에 한정된다.

④ 헌법에서 금지하고 있는 집회에 대한 허가는 입법권이 주체가 되어 집회의 내용·시간·장소 등을 사전심사하여 일반적인 집회금지를 특정한 경우에 해제함으로써 집회를 할 수 있게 하는 제도를 의미한다.

① (○) 구 집회 및 시위에 관한 법률에 옥외집회에 대한 정의규정은 있으나 집회에 대한 정의규정은 없음은 청구인의 주장과 같다. 그러나 일반적으로 집회는 일정한 장소를 전제로 하여 특정 목적을 가진 다수인이 일시적으로 회합하는 것을 말하는 것으로 일컬어지고 있고, 그 공동의 목적은 '내적인 유대 관계'로 족하다(헌재 2009.5.28. 2007헌바22).

② (○) 집회·시위장소는 집회·시위의 목적을 달성하는데 있어서 매우 중요한 역할을 수행하는 경우가 많기 때문에 집회·시위장소를 자유롭게 선택할 수 있어야만 집회·시위의 자유가 비로소 효과적으로 보장되므로 장소선택의 자유는 집회·시위의 자유의 한 실질을 형성한다(헌재 2005.11.24. 2004헌가17).

③ (○) 비록 헌법이 명시적으로 밝히고 있지는 않으나, 집회의 자유에 의하여 보호되는 것은 단지 평화적 또는 비폭력적 집회이다. 집회의 자유는 민주국가에서 정신적 대립과 논의의 수단으로서, 평화적 수단을 이용한 의견의 표명은 헌법적으로 보호되지만, 폭력을 사용한 의견의 강요는 헌법적으로 보호되지 않는다(헌재 2003.10.30. 2000헌바67).

④ (×) 사건 헌법규정에서 금지하고 있는 '허가'는 행정권이 주체가 되어 집회 이전에 예방적 조치로서 집회의 내용·시간·장소 등을 사전심사하여

일반적인 집회금지를 특정한 경우에 해제함으로써 집회를 할 수 있게 하는 제도, 즉 허가를 받지 아니한 집회를 금지하는 제도를 의미한다(헌재 2009.9.24. 2008헌가25). [2021년 경찰 경정승진] ④

집회의 자유에 관한 다음 설명 중 가장 옳지 않은 것은? (다툼이 있는 경우 대법원 및 헌법재판소 결정에 의함)

① 집회의 자유는 개인의 인격발현의 요소이자 민주주의를 구성하는 요소라는 이중적, 헌법적 기능을 가지고 있다.

② 집회의 자유는 정치·사회현상에 대한 불만과 비판을 공개적으로 표출케 함으로써 정치적 불만세력을 사회적으로 통합하여 정치적 안정에 기여하는 역할을 하므로, 단지 평화적 또는 비폭력적 집회만 집회의 자유에 의하여 보호된다고 할 수 없다.

③ 집회 또는 시위가 신고된 범위 내에서 행해졌거나 신고된 내용과 다소 다르게 행해졌어도 신고된 범위를 현저히 일탈하지 않은 경우에는, 그로 인하여 도로의 교통이 방해를 받았다고 하더라도 특별한 사정이 없는 한 형법 제185조의 일반교통방해죄가 성립한다고 볼 수 없다.

④ 학문, 예술, 체육, 종교, 의식, 친목, 오락, 관혼상제 및 국경행사에 관한 집회는 법률상 신고 대상이 아니다.

⑤ 일반적으로 집회는 일정한 장소를 전제로 하여 특정 목적을 가진 다수인이 일시적으로 회합하는 것을 말하는 것으로 일컬어지고 있고, 그 공동의 목적은 내적인 유대 관계로 족하다.

① (○) 집회의 자유는 개인의 인격발현의 요소이자 민주주의를 구성하는 요소라는 이중적, 헌법적 기능을 가지고 있다. 인간의 존엄성과 자유로운 인격발현을 최고의 가치로 삼는 우리 헌법질서 내에서 집회의 자유도 다른 모든 기본권과 마찬가지로 일차적으로는 개인의 자기결정과 인격발현에 기여하는 기본권이다. 집회를 통하여 국민들이 자신의 의견과 주장을 집단적으로 표명함으로써 여론의 형성에 영향을 미친다는 점에서, 집회의 자유는 표현의 자유와 더불어 민주적 공동체가 기능하기 위하여 불가결한 근본요소에 속한다(헌재 2003.10.30. 2000헌바67).

② (×) 집회의 자유에 의하여 보호되는 것은 단지 평화적 또는 비폭력적 집회이다. 집회의 자유는 민주국가에서 정신적 대립과 논의의 수단으로서, 평화적 수단을 이용한 의견의 표명은 헌법적으로 보호되지만, 폭력을 사용한 의견의 강요는 헌법적으로 보호되지 않는다(헌재 2003.10.30. 2000헌바67).

③ (○) 구 집회 및 시위에 관한 법률 제6조 제1항 및 입법 취지에 비추어, 적법한 신고를 마치고 도로에서 집회나 시위를 하는 경우 도로의 교통이 어느 정도 제한될 수밖에 없으므로, 그 집회 또는 시위가 신고된 범위 내에서 행해졌거나 신고된 내용과 다소 다르게 행해졌어도 신고된 범위를 현저히 일탈하지 않는 경우에는, 그로 인하여 도로의 교통이 방해를 받았다고 하더라도 특별한 사정이 없는 한 형법 제185조의 일반교통방해죄가 성립한다고 볼 수 없다(대법원 2008.11.13. 2006도755).

④ (○) 집회 및 시위에 관한 법률 제15조(적용의 배제) 학문, 예술, 체육, 종교, 의식, 친목, 오락, 관혼상제 및 국경행사에 관한 집회에는 제6조(옥외집회 및 시위의 신고 등)부터 제12조(교통 소통을 위한 제한)까지의 규정을 적용하지 아니한다.

⑤ (○) 일반적으로 집회는 일정한 장소를 전제로 하여 특정 목적을 가진 다수인이 일시적으로 회합하는 것을 말하는 것으로 일컬어지고 있고, 그 공동의 목적은 '내적인 유대 관계'로 족하다(헌재 2009.5.28. 2007헌바22). [2019년 법무사] ②

집회·결사의 자유에 대한 설명으로 옳지 않은 것은? (다툼이 있는 경우 판례에 의함)

① 재판에 영향을 미칠 염려가 있거나 미치게 하기 위한 집회 또는 시위를 금지하고 이를 위반한 자를 형사처벌하는 규정은 과잉금지원칙에 위배되지 않는다.

② 누구든지 각급 법원의 경계 지점으로부터 100미터 이내의 장소에서 옥외집회 또는 시위를 할 경우 형사처벌하는 규정은 집회의 자유를 침해한다.

③ 야간시위를 금지하는 내용의 「집회 및 시위에 관한 법률」은 이미 보편화된 야간의 일상적인 생활의 범주에 속하는 '해가 진 후부터 같은 날 24시까지의 시위'에 적용하는 한 헌법에 위반된다.

④ 야간옥외집회가 공공질서나 타인의 법익을 해칠 위험성이 있다고 하나, 모든 야간 옥외집회가 항상 타인의 법익을 침해할 것이라고 볼 수 있는 것은 아니므로 야간옥외집회의 법익침해가능성을 내세워 모든 야간옥외집회를 금지할 수는 없다.

⑤ 옥외집회나 시위가 사전신고한 범위를 뚜렷이 벗어나 신고제도의 목적달성을 심히 곤란하게 하고, 그로 인하여 질서를 유지할 수 없게 된 경우에 공공의 안녕질서 유지 및 회복을 위해 해산명령을 할 수 있도록 하는 것은 헌법에 위반되지 않는다.

① (×) 사건 제2호 부분은 재판에 영향을 미칠 염려가 있거나 미치게 하기 위한 집회·시위를 사전적·전면적으로 금지하고 있을 뿐 아니라, 어떠한 집회·시위가 규제대상에 해당하는지를 판단할 수 있는 아무런 기준도 제시하지 아니함으로써 사실상 재판과 관련된 집단적 의견표명 일체가 불가능하게 되어 집회의 자유를 실질적으로 박탈하는 결과를 초래하므로 최소침해성 원칙에 반한다. 따라서 이 사건 제2호 부분은 과잉금지원칙에 위배되어 집회의 자유를 침해한다(헌재 2016.9.29. 2014헌가3).

② (○) 법원 인근에서의 집회라 할지라도 법관의 독립을 위협하거나 재판에 영향을 미칠 염려가 없는 집회도 있다. 예컨대 법원을 대상으로 하지 않고 검찰청 등 법원 인근 국가기관이나 일반법인 또는 개인을 대상으로 한 집회로서 재판업무에 영향을 미칠 우려가 없는 집회가 있을 수 있다. 법원을 대상으로 한 집회라도 사법행정과 관련된 의사표시 전달을 목적으로 한 집회 등 법관의 독립이나 구체적 사건의 재판에 영향을 미칠 우려가 없는 집회도 있다. 심판대상조항은 입법목적을 달성하는 데 필요한 최소한도의 범위를 넘어 규제가 불필요하거나 또는 예외적으로 허용 가능한 옥외집회·시위까지도 일률적·전면적으로 금지하고 있으므로, 침해의 최소성 원칙에 위배된다. 심판대상조항은 각급 법원 인근의 모든 옥외집회를 전면적으로 금지함으로써 상충하는 법익 사이의 조화를 이루려는 노력을 전혀 기울이지 않아, 법익의 균형성 원칙에도 어긋난다. 심판대상조항은 과잉금지원칙을 위반하여 집회의 자유를 침해한다(헌재 2018.7.26. 2018헌바137).

③ (○) 야간시위를 금지하는 집회 및 시위에 관한 법률 제10조 본문에는 위헌적인 부분과 합헌적인 부분이 공존하고 있으며, 위 조항 전부의 적용이 중지될 경우 공공의 질서 내지 법적 평화에 대한 침해의 위험이 높아, 일반적인 옥외집회나 높은 수준의 규제가 불가피한 경우에도 대응하기 어려운 문제가 발생할 수 있으므로, 현행 동법의 체계 내에서 시간을 기준으로 한 규율의 측면에서 볼 때 규제가 불가피하다고 보기 어려움에도 시위를 절대적으로 금지하여 위헌성이 명백한 부분에 한하여 위헌 결정을 한다. 심판대상조항들은, 이미 보편화된 야간의 일상적인 생활의 범주에 속하는 '해가 진 후부터 같은 날 24시까지의 시위'에 적용하는 한 헌법에 위반된다(헌재 2014.3.27. 2010헌가2).

④ (○) 야간옥외집회가 공공질서나 타인의 법익을 해칠 위험성이 있다고 하나, 야간옥외집회의 시간과 장소에 따라 타인의 법익을 침해할 개연성이 확실하게 인정될 경우도 있을 수 있겠지만, 모든 야간옥외집회가 항상 타인의 법익을 침해할 것이라고 볼 수 있는 것은 아니다. 야간옥외집회가 타인의 법익을 침해할 개연성이 확실하다고 인정할 수 있는 경우를 가려내어 그러한 위험성을 예방하기에 필요하고도 적절한 조치를 강구하면 되는 것이므로, 야간옥외집회의 법익침해가능성을 내세워 모든 야간옥외집회를 금지할 수는 없다(헌재 2009.9.24. 2008헌가25).

⑤ (○) 집시법은 옥외집회나 시위가 사전신고한 범위를 뚜렷이 벗어나 신고제도의 목적달성을 심히 곤란하게 하고, 그로 인하여 질서를 유지할 수 없게 된 경우에 공공의 안녕질서 유시 및 회복을 위해 해산명령을 할 수 있도록 하고 있다. 심판대상조항은 이러한 해산명령

제도의 실효성 확보를 위해 해산명령에 불응하는 자를 형사처벌하도록 한 것으로서 입법목적의 정당성과 수단의 적절성이 인정된다. 심판대상조항이 달성하려는 공공의 안녕질서 유지 및 회복이라는 공익과 심판대상조항으로 인하여 제한되는 청구인들의 집회의 자유 사이의 균형을 상실하였다고 보기 어려우므로, 심판대상조항은 과잉금지원칙을 위반하여 집회의 자유를 침해한다고 볼 수 없다(헌재 2016.9.29. 2015헌바309). [2020년 국회 5급] ①

집회의 자유에 대한 설명으로 옳지 않은 것은? (다툼이 있는 경우 판례에 의함)

① 옥외집회를 주최하려는 자는 옥외집회 신고서를 관할 경찰서장에게 제출하여야 하며, 신고한 옥외집회를 하지 아니하게 된 경우에는 신고서에 적힌 집회 일시 24시간 전에 그 철회 사유 등을 적은 철회신고서를 관할경찰서장에게 제출하여야 한다.
② 법관의 독립과 재판의 공정성 확보를 위하여 각급 법원의 경계 지점으로부터 100미터 이내의 장소에서 옥외집회와 시위를 전면적으로 금지하는 것은 집회의 자유를 침해한다.
③ 집회 현장에서 집회 참가자에 대한 사진촬영행위는 집회 참가자에게 심리적 부담으로 작용하여 집회의 자유를 전체적으로 위축시키는 결과를 가져올 수 있으므로 집회의 자유를 제한한다.
④ 집회 또는 시위의 주최자는 집회 또는 시위에 있어서의 질서를 유지하여야 하며, 질서를 유지할 수 없으면 그 집회 또는 시위의 종결을 선언하여야 한다.
⑤ 집회 또는 시위의 주최자는 「집회 및 시위에 관한 법률」 제8조에 따른 금지 통고를 받았을 경우, 통고를 받은 날부터 7일 이내에 해당 경찰관서의 바로 위의 상급경찰관서의 장에게 이의를 신청할 수 있다.

① (○) 집회 및 시위에 관한 법률 제6조(옥외집회 및 시위의 신고 등) ①옥외집회나 시위를 주최하려는 자는 그에 관한 다음 각 호의 사항 모두를 적은 신고서를 옥외집회나 시위를 시작하기 720시간 전부터 48시간 전에 관할 경찰서장에게 제출하여야 한다. 다만, 옥외집회 또는 시위 장소가 두 곳 이상의 경찰서의 관할에 속하는 경우에는 관할 시·도경찰서장에게 제출하여야 하고, 두 곳 이상의 시·도경찰청 관할에 속하는 경우에는 주최지를 관할하는 시·도경찰청장에게 제출하여야 한다. ③주최자는 제1항에 따라 신고한 옥외집회 또는 시위를 하지 아니하게 된 경우에는 신고서에 적힌 집회 일시 24시간 전에 그 철회사유 등을 적은 철회신고서를 관할경찰관서장에게 제출하여야 한다.
② (○) 집회 및 시위에 관한 법률은 심판대상조항 외에도 집회·시위의 성격과 양상에 따라 법원을 보호할 수 있는 다양한 규제수단을 마련하고 있으므로, 각급 법원 인근에서의 옥외집회·시위를 예외적으로 허용한다고 하더라도 이러한 수단을 통하여 심판대상조항의 입법목적은 달성될 수 있다. 심판대상조항은 입법목적을 달성하는 데 필요한 최소한도의 범위를 넘어 규제가 불필요하거나 또는 예외적으로 허용 가능한 옥외집회·시위까지도 일률적·전면적으로 금지하고 있으므로, 침해의 최소성 원칙에 위배된다. 심판대상조항은 각급 법원 인근의 모든 옥외집회를 전면적으로 금지함으로써 상충하는 법익 사이의 조화를 이루려는 노력을 전혀 기울이지 않아, 법익의 균형성 원칙에도 어긋난다. 심판대상조항은 과잉금지원칙을 위반하여 집회의 자유를 침해한다(헌재 2018.7.26. 2018헌바137).
③ (○) 집회의 자유는 그 내용에 있어 집회참가자가 기본권행사를 이유로 혹은 기본권행사와 관련하여 국가의 감시를 받게 되거나, 경우에 따라서는 어떠한 불이익을 받을 수도 있다는 것을 걱정할 필요가 없는, 즉 자유로운 심리상태의 보장이 전제되어야 한다. 개인이 가능한 외부의 영향을 받지 않고 집회의 준비와 실행에 참여할 수 있고, 집회참가자 상호간 및 공중과의 의사소통이 가능한 방해받지 않아야 한다. 따라서 집회·시위 등 현장에서 집회·시위 참가자에 대한 사진이나 영상촬영 등의 행위는 집회·시위 참가자들에게 심리적 부담으로 작용하여 여론형성 및 민주적 토론절차에 영향을 주고 집회의 자유를 전체적으로 위축시키는 결과를 가져올 수 있으므로 집회의 자유를 제한한다(헌재 2018.8.30. 2014헌마843).

④ (○) 집회 및 시위에 관한 법률 제16조(주최자의 준수 사항) ①집회 또는 시위의 주최자는 집회 또는 시위에 있어서의 질서를 유지하여야 한다. ③집회 또는 시위의 주최자는 제1항에 따른 질서를 유지할 수 없으면 그 집회 또는 시위의 종결을 선언하여야 한다.

⑤ (×) 집회 및 시위에 관한 법률 제9조(집회 및 시위의 금지 통고에 대한 이의 신청 등) ①집회 또는 시위의 주최자는 제8조에 따른 금지 통고를 받은 날부터 10일 이내에 해당 경찰관서의 바로 위의 상급경찰관서의 장에게 이의를 신청할 수 있다.

[2019년 국회 8급] ⑤

집회의 자유에 대한 설명으로 옳지 않은 것은? (다툼이 있는 경우 헌법재판소 결정에 의함)

① 집회의 자유는 개인의 인격발현의 요소이자 민주주의를 구성하는 요소라는 이중적, 헌법적 기능을 가지고 있다.

② 집회의 자유는 개인이 집회에 참가하는 것을 방해하거나 또는 집회에 참가할 것을 강요하는 국가행위를 금지한다.

③ 집회의 금지와 해산은 원칙적으로 공공의 안녕질서에 대한 직접적인 위협이 명백하게 존재하는 경우에 한하여 허용될 수 있다.

④ 외교기관 인근에서의 집회가 일반적으로 다른 장소와 비교할 때 중요한 보호법익과의 충돌상황을 야기할 수 있다거나, 이로써 법익에 대한 침해로 이어질 개연성이 높다고는 할 수 없다.

① (○) 집회의 자유는 개인의 인격발현의 요소이자 민주주의를 구성하는 요소라는 이중적, 헌법적 기능을 가지고 있다. 인간의 존엄성과 자유로운 인격발현을 최고의 가치로 삼는 우리 헌법질서 내에서 집회의 자유도 다른 모든 기본권과 마찬가지로 일차적으로는 개인의 자기결정과 인격발현에 기여하는 기본권이다. 집회를 통하여 국민들이 자신의 의견과 주장을 집단적으로 표명함으로써 여론의 형성에 영향을 미친다는 점에서, 집회의 자유는 표현의 자유와 더불어 민주적 공동체가 기능하기 위하여 불가결한 근본요소에 속한다(헌재 2003.10.30. 2000헌바37).

② (○) 집회의 자유는 집회의 시간, 장소, 방법과 목적을 스스로 결정할 권리를 보장한다. 집회의 자유에 의하여 구체적으로 보호되는 주요행위는 집회의 준비 및 조직, 지휘, 참가, 집회장소·시간의 선택이다. 따라서 집회의 자유는 개인이 집회에 참가하는 것을 방해하거나 또는 집회에 참가할 것을 강요하는 국가행위를 금지할 뿐만 아니라, 예컨대 집회장소로의 여행을 방해하거나, 집회장소로부터 귀가하는 것을 방해하거나, 집회참가자에 대한 검문의 방법으로 시간을 지연시킴으로써 집회장소에 접근하는 것을 방해하는 등 집회의 자유행사에 영향을 미치는 모든 조치를 금지한다(헌재 2003.10.30. 2000헌바67).

③ (○) 집회의 자유를 제한하는 대표적인 공권력의 행위는 집시법에서 규정하는 집회의 금지, 해산과 조건부 허용이다. 집회의 자유에 대한 제한은 다른 중요한 법익의 보호를 위하여 반드시 필요한 경우에 한하여 정당화되는 것이며, 특히 집회의 금지와 해산은 원칙적으로 공공의 안녕질서에 대한 직접적인 위협이 명백하게 존재하는 경우에 한하여 허용될 수 있다. 집회의 금지와 해산은 집회의 자유를 보다 적게 제한하는 다른 수단, 즉 조건을 붙여 집회를 허용하는 가능성을 모두 소진한 후에 비로소 고려될 수 있는 최종적인 수단이다(헌재 2003.10.30. 2000헌바67 등).

④ (×) 외교기관을 대상으로 하는 외교기관 인근에서의 옥외집회나 시위는 당사자들 사이의 갈등이 극단으로 치닫거나, 물리적 충돌로 발전할 개연성이 높고, 고도의 법익충돌 상황을 야기할 수 있기 때문에 집시법의 일반적인 규제조치 외에 외교기관 인근을 집회금지구역으로 설정한 것 자체는 외교기관의 기능과 안전을 보호하려는 이 사건 법률조항의 입법목적을 보다 충실히 달성하기 위하여 적절한 수단이 될 수 있다. 그리고 이 사건 법률조항으로 달성하고자 하는 공익은 외교기관의 기능과 안전의 보호라는 국가적 이익이며, 이 사건 법률조항은 법익충돌의 위험성이 없는 경우에는 외교기관 인근에서의 집회나 시위도 허용함으로써 구체적인 상황에 따라 상충하는 법익 간의 조화를 이루고 있다. 따라서 이 사건 법률조항이 청구인의 집회의 자유를 침해한다고 할 수 없다(헌재 2010.10.28. 2010헌마111).

[2017년 국가 5급] ④

집회의 자유에 대한 설명으로 옳지 않은 것은? (다툼이 있는 경우 헌법재판소 판례에 의함)

① 집회의 개념 요소인 공동의 목적은 '내적인 유대 관계'로 족하다.
② 시위의 자유도 집회의 자유를 규정한 헌법 제21조 제1항에 의해 보호된다.
③ 집회의 자유에 의하여 보호되는 것은 오로지 '평화적' 또는 '비폭력적' 집회이다.
④ 집회의 자유에는 집회를 방해할 의도로 집회에 참가할 자유도 포함된다.
⑤ 집회의 자유에는 집회의 장소를 스스로 결정할 장소선택의 자유도 포함된다.

① (○) 집회는 일정한 장소를 전제로 하여 특정 목적을 가진 다수인이 일시적으로 회합하는 것을 말하는 것이고, 그 공동의 목적은 '내적인 유대 관계'로 족하다. 건전한 상식과 통상적인 법감정을 가진 사람이라면 위와 같은 의미에서 구 집회 및 시위에 관한 법률상 집회가 무엇을 의미하는지를 추론할 수 있다고 할 것이므로, 구 동법상 집회의 개념이 불명확하다고 할 수 없다(헌재 2009.5.28. 2007헌바22).
② (○) 집회의 자유는 집회를 통하여 형성된 의사를 집단적으로 표현하고 이를 통하여 불특정 다수인의 의사에 영향을 줄 자유를 포함하므로 이를 내용으로 하는 시위의 자유 또한 집회의 자유를 규정한 헌법 제21조 제1항에 의하여 보호되는 기본권이다(헌재 2005.11.24. 2004헌가17).
③ (○) 비록 헌법이 명시적으로 밝히고 있지는 않으나, 집회의 자유에 의하여 보호되는 것은 단지 평화적 또는 비폭력적 집회이다. 집회의 자유는 민주국가에서 정신적 대립과 논의의 수단으로서, 평화적 수단을 이용한 의견의 표명은 헌법적으로 보호되지만, 폭력을 사용한 의견의 강요는 헌법적으로 보호되지 않는다(헌재 2003.10.30. 2000헌바67).
④ (×) 집회의 자유는 집회의 시간, 장소, 방법과 목적을 스스로 결정할 권리를 보장한다. 집회의 자유에 의하여 구체적으로 보호되는 주요행위는 집회의 준비 및 조작, 지휘, 참가, 집회장소·시간의 선택이다. 그러나 집회를 방해할 의도로 집회에 참가하는 것은 보호되지 않는다. 주최자는 집회의 대상, 목적, 장소 및 시간에 관하여, 참가자는 참가의 형태와 정도, 복장을 자유로이 결정할 수 있다(헌재 2003.10.30. 2000헌바67).
⑤ (○) 집회·시위 장소는 집회·시위의 목적을 달성하는데 있어서 매우 중요한 역할을 수행하는 경우가 많기 때문에 집회·시위장소를 자유롭게 선택할 수 있어야만 집회·시위의 자유가 비로소 효과적으로 보장되므로 장소선택의 자유는 집회·시위의 자유의 한 실질을 형성한다(헌재 2005.11.24. 2004헌가17). [2018년 국회 5급] ④

「집회 및 시위에 관한 법률」에 대한 헌법재판소의 결정에 관한 설명 중 옳지 않은 것은?

① 국무총리 공관의 출입이나 안전에 위협을 가할 위험성이 낮은 소규모 옥외집회·시위라고 하더라도 일빈 대중의 합세로 인하여 대규모 집회·시위로 확대될 우려나 폭력집회·시위로 변질될 위험이 있으므로, 국무총리 공관 경계지점으로부터 100미터 이내의 장소에서 옥외집회·시위를 전면적으로 금지하는 것은 집회의 자유를 침해하지 않는다.
② 재판에 영향을 미칠 염려가 있거나 미치게 하기 위한 집회 또는 시위를 금지하고 이를 위반한 자를 형사처벌하는 것은 어떠한 집회·시위가 규제대상에 해당하는지를 판단할 수 있는 아무런 기준도 제시하지 아니함으로써 사실상 재판과 관련된 집단적 의견표명 일체가 불가능하게 되어 집회의 자유를 실질적으로 박탈하는 결과를 초래하므로 집회의 자유를 침해한다.
③ 민주적 기본질서에 위배되는 집회·시위를 금지하고 위반 시 형사처벌하는 것은 규율범위의 광범성으로 인하여, 집회·시위의 내용이나 목적이 민주적 기본질서에 조금이라도 위배

되는 경우 처벌이 가능할 뿐 아니라 사실상 사회현실이나 정부정책에 비판적인 사람들의 집단적 의견표명 일체를 봉쇄하는 결과를 초래하므로 집회의 자유를 침해한다.

④ '일출시간 전, 일몰시간 후'라는 광범위하고 가변적인 시간대의 옥외집회 또는 시위를 금지하는 것은 오늘날 직장인이나 학생들의 근무·학업 시간, 도시화·산업화가 진행된 현대사회의 생활형태 등을 고려하지 아니하고 목적 달성을 위해 필요한 정도를 넘는 지나친 제한을 가하는 것이어서 집회의 자유를 침해한다.

⑤ 국회의사당의 경계지점으로부터 100미터 이내의 장소에서 옥외집회를 전면적으로 금지하는 것은 국회의원에 대한 물리적인 압력이나 위해를 가할 가능성이 없는 장소 및 국회의사당 등 국회시설에의 출입이나 안전에 지장이 없는 장소까지도 집회금지장소에 포함되게 하여 국회의 헌법적 기능에 대한 보호의 필요성을 고려하더라도 지나친 규제라고 할 것이다.

① (×) 국무총리 공관의 기능과 안녕을 직접 저해할 가능성이 거의 없는 소규모 옥외집회·시위의 경우 국무총리에게 물리적인 압력이나 위해를 가할 가능성 또는 국무총리 공관의 출입이나 안전에 위협을 가할 위험성은 일반적으로 낮다. 이러한 소규모 옥외집회·시위가 일반 대중의 합세로 인하여 대규모 집회·시위로 확대될 우려나 폭력집회·시위로 변질될 위험이 없는 때에는 그 집회·시위의 금지를 정당화할 수 있는 헌법적 근거를 발견하기 어렵다. 이 사건 금지장소 조항은 입법 목적의 정당성과 수단의 적절성이 인정된다고 하더라도, 침해의 최소성 및 법익의 균형성 원칙에 반한다고 할 것이므로 과잉금지원칙을 위반하여 집회의 자유를 침해한다(헌재 2018.6.28. 2015헌가28).

② (○) 재판에 영향을 미칠 염려가 있거나 미치게 하기 위한 집회·시위를 사전적·전면적으로 금지하고 위반 시 처벌하는 것은, 결국 그러한 집회·시위로 인한 실체적, 구체적 위험성이 있다고 보기 어려운 경우에도 재판에 대한 비판 자체를 문제삼아 집단적 의견표명을 막는 것과 다름없다. 이는 특정한 사실이나 견해를 표명하는 것을 금지하고 억압하는 것으로서 다원주의적 가치관을 전제로 하는 민주주의에 정면으로 배치되고, 입법목적 달성에 필요한 범위를 넘어 과도하게 집회의 자유를 제한하는 것이다. 따라서 이 사건 제2호 부분은 과잉금지원칙을 위반하여 집회의 자유를 침해한다(헌재 2016.9.29. 2014헌가3).

③ (○) 위 조항은 대의민주주의와 다원적인 열린 사회를 위한 필수적 구성요소인 집회의 자유를 사전적, 전면적으로 제한하면서 헌법상의 원리인 민주적 기본질서라는 개념을 그대로 사용하였을 뿐 그로 인한 기본권 제한의 한계를 설정할 수 있는 구체적 기준을 제시하지 않았다. 그 결과 그 규율범위의 광범위성으로 인하여 헌법 제37조 제2항 기본권 제한의 한계를 넘게 되고, 제한의 준칙을 어겨 국민의 기본권을 침해하는 결과를 피할 수 없게 됨으로써, 대의제 민주주의국가에서 집회의 자유가 가지는 헌법적 의미와 기능을 간과한 채 사실상 사회현실이나 정부정책에 비판적인 사람들의 집단적 의견표명 일체를 봉쇄할 정도로 공익에 일방적인 우위를 부여함으로써 법익의 균형성을 갖추지 못하였다. 따라서 이 사건 제3호 부분은 과잉금지원칙을 위반하여 집회의 자유를 침해한다(헌재 2016.9.29. 2014헌가3 등).

④ (○) 심판대상조항에 의하면, 낮 시간이 짧은 동절기의 평일의 경우, 직장인이나 학생은 사실상 시위를 주최하거나 참가할 수 없게 되고, 이는 집회의 자유를 실질적으로 박탈하거나 명목상의 것으로 만드는 결과를 초래하게 된다. 또 도시화·산업화가 진행된 현대사회에서 전통적 의미의 야간, 즉 '해가 뜨기 전이나 해가 진후'라는 광범위하고 가변적인 시간대는 야간이라는 시간으로 인한 특징이나 차별성이 명백하다고 보기 어렵다. 이 사건 법률조항은 목적달성을 위하여 필요한 범위를 넘어 과도하게 야간의 옥외집회 또는 시위를 제한함으로써, 과잉금지 원칙에 위배하여 집회의 자유를 침해하는 것으로 헌법에 위반되고, 이를 구성요건으로 하는 집회 및 시위에 관한 법률 제20조 제3호의 해당 부분 역시 헌법에 위반된다(헌재 2014.4.24. 2011헌가29).

⑤ (○) 민의의 수렴이라는 국회의 기능을 고려할 때, 국회가 특정인이나 일부 세력의 부당한 압력으로부터 보호될 필요성은 원칙적으로 국회의원에 대한 물리적인 압력이나 위해를 가할 가능성 및 국회의사당 등 국회 시설에의 출입이나 안전에 위협을 가할 위험성으로부터의 보호로 한정되어야 한다. 그럼에도 심판대상조항이 국회 부지 또는 담장을 기준으로 100미터 이내의 장소에서 옥외집회를 금지하는 것은 국회의 헌법적 기능에 대한 보호의 필요성을 고려하더라도 지나친 규제라고 할 것이다. 심판대상조항은 입법 목적의 정당성과 수단의 적합성이 인정된다고 하더라도, 침해의 최소성 및 법익의 균형성 원칙에 반한다고 할 것이므로 과잉금지원칙을 위반하여 집회의 자유를 침해한다(헌재 2018.5.31. 2013헌바322). [2019년 제8회 변호사] ①

집회의 자유에 관한 다음 설명 중 가장 옳지 않은 것은? (다툼이 있는 경우 헌법재판소 결정에 의함)

① 헌법이 집회의 자유를 보장한 것은 관용과 다양한 견해가 공존하는 다원적인 '열린 사회'에 대한 헌법적 결단이라고 할 수 있다.

② 입법자가 법률로써 일반적으로 집회를 제한하는 것도 원칙적으로 헌법 제21조 제2항에서 금지하는 '사전허가'에 해당한다.

③ 집회의 자유는 집회의 시간, 장소, 방법과 목적을 스스로 결정할 권리, 즉 집회를 하루 중 언제 개최할지 등 시간 선택에 대한 자유와 어느 장소에서 개최할지 등 장소 선택에 대한 자유를 내포하고 있다.

④ 우리 헌법상 집회의 자유에 의하여 보호되는 것은 오로지 '평화적' 또는 '비폭력적' 집회에 한정된다.

① (○) 집회의 자유는 사회·정치현상에 대한 불만과 비판을 공개적으로 표출케 함으로써 정치적 불만이 있는 자를 사회에 통합하고 정치적 안정에 기여하는 기능을 한다. 소수가 공동체의 정치적 의사형성과정에 영향을 미칠 수 있는 가능성이 보장될 때, 다수결에 의한 공동체의 의사결정은 보다 정당성을 가지며 다수에 의하여 압도당한 소수에 의하여 수용될 수 있는 것이다. 헌법이 집회의 자유를 보장한 것은 관용과 다양한 견해가 공존하는 다원적인 열린 사회에 대한 헌법적 결단이다(헌재 2003.10.30. 2000헌바67).

② (×) 헌법 제21조 제2항의 허가는 '행정청이 주체가 되어 집회의 허용 여부를 사전에 결정하는 것'으로서 행정청에 의한 사전허가는 헌법상 금지되지만, 입법자가 법률로써 일반적으로 집회를 제한하는 것은 헌법상 '사전허가금지'에 해당하지 않는다(헌재 2014.4.24. 2011헌가29).

③ (○) 집회의 자유는 집회의 시간, 장소, 방법과 목적을 스스로 결정할 권리, 즉 집회를 하루 중 언제 개최할지 등 시간 선택에 대한 자유와 어느 장소에서 개최할지 등 장소 선택에 대한 자유를 내포하고 있다. 따라서 야간의 시위 주최 및 참가 역시 집회의 자유로 보호됨이 원칙이고, 이를 사회의 안녕질서 또는 국민의 주거 및 사생활의 평온 등을 위하여 제한함에는 목적 달성에 필요한 최소한의 범위로 인정되어야 한다(헌재 2014.3.27. 2010헌가2).

④ (○) 집회의 자유에 의하여 보호되는 것은 단지 평화적 또는 비폭력적 집회이다. 집회의 자유는 민주국가에서 정신적 대립과 논의의 수단으로서, 평화적 수단을 이용한 의견의 표명은 헌법적으로 보호되지만, 폭력을 사용한 의견의 강요는 헌법적으로 보호되지 않는다(헌재 2003.10.30. 2000헌바67). [2017년 법원 9급] ②

헌법재판소 결정에 의할 때 집회·시위의 자유가 침해되지 않은 것은?

① 재판에 영향을 미칠 염려가 있거나 미치게 하기 위한 집회·시위의 금지

② 국회의 헌법적 기능을 무력화시키거나 저해할 우려가 있는 집회의 금지

③ 민주적 기본질서에 위배되는 집회·시위의 금지

④ 해가 진 후부터 같은 날 24시까지의 시위의 금지

⑤ 국무총리 공관 인근에서의 옥외집회·시위의 전면적 금지

① (×) 사건 제2호 부분은 법관의 직무상 독립을 보호하여 사법작용의 공정성과 독립성을 확보하기 위한 것으로 입법목적의 정당성은 인정되나, 국가의 사법권한 역시 국민의 의사에 정당성의 기초를 두고 행사되어야 한다는 점과 재판에 대한 정당한 비판은 오히려 사법작용의 공정성 제고에 기여할 수도 있는 점을 고려하면 사법의 독립성을 확보하기 위한 적합한 수단이라 보기 어렵다. 따라서 이 사건 제2호 부분은

과잉금지원칙에 위배되어 집회의 자유를 침해한다(헌재 2016.9.29. 2014헌가3).

② (○) 심판대상조항은 국회의 헌법적 기능을 무력화시키거나 저해할 우려가 있는 집회를 금지하는 데 머무르지 않고, 그 밖의 평화적이고 정당한 집회까지 전면적으로 제한함으로써 구체적인 상황을 고려하여 상충하는 법익간의 조화를 이루려는 노력을 전혀 기울이지 않고 있다. 심판대상조항으로 달성하려는 공익이 제한되는 집회의 자유 정도보다 크다고 단정할 수는 없다고 할 것이므로 심판대상조항은 법익의 균형성 원칙에도 위배된다. 심판대상조항은 과잉금지원칙을 위반하여 집회의 자유를 침해한다(헌재 2018.5.31. 2013헌바322 등).

③ (×) 사건 제3호 부분은 규제대상인 집회·시위의 목적이나 내용을 구체적으로 적시하지 않은 채 헌법의 지배원리인 민주적 기본질서를 구성요건으로 규정하였을 뿐 기본권 제한의 한계를 설정할 수 있는 구체적 기준을 전혀 제시한 바 없다. 이와 같은 규율의 광범성으로 인하여 헌법이 규정한 민주주의의 세부적 내용과 상이한 주장을 하거나 집회·시위 과정에서 우발적으로 발생한 일이 민주적 기본질서에 조금이라도 위배되는 경우 처벌이 가능할 뿐 아니라 사실상 사회현실이나 정부정책에 비판적인 사람들의 집단적 의견표명 일체를 봉쇄하는 결과를 초래함으로써 침해의 최소성 및 법익의 균형성을 상실하였으므로, 이 사건 제3호 부분은 과잉금지원칙에 위배되어 집회의 자유를 침해한다(헌재 2016.9.29. 2014헌가3).

④ (×) 야간시위를 금지하는 집시법 제10조 본문에는 위헌적인 부분과 합헌적인 부분이 공존하고 있으며, 위 조항 전부의 적용이 중지될 경우 공공의 질서 내지 법적 평화에 대한 침해의 위험이 높아, 일반적인 옥외집회나 시위에 비하여 높은 수준의 규제가 불가피한 경우에도 대응하기 어려운 문제가 발생할 수 있으므로, 현행 집회 및 시위에 관한 법률의 체계 내에서 시간을 기준으로 한 규율의 측면에서 볼 때 규제가 불가피하다고 보기 어려움에도 시위를 절대적으로 금지하여 위헌성이 명백한 부분에 한하여 위헌 결정을 한다. 심판대상조항들은 이미 보편화된 야간의 일상적인 생활의 범주에 속하는 '해가 진후부터 같은 날 24시까지의 시위'에 적용하는 한 헌법에 위반된다(헌재 2014.3.27. 2010헌가2).

⑤ (×) 사건 금지장소 조항은 국무총리 공관의 기능과 안녕을 직접 저해할 가능성이 거의 없는 소규모 옥외집회·시위의 경우, 국무총리를 대상을 하는 옥외집회·시위가 아닌 경우까지도 예외 없이 옥외집회·시위를 금지하고 있는바, 이는 입법목적 달성에 필요한 범위를 넘는 과도한 제한이다. 이러한 사정들을 종합하여 볼 때, 이 사건 금지장소 조항은 그 입법목적을 달성하는 데 필요한 최소한도의 범위를 넘어, 규제가 불필요하거나 또는 예외적으로 허용하는 것이 가능한 집회까지도 이를 일률적·전면적으로 금지하고 있다고 할 것이므로 침해의 최소성 원칙에 위배된다. 따라서 이 사건 금지장소 조항은 과잉금지원칙을 위반하여 집회의 자유를 침해한다(헌재 2018.6.28. 2015헌가28).

[2018년 국회 9급] ②

집회의 자유에 대한 설명으로 옳지 않은 것은? (다툼이 있는 경우 판례에 의함)

① 집회란 다수인이 일정한 장소에서 공동목적을 가지고 회합하는 일시적인 결합체를 의미하기 때문에 2인이 모인 집회는 「집회 및 시위에 관한 법률」의 규제대상이 되지 않는다.

② 일몰시간 후부터 같은 날 24시까지의 옥외집회 또는 시위의 경우, 특별히 공공의 질서 내지 법적 평화를 침해할 위험성이 크다고 할 수 없으므로 그와 같은 옥외집회 또는 시위를 원칙적으로 금지하는 것은 과잉금지원칙에 위반됨이 명백하다.

③ 헌법 제21조 제2항에 의하여 금지되는 '허가'는 '행정청이 주체가 되어 집회의 허용 여부를 사전에 결정하는 것'으로 법률적 제한이 실질적으로 행정청의 허가 없는 옥외집회를 불가능하게 하는 것이라면 헌법상 금지되는 사전허가제에 해당하지만, 그에 이르지 아니하는 한 헌법 제21조 제2항에 반하는 것은 아니다.

④ 동시에 접수된 두 개의 옥외집회 신고서에 대하여 관할 경찰관서장이 적법한 절차에 따라 접수순위를 확정하려는 노력을 하지 않고, 폭력사태 발생이 우려되고 상호 충돌을 피한다는 이유로 모두 반려하는 것은 집회의 자유를 침해하는 것이나.

① (×) 구 집회 및 시위에 관한 법률에 의하여 보장 및 규제의 대상이 되는 집회란 특정 또는 불특정 다수인이 공동의 의견을 형성하여 이를 대외적으로 표명할 목적 아래 일시적으로 일정한 장소에 모이는 것을 말하고, 모이는 장소나 사람의 다과에 제한이 있을 수 없으므로, 2인이 모인 집회도 위 법의 규제 대상이 된다(대법원 2012.5.24. 2010도11381).

② (○) 우리 국민의 일반적인 생활형태 및 보통의 집회의 소요시간이나 행위태양, 대중교통의 운행시간, 도심지의 점포·상가 등의 운영시간 등에 비추어 보면, 적어도 일몰시간 후부터 같은 날 24시까지의 옥외집회 또는 시위의 경우, 이미 보편화된 야간의 일상적인 생활의 범주에 속하는 것이어서 특별히 공공의 질서 내지 법적 평화를 침해할 위험성이 크다고 할 수 없으므로 그와 같은 옥외집회 또는 시위를 원칙적으로 금지하는 것은 과잉금지원칙에 위반됨이 명백하다. 이 사건 법률조항과 이를 구성요건으로 하는 집시법 제20조 제3호 중 '제10조 본문' 부분은 '일몰시간 후부터 같은 날 24시까지의 옥외집회'에 적용하는 한 헌법에 위반된다(헌재 2014.4.24. 2011헌가29).

③ (○) 헌법 제21조 제2항에 의하여 금지되는 허가는 행정청이 주체가 되어 집회의 허용 여부를 사전에 결정하는 것으로, 법률적 제한이 실질적으로 행정청의 허가 없는 옥외집회를 불가능하게 하는 것이라면 헌법상 금지되는 사전허가제에 해당하지만, 그에 이르지 아니하는 한 헌법 제21조 제2항에 반하는 것은 아니다(헌재 2014.4.24. 2011헌가29).

④ (○) 사건 피청구인은 청구인○○ 지회와 ○○생명이 제출한 옥외집회신고서를 폭력사태 발생이 우려된다는 이유로 동시에 접수하였고, 이후 상호 충돌을 피한다는 이유로 두 개의 집회신고를 모두 반려하였는바, 법의 집행을 책임지고 있는 국가기관인 피청구인으로서는 집회의 자유를 제한함에 있어 실무상 아무리 어렵더라도 법에 규정된 방식에 따라야 할 책무가 있고, 이 사건 집회신고에 관한 사무를 처리하는데 있어서도 적법한 절차에 따라 접수순위를 확정하려는 최선의 노력을 한 후, 집시법 제8조 제2항에 따라 후순위로 접수된 집회의 금지 또는 제한을 통고하였어야 한다. 결국 이 사건 반려행위는 법률의 근거 없이 청구인들의 집회의 자유를 침해한 것으로서 헌법상 법률유보원칙에 위반된다(헌재 2008.5.29. 2007헌마712). [2016년 국가 7급] ①

집회의 자유에 대한 설명 중 옳지 않은 것은? (다툼이 있는 경우 판례에 의함)

① 옥외집회를 늦어도 집회가 개최되기 48시간 전까지 사전신고를 하도록 법률로 규정한 것이 과잉금지원칙에 위반하여 집회의 자유를 침해하였다고 볼 수 없다.

② 국회의사당의 경계지점으로부터 100m 이내의 장소에서 옥외집회를 금지하는 법률 조항은 집회의 자유를 침해한다.

③ 집회의 자유에 의하여 보호되는 것은 오로지 평화적 또는 비폭력적 집회에 한정되므로 집회의 자유를 빙자한 폭력행위나 불법행위 등은 제재될 수 있다.

④ 집회참가자에 대한 검문의 방법으로 시간을 지연시킴으로써 집회장소에 접근하는 것을 방해하는 등의 조치는 집회의 자유를 침해한다.

⑤ 24시 이후의 시위를 금지하고 이에 위반한 시위 참가자를 형사 처벌하는 법률조항은 집회의 자유를 침해한다.

① (○) 심판대상조항의 신고사항은 여러 옥외집회·시위가 경합하지 않도록 하기 위해 필요한 사항이고, 질서유지 등 필요한 조치를 할 수 있도록 하는 중요한 정보이다. 옥외집회·시위에 대한 사전신고 이후 기재사항의 보완, 금지통고 및 이의절차 등이 원활하게 진행되기 위하여 늦어도 집회가 개최되기 48시간 전까지 사전신고를 하도록 규정한 것이 지나치다고 볼 수 없다. 헌법 제21조 제1항을 기초로 하여 심판대상조항을 보면, 미리 계획도 되었고 주최자도 있지만 집회 및 시위에 관한 법률이 요구하는 시간 내에 신고를 할 수 없는 옥외집회인 이른바 긴급집회의 경우에는 신고가능성이 존재하는 즉시 신고하여야 한다. 따라서 신고 가능한 즉시 신고한 긴급집회의 경우에까지 심판대상조항을 적용하여 처벌할 수는 없다. 따라서 심판대상조항이 과잉금지원칙에 위배하여 집회의 자유를 침해하지 아니한다(헌재 2014.1.28. 2011헌바174).

② (○) 심판대상조항은 입법목적을 달성하는 데 필요한 최소한도의 범위를 넘어, 규제가 불필요하거나 또는 예외적으로 허용하는 것이 가능한 집회까지도 이를 일률적·전면적으로 금지하고 있으므로 침해의 최소성 원칙에 위배된다. 심판대상조항으로 달성하려는 공익이 제한되는 집회의 자유 정도보다 크다고 단정할 수는 없으므로 심판대상조항은 법익의 균형성 원칙에도 위배된다. 심판대상조항은 과잉금지원칙을 위반하여 집회의 자유를 침해한다(헌재 2018.5.31. 2013헌바322).

③ (○) 헌법상 집회의 자유에 의하여 보호되는 것은 오로지 평화적 또는 비폭력적 집회에 한정되는 것이므로 집회의 자유를 빙자한 폭력행위나 불법행위 등은 헌법적 보호범위를 벗어난 것인 만큼, 집회 및 시위에 관한 법률, 형법, 국가보안법, 폭력행위 등 처벌에 관한 법률, 도로교통법 등에 의하여 형사처벌되거나 민사상의 손해배상책임 등에 의하여 제재될 수 있을 것임은 말할 나위가 없는 것이나(헌재 2009.9.24. 2008헌가25).

④ (○) 집회의 자유는 일차적으로 국가공권력의 침해에 대한 방어를 가능하게 하는 기본권으로서, 개인이 집회에 참가하는 것을 방해하거나 또는 집회에 참가할 것을 강요하는 국가행위를 금지하는 기본권이다. 따라서 집회의 자유는 집회에 참가하지 못하게 하는 국가의 강제를 금지할 뿐 아니라, 예컨대 집회장소로의 여행을 방해하거나, 집회장소로부터 귀가하는 것을 방해하거나, 집회참가자에 대한 검문의 방법으로 시간을 지연시킴으로써 집회장소에 접근하는 것을 방해하거나, 국가가 개인의 집회참가행위를 감시하고 그에 관한 정보를 수집함으로써 집회에 참가하고자 하는 자로 하여금 불이익을 두려워하여 미리 집회참가를 포기하도록 집회참가의사를 약화시키는 것 등 집회의 자유행사에 영향을 미치는 모든 조치를 금지한다(헌재 2003.10.30. 2000헌바67 등).

⑤ (×) 24시 이후의 시위를 금지할 것인지 여부는 국민의 주거 및 사생활의 평온, 우리나라 시위의 현황과 실정, 국민 일반의 가치관 내지 법감정 등을 고려하여 입법자가 결정할 여지를 남겨두는 것이 바람직하다. 그렇다면 적어도 이 사건 법률조항과 이를 구성요건으로 하는 집회 및 시위에 관한 법률 제23조 제3호의 해당 부분은 '해가 진후부터 같은 날 24시까지의 시위'에 적용하는 한 헌법에 위반된다(헌재 2014.3.27. 2010헌가2). [2015년 국회 8급] ⑤

「집회 및 시위에 관한 법률」(이하 '집시법'이라 한다)에 관한 설명 중 옳은 것(○)과 옳지 않은 것(×)을 올바르게 조합한 것은? (다툼이 있는 경우 판례에 의함)

> ㄱ. 사전신고를 하지 않은 옥외집회는 불법집회이므로 관할 경찰관서장은 언제나 해산명령을 내릴 수 있으며, 이에 불응하는 경우에는 처벌할 수 있다고 보아야 한다.
> ㄴ. 집회의 시간과 장소가 중복되는 2개 이상의 신고가 있을 경우 관할 경찰관서장은 먼저 신고된 집회가 다른 집회의 개최를 봉쇄하기 위한 가장집회신고에 해당하는지 여부에 관하여 판단할 권한이 없으므로 뒤에 신고된 집회에 대하여 집회 자체를 금지하는 통고를 하여야 한다.
> ㄷ. 구 집시법의 옥외집회·시위에 관한 일반규정 및 「형법」에 의한 규제 및 처벌에 의하여 사법의 독립성 및 공정성 확보라는 입법 목적을 달성함에 지장이 없음에도 불구하고, 재판에 영향을 미칠 염려가 있거나 미치게 하기 위한 집회·시위를 전면적으로 금지하고 이를 위반한 자를 형사처벌하는 구 집시법 조항은 집회의 자유를 실질적으로 박탈하는 결과를 초래하므로 집회의 자유를 침해한다.
> ㄹ. 집회의 자유는 국가가 개인의 집회참가행위를 감시하고 그에 대한 정보를 수집함으로써 집회에 참가하고자 하는 자로 하여금 불이익을 두려워하여 미리 집회참가를 포기하도록 집회참가의사를 약화시키는 것 등 집회의 자유의 행사에 영향을 미치는 모든 조치를 금지한다.

① ㄱ(○), ㄴ(○), ㄷ(×), ㄹ(×)
② ㄱ(○), ㄴ(×), ㄷ(○), ㄹ(×)
③ ㄱ(×), ㄴ(○), ㄷ(×), ㄹ(○)
④ ㄱ(×), ㄴ(×), ㄷ(○), ㄹ(×)
⑤ ㄱ(×), ㄴ(×), ㄷ(○), ㄹ(○)

ㄱ. (×) 집회 및 시위에 관한 법률 제20조 제1항 제2호가 미신고 옥외집회 또는 시위를 해산명령의 대상으로 하면서 별도의 해산 요건을 정하고 있지 않더라도, 그 옥외집회 또는 시위로 인하여 타인의 법익이나 공공의 안녕질서에 대한 직접적인 위험이 명백하게 초래된 경우에 한하여 위 조항에 기하여 해산을 명할 수 있고, 이러한 요건을 갖춘 해산명령에 불응하는 경우에만 집시법 제24조 제5호에 의하여 처벌할 수 있다고 보아야 한다. 이와 달리 미신고라는 사유만으로 그 옥외집회 또는 시위를 해산할 수 있는 것으로 해석한다면, 이는 사실상 집회의 사전신고제를 허가제처럼 운용하는 것이나 다름없어 집회의 자유를 침해하게 되므로 부당하다(대법원 2012.4.26. 2011도6294).

ㄴ. (×) 집회의 신고가 경합할 경우 특별한 사정이 없는 한 관할 경찰관서장은 집회 및 시위에 관한 법률 제8조 제2항의 규정에 의하여 신고 순서에 따라 뒤에 신고된 집회에 대하여 금지통고를 할 수 있지만, 먼저 신고된 집회의 참여예정인원, 집회의 목적, 집회개최장소 및 시간, 집회 신고인이 기존에 신고한 집회 건수와 실제로 집회를 개최한 비율 등 먼저 신고된 집회의 실제 개최 가능성 여부와 양 집회의 상반 또는 방해가능성 등 제반 사정을 확인하여 먼저 신고된 집회가 다른 집회의 개최를 봉쇄하기 위한 허위 또는 가장 집회신고에 해당함이 객관적으로 분명해 보이는 경우에는, 뒤에 신고된 집회에 다른 집회금지 사유가 있는 경우가 아닌 한, 관할경찰관서장이 단지 먼저 신고가 있었다는 이유만으로 뒤에 신고된 집회에 대하여 집회 자체를 금지하는 통고를 하여서는 아니 되고, 설령 이러한 금지통고에 위반하여 집회를 개최하였다고 하더라도 그러한 행위를 집시법상 금지통고에 위반한 집회개최행위에 해당한다고 보아서는 아니 된다(대법원 2014.12.11. 2011도13299).

ㄷ. (○) 구 집시법의 옥외집회·시위에 관한 일반규정 및 형법에 의한 규제 및 처벌에 의하여 사법의 독립성을 확보할 수 있음에도 불구하고, 이 사건 제2호 부분은 재판에 영향을 미칠 염려가 있거나 미치게 하기 위한 집회·시위를 사전적·전면적으로 금지하고 있을 뿐 아니라, 어떠한 집회·시위가 규제대상에 해당하는지를 판단할 수 있는 아무런 기준도 제시하지 아니함으로써 사실상 재판과 관련된 집단적 의견표명 일체가 불가능하게 되어 집회의 자유를 실질적으로 박탈하는 결과를 초래하므로 최소침해성 원칙에 반한다. 따라서 이 사건 제2호 부분은 과잉금지원칙에 위배되어 집회의 자유를 침해한다(헌재 2016.9.29. 2014헌가3).

ㄹ. (○) 집회의 자유는 집회에 참가하지 못하게 하는 국가의 강제를 금지할 뿐 아니라, 예컨대 집회장소로의 여행을 방해하거나, 집회장소로부터 귀가하는 것을 방해하거나, 집회참가자에 대한 검문의 방법으로 시간을 지연시킴으로서 집회장소에 접근하는 것을 방해하거나, 국가가 개인의 집회참가행위를 감시하고 그에 관한 정보를 수집함으로써 집회에 참가하고자 하는 자로 하여금 불이익을 두려워하여 미리 집회참가를 포기하도록 집회참가의사를 약화시키는 것 등 집회의 자유행사에 영향을 미치는 모든 조치를 금지한다(헌재 2003.10.30. 2000헌바67).

[2017년 제6회 변호사] ⑤

집회의 자유에 관한 다음 설명 중 가장 옳지 않은 것은? (다툼이 있는 경우 헌법재판소 결정에 의함)

① 외교기관의 경계 지점으로부터 반경 100미터 이내 지점에서의 집회 및 시위를 원칙적으로 금지하되 외교기관의 기능이나 안녕을 침해할 우려가 없다고 인정되는 예외적인 경우에 집회 및 시위를 허용하는 법률 조항은, 외교기관을 대상으로 하는 경우에는 그 경계지점으로부터 100미터 이내의 장소에서는 개별 집회·시위의 내용과 성질을 불문하고 일체의 집회·시위를 전면 금지하고 있는 것으로서 집회의 자유를 과도하게 침해하여 헌법에 위반된다.

② 집회에 대한 허가제는 절대적으로 금지된다.

③ 집회의 자유는 집회의 시간, 장소, 방법과 목적을 스스로 결정할 권리를 포함하므로, 옥외집회를 야간에 주최하는 행위 역시 집회의 자유에 의해 보호되는 것이 원칙이다.

④ 옥외집회의 신고의무는 집회 자체를 보호하고 타인이나 공동체와의 이익충돌을 피하기 위해 요구되는 사전적 협력의무이다.

① (×) 사건 법률조항은 외교기관의 경계지점으로부터 반경 100미터 이내 지점에서의 집회 및 시위를 원칙적으로 금지하되, 그 가운데에서도 외교기관의 기능이나 안녕을 침해할 우려가 없다고 인정되는 세 가지의 예외적인 경우에는 이러한 집회 및 시위를 허용하고 있는바, 이는 입법기술상 가능한 최대한의 예외적 허용 규정이며, 그 예외적 허용 범위는 적절하다고 보이므로 이보다 더 넓은 범위의 예외를 인정하지 않는 것을 두고 침해의 최소성 원칙에 반한다고 할 수 없다. 따라서 이 사건 법률조항이 청구인의 집회의 자유를 침해한다고 할 수 없다(헌재 2010.10.28. 2010헌마111).

② (○) 헌법 제21조 제2항에 따라 집회에 대한 허가제는 집회에 대한 검열제와 마찬가지이므로 이를 절대적으로 금지하겠다는 헌법개정권력자인 국민들의 헌법가치적 합의이며 헌법적 결단이다. 또한 동 조항은 헌법 자체에서 직접 집회의 자유에 대한 제한의 한계를 명시한 것이므로 기본권 제한에 관한 일반적 법률유보조항인 헌법 제37조 제2항에 앞서서, 우선적이고 제1차적인 위헌심사기준이 되어야 한다(헌재 2009.9.24. 2008헌가25).

③ (○) 집회의 자유는 집회의 시간, 장소, 방법과 목적을 스스로 결정할 권리, 즉 집회를 하루 중 언제 개최할지 등 시간 선택에 대한 자유와 어느 장소에서 개최할지 등 장소 선택에 대한 자유를 내포하고 있다. 따라서 옥외집회를 야간에 주최하는 것 역시 집회의 자유로 보호됨이 원칙이고, 이를 사회의 안녕질서 또는 국민의 주거 및 사생활의 평온 등을 위하여 제한함에는 목적 달성에 필요한 최소한의 범위로 한정되어야 한다(헌재 2009.9.24. 2008헌가25).

④ (○) 옥외집회의 신고의무는 집회 자체를 보호하고, 무엇보다 타인이나 공동체와의 이익충돌을 피하기 위해 요구하는 사전적 협력의무라는 점에서 결과적으로 미신고 집회가 평화롭게 진행되었다거나 공공의 안녕 질서를 침해하지 않았다는 사정만으로 신고의무의 해태가 정당화될 수는 없으므로, 그러한 사정을 처벌 여부에 반영하지 않은 것이 입법재량의 범위를 넘은 것이라 볼 수도 없다(헌재 2009.5.28. 2007헌바22).

[2016년 법원 9급] ①

甲은 ○○새마을금고 이사장 선거에 출마한 자로서 「새마을금고법」 제22조 제3항 제1호 내지 제3호 위반을 이유로 기소되었다. 이에 甲은 위 조항이 자신의 기본권을 침해한다고 주장한다. 이에 관한 설명 중 옳은 것은? (다툼이 있는 경우 판례에 의함)

> **「새마을금고법」 제22조(임원의 선거운동 제한)** ③ 누구든지 임원 선거와 관련하여 다음 각 호의 방법 외의 선거운동을 할 수 없다.
> 1. 금고에서 발행하는 선거공보 제작 및 배부
> 2. 금고에서 개최하는 합동연설회에서의 지지 호소
> 3. 전화(문자메시지를 포함한다) 및 컴퓨터통신(전자우편을 포함한다)을 이용한 지지 호소

① 위 「새마을금고법」 조항은 甲 자신이 원하는 방법으로 자신의 선거공약 등을 자유롭게 표현할 자유를 제한한다.

② 위 「새마을금고법」 조항은 甲의 결사의 자유를 제한하는 것은 아니다.

③ 결사의 자유에 포함되는 단체 활동의 자유는 단체 외부에 대한 활동만을 포함하고, 단체의 조직, 의사형성의 절차 등 단체의 내부적 생활을 스스로 결정하고 형성할 권리인 단체 내부 활동의 자유는 포함하지 않는다.

④ 새마을금고 임원 선거에서 선거운동을 하는 것은 헌법에 의하여 보호되는 선거권의 범위에 포함된다.

⑤ 공적인 역할을 수행하는 결사 또는 그 구성원들이 결사의 자유의 침해를 주장하는 경우, 과잉금지원칙 위반 여부를 판단함에 있어 순수한 사적인 임의결사의 결사의 자유가 제한되는

경우와 동일한 기준을 적용하여야 한다.

① (○) ② (×) ③ (×) 헌법 제21조가 규정하는 결사의 자유라 함은 다수의 자연인 또는 법인이 공동의 목적을 위하여 단체를 결성할 수 있는 자유를 의미하는 것으로, 이에는 적극적으로 단체결성의 자유, 단체존속의 자유, 결사에의 가입·잔류의 자유와 소극적으로 기존의 단체로부터 탈퇴할 자유와 결사에 가입하지 아니할 자유가 모두 포함된다. 특히 결사의 자유에 포함되는 단체활동의 자유는 단체 외부에 대한 활동뿐만 아니라 단체의 조직, 의사형성의 절차 등 단체의 내부적 생활을 스스로 결정하고 형성할 권리인 단체 내부 활동의 자유를 포함한다(헌재 2012.12.27. 2011헌마562; 헌재 2016.11.24. 2015헌바62). 새마을금고는 기본적으로 사법인적인 성격을 지니고 있으므로, 각 금고의 활동도 결사의 자유 보장의 대상이 된다. 그리고 임원 선거에 있어서 법률에서 정하고 있는 방법 이외의 방법으로 선거운동을 할 수 없도록 하고, 이를 위반하여 선거운동을 한 사람을 처벌하는 심판대상조항은 단체의 내부적 활동을 스스로 결정하고 형성하고자 하는 결사의 자유를 제한한다(헌재 2016.11.24. 2015헌바62; 헌재 2017.6.29. 2016헌가1). 또한 심판대상조항은 금고에서 발행하는 선거공보 제작 및 배부, 금고에서 개최하는 합동연설회에서의 지지 호소, 전화 및 컴퓨터통신을 이용한 지지 호소의 방법을 통한 선거운동만을 허용함으로써, 임원 선거에 출마하는 후보자가 자신이 원하는 방법으로 자신의 선거공약 등을 자유롭게 표현할 자유를 제한한다(헌재 2017.6.29. 2016헌가1; 헌재 2018.2.22. 2016헌바364).

④ (×) 청구인은 심판대상조항이 임원 선거 후보자의 선거운동의 자유를 침해한다고 주장한다. 그러나 헌법 제24조에 의하여 보장되는 선거권이란 국민이 공무원을 선거하는 권리를 의미하는 것으로, 사법인적인 성격을 지니는 새마을금고의 임원 선거에서 임원을 선출하거나 선거운동을 하는 것은 헌법에 의하여 보호되는 선거권의 범위에 포함되지 아니한다(헌재 2012.2.23. 2011헌바154; 헌재 2017.6.29. 2016헌가1). 청구인은 심판대상조항이 선거인들의 알 권리도 침해한다는 취지로도 주장하나, 이러한 주장은 선거인들이 자신의 의견표명(투표)에 앞서 의견형성의 기회가 부족하다는 점을 다투는 것으로서 후보자가 자유롭게 자신의 선거공약 등을 표현할 자유와 표리관계에 있으므로, 결사의 자유 등 침해 여부를 판단하면서 함께 살펴보는 것으로 충분하다(헌재 2018.2.22. 2016헌바364).

⑤ (×) 공적인 역할을 수행하는 결사 또는 그 구성원들이 기본권의 침해를 주장하는 경우 과잉금지원칙 위반 여부를 판단함에 있어, 순수한 사적인 임의결사의 기본권이 제한되는 경우에 비하여 완화된 기준을 적용할 수 있다. 다만, 앞서 살펴본 바와 같이 새마을금고는 설립목적과 목적 사업이 법률에 직접 규정되어 있는 공공성이 강한 특수법인이므로, 이 사건에서 과잉금지원칙 위반 여부를 심사함에 있어 새마을금고의 특수법인으로서의 성격과 임원 선거 관리의 공공성을 고려하여야 할 것이다(헌재 2012.12.27. 2011헌마562; 헌재 2018.2.22. 2016헌바364).

[2022년 제11회 변호사] ①

결사의 자유에 대한 설명으로 옳은 것은? (다툼이 있는 경우 헌법재판소 판례에 의함)

① 구 「주택건설촉진법」상의 주택조합은 주택이 없는 국민의 주거생활의 안정을 도모하고 모든 국민의 주거수준 향상을 기한다는 공공목적을 위하여 법이 구성원의 자격을 제한적으로 정해 놓은 특수조합이어서, 이는 헌법상 결사의 자유가 뜻하는 헌법상 보호법익의 대상이 되는 단체가 아니다.

② 농협은 기본적으로 사법인의 성격을 지니므로, 「농업협동조합법」에서 정하는 특정한 국가적 목적을 위하여 설립되는 공공성이 강한 법인으로서 공적인 역할을 수행한다고 하더라도, 농협의 구성원들이 기본권 침해를 주장하여 과잉금지원칙 위배 여부를 판단할 때에는 사적인 임의결사의 기본권이 제한되는 경우와 마찬가지로 엄격한 심사기준이 적용된다.

③ 지역농협 이사 선거의 경우 문자메시지를 포함한 전화 및 전자우편을 포함한 컴퓨터통신을 이용한 지지 호소의 선거운동방법을 금지하고 이를 위반한 자를 처벌하는 법률조항은, 선거가 과열되는 과정에서 후보자들의 경제력 차이에 따른 불균형한 선거운동 및 흑색선전을

통한 부당한 경쟁이 이루어짐으로써 선거의 공정이 해쳐지는 것을 방지하기 위한 것으로 결사의 자유를 침해하지 아니한다.

④ '대한민국고엽제전우회'의 회원으로 가입한 사람은 '월남전참전자회'의 회원이 될 수 없도록 한 법률규정은, 이미 설립된 고엽제전우회와의 중복 가입에 따른 단체 간 마찰을 최소화하고 인적 구성을 분리하기 위한 것이지만, 이로 인해 월남전 참전자 중 고엽제 관련자가 양 법인 중에서 회원으로 가입할 법인을 선택할 수 있는 결사의 자유를 과도하게 침해한다.

① (○) 주택건설촉진법의 주택조합(지역조합 및 직장조합)은 무주택자의 주거생활의 안정을 도모하고 모든 국민의 주거수준의 향상을 기한다는 공공목적(이 법 제1조)을 위하여 법률이 구성원의 자격을 제한적으로 정하여 놓은 특수조합으로서 헌법상의 결사의 자유가 뜻하는 헌법상 보호법익의 대상이 되는 단체가 아니므로 이 사건 법률조항이 유주택자의 결사의 자유를 침해하는 것이라고는 볼 수 없다(헌재 1997.5.29. 94헌바5).

② (×) 농협은 기본적으로 사법인의 성격을 지니지만, 농협법에서 정하는 특정한 국가적 목적을 위하여 설립되는 공공성이 강한 법인으로, 공적인 역할을 수행하는 결사 또는 그 구성원들이 기본권의 침해를 주장하는 경우에 과잉금지원칙 위배 여부를 판단할 때에는, 순수한 사적인 임의결사의 기본권이 제한되는 경우의 심사에 비해서는 완화된 기준을 적용할 수 있다(헌재 2012.12.27. 2011헌마562).

③ (×) 전화·컴퓨터통신은 누구나 손쉽고 저렴하게 이용할 수 있는 매체인 점, 농업협동조합법에서 흑색선전 등을 처벌하는 조항을 두고 있는 점을 고려하면 입법목적 달성을 위하여 위 매체를 이용한 지지 호소까지 금지할 필요성은 인정되지 아니한다. 이 사건 법률조항들은 과잉금지원칙을 위반하여 결사의 자유, 표현의 자유를 침해하여 헌법에 위반된다(헌재 2016.11.24. 2015헌바62).

④ (×) 심판대상조항으로 인하여 고엽제 관련자가 월남전참전자회의 회원이 될 수 없는 것이 아니라 월남전 참전자 중 고엽제 관련자는 양 법인 중에서 회원으로 가입할 법인을 선택할 수 있고 언제라도 그 선택의 변경이 가능하므로 심판대상조항이 청구인의 결사의 자유를 전면적으로 제한하는 것은 아니다. 따라서 심판대상조항은 과잉금지원칙에 위배된다고 볼 수 없다(헌재 2016.4.28. 2014헌바442).

[2017년 국가 7급] ①

집회·결사의 자유에 관한 설명으로 옳지 않은 것은? (다툼이 있는 경우 헌법재판소 판례에 의함)

① 국무총리 공관 인근에서 국무총리를 대상으로 하지 아니하는 옥외집회·시위를 금지하고 위반시 처벌하는 것은 집회의 자유를 침해하지 않는다.

② "재판에 영향을 미칠 염려가 있거나 미치게 하기 위한 집회 또는 시위"를 금지하고 이를 위반한 자를 형사 처벌하는 구 「집회 및 시위에 관한 법률」의 해당 조항은 최소침해성 원칙에 반한다.

③ 일반적으로 집회는 일정한 장소를 전제로 하여 특정 목적을 가진 다수인이 일시적으로 회합하는 것을 말하는 것으로 그 공동의 목적은 '내적인 유대관계'로 족하고, 건전한 상식과 통상적인 법 감정을 가진 사람이면 「집회 및 시위에 관한 법률」상 '집회'가 무엇을 의미하는지를 추론할 수 있으므로 '집회'의 개념이 불명확하다고 볼 수 없다.

④ 지역농협 이사 선거의 경우 전화·컴퓨터통신을 이용한 지지 호소의 선거운동방법을 금지하고, 이를 위반한 자를 처벌하는 구 「농업협동조합법」 규정은 결사의 자유를 침해한다.

⑤ 운송사업자로 구성된 협회로 하여금 연합회에 강제로 가입하게 하고 임의로 탈퇴할 수 없도록 하는 「화물자동차 운수사업법」의 해당 조항 중 '운송사업자로 구성된 협회'에 관한 부분은 결사의 자유를 침해한다고 볼 수 없다.

① (×) 국무총리 공관의 기능과 안녕을 직접 저해할 가능성이 거의 없는 '소규모 옥외집회·시위'의 경우 국무총리에게 물리적인 압력이나 위해를 가할 가능성 또는 국무총리 공관의 출입이나 안전에 위협을 가할 위험성은 일반적으로 낮다. 이러한 소규모 옥외집회·시위가 일반 대중의 합세로 인하여 대규모 집회·시위로 확대될 우려나 폭력집회·시위로 변질될 위험이 없는 때에는 그 집회·시위의 금지를 정당화할 수 있는 헌법적 근거를 발견하기 어렵다. 그리고 '국무총리를 대상으로 한 옥외집회·시위가 아닌 경우'에도 국무총리 공관에 대한 직접적·간접적 물리력이 행사될 가능성이 낮다. 이 사건 금지장소 조항은 그 입법목적을 달성하는 데 필요한 최소한도의 범위를 넘어, 규제가 불필요하거나 또는 예외적으로 허용하는 것이 가능한 집회까지도 이를 일률적·전면적으로 금지하고 있다고 할 것이므로 침해의 최소성 원칙에 위배된다. 따라서 이 사건 금지장소 조항은 과잉금지원칙을 위반하여 집회의 자유를 침해한다(헌재 2018.6.28. 2015헌가28).

② (○) 구 집시법의 옥외집회·시위에 관한 일반규정 및 형법에 의한 규제 및 처벌에 의하여 사법의 독립성을 확보할 수 있음에도 불구하고, 이 사건 제2호 부분은 재판에 영향을 미칠 염려가 있거나 미치게 하기 위한 집회·시위를 사전적·전면적으로 금지하고 있을 뿐 아니라, 어떠한 집회·시위가 규제대상에 해당하는지를 판단할 수 있는 아무런 기준도 제시하지 아니함으로써 사실상 재판과 관련된 집단적 의견표명 일체가 불가능하게 되어 집회의 자유를 실질적으로 박탈하는 결과를 초래하므로 최소침해성 원칙에 반한다. 따라서 이 사건 제2호 부분은 과잉금지원칙에 위배되어 집회의 자유를 침해한다(헌재 2016.9.29. 2014헌가3).

③ (○) 일반적으로 집회는 일정한 장소를 전제로 하여 특정 목적을 가진 다수인이 일시적으로 회합하는 것을 말하는 것으로 일컬어지고 있고, 그 공동의 목적은 내적인 유대 관계로 족하다. 건전한 상식과 통상적인 법감정을 가진 사람이면 위와 같은 의미에서 구 집시법상 집회가 무엇을 의미하는지를 추론할 수 있다고 할 것이므로, 구 집시법상 집회의 개념이 불명확하다고 할 수 없다(헌재 2009.5.28. 2007헌바22).

④ (○) 전화·컴퓨터통신은 누구나 손쉽고 저렴하게 이용할 수 있는 매체인 점, 농업협동조합법에서 흑색선전 등을 처벌하는 조항을 두고 있는 점을 고려하면 입법목적 달성을 위하여 위 매체를 이용한 지지 호소까지 금지할 필요성은 인정되지 아니한다. 이 사건 법률조항들이 달성하려는 공익이 결사의 자유 및 표현의 자유 제한을 정당화할 정도로 크다고 보기는 어려우므로, 법익의 균형성도 인정되지 아니한다. 따라서 이 사건 법률조항들은 과잉금지원칙을 위반하여 결사의 자유, 표현의 자유를 침해하여 헌법에 위반된다(헌재 2016.11.24. 2015헌바62).

⑤ (○) 연합회는 법령에 따라 다양한 공익적 기능을 수행하는바, 전국적인 단일 조직을 갖추지 못한다면 업무 수행의 효율성과 신속성 등이 저해될 우려가 있다. 국가나 지방자치단체가 공익적 기능을 직접 수행하거나 별개의 단체를 설립하는 방안은 연합회에의 가입강제 내지 임의탈퇴 불가와 같거나 유사한 효과를 가진다고 보기 어렵다. 따라서 심판대상조항이 과잉금지원칙에 위배되어 결사의 자유를 침해한다고 볼 수 없다(헌재 2022.2.24. 2018헌가8). [2023년 소방간부] ①

집회 및 결사의 자유에 관한 다음 설명 중 가장 옳은 것은?

① 집회는 일정한 장소를 전제로 하여 특정 목적을 가진 다수인이 일시적으로 회합하는 것을 말하는 것으로, 여기서의 다수인이 가지는 공동의 목적은 '내적인 유대 관계'로 족하지 않고 공통의 의사형성과 의사표현이라는 공동의 목적이 포함되어야 한다.

② 누구든지 선거기간 중 선거에 영향을 미치게 하기 위하여 그 밖의 집회나 모임을 개최할 수 없고, 이를 위반한 자를 처벌하도록 규정한 공직선거법 조항은 선거기간 중에도 국민들이 제기하는 건전한 비판과 여론 형성을 금지하는 것은 아니므로 집회의 자유를 침해한다

고 할 수 없다.

③ 국회의장 공관의 경계지점으로부터 100미터 이내의 장소에서의 옥외집회 또는 시위를 일률적으로 금지하고, 이를 위반한 집회·시위의 참가자를 처벌하는 것은 해당 장소에서 옥외집회·시위가 개최되더라도 국회의장에게 물리적 위해를 가하거나 국회의장 공관으로의 출입 내지 안전에 위협을 가할 우려가 없는 장소까지 포함되어 있다는 점에서 입법목적 달성에 필요한 범위를 넘어 집회의 자유를 과도하게 제한하는 것으로 집회의 자유를 침해한다.

④ 사회복무요원이 정당 가입을 할 수 없도록 규정한 병역법 조항은 사회복무요원의 정치적 중립성 보장과 아무런 관련이 없는 사회적 활동까지 금지한다는 점에서 사회복무요원의 결사의 자유를 침해한다.

① (×) 일반적으로 집회는 일정한 장소를 전제로 하여 특정 목적을 가진 다수인이 일시적으로 회합하는 것을 말하는 것으로 일컬어지고 있고, 그 공동의 목적은 내적인 유대 관계로 족하다. 건전한 상식과 통상적인 법감정을 가진 사람이면 위와 같은 의미에서 구 집시법상 집회가 무엇을 의미하는지를 추론할 수 있다고 할 것이므로, 구 집시법상 집회의 개념이 불명확하다고 할 수 없다(헌재 2009.5.28. 2007헌바22).

② (×) 심판대상조항은 공직선거법이 허용하는 경우를 제외하고는, 선거기간 중 특정한 정책이나 현안에 대한 표현행위와 그에 대한 지지나 반대를 하는 후보자나 정당에 대한 표현행위가 함께 나타나는 집회나 모임의 개최를 전면적·포괄적으로 금지·처벌하고 있어서, 일반 유권자가 선거기간 중 선거에 영향을 미치게 하기 위한 연설회나 대담·토론회를 비롯하여 집회나 모임을 개최하는 것이 전부 금지되고 있다. 그런데 선거의 준비과정 및 선거운동, 선거결과와 관련하여 정당이나 공직선거의 후보자 등도 지지나 비판 그 자체로부터 자유로울 수는 없다. 특정한 정책에 대한 찬성이나 반대를 집회나 모임이라는 집단적 의사표시 방법으로 표현하는 과정에, 선거의 공정성을 해칠 구체적인 위험이 언제나 있다고 보기 어렵다. 선거기간 중 선거와 관련된 집단적 의견표명 일체가 불가능하게 됨으로써 일반 유권자가 받게 되는 집회의 자유, 정치적 표현의 자유에 대한 제한 정도는 매우 중대하므로, 심판대상조항은 집회의 자유, 정치적 표현의 자유를 침해한다(헌재 2022.7.21. 2018헌바164).

③ (○) 심판대상조항이 집회 금지 장소로 설정한 국회의장 공관의 경계 지점으로부터 100미터 이내에 있는 장소에 해당 장소에서 옥외집회·시위가 개최되더라도 국회의장에게 물리적 위해를 가하거나 국회의장 공관으로의 출입 내지 안전에 위협을 가할 우려가 없는 장소까지 포함되어 있다. 또한 대규모로 확산될 우려가 없는 소규모 옥외집회·시위의 경우, 심판대상조항에 의하여 보호되는 법익에 직접적인 위협을 가할 가능성은 상대적으로 낮다. 그럼에도 심판대상조항은 국회의장 공관 인근 일대를 광범위하게 전면적인 집회 금지 장소로 설정함으로써 입법목적 달성에 필요한 범위를 넘어 집회의 자유를 과도하게 제한하고 있는바, 과잉금지원칙에 반하여 집회의 자유를 침해한다(헌재 2023.3.23. 2021헌가1).

④ (×) 사건 법률조항 중 정당에 관한 부분은 사회복무요원의 정치적 중립성을 유지하고 업무전념성을 보장하기 위한 것으로, 정당은 개인적 정치활동과 달리 국민의 정치적 의사형성에 미치는 영향력이 크므로 사회복무요원의 정당 가입을 금지하는 것은 입법목적을 달성하기 위한 적합한 수단이다. 정당에 관련된 표현행위는 직무 내외를 구분하기 어려우므로 직무와 관련된 표현행위만을 규제하는 등 기본권을 최소한도로 제한하는 대안을 상정하기 어려우며, 위 입법목적이 사회복무요원이 제한받는 사익에 비해 중대하므로 이 사건 법률조항 중 정당에 관한 부분은 청구인의 정치적 표현의 자유 및 결사의 자유를 침해하지 않는다(헌재 2021.11.25. 2019헌마534).

[2023년 법원 9급] ③

집회 및 결사의 자유에 대한 설명으로 가장 적절하지 않은 것은? (다툼이 있는 경우 판례에 의함)

① 일몰시간 후부터 같은 날 24시까지의 시위의 경우, 특별히 공공의 질서 내지 법적 평화를 침해할 위험성이 크다고 할 수 없으므로 그와 같은 시위를 일률적으로 금지하는 것은 과잉

금지원칙에 위반된다.

② 집회의 자유는 집회참가자에 대한 검문의 방법으로 시간을 지연시킴으로써 집회장소에 접근하는 것을 방해하는 등 집회의 자유 행사에 영향을 미치는 모든 조치를 금지한다.

③ 안마사들로 하여금 의무적으로 대한안마사협회의 회원이 되어 정관을 준수하도록 하는 의료법 조항은 안마사들의 결사의 자유를 침해하지 않는다.

④ 미신고 옥외집회는 불법집회이므로 관할 경찰관서장은 언제나 해산명령을 내릴 수 있으며, 이에 불응하는 경우에는 처벌할 수 있다고 보아야 한다.

① (○) 국민의 일반적인 생활형태 및 보통의 집회·시위의 소요시간이나 행위태양, 대중교통의 운행시간, 도심지의 점포·상가 등의 운영시간 등에 비추어 보면, 적어도 해가 진 후부터 같은 날 24시까지의 시위의 경우, 이미 보편화된 야간의 일상적인 생활의 범주에 속하는 것이어서 특별히 공공의 질서 내지 법적 평화를 침해할 위험성이 크다고 할 수 없으므로 그와 같은 시위를 일률적으로 금지하는 것은 과잉금지원칙에 위반됨이 명백하다(헌재 2014.3.27. 2010헌가2).

② (○) 집회의 자유는 일차적으로 국가공권력의 침해에 대한 방어를 가능하게 하는 기본권으로서, 개인이 집회에 참가하는 것을 방해하거나 또는 집회에 참가할 것을 강요하는 국가행위를 금지하는 기본권이다. 따라서 집회의 자유는 집회에 참가하지 못하게 하는 국가의 강제를 금지할 뿐 아니라, 예컨대 집회장소로의 여행을 방해하거나, 집회장소로부터 귀가하는 것을 방해하거나, 집회참가자에 대한 검문의 방법으로 시간을 지연시킴으로써 집회장소에 접근하는 것을 방해하거나, 국가가 개인의 집회참가행위를 감시하고 그에 관한 정보를 수집함으로써 집회에 참가하고자 하는 자로 하여금 불이익을 두려워하여 미리 집회참가를 포기하도록 집회참가의사를 약화시키는 것 등 집회의 자유 행사에 영향을 미치는 모든 조치를 금지한다(헌재 2003.10.30. 2000헌바37).

③ (○) 안마사들은 시각장애로 말미암아 공동의 이익을 증진하기 위하여 개인적으로나 이익단체를 조직하여 활동하는 것이 용이하지 않고, 안마사들로 하여금 하나의 중앙회에 의무적으로 가입하도록 전국적 차원의 단체를 존속시키는 것은 그들 사이에 정보를 교환하고 친목을 도모하며 직업수행 능력을 높일 수 있고, 시각장애인으로 하여금 직업 활동을 효과적으로 수행하도록 하기 위하여 국가가 적극적으로 개입하는 것이 필요하다. 이 사건 법률조항으로 안마사회에 의무적으로 가입하고 정관을 준수하고 회비를 납부하게 되지만 과다한 부담이라고 단정하기 어렵다. 이 사건 법률조항은 안마사들의 결사의 자유를 침해하지 않는다(헌재 2008.10.30. 2006헌가15).

④ (×) 집회 및 시위에 관한 법률 제20조 제1항 제2호가 미신고 옥외집회 또는 시위를 해산명령의 대상으로 하면서 별도의 해산 요건을 정하고 있지 않더라도, 그 옥외집회 또는 시위로 인하여 타인의 법익이나 공공의 안녕질서에 대한 직접적인 위험이 명백하게 초래된 경우에 한하여 위 조항에 기하여 해산을 명할 수 있고, 이러한 요건을 갖춘 해산명령에 불응하는 경우에만 집시법 제24조 제5호에 의하여 처벌할 수 있다고 보아야 한다. 이와 달리 미신고라는 사유만으로 그 옥외집회 또는 시위를 해산할 수 있다고 해석한다면, 이는 사실상 집회의 사전신고제를 허가제처럼 운용하는 것이나 다름없어 집회의 자유를 침해하게 되므로 부당하다(대법원 2012.4.19. 2010도6388).

[2018년 경찰 경정승진] ④

집회 및 결사의 자유에 관한 설명 중 가장 적절하지 않은 것은? (다툼이 있는 경우 판례에 의함)

① 집회의 자유에는 집회의 장소를 스스로 결정할 장소선택의 자유도 포함한다.

② 집회의 개념 요소인 공동의 목적은 '내적인 유대 관계'로 족하다.

③ 집회의 시간과 장소가 중복되는 2개 이상의 신고가 있을 경우 관할 경찰관서장은 먼저 신고된 집회가 다른 집회의 개최를 봉쇄하기 위한 가장집회신고에 해당하는지 여부에 관하여 판단할 권한이 없으므로 뒤에 신고된 집회에 대하여 집회 자체를 금지하는 통고를 하여야 한다.

④ 구 「주택건설촉진법」상의 주택조합은 주택이 없는 국민의 주거 생활의 안정을 도모하고 모든 국민의 주거수준 향상을 기한다는 공공목적을 위하여 법이 구성원의 자격을 제한적으로 정해 놓은 특수조합이어서, 이는 헌법상 결사의 자유가 뜻하는 헌법상 보호법익의 대상이 되는 단체가 아니다.

① (○) 집회의 자유에는 집회의 장소를 스스로 결정할 장소선택의 자유가 포함되고, 집회장소는 집회의 목적을 달성하는 데 있어서 중요한 의미를 지니는 경우가 많기 때문에 집회장소를 자유롭게 선택할 수 있어야만 집회의 자유가 비로소 효과적으로 보장되므로, 장소선택의 자유는 집회의 자유의 한 실질을 형성한다(헌재 2009.12.29. 2006헌바20).

② (○) 집회는 일정한 장소를 전제로 하여 특정 목적을 가진 다수인이 일시적으로 회합하는 것을 말하는 것으로 일컬어지고 있고, 그 공동의 목적은 '내적인 유대 관계'로 족하다(헌재 2009.5.28. 2007헌바22).

③ (×) 집회의 신고가 경합할 경우 특별한 사정이 없는 한 관할 경찰관서장은 집회 및 시위에 관한 법률 제8조 제2항의 규정에 의하여 신고 순서에 따라 뒤에 신고된 집회에 대하여 금지통고를 할 수 있지만, 먼저 신고된 집회의 참여예정인원, 집회의 목적, 집회개최장소 및 시간, 집회 신고인이 기존에 신고한 집회 건수와 실제로 집회를 개최한 비율 등 먼저 신고된 집회의 실제 개최 가능성 여부와 양 집회의 상반 또는 방해가능성 등 제반 사정을 확인하여 먼저 신고된 집회가 다른 집회의 개최를 봉쇄하기 위한 허위 또는 가장 집회신고에 해당함이 객관적으로 분명해 보이는 경우에는, 뒤에 신고된 집회에 다른 집회금지 사유가 있는 경우가 아닌 한, 관할 경찰관서장이 단지 먼저 신고가 있었다는 이유만으로 뒤에 신고된 집회에 대하여 집회 자체를 금지하는 통고를 하여서는 아니 되고, 설령 이러한 금지통고에 위반하여 집회를 개최하였다고 하더라도 그러한 행위를 집시법상 금지통고에 위반한 집회개최행위에 해당한다고 보아서는 아니 된다(대법원 2014.12.11. 2011도13299).

④ (○) 주택건설촉진법상의 주택조합은 주택이 없는 국민의 주거생활의 안정을 도모하고 모든 국민의 주거수준의 향상을 기한다는(동법 제1조) 공공목적을 위하여 법이 구성원의 자격을 제한적으로 정해 놓은 특수조합이어서 이는 헌법상 결사의 자유가 뜻하는 헌법상 보호법익의 대상이 되는 단체가 아니며 또한 위 법률조항이 위 법률 소정의 주택조합 중 지역조합과 직장조합의 조합원 자격을 무주택자로 한정하였다고 해서 그로 인하여 유주택자가 위 법률과 관계없는 주택조합의 조합원이 되는 것까지 제한받는 것이 아니므로 위 법률조항은 유주택자의 결사의 자유를 침해하는 것이 아니다(헌재 1994.2.24. 92헌바43). [2020년 경찰 경정승진] ③

집회·결사의 자유에 대한 설명으로 옳지 않은 것은? (다툼이 있는 경우 판례에 의함)

① 대의민주주의 체제에서 집회의 자유는 불만과 비판을 공개적으로 표출하게 함으로써 정치적 안정에 기여하는 긍정적 기능을 수행하므로 단지 평화적 또는 비폭력적 집회만 집회의 자유에 의해 보호된다고 할 수 없다.

② 법인 등 결사체도 그 조직과 의사형성 그리고 업무수행에 관한 자기결정권을 가지므로 결사의 자유의 주체가 된다.

③ 집회의 자유는 집회를 통하여 형성된 의사를 집단으로 표현하고 이를 통하여 불특정 다수인의 의사에 영향을 줄 자유를 포함하므로 이를 내용으로 하는 시위의 자유도 보장한다.

④ 헌법 제21조 제1항의 결사의 자유에 의해 보호되는 결사의 개념에는 법이 특별한 공공목적에 의하여 구성원의 자격을 정하고 있는 특수단체의 조직활동까지 포함된다고 볼 수 없다.

⑤ 집회·시위 장소는 그 목적을 달성하는 데 매우 중요한 역할을 담당하므로 장소선택의 자유는 집회·시위의 자유의 한 실질을 형성한다.

① (×) 집회의 자유는 사회·정치현상에 대한 불만과 비판을 공개적으로 표출케 함으로써 정치적 불만이 있는 자를 사회에 통합하고 정치적 안정에 기여하는 기능을 한다. 비록 헌법이 명시적으로 밝히고 있지는 않으나, 집회의 자유에 의하여 보호되는 것은 단지 평화적 또는 비폭력적 집회이다. 집회의 자유는 민주국가에서 정신적 대립과 논의의 수단으로서 평화적 수단을 이용한 의견의 표명은 헌법적으로 보호되지만, 폭력을 사용한 의견의 강요는 헌법적으로 보호되지 않는다(헌재 2003.10.30. 2000헌바67,83).

② (○) 법인 등 결사체도 그 조직과 의사형성에 있어서, 그리고 업무수행에 있어서 자기결정권을 가지고 있어 결사의 자유의 주체가 된다고 봄이 상당하므로, 축협중앙회는 그 회원조합들과 별도로 결사의 자유의 주체가 된다(헌재 2000.6.1. 99헌마553).

③ (○) 집회의 자유는 집회를 통하여 형성된 의사를 집단적으로 표현하고 이를 통하여 불특정 다수인의 의사에 영향을 줄 자유를 포함하므로 이를 내용으로 하는 시위의 자유 또한 집회의 자유를 규정한 헌법 제21조 제1항에 의하여 보호되는 기본권이다(헌재 2005.11.24. 2004헌가17).

④ (○) 헌법 제21조 제1항이 보장하고 있는 결사의 자유에 의하여 보호되는 결사의 개념에는 법률이 특별한 공공목적에 의하여 구성원의 자격을 정하고 있는 특수단체의 조직활동까지 포함되는 것으로 볼 수는 없다(헌재 1997.5.29. 94헌바5).

⑤ (○) 집회·시위장소는 집회·시위의 목적을 달성하는데 있어서 매우 중요한 역할을 수행하는 경우가 많기 때문에 집회·시위장소를 자유롭게 선택할 수 있어야만 집회·시위의 자유가 비로소 효과적으로 보장되므로 장소선택의 자유는 집회·시위의 자유의 한 실질을 형성한다(헌재 2005.11.24. 2004헌가17).

[2021년 국회 9급] ①

집회 및 결사의 자유에 대한 설명으로 옳지 않은 것은? (다툼이 있는 경우 판례에 의함)

① 입법자가 법률로써 일반적으로 집회를 제한하는 경우에는 헌법 제21조 제2항이 규정하고 있는 사전허가금지에 해당한다.

② 헌법 제21조가 보호하는 결사의 자유란 기존의 단체로부터 탈퇴할 자유와 가입하지 않을 자유를 포함한다.

③ 옥외집회나 시위를 주최하려는 자로 하여금 사전에 관할경찰서장에게 신고하게 하는 규정은 일정한 신고절차만 밟으면 일반적·원칙적으로 옥외집회 및 시위를 할 수 있도록 보장하고 있으므로 헌법 제21조 제2항의 사전허가금지에 반하지 않는다.

④ 야간에 옥외집회 및 시위를 금지하는 「집회 및 시위에 관한 법률」 제10조는 해가 진 후부터 같은 날 24시까지의 옥외집회 또는 시위에 적용되는 한 헌법에 위반된다.

⑤ 헌법 제21조 제1항에 의해 보호되는 결사의 개념에는 공공목적에 의해 구성원의 자격이 정해진 특수단체나 공법상의 결사가 포함되지 않는다.

① (×) 헌법 제21조 제2항의 허가는 행정청이 주체가 되어 집회의 허용 여부를 사전에 결정하는 것으로서 행정청에 의한 사전허가는 헌법상 금지되지만, 입법자가 법률로써 일반적으로 집회를 제한하는 것은 헌법상 사전허가금지에 해당하지 않는다(헌재 2014.4.24. 2011헌가29).

② (○) 헌법 제21조 결사의 자유라 함은 다수의 자연인 또는 법인이 공동의 목적을 위하여 단체를 결성할 수 있는 자유를 말하는 것으로 적극적으로는 단체결성의 자유, 단체존속의 자유, 단체활동의 자유, 결사에의 가입·잔류의 자유를, 소극적으로는 기존의 단체로부터 탈퇴할 자유와 결사에 가입하지 아니할 자유를 내용으로 하는바, 위에서 말하는 결사란 자연인 또는 법인의 다수가 상당한 기간 동안 공동목적을 위하여 자유의사에 기하여 결합하고 조직화된 의사형성이 가능한 단체를 말하는 것으로 공법상의 결사는 이에 포함되지 아니한다(헌재 1996.4.25. 92헌바47).

③ (○) 구 집회 및 시위에 관한 법률 전체의 규정 체제에서 보면 법은 일정한 신고절차만 밟으면 일반적·원칙적으로 옥외집회 및 시위를 할 수 있도록 보장하고 있으므로, 집회에 대한 사전신고제도는 헌법 제21조 제2항의 사전허가금지에 반하지 않는다(헌재 2009.5.28.

2007헌바22).

④ (○) 국민의 일반적인 생활형태 및 보통의 집회의 소요시간이나 행위태양, 대중교통의 운행시간, 도심지의 점포·상가 등의 운영시간 등에 비추어 보면, 적어도 일몰시간 후부터 같은 날 24시까지의 옥외집회 또는 시위의 경우, 이미 보편화된 야간의 일상적인 생활의 범주에 속하는 것이어서 특별히 공공의 질서 내지 법적 평화를 침해할 위험성이 크다고 할 수 없으므로 그와 같은 옥외집회 또는 시위를 원칙적으로 금지하는 것은 과잉금지원칙에 위반됨이 명백하다(헌재 2014.4.24. 2011헌가29).

⑤ (○) 헌법재판소는 결사의 자유에서 말하는 결사란 자연인 또는 법인의 다수가 상당한 기간 동안 공동목적을 위하여 자유의사에 기하여 결합하고 조직화된 의사형성이 가능한 단체를 말하는 것이라고 정의하여 공동목적의 범위를 비영리적인 것으로 제한하지는 않았고, 다만 결사 개념에 공법상의 결사나 법이 특별한 공동목적에 의하여 구성원의 자격을 정하고 있는 특수단체의 조직활동은 해당되지 않는다고 판시한 바 있을 뿐이며, 연혁적 이유 이외에는 달리 영리단체를 결사에서 제외하여야 할 뚜렷한 근거가 없는 터이므로, 영리단체도 헌법상 결사의 자유에 의하여 보호된다(헌재 2002.9.19. 2000헌바84). [2015년 국회 9급] ①

집회 및 시위의 자유에 관한 다음 설명 중 가장 옳지 않은 것은?

① 집회의 자유는 개인의 인격발현의 요소이자 민주주의를 구성하는 요소라는 이중적인 헌법적 기능을 가지고 있다.

② 각급 법원 인근에 집회·시위금지장소를 설정하는 것은 입법목적 달성을 위한 적합한 수단으로 볼 수 없다.

③ 국회의사당의 경계지점으로부터 100미터 이내의 장소에서 옥외집회 또는 시위를 할 경우 형사처벌한다고 규정한 '집회 및 시위에 관한 법률'은 과잉금지의 원칙을 위반하여 집회의 자유를 침해한다.

④ 해가 뜨기 전이나 해가 진 후에는 시위를 하여서는 안된다고 규정한 집회 및 시위에 관한 규정 중 일몰시간 후부터 같은 날 24시까지의 옥외집회 또는 시위를 금지한 부분은 헌법에 합치되지 아니한다.

① (○) 집회의 자유는 개인의 인격발현의 요소이자 민주주의를 구성하는 요소라는 이중적, 헌법적 기능을 가지고 있다. 인간의 존엄성과 자유로운 인격발현을 최고의 가치로 삼는 우리 헌법질서 내에서 집회의 자유도 다른 모든 기본권과 마찬가지로 일차적으로는 개인의 자기결정과 인격발현에 기여하는 기본권이다. 뿐만 아니라, 집회를 통하여 국민들이 자신의 의견과 주장을 집단적으로 표명함으로써 여론의 형성에 영향을 미친다는 점에서, 집회의 자유는 표현의 자유와 더불어 민주적 공동체가 기능하기 위하여 불가결한 근본요소에 속한다(헌재 2003.10.30. 2000헌바67).

② (×) 법관의 독립은 공정한 재판을 위한 필수 요소로서 다른 국가기관이나 사법부 내부의 간섭으로부터의 독립뿐만 아니라 사회적 세력으로부터의 독립도 포함한다. 심판대상조항의 입법목적은 법원 앞에서 집회를 열어 법원의 재판에 영향을 미치려는 시도를 막으려는 것이다. 이런 입법목적은 법관의 독립과 재판의 공정성 확보라는 헌법의 요청에 따른 것이므로 정당하다. 각급 법원 인근에 집회·시위금지장소를 설정하는 것은 입법목적 달성을 위한 적합한 수단이다. 심판대상조항은 입법목적을 달성하는데 필요한 최소한도의 범위를 넘어 규제가 불필요하거나 또는 예외적으로 허용 가능한 옥외집회·시위까지도 일률적·전면적으로 금지하고 있으므로, 침해의 최소성 원칙에 위배된다. 심판대상조항은 각급 법원 인근의 모든 옥외집회를 전면적으로 금지함으로써 상충하는 법익 사이의 조화를 이루려는 노력을 전혀 기울이지 않아, 법익의 균형성 원칙에도 어긋난다. 심판대상조항은 과잉금지원칙을 위반하여 집회의 자유를 침해한다(헌재 2018.7.26. 2018헌바137).

③ (○) 심판대상조항은 입법목적을 달성하는데 필요한 최소한도의 범위를 넘어, 규제가 불필요하거나 또는 예외적으로 허용하는 것이 가능한 집회까지도 이를 일률적·전면적으로 금지하고 있으므로 침해의 최소성 원칙에 위배된다. 심판대상조항은 국회의 헌법적 기능을 무력화시키거

나 저해할 우려가 있는 집회를 금지하는 데 머무르지 않고, 그 밖의 평화적이고 정당한 집회까지 전면적으로 제한함으로써 구체적인 상황을 고려하여 상충하는 법익간의 조화를 이루려는 노력을 전혀 기울이지 않고 있다. 심판대상조항으로 달성하려는 공익이 제한되는 집회의 자유 정도보다 크다고 단정할 수는 없으므로 심판대상조항은 법익의 균형성 원칙에도 위배된다. 심판대상조항은 과잉금지원칙을 위반하여 집회의 자유를 침해한다(헌재 2018.5.31. 2013헌바322).

④ (○) 야간시위를 금지하는 집회 및 시위에 관한 법률 제10조 본문에는 위헌적인 부분과 합헌적인 부분이 공존하고 있으며, 위 조항 전부의 적용이 중지될 경우 공공의 질서 내지 법적 평화에 대한 침해의 위험이 높아, 일반적인 옥외집회나 시위에 비하여 높은 수준의 규제가 불가피한 경우에도 대응하기 어려운 문제가 발생할 수 있으므로, 현행 집시법의 체계 내에서 시간을 기준으로 한 규율의 측면에서 볼 때 규제가 불가피하다고 보기 어려움에도 시위를 절대적으로 금지하여 위헌성이 명백한 부분에 한하여 위헌 결정을 한다. 심판대상조항들은 이미 보편화된 야간의 일상적인 생활의 범주에 속하는 '해가 진 후부터 같은 날 24시까지의 시위'에 적용하는 한 헌법에 위반된다(헌재 2014.3.27. 2010헌가2).

[2020년 법원 9급] ②

집회 및 결사의 자유에 관한 설명 중 옳은 것을 모두 고른 것은? (다툼이 있는 경우 헌법재판소 판례에 의함)

> ㄱ. 집회의 자유는 개성신장과 아울러 여론형성에 영향을 미칠 수 있게 하여 동화적 통합을 촉진하는 기능을 가지며, 나아가 정치·사회현상에 대한 불만과 비판을 공개적으로 표출케 함으로써 정치적 불만세력을 사회적으로 통합하여 정치적 안정에 기여하는 역할을 한다.
> ㄴ. 노동조합을 설립할 때 행정관청에 설립신고서를 제출하게 하고 그 요건을 충족하지 못하는 경우 설립신고서를 반려하도록 하는 법률조항은 헌법상 금지된 결사에 대한 허가제에 해당하지 않는다.
> ㄷ. 집회는 일정한 장소를 전제로 하여 특정 목적을 가진 다수인이 일시적으로 회합하는 것을 말하는 것으로, 여기서의 다수인이 가지는 공동의 목적은 '내적인 유대 관계'로 족하지 않고 공통의 의사형성과 의사표현이라는 공동의 목적이 포함되어야 한다.
> ㄹ. 안마사들로 하여금 의무적으로 대한안마사협회의 회원이 되어 정관을 준수하도록 하는 법률조항은, 그들 사이에 정보를 교환하고 친목을 도모하여 직업활동을 효과적으로 수행하도록 하기 위하여 국가가 적극적으로 개입하는 것이 필요하므로 안마사들의 결사의 자유를 침해하지 않는다.

① ㄱ, ㄴ ② ㄱ, ㄷ ③ ㄷ, ㄹ
④ ㄱ, ㄴ, ㄹ ⑤ ㄱ, ㄴ, ㄷ, ㄹ

ㄱ. (○) 집회의 자유는 국민들이 타인과 접촉하고 정보와 의견을 교환하며 공동의 목적을 위하여 집단적으로 의사표현을 할 수 있게 함으로써 개성신장과 아울러 여론형성에 영향을 미칠 수 있게 하여 동화적 통합을 촉진하는 기능을 가지며, 나아가 정치·사회현상에 대한 불만과 비판을 공개적으로 표출케 함으로써 정치적 불만세력을 사회적으로 통합하여 정치적 안정에 기여하는 역할을 한다(헌재 2009.9.24. 2008헌가25).

ㄴ. (○) 행정관청의 설립신고서 수리 여부에 대한 결정은 재량 사항이 아니라 의무 사항으로 그 요건 충족이 확인되면 설립신고서를 수리하고 그 신고증을 교부하여야 한다는 점에서 단체의 설립 여부 자체를 사전에 심사하여 특정한 경우에 한해서만 그 설립을 허용하는 '허가'와는 다르다. 따라서 이 사건 법률조항의 노동조합 설립신고서 반려제도가 헌법 제21조 제2항 후단에서 금지하는 결사에 대한 허가제라고 볼 수 없다(헌재 2012.3.29. 2011헌바53).

ㄷ. (×) 집회는 일정한 장소를 전제로 하여 특정 목적을 가진 다수인이 일시적으로 회합하는 것을 말하는 것으로 일컬어지고 있고, 그 공동의 목적은 '내적인 유대 관계'로 족하다(헌재 2009.5.28. 2007헌바22).

ㄹ. (○) 안마사들로 하여금 하나의 중앙회에 의무적으로 가입하도록 하여 전국적 차원의 단체를 존속시키는 것은 그들 사이에 정보를 교환하고 친목을 도모하며 직업수행 능력을 높일 수 있고, 시각장애인으로 하여금 직업 활동을 효과적으로 수행하도록 하기 위하여 국가가 적극적으로

개입하는 것이 필요하다. 이 사건 법률조항으로 안마사회에 의무적으로 가입하고 정관을 준수하고 회비를 납부하게 되지만 과다한 부담이라고 단정하기 어렵다. 이 사건 법률조항은 안마사들의 결사의 자유를 침해하지 않는다(헌재 2008.10.30. 2006헌가15).

[2016년 제5회 변호사] ④

결사의 자유를 침해하는 경우로 가장 적절한 것은? (다툼이 있는 경우 헌법재판소 판례에 의함)

① 지역농협 이사 선거의 경우 전화·컴퓨터통신을 이용한 지지·호소의 선거운동방법을 금지하고 이를 위반한 자에 대한 형사처벌을 규정한 구 「농업협동조합법」상 조항

② 새마을금고 임원선거와 관련하여 법률에서 정하고 있는 방법 이외의 방법으로 선거운동을 할 수 없도록 하고 이를 위반한 자에 대한 형사처벌을 규정한 「새마을금고법」상 조항

③ 변리사의 변리사회 가입의무를 규정한 「변리사법」상 조항

④ 대한민국고엽제전우회와 대한민국월남전참전자회의 중복가입을 금지하는 「참전유공자예우 및 단체설립에 관한 법률」상 조항

① (○) 전화·컴퓨터통신은 누구나 손쉽고 저렴하게 이용할 수 있는 매체인 점, 농업협동조합법에서 흑색선전 등을 처벌하는 조항을 두고 있는 점을 고려하면 입법목적 달성을 위하여 위 매체를 이용한 지지 호소까지 금지할 필요성은 인정되지 아니한다. 이 사건 법률조항들이 달성하려는 공익이 결사의 자유 및 표현의 자유 제한을 정당화할 정도로 크다고 보기는 어려우므로, 법익의 균형성도 인정되지 아니한다. 따라서 이 사건 법률조항들은 과잉금지원칙을 위반하여 결사의 자유, 표현의 자유를 침해하여 헌법에 위반된다(헌재 2016.11.24. 2015헌바62).

② (×) 새마을금고 임원 선거의 과열과 혼탁을 방지함으로써 선거의 공정성을 담보하고자 하는 심판대상조항의 입법목적은 정당하고, 임원 선거와 관련하여 법정된 선거운동방법만을 허용하되 허용되지 아니하는 방법으로 선거운동을 하는 경우 형사처벌하는 것은 이러한 입법목적을 달성하기 위한 적절한 수단이다. 따라서 심판대상조항은 청구인의 결사의 자유 및 표현의 자유를 침해하지 아니한다(헌재 2018.2.22. 2016헌바364).

③ (×) 가입조항은 변리사의 변리사회 의무가입을 통하여 대한변리사회의 대표성과 법적 지위를 강화함으로써 변리사회가 공익사업 등을 원활하게 수행할 수 있도록 하고, 산업재산권에 대한 민관공조체제를 강화하여 궁극적으로 산업재산권 제도 및 관련 산업의 발전을 도모하기 위한 것으로, 입법목적의 정당성과 수단의 적합성이 인정된다. 따라서 가입조항은 청구인의 소극적 결사의 자유 및 직업수행의 자유를 침해하지 않는다(헌재 2017.12.28. 2015헌마1000).

④ (×) 심판대상조항의 입법목적은 양 법인의 중복가입에 따라 발생할 수 있는 두 단체 사이의 마찰, 중복지원으로 인한 예산낭비, 중복가입자의 이해상반행위를 방지하기 위한 것이다. 월남전참전자회의 회원 범위가 고엽제 관련자까지 확대될 경우 상대적으로 고엽제전우회의 조직 구성력이 약화되어 고엽제 관련자에 대한 특별한 보호가 약화될 우려가 있기 때문에, 심판대상조항이 기존에 운영 중인 고엽제전우회의 회원이 월남전 참전자회에 중복가입 하는 것을 제한한 것은 불가피한 조치라 할 것이다. 또한 심판대상조항으로 인하여 고엽제 관련자가 월남전참전자회의 회원이 될 수 없는 것이 아니라 월남전 참전자 중 고엽제 관련자는 양 법인 중에서 회원으로 가입할 법인을 선택할 수 있고 언제라도 그 선택의 변경이 가능하므로 심판대상조항이 청구인의 결사의 자유를 전면적으로 제한하는 것은 아니다. 따라서 심판대상조항은 과잉금지원칙에 위배된다고 볼 수 없다(헌재 2016.4.28. 2014헌바442).

[2023년 경찰간부] ①

집회·결사에 관한 다음 설명 중 가장 옳지 않은 것은? (다툼이 있는 경우 판례·헌법재판소 결정에 의함)

① 「집회 및 시위에 관한 법률」상 반드시 다수인이 아니더라도 2인이 모인 집회도 위 법률의 규제대상이 될 수 있다.

② 헌법재판소의 결정에 따라 해산된 정당의 목적을 달성하기 위한 집회 또는 시위를 주최하는 행위는 금지된다.

③ 결사의 목적은 반드시 비영리적인 것에 한하지 않으며 영리단체도 헌법상 결사의 자유의 보호를 받는다.

④ 헌법재판소는 야간시위를 금지하는 조항에 대하여, 이미 보편화된 야간의 일상적인 생활의 범주에 속하는 시간대까지 이를 적용하는 것은 과잉금지의 원칙에 반하여 위헌을 면할 수 없으나, 헌법재판소가 그러한 시간대를 직접 정하는 것은 입법부와 권력분립 측면에서 적절하지 않다는 점을 들어 헌법불합치의 주문을 선고하였다.

① (○) 구 집회 및 시위에 관한 법률에 의하여 보장 및 규제의 대상이 되는 집회란 특정 또는 불특정 다수인이 공동의 의견을 형성하여 이를 대외적으로 표명할 목적 아래 일시적으로 일정한 장소에 모이는 것을 말하고, 모이는 장소나 사람의 다과에 제한이 있을 수 없으므로, 2인이 모인 집회도 위법의 규제 대상이 된다(대법원 2012.5.24. 2010도11381).

② (○) 집회 및 시위에 관한 법률 제5조(집회 및 시위의 금지) ①누구든지 다음 각 호의 어느 하나에 해당하는 집회나 시위를 주최하여서는 아니 된다. 1. 헌법재판소의 결정에 따라 해산된 정당의 목적을 달성하기 위한 집회 또는 시위, 2. 집단적인 폭행, 협박, 손괴, 방화 등으로 공공의 안녕 질서에 직접적인 위협을 끼칠 것이 명백한 집회 또는 시위

③ (○) 헌법재판소는 결사의 자유에서 말하는 결사란 자연인 또는 법인의 다수가 상당한 기간 동안 공동목적을 위하여 자유의사에 기하여 결합하고 조직화된 의사형성이 가능한 단체를 말하는 것이라고 정의하여 공동목적의 범위를 비영리적인 것으로 제한하지는 않았고, 다만 결사 개념에 공법상의 결사나 법이 특별한 공공목적에 의하여 구성원이 자격을 정하고 있는 특수단체의 조직활동은 해당되지 않는다고 판시한 바 있을 뿐이며, 연혁적 이유 이외에는 달리 영리단체를 결사에서 제외하여야 할 뚜렷한 근거가 없는 터이므로, 영리단체도 헌법상 결사의 자유에 의하여 보호된다(헌재 2002.9.19. 2000헌바84).

④ (×) 사건 법률조항에 대하여 헌법불합치결정을 하면서 전부의 적용을 중지할 경우, 야간의 옥외집회와 시위 전부가 주최 시간대와 관계없이 주간의 옥외집회나 시위와 마찬가지로 규율됨에 따라, 공공의 질서 내지 법적 평화에 대한 침해의 위험이 높아 일반적인 옥외집회나 시위에 비하여 높은 수준의 규제가 불가피한 경우에도 대응하기 어려운 문제가 발생할 수 있다. 따라서 이 사건 법률조항에 존재하는 합헌적인 부분과 위헌적인 부분 가운데, 현행 집시법의 체계 내에서 시간을 기준으로 한 규율의 측면에서 볼 때, 규제가 불가피하다고 보기 어려움에도 시위를 절대적으로 금지한 부분의 경우에는 위헌성이 명백하다고 할 수 있으므로 이에 한하여 위헌결정을 하기로 한다(헌재 2014.3.27. 2010헌가2).

[2015년 법원 9급] ④

알 권리

알 권리에 관한 설명 중 가장 옳지 않은 것은? (다툼이 있는 경우 판례·헌법재판소 결정에 의함)

① 저속한 간행물의 출판을 전면 금지시키고, 그 출판사의 등록을 취소시킬 수 있도록 하는 것은 성인의 알 권리를 침해하는 것이다.

② 헌법재판소의 견해에 의하면 알 권리는 헌법 제21조의 표현의 자유에 포함되는 권리이다.

③ 공공기관의 정보에 대한 공개청구와 관련하여서는 알 권리는 청구권적 성격을 가지고, 알 권리가 일반적으로 접근할 수 있는 정보원으로부터 자유롭게 정보를 수집할 수 있는 권리를 의미하는 경우에는 자유권적 성격을 가진다.

④ 알 권리가 일반 국민 누구나 국가에 대하여 보유·관리하고 있는 정보의 공개를 청구할 수 있는 권리를 의미하는 것은 아니다.

① (○) 청소년의 건전한 심성을 보호하기 위해서 퇴폐적인 성표현이나 지나치게 폭력적이고 잔인한 표현 등을 규제할 필요성은 분명 존재하지만, 이들 저속한 표현을 규제하더라도 그 보호대상은 청소년에 한정되어야 하고, 규제수단 또한 청소년에 대한 유통을 금지하는 방향으로 좁게 설정되어야 할 것인데, 저속한 간행물의 출판을 전면 금지시키고 출판사의 등록을 취소시킬 수 있도록 하는 것은 청소년보호를 위해 지나치게 과도한 수단을 선택한 것이고, 또 청소년보호라는 명목으로 성인이 볼 수 있는 것까지 전면 금지시킨다면 이는 성인의 알 권리의 수준을 청소년의 수준으로 맞출 것을 국가가 강요하는 것이어서 성인의 알 권리까지 침해하게 된다(헌재 1998.4.30. 95헌가16).

② (○) ③ (○) 자유로운 의사의 형성은 정보에의 접근이 충분히 보장됨으로써 비로소 가능한 것이며, 그러한 의미에서 정보에의 접근·수집·처리의 자유, 즉 알 권리는 표현의 자유와 표리일체의 관계에 있으며 자유권적 성질과 청구권적 성질을 공유하는 것이다. 자유권적 성질은 일반적으로 정보에 접근하고 수집·처리함에 있어서 국가권력의 방해를 받지 아니한다는 것을 말하며, 청구권적 성질을 의사형성이나 여론 형성에 필요한 정보를 적극적으로 수집하고 수집을 방해하는 방해제거를 청구할 수 있다는 것을 의미하는 바, 이는 정보수집권 또는 정보공개청구권으로 나타난다. 나아가 현대 사회가 고도의 정보사회화로 이행해감에 따라 알 권리는 한편으로 생활권적 성질까지도 획득해 나가고 있다. 이러한 알 권리는 표현의 자유에 당연히 포함되는 것으로 보아야 하며 인권에 관한 세계선언 제19조도 알 권리를 명시적으로 보장하고 있다(헌재 1991.5.13. 90헌마133).

④ (×) 국민의 알 권리, 특히 국가정보에의 접근의 권리는 우리 헌법상 기본적으로 표현의 자유와 관련하여 인정되는 것으로 그 권리의 내용에는 일반 국민 누구나 국가에 대하여 보유·관리하고 있는 정보의 공개를 청구할 수 있는 이른바 일반적인 정보공개청구권이 포함되고, 이 청구권은 공공기관의 정보공개에 관한 법률이 1998.1.1. 시행되기 전에는 구 사무관리규정 제33조 제2항과 행정정보공개운영지침에서 구체화되어 있었다(대법원 1999.9.21. 97누5114). [2015년 법원 9급] ④

다음 설명 중 가장 적절하지 않은 것은? (다툼이 있는 경우 판례에 의함)

① 검사의 '혐의없음' 처분을 받은 피의자에 관한 수사경력에 관한 전산자료를 「형의 실효 등에 관한 법률」에 의하여 5년간 보존하는 것은 과잉제한금지원칙에 위반된다.

② 알 권리는 표현의 자유와 표리일체의 관계에 있으며 자유권적 성질과 청구권적 성질을 공유하는 것이다.

③ 알 권리의 실현은 법률의 제정이 뒤따라 이를 구체화시키는 것이 충실하고도 바람직하지만 그러한 법률이 제정되어 있지 않다고 하더라도 헌법 제21조에 의해 직접 보장될 수 있다.

④ 알 권리에서 파생되는 정부의 공개의무는 특별한 사정이 없는 한 국민의 적극적인 정보수집행위, 특히 특정의 정보에 대한 공개청구가 있는 경우에야 비로소 존재하므로 정보공개청구가 없었던 경우 정보를 사전에 공개할 정부의 의무는 인정되지 않는다.

① (×) '혐의 없음' 불기소처분에 관한 이 사건 개인정보를 보관하는 것은 재수사에 대비한 기초자료를 보존하여 형사사법의 실체적 진실을 구현하는 한편, 형사사건 처리결과를 쉽게 그리고 명확히 확인하여 수사의 반복을 피함으로써 수사력의 낭비를 막고 피의자의 인권을 보호하기 위한 것으로서 그 목적의 정당성이 충분히 인정되고, 이 사건 법률조항이 형사사건 처리 내역에 관한 이 사건 개인정보를 일정기간 보관한 후 삭제하도록 한 것은 위와 같은 목적을 달성하기 위한 효과적이고 적절한 방법의 하나가 될 수 있다. 따라서 이 사건 법률조항이 과잉금지의 원칙에 위반하여 청구인의 개인정보자기결정권을 침해한다고 볼 수 없다(헌재 2009.10.29. 2008헌마257).

② (○) 헌법 제21소는 언론·출판의 자유, 즉 표현의 자유를 규정하고 있는데 이 자유는 전통적으로 사상 또는 의견의 자유로운 표명(발표의

자유)과 그것을 전파할 자유(전달의 자유)를 의미하는 것으로서 사상 또는 의견의 자유로운 표명은 자유로운 의사의 형성을 전제로 한다. 자유로운 의사의 형성은 정보에의 접근이 충분히 보장됨으로써 비로소 가능한 것이며, 그러한 의미에서 정보에의 접근·수집·처리의 자유, 즉 알 권리는 표현의 자유와 표리일체의 관계에 있으며 자유권적 성질과 청구권적 성질을 공유하는 것이다(헌재 1991.5.13. 90헌마133).

③ (○) 헌법상 입법의 공개(제50조 제1항), 재판의 공개(제109조)와는 달리 행정의 공개에 대하여서는 명문규정을 두고 있지 않지만 알 권리의 생성기반을 살펴볼 때 이 권리의 핵심은 정부가 보유하고 있는 정보에 대한 국민의 알 권리, 즉 국민의 정부에 대한 일반적 정보공개를 구할 권리(청구권적 기본권)라고 할 것이며, 이러한 알 권리의 실현은 법률의 제정이 뒤따라 이를 구체화시키는 것이 충실하고도 바람직하지만, 그러한 법률이 제정되어 있지 않다고 하더라도 불가능한 것은 아니고 헌법 제21조에 의해 직접 보장될 수 있다고 하는 것이 헌법재판소의 확립된 판례이다(헌재 1991.5.13. 90헌마133).

④ (○) 알 권리에서 파생되는 정부의 공개의무는 특별한 사정이 없는 한 국민의 적극적인 정보수집행위, 특히 특정의 정보에 대한 공개청구가 있는 경우에야 비로소 존재하므로, 청구인들의 정보공개청구가 없었던 이 사건의 경우 이 사건 조항을 사전에 마늘재배농가들에게 공개할 정부의 의무는 인정되지 아니한다(헌재 2004.12.16. 2002헌마579). [2015년 경찰 경정승진] ①

제6장 경제적 기본권

제1절 재산권

재산권에 대한 설명으로 옳지 않은 것은?

① 환매권의 발생기간을 제한하고 있는 「공익사업을 위한 토지 등의 취득 및 보상에 관한 법률」 조항 중 '토지의 협의취득일 또는 수용의 개시일부터 10년 이내에' 부분의 위헌성은 헌법상 재산권인 환매권의 발생기간을 제한한 것 자체에 있다.

② 유언자가 생전에 최종적으로 자신의 재산권에 대하여 처분할 수 있는 법적 가능성을 의미하는 유언의 자유는 생전증여에 의한 처분과 마찬가지로 헌법상 재산권의 보호를 받는다.

③ 지방의회의원으로 선출되어 받게 되는 보수가 기존의 연금에 미치지 못하는 경우에도 연금 전액의 지급을 정지하도록 정한 구 「공무원연금법」 조항은, 연금을 대체할 만한 적정한 소득이 있다고 할 수 없는 경우에도 일률적으로 연금전액의 지급을 정지하여 지급정지제도의 본질 및 취지에 어긋나 과잉금지원칙에 위배되어 재산권을 침해한다.

④ 제1차 투표에서 유효투표수의 100분의 10 이상 100분의 15 미만을 득표한 경우에는 기탁금 반액을 반환하고, 반환되지 않은 기탁금은 국립대학교발전기금에 귀속하도록 정한 국립대학 총장임용후보자 선정 규정은, 후보자의 진지성과 성실성을 담보하기 위한 최소한의 제한이므로 총장임용후보자선거의 후보자의 재산권을 침해하지 않는다.

① (×) 사건 법률조항의 환매권 발생기간 '10년'을 예외 없이 유지하게 되면 토지수용 등의 원인이 된 공익사업의 폐지 등으로 공공필요가 소멸하였음에도 단지 10년이 경과하였다는 사정만으로 환매권이 배제되는 결과가 초래될 수 있다. 사건 법률조항은 헌법 제37조 제2항에 반하여 재산권을 침해하며, 법률조항의 위헌성은 환매권의 발생기간을 제한한 것 자체에 있다기보다는 그 기간을 10년 이내로 제한한 것에 있다. 이 사건 법률조항의 위헌성을 제거하는 다양한 방안이 있을 수 있고 이는 입법재량 영역에 속한다(헌재 2020.11.26. 2019헌바131).

② (○) 우리 헌법의 재산권 보장은 사유재산의 처분과 그 상속을 포함하는 것인바, 유언자가 생전에 최종적으로 자신의 재산권에 대하여 처분할 수 있는 법적 가능성을 의미하는 유언의 자유는 생전증여에 의한 처분과 마찬가지로 헌법상 재산권의 보호를 받는다(헌재 2008.12.26. 2007헌바128).

③ (○) 지방의회의원이 받는 의정비 중 의정활동비는 의정활동 경비 보전을 위한 것이므로, 연금을 대체할 만한 소득이 있는지 여부는

월정수당을 기준으로 판단하여야 하는데, 월정수당은 지방자치단체에 따라 편차가 크고 안정성이 낮음에도 불구하고, 심판대상조항은 연금을 대체할 만한 적정한 소득이 있다고 할 수 없는 경우에도 일률적으로 연금전액의 지급을 정지하여 지급정지제도의 본질 및 취지와 어긋나는 결과를 초래하므로 과잉금지원칙에 위배되어 재산권을 침해한다(헌재 2022.1.27. 2019헌바161).

④ (○) 사건 기탁금귀속조항이 적용된 총장임용후보자선거에서 9명에 이르는 적지 않은 후보자가 후보자로 등록하였고, 이 중 3명의 후보자가 납부한 기탁금 전액 내지 반액을 반환받았다. 기탁금 반환 요건을 완화하면 기본권 제한은 완화되지만, 기탁금 납부 부담 또한 줄게 되어 후보자 난립 방지 및 후보자의 성실성 확보라는 목적은 달성하기 어려울 수 있다. 기탁금 반환 요건을 충족하지 못한 후보자들을 모두 불성실하다고 평할 수 없지만, 이러한 반환 요건을 둔 것은 이를 완화할 경우 우려되는 폐해를 막기 위한 불가피한 선택이자 후보자의 진지성과 성실성을 담보하기 위한 최소한의 제한이므로, 기탁금귀속조항은 청구인의 재산권을 침해하지 않는다(헌재 2022.5.26. 2020헌마1219). [2023년 국가 7급] ①

재산권에 대한 설명으로 옳지 않은 것은? (다툼이 있는 경우 판례에 의함)

① 개인택시면허는 자신의 노력으로 혹은 금전적 대가를 치르고 얻은 재산권이라고 할 수 있다.

② 공무원의 보수청구권이 법령에 의하여 구체적 내용이 형성되기 전이라면 공무원이 국가 또는 지방자치단체에 대하여 어느 수준의 보수를 청구할 수 있는 권리는 단순한 기대이익에 불과하여 재산권의 내용에 포함된다고 볼 수 없다.

③ 일본국에 의하여 광범위하게 자행된 반인도적 범죄행위에 대하여 일본군위안부 피해자들이 일본에 대하여 가지는 배상청구권은 헌법상 보장되는 재산권이 아니다.

④ 「우편법」에 규정된 우편물의 지연배달에 따른 손해배상청구권은 헌법이 보장하는 재산권의 내용에 포함되는 권리이다.

⑤ 「가축전염병 예방법」상의 살처분은 가축의 전염병이 전파가능성과 위해성이 매우 커서 타인의 생명, 신체나 재산에 중대한 침해를 가할 우려가 있는 경우 이를 막기 위해 취해지는 조치로서 가축 소유자가 수인해야 하는 사회적 제약의 범위에 속한다.

① (○) 개인택시운송사업자는 장기간의 모범적인 택시운전에 대한 보상의 차원에서 개인택시면허를 취득하였거나, 고액의 프리미엄을 지급하고 개인택시면허를 양수한 사람들이므로 개인택시면허는 자신의 노력으로 혹은 금전적 대가를 치르고 얻은 재산권이라고 할 수 있다(헌재 2012.3.29. 2010헌마443).

② (○) 공무원의 보수청구권은, 법률 및 법률의 위임을 받은 하위법령에 의해 그 구체적 내용이 형성되면 재산적 가치가 있는 공법상의 권리가 되어 재산권의 내용에 포함되지만, 법령에 의하여 구체적 내용이 형성되기 전의 권리, 즉 공무원이 국가 또는 지방자치단체에 대하여 어느 수준의 보수를 청구할 수 있는 권리는 단순한 기대이익에 불과하여 재산권의 내용에 포함된다고 볼 수 없다(헌재 2008.12.26. 2007헌마444).

③ (×) 일본국에 의하여 광범위하게 자행된 반인도적 범죄행위에 대하여 일본군위안부 피해자들이 일본에 대하여 가지는 배상청구권은 헌법상 보장되는 재산권일 뿐만 아니라, 그 배상청구권의 실현은 무자비하고 지속적으로 침해된 인간으로서의 존엄과 가치 및 신체의 자유를 사후적으로 회복한다는 의미를 가지는 것이므로 피청구인의 부작위로 인하여 침해되는 기본권이 매우 중대하다(헌재 2011.8.30. 2006헌마788).

④ (○) 우편물의 수취인인 청구인은 우편물의 지연배달에 따른 손해배상청구권을 갖게 되는바, 이는 헌법이 보장하는 재산권의 내용에 포함되는 권리라 할 것이고, 심판대상조항은 위 손해배상청구권의 범위를 제한하는 것이므로 그에 따른 재산권 제한이 발생한다(헌재 2013.6.27. 2012헌마426).

⑤ (○) 살처분은 가축의 전염병이 전파가능성과 위해성이 매우 커서 타인의 생명, 신체나 재산에 중대한 침해를 가할 우려가 있는 경우 이를 막기 위해 취해지는 조치로서, 가축 소유자가 수인해야 하는 사회적 제약의 범위에 속한다(헌재 2014.4.24. 2013헌바110).

[2022년 국회 5급] ③

재산권에 대한 설명으로 옳지 않은 것은? (다툼이 있는 경우 헌법재판소 판례에 의함)

① 환매권의 발생기간을 '취득일로부터 10년 이내'로 제한한 것은 토지수용 등의 원인이 된 공익사업의 폐지 등으로 공공필요가 소멸하였음에도 단지 10년이 경과하였다는 사정만으로 환매권이 배제되는 결과가 초래될 수 있으므로 재산권을 침해한다.

② 지역구국회의원선거 예비후보자가 정당의 공천심사에서 탈락한 후 후보자등록을 하지 않은 경우를 기탁금 반환 사유로 규정하지 않은 것은 예비후보자의 재산권을 침해한다.

③ 「공무원연금법」상 퇴직연금 수급자가 유족연금을 함께 받게 된 경우 그 유족연금액 2분의 1을 빼고 지급하도록 하는 것은 재산권을 침해한다.

④ 예비군 교육훈련에 참가한 예비군대원이 훈련 과정에서 식비, 여비 등을 스스로 지출함으로써 생기는 경제적 부담은 헌법에서 보장하는 재산권의 범위에 포함된다고 할 수 없고, 예비군 교육훈련 기간 동안의 일실수익과 같은 기회비용 역시 경제적인 기회에 불과하여 재산권의 범위에 포함되지 아니한다.

⑤ 공무원이거나 공무원이었던 사람이 재직 중의 사유로 금고 이상의 형을 받거나 형이 확정된 경우 퇴직급여 및 퇴직수당의 일부를 감액하여 지급함에 있어 그 이후 형의 선고의 효력을 상실하게 하는 특별사면 및 복권을 받은 경우를 달리 취급하는 규정을 두지 아니한 것은 재산권을 침해하지 않는다.

① (○) 사건 법률조항의 환매권 발생기간 10년을 예외 없이 유지하게 되면 토지수용 등의 원인이 된 공익사업의 폐지 등으로 공공필요가 소멸하였음에도 단지 10년이 경과하였다는 사정만으로 환매권이 배제되는 결과가 초래될 수 있다. 다른 나라의 입법례에 비추어 보아도 발생기간을 제한하지 않거나 더 길게 규정하면서 행사기간 제한 또는 토지에 현저한 변경이 있을 때 환매거절권을 부여하는 등 보다 덜 침해적인 방법으로 입법목적을 달성하고 있다. 이 사건 법률조항은 침해의 최소성 원칙에 어긋난다. 결국 이 사건 법률조항은 헌법 제37조 제2항에 반하여 재산권을 침해한다(헌재 2020.11.26. 2019헌바131).

② (○) 정당의 추천을 받고자 공천신청을 하였음에도 정당의 후보자로 추천받지 못한 예비후보자는 소속 정당에 대한 신뢰·소속감 또는 당선가능성 때문에 본선거의 후보자로 등록을 하지 아니할 수 있다. 이를 두고 예비후보자가 처음부터 진정성이 없이 예비후보자 등록을 하였다거나 예비후보자로서 선거운동에서 불성실하다고 단정할 수 없다. 따라서 이러한 사정이 있는 예비후보자가 납부한 기탁금은 반환되어야 함에도 불구하고, 심판대상조항이 이에 관한 규정을 두지 아니한 것은 입법 형성권의 범위를 벗어난 과도한 제한이라고 할 수 있다. 그러므로 심판대상조항은 과잉금지원칙에 반하여 청구인의 재산권을 침해한다(헌재 2018.1.25. 2016헌마541).

③ (×) 심판대상조항은 퇴직연금 수급자의 유족연금 수급권을 구체화함에 있어 급여의 적절성을 확보할 필요성, 한정된 공무원연금 재정의 안정적 운영, 우리 국민 전체의 소득 및 생활수준, 공무원 퇴직연금의 급여 수준, 유족연금의 특성, 사회보장의 기본원리 등을 종합적으로 고려하여 유족연금액의 2분의 1을 감액하여 지급하도록 한 것이므로, 입법형성의 한계를 벗어나 청구인의 인간다운 생활을 할 권리 및 재산권을 침해하였다고 볼 수 없다(헌재 2020.6.25. 2018헌마865).

④ (○) 예비군 교육훈련에 참가한 예비군대원이 훈련 과정에서 식비, 여비 등을 스스로 지출함으로써 생기는 경제적 부담은 헌법에서 보장하는

재산권의 범위에 포함된다고 할 수 없고, 예비군 교육훈련 기간 동안의 일실수익과 같은 기회비용 역시 경제적인 기회에 불과하여 재산권의 범위에 포함되지 아니한다. 그렇다면 심판대상조항으로 인하여 청구인의 재산권이 침해될 가능성을 인정할 수 없다(헌재 2019.8.29. 2017헌마828).

⑤ (○) 심판대상조항에 의한 퇴직급여 등의 감액은 재직 중 범죄사실에 대한 제재인 것이고, 형의 선고의 효력을 상실하게 하는 특별사면 및 복권을 받았다 하더라도 그것이 범죄사실에 기초한 형의 선고가 기왕에 있었다는 사실 그 자체까지 부정하는 것은 아닌 이상 제재의 근거가 소멸되는 것은 아니므로 특별사면 및 복권을 받았다 하더라도 퇴직급여 등에 대한 계속적인 감액을 함이 상당하다. 심판대상조항이 형의 선고의 효력을 상실하게 하는 특별사면 및 복권을 받은 경우에도 퇴직급여 등을 여전히 감액하는 것은 그 합리적인 이유가 인정되는바, 재산권 및 인간다운 생활을 할 권리를 침해한다고 볼 수 없다(헌재 2020.4.23. 2018헌바402). [2022년 국회 8급] ③

재산권에 관한 설명으로 가장 적절한 것은? (다툼이 있는 경우 판례에 의함)

① 헌법의 재산권 보장은 사유재산의 사용과 그 처분을 포함하는 것인바, 유언자가 생전에 최종적으로 자신의 재산권에 대하여 처분할 수 있는 법적 가능성을 의미하는 유언의 자유가 생전 증여에 의한 처분과 마찬가지로 헌법상 재산권의 보호를 받는 것은 아니다.

② 환경개선부담금은 경유에 리터당 부과되는 교통·에너지·환경세와 달리 개별 경유차의 오염유발 수준을 고려하므로, 경유를 연료로 사용하는 자동차의 소유자로부터 환경개선부담금을 부과·징수하도록 정한 「환경개선비용 부담법」 조항이 과잉금지원칙을 위반하여 경유차 소유자의 재산권을 침해한다고는 볼 수 없다.

③ 회원제 골프장용 부동산의 재산세에 대하여 1천분의 40의 중과세율을 규정한 구 「지방세법」 조항은 모든 회원제 골프장을 동일하게 취급하고 있는바, 이는 회원제 골프장 운영자 등의 재산권을 침해하는 것으로서 과잉금지원칙에 반하여 헌법에 위반된다.

④ 전기통신금융사기의 피해자가 피해구제 신청을 하는 경우, 피해자의 자금이 송금·이체된 계좌 및 해당 계좌로부터 자금의 이전에 이용된 계좌를 지급정지하는 「전기통신금융사기 피해방지 및 피해금 환급에 관한 특별법」 조항은 과잉금지원칙을 위반하여 청구인의 재산권을 침해한다.

① (×) 헌법의 재산권 보장은 사유재산의 처분과 그 상속을 포함하는 것인바, 유언자가 생전에 최종적으로 자신의 재산권에 대하여 처분할 수 있는 법적 가능성을 의미하는 유언의 자유는 생전증여에 의한 처분과 마찬가지로 헌법상 재산권의 보호를 받는다(헌재 2008.3.27. 2006헌바82).

② (○) 경유를 연료로 사용하는 자동차의 소유자로부터 환경개선부담금을 부과·징수하도록 정한 환경개선비용 부담법 조항은 과잉금지원칙을 위반하여 경유차 소유자의 재산권을 침해한다고는 볼 수 없다(헌재 2022.6.30. 2019헌바440).

③ (×) 회원제 골프장용 부동산의 재산세에 대하여 1천분의 40의 중과세율을 규정한 것은 과잉금지원칙에 반하여 회원제 골프장 운영자 등의 재산권을 침해하지 않는다(헌재 2020.3. 26. 2016헌가17).

④ (×) 지급정지 조치를 받은 계좌명의인은 사기이용계좌에서 금원을 인출하는 것이 금지되어 사유 재산의 처분이 제한되므로, 지급정지조항은 재산권을 제한한다. 위와 같은 통신사기피해환급법 및 민법상의 구제수단 이외에, 이의제기 결과 사후적으로 전기통신금융사기와 무관함이 밝혀진 사기이용계좌의 명의인에게 지급정지 조치를 하였다는 사정만을 이유로 한 손해배상에 관한 별도의 규정을 두지 않았다고 하더라도 재산권에 대한 과도한 제한으로 볼 수 없다. 지급정지조항으로 인하여 이의제기 결과 사후적으로 전기통신금융사기와 무관함이 밝혀진

사기이용계좌의 명의인의 재산권이 일시적으로 제한되는 측면은 있으나, 그 제한의 정도가 전기통신금융사기 피해자를 실효적으로 구제하려는 공익에 비하여 결코 중하다고 볼 수 없다. 그러므로 지급정지조항으로 인하여 달성하려는 공익과 제한되는 사익 사이에 법익의 균형성도 인정된다. 따라서 지급정지조항은 과잉금지원칙을 위반하여 청구인의 재산권을 침해하지 아니한다(헌재 2022.6.30. 2019헌마579).

[2023년 경찰공채 8월] ②

재산권에 관한 설명 중 가장 적절하지 않은 것은? (다툼이 있는 경우 판례에 의함)

① 국민연금법상 연금수급권 내지 연금수급기대권이 재산권의 보호대상인 사회보장적 급여라고 한다면 사망일시금은 헌법상 재산권에 해당한다.

② 공무원연금법이 개정되어 시행되기 전에 청구인이 이미 퇴직하여 퇴직연금을 수급할 수 있는 기초를 상실한 경우에는 공무원퇴직연금의 수급요건을 재직기간 20년에서 10년으로 완화한 개정 공무원연금법 규정이 청구인의 재산권을 제한한다고 볼 수 없다.

③ '사업인정고시가 있은 후에 3년 이상 토지가 공익용도로 사용된 경우' 토지소유자에게 매수 혹은 수용청구권을 인정한 공익사업을 위한 토지 등의 취득 및 보상에 관한 법률의 조항을 통하여 인정되는 '수용청구권'은 사적 유용성을 지닌 것으로서 재산의 사용, 수익, 처분에 관계되는 법적 권리이므로 헌법상 재산권에 포함된다.

④ 잠수기어업허가를 받아 키조개 등을 채취하는 직업에 종사한다고 하더라도 이는 원칙적으로 자신의 계획과 책임하에 행동하면서 법제도에 의하여 반사적으로 부여되는 기회를 활용하는 것에 불과하므로 잠수기어업허가를 받지 못하여 상실된 이익 등 청구인 주장의 재산권은 헌법 제23조에서 규정하는 재산권의 보호범위에 포함된다고 볼 수 없다.

① (×) 사망일시금을 포함한 국민연금의 재원은 가입자와 사용자가 납부하는 보험료를 기반으로 하여 국가가 일부 비용을 부담하여 조성된다. 그렇다면 사망일시금은 수급자의 노동이나 투자, 특별한 희생에 의하여 그 권리를 획득한 것으로 보기 어렵고, 수급자의 생존확보를 위한 제도로 보기도 어렵다. 따라서 사망일시금은 헌법상 재산권에 해당하지 아니하므로, 이 사건 사망일시금 한도 조항이 청구인들의 재산권을 제한한다고 볼 수 없다(헌재 2019.2.28. 2017헌마432).

② (○) 심판대상조항은 개정 법률의 적용대상을 법 시행일 당시 재직 중인 공무원으로 한정하여, 공무원의 재직기간이 10년 이상 20년 미만으로 동일하더라도 정년퇴직일이 2016.1.1. 이전인지 이후인지에 따라 퇴직연금의 지급을 달리하고 있으므로, 청구인의 평등권을 제한한다. 공무원연금법이 개정되어 시행되기 전 청구인은 이미 퇴직하여 퇴직연금을 수급할 수 있는 기초를 상실한 상태이므로, 심판대상조항이 청구인의 재산권 및 인간다운 생활을 할 권리를 제한한다고 볼 수 없다. 심판대상조항은 공무원의 연금수급요건을 개정하면서 그 시행시기를 규정한 것에 불과하여, 청구인의 직업선택의 자유를 제한하지는 아니한다. 신뢰보호원칙은 법률을 제정하거나 개정할 때 기존의 법질서에 대한 당사자의 신뢰를 보호할 것인가에 관한 문제로서, 일반적으로 국민이 어떤 법률이나 제도가 장래에도 그대로 존속될 것이라는 합리적인 신뢰를 바탕으로 하여 일정한 법적 지위를 형성한 경우에 이를 보호하기 위한 것이다(헌재 2001.9.27. 2000헌마152). 공무원연금의 최소 가입기간 요건을 완화하는 것은 종전 질서 아래 형성되었던 청구인의 법적 지위를 불리하게 변경하거나 침해하는 것이 아니므로, 이에 관한 입법과정에서 새로이 주어지는 혜택이 청구인의 예상에 못 미친다고 하여 청구인의 신뢰를 침해하였다고 할 수 없다(헌재 2017.5.25. 2015헌마933).

③ (○) 사업인정고시가 있은 후에 3년 이상 토지가 공익용도로 사용된 경우' 토지소유자에게 매수 혹은 수용청구권을 인정한 공익사업을 위한 토지 등의 취득 및 보상에 관한 법률 제72조 제1호(이하 '이 사건 조항'이라 함)가 불법적인 토지사용의 경우를 배제한 것이 재산권을 침해하는지 여부(소극). 입법자에 의한 재산권의 내용과 한계의 설정은 기존에 성립된 재산권을 제한할 수도 있고, 기존에 없던 것을 새롭게

형성하는 것일 수도 있다. 이 사건 조항은 종전에 없던 재산권을 새로이 형성한 것에 해당되므로, 역으로 그 형성에 포함되어 있지 않은 것은 재산권의 범위에 속하지 않는다. 그러므로 청구인들이 주장하는 바 '불법적인 사용의 경우에 인정되는 수용청구권'이란 재산권은 존재하지 않으므로, 이 사건 조항이 그러한 재산권을 제한할 수는 없다. 다만, 입법자는 재산권의 형성에 있어서도 헌법적 한계를 준수하여야 하는바, 이 사건 조항이 적법한 공용사용의 경우에 한정하여 수용청구권을 인정한 것은 공용제한에 대한 손실보상을 정하는 법의 취지에 따른 결과로서 입법목적을 달성하기 위한 합리적 수단이며, 불법적 사용에 대해서는 법적인 구제수단이 따로 마련되어 있어 반드시 수용청구권을 부여할 필요는 없으므로, 이 사건 조항이 재산권의 내용과 한계에 관한 입법형성권을 벗어난 것이라 할 수 없다(헌재 2005.7.21. 2004헌바57).

④ (○) 헌법재판소는 헌법 제23조에서 보호되는 재산권의 범위와 관련하여 '헌법상 보장된 재산권은 사적 유용성 및 그에 대한 원칙적 처분권을 내포하는 재산가치 있는 구체적 권리이므로 구체적인 권리가 아닌 단순한 이익이나 재화의 획득에 관한 기회 또는 기업활동의 사실적·법적 여건 등은 재산권보장의 대상이 아니다'라고 여러 차례에 걸쳐 판시하여 왔다(헌재 1996.8.29. 95헌바36; 헌재 1997.11.27. 97헌바10). 이 사건의 경우 청구인이 잠수기어업허가를 받아 키조개 등을 채취하는 직업에 종사한다고 하더라도 이는 원칙적으로 자신의 계획과 책임하에 행동하면서 법제도에 의하여 반사적으로 부여되는 기회를 활용하는 것에 불과하므로 잠수기어업허가를 받지 못하여 상실된 이익 등 청구인 주장의 재산권은 헌법 제23조에서 규정하는 재산권의 보호범위에 포함된다고 볼 수 없다(헌재 2008.6.26. 2005헌마173). [2022년 경찰 경정승진] ①

재산권에 관한 설명으로 옳지 않은 것은? (다툼이 있는 경우 헌법재판소 판례에 의함)

① 회원제 골프장용 부동산의 재산세에 대하여 1천분의 40의 중과세율을 규정한 구 「지방세법」 조항은 회원권의 가격, 이용자 중 비회원의 비율, 비회원의 독자적 이용 가능성 등 골프장의 사치성 정도를 평가할 수 있는 다양한 요소들을 전혀 반영하지 아니하고 있으므로 회원제 골프장 운영자 등의 재산권을 침해한다.

② 초·중·고등학교 및 대학교 경계선으로부터 200미터 내로 설정된 학교환경위생정화구역 안에서 여관시설 및 영업행위를 금지하고 있는 「학교보건법」 조항은 재산권 제한의 범위나 정도는 초·중·고등학교 및 대학교의 건전한 교육환경의 조성과 교육의 능률화라는 공익과 비교형량하여 볼 때, 재산권을 침해하는 것이라고 할 수 없다.

③ 법정이율을 연 5분으로 정한 「민법」 조항은 법정이율은 다른 법률의 정함이나 당사자 사이의 약정이 없는 경우에만 적용되고, 법정이율 고정제와 다른 방식으로 이러한 입법목적을 실현하면서 채무자의 재산권을 덜 제한하는 수단이 명백히 존재한다고 보기 어려우므로 채무자의 재산권을 침해하지 않는다.

④ 선출직 공무원으로서 받게 되는 보수가 기존의 연금에 미치지 못하는 경우에도 연금 전액의 지급을 정지하도록 정한 구 「공무원연금법」 규정 중 '지방의회의원'에 관한 부분은 과잉금지원칙에 위배되어 재산권을 침해한다.

⑤ 경북대학교 총장임용후보자선거의 후보자로 등록하려면 3,000만 원의 기탁금을 납부하고 제1차 투표에서 유효투표수의 100분의 15 이상을 득표한 경우에는 기탁금 전액을, 100분의 10 이상 100분의 15 미만을 득표한 경우에는 기탁금 반액을 반환하고, 반환되지 않은 기탁금은 경북대학교발전기금에 귀속하도록 정한 「경북대학교 총장임용 후보자 선정 규정」의 해당 조항은 재산권을 침해하지 않는다.

① (×) 회원제 골프장의 회원권 가격 및 비회원의 그린피 등을 고려할 때 골프장 이용행위에 사치성이 없다고 단정할 수는 없고, 골프가 아직은 많은 국민들이 경제적으로 부담 없이 이용하기에는 버거운 고급 스포츠인 점을 부인할 수 없다. 따라서 심판대상조항에 의한 회원제 골프장에 대한 재산세 중과가 사치·낭비풍조를 억제하고 국민계층 간의 위화감을 해소하여 건전한 사회기풍을 조성하고자 하는 목적의 정당성을 상실하였다고 볼 수 없고, 심판대상조항은 위와 같은 목적을 달성하기 위한 적합한 수단이 된다. 과잉금지원칙에 반하여 회원제 골프장 운영자 등의 재산권을 침해한다고 볼 수 없다(헌재 2020.3.26. 2016헌가17).

② (○) 사건 법률조항은 공익목적을 위하여 개별적·구체적으로 이미 형성된 구체적 재산권을 박탈하거나 제한하는 것이 아니므로, 보상을 요하는 헌법 제23조 제3항 소정의 수용·사용 또는 제한에 해당되는 것은 아니다. 이러한 재산권 제한의 범위나 정도는 초·중·고등학교 및 대학교의 건전한 교육환경의 조성과 교육의 능률화라는 공익과 비교형량하여 볼 때 헌법에서 허용되지 아니한 과도한 제한이라고 할 수는 없다. 따라서 이 사건 법률조항이 재산권을 침해하는 것이라고 할 수 없다(헌재 2006.3.30. 2005헌바110).

③ (○) 법정이율은 다른 법률의 정함이나 당사자 사이의 약정이 없는 경우에만 적용된다. 이율에 관한 표준 규범을 정립한다는 입법목적을 효과적으로 달성하기 위해서는 법률이 일정한 이율을 사전에 고지하여 당사자들에게 명확한 행위지침을 제시할 필요가 있다. 법정이율 고정제와 다른 방식으로 이러한 입법목적을 실현하면서 채무자의 재산권을 덜 제한하는 수단이 명백히 존재한다고 보기 어렵다. 따라서 민법 제379조는 채무자의 재산권을 침해하지 않는다(헌재 2017.5.25. 2015헌바421)

④ (○) 월정수당은 지방자치단체에 따라 편차가 크고 안정성이 낮음에도 불구하고 심판대상조항은 연금을 대체할 만한 적정한 소득이 있다고 할 수 없는 경우에도 일률적으로 연금전액의 지급을 정지하여 지급정지제도의 본질 및 취지와 어긋나는 결과를 초래한다. 연금과 보수 중 일부를 감액하는 방식으로 선출직에 취임하여 보수를 받는 것이 생활보장에 더 유리하도록 하는 등 기본권을 덜 제한하면서 입법목적을 달성할 수 있는 다양한 방법이 있다. 따라서 심판대상조항은 과잉금지원칙에 위배되어 재산권을 침해한다(헌재 2022.1.27. 2019헌바161).

⑤ (○) 총장임용후보자선거 후보자의 진지성과 성실성을 확인하는 과정에서 득표한 유효투표수에 따라 기탁금의 반환 여부 및 반환 정도를 결정하고 반환되지 않은 기탁금을 대학의 발전기금에 귀속시키는 것이 부당하다고 할 수 없고, 후보자들로서도 입후보를 결심하는 과정에서 자신이 납부하게 될 기탁금이 학교 발전을 위해 쓰일 수 있으리라는 점을 충분히 예측할 수 있고, 이를 용인한 것으로 보인다. 나아가 현재 대학교의 기탁금액이 아주 큰 금액이라고 볼 수는 없다는 점까지 종합하면, 경북대학교가 후보자 난립 방지 및 후보자의 진지성 및 성실성 확보를 위하여 제1차 투표에서 유효투표수 100분의 10 이상 100분의 15 미만을 득표한 경우에는 기탁금 반액을, 유효투표수 100분의 10 미만을 득표한 경우에는 기탁금 전액을 반환하지 않고 발전기금에 귀속되도록 정한 자율적 판단이 청구인의 재산권을 과도하게 제한한다고 할 수 없다. 따라서 이 사건 기탁금귀속조항은 청구인의 재산권을 침해하지 아니한다(헌재 2022.5.26. 2020헌마1219).

[2023년 소방간부] ①

재산권에 관한 다음 설명 중 가장 옳지 않은 것은?

① 관리처분계획인가의 고시가 있으면 별도의 영업손실보상 없이 재건축사업구역 내 임차권자의 사용·수익을 중지시키는 것은 임차권자의 재산권을 침해한다.

② 공무원연금법상 퇴직연금수급자가 지방의회의원으로 선출되어 받게 되는 보수가 기존의 연금에 미치지 못하는 경우에도 연금 전액의 지급을 정지하도록 한 규정은 그에 해당하는 지방의회의원의 재산권을 침해한다.

③ 지역구국회의원선거 예비후보자가 정당의 공천심사에서 탈락하여 후보자등록을 하지 않은 경우를 지역구국회의원선거 예비후보자의 기탁금 반환 사유로 규정하지 않은 것은 예비후보자의 재산권을 침해한다.

④ 보안거리에 저촉되는 화약류저장소에 대한 시설이전명령 때문에 화약류저장소를 이용한 영업을 하지 못하게 된다 하더라도 그로 인해 상실되는 영리획득의 기회를 헌법에 의해 보장되는 재산권으로 보기는 어렵다.

⑤ 공무원연금법상의 각종 급여는 기본적으로 모두 사회보장적 급여로서의 성격을 가짐과 동시에 공로보상 내지 후불임금으로서의 성격도 함께 가지며, 특히 공무원연금법상 퇴직연금 수급권은 경제적 가치 있는 권리로서 헌법 제23조에 의하여 보장되는 재산권으로서의 성격을 가진다.

① (×) 재건축사업의 임차권자에 대해서는 공익사업을 위한 토지 등의 취득 및 보상에 관한 법률에 규정된 세입자 보상에 관한 조항들이 원칙적으로 적용되지 않는데, 이는 도시 및 주거환경정비법이 임차권자에 대한 보상 역시 건축물의 소유자인 임대인과 임차인 사이의 임대차계약에 따라 사적 자치에 의해 해결하도록 한 것으로 볼 수 있다. 이러한 사정들을 종합하면 임차권자에 대한 보상을 임대인과 임차인 사이의 임대차계약 등에 따라 사적 자치에 의해 해결하도록 한 입법자의 판단이 잘못되었다고 보기 어려우므로, 심판대상조항은 과잉금지원칙을 위반하여 임차권자의 재산권을 침해하지 아니한다(헌재 2020.4.23. 2018헌가17).

② (○) 퇴직공무원의 적정한 생계 보장이라는 공무원연금제도의 취지에 비추어, 연금 지급을 정지하기 위해서는 연금을 대체할 만한 소득이 전제되어야 한다. 지방의회의원이 받는 의정비 중 의정활동비는 의정활동 경비 보전을 위한 것이므로, 연금을 대체할 만한 소득이 있는지 여부는 월정수당을 기준으로 판단하여야 하는데, 월정수당은 지방자치단체에 따라 편차가 크고 안정성이 낮음에도 불구하고 심판대상조항은 연금을 대체할 만한 적정한 소득이 있다고 할 수 없는 경우에도 일률적으로 연금전액의 지급을 정지하여 지급정지제도의 본질 및 취지와 어긋나는 결과를 초래한다. 따라서 심판대상조항은 과잉금지원칙에 위배되어 재산권을 침해한다(헌재 2022.1.27. 2019헌바161).

③ (○) 예비후보자가 본선거에서 정당후보자로 등록하려 하였으나 자신의 의사와 관계없이 정당 공천관리위원회의 심사에서 탈락하여 본선거의 후보자로 등록하지 아니한 것은 후보자 등록을 하지 못할 정도에 이르는 객관적이고 예외적인 사유에 해당한다. 따라서 이러한 사정이 있는 예비후보자가 납부한 기탁금은 반환되어야 함에도 불구하고, 심판대상조항이 이에 관한 규정을 두지 아니한 것은 입법형성권의 범위를 벗어난 과도한 제한이라고 할 수 있다. 그러므로 심판대상조항은 과잉금지원칙에 반하여 청구인의 재산권을 침해한다(헌재 2018.1.25. 2016헌마541).

④ (○) 헌법상 보장된 재산권은 원래 사적 유용성 및 그에 대한 원칙적인 처분권을 내포하는 재산가치 있는 구체적인 권리이므로 구체적 권리가 아닌 영리획득의 단순한 기회나 기업활동의 사실적·법적 여건은 기업에게는 중요한 의미를 갖는다고 하더라도 재산권 보장의 대상이 되지 않는다. 따라서 청구인이 시설이전명령에 의해 영업을 하지 못하게 된다 하더라도, 그 상실되는 영리획득의 기회를 헌법에 의해 보장되는 재산권으로 보기는 어렵다(헌재 2021.9.30. 2018헌바456).

⑤ (○) 공무원연금제도는 공무원이라는 특수직역을 대상으로 한 노후소득보장, 근로보상, 재해보상, 부조 및 후생복지 등을 포괄적으로 실시하는 종합적인 사회보장제도이므로, 공무원연금법상의 각종 급여는 기본적으로 모두 사회보장적 급여로서의 성격을 가짐과 동시에 공로보상 내지 후불임금으로서의 성격도 함께 가지며 특히 퇴직연금수급권은 경제적 가치 있는 권리로서 헌법 제23조에 의하여 보장되는 재산권으로서의 성격을 가지는데 다만, 그 구체적인 급여의 내용, 기여금의 액수 등을 형성하는 데에 있어서는 직업공무원제도나 사회보험원리에 입각한 사회보장적 급여로서의 성격으로 인하여 일반적인 재산권에 비하여 입법자에게 상대적으로 보다 폭넓은 재량이 헌법상 허용된다(헌재 2005.6.30. 2004헌바42).

[2022년 법무사] ①

재산권에 관한 다음 설명 중 가장 옳은 것은?

① 헌법 제23조 제3항은 "공공필요에 의한 재산권의 수용·사용 또는 제한 및 그에 대한 보상은 법률로써 하되, 완전한 보상을 지급하여야 한다"고 규정하여 피수용재산의 객관적인 재산가치를 완전하게 보상하여야 함을 선언하고 있다.

② 헌법상 재산권에 관한 규정은 그 내용과 한계가 법률에 의해 구체적으로 형성되는 기본권 형성적 법률유보의 형태를 띠고 있고, 헌법이 보장하는 재산권의 내용과 한계는 국회에 의하여 제정되는 형식적 의미의 법률에 의하여 정해진다.

③ 영리획득의 단순한 기회 또는 기업활동의 사실적·법적 여건 또한 재산권보장의 대상이 된다.
④ 공무원연금법상의 연금수급권은 사회보장수급권의 성격을 가지고 있을 뿐 이를 재산권이 라고 볼 수 없으므로 입법자에게 넓은 입법형성권이 인정된다.

① (×) 헌법 제23조 제3항은 "공공필요에 의한 재산권의 수용·사용 또는 제한 및 그에 대한 보상은 법률로써 하되, 정당한 보상을 지급하여야 한다"고 규정하고 있다. 여기서 정당한 보상이란 원칙적으로 피수용재산의 객관적인 재산가치를 완전하게 보상하는 것이어야 한다는 완전보상을 뜻하는 것으로서, 재산권의 객체가 갖는 객관적 가치란 그 물건의 성질에 정통한 사람들의 자유로운 거래에 의하여 도달할 수 있는 합리적인 매매가능가격, 즉 시가에 의하여 산정되는 것이 보통이다(헌재 2002.12.18. 2002헌가4).
② (○) 헌법상의 재산권에 관한 규정은 다른 기본권 규정과는 달리 그 내용과 한계가 법률에 의해 구체적으로 형성되는 기본권 형성적 법률유보의 형태를 띠고 있다. 그리하여 헌법이 보장하는 재산권의 내용과 한계는 국회에서 제정되는 형식적 의미의 법률에 의하여 정해지므로, 재산권의 구체적 모습은 재산권의 내용과 한계를 정하는 법률에 의하여 형성된다(헌재 2005.7.21. 2004헌바57).
③ (×) 헌법상 보장된 재산권은 사적 유용성 및 그에 대한 원칙적인 처분권을 내포하는 재산가치 있는 구체적인 권리이므로, 구체적 권리가 아닌 영리획득의 단순한 기회나 기업활동의 사실적·법적 여건은 기업에게는 중요한 의미를 갖는다고 하더라도 재산권 보장의 대상이 아니다(헌재 2018.7.31. 2018헌마753).
④ (×) 공무원연금법상의 퇴직급여, 유족급여 등 각종 급여를 받을 권리, 즉 연금수급권은 사회적 기본권의 하나인 사회보장수급권의 성격과 재산권의 성격을 아울러 지니고 있다고 하겠다. 요컨대 동법상의 연금수급권의 법률적 형성에 관하여는 전체적으로 입법자에게 상당한 정도로 형성의 자유가 인정된다(헌재 1999.4.29. 97헌마333). [2021년 법원 9급] ②

헌법재판소가 재산권으로 인정한 경우를 (○), 인정하지 않은 경우를 (×)로 표시한다면 가장 적절한 것은? (다툼이 있는 경우 헌법재판소 판례에 의함)

가. 상공회의소의 의결권
나. 국민연금법상 사망일시금
다. 개인택시면허
라. 관행어업권
마. 건강보험수급권
바. 이동전화번호
사. 불법적인 사용의 경우에 인정되는 수용청구권

① 가(○), 나(×), 다(○), 라(○), 마(×), 바(×), 사(○)
② 가(○), 나(○), 다(×), 라(×), 마(×), 바(○), 사(×)
③ 가(×), 나(○), 다(○), 라(×), 마(○), 바(×), 사(○)
④ 가(×), 나(×), 다(○), 라(○), 마(○), 바(×), 사(×)

가. (×) 상공회의소의 의결권 또는 회원권은 상공회의소라는 법인의 의사형성에 관한 권리일 뿐 이를 따로 떼어 헌법상 보장되는 재산권이라고 보기 어렵고, 상공회의소의 재산은 법인인 상공회의소의 고유재산이지 회원들이 지분에 따라 반환받을 수 있는 재산이라고 보기 어려워서, 상공업자들의 재산권 제한과도 무관하다(헌재 2006.5.25. 2004헌가1).
나. (×) 사망일시금 제도는 유족연금 또는 반환일시금을 지급받지 못하는 가입자 등의 가족에게 사망으로 소요되는 비용의 일부를 지급함으로써

국민연금제도의 수혜범위를 확대하고자 하는 차원에서 도입되었는데, 국민연금제도가 사회보장에 관한 헌법규정인 제34조 제1항, 제2항, 제5항을 구체화한 제도로서, 국민연금법상 연금수급권 내지 연금수급기대권이 재산권의 보호대상인 사회보장적 급여라고 한다면 사망일시금은 사회보험의 원리에서 다소 벗어난 장제부조적·보상적 성격을 갖는 급여로 사망일시금은 헌법상 재산권에 해당하지 아니하므로, 이 사건 사망일시금 한도 조항이 청구인들의 재산권을 제한한다고 볼 수 없다(헌재 2019.2.28. 2017헌마432)

다. (○) 개인택시운송사업자는 장기간의 모범적인 택시운전에 대한 보상의 차원에서 개인택시면허를 취득하였거나, 고액의 프리미엄을 지급하고 개인택시면허를 양수한 사람들이므로 개인택시면허는 자신의 노력으로 혹은 금전적 대가를 치르고 얻은 재산권이다(헌재 2012.3.29. 2010헌마443).

라. (○) 대법원판례에 의하여 인정되는 관행어업권은 물권에 유사한 권리로서 공동어업권이 설정되었는지 여부에 관계없이 발생하는 것이고, 그 존속에 있어서도 공동어업권과 운명을 같이 하지 않으며 공동어업권자는 물론 제3자에 대하여서도 주장하고 행사할 수 있는 권리이므로, 헌법상 재산권 보장의 대상이 되는 재산권에 해당한다(헌재 1999.7.22. 97헌바76).

마. (○) 건강보험수급권은 가입자가 납부한 보험료에 대한 반대급부의 성격을 가지며, 보험사고로 초래되는 재산상 부담을 전보하여 주는 경제적 유용성을 가지므로, 헌법상 재산권의 보호범위에 속한다(헌재 2020.4.23. 2017헌바244).

바. (×) 이동전화번호는 유한한 국가자원으로서, 청구인들이 오랜 기간 같은 이동전화번호를 사용해 왔다 하더라도 이는 국가의 이동전화번호 관련 정책 및 이동전화 사업자와의 서비스 이용계약 관계에 의한 것일 뿐, 청구인들이 이동전화번호에 대하여 사적 유용성 및 그에 대한 원칙적 처분권을 내포하는 재산가치 있는 구체적 권리인 재산권을 가진다고 볼 수 없다(헌재 2013.7.25. 2011헌마63).

사. (×) 입법자에 의한 재산권의 내용과 한계의 설정은 기존에 성립된 재산권을 제한할 수도 있고, 기존에 없던 것을 새롭게 형성하는 것일 수도 있다. 이 사건 조항은 종전에 없던 재산권을 새로이 형성한 것에 해당되므로, 역으로 그 형성에 포함되어 있지 않은 것은 재산권의 범위에 속하지 않는다. 그러므로 청구인들이 주장하는바 불법적인 사용의 경우에 인정되는 수용청구권이란 재산권은 존재하지 않으므로, 이 사건 조항이 그러한 재산권을 제한할 수는 없다(헌재 2005.7.21. 2004헌바57). [2022년 경찰간부] ④

재산권에 대한 설명으로 옳지 않은 것은? (다툼이 있는 경우 판례에 의함)

① 「고엽제후유의증 환자지원 등에 관한 법률」에 의한 고엽제후유증환자 및 그 유족의 보상수급권은 법률에 의하여 비로소 인정되는 권리로서 재산권적 성질을 갖는 것이긴 하지만 그 발생에 필요한 요건이 법정되어 있는 이상 이러한 요건을 갖추기 전에는 헌법이 보장하는 재산권이라고 할 수 없다.

② 토지의 협의취득 또는 수용 후 당해 공익사업이 다른 공익사업으로 변경되는 경우에 당해 토지의 원소유자 또는 그 포괄승계인의 환매권을 제한하고, 환매권 행사기간을 변환 고시일부터 기산하도록 한 구 「공익사업을 위한 토지 등의 취득 및 보상에 관한 법률」 조항은 이들의 재산권을 침해한다.

③ 의료급여수급권은 공공부조의 일종으로서 순수하게 사회정책적 목적에서 주어지는 권리이므로 개인의 노력과 금전적 기여를 통하여 취득되는 재산권의 보호 대상에 포함된다고 보기 어렵다.

④ 영화관 관람객이 입장권 가액의 100분의 3을 부담하도록 하고 영화관 경영자는 이를 징수하여 영화진흥위원회에 납부하도록 강제하는 내용의 영화상영관 입장권 부과금 제도는 영화관 관람객의 재산권을 침해하지 않는다.

① (○) 고엽제법에 의한 고엽제후유증환자 및 그 유족의 보상수급권은 법률에 의하여 비로소 인정되는 권리로서 재산권적 성질을 갖는 것이긴 하지만 그 발생에 필요한 요건이 법정되어 있는 이상 이러한 요건을 갖추기 전에는 헌법이 보장하는 재산권이라고 할 수 없다. 결국 고엽제법 제8조 제1항 제2호는 고엽제후유증환자의 유족이 보상수급권을 취득하기 위한 요건을 규정한 것인데, 청구인들은 이러한 요건을 충족하지 못하였기 때문에 보상수급권이라고 하는 재산권을 현재로서는 취득하지 못하였다. 그렇다면 고엽제법 제8조 제1항 제2호가 평등원칙을 위반하였는지 여부는 별론으로 하고 청구인들이 이미 취득한 재산권을 침해한다고는 할 수 없다(헌재 2001.6.28. 99헌마516).

② (×) 사건 법률조항으로 인하여 제한되는 사익인 환매권은 이미 정당한 보상을 받은 소유자에게 수용된 토지가 목적 사업에 이용되지 않을 경우에 인정되는 것이고, 변환된 공익사업을 기준으로 다시 취득할 수 있어, 이 사건 법률조항으로 인하여 제한되는 사익이 이로써 달성할 수 있는 공익에 비하여 중하다고 할 수 없으므로, 이 사건 법률조항은 과잉금지원칙에 위배되어 청구인의 재산권을 침해한다고 할 수 없다(헌재 2012.11.29. 2011헌바49).

③ (○) 의료급여법상 의료급여수급권은 저소득 국민에 대한 공공부조의 일종으로 순수하게 사회정책적 목적에서 주어지는 권리이므로 개인의 노력과 금전적 기여를 통하여 취득되는 재산권의 보호대상에 포함된다고 보기 어렵다(헌재 2009.9.24. 2007헌마1092).

④ (○) 영화관 관람객이 입장권 가액의 100분의 3을 부담하도록 하는 영화상영관 입장권 부과금 제도는 영화예술의 질적 향상과 한국영화 및 영화·비디오물산업의 진흥·발전의 토대를 구축하기 위한 영화발전기금의 안정적 재원 마련이라는 정당한 입법목적을 위한 것으로서 과잉금지원칙에 반하여 영화관 관람객의 재산권과 영화관 경영자의 직업수행의 자유를 침해하였다고 볼 수 없다(헌재 2008.11.27. 2007헌마860).

[2020년 국가 7급] ②

재산권에 대한 설명으로 옳지 않은 것은? (다툼이 있는 경우 판례에 의함)

① 시혜적 입법의 시혜대상이 될 경우 얻을 수 있는 재산상 이익의 기대가 성취되지 않았다고 하여도 그러한 단순한 재산상 이익의 기대는 헌법이 보호하는 재산권의 영역에 포함되지 않는다.

② 공무원연금은 기여금 납부를 통해 공무원 자신도 재원의 형성에 일부 기여한다는 점에서 후불임금의 성격도 가지고 있으므로 「공무원연금법」상 연금수급권은 사회적 기본권의 하나인 사회보장수급권의 성격과 재산권의 성격을 아울러 지니고 있다.

③ 행정기관이 개발촉진지구 지역개발사업으로 실시계획을 승인하고 이를 고시하기만 하면 고급골프장 사업과 같이 공익성이 낮은 사업에 대해서까지도 시행자인 민간개발자에게 수용권한을 부여하는 것은 헌법 제23조 제3항에 위배된다.

④ 국가에 대한 구상권은 헌법 제23조 제1항에 의하여 보장되는 재산권이라 할 수 없다.

① (○) 재산권에 관계되는 시혜적 입법의 시혜대상에서 제외되었다는 이유만으로 재산권침해가 생기는 것은 아니고, 시혜적 입법의 시혜대상이 될 경우 얻을 수 있는 재산상 이익의 기대가 성취되지 않았다고 하여도 그러한 단순한 재산상 이익의 기대는 헌법이 보호하는 재산권의 영역에 포함되지 않으므로 이 사건에서 재산권침해가 문제되지는 않는다(헌재 1999.7.22. 98헌바14).

② (○) 공무원연금제도는 공무원의 퇴직 또는 사망과 공무로 인한 부상, 질병, 폐질에 대하여 적절한 급여를 지급함으로써, 공무원이나 그 유족의 생활안정과 복리향상에 기여함을 목적으로 하는 사회보장제도이다. 한편 공무원연금은 연금 운용에 필요한 재원 형성에 국가나 지방자치단체뿐만 아니라 수급권자인 공무원도 참여하는 등 지급사유 발생 시 부담을 나누어 구제를 도모한다는 점에서 사회보험제도의 일종이다. 공무원연금은 기여금 납부를 통해 공무원 자신도 재원의 형성에 일부 기여한다는 점에서 후불임금의 성격도 가지고 있다. 그러므로 공무원연금법상 연금수급권은 사회적 기본권의 하나인 사회보장수급권의 성격과 재산권의 성격을 아울러 지니고 있다(헌재 2016.3.31. 2015헌바18).

③ (○) 사건에서 문제된 지구개발사업의 하나인 관광휴양지 조성사업 중에는 고급골프장, 고급리조트 등(이하 '고급골프장 등'이라 함)의 사업과 같이 입법목적에 대한 기여도가 낮을 뿐만 아니라, 대중의 이용·접근가능성이 작아 공익성이 낮은 사업도 있다. 또한 고급골프장 등 사업은 그 특성상 사업 운영 과정에서 발생하는 지방세수 확보와 지역경제 활성화는 부수적인 공익일 뿐이고, 이 정도의 공익이 그 사업으로 인하여 강제수용당하는 주민들의 기본권침해를 정당화할 정도로 우월하다고 볼 수는 없다. 따라서 이 사건 법률 조항은 공익적 필요성이 인정되기 어려운 민간개발자의 지구개발사업을 위해서까지 공공수용이 허용될 수 있는 가능성을 열어두고 있어 헌법 제23조 제3항에 위반된다(헌재 2014.10.30. 2011헌바172).

④ (×) 국가에 대한 구상권은 헌법 제23조 제1항에 의하여 보장되는 재산권이고 재산권의 제한은 헌법 제37조 제2항에 의한 기본권 제한의 한계 내에서만 가능한데, 헌법 제37조 제2항에 의하여 기본권을 제한할 때 요구되는 비례의 원칙에 위배하여 일반국민의 재산권을 과잉 제한하는 경우에 해당하여 헌법 제23조 제1항 및 제37조 제2항에도 위반된다(헌재 1994.12.29. 93헌바21).

[2018년 지방 7급] ④

재산권에 대한 설명으로 옳지 않은 것은? (다툼이 있는 경우 판례에 의함)

① 재산권 제한으로 인하여 토지소유자가 종래의 지목과 토지현황에 의한 이용방법에 따른 토지의 사용도 할 수 없거나 실질적으로 토지의 사용·수익을 전혀 할 수 없는 경우에는, 그러한 재산권 제한은 토지소유자가 수인해야 할 사회적 제약의 범주를 넘는 것으로서 손실을 완화하는 보상적 조치가 있어야 비례원칙에 부합한다.

② 소액임차인이 보증금 중 일부를 우선하여 변제받으려면 주택에 대한 경매신청의 등기 전에 대항력을 갖추어야 한다고 규정한 「주택임대차보호법」 조항은 입법형성의 한계를 벗어나 주택에 대한 경매신청의 등기 전까지 주민등록을 미처 갖추지 못한 소액임차인의 재산권을 침해한다고 보기 어렵다.

③ 재산권의 내용과 한계를 구체적으로 형성함에 있어서 입법자는 일반적으로 광범위한 입법형성권을 가진다고 할 것이고, 재산권의 본질적 내용을 침해하여서는 아니 된다거나 사회적 기속성을 함께 고려하여 균형을 이루도록 하여야 한다는 등의 입법형성권의 한계를 일탈하지 않는 한 재산권 형성적 법률규정은 헌법에 위반되지 아니한다.

④ 농지의 경우 그 사회성과 공공성의 정도는 일반적인 토지의 경우와 동일하므로, 농지 재산권을 제한하는 입법에 대한 헌법심사의 강도는 다른 토지 재산권을 제한하는 입법에 대한 것보다 낮아서는 아니 된다.

① (○) 종래의 지목과 토지현황에 의한 이용방법에 따라 사용할 수 있는 한 토지소유자에게 가해지는 재산권의 제한은 토지소유자가 수인해야 하는 사회적 제약의 범주에 속하는 것으로서, 재산권에 내재하는 사회적 제약을 비례의 원칙에 부합하게 합헌적으로 구체화한 것이나, 종래의 지목과 토지현황에 의한 이용방법에 따른 토지의 사용도 할 수 없거나 더 이상 법적으로 허용된 토지이용 방법이 없어 실질적으로 사용·수익을 할 수 없는 경우에는 토지소유자가 수인하여야 할 사회적 제약의 범주를 넘는 것으로서 이러한 경우에는 손실을 완화하는 보상적 조치가 있어야 비로소 비례원칙에 부합한다(헌재 2007.7.26. 2005헌마501).

② (○) 임차보증금반환채권과 관련하여 이해관계인이 받는 영향이 크고 분쟁도 자주 발생하는 만큼 임대차의 존재 여부와 개시일을 분명하게 특정할 필요가 있고, 이를 위하여 주택의 인도 외에 추가로 공적 절차인 주민등록을 요구하는 것은 수긍할 수 있다. 주민등록은 등기와 달리 비용이 소요되지 않고 인터넷으로 손쉽게 신청할 수 있는 등 그 절차도 비교적 간편하므로, 이를 통하여 권리관계를 분명히 하도록

하는 것이 임차인에게 과도한 부담이라고 할 수 없다. 임차주택의 소유자인 채무자는 채권자로부터 변제 독촉 등을 받는 상황에서 머지않아 경매가 시작될 것을 예상할 수 있으며, 경매가 개시되기 전에 얼마든지 주위 사람들을 동원하여 허위의 주민등록을 하여 가장임차인을 양산할 수 있다. 따라서 심판대상조항이 주택에 대한 경매신청의 등기 전에 주택을 인도받아 주민등록을 갖춘 임차인에 한정하여 우선변제권을 보장하도록 한 것은, 담보권자 등 이해관계인을 보호하기 위해 필요한 최소한의 조치라고 볼 수 있다. 위와 같은 점들을 종합하여 볼 때, 심판대상조항이 주택에 대한 경매신청의 등기 전까지 주민등록을 갖춘 소액임차인에 한하여 우선변제를 받을 수 있도록 한 것이 입법형성의 한계를 벗어나 청구인의 재산권을 침해한다고 보기 어렵다(헌재 2020.8.28. 2018헌바422).

③ (○) 재산권의 내용과 한계를 구체적으로 형성함에 있어서 입법자는 일반적으로 광범위한 입법형성권을 가지지만 재산권의 본질적 내용을 침해하여서는 아니 되고 사회적 기속성을 함께 고려하여 균형을 이루도록 해야 한다는 등 입법형성권의 한계를 일탈해서는 안된다(헌재 2000.2.24. 97헌바41).

④ (×) 토지재산권에 대하여는 강한 사회성 내지는 공공성으로 말미암아 다른 재산권에 비하여 더 강한 제한과 의무가 부과될 수 있으나, 그렇다고 하더라도 토지재산권에 대한 제한입법 역시 다른 기본권을 제한하는 입법과 마찬가지로 과잉금지의 원칙을 준수해야 하고, 재산권의 본질적 내용인 사용·수익권과 처분권을 부인해서는 아니 된다. 다만 농지의 경우 그 사회성과 공공성은 일반적인 토지의 경우보다 더 강하다고 할 수 있으므로, 농지 재산권을 제한하는 입법에 대한 헌법심사의 강도는 다른 토지 재산권을 제한하는 입법에 대한 것보다 낮다고 봄이 상당하다(헌재 2010.2.25. 2008헌바116). [2021년 지방 7급] ④

재산권에 대한 설명으로 옳지 않은 것은? (다툼이 있는 경우 판례에 의함)

① 교도소에 수용된 때에는 국민건강보험급여를 정지하도록 하는 것은 재산권을 침해하는 것이다.

② 개발제한구역으로 인한 지가의 하락은 토지소유자가 감수해야 하는 사회적 제약의 범주에 속하는 것이다.

③ 토지재산권은 그 강한 사회성 내지는 공공성으로 말미암아 다른 재산권에 비하여 보다 강한 제한과 의무가 부과될 수 있다.

④ 국가의 간섭 없이 자유로이 기부할 수 있는 기회는 재산권의 보호범위에 포함되지 않는다.

⑤ 재산권보장은 상속을 포함하는 것이므로 생전증여에 의한 처분도 재산권의 보호를 받는다.

① (×) 건강보험수급권과 같이 공법상의 권리가 헌법상의 재산권으로 보호받기 위해서는 국가의 일방적인 급부에 의한 것이 아니라 수급자의 상당한 자기기여를 전제로 한다. 그런데 국민건강보험은 개인이 보험료와 국가의 재정으로 운영되고 이 사건 규정의 적용에 의하여 청구인들과 같은 수용자에게 보험급여가 정지되는 경우 동시에 보험료 납부의무도 면제된다. 그렇다면 수급자의 자기기여가 없는 상태이므로 이 사건 규정에 의하여 건강보험수급권이 정지되더라도 이를 사회보장수급권(인간다운 생활을 할 권리)으로 다툴 수 있음은 별론으로 하고 재산권 침해로 다툴 수는 없다(헌재 2005.2.24. 2003헌마31).

② (○) 개발제한구역의 지정으로 인한 개발가능성의 소멸과 그에 따른 지가의 하락이나 지가상승률의 상대적 감소는 토지소유자가 감수해야 하는 사회적 제약의 범주에 속하는 것으로 보아야 한다. 자신의 토지를 장래에 건축이나 개발목적으로 사용할 수 있으리라는 기대가능성이나 신뢰 및 이에 따른 지가상승의 기회는 원칙적으로 재산권의 보호범위에 속하지 않는다. 구역지정 당시의 상태대로 토지를 사용·수익·처분할 수 있는 이상, 구역지정에 따른 단순한 토지이용의 제한은 원칙적으로 재산권에 내재하는 사회적 제약의 범주를 넘지 않는다(헌재 1998.12.24. 89헌마214).

③ (○) 토지의 개발이나 건축은 합헌적 법률로 정한 재산권의 내용과 한계 내에서만 가능한 것일 뿐만 아니라 토지재산권의 강한 사회성 내지는 공공성으로 말미암아 이에 대하여는 다른 재산권에 비하여 보다 강한 제한과 의무가 부과될 수 있다. 그렇다고 하더라도 토지재산권에 대한 제한입법 역시 다른 기본권을 세한하는 입법과 마찬가지로 과잉금지의 원칙(비례의 원칙)을 준수해야 하고, 재산권의 본질적 내용인

사용·수익권과 처분권을 부인해서는 아니 된다(헌재 1998.12.24. 89헌마214).

④ (○) 기부금품의 모집행위는 행복추구권에 의하여 보호된다. 계약의 자유도 헌법상의 행복추구권에 포함된 일반적인 행동자유권으로부터 파생하므로, 계약의 자유 또한 행복추구권에 의하여 보호된다. 국가의 간섭을 받지 아니하고 자유로이 기부행위를 할 수 있는 기회의 보장은 헌법상 보장된 재산권의 보호범위에 포함되지 않는다(헌재 1998.5.28. 96헌가5).

⑤ (○) 헌법의 재산권 보장은 사유재산의 처분과 그 상속을 포함하는 것인바, 유언자가 생전에 최종적으로 자신의 재산권에 대하여 처분할 수 있는 법적 가능성을 의미하는 유언의 자유는 생전증여에 의한 처분과 마찬가지로 헌법상 재산권의 보호를 받는다(헌재 2008.3.27. 2006헌바82). [2019년 국회 5급] ①

재산권에 관한 다음 설명 중 가장 옳지 않은 것은? (다툼이 있는 경우 대법원 판례 및 헌법재판소 결정에 의함)

① 시혜적 입법의 시혜대상에서 제외되었다는 이유만으로 재산권의 침해가 발생하는 것은 아니고 시혜대상에 포함될 경우 얻을 수 있었던 재산상 이익의 기대가 성취되지 않았다고 하여도 이와 같은 단순한 재산상 이익에 대한 기대는 헌법이 보호하는 재산권의 영역에 포함되지 아니한다.

② 연금수급권의 내용은 사회·경제적 상황을 고려한 입법자의 정책적 판단에 의하여 변경될 수 있어 조기노령연금의 수급개시연령에 대한 신뢰는 보호가치가 크지 않으므로, 조기노령연금을 수급할 수 있는 연령이 59세에서 60세로 인상하는 법률은 재산권을 침해하지 않는다.

③ 유류분 반환청구는 피상속인이 생전에 한 유효한 증여라도 그 효력을 잃게 하는 것이므로, 민법 제1117조에서 '반환하여야 할 증여를 한 사실을 안 때로부터 1년'이라는 단기소멸시효를 정한 것은 재산권을 침해하지 않는다.

④ 헌법이 규정한 '정당한 보상'이란 손실보상의 원인이 되는 재산권의 침해가 기존의 법질서 안에서 개인의 재산권에 대한 개별적인 침해인 경우에는 그 손실 보상은 원칙적으로 피수용재산의 객관적인 재산가치를 완전하게 보상하는 것이어야 한다는 완전보상을 뜻하는 것이다.

⑤ 재산권의 객체가 갖는 객관적 가치란 그 물건의 성질에 정통한 사람들의 자유로운 거래에 의하여 도달할 수 있는 합리적인 매매가능가격 즉 시가에 의하여 산정되는 것이 보통이므로, 수용으로 인한 보상가액은 피수용토지의 수용시점 시가에 의하여야 하고, 공익사업의 시행으로 지가가 상승하여 발생하는 개발이익 역시 해당 토지의 객관적 가치에 포함되므로, 손실보상액에서 그와 같은 개발이익을 배제하는 것은 헌법이 정한 정당보상의 원리에 위배된다.

① (○) 시혜적 입법의 시혜대상에서 제외되었다는 이유만으로 재산권의 침해가 발생하는 것은 아니고 시혜대상에 포함될 경우 얻을 수 있었던 재산상 이익의 기대가 성취되지 않았다고 하여도 이와 같은 단순한 재산상 이익에 대한 기대는 헌법이 보호하는 재산권의 영역에 포함되지 아니한다(헌재 2008.9.25. 2007헌가9).

② (○) 연금수급권의 내용은 사회·경제적 상황을 고려한 입법자의 정책적 판단에 의하여 변경될 수 있어 조기노령연금의 수급개시연령에 대한 청구인의 신뢰는 보호가치가 크지 않고, 심판대상조항으로 인하여 청구인이 조기노령연금을 수급할 수 있는 연령이 59세에서 60세로 인상된 것에 불과하여 그 신뢰의 손상 정도가 중하다고 보기 어렵다. 그러므로 심판대상조항은 신뢰보호원칙을 위반하여 청구인의 재산권을

침해하지 않는다(헌재 2013.10.24. 2012헌마906).

③ (○) 유류분 반환청구는 피상속인이 생전에 한 유효한 증여라도 그 효력을 잃게 하는 것이어서 권리관계의 조속한 안정과 거래안전을 도모할 필요가 있고 이 사건 법률조항이 1년의 단기소멸시효를 정한 것은 이러한 필요에 따른 것으로 그 목적의 정당성이 인정되며 유류분 권리자가 상속이 개시되었다는 사실과 증여가 있었다는 사실 및 그것이 반환하여야 할 것임을 안 때로부터 위 기간이 기산되므로 그 기산점이 불합리하게 책정되었다고 할 수 없는 점, 유류분 반환청구는 반드시 재판상 행사해야 하는 것이 아니고 그 목적물을 구체적으로 특정해야 하는 것도 아니어서 행사의 방법도 용이한 점 등에 비추어 보면 수단의 적정성, 피해의 최소성 및 법익의 균형성을 모두 갖추고 있으므로 위 법률조항은 유류분 권리자의 재산권을 침해하지 않는다(헌재 2010.12.28. 2009헌바20).

④ (○) 헌법이 규정한 '정당한 보상'이란 손실보상의 원인이 되는 재산권의 침해가 기존의 법질서 안에서 개인의 재산권에 대한 개별적인 침해인 경우에는 그 손실 보상은 원칙적으로 피수용재산의 객관적인 재산가치를 완전하게 보상하는 것이어야 한다는 완전보상을 뜻하는 것으로서 보상금액뿐만 아니라 보상의 시기나 방법 등에 있어서도 어떠한 제한을 두어서는 아니 된다는 것을 의미한다(헌재 2011.12.29. 2010헌바205).

⑤ (×) 재산권의 객체가 갖는 객관적 가치란 그 물건의 성질에 정통한 사람들의 자유로운 거래에 의하여 도달할 수 있는 합리적인 매매가능가격 즉 시가에 의하여 산정되는 것이 보통이다. 개발이익은 공공사업의 시행에 의하여 비로소 발생하는 것이므로 그것이 피수용토지가 수용 당시 갖는 객관적 가치에 포함된다고 볼 수도 없다. 따라서 개발이익은 그 성질상 완전보상의 범위에 포함되는 피수용자의 손실이라고는 볼 수 없으므로, 개발이익을 배제하고 손실보상액을 산정한다 하여 헌법이 규정한 정당보상의 원리에 어긋나는 것이라고는 판단되지 않는다(헌재 1990.6.25. 89헌마107). [2021년 법무사] ⑤

재산권에 대한 설명으로 옳지 않은 것은? (다툼이 있는 경우 판례에 의함)

① 재산권의 행사는 공공복리에 적합하도록 하여야 하며, 국가안전보장·질서유지·공공복리를 위하여 제한될 수 있다.

② 공공필요에 의한 재산권의 수용·사용 또는 제한 및 그에 대한 보상은 법률로써 하되, 상당한 보상을 지급하여야 한다.

③ 토지는 국민경제의 관점에서나 그 사회적 기능에 있어서 다른 재산권과 같게 다루어야 할 성질의 것이 아니어서 다른 재산권에 비하여 보다 강하게 공동체의 이익을 관철할 것이 요구된다.

④ 헌법상 보장하고 있는 재산권은 경제적 가치가 있는 모든 공법상·사법상의 권리를 뜻한다.

① (○) 헌법은 제23조 제1항에서 재산권 보장에 관한 규정을 두어 국민 개개인이 재산권을 향유할 수 있는 법제도로서의 사유재산제도를 보장함과 동시에 그 기조 위에서 구체적 재산권을 개인의 기본권으로 보장하는 한편 같은 조항 후단에서는 재산권의 내용과 한계를 법률로 정하도록 하고, 같은 조 제2항은 재산권의 행사는 공공복리에 적합하도록 하여야 한다고 규정하고 있으며, 또 헌법 제37조 제2항은 기본권제한에 관한 일반적 법률유보를 두어 국가안전보장·질서유지 또는 공공복리를 위하여 필요한 경우에 법률로써 기본권을 제한할 수 있으며 다만 그 본질적인 내용을 침해할 수 없도록 규정하고 있다. 따라서 공공의 이익을 위한 재산권의 제한 가능성을 비교적 폭넓게 인정하고 있다(헌재 1996.3.28. 95헌바47).

② (×) 헌법 제23조 ③공공필요에 의한 재산권의 수용·사용 또는 제한 및 그에 대한 보상은 법률로써 하되, 정당한 보상을 지급하여야 한다.

③ (○) 토지는 생산이나 대체가 불가능하여 공급이 제한되고 있고 한국의 가용토지면적이 인구에 비하여 절대적으로 부족한 반면에, 모든 국민이 생산 및 생활의 기반으로서 토지의 합리적인 이용에 의존하고 있다. 따라서 토지는 국민경제의 관점에서나 그 사회적 기능에 있어서 다른 재산권과 같게 다루어야 할 성질의 것이 아니므로 다른 재산권에 비하여 보다 강하게 공동체의 이익을 관철할 것이 요구된다(헌재

1999.10.21. 97헌바26).

④ (○) 헌법이 재산권을 보장하는 것은 모든 국민이 자유롭고 자기 스스로 책임을 지는 삶을 영위하기 위한 전제로서의 재산권의 보장이다. 그러므로 헌법이 보장하고 있는 재산권은 경제적 가치가 있는 모든 공법상·사법상의 권리를 뜻하고, 그 재산가액의 다과를 불문한다. 또 이 재산권의 보장은 재산권의 자유로운 처분의 보장까지 포함한다(헌재 1992.6.26. 90헌바26). [2018년 국가 5급] ②

재산권에 대한 설명으로 옳지 않은 것은? (다툼이 있는 경우 판례에 의함)

① 일반적인 물건에 대한 재산권 행사에 비하여 동물에 대한 재산권 행사는 사회적 연관성과 사회적 기능이 매우 크다 할 것이므로 이를 제한하는 경우 입법재량의 범위를 폭넓게 인정함이 타당하다.

② 공무원 퇴직연금수급권은 국가의 재정상황, 국민 전체의 소득 및 생활수준 기타 여러 가지 사회·경제적인 여건 등을 종합하여 합리적인 수준에서 결정할 수 있는 광범위한 입법형성의 재량이 인정되기 때문에 법적 요건을 갖춘 후 발생하는 공무원 퇴직연금수급권은 경제적·재산적 가치가 있는 공법상의 권리로서 헌법 제23조 제1항이 보장하고 있는 재산권에 포함된다.

③ 별거나 가출 등으로 실질적인 혼인관계가 존재하지 아니하여 연금 형성에 기여가 없는 이혼배우자에 대해서 법률혼 기간을 기준으로 분할연금 수급권을 인정하는 것은 재산권을 침해하지 않는다.

④ 개인택시운송사업자는 장기간의 모범적인 택시운전에 대한 보상의 차원에서 개인택시면허를 취득하였거나, 고액의 프리미엄을 지급하고 개인택시면허를 양수한 사람들이므로 개인택시면허는 자신의 노력으로 혹은 금전적 대가를 치르고 얻은 재산권이라고 할 수 있다.

⑤ 헌법이 보장하고 있는 재산권은 '경제적 가치가 있는 모든 공법상·사법상의 권리'이고, 이때 재산권 보장에 의하여 보호되는 재산권은 '사적 유용성 및 그에 대한 원칙적 처분권을 내포하는 재산가치가 있는 구체적 권리'를 의미한다.

① (○) 일반적인 물건에 대한 재산권 행사에 비하여 동물에 대한 재산권 행사는 사회적 연관성과 사회적 기능이 매우 크다 할 것이므로 이를 제한하는 경우 입법재량의 범위를 폭넓게 인정함이 타당하다. 그러므로 이 사건 법률조항이 과잉금지원칙을 위반하여 재산권을 침해하는지 여부를 살펴보되 심사기준을 완화하여 적용함이 상당하다(헌재 2013.10.24. 2012헌바431).

② (○) 공무원 퇴직연금수급권은 국가의 재정상황, 국민 전체의 소득 및 생활수준 기타 여러 가지 사회·경제적인 여건 등을 종합하여 합리적인 수준에서 결정할 수 있는 광범위한 입법형성의 재량이 인정되기 때문에 법정요건을 갖춘 후 발생하는 공무원 퇴직연금수급권만이 경제적·재산적 가치가 있는 공법상의 권리로서 헌법 제23조 제1항이 보장하고 있는 재산권에 포함된다(헌재 2012.8.23. 2010헌바425).

③ (×) 법률혼 관계를 유지하고 있었다고 하더라도 실질적인 혼인관계가 해소되어 노령연금 수급권의 형성에 아무런 기여가 없었다면 그 기간에 대하여는 노령연금의 분할을 청구할 전제를 갖추었다고 볼 수 없다. 그럼에도 불구하고 심판대상조항은 법률혼 관계에 있었지만 별거·가출 등으로 실질적인 혼인관계가 존재하지 않았던 기간을 일률적으로 혼인 기간에 포함시켜 분할연금을 산정하도록 하고 있는바, 이는 분할연금제도의 재산권적 성격을 몰각시키는 것으로서 그 입법형성권의 재량을 벗어났다고 보아야 한다. 따라서 심판대상조항은 재산권을 침해한다(헌재 2016.12.29. 2015헌바182).

④ (○) 개인택시운송사업자는 장기간의 모범적인 택시운전에 대한 보상의 차원에서 개인택시면허를 취득하였거나, 고액의 프리미엄을 지급하고 개인택시면허를 양수한 사람들이므로 개인택시면허는 자신의 노력으로 혹은 금전적 대가를 치르고 얻은 재산권이다(헌재 2012.3.29. 2010헌마443).

⑤ (○) 헌법이 보장하고 있는 재산권은 경제적 가치가 있는 모든 공법상·사법상의 권리이고, 이 때 재산권보장에 의하여 보호되는 재산권은 사적 유용성 및 그에 대한 원칙적 처분권을 내포하는 재산가치가 있는 구체적 권리를 의미한다(헌재 2008.12.26. 2005헌바34).

[2020년 국회 5급] ③

재산권에 대한 설명으로 옳지 않은 것을 모두 고른 것은? (다툼이 있는 경우 판례에 의함)

㉠ 재산권의 내용을 새로이 형성하는 법률이 합헌적이기 위해서는 장래에 적용될 법률이 헌법에 합치하여야 하고, 나아가 과거의 법적 상태에 의하여 부여된 구체적 권리에 대한 침해를 정당화하는 이유가 존재하여야 한다. ㉡ 배우자의 상속공제를 인정받기 위한 요건으로 배우자 상속재산분할 기한까지 배우자의 상속재산을 분할하여 신고할 것을 요구하면서 위 기한이 경과하면 일률적으로 배우자의 상속공제를 부인하고 있는 구 「상속세 및 증여세법」(2002.12.18. 법률 제6780호로 개정되고, 2010.1.1. 법률 제9916호로 개정되기 전의 것) 제19조 제2항은 배우자인 상속인의 재산권을 침해한다고 볼 수 없다. ㉢ 헌법이 보장하는 재산권의 내용과 한계를 정하는 법률이 재산권을 형성한다는 의미를 갖는다 하더라도, 이러한 법률이 사유재산제도나 사유재산을 부인하는 것은 재산권 보장 규정의 침해를 의미하고 결코 재산권 형성적 법률유보라는 이유로 정당화될 수 없다. ㉣ 토지의 강한 사회성 내지 공공성으로 말미암아 토지재산권에는 다른 재산권에 비하여 보다 강한 제한과 의무가 부과되고 이에 대한 제한입법에는 입법자가 광범위한 입법형성권이 인정되므로, 과잉금지원칙에 의한 심사는 부적절하다.

① ㉠, ㉢ ② ㉠, ㉣ ③ ㉡, ㉢ ④ ㉡, ㉣

㉠ (○) 재산권의 내용을 새로이 형성하는 규정은 비례의 원칙을 기준으로 판단하였을 때 공익에 의하여 정당화되는 경우에만 합헌적이다. 즉, 재산권의 내용을 새로이 형성하는 법률이 합헌적이기 위하여서는 장래에 적용될 법률이 헌법에 합치하여야 할 뿐만 아니라, 또한 과거의 법적 상태에 의하여 부여된 구체적 권리에 대한 침해를 정당화하는 이유가 존재하여야 하는 것이다(헌재 1999.4.29. 94헌바37).

㉡ (×) 사건 법률조항은 피상속인의 배우자가 상속공제를 받은 후에 상속재산을 상속인들에게 이전하는 방법으로 부의 무상이전을 시도하는 것을 방지하고 상속세에 대한 조세법률관계를 조기에 확정하기 위한 정당한 입법목적을 가진 것이나, 상속재산분할심판과 같이 상속에 대한 실체적 분쟁이 계속 중이어서 법정기한 내에 재산분할을 마치기 어려운 부득이한 사정이 있는 경우, 후발적 경정청구 등에 의해 그러한 심판의 결과를 상속세 산정에 추후 반영할 길을 열어두지도 않은 채, 위 기한이 경과하면 일률적으로 배우자 상속공제를 부인함으로써 비례원칙에 위배되어 청구인들의 재산권을 침해하고, 나아가 소송계속 등 부득이한 사유로 법정기한 내에 상속분할을 마치지 못한 상속인들을 그렇지 아니한 자와 동일하게 취급하는 것으로서 그 차별의 합리성이 없으므로 청구인들의 평등권을 침해한다(헌재 2012.5.31. 2009헌바190).

㉢ (○) 헌법이 보장하는 재산권의 내용과 한계를 정하는 법률은 재산권을 제한한다는 의미가 아니라 재산권을 형성한다는 의미를 갖는다. 이러한 재산권의 내용과 한계를 정하는 법률의 경우에도 사유재산제도나 사유재산을 부인하는 것은 재산권 보장 규정의 침해를 의미하고, 결코 재산권 형성적 법률유보라는 이유로 정당화될 수 없다(헌재 1993.7.29. 92헌바20).

㉣ (×) 토지재산권에 대한 제한입법은 토지의 강한 사회성 내지는 공공성으로 말미암아 다른 재산권에 비하여 보다 강한 제한과 의무가 부과될 수 있으나, 역시 다른 기본권에 대한 제한입법과 마찬가지로 과잉금지의 원칙(비례의 원칙)을 준수해야 하고, 재산권의 본질적

내용인 사적 이용권과 원칙적인 처분권을 부인하여서는 아니 되며, 특히 토지재산권의 사회적 의미와 기능 및 법의 목적과 취지를 고려하더라도 당해 토지재산권을 과도하게 제한하여서는 아니 된다(헌재 2012.7.26. 2009헌바328). [2017년 경찰 경정승진] ④

재산권에 관한 설명 중 가장 적절한 것은? (다툼이 있는 경우 판례에 의함)

① 물건에 대한 재산권 행사에 비하여 동물에 대한 재산권 행사는 사회적 연관성과 사회적 기능이 적다 할 것이므로 이를 제한하는 경우 입법재량의 범위를 좁게 인정함이 타당하다.

② 건설공사를 위하여 문화재발굴허가를 받아 매장문화재를 발굴하는 경우 그 발굴비용을 사업시행자로 하여금 부담하게 하는 것은 문화재 보존을 위해 사업시행자에게 일방적인 희생을 강요하는 것이므로 재산권을 침해한다.

③ 토지의 가격이 취득일 당시에 비하여 현저히 상승한 경우 환매금액에 대한 협의가 성립하지 아니한 때에는 사업시행자로 하여금 환매금액의 증액을 청구할 수 있도록 한 「공익사업을 위한 토지 등의 취득 및 보상에 관한 법률」 조항은 환매권자의 재산권을 침해하지 아니한다.

④ 「건축법」을 위반한 건축주 등이 건축 허가권자로부터 위반건축물의 철거 등 시정명령을 받고도 그 이행을 하지 않는 경우 「건축법」 위반자에 대하여 시정명령 이행시까지 반복적으로 이행강제금을 부과할 수 있도록 규정한 「건축법」 조항은 과잉금지의 원칙에 위배되어 「건축법」 위반자의 재산권을 침해한다.

① (×) 일반적인 물건에 대한 재산권 행사에 비하여 동물에 대한 재산권 행사는 사회적 연관성과 사회적 기능이 매우 크다 할 것이므로 이를 제한하는 경우 입법재량의 범위를 폭넓게 인정함이 타당하다. 그러므로 이 사건 법률조항이 과잉금지원칙을 위반하여 재산권을 침해하는지 여부를 살펴보되 심사기준을 완화하여 적용함이 상당하다(헌재 2013.10.24. 2012헌바431).

② (×) 구 문화재보호법 제44조 제4항 제2문은 건설공사 과정에서 매장문화재의 발굴로 인하여 문화재 훼손 위험을 야기한 사업시행자에게 원칙적으로 발굴경비를 부담시킴으로써 각종 개발행위로 인한 무분별한 문화재 발굴로부터 매장문화재를 보호하는 것이어서 입법목적의 정당성, 방법의 적절성이 인정되고, 발굴조사비용 확대에 따른 위험은 사업계획단계나 사업자금의 조달 과정에서 기업적 판단에 의해 위험요인의 하나로서 충분히 고려될 수 있는 것이고, 사업시행자가 발굴조사비용을 감당하기 어렵다고 판단하는 경우에는 더 이상 사업시행에 나아가지 아니할 선택권 또한 유보되어 있으며, 대통령령으로 정하는 경우에는 예외적으로 국가 등이 발굴조사비용을 부담할 수 있는 완화규정을 두고 있어 최소침해성 원칙, 법익균형성 원칙에도 반하지 아니하므로 과잉금지원칙에 위배되어 위헌이라고 볼 수 없다(헌재 2010.10.28. 2008헌바74).

③ (○) 사건 증액청구조항이 환매목적물인 토지의 가격이 통상적인 지가상승분을 넘어 현저히 상승하고 당사자 간 협의가 이루어지지 아니할 경우에 한하여 환매금액의 증액청구를 허용하고 있는 점, 환매권의 내용에 토지가 취득되지 아니하였다면 원소유자가 누렸을 법적 지위의 회복을 요구할 권리가 포함된다고 볼 수 없는 점, 개발이익은 토지의 취득 당시의 객관적 가치에 포함된다고 볼 수 없는 점, 환매권자가 증액된 환매금액의 지급의무를 부담하게 될 것을 우려하여 환매권을 행사하지 못하더라도 이는 사실상의 제약에 불과한 점 등에 비추어 볼 때, 위 조항이 재산권의 내용에 관한 입법형성권의 한계를 일탈하여 환매권자의 재산권을 침해한다고 볼 수 없다(헌재 2016.9.29. 2014헌바400).

④ (×) 사건 법률조항은 건축물의 안전과 기능, 미관을 향상시켜 공공복리의 증진을 도모하기 위한 것으로 그 입법목적이 정당하고, 이러한 목적 달성을 위하여 시정명령에 불응하고 있는 건축법 위반자에 대하여 이행강제금을 부과함으로써 시정명령에 응할 것을 강제하고 있으므로 적절한 수단이 된다. 따라서 이 사건 법률조항은 과잉금지의 원칙에 위배되지 아니하므로 위반자의 재산권을 침해하지 아니한다(헌재 2011.10.25. 2009헌바140). [2020년 경찰 경정승진] ③

재산권에 관한 설명 중 가장 옳지 않은 것은? (다툼이 있는 경우 헌법재판소 결정에 의함)

① 국가의 일방적인 급부인 사회부조는 헌법상 보호되는 재산권이 아니다.

② 연금납부자의 연금수급기대권은 헌법상 보호되는 재산권이다.

③ 「우편법」에 의한 우편물의 지연배달에 따른 손해배상청구권은 헌법상 보호되는 재산권이 아니다.

④ 상공회의소의 의결권 또는 회원권은 그 회원들의 헌법상 보장되는 재산권이 아니다.

① (○) 사회부조와 같이 국가의 일방적인 급부에 대한 권리는 재산권의 보호 대상에서 제외되고, 단지 사회법상의 지위가 자신의 급부에 대한 등가물에 해당하는 경우에 한하여 사법상의 재산권과 유사한 정도로 보호받아야 할 공법상의 권리가 인정된다. 즉 공법상의 법적 지위가 사법상의 재산권과 비교될 정도로 강력하여 그에 대한 박탈이 법치국가원리에 반하는 경우에 한하여, 그러한 성격의 공법상의 권리가 재산권의 보호 대상에 포함된다(헌재 2000.6.29. 99헌마289).

② (○) 국민연금법상의 연금수급권은 사회보장적 급여로서의 성격과 함께 헌법 제23조에 의하여 보장되는 재산권으로서의 성격도 가진다. 청구인은 1991.9.경 국민연금에 가입하여 10년 이상의 기간 동안 연금보험료를 납부해 왔으므로 장차 조기노령연금 수급연령에 도달하면 연금을 받을 수 있을 것이라는 구체적인 기대권을 가지며, 이러한 연금수급기대권은 헌법상 보호되는 재산권에 포함된다(헌재 2013.10.24. 2012헌마906).

③ (×) 우편물의 수취인인 청구인은 우편물의 지연배달에 따른 손해배상청구권을 갖게 되는바, 이는 헌법이 보장하는 재산권의 내용에 포함되는 권리라 할 것이고, 심판대상조항은 위 손해배상청구권의 범위를 제한하는 것이므로 그에 따른 재산권 제한이 발생한다(헌재 2013.6.27. 2012헌마426).

④ (○) 사건 법률조항은 기존의 상공회의소의 재산에 변동을 일으키지 않으므로 상공회의소에게는 어떠한 재산권의 침해도 없다. 또한 상공회의소의 의결권 또는 회원권은 상공회의소라는 법인의 의사형성에 관한 권리일 뿐 이를 따로 떼어 헌법상 보장되는 재산권이라고 보기 어렵고, 상공회의소의 재산은 법인인 상공회의소의 고유재산이지 회원들이 지분에 따라 반환받을 수 있는 재산이라고 보기 어려워서, 상공업자들의 재산권 제한과도 무관하다(헌재 2006.5.25. 2004헌가1). [2015년 법원 9급] ③

재산권에 관한 설명 중 옳지 않은 것은? (다툼이 있는 경우 판례에 의함)

① 헌법 제23조의 재산권은 「민법」상의 소유권뿐만 아니라, 재산적 가치가 있는 사법상의 물권·채권 등 모든 권리를 포함하며, 국가로부터의 일방적인 급부가 아닌 자기 노력의 대가나 자본의 투자 등 특별한 희생을 통하여 얻은 공법상의 권리도 포함한다.

② 헌법재판소는 도로의 지표 지하 50미터 이내의 장소에서는 관할 관청의 허가나 소유자 또는 이해관계인의 승낙이 없으면 광물을 채굴할 수 없도록 규정한 구 「광업법」 조항에 대하여, 다른 권리와의 충돌가능성이 내재되어 있는 광업권의 특성을 감안하더라도 위와 같은 제한은 광업권자가 수인하여야 하는 사회적 제약의 범주를 벗어나 광업권자의 재산권을 침해한다고 판시하였다.

③ 「군인연금법」상 퇴역연금수급권과 같이 연금수급자인 자신이 기여금의 납부를 통해 연금의 재원 형성에 일부 기여하는 경우에는 이러한 연금수급권은 사회적 기본권의 하나인 사회보장수급권의 성격을 지니면서도 재산권으로서의 성격을 아울러 지닌다.

④ 헌법 제13조 제2항은 "모든 국민은 소급입법에 의하여 재산권을 박탈당하지 아니한다"라고 규정하고 있는 바, 새로운 입법으로 이미 종료된 사실관계 또는 법률관계에 작용하도록 하는 진정소급입법은 개인의 신뢰보호와 법적 안정성을 내용으로 하는 법치국가원리에 의하여 특단의 사정이 없는 한 헌법상 허용되지 않는 것이 원칙이다.

⑤ 헌법재판소는 개인파산절차에서 면책을 받은 채무자가 악의로 채권자목록에 기재하지 않은 청구권에 대해서만 면책의 예외를 인정하고, 파산채권자에게 채무자의 악의를 입증하도록 규정한 「채무자 회생 및 파산에 관한 법률」 조항은 파산채권자의 재산권을 침해하지 않는다고 판시하였다.

① (○) 헌법 제23조의 재산권은 민법상의 소유권뿐만 아니라, 재산적 가치 있는 사법상의 물권, 채권 등 모든 권리를 포함하며, 또한 국가로부터의 일방적인 급부가 아닌 자기 노력의 대가나 자본의 투자 등 특별한 희생을 통하여 얻은 공법상의 권리도 포함한다(헌재 2000.6.29. 99헌마289).

② (×) 심판대상조항은 광업권이 정당한 토지사용권 등 공익과 충돌하는 것을 조정하는 정당한 입법목적이 있고, 도로와 일정 거리 내에서는 허가 또는 승낙 하에서만 채굴할 수 있도록 하는 것은 적절한 수단이 되며, 또한 심판대상조항이 광업권자의 일부 채굴행위를 제한하더라도, 광업권의 특성상 다른 권리와의 충돌가능성이 내재되어 있으며 심판대상조항에 의한 제한은 충돌하는 권리 사이의 조정을 위한 최소한의 제한이라는 점에서 광업권자가 수인하여야 하는 사회적 제약의 범주에 속하는 것이다. 결국 심판대상조항은 헌법 제23조가 정하는 재산권에 대한 사회적 제약의 범위 내에서 광업권을 제한하는 것으로 비례의 원칙에 위배되지 않고 재산권의 본질적 내용도 침해하지 않는 것이어서 청구인의 재산권을 침해하지 않는다(헌재 2014.2.27. 2010헌바483).

③ (○) 군인연금법상 퇴역연금 수급권은 군인 자신도 기여금 납부를 통하여 퇴역연금의 재원형성에 일부 기여한다는 점에서 후불임금의 성격이 가미되어 있지만, 사법상의 급여와는 달리 기본적으로는 퇴역군인 및 그 유족의 생활안정과 복리향상을 위한 사회보장수급권의 성격을 가진다(헌재 2009.7.30. 2007헌바139).

④ (○) 헌법 제23조 제1항은 "모든 국민의 재산권은 보장된다. 그 내용과 한계는 법률로 정한다"고 하는 재산권 보장에 대한 일반적인 원칙을 규정하고 있고, 제13조 제2항은 "모든 국민은 소급입법에 의하여 재산권을 박탈당하지 아니한다"고 규정하여 소급입법에 의한 재산권의 박탈을 금지하고 있는바, 기존의 법에 의하여 형성되어 이미 굳어진 개인의 법적 지위를 사후입법을 통하여 박탈하는 것 등을 내용으로 하는 진정소급입법은 개인의 신뢰보호와 법적 안정성을 내용으로 하는 법치국가원리에 의하여 특단의 사정이 없는 한 헌법적으로 허용되지 아니하는 것이 원칙이고, 예외적으로 진정소급입법이 허용된다(헌재 1999.7.22. 97헌바76).

⑤ (○) 심판대상조항은 채권의 공평한 변제와 채무자의 경제적 재기를 목적으로 하면서도, 채권자목록에 기재되지 아니함으로 인하여 채권이 상실될 채권자를 보호하기 위한 것으로 목적의 정당성이 인정되고, 채무자가 악의로 채권자목록에서 누락한 채권을 면책 대상에서 제외하는 것은 위 목적달성을 위한 적합한 수단에 해당한다. 면책제도의 취지와 실제 면책이 이루어지는 채무자의 상황 등을 고려할 때, 입증책임을 채권자에게 부담시켰다 하더라도 재산권에 대한 과도한 제한으로 보기는 어렵다(헌재 2014.6.26. 2012헌가22).

[2015년 제4회 변호사] ②

재산권에 관한 다음 설명 중 가장 옳지 않은 것은? (다툼이 있는 경우 대법원 판례 및 헌법재판소 결정에 의함)

① 재산권의 내용과 한계를 정할 입법자의 권한은, 장래에 발생할 사실관계에 적용될 새로운 권리를 형성하고 그 내용을 규정할 권한뿐만 아니라, 더 나아가 과거의 법에 의하여 취득한 구체적인 법적 지위에 대하여까지도 그 내용을 새로이 형성할 수 있는 권한을 포함하고 있다.

② 재산권의 내용을 새로이 형성하는 법률이 합헌적이기 위하여서는 장래에 적용될 법률이 헌법에 합치하여야 할 뿐만 아니라, 또한 과거의 법적 상태에 의하여 부여된 구체적 권리에 대한 침해를 정당화하는 이유가 존재하여야 한다.
③ 입법자는 재산권의 내용을 구체적으로 형성함에 있어서 헌법상의 재산권보장(헌법 제23조 제1항 제1문)과 재산권의 제한을 요청하는 공익 등 재산권의 사회적 기속성(헌법 제23조 제2항)을 함께 고려하고 조정하여 양 법익이 조화와 균형을 이루도록 하여야 한다.
④ 재산권 보장의 객체인 재산권은 경제적 가치가 있는 모든 공법상·사법상의 권리를 뜻하고, 그 재산가액의 다과를 불문한다.
⑤ 영리획득의 기회나 기업활동의 사실상·법적 여건의 경우에도 그것이 기업에게 중요한 의미를 갖는다면 재산권보장의 대상이 된다.

① (○) ② (○) 재산권이 헌법 제23조에 의하여 보장된다고 하더라도, 입법자에 의하여 일단 형성된 구체적 권리가 그 형태로 영원히 지속될 것이 보장된다고까지 하는 의미는 아니다. 재산권의 내용과 한계를 정할 입법자의 권한은 장래에 발생할 사실관계에 적용될 새로운 권리를 형성하고 그 내용을 규정할 권한뿐만 아니라, 더 나아가 과거의 법에 의하여 취득한 구체적인 법적 지위에 대하여까지도 그 내용을 새로이 형성할 수 있는 권한을 포함하고 있는 것이다. 그러나 이러한 입법자의 권한이 무제한적인 것은 아니다. 이 경우 입법자는 재산권을 새로이 형성하는 것이 구법에 의하여 부여된 구체적인 법적 지위에 대한 침해를 의미한다는 것을 고려하여야 한다. 따라서 재산권의 내용을 새로이 형성하는 규정은 비례의 원칙을 기준으로 판단하였을 때 공익에 의하여 정당화되는 경우에만 합헌적이다. 즉, 재산권의 내용을 새로이 형성하는 법률이 합헌적이기 위하여서는 장래에 적용될 법률이 헌법에 합치하여야 할 뿐만 아니라, 또한 과거의 법적 상태에 의하여 부여된 구체적 권리에 대한 침해를 정당화하는 이유가 존재하여야 하는 것이다(헌재 1999.4.29. 94헌바37).
③ (○) 재산권이 법질서 내에서 인정되고 보호받기 위하여는 입법자에 의한 형성을 필요로 한다. 즉 재산권은 이를 구체적으로 형성하는 법이 없을 경우에는 재산에 대한 사실상의 지배만 있을 뿐이므로 다른 기본권과는 달리 그 내용이 입법자에 의하여 법률로 구체화됨으로써 비로소 권리다운 모습을 갖추게 된다. 입법자는 재산권의 내용을 구체적으로 형성함에 있어서 헌법상의 재산권보장(헌법 제23조 제1항 제1문)과 재산권의 제한을 요청하는 공익 등 재산권의 사회적 기속성(헌법 제23조 제2항)을 함께 고려하고 조정하여 양 법익이 조화와 균형을 이루도록 하여야 한다(헌재 1998.12.24. 89헌마214).
④ (○) 헌법이 보장하고 있는 재산권은 경제적 가치가 있는 모든 공법상·사법상의 권리를 뜻하고, 그 재산가액의 다과를 불문한다. 또이 재산권의 보장은 재산권의 자유로운 처분의 보장까지 포함한다(헌재 1992.6.26. 90헌바26).
⑤ (×) 헌법 제23조 제1항의 재산권보장에 의하여 보호되는 재산권은 사적 유용성 및 그에 대한 원칙적 처분권을 내포하는 재산가치 있는 구체적 권리이므로 구체적인 권리가 아닌 단순한 이익이나 재화의 획득에 관한 기회 등은 재산권보장의 대상이 아닌바, 구 산업재해보상보험법 제4조 단서가 보험업에 대한 법적 환경의 일부를 구성하는 것으로 보험영업에 간접적·사실적 영향을 미칠 수 있다고 하더라도 이러한 영리획득의 단순한 기회나 기업활동의 사실적·법적 여건은 헌법상 재산권보장의 대상이 아니라고 할 것이므로, 결국 구 산업재해보상보험법 제4조 단서는 헌법 제23조 제1항에 의하여 보호되는 재산권과는 관련이 없다(헌재 1996.8.29. 95헌바36).

[2019년 법원 5급] ⑤

다음 중 재산권에 대한 설명으로 옳은 것은? (다툼이 있는 경우 헌법재판소 판례에 의함)
① 토지거래허가제는 위헌이다.
② 재건축사업 진행단계에 상관없이 임대인이 갱신거절권을 행사할 수 있도록 한 (구)「상가건물 임대차보호법」 제10조 제1항 단서 제7호는 상가임차인의 재산권을 침해한다.

③ 토지수용 시에 개발이익이 포함되지 아니한 공시지가를 기준으로 보상하는 것은 합헌이다.
④ 강제집행권도 헌법상 보호되는 재산권에 속한다.
⑤ 자신의 토지를 장래에 건축이나 개발목적으로 사용할 수 있으리라는 기대가능성이나 신뢰 및 이에 따른 지가상승의 기회는 원칙적으로 재산권의 보호범위에 속한다.

① (×) 국토이용관리법 제21조의3 제1항의 토지거래허가제는 사유재산제도의 부정이 아니라 그 제한의 한 형태이고 토지의 투기적 거래의 억제를 위하여 그 처분을 제한함은 부득이한 것이므로 재산권의 본질적인 침해가 아니며, 헌법상의 경제조항에도 위배되지 아니하고 현재의 상황에서 이러한 제한수단의 선택이 헌법상의 비례의 원칙이나 과잉금지의 원칙에 위배된다고 할 수도 없다(헌재 1989.12.22. 88헌가13).
② (×) 상가건물 임대차보호법은 민법상 채권인 임차권에 대항력, 우선변제권, 계약갱신요구권을 인정하는 등 사적 자치에 의하여 형성되어야 하는 권리관계에 개입하여 임차인의 지위를 강화시켜 주는 것으로서, 임대인 측에서 계약을 해지할 수 있는 법정해지권에 관해 규정하고 있지 않고, 임차인에게 계약갱신요구권이 인정되는 5년 동안은 임차인에게 불리한 약정해지도 인정하지 않고 있다. 심판대상조항은 이와 같이 임차인에게 계약갱신요구권이 포괄적으로 인정되는 상황에서, 상대적으로 제약될 수밖에 없는 임대인의 재산권 행사를 보호하기 위한 규정이다. 심판대상조항이 과도하게 상가임차인의 재산권을 침해한다고 볼 수 없다(헌재 2014.8.28. 2013헌바76).
③ (○) 당해 사업인정으로 인한 개발이익이 손실보상금에 포함되는 것을 방지하려면 공시기준일 이후 재결시까지의 개발이익을 배제하는 것만으로는 부족하고 당초부터 개발이익이 포함되지 아니한 공시지가를 기준으로 삼을 필요가 있기 때문이다. 공시지가의 기준시점에 관한 토지수용법 제46조 제3항은 시점보정의 기준이 되는 공시지가에 개발이익이 포함되는 것을 방지하기 위한 것으로서 개발이익이 배제된 손실보상액을 산정하는 적정한 수단에 해당되므로, 토지수용법 제46조 제2항 제1호, 제3항과 지가공시 및 토지 등의 평가에 관한 법률 제10조 제1항 제1호는 헌법 제23조 제3항(정당한 보상), 제11조 제1항(평등원칙)에 위반되지 아니한다(헌재 1999.12.23. 98헌바13).
④ (×) 강제집행권은 국가가 보유하는 통치권의 한 작용으로서 민사사법권에 속하는 것이고, 채권자인 청구인들은 국가에 대하여 강제집행권의 발동을 구하는 공법상의 권능인 강제집행청구권만을 보유하고 있을 따름으로서 청구인들이 강제집행권을 침해받았다고 주장하는 권리는 헌법 제23조 제3항 소정의 재산권에 해당되지 아니한다(헌재 1998.5.28. 96헌마44).
⑤ (×) 개발제한구역의 지정으로 인한 개발가능성의 소멸과 그에 따른 지가의 하락이나 지가상승률의 상대적 감소는 토지소유자가 감수해야 하는 사회적 제약의 범주에 속하는 것으로 보아야 한다. 자신의 토지를 장래에 건축이나 개발목적으로 사용할 수 있으리라는 기대가능성이나 신뢰 및 이에 따른 지가상승의 기회는 원칙적으로 재산권의 보호범위에 속하지 않는다(헌재 1998.12.24. 89헌마214).

[2016년 국회 9급] ③

재산권에 대한 설명으로 옳지 않은 것은? (다툼이 있는 경우 판례에 의함)

① 보유기간이 1년 이상 2년 미만인 자산이 공용수용으로 양도된 경우에도 중과세하는 구「소득세법」 조항은 재산권을 침해하지 않는다.
② 법인이 과밀억제권역 내에 본점의 사업용 부동산으로 건축물을 신축하여 이를 취득하는 경우 취득세를 중과세하는 구「지방세법」 조항은, 인구유입이나 경제력집중의 유발 효과가 없는 신축 또는 증축으로 인한 부동산의 취득의 경우에도 모두 취득세 중과세 대상에 포함시키는 것이므로 재산권을 침해한다.
③ 계약의 이행으로 받은 금전을 계약 해제에 따른 원상회복으로써 반환하는 경우 그 받은 날로부터 이자를 지급하도록 한「민법」 조항은, 계약 해제의 경위, 계약 당사자의 귀책사유

등 제반 사정을 계약 해제로 인한 손해배상의 범위를 정할 때 고려하게 되므로, 원상회복의무자의 재산권을 침해하지 않는다.

④ 가축전염병의 확산을 막기 위한 방역조치로서 도축장 사용정지·제한명령은 공익목적을 위하여 이미 형성된 구체적 재산권을 박탈하거나 제한하는 헌법 제23조 제3항의 수용·사용 또는 제한에 해당하는 것이 아니라, 도축장 소유자들이 수인하여야 할 사회적 제약으로서 헌법 제23조 제1항의 재산권의 내용과 한계에 해당한다.

⑤ 「친일반민족행위자 재산의 국가귀속에 관한 특별법」(이하 '친일재산귀속법'이라 한다)에 따라 그 소유권이 국가에 귀속되는 '친일재산'의 범위를 '친일반민족행위자가 국권침탈이 시작된 러·일전쟁 개전시부터 1945년 8월 15일까지 일본제국주의에 협력한 대가로 취득하거나 이를 상속받은 재산 또는 친일재산임을 알면서 유증·증여를 받은 재산'으로 규정하고 있는 친일재산귀속법 조항은 재산권을 침해하지 않는다.

① (○) 단기보유자산이 공용수용에 의하여 양도된 경우에도 높은 세율로 중과세하는 것은 부동산 투기를 억제하여 토지라는 한정된 자원을 효율적으로 이용하기 위한 것으로 입법목적의 정당성이 인정되고, 공용수용절차가 상당한 시일이 소요된다는 점에 비추어 공용수용의 경우에도 자산 매수 당시에 매수자 대부분이 부동산 투기 목적이나 투기의 위험성을 가지고 있다고 할 수 있으므로 보유기간을 기준으로 세율을 가중한 것은 입법목적을 달성하기 위하여 적절한 수단이 된다. 심판대상조항은 청구인들의 재산권을 침해하지 아니한다(헌재 2015.6.25. 2014헌바256).

② (×) 사건 법률조항은 수도권에 인구 및 경제·산업시설이 밀집되어 발생하는 문제를 해결하고 국토의 균형 있는 발전을 도모하기 위하여 법인이 과밀억제권역 내에 본점의 사업용 부동산으로 건축물을 신축·증축하여 이를 취득하는 경우 취득세를 중과세하는 조항으로서, 구법과 달리 인구유입과 경제력 집중의 효과가 뚜렷한 건물의 신축, 증축 그리고 부속토지의 취득만을 그 적용대상으로 한정하여 부당하게 중과세할 소지를 제거하였다. 최근 대법원 판결도 구체적인 사건에서 인구유입이나 경제력집중 효과에 관한 판단을 전적으로 배제한 것으로는 보기 어렵다. 따라서 이 사건 법률조항은 거주·이전의 자유와 영업의 자유를 침해하지 아니한다(헌재 2014.7.24. 2012헌바408).

③ (○) 금전은 교환수단일 뿐만 아니라 가치저장수단으로서 자본의 축적에 이바지하므로, 금전을 인도받아 보유하고 있는 자체로 금전에 대한 운용이익을 얻고 있다고 볼 수 있다. 따라서 계약 해제에 따라 금전을 원상회복으로 반환하는 경우 그 받은 날로부터 이자를 지급하도록 한 것은 계약이 체결되지 않았을 경우에 나타났을 원래의 상황을 회복한다는 계약 해제 제도의 정당한 목적 달성을 위한 합리적 수단이다. 계약 해제의 경위·계약 당사자의 귀책사유 등 제반 사정은 계약 해제로 인한 손해배상의 범위를 정할 때 고려된다. 따라서 민법 제548조 제2항은 원상회복의무자의 재산권을 침해하지 않는다(헌재 2017.5.25. 2015헌바421).

④ (○) 도축장 사용정지·제한명령은 구제역과 같은 가축전염병의 발생과 확산을 막기 위한 것이고, 도축장 사용정지·제한명령이 내려지면 국가가 도축장 영업권을 강제로 취득하여 공익 목적으로 사용하는 것이 아니라 소유자들이 일정기간 동안 도축장을 사용하지 못하게 되는 효과가 발생할 뿐이다. 이와 같은 재산권에 대한 제약의 목적과 형태에 비추어 볼 때, 도축장 사용정지·제한명령은 공익목적을 위하여 이미 형성된 구체적 재산권을 박탈하거나 제한하는 헌법 제23조 제3항의 수용·사용 또는 제한에 해당하는 것이 아니라, 도축장 소유자들이 수인하여야 할 사회적 제약으로서 헌법 제23조 제1항의 재산권의 내용과 한계에 해당한다(헌재 2015.10.21. 2012헌바367).

⑤ (○) 사건 친일재산조항은 정의를 구현하고 민족의 정기를 바로 세우며 일제에 저항한 3·1운동의 헌법이념을 구현하기 위하여, 친일반민족행위로 축재한 재산을 친일재산으로 규정하여 국가에 귀속시킬 수 있도록 하기 위한 것으로서, 입법목적의 정당성 및 수단의 적합성이 인정된다. 과거사 청산의 정당성과 진정한 사회통합의 가치를 고려할 때 이 사건 친일재산조항의 공익적 중대성은 막중하고, 이 사건 친일재산조항으로 인한 친일반민족행위자 등의 재산권에 대한 제한의 정도가 위 조항에 의하여 보장되는 공익에 비하여 결코 중하다고 볼 수 없으므로, 위 조항이 법익의 균형성에 반한다고 볼 수 없다. 결국 이 사건 친일재산조항이 과잉금지원칙을 위반하여 재산권을 침해한다고 할 수 없다(헌재 2018.4.26. 2016헌바454).

[2019년 국회 8급] ②

재산권에 대한 설명으로 옳지 않은 것은? (다툼이 있는 경우 판례에 의함)

① 재산권의 내용을 새로이 형성하는 법률이 합헌적이기 위해서는 장래에 적용될 법률이 헌법에 합치하여야 하고, 나아가 과거의 법적 상태에 의하여 부여된 구체적 권리에 대한 침해를 정당화하는 이유가 존재하여야 한다.

② 장기미집행 도시계획시설결정의 실효제도는 도시계획시설부지로 하여금 도시계획시설결정으로 인한 사회적 제약으로부터 벗어나게 하는 것으로서 결과적으로 개인의 재산권이 보다 보호되는 측면이 있는 것은 사실이며, 이와 같은 보호는 헌법상 재산권으로부터 당연히 도출되는 권리이다.

③ 재산권의 행사는 공공복리에 적합하도록 하여야 하며, 공공필요에 의한 재산권의 수용·사용 또는 제한 및 그에 대한 보상은 법률로써 하되, 정당한 보상을 지급하여야 한다.

④ 헌법상의 재산권은 토지소유자가 이용 가능한 모든 용도로 토지를 사용할 권리나 가장 경제적 또는 효율적으로 사용할 수 있는 권리를 보장하는 것은 아니므로 입법자는 중요한 공익상의 이유로 토지를 일정 용도로 사용하는 권리를 제한하거나 제외할 수 있다.

① (○) 재산권이 헌법 제23조에 의하여 보장된다고 하더라도, 입법자에 의하여 일단 형성된 구체적 권리가 그 형태로 영원히 지속될 것이 보장된다고까지 하는 의미는 아니다. 재산권의 내용과 한계를 정할 입법자의 권한은 장래에 발생할 사실관계에 적용될 새로운 권리를 형성하고 그 내용을 규정할 권한뿐만 아니라, 더 나아가 과거의 법에 의하여 취득한 구체적인 법적 지위에 대하여까지도 그 내용을 새로이 형성할 수 있는 권한을 포함하고 있는 것이다. 그러나 이러한 입법자의 권한이 무제한적인 것은 아니다. 이 경우 입법자는 재산권을 새로이 형성하는 것이 구법에 의하여 부여된 구체적인 법적 지위에 대한 침해를 의미한다는 것을 고려하여야 한다. 따라서 재산권의 내용을 새로이 형성하는 규정은 비례의 원칙을 기준으로 판단하였을 때 공익에 의하여 정당화되는 경우에만 합헌적이다. 즉 재산권의 내용을 새로이 형성하는 법률이 합헌적이기 위하여서는 장래에 적용될 법률이 헌법에 합치하여야 할 뿐만 아니라, 또한 과거의 법적 상태에 의하여 부여된 구체적 권리에 대한 침해를 정당화하는 이유가 존재하여야 하는 것이다(헌재 1999.4.29. 94헌바37).

② (×) 장기미집행 도시계획시설결정의 실효제도는 도시계획시설부지로 하여금 도시계획시설결정으로 인한 사회적 제약으로부터 벗어나게 하는 것으로서 결과적으로 개인의 재산권이 보다 보호되는 측면이 있는 것은 사실이나, 이와 같은 보호는 입법자가 새로운 제도를 마련함에 따라 얻게 되는 법률에 기한 권리일 뿐 헌법상 재산권으로부터 당연히 도출되는 권리는 아니다(헌재 2005.9.29. 2002헌바84).

③ (○) 헌법 제23조 ②재산권의 행사는 공공복리에 적합하도록 하여야 한다. ③공공필요에 의한 재산권의 수용·사용 또는 제한 및 그에 대한 보상은 법률로써 하되, 정당한 보상을 지급하여야 한다.

④ (○) 헌법상의 재산권은 토지소유자가 이용 가능한 모든 용도로 토지를 사용할 권리나 가장 경제적 또는 효율적으로 사용할 수 있는 권리를 보장하는 것은 아니므로 입법자는 중요한 공익상의 이유로 토지를 일정 용도로 사용하는 권리를 제한하거나 제외할 수 있다. 도시계획시설의 지정으로 인한 개발가능성의 소멸과 그에 따른 지가의 하락, 수용시까지 토지를 종래의 용도대로만 이용해야 할 현상유지의무 등은 토지소유자가 감수해야 하는 사회적 제약의 범주에 속하는 것이다(헌재 1999.10.21. 97헌바26). [2016년 지방 7급] ②

재산권 제한에 관한 다음 설명 중 가장 옳지 않은 것은?

① 재산권에 대한 제약이 비례원칙에 합치하는 것이라면 그 제약은 재산권자가 수인하여야 하는 사회적 제약의 범위 내에 있는 것이고, 반대로 재산권에 대한 제약이 비례원칙에 반하여 과잉된 것이라면 그 제약은 재산권자가 수인하여야 하는 사회적 제약의 한계를 넘는 것이다.

② 개발제한구역 지정 당시의 상태대로 토지를 사용·수익·처분할 수 있는 이상, 자신의 토지를 장래에 건축이나 개발목적으로 사용할 수 있으리라는 기대가능성이나 신뢰 및 이에 따른 지가상승의 기회는 원칙적으로 재산권의 보호범위에 속하지 않는다.

③ 개발제한구역의 지정으로 말미암아 예외적으로 토지를 종래의 목적으로도 사용할 수 없거나 또는 법률상으로 허용된 토지이용의 방법이 없기 때문에 실질적으로 토지의 사용·수익권이 폐지된 경우에는 토지소유자가 수인해야 할 사회적 제약의 정도를 넘는 것이라고 보아야 한다.

④ 도시계획시설의 지정으로 말미암아 당해 토지의 이용가능성이 배제되거나 또는 토지소유자가 토지를 종래 허용된 용도대로도 사용할 수 없기 때문에 이로 말미암아 현저한 재산적 손실이 발생하는 경우에는, 원칙적으로 사회적 제약의 범위를 넘는 수용적 효과를 인정하여 국가나 지방자치단체는 이에 대한 보상을 해야 한다.

⑤ 토지소유자가 수인해야 할 사회적 제약의 정도를 넘는 경우에도 아무런 보상 없이 재산권의 과도한 제한을 감수해야 하는 의무를 부과하는 것은 위헌이다. 이러한 경우 입법자는 비례의 원칙을 충족시키고 이로써 법률의 위헌성을 제거하기 위하여 예외적으로 발생한 특별한 부담에 대하여 보상규정을 두어야 하는데, 여기에서 보상이란 헌법상 정당보상원칙에 따라 금전보상만을 의미한다.

① (○) 재산권에 대한 제약이 비례원칙에 합치하는 것이라면 그 제약은 재산권자가 수인하여야 하는 사회적 제약의 범위 내에 있는 것이고, 반대로 재산권에 대한 제약이 비례원칙에 반하여 과잉된 것이라면 그 제약은 재산권자가 수인하여야 하는 사회적 제약의 한계를 넘는 것이다(헌재 2005.9.29. 2002헌바84).

② (○) 개발제한구역의 지정으로 인한 개발가능성의 소멸과 그에 따른 지가의 하락이나 지가상승률의 상대적 감소는 토지소유자가 감수해야 하는 사회적 제약의 범주에 속하는 것으로 보아야 한다. 자신의 토지를 장래에 건축이나 개발목적으로 사용할 수 있으리라는 기대가능성이나 신뢰 및 이에 따른 지가상승의 기회는 원칙적으로 재산권의 보호범위에 속하지 않는다. 구역지정 당시의 상태대로 토지를 사용·수익·처분할 수 있는 이상, 구역지정에 따른 단순한 토지이용의 제한은 원칙적으로 재산권에 내재하는 사회적 제약의 범주를 넘지 않는다(헌재 1998.12.24. 89헌마214).

③ (○) 구역지정으로 인하여 예외적으로 토지를 종래의 목적으로도 사용할 수 없거나 또는 더 이상 법적으로 허용된 토지이용의 방법이 없기 때문에 실질적으로 토지의 수용·수익의 길이 없는 경우에는 토지의 소유권은 이름만 남았을 뿐 알맹이가 없는 것이므로 토지소유자가 수인해야 하는 사회적 제약의 한계를 넘는 것으로 보아야 한다(헌재 1998.12.24. 89헌마214).

④ (○) 도시계획시설의 지정으로 말미암아 당해 토지의 이용가능성이 배제되거나 또는 토지소유자가 토지를 종래 허용된 용도대로도 사용할 수 없기 때문에 이로 말미암아 현저한 재산적 손실이 발생하는 경우에는, 원칙적으로 사회적 제약의 범위를 넘는 수용적 효과를 인정하여 국가나 지방자치단체는 이에 대한 보상을 해야 한다(헌재 1999.10.21. 97헌바26).

⑤ (×) 입법자가 도시계획법 제21조를 통하여 국민의 재산권을 비례의 원칙에 부합하게 합헌적으로 제한하기 위해서는, 수인의 한계를 넘어 가혹한 부담이 발생하는 예외적인 경우에는 이를 완화하는 보상규정을 두어야 한다. 재산권의 침해와 공익 간의 비례성을 다시 회복하기 위한 방법은 헌법상 반드시 금전보상만을 해야 하는 것은 아니다. 입법자는 지정의 해제 또는 토지매수청구권제도와 같이 금전보상에 갈음하거나 기타 손실을 완화할 수 있는 제도를 보완하는 등 여러 가지 다른 방법을 사용할 수 있다(헌재 1999.10.21. 97헌바26).

[2018년 법무사] ⑤

다음 중 헌법재판소가 재산권으로 인정한 사례를 모두 고른 것은?

ㄱ. 강제집행권	ㄴ. 주주권
ㄷ. 개인택시면허	ㄹ. 정당한 지목을 등록함으로써 얻는 이익
ㅁ. 구 민법상 법정혈족관계로 인정되던 계모자 사이의 상속권	
ㅂ. 소멸시효의 기대이익	

① ㄱ, ㄴ, ㄷ ② ㄴ, ㄷ, ㄹ

③ ㄴ, ㄷ, ㄹ, ㅁ ④ ㄴ, ㄷ, ㄹ, ㅁ, ㅂ

ㄱ. (×) 강제집행은 채권자의 신청에 의하여 국가의 집행기관이 채권자를 위하여 채무명의에 표시된 사법상의 이행청구권을 국가권력에 의하여 강제적으로 실현하는 법적 절차를 지칭하는 것이다. 강제집행권은 국가가 보유하는 통치권의 한 작용으로서 민사사법권에 속하는 것이고, 채권자인 청구인들은 국가에 대하여 강제집행권의 발동을 구하는 공법상의 권능인 강제집행청구권만을 보유하고 있을 따름으로서 청구인들이 강제집행권을 침해받았다고 주장하는 권리는 헌법 제23조 제3항 소정의 재산권에 해당되지 아니한다(헌재 1998.5.28. 96헌마44).

ㄴ. (○) 주주권은 비록 주주의 자격과 분리하여 양도·질권 설정 ·압류할 수 없고 시효에 걸리지 않아 보통의 채권과는 상이한 성질을 갖지만, 다른 한편 주주의 자격과 함께 사용(결의)·수익(담보제공)·처분(양도·상속)할 수 있다는 점에서는 분명히 사적유용성 및 그에 대한 원칙적 처분권을 내포하는 재산가치 있는 권리로 볼 수 있으므로 헌법상 재산권 보장의 대상에 해당한다(헌재 2008.12.26. 2005헌바34).

ㄷ. (○) 개인택시운송사업자는 장기간의 모범적인 택시운전에 대한 보상의 차원에서 개인택시면허를 취득하였거나, 고액의 프리미엄을 지급하고 개인택시면허를 양수한 사람들이므로 개인택시면허는 자신의 노력으로 혹은 금전적 대가를 치르고 얻은 재산권이다(헌재 2012.3.29. 2010헌마443).

ㄹ. (○) 지목에 관한 등록이나 등록변경 또는 등록의 정정은 단순히 토지행정의 편의나 사실증명의 자료로 삼기 위한 것에 그치는 것이 아니라, 해당 토지소유자의 재산권에 크건 작건 영향을 미친다고 볼 것이며, 정당한 지목을 등록함으로써 토지소유자가 누리게 될 이익은 국가가 헌법 제23조에 따라 보장하여 주어야 할 재산권의 한 내포로 봄이 상당하다(헌재 1999.6.24. 97헌마315).

ㅁ. (○) 구 민법상 법정혈족관계로 인정되던 계모자 사이의 상속권도 헌법상 보호되는 재산권이라고 볼 수 있는바, 이 사건에서는 1990년 개정 민법에서 계모자 사이에 상속을 인정하지 않는 것에서 더 나아가 그 시행 이전에 이미 계모자관계가 성립된 경우에도 이후의 계모의 사망으로 인한 상속을 인정하지 않는 것이 소급입법에 의한 재산권 침해에 해당하는지 여부 및 재산권 보장에 관한 신뢰보호원칙에 위반되는지 여부가 문제된다(헌재 2011.2.24. 2009헌바89).

ㅂ. (×) 국가의 납입의 고지로 인하여 시효중단의 효력을 종국적으로 받지 않고 계속하여 소멸시효를 누릴 기대이익은 헌법적으로 보호될만한 재산권적 성질의 것은 아니며 단순한 기대이익에 불과하다고 볼 것이므로 이 사건 법률조항에 의하여 청구인의 재산권이 제한되거나 침해될 여지는 없다(헌재 2004.3.25. 2003헌바22). [2022년 법원 9급] ③

재산권에 대한 헌법재판소 결정으로 옳지 않은 것은?

① 종전의 관행어업권자들에게 (구)「수산업법」 시행일부터 2년 이내에 어업권원부에 등록을 하도록 하고 그 기간 내에 등록하지 아니한 경우 관행어업권을 소멸하게 하는 것은 지나친 재산권의 제한에 해당하지 아니한다.

② 물건에 대한 재산권 행사에 비하여 동물에 대한 재산권 행사는 사회적 연관성과 사회적 기능이 적다 할 것이므로 이를 제한하는 경우 입법재량의 범위를 좁게 인정함이 타당하다.

③ 「사립학교교직원 연금법」상 퇴직급여 및 퇴직수당을 받을 권리는 사회적 기본권의 하나인

사회보장수급권인 동시에 경제적 가치가 있는 권리로서 헌법 제23조에 의하여 보장되는 재산권이다.

④ 수분양자가 아닌 개발사업자를 부과대상으로 하는 학교용지부담금에 관한 「학교용지 확보 등에 관한 특례법」 관련 조항은 교육의 기회를 균등하게 보장해야 한다는 공익과 개발사업자의 재산적 이익이라는 사익을 적절히 형량하고 있으므로 개발사업자의 재산권을 과도하게 침해하지 아니한다.

① (○) 사건 법률조항은 그 입법목적이 정당하고, 입법목적 달성을 위하여 등록만을 하도록 요구하고 있으므로 그 방법도 적절하며, 종전의 관행어업권자들에게 구 수산업법 시행일로부터 2년 이내에 어업권원부에 등록을 하도록 함으로써 그 기간 내에 등록하지 아니한 관행어업권자의 관행어업권을 소멸하게 하는 것도 지나친 기본권 제한에 해당하지 아니한다(헌재 1999.7.22. 97헌바76).

② (×) 일반적인 물건에 대한 재산권 행사에 비하여 동물에 대한 재산권 행사는 사회적 연관성과 사회적 기능이 매우 크다 할 것이므로 이를 제한하는 경우 입법재량의 범위를 폭넓게 인정함이 타당하다. 그러므로 이 사건 법률조항이 과잉금지원칙을 위반하여 재산권을 침해하는지 여부를 살펴보되 심사기준을 완화하여 적용함이 상당하다(헌재 2013.10.24. 2012헌바431).

③ (○) 사립학교교직원 연금법상의 퇴직급여 및 퇴직수당을 받을 권리는 사회적 기본권의 하나인 사회보장수급권임과 동시에 경제적 가치가 있는 권리로서 헌법 제23조에 의하여 보장되는 재산권이다. 재직 중의 사유로 금고 이상의 형을 선고받아 처벌받음으로써 기본적 죗값을 받은 사립학교 교원에게 다시 당연퇴직이란 사립학교 교원의 신분상실의 치명적인 법익 박탈을 가하고 이로부터 더 나아가 다른 특별한 사정도 없이 직무관련 범죄 여부, 고의 또는 과실범 여부 등을 묻지 않고 퇴직급여과 퇴직수당을 일률적으로 감액하는 것은 사립학교 교원의 범죄를 예방하고 사립학교 교원이 재직 중 성실히 근무하고 직무상 의무를 위반하지 않도록 유도한다는 이 사건 법률조항의 입법목적을 달성하는 데 적합한 수단이라고 볼 수 없고, 과도한 재산권의 제한으로서 심히 부당하며 침해되는 사익에 비해 지나치게 공익만을 강조한 것이다(헌재 2010.7.29. 2008헌가15).

④ (○) 사건 법률조항에 의한 학교용지부담금은 학교용지 확보를 위한 새로운 재원의 마련이라는 정당한 입법목적을 달성하기 위한 적절한 수단으로서 교육의 기회를 균등하게 보장해야 한다는 공익과 개발사업자의 재산적 이익이라는 사익을 적절히 형량하고 있으므로 이 사건 법률조항은 개발사업자의 재산권을 과도하게 침해하지 아니한다(헌재 2008.9.25. 2007헌가1). [2015년 국가 7급] ②

재산권에 관한 다음 설명 중 가장 옳지 않은 것은? (다툼이 있는 경우 헌법재판소 결정에 의함)

① 영화관 관람객이 입장권 가액의 100분의 3을 부담하도록 하는 영화상영관 입장권 부과금 제도는, 영화라는 특정 산업의 진흥에 직접적 근접성 및 책임과 효용성이 인정되는 집단은 영화산업의 종사자들임에도 불구하고 영화관 관람객에 대해 부과하는 것으로서, 재정조달 목적 부담금의 헌법적 허용한계를 벗어나 영화관 관람객의 재산권을 침해하는 것이다.

② 개발사업자는 개발사업을 통해 이익을 얻었다는 점에서 개발사업 지역에서의 학교시설 확보라는 특별한 공익사업에 대해 밀접한 관련성을 가지고 있을 뿐만 아니라 이에 대해 일정한 부담을 져야 할 책임도 가지고 있는바, 개발사업자에 대한 학교용지부담금 부과는 평등원칙에 위배되지 아니하고, 개발사업자의 재산권을 과도하게 침해한다고 볼 수도 없다.

③ 선의취득의 인정 여부는 무권리자로부터의 동산의 양수인이 그 소유권을 취득하기 위한 요건의 문제에 불과하므로, 일정한 문화재에 대하여 선의취득을 배제하는 법률 규정에 의하여 그동안 문화재의 양수인이 그 문화재의 소유권을 취득할 기회를 제한받는다고 하더라도

그와 같이 제한된 기회가 헌법 제23조 제1항에 의하여 보호되는 재산권에 해당한다고 볼 수는 없다.

④ 국가가 국민을 강제로 건강보험에 가입시키고 경제적 능력에 따라 보험료를 납부하도록 하는 것은 재산권에 대한 제한이 되지만, 이러한 제한은 정당한 국가목적을 달성하기 위하여 부득이한 것이고, 가입강제와 보험료의 차등부과로 인하여 달성되는 공익은 그로 인하여 침해되는 사익에 비하여 월등히 크다고 할 수 있으므로, 재산권을 침해한다고 볼 수 없다.

① (×) 영화예술의 질적 향상과 한국영화 및 영화·비디오물산업의 진흥·발전의 토대를 구축하기 위한 영화발전기금의 안정적 재원 마련이라는 정당한 입법목적을 위한 것으로 헌법적으로 정당화되는 재정조달목적 부담금으로서 목적 달성에 적합한 수단이다. 그러므로 영화상영관 입장권에 대한 부과금 제도는 과잉금지원칙에 반하여 영화관 관람객의 재산권과 영화관 경영자의 직업수행의 자유를 침해하였다고 볼 수 없다(헌재 2008.11.27. 2007헌마860).

② (○) 개발사업자는 개발사업을 통해 이익을 얻었다는 점에서 개발사업 지역에서의 학교시설 확보라는 특별한 공익사업에 대해 밀접한 관련성을 가지고 있을 뿐만 아니라 이에 대해 일정한 부담을 져야 할 책임도 가지고 있는바, 개발사업자에 대한 학교용지부담금부과는 평등원칙에 위배되지 아니한다. 이 사건 법률조항은 개발사업자의 재산권을 과도하게 침해하지 아니한다(헌재 2008.9.25. 2007헌가1).

③ (○) 선의취득의 인정 여부는 무권리자로부터의 동산의 양수인이 그 소유권을 취득하기 위한 요건의 문제로서 이 사건 선의취득 배제조항에 의하여 일정한 동산문화재의 양수인은 그 문화재의 소유권을 취득할 기회를 제한받을 뿐이며, 이러한 기회는 사적 유용성 및 그에 대한 원칙적 처분권을 내포하는 재산가치 있는 구체적 권리로서 헌법 제23조 제1항에 의하여 보호되는 재산권에 해당하지 아니한다(헌재 2009.7.30. 2007헌마870).

④ (○) 국가가 국민을 강제로 건강보험에 가입시키고 경제적 능력에 따라 보험료를 납부하도록 하는 것은 행복추구권으로부터 파생하는 일반적 행동의 자유의 하나인 공법상의 단체에 강제로 가입하지 아니할 자유와 정당한 사유 없는 금전의 납부를 강제당하지 않을 재산권에 대한 제한이 되지만, 이러한 제한은 정당한 국가목적을 달성하기 위하여 부득이한 것이고, 가입강제와 보험료의 차등부과로 인하여 달성되는 공익은 그로 인하여 침해되는 사익에 비하여 월등히 크다고 할 수 있으므로, 헌법상의 행복추구권이나 재산권을 침해한다고 볼 수 없다(헌재 2003.10.30. 2000헌마801). [2016년 법원 9급] ①

재산권에 대한 설명으로 가장 옳은 것은?

① 도로 등 영조물 주변 일정 범위에서 관할 관청 또는 소유자 등의 허가나 승낙 하에서만 광업권자의 채굴행위를 허용하는 것은 광업권자의 재산권을 침해하지 아니한다.

② 건축허가를 받은 자가 1년 이내에 공사에 착수하지 아니한 경우 건축허가를 필수적으로 취소하도록 규정한 것은 건축주의 재산권을 침해한다.

③ 교원의 정년을 단축하여 계속 재직하면서 재화를 획득할 수 있는 기회를 박탈하는 것은 재산권 침해이다.

④ 성매매에 제공되는 사실을 알면서 건물을 제공하는 행위를 한 자를 처벌하는 것은 집창촌에서 건물을 소유하거나 그 관리권한을 가지고 있는 자의 재산권을 침해한다.

① (○) 심판대상조항은 광업권이 정당한 토지사용권 등 공익과 충돌하는 것을 조정하는 정당한 입법목적이 있고, 도로와 일정 거리 내에서는 허가 또는 승낙 하에서만 채굴할 수 있도록 하는 것은 적절한 수단이 되며, 또한 광업권의 특성을 감안할 때 심판대상조항에 의한 제한은

광업권자가 수인하여야 하는 사회적 제약의 범주에 속하는 것이다. 따라서 심판대상조항은 광업권자의 재산권을 침해하지 아니한다(헌재 2014.2.27. 2010헌바483).

② (×) 사건 법률조항은 건축행위의 규제에 있어 건축물과 관련된 안전의 확보 및 위험의 방지뿐만 아니라 국토의 효율적인 이용 및 환경보전 등 다양한 공익적 요소를 시의에 맞도록 합리적으로 반영하기 위한 것이므로 그 입법목적의 정당성이 인정되고, 따라서 이 사건 법률조항은 헌법 제23조 제1항이 정하는 건축주의 토지재산권을 제한함에 있어 헌법 제37조 제2항의 과잉금지원칙을 위반하지 아니하였으므로, 건축주인 청구인들의 재산권을 침해한다고 할 수 없다(헌재 2010.2.25. 2009헌바70).

③ (×) 재산권은 사적 유용성 및 그에 대한 원칙적 처분을 내포하는 재산가치 있는 구체적 권리이므로 구체적인 권리가 아닌 단순한 이익이나 재화의 획득에 관한 기회(단순한 기대이익·반사적 이익 또는 경제적인 기회) 등은 재산권보장의 대상이 아닌 바, 교원의 정년단축으로 기존 교원이 입는 경제적 불이익은 계속 재직하면서 재화를 획득할 수 있는 기회를 박탈당한다는 것인데 이러한 경제적 기회는 재산권보장의 대상이 아니라는 것이 우리 재판소의 판례이다(헌재 2000.12.14. 99헌마112).

④ (×) 사건 법률조항은 성매매, 성매매알선 등 행위를 근절하고, 성매매피해자의 인권을 보호하는 데에 이바지하고자 하는 것으로서 입법목적의 정당성이 인정되고, 청구인은 성매매가 아닌 다른 목적의 임대를 통해 당해 건물을 사용·수익하는 것이 충분히 가능한 반면, 성매매에 제공되는 사실을 알면서 건물을 제공하는 행위를 규제함으로써 보호하고자 하는 성매매 근절 등의 공익이 더 크고 중요하다는 점을 고려하면, 이 사건 법률조항이 과잉금지원칙에 위반하여 재산권을 침해한다고 할 수 없다(헌재 2012.12.27. 2011헌바235).

[2016년 서울 7급] ①

재산권의 공용수용(공용침해)에 관한 다음 설명 중 가장 옳지 않은 것은? (다툼이 있는 경우 헌법재판소 결정에 의함)

① 공익사업의 시행으로 지가가 상승하여 발생하는 개발이익을 배제하고 손실보상액을 산정한다 하여 헌법이 규정한 정당보상의 원리에 어긋난다고 볼 수 없다.

② 헌법 제23조 제3항이 규정하는 '정당한 보상'이란 원칙적으로 피수용재산의 객관적인 가치를 완전하게 보상하는 것이어야 한다는 완전한 보상을 의미한다.

③ 공용수용으로 생업의 근거를 상실한 자에 대하여 상업용지 또는 상가분양권 등을 공급하는 생활대책은 헌법 제23조 제3항에 규정된 정당한 보상에 포함되므로 생활대책 수립 여부는 입법자의 입법정책적 재량의 영역에 속하지 아니한다.

④ 수용의 주체가 민간기업이라는 것 자체만으로 공공필요성을 갖추지 못한 것으로 볼 수는 없다.

① (○) 공익사업법 제67조 제2항은 보상액을 산정함에 있어 당해 공익사업으로 인한 개발이익을 배제하는 조항인데, 공익사업의 시행으로 지가가 상승하여 발생하는 개발이익은 사업시행자의 투자에 의한 것으로서 피수용자인 토지소유자의 노력이나 자본에 의하여 발생하는 것이 아니므로, 이러한 개발이익은 형평의 관념에 비추어 볼 때 토지소유자에게 당연히 귀속되어야 할 성질의 것이 아니고, 또한 개발이익은 공공사업의 시행에 의하여 비로소 발생하는 것이므로, 그것이 피수용 토지가 수용 당시 갖는 객관적 가치에 포함된다고 볼 수도 없다. 따라서 개발이익은 그 성질상 완전보상의 범위에 포함되는 피수용자의 손실이라고 볼 수 없으므로, 이러한 개발이익을 배제하고 손실보상액을 산정한다 하여 헌법이 규정한 정당한 보상의 원칙에 위반되지 않는다(헌재 2009.12.29. 2009헌바142).

② (○) 헌법 제23조 제3항이 규정하는 정당한 보상이란 원칙적으로 피수용재산의 객관적인 재산가치를 완전하게 보상하는 것이어야 한다는 완전보상을 의미한다(헌재 1995.4.20. 93헌바20 등).

③ (×) 생업의 근거를 상실하게 된 자에 대하여 일정 규모의 상업용지 또는 상가분양권 등을 공급하는 생활대책은 헌법 제23조 제3항에

규정된 정당한 보상에 포함되는 것이라기보다는 생활보상의 일환으로서 국가의 정책적인 배려에 의하여 마련된 제도이므로, 그 실시 여부는 입법자의 입법정책적 재량의 영역에 속한다. 이 사건 법률조항이 공익사업의 시행으로 인하여 농업 등을 계속할 수 없게 되어 이주하는 농민 등에 대한 생활대책 수립의무를 규정하고 있지 않다는 것만으로 재산권을 침해한다고 볼 수 없다(헌재 2013.7.25. 2012헌바71).

④ (○) 사건 수용조항은 산업입지의 원활한 공급과 산업의 합리적 배치를 통하여 균형 있는 국토개발과 지속적인 산업발전을 촉진함으로써 국민경제의 건전한 발전에 이바지하고자 하고, 나아가 산업의 적정한 지방 분산을 촉진하고 지역경제의 활성화를 목적으로 하는 것이다. 또한 산업입지법상 규정들은 산업단지개발사업의 시행자인 민간기업이 자신의 이윤추구에 치우친 나머지 애초 산업단지를 조성함으로써 달성, 견지하고자 한 공익목적을 해태하지 않도록 규율하고 있다는 점도 함께 고려한다면, 이 사건 수용조항은 헌법 제23조 제3항의 '공공필요성'을 갖추고 있다(헌재 2009.9.24. 2007헌바114). [2017년 법원 9급] ③

A도 甲군수는 「지역균형개발 및 지방중소기업 육성에 관한 법률」에 따라 지역개발사업을 실시하기로 결정하였다. 甲군수는 같은 법률에 따라 골프장 및 리조트 건설사업의 시행자로 주식회사 乙을 지정·고시하였다. 乙은 위 사업시행에 필요한 토지의 취득을 위하여 A도 지방토지수용위원회에 수용재결을 신청하였고, 동 위원회는 수용재결을 하였다. 이에 관한 설명 중 옳은 것은? (다툼이 있는 경우 판례에 의함)

① 乙에 의한 공용수용은 헌법 제23조 제3항에 명시되어 있는 대로 국민의 재산권을 그 의사에 반하여 강제적으로라도 취득해야 할 공익적 필요성이 있을 것, 법률에 의거할 것, 정당한 보상을 지급할 것의 요건을 모두 갖추어야 한다.

② 헌법 제23조 제3항에서 규정된 '공공필요' 요건 중 '공익성'은 기본권 일반의 제한사유인 '공공복리'보다 넓은 개념이다.

③ 공공수용에서 공공성의 확보는 입법자가 입법을 할 때 공공성을 갖는가를 판단하면 족하고, 甲이 개별적·구체적으로 당해 사업에 대한 사업인정을 행할 때 별도로 판단할 필요가 없다.

④ 乙의 고급골프장, 고급리조트 건설을 위한 토지수용은 국토균형발전, 지역경제활성화 등의 공공 이익이 인정되는 것으로서 법익의 형량에 있어서 사인의 재산권 보호의 이익보다 월등하게 우월한 공익으로 판단되므로 공공필요에 의한 수용에 해당한다.

⑤ 헌법 제23조 제3항이 규정하는 정당한 보상이란 원칙적으로 피수용재산의 객관적인 재산가치를 완전하게 보상하는 완전보상을 의미하는바, 공시지가를 기준으로 수용된 토지에 대한 보상액을 산정하는 것은 정당보상원칙에 위배된다.

① (○) 공용수용은 헌법 제23조 제3항에 명시되어 있는 대로 국민의 재산권을 그 의사에 반하여 강제적으로라도 취득해야 할 공익적 필요성이 있을 것, 법률에 의거할 것, 정당한 보상을 지급할 것의 요건을 모두 갖추어야 한다(헌재 1994.2.24. 92헌가15).

② (×) 오늘날 공익사업의 범위가 확대되는 경향에 대응하여 재산권의 존속 보장과의 조화를 위해서는, '공공필요'의 요건에 관하여, 공익성은 추상적인 공익 일반 또는 국가의 이익 이상의 중대한 공익을 요구하므로 기본권 일반의 제한사유인 '공공복리'보다 좁게 보는 것이 타당하다(헌재 2014.10.30. 2011헌바172).

③ (×) 현재 공용수용이 허용될 수 있는 공익사업은 공익사업을 위한 토지 등의 취득 및 보상에 관한 법률 및 각 개별법에 열거되어 있다.

다만 법이 공용수용할 수 있는 공익사업을 열거하고 있더라도, 이는 공공성 유무를 판단하는 일응의 기준을 제시한 것에 불과하므로, 사업인정의 단계에서 개별적·구체적으로 공공성에 관한 심사를 하여야 한다. 즉 공공성의 확보는 1차적으로 입법자가 입법을 행할 때 일반적으로 당해 사업이 수용이 가능할 만큼 공공성을 갖는가를 판단하고, 2차적으로는 사업인정권자가 개별적·구체적으로 당해 사업에 대한 사업인정을 행할 때 공공성을 판단하는 것이다(헌재 2014.10.30. 2011헌바172).

④ (×) 고급골프장 등 사업은 그 특성상 사업 운영 과정에서 발생하는 지방세수 확보와 지역경제 활성화는 부수적인 공익일 뿐이고, 이 정도의 공익이 그 사업으로 인하여 강제수용당하는 주민들의 기본권침해를 정당화할 정도로 우월하다고 볼 수는 없다. 따라서 이 사건 법률조항은 공익적 필요성이 인정되기 어려운 민간개발자의 지구개발사업을 위해서까지 공공수용이 허용될 수 있는 가능성을 열어두고 있어 헌법 제23조 제3항에 위반된다(헌재 2014.10.30. 2011헌바172).

⑤ (×) 헌법 제23조 제3항이 규정하는 정당한 보상이란 원칙적으로 피수용 재산의 객관적인 재산 가치를 완전하게 보상하는 완전보상을 의미한다. 공시지가를 기준으로 한 보상금액의 산정은 수용 당시의 피수용토지의 객관적 가치를 반영한 것이 된다. 그렇다면 이 사건 토지보상조항은 헌법 제23조 제3항이 규정한 정당보상의 원칙에 위배되지 않는다(헌재 2013.12.26. 2011헌바162).

[2018년 제7회 변호사] ①

재산권에 관한 설명 중 옳지 않은 것은? (다툼이 있는 경우 판례에 의함)

① 헌법 제23조 제3항이 규정하는 '정당한 보상'이란 원칙적으로 피수용재산의 객관적인 재산 가치를 완전하게 보상하는 완전보상을 의미한다.

② 중학교 학교환경위생정화구역 안에서 여관영업을 금지하는 법률조항은, 구체적·개별적으로 형성된 재산권인 여관영업권을 사회적 수인한도를 넘어 박탈하거나 제한하면서 아무런 보상규정을 두지 아니하여 국민의 재산권을 침해한다.

③ 행정기관이 개발촉진지구 지역개발사업으로 실시계획을 승인하고 이를 고시하기만 하면 고급골프장 사업과 같이 공익성이 낮은 사업에 대해서까지도 시행자인 민간개발자에게 수용권한을 부여하는 법률 조항은 (헌법) 제23조 제3항에 위반된다.

④ 공익사업을 수행하는 자는 동일한 토지소유자에 속하는 일단의 토지의 일부가 취득되거나 사용됨으로 인하여 잔여지의 가격이 감소하거나 그 밖의 손실이 있는 때에는 원칙적으로 국토교통부령으로 정하는 바에 따라 그 손실을 보상하여야 한다.

⑤ 개발제한구역 지정 당시의 상태대로 토지를 사용·수익·처분할 수 있는 이상, 구역지정에 따른 단순한 토지이용의 제한은 원칙적으로 재산권에 내재하는 사회적 제약의 범주를 넘지 않는다.

① (○) 헌법 제23조 제3항이 규정하는 정당한 보상이란 원칙적으로 피수용재산의 객관적인 재산가치를 완전하게 보상하는 것이어야 한다는 완전보상을 의미한다(헌재 1995.4.20. 93헌바20).

② (×) 사건 법률조항은 여관의 유해환경으로부터 중학교 학생들을 보호하여 중학교 교육의 능률화를 기하려는 것으로서 그 입법목적의 정당성이 인정되고, 유해환경으로서의 특성을 갖는 여관영업을 정화구역 안에서 금지한 것은 입법목적을 달성하기 위하여 효과적이고 적절한 방법의 하나라고 할 수 있어서 수단의 적정성도 인정된다. 따라서 이 사건 법률조항은 비례의 원칙을 위반하여 직업수행의 자유 및 재산권을 침해하지 않는다(헌재 2011.10.25. 2010헌바384).

③ (○) 사건에서 문제된 지구개발사업의 하나인 '관광휴양지 조성사업' 중에는 고급골프장, 고급리조트 등(이하 '고급골프장 등'이라 함)의 사업과 같이 입법목적에 대한 기여도가 낮을 뿐만 아니라, 대중의 이용·접근가능성이 작아 공익성이 낮은 사업도 있다. 따라서 이 사건

법률조항은 공익적 필요성이 인정되기 어려운 민간개발자의 지구개발사업을 위해서까지 공공수용이 허용될 수 있는 가능성을 열어두고 있어 헌법 제23조 제3항에 위반된다(헌재 2014.10.30. 2011헌바172).

④ (○) 공익사업을 위한 토지 등의 취득 정보 및 보상에 관한 법률 제73조(잔여지의 손실과 공사비 보상) ①사업시행자는 동일한 수유자에게 속하는 일단의 토지의 일부가 취득되거나 사용됨으로 인하여 잔여지의 가격이 감소하거나 그 밖의 손실이 있을 때 또는 잔여지에 통로·도랑·담장 등의 신설이나 그 밖의 공사가 필요할 때에는 국토교통부령으로 정하는 바에 따라 그 손실이나 공사의 비용을 보상하여야 한다. 다만, 잔여지의 가격 감소분과 잔여지에 대한 공사의 비용을 합한 금액이 잔여지의 가격보다 큰 경우에는 사업시행자는 그 잔여지를 매수할 수 있다.

⑤ (○) 자신의 토지를 장래에 건축이나 개발목적으로 사용할 수 있으리라는 기대가능성이나 신뢰 및 이에 따른 지가상승의 기회는 원칙적으로 재산권의 보호범위에 속하지 않는다. 구역지정 당시의 상태대로 토지를 사용·수익·처분할 수 있는 이상, 구역지정에 따른 단순한 토지이용의 제한은 원칙적으로 재산권에 내재하는 사회적 제약의 범주를 넘지 않는다(헌재 1998.12.24. 89헌마214).

[2016년 제5회 변호사] ②

헌법상 재산권의 보호대상에 해당하는 것으로만 묶인 것은? (다툼이 있는 경우 헌법재판소 판례에 의함)

㉠ 환매권	㉡ 의료보험조합의 적립금	㉢ 상속권
㉣ 의료급여수급권	㉤ 「사학연금법」상 연금수급권	

① ㉠, ㉡, ㉢　　② ㉠, ㉢, ㉤

③ ㉡, ㉣, ㉤　　④ ㉢, ㉣, ㉤

㉠ (○) 토지수용법 제71조 소정의 환매권은 헌법상의 재산권 보장 규정으로부터 도출되는 것으로서 헌법이 보장하는 재산권의 내용에 포함되는 권리이며, 피수용자가 손실보상을 받고 소유권의 박탈을 수인할 의무는 그 재산권의 목적물이 공공사업에 이용되는 것을 전제로 하기 때문에 위 헌법상 권리는 피수용자가 수용 당시 이미 정당한 손실보상을 받았다는 사실로 말미암아 부인되지 않는다(헌재 1994.2.24. 92헌가15).

㉡ (×) 사회보험법상의 지위는 청구권자에게 구체적인 급여에 대한 법적 권리가 인정되어 있는 경우에 한하여 재산권의 보호대상이 된다. 그러나 이 사건 적립금의 경우, 법률이 조합의 해산이나 합병시 적립금을 청구할 수 있는 조합원의 권리를 규정하고 있지 않을 뿐만 아니라, 공법상의 권리인 사회보험법상의 권리가 재산권보장의 보호를 받기 위해서는 법적 지위가 사적 이익을 위하여 유용한 것으로서 권리주체에게 귀속될 수 있는 성질의 것이어야 하는데, 적립금에는 사법상의 재산권과 비교될 만한 최소한의 재산권적 특성이 결여되어 있다. 따라서 의료보험조합의 적립금은 헌법 제23조에 의하여 보장되는 재산권의 보호대상이라고 볼 수 없다(헌재 2000.6.29. 99헌마289).

㉢ (○) 상속권은 재산권의 일종이므로 상속제도나 상속권의 내용은 입법자가 입법정책적으로 결정하여야 할 사항으로서 원칙적으로 입법자의 입법형성의 자유에 속한다고 할 것이지만, 입법자가 상속제도와 상속권의 내용을 정함에 있어서 입법형성권을 자의적으로 행사하여 헌법 제37조 제2항이 규정하는 기본권제한의 입법한계를 일탈하는 경우에는 그 법률조항은 헌법에 위반된다(헌재 1998.8.27. 96헌가22).

㉣ (×) 청구인들이 침해되었다고 주장하는 의료급여수급권은 공공부조의 일종으로 순수하게 사회정책적 목적에서 주어지는 권리이다. 그렇다면 이는 개인의 노력과 금전적 기여를 통하여 취득되는 재산권의 보호대상에 포함된다고 보기 어렵고, 따라서 본인부담금제 및 선택병의원제를 규정한 이 사건 시행령 및 시행규칙 규정들로 인해 청구인들의 재산권이 침해된다고 할 수 없다(헌재 2009.9.24. 2007헌마1092).

㉤ (○) 사학연금법상 연금제도는 공무원연금법상 연금제도와 그 적용 대상이 서로 달라 각각 독립하여 운영되고 있을 뿐 동일한 사회적 위험에 대비하기 위한 하나의 통일적인 제도라고 할 것인바, 사학연금법상 각종 급여는 모두 사회보험에 입각한 사회보장적 급여로서의 성격을 가짐과 동시에 공로보상 내지 후불임금으로서의 성격도 함께 가지고, 특히 퇴직연금수급권은 사회보장적 급여인 동시에 경제적인 가치가 있는 권리로서 헌법 제23조에 의하여 보장되는 재산권으로서의 성격을 지닌다(헌재 2009.7.30. 2007헌바113).

[2019년 경찰 경정승진] ②

다음 사례에 관한 설명 중 가장 적절한 것은? (다툼이 있는 경우 판례에 의함)

> 청구인 A는 경장으로 근무 중인 사람으로서 「공무원보수규정」의 해당 부분이 「경찰공무원 임용령 시행규칙」상의 '계급환산기준표' 및 '호봉획정을 위한 공무원경력의 상당계급기준표'에 따라 경찰공무원인 자신의 1호봉 봉급월액을 청구인의 계급에 상당하는 군인 계급인 중사의 1호봉 봉급월액에 비해 낮게 규정함으로써 자신의 기본권을 침해한다고 주장하면서 2007년 4월 16일 그 위헌확인을 구하는 헌법소원심판을 청구하였다.

① 청구인 A는 「공무원보수규정」의 해당 부분이 자신의 평등권, 재산권, 직업선택의 자유 및 행복추구권 등을 침해한다고 주장하는바, 이는 기본권 충돌에 해당한다.

② 경찰공무원과 군인은 「공무원보수규정」상의 봉급표에 있어서 본질적으로 동일·유사한 지위에 있다고 볼 수 없으므로 청구인 A의 평등권 침해는 문제되지 않는다.

③ 직업의 자유에 '해당 직업에 합당한 보수를 받을 권리'까지 포함되어 있다고 보아야 하므로, 경장의 1호봉 봉급월액을 중사의 1호봉 봉급월액보다 적게 규정한 것은 청구인 A의 직업수행의 자유를 침해한 것이다.

④ 공무원의 보수청구권은, 법률 및 법률의 위임을 받은 하위법령에 의해 그 구체적 내용이 형성되면 재산적 가치가 있는 공법상의 권리가 되어 재산권의 내용에 포함되지만, 법령에 의하여 구체적 내용이 형성되기 전의 권리, 즉 공무원이 국가 또는 지방자치단체에 대하여 어느 수준의 보수를 청구할 수 있는 권리는 단순한 기대이익에 불과하여 재산권의 내용에 포함된다고 볼 수 없으므로 「공무원보수규정」의 해당 부분은 청구인 A의 재산권을 침해하지 않는다.

① (×) 청구인 A가 공무원보수규정의 해당 부분이 자신의 평등권, 재산권, 직업선택의 자유 및 행복추구권 등을 침해한다고 주장하는 경우는 기본권 충돌이 아니라 기본권의 경합에 해당한다. 기본권 충돌이란 복수의 기본권 주체가 국가를 상대로 서로 대립되는 기본권의 적용을 주장하는 경우를 말하며, 기본권 경합이란 하나의 기본권 주체가 둘 이상의 기본권을 국가에 주장하는 경우를 말한다.

② (×) 경찰공무원과 군인은 주된 임무가 다르지만, 양자 모두 국민의 생명·신체 및 재산에 대한 구체적이고 직접적인 위험을 예방하고 보호하는 업무를 수행하면서 그 과정에서 생명과 신체에 대한 상당한 위험을 부담한다. 나아가 국가비상사태, 대규모의 테러 또는 소요사태가 발생하였거나 발생할 우려가 있는 경우에는 경찰공무원은 치안유지를 위하여 군인에 상응하는 고도의 위험을 무릅쓰고 부여된 업무를 수행하여야만 한다. 이를 고려하여 볼 때, 직무의 곤란성과 책임의 정도에 따라 결정되는 공무원보수의 책정에 있어서(국가공무원법 제46조 제1항), 경찰공무원과 군인은 본질적으로 동일·유사한 집단이다(헌재 2008.12.26. 2007헌마444).

③ (×) 직업의 자유에 해당 직업에 합당한 보수를 받을 권리까지 포함되어 있다고 보기 어려우므로 이 사건 법령조항이 청구인이 원하는 수준보다 적은 봉급월액을 규정하고 있다고 하여 이로 인해 청구인의 직업선택이나 직업수행의 자유가 침해되었다고 할 수 없고, 위 조항은 경찰공무원인 경장의 봉급표를 규정한 것으로서 개성 신장을 위한 행복추구권의 제한과는 직접적인 관련이 없으므로, 청구인의 위 주장들은 모두 이유 없다(헌재 2008.12.26. 2007헌마444).

④ (○) 공무원의 보수청구권은, 법률 및 법률의 위임을 받은 하위법령에 의해 그 구체적 내용이 형성되면 재산적 가치가 있는 공법상의 권리가 되어 재산권의 내용에 포함되지만, 법령에 의하여 구체적 내용이 형성되기 전의 권리, 즉 공무원이 국가 또는 지방자치단체에 대하여 어느 수준의 보수를 청구할 수 있는 권리는 단순한 기대이익에 불과하여 재산권의 내용에 포함된다고 볼 수 없다. 따라서 청구인이 주장하는 특정한 또는 구체적 보수수준에 관한 내용이 법령에서 형성된 바 없음에도, 이 사건 법령조항이 그 수준의 봉급월액보다 낮은 봉급월액을 규정하고 있어 청구인의 재산권을 침해한다는 주장은 이유 없다(헌재 2008.12.26. 2007헌마444).

[2022년 경찰공채 3월] ④

다음 설명 중 가장 옳지 않은 것은?

① 헌법 제23조 제1항의 재산권보장에 의하여 보호되는 재산권은 사적유용성 및 그에 대한 원칙적 처분권을 내포하는 재산가치 있는 구체적 권리이다. 그러므로 구체적인 권리가 아닌, 단순한 이익이나 재화의 획득에 관한 기회 등은 재산권보장의 대상이 아니다.

② 우리 헌법의 재산권 보장은 사유재산의 처분과 그 상속을 포함하는 것인바, 유언자가 생전에 최종적으로 자신의 재산권에 대하여 처분할 수 있는 법적 가능성을 의미하는 유언의 자유는 생전증여에 의한 처분과 마찬가지로 헌법상 재산권의 보호를 받는다.

③ 헌법재판소는 공법상의 권리가 재산권보장의 보호를 받기 위해서는 '개인의 노력과 금전적 기여를 통하여 취득되고 자신과 그의 가족의 생활비를 충당하기 위한 경제적 가치가 있는 권리'여야 한다고 판시하고, 공무원연금법 및 군인연금법상의 연금수급권이 헌법상 보장되는 재산권에 포함됨을 밝힌 바 있다.

④ 국가는 납세자가 자신과 가족의 기본적인 생계유지를 위하여 꼭 필요로 하는 소득을 제외한 잉여소득 부분에 대해서만 납세의무를 부과할 수 있는 것은 아니므로, 소득에 대한 과세는 원칙적으로 최저생계비를 초과하는 소득에 대해서만 가능하다고 볼 수는 없다.

① (○) 헌법 제23조 제1항의 재산권보장에 의하여 보호되는 재산권은 사적유용성 및 그에 대한 원칙적 처분권을 내포하는 재산 가치 있는 구체적 권리이다. 그러므로 구체적인 권리가 아닌, 단순한 이익이나 재화의 획득에 관한 기회 등은 재산권보장의 대상이 아니다(헌재 1996.8.29. 95헌바36).

② (○) 헌법의 재산권 보장은 사유재산의 처분과 그 상속을 포함하는 것인바, 유언자가 생전에 최종적으로 자신의 재산권에 대하여 처분할 수 있는 법적 가능성을 의미하는 유언의 자유는 생전증여에 의한 처분과 마찬가지로 헌법상 재산권의 보호를 받는다(헌재 2008.3.27. 2006헌바82).

③ (○) 헌법재판소는 공법상의 권리가 재산권보장의 보호를 받기 위해서는 개인의 노력과 금전적 기여를 통하여 취득되고 자신과 그의 가족의 생활비를 충당하기 위한 경제적 가치가 있는 권리여야 한다고 판시하고, 공무원연금법 및 군인연금법상의 연금수급권이 헌법상 보장되는 재산권에 포함됨을 밝힌 바 있다(헌재 2004.6.24. 2002헌바15).

④ (×) 헌법은 국민 각자가 자신의 생활을 스스로 경제적으로 형성한다는 것을 전제로 하고 있으므로, 국가는 납세자가 자신과 가족의 기본적인 생계유지를 위하여 꼭 필요로 하는 소득을 제외한 잉여소득 부분에 대해서만 납세의무를 부과할 수 있다. 따라서 소득에 대한 과세는 원칙적으로 최저생계비를 초과하는 소득에 대해서만 가능하다. 이는 국민에게 인간다운 생활을 할 최소한의 조건을 마련해 주어야 한다는 사회국가원리의 관점에서 요청되는 것이다(헌재 2006.11.30. 2006헌마489). [2023년 법원 9급] ④

상속권에 관한 헌법재판소 결정의 내용으로 가장 옳은 것은?

① 상속인이 귀책사유 없이 상속채무가 적극재산을 초과하는 사실을 알지 못하여 상속개시 있음을 안 날로부터 3월 내에 한정승인 또는 포기를 하지 못한 경우에도 단순승인을 한 것으로 보는 「민법」 제1026조 제2호는 재산권을 보장한 헌법 제23조 제1항 등에 위반된다.

② 상속회복청구권의 행사기간을 상속권의 침해행위가 있은 날부터 10년 또는 상속침해를 안 날로부터 3년이라는 단기의 행사기간으로 규정한 것은 진정상속인의 권리를 심히 제한하

여 오히려 참칭상속인을 보호하는 규정으로 기능하므로 헌법상 보장된 상속인의 재산권을 침해한다.

③ 상속회복청구권에 대하여 단기의 제척기간을 규정하고 있는「민법」제999조 제2항을 적용함에 있어 공동상속인을 참칭상속인의 범위에 포함시키는 것은 진정상속인의 재산권을 침해한다.

④ 상속재산에 관한 포괄·당연승계주의는 헌법상 보장된 재산권을 과도하게 제한하는 규정으로 헌법에 위반된다.

① (○) 상속인이 아무런 귀책사유 없이 상속채무가 적극재산을 초과하는 사실을 알지 못하여 고려기간 내에 한정승인이나 포기를 하지 못한 경우에도 단순승인을 한 것으로 본 것은 상속채권자만을 보호하여 상속인의 기본권을 제한하는 것으로 기본권제한의 입법한계를 일탈하여 헌법에 위반되고, 이 사건 법률조항이 위 상속인을 제외한 것은 그 상속인의 재산권, 사적자치권을 침해한다(헌재 2004.1.29. 2002헌바40).

② (×) 일반적으로 상속제도나 상속권의 구체적 내용은 입법자가 입법정책적으로 결정할 사항으로서 원칙적으로 입법형성의 자유에 속하며 이 사건 법률조항 중 "상속권의 침해행위가 있은 날부터 10년" 부분은 종전 규정보다도 상속회복청구권의 행사기간을 상당히 연장한 것인 점을 감안하면 이 사건 법률조항 중 "상속권의 침해행위가 있은 날부터 10년" 부분은 재산권이나 평등권을 침해한 것이라고 할 수 없고, 달리 다른 헌법상의 기본권을 침해하였다고 볼 사정도 없다. 현행법상 인정되는 다른 소멸시효 및 제척기간 관련 규정이 정하고 있는 권리행사기간과 비교하여 보더라도 그 권리행사에 상당한 기간이라고 보이므로 이 사건 법률조항 중 "그 침해를 안 날부터 3년" 부분은 헌법 제37조 제2항에서 정하는 기본권 제한의 한계 내의 정당한 입법권의 행사로서 과잉금지원칙에 위배되지 아니하므로 상속인의 재산권, 사적자치권, 재판청구권을 침해하는 것이 아니며 평등의 원칙을 침해하는 것도 아니다(헌재 2009.9.24. 2008헌바2).

③ (×) 공동상속인이라 하여도 자신의 상속분을 넘는 부분에 대하여 권리를 주장하고 있다면 그 부분에 관하여는 본질적으로 보통의 참칭상속인과 다를 것이 없다. 또한 전혀 무권리자인 참칭상속인이 상속회복청구권의 단기 제척기간에 의한 이익을 받는 점에 비추어 적어도 일부의 권리를 가지고 있는 공동상속인이 그러한 이익을 받는 것을 크게 불합리하다고 할 수는 없다. 따라서 상속회복청구권에 대하여 단기의 제척기간을 규정하고 있는 민법 제999조 제2항을 적용함에 있어 공동상속인을 참칭상속인의 범위에 포함시키는 것이 진정상속인의 재산권 및 재판청구권을 침해하지 않는다(헌재 2006.2.23. 2003헌바38).

④ (×) 상속법제는 법적 안정성이라는 공익을 도모하기 위하여 포괄·당연승계주의를 채택하는 한편, 상속의 포기·한정승인제도를 두어 상속인으로 하여금 그의 의사에 따라 상속의 효과를 귀속시키거나 거절할 수 있는 자유를 주고 있으며, 상속인과 피상속인의 채권자 및 상속인의 채권자 등의 이해관계를 조절할 수 있는 다양한 제도적 장치를 마련하고 있으므로, 민법 제1005조는 입법자가 입법형성권을 자의적으로 행사하였다거나 헌법상 보장된 재산권이나 사적 자치권 및 행복추구권을 과도하게 침해하여 기본권제한의 입법한계를 벗어난 것으로서 헌법에 위반된다고 할 수 없다(헌재 2004.10.28. 2003헌가1). [2018년 서울 7급] ①

제2절 직업선택의 자유

직업의 자유에 관한 설명으로 옳지 않은 것은? (다툼이 있는 경우 헌법재판소 판례에 의함)

① 직업선택의 자유는 각자의 생활의 기본적 수요를 충족시키는 방편이 되고 개성신장의 바탕이 된다는 점에서 주관적 공권의 성격을 가지면서도 국민 개개인이 선택한 직업의 수행에 의하여 국가의 사회질서와 경제질서가 형성된다는 점에서 사회적 시장경제질서라고 하는

객관적 법질서의 구성요소이기도 하다.

② 직업수행의 자유는 직업결정의 자유에 비하여 상대적으로 그 제한의 정도가 작다고 할 것이므로 이에 대하여는 공공복리 등 공익상의 이유로 비교적 넓은 법률상의 규제가 가능하다.

③ 이미 국내에서 치과의사면허를 취득하고 외국의 의료기관에서 치과전문의 과정을 이수한 사람들에게 국내에서 전문의 과정을 다시 이수할 것을 요구하는 것은 치과의사의 직업수행의 자유를 침해한다.

④ 건설업자가 명의대여행위를 한 경우 그 대여행위의 동기, 과정 및 피해자의 유무 등을 고려하여 그에 상응하는 조치나 영업정지 및 등록말소 등의 행정상 제재를 부과할 수 있음에도 불구하고, 그 건설업의 등록을 필요적으로 말소하도록 하는 것은 과잉금지 원칙을 위반하여 건설업자의 직업수행의 자유를 침해하는 것이다.

⑤ 범죄의 종류나 내용을 불문하고 금고 이상의 형의 선고유예를 받은 청원경찰을 당연 퇴직되도록 한 법률조항은 청원경찰의 직업의 자유를 침해하는 것이다.

① (○) 직업의 선택 혹은 수행의 자유는 각자의 생활의 기본적 수요를 충족시키는 방편이 되고, 또한 개성신장의 바탕이 된다는 점에서 주관적 공권의 성격이 두드러진 것이기는 하나, 다른 한편으로는 국민 개개인이 선택한 직업의 수행에 의하여 국가의 사회질서와 경제질서가 형성된다는 점에서 사회적 시장경제질서라고 하는 객관적 법질서의 구성요소이기도 하다(헌재 1996.8.29. 94헌마113).

② (○) 직업선택의 자유에는 직업결정의 자유, 직업종사(직업수행)의 자유, 전직의 자유 등이 포함되지만 직업결정의 자유나 전직의 자유에 비하여 직업종사(직업수행)의 자유에 대하여서는 상대적으로 더욱 넓은 법률상의 규제가 가능하다고 할 것이고 따라서 다른 기본권의 경우와 마찬가지로 국가안전보장·질서유지 또는 공공복리를 위하여 필요한 경우에는 제한이 가하여질 수 있는 것은 물론이지만 그 제한의 방법은 법률로써만 가능하고 제한의 정도도 필요한 최소한도에 그쳐야 하는 것 또한 의문의 여지가 없이 자명한 것이다(헌재 1993.5.13. 92헌마80).

③ (○) 외국의 의료기관에서 치과전문의 과정을 이수한 사람에 대해 그 외국의 치과전문의 과정에 대한 인정절차를 거치거나, 치과전문의 자격시험에 앞서 예비시험제도를 두는 등 직업의 자유를 덜 제한하는 방법으로도 입법목적을 달성할 수 있고, 이미 국내에서 치과의사면허를 취득하고 외국의 의료기관에서 치과전문의 과정을 이수한 사람들에게 다시 국내에서 전문의 과정을 다시 이수할 것을 요구하는 것은 지나친 부담을 지우는 것이므로, 심판대상조항은 침해의 최소성원칙에 위배되고 법익의 균형성도 충족하지 못한다. 따라서 심판대상조항은 과잉금지원칙에 위배되어 청구인들의 직업수행의 자유를 침해한다(헌재 2015.9.24. 2013헌마197).

④ (×) 건설업자가 명의대여행위를 한 경우 그 건설업 등록을 필요적으로 말소하도록 한 이 사건 법률조항은 건설업등록제도의 근간을 유지하고 부실공사를 방지하여 국민의 생명과 재산을 보호하려는 것으로 그 목적의 정당성이 인정되고, 명의대여행위가 국민의 생명과 재산에 미치는 위험과 그 위험방지의 긴절성을 고려할 때 반드시 필요하며, 또한 등록이 말소된 후에도 5년이 경과하면 다시 건설업 등록을 할 수 있도록 하는 등 기본권 제한을 완화하는 규정을 두고 있음을 고려하면 피해최소성의 원칙에도 부합될 뿐 아니라, 유기적 일체로서의 건설공사의 특성으로 말미암아 경미한 부분의 명의대여행위라도 건축물 전체의 부실로 이어진다는 점을 고려할 때 이로 인해 명의대여행위를 한 건설업자가 더 이상 건설업을 영위하지 못하는 등 손해를 입는다고 하더라도 이를 두고 침해되는 사익이 더 중대하다고 할 수는 없으므로 청구인의 직업수행의 자유 및 재산권을 침해한다고 할 수 없다(헌재 2001.3.21. 2000헌바27).

⑤ (○) 심판대상조항은 청원경찰이 저지른 범죄의 종류나 내용을 불문하고 금고 이상의 형의 선고유예를 받게 되면 당연히 퇴직되도록 규정함으로써 청원경찰에게 공무원보다 더 가혹한 제재를 가하고 있으므로, 침해의 최소성원칙에 위배된다. 심판대상조항은 청원경찰이 저지른 범죄의 종류나 내용을 불문하고 범죄행위로 금고 이상의 형의 선고유예를 받게 되면 당연히 퇴직되도록 규정함으로써 그것이 달성하려는 공익의 비중에도 불구하고 청원경찰의 직업의 자유를 과도하게 제한하고 있어 법익의 균형성 원칙에도 위배된다. 따라서 심판대상조항은 과잉금지원칙에 반하여 직업의 자유를 침해한다(헌재 2018.1.25. 2017헌가26). [2022년 소방간부] ④

직업의 자유에 관한 설명으로 가장 적절하지 않은 것은? (다툼이 있는 경우 판례에 의함)

① 사회복무요원은 출·퇴근 근무를 원칙으로 하며 퇴근 이후에는 상대적으로 자유로운 생활관계를 형성하고 있는바, 사회복무요원이 '복무기관의 장의 허가 없이 다른 직무를 겸하는 행위'를 한 경우 경고처분하고, 경고처분 횟수가 더하여질 때마다 5일을 연장하여 복무하도록 하는 「병역법」 제33조 제2항은 사회복무요원인 청구인의 직업의 자유를 침해한다.

② 시설경비업을 허가받은 경비업자로 하여금 '허가받은 경비업무 외의 업무에 경비원을 종사하게 하는 것'을 금지하고, 이를 위반한 경비업자에 대한 허가를 취소하도록 정하고 있는 「경비업법」 제7조 제5항 중 '시설경비업무'에 관한 부분, 같은 법 제19조 제1항 제2호 중 '시설경비업무'에 관한 부분은 과잉금지원칙에 위반하여 시설경비업을 수행하는 경비업자의 직업의 자유를 침해한다.

③ 시각장애인만이 안마사 자격인정을 받을 수 있도록 규정한 「의료법」 제82조 제1항 중 '「장애인복지법」에 따른 시각장애인 중' 부분, 시·도지사로부터 안마사 자격인정을 받지 아니한 자는 안마시술소 또는 안마원을 개설할 수 없도록 규정한 「의료법」 제82조 제3항 중 제33조 제2항 제1호를 준용하는 부분은 비시각장애인인 청구인의 직업선택의 자유를 침해한다고 볼 수 없다.

④ 변호사의 자격이 있는 자에게 더 이상 세무사 자격을 부여하지 않는 구 「세무사법」 조항은 시행일 이후 변호사 자격을 취득한 청구인의 직업선택의 자유를 침해한다고 볼 수 없다.

① (×) 사회복무요원이 복무기관의 장의 허가 없이 다른 직무를 겸하는 행위를 한 경우 경고처분하고 경고처분 횟수가 더하여질 때마다 5일을 연장하여 복무하도록 하는 병역법 제33조 제2항 본문 제4호 후단은 사회복무요원인 청구인의 직업의 자유 내지 일반적 행동자유권을 침해하지 않는다(헌재 2022.9.29. 2019헌마938).

② (○) 심판대상조항은 시설경비업을 허가받은 경비업자로 하여금 허가받은 경비업무 외의 업무에 경비원을 종사하게 하는 것을 금지하고, 이를 위반한 경비업자에 대한 허가를 취소함으로써 시설경비업무에 종사하는 경비원으로 하여금 경비업무에 전념하게 하여 국민의 생명·신체 또는 재산에 대한 위험을 방지하고자 하는 것으로 입법목적의 정당성 및 수단의 적합성은 인정된다. 그러나 심판대상조항은 침해의 최소성에 위배되고, 경비업무의 전념성을 중대하게 훼손하지 않는 경우에도 경비원에게 비경비업무를 수행하도록 하면 허가받은 경비업 전체를 취소하도록 하여 경비업을 전부 영위할 수 없도록 하는 것은 법익의 균형성에도 반한다. 따라서 심판대상조항은 과잉금지원칙에 위반하여 시설경비업을 수행하는 경비업자의 직업의 자유를 침해한다(헌재 2023.3.23. 2020헌가19).

③ (○) 시각장애인만이 안마사 자격인정을 받을 수 있도록 규정한 의료법 제82조 제1항 중 '장애인복지법에 따른 시각장애인 중' 부분, 시·도지사로부터 안마사 자격인정을 받지 아니한 자는 안마시술소 또는 안마원을 개설할 수 없도록 규정한 의료법 제82조 제3항 중 제33조 제2항 제1호를 준용하는 부분이 비시각장애인인 청구인들의 직업선택의 자유와 평등권을 침해하지 않는다(헌재 2021.12.23. 2019헌마656).

④ (○) 변호사의 자격이 있는 자에게 더 이상 세무사 자격을 부여하지 않는 이 사건 법률조항이 과잉금지원칙에 반하여 청구인들의 직업선택의 자유를 침해한다고 볼 수 없다(헌재 2021.7.15. 2018헌마279). [2023년 경찰공채 8월] ①

직업의 자유에 관한 설명으로 가장 적절하지 않은 것은? (다툼이 있는 경우 판례에 의함)

① 직업선택의 자유는 자신이 원하는 직업 내지 직종을 자유롭게 선택하는 직업선택의 자유와 그가 선택한 직업을 자기가 결정한 방식으로 자유롭게 수행할 수 있는 직업수행의 자유를 포함한다.

② 직업선택의 자유는 헌법상 사법인에게도 인정되는 기본권이다.

③ 직업의 선택 혹은 수행의 자유는 각자의 생활의 기본적 수요를 충족시키는 방편이 되고, 또한 개성신장의 바탕이 된다는 점에서 주관적 공권의 성격이 두드러진 것이기는 하나, 다른 한편으로는 국민 개개인이 선택한 직업의 수행에 의하여 국가의 사회질서와 경제질서가 형성된다는 점에서 사회적 시장경제질서라고 하는 객관적 법질서의 구성요소이기도 하다.

④ 직업결정의 자유나 전직의 자유는 직업종사(직업수행)의 자유에 비하여 공익을 위해 상대적으로 더 넓은 법률상의 규제가 가능하다.

① (○) ③ (○) 헌법 제15조에 의한 직업선택의 자유는 국민이 원하는 직업 내지 직종을 자유롭게 선택하는 직업선택의 자유와 그가 선택한 직업을 자기가 결정한 방식으로 자유롭게 수행할 수 있는 직업수행의 자유를 포함하는 개념이다. 직업의 선택 혹은 수행의 자유는 각자의 생활의 기본적 수요를 충족시키는 방편이 되고, 또한 개성신장의 바탕이 된다는 점에서 주관적 공권의 성격이 두드러진 것이기는 하나 다른 한편 국가의 사회질서와 경제질서가 형성된다는 점에서 사회적 시장경제질서라고 하는 객관적 법질서의 구성요소이기도 하다(헌재 1997.4.24. 95헌마273).

② (○) 법인 등 결사체도 그 조직과 의사형성에 있어서, 그리고 업무수행에 있어서 자기결정권을 가지고 있어 결사의 자유의 주체가 된다고 봄이 상당하므로, 축협중앙회는 그 회원조합들과 별도로 결사의 자유의 주체가 된다. <u>헌법상 기본권의 주체가 될 수 있는 법인은 원칙적으로 사법인에 한하는 것이고 공법인은 헌법의 수범자이지 기본권의 주체가 될 수 없다.</u> 축협중앙회는 지역별·업종별 축협과 비교할 때, 회원의 임의탈퇴나 임의해산이 불가능한 점 등 그 공법인성이 상대적으로 크다고 할 것이지만, 이로써 공법인이라고 단정할 수는 없을 것이고, 이 역시 그 존립목적 및 설립형식에서의 자주적 성격에 비추어 사법인적 성격을 부인할 수 없으므로, 축협중앙회는 공법인성과 사법인성을 겸유한 특수한 법인으로서 이 사건에서 기본권의 주체가 될 수 있다(헌재 2000.6.1. 99헌마553).

④ (×) 헌법 제15조의 직업선택의 자유에는 직업결정의 자유, 직업종사(직업수행)의 자유, 전직의 자유 등이 포함되지만, 직업결정의 자유나 전직의 자유에 비하여 직업종사(직업수행)의 자유에 대하여서는 상대적으로 더욱 넓은 법률상의 규제가 가능하다(헌재 1999.9.16. 96헌마39). [2023년 경찰경채] ④

직업의 자유에 관한 설명으로 옳은 것은? (다툼이 있는 경우 헌법재판소 판례에 의함)

① 탐정 유사 명칭의 사용 금지를 규정한 「신용정보의 이용 및 보호에 관한 법률」 해당 규정이 탐정업 유사직역에 종사하면서 탐정 명칭을 사용하지 못하게 하는 것은 직업수행의 자유를 침해한다.

② 주방에서 발생하는 음식물 찌꺼기 등을 분쇄하여 오수와 함께 배출하는 주방용오물분쇄기의 판매와 사용을 금지하는 환경부고시 「주방용오물분쇄기의 판매·사용금지」의 규정은 주방용오물분쇄기를 사용하거나 판매하려는 사람들의 직업의 자유를 침해한다.

③ 측량업의 등록을 한 측량업자가 등록기준에 미달하게 된 경우 측량업의 등록을 필요적으로

취소하도록 규정한 구 「측량·수로조사 및 지적에 관한 법률」의 해당 규정은 직업의 자유를 침해한다.

④ 변호사의 자격이 있는 자에게 더 이상 세무사 자격을 부여하지 않는 구 「세무사법」 해당 조항은 시행일 이후 변호사 자격을 취득한 사람들의 직업선택의 자유를 침해한다.

⑤ 임원이 금고 이상의 형을 선고받은 경우 법인의 건설업 등록을 필요적으로 말소하도록 규정한 구 「건설산업기본법」 해당 규정 가운데 법인에 관한 부분은 건설업자인 법인은 등록이 말소되는 중대한 피해를 입게 되는 반면 심판대상조항이 공익달성에 기여하는 바는 크지 않으므로 직업수행의 자유를 침해한다.

① (×) 탐정 등 명칭사용 금지조항은 정보원, 탐정, 그 밖에 이와 비슷한 명칭을 사용하는 일을 금지함으로써 탐정 유사 명칭을 수단으로 이용해서 개인정보 등을 취득할 수 없게 하여 사생활의 비밀 침해를 예방하고, 개별 법률에 의해 허용되는 정보조사업무에 대한 신용질서 확립에도 기여한다. 따라서 탐정 등 명칭사용 금지조항은 과잉금지원칙을 위반하여 청구인의 직업수행의 자유를 침해한다고 할 수 없다(헌재 2018.6.28. 2016헌마473).

② (×) 주방용오물분쇄기의 판매·사용을 금지하여 분쇄된 음식물 찌꺼기 등이 하수도로 배출되는 것을 막는 것은 수질오염 방지라는 입법목적을 달성하는 적절한 수단이므로, 목적의 정당성 및 수단의 적절성이 인정된다. 심판대상조항은 과잉금지원칙에 위반하여 청구인들의 일반적 행동자유권, 직업의 자유를 침해하지 않는다(헌재 2018.6.28. 2016헌마1151).

③ (×) 심판대상조항으로 인하여 측량업 등록이 취소되어 측량업자의 직업의 자유가 일정기간 제한된다 하더라도 그 제한의 정도가 일정한 기술인력 및 장비 등을 갖춘 자만이 측량업을 영위할 수 있도록 함으로써 측량업 등록제도의 근간을 유지하고 측량업의 정확성과 신뢰성을 담보하여 토지 관련 법률관계의 법적 안정성과 국토개발계획의 근간을 보호하려는 공익에 비하여 결코 중하다고 볼 수 없다. 심판대상조항은 과잉금지원칙에 위배되지 아니한다(헌재 2020.12.23. 2018헌바458).

④ (×) 사건 법률조항은 세무사 자격시험에 합격한 사람 이외에 변호사 자격 소지자에 대하여 세무사 자격을 인정하는 것과 관련된 특혜시비를 없애고 세무사시험에 응시하는 일반 국민과의 형평을 도모함과 동시에 세무분야의 전문성을 제고하여 소비자에게 고품질의 세무서비스를 제공하고자 마련된 조항이다. 이와 같은 입법목적은 정당하고, 변호사에 대한 세무사 자격 자동부여 제도의 폐지는 입법목적을 달성하기 위한 적합한 수단이다. 따라서 이 사건 법률조항은 과잉금지원칙에 반하여 청구인들의 직업선택의 자유를 침해한다고 볼 수 없다(헌재 2021.7.15. 2018헌마279).

⑤ (○) 심판대상조항이 건설업과 관련 없는 죄로 임원이 형을 선고받은 경우까지도 법인이 건설업을 영위할 수 없도록 하는 것은 입법목적달성을 위한 적합한 수단에 해당하지 아니하고, 이러한 경우까지도 가장 강력한 수단인 필요적 등록말소라는 제재를 가하는 것은 최소침해성 원칙에도 위배된다. 따라서 심판대상조항은 과잉금지원칙에 위배되어 청구인의 직업수행의 자유를 침해한다(헌재 2014.4.24. 2013헌바25).

[2023년 소방간부] ⑤

직업의 자유에 대한 설명으로 옳은 것은? (다툼이 있는 경우 판례에 의함)

① 안경사 면허를 가진 자연인에게만 안경업소의 개설 등을 할 수 있도록 하고 위반 시 처벌하도록 규정한 구 의료기사 등에 관한 법률 조항은 자연인 안경사와 법인의 직업의 자유를 침해한다.

② 택시운전자격을 취득한 사람이 강제추행 등 성범죄를 범하여 금고 이상의 형의 집행유예를 선고받은 경우 그 자격을 취소하도록 규정한 여객자동차 운수사업법 조항은 택시운전자격을 취득한 사람의 직업의 자유를 침해한다.

③ 청원경찰이 금고 이상의 형의 선고유예를 받은 경우 당연 퇴직되도록 규정한 청원경찰법 조항은 청원경찰의 직업의 자유를 침해한다.

④ 교통사고로 사람을 사상한 후 필요한 조치 및 신고를 하지 아니하여 금고 이상의 형을 선고 받고 운전면허가 취소된 사람은 운전면허가 취소된 날부터 4년간 운전면허를 받을 수 없도록 한 도로교통법 조항은 운전자의 직업의 자유를 침해한다.

① (×) 국민의 눈 건강과 관련된 국민보건의 중요성, 안경사 업무의 전문성, 안경사로 하여금 자신의 책임하에 고객과의 신뢰를 쌓으면서 안경사 업무를 수행하게 할 필요성 등을 고려할 때, 안경업소 개설은 그 업무를 담당할 자연인 안경사로 한정할 것이 요청된다. 법인 안경업소가 허용되면 영리추구 극대화를 위해 무면허자로 하여금 안경 조제·판매를 하게 하는 등의 문제가 발생할 가능성이 높아지고, 안경 조제·판매 서비스의 질이 하락할 우려가 있다. 따라서 심판대상조항은 과잉금지원칙에 반하지 아니하여 자연인 안경사와 법인의 직업의 자유를 침해하지 아니한다(헌재 2021.6.24. 2017헌가31).

② (×) 택시를 이용하는 국민을 성범죄 등으로부터 보호하고, 여객운송서비스 이용에 대한 불안감을 해소하며, 도로교통에 관한 공공의 안전을 확보하려는 심판대상조항의 입법목적은 정당하고, 또한 해당 범죄를 범한 택시운송사업자의 운전자격의 필요적 취소라는 수단의 적합성도 인정된다. 따라서 심판대상조항은 과잉금지원칙에 위배되지 않는다(헌재 2018.5.31. 2016헌바14).

③ (○) 청원경찰이 저지른 범죄의 종류나 내용을 불문하고 범죄행위로 금고 이상의 형의 선고유예를 받게 되면 당연히 퇴직되도록 규정함으로써 그것이 달성하려는 공익의 비중에도 불구하고 청원경찰의 직업의 자유를 과도하게 제한하고 있어 법익의 균형성 원칙에도 위배된다. 따라서 심판대상조항은 과잉금지원칙에 반하여 직업의 자유를 침해한다(헌재 2018.1.25. 2017헌가26).

④ (×) 국민의 생명·신체를 보호하고 도로교통에 관련된 공공의 안전을 확보함과 동시에 4년의 운전면허 결격기간이라는 엄격한 제재를 통하여 교통사고 발생 시 구호조치의무 및 신고의무를 이행하도록 하는 예방적 효과를 달성하고자 하는 데 그 입법목적을 가지고 있다. 이러한 입법목적은 정당하고, 그 수단의 적합성 또한 인정된다. 따라서 심판대상조항은 직업의 자유 및 일반적 행동의 자유를 침해하지 않는다(헌재 2017.12.28. 2016헌바254). [2022년 국가 7급] ③

직업의 자유에 대한 설명으로 옳지 않은 것은? (다툼이 있는 경우 헌법재판소 판례에 의함)

① 학원이나 체육시설에서 어린이통학버스를 운영하는 자로 하여금 어린이통학버스에 학원 강사 등의 보호자를 동승하여 운행하도록 한 것은 학원 등 운영자의 직업수행의 자유를 지나치게 제한하여 입법형성권의 범위를 현저히 벗어났다거나 기본권 침해의 최소성 원칙에 반한다고 볼 수 없다.

② 변호사의 자격이 있는 자에게 더 이상 세무사 자격을 자동으로 부여하지 않도록 한 것은 과잉금지원칙에 반하여 직업선택의 자유를 침해한다고 볼 수 없다.

③ 거짓이나 그 밖의 부정한 수단으로 운전면허를 받은 경우 모든 범위의 운전면허를 필요적으로 취소하도록 한 것은 과잉금지원칙에 반하여 직업의 자유를 침해한다.

④ 안경사 면허를 가진 자연인에게만 안경업소의 개설 등을 할 수 있도록 한 것은 안경사들로만 구성된 법인 형태의 안경업소 개설까지 허용하지 않으므로 과잉금지원칙에 반하여 자연인 안경사와 법인의 직업의 자유를 침해한다.

⑤ 의료인으로 하여금 어떠한 명목으로도 둘 이상의 의료기관을 개설할 수 없도록 하고 이를

위반할 경우 형사처벌하는 것은 여러 개의 의료기관을 개설하고자 하는 의료인의 직업수행 방법을 제한하고 있다.

① (○) 사건 보호자동승조항이 어린이통학버스에 어린이 등과 함께 보호자를 의무적으로 동승하도록 하였다고 하여 그 의무가 학원 등 운영자의 직업수행의 자유를 지나치게 제한하여 입법형성권의 범위를 현저히 벗어났다거나 기본권 침해의 최소성 원칙에 반한다고 볼 수 없다. 사건 보호자동승조항은 과잉금지원칙에 반하여 청구인들의 직업수행의 자유를 침해한다고 볼 수 없다(헌재 2020.4.23. 2017헌마479).

② (○) 사건 법률조항은 세무사 자격시험에 합격한 사람 이외에 변호사 자격 소지자에 대하여 세무사 자격을 인정하는 것과 관련된 특혜시비를 없애고 세무사시험에 응시하는 일반 국민과의 형평을 도모함과 동시에 세무분야의 전문성을 제고하여 소비자에게 고품질의 세무서비스를 제공하고자 마련된 조항이다. 이와 같은 입법목적은 정당하고, 변호사에 대한 세무사 자격 자동부여 제도의 폐지는 입법목적을 달성하기 위한 적합한 수단이다. 따라서 이 사건 법률조항은 과잉금지원칙에 반하여 청구인들의 직업선택의 자유를 침해한다고 볼 수 없다(헌재 2021.7.15. 2018헌마279).

③ (○) 심판대상조항이 부정 취득한 운전면허를 필요적으로 취소하도록 한 것은, 법익의 균형성 원칙에 위배되지 않는다. 이처럼 심판대상조항이 부정 취득하지 않은 운전면허까지 필요적으로 취소하도록 한 것은 법익의 균형성 원칙에 위배된다. 심판대상조항이 부정 취득한 운전면허를 필요적으로 취소하도록 한 것은 과잉금지원칙에 위반되지 아니하나, 부정 취득하지 않은 운전면허까지 필요적으로 취소하도록 한 것은 과잉금지원칙에 위반된다(헌재 2020.6.25. 2019헌가9).

④ (×) 국민의 눈 건강과 관련된 국민보건의 중요성, 안경사 업무의 전문성, 안경사로 하여금 자신의 책임하에 고객과의 신뢰를 쌓으면서 안경사 업무를 수행하게 할 필요성 등을 고려할 때, 안경업소 개설은 그 업무를 담당할 자연인 안경사로 한정할 것이 요청된다. 법인 안경업소가 허용되면 영리추구 극대화를 위해 무면허자로 하여금 안경 조제·판매를 하게 하는 등의 문제가 발생할 가능성이 높아지고, 안경 조제·판매 서비스의 질이 하락할 우려가 있다. 따라서 심판대상조항은 과잉금지원칙에 반하지 아니하여 자연인 안경사와 법인의 직업의 자유를 침해하지 아니한다(헌재 2021.6.24. 2017헌가31).

⑤ (○) 심판대상조항은 의료인으로 하여금 어떠한 명목으로도 둘 이상의 의료기관을 개설할 수 없도록 하고 이를 위반할 경우 형사처벌함으로써 여러 개의 의료기관을 개설하고자 하는 의료인의 직업수행 방법을 제한하고 있다. 심판대상조항은 의료인의 의료기관 중복 개설을 허용할 경우 예상되는 폐해를 미리 방지하여 건전한 의료질서를 확립하고 궁극적으로는 국민의 건강을 보호·증진하기 위한 것으로 입법목적의 정당성이 인정된다. 따라서 심판대상조항이 의료인의 직업수행의 자유를 침해한다고 볼 수 없다(헌재 2021.6.24. 2019헌바342).

[2022년 국회 8급] ④

직업의 자유에 대한 설명으로 옳은 것은? (다툼이 있는 경우 판례에 의함)

① '거짓이나 그 밖의 부정한 수단으로 운전면허를 받은 행위'에 대한 불이익 처분으로 '부정 취득한 해당 운전면허와 함께 해당 운전자가 보유하고 있는 나머지 운전면허'도 필요적으로 취소하도록 규정한 「도로교통법」 조항은 일반적 행동의 자유 또는 직업의 자유를 침해하지 않는다.

② 소송사건의 대리인인 변호사가 수형자를 접견하고자 하는 경우 소송계속 사실을 소명할 수 있는 자료를 제출하도록 규정하고 있는 「형의 집행 및 수용자의 처우에 관한 법률 시행규칙」 중 '수형자 접견'에 관한 부분은 변호사의 직업수행의 자유를 침해하지 않는다.

③ 「학원의 설립·운영 및 과외교습에 관한 법률」에 따라 설립된 학원 및 「체육시설의 설치·이용에 관한 법률」에 따라 설립된 체육시설에서 어린이통학버스를 운영함에 있어서 어린이

등과 함께 보호자를 의무적으로 동승하여 운행하도록 하는「도로교통법」조항은 학원 및 체육시설 운영자의 직업수행의 자유를 침해한다.

④ "약사 또는 한약사가 아니면 약국을 개설할 수 없다."고 규정한「약사법」조항은 법인을 구성하여 약국을 개설·운영하려고 하는 약사들 및 이들로 구성된 법인의 직업선택(직업수행)의 자유와 결사의 자유를 침해한다.

① (×) 심판대상조항이 부정 취득하지 않은 운전면허까지 필요적으로 취소하도록 한 것은, 임의적 취소·정지 사유로 함으로써 구체적 사안의 개별성과 특수성을 고려하여 불법의 정도에 상응하는 제재수단을 선택하도록 하는 등 완화된 수단에 의해서도 입법목적을 같은 정도로 달성하기에 충분하므로, 피해의 최소성 원칙에 위배된다. 따라서 심판대상조항 중 각 '거짓이나 그 밖의 부정한 수단으로 받은 운전면허를 제외한 운전면허'를 필요적으로 취소하도록 한 부분은, 과잉금지원칙에 반하여 일반적 행동의 자유 또는 직업의 자유를 침해한다(헌재 2020.6.25. 2019헌가9).

② (×) 심판대상조항은 소 제기 전 단계에서 충실한 소송준비를 하기 어렵게 하여 변호사의 직무수행에 큰 장애를 초래하고, 변호사의 도움이 가장 필요한 시기에 접견에 대한 제한의 정도가 위와 같이 크다는 점에서 수형자의 재판청구권 역시 심각하게 제한될 수밖에 없고, 이로 인해 법치국가원리로 추구되는 정의에 반하는 결과를 낳을 수도 있다. 따라서 심판대상조항은 과잉금지원칙에 위배되어 변호사인 청구인의 직업수행의 자유를 침해한다(헌재 2021.10.28. 2018헌마60).

③ (×) 사건 보호자동승조항이 학원 등 운영자로 하여금 어린이통학버스에 학원 강사 등의 보호자를 함께 태우고 운행하도록 한 것은 어린이 등이 안전사고 위험으로부터 벗어나 안전하고 건강한 생활을 영위하도록 하기 위한 것이다. 어린이통학버스의 동승보호자는 운전자와 함께 탑승함으로써 승·하차 시 뿐만 아니라 운전자만으로 담보하기 어려운 차량 운전 중 또는 교통사고 발생 등의 비상상황 발생 시 어린이 등의 안전을 효과적으로 담보하는 중요한 역할을 하는 점 등에 비추어 보면, 이 사건 보호자동승조항이 과잉금지원칙에 반하여 청구인들의 직업수행의 자유를 침해한다고 볼 수 없다(헌재 2020.4.23. 2017헌마479).

④ (○) 법인의 설립은 그 자체가 간접적인 직업선택의 한 방법으로서 직업수행의 자유의 본질적 부분의 하나이므로, 정당한 이유 없이 본래 약국개설권이 있는 약사들만으로 구성된 법인에게도 약국개설을 금지하는 것은 입법목적을 달성하기 위하여 필요하고 적정한 방법이 아니고, 입법형성권의 범위를 넘어 과도한 제한을 가하는 것으로서, 법인을 구성하여 약국을 개설·운영하려고 하는 약사들 및 이들로 구성된 법인의 직업선택(직업수행)의 자유의 본질적 내용을 침해하는 것이고, 동시에 약사들이 약국경영을 위한 법인을 설립하고 운영하는 것에 관한 결사의 자유를 침해하는 것이다(헌재 2002.9.19. 2000헌바84). [2022년 국가 5급] ④

직업의 자유에 대한 설명으로 옳지 않은 것은? (다툼이 있는 경우 판례에 의함)

① 운전면허를 받은 사람이 다른 사람의 자동차 등을 훔친 경우에는 운전면허를 필요적으로 취소하도록 한「도로교통법」조항은 운전면허 소지자의 직업의 자유를 침해한다.

② 청원경찰이 자격정지 이상의 형을 선고받은 경우 당연퇴직하도록 한「청원경찰법」조항은 청원경찰의 직업의 자유를 침해한다.

③ 임원이 건설업과 관련 없는 죄로 금고 이상의 형을 선고받은 경우까지 법인의 건설업 등록을 필요적으로 말소하도록 규정한「건설산업기본법」조항은 직업수행의 자유를 침해한다.

④ 국가정책에 따라 정부의 허가를 받은 외국인은 정부가 허가한 범위 내에서 소득활동을 할 수 있는 것이므로 외국인이 국내에서 누리는 직업의 자유는 법률에 따른 정부의 허가에 의해 비로소 발생하는 권리이다.

⑤ 농협·축협 조합장이 범죄의 종류와 관계없이 금고 이상의 형을 선고받고 그 형이 확정되지 아니한 경우에도 이사가 그 직무를 대행하도록 규정한 「농업협동조합법」 조항은 직업수행의 자유를 침해한다.

① (○) 자동차 등을 훔친 범죄행위에 대한 행정적 제재를 강화하더라도 불법의 정도에 상응하는 제재수단을 선택할 수 있도록 임의적 운전면허 취소 또는 정지사유로 규정하여도 충분히 그 목적을 달성하는 것이 가능함에도, 심판대상조항은 필요적으로 운전면허를 취소하도록 하여 구체적 사안의 개별성과 특수성을 고려할 수 있는 여지를 일절 배제하고 있다. 그러므로 심판대상조항은 직업의 자유 내지 일반적 행동의 자유를 침해한다(헌재 2017.5.25. 2016헌가6).

② (×) 사건 법률조항은 자격정지의 형을 선고받은 자를 청원경찰직에서 당연퇴직시킴으로써 청원경찰의 사회적 책임 및 청원경찰직에 대한 국민의 신뢰를 제고하고, 청원경찰로서의 성실하고 공정한 직무수행을 담보하기 위한 법적 조치이므로, 그 입법목적의 정당성이 인정되고, 따라서 이 사건 법률조항은 과잉금지원칙을 위반하여 청구인의 직업의 자유를 침해하지 아니한다(헌재 2011.10.25. 2011헌마85).

③ (○) 심판대상조항이 건설업과 관련 없는 죄로 임원이 형을 선고받은 경우까지도 법인이 건설업을 영위할 수 없도록 하는 것은 입법목적달성을 위한 적합한 수단에 해당하지 아니하고, 이러한 경우까지도 가장 강력한 수단인 필요적 등록말소라는 제재를 가하는 것은 최소침해성 원칙에도 위배된다. 따라서 심판대상조항은 과잉금지원칙에 위배되어 청구인의 직업수행의 자유를 침해한다(헌재 2014.4.24. 2013헌바25).

④ (○) 헌법에서 인정하는 직업의 자유는 원칙적으로 대한민국 국민에게 인정되는 기본권이지, 외국인에게 인정되는 기본권은 아니다. 국가 정책에 따라 정부의 허가를 받은 외국인은 정부가 허가한 범위 내에서 소득활동을 할 수 있는 것이므로, 외국인이 국내에서 누리는 직업의 자유는 법률 이전에 헌법에 의해서 부여된 기본권이라고 할 수는 없고, 법률에 따른 정부의 허가에 의해 비로소 발생하는 권리이다(헌재 2014.8.28. 2013헌마359).

⑤ (○) 사건 법률조항들은 조합장이 범한 범죄가 조합장에 선출되는 과정에서 또는 선출된 이후 직무와 관련하여 발생하였는지 여부, 고의범인지 과실범인지 여부, 범죄의 유형과 죄질이 조합장의 직무를 수행할 수 없을 정도로 공공의 신뢰를 중차대하게 훼손하는지 여부 등을 고려하지 아니하고, 단순히 금고 이상의 형을 선고받은 모든 범죄로 그 적용대상을 무한정 확대함으로써 기본권의 최소 침해성 원칙을 위반하였다. 따라서 이 사건 법률조항들은 과잉금지원칙에 위반하여 청구인들의 직업수행의 자유를 침해한다(헌재 2013.8.29. 2010헌마562).

[2022년 국회 5급] ②

직업의 자유에 관한 다음 설명 중 가장 옳지 않은 것은?

① 법 규정이 직업의 자유를 직접 규율하고자 하는 것은 아니지만 간접적으로 직업의 행사를 저해하거나 불가능하게 하는 경우에도 직업의 자유에 대한 제한이 인정될 수 있다.

② 어린이통학버스를 운영함에 있어서 반드시 보호자를 동승하도록 하는 조항은 동승보호자의 추가 고용에 따른 비용 지출을 유발할 뿐 학원의 영업방식을 직접 제한하는 것은 아니므로 그로 인해 직업수행의 자유는 제한되지 아니한다.

③ 헌법 제15조에서 보장하는 직업의 자유에는 기업의 설립과 경영의 자유를 의미하는 기업의 자유도 포함된다.

④ 최저임금의 적용을 위하여 주(週) 단위로 정해진 비교대상임금을 시간에 대한 임금으로 환산할 때, 1주 동안의 소정 근로시간 수와 법정 주휴시간 수를 합산한 시간 수로 해당 임금을 나누도록 하는 규정은 근로자를 고용하여 재화나 용역을 제공하는 사용자의 활동을 제한한다는 측면에서 직업의 자유를 제한한다.

⑤ 외국인근로자의 사업장 변경 사유를 제한하는 규정은, 그로 인해 외국인근로자가 일단 형성된 근로관계를 포기하고 직장을 이탈하는 데 있어 제한을 받게 되므로 직업선택의 자유 중 직장선택의 자유를 제한한다.

① (○) 사건 시행령조항은 차량소유자에게 타인에 관한 광고를 금지함으로써, 비영업용 차량을 광고매체로 활용하는 신종 광고대행업을 운영하려는 청구인들의 직업의 자유를 제한하는 효과를 부수적으로 가져온다. 법규정이 비록 직업의 자유를 직접 규율하고자 하는 것은 아니지만 간접적으로 직업의 행사를 저해하거나 또는 불가능하게 하는 경우에도, 직업의 자유에 대한 제한이 인정될 수 있다(헌재 2002.12.18. 2000헌마764).

② (×) 보호자동승조항은 어린이통학버스를 운영함에 있어서 반드시 보호자를 동승하도록 함으로써 학원 등의 영업방식에 제한을 가하고 있으므로 청구인들의 직업수행의 자유를 제한한다. 이 사건 보호자동승조항이 과잉금지원칙에 반하여 청구인들의 직업수행의 자유를 침해한다고 볼 수 없다(헌재 2020.4.23. 2017헌마479).

③ (○) 헌법은 제15조에서 직업의 자유를 보장하고 있고 여기에는 기업의 설립과 경영의 자유를 의미하는 기업의 자유가 포함된다(헌재 2019.12.27. 2017헌마1366).

④ (○) 사건 시행령조항은 최저임금의 적용을 위하여 주(週) 단위로 정해진 비교대상 임금을 시간에 대한 임금으로 환산할 때, 1주 동안의 소정근로시간 수와 법정 주휴시간 수를 합산한 시간 수로 해당 임금을 나누도록 하고 있다. 이에 따라, 사용자는 주 단위로 임금이 지급되는 근로자에게 시간급 최저임금액에 소정근로시간 수와 법정 주휴시간 수를 합산한 시간 수를 곱한 금액 이상을 지급하여야 한다. 따라서 이 사건 시행령조항은 임금의 수준에 관한 사용자와 근로자 간의 계약 내용을 제한한다는 측면에서는 헌법 제10조 행복추구권의 일반적 행동자유권에서 파생되는 사용자의 계약의 자유를 제한하고, 근로자를 고용하여 재화나 용역을 제공하는 사용자의 활동을 제한한다는 측면에서는 헌법 제15조의 직업의 자유를 제한한다. 따라서 이 사건 시행령조항은 과잉금지원칙에 위배되어 사용자의 계약의 자유 및 직업의 자유를 침해한다고 볼 수 없다(헌재 2020.6.25. 2019헌마15).

⑤ (○) 사건 사유제한조항 및 고시조항은 외국인근로자의 사업장 변경 사유를 제한하고 있는바, 이로 인하여 외국인근로자는 일단 형성된 근로관계를 포기하고 직장을 이탈하는 데 있어 제한을 받게 되므로 이는 직업선택의 자유 중 직장선택의 자유를 제한하고 있다. 이 사건 사유제한조항은 포괄위임금지원칙에 위반되거나 입법재량의 범위를 넘어 명백히 불합리하다고 볼 수 없으므로 청구인들의 직장선택의 자유를 침해하지 아니한다(헌재 2021.12.23. 2020헌마395). [2022년 법무사] ②

직업의 자유에 대한 설명으로 가장 적절하지 않은 것은? (다툼이 있는 경우 헌법재판소 판례에 의함)

① 유치원 주변 학교환경위생 정화구역에서 성관련 청소년유해물건을 제작·생산·유통하는 청소년유해업소를 예외 없이 금지하는 구 「학교보건법」 조항은 청구인들의 직업의 자유를 침해하지 않는다.

② 「세무사법」 위반으로 벌금형을 받은 세무사의 등록을 필요적으로 취소하도록 한 「세무사법」 조항은 벌금형의 집행이 끝나거나 집행을 받지 아니하기로 확정된 후 3년이 지난 때에 다시 세무사로 등록하여 활동할 수 있는 점 등에 비추어 볼 때 청구인의 직업선택의 자유를 침해하지 않는다.

③ 주류 판매업면허를 받은 자가 타인과 동업 경영을 하는 경우 관할 세무서장이 해당 주류 판매업자의 면허를 필요적으로 취소하도록 한 구 「주세법」 조항은 면허가 있는 자들끼리의 동업의 경우도 일률적으로 주류 판매업 면허를 취소하도록 규정하고 있으므로 주류 판매

면허업자의 직업의 자유를 침해한다.

④ 성매매는 그것이 가지는 사회적 유해성과는 별개로 성판매자의 입장에서 생활의 기본적 수요를 충족하기 위한 소득활동에 해당함을 부인할 수 없다 할 것이므로, 「성매매알선 등 행위의 처벌에 관한 법률」에서 성매매를 한 사람을 처벌하는 것은 성판매자의 직업선택의 자유도 제한하고 있다.

① (○) 사건 법률조항들은 유치원 주변 및 아직 유아 단계인 청소년을 유해한 환경으로부터 보호하고 이들의 건전한 성장을 돕기 위한 것으로 그 입법목적이 정당하고, 이를 위해서 유치원 주변의 일정구역 안에서 해당 업소를 절대적으로 금지하는 것은 그러한 유해성으로부터 청소년을 격리하기 위하여 필요·적절한 방법이며, 그 범위가 유치원 부근 200미터 이내에서 금지되는 것에 불과하므로, 청구인들의 직업의 자유를 침해하지 아니한다(헌재 2013.6.27. 2011헌바8).

② (○) 심판대상조항은 세무사 직무의 공공성과 국민 신뢰의 확보 등을 유지하기 위한 것으로서, 세무사법 위반으로 벌금형을 받은 세무사에 한정하여 등록취소를 하고 있어 입법재량의 범위 내에 있을 뿐 아니라, 벌금형의 집행이 끝나거나 집행을 받지 아니하기로 확정된 후 3년이 지난 때에는 다시 세무사로 등록하여 활동할 수 있는 점 등을 고려하면, 심판대상조항은 세무사인 청구인의 직업선택의 자유를 침해하지 않는다(헌재 2021.10.28. 2020헌바221).

③ (×) 주류는 국민건강에 미치는 영향이 크고, 국가의 재정에도 직접 영향을 미치는 것이기 때문에 다른 상품과는 달리 특별히 법률을 제정하여 주류의 제조 및 판매에 걸쳐 폭넓게 국가의 규제를 받도록 하고 있다. 심판대상조항은 주류 유통질서의 핵심이라고 할 수 있는 주류 판매면허업자가 면허 허가 범위를 넘어 사업을 운영하는 것을 제한함으로써, 주류 판매업면허 제도의 실효성을 확보하고자 마련된 것이다. 국가의 관리 감독에서 벗어난 판매업자의 등장으로 유통 질서가 왜곡되는 것을 방지하고 규제의 효용성을 담보하기 위하여 필요하므로, 면허의 필요적 취소를 과도한 제한이라고 볼 수 없다. 따라서 이 조항은 주류 판매면허업자의 직업의 자유를 침해하지 않는다(헌재 2021.4.29. 2020헌바328).

④ (○) 헌법 제15조에서 보장하는 직업이란 생활의 기본적 수요를 충족시키기 위하여 행하는 계속적인 소득활동을 의미하고, 성매매는 그것이 가지는 사회적 유해성과는 별개로 성판매자의 입장에서 생활의 기본적 수요를 충족하기 위한 소득활동에 해당함을 부인할 수 없으므로, 심판대상조항은 성판매자의 직업선택의 자유도 제한하고 있다. 심판대상조항은 개인의 성적 자기결정권, 사생활의 비밀과 자유, 직업선택의 자유를 침해하지 아니한다(헌재 2016.3.31. 2013헌가2). [2022년 경찰간부] ③

직업의 자유에 관한 다음 설명 중 가장 옳지 않은 것은?

① 소송사건의 대리인인 변호사라 하더라도 소송계속 사실 소명자료를 제출하지 못하면 수형자와 변호사접견을 하지 못하도록 규정한 '형의 집행 및 수용자의 처우에 관한 법률 시행규칙' 제29조의2 제1항 제2호 중 '수형자 접견'에 관한 부분은 변호사의 직업수행의 자유를 침해하지 아니한다.

② 변호사의 자격이 있는 자에게 더 이상 세무사 자격을 부여하지 않는 구 세무사법 제3조는 시행일 이후 변호사 자격을 취득한 자들의 직업선택의 자유를 침해하지 아니한다.

③ 노래연습장에서 주류를 판매·제공하는 행위를 금지하고 이를 위반한 경우 형사처벌 하도록 하는 음악산업진흥에 관한 법률 조항은 노래연습장 운영자의 직업수행의 자유를 침해하지 아니한다.

④ 헌법은 직업의 자유를 보장하고 국민의 보건에 관한 국가의 의무를 인정하고 있으나, 시·도

지사들이 한약업사 시험을 시행하여야 할 헌법상 작위의무가 규정되어 있다고 볼 수 없다.

① (×) 심판대상조항은 소 제기 전 단계에서 충실한 소송준비를 하기 어렵게 하여 변호사의 직무수행에 큰 장애를 초래하고, 변호사의 도움이 가장 필요한 시기에 접견에 대한 제한의 정도가 위와 같이 크다는 점에서 수형자의 재판청구권 역시 심각하게 제한될 수밖에 없고, 이로 인해 법치국가원리로 추구되는 정의에 반하는 결과를 낳을 수도 있다. 따라서 심판대상조항은 과잉금지원칙에 위배되어 변호사인 청구인의 직업수행의 자유를 침해한다(헌재 2021.10.28. 2018헌마60).

② (○) 사건 법률조항은 세무사 자격시험에 합격한 사람 이외에 변호사 자격 소지자에 대하여 세무사 자격을 인정하는 것과 관련된 특혜시비를 없애고 세무사시험에 응시하는 일반 국민과의 형평을 도모함과 동시에 세무분야의 전문성을 제고하여 소비자에게 고품질의 세무서비스를 제공하고자 마련된 조항이다. 이와 같은 입법목적은 정당하고, 변호사에 대한 세무사 자격 자동부여 제도의 폐지는 입법목적을 달성하기 위한 적합한 수단이다. 따라서 이 사건 법률조항은 과잉금지원칙에 반하여 청구인들의 직업선택의 자유를 침해한다고 볼 수 없다(헌재 2021.7.15. 2018헌마279).

③ (○) 헌법재판소는 2006.11.30. 2004헌마431등 사건에서, 노래연습장에서 주류의 판매·제공을 금지하는 조항에 대하여 노래연습장을 건전한 생활문화공간이 되도록 하기 위한 것으로 입법 목적이 정당하고, 주류 판매와 제공의 금지는 이를 달성하기 위한 적합한 수단이며, 청소년의 음주 가능성을 배제하고, 술로 인해 발생하는 사회경제적 손실을 최소화하는 효과 등에 비추어 침해 최소성 원칙에 어긋난다고 볼 없고, 노래연습장 운영자가 주류를 판매하지 못하는 불이익이 공익에 비하여 현저히 크다고 보기 어렵다는 이유로 직업의 자유를 침해하지 않는다고 판단하였고, 이러한 선례의 견해는 여전히 타당하고, 이를 변경해야 할 사정변경이나 필요성이 인정되지 않는다(헌재 2020.12.23. 2019헌바8).

④ (○) 헌법은 한약업사 시험을 비롯한 한약업사 제도에 관한 명문의 규정을 두고 있지 않으므로, 헌법상 명문으로 청구인들이 주장하는 바와 같은 피청구인들의 작위의무가 규정되어 있다고 볼 수 없다. 헌법 제15조는 국민의 직업선택의 자유를 보장하고, 헌법 제36조 제3항은 국민의 보건에 관한 국가의 의무를 인정하고 있으나, 이로부터 국가가 국민 보건에 관한 특정한 자격제도를 형성해야 할 구체적인 의무가 도출되는 것은 아니다. 따라서 헌법 해석으로부터 피청구인들의 작위의무가 도출된다고 할 수 없다. 약사법 제45조 제3항, 같은 법 시행령 제25조를 들어 피청구인들의 작위의무가 법령에 구체적으로 규정되어 있다고 할 수 없다. 헌법과 약사법령을 종합하건대, 피청구인들에게 헌법에서 유래하는 작위의무가 특별히 구체적으로 규정되어 있다고 볼 수 없다(헌재 2021.6.24. 2019헌마540).

[2023년 법원 9급] ①

직업의 자유에 관한 설명 중 가장 적절하지 않은 것은? (다툼이 있는 경우 판례에 의함)

① 직업선택의 자유에는 직업결정의 자유, 직업종사(직업수행)의 자유, 전직의 자유 등이 포함된다.

② 직장선택의 자유는 개인이 선택한 직업분야에서 구체적인 취업의 기회를 가지거나, 이미 형성된 근로관계를 계속 유지하거나 포기하는 데에 있어 국가의 방해를 받지 않는 자유로운 선택·결정을 보호하는 것을 내용으로 하는바, 이 기본권은 원하는 직장을 제공하여 줄 것을 청구하거나 한번 선택한 직장의 존속보호를 청구할 권리를 보장하며, 사용자의 처분에 따른 직장상실로부터 보호하여 줄 것을 청구할 권리도 보장한다.

③ 경쟁의 자유는 기본권의 주체가 직업의 자유를 실제로 행사하는 데에서 나오는 결과이므로 당연히 직업의 자유에 의하여 보장되고, 다른 기업과의 경쟁에서 국가의 간섭이나 방해를 받지 않고 기업 활동을 할 수 있는 자유를 의미한다.

④ 헌법 제15조에서 보장하는 '직업'이란 생활의 기본적 수요를 충족시키기 위하여 행하는 계

속적인 소득활동을 의미하는바, 성매매는 그것이 가지는 사회적 유해성과는 별개로 성판매자의 입장에서 생활의 기본적 수요를 충족하기 위한 소득활동에 해당함은 부인할 수 없으므로, 성매매를 한 자를 형사 처벌하는 성매매알선 등 행위의 처벌에 관한 법률 조항은 성판매자의 직업선택의 자유를 제한한다.

① (○) 헌법 제15조에 따라 모든 국민은 직업선택의 자유를 가진다. 따라서 국민은 누구나 자유롭게 자신이 종사할 직업을 선택하고, 그 직업에 종사하며, 이를 변경할 수 있다. 이에는 개인의 직업적 활동을 하는 장소 즉 직장을 선택할 자유도 포함된다(헌재 1989.11.20. 89헌가102).

② (×) 헌법 제15조가 보장하는 직업선택의 자유는 직업선택의 자유만이 아니라 직업과 관련된 종합적이고 포괄적인 직업의 자유를 보장하는 것이다. 또한 직업의 자유는 독립적 형태의 직업활동뿐만 아니라 고용된 형태의 종속적인 직업활동도 보장한다. 따라서 직업선택의 자유는 직장선택의 자유를 포함한다. 이러한 직장선택의 자유는 개인이 그 선택한 직업분야에서 구체적인 취업의 기회를 가지거나, 이미 형성된 근로관계를 계속 유지하거나 포기하는 데에 있어 국가의 방해를 받지 않는 자유로운 선택·결정을 보호하는 것을 내용으로 한다. 그러나 이 기본권은 원하는 직장을 제공하여 줄 것을 청구하거나 한번 선택한 직장의 존속보호를 청구할 권리를 보장하지 않으며, 또한 사용자의 처분에 따른 직장 상실로부터 직접 보호하여 줄 것을 청구할 수도 없다. 다만 국가는 이 기본권에서 나오는 객관적 보호의무, 즉 사용자에 의한 해고로부터 근로자를 보호할 의무를 질 뿐이다(헌재 2002.11.28. 2001헌바50).

③ (○) 직업의 자유는 영업의 자유와 기업의 자유를 포함하고, 이러한 영업 및 기업의 자유를 근거로 원칙적으로 누구나가 자유롭게 경쟁에 참여할 수 있다. 경쟁의 자유는 기본권의 주체가 직업의 자유를 실제로 행사하는 데에서 나오는 결과이므로 당연히 직업의 자유에 의하여 보장되고, 다른 기업과의 경쟁에서 국가의 간섭이나 방해를 받지 않고 기업활동을 할 수 있는 자유를 의미한다(헌재 1996.12.26. 96헌가18).

④ (○) 헌법 제15조에서 보장하는 직업이란 생활의 기본적 수요를 충족시키기 위하여 행하는 계속적인 소득활동을 의미하고, 성매매는 그것이 가지는 사회적 유해성과는 별개로 성판매자의 입장에서 생활의 기본적 수요를 충족하기 위한 소득활동에 해당함을 부인할 수 없으므로, 심판대상조항은 성판매자의 직업선택의 자유도 제한하고 있다. 따라서 심판대상조항은 개인의 성적 자기결정권, 사생활의 비밀과 자유, 직업선택의 자유를 침해하지 아니한다(헌재 2016.3.31. 2013헌가2). [2022년 경찰 경정승진] ②

자격제와 직업의 자유에 대한 설명으로 가장 적절하지 않은 것은? (다툼이 있는 경우 헌법재판소 판례에 의함)

① 의료인이 아닌 자의 무면허의료행위를 일률적·전면적으로 금지한 구 「의료법」 조항은 국민의 생명권과 건강권을 보호하고 국민의 보건에 관한 국가의 보호의무를 이행하기 위한 조치로서, 이러한 기본권의 제한은 비례의 원칙에 부합한다.

② 세무 관련 분야에서 전문성이 인정되는 자격증을 소지한 자를 7급 세무직 공무원 공개경쟁채용시험에서 우대하는 것은 업무상 전문성을 강화하고 자격증 소지 여부가 시험에서 우대를 고려할 객관적 근거가 되며, 가산점제도가 자격증 없는 자들의 응시기회 자체를 제한한다고 보기 어려우므로 과잉금지원칙에 반하지 않는다.

③ 법학전문대학원 입학자 중 법학 외의 분야 및 당해 법학전문대학원이 설치된 대학 외의 대학에서 학사학위를 취득한 자가 차지하는 비율이 입학자의 3분의 1 이상이 되도록 규정한 「법학전문대학원 설치·운영에 관한 법률」 조항은 직업의 자유를 침해하지 않는다.

④ 특정 직업분야에 관한 자격제도를 만들면서 그 자격요건을 어떻게 설정할 것인가는 그 입법재량의 폭이 좁나 할 것이므로 과잉금지원칙을 적용함에 있어서 다른 방법으로 직업선택

의 자유를 제한하는 경우에 비해 보다 엄격한 심사가 필요하다.

① (○) 의료인이 아닌 자의 의료행위를 전면적으로 금지한 것은 매우 중대한 헌법적 법익인 국민의 생명권과 건강권을 보호하고 국민의 보건에 관한 국가의 보호의무(헌법 제36조 제3항)를 이행하기 위하여 적합한 조치로서, 위와 같은 중대한 공익이 국민의 기본권을 보다 적게 침해하는 다른 방법으로는 효율적으로 실현될 수 없으므로, 이러한 기본권의 제한은 비례의 원칙에 부합하는 것으로서 헌법적으로 정당화되는 것이다(헌재 2005.5.26. 2003헌바86).

② (○) 공무원 공개경쟁채용시험에서 자격증에 따른 가산점을 인정하는 목적은 공무원의 업무상 전문성을 강화하기 위함인바, 세무 영역에서 전문성을 갖춘 것으로 평가되는 자격증(변호사·공인회계사·세무사) 소지자들에게 세무직 국가공무원 공개경쟁채용시험에서 가산점을 부여하는 것은 그 목적의 정당성이 인정된다. 공인 자격증은 국가나 국가의 위탁을 받은 특수법인이 필기시험과 실기평가 등 소정의 검증절차를 거쳐 일정한 기준에 도달한 사람에게 부여하는 것이므로 자격증의 유무는 해당 분야에서 필요한 능력과 자질을 갖추고 있는지를 판단하는 객관적 기준이 될 수 있다. 변호사는 법률 전반에 관한 영역에서, 공인회계사와 세무사는 각종 세무 관련 영역에서 필요한 행위를 하거나 조력하는 전문가들이므로 그 자격증 소지자들의 선발은 세무행정의 전문성을 제고하는 데 기여하여 수단의 적합성이 인정된다. 따라서 심판대상조항은 과잉금지원칙에 위반되어 청구인의 공무담임권을 침해하지 아니한다(헌재 2020.6.25. 2017헌마1178).

③ (○) 다양한 전공자를 대상으로 전문적인 법학교육을 실시하고 다양한 학문풍토를 조성하고자 하는 이 사건 법률 제26조 제2항 및 제3항이 추구하는 입법목적의 정당성이 인정되고, 전공과 출신대학에 따라 로스쿨 입학정원 비율을 제한하는 것은 이 사건 법률 제26조 제2항 및 제3항이 추구하는 입법목적을 달성하기 위한 적절한 방법이 될 수 있고, 입법목적을 달성하는 수단을 선택함에 있어서 입법자의 선택재량의 범위를 일탈하였다고 볼 수 없어서 최소침해성원칙에도 위배되지 아니하며, 로스쿨을 지원함에 있어서 청구인들이 받게 되는 불이익보다 위와 같은 입법목적을 달성하여 얻게 되는 공익이 훨씬 더 크다고 할 것이어서 법익균형성원칙에도 위배되지 아니하므로, 이 사건 법률 제26조 제2항 및 제3항은 비례의 원칙에 위배되지 않기 때문에 청구인들의 직업선택의 자유를 침해하지 아니한다(헌재 2009.2.26. 2007헌마1262).

④ (×) 과잉금지의 원칙을 적용함에 있어서도, 어떠한 직업분야에 관한 자격제도를 만들면서 그 자격요건을 어떻게 설정할 것인가에 관하여는 국가에게 폭넓은 입법재량권이 부여되어 있는 것이므로 다른 방법으로 직업선택의 자유를 제한하는 경우에 비하여 보다 유연하고 탄력적인 심사가 필요하다(헌재 2003.9.25. 2002헌마519). [2022년 경찰간부] ④

직업의 자유와 재산권에 관한 설명으로 옳지 않은 것은? (다툼이 있는 경우 헌법재판소 결정례에 의함)

① 헌법 제15조에 의한 직업선택의 자유에는 직업 수행의 자유, 전직의 자유, 직장선택의 자유 등도 포함되는 것으로 이해된다.

② 공용수용은 국민의 재산권을 그 의사에 반하여 강제적으로라도 취득해야 할 공익적 필요성이 있을 것, 법률에 의거할 것, 정당한 보상을 지급할 것의 요건을 모두 갖추어야 한다.

③ 객관적 사유에 의한 직업결정의 자유에 대한 제한은 월등하게 중요한 공익을 위하여 명백하고 확실한 위험을 방지하기 위한 경우에만 정당화될 수 있다.

④ 재산권 행사의 대상이 되는 객체가 지닌 사회적인 연관성과 사회적 기능이 크면 클수록 입법자에 의한 보다 더 광범위한 제한이 정당화된다.

⑤ 직업선택의 자유에 직업 내지 직종에 종사하는 데 필요한 전문지식을 습득하기 위한 직업교육장을 임의로 선택할 수 있는 직업교육장 선택의 자유까지 포함되는 것은 아니다.

① (○) 헌법 제15조에 따라 모든 국민은 직업선택의 자유를 가진다. 따라서 국민은 누구나 자유롭게 자신이 종사할 직업을 선택하고, 그

직업에 종사하며, 이를 변경할 수 있다. 이에는 개인의 직업적 활동을 하는 장소 즉 직장을 선택할 자유도 포함된다(헌재 1989.11.20. 89헌가102).

② (○) 헌법의 재산권 보장에 관한 규정의 근본취지에 비추어 볼 때, 공공필요에 의한 재산권의 공권력적, 강제적 박탈을 의미하는 공용수용은 헌법상의 재산권 보장의 요청상 불가피한 최소한에 그쳐야 한다. 즉 공용수용은 헌법 제23조 제3항에 명시되어 있는 대로 국민의 재산권을 그 의사에 반하여 강제적으로라도 취득해야 할 공익적 필요성이 있을 것, 법률에 의거할 것, 정당한 보상을 지급할 것의 요건을 모두 갖추어야 한다(헌재 1995.2.23. 92헌바14).

③ (○) 당사자의 능력이나 자격과 상관없는 객관적 사유에 의한 제한은 월등하게 중요한 공익을 위하여 명백하고 확실한 위험을 방지하기 위한 경우에만 정당화될 수 있고, 따라서 헌법재판소가 이 사건을 심사함에 있어서는 헌법 제37조 제2항이 요구하는 바 과잉금지의 원칙, 즉 엄격한 비례의 원칙이 그 심사척도가 된다(헌재 2002.4.25. 2001헌마614).

④ (○) 재산권에 대한 제한의 허용 정도는 재산권행사의 대상이 되는 객체가 기본권의 주체인 국민 개개인에 대하여 가지는 의미와 다른 한편으로는 그것이 사회 전반에 대하여 가지는 의미가 어떠한가에 달려 있다. 즉 재산권 행사의 대상이 되는 객체가 지닌 사회적인 연관성과 사회적 기능이 크면 클수록 입법자에 의한 보다 광범위한 제한이 정당화된다(헌재 1998.12.24. 89헌마214 등).

⑤ (×) 헌법 제15조에 의한 직업선택의 자유라 함은 자신이 원하는 직업 내지 직종을 자유롭게 선택하는 직업선택의 자유뿐만 아니라 그가 선택한 직업을 자기가 결정한 방식으로 자유롭게 수행할 수 있는 직업수행의 자유를 포함한다. 그리고 직업선택의 자유에는 자신이 원하는 직업 내지 직종에 종사하는 데 필요한 전문지식을 습득하기 위한 직업교육장을 임의로 선택할 수 있는 직업교육장 선택의 자유도 포함된다(헌재 2009.2.26. 2007헌마1262). [2020년 소방간부] ⑤

직업의 자유에 관한 다음 설명 중 가장 옳은 것은?

① 헌법재판소는 법무사보수기준제가 법무사라는 직업의 선택 그 자체를 제한하는 것이 아니라 직업행사의 자유를 제한하는 제도에 해당한다고 보아 그것이 직업의 자유를 침해하는지 여부를 심사하기 위한 기준으로 비례성원칙이 아닌 자의금지원칙을 적용하였다.

② 출석주의를 완화하여 최초의 전자등기신청 전에 한 차례 사용자등록을 하도록 한 부동산등기규칙 조항은 무자격 등기 브로커에 의한 무차별적 등기를 가능하게 하여 법무사인 청구인들의 직업에 대한 신뢰가 훼손됨으로써 직업 선택의 자유를 침해한다.

③ 법무사 아닌 자가 등기신청대행 등의 법무행위를 업으로 하는 것을 금지하고 이를 위반하는 경우 형사처벌하는 법무사법 조항은 법무사 자격이 없는 일반 국민의 직업 선택의 자유를 과도하게 제한하여 헌법에 위반된다.

④ 고소고발장을 법무사만이 그 작성사무를 업으로 할 수 있는 법원과 검찰청의 업무에 관련된 서류로 규정한 것은 일반 행정사의 직업 선택의 자유 등의 기본권을 침해한다.

⑤ 헌법재판소는 일정한 경력을 가진 공무원이 법무사시험을 보지 않고도 법무사 자격을 취득할 수 있도록 하는 경력공무원에 대한 자격부여제도를 규정하고 있던 법무사법 조항에 대하여 경력공무원이 아닌 일반인들도 법무사시험을 보아 합격하면 법무사가 될 수 있는 길을 열어 놓고 있고, 경력공무원에 대한 자격부여제도가 합리성을 갖고 있어서 법무사시험제도를 유명무실하게 하는 요소를 찾기 어렵다고 보아 법무사라는 직업을 선택하는 자유를 침해하지 않는다고 결정한 적이 있다.

① (×) 법무사법에 의하여 법무사라는 자격을 부여받은 법무사가 자신이 수임한 업무에 대하여 회칙에 규정된 보수기준을 초과하여 위임인과 자유롭게 보수를 정할 수 없으므로 법무사보수기준제는 직업의 자유 중에서 직업행사의 자유를 제한하는 제도이다. 그러나 이 경우에도 법무사에게 직업활동에 대한 과도한 제한을 부과함으로써 직업활동을 형해화할 정도로 희생을 강요하는 것은 비례원칙에 반하여 허용되지 않는다. 따라서 이 사건 법률조항이 헌법 제37조 제2항에서 정한 한계인 비례의 원칙을 지킨 것인지 여부를 살펴본다(헌재 2003.6.26. 2002헌바3).

② (×) 청구인들은 출석주의를 완화함으로써 무자격 등기 브로커에 의한 무차별적 등기가 가능하게 되어 전문자격자인 청구인들의 직업에 대한 신뢰가 훼손됨으로써 직업선택의 자유가 침해된다는 취지의 주장도 하나, 이 사건 규칙조항과 사용자등록 지침조항은 무자격 등기 브로커에 의한 등기신청을 허용하는 규정이 아니다. 무자격 브로커에 의한 등기신청의 대리 등 관련 업무의 취급은 법무사법 제3조 제1항에 의해 금지되고, 제74조에 의해 형사처벌 대상이 된다. 이 사건 규칙조항과 사용자등록 지침조항에 의한 사실상의 효과로서 무자격 등기 브로커에 의한 등기가 만연하게 된다거나 그로 인해 청구인들의 직업에 대한 신뢰가 훼손될 수 있다는 것은 막연한 가능성의 주장일 뿐이므로, 그로 인해 청구인들의 직업선택의 자유가 침해될 가능성까지 인정할 수는 없다. 따라서 이 사건 규칙조항과 사용자등록 지침조항이 청구인들의 직업선택의 자유를 침해할 가능성이 있다고 보기 어렵다(헌재 2021.12.23. 2018헌마49).

③ (×) 사건 법률조항은 청구인의 직업선택의 자유를 침해할 정도로 비례의 원칙에 위배한 것으로 볼 수 없고, 나아가 입법자가 등기신청대행만을 전담하는 자격제도를 따로 두고 있지 않다거나 현재보다 더 완화된 법무사 자격요건을 두고 있지 않다고 하더라도 그것이 곧 청구인의 직업선택의 자유를 침해할 정도로 입법형성의 재량을 일탈한 것이라고 볼 수도 없다(헌재 2003.9.25. 2001헌마156).

④ (×) 고소고발장의 작성을 법무사에게만 허용하고 일반행정사에 대하여 이를 하지 못하게 한 것은, 국민의 법률생활의 편익과 사법제도의 건전한 발전이라는 공익의 실현에 필요·적정한 수단으로서 그 이유에 합리성이 있으므로, 일반행정사의 직업 선택의 자유나 평등권 등을 침해하는 것이라고 볼 수 없다(헌재 2000.7.20. 98헌마52).

⑤ (○) 법률지식과 능력을 실무경험을 통하여 갖춘 것으로 대법원장이 인정하는 경력공무원에게, 그러한 경력을 갖추지 아니한 청구인들과 같은 사람들과 차별하여 법무사시험을 치르지 않게 하고, 법무사자격을 부여하는 것은 충분한 합리적 이유가 있는 차별이라고 할 것이다. 경력공무원에 해당하지 않는 청구인들과 같은 일반인들도 법무사시험을 보아 합격하면 법무사가 될 수 있게 길을 열어 놓고 있으며, 경력공무원에 대한 자격부여제도가 합리성을 갖고 있어서 법무사법의 어느 곳에도 법무사시험제도를 유명무실하게 하는 요소는 찾아볼 수 없다. 따라서 이 사건 법률조항은 청구인들이 법무사라는 직업을 선택하는 자유를 침해하지 않는다(헌재 2001.11.29. 2000헌마84).

[2022년 법무사] ⑤

직업의 자유에 대한 설명으로 옳지 않은 것은? (다툼이 있는 경우 판례에 의함)

① 직업의 자유는 영업의 자유와 기업의 자유를 포함하고, 이러한 영업 및 기업의 자유를 근거로 원칙적으로 누구나가 자유롭게 경쟁에 참여할 수 있다.

② 직업의 자유는 직장선택의 자유를 포함하며, 직장선택의 자유는 원하는 직장을 제공하여 줄 것을 청구하거나 한번 선택한 직장의 존속 보호를 청구할 권리를 보장하는 것이다.

③ 공무담임권은 국가 등에게 능력주의를 존중하는 공정한 공직자 선발을 요구할 수 있는 권리라는 점에서 직업선택의 자유보다는 그 기본권의 효과가 현실적 및 구체적이므로, 공직을 직업으로 선택하는 경우에 있어서 직업선택의 자유는 공무담임권을 통해서 그 기본권 보호를 받게 된다.

④ 복수면허 의료인에게 양방이든 한방이든 하나의 의료기관만을 개설하도록 하는 것은 복수면허 의료인들의 직업의 자유를 침해한다.

① (○) 직업의 자유는 영업의 자유와 기업의 자유를 포함하고, 이러한 영업 및 기업의 자유를 근거로 원칙적으로 누구나가 자유롭게 경쟁에 참여할 수 있다. 경쟁의 자유는 기본권의 주체가 직업의 자유를 실제로 행사하는 데에서 나오는 결과이므로 당연히 직업의 자유에 의하여 보장되고, 다른 기업과의 경쟁에서 국가의 간섭이나 방해를 받지 않고 기업활동을 할 수 있는 자유를 의미한다(헌재 1996.12.26. 96헌가18).

② (×) 헌법 제15조가 보장하는 직업선택의 자유는 직업선택의 자유만이 아니라 직업과 관련된 종합적이고 포괄적인 직업의 자유를 보장하는 것이다. 또한 직업의 자유는 독립적 형태의 직업활동뿐만 아니라 고용된 형태의 종속적인 직업활동도 보장한다. 따라서 직업선택의 자유는 직장선택의 자유를 포함한다. 이러한 직장선택의 자유는 개인이 그 선택한 직업분야에서 구체적인 취업의 기회를 가지거나, 이미 형성된 근로관계를 계속 유지하거나 포기하는 데에 있어 국가의 방해를 받지 않는 자유로운 선택·결정을 보호하는 것을 내용으로 한다. 그러나 이 기본권은 원하는 직장을 제공하여 줄 것을 청구하거나 한번 선택한 직장의 존속 보호를 청구할 권리를 보장하지 않으며, 또한 사용자의 처분에 따른 직장 상실로부터 직접 보호하여 줄 것을 청구할 수도 없다. 다만 국가는 이 기본권에서 나오는 객관적 보호의무, 즉 사용자에 의한 해고로부터 근로자를 보호할 의무를 질 뿐이다(헌재 2002.11.28. 2001헌바50).

③ (○) 공무담임권은 국가 등에게 능력주의를 존중하는 공정한 공직자선발을 요구할 수 있는 권리라는 점에서 직업선택의 자유보다는 그 기본권의 효과가 현실적·구체적이므로, 공직을 직업으로 선택하는 경우에 있어서 직업선택의 자유는 공무담임권을 통해서 그 기본권보호를 받게 된다고 할 수 있으므로 공무담임권을 침해하는지 여부를 심사하는 이상 이와 별도로 직업선택의 자유 침해 여부를 심사할 필요는 없다(헌재 2006.3.30. 2005헌마598).

④ (○) 의료인 면허를 취득한 것은 그 면허에 따른 직업선택의 자유를 회복한 것이고, 이렇게 회복된 자유에 대하여 전문분야의 성격과 정책적 판단에 따라 면허를 실현할 수 있는 방법이나 내용을 정할 수는 있지만 이를 다시 전면적으로 금지하는 것은 입법형성의 범위 내라고 보기 어렵다. 환자가 양방과 한방 의료기관에서 순차적, 교차적으로 의료서비스를 받는 경우가 금지되지 않는 현실에서 복수면허 의료인은 양방 및 한방 의료행위 양쪽에 대하여 상대적으로 지식이 많거나 능력이 뛰어나고, 그가 행하는 양방 및 한방 의료행위의 내용과 그것이 인체에 미치는 영향 등에 대하여 더 유용한 정보를 취득하고 이를 분석하여 적절하게 대처할 수 있다고 평가될 수 있다. 양방 및 한방 의료행위가 중첩될 경우 인체에 미치는 영향에 대한 과학적 검증이 없다는 점을 고려한다 하여도 위험영역을 한정하여 규제를 하면 족한 것이지 진단 등과 같이 위험이 없는 영역까지 전면적으로 금지하는 것은 지나치다. 결국 이 사건 법률조항은 청구인들과 같은 복수면허 의료인에게 양방이든 한방이든 하나의 의료기관만을 개설하도록 하는 규범으로 작용한다는 점에서 과잉금지원칙에 반하여 청구인들의 직업의 자유를 침해한다(헌재 2007.12.27. 2004헌마1021). [2020년 국가 5급] ②

다음 중 직업의 자유에 관한 설명으로 가장 옳지 않은 것은? (다툼이 있는 경우 판례에 의함)

① 경쟁의 자유는 기본권의 주체가 직업의 자유를 실제로 행사하는 데에서 나오는 결과이므로 당연히 직업의 자유에 의하여 보장되고, 다른 기업과의 경쟁에서 국가의 간섭이나 방해를 받지 않고 기업활동을 할 수 있는 자유를 의미한다.

② 직업선택의 자유에는 직업결정의 자유, 직업종사(직업수행)의 자유, 전직의 자유 등이 포함된다.

③ 의사 및 한의사의 복수면허 의료인이라고 하더라도 양방 또는 한방 중 그 선택에 따라 어느 '하나의' 의료기관 이외에 다른 의료기관의 개설을 금지하는 것은 직업선택의 자유를 침해한다.

④ 금고 이상의 실형을 선고받고 그 집행이 종료된 날부터 3년이 경과되지 않은 경우 중개사무소 개설등록을 취소하도록 한 「공인중개사법」 조항은 직업선택의 자유를 침해한 것이다.

① (○) 직업의 자유는 영업의 자유와 기업의 자유를 포함하고, 이러한 영업 및 기업의 자유를 근거로 원칙적으로 누구나가 자유롭게 경쟁에 참여할 수 있다. 경쟁의 자유는 기본권의 주체가 직업의 자유를 실제로 행사하는 데에서 나오는 결과이므로 당연히 직업의 자유에 의하여 보장되고, 다른 기업과의 경쟁에서 국가의 간섭이나 방해를 받지 않고 기업활동을 할 수 있는 자유를 의미한다(헌재 1996.12.26. 96헌가18).

② (○) 헌법 제15조의 직업선택의 자유에는 직업결정의 자유, 직업종사(직업수행)의 자유, 전직의 자유 등이 포함되지만, 직업결정의 자유나 전직의 자유에 비하여 직업종사(직업수행)의 자유에 대하여서는 상대적으로 더욱 넓은 법률상의 규제가 가능하다(헌재 1999.9.16. 96헌마39).

③ (○) 사건 법률조항은 청구인들과 같은 복수면허 의료인에게 양방이든 한방이든 하나의 의료기관만을 개설하도록 하는 규범으로 작용한다는 점에서 과잉금지원칙에 반하여 청구인들의 직업의 자유를 침해한다. 복수면허 의료인이든, 단수면허 의료인이든 '하나의' 의료기관만을 개설할 수 있다는 점에서는 '같은' 대우를 받는다. 그런데 복수면허 의료인은 의과 대학과 한의과 대학을 각각 졸업하고, 의사와 한의사 자격 국가고시에 모두 합격하였다. 복수면허 의료인들에게 단수면허 의료인과 같이 하나의 의료기관만을 개설할 수 있다고 한 이 사건 법률조항은 '다른 것을 같게' 대우하는 것으로 합리적인 이유를 찾기 어렵다. 따라서 이 사건 법률조항은 복수면허의 의료인인 청구인들의 평등권을 침해한다(헌재 2007.12.27. 2004헌마1021).

④ (×) 심판대상조항은 공인중개사가 부동산 거래시장에서 수행하는 업무의 공정성 및 그에 대한 국민적 신뢰를 확보하기 위한 것으로서 입법목적의 정당성을 인정할 수 있고, 개업공인중개사가 금고 이상의 실형을 선고받는 경우 중개사무소 개설등록을 필요적으로 취소하여 중개업에 종사할 수 없도록 배제하는 것은 위와 같은 입법목적을 달성하는 데 적절한 수단이 된다. 따라서 심판대상조항은 과잉금지원칙에 반하여 직업선택의 자유를 침해하지 아니한다(헌재 2019.2.28. 2016헌바467). [2022년 해경간부] ④

헌법상 직업의 자유에 대한 설명으로 가장 적절하지 않은 것은? (다툼이 있는 경우 헌법재판소 판례에 의함)

① 직장선택의 자유는 국민의 권리로 보아야 하므로, 외국인은 직장선택의 자유를 향유할 수 없다.

② 직업결정의 자유나 전직의 자유에 비하여 직업수행의 자유에 대하여는 상대적으로 더욱 넓은 법률상의 규제가 가능하다.

③ 직업선택의 자유에는 자신이 원하는 직업 내지 직종에 종사하는 데 필요한 전문지식을 습득하기 위한 직업교육장을 임의로 선택할 수 있는 '직업교육장 선택의 자유'도 포함된다.

④ 직업의 자유에 '해당 직업에 합당한 보수를 받을 권리'까지 포함되지 않는다.

① (×) 직업의 자유 중 직장 선택의 자유는 인간의 존엄과 가치 및 행복추구권도 밀접한 관련을 가지는 만큼 단순히 국민의 권리가 아닌 인간의 권리로 보아야 할 것이므로 권리의 성질상 참정권, 사회권적 기본권, 입국의 자유 등과 같이 외국인의 기본권주체성을 전면적으로 부정할 수는 없고, 외국인도 제한적으로라도 직장 선택의 자유를 향유할 수 있다(헌재 2011.9.29. 2007헌마1083).

② (○) 직업선택의 자유에는 직업결정의 자유, 직업종사(직업수행)의 자유, 전직의 자유 등이 포함되지만 직업결정의 자유나 전직의 자유에 비하여 직업종사(직업수행)의 자유에 대하여서는 상대적으로 더욱 넓은 법률상의 규제가 가능하고 따라서 다른 기본권의 경우와 마찬가지로 국가안전보장·질서유지 또는 공공복리를 위하여 필요한 경우에는 제한이 가하여질 수 있는 것은 물론이지만 그 제한의 방법은 법률로써만 가능하고 제한의 정도도 필요한 최소한도에 그쳐야 하는 것 또한 의문의 여지가 없이 자명한 것이다(헌재 1993.5.13. 92헌마80).

③ (○) 헌법 제15조에 의한 직업선택의 자유라 함은 자신이 원하는 직업 내지 직종을 자유롭게 선택하는 직업선택의 자유뿐만 아니라 그가 선택한 직업을 자기가 결정한 방식으로 자유롭게 수행할 수 있는 직업수행의 자유를 포함한다. 그리고 직업선택의 자유에는 자신이 원하는 직업 내지 직종에 종사하는 데 필요한 전문지식을 습득하기 위한 직업교육장을 임의로 선택할 수 있는 '직업교육장 선택의 자유'도 포함된다(헌재 2009.2.26. 2007헌마1262).

④ (○) 청구인들은 이 사건 입법부작위로 인하여 직업의 자유, 평등권, 재산권, 행복추구권이 침해되었다고 주장한다. 그런데 시행령이 제정되지 않아 법관, 검사와 같은 보수를 받지 못한다 하더라도, 직업의 자유에 '해당 직업에 합당한 보수를 받을 권리'까지 포함되어 있다고 보기 어려우므로 청구인들의 직업선택이나 직업수행의 자유가 침해되었다고 할 수 없다(헌재 2004.2.26. 2001헌마718).

[2019년 경찰 경정승진] ①

직업의 자유에 관하여 다음 설명 중 가장 옳지 않은 것은?

① 성인 대상 성범죄로 형을 선고받아 확정된 자에게 그 형의 집행을 종료한 날로부터 10년 동안 의료기관을 개설하거나 의료기관에 취업할 수 없도록 한 아동·청소년의 성보호에 관한 법률은 직업선택의 자유를 침해한다.

② 보건복지무장관이 치과전문의자격시험제도를 실시할 수 있도록 시험규칙을 마련하지 아니한 행정입법 부작위는 전공의 수련과정을 마친 청구인들의 직업의 자유를 침해한다.

③ 운전면허를 받은 사람이 자동차 등을 이용하여 살인 또는 강간 등의 범죄행위를 한 때 운전면허를 취소하도록 규정한 도로교통법은 직업의 자유를 침해한 것이다.

④ 유치원 주변 학교환경위생 정화구역에서 성 관련 청소년 유해물건을 제작, 생산, 유통하는 청소년 유해업소를 예외 없이 금지하는 학교보건법은 직업의 자유를 침해한 것이다.

① (○) 오직 성범죄 전과에 기초해 10년이라는 일률적인 기간 동안 취업제한의 제재를 부과하여, 이 기간 내에는 취업제한 대상자가 그러한 제재로부터 벗어날 수 있는 어떠한 기회도 존재하지 않는 점 등에 비추어, 이 사건 법률조항은 그 목적의 정당성, 수단의 적합성이 인정되지만, 침해의 최소성과 법익의 균형성 원칙에 위반되어 직업선택의 자유를 침해한다(헌재 2014.1.28. 2012헌마431).

② (○) 현행 의료법과 치과전문의의 전문과목은 10개로 세분화되어 있고, 일반치과의까지 포함하면 11가지의 치과의가 존재할 수 있는데도 이를 시행하기 위한 시행규칙의 미비로 청구인들은 일반치과의로서 존재할 수밖에 없는 실정이므로, 청구인들은 직업으로서 치과전문의를 선택하고 이를 수행할 자유(직업의 자유)를 침해당하고 있다(헌재 1998.7.16. 96헌마246).

③ (○) 범죄를 저지르기만 하면 그 위법의 정도나 비난의 정도가 극히 미약한 경우를 포함하여 모든 경우에 운전면허를 취소할 수밖에 없도록 하는 것이어서 지나친 제재에 해당한다. 게다가 필요적 운전면허 취소제도가 반드시 임의적 운전면허 취소제도에 비하여 자동차 등을 이용한 범죄의 근절에 실효적이라고 단정하기도 어렵다. 그렇다면 임의적 운전면허 취소 또는 정지제도만으로도 철저한 단속, 엄격한 법집행 등을 함으로써 자동차 등을 이용한 범죄의 근절이라는 입법목적을 효과적으로 달성할 수 있다. 따라서 심판대상조항은 침해의 최소성 원칙에 위반된다. 따라서 심판대상조항은 직업의 자유 내지 일반적 행동의 자유를 침해하여 헌법에 위반된다(헌재 2015.5.28. 2013헌가6).

④ (×) 성에 관한 올바른 관념이 형성되지 않은 청소년, 특히 그 중에서도 유아 단계의 청소년이 성관련 청소년유해물건을 접하여 성에 관한 왜곡된 인식이 형성될 경우 그 부정적 영향은 크고 장기적일 수 있다. 따라서 유치원이 소재하는 곳으로부터 일정한 범위를 정화구역으로 지정하고, 그 구역 안에서 해당 업소를 절대적으로 금지하는 것은 위와 같은 입법목적을 달성하기 위하여 효과적이고 적절한 방법으로 볼 수 있다. 그렇다면 심판대상 조항이 청구인들의 직업의 자유를 침해하여 위헌이라고 할 수 없다(헌재 2013.6.27. 2011헌바8).

[2019년 법원 9급] ④

직업의 자유에 대한 설명으로 옳은 것은? (다툼이 있는 경우 판례에 의함)

① 계속성과 생활수단성을 개념표지로 하는 직업의 개념에 비추어 보면 학업 수행이 본업인 대학생의 경우 방학기간을 이용하여 또는 휴학 중에 학비 등을 벌기 위해 학원강사로서 일하는 행위는 일시적인 소득활동으로서 직업의 자유의 보호영역에 속하지 않는다.

② 직업수행의 자유는 직업결정의 자유에 비하여 상대적으로 그 침해의 정도가 작다고 할 것이므로 이에 대하여는 공공복리 등 공익상의 이유로 비교적 넓은 법률상의 규제가 가능하다.

③ 소주판매업자에게 자도소주구입을 강제하는 자도소주구입명령제도는 독과점을 방지하고,

중소기업을 보호한다는 공익적 목적 달성을 위한 적합한 수단이므로 소주판매업자의 직업의 자유를 침해하지 않는다.

④ 대통령령으로 정하는 공공기관 및 공기업으로 하여금 매년 정원의 100분의 3 이상씩 34세 이하의 청년 미취업자를 채용하도록 한 이른바 '청년할당제'는 35세 이상 미취업자들의 평등권, 직업선택의 자유를 침해한다.

① (×) 직업의 개념표지들은 개방적 성질을 지녀 엄격하게 해석할 필요가 없는바, '계속성'과 관련하여서는 주관적으로 활동의 주체가 어느 정도 계속적으로 해당 소득활동을 영위할 의사가 있고, 객관적으로도 그러한 활동이 계속성을 띨 수 있으면 족하다고 해석되므로 휴가기간 중에 하는 일, 수습직으로서의 활동 따위도 이에 포함된다고 볼 것이고, 또 '생활수단성'과 관련하여서는 단순한 여가활동이나 취미활동은 직업의 개념에 포함되지 않으나 겸업이나 부업은 삶의 수요를 충족하기에 적합하므로 직업에 해당한다고 말할 수 있다. 직업의 개념에 비추어 보면 비록 학업 수행이 청구인과 같은 대학생의 본업이라 하더라도 방학기간을 이용하여 또는 휴학 중에 학비 등을 벌기 위해 학원강사로서 일하는 행위는 어느 정도 계속성을 띤 소득활동으로서 직업의 자유의 보호영역에 속한다(헌재 2003.9.25. 2002헌마519).

② (○) 직업수행의 자유는 직업결정의 자유에 비하여 상대적으로 그 침해의 정도가 작다고 할 것이어서, 이에 대하여는 공공복리 등 공익상의 이유로 비교적 넓은 법률상의 규제가 가능하다. 그러나 직업수행의 자유를 제한할 때에도 헌법 제37조 제2항에 의거한 비례의 원칙에 위배되어서는 안 된다(헌재 2004.10.28. 2002헌바41).

③ (×) 자도소주구입명령제도는 소주판매업자의 직업의 자유는 물론 소주제조업자의 경쟁 및 기업의 자유, 즉 직업의 자유와 소비자의 행복추구권에서 파생된 자기결정권을 지나치게 침해하는 위헌적인 규정이다. 소주시장과 다른 상품시장, 소주판매업자와 다른 상품의 판매업자, 중소소주제조업자와 다른 상품의 중소제조업자 사이의 차별을 정당화할 수 있는 합리적인 이유를 찾아 볼 수 없으므로 이 사건 법률조항은 평등원칙에도 위반된다(헌재 1996.12.26. 96헌가18).

④ (×) 비록 청년할당제가 35세 이상의 미취업자들의 공공기관 취업기회에 불이익을 준다고 할지라도 그로 인한 불이익이 수인할 수 없는 정도라고 볼 수 없는데 비하여, 청년할당제가 시행됨으로써 청년실업률이 조금이라도 호전된다면 그로 인하여 얻게 되는 사회 안정 등 공익적 효과는 상대적으로 크다고 볼 수 있다. 따라서 심판대상조항이 법익의 균형성도 갖추고 있다고 인정된다. 결국 심판대상조항이 35세 이상의 미취업자를 비례의 원칙에 어긋나게 차별하는 것이라고 볼 수 없고, 이들의 직업선택의 자유를 과도하게 침해하여 헌법에 위반된다고 보기도 어렵다(헌재 2014.8.28. 2013헌마553). [2019년 국가 5급] ②

직업의 자유에 관한 다음 설명 중 가장 옳지 않은 것은?

① 게임 결과물의 환전은 게임이용자로부터 게임 결과물을 매수하여 다른 게임이용자에게 이윤을 붙여 되파는 것으로, 게임 결과물의 환전업은 헌법 제15조가 보장하고 있는 직업에 해당한다.

② 성매매는 그것이 가지는 사회적 유해성과는 별개로 성판매자의 입장에서 생활의 기본적 수요를 충족하기 위한 소득활동에 해당하므로, 성매매 행위를 처벌하는 것은 성판매자의 직업선택의 자유도 제한하는 것이다.

③ 생활수단성과 관련하여서는 단순한 여가활동이나 취미활동은 직업의 개념에 포함되지 않으나 겸업이나 부업은 삶의 수요를 충족하기에 적합하므로 직업에 해당한다.

④ 금고 이상의 실형을 선고받고 그 집행이 종료된 날부터 3년이 경과되지 않은 경우 중개사무소 개설등록을 취소하도록 한 공인중개사법 조항은 직업선택의 자유를 침해한 것이다.

① (○) 사건에서 문제되는 게임 결과물의 환전은 게임이용자로부터 게임 결과물을 매수하여 다른 게임이용자에게 이윤을 붙여 되파는 것으로, 이러한 행위를 영업으로 하는 것은 생활의 기본적 수요를 충족시키는 계속적인 소득활동이 될 수 있으므로, 게임 결과물의 환전업은 헌법 제15조가 보장하고 있는 직업에 해당한다(헌재 2010.2.25. 2009헌바38).

② (○) 헌법 제15조 직업이란 생활의 기본적 수요를 충족시키기 위하여 행하는 계속적인 소득활동을 의미하고, 성매매는 그것이 가지는 사회적 유해성과는 별개로 성판매자의 입장에서 생활의 기본적 수요를 충족하기 위한 소득활동에 해당함을 부인할 수 없다 할 것이므로, 심판대상조항은 성판매자의 직업선택의 자유도 제한하고 있다(헌재 2016.3.31. 2013헌가2).

③ (○) 직업의 개념표지들은 개방적 성질을 지녀 엄격하게 해석할 필요는 없는바, 계속성과 관련하여서는 주관적으로 활동의 주체가 어느 정도 계속적으로 해당 소득활동을 영위할 의사가 있고, 객관적으로도 그러한 활동이 계속성을 띌 수 있으면 족하다고 해석되므로 휴가기간 중에 하는 일, 수습직으로서의 활동 따위도 이에 포함된다고 볼 것이고, 또 생활수단성과 관련하여서는 단순한 여가활동이나 취미활동은 직업의 개념에 포함되지 않으나 겸업이나 부업은 삶의 수요를 충족하기에 적합하므로 직업에 해당한다(헌재 2003.9.25. 2002헌마519).

④ (×) 심판대상조항은 공인중개사가 부동산 거래시장에서 수행하는 업무의 공정성 및 그에 대한 국민적 신뢰를 확보하기 위한 것으로서 입법목적의 정당성을 인정할 수 있고, 개업공인중개사가 금고 이상의 실형을 선고받는 경우 중개사무소 개설등록을 필요적으로 취소하여 중개업에 종사할 수 없도록 배제하는 것은 입법목적을 달성하는 데 적절한 수단이 된다. 따라서 심판대상조항은 과잉금지원칙에 반하여 직업선택의 자유를 침해하지 아니한다(헌재 2019.2.28. 2016헌바467). [2020년 법원 9급] ④

변호사의 직업의 자유에 관한 다음 설명 중 가장 옳지 않은 것은?

① 변호사가 법률사건 수임에 관하여 알선의 대가로 금품을 제공하는 행위를 금지하고 처벌하는 것은 변호사의 직업수행의 자유를 제한하는 것이다.

② 변호사시험에 응시하여 합격하여야만 변호사의 자격을 취득할 수 있으므로, 금고 이상의 형의 집행유예를 선고받고 그 유예기간이 지난 후 2년이 지나지 아니한 자의 변호사시험 응시자격을 제한하고 있는 응시 결격조항은 변호사 자격을 취득하고자 하는 청구인의 직업선택의 자유를 제한하는 것이다.

③ 변호사들로 하여금 소속 지방변호사회에 수임사건의 건수 및 수임액을 보고하도록 하는 것은 변호사의 직업수행의 자유를 제한하는 것이다.

④ 변호사 자격을 취득하기 위해서는 변호사시험에 합격하여야 하는데, 법학전문대학원 졸업 후 5년 내에 5회만 변호사시험에 응시할 수 있도록 하는 응시기회제한조항은 변호사 자격을 취득하고자 하는 청구인의 직업선택의 자유를 제한하는 것이다.

⑤ 변호사시험에 응시한 자의 시험성적을 응시자 본인에게도 공개하지 않는 것은 응시자의 직업선택의 자유를 제한하는 것이다.

① (○) 사건 법률조항이 제한하는 것은 변호사의 직무에 해당하는 법률사건의 수임에 관하여 알선의 대가로서 금품을 제공하는 것이므로 가장 직접적으로 제한되는 기본권은 직업수행의 자유이다(헌재 2013.2.28. 2012헌바62).

② (○) 변호사시험에 응시하여 합격하여야만 변호사의 자격을 취득할 수 있으므로, 금고 이상의 형의 집행유예를 선고받고 그 유예기간이 지난 후 2년이 지나지 아니한 자의 변호사시험 응시자격을 제한하고 있는 응시 결격조항은 변호사 자격을 취득하고자 하는 청구인의 직업선택의 자유를 제한한다(헌재 2013.9.26. 2012헌마365).

③ (○) 헌법 제15조 직업선택의 자유는 자신이 원하는 직업을 자유롭게 선택하는 좁은 의미의 직업선택의 자유와 그가 선택한 직업을 자기가

원하는 방식으로 자유롭게 수행할 수 있는 직업수행의 자유(영업의 자유)를 포함하는 직업의 자유를 뜻한다. 이 사건 법률조항이 제한하는 영업의 자유에 있어서, 영업이라 함은 영리추구를 목적으로 하는 자주적인 직업 활동을 의미하고, 영업의 자유라 함은 영리적인 직업 활동에 있어서 국가로부터의 간섭과 제재를 배제하는 것을 의미한다(헌재 2009.10.29. 2007헌마667)

④ (○) 변호사 자격을 취득하기 위해서는 변호사시험에 합격하여야 하는데, 청구인들은 응시기회제한조항으로 인하여 더 이상 시험에 응시할 수 없으므로 변호사 자격을 취득할 수 없다. 따라서 위 조항은 변호사 또는 변호사 자격을 요하는 직업을 선택하고자 하는 청구인들의 직업선택의 자유를 제한한다(헌재 2016.9.29. 2016헌마47).

⑤ (×) 심판대상조항은 변호사시험 합격자에 대하여 그 성적을 공개하지 않도록 규정하고 있을 뿐이고, 이러한 시험 성적의 비공개가 청구인들의 법조인으로서의 직역 선택이나 직업수행에 있어서 어떠한 제한을 두고 있는 것은 아니므로 심판대상조항이 청구인들의 직업선택의 자유를 제한하고 있다고 볼 수 없다(헌재 2015.6.25. 2011헌마769). [2019년 법무사] ⑤

자격·면허·허가의 취소가 직업의 자유를 침해하는 경우가 아닌 것은? (다툼이 있는 경우 헌법재판소 판례에 의함)

① 아동학대관련범죄로 처벌받은 어린이집 원장 또는 보육교사의 자격을 행정청으로 하여금 취소할 수 있도록 규정한 「영유아보육법」상 조항

② 거짓이나 그 밖의 부정한 수단으로 운전면허를 받은 경우 부정취득하지 않은 기존 보유 운전면허까지 필요적으로 취소하도록 규정한 「도로교통법」상 조항

③ 조종면허를 받은 사람이 동력수상레저기구를 이용하여 범죄행위를 하는 경우 조종면허를 필요적으로 취소하도록 규정한 구 「수상레저안전법」상 조항

④ 시설경비업을 허가받은 경비업자로 하여금 허가받은 경비업무 외의 업무에 경비원을 종사하게 하는 것을 금지하고 이를 위반한 경비업자에 대한 허가를 취소하도록 규정한 「경비업법」상 조항

① (×) 어린이집 원장 또는 보육교사는 6세 미만의 취학 전 아동인 영유아와 상시적으로 접촉하면서 긴밀한 생활관계를 형성하므로, 이들에 의한 아동학대관련범죄는 영유아의 신체·정서 발달에 치명적 영향을 미칠 수 있다. 어린이집의 안전성에 대한 사회적 신뢰를 지키고 영유아의 완전하고 조화로운 인격 발달을 도모하기 위해서는, 아동학대관련범죄로 처벌받은 어린이집 원장 또는 보육교사의 자격을 취소하여 보육현장에서 배제할 필요가 크다. 심판대상조항은 행정청에 자격취소에 관한 재량을 부여하는 임의적 규정이고, 재량권 행사의 당부를 법원에서 사후적으로 판단받을 수도 있다. 따라서 심판대상조항은 과잉금지원칙에 반하여 직업선택의 자유를 침해하지 아니한다(헌재 2023.5.25. 2021헌바234).

② (○) 심판대상조항이 '부정 취득하지 않은 운전면허'까지 필요적으로 취소하도록 한 것은, 임의적 취소·정지 사유로 함으로써 구체적 사안의 개별성과 특수성을 고려하여 불법의 정도에 상응하는 제재수단을 선택하도록 하는 등 완화된 수단에 의해서도 입법목적을 같은 정도로 달성하기에 충분하므로, 피해의 최소성 원칙에 위배된다. 따라서 심판대상조항 중 각 '거짓이나 그 밖의 부정한 수단으로 받은 운전면허를 제외한 운전면허'를 필요적으로 취소하도록 한 부분은, 과잉금지원칙에 반하여 일반적 행동의 자유 또는 직업의 자유를 침해한다(헌재 2020.6.25. 2019헌가9).

③ (○) 수상에서 일어날 수 있는 범죄행위의 종류는 매우 다양하고, 이러한 모든 범죄행위에 동력수상레저기구가 이용될 수 있으므로, 입법자로서는 동력수상레저기구가 이용된 범죄의 경중 등에 따라 그 제재의 정도를 달리할 수 있도록 임의적 면허취소사유로 규정하거나 반드시 조종면허를 취소할 필요가 인정되는 일정한 범죄를 한정하여 조종면허를 취소하도록 규정하였어야 함에도, 범죄행위의 유형, 경중이나 위법성의 정도, 동력수상레저기구의 당해 범죄행위에 대한 기여도 등 제반사정을 전혀 고려하지 않고 필요적으로 조종면허를 취소하도록 규정하였으므로 심판대상조항은 침해의 최소성 원칙에 위배되고, 심판대상조항에 따라 조종면허가 취소되면 면허가 취소된 날부터 1년 동안은 조종면허를 다시 받을 수 없게 되어 법익의 균형성 원칙에도 위배된다. 따라서 심판대상조항은 직업의 자유 및 일반적 행동의

자유를 침해한다(헌재 2015.7.30. 2014헌가13).

④ (○) 비경비업무의 수행이 경비업무의 전념성을 직접적으로 해하지 아니하는 경우가 있음에도 불구하고, 심판대상조항은 경비업무의 전념성이 훼손되는 정도를 고려하지 아니한 채 경비업자가 경비원으로 하여금 비경비업무에 종사하도록 하는 것을 일률적·전면적으로 금지하고, 경비업자가 허가받은 시설경비업무 외의 업무에 경비원을 종사하게 한 때에는 필요적으로 경비업의 허가를 취소하도록 규정하고 있는 점 등에 비추어 볼 때, 심판대상조항은 침해의 최소성에 위배되고, 경비업무의 전념성을 중대하게 훼손하지 않는 경우에도 경비원에게 비경비업무를 수행하도록 하면 허가받은 경비업 전체를 취소하도록 하여 경비업을 전부 영위할 수 없도록 하는 것은 법익의 균형성에도 반한다. 따라서 심판대상조항은 과잉금지원칙에 위반하여 시설경비업을 수행하는 경비업자의 직업의 자유를 침해한다(헌재 2023.3.23. 2020헌가19). [2023년 경찰간부] ①

직업의 자유에 관한 설명 중 가장 적절하지 않은 것은? (다툼이 있는 경우 판례에 의함)

① 유치원 주변 학교환경위생 정화구역에서 성 관련 청소년유해물건을 제작·생산·유통하는 청소년 유해업소를 예외 없이 금지하는 구「학교보건법」 관련 조항은 직업의 자유를 침해한 것이다.

② 연락운송 운임수입의 배분에 관한 협의가 성립되지 아니한 때에는 당사자의 신청을 받아 국토교통부장관이 결정한다는 「도시철도법」 규정은 도시철도운영자들의 「행정절차법」에 따른 의견제출이 가능하고 국토부장관의 전문성과 객관성도 인정되므로 운임수입 배분에 관한 별도의 위원회를 구성하지 않는다 하더라도 직업수행의 자유를 침해하지 않는다.

③ 개인이 다수의 직업을 선택하여 동시에 행사하는 겸직의 자유는 직업의 자유에 포함된다.

④ 청원경찰이 법원에서 금고 이상의 형의 선고유예를 받은 경우 당연 퇴직하도록 규정한 조항은 청원경찰의 직업의 자유를 침해한다.

① (×) 사건 법률조항들은 유치원 주변 및 아직 유아 단계인 청소년을 유해한 환경으로부터 보호하고 이들의 건전한 성장을 돕기 위한 것으로 그 입법목적이 정당하고, 이를 위해서 유치원 주변의 일정 구역 안에서 해당 업소를 절대적으로 금지하는 것은 그러한 유해성으로부터 청소년을 격리하기 위하여 필요·적절한 방법이며, 그 범위가 유치원 부근 200미터 이내에서 금지되는 것에 불과하므로, 청구인들의 직업의 자유를 침해하지 아니한다(헌재 2013.6.27. 2011헌바8).

② (○) 국토교통부장관은 도시철도운영자에 대한 감독 및 조정기능을 담당하는 주무관청으로서 전문성과 객관성을 갖추고 있고, 당사자들은 행정절차법에 따라 의견제출이 가능하며, 공청회를 통한 의견 수렴도 가능하므로, 심판대상조항이 별도의 위원회를 구성하여 그 판단을 받도록 규정하지 않았다는 사정만으로 기본권을 덜 제한하는 수단을 간과하였다고 보기 어렵다. 심판대상조항으로 인해 제한되는 직업수행의 자유는 도시철도운영자 등이 연락운송 운임수입 배분을 자율적으로 정하지 못한다는 정도에 그치나, 이를 통해 달성되는 공익은 도시교통 이용자의 편의 증진에 이바지하는 것으로서 위와 같은 불이익에 비하여 더 중대하다. 따라서 심판대상조항은 과잉금지원칙을 위반하여 도시철도운영자 등의 직업수행의 자유를 침해하였다고 볼 수 없다(헌재 2019.6.28. 2017헌바135).

③ (○) 헌법 제15조는 모든 국민은 직업선택의 자유를 가진다고 규정하고 있는데 그 뜻은 누구든지 자기가 선택한 직업에 종사하여 이를 영위하고 언제든지 임의로 그것을 바꿀 수 있는 자유와 여러 개의 직업을 선택하여 동시에 함께 행사할 수 있는 자유, 즉 겸직의 자유도 가질 수 있다(헌재 1997.4.24. 95헌마90).

④ (○) 심판대상조항은 청원경찰이 저지른 범죄의 종류나 내용을 불문하고 금고 이상의 형의 선고유예를 받게 되면 당연히 퇴직되도록 규정함으로써 청원경찰에게 공무원보다 더 가혹한 제재를 가하고 있으므로, 침해의 최소성원칙에 위배된다. 심판대상조항은 청원경찰이 저지른 범죄의 종류나 내용을 불문하고 범죄행위로 금고 이상의 형의 선고유예를 받게 되면 당연히 퇴직되도록 규정함으로써 그것이

달성하려는 공익의 비중에도 불구하고 청원경찰의 직업의 자유를 과도하게 제한하고 있어 법익의 균형성 원칙에도 위배된다. 따라서 심판대상조항은 과잉금지원칙에 반하여 직업의 자유를 침해한다(헌재 2018.1.25. 2017헌가26). [2020년 경찰 경정승진] ①

직업의 자유에 대한 설명 중 옳은 것을 모두 고른 것은? (다툼이 있는 경우 판례에 의함)

㉠ 직업의 선택 혹은 수행의 자유는 주관적 공권의 성격이 두드러진 것이므로 사회적 시장경제질서라고 하는 객관적 법질서의 구성요소가 될 수는 없다. ㉡ 로스쿨에 입학하는 자들에 대하여 학사 전공별, 출신 대학별로 로스쿨 입학정원의 비율을 각각 규정한 법학전문대학원 설치·운영에 관한 법률 조항은 변호사가 되기 위한 과정에 있어 필요한 전문지식을 습득할 수 있는 로스쿨에 입학하는 것을 제한할 뿐이므로 직업선택의 자유를 제한하는 것으로 보기 어렵다. ㉢ 경쟁의 자유는 기본권의 주체가 직업의 자유를 실제로 행사하는 데에서 나오는 결과이므로 당연히 직업의 자유에 의하여 보장되고, 다른 기업과의 경쟁에서 국가의 간섭이나 방해를 받지 않고 기업활동을 할 수 있는 자유를 의미한다. ㉣ 이륜자동차를 운전하여 고속도로 또는 자동차전용도로를 통행한 자를 처벌하는 것은 퀵서비스 배달업자들의 직업수행의 자유를 제한하는 것이지만, 사고의 위험성과 사고결과의 중대성에 비추어 이를 기본권 침해라고 볼 수는 없다.

① ㉠ ② ㉢ ③ ㉢, ㉣ ④ ㉡, ㉢

㉠ (×) 직업의 선택 혹은 수행의 자유는 각자의 생활의 기본적 수요를 충족시키는 방편이 되고, 또한 개성신장의 바탕이 된다는 점에서 주관적 공권의 성격이 두드러진 것이기는 하나, 다른 한편으로는 국민 개개인이 선택한 직업의 수행에 의하여 국가의 사회질서와 경제질서가 형성된다는 점에서 사회적 시장경제질서라고 하는 객관적 법질서의 구성요소이기도 하다(헌재 1996.8.29. 94헌마113).

㉡ (×) 직업선택의 자유에는 자신이 원하는 직업 내지 직종에 종사하는데 필요한 전문지식을 습득하기 위한 직업교육장을 임의로 선택할 수 있는 직업교육장 선택의 자유도 포함된다. 그런데 법 제26조 제2항 및 제3항이 로스쿨에 입학하는 자들에 대하여 학사 전공별로, 그리고 출신 대학별로 로스쿨 입학정원의 비율을 각각 규정한 것은 변호사가 되기 위하여 필요한 전문지식을 습득할 수 있는 로스쿨에 입학하는 것을 제한하는 것이기 때문에 직업교육장 선택의 자유 내지 직업선택의 자유를 제한한다(헌재 2009.2.26. 2007헌마1262).

㉢ (○) 직업의 자유는 영업의 자유와 기업의 자유를 포함하고, 이러한 영업 및 기업의 자유를 근거로 원칙적으로 누구나가 자유롭게 경쟁에 참여할 수 있다. 경쟁의 자유는 기본권의 주체가 직업의 자유를 실제로 행사하는 데에서 나오는 결과이므로 당연히 직업의 자유에 의하여 보장되고, 다른 기업과의 경쟁에서 국가의 간섭이나 방해를 받지 않고 기업활동을 할 수 있는 자유를 의미한다(헌재 1996.12.26. 96헌가18).

㉣ (×) 사건 법률조항은 이륜자동차 운전자가 고속도로 등을 통행하는 것을 금지하고 있을 뿐, 퀵서비스 배달업의 직업수행행위를 직접적으로 제한하는 것이 아니다. 사륜자동차를 이용하여 퀵서비스업을 수행하는 사람은 이 사건 법률조항으로 인하여 아무런 제한을 받지 아니한다. 이 사건 법률조항으로 인하여 청구인들이 퀵서비스 배달업의 수행에 지장을 받는 점이 있다고 하더라도, 그것은 청구인들이 이륜자동차를 운행하고 이 사건 법률조항이 이륜자동차의 고속도로 등 통행을 금지하는 데서 비롯되는 간접적·사실상의 효과일 뿐이다. 그리고 이 사건 법률조항은 이륜자동차 운전자가 고속도로 등을 통행하는 것만을 금지할 뿐 일반도로의 통행까지 금지하는 것은 아니다. 청구인들은 기타 일반도로를 이용하여 배달업을 하는 데에는 아무런 영향을 받지 않는다. 따라서 이 사건 법률조항은 청구인들의 직업수행의 자유를 침해한다고 볼 수 없다(헌재 2011.11.24. 2011헌바51). [2018년 경찰 경정승진] ②

직업의 자유에 관한 다음 설명 중 가장 옳지 않은 것은? (다툼이 있는 경우 대법원 판례 및 헌법재판소 결정에 의함)

① 직업의 자유에 의한 보호의 대상이 되는 '직업'은 '생활의 기본적 수요를 충족시키기 위한 계속적 소득활동'을 의미하며 그러한 내용의 활동인 한 그 종류나 성질을 묻지 아니하므로, 대학생이 방학기간을 이용하여 학비 등을 벌기 위하여 학원강사로서 일하는 행위도 직업의 자유의 보호영역에 속한다.

② 성인대상 성범죄로 형을 선고받아 확정된 자로 하여금 그 형의 집행을 종료한 날로부터 10년 동안 의료기관을 개설하거나 의료기관에 취업할 수 없도록 한 구 아동·청소년의 성보호에 관한 법률은 직업선택의 자유를 침해한다.

③ 직업수행의 자유에 대한 제한은 인격발현에 대한 침해의 효과가 일반적으로 직업선택의 자유에 대한 제한에 비하여 작기 때문에, 그에 대한 제한은 보다 폭넓게 허용된다.

④ 직업의 자유에는 해당 직업에 합당한 보수를 받을 권리도 포함되어 있다.

⑤ 자격제도를 시행함에 있어서 설정하는 자격요건에 대한 판단은 원칙적으로 입법자의 입법형성권의 영역에 있으므로, 그것이 입법재량의 범위를 일탈하여 현저히 불합리한 경우에 한하여 헌법에 위반된다고 할 수 있다.

① (○) 헌법 제15조는 "모든 국민은 직업선택의 자유를 가진다"고 규정하여 직업의 자유를 국민의 기본권의 하나로 보장하고 있는바, 직업의 자유에 의한 보호의 대상이 되는 '직업'은 '생활의 기본적 수요를 충족시키기 위한 계속적 소득활동'을 의미하며 그러한 내용의 활동인 한 그 종류나 성질을 묻지 아니한다. 직업의 개념에 비추어 보면 비록 학업 수행이 청구인과 같은 대학생의 본업이라 하더라도 방학기간을 이용하여 또는 휴학 중에 학비 등을 벌기 위해 학원강사로서 일하는 행위는 어느 정도 계속성을 띤 소득활동으로서 직업의 자유의 보호영역에 속한다(헌재 2003.9.25. 2002헌마519).

② (○) 사건 법률조항이 성범죄 전력만으로 그가 장래에 동일한 유형의 범죄를 다시 저지를 것을 당연시하고, 형의 집행이 종료된 때부터 10년이 경과하기 전에는 결코 재범의 위험성이 소멸하지 않는다고 보며, 각 행위의 죄질에 따른 상이한 제재의 필요성을 간과함으로써, 성범죄 전력자 중 재범의 위험성이 없는 자, 성범죄 전력이 있지만 10년의 기간 안에 재범의 위험성이 해소될 수 있는 자, 범행의 정도가 가볍고 재범의 위험성이 상대적으로 크지 않은 자에게까지 10년 동안 일률적인 취업제한을 부과하고 있는 것은 침해의 최소성 원칙과 법익의 균형성 원칙에 위배된다. 따라서 이 사건 법률조항은 청구인들의 직업선택의 자유를 침해한다(헌재 2016.3.31. 2013헌마585).

③ (○) 구체적으로는 직업선택의 자유와 직업수행의 자유는 기본권 주체에 대한 그 제한의 효과가 다르기 때문에 제한에 있어서 적용되는 기준도 다르며, 특히 직업수행의 자유에 대한 제한의 경우 인격발현에 대한 침해의 효과가 일반적으로 직업선택 그 자체에 대한 제한에 비하여 작기 때문에 그에 대한 제한은 보다 폭넓게 허용된다(헌재 2009.9.24. 2006헌마1264).

④ (×) 시행령이 제정되지 않아 법관, 검사와 같은 보수를 받지 못한다 하더라도, 직업의 자유에 '해당 직업에 합당한 보수를 받을 권리'까지 포함되어 있다고 보기 어려우므로 청구인들의 직업선택이나 직업수행의 자유가 침해되었다고 할 수 없다(헌재 2004.2.26. 2001헌마718).

⑤ (○) 자격제도에서 입법자에게는 그 자격요건을 정함에 있어 광범위한 입법재량이 인정되는 만큼, 자격요건에 관한 법률조항은 합리적인 근거 없이 현저히 자의적인 경우에만 헌법에 위반된다고 할 수 있다. 그렇다면 자격제도를 시행함에 있어서 설정하는 자격요건에 대한 판단은 원칙적으로 입법자의 입법형성권의 영역에 있다고 할 것이므로, 헌법재판소는 그것이 입법재량의 범위를 일탈하여 현저히 불합리한 경우에 한하여 그 위헌성을 선언할 수 있다(헌재 2008.11.27. 2007헌바51). [2021년 법무사] ④

직업의 자유에 대한 설명으로 옳지 않은 것은? (다툼이 있는 경우 헌법재판소 판례에 의함)

① 직업교육장 선택의 자유는 직업의 자유에 포함된다.

② 개인이 다수의 직업을 선택하여 동시에 행사하는 겸직의 자유는 직업의 자유에 포함된다.

③ 대학생이 방학기간 또는 휴학 중에 학비를 벌기 위하여 학원 강사로 일하는 행위는 직업의 자유의 보호영역에 해당한다.

④ 지방공무원의 의사에 반하는 타 지방자치단체로의 전출명령은 직업의 자유를 침해하지 않는다.

⑤ 외국인근로자의 사업장 이동을 3회로 제한하는 것은 직업의 자유를 침해하지 않는다.

① (○) 직업선택의 자유에는 자신이 원하는 직업 내지 직종에 종사하는데 필요한 전문지식을 습득하기 위한 직업교육장을 임의로 선택할 수 있는 '직업교육장 선택의 자유'도 포함된다(헌재 2009.2.26. 2007헌마1262).

② (○) 헌법 제15조는 모든 국민은 직업선택의 자유를 가진다고 규정하고 있는데 그 뜻은 누구든지 자기가 선택한 직업에 종사하여 이를 영위하고 언제든지 임의로 그것을 바꿀 수 있는 자유와 여러 개의 직업을 선택하여 동시에 함께 행사할 수 있는 자유, 즉 겸직의 자유도 가질 수 있다(헌재 1997.4.24. 95헌마90).

③ (○) 직업의 자유에 의한 보호의 대상이 되는 직업은 생활의 기본적 수요를 충족시키기 위한 계속적 소득활동을 의미하며 그러한 내용의 활동인 한 그 종류나 성질을 묻지 아니한다. 직업의 개념에 비추어 보면 비록 학업 수행이 청구인과 같은 대학생의 본업이라 하더라도 방학기간을 이용하여 또는 휴학 중에 학비 등을 벌기 위해 학원강사로서 일하는 행위는 어느 정도 계속성을 띤 소득활동으로서 직업의 자유의 보호영역에 속한다(헌재 2003.9.25. 2002헌마519).

④ (×) 지방공무원법 제29조의3은 "지방자치단체의 장은 다른 지방자치단체의 장의 동의를 얻어 그 소속 공무원을 전입할 수 있다"라고만 규정하고 있어, 이러한 전입에 있어 지방공무원 본인의 동의가 필요한지에 관하여 다툼의 여지 없이 명백한 것은 아니나, 위 법률조항을, 해당 지방공무원의 동의 없이도 지방자치단체의 장 사이의 동의만으로 지방공무원에 대한 전출 및 전입명령이 가능하다고 풀이하는 것은 헌법적으로 용인되지 아니하며, 헌법 제7조에 규정된 공무원의 신분보장 및 헌법 제15조에서 보장하는 직업선택의 자유의 의미와 효력에 비추어 볼 때 위 법률조항은 해당 지방공무원의 동의가 있을 것을 당연한 전제로 하여 그 공무원이 소속된 지방자치단체의 장의 동의를 얻어서만 그 공무원을 전입할 수 있음을 규정하고 있는 것으로 해석하는 것이 타당하고, 이렇게 본다면 인사교류를 통한 행정의 능률성이라는 입법목적도 적절히 달성할 수 있을 뿐만 아니라 지방공무원의 신분보장이라는 헌법적 요청도 충족할 수 있게 된다(헌재 2002.11.28. 98헌바101).

⑤ (○) 사건 법률조항은 외국인근로자의 무분별한 사업장 이동을 제한함으로써 내국인근로자의 고용기회를 보호하고 외국인근로자에 대한 효율적인 고용관리로 중소기업의 인력수급을 원활히 하여 국민경제의 균형 있는 발전이 이루어지도록 하기 위하여 도입된 것이다. 이 사건 법률조항은 청구인들이 직장 선택의 자유를 침해하지 아니한다(헌재 2011.9.29. 2007헌마1083 등). [2017년 국회 5급] ④

직업의 자유에 관한 다음 설명 중 가장 옳지 않은 것은? (다툼이 있는 경우 대법원 판례 및 헌법재판소 결정에 의함)

① 성인 대상 성범죄로 형을 선고받아 확정된 자는 그 형의 집행을 종료한 날부터 10년 동안 의료기관을 개설하거나 의료기관에 취업할 수 없도록 한 아동·청소년의 성보호에 관한 법률 조항이 과잉금지원칙에 위배되어 직업선택의 자유를 침해하는 것은 아니다.

② 치과전문의 자격 인정 요건으로 외국의 의료기관에서 치과의사 전문의 과정을 이수한 사람을 포함하지 아니한 치과의사 전문의의 수련 및 자격 인정 등에 관한 규정 조항은 과잉금

지원칙에 위배되어 직업수행의 자유를 침해한다.

③ 전문과목을 표시한 치과의원은 그 표시한 전문과목에 해당하는 환자만을 진료하여야 한다고 규정한 의료법 조항은 과잉금지원칙에 위배되어 직업수행의 자유를 침해한다.

④ 일반학원의 강사라는 직업의 개시를 위한 주관적 전제조건으로서 '대학 졸업 이상의 학력 소지'라는 자격기준을 갖추도록 요구함으로써 직업선택의 자유를 제한하고 있으나 일률적으로 자격기준을 설정하여 통제하는 방식만큼의 효과를 거둘 만한 다른 제도나 절차를 쉽게 찾아보기 어려우므로 최소침해의 원칙은 문제되지 않는다.

⑤ 건설산업기본법에서 건설업자가 명의대여를 한 경우 건설업의 등록을 필요적으로 말소하도록 규정하는 것은 합헌이지만, 임원이 금고 이상의 형을 선고받은 경우 법인의 건설업 등록을 필요적으로 말소하도록 규정한 것은 위헌이다.

① (×) 사건 법률조항이 성범죄 전력만으로 그가 장래에 동일한 유형의 범죄를 다시 저지를 것을 당연시하고, 형의 집행이 종료된 때부터 10년이 경과하기 전에는 결코 재범의 위험성이 소멸하지 않는다고 보며, 각 행위의 죄질에 따른 상이한 제재의 필요성을 간과함으로써, 성범죄 전력자 중 재범의 위험성이 없는 자, 성범죄 전력이 있지만 10년의 기간 안에 재범의 위험성이 해소될 수 있는 자, 범행의 정도가 가볍고 재범의 위험성이 상대적으로 크지 않은 자에게까지 10년 동안 일률적인 취업제한을 부과하고 있는 것은 침해의 최소성 원칙과 법익의 균형성 원칙에 위배된다. 따라서 이 사건 법률조항은 청구인들의 직업선택의 자유를 침해한다(헌재 2016.3.31. 2013헌마585).

② (○) 심판대상조항은 치과의사로서 외국의 의료기관에서 치과전문의 과정을 이수한 사람이라도 다시 국내에서 치과전문의 수련과정을 이수하도록 하여 국내 실정에 맞는 경험과 지식을 갖추도록 하기 위한 것이므로 입법목적이 정당하고, 그 수단 또한 적합하다. 외국의 의료기관에서 치과전문의 과정을 이수한 사람에 대해 그 외국의 치과전문의 과정에 대한 인정절차를 거치거나, 치과전문의 자격시험에 앞서 예비시험제도를 두는 등 직업의 자유를 덜 제한하는 방법으로도 입법목적을 달성할 수 있고, 이미 국내에서 치과의사면허를 취득하고 외국의 의료기관에서 치과전문의 과정을 이수한 사람들에게 다시 국내에서 전문의 과정을 이수할 것을 요구하는 것은 지나친 부담을 지우는 것이므로, 심판대상조항은 침해의 최소성원칙에 위배되고 법익의 균형성도 충족하지 못한다. 따라서 심판대상조항은 과잉금지원칙에 위배되어 청구인들의 직업수행의 자유를 침해한다(헌재 2015.9.24. 2013헌마197).

③ (○) 심판대상조항은 수단의 적절성과 침해의 최소성을 갖추지 못하였다. 심판대상조항이 달성하고자 하는 적정한 치과 의료전달체계의 정립 및 치과전문의의 특정 전문과목에의 편중 방지라는 공익은 중요하나, 심판대상조항으로 그러한 공익이 얼마나 달성될 수 있을 것인지 의문인 반면, 치과의원의 치과전문의가 표시한 전문과목 이외의 영역에서 치과일반의로서의 진료도 전혀 하지 못하는 데서 오는 사적인 불이익은 매우 크므로, 심판대상조항은 과잉금지원칙에 위배되어 청구인들의 직업수행의 자유를 침해한다(헌재 2015.5.28. 2013헌마799).

④ (○) 사건 심판대상 조항들[학원강사의 자격제를 설정한 이 사건 법률조항 및 그 위임에 따라 '대학 졸업 이상의 학력 소지자일 것'을 일반학원 강사의 자격기준 중 하나로 규정한 동법시행령 제12조 제2항과 그에 따른 별표 2의 일반학원 자격기준 항목 제2호]은 일반학원의 강사라는 직업의 개시를 위한 주관적 전제조건으로서 '대학 졸업 이상의 학력 소지'라는 자격기준을 갖추도록 요구함으로써 직업선택의 자유를 제한하고 있고, 그와 같은 제한이 헌법상 용인될 수 있기 위하여는 기본권제한의 한계 원리인 과잉금지의 원칙에 위배되지 않아야 하는데, 이 사건 심판대상 조항들이 요구하는 자격기준을 갖추지 못한 사람이 당장 일반학원의 강사라는 직업을 선택할 수 없는 제한을 받게 된다 하더라도, 그로 인한 불이익은 학원교육의 질적 수준을 보장하여 교육소비자를 보호하고 국가 전체적으로 평생교육을 성공적으로 실현한다는 공동체이익을 능가할 정도로 심각하다고 보이지 아니하므로, 충돌하는 법익 상호간의 균형성도 구비되어 있으며, 자질과 능력을 갖춘 강사를 확보하여 학원교육의 질을 높이거나 유지하는 방법으로서 이 사건 심판대상 조항들과 같이 일률적으로 자격기준을 설정하여 통제하는 방식만큼의 효과를 거둘 만한 다른 제도나 절차를 쉽게 찾아보기 어려우므로 최소침해의 원칙도 문제되지 않는다(헌재 2003.9.25. 2002헌마519).

⑤ (○) 건설업자가 명의대여행위를 한 경우 그 건설업 등록을 필요적으로 말소하도록 한 이 사건 법률조항은 건설업등록제도의 근간을 유지하고 부실공사를 방지하여 국민의 생명과 재산을 보호하려는 것으로 그 목적의 정당성이 인정되고, 명의대여행위가 국민의 생명과

재산에 미치는 위험과 그 위험방지의 긴절성을 고려할 때 반드시 필요하며, 또한 등록이 말소된 후에도 5년이 경과하면 다시 건설업등록을 할 수 있도록 하는 등 기본권 제한을 완화하는 규정을 두고 있음을 고려하면 피해최소성의 원칙에도 부합될 뿐 아니라, 유기적 일체로서의 건설공사의 특성으로 말미암아 경미한 부분의 명의대여행위라도 건축물 전체의 부실로 이어지다는 점을 고려할 때 이로 인해 명의대여행위를 한 건설업자가 더 이상 건설업을 영위하지 못하는 등 손해를 입는다고 하더라도 이를 두고 침해되는 사익이 더 중대하다고 할 수는 없으므로 청구인의 직업수행의 자유 및 재산권을 침해한다고 할 수 없다(헌재 2001.3.21. 2000헌바27). 심판대상조항[임원이 금고 이상의 형을 선고받은 경우 법인의 건설업 등록을 필요적으로 말소하도록 규정한 구 건설산업기본법 제83조 단서 제3호 본문 중 제13조 제1항 제4호 가운데 법인에 관한 부분]이 건설업과 관련 없는 죄로 임원이 형을 선고받은 경우까지도 법인이 건설업을 영위할 수 없도록 하는 것은 입법목적 달성을 위한 적합한 수단에 해당하지 아니하고, 이러한 경우까지도 가장 강력한 수단인 필요적 등록말소라는 제재를 가하는 것은 최소침해성 원칙에도 위배된다. 심판대상조항으로 인하여 건설업자인 법인은 등록이 말소되는 중대한 피해를 입게 되는 반면 심판대상조항이 공익 달성에 기여하는 바는 크지 않아 심판대상조항은 법익균형성 원칙에도 위배된다. 따라서 심판대상조항은 과잉금지원칙에 위배되어 청구인의 직업수행의 자유를 침해한다(헌재 2014.4.24. 2013헌바25). [2019년 법원 5급] ①

직업의 자유에 관한 설명 중 옳지 않은 것은? (다툼이 있는 경우 판례에 의함)

① 직업의 개념표지 가운데 '계속성'과 관련하여서는 주관적으로 활동의 주체가 어느 정도 계속적으로 해당 소득활동을 영위할 의사가 있고, 객관적으로도 그러한 활동이 계속성을 띨 수 있으면 족한 것으로 휴가기간 중에 하는 일, 수습직으로서의 활동 따위도 포함된다.

② 국가정책에 따라 정부의 허가를 받은 외국인은 정부가 허가한 범위 내에서 소득활동을 할 수 있는 것이므로, 외국인이 국내에서 누리는 직업의 자유는 법률 이전에 헌법에 의해서 부여된 기본권이라고 할 수는 없고, 법률에 따른 정부의 허가에 의해 비로소 발생하는 권리이다.

③ 직업의 자유에는 '해당 직업에 합당한 보수를 받을 권리'까지 포함되어 있어서 노동자는 동일하거나 동급, 동질의 유사 다른 직업군에서 수령하는 보수에 상응하는 보수를 요구할 수 있다.

④ 의료인이 '치료효과를 보장하는 등 소비자를 현혹할 우려가 있는 내용의 광고'를 한 경우 형사처벌하도록 규정한 「의료법」 조항은 의료인의 표현의 자유뿐만 아니라 직업수행의 자유도 동시에 제한한다.

⑤ 성인 대상 성범죄로 형을 선고받아 확정된 자로 하여금 그 형의 집행을 종료한 날부터 10년 동안 의료기관에 취업할 수 없도록 한 것은, 일정한 직업을 선택함에 있어 기본권 주체의 능력과 자질에 따른 제한이므로 이른바 '주관적 요건에 의한 좁은 의미의 직업선택의 자유'에 대한 제한에 해당한다.

① (○) 계속성과 관련하여서는 주관적으로 활동의 주체가 어느 정도 계속적으로 해당 소득활동을 영위할 의사가 있고, 객관적으로도 그러한 활동이 계속성을 띨 수 있으면 족하다고 해석되므로 휴가기간 중에 하는 일, 수습직으로서의 활동 따위도 이에 포함되고, 또 생활수단성과 관련하여서는 단순한 여가활동이나 취미활동은 직업의 개념에 포함되지 않으나 겸업이나 부업이 삶의 수요를 충족하기에 적합하므로 직업에 해당한다(헌재 2003.9.25. 2002헌마519).

② (○) 심판대상조항이 제한하고 있는 직업의 자유는 국가자격제도 정책과 국가의 경제상황에 따라 법률에 의하여 제한할 수 있는 국민의

권리에 해당한다. 국가정책에 따라 정부의 허가를 받은 외국인은 정부가 허가한 범위 내에서 소득활동을 할 수 있는 것이므로, 외국인이 국내에서 누리는 직업의 자유는 법률에 따른 정부의 허가에 의해 비로소 발생하는 권리이다(헌재 2014.8.28. 2013헌마359).

③ (×) 시행령이 제정되지 않아 법관, 검사와 같은 보수를 받지 못한다 하더라도, 직업의 자유에 '해당 직업에 합당한 보수를 받을 권리'까지 포함되어 있다고 보기 어려우므로 청구인들의 직업선택이나 직업수행의 자유가 침해되었다고 할 수 없다(헌재 2004.2.26. 2001헌마718).

④ (○) 광고물은 사상·지식·정보 등을 불특정 다수인에게 전파하는 것으로서 헌법 제21조 제1항이 보장하는 언론·출판의 자유에 의해 보호받는 대상이 되므로, 의료광고를 규제하는 심판대상조항은 청구인의 표현의 자유를 제한한다. 또한 헌법 제15조는 직업수행의 자유 내지 영업의 자유를 포함하는 직업의 자유를 보장하고 있는바, 의료인 등이 의료서비스를 판매하는 영업활동의 중요한 수단이 되는 의료광고를 규제하는 심판대상조항은 직업수행의 자유도 동시에 제한한다(헌재 2014.9.25. 2013헌바28).

⑤ (○) 청구인들은 이 사건 법률조항에 의하여 형의 집행을 종료한 때부터 10년간 의료기관에 취업할 수 없게 되었는바, 이는 일정한 직업을 선택함에 있어 기본권 주체의 능력과 자질에 따른 제한이므로 이른바 '주관적 요건에 의한 좁은 의미의 직업선택의 자유'에 대한 제한에 해당한다(헌재 2016.3.31. 2013헌마585).

[2017년 제6회 변호사] ③

직업의 자유에 대한 설명으로 가장 적절하지 않은 것을 모두 고른 것은? (다툼이 있는 경우 판례에 의함)

> ㉠ 운전면허를 받은 사람이 자동차 등을 이용하여 살인 또는 강간 등 범죄행위를 한 때 필요적으로 운전면허를 취소하도록 규정한 구「도로교통법」 조항은 직업의 자유를 침해한다.
> ㉡ 청원경찰이 금고 이상의 형의 선고유예를 받은 경우 당연 퇴직되도록 규정한「청원경찰법」 조항은 청원경찰의 직업의 자유를 침해하지 않는다.
> ㉢ 제조업의 직접생산공정업무를 근로자파견의 대상 업무에서 제외하는「파견근로자보호 등에 관한 법률」 조항은 사용사업주의 직업수행의 자유를 침해한다.
> ㉣ 성인대상 성범죄로 형을 선고받아 확정된 자에게 그 형의 집행을 종료한 날부터 10년 동안 의료기관을 개설하거나 의료기관에 취업할 수 없도록 한「아동·청소년의 성보호에 관한 법률」 조항은 직업선택의 자유를 침해한다.

① ㉠, ㉡　② ㉠, ㉣　③ ㉡, ㉢　④ ㉢, ㉣

ㄱ. (○) 심판대상조항은 자동차 등을 이용하여 살인 또는 강간 등 행정안전부령이 정하는 범죄행위를 하기만 하면 범죄행위의 유형, 운전자의 형사처벌 여부, 자동차 등이 이용된 범죄의 경중이나 그 위법성의 정도, 자동차 등의 당해 범죄행위에 대한 기여도, 당해 범죄행위에 이르게 된 경위 등 제반 사정을 전혀 고려할 여지 없이 필요적으로 운전면허를 취소하도록 규정하고 있다. 그렇다면 임의적 운전면허 취소 또는 정지제도만으로도 철저한 단속, 엄격한 법집행 등을 함으로써 자동차 등을 이용한 범죄의 근절이라는 입법목적을 효과적으로 달성할 수 있다. 따라서 심판대상조항은 침해의 최소성 원칙에 위반된다. 따라서 심판대상조항은 직업의 자유 내지 일반적 행동의 자유를 침해하여 헌법에 위반된다(헌재 2015.5.28. 2013헌가6).

ㄴ. (×) 심판대상조항은 청원경찰이 저지른 범죄의 종류나 내용을 불문하고 범죄행위로 금고 이상의 형의 선고유예를 받게 되면 당연히 퇴직되도록 규정함으로써 그것이 달성하려는 공익의 비중에도 불구하고 청원경찰의 직업의 자유를 과도하게 제한하고 있어 법익의 균형성 원칙에도 위배된다. 따라서 심판대상조항은 과잉금지원칙에 반하여 직업의 자유를 침해한다(헌재 2018.1.25. 2017헌가26).

ㄷ. (×) 심판대상조항은 제조업의 핵심 업무인 직접생산공정업무의 적정한 운영을 기하고 근로자에 대한 직접고용 증진 및 적정임금 지급을 보장하기 위한 것으로 입법목적의 정당성 및 수단의 적합성이 인정된다. 또한 제조업의 직접생산공정업무의 적정한 운영, 근로자의 직접고용 증진 및 적정임금 보장이라는 공익이 사용사업주가 제조업의 직접생산공정업무에 관하여 근로자파견의 역무를 제공받지 못하는 직업수행의 자유 제한에 비하여 작다고 볼 수 없으므로, 법익의 균형성도 충족된다. 따라서 심판대상조항이 제조업의 직접생산공정업무에 관하여

근로자파견의 역무를 제공받고자 하는 사업주의 직업수행의 자유를 침해한다고 볼 수 없다(헌재 2017.12.28. 2016헌바346).

ㄹ. (○) 사건 법률조항은 오직 성범죄 전과에 기초해 10년이라는 일률적인 기간 동안 취업제한의 제재를 부과하며, 이 기간 내에는 취업제한 대상자가 그러한 제재로부터 벗어날 수 있는 어떠한 기회도 존재하지 않는 점, 재범의 위험에 대한 사회적 차원의 대처가 필요하다 해도 이 위험의 경중에 대한 고려가 있어야 하는 점 등에 비추어 침해의 최소성 요건을 충족했다고 보기 힘들다. 이 사건 법률조항은 그 목적의 정당성, 수단의 적합성이 인정되지만, 침해의 최소성과 법익의 균형성 원칙에 위반되어 청구인들의 직업선택의 자유를 침해한다(헌재 2014.1.28. 2012헌마431). [2021년 경찰 경정승진] ③

직업의 자유에 대한 설명으로 가장 적절하지 않은 것은? (다툼이 있는 경우 판례에 의함)

① 직업의 자유에는 해당 직업에 대한 합당한 보수를 받을 권리까지 포함되어 있다고 보기 어려우므로 자신이 원하는 수준보다 적은 보수를 법령에서 규정하고 있다고 하여 직업선택이나 직업수행의 자유가 침해된다고 할 수 없다.

② 국가정책에 따라 정부의 허가를 받은 외국인은 정부가 허가한 범위 내에서 소득활동을 할 수 있는 것이므로, 외국인이 국내에서 누리는 직업의 자유는 헌법에 의해서 부여된 기본권이 아닌 법률에 따른 정부의 허가에 의해 비로소 발생하는 권리이다.

③ 직업선택의 자유에는 자신이 원하는 직업 내지 직종에 종사하는 데 필요한 전문지식을 습득하기 위한 직업교육장을 임의로 선택할 수 있는 '직업교육장 선택의 자유'도 포함된다.

④ 직장 선택의 자유는 인간의 존엄과 가치 및 행복추구권과도 밀접한 관련을 가지는 만큼 단순히 국민의 권리가 아닌 인간의 권리이기 때문에, 외국인도 국내에서 제한 없이 직장 선택의 자유를 향유할 수 있다고 보아야 한다.

① (○) 직업의 자유에 '해당 직업에 합당한 보수를 받을 권리'까지 포함되어 있다고 보기 어려우므로 이 사건 법령조항이 청구인이 원하는 수준보다 적은 봉급월액을 규정하고 있다고 하여 이로 인해 청구인의 직업선택이나 직업수행의 자유가 침해되었다고 할 수 없고, 위 조항은 경찰공무원인 경장의 봉급표를 규정한 것으로서 개성 신장을 위한 행복추구권의 제한과는 직접적인 관련이 없으므로, 청구인의 위 주장들은 모두 이유 없다(헌재 2008.12.26. 2007헌마444).

② (○) 헌법에서 인정하는 직업의 자유는 원칙적으로 대한민국 국민에게 인정되는 기본권이지, 외국인에게 인정되는 기본권은 아니다. 국가정책에 따라 정부의 허가를 받은 외국인은 정부가 허가한 범위 내에서 소득활동을 할 수 있는 것이므로, 외국인이 국내에서 누리는 직업의 자유는 법률 이전에 헌법에 의해서 부여된 기본권이라고 할 수는 없고, 법률에 따른 정부의 허가에 의해 비로소 발생하는 권리이다(헌재 2014.8.28. 2013헌마359).

③ (○) 헌법 제15조에 의한 직업선택의 자유라 함은 자신이 원하는 직업 내지 직종을 자유롭게 선택하는 직업선택의 자유뿐만 아니라 그가 선택한 직업을 자기가 결정한 방식으로 자유롭게 수행할 수 있는 직업수행의 자유를 포함한다. 그리고 직업선택의 자유에는 자신이 원하는 직업 내지 직종에 종사하는 데 필요한 전문지식을 습득하기 위한 직업교육장을 임의로 선택할 수 있는 '직업교육장 선택의 자유'도 포함된다(헌재 2009.2.26. 2007헌마1262).

④ (×) 직업의 자유 중 직장 선택의 자유는 인간의 존엄과 가치 및 행복추구권과도 밀접한 관련을 가지는 만큼 단순히 국민의 권리가 아닌 인간의 권리로 보아야 할 것이므로 외국인도 제한적으로라도 직장 선택의 자유를 향유할 수 있다. 청구인들이 이미 적법하게 고용허가를 받아 적법하게 우리나라에 입국하여 우리나라에서 일정한 생활관계를 형성·유지하는 등 우리 사회에서 정당한 노동인력으로서의 지위를 부여받은 상황임을 전제로 하는 이상, 이 사건 청구인들에게 직장 선택의 자유에 대한 기본권 주체성을 인정할 수 있다(헌재 2011.9.29. 2007헌마1083). [2021년 경찰 경정승진] ④

직업의 자유에 관한 다음 설명 중 가장 옳지 않은 것은? (다툼이 있는 경우 헌법재판소 결정에 의함)

① 직업의 자유는 개인의 주관적 공권임과 동시에 사회적 시장경제질서라고 하는 객관적 법질서의 구성요건이다.

② 직업이란 생활의 기본적 수요를 충족하기 위한 계속적인 소득활동을 의미하는 바, 이에 의하면 휴가기간 중에 하는 일, 무보수 봉사직은 헌법상의 직업의 개념에 포함될 수 없다.

③ 객관적 사유에 의하여 직업선택의 자유를 제한하는 경우에 헌법재판소는 엄격한 비례의 원칙을 그 심사척도로 하고 있다.

④ 직업의 자유에는 해당 직업에 합당한 보수를 받을 권리가 포함되지 않는다.

⑤ 직업결정의 자유나 전직(轉職)의 자유에 비하여 직업수행의 자유에 대하여는 상대적으로 더 넓은 법률상의 규제가 가능하다.

① (○) 직업의 자유는 각자의 생활의 기본적 수요를 충족시키는 방편이 되고 개성신장의 바탕이 된다는 점에서 주관적 공권의 성격을 가지면서도 국민 개개인이 선택한 직업의 수행에 의하여 국가의 사회질서와 경제질서가 형성된다는 점에서 사회적 시장경제질서라고 하는 객관적 법질서의 구성요소이기도 하다(헌재 1995.7.21. 94헌마125).

② (×) 직업의 자유에 의한 보호의 대상이 되는 직업은 생활의 기본적 수요를 충족시키기 위한 계속적 소득활동을 의미하며 그러한 내용의 활동인 한 그 종류나 성질을 묻지 아니한다. 휴가기간 중에 하는 일, 수습직으로서의 활동 따위도 이에 포함되고, 또 생활수단성과 관련하여서는 단순한 여가활동이나 취미활동은 직업의 개념에 포함되지 않으나 겸업이나 부업은 삶의 수요를 충족하기에 적합하므로 직업에 해당한다(헌재 2003.9.25. 2002헌마519). 직업이란 생활의 기본적 수요를 충족시키기 위해서 행하는 계속적인 소득활동을 의미하는바, 학교운영위원이 무보수 봉사직이라는 점을 고려하면 운영위원으로서의 활동을 직업으로 보기 어려우므로 이 사건 법률조항이 직업선택의 자유와 관련되는 것은 아니다(헌재 2007.3.29. 2005헌마1144).

③ (○) 당사자의 능력이나 자격과 상관없는 객관적 사유에 의한 제한은 월등하게 중요한 공익을 위하여 명백하고 확실한 위험을 방지하기 위한 경우에만 정당화될 수 있고, 따라서 헌법재판소가 이 사건을 심사함에 있어서는 헌법 제37조 제2항이 요구하는 바 과잉금지의 원칙, 즉 엄격한 비례의 원칙이 그 심사척도가 된다(헌재 2002.4.25. 2001헌마614).

④ (○) 시행령이 제정되지 않아 법관, 검사와 같은 보수를 받지 못한다 하더라도, 직업의 자유에 '해당 직업에 합당한 보수를 받을 권리'까지 포함되어 있다고 보기 어려우므로 청구인들의 직업선택이나 직업수행의 자유가 침해되었다고 할 수 없다(헌재 2004.2.26. 2001헌마718).

⑤ (○) 직업선택의 자유에는 직업결정의 자유, 직업종사(직업수행)의 자유, 전직의 자유 등이 포함되지만 직업결정의 자유나 전직의 자유에 비하여 직업종사(직업수행)의 자유에 대하여서는 상대적으로 더욱 넓은 법률상의 규제가 가능하고 따라서 다른 기본권의 경우와 마찬가지로 국가안전보장·질서유지 또는 공공복리를 위하여 필요한 경우에는 제한이 가하여질 수 있는 것은 물론이지만 그 제한의 방법은 법률로써만 가능하고 제한의 정도도 필요한 최소한도에 그쳐야 하는 것 또한 의문의 여지가 없이 자명한 것이다(헌재 1993.5.13. 92헌마80).

[2015년 법무사] ②

직업의 자유에 대한 설명으로 옳지 않은 것은? (다툼이 있는 경우 판례에 의함)

① 전문과목을 표시한 치과의원은 그 표시한 전문과목에 해당하는 환자만을 진료하여야 한다고 규정한 「의료법」 제77조 제3항은 과잉금지원칙을 위배하여 치과전문의인 청구인들의 직업수행의 자유를 침해한다.

② 법인의 임원이 「학원의 설립·운영 및 과외교습에 관한 법률」을 위반하여 벌금형을 선고받

은 경우, 법인의 등록이 효력을 잃도록 규정하는 것은 과잉금지원칙을 위배하여 법인의 직업수행의 자유를 침해한다.

③ 헌법 제15조에서 보장하는 직업이란 생활의 기본적 수요를 충족시키기 위하여 행하는 계속적인 소득활동을 의미하고, 성매매는 그것이 가지는 사회적 유해성과는 별개로 성판매자의 입장에서 생활의 기본적 수요를 충족하기 위한 소득활동에 해당함을 부인할 수 없으나, 성매매자를 처벌하는 것은 과잉금지원칙에 반하지 않는다.

④ 변호사시험의 응시기회를 법학전문대학원의 석사학위 취득자의 경우 석사학위를 취득한 달의 말일부터 또는 석사학위 취득 예정자의 경우 그 예정기간 내 시행된 시험일부터 5년 내에 5회로 제한한 「변호사시험법」 규정은 응시기회의 획일적 제한으로 청구인들의 직업선택의 자유를 침해한다.

① (○) 치과의원의 치과전문의가 자신의 전문과목을 표시하는 경우 그 진료범위를 제한하여 현실적으로 전문과목의 표시를 매우 어렵게 하고 있는바, 이는 치과전문의 자격 자체의 의미를 현저히 감소시키고, 따라서 심판대상조항은 수단의 적절성과 침해의 최소성을 갖추지 못하였다. 심판대상조항이 달성하고자 하는 적정한 치과 의료전달체계의 정립 및 치과전문의의 특정 전문과목에의 편중 방지라는 공익은 중요하나, 심판대상조항은 과잉금지원칙에 위배되어 청구인들의 직업수행의 자유를 침해한다(헌재 2015.5.28. 2013헌마799).

② (○) 사회통념상 벌금형을 선고받은 피고인에 대한 사회적 비난가능성이 그리 높다고 보기 어려운데도, 이 사건 등록실효조항은 법인의 임원이 학원법을 위반하여 벌금형을 선고받으면 일률적으로 법인의 등록을 실효시키고 있고, 법인으로서는 대표자인 임원이건 그렇지 아니한 임원이건 모든 임원 개개인의 학원법위반범죄와 형사처벌 여부를 항시 감독하여야만 등록의 실효를 면할 수 있게 되므로 학원을 설립하고 운영하는 법인에게 지나치게 과중한 부담을 지우고 있다. 또한 이로 인하여 법인의 등록이 실효되면 해당 임원이 더 이상 임원직을 수행할 수 없게 될 뿐 아니라, 학원법인 소속 근로자는 모두 생계의 위협을 받을 수 있으며, 갑작스러운 수업의 중단으로 학습자 역시 불측의 피해를 입을 수밖에 없으므로 이 사건 등록실효조항은 학원법인의 직업수행의 자유를 침해한다(헌재 2015.5.28. 2012헌마653).

③ (○) 헌법 제15조에서 보장하는 직업이란 생활의 기본적 수요를 충족시키기 위하여 행하는 계속적인 소득활동을 의미하고, 성매매는 그것이 가지는 사회적 유해성과는 별개로 성판매자의 입장에서 생활의 기본적 수요를 충족하기 위한 소득활동에 해당함을 부인할 수 없으므로, 심판대상조항은 성판매자의 직업선택의 자유도 제한하고 있다. 따라서 심판대상조항은 개인의 성적 자기결정권, 사생활의 비밀과 자유, 직업선택의 자유를 침해하지 아니한다(헌재 2016.3.31. 2013헌가2).

④ (×) 헌법재판소는 2016.9.29. 2016헌마47 결정 및 2018.3.29. 2017헌마387 등 결정에서, 변호사시험의 응시를 '5년 내 5회'로 제한한 이 사건 한도조항이 직업선택의 자유를 침해하지 않는다고 판단하였다. 이 사건 한도조항에 대한 선례의 판시 이유는 여전히 타당하고, 이 사건에서 그와 달리 판단해야 할 사정변경이 있다고 볼 수 없다. 이 사건 한도조항은 청구인들의 직업선택의 자유를 침해하지 않는다(헌재 2020.9.24. 2018헌마739). [2020년 서울 7급] ④

직업의 자유에 대한 설명으로 옳은 것은? (다툼이 있는 경우 판례에 의함)

① 우리 헌법사에서 직업의 자유는 1960년 제3차 개정헌법에서부터 명문화되었다.

② 직업의 자유 중 직장선택의 자유는 국민의 권리가 아닌 인간의 권리로 보아야 할 것이므로 외국인도 제한적으로 주체가 된다.

③ 식품이나 식품의 용기·포장에 '음주운전' 또는 '숙취해소'라는 표시를 금지하는 것은 음주를 조장하는 내용에 대한 정당한 금지로 영업의 자유를 침해하지 아니한다.

④ 「법학전문대학원 설치·운영에 관한 법률」이 인가주의와 총입학정원주의를 정하고 있는 것은 대학의 자율성과 국민의 직업선택의 자유를 침해하는 것이다.

① (×) 우리나라는 1962년 제3공화국 헌법에서 직업선택의 자유를 처음으로 규정하였다.
② (○) 직업의 자유 중 직장 선택의 자유는 인간의 존엄과 가치 및 행복추구권과도 밀접한 관련을 가지는 만큼 단순히 국민의 권리가 아닌 인간의 권리로 보아야 할 것이므로 외국인도 제한적으로라도 직장 선택의 자유를 향유할 수 있다(헌재 2011.9.29. 2007헌마1083).
③ (×) 식품에 숙취해소 작용이 있음에도 불구하고 이러한 표시를 금지하면 숙취해소용 식품에 관한 정확한 정보 및 제품의 제공을 차단함으로써 숙취해소의 기회를 국민으로부터 박탈하게 될 뿐만 아니라, 보다 나은 숙취해소용 식품을 개발하기 위한 연구와 시도를 차단하는 결과를 초래하므로, 위 규정은 숙취해소용 식품의 제조·판매에 관한 영업의 자유 및 광고표현의 자유를 과잉금지원칙에 위반하여 침해하는 것이다. 특히 청구인들은 "숙취해소용 천연차 및 그 제조방법"에 관하여 특허권을 획득하였음에도 불구하고 위 규정으로 인하여 특허권자인 청구인들조차 그 특허발명품에 "숙취해소용 천연차"라는 표시를 하지 못하고 "천연차"라는 표시만 할 수밖에 없게 됨으로써 청구인들의 헌법상 보호받는 재산권인 특허권도 침해되었다(헌재 2000.3.30. 99헌마143).
④ (×) 사건 법률 제5조 제2항, 제6조 제1항, 제7조 제1항은 수급상황에 맞게 법조인력의 배출규모를 조절하고 이를 통해 국가인력을 효율적으로 운용하고자 함에 그 목적이 있는바, 위 조항에 의한 인가주의 및 총입학정원주의는 이러한 목적을 달성함에 있어 적절한 수단이며, 현재 법학전문대학원 설치인가를 받지 못한 대학이 법학전문대학원을 설치할 수 있는 기회를 영구히 박탈당하는 것은 아니며 학사과정 운영을 통해 법학교육의 기회를 유지할 수 있으므로 위 조항들이 피해최소성의 원칙에 위배되지 아니한다. 따라서 이 사건 법률조항은 대학의 자율성과 국민의 직업선택의 자유를 침해하지 아니한다(헌재 2009.2.26. 2008헌마370). [2015년 지방 7급] ②

직업의 자유에 대한 설명으로 옳지 않은 것은? (다툼이 있는 경우 판례에 의함)

① 국가기술자격증을 다른 자로부터 빌려 건설업의 등록기준을 충족시킨 경우 그 건설업 등록을 필요적으로 말소하도록 한 법률규정은 건설업자의 직업의 자유를 침해하지 않는다.
② 택시운전자격을 취득한 사람이 강제추행 등 성범죄를 범하여 금고 이상의 형의 집행유예를 선고받은 경우 그 자격을 취소하도록 하는 것은 직업의 자유를 침해한다.
③ 청원경찰이 금고 이상의 형의 선고유예를 받은 경우 당연퇴직하도록 규정한 「청원경찰법」은 직업의 자유를 침해한다.
④ 현금영수증 의무발행업종 사업자로 하여금 건당 10만원 이상의 현금거래 시 현금영수증을 의무발급하도록 하고 위반 시 과태료를 부과하는 것은 직업의 자유를 침해하지 않는다.
⑤ 변호인선임서 등을 공공기관에 제출할 때 소속 지방변호사회를 경유하도록 한 법률규정은 변호사의 직업수행의 자유를 침해하지 않는다.

① (○) 건설업 등록제도는 일정한 기술능력을 갖춘 자에 한하여 건설업을 영위할 수 있도록 하는 제도인데, 이는 적정한 시공을 담보할 수 있는 최소한의 요건을 갖춘 건설업자로 하여금 건설공사를 하게 함으로써 부실공사를 방지하고 국민의 생명과 안전을 보호하기 위한 것이다. 그런데 법이 정하는 등록요건인 기술능력을 충족하지 못하게 된 자가 타인의 국가기술자격증을 빌려 건설업 등록을 유지하는 행위는 이러한 등록제도의 취지를 형해화하는 것이고, 그 결과 건설공사의 적정한 시공과 시설물의 안전에 위험을 야기하여 국민의 생명·재산에 돌이킬 수 없는 손해를 초래할 수 있기 때문에, 임의적 등록말소만으로 이러한 위험을 방지하기에 충분하다고 단정하기 어렵다. 따라서 심판대상조항은 과잉금지원칙에 위배되어 직업의 자유를 침해하지 아니한다(헌재 2016.12.29. 2015헌바429).
② (×) 택시를 이용하는 국민을 성범죄 등으로부터 보호하고, 여객운송서비스 이용에 대한 불안감을 해소하며, 도로교통에 관한 공공의

안전을 확보하려는 심판대상조항의 입법목적은 정당하고, 또한 해당 범죄를 범한 택시운송사업자의 운전자격의 필요적 취소라는 수단의 적합성도 인정된다. 따라서 심판대상조항은 과잉금지원칙에 위배되지 않는다(헌재 2018.5.31. 2016헌바14).

③ (○) 심판대상조항은 청원경찰이 저지른 범죄의 종류나 내용을 불문하고 금고 이상의 형의 선고유예를 받게 되면 당연히 퇴직되도록 규정함으로써 청원경찰에게 공무원보다 더 가혹한 제재를 가하고 있으므로, 침해의 최소성 원칙에 위배된다. 심판대상조항은 청원경찰이 저지른 범죄의 종류나 내용을 불문하고 범죄행위로 금고 이상의 형의 선고유예를 받게 되면 당연히 퇴직되도록 규정함으로써 그것이 달성하려는 공익의 비중에도 불구하고 청원경찰의 직업의 자유를 과도하게 제한하고 있어 법익의 균형성 원칙에도 위배된다. 따라서 심판대상조항은 과잉금지원칙에 반하여 직업의 자유를 침해한다(헌재 2018.1.25. 2017헌가26).

④ (○) 심판대상조항들은 고소득 전문직 사업자 등 고액 현금거래가 많은 업종의 사업자에 대하여 과세표준을 양성화하여 세금탈루를 방지하고 공정한 거래질서를 확립하기 위한 것이다. 입법자가 그 재량으로 과태료를 부과하기로 한 경우에 그 과태료의 액수를 정하는 것 역시 입법재량에 속한다. 현금영수증 미발급액의 50%라는 과태료 부과율은 거래금액에 비례하여 탄력적으로 정하여지고, 고소득 전문직 사업자 등의 종합소득세 세율 등을 감안할 때 이러한 제재가 불합리하게 과중하다고 볼 수 없다. 심판대상조항들은 직업수행의 자유를 침해하지 아니한다(헌재 2015.7.30. 2013헌바56).

⑤ (○) 변호인선임서 등의 지방변호사회 경유제도는 사건브로커 등 수임 관련 비리의 근절 및 사건수임 투명성을 위하여 도입된 것으로서 그 입법목적이 정당하고 그 수단도 적절하다. 변호사법 제29조는 변호사의 직업수행의 자유를 침해하지 아니한다(헌재 2013.5.30. 2011헌마131). [2020년 국회 5급] ②

직업선택의 자유에 관한 다음 설명 중 옳지 않은 것은 모두 몇 개인가? (다툼이 있는 경우 헌법재판소 결정에 의함)

> 가. 게임 결과물의 환전업은 게임이용자로부터 게임 결과물을 매수하여 다른 게임이용자에게 이윤을 붙여 되파는 영업으로서 헌법 제15조가 보장하는 직업에 해당한다.
> 나. 일반학원의 강사라는 직업의 개시를 위한 주관적 전제조건으로서 '대학 졸업 이상의 학력 소지'라는 자격기준을 갖추도록 요구함으로써 직업선택의 자유를 제한하고 있으나 일률적으로 자격기준을 설정하여 통제하는 방식만큼의 효과를 거둘 만한 다른 제도나 절차를 쉽게 찾아보기 어려우므로 최소침해의 원칙은 문제되지 않는다.
> 다. 입법자는 일정한 전문분야에 관한 자격제도를 마련함에 있어서 그 제도를 마련한 목적을 고려하여 정책적인 판단에 따라 제도의 내용을 구성할 수 있으므로 자격요건에 관한 법률조항은 합리적인 근거 없이 현저히 자의적인 경우에만 헌법에 위반된다.
> 라. '자동차운전전문학원을 졸업하고 운전면허를 받은 사람 중 교통사고를 일으킨 비율이 대통령령이 정하는 비율을 초과하는 때'에는 학원의 등록을 취소하거나 1년 이내의 운영정지를 명할 수 있도록 하는 것은 운전전문학원이 조성하는 사회적 위험을 관리하기 위한 것이므로 운전전문학원 운영자의 직업의 자유를 침해한다고 볼 수 없다.
> 마. 건설산업기본법에서 건설업자가 명의대여를 한 경우 건설업의 등록을 필요적으로 말소하도록 규정한 것은 합헌이지만, 임원이 금고 이상의 형을 선고받은 경우 법인의 건설업 등록을 필요적으로 말소하도록 규정한 것은 위헌이다.

① 1개 ② 2개 ③ 3개
④ 4개 ⑤ 5개

가. (○) 게임 결과물의 환전은 게임이용자로부터 게임 결과물을 매수하여 다른 게임이용자에게 이윤을 붙여 되파는 것으로, 이러한 행위를 영업으로 하는 것은 생활의 기본적 수요를 충족시키는 계속적인 소득활동이 될 수 있으므로, 게임 결과물의 환전업은 헌법 제15조가

보장하고 있는 직업에 해당한다(헌재 2010.2.25. 2009헌바38).

나. (○) 사건 심판대상 조항들은 일반학원의 강사라는 직업의 개시를 위한 주관적 전제조건으로서 '대학 졸업 이상의 학력 소지'라는 자격기준을 갖추도록 요구함으로써 직업선택의 자유를 제한하고 있고, 먼저 이 사건 심판대상 조항들을 통하여 달성하고자 하는 입법목적은 자질 미달의 강사가 가져올 부실교육 등의 폐단을 미연에 방지함으로써 양질의 교육서비스를 확보하고 교육소비자를 보호하며, 국가 전체적으로 평생교육을 성공적으로 실현하고자 하는 것으로서 그 목적의 정당성을 인정할 수 있고, 자질과 능력을 갖춘 강사를 확보하여 학원교육의 질을 높이거나 유지하는 방법으로서 이 사건 심판대상 조항들과 같이 일률적으로 자격기준을 설정하여 통제하는 방식만큼의 효과를 거둘 만한 다른 제도나 절차를 쉽게 찾아보기 어려우므로 최소침해의 원칙도 문제되지 않는다(헌재 2003.9.25. 2002헌마519).

다. (○) 입법자는 일정한 전문분야에 관한 자격제도를 마련함에 있어서 그 제도를 마련한 목적을 고려하여 정책적인 판단에 따라 그 내용을 구성할 수 있고, 마련한 자격제도의 내용이 불합리하고 불공정하지 않은 한 입법자의 정책판단은 존중되어야 하며, 자격제도에서 입법자에게는 그 자격요건을 정함에 있어 광범위한 입법재량이 인정되는 만큼, 자격요건에 관한 법률조항은 합리적인 근거 없이 현저히 자의적인 경우에만 헌법에 위반된다(헌재 2006.4.27. 2005헌마997).

라. (×) 운전전문학원의 귀책사유를 불문하고 수료생이 일으킨 교통사고를 자동적으로 운전전문학원의 법적 책임으로 연관시키고 있는 것은 운전전문학원이 주체적으로 행해야 하는 자기책임의 범위를 벗어난 것이며, 교통사고율이 높아 운전교육이 좀더 충실히 행해져야 하며 오늘날 사회적 위험의 관리를 위한 위험책임제도가 필요하다는 사정만으로 정당화될 수 없다. 그러므로 이 사건 조항은 비례의 원칙에 어긋나 직업의 자유를 침해한다(헌재 2005.7.21. 2004헌가30).

마. (○) 건설업자가 명의대여행위를 한 경우 그 건설업 등록을 필요적으로 말소하도록 한 이 사건 법률조항은 건설업등록제도의 근간을 유지하고 부실공사를 방지하여 국민의 생명과 재산을 보호하려는 것으로 그 목적의 정당성이 인정되고, 명의대여행위가 국민의 생명과 재산에 미치는 위험과 그 위험 방지의 긴절성을 고려할 때 반드시 필요하며, 청구인의 직업수행의 자유 및 재산권을 침해한다고 할 수 없다(헌재 2001.3.21. 2000헌바27). 심판대상조항이 건설업과 관련 없는 죄로 임원이 형을 선고받은 경우까지도 법인이 건설업을 영위할 수 없도록 하는 것은 입법목적 달성을 위한 적합한 수단에 해당하지 아니하고, 이러한 경우까지도 가장 강력한 수단인 필요적 등록말소라는 제재를 가하는 것은 최소침해성 원칙에도 위배된다. 따라서 심판대상조항은 과잉금지원칙에 위배되어 청구인의 직업수행의 자유를 침해한다(헌재 2014.4.24. 2013헌바25). [2016년 법무사] ①

직업의 자유에 관한 다음 설명 중 가장 옳지 않은 것은?

① 직업의 자유는 개인의 주관적 공권임과 동시에 사회적 시장경제질서라고 하는 객관적 법질서의 구성요소이다.

② 직업의 자유에 대한 제한이라고 하더라도 그 제한사유가 직업의 자유의 내용을 이루는 직업수행의 자유와 직업선택의 자유 중 어느 쪽에 작용하느냐에 따라 그 제한에 대하여 요구되는 정당화의 수준이 달라진다.

③ 직업의 자유에 대한 법적 규율이 직업수행에 대한 규율로부터 직업선택에 대한 규율로 가면 갈수록 자유제약의 정도가 상대적으로 강해져 입법재량의 폭이 좁아지게 되고, 직업선택의 자유에 대한 제한이 문제되는 경우에 있어서도 일정한 주관적 사유를 직업의 개시 또는 계속수행의 전제조건으로 삼아 직업선택의 자유를 제한하는 경우보다는 직업의 선택을 객관적 허가조건에 걸리게 하는 방법으로 제한하는 경우에 침해의 심각성이 더 크므로 보다 엄밀한 정당화가 요구된다.

④ 어떠한 직업분야에 관한 자격제도를 만들면서 그 자격요건을 어떻게 설정할 것인가에 관하여는 국가에게 폭넓은 입법재량권이 부여되어 있는 것이므로 다른 방법으로 직업선택의 자

유를 제한하는 경우에 비하여 보다 유연하고 탄력적인 심사가 필요하다 할 것이다.

⑤ 헌법 제15조의 직업의 자유 또는 헌법 제32조의 근로의 권리, 사회국가원리 등에 근거하여 근로자에게 국가에 대한 직접적인 직장존속보장청구권이 인정된다.

① (○) 직업의 선택 혹은 수행의 자유는 각자의 생활의 기본적 수요를 충족시키는 방편이 되고, 또한 개성신장의 바탕이 된다는 점에서 주관적 공권의 성격이 두드러진 것이기는 하나, 다른 한편으로는 국민 개개인이 선택한 직업의 수행에 의하여 국가의 사회질서와 경제질서가 형성된다는 점에서 사회적 시장경제질서라고 하는 객관적 법질서의 구성요소이기도 하다(헌재 1996.8.29. 94헌마113).

② (○) 직업의 자유에 대한 제한이라고 하더라도 그 제한사유가 직업의 자유의 내용을 이루는 직업수행의 자유와 직업선택의 자유 중 어느 쪽에 작용하느냐에 따라 그 제한에 대하여 요구되는 정당화의 수준이 달라진다.

③ (○) 직업의 자유에 대한 법적 규율이 직업수행에 대한 규율로부터 직업선택에 대한 규율로 가면 갈수록 자유제약의 정도가 상대적으로 강해져 입법재량의 폭이 좁아지게 되고, 직업선택의 자유에 대한 제한이 문제되는 경우에 있어서도 일정한 주관적 사유를 직업의 개시 또는 계속수행의 전제조건으로 삼아 직업선택의 자유를 제한하는 경우보다는 직업의 선택을 객관적 허가조건에 걸리게 하는 방법으로 제한하는 경우에 침해의 심각성이 더 크므로 보다 엄밀한 정당화가 요구된다(헌재 2003.9.25. 2002헌마519).

④ (○) 어떠한 직업분야에 관한 자격제도를 만들면서 그 자격요건을 어떻게 설정할 것인가에 관하여는 국가에게 폭넓은 입법재량권이 부여되어 있는 것이므로 다른 방법으로 직업선택의 자유를 제한하는 경우에 비하여 보다 유연하고 탄력적인 심사가 필요하다(헌재 2003.9.25. 2002헌마519).

⑤ (×) 헌법 제15조의 직업의 자유 또는 헌법 제32조의 근로의 권리, 사회국가원리 등에 근거하여 실업 방지 및 부당한 해고로부터 근로자를 보호하여야 할 국가의 의무를 도출할 수는 있으나, 국가에 대한 직접적인 직장존속보장청구권을 근로자에게 인정할 헌법상의 근거는 없다(헌재 2002.11.28. 2001헌바50). [2020년 법무사] ⑤

직업의 자유에 대한 설명으로 가장 옳지 않은 것은?

① 변호사시험 성적의 비공개를 규정한 관련 법 조항은 성적공개 청구인들의 법조인으로서의 직역 선택이나 직업수행에 있어서 어떠한 제한을 두고 있는 것은 아니므로 성적공개 청구인들의 직업선택의 자유를 제한하고 있다고 볼 수 없다.

② 형의 집행을 유예하는 경우에 사회봉사를 명할 수 있도록 하는 법규정에 의하여 사회봉사명령을 선고받은 이의 일반적 행동의 자유는 제한되지만, 이로 인하여 직업의 자유까지 제한된다고 볼 수 없다.

③ 법령에서 사법시험 시행 전에 선발예정인원을 정하는 정원제를 규정하는 것은 사법시험을 통하여 변호사에게 필요한 자질과 능력을 검증하는 것이 아니라 변호사의 사회적 수급 상황 등을 고려한 것이기에 객관적 사유에 의한 직업의 자유의 제한에 해당한다.

④ 게임 결과물의 환전업을 영위한 자를 처벌하는 법규정에서 문제되는 게임 결과물의 환전은 이러한 행위를 영업으로 하는 경우 생활의 기본적 수요를 충족시키는 계속적인 소득활동이 될 수 있기에 게임 결과물의 환전업 역시 「헌법」 제15조가 보장하고 있는 직업에 해당한다.

① (○) 심판대상조항은 변호사시험 합격자에 대하여 그 성적을 공개하지 않도록 규정하고 있을 뿐이고, 이러한 시험 성적의 비공개가 청구인들의 법조인으로서의 직역 선택이나 직업수행에 있어서 어떠한 제한을 두고 있는 것은 아니므로 심판대상조항이 청구인들의 직업선택의 자유를

제한하고 있다고 볼 수 없다(헌재 2015.6.25. 2011헌마769).

② (○) 사건 법률조항에 의한 사회봉사명령이 직접적으로 청구인에게 직업의 선택 및 수행을 금지 또는 제한하는 것은 아니고, 사회봉사명령 이행기간 중에 직업의 선택 및 수행이 사실상 어려워지는 면이 있다 하더라도 이는 사회봉사명령으로 인하여 일반적 행동의 자유가 제한됨에 따라 부수적으로 발생하는 결과일 뿐이므로 이 사건 법률조항이 직업의 자유를 제한한다고 볼 수도 없다(헌재 2012.3.29. 2010헌바100).

③ (×) 시험제도란 본질적으로 응시자의 자질과 능력을 측정하는 것이며, 합격자의 결정을 상대평가(정원제)와 절대평가 중 어느 것에 의할 것인지는 측정방법의 선택의 문제일 뿐이고, 이 사건 법률조항이 사법시험의 합격자를 결정하는 방법으로 정원제를 취한 이유는 상대평가라는 방식을 통하여 응시자의 자질과 능력을 검정하려는 것이므로 이는 객관적 사유가 아닌 주관적 사유에 의한 직업선택의 자유의 제한이다(헌재 2010.5.27. 2008헌바1108).

④ (○) 게임 결과물의 환전은 게임이용자로부터 게임 결과물을 매수하여 다른 게임이용자에게 이윤을 붙여 되파는 것으로, 이러한 행위를 영업으로 하는 것은 생활의 기본적 수요를 충족시키는 계속적인 소득활동이 될 수 있으므로, 게임 결과물의 환전업은 헌법 제15조가 보장하고 있는 직업에 해당한다(헌재 2010.2.25. 2009헌바3). [2018년 서울 7급] ③

직업의 자유에 대한 설명으로 옳은 것은? (다툼이 있는 경우 판례에 의함)

① 의료인의 중복운영 허용 여부는 입법정책적인 문제이나 1인의 의료인에 대하여 운영할 수 있는 의료기관의 수를 제한하는 입법자의 판단은 그 목적에 비해 입법자에게 부여된 입법재량을 명백히 일탈하였다.

② 유사군복을 판매할 목적으로 소지하는 행위를 처벌하는 조항은 오인 가능성이 낮은 유사품이나 단순 밀리터리룩 의복을 취급하는 행위를 제외하고 있다고 하더라도 국가안전보장과 질서를 유지하려는 공익에 비추어 볼 때 직업선택의 자유를 과도하게 제한한다.

③ 외국인 근로자의 사업장 변경을 원칙적으로 3회를 초과할 수 없도록 하는 규정은 외국인 근로자에게 일단 형성된 근로관계를 포기하는 것을 제한하기 때문에 직업선택의 자유에 대한 제한이 아니라 근로의 권리에 대한 제한으로 보아야 한다.

④ 감차 사업구역 내에 있는 일반택시 운송 사업자에게 택시운송사업 양도를 금지하고 감차 계획에 따른 감차 보상만 신청할 수 있도록 하는 조항은 일반택시운송사업자의 직업수행의 자유를 과도하게 제한한다고 볼 수 없다.

⑤ 현금영수증 의무발행업종 사업자에게 건당 10만 원 이상 현금을 거래할 때 현금영수증을 의무 발급하도록 하고, 위반 시 현금영수증 미발급 거래대금의 100분의 50에 상당하는 과태료를 부과하도록 한 규정은 공익과 비교할 때 과태료 제재에 따른 불이익이 매우 커서 직업수행의 자유를 침해한다.

① (×) 의료는 단순한 상거래의 대상이 아니라 사람의 생명과 건강을 다루는 특별한 것으로서, 국민보건에 미치는 영향이 크다. 그 외에 우리나라의 취약한 공공의료의 실태, 의료인이 여러 개의 의료기관을 운영할 때 의료계 및 국민건강보험 재정 등 국민보건 전반에 미치는 영향, 국가가 국민의 건강을 보호하고 적정한 의료급여를 보장해야 하는 사회국가적 의무 등을 종합하여 볼 때, 의료의 질을 관리하고 건전한 의료질서를 확립하기 위하여 1인의 의료인에 대하여 운영할 수 있는 의료기관의 수를 제한하고 있는 입법자의 판단이 입법재량을 명백히 일탈하였다고 보기는 어렵다. 이 사건 법률조항은 과잉금지원칙에 반한다고 할 수 없다(헌재 2019.8.29. 2014헌바212).

② (×) 군인 아닌 자가 유사군복을 입고 군인임을 사칭하여 군인에 대한 국민의 신뢰를 실추시키는 행동을 하는 등 군에 대한 신뢰 저하

문제로 이어져 향후 발생할 국가안전보장상의 부작용을 상정해 볼 때, 단지 유사군복의 착용을 금지하는 것으로는 입법목적을 달성하기에 부족하고, 유사군복을 판매 목적으로 소지하는 것까지 금지하여 유사군복이 유통되지 않도록 하는 사전적 규제조치가 불가피하다. 이를 판매 목적으로 소지하지 못하여 입는 개인의 직업의 자유나 일반적 행동의 자유의 제한 정도는 국가안전을 보장하고자 하는 공익에 비하여 결코 중하다고 볼 수 없다. 따라서 심판대상조항은 과잉금지원칙을 위반하여 직업의 자유 내지 일반적 행동의 자유를 침해한다고 볼 수 없다(헌재 2019.4.11. 2018헌가14).

③ (×) 근로의 권리란 일할 자리에 관한 권리와 일할 환경에 관한 권리를 말하며, 후자는 건강한 작업환경, 일에 대한 정당한 보수, 합리적인 근로조건의 보장 등을 요구할 수 있는 권리 등을 의미하는바, 직장변경의 횟수를 제한하고 있는 이 사건 법률 조항은 근로의 권리를 제한하는 것은 아니다. 한편, 직업선택의 자유는 누구나 자유롭게 자신이 종사할 직업을 선택하고, 그 직업에 종사하며, 이를 변경할 수 있는 자유를 말하며, 이에는 개인의 직업적 활동을 하는 장소 즉 직장을 선택할 자유도 포함된다. 이때 직장선택의 자유란 개인이 그 선택한 직업분야에서 구체적인 취업의 기회를 가지거나, 이미 형성된 근로관계를 계속 유지하거나 포기하는 데 있어 국가의 방해를 받지 않는 자유로운 선택·결정을 보호하는 것을 내용으로 한다. 이 사건 법률조항은 외국인근로자의 사업장 최대변경가능 횟수를 설정하고 있는바, 이로 인하여 외국인근로자는 일단 형성된 근로관계를 포기(직장이탈)하는 데 있어 제한을 받게 되므로 이는 직업선택의 자유 중 직장 선택의 자유를 제한하고 있다(헌재 2011.9.29. 2007헌마1083).

④ (○) 택시운송사업에 사용되는 차량의 총량을 합리적으로 조정함으로써 수요·공급의 균형을 이루어 택시운송업의 안정적 발전을 유지하고자 하는 것은 중대한 공익이다. 심판대상조항으로 인하여 일반택시운송사업자가 원하는 시기에 자유롭게 택시운송사업을 양도하지 못함으로써 직업수행의 자유와 재산권을 제한받게 된다고 하더라도, 그로 인하여 입게 되는 불이익이 심판대상조항을 통하여 달성하고자 하는 공익보다 크다고 할 수 없으므로, 심판대상조항은 추구하는 공익과 제한되는 기본권 사이의 법익균형성 요건도 충족하고 있다. 심판대상조항은 과잉금지원칙을 위반하여 일반택시운송사업자의 직업수행의 자유와 재산권을 침해하지 아니한다(헌재 2019.9.26. 2017헌바467).

⑤ (×) 심판대상조항은 현금거래가 많은 업종의 사업자에 대한 과세표준을 양성화하여 세금탈루를 방지하고 공정한 거래질서를 확립하기 위한 것이므로, 입법목적의 정당성과 수단의 적합성이 인정된다. 투명하고 공정한 거래질서를 확립하고 현금거래가 많은 업종의 과세표준을 양성화하려는 공익은 현금영수증 의무발행업종 사업자가 입게 되는 불이익보다 훨씬 크므로 법익균형성도 충족한다. 따라서 심판대상조항은 직업수행의 자유를 침해하지 아니한다(헌재 2019.8.29. 2018헌바265 등). [2020년 국회 8급] ④

직업의 자유에 관한 다음 설명 중 가장 옳지 않은 것은? (다툼이 있는 경우 헌법재판소 결정에 의함)

① 헌법 제15조에 따라 모든 국민은 직업의 자유를 가지지만, 국가는 국민의 신체와 재산의 보호와 밀접한 관련이 있는 직업들에 대해서는 공공의 이익을 위해 그 직업의 수행에 필요한 자격제도를 둘 수 있으며, 이 때 그 구체적인 자격제도의 형성에 있어서는 입법자에게 광범위한 입법형성권이 인정되고, 다만 입법자가 합리적인 이유 없이 자의적으로 자격제도의 내용을 형성한 경우에만 그 자격제도가 헌법에 위반된다고 할 수 있다.

② 헌법 제15조가 규정하는 직업선택의 자유는 자신이 원하는 직업을 자유롭게 선택하는 좁은 의미의 '직업선택의 자유'와 그가 선택한 직업을 자기가 원하는 방식으로 자유롭게 수행할 수 있는 '직업수행의 자유'를 포함하는 직업의 자유를 의미한다.

③ 직업선택의 자유와 직업수행의 자유는 기본권 주체에 대한 그 제한의 효과가 다르기 때문에 제한에 있어서 적용되는 기준도 다르며, 특히 직업수행의 자유에 대한 제한의 경우 인격발현에 대한 침해의 효과가 일반적으로 직업선택 그 자체에 대한 제한에 비하여 작기 때문에 그에 대한 제한은 폭넓게 허용된다.

④ 직업의 자유를 제한함에 있어서도 다른 기본권과 마찬가지로 헌법 제37조 제2항에서 정한 과잉금지의 원칙은 준수되어야 하므로, 직업수행의 자유를 제한하는 법령에 대한 위헌 여부를 심사하는 데 있어서 좁은 의미의 직업선택의 자유에 비하여 다소 완화된 심사기준을 적용할 수는 없다.

① (○) 헌법 제15조에 따라 모든 국민은 직업의 자유를 가지지만, 국가는 국민의 신체와 재산의 보호와 밀접한 관련이 있는 직업들에 대해서는 공공의 이익을 위해 그 직업의 수행에 필요한 자격제도를 둘 수 있으며, 이 때 그 자격제도를 구체적으로 어떻게 형성할 것인지는 그 직업에 요구되는 전문적인 능력이나 자질, 그 직업에 대한 사회적 수요와 공급 상황 기타 여러 사회·경제적 여건을 종합적으로 고려하여 판단할 사항이다. 따라서 구체적인 자격제도의 형성에 있어서는 입법자에게 광범위한 입법형성권이 인정되며, 입법자가 합리적인 이유 없이 자의적으로 자격제도의 내용을 규정한 것으로 인정되는 경우에만 그 자격제도가 헌법에 위반된다(헌재 2007.5.31. 2006헌마646).

② (○) 헌법 제15조에 의한 직업선택의 자유는 자신이 원하는 직업을 자유롭게 선택하는 좁은 의미의 직업선택의 자유와 그가 선택한 직업을 자기가 원하는 방식으로 자유롭게 수행할 수 있는 직업수행의 자유를 포함하는 직업의 자유를 뜻한다(헌재 1998.3.26. 97헌마194).

③ (○) 직업선택의 자유와 직업행사의 자유는 기본권주체에 대한 그 제한의 효과가 다르기 때문에 제한이 있어서 적용되는 기준도 다르며, 특히 직업행사의 자유에 대한 제한의 경우 인격발현에 대한 침해의 효과가 일반적으로 직업선택 그 자체에 대한 제한에 비하여 작기 때문에, 그에 대한 제한은 보다 폭넓게 허용된다(헌재 2002.12.18. 2000헌마764).

④ (×) 헌법재판소는 직업수행의 자유는 입법자의 재량의 여지가 많은 것으로, 그 제한을 규정하는 법령에 대한 위헌 여부를 심사하는데 있어서 좁은 의미의 직업선택의 자유에 비하여 상대적으로 폭넓은 법률상의 규제가 가능한 것으로 보아 다소 완화된 심사기준을 적용하여 왔다(헌재 2007.2.22. 2003헌마428). [2016년 법원 9급] ④

직업선택의 자유에 관한 다음 설명 중 가장 옳지 않은 것은? (다툼이 있는 경우 헌법재판소 결정에 의함)

① 헌법은 개인이 국가의 간섭을 받지 아니하고 원하는 직업을 자유롭게 선택하는 '직업선택의 자유'뿐만 아니라 선택한 직업을 자신이 원하는 대로 자유롭게 수행할 수 있는 '직업수행의 자유'를 보장한다.

② 어떤 직업의 수행을 위한 전제요건으로서 일정한 주관적 요건을 갖춘 자에게만 그 직업에 종사할 수 있도록 직업선택의 자유를 제한하는 경우에는, 주관적 요건 자체가 그 제한목적과 합리적인 관계가 있어야 한다.

③ 입법자는 어떠한 직업분야에 관한 자격제도를 만들면서 그 자격요건 내지 결격사유를 어떻게 설정할 것인가에 관하여 폭넓은 입법재량을 갖는다.

④ 입법자가 설정한 자격요건을 구비하여 자격을 부여받은 자에게 사후적으로 결격사유가 발생하면, 입법자는 당연히 그 자격을 박탈할 수 있다.

① (○) 헌법은 제15조에서 "모든 국민은 직업선택의 자유를 가진다"고 하여 직업의 자유를 보장하고 있다. 여기에는 개인이 국가의 간섭을 받지 아니하고 원하는 직업을 자유롭게 선택하는 '직업선택의 자유'뿐만 아니라 선택한 직업을 자신이 원하는 대로 자유롭게 행사할 수 있는 '직업수행의 자유'가 포함된다(헌재 2006.1.26. 2005헌마424).

② (○) 어떤 직업의 수행을 위한 전제요건으로서 일정한 주관적 요건을 갖춘 자에게만 그 직업에 종사할 수 있도록 제한하는 경우에는, 이러한 주관적 요건을 갖추도록 요구하는 것이, 누구에게나 제한 없이 그 직업에 종사하도록 방임함으로써 발생할 우려가 있는 공공의

손실과 위험을 방지하기 위한 적절한 수단이고, 그 직업을 희망하는 모든 사람에게 동일하게 적용되어야 하며, 주관적 요건 자체가 그 제한목적과 합리적인 관계가 있어야 한다는 비례의 원칙이 적용되어야 할 것이다(헌재 1995.6.29. 90헌바43).

③ (○) ④ (×) 어떠한 직업분야에 관한 자격제도를 만들면서 그 자격요건 내지 결격사유를 어떻게 설정할 것인가에 관하여 입법자에게 폭넓은 입법재량이 인정되기는 하나, 일단 자격요건을 구비하여 자격을 부여받았다면 사후적으로 결격사유가 발생했다고 해서 당연히 그 자격을 박탈할 수 있는 것은 아니다. 국가가 설정한 자격요건을 구비하지 못했다는 이유로 일정한 자격을 부여하지 않더라도 해당자가 잃는 이익이 크다고 볼 수 없는 반면 그러한 자격을 일단 취득하여 직업활동을 영위해 오고 있는 자의 자격을 상실시킬 경우 장기간 쌓아온 지위를 박탈하는 것으로서 그 불이익이 중대할 수 있다(헌재 2014.1.28. 2011헌바252). [2015년 법원 9급] ④

직업의 자유에 대한 단계 이론의 관점에서 볼 때 제한의 강도가 가장 약한 것은?

① 시각장애인에 대하여만 안마사 자격 인정을 받을 수 있도록 하는 것

② 대학 졸업 이상의 학력 소지자에게만 학원강사가 될 수 있도록 하는 것

③ 학교교과 교습학원의 교습시간을 05:00부터 22:00까지로 제한하는 것

④ 경비업을 전문으로 하는 별개의 법인의 설립하지 않는 한 경비업과 그 밖의 업종을 겸영하지 못하도록 하는 것

① (×) 자격조항은 신체장애자 보호에 대한 헌법적 요청, 장애인복지정책의 원칙 등에 바탕을 두고서 시각장애인의 생계를 보장하기 위한 것으로서, 궁극적으로는 그들에게 삶의 보람을 얻게 하고 인간다운 생활을 할 권리를 실현시키려는 데에 그 목적이 있으므로, 이 사건 자격조항이 비시각장애인을 시각장애인에 비하여 비례의 원칙에 반하여 차별하는 것이라고 할 수 없을 뿐 아니라, 비시각장애인의 직업선택의 자유를 과도하게 침해하여 헌법에 위반된다고 보기도 어렵다(헌재 2010.7.29. 2008헌마664). 주관적 사유에 의한 직업선택의 자유 제한

② (×) 일반학원의 강사라는 직업의 개시를 위한 주관적 전제조건으로서 '대학 졸업 이상의 학력 소지'라는 자격기준을 갖추도록 요구함으로써 직업선택의 자유를 제한하고 있고, 그와 같은 제한이 헌법상 용인될 수 있기 위하여는 기본권제한의 한계원리인 과잉금지원칙에 위배되지 않아야 하는데, 이 사건 심판대상 조항들을 통하여 달성하고자 하는 입법목적은 자질 미달의 강사가 가져올 부실교육 등의 폐단을 미연에 방지함으로써 양질의 교육서비스를 확보하고 교육소비자를 보호하며, 국가 전체적으로 평생교육을 성공적으로 실현하고자 하는 것으로서, 그 목적의 정당성을 인정할 수 있고, 자질과 능력을 갖춘 강사를 확보하여 학원교육의 질을 높이거나 유지하는 방법으로서 이 사건 심판대상 조항들과 같이 일률적으로 자격기준을 설정하여 통제하는 방식만큼의 효과를 거둘 만한 다른 제도나 절차를 쉽게 찾아보기 어려우므로 최소침해의 원칙도 문제되지 않는다(헌재 2003.9.25. 2002헌마519). 주관적 사유에 의한 직업선택의 자유 제한

③ (×) 학원의 교습시간을 제한하여 학생들의 수면시간 및 휴식시간을 확보하고, 학교교육을 정상화하며, 학부모의 경제적 부담을 덜어주려는 이 사건 조례의 입법목적의 정당성 및 수단의 적합성이 인정되고, 원칙적으로 학원에서의 교습은 보장하면서 심야에 한하여 교습시간을 제한하면서 다른 사교육 유형은 제한하지 않으므로 청구인들의 기본권을 과도하게 제한하는 것이라고 볼 수 없으며, 이 사건 조항으로 인하여 제한되는 사익은 일정한 시간 학원이나 교습소에서의 교습이 금지되는 불이익인 반면, 이 사건 조항이 추구하는 공익은 학생들의 건강과 안전, 학교교육의 충실화, 부차적으로 사교육비의 절감이므로 법익 균형성도 충족하므로 이 사건 조항이 학교교과교습학원 및 교습소의 교습시간을 제한하였다고 하여 청구인들의 인격의 자유로운 발현권, 자녀교육권 및 직업수행의 자유를 침해하였다고 볼 수 없다(헌재 2009.10.29. 2008헌마454). 직업수행의 자유 제한으로 정도가 가장 약함

④ (○) 경비업을 경영하고 있는 자들이나 다른 업종을 경영하면서 새로이 경비업에 진출하고자 하는 자들로 하여금 경비업을 전문으로 하는 별개의 법인을 설립하지 않는 한 경비업과 그 밖의 업종간에 택일하도록 법으로 강제하고 있다. 이와 같이 당사자의 능력이나 자격과 상관없는 객관적 사유에 의한 제한은 월등하게 중요한 공익을 위하여 명백하고 확실한 위험을 방지하기 위한 경우에만 정당화될 수 있고, 따라서 헌법재판소가 이 사건을 심사함에 있어서는 헌법 제37조 제2항이 요구하는 바 과잉금지의 원칙, 즉 엄격한 비례의 원칙이 그 심사척도가 된다(헌재 2002.4.25. 2001헌마614). 객관적 사유에 의한 직업선택의 자유 제한 [2018년 서울 7급] ③

직업의 자유에 대한 설명으로 옳지 않은 것은? (다툼이 있는 경우 판례에 의함)

① 제조업의 직접생산공정업무를 근로자파견의 대상 업무에서 제외하는 법률조항은 근로자파견을 허용하되 파견기간을 제한하는 방법도 고려해 볼 수 있으므로 제조업의 직섭생산공정업무에 관하여 근로자파견의 역무를 제공받고자 하는 사업주의 직업수행의 자유를 침해한다.

② 세무사 자격 보유 변호사가 세무사로서 세무조정업무를 일체 수행할 수 없도록 한 규정은 이들에게 세무사 자격을 부여한 의미를 상실시키는 것일 뿐만 아니라 세무사 자격에 기한 직업선택의 자유를 지나치게 제한하는 것으로 헌법에 위반된다.

③ 청원경찰이 저지른 범죄의 종류나 내용을 불문하고 범죄행위로 금고 이상의 형의 선고유예를 받게 되면 당연히 퇴직하도록 규정한 것은 이를 통해 달성하려는 공익의 비중에도 불구하고 청원경찰의 직업의 자유를 과도하게 제한하고 있어 헌법에 위반된다.

④ 아동학대 관련 범죄전력자가 아동 관련 기관인 체육시설 등을 운영하거나 학교에 취업하는 것을 형이 확정된 때부터 형의 집행이 종료되거나 집행을 받지 아니하기로 확정된 후 10년까지의 기간 동안 제한하는 것은 직업의 자유를 침해한다.

① (×) 심판대상조항은 제조업의 핵심 업무인 직접생산공정업무의 적정한 운영을 기하고 근로자에 대한 직접고용 증진 및 적정임금 지급을 보장하기 위한 것으로 입법목적의 정당성 및 수단의 적합성이 인정된다. 또한 제조업의 직접생산공정업무의 적정한 운영, 근로자의 직접고용 증진 및 적정임금 보장이라는 공익이 사용사업주가 제조업의 직접생산공정업무에 관하여 근로자파견의 역무를 제공받지 못하는 직업수행의 자유 제한에 비하여 작다고 볼 수 없으므로, 법익의 균형성도 충족된다. 따라서 심판대상조항이 제조업의 직접생산공정업무에 관하여 근로자파견의 역무를 제공받고자 하는 사업주의 직업수행의 자유를 침해한다고 볼 수 없다(헌재 2017.12.28. 2016헌바346).

② (○) 세무사의 업무에는 세법 및 관련 법령에 대한 전문 지식과 법률에 대한 해석·적용능력이 필수적으로 요구되는 업무가 포함되어 있다. 세법 및 관련 법령에 대한 해석·적용에 있어서는 세무사나 공인회계사보다 변호사에게 오히려 전문성과 능력이 인정됨에도 불구하고, 심판대상조항은 세무사 자격 보유 변호사로 하여금 세무대리를 일체 할 수 없도록 전면적으로 금지하고 있으므로, 수단의 적합성을 인정할 수 없다. 그렇다면 심판대상조항은 과잉금지원칙을 위반하여 세무사 자격 보유 변호사의 직업선택의 자유를 침해하므로 헌법에 위반된다(헌재 2018.4.26. 2015헌가19).

③ (○) 심판대상조항은 청원경찰이 저지른 범죄의 종류나 내용을 불문하고 금고 이상의 형의 선고유예를 받게 되면 당연히 퇴직되도록 규정함으로써 청원경찰에게 공무원보다 더 가혹한 제재를 가하고 있으므로, 침해의 최소성 원칙에 위배된다. 심판대상조항은 청원경찰이 저지른 범죄의 종류나 내용을 불문하고 범죄행위로 금고 이상의 형의 선고유예를 받게 되면 당연히 퇴직되도록 규정함으로써 그것이 달성하려는 공익의 비중에도 불구하고 청원경찰의 직업의 자유를 과도하게 제한하고 있어 법익의 균형성 원칙에도 위배된다. 따라서 심판대상조항은 과잉금지원칙에 반하여 직업의 자유를 침해한다(헌재 2018.1.25. 2017헌가26).

④ (○) 사건 법률조항은 아동학대관련범죄전력만으로 그가 장래에 동일한 유형의 범죄를 다시 저지를 것을 당연시하고, 형의 집행이 종료된 때부터 10년이 경과하기 전에는 결코 재범의 위험성이 소멸하지 않는다고 보며, 각 행위의 죄질에 따른 상이한 제재의 필요성을 간과함으로써, 아동학대관련범죄전력자 중 재범의 위험성이 없는 자, 아동학대관련범죄전력이 있지만 10년의 기간 안에 재범의 위험성이 해소될 수 있는 자, 범행의 정도가 가볍고 재범의 위험성이 상대적으로 크지 않은 자에게까지 10년 동안 일률적인 취업제한을 부과하고 있는데, 이는 침해의 최소성 원칙과 법익의 균형성 원칙에 위배된다. 따라서 이 사건 법률조항은 청구인들의 직업선택의 자유를 침해한다(헌재 2018.6.28. 2017헌마130).

[2018년 국가 7급] ①

직업의 자유에 대한 제한의 사례 중 헌법재판소가 합헌으로 판단한 것은? (다툼이 있는 경우 헌법재판소 판례에 의함)

① 샘플 화장품을 판매 금지하고 그 위반자에 대해서 형사처벌을 규정한 것
② 지적측량업무를 비영리법인에만 대행할 수 있도록 하는 것
③ 유치원 주변 학교정화구역 안에서 당구장 설치를 금지하는 것
④ 「마약류 관리에 관한 법률」을 위반하여 금고 이상의 실형을 선고받고, 그 집행이 끝나거나 면제되는 날부터 20년이 지나지 않은 것을 택시운송사업의 운전업무 종사자격의 결격사유 및 취소사유로 정한 것
⑤ 성인 대상 성범죄로 형을 선고받아 확정된 자를 그 형의 집행이 종료한 날로부터 10년 동안 아동·청소년 관련 교육기관 등을 운영하거나 위 기관에 취업할 수 없도록 한 것

① (○) 심판대상조항은 일반적으로 화장품 판매 영업을 제한하는 것이 아니라, 처음부터 판매하지 않을 목적으로 제조 또는 수입된 화장품에 대한 판매만을 금지할 뿐이고, 그 수범자도 '소비자에게 화장품을 판매하는 자'로 한정하고 있다. 심판대상조항과 상관없이, 샘플 화장품을 본래 목적인 마케팅 수단으로 무상 제공하는 것은 얼마든지 가능하다. 따라서 심판대상조항은 과잉금지원칙을 위반하여 직업수행의 자유를 침해하지 아니하고, 책임과 형벌 간 비례원칙에도 위배되지 아니한다(헌재 2017.5.25. 2016헌바408).
② (×) 사건 법률조항은 초벌측량을 대행하려면 비영리법인을 설립하도록 강제하고 있는바, 그러한 요건은 그 비영리법인의 주된 목적사업인 지적측량이란 결국 지적법 제50조 제1항에 따라 토지소유자로부터 지적측량수수료를 직접 납부받는 초벌측량을 뜻하는 바 초벌측량은 지적측량수수료를 대가로 한 수익사업이므로 비영리법인이 추구할 목적사업 자체가 될 수 없다는 의미에서 측량성과의 정확성을 확보한다는 입법목적 달성과는 무관한 수단으로 보이고, 나아가 그 입법목적에 비추어 볼 때 직업선택의 자유를 제한당하는 청구인 등 지적기술자의 기본권과의 법익의 균형성도 현저하게 상실하고 있으므로, 과잉금지의 원칙에 위배되는 위헌적인 법률이다(헌재 2002.5.30. 2000헌마81).
③ (×) 유치원 주변에 당구장시설을 허용한다고 하여도 이로 인하여 유치원생이 학습을 소홀히 하거나 교육적으로 나쁜 영향을 받을 위험성이 있다고 보기 어려우므로, 유치원 및 이와 유사한 교육기관의 학교환경위생정화구역 안에서 당구장시설을 하지 못하도록 기본권을 제한하는 것은 입법목적의 달성을 위하여 필요하고도 적절한 방법이라고 할 수 없어 역시 기본권제한의 한계를 벗어난 것이다(헌재 1997.3.27. 94헌마196).
④ (×) 일정한 자격제도의 일부를 형성하고 있는 법령에서 결격사유 또는 취소사유의 적용기간을 얼마로 할 것인지에 대해서는 기본적으로 입법자의 입법재량이 인정되는 부분임을 감안하더라도, 20년이라는 기간은 좁게는 여객자동차운송사업과 관련된 결격사유 또는 취소사유를 규정하는 법률에서, 넓게는 기타 자격증 관련 직업의 결격사유 또는 취소사유를 규율하는 법률에서도 쉽게 찾아보기 어려운 긴 기간으로, 택시운송사업 운전업무 종사자의 일반적인 취업 연령이나 취업 실태에 비추어볼 때 실질적으로 해당 직업의 진입 자체를 거의 영구적으로 막는 것에 가까운 효과를 나타내며, 타 운송수단 대비 택시의 특수성을 고려하더라도 지나치게 긴 기간이라 할 수 있다. 따라서 심판대상조항은 청구인들의 직업선택의 자유를 침해한다(헌재 2015.12.23. 2014헌바446).
⑤ (×) 사건 취업제한 조항은 아동·청소년대상 성범죄 전력에 기초하여 어떠한 예외도 없이 그 대상자가 재범의 위험성이 있다고 간주하여 일률적으로 아동·청소년 관련 기관 등의 취업 등을 10년간 금지하고 있는 점, 이 사건 취업제한 조항이 범죄행위의 유형이나 구체적 태양 등을 고려하지 않은 채 범행의 정도가 가볍고 재범의 위험성이 상대적으로 크지 않은 자에게까지 10년 동안 일률적인 취업제한을 부과하고 있는 점 등을 종합하면, 이 사건 취업제한 조항은 침해의 최소성 원칙에 위배된다. 따라서 이 사건 취업제한 조항은 청구인의 직업선택의 자유를 침해한다(헌재 2016.4.28. 2015헌마98). [2018년 국회 5급] ①

직업의 자유에 대한 설명으로 옳은 것은? (다툼이 있는 경우 판례에 의함)

① 택시운전자격을 취득한 사람이 강제추행 등 성범죄를 범하여 금고 이상의 형의 집행유예를 선고받은 경우 그 자격을 취소하도록 규정한 「여객자동차 운수사업법」 관련 조항은 과잉금지원칙에 위배되어 직업의 자유를 침해한다.

② 세무사 자격 보유 변호사로 하여금 세무사로서 세무사의 업무를 할 수 없도록 규정한 「세무사법」 관련 조항은 세무사 자격 보유 변호사의 직업선택의 자유를 침해하지 않는다.

③ 청원경찰이 금고 이상의 형의 선고유예를 받은 경우 당연 퇴직되도록 규정한 「청원경찰법」 관련 조항은 청원경찰이 저지른 범죄의 종류나 내용에 따른 적절한 제재로서 청원경찰의 직업의 자유를 침해하는 것이 아니다.

④ 사람을 사상한 후 필요한 조치 및 신고를 하지 아니하여 벌금 이상의 형을 선고 받고 운전면허가 취소된 사람은 운전면허가 취소된 날부터 4년간 운전면허를 받을 수 없도록 하는 「도로교통법」 관련 조항은 운전자의 직업의 자유 및 일반적 행동의 자유를 침해하는 것이다.

⑤ 성적 목적 공공장소 침입죄로 형을 선고받아 확정된 사람은 그 형의 집행을 종료한 날부터 10년 동안 의료기관을 제외한 아동·청소년 관련 기관 등을 운영하거나 위 기관에 취업할 수 없도록 한 「아동·청소년의 성보호에 관한 법률」 관련 조항은 성적목적공공장소침입죄 전과자의 직업선택의 자유를 침해하는 것이다.

① (×) 택시를 이용하는 국민을 성범죄 등으로부터 보호하고, 여객운송서비스 이용에 대한 불안감을 해소하며, 도로교통에 관한 공공의 안전을 확보하려는 심판대상조항의 입법목적은 정당하고, 또한 해당 범죄를 범한 택시운송사업자의 운전자격의 필요적 취소라는 수단의 적합성도 인정된다. 운전자격이 취소되더라도 집행유예기간이 경과하면 다시 운전자격을 취득할 수 있으므로 운수종사자가 받는 불이익은 제한적인 반면, 심판대상조항으로 달성되는 입법목적은 매우 중요하므로, 법익의 균형성 요건도 충족한다. 따라서 심판대상조항은 과잉금지원칙에 위배되지 않는다(헌재 2018.5.31. 2016헌바14).

② (×) 세무사 자격 보유 변호사는 법률에 의해 세무사의 자격을 부여받은 이상 그 자격에 따른 업무를 수행할 자유를 회복한 것이고, 세무사의 업무 중 세법 및 관련 법령에 대한 해석·적용이 필요한 업무에 대한 전문성과 능력이 인정됨에도 불구하고, 심판대상조항이 세무사 자격 보유 변호사에 대하여 세무사로서의 세무대리를 일체 할 수 없도록 전면 금지하는 것은 세무사 자격 부여의 의미를 상실시키는 것일 뿐만 아니라, 세무사 자격에 기한 직업선택의 자유를 지나치게 제한하는 것이다. 그렇다면 심판대상조항은 과잉금지원칙을 위반하여 세무사 자격 보유 변호사의 직업선택의 자유를 침해하므로 헌법에 위반된다(헌재 2018.4.26. 2015헌가19).

③ (×) 심판대상조항은 청원경찰이 저지른 범죄의 종류나 내용을 불문하고 범죄행위로 금고 이상의 형의 선고유예를 받게 되면 당연히 퇴직되도록 규정함으로써 그것이 달성하려는 공익의 비중에도 불구하고 청원경찰의 직업의 자유를 과도하게 제한하고 있어 법익의 균형성 원칙에도 위배된다. 따라서 심판대상조항은 과잉금지원칙에 반하여 직업의 자유를 침해한다(헌재 2018.1.25. 2017헌가26).

④ (×) 국민의 생명·신체를 보호하고 도로교통에 관련된 공공의 안전을 확보함과 동시에 4년의 운전면허 결격기간이라는 엄격한 제재를 통하여 교통사고 발생 시 구호조치의무 및 신고의무를 이행하도록 하는 예방적 효과를 달성하고자 하는 데 그 입법목적을 가지고 있다. 이러한 입법목적은 정당하고, 그 수단의 적합성 또한 인정된다. 따라서 심판대상조항은 직업의 자유 및 일반적 행동의 자유를 침해하지 않는다(헌재 2017.12.28. 2016헌바254).

⑤ (○) 범죄 전력자 중 재범의 위험성이 없는 자, 범죄 전력이 있지만 10년의 기간 안에 재범의 위험성이 해소될 수 있는 자, 범행의 정도가 가볍고 재범의 위헌성이 상대적으로 크지 않은 자에게까지 10년 동안 일률적인 취업제한을 하고 있는 것은 침해의 최소성 원칙과 법익의

균형성 원칙에 위배된다. 따라서 취업제한조항은 청구인의 직업선택의 자유를 침해한다(헌재 2016.10.27. 2014헌마709).

[2018년 국회 9급] ⑤

직업의 자유에 관한 다음 설명 중 가장 옳지 않은 것은?

① 약사 또는 한약사가 아니면 약국을 개설할 수 없다고 규정한 약사법은 법인을 구성하여 약국을 개설·운영하려고 하는 약사들 및 이들 약사들로 구성된 법인의 직업선택의 자유를 침해한 것이다.

② 성인 대상 성범죄로 형을 선고받아 확정된 자에게 그 형의 집행을 종료한 날부터 10년 동안 의료기관을 개설하거나 의료기관에 취업할 수 없도록 한 아동·청소년의 성보호에 관한 법률은 직업선택의 자유를 침해한다.

③ 보건복지부장관이 치과전문의자격시험제도를 실시할 수 있도록 시행규칙을 마련하지 아니한 행정입법 부작위는 전공의수련과정을 마친 청구인들의 직업의 자유를 침해한 것이다.

④ 운전면허를 받은 사람이 자동차 등을 이용하여 살인 또는 강간 등의 범죄행위를 한 때 필요적으로 운전면허를 취소하도록 규정한 도로교통법은 직업의 자유를 침해한 것이다.

⑤ 유치원 주변 학교환경위생 정화구역에서 성 관련 청소년유해물건을 제작·생산·유통하는 청소년유해업소를 예외 없이 금지하는 학교보건법은 직업의 자유를 침해한 것이다.

① (○) 정당한 이유 없이 본래 약국개설권이 있는 약사들만으로 구성된 법인에게도 약국개설을 금지하는 것은 입법목적을 달성하기 위하여 필요하고 적정한 방법이 아니고, 입법형성권의 범위를 넘어 과도한 제한을 가하는 것으로서, 법인을 구성하여 약국을 개설·운영하려고 하는 약사들 및 이들로 구성된 법인의 직업선택(직업수행)의 자유의 본질적 내용을 침해하는 것이고, 동시에 약사들이 약국경영을 위한 법인을 설립하고 운영하는 것에 관한 결사의 자유를 침해하는 것이다(헌재 2002.9.19. 2000헌바84).

② (○) 성범죄 전력자 중 재범의 위험성이 없는 자, 성범죄 전력이 있지만 10년의 기간 안에 재범의 위험성이 해소될 수 있는 자, 범행의 정도가 가볍고 재범의 위험성이 상대적으로 크지 않은 자에게까지 10년 동안 일률적인 취업제한을 부과하고 있는 것은 침해의 최소성 원칙과 법익의 균형성 원칙에 위배된다. 따라서 이 사건 법률조항은 청구인들의 직업선택의 자유를 침해한다(헌재 2016.3.31. 2013헌마585).

③ (○) 현행 의료법과 위 규정에 의하면 치과전문의의 전문과목은 10개로 세분화되어 있고, 일반치과의까지 포함하면 11가지의 치과의가 존재할 수 있는데도 이를 시행하기 위한 시행규칙의 미비로 청구인들은 일반치과의로서 존재할 수밖에 없는 실정이다. 따라서 이로 말미암아 청구인들은 직업으로서 치과전문의를 선택하고 이를 수행할 자유(직업의 자유)를 침해당하고 있다(헌재 1998.7.16. 96헌마246).

④ (○) 심판대상조항은 운전을 생업으로 하는 자에 대하여는 생계에 지장을 초래할 만큼 중대한 직업의 자유의 제약을 초래하고, 운전을 업으로 하지 않는 자에 대하여도 일상생활에 심대한 불편을 초래하여 일반적 행동의 자유를 제약하므로 법익의 균형성 원칙에도 위배된다. 따라서 심판대상조항은 직업의 자유 및 일반적 행동의 자유를 침해한다(헌재 2015.5.28. 2013헌가6).

⑤ (×) 사건 법률조항들은 유치원 주변 및 아직 유아 단계인 청소년을 유해한 환경으로부터 보호하고 이들의 건전한 성장을 돕기 위한 것으로 그 입법목적이 정당하고, 이를 위해서 유치원 주변의 일정 구역 안에서 해당 업소를 절대적으로 금지하는 것은 그러한 유해성으로부터 청소년을 격리하기 위하여 필요·적절한 방법이며, 그 범위가 유치원 부근 200미터 이내에서 금지되는 것에 불과하므로, 청구인들의 직업의 자유를 침해하지 아니한다(헌재 2013.6.27. 2011헌바8).

[2018년 법무사] ⑤

직업의 자유에 대한 설명으로 옳지 않은 것은? (다툼이 있는 경우 헌법재판소의 판례에 의함)

① 20년 이상 관세행정 분야에서 근무한 자에게 일정한 절차를 거쳐 관세사자격을 부여한 구 「관세사법」 규정은 헌법에 위반되지 않는다.

② 복수면허 의료인들에게 단수면허 의료인과 같이 하나의 의료기관만을 개설할 수 있다고 한 법률조항은 '다른 것을 같게' 대우하는 것으로 합리적인 이유를 찾기 어렵다.

③ 성적목적공공장소침입죄로 형을 선고받아 확정된 자로 하여금 그 형의 집행을 종료한 날부터 10년 동안 의료기관을 제외한 아동·청소년 관련 기관 등을 개설하거나 그에 취업할 수 없도록 하는 것은 직업선택의 자유를 침해한다.

④ 초등학교, 중학교, 고등학교의 학교환경위생정화구역 내에서의 당구장 시설을 제한하면서 예외적으로 학습과 학교보건위생에 나쁜 영향을 주지 않는다고 인정하는 경우에 한하여 당구장 시설을 허용하도록 하는 것은 과도하게 직업의 자유를 침해한다.

⑤ 「마약류 관리에 관한 법률」을 위반하여 금고 이상의 실형을 선고받고 그 집행이 끝나거나 면제된 낭부터 20년이 지나지 아니한 것을 택시운송사업의 운전업무 종사자격의 결격사유 및 취소사유로 정한 구 「여객자동차운수사업법」 조항은 직업선택의 자유를 침해한다.

① (○) 관세자격을 부여함에 있어 공개경쟁시험제도를 통한 자격부여 이외에 20년 이상을 관세행정분야에서 근무한 자라면 관세사로서의 직무수행을 위한 전문지식이 있다고 보아 위와 같은 특별전형제도도 아울러 택한 입법자의 정책적 판단은 입법목적의 정당성과 수단의 합리성이 인정되므로 전문분야 자격제도에 대한 입법형성권의 범위를 넘는 명백히 불합리한 것이라고 볼 수 없다(헌재 2001.1.18. 2000헌마364).

② (○) 복수면허 의료인이든, 단수면허 의료인이든 '하나의' 의료기관만을 개설할 수 있다는 점에서는 '같은' 대우를 받는다. 그런데 복수면허 의료인인 의과 대학과 한의과 대학을 각각 졸업하고, 의사와 한의사 자격 국가고시에 모두 합격하였다. 따라서 단수면허 의료인에 비하여 양방 및 한방의 의료행위에 대하여 상대적으로 지식 및 능력이 뛰어나거나, 그가 행하는 양방 및 한방의 의료행위의 내용과 그것이 인체에 미치는 영향 등에 대하여도 상대적으로 더 유용한 지식과 정보를 취득하고 이를 분석하여 적절하게 대처할 수 있다고 평가될 수 있다. 복수면허 의료인들에게 단수면허 의료인과 같이 하나의 의료기관만을 개설할 수 있다고 한 이 사건 법률조항은 '다른 것을 같게' 대우하는 것으로 합리적인 이유를 찾기 어렵다(헌재 2007.12.27. 2004헌마1021).

③ (○) 범죄 전력자 중 재범의 위험성이 없는 자, 범죄 전력이 있지만 10년의 기간 안에 재범의 위험성이 해소될 수 있는 자, 범행의 정도가 가볍고 재범의 위험성이 상대적으로 크지 않은 자에게까지 10년 동안 일률적인 취업제한을 하고 있는 것은 침해의 최소성 원칙과 법익의 균형성 원칙에 위배된다. 따라서 취업제한조항은 청구인의 직업선택의 자유를 침해한다(헌재 2016.10.27. 2014헌마709).

④ (×) 각 학교 경계선으로부터 200미터 이내에 설정되는 학교환경위생정화구역내에서의 당구장시설을 제한하면서 예외적으로 학습과 학교보건위생에 나쁜 영향을 주지 않는다고 인정하는 경우에 한하여 당구장시설을 허용하도록 하는 것은 기본권제한의 입법목적, 기본권제한의 정도, 입법목적 달성의 효과 등에 비추어 필요한 정도를 넘어 과도하게 직업(행사)의 자유를 침해하는 것이라 할 수 없다(헌재 1997.3.27. 94헌마196).

⑤ (○) 심판대상조항은 구체적 사안의 개별성과 특수성을 고려할 수 있는 여지를 일체 배제하고 그 위법의 정도나 비난 가능성의 정도가 미약한 경우까지도 획일적으로 20년이라는 장기간 동안 택시운송사업의 운전업무 종사자격을 제한하는 것이므로 침해의 최소성 원칙에 위배되며, 법익의 균형성 원칙에도 반한다. 따라서 심판대상조항은 청구인들의 직업선택의 자유를 침해한다(헌재 2015.12.23. 2014헌바446).

[2017년 국회 8급] ④

직업의 자유에 대한 설명으로 옳은 것은? (다툼이 있는 경우 헌법재판소 판례에 의함)

① 운전면허를 받은 사람이 다른 사람의 자동차를 훔친 경우 운전면허를 필요적으로 취소하게 하는 것은, 자동차 운행과정에서 야기될 수 있는 교통상 위험과 장해를 방지함으로써 안전하고 원활한 교통을 확보하기 위한 것으로서, 자동차 절도라는 불법의 정도에 상응하는 제재수단에 해당하여 직업의 자유를 침해하지 않는다.

② 허위로 진료비를 청구해서 환자나 진료비 지급기관 등을 속여 사기죄로 금고 이상 형을 선고받고 그 형의 집행이 종료되지 아니하였거나 집행을 받지 않기로 확정되지 않은 의료인에 대하여 필요적으로 면허를 취소하도록 하는 것은, 의료인이 의료관련범죄로 인하여 형사처벌을 받는 경우 당해 의료인에 대한 국민의 신뢰가 손상될 수 있는 것을 방지하기 위한 것이지만, 의료인의 불법의 정도에 상응하는 제재수단을 선택할 수 있도록 임의로 면허취소 내지 면허정지를 규정해도 충분히 목적달성이 가능하므로, 과도하게 의료인의 직업의 자유를 침해하는 것이다.

③ 「마약류 관리에 관한 법률」을 위반하여 금고 이상의 실형을 선고받고, 그 집행이 끝나거나 면제된 날부터 20년이 지나지 않은 것을 택시운송사업의 종사자격의 결격사유 및 취소사유로 정하는 것은, 국민의 생명, 신체, 재산을 보호하고 시민들의 택시이용에 대한 불안감을 해소하며 도로교통에 관한 공공안전을 확보하기 위한 것으로서, 택시의 특수성을 고려하면 장기간 동안 택시운송사업의 종사자격을 제한하는 것은 직업의 자유를 침해하지 아니한다.

④ 법인의 임원이 「학원의 설립·운영 및 과외교습에 관한 법률」을 위반하여 벌금형을 선고받은 경우 법인에 대한 학원설립·운영 등록이 효력을 잃도록 한 법률규정은, 학원을 설립하고 운영하는 법인에게 지나치게 과중한 부담을 지우고 있고, 이로 인하여 법인의 등록이 실효되면 해당 임원이 더 이상 임원직을 수행할 수 없게 될 뿐만이 아니라, 갑작스러운 수업의 중단으로 학습자 역시 불측의 피해를 입을 수밖에 없게 되어 학원법인의 직업수행의 자유를 침해한다.

① (×) 자동차 등을 훔친 범죄행위에 대한 행정적 제재를 강화하더라도 불법의 정도에 상응하는 제재수단을 선택할 수 있도록 임의적 운전면허 취소 또는 정지사유로 규정하여도 충분히 그 목적을 달성하는 것이 가능함에도, 심판대상조항은 필요적으로 운전면허를 취소하도록 하여 구체적 사안의 개별성과 특수성을 고려할 수 있는 여지를 일절 배제하고 있다. 그러므로 심판대상조항은 직업의 자유 내지 일반적 행동의 자유를 침해한다(헌재 2017.5.25. 2016헌가6).

② (×) 형법 제347조(허위로 진료비를 청구하여 환자나 진료비를 지급하는 기관이나 단체를 속인 경우만을 말한다) 위반행위로 금고 이상의 형까지 받은 의료인의 면허를 필요적으로 취소하지 아니하고 그대로 유지하도록 둘 경우 의료인에 대한 공공의 신뢰확보라는 공익이 침해될 위험이 클 것임은 위 2005헌바50 결정 및 2012헌바102 결정과 달리 볼 이유가 없다. 이 사건 면허취소조항은 과잉금지원칙에 위배되어 의료인의 직업의 자유를 침해한다고 볼 수 없다(헌재 2017.6.29. 2016헌바394).

③ (×) 반사회적 중범죄의 하나인 '마약류 관리에 관한 법률'을 위반한 자가 택시운송사업의 운전업무에 종사하는 것을 일정기간 동안 금지하여 국민의 생명, 신체, 재산을 보호하고 시민들의 택시이용에 대한 불안감을 해소하며, 도로교통에 관한 공공의 안전을 확보하고자 하는 입법목적은 정당하며, 심판대상조항은 구체적 사안의 개별성과 특수성을 고려할 수 있는 여지를 일체 배제하고 그 위법의 정도나 비난가능성의 정도가 미약한 경우까지도 획일적으로 20년이라는 장기간 동안 택시운송사업의 운전업무 종사자격을 제한하는 것이므로 침해의

최소성 원칙에 위배되며, 법익의 균형성 원칙에도 반한다. 따라서 심판대상조항은 청구인들의 직업선택의 자유를 침해한다(헌재 2015.12.23. 2014헌바446).

④ (○) 사건 등록실효조항은 법인의 임원이 학원법을 위반하여 벌금형을 선고받으면 일률적으로 법인의 등록을 실효시키고 있고, 법인으로서는 대표자인 임원이건 그렇지 아니한 임원이건 모든 임원 개개인의 학원법위반범죄와 형사처벌 여부를 항시 감독하여야만 등록의 실효를 면할 수 있게 되므로 학원을 설립하고 운영하는 법인에게 지나치게 과중한 부담을 지우고 있다. 또한 이로 인하여 법인의 등록이 실효되면 해당 임원이 더 이상 임원직을 수행할 수 없게 될 뿐 아니라, 학원법인 소속 근로자는 모두 생계의 위협을 받을 수 있으며, 갑작스러운 수업의 중단으로 학습자 역시 불측의 피해를 입을 수밖에 없으므로 이 사건 등록실효조항은 학원법인의 직업수행의 자유를 침해한다(헌재 2015.5.28. 2012헌마653). [2017년 국가 7급] ④

직업의 자유에 대한 설명으로 옳지 않은 것은? (다툼이 있는 경우 판례에 의함)

① 치과의사의 치과전문의 자격 인정 요건으로 '외국의 의료기관에서 치과의사전문의 과정을 이수한 사람'을 포함하지 아니한 '치과의사전문의의 수련 및 자격 인정 등에 관한 규정'은 직업수행의 자유를 침해한다.

② 의사 및 한의사의 복수면허 의료인이라고 하더라도 양방 또는 한방 중 그 선택에 따라 어느 '하나의' 의료기관 이외에 다른 의료기관의 개설을 금지하는 것은 직업선택의 자유를 침해한다.

③ 전문과목을 표시한 치과의원은 그 표시한 전문과목에 해당하는 환자만을 진료하여야 한다고 규정한 「의료법」 규정은 직업수행의 자유를 침해한다.

④ 입원환자에 대하여 의약분업의 예외를 인정하면서도 의사로 하여금 조제를 직접 담당하도록 한 것은 직업수행의 자유를 침해한다.

① (○) 외국의 의료기관에서 치과전문의 과정을 이수한 사람에 대해 그 외국의 치과전문의 과정에 대한 인정절차를 거치거나, 치과전문의 자격시험에 앞서 예비시험제도를 두는 등 직업의 자유를 덜 제한하는 방법으로도 입법목적을 달성할 수 있고, 이미 국내에서 치과의사면허를 취득하고 외국의 의료기관에서 치과전문의 과정을 이수한 사람들에게 다시 국내에서 전문의 과정을 다시 이수할 것을 요구하는 것은 지나친 부담을 지우는 것이므로, 심판대상조항은 침해의 최소성원칙에 위배되고 법익의 균형성도 충족하지 못한다. 따라서 심판대상조항은 과잉금지원칙에 위배되어 청구인들의 직업수행의 자유를 침해한다(헌재 2015.9.24. 2013헌마197).

② (○) 환자가 양방과 한방 의료기관에서 순차적, 교차적으로 의료서비스를 받는 경우가 금지되지 않는 현실에서 복수면허 의료인은 양방 및 한방 의료행위 양쪽에 대하여 상대적으로 지식이 많거나 능력이 뛰어나고, 그가 행하는 양방 및 한방 의료행위의 내용과 그것이 인체에 미치는 영향 등에 대하여 더 유용한 정보를 취득하고 이를 분석하여 적절하게 대처할 수 있다고 평가될 수 있다. 양방 및 한방 의료행위가 중첩될 경우 인체에 미치는 영향에 대한 과학적 검증이 없다는 점을 고려한다 하여도 위험영역을 한정하여 규제를 하면 족한 것이지 진단 등과 같이 위험이 없는 영역까지 전면적으로 금지하는 것은 지나치다. 결국 이 사건 법률조항은 복수면허 의료인에게 양방이든 한방이든 하나의 의료기관만을 개설하도록 하는 규범으로 작용한다는 점에서 과잉금지원칙에 반하여 청구인들의 직업의 자유를 침해한다(헌재 2007.12.27. 2004헌마1021).

③ (○) 심판대상조항이 달성하고자 하는 적정한 치과 의료전달체계의 정립 및 치과전문의의 특정 전문과목에의 편중 방지라는 공익은 중요하나, 심판대상조항으로 그러한 공익이 얼마나 달성될 수 있을 것인지 의문인 반면, 치과의원의 치과전문의가 표시한 전문과목 이외의 영역에서 치과일반의로서의 진료도 전혀 하지 못하는 데서 오는 사적인 불이익은 매우 크므로, 심판대상조항은 과잉금지원칙에 위배되어 청구인들의 직업수행의 자유를 침해한다(헌재 2015.5.28. 2013헌마799).

④ (×) 사건 법률조항에서 의약분업의 예외를 인정한 취지를 살리면서도 약사 이외의 사람이 조제를 담당하여 발생할 수 있는 약화사고 등을 방지하기 위해서는, 의과대학에서 기초의학부터 시작하여 체계적으로 의학을 공부하고 상당기간 임상실습을 한 후 국가의 검증을 거친 의사로 하여금 조제를 직접 담당하도록 하는 것이 타당하고, 의사가 손수 의약품을 조제한 것에 준한다고 볼 수 있는 정도의 지휘·감독이 이루어진 경우에는 간호사의 보조를 받아 의약품을 조제하는 것이 허용되는 점 등을 감안하면 침해 최소성 원칙에 반한다고 볼 수 없으며, 이 사건 법률조항을 통하여 달성하고자 하는 국민보건의 향상과 약화사고의 방지라는 공익은 의약품 조제가 인정되는 가운데 의사가 받게 되는 조제방식의 제한이라는 사익에 비하여 현저히 커 법익균형성도 충족되므로, 이 사건 법률조항은 직업수행의 자유를 침해하지 아니한다(헌재 2015.7.30. 2013헌바422). [2017년 지방 7급] ④

직업의 자유에 대한 설명으로 옳은 것을 〈보기〉에서 모두 고르면? (다툼이 있는 경우 헌법재판소 판례에 의함)

> ㄱ. 청원경찰이 법원에서 금고 이상의 형의 선고유예를 받은 경우 당연퇴직하도록 규정한 조항은 청원경찰의 직업의 자유를 침해한다.
> ㄴ. 청원경찰이 법원에서 자격정지의 형을 선고받은 경우 「국가공무원법」을 준용하여 당연 퇴직하도록 한 조항은 청원경찰의 직업의 자유를 침해한다.
> ㄷ. 변호사가 변호사 업무수행을 하던 중 변리사 등록을 한 경우 대한변리사회에 의무적으로 가입하게 하는 조항은 변호사의 직업수행의 자유를 침해한다.
> ㄹ. 변호사가 변리사 업무를 수행하는 경우 변리사 연수교육을 받을 의무를 부과하는 조항은 변호사의 직업수행의 자유를 침해하지 않는다.
> ㅁ. 의료기기 수입업자가 의료기관 개설자에게 리베이트를 제공하는 경우를 처벌하는 조항은 의료기기 수입업자의 직업의 자유를 침해한다.
> ㅂ. 품목허가를 받지 아니한 의료기기를 수리·판매·임대·수여 또는 사용의 목적으로 수입한 자를 처벌하는 조항은 의료기기 수입업자의 직업수행의 자유를 침해하지 않는다.

① ㄱ, ㄹ, ㅁ ② ㄱ, ㄹ, ㅂ ③ ㄴ, ㄷ, ㅁ
④ ㄴ, ㄷ, ㅂ ⑤ ㄴ, ㄹ, ㅁ

ㄱ. (○) 심판대상조항은 청원경찰이 저지른 범죄의 종류나 내용을 불문하고 금고 이상의 형의 선고유예를 받게 되면 당연히 퇴직하도록 규정함으로써 청원경찰에게 공무원보다 더 가혹한 제재를 가하고 있으므로, 침해 최소성 원칙에 위배된다. 따라서 심판대상조항은 과잉금지원칙에 반하여 직업의 자유를 침해한다(헌재 2018.1.25. 2017헌가26).

ㄴ. (×) 사건 법률조항은 자격정지의 형을 선고받은 자를 청원경찰직에서 당연퇴직시킴으로써 청원경찰의 사회적 책임 및 청원경찰직에 대한 국민의 신뢰를 제고하고, 청원경찰로서의 성실하고 공정한 직무수행을 담보하기 위한 법적 조치이므로, 그 입법목적의 정당성이 인정되고, 따라서 이 사건 법률조항은 과잉금지원칙을 위반하여 청구인의 직업의 자유를 침해하지 아니한다(헌재 2011.10.25. 2011헌마85).

ㄷ. (×) 사건 가입조항은 변리사의 변리사회 의무가입을 통하여 변리사회의 대표성과 법적 지위를 강화함으로써 변리사회가 무료 변리 등의 공익사업, 산업재산권 및 변리사 제도·정책에 대한 연구·조사사업, 산업재산권에 관한 국제협력 및 교류 사업을 원활하게 수행할 수 있도록 하고 산업재산권에 대한 민관공조체제를 강화하여 궁극적으로 산업재산권 제도 및 관련 산업의 발전을 도모하기 위한 것으로, 그 입법목적의 정당성이 인정된다. 이 사건 가입조항은 청구인의 소극적 결사의 자유 및 직업수행의 자유를 침해하지 않는다(헌재 2017.12.28. 2015헌마1000).

ㄹ. (○) 사건 연수조항은 변리사에게 연수교육을 받을 의무를 부과함으로써 변리사의 전문성과 윤리의식을 높이고 산업재산권 및 그 권리자를 보호하여 관련 산업의 발전을 도모하기 위한 것이다. 이 사건 연수조항은 청구인의 직업수행의 자유를 침해하지 않는다(헌재 2017.12.28. 2015헌마1000).

ㅁ. (×) 사건 법률조항은 리베이트를 금지함으로써 의료기기 가격이 인상되고 환자에게 그 비용이 부당하게 전가되는 것을 방지하고, 의료서비스의 질을 높여 국가의 보호를 받는 국민 보건에 기여하는 한편, 보건의료시장에서 공정하고 자유로운 경쟁을 확보하여 의료기기 유통질서를 투명화하기 위한 것이므로 목적의 정당성이 인정되고, 과잉금지원칙에 위배되어 직업의 자유를 침해한다고 할 수 없다(헌재 2015.11.26. 2014헌바299).

ㅂ. (○) 심판대상조항은 의료기기의 효율적인 관리를 통하여 보건위생상의 위해요소를 사전에 차단함으로써 국민의 생명권과 건강권을 보호하고 국민의 보건에 관한 국가의 보호의무를 이행하기 위한 것으로 입법목적의 정당성이 인정되고, 따라서 심판대상조항은 과잉금지원칙에 위배되어 의료기기 수입업자의 직업수행의 자유를 침해하지 아니한다(헌재 2015.7.30. 2014헌바6). [2018년 국회 8급] ②

직업의 자유에 대한 설명으로 옳은 것을 〈보기〉에서 모두 고르면? (다툼이 있는 경우 헌법재판소 판례에 의함)

ㄱ. 변호사시험의 성적 공개를 금지하고 있는 「변호사시험법」 관련 조항은 변호사시험 합격자에 대하여 그 성적을 공개하지 않도록 규정하고 있을 뿐이고, 이러한 시험 성적의 비공개가 청구인들의 법조인으로서의 직역 선택이나 직업수행에 있어서 어떠한 제한을 두고 있는 것은 아니므로 청구인들의 직업선택의 자유를 제한하고 있다고 볼 수 없다.

ㄴ. 학원설립·운영자가 (구)「학원의 설립·운영 및 과외교습에 관한 법률」을 위반하여 벌금형을 선고받은 경우 등록의 효력을 잃도록 규정하고 있는 것은 당사자의 능력이나 자격과는 하등 관련이 없는 객관적 사유에 의한 직업선택의 자유에 대한 제한이다.

ㄷ. (구)「학원의 설립·운영 및 과외교습에 관한 법률」을 위반하여 벌금형을 선고받은 후 1년이 지나지 아니한 자는 학원설립·운영의 등록을 할 수 없도록 규정한 (구)「학원의 설립·운영 및 과외교습에 관한 법률」상의 등록결격조항은 각종 규율의 형해화를 막고 학습자를 보호하며 학원의 공적 기능을 유지하고자 하는 목적을 달성하기 위하여 필요한 것으로 과잉금지원칙에 위배되어 직업선택의 자유를 침해한다고 보기 어렵다.

ㄹ. 정원제를 사법시험의 합격자를 결정하는 방법은 개인이 주관적인 노력으로 획득할 수 있는 변호사로서의 자질과 능력을 검정하는 것이 아니라 변호사의 사회적 수급상황 등 객관적 사유에 의하여 직업선택의 자유를 제한하는 것이다.

ㅁ. 경비업을 경영하고 있는 자들이나 다른 업종을 경영하면서 새로이 경비업에 진출하고자 하는 자들로 하여금 경비업을 전문으로 하는 별개의 법인을 설립하지 않는 한 경비업과 그 밖의 업종을 겸영하지 못하도록 금지하는 것은 청구인들의 직업의 자유를 침해하는 것은 아니다.

① ㄱ, ㄷ ② ㄴ, ㄹ ③ ㄱ, ㄴ, ㄷ
④ ㄱ, ㄷ, ㅁ ⑤ ㄷ, ㄹ, ㅁ

ㄱ. (○) 심판대상조항은 변호사시험 합격자에 대하여 그 성적을 공개하지 않도록 규정하고 있을 뿐이고, 이러한 시험 성적의 비공개가 청구인들의 법조인으로서의 직역 선택이나 직업수행에 있어서 어떠한 제한을 두고 있는 것은 아니므로 심판대상조항이 청구인들의 직업선택의 자유를 제한하고 있다고 볼 수 없다(헌재 2015. 6. 25. 2011헌마769).

ㄴ. (×) 일정한 직업을 선택함에 있어 기본권 주체의 능력과 자질에 따른 제한으로서 이른바 '주관적 요건에 의한 좁은 의미의 직업선택의 자유의 제한'에 해당한다. 이와 같이 이 사건 효력상실조항은 입법목적의 정당성과 수단의 적합성은 인정되지만, 침해의 최소성과 법익의 균형성이 인정되지 않으므로 과잉금지의 원칙에 위배되어 학원설립·운영자인 청구인의 직업선택의 자유를 침해한다(헌재 2014.1.28. 2011헌바252).

ㄷ. (○) 사교육 비용이 점차 고액화함에 따라 학원법을 준수하지 아니하고 학원을 운영함으로써 높은 수익을 올릴 수 있는 데 반하여, 학원법을

위반하여 벌금형으로 처벌받은 후에도 즉시 다른 학원을 다시 설립·운영할 수 있다고 한다면, 학원법의 각종 규율은 형해화될 수밖에 없으며, 학습자를 보호하고 학원의 공적 기능을 유지하고자 하는 목적을 달성할 수 없으므로, 이 사건 등록결격조항은 과잉금지원칙에 위배되어 직업선택의 자유를 침해한다고 보기 어렵다(헌재 2015.5.28. 2012헌마653).

ㄹ. (×) 시험제도란 본질적으로 응시자의 자질과 능력을 측정하는 것이며, 합격자의 결정을 상대평가(정원제)와 절대평가 중 어느 것에 의할 것인지는 측정방법의 선택의 문제일 뿐이고, 이 사건 법률조항이 사법시험의 합격자를 결정하는 방법으로 정원제를 위한 이유는 상대평가라는 방식을 통하여 응시자의 자질과 능력을 검정하려는 것이므로 이는 객관적 사유가 아닌 주관적 사유에 의한 직업선택의 자유의 제한이다(헌재 2010.5.27. 2008헌바110).

ㅁ. (×) 사건 법률조항으로 달성하고자 하는 공익인 경비업체의 전문화, 경비원의 불법적인 노사분규 개입 방지 등은 그 실현 여부가 분명하지 않은데 반하여, 경비업자인 청구인들이나 새로이 경비업에 진출하고자 하는 자들이 짊어져야 할 직업의 자유에 대한 기본권침해의 강도는 지나치게 크다고 할 수 있으므로, 이 사건 법률조항은 보호하려는 공익과 기본권침해 간의 현저한 불균형으로 법익의 균형성을 잃고 있다. 이 사건 법률조항은 과잉금지원칙을 위배하여 청구인들의 직업의 자유를 침해하는 위헌의 법률이라고 보는 이상, 직업의 자유에 대한 제한의 반사적 효과이거나 직업의 자유의 침해 여부에 포섭하여 논의될 수 있는 재산권이나 평등권의 침해 여부에 대하여는 따로 판단하지 아니한다(헌재 2002.4.25. 2001헌마614). [2016년 국회 8급] ①

다음 사례에서 헌법재판소 결정으로 옳지 않은 것은?

> 甲은 21세 여성에 대해 2011. 12. 15. 준강제추행죄를 범하여 300만원의 벌금형이 2012. 12. 23. 확정된 후 공중보건의사로 임용되어 근무를 하고 있었다. 이후 甲의 근무지 관할 경찰서장은 甲과 관할 지방자치단체장에게 甲이 2012. 2. 1. 시행된 「아동·청소년의 성보호에 관한 법률」에 따라 형의 집행을 종료한 때로부터 10년간 의료기관 취업제한 대상자에 해당된다는 통보를 하였다. 이에 관할 지방자치단체장은 甲의 근무지를 비의료기관인 ○○소방안전본부로 변경하는 근무시설 변경조치를 하였다. 이에 甲은 위 법률이 '아동·청소년 대상 성범죄'뿐만 아니라 '성인대상 성범죄'를 범한 경우도 취업제한의 대상으로 규율하고 있는 것이 자신의 기본권을 침해한다고 주장하면서 헌법소원심판을 청구하였다.

① '성인 대상 성범죄'의 의미에 대해서는 「아동·청소년의 성보호에 관한 법률」에 규정되어 있지 않아, 甲의 범죄가 취업제한의 대상인 성범죄에 해당하는지가 불명확하여 명확성 원칙에 위배된다.

② 甲에 대한 취업제한은 형벌이 아니므로 헌법 제13조 제1항 전단의 형벌불소급원칙이 적용되지 않는다.

③ 甲이 의료기관에 취업할 수 없게 된 것은 일정한 직업을 선택함에 있어 기본권 주체의 능력과 자질에 따른 제한이므로 이른바 '주관적 요건에 의한 좁은 의미의 직업선택의 자유'에 대한 제한에 해당한다.

④ 재범의 위험성 여부를 불문하고 10년간 일률적으로 취업제한을 부과하는 것은 침해의 최소성과 법익의 균형성 원칙에 위반되어 甲의 직업선택의 자유를 침해한다.

① (×) 청소년성보호법에 이미 규정된 아동·청소년 대상 성범죄의 내용들을 살펴봄으로써 성인 대상 성범죄의 내용도 아동·청소년 대상 성범죄와 유사하게 규율될 것임을 어느 정도 예상할 수 있고, 성범죄를 예방하고 피해자를 보호한다는 측면에서 청소년성보호법과 긴밀한 법적 연관성이 있는 성폭력범죄의 처벌 등에 관한 특례법의 내용들도 성인 대상 성범죄의 내용을 파악하는 데에 도움이 된다. 이상의

내용을 종합하면 성인 대상 성범죄의 부분은 불명확하다고 볼 수 없어 헌법상 명확성원칙에 위배되지 않는다(헌재 2016.3.31. 2013헌마585).

② (○) 사건 부칙조항은 의료인의 취업제한제도가 시행된 후 형이 확정된 자부터 적용되도록 규정하였는데, 취업제한은 형벌이 아니므로 헌법 제13조 제1항 전단의 형벌불소급원칙이 적용되지 않는다(헌재 2016.3.31. 2013헌마585).

③ (○) 사건 법률조항에 의하여 형의 집행을 종료한 때부터 10년간 의료기관에 취업할 수 없게 되었는바, 이는 일정한 직업을 선택함에 있어 기본권 주체의 능력과 자질에 따른 제한이므로 이른바 주관적 요건에 좁은 의미의 직업선택의 자유에 대한 제한에 해당한다(헌재 2016.3.31. 2013헌마585).

④ (○) 사건 법률조항이 성범죄 전력만으로 그가 장래에 동일한 유형의 범죄를 다시 저지를 것을 당연시하고, 형의 집행이 종료된 때부터 10년이 경과하기 전에는 결코 재범의 위험성이 소멸되지 않는다고 보며, 각 행위의 죄질에 따른 상이한 제재의 필요성을 간과함으로써, 성범죄 전력자 중 재범의 위험성이 없는 자, 성범죄 전력이 있지만 10년의 기간 안에 재범의 위험성이 해소될 수 있는 자, 범행의 정도가 가볍고 재범의 위험성이 상대적으로 크지 않은 자에게까지 10년 동안 일률적인 취업제한을 부과하고 있는 것은 침해의 최소성 원칙과 법익의 균형성 원칙에 위배된다. 따라서 이 사건 법률조항은 청구인들의 직업선택의 자유를 침해한다(헌재 2016.3.31. 2013헌마585).

[2017년 지방 7급] ①

제7장 정치적 기본권

제1절 참정권 및 국민투표권

정치적 기본권에 관한 설명으로 옳고 그름의 표시(O, X)가 모두 바르게 된 것은? (다툼이 있는 경우 판례에 의함)

> ㉠ 「국가공무원 복무규정」 조항이 금지하는 정치적 주장을 표시 또는 상징하는 행위에서의 '정치적 주장'이란 정당 활동이나 선거와 직접적으로 관련되거나 특정 정당과의 밀접한 연계성을 인정할 수 있는 경우 등 정치적 중립성을 훼손할 가능성이 높은 주장에 한정된다고 해석되므로, 명확성원칙에 위배되지 아니한다.
> ㉡ 「국가공무원법」 제65조 제1항 중 '그 밖의 정치단체'에 관한 부분은 명확성원칙에 위배되어 공무원의 정치적 표현의 자유 및 결사의 자유를 침해한다.
> ㉢ 피성년후견인인 국가공무원은 당연퇴직한다고 규정한 「국가공무원법」 조항은 성년후견이 개시되지는 않았으나 동일한 정도의 정신적 장애가 발생한 국가공무원의 경우와 비교할 때 사익의 제한 정도가 과도하여 과잉금지원칙에 위반되므로 공무담임권을 침해한다.
> ㉣ 금고 이상의 선고유예를 받고 그 기간 중에 있는 자를 임용결격 사유로 삼고 위 사유에 해당하는 자가 임용되더라도 이를 당연무효로 하는 구 「국가공무원법」 조항은, 입법자의 재량을 일탈하여 공무담임권을 침해한 것이라고 볼 수 없다.

① ㉠(○), ㉡(○), ㉢(○), ㉣(○)　　② ㉠(○), ㉡(×), ㉢(○), ㉣(×)
③ ㉠(○), ㉡(×), ㉢(×), ㉣(○)　　④ ㉠(×), ㉡(○), ㉢(×), ㉣(○)

㉠ (O) 정치적 주장을 표시 또는 상징하는 행위에서의 정치적 주장이란, 정당활동이나 선거와 직접적으로 관련되거나 특정 정당과의 밀접한 연계성을 인정할 수 있는 경우 등 공무원의 정치적 중립성을 훼손할 가능성이 높은 주장에 한정된다고 해석되므로, 명확성원칙에 위배되지 아니한다(헌재 2012.5.31. 2009헌마705).

㉡ (O) 국가공무원법조항 중 '그 밖의 정치단체'에 관한 부분은 명확성원칙에 위배되어 나머지 청구인들의 정치적 표현의 자유, 결사의 자유를 침해한다(헌재 2020.4.23. 2018헌마551).

㉢ (O) 심판대상조항은 성년후견이 개시되지는 않았으나 동일한 정도의 정신적 장애가 발생한 국가공무원의 경우와 비교할 때 사익의 제한 정도가 과도하고, 성년후견이 개시되었어도 정신적 제약을 극복하여 후견이 종료될 수 있고, 이 경우 법원에서 성년후견 종료심판을 하고 있다는 사실에 비추어 보이도 사익의 제한 정도가 지나치게 가혹하다. 또한 심판대상조항처럼 국가공무원의 당연퇴직사유를 임용결격사유와 동일하게 규정하려면 국가공무원이 재직 중 쌓은 지위를 박탈할 정도의 충분한 공익이 인정되어야 하나, 이 조항이 달성하려는 공익은

이에 미치지 못한다. 따라서 심판대상조항은 과잉금지원칙에 반하여 공무담임권을 침해한다(헌재 2022.12.22. 2020헌가8).

㉣ (○) 금고 이상의 형의 선고유예의 판결을 받아 그 기간 중에 있는 사람이 공무원으로 임용되는 것을 금지하고 이러한 사람이 공무원으로 임용되더라도 그 임용을 당연무효로 하는 조항은 공직에 대한 국민의 신뢰를 보장하고 공무원의 원활한 직무수행을 도모하기 위하여 마련된 것이므로, 입법자의 재량을 일탈하여 공무담임권을 침해한 것이라고 볼 수 없다(헌재 2016.7.28. 2014헌바437).

[2023년 경찰공채 3월] ①

정치적 기본권에 관한 다음 설명 중 가장 옳지 않은 것은? (다툼이 있는 경우 대법원 판례 및 헌법재판소 결정에 의함)

① 공무담임권의 보호영역에는 공직취임 기회의 자의적인 배제뿐 아니라, 공무원 신분의 부당한 박탈이나 권한(직무)의 부당한 정지도 포함된다. 다만, 승진시험의 응시제한이나 이를 통한 승진기회의 보장 문제는 단순한 내부 승진인사에 관한 문제에 불과하여 공무담임권의 보호영역에 포함된다고 보기 어렵다.

② 서울특별시 공립 초등학교 교사 임용시험에서 동일 지역 교육대학 출신 응시자에게 지역가산점을 부여하는 것은 다른 지역 교육대학 출신자의 공무담임권을 침해한다.

③ 금고 이상의 형의 선고유예의 판결을 받아 그 기간 중에 있는 사람이 공무원으로 임용되는 것을 금지하고 이러한 사람이 공무원으로 임용되더라도 그 임용을 당연무효로 하는 것은 해당 공무원의 공무담임권을 침해하지 않는다.

④ 기본적으로 사법적(私法的)인 성격을 지니는 농업협동조합의 조합장선거에서 조합장을 선출하거나 조합장으로 선출될 권리, 조합장선거에서 선거운동을 하는 것은 헌법에 의하여 보호되는 선거권의 범위에 포함되지 않는다.

⑤ 주민등록이 되어 있지 않고 국내거소신고도 하지 않은 재외국민에게 임기만료지역구국회의원선거권을 인정하지 않는 것은 위 재외국민의 선거권을 침해하거나 보통선거원칙에 위배되지 않는다.

① (○) 공무담임권의 보호영역에는 일반적으로 공직취임의 기회보장, 신분박탈, 직무의 정지가 포함될 뿐이고 청구인이 주장하는 승진시험의 응시제한이나 이를 통한 승진기회의 보장 문제는 공직신분의 유지나 업무수행에는 영향을 주지 않는 단순한 내부 승진인사에 관한 문제에 불과하여 공무담임권의 보호영역에 포함된다고 보기는 어려우므로 결국 이 사건 심판대상 규정은 청구인의 공무담임권을 침해한다고 볼 수 없다(헌재 2007.6.28. 2005헌마1179).

② (×) 구 교육공무원법 제11조의2 [별표2]에서 인정되는 각종 가산점은 제1차 시험성적의 10% 범위에서만 부여할 수 있고, 임용권자로서는 다른 가산점을 고려하여 지역가산점을 부여해야 하므로 지역가산점을 제한된 범위 내에서 부여할 수밖에 없는 점, 이 사건 지역가산점을 받지 못하는 불이익은 그런 점을 알고도 다른 지역 교대에 입학한 것에서 기인하는 점, 노력 여하에 따라서는 가산점의 불이익을 감수하고라도 수도권 지역에 합격할 길이 열려 있는 점 등에 비추어, 이 사건 지역가산점규정이 과잉금지원칙에 위배되어 다른 지역 교대출신 응시자들의 공무담임권, 평등권을 침해한다고 볼 수 없다(헌재 2014.4.24. 2010헌마747).

③ (○) 사건 법률조항은 금고 이상의 형의 선고유예의 판결을 받아 그 기간 중에 있는 사람이 공무원으로 임용되는 것을 금지하고 이러한 사람이 공무원으로 임용되더라도 그 임용을 당연무효로 하는 것으로서, 공직에 대한 국민의 신뢰를 보장하고 공무원의 원활한 직무수행을 도모하기 위하여 마련된 조항이다. 청구인과 같이 임용결격사유에도 불구하고 임용된 임용결격공무원은 상당한 기간 동안 근무한 경우라도 적법한 공무원의 신분을 취득하여 근무한 것이 아니라는 이유로 공무원연금법상 퇴직급여의 지급대상이 되지 못하는 등 일정한 불이익을

받기는 하지만, 재직기간 중 사실상 제공한 근로에 대하여는 그 대가에 상응하는 금액의 반환을 부당이득으로 청구하는 등의 민사적 구제수단이 있는 점을 고려하면, 공직에 대한 국민의 신뢰보장이라는 공익과 비교하여 임용결격공무원의 사익 침해가 현저하다고 보기 어렵다. 따라서 이 사건 법률조항은 입법자의 재량을 일탈하여 공무담임권을 침해한 것이라고 볼 수 없다(헌재 2016.7.28. 2014헌바437).

④ (○) 사법적인 성격을 지니는 농협의 조합장선거에서 조합장을 선출하거나 조합장으로 선출될 권리, 조합장선거에서 선거운동을 하는 것은 헌법에 의하여 보호되는 선거권의 범위에 포함되지 않는다(헌재 2012.2.23. 2011헌바154).

⑤ (○) 지역구국회의원은 국민의 대표임과 동시에 소속지역구의 이해관계를 대변하는 역할을 하고 있다. 전국을 단위로 선거를 실시하는 대통령선거와 비례대표국회의원선거에 투표하기 위해서는 국민이라는 자격만으로 충분한 데 반해, 특정한 지역구의 국회의원선거에 투표하기 위해서는 '해당 지역과의 관련성'이 인정되어야 한다. 주민등록과 국내거소신고를 기준으로 지역구국회의원선거권을 인정하는 것은 해당 국민의 지역적 관련성을 확인하는 합리적인 방법이다. 따라서 선거권조항과 재외선거인 등록신청조항이 재외선거인의 임기만료지역구국회의원선거권을 인정하지 않은 것이 재외선거인의 선거권을 침해하거나 보통선거원칙에 위배된다고 볼 수 없다(헌재 2014.7.24. 2009헌마256).

[2020년 법원 5급] ②

참정권에 대한 설명 중 가장 적절하지 않은 것은? (다툼이 있는 경우 판례에 의함)

① 지역농협은 사법인에서 볼 수 없는 공법인적 특성을 많이 가지고 있으므로, 지역농협의 조합장선거에서 조합장을 선출하거나 조합장으로 선출될 권리, 조합장선거에서 선거운동을 하는 것은 헌법에 의하여 보호되는 선거권의 범위에 포함된다.

② 부재자투표시간을 오전 10시부터 오후 4시까지로 규정한 구 공직선거법 조항 중 "오전 10시에 열고" 부분은 일과시간에 학업이나 직장업무를 하여야 하는 부재자투표자가 일과시간 이전에 투표소에 가서 투표할 수 없게 되어 사실상 선거권을 행사할 수 없게 하므로 과잉금지원칙에 위반되고, "오후 4시에 닫는다" 부분은 투표 당일 부재자투표의 인계·발송절차를 밟을 수 있도록 함으로써 부재자투표의 인계·발송절차가 지연되는 것을 막고 투표관리의 효율성을 제고하며 투표함의 관리위험을 경감하기 위한 것이므로 헌법에 위반되지 않는다.

③ 대통령선거경선후보자가 당내경선 과정에서 탈퇴함으로써 후원회를 둘 수 있는 자격을 상실한 때에는 후원회로부터 후원받은 후원금 전액을 국고에 귀속하도록 하고 있는 정치자금법 조항은 평등권을 침해한다.

④ 주민투표권 행사를 위한 요건으로 주민등록을 요구함으로써 국내거소신고만 할 수 있고 주민등록을 할 수 없는 국내거주 재외국민에 대하여 주민투표권을 인정하지 않고 있는 주민투표법 조항은 국내거주재외국민의 평등권을 침해한다.

① (×) 사법적인 성격을 지니는 농협의 조합장선거에서 조합장을 선출하거나 조합장으로 선출될 권리, 조합장선거에서 선거운동을 하는 것은 헌법에 의하여 보호되는 선거권의 범위에 포함되지 않는다(헌재 2012.2.23. 2011헌바154).

② (○) 사건 투표시간조항이 투표종료시간을 오후 4시까지로 정한 것, 즉 투표시간조항 중 투표종료시간 부분은 수단의 적정성, 법익균형성을 갖추고 있으므로 청구인의 선거권이나 평등권을 침해하지 않는다. 이 사건 투표시간조항이 투표개시시간을 일과시간 이내인 오전 10시부터로 정한 것, 즉 투표시간조항 중 투표개시시간 부분은 수단의 적정성, 법익균형성을 갖추지 못하므로 과잉금지원칙에 위배하여 청구인의 선거권과 평등권을 침해하는 것이다(헌재 2012.2.23. 2010헌마601).

③ (○) 대통령선거경선후보자가 후보자가 될 의사를 갖고 당내경선 후보자로 등록을 하고 선거운동을 한 경우라고 한다면, 비록 경선에

참여하지 아니하고 포기하였다고 하여도 대의민주주의의 실현에 중요한 의미를 가지는 정치과정이라는 점을 부인할 수 없다. 따라서 경선을 포기한 대통령선거경선후보자에 대하여도 정치자금의 적정한 제공이라는 입법목적을 실현할 필요가 있는 것이며, 이들에 대하여 후원회로부터 지원받은 후원금 총액을 회수함으로써 경선에 참여한 대통령선거경선후보자와 차별하는 이 사건 법률조항의 차별은 합리적인 이유가 있는 차별이라고 하기 어렵다. 이 사건 법률조항은 대통령선거경선후보자로서 정당의 경선에 참여하여 낙선한 사람과 그렇지 않은 사람을 구별하여 이미 사용한 후원금의 반환 여부에 관하여 차별취급하고 있는바, 그와 같은 차별에 합리적인 이유가 있다고 보기 어려우므로 청구인의 평등권을 침해한다(헌재 2009.12.29. 2007헌마1412).

④ (○) 사건 법률조항 부분은 주민등록만을 요건으로 주민투표권의 행사 여부가 결정되도록 함으로써 주민등록을 할 수 없는 국내거주 재외국민을 주민등록이 된 국민인 주민에 비해 차별하고 있고, 나아가 주민투표권이 인정되는 외국인과의 관계에서도 차별을 행하고 있는바, 그와 같은 차별에 아무런 합리적 근거도 인정될 수 없으므로 국내거주 재외국민의 헌법상 기본권인 평등권을 침해하는 것으로 위헌이다(헌재 2007.6.28. 2004헌마643). [2018년 경찰 경정승진] ①

참정권에 대한 설명으로 옳지 않은 것은? (다툼이 있는 경우 판례에 의함)

① 지방자치단체의 장 선거권은 지방의회의원 선거권, 국회의원 선거권 및 대통령 선거권 등과 마찬가지로 헌법 제24조에 의해 보호되는 기본권이다.

② 헌법 제24조는 모든 국민은 '법률이 정하는 바에 의하여' 선거권을 가진다고 규정함으로써 법률유보의 형식을 취하고 있지만, 이것은 국민의 기본권을 법률에 의하여 구체화하라는 뜻이며 선거권을 법률을 통해 구체적으로 실현하라는 의미이다.

③ 부재자투표 종료시간을 오후 4시까지로 정한 것은 투표시간을 지나치게 짧게 정한 것으로 직장업무 및 학교수업 때문에 사실상 투표가 곤란한 부재자투표자의 선거권을 침해한다.

④ 헌법 제25조의 공무담임권의 보호영역에는 특별한 사정도 없이 공무원이 특정의 장소에서 근무하는 것이나 특정의 보직을 받아 근무하는 것을 포함하는 일종의 '공무수행의 자유'까지 포함되지 않는다.

① (○) 주민자치제를 본질로 하는 민주적 지방자치제도가 안정적으로 뿌리내린 현 시점에서 지방자치단체의 장 선거권을 지방의회의원 선거권, 나아가 국회의원 선거권 및 대통령 선거권과 구별하여 하나는 법률상의 권리로, 나머지는 헌법상의 권리로 이원화하는 것은 허용될 수 없다. 그러므로 지방자치단체의 장 선거권 역시 다른 선거권과 마찬가지로 헌법 제24조에 의해 보호되는 기본권을 인정하여야 한다(헌재 2016.10.27. 2014헌마797).

② (○) 헌법 제24조는 모든 국민은 '법률이 정하는 바에 의하여' 선거권을 가진다고 규정함으로써 법률유보의 형식을 취하고 있다. 하지만 이것은 국민의 선거권이 '법률이 정하는 바에 따라서만 인정될 수 있다'는 포괄적인 입법권의 유보 아래 있음을 뜻하는 것이 아니다. 이것은 국민의 기본권을 법률로 구체화하라는 뜻이며, 선거권을 법률을 통해 구체적으로 실현하라는 뜻이다(헌재 2014.1.28. 2012헌마409 등).

③ (×) 사건 투표시간조항이 투표종료시간을 오후 4시까지로 정한 것, 즉 투표시간조항 중 투표종료시간 부분은 수단의 적정성, 법익균형성을 갖추고 있으므로 청구인의 선거권이나 평등권을 침해하지 않는다(헌재 2012.2.23. 2010헌마601).

④ (○) 공무담임권에는 일반적으로 공직취임의 기회보장, 신분박탈, 직무의 정지에 관련된 사항이 그 보호영역에 포함되지만, 특별한 사정도 없이 공무원이 특정의 장소에서 근무하는 것이나 특정의 보직을 받아 근무하는 것을 포함하는 일종의 '공무수행의 자유'까지 그 보호영역에 포함된다고는 보기 어렵다(헌재 2014.1.28. 2011헌마239). [2017년 지방 7급] ③

참정권에 대한 설명으로 옳은 것만을 모두 고르면? (다툼이 있는 경우 판례에 의함)

ㄱ. 승진가능성이라는 것은 공직신분의 유지나 업무수행과 같은 법적 지위에 직접 영향을 미치는 것이 아니고 간접적, 사실적 또는 경제적 이해관계에 영향을 미치는 것에 불과하여 공무담임권의 보호영역에 포함된다고 보기는 어렵다.
ㄴ. 「주민투표법」 제8조에 따른 국가정책에 대한 주민투표는 주민의 의견을 묻는 의견수렴으로서의 성격을 갖는 것이고, 주민투표권의 일반적 성격을 보더라도 이는 법률이 보장하는 참정권이라고 할 수 있을지언정 헌법이 보장하는 참정권이라고 할 수는 없다.
ㄷ. 선거권을 제한하는 입법은 헌법 제24조에 의해서 곧바로 정당화될 수는 없고, 헌법 제37조 제2항의 규정에 따라 국가안정보장·질서유지 또는 공공복리를 위하여 필요하고 불가피한 예외적인 경우에만 그 제한이 정당화될 수 있으며, 그 경우에도 선거권의 본질적인 내용을 침해할 수 없다.
ㄹ. 사법인적인 성격을 지니는 농협·축협의 조합장선거에서 조합장을 선출하거나 선거운동을 하는 것은 헌법에 의하여 보호되는 선거권의 범위에 포함된다.

① ㄱ, ㄴ ② ㄷ, ㄹ
③ ㄱ, ㄴ, ㄷ ④ ㄴ, ㄷ, ㄹ

ㄱ. (○) 승진가능성이라는 것은 공직신분의 유지나 업무수행과 같은 법적 지위에 직접 영향을 미치는 것인 아니고 간접적, 사실적 또는 경제적 이해관계에 영향을 미치는 것에 불과하여 공무담임권의 보호영역에 포함된다고 보기는 어렵다(헌재 2010.3.25. 2009헌마538).
ㄴ. (○) 주민투표법 제8조에 따른 국가정책에 대한 주민투표는 주민의 의견을 묻는 의견수렴으로서의 성격을 갖는 것이고, 주민투표권의 일반적 성격을 보더라도 이는 법률이 보장하는 참정권이라고 할 수 있을지언정 헌법이 보장하는 참정권이라고 할 수는 없다(헌재 2008.12.26. 2005헌마1158).
ㄷ. (○) 선거권을 제한하는 입법은 헌법 제24조에 의해서 곧바로 정당화될 수는 없고, 헌법 제37조 제2항의 규정에 따라 국가안전보장·질서유지 또는 공공복리를 위하여 필요하고 불가피한 예외적인 경우에만 그 제한이 정당화될 수 있으며, 그 경우에도 선거권의 본질적인 내용을 침해할 수 없다(헌재 2007.6.28. 2004헌마644).
ㄹ. (×) 사법인적인 성격을 지니는 농협·축협의 조합장선거에서 조합장을 선출하거나 선거운동을 하는 것은 헌법에 의하여 보호되는 선거권의 범위에 포함되지 아니한다(헌재 2017.7.27. 2016헌바372). [2019년 국가 7급] ③

국민투표에 대한 설명으로 옳지 않은 것은? (다툼이 있는 경우 판례에 의함)

① 특정의 국가정책에 대하여 다수의 국민들이 국민투표를 원하고 있다 하더라도 국민에게 그 국가정책에 관하여 국민투표에 회부할 것을 요구할 권리는 인정되지 않는다.
② 헌법은 대통령이 필요하다고 인정할 때에 외교·국방·통일 기타 국가 안위에 관한 중요정책을 국민투표에 부칠 수 있도록 규정한다.
③ 국민투표의 효력에 관하여 이의가 있는 투표인은 중앙선거관리위원장을 피고로 하여 국민투표무효소송을 대법원에 제소할 수 있다.
④ 헌법 제72조의 국민투표는 입법 수단적이라기보다는 정치대립 상황에서 국민에 의한 중재적 성격을 가지고 있으므로 대통령은 자신의 신임을 국민투표에 부칠 수 있다.

⑤ 헌법 제130조는 헌법개정안이 국회에서 의결되면 국민투표를 통해 확정하도록 하고 있는데, 이는 필수적 국민투표 사항이다.

① (○) 헌법 제72조는 국민투표에 부쳐질 중요정책인지 여부를 대통령이 재량에 의하여 결정하도록 명문으로 규정하고 있고 헌법재판소 역시 위 규정은 대통령에게 국민투표의 실시 여부, 시기, 구체적 부의사항, 설문내용 등을 결정할 수 있는 임의적인 국민투표발의권을 독점적으로 부여하였다고 하여 이를 확인하고 있다. 따라서 특정의 국가정책에 대하여 다수의 국민들이 국민투표를 원하고 있음에도 불구하고 대통령이 이러한 희망과는 달리 국민투표에 회부하지 아니한다고 하여도 이를 헌법에 위반된다고 할 수 없고 국민에게 특정의 국가정책에 관하여 국민투표에 회부할 것을 요구할 권리가 인정된다고 할 수도 없다(헌재 2005.11.24. 2005헌마579).
② (○) 헌법 제72조 대통령은 필요하다고 인정할 때에는 외교·국방·통일 기타 국가안위에 관한 중요정책을 국민투표에 붙일 수 있다.
③ (○) 국민투표법 제92조(국민투표무효의 소송) 국민투표의 효력에 관하여 이의가 있는 투표인은 투표인 10만인 이상의 찬성을 얻어 중앙선거관리위원회위원장을 피고로 하여 투표일로부터 20일 이내에 대법원에 제소할 수 있다.
④ (×) 선거는 인물에 대한 결정, 즉 대의제를 가능하게 하기 위한 전제조건으로서 국민의 대표자에 관한 결정이며, 이에 대하여 국민투표는 직접민주주의를 실현하기 위한 수단으로서 사안에 대한 결정 즉, 특정한 국가정책이나 법안을 그 대상으로 한다. 따라서 <u>국민투표의 본질상 대표자에 대한 신임은 국민투표의 대상이 될 수 없으며</u>, 우리 헌법에서 대표자의 선출과 그에 대한 신임은 단지 선거의 형태로써 이루어져야 한다. 대통령이 이미 지난 선거를 통하여 획득한 자신에 대한 신임을 국민투표의 형식으로 재확인하고자 하는 것은 헌법 제72조의 국민투표제를 헌법이 허용하지 않는 방법으로 위헌적으로 사용하는 것이다(헌재 2004.5.14. 2004헌나1)
⑤ (○) 헌법 제130조 ②헌법개정안은 국회가 의결한 후 30일 이내에 국민투표에 붙여 국회의원선거권자 과반수의 투표와 투표자 과반수의 찬성을 얻어야 한다. [2023년 국회 9급] ④

국민투표에 관한 다음 설명 중 가장 옳지 않은 것은? (다툼이 있는 경우 헌법재판소 결정에 의함)

① 헌법 제72조의 국민투표권은 대통령이 어떠한 정책을 국민투표에 부의한 경우에 비로소 행사가 가능한 기본권이라 할 수 있다.
② 헌법개정안에 대한 국민투표제를 처음 도입한 것은 제3공화국(1962년) 헌법이다.
③ 대법원은 국민투표에 관하여 국민투표법 또는 국민투표법에 의하여 발하는 명령에 위반하는 사실이 있는 경우라도 국민투표의 결과에 영향을 미쳤다고 인정하는 때에 한하여 국민투표 무효의 판결을 하여야 하며, 국민투표의 일부의 무효를 판결할 수는 없다.
④ 국민투표의 효력에 관하여 이의가 있는 투표인은 투표인 10만인 이상의 찬성을 얻어 중앙선거관리위원회위원장을 피고로 하여 투표일로부터 20일 이내에 대법원에 제소할 수 있다.

① (○) 특정의 국가정책에 대하여 다수의 국민들이 국민투표를 원하고 있음에도 불구하고 대통령이 이러한 희망과는 달리 국민투표에 회부하지 아니한다고 하여도 이를 헌법에 위반된다고 할 수 없고, 국민에게 특정의 국가정책에 관하여 국민투표에 회부할 것을 요구할 권리가 인정된다고 할 수도 없다. 결국 헌법 제72조의 국민투표권은 대통령이 어떠한 정책을 국민투표에 부의한 경우에 비로소 행사가 가능한 기본권이라 할 수 있다(헌재 2005.11.24. 2005헌마579 등).
② (○) 1962년 제3공화국 헌법은 헌법사상 처음으로 헌법개정을 국회의 의결을 거쳐 국민투표로 확정되도록 하는 방식을 채택하였다.
③ (×) 국민투표법 제93조(국민투표무효의 판결) 대법원은 제92조의 규정에 의한 소송에 있어서 국민투표에 관하여 이 법 또는 이 법에 의하여 발하는 명령에 위반하는 사실이 있는 경우라도 국민투표의 결과에 영향이 미쳤다고 인정하는 때에 한하여 국민투표의 전부 또는 일부의 무효를 판결한다.

④ (○) 국민투표법 제92조(국민투표무효의 소송) 국민투표의 효력에 관하여 이의가 있는 투표인은 투표인 10만인 이상의 찬성을 얻어 중앙선거관리위원회위원장을 피고로 하여 투표일로부터 20일 이내에 대법원에 제소할 수 있다. [2018년 법원 9급] ③

국민투표권에 대한 설명으로 가장 적절하지 않은 것은? (다툼이 있는 경우 판례에 의함)

① 「신행정수도 후속대책을 위한 연기·공주지역 행정중심복합도시 건설을 위한 특별법」이 수도를 분할하는 국가정책을 집행하는 내용을 가지고 있고 대통령이 이를 추진하고 집행하기 이전에 그에 관한 국민투표를 실시하지 아니하였다면 국민투표권이 행사될 수 있는 계기인 대통령의 중요정책 국민투표 부의가 행해지지 않았다고 하더라도 청구인들의 국민투표권이 행사될 수 있을 정도로 구체화되었다고 할 수 있으므로 그 침해의 가능성이 인정된다.

② 대통령이 국민투표를 정치적 무기화하고 정치적으로 남용할 수 있는 위험성이 있다는 점을 고려하면, 국민투표부의권의 헌법 제72조는 대통령에 의한 국민투표의 정치적 남용을 방지할 수 있도록 엄격하고 축소적으로 해석되어야 한다.

③ 국민투표는 선거와 달리 국민이 직접 국가의 정치에 참여하는 절차이므로, 국민투표권은 대한민국 국민의 자격이 있는 사람에게 반드시 인정되어야 하는 권리이다.

④ 헌법의 개정은 반드시 국민투표를 거쳐야 하므로 국민은 헌법개정에 관하여 찬반투표로 그 의견을 표명할 권리를 가지는데, 헌법개정사항인 수도의 이전을 헌법개정의 절차를 밟지 아니하고 단지 단순법률의 형태로 실현시킨 것은 헌법 제130조에 따라 헌법개정에 있어서 국민이 가지는 참정권적 기본권인 국민투표권을 침해한다.

① (×) 사건 법률이 설사 수도를 분할하는 국가정책을 집행하는 내용을 가지고 있고 대통령이 이를 추진하고 집행하기 이전에 그에 관한 국민투표를 실시하지 아니하였다고 하더라도 국민투표권이 행사될 수 있는 계기인 대통령의 중요정책 국민투표 부의가 행해지지 않은 이상 청구인들의 국민투표권이 행사될 수 있을 정도로 구체화되었다고 할 수 없으므로 그 침해의 가능성은 인정되지 않는다(헌재 2005.11.24. 2005헌마579).

② (○) 헌법 제72조는 대통령에게 국민투표의 실시 여부, 시기, 구체적 부의사항, 설문내용 등을 결정할 수 있는 임의적인 국민투표발의권을 독점적으로 부여함으로써, 대통령이 단순히 특정 정책에 대한 국민의 의사를 확인하는 것을 넘어서 자신의 정책에 대한 추가적인 정당성을 확보하거나 정치적 입지를 강화하는 등, 국민투표를 정치적 무기화하고 정치적으로 남용할 수 있는 위험성을 안고 있다. 이러한 점을 고려할 때, 대통령의 부의권을 부여하는 헌법 제72조는 가능하면 대통령에 의한 국민투표의 정치적 남용을 방지할 수 있도록 엄격하고 축소적으로 해석되어야 한다(헌재 2004.5.14. 2004헌나1).

③ (○) 헌법 제72조의 중요정책 국민투표와 헌법 제130조의 헌법개정안 국민투표는 대의기관인 국회와 대통령의 의사결정에 대한 국민의 승인절차에 해당한다. 대의기관의 선출주체가 곧 대의기관의 의사결정에 대한 승인주체가 되는 것은 당연한 논리적 귀결이다. 재외선거인은 대의기관을 선출할 권리가 있는 국민으로서 대의기관의 의사결정에 대해 승인할 권리가 있으므로, 국민투표권자에는 재외선거인이 포함된다. 또한 국민투표는 선거와 달리 국민이 직접 국가의 정치에 참여하는 절차이므로, 국민투표권은 대한민국 국민의 자격이 있는 사람에게 반드시 인정되어야 하는 권리이다(헌재 2014.7.24. 2009헌마256).

④ (○) 헌법 제130조에 의하면 헌법의 개정은 반드시 국민투표를 거쳐야만 하므로 국민은 헌법개정에 관하여 찬반투표를 통하여 그 의견을 표명할 권리를 가진다. 그런데 이 사건 법률은 헌법개정사항인 수도의 이전을 헌법개정의 절차를 밟지 아니하고 단지 단순법률의 형태로 실현시킨 것으로서 결국 헌법 제130조에 따라 헌법개정에 있어서 국민이 가지는 참정권적 기본권인 국민투표권의 행사를 배제한 것이므로 동 권리를 침해하여 헌법에 위반된다(헌재 2004.10.21. 2004헌마554). [2017년 경찰 경정승진] ①

국민투표권에 대한 설명으로 옳지 않은 것은? (다툼이 있는 경우 판례에 의함)

① 「정당법」상의 당원의 자격이 없는 자는 국민투표에 관한 운동을 할 수 없다.

② 출입국관리 관계 법령에 따라 대한민국에 계속 거주할 수 있는 자격을 갖춘 외국인으로서 지방자치단체의 조례로 정한 사람은 국민투표권을 가진다.

③ 국회의원선거권자인 재외선거인에게 국민투표권을 인정하지 않은 것은 국회의원선거권자의 헌법개정안 국민투표 참여를 전제하고 있는 헌법 제130조 제2항의 취지에 부합하지 않는다.

④ 특정의 국가정책에 대하여 다수의 국민들이 국민투표를 원하고 있음에도 불구하고 대통령이 이러한 희망과는 달리 국민투표에 회부하지 아니한다고 하여도 이를 헌법에 위반된다고 할 수 없고, 국민에게 특정의 국가정책에 관하여 국민투표에 회부할 것을 요구할 권리가 인정된다고 할 수도 없다.

① (○) 국민투표법 제28조(운동을 할 수 없는 자) ①정당법상의 당원의 자격이 없는 자는 운동을 할 수 없다.

② (×) 국민투표법 제7조(투표권) 19세 이상의 국민은 투표권이 있다.

③ (○) 헌법 제130조 제2항에 의하면 헌법개정안 국민투표는 국회의원선거권자 과반수의 투표와 투표자의 과반수의 찬성을 얻도록 규정하고 있는바, 헌법은 헌법개정안 국민투표권자로서 국회의원선거권자를 예정하고 있다. 재외선거인은 임기만료에 따른 비례대표국회의원선거에 참여하고 있으므로, 재외선거인에게 국회의원선거권이 있음은 분명하다. 국민투표법조항이 국회의원선거권자인 재외선거인에게 국민투표권을 인정하지 않은 것은 국회의원선거권자의 헌법개정안 국민투표 참여를 전제하고 있는 헌법 제130조 제2항의 취지에도 부합하지 않는다(헌재 2014.7.24. 2009헌마256).

④ (○) 헌법 제72조는 국민투표에 부쳐질 중요정책인지 여부를 대통령이 재량에 의하여 결정하도록 명문으로 규정하고 있고 헌법재판소 역시 위 규정은 대통령에게 국민투표의 실시 여부, 시기, 구체적 부의사항, 설문내용 등을 결정할 수 있는 임의적인 국민투표발의권을 독점적으로 부여하였다고 하여 이를 확신하고 있다. 따라서 특정의 국가정책에 대하여 다수의 국민들이 국민투표를 원하고 있음에도 불구하고 대통령이 이러한 희망과는 달리 국민투표에 회부하지 아니한다고 하여도 이를 헌법에 위반된다고 할 수 없고 국민에게 특정의 국가정책에 관하여 국민투표에 회부할 것을 요구할 권리가 인정된다고 할 수도 없다(헌재 2005.11.24. 2005헌마579).

[2019년 국가 7급] ②

국민투표권에 대한 헌법재판소의 입장과 가장 다른 것은?

① 국민투표권이란 국민이 국가의 특정 사안에 대해 직접 결정권을 행사하는 권리로서, 각종 선거에서의 선거권 및 피선거권과 더불어 국민의 참정권의 한 내용을 이루는 헌법상 기본권이다.

② 헌법 제72조에 의한 중요정책에 관한 국민투표는 국가안위에 관계되는 사항에 관하여 대통령이 제시한 구체적인 정책에 대한 주권자인 국민의 승인절차이다.

③ 헌법 제130조 제2항에 의한 헌법개정에 관한 국민투표는 대통령 또는 국회가 제안하고 국회의 의결을 거쳐 확정된 헌법개정안에 대하여 주권자인 국민이 최종적으로 그 승인 여부를 결정하는 절차이다.

④ 대의기관의 선출주체가 곧 대의기관의 의사결정에 대한 승인주체가 되는 것이 원칙이나, 국민투표자의 범위가 대통령선거권자, 국회의원선거권자와 반드시 일치할 필요는 없다.

⑤ 국민투표는 선거와 달리 국민이 직접 국가의 정치에 참여하는 절차이므로, 국민투표권은 대한민국 국민의 자격이 있는 사람에게 반드시 인정되어야 하는 권리이다.

① (○) 국민투표권이란 국가의 특정 사안에 대해 국민투표라는 형식을 통해 국민이 직접 결정권을 행사하는 권리로서 각종 선거에서의 선거권 및 피선거권과 더불어 국민의 참정권의 한 내용을 이루는 헌법상 기본권이다. 헌법은 외교·국방·통일 기타 국가안위에 관한 중요정책을 결정하는 경우(제72조)와 헌법개정안을 확정하는 경우(제130조 제2항)에 국민투표권을 인정하고 있다(헌재 2007.6.28. 2004헌마644).

② (○) ③ (○) 헌법 제72조에 의한 중요정책에 관한 국민투표는 국가안위에 관계되는 사항에 관하여 대통령이 제시한 구체적인 정책에 대한 주권자인 국민의 승인절차라 할 수 있고, 헌법 제130조 제2항에 의한 헌법개정에 관한 국민투표는 대통령 또는 국회가 제안하고 국회의 의결을 거쳐 확정된 헌법개정안에 대하여 주권자인 국민이 최종적으로 그 승인 여부를 결정하는 절차이다(헌재 2007.6.28. 2004헌마644).

④ (×) 헌법 제72조의 중요정책 국민투표와 헌법 제130조의 헌법개정안 국민투표는 대의기관인 국회와 대통령의 의사결정에 대한 국민의 승인절차에 해당한다. 대의기관의 선출주체가 곧 대의기관의 의사결정에 대한 승인주체가 되는 것은 당연한 논리적 귀결이므로, 국민투표권자의 범위는 대통령선거권자·국회의원선거권자와 일치되어야 한다(헌재 2014.7.24. 2009헌마256).

⑤ (○) 선거권이 국가기관의 형성에 간접적으로 참여할 수 있는 간접적인 참정권이라면, 국민투표권은 국민이 국가의 의사형성에 직접 참여하는 헌법에 의해 보장되는 직접적인 참정권이다. 선거는 대의제를 가능하게 하기 위한 전제조건으로서 국민의 대표자를 선출하는 '인물에 관한 결정'이며, 이에 대하여 국민투표는 직접민주주의를 실현하기 위한 수단으로서 특정한 국가정책이나 법안을 대상으로 하는 '사안에 대한 결정'이다. 즉 국민투표는 선거와 달리 국민이 직접 국가의 정치에 참여하는 절차이므로 국민투표권은 대한민국 국민의 자격이 있는 사람에게 반드시 인정되어야 하는 권리이다. 대한민국 국민인 재외선거인의 의사는 국민투표에 반영되어야 하고, 재외선거인의 국민투표권을 배제할 이유가 없다(헌재 2014.7.24. 2009헌마256). [2015년 법무사] ④

헌법 제72조의 투표권에 관한 다음 설명 중 가장 옳지 않은 것은? (다툼이 있는 경우 헌법재판소 결정에 의함)

① 대통령은 필요하다고 인정할 때에는 외교·국방·통일 기타 국가안위에 관한 중요정책을 국민투표에 붙일 수 있다.

② 헌법은 대의민주주의를 기본으로 하고 있어, 중요 정책에 관한 사항이라 하더라도 반드시 국민의 직접적인 의사를 확인하여 결정해야 하는 것은 아니다.

③ 특정의 국가정책에 대하여 다수의 국민들이 국민투표를 원할 경우 대통령이 국민투표에 회부하지 아니하더라도 이를 헌법에 위반된다고 할 수 없다.

④ 국민은 특정의 국가정책에 관하여 국민투표에 회부할 것을 대통령에게 요구할 권리가 있다.

① (○) 헌법 제72조 대통령은 필요하다고 인정할 때에는 외교·국방·통일 기타 국가안위에 관한 중요정책을 국민투표에 붙일 수 있다.

② (○) ③ (○) ④ (×) 헌법 제72조는 "대통령은 필요하다고 인정할 때에는 외교·국방·통일 기타 국가안위에 관한 중요정책을 국민투표에 붙일 수 있다"고 규정하여 국민투표에 부쳐질 중요정책인지 여부를 대통령이 재량에 의하여 결정하도록 명문으로 규정하고 있다. 특히 우리 헌법은 국민에 의하여 직접 선출된 국민의 대표자가 국민을 대신하여 국가의사를 결정하는 대의민주주의를 기본으로 하고 있어,

중요 정책에 관한 사항이라 하더라도 반드시 국민의 직접적인 의사를 확인하여 결정해야 한다고 보는 것은 전체적인 헌법체계와 조화를 이룰 수 없다. 헌법재판소 역시 헌법 제72조가 대통령에게 국민투표의 실시 여부, 시기, 구체적 부의사항, 설문내용 등을 결정할 수 있는 임의적인 국민투표발의권을 독점적으로 부여하였다고 하여 이를 확인하고 있다. 따라서 특정의 국가정책에 대하여 다수의 국민들이 국민투표를 원하고 있음에도 불구하고 대통령이 이러한 희망과는 달리 국민투표에 회부하지 아니한다고 하여도 이를 헌법에 위반된다고 할 수 없고, 국민에게 특정의 국가정책에 관하여 국민투표에 회부할 것을 요구할 권리가 인정된다고 할 수도 없다(헌재 2005.11.24. 2005헌마579).

[2015년 법원 9급] ④

국민투표에 관한 다음 설명 중 가장 옳지 않은 것은? (다툼이 있는 경우 헌법재판소 판례에 의함)

① 대통령이 국정운영에 위기를 맞이하여 이를 타개하는 방법으로 자신에 대한 국민의 재신임을 묻기 위해 이를 헌법 제72조의 국민투표에 회부하는 것은 인정되지 않는다.

② 주민등록을 할 수 없는 재외국민의 국민투표권 행사를 전면적으로 배제하고 있는 「국민투표법」 제14조 제1항은 국민투표권을 침해한다.

③ 「신행정수도 후속대책을 위한 연기·공주지역 행정중심복합도시 건설을 위한 특별법」이 수도를 분할하는 국가정책을 집행하는 내용을 가지고 있고 대통령이 이를 추진하고 집행하기 이전에 그에 관한 국민투표를 실시하지 아니하였다면 국민투표권이 행사될 수 있는 계기인 대통령의 중요정책 국민투표부의가 행해지지 않았다고 하더라도 청구인들의 국민투표권이 행사될 수 있을 정도로 구체화되었다고 할 수 있으므로 그 침해의 가능성이 인정된다.

④ 헌법 제72조의 국민투표 부의제는 대통령의 임의적 국민투표제이지만, 헌법개정안에 대한 국민투표제는 필요적 국민투표제이다.

① (○) 국민투표는 직접민주주의를 실현하기 위한 수단으로서 '사안에 대한 결정', 즉 특정한 국가정책이나 법안을 그 대상으로 한다. 따라서 국민투표의 본질상 '대표자에 대한 신임'은 국민투표의 대상이 될 수 없으며, 우리 헌법에서 대표자의 선출과 그에 대한 신임은 단지 선거의 형태로써 이루어져야 한다. 대통령이 자신에 대한 재신임을 국민투표의 형태로 묻고자 하는 것은 헌법 제72조에 의하여 부여받은 국민투표부의권을 위헌적으로 행사하는 경우에 해당하는 것으로, 국민투표제도를 자신의 정치적 입지를 강화하기 위한 정치적 도구로 남용해서는 안 된다는 헌법적 의무를 위반한 것이다. 물론 대통령이 위헌적인 재신임 국민투표를 단지 제안만 하였을 뿐 강행하지는 않았으나, 헌법상 허용되지 않는 재신임 국민투표를 국민들에게 제안한 것은 그 자체로서 헌법 제72조에 반하는 것으로 헌법을 실현하고 수호해야 할 대통령의 의무를 위반한 것이다(헌재 2004.5.14. 2004헌나1).

② (○) 재외선거인은 대의기관을 선출할 권리가 있는 국민으로서 대의기관의 의사결정에 대해 승인할 권리가 있으므로, 국민투표권자에는 재외선거인이 포함된다고 보아야 한다. 또한 국민투표는 선거와 달리 국민이 직접 국가의 정치에 참여하는 절차이므로 국민투표권은 대한민국 국민의 자격이 있는 사람에게 반드시 인정되어야 하는 권리이다. 이처럼 국민의 본질적 지위에서 도출되는 국민투표권을 추상적 위험 내지 선거기술상의 사유로 배제하는 것은 헌법이 부여한 참정권을 사실상 박탈한 것과 다름없다. 따라서 국민투표법조항은 재외선거인의 국민투표권을 침해한다(헌재 2014.7.24. 2009헌마256).

③ (×) 특정의 국가정책에 대하여 다수의 국민들이 국민투표를 원하고 있음에도 불구하고 대통령이 이러한 희망과는 달리 국민투표에 회부하지 아니한다고 하여도 이를 헌법에 위반된다고 할 수 없고, 국민에게 특정의 국가정책에 관하여 국민투표에 회부할 것을 요구할 권리가 인정된다고 할 수도 없다. 결국 헌법 제72조의 국민투표권은 대통령이 어떠한 정책을 국민투표에 부의한 경우에 비로소 행사가 가능한 기본권이라 할 수 있다. 따라서 이 사건 법률이 설사 수도를 분할하는 국가정책을 집행하는 내용을 가지고 있고 대통령이 이를 추진하고 집행하기 이전에 그에 관한 국민투표를 실시하지 아니하였다고 하더라도 국민투표권이 행사될 수 있는 계기인 대통령의 중요정책 국민투표

부의가 행해지지 않은 이상 청구인들의 국민투표권이 행사될 수 있을 정도로 구체화되었다고 할 수 없으므로 그 침해의 가능성은 인정되지 않는다(헌재 2005.11.24. 2005헌마579).

④ (○) 헌법 제72조는 대통령에게 국민투표의 실시 여부, 시기, 구체적 부의사항, 설문내용 등을 결정할 수 있는 임의적인 국민투표 발의권을 독점적으로 부여한 것이다(헌재 2004.5.14. 2004헌나1). 헌법 제130조는 헌법의 개정을 위해서는 국회 재적의원 과반수 또는 대통령에 의하여 발의되고, 재적의원 3분의 2 이상의 찬성으로 국회의 의결을 거친 후 반드시 국민투표에 붙여 국회의원 선거권자 과반수의 투표와 투표자 과반수의 찬성을 얻어야 하도록 되어 있다(헌재 2004.10.21. 2004헌마554). [2016년 법원 9급] ③

제2절 선거권

선거권에 대한 설명으로 옳지 않은 것은? (다툼이 있는 경우 판례에 의함)

① 선거방송토론위원회 주관 대담·토론회의 방송에서 한국수화언어 또는 자막의 방영을 재량사항으로 규정한 것은 청각장애인의 선거권을 침해한다.

② 지방자치단체의 장 선거에서 후보자가 1인일 경우 투표를 실시하지 않고 해당 후보자를 지방자치단체의 장 당선자로 정하도록 하는 것은 해당 선거인의 선거권을 침해하지 않는다.

③ 신체의 장애로 인하여 자신이 기표할 수 없는 선거인에 대해 투표보조인이 가족이 아닌 경우 반드시 본인이 지명한 2인을 동반하여서만 투표를 보조하게 할 수 있도록 하는 것은 해당 선거인의 선거권을 침해하지 않는다.

④ 1년 이상의 징역형의 선고를 받고 그 집행이 종료되지 아니한 사람의 선거권을 제한하는 것은 해당 선거인의 선거권을 침해하지 않는다.

⑤ 지역농협은 공법인으로 볼 여지가 있으나, 지역농협의 조합장 선거에서 조합장을 선출하거나 조합장으로 선출될 권리, 조합장 선거에서 선거운동을 하는 것은 헌법에 의하여 보호되는 선거권의 범위에 포함되지 않는다.

① (×) 한국수어·자막조항은 실제로 방송사업자 등이 한국수어·자막방송을 할 수 있는 인력, 장비 및 기술수준 등을 갖출 수 있는지 여부에 따라 한국수어·자막방송 여부가 결정되는 점, 이를 의무사항으로 규정할 경우 선거비용이 과다하게 소요될 수 있고, 방송사업자의 보도·편성의 자유와 후보자·정당의 선거운동의 자유를 제한할 여지가 있는 점을 고려하여, 한국수어 또는 자막의 방영을 재량사항으로 규정한 것이다. 이에 더하여 청각장애인이 선거정보를 획득할 수 있는 다양한 수단들이 존재하는 점 등을 종합적으로 고려하면, 이 사건 한국수어·자막조항이 청구인의 선거권을 침해한다고 보기 어렵다(헌재 2020.8.28. 2017헌마813).

② (○) 심판대상조항의 입법목적은 선거에 소요되는 여러 가지 절차를 간소화하여 행정적 편의를 도모하고 선거비용을 절감하는 등 선거제도의 효율성을 제고하기 위한 것으로 그 정당성을 인정할 수 있으며, 후보자등록기한까지 후보자가 1인일 경우 투표를 생략하고 해당 후보자를 당선자로 결정하는 것은 이러한 입법목적을 달성하기 위한 적절한 수단이라 할 수 있다. 입법자가 위와 같은 사정을 고려하여 후보자가 1인일 경우 투표를 실시하지 않고 해당 후보자를 지방자치단체의 장 당선자로 정하도록 결단한 것은 입법목적 달성에 필요한 범위를 넘은 과도한 제한이라 할 수 없으므로 심판대상조항은 청구인의 선거권을 침해하지 않는다(헌재 2016.10.27. 2014헌마797).

③ (○) 심판대상조항은 신체의 장애로 인하여 자신이 기표할 수 없는 선거인의 선거권을 실질적으로 보장하고, 투표보조인이 장애인의 선거권 행사에 부당한 영향력을 미치는 것을 방지하여 선거의 공정성을 확보하기 위한 것이므로, 입법목적의 정당성이 인정된다. 또한 심판대상조항이

투표보조인이 가족이 아닌 경우 반드시 2인을 동반하도록 한 것은 위와 같은 목적을 달성하기 위한 적절한 수단이므로, 수단의 적합성도 인정된다. 그러므로 심판대상조항은 비밀선거의 원칙에 대한 예외를 두고 있지만 필요하고 불가피한 예외적인 경우에 한하고 있으므로, 과잉금지원칙에 반하여 청구인의 선거권을 침해하지 않는다(헌재 2020.5.27. 2017헌마867).

④ (O) 심판대상조항은 공동체 구성원으로서 기본적 의무를 저버린 수형자에 대하여 사회적·형사적 제재를 부과하고, 수형자와 일반국민의 준법의식을 제고하기 위한 것이다. 법원의 양형관행을 고려할 때 1년 이상의 징역형을 선고받은 사람은 공동체에 상당한 위해를 가하였다는 점이 재판 과정에서 인정된 자이므로, 이들에 한해서는 사회적·형사적 제재를 가하고 준법의식을 제고할 필요가 있다. 따라서 심판대상조항은 과잉금지원칙을 위반하여 청구인의 선거권을 침해하지 아니한다(헌재 2017.5.25. 2016헌마292).

⑤ (O) 농협법은 지역농협을 법인으로 하면서(제4조), 공직선거에 관여해서는 아니 되고(제7조), 조합의 재산에 대하여 국가 및 지방자치단체의 조세 외의 부과금이 면제되도록 규정하고 있어(제8조) 이를 공법인으로 볼 여지가 있으나, 한편 지역농협은 조합원의 경제적·사회적·문화적 지위의 향상을 목적으로 하는 농업인의 자주적 협동조직으로, 조합원 자격을 가진 20인 이상이 발기인이 되어 설립하고(제15조), 조합원의 출자로 자금을 조달하며(제21조), 지역농협의 결성이나 가입이 강제되지 아니하고, 조합원의 임의탈퇴 및 해산이 허용되며(제28조, 제29조), 조합장은 조합원들이 직접 선출하거나 총회에서 선출하도록 하고 있으므로(제45조), 기본적으로 사법인적 성격을 지니고 있다 할 것이다. 이처럼 사법적인 성격을 지니는 농협의 조합장선거에서 조합장을 선출하거나 조합장으로 선출될 권리, 조합장선거에서 선거운동을 하는 것은 헌법에 의하여 보호되는 선거권의 범위에 포함되지 않는다(헌재 2012.2.23. 2011헌바154). [2022년 국회 9급] ①

선거권에 관한 설명 중 가장 적절하지 않은 것은? (다툼이 있는 경우 판례에 의함)

① 주민등록과 국내거소신고를 기준으로 지역구 국회의원 선거권을 인정하는 것은 해당 국민의 지역적 관련성을 확인하는 합리적인 방법으로, 주민등록이 되어 있지 않고 국내 거소신고도 하지 않은 재외국민의 임기만료 지역구 국회의원 선거권을 인정하지 않은 것은 선거권을 침해한다고 볼 수 없다.

② 지역농협은 사법인에서 볼 수 없는 공법인적 특성을 많이 가지고 있으므로, 지역농협의 조합장선거에서 조합장을 선출하거나 조합장으로 선출될 권리, 조합장선거에서 선거운동을 하는 것도 헌법에 의하여 보호되는 선거권의 범위에 포함된다.

③ 선거일 현재 선거범으로서 100만원 이상의 벌금형의 선고를 받고 그 형이 확정된 후 5년 또는 형의 집행유예의 선고를 받고 그 형이 확정된 후 10년을 경과하지 아니한 사람은 선거권이 없다.

④ 지역구 국회의원 선거에서 예비후보자의 기탁금 액수를 해당 선거의 후보자등록시 납부해야 하는 기탁금의 100분의 20으로 설정한 것은 입법재량의 범위를 벗어난 것으로 볼 수 없다.

① (O) 전국을 단위로 선거를 실시하는 대통령선거와 비례대표국회의원선거에 투표하기 위해서는 국민이라는 자격만으로 충분한 데 반해, 특정한 지역구의 국회의원선거에 투표하기 위해서는 해당 지역과의 관련성이 인정되어야 한다. 주민등록과 국내거소신고를 기준으로 지역구국회의원선거권을 인정하는 것은 해당 국민의 지역적 관련성을 확인하는 합리적인 방법이다. 따라서 선거권조항과 재외선거인 등록신청조항이 재외선거인의 임기만료지역구국회의원선거권을 인정하지 않은 것이 재외선거인의 선거권을 침해하거나 보통선거원칙에 위배된다고 볼 수 없다(헌재 2014.7.24. 2009헌마256).

② (×) 사법적인 성격을 지니는 농협의 조합장선거에서 조합장을 선출하거나 조합장으로 선출될 권리, 조합장선거에서 선거운동을 하는 것은 헌법에 의하여 보호되는 선거권의 범위에 포함되지 않는다(헌재 2012.2.23. 2011헌바154).

③ (O) 공직선거법 제18조(선거권이 없는 자) ①선거일 현재 다음 각 호의 어느 하나에 해당하는 사람은 선거권이 없다. 3. 선거범, 정치자금법

제45조(정치자금부정수수죄) 및 제49조(선거비용관련 위반행위에 관한 벌칙)에 규정된 죄를 범한 자 또는 대통령·국회의원·지방의회의원·지방자치단체의 장으로서 그 재임 중의 직무와 관련하여 형법(특정범죄가중처벌 등에 관한 법률 제2조에 의하여 가중처벌되는 경우를 포함) 제129조(수뢰, 사전수뢰) 내지 제132조(알선수뢰)·특정범죄가중처벌 등에 관한 법률 제3조(알선수재)에 규정된 죄를 범한 자로서, 100만원 이상의 벌금형의 선고를 받고 그 형이 확정된 후 5년 또는 형의 집행유예의 선고를 받고 그 형이 확정된 후 10년을 경과하지 아니하거나 징역형의 선고를 받고 그 집행을 받지 아니하기로 확정된 후 또는 그 형의 집행이 종료되거나 면제된 후 10년을 경과하지 아니한 자(형이 실효된 자도 포함)

④ (○) 예비후보자 기탁금조항은 예비후보자의 무분별한 난립을 막고 책임성과 성실성을 담보하기 위한 것으로서, 입법목적의 정당성과 수단의 적합성이 인정된다. 따라서 예비후보자 기탁금조항은 청구인의 공무담임권을 침해하지 않는다(헌재 2017.10.26. 2016헌마623).

[2020년 경찰 경정승진] ②

선거권에 관한 설명으로 옳지 않은 것은? (다툼이 있는 경우 헌법재판소 판례에 의함)

① 국민대표기관의 선출을 위한 대통령, 국회의원선거와 지방의회의원 및 지방자치단체의 장 선출을 위한 지방선거는 대의제 민주주의의 구현방법이라는 점에서는 동일한 의미의 선거라고 할 수 있으나, 헌법은 이러한 선거제도를 규정하는 방식에 차이를 두고 있다.

② 지방의회의원 선거권에 관해서는 헌법에 명시적 규정이 있으나 지방자치단체장에 대한 선거권에 관하여는 오로지 법률에 맡겨져 있으므로, 지방자치단체장 선거권은 헌법상 기본권이 아닌 법률상의 권리이다.

③ 헌법이 모든 국민은 '법률이 정하는 바에 의하여' 선거권을 가진다고 규정함으로써 법률유보의 형식을 취하고 있지만, 이것은 국민의 선거권이 '법률이 정하는 바에 따라서만 인정될 수 있다'는 포괄적인 입법권의 유보하에 있음을 의미하는 것이 아니다.

④ 국회의원과 대통령에 대한 선거권을 비롯한 국민의 참정권은 국민주권의 원칙을 실현하기 위한 가장 기본적이고 필수적인 권리이다.

⑤ 민주주의 국가에서 국민주권과 대의제 민주주의의 실현수단으로서 선거권이 갖는 중요성 때문에 입법자는 선거권을 최대한 보장하는 방향으로 입법을 하여야 하며, 선거권을 제한하는 법률의 합헌성을 심사하는 경우에는 그 심사의 강도도 엄격하여야 한다.

① (○) 헌법은 제24조에서 "모든 국민은 법률이 정하는 바에 따라 선거권을 가진다"고 규정하여 선거권을 헌법상 보장된 권리로 명시하고 있으나 그 구체적 내용의 형성에 관해서는 법률에 위임하고 있다. 국민대표기관의 선출을 위한 대통령, 국회의원 선거와 지방의회의원 및 지방자치단체의 장 선출을 위한 지방선거는 대의제 민주주의의 구현방법이라는 점에서는 동일한 의미의 선거라고 할 수 있으나, 헌법은 이러한 선거제도를 규정하는 방식에 차이를 두고 있다(헌재 2016.10.27. 2014헌마797).

② (×) 주민자치제를 본질로 하는 민주적 지방자치제도가 안정적으로 뿌리내린 현 시점에서 지방자치단체의 장 선거권을 지방의회의원 선거권, 나아가 국회의원 선거권 및 대통령 선거권과 구별하여 하나는 법률상의 권리로, 나머지는 헌법상의 권리로 이원화하는 것은 허용될 수 없다. 그러므로 지방자치단체의 장 선거권 역시 다른 선거권과 마찬가지로 헌법 제24조에 의해 보호되는 기본권으로 인정하여야 한다(헌재 2016.10.27. 2014헌마797).

③ (○) 헌법 제24조는 모든 국민은 '법률이 정하는 바에 의하여' 선거권을 가진다고 규정함으로써 법률유보의 형식을 취하고 있다. 하지만 이것은 국민의 선거권이 '법률이 정하는 바에 따라서만 인정될 수 있다'는 포괄적인 입법권의 유보 아래 있음을 뜻하는 것이

아니다. 이것은 국민의 기본권을 법률로 구체화하라는 뜻이며, 선거권을 법률을 통해 구체적으로 실현하라는 뜻이다(헌재 2014.1.28. 2012헌마409).

④ (○) 국민의 선거권 행사는 국민주권의 현실적 행사수단으로서 한편으로는 국민의 의사를 국정에 반영할 수 있는 중요한 통로로서 기능하며, 다른 한편으로는 주기적 선거를 통하여 국가권력을 통제하는 수단으로서의 기능도 수행한다. 국회의원과 대통령에 대한 선거권을 비롯한 국민의 참정권이 국민주권의 원칙을 실현하기 위한 가장 기본적이고 필수적인 권리로서 다른 기본권에 대하여 우월한 지위를 갖는 것으로 평가되는 것도 바로 그러한 이유 때문이다(헌재 2007.6.28. 2004헌마644).

⑤ (○) 민주주의 국가에서 국민주권과 대의제 민주주의의 실현수단으로서 선거권이 갖는 이 같은 중요성으로 인해 한편으로 입법자는 선거권을 최대한 보장하는 방향으로 입법을 하여야 하며, 또 다른 한편에서 선거권을 제한하는 법률의 합헌성을 심사하는 경우에는 그 심사의 강도도 엄격하여야 한다(헌재 2014.1.28. 2012헌마409). [2021년 소방간부] ②

선거권에 대한 설명으로 옳지 않은 것은? (다툼이 있는 경우 판례에 의함)

① 선거범으로서 100만원 이상의 벌금형의 선고를 받고 그 형이 확정된 후 5년을 경과하지 아니한 자 또는 형의 집행유예의 선고를 받고 그 형이 확정된 후 10년을 경과하지 아니한 자에게 선거권을 부여하지 않는「공직선거법」조항은 선거권을 침해하지 않는다.

② 지역구국회의원선거에 있어서 선거구선거관리위원회가 당해 국회의원지역구에서 유효투표의 다수를 얻은 자를 당선인으로 결정하도록 한「공직선거법」조항은 청구인의 선거권을 침해하지 않는다.

③ 범죄자에게 형벌의 내용으로 선거권을 제한하는 경우에는 선거권 제한 여부 및 적용범위의 타당성에 대하여 보통선거원칙에 입각한 선거권 보장과 그 제한의 관점에서 엄격한 비례심사를 하여야 한다.

④「공직선거법」에서는 일정한 요건을 구비한 외국인에게 지방선거의 선거권을 인정하나, 재외선거인에게 국회의원의 재·보궐선거권을 부여하지 않은 것은 재외선거인의 선거권을 침해한다.

⑤ 지역농협은 사법인에서 볼 수 없는 공법인적 특성을 많이 가지고 있으므로, 지역농협의 조합장선거에서 조합장을 선출하거나 조합장으로 선출된 권리, 조합장선거에서 선거운동을 하는 것은 헌법에 의하여 보호되는 선거권의 범위에 포함되지 않는다.

① (○) 공직선거법 제18조(선거권이 없는 자) 제1항 제3호. 선거권제한조항은 선거의 공정성을 확보하기 위한 것으로서, 선거권 제한의 대상과 요건, 기간이 제한적인 점, 선거의 공정성을 해친 바 있는 선거범으로부터 부정선거의 소지를 차단하여 공정한 선거가 이루어지도록 하기 위하여는 선거권을 제한하는 것이 효과적인 방법인 점, 법원이 선거범에 대한 형량을 결정함에 있어서 양형의 조건뿐만 아니라 선거권의 제한 여부에 대하여도 합리적 평가를 하게 되는 점, 선거권의 제한기간이 공직선거마다 벌금형의 경우는 1회 정도, 징역형의 집행유예의 경우에는 2~3회 정도 제한하는 것에 불과한 점 등을 종합하면, 선거권제한조항은 청구인들의 선거권을 침해한다고 볼 수 없다(헌재 2018.1.25. 2015헌마821).

② (○) 소선거구 다수대표제는 다수의 사표가 발생할 수 있다는 문제점이 제기됨에도 불구하고 정치의 책임성과 안정성을 강화하고 인물 검증을 통해 당선자를 선출하는 등 장점을 가지며, 선거의 대표성이나 평등선거의 원칙 측면에서도 다른 선거제도와 비교하여 반드시 열등하다고 단정할 수 없다. 또한 비례대표선거제도를 통하여 소선거구 다수대표제를 채택함에 따라 발생하는 정당의 득표비율과 의석비율

간의 차이를 보완하고 있다. 그리고 유권자들의 후보들에 대한 각기 다른 지지는 자연스러운 것이고, 선거제도상 모든 후보자들을 당선시키는 것은 불가능하므로 사표의 발생은 불가피한 측면이 있다. 따라서 심판대상조항이 청구인의 평등권과 선거권을 침해한다고 할 수 없다(헌재 2016.5.26. 2012헌마374).

③ (○) 범죄자에게 형벌의 내용으로 선거권을 제한하는 경우에도 선거권 제한 여부 및 적용범위의 타당성에 관하여 보통선거원칙에 입각한 선거권 보장과 그 제한의 관점에서 헌법 제37조 제2항에 따라 엄격한 비례심사를 하여야 한다(헌재 2014.1.28. 2012헌마409)

④ (×) 입법자는 재외선거제도를 형성하면서, 잦은 재·보궐선거는 재외국민으로 하여금 상시적인 선거체제에 직면하게 하는 점, 재외 재·보궐선거의 투표율이 높지 않을 것으로 예상되는 점, 재·보궐선거 사유가 확정될 때마다 전 세계 해외 공관을 가동하여야 하는 등 많은 비용과 시간이 소요된다는 점을 종합적으로 고려하여 재외선거인에게 국회의원의 재·보궐선거권을 부여하지 않았다고 할 것이고, 이와 같은 선거제도의 형성이 현저히 불합리하거나 불공정하다고 볼 수 없다. 따라서 재외선거인 등록신청조항은 재외선거인의 선거권을 침해하거나 보통선거원칙에 위배된다고 볼 수 없다(헌재 2014.7.24. 2009헌마256).

⑤ (○) 사법적인 성격을 지니는 농협의 조합장선거에서 조합장을 선출하거나 조합장으로 선출될 권리, 조합장선거에서 선거운동을 하는 것은 헌법에 의하여 보호되는 선거권의 범위에 포함되지 않는다(헌재 2012.2.23. 2011헌바154). [2020년 국회 8급] ④

선거권에 대한 설명을 옳지 않은 것은? (다툼이 있는 경우 판례에 의함)

① 주민등록과 국내거소신고를 기준으로 지역구국회의원선거권을 인정하는 것은 해당 국민의 지역적 관련성을 확인하는 합리적인 방법으로, 주민등록이 되어 있지 않고 국내거소신고도 하지 않은 재외국민의 임기만료지역구국회의원선거권을 인정하지 않은 것은 선거권을 침해한다고 볼 수 없다.

② 국회의원 선거 연령의 하한을 규정한 법률조항에 대한 위헌심사는 입법자가 입법목적 달성을 위해 선택한 수단이 현저하게 불합리하고 불공정하며 자의적인 입법인지의 여부로 판단한다.

③ 선거운동기간 중 공개장소에서 비례대표국회의원후보자의 연설·대담을 금지하는 「공직선거법」 조항은 비례대표국회의원후보자의 선거운동의 자유 및 정당활동의 자유를 침해한다.

④ 부재자투표 개시시간을 일과시간 이내인 오전 10시로부터 정한 것은 과잉금지원칙에 위배하여 일과시간에 학업이나 직장업무를 하여야 하는 부재자투표자 청구인의 선거권을 침해하는 것이다.

⑤ 보통선거의 원칙에 따라 연령에 의하여 선거권을 제한하는 것은, 국정 참여 수단으로써의 선거권 행사는 일정한 수준의 정치적인 판단능력이 전제되어야 하기 때문이다.

① (○) 전국을 단위로 선거를 실시하는 대통령선거와 비례대표국회의원선거에 투표하기 위해서는 국민이라는 자격만으로 충분한데 반해, 특정한 지역구의 국회의원선거에 투표하기 위해서는 해당 지역과의 관련성이 인정되어야 한다. 결국 특정 지역구의 국회의원이라면 지역에 이해를 가지는 자가 지역의 이익을 대표하는 국회의원을 선출하여야 하는 것이다. 주민등록과 국내거소신고를 기준으로 지역구국회의원선거권을 인정하는 것은 해당 국민의 지역적 관련성을 확인하는 합리적인 방법이다. 따라서 선거권조항과 재외선거인 등록신청조항이 재외선거인의 임기만료 지역구 국회의원선거권을 인정하지 않은 것이 나머지 청구인들의 선거권을 침해하거나 보통선거원칙에 위배된다고 볼 수 없다(헌재 2014.7.24. 2009헌마256).

② (○) 헌법 제24조는 모든 국민은 '법률이 정하는 바'에 의하여 선거권을 가진다고만 규정함으로써 선거권이 인정되는 연령을 어떻게

정할 것인지에 관하여는 입법자에게 위임하고 있다. 입법자는 선거권 연령을 정함에 있어서 우리나라의 역사, 전통과 문화, 국민의 의식수준, 교육적 요소, 신체적·정신적 자율성의 인정 여부, 정치적·사회적 영향 등 여러 가지 사항을 종합하여 재량에 따라 결정할 수 있으나, 국민의 기본권을 보장하여야 한다는 헌법의 기본이념과 연령에 의한 선거권제한을 인정하는 보통선거제도의 취지에 따라 합리적인 이유에 근거하여 이루어져야 할 것이며, 그렇지 아니한 자의적 입법은 헌법상 허용될 수 없다(헌재 2013.7.25. 2012헌마174)

③ (×) 구 공직선거법은 제69조나 제70조를 두어 선거운동기간 중 소속정당의 정강·정책이나 후보자의 정견 등을 전국적인 영향력을 발휘하는 매체인 신문광고나 방송광고 등을 통해 유권자에게 알릴 수 있도록 하고 있는바, 비례대표국회의원후보자에게 공개장소에서의 연설이나 대담을 금지하고 있더라도 이것이 선거운동의 자유를 침해하는 것이라고 볼 수 없다. 구 공직선거법과 현행 공직선거법은 선거기간 전에는 정당의 통상적인 활동을 통해, 선거기간 중에는 통상적인 정당활동과 정당의 비례대표국회의원선거에 허용되는 선거운동방법을 통해 그 정강이나 정책을 유권자에게 알릴 수 있도록 제도적 장치를 마련하고 있으므로 지역구국회의원후보자에게 허용하는 일정한 선거운동방법을 정당에게 허용하지 않는다 하여 이것이 정당활동의 자유를 침해하는 것이라고 볼 수는 없다(헌재 2006.7.27. 2004헌마217).

④ (○) 일과시간에 학업이나 직장업무를 하여야 하는 부재자투표자는 투표개시시간을 일과시간 이내인 오전 10시부터로 정하고 있는 이 사건 투표시간조항으로 인하여 일과시간 이전에 투표소에 가서 투표할 수 없게 되어 사실상 선거권을 행사할 수 없게 되는 중대한 제한을 받는다. 그렇다면 이 사건 투표시간조항이 투표개시시간을 오전 10시부터로 정한 것은 단순한 투표관리의 행정편의적 목적만 있는 반면, 그로 인하여 일과시간에 투표를 하기 어려운 사정에 있는 부재자투표자는 사실상 선거권이 형해화될 정도로 중대한 제한을 받고 있다 할 것이므로, 이 사건 투표시간조항 중 투표개시시간 부분은 수단의 적정성, 법익균형성을 갖추지 못하여 과잉금지원칙에 위배된다. 따라서 이 사건 투표시간조항 중 투표개시시간 부분은 청구인의 선거권과 평등권을 침해한다(헌재 2012.2.23. 2010헌마601).

⑤ (○) 보통선거의 원칙은 선거권자의 능력, 재산, 사회적 지위 등의 실질적인 요소를 배제하고 일정한 연령에 도달한 사람이라면 누구라도 당연히 선거권을 갖는 것을 요구하는데, 그 전제로서 일정한 연령에 이르지 못한 국민에 대하여는 선거권을 제한하는바, 연령에 의하여 선거권을 제한하는 것은, 국정 참여 수단으로서 선거권 행사는 일정한 수준의 정치적인 판단능력이 전제되어야 하기 때문이다(헌재 2013.7.25. 2012헌마174).

[2019년 국회 5급] ③

선거권과 선거의 원칙에 관한 다음 설명 중 가장 옳은 것은? (다툼이 있는 경우 헌법재판소 결정 및 대법원 판례에 의함)

① 외국인은 대통령선거 및 국회의원선거에서는 선거권이 없으나, 지방선거권이 조례에 의해서 인정되고 있다.

② 평등선거의 원칙은 평등의 원칙이 선거제도에 적용된 것으로서 투표의 수적(數的) 평등, 즉 복수투표제 등을 부인하고 모든 선거인에게 1인 1표(one man, one vote)를 인정함을 의미할 뿐, 투표의 성과가치의 평등까지 의미하는 것은 아니다.

③ 비례대표제를 채택하는 경우 직접선거의 원칙은 의원의 선출뿐만 아니라 정당의 비례적인 의석확보도 선거권자의 투표에 의하여 직접 결정될 것을 요구하는바, 비례대표의원의 선거는 지역구의원의 선거와는 별도의 선거이므로 이에 관한 유권자의 별도의 의사표시, 즉 정당명부에 대한 별도의 투표가 있어야 한다.

④ 현행 헌법은 대통령선거에 관하여 국민의 보통·평등·직접·비밀선거의 원칙을 규정하고 있고, 국회의원선거에 관하여는 위 원칙들에 관한 규정이 없으나, 헌법해석상 당연히 적용되는 것으로 보아야 한다.

① (×) 공직선거법 제15조(선거권) ①18세 이상의 국민은 대통령 및 국회의원의 선거권이 있다. 다만, 지역구국회의원의 선거권은 18세

이상의 국민으로서 제37조 제1항에 따른 선거인명부작성기준일 현재 다음 각 호의 어느 하나에 해당하는 사람에 한하여 인정된다. ②18세 이상으로서 제37조 제1항에 따른 선거인명부작성기준일 현재 다음 각 호의 어느 하나에 해당하는 사람은 그 구역에서 선거하는 지방자치단체의 의회의원 및 장의 선거권이 있다. 3. 출입국관리법 제10조에 따른 영주의 체류자격 취득일 후 3년이 경과한 외국인으로서 같은 법 제34조에 따라 해당 지방자치단체의 외국인등록대장에 올라 있는 사람. 외국인의 지방선거권은 공직선거법에 의해서 인정되고 있다.

② (×) 평등선거의 원칙은 평등의 원칙이 선거제도에 적용된 것으로서 투표의 수적 평등, 즉 복수투표제 등을 부인하고 모든 선거인에게 1인 1표(one man, one vote)를 인정함을 의미할 뿐만 아니라, 투표의 성과가치의 평등, 즉 1표의 투표가치가 대표자 선정이라는 선거의 결과에 대하여 기여한 정도에 있어서도 평등하여야 함(one vote, one value)을 의미한다(헌재 1995.12.27. 95헌마224).

③ (○) 비례대표제를 채택하는 경우 직접선거의 원칙은 의원의 선출뿐만 아니라 정당의 비례적인 의석확보도 선거권자의 투표에 의하여 직접 결정될 것을 요구하는바, 비례대표의원의 선거는 지역구의원의 선거와는 별도의 선거이므로 이에 관한 유권자의 별도의 의사표시, 즉 정당명부에 대한 별도의 투표가 있어야 함에도 현행제도는 정당명부에 대한 투표가 따로 없으므로 결국 비례대표의원의 선출에 있어서는 정당의 명부작성행위가 최종적·결정적인 의의를 지니게 되고, 선거권자들의 투표행위로써 비례대표의원의 선출을 직접·결정적으로 좌우할 수 없으므로 직접선거의 원칙에 위배된다(헌재 2001.7.19. 2000헌마91).

④ (×) 헌법 제67조 ①대통령은 국민의 보통·평등·직접·비밀선거에 의하여 선출한다. 제41조 ①국회는 국민의 보통·평등·직접·비밀선거에 의하여 선출된 국회의원으로 구성한다. [2020년 법원 9급] ③

선거권 또는 선거제도에 대한 설명으로 가장 적절하지 않은 것은? (다툼이 있는 경우 판례에 의함)

① 1년 이상의 징역형 선고를 받고 그 집행이 종료되지 않은 사람의 선거권을 제한하는 「공직선거법」 조항은 선거권을 침해하지 않는다.

② 집행유예기간 중인 사람의 선거권을 제한하고 있는 「공직선거법」 조항은 과잉금지원칙에 위반하여 선거권을 침해한다.

③ 선거 후보자의 배우자가 그와 함께 다니는 사람 중에서 지정한 1명도 명함 교부를 할 수 있도록 한 「공직선거법」 조항은 배우자의 유무라는 우연한 사정에 근거하여 차별 취급하고 있으므로 배우자 없는 후보자의 평등권을 침해한다.

④ 재외선거인으로 하여금 선거를 실시할 때마다 재외선거인 등록신청을 하도록 한 「공직선거법」상 재외선거인 등록신청조항은 재외선거인의 선거권을 침해한다.

① (○) 심판대상조항은 공동체 구성원으로서 기본적 의무를 저버린 수형자에 대하여 사회적·형사적 제재를 부과하고, 수형자와 일반국민의 준법의식을 제고하기 위한 것이다. 법원의 양형관행을 고려할 때 1년 이상의 징역형을 선고받은 사람은 공동체에 상당한 위해를 가하였다는 점이 재판 과정에서 인정된 자이므로, 이들에 한해서는 사회적·형사적 제재를 가하고 준법의식을 제고할 필요가 있다. 따라서 심판대상조항은 과잉금지원칙을 위반하여 청구인의 선거권을 침해하지 아니한다(헌재 2017.5.25. 2016헌마292).

② (○) 심판대상조항은 집행유예자와 수형자에 대하여 전면적·획일적으로 선거권을 제한하고 있다. 심판대상조항의 입법목적에 비추어 보더라도, 구체적인 범죄의 종류나 내용 및 불법성의 정도 등과 관계없이 일률적으로 선거권을 제한하여야 할 필요성이 있다고 보기는 어렵다. 범죄자가 저지른 범죄의 경중을 전혀 고려하지 않고 수형자와 집행유예자 모두의 선거권을 제한하는 것은 침해의 최소성원칙에 어긋난다. 특히 집행유예자는 집행유예 선고가 실효되거나 취소되지 않는 한 교정시설에 구금되지 않고 일반인과 동일한 사회생활을 하고 있으므로, 그들의 선거권을 제한해야 할 필요성이 크지 않다. 따라서 심판대상조항은 청구인들의 선거권을 침해하고, 보통선거원칙에 위반하여 집행유예자와 수형자를 차별취급하는 것이므로 평등원칙에도 어긋난다(헌재 2014.1.28. 2012헌마409).

③ (○) 사건 3호 법률조항은 명함 고유의 특성이나 가족관계의 특수성을 반영하여 단독으로 명함교부 및 지지호소를 할 수 있는 주체를 예비후보자의 배우자나 직계존·비속, 본인에게 한정하고 있는 이 사건 1호 법률조항에 더하여, 배우자가 그와 함께 다니는 사람 중에서

지정한 1명까지 보태어 명함교부 및 지지호소를 할 수 있도록 하여 배우자 유무에 따른 차별효과를 크게 한다. 이것은 명함 본래의 기능에 부합하지 아니할 뿐만 아니라, 선거운동 기회균등의 원칙에 반하고, 예비후보자의 선거운동의 강화에만 치우친 나머지, 배우자의 유무라는 우연적인 사정에 근거하여 합리적 이유 없이 배우자 없는 예비후보자를 차별 취급하는 것이므로, 이 사건 3호 법률조항은 청구인의 평등권을 침해한다(헌재 2013.11.28. 2011헌마267).

④ (×) 재외선거인의 등록신청서에 따라 재외선거인명부를 작성하는 방법은 해당 선거에서 투표할 권리가 있는지 확인함으로써 투표의 혼란을 막고, 선거권이 있는 재외선거인을 재외선거인명부에 등록하기 위한 합리적인 방법이다. 따라서 재외선거인 등록신청조항이 재외선거권자로 하여금 선거를 실시할 때마다 재외선거인 등록신청을 하도록 규정한 것이 재외선거인의 선거권을 침해한다고 볼 수 없다(헌재 2014.7.24. 2009헌마256). [2021년 경찰 경정승진] ④

선거권 및 선거제도에 대한 설명으로 가장 적절하지 않은 것은? (다툼이 있는 경우 헌법재판소 판례에 의함)

① 선거는 주권자인 국민이 그 주권을 행사하는 통로이므로 국민의 의사를 제대로 반영하고, 국민의 자유로운 선택권을 보장하여야 하며, 정당의 공직선거 후보자의 결정과정이 민주적이어야 한다.

② 선거권의 평등은 투표가치의 평등을 의미하므로 자치구·시·군의원 선거구 획정에서 인구비례의 원칙 이외에 행정구역, 지세, 교통 등 2차적 요소들을 고려하여야 한다.

③ 선거구 구역표는 전체가 불가분의 일체를 이루는 것으로서 어느 한 부분에 위헌적 요소가 있다면 선거구 구역표 전체가 위헌적 하자가 있는 것으로 보아야 한다.

④ 지역농협은 사법인에서 볼 수 없는 공법인적 특성을 많이 갖고 있으므로 지역농협의 조합장선거에서 조합장을 선출하거나 조합장으로 선출될 권리, 조합장선거에서 선거운동을 하는 것도 헌법에 의해 보호되는 선거권의 범위이다.

① (○) 선거는 주권자인 국민이 그 주권을 행사하는 통로이므로 선거제도는 첫째, 국민의 의사를 제대로 반영하고, 둘째, 국민의 자유로운 선택을 보장하여야 하고, 셋째, 정당의 공직선거 후보자의 결정과정이 민주적이어야 하며, 그렇지 않으면 민주주의원리 나아가 국민주권의 원리에 부합한다고 볼 수 없다(헌재 2001.7.19. 2000헌마91).

② (○) 선거권의 평등은 투표가치의 평등을 의미하므로 자치구·시·군의원 선거구 획정에 있어서도 인구비례 원칙에 의한 투표가치의 평등은 가장 중요하고도 우선적이며 일차적인 기준으로 고려되어야 한다. 그리고 자치구·시·군의회의원도 국회의원이나 시·도의회의원과 마찬가지로 주민대표임과 동시에 비록 그 대표하는 지역의 크기는 다르지만 지역대표로서의 성격을 갖고 있음을 부인할 수 없고, 또한 그 정도는 다르지만 급격한 산업화·도시화의 과정에서 인구의 도시집중으로 인하여 발생한 도시와 농어촌 간의 인구편차와 각 분야에 있어서의 개발 불균형이 존재하는 점은 마찬가지일 것이므로 자치구·시·군의원 선거구 획정에 있어서도 행정구역이나 교통, 지세 등의 2차적인 요소들을 인구비례원칙에 못지않게 함께 고려해야 할 필요성도 적지 않다(헌재 2009.3.26. 2006헌마14).

③ (○) 선거구구역표는 각 선거구가 서로 유기적으로 관련을 가짐으로써 한 부분에서의 변동은 다른 부분에서도 연쇄적으로 영향을 미치는 성질을 가진다. 이러한 의미에서 선거구구역표는 전체가 불가분의 일체를 이루는 것으로서 어느 한 부분에 위헌적인 요소가 있다면, 선거구구역표 전체가 위헌의 하자를 갖는 것이다(헌재 2014.10.30. 2012헌마192).

④ (×) 헌법 제24조 선거권이란 국민이 공무원을 선거하는 권리를 말하고, 이는 주권자인 국민이 자신의 정치적 의사를 자유로이 결정하고 표명하여 선거에 참여함으로써 민주사회를 구성하고 움직이게 하는 작동원리로 작용한다. 이처럼 사법적인 성격을 지니는 농협의 조합장선거에서 조합장을 선출하거나 조합장으로 선출될 권리, 조합장선거에서 선거운동을 하는 것은 헌법에 의하여 보호되는 선거권의 범위에 포함되지 않는다(헌재 2012.2.23. 2011헌바154). [2022년 경찰간부] ④

제3절 공무담임권

근로의 권리와 근로3권에 관한 설명으로 옳지 않은 것만을 모두 고르면? (다툼이 있는 경우 판례에 의함)

ㄱ. 고용 허가를 받아 국내에 입국한 외국인근로자의 출국만기보험금은 출국 후 14일 이내에 지급하도록 한 「외국인근로자의 고용 등에 관한 법률」 조항은 외국인근로자의 근로의 권리를 침해한다.
ㄴ. 연차유급휴가는 근로자의 건강하고 문화적인 생활의 실현에 이바지할 수 있도록 여가를 부여하는 데 그 목적이 있지만, 인간의 존엄성을 보장하기 위한 합리적인 근로조건에 해당하지 않으므로 연차유급휴가에 관한 권리는 근로의 권리의 내용에 포함되지 않는다.
ㄷ. 교원은 학생들에 대한 지도·교육이라는 노무에 종사하고 그 대가로 받는 임금·급료 그 밖에 이에 준하는 수입으로 생활하는 사람이므로 근로자에 해당한다.
ㄹ. 단결권은 개별 근로자가 노동조합 등 근로자단체를 조직하거나 그에 가입하여 활동할 수 있는 개별적 단결권만을 의미하는 것으로, 근로자단체가 존립하고 활동할 수 있는 것은 단결권이 아닌 헌법 제21조 결사의 자유에 의하여 보장된다.
ㅁ. 근로자가 퇴직급여를 청구할 수 있는 권리는 헌법상 바로 도출되는 것이 아니라 「퇴직급여법」 등 관련 법률이 구체적으로 정하는 바에 따라 비로소 인정될 수 있다.

① ㄱ, ㄴ, ㄷ ② ㄱ, ㄴ, ㄹ ③ ㄴ, ㄷ, ㄹ
④ ㄴ, ㄹ, ㅁ ⑤ ㄷ, ㄹ, ㅁ

ㄱ. (×) 출국만기보험금이 근로자의 퇴직 후 생계 보호를 위한 퇴직금의 성격을 가진다고 하더라도 불법체류가 초래하는 여러 가지 문제를 고려할 때 불법체류 방지를 위해 그 지급시기를 출국과 연계시키는 것은 불가피하므로 심판대상조항이 청구인들의 근로의 권리를 침해한다고 보기 어렵다(헌재 2016.3.31. 2014헌마367).
ㄴ. (×) 헌법 제32조 제3항은 근로의 권리가 실효적인 것이 될 수 있도록 "근로조건의 기준은 인간의 존엄성을 보장하도록 법률로 정한다."고 하여 근로조건의 법정주의를 규정하고 있고, 이에 따라 근로기준법 등에 규정된 연차유급휴가는 근로자의 건강하고 문화적인 생활의 실현에 이바지할 수 있도록 여가를 부여하는데 그 목적이 있으므로 이는 인간의 존엄성을 보장하기 위한 합리적인 근로조건에 해당한다. 따라서 연차유급휴가에 관한 권리는 인간의 존엄성을 보장받기 위한 최소한의 근로조건을 요구할 수 있는 권리로서 근로의 권리의 내용에 포함된다(헌재 2008.9.25. 2005헌마586).
ㄷ. (○) 헌법 제33조 제1항은 "근로자는 근로조건의 향상을 위하여 자주적인 단결권·단체교섭권 및 단체행동권을 가진다."고 하여 근로자의 근로3권을 보호하고 있다. 교원도 학생들에 대한 지도·교육이라는 노무에 종사하고 그 대가로 받는 임금·급료 그 밖에 이에 준하는 수입으로 생활하는 사람이므로 근로자에 해당한다(헌재 2015.5.28. 2013헌마671).
ㄹ. (×) 근로3권 중 단결권에는 개별 근로자가 노동조합 등 근로자단체를 조직하거나 그에 가입하여 활동할 수 있는 개별적 단결권뿐만 아니라 근로자단체가 존립하고 활동할 수 있는 집단적 단결권도 포함된다(헌재 2015.5.28. 2013헌마671).
ㅁ. (○) 근로자가 퇴직급여를 청구할 수 있는 권리도 헌법상 바로 도출되는 것이 아니라 퇴직급여법 등 관련 법률이 구체적으로 정하는 바에 따라 비로소 인정될 수 있는 것이므로 계속근로기간 1년 미만인 근로자가 퇴직급여를 청구할 수 있는 권리가 헌법 제32조 제1항에 의하여 보장된다고 보기는 어렵다(헌재 2011.7.28. 2009헌마408). [2022년 국회 9급] ②

공무원제도 및 공무담임권에 대한 설명으로 가장 적절하지 않은 것은? (다툼이 있는 경우 판례에 의함)

① 경찰공무원이 자격정지 이상의 형의 선고유예를 받은 경우 공무원직에서 당연 퇴직하도록 규정하고 있는 구 경찰공무원법 조항은 자격정지 이상의 선고유예 판결을 받은 모든 범죄를 포괄하여 규정하고 있을 뿐만 아니라 심지어 오늘날 누구에게나 위험이 상존하는 교통사고 관련 범죄 등 과실범의 경우마저 당연 퇴직의 사유에서 제외하지 않고 있으므로 최소침해성의 원칙에 반한다.

② 헌법 제7조가 정하고 있는 직업공무원제도는 공무원이 집권세력의 논공행상의 제물이 되는 엽관제도를 지양하며 정권교체에 따른 국가작용의 중단과 혼란을 예방하고 일관성 있는 공무수행의 독자성을 유지하기 위하여 헌법과 법률에 의하여 공무원의 신분이 보장되도록 하는 공직구조에 관한 제도로 공무원의 정치적 중립과 신분보장을 그 중추적 요소로 한다.

③ 공무원이거나 공무원이었던 사람이 재직 중의 사유로 금고 이상의 형을 받거나 형이 확정된 경우 퇴직급여 및 퇴직수당의 일부를 감액하여 지급함에 있어 그 이후 형의 선고의 효력을 상실하게 하는 특별사면 및 복권을 받은 경우를 달리 취급하는 규정을 두지 아니한 구 공무원연금법 규정은 합리적인 이유가 없다고 할 것이므로 청구인의 재산권 및 인간다운 생활을 할 권리를 침해한다.

④ 형사사건으로 기소된 국가공무원을 직위해제할 수 있도록 규정한 구 국가공무원법의 규정에 의한 공무담임권의 제한은 잠정적이고 그 경우에도 공무원의 신분은 유지되고 있다는 점에서 공무원에게 가해지는 신분상 불이익과 보호하려는 공익을 비교할 때 공무집행의 공정성과 그에 대한 국민의 신뢰를 유지하고자 하는 공익이 더욱 크므로 이 사건 법률조항은 공무담임권을 침해하지 않는다.

① (○) 경찰공무원이 자격정지 이상의 형의 선고유예를 받은 경우 공무원직에서 당연퇴직하도록 규정하고 있는 이 사건 법률조항은 자격정지 이상의 선고유예 판결을 받은 모든 범죄를 포괄하여 규정하고 있을 뿐만 아니라 심지어 오늘날 누구에게나 위험이 상존하는 교통사고 관련범죄 등 과실범의 경우마저 당연퇴직의 사유에서 제외하지 않고 있으므로 최소침해성의 원칙에 반한다. 따라서 이 사건 법률조항은 헌법 제25조의 공무담임권을 침해한 위헌 법률이다(헌재 2004.9.23. 2004헌가12).

② (○) 지방공무원법 제62조 제1항 제3호에서 지방자치단체의 직제가 폐지된 경우에 행할 수 있도록 하고 있는 직권면직은 행정조직의 효율성을 높이기 위한 제도로서 행정수요가 소멸하거나 조직의 비대화로 효율성이 저하되는 경우 불가피하게 이루어지게 된다. 한편 우리 <u>헌법 제7조가 정하고 있는 직업공무원제도는 공무원이 집권세력의 논공행상의 제물이 되는 엽관제도를 지양하며 정권교체에 따른 국가작용의 중단과 혼란을 예방하고 일관성 있는 공무수행의 독자성을 유지하기 위하여 헌법과 법률에 의하여 공무원의 신분이 보장되도록 하는 공직구조에 관한 제도로 공무원의 정치적 중립과 신분보장을 그 중추적 요소로 한다</u>(헌재 2004.11.25. 2002헌바8).

③ (×)

④ (○) 사건 법률조항의 입법목적은 형사소추를 받은 공무원이 계속 직무를 집행함으로써 발생할 수 있는 공직 및 공무집행의 공정성과 그에 대한 국민의 신뢰를 해할 위험을 예방하기 위한 것으로 정당하고, 직위해제는 이러한 입법목적을 달성하기에 적합한 수단이다. 따라서 이 사건 법률조항은 공무담임권을 침해하지 않는다(헌재 2006.5.25. 2004헌바12). [2022년 경찰 경정승진] ③

공무담임권에 대한 설명으로 가장 적절한 것은? (다툼이 있는 경우 헌법재판소 판례에 의함)

① 미성년자에 대하여 성범죄를 범하여 형을 선고받아 확정된 자와 성인에 대한 성폭력범죄를 범하여 벌금 100만 원 이상의 형을 선고받아 확정된 자는 「초·중등교육법」상의 교원에 임용될 수 없도록 한 부분은 그 제한의 범위가 지나치게 넓고 포괄적이어서 공무담임권을 침해한다.

② 「국가공무원법」 해당 조항 중 「아동복지법」 제17조 제2호 가운데 아동에게 성적 수치심을 주는 성희롱 등의 성적 학대행위로 형을 선고받아 그 형이 확정된 사람은 일반직 공무원으로 임용될 수 없도록 한 부분은 아동·청소년 대상 성범죄의 재범률을 고려해 볼 때 공무담임권을 침해하지 않는다.

③ 비위공무원에 대한 징계를 통해 불이익을 줌으로써 공직기강을 바로 잡고 공무수행에 대한 국민의 신뢰를 유지하고자 하는 공익은 제한되는 사익 이상으로 중요하므로, 공무원이 감봉 처분을 받은 경우 12월간 승진임용을 제한하는 「국가공무원원법」 조항 중 '승진임용'에 관한 부분은 공무담임권을 침해하지 않는다.

④ 피성년후견인인 국가공무원은 당연퇴직한다고 정한 구 「국가공무원법」 조항 중 '피성년후견인'에 관한 부분은 정신상의 장애로 직무를 감당할 수 없는 국가공무원을 부득이 공직에서 배제하는 불가피한 조치로서 공무담임권을 침해하지 않는다.

① (×) 아동·청소년과 상시적으로 접촉하고 밀접한 생활관계를 형성하여 이를 바탕으로 교육과 상담이 이루어지고 인성발달의 기초를 형성하는 데 지대한 영향을 미치는 초·중등학교 교원의 업무적인 특수성과 중요성을 고려해 본다면, 최소한 초·중등학교 교육현장에서 성범죄를 범한 자를 배제할 필요성은 어느 공직에서보다 높다고 할 것이고, 아동·청소년 대상 성범죄의 재범률까지 고려해 보면 미성년자에 대하여 성범죄를 범한 자는 교육현장에서 원천적으로 차단할 필요성이 매우 크다. 이처럼 이 사건 결격사유조항은 성범죄를 범하는 대상과 확정된 형의 정도에 따라 성범죄에 관한 교원으로서의 최소한의 자격기준을 설정하였다고 할 것이고, 같은 정도의 입법목적을 달성하면서도 기본권을 덜 제한하는 수단이 명백히 존재한다고 볼 수도 없으므로, 이 사건 결격사유조항은 과잉금지원칙에 반하여 청구인의 공무담임권을 침해하지 아니한다(헌재 2019.7.25. 2016헌마754).

② (×) 심판대상조항은 아동과 관련이 없는 직무를 포함하여 모든 일반직공무원 및 부사관에 임용될 수 없도록 하므로, 제한의 범위가 지나치게 넓고 포괄적이다. 또한, 심판대상조항은 영구적으로 임용을 제한하고, 결격사유가 해소될 수 있는 어떠한 가능성도 인정하지 않는다. 아동에 대한 성희롱 등의 성적 학대행위로 형을 선고받은 경우라고 하여도 범죄의 종류, 죄질 등은 다양하므로, 개별 범죄의 비난가능성 및 재범 위험성 등을 고려하여 상당한 기간 동안 임용을 제한하는 덜 침해적인 방법으로도 입법목적을 충분히 달성할 수 있다. 따라서 심판대상조항은 과잉금지원칙에 위배되어 청구인의 공무담임권을 침해한다(헌재 2022.11.24. 2020헌마1181).

③ (○) 징계처분에 따른 승진임용 제한기간을 정함에 있어서는 일반적으로 승진임용에 소요되는 기간을 고려하여 적어도 공무원 징계처분의 취지와 효력을 담보할 수 있는 기간이 설정될 필요가 있다. 감봉의 경우 12개월간 승진임용이 제한되는데 이는 종래 18개월이었던 것을 축소한 것이며, 강등·정직(18개월)이나 견책(6개월)과의 균형을 고려하면 과도하게 긴 기간이라고 보기는 어렵다. 비위공무원에 대한 징계를 통해 불이익을 줌으로써 공직기강을 바로 잡고 공무수행에 대한 국민의 신뢰를 유지하고자 하는 공익은 제한되는 사익 이상으로 중요하다. 이 사건 승진조항은 과잉금지원칙을 위반하여 청구인의 공무담임권을 침해하지 않는다(헌재 2022.3.31. 2020헌마211).

④ (×) 심판대상조항은 성년후견이 개시되지는 않았으나 동일한 정도의 정신적 장애가 발생한 국가공무원의 경우와 비교할 때 사익의 제한 정도가 과도하고, 성년후견이 개시되었어도 정신적 제약을 극복하여 후견이 종료될 수 있고, 이 경우 법원에서 성년후견 종료심판을 하고 있다는 사실에 비추어 보아도 사익의 제한 정도가 지나치게 가혹하다. 또한 심판대상조항처럼 국가공무원의 당연퇴직사유를 임용결격사유와 동일하게 규정하려면 국가공무원이 재직 중 쌓은 지위를 박탈할 정도의 충분한 공익이 인정되어야 하나, 이 조항이 달성하려는 공익은

이에 미치지 못한다. 따라서 심판대상조항은 과잉금지원칙에 반하여 공무담임권을 침해한다(헌재 2022.12.22. 2020헌가8).

[2023년 경찰간부] ③

공무담임권에 대한 설명으로 옳은 것은? (다툼이 있는 경우 판례에 의함)

① 순경 공개경쟁채용시험의 응시연령 상한을 30세 이하로 규정한 경찰공무원임용령 조항은 공무담임권을 침해하지 않는다.

② 군의 특수성을 고려하여 부사관으로 최초로 임용되는 사람의 최고연령을 27세로 정한 군인사법 조항은 부사관 임용을 원하는 사람들의 공무담임권을 침해한다.

③ 구 검사징계법상 검사에 대한 징계로서 '면직' 처분을 인정하는 것은 과잉금지원칙에 반하여 공무담임권을 침해한다고 할 수 없다.

④ 공무담임권의 보호영역에는 공무원 신분의 부당한 박탈이나 권한 또는 직무의 부당한 정지뿐만 아니라 승진시험의 응시제한이나 이를 통한 승진기회의 보장 등 내부 승진인사에 관한 문제도 포함된다.

① (×) 순경 공채시험, 소방사 등 채용시험, 그리고 소방간부 선발시험의 응시연령의 상한을 30세 이하 로 규정하고 있는 것은 합리적이라고 볼 수 없으므로 침해의 최소성 원칙에 위배되어 청구인들의 공무담임권을 침해한다(헌재 2012.5.31. 2010헌마278).

② (×) 군의 특수성을 고려할 때 부사관의 임용연령상한을 제한하는 심판대상조항은 그 입법목적이 정당하고, 부사관보다 상위 계급인 소위의 임용연령상한도 27세로 정해져 있는 점, 연령과 체력의 보편적 상관관계 등을 고려할 때 수단의 적합성도 인정된다. 따라서 심판대상조항이 과잉금지의 원칙을 위반하여 청구인들의 공무담임권을 침해한다고 볼 수 없다(헌재 2014.9.25. 2011헌마414).

③ (○) 범죄의 수사와 공소제기 업무를 담당하는 검사의 지위와 위상을 고려할 때, 검사가 중대한 비위행위를 하였음에도 계속 그 직무를 수행하도록 한다면 검찰의 직무와 사법질서에 대한 국민의 불신이 초래된다는 점에서, 검사에 대한 징계로서 면직 처분을 인정하는 것은 과잉금지원칙에 반하여 공무담임권을 침해한다고 할 수 없다(헌재 2011.12.29. 2009헌바282).

④ (×) 공무담임권의 보호영역에는 공직취임 기회의 자의적인 배제뿐 아니라, 공무원 신분의 부당한 박탈이나 권한(직무)의 부당한 정지도 포함된다. 다만, 승진시험의 응시제한이나 이를 통한 승진기회의 보장 문제는 공직신분의 유지나 업무수행에는 영향을 주지 않는 단순한 내부 승진인사에 관한 문제에 불과하여 공무담임권의 보호영역에 포함된다고 보기는 어렵다(헌재 2010.3.25. 2009헌마538).

[2022년 국가 7급] ③

다음 중 공무담임권 관한 설명으로 가장 옳지 않은 것은? (다툼이 있는 경우 판례에 의함)

① 공무담임권은 국민이 국가나 공공단체의 구성원으로서 직무를 담당할 수 있는 권리를 뜻하고, 여기서 직무를 담당한다는 것은 공무담임에 관하여 능력과 적성에 따라 평등한 기회를 보장받는 것을 의미한다.

② 현행 헌법은 공무담임권을 명시적으로 규정하고 있다.

③ 선출직 공무원의 공무담임권은 선거를 전제로 하는 대의제의 원리에 의하여 발생하는 것이므로 공직의 취임이나 상실에 관련된 어떠한 법률조항이 대의제의 본질에 반한다면 이는

공무담임권도 침해하는 것이라고 볼 수 있다.

④ 공무담임권은 공직취임의 기회균등을 요구하지만, 취임한 뒤 승진할 때에도 균등한 기회 제공을 요구하지 않는다.

① (○) 공무담임권은, 국민이 국가나 공공단체의 구성원으로서 직무를 담당할 수 있는 권리를 뜻하고, 여기서 직무를 담당한다는 것은 공무담임에 관하여 능력과 적성에 따라 평등한 기회를 보장받는 것을 의미한다(헌재 2018.7.26. 2017헌마1183).

② (○) 헌법 제25조 모든 국민은 법률이 정하는 바에 의하여 공무담임권을 가진다.

③ (○) 선출직 공무원의 공무담임권은 선거를 전제로 하는 대의제의 원리에 의하여 발생하는 것이므로 공직의 취임이나 상실에 관련된 어떠한 법률조항이 대의제의 본질에 반한다면 이는 공무담임권도 침해하는 것이라고 볼 수 있다(헌재 2009.3.26. 2007헌마843).

④ (×) 공무담임권은 공직취임의 기회 균등뿐만 아니라 취임한 뒤 승진할 때에도 균등한 기회 제공을 요구한다. 청구인의 경우 군 복무기간이 승진소요 최저연수에 포함되지 않으므로 공무원으로 근무하다가 군 복무를 한 사람보다 더 오래 재직하여야 승진임용절차가 진행된다. 또 군 복무기간이 경력평정에서도 일부만 산입되므로 경력평정점수도 상대적으로 적게 부여된다. 이는 승진임용절차 개시 및 승진임용점수 산정과 관련된 법적 불이익에 해당하므로, 승진경쟁인원 증가에 따라 승진 가능성이 낮아지는 사실상의 불이익 문제나 단순한 내부승진인사 문제와 달리 공무담임권의 제한에 해당한다(헌재 2018.7.26. 2017헌마1183). [2022년 해경간부] ④

공무담임권에 관한 설명 중 가장 적절하지 않은 것은? (다툼이 있는 경우 판례에 의함)

① 공무담임권은 국가 등에게 능력주의를 존중하는 공정한 공직자 선발을 요구할 수 있는 권리라는 점에서 직업선택의 자유보다는 그 기본권의 효과가 현실적·구체적이므로, 공직을 직업으로 선택하는 경우에 있어서 직업선택의 자유는 공무담임권을 통해서 그 기본권보호를 받게 된다고 할 수 있으므로 공무담임권을 침해하는지 여부를 심사하는 이상 이와 별도로 직업선택의 자유 침해 여부를 심사할 필요는 없다.

② 공무담임권의 보호영역에는 일반적으로 공직취임의 기회보장, 신분박탈, 직무의 정지가 포함될 뿐이고 '승진시험의 응시제한'이나 이를 통한 승진기회의 보장 문제는 공직신분의 유지나 업무수행에는 영향을 주지 않는 단순한 내부 승진인사에 관한 문제에 불과하여 공무담임권의 보호영역에 포함된다고 보기 어렵다.

③ 서울교통공사는 공익적인 업무를 수행하기 위한 지방공사이나 서울특별시와 독립적인 공법인으로서 경영의 자율성이 보장되고, 서울교통공사의 직원의 신분도 「지방공무원법」이 아닌 「지방공기업법」과 정관에서 정한 바에 따르는 등, 서울교통공사의 직원이라는 직위가 헌법 제25조가 보장하는 공무담임권의 보호영역인 '공무'의 범위에는 해당하지 않는다.

④ 금고 이상의 형의 선고유예를 받고 그 기간 중에 있는 자를 임용결격사유로 삼고, 위 사유에 해당하는 자가 임용되더라도 이를 당연무효로 하는 구 「국가공무원법」 조항은 입법자의 재량을 일탈하여 청구인의 공무담임권을 침해한다.

① (○) 공무담임권은 국가 등에게 능력주의를 존중하는 공정한 공직자선발을 요구할 수 있는 권리라는 점에서 직업선택의 자유보다는 그 기본권의 효과가 현실적구체적이므로, 공직을 직업으로 선택하는 경우에 있어서 직업선택의 자유는 공무담임권을 통해서 그 기본권보호를

받게 된다고 할 수 있으므로 공무담임권을 침해하는지 여부를 심사하는 이상 이와 별도로 직업선택의 자유 침해 여부를 심사할 필요는 없다(헌재 2006.3.30. 2005헌마598).

② (○) 공무담임권의 보호영역에는 일반적으로 공직취임의 기회보장, 신분박탈, 직무의 정지가 포함될 뿐이고 청구인이 주장하는 승진시험의 응시제한이나 이를 통한 승진기회의 보장 문제는 공직신분의 유지나 업무수행에는 영향을 주지 않는 단순한 내부 승진인사에 관한 문제에 불과하여 공무담임권의 보호영역에 포함된다고 보기는 어려우므로, 결국 이 사건 심판대상 규정은 청구인의 공무담임권을 침해한다고 볼 수 없다(헌재 2007.6.28. 2005헌마1179).

③ (○) 서울교통공사는 공익적인 업무를 수행하기 위한 지방공사이나, 서울특별시와 독립적인 공법인으로서 경영의 자율성이 보장되고, 수행 사업도 국가나 지방자치단체의 독점적 성격을 갖는다고 보기 어려우며, 서울교통공사의 직원의 신분도 지방공무원법이 아닌 지방공기업법과 정관에서 정한 바에 따르는 등, 서울교통공사의 직원이라는 직위가 헌법 제25조가 보장하는 공무담임권의 보호영역인 '공무'의 범위에는 해당하지 않는다(헌재 2021.2.25. 2018헌마174).

④ (×) 사건 법률조항은 금고 이상의 형의 선고유예의 판결을 받아 그 기간 중에 있는 사람이 공무원으로 임용되는 것을 금지하고 이러한 사람이 공무원으로 임용되더라도 그 임용을 당연무효로 하는 것으로서, 공직에 대한 국민의 신뢰를 보장하고 공무원의 원활한 직무수행을 도모하기 위하여 마련된 조항이다. 따라서 이 사건 법률조항은 입법자의 재량을 일탈하여 공무담임권을 침해한 것이라고 볼 수 없다(헌재 2016.7.28. 2014헌바437). [2022년 경찰공채 3월] ④

공무담임권에 관한 다음 설명 중 가장 옳지 않은 것은?

① 경찰공무원이 자격정지 이상의 형의 선고유예를 받은 경우 당연퇴직하도록 규정한 조항은 자격정지 이상의 선고유예 판결을 받은 모든 범죄를 포괄하여 규정하고 있을 뿐만 아니라 과실범의 경우마저 당연퇴직의 사유에서 제외하지 않고 있으므로 공무담임권을 침해한다.

② 청구인이 당선된 당해선거에 관한 것인지를 묻지 않고, 선거에 관한 여론조사의 결과에 영향을 미치게 하기 위하여 둘 이상의 전화번호를 착신 전환 등의 조치를 하여 같은 사람이 두 차례 이상 응답하여 100만 원 이상의 벌금형을 선고받은 자로 하여금 지방의회의원의 직에서 퇴직되도록 한 조항은 청구인의 공무담임권을 침해한다.

③ '승진시험의 응시제한' 은 공직신분의 유지나 업무 수행에는 영향을 주지 않는 단순한 내부 승진인사에 관한 문제에 불과하여 공무담임권의 보호영역에 포함된다고 보기는 어려우므로, 시험요구일 현재를 기준으로 승진임용이 제한된 자에 대하여 승진시험응시를 제한하도록 한 공무원임용시험령이 공무담임권을 침해하였다고 볼 수 없다.

④ 지역구국회의원선거에 입후보하기 위한 요건으로서 기탁금 및 그 반환에 관한 규정은 입후보에 영향을 주므로 공무담임권을 제한하는 것이고, 이러한 공무담임권에 대한 제한은 과잉금지원칙을 기준으로 하여 판단한다.

① (○) 경찰공무원이 자격정지 이상의 형의 선고유예를 받은 경우 공무원직에서 당연퇴직하도록 규정하고 있는 이 사건 법률조항은 자격정지 이상의 선고유예 판결을 받은 모든 범죄를 포괄하여 규정하고 있을 뿐만 아니라 심지어 오늘날 누구에게나 위험이 상존하는 교통사고 관련범죄 등 과실범의 경우마저 당연퇴직의 사유에서 제외하지 않고 있으므로 최소침해성의 원칙에 반한다. 따라서 이 사건 법률조항은 헌법 제25조의 공무담임권을 침해한 위헌 법률이다(헌재 2004.9.23. 2004헌가12).

② (×) 퇴직조항은 선거에 관한 여론조사의 결과에 부당한 영향을 미치는 행위를 방지하고 선거의 공정성을 담보하며 공직에 대한 국민 또는 주민의 신뢰를 제고한다는 목적을 달성하는 데 적합한 수단이다. 지방의회의원이 선거의 공정성을 해하는 범죄로 유죄판결이 확정되었다

면 지방자치행정을 민주적이고 공정하게 수행할 것이라고 기대하기 어렵다. 퇴직조항으로 인하여 지방의회의원의 직에서 퇴직하게 되는 사익의 침해에 비하여 선거에 관한 여론조사의 결과에 부당한 영향을 미치는 행위를 방지하고 선거의 공정성을 담보하며 공직에 대한 국민 또는 주민의 신뢰를 제고한다는 공익이 더욱 중대하다. 퇴직조항은 청구인들의 공무담임권을 침해하지 아니한다(헌재 2022.3.31. 2019헌마986).

③ (○) 공무담임권의 보호영역에는 일반적으로 공직취임의 기회보장, 신분박탈, 직무의 정지가 포함될 뿐이고 청구인이 주장하는 승진시험의 응시제한이나 이를 통한 승진기회의 보장 문제는 공직신분의 유지나 업무수행에는 영향을 주지 않는 단순한 내부 승진인사에 관한 문제에 불과하여 공무담임권의 보호영역에 포함된다고 보기는 어려우므로 결국 이 사건 심판대상 규정은 청구인의 공무담임권을 침해한다고 볼 수 없다(헌재 2007.6.28. 2005헌마1179).

④ (○) 지역구국회의원선거에 입후보하기 위한 요건으로서의 기탁금 및 그 반환 요건에 관한 규정은 입후보에 영향을 주므로 공무담임권을 제한하는 것이고, 이러한 공무담임권에 대한 제한은 헌법 제37조 제2항이 정하고 있는 바와 같이 법률로써 하여야 하며, 국가안전보장, 질서유지 또는 공공복리 등 정당하고 중요한 공공의 목적을 달성하기 위하여 필요하고 적정한 수단과 방법에 의하여서만 가능하므로, 이하에서는 이러한 과잉금지원칙을 기준으로 하여 공무담임권 침해 여부를 판단하기로 한다(헌재 2016.12.29. 2015헌마509).

[2022년 법원 9급] ②

공무담임권에 대한 설명으로 가장 적절하지 않은 것은? (다툼이 있는 경우 헌법재판소 판례에 의함)

① 금고 이상의 형의 선고유예 판결을 받아 그 기간 중에 있는 사람이 공무원으로 임용되는 것을 금지하고 이러한 사람이 공무원으로 임용되더라도 그 임용을 당연무효로 하는 것은 해당 공무원의 공무담임권을 침해하지 않는다.

② 공무담임권의 보호영역에는 공직취임 기회의 자의적인 배제뿐 아니라, 공무원 신분의 부당한 박탈이나 권한의 부당한 정지도 포함된다.

③ 부사관으로 최초로 임용되는 사람의 최고연령을 27세로 정한 「군인사법」 조항은 군 조직의 특수성, 군 조직 내에서 부사관의 상대적 지위 및 역할 등을 고려하더라도 과잉금지원칙에 위배되어 공무담임권을 침해한다.

④ 주민등록을 하는 것이 법령의 규정상 아예 불가능한, 재외국민인 주민의 지방선거 피선거권을 부인하는 구 「공직선거법」 조항은 국내거주 재외국민의 공무담임권을 침해한다.

① (○) 사건 법률조항은 금고 이상의 형의 선고유예의 판결을 받아 그 기간 중에 있는 사람이 공무원으로 임용되는 것을 금지하고 이러한 사람이 공무원으로 임용되더라도 그 임용을 당연무효로 하는 것으로서, 공직에 대한 국민의 신뢰를 보장하고 공무원의 원활한 직무수행을 도모하기 위하여 마련된 조항이다. 따라서 이 사건 법률조항은 입법자의 재량을 일탈하여 공무담임권을 침해한 것이라고 볼 수 없다(헌재 2016.7.28. 2014헌바437).

② (○) 직무를 담당한다는 것은 모든 국민이 현실적으로 그 직무를 담당할 수 있다는 의미가 아니라, 국민이 공무담임에 관한 자의적이지 않고 평등한 기회를 보장받음을 의미하는바, 공무담임권의 보호영역에는 공직취임 기회의 자의적인 배제뿐 아니라, 공무원 신분의 부당한 박탈이나 권한(직무)의 부당한 정지도 포함된다(헌재 2007.6.28. 2005헌마1179).

③ (×) 국가의 안전보장과 국토방위의 의무를 수행하기 위하여 군인은 강인한 체력과 정신력을 바탕으로 한 전투력을 유지할 필요가 있고, 이를 위해 군 조직은 위계질서의 확립과 기강확보가 어느 조직보다 중요시된다. 따라서 심판대상조항이 과잉금지의 원칙을 위반하여 청구인들의 공무담임권을 침해한다고 볼 수 없다(헌재 2014.9.25. 2011헌마414).

④ (○) 외국의 영주권을 취득한 재외국민과 같이 주민등록을 하는 것이 법령의 규정상 아예 불가능한 자들이라도 지방자치단체의 주민으로서 오랜 기간 생활해 오면서 그 지방자치단체의 사무와 얼마든지 밀접한 이해관계를 형성할 수 있고, 주민등록이 아니더라도 그와 같은

거주 사실을 공적으로 확인할 수 있는 방법은 존재한다는 점, 주민등록만을 기준으로 함으로써 주민등록이 불가능한 재외국민인 주민의 지방선거 피선거권을 부인하는 법 제16조 제3항은 헌법 제37조 제2항에 위반하여 국내거주 재외국민의 공무담임권을 침해한다(헌재 2007.6.28. 2004헌마644). [2022년 경찰간부] ③

공무담임권에 관한 설명으로 옳지 않은 것은? (다툼이 있는 경우 헌법재판소 결정례에 의함)

① 공무원의 재임기간 동안 충실한 공무 수행을 담보하기 위하여 공무원의 퇴직급여 및 공무상 재해보상을 보장할 것까지 공무담임권의 보호영역에 포함된다고 보기는 어렵다.

② 공무담임권의 보호영역에는 공무원이 특정의 장소에서 근무하는 것 또는 특정의 보직을 받아 근무하는 것을 포함하는 일종의 '공무수행의 자유'까지 포함된다.

③ 공무담임권은 선거직공무원을 비롯한 모든 국가기관의 공직에 취임할 수 있는 권리이므로, 여러 가지 선거에 입후보해서 당선될 수 있는 피선거권을 포함하는 개념이다.

④ 공무담임권이란 입법부, 집행부, 사법부는 물론 지방자치단체 등 국가, 공공단체의 구성원으로서 그 직무를 담당할 수 있는 권리를 말한다.

⑤ 형사사건으로 기소된 국가공무원을 직위해제할 수 있도록 한 것은 공무담임권을 침해하지 않는다.

① (○) 헌법 제25조의 공무담임권이 공무원의 재임 기간 동안 충실한 공무 수행을 담보하기 위하여 공무원의 퇴직급여 및 공무상 재해보상을 보장할 것까지 그 보호영역으로 하고 있다고 보기 어렵고, 행복추구권은 행복을 추구하기 위하여 필요한 급부를 국가에 대하여 적극적으로 요구할 수 있음을 내용으로 하는 것이 아니므로, 심판대상조항으로 인한 공무담임권 및 행복추구권의 제한은 문제되지 않는다(헌재 2014.6.26. 2012헌마459).

② (×) 공무담임권의 보호영역에는 일반적으로 공직취임의 기회보장, 신분박탈, 직무의 정지가 포함되는 것일 뿐, 여기서 더 나아가 공무원이 특정의 장소에서 근무하는 것 또는 특정의 보직을 받아 근무하는 것을 포함하는 일종의 '공무수행의 자유'까지 그 보호영역에 포함된다고 보기는 어렵다(헌재 2008.6.26. 2005헌마1275).

③ (○) 공무담임권은 선거직공무원을 비롯한 모든 국가기관의 공직에 취임할 수 있는 권리이므로 여러 가지 선거에 입후보해서 당선될 수 있는 피선거권을 포함하는 개념이다(헌재 2006.2.23. 2005헌마403).

④ (○) 공무담임권이란 입법부, 집행부, 사법부는 물론 지방자치단체 등 국가, 공공단체의 구성원으로서 그 직무를 담당할 수 있는 권리를 말한다(헌재 2006.2.23. 2005헌마403).

⑤ (○) 사건 법률조항의 입법목적은 형사소추를 받은 공무원이 계속 직무를 집행함으로써 발생할 수 있는 공직 및 공무집행의 공정성과 그에 대한 국민의 신뢰를 해할 위험을 예방하기 위한 것으로 정당하고, 직위해제는 이러한 입법목적을 달성하기에 적합한 수단이다. 따라서 이 사건 법률조항은 공무담임권을 침해하지 않는다(헌재 2006.5.25. 2004헌바12). [2020년 소방간부] ②

공무원제도 및 공무담임권에 관한 설명으로 옳지 않은 것은? (다툼이 있는 경우 헌법재판소 판례에 의함)

① 헌법 제7조 제2항에서 공무원의 신분은 법률이 정하는 바에 의하여 보장된다고 규정함으로써 직업공무원제도에 따른 공무원 신분 법정주의를 천명하고 있을 뿐 징계처분 등을 받은 검사에 대하여 행정소송제도 외 추가적으로 소청절차를 마련해야 한다는 입법의무를 도출

하기 어렵다.

② 직제가 폐지된 때에 공무원을 직권면직시킬 수 있도록 규정한 「지방공무원법」의 조항은 공무원의 귀책사유 없이도 그 신분을 박탈할 수 있도록 하여 신분보장을 중추적 요소로 하는 직업공무원 제도에 위반된다.

③ 금고 이상의 형의 '선고유예'를 받은 경우에 공무원직에서 당연히 퇴직하는 것으로 정한 「지방공무원법」의 조항은 과실범의 경우마저 당연퇴직 사유에서 제외하지 않아 최소침해성의 원칙에 반하여 공무담임권을 침해한다.

④ 선출직 공무원이 될 피선거권과 직업공무원이 될 권리를 포함하는 헌법 제25조의 공무담임권이 헌법 제7조의 규정 내용과 유기적 연관을 맺고 있다면, 헌법 제7조 제2항의 보장 내용이 직업공무원제도를 보장하는 성격을 띤다는 사실만으로 「헌법재판소법」 제68조 제1항의 헌법소원심판으로 구제될 수 있는 '공무담임권의 보호영역'에 포함되지 않을 이유는 없다.

⑤ 세무직 국가공무원 공개경쟁채용시험에서 일정한 가산점을 부여하는 제도는 가산 대상 자격증을 소지하지 아니한 사람들에 대하여는 공직으로의 진입에 장애를 초래하여 공무담임권을 제한하는 측면이 있지만, 전문적 업무 능력을 갖춘 사람을 우대하여 직업공무원제도의 능력주의를 구현하는 측면이 있으므로 과잉금지원칙 위반 여부를 심사할 때 이를 고려할 필요가 있다.

① (○) 헌법 제7조 제2항에서 공무원의 신분은 법률이 정하는 바에 의하여 보장된다고 규정함으로써 직업공무원제도에 따른 공무원 신분 법정주의를 천명하고 있을 뿐 징계처분 등을 받은 검사에 대하여 행정소송제도 외 추가적으로 소청절차를 마련해야 한다는 입법의무를 도출하기 어렵고, 헌법 제11조 제1항의 평등원칙이 검사의 징계처분 등에 대한 구제절차를 다른 공무원과 완전히 동일하게 규율할 것을 명하는 것으로 보기도 어렵다. 따라서 헌법 제7조 제2항, 제11조 제1항의 해석상으로도 검사의 징계처분 등에 대한 소청을 심사·결정하기 위한 소청심사위원회를 두어야 할 의무가 도출된다고 할 수 없다(헌재 2021.6.22. 2021헌마569).

② (×) 직업공무원제도하에서 입법자는 직제폐지로 생기는 유휴인력을 직권면직하여 행정의 효율성 이념을 달성하고자 할 경우에도 직업공무원제도에 따른 공무원의 권익이 손상되지 않도록 조화로운 입법을 하여야 하는데, 직제가 폐지되면 해당 공무원은 그 신분을 잃게 되므로 직제폐지를 이유로 공무원을 직권면직할 때는 합리적인 근거를 요하며, 직권면직이 시행되는 과정에서 합리성과 공정성이 담보될 수 있는 절차적 장치가 요구된다. … 이 사건 규정이 직제가 폐지된 경우 직권면직을 할 수 있도록 규정하고 있다고 하더라도 이것이 직업공무원제도를 위반하고 있다고는 볼 수 없다(헌재 2004.11.25. 2002헌바8).

③ (○) 위 규정은 금고 이상의 선고유예의 판결을 받은 모든 범죄를 포괄하여 규정하고 있을 뿐 아니라, 심지어 오늘날 누구에게나 위험이 상존하는 교통사고 관련 범죄 등 과실범의 경우마저 당연퇴직의 사유에서 제외하지 않고 있으므로 최소침해성의 원칙에 반한다. 따라서 이 사건 법률조항은 과잉금지원칙에 위배하여 공무담임권을 침해하는 조항이다(헌재 2003.10.30. 2002헌마684).

④ (○) 선출직 공무원이 될 피선거권과 직업공무원이 될 권리를 포함하는 헌법 제25조의 공무담임권이 헌법 제7조의 규정 내용과 유기적 연관을 맺고 있다면, 헌법 제7조 제2항의 보장 내용이 직업공무원제도를 보장하는 성격을 띤다는 사실만으로 헌법재판소법 제68조 제1항의 헌법소원심판으로 구제될 수 있는 '공무담임권의 보호영역'에 포함되지 않을 이유는 없다(헌재 2021.6.24. 2020헌마1614).

⑤ (○) 세무직 국가공무원 공개경쟁채용시험에서 가산점을 부여하는 심판대상조항으로 인하여 제한되는 기본권은 공직취임의 기회와 관련된다는 점에서 공무담임권이라 볼 수 있다. … 이 사건 가산점제도는 가산 대상 자격증을 소지하지 아니한 사람들에 대하여는 공직으로의 진입에 장애를 초래하지만, 변호사, 공인회계사, 세무사의 업무능력을 갖춘 사람을 우대하여 헌법 제7조에서 보장하는 직업공무원제도의 능력주의를 구현하는 측면이 있으므로 헌법 제37조 제2항에 따른 과잉금지원칙 위반 여부를 심사할 때 이를 고려할 필요가 있다. … 따라서 심판대상조항은 과잉금지원칙에 위반되어 청구인의 공무담임권을 침해하지 아니한다(헌재 2020.6.25. 2017헌마1178). [2023년 소방간부] ②

공무담임권에 관한 다음 설명 중 가장 옳지 않은 것은?

① 현행 헌법은 공무담임권을 명시적으로 규정하고 있다.

② 공무담임권은 국민이 국가나 공공단체의 구성원으로서 직무를 담당할 수 있는 권리를 뜻하고, 여기서 직무를 담당한다는 것은 공무담임에 관하여 능력과 적성에 따라 평등한 기회를 보장받는 것을 의미한다.

③ 공무담임권은 공직취임의 기회균등을 요구하지만, 취임한 뒤 승진할 때에도 균등한 기회 제공을 요구하지는 않는다.

④ 선출직 공무원의 공무담임권은 선거를 전제로 하는 대의제의 원리에 의하여 발생하는 것이므로 공직의 취임이나 상실에 관련된 어떠한 법률조항이 대의제의 본질에 반한다면 이는 공무담임권도 침해하는 것이라고 볼 수 있다.

① (○) 헌법 제25조 모든 국민은 법률이 정하는 바에 의하여 공무담임권을 가진다.

② (○) 공무담임권은 국민이 국가나 공공단체의 구성원으로서 직무를 담당할 수 있는 권리를 뜻하고, 여기서 직무를 담당하는 것은 공무담임에 관하여 능력과 적성에 따라 평등한 기회를 보장받는 것을 의미한다(헌재 2018.7.26. 2017헌마1183).

③ (×) 공무담임권은 공직취임의 기회 균등뿐만 아니라 취임한 뒤 승진할 때에도 균등한 기회 제공을 요구한다. 청구인의 경우 군 복무기간이 승진소요 최저연수에 포함되지 않으므로 공무원으로 근무하다가 군 복무를 한 사람보다 더 오래 재직하여야 승진임용절차가 진행된다. 또 군 복무기간이 경력평정에도 일부만 산입되므로 경력평정점수도 상대적으로 적게 부여된다. 이는 승진임용절차가 개시 및 승진임용점수 산정과 관련된 법적 불이익에 해당하므로, 승진경쟁인원 증가에 따라 승진 가능성이 낮아지는 사실상의 불이익 문제나 단순한 내부승진인사 문제와 달리 공무담임권의 제한에 해당한다(헌재 2018.7.26. 2017헌마1183).

④ (○) 선출직 공무원의 공무담임권은 선거를 전제로 하는 대의제의 원리에 의하여 발생하는 것이므로 공직의 취임이나 상실에 관련된 어떠한 법률조항이 대의제의 본질에 반한다면 이는 공무담임권도 침해하는 것이라고 볼 수 있다(헌재 2009.3.26. 2007헌마843).

[2019년 법원 9급] ③

공무담임권에 관한 설명 중 가장 적절한 것은? (다툼이 있는 경우 판례에 의함)

① 공무담임권은 공직취임의 기회균등을 요구하지만, 취임한 뒤 승진할 때에도 균등한 기회 제공을 요구하지는 않는다.

② 지방자치단체의 장이 금고 이상의 형을 선고받고 그 형이 확정되지 아니한 경우 부단체장이 그 권한을 대행하도록 규정한 「지방자치법」 조항은 지방자치단체장의 공무담임권을 침해한다.

③ 국방부 등의 보조기관에 근무할 수 있는 기회를 현역군인에게만 부여하고 군무원에게는 부여하지 않는 법률조항은 군무원의 공무담임권을 침해한다.

④ 공무원의 재임 기간 동안 충실한 공무 수행을 담보하기 위하여 공무원의 퇴직급여 및 공무상 재해보상을 보장할 것까지 공무담임권의 보호영역에 포함된다고 본다.

① (×) 공무담임권은 공직취임의 기회 균등뿐만 아니라 취임한 뒤 승진할 때에도 균등한 기회 제공을 요구한다. 청구인의 경우 군 복무기간이 승진소요 최저연수에 포함되지 않으므로 공무원으로 근무하다가 군 복무를 한 사람보다 더 오래 재직하여야 승진임용절차가 진행된다. 또 군 복무기간이 경력평정에서도 일부만 산입되므로 경력평정점수도 상대적으로 적게 부여된다. 이는 승진임용절차 개시 및 승진임용점수 산정과 관련된 법적 불이익에 해당하므로, 승진경쟁인원 증가에 따라 승진 가능성이 낮아지는 사실상의 불이익 문제나 단순한 내부승진인사 문제와 달리 공무담임권의 제한에 해당한다(헌재 2018.7.26. 2017헌마1183).

② (○) 선거에 의하여 주권자인 국민으로부터 직접 공무담임권을 위임받는 자치단체장의 경우, 그와 같이 공무담임권을 위임한 선출의 정당성이 무너지거나 공무담임권 위임의 본지를 배반하는 직무상 범죄를 저질렀다면, 이러한 경우에도 계속 공무를 담당하게 하는 것은 공무담임권 위임의 본지에 부합된다고 보기 어렵다. 그러므로 위 두 사유에 해당하는 범죄로 자치단체장이 금고 이상의 형을 선고받은 경우라면, 그 형이 확정되기 전에 해당 자치단체장의 직무를 정지시키더라도 무죄추정의 원칙에 직접적으로 위배된다고 보기 어렵고, 과잉금지의 원칙도 위반하였다고 볼 수 없으나, 위 두 가지 경우 이외에는 금고 이상의 형의 선고를 받았다는 이유로 형이 확정되기 전에 자치단체장의 직무를 정지시키는 것은 무죄추정의 원칙과 과잉금지의 원칙에 위배된다(헌재 2010.9.2. 2010헌마418).

③ (×) 공무담임권의 보호영역에는 일반적으로 공직취임의 기회보장, 신분박탈, 직무의 정지가 포함되는 것일 뿐, 여기서 더 나아가 공무원이 특정의 장소에서 근무하는 것 또는 특정의 보직을 받아 근무하는 것을 포함하는 일종의 '공무수행의 자유'까지 그 보호영역에 포함된다고 보기는 어렵다. 따라서 이 사건 법률조항이 특정직공무원으로서 군무원인 청구인들의 공무담임권을 제한하는 것은 아니다(헌재 2008.6.26. 2005헌마1275).

④ (×) 헌법 제25조의 공무담임권이 공무원의 재임 기간 동안 충실한 공무 수행을 담보하기 위하여 공무원의 퇴직급여 및 공무상 재해보상을 보장할 것까지 그 보호영역으로 하고 있다고 보기 어렵고, 행복추구권은 행복을 추구하기 위하여 필요한 급부를 국가에 대하여 적극적으로 요구할 수 있음을 내용으로 하는 것이 아니므로(헌재 2003.11.27. 2003헌바39), 심판대상조항으로 인한 공무담임권 및 행복추구권의 제한은 문제되지 않는다(헌재 2014.6.26. 2012헌마459). [2020년 경찰 경정승진] ②

공무담임권에 대한 설명으로 옳지 않은 것은? (다툼이 있는 경우 판례에 의함)

① 지방자치단체의 장이 금고 이상의 형을 선고받고 그 형이 확정되지 아니한 경우 부단체장이 그 권한을 대행하도록 규정한 지방자치법 조항은 지방자치단체장의 공무담임권을 침해한다.

② 5급 공개경쟁채용시험 응시연령의 상한을 32세까지로 제한하고 있는 것은 기본권 제한을 최소한도에 그치도록 요구하는 헌법 제37조 제2항에 부합된다고 보기 어렵다.

③ 공무담임권의 보호영역에는 공직취임기회의 자의적인 배제뿐만 아니라 공무원 신분의 부당한 박탈이나 권한의 부당한 정지, 승진시험의 응시제한이나 이를 통한 승진기회의 보장 등이 포함된다.

④ 공무담임권은 각종 선거에 입후보하여 당선될 수 있는 피선거권과 공직에 임명될 수 있는 공직취임권을 포괄하는 권리이다.

① (○) 금고 이상의 형이 선고된 자치단체장은 단지 그 이유만으로 형의 확정이라는 불확정한 기한까지 직무를 정지당함은 물론, 주민들에게 유죄가 확정된 범죄자라는 선입견까지 주게 된다. 더욱이 장차 상급심에서 무죄 또는 금고 미만의 형이 선고되더라도 이미 침해된 당해 자치단체장의 공무담임권은 회복될 수도 없다. 또한 자치단체장에 대한 직무정지기간 동안 주민의 선출에 의하지 않은 부단체장이 실질적으로 지방자치단체의 행정을 운영하게 되므로, 민주주의와 지방자치제도의 원리상 바람직하지 않은 결과가 발생하게 된다. 이처럼 이 사건 법률조항으로 인하여 해당 자치단체장이 입게 되는 불이익은 회복하기 어려울 만큼 매우 중대하므로, 위 법률조항으로 달성될 공익, 즉

지방자치단체행정의 원활한 운영과 공직기강 확립보다 결코 작다고 할 수 없다. 그러므로 위 법률 조항은 법익균형성의 요건도 충족하지 못한다고 할 것이다. 따라서 이 사건 법률조항은 기본권제한의 침해최소성 및 법익균형성을 갖추지 못하였으므로, 헌법상 과잉금지원칙에 위반하여 청구인의 공무담임권을 과도하게 제한하고 있다(헌재 2010.9.2. 2010헌마418).

② (○) 사건 시행령조항은 32세가 넘은 사람의 공직취임권을 직접적으로 제한하는 것이므로, 그러한 제한을 정당화하려면 헌법 제37조 제2항이 요구하는 과잉금지의 원칙에 부합하여야 한다. 그런데 32세까지는 5급 공무원의 직무수행에 필요한 최소한도의 자격요건을 갖추고, 32세가 넘으면 그러한 자격요건을 상실한다고 보기 어렵고, 6급 및 7급 공무원 공채시험의 응시연령 상한을 35세까지로 규정하면서 그 상급자인 5급 공무원의 채용연령을 32세까지로 제한한 것은 합리적이라고 볼 수 없으므로, 이 사건 시행령조항이 5급 공채시험 응시연령의 상한을 '32세까지로' 제한하고 있는 것은 기본권 제한을 최소한도에 그치도록 요구하는 헌법 제37조 제2항에 부합된다고 보기 어렵다(헌재 2008.5.29. 2007헌마1105).

③ (×) 공무담임권의 보호영역에는 공직취임 기회의 자의적인 배제뿐 아니라, 공무원 신분의 부당한 박탈이나 권한(직무)의 부당한 정지도 포함된다. 다만 승진시험의 응시제한이나 이를 통한 승진기회의 보장 문제는 공직신분의 유지나 업무수행에는 영향을 주지 않는 단순한 내부 승진인사에 관한 문제에 불과하여 공무담임권의 보호영역에 포함된다고 보기는 어렵다(헌재 2010.3.25. 2009헌마538).

④ (○) 헌법 제25조에 공무담임권을 보장하고 있는바, 공무담임권은 각종 선거에 입후보하여 당선될 수 있는 피선거권과 공직에 임명될 수 있는 공직취임권을 포괄하고 있다(헌재 1999.12.23. 98헌마363). [2019년 국가 5급] ③

공무담임권에 대한 설명으로 옳은 것은? (다툼이 있는 경우 판례에 의함)

① 교육의원후보자가 되려는 사람은 5년 이상의 교육경력 또는 교육행정경력을 갖추도록 규정한 구 「제주특별자치도 설치 및 국제자유도시 조성을 위한 특별법」의 해당 조항은 이러한 경력을 갖추지 못한 청구인들의 공무담임권을 침해한다.

② 공무담임권의 보호영역에는 공직취임 기회의 자의적인 배제뿐 아니라, 공무원 신분의 부당한 박탈이나 권한(직무)의 부당한 정지도 포함된다.

③ 행정5급 일반임기제공무원에 관한 경력경쟁채용시험에서 '변호사 자격 등록'을 응시자격요건으로 하는 방위사업청장의 공고는 변호사 자격을 가졌으나 변호사 자격 등록을 하지 아니한 청구인들의 공무담임권을 침해한다.

④ 「고등교육법」상 심판대상 조항이 성인에 대한 성폭력범죄 행위로 벌금 100만원 이상의 형을 선고받고 확정된 자에 한하여 「고등교육법」상의 교원으로 임용할 수 없도록 한 것은, 성폭력범죄를 범하는 대상과 형의 종류에 따라 성폭력범죄에 관한 교원으로서의 최소한의 자격기준을 설정하였다고 할 수 없으므로, 죄형법정주의 및 과잉금지원칙에 반하여 청구인의 공무담임권을 침해한다.

② (○) 헌법 제25조 공무담임권이란 입법부, 집행부, 사법부는 물론 지방자치단체 등 국가, 공공단체의 구성원으로서 그 직무를 담당할 수 있는 권리를 말한다. 여기서 직무를 담당한다는 것은 모든 국민이 현실적으로 그 직무를 담당할 수 있다는 의미가 아니라, 국민이 공무담임에 관한 자의적이지 않고 평등한 기회를 보장받음을 의미하는바, 공무담임권의 보호영역에는 공직취임 기회의 자의적인 배제뿐 아니라, 공무원 신분의 부당한 박탈이나 권한(직무)의 부당한 정지도 포함된다(헌재 2007.6.28. 2005헌마1179).

① (×) 교육의원후보자가 되려는 사람은 5년 이상의 교육경력 또는 교육행정경력을 갖추도록 규정하고 있는 제주특별자치도 설치 및 국제자유도시 조성을 위한 특별법 제66조 제2항은 청구인들의 공무담임권을 침해하지 않는다(헌재 2020.9.24. 2018헌마444).

③ (×) 피청구인 방위사업청장이 행정5급 일반임기제공무원을 채용하는 경력경쟁채용시험공고를 하면서, 그 응시자격요건으로 변호사 자격

등록을 요구한 이 사건 공고는 대한변호사협회에 등록한 변호사로서 실제 변호사의 업무를 수행한 경력이 있는 사람을 우대하는 한편, 임용예정자에게 변호사등록 거부사유 등이 있는지를 대한변호사협회의 검증절차를 통하여 확인받도록 하는 데 목적이 있다. 이 사건 공고가 응시자격요건으로 변호사 자격 등록을 요구하는 것은 이러한 목적, 그리고 지원자가 채용예정직위에서 수행할 업무 등에 비추어 합리적이다. 인사권자인 피청구인은 경력경쟁채용시험을 실시하면서 응시자격요건을 구체적으로 어떻게 정할 것인지를 판단하고 결정하는 데 재량이 인정되는데, 이 사건 공고가 그 재량권을 현저히 일탈하였다고 볼 수 없다. 이 사건 공고는 변호사 자격을 가졌으나 변호사 자격 등록을 하지 아니한 청구인들의 공무담임권을 침해하지 않는다(헌재 2019.8.29. 2019헌마616).

④ (×) 교육공무원법 제10조의4 제3호 중 벌금 100만원 이상의 형을 선고받아 그 형이 확정된 사람은 고등교육법 제2조가 규정하는 학교의 교원에 임용될 수 없도록 한 심판대상조항이 성인에 대한 성폭력범죄 행위로 벌금 100만원 이상의 형을 선고받고 확정된 자에 한하여 고등교육법상의 교원으로 임용할 수 없도록 한 것은, 성폭력범죄를 범하는 대상과 형의 종류에 따라 성폭력범죄에 관한 교원으로서의 최소한의 자격기준을 설정하였다고 할 것이므로, 과잉금지원칙에 반하여 청구인의 공무담임권을 침해한다고 할 수 없다(헌재 2020.12.23. 2019헌마502). [2021년 국가 7급] ②

공무담임권에 대한 설명으로 옳지 않은 것은? (다툼이 있는 경우 판례에 의함)

① 국방부 등의 보조기관에 근무할 수 있는 기회를 현역군인에게만 부여하고 군무원에게는 부여하지 않는 법률조항은 군무원의 공무담임권을 침해하지 않는다.

② 선출직 공무원의 공무담임권은 선거를 전제로 하는 대의제의 원리에 의하여 발생하는 것이므로 공직의 취임이나 상실에 관련된 어떠한 법률조항이 대의제의 본질에 반한다면 이는 공무담임권도 침해하는 것이라고 볼 수 있다.

③ 국립대학교 총장후보자로 지원하려는 사람에게 1,000만원의 기탁금 납부를 요구하고, 납입하지 않을 경우 총장후보자에 지원하는 기회를 주지 않는 것은 공무담임권을 침해한다.

④ 공무담임권은 공직취임의 기회균등만을 요구할 뿐, 취임한 뒤 승진할 때에도 균등한 기회 제공을 요구하는 것은 아니다.

⑤ 고용노동 및 직업상담 직류를 채용하는 경우 직업상담사 자격증 보유자에게 만점의 3% 또는 5%의 가산점을 부여한다고 명시한 인사혁신처 2018년도 국가공무원 공개경쟁채용시험 등 계획 공고는 직업상담사 자격증을 소지하지 않은 상태에서 국가공무원 공개경쟁채용시험에 응시하려고 하는 자들의 공무담임권을 침해하지 않는다.

① (○) 공무담임권의 보호영역에는 일반적으로 공직취임의 기회보장, 신분박탈, 직무의 정지가 포함되는 것일 뿐, 여기서 더 나아가 공무원이 특정의 장소에서 근무하는 것 또는 특정의 보직을 받아 근무하는 것을 포함하는 일종의 '공무수행의 자유'까지 그 보호영역에 포함된다고 보기는 어렵다. 따라서 이 사건 법률조항이 특정직공무원으로서 군무원인 청구인들의 공무담임권을 제한하는 것은 아니다(헌재 2008.6.26. 2005헌마1275).

② (○) 사건은 주민소환제 자체에 대한 위헌 여부의 판단을 구하는 것이 아니라 주민소환제를 구성하는 여러 가지 요건이 청구인의 공무담임권을 침해하는지 여부에 관한 것이므로, 이를 판단함에 있어서는 직접민주제의 도입이 대의제의 본질적인 내용을 침해하여서는 아니 되고, 주민소환제는 기본적으로 정치적인 절차로서의 성격이 강하며, 지방자치단체장에 대한 선거(대의제)나 주민소환(직접민주제)이 헌법적인 차원이 아닌 법률적인 차원에서 보장되고 있음에 비추어 주민소환제는 지방자치의 측면에서 입법재량의 여지가 큼에 반하여 지방자치단체장이 대의제 원리에 따라서 갖는 자유위임의 원칙은 상대적으로 약화될 수밖에 없다는 점 등을 고려하여야 한다. 그런데 선출직 공무원의 공무담임권은 선거를 전제로 하는 대의제의 원리에 의하여 발생하는 것이므로 공직의 취임이나 상실에 관련된 어떠한 법률조항이 대의제의

본질에 반한다면 이는 공무담임권도 침해하는 것이라고 볼 수 있다(헌재 2009.3.26. 2007헌마843).

③ (○) 사건 기탁금조항의 1,000만원이라는 액수는 자력이 부족한 교원 등 학내 인사와 일반 국민으로 하여금 총장후보자에 지원하려는 의사를 단념토록 할 수 있을 정도로 과다한 액수라고 할 수 있다. 이 사건 기탁금조항으로 달성하려는 공익이 제한되는 공무담임권 정도보다 크다고 단정할 수 없으므로, 이 사건 기탁금조항은 법익의 균형성에도 반한다. 따라서 이 사건 기탁금조항은 과잉금지원칙에 반하여 청구인의 공무담임권을 침해한다(헌재 2018.4.26. 2014헌마274).

④ (×) 공무담임권은 공직취임의 기회 균등뿐만 아니라 취임한 뒤 승진할 때에도 균등한 기회 제공을 요구한다. 청구인의 경우 군 복무기간이 승진요소 최저연수에 포함되지 않으므로 공무원으로 근무하다가 군 복무를 한 사람보다 더 오래 재직하여야 승진임용절차가 진행된다. 또 군 복무기간이 경력평정에서도 일부만 산입되므로 경력평정점수도 상대적으로 적게 부여된다. 이는 승진임용절차 개시 및 승진임용점수 산정과 관련된 법적 불이익에 해당하므로, 승진경쟁인원 증가에 따라 승진 가능성이 낮아진다는 사실상의 불이익 문제나 단순한 내부승진인사 문제와 달리 공무담임권의 제한에 해당한다(헌재 2018.7.26. 2017헌마1183).

⑤ (○) 심판대상조항은 2003년과 2007년경부터 규정된 것이어서 해당 직류의 채용시험을 진지하게 준비 중이었다면 누구라도 직업상담사 자격증이 가산대상 자격증임 알 수 있었다고 보이며, 자격증소지를 시험의 응시자격으로 한 것이 아니라 각 과목 만점의 최대 5% 이내에서 가산점을 부여하는 점, 자격증 소지자도 다른 수험생들과 마찬가지로 합격의 최저 기준인 각 과목 만점의 40% 이상을 취득하여야 한다는 점, 그 가산점 비율은 3% 또는 5%로서 다른 직렬과 자격증 가산점 비율에 비하여 과도한 수준이라고 볼 수 없다는 점을 종합하면 이 조항이 피해최소성 원칙에 위배된다고 볼 수 없고, 법익의 균형성도 갖추었다. 따라서 심판대상조항이 청구인들의 공무담임권과 평등권을 침해하였다고 볼 수 없다(헌재 2018.8.30. 2018헌마46). [2019년 국회 8급] ④

공무담임권에 대한 설명으로 가장 옳지 않은 것은?

① 지역구국회의원선거 예비후보자의 선거비용을 보전대상에서 제외하는 것은 선거 전에 예비후보자로 등록하는 것을 제한하여 공직취임의 기회를 제한하는 것은 아니므로, 해당 예비후보자의 공무담임권을 제한하지 않는다.

② 국립대학 총장후보자에 지원하려는 사람에게 접수시 1,000만 원의 기탁금을 납부하도록 하고, 지원서 접수시 기탁금 납입 영수증을 제출하도록 하는 것은 총장후보자 지원자들의 무분별한 난립을 방지하려는 것으로 총장후보자에 지원하려는 자의 공무담임권을 침해하지 않는다.

③ 채용 예정 분야의 해당 직급에 근무한 실적이 있는 군인을 전역한 날부터 3년 이내에 군무원으로 채용하는 경우 특별채용시험으로 채용할 수 있도록 하는 것은 현역 군인으로 근무했던 전문성과 경험을 즉시 군무원 업무에 활용하기 위한 것으로 청구인의 공무담임권을 침해하지 않는다.

④ 금고 이상의 형의 선고유예를 받고 그 기간 중에 있는 자를 임용결격사유로 삼고, 위 사유에 해당하는 자가 임용되더라도 이를 당연무효로 하는 것은 공직에 대한 국민의 신뢰를 보장하고 공무원의 원활한 직무수행을 도모하기 위한 것으로 청구인의 공무담임권을 침해하지 않는다.

① (○) 예비후보자 선거비용을 보전해줄 경우 선거가 조기에 과열되어 예비후보자 제도의 취지를 넘어서 악용될 수 있고, 탈법적인 선거운동 등을 단속하기 위한 행정력의 낭비도 증가할 수 있는 반면, 선거비용 보전 제한조항으로 인하여 후보자가 받는 불이익은 일부 경제적

부담을 지는 것인데, 후원금을 기부받아 선거비용을 지출할 수 있으므로 그 부담이 경감될 수 있다. 따라서 선거비용 보전 제한조항은 법익균형성원칙에도 반하지 않는다. 그러므로 선거비용 보전 제한조항은 청구인들의 선거운동의 자유를 침해하지 않는다(헌재 2018.7.26. 2016헌마524 등).

② (×) 사건 기탁금조항의 1,000만 원이라는 액수는 자력이 부족한 교원 등 학내 인사와 일반 국민으로 하여금 총장후보자에 지원하려는 의사를 단념토록 할 수 있을 정도로 과다한 액수라고 할 수 있다. 이러한 사정들을 종합하면 이 사건 기탁금조항은 침해의 최소성에 반한다. 현행 총장후보자 선정규정에 따른 간선제 방식에서는 이 사건 기탁금조항으로 달성하려는 공익은 제한적이다. 반면 이 사건 기탁금조항으로 인하여 기탁금을 납입할 자력이 없는 교원 등 학내 인사 및 일반 국민들은 총장후보자에 지원하는 것 자체를 단념하게 되므로, 이 사건 기탁금조항으로 제약되는 공무담임권의 정도는 결코 과소평가될 수 없다. 이 사건 기탁금조항으로 달성하려는 공익이 제한되는 공무담임권 정도보다 크다고 단정할 수 없으므로, 이 사건 기탁금조항은 법익의 균형성에도 반한다. 따라서 이 사건 기탁금조항은 과잉금지원칙에 반하여 청구인의 공무담임권을 침해한다(헌재 2018.4.26. 2014헌마274).

③ (○) 심판대상조항이 예비전력관리 업무담당자 및 군무원 선발시험 응시기간을 전역 후 3년 이내로 제한하고 있는 것은 현역군인으로 근무했던 전문성과 경험을 별도의 교육훈련 없이 현장에서 바로 활용하여 업무의 효율성을 높이기 위한 것이므로, 그 입법목적이 정당하다. 심판대상조항으로 인하여 청구인이 입는 불이익은 예비전력관리 업무담당자 선발시험 또는 군무원 특별채용시험에 응시할 수 있는 기회가 전역 후 일정 기간 내로 제한되는 것이다. 반면에 시험응시기간을 설정함으로써 달성할 수 있는 공익은 전역군인이 가지고 있는 전문성을 활용하여 예비전력관리업무 및 군무원 업무의 효율성과 적시성을 극대화하는 것으로서 청구인이 입는 불이익보다 중대하다. 따라서 심판대상조항은 법익의 균형성 원칙을 준수하고 있다. 그러므로 심판대상조항은 청구인의 공무담임권을 침해하지 아니한다(헌재 2016.10.27. 2015헌마734).

④ (○) 사건 법률조항은 금고 이상의 형의 선고유예의 판결을 받아 그 기간 중에 있는 사람이 공무원으로 임용되는 것을 금지하고 이러한 사람이 공무원으로 임용되더라도 그 임용을 당연무효로 하는 것으로서, 공직에 대한 국민의 신뢰를 보장하고 공무원의 원활한 직무수행을 도모하기 위하여 마련된 조항이다. 재직기간 중 사실상 제공한 근로에 대하여는 그 대가에 상응하는 금액의 반환을 부당이득으로 청구하는 등의 민사적 구제수단이 있는 점을 고려하면, 공직에 대한 국민의 신뢰보장이라는 공익과 비교하여 임용결격공무원의 사익 침해가 현저하다고 보기 어렵다. 따라서 이 사건 법률조항은 입법자의 재량을 일탈하여 공무담임권을 침해한 것이라고 볼 수 없다(헌재 2016.7.28. 2014헌바437). [2019년 서울 7급] ②

공무담임권에 대한 설명으로 가장 적절하지 않은 것은? (다툼이 있는 경우 헌법재판소 판례에 의함)

① 사립대학 교원이 국회의원으로 당선된 경우 임기개시일 전까지 그 직을 사직하도록 규정한 「국회법」 조항은 청구인의 공무담임권을 침해하지 않는다.

② 금고 이상의 형의 선고유예를 받고 그 기간 중에 있는 자를 임용결격사유로 삼고, 위 사유에 해당하는 자가 임용되더라도 이를 당연무효로 하는 구 「국가공무원법」 조항은 공무담임권을 침해하지 않는다.

③ 국·공립학교 채용시험의 동점자처리에서 국가유공자 등 및 그 유족·가족에게 우선권을 주도록 하고 있는 「국가유공자 등 예우 및 지원에 관한 법률」 등의 해당 조항들은 일반 응시자들이 국·공립학교 채용시험의 동점자처리에서 심각한 불이익을 당하기 때문에 일반 응시자들의 공무담임권을 침해한다.

④ 지방자치단체의 장이 공소 제기된 후 구금상태에 있는 경우 부단체장이 그 권한을 대행하도록 규정한 「지방자치법」 조항은 지방자치단체의 장의 공무담임권을 침해하지 않는다.

① (○) 국회의원의 직무수행에 있어 공정성과 전념성을 확보하여 국회가 본연의 기능을 충실히 수행할 수 있도록 하는 것은 대의제 민주주의를 성공적으로 운영하기 위한 발판이고, 사립대학에 재학 중인 학생들이 충실한 수업과 지도를 받을 수 있도록 함으로써 대학교육을 정상화하는 것은 미래의 인적 자원을 양성하는 초석이 되는 것인바, 입법자가 공익을 국회의원으로 당선된 사립학교 교원이 교원의 직을 사직하여야 하는 것으로 인해 발생하는 공무담임권 및 직업선택의 자유에 대한 제한보다 중시한다고 해서 법익 간의 형량을 그르쳤다고 할 수는 없다. 따라서 심판대상조항은 법익의 균형성 원칙에도 위반되지 않는다(헌재 2015.4.30. 2014헌마621).

② (○) 사건 법률조항은 금고 이상의 형의 선고유예의 판결을 받아 그 기간 중에 있는 사람이 공무원으로 임용되는 것을 금지하고 이러한 사람이 공무원으로 임용되더라도 그 임용을 당연무효로 하는 것으로서, 공직에 대한 국민의 신뢰를 보장하고 공무원의 원활한 직무수행을 도모하기 위하여 마련된 조항이다. 재직기간 중 사실상 제공한 근로에 대하여는 그 대가에 상응하는 금액의 반환을 부당이득으로 청구하는 등의 민사적 구제수단이 있는 점을 고려하면, 공직에 대한 국민의 신뢰보장이라는 공익과 비교하여 임용결격공무원의 사익 침해가 현저하다고 보기 어렵다. 따라서 이 사건 법률조항은 입법자의 재량을 일탈하여 공무담임권을 침해한 것이라고 볼 수 없다(헌재 2016.7.28. 2014헌바437).

③ (×) 사건 동점자처리조항에 의하여 일반 응시자들은 국·공립학교 채용시험의 동점자처리에서 불이익을 당할 수도 있으므로 일반 응시자들의 공무담임권이 제한된다고 할 것이나, 이는 국가유공자와 그 유가족의 생활안정을 도모하고 이를 통해 국민의 애국정신 함양과 민주사회 발전에 이바지한다고 하는 공공복리를 위한 불가피한 기본권 제한에 해당하며, 비례의 원칙 내지 과잉금지의 원칙에 위반된 것으로 볼 수 없고, 기본권의 본질적인 내용을 침해한다고 할 수 없다. 따라서 이 사건 동점자처리조항은 일반 응시자들의 공무담임권을 침해하지 아니한다(헌재 2006.6.29. 2005헌마44).

④ (○) 형사재판을 위하여 신체가 구금되어 정상적이고 시의적절한 직무를 수행하기 어려운 상황에 처한 자치단체장을 직무에서 배제시킴으로써 자치단체행정의 원활하고 효율적인 운영을 도모하는 한편 주민의 복리에 초래될 것으로 예상되는 위험을 미연에 방지하려는 이 사건 법률조항의 입법목적은 입법자가 추구할 수 있는 정당한 공익이라 할 것이고, 이를 실현하기 위하여 해당 자치단체장을 구금상태가 해소될 때까지 잠정적으로 그 직무에서 배제시키는 것은 일응 유효·적절한 수단이라고 볼 수 있다. 따라서 이 사건 법률조항은 청구인의 공무담임권을 제한함에 있어 과잉금지원칙에 위배되지 않는다(헌재 2011.4.28. 2010헌마474). [2019년 경찰 경정승진] ③

헌법 제25조의 공무담임권에 관한 다음 설명 중 가장 옳지 않은 것은?

① 공무담임권의 보호영역에는 공무원이 특정의 장소에서 근무하는 것 또는 특정의 보직을 받아 근무하는 것을 포함하는 일종의 공무수행의 자유까지 포함된다.
② 헌법 제25조의 공무담임권이 공무원의 재임 기간 동안 충실한 공무 수행을 담보하기 위하여 공무원의 퇴직급여 및 공무상 재해보상을 보장할 것까지 그 보호영역으로 하고 있다고 보기 어렵다.
③ 공무담임권이란 입법부, 집행부, 사법부는 물론 지방자치단체 등 국가, 공공단체의 구성원으로서 그 직무를 담당할 수 있는 권리를 말한다. 여기서 직무를 담당한다는 것은 모든 국민이 현실적으로 그 직무를 담당할 수 있다고 하는 의미가 아니라, 국민이 공무담임에 관한 자의적이지 않고 평등한 기회를 보장받음을 의미한다.
④ 공무담임권의 보호영역에는 공직취임의 기회의 자의적인 배제뿐만 아니라, 공무원 신분의 부당한 박탈도 포함된다.
⑤ 모든 국민은 법률이 정하는 바에 의하여 공무담임권을 가진다.

① (×) 공무담임권의 보호영역에는 일반적으로 공직취임의 기회보장, 신분박탈, 직무의 정지가 포함되는 것일 뿐, 특별한 사정도 없이 여기서

더 나아가 공무원이 특정의 장소에서 근무하는 것 또는 특정의 보직을 받아 근무하는 것을 포함하는 일종의 '공무수행의 자유'까지 그 보호영역에 포함된다고 보기는 어렵다(헌재 2008.6.26. 2005헌마1275).

② (○) 헌법 제25조의 공무담임권이 공무원의 재임 기간 동안 충실한 공무 수행을 담보하기 위하여 공무원의 퇴직급여 및 공무상 재해보상을 보장할 것까지 그 보호영역으로 하고 있다고 보기 어렵고, 행복추구권은 행복을 추구하기 위하여 필요한 급부를 국가에 대하여 적극적으로 요구할 수 있음을 내용으로 하는 것이 아니므로, 심판대상조항으로 인한 공무담임권 및 행복추구권의 제한은 문제되지 않는다(헌재 2014.6.26. 2012헌마459).

③ (○) 공무담임권이란 입법부, 집행부, 사법부는 물론 지방자치단체 등 국가, 공공단체의 구성원으로서 그 직무를 담당할 수 있는 권리를 말한다. 여기서 직무를 담당한다는 것은 모든 국민이 현실적으로 그 직무를 담당할 수 있다고 하는 의미가 아니라, 국민이 공무담임에 관한 자의적이지 않고 평등한 기회를 보장받음을 의미한다(헌재 2006.2.23. 2005헌마403).

④ (○) 공무담임권의 보호영역에는 공직취임의 기회의 자의적인 배제뿐 아니라, 공무원 신분의 부당한 박탈까지 포함되는 것이다(헌재 2002.8.29. 2001헌마788).

⑤ (○) 헌법 제25조 모든 국민은 법률이 정하는 바에 의하여 공무담임권을 가진다. [2020년 법무사] ①

공무담임권에 대한 설명으로 옳지 않은 것은? (다툼이 있는 경우 판례에 의함)

① 공무담임권이란 입법부, 집행부, 사법부는 물론 지방자치단체 등 국가, 공공단체의 구성원으로서 그 직무를 담당할 수 있는 권리를 말한다.

② 지방자치단체의 장은 국가의 존립과 헌법 기본질서의 유지를 위한 국가안보 분야로서 대통령령으로 정하는 분야에는 복수국적자(대한민국 국적과 외국 국적을 함께 가진 사람)의 임용을 제한할 수 있다.

③ 지역구국회의원 예비후보자에게 지역구국회의원이 납부할 기탁금의 100분의 20에 해당하는 금액을 기탁금으로 납부하도록 하는 것을 예비후보자의 공무담임권을 침해하고, 비례대표 기탁금 조항은 비례대표국회의원후보자가 되어 국회의원에 취임하고자 하는 자의 공무담임권을 침해한다.

④ 공무원의 재임 기간 동안 충실한 공무 수행을 담보하기 위하여 공무원의 퇴직급여 및 공무상 재해보상을 보장할 것까지 공무담임권의 보호영역에 포함된다고 보기는 어렵다.

① (○) 헌법 제25조에서는 공무담임권을 기본권으로 보장하고 있으며, 여기서 공무담임권이란 입법부, 집행부, 사법부는 물론 지방자치단체 등 국가, 공공단체의 구성원으로서 그 직무를 담당할 수 있는 권리를 말한다(헌재 2002.8.29. 2001헌마788).

② (○) 지방공무원법 제25조의2(외국인과 복수국적자의 임용) ②지방자치단체의 장은 다음 각 호의 어느 하나에 해당하는 분야로서 대통령령으로 정하는 분야에는 복수국적자(대한민국 국적과 외국 국적을 함께 가진 사람을 말한다)의 임용을 제한할 수 있다. 1. 국가의 존립과 헌법 기본질서의 유지를 위한 국가안보 분야

③ (×) 예비후보자 기탁금조항은 예비후보자의 무분별한 난립을 막고 책임성과 성실성을 담보하기 위한 것으로서, 입법목적의 정당성과 수단의 적합성이 인정된다. 또한 예비후보자 기탁금제도보다 덜 침해적인 다른 방법이 명백히 존재한다고 할 수 없고, 일정한 범위의 선거운동이 허용된 예비후보자의 기탁금 액수를 해당 선거의 후보자등록 시 납부해야 하는 기탁금의 100분의 20인 300만원으로 설정한 것은 입법재량의 범위를 벗어난 것으로 볼 수 없으므로 침해의 최소성 원칙에 위배되지 아니한다. 그리고 위 조항으로 인하여 예비후보자로 등록하려는 사람의 공무담임권 제한은 이로써 달성하려는 공익보다 크다고 할 수 없어 법익의 균형성 원칙에도 반하지 않는다. 따라서 예비후보자 기탁금조항은 청구인의 공무담임권을 침해하지 않는다(헌재 1996.6.13. 94헌마118).

비례대표 기탁금 조항과 관련하여, 비례대표국회의원선거에서 실제 정당에게 부과된 전체 과태료 및 행정대집행비용의 액수는 후보자

1명에 대한 기탁금액인 1,500만원에도 현저히 미치지 못하는데, 후보자 수에 비례하여 기탁금을 증액하는 것은 지나치게 과다한 기탁금을 요구하는 것이다. 나아가 이러한 고액의 기탁금은 거대정당에게 일방적으로 유리하고, 다양해진 국민의 목소리를 제대로 대표하지 못하여 사표를 양산하는 다수대표제의 단점을 보완하기 위하여 도입된 비례대표제의 취지에도 반하는 것이다. 그러므로 위 조항은 침해의 최소성 원칙에 위반되며, 위 조항을 통해 달성하고자 하는 공익보다 제한되는 정당활동의 자유 등의 불이익이 크므로 법익의 균형성의 원칙에도 위반된다. 그러므로 위 조항은 과잉금지원칙을 위반하여 정당활동의 자유, 공무담임권을 침해한다(헌재 2016.12.29. 2015헌마509).

④ (○) 헌법 제25조의 공무담임권은 공직 취임 기회 보장을 보호영역으로 하는데, 더 나아가 지방자치단체장의 재임 기간 동안 충실한 공직 수행을 담보하기 위하여 이들을 위한 퇴직급여제도를 마련할 것까지 그 보호영역으로 한다고 볼 수는 없다(헌재 2014.6.26. 2012헌마459). [2018년 지방 7급] ③

공무담임권 및 공무원제도에 대한 설명으로 가장 적절하지 않은 것은? (다툼이 있는 경우 판례에 의함)

① 지방자치단체의 장이 '공소 제기된 후 구금상태에 있는 경우' 부단체장이 그 권한을 대행하도록 규정한 「지방자치법」 조항은 지방자치단체장의 공무담임권을 침해하지 않는다.

② 공무담임권의 보호영역에는 공직취임기회의 자의적인 배제뿐만 아니라 공무원 신분의 부당한 박탈이나 권한의 부당한 정지, 승진시험의 응시제한이나 이를 통한 승진기회의 보장 등이 포함된다.

③ 공무담임권은 국민이 국가나 공공단체의 구성원으로서 직무를 담당할 수 있는 권리를 뜻하고, 여기서 직무를 담당한다는 것은 공무담임에 관하여 능력과 적성에 따라 평등한 기회를 보장받는 것을 의미한다.

④ 공무원의 신분이나 직무와 관련이 없는 범죄의 경우에도 퇴직급여 등을 제한하는 것은 공무원범죄를 예방하고 공무원이 재직 중 성실히 근무하도록 유도하는 입법목적을 달성하는 데 적합한 수단이라고 볼 수 없다.

① (○) 형사재판을 위하여 신체가 구금되어 정상적이고 시의적절한 직무를 수행하기 어려운 상황에 처한 자치단체장을 직무에서 배제시킴으로써 자치단체행정의 원활하고 효율적인 운영을 도모하는 한편 주민의 복리에 초래될 것으로 예상되는 위험을 미연에 방지하려는 이 사건 법률조항의 입법목적은 입법자가 추구할 수 있는 정당한 공익이라 할 것이고, 이를 실현하기 위하여 해당 자치단체장을 구금상태가 해소될 때까지 잠정적으로 그 직무에서 배제시키는 것은 일응 유효·적절한 수단이다. 따라서 이 사건 법률조항은 청구인의 공무담임권을 제한함에 있어 과잉금지원칙에 위배되지 않는다(헌재 2011.4.28. 2010헌마474).

② (×) 공무담임권의 보호영역에는 공직취임 기회의 자의적인 배제뿐 아니라, 공무원 신분의 부당한 박탈이나 권한(직무)의 부당한 정지도 포함된다. 다만 승진시험의 응시제한이나 이를 통한 승진기회의 보장 문제는 공직신분의 유지나 업무수행에는 영향을 주지 않는 단순한 내부 승진인사에 관한 문제에 불과하여 공무담임권의 보호영역에 포함된다고 보기는 어렵다(헌재 2010.3.25. 2009헌마538).

③ (○) 공무담임권은 국민이 국가나 공공단체의 구성원으로서 직무를 담당할 수 있는 권리를 뜻하고, 여기서 직무를 담당한다는 것은 공무담임에 관하여 능력과 적성에 따라 평등한 기회를 보장받는 것을 의미한다(헌재 2018.7.26. 2017헌마1183).

④ (○) 공무원의 신분이나 직무상 의무와 관련이 없는 범죄의 경우에도 퇴직급여 등을 제한하는 것은 공무원범죄를 예방하고 공무원이 재직중 성실히 근무하도록 유도하는 입법목적을 달성하는데 적합한 수단이라고 볼 수 없다. 나아가 이 사건 법률조항은 퇴직급여에 있어서는 국민연금법상의 사업장 가입자에 비하여, 퇴직수당에 있어서는 근로기준법상의 근로자에 비하여 각각 차별대우를 하고 있는바, 이는 자의적인 차별에 해당한다(헌재 2007.3.29. 2005헌바33). [2021년 경찰 경정승진] ②

공무담임권에 대한 설명으로 가장 옳지 않은 것은?

① 지방자치단체의 장이 공소 제기된 후 구금상태에 있는 경우 부단체장이 그 권한을 대행하도록 한 「지방자치법」의 조항은 유죄판결이나 그 확정을 기다리지 아니한 채 바로 지방자치단체의 장의 직무를 정지시키고 있으므로 무죄추정의 원칙에 반한다.

② 취업지원 실시기관 채용시험의 가점 적용대상에서 보국수훈자의 자녀를 제외하는 법 개정을 하면서, 가까운 장래에 보국수훈자의 자녀가 되어 채용시험의 가점을 받게 될 것이라는 신뢰를 장기간 형성해 온 사람에 대하여 경과조치를 두지 않은 「국가유공자 등 예우 및 지원에 관한 법률」 부칙 규정은 공무담임권을 침해하지 않는다.

③ 지방자치단체의 장이 금고 이상의 형을 선고받고 그 형이 확정되지 아니한 경우 부단체장이 그 권한을 대행하도록 규정한 구 「지방자치법」의 조항은 지방자치단체의 장의 공무담임권을 침해한다.

④ 승진시험의 응시제한이나 이를 통한 승진기회의 보장 등 공직신분의 유지나 업무수행에 영향을 주지 않는 단순한 내부 승진인사에 관한 문제는 공무담임권의 보호영역에 포함되지 않는다.

① (×) 사건 법률조항은 공소 제기된 자로서 구금되었다는 사실 자체에 사회적 비난의 의미를 부여한다거나 그 유죄의 개연성에 근거하여 직무를 정지시키는 것이 아니라, 구금의 효과, 즉 구속되어 있는 자치단체장의 물리적 부재상태로 말미암아 자치단체행정의 원활하고 계속적인 운영에 위험이 발생할 것이 명백하여 이를 미연에 방지하기 위하여 직무를 정지시키는 것이므로, 범죄사실의 인정 또는 유죄의 인정에서 비롯되는 불이익이라거나 유죄를 근거로 하는 사회윤리적 비난이라고 볼 수 없다. 따라서 무죄추정의 원칙에 위반되지 않는다(헌재 2011.4.28. 2010헌마474).

② (○) 채용시험의 가점에 관한 국가유공자법 개정이 예측 가능하고, 채용시험의 가점은 단지 법률이 부여한 기회를 활용한 것으로서 원칙적으로 사적 위험부담의 범위에 속하는 점, 심판대상조항의 적용시점을 정하는 것은 입법재량의 영역에 속하는 것인 점 등을 종합하면, 개정 국가유공자법 시행 직후에 국가유공자로 등록된 사람의 가족에 대하여 경과규정을 두지 않았다는 이유만으로 심판대상조항이 헌법상의 신뢰보호원칙에 위배되어 직업선택의 자유, 공무담임권을 침해하였다고 볼 수 없다(헌재 2015.2.26. 2012헌마400).

③ (○) 사건 법률조항으로 인하여 해당 자치단체장은 불확정한 기간 동안 직무를 정지당함은 물론 주민들에게 유죄가 확정된 범죄자라는 선입견까지 주게 되고, 더욱이 장차 무죄판결을 선고받게 되면 이미 침해된 공무담임권은 회복될 수 없는 등의 심대한 불이익을 입게 되므로, 법익균형성 요건 또한 갖추지 못하였다. 따라서 이 사건 법률조항은 자치단체장인 청구인의 공무담임권을 침해한다(헌재 2010.9.2. 2010헌마418).

④ (○) 공무담임권의 보호영역에는 일반적으로 공직취임의 기회보장, 신분박탈, 직무의 정지가 포함될 뿐이고 청구인이 주장하는 승진시험의 응시제한이나 이를 통한 승진기회의 보장 문제는 공직신분의 유지나 업무수행에는 영향을 주지 않는 단순한 내부 승진인사에 관한 문제에 불과하여 공무담임권의 보호영역에 포함된다고 보기는 어려우므로 결국 이 사건 심판대상 규정은 청구인의 공무담임권을 침해한다고 볼 수 없다(헌재 2007.6.28. 2005헌마1179). [2018년 서울 7급] ①

공무담임권에 대한 설명으로 옳지 않은 것은? (다툼이 있는 경우 헌법재판소의 판례에 의함)

① 비례대표국회의원선거의 경우 후보자 1명마다 1,500만원이라는 기탁금액은 비례대표제의 취지를 실현하기 위해 필요한 최소한의 액수보다 지나치게 과다한 액수이다.

② 지방자치단체의 장이 금고 이상의 형을 선고받고 그 형이 확정되지 아니한 경우 부단체장이 그 권한을 대행하도록 규정한 「지방자치법」 조항은 해당 자치단체장의 공무담임권을 침해한다.

③ 5급 공채시험 응시연령의 상한을 '32세까지'로 제한한 것은 기본권 제한을 최소한도에 그치도록 요구하는 헌법 제37조 제2항에 부합된다고 보기 어렵다.

④ 공무원의 신분이나 직무상 의무와 관련이 없는 범죄의 경우에도 퇴직급여 등을 제한하는 것은, 공무원 범죄를 예방하고 공무원의 재직 중 성실히 근무하도록 유도하는 입법목적을 달성하는 데 적합한 수단이다.

⑤ 지방자치단체의 장이 그 임기 중에 그 직을 사퇴하여 대통령선거, 국회의원선거, 지방의회의원선거 및 다른 지방자치단체의 장 선거에 입후보할 수 없도록 하는 것은 공무담임권을 침해한다.

① (○) 정당에 대한 선거로서의 성격을 가지는 비례대표국회의원선거는 인물에 대한 선거로서의 성격을 가지는 지역구국회의원선거와 근본적으로 그 성격이 다르고, 비례대표 기탁금조항은 공직선거법상 허용된 선거운동을 통하여 선거의 혼탁이나 과열을 초래할 여지가 지역구국회의원선거보다 훨씬 적다고 볼 수 있음에도 지역구국회의원선거에서의 기탁금과 동일한 고액의 기탁금을 설정하고 있어 최소성 원칙과 법익균형성 원칙에도 위반되어 공무담임권을 침해한다(헌재 2016.12.29. 2015헌마1160).

② (○) 선거에 의하여 주권자인 국민으로부터 직접 공무담임권을 위임받는 자치단체장의 경우, 그와 같이 공무담임권을 위임한 선출의 정당성이 무너지거나 공무담임권 위임의 본지를 배반하는 직무상 범죄를 저질렀다면, 이러한 경우에도 계속 공무를 담당하게 하는 것은 공무담임권 위임의 본지에 부합된다고 보기 어렵다. 위 두 가지 경우 이외에는 금고 이상의 형의 선고를 받았다는 이유로 형이 확정되기 전에 자치단체장의 직무를 정지시키는 것은 무죄추정의 원칙과 과잉금지의 원칙에 위배된다(헌재2010.9.2. 2010헌마418).

③ (○) 32세까지는 5급 공무원의 직무수행에 필요한 최소한도의 자격요건을 갖추고, 32세가 넘으면 그러한 자격요건을 상실한다고 보기 어렵고, 6급 및 7급 공무원 공채시험의 응시연령 상한을 35세까지로 규정하면서 그 상급자인 5급 공무원의 채용연령을 32세까지로 제한한 것은 합리적이라고 볼 수 없으므로, 이 사건 시행령조항이 5급 공채시험 응시연령의 상한을 '32세까지'로 제한하고 있는 것은 기본권 제한을 최소한도에 그치도록 요구하는 헌법 제37조 제2항에 부합된다고 보기 어렵다(헌재 2008.5.29. 2007헌마1105).

④ (×) 공무원의 신분이나 직무상 의무와 관련이 없는 범죄의 경우에도 퇴직급여 등을 제한하는 것은 공무원범죄를 예방하고 공무원이 재직중 성실히 근무하도록 유도하는 입법목적을 달성하는 데 적합한 수단이라고 볼 수 없다. 나아가 이 사건 법률조항은 퇴직급여에 있어서는 국민연금법상의 사업장 가입에 비하여, 퇴직수당에 있어서는 근로기준법상의 근로자에 비하여 각각 차별대우를 하고 있는바, 이는 자의적인 차별에 해당한다(헌재 2007.3.29. 2005헌바33).

⑤ (○) 사건 조항에 의한 피선거권의 제한이 민주주의의 실현에 미치는 불리한 효과는 매우 큰 반면에, 이 사건 조항을 통하여 달성하려는 공익적 효과는 상당히 작다고 판단되므로, 피선거권의 제한을 정당화하는 합리적인 이유를 인정할 수 없다. 따라서 이 사건 조항은 보통선거원칙에 위반되어 청구인들의 피선거권을 침해하는 위헌적인 규정이다(헌재 1999.5.27. 98헌마241). [2017년 국회 8급] ④

공무담임권에 대한 설명으로 가장 옳은 것은? (다툼이 있는 경우 판례에 의함)

① 금고 이상의 형의 선고유예를 받고 그 기간 중에 있는 자를 임용결격사유로 삼고, 위 사유에 해당하는 자가 임용되더라도 이를 당연무효로 하는 것은 금고 이상의 형의 선고유예의 판결을 받아 그 기간 중에 있는 자의 공무담임권을 침해하는 것이다.

② 지방자치단체의 장으로 하여금 당해 지방자치단체의 관할구역과 같거나 겹치는 선거구역에서 실시되는 지역구 국회의원선거에 입후보하고자 하는 경우 당해 선거의 선거일 전 180일까지 그 직을 사퇴하도록 하는 것은 해당 지방자치단체장의 공무담임권을 침해하지 않는다.

③ 사립대학 교원이 국회의원으로 당선된 경우 임기개시일 전까지 그 직을 사직하도록 하는 것은 사립대학 교원의 직업선택의 자유를 제한하는 것이지 공무담임권을 제한하는 것은 아니다.

④ 금고 이상의 형의 선고유예를 받은 경우에 군무원직에서 당연히 퇴직하도록 하는 것은 해당 군무원의 공무담임권을 침해하는 것이다.

① (×) 사건 법률조항은 금고 이상의 형의 선고유예를 판결을 받아 그 기간 중에 있는 사람이 공무원으로 임용되는 것을 금지하고 이러한 사람이 공무원으로 임용되더라도 그 임용을 당연무효로 하는 것으로서, 공직에 대한 국민의 신뢰를 보장하고 공무원의 원활한 직무수행을 도모하기 위하여 마련된 조항이다. 공직에 대한 국민의 신뢰보장이라는 공익과 비교하여 임용결격공무원의 사익 침해가 현저하다고 보기 어렵다. 따라서 이 사건 법률조항은 입법자의 재량을 일탈하여 공무담임권을 침해한 것이라고 볼 수 없다(헌재 2016.7.28. 2014헌바437).

② (×) 사건 조항은 선거의 공정성과 직무전념성이라는 입법목적 달성을 위한 적절한 수단들이 이미 공직선거법에 존재하고 있음에도 불구하고 불필요하고 과도하게 청구인들의 공무담임권을 제한하는 것이라 할 것이므로 침해의 최소성 원칙에 위반되고, 이 사건 조항에 의해 실현되는 공익과 그로 인해 청구인들이 입는 기본권 침해의 정도를 비교형량할 경우 양자간에 적정한 비례관계가 성립하였다고 할 수 없어 법익의 균형성 원칙에 위배된다(헌재 2003.9.25. 2003헌마106).

③ (×) 심판대상조항은 국회의원으로 당선된 자에게 사립대학 교원의 직에서 사직할 의무를 부과하고 있어 사립대학 교원이라는 직업선택의 자유를 제한함과 동시에, 청구인과 같이 사립대학 교원의 직에 있는 상태에서 향후 국회의원 선거에 출마하려는 자에게는 국회의원 출마 자체를 주저하게 만듦으로써 공무담임권의 행사에 적지 않은 위축효과도 가져온다. 따라서 이 사건 심판대상조항은 공무담임권과 직업선택의 자유라는 두 가지 기본권을 모두 제한하고 있다(헌재 2015.4.30. 2014헌마621).

④ (○) 사건 법률조항은 금고 이상의 형의 선고유예 판결을 받은 모든 범죄를 포괄하여 규정하고 있을 뿐 아니라, 심지어 오늘날 누구에게나 위험이 상존하는 교통사고 관련 범죄 등 과실범의 경우마저 당연퇴직 사유에서 제외하지 않고 있으므로 최소침해성의 원칙에 반한다. 따라서 이 사건 법률조항 역시 과잉금지 원칙에 위배하여 공무담임권을 침해한다(헌재 2007.6.28. 2007헌가3).

[2017년 서울 7급] ④

공무담임권에 대한 설명 중 옳지 않은 것은? (다툼이 있는 경우 판례에 의함)

① 공무담임권의 보호영역에는 공직취임의 자의적인 배제뿐 아니라, 공무원 신분의 부당한 박탈이나 권한 또는 직무의 부당한 정지도 포함된다.

② 정당의 내부경선에 참여할 권리는 헌법이 보장하는 공무담임권의 내용에 포함되지 아니하므로, 정당이 당내경선을 실시하지 않는 것이 공무담임권을 침해하는 것은 아니다.

③ 후보자의 직계존비속이 「공직선거법」을 위반하여 300만원 이상의 벌금형의 선고를 받은 때에는 그 후보자의 당선을 무효로 한다.

④ 수뢰죄를 범하여 금고 이상의 형의 선고유예를 받은 국가공무원을 당연퇴직하도록 한 「국가공무원법」 조항은 과잉금지원칙에 반하여 공무담임권을 침해한다.

⑤ 순경 공채시험 응시연령의 상한을 '30세 이하'로 규정하고 있는 것은 합리적이라고 볼 수 없으므로 침해의 최소성원칙에 위배되어 공무담임권을 침해한다.

① (○) 직무를 담당한다는 것은 모든 국민이 현실적으로 그 직무를 담당할 수 있다는 의미가 아니라, 국민이 공무담임에 관한 자의적이지 않고 평등한 기회를 보장받음을 의미하는바, 공무담임권의 보호영역에는 공직취임 기회의 자의적인 배제뿐 아니라, 공무원 신분의 부당한 박탈이나 권한(직무)의 부당한 정지도 포함된다(헌재 2007.6.28. 2005헌마1179).

② (○) 헌법 제25조의 공무담임권은 입법부, 행정부, 사법부는 물론 지방자치단체 등 국가, 공공단체의 구성원으로서 그 직무를 담당할 수 있는 권리를 말한다. 그런데 정당은 정치적 주장이나 정책을 추진하고 공직선거의 후보자를 추천 또는 지지함으로써 국민의 정치적 의사형성에 참여함을 목적으로 하는 국민의 자발적 조직으로서, 정당의 공직선거 후보자 선출은 자발적 조직 내부의 의사결정에 지나지 아니한다. 따라서 청구인이 정당의 내부경선에 참여할 권리는 헌법이 보장하는 공무담임권의 내용에 포함된다고 보기 어렵고, 청구인의 소속 정당이 당내경선을 실시하지 않는다고 하여 청구인이 공직선거의 후보자로 출마할 수 없는 것이 아니므로, 심판대상조항으로 인하여 청구인의 공무담임권이 침해될 여지는 없다(헌재 2014.11.27. 2013헌마814).

③ (○) 공직선거법 제265조(선거사무장 등의 선거범죄로 인한 당선무효) 선거사무장·선거사무소의 회계책임자(선거사무소의 회계책임자로 선임·신고되지 아니한 자로서 후보자와 통모하여 당해 후보자의 선거비용으로 지출한 금액이 선거비용제한액의 3분의 1 이상에 해당되는 자를 포함한다) 또는 후보자(후보자가 되려는 사람을 포함한다)의 직계존비속 및 배우자가 해당 선거에 있어서 제230조부터 제234조까지, 제257조 제1항 중 기부행위를 한 죄 또는 「정치자금법」 제45조 제1항의 정치자금 부정수수죄를 범함으로 인하여 징역형 또는 300만원 이상의 벌금형의 선고를 받은 때(선거사무장, 선거사무소의 회계책임자에 대하여는 선임·신고되기 전의 행위로 인한 경우를 포함한다)에는 그 선거구 후보자의 당선은 무효로 한다. 다만, 다른 사람의 유도 또는 도발에 의하여 당해 후보자의 당선을 무효로 되게 하기 위하여 죄를 범한 때에는 그러하지 아니하다.

④ (×) 심판대상조항은 공무원 직무수행에 대한 국민의 신뢰 및 직무의 정상적 운영의 확보, 공무원범죄의 예방, 공직사회의 질서 유지를 위한 것으로서 목적이 정당하고, 형법 제129조 제1항의 수뢰죄를 범하여 금고 이상 형의 선고유예를 받은 국가공무원을 공직에서 배제하는 것은 적절한 수단에 해당한다. 따라서 심판대상조항은 과잉금지원칙에 반하여 청구인의 공무담임권을 침해하지 아니한다(헌재 2013.7.25. 2012헌바409).

⑤ (○) 획일적으로 30세까지는 순경과 소방사·지방소방사 및 소방간부후보생의 직무수행에 필요한 최소한도의 자격요건을 갖추고, 30세가 넘으면 그러한 자격요건을 상실한다고 보기 어렵고, 따라서 이 사건 심판대상 조항들이 순경 공채시험, 소방사 등 채용시험, 그리고 소방간부 선발시험의 응시연령의 상한을 '30세 이하'로 규정하고 있는 것은 합리적이라고 볼 수 없으므로 침해의 최소성 원칙에 위배되어 청구인들의 공무담임권을 침해한다(헌재 2012.5.31. 2010헌마278). [2015년 국회 8급] ④

공무원에 대한 설명으로 옳지 않은 것은? (다툼이 있는 경우 헌법재판소 판례에 의함)

① 공무원이란 직접 또는 간접적으로 국민에 의하여 선출 또는 임용되어 국가나 공공단체와 공법상의 근무관계를 맺고 공공적 업무를 담당하고 있는 사람들을 가리킨다고 할 수 있고, 공무원도 각종 노무의 대가로 얻는 수입에 의존하여 생활하는 사람이라는 점에서 통상적인 의미의 근로자적인 성격을 지니고 있으므로, 헌법 제33조 제2항 역시 공무원의 근로자적 성격을 인정하는 것을 전제로 규정하고 있다.

② 공무원에게 직무의 내외를 불문하고 품위유지의무를 부과하고 품위손상행위를 공무원에 대한 징계사유로 규정한 법률조항은 '품위가 손상되는 행위'라는 가치개념을 사용하여 어떠한 행위가 여기에 해당하는지 객관적으로 특정하거나 예측할 수 없게 하고, 공무원에 대한

징계사유를 지나치게 광범위하게 규정하여 직무와 관련 없는 사적 영역에서의 행위도 징계사유로 삼을 수 있도록 하고 있으므로, 명확성원칙 및 과잉금지원칙에 위배된다.

③ 직업공무원제도는 모든 공무원으로 하여금 어떤 특정 정당이나 특정 상급자를 위하여 충성하는 것이 아니라 국민 전체에 대한 봉사자로서 법에 따라 그 소임을 다할 수 있게 함으로써 공무원 개인의 권리나 이익을 보호함에 그치지 아니하고 나아가 국가기능의 측면에서 정치적 안정의 유지에 기여하도록 하는 제도이며, 입법자는 직업공무원제도에 관하여 '최소한 보장'의 원칙의 한계 안에서 폭넓은 입법형성의 자유를 가진다.

④ 공무원은 공인으로서의 지위와 사인으로서의 지위, 국민 전체에 대한 봉사자로서의 지위와 기본권을 향유하는 기본권 주체로서의 지위라는 이중적 지위를 가지므로 공무원이라고 하여 기본권이 무시되거나 경시되어서는 안 되지만, 공무원의 신분과 지위의 특수성상 공무원에 대해서는 일반 국민에 비해 보다 넓고 강한 기본권 제한이 가능하다.

① (○) 공무원이란 직접 또는 간접적으로 국민에 의하여 선출 또는 임용되어 국가나 공공단체와 공법상의 근무관계를 맺고 공공적 업무를 담당하고 있는 사람들을 가리킨다고 할 수 있고, 공무원도 각종 노무의 대가로 얻는 수입에 의존하여 생활하는 사람이라는 점에서는 통상적인 의미의 근로자적인 성격을 지니고 있으므로 헌법 제33조 제2항 역시 공무원의 근로자적 성격을 인정하는 것을 전제로 규정하고 있다(헌재 1992.4.28. 90헌바27).

② (×) 사건 법률조항은 국민으로부터 공무를 수탁하여 국민 전체를 위해 근무하는 공무원의 지위를 고려하여 공무원에게 높은 도덕성과 신중함을 요구하고, 공무원 개인 및 공직 전반에 대한 국민의 신뢰를 보호하기 위하여 직무 외 영역에서도 공무원에게 품위유지의무를 부과하고 있으며 이를 위반 시 징계사유로 삼고 있다. 이 사건 법률조항이 공무원의 일반적 행동의 자유를 과도하게 제한한다고 보기 어려우므로, 과잉금지원칙에 위배되지 아니한다(헌재 2016.2.25. 2013헌바435).

③ (○) 직업공무원제도는 제도적 보장을 통하여 모든 공무원으로 하여금 어떤 특정 정당이나 특정 상급자를 위하여 충성하는 것이 아니라 국민 전체에 대한 봉사자로서 법에 따라 그 소임을 다할 수 있게 함으로써 공무원 개인의 권리나 이익을 보호함에 그치지 아니하고 나아가 국가기능의 측면에서 정치적 안정의 유지에 기여하도록 하는 제도이다(헌재 1997.4.24. 95헌바48).

④ (○) 공무원은 공직자인 동시에 국민의 한 사람이기도 하므로, 공무원은 공인으로서의 지위와 사인으로서의 지위, 국민 전체에 대한 봉사자로서의 지위와 기본권을 향유하는 기본권주체로서의 지위라는 이중적 지위를 가진다. 따라서 공무원이라고 하여 기본권이 무시되거나 경시되어서도 아니 되지만, 공무원의 신분과 지위의 특수성에 비추어 공무원에 대해서는 일반 국민에 비해 보다 넓고 강한 기본권제한이 가능하다(헌재 2012.5.31. 2009헌마705). [2017년 국가 7급] ②

공무원에 관한 다음 설명 중 가장 옳지 않은 것은?

① 국가공무원법이 '공무 외의 일을 위한 집단행위'라고 포괄적이고 광범위하게 규정하고 있다 하더라도, 이는 공무가 아닌 어떤 일을 위하여 공무원들이 하는 모든 집단행위를 의미하는 것이 아니라, '공익에 반하는 목적을 위한 행위로서 직무전념의무를 해태하는 등의 영향을 가져오는 집단적 행위'라고 해석된다.

② 집단행위의 의미에 관한 이러한 해석이 수범자인 공무원이 구체적으로 어떠한 행위가 여기에 해당하는지를 충분히 예측할 수 없을 정도로 그 적용 범위가 모호하다거나 불분명하다

고 할 수 없으므로 공무원의 집단행위 금지 규정이 명확성의 원칙에 반한다고 볼 수 없고, 또한 위 규정이 그 적용 범위가 지나치게 광범위하거나 포괄적이어서 공무원의 표현의 자유를 과도하게 제한한다고 볼 수 없으므로, 위 규정이 과잉금지의 원칙에 반한다고 볼 수도 없다.

③ 공무원들의 어느 행위가 국가공무원법 제66조 제1항에 규정된 '집단행위'에 해당하려면, 그 행위가 반드시 같은 시간, 장소에서 행하여져야 하는 것은 아니지만, 공익에 반하는 어떤 목적을 위한 다수인의 행위로서 집단성이라는 표지를 갖추어야만 한다고 해석함이 타당하므로, 공무원들이 순차적으로 각각 다른 시간대에 릴레이 1인 시위를 하거나 여럿이 단체를 결성하여 그 단체 명의로 의사를 표현하는 경우에는 국가공무원법 제66조 제1항이 금지하는 집단행위에 해당한다.

④ 실제 여럿이 모이는 형태로 의사표현을 하는 것은 아니지만 발표문에 서명날인을 하는 등의 수단으로 여럿이 가담한 행위임을 표명하는 경우 또는 일제 휴가나 집단적인 조퇴, 초과근무 거부 등과 같이 정부활동의 능률을 저해하기 위한 집단적 태업 행위로 볼 수 있는 경우에 속하거나 이에 준할 정도로 행위의 집단성이 인정되어야 국가공무원법 제66조 제1항에 해당한다.

① (○) 국가공무원법이 공무 외의 일을 위한 집단행위라고 다소 포괄적이고 광범위하게 규정하고 있다 하더라도, 이는 공무가 아닌 어떤 일을 위하여 공무원들이 하는 모든 집단행위를 의미하는 것이 아니라, 언론·출판·집회·결사의 자유를 보장하고 있는 헌법 제21조 제1항, 공무원에게 요구되는 헌법상의 의무 및 이를 구체화한 국가공무원법의 취지, 국가공무원법상의 성실의무 및 직무전념의무 등을 종합적으로 고려하여 공익에 반하는 목적을 위한 행위로서 직무전념의무를 해태하는 등의 영향을 가져오는 집단적 행위라고 해석된다(대법원 2017.4.13. 2014두8469).

② (○) 집단행위의 의미에 관한 해석이 수범자인 공무원이 구체적으로 어떠한 행위가 여기에 해당하는지를 충분히 예측할 수 없을 정도로 적용 범위가 모호하다거나 불분명하다고 할 수 없으므로 위 규정이 명확성의 원칙에 반한다고 볼 수 없고, 또한 위 규정이 적용 범위가 지나치게 광범위하다거나 포괄적이어서 공무원의 표현의 자유를 과도하게 제한한다고 볼 수 없으므로, 과잉금지의 원칙에 반한다고 볼 수도 없다(대법원 2017.4.13. 2014두8469).

③ (×) 릴레이 1인 시위, 릴레이 언론기고, 릴레이 내부 전산망 게시는 모두 후행자가 선행자에 동조하여 동일한 형태의 행위를 각각 한 것에 불과하고, 여럿이 같은 시간에 한 장소에 모여 집단의 위세를 과시하는 방법으로 의사를 표현하거나 여럿이 단체를 결성하여 그 단체 명의로 의사를 표현하는 경우, 여럿이 가담한 행위임을 표명하는 경우 또는 정부활동의 능률을 저해하기 위한 집단적 태업행위에 해당한다거나 이에 준할 정도로 행위의 집단성이 있다고 보기 어렵다(대법원 2017.4.13. 2014두8469).

④ (○) 공무원들의 어느 행위가 국가공무원법 제66조 제1항에 규정된 집단행위에 해당하려면, 그 행위가 반드시 같은 시간, 장소에서 행하여져야 하는 것은 아니지만, 공익에 반하는 어떤 목적을 위한 다수인의 행위로서 집단성이라는 표지를 갖추어야만 한다고 해석함이 타당하다. 따라서 여럿이 같은 시간에 한 장소에 모여 집단의 위세를 과시하는 방법으로 의사를 표현하거나 여럿이 단체를 결성하여 그 단체 명의로 의사를 표현하는 경우, 실제 여럿이 모이는 형태로 의사표현을 하는 것은 아니지만 발표문에 서명날인을 하는 등의 수단으로 여럿이 가담한 행위임을 표명하는 경우 또는 일제 휴가나 집단적인 조퇴, 초과근무 거부 등과 같이 정부활동의 능률을 저해하기 위한 집단적 태업 행위로 볼 수 있는 경우에 속하거나 이에 준할 정도로 행위의 집단성이 인정되어야 국가공무원법 제66조 제1항에 해당한다(대법원 2017.4.13. 2014두8469).

[2019년 법원 9급] ③

공무원의 신분보장에 대한 설명으로 옳지 않은 것은? (다툼이 있는 경우 판례에 의함)

① 임용권자가 지방공무원을 직권면직시킬 수 있는 사유를 정하고 있는 「지방공무원법」 관련 규정 중 '지방자치단체의 직제 개폐에 의하여 폐직된 때' 부분은 헌법에 위반되지 아니한다.

② 수뢰죄를 범하여 금고 이상의 형의 선고유예를 받은 공무원은 당연퇴직하도록 하는 규정은 해당 공무원의 공무담임권을 침해한다.

③ 형사사건으로 기소되면 필요적으로 직위해제처분을 하도록 하는 규정은 헌법에 위반된다.

④ 「지방공무원법」의 지방공무원의 전입에 관한 규정은 해당 지방공무원의 동의가 있을 것을 당연한 전제로 하여 그 공무원이 소속된 지방자치단체의 장의 동의를 얻어서만 그 공무원을 전입할 수 있음을 규정하고 있는 것으로 보아야 한다.

① (○) 지방공무원법 제62조 제1항 제3호에서 지방자치단체의 직제가 폐지된 경우에 행할 수 있도록 하고 있는 직권면직은 행정조직의 효율성을 높이기 위한 제도로서 행정수요가 소멸하거나 조직의 비대화로 효율성이 저하되는 경우 불가피하게 이루어지게 된다. 그렇다면 이 사건 규정이 직제가 폐지된 경우 직권면직을 할 수 있도록 규정하고 있다고 하더라도 이것이 직업공무원제도를 위반하고 있다고는 볼 수 없다(헌재 2004.11.25. 2002헌바8).

② (×) 심판대상조항은 공무원 직무수행에 대한 국민의 신뢰 및 직무의 정상적 운영의 확보, 공무원범죄의 예방, 공직사회의 질서 유지를 위한 것으로서 목적이 정당하고, 형법 제129조 제1항의 수뢰죄를 범하여 금고 이상 형의 선고유예를 받은 국가공무원을 공직에서 배제하는 것은 적절한 수단에 해당한다. 따라서 심판대상조항은 과잉금지원칙에 반하여 청구인의 공무담임권을 침해하지 아니한다(헌재 2013.7.25. 2012헌바409).

③ (○) 형사사건으로 기소되기만 하면 그가 국가공무원법 제33조 제1항 제3호 내지 제6호에 해당하는 유죄판결을 받을 고도의 개연성이 있는가의 여부에 무관하게 경우에 따라서는 벌금형이나 무죄가 선고될 가능성이 큰 사건의 경우에 대해서까지도 당해 공무원에게 일률적으로 직위해제처분을 하지 않을 수 없도록 한 이 사건 규정은 헌법 제37조 제2항의 비례의 원칙에 위반되어 직업의 자유를 과도하게 침해하고 헌법 제27조 제4항의 무죄추정의 원칙에도 위반된다. 입법자가 임의적 규정으로도 법의 목적을 실현할 수 있는 경우에 구체적 사안의 개별성과 특수성을 고려할 수 있는 가능성을 일체 배제하는 필요적 규정을 둔다면, 이는 비례의 원칙의 한 요소인 최소침해성의 원칙에 위배된다(헌재 1998.5.28. 96헌가12).

④ (○) 지방공무원법 제29조의3은 "지방자치단체의 장은 다른 지방자치단체의 장의 동의를 얻어 그 소속 공무원을 전입할 수 있다"라고만 규정하고 있어, 이러한 전입에 있어 지방공무원 본인의 동의가 필요한지에 관하여 다툼의 여지없이 명백한 것은 아니나, 위 법률조항을 해당 지방공무원의 동의 없이도 지방자치단체의 장 사이의 동의만으로 지방공무원에 대한 전출 및 전입명령이 가능하다고 풀이하는 것은 헌법적으로 용인되지 아니하며, 헌법 제7조에 규정된 공무원의 신분보장 및 헌법 제15조에서 보장하는 직업선택의 자유의 의미와 효력에 비추어 볼 때 위 법률조항은 해당 지방공무원의 동의가 있을 것을 당연한 전제로 하여 그 공무원이 소속된 지방자치단체의 장의 동의를 얻어서만 그 공무원을 전입할 수 있음을 규정하고 있는 것으로 해석하는 것이 타당하고, 이렇게 본다면 인사교류를 통한 행정의 능률성이라는 입법목적도 적절히 달성할 수 있을 뿐만 아니라 지방공무원의 신분보장이라는 헌법적 요청도 충족할 수 있게 된다. 따라서 위 법률조항은 헌법에 위반되지 아니한다(헌재 2002.11.28. 98헌바101). [2017년 지방 7급] ②

공직윤리법에 명시되어 있지 않은 것은?

① 재산등록 및 공개

② 주식거래내역의 신고

③ 청렴의 의무

④ 외국 정부 등으로부터 받은 선물의 신고
⑤ 퇴직공직자의 취업 제한

① (○) 공직자윤리법 제3조(등록의무자) ①다음 각 호의 어느 하나에 해당하는 공직자는 이 법에서 정하는 바에 따라 재산을 등록하여야 한다. 제10조(등록재산의 공개) ①공직자윤리위원회는 관할 등록의무자 중 다음 각 호의 어느 하나에 해당하는 공직자 본인과 배우자 및 본인의 직계존속·직계비속의 재산에 관한 등록사항과 제6조에 따른 변동사항 신고내용을 등록기간 또는 신고기간 만료 후 1개월 이내에 관보 또는 공보에 게재하여야 한다.
② (○) 공직자윤리법 제6조의2(주식거래내역의 신고) ①제10조 제1항 각 호의 공개대상자에 해당하는 등록의무자는 제6조 또는 제11조 제1항에 따른 재산 변동사항 신고 시에 제4조 제1항 각 호의 어느 하나에 해당하는 사람의 주식의 취득 또는 양도에 관한 주식거래 내용을 등록기간에 신고하여야 한다.
③ (×) 국가공무원법 제61조(청렴의 의무) ①공무원은 직무와 관련하여 직접적이든 간접적이든 사례·증여 또는 향응을 주거나 받을 수 없다. ②공무원은 직무상의 관계가 있든 없든 그 소속 상관에게 증여하거나 소속 공무원으로부터 증여를 받아서는 아니 된다.
④ (○) 공직자윤리법 제15조(외국 정부 등으로부터 받은 선물의 신고) ①공무원(지방의회의원을 포함한다. 이하 제22조에서 같다) 또는 공직 유관단체의 임직원은 외국으로부터 선물을 받거나 그 직무와 관련하여 외국인(외국단체를 포함한다)에게 선물을 받으면 지체 없이 소속 기관·단체의 장에게 신고하고 그 선물을 인도하여야 한다. 이들의 가족이 외국으로부터 선물을 받거나 그 공무원이나 공직유관단체 임직원의 직무와 관련하여 외국인에게 선물을 받은 경우에도 또한 같다.
⑤ (○) 공직자윤리법 제17조(퇴직공직자의 취업제한) ①등록의무자는 퇴직일부터 3년간 퇴직 전 5년 동안 소속하였던 부서 또는 기관의 업무와 밀접한 관련성이 있는 다음 각 호의 어느 하나에 해당하는 기관에 취업할 수 없다. 다만, 관할 공직자윤리위원회의 승인을 받은 때에는 그러하지 아니하다. [2019년 소방간부] ③

공무원제도 및 공무담임권에 대한 설명으로 가장 적절한 것은? (다툼이 있는 경우 판례에 의함)
① 경찰공무원이 자격정지 이상의 형의 선고유예를 받은 경우 당연 퇴직하도록 규정하고 있는 구 경찰공무원법 조항은 공무담임권을 침해하지 않는다.
② 지방자치단체의 직제가 폐지된 경우에 해당 공무원을 직권 면직할 수 있도록 규정하고 있는 지방공무원법 조항은 헌법상 직업공무원제도를 위반한 것이다.
③ 지방자치단체의 장으로 하여금 당해 지방자치단체의 관할구역과 겹치는 선거구역에서 실시되는 지역구 국회의원선거에 입후보하고자 하는 경우 당해 선거의 선거일 전 120일까지 그 직을 사퇴하도록 한 공직선거법 조항은 해당 지방자치단체장의 평등권을 침해하지 않는다.
④ 공무원 또는 공무원이었던 자가 재직 중의 사유로 금고 이상의 형을 받은 때에는 대통령령이 정하는 바에 의하여 퇴직급여 및 퇴직수당의 일부를 감액하여 지급하도록 한 공무원연금법 조항은 평등원칙에 위배되지 않는다.

① (×) 경찰공무원이 자격정지 이상의 형의 선고유예를 받은 경우 공무원직에서 당연퇴직하도록 규정하고 있는 이 사건 법률조항은 자격정지 이상의 선고유예 판결을 받은 모든 범죄를 포괄하여 규정하고 있을 뿐만 아니라 심지어 오늘날 누구에게나 위험이 상존하는 교통사고 관련 범죄 등 과실범의 경우마저 당연퇴직의 사유에서 제외하지 않고 있으므로 최소침해성의 원칙에 반한다. 따라서 이 사건 법률조항은 헌법 제25조의 공무담임권을 침해한 위헌 법률이다(헌재 2004.9.23. 2004헌가12).

② (×) 사건 규정이 직제가 폐지된 경우 직권면직을 할 수 있도록 규정하고 있다고 하더라도 이것이 직업공무원제도를 위반하고 있다고는 볼 수 없다(헌재 2004.11.25. 2002헌바8).

③ (○) 사건 조항이 국회의원과 달리 단체장에게 그러한 공식사퇴시한을 두고 있는 것은 국회의원의 사퇴로 인한 신가한 국정공백을 우려한 것이므로 합리적 이유가 있다. 그러므로 이 사건 조항은 단체장의 평등권을 침해하지 않는다(헌재 2006.7.27. 2003헌마758).

④ (×) 단지 금고 이상의 형을 받았다는 이유만으로 이미 공직에서 퇴출당할 공무원에게 더 나아가 일률적으로 그 생존의 기초가 될 퇴직급여 등까지 반드시 감액하도록 규정한다면 그 법률조항은 침해되는 사익에 비해 지나치게 공익만을 강조한 입법이라고 아니할 수 없다. 이 사건 법률조항은 퇴직급여에 있어서는 국민연금법상의 사업장 가입자에 비하여, 퇴직수당에 있어서는 근로기준법상의 근로자에 비하여 각각 차별대우를 하고 있는바, 이는 자의적인 차별에 해당한다(헌재 2007.3.29. 2005헌바33). [2018년 경찰 경정승진] ③

공무원제도 및 공무담임권에 관한 다음 설명 중 가장 옳지 않은 것은? (다툼이 있는 경우 헌법재판소 결정에 의함)

① 직업공무원제도는 헌법이 보장하는 제도적 보장 중의 하나이므로 입법자는 직업공무원제도에 관하여 '최소한의 보장'의 원칙의 한계 안에서 폭넓은 입법형성의 자유를 가진다.

② 직제가 폐지된 때에 공무원을 직권면직시킬 수 있도록 규정한 지방공무원법의 조항은 공무원의 귀책사유 없이도 그 신분을 박탈할 수 있도록 하여 신분보장을 중추적 요소로 하는 직업공무원제도를 위반한 것으로 볼 수 있다.

③ 금고 이상의 형의 '선고유예'를 받은 경우에 공무원직에서 당연히 퇴직하는 것으로 정한 지방공무원법의 조항은 과실범의 경우마저 당연퇴직 사유에서 제외하지 않아 최소침해성의 원칙에 반하므로 공무담임권을 침해하여 위헌이다.

④ 직업공무원제도가 적용되는 공무원은 국가 또는 공공단체와 근로관계를 맺고 특별행정법관계 아래 공무를 담당하는 것을 직업으로 하는 협의의 공무원을 말하며 정치적 공무원이나 임시적 공무원은 포함되지 않는다.

① (○) 직업공무원제도는 헌법이 보장하는 제도적 보장 중의 하나임이 분명하므로 직업공무원제도에 관하여 최소한 보장의 원칙의 한계 안에서 폭넓은 입법형성의 자유를 가진다. 따라서 입법자가 동장의 임명의 방법이나 직무의 특성 등을 고려하여 이 사건 법률조항에서 동장의 공직상의 신분을 지방공무원법상 신분보장의 적용을 받지 아니하는 별정직공무원의 범주에 넣었다 하여 바로 그 법률조항 부분을 위헌이라고 할 수는 없다(헌재 1997.4.24. 95헌바48).

② (×) 지방공무원법 제62조는 직제의 폐지로 인해 직권면직이 이루어지는 경우 임용권자는 인사위원회의 의견을 듣도록 하고 있고, 면직기준으로 임용형태·업무실적·직무수행능력·징계처분사실 등을 고려하도록 하고 있으며, 면직기준을 정하거나 면직대상을 결정함에 있어서 반드시 인사위원회의 의결을 거치도록 하고 있는바, 이는 합리적인 면직기준을 구체적으로 정함과 동시에 그 공정성을 담보할 수 있는 절차를 마련하고 있는 것이다. 그렇다면 이 사건 규정이 직제가 폐지된 경우 직권면직을 할 수 있도록 규정하고 있다고 하더라도 이것이 직업공무원제도를 위반하고 있다고는 볼 수 없다(헌재 2004.11.25. 2002헌바8).

③ (○) 위 규정은 금고 이상의 선고유예의 판결을 받은 모든 범죄를 포괄하여 규정하고 있을 뿐 아니라, 심지어 오늘날 누구에게나 위험이 상존하는 교통사고 관련 범죄 등 과실범의 경우마저 당연퇴직의 사유에서 제외하지 않고 있으므로 최소침해성의 원칙에 반한다. 더욱이 위 규정은 지방공무원의 당연퇴직사유를 공무원 채용시의 임용결격사유와 동일하게 규정하고 있는데, 일단 공무원으로 채용된 공무원을 퇴직시키는 것은 공무원이 장기간 쌓은 지위를 박탈해 버리는 것이므로 같은 입법목적을 위한 것이라고 하여도 당연퇴직사유를 임용결격사유와 동일하게 취급하는 것은 타당하다고 할 수 없다. 따라서 이 사건 법률조항은 과잉금지원칙에 위배하여 공무담임권을 침해하는 조항이다(헌재 2003.10.30. 2002헌마684).

④ (○) 공무원은 국가 또는 공공단체와 근로관계를 맺고 이른바 공법상 특별권력관계 내지 특별행정법관계 아래 공무를 담당하는 것을 직업으로 하는 협의의 공무원을 말하며 정치적 공무원이라든가 임시적 공무원은 포함되지 않는다(헌재 1989.12.18. 89헌마32).

[2017년 법원 9급] ②

공무원제도 및 공무담임권에 관한 설명 중 옳지 않은 것은? (다툼이 있는 경우 판례에 의함)

① 원칙적으로 공직자선발에 있어 해당 공직이 요구하는 직무수행능력과 무관한 요소인 성별·종교·사회적 신분·출신지역 등을 이유로 하는 차별은 허용되지 않는다고 할 것이므로, 우리 헌법의 기본원리인 사회국가원리도 능력주의 원칙에 대한 예외로 적용할 수 없다.

② 부사관으로 최초로 임용되는 사람의 최고연령을 27세로 정한 법률조항은 부사관이라는 공직 취임의 기회를 제한하고 있으나, 군 조직의 특수성, 군 조직 내에서 부사관의 상대적 지위 및 역할 등을 고려할 때 공무담임권을 침해한다고 볼 수 없다.

③ 지방자치단체의 장이 공소 제기된 후 구금상태에 있는 경우 일시적으로 부단체장이 그 권한을 대행하도록 규정한 법률조항은 해당 지방자치단체장의 공무담임권을 침해한다고 볼 수 없다.

④ 향토예비군 지휘관이 금고 이상 형의 선고유예를 받은 경우에는 그 직에서 당연해임되도록 규정하고 있는 법률조항은, 범죄의 종류와 내용을 가리지 않고 모두 당연퇴직사유로 정함으로써 공무담임권을 침해한다.

⑤ 공무원의 기부금 모집을 금지하고 있는 법률조항은 선거의 공정성을 확보하고 공무원의 정치적 중립성을 보장하기 위한 것이므로, 정치적 의사표현의 자유를 침해하지 않는다.

① (×) 공직자선발에 관하여 능력주의에 바탕한 선발기준을 마련하지 아니하고 해당 공직이 요구하는 직무수행능력과 무관한 요소, 예컨대 성별·종교·사회적 신분·출신지역 등을 기준으로 삼는 것은 국민의 공직취임권을 침해하는 것이 된다. 다만, 헌법의 기본원리나 특정조항에 비추어 능력주의원칙에 대한 예외를 인정할 수 있는 경우가 있다. 그러한 헌법원리로는 우리 헌법의 기본원리인 사회국가원리를 들 수 있고, 이와 같은 헌법적 요청이 있는 경우에는 합리적 범위 안에서 능력주의가 제한될 수 있다(헌재 1999.12.23. 98헌마363).

② (○) 군의 특수성을 고려할 때 부사관의 임용연령상한을 제한하는 심판대상조항은 그 입법목적이 정당하고, 심판대상조항이 과잉금지의 원칙을 위반하여 청구인들의 공무담임권을 침해한다고 볼 수 없다(헌재 2014.9.25. 2011헌마414).

③ (○) 사건 법률조항의 입법목적은 주민의 복리와 자치단체행정의 원활하고 효율적인 운영에 초래될 것으로 예상되는 위험을 미연에 방지하려는 것으로, 과잉금지원칙에 위반되지 않는다(헌재 2011.4.28. 2010헌마474).

④ (○) 향토예비군 지휘관이 금고 이상의 형의 선고유예를 받은 경우에는 그 직에서 당연해임하도록 규정하고 있는 이 사건 법률조항은 금고 이상의 선고유예의 판결을 받은 모든 범죄를 포괄하여 규정하고 있을 뿐 아니라, 심지어 오늘날 누구에게나 위험이 상존하는 교통사고 관련 범죄 등 과실범의 경우마저 당연해임의 사유에서 제외하지 않고 있으므로 최소침해성의 원칙에 반한다. 따라서 이 사건 법률조항은 과잉금지원칙에 위배하여 공무담임권을 침해하는 조항이다(헌재 2005.12.22. 2004헌마947).

⑤ (○) 사건 국가공무원법 조항들은 공무원의 정치적 중립성에 정면으로 반하는 행위를 금지함으로써 선거의 공정성과 형평성을 확보하고 공무원의 정치적 중립성을 보장하기 위한 것인바, 그 입법목적이 정당할 뿐 아니라 방법이 적절하고, 과잉금지원칙을 위배하여 선거운동의 자유 및 정치적 의사표현의 자유를 침해한다고 볼 수 없다(헌재 2012.7.26. 2009헌바298). [2016년 제5회 변호사] ①

A국립대학교는 '추천위원회에서 총장후보자를 선정'하는 간선제방식에 따라 총장후보자를 선출하려고 한다. 'A국립대학교 총장인용후보자 선정에 관한 규정'(이하 '규정'이라 함)에서는 총장후보자에 지원하려는 사람에게 1,000만원의 기탁금을 납부하고, 지원서 접수 시 기탁금 납입 영수증을 제출하도록 하고 있다. 甲은 A국립대학교의 교수로서 총장후보자에 지원하고자 한다. 乙은 A국립대학교의 교수로서 총장후보자 선출에 참여하고자 한다. 다음 설명 중 옳은 것은? (다툼이 있는 경우 판례에 의함)

① 공무담임권은 국민이 공직에 취임하기 이전의 문제이므로 이미 공직에 취임하여 공무원이 된 甲이 헌법상의 공무담임권 침해를 이유로 한 헌법소원심판을 청구하는 것은 허용되지 않는다.

② 乙이 대학총장 후보자 선출에 참여할 권리는 헌법상 기본권으로 인정할 수 없다.

③ 헌법상 대학의 자율은 대학에게 대학의 장 후보자 선정과 관련하여 반드시 직접선출 방식을 보장하여야 하는 것은 아니다.

④ 총장후보자 지원자들에게 1,000만원의 기탁금을 납부하게 하는 것은 지원자가 무분별하게 총장후보자에 지원하는 것을 예방하는 데 기여할 수 있고, 그 액수가 과다하다고도 볼 수 없어 헌법에 위반된다고 할 수 없다.

⑤ 위 규정의 위헌성에 대해 다루고자 할 경우 먼저 위 규정에 대해 항고소송을 제기하여야만 하고 직접 헌법소원심판을 청구하는 것은 허용되지 않는다.

① (×) ⑤ (×) 국립대학교 총장은 교육공무원으로서 국가공무원의 신분을 가진다. 이 사건 기탁금조항은 국립대학교 총장후보자 선정과정에서 후보자에 지원하려는 사람에게 기탁금을 납부하도록 하고, 기탁금을 납입하지 않을 경우 총장후보자에 지원하는 기회가 주어지지 않도록 하고 있다. 따라서 이 사건 기탁금조항은 기탁금을 납입할 수 없거나 그 납입을 거부하는 사람들의 공무담임권을 제한한다(헌재 2018.4.26. 2014헌마274).

② (×) 전통적으로 대학자치는 학문활동을 수행하는 교수들로 구성된 교수회가 누려오는 것이었고, 현행법상 국립대학의 장 임명권은 대통령에게 있으나, 1990년대 이후 국립대학에서 총장 후보자에 대한 직접선거방식이 도입된 이래 거의 대부분 대학 구성원들이 추천하는 후보자 중에서 대학의 장을 임명하여 옴으로써 대통령이 대학총장을 임명함에 있어 대학교원들의 의사를 존중하여 온 점을 고려하면, 청구인들에게 대학총장 후보자 선출에 참여할 권리가 있고 이 권리는 대학의 자치의 본질적인 내용에 포함된다고 할 것이므로 결국 헌법상의 기본권으로 인정할 수 있다(헌재 2006.4.27. 2005헌마1047).

③ (○) 대학의 장 임용추천위원회(이하 '위원회'라 한다)에서의 선정은 원칙적인 방식이 아닌 교원의 합의된 방식과 선택적이거나 혹은 실세로는 보충적인 방식으로 규정되어 있는 점, 대학의 장 후보자 선정과 관련하여 대학에게 반드시 직접선출 방식을 보장하여야 하는 것은 아니며, 다만 대학교원들의 합의된 방식으로 그 선출방식을 정할 수 있는 기회를 제공하면 족하다고 할 것인데, 교육공무원법 제24조 제4항은 대학의 장 후보자 선정을 위원회에서 할 것인지, 아니면 교원의 합의된 방식에 의할 것인지를 대학에서 우선적으로 결정하도록 하여 이를 충분히 보장하고 있는 점, 위 규정이 매우 자의적인 것으로서 합리적인 입법한계를 일탈하였거나 대학의 자율의 본질적인 부분을 침해하였다고 볼 수 없다(헌재 2006.4.27. 2005헌마1047).

④ (×) 사건 기탁금조항에 따른 기탁금 액수가 1,000만원이라는 점, 이 사건 기탁금조항이 추천위원회의 최초 투표만을 기준으로 기탁금 반환 여부를 결정하도록 하는 점, 일정한 경우 기탁자 의사와 관계없이 기탁금을 대학발전기금으로 귀속시키도록 하고 있는 점 등을 종합하면, 이 사건 기탁금조항이 정한 1,000만원이라는 액수는 자력이 부족한 교원 등 학내 인사와 일반 국민으로 하여금 총장후보자에 지원하려는 의사를 단념토록 할 수 있을 정도로 과다한 액수라고 할 수 있다. 이러한 사정들을 종합하면, 이 사건 기탁금조항은 침해의 최소성 원칙에 위배된다. 이 사건 기탁금조항은 과잉금지원칙에 반하여 청구인의 공무담임권을 침해한다(헌재 2018.4.26. 2014헌마274).

[2019년 제8회 변호사] ③

제8장 청구권적 기본권

청구권적 기본권과 관련된 법 규정으로 가장 적절하지 않은 것은?

① 「청원법」 규정에 의하면 청원기관의 장은 공개청원의 공개결정일부터 60일간 청원사항에 관하여 국민의 의견을 들어야 한다.

② 「형사보상 및 명예회복에 관한 법률」 규정에 의하면 형사보상청구는 무죄재판이 확정된 사실을 안 날부터 3년, 무죄재판이 확정된 때부터 5년 이내에 하여야 한다.

③ 「형사보상 및 명예회복에 관한 법률」 규정에 의하면 형사보상을 받을 자는 다른 법률에 따라 손해배상을 청구하는 것이 금지되지 아니한다.

④ 「범죄피해자 보호법」 규정에 의하면 구조금의 신청은 해당 구조대상 범죄피해의 발생을 안 날부터 3년이 지나거나 해당 구조대상 범죄피해가 발생한 날부터 10년이 지나면 할 수 없다.

① (×) 청원법 제13조(공개청원의 공개 여부 결정 통지 등) ②청원기관의 장은 공개청원의 공개결정일부터 30일간 청원사항에 관하여 국민의 의견을 들어야 한다.
② (○) 형사보상 및 명예회복에 관한 법률 제8조(보상청구의 기간) 보상청구는 무죄재판이 확정된 사실을 안 날부터 3년, 무죄재판이 확정된 때부터 5년 이내에 하여야 한다.
③ (○) 형사보상 및 명예회복에 관한 법률 제6조(손해배상과의 관계) ①이 법은 보상을 받을 자가 다른 법률에 따라 손해배상을 청구하는 것을 금지하지 아니한다.
④ (○) 범죄피해자 보호법 제25조(구조금의 지급신청) ②제1항에 따른 신청은 해당 구조대상 범죄피해의 발생을 안 날부터 3년이 지나거나 해당 구조대상 범죄피해가 발생한 날부터 10년이 지나면 할 수 없다. [2022년 경찰간부] ①

청구권적 기본권에 대한 설명으로 옳지 않은 것은? (다툼이 있는 경우 헌법재판소 판례에 의함)

① 재판청구기간에 관한 입법자의 재량과 관련하여 제소기간 또는 불복기간을 너무 짧게 정하여 재판을 제기하거나 불복하는 것을 사실상 불가능하게 하거나 합리적인 이유로 정당화될 수 없는 방법으로 이를 어렵게 한다면 재판청구권을 사실상 형해화될 수 있으므로, 이러한 점에서 입법형성권의 한계가 있다.

② 지방공무원의 면직처분에 대해 불복할 경우 소청심사청구기간을 처분사유 설명서 교부일로부터 30일 이내로 정한 것은 일반행정심판 청구기간 또는 행정소송 제기기간인 처분이

있음을 안 날부터 90일보다 짧기는 하나, 지방공무원의 권리구제를 위한 재판청구권의 행사를 불가능하게 하거나 형해화한다고 볼 수는 없다.

③ 직권면직처분을 받은 지방공무원이 그에 대해 불복할 경우 행정소송의 제기에 앞서 반드시 소청심사를 거치도록 규정한 것은 재판청구권을 침해하거나 평등원칙에 위반된다고 볼 수 없다.

④ 입법자는 행정심판을 통한 권리구제의 실효성, 행정청에 의한 자기 시정의 개연성, 문제되는 행정처분의 특수성 등을 고려하여 행정심판을 임의적 전치절차로 할 것인지, 아니면 필요적 전치절차로 할 것인지를 결정할 입법형성권을 가지고 있다.

⑤ 재판청구권과 같은 절차적 기본권은 원칙적으로 제도적 보장의 성격이 강하기 때문에, 자유권적 기본권 등 다른 기본권의 경우와 비교하여 볼 때 상대적으로 광범위한 입법형성권이 인정되므로, 관련 법률에 대한 위헌심사기준은 과잉금지원칙이 적용된다.

① (○) 재판을 청구할 수 있는 기간 또는 재판에 불복할 수 있는 기간을 정하는 것 역시 입법자가 그 입법형성재량에 기초한 정책적 판단에 따라 결정할 문제라고 할 것이고, 그것이 입법부에 주어진 합리적인 재량의 한계를 일탈하지 아니하는 한 위헌이라고 할 수 없다. 다만, 이러한 입법재량도 제소기간 또는 불복기간을 너무 짧게 정하여 재판을 제기하거나 불복하는 것을 사실상 불가능하게 하거나 합리적인 이유로 정당화될 수 없는 방법으로 이를 어렵게 한다면 재판청구권은 사실상 형해화될 수 있으므로, 이러한 점에서 입법형성권의 한계가 있다(헌재 2015.3.26. 2013헌바186).

② (○) 당해 처분의 당사자로서는 그 설명서를 받는 즉시 자신이 면직처분 등을 받은 이유 등을 상세히 알 수 있고, 30일이면 그 면직처분을 소청심사 등을 통해 다툴지 여부를 충분히 숙고할 수 있다고 할 것이어서 처분사유 설명서 교부일부터 30일 이내 소청심사를 청구하도록 한 것이 지나치게 짧아 청구인의 권리구제를 위한 재판청구권의 행사를 불가능하게 하거나 형해화한다고 볼 수 없으므로 이 사건 청구기간 조항은 청구인의 재판청구권을 침해하지 아니한다(헌재 2015.3.26. 2013헌바186).

③ (○) 직권면직처분을 받은 지방공무원이 그에 대해 불복할 경우 행정소송의 제기에 앞서 반드시 소청심사를 거치도록 규정한 것은 행정기관 내부의 인사행정에 관한 전문성 반영, 행정기관의 자율적 통제, 신속성 추구라는 행정심판의 목적에 부합한다. 소청심사제도에도 심사위원의 자격요건이 엄격히 정해져 있고, 임기와 신분이 보장되어 있는 등 독립성과 공정성이 확보되어 있으며, 증거조사절차나 결정절차 등 심리절차에 있어서도 사법절차가 상당 부분 준용되고 있다. 이 사건 필요적 전치조항은 입법형성의 한계를 벗어나 재판청구권을 침해하거나 평등원칙에 위반된다고 볼 수 없다(헌재 2015.3.26. 2013헌바186).

④ (○) 입법자는 행정심판을 통한 권리구제의 실효성, 행정청에 의한 자기 시정의 개연성, 문제되는 행정처분의 특수성 등을 고려하여 행정심판을 임의적 전치절차로 할 것인지, 아니면 필요적 전치절차로 할 것인지를 결정할 입법형성권을 가지고 있다(헌재 2015.3.26. 2013헌바186).

⑤ (×) 재판청구권과 같은 절차적 기본권은 원칙적으로 제도적 보장의 성격이 강하기 때문에, 자유권적 기본권 등 다른 기본권의 경우와 비교하여 볼 때 상대적으로 광범위한 입법형성권이 인정되므로, 관련 법률에 대한 위헌심사기준은 합리성원칙 내지 자의금지원칙이 적용된다(헌재 2015.3.26. 2013헌바186). [2022년 국회 8급] ⑤

청구권적 기본권에 관한 설명으로 옳지 않은 것은? (다툼이 있는 경우 헌법재판소 결정례에 의함)

① 군인 또는 군무원이 아닌 국민은 대한민국의 영역 안에서는 중대한 군사상 기밀·초병·초소·유독음식물공급·포로·군용물에 관한 죄 중 법률이 정한 경우와 비상계엄이 선포된 경우를 제외하고는 군사법원의 재판을 받지 아니한다.

② 형사피의자 또는 형사피고인으로서 구금되었던 자가 법률이 정하는 불기소처분을 받거나

무죄판결을 받은 때에는 법률이 정하는 바에 의하여 국가에 정당한 보상을 청구할 수 있다.

③ 타인의 범죄행위로 인하여 생명·신체에 대한 피해를 받은 국민은 법률이 정하는 바에 의하여 국가로부터 구조를 받을 수 있다.

④ 국회나 지방의회에 대한 청원에 국회의원이나 지방의회의원의 소개를 얻도록 규정한 법률조항은 청원심사의 효율성을 확보하기 위한 적절한 수단이지만, 의원 모두가 소개되기를 거절한 경우에 청원권을 행사할 수 없게 된다는 점에서 헌법에 위반된다.

⑤ 국민참여재판을 받을 권리는 헌법 제27조 제1항에서 규정한 헌법과 법률이 정한 법관에 의한 재판을 받을 권리의 보호범위에 속한다고 볼 수 없다.

① (○) 헌법 제27조 ② 군인 또는 군무원이 아닌 국민은 대한민국의 영역안에서는 중대한 군사상 기밀·초병·초소·유독음식물공급·포로·군용물에 관한 죄 중 법률이 정한 경우와 비상계엄이 선포된 경우를 제외하고는 군사법원의 재판을 받지 아니한다.

② (○) 헌법 제28조 형사피의자 또는 형사피고인으로서 구금되었던 자가 법률이 정하는 불기소처분을 받거나 무죄판결을 받은 때에는 법률이 정하는 바에 의하여 국가에 정당한 보상을 청구할 수 있다.

③ (○) 헌법 제30조 타인의 범죄행위로 인하여 생명·신체에 대한 피해를 받은 국민은 법률이 정하는 바에 의하여 국가로부터 구조를 받을 수 있다.

④ (×) 의회에 대한 청원에 국회의원의 소개를 얻도록 한 것은 청원 심사의 효율성을 확보하기 위한 적절한 수단이다. 또한 청원은 일반의안과 같이 처리되므로 청원서 제출단계부터 의원의 관여가 필요하고, 의원의 소개가 없는 민원의 경우에는 진정으로 접수하여 처리하고 있으며, 청원의 소개의원은 1인으로 족한 점 등을 감안할 때 이 사건 법률조항이 국회에 청원을 하려는 자의 청원권을 침해한다고 볼 수 없다(헌재 2006.6.29. 2005헌마604). 지방의회에 청원을 할 때에 지방의회 의원의 소개를 얻도록 한 것은 의원이 미리 청원의 내용을 확인하고 이를 소개하도록 함으로써 청원의 남발을 규제하고 심사의 효율을 기하기 위한 것이고, 지방의회 의원 모두가 소개의원이 되기를 거절하였다면 그 청원내용에 찬성하는 의원이 없는 것이므로 지방의회에서 심사하더라도 인용가능성이 전혀 없어 심사의 실익이 없으며, 청원의 소개의원도 1인으로 족한 점을 감안하면 이러한 정도의 제한은 공공복리를 위한 필요·최소한의 것이다(헌재 1999.11.25. 97헌마54).

⑤ (○) 헌법상 헌법과 법률이 정한 법관에 의한 재판을 받을 권리는 직업법관에 의한 재판을 주된 내용으로 하는 것이므로 국민참여재판을 받을 권리가 헌법 제27조 제1항에서 규정한 재판을 받을 권리의 보호범위에 속한다고 볼 수 없다(헌재 2009.11.26. 2008헌바12).

[2020년 소방간부] ④

청구권적 기본권에 대한 설명으로 옳지 않은 것은? (다툼이 있는 경우 판례에 의함)

① 형사재판에 피고인으로 출석하는 수형자에 대하여 사복착용을 불허하는 것은 공정한 재판을 받을 권리를 침해하는 것이다.

② 형사피해자의 재판절차진술권의 형사피해자는 범죄피해자구조청구권의 범죄피해자보다 넓은 개념이다.

③ 범죄피해자구조청구권은 대한민국의 주권이 미치는 영역에서 발생한 범죄로 인한 피해자만이 주체가 될 수 있다.

④ 형사피의자와 형사피고인이 형사보상청구권을 주장하기 위해서는 무죄판결을 받아야 한다.

⑤ 생명·신체의 침해로 인한 국가배상청구권은 양도·압류하지 못한다.

① (○) 심판대상조항이 형사재판의 피고인으로 출석하는 수형자에 대하여 사복착용을 허용하지 아니한 것은 청구인의 공정한 재판을 받을 권리, 인격권, 행복추구권을 침해한다(헌재 2015.12.23. 2013헌마712).

② (○) 형사피해자의 재판절차진술권은 범죄행위로 인하여 피해자가 당해 사건의 재판절차에 증인으로 출석하여 자신이 입은 피해의 내용과 사건에 관하여 의견을 진술할 권리이다. 헌법 제30조의 범죄피해자는 생명과 신체에 직접적으로 피해를 입은 자에 한정되는 반면에, 헌법 제27조 제5항의 형사피해자는 어떤 범죄행위로 인한 모든 피해자를 의미하므로, 헌법 제30조의 범죄피해자보다 넓은 개념이다.

③ (○) 국가의 주권이 미치지 못하고 국가의 경찰력 등을 행사할 수 없거나 행사하기 어려운 해외에서 발생한 범죄에 대하여는 국가에 그 방지책임이 있다고 보기 어렵고, 따라서 범죄피해자구조청구권의 내상이 되는 범죄피해에 해외에서 발생한 범죄피해의 경우를 포함하고 있지 아니한 것이 현저하게 불합리한 자의적인 차별이라고 볼 수 없어 평등원칙에 위배되지 아니한다(헌재 2011.12.29. 2009헌마354).

④ (×) 헌법 제28조 형사피의자 또는 형사피고인으로서 구금되었던 자가 법률이 정하는 불기소처분을 받거나 무죄판결을 받은 때에는 법률이 정하는 바에 의하여 국가에 정당한 보상을 청구할 수 있다.

⑤ (○) 국가배상법 제4조(양도 등 금지) 생명·신체의 침해로 인한 국가배상을 받을 권리는 양도하거나 압류하지 못한다.

[2018년 국회 9급] ④

제1절 청원권

청원에 대한 설명으로 옳은 것은? (다툼이 있는 경우 판례에 의함)

① 청원은 청원인의 성명과 주소 또는 거소를 적고 서명한 문서로 하여야 하고, 전자문서로 한 청원은 효력이 없다.

② 청원권은 국민이 국정에 관하여 자신의 의견이나 희망을 해당 기관에 직접 진술하는 것을 내용으로 하고, 본인을 대리하거나 중개하는 제3자를 통해 진술하는 것은 보호되지 않는다.

③ 국회에 청원을 하려는 자는 반드시 의원의 소개를 받아야 한다.

④ 청원권의 보호범위에는 청원사항의 처리결과에 심판서나 재결서에 준하여 이유를 명시할 것을 요구하는 것이 포함된다.

⑤ 청원에 대한 처리결과가 청원인이 기대한 바에 미치지 않는다고 하더라도 헌법소원의 대상이 되는 공권력의 행사 내지 불행사라고는 볼 수 없다.

① (×) 청원법 제9조(청원방법) ①청원은 청원서에 청원인의 성명(법인인 경우에는 명칭 및 대표자의 성명을 말한다)과 주소 또는 거소를 적고 서명한 문서(전자문서 및 전자거래 기본법에 따른 전자문서를 포함한다)로 하여야 한다.

② (×) 헌법 제26조에서 "모든 국민은 법률이 정하는 바에 의하여 국가기관에 문서로 청원할 권리를 가진다. 국가는 청원에 대하여 심사할 의무를 진다."고 하여 청원권을 기본권으로 보장하고 있으므로 국민은 여러 가지 이해관계 또는 국정에 관하여 자신의 의견이나 희망을 해당 기관에 직접 진술하는 외에 그 본인을 대리하거나 중개하는 제3자를 통해 진술하더라도 이는 청원권으로서 보호된다(헌재 2012.4.24. 2011헌바40)

③ (×) 국회법 제123조(청원서의 제출) ①국회에 청원을 하려는 자는 의원의 소개를 받거나 국회규칙으로 정하는 기간 동안 국회규칙으로 정하는 일정한 수 이상의 국민의 동의를 받아 청원서를 제출하여야 한다.

④ (×) 청원권의 보호범위에는 청원사항의 처리결과에 심판서나 재결서에 준하여 이유를 명시할 것까지를 요구하는 것은 포함되지 아니한다고 할 것이다. 왜냐하면 국민이면 누구든지 널리 제기할 수 있는 민중적 청원제도는 재판청구권 기타 준사법적 구제청구와는 완전히 성질을

달리하는 것이기 때문이다. 그러므로 청원소관서는 청원법이 정하는 절차와 범위 내에서 청원사항을 성실·공정·신속히 심사하고 청원인에게 그 청원을 어떻게 처리하였거나 처리하려 하는지를 알 수 있을 정도로 결과통지함으로써 충분하다고 할 것이다(헌재 1994.2.24. 93헌마213).

⑤ (○) 청원소관서는 청원법이 정하는 절차와 범위 내에서 청원사항을 성실·공정·신속히 심사하고 청원인에게 그 청원을 어떻게 처리하였거나 처리하려 하는지를 알 수 있을 정도로 결과통지함으로써 충분하다. 따라서 적법한 청원에 대하여 국가기관이 수리, 심사하여 그 처리결과를 청원인 등에게 통지하였다면 이로써 당해 국가기관은 헌법 및 청원법상의 의무이행을 필한 것이라 할 것이고, 비록 그 처리내용이 청원인 등이 기대한 바에 미치지 않는다고 하더라도 더 이상 헌법소원의 대상이 되는 공권력의 행사 내지 불행사라고는 볼 수 없다(헌재 1994.2.24. 93헌마213).

[2023년 국회 5급] ⑤

청원에 대한 설명으로 가장 적절하지 않은 것은? (다툼이 있는 경우 판례에 의함)

① 법률·명령·조례·규칙 등의 제정·개정 또는 폐지는 「청원법」상 청원사항에 해당하지 않는다.

② 청원이 「청원법」상 처리기간 이내에 처리되지 아니하는 경우 청원인은 청원을 관장하는 기관에 이의신청을 할 수 있다.

③ 정부에 제출 또는 회부된 정부의 정책에 관계되는 청원의 심사는 국무회의의 심의를 거쳐야 한다.

④ 청원권 행사를 위한 청원사항이나 청원방식, 청원절차 등에 관해서는 입법자가 그 내용을 자유롭게 형성할 재량권을 가지고 있으므로 공무원이 취급하는 사건 또는 사무에 관한 사항의 청탁에 관해 금품을 수수하는 등의 행위를 청원권의 내용으로서 보장할지 여부에 대해서도 입법자에게 폭넓은 재량권이 주어져 있다.

① (×) 청원법 제4조(청원사항) 청원은 다음 각 호의 어느 하나에 해당하는 경우에 한하여 할 수 있다. 3. 법률·명령·조례·규칙 등의 제정·개정 또는 폐지

② (○) 청원법 제9조의2(이의신청) 청원이 제9조(청원의 심사)에 따른 처리기간 이내에 처리되지 아니하는 경우 청원인은 청원을 관장하는 기관에 이의신청을 할 수 있다.

③ (○) 헌법 제89조 다음 사항은 국무회의의 심의를 거쳐야 한다. 15. 정부에 제출 또는 회부된 정부의 정책에 관계되는 청원의 심사

④ (○) 청원권 행사를 위한 청원사항이나 청원방식, 청원절차 등에 관해서는 입법자가 그 내용을 자유롭게 형성할 재량권을 가지고 있으므로 공무원이 취급하는 사건 또는 사무에 관한 사항의 청탁에 관해 금품을 수수하는 등의 행위를 청원권의 내용으로서 보장할지 여부에 대해서도 입법자에게 폭넓은 재량권이 주어져 있다. 또한 금전적 대가를 받는 청탁 등 로비활동을 합법적으로 보장할 것인지 여부도 그 시대 국민의 법 감정이나 사회적 상황에 따라 입법자가 판단할 사항이므로 위 제도의 도입 여부나 시기에 대한 판단 역시 입법자의 재량이 폭넓게 인정되는 분야이다(헌재 2012.4.24. 2011헌바40).

[2021년 경찰 경정승진] ①

다음 중 청원권에 관한 설명으로 가장 옳지 않은 것은? (다툼이 있는 경우 판례에 의함)

① 정부에 제출 또는 회부된 정부의 정책에 관계되는 청원의 심사는 국무회의의 심의를 거쳐야 한다.

② 청원사항의 처리결과에 대하여 재결서에 준하는 이유를 명시할 의무는 있으나, 청원인이 청원한 내용대로의 결과를 통지할 의무는 없다.

③ 지방의회에 청원을 할 때 지방의회 의원의 소개를 얻도록 한 조항은 청원권을 침해하지 않는다.

④ 청원사항의 처리내용이 청원인이 기대하는 바에 미치지 않는다고 하더라도 헌법소원의 대상이 되는 공권력의 행사 내지 불행사라고 볼 수 없으므로 헌법소원의 대상이 되지 않는다.

① (○) 헌법 제89조 다음 사항은 국무회의의 심의를 거쳐야 한다. 15. 정부에 세출 또는 회부된 정부의 정책에 관계되는 청원의 심사
② (×) 청원권의 보호범위에는 청원사항의 처리결과에 심판서나 재결서에 준하여 이유를 명시할 것까지를 요구하는 것은 포함되지 아니한다고 할 것이다. 왜냐하면 국민이면 누구든지 널리 제기할 수 있는 민중적 청원제도는 재판청구권 기타 준사법적 구제청구와는 완전히 성질을 달리하는 것이기 때문이다. 그러므로 청원소관서는 청원법이 정하는 절차와 범위 내에서 청원사항을 성실·공정·신속히 심사하고 청원인에게 그 청원을 어떻게 처리하였거나 처리하려 하는지를 알 수 있을 정도로 결과를 통지함으로써 충분하다(헌재 1994.2.24. 93헌마213).
③ (○) 지방의회 의원 모두가 소개의원이 되기를 거절하였다면 그 청원내용에 찬성하는 의원이 없는 것이므로 지방의회에서 심사하더라도 인용가능성이 전혀 없어 심사의 실익이 없으며, 청원의 소개의원도 1인으로 족한 점을 감안하면 이러한 정도의 제한은 공공복리를 위한 필요·최소한의 것이라고 할 수 있다(헌재 1999.11.25. 97헌마54).
④ (○) 청원에 대하여 국가기관이 수리, 심사하여 그 처리결과를 청원인 등에게 통지하였다면 이로써 당해 국가기관은 헌법 및 청원법상의 의무이행을 필한 것이라 할 것이고, 비록 그 처리내용이 청원인 등이 기대한 바에 미치지 않는다고 하더라도 더 이상 헌법소원의 대상이 되는 공권력의 행사 내지 불행사라고는 볼 수 없다(헌재 1994.2.24. 93헌마213). [2022년 해경간부] ②

청원권에 관한 설명으로 가장 적절하지 않은 것은? (다툼이 있는 경우 판례에 의함)

① 청원권의 행사는 자신이 직접 하든 아니면 제3자인 중개인이나 대리인을 통해서 하든 청원권으로서 보호된다.

② 「청원법」상 청원기관의 장은 청원을 접수한 때에는 특별한 사유가 없으면 60일 이내에 처리결과를 청원인에게 알려야 한다.

③ 청원권의 보호범위에는 청원사항의 처리결과에 심판서나 재결서에 준하여 이유를 명시할 것까지를 요구하는 것은 포함되지 않는다.

④ 「청원법」상 국민은 공무원의 위법·부당한 행위에 대한 시정이나 징계의 요구에 대하여 청원기관에 청원할 수 있다.

① (○) 청원권의 행사는 자신이 직접 하든 아니면 제3자인 중개인이나 대리인을 통해서 하든 청원권으로서 보호된다. 우리 헌법은 문서로 청원을 하도록 한 것 이외에 그 형식을 제한하고 있지 않으며, 청원권의 행사방법이나 그 절차를 구체화하고 있는 청원법도 제3자를 통해 하는 방식의 청원을 금지하고 있지 않다. 따라서 국민이 여러 가지 이해관계 또는 국정에 관해서 자신의 의견이나 희망을 해당 기관에 직접 진술하는 외에 그 본인을 대리하거나 중개하는 제3자를 통해 진술하더라도 이는 청원권으로서 보호될 것이다(헌재 2005.11.24. 2003헌바108).
② (×) 청원법 제21조(청원의 처리 등) ②청원기관의 장은 청원을 접수한 때에는 특별한 사유가 없으면 90일 이내(제13조 제1항에 따른 공개청원의 공개 여부 결정기간 및 같은 조 제2항에 따른 국민의 의견을 듣는 기간을 제외한다)에 처리결과를 청원인(공동청원의 경우 대표자를 말한다)에게 알려야 한다. 이 경우 공개청원의 처리결과는 온라인청원시스템에 공개하여야 한다.
③ (○) 청원권의 보호범위에는 청원사항의 처리결과에 심판서나 재결서에 준하여 이유를 명시할 것까지를 요구하는 것은 포함되지 아니한다고

할 것이다. 왜냐하면 국민이면 누구든지 널리 제기할 수 있는 민중적 청원제도는 재판청구권 기타 준사법적 구제청구와는 완전히 성질을 달리하는 것이기 때문이다. 그러므로 청원소관서는 청원법이 정하는 절차와 범위 내에서 청원사항을 성실·공정·신속히 심사하고 청원인에게 그 청원을 어떻게 처리하였거나 처리하려 하는지를 알 수 있을 정도로 결과통지함으로써 충분하다고 할 것이다(헌재 1994.2.24. 93헌마213 등).

④ (○) 청원법 제5조(청원사항) 국민은 다음 각 호의 어느 하나에 해당하는 사항에 대하여 청원기관에 청원할 수 있다. 2. 공무원의 위법·부당한 행위에 대한 시정이나 징계의 요구 [2023년 경찰경채] ②

청원에 대한 설명으로 옳지 않은 것은?

① 헌법은 모든 국민에게 법률이 정하는 바에 의하여 국가기관에 문서로 청원할 권리를 부여하고, 국가에 청원에 대하여 심사할 의무를 부여한다.

② 「국회법」은 청원의 심사를 본회의의 직무로 규정한다.

③ 국회의 전문위원은 위원회에서 청원에 관련하여 검토보고를 하거나 관련자료의 수집·조사·연구를 수행한다.

④ 국회의장은 국회가 심의 중인 청원에 대해 국회의원에게 본회의에서 5분자유발언을 하게 할 수 있다.

⑤ 국회에 청원을 하려는 자는 의원의 소개를 받거나 국회규칙으로 정하는 기간 동안 일정한 수 이상의 국민의 동의를 받아 청원서를 제출하여야 한다.

① (○) 헌법 제26조 ①모든 국민은 법률이 정하는 바에 의하여 국가기관에 문서로 청원할 권리를 가진다. ②국가는 청원에 대하여 심사할 의무를 진다.

② (×) 국회법 제36조(상임위원회의 직무) 상임위원회는 그 소관에 속하는 의안과 청원 등의 심사, 그 밖에 법률에서 정하는 직무를 수행한다.

③ (○) 국회법 제42조(전문위원과 공무원) ④전문위원은 위원회에서 의안과 청원 등의 심사, 국정감사, 국정조사, 그 밖의 소관 사항과 관련하여 검토보고 및 관련 자료의 수집·조사·연구를 수행한다.

④ (○) 국회법 제105조(5분자유발언) ①의장은 본회의가 개의된 경우 그 개의시부터 1시간을 초과하지 아니하는 범위에서 의원에게 국회가 심의 중인 의안과 청원, 그 밖의 중요한 관심 사안에 대한 의견을 발표할 수 있도록 하기 위하여 5분 이내의 발언(이하 "5분자유발언"이라 한다)을 허가할 수 있다. 다만, 의장은 당일 본회의에서 심의할 의안이 여러 건 있는 경우 등 효율적인 의사진행을 위하여 필요하다고 인정하는 경우에는 각 교섭단체 대표의원과 협의하여 개의 중에 5분 자유발언을 허가할 수 있다.

⑤ (○) 국회법 제123조(청원서의 제출) ①국회에 청원을 하려는 자는 의원의 소개를 받거나 국회규칙으로 정하는 기간 동안 국회규칙으로 정하는 일정한 수 이상의 국민의 동의를 받아 청원서를 제출하여야 한다. [2023년 국회 9급] ②

청원권에 관한 다음 설명 중 가장 옳지 않은 것은?

① 정부에 제출 또는 회부된 정부의 정책에 관계되는 청원의 심사는 국무회의의 심의를 거쳐야 한다.

② 청원사항의 처리결과에 대하여 재결서에 준하는 이유를 명시할 의무는 있으나, 청원인이 청원한 내용대로의 결과를 통지할 의무는 없다.

③ 지방의회에 청원을 할 때 지방의회 의원의 소개를 얻도록 한 조항은 청원권을 침해하지 않는다.

④ 공무원이 취급하는 사건 또는 사무에 관하여 사건 해결의 청탁 등을 명목으로 금품을 수수하는 행위를 규제하는 조항은 일반적 행동자유권뿐만 아니라 청원권을 제한한다.

① (○) 헌법 제89조 다음 사항은 국무회의의 심의를 거쳐야 한다. 15. 정부에 제출 또는 회부된 정부의 정책에 관계되는 청원의 심사

② (×) 헌법 제26조와 청원법규정에 의할 때 헌법상 보장된 청원권은 공권력과의 관계에서 일어나는 여러 가지 이해관계, 의견, 희망 등에 관하여 적법한 청원을 한 모든 국민에게, 국가기관이(그 주관관서가) 청원을 수리할 뿐만 아니라, 이를 심사하여, 청원자에게 적어도 그 처리결과를 통지할 것을 요구할 수 있는 권리를 말한다. 그러나 청원권의 보호범위에는 청원사항의 처리결과에 심판서나 재결서에 준하여 이유를 명시할 것까지를 요구하는 것은 포함되지 아니한다고 할 것이다(헌재 1997.7.16. 93헌마239).

③ (○) 지방의회에 청원을 할 때에 지방의회 의원의 소개를 얻도록 한 것은 의원이 미리 청원의 내용을 확인하고 이를 소개하도록 함으로써 청원의 남발을 규제하고 심사의 효율을 기하기 위한 것이고, 지방의회 의원 모두가 소개의원이 되기를 거절하였다면 그 청원내용에 찬성하는 의원이 없는 것이므로 지방의회에서 심사하더라도 인용가능성이 전혀 없어 심사의 실익이 없으며, 청원의 소개의원도 1인으로 족한 점을 감안하면 이러한 정도의 제한은 공공복리를 위한 필요·최소한의 것이라고 할 수 있다(헌재 1999.11.25. 97헌마54).

④ (○) 사건 법률조항은 공무원의 직무에 속하는 사항에 관하여 금품을 대가로 다른 사람을 중개하거나 대신하여 그 이해관계나 의견 또는 희망을 해당 기관에 진술할 수 없게 하므로, 일반적 행동자유권 및 청원권을 제한한다. 사건 법률조항은 일반적 행동의 자유 내지 청원권을 침해하지 아니한다(헌재 2012.4.24. 2011헌바40). [2022년 법원 9급] ②

청원에 대한 설명으로 옳지 않은 것은? (다툼이 있는 경우 판례에 의함)

① 정부에 제출 또는 회부된 정부의 정책에 관계되는 청원의 심사는 국무회의의 심의사항이다.

② 헌법에서는 청원에 대하여 심사할 의무만을 규정하므로 국가기관은 청원에 대하여 그 결과를 통지하여야 할 의무를 지지 않는다.

③ 국회에 청원을 하려는 자는 국회의원의 소개를 얻어서, 지방의회에 청원을 하려는 자는 지방의회의원의 소개를 받아 청원서를 제출하도록 하는 것은 청원권을 침해하지 아니한다.

④ 청원이 「청원법」상 처리기간 이내에 처리되지 아니하는 경우 청원인은 청원을 관장하는 기관에 이의신청을 할 수 있다.

① (○) 헌법 제89조 다음 사항은 국무회의의 심의를 거쳐야 한다. 15. 정부에 제출 또는 회부된 정부의 정책에 관계되는 청원의 심사

② (×) 청원서를 접수한 국가기관은 이를 수리·심사하여 그 결과를 통지하여야 할 헌법에서 유래하는 작위의무를 지고 있고, 이에 상응하여 청원인에게는 청원에 대하여 위와 같은 적정한 처리를 할 것을 요구할 권리가 있다(헌재 2004.5.27. 2003헌마851).

③ (○) 청원은 일반 의안과 같이 처리되므로 청원서 제출단계부터 의원의 관여가 필요하고, 의원의 소개가 없는 민원의 경우에는 진정으로 접수하여 처리하고 있으며, 청원의 소개 의원은 1인으로 족한 점 등을 감안할 때 이 사건 법률조항이 국회에 청원을 하려는 자의 청원권을 침해한다고 볼 수 없다(헌재 2006.6.29. 2005헌마604). 지방의회에 청원을 할 때에 지방의회 의원의 소개를 얻도록 한 것은 의원이 미리 청원의 내용을 확인하고 이를 소개하도록 함으로써 청원의 남발을 규제하고 심사의 효율을 기하기 위한 것이고, 청원의 소개의원도 1인으로 족한 점을 감안하면 이러한 정도의 제한은 공공복리를 위한 필요·최소한의 것이라고 할 수 있다(헌재 1999.11.25. 97헌마54).

④ (○) 청원법 제9조의2(이의신청) 청원이 제9조(청원의 심사)에 따른 처리기간 이내에 처리되지 아니하는 경우 청원인은 청원을 관장하는 기관에 이의신청을 할 수 있다. [2016년 국가 7급] ②

청원에 대한 설명으로 옳지 않은 것은?

① 국민은 법령에 따라 행정권한을 위임 또는 위탁받은 개인에게 청원을 제출할 수는 없다.
② 법률·명령·조례·규칙 등의 제정·개정 또는 폐지에 대하여 청원기관에 청원할 수 있다.
③ 국회의장은 청원을 접수하였을 때에는 청원요지서를 작성하여 인쇄하거나 전산망에 입력하는 방법으로 각 국회의원에게 배부하는 동시에 그 청원서를 소관 위원회에 회부하여 심사하게 한다.
④ 청원을 소개한 국회의원은 소관 위원회 또는 청원심사소위원회의 요구가 있을 때에는 청원의 취지를 설명하여야 한다.

① (×) 청원법 제3조(청원대상기관) 이 법에 의하여 청원을 제출할 수 있는 기관은 다음 각 호와 같다. 3. 법령에 의하여 행정권한을 가지고 있거나 행정권한을 위임 또는 위탁받은 법인·단체 또는 그 기관이나 개인
② (○) 청원법 제4조(청원사항) 청원은 다음 각 호의 어느 하나에 해당하는 경우에 한하여 할 수 있다. 3. 법률·명령·조례·규칙 등의 제정·개정 또는 폐지
③ (○) 국회법 제124조(청원요지서의 작성과 회부) ①의장은 청원을 접수하였을 때에는 청원요지서를 작성하여 인쇄하거나 전산망에 입력하는 방법으로 각 의원에게 배부하는 동시에 그 청원서를 소관 위원회에 회부하여 심사하게 한다.
④ (○) 청원법 제125조(청원 심사·보고 등) ③청원을 소개한 의원은 소관 위원회 또는 청원심사소위원회의 요구가 있을 때에는 청원의 취지를 설명하여야 한다. [2021년 지방 7급] ①

현행 「청원법」 규정에 대한 설명으로 가장 적절하지 않은 것은?

① 청원기관의 장은 청원이 감사·수사·재판·행정심판·조정·중재 등 다른 법령에 의한 조사·불복 또는 구제절차가 진행 중인 사항인 경우에는 처리를 하지 아니할 수 있다.
② 공개청원을 접수한 청원기관의 장은 접수일부터 15일 이내에 청원심의회의 심의를 거쳐 공개 여부를 결정하고 결과를 청원인에게 알려야 한다.
③ 청원기관의 장은 청원을 접수한 때에는 특별한 사유가 없으면 60일 이내에 처리결과를 청원인에게 알려야 한다. 이 경우 공개청원의 처리결과는 온라인청원시스템에 공개하여야 한다.
④ 청원은 청원서에 청원인의 성명과 주소 또는 거소를 적고 서명한 문서(「전자문서 및 전자거래 기본법」에 따른 전자문서를 포함한다)로 하여야 한다.

① (○) 청원법 제6조(청원 처리의 예외) 청원기관의 장은 청원이 다음 각 호의 어느 하나에 해당하는 경우에는 처리를 하지 아니할 수

있다. 이 경우 사유를 청원인(제11조 제3항에 따른 공동청원의 경우에는 대표자를 말한다)에게 알려야 한다. 1. 국가기밀 또는 공무상 비밀에 관한 사항 2. 감사·수사·재판·행정심판·조정·중재 등 다른 법령에 의한 조사·불복 또는 구제절차가 진행 중인 사항

② (○) 청원법 제13조(공개청원의 공개 여부 결정 통지 등) ①공개청원을 접수한 청원기관의 장은 접수일부터 15일 이내에 청원심의회의 심의를 거쳐 공개 여부를 결정하고 결과를 청원인(공동청원의 경우 대표자를 말한다)에게 알려야 한다.

③ (×) 청원법 제21조(청원의 처리 등) ②청원기관의 장은 청원을 접수한 때에는 특별한 사유가 없으면 90일 이내(제13조 제1항에 따른 공개청원의 공개 여부 결정기간 및 같은 조 제2항에 따른 국민의 의견을 듣는 기간을 제외한다)에 처리결과를 청원인(공동청원의 경우 대표자를 말한다)에게 알려야 한다. 이 경우 공개청원의 처리결과는 온라인청원시스템에 공개하여야 한다.

④ (○) 청원법 제9조(청원방법) ①청원은 청원서에 청원인의 성명(법인인 경우에는 명칭 및 대표자의 성명을 말한다)과 주소 또는 거소를 적고 서명한 문서(「전자문서 및 전자거래 기본법」에 따른 전자문서를 포함한다)로 하여야 한다. [2022년 경찰간부] ③

청원권에 대한 설명으로 옳은 것은?

① 현행 헌법규정에 의하면 청원은 문서 또는 구두(口頭)로 할 수 있다.

② 국민은 지방자치단체와 그 소속 기관에 청원을 제출할 수 있다.

③ 청원서의 일반인에 대한 공개를 위해 30일 이내에 100명 이상의 찬성을 받도록 하고, 청원서가 일반인에게 공개되면 그로부터 30일 이내에 10만 명 이상의 동의를 받도록 한 「국회청원심사규칙」 조항은 청원의 요건을 지나치게 까다롭게 설정하여 국민의 청원권을 침해한다.

④ 국민은 공무원의 위법·부당한 행위에 대한 시정이나 징계의 요구를 청원할 수 없다.

① (×) 헌법 제26조 ①모든 국민은 법률이 정하는 바에 의하여 국가기관에 문서로 청원할 권리를 가진다.

② (○) 청원법 제4조(청원기관) 이 법에 따라 국민이 청원을 제출할 수 있는 기관은 다음 각 호와 같다. 2. 지방자치단체와 그 소속 기관

③ (×) 국민동의 법령조항들이 청원서의 일반인에 대한 공개를 위해 30일 이내에 100명 이상의 찬성을 받도록 한 것은 일종의 사전동의제도로서, 중복게시물을 방지하고 비방, 욕설, 혐오표현, 명예훼손 등 부적절한 청원을 줄이며 국민의 목소리를 효율적으로 담아내고자 함에 그 취지가 있다. 다음으로, 청원서가 일반인에게 공개되면 그로부터 30일 이내에 10만 명 이상의 동의를 받도록 한 것은 국회의 한정된 심의 역량과 자원의 효율적 배분을 고려함과 동시에, 일정 수준 이상의 인원에 해당하는 국민 다수가 관심을 갖고 동의하는 의제가 논의 대상이 되도록 하기 위한 것이다. 따라서 국민동의법령조항들은 입법재량을 일탈하여 청원권을 침해하였다고 볼 수 없다(헌재 2023.3.23. 2018헌마460).

④ (×) 청원법 제5조(청원사항) 국민은 다음 각 호의 어느 하나에 해당하는 사항에 대하여 청원기관에 청원할 수 있다. 2. 공무원의 위법·부당한 행위에 대한 시정이나 징계의 요구 [2023년 국가 7급] ②

청원권에 관한 설명으로 옳지 않은 것은? (다툼이 있는 경우 헌법재판소 판례에 의함)

① 모든 국민은 법률이 정하는 바에 의하여 국가기관에 문서로 청원할 권리를 가진다.

② 국회에 청원을 하려는 자는 의원의 소개를 받거나 국회규칙으로 정하는 기간 동안 국회규칙으로 정하는 일정한 수 이상의 국민의 동의를 받아 청원서를 제출하여야 한다.

③ 「국회법」상 위원회에서 본회의에 부의할 필요가 없다고 결정한 청원은 그 처리 결과를 의

장에게 보고하고, 의장은 청원인에게 알려야 한다. 다만, 폐회 또는 휴회 기간을 제외한 10일 이내에 의원 30명 이상의 요구가 있을 때에는 이를 본회의에 부의한다.

④ 청원사항의 처리결과에 심판서나 재결서에 준하여 이유를 명시할 것을 요구하는 것은 청원권의 보호범위에 포함되지 아니한다.

⑤ 교도소 수형자의 서신을 통한 청원을 아무런 제한 없이 허용한다면 수용자가 이를 악용하여 검열 없이 외부에 서신을 발송하는 탈법수단으로 이용할 수 있게 되므로 이에 대한 검열은 수용목적을 달성하기 위한 불가피한 것으로서 청원권의 본질적 내용을 침해하는 것은 아니다.

① (○) 헌법 제26조 ①모든 국민은 법률이 정하는 바에 의하여 국가기관에 문서로 청원할 권리를 가진다.

② (○) 국회법 제123조(청원서의 제출) ①국회에 청원을 하려는 자는 의원의 소개를 받거나 국회규칙으로 정하는 기간 동안 국회규칙으로 정하는 일정한 수 이상의 국민의 동의를 받아 청원서를 제출하여야 한다.

③ (×) 국회법 제125조(청원 심사·보고 등) ⑧위원회에서 본회의에 부의할 필요가 없다고 결정한 청원은 그 처리 결과를 의장에게 보고하고, 의장은 청원인에게 알려야 한다. 다만, 폐회 또는 휴회 기간을 제외한 7일 이내에 의원 30명 이상의 요구가 있을 때에는 이를 본회의에 부의한다.

④ (○) 헌법상 보장된 청원권은 공권력과의 관계에서 일어나는 여러 가지 이해관계, 의견, 희망 등에 관하여 적법한 청원을 한 모든 국민에게 국가기관이 청원을 수리할 뿐만 아니라 이를 심사하여 청원자에게 그 처리결과를 통지할 것을 요구할 수 있는 권리를 말한다. 그러나 청원사항의 처리결과에 심판서나 재결서에 준하여 이유를 명시할 것을 요구하는 것은 청원권의 보호범위에 포함되지 아니하므로, 청원 소관관서는 청원법이 정하는 절차와 범위 내에서 청원사항을 성실·공정·신속히 심사하고 청원인에게 그 청원을 어떻게 처리하였거나 처리하려 하는지를 알 수 있는 정도로 결과통지함으로써 충분하다(헌재 1994.2.24. 93헌마213).

⑤ (○) 서신을 통한 수용자의 청원을 아무런 제한 없이 허용한다면 수용자가 이를 악용하여 검열 없이 외부에 서신을 발송하는 탈법수단으로 이용할 수 있게 되므로 이에 대한 검열은 수용 목적 달성을 위한 불가피한 것으로서 청원권의 본질적 내용을 침해한다고 할 수 없다(헌재 2001.11.29. 99헌마713).

[2021년 소방간부] ③

청원권에 대한 설명으로 가장 적절한 것은? (다툼이 있는 경우 헌법재판소 판례에 의함)

① 국가유공자가 철도청장에게 자신을 기능직공무원으로 임용하여 줄 것을 청원하는 경우에 취업보호대상자의 기능직공무원 채용의무비율 규정이 있는 때에는 그 국가유공자가 채용시험 없이 바로 자신을 임용해 줄 것을 요구할 수 있는 구체적인 신청권을 갖고 있는 것으로 볼 수 있다.

② 정부에 제출 또는 회부된 정부의 정책에 관계되는 청원의 심사는 국무회의의 심의를 거쳐야 한다.

③ 국민이 여러 가지 이해관계 또는 국정에 관해서 자신의 의견이나 희망을 해당 기관에 직접 진술하여야 하며, 본인을 대리하거나 중개하는 제3자를 통해 진술하는 것은 청원권으로서 보호되지 않는다.

④ 「청원법」에 따르면 청원기관의 장은 청원이 허위의 사실로 타인으로 하여금 형사처분 또는

징계처분을 받게 하는 사항에 해당하는 경우에는 처리를 하지 아니한다.

① (×) 국민의 신청에 대한 행정청의 거부행위가 헌법소원심판의 대상인 공권력의 행사가 되기 위해서는 국민이 행정청에 대하여 신청에 따른 행위를 해 줄 것을 요구할 수 있는 권리가 있어야 한다. 구 국가유공자 등 예우 및 지원에 관한 법률과 동법시행령은 국가기관의 취업보호대상자에 대한 우선채용에 대해서 규정하면서 기능직공무원 정원의 20퍼센트를 취업보호대상자로 우선 채용하도록 하고 있을 뿐, 구체적인 신청절차나 채용기준 및 방법 등에 관한 구체적인 내용을 규정하고 있지 아니하다. 따라서 청구인이 취업보호대상자의 기능직공무원 채용의무비율 규정만을 근거로 피청구인 철도청장에 대해 국가공무원법에 따른 채용시험 없이 바로 자신을 임용해 줄 것을 요구할 수 있는 구체적인 신청권을 갖고 있는 것으로 볼 수는 없다(헌재 2004.10.28. 2003헌마898).
② (○) 헌법 제89조 다음 사항은 국무회의의 심의를 거쳐야 한다. 15. 정부에 제출 또는 회부된 정부의 정책에 관계되는 청원의 심사
③ (×) 헌법 제26조에서 "모든 국민은 법률이 정하는 바에 의하여 국가기관에 문서로 청원할 권리를 가진다. 국가는 청원에 대하여 심사할 의무를 진다."고 하여 청원권을 기본권으로 보장하고 있으므로 국민은 여러 가지 이해관계 또는 국정에 관하여 자신의 의견이나 희망을 해당 기관에 직접 진술하는 외에 그 본인을 대리하거나 중개하는 제3자를 통해 진술하더라도 이는 청원권으로서 보호된다(헌재 2012.4.24. 2011헌바40)
④ (×) 청원법 제6조(청원 처리의 예외) 청원기관의 장은 청원이 다음 각 호의 어느 하나에 해당하는 경우에는 처리를 하지 아니할 수 있다. 이 경우 사유를 청원인(제11조 제3항에 따른 공동청원의 경우에는 대표자를 말한다)에게 알려야 한다. 3. 허위의 사실로 타인으로 하여금 형사처분 또는 징계처분을 받게 하는 사항 [2023년 경찰간부] ②

청원권에 관한 설명으로 가장 적절한 것은? (다툼이 있는 경우 판례에 의함)

① 수용자가 발송하는 서신이 국가기관에 대한 청원적 성격을 가지고 있는 경우에 교도소장의 허가를 받도록 한 것은, 교도소 수용자가 수용생활 중 부당한 대우를 당하여 국가기관에 이에 대한 조사와 시정을 요구할 목적으로 서신을 보내는 경우 이를 사전에 교도소장의 허가를 받도록 요구하는 것으로 수용자에게 보장된 청원권을 침해하는 것이다.
② 국회에 청원을 하려고 하는 자는 국회의원의 소개를 얻도록 한 「국회법」 조항은 행정편의적 목적을 위하여 국민의 청원권 행사를 의원 개인의 판단에 맡겨 놓아 사실상 청원권을 박탈하고 본질적인 내용을 침해하는 것이다.
③ 청원서를 접수한 국가기관은 이를 수리·심사하여 그 결과를 통지하여야 할 헌법에서 유래하는 작위의무를 지고 있고, 이에 상응하여 청원인에게는 청원에 대하여 위와 같은 적정한 처리를 할 것을 요구할 수 있는 권리가 있다.
④ 청원서를 접수한 국가기관은 청원사항을 성실·공정·신속히 심사하고 청원인에게 그 청원을 어떻게 처리하였는지 알 수 있을 정도로 결과통지하여야 하므로, 만일 그 처리내용이 청원인이 기대한 바에 미치지 않는다면 헌법소원의 대상이 되는 공권력의 불행사에 해당한다.

① (×) 헌법상 청원권이 보장된다 하더라도 청원권의 구체적 내용은 입법활동에 의하여 형성되며 입법형성에는 폭넓은 재량권이 있으므로 입법자는 수용 목적 달성을 저해하지 않는 범위 내에서 교도소 수용자에게 청원권을 보장하는 합리적인 수단을 선택할 수 있다고 할 것인바, 서신을 통한 수용자의 청원을 아무런 제한 없이 허용한다면 수용자가 이를 악용하여 검열 없이 외부에 서신을 발송하는 탈법수단으로 이용할 수 있게 되므로 이에 대한 검열은 수용 목적 달성을 위한 불가피한 것으로서 청원권의 본질적 내용을 침해한다고 할 수 없다(헌재

2001.11.29. 99헌마713).

② (×) 청원은 일반의안과 같이 처리되므로 청원서 제출단계부터 의원의 관여가 필요하고, 의원의 소개가 없는 민원의 경우에는 진정으로 접수하여 처리하고 있으며, 청원의 소개의원은 1인으로 족한 점 등을 감안할 때 이 사건 법률조항이 국회에 청원을 하려는 자의 청원권을 침해한다고 볼 수 없다(헌재 2006.6.29. 2005헌마604).

③ (○) 헌법 제26조와 청원법의 규정에 의할 때, 헌법상 보장된 청원권은 공권력과의 관계에서 일어나는 여러 가지 이해관계, 의견, 희망 등에 관하여 적법한 청원을 한 모든 국민에게, 국가기관이 청원을 수리·심사하여 그 결과를 통지할 것을 요구할 수 있는 권리를 말하므로, 청원서를 접수한 국가기관은 이를 수리·심사하여 그 결과를 통지하여야 할 헌법에서 유래하는 작위의무를 지고 있고, 이에 상응하여 청원인에게는 청원에 대하여 위와 같은 적정한 처리를 할 것을 요구할 수 있는 권리가 있다(헌재 2004.5.27. 2003헌마851).

④ (×) 적법한 청원에 대하여 국가기관이 수리, 심사하여 그 처리결과를 청원인 등에게 통지하였다면 이로써 당해 국가기관은 헌법 및 청원법상의 의무이행을 필한 것이라 할 것이고, 비록 그 처리내용이 청원인 등이 기대한 바에 미치지 않는다고 하더라도 더 이상 헌법소원의 대상이 되는 공권력의 행사 내지 불행사라고는 볼 수 없다(헌재 1994.2.24. 93헌마213). [2023년 경찰공채 3월] ③

청원권에 관한 설명으로 옳지 않은 것은? (다툼이 있는 경우 판례에 의함)

① 헌법은 국가의 청원심사의무를 규정하고 있다.

② 모든 국민은 법률이 정하는 바에 의하여 국가기관에 문서로 청원할 권리를 가진다.

③ 국회에 청원을 할 때 의원이 소개를 얻어 청원서를 제출하도록 한 것은 청원권을 침해하는 것이다.

④ 공무원의 위법·부당한 행위에 대한 시정이나 징계 요구를 청원할 수 있다.

⑤ 동일인이 동일한 내용의 청원서를 동일한 기관에 2건 이상 제출하거나 2 이상의 기관에 제출한 때에는 나중에 접수된 청원서는 이를 반려할 수 있다.

① (○) 헌법 제26조 ②국가는 청원에 대하여 심사할 의무를 진다.

② (○) 헌법 제26조 ①모든 국민은 법률이 정하는 바에 의하여 국가기관에 문서로 청원할 권리를 가진다.

③ (×) 의회에 대한 청원에 국회의원의 소개를 얻도록 한 것은 청원 심사의 효율성을 확보하기 위한 적절한 수단이다. 또한 청원은 일반의안과 같이 처리되므로 청원서제출단계부터 의원의 관여가 필요하고, 의원의 소개가 없는 민원의 경우에는 진정으로 접수하여 처리하고 있으며, 청원의 소개의원은 1인으로 족한 점 등을 감안할 때 이 사건 법률조항이 국회에 청원을 하려는 자의 청원권을 침해한다고 볼 수 없다(헌재 2006.6.29. 2005헌마604).

④ (○) 청원법 제4조(청원사항) 청원은 다음 각 호의 어느 하나에 해당하는 경우에 한하여 할 수 있다. 2. 공무원의 위법·부당한 행위에 대한 시정이나 징계의 요구

⑤ (○) 청원법 제8조(반복청원 및 이중청원의 처리) 동일인이 동일한 내용의 청원서를 동일한 기관에 2건 이상 제출하거나 2 이상의 기관에 제출한 때에는 나중에 접수된 청원서는 이를 반려할 수 있다. [2019년 소방간부] ③

청원권에 관한 다음 설명 중 가장 옳지 않은 것은?

① 헌법상 보장된 청원권은 공권력과의 관계에서 일어나는 여러가지 이해관계, 의견, 희망 등에 관하여 적법한 청원을 한 모든 국민에게 국가기관이 청원을 수리할 뿐만 아니라 이를 심사하여 청원자에게 적어도 그 처리결과를 통지할 것을 요구할 수 있는 권리를 말한다.

② 국민이면 누구든지 널리 제기할 수 있는 민중적 청원제도는 재판청구권 기타 준사법적 구제청구와는 완전히 성질을 달리하는 것이기 때문에 청원권의 보호범위에는 청원사항의 처리결과에 심판서나 재결서에 준하여 이유를 명시할 것까지를 요구하는 것은 포함되지 아니한다.

③ 법률·명령·조례·규칙 등의 제정·개정 또는 폐지도 청원할 수 있는 사항에 해당한다.

④ 헌법상 보장된 청원권의 주체는 국민이고, 국민에는 법인도 포함된다.

⑤ 청원소관관서는 청원법이 정하는 절차와 범위 내에서 청원사항을 성실·공정·신속히 심사하고 청원인에게 그 처리결과를 통지할 의무가 있고, 그 처리내용은 공권력의 행사 또는 불행사에 해당하므로 청원인은 그 처리내용이 기대하는 바에 미치지 못하는 경우라면 헌법소원심판을 제기하는 것이 허용된다.

① (○) 헌법상 보장된 청원권은 공권력과의 관계에서 일어나는 여러 가지 이해관계, 의견, 희망 등에 관하여 적법한 청원을 한 모든 국민에게, 국가기관이(그 주관 관서가)청원을 수리할 뿐만 아니라, 이를 심사하여 청원자에게 적어도 그 처리결과를 통지할 것을 요구할 수 있는 권리는 말한다(헌재 1994.2.24. 93헌마213).

② (○) 청원권의 보호범위에는 청원사항의 처리결과에 심판서나 재결서에 준하여 이유를 명시할 것까지를 요구하는 것은 포함되지 아니한다. 국민이면 누구든지 널리 제기할 수 있는 민중적 청원제도는 재판청구권 기타 준사법적 구제청구와는 완전히 성질을 달리하는 것이기 때문이다(헌재 1994.2.24. 93헌마213).

③ (○) 청원법 제4조(청원사항) 청원은 다음 각 호의 어느 하나에 해당하는 경우에 한하여 할 수 있다. 1. 피해의 구제, 2. 공무원의 위법·부당한 행위에 대한 시정이나 징계의 요구, 3. 법률·명령·조례·규칙 등의 제정·개정 또는 폐지, 4. 공공의 제도 또는 시설의 운영, 5. 그 밖에 국가기관 등의 권한에 속하는 사항

④ (○) 청원법 제6조(청원방법) ①청원은 청원인의 성명(법인인 경우에는 명칭 및 대표자의 성명을 말한다)과 주소 또는 거소를 기재하고 서명한 문서(전자정부법에 의한 전자문서를 포함한다)로 하여야 한다.

⑤ (×) 청원소관관서는 청원법이 정하는 절차와 범위 내에서 청원사항을 성실·공정·신속히 심사하고 청원인에게 그 청원을 어떻게 처리하였거나 처리하려 하는지를 알 수 있을 정도로 결과통지함으로써 충분하다. 따라서 적법한 청원에 대하여 국가기관이 수리, 심사하여 그 처리결과를 청원인 등에게 통지하였다면 이로써 당해 국가기관은 헌법 및 청원법상의 의무이행을 필한 것이고, 비록 그 처리내용이 청원인 등이 기대한 바에 미치지 않는다고 하더라도 더 이상 헌법소원의 대상이 되는 공권력의 행사 내지 불행사라고는 볼 수 없다(헌재 1994.2.24. 93헌마213).

[2018년 법무사] ⑤

청원권에 대한 설명으로 옳은 것은? (다툼이 있는 경우 판례에 의함)

① 「지방자치법」에 따라 지방의회 위원회가 청원을 심사하여 본회의에 부칠 필요가 없다고 결정하면 그 처리결과를 지방의회 의장에게 보고하고, 지방의회 위원회는 청원한 자에게 이를 알려야 한다.

② 「국회법」에 의한 청원은 일반의안과는 달리 소관위원회의 심사를 거칠 필요가 없으며 심사절차도 일반의안과 다른 절차를 밟는데, 청원을 소개한 국회의원은 필요한 경우 「국회법」 제125조 제3항에 의해 청원의 취지를 설명해야 하고 질의가 있을 경우 답변을 해야 한다.

③ 국민이면 누구든지 널리 제기할 수 있는 민중적 청원제도는 재판청구권 기타 준사법적 구

제청구와는 그 성질을 달리하므로 청원사항의 처리결과에 심판서나 재결서에 준하여 이유명시를 요구할 수 없다.

④ 모해청원, 반복청원, 이중청원, 국가기관권한사항청원, 개인사생활사항청원 등의 경우에는 수리되지 않는다.

① (×) 지방자치법 제87조(청원의 심사·처리) ①지방의회의 의장은 청원서를 접수하면 소관 위원회나 본회의에 회부하여 심사를 하게 한다. ③위원회가 청원을 심사하여 본회의에 부칠 필요가 없다고 결정하면 그 처리결과를 의장에게 보고하고, 의장은 청원한 자에게 알려야 한다.

② (×) 국회법 제124조(청원요지서의 작성과 회부) ①의장은 청원을 접수하였을 때에는 청원요지서를 작성하여 인쇄하거나 전산망에 입력하는 방법으로 각 의원에게 배부하는 동시에 그 청원서를 소관 위원회에 회부하여 심사하게 한다. 제125조(청원 심사·보고 등) ①위원회는 청원 심사를 위하여 청원심사소위원회를 둔다. ③청원을 소개한 의원은 소관 위원회 또는 청원심사소위원의 요구가 있을 때에는 청원의 취지를 설명하여야 한다.

③ (○) 국민이면 누구든지 널리 제기할 수 있는 민중적 청원제도는 재판청구권 기타 준사법적 구제청구와는 그 성질을 달리하므로 청원사항의 처리결과에 심판서나 재결서에 준하여 이유명시를 요구할 수 없다(헌재 1999.11.25. 97헌마54).

④ (×) 청원법 제5조(청원의 불수리) ①청원이 다음 각 호의 어느 하나에 해당하는 때에는 이를 수리하지 아니한다. 1. 감사·수사·재판·행정심판·조정·중재 등 다른 법령에 의한 조사·불복 또는 구제절차가 진행중인 때, 2. 허위의 사실로 타인으로 하여금 형사처분 또는 징계처분을 받게 하거나 국가기관 등을 중상모략하는 사항인 때, 3. 사인간의 권리관계 또는 개인의 사생활에 관한 사항인 때, 4. 청원인의 성명·주소 등이 불분명하거나 청원내용이 불명확한 때. 제4조(청원사항) 청원은 다음 각 호의 어느 하나에 해당하는 경우에 한하여 할 수 있다. 1. 피해의 구제, 2. 공무원의 위법·부당한 행위에 대한 시정이나 징계의 요구, 3. 법률·명령·조례·규칙 등의 제정·개정 또는 폐지, 4. 공공의 제도 또는 시설의 운영, 5. 그 밖에 국가기관 등의 권한에 속하는 사항. 제8조(반복청원 및 이중청원의 처리) 동일인이 동일한 내용의 청원서를 동일한 기관에 2건 이상 제출하거나 2 이상의 기관에 제출한 때에는 나중에 접수된 청원서는 이를 반려할 수 있다. [2019년 국가 7급] ③

다음 중 청원권에 대한 설명으로 옳은 것은? (다툼이 있는 경우 헌법재판소 판례에 의함)

① 모든 국민은 법률이 정하는 바에 의하여 국가기관에 문서로 청원할 권리를 가지고, 국가는 청원에 대하여 심사할 의무를 지므로 청원인이 기대한 바에 미치지 못하는 처리내용은 헌법소원의 대상이 되는 공권력의 불행사이다.

② 청원권의 보호범위에는 청원사항의 처리결과에 심판서나 재결서에 준하여 이유를 명시할 것까지를 요구하는 것을 포함하는 것은 아니다.

③ 청원권은 특히 국회와 국민의 유대를 지속시켜 주는 수단이기 때문에 국회의 경우에는 국회의원의 소개를 받아서 청원을 하여야 하지만, 지방의회의 경우에는 지방의회의원의 소개를 얻지 않고서 가능하다.

④ 동일인이 동일한 내용의 청원서를 동일한 기관에 2건 이상 제출하거나 2 이상의 기관에 제출한 때에는 청원에 대한 심사 의무가 발생하지 않는다.

⑤ 청원서를 접수한 기관은 청원사항이 그 기관이 관장하는 사항이 아니라고 인정되는 때에는 청원인에게 청원서를 반려하여야 한다.

① (×) 국가기관이 수리, 심사하여 그 처리결과를 청원인 등에게 통지하였다면 이로써 당해 국가기관은 헌법 및 청원법상의 의무이행을 필한 것이라 할 것이고, 비록 그 처리내용이 청원인 등이 기대한 바에 미치지 않는다고 하더라도 더 이상 헌법소원의 대상이 되는 공권력의 행사 내지 불행사라고는 볼 수 없다(헌재 1994.2.24. 93헌마213).

② (○) 청원권의 보호범위에는 청원사항의 처리결과에 심판서나 재결서에 준하여 이유를 명시할 것까지를 요구하는 것은 포함되지 아니한다. 국민이면 누구든지 널리 제기할 수 있는 민중적 청원제도는 재판청구권 기타 준사법적 구제청구와는 완전히 성질을 달리하는 것이기 때문이다(헌재 1994.2.24. 93헌마213).

③ (×) 국회법 제123조(청원서의 제출) ①국회에 청원을 하려는 자는 의원의 소개를 받거나 국회규칙으로 정하는 기간 동안 국회규칙으로 정하는 일정한 수 이상의 국민의 동의를 받아 청원서를 제출하여야 한다. 지방자치법 제85조(청원서의 제출) ①지방의회에 청원을 하려는 자는 지방의회의원의 소개를 받아 청원서를 제출하여야 한다.

④ (×) 청원법 제8조(반복청원 및 이중청원의 처리) 동일인이 동일한 내용의 청원서를 동일한 기관에 2건 이상 제출하거나 2 이상의 기관에 제출한 때에는 나중에 접수된 청원서는 이를 반려할 수 있다.

⑤ (×) 청원법 제7조(청원서의 제출 및 보완요구) ③청원서를 접수한 기관은 청원사항이 그 기관이 관장하는 사항이 아니라고 인정되는 때에는 그 청원사항을 관장하는 기관에 청원서를 이송하고 이를 청원인에게 통지하여야 한다. [2016년 국회 9급] ②

제2절 재판청구권

재판을 받을 권리에 관한 설명 중 가장 적절하지 않은 것은? (다툼이 있는 경우 판례에 의함)

① 행정심판절차의 구체적 형성에 관한 입법자의 입법형성의 한계를 고려할 때, 어떤 행정심판이 필요적 전심절차로 규정되어 있는 경우 사법절차가 준용되어야 한다.

② 상속재산분할에 관한 사건은 상속재산의 범위 등 실체법상 권리관계의 확정을 전제로 하므로 가사소송절차에 따라야 함에도 불구하고 이를 가사비송사건으로 분류하고 있는 가사소송법의 규정은 입법재량의 한계를 일탈하여 상속재산분할에 관한 사건을 제기하고자 하는 자의 공정한 재판을 받을 권리를 침해한다.

③ 검사의 기소유예처분에 대하여 피의자가 불복하여 법원의 재판을 받을 수 있는 절차를 국가가 법률로 마련해야 할 헌법적 의무는 존재하지 않는다.

④ 교원징계재심위원회의 재심결정에 대하여 교원에게만 행정소송을 제기할 수 있도록 하고 학교법인을 제외한 것은 학교법인의 재판청구권을 침해한다.

① (○) 입법자가 행정심판을 전심절차가 아니라 종심절차로 규정함으로써 정식재판의 기회를 배제하거나, 어떤 행정심판을 필요적 전심절차로 규정하면서도 그 절차에 사법절차가 준용되지 않는다면 이는 헌법 제107조 제3항, 나아가 재판청구권을 보장하고 있는 헌법 제27조에도 위반된다. 반면 어떤 행정심판절차에 사법절차가 준용되지 않는다 하더라도 임의적 전치제도로 규정함에 그치고 있다면 위 헌법조항에 위반된다고 할 수 없다. 그러한 행정심판을 거치지 아니하고 곧바로 행정소송을 제기할 수 있는 선택권이 보장되어 있기 때문이다(헌재 2000.6.1. 98헌바8).

② (×) 상속재산분할에 관한 사건의 결과는 가족공동체의 안정에 커다란 영향을 미친다는 특수성을 감안할 때, 구체적인 상속분의 확정과

분할의 방법에 관하여서는 가정법원이 당사자의 주장에 구애받지 않고 후견적 재량을 발휘하여 합목적적으로 판단하여야 할 필요성이 인정된다. 따라서 가사비송 조항이 입법재량의 한계를 일탈하여 상속재산분할에 관한 사건을 제기하고자 하는 자의 공정한 재판을 받을 권리를 침해한다고 볼 수 없다(헌재 2017.4.27. 2015헌바24).

③ (○) 헌법 제27조 제1항의 규정만으로는 헌법이 기소유예처분에 대하여 피의자가 불복하여 재판을 받을 수 있는 절차를 마련하여야 할 명시적인 입법의무를 부여하였다고 볼 수 없다. 헌법 제27조 제1항이 규정한 재판청구권이나 헌법 제12조 제1항에 규정된 적법절차 원칙이 입법자에게 반드시 기소유예처분을 받은 피의자가 무죄를 주장하여 일반법원에서 법관에 의한 재판을 받을 수 있는 절차를 마련해야 할 입법자의 행위의무 내지 보호의무를 부여한다고 볼 수 없다(헌재 2013.9.26. 2011헌마472).

④ (○) 학교법인에게 재심결정에 불복할 제소권한을 부여한다고 하여 이 사건 법률조항이 추구하는 사립학교 교원의 신분보장에 특별한 장애사유가 생긴다든가 그 권리구제에 공백이 발생하는 것도 아니므로 이 사건 법률조항은 분쟁의 당사자이자 재심절차의 피청구인인 학교법인의 재판청구권을 침해한다. 또한 학교법인은 그 소속 교원과 사법상의 고용계약관계에 있고 재심절차에서 그 결정의 효력을 받은 일방 당사자의 지위에 있음에도 불구하고 이 사건 법률조항은 합리적인 이유 없이 학교법인의 제소권한을 부인함으로써 헌법 제11조의 평등원칙에 위배되고, 사립학교 교원에 대한 징계 등 불리한 처분의 적법 여부에 관하여 재심위원회의 재심결정이 최종적인 것이 되는 결과 일체의 법률적 쟁송에 대한 재판권능을 법원에 부여한 헌법 제101조 제1항에도 위배되며, 행정처분인 재심결정의 적법 여부에 관하여 대법원을 최종심으로 하는 법원의 심사를 박탈함으로써 헌법 제107조 제2항에도 아울러 위배된다(헌재 2006.2.23. 2005헌가7).

[2022년 경찰 경정승진] ②

다음 중 재판을 받을 권리에 관한 설명으로 가장 옳지 않은 것은? (다툼이 있는 경우 판례에 의함)

① 헌법은 재판의 전심절차로서 행정심판을 할 수 있다고 규정하고 있다.

② 국가의 안전보장 또는 안녕질서를 방해하거나 선량한 풍속을 해할 염려가 있을 때에는 당사자의 청구가 있어야만 법원의 결정에 의해서 심리를 공개하지 않을 수 있다.

③ 재판을 받을 권리에 국민참여재판을 받을 권리가 포함되는 것은 아니다.

④ 군인 또는 군무원이 아닌 국민은 비상계엄이 선포된 경우 군사법원의 재판을 받을 수 있다.

① (○) 헌법 제107조 ③재판의 전심절차로서 행정심판을 할 수 있다. 행정심판의 절차는 법률로 정하되, 사법절차가 준용되어야 한다.

② (×) 헌법 제109조 재판의 심리와 판결은 공개한다. 다만, 심리는 국가의 안전보장 또는 안녕질서를 방해하거나 선량한 풍속을 해할 염려가 있을 때에는 법원의 결정으로 공개하지 아니할 수 있다.

③ (○) 헌법상 헌법과 법률이 정한 법관에 의한 재판을 받을 권리는 직업법관에 의한 재판을 주된 내용으로 하는 것이므로 국민참여재판을 받을 권리가 헌법 제27조 제1항에서 규정한 재판을 받을 권리의 보호범위에 속한다고 볼 수 없다(헌재 2009.11.26. 2008헌바12).

④ (○) 헌법 제27조 ②군인 또는 군무원이 아닌 국민은 대한민국의 영역안에서는 중대한 군사상 기밀·초병·초소·유독음식물공급·포로·군용물에 관한 죄중 법률이 정한 경우와 비상계엄이 선포된 경우를 제외하고는 군사법원의 재판을 받지 아니한다.

[2022년 해경간부] ②

재판청구권에 관한 헌법 제27조의 규정으로 옳고 그름의 표시(○, ×)가 바르게 된 것은?

㉠ 모든 국민은 법률이 정한 법관에 의하여 공개재판을 받을 권리를 가진다.
㉡ 군인 또는 군무원이 아닌 국민은 대한민국의 영역 안에서는 중대한 군사상 기밀·초병·초소·유독음식

물공급·포로·군용물에 관한 죄 중 법률이 정한 경우와 계엄, 긴급명령이 선포된 경우를 제외하고는 군사법원의 재판을 받지 아니한다.
㉢ 모든 국민은 신속한 재판을 받을 권리를 가진다. 형사피고인은 정당한 이유가 없는 한 지체없이 공정한 재판을 받을 권리를 가진다.
㉣ 형사피고인은 유죄의 판결이 확정될 때까지는 무죄로 추정된다.

① ㉠(○), ㉡(○), ㉢(○), ㉣(×) ② ㉠(×), ㉡(○), ㉢(×), ㉣(○)
③ ㉠(○), ㉡(×), ㉢(○), ㉣(○) ④ ㉠(×), ㉡(×), ㉢(×), ㉣(○)

헌법 제27조 ①모든 국민은 헌법과 법률이 정한 법관에 의하여 법률에 의한 재판을 받을 권리를 가진다. ②군인 또는 군무원이 아닌 국민은 대한민국의 영역 안에서는 중대한 군사상 기밀·초병·초소·유독음식물공급·포로·군용물에 관한 죄 중 법률이 정한 경우와 비상계엄이 선포된 경우를 제외하고는 군사법원의 재판을 받지 아니한다. ③모든 국민은 신속한 재판을 받을 권리를 가진다. 형사피고인은 상당한 이유가 없는 한 지체없이 공개재판을 받을 권리를 가진다. ④형사피고인은 유죄의 판결이 확정될 때까지는 무죄로 추정된다.

[2023년 경찰공채 8월] ④

재판청구권에 대한 설명으로 옳은 것은? (다툼이 있는 경우 판례에 의함)

① 정식재판 청구기간을 약식명령의 고지를 받은 날로부터 7일 이내로 정하고 있는 형사소송법 조항은 합리적인 입법재량의 범위를 벗어나 약식명령 피고인의 재판청구권을 침해한다.
② 항소심 확정판결에 대한 재심소장에 붙일 인지액을 항소장에 붙일 인지액과 같게 정한 민사소송 등 인지법 조항은 항소심 확정판결에 대해서 재심을 청구하는 사람의 재판청구권을 침해하지 아니한다.
③ 헌법 제27조 제1항이 규정하는 '법률에 의한' 재판청구권을 보장하기 위해서는 입법자에 의한 재판청구권의 구체적 형성이 불가피하므로 입법자의 광범위한 입법재량이 인정되며, 그러한 입법을 함에 있어서 헌법 제37조 제2항의 비례의 원칙은 적용되지 않는다.
④ 심리불속행 상고기각판결의 경우 판결이유를 생략할 수 있도록 규정한 상고심절차에 관한 특례법 조항은 재판의 본질에 반하여 당사자의 재판청구권을 침해한다.

① (×) 약식명령에 대하여 단기의 불복기간을 설정한 것은, 경미하고 간이한 사건들을 신속하게 처리하게 함으로써 사법자원의 효율적인 배분을 통하여 국민의 재판청구권을 충실하게 보장하고자 하는 것으로서 그 합리성이 인정된다. 형사 입건된 피의자로서는 수사 및 재판에 관한 서류를 정확하게 송달받을 수 있도록 스스로 조치하여야 하므로, 입법자가 그러한 전제 하에 불복기간을 정하였더라도 입법재량을 현저하게 일탈하였다고 할 수 없다. 따라서 이 사건 법률조항이 합리적인 입법재량의 범위를 벗어나 약식명령 피고인의 재판청구권을 침해한다고 볼 수 없다(헌재 2013.10.24. 2012헌바428).
② (○) 항소심 확정판결에 대한 재심을 청구하는 사람에게 재심 대상 판결의 심급과 소송목적물의 값에 따라 결정된 인지액을 부담시킴으로써 재판유상주의를 실현하고, 재판 업무의 완성도 및 효율을 보장하며, 확정판결의 법정 안정성을 확보하여야 할 공익은 매우 중요하다. 반면 심판대상조항에 의한 재판청구권 제한은 상대적으로 적다. 따라서 심판대상조항은 법익의 균형성 요건도 충족하므로 과잉금지원칙에 위배하여 재판청구권을 침해한다고 볼 수 없다(헌재 2017.8.31. 2016헌바447).

③ (×) 헌법 제27조 제1항이 규정하는 "법률에 의한" 재판청구권을 보장하기 위해서는 입법자에 의한 재판청구권의 구체적 형성이 불가피하므로 입법자의 광범위한 입법재량이 인정되기는 하나, 그러한 입법을 함에 있어서는 비록 완화된 의미에서일지언정 헌법 제37조 제2항의 비례의 원칙은 준수되어야 한다(헌재 2001.6.28. 2000헌바77).

④ (×) 심리불속행 상고기각판결에 이유를 기재한다고 해도, 당사자의 상고이유가 법률상의 상고이유를 실질적으로 포함하고 있는지 여부만을 심리하는 심리불속행 재판의 성격 등에 비추어 현실적으로 특례법 제4조의 심리속행사유에 해당하지 않는다는 정도의 이유 기재에 그칠 수밖에 없고, 나아가 그 이상의 이유 기재를 하게 하더라도 이는 법령해석의 통일을 주된 임무로 하는 상고심에게 불필요한 부담만 가중시키는 것으로서 심리불속행제도의 입법취지에 반하는 결과를 초래할 수 있으므로, 특례법 제5조 제1항은 재판청구권 등을 침해하여 위헌이라고 볼 수 없다(헌재 2012.5.31. 2010헌마625). [2022년 국가 7급] ②

재판을 받을 권리에 대한 설명으로 옳지 않은 것은? (다툼이 있는 경우 판례에 의함)

① 재판청구권에는 민사재판, 형사재판, 행정재판뿐만 아니라 헌법재판을 받을 권리도 포함되므로, 헌법상 보장되는 기본권인 '공정한 재판을 받을 권리'에는 '공정한 헌법재판을 받을 권리'도 포함된다.

② 헌법 제27조 제1항의 재판을 받을 권리는 신분이 보장되고 독립된 법관에 의한 재판의 보장을 주된 내용으로 하므로 국민참여재판을 받을 권리는 헌법 제27조 제1항에서 규정하는 재판받을 권리의 보호범위에 속하지 아니한다.

③ 공정한 재판을 받을 권리 속에는 신속하고 공개된 법정의 법관의 면전에서 모든 증거자료가 조사·진술되고 이에 대하여 피고인이 공격·방어할 수 있는 기회가 보장되는 재판, 원칙적으로 당사자주의와 구두변론주의가 보장되어 당사자가 공소사실에 대한 답변과 입증 및 반증을 하는 등 공격·방어권이 충분히 보장되는 재판을 받을 권리가 포함되어 있다.

④ 형사피해자에게 약식명령을 고지하지 않도록 규정한 것은 형사피해자의 재판절차진술권과 정식재판청구권을 침해하는 것으로서, 입법자가 입법재량을 일탈·남용하여 형사피해자의 재판을 받을 권리를 침해하는 것이다.

① (○) 헌법 제27조 재판청구권에는 민사재판, 형사재판, 행정재판뿐만 아니라 헌법재판을 받을 권리도 포함되므로, 헌법상 보장되는 기본권인 공정한 재판을 받을 권리에는 공정한 헌법재판을 받을 권리도 포함된다(헌재 2016.11.24. 2015헌마902).

② (○) 헌법 제27조 제1항의 재판을 받을 권리는 신분이 보장되고 독립된 법관에 의한 재판의 보장을 주된 내용으로 한다. 따라서 형사소송절차에서 국민참여재판제도는 사법의 민주적 정당성과 신뢰를 높이기 위하여 배심원이 사실심 법관의 판단을 돕기 위한 권고적 효력을 가지는 의견을 제시하는 제한적 역할을 수행하게 되고(국민의 형사재판 참여에 관한 법률 제1조, 제46조 등 참조), 배심재판을 받을 권리를 헌법상 권리로 보장하고 있는 미국의 경우와 달리 우리 헌법상 재판을 받을 권리의 보호범위에는 배심재판을 받을 권리가 포함되지 아니한다(헌재 2014.1.28. 2012헌바298).

③ (○) 공정한 재판이란 헌법과 법률이 정한 자격이 있고, 헌법 제104조 내지 제106조에 정한 절차에 의하여 임명되고 신분이 보장되어 독립하여 심판하는 법관으로부터 헌법과 법률에 의하여 그 양심에 따라 위에서 본 적법절차에 의하여 이루어지는 재판을 의미한다. 공개된 법정의 법관의 면전에서 모든 증거자료가 조사·진술되고 이에 대하여 피고인이 공격·방어할 수 있는 기회를 보장받을 권리가, 즉 원칙적으로 당사자주의와 구두변론주의가 보장되어 당사자에게 공소사실에 대한 답변과 입증 및 반증의 기회가 부여되는 등 공격·방어권이 충분히 보장되는 재판을 받을 권리가 파생되어 나온다(헌재 1998.7.16. 97헌바22).

④ (×) 형사피해자도 이미 범죄사실을 충분히 인지하고 있어, 범죄사실에 대한 별도의 확인 없이도 얼마든지 법원이나 수사기관에 의견을

제출할 수 있으며, 직접 범죄사실의 확인을 원하는 경우에는 소송기록의 열람 및 등사를 신청하는 것도 가능하므로, 형사피해자가 약식명령을 고지받지 못한다고 하여 형사재판절차에서의 참여기회가 완전히 봉쇄되어 있다고 볼 수 없다. 따라서 이 사건 고지조항은 형사피해자의 재판절차진술권을 침해하지 않는다(헌재 2019.9.26. 2018헌마1015) [2021년 국가 7급] ④

재판을 받을 권리에 대한 설명으로 옳지 않은 것은? (다툼이 있는 경우 판례에 의함)

① 검사가 보관하고 있는 서류에 대하여 법원의 열람·등사 허용 결정이 있었음에도 검사가 청구인에 대한 형사사건과의 관련성을 부정하면서 해당 서류의 열람·등사를 허용하지 아니한 행위는 신속하고 공정한 재판을 받을 권리를 침해한다.

② 형사피고인은 상당한 이유가 없는 한 지체없이 공개재판을 받을 권리를 가진다.

③ 재심도 재판절차 중의 하나이므로 재심청구권은 헌법 제27조에서 규정한 재판을 받을 권리에 당연히 포함된다.

④ 국민참여재판을 받을 권리는 헌법이 보장하는 재판을 받을 권리의 보호범위에 속하지 않는다.

⑤ 재판을 받을 권리에는 민사재판, 형사재판, 행정재판뿐 아니라 헌법재판도 포함된다.

① (○) 법원이 열람·등사 허용 결정을 하였음에도 검사가 이를 신속하게 이행하지 아니하는 경우에는 해당 증인 및 서류 등을 증거로 신청할 수 없는 불이익을 받는 것에 그치는 것이 아니라, 그러한 검사의 거부행위는 피고인의 열람·등사권을 침해하고, 나아가 피고인의 신속·공정한 재판을 받을 권리 및 변호인의 조력을 받을 권리까지 침해하게 되는 것이다(헌재 2022.6.30. 2019헌마356).

② (○) 헌법 제27조 ③모든 국민은 신속한 재판을 받을 권리를 가진다. 형사피고인은 상당한 이유가 없는 한 지체없이 공개재판을 받을 권리를 가진다.

③ (×) 재심청구권도 입법형성권의 행사에 의하여 비로소 창설되는 법률상의 권리일 뿐, 청구인의 주장과 같이 헌법 제27조 제1항, 제37조 제1항에 의하여 직접 발생되는 기본적 인권은 아니다. 재심은 확정판결에 대한 특별한 불복방법이고, 확정판결에 대한 법적 안정성의 요청은 미확정판결에 대한 그것보다 훨씬 크다고 할 것이므로 재심을 청구할 권리가 헌법 제27조에서 규정한 재판을 받을 권리에 당연히 포함된다고 할 수 없고, 심판대상법조항이 헌법재판소법 제68조 제2항에 의한 헌법소원을 청구하여 인용결정을 받지 않은 사람에게는 재심의 기회를 부여하지 않는다고 하여 청구인의 재판청구권이나 평등권, 재산권과 행복추구권을 침해하였다고는 볼 수 없다(헌재 2000.6.29. 99헌바66).

④ (○) 헌법상 헌법과 법률이 정한 법관에 의한 재판을 받을 권리는 직업법관에 의한 재판을 주된 내용으로 하는 것이므로 국민참여재판을 받을 권리가 헌법 제27조 제1항에서 규정한 재판을 받을 권리의 보호범위에 속한다고 볼 수 없다(헌재 2009.11.26. 2008헌바12).

⑤ (○) 공정한 재판을 받을 권리는 헌법 제27조의 재판청구권에 의하여 함께 보장되고, 재판청구권에는 민사재판, 형사재판, 행정재판뿐만 아니라 헌법재판을 받을 권리도 포함되므로, 헌법상 보장되는 기본권인 '공정한 재판을 받을 권리'에는 '공정한 헌법재판을 받을 권리'도 포함된다(헌재 2014.4.24. 2012헌마2). [2023년 국회 5급] ③

재판청구권에 관한 설명 중 가장 적절하지 않은 것은? (다툼이 있는 경우 판례에 의함)

① 헌법은 "군인 또는 군무원이 아닌 국민은 대한민국의 영역안에서는 중대한 군사상 기밀·초병·초소·유독음식물공급·포로·군용물에 관한 죄중 법률이 정한 경우와 비상계엄이 선포된 경우를 제외하고는 군사법원의 재판을 받지 아니한다."고 규정하고 있다.

② 소환된 증인 또는 그 친족 등이 보복을 당할 우려가 있는 경우, 재판장은 피고인을 퇴정시키고 증인신문을 행할 수 있도록 규정한 「특정범죄신고자 등 보호법」 조항은 피고인의 「형사소송법」상의 반대신문권을 제한하고 있어 피고인의 공정한 재판을 받을 권리를 침해한다.

③ 법관기피신청이 소송의 지연을 목적으로 함이 명백한 경우에 신청을 받은 법원 또는 법관은 결정으로 이를 기각할 수 있도록 규정한 「형사소송법」 제20조 제1항이 헌법상 보장되는 공정한 재판을 받을 권리를 침해하는 것은 아니다.

④ 형사재판에 계속 중인 사람에 대하여 출국을 금지할 수 있다고 규정한 「출입국관리법」 제4조 제1항 제1호는 유죄를 근거로 형사재판에 계속 중인 사람에게 사회적 비난 내지 응보적 의미의 제재를 가하려는 것이라고 보기 어려우므로 무죄추정의 원칙에 위배된다고 볼 수 없다.

① (○) 헌법 제27조 ②군인 또는 군무원이 아닌 국민은 대한민국의 영역안에서는 중대한 군사상 기밀·초병·초소·유독음식물공급·포로·군용물에 관한 죄중 법률이 정한 경우와 비상계엄이 선포된 경우를 제외하고는 군사법원의 재판을 받지 아니한다.

② (×) 피고인 퇴정조항에 의하여 피고인 퇴정 후 증인신문을 하는 경우에도 피고인은 여전히 형사소송법 제161조의2에 의하여 반대신문권이 보장되고, 이때 변호인이 반대신문 전에 피고인과 상의하여 반대신문사항을 정리하면 피고인의 반대신문권이 실질적으로 보장될 수 있는 점, 기본권제한의 정도가 특정범죄의 범죄신고자 등 증인 등을 보호하고 실체적 진실의 발견에 이바지하는 공익에 비하여 크다고 할 수 없어 법익의 균형성도 갖추고 있으며, 기본권제한에 관한 피해의 최소성 역시 인정되므로, 공정한 재판을 받을 권리를 침해한다고 할 수 없다(헌재 2010.11.25. 2009헌바57).

③ (○) 심판대상 조항은 절차에 위반되거나 소송절차 지연을 목적으로 하는 기피신청의 남용을 방지하여 형사소송절차의 신속성의 실현이라는 공익을 달성하고자 하는 것으로 그 입법목적이 정당하고, 심판대상 조항이 도모하는 형사소송 절차의 신속성이라는 공익적 법익은 기피신청을 기각당한 당사자가 입는 불이익보다 훨씬 크다고 할 것이어서 심판대상 조항은 법익의 균형성도 갖추고 있다고 할 것이므로, 위 법률조항은 헌법 제37조 제2항의 비례의 원칙에 위반된다고 할 수 없어 공정한 재판을 받을 권리를 침해하였다고 할 수 없다(헌재 2006.7.27. 2005헌바58).

④ (○) 심판대상조항은 형사재판에 계속 중인 사람이 국가의 형벌권을 피하기 위하여 해외로 도피할 우려가 있는 경우 법무부장관으로 하여금 출국을 금지할 수 있도록 하는 것일 뿐으로, 무죄추정의 원칙에서 금지하는 유죄 인정의 효과로서의 불이익 즉, 유죄를 근거로 형사재판에 계속 중인 사람에게 사회적 비난 내지 응보적 의미의 제재를 가하려는 것이라고 보기 어렵다. 따라서 심판대상조항은 무죄추정의 원칙에 위배된다고 볼 수 없다(헌재 2015.9.24. 2012헌바302). [2022년 경찰공채 3월] ②

재판청구권에 관한 다음 설명 중 가장 옳지 않은 것은?

① 군인이 상관의 지시나 명령에 대하여 재판청구권을 행사하는 경우에 그것이 위법·위헌인 지시와 명령을 시정하려는 데 목적이 있을 뿐, 군 내부의 상명하복관계를 파괴하고 명령불복종 수단으로서 재판청구권의 외형만을 빌리거나 그 밖에 다른 불순한 의도가 있지 않다면, 정당한 기본권의 행사이므로 군인의 복종의무를 위반하였다고 볼 수 없다.

② 특허법이 규정하고 있는 30일의 제소기간은 90일의 제소기간을 규정하고 있는 행정소송법에 비하여 지나치게 짧아 특허무효심결에 대하여 소송으로 다투고자 하는 당사자의 재판청구권 행사를 불가능하게 하거나 현저히 곤란하게 하여 헌법에 위반된다.

③ 법정소동죄 등을 규정한 형법 제138조에서의 '법원의 재판'에 헌법의 규정에 따라 헌법재판소가 담당하게 된 '헌법재판'도 포함된다.

④ 헌법 제27조 제1항의 재판청구권은 법적 분쟁의 해결을 가능하게 하는 적어도 한 번의 권리구제절차가 개설될 것을 요청할 뿐 아니라 그를 넘어서 소송절차의 형성에 있어서 실효성 있는 권리보호를 제공하기 위하여 그에 필요한 절차적 요건을 갖출 것을 요청한다.

① (○) 군인이 상관의 지시나 명령에 대하여 재판청구권을 행사하는 경우에 그것이 위법·위헌인 지시와 명령을 시정하려는 데 목적이 있을 뿐, 군 내부의 상명하복관계를 파괴하고 명령불복종 수단으로서 재판청구권의 외형만을 빌리거나 그 밖에 다른 불순한 의도가 있지 않다면, 정당한 기본권의 행사이므로 군인의 복종의무를 위반하였다고 볼 수 없다(대법원 2018.3.22. 2012두26401).

② (×) 특허권의 효력 여부에 대한 분쟁은 신속히 확정할 필요가 있는 점, 특허무효심판에 대한 심결은 특허법이 열거하고 있는 무효사유에 대해 특허법이 정한 방법과 절차에 따라 청구인과 특허권자가 다툰 후 심결의 이유를 기재한 서면에 의하여 이루어지는 것이므로, 당사자가 그 심결에 대하여 불복할 것인지를 결정하고 이를 준비하는 데 그리 많은 시간이 필요하지 않은 점, 특허법은 심판장으로 하여금 30일의 제소기간에 부가기간을 정할 수 있도록 하고 있고, 제소기간 도과에 대하여 추후보완이 허용되기도 하는 점 등을 종합하여 보면, 이 사건 제소기간 조항이 정하고 있는 30일의 제소기간이 지나치게 짧아 특허무효심결에 대하여 소송으로 다투고자 하는 당사자의 재판청구권 행사를 불가능하게 하거나 현저히 곤란하게 한다고 할 수 없으므로, 재판청구권을 침해하지 아니한다(헌재 2018.8.30. 2017헌바258).

③ (○) 법원의 재판에 헌법재판소의 심판이 포함된다고 보는 해석론은 문언이 가지는 가능한 의미의 범위 안에서 그 입법 취지와 목적 등을 고려하여 문언의 논리적 의미를 분명히 밝히는 체계적 해석에 해당할 뿐, 피고인에게 불리한 확장해석이나 유추해석이 아니다(대법원 2021.8.26. 2020도12017).

④ (○) 재판청구권은 법적 분쟁의 해결을 가능하게 하는 적어도 한 번의 권리구제절차가 개설될 것을 요청할 뿐 아니라 그를 넘어서 소송절차의 형성에 있어서 실효성 있는 권리보호를 제공하기 위하여 그에 필요한 절차적 요건을 갖출 것을 요청한다. 비록 재판절차가 국민에게 개설되어 있다 하더라도, 절차적 규정들에 의하여 법원에의 접근이 합리적인 이유로 정당화될 수 없는 방법으로 어렵게 된다면, 재판청구권은 사실상 형해화될 수 있으므로, 바로 여기에 입법형성권의 한계가 있다(헌재 2002.10.31. 2001헌바40). [2022년 법원 9급] ②

재판청구권에 관한 다음 설명 중 가장 옳지 않은 것은?

① 국민의 재판 청구에 대하여 법원은 신속한 재판을 하여야 할 헌법 및 법률상 작위의무가 존재한다.

② 군사시설 중 전투용에 공하는 시설을 손괴한 일반 국민이 항상 군사법원에서 재판받도록 하는 군사법원법 조항은 헌법과 법률이 정한 법관에 의한 재판을 받을 권리를 침해한다.

③ 재심을 청구할 권리가 헌법 제27조의 재판을 받을 권리에 당연히 포함된다고 할 수 없다.

④ 국민참여재판을 받을 권리가 헌법 제27조의 재판을 받을 권리에 당연히 포함된다고 한다.

① (×) 국민의 재판청구행위에 대하여 법원이 헌법 및 법률상으로 신속한 재판을 해야 할 작위의무가 존재하는지 여부(소극)에 대해서는 법원은 민사소송법 제184조에서 정하는 기간 내에 판결을 선고하도록 노력해야 하겠지만, 이 기간 내에 반드시 판결을 선고해야 할 법률상의 의무가 발생한다고 볼 수 없으며, 헌법 제27조 제3항 제1문에 의거한 신속한 재판을 받을 권리의 실현을 위해서는 구체적인 입법형성이 필요하고, 신속한 재판을 위한 어떤 직접적이고 구체적인 청구권이 이 헌법규정으로부터 직접 발생하지 아니하므로, 보안관찰처분들의 취소청구에 대해서 법원이 그 처분들의 효력이 만료되기 전까지 신속하게 판결을 선고해야 할 헌법이나 법률상의 작위의무가 존재하지 아니한다(헌재 1999.9.16. 98헌마75).

② (○) 군사시설 중 전투용에 공하는 시설을 손괴한 일반 국민이 항상 군사법원에서 재판받도록 하는 이 사건 법률조항은 비상계엄이 선포된 경우를 제외하고는 군사시설에 관한 죄를 범한 군인 또는 군무원이 아닌 일반 국민은 군사법원의 재판을 받지 아니하도록 규정한 헌법 제27조 제2항에 위반되고, 국민이 헌법과 법률이 정한 법관에 의한 재판을 받을 권리를 침해한다(헌재 2013.11.28. 2012헌가10).

③ (○) 헌법 제27조 제1항이 보장하고 있는 재판청구권은 헌법이 특별히 달리 규정하고 있지 않는 한 법관에 의하여 사실적 측면과 법률적 측면의 한 차례의 심리검토의 기회는 적어도 보장되어야 함을 그 핵심적 내용으로 한다. 상소심에서 심판을 받을 권리를 헌법상 명문화한 규정이 없고 상소문제가 일반 법률에 맡겨진 우리 법제 하에서 재판청구권에 모든 사건에 대해 상소심 절차에 의한 재판을 받을 권리까지도 당연히 포함된다고 할 수는 없고, 마찬가지로 재심청구권 역시 헌법 제27조에서 규정한 재판을 받을 권리에 당연히 포함된다고 할 수 없으며, 어떤 사유를 재심사유로 정하여 재심을 허용할 것인가는 입법자가 확정판결에 대한 법적 안정성, 재판의 신속·적정성, 법원의 업무부담 등을 고려하여 결정하여야 할 입법정책의 문제이다(헌재 2004.12.16. 2003헌바105).

④ (○) 헌법과 법률이 정한 법관에 의한 재판을 받을 권리는 직업법관에 의한 재판을 주된 내용으로 하는 것이므로 국민참여재판을 받을 권리가 헌법 제27조 제1항에서 규정한 재판을 받을 권리의 보호범위에 속한다고 볼 수 없다(헌재 2009.11.26. 2008헌바12).

[2019년 법원 9급] ①

재판청구권에 대한 설명으로 옳은 것은?

① 선거범죄에 대한 재정신청절차에서 사전에 「검찰청법」상의 항고를 거치도록 한 것은 신속한 재판을 받을 권리를 침해한다.

② 운전자의 업무상 과실 또는 중대한 과실로 인하여 교통사고 피해자가 '중상해가 아닌 상해'를 입은 경우, 가해 운전자에 대하여 공소를 제기할 수 없도록 한 것은 과잉금지원칙에 반한다.

③ '피고인이 스스로 치료감호를 청구할 수 있는 권리'는 헌법상 재판청구권의 보호범위에 포함된다.

④ 현역병의 군대 입대 전 범죄에 대한 군사법원의 재판권을 규정하고 있는 군사법원법 조항은 재판청구권을 침해하지 않는다.

① (×) 형사소송법 제260조 제2항의 항고전치주의는 재정신청 남용의 폐해를 줄이기 위한 방안으로 도입된 것인데, 검찰 항고제도는 상급 검찰청이 해당 불기소처분을 재검토하여 항고가 이유 있다고 인정할 경우에는 그 처분을 경정하도록 함으로써 사건관계인의 신속한 권리구제에 이바지하는 측면이 있다. 형사소송법 제260조 제2항의 항고전치주의가 합리적 근거없이 자의적으로 신속한 재판을 받을 권리를 침해하는 것이라고 볼 수 없다(헌재 2015.2.26. 2014헌바181).

② (×) 사건 법률조항이 교통사고로 인한 피해자에게 중상해가 아닌 상해의 결과만을 야기한 경우 가해 운전자에 대하여 가해차량이 종합보험 등에 가입되어 있음을 이유로 공소를 제기하지 못하도록 규정한 한도 내에서는, 그 제정목적인 교통사고로 인한 피해의 신속한 회복을 촉진하고 국민생활의 편익을 도모하려는 공익과 동 법률조항으로 인하여 침해되는 피해자의 재판절차에서의 진술권과 비교할 때 상당한 정도 균형을 유지하고 있으며, 위와 같은 목적의 정당성, 방법의 적절성, 피해의 최소성, 이익의 균형성을 갖추었으므로 과잉금지의 원칙에 반하지 않는다(헌재 2009.2.26. 2005헌마764).

③ (×) 피고인 스스로 치료감호를 청구할 수 있는 권리가 헌법상 재판청구권의 보호범위에 포함된다고 보기는 어렵고, 검사뿐만 아니라 피고인에게까지 치료감호 청구권을 주어야만 절차의 적법성이 담보되는 것도 아니므로, 이 사건 법률조항이 청구인의 재판청구권을 침해하거나 적법절차의 원칙에 반한다고 볼 수 없다(헌재 2010.4.29. 2008헌마622).

④ (○) 군대는 각종 훈련 및 작전수행 등으로 인해 근무시간이 정해져 있지 않고 집단적 병영(兵營) 생활 및 작전위수(衛戍)구역으로 인한 생활공간적인 제약 등, 군대의 특수성으로 인하여 일단 군인신분을 취득한 군인이 군대 외부의 일반법원에서 재판을 받는 것은 군대

조직의 효율적인 운영을 저해하고, 이 사건 법률조항이 군사법원의 재판권과 군인의 재판청구권을 형성함에 있어 그 재량의 헌법적 한계를 벗어났다고 볼 수 없다. 그렇다면, 이 사건 법률조항이 입법형성의 한계를 일탈하여 청구인의 헌법 제27조 제1항에 의한 재판청구권을 침해한다고 볼 수 없다(헌재 2009.7.30. 2008헌바162) [2023년 국가 5급] ④

재판청구권에 관한 다음 설명 중 가장 옳지 않은 것은? (다툼이 있는 경우 대법원 판례 및 헌법재판소 결정에 의함)

① 법관에 의한 재판을 받을 권리를 보장한다고 함은 법관이 사실을 확정하고 법률을 해석·적용하는 재판을 받을 권리를 보장한다는 뜻이고, 그와 같은 법관에 의한 사실확정과 법률의 해석·적용의 기회에 접근하기 어렵도록 제약이나 장벽을 쌓아서는 아니된다.

② 재판청구권은 재판이라는 국가적 행위를 청구할 수 있는 적극적 측면과 헌법과 법률이 정한 법관이 아닌 자에 의한 재판이나 법률에 의하지 아니한 재판을 받지 아니하는 소극적 측면을 아울러 가지고 있다.

③ 법원이 직권으로 치료감호를 선고할 수 있는지 여부는 재판청구권의 적극적 측면은 물론 소극적 측면에도 해당하지 않는다. 따라서 '피고인 스스로 치료감호를 청구할 수 있는 권리'뿐만 아니라 '법원으로부터 직권으로 치료감호를 선고받을 수 있는 권리'는 헌법상 재판청구권의 보호범위에 포함된다고 보기 어렵다.

④ 헌법에 '공정한 재판'에 관한 명문의 규정은 없지만, 재판청구권이 국민에게 효율적인 권리보호를 제공하기 위해서는 법원에 의한 재판이 공정하여야 할 것임은 당연하므로 '공정한 재판을 받을 권리'는 헌법 제27조의 재판청구권에 의하여 함께 보장된다고 보아야 한다.

⑤ 재판에 대한 불복기간의 제한은 입법자가 상소심의 구조와 성격 등을 고려하여 결정할 입법재량의 문제이므로, 즉시항고 제기기간에 관하여 민사소송법은 1주로 규정하고 있음에도 형사소송법이 그 절반 가량인 3일로 규정한 것은 상대적으로 신속한 확정이 필요한 형사재판의 특성을 반영한 것으로서 그 차별취급에 합리적 이유가 있다.

① (○) 재판이라 함은 구체적 사건에 관하여 사실의 확정과 그에 대한 법률의 해석·적용을 그 본질적인 내용으로 하는 일련의 과정이다. 따라서 법관에 의한 재판을 받을 권리를 보장한다고 함은 결국 법관이 사실을 확정하고 법률을 해석·적용하는 재판을 받을 권리를 보장한다는 뜻이고, 그와 같은 법관에 의한 사실확정과 법률의 해석·적용의 기회에 접근하기 어렵도록 제약이나 장벽을 쌓아서는 아니된다고 할 것이며, 만일 그러한 보장이 제대로 이루어지지 아니한다면 헌법상 보장된 재판을 받을 권리의 본질적 내용을 침해하는 것으로서 우리 헌법상 허용되지 아니한다(헌재 1995.9.28. 92헌가11).

② (○) 재판청구권은 재판이라는 국가적 행위를 청구할 수 있는 적극적 측면과 헌법과 법률이 정한 법관이 아닌 자에 의한 재판이나 법률에 의하지 아니한 재판을 받지 아니하는 소극적 측면을 아울러 가지고 있다(헌재 1998.5.28. 96헌바4).

③ (○) 법원이 직권으로 치료감호를 선고할 수 있는지 여부는 재판청구권의 적극적 측면은 물론 소극적 측면에도 해당하지 않는다. 따라서 청구인이나 제청법원이 주장하는 피고인 스스로 치료감호를 청구할 수 있는 권리뿐만 아니라 법원으로부터 직권으로 치료감호를 선고받을 수 있는 권리는 헌법상 재판청구권의 보호범위에 포함된다고 보기 어렵다(헌재 2021.1.28. 2019헌가24).

④ (○) 헌법에 공정한 재판에 관한 명문의 규정이 없지만 재판청구권이 국민에게 효율적인 권리보호를 제공하기 위해서는 법원에 의한 재판이 공정하여야만 할 것임은 당연하므로, 공정한 재판을 받을 권리는 헌법 제27조의 재판청구권에 의하여 함께 보장된다(헌재 2002.7.18. 2001헌바53).

⑤ (×) 민사소송, 민사집행, 행정소송, 형사보상절차 등의 즉시항고기간 1주나, 외국의 입법례와 비교하더라도 3일이라는 제기기간은 지나치게 짧다. 즉시항고 자체가 형사소송법상 명문의 규정이 있는 경우에만 허용되므로 기간 연장으로 인한 폐해가 크다고 볼 수도 없는 점 등을 고려하면, 심판대상조항은 즉시항고 제도를 단지 형식적이고 이론적인 권리로서만 기능하게 함으로써 헌법상 재판청구권을 공허하게 하므로 입법재량의 한계를 일탈하여 재판청구권을 침해하는 규정이다(헌재 2018.12.27. 2015헌바77). [2022년 법무사] ⑤

재판청구권에 대한 설명으로 가장 적절하지 않은 것은? (다툼이 있는 경우 헌법재판소 판례에 의함)

① 사법보좌관의 지급명령에 대한 이의신청기간을 2주 이내로 규정한「민사소송법」조항은 재판청구권을 침해한다.

② 특허무효심결에 대한 소(訴)는 심결의 등본을 송달받은 날로부터 30일 이내에 제기하도록 규정한「특허법」조항은 재판청구권을 침해하지 않는다.

③ 국가배상사건인 당해사건 확정판결에 대해 헌법재판소 위헌결정을 이유로 한 재심의 소를 제기할 경우 재심제기기간을 재심사유를 안 날부터 30일 이내로 한「헌법재판소법」조항은 재판청구권을 침해하지 않는다.

④ 즉시항고 제기기간을 3일로 제한하고 있는「형사소송법」조항은 재판청구권을 침해한다.

① (×) 재판을 청구할 수 있는 기간을 정하는 것은 입법자가 그 입법형성재량에 기초한 정책적 판단에 따라 결정할 문제이고 합리적인 재량의 한계를 일탈하지 아니하는 한 위헌이라고 판단할 것은 아니다. 이러한 사정들을 종합하면, 사법보좌관의 지급명령에 대한 2주의 이의신청 기간이 지나치게 짧아 입법재량의 한계를 일탈함으로써 재판청구권을 침해한다고 할 수 없다(헌재 2020.12.23. 2019헌바353).

② (○) 특허권의 효력 여부에 대한 분쟁은 신속히 확정할 필요가 있는 점, 특허무효심판에 대한 심결은 특허법이 열거하고 있는 무효사유에 대해 특허법이 정한 방법과 절차에 따라 청구인과 특허권자가 다툰 후 심결의 이유를 기재한 서면에 의하여 이루어지는 것이므로, 당사자가 그 심결에 대하여 불복할 것인지를 결정하고 이를 준비하는 데 그리 많은 시간이 필요하지 않은 점, 특허법은 심판장으로 하여금 30일의 제소기간에 부가기간을 정할 수 있도록 하고 있고, 제소기간 도과에 대하여 추후보완이 허용되기도 하는 점 등을 종합하여 보면, 이 사건 제소기간 조항이 정하고 있는 30일의 제소기간이 지나치게 짧아 특허무효심결에 대하여 소송으로 다투고자 하는 당사자의 재판청구권 행사를 불가능하게 하거나 현저히 곤란하게 한다고 할 수 없으므로, 재판청구권을 침해하지 아니한다(헌재 2018.8.30. 2017헌바258).

③ (○) 재심에 있어 제소기간을 둘 것인가 등은 확정판결에 대한 법적 안정성, 재판의 신속·적정성 등을 고려하여 결정하여야 할 입법정책의 문제로, 위헌결정을 이유로 한 재심의 소에서 재심제기기간을 둔 것이 입법형성권을 현저히 일탈하였다고 볼 수 없다. 그리고 위헌결정을 받은 당사자는 스스로 재심사유가 있음을 충분히 알거나 알 수 있는 점, 위헌결정을 이유로 한 재심의 소를 제기하기 위하여 관련 기록이나 증거를 면밀히 검토할 필요가 크지 않은 점, 30일의 재심제기기간은 불변기간이어서 추후보완이 허용되는 점 등을 종합하면, 재심사유가 있음을 안 날로 30일이라는 재심제기기간이 재심청구를 현저히 곤란하게 하거나 사실상 불가능하게 할 정도로 짧다고 보기도 어렵다. 심판대상조항은 재판청구권을 침해하지 않는다(헌재 2020.9.24. 2019헌바130).

④ (○) 심판대상조항은 즉시항고 제기기간을 지나치게 짧게 정함으로써 실질적으로 즉시항고 제기를 어렵게 하고, 즉시항고 제도를 단지 형식적이고 이론적인 권리로서만 기능하게 함으로써 헌법상 재판청구권을 공허하게 하므로 입법재량의 한계를 일탈하여 재판청구권을 침해하는 규정이다(헌재 2018.12.27. 2015헌바77). [2022년 경찰간부] ①

재판청구권에 대한 설명으로 가장 적절하지 않은 것은? (다툼이 있는 경우 헌법재판소 판례에 의함)

① 우리 헌법상 재판을 받을 권리의 보호범위에는 배심재판을 받을 권리가 포함되지 않는다.

② 심리불속행 상고기각판결의 경우 판결이유를 생략할 수 있도록 규정한 「상고심절차에 관한 특례법」 조항은 헌법 제27조 제1항에서 보장하는 재판청구권 등을 침해하지 않는다.

③ 소환된 증인 또는 그 친족 등이 보복을 당할 우려가 있는 경우 재판장은 당해 증인의 인적 사항의 전부 또는 일부를 공판조서에 기재하지 않게 할 수 있고, 이 때 증인의 인적사항이 증인신문의 모든 과정에서 공개되지 아니하도록 한 「특정범죄신고자 등 보호법」 조항들 및 피고인을 퇴정시키고 증인신문을 행할 수 있도록 규정한 같은 법 조항들은 피고인의 공정한 재판을 받을 권리를 침해하지 않는다.

④ 현역병의 군대 입대 전 범죄에 대한 군사법원의 재판권을 규정하고 있는 「군사법원법」 조항은 일반법원에서 재판받을 권리를 봉쇄하므로, 재판청구권을 침해하여 헌법에 위반된다.

① (○) 형사소송절차에서 국민참여재판제도는 사법의 민주적 정당성과 신뢰를 높이기 위하여 배심권이 사실심 법관의 판단을 돕기 위한 권고적 효력을 가지는 의견을 제시하는 제한적 역할을 수행하게 되고, 헌법상 재판을 받을 권리의 보호범위에는 배심재판을 받을 권리가 포함되지 아니한다(헌재 2014.1.28. 2012헌바298).

② (○) 심리불속행 상고기각판결에 이유를 기재한다고 해도, 현실적으로 상고심 절차에 관한 특례법 제4조의 심리속행사유에 해당하지 않는다는 정도의 이유기재에 그칠 수밖에 없고, 나아가 그 이상의 이유기재를 하게 하더라도 이는 법령해석의 통일을 주된 임무로 하는 상고심에게 불필요한 부담만 가중시키는 것으로서 심리불속행제도의 입법취지에 반하는 결과를 초래할 수 있으므로, 상고심 절차에 관한 특례법 제5조 제1항 중 제4조에 관한 부분이 재판청구권 등을 침해하여 위헌이라고 볼 수 없다(헌재 2008.5.29. 2007헌마1408).

③ (○) 사건 법률조항들은 특정 범죄에 관한 형사절차에서 국민이 안심하고 자발적으로 협조할 수 있도록 그 범죄신고자 등을 실질적으로 보호함으로써 피해자의 진술을 제약하는 요소를 제거하고 이를 통해 범죄로부터 사회를 방위함에 이바지함과 아울러 실체적 진실의 발견을 용이하게 하기 위한 것으로서, 그 목적의 정당성 및 수단의 적합성이 인정되며, 기본권제한의 정도가 특정 범죄의 범죄신고자 등 증인 등을 보호하고 실체적 진실의 발견에 이바지하는 공익에 비하여 크다고 할 수 없어 법익의 균형성도 갖추고 있으며, 기본권제한에 관한 피해의 최소성 역시 인정되므로, 공정한 재판을 받을 권리를 침해한다고 할 수 없다(헌재 2010.11.25. 2009헌바57).

④ (×) 일단 군인신분을 취득한 군인이 군대 외부의 일반법원에서 재판을 받는 것은 군대 조직의 효율적인 운영을 저해하고, 현실적으로도 군인이 수감 중인 상태에서 일반법원의 재판을 받기 위해서는 상당한 비용·인력 및 시간이 소요되므로 이러한 군의 특수성 및 전문성을 고려할 때 군인신분 취득 전에 범한 죄에 대하여 군사법원에서 재판을 받도록 하는 것은 합리적인 이유가 있다. 나아가 군사법원의 상고심은 대법원에서 관할하고 군사법원에 관한 내부규율을 정함에 있어서도 대법원이 종국적인 관여를 하고 있으므로 이 사건 법률조항이 군사법원의 재판권과 군인의 재판청구권을 형성함에 있어 그 재량의 헌법적 한계를 벗어났다고 볼 수 없다(헌재 2009.7.30. 2008헌바162).

[2019년 경찰 경정승진] ④

재판청구권에 대한 설명으로 가장 적절한 것은? (다툼이 있는 경우 헌법재판소 판례에 의함)

① 「범죄인인도법」 제3조가 법원의 범죄인인도심사를 서울고등법원의 전속관할로 하고 그 심사결정에 대한 불복절차를 인정하지 않은 것은 재판청구권을 침해한다.

② '피고인 스스로 치료감호를 청구할 수 있는 권리'뿐만 아니라 '법원으로부터 직권으로 치료감호를 선고받을 수 있는 권리'는 헌법상 재판청구권의 보호범위에 포함된다.

③ 행정심판이 재판의 전심절차로서 기능할 뿐만 아니라 사실확정에 관한 한 사실상 최종심으로 기능하더라도 재판청구권을 침해하는 것은 아니다.

④ 「국세기본법」 해당 조항 중 「주세법」 규정에 따른 의제주류판매업면허의 취소처분에 대하여 필요적 행정심판전치주의를 채택한 것이 재판청구권을 침해하는 것은 아니다.

① (×) 범죄인인도를 형사처벌과 유사한 것이라 본다고 하더라도, 이 사건 법률조항이 적어도 법관과 법률에 의한 한 번의 재판을 보장하고 있고, 그에 대한 상소를 불허한 것이 적법절차원칙이 요구하는 합리성과 정당성을 벗어난 것이 아닌 이상, 그러한 상소 불허 입법이 입법재량의 범위를 벗어난 것으로서 재판청구권을 과잉 제한하는 것이라고 보기는 어렵다(헌재 2003.1.30. 2001헌바95).

② (×) 법원이 직권으로 치료감호를 선고할 수 있는지 여부는 재판청구권의 적극적 측면은 물론 소극적 측면에도 해당하지 않는다. 따라서 청구인이나 제청법원이 주장하는 '피고인 스스로 치료감호를 청구할 수 있는 권리' 뿐만 아니라 '법원으로부터 직권으로 치료감호를 선고받을 수 있는 권리'는 헌법상 재판청구권의 보호범위에 포함된다고 보기 어렵다(헌재 2021.1. 28. 2019헌가24).

③ (×) 헌법 제107조 제3항은 "재판의 전심절차로서 행정심판을 할 수 있다. 행정심판의 절차는 법률로 정하되, 사법절차가 준용되어야 한다"고 규정하고 있으므로, 입법자가 행정심판을 전심절차가 아니라 종심절차로 규정함으로써 정식재판의 기회를 배제하거나, 어떤 행정심판을 필요적 전심절차로 규정하면서도 그 절차에 사법절차가 준용되지 않는다면 이는 헌법 제107조 제3항, 나아가 재판청구권을 보장하고 있는 헌법 제27조에도 위반된다(헌재 2000.6.1. 98헌바8).

④ (○) 주세법의 규정 중 주세의 부과·징수에 관한 부분과 주류의 제조·유통과정을 규율하기 위한 부분은 모두 국가재정 확보 및 국민보건 향상이라는 주세법의 입법목적을 달성하는 데 있어서 유기적·체계적으로 관련되어 있다. 주세법에 따른 의제주류판매업면허취소처분에 대한 불복절차에 관하여는, 주류의 특성, 주류의 제조 및 유통과정에 대한 지식과 주세법의 관련 내용, 주류의 제조·유통과정에서 부과되는 각종 조세에 관한 관련 법령의 내용 등을 감안하여야 하는 전문성과 기술성이 요구되고, 대량·반복적으로 이루어지는 주류판매업면허 및 그 취소처분에 관한 행정의 통일성을 기하여야 하므로, 행정소송 전에 먼저 행정심판을 거치게 하는 것이 적절하다. 따라서 심판대상조항이 재판청구권을 침해한다고 할 수 없다(헌재 2016.12.29. 2015헌바229). [2023년 경찰간부] ④

재판청구권에 관한 다음 설명 중 가장 옳지 않은 것은?

① 재판청구권은 공권력이나 사인에 의해서 기본권이 침해당하거나 침해당할 위험에 처해 있을 경우 이에 대한 구제나 그 예방을 요청할 수 있는 권리라는 점에서 다른 기본권의 보장을 위한 기본권이라는 성격을 가진다.

② 형사피해자는 법률이 정하는 바에 의하여 당해 사건의 재판절차에서 진술할 수 있다.

③ 헌법 제27조 제1항의 '헌법과 법률이 정한 법관에 의하여 법률에 의한 재판을 받을 권리'는 사건의 경중을 가리지 않고 모든 사건에 대하여 대법원을 구성하는 법관에 의한 균등한 재판을 받을 권리를 의미한다.

④ 헌법상 보장되는 기본권인 '공정한 재판을 받을 권리'에는 '공정한 헌법재판을 받을 권리'도 포함된다.

① (○) 헌법 제27조 제1항에 근거하여 모든 국민은 헌법과 법률이 정한 자격과 절차에 의하여 임명되고 물적 독립과 인적 독립이 보장된 법관에 의하여 합헌적인 법률이 정한 내용과 절차에 따라 재판을 받을 권리를 보장하고 있다. 이러한 재판청구권은 공권력이나 사인에 의해서 기본권이 침해당하거나 침해당할 위험에 처해 있을 경우 그에 대한 구제 또는 예방을 요청할 수 있는 권리라는 점에서 다른 기본권의

보장을 위한 기본권이라는 성격을 가지고 있다(헌재 2011.6.30. 2009헌바430).

② (○) 헌법 제27조 ⑤형사피해자는 법률이 정하는 바에 의하여 당해 사건의 재판절차에서 진술할 수 있다.

③ (×) 헌법이 대법원을 최고법원으로 규정하였다고 하여 대법원이 곧바로 모든 사건을 상고심으로서 관할하여야 한다는 결론이 당연히 도출되는 것은 아니며, 헌법과 법률이 정하는 법관에 의하여 법률에 의한 재판을 받을 권리가 사건의 경중을 가리지 않고 모든 사건에 대하여 대법원을 구성하는 법관에 의한 균등한 재판을 받을 권리를 의미한다거나 또는 상고심재판을 받을 권리를 의미하는 것이라고 할 수는 없다(헌재 2007.7.26. 2006헌마551).

④ (○) 헌법 제27조가 보장하는 재판청구권에는 공정한 헌법재판을 받을 권리도 포함된다(헌재 2014.4.24. 2012헌마2).

[2021년 법원 9급] ③

헌법이 보장하는 재판청구권에 관한 설명으로 옳지 않은 것은? (다툼이 있는 경우 판례에 의함)

① 재판을 보장하는 헌법 제27조 제1항 재판청구권이 곧바로 모든 사건에서 상고심 또는 대법원의 재판을 받을 권리를 인정하는 것은 아니다.

② 소취하간주의 경우 소송비용을 원칙적으로 원고가 부담하도록 한 민사소송법 제114조 제2항 중 제98조를 준용하는 부분 가운데 '소취하간주'에 관한 부분은 재판청구권을 침해하지 아니한다.

③ 신속한 재판을 받을 권리의 실현을 위해서는 구체적인 입법형성이 필요하며, 다른 사법절차적 기본권에 비하여 폭넓은 입법재량이 허용된다.

④ 우리 헌법상 헌법과 법률이 정한 직업법관에 의한 재판을 받을 권리는 법관에 의한 재판을 주된 내용으로 하는 것이므로, 국민참여재판을 받을 권리는 헌법 제27조 제1항에서 규정한 재판을 받을 권리의 보호범위에 속한다.

⑤ 변호사와 접견하는 경우에도 수용자의 접견은 원칙적으로 접촉차단시설이 설치된 장소에서 하도록 규정하고 있는 형의 집행 및 수용자의 처우에 관한 법률 시행령 조항은 과잉금지원칙에 위배하여 청구인의 재판청구권을 지나치게 제한하고 있으므로 헌법에 위반된다.

① (○) 재판을 보장하는 헌법 제27조 제1항 소정의 재판청구권이 곧바로 모든 사건에서 상고심 또는 대법원의 재판을 받을 권리를 인정하는 것이라고 보기는 어렵지만, 그렇다고 하여 형사재판에서 피고인이 중죄를 범한 중죄인이라거나 외국에 도피 중이라는 이유만으로 상소의 제기 또는 상소권회복청구를 전면 봉쇄하는 것은 재판청구권의 침해임에 틀림이 없다(헌재 1993.7.29. 90헌바35).

② (○) 사건 준용조항은 소취하간주의 경우 피고가 지출한 소송비용을 원고로부터 상환받게 함으로써, 원고의 제소로 인해 비용을 지출한 피고에게 실효적인 권리구제를 보장하고, 부당한 제소를 방지하여 사법제도의 적정하고 합리적인 운영을 도모하려는 데에 그 취지가 있다고 할 것이므로 그 입법목적이 정당하다. 그리고 이로써 원고는 소송비용의 부담으로 인하여 부당한 제소나 기일해태를 자제하게 되어 입법목적의 달성에 실효적인 수단이 된다고 할 것이므로 수단의 적절성도 인정된다. 따라서 이 사건 준용조항이 청구인의 재판청구권을 침해하여 헌법에 위반된다고 볼 수 없다(헌재 2017.7.27. 2015헌바1).

③ (○) 헌법 제27조 제3항 제1문의 신속한 재판을 받을 권리의 실현을 위해서는 구체적인 입법형성이 필요하며, 다른 사법절차적 기본권에 비하여 폭넓은 입법재량이 허용된다. 특히 신속한 재판을 위해서 적정한 판결선고기일을 정하는 것은 법률상 쟁점의 난이도, 개별 사건의 특수상황, 접수된 사건량 등 여러 가지 요소를 복합적으로 고려하여 결정되어야 할 사항인데, 이 때 관할 법원에게는 광범위한 재량권이 부여된다. 따라서 법률에 의한 구체적 형성 없이는 신속한 재판을 위한 어떤 직접적이고 구체적인 청구권이 발생하지 아니한다(헌재 1999.9.16. 98헌마75).

④ (×) 헌법과 법률이 정한 법관에 의한 재판을 받을 권리는 직업법관에 의한 재판을 주된 내용으로 하는 것이므로 국민참여재판을 받을 권리가 헌법 제27조 제1항에서 규정한 재판을 받을 권리의 보호범위에 속한다고 볼 수 없다(헌재 2009.11.26. 2008헌바12).

⑤ (○) 원칙적으로 수용자가 접촉차단시설이 없는 장소에서 변호사와 접견을 하도록 하고 특별한 사정이 있는 경우에는 예외를 둠으로써 수용자의 재판청구권을 충분히 보장할 수 있음에도, 일률적으로 수용자로 하여금 접촉차단시설이 설치된 장소에서 변호사와 접견하도록 한 이 사건 접견조항은 피해최소성의 원칙에 위배된다. 결국 이 사건 접견조항은 과잉금지원칙을 위반하여 수용자의 재판청구권을 침해하는 것으로 헌법에 위반된다(헌재 2013.8.29. 2011헌마122). [2019년 소방간부] ④

재판청구권에 대한 설명으로 옳지 않은 것은? (다툼이 있는 경우 판례에 의함)

① 헌법상 재판을 받을 권리의 보호범위에는 배심재판을 받을 권리가 포함되지 아니한다.

② 디엔에이감식시료채취영장 발부 과정에서 채취대상자에게 자신의 의견을 밝히거나 영장 발부 후 불복할 수 있는 절차 등에 관하여 규정하지 아니한 「디엔에이신원확인정보의 이용 및 보호에 관한 법률」의 조항은 채취대상자들의 재판청구권을 침해한다.

③ 헌법 해석상 국회가 선출하여 임명된 헌법재판소의 재판관 중 공석이 발생한 경우에 국회가 공정한 헌법재판을 받을 권리의 보장을 위하여 공석인 재판관의 후임자를 선출하여야 할 구체적 작위의무를 부담한다고 볼 수는 없다.

④ '헌법과 법률이 정한 법관에 의하여 법률에 의한 재판을 받을 권리'가 사건의 경중을 가리지 않고 모든 사건에 대하여 대법원을 구성하는 법관에 의한 재판을 받을 권리를 의미한다거나 또는 상고심재판을 받을 권리를 의미하는 것이라고 할 수는 없다.

① (○) 형사소송절차에서 국민참여재판제도는 사법의 민주적 정당성과 신뢰를 높이기 위하여 배심원이 사실심 법관의 판단을 돕기 위한 권고적 효력을 가지는 의견을 제시하는 제한적 역할을 수행하게 되고, 헌법상 재판을 받을 권리의 보호범위에는 배심재판을 받을 권리가 포함되지 아니한다. 그러므로 이 사건 참여재판 배제조항은 청구인의 재판청구권을 침해한다고 볼 수 없다(헌재 2014.1.28. 2012헌바298).

② (○) 사건 영장절차 조항은 채취대상자에게 디엔에이감식시료채취영장 발부 과정에서 자신의 의견을 진술할 수 있는 기회를 절차적으로 보장하고 있지 않을 뿐만 아니라, 발부 후 그 영장 발부에 대하여 불복할 수 있는 기회를 주거나 채취행위의 위법성 확인을 청구할 수 있도록 하는 구제절차마저 마련하고 있지 않다. 위와 같은 입법상의 불비가 있는 이 사건 영장절차 조항은 채취대상자인 청구인들의 재판청구권을 과도하게 제한하므로, 침해의 최소성 원칙에 위반된다. 이 사건 영장절차 조항에 따라 발부된 영장에 의하여 디엔에이신원확인정보를 확보할 수 있고, 이로써 장래 범죄수사 및 범죄예방 등에 기여하는 공익적 측면이 있으나, 이 사건 영장절차 조항의 불완전·불충분한 입법으로 인하여 채취대상자의 재판청구권이 형해화되고 채취대상자가 범죄수사 및 범죄예방의 객체로만 취급받게 된다는 점에서, 양자 사이에 법익의 균형성이 인정된다고 볼 수도 없다. 따라서 이 사건 영장절차 조항은 과잉금지원칙을 위반하여 청구인들의 재판청구권을 침해한다(헌재 2018.8.30. 2016헌마344).

③ (×) 헌법 제27조가 보장하는 재판청구권에는 공정한 헌법재판을 받을 권리도 포함되고, 헌법 제111조 제2항은 헌법재판소가 9인의 재판관으로 구성된다고 명시하여 다양한 가치관과 헌법관을 가진 9인의 재판관으로 구성된 합의체가 헌법재판을 담당하도록 하고 있으며, 같은 조 제3항은 재판관 중 3인은 국회에서 선출하는 자를 임명한다고 규정하고 있다. 그렇다면 헌법 제27조, 제111조 제2항 및 제3항의 해석상, 피청구인이 선출하여 임명된 재판관 중 공석이 발생한 경우, 국회는 공정한 헌법재판을 받을 권리의 보장을 위하여 공석인 재판관의 후임자를 선출하여야 할 구체적 작위의무를 부담한다(헌재 2014.4.24. 2012헌마2).

④ (○) 헌법이 대법원을 최고법원으로 규정하였다고 하여 대법원이 곧바로 모든 사건을 상고심으로서 관할하여야 한다는 결론이 당연히 도출되는 것은 아니며, "헌법과 법률이 정하는 법관에 의하여 법률에 의한 재판을 받을 권리"가 사건의 경중을 가리지 않고 모든 사건에

대하여 대법원을 구성하는 법관에 의한 균등한 재판을 받을 권리를 의미한다거나 또는 상고심재판을 받을 권리를 의미하는 것이라고 할 수는 없다(헌재 2007.7.26. 2006헌마551). [2021년 지방 7급] ③

재판청구권에 대한 설명으로 가장 옳지 않은 것은?

① 취소소송의 제소기간을 처분 등이 있음을 안 때로부터 90일 이내로 규정한 것은 지나치게 짧은 기간이라고 보기 어렵고 행정법 관계의 조속한 안정을 위해 필요한 방법이므로 재판청구권을 침해하지 않는다.

② '민주화운동 관련자 명예회복 및 보상 심의 위원회'의 보상금 등 지급결정에 동의한 때 재판상 화해의 성립을 간주함으로써 법관에 의하여 법률에 의한 재판을 받을 권리를 제한하는 법규정은 재판청구권을 침해하지 않는다.

③ 디엔에이감식시료채취영장 발부 과정에서 형이 확정된 채취대상자에게 자신의 의견을 밝히거나 영장 발부 후 불복할 수 있는 절차 등에 관하여 규정하지 않는 것은 재판청구권을 침해하지 않는다.

④ 재정신청절차의 신속하고 원활한 진행을 위하여 구두변론의 실시 여부를 법관의 재량에 맡기는 것은 재판청구권을 침해하지 않는다.

① (○) 당해 처분 등이 위법할 수 있다는 의심을 갖는데 있어 90일의 기간은 지나치게 짧은 기간이라고 보기 어렵다. 심판대상조항이 '처분 등의 위법성'을 알게 된 시점이 아니라 '처분 등이 있음'을 안 시점을 제소기간의 기산점으로 둔 것은 행정법 관계의 조속한 안정을 도모하기 위해 필요하고도 효과적인 방법이라고 볼 수 있다. 따라서 심판대상조항이 '처분 등이 있음을 안 날'을 제소기간의 기산점으로 정한 것은 입법형성의 한계를 벗어나지 않았으므로, 심판대상조항은 청구인의 재판청구권을 침해하지 아니한다(헌재 2018.6.28. 2017헌바66).

② (○) 헌법상 기본권 보호의무를 지는 국가가 오히려 소속 공무원의 직무상 불법행위로 인하여 유죄판결을 받게 하거나 해직되게 하는 등으로 관련자에게 정신적 고통을 입혔음에도 그로 인한 정신적 손해에 대한 국가배상청구권 행사를 금지하는 것은 헌법 제10조 제2문의 취지에도 반한다. 따라서 심판대상조항의 '민주화운동과 관련하여 입은 피해' 중 적극적·소극적 손해에 관한 부분은 과잉금지원칙에 위반되지 아니하나, 정신적 손해에 관한 부분은 과잉금지원칙에 위반되어 관련자와 그 유족의 국가배상청구권을 침해한다(헌재 2018.8.30. 2014헌바180).

③ (×) 영장절차 조항이 채취대상자에게 디엔에이감식시료채취영장 발부 과정에서 자신의 의견을 진술할 수 있는 기회를 절차적으로 보장하고 있지 않을 뿐만 아니라, 발부 후 그 영장 발부에 대하여 불복할 수 있는 기회를 주거나 채취행위의 위법성 확인을 청구할 수 있도록 하는 구제절차마저 마련하고 있지 않음으로써, 채취대상자의 재판청구권은 형해화되고 채취대상자는 범죄수사 내지 예방의 객체로만 취급받게 된다. 따라서 이 사건 영장절차 조항은 과잉금지원칙을 위반하여 청구인들의 재판청구권을 침해한다(헌재 2018.8.30. 2016헌마344).

④ (○) 재정신청절차의 효율적 진행과 법률관계의 신속한 확정으로 형사피해자와 피의자의 법적 안정성을 조화시킨다는 심판대상조항의 입법목적은 정당하고, 이를 위해 법관에게 재량을 부여한 입법수단도 적절하다. 심판대상조항이 청구인의 재판절차진술권과 재판청구권을 침해한다고 볼 수 없다(헌재 2018.4.26. 2016헌마1043). [2019년 서울 7급] ③

재판청구권에 대한 설명으로 가장 적절하지 않은 것은? (다툼이 있는 경우 판례에 의함)

① 과학기술의 발전으로 인해 기존의 확정판결에서 인정된 사실과는 다른 새로운 사실이 드러

난 경우를 「민사소송법」상 재심의 사유로 인정하고 있지 않는 「민사소송법」 조항은 입법자의 합리적인 재량의 범위를 벗어나 재판청구권을 침해한다고 할 수 없다.

② 사법보좌관에 의한 소송비용액 확정결정절차를 규정한 「법원조직법」 조항은 소송비용액 확정절차의 경우에 이의절차 등 법관에 의한 판단을 거치도록 하고 있기 때문에 헌법 제27조 제1항에 위반되지 않는다.

③ 헌법과 법률이 정한 법관에 의한 재판을 받을 권리는 직업법관에 의한 재판을 주된 내용으로 하는 것이므로, 국민참여재판을 받을 권리가 헌법 제27조 제1항에서 규정한 재판을 받을 권리의 보호범위에 속한다고 볼 수 없다.

④ 재심제도의 규범적 형성에 있어서는 재판의 적정성과 정의의 실현이라는 법치주의의 요청에 의해 입법자의 입법형성의 자유가 축소된다.

① (○) 과학의 진전을 통하여 기존의 확정판결에서 인정된 사실과는 다른 새로운 사실이 발견된다 하더라도, 이는 확정판결 이후 언제라도 일어날 수 있는 일이므로 이를 재심사유로 인정하는 것은 확정판결에 기초하여 형성된 복잡·다양한 사법적(私法的) 관계들을 항시 불안전한 상태로 두는 것이다. 또한 시효제도 등 다소간 실체적 진실의 희생이나 양보 하에 법적 안정성을 추구하는 여러 법적 제도들이 있다는 점 등을 함께 고려해 볼 때, 이 사건 법률조항은 입법자의 합리적인 재량의 범위를 벗어나 재판청구권 내지 평등권을 침해한다고 할 수 없다(헌재 2009.4.30. 2007헌바121).

② (○) 법원조직법 제54조 제3항 등에서는 사법보좌관의 처분에 대한 이의신청을 허용함으로써 동일 심급 내에서 법관으로부터 다시 재판받을 수 있는 권리를 보장하고 있는데, 이 사건 조항에 의한 소송비용액 확정결정절차의 경우에도 이러한 이의절차에 의하여 법관에 의한 판단을 거치도록 함으로써 법관에 의한 사실확정과 법률해석의 기회를 보장하고 있다. 따라서 사법보좌관에게 소송비용액 확정결정절차를 처리하도록 한 이 사건 조항이 그 입법재량권을 현저히 불합리하게 또는 자의적으로 행사하였다고 단정할 수 없으므로 헌법 제27조 제1항에 위반된다고 할 수 없다(헌재 2009.2.26. 2007헌바8 등).

③ (○) 헌법과 법률이 정한 법관에 의한 재판을 받을 권리는 직업법관에 의한 재판을 주된 내용으로 하는 것이므로 국민참여재판을 받을 권리가 헌법 제27조 제1항에서 규정한 재판을 받을 권리의 보호범위에 속한다고 볼 수 없다(헌재 2009.11.26. 2008헌바12).

④ (×) 재심이나 준재심은 확정판결이나 화해조서 등에 대한 특별한 불복방법이고, 확정판결에 대한 법적 안정성의 요청은 미확정판결에 대한 그것보다 훨씬 크다고 할 것이므로 재심을 청구할 권리가 헌법 제27조에서 규정한 재판을 받을 권리에 당연히 포함된다고 할 수 없고 어떤 사유를 재심사유로 하여 재심이나 준재심을 허용할 것인가는 입법자가 확정된 판결이나 화해조서에 대한 법적 안정성, 재판의 신속, 적정성, 법원의 업무부담 등을 고려하여 결정하여야 할 입법정책의 문제이다(헌재 1996.3.28. 93헌바27).

[2021년 경찰 경정승진] ④

재판청구권에 대한 설명으로 옳지 않은 것은?

① 재판청구권은 재판이라는 국가적 행위를 청구할 수 있는 적극적 측면과 헌법과 법률이 정한 법관이 아닌 자에 의한 재판이나 법률에 의하지 아니한 재판을 받지 아니하는 소극적 측면을 아울러 가지고 있다.

② 형사피해자는 법률이 정하는 바에 의하여 당해 사건의 재판절차에서 진술할 수 있다.

③ 형사피의자와 형사피고인은 유죄의 판결이 확정될 때까지는 무죄로 추정된다.

④ 우리나라의 배심재판은 국민주권에 근거하여 배심원의 심의와 평결에 법원이 구속되는 재

판으로서 국민의 재판을 받을 권리를 침해하는 것이 아니다.

⑤ 군인 또는 군무원이 아닌 국민은 대한민국의 영역 안에서는 중대한 군사상 기밀·초병·초소·유독음식물공급·포로·군용물에 관한 죄 중 법률이 정한 경우와 비상계엄이 선포된 경우를 제외하고는 군사법원의 재판을 받지 아니한다.

① (○) 헌법 제27조 제1항의 재판청구권은 재판이라는 국가적 행위를 청구할 수 있는 적극적 측면과 헌법과 법률이 정한 법관이 아닌 자에 의한 재판이나 법률에 의하지 아니한 재판을 받지 아니하는 소극적 측면을 아울러 가지고 있다(헌재 1998.5.28. 96헌바4).

② (○) 헌법 제27조 ⑤형사피해자는 법률이 정하는 바에 의하여 당해 사건의 재판절차에서 진술할 수 있다.

③ (○) 헌법은 형사피고인에 대하여서만 규정하였으나 공소가 제기된 형사피고인에게 무죄추정이 적용되는 이상 아직 공소제기조차 되지 아니한 형사피의자에게 무죄추정이 적용되는 것은 당연하다(헌재 1992.4.14. 90헌마82).

④ (×) 국민의 형사재판 참여에 관한 법률 제46조(재판장의 설명·평의·평결·토의 등) ⑤제2항부터 제4항까지의 평결과 의견은 법원을 기속하지 아니한다.

⑤ (○) 헌법 제27조 ②군인 또는 군무원이 아닌 국민은 대한민국의 영역안에서 중대한 군사상 기밀·초병·초소·유독음식물공급·포로·군용물에 관한 죄중 법률이 정한 경우와 비상계엄이 선포된 경우를 제외하고는 군사법원의 재판을 받지 아니한다.

[2019년 국회 9급] ④

재판을 받을 권리에 관한 다음 설명 중 가장 옳지 않은 것은?

① 우리 헌법은 공정하고 신속한 공개재판을 받을 권리를 보장하고 있다.

② 공정한 재판을 받을 권리 속에는 당사자주의와 구두변론주의가 보장되어 당사자가 공소사실에 대한 답변과 입증 및 반증을 하는 등 공격·방어권이 충분히 보장되는 재판을 받을 권리가 포함되어 있다.

③ 우리 헌법은 상고심재판을 받을 권리를 명문화하고 있지는 않지만, 헌법 제27조의 재판을 받을 권리로부터 당연히 도출된다고 볼 수 있다.

④ 재심은 확정판결에 대한 특별한 불복방법이고 확정판결에 대한 법적 안정성의 요청은 미확정판결에 대한 그것보다 훨씬 크다고 할 것이므로, 재심을 청구할 권리가 헌법 제27조에서 규정한 재판을 받을 권리에 당연히 포함된다고 볼 수는 없다.

① (○) "형사피고인은 상당한 이유가 없는 한 지체 없이 공개재판을 받을 권리를 가진다"라고 규정하여 공정하고 신속한 공개재판을 받을 권리를 보장하고 있는바, 이 재판청구권은 재판절차를 규율하는 법률과 재판에서 적용될 실체적 법률이 모두 합헌적이어야 한다는 의미에서의 법률에 의한 재판을 받을 권리뿐만 아니라, 비밀재판을 배제하고 일반 국민의 감시 하에서 심리와 판결을 받음으로써 공정한 재판을 받을 수 있는 권리를 포함하고 있다(헌재 1996.12.26. 94헌바1).

② (○) 공정한 재판을 받을 권리 속에는 신속하고 공개된 법정의 법관의 면전에서 모든 증거자료가 조사·진술되고 이에 대하여 피고인이 공격·방어할 수 있는 기회가 보장되는 재판, 즉 원칙적으로 당사자주의와 구두변론주의가 보장되어 당사자가 공소사실에 대한 답변과 입증 및 반증하는 등 공격·방어권이 충분히 보장되는 재판을 받을 권리가 포함되어 있다(헌재 1996.12.26. 94헌바1).

③ (×) 헌법이 대법원을 최고법원으로 규정하였다고 하여 대법원이 곧바로 모든 사건을 상고심으로서 관할하여야 한다는 결론이 당연히 도출되는 것은 아니며, "헌법과 법률이 정하는 법관에 의하여 법률에 의한 재판을 받을 권리"가 사건의 경중을 가리지 않고 모든 사건에

대하여 대법원을 구성하는 법관에 의한 균등한 재판을 받을 권리를 의미한다거나 또는 상고심재판을 받을 권리를 의미하는 것이라고 할 수는 없다(헌재 2007.7.26. 2006헌마551 등).

④ (○) 재심은 확정판결에 대한 특별한 불복방법이고, 확정판결에 대한 법적 안정성의 요청은 미확정판결에 대한 그것보다 훨씬 크다고 할 것이므로 재심을 청구할 권리가 헌법 제27조에서 규정한 재판을 받을 권리에 당연히 포함된다고 할 수 없고, 심판대상법조항에 의한 재심청구의 혜택은 일정한 적법요건하에 헌법재판소법 제68조 제2항에 의한 헌법소원을 청구하여 인용된 자에게는 누구에게나 일반적으로 인정되는 것이고, 헌법소원청구의 기회가 규범적으로 균등하게 보장되어 있기 때문에, 심판대상법조항이 헌법재판소법 제68조 제2항에 의한 헌법소원을 청구하여 인용결정을 받지 않은 사람에게는 재심의 기회를 부여하지 않는다고 하여 청구인의 재판청구권이나 평등권, 재산권과 행복추구권을 침해하였다고는 볼 수 없다(헌재 2000.6.29. 99헌바66). [2020년 법원 9급] ③

재판을 받을 권리에 대한 설명으로 가장 옳지 않은 것은?

① 국민참여재판은 사법권의 민주적 정당성을 위한 것으로서 모든 국가권력이 국민의 의사에 기초해야 한다는 국민주권주의에 근거하고 있다.

② 형사소송절차상의 권리로서 국민참여재판을 받을 권리를 배제함에 있어서는 헌법상 적법절차의 원칙이 적용될 여지가 없다.

③ 법률이 국민참여재판 신청권을 부여하면서 단독판사 관할사건으로 재판받는 피고인과 합의부 관할사건으로 재판받는 피고인을 다르게 취급하는 것은 합리적인 이유가 있다.

④ 헌법과 법률이 정한 법관에 의한 재판을 받을 권리는 직업법관에 의한 재판을 주된 내용으로 하는 것이므로 국민참여재판을 받을 권리는 그 보호범위에 속하지 않는다.

① (○) 사법권의 민주적 정당성을 위한 국민참여재판을 도입한 근거가 되고 있으나, 그렇다고 하여 국민주권주의 이념이 곧 사법권을 포함한 모든 권력을 국민이 직접 행사하여야 하고 이에 따라 모든 사건을 국민참여재판으로 할 것을 요구한다고 볼 수 없다. 따라서 국민참여재판의 대상을 제한하는 심판대상조항이 국민주권주의에 위배될 여지가 없다(헌재 2016.12.29. 2015헌바63).

② (×) 국민참여재판을 받을 권리는 헌법상 기본권으로서 보호될 수는 없지만, 재판참여법에서 정하는 대상 사건에 해당하는 한 피고인은 원칙적으로 국민참여재판으로 재판을 받을 법률상 권리를 가지고, 이러한 형사소송절차상의 권리를 배제함에 있어서는 헌법에서 정한 적법절차원칙을 따라야 한다(헌재 2014.1.28. 2012헌바298).

③ (○) 형사사건의 다수를 차지하는 단독판사 관할사건까지 국민참여재판의 대상사건으로 할 경우, 한정된 인적·물적 자원만으로는 현실적으로 제도 운영에 어려움이 있는 점, 합의부 관할사건이 일반적으로 단독판사 관할사건보다 사회적 파급력이 큰 점 등에 비추어 보면, 이 사건 법률조항이 단독판사 관할사건으로 재판받는 피고인과 합의부 관할사건으로 재판받는 피고인을 다르게 취급하고 있는 것은 합리적인 이유가 있으므로 이 사건 법률조항은 평등권을 침해하지 않는다(헌재 2015.7.30. 2014헌바447).

④ (○) 헌법과 법률이 정한 법관에 의한 재판을 받을 권리는 직업법관에 의한 재판을 주된 내용으로 하는 것이므로, 국민참여재판을 받을 권리가 헌법 제27조 제1항에서 규정한 재판을 받을 권리의 보호범위에 속한다고 볼 수 없다(헌재 2015.7.30. 2014헌바447).

[2018년 서울 7급] ②

재판청구권에 대한 설명으로 옳지 않은 것은? (다툼이 있는 경우 판례에 의함)

① 토지수용위원회의 수용재결서를 받은 날로부터 60일 이내에 보상금증감청구소송을 제기하도록 한 「공익사업을 위한 토지 등의 취득 및 보상에 관한 법률」 조항은 보상금증감청구소

송을 제기하려는 토지소유자의 재판청구권을 침해한다.

② 국민참여재판을 받을 권리가 헌법 제27조 제1항에서 규정한 헌법과 법률이 정한 법관에 의한 재판을 받을 권리의 보호범위에 속한다고 볼 수 없다.

③ 「인신보호법」상 피수용자인 구제청구자의 즉시항고 제기기간을 3일로 정한 것은 피수용자의 재판청구권을 침해한다.

④ 형사보상의 청구에 대하여 한 보상의 결정에 대하여는 불복을 신청할 수 없도록 하여 형사보상의 결정을 단심재판으로 하도록 하는 것은 형사보상청구권자의 재판청구권을 침해한다.

① (×) 토지소유자는 협의 및 수용재결 단계를 거치면서 오랜 기간 보상금 액수에 대하여 다투어 왔으므로, 수용재결의 보상금 액수에 관하여 보상금증감청구소송을 제기할 것인지 결정하는 데에 많은 시간이 필요하지 않다. 따라서 이 사건 법률조항이 정한 60일의 제소기간은 입법재량의 한계를 벗어났다고 보기 어려우므로, 보상금증감청구소송을 제기하려는 토지소유자의 재판청구권을 침해한다고 볼 수 없다(헌재 2016.7.28. 2014헌바206).

② (○) 헌법과 법률이 정한 법관에 의한 재판을 받을 권리는 직업법관에 의한 재판을 주된 내용으로 하는 것이므로 국민참여재판을 받을 권리가 헌법 제27조 제1항에서 규정한 재판을 받을 권리의 보호범위에 속한다고 볼 수 없다(헌재 2009.11.26. 2008헌바12).

③ (○) 인신보호법상 피수용자인 구제청구자는 자기 의사에 반하여 수용시설에 수용되어 인신의 자유가 제한된 상태에 있으므로 그 자신이 직접 법원에 가서 즉시항고장을 접수할 수 없고, 외부인의 도움을 받아서 즉시항고장을 접수하는 방법은 외부인의 호의와 협조가 필수적이어서 이를 기대하기 어려운 때에는 그리 효과적이지 않으며, 우편으로 즉시항고장을 접수하는 방법도 즉시항고장을 작성하는 시간과 우편물을 발송하고 도달하는 데 소요되는 시간을 고려하면 3일의 기간이 충분하다고 보기 어렵다. 나아가 즉시항고 제기기간을 3일보다 조금 더 긴 기간으로 정한다고 해도 피수용자의 신병에 관한 법률관계를 조속히 확정하려는 이 사건 법률조항의 입법목적이 달성되는 데 큰 장애가 생긴다고 볼 수 없으므로, 이 사건 법률조항은 피수용자의 재판청구권을 침해한다(헌재 2015.9.24. 2013헌가21).

④ (○) 보상액의 산정에 기초되는 사실인정이나 보상액에 관한 판단에서 오류나 불합리성이 발견되는 경우에도 그 시정을 구하는 불복신청을 할 수 없도록 하는 것은 형사보상청구권 및 그 실현을 위한 기본권으로서의 재판청구권의 본질적 내용을 침해하는 것이라 할 것이고, 나아가 법적 안정성만을 지나치게 강조함으로써 재판의 적정성과 정의를 추구하는 사법제도의 본질에 부합하지 아니하는 것이다. 또한 불복을 허용하더라도 즉시항고는 절차가 신속히 진행될 수 있고 사건수도 과다하지 아니한데다 그 재판내용도 비교적 단순하므로 불복을 허용한다고 하여 상급심에 과도한 부담을 줄 가능성은 없다고 할 것이어서, 이 사건 불복금지조항은 형사보상청구권 및 재판청구권을 침해한다(헌재 2010.10.28. 2008헌마514). [2018년 지방 7급] ①

재판청구권에 대한 설명으로 옳지 않은 것은? (다툼이 있는 경우 판례에 의함)

① 통고처분에 대해 별도로 행정소송을 인정하지 않더라도 헌법이 보장하는 법관에 의한 재판을 받을 권리를 침해하는 것은 아니다.

② 토지수용위원회의 수용재결서를 받은 날로부터 60일 이내에 보상금증감청구소송을 제기하도록 한 「공익사업을 위한 토지 등의 취득 및 보상에 관한 법률」 규정은, 제소기간이 지나치게 짧다고 할 수 없어 토지소유자의 재판청구권을 침해하지 않는다.

③ 특별검사가 공소제기한 사건의 재판기간과 상소절차 진행기간을 일반사건보다 단축하는 것은 공정한 재판을 받을 권리를 침해한다.

④ 국민참여재판을 받을 권리는 헌법이 보장하는 재판을 받을 권리의 보호범위에 속하지 않는다.

관계의 조속한 안정을 위해 필요하고 효과적인 방법이다. 따라서 처분 등이 있음을 안 날을 제소기간의 기산점으로 정한 심판대상조항은 재판청구권을 침해하지 아니한다(헌재 2018.6.28. 2017헌바66).

③ (×) 수형자와 변호사와의 접견내용을 녹음, 녹화하게 되면 그로 인해 제3자인 교도소 측에 접견내용이 그대로 노출되므로 수형자와 변호사는 상담과정에서 상당히 위축될 수밖에 없고, 특히 소송의 상대방이 국가나 교도소 등의 구금시설로서 그 내용이 구금시설 등의 부당처우를 다투는 내용일 경우에 접견내용에 대한 녹음, 녹화는 실질적으로 당사자 대등의 원칙에 따른 무기평등을 무력화시킬 수 있다. 이 사건에 있어서 청구인과 헌법소원 사건의 국선대리인인 변호사의 접견내용에 대해서는 접견의 목적이나 접견의 상대방 등을 고려할 때 녹음·기록이 허용되어서는 아니 될 것임에도, 이를 녹음·기록한 행위는 청구인의 재판을 받을 권리를 침해한다(헌재 2013.9.26. 2011헌마398).

④ (○) 헌법과 법률이 정한 법관에 의한 재판을 받을 권리는 직업법관에 의한 재판을 주된 내용으로 하는 것이므로 국민참여재판을 받을 권리가 헌법 제27조 제1항에서 규정한 재판을 받을 권리의 보호범위에 속한다고 볼 수 없다(헌재 2009.11.26. 2008헌바12).

[2020년 경찰 경정승진] ③

재판청구권에 대한 설명으로 옳지 않은 것은? (다툼이 있는 경우 판례에 의함)

① 수형자가 국선대리인인 변호사를 접견하는데 교도소장이 그 접견내용을 녹음·기록하였다고 해도 재판을 받을 권리를 침해하는 것은 아니다.

② 재심청구권은 헌법의 규정에 의하여 직접 발생되는 기본적 인권은 아니다.

③ 심급제도가 몇 개의 심급으로 형성되어야 하는지에 관하여 헌법이 전혀 규정하는 바가 없으므로 이는 입법자의 광범위한 형성권에 맡겨져 있다.

④ 군사시설 중 전투용에 공하는 시설을 손괴한 일반 국민이 평시에 군사법원에서 재판을 받도록 하는 것은 법관에 의한 재판을 받을 권리를 침해하는 것이다.

⑤ 행정심판절차에 사법절차가 준용되지 않는다 하더라도 임의적 전치제도로 그치고 있다면 당사자의 재판청구권을 침해한다고 할 수 없다.

① (×) 수형자와 변호사와의 접견내용을 녹음·녹화하게 되면 그로 인해 제3자인 교도소 측에 접견내용이 그대로 노출되므로 수형자와 변호사는 상담과정에서 상당히 위축될 수밖에 없고, 특히 소송의 상대방이 국가나 교도소 등의 구금시설로서 그 내용이 구금시설 등의 부당처우를 다투는 내용일 경우에 접견내용에 대한 녹음·녹화는 실질적으로 당사자대등의 원칙에 따른 무기평등을 무력화시킬 수 있다. 이 사건에 있어서 청구인과 헌법소원 사건의 국선대리인인 변호사의 접견내용에 대해서는 접견의 목적이나 접견의 상대방 등을 고려할 때 녹음·기록이 허용되어서는 아니 될 것임에도, 이를 녹음·기록한 행위는 청구인의 재판을 받을 권리를 침해한다(헌재 2013.9.26. 2011헌마398).

② (○) 어떤 사유를 재심사유로 하여 재심을 허용할 것인가 하는 것은 입법자가 확정된 판결에 대한 법적 안정성, 재판의 신속, 적정성, 법원의 업무부담 등을 고려하여 결정하여야 할 입법정책의 문제이며, 재심청구권도 입법형성권의 행사에 의하여 비로소 창설되는 법률상의 권리일 뿐, 헌법 제27조 제1항, 제37조 제1항에 의하여 직접 발생되는 기본적 인권은 아니다(헌재 2000.6.29. 99헌바66).

③ (○) 재판을 받을 권리라는 것은 법적 분쟁시 독립된 법원에 의하여 사실관계와 법률관계에 관하여 한번 포괄적으로 심사를 받을 수 있도록 국민이 소송을 제기할 수 있는 권리로서 적어도 한 번의 재판을 받을 권리, 적어도 하나의 심급을 요구할 권리인 것이며, 그 구체적인 형성은 입법자의 광범위한 입법재량에 맡겨져 있는 것이다. 즉 심급제도가 몇 개의 심급으로 형성되어야 하는가에 관하여 헌법이 전혀 규정하는 바가 없으므로, 이는 입법자의 광범위한 형성권에 맡겨져 있는 것이며, 모든 구제절차나 법적 분쟁에서 반드시 보장되는 것은 아니다(헌재 2005.3.31. 2003헌바34).

④ (○) 군인 또는 군무원이 아닌 국민에 대한 군사법원의 예외적인 재판권을 정한 헌법 제27조 제2항에 규정된 군용물에는 군사시설이

포함되지 않는다. 그렇다면 군사시설 중 전투용에 공하는 시설을 손괴한 일반 국민이 항상 군사법원에서 재판받도록 하는 이 사건 법률조항은, 비상계엄이 선포된 경우를 제외하고는 군사시설에 관한 죄를 범한 군인 또는 군무원이 아닌 일반 국민은 군사법원의 재판을 받지 아니하도록 규정한 헌법 제27조 제2항에 위반되고, 국민이 헌법과 법률이 정한 법관에 의한 재판을 받을 권리를 침해한다(헌재 2013.11.28. 2012헌가10).

⑤ (○) 입법자가 행정심판을 전심절차가 아니라 종심절차로 규정함으로써 정식재판의 기회를 배제하거나, 어떤 행정심판을 필요적 전심절차로 규정하면서도 그 절차에 사법절차가 준용되지 않는다면 이는 헌법 제107조 제3항, 나아가 재판청구권을 보장하고 있는 헌법 제27조에도 위반된다. 반면 어떤 행정심판절차에 사법절차가 준용되지 않는다 하더라도 임의적 전치제도로 규정함에 그치고 있다면 헌법조항에 위반된다 할 수 없다. 그러한 행정심판을 거치지 아니하고 곧바로 행정소송을 제기할 수 있는 선택권이 보장되어 있기 때문이다(헌재 2000.6.1. 98헌바8). [2018년 국회 9급] ①

재판청구권에 관한 다음 설명 중 가장 옳지 않은 것은? (다툼이 있는 경우 대법원 판례 및 헌법재판소 결정에 의함)

① 헌법에 '공정한 재판'에 관한 명문의 규정은 없지만 재판청구권이 국민에게 효율적인 권리보호를 제공하기 위해서는, 법원에 의한 재판이 공정하여야만 할 것은 당연한 전제이므로 '공정한 재판을 받을 권리'는 헌법 제27조의 재판청구권에 의하여 함께 보장된다.

② 국민이 재판을 통하여 권리보호를 받기 위해서는 그 전에 최소한 법원조직법에 의하여 법원이 설립되고 민사소송법 등 절차법에 의하여 재판관할이 확정되는 등 입법자에 의한 재판청구권의 구체적 형성이 불가피하므로, 재판청구권에 대해서는 입법자의 입법재량이 인정된다.

③ 헌법과 법률이 정한 법관에 의한 재판을 받을 권리는 직업법관에 의한 재판을 주된 내용으로 하는 것이므로 국민참여재판을 받을 권리가 헌법 제27조 제1항에서 규정한 재판을 받을 권리의 보호범위에 속한다고 볼 수 없다.

④ 수형자가 형사사건의 변호인이 아닌 민사사건, 행정사건, 헌법소원사건 등에서 변호사와 접견할 경우에는 원칙적으로 헌법상 변호인의 조력을 받을 권리의 주체가 될 수 없다 할 것이므로, 수형자인 청구인이 헌법소원 사건의 국선대리인인 변호사를 접견함에 있어서 그 접견내용을 녹음, 기록한 교도소장의 행위는 청구인의 재판을 받을 권리를 침해하지 아니한다.

⑤ 현역병의 군대 입대 전 범죄에 대한 군사법원의 재판권을 규정하고 있는 군사법원법 조항은 재판청구권을 침해하지 아니한다.

① (○) 헌법에 공정한 재판에 관한 명문의 규정이 없지만 재판청구권이 국민에게 효율적인 권리보호를 제공하기 위해서는 법원에 의한 재판이 공정하여야만 할 것임은 당연하므로, 공정한 재판을 받을 권리는 헌법 제27조의 재판청구권에 의하여 함께 보장된다(헌재 2002.7.18. 2001헌바53).

② (○) 국민이 재판을 통하여 권리보호를 받기 위해서는 그 전에 최소한 법원조직법에 의하여 법원이 설립되고 민사소송법 등 절차법에 의하여 재판관할이 확정되는 등 입법자에 의한 재판청구권의 구체적 형성이 불가피하므로, 재판청구권에 대해서는 입법자의 입법재량이 인정된다(헌재 2013.3.21. 2011헌바219).

③ (○) 헌법과 법률이 정한 법관에 의한 재판을 받을 권리는 직업법관에 의한 재판을 주된 내용으로 하는 것이므로 국민참여재판을 받을 권리가 헌법 제27조 제1항에서 규정한 재판을 받을 권리의 보호범위에 속한다고 볼 수 없다(헌재 2009.11.26. 2008헌바12).

④ (×) 수형자인 청구인이 헌법소원 사건의 국선대리인인 변호사를 접견함에 있어서 그 접견내용을 녹음, 기록한 피청구인의 행위에 의하여 청구인의 변호인의 조력을 받을 권리가 침해되었다고 할 수는 없다. 이 사건에 있어서 청구인과 헌법소원 사건의 국선대리인인 변호사의 접견내용에 대해서는 접견의 목적이나 접견의 상대방 등을 고려할 때 녹음·기록이 허용되어서는 아니 될 것임에도, 이를 녹음·기록한 행위는 청구인의 재판을 받을 권리를 침해한다(헌재 2013.9.26. 2011헌마398).

⑤ (○) 현역병의 군대 입대 전 범죄에 대한 군사법원의 재판권을 규정하고 있는 군사법원법 제2조 제2항 중 제1항 제1호의 '군형법 제1조 제2항의 현역에 복무하는 병' 조항은 군사법원의 재판권과 군인의 재판청구권을 형성함에 있어 그 재량의 헌법적 한계를 벗어났다고 볼 수 없다. 그렇다면 이 사건 법률조항이 입법형성의 한계를 일탈하여 청구인의 헌법 제27조 제1항에 의한 재판청구권을 침해한다고 볼 수 없다(헌재 2009.7.30. 2008헌바162). [2019년 법원 5급] ④

재판청구권에 관한 다음 설명 중 가장 옳지 않은 것은?

① 국민의 재판청구에 대하여 법원은 신속한 재판을 받아야 할 헌법 및 법률상 작위의무가 존재한다.
② 군사시설 중 전투용에 공하는 시설을 손괴한 일반 국민이 항상 군사법원에서 재판받도록 하는 군사법원법 조항은 헌법과 법률이 정한 법관에 의한 재판을 받을 권리를 침해한다.
③ 재심을 청구할 권리가 헌법 제27조의 재판을 받을 권리에 당연히 포함된다고 할 수 없다.
④ 국민참여재판을 받을 권리가 헌법 제27조의 재판을 받을 권리에 당연히 포함된다고 할 수 없다.

① (×) 신속한 재판을 받을 권리를 실현하는 구체적인 방법으로 소송절차에서 단계별로 소송을 촉진하는 수단을 적절히 배치하거나, 효율적인 소송절차의 운영을 위하여 필요한 인적·물적 시설을 확충하는 등 여러 가지 방안이 있을 수 있는바, 사법절차적 기본권으로서의 청구권적 성격을 고려할 때 신속한 재판을 받을 권리의 실현을 위한 방법들은 헌법 규정으로부터 곧바로 도출되는 것이 아니고 구체적인 입법형성을 필요로 한다(헌재 2009.7.30. 2007헌마732).

② (○) 사건 법률조항은 군사시설 중 전투용에 공하는 시설을 손괴한 일반 국민이 항상 군사법원에서 재판을 받도록 하고 있다. 이는 명시적으로 헌법개정을 통하여 비상계엄이 선포된 경우를 제외하고는 군사시설에 관한 죄를 범한 일반 국민은 군사법원의 재판을 받지 아니하게 하여 군사법원의 신분적 재판권의 범위를 축소한 헌법개정권력자의 의도와 배치된다. 따라서 이 사건 법률조항은 헌법 제27조 제2항에 위반되어, 군인 또는 군무원이 아닌 일반 국민의 헌법과 법률이 정한 법관에 의한 재판을 받을 권리를 침해한다(헌재 2013.11.28. 2012헌가10).

③ (○) 재심청구권 역시 헌법 제27조에서 규정한 재판을 받을 권리에 당연히 포함된다고 할 수 없고, 어떤 사유를 재심사유로 정하여 재심을 허용할 것인가는 입법자가 확정판결에 대한 법적 안정성, 재판의 신속·적정성, 법원의 업무부담 등을 고려하여 결정하여야 할 입법정책의 문제이다(헌재 2004.12.16. 2003헌바105).

④ (○) 헌법과 법률이 정한 법관에 의한 재판을 받을 권리는 직업법관에 의한 재판을 주된 내용으로 하는 것이므로 국민참여재판을 받을 권리가 헌법 제27조 제1항에서 규정한 재판을 받을 권리의 보호범위에 속한다고 볼 수 없다(헌재 2009.11.26. 2008헌바12).

[2019년 법원 9급] ①

재판청구권에 관한 다음 설명 중 가장 옳지 않은 것은? (다툼이 있는 경우 대법원 판례 및 헌법재판소 결정에 의함)

① 소환된 증인 또는 그 친족 등이 보복을 당할 우려가 있는 경우 재판장이 피고인을 퇴정시키고 증인신문을 행할 수 있도록 한 법률규정은 피고인의 반대신문권을 보장하지 않아 공정한 재판을 받을 권리를 침해한다.

② 교원에 대한 징계처분에 관하여 재심청구를 거치지 아니하고서는 행정소송을 제기할 수 없도록 한 법률규정은 교원징계처분의 전문성과 자주성을 고려한 것으로 재판청구권을 침해하지 않는다.

③ 수형자가 출정하기 이전에 여비를 납부하지 않았거나 출정비용과 영치금과의 상계에 미리 동의하지 않았다는 이유로, 교도소장이 위 수형자의 행정소송 변론기일에 그의 출정을 제한한 것은, 형벌의 집행을 위하여 필요한 한도를 벗어나서 수형자의 재판청구권을 과도하게 침해한 것이다.

④ 재판 당사자가 재판에 참석하는 것은 재판청구권의 기본적 내용이라고 할 것이므로 수형자도 형의 집행과 도망의 방지라는 구금의 목적을 반하지 않는 범위에서는 재판청구권이 보장되어야 한다.

⑤ 변호사보수를 소송비용에 산입하여 패소한 당사자의 부담으로 한 것은 청구인의 재판청구권을 침해하는 것이 아니다.

① (×) 사건 법률조항들은 특정 범죄에 관한 형사절차에서 국민이 안심하고 자발적으로 협조할 수 있도록 그 범죄신고자 등을 실질적으로 보호함으로써 피해자의 진술을 제약하는 요소를 제거하고 이를 통해 범죄로부터 사회를 방위함에 이바지함과 아울러 실체적 진실의 발견을 용이하게 하기 위한 것으로서, 그 목적의 정당성 및 수단의 적합성이 인정되며, 피고인 퇴정조항에 의하여 피고인 퇴정 후 증인신문을 하는 경우에도 피고인은 여전히 형사소송법 제161조의2에 의하여 반대신문권이 보장되고, 이 때 변호인이 반대신문 전에 피고인과 상의하여 반대신문사항을 정리하면 피고인의 반대신문권이 실질적으로 보장될 수 있는 점, 인적사항이 공개되지 아니한 증인에 대하여는 증인신문 전에 수사기관 작성의 조서나 증인 작성의 진술서 등의 열람·복사를 통하여 그 신문 내용을 어느 정도 예상할 수 있고, 변호인이 피고인과 상의하여 반대신문의 내용을 정리한 후 반대신문할 수 있는 점 등에 비추어, 기본권제한의 정도가 특정 범죄의 범죄신고자 등 증인 등을 보호하고 실체적 진실의 발견에 이바지하는 공익에 비하여 크다고 할 수 없어 법익의 균형성도 갖추고 있으며, 기본권제한에 관한 피해의 최소성 역시 인정되므로, 공정한 재판을 받을 권리를 침해한다고 할 수 없다(헌재 2010.11.25. 2009헌바57).

② (○) 입법자는 행정심판을 통한 권리구제의 실효성, 행정청에 의한 자기시정의 개연성, 문제되는 행정처분의 특수성 등을 고려하여 행정심판을 임의적 전치절차로 할 것인지, 아니면 필요적 전치절차로 할 것인지를 결정하는 입법형성권을 가지고 있는데, 교원에 대한 징계처분은 그 적법성을 판단함에 있어서 전문성과 자주성에 기한 사전심사가 필요하고, 판단기관인 재심위원회의 독립성 및 공정성이 확보되어 있고 심리절차에 있어서도 상당한 정도로 사법절차가 준용되어 권리구제절차로서의 실효성을 가지고 있으며, 재판청구권의 제약은 경미한데 비하여 그로 인하여 달성되는 공익은 크므로, 재심제도가 입법형성권의 한계를 벗어나 국민의 재판청구권을 침해하는 제도라고 할 수 없다(헌재 2007.1.17. 2005헌바86).

③ (○) 청구인이 출정하기 이전에 여비를 납부하지 않았거나 출정비용과 영치금과의 상계에 미리 동의하지 않았다는 이유로 이 사건 피청구인의 출정제한행위를 한 것은, 피청구인에 대한 업무처리지침 내지 사무처리준칙인 이 사건 지침을 위반하여 청구인이 직접 재판에 출석하여 변론할 권리를 침해함으로써, 형벌의 집행을 위하여 필요한 한도를 벗어나서 청구인의 재판청구권을 과도하게 침해하였다(헌재 2012.3.29. 2010헌마475).

④ (○) 수형자는 형벌 등의 집행을 위하여 격리된 구금시설에서 강제적인 공동생활을 하게 되므로 헌법이 보장하는 신체활동의 자유 등 기본권이 제한될 수밖에 없다. 그러나 수형자라 하여 모든 기본권을 전면적으로 제한받는 것이 아니라, 제한되는 기본권은 형의 집행과

도망의 방지라는 구금의 목적과 관련된 기본권(신체의 자유, 거주이전의 자유, 통신의 자유 등)에 한정되어야 하고, 그 역시 형벌의 집행을 위하여 필요한 한도를 벗어날 수 없다. 재판 당사자가 재판에 참석하는 것은 재판청구권 행사의 기본적 내용이라고 할 것이므로 수형자도 형의 집행과 도망의 방지라는 구금의 목적을 반하지 않는 범위에서는 재판청구권이 보장되어야 한다(헌재 2012.3.29. 2010헌마475).

⑤ (○) 변호사보수를 소송비용에 산입하여 패소한 당사자의 부담으로 한 구 민사소송법 제99조의2 제1항은 변호사보수를 소송비용에 산입하는 것은 정당한 권리행사를 위하여 소송을 제기하거나 부당한 제소에 대하여 응소하려는 당사자를 위하여 실효적인 권리구제를 보장하고, 남소와 남상소를 방지하여 사법제도의 적정하고 합리적인 운영을 도모하려는 데 취지가 있다고 할 것이므로 그 입법목적이 정당하고, 이 사건 법률조항은 그 제한의 목적이 정당할 뿐 아니라 목적달성을 위한 방법이 적정하고 피해의 최소성 및 법익의 균형성 등 모든 요건을 충족하였다고 보여지므로 과잉금지원칙에 위배하여 청구인의 재판청구권을 침해하였다고 볼 수 없다(헌재 2002.4.25. 2001헌바20).

[2019년 법원 5급] ①

재판을 받을 권리에 대한 설명으로 가장 옳은 것은? (다툼이 있는 경우 헌법재판소 판례에 의함)

① 법원 직권으로 원고에게 소송비용에 대한 담보 제공을 명할 수 있도록 하고, 원고가 담보를 제공하지 않을 경우 변론 없이 판결로 소를 각하할 수 있다고 규정한 민사소송법 조항은 재판청구권을 침해하지 않는다.

② '국민참여재판을 받을 권리'도 헌법 제27조 제1항에서 규정한 재판을 받을 권리의 보호범위에 속한다.

③ 행정심판절차의 구체적 형성에 관한 입법자의 입법형성의 한계를 고려할 때, 필요적 전심절차로 규정되어 있는 경우뿐만 아니라 임의적 전심절차로 규정되어 있는 경우에도 반드시 사법절차가 준용되어야 한다.

④ 재심도 재판절차 중의 하나이므로 재심청구권은 헌법 제27조에서 규정한 재판을 받을 권리에 당연히 포함된다.

① (○) 심판대상조항에 따라 법원 직권으로 담보 제공을 명할 수 있는 사유는 엄격히 제한되어 있고, 원고를 위한 담보제공명령 불복절차가 마련되어 있다. 이와 같은 사정을 종합하여 보면, 심판대상조항이 재판청구권을 침해한다고 할 수 없다(헌재 2016.2.25. 2014헌바366).

② (×) 헌법과 법률이 정한 법관에 의한 재판을 받을 권리는 직업법관에 의한 재판을 주된 내용으로 하는 것이므로, 국민참여재판을 받을 권리가 헌법 제27조 제1항에서 규정한 재판을 받을 권리의 보호범위에 속한다고 볼 수 없다(헌재 2015.7.30. 2014헌바447).

③ (×) 입법자가 행정심판을 전심절차가 아니라 종심절차로 규정함으로써 정식재판의 기회를 배제하거나, 어떤 행정심판을 필요적 전심절차로 규정하면서도 그 절차에 사법절차가 준용되지 않는다면 이는 헌법 제107조 제3항, 나아가 재판청구권을 보장하고 있는 헌법 제27조에도 위반된다. 반면 어떤 행정심판절차에 사법절차가 준용되지 않는다 하더라도 임의적 전치제도로 규정함에 그치고 있다면 헌법조항에 위반된다고 할 수 없다. 그러한 행정심판을 거치지 아니하고 곧바로 행정소송을 제기할 수 있는 선택권이 보장되어 있기 때문이다(헌재 2000.6.1. 98헌바8).

④ (×) 재심이나 준재심은 확정판결이나 화해조서 등에 대한 특별한 불복방법이고, 확정판결에 대한 안정성의 요청은 미확정판결에 대한 그것보다 훨씬 크다고 할 것이므로 재심을 청구할 권리가 헌법 제27조에서 규정한 재판을 받을 권리에 당연히 포함된다고 할 수 없고 어떤 사유를 재심사유로 하여 재심이나 준재심을 허용할 것인가는 입법자가 확정된 판결이나 화해조서에 대한 법적 안정성, 재판의 신속·적정성, 법원의 업무부담 등을 고려하여 결정하여야 할 입법정책의 문제이다(헌재 1996.3.28. 93헌바27). [2017년 서울 7급] ①

헌법 제27조의 재판청구권에 관한 다음 설명 중 가장 옳지 않은 것은?

① 모든 국민은 헌법과 법률이 정한 법관에 의하여 법률에 의한 재판을 받을 권리를 가진다.

② 공정한 재판을 받을 권리는 헌법 제27조의 재판청구권에 의하여 함께 보장된다.

③ 군인 또는 군무원이 아닌 국민은 대한민국의 영역 안에서는 중대한 군사상 기밀·초병·초소·유독음식물공급·포로·군용물에 관한 죄 중 법률이 정한 경우와 비상계엄이 선포된 경우를 제외하고는 군사법원의 재판을 받지 아니한다.

④ 형사피해자는 법률이 정하는 바에 의하여 당해 사건의 재판절차에서 진술할 수 있다.

⑤ 헌법에 재판청구권의 내용으로 신속한 재판을 받을 권리가 명시적으로 규정되어 있지 않다.

① (○) 헌법 제27조 ①모든 국민은 헌법과 법률이 정한 법관에 의하여 법률에 의한 재판을 받을 권리를 가진다.

② (○) 헌법에 '공정한 재판'에 관한 명문의 규정은 없지만 재판청구권이 국민에게 효율적인 권리보호를 제공하기 위해서 법원에 의한 재판이 공정하여야만 할 것은 당연한 전제이므로 '공정한 재판을 받을 권리'는 헌법 제27조의 재판청구권에 의하여 함께 보장된다(헌재 2013.3.21. 2011헌바219).

③ (○) 헌법 제27조 ②군인 또는 군무원이 아닌 국민은 대한민국의 영역안에서는 중대한 군사상 기밀·초병·초소·유독음식물공급·포로·군용물에 관한 죄 중 법률이 정한 경우와 비상계엄이 선포된 경우를 제외하고는 군사법원의 재판을 받지 아니한다.

④ (○) 헌법 제27조 ⑤형사피해자는 법률이 정하는 바에 의하여 당해 사건의 재판절차에서 진술할 수 있다.

⑤ (×) 헌법 제27조 ③모든 국민은 신속한 재판을 받을 권리를 가진다. 형사피고인은 상당한 이유가 없는 한 지체없이 공개재판을 받을 권리를 가진다.

[2020년 법무사] ⑤

재판청구권에 대한 설명 중 옳지 않은 것은? (다툼이 있는 경우 판례에 의함)

① 교원의 신분과 관련되는 징계처분의 적법성 판단에 있어서는 교육의 자주성·전문성이 요구되는바, 교원징계처분에 관하여 교원징계재심위원회의 재심을 거치지 않으면 행정소송을 제기할 수 없도록 한 법률조항은 헌법 제27조의 재판청구권을 침해하지 않는다.

② 헌법 제27조 제1항의 '모든 국민은 헌법과 법률이 정한 법관에 의하여 법률에 의한 재판을 받을 권리'로부터 모든 사건에 관하여 대법원의 재판을 받을 권리가 도출되지는 않는다.

③ 현역병으로 입대한 군인이 그 신분 취득 전 저지른 범죄에 대한 군사법원의 재판권을 규정하고 있는 법률조항은 헌법 제27조 제1항의 재판청구권을 침해하지 않는다.

④ 국민참여재판을 받을 권리는 직업법관에 의한 재판을 받을 권리를 주된 내용으로 하는 헌법 제27조 제1항에서 규정한 재판을 받을 권리의 보호범위에 속한다.

⑤ 법관이 아닌 사법보좌관이 소송비용액 확정결정절차를 처리하도록 한 법률조항은, 동일 심급 내에서 법관으로부터 다시 재판받을 수 있는 권리가 보장되고 있으므로, 헌법 제27조 제1항의 재판청구권을 침해하지 않는다.

① (○) 교원에 대한 징계처분은 그 적법성을 판단함에 있어서 전문성과 자주성에 기한 사전심사가 필요하고, 판단기관인 재심위원회의 독립성 및 공정성이 확보되어 있고 심리절차에 있어서도 상당한 정도로 사법절차가 준용되어 권리구제절차로서의 실효성을 가지고 있으며, 재판청구권의 제약은 경미한 데 비하여 그로 인하여 달성되는 공익은 크므로, 재심제도가 입법형성권의 한계를 벗어나 국민의 재판청구권을 침해하는 제도라고 할 수 없다(헌재 2007.1.17. 2005헌바86).

② (○) 헌법 제27조 제1항의 재판청구권은 사건의 경중을 가리지 아니하고 모든 사건에 대하여 대법원을 구성하는 법관에 의한 균등한 재판을 받을 권리를 의미한다거나 또는 상고심재판을 받을 권리를 의미하는 것이라고 할 수 없다(헌재 2005.9.29. 2005헌마567).

③ (○) 현역병의 군대 입대 전 범죄에 대한 군사법원의 재판권을 규정하고 있는 군사법원법 제2조 제2항 중 제1항 제1호의 '군형법 제1조 제2항의 현역에 복무하는 병' 조항은 군사법원의 재판권과 군인의 재판청구권을 형성함에 있어 그 재량의 헌법적 한계를 벗어났다고 볼 수 없다. 그렇다면 이 사건 법률조항이 입법형성의 한계를 일탈하여 청구인의 헌법 제27조 제1항에 의한 재판청구권을 침해한다고 볼 수 없다(헌재 2009.7.30. 2008헌바162).

④ (×) 헌법과 법률이 정한 법관에 의한 재판을 받을 권리는 직업법관에 의한 재판을 주된 내용으로 하는 것이므로 국민참여재판을 받을 권리가 헌법 제27조 제1항에서 규정한 재판을 받을 권리의 보호범위에 속한다고 볼 수 없다(헌재 2009.11.26. 2008헌바12).

⑤ (○) 법원조직법 제54조 제3항 등에서는 사법보좌관의 처분에 대한 이의신청을 허용함으로써 동일 심급 내에서 법관으로부터 다시 재판받을 수 있는 권리를 보장하고 있으며, 사법보좌관에 의하여 소송비용액 확정결정절차를 처리하게 하는 이 사건 조항은 그 입법목적이 정당하다. 따라서 사법보좌관에게 소송비용액 확정결정절차를 처리하도록 한 이 사건 조항이 그 입법재량권을 현저히 불합리하게 또는 자의적으로 행사하였다고 단정할 수 없으므로 헌법 제27조 제1항에 위반된다고 할 수 없다(헌재 2009.2.26. 2007헌바8).

[2016년 제5회 변호사] ④

재판을 받을 권리에 대한 설명으로 옳지 않은 것은? (다툼이 있는 경우 판례에 의함)

① 헌법은 재판의 전심절차로서 행정심판을 할 수 있다고 규정하고 있다.

② 국가의 안전보장 또는 안녕질서를 방해하거나 선량한 풍속을 해할 염려가 있을 때에는 당사자의 청구가 있어야만 법원의 결정에 의해서 심리를 공개하지 않을 수 있다.

③ 재판을 받을 권리에 국민참여재판을 받을 권리가 포함되는 것은 아니다.

④ 군인 또는 군무원이 아닌 국민은 비상계엄이 선포된 경우 군사법원의 재판을 받을 수 있다.

① (○) 헌법 제107조 ③재판의 전심절차로서 행정심판을 할 수 있다. 행정심판의 절차는 법률로 정하되, 사법절차가 준용되어야 한다.

② (×) 헌법 제109조 재판의 심리와 판결은 공개한다. 다만, 심리는 국가의 안전보장 또는 안녕질서를 방해하거나 선량한 풍속을 해할 염려가 있을 때에는 법원의 결정으로 공개하지 아니할 수 있다.

③ (○) 헌법과 법률이 정한 법관에 의한 재판을 받을 권리는 직업법관에 의한 재판을 주된 내용으로 하는 것이므로 국민참여재판을 받을 권리가 헌법 제27조 제1항에서 규정한 재판을 받을 권리의 보호범위에 속한다고 볼 수 없다(헌재 2009.11.26. 2008헌바12).

④ (○) 헌법 제27조 ②군인 또는 군무원이 아닌 국민은 대한민국의 영역 안에서는 중대한 군사상 기밀·초병·초소·유독음식물공급·포로·군용물에 관한 죄 중 법률이 정한 경우와 비상계엄이 선포된 경우를 제외하고는 군사법원의 재판을 받지 아니한다. [2020년 국가 5급] ②

헌법 제27조 재판청구권에 관한 다음 설명 중 가장 옳지 않은 것은? (다툼이 있는 경우 헌법재판소 결정에 의함)

① 법관에 의한 재판을 받을 권리를 보장한다고 함은 결국 법관이 사실을 확정하고 법률을 해석·적용하는 재판을 받을 권리를 보장한다는 뜻이고, 그와 같은 법관에 의한 사실확정과 법

률의 해석·적용의 기회에 접근하기 어려도록 제약이나 장벽을 쌓는 것은 허용되지 않는다.

② 헌법 제27조에서 규정한 재판을 받을 권리에 모든 사건에 대해 상소법원의 구성 법관에 의한, 상소심 절차에 의한 재판을 받을 권리까지도 당연히 포함된다고 단정할 수는 없다.

③ 현역병이 군대 입대 전에 범한 범죄에 대하여 군사법원의 재판권을 규정하고 있는 군사법원법 조항은 현역병의 재판청구권을 침해하여 위헌이다.

④ 검사의 기소유예처분에 대하여 피의자가 불복하여 법원의 재판을 받을 수 있는 절차를 국가가 법률로 마련해야 할 헌법적 의무는 존재하지 않는다.

⑤ 어떤 사유를 재심사유로 정하여 재심을 허용할 것인가는 입법자가 확정판결에 대한 법적 안정성, 재판의 신속·적정성, 법원의 업무부담 등을 고려하여 결정하여야 할 입법정책의 문제이다.

① (○) 법관에 의한 재판을 받을 권리를 보장한다고 함은 결국 법관이 사실을 확정하고 법률을 해석·적용하는 재판을 받을 권리를 보장한다는 뜻이고, 그와 같은 법관에 의한 사실확정과 법률의 해석·적용의 기회에 접근하기 어렵도록 제약이나 장벽을 쌓아서는 아니된다고 할 것이며, 만일 그러한 보장이 제대로 이루어지지 아니한다면, 헌법상 보장된 재판을 받을 권리의 본질적 내용을 침해하는 것으로서 우리 헌법상 허용되지 아니한다(헌재 2000.6.29. 99헌가9).

② (○) 헌법 제27조에서 규정한 재판을 받을 권리에 모든 사건에 대해 상소법원의 구성법관에 의한, 상소심 절차에 의한 재판을 받을 권리까지도 당연히 포함된다고 단정할 수 없을 것이고, 모든 사건에 대해 획일적으로 상소할 수 있게 하느냐 않느냐는 특단의 사정이 없는 한 입법정책의 문제라고 할 것으로 결국 재판을 받을 권리의 침해라는 논지는 받아들일 수 없다(헌재 1993.11.25. 91헌바8).

③ (×) 현역병의 군대 입대 전 범죄에 대한 군사법원의 재판권을 규정하고 있는 군사법원법 제2조 제2항 중 제1항 제1호의 '군형법 제1조 제2항의 현역에 복무하는 병' 조항은 군사법원의 재판권과 군인의 재판청구권을 형성함에 있어 그 재량의 헌법적 한계를 벗어났다고 볼 수 없다. 그렇다면 이 사건 법률조항이 입법형성의 한계를 일탈하여 청구인의 헌법 제27조 제1항에 의한 재판청구권을 침해한다고 볼 수 없다(헌재 2009.7.30. 2008헌바162).

④ (○) 헌법 제27조 제1항의 규정만으로는 헌법이 기소유예처분에 대하여 피의자가 불복하여 재판을 받을 수 있는 절차를 마련하여야 할 명시적인 입법의무를 부여하였다고 볼 수 없다. 헌법 제27조 제1항이 규정한 재판청구권이나 헌법 제12조 제1항에 규정된 적법절차원칙이 입법자에게 반드시 기소유예처분을 받은 피의자가 무죄를 주장하여 일반법원에서 법관에 의한 재판을 받을 수 있는 절차를 마련해야 할 입법자의 행위의무 내지 보호의무를 부여한다고 볼 수 없다(헌재 2013.9.26. 2011헌마472).

⑤ (○) 재심을 청구할 권리가 헌법 제27조에서 규정한 재판을 받을 권리에 당연히 포함된다고 할 수 없고 어떤 사유를 재심사유로 하여 재심이나 준재심을 허용할 것인가는 입법자가 확정된 판결이나 화해조서에 대한 법적 안정성, 재판의 신속성·적정성, 법원의 업무부담 등을 고려하여 결정하여야 할 입법정책의 문제이다(헌재 1996.3.28. 93헌바27). [2017년 법무사] ③

다음 중 재판청구권에 대한 설명으로 옳지 않은 것은?

① 재심재판을 받을 권리는 헌법 규정으로부터 당연히 도출되는 권리가 아니다.

② 교원징계에 대한 항고소송을 제기하기 전에 소청위원회 소청절차를 거치도록 한 것은 재판청구권을 침해하는 것이다.

③ 특별검사가 공소제기한 사건의 재판기간과 상소절차 진행기간을 일반사건보다 단축하는 것은 공정한 재판을 받을 권리를 침해하지 않는다.

④ 변호인이 있는 때에 피고인에게 따로 공판조서열람청구를 인정하지 않아도 기본권을 침해하는 것이 아니다.

⑤ 관세청의 통고처분을 행정소송의 대상에서 제외한「관세법」규정은 재판청구권 침해가 아니다.

① (○) 재심이나 준재심은 확정판결이나 화해조서 등에 대한 특별한 불복방법이고, 확정판결에 대한 법적 안정성의 요청은 미확정판결에 대한 그것보다 훨씬 크다고 할 것이므로 재심을 청구할 권리가 헌법 제27조에서 규정한 재판을 받을 권리에 당연히 포함된다고 할 수 없고 어떤 사유를 재심사유로 하여 재심이나 준재심을 허용할 것인가는 입법자가 확정된 판결이나 화해조서에 대한 법적 안정성, 재판의 신속·적정성, 법원의 업무부담 등을 고려하여 결정하여야 할 입법정책의 문제이다(헌재 1996.3.28. 93헌바27).

② (×) 재심청구는 불복절차로 행정소송을 제기할 수 있으므로 재판의 전심절차로서의 한계를 준수하고 있고, 판단기관인 재심위원회의 구성과 운영에 있어서 심사·결정의 독립성과 공정성을 객관적으로 신뢰할 수 있으며, 교원지위법과 교원징계처분 등의 재심에 관한 규정이 규정하고 있는 재심청구의 절차와 보완적으로 적용되는 행정심판법의 심리절차를 고려하여 보면 심리절차에 사법절차를 준용하고 있으므로, 헌법 제107조 제3항에 위반된다고 할 수 없다(헌재 2007.1.17. 2005헌바86).

③ (○) 사건 법률 제10조가 재판기간을 단기간으로 규정한 것은 사안의 성격과 특별검사제도의 특수성을 감안하여 공정한 재판을 받을 권리를 침해한다고 할 수 없고, 이 사건 법률에 의한 특별검사에 의하여 공소제기된 사람을 일반 형사재판을 받는 사람에 비하여 달리 취급하였다 하여 평등권을 침해한다 할 수 없다(헌재 2008.1.10. 2007헌마1468).

④ (○) 변호인이 있는 경우에는 변호인을 통하여 피고인이 공판조서의 내용을 알 수 있고 그 기재의 정확성도 보장할 수 있으며, 만약 변호인이 피고인의 정당한 이익을 보호하지 아니하고 불성실한 변호를 할 때에는 피고인은 언제든지 자신의 의사에 반하는 변호인을 배제하고 위 규정에 의한 공판조서열람권을 행사할 수도 있게 되어 있으므로, 형사소송법 제55조 제1항이 변호인이 있는 피고인에게 변호인과는 별도로 공판조서열람권을 부여하지 않는다고 하여 피고인의 공정한 재판을 받을 권리가 침해된다고 할 수는 없다(헌재 1994.12.29. 92헌바31).

⑤ (○) 통고처분은 상대방의 임의의 승복을 그 발효요건으로 하기 때문에 그 자체만으로는 통고이행을 강제하거나 상대방에게 아무런 권리의무를 형성하지 않으므로 행정심판이나 행정소송의 대상으로서의 처분성을 부여할 수 없고, 통고처분에 대하여 이의가 있으면 통고내용을 이행하지 않음으로써 고발되어 형사재판절차에서 통고처분의 위법·부당함을 얼마든지 다툴 수 있기 때문에 관세법 제38조 제3항 제2호가 법관에 의한 재판받을 권리를 침해한다든가 적법절차의 원칙에 저촉된다고 볼 수 없다(헌재 1998.5.28. 96헌바4).

[2017년 국회 9급] ②

재판청구권에 대한 설명으로 옳지 않은 것은? (다툼이 있는 경우 헌법재판소 판례에 의함)

① 재판청구권은 재판이라는 국가적 행위를 청구할 수 있는 적극적 측면과 법률이 정한 법관이 아닌 자에 의한 재판이나 법률에 의하지 아니한 재판을 받지 아니하는 소극적 측면을 아울러 가지고 있다.

② 재판의 심리와 판결은 공개하나, 심리는 국가의 안전보장 또는 안녕질서를 방해하거나 선량한 풍속을 해할 염려가 있을 때에는 법원의 결정으로 공개하지 아니할 수 있다.

③ 재판청구권은 모든 사건에 대하여 대법원에 의한 재판을 받을 권리를 포함한다.

④ 재판청구권은 헌법재판을 청구할 권리도 포함한다.

⑤ 소액사건에 관하여 일반사건에 비해 상고 및 재항고를 제한하고 있는「소액사건심판법」제3조는 재판청구권을 침해하지 않는다.

① (○) 재판청구권은 재판이라는 국가적 행위를 청구할 수 있는 적극적 측면과 헌법과 법률이 정한 법관이 아닌 자에 의한 재판이나 법률에 의하지 아니한 재판을 받지 아니하는 소극적 측면을 아울러 가지고 있다. 헌법 제27조 제1항은 법관에 의하지 아니하고는 민사·행정·선거·기사선거에 관한 재판은 물론 어떠한 처벌도 받지 아니할 권리를 보장한 것이다(헌재 1998.5.28. 96헌바4; 헌재 2003.1.30. 2001헌바95).

② (○) 헌법 제109조 재판의 심리와 판결은 공개한다. 다만 심리는 국가의 안전보장 또는 안녕질서를 방해하거나 선량한 풍속을 해할 염려가 있을 때에는 법원의 결정으로 공개하지 아니할 수 있다.

③ (×) 헌법이 대법원을 최고법원으로 규정하였다고 하여 대법원이 곧바로 모든 사건을 상고심으로서 관할하여야 한다는 결론이 당연히 도출되는 것은 아니며, 헌법과 법률이 정하는 법관에 의하여 법률에 의한 재판을 받을 권리가 사건의 경중을 가리지 않고 모든 사건에 대하여 대법원을 구성하는 법관에 의한 균등한 재판을 받을 권리를 의미한다거나 또는 상고심 재판을 받을 권리를 의미하는 것이라고 할 수는 없다(헌재 1997.10.30. 97헌바37).

④ (○) 헌법 제27조의 재판청구권에는 공정한 헌법재판을 받을 권리도 포함된다(헌재 2014.4.24. 2012헌마2).

⑤ (○) 상고심에서 재판을 받을 권리를 헌법상 명문화한 규정이 없는 이상, 헌법 제27조에서 규정한 재판을 받을 권리에 모든 사건에 대해 상고심 재판을 받을 권리까지도 포함된다고 단정할 수 없고, 모든 사건에 대해 획일적으로 상고할 수 있게 할지 여부는 입법재량의 문제라고 할 것이므로 소액사건심판법 제3조가 소액사건에 대하여 상고의 이유를 제한하였다고 하여 그것만으로 재판청구권을 침해하였다고 볼 수 없다(헌재 2012.12.27. 2011헌마161). [2017년 국회 5급] ③

재판청구권에 관한 다음 설명 중 가장 옳지 않은 것은? (다툼이 있는 경우 헌법재판소 결정에 의함)

① 헌법 제27조 제1항에서 말하는 '헌법과 법률이 정한 법관에 의하여 법률에 의한 재판을 받을 권리'가 사건의 경중을 가리지 않고 모든 사건에 대하여 대법원을 구성하는 법관에 의한 균등한 재판을 받을 권리를 의미한다거나 또는 상고심재판을 받을 권리를 의미하는 것은 아니다.

② 재심청구권은 재판을 받을 권리에 당연히 포함된다고 할 수 없고, 어떤 사유를 재심사유로 정하여 재심을 허용할 것인가는 입법자가 확정판결에 대한 법적 안정성, 재판의 신속·적정성, 법원의 업무부담 등을 고려하여 결정하여야 할 입법정책의 문제이다.

③ 행정심판이 필요적 전심절차로 규정되어 있는 경우에는 반드시 사법절차가 준용되어야 하지만, 임의적 전심절차로 규정되어 있는 경우에는 당사자의 선택권이 보장되어 있으므로 그러하지 아니하다.

④ 우리 헌법은 명문으로 '공정한 재판'이라는 문구를 두고 있지는 않으나, 헌법재판소는 우리 헌법이 '공정한 재판'을 받을 권리를 국민의 기본권으로 보장하고 있다고 본다.

⑤ 국민참여재판을 받을 권리는 헌법 제27조 제1항에서 규정한 재판을 받을 권리의 보호범위에 속한다.

① (○) 헌법이 대법원을 최고법원으로 규정하였다 하여 대법원으로 하여금 모든 사건을 상고심으로서 관할할 것을 요구하는 것은 아니며, 헌법과 법률이 정한 법관에 의하여 법률에 의한 재판을 받을 권리가 사건의 경중을 가리지 않고 모든 사건에 대하여 대법원을 구성하는 법관에 의한 균등한 재판을 받을 권리를 의미한다거나 또는 상고심재판을 받을 권리를 의미하는 것이라고 할 수는 없다(헌재 1995.1.20. 90헌바1).

② (○) 재심청구권 역시 헌법 제27조에서 규정한 재판을 받을 권리에 당연히 포함된다고 할 수 없으며, 어떤 사유를 재심사유로 정하여 재심을 허용할 것인가는 입법자가 확정판결에 대한 법적 안정성, 재판의 신속성·적정성, 법원의 업무부담 등을 고려하여 결정하여야 할 입법정책의 문제이다(헌재 2004.12.16. 2003헌바105).

③ (○) 입법자가 행정심판을 전심절차가 아니라 종심절차로 규정함으로써 정식재판의 기회를 배제하거나, 어떤 행정심판을 필요적 전심절차로 규정하면서도 그 절차에 사법절차가 준용되지 않는다면, 이는 헌법 제107조 제3항 나아가 재판청구권을 보장하고 있는 헌법 제27조에도 위반된다. 반면 어떤 행정심판절차에 사법절차가 준용되지 않는다 하더라도 임의적 전치제도로 규정함에 그치고 있다면 헌법조항에 위반된다고 할 수 없다. 그러한 행정심판을 거치지 아니하고 곧바로 행정소송을 제기할 수 있는 선택권이 보장되어 있기 때문이다(헌재 2000.6.1. 98헌바8).

④ (○) 우리 헌법은 명문으로 공정한 재판이라는 문구를 두고 있지는 않으나, 헌법 제27조 제1항 또는 제3항이 공정한 재판을 받을 권리를 보장하고 있다고 하는 점에 이견이 없으며, 헌법재판소도 공정한 재판을 받을 권리가 국민의 기본권임을 분명히 하고 있다(헌재 2001.8.30. 99헌마496).

⑤ (×) 헌법과 법률이 정한 법관에 의한 재판을 받을 권리는 직업법관에 의한 재판을 주된 내용으로 하는 것이므로 국민참여재판을 받을 권리가 헌법 제27조 제1항에서 규정한 재판을 받을 권리의 보호범위에 속한다고 볼 수 없다(헌재 2009.11.26. 2008헌바12).

[2015년 법무사] ⑤

재판을 받을 권리에 관한 설명 중 가장 적절하지 않은 것은? (다툼이 있는 경우 판례에 의함)

① 교원징계재심위원회의 재심결정에 대하여 교원에게만 행정소송을 제기할 수 있도록 하고 학교법인을 제외한 것은 학교법인의 재판청구권을 침해한다.

② 우리 헌법상 헌법과 법률이 정한 법관에 의한 재판을 받을 권리라 함은 직업법관에 의한 재판을 주된 내용으로 하는 것이므로 '국민참여재판을 받을 권리'가 헌법 제27조 제1항에서 규정한 재판을 받을 권리의 보호범위에 속한다고 볼 수 없다.

③ 현역병의 군대 입대 전 범죄에 대한 군사법원의 재판권을 규정하고 있는 「군사법원법」의 관련 규정은 현역 복무 중인 군인의 재판청구권을 침해하지 아니한다.

④ 형사실체법상으로 직접적인 보호법익의 주체로 해석되지 않는 자는 문제되는 범죄 때문에 법률상 불이익을 받게 되는 자라 하더라도 헌법상 형사피해자의 재판절차진술권의 주체가 될 수 없다.

① (○) 학교법인에게 재심결정에 불복할 제소권한을 부여한다고 하여 이 사건 법률조항이 추구하는 사립학교 교원의 신분보장에 특별한 장애사유가 생긴다든가 그 권리구제에 공백이 발생하는 것도 아니므로 이 사건 법률조항은 분쟁의 당사자이자 재심절차의 피청구인인 학교법인의 재판청구권을 침해한다(헌재 2006.2.23. 2005헌가7).

② (○) 헌법과 법률이 정한 법관에 의한 재판을 받을 권리는 직업법관에 의한 재판을 주된 내용으로 하는 것이므로 국민참여재판을 받을 권리가 헌법 제27조 제1항에서 규정한 재판을 받을 권리의 보호범위에 속한다고 볼 수 없다(헌재 2009.11.26. 2008헌바12).

③ (○) 일단 군인신분을 취득한 군인이 군대 외부의 일반법원에서 재판을 받는 것은 군대 조직의 효율적인 운영을 저해하고, 현실적으로도 군인이 수감 중인 상태에서 일반법원의 재판을 받기 위해서는 상당한 비용·인력 및 시간이 소요되므로 이러한 군의 특수성 및 전문성을 고려할 때 군인신분 취득 전에 범한 죄에 대하여 군사법원에서 재판을 받도록 하는 것은 합리적인 이유가 있다. 이 사건 법률조항이 입법형성의 한계를 일탈하여 청구인의 헌법 제27조 제1항에 의한 재판청구권을 침해한다고 볼 수 없다(헌재 2009.7.30. 2008헌바162).

④ (×) 형사피해자의 개념은 헌법이 형사피해자의 재판절차진술권을 독립된 기본권으로 인정한 취지에 비추어 넓게 해석할 것으로 반드시 형사실체법상의 보호법익을 기준으로 한 피해자 개념에 의존하여 결정하여야 할 필요는 없다. 형사실체법상으로는 직접적인 보호법익의 주체로 해석되지 않는 자라 하여도 문제되는 범죄 때문에 법률상 불이익을 받게 되는 자라면 헌법상 형사피해자의 재판절차진술권의 주체가 될 수 있고, 따라서 검사의 불기소처분에 대하여 헌법소원심판을 청구할 수 있는 청구인 적격을 가진다(헌재 1992.2.25. 90헌마91).

[2016년 경찰 경정승진] ④

다음 중 재판청구권에 대한 설명으로 옳지 않은 것은? (다툼이 있는 경우 헌법재판소 판례에 의함)

① 재판을 받을 권리는 사법권의 독립이 보장된 법원에서 재판을 받을 권리를 포함한다.

② 재판청구권은 권리구제절차를 규정하는 절차법에 의해서 구체적으로 형성·실현되며 동시에 이에 의하여 제한된다.

③ 군사법원에서 심판관을 일반장교로 임명할 수 있도록 규정하는 것이 재판청구권을 침해하는 것은 아니다.

④ 법관에 의한 재판을 받을 권리를 보장한다고 함은 법관이 사실을 확정하고 법률을 해석·적용하는 재판을 받을 권리를 보장하는 것이다.

⑤ 교원에 대한 징계처분에 관하여 재심청구를 거치지 아니하고서는 행정소송을 제기할 수 없도록 하는 것은 재판청구권을 침해하는 것이다.

① (○) 헌법 제27조의 재판청구권은 기본적으로 사법권의 독립이 보장된 국가로서 법원에 의하여 헌법과 법률이 정한 법관에 의한 재판을 받을 권리이다.

② (○) 재판청구권은 권리보호절차의 개설과 개설된 절차에의 접근의 효율성에 관한 절차법적 요청으로서, 권리구제절차 내지 소송절차를 규정하는 절차법에 의하여 구체적으로 형성·실현되며, 또한 이에 의하여 제한되는 것인바, 이 사건 법률조항은 행정상 즉시강제에 관한 근거규정으로서 권리구제절차 내지 소송절차를 규정하는 절차법적 성격을 전혀 갖고 있지 아니하기 때문에, 이 사건 법률조항에 의하여 재판청구권이 침해될 여지가 없다(헌재 2002.10.31. 2000헌가12).

③ (○) 군사법원법에서 심판관을 일반장교 중에서 임명할 수 있도록 규정한 것은 헌법 제110조 제1항, 제3항의 위임에 따라 군사법원을 특별법원으로 설치함에 있어서 군대조직 및 군사재판의 특수성을 고려하고 군사재판을 신속, 적정하게 하여 군기를 유지하고 군사지휘권을 확립하기 위한 것으로서 필요하고 합리적인 이유가 있다(헌재 1996.10.31. 93헌바25).

④ (○) 법관에 의한 재판을 받을 권리를 보장한다고 함은 법관이 사실을 확정하고 법률을 해석·적용하는 재판을 받을 권리를 보장한다는 뜻이고, 그와 같은 법관에 의한 사실확정과 법률의 해석·적용의 기회에 접근하기 어렵도록 제약이나 장벽을 쌓아서는 아니되며, 만일 그러한 보장이 제대로 이루어지지 아니한다면 헌법상 보장된 재판을 받을 권리의 본질적 내용을 침해하는 것으로서 우리 헌법상 허용되지 아니한다(헌재 2002.2.28. 2001헌가18).

⑤ (×) 교원에 대한 징계처분은 그 적법성을 판단함에 있어서 전문성과 자주성에 기한 사전심사가 필요하고, 판단기관인 재심위원회의 독립성 및 공정성이 확보되어 있고 심리절차에 있어서도 상당한 정도로 사법절차가 준용되어 권리구제절차로서의 실효성을 가지고 있으며, 재판청구권의 제약은 경미한 데 비하여 그로 인하여 달성되는 공익은 크므로, 재심제도가 입법형성권의 한계를 벗어나 국민의 재판청구권을 침해하는 제도라고 할 수 없다(헌재 2007.1.17. 2005헌바86).

[2016년 국회 9급] ⑤

재판청구권에 대한 설명으로 옳지 않은 것은? (다툼이 있는 경우 판례에 의함)

① 수형자인 청구인이 국선대리인인 변호사를 접견하는데 교도소장이 그 접견내용을 녹음, 기록한 행위는 청구인의 재판을 받을 권리를 침해하는 것이다.

② 공판기일의 소송절차로서 공판조서에 기재된 것은 그 조서만으로써 증명한다고 하여 공판조서의 절대적 증명력을 규정한 「형사소송법」 제56조가 재판을 받을 권리를 침해하는 것은 아니다.

③ 「국민의 형사재판 참여에 관한 법률」에서 정하는 대상사건에 해당하는 피고인은 국민참여재판을 받을 헌법상 권리를 가진다.

④ 「헌법재판소법」 제68조 제1항 본문 중 '법원의 재판을 제외하고는' 부분에 대하여 헌법재판소는 '법원의 재판'에 헌법재판소가 위헌으로 결정한 법령을 적용함으로써 국민의 기본권을 침해한 재판이 포함되는 것으로 해석하는 한도 내에서 헌법에 위반된다고 본다.

① (○) 청구인과 헌법소원 사건의 국선대리인인 변호사의 접견내용에 대해서는 접견의 목적이나 접견의 상대방 등을 고려할 때 녹음·기록이 허용되어서는 아니 될 것임에도, 이를 녹음·기록한 행위는 청구인의 재판을 받을 권리를 침해한다(헌재 2013.9.26. 2011헌마398).

② (○) 공판조서의 절대적 증명력은 공판기일의 소송절차에 한하여 인정되는 점, 형사소송법은 공판조서 기재의 정확성을 담보하기 위해 작성주체, 방식, 기재요건 등에 관하여 엄격히 규정하고 있고, 피고인 등으로 하여금 공판조서에 대한 열람 또는 등사 등을 통하여 기재 내용에 대한 이의를 진술할 수 있도록 함으로써 기본권 침해를 최소화하고 있으며, 이 사건 법률조항으로 인한 기본권 제한이 상소심에서의 심리지연 등으로 인한 피해보다 크다고 볼 수 없으므로, 피해의 최소성과 함께 법익균형성의 요건도 갖추었다 할 것이므로, 이 사건 법률조항이 청구인의 재판을 받을 권리를 침해한다고 볼 수 없다(헌재 2012.4.24. 2010헌바379).

③ (×) 국민참여재판을 받을 권리는 헌법상 기본권으로서 보호될 수는 없지만, 국민의 형사재판 참여에 관한 법률에서 정하는 대상 사건에 해당하는 한 피고인은 원칙적으로 국민참여재판으로 재판을 받을 법률상 권리를 가지고, 이러한 형사소송절차상의 권리를 배제함에 있어서는 헌법에서 정한 적법절차원칙을 따라야 한다(헌재 2014.1.28. 2012헌바298).

④ (○) 헌법재판소는 헌법재판소법 제68조 제1항 본문 중 '법원의 재판을 제외하고는' 부분에 대하여도 이미 '법원의 재판'에 헌법재판소가 위헌으로 결정한 법령을 적용함으로써 국민의 기본권을 침해한 재판을 포함되는 것으로 해석하는 한도 내에서 헌법에 위반된다는 취지의 한정위헌결정을 선고하여 위헌 부분을 제거하면서 그 나머지 부분이 합헌임을 밝힌 바가 있다(헌재 2007.11.29. 2005헌바12).

[2015년 국가 7급] ③

재판청구권에 대한 설명으로 옳지 않은 것은? (다툼이 있는 경우 헌법재판소 판례에 의함)

① 국민과 외국인, 사법인과 공법인을 불문하고 재판청구권의 주체가 될 수 있다.

② 정정보도청구권제도는 언론의 자유와는 비록 서로 충돌되는 면이 없지 아니하나, 전체적으로는 상충되는 기본권 사이에 합리적인 조화를 이루고 있다.

③ 현역병으로 입대한 군인이 그 신분 취득 전 저지른 범죄에 대하여 군사법원의 재판을 받도록 하는 것은 위헌이다.

④ 모든 국민은 헌법과 법률이 정한 법관에 의하여 법률에 의한 재판을 받을 권리를 가진다.

⑤ 교통사고로 사망한 사람의 부모는 헌법상 재판절차진술권이 보장되는 형사피해자의 범주

에 속한다.

① (○) 헌법 제27조에 의한 재판청구권은 자연인인 국민뿐만 아니라 외국인에게도 인정된다. 법인도 내국법인뿐만 아니라 외국법인도 인정된다.

② (○) 현행 정정보도청구권제도는 언론의 자유와는 비록 서로 충돌되는 면이 없지 아니하나, 전체적으로 상충되는 기본권 사이에 합리적 조화를 이루고 있으므로 정기간행물의 등록 등에 관한 법률 제16조 제3항, 제19조 제3항은 결코 평등의 원칙에 반하지 아니하고, 언론의 자유의 본질적 내용을 침해하거나 언론기관의 재판청구권을 부당히 침해하는 것으로 볼 수 없어 헌법에 위반되지 아니한다(헌재 1991.9.16. 89헌마165).

③ (×) 현역병의 군대 입대 전 범죄에 대한 군사법원의 재판권을 규정하고 있는 군사법원법 제2조 제2항 중 제1항 제1호의 '군형법 제1조 제2항의 현역에 복무하는 병' 조항은 군사법원의 재판권과 군인의 재판청구권을 형성함에 있어 그 재량의 헌법적 한계를 벗어났다고 볼 수 없다. 그렇다면 이 사건 법률조항이 입법형성의 한계를 일탈하여 청구인의 헌법 제27조 제1항에 의한 재판청구권을 침해한다고 볼 수 없다(헌재 2009.7.30. 2008헌바162).

④ (○) 헌법 제27조 ①모든 국민은 헌법과 법률이 정한 법관에 의하여 법률에 의한 재판을 받을 권리를 가진다.

⑤ (○) 형사피해자의 개념은 반드시 형사실체법상의 보호법익을 기준으로 한 피해자 개념에 한정하여 결정할 것이 아니라 형사실체법상으로는 직접적인 보호법익의 향유주체로 해석되지 않는 자라 하더라도 문제된 범죄행위로 말미암아 법률상 불이익을 받게 되는 자의 뜻으로 풀이해야 한다. 교통사고로 사망한 사람의 부모는 형사소송법상 고소권자의 지위에 있을 뿐만 아니라, 비록 교통사고처리특례법의 보호법익인 생명의 주체는 아니라고 하더라도, 그 교통사고로 자녀가 사망함으로 인하여 극심한 정신적 고통을 받은 법률상 불이익을 입게 된 자임이 명백하므로, 헌법상 재판절차진술권이 보장되는 형사피해자의 범주에 속한다(헌재 2002.10.31. 2002헌마453).

[2016년 국회 8급] ③

재판청구권에 관한 다음 설명 중 가장 옳지 않은 것은? (다툼이 있는 경우 헌법재판소 결정에 의함)

① 「형사소송법」 제405조의 즉시항고는 당사자의 중대한 이익에 관련된 사항이나 소송절차의 원활한 진행을 위해 신속한 결론이 필요한 사항을 대상으로 하는 것으로서 제기기간을 단기로 정할 필요성이 인정되는바, 그 기간을 3일로 제한한 것이 재판청구권 침해라고 볼 수 없다.

② 형사소송절차에서 국민참여재판제도는 사법의 민주적 정당성과 신뢰를 높이기 위하여 배심원이 사실심 법관의 판단을 돕기 위한 권고적 효력을 가지는 의견을 제시하는 제한적 역할을 수행하게 되고, 따라서 헌법상 재판을 받을 권리의 보호범위에 국민참여재판을 받을 권리가 포함되는 것은 아니다.

③ 형사보상의 청구에 대하여 한 보상의 결정에 대하여는 불복을 신청할 수 없도록 하여 형사보상의 결정을 단심재판으로 규정한 것은, 재판청구권 침해에 해당한다.

④ 「도로교통법」상 주취운전을 이유로 한 운전면허 취소처분에 대하여 행정심판의 재결을 거치지 아니하면 행정소송을 제기할 수 없도록 한 것은, 재판청구권을 침해한 것으로서 위헌이다.

① (×) 형사재판 중 결정절차에서는 그 결정 일자가 미리 당사자에게 고지되는 것이 아니기 때문에 결정에 대한 불복 여부를 결정하고 즉시항고 절차를 준비하는데 있어 상당한 기간을 부여할 필요가 있다. 형사재판절차의 당사자가 직접 또는 다른 사람의 도움을 받아

인편으로 법원에 즉시항고장을 제출하기 어려운 상황은 얼마든지 발생할 수 있고, 교도소 또는 구치소에 있는 피고인에게 적용되는 형사소송법 제344조의 재소자 특칙 규정은 개별적으로 준용규정이 있는 경우에만 그 적용을 받게 되며, 형사소송법상의 법정기간연장 조항이나 상소권회복청구 조항들만으로는 3일이라는 지나치게 짧은 즉시항고 제기기간의 도과를 보완하기에 미흡하다. 나아가 민사소송, 민사집행, 행정소송, 형사보상절차 등의 즉시항고기간 1주나, 외국의 입법례와 비교하더라도 3일이라는 제기기간은 지나치게 짧다. 즉시항고 자체가 형사소송법상 명문의 규정이 있는 경우에만 허용되므로 기간 연장으로 인한 폐해가 크다고 볼 수도 없는 점 등을 고려하면, 심판대상조항은 즉시항고 제도를 단지 형식적이고 이론적인 권리로서만 기능하게 함으로써 헌법상 재판청구권을 공허하게 하므로 입법재량의 한계를 일탈하여 재판청구권을 침해하는 규정이다(헌재 2018.12.27. 2015헌바77).

② (○) 형사소송절차에서 국민참여재판제도는 사법의 민주적 정당성과 신뢰를 높이기 위하여 배심원이 사실심 법관의 판단을 돕기 위한 권고적 효력을 가지는 의견을 제시하는 제한적 역할을 수행하게 되고, 헌법상 재판을 받을 권리의 보호범위에는 배심재판을 받을 권리가 포함되지 아니한다. 그러므로 이 사건 참여재판 배제조항은 청구인의 재판청구권을 침해한다고 볼 수 없다(헌재 2014.1.28. 2012헌바298).

③ (○) 보상액의 산정에 기초되는 사실인정이나 보상액에 관한 판단에서 오류나 불합리성이 발견되는 경우에도 그 시정을 구하는 불복신청을 할 수 없도록 하는 것은 형사보상청구권 및 그 실현을 위한 기본권으로서의 재판청구권의 본질적 내용을 침해하는 것이라 할 것이고, 나아가 법적 안정성만을 지나치게 강조함으로써 재판의 적정성과 정의를 추구하는 사법제도의 본질에 부합하지 아니하는 것이다. 이 사건 불복금지조항은 형사보상청구권 및 재판청구권을 침해한다(헌재 2010.10.28. 2008헌마514).

④ (×) 교통 관련 행정처분의 적법성 여부에 관하여 판단하는 경우, 전문성과 기술성이 요구되므로, 법원으로 하여금 행정기관의 전문성을 활용케 할 필요가 있으며, 도로교통법에 의한 운전면허취소처분은 대량적·반복적으로 행해지는 처분이라는 점에서도 행정심판에 의하여 행정의 통일성을 확보할 필요성이 인정된다. 이 사건 법률조항에 의한 재판청구권의 제한은 정당한 공익의 실현을 위하여 필요한 정도의 제한에 해당하는 것으로 헌법 제37조 제2항의 비례의 원칙에 위반되어 국민의 재판청구권을 과도하게 침해하는 위헌적인 규정이라 할 수 없다(헌재 2002.10.31. 2001헌바40). [2015년 법원 9급] ①, ④

재판청구권에 대한 설명 중 옳지 않은 것은? (다툼이 있는 경우 판례에 의함)

① 입법자가 행정심판을 전심절차가 아니라 종심절차로 규정할 경우 이는 헌법 제107조 제3항에 위반될 뿐 아니라 재판청구권을 보장하고 있는 헌법 제27조에도 위반된다.

② 법무부가 내린 변호사에 대한 징계결정에 대하여 불복이 있는 경우 그 결정이 법령에 위반된 것을 이유로 하는 경우에만 대법원에 즉시항고할 수 있도록 하는 법률 조항은 재판청구권을 침해한다.

③ 재심은 상소와는 달리 확정판결에 대한 불복방법이고 확정판결에 대한 법적 안정성의 요청은 미확정 판결에 대한 그것보다 훨씬 크기 때문에, 재심청구권은 상고심재판을 받을 권리와는 다르게 재판을 받을 권리에 포함된다.

④ 군인 또는 군무원이 아닌 국민은 대한민국 영역 안에서는 중대한 군사상 기밀·초병·초소·유독음식물공급·포로·군용물에 관한 죄 중 법률이 정한 경우와 비상계엄이 선포된 경우를 제외하고는 군사법원의 재판을 받지 아니한다.

⑤ 헌법과 법률이 정한 법관에 의한 재판을 받을 권리라 함은 직업법관에 의한 재판을 주된 내용으로 하는 것이므로, '국민참여재판을 받을 권리'는 헌법 제27조 제1항에서 규정한 재판을 받을 권리의 보호범위에 속하지 않는다.

① (○) 입법자가 행정심판을 전심절차가 아니라 종심절차로 규정함으로써 정식재판의 기회를 배제하거나, 어떤 행정심판을 필요적 전심절차로 규정하면서도 그 절차에 사법절차가 준용되지 않는다면 이는 헌법 제107조 제3항, 나아가 재판청구권을 보장하고 있는 헌법 제27조에도 위반된다(헌재 2000.6.1. 98헌바8).

② (○) 법무부 변호사징계위원회의 결정이 법률에 위반된 것을 이유로 하는 경우에 한하여 법률심인 대법원에 즉시항고할 수 있도록 한 변호사법 제100조 제4항 내지 제6항은, 법관에 의한 사실확정 및 법률적용의 기회를 박탈한 것으로서 헌법상 국민에게 보장된 "법관에 의한" 재판을 받을 권리를 침해하는 위헌규정이다(헌재 2002.2.28. 2001헌가18).

③ (×) 재심은 확정판결에 대한 특별한 불복방법이고, 확정판결에 대한 법적 안정성의 요청은 미확정판결에 대한 그것보다 훨씬 크다고 할 것이므로 재심을 청구할 권리가 헌법 제27조에서 규정한 재판을 받을 권리에 당연히 포함된다고 할 수 없고, 심판대상법조항이 헌법재판소법 제68조 제2항에 의한 헌법소원을 청구하여 인용결정을 받지 않은 사람에게는 재심의 기회를 부여하지 않는다고 하여 청구인의 재판청구권이나 평등권, 재산권과 행복추구권을 침해하였다고 볼 수 없다(헌재 2000.6.29. 99헌바66).

④ (○) 헌법 제27조 ②군인 또는 군무원이 아닌 국민은 대한민국의 영역 안에서는 중대한 군사상 기밀·초병·초소·유독음식물공급·포로·군용물에 관한 죄 중 법률이 정한 경우와 비상계엄이 선포된 경우를 제외하고는 군사법원의 재판을 받지 아니한다.

⑤ (○) 헌법과 법률이 정한 법관에 의한 재판을 받을 권리는 직업법관에 의한 재판을 주된 내용으로 하는 것이므로 국민참여재판을 받을 권리가 헌법 제27조 제1항에서 규정한 재판을 받을 권리의 보호범위에 속한다고 볼 수 없다(헌재 2009.11.26. 2008헌바12).

[2015년 국회 8급] ③

절차적 기본권에 대한 설명으로 옳지 않은 것은? (다툼이 있는 경우 헌법재판소 결정에 의함)

① 항소심에서 심판대상이 된 사항에 한하여 법령위반의 상고 이유로 삼을 수 있도록 상고를 제한하는 「형사소송법」 규정은 재판청구권을 침해하여 위헌이다.

② 기피신청에 대한 재판을 그 신청을 받은 법관의 소속 법원 합의부에서 하도록 한 「민사소송법」 규정은 공정한 재판을 받을 권리를 침해하지 않는다.

③ 재심사유를 알고도 주장하지 아니한 때에는 재심의 소를 제기할 수 없도록 규정한 「민사소송법」 규정은 재판청구권을 침해하지 않는다.

④ 무죄판결이 확정된 형사피고인에게 국선변호인의 보수에 준하여 변호사 보수를 보상하여 주도록 규정한 「형사소송법」 규정은 재판청구권을 침해하지 않는다.

① (×) 모든 사건의 제1심 형사재판 절차에서는 법관에 의한 사실적·법률적 심리검토의 기회가 충분히 보장되어 있고, 피고인이 제1심 재판결과를 인정하여 항소심에서 다투지 아니하였다면, 심판대상조항에 의하여 상고가 제한된다 하더라고 형사피고인의 재판청구권을 과도하게 제한하는 것은 아니다. 그렇다면 심판대상조항이 합리적인 입법재량의 한계를 일탈하여 청구인들의 재판청구권을 침해하였다고 볼 수 없다(헌재 2015.9.24. 2012헌마798).

② (○) 기피재판은 일반적인 재판절차보다 신속성이 더욱 강하게 요구된다. 만약 기피신청을 당한 법관의 소속이 아닌 법원에서 기피재판을 담당하도록 한다면, 소송기록 등의 송부 절차에 시일이 걸려 상대방 당사자의 신속한 재판을 받을 권리를 저해할 수도 있다. 이 사건 법률조항은 기피를 신청하는 당사자의 공정한 재판을 받을 권리를 보장함과 동시에 상대방 당사자의 신속한 재판을 받을 권리도 조화롭게 보장하기 위하여 기피재판을 당해 법관 소속 법원의 합의부에서 하도록 하고 있다. 따라서 이 사건 법률조항은 공정한 재판을 받을 권리를 침해하지 아니한다(헌재 2013.3.21. 2011헌바219).

③ (○) 상소를 제기할 수 있는 때 재심사유의 존재를 알고도 상소심에서 그 사유를 주장하지 아니하였거나 상소 자체를 제기하지 아니한 경우에는 상소심에서 재심사유에 관하여 판단 받을 기회를 스스로 포기한 것이므로, 이러한 경우까지 재심을 통하여 구제를 허용할 필요성은 거의 없다. 따라서 이러한 경우 재심의 소를 제기할 수 없도록 한 입법자의 판단이 현저히 자의적이라고 보기도 어려우므로, 심판대상

조항 중 '이를 알고도 주장하지 아니한 경우' 부분 역시 재판청구권을 침해하지 않는다(헌재 2013.6.27. 2012헌바414).

④ (○) 사건 법률조항은 무제한적인 비용보상으로 인한 국가의 지나친 재정부담을 방지하고, 비용보상제도를 신속하고 안정적으로 운영하기 위한 것으로 입법목적이 정당하고, 수단의 적절성도 인정된다. 형사비용보상은 형사사법절차에 내재하는 불가피한 위험에 대하여 형사사법기관의 귀책사유를 따지지 않고 보상을 하는 것으로, 형사비용 보상에서는 민사소송에서의 '소송목적의 값'과 같은 비용 상환기준을 제시하기가 어렵고, 국선변호인의 보수는 사안의 난이·수행직무의 내용 등을 참작하여 증액될 수도 있으며, 사법기관의 귀책사유가 있는 경우에는 국가배상청구 등을 통해 추가로 배상받을 수 있으므로 이 사건 법률조항은 침해최소성 및 법익균형성의 원칙에 반하지 않는다. 따라서 이 사건 법률조항은 과잉금지원칙에 위배하여 청구인의 재판청구권을 침해하지 아니한다(헌재 2013.8.29. 2012헌바168).

[2017년 국가 5급] ①

다음 설명 중 가장 옳지 않은 것은?

① 헌법재판소는 국민참여재판을 받을 권리도 헌법 제27조 제1항에서 규정한 재판을 받을 권리의 보호범위에 속한다고 보고 있다.

② 헌법은 피고인의 반대신문권을 미국이나 일본과 같이 헌법상의 기본권으로까지 규정하지는 않았으나, 형사소송법은 제161조의2에서 피고인의 반대신문권을 포함한 교호신문권을 명문으로 규정하여 피고인에게 불리한 증거에 대하여 반대신문할 수 있는 권리를 원칙적으로 보장하고 있는바, 이는 헌법 제12조 제1항, 제27조 제1항, 제3항 및 제4항에 의한 공정한 재판을 받을 권리를 구현한 것이다.

③ 국가보안법위반죄로 구속기소된 청구인의 변호인이 청구인의 변론준비를 위하여 피청구인인 검사에게 그가 보관중인 수사기록일체에 대한 열람·등사신청을 하였으나 피청구인은 국가기밀의 누설이나 증거인멸, 증인협박, 사생활침해의 우려 등 정당한 사유를 밝히지 아니한 채 이를 전부 거부한 것은 청구인의 신속·공정한 재판을 받을 권리와 변호인의 조력을 받을 권리를 침해하는 것으로 헌법에 위반된다 할 것이다.

④ 상고심에서 재판을 받을 권리를 헌법상 명문화한 규정이 없는 이상, 헌법 제27조에서 규정한 재판을 받을 권리에 모든 사건에 대해 상고심 재판을 받을 권리까지도 포함된다고 단정할 수 없고, 모든 사건에 대해 획일적으로 상고할 수 있게 할지 여부는 입법재량의 문제라고 할 것이므로 소액사건심판법 제3조가 소액사건에 대하여 상고의 이유를 제한하였다고 하여 그것만으로 재판청구권을 침해하였다고 볼 수 없다.

① (×) 헌법상 헌법과 법률이 정한 법관에 의한 재판을 받을 권리는 직업법관에 의한 재판을 주된 내용으로 하는 것이므로 국민참여재판을 받을 권리가 헌법 제27조 제1항에서 규정한 재판을 받을 권리의 보호범위에 속한다고 볼 수 없다(헌재 2009.11.26. 2008헌바12).

② (○) 헌법은 피고인의 반대신문권을 미국이나 일본과 같이 헌법상의 기본권으로까지 규정하지는 않았으나, 형사소송법은 제161조의2에서 피고인의 반대신문권을 포함한 교호신문권을 명문으로 규정하여 피고인에게 불리한 증거에 대하여 반대신문할 수 있는 권리를 원칙적으로 보장하고 있는바, 이는 헌법 제12조 제1항, 제27조 제1항, 제3항 및 제4항에 의한 공정한 재판을 받을 권리를 구현한 것이다(헌재 2012.7.26. 2010헌바62).

③ (○) 청구인의 변호인이 1994.3.22. 국가보안법위반죄로 구속기소된 청구인의 변론준비를 위하여 피청구인인 검사에게 그가 보관중인 수사기록일체에 대한 열람·등사신청을 하였으나 같은 달 26. 피청구인은 국가기밀의 누설이나 증거인멸, 증인협박, 사생활침해의 우려

등 정당한 사유를 밝히지 아니한 채 이를 전부 거부한 것은 청구인의 신속·공정한 재판을 받을 권리와 변호인의 조력을 받을 권리를 침해하는 것으로 헌법에 위반된다(헌재 1997.11.27. 94헌마60).

④ (○) 상고심에서 재판을 받을 권리를 헌법상 명문화한 규정이 없는 이상, 헌법 제27조에서 규정한 재판을 받을 권리에 모든 사건에 대해 상고심 재판을 받을 권리까지도 포함된다고 단정할 수 없고, 모든 사건에 대해 획일적으로 상고할 수 있게 할지 여부는 입법재량의 문제라고 할 것이므로 소액사건심판법 제3조가 소액사건에 대하여 상고의 이유를 제한하였다고 하여 그것만으로 재판청구권을 침해하였다고 볼 수 없다(헌재 2012.12.27. 2011헌마161). [2023년 법원 9급] ①

다음 설명 중 가장 옳지 않은 것은?

① 소액사건은 소액사건심판법이 절차의 신속성과 경제성에 중점을 두어 규정한 심리절차의 특칙에 따라 소송당사자가 소송절차를 남용할 가능성이 다른 민사사건에 비하여 크다고 할 수 있는바, 소송기록에 의하여 청구가 이유 없음이 명백한 때 법원이 변론 없이 청구를 기각할 수 있도록 규정한 소액사건심판법 조항은 소액사건에서 남소를 방지하고 이러한 소송을 신속히 종결하고자 필요적 변론 원칙의 예외를 규정한 것이므로 재판청구권의 본질적 내용을 침해한다고 볼 수 없다.

② 이해관계인에 대한 매각기일 및 매각결정기일의 통지는 집행기록에 표시된 이해관계인의 주소에 발송하도록 한 민사집행법 제104조 제3항의 이해관계인 중 '민사집행법 제90조 제3호의 등기부에 기입된 부동산 위의 권리자'에 관한 부분은 재판청구권을 침해한다.

③ 간이기각제도는 형사소송절차의 신속성이라는 공익을 달성하는 데 필요하고 적절한 방법으로써 즉시항고에 의한 불복도 가능하므로, 소송의 지연을 목적으로 함이 명백한 기피신청의 경우 그 신청을 받은 법원 또는 법관이 결정으로 기각할 수 있도록 한 형사소송법 제20조 제1항은 공정한 재판을 받을 권리를 침해하지 아니한다.

④ '사형, 무기 또는 10년 이상의 징역이나 금고가 선고된 사건'에 한하여 중대한 사실오인 또는 양형부당을 이유로 한 상고를 허용한 형사소송법(1963.12.13. 법률 제1500호로 개정된 것) 제383조 제4호는 재판청구권을 침해하지 아니한다.

① (○) 소액사건은 소액사건심판법이 절차의 신속성과 경제성에 중점을 두어 규정한 심리절차의 특칙에 따라 소송당사자가 소송절차를 남용할 가능성이 다른 민사사건에 비하여 크다고 할 수 있는바, 심판대상조항은 소액사건에서 남소를 방지하고 이러한 소송을 신속히 종결하고자 필요적 변론 원칙의 예외를 규정하였다. 심판대상조항에 의하더라도 남소로 판단되는 사건의 구두변론만이 제한될 뿐 준비서면, 각종 증거방법을 제출할 권리가 제한되는 것은 아니고 법관에 의한 서면심리가 보장되며 구두변론을 거칠 것인지 여부를 법원의 판단에 맡기고 있으므로 심판대상조항이 재판청구권의 본질적 내용을 침해한다고 볼 수 없다(헌재 2021.6.24. 2019헌바133).

② (×) 다수의 이해관계인이 얽혀 있는 경매절차에서 통상의 송달방법에 의하여서만 경매절차를 진행시켜야 한다면 그 절차의 진행은 지연될 수밖에 없다. 담보권설정등기를 마친 후 주소가 변경된 담보권자는 자신의 권리의 온전한 실현을 위하여 등기명의인표시변경등기를 할 수 있고 이를 과도한 부담이라고 보기 어렵다. 따라서 심판대상조항은 재판청구권을 침해하지 아니한다(헌재 2021.4.29. 2017헌바390).

③ (○) 간이기각제도는 형사소송절차의 신속성이라는 공익을 달성하는 데 필요하고 적절한 방법으로써 즉시항고에 의한 불복도 가능하므로, 심판대상조항은 공정한 재판을 받을 권리를 침해하지 아니한다(헌재 2021.2.25. 2019헌바551).

④ (○) 한정된 사법자원을 효율적으로 분배하고 상고심 재판의 법률심 기능을 제고할 필요성이 있고, 당사자는 제1심과 제2심에서 사실오인이나

양형부당을 다툴 충분한 기회를 부여받고 있으므로, 심판대상조항은 입법형성권의 범위 내에 있어 재판청구권을 침해하지 아니한다(헌재 2020.7.16. 2020헌바14). [2023년 법원 9급] ②

다음 설명 중 가장 옳지 않은 것은?

① 근로자의 날을 관공서의 공휴일에 포함시키지 않은 '관공서의 공휴일에 관한 규정' 제2조 본문은 공무원의 평등권을 침해하지 않는다.

② 공무원연금법에서 유족급여수급권의 대상을 19세 미만의 자녀로 한정한 것은 19세 이상 자녀들의 재산권과 평등권을 침해하지 않는다.

③ 사법보좌관에게 민사소송법에 따른 독촉절차에서의 법원의 사무를 처리할 수 있도록 규정한 법원조직법 제54조 제2항 제1호 중 '민사소송법에 따른 독촉절차에서의 법원의 사무'에 관한 부분은 법관에 의한 재판받을 권리를 침해하지 않는다.

④ 사법보좌관의 지급명령에 대한 이의신청 기간을 2주 이내로 규정한 민사소송법 제470조 제1항 중 '사법보좌관의 지급명령'에 관한 부분은 재판청구권을 침해한다.

① (○) 공무원의 유급휴일을 정할 때에는 공무원의 근로자로서의 지위뿐만 아니라 국민전체의 봉사자로서 국가 재정으로 봉급을 지급받는 특수한 지위도 함께 고려하여야 하고, 공무원의 경우 유급휴가를 포함한 근로조건이 법령에 의해 정해진다는 사정도 함께 감안하여야 하므로, 단지 근로자의 날과 같은 특정일을 일반근로자에게는 유급휴일로 인정하면서 공무원에게는 유급휴일로 인정하지 않는다고 하여 이를 곧 자의적인 차별이라고 할 수는 없다. 따라서 심판대상조항이 근로자의 날을 공무원의 법정유급휴일에 해당하는 관공서 공휴일로 규정하지 않은 데에는 합리적인 이유가 있다 할 것이므로, 심판대상조항이 청구인들의 평등권을 침해한다고 볼 수 없다(헌재 2015.11.26. 2015헌마756).

② (○) 유족급여수급권은 공무원의 사망이라는 위험에 대비하여 그 유족의 생활안정과 복지향상을 도모하기 위한 사회보장적 급여의 성격을 가지므로 입법자는 구체적인 내용을 형성함에 있어서 국가의 재정능력과 전반적인 사회보장수준, 국민 전체의 소득 및 생활수준, 그 밖의 여러 가지 사회적·경제적 여건 등을 종합하여 합리적인 수준에서 결정할 수 있는 광범위한 형성의 자유를 가진다. 따라서 입법자가 연령과 장애 상태를 독자적 생계유지가능성의 판단기준으로 삼아 대통령령이 정하는 정도의 장애 상태에 있지 아니한 19세 이상의 자녀를 유족의 범위에서 제외하였음을 들어 유족급여수급권의 본질적 내용을 침해하였다거나 입법형성권의 범위를 벗어났다고 보기 어렵다(헌재 2019.11.28. 2018헌바335).

③ (○) 사법보좌관의 처분에 대하여는 법원조직법에서 법관에게 이의신청을 할 수 있음을 명시하고 있고, 사법보좌관규칙에서 그 이의절차에 관하여 상세히 규정하고 있는바, 이를 통해 법관에 의한 사실확정과 법률의 해석·적용의 기회를 보장하고 있다. 따라서 이 사건 법원조직법 조항이 입법재량권의 한계를 벗어난 자의적인 입법으로 법관에 의한 재판받을 권리를 침해한다고 할 수 없다(헌재 2020.12.23. 2019헌바353).

④ (×) 재판을 청구할 수 있는 기간을 정하는 것은 입법자가 그 입법형성재량에 기초한 정책적 판단에 따라 결정할 문제이고 합리적인 재량의 한계를 일탈하지 아니하는 한 위헌이라고 판단할 것은 아니다. 사법보좌관의 지급명령에 대한 2주의 이의신청 기간이 지나치게 짧아 입법재량의 한계를 일탈함으로써 재판청구권을 침해한다고 할 수 없다(헌재 2020.12.23. 2019헌바353).

[2023년 법원 9급] ④

다음 설명 중 가장 옳지 않은 것은? (다툼이 있는 경우 헌법재판소 결정에 의함)

① 청구인의 변호인이 국가보안법위반죄로 구속기소된 청구인의 변론준비를 위하여 피청구인인 검사에게 그가 보관 중인 수사기록 일체에 대한 열람·등사신청을 하였으나, 피청구인은 국가기밀의 누설이나 증거인멸, 증인협박, 사생활침해의 우려 등 정당한 사유를 밝히지 아니한 채 이를 전부 거부한 것은 청구인의 신속·공정한 재판을 받을 권리와 변호인의 조력을 받을 권리를 침해하는 것으로 헌법에 위반된다.

② 검사가 법원의 증인으로 채택된 수감자를 그 증언에 이르기까지 거의 매일 검사실로 하루 종일 소환하여 피고인 측 변호인이 접근하는 것을 차단하고, 검찰에서의 진술을 번복하는 증언을 하지 않도록 회유·압박하는 한편, 때로는 검사실에서 그에게 편의를 제공하기도 한 행위는 피고인의 공정한 재판을 받을 권리를 침해한다.

③ 형사소송법 제297조 제1항 전문 중 '재판장은 증인이 피고인의 면전에서 충분한 진술을 할 수 없다고 인정한 때에는 피고인을 퇴정하게 하고 진술하게 할 수 있다.'는 부분은 피고인의 증인에 대한 반대신문권 등을 완전히 박탈하는 것으로서 과잉금지원칙에 위반되므로, 헌법이 보장하는 공정한 재판을 받을 권리를 침해한다.

④ 정식재판 청구기간을 '약식명령의 고지를 받은 날로부터 7일 이내'로 정하고 있는 형사소송법(1954.9.23. 법률 제341호로 제정된 것) 제453조 제1항 중 피고인에 관한 부분이 합리적인 입법재량의 범위를 벗어나 약식명령 피고인의 재판청구권을 침해한다고 볼 수 없다.

⑤ 자기 또는 배우자의 직계존속을 고소하지 못하도록 규정한 형사소송법 제224조(1954.9.23. 법률 제341호로 제정된 것)는 '효'라는 우리 고유의 전통규범을 수호하기 위하여 비속이 존속을 고소하는 행위의 반윤리성을 억제하고자 하는 것이어서, 평등원칙에 위반되지 아니한다.

① (○) 피청구인은 국가기밀의 누설이나 증거인멸, 증인협박, 사생활침해의 우려 등 정당한 사유를 밝히지 아니한 채 이를 전부 거부한 것은 청구인의 신속·공정한 재판을 받을 권리와 변호인의 조력을 받을 권리를 침해하는 것으로 헌법에 위반된다(헌재 1997.11.27. 94헌마60).

② (○) 검사가 정당한 수사를 위하여 증인으로 채택된 자를 소환한 것 이외에 그가 검찰진술을 번복하지 않도록 회유·압박하거나 청구인(피고인)측이 그의 검찰진술을 번복시키려고 접근하는 것을 예방·차단하기 위하여 검사와 피고인 쌍방 중 어느 한편에게만 증인과의 접촉을 독점하거나 상대방의 접근을 차단하는 것을 허용한다면 상대방의 "공정한 재판을 받을 권리"를 침해하게 된다(헌재 2001.8.30. 99헌마496).

③ (×) 사건 법률조항은 증인의 진술을 제약하는 요소를 제거하고 이를 통해 실체적 진실의 발견을 용이하게 하기 위한 것으로서, 그 목적의 정당성 및 수단의 적합성이 인정된다. 나아가 기본권제한의 정도가 증인을 보호하여 실체적 진실의 발견에 이바지하는 공익에 비하여 크다고 할 수 없어 법익의 균형성도 갖추고 있으므로, 공정한 재판을 받을 권리를 침해한다고 할 수 없다(헌재 2012.7.26. 2010헌바62).

④ (○) 약식명령에 대하여 단기의 불복기간을 설정한 것은 경미하고 간이한 사건들을 신속하게 처리하게 함으로써 사법자원의 효율적인 배분을 통하여 국민의 재판청구권을 충실하게 보장하고자 하는 것으로서 그 합리성이 인정된다. 따라서 이 사건 법률조항이 합리적인 입법재량의 범위를 벗어나 약식명령 피고인의 재판청구권을 침해한다고 볼 수 없다(헌재 2013.10.24. 2012헌바428).

⑤ (○) '효'라는 우리 고유의 전통규범을 수호하기 위하여 비속이 존속을 고소하는 행위의 반윤리성을 억제하고자 이를 제한하는 것은 합리적인 근거가 있는 차별이라고 할 수 있다. 따라서 이 사건 법률조항은 헌법 제11조 제1항의 평등원칙에 위반되지 아니한다(헌재 2011.2.24. 2008헌바56).

[2016년 법무사] ③

제3절 형사보상청구권

형사보상에 관한 설명 중 가장 적절하지 않은 것은? (다툼이 있는 경우 판례에 의함)

① 형사보상의 청구에 대한 보상의 결정에 대하여는 불복을 신청할 수 없도록 단심재판으로 규정한 「형사보상법」 조항은 형사보상인용결정의 안정성을 유지하고, 신속한 형사보상절차의 확립을 통해 형사보상에 관한 국가예산 수립의 안정성을 확보하며, 나아가 상급법원의 부담을 경감하고자 하는 데 그 목적이 있으므로 청구인들의 형사보상청구권을 침해하지 않는다.

② 형사보상의 청구를 무죄재판이 확정된 때로부터 1년 이내에 하도록 규정하고 있는 「형사보상법」 조항은 입법재량의 한계를 일탈하여 청구인의 형사보상청구권을 침해한다.

③ 「형사보상 및 명예회복에 관한 법률」에 따르면 본인이 수사 또는 심판을 그르칠 목적으로 거짓 자백을 하거나 다른 유죄의 증거를 만듦으로써 기소, 미결구금 또는 유죄재판을 받게 된 것으로 인정된 경우에는 법원은 재량으로 보상청구의 전부 또는 일부를 기각할 수 있다.

④ 국가의 형사사법행위가 고의·과실로 인한 것으로 인정되는 경우에는 국가배상청구 등 별개의 절차에 의하여 인과관계 있는 모든 손해를 배상받을 수 있으므로, 형사보상절차로써 인과관계 있는 모든 손해를 보상하지 않는다고 하여 반드시 부당하다고 할 수는 없다.

① (×) 보상액의 산정에 기초되는 사실인정이나 보상액에 관한 판단에서 오류나 불합리성이 발견되는 경우에도 그 시정을 구하는 불복신청을 할 수 없도록 하는 것은 형사보상청구권 및 그 실현을 위한 기본권으로서의 재판청구권의 본질적 내용을 침해하는 것이라 할 것이고, 나아가 법적 안정성만을 지나치게 강조함으로써 재판의 적정성과 정의를 추구하는 사법제도의 본질에 부합하지 아니하는 것이다. 또한 불복을 허용하더라도 즉시항고는 절차가 신속히 진행될 수 있고 사건수도 과다하지 아니한데다 그 재판내용도 비교적 단순하므로 불복을 허용한다고 하여 상급심에 과도한 부담을 줄 가능성은 별로 없다고 할 것이어서, 사건 불복금지조항은 형사보상청구권 및 재판청구권을 침해한다다(헌재 2010.10.28. 2008헌마514).

② (○) 형사보상청구권은 국가의 형사사법작용에 의해 신체의 자유라는 중대한 법익을 침해받은 국민을 구제하기 위하여 헌법상 보장된 국민의 기본권이므로 일반적인 사법상의 권리보다 더 확실하게 보호되어야 할 권리이다. 그럼에도 불구하고 아무런 합리적인 이유 없이 그 청구기간을 1년이라는 단기간으로 제한한 것은 입법 목적 달성에 필요한 정도를 넘어선 것이라고 할 것이다. 따라서 사건 법률조항은 입법재량의 한계를 일탈하여 청구인의 형사보상청구권을 침해한 것이다(헌재 2010.7.29. 2008헌가4).

③ (○) 형사보상 및 명예회복에 관한 법률 제4조(보상하지 아니할 수 있는 경우) 다음 각 호의 어느 하나에 해당하는 경우에는 법원은 재량으로 보상청구의 전부 또는 일부를 기각할 수 있다. 1. 형법 제9조(형사미성년자) 및 제10조(심신장애인)제1항의 사유로 무죄재판을 받은 경우 2. 본인이 수사 또는 심판을 그르칠 목적으로 거짓 자백을 하거나 다른 유죄의 증거를 만듦으로써 기소, 미결구금 또는 유죄재판을 받게 된 것으로 인정된 경우

④ (○) 형사피고인 등으로서 적법하게 구금되었다가 후에 무죄판결 등을 받음으로써 발생하는 신체의 자유 제한에 대한 보상은 형사사법절차에 내재하는 불가피한 위험으로 인한 피해에 대한 보상으로서, 국가의 위법·부당한 행위를 전제로 하는 국가배상과는 그 취지 자체가 상이한 것이고, 따라서 그 보상 범위도 손해배상의 범위와 동일하여야 하는 것이 아니다. 국가의 형사사법행위가 고의·과실로 인한 것으로 인정되는 경우에는 국가배상청구 등 별개의 절차에 의하여 인과관계 있는 모든 손해를 배상받을 수 있으므로, 형사보상절차로써 인과관계 있는 모든 손해를 보상하지 않는다고 하여 반드시 부당하다고 할 수는 없다(헌재 2010.10.28. 2008헌마514).

[2022년 경찰공채 3월] ①

헌법 제28조와 관련한 설명으로 옳지 않은 것은? (다툼이 있는 경우 헌법재판소 판례에 의함)

① 형사피의자 또는 형사피고인으로서 구금되었던 자가 법률이 정하는 불기소처분을 받거나 무죄판결을 받은 때에는 법률이 정하는 바에 의하여 국가에 정당한 보상을 청구할 수 있다.

② 형사피고인으로서 구금되었던 자가 법률이 정한 무죄판결을 받은 경우에 국가에 대하여 물질적·정신적 피해에 대한 정당한 보상을 청구할 수 있는 권리를 보장하여 국가의 형사사법작용에 의하여 신체의 자유가 침해된 국민에게 그 구제를 인정하여 국민의 기본권 보호를 강화하는 데 그 목적이 있다.

③ 형사보상청구에 관하여 어느 정도의 제척기간을 둘 것인가의 문제는 원칙적으로 입법권자의 재량에 맡겨져 있는 것이지만, 그 청구기간이 지나치게 단기간이거나 불합리하여 무죄재판이 확정된 형사피고인이 형사보상을 청구하는 것을 현저히 곤란하게 하거나 사실상 불가능하게 한다면 이는 입법재량의 한계를 넘어서는 것으로서 헌법이 보장하는 형사보상청구권을 침해하는 것이라 하지 않을 수 없다.

④ 권리의 행사가 용이하고 일상 빈번히 발생하는 것이거나 권리의 행사로 인하여 상대방의 지위가 불안정해지는 경우 또는 법률관계를 보다 신속히 확정하여 분쟁을 방지할 필요가 있는 경우에는 특별히 짧은 소멸시효나 제척기간을 인정할 필요가 있기에 형사보상의 청구를 무죄재판이 확정된 때로부터 1년 이내에 하도록 하는 것은 헌법 제28조를 침해하지 않는다.

⑤ 형사보상청구에 관한 제척기간을 두고 있는 것은 형사보상에 관한 국가의 채무 관계를 조기에 확정하고 예산 수립의 불안정성을 제거하여 국가재정을 합리적으로 운영하기 위한 것이다.

① (○) 헌법 제28조 형사피의자 또는 형사피고인으로서 구금되었던 자가 법률이 정하는 불기소처분을 받거나 무죄판결을 받은 때에는 법률이 정하는 바에 의하여 국가에 정당한 보상을 청구할 수 있다.

② (○) 헌법 제28조에 근거하여 형사피고인으로서 구금되었던 자가 법률이 정한 무죄판결을 받은 경우에 국가에 대하여 물질적·정신적 피해에 대한 정당한 보상을 청구할 수 있는 권리를 보장하고 있다. 형사보상청구권은 국가의 형사사법작용에 의하여 신체의 자유가 침해된 국민에게 그 구제를 인정하여 국민의 기본권 보호를 강화하는 데 그 목적이 있다(헌재 2010.7.29. 2008헌가4).

③ (○) 헌법 제28조의 형사보상청구에 관하여 어느 정도의 제척기간을 둘 것인가의 문제는 원칙적으로 입법권자의 재량에 맡겨져 있는 것이지만, 그 청구기간이 지나치게 단기간이거나 불합리하여 무죄재판이 확정된 형사피고인이 형사보상을 청구하는 것을 현저히 곤란하게 하거나 사실상 불가능하게 한다면 이는 입법재량의 한계를 넘어서는 것으로서 헌법이 보장하는 형사보상청구권을 침해하는 것이라 하지 않을 수 없다(헌재 2010.7.29. 2008헌가4).

④ (×) 권리의 행사가 용이하고 일상 빈번히 발생하는 것이거나 권리의 행사로 인하여 상대방의 지위가 불안정해지는 경우 또는 법률관계를 보다 신속히 확정하여 분쟁을 방지할 필요가 있는 경우에는 특별히 짧은 소멸시효나 제척기간을 인정할 필요가 있으나, 이 사건 법률조항은 위의 어떠한 사유에도 해당하지 아니하는 등 달리 합리적인 이유를 찾기 어렵고, 일반적인 사법상의 권리보다 더 확실하게 보호되어야 할 권리인 형사보상청구권의 보호를 저해하고 있다. 아무런 합리적인 이유 없이 그 청구기간을 1년이라는 단기간으로 제한한 것은 입법목적 달성에 필요한 정도를 넘어선 것이다. 따라서 이 사건 법률조항은 입법재량의 한계를 일탈하여 청구인의 형사보상청구권을 침해한 것이다(헌재 2010.7.29. 2008헌가4).

⑤ (○) 형사보상청구에 관한 제척기간을 두고 있는 것은 형사보상에 관한 국가의 채무 관계를 조기에 확정하고 예산 수립의 불안정성을 제거하여 국가재정을 합리적으로 운영하기 위한 것이다(헌재 2010.7.29. 2008헌가4). [2022년 소방간부] ④

형사보상청구권에 대한 설명으로 가장 적절하지 않은 것은? (다툼이 있는 경우 헌법재판소 판례에 의함)

① 외형상·형식상으로 무죄의 재판이 없는 경우에는 형사사법절차에 내재하는 불가피한 위험으로 인하여 국민의 신체의 자유에 관하여 피해가 발생하였더라도 형사보상청구권을 인정할 수는 없다.

② 형사보상청구는 무죄재판이 확정된 사실을 안 날부터 3년, 무죄재판이 확정된 때부터 5년 이내에 하여야 한다.

③ 「형사보상 및 명예회복에 관한 법률」에 따른 보상을 받을 자가 같은 원인에 대하여 다른 법률에 따라 손해배상을 받은 경우에 그 손해배상의 액수가 「형사보상 및 명예회복에 관한 법률」에 따라 받을 보상금의 액수와 같거나 그보다 많을 때에는 보상하지 아니한다.

④ 사형 집행에 대한 보상을 할 때에는 집행 전 구금에 대한 보상금 외에 3천만 원 이내에서 모든 사정을 고려하여 법원이 타당하다고 인정하는 금액을 더하여 보상하며, 이 경우 본인의 사망으로 인하여 발생한 재산상의 손실액이 증명되었을 때에는 그 손실액도 보상한다.

① (×) 헌법 제28조의 형사보상청구권이 국가의 형사사법작용에 의하여 신체의 자유가 침해된 국민에게 그 구제를 인정하여 국민의 기본권 보호를 강화하는 데 그 목적이 있는 점에 비추어 보면, 외형상·형식상으로 무죄재판이 없다고 하더라도 형사사법절차에 내재하는 불가피한 위험으로 인하여 국민의 신체의 자유에 관하여 피해가 발생하였다면 형사보상청구권을 인정하는 것이 타당하다(헌재 2022.2.24. 2018헌마998).

② (○) 형사보상 및 명예회복에 관한 법률 제8조(보상청구의 기간) 보상청구는 무죄재판이 확정된 사실을 안 날부터 3년, 무죄재판이 확정된 때부터 5년 이내에 하여야 한다.

③ (○) 형사보상 및 명예회복에 관한 법률 제6조(손해배상과의 관계) ②이 법에 따른 보상을 받을 자가 같은 원인에 대하여 다른 법률에 따라 손해배상을 받은 경우에 그 손해배상의 액수가 이 법에 따라 받을 보상금의 액수와 같거나 그보다 많을 때에는 보상하지 아니한다. 그 손해배상의 액수가 이 법에 따라 받을 보상금의 액수보다 적을 때에는 그 손해배상 금액을 빼고 보상금의 액수를 정하여야 한다.

④ (○) 형사보상 및 명예회복에 관한 법률 제5조(보상의 내용) ③사형 집행에 대한 보상을 할 때에는 집행 전 구금에 대한 보상금 외에 3천만원 이내에서 모든 사정을 고려하여 법원이 타당하다고 인정하는 금액을 더하여 보상한다. 이 경우 본인의 사망으로 인하여 발생한 재산상의 손실액이 증명되었을 때에는 그 손실액도 보상한다. [2023년 경찰간부] ①

형사보상청구권에 관한 설명으로 가장 적절하지 않은 것은? (다툼이 있는 경우 판례에 의함)

① 「형사보상 및 명예회복에 관한 법률」은 법원의 형사보상 결정에 대하여는 1주일 이내에 즉시항고를 할 수 있으나, 형사보상청구기각 결정에 대하여는 즉시항고를 할 수 없다고 규정하고 있다.

② 형사피의자 또는 형사피고인으로서 구금되었던 자가 법률이 정하는 불기소처분을 받거나 무죄판결을 받은 때에는 법률이 정하는 바에 의하여 국가에 정당한 보상을 청구할 수 있다.

③ 형사보상청구는 무죄재판이 확정된 사실을 안 날부터 3년, 무죄재판이 확정된 때부터 5년 이내에 하여야 한다.

④ 무죄판결이 확정된 피고인에게 국선변호인 보수를 기준으로 소송비용의 보상을 청구할 수

있는 권리는 구금되었음을 전제로 하는 헌법 제28조의 형사보상청구권과는 달리 헌법적 차원의 권리라고 볼 수는 없고, 입법자가 입법의 목적, 국가의 경제적·사회적·정책적 사정들을 참작하여 제정하는 법률에 적용요건, 적용대상, 범위 등 구체적인 사항이 규정될 때 비로소 형성되는 법률상의 권리에 불과하다.

① (×) 형사보상 및 명예회복에 관한 법률 제20조(불복신청) ①제17조 제1항에 따른 보상결정에 대하여는 1주일 이내에 즉시항고를 할 수 있다. ②제17조 제2항에 따른 청구기각 결정에 대하여는 즉시항고를 할 수 있다.
② (○) 헌법 제28조 형사피의자 또는 형사피고인으로서 구금되었던 자가 법률이 정하는 불기소처분을 받거나 무죄판결을 받은 때에는 법률이 정하는 바에 의하여 국가에 정당한 보상을 청구할 수 있다.
③ (○) 형사보상 및 명예회복에 관한 법률 제8조(보상청구의 기간) 보상청구는 무죄재판이 확정된 사실을 안 날부터 3년, 무죄재판이 확정된 때부터 5년 이내에 하여야 한다.
④ (○) 사건 법률조항이 규정하고 있는 소송비용의 보상은 형사사법절차에 내재된 위험에 의해 발생되는 손해를 국가가 보상한다는 취지에서 비롯된 것이다. 그러나 구금되었음을 전제로 하는 헌법 제28조의 형사보상청구권과는 달리 소송비용의 보상을 청구할 수 있는 권리는 헌법적 차원의 권리라고 볼 수는 없고, 입법자가 입법의 목적, 국가의 경제적·사회적·정책적 사정들을 참작하여 제정하는 법률에 적용요건, 적용대상, 범위 등 구체적인 사항이 규정될 때 비로소 형성되는 법률상의 권리에 불과하다(헌재 2012.3.29. 2011헌바19).

[2023년 경찰공채 8월] ①

형사보상청구권에 관한 다음 설명 중 가장 옳지 않은 것은?

① 형사보상청구권은 국가의 공권력 작용에 의하여 신체의 자유를 침해받은 국민에 대해 금전적인 보상을 청구할 권리를 인정하는 것이므로, 형사보상청구권이 제한됨으로 인하여 침해되는 국민의 기본권은 단순히 금전적인 권리에 불과한 것이라기보다는 실질적으로 국민의 신체의 자유와 밀접하게 관련된 중대한 기본권이다.
② 형사보상의 구체적 내용과 금액 및 절차에 관한 사항은 입법자가 정하여야 할 사항으로 형사보상금을 일정한 범위 내로 한정하고 있는 형사보상법 조항은 형사보상청구권을 침해한다고 볼 수 없다.
③ 형사보상청구를 무죄재판이 확정된 때로부터 1년 이내에 하도록 규정한 형사보상법 조항은 그 청구기간이 지나치게 단기간이어서 입법목적 달성에 필요한 정도를 넘어선 것이다.
④ 형사보상청구에 대하여 한 보상의 결정에 대하여는 불복을 신청할 수 없도록 하여 형사보상의 결정을 단심재판으로 규정한 형사보상법 조항은 형사보상청구권 및 재판청구권을 침해한다고 볼 수 없다.

① (○) 헌법 제28조의 형사보상청구권은 국가의 공권력 작용에 의하여 신체의 자유를 침해받은 국민에 대해 금전적인 보상을 청구할 권리를 인정하는 것이므로 형사보상청구권이 제한됨으로 인하여 침해되는 국민의 기본권은 단순히 금전적인 권리에 불과한 것이라기보다는 실질적으로 국민의 신체의 자유와 밀접하게 관련된 중대한 기본권이다(헌재 2010.7.29. 2008헌가4).
② (○) 형사보상청구권은 헌법 제28조에 따라 '법률이 정하는 바에 의하여' 행사되므로 그 내용은 법률에 의해 정해지는바, 형사보상의

구체적 내용과 금액 및 절차에 관한 사항은 입법자가 정하여야 할 사항이다. 이 사건 보상금조항 및 이 사건 보상금 시행령조항은 보상금을 일정한 범위 내로 한정하고 있는데, 형사보상은 형사사법절차에 내재하는 불가피한 위험으로 인한 피해에 대한 보상으로서 국가의 위법·부당한 행위를 전제로 하는 국가배상과는 그 취지 자체가 상이하므로 형사보상절차로서 인과관계 있는 모든 손해를 보상하지 않는다고 하여 반드시 부당하다고 할 수는 없으며, 이 사건 보상금조항 및 이 사건 보상금시행령조항은 청구인들의 형사보상청구권을 침해한다고 볼 수 없다(헌재 2010.10.28. 2008헌마514).

③ (○) 사건 법률조항은 형사보상청구권의 제척기간을 1년으로 규정하고 있으나, 형사보상청구권은 위에서 열거하는 어떠한 사유에도 해당하지 아니하고 달리 그 제척기간을 단기로 규정해야 할 합리적인 이유를 찾기 어렵다. 특히 형사보상청구권은 국가의 형사사법작용에 의해 신체의 자유라는 중대한 법익을 침해받은 국민을 구제하기 위하여 헌법상 보장된 국민의 기본권이므로 일반적인 사법상의 권리보다 더 확실하게 보호되어야 할 권리이다. 그럼에도 불구하고 아무런 합리적인 이유 없이 그 청구기간을 1년이라는 단기간으로 제한한 것은 입법 목적 달성에 필요한 정도를 넘어선 것이다. 따라서 이 사건 법률조항은 입법재량의 한계를 일탈하여 청구인의 형사보상청구권을 침해한 것이다(헌재 2010.7.29. 2008헌가4).

④ (×) 보상액의 산정에 기초되는 사실인정이나 보상액에 관한 판단에서 오류나 불합리성이 발견되는 경우에도 그 시정을 구하는 불복신청을 할 수 없도록 하는 것은 형사보상청구권 및 그 실현을 위한 기본권으로서의 재판청구권의 본질적 내용을 침해하는 것이고, 나아가 법적 안정성만을 지나치게 강조함으로써 재판의 적정성과 정의를 추구하는 사법제도의 본질에 부합하지 아니하는 것이다. 또한 불복을 허용하더라도 즉시항고는 절차가 신속히 진행될 수 있고 사건수도 과다하지 아니한데다 그 재판내용도 비교적 단순하므로 불복을 허용한다고 하여 상급심에 과도한 부담을 줄 가능성은 별로 없으므로, 이 사건 불복금지조항은 형사보상청구권 및 재판청구권을 침해한다(헌재 2010.10.28. 2008헌마514). [2021년 법원 9급] ④

다음 중 형사피의자 또는 형사피고인의 권리에 관한 설명으로 가장 옳지 않은 것은?

① 정식재판에 있어서 피고인의 자백이 그에게 불리한 유일한 증거일 때에는 이를 유죄의 증거로 삼거나 이를 이유로 처벌할 수 없다.

② 누구든지 체포 또는 구속을 당한 때에는 즉시 변호인의 조력을 받을 권리를 가진다.

③ 체포·구속·압수 또는 수색을 할 때에는 어떠한 경우에라도 적법한 절차에 따라 검사의 신청에 의하여 법관이 발부한 영장을 제시하여야 한다.

④ 모든 국민은 형사상 자기에게 불리한 진술을 강요당하지 아니한다.

① (○) 헌법 제12조 ⑦피고인의 자백이 고문·폭행·협박·구속의 부당한 장기화 또는 기망 기타의 방법에 의하여 자의로 진술된 것이 아니라고 인정될 때 또는 정식재판에 있어서 피고인의 자백이 그에게 불리한 유일한 증거일 때에는 이를 유죄의 증거로 삼거나 이를 이유로 처벌할 수 없다.

② (○) 헌법 제12조 ④누구든지 체포 또는 구속을 당한 때에는 즉시 변호인의 조력을 받을 권리를 가진다. 다만, 형사피고인이 스스로 변호인을 구할 수 없을 때에는 법률이 정하는 바에 의하여 국가가 변호인을 붙인다.

③ (×) 헌법 제12조 ③체포·구속·압수 또는 수색을 할 때에는 적법한 절차에 따라 검사의 신청에 의하여 법관이 발부한 영장을 제시하여야 한다. 다만, 현행범인인 경우와 장기 3년 이상의 형에 해당하는 죄를 범하고 도피 또는 증거인멸의 염려가 있을 때에는 사후에 영장을 청구할 수 있다.

④ (○)헌법 제12조 ②모든 국민은 고문을 받지 아니하며, 형사상 자기에게 불리한 진술을 강요당하지 아니한다. [2022년 해경간부] ③

형사보상청구권에 관한 설명으로 가장 옳지 않은 것은?

① 헌법상 형사보상청구권은 구금되었던 형사피고인뿐만 아니라 구금되었던 형사피의자에게도 인정된다.

② 입법자는 형사보상청구권의 구체적인 내용과 절차를 정함에 있어 광범위한 입법형성의 자유를 가진다. 따라서 형사보상청구권의 구체적인 내용과 절차를 정한 법률의 위헌심사에서는 그 심사기준으로 자의금지원칙이 적용된다.

③ 형사보상청구권에 관한 헌법 제28조에서 규정하는 '정당한 보상'은 헌법 제23조 제3항에서 재산권의 침해에 대하여 규정하는 '정당한 보상'과는 차이가 있다.

④ 형사피고인으로서 구금되었던 자의 형사보상청구 사건은 무죄재판을 한 법원이 관할한다.

⑤ 형사피고인으로서 구금되었던 자의 형사보상청구는 무죄재판이 확정된 사실을 안 날부터 3년, 무죄재판이 확정된 때부터 5년 이내에 하여야 한다.

① (○) 헌법 제28조 형사피의자 또는 형사피고인으로서 구금되었던 자가 법률이 정하는 불기소처분을 받거나 무죄판결을 받은 때에는 법률이 정하는 바에 의하여 국가에 정당한 보상을 청구할 수 있다.

② (×) 형사보상청구권이라 하여도 '법률이 정하는 바에 의하여' 행사되므로(헌법 제28조) 그 내용은 법률에 의하여 정해지는바, 이 과정에서 입법자에게 일정한 입법재량이 부여될 수 있고, 따라서 형사보상의 구체적 내용과 금액 및 절차에 관한 사항은 입법자가 정하여야 할 사항이라 할 것이다. 그러나 이러한 입법을 함에 있어서는 비록 완화된 의미일지언정 헌법 제37조 제2항의 비례의 원칙이 준수되어야 한다. 형사보상청구권은 국가가 형사사법절차를 운영함에 있어 결과적으로 무고한 사람을 구금한 것으로 밝혀진 경우 구금당한 개인에게 인정되는 권리이고, 헌법 제28조는 이에 대하여 정당한 보상을 명문으로 보장하고 있으므로, 따라서 법률에 의하여 제한되는 경우에도 이러한 본질적인 내용은 침해되어서는 아니되기 때문이다(헌재 2010.10.28. 2008헌마514)

③ (○) 형사보상은 형사피고인 등의 신체의 자유를 제한한 것에 대하여 사후적으로 그 손해를 보상하는 것인바, 구금으로 인하여 침해되는 가치는 객관적으로 평가하기 어려운 것이므로, 그에 대한 보상을 어떻게 할 것인지는 국가의 경제적, 사회적, 정책적 사정들을 참작하여 입법재량으로 결정할 수 있는 사항이라 할 것이다. 이러한 점에서 헌법 제28조에서 규정하는 정당한 보상은 헌법 제23조 제3항에서 재산권의 침해에 대하여 규정하는 정당한 보상과는 차이가 있다(헌재 2010.10.28. 2008헌마514).

④ (○) 형사보상 및 명예회복에 관한 법률 제7조(관할법원) 보상청구는 무죄재판을 한 법원에 대하여 하여야 한다.

⑤ (○) 형사보상 및 명예회복에 관한 법률 제8조(보상청구의 기간) 보상청구는 무죄재판이 확정된 사실을 안 날부터 3년, 무죄재판이 확정된 때부터 5년 이내에 하여야 한다. [2022년 법무사] ②

형사보상청구권에 관한 설명으로 가장 옳은 것은?

① 형사피의자의 경우, 보상을 하는 것이 선량한 풍속 기타 사회질서에 반한다고 할 특별한 사정이 있다 하더라도 보상의 전부를 지급해야 한다.

② 형사보상의 청구는 무죄재판이 확정된 때로부터 또는 검사로부터 공소를 제기하지 아니하는 처분의 고지나 통지를 받은 날로부터 6개월 이내에 하여야 한다.

③ 면소나 공소기각의 재판을 받은 경우에 형사보상을 청구할 수 있는 경우가 있다.

④ 형사보상제도에 따라 형사보상금을 수령한 피고인은 다시 「국가배상법」에 의한 손해배상을 청구할 수 없다.

① (×) 형사보상 및 명예회복에 관한 법률 제27조(피의자에 대한 보상) ②다음 각 호의 어느 하나에 해당하는 경우에는 피의자보상의 전부 또는 일부를 지급하지 아니할 수 있다. 3. 보상을 하는 것이 선량한 풍속이나 그 밖에 사회질서에 위배된다고 인정할 특별한 사정이 있는 경우

② (×) 형사보상 및 명예회복에 관한 법률 제8조(보상청구의 기간) 보상청구는 무죄재판이 확정된 사실을 안 날부터 3년, 무죄재판이 확정된 때부터 5년 이내에 하여야 한다. 제28조(피의자보상의 청구 등) ③피의자보상의 청구는 검사로부터 공소를 제기하지 아니하는 처분의 고지 또는 통지를 받은 날부터 3년 이내에 하여야 한다.

③ (○) 형사보상 및 명예회복에 관한 법률 제26조(면소 등의 경우) ①다음 각 호의 어느 하나에 해당하는 경우에도 국가에 대하여 구금에 대한 보상을 청구할 수 있다. 1. 형사소송법에 따라 면소 또는 공소기각의 재판을 받아 확정된 피고인이 면소 또는 공소기각의 재판을 할 만한 사유가 없었더라면 무죄재판을 받을 만한 현저한 사유가 있었을 경우

④ (×) 형사보상 및 명예회복에 관한 법률 제6조(손해배상과의 관계) ①이 법은 보상을 받을 자가 다른 법률에 따라 손해배상을 청구하는 것을 금지하지 아니한다. ③다른 법률에 따라 손해배상을 받을 자가 같은 원인에 대하여 이 법에 따른 보상을 받았을 때에는 그 보상금의 액수를 빼고 손해배상의 액수를 정하여야 한다. [2018년 서울 7급] ③

형사보상청구권에 대한 설명으로 가장 적절한 것은? (다툼이 있는 경우 판례에 의함)

① 형사보상 결정에 대하여는 불복을 신청할 수 없도록 하여 형사보상의 결정을 단심재판으로 규정한 「형사보상법」 조항은 형사보상청구권을 침해한다.

② 형사보상청구는 무죄재판이 확정된 때로부터 1년 이내에 하여야 한다.

③ 형사피의자로서 구금되었던 자에게 보상을 하는 것이 선량한 풍속 그 밖에 사회질서에 위배된다고 인정할 특별한 사정이 있는 경우라도 피의자보상의 전부를 지급하여야 한다.

④ 형사보상제도에 따라 형사보상금을 수령한 피고인은 다시 「국가배상법」에 의한 손해배상을 청구할 수 없다.

① (○) 보상액의 산정에 기초되는 사실인정이나 보상액에 관한 판단에서 오류나 불합리성이 발견되는 경우에도 그 시정을 구하는 불복신청을 할 수 없도록 하는 것은 형사보상청구권 및 그 실현을 위한 기본권으로서의 재판청구권의 본질적 내용을 침해하는 것이다(헌재 2010.10.28. 2008헌마514).

② (×) 형사보상 및 명예회복에 관한 법률 제8조(보상청구의 기간) 보상청구는 무죄재판이 확정된 사실을 안 날부터 3년, 무죄재판이 확정된 때부터 5년 이내에 하여야 한다.

③ (×) 형사보상 및 명예회복에 관한 법률 제27조(피의자에 대한 보상) ②다음 각 호의 어느 하나에 해당하는 경우에는 피의자보상의 전부 또는 일부를 지급하지 아니할 수 있다. 3. 보상을 하는 것이 선량한 풍속이나 그 밖에 사회질서에 위배된다고 인정할 특별한 사정이 있는 경우

④ (×) 형사보상 및 명예회복에 관한 법률 제6조(손해배상과의 관계) ①이 법은 보상을 받을 자가 다른 법률에 따라 손해배상을 청구하는 것을 금지하지 아니한다. [2021년 경찰 경정승진] ①

형사보상청구권에 대한 설명으로 가장 적절하지 않은 것은? (다툼이 있는 경우 판례에 의함)

① 형사피의자로 구금되었다가 법률이 정하는 불기소처분을 받은 자도 형사보상청구권을 행사할 수 있다.

② 형사보상의 청구에 대하여 한 보상의 결정에 대하여는 불복을 신청할 수 없도록 하여 형사보상의 결정을 단심재판으로 규정한 형사보상법 조항은 형사보상청구권 및 재판청구권을 침해한다.
③ 형사보상의 청구는 무죄재판이 확정된 때로부터 3년 이내에 하여야 한다.
④ 형사보상법은 보상을 받을 자가 다른 법률에 따라 손해배상을 청구하는 것을 금지하지 아니한다.

① (○) 헌법 제28조 형사피의자 또는 형사피고인으로서 구금되었던 자가 법률이 정하는 불기소처분을 받거나 무죄판결을 받은 때에는 법률이 정하는 바에 의하여 국가에 정당한 보상을 청구할 수 있다.
② (○) 보상액의 산정에 기초되는 사실인정이나 보상액에 관한 판단에서 오류나 불합리성이 발견되는 경우에도 그 시정을 구하는 불복신청을 할 수 없도록 하는 것은 형사보상청구권 및 그 실현을 위한 기본권으로서의 재판청구권의 본질적 내용을 침해하는 것이다(헌재 2010.10.28. 2008헌마514).
③ (×) 형사보상 및 명예회복에 관한 법률 제8조(보상청구의 기간) 보상청구는 무죄재판이 확정된 사실을 안 날부터 3년, 무죄재판이 확정된 때부터 5년 이내에 하여야 한다.
④ (○) 형사보상 및 명예회복에 관한 법률 제6조(손해배상과의 관계) ①이 법은 보상을 받을 자가 다른 법률에 따라 손해배상을 청구하는 것을 금지하지 아니한다. [2018년 경찰 경정승진] ③

형사보상청구권에 대한 설명으로 옳지 않은 것은? (다툼이 있는 경우 판례에 의함)

① 형사보상의 청구기간을 '무죄판결이 확정된 때로부터 1년'으로 규정한 것은 형사보상청구권의 행사를 어렵게 할 정도로 지나치게 짧다고 할 수 없으므로 합리적인 입법재량을 행사한 것으로 볼 수 있다.
② 형사보상청구권과 직접적인 이해관계를 가진 당사자는 형사피고인과 국가밖에 없는데, 국가가 무죄판결을 선고받은 형사피고인에게 넓게 형사보상청구권을 인정함으로써 감수해야 할 공익은 경제적인 것에 불과하다.
③ 형사보상청구권이 제한됨으로 인하여 침해되는 국민의 기본권은 단순히 금전적인 권리에 불과한 것이라기보다는 실질적으로 국민의 신체의 자유와 밀접하게 관련된 중대한 기본권이다.
④ 형사보상청구권은 국가의 형사사법작용에 의해 신체의 자유라는 중대한 법익을 침해받은 국민을 구제하기 위하여 헌법상 보장된 국민의 기본권이므로 일반적인 사법상의 권리보다 더 확실하게 보호되어야 할 권리이다.
⑤ 형사피의자 또는 형사피고인으로서 구금되었던 자가 법률이 정하는 불기소처분을 받거나 무죄판결을 받은 때에는 법률이 정하는 바에 의하여 국가에 정당한 보상을 청구할 수 있다.

① (×) 아무런 합리적인 이유 없이 그 청구기간을 1년이라는 단기간으로 제한한 것은 입법 목적 달성에 필요한 정도를 넘어선 것이다.

따라서 이 사건 법률조항은 입법재량의 한계를 일탈하여 청구인의 형사보상청구권을 침해한 것이다(헌재 2010.7.29. 2008헌가4).

② (○) 형사보상청구권과 직접적인 이해관계를 가진 당사자는 형사피고인과 국가밖에 없는데, 국가가 무죄판결을 선고받은 형사피고인에게 넓게 형사보상청구권을 인정함으로써 감수해야 할 공익은 경제적인 것에 불과하고 그 액수도 국가 전체 예산규모에 비추어 볼 때 미미하다. 또한 형사피고인에게 넓게 형사보상청구권을 인정한다고 하여 법적 혼란이 초래될 염려도 전혀 없다(헌재 2010.7.29. 2008헌가4).

③ (○) 형사보상청구권은 국가의 공권력 작용에 의하여 신체의 자유를 침해받은 국민에 대해 금전적인 보상을 청구할 권리를 인정하는 것이므로 형사보상청구권이 제한됨으로 인하여 침해되는 국민의 기본권은 단순히 금전적인 권리에 불과한 것이라기보다는 실질적으로 국민의 신체의 자유와 밀접하게 관련된 중대한 기본권이라고 할 것이다(헌재 2010.7.29. 2008헌가4).

④ (○) 형사보상청구권은 국가의 형사사법작용에 의해 신체의 자유라는 중대한 법익을 침해받은 국민을 구제하기 위하여 헌법상 보장된 국민의 기본권이므로 일반적인 사법상의 권리보다 더 확실하게 보호되어야 할 권리이다(헌재 2010.7.29. 2008헌가4).

⑤ (○) 헌법 제28조 형사피의자 또는 형사피고인으로서 구금되었던 자가 법률이 정하는 불기소처분을 받거나 무죄판결을 받은 때에는 법률이 정하는 바에 의하여 국가에 정당한 보상을 청구할 수 있다. [2020년 국회 8급] ①

형사보상청구권에 관한 다음 설명 중 가장 옳지 않은 것은? (다툼이 있는 경우 헌법재판소 결정에 의함)

① 형사보상은 과실책임의 원리에 의하여 고의·과실로 인한 위법행위와 인과관계 있는 모든 손해를 배상하는 손해배상과는 달리, 형사사법절차에 내재하는 불가피한 위험에 대하여 형사사법기관의 귀책사유를 따지지 않고 형사보상청구권자가 입은 손실을 보상하는 제도이다.

② 국가의 형사사법행위가 고의·과실로 인한 것으로 인정되는 경우에는 국가배상청구 등 별개의 절차에 의하여 인과관계 있는 모든 손해를 배상받을 수 있다.

③ 피고인으로서 구금되었다가 무죄판결을 받은 자뿐만 아니라, 피의자로 구금되었다가 검사로부터 불기소처분(기소중지, 기소유예 제외)을 받은 자도 형사보상의 대상이 된다.

④ 형사보상청구는 무죄재판이 확정된 사실을 안 날로부터 3년, 무죄재판이 확정된 날로부터 5년 이내에 하여야 한다.

⑤ 형사보상청구권은 일신전속적 권리이므로, 청구권자 본인이 사망한 경우에는 상속인은 청구할 수 없다.

① (○) 형사보상은 과실책임의 원리에 의하여 고의·과실로 인한 위법행위와 인과관계 있는 모든 손해를 배상하는 손해배상과는 달리, 형사사법절차에 내재하는 불가피한 위험에 대하여 형사사법기관의 귀책사유를 따지지 않고 형사보상청구권자가 입은 손실을 보상하는 것이다(헌재 2010.10.28. 2008헌마514).

② (○) 국가의 형사사법행위가 고의·과실로 인한 것으로 인정되는 경우에는 국가배상청구 등 별개의 절차에 의하여 인과관계 있는 모든 손해를 배상받을 수 있으므로, 형사보상절차로써 인과관계 있는 모든 손해를 보상하지 않는다고 하여 반드시 부당하다고 할 수는 없다(헌재 2010.10.28. 2008헌마514).

③ (○) 형사보상 및 명예회복에 관한 법률 제27조(피의자에 대한 보상) ①피의자로서 구금되었던 자 중 검사로부터 공소를 제기하지 아니하는 처분을 받은 자는 국가에 대하여 그 구금에 대한 보상을 청구할 수 있다. 다만, 구금된 이후 공소를 제기하지 아니하는 처분을 할 사유가 있는 경우와 공소를 제기하지 아니하는 처분이 종국적인 처분이 아니거나 형사소송법 제247조에 따른 것일 경우에는 그러하지 아니하다.

④ (○) 형사보상 및 명예회복에 관한 법률 제8조(보상청구의 기간) 보상청구는 무죄재판이 확정된 사실을 안 날부터 3년, 무죄재판이 확정된 때부터 5년 이내에 하여야 한다.

⑤ (×) 형사보상 및 명예회복에 관한 법률 제3조(상속인에 의한 보상청구) ①제2조에 따라 보상을 청구할 수 있는 자가 그 청구를 하지 아니하고 사망하였을 때에는 그 상속인이 이를 청구할 수 있다. [2017년 법무사] ⑤

형사보상청구권에 대한 설명으로 옳지 않은 것은?

① 형사피의자로 구금되었다가 법률이 정하는 불기소처분을 받은 자는 법률이 정하는 바에 의하여 형사보상청구권을 행사할 수 있다.

② 형사보상을 청구할 수 있는 자가 그 청구를 하지 아니하고 사망하였을 때에는 그 상속인이 이를 청구할 수 있다.

③ 1개의 재판으로 경합범의 일부에 대하여 무죄재판을 받고 다른 부분에 대하여 유죄재판을 받았을 경우 법원을 보상청구의 전부를 인용하여야 한다.

④ 다른 법률에 따라 손해배상을 받을 자가 같은 원인에 대하여 「형사보상 및 명예회복에 관한 법률」에 따른 보상을 받았을 때에는 그 보상금의 액수를 빼고 손해배상의 액수를 정하여야 한다.

① (○) 헌법 제28조 형사피의자 또는 형사피고인으로서 구금되었던 자가 법률이 정하는 불기소처분을 받거나 무죄판결을 받은 때에는 법률이 정하는 바에 의하여 국가에 정당한 보상을 청구할 수 있다.
② (○) 형사보상 및 명예회복에 관한 법률 제3조(상속인에 의한 보상청구) ①제2조에 따라 보상을 청구할 수 있는 자가 그 청구를 하지 아니하고 사망하였을 때에는 그 상속인이 이를 청구할 수 있다.
③ (×) 형사보상 및 명예회복에 관한 법률 제4조(보상하지 아니할 수 있는 경우) 다음 각 호의 어느 하나에 해당하는 경우에는 법원은 재량으로 보상청구의 전부 또는 일부를 기각할 수 있다. 3. 1개의 재판으로 경합범의 일부에 대하여 무죄재판을 받고 다른 부분에 대하여 유죄재판을 받았을 경우
④ (○) 형사보상 및 명예회복에 관한 법률 제6조(손해배상과의 관계) ③다른 법률에 따라 손해배상을 받을 자가 같은 원인에 대하여 이 법에 따른 보상을 받았을 때에는 그 보상금의 액수를 빼고 손해배상의 액수를 정하여야 한다. [2016년 국가 7급] ③

제4절 국가배상청구권

국가배상청구권에 관한 설명으로 가장 적절하지 않은 것은? (다툼이 있는 경우 판례에 의함)

① 군인·군무원·경찰공무원 기타 법률이 정하는 자가 전투·훈련 등 직무집행과 관련하여 받은 손해에 대하여는 법률이 정하는 보상 외에 국가 또는 공공단체에 공무원의 직무상 불법행위로 인한 정당한 배상을 청구할 수 있다.

② 특수임무수행자 등이 보상금 등의 지급결정에 동의한 때에는 특수임무수행 또는 이와 관련한 교육훈련으로 입은 피해에 대하여 재판상 화해가 성립된 것으로 보는 「특수임무수행자 보상에 관한 법률」 제17조의2 가운데 특수임무수행 또는 이와 관련한 교육훈련으로 입은

피해 중 '정신적 손해'에 관한 부분이 과잉금지원칙을 위반하여 국가배상청구권을 침해한다고 보기 어렵다.

③ 국가배상청구권의 성립 요건으로서 공무원의 고의 또는 과실을 규정함으로써 무과실책임을 인정하지 않은 「국가배상법」 조항이 입법자의 입법형성권의 자의적 행사로서 국가배상청구권을 침해한다고 볼 수 없다.

④ 「국가배상법」은 외국인이 피해자인 경우에는 해당 국가와 상호보증이 있을 때에만 「국가배상법」을 적용한다고 규정하고 있다.

① (×) 헌법 제29조 ②군인·군무원·경찰공무원 기타 법률이 정하는 자가 전투·훈련 등 직무집행과 관련하여 받은 손해에 대하여는 법률이 정하는 보상 외에 국가 또는 공공단체에 공무원의 직무상 불법행위로 인한 배상은 청구할 수 없다.

② (○) 특수임무수행자 등이 보상금 등의 지급결정에 동의한 때에는 특수임무수행 또는 이와 관련한 교육훈련으로 입은 피해에 대하여 재판상 화해가 성립된 것으로 보는 특수임무수행자 보상에 관한 법률 제17조의2 가운데 특수임무수행 또는 이와 관련한 교육훈련으로 입은 피해 중 '정신적 손해'에 관한 부분은 국가배상청구권 또는 재판청구권을 침해하지 않는다(헌재 2021.9.30. 2019헌가28).

③ (○) 국가배상청구권의 성립 요건으로서 공무원의 고의 또는 과실을 규정함으로써 무과실책임을 인정하지 않은 구 국가배상법 제2조 제1항 본문 중 '고의 또는 과실로' 부분은 헌법상 국가배상청구권을 침해하지 않는다(헌재 2020.3.26. 2016헌바55).

④ (○) 국가배상법 제7조(외국인에 대한 책임) 이 법은 외국인이 피해자인 경우에는 해당 국가와 상호 보증이 있을 때에만 적용한다.

[2023년 경찰공채 8월] ①

국가배상청구권에 관한 다음 설명 중 가장 옳지 않은 것은?

① 헌법상 국가배상청구권에 관한 규정은 국가배상청구권을 청구권적 기본권으로 보장하며, 그 요건에 해당하는 사유가 발생한 개별 국민에게는 금전청구권으로서의 재산권으로서도 보장된다.

② 헌법 제29조 제1항 제1문은 '공무원의 직무상 불법행위'로 인한 국가 또는 공공단체의 책임을 규정하고 제2문은 '이 경우 공무원 자신의 책임은 면제되지 아니한다'고 규정하고 있으므로 헌법상 국가배상책임은 공무원의 책임을 일정 부분 전제하는 것으로 해석될 수 있다.

③ 국가배상청구권의 성립요건으로서 공무원의 고의 또는 과실을 규정한 국가배상법 조항은, 법률로 이미 형성된 국가배상청구권의 행사 및 존속을 '제한'하는 것이라기보다는 국가배상청구권의 내용을 '형성'하는 것이므로, 헌법상 국가배상제도의 정신에 부합하게 국가배상청구권을 형성하였는지의 관점에서 심사하여야 한다.

④ 위 ③항의 국가배상법 조항은 헌법에서 규정한 국가배상청구권을 침해한다고 보기 어려우나, 인권침해가 극심하게 이루어진 긴급조치 발령과 그 집행과 같이 국가의 의도적·적극적 불법행위에 대하여는 국가배상청구의 요건을 완화하여 공무원의 고의 또는 과실에 대한 예외를 인정하여야 한다.

① (○) 헌법상의 국가배상청구권에 관한 규정은 국가배상청구권을 청구권적 기본권으로 보장하며, 국가배상청구권은 그 요건에 해당하는 사유가 발생한 개별 국민에게는 금전청구권으로서의 재산권으로 보장된다(헌재 2015.4.30. 2013헌바395).

② (○) 헌법 제29조 제1항 제1문은 공무원의 직무상 불법행위로 인한 국가 또는 공공단체의 책임을 규정하면서, 제2문은 '이 경우 공무원 자신의 책임은 면제되지 아니한다'고 규정하여 헌법상 국가배상책임은 공무원의 책임을 일정 부분 전제하는 것으로 해석될 수 있고, 헌법 제29조 제1항에 법률유보 문구를 추가한 것은 국가재정을 고려하여 국가배상책임의 범위를 법률로 정하도록 한 것으로 해석된다(헌재 2015.4.30. 2013헌바395).

③ (○) 헌법상 국가배상청구권은 청구권적 기본권이고, 그 요건인 불법행위는 법률에서 구체적으로 형성할 수 있는 개념이다. 따라서 이 사건 법률조항이 국가배상청구권의 성립요건으로서 공무원의 고의 또는 과실을 규정한 것은 법률로 이미 형성된 국가배상청구권의 행사 및 존속을 제한한다고 보기보다는 국가배상청구권의 내용을 형성하는 것이라고 할 것이므로, 헌법상 국가배상제도의 정신에 부합하게 국가배상청구권을 형성하였는지의 관점에서 심사하여야 한다(헌재 2015.4.30. 2013헌바395).

④ (×) 청구인들이 심판대상조항의 위헌성을 주장하게 된 계기를 제공한 국가배상청구 사건은, 인권침해가 극심하게 이루어진 긴급조치 발령과 그 집행을 근거로 한 것이므로 다른 일반적인 법 집행 상황과는 다르다는 점에서 이러한 경우에는 국가배상청구 요건을 완화하여야 한다는 주장이 있을 수 있다. 그러나 위와 같은 경우라 하여 국가배상청구권 성립요건에 공무원의 고의 또는 과실에 대한 예외가 인정되어야 한다고 보기는 어렵다. 심판대상조항이 헌법상 국가배상청구권을 침해하지 않는다고 판단한 헌법재판소의 선례는 여전히 타당하고, 이 사건에서 선례를 변경해야 할 특별한 사정이 있다고 볼 수 없다(헌재 2020.3.26. 2016헌바55). [2021년 법원 9급] ④

국가배상청구권에 대한 설명으로 옳지 않은 것만을 모두 고르면? (다툼이 있는 경우 판례에 의함)

> ㄱ. 생명·신체 및 재산의 침해로 인한 국가배상을 받을 권리는 양도하거나 압류하지 못한다.
> ㄴ. 군인이나 군무원이 타인에게 입힌 손해에 대한 배상신청사건을 심의하기 위하여 국방부에 특별심의회를 두며, 특별심의회는 국방부장관의 지휘를 받아야 한다.
> ㄷ. 「국가배상법」이 정한 손해배상청구의 요건인 '공무원의 직무'에는 국가나 지방자치단체의 권력적 작용뿐만 아니라 비권력적 작용도 포함되지만 단순한 사경제의 주체로서 하는 작용은 포함되지 않는다.
> ㄹ. 헌법재판소는 「국가배상법」상의 배상결정전치주의가 법관에 의한 재판을 받을 권리와 신속한 재판을 받을 권리를 침해한다고 하였고, 이에 따라 「국가배상법」상의 배상결정 전치주의가 폐지되었다.

① ㄱ, ㄴ　　② ㄷ, ㄹ
③ ㄱ, ㄴ, ㄹ　　④ ㄴ, ㄷ, ㄹ

ㄱ. (×) 국가배상법 제4조(양도 등 금지) 생명·신체의 침해로 인한 국가배상을 받을 권리는 양도하거나 압류하지 못한다.

ㄴ. (×) 국가배상법 제10조(배상심의회) ①국가나 지방자치단체에 대한 배상신청사건을 심의하기 위하여 법무부에 본부심의회를 둔다. 다만, 군인이나 군무원이 타인에게 입힌 손해에 대한 배상신청사건을 심의하기 위하여 국방부에 특별심의회를 둔다. ③본부심의회와 특별심의회와 지구심의회는 법무부장관의 지휘를 받아야 한다.

ㄷ. (○) 국가배상법이 정한 배상청구의 요건인 공무원의 직무에는 권력적 작용만이 아니라 행정지도와 같은 비권력적 작용도 포함되며, 단지 행정주체가 사경제주체로서 하는 활동만 제외된다(대법원 1998.7.10. 96다38971).

ㄹ. (×) 국가배상법에 의한 손해배상청구에 관한 시간, 노력, 비용의 절감을 도모하여 배상사무의 원활을 기하며 피해자로서도 신속, 간편한 절차에 의하여 배상금을 지급받을 수 있도록 하는 한편, 국고손실을 절감하도록 하기 위한 이 사건 법률조항에 의해 달성되는 공익과, 배상절차의 합리성 및 적정성의 정도, 그리고 한편으로는 배상신청을 하는 국민이 치루어야 하는 수고나 시간의 소모를 비교하여 볼 때, 이 사건 법률조항이 헌법 제37조의 기본권제한의 한계에 관한 규정을 위배하여 국민의 재판청구권을 침해하는 정도에는 이르지 않는다(헌재 2000.2.24. 99헌바17). [2018년 지방 7급] ③

국가배상청구권에 대한 설명으로 가장 적절한 것은? (다툼이 있는 경우 판례에 의함)

① 「국가배상법」에 따른 손해배상의 소송은 배상심의회에 배상신청을 하지 아니하면 제기할 수 없다.

② 5·18 민주화운동과 관련하여 사망하거나 행방불명된 자 및 상이를 입은 자 또는 그 유족이 적극적·소극적 손해의 배상에 상응하는 보상금 등 지급결정에 동의하였다는 사정만으로 재판상 화해의 성립을 간주하는 것은 국가배상청구권에 대한 과도한 제한이다.

③ 법관의 재판에 법령의 규정을 따르지 않은 잘못이 있다면 이로써 바로 그 재판상 직무행위가 「국가배상법」에서 말하는 위법한 행위로 되어 국가의 손해배상책임이 발생하는 것이다.

④ 행위의 근거가 된 법률조항에 대하여 위헌결정이 선고된 경우에는 위 법률조항에 따라 행위한 당해 공무원에게 고의 또는 과실이 있는 것이므로 국가배상책임이 성립한다.

① (×) 국가배상법 제9조(소송과 배상신청의 관계) 이 법에 따른 손해배상의 소송은 배상심의회에 배상신청을 하지 아니하고도 제기할 수 있다.

② (○) 5·18보상법 및 같은 법 시행령의 관련조항을 살펴보면 정신적 손해배상에 상응하는 항목은 존재하지 아니하고, 보상심의위원회가 보상금 등 항목을 산정함에 있어 정신적 손해를 고려할 수 있다는 내용도 발견되지 아니한다. 그럼에도 불구하고 심판대상조항은 정신적 손해에 대해 적절한 배상이 이루어지지 않은 상태에서, 5·18민주화운동과 관련하여 사망하거나 행방불명된 자 및 상이를 입은 자 또는 그 유족이 적극적·소극적 손해의 배상에 상응하는 보상금 등 지급결정에 동의하였다는 사정만으로 재판상 화해의 성립을 간주하고 있다. 이는 국가배상청구권에 대한 과도한 제한이고, 해당 손해에 대한 적절한 배상이 이루어졌음을 전제로 하여 국가배상청구권 행사를 제한하려 한 5·18보상법의 입법목적에도 부합하지 않는다. 따라서 이 조항이 5·18보상법상 보상금 등의 성격과 중첩되지 않는 정신적 손해에 대한 국가배상청구권의 행사까지 금지하는 것은 국가배상청구권을 침해한다(헌재 2021.5.27. 2019헌가17).

③ (×) 법관이 행하는 재판사무의 특수성과 그 재판과정의 잘못에 대하여는 따로 불복절차에 의하여 시정될 수 있는 제도적 장치가 마련되어 있는 점 등에 비추어 보면, 법관의 재판에 법령의 규정을 따르지 아니한 잘못이 있다 하더라도 이로써 바로 그 재판상 직무행위가 국가배상법 제2조 제1항에서 말하는 위법한 행위로 되어 국가의 손해배상책임이 발생하는 것은 아니고, 그 국가배상책임이 인정되려면 당해 법관이 위법 또는 부당한 목적을 가지고 재판을 하는 등 법관이 그에게 부여된 권한의 취지에 명백히 어긋나게 이를 행사하였다고 인정할 만한 특별한 사정이 있어야 한다(대법원 2001.4.24. 2000다16114).

④ (×) 일반적으로 법률이 헌법에 위반된다는 사정은 헌법재판소의 위헌결정이 있기 전에는 객관적으로 명백한 것이라고 할 수 없어 법률이 헌법에 위반되는지 여부를 심사할 권한이 없는 공무원으로서는 행위 당시의 법률에 따를 수밖에 없다 할 것이므로, 행위의 근거가 된 법률조항에 대하여 위헌결정이 선고된다 하더라도 위 법률조항에 따라 행위한 당해 공무원에게는 고의 또는 과실이 있다 할 수 없어 국가배상책임은 성립되지 아니한다(헌재 2014.4.24. 2011헌바56). [2023년 경찰간부] ②

국가배상청구권에 대한 설명으로 가장 적절한 것은? (다툼이 있는 경우 판례에 의함)

① 「국가배상법」에 따른 손해배상의 소송은 배상심의회에 배상신청을 하여야만 제기할 수 있다.

② 「국가배상법」에 소멸시효에 관한 규정을 두지 않고 소멸시효에 관해서는 「민법」 규정을 준용하도록 한 「국가배상법」 조항은 헌법에 위반되지 않는다.

③ 국가배상청구의 요건인 '공무원의 직무'에는 권력적 작용, 비권력적 작용 이외에 사경제주체의 활동도 포함된다.

④ 「국가배상법」상 소정의 '공무원'은 국가공무원과 지방공무원에 국한하고, 공무를 수탁받은 사인은 포함되지 않는다.

① (×) 국가배상법 제9조(소송과 배상신청의 관계) 이 법에 따른 손해배상의 소송은 배상심의회에 배상신청을 하지 아니하고도 제기할 수 있다.
② (○) 국가배상법에 소멸시효에 관한 규정을 두지 않고 소멸시효에 관해서는 민법 규정을 준용하도록 한 국가배상법 조항은 헌법에 위반되지 않는다(헌재 2011.9.29. 2010헌바116).
③ (×) 국가배상법이 정한 배상청구의 요건인 공무원의 직무에는 권력적 작용만이 아니라 행정지도와 같은 비권력적 작용도 포함되며 단지 행정주체가 사경제주체로서 하는 활동만 제외된다(대법원 1998.7.10. 96다38971).
④ (×) 국가배상법 제2조 소정의 공무원이라 함은 국가공무원법이나 지방공무원법에 의하여 공무원으로서의 신분을 가진 자에 국한하지 않고, 널리 공무를 위탁받아 실질적으로 공무에 종사하고 있는 일체의 자를 가리키는 것으로서, 공무의 위탁이 일시적이고 한정적인 사항에 관한 활동을 위한 것이어도 달리 볼 것은 아니다(대법원 2001.1.5. 98다39060). [2021년 경찰 경정승진] ②

대한민국의 과거사 정리 과업과 관련한 기본권 침해 여부에 대해 가장 적절하지 않은 것은? (다툼이 있는 경우 헌법재판소 판례에 의함)

① 특수임무수행 등으로 인하여 입은 피해에 대해 특수임무수행자보상심의회의 보상금 등 지급결정에 대해 동의한 때에는 재판상 화해가 성립된다고 보는 「특수임무수행자 보상에 관한 법률」상 조항은 재판청구권을 침해한다.
② 5·18 민주화운동 보상심의위원회의 보상금지급결정에 동의하면 정신적 손해에 관한 부분도 재판상 화해가 성립된 것으로 보는 구 「광주민주화운동 관련자 보상에 관한 법률」상 조항은 국가배상청구권을 침해한다.
③ 「진실·화해를 위한 과거사 정리 기본법」상 민간인 집단희생사건, 중대한 인권침해·조작의혹사건에 「민법」상 소멸시효 조항의 객관적 기산점이 적용되도록 하는 것은 청구인들의 국가배상청구권을 침해한다.
④ 부마민주항쟁을 이유로 30일 미만 구금된 자를 보상금 또는 생활지원금의 지급대상에서 제외하는 「부마민주항쟁 관련자의 명예회손 및 보상 등에 관한 법률」상 조항은 청구인의 평등권을 침해한다.

① (×) 개정 특수임무수행자 보상에 관한 법률상의 위원회는 국무총리 소속으로 관련분야의 전문가들로 구성되고, 임기가 보장되며, 국무총리의 위원에 대한 지휘·감독권 규정이 없는 등 제3자성 및 독립성이 보장되어 있는 점, 위원회가 보상금 지급심사를 함에 있어서 심의절차의 공정성 ·신중성이 충분히 갖추어져 있는 점, 이 사건 재판상 화해조항으로 인하여 청구인들의 동의 과정에 실체법상 무효 또는 취소사유가 있더라도 재심절차 이외에는 더 이상 재판을 청구할 수 있는 길이 막히게 된다고 하더라도, 위 재판상 화해조항이 합리적인 범위를 벗어나 청구인들의 재판청구권을 과도하게 제한하였다고 보기는 어렵다(헌재 2009.4.30. 2006헌마1322).
② (○) 심판대상조항은 정신적 손해에 대해 적절한 배상이 이루어지지 않은 상태에서, 5·18민주화운동과 관련하여 사망하거나 행방불명된 자 및 상이를 입은 자 또는 그 유족이 적극적·소극적 손해의 배상에 상응하는 보상금 등 지급결정에 동의하였다는 사정만으로 재판상 화해의 성립을 간주하고 있다. 이는 국가배상청구권에 대한 과도한 제한이고, 해당 손해에 대한 적절한 배상이 이루어졌음을 전제로

하여 국가배상청구권 행사를 제한하려 한 5·18보상법의 입법목적에도 부합하지 않는다. 따라서 이 조항이 5·18보상법상 보상금 등의 성격과 중첩되지 않는 정신적 손해에 대한 국가배상청구권의 행사까지 금지하는 것은 국가배상청구권을 침해한다(헌재 2021.5.27. 2019헌가17).

③ (○) 민법 제166조 제1항, 제766조 제2항의 객관적 기산점을 과거사정리법 제2조 제1항 제3, 4호의 민간인 집단희생사건, 중대한 인권침해·조작의혹사건에 적용하도록 규정하는 것은 소멸시효제도를 통한 법적 안정성과 가해자 보호만을 지나치게 중시한 나머지 합리적 이유 없이 위 사건 유형에 관한 국가배상청구권 보장 필요성을 외면한 것으로서 입법형성의 한계를 일탈하여 청구인들의 국가배상청구권을 침해한다(헌재 2018.8.30. 2014헌바148).

④ (×) 사건 보상금 조항은 관련자 중 부마민주항쟁과 관련하여 사망하거나 행방불명으로 확인된 자의 유족 및 부마민주항쟁과 관련하여 상이를 입은 자 또는 그 유족에 대하여 일정한 보상금을 지급하도록 하고 있다. 심판대상조항이 30일 미만 구금된 자와 유죄판결을 받은 자로서 '관련자' 결정을 받은 자를 보상금과 생활지원금의 지급대상에 포함시키지 않았다고 하더라도, 그 차별이 현저하게 불합리하거나 자의적인 차별이라고 보기 어렵다. 따라서 심판대상조항은 청구인의 평등권을 침해하지 않는다(헌재 2019.4.11. 2016헌마418).

[2022년 경찰간부] ①, ④

국가배상청구권에 대한 설명으로 가장 옳은 것은?

① 신청인이 동의한 때 배상심의회의 배상결정에 「민사소송법」 규정에 의한 재판상의 화해 효력을 부여한 것은 행정상의 손해배상에 관한 분쟁을 신속히 종결·이행시키기 위한 것으로 헌법에 위반되지 아니한다.

② 국가배상 성립요건의 직무집행 판단은 행위자의 주관적 의사를 고려하여 실질적으로 직무집행 행위인지에 따라 판단해야 한다.

③ 국가배상 성립요건의 공무원 개념은 국가공무원과 지방공무원의 신분을 가진 자에 한하고 공무를 수탁받은 사인(私人)은 해당하지 않는다.

④ 국가배상청구에 있어서도 오랜 기간의 경과로 인한 과거 사실 증명의 곤란으로부터 채무자를 구제하고 또 권리행사를 게을리한 자에 대한 제재 및 장기간 불안정한 상태에 놓이게 되는 가해자를 보호하기 위하여 소멸시효제도의 적용은 필요하므로 헌법에 위반되지 아니한다.

① (×) 사건 심판대상조항 부분은 국가배상에 관한 분쟁을 신속히 종결·이행시키고 배상결정에 안정성을 부여하여 국고의 손실을 가능한 한 경감하려는 입법목적을 달성하기 위하여 동의된 배상결정에 재판상의 화해의 효력과 같은, 강력하고도 최종적인 효력을 부여하여 재심의 소에 의하여 취소 또는 변경되지 않는 한 그 효력을 다툴 수 없도록 하고 있는바, 이는 신청인의 재판청구권을 과도하게 제한하는 것이어서 헌법 제37조 제2항에서 규정하고 있는 기본권 제한입법에 있어서의 과잉입법금지의 원칙에 반할 뿐 아니라, 권력을 입법·행정 및 사법 등으로 분립한 뒤 실질적 의미의 사법작용인 분쟁해결에 관한 종국적인 권한은 원칙적으로 이를 헌법과 법률에 의한 법관으로 구성되는 사법부에 귀속시키고 나아가 국민에게 그러한 법관에 의한 재판을 청구할 수 있는 기본권을 보장하고자 하는 헌법의 정신에도 충실하지 못한 것이다(헌재 1995.5.25. 91헌가7).

② (×) 국가배상법 제2조 제1항의 "직무를 집행함에 당하여"라 함은 직접 공무원의 직무집행행위이거나 그와 밀접한 관계에 있는 행위를 포함하고, 이를 판단함에 있어서는 행위 자체의 외관을 객관적으로 관찰하여 공무원의 직무행위로 보여질 때에는 비록 그것이 실질적으로 직무행위가 아니거나 또는 행위자로서는 주관적으로 공무집행의 의사가 없었다고 하더라도 그 행위는 공무원이 "직무를 집행함에 당하여" 한 것으로 보아야 한다(대법원 1995.4.21. 93다14240).

③ (×) 국가배상법 제2조 소정의 공무원이라 함은 국가공무원법이나 지방공무원법에 의하여 공무원으로서의 신분을 가진 자에 국한하지 않고, 널리 공무를 위탁받아 실질적으로 공무에 종사하고 있는 일체의 자를 가리키는 것으로서, 공무의 위탁이 일시적이고 한정적인 사항에 관한 활동을 위한 것이어도 달리 볼 것은 아니다(대법원 2001.1.5. 98다39060).

④ (○) 국가배상청구에 있어서도 오랜 기간의 경과로 인한 과거사실에 대한 증명의 곤란으로부터 채무자를 구제하고 또 권리행사를 게을리 한 자에 대한 제재 및 장기간 불안정한 상태에 놓이게 되는 가해자의 보호를 위하여 소멸시효제도의 적용은 필요하므로 그대로 인정되어야 하기 때문이다. 결국 국가배상법 제8조는 그것이 헌법 제29조 제1항이 규정하는 국가배상청구권을 일부 제한하고 있다 하더라도 일정한 요건하에 그 행사를 제한하고 있는 점에서 그 본질적인 내용에 대한 침해라고는 볼 수 없을 뿐더러, 그 제한의 목적과 수단 및 방법에 있어서 정당하고 상당한 것이며 그로 인하여 침해되는 법익과의 사이에 입법자의 자의라고 볼 정도의 불균형이 있다고 볼 수도 없어서 기본권제한의 한계를 규정한 헌법 제37조 제2항에 위반된다고 볼 수도 없다(헌재 1997.2.20. 96헌바24). [2018년 서울 7급] ④

손실보상에 관한 다음 설명 중 가장 옳지 않은 것은?

① 손실보상은 적법한 공용제한의 경우를 전제한 것이며, 위법한 공용제한의 경우는 원칙상 손해배상법의 법리가 적용된다.

② 개발제한구역으로 지정되어 종래의 지목과 토지현황에 의한 이용방법에 따른 토지의 사용을 할 수 없거나 실질적으로 사용·수익을 전혀 할 수 없는 경우에는 헌법상 반드시 금전보상이 요청된다.

③ 「헌법재판소법」 제68조 제1항 단서에서 말하는 다른 법률에 의한 구제절차는 손실보상청구를 의미하지 않는다.

④ 환매권은 헌법상의 재산권 보장 규정으로부터 도출되는 것으로서, 피수용자가 수용 당시 이미 정당한 손실보상을 받았다는 사실로 말미암아 부인되지 않는다.

① (○) 손실보상은 적법한 공용제한의 경우를 전제한 것이며, 위법한 공용제한의 경우는 원칙상 손해배상법의 법리가 적용된다(헌재 2005.7.21. 2004헌바57).

② (×) 재산권의 침해와 공익 간의 비례성을 다시 회복하기 위한 방법은 헌법상 반드시 금전보상만을 해야 하는 것은 아니다. 입법자는 지정의 해제 또는 토지매수청구권제도와 같이 금전보상에 갈음하거나 기타 손실을 완화할 수 있는 제도를 보완하는 등 여러 가지 다른 방법을 사용할 수 있다(헌재 1998.12.24. 89헌마214).

③ (○) 헌법재판소법 제68조 제1항 단서에 의하면 헌법소원은 다른 권리구제절차를 거친 뒤 비로소 제기할 수 있는 것이기는 하지만, 여기서 말하는 권리구제절차는 공권력의 행사 또는 불행사를 직접대상으로 하여 그 효력을 다툴 수 있는 권리구제절차를 의미하는 것이지, 사후적·보충적 구제수단인 손해배상청구나 손실보상청구를 의미하는 것이 아님은 헌법소원제도를 규정한 헌법의 정신에 비추어 명백하다(헌재 1989.4.17. 88헌마3).

④ (○) 토지수용법 제71조 소정의 환매권은 헌법상의 재산권 보장 규정으로부터 도출되는 것으로서 헌법이 보장하는 재산권의 내용에 포함되는 권리이며, 피수용자가 손실보상을 받고 소유권의 박탈을 수인할 의무는 그 재산권의 목적물이 공공사업에 이용되는 것을 전제로 하기 때문에 위 헌법상 권리는 피수용자가 수용 당시 이미 정당한 손실보상을 받았다는 사실로 말미암아 부인되지 않는다(헌재 1994.2.24. 92헌가15). [2019년 법원 9급] ②

제5절 범죄피해자구조청구권

범죄피해자구조청구권에 관한 설명 중 가장 적절하지 않은 것은? (다툼이 있는 경우 판례에 의함)

① 타인의 범죄행위로 인하여 생명·신체에 대한 피해를 받은 국민은 법률이 정하는 바에 의하여 국가로부터 구조를 받을 수 있다.

② 범죄피해자보호법 제17조 제2항의 유족구조금은 사람의 생명 또는 신체를 해치는 죄에 해당하는 행위로 인하여 사망한 피해자 또는 그 유족들에 대한 손해배상을 목적으로 하는 것으로서, 위 범죄행위로 인한 손해를 전보하기 위하여 지급된다는 점에서 불법행위로 인한 적극적 손해의 배상과 같은 종류의 금원이라고 봄이 타당하다.

③ 범죄피해자보호법에 따르면 구조금의 지급신청은 해당 구조대상 범죄피해의 발생을 안 날부터 3년이 지나거나 해당 구조대상 범죄피해가 발생한 날부터 10년이 지나면 할 수 없다.

④ 범죄피해자보호법에 따르면 국가는 구조피해자나 유족이 해당 구조대상 범죄피해를 원인으로 하여 손해배상을 받았으면 그 범위에서 구조금을 지급하지 아니한다.

① (○) 헌법 제30조 타인의 범죄행위로 인하여 생명·신체에 대한 피해를 받은 국민은 법률이 정하는 바에 의하여 국가로부터 구조를 받을 수 있다.

② (×) 범죄피해자보호법 제17조(구조금의 종류 등) ①구조금은 유족구조금·장해구조금 및 중상해구조금으로 구분하며, 일시금으로 지급한다. ②유족구조금은 구조피해자가 사망하였을 때 제18조에 따라 맨 앞의 순위인 유족에게 지급한다. 다만, 순위가 같은 유족이 2명 이상이면 똑같이 나누어 지급한다. 제18조(유족의 범위 및 순위) ①유족구조금을 지급받을 수 있는 유족은 다음 각 호의 어느 하나에 해당하는 사람으로 한다. 1. 배우자(사실상 혼인관계를 포함한다) 및 구조피해자의 사망 당시 구조피해자의 수입으로 생계를 유지하고 있는 구조피해자의 자녀, 2. 구조피해자의 사망 당시 구조피해자의 수입으로 생계를 유지하고 있는 구조피해자의 부모, 손자·손녀, 조부모 및 형제자매, 3. 제1호 및 제2호에 해당하지 아니하는 구조피해자의 자녀, 부모, 손자·손녀, 조부모 및 형제자매

③ (○) 범죄피해자 보호법 제25조(구조금의 지급신청) ②제1항에 따른 신청은 해당 구조대상 범죄피해의 발생을 안 날부터 3년이 지나거나 해당 구조대상 범죄피해가 발생한 날부터 10년이 지나면 할 수 없다.

④ (○) 구 범죄피해자구조법(2005.12.29. 법률 제7766호로 개정되고, 2010.5.14. 법률 제10283호로 폐지된 것) 제8조(손해배상과의 관계) ①국가는 피해자 또는 유족이 당해 범죄피해를 원인으로 하여 손해배상을 받은 때에는 그 금액의 한도 내에서 구조금을 지급하지 아니한다. [2022년 경찰 경정승진] ②

다음 중 범죄피해자구조청구권에 대한 설명으로 가장 옳지 않은 것은? (다툼이 있는 경우 판례에 의함)

① 「범죄피해자 보호법」에 따르면 구조금의 지급신청은 해당 구조대상 범죄피해의 발생을 안 날부터 3년이 지나거나 해당 구조대상 범죄피해가 발생한 날부터 5년이 지나면 할 수 없다.

② 범죄피해자구조청구권의 대상이 되는 범죄피해의 범위에 관하여 해외에서 발생한 범죄피해의 경우를 포함하고 있지 아니한 조항이 평등원칙에 위배된다고 볼 수 없다.

③ 범죄피해구조대상이 되는 범죄피해의 범위에는 「형법」 제20조 또는 제21조 제1항에 따리

처벌되지 아니하는 행위, 과실에 의한 행위는 제외한다.

④ 타인의 범죄행위로 피해를 당한 사람과 그 배우자, 직계친족뿐만 아니라 범죄피해 방지 및 범죄피해자 구조 활동으로 피해를 당한 사람도 범죄피해자로 본다.

① (×) 범죄피해자 보호법 제25조(구조금의 지급신청) ②제1항에 따른 신청은 해당 구조대상 범죄피해의 발생을 안 날부터 3년이 지나거나 해당 구조대상 범죄피해가 발생한 날부터 10년이 지나면 할 수 없다.

② (○) 국가의 주권이 미치지 못하고 국가의 경찰력 등을 행사할 수 없거나 행사하기 어려운 해외에서 발생한 범죄에 대하여는 국가에 그 방지책임이 있다고 보기 어렵고, 상호보증이 있는 외국에서 발생한 범죄피해에 대하여는 국민이 그 외국에서 피해구조를 받을 수 있으며, 국가의 재정에 기반을 두고 있는 구조금에 대한 청구권 행사대상을 우선적으로 대한민국의 영역 안의 범죄피해에 한정하고, 향후 해외에서 발생한 범죄피해의 경우에도 구조를 하는 방향으로 운영하는 것은 입법형성의 재량의 범위 내라고 할 것이다. 따라서 범죄피해자구조청구권의 대상이 되는 범죄피해에 해외에서 발생한 범죄피해의 경우를 포함하고 있지 아니한 것이 현저하게 불합리한 자의적인 차별이라고 볼 수 없어 평등원칙에 위배되지 아니한다(헌재 2011.12.29. 2009헌마354).

③ (○) 범죄피해자 보호법 제3조(정의) ①이 법에서 사용하는 용어의 뜻은 다음과 같다. 4. 구조대상 범죄피해란 대한민국의 영역 안에서 또는 대한민국의 영역 밖에 있는 대한민국의 선박이나 항공기 안에서 행하여진 사람의 생명 또는 신체를 해치는 죄에 해당하는 행위(형법 제9조(형사미성년자의 행위), 제10조 제1항(심신장애자의 행위), 제12조(강요된 행위), 제22조 제1항(긴급피난)에 따라 처벌되지 아니하는 행위를 포함하며, 같은 법 제20조(정당행위) 또는 제21조 제1항(정당방위)에 따라 처벌되지 아니하는 행위 및 과실에 의한 행위는 제외한다)로 인하여 사망하거나 장해 또는 중상해를 입은 것을 말한다.

④ (○) 범죄피해자 보호법 제3조(정의) ①이 법에서 사용하는 용어의 뜻은 다음과 같다. 1. 범죄피해자란 타인의 범죄행위로 피해를 당한 사람과 그 배우자(사실상의 혼인관계를 포함한다), 직계친족 및 형제자매를 말한다. ②제1항 제1호에 해당하는 사람 외에 범죄피해 방지 및 범죄피해자 구조 활동으로 피해를 당한 사람도 범죄피해자로 본다. [2022년 해경간부] ①

범죄피해자구조청구권에 관한 다음 설명 중 가장 옳지 않은 것은?

① 범죄피해자구조청구권의 주체는 자연인과 법인이며, 외국인은 상호보증이 있는 경우에 한하여 주체가 될 수 있다.

② 범죄피해자구조청구권의 대상이 되는 범죄피해의 범위에 관하여 해외에서 발생한 범죄피해는 포함하고 있지 아니한 조항이 평등원칙에 위배된다고 볼 수 없다.

③ 범죄피해자구조대상이 되는 범죄피해의 범위에는 형법 제20조 또는 제21조 제1항에 따라 처벌되지 아니하는 행위, 과실에 의한 행위는 제외한다.

④ 타인의 범죄행위로 피해를 당한 사람과 그 배우자, 직계친족뿐만 아니라 범죄피해 방지 및 범죄피해자 구조 활동으로 피해를 당한 사람도 범죄피해자로 본다.

① (×) 범죄피해자 보호법 제23조(외국인에 대한 구조) 이 법은 외국인이 구조피해자이거나 유족인 경우에는 해당 국가의 상호보증이 있는 경우에만 적용한다.

② (○) 범죄피해자 구조청구권을 인정하는 이유는 크게 국가의 범죄방지책임 또는 범죄로부터 국민을 보호할 국가의 보호의무를 다하지 못하였다는 것과 그 범죄피해자들에 대한 최소한의 구제가 필요하다는데 있다. 그런데 국가의 주권이 미치지 못하고 국가의 경찰력 등을 행사할 수 없거나 행사하기 어려운 해외에서 발생한 범죄에 대하여는 국가에 그 방지책임이 있다고 보기 어렵고, 상호보증이 있는 외국에서 발생한 범죄피해에 대하여는 국민이 그 외국에서 피해구조를 받을 수 있으며, 국가의 재정에 기반을 두고 있는 구조금에 대한 청구권

행사대상을 우선적으로 대한민국의 영역 안의 범죄피해에 한정하고, 향후 해외에서 발생한 범죄피해의 경우에도 구조를 하는 방향으로 운영하는 것은 입법형성의 재량의 범위 내라고 할 것이다. 따라서 범죄피해자구조청구권의 대상이 되는 범죄피해에 해외에서 발생한 범죄피해의 경우를 포함하고 있지 아니한 것이 현저하게 불합리한 자의적인 차별이라고 볼 수 없어 평등원칙에 위배되지 아니한다(헌재 2011.12.29. 2009헌마354).

③ (○) 범죄피해자 보호법 제3조(정의) ① 이 법에서 사용하는 용어의 뜻은 다음과 같다. 4. "구조대상 범죄피해"란 대한민국의 영역 안에서 또는 대한민국의 영역 밖에 있는 대한민국의 선박이나 항공기 안에서 행하여진 사람의 생명 또는 신체를 해치는 죄에 해당하는 행위(「형법」 제9조, 제10조 제1항, 제12조, 제22조 제1항에 따라 처벌되지 아니하는 행위를 포함하며, 같은 법 제20조(정당행위) 또는 제21조(정당방위)제1항에 따라 처벌되지 아니하는 행위 및 과실에 의한 행위는 제외한다)로 인하여 사망하거나 장해 또는 중상해를 입은 것을 말한다.

④ (○) 범죄피해자 보호법 제3조(정의) ①이 법에서 사용하는 용어의 뜻은 다음과 같다. 1. "범죄피해자"란 타인의 범죄행위로 피해를 당한 사람과 그 배우자(사실상의 혼인관계를 포함한다), 직계친족 및 형제자매를 말한다. ②제1항 제1호에 해당하는 사람 외에 범죄피해 방지 및 범죄피해자 구조 활동으로 피해를 당한 사람도 범죄피해자로 본다. [2022년 법원 9급] ①

범죄피해자구조청구권에 대한 설명으로 옳은 것은?

① 외국인이 구조피해자이거나 유족인 경우에는 해당 국가의 상호보증이 있는 경우에 한하여 범죄피해자구조청구권을 행사할 수 있다.

② 범죄피해자구조청구권은 생명, 신체에 대한 피해를 입은 경우에 적용되는 것은 물론이고 재산상 피해를 입은 경우에도 적용된다.

③ 구조대상 범죄피해는 대한민국 영역 안에서 또는 대한민국 영역 밖에서 행하여진 범죄로 인한 피해를 말한다.

④ 범죄피해자구조금의 지급신청은 해당 구조대상 범죄피해의 발생을 안 날부터 3년이 지나거나 해당 구조대상 범죄피해가 발생한 날부터 5년이 지나면 할 수 없다.

① (○) 범죄피해자보호법 제23조(외국인에 대한 구조) 이 법은 외국인이 구조피해자이거나 유족인 경우에는 해당 국가의 상호보증이 있는 경우에만 적용한다.

② (×) 헌법 제30조 타인의 범죄행위로 인하여 생명·신체에 대한 피해를 받은 국민은 법률이 정하는 바에 의하여 국가로부터 구조를 받을 수 있다.

③ (×) 범죄피해자보호법 제3조(정의) ①이 법에서 사용하는 용어의 뜻은 다음과 같다. 4. 구조대상 범죄피해란 대한민국의 영역 안에서 또는 대한민국의 영역 밖에 있는 대한민국의 선박이나 항공기 안에서 행하여진 사람의 생명 또는 신체를 해치는 죄에 해당하는 행위(형법 제9조, 제10조 제1항, 제12조, 제22조 제1항에 따라 처벌되지 아니하는 행위를 포함하며, 같은 법 제20조 또는 제21조 제1항에 따라 처벌되지 아니하는 행위 및 과실에 의한 행위는 제외한다)로 인하여 사망하거나 장해 또는 중상해를 입은 것을 말한다.

④ (×) 범죄피해자보호법 제25조(구조금의 지급신청) ②제1항에 따른 신청은 해당 구조대상 범죄피해의 발생을 안 날부터 3년이 지나거나 해당 구조대상 범죄피해가 발생한 날부터 10년이 지나면 할 수 없다. [2019년 국가 5급] ①

범죄피해자구조청구권 및 「범죄피해자 보호법」에 대한 설명으로 가장 적절한 것은? (다툼이 있는 경우 헌법재판소 판례에 의함)

① 구조대상 범죄피해를 받은 사람 또는 그 유족과 가해자 사이의 관계, 그 밖의 사정을 고려하여 구조금의 전부 또는 일부를 지급하는 것이 사회통념에 위배된다고 인정될 때에는 구조금의 전부 또는 일부를 지급하지 아니한다.

② 국가의 주권이 미치지 못하고 국가의 경찰력 등을 행사할 수 없거나 행사하기 어려운 해외에서 발생한 범죄에 대하여 국가에 그 방지책임이 없다고 보기는 어렵다.

③ 구조대상 범죄피해를 받은 사람이나 유족이 해당 구조대상 범죄피해를 원인으로 하여 「국가배상법」이나 그 밖의 법령에 따른 급여 등을 받을 수 있는 경우에는 대통령령으로 정하는 바에 따라 구조금을 지급하지 아니한다.

④ 범죄피해 구조금의 지급신청은 해당 구조대상 범죄피해의 발생을 안 날부터 2년간 행사하지 아니하면 시효로 인하여 소멸된다.

① (×) 범죄피해자 보호법 제19조(구조금을 지급하지 아니할 수 있는 경우) ⑥구조피해자 또는 그 유족과 가해자 사이의 관계, 그 밖의 사정을 고려하여 구조금의 전부 또는 일부를 지급하는 것이 사회통념에 위배된다고 인정될 때에는 구조금의 전부 또는 일부를 지급하지 아니할 수 있다.

② (×) 국가의 주권이 미치지 못하고 국가의 경찰력 등을 행사할 수 없거나 행사하기 어려운 해외에서 발생한 범죄에 대하여는 국가에 그 방지책임이 있다고 보기 어렵고, 상호보증이 있는 외국에서 발생한 범죄피해에 대하여는 국민이 그 외국에서 피해구조를 받을 수 있으며, 국가의 재정에 기반을 두고 있는 구조금에 대한 청구권 행사대상을 우선적으로 대한민국의 영역 안의 범죄피해에 한정하고, 향후 해외에서 발생한 범죄피해의 경우에도 구조를 하는 방향으로 운영하는 것은 입법형성의 재량의 범위 내라고 할 것이다. 따라서 범죄피해자구조청구권의 대상이 되는 범죄피해에 해외에서 발생한 범죄피해의 경우를 포함하고 있지 아니한 것이 현저하게 불합리한 자의적인 차별이라고 볼 수 없어 평등원칙에 위배되지 아니한다(헌재 2011.12.29. 2009헌마354).

③ (○) 범죄피해자 보호법 제20조(다른 법령에 따른 급여 등과의 관계) 구조피해자나 유족이 해당 구조대상 범죄피해를 원인으로 하여 국가배상법이나 그 밖의 법령에 따른 급여 등을 받을 수 있는 경우에는 대통령령으로 정하는 바에 따라 구조금을 지급하지 아니한다.

④ (×) 범죄피해자 보호법 제31조(소멸시효) 구조금을 받을 권리는 그 구조결정이 해당 신청인에게 송달된 날부터 2년간 행사하지 아니하면 시효로 인하여 소멸된다.

[2023년 경찰간부] ③

범죄피해자구조청구권에 관한 설명 중 가장 적절한 것은? (다툼이 있는 경우 판례에 의함)

① 범죄피해자구조청구권은 생명, 신체에 대한 피해를 입은 경우에 적용되는 것은 물론이고 재산상 피해를 입은 경우에도 적용된다.

② 범죄행위 당시 구조피해자와 가해자 사이에 사실상의 혼인관계가 있는 경우에도 구조피해자에게 구조금을 지급한다.

③ 범죄피해구조금을 받을 권리는 그 구조결정이 해당 신청인에게 송달된 날부터 1년간 행사하지 아니하면 시효로 인하여 소멸된다.

④ 헌법재판소는 범죄피해자구조청구권의 대상이 되는 범죄피해에 해외에서 발생한 범죄피해

의 경우를 포함하고 있지 아니한 것이 현저하게 불합리한 자의적인 차별이라고 볼 수 없어 평등원칙에 위배되지 아니한다고 결정하였다.

① (×) 범죄피해자보호법 제3조(정의) ① 이 법에서 사용하는 용어의 뜻은 다음과 같다. 4. 구조대상 범죄피해란 대한민국의 영역 안에서 또는 대한민국의 영역 밖에 있는 대한민국의 선박이나 항공기 안에서 행하여진 사람의 생명 또는 신체를 해치는 죄에 해당하는 행위(형법 제9조, 제10조 제1항, 제12조, 제22조 제1항에 따라 처벌되지 아니하는 행위를 포함하며, 같은 법 제20조 또는 제21조 제1항에 따라 처벌되지 아니하는 행위 및 과실에 의한 행위는 제외한다)로 인하여 사망하거나 장해 또는 중상해를 입은 것을 말한다.
② (×) 범죄피해자보호법 제19조(구조금을 지급하지 아니할 수 있는 경우) ①범죄행위 당시 구조피해자와 가해자 사이에 다음 각 호의 어느 하나에 해당하는 친족관계가 있는 경우에는 구조금을 지급하지 아니한다. 1. 부부(사실상의 혼인관계를 포함한다)
③ (×) 범죄피해자보호법 제31조(소멸시효) 구조금을 받을 권리는 그 구조결정이 해당 신청인에게 송달된 날부터 2년간 행사하지 아니하면 시효로 인하여 소멸된다.
④ (○) 범죄피해자구조청구권의 대상이 되는 범죄피해에 해외에서 발생한 범죄피해의 경우를 포함하고 있지 아니한 것이 현저하게 불합리한 자의적인 차별이라고 볼 수 없어 평등원칙에 위배되지 아니한다(헌재 2011.12. 29. 2009헌마354). [2020년 경찰 경정승진] ④

범죄피해자구조청구권에 대한 설명으로 옳은 것은? (다툼이 있는 경우 판례에 의함)

① 범죄피해구조금은 국가의 재정에 기반을 두고 있는 바, 구조금청구권의 행사대상을 우선적으로 대한민국의 영역 안의 범죄피해에 한정하고, 향후 구조금의 확대에 따라서 해외에서 발생한 범죄피해의 경우에도 구조를 하는 방향으로 운영하는 것은 입법형성의 재량의 범위 내라고 할 수 있다.
② 대한민국의 영역 안에서 과실에 의한 행위로 사망하거나 장해 또는 중상해를 입은 경우에도 범죄피해자구조청구권이 인정된다.
③ 범죄행위 당시 구조피해자와 가해자 사이에 사실상의 혼인관계가 있는 경우에도 구조피해자에게 구조금을 지급한다.
④ 범죄피해구조금을 받을 권리는 그 구조결정이 해당 신청인에게 송달된 날부터 1년간 행사하지 아니하면 시효로 인하여 소멸된다.

① (○) 국가의 주권이 미치지 못하고 국가의 경찰력 등을 행사할 수 없거나 행사하기 어려운 해외에서 발생한 범죄에 대하여는 국가에 그 방지책임이 있다고 보기 어렵고, 상호보증이 있는 외국에서 발생한 범죄피해에 대하여는 국민이 그 외국에서 피해구조를 받을 수 있으며, 국가의 재정에 기반을 두고 있는 구조금에 대한 청구권 행사 대상을 우선적으로 대한민국의 영역 안의 범죄피해에 한정하고, 향후 해외에서 발생한 범죄피해의 경우에도 구조를 하는 방향으로 운영하는 것은 입법형성의 재량의 범위 내라고 할 것이다(헌재 2011.12.29. 2009헌마354).
② (×) 범죄피해자보호법 제3조(정의) ①이 법에서 사용하는 용어의 뜻은 다음과 같다. 4. 구조대상 범죄피해란 대한민국의 영역 안에서 또는 대한민국의 영역 밖에 있는 대한민국의 선박이나 항공기 안에서 행하여진 사람의 생명 또는 신체를 해치는 죄에 해당하는 행위(형법 제9조, 제10조 제1항, 제12조, 제22조 제1항에 따라 처벌되지 아니하는 행위를 포함하며, 같은 법 제20조 또는 제21조 제1항에 따라 처벌되지 아니하는 행위 및 과실에 의한 행위는 제외한다)로 인하여 사망하거나 장해 또는 중상해를 입은 것을 말한다.
③ (×) 범죄피해자보호법 제19조(구조금을 지급하지 아니할 수 있는 경우) ①범죄행위 당시 구조피해자와 가해자 사이에 다음 각 호의

어느 하나에 해당하는 친족관계가 있는 경우에는 구조금을 지급하지 아니한다. 1. 부부(사실상의 혼인관계를 포함한다)

④ (×) 범죄피해자 보호법 제13조(소멸시효) 구조금을 받을 권리는 그 구조결정이 해당 신청인에게 송달된 날부터 2년간 행사하지 아니하면 시효로 인하여 소멸된다. [2018년 지방 7급] ①

범죄피해자구조청구권에 대한 설명으로 가장 적절하지 않은 것은? (다툼이 있는 경우 판례에 의함)

① 범죄피해자구조금을 받을 권리는 그 구조결정이 해당 신청인에게 송달된 날로부터 2년간 행사하지 않으면 시효로 인하여 소멸된다.

② 범죄피해자구조청구권의 대상이 되는 범죄피해에 해외에서 발생한 범죄피해의 경우를 포함하고 있지 아니한 것이 현저하게 불합리한 자의적 차별이라고 볼 수 없어 평등의 원칙에 위배되지 아니한다.

③ 자기 또는 타인의 형사사건의 수사 또는 재판에서 고소·고발 등 수사단서를 제공하거나 진술, 증언 또는 자료를 제출하다가 구조피해자가 된 경우에 범죄피해구조금을 지급한다.

④ 범죄피해구조금을 받을 권리는 그 2분의 1 상당액에 한하여 양도 또는 담보로 제공하거나 압류할 수 있다.

① (○) 범죄피해자보호법 제31조(소멸시효) 구조금을 받을 권리는 그 구조결정이 해당 신청인에게 송달된 날부터 2년간 행사하지 아니하면 시효로 인하여 소멸된다.

② (○) 국가의 주권이 미치지 못하고 국가의 경찰력 등을 행사할 수 없거나 행사하기 어려운 해외에서 발생한 범죄에 대하여는 국가에 그 방지책임이 있다고 보기 어렵고, 상호보증이 있는 외국에서 발생한 범죄피해에 대하여는 국민이 그 외국에서 피해구조를 받을 수 있으며, 국가의 재정에 기반을 두고 있는 구조금에 대한 청구권 행사 대상을 우선적으로 대한민국의 영역 안의 범죄피해에 한정하고, 향후 해외에서 발생한 범죄피해의 경우에도 구조를 하는 방향으로 운영하는 것은 입법형성의 재량의 범위 내라고 할 것이다. 따라서 범죄피해자구조청구권의 대상이 되는 범죄피해에 해외에서 발생한 범죄피해의 경우를 포함하고 있지 아니한 것이 현저하게 불합리한 자의적인 차별이라고 볼 수 없어 평등원칙에 위배되지 아니한다(헌재 2011.12.29. 2009헌마354).

③ (○) 범죄피해자보호법 제16조(구조금의 지급요건) 국가는 구조대상 범죄피해를 받은 사람이 다음 각 호의 어느 하나에 해당하면 구조피해자 또는 그 유족에게 범죄피해 구조금(이하 "구조금"이라 한다)을 지급한다. 1. 구조피해자가 피해의 전부 또는 일부를 배상받지 못하는 경우, 2. 자기 또는 타인의 형사사건의 수사 또는 재판에서 고소·고발 등 수사단서를 제공하거나 진술, 증언 또는 자료제출을 하다가 구조피해자가 된 경우

④ (×) 범죄피해자보호법 제32조(구조금 수급권의 보호) 구조금을 받을 권리는 양도하거나 담보로 제공하거나 압류할 수 없다.

[2018년 경찰 경정승진] ④

제9장

사회적 기본권

사회적 기본권에 대한 설명으로 가장 적절하지 않은 것은? (다툼이 있는 경우 헌법재판소 판례에 의함)

① 사실혼 배우자에게 상속권을 인정하지 않는 「민법」 제1003조 제1항 중 '배우자' 부분이 사실혼 배우자의 상속권 및 평등권을 침해하고, 「헌법」 제36조 제1항에 위반된다.

② 가족제도에 관한 전통문화란 가족제도에 관한 헌법이념인 개인의 존엄과 양성평등에 반하는 것이어서는 안 된다는 한계가 도출되므로 어떤 가족제도가 개인의 존엄과 양성평등에 반한다면 「헌법」 제9조를 근거로 그 헌법적 정당성을 주장할 수는 없다.

③ 악취가 배출되는 사업장이 있는 지역을 악취관리지역으로 지정함으로써 악취방지를 위한 예방적·관리적 조치를 할 수 있도록 한 것은 헌법상 국가와 국민의 환경보전의무를 바탕으로 주민의 건강과 생활환경의 보전을 위하여 사업장에서 배출되는 악취를 규제·관리하기 위한 적합한 수단이다.

④ 교도소 수용자들의 자살을 방지하기 위하여 독거실 내 화장실 창문에 안전철망을 설치한 행위는 수형자의 환경권 등 기본권을 침해하지 않는다.

① (×) 사건 법률조항이 사실혼 배우자에게 상속권을 인정하지 아니하는 것은 상속인에 해당하는지 여부를 객관적인 기준에 의하여 파악할 수 있도록 함으로써 상속을 둘러싼 분쟁을 방지하고, 상속으로 인한 법률관계를 조속히 확정시키며, 거래의 안전을 도모하기 위한 것이다. 따라서 이 사건 법률조항이 사실혼 배우자의 상속권을 침해한다고 할 수 없다. 법률혼주의를 채택한 취지에 비추어 볼 때 제3자에게 영향을 미쳐 명확성과 획일성이 요청되는 상속과 같은 법률관계에서는 사실혼을 법률혼과 동일하게 취급할 수 없으므로, 이 사건 법률조항이 사실혼 배우자의 평등권을 침해한다고 보기 어렵다. 법적으로 승인되지 아니한 사실혼은 헌법 제36조 제1항의 보호범위에 포함되지 아니하므로, 이 사건 법률조항은 헌법 제36조 제1항에 위반되지 않는다(헌재 2014.8.28. 2013헌바119).

② (○) 헌법 전문과 헌법 제9조에서 말하는 전통, 전통문화란 역사성과 시대성을 띤 개념으로서 헌법의 가치질서, 인류의 보편가치, 정의와 인도정신 등을 고려하여 오늘날의 의미로 포착하여야 하며, 가족제도에 관한 전통·전통문화란 적어도 그것이 가족제도에 관한 헌법이념인 개인의 존엄과 양성의 평등에 반하는 것이어서는 안 된다는 한계가 도출되므로, 전래의 어떤 가족제도가 헌법 제36조 제1항이 요구하는 개인의 존엄과 양성평등에 반한다면 헌법 제9조를 근거로 그 헌법적 정당성을 주장할 수는 없다(헌재 2005.2.3. 2001헌가9).

③ (○) 심판대상조항은 헌법상 국가와 국민의 환경보전의무를 바탕으로 주민의 건강과 생활환경의 보전을 위하여 사업장에서 배출되는 악취를 규제·관리하고자 하는 데 그 목적이 있으므로, 정당성이 인정된다. 그리고 심판대상조항이 악취가 배출되는 사업장이 있는 지역을 악취관리지역으로 지정함으로써 악취방지를 위한 예방적·관리적 조치를 할 수 있도록 한 것은 이러한 목적을 달성하기에 적합한 수단이다. 심판대상조항은 과잉금지원칙에 위반되어 악취배출시설 운영자인 청구인들의 직업수행의 자유를 침해하지 않는다(헌재 2020.12.23. 2019헌바25).

④ (○) 사건 설치행위는 수용자의 자살을 방지하여 생명권을 보호하고 교정시설 내의 안전과 질서를 보호하기 위한 것이다. 교정시설 내

자살사고는 수용자 본인이 생명을 잃는 중대한 결과를 초래할 뿐만 아니라 다른 수용자들에게도 직접적으로 부정적인 영향을 미치고 나아가 교정시설이나 교정정책 전반에 대한 불신을 야기할 수 있다는 점에서 이를 방지할 필요성이 매우 크고, 그에 비해 청구인에게 가해지는 불이익은 채광·통풍이 다소 제한되는 정도에 불과하다. 따라서 이 사건 설치행위는 청구인의 환경권 등 기본권을 침해하지 아니한다(헌재 2014.6.26. 2011헌마150). [2022년 경찰간부] ①

사회적 기본권에 대한 설명으로 옳지 않은 것은? (다툼이 있는 경우 판례에 의함)

① 「국민기초생활 보장법 시행령」상 '대학원에 재학 중인 사람'과 '부모에게 버림받아 부모를 알 수 없는 사람'을 조건 부과 유예의 대상자에 포함시키지 않았다는 사정만으로 국가가 인간다운 생활을 보장하기 위한 조치를 취함에 있어서 실현해야 할 객관적 내용의 최소한도 보장에 이르지 못하였다거나 헌법상 용인될 수 있는 재량의 범위를 명백히 일탈하였다고는 보기 어렵다.

② 지뢰피해자 및 그 유족에 대한 위로금 산정 시 사망 또는 상이를 입을 당시의 월평균임금을 기준으로 하고, 그 기준으로 산정한 위로금이 2천만 원에 이르지 아니할 경우 2천만 원을 초과하지 아니하는 범위에서 조정·지급할 수 있도록 한 「지뢰피해자 지원에 관한 특별법」 조항은 인간다운 생활을 할 권리를 침해한다고 볼 수 없다.

③ 구 「공무원연금법」상 유족급여수급권이 헌법상 보장되는 재산권에 포함되기 때문에 대통령령이 정하는 정도의 장애 상태에 있지 아니한 19세 이상의 자녀를 유족의 범위에서 제외한 것은 유족급여수급권의 본질적 내용을 침해하여 입법형성권의 범위를 벗어난 것이다.

④ 산재피해 근로자에게 인정되는 산재보험수급권은 입법재량권의 행사에 의하여 제정된 「산업재해보상보험법」에 의하여 비로소 구체화되는 '법률상의 권리'이며, 개인에게 국가에 대한 사회보장·사회복지 또는 재해예방 등과 관련된 적극적 급부청구권이 인정되는 것은 아니다.

① (○) 사건 시행령조항을 제정함에 있어 대학원에 재학 중인 사람과 부모에게 버림받아 부모를 알 수 없는 사람을 조건 부과 유예의 대상자에 포함시키지 않았다고 하더라도, 그러한 사정만으로 국가가 청구인의 인간다운 생활을 보장하기 위한 조치를 취함에 있어서 국가가 실현해야 할 객관적 내용의 최소한도의 보장에도 이르지 못하였다거나 헌법상 용인될 수 있는 재량의 범위를 명백히 일탈하였다고는 보기는 어렵다(헌재 2017.11.30. 2016헌마448).

② (○) 지뢰피해자 및 그 유족에 대한 위로금 산정 시 사망 또는 상이를 입을 당시의 월평균임금을 기준으로 위로금을 산정하도록 한 것은 한정된 국가재정 하에서 위로금의 취지, 국가배상청구권의 소멸시효 제도와의 균형점 모색, 지뢰피해자 지원에 관한 특별법 시행 전 이미 국가배상을 받은 피해자 및 그 유족과의 형평성 등을 고려한 것이다. 따라서 심판대상조항이 인간다운 생활을 할 권리를 침해한다고 볼 수 없다(헌재 2019.12.27. 2018헌바236).

③ (×) 유족급여수급권이 헌법상 보장되는 재산권에 포함되더라도 수급권자인 유족의 범위는 유족급여수급권의 내용과 한계를 형성하는 영역에 있는 것으로서 법률에 의하여 구체적으로 형성되어야만 비로소 확정된다. 그런데 유족급여수급권은 공무원의 사망이라는 위험에 대비하여 그 유족의 생활안정과 복지향상을 도모하기 위한 사회보장적 급여의 성격을 가지므로 입법자는 구체적인 내용을 형성함에 있어서 국가의 재정능력과 전반적인 사회보장수준, 국민 전체의 소득 및 생활수준, 그 밖의 여러 가지 사회적·경제적 여건 등을 종합하여 합리적인 수준에서 결정할 수 있는 광범위한 형성의 자유를 가진다. 따라서 입법자가 연령과 장애 상태를 독자적 생계유지가능성의 판단기준으로

삼아 대통령령이 정하는 정도의 장애 상태에 있지 아니한 19세 이상의 자녀를 유족의 범위에서 제외하였음을 들어 유족급여수급권의 본질적 내용을 침해하였다거나 입법형성권의 범위를 벗어났다고 보기 어렵다(헌재 2019.11.28. 2018헌바335).

④ (○) 헌법 제34조 제2항 및 제6항의 국가의 사회보장·사회복지 증진의무나 재해예방노력의무 등의 성질에 비추어 국가가 어떠한 내용의 산재보험을 어떠한 범위와 방법으로 시행할지 여부는 입법자의 재량영역에 속하는 문제이며, 산재피해 근로자에게 인정되는 산재보험수급권도 그와 같은 입법재량권의 행사에 의하여 제정된 산재보험법에 의하여 비로소 구체화되는 법률상의 권리이며, 개인에게 국가에 대한 사회보장·사회복지 또는 재해예방 등과 관련된 적극적 급부청구권은 인정하고 있지 않다(헌재 2005.7.21. 2004헌바2).

[2022년 국가 5급] ③

사회적 기본권에 관한 설명으로 옳지 않은 것은? (다툼이 있는 경우 헌법재판소 판례에 의함)

① 공무원이거나 공무원이었던 사람이 재직 중의 사유로 금고 이상의 형을 받거나 형이 확정된 경우 퇴직급여 및 퇴직수당의 일부를 감액하여 지급함에 있어 그 이후 형의 선고의 효력을 상실하게 하는 특별사면 및 복권을 받은 경우를 달리 취급하는 규정을 두지 아니한 구 「공무원연금법」 규정은 인간다운 생활을 할 권리를 침해하지 않는다.

② 「형의 집행 및 수용자의 처우에 관한 법률」에 의한 교도소·구치소에 수용 중인 자는 당해 법률에 의하여 생계유지의 보호를 받고 있으므로 이러한 생계유지의 보호를 받고 있는 교도소·구치소에 수용 중인 자에 대하여 「국민기초생활 보장법」에 의한 중복적인 보장을 피하기 위하여 개별 가구에서 제외키로 한 입법자의 판단은 인간다운 생활을 할 권리를 침해한다.

③ 「공무원연금법」상 퇴직급여수급권은 사회보장적 급여로서의 성격을 가짐과 동시에 공로보상 내지 후불임금으로서의 성격도 함께 가지고, 이와 동시에 헌법 제23조에 의하여 보장되는 재산권으로서의 성격을 갖는다.

④ 국가가 인간다운 생활을 보장하기 위한 헌법적인 의무를 다하였는지의 여부가 사법적 심사의 대상이 된 경우에는, 국가가 생계보호에 관한 입법을 전혀하지 아니하였다든가 그 내용이 현저히 불합리하여 헌법상 용인될 수 있는 재량의 범위를 명백히 일탈한 경우에 한하여 헌법에 위반된다고 할 수 있다.

⑤ 재혼을 유족연금수급권 상실사유로 규정한 구 「공무원연금법」 조항 중 '유족연금'에 관한 부분은 헌법에 위반되지 아니한다.

① (○) 심판대상조항은 재직 중 직무와 관련 있는 범죄 혹은 직무와 관련 없는 고의범으로 금고 이상의 형을 받거나 확정된 경우라면 그 후 형의 선고의 효력을 상실하게 하는 특별사면 및 복권을 받아 형의 선고의 효력이 상실된 경우에도 마찬가지로 퇴직급여 등을 감액하고 있는바, 이는 공무원이 퇴직한 뒤 그 재직 중의 근무에 대한 보상을 함에 있어 공무원으로서의 신분이나 직무상 의무를 다하지 못한 공무원과 성실히 근무한 공무원을 동일하게 취급하는 것이 오히려 불합리하다는 측면과 아울러 보상액에 차이를 둠으로써 공무원범죄를 예방하고 공무원이 재직 중 성실히 근무하도록 유도하는 효과를 고려한 것이라 할 수 있으므로, 그 정당성이 인정된다. 심판대상조항이 형의 선고의 효력을 상실하게 하는 특별사면 및 복권을 받은 경우에도 퇴직급여 등을 여전히 감액하는 것은 그 합리적인 이유가 인정되는바, 재산권 및 인간다운 생활을 할 권리를 침해한다고 볼 수 없다(헌재 2020.4.23. 2018헌바402).

② (×) 생활이 어려운 국민에게 필요한 급여를 행하여 이들의 최저생활을 보장하기 위해 제정된 국민기초생활 보장은 부양의무자에 의한 부양과 다른 법령에 의한 보호가 이 법에 의한 급여에 우선하여 행하여지도록 하는 보충급여의 원칙을 채택하고 있는바, 형의 집행 및 수용자의 처우에 관한 법률에 의한 교도소·구치소에 수용 중인 자는 당해 법률에 의하여 생계유지의 보호를 받고 있으므로 이러한 생계유지의 보호를 받고 있는 교도소·구치소에 수용 중인 자에 대하여 국민기초생활 보장법에 의한 중복적인 보장을 피하기 위하여 개별가구에서 제외키로 한 입법자의 판단이 헌법상 용인될 수 있는 재량의 범위를 일탈하여 인간다운 생활을 할 권리를 침해한다고 볼 수 없다(헌재 2011.3.31. 2009헌마617).

③ (○) 공무원연금법상의 각종 급여는 기본적으로 모두 사회보장적 급여로서의 성격을 가짐과 동시에 공로보상 내지 후불임금으로서의 성격도 함께 가진다고 할 것이고 특히 공무원연금법상 퇴직급여수급권은 경제적 가치 있는 권리로서 헌법 제23조에 의하여 보장되는 재산권으로서의 성격을 갖고 있으므로, 형의 선고의 효력을 상실하게 하는 특별사면 및 복권을 받은 경우에도 여전히 퇴직급여 등을 감액하고 있는 심판대상조항은 재산권 및 인간다운 생활을 할 권리를 제한하는바, 그 침해 여부가 문제된다(헌재 2020.4.23. 2018헌바402).

④ (○) 국가가 인간다운 생활을 보장하기 위한 헌법적인 의무를 다하였는지의 여부가 사법적 심사의 대상이 된 경우에는, 국가가 생계보호에 관한 입법을 전혀 하지 아니하였다든가 그 내용이 현저히 불합리하여 헌법상 용인될 수 있는 재량의 범위를 명백히 일탈한 경우에 한하여 헌법에 위반된다고 할 수 있다(헌재 1997.5.29. 94헌마33).

⑤ (○) 심판대상조항이 배우자의 재혼을 유족연금수급권 상실사유로 규정한 것은 배우자가 재혼을 통하여 새로운 부양관계를 형성함으로써 재혼 상대방 배우자를 통한 사적 부양이 가능해짐에 따라 더 이상 사망한 공무원의 유족으로서의 보호의 필요성이나 중요성을 인정하기 어렵다고 보았기 때문이다. 이는 한정된 재원의 범위 내에서 부양의 필요성과 중요성 등을 고려하여 유족들을 보다 효과적으로 보호하기 위한 것이므로, 입법재량의 한계를 벗어나 재혼한 배우자의 인간다운 생활을 할 권리와 재산권을 침해하였다고 볼 수 없다(헌재 2022.8.31. 2019헌가31).

[2023년 소방간부] ②

사회적 기본권에 관한 설명 중 가장 적절하지 않은 것은? (다툼이 있는 경우 판례에 의함)

① 형의 집행 및 수용자의 처우에 관한 법률 및 치료감호법에 의한 구치소 치료감호시설에 수용 중인 자는 당해 법률에 의하여 생계유지의 보호와 의료적 처우를 받고 있으므로 이러한 자에 대하여 국민기초생활 보장법에 의한 중복적인 보장을 피하기 위하여 개별 가구에서 제외하기로 한 입법자의 판단이 헌법상 용인될 수 있는 재량의 범위를 일탈하여 인간다운 생활을 할 권리를 침해한다고 볼 수 없다.

② 인간다운 생활을 할 권리로부터 인간의 존엄에 상응하는 '최소한의 물질적인 생활'의 유지에 필요한 급부를 요구할 수 있는 구체적인 권리가 상황에 따라서는 직접 도출될 수 있다고 할 수는 있어도, 직접 그 이상의 급부를 내용으로 하는 구체적인 권리를 발생케 한다고 볼 수는 없다.

③ 근로자가 사업주의 지배관리 아래 출퇴근하던 중 발생한 사고로 부상 등이 발생한 경우에만 업무상 재해로 인정하는 산업재해보상보험법 규정은 도보나 자기 소유 교통수단 또는 대중교통수단 등을 이용하여 출퇴근하는 산업재해보상보험 가입 근로자를 합리적 이유 없이 자의적으로 차별하는 것이 아니므로 헌법상 평등원칙에 위배되지 않는다.

④ 지방자치단체장은 특정 정당을 정치적 기반으로 하여 선거에 입후보할 수 있고 선거에 의하여 선출되는 공무원이라는 점에서 헌법 제7조 제2항에 따라 신분보장이 필요하고 정치적 중립성이 요구되는 공무원에 해당한다고 보기 어려우므로 헌법 제7조의 해석상 지방자치

가지 요소를 감안하여야 하는 것이어서 입법자에게 광범위한 입법재량이 부여되지 않을 수 없고, 따라서 헌법상의 사회보장권은 그에 관한 수급요건, 수급자의 수급범위, 수급액 등 구체적인 사항이 법률에 규정됨으로써 비로소 구체적인 법적 권리로 형성되는 것이다(헌재 2000.6.1. 98헌마216).

② (○) 국가가 인간다운 생활을 보장하기 위한 헌법적인 의무를 다하였는지의 여부가 사법적 심사의 대상이 된 경우에는, 국가가 생계보호에 관한 입법을 전혀 하지 아니하였다든가 그 내용이 현저히 불합리하여 헌법상 용인될 수 있는 재량의 범위를 명백히 일탈한 경우에 한하여 헌법에 위반된다(헌재 1997.5.29. 94헌마33).

③ (○) ④ (×) 국가가 행하는 생계보호의 수준이 그 재량의 범위를 명백히 일탈하였는지의 여부, 즉 인간다운 생활을 보장하기 위한 객관적 내용의 최소한을 보장하고 있는지의 여부는 생활보호법에 의한 생계보호급여만을 가지고 판단하여서는 아니되고 그 외의 법령에 의거하여 국가가 생계보호를 위하여 지급하는 각종 급여나 각종 부담의 감면 등을 총괄한 수준을 가지고 판단하여야 하는바, 1994년도를 기준으로 생활보호대상자에 대한 생계보호급여와 그 밖의 각종 급여 및 각종 부담감면의 액수를 고려할 때, 이 사건 생계보호기준이 청구인들의 인간다운 생활을 보장하기 위하여 국가가 실현해야 할 객관적 내용의 최소한도의 보장에도 이르지 못하였다거나 헌법상 용인될 수 있는 재량의 범위를 명백히 일탈하였다고는 보기 어렵고, 따라서 비록 위와 같은 생계보호의 수준이 일반 최저생계비에 못 미친다고 하더라도 그 사실만으로 곧 그것이 헌법에 위반된다거나 청구인들의 행복추구권이나 인간다운 생활을 할 권리를 침해한 것이라고는 볼 수 없다(헌재 1997.5.29. 94헌마33). [2020년 법원 9급] ④

사회적 기본권에 대한 설명으로 옳지 않은 것은? (다툼이 있는 경우 판례에 의함)

① 산업재해보상보험의 생활보장적 성격을 감안하더라도 사용자가 제공하지 않는 통상의 출퇴근에서 발생한 재해를 업무상 재해로 인정하여 근로자를 보호해 줄 수 있는 헌법적 근거는 없다.

② 국가가 장애인의 복지를 향상해야 할 의무가 있다고 하여, '장애인을 위한 저상버스의 도입'과 같은 구체적인 국가의 행위의무를 도출할 수는 없다.

③ 헌법상의 사회보장권은 그에 관한 수급요건, 수급자의 범위, 수급액 등 구체적인 사항이 법률에 규정됨으로써 비로소 구체적인 법적 권리로 형성되는 것이다.

④ 자본주의 경제질서하에서 근로자가 기본적 생활수단을 확보하고 인간의 존엄성을 보장받기 위하여 최소한의 근로조건을 요구할 수 있는 권리는 자유권적 기본권의 성격도 아울러 가지므로 이러한 경우 외국인 근로자에게도 그 기본권 주체성을 인정함이 타당하다.

⑤ 사회연대의 원칙은 사회보험체계 내에서의 소득의 재분배를 정당화하는 근거이며, 사회보험에의 강제가입의무를 정당화하고 재정구조가 취약한 보험자와 재정구조가 건전한 보험자 사이의 재정조정을 가능하게 한다.

① (×) 산업재해보상보험제도는 피해근로자와 그 가족의 생활을 보장하기 위하여 국가가 책임을 지는 의무보험으로, 원래 사업주의 근로기준법상 재해보상책임을 보장하기 위하여 국가가 사업주로부터 보험료를 받아 그 재원으로 사업주를 대신하여 피해근로자에게 보상해주는 제도이다. 통상의 출퇴근 중 발생한 재해를 업무상 재해로 인정하여 근로자를 보호해 주는 것이 산재보험의 생활보장적 성격에 부합한다. 이상과 같이 통상의 출퇴근 재해에 대한 보상에 있어 혜택근로자와 비혜택근로자를 구별하여 취급할 합리적 근거가 없는데도, 혜택근로자의 출퇴근 재해만 업무상 재해로 인정하는 심판대상조항은 합리적 이유 없이 비혜택근로자에게 경제적 불이익을 주어 이들을 자의적으로 차별하는 것이므로, 헌법상 평등원칙에 위배된다(헌재 2016.9.29. 2014헌바254).

② (○) 장애인의 복지를 향상해야 할 국가의 의무가 다른 다양한 국가과제에 대하여 최우선적인 배려를 요청할 수 없을 뿐 아니라, 나아가

헌법의 규범으로부터는 '장애인을 위한 저상버스의 도입'과 같은 구체적인 국가의 행위의무를 도출할 수 없는 것이다. 국가에게 헌법 제34조에 의하여 장애인의 복지를 위하여 노력을 해야 할 의무가 있다는 것은, 장애인도 인간다운 생활을 누릴 수 있는 정의로운 사회질서를 형성해야 할 국가의 일반적인 의무를 뜻하는 것이지, 장애인을 위하여 저상버스를 도입해야 한다는 구체적 내용의 의무가 헌법으로부터 나오는 것은 아니다(헌재 2002.12.18. 2002헌마52).

③ (○) 국가가 인간다운 생활을 할 권리를 국민에게 보장하기 위하여 국가의 보호를 필요로 하는 국민들에게 한정된 가용자원을 분배하는 이른바 사회보장권에 관한 입법을 할 경우에는 국가의 재정부담능력, 전체적인 사회보장수준과 국민감정 등 사회정책적인 고려, 제도의 장기적인 지속을 전제로 하는 데서 오는 제도의 비탄력성과 같은 사회보장제도의 특성 등 여러 가지 요소를 감안하여야 하기 때문에 입법자에게 광범위한 입법재량이 부여되지 않을 수 없고, 따라서 헌법상의 사회보장권은 그에 관한 수급요건, 수급자의 범위, 수급액 등 구체적인 사항이 법률에 규정됨으로써 비로소 구체적인 법적 권리로 형성된다(헌재 1995.7.21. 93헌가14).

④ (○) 근로의 권리의 구체적인 내용에 따라, 국가에 대하여 고용증진을 위한 사회적·경제적 정책을 요구할 수 있는 권리는 사회권적 기본권으로서 국민에 대하여만 인정해야 하지만, 자본주의 경제질서하에서 근로자가 기본적 생활수단을 확보하고 인간의 존엄성을 보장받기 위하여 최소한의 근로조건을 요구할 수 있는 권리는 자유권적 기본권의 성격도 아울러 가지므로 이러한 경우 외국인 근로자에게도 그 기본권 주체성을 인정함이 타당하다(헌재 2007.8.30. 2004헌마670).

⑤ (○) 사회보험은 사회국가원리를 실현하기 위한 중요한 수단이라는 점에서, 사회연대의 원칙은 국민들에게 최소한의 인간다운 생활을 보장해야 할 국가의 의무를 부과하는 사회국가원리에서 나온다. 보험료의 형성에 있어서 사회연대의 원칙은 보험료와 보험급여 사이의 개별적 등가성의 원칙에 수정을 가하는 원리일 뿐만 아니라, 사회보험체계 내에서의 소득의 재분배를 정당화하는 근거이며, 보험의 급여수혜자가 아닌 제3자인 사용자의 보험료 납부의무(소위 '이질부담')를 정당화하는 근거이기도 하다. 또한 사회연대의 원칙은 사회보험에의 강제가입의무를 정당화하며, 재정구조가 취약한 보험자와 재정구조가 건전한 보험자 사이의 재정조정을 가능하게 한다(헌재 2000.6.29. 99헌마289).

[2019년 국회 5급] ①

사회적 기본권에 관한 설명 중 옳은 것을 모두 고른 것은? (다툼이 있는 경우 판례에 의함)

ㄱ. 보건복지부장관이 고시한 생활보호사업지침상의 생계보호급여의 수준이 일반 최저생계비에 못 미친다고 하더라도 그 사실만으로 국민의 인간다운 생활을 보장하기 위하여 국가가 실현해야 할 객관적 내용의 최소한도의 보장에 이르지 못하였다거나 헌법상 용인될 수 있는 재량의 범위를 명백히 일탈하였다고 볼 수 없다.
ㄴ. 이름(성명)은 개인의 정체성과 개별성을 나타내는 인격의 상징으로서 개인이 사회 속에서 자신의 생활영역을 형성하고 발현하는 기초가 되므로, 부모가 자녀의 이름을 지을 자유는 혼인과 가족생활을 보장하는 헌법 제36조 제1항이 아니라 일반적 인격권 및 행복추구권을 보장하는 헌법 제10조에 의하여 보호받는다.
ㄷ. 헌법 제119조 제2항은 국가가 경제영역에서 실현하여야 할 목표의 하나로서 '적정한 소득의 분배'를 들고 있으므로, 이로부터 소득에 대하여 누진세율에 따른 종합과세를 시행하여야 할 구체적인 헌법적 의무가 입법자에게 부과된다.
ㄹ. 부모의 자녀에 대한 교육권은 비록 헌법에 명문으로 규정되어 있지는 않지만, 모든 인간이 누리는 불가침의 인권으로서 혼인과 가족생활을 보장하는 헌법 제36조 제1항, 행복추구권을 보장하는 헌법 제10조 및 "국민의 자유와 권리는 헌법에 열거되지 아니한 이유로 경시되지 아니한다"고 규정하는 헌법 제37조 제1항에서 도출되는 중요한 기본권이다.
ㅁ. 자녀의 양육과 교육에 있어서 부모의 교육권은 교육의 모든 영역에서 존중되어야 하며, 다만, 학교교육의 범주 내에서는 국가의 교육권한이 헌법적으로 독자적인 지위를 부여받음으로써 부모의 교육권과 함께 자녀의 교육을 담당하지만, 학교 밖의 교육영역에서는 원칙적으로 부모의 교육권이 우위를 차지한다.

① ㄱ, ㄴ ② ㄱ, ㅁ ③ ㄱ, ㄹ, ㅁ
④ ㄴ, ㄷ, ㄹ ⑤ ㄷ, ㄹ, ㅁ

ㄱ. (○) 생계보호기준이 청구인들의 인간다운 생활을 보장하기 위하여 국가가 실현해야 할 객관적 내용의 최소한도의 보장에도 이르지 못하였다거나 헌법상 용인될 수 있는 재량의 범위를 명백히 일탈하였다고는 보기 어렵고, 따라서 비록 생계보호의 수준이 일반 최저생계비에 못 미친다고 하더라도 그 사실만으로 곧 그것이 헌법에 위반된다거나 청구인들의 행복추구권이나 인간다운 생활을 할 권리를 침해한 것이라고는 볼 수 없다(헌재 1997.5.29. 94헌마33).

ㄴ. (×) 부모가 자녀의 이름을 지어주는 것은 자녀의 양육과 가족생활을 위하여 필수적인 것이고, 가족생활의 핵심적 요소라 할 수 있으므로, 부모가 자녀의 이름을 지을 자유는 혼인과 가족생활을 보장하는 헌법 제36조 제1항과 행복추구권을 보장하는 헌법 제10조에 의하여 보호받는다(헌재 2016.7.28. 2015헌마964).

ㄷ. (×) 헌법 제119조 제2항은 국가가 경제영역에서 실현하여야 할 목표의 하나로서 적정한 소득의 분배를 들고 있지만, 이로부터 반드시 소득에 대하여 누진세율에 따른 종합과세를 시행하여야 할 구체적인 헌법적 의무가 조세입법자에게 부과되는 것이라고 할 수 없다(헌재 1999.11.25. 98헌마55).

ㄹ. (○) 부모의 자녀에 대한 교육권은 비록 헌법에 명문으로 규정되어 있지는 아니하지만, 이는 모든 인간이 누리는 불가침의 인권으로서 혼인과 가족생활을 보장하는 헌법 제36조 제1항, 행복추구권을 보장하는 헌법 제10조 및 "국민의 자유와 권리는 헌법에 열거되지 아니한 이유로 경시되지 아니한다"고 규정하는 헌법 제37조 제1항에서 나오는 중요한 기본권이다(헌재 2000.4.27. 98헌가16).

ㅁ. (○) 자녀의 양육과 교육에 있어서 부모의 교육권은 교육의 모든 영역에서 존중되어야 하며, 다만 학교교육에 관한 한 국가는 헌법 제31조에 의하여 부모의 교육권으로부터 원칙적으로 독립된 독자적인 교육권한을 부여받음으로써 부모의 교육권과 함께 자녀의 교육을 담당하지만, 학교 밖의 교육영역에서는 원칙적으로 부모의 교육권이 우위를 차지한다(헌재 2000.4.27. 98헌가16). [2020년 제9회 변호사] ③

헌법상 사회적 기본권(사회권)에 관한 다음 설명 중 가장 옳지 않은 것은?

① 검정고시로 고등학교 졸업 학력을 취득한 사람들의 수시모집 지원을 제한하는 내용의 피청구인 국립교육대학교 등의 「2017학년도 신입생 수시모집 입시요강」은 검정고시 출신자인 청구인들의 균등하게 교육을 받을 권리를 침해한다.

② 공무원연금법에 따른 퇴직연금일시금을 지급받은 사람 및 그 배우자를 기초연금 수급권자의 범위에서 제외하는 기초연금법 조항은 위 퇴직연금일시금을 지급받은 사람 및 그 배우자의 인간다운 생활을 할 권리를 침해하지 않는다.

③ 업무상 질병으로 인한 업무상 재해에 있어 업무와 재해 사이의 상당인과관계에 대한 입증책임을 이를 주장하는 근로자나 그 유족에게 부담시키는 산업재해보상보험법 조항이 해당 근로자나 그 유족의 사회보장수급권을 침해한다고 볼 수 없다.

④ 도시환경정비사업의 시행으로 인하여 철거되는 주택의 소유자를 위하여 임시수용시설을 설치하도록 규정하지 않은 도시 및 주거환경정비법 조항은 위 도시환경정비사업의 시행으로 철거되는 주택의 소유자에 대하여 최소한의 물질적 생활도 보장하지 않는 것이므로 인간다운 생활을 할 권리를 침해하는 것이다.

① (○) 수시모집요강은 기초생활수급자 및 차상위계층, 장애인 등을 대상으로 하는 일부 특별전형에만 검정고시 출신자의 지원을 허용하고 있을 뿐 수시모집에서의 검정고시 출신자의 지원을 일률적으로 제한하여 실질적으로 검정고시 출신자의 대학입학 기회의 박탈이라는 결과를 초래하고 있다. 따라서 이 사건 수시모집요강이 수시모집에서 검정고시 출신의 응시자에게 수학능력이 있는지 여부를 평가할 수 있는 기회를 부여하지 아니하고 이를 박탈한다는 것은 수학능력에 따른 합리적인 차별이라고 보기 어렵다. 이 사건 수시모집요강은 검정고시 출신자인 청구인들을 합리적인 이유 없이 차별하여 청구인들의 교육을 받을 권리를 침해한다(헌재 2017.12.28. 2016헌마649).

② (○) 공무원연금법에 따른 퇴직연금일시금 수급자 및 그 배우자를 기초연금 지급대상에서 제외한 것은 노인의 생활안정과 복리향상이라는 기초연금법의 입법목적을 달성하기 위하여 퇴직연금일시금을 받음으로써 소득기반을 제공받은 사람과 나아가 그러한 사람과 하나의 생활공동체를 형성하여 소득기반을 공유하는 사람인 배우자를 제외하기 위한 것으로서, 그 입법목적의 합리성을 인정할 수 있다. 따라서 심판대상조항이 공무원연금법에 따른 퇴직연금일시금을 받은 사람과 그 배우자의 인간다운 생활을 할 권리를 침해한다고 할 수 없다(헌재 2018.8.30. 2017헌바197).

③ (○) 업무와 재해 사이의 상당인과관계 여부와 상관없이 업무상 발생한 모든 재해를 산재보험으로 보장하거나 재해근로자의 상당인과관계에 대한 입증책임을 면해 준다면, 재해근로자와 그 가족의 생활을 보다 많이 보장할 수는 있겠으나, 보험재정의 건전성에 문제를 발생시켜 결과적으로 생활보호가 필요한 근로자와 그 가족을 보호할 수 없게 하는 사태를 초래할 수 있다. 따라서 심판대상조항이 업무와 재해 사이의 상당인과관계에 대한 입증책임을 근로자 측의 보호를 위한 산재보험제도 자체를 형해화시킬 정도로 과도하다고 보기도 어렵다. 따라서 심판대상조항이 청구인들의 사회보장수급권을 침해하였다고 볼 수 없다(헌재 2015.6.25. 2014헌바269).

④ (×) 헌법 제34조 제1항에 따른 인간다운 생활을 할 권리는 사회권적 기본권의 일종으로서 인간의 존엄에 상응하는 최소한의 물질적인 생활의 유지에 필요한 급부를 국가에게 적극적으로 요구할 수 있는 권리를 의미한다. 그런데 도시환경정비사업의 시행으로 인하여 철거되는 주택의 소유자를 위하여 사업시행기간 동안 거주할 임시수용시설을 설치하는 것은 국가에 대하여 최소한의 물질적 생활을 요구할 수 있는 인간다운 생활을 할 권리의 향유와 관련되어 있다고 할 수 없다. 그렇다면 이 사건 법률조항이 인간다운 생활을 할 권리를 제한하거나 침해한다고 할 수 없다(헌재 2014.3.27. 2011헌바396). [2019년 법원 9급] ④

사회적 기본권에 대한 설명으로 가장 적절하지 않은 것은? (다툼이 있는 경우 판례에 의함)

① 근로자가 사업주의 지배관리 아래 출퇴근하던 중 발생한 사고로 부상 등이 발생한 경우에만 업무상 재해로 인정하는 산업재해보상보험법 조항은 평등원칙에 위배되지 아니한다.

② 공무원연금법상 퇴직연금의 수급자가 사립학교교직원연금법 제3조의 학교기관으로부터 보수 기타 급여를 지급받고 있는 경우 퇴직연금의 지급을 정지하도록 한 공무원연금법 조항은 헌법에 위배되지 않는다.

③ 사회적 기본권의 성격을 가지는 연금수급권은 국가에 대하여 적극적으로 급부를 요구하는 것이므로 법률에 의한 형성을 필요로 한다.

④ 청원경찰의 복무에 관하여 국가공무원법 제66조 제1항을 준용함으로써 노동운동을 금지하는 청원경찰법 조항은 국가기관이나 지방자치단체 이외의 곳에서 근무하는 청원경찰인 청구인들의 근로3권을 침해한다.

① (×) 사업장 규모나 재정여건의 부족 또는 사업주의 일방적 의사나 개인 사정 등으로 출퇴근용 차량을 제공받지 못하거나 그에 준하는 교통수단을 지원받지 못하는 비혜택근로자는 비록 산재보험에 가입되어 있다 하더라도 출퇴근 재해에 대하여 보상을 받을 수 없는데, 이러한 차별을 정당화할 수 있는 합리적 근거를 찾을 수 없다. 따라서 심판대상조항은 합리적 이유 없이 비혜택근로자를 자의적으로 차별하는 것이므로, 헌법상 평등원칙에 위배된다(헌재 2016.9.29. 2014헌바254).

② (○) 한정된 재원으로 보다 많은 공무원과 그 유족에게 적절한 사회보장적 급여를 실시하기 위하여는 연금지급이 필요하지 않은 경우에 그 지급을 정지할 필요성이 있으므로 공무원연금법 제47조 제1항 제1호의 목적은 공공복리를 위한 것으로서 정당하고, 공무원연금제도와 사립학교교직원연금제도는 보험의 대상이 서로 달라 각각 독립하여 운영되고 있기는 하지만 동일한 사회적 위험에 대비하기 위한 하나의 통일적인 제도로서 이들 사이에서 직종을 옮긴다 하더라도 전체적인 사회보험의 관점에서 보면 적용 법률이 달라질 뿐 퇴직이라는 사회적 위험이 발생한 것은 아니며 공무원연금법상 퇴직연금의 수급자가 학교기관의 교직원으로 재직하는 경우에는 실질적으로 퇴직연금의 지급사유가 있다고 보기 어렵고, 위 규정에 의하여 지급이 정지되는 것은 사립학교기관으로부터 보수를 지급받고 있는 기간 중의 퇴직연금만이고 퇴직수당 등 다른 급여의 지급이 정지되는 것은 아니므로 이는 입법목적 달성을 위하여 필요하고 적정한 방법으로서 기본권제한의 입법한계를 일탈한 것으로 볼 수 없다(헌재 2000.6.29. 98헌바106).

③ (○) 헌법 제34조 제1항은 "모든 국민은 인간다운 생활을 할 권리를 가진다"고 하고, 제2항은 "국가는 사회보장·사회복지의 증진에 노력할 의무를 진다"고 규정하고 있는바, 이 법상의 연금수급권과 같은 사회보장수급권은 이 규정들로부터 도출되는 사회적 기본권의 하나이다. 이와 같이 사회적 기본권의 성격을 가지는 연금수급권은 국가에 대하여 적극적으로 급부를 요구하는 것이므로 헌법규정만으로는 이를 실현할 수 없고, 법률에 의한 형성을 필요로 한다(헌재 1999.4.29. 97헌마333).

④ (○) 청원경찰은 일반근로자일 뿐 공무원이 아니므로 원칙적으로 헌법 제33조 제1항에 따라 근로3권이 보장되어야 한다. 청원경찰은 제한된 구역의 경비를 목적으로 필요한 범위에서 경찰관의 직무를 수행할 뿐이며, 그 신분보장은 공무원에 비해 취약하다. 또한 국가기관이나 지방자치단체 이외의 곳에서 근무하는 청원경찰은 근로조건에 관하여 공무원뿐만 아니라 국가기관이나 지방자치단체에 근무하는 청원경찰에 비해서도 낮은 수준의 법적 보장을 받고 있으므로, 이들에 대해서는 근로3권이 허용되어야 할 필요성이 크다. 심판대상조항이 모든 청원경찰의 근로3권을 전면적으로 제한하는 것은 과잉금지원칙을 위반하여 청구인들의 근로3권을 침해하는 것이다(헌재 2017.9.28. 2015헌마653).

[2018년 경찰 경정승진] ①

사회적 기본권에 대한 설명으로 가장 옳지 않은 것은?

① 교원 재임용의 심사요소로 학생교육·학문연구·학생지도를 언급하되 이를 모두 필수요소로 강제하지 않는 「사립학교법」 제53조의2 제7항 전문은 교원의 신분에 대한 부당한 박탈을 방지함과 동시에 대학의 자율성을 도모한 것으로서 교원지위법정주의에 위반되지 아니한다.

② 국가 또는 지방자치단체의 정책결정에 관한 사항이나 기관의 관리·운영에 관한 사항으로서 근무조건과 직접 관련되지 아니하는 사항을 공무원노동조합의 단체교섭 대상에서 제외하고 있는 「공무원의 노동조합 설립 및 운영 등에 관한 법률」 제8조 제1항 단서 중 '직접' 부분은 명확성원칙에 위반된다.

③ 모든 국민은 인간다운 생활을 할 권리를 가지며 국가는 생활능력 없는 국민을 보호할 의무가 있다는 헌법의 규정은 모든 국가기관을 기속하지만, 그 기속의 의미는 적극적·형성적 활동을 하는 입법부 또는 행정부의 경우와 헌법재판에 의한 사법적 통제기능을 하는 헌법재판소에 있어서 동일하지 아니하다.

④ 헌법 제32조 제1항이 규정하는 근로의 권리는 사회적 기본권으로서 국가에 대하여 직접 일자리를 청구하거나 일자리에 갈음하는 생계비의 지급청구권을 의미하는 것이 아니라 고용증진을 위한 사회적·경제적 정책을 요구할 수 있는 권리에 그치며, 근로의 권리로부터 국가에 대한 직접적인 직장존속청구권이 도출되는 것도 아니다.

① (○) 학교법인은 다양한 교육수요에 적합한 강의전담교원과 연구전담교원을 재량적으로 임용할 수 있는바, 강의전담교원에 대한 재임용 심사는 직무의 성질상 학생교육이 주된 평가기준이 되어야 할 것인데, 법에서 학문연구에 대한 평가를 강제한다면 적절한 평가가 이루어질 수 없을 것이고, 반대로 연구전담교원에 대한 재임용 심사에서 학문연구가 아닌 학생교육에 대한 평가를 강제한다면 역시 불합리할 것이다. 따라서 이 사건 법률조항이 교원 재임용 심사에 학생교육·학문연구·학생지도라는 3가지 기준을 예시하는 한편 이를 바탕으로 대학이 객관적이고 적절한 평가기준을 마련할 수 있도록 한 것은, 교원의 신분에 대한 부당한 박탈을 방지함과 동시에 대학의 자율성을 도모한 것으로서 교원지위법정주의에 위반되지 아니한다(헌재 2014.4.24. 2012헌바336).

② (×) 국가 또는 지방자치단체의 정책결정에 관한 사항은 일정한 목적 실현을 위해 국가 또는 지방자치단체가 법령 등에 근거하여 자신의 권한과 책임으로 행하여야 할 사항을 의미하고, 기관의 관리·운영에 관한 사항은 법령 등에 근거하여 설치, 조직된 기관이 그 목적 달성을 위하여 해당 기관의 판단과 책임에 따라 업무를 처리하도록 정해져 있는 사항을 의미하며, 이 사항들 중 근무조건과 '직접' 관련되어 교섭대상이 되는 사항은 공무원이 공무를 제공하는 조건이 되는 사항 그 자체를 의미하는 것이므로, 이 사건 규정에서 말하는 공무원노조의 비교섭 대상은 정책결정에 관한 사항과 기관의 관리·운영에 관한 사항 중 그 자체가 공무를 제공하는 조건이 되는 사항을 제외한 사항이 될 것이다. 따라서 이 사건 규정상의 '직접'의 의미가 법집행 기관의 자의적인 법집행을 초래할 정도로 불명확하다고 볼 수 없으므로 명확성원칙에 위반된다고 볼 수 없다(헌재 2013.6.27. 2012헌바169).

③ (○) 모든 국민은 인간다운 생활을 할 권리를 가지며 국가는 생활능력 없는 국민을 보호할 의무가 있다는 헌법의 규정은 모든 국가기관을 기속하지만 그 기속의 의미는 동일하지 아니하다. 입법부나 행정부에 대하여는 국민소득, 국가의 재정능력과 정책 등을 고려하여 가능한 범위 안에서 최대한으로 모든 국민이 물질적인 최저생활을 넘어서 인간의 존엄성에 맞는 건강하고 문화적인 생활을 누릴 수 있도록 하여야 한다는 행위의 지침, 즉 행위규범으로서 작용하지만 헌법재판에 있어서는 다른 국가기관, 즉 입법부나 행정부가 국민으로 하여금 인간다운 생활을 영위하도록 하기 위하여 객관적으로 필요한 최소한의 조치를 취할 의무를 다하였는지를 기준으로 국가기관의 행위의 합헌성을 심사하여야 한다는 통제규범으로 작용하는 것이다(헌재 2009.11.26. 2007헌마734).

④ (○) 근로의 권리를 직접적인 일자리 청구권으로 이해하는 것은 사회주의적 통제경제를 배제하고, 사기업 주체의 경제상의 자유를 보장하는 우리 헌법의 경제질서 내지 기본권규정들과 조화될 수 없다. 마찬가지 이유로 근로의 권리로부터 국가에 대한 직접적인 직장존속청구권을 도출할 수도 없다. 본 직업의 자유에서 도출되는 보호의무와 마찬가지로 사용자의 처분에 따른 직장 상실에 대하여 최소한의 보호를 제공하여야 할 의무를 국가에 지우는 것으로 볼 수는 있을 것이나, 이 경우에도 입법자가 그 보호의무를 전혀 이행하지 않거나 사용자와 근로자의 상충하는 기본권적 지위나 이익을 현저히 부적절하게 형량한 경우에만 위헌 여부의 문제가 생길 것이다(헌재 2002.11.28. 2001헌바50).

[2019년 서울 7급] ②

사회적 기본권에 대한 설명으로 옳지 않은 것은? (다툼이 있는 경우 판례에 의함)

① 국가는 생활능력이 없는 국민을 보호할 의무가 있다는 헌법 규정은 국가기관을 기속하지만, 그 기속의 의미는 입법부 또는 행정부의 경우와 헌법재판소의 경우가 동일하지 않다.

② 사회적 기본권은 입법과정이나 정책결정과정에서 사회적 기본권에 규정된 국가목표의 무조건적인 최우선적 배려가 아니라 단지 적절한 고려를 요청하는 것이다.

③ 국가는 사회적 기본권에 의하여 제시된 국가의 의무와 과제를 국가의 현실적인 재정·경제 능력의 범위 내에서 다른 국가 과제와의 조화와 우선순위 결정을 통하여 이행할 수밖에 없다.

④ 사회적 기본권에 관한 법률유보는 주로 권리의 내용을 구체화하는 기본권 구체화적 법률유보를 의미하기 때문에, 국회가 사회적 기본권을 구체화하는 입법의무를 게을리 할 경우 헌법재판소 결정의 형식으로 스스로 입법할 수 있다.

① (○) 모든 국민은 인간다운 생활을 할 권리를 가지며 국가는 생활능력 없는 국민을 보호할 의무가 있다는 헌법의 규정은 모든 국가기관을 기속하지만, 그 기속의 의미는 적극적·형성적 활동을 하는 입법부 또는 행정부의 경우와 헌법재판에 의한 사법적 통제기능을 하는 헌법재판소에 있어서 동일하지 아니하다(헌재 1997.5.29. 94헌마33).

② (○) ③ (○) 국가는 사회적 기본권에 의하여 제시된 국가의 의무와 과제를 언제나 국가의 현실적인 재정·경제능력 범위 내에서 다른 국가과제와의 조화와 우선순위 결정을 통하여 이행할 수밖에 없다. 그러므로 사회적 기본권은 입법과정이나 정책결정과정에서 사회적 기본권에 규정된 국가목표의 무조건적인 최우선적 배려가 아니라 단지 적절한 고려를 요청하는 것이다(헌재 2002.12.18. 2002헌마52).

④ (×) 국가가 인간다운 생활을 보장하기 위한 헌법적인 의무를 다하였는지의 여부가 사법적 심사의 대상이 된 경우에는, 국가가 생계보호에 관한 입법을 전혀 하지 아니하였다든가 그 내용이 현저히 불합리하여 헌법상 용인될 수 있는 재량의 범위를 명백히 일탈한 경우에 한하여 헌법에 위반된다(헌재 1997.5.29. 94헌마33). [2015년 지방 7급] ④

사회적 기본권에 대한 설명으로 옳지 않은 것은? (다툼이 있는 경우 판례에 의함)

① 모든 국민은 인간다운 생활을 할 권리를 가지며 국가는 생활능력 없는 국민을 보호할 의무가 있다는 헌법의 규정은 모든 국가기관을 기속하지만, 그 기속의 의미는 적극적·형성적 활동을 하는 입법부 또는 행정부의 경우와 헌법재판에 의한 사법적 통제기능을 하는 헌법재판소에 있어서 동일하지 아니하다.

② 근로의 권리가 '일할 자리에 관한 권리'만이 아니라 '일할 환경에 관한 권리'도 내포하고 있는바, 후자는 건강한 작업환경, 일에 대한 정당한 보수, 합리적인 근로조건의 보장을 요구할 수 있는 권리를 포함한다.

③ 교원 재임용의 심사요소로 학생교육·학문연구·학생지도를 언급하되 이를 모두 필수요소로 강제하지 않는 「사립학교법」 제53조의2 제7항 전문은 교원의 신분에 대한 부당한 박탈을 방지함과 동시에 대학의 자율성을 도모한 것으로서 교원지위법정주의에 위반되지 아니한다.

④ 국가 또는 지방자치단체의 정책결정에 관한 사항이나 기관의 관리·운영에 관한 사항으로서 근무조건과 직접 관련되지 아니하는 사항을 공무원노동조합의 단체교섭 대상에서 제외하고 있는 「공무원의 노동조합설립 및 운영 등에 관한 법률」 제8조 제1항 단서 중 '직접' 부분은 명확성원칙에 위반된다.

① (○) 모든 국민은 인간다운 생활을 할 권리를 가지며 국가는 생활능력 없는 국민을 보호할 의무가 있다는 헌법의 규정은 모든 국가기관을 기속하지만, 그 기속의 의미는 적극적·형성적 활동을 하는 입법부 또는 행정부의 경우와 헌법재판에 의한 사법적 통제기능을 하는 헌법재판소에 있어서 동일하지 아니하다(헌재 1997.5.29. 94헌마33).

② (○) 근로의 권리가 일할 자리에 관한 권리만이 아니라 일할 환경에 관한 권리도 함께 내포하고 있는바, 후자는 인간의 존엄성에 대한 침해를 방어하기 위한 자유권적 기본권의 성격도 갖고 있어 건강한 작업환경, 일에 대한 정당한 보수, 합리적인 근로조건의 보장 등을 요구할 수 있는 권리 등을 포함한다고 할 것이므로 외국인 근로자라고 하여 이 부분에까지 기본권 주체성을 부인할 수는 없다(헌재 2007.8.30. 2004헌마670).

③ (○) 교원 재임용 심사시에 학생교육·학문연구·학생지도라는 3가지 기준을 예시하는 한편 이를 바탕으로 대학이 객관적이고 적절한 평가기준을 마련할 수 있도록 한 것은, 교원의 신분에 대한 부당한 박탈을 방지함과 동시에 대학의 자율성을 도모한 것으로서 교원지위법정주의에

위반되지 아니한다(헌재 2014.4.24. 2012헌바336).

④ (×) 국가 또는 지방자치단체의 정책결정에 관한 사항은 일정한 목적 실현을 위해 국가 또는 지방자치단체가 법령 등에 근거하여 자신의 권한과 책임으로 행하여야 할 사항을 의미하고, 기관의 관리·운영에 관한 사항은 법령 등에 근거하여 설치, 조직된 기관이 그 목적 달성을 위하여 해당 기관의 판단과 책임에 따라 업무를 처리하도록 정해져 있는 사항을 의미하며, 이 사항들 중 근무조건과 직접 관련되어 교섭대상이 되는 사항은 공무원이 공무를 제공하는 조건이 되는 사항 그 자체를 의미하는 것이므로, 이 사건 규정에서 말하는 공무원노조의 비교섭대상은 정책결정에 관한 사항과 기관의 관리·운영에 관한 사항 중 그 자체가 공무를 제공하는 조건이 되는 사항을 제외한 사항이 될 것이다. 따라서 이 사건 규정상의 직접의 의미가 법집행 기관의 자의적인 법 집행을 초래할 정도로 불명확하다고 볼 수 없으므로 명확성원칙에 위반된다고 볼 수 없다(헌재 2013.6.27. 2012헌바169). [2015년 국가 7급] ④

사회적 기본권에 관한 설명 중 옳지 않은 것은? (다툼이 있는 경우 판례에 의함)

① '인간다운 생활을 할 권리'로부터는 인간의 존엄에 상응하는 생활에 필요한 '최소한의 물질적인 생활'의 유지에 필요한 급부를 요구할 수 있는 구체적인 권리가 상황에 따라서는 직접 도출될 수 있다고 할 수는 있어도, 동 기본권이 직접 그 이상의 급부를 내용으로 하는 구체적인 권리를 발생케 한다고는 볼 수 없다.

② 모든 국민은 인간다운 생활을 할 권리를 가지며 국가는 생활능력 없는 국민을 보호할 의무가 있다는 헌법의 규정은 모든 국가기관을 기속하므로, 입법부 또는 행정부의 경우와 헌법재판소의 경우에 있어서 그 기속력의 의미가 다르게 이해되어서는 안 된다.

③ 「공무원연금법」상의 연금수급권과 같은 사회보장수급권은 헌법 제34조의 규정으로부터 도출되는 사회적 기본권의 하나이며, 따라서 국가에 대하여 적극적으로 급부를 요구하는 것이므로 헌법규정만으로는 이를 실현할 수 없고, 법률에 의한 형성을 필요로 한다.

④ 국가가 인간다운 생활을 보장하기 위한 헌법적 의무를 다하였는지의 여부가 사법적 심사의 대상이 된 경우에는, 국가가 생계보호에 관한 입법을 전혀 하지 아니하였다든가 그 내용이 현저히 불합리하여 헌법상 용인될 수 있는 재량의 범위를 명백히 일탈한 경우에 한하여 인간다운 생활을 할 권리를 보장한 헌법에 위반된다고 할 수 있다.

⑤ 「형의 집행 및 수용자의 처우에 관한 법률」에 의한 교도소·구치소에 수용 중인 자는 당해 법률에 의하여 생계유지의 보호를 받고 있으므로, 「국민기초생활 보장법」의 보충급여의 원칙에 따라 중복적인 보장을 피하기 위하여 위 수용자를 기초생활보장제도의 보장단위인 개별 가구에서 제외키로 한 것은 위 수용자의 인간다운 생활을 할 권리를 침해하지 아니한다.

① (○) 인간다운 생활을 할 권리로부터는 인간의 존엄에 상응하는 생활에 필요한 최소한의 물질적인 생활의 유지에 필요한 급부를 요구할 수 있는 구체적인 권리가 상황에 따라서는 직접 도출될 수 있다고 할 수는 있어도, 동 기본권이 직접 그 이상의 급부를 내용으로 하는 구체적인 권리를 발생케 한다고는 볼 수 없다(헌재 2003.5.15. 2002헌마90).

② (×) 모든 국민은 인간다운 생활을 할 권리를 가지며 국가는 생활능력 없는 국민을 보호할 의무가 있다는 헌법의 규정은 모든 국가기관을 기속하지만, 그 기속의 의미는 적극적·형성적 활동을 하는 입법부 또는 행정부의 경우와 헌법재판에 의한 사법적 통제기능을 하는 헌법재판소에 있어서 동일하지 아니하다(헌재 1997.5.29. 94헌마33).

③ (○) 공무원연금 수급권과 같은 사회보장 수급권은 '모든 국민은 인간다운 생활을 할 권리를 가지고, 국가는 사회보장·사회복지의 증진에 노력할 의무를 가진다'고 규정한 헌법 제34조 제1항 및 제2항으로부터 도출되는 사회적 기본권 중의 하나로서, 이는 국가에 대하여 적극적으로 급부를 요구하는 것이므로 헌법규정만으로는 이를 실현할 수 없어 법률에 의한 형성이 필요하고, 그 구체적인 내용 즉 수급요건, 수급권자의 범위 및 급여금액 등은 법률에 의하여 비로소 확정된다(헌재 2009.5.28. 2008헌바107).

④ (○) 국가가 인간다운 생활을 보장하기 위한 헌법적 의무를 다하였는지의 여부가 사법적 심사의 대상이 된 경우에는, 국가가 생계보호에 관한 입법을 전혀 하지 아니하였다든가 그 내용이 현저히 불합리하여 헌법상 용인될 수 있는 재량의 범위를 명백히 일탈한 경우에 한하여 헌법에 위반된다고 할 수 있다(헌재 1997.5.29. 94헌마33).

⑤ (○) 형의 집행 및 수용자의 처우에 관한 법률에 의한 교도소·구치소에 수용 중인 자는 당해 법률에 의하여 생계유지의 보호를 받고 있으므로 이러한 생계유지의 보호를 받고 있는 교도소·구치소에 수용 중인 자에 대하여 국민기초생활 보장법에 의한 중복적인 보장을 피하기 위하여 개별 가구에서 제외키로 한 입법자의 판단이 헌법상 용인될 수 있는 재량의 범위를 일탈하여 인간다운 생활을 할 권리를 침해한다고 볼 수 없다(헌재 2011.3.31. 2009헌마617). [2017년 제6회 변호사] ②

사회적 기본권에 관한 다음 설명 중 가장 옳지 않은 것은?

① 모든 국민은 인간다운 생활을 할 권리를 가지며 국가는 생활능력 없는 국민을 보호할 의무가 있다는 헌법의 규정은 헌법재판에 있어서는 다른 국가기관, 즉 입법부나 행정부가 국민으로 하여금 인간다운 생활을 영위하도록 하기 위하여 객관적으로 필요한 최소한의 조치를 취할 의무를 다하였는지를 기준으로 국가기관의 행위의 합헌성을 심사하여야 한다는 통제규범으로 작용하는 것이다.

② 국가는 사회적 기본권에 의하여 제시된 국가의 의무와 과제를 언제나 국가의 현실적인 재정·경제 능력의 범위 내에서 다른 국가과제와의 조화와 우선순위 결정을 통하여 이행할 수밖에 없다.

③ 국가는 노인과 청소년의 복지 향상을 위한 정책을 실시할 의무를 진다.

④ 헌법은 국가의 재해예방 의무에 대해서 아무런 규정을 두고 있지 않다.

① (○) 모든 국민은 인간다운 생활을 할 권리를 가지며 국가는 생활능력 없는 국민을 보호할 의무가 있다는 헌법의 규정은 입법부와 행정부에 대하여는 국민소득, 국가의 재정능력과 정책 등을 고려하여 가능한 범위 안에서 최대한으로 모든 국민이 물질적인 최저생활을 넘어서 인간의 존엄성에 맞는 건강하고 문화적인 생활을 누릴 수 있도록 하여야 한다는 행위의 지침 즉 행위규범으로서 작용하지만, 헌법재판에 있어서는 다른 국가기관 즉 입법부나 행정부가 국민으로 하여금 인간다운 생활을 영위하도록 하기 위하여 객관적으로 필요한 최소한의 조치를 취할 의무를 다하였는지의 여부를 기준으로 국가기관의 행위의 합헌성을 심사하여야 한다는 통제규범으로 작용하는 것이다(헌재 1997.5.29. 94헌마33).

② (○) 국가는 사회적 기본권에 의하여 제시된 국가의 의무와 과제를 언제나 국가의 현실적인 재정·경제능력의 범위 내에서 다른 국가과제와의 조화와 우선순위 결정을 통하여 이행할 수밖에 없다. 그러므로 사회적 기본권은 입법과정이나 정책결정과정에서 사회적 기본권에 규정된 국가목표의 무조건적인 최우선적 배려가 아니라 단지 적절한 고려를 요청하는 것이다(헌재 2002.12.18. 2002헌마52).

③ (○) 헌법 제34조 ④국가는 노인과 청소년의 복지향상을 위한 정책을 실시할 의무를 진다.

④ (×) 헌법은 국가는 재해를 예방하고 그 위험으로부터 국민을 보호하기 위하여 노력하여야 한다는 규정을 두고 있다. 헌법 제34조 ⑥국가는 재해를 예방하고 그 위험으로부터 국민을 보호하기 위하여 노력하여야 한다. [2021년 법원 9급] ④

생존권적 기본권에 관한 설명으로 가장 적절하지 않은 것은? (다툼이 있는 경우 판례에 의함)

① 사회보장수급권은 개인에게 직접 주어지는 헌법적 차원의 권리이며, 사회적 기본권의 하나이다.

② 8촌 이내 혈족 사이의 혼인금지조항을 위반한 혼인을 전부 무효로 하는 「민법」 조항은 과잉금지원칙을 위배하여 혼인의 자유를 침해한다.

③ 입양신고 시 신고사건 본인이 시·읍·면에 출석하지 아니하는 경우에는 신고사건 본인의 신분증명서를 제시하도록 한 「가족관계등록법」 규정은 입양당사자의 가족생활의 자유를 침해한다고 보기 어렵다.

④ 직장가입자가 소득월액보험료를 일정 기간 이상 체납한 경우 그 체납한 보험료를 완납할 때까지 국민건강보험공단이 그 가입자 및 피부양자에 대하여 보험급여를 실시하지 아니할 수 있도록 한 것은 인간다운 생활을 할 권리나 재산권을 침해하지 아니한다.

① (×) 사회보장수급권은 헌법 제34조 제1항 및 제2항 등으로부터 개인에게 직접 주어지는 헌법적 차원의 권리라거나 사회적 기본권의 하나라고 볼 수는 없고, 다만 위와 같은 사회보장·사회복지 증진의무를 포섭하는 이념적 지표로서의 인간다운 생활을 할 권리를 실현하기 위하여 입법자가 입법재량권을 행사하여 제정하는 사회보장입법에 그 수급요건, 수급자의 범위, 수급액 등 구체적인 사항이 규정될 때 비로소 형성되는 법률적 차원의 권리에 불과하다 할 것이다(헌재 2003.7.24. 2002헌바51).

② (○) 사건 무효조항의 입법목적은 가령 직계혈족 및 형제자매 사이의 혼인과 같이 근친혼이 가족제도의 기능을 심각하게 훼손하는 경우에 한정하여 무효로 하고 그 밖의 근친혼에 대하여는 혼인이 소급하여 무효가 되지 않고 혼인의 취소를 통해 장래를 향하여 해소할 수 있도록 규정함으로써 기왕에 형성된 당사자나 자녀의 법적 지위를 보장하더라도 충분히 달성할 수 있다. 그럼에도 이 사건 무효조항은 이 사건 금혼조항을 위반한 경우를 전부 무효로 하고 있으므로 침해최소성과 법익균형성에 반한다. 따라서 이 사건 무효조항은 과잉금지원칙에 위배하여 혼인의 자유를 침해한다(헌재 2022.10.27. 2018헌바115).

③ (○) 사건 법률조항은 입양의 당사자가 출석하지 않아도 입양신고를 하여 가족관계를 형성할 수 있는 자유를 보장하면서도, 출석하지 아니한 당사자의 신분증명서를 제시하도록 하여 입양당사자의 신고의사의 진실성을 담보하기 위한 조항이다. 신분증명서를 부정사용하여 입양신고가 이루어질 경우 형법에 따라 형사처벌되고, 그렇게 이루어진 허위입양은 언제든지 입양무효확인의 소를 통하여 구제받을 수 있다. 비록 출석하지 아니한 당사자의 신분증명서를 요구하는 것이 허위의 입양을 방지하기 위한 완벽한 조치는 아니라고 하더라도 이 사건 법률조항이 원하지 않는 가족관계의 형성을 방지하기에 전적으로 부적합하거나 매우 부족한 수단이라고 볼 수는 없다. 따라서 이 사건 법률조항이 입양당사자의 가족생활의 자유를 침해한다고 보기 어렵다(헌재 2022.11.24. 2019헌바108).

④ (○) 가입자들에 대한 안전적인 보험급여 제공을 보장하기 위해서는 보험료 체납에 따른 보험재정의 악화를 방지할 필요가 있다. 보험료 체납에 대하여 보험급여 제한과 같은 제재를 가하지 않는다면, 가입자가 충분한 자력이 있음에도 보험료를 고의로 납부하지 않은 채 보험급여만을 받고자 하는 도덕적 해이가 만연하여 건강보험제도 자체의 존립이 위태로워질 수 있다. 따라서 심판대상조항은 청구인의 인간다운 생활을 할 권리나 재산권을 침해하지 아니한다(헌재 2020.4.23. 2017헌바244). [2023년 경찰경채] ①

제1절 인간다운 생활권

다음 중 인간다운 생활을 할 권리에 관한 설명으로 가장 옳지 않은 것은? (다툼이 있는 경우 판례에 의함)

① 국가에게 헌법 제34조에 의하여 장애인의 복지를 위하여 노력을 해야 할 의무가 있다는 것은, 장애인도 인간다운 생활을 누릴 수 있는 정의로운 사회질서를 형성해야 할 국가의 일반적인 의무를 뜻하는 것이지, 장애인을 위하여 저상버스를 도입해야 한다는 구체적 내용의 의무가 헌법으로부터 나오는 것은 아니다.

② 구치소·치료감호시설에 수용 중인 자에 대하여 「국민기초생활보장법」에 의한 중복적인 보장을 피하기 위하여 개별가구에서 제외키로 한 입법자의 판단이 헌법상 용인될 수 있는 재량의 범위를 일탈하여 인간다운 생활을 할 권리와 보건권을 침해한다고 볼 수 없다.

③ 인간다운 생활을 보장하기 위한 객관적인 내용의 최소한을 보장하고 있는지 여부는 특정한 법률에 의한 생계급여만을 가지고 판단하면 되고, 여타 다른 법령에 의해 국가가 최저생활보장을 위하여 지급하는 각종 급여나 각종 부담의 감면 등을 총괄한 수준으로 판단할 것을 요구하지는 않는다.

④ 국가가 인간다운 생활을 보장하기 위한 헌법적 의무를 다하였는지의 여부가 사법적 심사의 대상이 된 경우에는, 국가가 최저생활보장에 관한 입법을 전혀 하지 아니하였다든가 그 내용이 현저히 불합리하여 헌법상 용인될 수 있는 재량의 범위를 명백히 일탈한 경우에 한하여 헌법에 위반된다고 할 수 있다.

① (○) 장애인의 복지를 향상해야 할 국가의 의무가 다른 다양한 국가과제에 대하여 최우선적인 배려를 요청할 수 없을 뿐 아니라, 나아가 헌법의 규범으로부터는 '장애인을 위한 저상버스의 도입'과 같은 구체적인 국가의 행위의무를 도출할 수 없는 것이다. 국가에게 헌법 제34조에 의하여 장애인의 복지를 위하여 노력을 해야 할 의무가 있다는 것은, 장애인도 인간다운 생활을 누릴 수 있는 정의로운 사회질서를 형성해야 할 국가의 일반적인 의무를 뜻하는 것이지, 장애인을 위하여 저상버스를 도입해야 한다는 구체적 내용의 의무가 헌법으로부터 나오는 것은 아니다(헌재 2002.12.18. 2002헌마52).

② (○) 생활이 어려운 국민에게 필요한 급여를 행하여 이들의 최저생활을 보장하기 위해 제정된 '국민기초생활 보장법'은 부양의무자에 의한 부양과 다른 법령에 의한 보호가 이 법에 의한 급여에 우선하여 행하여지도록 하는 보충급여의 원칙을 채택하고 있는바, '형의 집행 및 수용자의 처우에 관한 법률' 및 치료감호법에 의한 구치소·치료감호시설에 수용 중인 자는 당해 법률에 의하여 생계유지의 보호와 의료적 처우를 받고 있으므로 이러한 구치소·치료감호시설에 수용 중인 자에 대하여 '국민기초생활 보장법'에 의한 중복적인 보장을 피하기 위하여 개별가구에서 제외하기로 한 입법자의 판단이 헌법상 용인될 수 있는 재량의 범위를 일탈하여 인간다운 생활을 할 권리와 보건권을 침해한다고 볼 수 없다(헌재 2012.2.23. 2011헌마123).

③ (×) 국가가 인간다운 생활을 보장하기 위한 생계급여의 수준을 구체적으로 결정함에 있어서는 국민 전체의 소득수준과 생활수준, 국가의 재정규모와 정책, 국민 각 계층의 상충하는 갖가지 이해관계 등 복잡하고 다양한 요소를 함께 고려하여야 하며, 국가가 행하는 최저생활보장수준이 그 재량의 범위를 명백히 일탈하였는지 여부, 즉 인간다운 생활을 보장하기 위한 객관적인 내용의 최소한을 보장하고 있는지 여부는 특정한 법률에 의한 생계급여만을 가지고 판단하여서는 안 되고, 다른 법령에 의거하여 국가가 최저생활보장을 위하여 지급하는 각종 급여나 각종 부담의 감면 등을 총괄한 수준으로 판단하여야 한다(헌재 2012.2.23. 2009헌바47).

④ (○) 국가가 인간다운 생활을 보장하기 위한 헌법적 의무를 다하였는지의 여부가 사법적 심사의 대상이 된 경우에는, 국가가 최저생활보장에

관한 입법을 전혀 하지 아니하였다든가 그 내용이 현저히 불합리하여 헌법상 용인될 수 있는 재량의 범위를 명백히 일탈한 경우에 한하여 헌법에 위반된다고 할 수 있다(헌재 2004.10.28. 2002헌마328). [2022년 해경간부] ③

인간다운 생활을 할 권리에 대한 설명으로 가장 적절하지 않은 것은? (다툼이 있는 경우 헌법재판소 판례에 의함)

① 재혼을 유족연금수급권 상실사유로 규정한 구 「공무원연금법」 해당 조항 중 '유족연금'에 관한 부분은 입법재량의 한계를 벗어나 재혼한 배우자의 인간다운 생활을 할 권리를 침해하였다고 볼 수 없다.

② 연금보험료를 낸 기간이 그 연금보험료를 낸 기간과 연금보험료를 내지 아니한 기간을 합산한 기간의 3분의 2보다 짧은 경우 유족연금 지급을 제한한 구 「국민연금법」 해당 조항 중 '유족연금'에 관한 부분은 인간다운 생활을 할 권리를 침해한다고 볼 수 없다.

③ 「노인장기요양보험법」은 요양급여의 실시와 그에 따른 급여비용 지급에 관한 기본적이고도 핵심적인 사항을 이미 법률로 규정하고 있으므로, '시설 급여비용의 구체적인 산정방법 및 항목 등에 관하여 필요한 사항'을 보건복지부령에 위임하였다고 하여 그 자체로 법률유보원칙에 반한다고 볼 수는 없다.

④ 생계급여를 지급함에 있어 자활사업 참가조건의 부과를 유예할 수 있는 대상자를 정하면서 입법자가 '대학원에 재학 중인 사람'과 '부모에게 버림받아 부모를 알 수 없는 사람'을 포함시키지 않은 것은 인간다운 생활을 보장하기 위한 조치를 취함에 있어서 국가가 실현해야 할 객관적 내용의 최소한도의 보장에 이르지 못한 것이다.

① (○) 심판대상조항이 배우자의 재혼을 유족연금수급권 상실사유로 규정한 것은 배우자가 재혼을 통하여 새로운 부양관계를 형성함으로써 재혼 상대방 배우자를 통한 사적 부양이 가능해짐에 따라 더 이상 사망한 공무원의 유족으로서의 보호의 필요성이나 중요성을 인정하기 어렵다고 보았기 때문이다. 이는 한정된 재원의 범위 내에서 부양의 필요성과 중요성 등을 고려하여 유족들을 보다 효과적으로 보호하기 위한 것이므로, 입법재량의 한계를 벗어나 재혼한 배우자의 인간다운 생활을 할 권리와 재산권을 침해하였다고 볼 수 없다(헌재 2022.8.31. 2019헌가31).

② (○) 국민연금제도는 자기 기여를 전제로 하지 않고 국가로부터 소득을 보장받는 순수한 사회부조형 사회보장제도가 아니라, 가입자의 보험료를 재원으로 하여 가입기간, 기여도 및 소득수준 등을 고려하여 소득을 보장받는 사회보험제도이므로, 입법자가 가입기간의 상당 부분을 성실하게 납부한 사람의 유족만을 유족연금 지급대상에 포함시키기 위하여 '연금보험료를 낸 기간이 그 연금보험료를 낸 기간과 연금보험료를 내지 아니한 기간을 합산한 기간의 3분의 2'(연금보험료 납입비율)보다 짧은 경우 유족연금 지급을 제한한 것이 입법재량의 한계를 일탈하였을 정도로 불합리하다고 보기 어렵다. 따라서 심판대상조항이 인간다운 생활을 할 권리 및 재산권을 침해한다고 볼 수 없다(헌재 2020.5.27. 2018헌바129).

③ (○) 급여비용을 정함에 있어서는 요양보험의 재정 수준, 가입자의 보험료 및 본인부담금 등 부담수준, 요양급여의 수요와 요구되는 요양급여의 수준 등을 종합적으로 고려하여 정하여야 할 것이고 이러한 요소들은 사회적·경제적 여건에 따라 변화할 수 있다. 따라서 요양급여비용의 구체적인 산정방법 및 항목 등을 미리 법률에 상세하게 규정하는 것은 입법기술상 매우 어렵다. 노인장기요양보험법은 요양급여의 실시와 그에 따른 급여비용 지급에 관한 기본적이고도 핵심적인 사항을 이미 법률로 규정하고 있다. 따라서 '시설 급여비용의 구체적인 산정방법 및 항목 등에 관하여 필요한 사항'을 반드시 법률에서 직접 정해야 한다고 보기는 어렵고, 이를 보건복지부령에 위임하였다고 하여 그 자체로 법률유보원칙에 반한다고 볼 수는 없다(헌재 2021.8.31. 2019헌바73).

④ (×) 입법자가 이 사건 시행령조항을 제정함에 있어 '대학원에 재학 중인 사람'과 '부모에게 버림받아 부모를 알 수 없는 사람'을 조건부과 유예의 대상자에 포함시키지 않았다고 하더라도, 그러한 사정만으로 국가가 청구인의 인간다운 생활을 보장하기 위한 조치를 취함에 있어서 국가가 실현해야 할 객관적 내용의 최소한도의 보장에도 이르지 못하였다거나 헌법상 용인될 수 있는 재량의 범위를 명백히 일탈하였다고는 보기는 어렵다. 생계급여제도 이외에도 의료급여와 같은 각종 급여제도 등을 통하여서도 인간의 존엄에 상응하는 생활에 필요한 '최소한의 물질적인 생활'을 유지하는 데 도움을 받을 수 있는 점 등을 종합하여 보면, 이 사건 시행령조항은 청구인의 인간다운 생활을 할 권리도 침해하지 않는다(헌재 2017.11.30. 2016헌마448). [2023년 경찰간부] ④

인간다운 생활을 할 권리에 관한 설명으로 가장 적절하지 않은 것은? (다툼이 있는 경우 판례에 의함)

① 인간다운 생활을 할 권리로부터 인간의 존엄에 상응하는 생활에 필요한 '최소한의 물질적인 생활'의 유지에 필요한 급부를 요구할 수 있는 구체적인 권리가 상황에 따라서는 직접 도출될 수 있어도, 동 기본권이 직접 그 이상의 급부를 내용으로 하는 구체적인 권리까지 발생케 한다고 볼 수 없다.

② 국가가 행하는 최저생활보장 수준이 국민의 인간다운 생활을 보장하기 위한 객관적인 내용의 최소한을 보장하고 있는지 여부는 특정한 법률에 의한 급부만을 가지고 판단하여서는 아니되고, 국가가 최저생활보장을 위하여 지급하는 각종 급여나 각종 부담의 감면 등을 총괄한 수준으로 판단하여야 한다.

③ 직장가입자가 소득월액보험료를 일정 기간 이상 체납한 경우 그 체납한 보험료를 완납할 때까지 국민건강보험공단이 그 가입자 및 피부양자에 대하여 보험급여를 실시하지 아니할 수 있도록 한 구 「국민건강보험법」 조항은 해당 직장가입자인 청구인의 인간다운 생활을 할 권리를 침해한 것이라고 볼 수 없다.

④ 구치소·치료감호시설에 수용 중인 자에 대하여 「국민기초생활 보장법」에 의한 중복적인 보장을 피하기 위하여 기초생활보장제도의 보장단위인 개별가구에서 제외하기로 한 입법자의 판단은 헌법상 용인될 수 있는 재량의 범위를 일탈하여 구치소·치료감호시설에 수용 중인 자인 청구인의 인간다운 생활을 할 권리를 침해한다.

① (○) 인간다운 생활을 할 권리로부터는 인간의 존엄에 상응하는 생활에 필요한 최소한의 물질적인 생활의 유지에 필요한 급부를 요구할 수 있는 구체적인 권리가 상황에 따라서는 직접 도출될 수 있다고 할 수는 있어도, 동 기본권이 직접 그 이상의 급부를 내용으로 하는 구체적인 권리를 발생케 한다고는 볼 수 없다(헌재 2003.5.15. 2002헌마90).

② (○) 국가가 행하는 최저생활보장수준이 그 재량의 범위를 명백히 일탈하였는지 여부, 즉 인간다운 생활을 보장하기 위한 객관적인 내용의 최소한을 보장하고 있는지 여부는 특정한 법률에 의한 생계급여만을 가지고 판단하여서는 안 되고, 다른 법령에 의거하여 국가가 최저생활보장을 위하여 지급하는 각종 급여나 각종 부담의 감면 등을 총괄한 수준으로 판단하여야 한다(헌재 2019.12.27. 2017헌마1299).

③ (○) 직장가입자가 소득월액보험료를 일정 기간 이상 체납한 경우 그 체납한 보험료를 완납할 때까지 국민건강보험공단이 그 가입자 및 피부양자에 대하여 보험급여를 실시하지 아니할 수 있도록 한 것은 청구인의 인간다운 생활을 할 권리나 재산권을 침해하지 아니한다(헌재 2020.4.23. 2017헌바244).

④ (×) 형의 집행 및 수용자의 처우에 관한 법률 및 치료감호법에 의한 구치소·치료감호시설에 수용 중인 자는 당해 법률에 의하여 생계유지의 보호와 의료적 처우를 받고 있으므로 이러한 구치소·치료감호시설에 수용 중인 자에 대하여 국민기초생활 보장법에 의한 중복적인 보장을

피하기 위하여 개별가구에서 제외하기로 한 입법자의 판단이 헌법상 용인될 수 있는 재량의 범위를 일탈하여 인간다운 생활을 할 권리와 보건권을 침해한다고 볼 수 없다(헌재 2012.2.23. 2011헌마123). [2023년 경찰공채 8월] ④

인간다운 생활을 할 권리에 관한 설명 중 가장 적절하지 않은 것은? (다툼이 있는 경우 판례에 의함)

① 국가가 인간다운 생활을 보장하기 위한 헌법적 의무를 다하였는지의 여부가 사법적 심사의 대상이 된 경우에는, 국가가 최저생활보장에 관한 입법을 전혀 하지 아니하였다든가 그 내용이 현저히 불합리하여 헌법상 용인될 수 있는 재량의 범위를 명백히 일탈한 경우에 한하여 헌법에 위반된다.

② 65세 미만의 일정한 노인성 질병이 있는 사람의 장애인 활동지원급여 신청자격을 제한하는 「장애인활동 지원에 관한 법률」 제5조 제2호 본문 중 '「노인장기요양보험법」 제2조 제1호에 따른 노인 등' 가운데 '65세 미만의 자로서 치매·뇌혈관성질환 등 대통령령으로 정하는 노인성 질병을 가진 자'에 관한 부분은 합리적 이유가 있다고 할 것이므로 평등원칙에 위반되지 않는다.

③ 업무상 질병으로 인한 업무상 재해에 있어 업무와 재해 사이의 상당인과관계에 대한 입증책임을 이를 주장하는 근로자나 그 유족에게 부담시키는 「산업재해보상보험법」 규정이 근로자나 그 유족의 사회보장수급권을 침해한다고 볼 수 없다.

④ 「공무원연금법」에 따른 퇴직연금일시금을 지급받은 사람 및 그 배우자를 기초연금 수급권자의 범위에서 제외하는 것은 한정된 재원으로 노인의 생활안정과 복리향상이라는 「기초연금법」의 목적을 달성하기 위한 것으로서 합리성이 인정되므로 인간다운 생활을 할 권리를 침해한다고 볼 수 없다.

① (○) 국가가 인간다운 생활을 보장하기 위한 헌법적 의무를 다하였는지의 여부가 사법적 심사의 대상이 된 경우에는, 국가가 최저생활보장에 관한 입법을 전혀 하지 아니하였다든가 그 내용이 현저히 불합리하여 헌법상 용인될 수 있는 재량의 범위를 명백히 일탈한 경우에 한하여 헌법에 위반된다고 할 수 있다(헌재 2004.10.28. 2002헌마328).

② (×) 65세 미만의 비교적 젊은 나이인 경우, 일반적 생애주기에 비추어 자립 욕구나 자립지원의 필요성이 높고, 질병의 치료효과나 재활의 가능성이 높은 편이므로 노인성 질병이 발병하였다고 하여 곧 사회생활이 객관적으로 불가능하다거나, 가내에서의 장기요양의 욕구·필요성이 급격히 증가한다고 평가할 것은 아니다. 또한 활동지원급여와 장기요양급여는 급여량 편차가 크고, 사회활동 지원 여부 등에 있어 큰 차이가 있다. 그럼에도 불구하고 65세 미만의 장애인 가운데 일정한 노인성 질병이 있는 사람의 경우 일률적으로 활동지원급여 신청자격을 제한한 데에 합리적 이유가 있다고 보기 어려우므로 심판대상조항은 평등원칙에 위반된다(헌재 2020.12.23. 2017헌가22).

③ (○) 입증책임분배에 있어 권리의 존재를 주장하는 당사자가 권리근거사실에 대하여 입증책임을 부담한다는 것은 일반적으로 받아들여지고 있고, 통상적으로 업무상 재해를 직접 경험한 당사자가 이를 입증하는 것이 용이하다는 점을 감안하면, 이러한 입증책임의 분배가 입법재량을 일탈한 것이라고는 보기 어렵다. 근로자 측이 현실적으로 부담하는 입증책임이 근로자 측의 보호를 위한 산업재해보상보험제도 자체를 형해화시킬 정도로 과도하다고 보기도 어렵다. 따라서 심판대상조항이 사회보장수급권을 침해한다고 볼 수 없다(헌재 2015.6.25. 2014헌바269).

④ (○) 심판대상조항의 입법목적의 합리성, 다른 법령상의 사회보장체계, 공무원에 대한 후생복지제도 등을 종합적으로 고려할 때, 국가가 노인의 최저생활보장에관한 입법을 함에 있어 그 내용이 현저히 불합리하여 헌법상 용인될 수 있는 재량의 범위를 일탈하였다고 보기

어려우므로, 심판대상조항이 공무원연금법에 따른 퇴직연금일시금을 받은 사람과 그 배우자의 인간다운 생활을 할 권리를 침해한다고 할 수 없다(헌재 2020.5.27. 2018헌바398). [2022년 경찰공채 3월] ②

인간다운 생활을 할 권리에 관한 설명으로 가장 옳지 않은 것은?

① 헌법 제34조 제1항에 보장하는 인간다운 생활을 할 권리는 사회권적 기본권의 일종으로서 인간의 존엄에 상응하는 최소한의 물질적인 생활의 유지에 필요한 급부를 요구할 수 있는 권리를 의미한다.

② 인간다운 생활을 보장하기 위한 객관적인 내용의 최소한을 보장하고 있는지 여부는 특정한 법률에 의한 생계급여만을 가지고 판단하여서는 안 되고, 다른 법령에 의거하여 국가가 최저생활 보장을 위하여 지급하는 각종 급여나 각종 부담의 감면 등을 총괄한 수준으로 판단하여야 한다.

③ 구치소·치료감호시설에 수용 중인 자에 대하여 「국민기초생활 보장법」에 의한 중복적인 보장을 피하기 위하여 개별 가구에서 제외하기로 한 입법자의 판단이 헌법상 용인될 수 있는 재량의 범위를 일탈하여 인간다운 생활을 할 권리와 보건권을 침해한다고 볼 수 없다.

④ 「국가유공자 등 예우 및 지원에 관한 법률」이 보상받을 권리의 발생시기를 국가보훈처장에게 등록신청을 한 날이 속하는 달부터 발생하도록 한 것은 행복추구권 및 인간다운 생활을 할 권리를 침해한다.

① (○) 헌법 제34조 제1항이 보장하는 인간다운 생활을 할 권리는 사회권적 기본권의 일종으로서 인간의 존엄에 상응하는 최소한의 물질적인 생활의 유지에 필요한 급부를 요구할 수 있는 권리를 의미하는데, 이러한 권리는 국가가 재정형편 등 여러 가지 상황들을 종합적으로 감안하여 법률을 통하여 구체화할 때에 비로소 인정되는 법률적 권리이다(헌재 2009.11.26. 2007헌마734).

② (○) 국가가 생활능력 없는 장애인의 인간다운 생활을 보장하기 위하여 행하는 사회부조에는 보장법에 의한 생계급여 지급을 통한 최저생활보장 외에 다른 법령에 의하여 행해지는 것도 있으므로, 국가가 행하는 최저생활보장 수준이 그 재량의 범위를 명백히 일탈하였는지 여부, 즉 인간다운 생활을 보장하기 위한 객관적 내용의 최소한을 보장하고 있는지 여부는 보장법에 의한 생계급여만을 가지고 판단하여서는 아니되고, 그 외의 법령에 의거하여 국가가 최저생활보장을 위하여 지급하는 각종 급여나 각종 부담의 감면 등을 총괄한 수준으로 판단하여야 한다(헌재 2004.10.28. 2002헌마328).

③ (○) 교도소·구치소에 수용 중인 자에 대하여 국민기초생활 보장법의 보충급여의 원칙에 따라 중복적인 보장을 피하기 위하여 개별가구에서 제외키로 한 입법자의 판단이 국가가 최저생활보장에 관한 입법을 전혀 하지 아니하였다든가 그 내용이 현저히 불합리하여 헌법상 용인될 수 있는 재량의 범위를 명백히 일탈한 경우에 해당한다고 볼 수 없으므로 이 사건 조항이 청구인들의 인간다운 생활을 할 권리를 침해한다고 볼 수 없다(헌재 2011.3.31. 2009헌마617 등).

④ (×) 국가유공자로 등록된 자에게 예우법 제6조에 의한 등록신청일이 속한 달 이후의 보상금만 지급하도록 규정하고 있는 것은 지급대상자의 범위 파악과 보상수준의 결정에 있어서의 용이성, 국가의 재정적 상황 등 입법정책적 상황을 고려한 것이며, 국가유공자 등 예우 및 지원에 관한 법률은 보상금 이외에 생활조정수당이나(예우법 제14조) 간호수당(예우법 제15조) 등을 지급함으로써 국가유공자에게 인간다운 생활에 필요한 최소한의 물질적 수요를 충족시켜 주고 있다고 할 것이므로, 이 사건 조항이 입법재량의 범위를 넘어선 것으로 인간다운 생활을 할 권리를 침해하는 것은 아니다(헌재 2011.7.28. 2009헌마27). [2019년 서울 7급] ④

인간다운 생활을 할 권리에 관한 설명으로 옳은 것은? (다툼이 있는 경우 헌법재판소 판례에 의함)

① 보건복지부장관이 최저생계비를 고시함에 있어서 장애인가구와 비장애인가구를 구분하지 않고 일률적으로 동일한 최저생계비를 적용한 것은 자의적인 것으로 볼 수는 없다.

② 생계급여를 지급함에 있어 '개별가구 또는 개인의 여건'에 관한 조건부과 유예대상자의 범위를 정할 때 '대학원에 재학 중인 사람' 또는 '부모에게 버림받아 부모를 알 수 없는 사람'에 대하여 조건부과 유예사유를 두지 않은 것은 인간다운 생활을 할 권리를 침해한 것이다.

③ 모든 국민은 인간다운 생활을 할 권리를 가지며 국가는 생활능력 없는 국민을 보호할 의무가 있다는 헌법의 규정은 모든 국가기관을 기속하므로, 그 기속의 의미는 적극적·형성적 활동을 하는 입법부 또는 행정부의 경우와 헌법재판에 의한 사법적 통제기능을 하는 헌법재판소에 있어서 동일하다.

④ 경과실로 인한 범죄행위에 기인하는 보험사고에 대하여 의료보험급여를 부정하는 것이 사회보장제도로서의 의료보험의 본질을 침해하는 것은 아니다.

⑤ 수급권자에게 2 이상의 급여의 수급권이 발생한 때 그 자의 선택에 의하여 그 중의 하나만을 지급하고 다른 급여의 지급을 정지하도록 하는 것은 「헌법」 제37조 제2항의 기본권 제한의 입법적 한계를 일탈한 것이다.

① (○) 장애인가구와 비장애인가구에게 일률적으로 동일한 최저생계비를 적용한 것을 자의적인 것으로 볼 수는 없다. 따라서 보건복지부장관이 2002년도 최저생계비를 고시함에 있어 장애로 인한 추가지출비용을 반영한 별도의 최저생계비를 결정하지 않은 채 가구별 인원수만을 기준으로 최저생계비를 결정한 것은 생활능력 없는 장애인가구 구성원의 인간의 존엄과 가치 및 행복추구권, 인간다운 생활을 할 권리, 평등권을 침해하였다고 할 수 없다(헌재 2004.10.28. 2002헌마328).

② (×) 사건 시행령조항은 조건부과 유예대상자로 '대학원에 재학 중인 사람'과 '부모에게 버림받아 부모를 알 수 없는 사람'을 규정하고 있지 않다. 그런데 국민기초생활 보장법은 조건 부과 유예 대상자에 해당하지 않는다고 하더라도, 수급자의 개인적 사정을 고려하여 근로조건의 제시를 유예할 수 있는 제도를 별도로 두고 있으므로, '대학원에 재학 중인 사람' 또는 '부모에게 버림받아 부모를 알 수 없는 사람'이 조건 제시 유예사유에 해당하면 자활사업 참여 없이 생계급여를 받을 수 있다. 여기에 고등교육법과 법학전문대학원 설치·운영에 관한 법률이 장학금제도를 규정하고 있는 점, 생계급여제도 이외에도 의료급여와 같은 각종 급여제도 등을 통하여서도 인간의 존엄에 상응하는 생활에 필요한 최소한의 물질적인 생활을 유지하는 데 도움을 받을 수 있는 점 등을 종합하여 보면, 이 사건 시행령조항은 청구인의 인간다운 생활을 할 권리도 침해하지 않는다(헌재 2017.11.30. 2016헌마448).

③ (×) 모든 국민은 인간다운 생활을 할 권리를 가지며 국가는 생활능력 없는 국민을 보호할 의무가 있다는 헌법의 규정은 모든 국가기관을 기속하지만, 그 기속의 의미는 적극적·형성적 활동을 하는 입법부 또는 행정부의 경우와 헌법재판에 의한 사법적 통제기능을 하는 헌법재판소에 있어서 동일하지 아니하다(헌재 1997.5.29. 94헌마33).

④ (×) 경과실의 범죄로 인한 사고는 개념상 우연한 사고의 범위를 벗어나지 않으므로 경과실로 인한 범죄행위에 기인하는 보험사고에 대하여 의료보험급여를 부정하는 것은 우연한 사고로 인한 위험으로부터 다수의 국민을 보호하고자 하는 사회보장제도로서의 의료보험의 본질을 침해하여 헌법에 위반된다(헌재 2003.12.18. 2002헌바1).

⑤ (×) 수급권자에게 2 이상의 급여의 수급권이 발생한 때 그 자의 선택에 의하여 그 중의 하나만을 지급하고 다른 급여의 지급을 정지하도록 한 것은 공공복리를 위하여 필요하고 적정한 방법으로서 헌법 제37조 제2항의 기본권 제한의 입법적 한계를 일탈한 것으로 볼 수 없고, 또 합리적인 이유가 있으므로 평등권을 침해한 것도 아니다(헌재 2000.6.1. 97헌마190). [2021년 소방간부] ①

인간다운 생활을 할 권리에 대한 설명으로 옳지 않은 것은? (다툼이 있는 경우 헌법재판소 판례에 의함)

① 헌법재판소는 헌법 제34조 제1항이 정하고 있는 인간다운 생활을 할 권리는 법률에 의하여 구체화될 때 비로소 인정되는 법률상의 권리라고 본다.

② 헌법상 국가는 재해를 예방하고 그 위험으로부터 국민을 보호할 의무가 있다.

③ 헌법재판소는 「공무원연금법」상의 연금수급권은 사회보장수급권으로서의 성격과 재산권으로서의 성격이 혼재되어 있다고 보면서 양자 가운데 사회보장수급권으로서의 성격에 더 비중이 두어진다고 보고 있다.

④ 국가가 인간다운 생활을 보장하기 위한 헌법적 의무를 다하였는지의 여부가 사법적 심사의 대상이 된 경우에는 국가가 생계보호에 관한 입법을 전혀 하지 아니하였다든가 그 내용이 현저히 불합리하여 헌법상 용인될 수 있는 재량의 범위를 명백히 일탈한 경우에 한하여 인간다운 생활을 할 권리를 보장한 헌법에 위반된다고 할 수 있다.

⑤ 헌법재판소에 의하면 사회보장수급권은 그에 관한 수급요건, 수급자의 범위, 수급액 등 구체적인 사항이 법률에 규정됨으로써 비로소 구체적인 법적 권리로 형성되는 권리라고 본다.

① (○) 헌법 제34조 제1항이 보장하는 인간다운 생활을 할 권리는 사회권적 기본권의 일종으로서 인간의 존엄에 상응하는 최소한의 물질적인 생활의 유지에 필요한 급부를 요구할 수 있는 권리를 의미하는데, 이러한 권리는 국가가 재정형편 등 여러 가지 상황들을 종합적으로 감안하여 법률을 통하여 구체화할 때에 비로소 인정되는 법률적 권리이다(헌재 2009.11.26. 2007헌마734).

② (○) 헌법 제34조 ⑥국가는 재해를 예방하고 그 위험으로부터 국민을 보호하기 위하여 노력하여야 한다.

③ (×) 연금수급권은 사회보장수급권의 성격을 아울러 지니고 있으므로 순수한 재산권이 아니며, 사회보장수급권과 재산권이라는 양 권리의 성격이 불가분적으로 혼재되어 있다. 공무원연금의 재원은 공무원이 납부하는 기여금과 국가가 부담하는 부담금으로 구성되는데, 이 두 재원을 각각 사회보장급여, 보험료 후불임금으로 구분하여 정확히 귀속시킬 수가 없다. 사회보장수급권과 재산권의 두 요소가 불가분적으로 혼재되어 있다면 입법자로서는 연금수급권의 구체적 내용을 정함에 있어 이를 하나의 전체로서 파악하여 어느 한 쪽의 요소에 보다 중점을 둘 수도 있다(헌재 1999.4.29. 97헌마333).

④ (○) 국가가 인간다운 생활을 보장하기 위한 헌법적인 의무를 다하였는지의 여부가 사법적 심사의 대상이 된 경우에는, 국가가 생계보호에 관한 입법을 전혀 하지 아니하였다든가 그 내용이 현저히 불합리하여 헌법상 용인될 수 있는 재량의 범위를 명백히 일탈한 경우에 한하여 헌법에 위반된다고 할 수 있다(헌재 1997.5.29. 94헌마33).

⑤ (○) 헌법상의 사회보장권은 그에 관한 수급요건, 수급자의 범위, 수급액 등 구체적인 사항이 법률에 규정됨으로써 비로소 구체적인 법적 권리로 형성된다(헌재 1995.7.21. 93헌가14). [2016년 국회 8급] ③

보건에 관한 권리에 대한 설명으로 옳지 않은 것은? (다툼이 있는 경우 판례에 의함)

① 모든 국민은 보건에 관하여 국가의 보호를 받는다.

② 국가는 국민의 건강을 소극적으로 침해하여서는 아니 될 의무를 부담하는 것에서 한 걸음 더 나아가 적극적으로 국민의 보건을 위한 정책을 수립하고 시행하여야 할 의무를 부담한다.

③ 헌법 제10조, 제36조 제3항에 따라 국가는 국민의 생명·신체의 안전이 위협받거나 받게 될 우려가 있는 경우 국민의 생명·신체의 안전을 보호하기에 필요한 적절하고 효율적인 조치

를 취하여 그 침해의 위험을 방지하고 이를 유지할 포괄적 의무를 진다.

④ 국민의 보건에 관한 권리는 국민이 자신의 건강을 유지하는 데 필요한 국가적 급부와 배려까지 요구할 수 있는 권리를 포함하는 것은 아니다.

① (○) 헌법 제36조 ③ 모든 국민은 보건에 관하여 국가의 보호를 받는다.

② (○) ④ (×) 헌법 제36조 제3항이 규정하고 있는 국민의 보건에 관한 권리는 국민이 자신의 건강을 유지하는 데 필요한 국가적 급부와 배려를 요구할 수 있는 권리를 말하는 것으로서, 국가는 국민의 건강을 소극적으로 침해하여서는 아니 될 의무를 부담하는 것에서 한걸음 더 나아가 적극적으로 국민의 보건을 위한 정책을 수립하고 시행하여야 할 의무를 부담한다는 것을 의미한다(헌재 2012.2.23. 2011헌마123).

③ (○) 헌법 제10조, 제36조 제3항에 따라 국가는 국민의 생명·신체의 안전이 위협받거나 받게 될 우려가 있는 경우 국민의 생명·신체의 안전을 보호하기에 필요한 적절하고 효율적인 조치를 취하여 그 침해의 위험을 방지하고 이를 유지할 포괄적 의무를 진다. 국가가 위와 같은 조치를 취하지 못하였다면 이는 국가가 국민의 생명·신체 보호의무를 위반하여 국민의 생명·신체의 안전에 관한 기본권 내지 보건권을 침해할 가능성이 있는 경우에 해당한다(헌재 2019.6.28. 2017헌마1309). [2021년 국가 5급] ④

사회보장수급권에 대한 설명을 가장 옳지 않은 것은?

① 「산업재해보상보험법」에서 업무상 질병으로 인한 업무상 재해에 있어 업무와 재해 사이의 상당인과관계에 대한 입증책임을 이를 주장하는 근로자나 그 유족에게 부담시키는 것은 사회보장수급권을 위헌적으로 침해한다.

② 사립학교 교원에 대한 명예퇴직수당은 장기근속자의 조기퇴직을 유도하기 위한 특별장려금이라고 할 것이고 사회보장수급권에 해당하지 않는다.

③ 「공무원연금법」에서 다른 법령에 따라 국가나 지방자치단체의 부담으로 공무원연금법에 따른 급여와 같은 종류의 급여를 받는 자에게는 급여에 상당하는 금액을 공제하여 지급한다고 규정하고 있는 것은 사회보장수급권의 위헌적 침해로 볼 수 없다.

④ 산재보험수급권은 이른바 '사회보장수급권'의 하나로서 국가에 대하여 적극적으로 급부를 요구하는 것이지만 국가가 재정부담능력과 전체적 사회보장 수준 등을 고려하여 그 내용과 범위를 정하는 것이므로 입법부에 폭넓은 입법형성의 자유가 인정된다.

① (×) 업무상 재해의 인정요건 중 하나로 업무와 재해 사이에 상당인과관계를 요구하고 근로자 측에게 그에 대한 입증을 부담시키는 것은 재해근로자와 그 가족에 대한 보상과 생활보호를 필요한 수준으로 유지하면서도 그와 동시에 보험재정의 건전성을 유지하기 위한 것으로서 그 합리성이 있다. 근로자 측이 현실적으로 부담하는 입증책임이 근로자 측의 보호를 위한 산업재해보상보험제도 자체를 형해화시킬 정도로 과도하다고 보기도 어렵다. 따라서 심판대상조항이 사회보장수급권을 침해한다고 볼 수 없다(헌재 2015.6.25. 2014헌바269).

② (○) 사립학교법상 명예퇴직수당은 교원이 정년까지 근무할 경우에 받게 될 장래 임금의 보전이나 퇴직 이후의 생활안정을 보장하는 사회보장적 급여가 아니라 장기근속 교원의 조기 퇴직을 유도하기 위한 특별장려금이다(헌재 2007.4.26. 2003헌마533).

③ (○) 다른 법령에 따라 국가나 지방자치단체의 부담으로 공무원연금법에 따른 급여와 같은 종류의 급여를 받는 자에게는 그 급여에 상당하는 금액을 공제하여 지급한다고 규정하고 있는 법률조항은 연금수급자에게 적절한 사회보장제도를 제공하는 동시에 과도한 지출을 줄여 공무원연금 재정의 안정을 도모함으로써 연금 재정을 합리적으로 운용하기 위한 것이므로 그 목적이 정당하다. 따라서 이 사건 법률조항이

입법자의 입법형성권을 넘는 자의적인 것으로서 청구인의 사회보장수급권이나 재산권을 침해하였다고 보기 어렵다(헌재 2013.9.26. 2011헌바272).

④ (○) 산재보험수급권은 이른바 사회보장수급권의 하나로서 국가에 대하여 적극적으로 급부를 요구하는 것이지만, 국가가 재정부담능력과 전체적인 사회보장 수준 등을 고려하여 그 내용과 범위를 정하는 것이므로 광범위한 입법형성의 자유영역에 있는 것이다(헌재 2015.6.25. 2014헌바269). [2018년 서울 7급] ①

사회보장수급권에 관한 설명 중 옳지 않은 것은? (다툼이 있는 경우 판례에 의함)

① 도보나 자기 소유 교통수단 또는 대중교통수단 등을 이용하여 통상의 출퇴근을 하는 산업재해보상보험 가입 근로자는 사업주가 제공하거나 그에 준하는 교통수단을 이용하여 출퇴근하는 산업재해보상보험 가입 근로자와 같은 근로자인데도 통상의 출퇴근 재해를 업무상 재해로 인정받지 못한다는 점에서 차별취급이 존재하며, 이러한 차별은 정당화될 수 있는 합리적 근거가 없다.

② 「군인연금법」상 퇴역연금수급권은 사회보장수급권과 재산권이라는 두 가지 성격이 불가분적으로 혼화되어, 전체적으로 재산권의 보호 대상이 되면서도 순수한 재산권만이 아닌 특성을 지니므로, 비록 퇴역연금수급권이 재산권으로서의 성격을 일부 지닌다고 하더라도 사회보장법리에 강하게 영향을 받을 수밖에 없다.

③ 국민연금이 근로관계로부터 독립하여 제3자인 보험자로 하여금 피보험자의 생활위험을 보호하도록 함으로써 순수한 사회정책적 차원에서 가입자의 노령 보호를 주된 목적으로 하는 데 비하여, 공무원연금은 근무관계의 한 당사자인 국가가 다른 당사자인 공무원의 사회보장을 직접 담당함으로써 피보험자(공무원)에 대한 사회정책적 보호 외에 공무원근무관계의 기능 유지라는 측면도 함께 도모하고 있다.

④ 헌법 제25조의 공무담임권은 공무원의 재임 기간 동안 충실한 공직 수행을 담보하기 위하여 공무원의 퇴직급여 및 공무상 재해보상 보장까지 그 보호영역으로 하고 있으므로, 「공무원연금법」이 선출직 지방자치단체의 장을 위한 별도의 퇴직급여제도를 마련하지 않은 것은 사회보장수급권을 침해한다.

⑤ 공무원연금제도와 산업재해보상보험제도는 사회보장 형태로서 사회보험이라는 점에 공통점이 있을 뿐, 보험가입자, 보험관계의 성립 및 소멸, 재정조성 주체 등에서 큰 차이가 있어, 「공무원연금법」상의 유족급여수급권자와 「산업재해보상보험법」상의 유족급여수급권자가 본질적으로 동일한 비교집단이라고 보기 어렵다.

① (○) 도보나 자기 소유 교통수단 또는 대중교통수단 등을 이용하여 출퇴근하는 산업재해보상보험 가입 근로자는 사업주가 제공하거나 그에 준하는 교통수단을 이용하여 출퇴근하는 산재보험 가입 근로자와 같은 근로자인데도 사업주의 지배관리 아래 있다고 볼 수 없는 통상적 경로와 방법으로 출퇴근하던 중에 발생한 재해를 업무상 재해로 인정받지 못한다는 점에서 차별취급이 존재한다. 이러한 차별을 정당화할 수 있는 합리적 근거를 찾을 수 없다(헌재 2016.9.29. 2014헌바254).

② (○) 군인연금법상 퇴역연금 수급권은 사회보장수급권과 재산권이라는 두 가지 성격이 불가분적으로 혼화되어, 전체적으로 재산권의 보호대상이 되면서도 순수한 재산권만이 아닌 특성을 지니므로, 비록 퇴역연금 수급권이 재산권으로서의 성격을 일부 지닌다고 하더라도 사회보장법리에 강하게 영향을 받을 수밖에 없다. 입법자로서는 퇴역연금 수급권의 구체적 내용을 정할 때 재산권보다 사회보장수급권적 요소에 중점을 둘 수 있고 이 점에 관하여 입법형성의 자유가 있다(헌재 2015.7.30. 2014헌바371).

③ (○) 국민연금이 근로관계로부터 독립하여 제3자인 보험자로 하여금 피보험자의 생활위험을 보호하도록 함으로써 순수한 사회정책적 차원에서 가입자의 노령 보호를 주된 목적으로 하는데 비하여, 군인연금은 근무관계의 한 당사자인 국가가 다른 당사자인 군인의 사회보장을 직접 담당함으로써 피보험자(군인)에 대한 사회정책적 보호 외에 군인근무관계의 기능유지라는 측면도 함께 도모하고 있다(헌재 2009.7.30. 2008헌가1).

④ (×) 기본적으로 사회적 기본권의 구체적인 실현에 있어서 입법자는 광범위한 형성의 자유를 가지므로 헌법 제34조로부터 바로 지방자치단체장을 위한 별도의 퇴직급여제도를 마련할 입법의무가 도출된다고 보기 어렵다. 그 밖에 헌법 제25조가 규정하는 공무담임권은 공직 취임의 기회 보장을 보호영역으로 하는데, 더 나아가 지방자치단체장의 재임 기간 동안 충실한 공직 수행을 담보하기 위하여 이들을 위한 퇴직연금제도를 마련할 것까지 그 보호영역으로 한다고 볼 수는 없다(헌재 2014.6.26. 2012헌마459).

⑤ (○) 공무원연금제도와 산재보험제도는 사회보장 형태로서 사회보험이라는 점에 공통점이 있을 뿐, 보험가입자, 보험관계의 성립 및 소멸, 재정조성 주체 등에서 큰 차이가 있어, 공무원연금법상의 유족급여수급권자와 산재보험법상의 유족급여수급권자가 본질적으로 동일한 비교집단이라고 보기 어렵다(헌재 2014.5.29. 2012헌마555). [2018년 제7회 변호사] ④

사회보장수급권에 관한 다음 설명 중 가장 옳지 않은 것은? (다툼이 있는 경우 헌법재판소 결정에 의함)

① 입법자는 「공무원연금법」상 연금수급권의 구체적 내용을 정함에 있어 반드시 「민법」상 상속의 법리와 순위에 따라야 하는 것이 아니라 공무원연금제도의 목적 달성에 알맞도록 독자적으로 규율할 수 있다.

② 공무원과는 달리 산재보험에 가입한 근로자의 통상의 출·퇴근 재해를 업무상 재해로 인정하지 않더라도 입법자의 입법형성의 한계를 벗어난 자의적인 차별은 아니다.

③ 「공무원연금법」상의 각종 급여는 후불임금으로서의 성격을 띠므로, 그에 관한 입법자의 입법재량은 일반적인 재산권과 유사하게 제한된다.

④ 공무원이 유족 없이 사망하였을 경우, 연금수급자의 범위를 직계존·비속으로만 한정하는 것은 공무원의 형제자매 등 다른 상속권자들의 재산권을 침해한 것으로 볼 수 없다.

① (○) 입법자로서는 연금수급권의 구체적 내용을 정함에 있어 반드시 민법상 상속의 법리와 순위에 따라야 하는 것이 아니라 공무원연금제도의 목적 달성에 알맞도록 독자적으로 규율할 수 있고, 여기에 필요한 정책판단·결정에 관하여는 입법자에게 상당한 정도로 형성의 자유가 인정된다(헌재 1999.4.29. 97헌마333).

② (×) 사업장 규모나 재정여건의 부족 또는 사업주의 일방적 의사나 개인 사정 등으로 출퇴근용 차량을 제공받지 못하거나 그에 준하는 교통수단을 지원받지 못하는 비혜택근로자는 비록 산재보험에 가입되어 있다 하더라도 출퇴근 재해에 대하여 보상을 받을 수 없는데, 이러한 차별을 정당화할 수 있는 합리적 근거를 찾을 수 없다. 반면에 통상의 출퇴근 중 재해를 입은 비혜택근로자는 가해자를 상대로 불법행위 책임을 물어도 충분한 구제를 받지 못하는 것이 현실이고, 심판대상조항은 합리적 이유 없이 비혜택근로자를 자의적으로 차별하는 것이므로, 헌법상 평등원칙에 위배된다(헌재 2016.9.29. 2014헌바254).

③ (×) 공무원연금법상의 각종 급여는 기본적으로 모두 사회보장적 급여로서의 성격을 가짐과 동시에 공로보상 내지 후불임금으로서의 성격도 함께 가지며 특히 퇴직연금수급권은 경제적 가치 있는 권리로서 헌법 제23조에 의하여 보장되는 재산권으로서의 성격을 가지는데, 다만 그 구체적인 급여의 내용, 기여금의 액수 등을 형성하는 데에 있어서는 직업공무원제도나 사회보험원리에 입각한 사회보장적 급여로서의

성격으로 인하여 일반적인 재산권에 비하여 입법자에게 상대적으로 보다 폭넓은 재량이 헌법상 허용된다(헌재 2005.6.30. 2004헌바42).

④ (○) 공무원이 유족 없이 사망하였을 경우, 연금수급권자의 범위를 직계존비속으로만 한정하고 있는 공무원연금법 규정은 공무원의 형제자매 등 다른 상속권자들의 재산권(상속권)을 침해하지 않는다(헌재 2014.5.29. 2012헌마555). [2016년 법원 9급] ③

사회보장수급권에 대한 설명으로 옳지 않은 것은? (다툼이 있는 경우 헌법재판소 판례에 의함)

① 「공무원연금법」상 퇴직연금의 수급자가 「사립학교교직원연금법」 제3조의 학교기관으로부터 보수 기타 급여를 지급받고 있는 경우, 그 기간 중 퇴직연금의 지급을 정지하도록 한 것은 기본권제한의 입법한계를 일탈한 것으로 볼 수 없다.

② 국민연금의 급여수준은 납입한 연금 보험료의 금액을 기준으로 결정하여야 하며, 한 사람의 수급권자에게 여러 종류의 수급권이 발생한 경우에는 중복하여 지급해야 한다.

③ 사회적 기본권의 성격을 가지는 연금수급권은 국가에 대하여 적극적으로 급부를 요구하는 것이므로 헌법규정만으로는 실현될 수 없고, 법률에 의한 형성을 필요로 한다.

④ 「군인연금법」상의 퇴역연금은 퇴역군인의 생활을 보장하기 위한 사회보험 내지 사회보장·사회복지적인 성질도 함께 갖는 것이며, 이와 같은 법적 성질은 퇴역일시금의 경우도 기본적으로 같다.

⑤ 독립유공자 유족에 대한 부가연금지급에 있어서 독립유공자 본인의 서훈등급에 따라 차등을 두는 것은 합리적인 이유가 있으므로, 그 차등지급은 평등권을 침해하는 것이 아니다.

① (○) 한정된 재원으로 보다 많은 공무원과 그 유족에게 적절한 사회보장적 급여를 실시하기 위하여는 연금지급이 필요하지 않은 경우에 그 지급을 정지할 필요성이 있으므로 공무원연금법 제47조 제1항 제1호의 목적은 공공복리를 위한 것으로서 정당하고, 위 규정에 의하여 지급이 정지되는 것은 사립학교기관으로부터 보수를 지급받고 있는 기간 중의 퇴직연금만이고 퇴직수당 등 다른 급여의 지급이 정지되는 것은 아니므로 이는 입법목적 달성을 위하여 필요하고 적정한 방법으로서 기본권제한의 입법한계를 일탈한 것으로 볼 수 없다(헌재 2000.6.29. 98헌바106).

② (×) 국민연금의 급여수준은 수급권자가 최저생활을 유지하는 데 필요한 금액을 기준으로 결정해야 할 것이지 납입한 연금보험료의 금액을 기준으로 결정하거나 여러 종류의 수급권이 발생하였다고 하여 반드시 중복하여 지급해야 할 것은 아니므로, 또 합리적인 이유가 있으므로 평등권을 침해한 것도 아니다(헌재 2000.6.1. 97헌마190).

③ (○) 사회적 기본권의 성격을 가지는 연금수급권은 국가에 대하여 적극적으로 급부를 요구하는 것이므로 헌법규정만으로는 이를 실현할 수 없고, 법률에 의한 형성을 필요로 한다(헌재 1999.4.29. 97헌마333).

④ (○) 군인연금법상의 퇴역연금의 법적 성질은 군인이 장기간 충실히 복무한 공로에 대한 공적 보상으로서의 은혜적 성질을 갖는 한편, 퇴역연금 중 군인이 부담하는 기여금에 상당하는 부분은 봉급연불적인 성질과 군인인 기간 동안 및 퇴직 후에 있어서의 공적 재해보험의 성질이 있고, 국고의 부담금은 군인과 그 가족을 위한 사회보장 부담금으로서의 성질이 있다 할 것이므로, 결국 퇴역연금은 퇴역군인의 생활을 보장하기 위한 사회보험 내지 사회보장·사회복지적인 성질도 함께 갖는 것이며, 이와 같은 법적 성질은 퇴직일시금의 경우도 기본적으로 같다(헌재 1996.10.31. 93헌바55).

⑤ (○) 독립유공자 본인에 대한 부가연금지급에 있어 그 공헌과 희생의 정도에 다라 차등을 두는 것은 독립유공자예우에 관한 법률이 내세우는 보상의 원칙에 부합하는 것일 뿐만 아니라 실질적 평등을 구현하는 것으로서 합리적인 이유가 있는 이상, 그 유족에 대한 부가연금지급에 있어서도 독립유공자 본인의 서훈등급에 따라 차등을 두는 것은 합리적인 이유가 있으므로, 그 차등지급은 평등권을 침해한 것이 아니다(헌재 1997.6.26. 94헌마52). [2017년 국회 5급] ②

사회보장수급권 등에 관한 다음 설명 중 옳은 것은 모두 몇 개인가? (다툼이 있는 경우 헌법재판소 결정에 의함)

가. 교도시설에 수용 중인 경우에는 기결수뿐 아니라 미결수용자에 대하여도 국민건강보험급여를 정지하고 있는 국민건강보험법 규정이 수용자의 건강권, 인간의 존엄성, 행복추구권, 인간다운 생활을 할 권리를 침해하는 것이라고 할 수 없다.
나. 헌법 제34조 제2항 및 제6항의 국가의 사회보장·사회복지 증진의무나 재해예방노력 의무 등의 성질에 비추어 국가가 어떠한 내용의 산재보험을 어떠한 범위와 방법으로 시행할지 여부는 입법자의 재량영역에 속하는 문제이고, 산재피해 근로자에게 인정되는 산재보험수급권도 그와 같은 입법재량권의 행사에 의하여 제정된 산재보험법에 의하여 비로소 구체화되는 '법률상의 권리'이며, 개인에게 국가에 대한 사회보장·사회복지 또는 재해예방 등과 관련된 적극적 급부청구권은 인정하고 있지 않다.
다. 국가가 인간다운 생활을 보장하기 위한 헌법적 의무를 다하였는지의 여부가 사법적 심사의 대상이 된 경우에는, 국가가 최저생활보장에 관한 입법을 전혀 하지 아니하였다든가 그 내용이 현저히 불합리하여 헌법상 용인될 수 있는 재량의 범위를 명백히 일탈한 경우에 한하여 헌법에 위반된다고 할 수 있다.
라. 공무원연금법상의 각종 급여는 모두 사회보장 수급권으로서의 성격과 아울러 재산권으로서의 성격도 가지고, 그 중 퇴직일시금 및 퇴직수당 수급권은 후불임금 내지 재산권적 성격을 많이 띠고 있는데 비하여, 퇴직연금 수급권은 상대적으로 사회보장적 급여로서의 성격이 강하다.
마. 일정한 법정요건을 갖춰 발생한 산재보험수급권은 구체적인 법적 권리로 보장되고 그 성질상 경제적·재산적 가치가 있는 공법상의 권리로서 헌법상 재산권의 보호대상에 포함된다.

① 1개 ② 2개 ③ 3개
④ 4개 ⑤ 5개

가. (○) 교도소에 수용된 때에는 국민건강보험급여를 정지하도록 한 국민건강보험법 제49조 제4호는 수용자에게 불이익을 주기 위한 것이 아니라, 국가의 보호, 감독을 받는 수용자의 질병치료를 국가가 부담하는 것을 전제로 수용자에 대한 의료보장제도를 합리적으로 운영하기 위한 것이므로 입법목적의 정당성을 갖고 있다. 위 조항은 수용자의 의료보장수급권을 직접 제약하는 규정이 아니며, 입법재량을 벗어나 수용자의 건강권을 침해하거나 국가의 보건의무를 저버린 것으로 볼 수 없으므로 수용자의 건강권, 인간의 존엄성, 행복추구권, 인간다운 생활을 할 권리를 침해하는 것이라 할 수 없다(헌재 2005.2.24. 2003헌마31).
나. (○) 헌법 제34조 제2항·제6항의 국가의 사회보장·사회복지 증진의무나 재해예방노력의무 등의 성질에 비추어 국가가 어떠한 내용의 산재보험을 어떠한 범위와 방법으로 시행할지 여부는 입법자의 재량영역에 속하는 문제이며, 산재피해 근로자에게 인정되는 산재보험수급권도 그와 같은 입법재량권의 행사에 의하여 제정된 산재보험법에 의하여 비로소 구체화되는 법률상의 권리이며, 개인에게 국가에 대한 사회보장·사회복지 또는 재해예방 등과 관련된 적극적 급부청구권은 인정하고 있지 않다고 보아야 할 것이다(헌재 2005.7.21. 2004헌바2)
다. (○) 국가가 인간다운 생활을 보장하기 위한 헌법적 의무를 다하였는지의 여부가 사법적 심사의 대상이 된 경우에는, 국가가 최저생활보장에 관한 입법을 전혀 하지 아니하였다든가 그 내용이 현저히 불합리하여 헌법상 용인될 수 있는 재량의 범위를 명백히 일탈한 경우에 한하여 헌법에 위반된다(헌재 2004.10.28. 2002헌마328).
라. (○) 공무원연금법상의 각종 급여는 모두 사회보장 수급권으로서의 성격과 아울러 재산권으로서의 성격도 가지고, 그 중 퇴직일시금 및 퇴직수당 수급권은 후불임금 내지 재산권적 성격을 많이 띠고 있는데 비하여, 퇴직연금 수급권은 상대적으로 사회보장적 급여로서의 성격이 강하다(헌재 2008.2.28. 2005헌마872).
마. (○) 산재보험급여수급권은 기본적으로 사회보장수급권의 성격을 가지고 있고, 그 수급요건·수급권자의 범위·급여금액 등 구체적인 내용은 법률에 의하여 비로소 확정된다. 다만 일정한 법정요건을 갖춰 발생한 산재보험수급권은 구체적인 법적 권리로 보장되고, 그 성질상 경제적·재산적 가치가 있는 공법상의 권리로서 헌법상 재산권의 보호대상에 포함된다(헌재 2014.6.26. 2012헌바382).

[2016년 법무사] ⑤

제2절 교육을 받을 권리

교육을 받을 권리에 대한 설명으로 가장 적절하지 않은 것은? (다툼이 있는 경우 헌법재판소 판례에 의함)

① 대학수학능력시험의 문항 수 기준 70%를 한국교육방송공사 교재와 연계하여 출제하는 것이 대학수학능력시험을 준비하는 자들의 능력에 따라 균등하게 교육을 받을 권리를 직접 제한한다고 보기는 어렵다.

② 학문의 자유와 대학의 자율성에 따라 대학이 학생의 선발 및 전형 등 대학입시제도를 자율적으로 마련할 수 있다 하더라도 이를 내세워 국민의 교육받을 권리를 침해할 수 없다.

③ 「학교폭력예방 및 대책에 관한 법률」에서 학교폭력 가해학생에 대하여 수개의 조치를 병과할 수 있도록 하고, 출석정지기간의 상한을 두지 아니한 부분은 과잉금지원칙에 위배되어 청구인들의 학습의 자유를 침해한다.

④ 2년제 전문대학의 졸업자에게만 대학·산업대학 또는 원격대학의 편입학 자격을 부여하고, 3년제 전문대학의 2년 이상 과정 이수자에게는 편입학 자격을 부여하지 않는 것은 교육을 받을 권리를 침해하지 않는다.

① (○) 청구인은 수능시험을 준비하는 사람들로서 심판대상계획에서 정한 출제 방향과 원칙에 영향을 받을 수밖에 없다. 따라서 수능시험을 준비하면서 무엇을 어떻게 공부하여야 할지에 관하여 스스로 결정할 자유가 심판대상계획에 따라 제한된다. 이는 자신의 교육에 관하여 스스로 결정할 권리, 즉 교육을 통한 자유로운 인격발현권을 제한받는 것으로 볼 수 있다. 한편, 청구인들은 심판대상계획으로 인해 교육을 받을 권리가 침해된다고 주장하지만, 심판대상계획이 헌법 제31조 제1항의 능력에 따라 균등하게 교육을 받을 권리를 직접 제한한다고 보기는 어렵다(헌재 2018.2.22. 2017헌마691).

② (○) 헌법 제22조 제1항이 보장하고 있는 학문의 자유와 헌법 제31조 제4항에서 보장하고 있는 대학의 자율성에 따라 대학이 학생의 선발 및 전형 등 대학입시제도를 자율적으로 마련할 수 있다 하더라도, 이러한 대학의 자율적 학생 선발권을 내세워 국민의 균등하게 교육을 받을 권리를 침해할 수 없으며, 이를 위해 대학의 자율권은 일정부분 제약을 받을 수 있다(헌재 2017.12.28. 2016헌마649).

③ (×) 징계조치 조항에서 수개의 조치를 병과하고 출석정지기간의 상한을 두지 않음으로써 구체적 사정에 따라 다양한 조치를 취할 수 있도록 한 것은, 피해학생의 보호 및 가해학생의 선도·교육을 위하여 바람직하다고 할 것이고, 이 사건 징계조치 조항보다 가해학생의 학습의 자유를 덜 제한하면서, 피해학생에게 심각한 피해와 지속적인 영향을 미칠 수 있는 학교폭력에 구체적·탄력적으로 대처하고, 피해학생을 우선적으로 보호하면서 가해학생도 선도·교육하려는 입법 목적을 이 사건 징계조치 조항과 동일한 수준으로 달성할 수 있는 입법의 대안이 있다고 보기 어렵다. 사건 징계조치 조항은 학습의 자유를 침해하지 아니한다(헌재 2019.4.11. 2017헌바140).

④ (○) 평생교육을 포함한 교육시설의 입학자격에 관하여는 입법자에게 광범위한 형성의 자유가 있다고 할 것이어서, 3년제 전문대학의 2년 이상의 이수자에게 의무교육기관이 아닌 대학에의 일반 편입학을 허용하지 않는 것이 교육을 받을 권리나 평생교육을 받을 권리를 본질적으로 침해하지 않는다(헌재 2010.11.25. 2010헌마144). [2022년 경찰간부] ③

교육을 받을 권리에 대한 설명으로 옳지 않은 것은?

① 검정고시로 고등학교 졸업학력을 취득한 사람들의 수시모집 지원을 제한하는 내용의 국립교육대학교 등의 '2017학년도 신입생 수시모집 입시요강'은 청구인들의 균등하게 교육을 받

을 권리를 침해한다.

② 자녀의 양육과 교육은 일차적으로 부모의 천부적인 권리인 동시에 부모에게 부과된 의무이기도 하다.

③ 학교운영지원비를 학교회계 세입항목에 포함시키도록 한 구 초·중등교육법 규정은 헌법 제31조 제3항에 규정되어 있는 의무교육 무상의 원칙에 위배되지 않는다.

④ 의무교육제도는 국민에 대하여 보호하는 자녀들을 취학시키도록 한다는 의무부과의 면보다는 국가에 대하여 인적·물적 교육시설을 정비하고 교육환경을 개선하여야 한다는 의무부과의 측면이 보다 더 중요한 의미를 갖는다.

① (○) 수시모집에서 검정고시 출신자에게 수학능력이 있는지 여부를 평가받을 기회를 부여하지 아니하고 이를 박탈한다는 것은 수학능력에 따른 합리적인 차별이라고 보기 어렵다. 피청구인들은 정규 고등학교 학교생활기록부가 있는지 여부, 공교육 정상화, 비교내신 문제 등을 차별의 이유로 제시하고 있으나 이러한 사유가 차별취급에 대한 합리적인 이유가 된다고 보기 어렵다. 그렇다면 이 사건 수시모집요강은 검정고시 출신자인 청구인들을 합리적인 이유 없이 차별함으로써 청구인들의 균등하게 교육을 받을 권리를 침해한다(헌재 2017.12.28. 2016헌마649).

② (○) 가족생활을 구성하는 핵심적 내용 중의 하나가 바로 자녀의 양육과 교육이다. 자녀의 양육과 교육은 일차적으로 부모의 천부적인 권리인 동시에 부모에게 부과된 의무이기도 하다(헌재 2000.4.27. 98헌가16).

③ (×) 학교운영지원비는 그 운영상 교원연구비와 같은 교사의 인건비 일부와 학교회계직원의 인건비 일부 등 의무교육과정의 인적기반을 유지하기 위한 비용을 충당하는데 사용되고 있다는 점, 학교회계의 세입상 현재 의무교육기관에서는 국고지원을 받고 있는 입학금, 수업료와 함께 같은 항에 속하여 분류되고 있음에도 불구하고 학교운영지원비에 대해서만 학생과 학부모의 부담으로 남아있다는 점, 학교운영지원비는 기본적으로 학부모의 자율적 협찬금의 외양을 갖고 있음에도 그 조성이나 징수의 자율성이 완전히 보장되지 않아 기본적이고 필수적인 학교 교육에 필요한 비용에 가깝게 운영되고 있다는 점 등을 고려해보면 이 사건 세입조항은 헌법 제31조 제3항에 규정되어 있는 의무교육의 무상원칙에 위배되어 헌법에 위반된다(헌재 2012.8.23. 2010헌바220).

④ (○) 헌법은 이를 보장하기 위하여 국민에게는 그 보호하는 자녀를 초등교육과 법률이 정하는 교육에 취학시킬 의무를 부과하고 있으며 특히 오늘날 공교육제도를 수립하고 정비할 책임을 지고 있는 국가에 대하여는 의무교육의 무상실시와 시설확보의무를 부담시키고 있다. 의무교육제도는 국민에 대하여 보호하는 자녀들을 취학시키도록 한다는 의무부과의 면보다는 국가에 대하여 인적·물적 교육시설을 정비하고 교육환경을 개선하여야 한다는 의무부과의 측면이 보다 더 중요한 의미를 갖는다(헌재 2005.3.31. 2003헌가20).

[2023년 국가 5급] ③

교육을 받을 권리에 관한 설명 중 옳지 않은 것은? (다툼이 있는 경우 판례에 의함)

① 대학 입학전형자료의 하나인 수능시험은 고등학교 교육과정에 대한 최종적이고 종합적인 평가로서 학교교육 제도와 밀접한 관계가 있기 때문에, 수능시험의 출제 방향이나 원칙을 어떻게 정할 것인지에 대하여 국가는 폭넓은 재량권을 갖는다.

② 의무교육 무상의 원칙은 의무교육을 위탁받은 사립학교를 설치·운영하는 학교법인이 관련 법령에 의하여 이미 부담하도록 규정되어 있는 경비까지 종국적으로 국가나 지방자치단체의 부담으로 한다는 취지는 아니다.

③ 국민의 수학권과 교사의 수업의 자유는 다 같이 보호되어야 하겠지만, 그 중에서도 국민의

수학권이 더 우선적으로 보호되어야 한다.

④ 헌법은 국가의 교육권한과 부모의 교육권의 범주 내에서 학생에게도 자신의 교육에 관하여 스스로 결정할 권리, 즉 자유롭게 교육을 받을 권리를 부여하고, 학생은 국가의 간섭을 받지 아니하고 자신의 능력과 개성, 적성에 맞는 학교를 자유롭게 선택할 권리를 가진다.

⑤ 검정고시로 고등학교 졸업 학력을 취득한 사람들에게는 정규 고등학교 학교생활기록부가 없어 초등교사로서의 품성과 자질 등을 다방면으로 평가할 자료가 부족하므로, 국립 교육대학교 수시모집요강에서 이들에게 수시모집에 응시할 수 있는 기회를 부여하지 않았더라도 검정고시로 고등학교 졸업 학력을 취득한 사람들의 교육을 받을 권리를 침해한 것은 아니다.

① (○) 대학 입학전형자료의 하나인 수능시험은 대학 진학을 위해 필요한 것이지만, 고등학교 교육과정에 대한 최종적이고 종합적인 평가로서 학교교육 제도와 밀접한 관계에 있다. 따라서 국가는 수능시험의 출제 방향이나 원칙을 어떻게 정할 것인지에 대해서도 폭넓은 재량권을 갖는다(헌재 2018.2.22. 2017헌마691).

② (○) 의무교육 무상에 관한 헌법 제31조 제3항은 교육을 받을 권리를 보다 실효성 있게 보장하기 위하여 의무교육 비용을 학령아동의 보호자 개개인의 직접적 부담에서 공동체 전체의 부담으로 이전하라는 명령일 뿐이고 의무교육의 비용을 오로지 국가 또는 지방자치단체의 예산, 즉 조세로 해결해야 함을 의미하는 것은 아니다(헌재 2008.9.25. 2007헌가9).

③ (○) 국민의 수학권과 교사의 수업의 자유는 다 같이 보호되어야 하겠지만 그 중에서도 국민의 수학권이 더 우선적으로 보호되어야 한다(헌재 1992.11.12. 89헌마88).

④ (○) 헌법은 국가의 교육권한과 부모의 교육권의 범주 내에서 아동에게도 자신의 교육에 관하여 스스로 결정할 권리, 즉 자유롭게 교육을 받을 권리를 부여한다(헌재 2000.4.27. 98헌가16).

⑤ (×) 사건 수시모집요강은 기초생활수급자·차상위계층, 장애인 등을 대상으로 하는 일부 특별전형에만 검정고시 출신자의 지원을 허용하고 있을 뿐 수시모집에서의 검정고시 출신자의 지원을 일률적으로 제한함으로써 실질적으로 검정고시 출신자의 대학입학 기회의 박탈이라는 결과를 초래하고 있다. 수시모집에서 검정고시 출신자에게 수학능력이 있는지 여부를 평가받을 기회를 부여하지 아니하고 이를 박탈한다는 것은 수학능력에 따른 합리적인 차별이라고 보기 어렵다. 피청구인들은 정규 고등학교 학교생활기록부가 있는지 여부, 공교육 정상화, 비교내신 문제 등을 차별의 이유로 제시하고 있으나 이러한 사유가 차별취급에 대한 합리적인 이유가 된다고 보기 어렵다. 그렇다면 이 사건 수시모집요강은 검정고시 출신자인 청구인들을 합리적인 이유 없이 차별함으로써 청구인들의 균등하게 교육을 받을 권리를 침해한다(헌재 2017.12.28. 2016헌마649). [2022년 제11회 변호사] ⑤

다음 중 교육을 받을 권리에 관한 설명으로 가장 옳지 않은 것은? (다툼이 있는 경우 판례에 의함)

① 헌법 제31조 제3항의 의무교육 무상의 원칙은 교육을 받을 권리를 보다 실효성 있게 보장하기 위하여 의무교육 비용을 학령아동의 보호자 개개인의 직접적 부담에서 공동체 전체의 부담으로 이전하라는 명령일 뿐, 의무교육의 비용을 오로지 국가 또는 지방자치단체의 예산으로 해결해야 함을 의미하는 것은 아니다.

② 헌법 제31조의 교육을 받을 권리는 국민이 국가에 대하여 특정한 교육제도나 교육과정 또는 학교시설의 제공을 요구할 수 있는 권리를 뜻하는 것은 아니다.

③ 헌법 제31조 제4항에서 보장하고 있는 대학의 자율성에 따라 대학은 학생의 선발 및 전형

등 대학입시제도를 자율적으로 마련할 수 있으므로, 국립교육대학교 등이 검정고시 출신자의 수시모집 지원을 제한하는 것은 수시모집에 지원하려는 검정고시 출신자의 균등하게 교육을 받을 권리를 침해하는 것이 아니다.

④ 헌법 제31조 제1항에서 보장되는 교육의 기회 균등은 모든 국민에게 균등한 교육을 받게 하고 특히 경제적 약자가 실질적인 평등교육을 받을 수 있도록 국가에게 적극적 정책을 실현할 것을 요구하므로, 실질적인 평등교육을 실현해야 할 국가의 적극적인 의무가 인정된다고 하여 이로부터 국민이 직접 실질적 평등교육을 위한 교육비를 청구할 권리가 도출되는 것은 아니다.

① (○) 의무교육무상에 관한 헌법 제31조 제3항은 교육을 받을 권리를 보다 실효성 있게 보장하기 위하여 의무교육 비용을 학령아동의 보호자 개개인의 직접적 부담에서 공동체 전체의 부담으로 이전하라는 명령일 뿐이고 의무교육의 비용을 오로지 국가 또는 지방자치단체의 예산, 즉 조세로 해결해야 함을 의미하는 것은 아니다(헌재 2008.9.25. 2007헌가9).

② (○) 헌법 제31조 제1항에 따라 모든 국민은 능력에 따라 균등하게 교육을 받을 권리를 가지지만, 교육을 받을 권리가 국가에 대하여 특정한 교육제도나 시설의 제공을 요구할 수 있는 권리를 뜻하는 것은 아니다(헌재 2016.11.24. 2014헌마977).

③ (×) 수시모집에서 검정고시 출신자에게 수학능력이 있는지 여부를 평가받을 기회를 부여하지 아니하고 이를 박탈한다는 것은 수학능력에 따른 합리적인 차별이라고 보기 어렵다. 피청구인들은 정규 고등학교 학교생활기록부가 있는지 여부, 공교육 정상화, 비교내신 문제 등을 차별의 이유로 제시하고 있으나 이러한 사유가 차별취급에 대한 합리적인 이유가 된다고 보기 어렵다. 그렇다면 이 사건 수시모집요강은 검정고시 출신자인 청구인들을 합리적인 이유 없이 차별함으로써 청구인들의 균등하게 교육을 받을 권리를 침해한다(헌재 2017.12.28. 2016헌마649).

④ (○) 헌법 제31조 제1항에서 보장되는 교육의 기회균등권은 '정신적·육체적 능력 이외의 성별·종교·경제력·사회적 신분 등에 의하여 교육을 받을 기회를 차별하지 않고, 즉 합리적 차별사유 없이 교육을 받을 권리를 제한하지 아니함과 동시에 국가가 모든 국민에게 균등한 교육을 받게 하고 특히 경제적 약자가 실질적인 평등교육을 받을 수 있도록 적극적 정책을 실현해야 한다는 것'을 의미하므로, 실질적인 평등교육을 실현해야 할 국가의 적극적인 의무가 인정되지만, 이러한 의무조항으로부터 국민이 직접 실질적 평등교육을 위한 교육비를 청구할 권리가 도출되는 것은 아니다(헌재 2003.11.27. 2003헌바39). [2022년 해경간부] ③

교육을 받을 권리에 대한 설명으로 가장 적절한 것은? (다툼이 있는 경우 헌법재판소 판례에 의함)

① 검정고시응시자격을 제한하는 것은 국민이 교육받을 권리 중 그 의사와 능력에 따라 균등하게 교육을 받을 것을 국가로부터 방해받지 않을 권리를 제한하는 것이므로 과소보호금지의 원칙에 따른 심사를 받아야 할 것이다.

② 고시 공고일을 기준으로 고등학교에서 퇴학된 날로부터 6월이 지나지 아니한 자를 고등학교 졸업학력 검정고시를 받을 수 있는 자의 범위에서 제외하고 있는 '고등학교 졸업학력 검정고시 규칙'의 조항은 교육을 받을 권리를 침해한다.

③ 자율형 사립고등학교(이하 '자사고'라 함)와 일반고등학교(이하 '일반고'라 함)가 동시선발을 하게 되면 해당 자사고의 교육에 적합한 학생을 선발하는 데 지장이 있고 자사고의 사학운영의 자유를 침해하므로 자사고를 후기학교로 정하여 신입생을 일반고와 동시에 선발

하도록 한 「초·중등교육법 시행령」 해당 조항은 국가가 학교 제도를 형성할 수 있는 재량 권한의 범위를 일탈하였다.

④ '서울대학교 2023학년도 대학 신입학생 입학전형 시행계획' 중 저소득학생 특별전형의 모집 인원을 모두 수능위주전형으로 선발하도록 정한 부분이 저소득학생 특별전형에 응시하고자 하는 수험생들의 기회를 불합리하게 박탈하는 것은 아니다.

① (×) 검정고시 응시자격을 제한하는 것은, 국민의 교육받을 권리 중 그 의사와 능력에 따라 균등하게 교육받을 것을 국가로부터 방해받지 않을 권리, 즉 자유권적 기본권을 제한하는 것이므로, 그 제한에 대하여는 헌법 제37조 제2항의 비례원칙에 의한 심사, 즉 과잉금지원칙에 따른 심사를 받아야 할 것이다(헌재 2012.5.31. 2010헌마139).

② (×) 심판대상조항이 추구하는 공익은 고등학교 퇴학자의 고졸검정고시 응시 증가를 억제하여 정규 학교교육 과정의 이수를 유도함으로써 공교육의 내실화를 도모하고자 하는 것으로, 달성하려는 공익이 제한받는 사익보다 큰 점 등을 종합하여 보면, 심판대상조항은 청구인들의 교육을 받을 권리를 침해한다고 볼 수 없다(헌재 2022.5.26. 2020헌마1512).

③ (×) 개별 자사고에 적합한 학생을 선발함에 있어서 핵심적 요소는 선발 방법인바, 자사고와 일반고가 동시선발하더라도 해당 학교의 장이 입학전형 방법을 정할 수 있으므로 해당 자사고의 교육에 적합한 학생을 선발하는 데 지장이 없고, 시행령은 입학전형 실시권자나 학생 모집 단위 등도 그대로 유지하여 자사고의 사학운영의 자유 제한을 최소화하였다. 또한 일반고 경쟁력 강화만으로 고교서열화 및 입시경쟁 완화에 충분하다고 단정할 수 없다. 따라서 이 사건 동시선발 조항은 국가가 학교 제도를 형성할 수 있는 재량 권한의 범위 내에 있다(헌재 2019.4.11. 2018헌마221).

④ (○) 저소득학생 특별전형과 달리 농어촌학생 특별전형은 학생부종합전형으로 실시된다. 저소득학생 특별전형과 농어촌학생 특별전형은 그 목적, 지원자들 특성 등이 동일하지 아니하므로, 전형방법을 반드시 동일하게 정해야 한다고 볼 수 없다. 수능 성적으로 학생을 선발하는 전형방법이 사회통념적 가치기준에 적합한 합리적인 방법인 이상, 대입제도 공정성을 강화하기 위해 수능위주전형 비율을 높이면서 농어촌학생 특별전형과 달리 저소득학생 특별전형에서는 모집인원 전체를 수능위주전형으로 선발한다고 하더라도, 이것이 저소득학생의 응시기회를 불합리하게 박탈하는 것이라고 보기는 어렵다. 결국 이 사건 입시계획은 청구인의 균등하게 교육을 받을 권리를 침해하지 않는다(헌재 2022.9.29. 2021헌마929).
[2023년 8월 경찰간부] ④

교육을 받을 권리에 관한 설명으로 가장 적절하지 않은 것은? (다툼이 있는 경우 판례에 의함)

① 헌법 제31조 제1항의 '교육을 받을 권리'는 국가로부터 교육에 필요한 시설의 제공을 요구할 수 있는 권리 및 각자의 능력에 따라 교육시설에 입학하여 배울 수 있는 권리를 의미한다.

② 부모는 자녀의 교육에 있어서 자녀의 정신적, 신체적 건강을 고려하여 교육의 목적과 그에 적합한 수단을 선택해야 할 것이고, 부모가 자녀의 건강에 반하는 방향으로 자녀교육권을 행사할 경우에는 헌법 제31조는 부모 외에도 국가에게 자녀의 교육에 대한 과제와 의무가 있다는 것을 규정하고 있으므로 국가는 부모의 자녀교육권을 제한할 수 있다.

③ 학교급식의 실시에 필요한 시설·설비에 요하는 경비를 원칙적으로 학교의 설립·경영자가 부담하도록 한 「학교급식법」 조항은 사립학교 운영의 자유를 필요한 범위를 넘어서 지나치게 제한하고 있고 공익의 비중에 비추어 사립학교에게 과도한 부담을 지우는 것이라고 볼 수 있으므로 사립학교 운영의 자유를 침해한다.

④ 헌법 제31조 제4항에 의해 보장되는 교육의 자주성과 전문성은 '교육기관의 자유'와 '교육

의 자유'를 보장함으로써 비로소 달성할 수 있는데, '교육기관의 자유'는 교육을 담당하는 교육기관의 교육운영에 관한 자주적인 결정권을 그 내용으로 하고, '교육의 자유'는 교육내용이나 교육방법 등에 관한 자주적인 결정권을 그 내용으로 한다.

① (○) 헌법 제31조 제1항은 "모든 국민은 능력에 따라 균등하게 교육을 받을 권리를 가진다."라고 규정하여 국민의 교육을 받을 권리를 보장하고 있고, 그 '교육을 받을 권리'는 국가로부터 교육에 필요한 시설의 제공을 요구할 수 있는 권리 및 각자의 능력에 따라 교육시설에 입학하여 배울 수 있는 권리를 국민의 기본권으로서 보장하면서, 한편, 국민 누구나 능력에 따라 균등한 교육을 받을 수 있게끔 노력해야 할 의무와 과제를 국가에게 부과하고 있다(헌재 2011.6.30. 2010헌마503).

② (○) 부모는 자녀의 교육에 있어서 자녀의 정신적, 신체적 건강을 고려하여 교육의 목적과 그에 적합한 수단을 선택해야 할 것이고, 부모가 자녀의 건강에 반하는 방향으로 자녀교육권을 행사할 경우에는 헌법 제31조는 부모 외에도 국가에게 자녀의 교육에 대한 과제와 의무가 있다는 것을 규정하고 있으므로 국가는 부모의 자녀교육권을 제한할 수 있다(헌재 2009.10.29. 2008헌마635).

③ (×) 사립학교의 경우에도 국·공립학교와 마찬가지로 학교급식 시설·경비의 원칙적 부담을 학교의 설립경영자로 하는 것은 합리적이라고 할 것이어서, 평등원칙에 위반되지 않는다. 나아가 사립학교 운영의 자유를 필요한 범위를 넘어서 지나치게 제한하고 있다거나, 공익의 비중에 비추어 사립학교에게 과도한 부담을 지우는 것이라고 보기 어려워, 사립학교 운영의 자유를 침해하지 아니한다(헌재 2010.7.29. 2009헌바40).

④ (○) 헌법 제31조 제4항에 의해 보장되는 교육의 자주성과 전문성은 교육기관의 자유와 교육의 자유를 보장함으로써 비로소 달성할 수 있는데, 교육기관의 자유는 교육을 담당하는 교육기관의 교육운영에 관한 자주적인 결정권을 그 내용으로 하고, 교육의 자유는 교육내용이나 교육방법 등에 관한 자주적인 결정권을 그 내용으로 한다(헌재 2013.5.30. 2011헌바227). [2023년 경찰공채 8월] ③

교육을 받을 권리에 대한 설명으로 옳지 않은 것은? (다툼이 있는 경우 판례에 의함)

① 고등학교 퇴학일부터 검정고시 공고일까지의 기간이 6개월 이상이 되지 않은 사람에게 고졸검정고시에 응시자격을 부여하지 않는 것이 교육을 받을 권리를 침해하는 것은 아니다.

② 헌법 제31조 제1항에서 실질적인 평등교육을 실현하여야 할 국가의 적극적인 의무가 인정되지만, 이러한 의무조항으로부터 국민이 직접 실질적 평등교육을 위한 교육비를 청구할 권리가 도출되는 것은 아니다.

③ 학교교육에 관한 한, 국가는 헌법 제31조에 의하여 부모의 교육권으로부터 원칙적으로 독립된 독자적인 교육권한을 부여받음으로써 부모의 교육권과 함께 자녀의 교육을 담당한다.

④ 국·공립학교와는 달리 사립학교의 경우에 학교운영위원회의 설치를 임의적인 사항으로 하는 것은 자의금지원칙위반으로 평등권과 학부모의 교육참여권을 침해하는 것이다.

⑤ 헌법 제31조 제3항의 의무교육의 무상의 범위는 국가의 재정상황과 국민의 소득수준, 학부모의 경제적 수준 및 사회적 합의 등을 고려하여 입법정책적으로 결정할 수 있다.

① (○) 심판대상조항이 추구하는 공익은 고등학교 퇴학자의 고졸검정고시 응시 증가를 억제하여 정규 학교교육 과정의 이수를 유도함으로써 공교육의 내실화를 도모하고자 하는 것으로, 달성하려는 공익이 제한받는 사익보다 큰 점 등을 종합하여 보면, 심판대상조항은 청구인들의 교육을 받을 권리를 침해한다고 볼 수 없다(헌재 2022.5.26. 2020헌마1512).

② (○) 헌법 제31조 제1항에서 보장되는 교육의 기회균등권은 '정신적·육체적 능력 이외의 성별·종교·경제력·사회적 신분 등에 의하여

교육을 받을 기회를 차별하지 않고, 즉 합리적 차별사유 없이 교육을 받을 권리를 제한하지 아니함과 동시에 국가가 모든 국민에게 균등한 교육을 받게 하고 특히 경제적 약자가 실질적인 평등교육을 받을 수 있도록 적극적 정책을 실현해야 한다는 것'을 의미하므로, 실질적인 평등교육을 실현해야 할 국가의 적극적인 의무가 인정되지만, 이러한 의무조항으로부터 국민이 직접 실질적 평등교육을 위한 교육비를 청구할 권리가 도출되는 것은 아니다(헌재 2003.11.27. 2003헌바39).

③ (○) 자녀의 양육과 교육에 있어서 부모의 교육권은 교육의 모든 영역에서 존중되어야 하며, 다만, 학교교육에 관한 한, 국가는 헌법 제31조에 의하여 부모의 교육권으로부터 원칙적으로 독립된 독자적인 교육권한을 부여받음으로써 부모의 교육권과 함께 자녀의 교육을 담당하지만, 학교 밖의 교육영역에서는 원칙적으로 부모의 교육권이 우위를 차지한다(헌재 2000.4.27. 98헌가16).

④ (×) 사립학교에도 국·공립학교처럼 의무적으로 운영위원회를 두도록 할 것인지, 아니면 임의단체인 기존의 육성회 등으로 하여금 유사한 역할을 계속할 수 있게 하고 법률에서 규정된 운영위원회를 재량사항으로 하여 그 구성을 유도할 것인지의 여부는 입법자의 입법형성영역인 정책문제에 속하고, 그 재량의 한계를 현저하게 벗어나지 않는 한 헌법위반으로 단정할 것은 아니다. 청구인이 위 조항으로 인하여 사립학교의 운영위원회에 참여하지 못하였다고 할지라도 그로 인하여 교육참여권이 침해되었다고 볼 수 없다(헌재 1999.3.25. 97헌마130).

⑤ (○) 의무교육에 있어서 본질적이고 필수불가결한 비용 이외의 비용을 무상의 범위에 포함시킬 것인지는 국가의 재정상황과 국민의 소득수준, 학부모들의 경제적 수준 및 사회적 합의 등을 고려하여 입법자가 입법정책적으로 해결해야 할 문제이다(헌재 2012.4.24. 2010헌바164).

[2023년 국회 5급] ④

교육을 받을 권리에 대한 설명으로 옳은 것은? (다툼이 있는 경우 판례에 의함)

① 대학수학능력시험의 문항 수 기준 70%를 한국교육방송공사(EBS) 교재와 연계하여 출제하는 내용의 '2018학년도 대학수학능력시험 시행기본계획'은 대학수학능력시험을 준비하는 자의 교육을 받을 권리를 제한한다.

② 학교교육에 관한 한, 국가는 헌법 제31조에 의하여 부모의 교육권으로부터 원칙적으로 독립된 독자적인 교육권한을 부여받음으로써 부모의 교육권과 함께 자녀의 교육을 담당하므로 학교 밖의 교육영역에서도 국가의 교육권한은 부모의 교육권보다 언제나 우위를 차지한다.

③ 학교교육에 있어서 교원의 가르치는 권리를 수업권이라고 한다면 이것은 교원의 지위에서 생기는 것으로서 학생에 대한 일차적인 교육상의 직무권한이지만 어디까지나 학생의 학습권 실현을 위하여 인정되는 것이므로, 학생의 학습권은 교원의 수업권에 대하여 우월한 지위에 있다.

④ 교육을 받을 권리는 국민이 국가에 대하여 직접 특정한 교육제도나 교육과정을 요구할 수 있는 것을 포함한다.

⑤ 학교운영지원비는 학부모의 경제적 부담능력, 물가에 미치는 영향 및 수업료 인상률, 학교의 재정수요 등을 고려하여 학교운영위원회의 심의를 거쳐 결정되는 자발적 협찬금의 성격을 지니고 있으므로 이를 중학교 학생으로부터 징수하도록 하는 「초·중등교육법」 규정은 의무교육의 무상원칙에 위배되지 않는다.

① (×) 청구인은 수능시험을 준비하는 사람들로서 심판대상계획에서 정한 출제 방향과 원칙에 영향을 받을 수밖에 없다. 따라서 수능시험을 준비하면서 무엇을 어떻게 공부하여야 할지에 관하여 스스로 결정할 자유가 심판대상계획에 따라 제한된다. 이는 자신의 교육에 관하여 스스로 결정할 권리, 즉 교육을 통한 자유로운 인격발현권을 제한받는 것으로 볼 수 있다. 한편, 청구인들은 심판대상계획으로 인해 교육을

받을 권리가 침해된다고 주장하지만, 심판대상계획이 헌법 제31조 제1항의 능력에 따라 균등하게 교육을 받을 권리를 직접 제한한다고 보기는 어렵다(헌재 2018.2.22. 2017헌마691).

② (×) 자녀의 양육과 교육에 있어서 부모의 교육권은 교육의 모든 영역에서 존중되어야 하며, 다만, 학교교육에 관한 한, 국가는 헌법 제31조에 의하여 부모의 교육권으로부터 원칙적으로 독립된 독자적인 교육권한을 부여받음으로써 부모의 교육권과 함께 자녀의 교육을 담당하지만, 학교 밖의 교육영역에서는 원칙적으로 부모의 교육권이 우위를 차지한다(헌재 2000.4.27. 98헌가16).

③ (○) 학교교육에 있어서 교원의 가르치는 권리를 수업권이라고 한다면, 이것은 교원의 지위에서 생기는 학생에 대한 일차적인 교육상의 직무권한이지만 어디까지나 학생의 학습권 실현을 위하여 인정되는 것이므로, 학생의 학습권은 교원의 수업권에 대하여 우월한 지위에 있다. 따라서 학생의 학습권이 왜곡되지 않고 올바로 행사될 수 있도록 하기 위해서라면 교원의 수업권은 일정한 범위 내에서 제약을 받을 수밖에 없고, 학생의 학습권은 개개 교원들의 정상을 벗어난 행동으로부터 보호되어야 한다(대법원 2007.9.20. 2005다25298).

④ (×) 교육을 받을 권리는 국가로 하여금 능력이 있는 국민이 여러 가지 사회적·경제적 이유로 교육을 받지 못하는 일이 없도록 국가의 재정능력이 허용하는 범위 내에서 모든 국민에게 취학의 기회가 골고루 주어지게끔 그에 필요한 교육시설 및 제도를 마련할 의무를 부과한다. 그러나 교육을 받을 권리는 국민이 국가에 대하여 직접 특정한 교육제도나 교육과정을 요구할 수 있는 것을 포함하지는 않는다(헌재 2005.11.24. 2003헌마173).

⑤ (×) 학교운영지원비는 학부모의 경제적 부담능력, 물가에 미치는 영향 및 수업료 인상률, 학교의 재정수요 등을 고려하여 학교운영위원회의 심의를 거쳐 단위학교에서 자율적으로 결정하는 것이 원칙으로 되어 있으며, 학교장은 학교운영지원비를 월별 또는 분기별로 분할하여 징수할 수 있고, 기초생활수급자 및 차상위계층자녀들의 학교운영지원비는 교육청에서 지원하도록 하는 등의 내용을 규정하고 있다. 의무교육을 실시하는 학교에 있어서 의무교육대상자의 수요를 충족시킬 수 있는 물적·인적 기반을 구비하기 위한 재원을 확보할 의무는 헌법 제31조 제3항에 의하여 국가나 지방자치단체에 부과되어 있다고 할 것이므로, 기본적 교육수입(또는 등록금)으로 분류된 학교운영지원비를 의무교육 대상자인 중학생으로부터 징수하는 것은 의무교육의 무상원칙에 부합하지 아니한다(헌재 2012.8.23. 2010헌바220).

[2022년 국회 5급] ③

교육을 받을 권리에 관한 설명으로 가장 적절하지 않은 것은? (다툼이 있는 경우 판례에 의함)

① 검정고시로 고등학교 졸업학력을 취득한 사람들(검정고시 출신자)의 수시모집 지원을 제한하는 내용의 국립교육대학 수시모집 입시요강은 검정고시 출신자를 합리적인 이유 없이 차별함으로써 균등하게 교육을 받을 권리를 침해한다.

② 헌법은 국가의 교육권한과 부모의 교육권의 범주 내에서 학생에게도 자신의 교육에 관하여 스스로 결정할 권리, 즉 자유롭게 교육을 받을 권리를 부여하고, 학생은 국가의 간섭을 받지 아니하고 자신의 능력과 개성, 적성에 맞는 학교를 자유롭게 선택할 권리를 가진다.

③ 헌법 제31조 제3항의 의무교육 무상의 원칙은 교육을 받을 권리를 보다 실효성 있게 보장하기 위하여 의무교육 비용을 학령아동의 보호자 개개인의 직접적 부담에서 공동체 전체의 부담으로 이전하라는 명령일 뿐, 의무교육의 비용을 오로지 국가 또는 지방자치단체의 예산으로 해결해야 함을 의미하는 것은 아니다.

④ 학교폭력 가해학생에 대해서 수개의 조치를 병과하고 출석정지 기간의 상한을 두지 않은 「학교폭력예방 및 대책에 관한 법률」 조항은 피해학생의 보호에만 치중하여 가해학생에 대해 무기한 내지 지나치게 장기간의 출석정지조치가 취해지는 경우 가해 학생에게 가혹한 결과가 초래될 수 있어 학교폭력 가해학생의 자유롭게 교육을 받을 권리를 침해한다.

① (○) 수시모집에서 검정고시 출신자에게 수학능력이 있는지 여부를 평가받을 기회를 부여하지 아니하고 이를 박탈한다는 것은 수학능력에 따른 합리적인 차별이라고 보기 어렵다. 피청구인들은 정규 고등학교 학교생활기록부가 있는지 여부, 공교육 정상화, 비교내신 문제 등을 차별의 이유로 제시하고 있으나 이러한 사유가 차별취급에 대한 합리적인 이유가 된다고 보기 어렵다. 그렇다면 이 사건 수시모집요강은 검정고시 출신자인 청구인들을 합리적인 이유 없이 차별함으로써 청구인들의 균등하게 교육을 받을 권리를 침해한다(헌재 2017.12.28. 2016헌마649).

② (○) 헌법은 국가의 교육권한과 부모의 교육권의 범주 내에서 학생에게도 자신의 교육에 관하여 스스로 결정할 권리, 즉 자유롭게 교육을 받을 권리를 부여하고, 학생은 국가의 간섭을 받지 아니하고 자신의 능력과 개성, 적성에 맞는 학교를 자유롭게 선택할 권리를 가진다(헌재 2012.11.29. 2011헌마827).

③ (○) 의무교육무상에 관한 헌법 제31조 제3항은 교육을 받을 권리를 보다 실효성 있게 보장하기 위하여 의무교육 비용을 학령아동의 보호자 개개인의 직접적 부담에서 공동체 전체의 부담으로 이전하라는 명령일 뿐이고 의무교육의 비용을 오로지 국가 또는 지방자치단체의 예산, 즉 조세로 해결해야 함을 의미하는 것은 아니다(헌재 2008.9.25. 2007헌가9).

④ (×) 학교폭력예방법에 따른 학교폭력사안 처리 절차 및 기준, 그 처리 과정에서 가해학생측에게 보장된 각종 기회 및 권리구제절차 등에 비추어 볼 때, 이 사건 징계조치 조항이 가해학생에 대하여 수개의 조치를 병과할 수 있도록 하고 출석정지조치를 취함에 있어 기간의 상한을 두고 있지 않다고 하더라도, 가해학생의 학습의 자유에 대한 제한이 입법 목적 달성에 필요한 최소한의 정도를 넘는다고 볼 수 없다. 따라서 이 사건 징계조치 조항은 침해의 최소성 원칙에 위반되지 아니하므로 학습의 자유를 침해하지 아니한다(헌재 2019.4.11. 2017헌바140). [2023년 경찰공채 3월] ④

교육을 받을 권리에 대한 설명으로 옳지 않은 것은? (다툼이 있는 경우 판례에 의함)

① 헌법 제31조 제4항이 규정하는 교육의 자주성 및 대학의 자율성은 헌법 제22조 제1항이 보장하는 학문의 자유의 확실한 보장을 위해 꼭 필요한 것으로서 대학에 부여된 헌법상 기본권인 대학의 자율권이므로, 국립대학인 청구인도 이러한 대학의 자율권의 주체로서 헌법소원심판의 청구인능력이 인정된다.

② 대학은 학문의 자유의 주체이고 학생선발의 자율권을 가지므로 검정고시로 고등학교 졸업학력을 취득한 사람들의 수시모집 지원을 제한하는 내용의 국립교육대학교 등의 '2017학년도 신입생 수시모집 입시요강'은 청구인들의 균등하게 교육을 받을 권리를 침해하지 않는다.

③ 부모는 어떠한 방향으로 자녀의 인격이 형성되어야 하는가에 관하여 목표를 정하고, 자녀의 개인적 성향, 능력 등을 고려하여 교육목적을 달성하기에 적합한 수단을 선택할 권리를 가지며, 그러한 인격의 형성과 긴밀한 관련을 가지는 국어교육에 있어 지역 공동체의 정서와 문화가 배어 있는 방언에 기초한 교육을 할 것인가, 표준어에 기초한 교육을 할 것인가를 결정할 수 있다.

④ 초등학교 교육과정의 편제와 수업시간은 교육여건의 변화에 따른 시의적절한 대처가 필요하므로 교육현장을 가장 잘 파악하고 교육과정에 대해 적절한 수요 예측을 할 수 있는 해당 부처에서 정하도록 할 필요가 있으므로 초·중등교육법이 교육과정의 기준과 내용에 관한 기본적인 사항을 교육부장관이 정하도록 위임한 것은 교육제도 법정주의에 반한다고 보기 어렵다.

① (○) 헌법 제31조 제4항이 규정하는 교육의 자주성 및 대학의 자율성은 헌법 제22조 제1항이 보장하는 학문의 자유의 확실한 보장을 위해 꼭 필요한 것으로서 대학에 부여된 헌법상 기본권인 대학의 자율권이므로, 국립대학인 청구인도 이러한 대학의 자율권의 주체로서 헌법소원심판의 청구인능력이 인정된다(헌재 2015.12.23. 2014헌마1149).

② (×) 사건 수시모집요강은 기초생활수급자·차상위계층, 장애인 등을 대상으로 하는 일부 특별전형에만 검정고시 출신자의 지원을 허용하고 있을 뿐 수시모집에서의 검정고시 출신자의 지원을 일률적으로 제한함으로써 실질적으로 검정고시 출신자의 대학입학 기회의 박탈이라는 결과를 초래하고 있다. 수시모집에서 검정고시 출신자에게 수학능력이 있는지 여부를 평가받을 기회를 부여하지 아니하고 이를 박탈한다는 것은 수학능력에 따른 합리적인 차별이라고 보기 어렵나. 피청구인들은 정규 고등학교 학교생활기록부가 있는지 여부, 공교육 정상화, 비교내신 문제 등을 차별의 이유로 제시하고 있으나 이러한 사유가 차별취급에 대한 합리적인 이유가 된다고 보기 어렵다. 그렇다면 이 사건 수시모집요강은 검정고시 출신자인 청구인들을 합리적인 이유 없이 차별함으로써 청구인들의 균등하게 교육을 받을 권리를 침해한다(헌재 2017.12.28. 2016헌마649).

③ (○) 부모는 어떠한 방향으로 자녀의 인격이 형성되어야 하는가에 관하여 목표를 정하고, 자녀의 개인적 성향, 능력 등을 고려하여 교육목적을 달성하기에 적합한 수단을 선택할 권리를 가진다 할 것이며, 그러한 인격의 형성과 긴밀한 관련을 가지는 국어교육에 있어 지역 공동체의 정서와 문화가 배어 있는 방언에 기초한 교육을 할 것인가, 표준어에 기초한 교육을 할 것인가를 결정할 수 있는 것이다(헌재 2009.5.28. 2006헌마618).

④ (○) 초등학교 교육과정의 편제와 수업시간은 교육여건의 변화에 따른 시의적절한 대처가 필요하므로 교육현장을 가장 잘 파악하고 교육과정에 대해 적절한 수요 예측을 할 수 있는 해당 부처에서 정하도록 할 필요가 있다. 따라서 초·중등교육법 제23조 제2항이 교육과정의 기준과 내용에 관한 기본적인 사항을 교육부장관이 정하도록 위임한 것 자체가 교육제도 법정주의에 반한다고 보기 어렵다(헌재 2016.2.25. 2013헌마838).

[2021년 하반기 비상대비업무] ②

교육을 받을 권리에 관한 설명 중 가장 적절하지 않은 것은? (다툼이 있는 경우 판례에 의함)

① 서울대학교 재학생이 재학 중인 학교의 법적 형태를 법인이 아닌 공법상 영조물인 국립대학으로 유지하여 줄 것을 요구할 권리는 학생의 교육받을 권리에 포함되지 아니한다.

② 헌법 제31조 제1항에 따라 국가에게 능력에 따라 균등한 교육기회를 보장할 의무가 부여되어 있다 하더라도, 군인이 자기계발을 위하여 해외 유학하는 경우의 교육비를 청구할 수 있는 권리가 도출된다고 할 수는 없다.

③ 국공립대학 도서관장이 승인하지 아니하여 대학구성원이 아닌 자가 대학도서관에서 도서를 대출할 수 없거나 열람실을 이용할 수 없게 되었다고 하여 그의 교육을 받을 권리가 침해된다고 볼 수는 없다.

④ 헌법 제31조 제1항에 따라 모든 국민은 능력에 따라 균등하게 교육을 받을 권리를 가지는 바, 교육을 받을 권리는 국가에 대하여 특정한 교육제도나 시설의 제공을 요구할 수 있는 권리까지 내포하고 있다.

① (○) 서울대에 재학 중인 학생은 재학 중인 학교의 법적 형태를 법인이 아닌 공법상 영조물인 국립대학으로 유지하여 줄 것을 요구할 권리는 학생의 교육받을 권리에 포함되지 아니하므로 교육을 받을 권리의 침해 가능성도 인정되지 아니한다(헌재 2010.3.25. 2009헌마538 별개의견 참조; 헌재 2014.4.24. 2011헌마612).

② (○) 헌법 제31조 제1항에 의하여 국가에게 능력에 따라 균등한 교육의 기회를 보장할 의무가 부여되어 있다 하더라도 이로부터 군인이 자기계발을 위하여 해외 유학하는 경우에 그 교육비를 청구할 수 있는 권리가 도출된다고 할 수는 없다(헌재 2009.4.30.

2007헌마290).

③ (○) 교육을 받을 권리가 국가에 대하여 특정한 교육제도나 시설의 제공을 요구할 수 있는 권리를 뜻하는 것은 아니므로, 대학구성원이 아닌 청구인이 이 사건 도서관에서 도서를 대출할 수 없거나 열람실을 이용할 수 없더라도 청구인의 교육을 받을 권리가 침해된다고 볼 수 없다(헌재 2016.11.24. 2014헌마977).

④ (×) 교육을 받을 권리가 국가에 대하여 특정한 교육제도나 시설의 제공을 요구할 수 있는 권리를 뜻하는 것은 아니므로, 대학구성원이 아닌 청구인이 이 사건 도서관에서 도서를 대출할 수 없거나 열람실을 이용할 수 없더라도 청구인의 교육을 받을 권리가 침해된다고 볼 수 없다(헌재 2016.11.24. 2014헌마977). [2022년 경찰 경정승진] ④

교육기본권과 교육제도에 관한 설명 중 옳지 않은 것은? (다툼이 있는 경우 판례에 의함)

① 헌법 제31조 제6항의 교육제도 법정주의는 교육제도에 관한 기본방침을 제외한 나머지 세부적인 사항까지 반드시 형식적 의미의 법률만으로 정하여야 한다는 것은 아니고, 입법자가 정한 기본방침을 구체화하거나 이를 집행하기 위한 세부 시행 사항은 하위 법령에 위임하는 것이 가능하다.

② 검정고시로 고등학교 졸업 학력을 취득한 사람들의 수시모집 지원을 제한하는 국립교육대학교의 '신입생 수시모집 입시요강'이, 기초생활수급자 및 차상위계층, 장애인 등을 대상으로 하는 일부 특별전형에만 검정고시 출신자의 지원을 허용하고 있을 뿐 수시모집에서의 검정고시 출신자의 지원을 일률적으로 제한한다면, 검정고시로 고등학교 졸업 학력을 취득한 사람들의 균등하게 교육을 받을 권리를 침해한다.

③ 부모는 자녀의 교육에 관하여 전반적인 계획을 세우고 자신의 인생관·사회관·교육관에 따라 자녀의 교육을 자유롭게 형성할 권리를 가지므로 학부모의 학교선택권에는 종교학교선택권도 포함된다.

④ 임시이사가 선임된 학교법인의 정상화를 위한 이사 선임에 관하여 사학분쟁조정위원회의 심의를 거치도록 하는 것은, 사학분쟁조정위원회 구성에 공정성과 전문성이 갖추어진 점, 학교법인의 정체성 및 정상화 심의과정에서 사학분쟁조정위원회가 종전이사 등의 의견을 청취할 수 있는 점 등을 고려할 때, 학교법인과 종전이사의 사학의 자유를 침해하지 않는다.

⑤ 학교폭력과 관련하여 학교가 가해학생에 대해 일정한 조치를 내렸을 경우, 그 조치가 적절하였는지 여부에 대해 가해학생의 학부모가 의견을 제시할 권리는 법률상의 권리에 불과하여 학부모의 자녀교육권에 포함되지 않는다.

① (○) 헌법 제31조 제6항은 학교교육에 관한 국가의 권한과 책임을 규정하고 있는 한편, 교과서제도 등 교육제도 법률주의를 규정하고 있다. 동 조항의 취지는 교육에 관한 기본정책 또는 기본방침을 최소한 국회가 입법절차를 거쳐 제정한 이른바 형식적 의미의 법률로 규정함으로써 국민의 교육을 받을 권리가 행정에 의하여 자의적으로 무시되거나 침해당하지 않도록 하고, 교육의 자주성과 중립성도 유지하려는 것이며, 교육제도에 관한 기본방침을 제외한 나머지 세부적인 사항까지 반드시 형식적 의미의 법률로써 정하여야 하는 것은 아니다(헌재 1991.2.11. 90헌가27; 헌재 2019.4.11. 2018헌마221).

② (○) 사건 수시모집요강은 기초생활수급자·차상위계층, 장애인 등을 대상으로 하는 일부 특별전형에만 검정고시 출신자의 지원을 허용하고 있을 뿐 수시모집에서의 검정고시 출신자의 지원을 일률적으로 제한함으로써 실질적으로 검정고시 출신자의 대학입학 기회의 박탈이라는 결과를 초래하고 있다. 수시모집에서 검정고시 출신자에게 수학능력이 있는지 여부를 평가받을 기회를 부여하지 아니하고 이를 박탈한다는 것은 수학능력에 따른 합리적인 차별이라고 보기 어렵다. 피청구인들은 정규 고등학교 학교생활기록부가 있는지 여부, 공교육 정상화, 비교내신 문제 등을 차별의 이유로 제시하고 있으나 이러한 사유가 차별취급에 대한 합리적인 이유가 된다고 보기 어렵다. 그렇다면 이 사건 수시모집요강은 검정고시 출신자인 청구인들을 합리적인 이유 없이 차별함으로써 청구인들의 균등하게 교육을 받을 권리를 침해한다(헌재 2017.12.28. 2016헌마649).

③ (○) 부모는 자녀의 교육에 관하여 전반적인 계획을 세우고 자신의 인생관·사회관·교육관에 따라 자녀의 교육을 자유롭게 형성할 권리를 가지며, 부모의 교육권은 다른 교육의 주체와의 관계에서 원칙적인 우위를 가지는데, 자녀교육권은 부모가 자녀교육에 대한 책임을 어떠한 방법으로 이행할 것인가에 관하여 자유롭게 결정할 수 있는 권리로서 교육의 목표와 수단에 관한 결정권을 뜻한다(헌재 2013.10.24. 2012헌마832).

④ (○) 임시이사가 선임된 학교법인의 정상화를 위한 이사 선임에 관하여 사학분쟁조정위원회의 심의를 거치도록 한 사립학교법 제25조의3 제1항은, 사학분쟁조정위원회가 그 인적 구성과 기능에 있어 공정성 및 전문성을 갖추고 있다는 점, 학교법인의 정체성은 설립자로부터 이어지는 이사의 인적 연속성보다는 설립 목적이 화체된 정관을 통하여 유지·계승된다는 점, 사학분쟁조정위원회는 정상화 심의과정에서 종전이사 등의 의견을 청취할 수 있다는 점 등을 고려할 때 학교법인과 종전이사 등의 사학의 자유를 침해한다고 볼 수 없다(헌재 2013.11.28. 2007헌마1189,1190).

⑤ (×) 학교폭력예방법 제17조 제5항이 학교폭력 가해학생에 대한 조치 전에 자녀교육권의 일환으로 그 보호자에게 의견 진술의 기회를 부여하는 것처럼, 가해학생에 대해 일정한 조치가 내려졌을 경우 그 조치가 적절하였는지 여부에 대해 의견을 제시할 수 있는 권리 또한 그 연장선상에서 학부모의 자녀교육권의 내용에 포함된다(헌재 2013.10.24. 2012헌마832). [2021년 제10회 변호사] ⑤

교육기본권에 관한 설명 중 옳은 것은? (다툼이 있는 경우 판례에 의함)

① 고등학교 졸업 학력 검정고시 응시자격을 제한하는 것은, 국민의 교육받을 권리 중 그 의사와 능력에 따라 균등하게 교육받을 것을 국가로부터 방해받지 않을 권리, 즉 자유권적 기본권을 제한하는 것이므로, 그 제한에 대하여는 헌법 제37조 제2항의 과잉금지원칙에 의한 심사를 받아야 한다.

② 2년제 전문대학의 졸업자에게만 대학·산업대학 또는 원격대학의 편입학 자격을 부여하고, 3년제 전문대학의 2년 이상 과정 이수자에게는 편입학 자격을 부여하지 아니한 것은 교육을 받을 권리를 침해한다.

③ 학교운영지원비는 기본적으로 학부모의 자율적 협찬금의 성격을 갖고 있으며, 그 지출에 대한 내용도 충분하게 통제되고 있으므로 이를 중학교 학생으로부터 징수하도록 하는 법률조항은 의무교육의 무상원칙에 위배되지 아니한다.

④ 지능이나 수학능력 등 일정한 능력이 있음에도 법률에 따라 아동의 입학연령을 제한하여 초등학교 입학을 허용하지 않는 것은 능력에 따라 균등한 교육을 받을 권리를 침해한다.

⑤ 교육의 기회균등에는 교육시설에 균등하게 참여할 수 있는 권리가 포함된다 하더라도, 편입학조치로 인하여 기존의 재학생들의 교육환경이 상대적으로 열악해지는 경우에는 새로운 편입학 자체를 금지할 수 있다.

① (○) 고등학교 졸업학력 검정고시 응시자격을 제한하는 것은, 국민의 교육받을 권리 중 그 의사와 능력에 따라 균등하게 교육받을 것을 국가로부터 방해받지 않을 권리, 즉 자유권적 기본권을 제한하는 것이므로, 그 제한에 대하여는 헌법 제37조 제2항의 비례원칙에 의한 심사, 즉 과잉금지원칙에 따른 심사를 받아야 할 것이다(헌재 2008.4.24. 2007헌마1456).

② (×) 3년제 전문대학의 2년 이상의 이수자에게 의무교육기관이 아닌 대학에의 일반 편입학을 허용하지 않는 것이 교육을 받을 권리나 평생교육을 받을 권리를 본질적으로 침해하지 않는다(헌재 2010.11.25. 2010헌마144).

③ (×) 학교운영지원비는 그 운영상 교원연구비와 같은 교사의 인건비 일부와 학교회계직원의 인건비 일부 등 의무교육과정의 인적 기반을 유지하기 위한 비용을 충당하는데 사용되고 있다는 점, 학교운영지원비는 기본적으로 학부모의 자율적 협찬금의 외양을 갖고 있음에도 그 조성이나 징수의 자율성이 완전히 보장되지 않아 기본적이고 필수적인 학교 교육에 필요한 비용에 가깝게 운영되고 있다는 점 등을 고려해 보면, 이 사건 세입조항은 헌법 제31조 제3항에 규정되어 있는 의무교육의 무상원칙에 위배되어 헌법에 위반된다(헌재 2012.8.23. 2010헌바220).

④ (×) 지능이나 수학능력 등이 있다고 하여 제한 없이 다른 사람과 차별하여 어떠한 내용과 종류와 기간의 교육을 받을 권리가 보장된다는 것은 아니다. 따라서 의무취학 시기를 만 6세가 된 다음날 이후의 학년초로 규정하고 있는 교육법 제96조 제1항은 의무교육제도 실시를 위해 불가피한 것이며 이와 같은 아동들에 대하여 만 6세가 되기 전에 앞당겨서 입학을 허용하지 않는다고 해서 헌법 제31조 제1항의 능력에 따라 균등하게 교육을 받을 권리를 본질적으로 침해한 것으로 볼 수 없다(헌재 1994.2.24. 93헌마192).

⑤ (×) 교육의 기회균등에는 자신의 교육환경을 최상 혹은 최적으로 만들기 위해 타인의 교육시설 참여 기회를 제한할 것을 청구할 수 있는 기본권은 아니므로, 기존의 재학생들에 대한 교육환경이 상대적으로 열악해질 수 있음을 이유로 새로운 편입학 자체를 하지 말도록 요구하는 것은 교육을 받을 권리의 내용으로는 포섭할 수 없다(헌재 2003.9.25. 2001헌마814). [2016년 제5회 변호사] ①

교육을 받을 권리에 대한 설명으로 옳지 않은 것은? (다툼이 있는 경우 판례에 의함)

① 초·중등학교 교사인 청구인들이 교육과정에 따라 학생들을 가르치고 평가하여야 하는 법적인 부담이나 제약을 받는다고 하더라도 이는 헌법상 보장된 기본권에 대한 제한이라고 보기 어렵다.

② 학교의 급식활동은 의무교육에 있어서 필수불가결한 교육 과정이고 이에 소요되는 경비는 의무교육의 실질적인 균등보장을 위한 본질적이고 핵심적인 항목에 해당하므로, 급식에 관한 경비를 전면 무상으로 하지 않고 그 일부를 학부모의 부담으로 정하고 있는 것은 의무교육의 무상원칙에 위배된다.

③ 교육을 받을 권리가 국가에 대하여 특정한 교육제도나 시설의 제공을 요구할 수 있는 권리를 뜻하는 것은 아니므로, 대학의 구성원이 아닌 사람이 대학도서관에서 도서를 대출할 수 없거나 열람실을 이용할 수 없더라도 교육을 받을 권리가 침해된다고 볼 수 없다.

④ 학문의 자유와 대학의 자율성에 따라 대학이 학생의 선발 및 전형 등 대학입시제도를 자율적으로 마련할 수 있다 하더라도, 국민의 '균등하게 교육을 받을 권리'를 위해 대학의 자율적 학생 선발권은 일정 부분 제약을 받을 수 있다.

① (○) 초·중등학교에서의 학생교육은 교사 자신의 인격의 발현 또는 학문과 연구의 자유를 위한 것이라기보다는 교사의 직무에 기초하여 초·중등학교의 교육목표를 실현하기 위한 것이므로, 교사인 청구인들이 이 사건 교육과정에 따라 학생들을 가르치고 평가하여야 하는 법적인 부담이나 제한을 받는다고 하더라도 이는 헌법상 보장된 기본권에 대한 제한이라고 보기 어려워 기본권침해가능성이 인정되지

아니한다(헌재 2021.5.27. 2018헌마1108).

② (×) 학교급식은 학생들에게 한 끼 식사를 제공하는 영양공급 차원을 넘어 교육적인 성격을 가지고 있지만, 이러한 교육적 측면은 기본적이고 필수적인 학교 교육 이외에 부가적으로 이루어지는 식생활 및 인성교육으로서의 보충적 성격을 가지므로 의무교육의 실질적인 균등보장을 위한 본질적이고 핵심적인 부분이라고까지는 할 수 없다. 이 사건 법률조항들은 비록 중학생의 학부모들에게 급식 관련 비용의 일부를 부담하도록 하고 있지만, 학부모에게 급식에 필요한 경비의 일부를 부담시키는 경우에 있어서도 학교급식 실시의 기본적 인프라가 되는 부분은 배제하고 있으며, 국가나 지방자치단체의 지원으로 학부모의 급식비 부담을 경감하는 조항이 마련되어 있고, 특히 저소득층 학생들을 위한 지원방안이 마련되어 있다는 점 등을 고려해 보면, 이 사건 법률조항들이 입법형성권의 범위를 넘어 헌법상 의무교육의 무상원칙에 반하는 것으로 보기는 어렵다(헌재 2012.4.24. 2010헌바164).

③ (○) 교육을 받을 권리가 국가에 대하여 특정한 교육제도나 시설의 제공을 요구할 수 있는 권리를 뜻하는 것은 아니므로, 대학구성원이 아닌 청구인이 이 사건 도서관에서 도서를 대출할 수 없거나 열람실을 이용할 수 없더라도 청구인의 교육을 받을 권리가 침해된다고 볼 수 없다(헌재 2016.11.24. 2014헌마977).

④ (○) 헌법 제22조 제1항이 보장하고 있는 학문의 자유와 헌법 제31조 제4항에서 보장하고 있는 대학의 자율성에 따라 대학이 학생의 선발 및 전형 등 대학입시제도를 자율적으로 마련할 수 있다 하더라도, 이러한 대학의 자율적 학생 선발권을 내세워 국민의 '균등하게 교육을 받을 권리'를 침해할 수 없으며, 이를 위해 대학의 자율권은 일정 부분 제약을 받을 수 있다(헌재 2017.12.28. 2016헌마649).

[2021년 국가 7급] ②

교육을 받을 권리에 대한 설명으로 가장 옳지 않은 것은? (다툼이 있는 경우 판례에 의함)

① 공개경쟁을 통한 입학시험제도는 합헌이지만, 능력이 떨어지는 사람에 대하여 국가는 이들을 교육하기 위한 적극적 배려를 하여야 한다.

② 학원설립등록의무를 부과하고 이를 어긴 경우 처벌하도록 규정하는 것은 행복추구권, 직업선택의 자유를 침해한다고 볼 수 없다.

③ 교육의 의무의 주체는 학령아동의 친권자 또는 그 후견인이다.

④ 학교용지부담금의 부과대상을 수분양자가 아닌 개발사업자로 정하고 있는 구 학교용지 확보 등에 관한 특례법 조항은 의무교육의 무상원칙에 위배된다.

① (○) 헌법 제31조 제1항에 따라 국민의 교육을 받을 권리를 보장하고 있고, 그 교육을 받을 권리는 국가로부터 교육에 필요한 시설의 제공을 요구할 수 있는 권리 및 각자의 능력에 따라 교육시설에 입학하여 배울 수 있는 권리를 국민의 기본권으로서 보장하면서, 한편 국민 누구나 능력에 따라 균등한 교육을 받을 수 있게끔 노력해야 할 의무와 과제를 국가에게 부담하고 있다(헌재 2011.6.30. 2010헌마503).

② (○) 학원의 등록제도는 국민의 교육을 받을 권리를 실질적으로 보장하기 위하여 교육제도와 시설을 일정한 수준으로 유지시키고 이를 위하여 국가가 적절한 지도, 감독을 하기 위한 목적을 지닌 제도라고 할 수 있으므로 공공복리를 위한 입법목적을 가지고 있는 것이고, 학원의 등록제도는 위와 같은 입법목적을 달성하기 위한 효과적인 방법이라고 할 수 있다. 그리고 법에서 정하는 학원의 설립요건은 지나치게 엄격하다고 볼 수 없으며, 벌칙규정인 제22조 제1항 제2호의 법정형이 과도한 것이라고 할 수도 없다. 그러므로 이 사건 법률조항들이 헌법에 위배하여 국민의 행복추구권, 직업선택의 자유를 침해한다고 볼 수 없다(헌재 2001.2.22. 99헌바93).

③ (○) 헌법 제31조 제2항 및 제3항에 따라 독립하여 생활할 수 없는 취학연령에 있는 미성년자의 교육을 받을 권리를 실효성 있게 확보하기 위하여 학령아동의 친권자 또는 후견인에 대해 그 보호아동에게 교육을 받게 할 의무를 부과하고, 그 의무교육을 무상으로 하고 있다(헌재 1994.2.24. 93헌마192).

④ (×) 의무교육의 무상성에 관한 헌법상 규정은 교육을 받을 권리를 보다 실효성 있게 보장하기 위해 의무교육 비용을 학령아동 보호자의 부담으로부터 공동체 전체의 부담으로 이전하라는 명령일 뿐 의무교육의 모든 비용을 조세로 해결하여야 함을 의미하는 것은 아니므로,

학교용지부담금의 부과대상을 수분양자가 아닌 개발사업자로 정하고 있는 이 사건 법률조항은 의무교육의 무상원칙에 위배되지 아니한다(헌재 2008.9.25. 2007헌가1).
[2017년 서울 7급] ④

교육을 받을 권리에 대한 설명으로 옳은 것은? (다툼이 있는 경우 판례에 의함)

① 헌법 제31조 제3항의 의무교육 무상의 원칙은 교육을 받을 권리를 보다 실효성 있게 보장하기 위하여 의무교육 비용을 학령아동의 보호자 개개인의 직접적 부담에서 공동체 전체의 부담으로 이전하라는 명령일 뿐, 의무교육의 비용을 오로지 국가 또는 지방자치단체의 예산으로 해결해야 함을 의미하는 것은 아니다.

② 헌법 제31조의 교육을 받을 권리는 국민이 국가에 대해 직접 특정한 교육제도나 학교시설을 요구할 수 있는 기본권이며, 자신의 교육환경을 최상 혹은 최적으로 만들기 위해 타인의 교육시설 참여 기회를 제한할 것을 청구할 수 있는 기본권이기도 하다.

③ 헌법 제31조 제4항에서 보장하고 있는 대학의 자율성에 따라 대학은 학생의 선발 및 전형 등 대학입시제도를 자율적으로 마련할 수 있으므로, 국립교육대학교 등이 검정고시 출신자의 수시모집 지원을 제한하는 것은 수시모집에 지원하려는 검정고시 출신자의 균등하게 교육을 받을 권리를 침해하는 것이 아니다.

④ 헌법 제31조 제1항에서 보장되는 교육의 기회균등권은 모든 국민에게 균등한 교육을 받게 하고 특히 경제적 약자가 실질적인 평등교육을 받을 수 있도록 국가에게 적극적 정책을 실현할 것을 요구하므로, 헌법 제31조 제1항으로부터 국민이 직접 실질적 평등교육을 위한 교육비를 청구할 권리가 도출된다.

① (○) 의무교육 무상에 관한 헌법 제31조 제3항은 교육을 받을 권리를 보다 실효성 있게 보장하기 위하여 의무교육 비용을 학령아동의 보호자 개개인의 직접적 부담에서 공동체 전체의 부담으로 이전하라는 명령일 뿐이고 의무교육의 비용을 오로지 국가 또는 지방자치단체의 예산, 즉 조세로 해결해야 함을 의미하는 것은 아니다(헌재 2008.9.25. 2007헌가9).

② (×) 헌법 제31조 제1항에 의해서 보장되는 교육을 받을 권리는 교육영역에서의 기회균등을 내용으로 하는 것이지, 자신의 교육환경을 최상 혹은 최적으로 만들기 위해 타인의 교육시설 참여 기회를 제한할 것을 청구할 수 있는 기본권은 아니므로, 기존의 재학생들에 대한 교육환경이 상대적으로 열악해질 수 있음을 이유로 새로운 편입학 자체를 하지 말도록 요구하는 것은 교육을 받을 권리의 내용으로는 포섭할 수 없다(헌재 2003.9.25. 2001헌마814).

③ (×) 수시모집은 과거 정시모집의 예외로서 그 비중이 그리 크지 않았으나 점차 그 비중이 확대되어, 정시모집과 같거나 오히려 더 큰 비중을 차지하는 입시전형의 형태로 자리 잡고 있다. 이러한 상황에서는 수시모집의 경우라 하더라도 응시자들에게 동등한 입학 기회가 주어질 필요가 있다. 그런데 이 사건 수시모집요강은 기초생활수급자·차상위계층, 장애인 등을 대상으로 하는 일부 특별전형에만 검정고시 출신자의 지원을 허용하고 있을 뿐 수시모집에서의 검정고시 출신자의 지원을 일률적으로 제한함으로써 실질적으로 검정고시 출신자의 대학입학 기회의 박탈이라는 결과를 초래하고 있다. 수시모집에서 검정고시 출신자에게 수학능력이 있는지 여부를 평가받을 기회를 부여하지 아니하고 이를 박탈한다는 것은 수학능력에 따른 합리적인 차별이라고 보기 어렵다. 피청구인들은 정규 고등학교 학교생활기록부가 있는지 여부, 공교육 정상화, 비교내신 문제 등을 차별의 이유로 제시하고 있으나 이러한 사유가 차별취급에 대한 합리적인 이유가 된다고 보기 어렵다. 그렇다면 이 사건 수시모집요강은 검정고시 출신자인 청구인들을 합리적인 이유 없이 차별함으로써 청구인들의 균등하게 교육을 받을 권리를 침해한다(헌재 2017.12.28. 2016헌마649).

④ (×) 헌법 제31조 제1항에서 보장되는 교육의 기회균등권은 정신적·육체적 능력 이외의 성별·종교·경제력·사회적 신분 등에 의하여 교육을 받을 기회를 차별하지 않고, 즉 합리적 차별사유 없이 교육을 받을 권리를 제한하지 아니함과 동시에 국가가 모든 국민에게 균등한 교육을 받게 하고 특히 경제적 약자가 실질적인 평등교육을 받을 수 있도록 적극적 정책을 실현해야 한다는 것을 의미하므로, 실질적인 평등교육을 실현해야 할 국가의 적극적인 의무가 인정되지만, 이러한 의무조항으로부터 국민이 직접 실질적 평등교육을 위한 교육비를 청구할 권리가 도출되는 것은 아니다(헌재 2003.11.27. 2003헌바39). [2021년 지방 7급] ①

교육의 권리에 대한 침해로 인정되는 것은?

① 학원의 종류 중 '유아를 대상으로 교습하는 학원'을 학교교과교습학원으로 분류한 것
② 검정고시로 고등학교 졸업 학력을 취득한 사람들의 수시모집 지원을 제한하는 내용의 국립 교육대학교의 신입생 수시모집 입시요강
③ 특정 지역에 대하여 우선적으로 중학교 의무교육을 실시한 것
④ 고교평준화지역에서 일반계 고등학교에 진학하는 학생을 교육감이 학교군별로 추첨에 의하여 배정한 것

① (×) 헌법 제31조 제4항에 의해 보장되는 교육의 자주성과 전문성은 교육기관의 자유와 교육의 자유를 보장함으로써 비로소 달성할 수 있는데, 교육기관의 자유는 교육을 담당하는 교육기관의 교육운영에 관한 자주적인 결정권을 그 내용으로 하고, '교육의 자유'는 교육내용이나 교육방법 등에 관한 자주적인 결정권을 그 내용을 한다. 그런데 심판대상 법률조항은 교육기관의 교육운영에 관한 자주적인 결정권을 제한하거나 교육내용이나 교육방법을 제한하는 규정이 아니므로 교육의 권리를 제한한다고 볼 여지가 없다(헌재 2013.5.30. 2011헌바227).
② (○) 수시모집에서 검정고시 출신자에게 수학능력이 있는지 여부를 평가받을 기회를 부여하지 아니하고 이를 박탈한다는 것은 수학능력에 따른 합리적인 차별이라고 보기 어렵다. 이 사건 수시모집요강은 검정고시 출신자인 청구인들을 합리적인 이유 없이 차별함으로써 청구인들의 균등하게 교육을 받을 권리를 침해한다(헌재 2017.12.28. 2016헌마649).
③ (×) 중학교 의무교육을 일시에 전면 실시하는 대신 단계적으로 확대 실시하도록 한 것은 주로 전면 실시에 따르는 국가의 재정적 부담을 고려한 것으로 실질적 평등의 원칙에 부합된다(헌재 1991.2.11. 90헌가27).
④ (×) 사건 시행령조항의 입법목적은 고등학교 교육 기회의 균등 제공, 고등학교 입시의 폐지로 인한 중학교 교육의 정상화 등으로서 정당하고, 교육감에 의한 입학전형 및 학교군별 추첨에 의한 배정방식 입법목적의 달성에 기여하므로 수단의 적절성도 인정되며, 추첨 배정을 받기 전에 학교를 선택 지원할 수 있는 기회가 대폭 확대되고, 고교평준화정책 시행 지역을 결정함에 있어서 객관적 타당성 및 민주적 정당성이 제고된 점 등을 고려하면, 입법목적을 달성하는 데 적합한 다른 대체수단이 존재한다고 보기도 어렵고, 또한 고교평준화제도를 통하여 달성하고자 하는 위와 같은 공익이 침해되는 청구인들의 학교선택권보다 크므로 피해의 최소성 및 법익균형성도 인정된다고 할 것이어서, 이 사건 시행령조항은 과잉금지원칙에 위반되지 아니하며 청구인들의 학교선택권을 침해한다고 할 수 없다(헌재 2012.11.29. 2011헌마827). [2018년 서울 7급] ②

교육권 또는 교육을 받을 권리에 대한 설명으로 가장 적절하지 않은 것은? (다툼이 있는 경우 판례에 의함)

① 학교 내외의 교육영역에서 국가는 헌법 제31조에 의하여 원칙적으로 독립된 독자적인 교육권한을 부여받았고, 학교 밖의 교육영역에서는 원칙적으로 부모의 교육권보다 국가의 교육권한이 우위를 차지한다.
② 부모의 자녀에 대한 교육권은 비록 헌법에 명문으로 규정되어 있지는 않지만, 이는 모든 인

간이 국적과 관계없이 누리는 양도할 수 없는 불가침의 인권이다.

③ 학교용지부담금의 부과대상을 수분양자가 아닌 개발사업자로 규정하고 있는 구 「학교용지 확보 등에 관한 특례법」 조항은 의무교육의 무상원칙에 위배되지 않는다.

④ 의무교육의 무상성에 관한 헌법상 규정은 의무교육의 비용을 오로지 국가 또는 지방자치단체의 예산, 즉 조세로 해결해야 함을 의미하는 것은 아니다.

① (×) 자녀의 양육과 교육에 있어서 부모의 교육권은 교육의 모든 영역에서 존중되어야 하며, 다만 학교교육에 관한 한 국가는 헌법 제31조에 의하여 부모의 교육권으로부터 원칙적으로 독립된 독자적인 교육권한을 부여받음으로써 부모의 교육권과 함께 자녀의 교육을 담당하지만, 학교 밖의 교육영역에서는 원칙적으로 부모의 교육권이 우위를 차지한다(헌재 2000.4.27. 98헌가16).

② (○) 부모의 자녀에 대한 교육권은 비록 헌법에 명문으로 규정되어 있지는 아니하지만, 이는 모든 인간이 누리는 불가침의 인권으로서 혼인과 가족생활을 보장하는 헌법 제36조 제1항, 행복추구권을 보장하는 헌법 제10조 및 헌법 제37조 제1항에서 나오는 중요한 기본권이다(헌재 2000.4.27. 98헌가16).

③ (○) 의무교육이란 교육법에 따라 초등학교부터 중학교까지의 교육을 의미하고 모든 국민은 의무교육을 받을 권리를 가진다. 하지만 학교용지 확보 등에 관한 특례법의 경우 공립 유치원, 초등학교, 중학교, 고등학교의 용지 조성과 개발, 공급에 대한 경비의 부담 등에 관한 특례법이고 이에 따라 제2조, 제5조에 따르면 제1항 본문의 의무교육의 무상원칙을 위반하지 않는다(헌재 2008.9.25. 2007헌가1).

④ (○) 의무교육의 비용은 직접 부담에서 간접 부담, 개인부담에서 공공부담으로 이행하면서 공적 부담을 지향한다고 설명되어 있기 때문에 무조건적으로 조세로 해결해야 하는 것은 아니다(헌재 2008.9.25. 2007헌가1). [2021년 경찰 경정승진] ①

교육을 받을 권리에 대한 설명으로 옳지 않은 것만을 〈보기〉에서 모두 고르면? (다툼이 있는 경우 판례에 의함)

> ㄱ. 대학수학능력시험을 한국교육방송공사(EBS) 수능교재 및 강의와 연계하여 출제하기로 한 '2018학년도 대학수학능력시험 시행기본계획'은 헌법 제31조 제1항의 능력에 따라 균등하게 교육을 받을 권리를 직접 제한한다고 보기는 어렵다.
> ㄴ. '부모의 자녀에 대한 교육권'은 비록 헌법에 명문으로 규정되어 있지는 않지만, 혼인과 가족생활을 보장하는 헌법 제36조 제1항, 교육을 받을 권리를 규정한 헌법 제31조 제1항에서 직접 도출되는 권리이다.
> ㄷ. 교육을 받을 권리를 규정한 헌법 제31조 제1항은 헌법 제10조의 행복추구권에 대한 특별규정으로서, 교육의 영역에서 능력주의를 실현하고자 하는 것이다.

① ㄱ　② ㄷ　③ ㄱ, ㄴ

④ ㄴ, ㄷ　⑤ ㄱ, ㄴ, ㄷ

ㄱ. (○) 2018학년도 대학수학능력시험 시행기본계획이 추구하는 학교교육 정상화와 사교육비 경감이라는 공익은 매우 중요한 반면, 수능시험을 준비하는 사람들이 안게 되는 EBS 교재를 공부하여야 하는 부담은 상대적으로 가벼우므로, 심판대상계획은 법익 균형성도 갖추었다. 따라서 심판대상계획은 수능시험을 준비하는 청구인들의 교육을 통한 자유로운 인격발현권을 침해한다고 볼 수 없다(헌재 2018.2.22. 2017헌마691).

ㄴ. (×) 부모의 자녀에 대한 교육권은 비록 헌법에 명문으로 규정되어 있지는 아니하지만, 이는 모든 인간이 누리는 불가침의 인권으로서 혼인과 가족생활을 보장하는 헌법 제36조 제1항, 행복추구권을 보장하는 헌법 제10조 및 헌법 제37조 제1항에서 나오는 중요한 기본권이다

(헌재 2000.4.27. 98헌가16).

ㄷ. (×) 헌법은 제31조 제1항에서 "능력에 따라 균등하게"라고 하여 교육영역에서 평등원칙을 구체화하고 있다. 헌법 제31조 제1항은 헌법 제11조의 일반적 평등조항에 대한 특별규정으로서 교육의 영역에서 평등원칙을 실현하고자 하는 것이다(헌재 2017.12.28. 2016헌마649).

[2019년 국회 8급] ④

교육을 받을 권리에 관한 설명 중 가장 적절하지 않은 것은? (다툼이 있는 경우 판례에 의함)

① 대학수학능력시험을 한국교육방송공사(EBS) 수능교재 및 강의와 연계하여 출제하기로 한 '2018학년도 대학수학능력시험 시행 기본계획'은 헌법 제31조 제1항의 능력에 따라 균등하게 교육을 받을 권리를 직접 제한한다고 보기는 어렵다.

② 학교용지부담금의 부과대상을 수분양자가 아닌 개발사업자로 정하고 있는 구 「학교용지 확보 등에 관한 특례법」 조항은 의무교육의 무상원칙에 위배된다.

③ '부모의 자녀에 대한 교육권'은 비록 헌법에 명문으로 규정되어 있지는 아니하지만, 이는 모든 인간이 국적과 관계없이 누리는 양도할 수 없는 불가침의 인권이다.

④ 초등학교 교육과정의 편제와 수업시간은 교육현장을 가장 잘 파악하고 교육과정에 대해 적절한 수요 예측을 할 수 있는 해당 부처에서 정하도록 할 필요가 있으므로, 「초·중등교육법」 제23조 제2항이 교육과정의 기준과 내용에 관한 기본적인 사항을 교육부장관이 정하도록 위임한 것 자체가 교육제도 법정주의에 반한다고 보기 어렵다.

① (○) 2018학년도 대학수학능력시험 시행기본계획이 헌법 제31조 제1항의 능력에 따라 균등하게 교육을 받을 권리를 직접 제한한다고 보기는 어렵다(헌재 2018.2.22. 2017헌마691).

② (×) 의무교육의 무상성에 관한 헌법상 규정은 교육을 받을 권리를 보다 실효성 있게 보장하기 위해 의무교육 비용을 학령아동 보호자의 부담으로부터 공동체 전체의 부담으로 이전하라는 명령일 뿐 의무교육의 모든 비용을 조세로 해결해야 함을 의미하는 것은 아니므로, 학교용지부담금의 부과대상을 수분양자가 아닌 개발사업자로 정하고 있는 이 사건 법률조항은 의무교육의 무상원칙에 위배되지 아니한다(헌재 2008.9.25. 2007헌가1).

③ (○) '부모의 자녀에 대한 교육권'은 비록 헌법에 명문으로 규정되어 있지는 아니하지만, 이는 모든 인간이 국적과 관계없이 누리는 양도할 수 없는 불가침의 인권으로서 혼인과 가족생활을 보장하는 헌법 제36조 제1항, 행복추구권을 보장하는 헌법 제10조 및 헌법 제37조 제1항에서 나오는 중요한 기본권이다(헌재 2000.4.27. 98헌가16).

④ (○) 초등학교 교육과정의 편제와 수업시간은 교육여건의 변화에 따른 시의적절한 대처가 필요하므로 교육현장을 가장 잘 파악하고 교육과정에 대해 적절한 수요 예측을 할 수 있는 해당 부처에서 정하도록 할 필요가 있다. 따라서 초·중등교육법 제23조 제2항이 교육과정의 기준과 내용에 관한 기본적인 사항을 교육부장관이 정하도록 위임한 것 자체가 교육제도 법정주의에 반한다고 보기 어렵다(헌재 2016.2.25. 2013헌마838).

[2020년 경찰 경정승진] ②

교육을 받을 권리에 대한 설명으로 가장 옳지 않은 것은?

① 대학수학능력시험의 문항 수 기준 70%를 한국교육방송공사 교재와 연계하여 출제하는 것은 대학수학능력시험을 준비하는 자들의 교육을 받을 권리를 제한하지만, 사교육비를 줄이

고 학교교육을 정상화하려는 것으로 과잉금지원칙에 위배되지 않아 이들의 교육을 받을 권리를 침해하지 않는다.

② 대학의 신입생 수시모집 입시요강이 검정고시로 고등학교 졸업 학력을 취득한 사람들의 수시모집 지원을 제한하는 것은 검정고시 출신자들을 합리적인 이유없이 차별하는 것으로 해당 대학에 지원하려는 검정고시 출신자들의 균등하게 교육을 받을 권리를 침해한다.

③ 대학 구성원이 아닌 사람의 도서관 이용에 관하여 대학도서관의 관장이 승인 또는 허가할 수 있도록 한 것은 교육을 받을 권리가 국가에 대하여 특정한 교육제도나 시설의 제공을 요구할 수 있는 권리를 뜻하는 것은 아니라는 점에서 대학 구성원이 아닌 자의 교육을 받을 권리가 침해된다고 볼 수 없다.

④ 의무교육의 무상성에 관한 헌법 규정은 교육을 받을 권리를 보다 실효성 있게 보장하기 위해 의무교육 비용을 학령아동 보호자의 부담으로부터 공동체 전체의 부담으로 이전하라는 명령일 뿐 의무교육의 모든 비용을 조세로 해결해야 함을 의미하는 것은 아니므로, 학교용지부담금의 부과대상을 수분양자가 아닌 개발사업자로 정하는 것은 의무교육의 무상원칙에 위배되지 않는다.

① (×) 2018학년도 대학수학능력시험 시행기본계획은 침해 최소성 원칙에 위배된다고 볼 수 없다. 심판대상계획이 추구하는 학교교육 정상화와 사교육비 경감이라는 공익은 매우 중요한 반면, 수능시험을 준비하는 사람들이 안게 되는 EBS 교재를 공부하여야 하는 부담은 상대적으로 가벼우므로, 심판대상계획은 법익 균형성도 갖추었다. 따라서 심판대상계획은 수능시험을 준비하는 청구인들의 교육을 통한 자유로운 인격발현권을 침해한다고 볼 수 없다(헌재 2018.2.22. 2017헌마691).

② (○) 수시모집에서 검정고시 출신자에게 수학능력이 있는지 여부를 평가받을 기회를 부여하지 아니하고 이를 박탈한다는 것은 수학능력에 따른 합리적인 차별이라고 보기 어렵다. 피청구인들은 정규 고등학교 학교생활기록부가 있는지 여부, 공교육 정상화, 비교내신 문제 등을 차별의 이유로 제시하고 있으나 이러한 사유가 차별취급에 대한 합리적인 이유가 된다고 보기 어렵다. 그렇다면 이 사건 수시모집요강은 검정고시 출신자인 청구인들을 합리적인 이유 없이 차별함으로써 청구인들의 균등하게 교육을 받을 권리를 침해한다(헌재 2017.12.28. 2016헌마649).

③ (○) 교육을 받을 권리가 국가에 대하여 특정한 교육제도나 시설의 제공을 요구할 수 있는 권리를 뜻하는 것은 아니므로, 청구인이 이 사건 도서관에서 도서를 대출할 수 없거나 열람실을 이용할 수 없더라도 청구인의 교육을 받을 권리가 침해된다고 볼 수 없다. 대학구성원이 아닌 청구인에게 도서 대출 또는 열람실 이용을 제한하는 것이 현저히 불합리하거나 자의적인 차별이라고 할 수 없으므로, 청구인의 평등권을 침해하지 아니한다(헌재 2016.11.24. 2014헌마977).

④ (○) 의무교육의 무상성에 관한 헌법상 규정은 교육을 받을 권리를 보다 실효성 있게 보장하기 위해 의무교육 비용을 학령아동 보호자의 부담으로부터 공동체 전체의 부담으로 이전하라는 명령일 뿐 의무교육의 모든 비용을 조세로 해결해야 함을 의미하는 것은 아니므로, 학교용지부담금의 부과대상을 수분양자가 아닌 개발사업자로 정하고 있는 이 사건 법률조항은 의무교육의 무원칙에 위배되지 아니한다(헌재 2008.9.25. 2007헌가1).

[2019년 서울 7급] ①

교육제도에 관한 설명 중 옳은 것은? (다툼이 있는 경우 판례에 의함)

① 한자를 국어과목에서 분리하여 초등학교 재량에 따라 선택적으로 가르치도록 하는 것은, 국어교과의 내용으로 한자를 배우고 일정 시간 이상 필수적으로 한자교육을 받음으로써 교

육적 성장과 발전을 통해 자아를 실현하고자 하는 학생들의 자유로운 인격발현권을 제한하는 것이나, 학부모의 자녀교육권을 제한하는 것은 아니다.

② 초등학교 교육과정의 편제와 수업시간은 교육현장을 가장 잘 파악하고 교육과정에 대해 적절한 수요 예측을 할 수 있는 해당 부처에서 정하도록 할 필요가 있으므로, 「초·중등교육법」 제23조 제2항이 교육과정의 기준과 내용에 관한 기본적인 사항을 교육부장관이 정하도록 위임한 것 자체가 교육제도 법정주의에 반한다고 보기 어렵다.

③ 학교교육에 있어서 교원의 수업권은 직업의 자유에 의하여 보장되는 기본권이지만, 원칙적으로 학생의 학습권은 교원의 수업권에 대하여 우월한 지위에 있다. 교원의 고의적인 수업거부행위는 학생의 학습권과 정면으로 상충하는 것인바, 수업권의 우월적 지위가 인정되는 예외적인 경우에만 수업거부행위는 헌법상 정당화된다.

④ 대학의 자율의 구체적인 내용은 법률이 정하는 바에 의하여 보장되며, 국가는 헌법 제31조 제6항에 따라 모든 학교제도의 조직·계획·운영·감독에 관한 포괄적인 권한을 부여받지만, 대학의 자율성 보장은 대학자치의 본질이므로 대학의 자율에 대한 침해 여부를 심사함에 있어서는 엄격한 과잉금지원칙을 적용하여야 한다.

⑤ 대학의 장 후보자를 추천할 때 해당 대학 교원의 합의된 방식과 절차에 따라 직접선거로 선정하는 경우 해당 대학은 선거관리에 관하여 중앙선거관리위원회에 선거관리를 위탁할 수 있다.

① (×) 한자 관련 고시는 한자를 국어과목에서 분리하여 학교 재량에 따라 선택적으로 가르치도록 하고 있으므로, 국어교과의 내용으로 한자를 배우고 일정 시간 이상 필수적으로 한자교육을 받음으로써 교육적 성장과 발전을 통해 자아를 실현하고자 하는 학생들의 자유로운 인격발현권을 제한한다. 또한 학부모는 자녀의 개성과 능력을 고려하여 자녀의 학교교육에 관한 전반적인 계획을 세우고, 자신의 인생관·사회관·교육관에 따라 자녀를 교육시킬 권리가 있는바, 이 사건 한자 관련 고시는 자녀의 올바른 성장과 발전을 위하여 한자교육이 반드시 필요하고 국어과목 시간에 이루어져야 한다고 생각하는 학부모의 자녀교육권도 제한할 수 있다(헌재 2016.11.24. 2012헌마854).

② (○) 초등학교 교육과정의 편제와 수업시간은 교육여건의 변화에 따른 시의적절한 대처가 필요하므로 교육현장을 가장 잘 파악하고 교육과정에 대해 적절한 수요 예측을 할 수 있는 해당 부처에서 정하도록 할 필요가 있다. 따라서 초·중등교육법 제23조 제2항이 교육과정의 기준과 내용에 관한 기본적인 사항을 교육부장관이 정하도록 위임한 것 자체가 교육제도 법정주의에 반한다고 보기 어렵다(헌재 2016.2.25. 2013헌마838).

③ (×) 학교교육에 있어서 교원의 가르치는 권리를 수업권이라 한다면, 이것은 교원의 지위에서 생기는 학생에 대한 일차적인 교육상의 직무권한이지만 어디까지나 학생의 학습권 실현을 위하여 인정되는 것이므로, 학생의 학습권은 교원의 수업권에 대하여 우월한 지위에 있다. 따라서 학생의 학습권이 왜곡되지 않고 올바로 행사될 수 있도록 하기 위해서라면 교원의 수업권은 일정한 범위 내에서 제약을 받을 수밖에 없고, 학생의 학습권은 개개 교원들의 정상을 벗어난 행동으로부터 보호되어야 한다. 특히, 교원의 수업거부행위는 학생의 학습권과 정면으로 상충하는 것인바, 교육의 계속성 유지의 중요성과 교육의 공공성에 비추어 보거나 학생·학부모 등 다른 교육당사자들의 이익과 교량해 볼 때 교원이 고의로 수업을 거부할 자유는 어떠한 경우에도 인정되지 아니하며, 교원은 계획된 수업을 지속적으로 성실히 이행할 의무가 있다(대법원 2007.9.20. 2005다25298).

④ (×) 국가는 헌법 제31조 제6항에 따라 모든 학교제도의 조직, 계획, 운영, 감독에 관한 포괄적인 권한, 즉 학교제도에 관한 전반적인 형성권과 규율권을 부여받았다고 할 수 있고, 다만 그 규율의 정도는 그 시대의 사정과 각급 학교에 따라 다를 수밖에 없는 것이므로

교육의 본질을 침해하지 않는 한 궁극적으로는 입법권자의 형성의 자유에 속하는 것이라 할 수 있다. 따라서 이 사건 법률조항이 대학의 자유를 제한하고 있다고 하더라도 그 위헌 여부는 입법자가 기본권을 제한함에 있어 헌법 제37조 제2항에 의한 합리적인 입법한계를 벗어나 자의적으로 그 본질적 내용을 침해하였는지 여부에 따라 판단되어야 할 것이고, 다만 법 제24조 제7항에 대하여는 포괄위임입법금지의 원칙 등이 그 심사기준이 될 것이다(헌재 2006.4.27. 2005헌마1047 등).

⑤ (×) 교육공무원법 제24조의3(대학의 장 후보자 추천을 위한 선거사무의 위탁) ①대학의 장 후보자를 추천할 때 제24조 제3항 제2호에 따라 해당 대학 교원의 합의된 방식과 절차에 따라 직접선거로 선정하는 경우 해당 대학은 선거관리에 관하여 그 소재지를 관할하는 선거관리위원회법에 따른 구·시·군선거관리위원회에 선거관리를 위탁하여야 한다. [2018년 제7회 변호사] ②

교육을 받을 권리에 관한 설명으로 옳지 않은 것은? (다툼이 있는 경우 헌법재판소 판례에 의함)

① 국가는 학교에서의 교육목표, 학습계획, 학습방법, 학교조직 등 교육제도를 정하는 데 포괄적 규율 권한과 폭넓은 입법형성권을 가진다.

② 부모의 자녀교육권은 헌법상 교육을 받을 권리와 불가분의 관계에 있으므로, "모든 국민은 능력에 따라 균등하게 교육을 받을 권리를 가진다"는 헌법규정에 의하여 보호된다.

③ 교육을 받을 권리는 국민이 인간으로서의 존엄과 가치를 가지며 행복을 추구하고 인간다운 생활을 영위하는 데 필수적인 전제이자 다른 기본권을 의미 있게 행사하기 위한 기초가 된다.

④ 교육을 받을 권리란 모든 국민에게 저마다의 능력에 따른 교육이 가능하도록 그에 필요한 설비와 제도를 마련해야 할 국가의 과제와 아울러, 사회적·경제적 약자도 능력에 따른 실질적 평등교육을 받을 수 있도록 적극적인 정책을 실현해야 할 국가의 의무를 뜻한다.

⑤ 자녀의 교육에 관한 부모의 권리와 의무는 서로 불가분의 관계에 있고 자녀교육권의 본질을 결정하는 구성요소이기 때문에, 부모의 자녀교육권은 '자녀교육에 대한 부모의 책임'으로도 표현될 수 있다.

① (○) 국가는 학교에서의 교육목표, 학습계획, 학습방법, 학교조직 등 교육제도를 정하는 데 포괄적 규율권한과 폭넓은 입법형성권을 갖는다. 대학 입학전형자료의 하나인 수능시험은 대학 진학을 위해 필요한 것이지만, 고등학교 교육과정에 대한 최종적이고 종합적인 평가로서 학교교육 제도와 밀접한 관계에 있다. 따라서 국가는 수능시험의 출제 방향이나 원칙을 어떻게 정할 것인지에 대해서도 폭넓은 재량권을 갖는다(헌재 2018.2.22. 2017헌마691).

② (×) 부모의 자녀교육권은 헌법 제31조 제1항 교육을 받을 권리에 의해 보호되는 것이 아니라 모든 인간이 누리는 불가침의 인권으로서 혼인과 가족생활을 보장하는 헌법 제36조 제1항, 행복추구권을 보장하는 헌법 제10조 및 헌법 제37조 제1항에서 나오는 중요한 기본권이다(헌재 2000.4.27. 98헌가16).

③ (○) 교육을 받을 권리는 국민이 인간으로서의 존엄과 가치를 가지며 행복을 추구하고(헌법 제10조) 인간다운 생활을 영위하는데(헌법 제34조 제1항) 필수적인 전제이자 다른 기본권을 의미있게 행사하기 위한 기초이고, 민주국가에서 교육을 통한 국민의 능력과 자질의 향상은 바로 그 나라의 번영과 발전의 토대가 되는 것이므로, 헌법이 교육을 국가의 중요한 과제로 규정하고 있는 것이다(헌재 2000.4.27. 98헌가16).

④ (○) 헌법 제31조 제1항 교육을 받을 권리란 모든 국민에게 저마다의 능력에 따른 교육이 가능하도록 그에 필요한 설비와 제도를 마련해야 할 국가의 과제와 아울러 이를 넘어 사회적·경제적 약자도 능력에 따른 실질적 평등교육을 받을 수 있도록 적극적인 정책을 실현해야 할 국가의 의무를 뜻한다(헌재 2000.4.27. 98헌가16).

⑤ (○) 부모는 자녀의 교육에 관하여 전반적인 계획을 세우고 자신의 인생관·사회관·교육관에 따라 자녀의 교육을 자유롭게 형성할 권리를 가지며, 부모의 교육권은 다른 교육의 주체와의 관계에서 원칙적인 우위를 가진다. 한편 자녀의 교육에 관한 부모의 권리와 의무는 서로 불가분의 관계에 있고 자녀교육권의 본질을 결정하는 구성요소이기 때문에, 부모의 자녀교육권은 자녀교육에 대한 부모의 책임으로도 표현될 수 있다(헌재 2000.4.27. 98헌가16). [2021년 소방간부] ②

의무교육에 대한 설명으로 가장 옳지 않은 것은?

① 헌법상 의무교육 무상의 범위는 교육의 기회균등을 실현하기 위해 필수불가결한 비용을 말하므로, 단순한 영양공급 차원을 넘어 교육적 성격을 가지는 학교급식은 무상의 의무교육 내용에 포함된다.

② 수업료나 입학금의 면제, 학교와 교사 등 인적·물적 기반 및 그 기반을 유지하기 위한 인건비와 시설유지비, 신규시설투자비 등의 재원 마련 비용은 의무교육 무상의 범위에 포함된다.

③ 학교운영지원비는 운영상 교원연구비와 같은 교사의 인건비 일부와 학교 회계직원의 인건비 일부 등 의무교육과정의 인적 기반을 유지하기 위한 비용을 충당하는 데 사용되고 있으므로 의무교육 무상의 범위에 포함되어야 한다.

④ 의무교육 무상의 원칙이 의무교육을 위탁받은 사립학교를 설치·운영하는 학교법인 등과의 관계에서 이미 학교법인이 부담하도록 규정되어 있는 경비까지 국가나 지방자치단체의 부담으로 한다는 취지로 볼 수는 없다.

① (×) 급식활동으로 얻을 수 있는 교육적 측면은 기본적이고 필수적인 학교 교육 이외에 부가적으로 이루어지는 식생활 및 인성 교육으로서의 보충적 성격을 가지므로 의무교육의 실질적인 균등보장을 위한 본질적이고 핵심적인 부분이라고까지는 할 수 없고, 따라서 학교급식 비용과 관련된 입법에 대하여는 입법자에게 입법형성의 재량이 인정된다고 봄이 상당하다(헌재 2012.4.24. 2010헌바164).

② (○) 의무교육에 있어서 무상의 범위에는 의무교육이 실질적이고 균등하게 이루어지기 위한 본질적 항목으로, 수업료나 입학금의 면제, 학교와 교사 등 인적·물적 시설 및 그 시설을 유지하기 위한 인건비와 시설유지비, 신규시설투자비 등의 재원 부담으로부터의 면제가 포함된다 할 것이며, 그 외에도 의무교육을 받는 과정에 수반하는 비용으로서 의무교육의 실질적인 균등보장을 위해 필수불가결한 비용은 무상의 범위에 포함된다(헌재 2012.4.24. 2010헌바164).

③ (○) 의무교육과정에서 학교와 교사 등 인적·물적 기반 및 그 기반을 유지하기 위한 인건비와 시설유지비, 신규시설투자비 등의 재원 마련은 전적으로 국가와 지방자치단체의 몫임이 분명함에도 불구하고, 교원연구비와 같은 교사의 인건비 일부와 학교회계직원의 인건비 일부를 학부모들이 부담하는 학교운영지원비로 충당하는 것은 헌법이 천명하고 있는 의무교육의 무상원칙에 분명히 반하는 것이다. 따라서 이 사건 세입조항은 헌법 제31조 제3항에 규정되어 있는 의무교육의 무상원칙에 위배된다(헌재 2012.8.23. 2010헌바220).

④ (○) 의무교육을 위탁받은 사립학교를 설치·운영하는 학교법인 등과의 관계에서 관련 법령에 의하여 이미 학교법인이 부담하도록 규정되어 있는 경비까지 종국적으로 국가나 지방자치단체의 부담으로 한다는 취지까지 규정한 것으로 볼 수 없다(대법원 2015.1.29. 2012두7387). [2019년 서울 7급] ①

무상교육에 관한 다음 설명 중 가장 옳지 않은 것은? (다툼이 있는 경우 판례 및 헌법재판소 결정에 의함. 이하 같음)

① 의무교육제도는 교육의 자주성·전문성·정치적 중립성 등을 지도원리로 하여 국민의 교육을 받을 권리를 뒷받침하기 위한, 헌법상의 교육기본권에 부수되는 제도보장이다.

② 헌법 제31조 제2항은 초등교육과 법률이 정하는 교육을 의무교육으로서 실시하도록 규정하였으므로 초등교육 이외에 어느 범위의 교육을 의무교육으로 할 것인가에 대한 결정은 입법자에게 위임되어 있다. 초등교육 이외의 의무교육은 구체적으로 법률에서 이에 관한 규정이 제정되어야 가능하고 초등교육 이외의 의무교육의 실시 범위를 정하는 것은 입법자의 형성의 자유에 속한다.

③ 입법자가 중학교 교육에 대한 의무교육을 단계적으로 실시하는 것으로 규정함에 따라 아직 중학교 교육의 무상 실시하는 혜택을 받지 못하는 지역이 있더라도 이는 그 지역의 주민들에 대하여는 이러한 혜택이 현재로서는 구체적인 헌법상의 권리로서 보장되지 않고 있는 것이며, 그들의 헌법상 보장된 권리가 국가에 의하여 침해되었다고 볼 수는 없다.

④ 헌법 제31조 제1항에서 보장되는 교육의 기회균등은 정신적·육체적 능력 이외의 성별·종교·경제력·사회적 신분 등에 의하여 교육을 받을 기회를 차별하지 아니함과 동시에, 국가가 모든 국민에게 균등한 교육을 받게 하고 특히 경제적 약자가 실질적인 평등교육을 받을 수 있도록 적극적 정책을 실현해야 한다는 것을 의미한다.

⑤ 급식활동이 의무교육에 있어서 필수불가결한 교육 과정이며 이에 소요되는 경비가 의무교육의 실질적인 균등보장을 위한 본질적이고 핵심적인 항목에 해당하므로, 이에 관한 모든 재원 마련도 전적으로 국가와 지방자치단체의 몫이 되어야 하므로 급식에 관한 경비를 전면무상으로 하지 않고 그 일부를 학부모의 부담으로 정하고 있는 법률조항들은 의무교육의 무상원칙에 위배된다.

① (○) 의무교육제도는 교육의 자주성·전문성·정치적 중립성 등을 지도원리로 하여 국민의 교육을 받을 권리를 뒷받침하기 위한, 헌법상의 교육기본권에 부수되는 제도보장이라 할 것이다(헌재 1991.2.11. 90헌가27).

② (○) 헌법 제31조 제2항은 초등교육과 법률이 정하는 교육을 의무교육으로서 실시하도록 규정하였으므로 초등교육 이외에 어느 범위의 교육을 의무교육으로 할 것인가에 대한 결정은 입법자에게 위임되어 있다. 초등교육 이외의 의무교육은 구체적으로 법률에서 이에 관한 규정이 제정되어야 가능하고 초등교육 이외의 의무교육의 실시 범위를 전하는 것은 입법자의 형성의 자유에 속한다(헌재 1991.2.11. 90헌가27).

③ (○) 입법자가 중학교교육에 대한 의무교육을 단계적으로 실시하는 것으로 규정함에 따라 아직 중학교교육의 무상 실시라는 혜택을 받지 못하는 지역이 있더라도 이는 그 지역의 주민들에 대하여는 이러한 혜택이 현재로서는 구체적인 헌법상의 권리로서 보장되지 않고 있는 것이며, 그들의 헌법상 보장된 권리가 국가에 의하여 침해되고 있다고 볼 수 없다(헌재 1991.2.11. 90헌가27).

④ (○) 헌법은 제31조 제1항에서 모든 국민의 교육의 기회균등권을 보장하고 있는 것은 정신적·육체적 능력 이외의 성별·종교·경제력·사회적 신분 등에 의하여 교육을 받을 기회를 차별하지 않고, 즉 합리적 차별사유 없이 교육을 받을 권리를 제한하지 아니함과 동시에 국가가 모든 국민에게 균등한 교육을 받게 하고 특히 경제적 약자가 실질적인 평등교육을 받을 수 있도록 적극적 정책을 실현해야 한다는 것이다(헌재 1994.2.24. 93헌마192).

⑤ (×) 급식활동이 의무교육에 있어서 필수불가결한 교육 과정이며 이에 소요되는 경비가 의무교육의 실질적인 균등보장을 위한 본질적이고 핵심적인 항목에 해당한다면, 이에 관한 모든 재원 마련도 전적으로 국가와 지방자치단체의 몫이 되어야 하므로 급식에 관한 경비를 전면 무상으로 하지 않고 그 일부를 학부모의 부담으로 정하고 있는 이 사건 법률조항들은 의무교육의 무상원칙에 위배될 여지가 있다. 그러나 이 사건 법률조항들은 비록 중학생의 학부모들에게 급식 관련 비용의 일부를 부담하도록 하고 있지만, 학부모에게 급식에 필요한 경비의 일부를 부담시키는 경우에 있어서도 학교급식 실시의 기본적 인프라가 되는 부분은 배제하고 있으며, 국가나 지방자치단체의

지원으로 학부모의 급식비 부담을 경감하는 조항이 마련되어 있고, 특히 저소득층 학생들을 위한 지원방안이 마련되어 있다는 점 등을 고려해 보면, 이 사건 법률조항들이 입법형성권의 범위를 넘어 헌법상 의무교육의 무상원칙에 반하는 것으로 보기는 어렵다(헌재 2012.4.24. 2010헌바164). [2019년 법무사] ⑤

교육에 관한 기본권에 대한 설명으로 옳지 않은 것은? (다툼이 있는 경우 판례에 의함)

① 사립대학 교육기관의 교원을 정관이 정하는 바에 따라 기간을 정하여 임면할 수 있도록 한 구 「사립학교법」 규정은 교원지위 법정주의에 위반되지 않는다.

② 사립학교법인이 의무의 부담을 하고자 할 때 관할청의 허가를 받도록 하는 「사립학교법」 규정은 사립학교 운영의 자유를 침해하지 않는다.

③ 대학의 자치의 주체를 기본적으로 대학으로 본다고 하더라도 교수나 교수회의 기본권 주체성이 부정된다고 볼 수 없다.

④ 자율형 사립고등학교를 후기학교로 정하여 신입생을 일반고와 동시에 선발하도록 하는 한편, 자율형 사립고등학교를 지원한 학생에게 평준화지역 후기학교에 중복지원할 수 없도록 한 것은 학교법인의 사학운영의 자유를 침해한다.

⑤ 학교교과교습학원 및 교습소의 교습시간을 05:00부터 22:00까지 규정하고 있는 조례는 학부모의 자녀교육권을 침해하지 않는다.

① (○) 대학교원의 기간임용제를 규정한 구 사립학교법 제53조의2 제3항은 전문성·연구실적 등에 문제가 있는 교수의 연임을 배제하여 합리적인 교수인사를 할 수 있도록 하기 위한 것으로 그 입법목적이 정당하고, 대학교육기관의 교원에 대한 기간임용제와 정년보장제는 국가가 문화국가의 실현을 위한 학문진흥의 의무를 이행함에 있어서나 국민의 교육권의 실현·방법 면에서 각각 장단점이 있어서, 그 판단·선택은 헌법재판소에서 이를 가늠하기보다는 입법자의 입법정책에 맡겨 두는 것이 옳으므로, 위 조항은 헌법 제31조 제6항이 규정한 교원지위 법정주의에 위반되지 아니한다(헌재 1998.7.16. 96헌바33).

② (○) 이 사건 법률조항이 학교법인으로 하여금 의무의 부담을 하고자 할 때 관할청의 허가를 받도록 하고 있어 사립학교운영에 관한 자유를 제한하고 있다 하더라도, 이는 공공복리를 위하여 필요한 권리를 제한한 경우에 해당하는 것이며, 일정액 미만의 넓은 범위에서 허가를 받지 않도록 예외를 두고 있고 시행상 일반적인 학교운영과 관련된 통상적인 의무부담은 허가에서 제외하고 있으며 일정액 이상이라도 허가를 받아 자유롭게 처리할 수 있는 점 등을 보면 합리적인 입법한계를 일탈하였거나 기본권의 본질적인 부분을 침해하였다고 볼 수 없다(헌재 2001.1.18. 99헌바63).

③ (○) 대학의 자치의 주체를 기본적으로 대학으로 본다고 하더라도 교수나 교수회의 주체성이 부정된다고 볼 수는 없고, 가령 학문의 자유를 침해하는 대학의 장에 대한 관계에서는 교수나 교수회가 주체가 될 수 있고, 또한 국가에 의한 침해에 있어서는 대학 자체 외에도 대학 전구성원이 자율성을 갖는 경우도 있을 것이므로 문제되는 경우에 따라서 대학, 교수, 교수회 모두가 단독, 혹은 중첩적으로 주체가 될 수 있다(헌재 2006.4.27. 2005헌마1047).

④ (×) 과학고는 과학분야의 인재 양성이라는 설립 취지나 전문적인 교육과정의 측면에서 과학 분야에 재능이나 소질을 가진 학생을 후기학교보다 먼저 선발할 필요성을 인정할 수 있으나, 자사고의 경우 교육과정 등을 고려할 때 후기학교보다 먼저 특정한 재능이나 소질을 가진 학생을 선발할 필요성은 적다. 따라서 이 사건 동시선발 조항이 자사고를 후기학교로 규정함으로써 과학고와 달리 취급하고, 일반고와 같이 취급하는 데에는 합리적인 이유가 있으므로 청구인 학교법인의 평등권을 침해하지 아니한다(헌재 2019.4.11. 2018헌마221).

⑤ (○) 학교, 교육방송 및 다른 사교육에 대하여는 교습시간을 제한하지 않으면서 학원 및 교습소의 교습시간만 제한하였다고 하여도 공교육의 주체인 학교 및 공영방송인 한국교육방송공사가 사교육 주체인 학원과 동일한 지위에 있다고 보기 어렵고, 다른 사교육인 개인과외교습이나

인터넷 통신 강좌에 의한 심야교습이 초래하게 될 사회적 영향력이나 문제점이 학원에 의한 심야교습보다 적으므로 학원 및 교습소의 교습시간만 제한하였다고 하여 이를 두고 합리적 이유 없는 차별이라고 보기는 어려운바, 이 사건 조항이 학원 운영자 등의 평등권을 침해하였다고 보기는 어렵다(헌재 2009.10.29. 2008헌마635).

[2020년 국회 9급] ④

교육기본권에 대한 설명으로 옳지 않은 것은? (다툼이 있는 경우 판례에 의함)

① 헌법은 초등교육과 중등교육을 의무교육으로 실시하도록 명문으로 규정하고 있다.

② 국·공립학교처럼 사립학교에도 학교운영위원회를 의무적으로 설치하도록 한 것은 현저히 자의적이거나 비합리적으로 사립학교의 공공성만을 강조하고 사립학교의 자율성을 제한한 것이라 보기 어렵다.

③ 개발사업지역에서 100세대 규모 이상의 주택건설용 토지를 조성·개발하거나 공동주책을 건설하는 사업자에 대하여 학교용지부담금을 부과하는 것은 헌법상 의무교육의 무상원칙에 위배되지 않는다.

④ 학교교육에 있어서 교사의 가르치는 권리를 수업권이라고 한다면 그것은 자연법적으로는 학부모에게 속하는 자녀에 대한 교육권을 신탁받은 것이고, 실정법상으로는 공교육의 책임이 있는 국가의 위임에 의한 것이다.

① (×) 헌법 제31조 ②모든 국민은 그 보호하는 자녀에게 적어도 초등교육과 법률이 정하는 교육을 받게 할 의무를 진다.

② (○) 심판대상조항에 의하여 사립학교 교육의 자주성·전문성이 어느 정도 제한된다고 하더라도, 그 입법취지 및 학교운영위원회의 구성과 성격 등을 볼 때, 사립학교 학교운영위원회제도가 현저히 자의적이거나 비합리적으로 사립학교의 공공성만을 강조하고 사립학교의 자율성을 제한한 것이라 보기 어렵다(헌재 2001.11.29. 2000헌마278).

③ (○) 의무교육의 무상성에 관한 헌법상 규정은 교육을 받을 권리를 보다 실효성 있게 보장하기 위해 의무교육 비용을 학령아동 보호자의 부담으로부터 공동체 전체의 부담으로 이전하라는 명령일 뿐 의무교육의 모든 비용을 조세로 해결해야 함을 의미하는 것은 아니므로, 학교용지부담금의 부과대상을 수분양자가 아닌 개발사업자로 정하고 있는 이 사건 법률조항은 의무교육의 무상원칙에 위배되지 아니한다(헌재 2008.9.25. 2007헌가1).

④ (○) 학교교육에 있어서 교사의 가르치는 권리를 수업권이라고 한다면 그것은 자연법적으로는 학부모에게 속하는 자녀에 대한 교육권을 신탁받은 것이고, 실정법상으로는 공교육의 책임이 있는 국가의 위임에 의한 것이다(헌재 1992.11.12. 89헌마88).

[2018년 국가 5급] ①

교육기본권에 대한 설명으로 옳지 않은 것은? (다툼이 있는 경우 판례에 의함)

① 교원의 정치활동은 교육수혜자인 학생의 입장에서는 수업권의 침해로 받아들여질 수 있다는 점에서 초·중등학교 교육공무원의 정당가입 및 선거운동을 제한하는 것은 헌법적으로 정당화될 수 있다.

② 고시 공고일을 기준으로 고등학교에서 퇴학된 날로부터 6월이 지나지 아니한 자를 고등학교 졸업 학력 검정고시를 받을 수 있는 자의 범위에서 제외하는 것은, 국민의 교육을 받을

권리 중 그 의사와 능력에 따라 균등하게 교육받을 것을 국가로부터 방해받지 않을 권리, 즉 자유권적 기본권을 제한하는 것이므로, 그 제한에 대하여는 과잉금지원칙에 따른 심사를 하여야 한다.

③ 조례에 의한 규제가 지역 여건이나 환경 등 그 특성에 따라 다르게 나타나는 것은 헌법이 지방자치단체의 자치입법권을 인정한 이상 당연히 예상되는 결과이나, 고등학생들이 학원교습시간과 관련하여 자신들이 거주하는 지역의 학원조례조항으로 인하여 다른 지역 주민들에 비하여 더한 규제를 받게 되었다면 평등권이 침해되었다고 볼 수 있다.

④ 교육을 받을 권리가 국가에 대하여 특정한 교육제도나 시설의 제공을 요구할 수 있는 권리를 뜻하는 것은 아니다.

① (○) 교원의 정치활동은 교육수혜자인 학생의 입장에서는 수업권의 침해로 받아들여질 수 없다는 점에서 현 시점에서는 국민의 교육기본권을 더욱 보장함으로써 얻을 수 있는 공익을 우선시해야 할 것이라는 점 등을 종합적으로 감안할 때, 초·중등학교 교육공무원의 정당가입 및 선거운동의 자유를 제한하는 것은 헌법적으로 정당화될 수 있다(헌재 2004.3.25. 2001헌마710).

② (○) 헌법 제31조 제1항의 교육을 받을 권리는 국민이 능력에 따라 균등하게 교육받을 것을 공권력에 의하여 부당하게 침해받지 않을 권리와 국민이 능력에 따라 균등하게 교육받을 수 있도록 국가가 적극적으로 배려하여 줄 것을 요구할 수 있는 권리로 구성되는바, 전자는 자유권적 기본권의 성격이, 후자는 사회권적 기본권의 성격이 강하다고 할 수 있다. 그런데 이 사건 규칙조항과 같이 검정고시응시자격을 제한하는 것은, 국민의 교육받을 권리 중 그 의사와 능력에 따라 균등하게 교육받을 것을 국가로부터 방해받지 않을 권리, 즉 자유권적 기본권을 제한하는 것이므로, 그 제한에 대하여는 헌법 제37조 제2항의 비례원칙에 의한 심사, 즉 과잉금지원칙에 따른 심사를 받아야 할 것이다(헌재 2008.4.24. 2007헌마1456).

③ (×) 조례에 의한 규제가 지역 여건이나 환경 등 그 특성에 따라 다르게 나타나는 것은 헌법이 지방자치단체의 자치입법권을 인정한 이상 당연히 예상되는 결과이다. 청구인들이 자신들이 거주하는 지역의 학원조례조항으로 인하여 다른 지역 주민들에 비하여 더한 규제를 받게 되었다 하여 평등권이 침해되었다고 볼 수는 없다(헌재 2016.5.26. 2014헌마374).

④ (○) 교육을 받을 권리는 국민이 국가에 대해 직접 특정한 교육제도나 학교시설을 요구할 수 있음을 뜻하지는 않으며, 더구나 자신의 교육환경을 최상 혹은 최적으로 만들기 위해 타인의 교육시설 참여 기회를 제한할 것을 청구할 수 있는 기본권은 더더욱 아닌 것이다(헌재 2003.9.25. 2001헌마814).

[2017년 국가 7급] ③

교육권에 관한 다음 설명 중 가장 옳지 않은 것은?

① '부모의 자녀에 대한 교육권'은 비록 헌법에 명문으로 규정되어 있지는 아니하지만, 이는 모든 인간이 국적과 관계없이 누리는 양도할 수 없는 불가침의 인권이다.

② 자녀의 교육은 헌법상 부모와 국가에게 공동으로 부과된 과제이지만, 학교교육의 범주 내에서 국가의 교육권한이 헌법적으로 독자적인 지위를 부여받음으로써 부모의 교육권과 함께 자녀의 교육을 담당하고, 학교 밖의 교육영역에서는 원칙적으로 부모의 교육권이 우위를 차지한다.

③ 헌법 제31조의 '능력에 따라 균등한 교육을 받을 권리'는 학교교육 밖에서의 사적인 교육영역에까지 균등한 교육이 이루어지도록 개인이 별도로 교육을 시키거나 받는 행위를 국가가

금지하거나 제한할 수 있는 근거를 부여하는 수권규범이 아니다.

④ 일부 지나친 고액과외교습을 방지하기 위하여 모든 학생으로 하여금 오로지 학원에서만 사적으로 배울 수 있도록 규율한다는 것은 어디에도 그 예를 찾아볼 수 없는 것일 뿐만 아니라 자기결정과 자기책임을 생활의 기본원칙으로 하는 헌법의 인간상이나 개성과 창의성, 다양성을 지향하는 문화국가원리에도 위반된다.

⑤ 학교교과교습학원의 교습기간만을 05:00부터 22:00까지로 제한하는 조례는 학교교과교습학원 운영자들을 개인과외교습자들에 비해 불합리하게 차별하는 것이어서 평등원칙에 위반된다.

① (○) 부모의 자녀에 대한 교육권은 비록 헌법에 명문으로 규정되어 있지는 아니하지만, 이는 모든 인간이 국적과 관계없이 누리는 양도할 수 없는 불가침의 인권으로서 혼인과 가족생활을 보장하는 헌법 제36조 제1항, 행복추구권을 보장하는 헌법 제10조 및 헌법 제37조 제1항에서 나오는 중요한 기본권이다(헌재 2000.4.27. 98헌가16).

② (○) 자녀의 교육은 헌법상 부모와 국가에게 공동으로 부과된 과제이므로 부모와 국가의 상호연관적인 협력관계를 필요로 한다. 자녀의 양육과 교육에 있어서 부모의 교육권은 교육의 모든 영역에서 존중되어야 하며, 다만 학교교육의 범주 내에서는 국가의 교육권한이 헌법적으로 독자적인 지위를 부여받음으로써 부모의 교육권과 함께 자녀의 교육을 담당하지만, 학교 밖의 교육영역에서는 원칙적으로 부모의 교육권이 우위를 차지한다(헌재 2000.4.27. 98헌가16 등).

③ (○) 헌법 제31조의 능력에 따라 균등한 교육을 받을 권리는 국가에 의한 교육제도의 정비·개선 외에도 의무교육의 도입 및 확대, 교육비의 보조나 학자금의 융자 등 교육영역에서의 사회적 급부의 확대와 같은 국가의 적극적인 활동을 통하여 사인간의 출발기회에서의 불평등을 완화해야 할 국가의 의무를 규정한 것이다. 그러나 위 조항은 교육의 모든 영역, 특히 학교교육 밖에서의 사적인 교육영역에까지 균등한 교육이 이루어지도록 개인이 별도로 교육을 시키거나 받는 행위를 국가가 금지하거나 제한할 수 있는 근거를 부여하는 수권규범이 아니다(헌재 2000.4.27. 98헌가16).

④ (○) 단지 일부 지나친 고액과외교습을 방지하기 위하여 모든 학생으로 하여금 오로지 학원에서만 사적으로 배울 수 있도록 규율한다는 것은 어디에도 그 예를 찾아볼 수 없는 것일 뿐만 아니라 자기결정과 자기책임을 생활의 기본원칙으로 하는 헌법의 인간상이나 개성과 창의성, 다양성을 지향하는 문화국가원리에도 위반되는 것이다(헌재 2000.4.27. 98헌가16).

⑤ (×) 학교, 교육방송 및 다른 사교육에 대하여는 교습시간을 제한하지 않으면서 학원 및 교습소의 교습시간만 제한하였다고 하여도 공교육의 주체인 학교 및 공영방송인 한국교육방송공사가 사교육 주체인 학원과 동일한 지위에 있다고 보기 어렵고, 다른 사교육인 개인과외교습이나 인터넷 통신 강좌에 의한 심야교습이 초래하게 될 사회적 영향력이나 문제점이 학원에 의한 심야교습보다 적으므로 학원 및 교습소의 교습시간만 제한하였다고 하여 이를 두고 합리적 이유 없는 차별이라고 보기는 어려운바, 이 사건 조항이 학원 운영자 등의 평등권을 침해하였다고 보기는 어렵다(헌재 2009.10.29. 2008헌마635). [2018년 법무사] ⑤

제3절 근로권

근로의 권리에 대한 설명으로 옳지 않은 것은? (다툼이 있는 경우 판례에 의함)

① 연차유급휴가는 근로자의 건강하고 문화적인 생활의 실현에 이바지할 수 있도록 여가를 부여하는 데 그 목적이 있는 것으로서 인간의 존엄성을 보장하기 위한 합리적인 근로조건에 해당하므로 연차유급휴가에 관한 권리도 근로의 권리의 내용에 포함된다.

② 근로의 권리는 국가의 개입·간섭을 받지 않고 자유로이 근로를 할 자유와 국가에 대하여 근로의 기회를 제공하는 정책을 수립해 줄 것을 요구할 수 있는 권리 등을 기본적인 내용으로 하므로 개인인 근로자는 물론 노동조합도 그 주체가 될 수 있다.

③ 헌법 제32조 제3항의 근로조건 법정주의에서 근로조건이란 근로계약에 의하여 근로자가 근로를 제공하고 임금을 수령하는 데에 관한 조건들로서, 근로조건에 관한 기준을 법률로써 정한다는 것은 근로조건에 관하여 법률이 최저한의 제한을 설정한다는 의미이다.

④ 근로의 권리로부터 국가에 대한 직접적인 직장존속청구권을 도출할 수는 없지만, 사용자의 처분에 따른 직장상실에 대하여 최소한의 보호를 제공하여야 할 의무를 국가에 지우는 것으로 볼 수는 있다.

⑤ 해고예고제도는 근로관계 종료 전 사용자에게 근로자에 대한 해고예고를 하게 하는 것으로서 근로자의 인간 존엄성을 보장하기 위한 최소한도의 근로조건 가운데 하나에 해당하므로 근로의 권리의 내용에 포함된다.

① (○) 헌법 제32조 제3항은 근로의 권리가 실효적인 것이 될 수 있도록 "근로조건의 기준은 인간의 존엄성을 보장하도록 법률로 정한다."고 하여 근로조건의 법정주의를 규정하고 있고, 이에 따라 근로기준법 등에 규정된 연차유급휴가는 근로자의 건강하고 문화적인 생활의 실현에 이바지할 수 있도록 여가를 부여하는데 그 목적이 있으므로 이는 인간의 존엄성을 보장하기 위한 합리적인 근로조건에 해당한다. 따라서 연차유급휴가에 관한 권리는 인간의 존엄성을 보장받기 위한 최소한의 근로조건을 요구할 수 있는 권리로서 근로의 권리의 내용에 포함된다 할 것이다(헌재 2008.9.25. 2005헌마586).

② (×) 헌법 제32조 제1항은 "모든 국민은 근로의 권리를 가진다. 국가는 사회적·경제적 방법으로 근로자의 고용의 증진과 적정임금의 보장에 노력하여야 하며, 법률이 정하는 바에 의하여 최저임금제를 시행하여야 한다."라고 규정하고 있다. 이는 국가의 개입·간섭을 받지 않고 자유로이 근로를 할 자유와, 국가에 대하여 근로의 기회를 제공하는 정책을 수립해 줄 것을 요구할 수 있는 권리 등을 기본적인 내용으로 하고 있고, 이 때 근로의 권리는 근로자를 개인의 차원에서 보호하기 위한 권리로서 개인인 근로자가 근로의 권리의 주체가 되는 것이고, 노동조합은 그 주체가 될 수 없는 것으로 이해되고 있다(헌재 2009.2.26. 2007헌바27).

③ (○) 헌법 제32조 제3항은 "근로조건의 기준은 인간의 존엄성을 보장하도록 법률로 정한다"고 규정하고 있다. 근로조건이라 함은 임금과 그 지불방법, 취업시간과 휴식시간, 안전시설과 위생시설, 재해보상 등 근로계약에 의하여 근로자가 근로를 제공하고 임금을 수령하는데 관한 조건들로서, 근로조건에 관한 기준을 법률로써 정한다는 것은 근로조건에 관하여 법률이 최저한의 제한을 설정한다는 의미이다(헌재 2003.7.24. 2002헌바51).

④ (○) 근로의 권리를 직접적인 일자리 청구권으로 이해하는 것은 사회주의적 통제경제를 배제하고, 사기업 주체의 경제상의 자유를 보장하는 우리 헌법의 경제질서 내지 기본권규정들과 조화될 수 없다. 마찬가지 이유로 근로의 권리로부터 국가에 대한 직접적인 직장존속청구권을 도출할 수도 없다. 단지 위에서 본 직업의 자유에서 도출되는 보호의무와 마찬가지로 사용자의 처분에 따른 직장 상실에 대하여 최소한의 보호를 제공하여야 할 의무를 국가에 지우는 것으로 볼 수는 있을 것이나, 이 경우에도 입법자가 그 보호의무를 전혀 이행하지 않거나 사용자와 근로자의 상충하는 기본권적 지위나 이익을 현저히 부적절하게 형량한 경우에만 위헌 여부의 문제가 생길 것이다(헌재 2002.11.28. 2001헌바50).

⑤ (○) 해고예고제도는 근로조건의 핵심적 부분인 해고와 관련된 사항일 뿐만 아니라, 근로자가 갑자기 직장을 잃어 생활이 곤란해지는 것을 막는 데 목적이 있으므로 근로자의 인간 존엄성을 보장하기 위한 최소한의 근로조건으로서 근로의 권리의 내용에 포함된다(헌재 2015.12.23. 2014헌바3).

[2023년 국회 5급] ②

근로의 권리에 관한 〈보기〉의 헌법규정 중 빈 칸에 알맞은 말을 순서대로 넣은 것은?

> **헌법 제32조** ① 모든 국민은 근로의 권리를 가진다. 국가는 사회적·경제적 방법으로 근로자의 고용의 증진과 (ㄱ)의 보장에 노력하여야 하며, 법률이 정하는 바에 의하여 최저임금제를 시행하여야 한다.
> ② 모든 국민은 근로의 의무를 가진다. 국가는 근로의 의무의 내용과 조건을 (ㄴ)원칙에 따라 법률로 정한다.
> ③ 근로조건의 기준은 (ㄷ)을 보장하도록 법률로 정한다.

	ㄱ	ㄴ	ㄷ
①	최저임금	법치주의	인간의 존엄성
②	최저임금	민주주의	평등원칙
③	적정임금	법치주의	평등원칙
④	적정임금	법치주의	인간의 존엄성
⑤	적정임금	민주주의	인간의 존엄성

헌법 제32조 ①모든 국민은 근로의 권리를 가진다. 국가는 사회적·경제적 방법으로 근로자의 고용의 증진과 적정임금의 보장에 노력하여야 하며, 법률이 정하는 바에 의하여 최저임금제를 시행하여야 한다. ②모든 국민은 근로의 의무를 진다. 국가는 근로의 의무의 내용과 조건을 민주주의원칙에 따라 법률로 정한다. ③근로조건의 기준은 인간의 존엄성을 보장하도록 법률로 정한다. [2019년 소방간부] ⑤

다음 중 근로자의 기본권에 관한 설명으로 가장 옳지 않은 것은? (다툼이 있는 경우 판례에 의함)

① 헌법 제32조 제1항의 근로의 권리는 국가에 대하여 근로의 기회를 제공하는 정책을 수립해 줄 것을 요구할 수 있는 권리도 내포하므로 노동조합도 그 주체가 될 수 있다.

② 근로관계 종료 전 사용자로 하여금 근로자에게 해고예고를 하도록 하는 것은 개별 근로자의 인간 존엄성을 보장하기 위한 최소한 근로조건 가운데 하나에 해당하므로, 해고예고에 관한 권리는 근로의 권리의 내용에 포함된다.

③ 정직일수를 연가일수에서 공제하도록 규정하고 있는「국가공무원복무규정」제17조 제1항은 근로의 권리를 침해하지 않는다.

④ 노동관계 당사자가 쟁의행위를 함에 있어서는 그 목적, 방법 및 절차상의 한계를 벗어나지 아니한 범위 안에서 관계자들의 민사상 및 형사상 책임이 면제된다.

① (×) 헌법 제32조 제1항은 "모든 국민은 근로의 권리를 가진다. 국가는 사회적·경제적 방법으로 근로자의 고용의 증진과 적정임금의 보장에 노력하여야 하며, 법률이 정하는 바에 의하여 최저임금제를 시행하여야 한다."라고 규정하고 있다. 이는 국가의 개입·간섭을 받지 않고 자유로이 근로를 할 자유와, 국가에 대하여 근로의 기회를 제공하는 정책을 수립해 줄 것을 요구할 수 있는 권리 등을 기본적인 내용으로 하고 있고, 이 때 근로의 권리는 근로자를 개인의 차원에서 보호하기 위한 권리로서 개인인 근로자가 근로의 권리의 주체가 되는 것이고, 노동조합은 그 주체가 될 수 없는 것으로 이해되고 있다(헌재 2009.2.26. 2007헌바27).

② (○) 해고예고제도는 근로조건의 핵심적 부분인 해고와 관련된 사항일 뿐만 아니라, 근로자가 갑자기 직장을 잃어 생활이 곤란해지는 것을 막는 데 목적이 있으므로 근로자의 인간 존엄성을 보장하기 위한 최소한의 근로조건으로서 근로의 권리의 내용에 포함된다(헌재 2015.12.23. 2014헌바3).

③ (○) 정직기간을 연가일수에서 공제할 때 어떠한 비율에 따라 공제할 것인지에 관하여는 입법자에게 재량이 부여되어 있다 할 것이므로 정직기간의 비율에 따른 일수가 공제되는 일반휴직자와 달리, 공무원으로서 부담하는 의무를 위반하여 징계인 정직처분을 받은 자에 대하여 입법자가 정직일수 만큼의 일수를 연가일수에서 공제하였다고 하여 재량을 일탈한 것이라고 볼 수 없으므로 이 사건 법령조항이 청구인의 근로의 권리를 침해한다고 볼 수 없다(헌재 2008.9.25. 2005헌마586).

④ (○) 노동관계 당사자가 쟁의행위를 함에 있어서는 그 목적·방법 및 절차상의 한계를 존중하지 않으면 아니되며, 그 한계를 벗어나지 아니하는 범위 안에서 관계자들의 민사상 및 형사상의 책임이 면제되는 것이다(헌재 1990.1.15. 89헌가103).

[2022년 해경간부] ①

근로의 권리에 대한 설명으로 옳지 않은 것은? (다툼이 있는 경우 헌법재판소 판례에 의함)

① 축산업 근로자들에게 육체적·정신적 휴식을 보장하고 장시간 노동에 대한 경제적 보상을 해야 할 필요성이 요청됨에도 동물의 사육 사업 근로자에 대하여 근로시간 및 휴일 규정의 적용을 제외하도록 한 것은 근로의 권리를 침해한다.

② 해고예고제도는 근로관계 종료 전 사용자에게 근로자에 대한 해고예고를 하게 하는 것이어서, 근로조건을 이루는 중요한 사항에 해당하고 근로의 권리의 내용에 포함된다.

③ 계속근로기간 1년 이상인 근로자가 근로연도 중도에 퇴직한 경우 중도퇴직 전 1년 미만의 근로에 대하여 유급휴가를 보장하지 않는 것은 근로의 권리를 침해하지 않는다.

④ 정직처분을 받은 공무원에 대하여 정직일수를 연차유급휴가인 연가일수에서 공제하도록 하는 것은 근로의 권리를 침해하지 않는다.

⑤ 고용 허가를 받아 국내에 입국한 외국인근로자의 출국만기보험금을 출국 후 14일 이내에 지급하도록 한 것은 외국인근로자의 근로의 권리를 침해하지 않는다.

① (×) 축산업은 가축의 양육 및 출하에 있어 기후 및 계절의 영향을 강하게 받으므로, 근로시간 및 근로내용에 있어 일관성을 담보하기 어렵고, 축산업에 종사하는 근로자의 경우에도 휴가에 관한 규정은 여전히 적용되며, 사용자와 근로자 사이의 근로시간 및 휴일에 관한 사적 합의는 심판대상조항에 의한 제한을 받지 않는다. 현재 우리나라 축산업의 상황을 고려할 때, 축산업 근로자들에게 근로기준법을 전면적으로 적용할 경우, 인건비 상승으로 인한 경제적 부작용이 초래될 위험이 있다. 위 점들을 종합하여 볼 때, 심판대상조항이 입법자가 입법재량의 한계를 일탈하여 인간의 존엄을 보장하기 위한 최소한의 근로조건을 마련하지 않은 것이라고 보기 어려우므로, 심판대상조항은 청구인의 근로의 권리를 침해하지 않는다(헌재 2021.8.31. 2018헌마563).

② (○) 해고예고제도는 근로관계 종료 전 사용자에게 근로자에 대한 해고예고를 하게 하는 것이어서, 근로조건을 이루는 중요한 사항에 해당하고 근로의 권리의 내용에 포함된다. 그런데 근로조건의 결정은 근로조건 개선을 위한 법제의 정비 등 국가의 적극적인 급부와 배려를 통하여 비로소 이루어지는 것이어서, 해고예고제도의 구체적 내용인 적용대상 근로자의 범위, 예고기간의 장단 등에 대해서는 입법형성의 재량이 인정된다(헌재 2017.5.25. 2016헌마640).

③ (○) 연차유급휴가의 판단기준으로 근로연도 1년간의 재직 요건을 정한 이상, 이 요건을 충족하지 못한 근로연도 중도퇴직자의 중도퇴직 전 근로에 관하여 반드시 그 근로에 상응하는 등의 유급휴가를 보장하여야 하는 것은 아니므로, 근로연도 중도퇴직자의 중도퇴직 전 근로에 대해 1개월 개근 시 1일의 유급휴가를 부여하지 않더라도 이것이 청구인의 근로의 권리를 침해한다고 볼 수 없다(헌재 2015.5.28.

2013헌마619).

④ (○) 사건 법령조항은 정직처분을 받은 공무원에 대하여 정직일수를 연차유급휴가인 연가일수에서 공제하도록 규정하고 있는바, 연차유급휴가는 일정기간 근로의무를 면제함으로써 근로자의 정신적·육체적 휴양을 통하여 문화적 생활의 향상을 기하려는 데 그 의의가 있으므로 근로의무가 면제된 정직일수를 연가일수에서 공제하였다고 하여 이 사건 법령조항이 현저히 불합리하다고 보기 어렵다. 이 사건 법령조항이 청구인의 근로의 권리를 침해한다고 볼 수 없다(헌재 2008.9.25. 2005헌마586).

⑤ (○) 사건 출국만기보험금이 근로자의 퇴직 후 생계 보호를 위한 퇴직금의 성격을 가진다고 하더라도 불법체류가 초래하는 여러 가지 문제를 고려할 때 불법체류 방지를 위해 그 지급시기를 출국과 연계시키는 것은 불가피하므로 심판대상조항이 청구인들의 근로의 권리를 침해한다고 보기 어렵다(헌재 2016.3.31. 2014헌마367). [2022년 국회 8급] ①

근로의 권리에 관한 다음 설명 중 옳지 않은 것을 모두 고른 것은? (다툼이 있는 경우 대법원 판례 및 헌법재판소 결정에 의함)

> 가. 근로자는 근로조건의 향상을 위하여 자주적인 단결권·단체교섭권 및 단체행동권을 가지며, 이는 헌법상 보장된 권리이다.
> 나. 공무원인 근로자는 법률이 정하는 자에 한하여 단결권·단체교섭권 및 단체행동권을 가진다.
> 다. 법률이 정하는 주요방위산업체에 종사하는 근로자의 단결권·단체교섭권 및 단체행동권은 법률이 정하는 바에 의하여 이를 제한하거나 인정하지 않을 수 있다.
> 라. 교원노조를 설립하거나 가입하여 활동할 수 있는 자격을 초·중등교원으로 한정함으로써 '교육공무원이 아닌 대학 교원'에 대하여 근로기본권의 핵심인 단결권조차 전면적으로 부정한 교원의 노동조합 설립 및 운영 등에 관한 법률 조항에 대하여는 입법목적의 정당성과 수단의 적합성을 인정할 수 없다.
> 마. '교육공무원인 대학 교원'에 대하여는, 교육공무원의 직무수행의 특성과 헌법 제33조 제1항 및 제2항의 정신을 종합해 볼 때 단결권을 허용하지 않는 것이 입법형성권의 범위를 벗어난 것이라고 보기 어렵다.

① 없음 ② 1개 ③ 2개 ④ 3개 ⑤ 4개

가. (○) 나. (○) 다. (×) 헌법 제33조 ①근로자는 근로조건의 향상을 위하여 자주적인 단결권·단체교섭권 및 단체행동권을 가진다. ②공무원인 근로자는 법률이 정하는 자에 한하여 단결권·단체교섭권 및 단체행동권을 가진다. ③법률이 정하는 주요방위산업체에 종사하는 근로자의 단체행동권은 법률이 정하는 바에 의하여 이를 제한하거나 인정하지 아니할 수 있다.

라. (○) 마. (×) 심판대상조항으로 인하여 교육공무원 아닌 대학 교원들이 향유하지 못하는 단결권은 헌법이 보장하고 있는 근로3권의 핵심적이고 본질적인 권리이다. 심판대상조항의 입법목적이 재직 중인 초·중등교원에 대하여 교원노조를 인정해 줌으로써 교원노조의 자주성과 주체성을 확보한다는 측면에서는 그 정당성을 인정할 수 있을 것이나, 교원노조를 설립하거나 가입하여 활동할 수 있는 자격을 초·중등교원으로 한정함으로써 교육공무원이 아닌 대학 교원에 대해서는 근로기본권의 핵심인 단결권조차 전면적으로 부정한 측면에 대해서는 그 입법목적의 정당성을 인정하기 어렵고, 수단의 적합성 역시 인정할 수 없다. 교육공무원인 대학 교원에 대하여 보더라도, 교육공무원의 직무수행의 특성과 헌법 제33조 제1항 및 제2항의 정신을 종합해 볼 때, 교육공무원에게 근로3권을 일체 허용하지 않고 전면적으로 부정하는 것은 합리성을 상실한 과도한 것으로서 입법형성권의 범위를 벗어나 헌법에 위반된다(헌재 2018.8.30. 2015헌가38).

[2020년 법원 5급] ③

근로의 권리에 대한 설명으로 가장 적절하지 않은 것은? (다툼이 있는 경우 헌법재판소 판례에 의함)

① 매월 1회 이상 정기적으로 지급하는 상여금 등이나 복리후생비는 그 성질이나 실질적 기능 면에서 기본급과 본질적인 차이가 있다고 보기 어려우므로, 기본급과 마찬가지로 이를 최저임금에 산입하는 것은 그 합리성을 수긍할 수 있다.

② 최저임금의 적용을 위해 주(週) 단위로 정해진 근로자의 임금을 시간에 대한 임금으로 환산할 때, 해당 임금을 1주 동안의 소정근로시간 수와 법정 주휴시간 수를 합산한 시간 수로 나누도록 한 「최저임금법 시행령」 해당 조항은 사용자의 계약의 자유 및 직업의 자유를 침해한다.

③ 고용허가를 받아 국내에 입국한 외국인근로자의 출국만기보험금을 출국 후 14일 이내에 지급하도록 한 「외국인근로자의 고용 등에 관한 법률」의 해당 조항 중 '피보험자등이 출국한 때부터 14일 이내' 부분이 청구인들의 근로의 권리를 침해한다고 보기 어렵다.

④ '가구 내 고용활동'에 대해서는 「근로자퇴직급여 보장법」을 적용하지 않도록 규정한 같은 법 제3조 단서 중 '가구 내 고용 활동' 부분은 합리적 이유가 있는 차별로서 평등원칙에 위배되지 아니한다.

① (○) 산입조항 및 부칙조항은 근로자들이 실제 지급받는 임금과 최저임금 사이의 괴리를 극복하고, 근로자 간 소득격차 해소에 기여하며, 최저임금 인상으로 인한 사용자의 부담을 완화하고자 한 것이다. 매월 1회 이상 정기적으로 지급하는 상여금 등이나 복리후생비는 그 성질이나 실질적 기능 면에서 기본급과 본질적인 차이가 있다고 보기 어려우므로, 이를 최저임금에 산입하는 것은 그 합리성을 수긍할 수 있다. 따라서 이 사건 산입조항 및 부칙조항이 입법재량의 범위를 일탈하여 청구인 근로자들의 근로의 권리를 침해한다고 볼 수 없다(헌재 2021.12.23. 2018헌마629).

② (×) 비교대상 임금에는 주휴수당이 포함되어 있고, 주휴수당은 근로기준법에 따라 주휴시간에 대하여 당연히 지급해야 하는 임금이라는 점을 감안하면, 비교대상 임금을 시간급으로 환산할 때 소정근로시간 수 외에 법정 주휴시간 수까지 포함하여 나누도록 하는 것은 그 합리성을 수긍할 수 있다. 근로기준법이 근로자에게 유급주휴일을 보장하도록 하고 있다는 점을 고려할 때, 소정근로시간 수와 법정 주휴시간 수 모두에 대하여 시간급 최저임금액 이상을 지급하도록 하는 것이 그 자체로 사용자에게 지나치게 가혹하다고 보기는 어렵다. 따라서 이 사건 시행령조항은 과잉금지원칙에 위배되어 사용자의 계약의 자유 및 직업의 자유를 침해한다고 볼 수 없다(헌재 2020.6.25. 2019헌마15).

③ (○) 불법체류자는 임금체불이나 폭행 등 각종 범죄에 노출될 위험이 있고, 그 신분의 취약성으로 인해 강제 근로와 같은 인권침해의 우려가 높으며, 행정관청의 관리 감독의 사각지대에 놓이게 됨으로써 안전사고 등 각종 사회적 문제를 일으킬 가능성이 있다. 또한 단순기능직 외국인근로자의 불법체류를 통한 국내 정주는 일반적으로 사회통합 비용을 증가시키고 국내 고용 상황에 부정적 영향을 미칠 수 있다. 따라서 이 사건 출국만기보험금이 근로자의 퇴직 후 생계 보호를 위한 퇴직금의 성격을 가진다고 하더라도 불법체류가 초래하는 여러 가지 문제를 고려할 때 불법체류 방지를 위해 그 지급시기를 출국과 연계시키는 것은 불가피하므로 심판대상조항이 청구인들의 근로의 권리를 침해한다고 보기 어렵다(헌재 2016.3.31. 2014헌마367).

④ (○) 가사사용인도 근로자에 해당하지만, 제공하는 근로가 가정이라는 사적 공간에서 이루어지는 특수성이 있다. 그런데 퇴직급여법은 사용자에게 여러 의무를 강제하고 국가가 사용자를 감독하고 위반 시 처벌하도록 규정하고 있다. 가구 내 고용활동에 대하여 다른 사업장과 동일하게 퇴직급여법을 적용할 경우 이용자 및 이용자 가족의 사생활을 침해할 우려가 있음은 물론 국가의 관리 감독이 제대로 이루어지기도 어렵다. 이를 종합하면 심판대상조항이 가사사용인을 일반 근로자와 달리 퇴직급여법의 적용범위에서 배제하고 있다 하더라도 합리적 이유가 있는 차별로서 평등원칙에 위배되지 아니한다(헌재 2022.10.27. 2019헌바454). [2023년 경찰간부] ②

근로의 권리에 관한 설명 중 가장 적절하지 않은 것은? (다툼이 있는 경우 판례에 의함)

① 근로의 권리는 국가의 개입·간섭을 받지 않고 자유로이 근로를 할 자유와, 국가에 대하여 근로의 기회를 제공하는 정책을 수립해 줄 것을 요구할 수 있는 권리 등을 기본적인 내용으로 하고 있고, 이 때 근로의 권리는 근로자를 개인의 차원에서 보호하기 위한 권리로서 개인인 근로자가 근로의 권리의 주체가 되는 것이고, 노동조합은 그 주체가 될 수 없다.

② 일용근로자로서 3개월을 계속 근무하지 아니한 자를 해고예고제도의 적용제외사유로 규정하고 있는 「근로기준법」 규정은 일용근로자인 청구인의 근로의 권리를 침해하지 않는다.

③ 청원경찰의 복무에 관하여 「국가공무원법」의 해당 조항을 준용함으로써 노동운동을 금지하는 「청원경찰법」의 해당 조항 중 「국가공무원법」의 해당 조항 가운데 '노동운동' 부분을 준용하는 부분은 국가기관이나 지방자치단체 이외의 곳에서 근무하는 청원경찰인 청구인들의 근로3권을 침해한다.

④ 공항·항만 등 국가중요시설의 경비업무를 담당하는 특수경비원에게 경비업무의 정상적인 운영을 저해하는 일체의 쟁의행위를 금지하는 「경비업법」의 해당 조항은 특수경비원의 단체행동권을 박탈하여 근로3권을 규정하고 있는 헌법 제33조 제1항에 위배된다.

① (○) 헌법 제32조 제1항은 국가의 개입·간섭을 받지 않고 자유로이 근로를 할 자유와, 국가에 대하여 근로의 기회를 제공하는 정책을 수립해 줄 것을 요구할 수 있는 권리 등을 기본적인 내용으로 하고 있고, 이 때 근로의 권리는 근로자를 개인의 차원에서 보호하기 위한 권리로서 개인인 근로자가 근로의 권리의 주체가 되는 것이고, 노동조합은 그 주체가 될 수 없는 것으로 이해되고 있다(헌재 2009.2.26. 2007헌바27).

② (○) 해고예고는 본질상 일정기간 이상을 계속하여 사용자에게 고용되어 근로제공을 하는 것을 전제로 하는데, 일용근로자는 계약한 1일 단위의 근로기간이 종료되면 해고의 절차를 거칠 것도 없이 근로관계가 종료되는 것이 원칙이므로, 그 성질상 해고예고의 예외를 인정한 것에 상당한 이유가 있다. 따라서 심판대상조항이 청구인의 근로의 권리를 침해한다고 보기 어렵다(헌재 2017.5.25. 2016헌마640).

③ (○) 청원경찰은 일반근로자일 뿐 공무원이 아니므로 원칙적으로 헌법 제33조 제1항에 따라 근로3권이 보장되어야 한다. 청원경찰은 제한된 구역의 경비를 목적으로 필요한 범위에서 경찰관의 직무를 수행할 뿐이며, 그 신분보장은 공무원에 비해 취약하다. 또한 국가기관이나 지방자치단체 이외의 곳에서 근무하는 청원경찰은 근로조건에 관하여 공무원뿐만 아니라 국가기관이나 지방자치단체에 근무하는 청원경찰에 비해서도 낮은 수준의 법적 보장을 받고 있으므로, 이들에 대해서는 근로3권이 허용되어야 할 필요성이 크다. 심판대상조항이 모든 청원경찰의 근로3권을 전면적으로 제한하는 것은 과잉금지원칙을 위반하여 청구인들의 근로3권을 침해하는 것이다(헌재 2017.9.28. 2015헌마653).

④ (×) 사건 법률조항은 특수경비원들이 관리하는 국가 중요시설의 안전을 도모하고 방호혼란을 방지하려고 하는 것이므로 그 목적의 정당성을 인정할 수 있고, 특수경비원의 쟁의행위를 금지함으로써 위와 같은 입법목적에 기여할 수 있다 할 것이므로 수단의 적합성도 인정할 수 있다. 따라서 이 사건 법률조항은 과잉금지원칙에 위배되지 아니하므로 헌법에 위반되지 아니한다(헌재 2009.10.29. 2007헌마1359).

[2022년 경찰공채 3월] ④

다음 중 근로의 권리에 관한 설명으로 가장 옳지 않은 것은? (다툼이 있는 경우 판례에 의함)

① 최저임금을 청구할 수 있는 권리가 바로 근로의 권리에 의하여 보장된다고 보기는 어렵다.

② 근로의 권리란 일할 자리에 관한 권리와 일할 환경에 관한 권리를 말하며, 후자는 건강한 작업환경, 일에 대한 정당한 보수, 합리적인 근로조건의 보장 등을 요구할 수 있는 권리 등

을 요구하는바, 직장변경의 횟수를 제한하고 있는 법률조항은 일할 자리에 관한 권리로서의 근로의 권리를 제한하는 것이다.

③ 연차유급휴가에 관한 권리는 인간의 존엄성을 보장받기 위한 최소한의 근로조건을 요구할 수 있는 권리로서 근로의 권리의 내용에 포함된다.

④ 계속근로기간 1년 미만인 근로자가 퇴직급여를 청구할 수 있는 권리가 근로의 권리에 의하여 보장된다고 보기는 어렵다.

① (○) 헌법 제32조 제1항 후단은 "국가는 사회적·경제적 방법으로 근로자의 고용의 증진과 적정임금의 보장에 노력하여야 하며, 법률이 정하는 바에 의하여 최저임금제를 시행하여야 한다."라고 규정하고 있어서 근로자가 최저임금을 청구할 수 있는 권리도 헌법상 바로 도출되는 것이 아니라 최저임금법 등 관련 법률이 구체적으로 정하는 바에 따라 비로소 인정될 수 있다(헌재 2012.10.25. 2011헌마307).

② (×) 근로의 권리란 일할 자리에 관한 권리와 일할 환경에 관한 권리를 말하며, 후자는 건강한 작업환경, 일에 대한 정당한 보수, 합리적인 근로조건의 보장 등을 요구할 수 있는 권리 등을 의미하는바, 직장변경의 횟수를 제한하고 있는 이 사건 법률 조항은 위와 같은 근로의 권리를 제한하는 것은 아니라 할 것이다. 이 사건 법률조항은 외국인근로자의 사업장 최대변경가능 횟수를 설정하고 있는바, 이로 인하여 외국인근로자는 일단 형성된 근로관계를 포기(직장이탈)하는 데 있어 제한을 받게 되므로 이는 직업선택의 자유 중 직장 선택의 자유를 제한하고 있다(헌재 2011.9.29. 2007헌마1083).

③ (○) 헌법 제32조 제3항은 위와 같은 근로의 권리가 실효적인 것이 될 수 있도록 "근로조건의 기준은 인간의 존엄성을 보장하도록 법률로 정한다."고 하여 근로조건의 법정주의를 규정하고 있고, 이에 따라 근로기준법 등에 규정된 연차유급휴가는 근로자의 건강하고 문화적인 생활의 실현에 이바지할 수 있도록 여가를 부여하는데 그 목적이 있으므로 이는 인간의 존엄성을 보장하기 위한 합리적인 근로조건에 해당한다. 따라서 연차유급휴가에 관한 권리는 인간의 존엄성을 보장받기 위한 최소한의 근로조건을 요구할 수 있는 권리로서 근로의 권리의 내용에 포함된다(헌재 2008.9.25. 2005헌마586).

④ (○) 근로자가 퇴직급여를 청구할 수 있는 권리도 헌법상 바로 도출되는 것이 아니라 퇴직급여법 등 관련 법률이 구체적으로 정하는 바에 따라 비로소 인정될 수 있는 것이므로 계속근로기간 1년 미만인 근로자가 퇴직급여를 청구할 수 있는 권리가 헌법 제32조 제1항에 의하여 보장된다고 보기는 어렵다(헌재 2011.7.28. 2009헌마408). [2022년 해경간부] ②

근로의 권리에 대한 설명으로 옳은 것은? (다툼이 있는 경우 판례에 의함)

① 고용 허가를 받아 국내에 입국한 외국인근로자의 출국만기보험금을 출국 후 14일 이내에 지급하도록 한 「외국인근로자의 고용 등에 관한 법률」 조항 중 '피보험자등이 출국한 때부터 14일 이내' 부분은 해당 외국인근로자의 근로의 권리를 침해한다.

② 근로의 권리는 사회적 기본권으로서, 고용증진을 위한 사회적·경제적 정책을 요구할 수 있는 권리뿐만 아니라, 국가에 대하여 직접 일자리(직장)를 청구하거나 일자리에 갈음하는 생계비의 지급청구권을 의미한다.

③ 해고예고제도의 적용제외사유 중 하나로 일용근로자로서 3개월을 계속 근무하지 아니한 자를 규정하고 있는 「근로기준법」 조항은 해당 일용근로자의 근로의 권리를 침해한다.

④ 사용자로 하여금 2년을 초과하여 기간제근로자를 사용할 수 없도록 한 「기간제 및 단시간근로자 보호 등에 관한 법률」 조항은 해당 기간제근로자의 계약의 자유를 침해하지 않는다.

① (×) 외국인근로자의 불법체류가 증가하여 이로 인한 사회문제가 심각해지자 이를 방지하기 위한 특단의 조치가 필요하게 되었고, 입법자는 심판대상조항을 신설하여 출국만기보험금의 지급시기를 출국과 연계시키게 되었다. 출국만기보험금이 근로자의 퇴직 후 생계 보호를 위한 퇴직금의 성격을 가진다고 하더라도 불법체류가 초래하는 여러 가지 문제를 고려할 때 불법체류 방지를 위해 그 지급시기를 출국과 연계시키는 것은 불가피하다. 심판대상조항이 외국인근로자의 출국만기보험금의 지급시기를 출국 후 14일 이내로 정한 것이 청구인들의 근로의 권리를 침해한다고 볼 수 없다(헌재 2016.3.31. 2014헌마367).
② (×) 근로의 권리는 사회적 기본권으로서, 국가에 대하여 직접 일자리(직장)를 청구하거나 일자리에 갈음하는 생계비의 지급청구권을 의미하는 것이 아니라, 고용증진을 위한 사회적·경제적 정책을 요구할 수 있는 권리에 그친다. 근로의 권리를 직접적인 일자리 청구권으로 이해하는 것은 사회주의적 통제경제를 배제하고, 사기업 주체의 경제상의 자유를 보장하는 우리 헌법의 경제질서 내지 기본권규정들과 조화될 수 없다(헌재 2002.11.28. 2001헌바50).
③ (×) 해고예고는 본질상 일정기간 이상을 계속하여 사용자에게 고용되어 근로제공을 하는 것을 전제로 하는데, 일용근로자는 계약한 1일 단위의 근로기간이 종료되면 해고의 절차를 거칠 것도 없이 근로관계가 종료되는 것이 원칙이므로, 그 성질상 해고예고의 예외를 인정한 것에 상당한 이유가 있다. 심판대상조항이 청구인의 근로의 권리를 침해한다고 보기 어렵다(헌재 2017.5.25. 2016헌마640).
④ (○) 기간제 근로계약을 제한 없이 허용할 경우, 일반 근로자층은 단기의 근로계약 체결을 강요당하더라도 이를 거부할 수 없을 것이고, 이 경우 불안정 고용은 증가할 것이며, 정규직과의 격차는 심화될 것이므로 이러한 사태를 방지하기 위해서는 기간제근로자 사용기간을 제한하여 무기계약직으로의 전환을 유도할 수밖에 없다. 사용자로 하여금 2년을 초과하여 기간제근로자를 사용할 수 없도록 한 심판대상조항으로 인해 경우에 따라서는 개별 근로자들에게 일시 실업이 발생할 수 있으나, 이는 기간제근로자의 무기계약직 전환 유도와 근로조건 개선을 위해 불가피한 것이고, 심판대상조항이 전반적으로는 고용불안 해소나 근로조건 개선에 긍정적으로 작용하고 있다는 것을 부인할 수 없으므로 기간제근로자의 계약의 자유를 침해한다고 볼 수 없다(헌재 2013.10.24. 2010헌마219). [2022년 국가 5급] ④

근로의 권리에 대한 설명으로 옳은 것은? (다툼이 있는 경우 판례에 의함)

① 근로의 권리는 사회적 기본권으로서 국가에 대하여 직접 일자리를 청구하거나 일자리에 갈음하는 생계비의 지급청구권을 의미하는 권리이다.
② 계속근로기간 1년 이상인 근로자가 근로연도 중도에 퇴직한 경우 중도퇴직 전 1년 미만의 근로에 대하여 유급휴가를 보장하지 않는 것은 근로의 권리를 침해한다.
③ 「근로기준법」 제23조 제1항의 부당해고제한조항을 4인 이하 사업장에 적용되는 조항으로 포함하지 않은 것은 근로자보호의 필요성이 크고 4인 이하 사업장에 그다지 큰 경제적 부담 전가가 되지 않으므로 4인 이하 사업장을 5인 이상 사업장과 달리 차별하는 데에 합리적인 이유를 인정할 수 없어 청구인의 평등권을 침해한다.
④ 월급근로자로서 6개월이 되지 못한 자를 해고예고제도의 적용 예외 사유로 규정하고 있는 「근로기준법」 조항은 근로자보호와 사용자의 효율적인 기업경영 및 기업의 생산성이라는 측면의 조화를 고려한 합리적 규정이므로 헌법에 위배되지 않는다.
⑤ 근로자가 퇴직급여를 청구할 수 있는 권리는 헌법상 바로 도출되는 것이 아니라 「근로자퇴직급여 보장법」 등 관련 법률이 구체적으로 정하는 바에 따라 비로소 인정될 수 있는 것이므로 계속근로기간 1년 미만인 근로자가 퇴직급여를 청구할 수 있는 권리는 헌법 제32조 제1항에 의하여 보장된다고 보기 어렵다.

① (×) 헌법 제32조 제1항이 규정하는 근로의 권리는 사회적 기본권으로서 국가에 대하여 직접 일자리를 청구하거나 일자리에 갈음하는 생계비의 지급청구권을 의미하는 것이 아니라 고용증진을 위한 사회적·경제적 정책을 요구할 수 있는 권리에 그치며, 근로의 권리로부터 국가에 대한 직접적인 직장존속청구권이 도출되는 것도 아니다(헌재 2011.7.28. 2009헌마408).

② (×) 연차유급휴가의 판단기준으로 근로연도 1년간의 재직 요건을 정한 이상, 이 요건을 충족하지 못한 근로연도 중도퇴직자의 중도퇴직 전 근로에 관하여 반드시 그 근로에 상응하는 등의 유급휴가를 보장하여야 하는 것은 아니므로, 근로연도 중도퇴직자의 중도퇴직 전 근로에 대해 1개월 개근 시 1일의 유급휴가를 부여하지 않더라도 이것이 청구인의 근로의 권리를 침해한다고 볼 수 없다(헌재 2015.5.28. 2013헌마619).

③ (×) 심판대상조항이 부당해고제한조항과 노동위원회 구제절차를 4인 이하 사업장에 적용되는 근로기준법 조항으로 나열하지 않음으로써 4인 이하 사업장을 5인 이상 사업장에 비해 차별 취급한 것은, 근로기준법의 확대적용을 위한 지속적인 노력을 기울이는 과정에서 한편으로 일부 영세사업장의 열악한 현실을 고려하고, 근로기준법의 법규범성을 실질적으로 관철하기 위한 입법정책적 결정으로서 거기에는 나름대로의 합리적 이유가 있다(헌재 2019.4.11. 2017헌마820).

④ (×) 6개월 미만 근무한 월급근로자 또한 전직을 위한 시간적 여유를 갖거나 실직으로 인한 경제적 곤란으로부터 보호받아야 할 필요성이 있다. 그럼에도 불구하고 합리적 이유 없이 월급근로자로서 6개월이 되지 못한 자를 해고예고제도의 적용대상에서 제외한 이 사건 법률조항은 근무기간이 6개월 미만인 월급근로자의 근로의 권리를 침해하고, 평등원칙에도 위배된다(헌재 2015.12.23. 2014헌바3).

⑤ (○) 근로자가 퇴직급여를 청구할 수 있는 권리도 헌법상 바로 도출되는 것이 아니라 퇴직급여법 등 관련 법률이 구체적으로 정하는 바에 따라 비로소 인정될 수 있는 것이므로 계속근로기간 1년 미만인 근로자가 퇴직급여를 청구할 수 있는 권리가 헌법 제32조 제1항에 의하여 보장된다고 보기는 어렵다(헌재 2011.7.28. 2009헌마408). [2022년 국회 5급] ⑤

근로의 권리에 관한 다음 설명 중 가장 옳지 않은 것은? (다툼이 있는 경우 대법원 판례 및 헌법재판소 결정에 의함)

① 헌법상 근로의 권리는 '일할 자리에 관한 권리'만이 아니라 '일할 환경에 관한 권리'도 의미하는 것이다.

② 근로자가 퇴직급여를 청구할 수 있는 권리는 헌법 제32조 제1항의 근로의 권리의 본질적인 내용에 해당하므로, 모든 근로자는 헌법상 권리로서 퇴직급여 청구권을 갖는다.

③ 최저임금제는 법률이 정하는 바에 의하여 보장되는 것이므로, 근로자가 최저임금을 청구할 수 있는 권리가 헌법상 근로의 권리로서 바로 보장되는 것은 아니다.

④ 근로의 권리는 개인인 근로자가 그 주체가 되는 것이고, 근로자의 모임인 노동조합은 그 주체가 될 수 없다

⑤ 우리 헌법은 연소자의 근로는 특별한 보호를 받는다고 명문으로 규정하고 있다.

① (○) 근로의 권리가 일할 자리에 관한 권리만이 아니라 일할 환경에 관한 권리도 함께 내포하고 있는바, 후자는 인간의 존엄성에 대한 침해를 방어하기 위한 자유권적 기본권의 성격도 갖고 있어 건강한 작업환경, 일에 대한 정당한 보수, 합리적인 근로조건의 보장 등을 요구할 수 있는 권리 등을 포함한다고 할 것이므로 외국인 근로자라고 하여 이 부분에까지 기본권 주체성을 부인할 수는 없다(헌재 2007.8.30. 2004헌마670).

② (×) 근로자가 퇴직급여를 청구할 수 있는 권리도 헌법상 바로 도출되는 것이 아니라 퇴직급여법 등 관련 법률이 구체적으로 정하는 바에 따라 비로소 인정될 수 있는 것이므로 계속근로기간 1년 미만인 근로자가 퇴직급여를 청구할 수 있는 권리가 헌법 제32조 제1항에 의하여 보장된다고 보기는 어렵다(헌재 2011.7.28. 2009헌마408).

③ (○) 헌법 제32조 제1항 후단은 "국가는 사회적·경제적 방법으로 근로자의 고용의 증진과 적정임금의 보장에 노력하여야 하며, 법률이

정하는 바에 의하여 최저임금제를 시행하여야 한다"라고 규정하고 있어서 근로자가 최저임금을 청구할 수 있는 권리도 헌법상 바로 도출되는 것이 아니라 최저임금법 등 관련 법률이 구체적으로 정하는 바에 따라 비로소 인정될 수 있다(헌재 2012.10.25. 2011헌마307).

④ (○) 헌법 제32조 제1항이 규정한 근로의 권리는 근로자를 개인의 차원에서 보호하기 위한 권리로서 개인인 근로자가 그 주체가 되는 것이고 노동조합은 그 주체가 될 수 없으므로, 이 사건 법률조항이 노동조합을 비과세 대상으로 규정하지 않았다 하여 헌법 제32조 제1항에 반한다고 볼 여지는 없다(헌재 2009.2.26. 2007헌바27).

⑤ (○) 헌법 제32조 ⑤연소자의 근로는 특별한 보호를 받는다. [2021년 법무사] ②

근로의 권리에 대한 설명으로 가장 옳지 않은 것은?

① 헌법재판소는 외국인에게 헌법상의 근로의 권리를 전면적으로 인정하기는 어렵다고 하더라도 '일할 환경에 관한 권리'는 기본권으로 보장된다고 판시하였다.

② 근로의 권리는 사회적 기본권으로서, 국가에 대하여 직접 일자리(직장)을 청구하거나 일자리에 갈음하는 생계비의 지급청구권을 의미하는 것이 아니라, 고용증진을 위한 사회적·경제적 정책을 요구할 수 있는 권리에 그치는 것이다.

③ 해고예고제도는 근로관계의 존속이라는 근로자보호의 본질적 부분과 관련되는 것이 아니므로, 해고예고제도를 둘 것인지 여부, 그 내용 등에 대해서는 상대적으로 넓은 입법형성의 여지가 있다.

④ 헌법 제32조 제6항에 의하여 법률이 정하는 바에 의하여 우선적으로 근로의 기회가 부여되는 대상이 누구인가에 대하여 헌법재판소는 국가유공자, 상이군경, 전몰군경의 유가족, 국가유공자의 유가족, 상이군경의 유가족이 포함된다고 판시하고 있다.

① (○) 근로의 권리가 일할 자리에 관한 권리만이 아니라 일할 환경에 관한 권리도 함께 내포하고 있는바, 후자는 인간의 존엄성에 대한 침해를 방어하기 위한 자유권적 기본권의 성격도 갖고 있어 건강한 작업환경, 일에 대한 정당한 보수, 합리적인 근로조건의 보장 등을 요구할 수 있는 권리 등을 포함한다고 할 것이므로 외국인 근로자라고 하여 이 부분에까지 기본권 주체성을 부인할 수는 없다(헌재 2007.8.30. 2004헌마670).

② (○) 근로의 권리는 사회적 기본권으로서 국가에 대하여 직접 일자리를 청구하거나 일자리에 갈음하는 생계비의 지급청구권을 의미하는 것이 아니라 고용증진을 위한 사회적·경제적 정책을 요구할 수 있는 권리에 그치며, 근로의 권리로부터 국가에 대한 직접적인 직장존속청구권이 도출되는 것도 아니다(헌재 2011.7.28. 2009헌마408).

③ (○) 해고예고제도는 해고 자체를 금지하는 제도는 아니며, 대법원 판례 또한 예고의무를 위반한 해고도 유효하다고 보므로 해고 자체의 효력과도 무관한 제도이다. 즉 해고예고제도는 근로관계의 존속이라는 근로자보호의 본질적 부분과 관련되는 것이 아니므로, 해고예고제도를 둘 것인지 여부, 그 내용 등에 대해서는 상대적으로 넓은 입법 형성의 여지가 있다(헌재 2001.7.19. 99헌마663).

④ (×) 오늘날 가산점의 대상이 되는 국가유공자와 그 가족의 수가 과거에 비하여 비약적으로 증가하고 있는 현실과, 취업보호대상자에서 가족이 차지하는 비율, 공무원시험의 경쟁이 갈수록 치열해지는 상황을 고려할 때, 위 조항의 폭넓은 해석은 필연적으로 일반 응시자의 공무담임의 기회를 제약하게 되는 결과가 될 수 있다. 그렇다면 위 조항은 엄격하게 해석할 필요가 있다. 이러한 관점에서 위 조항의 대상자는 조문의 문리해석대로 국가유공자, 상이군경, 그리고 전몰군경의 유가족이라고 봄이 상당하다(헌재 2006.2.23. 2004헌마675).

[2019년 서울 7급] ④

근로의 권리에 관한 다음 설명 중 가장 옳지 않은 것은? (다툼이 있는 경우 대법원 판례 및 헌법재판소 결정에 의함)

① 근로의 권리는 "일할 자리에 관한 권리"만이 아니라 "일할 환경에 관한 권리"도 함께 내포하고 있는데, 후자는 인간의 존엄성에 대한 침해를 방어하기 위한 자유권적 기본권의 성격도 갖고 있다.

② 헌법 제32조 제1항이 규정한 근로의 권리는 근로자를 개인의 차원에서 보호하기 위한 권리로서 개인인 근로자가 그 주체가 되는 것이고 노동조합은 그 주체가 될 수 없다.

③ 비록 헌법 제33조 제1항이 '단체협약체결권'을 명시하여 규정하고 있지 않다고 하더라도 근로조건의 향상을 위한 근로자 및 그 단체의 본질적인 활동의 자유인 '단체교섭권'에는 단체협약체결권이 포함되어 있다고 보아야 한다.

④ 자본주의 경제질서하에서 근로자가 기본적 생활수단을 확보하고 인간의 존엄성을 보장받기 위하여 최소한의 근로조건을 요구할 수 있는 권리는 자유권적 기본권의 성격도 아울러 가지므로 이러한 경우 외국인근로자에게도 그 기본권 주체성을 인정함이 타당하다.

⑤ 외국인근로자의 출국만기보험금은 근로자의 퇴직 후 생계보호를 위한 퇴직금의 성격을 가지는 점, 내국인근로자는 관계법령상 퇴직한 때부터 14일 이내에 퇴직금을 받을 수 있는 점을 고려하면, 외국인근로자의 출국만기보험금을 출국 후 14일 이내에 지급하도록 한 외국인근로자의 고용 등에 관한 법률 조항은 근로의 권리와 평등권을 침해한다.

① (○) ④ (○) 근로의 권리가 일할 자리에 관한 권리만이 아니라 일할 환경에 관한 권리도 함께 내포하고 있는바, 후자는 인간의 존엄성에 대한 침해를 방어하기 위한 자유권적 기본권의 성격도 갖고 있어 건강한 작업환경, 일에 대한 정당한 보수, 합리적인 근로조건의 보장 등을 요구할 수 있는 권리 등을 포함한다(헌재 2007.8.30. 2004헌마670).

② (○) 헌법 제32조 제1항이 규정한 근로의 권리는 근로자를 개인의 차원에서 보호하기 위한 권리로서 개인인 근로자가 그 주체가 되는 것이고 노동조합은 그 주체가 될 수 없으므로, 이 사건 법률조항이 노동조합을 비과세 대상으로 규정하지 않았다 하여 헌법 제32조 제1항에 반한다고 볼 여지는 없다(헌재 2009.2.26. 2007헌바27).

③ (○) 비록 헌법 제33조 제1항에서 단체협약체결권을 명시하여 규정하고 있지 않다고 하더라도 근로조건의 향상을 위한 근로자 및 그 단체의 본질적인 활동의 자유인 단체교섭권에는 단체협약체결권이 포함되어 있다(헌재 1998.2.27. 94헌바13).

④ (○) ⑤ (×) 근로의 권리는 생활의 기본적인 수요를 충족시킬 수 있는 생활수단을 확보해 주고 나아가 인격의 자유로운 발현과 존엄성을 보장해 주는 것으로서 사회권적 기본권의 성격이 강하므로 이에 대한 외국인의 기본권주체성을 전면적으로 인정하기는 어렵다(헌재 2007.8.30. 2004헌마670). 하지만 자본주의 경제질서하에서 근로자가 기본적 생활수단을 확보하고 인간의 존엄성을 보장받기 위하여 최소한의 근로조건을 요구할 수 있는 권리는 자유권적 기본권의 성격도 아울러 가지므로 이러한 경우 외국인근로자에게도 그 기본권 주체성을 인정함이 타당하다. 출국만기보험금이 근로자의 퇴직 후 생계 보호를 위한 퇴직금의 성격을 가진다고 하더라도 불법체류가 초래하는 여러 가지 문제를 고려할 때 불법체류 방지를 위해 그 지급시기를 출국과 연계시키는 것은 불가피하므로 심판대상조항이 청구인들의 근로의 권리를 침해한다고 보기 어렵다. 외국인근로자의 경우 체류기간 만료가 퇴직과 직결되고, 체류기간이 만료되면 출국한다는 것을 전제로 고용허가를 받았다는 점에서 출국만기보험금의 지급시기를 출국 후 14일 이내로 정한 것이 근로자퇴직급여보장법이나 근로기준법상의 퇴직금 지급시기와 다르게 정한 것이라고 보기 어렵다. 즉 심판대상조항은 고용허가를 받아 국내에 들어온 외국인근로자의 특수한 지위에서 기인하는 것이므로, 심판대상조항이 외국인근로자에 대하여 내국인근로자와 달리 규정하였다고 하여 청구인들의 평등권을 침해한다고 볼 수 없다(헌재 2016.3.31. 2014헌마367).

[2019년 법원 5급] ⑤

헌법 제32조에 따른 근로의 권리에 관한 다음 설명 중 가장 옳지 않은 것은? (다툼이 있는 경우 헌법재판소 결정에 의함)

① 근로란 소득을 대가로 이루어지는 정신적·육체적 활동을 의미한다.

② 근로의 권리란 인간이 자신의 의사와 능력에 따라 근로관계를 형성하고, 타인의 방해를 받음이 없이 근로관계를 계속 유지하며, 근로의 기회를 얻지 못한 경우에는 국가에 대하여 근로의 기회를 제공하여 줄 것을 요구할 수 있는 권리를 말한다.

③ 근로의 권리는 국민의 권리이므로 외국인은 그 주체가 될 수 없는 것이 원칙이나, 근로의 권리 중 일할 환경에 관한 권리에 대해서는 외국인의 기본권 주체성을 인정할 수 있다.

④ 근로의 권리는 국가에 대하여 직접적인 직장존속보장청구권을 보장하는 것은 아니다.

⑤ 근로의 권리는 근로자 개인뿐 아니라 노동조합도 그 주체가 될 수 있다.

① (○) ② (○) 근로는 소득을 대가로 이루어지는 정신적·육체적 활동을 의미하며, 근로의 권리란 인간이 자신의 의사와 능력에 따라 근로관계를 형성하고, 타인의 방해를 받음이 없이 근로관계를 계속 유지하며, 근로의 기회를 얻지 못한 경우에는 국가에 대하여 근로의 기회를 제공하여 줄 것을 요구할 수 있는 권리를 말하며, 이러한 근로의 권리는 생활의 기본적인 수요를 충족시킬 수 있는 생활수단을 확보해 주고 나아가 인격의 자유로운 발현과 존엄성을 보장해 주는 것으로서 사회권적 기본권의 성격이 강하므로 이에 대한 외국인의 기본권주체성을 전면적으로 인정하기는 어렵다(헌재 2007.8.30. 2004헌마670).

③ (○) 근로의 권리가 일할 자리에 관한 권리만이 아니라 일할 환경에 관한 권리도 함께 내포하고 있는바, 후자는 인간의 존엄성에 대한 침해를 방어하기 위한 자유권적 기본권의 성격도 갖고 있어 건강한 작업환경, 일에 대한 정당한 보수, 합리적인 근로조건의 보장 등을 요구할 수 있는 권리 등을 포함한다고 할 것이므로 외국인 근로자라고 하여 이 부분에까지 기본권 주체성을 부인할 수는 없다(헌재 2007.8.30. 2004헌마670).

④ (○) 헌법 제15조의 직업의 자유 또는 헌법 제32조의 근로의 권리, 사회국가원리 등에 근거하여 실업방지 및 부당한 해고로부터 근로자를 보호하여야 할 국가의 의무를 도출할 수는 있을 것이나, 국가에 대한 직접적인 직장존속보장청구권을 근로자에게 인정할 헌법상의 근거는 없다(헌재 2002.11.28. 2001헌바50).

⑤ (×) 근로의 권리는 근로자를 개인의 차원에서 보호하기 위한 권리로서 개인인 근로자가 근로의 권리의 주체가 되는 것이고, 노동조합은 그 주체가 될 수 없다(헌재 2009.2.26. 2007헌바27). [2017년 법무사] ⑤

근로의 권리에 관한 헌법재판소의 입장으로 옳지 않은 것은?

① 계속근로기간 1년 미만인 근로자가 퇴직급여를 청구할 수 있는 권리가 근로의 권리에 의하여 보장된다고 보기는 어렵다.

② 근로의 권리는 국가의 개입·간섭을 받지 않고 자유로이 근로를 할 자유와, 국가에 대하여 근로의 기회를 제공하는 정책을 수립해 줄 것을 요구할 수 있는 권리 등을 기본적 내용으로 하고 있으며, 개인인 근로자가 권리의 주체가 되는 것이고, 노동조합은 그 주체가 될 수 없다.

③ 근로의 권리란 '일할 자리에 관한 권리'와 '일할 환경에 관한 권리'를 말하며, 후자는 건강한 작업환경, 일에 대한 정당한 보수, 합리적인 근로조건의 보장 등을 요구할 수 있는 권리 등

을 의미하는바, 직장변경의 횟수를 제한하고 있는 법률조항은 '일할 자리에 관한 권리'로서의 근로의 권리를 제한하는 것이다.

④ 연차유급휴가에 관한 권리는 인간의 존엄성을 보장받기 위한 최소한의 근로조건을 요구할 수 있는 권리로서 근로의 권리의 내용에 포함된다.

⑤ 최저임금을 청구할 수 있는 권리가 바로 근로의 권리에 의하여 보장된다고 보기는 어렵다.

① (○) 근로자가 퇴직급여를 청구할 수 있는 권리도 헌법상 바로 도출되는 것이 아니라 퇴직급여법 등 관련 법률이 구체적으로 정하는 바에 따라 비로소 인정될 수 있는 것이므로 계속근로기간 1년 미만인 근로자가 퇴직급여를 청구할 수 있는 권리가 헌법 제32조 제1항에 의하여 보장된다고 보기는 어렵다(헌재 2011.7.28. 2009헌마408).

② (○) 헌법 제32조 제1항은 국가의 개입·간섭을 받지 않고 자유로이 근로를 할 자유와, 국가에 대하여 근로의 기회를 제공하는 정책을 수립해 줄 것을 요구할 수 있는 권리 등을 기본적인 내용으로 하고 있고, 이 때 근로의 권리는 근로자를 개인의 차원에서 보호하기 위한 권리로서 개인인 근로자가 근로의 권리의 주체가 되는 것이고, 노동조합은 그 주체가 될 수 없다(헌재 2009.2.26. 2007헌바27).

③ (×) 근로의 권리란 일할 자리에 관한 권리와 일할 환경에 관한 권리를 말하며, 후자는 건강한 작업환경, 일에 대한 정당한 보수, 합리적인 근로조건의 보장 등을 요구할 수 있는 권리 등을 의미하는바, 직장변경의 횟수를 제한하고 있는 이 사건 법률 조항은 위와 같은 근로의 권리를 제한하는 것은 아니라 할 것이다. 이 사건 법률조항은 외국인근로자의 사업장 최대변경가능 횟수를 설정하고 있는바, 이로 인하여 외국인근로자는 일단 형성된 근로관계를 포기(직장이탈)하는 데 있어 제한을 받게 되므로 이는 직업선택의 자유 중 직장 선택의 자유를 제한하고 있다(헌재 2011.9.29. 2007헌마1083).

④ (○) 연차유급휴가에 관한 권리는 인간의 존엄성을 보장받기 위한 최소한의 근로조건을 요구할 수 있는 권리로서 근로의 권리의 내용에 포함된다 할 것이다(헌재 2008.9.25. 2005헌마586).

⑤ (○) 헌법 제32조 제1항 후단 최저임금제를 규정하고 있어서 근로자가 최저임금을 청구할 수 있는 권리도 헌법상 바로 도출되는 것이 아니라 최저임금법 등 관련 법률이 구체적으로 정하는 바에 따라 비로소 인정될 수 있다(헌재 2012.10.25. 2011헌마307).

[2021년 소방간부] ③

근로3권에 관한 다음 설명 중 가장 옳지 않은 것은?

① 근로자는 근로조건의 향상을 위하여 자주적인 단결권·단체교섭권 및 단체행동권을 가진다.

② 공무원인 근로자는 법률이 정하는 자에 한하여 단결권·단체교섭권 및 단체행동권을 가진다.

③ 법률이 정하는 주요방위산업체에 종사하는 근로자의 단체행동권은 법률이 정하는 바에 의하여 이를 제한하거나 인정하지 아니할 수 있다.

④ 노동조합에는 헌법 제21조 제2항의 결사에 대한 허가제금지원칙이 적용되지 않는다.

① (○) 헌법 제33조 ①근로자는 근로조건의 향상을 위하여 자주적인 단결권·단체교섭권 및 단체행동권을 가진다.

② (○) 헌법 제33조 ②공무원인 근로자는 법률이 정하는 자에 한하여 단결권·단체교섭권 및 단체행동권을 가진다.

③ (○) 헌법 제33조 ③법률이 정하는 주요방위산업체에 종사하는 근로자의 단체행동권은 법률이 정하는 바에 의하여 이를 제한하거나 인정하지 아니할 수 있다.

④ (×) 근로자의 단결권이 근로자 단결체로서 사용자와의 관계에서 특별한 보호를 받아야 할 경우에는 헌법 제33조가 우선적으로 적용되지만, 그렇지 않은 통상의 결사 일반에 대한 문제일 경우에는 헌법 제21조 제2항이 적용되므로 <u>노동조합에도 헌법 제21조 제2항의 결사에</u>

대한 허가제금지원칙이 적용된다(헌재 2012.3.29. 2011헌바53). [2021년 법원 9급] ④

근로3권에 대한 설명으로 가장 적절한 것은? (다툼이 있는 경우 판례에 의함)

① 「교원의 노동조합 설립 및 운영 등에 관한 법률」의 적용대상을 「초·중등교육법」 제19조 제1항의 교원이라고 규정함으로써 「고등교육법」에서 규율하는 대학 교원들의 단결권을 인정하지 않는 것은 그 입법목적의 정당성을 인정하기 어렵다.

② 출입국관리법령에서 외국인고용제한규정을 두고 있으므로 취업자격 없는 외국인은 「노동조합 및 노동관계조정법」상의 근로자의 범위에 포함되지 아니한다.

③ 근로자가 노동조합을 결성하지 아니할 자유나 노동조합에 가입을 강제당하지 아니할 자유, 그리고 가입한 노동조합을 탈퇴할 자유는 근로자에게 보장된 단결권의 내용에 포섭되는 권리이다.

④ 공항·항만 등 국가중요시설의 경비업무를 담당하는 특수경비원에게 경비업무의 정상적인 운영을 저해하는 일체의 쟁의행위를 금지하는 「경비업법」 해당 조항에 의한 단체행동권의 제한은 근로3권에 관한 헌법 제33조 제2항과 제3항의 개별유보조항에 의한 제한이다.

① (○) 교원노조를 설립하거나 가입하여 활동할 수 있는 자격을 초·중등교원으로 한정함으로써 교육공무원이 아닌 대학 교원에 대해서는 근로기본권의 핵심인 단결권조차 전면적으로 부정한 측면에 대해서는 그 입법목적의 정당성을 인정하기 어렵고, 수단의 적합성 역시 인정할 수 없다. 설령 일반 근로자 및 초·중등교원과 구별되는 대학 교원의 특수성을 인정하더라도, 대학 교원에게도 단결권을 인정하면서 다만 해당 노동조합이 행사할 수 있는 권리를 다른 노동조합과 달리 강한 제약 아래 두는 방법도 얼마든지 가능하므로, 단결권을 전면적으로 부정하는 것은 필요 최소한의 제한이라고 보기 어렵다. 또 최근 들어 대학 사회가 다층적으로 변화하면서 대학 교원의 사회·경제적 지위의 향상을 위한 요구가 높아지고 있는 상황에서 단결권을 행사하지 못한 채 개별적으로만 근로조건의 향상을 도모해야 하는 불이익은 중대한 것이므로, 심판대상조항은 과잉금지원칙에 위배된다. 다음으로 교육공무원인 대학 교원에 대하여 보더라도, 교육공무원의 직무수행의 특성과 헌법 제33조 제1항 및 제2항의 정신을 종합해 볼 때, 교육공무원에게 근로3권을 일체 허용하지 않고 전면적으로 부정하는 것은 합리성을 상실한 과도한 것으로서 입법형성권의 범위를 벗어나 헌법에 위반된다(헌재 2018.8.30. 2015헌가38).

② (×) 출입국관리 법령에서 외국인고용제한규정을 두고 있는 것은 취업활동을 할 수 있는 체류자격(이하 취업자격) 없는 외국인의 고용이라는 사실적 행위 자체를 금지하고자 하는 것뿐이지, 나아가 취업자격 없는 외국인이 사실상 제공한 근로에 따른 권리나 이미 형성된 근로관계에서 근로자로서의 신분에 따른 노동관계법상의 제반 권리 등의 법률효과까지 금지하려는 것으로 보기는 어렵다. 따라서 타인과의 사용종속관계하에서 근로를 제공하고 그 대가로 임금 등을 받아 생활하는 사람은 노동조합법상 근로자에 해당하고, 노동조합법상의 근로자성이 인정되는 한, 그러한 근로자가 외국인인지 여부나 취업자격의 유무에 따라 노동조합법상 근로자의 범위에 포함되지 아니한다고 볼 수는 없다(대법원 2015.6.25. 2007두4995).

③ (×) 헌법 제33조 제1항에 보장된 근로자의 단결권은 단결할 자유만을 가리킬 뿐이고, 단결하지 아니할 자유 이른바 소극적 단결권은 이에 포함되지 않는다고 보는 것이 우리 재판소의 선례라고 할 것이다. 그렇다면 근로자가 노동조합을 결성하지 아니할 자유나 노동조합에 가입을 강제당하지 아니할 자유, 그리고 가입한 노동조합을 탈퇴할 자유는 근로자에게 보장된 단결권의 내용에 포섭되는 권리로서가 아니라 헌법 제10조의 행복추구권에서 파생되는 일반적 행동의 자유 또는 제21조 제1항의 결사의 자유에서 그 근거를 찾을 수 있다(헌재 2005.11.24. 2002헌바95).

④ (×) 헌법 제33조 제1항에서는 근로자의 단결권·단체교섭권 및 단체행동권을 보장하고 있는바, 현행 헌법에서 공무원 및 법률이 정하는 주요방위산업체에 종사하는 근로자와는 달리 특수경비원에 대해서는 단체행동권 등 근로3권의 제한에 관한 개별적 제한규정을 두고

있지 않다고 하더라도, 헌법 제37조 제2항의 일반유보조항에 따른 기본권제한의 원칙에 의하여 특수경비원의 근로3권 중 하나인 단체행동권을 제한할 수 있다. 따라서 이 사건 법률조항은 과잉금지원칙에 위배되지 아니하므로 헌법에 위반되지 아니한다(헌재 2009.10.29. 2007헌마1359).

[2023년 경찰간부] ①

근로3권에 관한 설명으로 가장 적절하지 않은 것은? (다툼이 있는 경우 판례에 의함)

① 노동조합을 설립할 때 행정관청에 설립신고서를 제출하게 하고 그 요건을 충족하지 못하는 경우 설립신고서를 반려하도록 하고 있는 「노동조합 및 노동관계조정법」 조항의 노동조합 설립신고서 반려제도가 헌법 제21조 제2항 후단에서 금지하는 결사에 대한 허가제라고 볼 수 없다.

② 법령 등에 의하여 국가 또는 지방자치단체가 그 권한으로 행하는 정책결정에 관한 사항, 임용권의 행사 등 그 기관의 관리·운영에 관한 사항으로서 근무조건과 직접 관련되지 아니하는 사항을 공무원노동조합의 단체교섭 대상에서 제외하고 있는 「공무원의 노동조합 설립 및 운영 등에 관한 법률」 조항이 명확성의 원칙에 위반되는 것은 아니다.

③ 근로자들의 단체행동권은 집단적 실력행사로서 위력의 요소를 가지고 있으므로, 사용자의 재산권이나 직업의 자유, 경제활동의 자유를 현저히 침해하고, 거래질서나 국가 경제에 중대한 영향을 미치는 일정한 단체행동권의 행사에 대하여는 제한이 가능하다.

④ 「노동조합 및 노동관계조정법」상 「방위사업법」에 의하여 지정된 주요 방위산업체에 종사하는 근로자 중 전력, 용수 및 주로 방산물자를 생산하는 업무에 종사하는 자는 단체교섭을 할 수 없다.

① (○) 사건 법률조항은 노동조합 설립에 있어 노동조합법상의 요건 충족 여부를 사전에 심사하도록 하는 구조를 취하고 있으나, 이 경우 노동조합법상 요구되는 요건만 충족되면 그 설립이 자유롭다는 점에서 일반적인 금지를 특정한 경우에 해제하는 허가와는 개념적으로 구분되고, 더욱이 행정관청의 설립신고서 수리 여부에 대한 결정은 재량 사항이 아니라 의무 사항으로 그 요건 충족이 확인되면 설립신고서를 수리하고 그 신고증을 교부하여야 한다는 점에서 단체의 설립 여부 자체를 사전에 심사하여 특정한 경우에 한해서만 그 설립을 허용하는 '허가'와는 다르다. 따라서 이 사건 법률조항의 노동조합 설립신고서 반려제도가 헌법 제21조 제2항 후단에서 금지하는 결사에 대한 허가제라고 볼 수 없다(헌재 2012.3.29. 2011헌바53).

② (○) 국가 또는 지방자치단체의 정책결정에 관한 사항이나 기관의 관리·운영에 관한 사항으로서 근무조건과 직접 관련되지 아니하는 사항을 공무원노동조합의 단체교섭대상에서 제외하고 있는 공무원의 노동조합 설립 및 운영 등에 관한 법률은 명확성원칙에 위반되지 않는다(헌재 2013.6.27. 2012헌바169).

③ (○) 근로자 집단의 단체행동권 행사는 단순히 개인적 차원의 권리 행사가 아니라 일시에 집단적으로 행해지는 실력행사로써 상대방에 대한 통일적 압력으로 작용하게 되므로 위력의 요소를 가지고 있다. 단체행동권의 행사는 사업의 계속·존속을 좌우할 수 있는 막대한 영향력을 가질 수 있으며, 이는 해당 사업장에 한정된 문제가 아니라 해당 사업장과 거래관계에 있는 다수 기업의 존속 등 제3자의 이해와도 연관된다. 또한 동종·다수의 사업장간 연대에 기초한 단체행동권 행사는 산업구조는 물론 국가 경제활동 전반에 영향을 미칠 수 있다. 따라서 단체행동권 행사라는 이유로 무조건 형사책임이나 민사책임이 면제된다고 보기는 어려우며, 사용자의 재산권이나 직업의 자유, 경제활동의 자유를 현저히 침해하고, 거래질서나 국가 경제에 중대한 영향을 미치는 일정한 단체행동권의 행사에 대한 제한은 가능하다(헌재 2022.5.26. 2012헌바66).

④ (×) 헌법 제33조 ①근로자는 근로조건의 향상을 위하여 자주적인 단결권·단체교섭권 및 단체행동권을 가진다. ②공무원인 근로자는 법률이 정하는 자에 한하여 단결권·단체교섭권 및 단체행동권을 가진다. ③법률이 정하는 주요방위산업체에 종사하는 근로자의 단체행동권은 법률이 정하는 바에 의하여 이를 제한하거나 인정하지 아니할 수 있다. 노동조합 및 노동관계조정법 제41조(쟁의행위의 제한과 금지) ②방위사업법에 의하여 지정된 주요방위산업체에 종사하는 근로자 중 전력, 용수 및 주로 방산물자를 생산하는 업무에 종사하는 자는 쟁의행위를 할 수 없으며 주로 방산물자를 생산하는 업무에 종사하는 자의 범위는 대통령령으로 정한다. [2023년 경찰공채 8월] ④

근로3권에 대한 설명으로 옳지 않은 것은? (단, 다툼이 있는 경우 판례에 의함)

① 근로3권을 향유하는 근로자는 노동을 제공하고 그 대가를 받는 자이면 족하므로 육체적·정신적 노동자를 포괄한다.

② 근로3권은 자유권적 성격과 사회권적 성격을 함께 갖고 있으며, 근로3권이 자유권적 성격을 가진다는 것은 국가가 근로자의 단결권을 존중하고 부당하게 침해해서는 안 된다는 것을 의미한다.

③ 사용자의 성실교섭의무 위반에 대한 형사처벌은 계약의 자유와 기업의 자유를 침해하여 위헌이다.

④ 교원노조를 설립하거나 가입하여 활동할 수 있는 자격을 초·중등 교원으로 한정함으로써 교육공무원이 아닌 대학 교원에 대해서 근로기본권의 핵심인 단결권조차 전면적으로 부정한 법률조항은 그 입법목적의 정당성을 인정하기 어렵고, 수단의 적합성 역시 인정할 수 없다.

⑤ 국가의 행정관청이 사법상 근로계약을 체결한 경우 국가는 사업주로서 단체교섭의 당사자의 지위에 있는 사용자에 해당한다.

① (○) 근로자는 육체적·정신적 노동을 제공하고 그 대가를 받는 자이며, 근로3권을 향유하는 자이다.

② (○) 헌법 제33조 제1항 근로3권은 사회적 보호기능을 담당하는 자유권 또는 사회권적 성격을 띤 자유권이라고 할 수 있다. 자유권적 성격과 사회권적 성격을 함께 갖는 근로3권은, 국가가 근로자의 단결권을 존중하고 부당한 침해를 하지 아니함으로써 보장되는 자유권적 측면인 국가로부터의 자유뿐만 아니라, 근로자의 권리행사의 실질적 조건을 형성하고 유지해야 할 국가의 적극적인 활동을 필요로 한다(헌재 2017.9.28. 2015헌마653).

③ (×) 입법자는 이 사건 조항으로써 사용자에게 성실한 태도로 단체교섭 및 단체협약체결에 임하도록 하는 수단을 택한 것이므로 입법목적의 달성에 적합한 것이다. 따라서 이 사건 조항이 비례의 원칙에 위배하여 청구인의 계약의 자유, 기업활동의 자유, 집회의 자유를 침해한 것이라 볼 수 없다(헌재 2002.12.18. 2002헌바12).

④ (○) 교육공무원 아닌 대학 교원들이 향유하지 못하는 단결권은 헌법이 보장하고 있는 근로3권의 핵심적이고 본질적인 권리이다. 심판대상조항의 입법목적이 재직 중인 초·중등교원에 대하여 교원노조를 인정해 줌으로써 교원노조의 자주성과 주체성을 확보한다는 측면에서는 그 정당성을 인정할 수 있을 것이나, 교원노조를 설립하거나 가입하여 활동할 수 있는 자격을 초·중등교원으로 한정함으로써 교육공무원이 아닌 대학 교원에 대해서는 근로기본권의 핵심인 단결권조차 전면적으로 부정한 측면에 대해서는 그 입법목적의 정당성을 인정하기 어렵고, 수단의 적합성 역시 인정할 수 없다(헌재 2018.8.30. 2015헌가38).

⑤ (○) 국가의 행정관청이 사법상 근로계약을 체결한 경우 그 근로계약관계의 권리·의무는 행정주체인 국가에 귀속되므로, 국가는 그러한 근로계약관계에 있어서 노동조합 및 노동관계조정법 제2조 제2항에 정한 사업주로서 단체교섭의 당사자의 지위에 있는 사용자에 해당한다(대법원 2008.9.11. 2006다40935). [2019년 국회 9급] ③

공무원의 근로3권에 대한 설명으로 옳지 않은 것은? (다툼이 있는 경우 판례에 의함)

① 국가공무원 중 사실상 노무에 종사하는 공무원은 노동운동을 할 수 있다.

② 5급 이상 공무원의 노동조합 가입을 금지하고 6급 이하의 공무원 중에서도 인사·보수 등 행정기관의 입장에 서는 자 등의 노동조합 가입을 금지하는 것은 공무원들의 단결권을 침해하지 않는다.

③ 공무원노동조합은 정책결정에 관한 사항이나 임용권의 행사 등 근무조건과 지접 관련이 없는 사항에 대해서는 정부측 교섭대표 및 지방자치단체의 장과 교섭하고 단체협약을 체결한다.

④ 공무원노동조합이 체결하는 단체협약의 내용 중 법령·조례 또는 예산에 의해 규정되는 것은 단체협약으로서의 효력이 인정되지 않는다.

⑤ 공무원에게 금지되는 집단행위란 공무 이외의 일을 위한 집단행위 중 공익에 반하는 행위를 말한다.

① (○) 국가공무원법 제66조 제1항은 근로3권이 보장되는 공무원의 범위를 사실상 노무에 종사하는 공무원에 한정하고 있으며, 이는 헌법 제33조 제2항에 근거한 것이고, 전체 국민의 공공복리와 사실상 노무에 공무원의 직무의 내용, 노동조건 등을 고려해 보았을 때 입법자에게 허용된 입법재량권의 범위를 벗어난 것이라 할 수 없다(헌재 2007.8.30. 2003헌바51).

② (○) 제반 주요정책을 결정하고 그 소속 하위직급자들을 지휘·명령하여 분장사무를 처리하는 역할은 통상 5급 이상의 공무원에게 부여되는 것이 일반적이고, 6급 이하의 공무원들 중에서도 지휘·감독권 행사자, 업무 총괄자, 인사 ·보수 등 행정기관의 입장에 서는 자, 노동관계의 조정·감독 등 업무 종사자는 항상 사용자의 이익을 대표하는 자의 입장에 있거나 그 업무의 공공성·공익성이 크며, 이들이 노조에 가입할 경우 예상되는 노조 운영 등에의 지배·개입 등 노조의 자주성을 훼손하는 것을 방지하고, 노사 대항적 관계의 단체교섭에 있어서 노사간 힘의 균형을 확보해 줌으로써 집단적 노사자치를 실현한다는 집단적 노사관계법의 기본적인 법원리에 따라 이들 공무원을 노조 가입대상에서 제외한 것으로 보인다. 그러므로 위 법률조항은 헌법 제33조 제2항이 공무원 신분의 특수성과 수행하는 업무의 공공성을 고려하여 단결권 및 단체교섭권의 향유주체가 될 수 있는 공무원의 범위를 정하도록 하기 위하여 입법자에게 부여하고 있는 형성적 재량권의 범위를 일탈한 것으로 볼 수 없고, 따라서 헌법에 위반되는 것이라고 할 수 없다(헌재 2008.12.26. 2005헌마971).

③ (×) 근무조건과 직접 관련되지 않는 국가 또는 지방자치단체의 정책결정이나 임용권의 행사와 같은 기관의 관리·운영에 관한 사항은 행정기관이 전권을 가지고 자신의 권한과 책임 하에 집행해야 할 사항을 교섭대상에서 배제하고 있는 공무원노조법 조항은 공무원노조의 단체교섭권에 대한 과도한 제한이라고 보기 어렵다(헌재 2013.6.27. 2012헌바16).

④ (○) 공무원의 노동조합 설립 및 운영 등에 관한 법률 제10조(단체협약의 효력) ①제9조에 따라 체결된 단체협약의 내용 중 법령·조례 또는 예산에 의하여 규정되는 내용과 법령 또는 조례에 의하여 위임을 받아 규정되는 내용은 단체협약으로서의 효력을 가지지 아니한다.

⑤ (○) 국가공무원법이 공무 외의 일을 위한 집단행위라고 다소 포괄적이고 광범위하게 규정하고 있다 하더라도, 이는 공무가 아닌 어떤 일을 위하여 공무원들이 하는 모든 집단행위를 의미하는 것이 아니라, 언론·출판·집회·결사의 자유를 보장하고 있는 헌법 제21조 제1항, 공무원에게 요구되는 헌법상의 의무 및 이를 구체화한 국가공무원법의 취지, 국가공무원법상의 성실의무 및 직무전념의무 등을 종합적으로 고려하여 공익에 반하는 목적을 위한 행위로서 직무전념의무를 해태하는 등의 영향을 가져오는 집단적 행위라고 해석된다(대법원 2017.4.13. 2014두8469).

[2020년 국회 9급] ③

근로3권에 대한 설명으로 옳지 않은 것은? (다툼이 있는 경우 헌법재판소 결정에 의함)

① 노동조합을 설립할 때에 행정관청에 설립신고서를 제출하도록 하고 그 요건을 충족하지 못

하는 경우 설립신고서를 반려하도록 규정하고 있는 노동조합법 규정은 노동조합법상 요구되는 요건만 충족하면 노동조합의 설립이 자유롭다는 점에서 헌법에서 금지하는 결사에 대한 허가제에 해당하지 않는다.

② 근로자가 노동조합을 결성하지 아니할 자유나 노동조합에 가입을 강제당하지 아니할 자유는 단결권의 내용에 포섭되는 것이 아니라, 일반적 행동자유권 또는 결사의 자유에서 그 근거를 찾을 수 있다.

③ 「교원의 노동조합 설립 및 운영 등에 관한 법률」의 적용을 받는 교원의 범위를 초·중등학교에 재직 중인 교원으로 한정하고 있는 것은 전국교직원노동조합 및 해직 교원들의 단결권을 침해하지 아니한다.

④ 노동조합이 당해 사업장에 종사하는 근로자의 3분의 2 이상을 대표하고 있을 때에는 근로자가 그 노동조합의 조합원이 될 것을 고용조건으로 하는 단체협약의 체결을 부당노동행위의 예외로 하는 법률규정은, 노동조합의 적극적 단결권이 근로자 개인의 단결하지 않을 자유보다 중시된다고 할 수 없고 노동조합에 위와 같은 조직강제권을 부여하는 것은 근로자의 단결하지 아니할 자유의 본질적인 내용을 침해하는 것이므로 근로자의 단결권을 보장한 헌법에 위반된다.

① (○) 사건 법률조항은 노동조합 설립에 있어 노동조합법상의 요건 충족 여부를 사전에 심사하도록 하는 구조를 취하고 있으나, 이 경우 노동조합법상 요구되는 요건만 충족되면 그 설립이 자유롭다는 점에서 일반적인 금지를 특정한 경우에 해제하는 허가와는 개념적으로 구분되고, 이 사건 법률조항의 노동조합 설립신고서 반려제도가 헌법 제21조 제2항 후단에서 금지하는 결사에 대한 허가제라고 볼 수 없다(헌재 2012.3.29. 2011헌바53).

② (○) 근로자가 노동조합을 결성하지 아니할 자유나 노동조합에 가입을 강제당하지 아니할 자유, 그리고 가입한 노동조합을 탈퇴할 자유는 근로자에게 보장된 단결권의 내용에 포섭되는 권리로서가 아니라 헌법 제10조의 행복추구권에서 파생되는 일반적 행동의 자유 또는 제21조 제1항의 결사의 자유에서 그 근거를 찾을 수 있다(헌재 2005.11.24. 2002헌바95 등).

③ (○) 교원노조의 조합원을 재직 중인 교원으로 한정하는 것은 목적을 달성하기 위한 적절한 수단이라 할 수 있으며, 이 사건 법률조항은 청구인들의 단결권을 침해하지 아니한다(헌재 2015.5.28. 2013헌마671).

④ (×) 근로자의 단결하지 아니할 자유와 노동조합의 적극적 단결권(조직강제권)이 충돌하게 되나, 근로자에게 보장되는 적극적 단결권이 단결하지 아니할 자유보다 특별한 의미를 갖고 있고, 노동조합의 조직강제권도 이른바 자유권을 수정하는 의미의 생존권(사회적)적 성격을 함께 가지는 만큼 근로자 개인의 자유권에 비하여 보다 특별한 가치로 보장되는 점 등을 고려하면, 노동조합의 적극적 단결권은 근로자 개인의 단결하지 않을 자유보다 중시된다고 할 것이고, 또 노동조합에게 위와 같은 조직강제권을 부여한다고 하여 이를 근로자의 단결하지 아니할 자유의 본질적인 내용을 침해하는 것으로 단정할 수는 없다(헌재 2005.11.24. 2002헌바95). [2017년 국가 5급] ④

근로의 권리 및 근로3권에 관한 설명 중 가장 적절하지 않은 것은? (다툼이 있는 경우 판례에 의함)

① 근로자에게 보장된 단결권의 내용에는 단결할 자유뿐만 아니라 노동조합을 결성하지 아니할 자유나 노동조합에 가입을 강제당하지 아니할 자유, 그리고 가입한 노동조합을 탈퇴할 자유도 포함된다.

② 근로의 권리는 국민의 권리이므로 외국인은 그 주체가 될 수 없는 것이 원칙이나, 근로의 권리 중 일할 환경에 관한 권리에 대해서는 외국인의 기본권 주체성을 인정할 수 있다.

③ 근로의 권리는 사회적 기본권으로서, 국가에 대하여 직접 일자리를 청구하거나 일자리에 갈음하는 생계비의 지급청구권을 의미하는 것이 아니라, 고용증진을 위한 사회적·경제적 정책을 요구할 수 있는 권리에 그치는 것이다.

④ 교원노조를 설립하거나 가입하여 활동할 수 있는 자격을 초·중등 교원으로 한정함으로써 교육공무원이 아닌 대학 교원에 대해서 근로기본권의 핵심인 단결권조차 전면적으로 부정한 법률조항은 그 입법목적의 정당성을 인정하기 어렵고, 수단의 적합성 역시 인정할 수 없다.

① (×) 근로자가 노동조합을 결성하지 아니할 자유나 노동조합에 가입을 강제당하지 아니할 자유, 그리고 가입한 노동조합을 탈퇴할 자유는 근로자에게 보장된 단결권의 내용에 포섭되는 권리로서가 아니라 헌법 제10조의 행복추구권에서 파생되는 일반적 행동의 자유 또는 제21조 제1항의 결사의 자유에서 그 근거를 찾을 수 있다(헌재 2005.11.24. 2002헌바95).

② (○) 근로의 권리가 일할 자리에 관한 권리만이 아니라 일할 환경에 관한 권리도 함께 내포하고 있는바, 후자는 인간의 존엄성에 대한 침해를 방어하기 위한 자유권적 기본권의 성격도 갖고 있어 건강한 작업환경, 일에 대한 정당한 보수, 합리적인 근로조건의 보장 등을 요구할 수 있는 권리 등을 포함한다고 할 것이므로 외국인 근로자라고 하여 이 부분에까지 기본권 주체성을 부인할 수는 없다(헌재 2007.8.30. 2004헌마670).

③ (○) 근로의 권리는 사회적 기본권으로서 국가에 대하여 직접 일자리를 청구하거나 일자리에 갈음하는 생계비의 지급청구권을 의미하는 것이 아니라 고용증진을 위한 사회적·경제적 정책을 요구할 수 있는 권리에 그치며, 근로의 권리로부터 국가에 대한 직접적인 직장존속청구권이 도출되는 것도 아니다(헌재 2011.7.28. 2009헌마408).

④ (○) 교육공무원 아닌 대학 교원들이 향유하지 못하는 단결권은 헌법이 보장하고 있는 근로3권의 핵심적이고 본질적인 권리이다. 심판대상조항의 입법목적이 재직 중인 초·중등교원에 대하여 교원노조를 인정해 줌으로써 교원노조의 자주성과 주체성을 확보한다는 측면에서는 그 정당성을 인정할 수 있을 것이나, 교원노조를 설립하거나 가입하여 활동할 수 있는 자격을 초·중등교원으로 한정함으로써 교육공무원이 아닌 대학 교원에 대해서는 근로기본권의 핵심인 단결권조차 전면적으로 부정한 측면에 대해서는 그 입법목적의 정당성을 인정하기 어렵고, 수단의 적합성 역시 인정할 수 없다(헌재 2018.8.30. 2015헌가38). [2020년 경찰 경정승진] ①

근로3권에 대한 설명으로 옳지 않은 것은? (다툼이 있는 경우 판례에 의함)

① 교섭창구단일화제도는 노동조합의 교섭력을 담보하여 교섭의 효율성을 높이고 통일적인 근로조건을 형성하기 위한 불가피한 제도라는 점에서 노동조합의 조합원들이 향유할 단체교섭권을 침해한다고 볼 수 없다.

② 단결권은 '사회적 보호기능을 담당하는 자유권' 또는 '사회권적 성격을 띤 자유권'으로서의 성격을 가지고 있다.

③ 청원경찰의 복무에 관하여 「국가공무원법」 제66조 제1항을 준용함으로써 노동운동을 금지하는 「청원경찰법」 제5조 제4항 중 「국가공무원법」 제66조 제1항 가운데 '노동운동' 부분을 준용하는 부분은 국가기관이나 지방자치단체 이외의 곳에서 근무하는 청원경찰의 근로3권

을 침해한다.

④ 「교원의 노동조합 설립 및 운영 등에 관한 법률」에 의하면 사립학교 교원은 단결권과 단체교섭권이 인정되고 단체행동권이 금지되지만, 국·공립학교 교원은 근로3권이 모두 부인된다.

① (○) 교섭창구단일화제도는 실질적 대등성의 토대 위에서 이뤄낸 결과를 함께 향유하는 주체가 될 수 있도록 하고 있으므로 노사대등의 원리 하에 적정한 근로조건의 구현이라는 단체교섭권의 실질적인 보장을 위한 불가피한 제도라고 볼 수 있다. 따라서 위 노동조합 및 노동관계조정법 조항들이 과잉금지원칙을 위반하여 청구인들의 단체교섭권을 침해한다고 볼 수 없다(헌재 2012.4.24. 2011헌마338).

② (○) 근로3권은 사회적 보호기능을 담당하는 자유권 또는 사회권적 성격을 띤 자유권이라고 말할 수 있다(헌재 1998.2.27. 94헌바13).

③ (○) 심판대상조항이 모든 청원경찰의 근로3권을 전면적으로 제한하는 것은 과잉금지원칙을 위반하여 청구인들의 근로3권을 침해하는 것이다. 심판대상조항의 위헌성은 모든 청원경찰에 대해 획일적으로 근로3권 전부를 제한하는 점에 있으며, 입법자는 청원경찰의 구체적 직무내용, 근무장소의 성격, 근로조건이나 신분보장 등을 고려하여 심판대상조항의 위헌성을 제거할 재량을 가진다. 만약 심판대상조항에 대해 단순위헌결정을 하여 즉시 효력을 상실시킨다면, 근로3권의 제한이 필요한 청원경찰까지 근로3권 모두를 행사하게 되는 혼란이 발생할 우려가 있다. 그러므로 심판대상조항에 대하여 잠정적용 헌법불합치결정을 선고하되, 입법자는 늦어도 2018.12.31.까지 개선입법을 하여야 한다(헌재 2017.9.28. 2015헌마653).

④ (×) 법률조항으로 인하여 교원노조 및 해직 교원의 단결권 자체가 박탈된다고 할 수는 없는 반면, 교원이 아닌 자가 교원노조의 조합원 자격을 가질 경우 교원노조의 자주성에 대한 침해는 중대할 것이어서 법익의 균형성도 갖추었으므로, 이 사건 법률조항은 청구인들의 단결권을 침해하지 아니한다(헌재 2015.5.28. 2013헌마671). 재판관 김이수 반대의견, 법률조항은 사립학교 교원의 경우에도 국공립학교 교원과 동일하게 단결권을 제한하는바, 사립학교 교원의 근로관계는 그 성질을 달리하고, 비교법적으로 보더라도 사립학교 교원의 노동3권을 제한하는 예는 찾아보기 어렵다(헌재 2015.5.28. 2013헌마671). [2019년 지방 7급] ④

근로3권에 대한 설명으로 옳지 않은 것은? (다툼이 있는 경우 헌법재판소 판례에 의함)

① 노동조합으로 하여금 행정관청이 요구하는 경우 결산결과와 운영상황을 보고하도록 하고 그 위반 시 과태료에 처하도록 하는 것은 노동조합의 단결권을 침해하는 것은 아니다.

② 근로자에게 보장된 단결권의 내용에는 단결할 자유뿐만 아니라 노동조합을 결성하지 아니할 자유나 노동조합에 가입을 강제당하지 아니할 자유, 그리고 가입한 노동조합을 탈퇴할 자유도 포함된다.

③ 국가비상사태 하에서라도 단체교섭권·단체행동권이 제한되는 근로자의 범위를 구체적으로 제한함이 없이 그 허용 여부를 주무관청의 조정결정에 포괄적으로 위임하고 이에 위반할 경우 형사처벌하도록 규정하는 것은 근로3권의 본질적인 내용을 침해하는 것이다.

④ 「노동조합 및 노동관계조정법」상의 근로자성이 인정되는 한, 출입국관리 법령에 의하여 취업활동을 할 수 있는 체류자격을 얻지 아니한 외국인 근로자도 노동조합의 결성 및 가입이 허용되는 근로자에 해당된다.

⑤ 하나의 사업 또는 사업장에 두 개 이상의 노동조합이 있는 경우 단체교섭에 있어 그 창구를 단일화하도록 하고 교섭대표가 된 노동조합에게만 단체교섭권을 부여한 교섭창구단일화제도는 교섭대표노동조합이 되지 못한 노동조합의 단체교섭권을 침해하는 것이 아니다.

① (○) 노동조합의 재정 집행과 운영에 있어서의 적법성, 민주성 등을 확보하기 위해서는 조합자치 또는 규약자치에만 의존할 수는 없고 행정관청의 감독이 보충적으로 요구되는바, 이 사건 법률조항은 노동조합의 재정 집행과 운영의 적법성, 투명성, 공정성, 민주성 등을 보장하기 위한 것으로서 정당한 입법목적을 달성하기 위한 적절한 수단이다. 따라서 이 사건 법률조항은 과잉금지원칙을 위반하여 노동조합의 단결권을 침해하지 아니한다(헌재 2013.7.25. 2012헌바116).

② (×) 근로자가 노동조합을 결성하지 아니할 자유나 노동조합에 가입을 강제당하지 아니할 자유, 그리고 가입한 노동조합을 탈퇴할 자유는 근로자에게 보장된 단결권의 내용에 포섭되는 권리로서가 아니라 헌법 제10조의 행복추구권에서 파생되는 일반적 행동의 자유 또는 제21조 제1항의 결사의 자유에서 그 근거를 찾을 수 있다(헌재 2005.11.24. 2002헌바95 등)

③ (○) 단체교섭권·단체행동권이 제한되는 근로자의 범위를 구체적으로 제한함이 없이, 단체교섭권·단체행동권의 행사요건 및 한계 등에 관한 기본적 사항조차 법률에서 정하지 아니한 채, 그 허용 여부를 주무관청의 조정결정에 포괄적으로 위임하고 이에 위반할 경우 형사처벌하도록 하고 있는바, 이는 모든 근로자의 단체교섭권·단체행동권을 사실상 전면적으로 부정하는 것으로서 헌법에 규정된 근로3권의 본질적 내용을 침해하는 것이다(헌재 2015.3.26. 2014헌가5).

④ (○) 타인과의 사용종속관계하에서 근로를 제공하고 그 대가로 임금 등을 받아 생활하는 사람은 노동조합법상 근로자에 해당하고, 노동조합법상의 근로자성이 인정되는 한, 그러한 근로자가 외국인인지 여부나 취업자격의 유무에 따라 노동조합법상 근로자의 범위에 포함되지 아니한다고 볼 수는 없다(대법원 2015.6.25. 2007두4995).

⑤ (○) 교섭창구단일화제도는 근로조건의 결정권이 있는 사업 또는 사업장 단위에서 복수 노동조합과 사용자 사이의 교섭절차를 일원화하여 효율적이고 안정적인 교섭체계를 구축하고, 소속 노동조합과 관계없이 조합원들의 근로조건을 통일하기 위한 것으로, 교섭대표노동조합이 되지 못한 소수 노동조합의 단체교섭권을 제한하고 있지만, 따라서 노동조합 및 노동관계조정법 조항들이 과잉금지원칙을 위반하여 청구인들의 단체교섭권을 침해한다고 볼 수 없다(헌재 2012.4.24. 2011헌마338). [2018년 국회 8급] ②

근로의 권리와 근로3권에 대한 설명으로 가장 적절하지 않은 것은? (다툼이 있는 경우 판례에 의함)

① 근로자가 최저임금을 청구할 수 있는 권리는 헌법상 바로 도출되는 것이 아니라「최저임금법」등 관련 법률이 구체적으로 정하는 바에 따라 비로소 인정될 수 있다.

② 헌법 제32조 제1항이 규정한 근로의 권리는 개인 근로자뿐만 아니라 노동조합도 그 주체가 될 수 있다.

③ 헌법 제33조 제1항의 단결권에는 개별 근로자가 노동조합 등 근로자단체를 조직하거나 그에 가입하여 활동할 수 있는 개별적 단결권뿐만 아니라 근로자단체가 존립하고 활동할 수 있는 집단적 단결권도 포함된다.

④ 근로의 권리로부터 국가에 대한 직접적인 직장존속청구권이 도출되는 것은 아니다.

① (○) 헌법 제32조 제1항 후단의 규정에 있어서 근로자가 최저임금을 청구할 수 있는 권리도 헌법상 바로 도출되는 것이 아니라 최저임금법 등 관련 법률이 구체적으로 정하는 바에 따라 비로소 인정될 수 있다(헌재 2012.10.25. 2011헌마307).

② (×) 국가의 개입·간섭을 받지 않고 자유로이 근로를 할 자유와, 국가에 대하여 근로의 기회를 제공하는 정책을 수립해 줄 것을 요구할 수 있는 권리 등을 기본적인 내용으로 하고 있고, 이 때 근로의 권리는 근로자를 개인의 차원에서 보호하기 위한 권리로서 개인인 근로자가 근로의 권리의 주체가 되는 것이고, 노동조합은 그 주체가 될 수 없는 것으로 이해되고 있다(헌재 2009.2.26. 2007헌바27).

③ (○) 근로3권 중 단결권에는 개별 근로자가 노동조합 등 근로자단체를 조직하거나 그에 가입하여 활동할 수 있는 개별적 단결권뿐만 아니라 근로자단체가 존립하고 활동할 수 있는 집단적 단결권도 포함된다(헌재 2015.5.28. 2013헌마671).

④ (○) 근로의 권리는 사회적 기본권으로서 국가에 대하여 직접 일자리를 청구하거나 일자리에 갈음하는 생계비의 지급청구권을 의미하는 것이 아니라 고용증진을 위한 사회적·경제적 정책을 요구할 수 있는 권리에 그치며, 근로의 권리로부터 국가에 대한 직접적인 직장존속청구권

이 도출되는 것도 아니다(헌재 2011.7.28. 2009헌마408). [2021년 경찰 경정승진] ②

근로3권에 대한 설명으로 옳은 것은? (다툼이 있는 경우 판례에 의함)

① 헌법 제33조 제1항이 "근로자는 근로조건의 향상을 위하여 자주적인 단결권, 단체교섭권, 단체행동권을 가진다"고 규정하여 비록 단체협약체결권을 명시하고 있지 않지만, 단체교섭권에는 단체협약체결권이 포함되어 있다고 보아야 한다.

② 노동조합을 설립할 때 행정관청에 설립신고서를 제출하게 하고 그 요건을 충족하지 못한 경우 설립신고서를 반려하도록 한 규정은 근로자의 단결권을 침해하는 것이다.

③ 법률이 정하는 주요방위산업체에 종사하는 근로자의 근로3권은 법률이 정하는 바에 의하여 이를 제한하거나 인정하지 아니할 수 있다.

④ 쟁의행위는 업무의 저해라는 속성상 그 자체로 「형법」상의 여러 가지 범죄의 구성요건에 해당될 수 있음에도 불구하고 그것이 정당성을 가지는 경우에는 형사책임이 면제되지만, 민사상 손해배상책임은 면제되지 아니한다.

① (○) 헌법 제33조 제1항의 규정에 의하여 근로자에게 단결권, 단체교섭권, 단체행동권을 기본권으로 보장하는 뜻은 근로자가 사용자와 대등한 지위에서 단체교섭을 통하여 자율적으로 임금 등 근로조건에 관한 단체협약을 체결할 수 있도록 하기 위한 것이다. 비록 헌법이 위 조항에서 단체협약체결권을 명시하여 규정하고 있지 않다고 하더라도 근로조건의 향상을 위한 근로자 및 그 단체의 본질적인 활동의 자유인 단체교섭권에는 단체협약체결권이 포함되어 있다(헌재 1998.2.27. 94헌바13).

② (×) 노동조합 설립신고에 대한 심사와 그 신고서 반려는 근로자들이 자주적이고 민주적인 단결권을 행사하도록 하기 위한 것으로서 만약 노동조합의 설립을 단순한 신고나 등록 등으로 족하게 하고, 노동조합에 요구되는 자주성이나 민주성 등의 요건에 대해서는 사후적으로 차단하는 제도만을 두게 된다면, 노동조합법상의 특권을 누릴 수 없는 자들에게까지 특권을 부여하는 결과를 야기하게 될 뿐만 아니라 노동조합의 실체를 갖추지 못한 노동조합들이 난립하는 사태를 방지할 수 없게 되므로 노동조합이 그 설립 당시부터 노동조합으로서 자주성 등을 갖추고 있는지를 심사하여 이를 갖추지 못한 단체의 설립신고를 반려하도록 하는 것은 과잉금지원칙에 위반되어 근로자의 단결권을 침해한다고 볼 수 없다(헌재 2012.3.29. 2011헌바53).

③ (×) 헌법 제33조 ③법률이 정하는 주요방위산업체에 종사하는 근로자의 단체행동권은 법률이 정하는 바에 의하여 이를 제한하거나 인정하지 아니할 수 있다.

④ (×) 쟁의행위는 업무의 저해라는 속성상 그 자체 형법상의 여러 가지 범죄의 구성요건에 해당될 수 있음에도 불구하고 그것이 정당성을 가지는 경우에만 형사책임이 면제되며, 민사상 손해배상 책임도 발생하지 않는다(헌재 1998.7.16. 97헌바23).

[2015년 서울 7급] ①

교원의 노동3권에 관한 다음 설명 중 가장 옳지 않은 것은? (다툼이 있는 경우 헌법재판소 결정에 의함)

① 「교원의 노동조합 설립 및 운영 등에 관한 법률 시행령」(2013.3.23. 대통령령 제24447호로 개정된 것) 제9조 제1항 중 「노동조합 및 노동관계조정법 시행령」 제9조 제2항에 관한 부분(이하 '법외노조통보조항'이라 한다)은 시정요구 및 법외노조통보라는 별도의 집행행위를 예정하고 있으므로, 법외노조통보조항에 대한 헌법소원은 기본권 침해의 직접성이 인정되

지 아니한다.

② 「교원의 노동조합 설립 및 운영 등에 관한 법률」의 적용을 받는 교원의 범위를 초·중등학교에 재직 중인 교원으로 한정하고 있는 「교원의 노동조합 설립 및 운영 등에 관한 법률」(2010.3.17. 법률 제10132호로 개정된 것) 제2조가 교원의 근로조건과 직접 관련이 없는 교원이 아닌 사람을 교원노조의 조합원 자격에서 배제하는 것이 단결권의 지나친 제한이라고 볼 수 없다.

③ 고용노동부장관의 청구인 전국교직원노동조합에 대한 2013.9.23.자 시정요구(이하 '이 사건 시정요구'라 한다)는 청구인 전국교직원노동조합의 권리·의무에 변동을 일으키는 행정행위에 해당하나, 청구인 전교조는 이 사건 시정요구에 대하여 다른 불복절차를 거치지 아니하고 곧바로 헌법소원심판을 청구하였으므로, 이에 대한 헌법소원은 보충성 요건을 결하였다.

④ 다만 교원이 아닌 사람이 교원노조에 일부 포함되어 있다는 이유로 이미 설립신고를 마치고 활동 중인 노동조합을 법외노조로 하도록 정하는 것은 과잉금지의 원칙에 반한다고 할 것이다.

① (○) 교원의 노동조합 설립 및 운영 등에 관한 법률 시행령(2013.3.23. 대통령령 제24447호로 개정된 것) 제9조 제1항 중 노동조합 및 노동관계조정법 시행령 제9조 제2항에 관한 부분(이하 '법외노조통보 조항'이라 한다)은 시정요구 및 법외노조통보라는 별도의 집행행위를 예정하고 있으므로, 법외노조통보 조항에 대한 헌법소원은 기본권 침해의 직접성이 인정되지 아니한다(헌재 2015.5.28. 2013헌마671).

② (○) ④ (×) 대내외적으로 교원노조의 자주성과 주체성을 확보하여 교원의 실질적 근로조건 향상에 기여한다는데 그 입법목적이 있는 것으로 그 목적이 정당하고, <u>교원노조의 조합원을 재직 중인 교원으로 한정하는 교원의 노동조합 설립 및 운영 등에 관한 법률은 교원의 근로조건과 직접 관련이 없는 교원이 아닌 사람을 교원노조의 조합원 자격에서 배제하는 것이 단결권의 지나친 제한이라고 볼 수 없고,</u> 이 사건 법률조항으로 인하여 교원노조 및 해직 교원의 단결권 자체가 박탈된다고 할 수는 없는 반면, 교원이 아닌 자가 교원노조의 조합원 자격을 가질 경우 교원노조의 자주성에 대한 침해는 중대할 것이어서 법익의 균형성도 갖추었으므로, 이 사건 법률조항은 청구인들의 단결권을 침해하지 아니한다(헌재 2015.5.28. 2013헌마671).

③ (○) 고용노동부장관의 청구인 전국교직원노동조합에 대한 2013.9.23.자 시정요구는 청구인 전국교직원노동조합의 권리·의무에 변동을 일으키는 행정행위에 해당하나, 청구인 전교조는 이 사건 시정요구에 대하여 다른 불복절차를 거치지 아니하고 곧바로 헌법소원심판을 청구하였으므로, 이에 대한 헌법소원은 보충성 요건을 결하였다(헌재 2015.5.28. 2013헌마671). [2016년 법원 9급] ④

근로3권에 관한 설명으로 가장 옳은 것은?

① 청원경찰로서 「국가공무원법」 제66조 제1항의 규정에 위반하여 노동운동 기타 공무 이외의 일을 위한 집단적 행위를 한 자를 형사 처벌하도록 규정한 「청원경찰법」 소정의 규정은 과잉금지원칙에 위반된다.

② 헌법 제33조 제2항에 따라 공무원인 근로자에게 단결권·단체교섭권·단체행동권을 인정할 것인가의 여부, 어떤 형태의 행위를 어느 범위에서 인정할 것인가 등에 대하여 국가는 광범위한 입법형성의 자유를 가진다.

③ 헌법상 보장된 근로자의 단결권은 단결할 자유만을 가리키는 것이 아니라 단결하지 아니할

자유, 즉 소극적 단결권도 포함한다.

④ 구 「사립학교법」상 교원은 노동조합 결성 등 집단행동이 금지되었는데 이는 헌법에 위반된다.

① (×) 청원경찰법 제11조는 청원경찰의 근로3권을 제한함으로써 청원경찰들이 관리하는 국가 등의 중요시설의 안전을 기하려고 하는 것으로서 그 입법목적의 정당성과 수단의 적정성을 인정할 수 있다. 유사한 집단행위 또는 쟁의행위에 대한 처벌 규정에 비추어 볼 때 과잉형벌의 문제를 제기하지 아니하며, 형벌체계상의 균형을 상실하였다거나 책임과 형벌 간의 비례원칙에 위반된다고 보기도 어렵다. 따라서 이 사건 청원경찰법 조항이 과잉금지의 원칙이나 책임과 형벌 간의 비례성원칙에 위반되어 청구인들의 근로3권을 침해한다고 인정되지 아니한다(헌재 2008.7.31. 2004헌바9).

② (○) 헌법 제33조 제2항에 따라 공무원인 근로자에게 단결권·단체교섭권·단체행동권을 인정할 것인가의 여부, 어떤 형태의 행위를 어느 범위에서 인정할 것인가 등에 대하여 광범위한 입법형성의 자유를 가진다(헌재 2008.12.26. 2005헌마971).

③ (×) 헌법 제33조 제1항 근로자의 단결권은 단결할 자유만을 가리킬 뿐이고, 단결하지 아니할 자유 이른바 소극적 단결권은 이에 포함되지 않는다고 보는 것이 우리 재판소의 선례이다(헌재 2005.11.24. 2002헌바95).

④ (×) 근로자인 사립학교 교원에게 비록 헌법 제33조 제1항에 정한 근로3권의 행사를 제한 또는 금지하고 있다고 하더라도, 그 제한은 입법자가 교원지위의 특수성과 우리의 역사적 현실을 종합하여 공공의 이익인 교육제도의 본질을 지키기 위하여 결정한 것으로서 필요하고 적정한 범위내의 것이라 할 것이므로, 헌법 제33조 제1항은 물론 헌법 제37조 제2항에서도 위반되지 아니한다(헌재 1991.7.22. 89헌가106).

[2018년 서울 7급] ②

청원경찰의 근로3권을 전면적으로 제한하는 청원경찰법(2010.2.4. 법률 제10013호로 개정된 것) 제5조 제4항 중 국가공무원법 제66조 제1항 가운데 '노동운동' 부분을 준용하는 부분(이하 '심판대상조항'이라 한다)에 대한 헌법재판소 결정 내용에 관한 다음 설명 중 가장 옳지 않은 것은?

① 청원경찰은 청원주와의 고용계약에 의한 근로자일 뿐, 국민 전체에 대한 봉사자로서 국민에 대하여 책임을 지며 그 신분과 정치적 중립성이 법률에 의해 보장되는 공무원 신분이 아니므로, 기본적으로 헌법 제33조 제1항에 따라 근로3권을 보장받아야 한다.

② 심판대상조항을 통해 청원경찰이 경비하는 중요시설의 안전을 도모할 수 있음은 분명하나, 이로 인해 받는 불이익은 모든 청원경찰에 대한 근로3권의 전면적 박탈이라는 점에서, 심판대상조항은 법익의 균형성이 인정되지 아니한다.

③ 심판대상조항은 청원경찰의 근로3권을 제한함에 목적의 정당성 및 수단의 적합성이 인정되지 않는다.

④ 국가기관이나 지방자치단체 이외의 곳에서 근무하는 청원경찰은 근로조건에 관하여 공무원뿐만 아니라 국가기관이나 지방자치단체에 근무하는 청원경찰에 비해서도 낮은 수준의 법적 보장을 받고 있으므로, 이들에 대해서는 근로3권이 허용되어야 할 필요성이 더욱 크다.

① (○) 청원경찰은 사용자인 청원주와의 고용계약에 의한 근로자일 뿐, 국민 전체에 대한 봉사자로서 국민에 대하여 책임을 지며 그 신분과 정치적 중립성이 법률에 의해 보장되는 공무원 신분이 아니다. 법률이 정하는 바에 따라 근로3권이 제한적으로만 인정되는 헌법 제33조 제2항의 공무원으로 볼 수는 없는 이상, 일반근로자인 청원경찰에게는 기본적으로 헌법 제3조 제1항에 따라 근로3권이 보장되어야 한다(헌재

2017.9.28. 2015헌마653).

② (○) 심판대상조항으로 말미암아 청원경찰이 경비하는 중요시설의 안전을 도모할 수 있음은 분명하나, 이로 인해 받는 불이익은 모든 청원경찰에 대한 근로3권의 전면적 박탈이라는 점에서, 심판대상조항은 법익의 균형성도 인정되지 아니한다(헌재 2017.9.28. 2015헌마653).

③ (×) 심판대상조항은 청원경찰의 근로3권을 제한함으로써 청원경찰이 관리하는 중요시설의 안전을 도모하려는 것이므로 목적의 정당성이 인정될 수 있고, 근로3권의 제한은 위와 같은 목적달성에 기여할 수 있으므로 수단의 적합성도 인정될 수 있다(헌재 2017.9.28. 2015헌마653).

④ (○) 국가기관이나 지방자치단체 이외의 곳에서 근무하는 청원경찰은 근로조건에 관하여 공무원뿐만 아니라 국가기관이나 지방자치단체에 근무하는 청원경찰에 비해서도 낮은 수준의 법적 보장을 받고 있으므로, 이들에 대해서는 근로3권이 허용되어야 할 필요성이 크다(헌재 2017.9.28. 2015헌마653). [2018년 법원 9급] ③

근로의 권리 및 근로3권에 대한 설명으로 옳지 않은 것은? (다툼이 있는 경우 판례에 의함)

① 근로의 권리는 개인 근로자가 주체이며, 노동조합은 그 주체가 될 수 없다.
② 교육공무원에게 근로3권을 일체 허용하지 않고 전면적으로 부정하는 것은 입법형성권의 범위를 벗어난다.
③ 법률이 정하는 주요방위산업체에 종사하는 근로자의 단체행동권은 법률로 제한할 수 있다.
④ 노동조합이 비과세 혜택을 받을 권리는 헌법 제33조 제1항이 당연히 예상한 권리에 포함된다고 보기 어렵고, 위 헌법조항으로부터 그러한 권리가 파생된다거나 이에 상응하는 국가의 조세법규범 정비의무가 발생한다고 보기도 어렵다.
⑤ '65세 이후 고용된 자'에게 실업급여에 관한 「고용보험법」의 적용을 배제하는 것은 근로의 의사와 능력의 존부에 대한 합리적인 판단을 결여한 것이다.

① (○) 헌법 제32조 제1항 근로의 권리는 근로자를 개인의 차원에서 보호하기 위한 권리로서 개인인 근로자가 그 주체가 되는 것이고 노동조합은 그 주체가 될 수 없다(헌재 2009.2.26. 2007헌바27).

② (○) 교육공무원에게 근로3권을 일체 허용하지 않고 전면적으로 부정하는 것은 합리성을 상실한 과도한 것으로서 입법형성권의 범위를 벗어나 헌법에 위반된다(헌재 2018.8.30. 2015헌가38).

③ (○) 헌법 제33조 ③법률이 정하는 주요방위산업체에 종사하는 근로자의 단체행동권은 법률이 정하는 바에 의하여 이를 제한하거나 인정하지 아니할 수 있다.

④ (○) 노동조합이 비과세 혜택을 받을 권리는 노사간의 세력 균형을 이루게 하고 근로3권이 실질적으로 기능하게 하기 위하여 헌법 제33조 제1항이 당연히 예상한 권리의 내용에 포함된다고 보기 어렵고, 또 근로3권을 규정한 헌법 제33조 제1항으로부터 노동조합이 조세법상 비과세 혜택을 받을 권리가 파생한다거나 이에 상응하는 국가의 조세법규범 정비의무가 발생한다고 보기도 어렵다(헌재 2009.2.26. 2007헌바27).

⑤ (×) 심판대상조항이 65세 이후 고용 여부를 기준으로 실업급여 적용 여부를 달리한 것은 합리적 이유가 있다고 할 것이므로, 이로 인해 청구인의 평등권이 침해되었다고 보기 어렵다(헌재 2018.6.28. 2017헌마238). [2019년 국회 5급] ⑤

근로기본권에 대한 설명으로 옳지 않은 것은? (다툼이 있는 경우 판례에 의함)

① 청원경찰은 일반근로자일 뿐 공무원이 아니므로, 이들의 근로3권을 전면적으로 제한하는 것은 헌법에 위반된다.

② 헌법에서는 국가유공자의 유가족, 상이군경의 유가족 및 전몰군경의 유가족은 법률이 정하는 바에 의하여 우선적으로 근로의 기회를 부여받는다고 규정하고 있다.

③ 근로의 권리란 인간이 자신의 의사와 능력에 따라 근로관계를 형성하고, 타인의 방해를 받음이 없이 근로관계를 계속 유지하며, 근로의 기회를 얻지 못한 경우에는 국가에 대하여 근로의 기회를 제공하여 줄 것을 요구할 수 있는 권리를 말한다.

④ 근로의 권리는 사회적 기본권으로서, 국가에 대하여 직접 일자리를 청구하거나 일자리에 갈음하는 생계비의 지급청구권을 의미하는 것이 아니다.

① (○) 청원경찰은 일반근로자일 뿐 공무원이 아니므로 원칙적으로 헌법 제33조 제1항에 따라 근로3권이 보장되어야 한다. 심판대상조항이 모든 청원경찰의 근로3권을 전면적으로 제한하는 것은 과잉금지원칙을 위반하여 청구인들의 근로3권을 침해하는 것이다(헌재 2017.9.28. 2015헌마653).

② (×) 헌법 제32조 제6항 국가유공자·상이군경 및 전몰군경의 유가족은 법률이 정하는 바에 의하여 우선적으로 근로의 기회를 부여받는다.

③ (○) 근로의 권리란 인간이 자신의 의사와 능력에 따라 근로관계를 형성하고, 타인의 방해를 받음이 없이 근로관계를 계속 유지하며, 근로의 기회를 얻지 못한 경우에는 국가에 대하여 근로의 기회를 제공하여 줄 것을 요구할 수 있는 권리를 말하며, 이러한 근로의 권리는 생활의 기본적인 수요를 충족시킬 수 있는 생활수단을 확보해 주고 나아가 인격의 자유로운 발현과 인간의 존엄성을 보장해 주는 것으로서 사회권적 기본권의 성격이 강하므로 이에 대한 외국인의 기본권주체성을 전면적으로 인정하기는 어렵다(헌재 2007.8.30. 2004헌마670).

④ (○) 근로의 권리는 사회적 기본권으로서, 국가에 대하여 직접 일자리(직장)를 청구하거나 일자리에 갈음하는 생계비의 지급청구권을 의미하는 것이 아니라, 고용증진을 위한 사회적·경제적 정책을 요구할 수 있는 권리에 그친다(헌재 2002.11.28. 2001헌바50).

[2020년 국가 5급] ②

근로자의 기본권에 대한 설명으로 옳지 않은 것은? (다툼이 있는 경우 판례에 의함)

① 헌법 제32조 제1항의 근로의 권리는 국가에 대하여 근로의 기회를 제공하는 정책을 수립해 줄 것을 요구할 수 있는 권리도 내포하므로 노동조합도 그 주체가 될 수 있다.

② 근로관계 종료 전 사용자로 하여금 근로자에게 해고예고를 하도록 하는 것은 개별 근로자의 인간 존엄성을 보장하기 위한 최소한 근로조건 가운데 하나에 해당하므로, 해고예고에 관한 권리는 근로의 권리의 내용에 포함된다.

③ 연차유급휴가는 근로자의 건강하고 문화적인 생활의 실현에 이바지할 수 있도록 여가를 부여하는 데 그 목적이 있는 것으로, 인간의 존엄성을 보장하기 위한 합리적인 근로조건에 해당하므로 연차유급휴가에 관한 권리는 근로의 권리의 내용에 포함된다.

④ 노동관계 당사자가 쟁의행위를 함에 있어서는 그 목적, 방법 및 절차상의 한계를 벗어나지 아니한 범위 안에서 관계자들의 민사상 및 형사상 책임이 면제된다.

① (×) 국가의 개입·간섭을 받지 않고 자유로이 근로를 할 자유와, 국가에 대하여 근로의 기회를 제공하는 정책을 수립해 줄 것을 요구할 수 있는 권리 등을 기본적인 내용으로 하고 있고, 이 때 근로의 권리는 근로자를 개인의 차원에서 보호하기 위한 권리로서 개인인 근로자가 근로의 권리의 주체가 되는 것이고, 노동조합은 그 주체가 될 수 없다(헌재 2009.2.26. 2007헌바27).
② (○) 해고예고제도는 근로조건의 핵심적 부분인 해고와 관련된 사항일 뿐만 아니라, 근로자가 갑자기 직장을 잃어 생활이 곤란해지는 것을 막는 데 목적이 있으므로 근로자의 인간 존엄성을 보장하기 위한 최소한의 근로조건으로서 근로의 권리의 내용에 포함된다(헌재 2015.12.23. 2014헌바3).
③ (○) 연차유급휴가는 근로자의 건강하고 문화적인 생활의 실현에 이바지할 수 있도록 여가를 부여하는데 그 목적이 있으므로 인간의 존엄성을 보장받기 위한 최소한의 근로조건을 요구할 수 있는 권리로서 근로의 권리의 내용에 포함된다(헌재 2008.9.25. 2005헌마586).
④ (○) 노동관계 당사자가 쟁의행위를 함에 있어서는 그 목적·방법 및 절차상의 한계를 존중하지 않으면 아니 되며, 그 한계를 벗어나지 아니하는 범위 안에서 관계자들의 민사상 및 형사상의 책임이 면제되는 것이다(헌재 1990.1.15. 89헌가103).

[2017년 지방 7급] ①

근로의 권리 또는 근로3권에 대한 설명으로 옳지 않은 것은? (다툼이 있는 경우 헌법재판소 판례에 의함)

① 헌법 제37조 제2항에 의하여 근로자의 근로3권에 대해 일부 제한이 가능하다 하더라도, '공무원 또는 주요방위사업체 근로자'가 아닌 근로자의 근로3권을 전면적으로 부정하는 것은 본질적 내용 침해 금지에 위반된다.
② 헌법상 근로의 권리는 '일할 자리에 관한 권리'만이 아니라 '일할 환경에 관한 권리'도 의미하는데, '일할 환경에 관한 권리'는 인간의 존엄성에 대한 침해를 방어하기 위한 권리로서 외국인에게도 인정되며, 건강한 작업환경, 일에 대한 정당한 보수, 합리적인 근로조건의 보장 등을 요구할 수 있는 권리 등을 포함한다.
③ 정직기간을 연가일수에서 공제할 때 어떠한 비율에 따라 공제할 것인지에 관하여는 입법자에게 재량이 부여되어 있기 때문에, 정직처분을 받은 공무원에 대하여 정직일수를 연차유급휴가인 연가일수에서 공제하도록 규정하는 법령조항은 공무원인 근로자의 근로의 권리를 침해하지 않는다.
④ 국회는 헌법 제33조 제2항에 따라 공무원인 근로자에게 단결권·단체행동권을 인정할 것인가의 여부, 어떤 형태의 행위를 어느 범위에서 인정할 것인가 등에 대하여 필요한 한도에서만 공무원의 근로3권을 제한할 수 있을 뿐 광범위한 입법형성의 자유를 갖는 것은 아니다.

① (○) 헌법 제37조 제2항 전단에 의하여 근로자의 근로3권에 대해 일부 제한이 가능하다 하더라도, '공무원 또는 주요방위사업체 근로자'가 아닌 근로자의 근로3권을 전면적으로 부정하는 것은 헌법 제37조 제2항 후단의 본질적 내용 침해금지에 위반된다(헌재 2015.3.26. 2014헌가5).
② (○) 근로의 권리가 일할 자리에 관한 권리만이 아니라 일할 환경에 관한 권리도 함께 내포하고 있는바, 후자는 인간의 존엄성에 대한 침해를 방어하기 위한 자유권적 기본권의 성격도 갖고 있어 건강한 작업환경, 일에 대한 보수, 합리적인 근로조건의 보장 등을 요구할 수 있는 권리 등을 포함한다고 할 것이므로 외국인 근로자라고 하여 이 부분에까지 기본권 주체성을 부인할 수는 없다(헌재 2007.8.30. 2004헌마670).
③ (○) 정직기간을 연가일수에서 공제할 때 어떠한 비율에 따라 공제할 것인지에 관하여는 입법자에게 재량이 부여되어 있다 할 것이므로

정직기간의 비율에 따른 일수가 공제되는 일반휴직자와 달리, 공무원으로서 부담하는 의무를 위반하여 징계인 정직처분을 받은 자에 대하여 입법자가 정직일수 만큼의 일수를 연가일수에서 공제하였다고 하여 재량을 일탈한 것이라고 볼 수 없으므로 이 사건 법령조항이 청구인의 근로의 권리를 침해한다고 볼 수 없다(헌재 2008.9.25. 2005헌마586).

④ (×) 국회는 헌법 제33조 제2항에 따라 공무원인 근로자에게 단결권·단체교섭권·단체행동권을 인정할 것인가의 여부, 어떤 형태의 행위를 어느 범위에서 인정할 것인가 등에 대하여 광범위한 입법형성의 자유를 가진다(헌재 2008.12.26. 2005헌마971).

[2017년 국가 7급] ④

근로의 권리와 근로3권에 대한 설명으로 가장 옳은 것은? (다툼이 있는 경우 판례에 의함)

① 해고예고제도는 근로자의 인간 존엄성을 보장하기 위한 합리적 근로조건에 해당한다고 보기 힘드므로, 해고예고에 관한 권리는 근로자가 향유하는 근로의 권리의 내용에 포함되지 않는다.

② 노동조합법상의 근로자성이 인정되는 한, 출입국관리 법령에 따라 취업활동을 할 수 있는 체류자격을 받지 아니한 외국인근로자도 노동조합을 설립하거나 노동조합에 가입할 수 있다.

③ 하나의 사업 또는 사업장에 두 개 이상의 노동조합이 있는 경우 단체교섭에 있어 그 창구를 단일화하도록 하고 교섭대표가 된 노동조합에만 단체교섭권을 부여하고 있는 교섭창구 단일화제도는 노사의 자율성을 부정하는 것이므로 단체교섭권을 침해하는 것이다.

④ 노동조합으로 하여금 행정관청이 요구하는 경우 결산 결과와 운영 상황을 보고하도록 하고 그 위반 시 과태료에 처하도록 하는 것은 노동조합의 단결권을 침해한다.

① (×) 해고예고제도는 근로자의 인간 존엄성을 보장하기 위한 최소한의 근로조건으로서 근로의 권리의 내용에 포함된다(헌재 2015.12.23. 2014헌바3).

② (○) 노동조합법상의 근로자성이 인정되는 한, 그러한 근로자가 외국인인지 여부나 취업자격의 유무에 따라 노동조합법상 근로자의 범위에 포함된다(대법원 2015.6.25. 2007두4995).

③ (×) 교섭창구단일화제도는 근로조건의 결정권이 있는 사업 또는 사업장 단위에서 복수 노동조합과 사용자 사이의 교섭절차를 일원화하여 효율적이고 안정적인 교섭체계를 구축하고, 소속 노동조합과 관계없이 조합원들의 근로조건을 통일하기 위한 것으로, 교섭대표노동조합이 되지 못한 소수 노동조합의 단체교섭권을 제한하고 있지만, 소수 노동조합도 교섭대표노동조합을 정하는 절차에 참여하게 하여 교섭대표노동조합이 사용자와 대등한 입장에 설 수 있는 기반이 되도록 하고 있으며, 그러한 실질적 대등성의 토대 위에서 이뤄낸 결과를 함께 향유하는 주체가 될 수 있도록 하고 있으므로 노사대등의 원리 하에 적정한 근로조건의 구현이라는 단체교섭권의 실질적인 보장을 위한 불가피한 제도라고 볼 수 있다. 따라서 위 노동조합 및 노동관계조정법 조항들이 과잉금지원칙을 위반하여 청구인들의 단체교섭권을 침해한다고 볼 수 없다(헌재 2012.4.24. 2011헌마338).

④ (×) 법률조항이 달성하려는 노동조합 운영의 적법성, 민주성 등의 공익은 중대한 반면 이 사건 법률조항으로 말미암아 제한되는 노동조합의 운영의 자유는 그다지 크지 아니하므로, 법익균형성 또한 인정된다. 따라서 이 사건 법률조항은 과잉금지원칙을 위반하여 노동조합의 단결권을 침해하지 아니한다(헌재 2013.7.25. 2012헌바116). [2017년 서울 7급] ②

근로기본권에 대한 설명으로 옳지 않은 것은? (다툼이 있는 경우 판례에 의함)

① 헌법은 “법률이 정하는 주요방위산업체에 종사하는 근로자의 단결권은 법률이 정하는 바에

의하여 이를 제한하거나 인정하지 아니할 수 있다"라고 규정하고 있다.

② 합리적 이유 없이 "월급근로자로서 6개월이 되지 못한 자"를 해고예고제도의 적용대상에서 제외한 것은 근무기간이 6개월 미만인 월급근로자의 근로의 권리를 침해하고, 평등원칙에도 위배된다.

③ 헌법은 여자 및 연소자 근로의 특별한 보호와 최저임금제의 시행에 관하여 규정하고 있다.

④ 근로의 권리로부터 국가에 대한 직접적인 직장존속청구권을 도출할 수는 없다.

① (×) 헌법 제33조 ③법률이 정하는 주요방위산업체에 종사하는 근로자의 단체행동권은 법률이 정하는 바에 의하여 이를 제한하거나 인정하지 아니할 수 있다.

② (○) 합리적 이유 없이 "월급근로자로서 6개월이 되지 못한 자"를 해고예고제도의 적용대상에서 제외한 이 사건 법률조항은 근무기간이 6개월 미만인 월급근로자의 근로의 권리를 침해하고, 평등원칙에도 위배된다(헌재 2015.12.23. 2014헌바3).

③ (○) 헌법 제32조 ④여자의 근로는 특별한 보호를 받으며, 고용·임금 및 근로조건에 있어서 부당한 차별을 받지 아니한다. ⑤연소자의 근로는 특별한 보호를 받는다.

④ (○) 헌법 제15조 직업의 자유 또는 헌법 제32조 근로의 권리, 사회국가원리 등에 근거하여 실업방지 및 부당한 해고로부터 근로자를 보호하여야 할 국가의 의무를 도출할 수는 있으나, 국가에 대한 직접적인 직장존속보장청구권을 근로자에게 인정할 헌법상의 근거는 없다(헌재 2002.11.28. 2001헌바50).

[2018년 국가 5급] ①

근로기본권에 대한 설명으로 옳지 않은 것은? (다툼이 있는 경우 판례에 의함)

① 청원경찰로서 「국가공무원법」 제66조 제1항의 규정에 위반하여 노동운동 기타 공무 이외의 일을 위한 집단적 행위를 한 자를 형사처벌하도록 규정한 「청원경찰법」 제11조는 과잉금지의 원칙을 위배하여 청원경찰의 근로3권을 침해한다.

② 「교원의 노동조합 설립 및 운영 등에 관한 법률」의 적용을 받는 교원의 범위를 초·중등학교에 재직 중인 교원으로 한정하고 해직교원을 제외하는 것은 전국교직원노동조합 및 해직교원들의 단결권을 침해하지 않는다.

③ 월급근로자로서 6개월이 되지 못한 자를 해고예고제도의 적용예외 사유로 규정하고 있는 「근로기준법」 조항은 근무 기간이 6개월 미만인 월급근로자의 근로의 권리를 침해하고 평등원칙에 위배된다.

④ 단체협약의 해석 또는 이행방법에 관하여 관계 당사자 간에 의견의 불일치가 있는 때에는 당사자 쌍방 또는 단체협약에 정하는 바에 의하여 어느 일방이 노동위원회에 그 해석 또는 이행방법에 관한 견해의 제시를 요청할 수 있다.

① (×) 청원경찰법 제11조는 청원경찰의 근로3권을 제한함으로써 청원경찰들이 관리하는 국가 등의 중요시설의 안전을 기하려고 하는 것으로서 그 입법목적의 정당성과 수단의 적정성을 인정할 수 있다. 유사한 집단행위 또는 쟁의행위에 대한 처벌 규정에 비추어 볼 때 과잉형벌의 문제를 제기하지 아니하며, 형벌체계상의 균형을 상실하였다거나 책임과 형벌 간의 비례원칙에 위반된다고 보기도 어렵다. 따라서 이 사건 청원경찰법 조항이 과잉금지의 원칙이나 책임과 형벌 간의 비례성원칙에 위반되어 청구인들의 근로3권을 침해한다고 인정되지 아니한다

(헌재 2008.7.31. 2004헌바9).

② (○) 법률조항 단서는 교원의 노동조합 활동이 임면권자에 의하여 부당하게 제한되는 것을 방지함으로써 교원의 노동조합활동을 보호하기 위한 것이고, 해직 교원에게도 교원노조의 조합원 자격을 유지하도록 할 경우 개인적인 해고의 부당성을 다투는데 교원노조의 활동을 이용할 우려가 있으므로, 해고된 사람의 교원노조 조합원 자격을 제한하는 데에는 합리적 이유가 인정된다. 이 사건 법률조항으로 인하여 교원노조 및 해직 교원의 단결권 자체가 박탈된다고 할 수는 없는 반면, 교원이 아닌 자가 교원노조의 조합원 자격을 가질 경우 교원노조의 자주성에 대한 침해는 중대할 것이어서 법익의 균형성도 갖추었으므로, 이 사건 법률조항은 청구인들의 단결권을 침해하지 아니한다(헌재 2015.5.28. 2013헌마671).

③ (○) 해고예고제도는 근로조건의 핵심적 부분인 해고와 관련된 사항일 뿐만 아니라, 근로자가 갑자기 직장을 잃어 생활이 곤란해지는 것을 막는 데 목적이 있으므로 근로자의 인간 존엄성을 보장하기 위한 최소한의 근로조건으로서 근로의 권리의 내용에 포함된다. 합리적 이유 없이 월급근로자로서 6개월이 되지 못한 자를 해고예고제도의 적용대상에서 제외한 이 사건 법률조항은 근무기간이 6개월 미만인 월급급로자의 근로의 권리를 침해하고, 평등원칙에도 위배된다(헌재 2015.12.23. 2014헌바3).

④ (○) 노동조합 및 노동관계조정법 제34조(단체협약의 해석) ①단체협약의 해석 또는 이행방법에 관하여 관계 당사자간에 의견의 불일치가 있는 때에는 당사자 쌍방 또는 단체협약에 정하는 바에 의하여 어느 일방이 노동위원회에 그 해석 또는 이행방법에 관한 견해의 제시를 요청할 수 있다. [2016년 지방 7급] ①

다음 설명 중 가장 옳지 않은 것은?

① 노동조합 및 노동관계조정법상 근로자란 타인과의 사용·종속관계 하에서 근로를 제공하고 그 대가로 임금 등을 받아 생활하는 사람을 의미하며, 특정한 사용자에게 고용되어 현실적으로 취업하고 있는 사람뿐만 아니라 일시적으로 실업 상태에 있는 사람이나 구직 중인 사람을 포함하여 노동3권을 보장할 필요성이 있는 사람도 여기에 포함되는 것으로 보아야 한다.

② 출입국관리 법령에서 외국인고용제한규정을 두고 있는 것은 취업활동을 할 수 있는 체류자격(이하 '취업자격'이라고 한다) 없는 외국인의 고용이라는 사실적 행위 자체를 금지하고자 하는 것뿐이지, 나아가 취업자격 없는 외국인이 사실상 제공한 근로에 따른 권리나 이미 형성된 근로관계에서 근로자로서의 신분에 따른 노동관계법상의 제반 권리 등의 법률효과까지 금지하려는 것으로 보기는 어렵다.

③ 타인과의 사용·종속관계 하에서 근로를 제공하고 그 대가로 임금 등을 받아 생활하는 사람은 노동조합 및 노동관계조정법(이하 '노동조합법'이라고 한다)상 근로자에 해당하고, 노동조합법상의 근로자성이 인정되는 한, 그러한 근로자가 외국인인지 여부나 취업자격의 유무에 따라 노동조합법상 근로자의 범위에 포함되지 아니한다고 볼 수는 없다.

④ 헌법 제15조의 직업의 자유 또는 헌법 제32조의 근로의 권리, 사회국가원리 등에 근거하여 실업방지 및 부당한 해고로부터 근로자를 보호하여야 할 국가의 의무를 도출할 수 있으므로, 국가에 대한 직접적인 직장존속보장청구권을 근로자에게 인정할 헌법상의 근거가 있다. 따라서 근로관계의 당연승계를 보장하는 입법을 반드시 하여야 할 헌법상의 의무를 인정할 수 있다.

① (○) 노동조합법상 근로자란 타인과의 사용종속관계하에서 근로를 제공하고 그 대가로 임금 등을 받아 생활하는 사람을 의미하며, 특정한 사용자에게 고용되어 현실적으로 취업하고 있는 사람뿐만 아니라 일시적으로 실업 상태에 있는 사람이나 구직 중인 사람을 포함하여 노동3권을 보장할 필요성이 있는 사람도 여기에 포함되는 것이나(대법원 2015.6.25. 2007두4995).

② (○) 출입국관리 법령에서 외국인고용제한규정을 두고 있는 것은 취업활동을 할 수 있는 체류자격(이하 '취업자격'이라고 한다) 없는 외국인의 고용이라는 사실적 행위 자체를 금지하고자 하는 것뿐이지, 나아가 취업자격 없는 외국인이 사실상 제공한 근로에 따른 권리나 이미 형성된 근로관계에서 근로자로서의 신분에 따른 노동관계법상의 제반 권리 등의 법률효과까지 금지하려는 것으로 보기는 어렵다(대법원 2015.6.25. 2007누4995).

③ (○) 타인과의 사용종속관계하에서 근로를 제공하고 그 대가로 임금 등을 받아 생활하는 사람은 노동조합법상 근로자에 해당하고, 노동조합법상의 근로자성이 인정되는 한, 그러한 근로자가 외국인인지 여부나 취업자격의 유무에 따라 노동조합법상 근로자의 범위에 포함되지 아니한다고 볼 수는 없다(대법원 2015.6.25. 2007두4995).

④ (×) 헌법 제15조의 직업의 자유 또는 헌법 제32조의 근로의 권리, 사회국가원리 등에 근거하여 실업방지 및 부당한 해고로부터 근로자를 보호하여야 할 국가의 의무를 도출할 수는 있을 것이나, 국가에 대한 직접적인 직장존속보장청구권을 근로자에게 인정할 헌법상의 근거는 없다. 우리 헌법상 국가에 대한 직접적인 직장존속보장청구권을 인정할 근거는 없으므로 근로관계의 당연승계를 보장하는 입법을 반드시 하여야 할 헌법상의 의무를 인정할 수 없다. 따라서 한국보건산업진흥원법 부칙 제3조가 기존 연구기관의 재산상의 권리·의무만을 새로이 설립되는 한국보건산업진흥원에 승계시키고, 직원들의 근로관계가 당연히 승계되는 것으로 규정하지 않았다 하여 위헌이라 할 수 없다(헌재 2002.11.28. 2001헌바50).

[2023년 법원 9급] ④

제4절 환경권

환경권에 관한 설명으로 옳지 않은 것은? (다툼이 있는 경우 헌법재판소 판례에 의함)

① 헌법 제35조 제1항은 국민의 환경권의 보장, 국가와 국민의 환경보전의무를 규정하고 있는데, 이는 국가뿐만 아니라 국민도 오염방지와 오염된 환경의 개선에 관한 책임을 부담함을 의미한다.

② 구 「동물보호법」 해당 규정이 동물장묘업 등록에 관하여 「장사 등에 관한 법률」 제17조 외에 다른 지역적 제한사유를 규정하지 않은 것은 환경권을 보호해야 하는 입법자의 의무를 과소하게 이행한 것이다.

③ 비사업용자동차의 타인광고를 제한하는 것은, 자동차 이용 광고물의 난립을 방지하여 도시미관과 도로안전 등을 확보함으로써 국민이 안전하고 쾌적한 환경에서 생활할 수 있도록 하기 위한 것이다.

④ 보조금 지원을 받아 배출가스저감장치를 부착한 자동차소유자가 자동차 등록을 말소하려면 배출가스저감장치 등을 서울특별시장등에게 반납하여야 한다고 규정한 구 「수도권 대기환경개선에 관한 특별법」 규정 중 '배출가스저감장치' 에 관한 부분은 지역주민의 건강을 보호하고 쾌적한 생활환경을 조성하기 위한 것이다.

⑤ 교정시설 내 자살사고는 이를 방지할 필요성이 매우 크고, 그에 비해 수용자에게 가해지는 불이익은 채광·통풍이 다소 제한되는 정도에 불과하므로 교도소장이 교도소 독거실

내 화장실 창문과 철격자 사이에 안전 철망을 설치한 행위는 수용자의 환경권을 침해하지 않는다.

① (○) 헌법 제35조 제1항은 국민의 환경권의 보장, 국가와 국민의 환경보전의무를 규정하고 있다. 이는 국가뿐만 아니라 국민도 오염방지와 오염된 환경의 개선에 관한 책임을 부담함을 의미한다(헌재 2012.8.23. 2010헌바167).
② (×) 동물보호법, 장사 등에 관한 법률, 동물장묘업의 시설설치 및 검사기준 등 관계규정에서 동물장묘시설의 설치제한 지역을 상세하게 규정하고, 매연, 소음, 분진, 악취 등 오염원 배출을 규제하기 위한 상세한 시설 및 검사기준을 두고 있는 등의 사정을 고려할 때, 심판대상조항에서 동물장묘업 등록에 관하여 장사 등에 관한 법률 제17조 외에 다른 지역적 제한사유를 규정하지 않았다는 사정만으로 청구인들의 환경권을 보호하기 위한 입법자의 의무를 과소하게 이행하였다고 평가할 수는 없다. 따라서 심판대상조항은 청구인들의 환경권을 침해하지 않는다(헌재 2020.3.26. 2017헌마1281).
③ (○) 심판대상조항이 비사업용자동차의 타인광고를 제한하는 것은 자동차 이용 광고물의 난립을 방지하여 도시미관과 도로안전 등을 확보함으로써 국민이 안전하고 쾌적한 환경에서 생활할 수 있도록 하기 위한 것이다(헌재 2022.1.27. 2019헌마327).
④ (○) 심판대상조항은 더 이상 보조금 지원 목적에 사용되지 않는 배출가스저감장치를 회수함으로써 대기환경개선에 소요되는 자원을 재활용하고 그에 투입되는 예산을 절감하며, 나아가 대기오염이 심각한 수도권지역의 대기환경을 개선하고 대기오염원을 체계적으로 관리함으로써 지역주민의 건강을 보호하고 쾌적한 생활환경을 조성하기 위한 것이다(헌재 2019.12.27. 2015헌바45)
⑤ (○) 사건 설치행위는 수용자의 자살을 방지하여 생명권을 보호하고 교정시설 내의 안전과 질서를 보호하기 위한 것이다. 교정시설 내 자살사고는 수용자 본인이 생명을 잃는 중대한 결과를 초래할 뿐만 아니라 다른 수용자들에게도 직접적으로 부정적인 영향을 미치고 나아가 교정시설이나 교정정책 전반에 대한 불신을 야기할 수 있다는 점에서 이를 방지할 필요성이 매우 크고, 그에 비해 청구인에게 가해지는 불이익은 채광·통풍이 다소 제한되는 정도에 불과하다. 따라서 이 사건 설치행위는 청구인의 환경권 등 기본권을 침해하지 아니한다(헌재 2014.6.26. 2011헌마150). [2023년 소방간부] ②

환경권에 대한 설명으로 옳지 않은 것은? (다툼이 있는 경우 판례에 의함)

① 모든 국민은 건강하고 쾌적한 환경에서 생활할 권리를 가지며, 국가와 국민은 환경보전을 위하여 노력하여야 한다.
② 헌법 제35조 제1항은 환경정책에 관한 국가적 규제와 조정을 뒷받침하는 헌법적 근거가 되며 국가는 환경정책 실현을 위한 재원 마련과 환경침해적 행위를 억제하고 환경보전에 적합한 행위를 유도하기 위한 수단으로 환경부담금을 부과·징수하는 방법을 선택할 수 있다.
③ 헌법이 환경권에 대하여 국가의 보호의무를 인정한 것은, 환경피해가 생명·신체의 보호와 같은 중요한 기본권적 법익 침해로 이어질 수 있다는 점 등을 고려한 것이므로, 환경권 침해 내지 환경권에 대한 국가의 보호의무 위반도 궁극적으로는 생명·신체의 안전에 대한 침해로 귀결된다.
④ 일정한 경우 국가는 사인인 제3자에 의한 국민의 환경권 침해에 대해서도 적극적으로 기본권보호조치를 취할 의무를 지나 헌법재판소가 이를 심사할 때에는 국가가 국민의 기본권적 법익 보호를 위하여 적어도 효율적인 최소한의 보호조치를 취했는가 하는 이른바 '과소보호금지원칙'의 위반 여부를 기준으로 삼아야 한다.
⑤ 국민의 생명·신체의 안전이 질병 등으로부터 위협받거나 받게 될 우려가 있는 경우, 국가는

국민의 생명·신체의 안전을 보호하기 위하여 필요한 적절하고 효율적인 입법·행정상의 조치를 취함으로써 침해의 위험을 방지하고 이를 유지할 구체적이고 직접적인 의무를 진다.

① (○) 헌법 제35조 제1항 모든 국민은 건강하고 쾌적한 환경에서 생활할 권리를 가지며, 국가와 국민은 환경보전을 위하여 노력하여야 한다.
② (○) 헌법 제35조 제1항은 환경정책에 관한 국가적 규제와 조정을 뒷받침하는 헌법적 근거가 되며 국가는 환경정책 실현을 위한 재원 마련과 환경침해적 행위를 억제하고 환경보전에 적합한 행위를 유도하기 위한 수단으로 환경부담금을 부과·징수하는 방법을 선택할 수 있다(헌재 2007.12.27. 2006헌바25).
③ (○) 환경권에 대하여 국가의 보호의무를 인정한 것은 환경피해는 생명·신체의 보호와 같은 중요한 기본권적 법익 침해로 이어질 수 있다는 점 등을 고려한 것이므로, 환경권 침해 내지 환경권에 대한 국가의 보호의무위반도 궁극적으로는 생명·신체의 안전에 대한 침해로 귀결된다(헌재 2015.9.24. 2013헌마384).
④ (○) 일정한 경우 국가는 사인인 제3자에 의한 국민의 환경권 침해에 대해서도 적극적으로 기본권 보호조치를 취할 의무를 지나, 헌법재판소가 이를 심사할 때에는 국가가 국민의 기본권적 법익 보호를 위하여 적어도 적절하고 효율적인 최소한의 보호조치를 취했는가 하는 이른바 과소보호금지원칙의 위반 여부를 기준으로 삼아야 한다(헌재 2008.7.31. 2006헌마711).
⑤ (×) 국민의 생명·신체의 안전이 질병 등으로부터 위협받거나 받게 될 우려가 있는 경우 국가로서는 그 위험의 원인과 정도에 따라 사회·경제적인 여건 및 재정사정 등을 감안하여 국민의 생명·신체의 안전을 보호하기에 필요한 적절하고 효율적인 입법·행정상의 조치를 취하여 그 침해의 위험을 방지하고 이를 유지할 포괄적인 의무를 진다(헌재 2008.12.26. 2008헌마419). [2020년 국회 8급] ⑤

다음 중 환경권에 관한 설명으로 가장 옳지 않은 것은? (다툼이 있는 경우 판례에 의함)

① 국가는 국민의 생명·신체의 안전이 위협받거나 받게 될 우려가 있는 경우, 국민의 생명·신체의 안전을 보호하기에 필요한 적절하고 효율적인 입법·행정상의 조치를 취함으로써 그 침해의 위험을 방지하고 이를 유지할 구체적이고 직접적인 의무를 진다.
② 모든 국민은 건강하고 쾌적한 환경에서 생활할 권리를 가지며, 국가와 국민은 환경보전을 위하여 노력하여야 한다.
③ 헌법 제35조 제1항은 환경정책에 관한 국가적 규제와 조정을 뒷받침하는 헌법적 근거가 되며 국가는 환경정책 실현을 위한 재원 마련과 환경침해적 행위를 억제하고 환경보전에 적합한 행위를 유도하기 위한 수단으로 환경부담금을 부과·징수하는 방법을 선택할 수 있다.
④ 일정한 경우 국가는 사인인 제3자에 의한 국민의 환경권 침해에 대해서도 적극적으로 기본권보호조치를 취할 의무를 지나 헌법재판소가 이를 심사할 때에는 국가가 국민의 기본권적 법익 보호를 위하여 적어도 효율적인 최소한의 보호조치를 취했는가 하는 이른바 '과소보호금지원칙'의 위반 여부를 기준으로 삼아야 한다.

① (×) 헌법 제10조, 제36조 제3항에 따라 국가는 국민의 생명·신체의 안전이 위협받거나 받게 될 우려가 있는 경우 국민의 생명·신체의 안전을 보호하기에 필요한 적절하고 효율적인 조치를 취하여 그 침해의 위험을 방지하고 이를 유지할 포괄적 의무를 진다. 국가가 위와 같은 조치를 취하지 못하였다면 이는 국가가 국민의 생명·신체 보호의무를 위반하여 국민의 생명·신체의 안전에 관한 기본권 내지 보건권을 침해할 가능성이 있는 경우에 해당한다(헌재 2019.6.28. 2017헌마1309).

② (○) 헌법 제35조 ①모든 국민은 건강하고 쾌적한 환경에서 생활할 권리를 가지며, 국가와 국민은 환경보전을 위하여 노력하여야 한다.

③ (○) 헌법 제35조 제1항은 환경정책에 관한 국가적 규제와 조정을 뒷받침하는 헌법적 근거가 되며 국가는 환경정책 실현을 위한 재원마련과 환경침해적 행위를 억제하고 환경보전에 적합한 행위를 유도하기 위한 수단으로 환경부담금을 부과·징수하는 방법을 선택할 수 있다(헌재 2007.12.27. 2006헌바25).

④ (○) 일정한 경우 국가는 사인인 제3자에 의한 국민의 환경권 침해에 대해서도 적극적으로 기본권 보호조치를 취할 의무를 지나, 헌법재판소가 이를 심사할 때에는 국가가 국민의 기본권적 법익 보호를 위하여 적어도 적절하고 효율적인 최소한의 보호조치를 취했는가 하는 이른바 과소보호금지원칙의 위반 여부를 기준으로 삼아야 한다(헌재 2008.7.31. 2006헌마711). [2022년 해경간부] ①

환경권에 대한 설명으로 가장 적절하지 않은 것은? (다툼이 있는 경우 헌법재판소 판례에 의함)

① 국가가 국민의 건강하고 쾌적한 환경에서 생활할 권리에 대한 보호의무를 다하지 않았는지 여부를 헌법재판소가 심사할 때에는 국가가 이를 보호하기 위하여 적어도 적절하고 효율적인 최소한의 보호조치를 취하였는가 하는 이른바 '과소보호금지원칙'의 위반 여부를 기준으로 삼아야 한다.

② 헌법 제35조 제1항은 "모든 사람은 건강하고 쾌적한 환경에서 생활할 권리를 침해받지 아니하며, 국가는 환경보전을 위하여 노력하여야 한다."라고 규정하고 있다.

③ 환경권을 행사함에 있어 국민은 국가로부터 건강하고 쾌적한 환경을 향유할 수 있는 자유를 침해당하지 않을 권리를 행사할 수 있고, 일정한 경우 국가에 대하여 건강하고 쾌적한 환경에서 생활할 수 있도록 요구할 수 있는 권리가 인정되기도 하는바, 환경권은 그 자체 종합적 기본권으로서의 성격을 지닌다.

④ 일상생활에서 소음을 제거·방지하여 '정온한 환경에서 생활할 권리'는 환경권의 한 내용을 구성한다.

① (○) 국가가 국민의 건강하고 쾌적한 환경에서 생활할 권리에 대한 보호의무를 다하지 않았는지 여부를 헌법재판소가 심사할 때에는 국가가 이를 보호하기 위하여 적어도 적절하고 효율적인 최소한의 보호조치를 취하였는가 하는 이른바 과소보호금지원칙의 위반 여부를 기준으로 삼아야 한다(헌재 2019.12.27. 2018헌마730).

② (×) 헌법 제35조 ①모든 국민은 건강하고 쾌적한 환경에서 생활할 권리를 가지며, 국가와 국민은 환경보전을 위하여 노력하여야 한다.

③ (○) 환경권을 행사함에 있어 국민은 국가로부터 건강하고 쾌적한 환경을 향유할 수 있는 자유를 침해당하지 않을 권리를 행사할 수 있고, 일정한 경우 국가에 대하여 건강하고 쾌적한 환경에서 생활할 수 있도록 요구할 수 있는 권리가 인정되기도 하는바, 환경권은 그 자체 종합적 기본권으로서의 성격을 지닌다(헌재 2019.12.27. 2018헌마730).

④ (○) '건강하고 쾌적한 환경에서 생활할 권리'를 보장하는 환경권의 보호대상이 되는 환경에는 자연환경뿐만 아니라 인공적 환경과 같은 생활환경도 포함되므로(환경정책기본법 제3조), 일상생활에서 소음을 제거·방지하여 '정온한 환경에서 생활할 권리'는 환경권의 한 내용을 구성한다(헌재 2019.12.27. 2018헌마730). [2023년 경찰간부] ②

환경권에 관한 설명으로 가장 적절하지 않은 것은? (다툼이 있는 경우 판례에 의함)

① 환경권은 생명·신체의 자유를 보호하는 토대를 이루며, 궁극적으로 '삶의 질' 확보를 목표

로 하는 권리이다.

② 환경권을 행사함에 있어 국민은 국가로부터 건강하고 쾌적한 환경을 향유할 수 있는 자유를 침해당하지 않을 권리를 행사할 수 있고, 일정한 경우 국가에 대하여 건강하고 쾌적한 환경에서 생활할 수 있도록 요구할 수 있는 권리가 인정되기도 하는바, 환경권은 그 자체 종합적 기본권으로서의 성격을 지닌다.

③ 환경침해는 사인에 의해서 빈번하게 유발되므로 입법자가 그 허용 범위에 관해 정할 필요가 있는 점, 환경피해는 생명·신체의 보호와 같은 중요한 기본권적 법익 침해로 이어질 수 있는 점 등을 고려할 때, 일정한 경우 국가는 사인인 제3자에 의한 국민의 환경권 침해에 대해서도 적극적으로 기본권 보호조치를 취할 의무를 부담한다.

④ 국가가 국민의 건강하고 쾌적한 환경에서 생활할 권리에 관한 보호의무를 다하지 않았는지를 헌법재판소가 심사할 때에는 국가가 이를 보호하기 위하여 적절하고 효율적인 최대한의 보호조치를 취하였는가 여부를 기준으로 삼아야 한다.

① (○) 헌법은 "모든 국민은 건강하고 쾌적한 환경에서 생활할 권리를 가지며, 국가와 국민은 환경보전을 위하여 노력하여야 한다."고 규정하여(제35조 제1항) 국민의 환경권을 보장함과 동시에 국가에게 국민이 건강하고 쾌적하게 생활할 수 있는 양호한 환경을 유지하기 위하여 노력하여야 할 의무를 부여하고 있다. 이러한 환경권은 생명·신체의 자유를 보호하는 토대를 이루며, 궁극적으로 '삶의 질' 확보를 목표로 하는 권리이다(헌재 2019.12.27. 2018헌마730).

② (○) 환경권을 행사함에 있어 국민은 국가로부터 건강하고 쾌적한 환경을 향유할 수 있는 자유를 침해당하지 않을 권리를 행사할 수 있고, 일정한 경우 국가에 대하여 건강하고 쾌적한 환경에서 생활할 수 있도록 요구할 수 있는 권리가 인정되기도 하는바, 환경권은 그 자체 종합적 기본권으로서의 성격을 지닌다(헌재 2019.12.27. 2018헌마730).

③ (○) 국가가 국민의 기본권을 적극적으로 보장하여야 할 의무가 인정된다는 점, 헌법 제35조 제1항이 국가와 국민에게 환경보전을 위하여 노력하여야 할 의무를 부여하고 있는 점, 환경침해는 사인에 의해서 빈번하게 유발되므로 입법자가 그 허용 범위에 관해 정할 필요가 있다는 점, 환경피해는 생명·신체의 보호와 같은 중요한 기본권적 법익 침해로 이어질 수 있다는 점 등을 고려할 때, 일정한 경우 국가는 사인인 제3자에 의한 국민의 환경권 침해에 대해서도 적극적으로 기본권 보호조치를 취할 의무를 진다(헌재 2019.12.27. 2018헌마730).

④ (×) 국가가 국민의 건강하고 쾌적한 환경에서 생활할 권리에 대한 보호의무를 다하지 않았는지 여부를 헌법재판소가 심사할 때에는 국가가 이를 보호하기 위하여 적어도 적절하고 효율적인 최소한의 보호조치를 취하였는가 하는 이른바 '과소보호금지원칙'의 위반 여부를 기준으로 삼아야 한다(헌재 2019.12.27. 2018헌마730).

[2023년 경찰경채] ④

환경권에 관한 설명 중 가장 적절하지 않은 것은? (다툼이 있는 경우 판례에 의함)

① 「공직선거법」이 정온한 생활환경이 보장되어야 할 주거지역에서 출근 또는 등교 이전 및 퇴근 또는 하교 이후 시간대에 확성장치의 최고출력 내지 소음을 제한하는 등 사용시간과 사용지역에 따른 수인한도 내에서 확성장치의 최고출력 내지 소음 규제기준에 관한 규정을 두지 아니한 것은 청구인의 건강하고 쾌적한 환경에서 생활할 권리를 침해한다.

② 독서실과 같이 정온을 요하는 사업장의 실내소음 규제기준을 만들어야 할 입법의무가 헌법의 해석상 곧바로 도출된다고 보기는 어렵다.

③ 환경권의 내용과 행사는 법률에 의해 구체적으로 정해지는 것이기는 하나(헌법 제35조 제2항), 이 헌법조항의 취지는 특별히 명문으로 헌법에서 정한 환경권을 입법자가 그 취지에 부합하도록 법률로써 내용을 구체화하도록 한 것이지 환경권이 완전히 무의미하게 되는데도 그에 대한 입법을 전혀 하지 아니하거나, 어떠한 내용이든 법률로써 정하기만 하면 된다는 것은 아니다.

④ 국가가 국민의 건강하고 쾌적한 환경에서 생활할 권리에 대한 보호의무를 다하지 않았는지 여부를 헌법재판소가 심사할 때에는 국가가 이를 보호하기 위하여 적어도 적절하고 효율적인 최소한의 보호조치를 취하였는가 하는 이른바 '과잉입법금지원칙' 내지 '비례의 원칙'의 위반 여부를 기준으로 삼아야 한다.

① (○) 심판대상조항이 선거운동의 자유를 감안하여 선거운동을 위한 확성장치를 허용할 공익적 필요성이 인정된다고 하더라도 정온한 생활환경이 보장되어야 할 주거지역에서 출근 또는 등교 이전 및 퇴근 또는 하교 이후 시간대에 확성장치의 최고출력 내지 소음을 제한하는 등 사용시간과 사용지역에 따른 수인한도 내에서 확성장치의 최고출력 내지 소음 규제기준에 관한 규정을 두지 아니한 것은, 국민이 건강하고 쾌적하게 생활할 수 있는 양호한 주거환경을 위하여 노력하여야 할 국가의 의무를 부과한 헌법 제35조 제3항에 비추어 보면, 적절하고 효율적인 최소한의 보호조치를 취하지 아니하여 국가의 기본권 보호의무를 과소하게 이행한 것으로서, 청구인의 건강하고 쾌적한 환경에서 생활할 권리를 침해하므로 헌법에 위반된다(헌재 2019.12.27. 2018헌마730).

② (○) 정온을 요하는 사업장의 실내소음 규제기준을 마련할 것인지 여부나 소음을 제거·방지할 수 있는 다양한 수단과 방법 중 어떠한 방법을 채택하고 결합할 것인지 여부는 당시의 기술 수준이나 경제적·사회적·지역적 여건 등을 종합적으로 고려하지 않을 수 없으므로, 독서실과 같이 정온을 요하는 사업장의 실내소음 규제기준을 만들어야 할 입법의무가 헌법의 해석상 곧바로 도출된다고 보기도 어렵다(헌재 2017.12.28. 2016헌마45).

③ (○) 환경권의 내용과 행사는 법률에 의해 구체적으로 정해지는 것이기는 하나(헌법 제35조 제2항), 이 헌법조항의 취지는 특별히 명문으로 헌법에서 정한 환경권을 입법자가 그 취지에 부합하도록 법률로써 내용을 구체화하도록 한 것이지 환경권이 완전히 무의미하게 되는데도 그에 관한 입법을 전혀 하지 아니하거나, 어떠한 내용이든 법률로써 정하기만 하면 된다는 것은 아니다. 그러므로 일정한 요건이 충족될 때 환경권 보호를 위한 입법이 없거나 현저히 불충분하여 국민의 환경권을 침해하고 있다면 헌법재판소에 그 구제를 구할 수 있다(헌재 2020.3.26. 2017헌마1281).

④ (×) 국가가 국민의 건강하고 쾌적한 환경에서 생활할 권리에 대한 보호의무를 다하지 않았는지 여부를 헌법재판소가 심사할 때에는 국가가 이를 보호하기 위하여 적어도 적절하고 효율적인 최소한의 보호조치를 취하였는가 하는 이른바 과소보호금지원칙의 위반 여부를 기준으로 삼아야 한다(헌재 2019.12.27. 2018헌마730). [2022년 경찰공채 3월] ④

환경권과 관련한 다음 설명 중 가장 옳지 않은 것은? (다툼이 있는 경우 대법원 판례 및 헌법재판소 결정에 의함)

① 환경권은 명문의 법률규정이나 관계 법령의 규정 취지 및 조리에 비추어 권리의 주체, 대상, 내용, 행사 방법 등이 구체적으로 정립될 수 있어야만 인정되는 것이므로, 사법상의 권리로서의 환경권을 인정하는 명문의 규정이 없으면 환경권에 기하여 직접 방해배제청구권을 인정할 수는 없다.

② 환경영향평가 대상 사업이라도 그 대상 지역 밖의 주민의 경우에는 그들이 누리는 환경상의 이익은 공익으로서의 추상적 이익에 해당하므로 대상 사업을 허용하는 허가나 승인처분

등의 취소를 구할 원고적격이 전혀 인정되지 않는다.

③ 환경에는 자연환경뿐 아니라 생활환경까지도 포함된다.

④ 환경권은 건강하고 쾌적한 환경에 대한 침해배제를 청구할 수 있는 자유권적 측면과 쾌적한 환경에서 생활할 수 있도록 배려하는 보호·보장청구권의 측면을 모두 가지고 있다.

⑤ 환경보전은 단순히 국가의 노력만으로 이루어지기는 어려우므로 헌법은 국민의 환경보전 노력 의무도 규정하고 있다.

① (○) 환경권은 명문의 법률규정이나 관계 법령의 규정 취지 및 조리에 비추어 권리의 주체, 대상, 내용, 행사 방법 등이 구체적으로 정립될 수 있어야만 인정되는 것이므로, 사법상의 권리로서의 환경권을 인정하는 명문의 규정이 없는데도 환경권에 기하여 직접 방해배제청구권을 인정할 수 없다(대법원 1997.7.22. 96다56153).

② (×) 환경영향평가 대상 지역 밖의 주민이라 할지라도 공유수면매립면허처분 등으로 인하여 그 처분 전과 비교하여 수인한도를 넘는 환경피해를 받거나 받을 우려가 있는 경우에는, 공유수면매립면허처분 등으로 인하여 환경상 이익에 대한 침해 또는 침해 우려가 있다는 것을 입증함으로써 그 처분 등의 무효확인을 구할 원고적격을 인정받을 수 있다(대법원 2006.3.16. 2006두330).

③ (○) 건강하고 쾌적한 환경에서 생활할 권리를 보장하는 환경권의 보호대상이 되는 환경에서 자연 환경분만 아니라 인공적 환경과 같은 생활환경도 포함된다(헌재 2008.7.31. 2006헌마711).

④ (○) 환경권을 행사함에 있어 국민은 국가로부터 건강하고 쾌적한 환경을 향유할 수 있는 자유를 침해당하지 않을 권리를 행사할 수 있고, 일정한 경우 국가에 대하여 건강하고 쾌적한 환경에서 생활할 수 있도록 요구할 수 있는 권리가 인정되기도 하는바, 환경권은 그 자체 종합적 기본권으로서의 성격을 지닌다(헌재 2008.7.31. 2006헌마711).

⑤ (○) 헌법 제35조 ①모든 국민은 건강하고 쾌적한 환경에서 생활할 권리를 가지며, 국가와 국민은 환경보전을 위하여 노력하여야 한다.

[2018년 법무사] ②

헌법상 환경권 등에 관한 다음 설명 중 가장 옳지 않은 것은?

① 국가가 사인인 제3자에 의한 국민의 환경권 침해에 대해서 적극적으로 기본권 보호조치를 취할 의무를 지는 경우 헌법재판소가 이를 심사할 때에는 과잉금지원칙을 심사기준으로 삼아야 한다.

② 환경권의 내용과 행사에 관하여는 법률로 정한다.

③ 국가는 주택개발정책 등을 통하여 모든 국민이 쾌적한 주거생활을 할 수 있도록 노력하여야 한다.

④ 환경권을 행사함에 있어 국민은 국가로부터 건강하고 쾌적한 환경을 향유할 수 있는 자유를 침해당하지 않을 권리를 행사할 수 있고, 일정한 경우 국가에 대하여 건강하고 쾌적한 환경에서 생활할 수 있도록 요구할 수 있는 권리가 인정되기도 하는바, 환경권은 그 자체 종합적인 기본권으로서의 성격을 지닌다.

① (×) 일정한 경우 국가는 사인인 제3자에 의한 국민의 환경권 침해에 대해서도 적극적으로 기본권 보호조치를 취할 의무를 지나, 헌법재판소가 이를 심사할 때에는 국가가 국민의 기본권적 법익 보호를 위하여 적어도 적절하고 효율적인 최소한의 보호조치를 취했는가 하는 이른바

과소보호금지원칙의 위반 여부를 기준으로 삼아야 한다(헌재 2008.7.31. 2006헌마711).

② (○) 헌법 제35조 ②환경권의 내용과 행사에 관하여는 법률로 정한다.

③ (○) 헌법 제35조 ③국가는 주택개발정책 등을 통하여 모든 국민이 쾌적한 주거생활을 할 수 있도록 노력하여야 한다.

④ (○) 환경권을 행사함에 있어 국민은 국가로부터 건강하고 쾌적한 환경을 향유할 수 있는 자유를 침해당하지 않을 권리를 행사할 수 있고, 일정한 경우 국가에 대하여 건강하고 쾌적한 환경에서 생활할 수 있도록 요구할 수 있는 권리가 인정되기도 하는바, 환경권은 그 자체 종합적 기본권으로서의 성격을 지닌다(헌재 2019.12.27. 2018헌마730). [2021년 법원 9급] ①

환경권에 관한 설명으로 옳지 않은 것은? (다툼이 있는 경우 헌법재판소 판례에 의함)

① 환경권은 생명·신체의 자유를 보호하는 토대를 이루며 궁극적으로 삶의 질 확보를 목표로 하는 권리이다.

② '건강하고 쾌적한 환경에서 생활할 권리'를 보장하는 환경권의 보호대상이 되는 환경에는 자연환경뿐만 아니라 인공적 환경과 같은 생활환경도 포함되므로, 일상생활에서 소음을 제거·방지하여 정온한 환경에서 생활할 권리는 환경권의 한 내용을 구성한다.

③ 국민은 국가로부터 건강하고 쾌적한 환경을 향유할 수 있는 자유를 침해당하지 않을 권리를 행사할 수 있고, 일정한 경우 국가에 대하여 건강하고 쾌적한 환경에서 생활할 수 있도록 요구할 수 있는 권리가 인정되기도 하는바, 환경권은 그 자체로 종합적 기본권으로서의 성격을 지닌다.

④ 「공직선거법」이 주거지역에서의 최고출력 내지 소음을 제한하는 등 대상 지역에 따른 수인한도 내에서 공직선거운동에 사용되는 확성장치의 최고출력 내지 소음 규제기준을 두고 있지 않았다고 하여 국가의 기본권 보호의무를 과소하게 이행한 것은 아니다.

⑤ 환경침해는 사인에 의해서 빈번하게 유발되므로 입법자가 그 허용 범위에 관해 정할 필요가 있다는 점을 고려하면 일정한 경우 국가는 사인인 제3자에 의한 국민의 환경권 침해에 대해서도 적극적으로 기본권 보호조치를 취할 의무를 진다.

① (○) 환경권은 생명·신체의 자유를 보호하는 토대를 이루며, 궁극적으로 삶의 질 확보를 목표로 하는 권리이다(헌재 2019.12.27. 2018헌마730).

② (○) 건강하고 쾌적한 환경에서 생활할 권리를 보장하는 환경권의 보호대상이 되는 환경에는 자연환경뿐만 아니라 인공적 환경과 같은 생활환경도 포함되므로, 일상생활에서 소음을 제거·방지하여 정온한 환경에서 생활할 권리는 환경권의 한 내용을 구성한다(헌재 2019.12.27. 2018헌마730).

③ (○) 환경권을 행사함에 있어 국민은 국가로부터 건강하고 쾌적한 환경을 향유할 수 있는 자유를 침해당하지 않을 권리를 행사할 수 있고, 일정한 경우 국가에 대하여 건강하고 쾌적한 환경에서 생활할 수 있도록 요구할 수 있는 권리가 인정되기도 하는바, 환경권은 그 자체 종합적 기본권으로서의 성격을 지닌다(헌재 2019.12.27. 2018헌마730).

④ (×) 심판대상조항이 선거운동의 자유를 감안하여 선거운동을 위한 확성장치를 허용할 공익적 필요성이 인정된다고 하더라도 정온한 생활환경이 보장되어야 할 주거지역에서 출근 또는 등교 이전 및 퇴근 또는 하교 이후 시간대에 확성장치의 최고출력 내지 소음을 제한하는 등 사용시간과 사용지역에 따른 수인한도 내에서 확성장치의 최고출력 내지 소음 규제기준에 관한 규정을 두지 아니한 것은, 국민이 건강하고 쾌적하게 생활할 수 있는 양호한 주거환경을 위하여 노력하여야 할 국가의 의무를 부과한 헌법 제35조 제3항에 비추어 보면, 적절하고

효율적인 최소한의 보호조치를 취하지 아니하여 국가의 기본권 보호의무를 과소하게 이행한 것이다. 따라서 심판대상조항은 국가의 기본권 보호의무를 과소하게 이행한 것으로서, 청구인의 건강하고 쾌적한 환경에서 생활할 권리를 침해한다(헌재 2019.12.27. 2018헌마730).

⑤ (○) 국가가 국민의 기본권을 적극적으로 보장하여야 할 의무가 인정된다는 점, 헌법 제35조 제1항이 국가와 국민에게 환경보전을 위하여 노력하여야 할 의무를 부여하고 있는 점, 환경침해는 사인에 의해서 빈번하게 유발되므로 입법자가 그 허용 범위에 관해 정할 필요가 있다는 점, 환경피해는 생명·신체의 보호와 같은 중요한 기본권적 법익 침해로 이어질 수 있다는 점 등을 고려할 때, 일정한 경우 국가는 사인인 제3자에 의한 국민의 환경권 침해에 대해서도 적극적으로 기본권 보호조치를 취할 의무를 진다(헌재 2019.12.27. 2018헌마730).

[2021년 소방간부] ④

환경권에 관한 다음 설명 중 가장 옳지 않은 것은? (다툼이 있는 경우 대법원 판례 및 헌법재판소 결정에 의함)

① 헌법은 국민의 환경권을 보장함과 동시에 국가에게 국민이 건강하고 쾌적하게 생활할 수 있는 양호한 환경을 유지하기 위하여 노력하여야 할 의무를 부여하고 있다.

② 환경권의 내용과 행사는 법률에 의해 구체적으로 정해진다.

③ '건강하고 쾌적한 환경에서 생활할 권리'를 보장하는 환경권의 보호대상이 되는 환경에는 자연환경뿐만 아니라 인공적 환경과 같은 생활환경도 포함된다.

④ 일상생활에서 악취, 오염된 공기 등을 제거·방지하여 쾌적한 환경에서 생활할 권리는 환경권의 한 내용을 구성한다.

⑤ 일정한 경우 국민은 국가에 대하여 건강하고 쾌적한 환경에서 생활할 수 있도록 요구할 수 있는 권리가 인정되지만, '사인'인 제3자에 의한 국민의 환경권 침해에 대해서는 국가가 적극적으로 기본권 보호조치를 취할 의무를 부담하는 것은 아니다.

① (○) ② (○) ③ (○) ④ (○) 헌법은 국민의 환경권을 보장함과 동시에 국가에게 국민이 건강하고 쾌적하게 생활할 수 있는 양호한 환경을 유지하기 위하여 노력하여야 할 의무를 부여하고 있다. 환경권의 내용과 행사는 법률에 의해 구체적으로 정해지는 것이기는 하나(헌법 제35조 제2항), 건강하고 쾌적한 환경에서 생활할 권리를 보장하는 환경권의 보호대상이 되는 환경에는 자연환경뿐만 아니라 인공적 환경과 같은 생활환경도 포함되므로(환경정책기본법 제3조), 일상생활에서 소음을 제거·방지하여 정온한 환경에서 생활할 권리는 환경권의 한 내용을 구성한다(헌재 2019.12.27. 2018헌마730).

헌법은 "모든 국민은 건강하고 쾌적한 환경에서 생활할 권리를 가지며, 국가와 국민은 환경보전을 위하여 노력하여야 한다"고 규정하여(제35조 제1항) 국민의 환경권을 보장함과 동시에 국가에게 국민이 건강하고 쾌적하게 생활할 수 있는 양호한 환경을 유지하기 위하여 노력하여야 할 의무를 부여하고 있다. 이러한 환경권은 생명·신체의 자유를 보호하는 토대를 이루며, 궁극적으로 삶의 질 확보를 목표로 하는 권리이다. 환경권을 행사함에 있어 국민은 국가로부터 건강하고 쾌적한 환경을 향유할 수 있는 자유를 침해당하지 않을 권리를 행사할 수 있고, 일정한 경우 국가에 대하여 건강하고 쾌적한 환경에서 생활할 수 있도록 요구할 수 있는 권리가 인정되기도 하는바, 환경권은 그 자체 종합적 기본권으로서의 성격을 지닌다. 건강하고 쾌적한 환경에서 생활할 권리를 보장하는 환경권의 보호대상이 되는 환경에는 자연환경뿐만 아니라 인공적 환경과 같은 생활환경도 포함된다. 환경권을 구체화한 입법이라 할 환경정책기본법 제3조에서도 환경을 자연환경과 생활환경으로 분류하면서, 생활환경에 대기, 물, 토양, 폐기물, 소음·진동, 악취 등 사람의 일상생활과 관계되는 환경을 포함시키고 있다. 그러므로 일상생활에서 악취, 오염된 공기 등을 제거·방지하여 쾌적한 환경에서 생활할 권리는 환경권의 한 내용을 구성한다. 환경권의 내용과 행사는 법률에 의해 구체적으로 정해지는 것이기는 하나(헌법 제35조 제2항), 이 헌법조항의 취지는 특별히 명문으로 헌법에서 정한 환경권을 입법자가 그 취지에 부합하도록 법률로써 내용을 구체화하도록 한 것이지 환경권이 완전히 무의미하게 되는데도 그에 관한 입법을 전혀 하지 아니하거나, 어떠한 내용이든 법률로써 정하기만 하면 된다는 것은 아니다. 그러므로 일정한 요건이 충족될 때 환경권 보호를 위한 입법이 없거나 현저히 불충분하여 국민의 환경권을 침해하고 있다면 헌법재판소에 그 구제를 구할 수 있다고 해야 할 것이다(헌재

2020.3.26. 2017헌마1281).

⑤ (×) 헌법 제10조의 규정에 의하면, 국가는 개인이 가지는 불가침의 기본적 인권을 확인하고 이를 보장할 의무를 지고 기본권은 공동체의 객관적 가치질서로서의 성격을 가지므로, 적어도 생명·신체의 보호와 같은 중요한 기본권적 법익 침해에 대해서는 그것이 국가가 아닌 제3자로서의 사인에 의해서 유발된 것이라고 하더라도 국가가 적극적인 보호의 의무를 진다. 일정한 경우 국가는 사인인 제3자에 의한 국민의 환경권 침해에 대해서도 적극적으로 기본권 보호조치를 취할 의무를 진다(헌재 2019.12.27. 2018헌마730).

[2020년 법원 5급] ⑤

제5절 혼인 및 모성보호

혼인과 가족생활에 관한 권리에 대한 설명으로 가장 적절하지 않은 것은? (다툼이 있는 경우 판례에 의함)

① 헌법 제36조 제1항은 혼인과 가족에 관련되는 공법 및 사법의 모든 영역에 영향을 미치는 헌법원리 내지 원칙규범으로서의 성격도 가진다.

② 태어난 즉시 '출생등록될 권리'는 헌법상의 기본권이 아니라 법률상의 권리이므로 '혼인 중 여자와 남편 아닌 남자 사이에서 출생한 자녀에 대한 생부의 출생신고'를 허용하도록 규정하지 아니한 「가족관계의 등록 등에 관한 법률」 조항이 혼인외 출생자인 청구인들의 태어난 즉시 '출생등록될 권리'를 침해하는 것은 아니다.

③ 사실혼 배우자는 혼인신고를 함으로써 상속권을 가질 수 있고, 증여나 유증을 받는 방법으로 상속에 준하는 효과를 얻을 수 있으며 「근로기준법」, 「국민연금법」 등에 근거한 급여를 받을 권리 등이 인정된다는 측면에서 볼 때, 사실혼 배우자에게 상속권을 인정하지 않는 「민법」 조항이 사실혼 배우자인 청구인의 상속권을 침해하는 것은 아니다.

④ 부모가 자녀의 이름을 지어주는 것은 자녀의 양육과 가족생활을 위하여 필수적인 것이고, 가족생활의 핵심적 요소라 할 수 있으므로, '부모가 자녀의 이름을 지을 자유'는 혼인과 가족생활을 보장하는 헌법 제36조 제1항과 행복추구권을 보장하는 헌법 제10조에 의하여 보호받는다.

① (○) 헌법 제36조 제1항은 혼인과 가족생활을 스스로 결정하고 형성할 수 있는 자유를 기본권으로서 보장하고, 혼인과 가족에 대한 제도를 보장한다. 그리고 헌법 제36조 제1항은 혼인과 가족에 관련되는 공법 및 사법의 모든 영역에 영향을 미치는 헌법원리 내지 원칙규범으로서의 성격도 가진다(헌재 2002.8.29. 2001헌바82).

② (×) 태어난 즉시 출생등록될 권리는 기본권 등(헌법 제10조의 인간의 존엄과 가치 및 행복추구권으로부터 도출되는 일반적 인격권을 실현하기 위한 기본적인 전제로서 헌법 제10조뿐만 아니라, 헌법 제34조 제1항의 인간다운 생활을 할 권리, 헌법 제36조 제1항의 가족생활의 보장, 헌법 제34조 제4항의 국가의 청소년 복지향상을 위한 정책실시 의무 등)의 어느 하나에 완전히 포섭되지 않으며, 이들을 이념적 기초로 하는 헌법에 명시되지 아니한 독자적 기본권으로서, 자유로운 인격실현을 보장하는 자유권적 성격과 아동의 건강한 성장과 발달을 보장하는 사회적 기본권의 성격을 함께 지닌다(헌재 2023.3.23. 2021헌마975).

③ (○) 사건 법률조항이 사실혼 배우자에게 상속권을 인정하지 아니하는 것은 상속인에 해당하는지 여부를 객관적인 기준에 의하여 파악할 수 있도록 함으로써 상속을 둘러싼 분쟁을 방지하고, 상속으로 인한 법률관계를 조속히 확정시키며, 거래의 안전을 도모하기 위한 것이다.

사실혼 배우자는 혼인신고를 함으로써 상속권을 가질 수 있고, 증여나 유증을 받는 방법으로 상속에 준하는 효과를 얻을 수 있으며, 근로기준법, 국민연금법 등에 근거한 급여를 받을 권리 등이 인정된다. 따라서 이 사건 법률조항이 사실혼 배우자의 상속권을 침해한다고 할 수 없다(헌재 2014.8.28. 2013헌바119).

④ (○) 부모가 자녀의 이름을 지어주는 것은 자녀의 양육과 가족생활을 위하여 필수적인 것이고, 가족생활의 핵심적 요소라 할 수 있으므로, 부모가 자녀의 이름을 지을 자유는 혼인과 가족생활을 보장하는 헌법 제36조 제1항과 행복추구권을 보장하는 헌법 제10조에 의하여 보호받는다(헌재 2016.7.28. 2015헌마964). [2023년 경찰공채 8월] ②

혼인과 가족생활에 대한 설명으로 가장 적절한 것은? (다툼이 있는 경우 판례에 의함)

① 8촌 이내의 혈족 사이에서는 혼인할 수 없도록 하는 「민법」 제809조 제1항은 입법목적의 달성에 필요한 범위를 넘는 과도한 제한으로서 침해의 최소성을 충족하지 못하므로 혼인의 자유를 침해한다.

② 육아휴직신청권은 비록 헌법에 명문으로 규정되어 있지는 아니하지만, 이는 모든 인간이 누리는 불가침의 인권으로서 혼인과 가족생활을 보장하는 헌법 제36조 제1항, 행복추구권을 보장하는 헌법 제10조 및 '국민의 자유와 권리는 헌법에 열거되지 아니한 이유로 경시되지 아니한다.'고 규정한 헌법 제37조 제1항에서 나오는 중요한 기본권이다.

③ 헌법 제36조 제1항은 혼인과 가족을 보호해야 한다는 국가의 일반적 과제를 규정하였을 뿐, 청구인들의 주장과 같이 양육비 채권의 집행권원을 얻었음에도 양육비 채무자가 이를 이행하지 아니하는 경우 그 이행을 용이하게 확보하도록 하는 내용의 구체적이고 명시적인 입법의무를 부여하였다고 볼 수 없다.

④ 대한민국 국민으로 태어난 아동은 태어난 즉시 '출생등록될 권리'를 가지며, 이러한 권리는 '법 앞에 국민으로 인정받을 권리'로서 법률로써 제한할 수 있을 뿐이다.

① (×) 금혼조항은 근친혼으로 인하여 가까운 혈족 사이의 상호관계 및 역할, 지위와 관련하여 발생할 수 있는 혼란을 방지하고 가족제도의 기능을 유지하기 위한 것으로서 정당한 입법목적 달성을 위한 적합한 수단에 해당한다. 그렇다면 이 사건 금혼조항은 과잉금지원칙에 위배하여 혼인의 자유를 침해하지 않는다(헌재 2022.10.27. 2018헌바115).

② (×) 육아휴직신청권은 헌법 제36조 제1항 등으로부터 개인에게 직접 주어지는 헌법적 차원의 권리라고 볼 수는 없고, 입법자가 입법의 목적, 수혜자의 상황, 국가예산, 전체적인 사회보장수준, 국민정서 등 여러 요소를 고려하여 제정하는 입법에 적용요건, 적용대상, 기간 등 구체적인 사항이 규정될 때 비로소 형성되는 법률상의 권리이다(헌재 2008.10.30. 2005헌마1156).

③ (○) 헌법 제36조 제1항은 혼인과 가족을 보호해야 한다는 국가의 일반적 과제를 규정하였을 뿐, 청구인들의 주장과 같이 양육비 채권의 집행권원을 얻었음에도 양육비 채무자가 이를 이행하지 아니하는 경우 그 이행을 용이하게 확보하도록 하는 내용의 구체적이고 명시적인 입법의무를 부여하였다고 볼 수 없다. 기타 인간다운 생활을 할 권리 등을 천명하고 있는 헌법 제34조 제1항, 재산권 보장을 규정하고 있는 헌법 제23조 제1항 등 다른 헌법조항을 살펴보아도 청구인들의 주장과 같은 법률의 입법에 대한 구체적·명시적인 입법위임은 존재하지 아니한다. 이 사건 심판청구는 헌법소원의 대상이 될 수 없는 진정입법부작위를 심판대상으로 한 것으로서 부적법하다(헌재 2021.12.23. 2019헌마168).

④ (×) 현대사회에서 개인이 국가가 운영하는 제도를 이용하려면 주민등록과 같은 사회적 신분을 갖추어야 하고, 사회적 신분의 취득은 개인에 대한 출생신고에서부터 시작한다. 대한민국 국민으로 태어난 아동은 태어난 즉시 '출생등록될 권리'를 가진다. 이러한 권리는 '법 앞에 인간으로 인정받을 권리'로서 모든 기본권 보장의 전제가 되는 기본권이므로 법률로써도 이를 제한하거나 침해할 수 없다(대법원

2020.6.8. 2020스575). [2023년 경찰간부] ③

혼인과 가족생활에 대한 설명으로 옳지 않은 것은? (다툼이 있는 경우 판례에 의함)

① 법적으로 승인되지 아니한 사실혼 또한 헌법 제36조 제1항에 규정된 혼인의 보호범위에 포함된다.

② 부모가 자녀의 이름을 지을 자유는 혼인과 가족생활을 보장하는 헌법 제36조 제1항과 행복추구권을 보장하는 헌법 제10조에 의하여 보호받는다.

③ 혼인 종료 후 300일 이내에 출생한 자를 전남편의 친생자로 추정하는 것은 모가 가정생활과 신분관계에서 누려야 할 혼인과 가족생활에 관한 기본권을 침해한다.

④ 친양자 입양을 청구하기 위해서는 친생부모의 친권사실, 사망 기타 동의할 수 없는 사유가 없는 한 친생부모의 동의를 반드시 요하도록 하는 것은 친양자가 될 자의 가족생활에 관한 기본권을 침해하지 않는다.

① (×) 법적으로 승인되지 아니한 사실혼은 헌법 제36조 제1항의 보호범위에 포함된다고 보기 어렵다(헌재 2014.8.28. 2013헌바119).

② (○) 부모가 자녀의 이름을 지어주는 것은 자녀의 양육과 가족생활을 위하여 필수적인 것이고, 가족생활의 핵심적 요소라 할 수 있으므로, 부모가 자녀의 이름을 지을 자유는 혼인과 가족생활을 보장하는 헌법 제36조 제1항과 행복추구권을 보장하는 헌법 제10조에 의하여 보호받는다(헌재 2016.7.28. 2015헌마964).

③ (○) 혼인 종료 후 300일 내에 출생한 자녀가 전남편의 친생자가 아님이 명백하고, 전남편이 친생추정을 원하지도 않으며, 생부가 그 자를 인지하려는 경우에도, 그 자녀는 전남편의 친생자로 추정되어 가족관계등록부에 전남편의 친생자로 등록되고, 이는 엄격한 친생부인의 소를 통해서만 번복될 수 있다. 그 결과 심판대상조항은 이혼한 모와 전남편이 새로운 가정을 꾸릴 때 부담이 되고, 자녀와 생부가 진실한 혈연관계를 회복하는 데 장애가 되고 있다. 이미 혼인관계가 해소된 이후에 자가 출생하고 생부가 출생한 자를 인지하려는 경우마저도, 아무런 예외 없이 그 자를 전남편의 친생자로 추정함으로써 친생부인의 소를 거치도록 하는 심판대상조항은 입법형성의 한계를 벗어나 모가 가정생활과 신분관계에서 누려야 할 인격권, 혼인과 가족생활에 관한 기본권을 침해한다(헌재 2015.4.30. 2013헌마623).

④ (○) 친생부모의 친권이 상실되거나 사망 그 밖의 사유로 동의할 수 없는 경우를 제외하고는 친생부모의 동의가 있어야 친양자 입양을 청구할 수 있도록 규정한 법률조항은 친양자가 될 자의 가족생활에 관한 기본권 등을 제한하고 있는바, 친양자 입양은 친생부모와 그 자녀 사이의 친족관계를 완전히 단절시키는 등 친생부모의 지위에 중대한 영향을 미치는 점, 친생부모 역시 헌법 제10조 및 제36조 제1항에 근거한 가족생활에 관한 기본권을 보유하고 있다는 점에 비추어 볼 때 그 입법목적은 정당하고, 나아가 이 사건 법률조항은 친양자 입양에 있어 무조건 친생부모의 동의를 요하도록 하고 있는 것이 아니라, 친생부모의 친권이 상실되거나 사망 기타 그 밖의 사유로 동의할 수 없는 경우에는 그 동의 없이도 친양자 입양이 가능하도록 예외규정을 두어 기본권 제한의 비례성을 준수하고 있으므로 헌법에 위반되지 아니한다(헌재 2012.5.31. 2010헌바87). [2018년 지방 7급] ①

다음 중 혼인과 가족생활에 관한 설명으로 가장 옳지 않은 것은? (다툼이 있는 경우 판례에 의함)

① 법적으로 승인되지 아니한 사실혼 또한 헌법 제36조 제1항에 규정된 혼인의 보호범위에 포함된다.

② 부모가 자녀의 이름을 지을 자유는 혼인과 가족생활을 보장하는 헌법 제36조 제1항과 행복

추구권을 보장하는 헌법 제10조에 의하여 보호받는다.

③ 혼인 종료 후 300일 이내에 출생한 자를 전남편의 친생자로 추정하는 것은 모가 가정생활과 신분관계에서 누려야 할 혼인과 가족생활에 관한 기본권을 침해한다.

④ 친양자 입양을 청구하기 위해서는 친생부모의 친권상실, 사망 기타 동의할 수 없는 사유가 없는 한 친생부모의 동의를 반드시 요하도록 하는 것은 친양자가 될 자의 가족생활에 관한 기본권을 침해하지 않는다.

① (×) 헌법 제36조 제1항에서 규정하는 '혼인'이란 양성이 평등하고 존엄한 개인으로서 자유로운 의사의 합치에 의하여 생활공동체를 이루는 것으로서 법적으로 승인받은 것을 말하므로, 법적으로 승인되지 아니한 사실혼은 헌법 제36조 제1항의 보호범위에 포함된다고 보기 어렵다(헌재 2014.8.28. 2013헌바119).

② (○) 부모가 자녀의 이름을 지어주는 것은 자녀의 양육과 가족생활을 위하여 필수적인 것이고, 가족생활의 핵심적 요소라 할 수 있으므로, 부모가 자녀의 이름을 지을 자유는 혼인과 가족생활을 보장하는 헌법 제36조 제1항과 행복추구권을 보장하는 헌법 제10조에 의하여 보호받는다(헌재 2016.7.28. 2015헌마964).

③ (○) 민법 제정 이후의 사회적·법률적·의학적 사정변경을 전혀 반영하지 아니한 채, 이미 혼인관계가 해소된 이후에 자가 출생하고 생부가 출생한 자를 인지하려는 경우마저도, 아무런 예외 없이 그 자를 전남편의 친생자로 추정함으로써 친생부인의 소를 거치도록 하는 심판대상조항은 입법형성의 한계를 벗어나 모가 가정생활과 신분관계에서 누려야 할 인격권, 혼인과 가족생활에 관한 기본권을 침해한다(헌재 2015.4.30. 2013헌마623).

④ (○) 사건 법률조항은 친양자 입양에 있어 무조건 친생부모의 동의를 요하도록 하고 있는 것이 아니라, 친생부모의 친권이 상실되거나 사망 기타 그 밖의 사유로 동의할 수 없는 경우에는 그 동의 없이도 친양자 입양이 가능하도록 예외규정을 두어 기본권 제한의 비례성을 준수하고 있으므로 헌법에 위반되지 아니한다(헌재 2012.5.31. 2010헌바87). [2022년 해경간부] ①

헌법상 혼인과 가족제도에 관한 다음 설명 중 가장 옳지 않은 것은?

① 헌법상 개인의 존엄과 양성의 평등에 기초한 혼인 및 가족제도에 관한 규정은 혼인과 가족생활을 스스로 결정하고 형성할 수 있는 자유를 함께 보장하고 있다.

② 혼인과 가족생활의 보호에 관한 헌법 제36조 제1항은 인간의 존엄과 양성의 평등이 가족생활에서도 보장되어야 한다는 기본권과 제도보장의 성격을 함께 갖는다.

③ 인간의 존엄과 양성평등의 가족생활의 보장, 나아가 혼인과 가족생활의 구체적인 제도보장인 일부일처제도 공익적 이익에서 비롯된 중혼금지에 대하여 현행법상 그 어떤 예외도 인정되지 않는다.

④ 민법에서 중혼의 취소청구권자를 규정하면서 직계비속을 제외한 것은 합리적 사유 없이 직계비속을 차별하는 것이다.

⑤ 가족제도는 자율영역이 보장되지만 부모가 자녀의 건강에 반하는 방향으로 자녀교육권을 행사할 경우에는 헌법 제31조에 따라 국가에게도 자녀의 교육에 대한 과제와 의무가 인정되므로 국가는 부모의 자녀교육권을 제한할 수 있다.

① (○) 헌법 제36조 제1항은 혼인과 가족생활을 스스로 결정하고 형성할 수 있는 자유를 기본권으로서 보장하고, 혼인과 가족에 대한 제도를 보장한다(헌재 2002.8.29. 2001헌바82).
② (○) 헌법 제36조 제1항은 인간의 존엄과 양성의 평등이 가족생활에서도 보장되어야 한다는 요청에서 기본권의 성격을 갖는 동시에 혼인과 가족생활에 관한 제도적 보장 역시 규정한다(헌재 2002.3.28. 2000헌바53).
③ (×) 중혼을 금지하는 것은 일부일처제의 공익적 이익으로부터 비롯된 것이다. 그러나 한편으로 중혼이라 하더라도 유효하게 성립하면 또 하나의 실질적인 부부관계와 친자관계가 발생되고 그러한 신분관계는 비록 중혼이 취소되더라도 완전히 원상회복될 수 없는 한계가 존재하며, 특히 자(子)의 경우에는 그 신분관계를 보호할 사회적 이익도 인정된다. 이 사건 법률조항이 추구하는 일부일처제는 헌법 제36조 제1항의 개인의 존엄과 양성의 평등을 기초로 성립·유지되는 혼인제도로서, 우리 사회의 중대한 공익으로 인정된다. 이 사건 법률조항은 중혼을 혼인무효사유가 아니라 취소사유로 규정하고 있다. 혼인취소의 효력은 기왕에 소급하지 아니하므로(민법 제824조) 중혼이라 하더라도 재판을 통해 취소되기 전까지는 유효한 법률혼으로 보호받는다. 중혼당사자가 사망한 후 후혼이 취소된 경우에도 후혼배우자의 상속인으로서의 지위에 영향이 없고, 중혼 상태에서 태어난 자는 중혼이 취소된다 하더라도 혼인 외의 자로 되지 아니한다(헌재 2014.7.24. 2011헌바275).
④ (○) 중혼의 취소청구권자를 규정한 이 사건 법률조항은 그 취소청구권자로 직계존속과 4촌 이내의 방계혈족을 규정하면서도 직계비속을 제외하였는바, 직계비속을 제외하면서 직계존속만을 취소청구권자로 규정한 것은 가부장적·종법적인 사고에 바탕을 두고 있고, 직계비속이 상속권 등과 관련하여 중혼의 취소청구를 구할 법률적인 이해관계가 직계존속과 4촌 이내의 방계혈족 못지않게 크며, 그 취소청구권자의 하나로 규정된 검사에서 취소청구를 구한다고 하여도 검사로 하여금 직권발동을 촉구하는 것에 지나지 않은 점 등을 고려할 때, 합리적인 이유 없이 직계비속을 차별하고 있어, 평등원칙에 위반된다(헌재 2010.7.29. 2009헌가8).
⑤ (○) 부모는 자녀의 교육에 있어서 자녀의 정신적, 신체적 건강을 고려하여 교육의 목적과 그에 적합한 수단을 선택해야 할 것이고, 부모가 자녀의 건강에 반하는 방향으로 자녀교육권을 행사할 경우에는 헌법 제31조는 부모 외에도 국가에게 자녀의 교육에 대한 과제와 의무가 있다는 것을 규정하고 있으므로 국가는 부모의 자녀교육권을 제한할 수 있다(헌재 2009.10.29. 2008헌마454).

[2019년 법무사] ③

헌법 제36조 제1항이 규정하고 있는 혼인과 가족생활에 관한 설명 중 가장 옳지 않은 것은? (다툼이 있는 경우 헌법재판소 결정에 의함)

① 헌법 제36조 제1항은 혼인과 가족에 관련되는 공법 및 사법의 모든 영역에 영향을 미치는 헌법원리이다.
② 육아휴직신청권은 헌법상 권리가 아닌 법률상 권리이다.
③ 독신자의 친양자 입양을 제한하는 것은 독신자의 가족생활의 자유를 침해하는 것이다.
④ 자녀에 대한 부모의 양육권은 헌법 제36조 제1항에 그 헌법적 근거를 두고 있다.

① (○) 헌법 제36조 제1항은 혼인과 가족생활을 스스로 결정하고 형성할 수 있는 자유를 기본권으로서 보장하고, 혼인과 가족에 대한 제도를 보장하며, 혼인과 가족에 관련되는 공법 및 헌법원리 내지 원칙규범으로서의 성격도 가지는데, 이는 적극적으로는 적절한 조치를 통해서 혼인과 가족을 지원하고 제삼자에 의한 침해 앞에서 혼인과 가족을 보호해야 할 국가의 과제를 포함하며, 소극적으로는 불이익을 야기하는 제한조치를 통해서 혼인과 가족을 차별하는 것을 금지해야 할 국가의 의무를 포함한다(헌재 2002.8.29. 2001헌바82).
② (○) 육아휴직신청권은 헌법 제36조 제1항 등으로부터 개인에게 직접 주어지는 헌법적 차원의 권리라고 볼 수는 없고, 입법자가 입법의 목적, 수혜자의 상황, 국가예산, 전체적인 사회보장수준, 국민정서 등 여러 요소를 고려하여 제정하는 입법에 적용요건, 적용대상, 기간 등 구체적인 사항이 규정될 때 비로소 형성되는 법률상의 권리이다(헌재 2008.10.30. 2005헌마1156).
③ (×) 독신자 가정은 기혼자 가정에 비하여 양자의 양육에 있어 불리할 가능성이 높으므로, 독신자를 친양자의 양친에서 제외하는 것은 입법목적을 달성하기 위한 적절한 수단이다. 심판대상조항은 과잉금지원칙에 위반하여 독신자의 가족생활의 자유를 침해한다고 볼 수

없다(헌재 2013.9.26. 2011헌가42).

④ (○) 자녀에 대한 부모의 양육권은 비록 헌법에 명문으로 규정되어 있지는 아니하지만, 이는 모든 인간이 누리는 불가침의 인권으로서 혼인과 가족생활을 보장하는 헌법 제36조 제1항, 행복추구권을 보장하는 헌법 제10조 및 헌법 제37조 제1항에서 나오는 중요한 기본권이다(헌재 2008.10.30. 2005헌마1156). [2015년 법원 9급] ③

헌법재판소의 판례 변경에 대한 설명으로 옳은 것은? (다툼이 있는 경우 판례에 의함)

① 장기보존이 가능한 탁주를 제외한 탁주의 공급구역을 주류제조장 소재지의 시·군의 행정구역으로 제한하는 것에 대하여 탁주제조업자나 판매업자의 직업의 자유와 소비자의 자기결정권을 침해하지 않는다고 하였다가 탁주제조업자나 판매업자의 직업의 자유와 소비자의 자기결정권을 침해한다고 하였다.

② 행정심판이나 행정소송 등의 사전구제절차를 거치지 아니하고 청구한 국가인권위원회의 진정에 대한 각하 또는 기각결정의 취소를 구하는 헌법소원심판청구가 보충성 요건을 충족하지 않는다고 하였다가 보충성 요건을 충족한다고 하였다.

③ 자치구·시·군의회의원선거구 획정에서 헌법상 허용되는 인구편차의 기준을 상하 50%(인구비례 3:1)에서 상하 $33\frac{1}{3}$%의 기준으로 변경하였다.

④ 월급근로자로서 6개월이 되지 못한 자를 해고예고제도의 적용에서 배제시키는 것은 평등원칙에 위반되지 않는다고 하였다가 평등원칙에 위반된다고 하였다.

① (×) 탁주의 공급구역제한제도에 의한 탁주제조업자와 다른 상품 제조업자 간의 차별은 탁주의 특성 및 중소기업을 보호하고 지역경제를 육성한다는 헌법상의 경제목표를 고려한 합리적 차별로서 평등원칙에 위반되지 아니하고, 탁주의 공급구역제한제도로 인하여 부득이 다소간의 소비자선택권의 제한이 발생한다고 하더라도 이를 두고 행복추구권에서 파생되는 소비자의 자기결정권을 정당한 이유 없이 제한하고 있다고 볼 수 없다(헌재 1999.7.22. 98헌가5).

② (×) 헌법재판소는 종전 결정에서 국가인권위원회의 진정 각하 또는 기각결정에 대해 보충성 요건을 충족하였다고 보고 본안판단은 한 바 있으나, 이 결정의 견해와 저촉되는 부분은 변경한다(헌재 2015.3.26. 2013헌마214).

③ (×) 인구편차 상하 60%의 기준에서 곧바로 인구편차 상하 33⅓%의 기준을 채택하는 경우 선거구를 조정하는 과정에서 예기치 않은 어려움에 봉착할 가능성이 크므로, 현재의 시점에서 자치구·시·군의원 선거구 확정과 관련하여 헌법이 허용하는 인구편차의 기준을 인구편차 상하 50%(인구비례 3:1)로 변경하는 것이 타당하다(헌재 2018.6.28. 2014헌마166).

④ (○) 심판대상조항과 실질적으로 동일한 내용을 규정한 구 근로기준법 제35조 제3호가 헌법에 위반되지 아니한다고 판시하였던 종전의 선례는 이 결정과 저촉되는 범위에서 이를 변경한다(헌재 2015.12.23. 2014헌바3). [2019년 국가 7급] ④

혼인 및 가족제도에 관한 설명으로 옳지 않은 것은? (다툼이 있는 경우 헌법재판소 판례에 의함)

① 「민법」 시행 이전의 "여호주가 사망하거나 출가하여 호주상속이 없이 절가된 경우, 유산은 그 절가된 가(家)의 가족이 승계하고 가족이 없을 때는 출가녀(出家女)가 승계한다"는 구 관습법이 절가된 가의 유산 귀속순위를 정함에 있어 합리적 이유 없이 출가한 여성을 그

가적에 남아 있는 가족과 차별하여 평등원칙에 위배되었다고 볼 수 없다.

② 8촌 이내의 혈족 사이에서는 혼인할 수 없도록 하는「민법」조항 및 이를 위반한 혼인을 무효로 하는「민법」조항은 가족질서를 보호하고 유지한다는 공익이 매우 중요하므로 법익균형성에 위반되지 아니하므로 혼인의 자유를 침해하지 않는다.

③ 헌법 제36조 제1항은 혼인과 가족에 관련되는 공법 및 사법의 모든 영역에 영향을 미치는 헌법원리 내지 원칙규범으로서의 성격도 가지는데, 이는 적극적으로는 적절한 조치를 통해서 혼인과 가족을 지원하고 제삼자에 의한 침해 앞에서 혼인과 가족을 보호해야 할 국가의 과제를 포함하며, 소극적으로는 불이익을 야기하는 제한조치를 통해서 혼인과 가족을 차별하는 것을 금지해야 할 국가의 의무를 포함한다.

④「민법」조항에 중혼을 혼인취소의 사유로 정하면서 그 취소청구권의 제척기간 또는 소멸사유를 규정하지 않았더라도 현저히 입법재량의 범위를 일탈하여 후혼배우자의 인격권 및 행복추구권을 침해하지 아니한다.

⑤ 혼인 종료 후 300일 이내에 출생한 자를 전남편의 친생자로 추정하는「민법」제844조 제2항 중 "혼인관계종료의 날로부터 300일 내에 출생한 자"에 관한 부분은 모가 가정생활과 신분관계에서 누려야 할 인격권, 혼인과 가족생활에 관한 기본권을 침해한다.

① (○) 민법 시행 전까지 효력이 있던 구 관습법은 상당수가 현행 헌법을 기준으로 보면 평등원칙에 어긋나는 것일 수 있다. 그러나 헌법 시행 이전에 성립된 평등원칙에 어긋나는 구 관습법이 헌법 제정과 동시에 모두 위헌이 되고 소급하여 실효된다고 볼 수는 없다. 만약 헌법재판소의 재판부가 새로 구성될 때마다 구 관습법의 위헌성에 관하여 달리 판단한다면, 구 관습법의 적용을 기초로 순차 형성된 무수한 법률관계를 불안정하게 함으로써 국가 전체의 법적 안정성이 무너지는 결과를 초래할 수도 있다. 이상과 같은 사정을 종합하여 보면, 민법 시행으로 폐지된 이 사건 관습법이 절가된 가의 유산 귀속순위를 정함에 있어 합리적 이유 없이 출가한 여성을 그 가적에 남아 있는 가족과 차별하여 평등원칙에 위배되었다고 볼 수 없다(헌재 2016.4.28. 2013헌바396).

② (×) 사건 무효조항의 입법목적은 가령 직계혈족 및 형제자매 사이의 혼인과 같이 근친혼이 가족제도의 기능을 심각하게 훼손하는 경우에 한정하여 무효로 하고 그 밖의 근친혼에 대하여는 혼인이 소급하여 무효가 되지 않고 혼인의 취소를 통해 장래를 향하여 해소할 수 있도록 규정함으로써 기왕에 형성된 당사자나 자녀의 법적 지위를 보장하더라도 충분히 달성할 수 있다. 그럼에도 이 사건 무효조항은 이 사건 금혼조항을 위반한 경우를 전부 무효로 하고 있으므로 침해최소성과 법익균형성에 반한다. 따라서 이 사건 무효조항은 과잉금지원칙에 위배하여 혼인의 자유를 침해한다(헌재 2022.10.27. 2018헌바115).

③ (○) 헌법 제36조 제1항은 혼인과 가족에 관련되는 공법 및 사법의 모든 영역에 영향을 미치는 헌법원리 내지 원칙규범으로서의 성격도 가지는데, 이는 적극적으로는 적절한 조치를 통해서 혼인과 가족을 지원하고 제삼자에 의한 침해 앞에서 혼인과 가족을 보호해야 할 국가의 과제를 포함하며, 소극적으로는 불이익을 야기하는 제한조치를 통해서 혼인과 가족을 차별하는 것을 금지해야 할 국가의 의무를 포함한다(헌재 2002.8.29. 2001헌바82).

④ (○) 사건 법률조항은 우리 사회의 중대한 공익이며 헌법 제36조 제1항으로부터 도출되는 일부일처제를 실현하기 위한 것이다. 이 사건 법률조항은 중혼을 혼인무효사유가 아니라 혼인취소사유로 정하고 있는데, 혼인 취소의 효력은 기왕에 소급하지 아니하므로 중혼이라 하더라도 법원의 취소판결이 확정되기 전까지는 유효한 법률혼으로 보호받는다. 후혼의 취소가 가혹한 결과가 발생하는 경우에는 구체적 사건에서 법원이 권리남용의 법리 등으로 해결하고 있다. 따라서 중혼 취소청구권의 소멸에 관하여 아무런 규정을 두지 않았다 하더라도, 이 사건 법률조항이 현저히 입법재량의 범위를 일탈하여 후혼배우자의 인격권 및 행복추구권을 침해하지 아니한다(헌재 2014.7.24. 2011헌바275).

⑤ (○) 민법 제정 이후의 사회적·법률적·의학적 사정변경을 전혀 반영하지 아니한 채, 이미 혼인관계가 해소된 이후에 자가 출생하고 생부가

출생한 자를 인지하려는 경우마저도, 아무런 예외 없이 그 자를 전남편의 친생자로 추정함으로써 친생부인의 소를 거치도록 하는 심판대상조항은 입법형성의 한계를 벗어나 모가 가정생활과 신분관계에서 누려야 할 인격권, 혼인과 가족생활에 관한 기본권을 침해한다(헌재 2015.4.30. 2013헌마623). [2023년 소방간부] ②

혼인과 가족제도에 대한 설명으로 옳은 것만을 모두 고른 것은? (다툼이 있는 경우 판례에 의함)

> ㄱ. 부부 자산소득 합산과세제도는 헌법 제11조 제1항에서 보장하는 평등원칙을 혼인과 가족생활에서 더 구체화함으로써 혼인한 자의 차별을 금지하고 있는 헌법 제36조 제1항에 위반된다.
> ㄴ. 친생부인의 소의 제척기간을 규정한 「민법」 제847조 제1항 중 '부가 그 사유가 있음을 안 날로부터 2년 내' 부분은 친생부인의 소의 제척기간에 관한 입법재량의 한계를 일탈하지 않은 것으로서 헌법에 위반되지 아니한다.
> ㄷ. 혼인 종료 후 300일 이내에 출생한 자를 전남편의 친생자로 추정하는 「민법」 제844조 제2항 중 '혼인관계 종료의 날로부터 300일 이내에 출생한 자'에 관한 부분은 모가 가정생활과 신분관계에서 누려야 할 인격권, 혼인과 가족생활에 관한 기본권을 침해하지 아니한다.
> ㄹ. 육아휴직제도의 헌법적 근거를 제36조 제1항에서 구한다고 하더라도 육아휴직신청권은 헌법 제36조 제1항 등으로부터 개인에게 직접 주어지는 헌법적 차원의 권리라고 볼 수는 없다.

① ㄱ, ㄴ ② ㄷ, ㄹ ③ ㄱ, ㄴ, ㄹ ④ ㄴ, ㄷ, ㄹ

ㄱ. (○) 자산소득합산과세제도를 통하여 합산대상 자산소득을 가진 혼인한 부부를 소득세부과에서 차별취급하는 것은 중대한 합리적 근거가 존재하지 아니하므로 헌법상 정당화되지 아니한다. 따라서 혼인관계를 근거로 자산소득합산과세를 규정하고 있는 이 사건 법률조항은 혼인한 자의 차별을 금지하고 있는 헌법 제36조 제1항에 위반된다(헌재 2002.8.29. 2001헌바82).

ㄴ. (○) 2년이란 기간은 자녀의 불안정한 지위를 장기간 방치하지 않기 위한 것으로서 지나치게 짧다고 볼 수 없다. 따라서 민법 제847조 제1항 중 "부(夫)가 그 사유가 있음을 안 날부터 2년내" 부분은 친생부인의 소의 제척기간에 관한 입법재량의 한계를 일탈하지 않은 것으로서 헌법에 위반되지 아니한다(헌재 2015.3.26. 2012헌바357).

ㄷ. (×) 민법 제정 이후의 사회적·법률적·의학적 사정변경을 전혀 반영하지 아니한 채, 이미 혼인관계가 해소된 이후에 자가 출생하고 생부가 출생한 자를 인지하려는 경우마저도, 아무런 예외 없이 그 자를 전남편의 친생자로 추정함으로써 친생부인의 소를 거치도록 하는 심판대상조항은 입법형성의 한계를 벗어나 모가 가정생활과 신분관계에서 누려야 할 인격권, 혼인과 가족생활에 관한 기본권을 침해한다(헌재 2015.4.30. 2013헌마623).

ㄹ. (○) 육아휴직신청권은 헌법 제36조 제1항 등으로부터 개인에게 직접 주어지는 헌법적 차원의 권리라고 볼 수는 없고, 입법자가 입법의 목적, 수혜자의 상황, 국가예산, 전체적인 사회보장수준, 국민정서 등 여러 요소를 고려하여 제정하는 입법에 적용요건, 적용대상, 기간 등 구체적인 사항이 규정될 때 비로소 형성되는 법률상의 권리이다(헌재 2008.10.30. 2005헌마1156). [2017년 국가 7급] ③

혼인과 가족생활에 대하여 규정하고 있는 헌법 제36조 제1항에 관한 설명 중 옳지 않은 것은? (다툼이 있는 경우 판례에 의함)

① 헌법 제36조 제1항은 혼인과 가족생활을 스스로 결정하고 형성할 수 있는 자유를 기본권으로서 보장하며, 친양자 입양의 경우에도 친양자로 될 사람이 그의 의사에 따라 스스로 입

양의 대상이 될 것인지 여부를 결정할 수 있는 자유를 보장한다.

② 친양자로 될 자와 마찬가지로 친생부모 역시 그로부터 출생한 자와의 가족 및 친족 유지에 관하여 헌법 제36조 제1항에 의하여 인정되는 혼인과 가정생활의 자유로운 형성에 대한 기본권을 가진다.

③ 헌법 제36조 제1항에서 규정하는 '혼인'이란 양성이 평등하고 존엄한 개인으로서 자유로운 의사의 합치에 의하여 생활공동체를 이루는 것을 말하므로, 법적으로 승인되지 아니한 사실혼도 헌법 제36조 제1항의 보호범위에 포함된다.

④ 부모가 자녀의 이름을 지어주는 것은 자녀의 양육과 가족생활을 위하여 필수적인 것이고, 가족생활의 핵심적 요소라 할 수 있으므로, '부모가 자녀의 이름을 지을 자유'는 혼인과 가족생활을 보장하는 헌법 제36조 제1항과 행복추구권을 보장하는 헌법 제10조에 의하여 보호받는다.

⑤ 부모의 자녀에 대한 교육권은 비록 헌법에 명문으로 규정되어 있지는 아니하지만, 혼인과 가족생활을 보장하는 헌법 제36조 제1항, 행복추구권을 보장하는 헌법 제10조 및 "국민의 자유와 권리는 헌법에 열거되지 아니한 이유로 경시되지 아니한다"라고 규정하는 헌법 제37조 제1항에서 나오는 중요한 기본권이며, 이러한 부모의 자녀교육권이 학교영역에서는 자녀의 교육진로에 관한 결정권 내지는 자녀가 다닐 학교를 선택하는 권리로 구체화된다.

① (○) 헌법 제36조 제1항은 혼인과 가족생활을 스스로 결정하고 형성할 수 있는 자유를 기본권으로서 보장한다. 친양자 입양의 경우에도 친양자로 될 사람이 그의 의사에 따라 스스로 입양의 대상이 될 것인지 여부를 결정할 수 있는 자유가 보장되므로, 친양자로 될 사람은 자신의 양육에 보다 적합한 가정환경에서 양육받을 것을 선택할 권리를 가진다(헌재 2013.9.26. 2011헌가42).

② (○) 친양자로 될 자와 마찬가지로, 친생부모 역시 그로부터 출생한 자와의 가족 및 친족관계의 '유지'에 관하여 헌법 제10조에 의하여 인정되는 가정생활과 신분관계에 대한 인격권 및 행복추구권 및 헌법 제36조 제1항에 의하여 인정되는 혼인과 가정생활의 자유로운 형성에 대한 기본권을 가진다는 점에 대해서는 별다른 의문이 없다(헌재 2012.5.31. 2010헌바87).

③ (×) 헌법 제36조 제1항에서 규정하는 혼인이란 양성이 평등하고 존엄한 개인으로서 자유로운 의사의 합치에 의하여 생활공동체를 이루는 것으로서 법적으로 승인받은 것을 말하므로, 법적으로 승인되지 아니한 사실혼은 헌법 제36조 제1항의 보호범위에 포함된다고 보기 어렵다(헌재 2014.8.28. 2013헌바119).

④ (○) 부모가 자녀의 이름을 지어주는 것은 자녀의 양육과 가족생활을 위하여 필수적인 것이고, 가족생활의 핵심적 요소라 할 수 있으므로, 부모가 자녀의 이름을 지을 자유는 혼인과 가족생활을 보장하는 헌법 제36조 제1항과 행복추구권을 보장하는 헌법 제10조에 의하여 보호받는다(헌재 2016.7.28. 2015헌마964).

⑤ (○) 부모의 자녀에 대한 교육권은 비록 헌법에 명문으로 규정되어 있지는 아니하지만, 혼인과 가족생활을 보장하는 헌법 제36조 제1항, 행복추구권을 보장하는 헌법 제10조 및 헌법 제37조 제1항에서 나오는 중요한 기본권이며, 이러한 부모의 자녀교육권이 학교영역에서는 자녀의 교육진로에 관한 결정권 내지는 자녀가 다닐 학교를 선택하는 권리로 구체화된다(헌재 2009.4.30. 2005헌마514).

[2017년 제6회 변호사] ③

제10장 기본적 의무

헌법상 국민의 권리와 의무에 대한 헌법재판소 결정으로 옳지 않은 것은?

① 학교운영지원비를 학교회계 세입항목에 포함시키도록 하는 것은 헌법 제31조 제3항에 규정되어 있는 의무교육의 무상원칙에 위반되지 않는다.

② 조세의 부과·징수로 인해 납세의무자의 사유재산에 관한 이용·수익·처분권이 중대한 제한을 받게 되는 경우에는 재산권의 침해가 될 수 있다.

③ 국방의 의무는 「병역법」에 의하여 군복무에 임하는 등의 직접적인 병력형성의무만을 가리키는 것이 아니라, 「향토예비군설치법」, 「민방위기본법」 등에 의한 간접적인 병력형성의무도 포함하며, 병력형성 이후 군작전명령에 복종하고 협력하여야 할 의무도 포함한다.

④ 헌법 제39조 제2항의 병역의무 이행으로 인한 '불이익한 처우'라 함은 단순한 사실상·경제상의 불이익을 모두 포함하는 것이 아니라 법적인 불이익을 의미한다.

① (×) 학교운영지원비는 기본적으로 학부모의 자율적 협찬금의 외양을 갖고 있음에도 그 조성이나 징수의 자율성이 완전히 보장되지 않아 기본적이고 필수적인 학교 교육에 필요한 비용에 가깝게 운영되고 있다는 점 등을 고려해보면 이 사건 세입조항은 헌법 제31조 제3항에 규정되어 있는 의무교육의 무상원칙에 위배되어 헌법에 위반된다(헌재 2012.8.23. 2010헌바220).

② (○) 조세의 부과·징수는 국민의 납세의무에 기초하는 것으로서 원칙으로 재산권의 침해가 되지 않지만 그로 인하여 납세의무자의 사유재산에 관한 이용, 수익, 처분권이 중대한 제한을 받게 되는 경우에는 그것도 재산권의 침해가 될 수 있다(헌재 1997.12.24. 96헌가19).

③ (○) 국방의 의무는 병역법에 의하여 군복무에 임하는 등의 직접적인 병력형성의무만을 가리키는 것이 아니라, 병역법, 향토예비군설치법, 민방위기본법, 비상대비자원관리법 등에 의한 간접적인 병력형성의무 및 병력형성 이후 군작전명령에 복종하고 협력하여야 할 의무도 포함하는 개념이다(헌재 2002.11.28. 2002헌바45).

④ (○) 헌법 제39조 제2항에서 병역의무의 이행을 이유로 불이익한 처우라 함은 단순한 사실상, 경제상의 불이익을 모두 포함하는 것이 아니라 법적인 불이익을 의미하는 것으로 보아야 한다(헌재 1999.12.23. 98헌마363). [2016년 국가 7급] ①

[저자 약력]

김 종 세

계명대학교 법학과 교수
계명대학교 법과대학 수석졸업
한양대학교 법학석사 법학박사

주요 경력

독일 콘스탄츠대학교 유학(독일 DAAD 장학생)
미국 오번대학교 초청교수
법무부 연구위원
사법시험 출제위원
변호사시험 출제위원
국회사무처 출제위원
소방청 소방간부, 공채 출제위원
경찰청 경찰간부, 경채, 승진 등 출제위원
외교관 면접위원
인사혁신처 면접위원
인사혁신처 비상업무대비 출제위원
인사혁신처 각종 시험 출제위원
서울특별시 인재개발원 출제위원
국가평생교육진흥원 출제위원
한국산업인력공단 자격시험 출제위원
대구광역시 달서구 선거방송토론위원
경상북도 칠곡군 주택임대차분쟁조정위원
중앙경찰학교 외래교수
경상북도인재개발원 헌법담당교수
경상북도인재개발원 중견과정 정책과제 지도교수
대구광역시지방공무원교육원 지도교수
경상북도교육청 교육연수원 교육법 담당교수
대구광역시교육청 교육연수원 교육법 담당교수
대구광역시교육청 규제완화위원
법무부 다문화사회통합지원센터 거점운영기관협의회 부회장
대구경북법과대학 및 검찰실무회 간사
대구경북법과대학 및 법원교류협의회 간사
계명대학교 비사고시원 지도교수
계명대학교 법학과 학과장
계명대학교 이민다문화센터장
계명대학교 이민다문화사회학과장
계명대학교 기획부처장
대구광역시 시설관리공단 이사
금화복지재단 이사
국민권익위원회 부패영향평가자문단 위원
법무부 사회통합자원봉사위원
대구경찰청 징계위원
병무청 중앙신체검사소 징계위원, 정보공개위원
대구방송 SK브로드밴드 방송심의위원회 위원장
법무부 외국인옴부즈만위원회 위원장
대구지방검찰청 서부지청 검찰시민위원회 위원장

학회활동

(사)한국창의정책학회 회장
(사)한국법이론실무학회 부회장
(사)한국법학회 부회장
(사)한국공법학회 부회장
(사)한국부동산경매실무학회 부회장
(사)한국비교공법학회 상임이사
(사)한국법정책학회 상임이사
(사)전국법학교수협의회 간사
(사)한국토지공법학회 이사
(사)한양법학회 상임이사
(사)한국환경법학회 이사
(사)한국헌법학회 이사

저서 및 연구 논문

헌법판례 I
헌법판례 II
한자법률용어
객관식 헌법(헌법총론)
객관식 헌법(기본권론)
객관식 헌법(국가조직론)
객관식 경찰헌법
환자의 연명의료결정법의 개선방안 외 90여편

제2판
객관식 헌법 - 기본권론 -

초판발행 2022년 5월 5일
제2판발행 2024년 2월 20일

지은이 김종세
펴낸이 김중용

편 집 심성보 · 김인숙

펴낸곳 도서출판 정독
경기도 고양시 일산서구 하이파크로 113, 102-204
등록 제406-2014-000093호
전 화 031)924-7203 팩 스 02)718-8554
홈페이지 www.jeongdok.co.kr 이메일 admin@jeongdok.co.kr
ISBN 979-11-6858-202-6 94360
979-11-6858-200-2 (세트)

정 가 33,000원